敎學社

實用大玉篇

張三植編

序

우리 東方은 예로부터 小學、곧 文字學이 人類 萬學의 基本이 되었으므로 中國에서는 이미 許愼의「說文」에서 斯學이 土着되어 燦然히 甲骨文字 이후 斯學에 있어서의 初祖가 되었고、그 뒤를 이어서 수많은 著籍이 淵叢을 이루었으나、徐鍇를 거쳐 段玉裁의「說文解字」에 이르러서 集成을 보았던 것이다。

字에 關한 것으로는 玉篇·字典·字源등이 있고、辭에 關한 것으로는 辭典·辭源·辭海등이 있고、聲韻에 關한 것으로서도 많은 著籍이 없지 않다。

이제 이「大玉篇」은 字典인 한편 辭典의 傾向을 띤 辭書이다。안으로는 李朝 初期로부터 編纂된 著籍과、英·正 이후의 森立된 文獻을 널리 參用하고、밖으로는 中國歷代의 辭書類를 吸收하여 百語와 萬彙를 모아 그 英華를 따서 엮은 것으로서 現代의 需要에 응하기로 하였다。

漢文字를 이 땅에 輸入시킨지도 짧지 않은 悠久 몇千年이 지났으므로 그 音韻과 義訓、내지 講讀法까지도 같지 않은 漢文字는 歷史的으로 보아서 韓國的인 漢文字가 따로 存在할 수 있다 하여도 커다란 妄論이 될 것은 아니리라。

또 漢文字와 우리 正音文字와의 關係를 攷究한다 하더라도 明白히 相成的인 것인

만큼 결코 俗學들이 云謂하는 對蹠的인 것은 아니다。

이제 이 「大玉篇」이 지니고 있는 使命은 이 漢文字가 이땅에서 거의 半世紀를 푸대접받는 동안 커다란 空白이 뚫어져 있는 이 現實을 재빨리 메워보려는 데 있는 것이다。

이어서 疎漏된 점이 많을 것이므로 때를 따라 補完할 것을 스스로 기대하며、江湖諸賢의 끊임없는 叱正이 있기를 빌어 마지 않는다。

編 者 씀

凡 例

一、本書는 우리 나라에서 쓰이는 約二萬餘字를 網羅하여 詳細하고 正確한 解釋을 붙였으며, 또한 이에 關聯되는 故事·成句, 人名·書名·地名 등을 收錄하여 簡明 適切한 解說을 달았다.

一、每字마다 日語와 英語 解說을 붙이고, 또한 中國 注音符號 및 웨이드式 發音記號法에 依하여 現代中國語의 發音도 併記하였으므로 韓·日·英·中 四國語辭典을 兼하게 하였다.

一、本書에 收錄된 文字는 主로「康熙字典」에 依據하였지만, 現代 널리 쓰이는 俗字·略字·國字도 빠짐없이 收錄하였다.

一、出典·用例는 經·史·子·集을 비롯하여 各種 字典 其他 原典에 의하여 正確히 引用하였으며, 必要에 따라 그 書名 밖에도 篇名·題名·卷數까지 밝히어 研究의 參考資料가 되게하였다.

一、一字에 二音 以上이 있을 경우에는 ㊀㊁㊂等의 記號를 使用하여 각기 韻을 달고, 그 아래에 詳細한 字義 解說을 하였다.

一、韻字는 □속에 넣고 그 四圍에 圈發을 붙여 四聲을 表示하였다. 곧 □은 平聲, □은 上聲, □은 去聲, □은 入聲을 表示하였다.

一、文字마다 大篆·小篆·古文 등 各種 字體는 勿論이려니와, 草書까지도 明示하여 多目的 使用에 이바지하기로 하였다.

一、文字와 語彙의 說明을 돕기 爲하여 各種 圖表와 稀貴하고 正確한 原典의 圖版을 最大限으로 收錄하였다.

一、卷頭에는 本書에 收錄한 總文字를 總劃順으로 分類收錄하여 그 文字의 所屬部首名을 몰라도 劃數만 알면 곧 찾을 수 있게 하였다.

一、卷末에는 細密한 字音索引을 붙이되, 二音以上의 文字, 이를테면 『樂』音인「악」·「락」·「요」는 그 어느 것을 찾아도 쉽게 찾도록 三箇處에 두루 收錄하여 어떤 文字이든 字音만

알면 곧 찾아내도록 하였다。

一、本書에 쓰인 略符는 다음과 같다。

〔國字〕 우리나라에서만 쓰이는 文字

〔中字〕=在來 文字 以外의 現代 中國語에서 쓰이는 文字

〔日字〕=日本에서만 쓰이는 文字

《佛》=佛敎語

《法》=法律用語

《植》=植物名

【易】=易經

【書】=書經

【詩】=詩經

【禮】=禮記

【春秋】=春秋經文

【左氏】=春秋左氏傳

【公羊】=春秋公羊傳

【穀梁】=春秋穀梁傳

【戰國】=戰國策

【呂覽】=呂氏春秋

【晏子】=晏子春秋

【傳】=書經의 孔安國傳

・詩經의 毛傳

【箋】=詩經의 鄭玄箋

【集傳】=朱子의 詩經集傳

【集注】=朱子의 論語・孟子集注

【章句】=朱子의 大學・中庸章句

其他

漢字의 主要部首名稱

머리
京 돼지해밑　写 민갓머리　家 갓머리　花 초두밑　扇 지게호　発 필발밑　究 구멍혈밑　答 대죽머리　老 늙을로엄　雪 비우

발
先 어진사람인받침　然 불화변　益 그릇명받침

변
仏 사람인변　冷 이수변　味 입구변　地 흙토변　妹 계집녀변　孫 아들자변　峡 메산변　帳 수건건변　引 활궁변　役 두인변　快 마음심　打 손수변　海 물수　狩 개사슴록변

防 좌부방　旅 모방변　時 날일변　服 달월변　林 나무목변　焼 불화변　牧 소우변　球 구슬옥변　社 보일시변　眼 눈목변　知 화살시변　研 돌석변　秋 벼화변　初 옷의변

粉 쌀미변　職 귀이변　語 말씀언변　財 조개패변　輪 수레거변　銀 쇠금변　飲 밥식변　駅 말마변　鯨 고기어변

방
利 칼도방　動 힘력변　犯 병부질병　形 삐친석삼　都 우부방　放 등글월문방　斜 말두　新 날근변　歌 하품흠방　段 갖은등글월문　雑 새추　顔 머리혈

엄
原 민음호밑　届 주검시밑　店 음호밑　痛 병질밑

몸
円 멀경몸　包 쌀포몸　巨 터진입구몸　因 큰입구몸　術 다닐행안　開 문문

받침
建 민책받침　進 책받침　起 달아날주변

疋 필필변
疒 병질안
癶 필발밑
白 흰백변
皮 가죽피변
皿 그릇명밑
目 눈목변
罒 넉사밑
罓·网 그물망
矛 창모변
矢 살시변
石 돌석변
示(礻) 보일시변
禸 짐승발자국유
禾 벼화변
穴 구멍혈밑
立 설립변
衣(衤) 옷의변

〔六　畫〕

竹 대죽변 대죽머리
米 쌀미변
糸 실사변
缶 장군부변
羊(⺶) 양양변
羽 깃우변
老·(耂) 늙을로
而 말이이변
耒 장기뢰변
耳 귀이변
聿 오직율
臼 절구구
舌 혀설변
舛(牟) 어길천밑
舟 배주변
艮 그칠간
虍 범호밑
虫 벌레충변
血 피혈변
襾·西 덮을아

〔七　畫〕

見 볼견변
角 뿔각변
言 말씀언변
谷 골곡변
豆 콩두변
豕 돼지시변
豸 갖은돼지시변
貝 조개패변
走 달아날주변
足 발족변
身 몸신변
車 수레거변
酉 닭유변
釆 분별할채변
里 마을리변

〔八　畫〕

金 쇠금변
門 문문
隶 밑이변
隹 새추
雨 비우

〔九　畫〕

革 가죽혁변
韋 가죽위변
韭 부추구
頁 머리혈
風 바람풍변
食(飠) 밥식변

〔十　畫〕

馬 말마변
骨 뼈골변
髟 터럭발밑
鬥 싸움투
鬯 술창
鬲 오지병격변
鬼 귀신귀변

〔十一畫〕

魚 고기어변
鳥 새조변
鹵 소금발로변
麥 보리맥변
麻 삼마
鹿 사슴록

〔十二畫〕

黍 기장서변
黑 검을흑변
黹 바느질치변

〔十三畫〕

黽 맹꽁이맹
鼠 쥐서변

〔十四畫〕

鼻 코비
齊 가지런할제

〔十五畫〕

齒 이치

〔十七畫〕

龠 피리약변

部 首 一 覽

〔一 畫〕

一 한일
丨 뚫을곤변
丶 점
丿 삐침
乙 새을변
亅 갈구리궐변

〔二 畫〕

二 두이변
亠 돼지해밑
人·亻 사람인변
儿 어진사람인변
入 들입변
八 여덟팔
冂 멀경변
冖 민갓머리
冫 이수변
刀·刂 칼도변
力 힘력변
勹 쌀포변
匕 비수비변
匚 터진입구변
匸 터진에운담변
卩·㔾 병부질변
厂 민음호변
厶 마늘모
又 또우

〔三 畫〕

口 입구변
囗 에운담변 큰입구변
土 흙토변
士 선비사변
夂 뒤져올치변
천천히걸을쇠변
夕 저녁석변
大 큰대
女 계집녀변
子 아들자변
宀 갓머리
寸 마디촌
小 작을소
尢·兀·尣 절름발이왕변
尸 주검시변
屮·屮 왼손좌변
山 멧산변
巛 개미허리
巾 수건건변
干 방패간변
幺 작을요변
广 음호밑
廴 민책받침
廾 밑스물십
弋 주살익
弓 활궁변
彐·彑·⺕ 터진가로왈
彡 터럭삼 삐친석삼
彳 두인변 중인변
忄(心) 심방변
扌(手) 재방변
氵(水) 삼수변
犭(犬) 개사슴록변
阝(邑) 우부방
阝(阜) 좌부방

〔四 畫〕

心(⺗) 마음심
戈 창과
戶 지게호
支 지탱할지
攴·攵 등글월문
文 글월문변
斗 말두
斤 날근변
方 모방변
无·旡 이미기몸
日 날일변
曰 가로왈
月 달월변
木 나무목변
欠 하품흠몸
止 그칠지변
歹(歺) 죽을사변
殳 갖은등글월문
毋 말무
气 기운기밀
氺 아래물수
火 불화변
灬 연화밑
爪·爫 손톱조변
爿 장수장변
片 조각편변
牙 어금니아변
牛 소우변
王(玉) 구슬옥변
耂(老) 늙을로변
月(肉) 육달월변
艹(艸) 초두밑
辶(辵) 책받침 갖은책받침

〔五 畫〕

田 밭전변

造字法(六書) ◇

형 성 (形聲) 한 쪽이 音을, 한 쪽이 뜻을 나타내는 글자

問(門＋口)→問　仕(人＋士)→仕

性(心＋生)→性　泳(水＋永)→泳

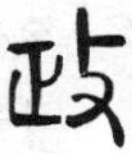

政(正正 ＋ 攴攴(攵)막대기를 손에 잡은 모양) 막대기로 두들겨서 바로잡음→政

전 주 (轉注) 본래의 뜻에서 다른 뜻으로 바뀐 文字

樂樂(楽)음악이 원래의 뜻　好好계집아이가 귀엽다는 것이 원래의 뜻

(음악은 사람의 마음에 즐거움을 준다)　(계집아이가 귀여움은 좋은 것이다)

락 ◆ 즐거워하다　◆ 좋아하다

가 차 (假借) 다른 文字의 音과 모양을 빌어 뜻을 나타낸 것

來 來(来) ― 「보리」가 원래의 뜻 → 래 오다

西 西 ― 「대바구니」가 원래의 뜻 → 서 서쪽

萬 萬 ― 「전갈(毒蟲)」이 원래의 뜻 → 숫자의 만

◇ 漢字의 構造

상 형 (象形)	물건의 모양을 본뜬 글자

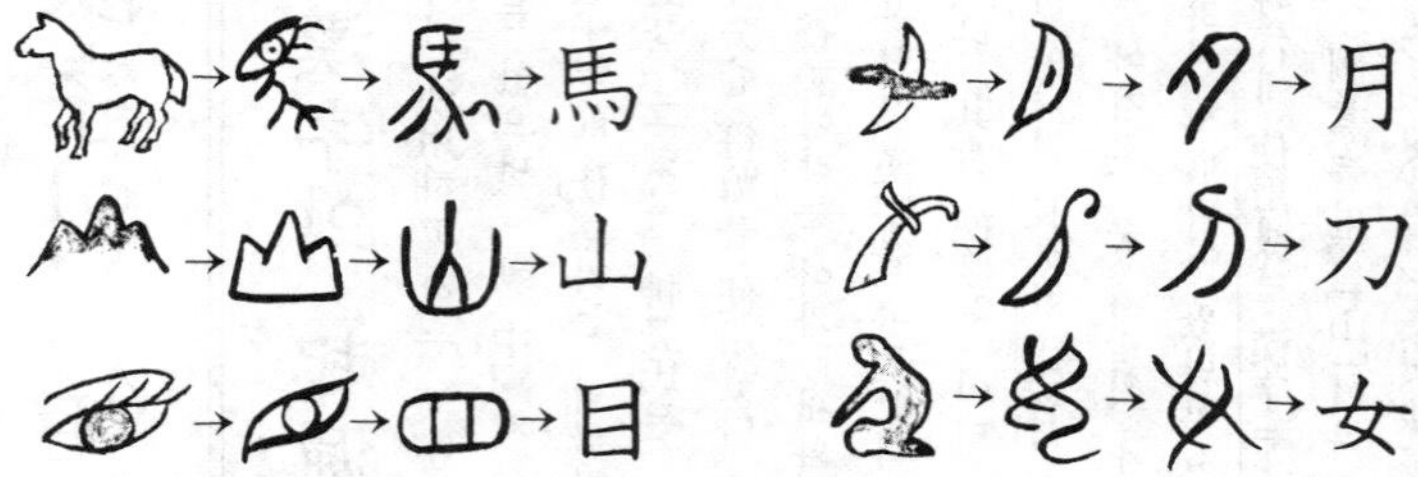

→ → →馬　　→ → →月

→ → →山　　→ → →刀

→ → →目　　→ → →女

지 사 (指事)	點線으로 어떤 생각을 나타내는 글자

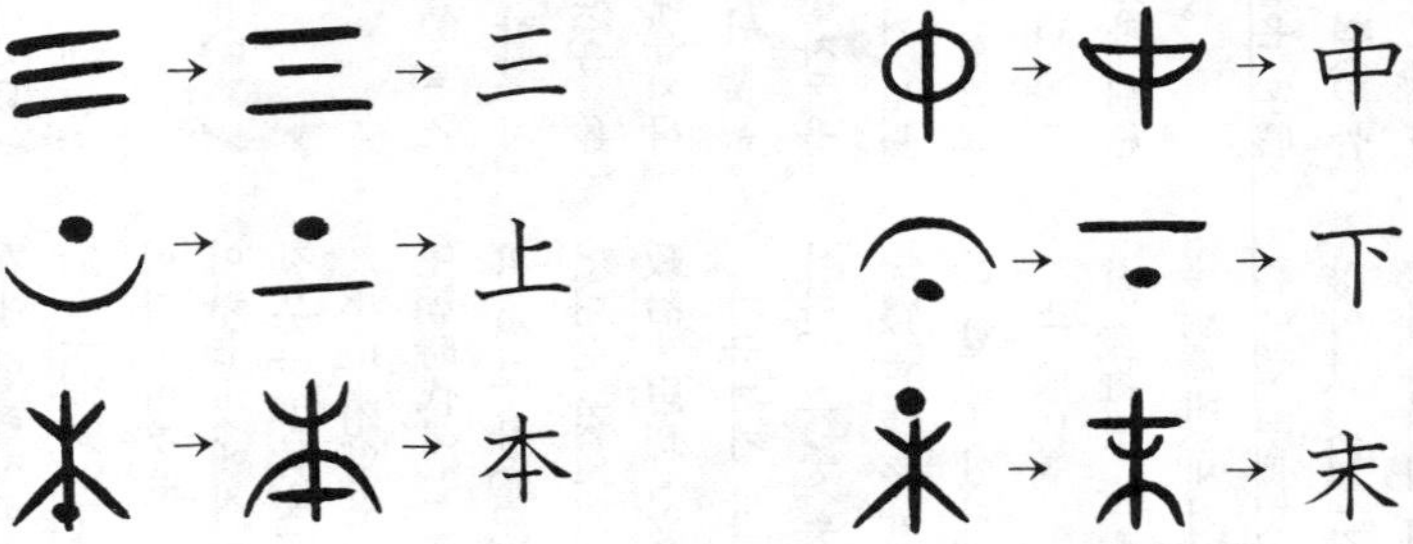

→ → 三　　→ → 中

→ → 上　　→ → 下

→ → 本　　→ → 末

회 의 (會意)	두字 이상을 결합하여 어떤 뜻을 나타내는 글자

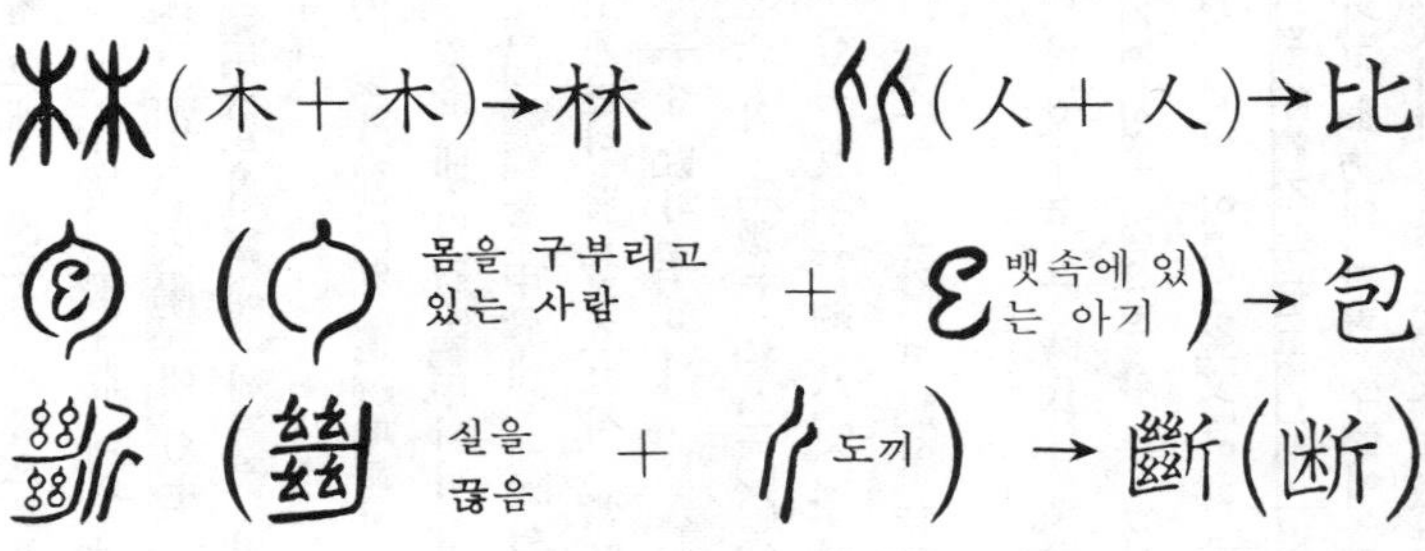

(木＋木)→林　　(人＋人)→比

(몸을 구부리고 있는 사람 ＋ 뱃속에 있는 아기) → 包

(실을 끊음 ＋ 도끼) → 𣃔(断)

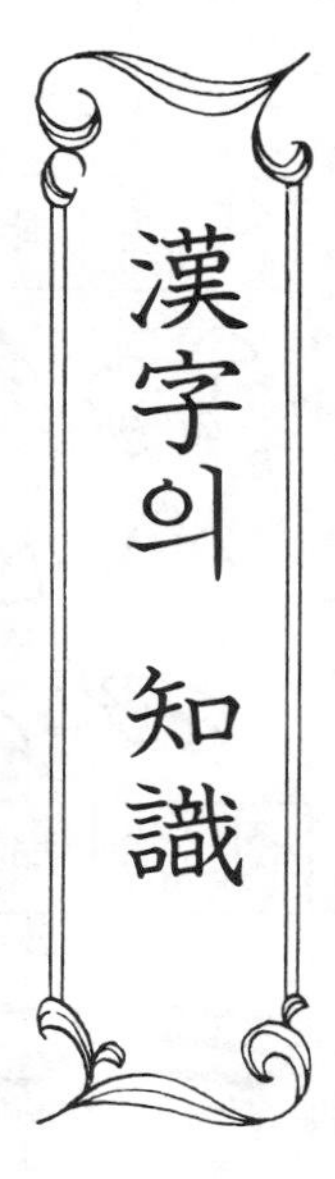

漢字의 知識

一、漢字의 起源

오늘날 우리가 使用하고 있는 漢字는, 그 起源을 소상히 밝힐 수는 없으나, 옛 中國의 傳說에 依하면 지금으로부터 數千年前 伏羲라는 임금이 天地自然을 象徵化시켜 八卦를 그렸고, 神農氏는 노끈을 매듭지어 結繩文字와 비슷한 符號를 使用했다 한다。 그 뒤 黃帝라는 임금 때 蒼頡이라는 이가 새와 짐승의 발자국을 보고 그것을 본떠서 漢字를 만들었다는 이야기가 널리 傳해지고 있으나 其實 漢字는 어떤 한 사람의 힘으로 만들어진 것이 아니라 長久한 歲月을 두고 여러 사람에 의해서 만들어지고, 뭇 사람의 不斷한 努力과 創意와 硏究에 의하여 發展되어 왔다고 볼 수 있다。

中國 上古時代에 使用했던 漢字는 오늘과 같은 字體가 아니었다。 例를 들면, 「山」이라는 글자도 [illegible](甲骨文字)→[illegible](金文)→[illegible](篆書)→[illegible](隷書)→山(楷書)와 같이 여러가지로 變化하여 오늘에 전해왔던 것이다。 現在에 알려지고 있는 가장 오래된 漢字는 지금으로부터 約 三〇〇〇年前에 繁榮했던 中國의 殷王朝 때의 文字이다。 이것은 一九世紀末에 河南省安陽縣에 있는 小屯이라는 곳에서 發掘된 龜甲水牛의 뼈에 새겨져 있던 것으로 甲骨文字라고 부른다。

小屯 附近은 殷代 中期以後의 都邑의 遺跡地로서, 殷王朝時代에는 큰 行事가 있을 때 마다 龜甲이나 짐승의 뼈로 점(占)을 쳐서 吉凶禍福을 甲骨에 새기어 두었다는 것인데 그것이 고스란히 發見됨으로써 當時의 政治·思想·文化·生活 등을 밝혀 주었다。

지금까지 알려진 甲骨文字의 字數는 約 三〇〇〇字이다。 그중 뜻을 알 수 있는 文字는 約 八〇〇字이고 字體는 簡略하고 直線이 많으며, 모가 난 點이 特色이라 할 수 있다。

또 殷代를 이은 周時代의 文字는 그 時代의 遺跡에서 發掘된 靑銅器에 새겨져 있은 것으로 알 수 있다。 金屬器에 새겨진 文字라고 하여 이를 「金文」이라고 부른다。 甲骨文字에 比하면 字體가 둥글고 自然스런 모양이나, 書體가 複雜해지고 地方에 따라 字體에 많은 差가 생기게 되었다。 現代까지 알려진 金文 字數는 約

二、六〇〇字이며、그 중 約 一、九〇〇字는 뜻도 알려지고 있다。

그 후 周宣王의 太史였던 籀(주)라는 사람이 「史籀篇」을 撰하여、書體差가 많은 金文을 整理했다고 전한다。이것을 籀文(或은 大篆이라고도 한다)이라고 하며、實際로 使用되기는 紀元前 四、三世紀頃으로 추산된다。

그 後、秦이 天下를 統一하자、李斯라는 사람이 籀文을 바탕으로 하여 小篆(篆書)을 만들어서 字體를 統一하였다。後漢때、許愼이 撰한 中國最古의 字典인『說文解字』는 이 書體를 基本으로 하여 만든 것이다。그런데、當時는 篆書보다도 한층 簡略한 隷書가 實用文字로서 使用되었고、經書 등도 隷書로 記錄했다는 것이다。그뒤에 漢의 中葉부터 隷書를 더욱 簡單하게 한 楷書가 行하여졌다。이것이 現在 使用되고 있는 字體가 된 것이다。또 行書는 後漢때、草書는 晋時代에 각각 楷書의 字畫을 省略하고 흘려 쓴 것으로 結局은 漢魏六朝로부터 唐代를 지나는 동안 이와 같이 여러가지로 發達變遷하여 現在 쓰고 있는 漢字를 이룬 것이다。

二、漢字의 傳來

우리 나라에 漢字가 언제 傳來하였는지에 대해서는 現在 斷案을 내리지 못하고 있다。이에 對한 여러 說을 綜合해보면 漢字는 적어도 지금으로부터 二〇〇〇年 以前에 傳來되었으리라고 믿을 수 있다。

三、漢字의 受用

中國에서 傳해진 漢字는 그것을 받아들이는 나라에 따라 독특한 發展을 보이게 되었다。우리 나라의 경우를 보면、漢字를 받아 들여 ① 漢文으로 意思를 表現 또는 理解하고 ② 漢字의 音과 뜻을 빌려 우리 특유의 表記手段(鄕札、吏讀、口訣 등)을 發明했으며 ③ 우리 말의 構造대로 表記하는 方法도 發明했고、④ 漢文 解讀의 한 方法으로 토를 다는 法을 發明하기도 했다。또 그런가 하면、⑤ 우리 나라 특유의 漢字를 만들기도 하고 ⑥ 그리고、中國과 다른 우리 音으로 읽고 있다。

日本의 境遇는 우리 나라와 매우 다른 점이 있다。漢文으로 意思를 表現 또는 理解하는 點에 있어서는 우리 나라의 경우와 같으나、그들은 ① 漢字를 利用하

여 그들의 文字 가나(假名)를 創案했으며 ②漢文을 읽는 方法에 있어서 뜻을 아주 풀어서 읽는 이른바 훈독(訓讀)이라는 것도 發明했다.

四、漢字의 構造(六書)

後漢때 許愼이 撰한 『說文解字』라고 하는 字典은 漢字의 音과 뜻을 說明하고 있는 외에 漢字의 짜임새(造字法)에 對해서도 說明하고 있다. 六書라고 하는 것이 그 說明上의 分類로서 指事·象形·會意·形聲은 文字의 짜임새를 說明한 것이고, 轉注와 假借는 文字의 特別한 用途에 대하여 說明한 것이다. 『說文解字』는, 지금으로부터 一八〇〇年前, 甲骨文字나 金文등에 對한 研究가 全然 行하여지지 않았던 時代에 만들어진 字典으로서 그 중에는 잘못도 있으나, 그러나, 漢字의 짜임새를 研究하기 위해서는 지금도 이것이 基本이 되고 있다. 다음에 이 『說文解字』의 分類에 따라 漢字의 짜임새를 說明하기로 한다.

(1) **象形文字**

自然과 人間을 비롯한 모든 有形物의 形狀을 그려 文字를 만드는 方法을 말한다. 때문에, 漢字를 보기만 해서 곧 그 뜻이 통하는 것이 많다.

→ → 水　→ → 月　→ → 木

→ → 雨　→ → 人　→ → 女

→ → 目　→ → 耳　→ → 手

→ → 魚　→ → 犬　→ → 羊

→ → 牛　→ → 刀　→ → 糸

現在 우리가 使用하고 있는 漢字 중에서, 文字를 보고서 그 뜻을 알 수 없는 것이라도 옛날 文字로 더듬어 올라가면 그 뜻을 알 수 있게 되는 글자도 많이 있다.

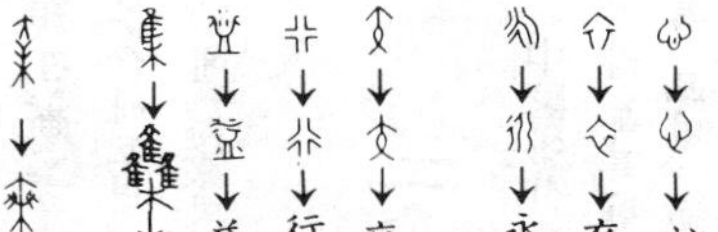

→ → 心(심장의 모양)

→ → 衣(옷깃과 양쪽 소매)

→ → 永(강의 원줄기와 원줄기에서 갈라져나간 支流)

→ → 交(사람이 다리를 서로 엇걸린 모양)

→ → 行(열십자로 된 道路)

→ → 益(접시 위에 물이 넘쳐 있는 모양)

→ → 集(여러 마리의 새가 나무 위에 앉아 있는 모양)

→ → 乘(나무 위에 사람이 오른 모양)

(古)→(古)→步(두 발꿈치의 자국 모양)

(古)→(古)→立(사람이 앞을 보고 땅위에 서 있는 모양)

象形文字는 漢字의 基本이 되는 文字로서 約 六○○字가 있으나, 이들은 한 글자로서만 使用되는 것이 아니고, 다음에 說明하겠지만 다른 많은 漢字의 변과 방이 되어 글자를 꾸며 만드는 基本이 되고 있다.

(2) 指事文字

象形文字에서 처럼 그 形狀을 그림으로 表示할 수 없는 사항을 點이나 線으로 表示하거나 또는 象形文字의 어떤 部分에 표적을 하는 등 指事의 方法으로 만들어진 文字를 指事文字라고 한다.

數字인 「一」·「二」·「三」은 각 數의 回數를 線으로 그은 것이다. 「四」字도 옛날에는 「亖」와 같이 썼던 것이다.

「上」字는, 옛날에는 ⌒·二·⊥·上으로 써서, 기준선으로 부터 위에 물건이 있음을 나타내고, 「下」字는 ⌒·二·T·下로 表示하여 反對의 뜻을 나타냈다.

「木」字 아랫쪽에 「一」의 符號를 더하여 「本」이라고 쓴 文字는 나무 뿌리를 表示하며, 根本을 뜻하고, 「木」字 윗쪽에 「一」의 符號를 더한 「末」은 나무 끝을 表示하여, 물건의 맨 끝을 뜻한다. 마찬가지로 「刀」字의 한가운데에 「丶」의 符號를 찍은 「刃」字는 칼날을 意味한다.

이들 指事文字는 約 一三○字가 있다.

(3) 會意文字

지금까지 만들어져 있는 文字를 두 개 以上을 모아 다른 하나의 새로운 뜻을 만드는 方法으로, 이렇게 된 文字를 會意文字라 한다. 이는 같은 文字를 두 개 以上 모으는 것 「林·森·炎」도 있고, 다른 文字를 모으는 것 「取·祭·至」도 있다. 「林·森」은 나무가 많이 우거진 곳, 「炎」은 불이 타오르는 모양을 나타내고, 「取」는 귀(耳)를 손(手=又)으로 잡는다는 데서 비롯하여, 「잡음」의 뜻을 나타낸다. 또 「祭」는 고기(肉=夕)를 손(手=又)에 갖고 神(=示)에게 바친다는데서 비롯하여 「제사」의 뜻을 나타내며, 「至」는 옛날에는 (至)(=날아온 화살이 땅위에 꽂힌 모양)으로 表示하여 「이르다」의 뜻이다.

「人」字는 옛날에는 「⺈」처럼 써왔으나, 이를 正面에서 表示하면 大(=大), 이를 두 개 포갠 (太)(=太)는

會意文字로는 「심하다, 격심하다」는 뜻을 나타내며 「[illegible]」을 두 개를 늘어놓은 [illegible](=从·從)은 「뒤따라가다」는 뜻의 會意文字이다. 또 「[illegible]」과 「[illegible]」을 합친 [illegible](=北)은, 사람이 등을 서로 맞댄 것으로 곧 「배신」의 뜻이고, 「卬」은 옛날에는 [illegible]로 쓰고, 서있는 사람과 앉아있는 사람이 마주 쳐다 보는 모양을 나타내는 것인데, 여기에 길(道)을 뜻하는 「辶」을 더하여 迎(=마중하다), 扌(=手)를 더하여 抑(누르다), 亻(=人)을 더하여 仰(우러러보다)등의 文字가 만들어진 것이다.

印([illegible]·[illegible]——손(手)으로 사람(人)을 꾹 누르고 있음을 나타내며, 후에 눌러서 쓰는 「도장」이라는 뜻이 되었다.

共([illegible]·[illegible]——구슬(玉)을 두 손으로 들고, 높이 떠받들고 있는 모양을 나타낸다.

兼([illegible]——손(手)에 두 벼를 함께 가진 모양으로, 두 개를 함께 갖는 뜻으로 쓰이게 되었다.

衆([illegible]·[illegible]—— 目(눈목) 아래에 人(사람인)字를 세 개 써서, 「많은 사람」이라는 뜻을 나타낸다.

祝([illegible]·[illegible]——神(=示)앞에서, 사람이 입(口)을 벌리고, 바라는 일이 이루어지도록 빌고 있는 모습을 나타낸 것으로, 「축하」하는 뜻으로 쓰이게 되었다.

孫([illegible]·[illegible]——子(아들자)와 系(이을계)를 결합하여 「손자」라는 뜻이다.

斷([illegible]——실(糸)꾸러미를 큰 도끼로 자르는 모양을 나타내어 「끊다」라는 뜻으로 쓰인다.

이와 같이 두 글자 이상을 모아 한 글자를 만드는 方法은, 中國에서 뿐만 아니라, 漢字를 받아들인 우리나라에서도 행해져서 우리나라 특유의 漢字를 만들기도 했는데, 畓(논답), 乭(이름 돌)등과 같은 것은 그 좋은 예로 알려져 있다.

(4) 形聲文字

이미 만들어진 文字를 結合해서, 한쪽은 音을 表示하고, 다른 한쪽은 뜻을 表示하는 방법으로 만들어진 文字를 形聲文字라고 한다. 例를 들면, 「佛」의 왼쪽의 「人」은 「사람」이란 뜻을 나타내고, 오른쪽의 「弗」은 「불」이란 音을 나타낸다. 「婆」의 아래의 女는 뜻을 나타내고, 위의 「波」는 음을 나타내며, 또 波도 形聲인데 氵는 「물(水)」이란 뜻을 나타내고, 皮는 音을 나타낸다. 또, 「悶」字의 「門」은 소리를, 心은 마음이란 뜻을 나타낸다.

소리는 시간을 따라 자꾸 變하므로, 한 가지의 符號를 한 가지 소리만으로 읽을 수는 없다. 「可」의 音은

現在「가」이지만、「河・何」에서는「하」요、「阿」에서는「아」이다。그러나、「哥・歌」에서는「가」이다。그러므로 音은 대강 짐작하는 길 밖에 없다。

뜻을 나타내는 部分도 勿論 퍽 抽象的이긴 하지만、「人」이 들어간 文字는「사람」과 關係되고、「氵」이 들어간 文字는「물」과 關係되고、艹(草)가 들어간 文字는「풀」과 關係된다고 생각하면 크게 어긋나지는 않을 것이다。

그리고、뜻을 表示하는 部分을「意符」、音을 表示하는 部分을「音符」라고 하는데、그 結合方法에는 다음과 같은 여섯의 경우가 있다。

① 왼쪽이 意符、오른쪽이 音符인 것。

河・銅・語・均・像

② 왼쪽이 音符、오른쪽이 意符인 것。

攻・信・歌・判・視

③ 윗쪽이 意符、아랫쪽이 音符인 것。

草・筒・葉・究・界

④ 윗쪽이 音符、아랫쪽이 意符인 것。

悲・盛・賞・貸・導

⑤ 바깥쪽이 意符、안쪽이 音符인 것。

囲・固・園・閣・術

⑥ 바깥쪽이 音符、안쪽이 意符인 것。

問・聞・風

現在 우리가 使用하고 있는 漢字의 八〇%以上이 이 形聲文字라고 한다。그리고、앞에서 말한 會意文字에 있어서도、그 文字의 한쪽이 音을 나타내는 경우가 적지 않다。例를 들면、「酒」라는 글자는 氵(=水)와 酉(=술을 넣는 항아리、술통)를 結合하여 술통 안에 들어 있는 液體、곧 술이라는 뜻을 나타내고、酉는 音을 나타낸다。이와 같이 形聲文字와 會意文字를 兼한 漢字도 相當한 수에 達하고 있다。

以上에서 말한 象形・指事・會意・形聲 등은 모두 文字를 만드는 方法이라고 할 수 있으며、모든 漢字는 이 중의 어딘가에 의하여 만들어진 것이다。

(5) 轉注文字

以上에서 말한 네 가지의 方法으로 文字를 만든다고 하나、漢字는 表意文字이므로 無限한 事物을 다 나타낼 수는 없는 것이다。말하자면、漢字의 수는 모든 事物의 수 만큼 있지 않으면 안된다고 할 것이다。그래서、이미 만들어진 文字를 다른 뜻으로 轉用하는 일이 있는데、이를「轉注」라 한다。그 例로서「樂(악)」은 本來

「음악」을 뜻하는 글자이다. 그런데 음악은 항시 사람의 마음을 즐겁게 하여 주므로, 그 뜻이 바뀌어 「즐겁다＝즐거울락」, 「좋아하다＝좋아할요」로 轉用된 것이고, 「惡(악할악)」은 모든 사람이 다 미워하므로 「惡(미워할오)」의 뜻으로 쓰이게 되었다.

(6) 假借文字

말은 있으면서 適當한 글자가 없을 때, 글자를 다시 만들지 않고 이미 있는 글자의 音이나 뜻의 一部를 빌어다 쓴 것으로 이를 假借文字라고 한다. 例를 들면, 「長」은 본래 수염이 긴 노인의 모양이나 「어른」을 뜻한다. 또한 이미 글자가 있는 데도 빌어다 쓰는 경우가 없지 않다. 가령, 「燕」은 「제비」란 뜻인데 「宴(잔치연)」과 音이 같으므로 「宴」의 뜻으로 假借되기도 한 것이다. (宴樂→燕樂). 또 「來」는 本來 「보리」를 뜻하는 象形文字이나, 「오다」의 뜻으로 假借된다.

漢文에는 形態的인 機能을 가진 於, 矣, 乎 등의 많은 글자들은, 本來의 뜻이 있었으나 거의 喪失하고, 「虛辭」로 굳다시피 했는데, 이도 假借의 例라 할 것이다.

以上 말한 六書는 그것이 모두 造字法이든 아니든, 漢字의 構成을 說明한 말로 받아들이면 족하다. 이는 漢字 한 글자마다의 起源을 說明함과 同時에, 漢字가 어떤 모양으로 짜여졌는가를 말하기도 한다.

點畫이 차례차례로 더해져서 하나의 文字를 形成하여가는 順序를 筆順이라고 한다。 筆順은 全體 字形이 충분히 균형이 잡힌 형태로, 바르고, 그러면서도 무리없이 쓸 수 있게끔 오랜 동안의 연구를 거쳐 오늘에 전해온 것이다。 그러므로 漢字는 바른 筆順에 따라 쓸 때, 가장 쓰기 쉬울 뿐 아니라, 쓴 글자 모양도 아름다워진다。

《筆順의 基本的인 原則》

一、위에서 아래로——위에 있는 部分부터 쓰기 시작하여 차츰 아랫 部分으로 써 내려간다。

例 工 (一 丅 工)　客 (宀 灾 客)

二、왼쪽에서 오른쪽으로——왼쪽에 있는 部分부터 쓰기 시작하여 차츰 오른쪽 部分으로 써 나간다。

例 脈 (⺼ 肵 脈)　休 (亻 休)

《筆順原則》

(1) 가로획을 먼저: 가로획과 세로획이 서로 엇걸릴 때에는 다음 ②의 경우를 제외하고는 가로획을 먼저 긋는다。

① 가로획·세로획의 필순

例 十 (一 十)　土 (一 十 土)　士 (一 十 士)

◎ 세로 획이 엇걸린 후에 굽어져도

例 七 (一 七)　大 (一 ナ 大)

◎ 앞뒤에 다른 點畫이 더해도

例 告 (丿 𠂉 ⺧ 生)　木 (一 十 木)　寸 (一 寸 寸)

② 가로획·세로획·세로획의 필순

例 共 (一 卄 共)　花 (一 艹)　算 (笪 算)

◎ 세로획이 3개 以上이 되어도

例 帶 (一 卌 卌 帶)　無 (𠂉 無 無)

③ 가로획·가로획·세로획·세로획의 필순

↓用 (⺆ 月 用)

◎ 앞뒤에 다른 點畫이 더해도

↓末 (一 二 キ 末)

◎ 가로획이 3개 以上이 되어도

耕 (三 丰 耒)

◎ 세로획이 엇걸린 후에 굽어져도

夫 (二 扌 夫)

④ 가로획·가로획·세로획·세로획의 필순

→耕 (耒 耕)

(2) **가로획을 나중에**: 가로획과 세로획이 엇걸릴 때는, 다음의 경우에 한하여 가로획을 나중에 쓴다.

① 田→田 (冂 冂 田 田) 男·異·町·細

② 田이 發展한 것 →由 (冂 巾 由 由) 曲 (冂 巾 曲 曲 曲)

角 (角 角 角 角) 再 (冂 丙 再 再)

③ 王→王 (一 T 干 王) 玉·主·美·差·義

④ 王이 發展한 것

◎ 속의 가로획이 둘이 되어도

進 (亻 亻 隹 隹) 馬 (厂 甲 馬)

◎ 세로획이 위에 솟아 오를때도

生 (𠂉 牛 牛 生)

◎ 세로획이 둘이 되어도

寒 (宀 中 寉)

(3) **가운데 부분을 먼저**: 글자의 구성이 좌·중·우와 같이 되고, 좌·우가 一, 二畫일 경우는 한가운데 부분을 먼저 쓴다.

小 (亅 亅 小) 当 (丶 丷 ⺌) 水 (亅 刁 水)

緑 (糸 糸 緑) 衆 (中 衆 衆)

◎ 가운데가 두획이 되어도

業 (丷 丷 业 业) 赤 (赤 赤 赤)

◎ 가운데가 약간 복잡해져도

楽 (白 泊 泶) 承 (手 拜 承)

〖注意〗 다음의 경우는 예외가 된다.

性 (丶 丷 忄) 火 (丷 火)

(4) **몸은 먼저**: 안을 에워싸고 있는 바깥둘레를 「몸」이라고 하는데, 몸은 안보다 먼저 쓴다.

同 (冂 同) 内 (冂 内) 司 (𠃌 司)

◎ 「日」과 「月」도 日·月을 먼저

日 (冂 日) 月 (⺆ 月) 目 (冂 目) 田 (冂 冂 田)

〖注意〗 区→区 (一 㐅 区) 医→医 (一 矢 医)

(5) **삐침은 피임보다 먼저**

文 (亠 ナ 文) 父·故·支·収·処

(6) 글자 전체를 꿰뚫는 세로획은 최후에

中 (口 中) 申·神·車·半·事·建

◎ 아래가 막혀도

書（𦘒𦘕）　妻　手（三手）

◎ 위가 막혀도

平（丆平）

◎ 아래나 위、또는 전체를 꿰뚫지 않는 세로획은 위·세로획·아래의 순으로 쓴다。

里（日甲里）　重（𠂉亩重）　謹（謊謹謹）

（7）글자 전체를 꿰뚫는 가로획은 최후에

女（𡿨女）　子（了子）　舟（月舟）　母（𠃋母）

【注意】「世」만은 例外

世（一卄世）

（8）가로획과 삐침：가로획이 길고、삐침이 짧게 써야할 글자(ㄱ)는 삐침을 먼저 쓴다。反對로、가로획이 짧고 삐침을 길게 써야할 글자(ㄴ)는 가로획을 먼저 쓴다。

（ㄱ）右（ノナ右）　有·布·希

（ㄴ）左（一ナ左）　友·在·存·拔

《특히 注意해야 할 筆順》

여러 가지로 쓰이나 ◦로 쓰는 것이 보통의 필순이다。

①止 {◦（丨卜）（‵卜）　②耳〈取〉 {◦（𠀃耳）（丌耳）　③感 {◦（后咸感）（后忈感）

④馬 {◦（𠂆ㄇ甲馬）（𠂆阝馬馬）　⑤無 {◦（𠂉𣠮無）（𠂉𠂉無）　⑥興 {◦（𦥑𦥑興）（目𦥑興）

總劃索引

六畫

坣 一七〇　坤 一七〇　坥 一七〇　坦 一七〇　坪 一七〇　坫 一七〇　坭 一七〇　坮 一七〇　坯 一七〇　坰 一七〇　坲 一七〇　坳 一七〇　坴 一七〇　坵 一七〇　坶 一七〇　坷 一七〇　坴 一七〇　坑 一七〇　坺 一七〇　坻 一七〇　坼 一七〇　坿 一七〇　垀 一七〇　垁 一七〇

垂 一七〇　坙 一七三　坐 一七三　夜 一八三　姓 一八三　夵 一八三　奄 一八三　夼 一八三　𡘙 一八三　费 一八三　沓 一八三　扶 一八四　奈 一八四　奉 一八四　奓 一八四　奊 一八四　㚇 一八四　妚 一八六　妬 一八六　妭 一八六　妮 一八六　㚰 一八六　妯 一八六　妲 一八六

妵 一八六　妷 一八六　妹 一八六　妹 一八六　妻 一八六　妼 一八六　姑 一八六　妾 一八六　妿 一八六　姁 一八六　姃 一八六　姅 一八六　姆 一八九　妥 一八九　妳 一八九　姈 一八九　姊 一八九　姉 一八九　始 一八九　姍 一八九　姎 一八九　姏 一八九　姐 一八九　娍 一八九

姑 一八九　姛 一八九　姒 一八九　姓 一八九　委 一八九　𡛓 一八九　要 一八九　孟 二〇一　孠 二〇一　孢 二〇一　季 二〇一　孤 二〇一　孥 二〇一　孖 二〇一　学 二〇一　宓 二〇三　宔 二〇三　宕 二〇三　宖 二〇三　宗 二〇四　官 二〇四　宙 二〇四　定 二〇四　宛 二〇四

宜 二〇四　宐 二〇四　宝 二〇四　实 二〇四　実 二〇四　导 二〇九　尀 二〇九　尚 二一〇　尫 二一一　尨 二一一　尾 二一二　屁 二一二　屃 二一二　屄 二一二　居 二一二　屈 二一三　屉 二一三　戻 二一三　毎 二一五　岩 二一六　岞 二一六　峡 二一六　岠 二一六　岡 二一六

岟 二一六　岢 二一六　岣 二一六　岥 二一六　岧 二一六　岨 二一六　岩 二一六　岪 二一六　岪 二一六　岫 二一六　岬 二一六　岭 二一六　岮 二一六　岯 二一六　岰 二一六　岱 二一六　岳 二一六　岵 二一六　屔 二一六　岷 二一六　岸 二一六　嵒 二一五　帑 二二六　帄 二二六

帑 二二六　帊 二二六　帒 二二六　帓 二二六　帔 二二六　帕 二二六　帖 二二六　帗 二二六　帘 二二六　帙 二二六　帟 二二六　帚 二二六　帛 二二六　幷 二三一　幸 二三一　紗 二三三　底 二三三　庈 二三三　庖 二三三　店 二三三　庝 二三三　庘 二三三　庙 二三三　废 二三三

庚 二三三　直 二三三　庢 二三三　庛 二三三　府 二三三　弆 二三八　弅 二三八　弄 二三八　弡 二三九　弢 二三九　弣 二三九　弤 二三九　弥 二三九　弦 二四〇　弧 二三九　希 二四三　彔 二四三　彣 二四三　彼 二四三　彽 二四四　彾 二四四　彿 二四四　徆 二四四

往 二四四　徃 二四四　征 二四四　徂 二四四　径 二四四　忝 二四八　忞 二四八　忠 二四八　忩 二四九　忥 二四九　念 二四九　忽 二四九　忿 二四九　怽 二五〇　怇 二五〇　怉 二五〇　怊 二五〇　怟 二五〇　怍 二五〇　怏 二五〇　怐 二五〇　怓 二五〇　怖 二五〇

𢘑 二五〇　怕 二五〇　怔 二五〇　体 二五〇　怦 二五〇　怞 二五〇　怜 二五〇　怛 二五〇　怚 二五〇　怕 二五〇　怙 二五〇　怗 二五〇　怡 二五〇　怲 二五一　怯 二五一　怮 二五一　怭 二五一　怫 二五一　㤬 二五一　怪 二五一　怩 二五一　性 二五一　怞 二五一

怦 二五一　怤 二五一　怢 二五一　怳 二五一　怺 二五一　怾 二五一　忧 二五一　戕 二六九　或 二六九　戔 二六九　戋 二六九　我 二六九　或 二六九　所 二七一　所 二七一　房 二七一　戾 二七一　戽 二七一　牂 二七三　承 二七四　抨 二七五　扻 二七五　抦 二七五

抯 二七五　抮 二七五　抗 二七五　抬 二七五　披 二七五　抪 二七五　抱 二七五　抹 二七六　抶 二七六　抵 二七六　抴 二七六　拈 二七六　拇 二七六　拆 二七六　扼 二七六　担 二七六　拄 二七六　拃 二七六　拂 二七六　抿 二七六　抾 二七六　抽 二七六　抹 二七六

拉 二七六　拊 二七六　抛 二七七　批 二七七　拌 二七七　拍 二七七　拐 二七七　拑 二七七　拒 二七七　拓 二七七　拔 二七七　拕 二七七　拖 二七七　拗 二七七　拘 二七七　㧙 二七七　拙 二七七　拼 二七七　招 二七六　拜 二七六　拀 二七六　敀 三〇〇　攽 三〇〇　放 三〇〇

敁 三〇〇　政 三〇〇　斉 三〇五　斧 三〇七　斨 三〇七　斺 三〇八　於 三〇八　旹 三一一　旺 三一一　旻 三一一　旼 三一一　旽 三一一　昨 三一一　昁 三一一　昂 三一一　昃 三一一　昄 三一一　昆 三一一　昇 三一一　昈 三一一　昉 三一一　昊 三一一　昏 三一一　昌 三一一

九畫

毘 三六四　毨 三六四　毦 三六五　毠 三六五　毧 三六五　毢 三六五　毡 三六五　毞 三六五　毤 三六五　㲎 三六七　泉 三七三　盁 三七五　泿 三七五　洅 三七五　洃 三七五　洄 三七五　洉 三七五　洊 三七五　洋 三七五　洌 三七五　洍 三七五　流 三七五　洎 三七五　洏 三七五　涓 三七五

洑 三七五　洒 三七五　洓 三七五　洔 三七五　洗 三七五　洘 三七六　洙 三七六　洛 三七六　洝 三七六　洞 三七六　洟 三七六　洡 三七六　洣 三七六　津 三七六　洦 三七六　洧 三七六　洨 三七六　汧 三七六　洩 三七六　洪 三七六　洫 三七六　泱 三七六　洮 三七六　洲 三七六

洳 三七六　洵 三七六　洶 三七七　洸 三七七　洺 三七七　活 三七七　洼 三七七　洽 三七七　派 三七七　洿 三七七　流 三七七　浅 三七七　炟 四〇三　炠 四〇三　炡 四〇三　炤 四〇三　炥 四〇三　炦 四〇三　炪 四〇三　炫 四〇三　炬 四〇三　炭 四〇三　炮 四〇三　炰 四〇三

炯 四〇三　炱 四〇三　炳 四〇三　炵 四〇四　炷 四〇四　炸 四〇四　点 四〇四　爯 四一三　爰 四一三　敂 四一三　延 四一四　爼 四一四　牁 四一五　[illegible] 四一五　牀 四一五　牉 四一五　牠 四一七　牮 四一七　牱 四一八　牯 四一八　牲 四一八　牴 四一八　狊 四二〇　狟 四二一

狠 四二一　狡 四二一　狢 四二一　狤 四二一　狥 四二一　狦 四二一　狧 四二一　狨 四二一　狩 四二一　狪 四二一　[illegible] 四二一　狫 四二一　玅 四二八　玲 四二九　玳 四二九　玷 四二九　玹 四二九　玻 四二九　玼 四二九　玽 四二九　珀 四三〇　珂 四三〇　珈 四三〇　珉 四三〇

珊 四三〇　珌 四三〇　珍 四三〇　珎 四三〇　珏 四三〇　[illegible] 四三七　瓪 四三八　瓫 四三八　瓬 四三八　瓮 四三八　瓯 四三八　瓰 四三八　瓱 四三八　瓲 四三八　甚 四四〇　甾 四四一　畂 四四一　畆 四四一　畇 四四一　畋 四四一　界 四四一　畍 四四一　畎 四四一　畏 四四一

毘 四四二　畐 四四二　畓 四四二　畑 四四二　疢 四四六　[illegible] 四四六　疣 四四六　疤 四四六　疲 四四六　疥 四四六　痈 四四六　疷 四四六　疨 四四六　疩 四四六　疪 四四六　疫 四四六　癸 四五三　癹 四五三　発 四五三　[illegible] 四五三　皇 四五三　皈 四五四　[illegible] 四五五　[illegible] 四五五

[illegible] 四五五　[illegible] 四五五　盃 四五六　盅 四五六　盆 四五六　盇 四五六　盈 四五六　盷 四五九　相 四五九　眀 四五九　眣 四五九　眡 四五九　盹 四五九　眏 四五九　盻 四五九　県 四六〇　睟 四六〇　盼 四六〇　盾 四六〇　[illegible] 四六〇　明 四六〇　省 四六〇　眄 四六〇　眅 四六〇

眆 四六〇　眇 四六〇　眈 四六〇　眉 四六〇　[illegible] 四六〇　眊 四六〇　看 四六〇　[illegible] 四六〇　[illegible] 四六八　矜 四六八　矦 四六九　矧 四六九　砂 四七〇　砆 四七〇　砉 四七〇　砊 四七〇　砋 四七〇　砌 四七一　砎 四七一　砏 四七一　砐 四七一　砑 四七一　砒 四七一　祅 四七八

祆 四七八　祇 四七八　祈 四七八　祉 四七八　[illegible] 四七八　祊 四七八　祋 四七八　神 四七八　禹 四八二　禺 四八二　秩 四八三　秋 四八三　秌 四八三　种 四八三　秎 四八三　秏 四八三　秐 四八三　科 四八三　秒 四八三　秔 四八三　秄 四八三　秕 四八三　秖 四八三　[illegible] 四八三

究 四八九　穽 四八九　窆 四八九　[illegible] 四八九　穿 四八九　窊 四八九　窀 四八九　突 四八九　窂 四八九　竑 四九三　竒 四九三　竓 四九三　竔 四九三　竕 四九三　竽 四九五　笆 四九五　竿 四九五　籶 五〇八　[illegible] 五〇八　籹 五〇八　籺 五〇八　[illegible] 五〇八　类 五〇八

籽 五〇八　籾 五〇八　粁 五〇八　粂 五〇八　紀 五一二　紓 五一二　紂 五一二　紃 五一三　約 五一三　紅 五一三　紆 五一三　紇 五一三　紈 五一三　紉 五一三　缸 五二八　[illegible] 五二八　罠 五三〇　罘 五三〇　罡 五三〇　羍 五三三　美 五三三　羑 五三三　[illegible] 五三四　翁 五三四

狂 五三四　者 五三八　耇 五三八　耍 五三八　[illegible] 五三八　耎 五三八　耏 五三八　耐 五三八　耑 五三八　耔 五三八　耶 五四〇　耾 五四〇　肂 五四二　胂 五四五　胃 五四五　胄 五四五　[illegible] 五四五　胅 五四五　胆 五四五　[illegible] 五四五　胇 五四五　胈 五四五　胉 五四五

胊 五四五　胍 五四五　胎 五四五　胏 五四五　胕 五四五　胖 五四五　胗 五四五　胘 五四五　胙 五四五　胚 五四五　[illegible] 五四五　胛 五四六　胴 五四六　胜 五四六　胞 五四六　胟 五四六　胠 五四六　胡 五四六　胣 五四六　胤 五四六　胥 五四六　背 五四六　脉 五四六　致 五五六

函 五五七　[illegible] 五五八　舡 五五九　彤 五五九　舐 五五九　芔 五六三　苐 五六五　苑 五六五　苒 五六五　苓 五六五　茗 五六五　苗 五六五　苙 五六五　苛 五六五　芸 五六五　苴 五六五　苞 五六五　苟 五六五　茛 五六五　苡 五六五　苜 五六五　苣 五六五　若 五六五　苦 五六六

苧 五六六　苊 五六六　苩 五六六　苫 五六六　茌 五六六　苯 五六六　茲 五六六　英 五六六　苲 五六六　苳 五六六　苴 五六六　苋 五六六　芺 五六六　芺 五六六　苶 五六六　苷 五六六　苹 五六六　苺 五六六　苻 五六六　苽 五六六　茀 五六六　苾 五六七　茁 五六七　茂 五六七

范 五六七　茄 五六七　茆 五六七　茇 五六七　茈 五六七　茉 五六七　荼 五六八　草 五六九　虐 五九一　虳 五九二　蚝 五九二　虵 五九二　虶 五九二　虷 五九二　虸 五九二　虮 五九二　蚩 五九三　虹 五九三　虿 五九三　虺 五九三　虻 五九三　[illegible] 五九三　虽 五九三　邮 六〇五

盅 六〇五　衍 六〇六　衎 六〇七　衭 六〇八　衶 六〇八　衯 六〇八　衱 六〇八　衲 六〇八　衳 六〇八　衴 六〇八　衵 六〇八　衸 六〇八　衹 六〇八　衺 六〇八　衻 六〇八　衼 六〇八　衽 六〇八　衿 六〇九　衫 六〇九　衵 六〇九　袂 六〇九　要 六一七　要 六一七　覌 六一七

觓 六二〇　[illegible] 六二〇　觔 六二〇　訂 六二三　訒 六二三　訃 六二三　訅 六二三　訆 六二三　訇 六二三　計 六二三　欲 六二八　貞 六四三　貟 六四三　負 六四三　負 六四三　赳 六四八　赴 六四八　趵 六五三　趴 六五三　軋 六六三　軌 六六三　軍 六六三　迋 六七一　迠 六七一

迟 六七二　迢 六七二　迣 六七二　迺 六七二　迥 六七二　迦 六七二　迨 六七二　迹 六七二　迡 六七二　迪 六七二　迫 六七二　迭 六七二　迮 六七二　迯 六七二　述 六七二　迱 六七三　邦 六七九　郛 六八〇　邽 六八〇　郁 六八〇　郜 六八〇　郄 六八〇　郇 六八〇　郘 六八〇

邢 六八〇　郊 六八〇　郎 六八〇　郏 六八〇　郎 六八〇　酊 六九四　酋 六九四　重 六九九　[illegible] 七二四　閁 七二五　閂 七二五　陊 七一二　陋 七一二　陌 七一二　降 七一二　陝 七一二　陏 七一二　限 七一二　陑 七一二　陁 七一二　陎 七一二　陔 七一二　面 七三三　革 七三四

韋 七二九　韭 七三〇　音 七三二　頁 七三二　風 七三七　飛 七四〇　食 七四〇　首 七四五　香 七四六

十畫

丵 七九　乘 八〇　亳 八五　亭 八五　修 九七　俱 九七　俲 九七　俳 九七　俴 九七　㑪 九七　俵 九七　傷 九七　俶 九七

俷 九七　俸 九七　俾 九七　俹 九八　倀 九八　併 九八　倃 九八　倄 九八　倅 九八　倆 九八　倉 九八　個 九八　倌 九八　倍 九八　倎 九八　倐 九八　倏 九八　候 九八　們 九八　倒 九八　倓 九八　俺 九九　俻 九九　倔 九九

倕 九九　倖 九九　倗 九九　倸 九九　倘 九九　候 九九　倚 九九　倛 九九　倜 九九　倝 九九　倞 九九　借 九九　倠 九九　倡 九九　倢 九九　倣 一〇〇　値 一〇〇　倥 一〇〇　倦 一〇〇　倧 一〇〇　倨 一〇〇　倩 一〇〇　倪 一〇〇　倫 一〇〇

倬 一〇〇　倭 一〇〇　倮 一〇〇　倰 一〇〇　倱 一〇〇　倲 一〇〇　傳 一〇〇　倴 一〇〇　喪 一〇〇　倈 一〇〇　党 一一二　兓 一一二　兟 一一三　畗 一一三　真 一一四　冓 一一五　冔 一一五　冢 一一五　冤 一一五　冣 一一六　冥 一一六　凄 一一七　凅 一一七　准 一一七

凇 一一七　凈 一一七　凉 一一七　凊 一一七　凋 一一七　凌 一一七　凍 一一七　剨 一二三　劸 一二三　𠟗 一二三　剔 一二三　剕 一二三　剖 一二三　剗 一二三　剏 一二三　剚 一二三　剛 一二三　剜 一二三　剠 一二三　剝 一二三　剞 一二三　剟 一二三　剅 一二三　剡 一二三

勦 一二六　勍 一二七　勑 一二七　勅 一二七　勢 一二七　匍 一三〇　匑 一三〇　[illegible] 一三一　[illegible] 一三一　匪 一三一　單 一三五　卤 一三六　厜 一三六　厝 一三六　厞 一三六　原 一三六　叞 一四二　叜 一四二　員 一五一　哶 一五一　哤 一五一　哥 一五一　哦 一五一　哨 一五一

哩 一五一　哫 一五一　哭 一五一　哮 一五一　哯 一五一　哖 一五一　哱 一五一　哲 一五一　哳 一五一　哵 一五一　哶 一五一　哷 一五二　哹 一五二　哺 一五二　哼 一五二　哽 一五二　哿 一五二　唻 一五二　唀 一五二　唁 一五二　唄 一五二　唅 一五二　唆 一五二　唇 一五二

唈 一五三 唉 一五三 唊 一五三 唌 一五三 唍 一五三 唐 一五三 哂 一五三 唔 一五三 唕 一五三 唚 一五三 喆 一五三 員 一六六 圁 一六七 圂 一六七 圃 一六七 圄 一六七 圅 一六七 埕 一七一 垷 一七一 垸 一七一 垺 一七一 埧 一七一 𡋯 一七三 埠 一七三 坶 一七三

垂 一七三 埂 一七三 埃 一七三 埄 一七三 埅 一七三 埆 一七三 埇 一七三 埈 一七三 埋 一七三 埍 一七三 城 一七三 埌 一七三 埏 一七三 埒 一七三 夏 一八一 夎 一八一 套 一八四 奘 一八五 奚 一八五 奞 一八五 㛗 一九一 娼 一九一 娉 一九一 娋 一九一

娌 一九一 娍 一九一 娎 一九一 娑 一九一 娒 一九一 娓 一九一 㚹 一九一 娖 一九一 娗 一九一 娘 一九一 娙 一九二 娛 一九二 娜 一九二 姡 一九二 娷 一九二 㛖 一九二 娹 一九二 娟 一九二 娠 一九二 娣 一九二 娥 一九二 娦 一九二 娧 一九二 娨 一九二

娩 一九二 娪 一九二 㜝 一九二 孫 二〇一 㝃 二〇一 宬 二〇五 㝗 二〇五 宭 二〇五 宮 二〇五 害 二〇五 宰 二〇五 宱 二〇五 害 二〇五 宴 二〇五 家 二〇五 宸 二〇五 容 二〇五 宔 二〇五 宻 二〇五 宼 二〇五 專 二〇九 射 二〇九 尅 二〇九 将 二〇九

㒵 二一〇 尵 二一一 尮 二一一 𡯷 二一一 逳 二一一 㞙 二一三 屖 二一三 屐 二一三 屑 二一三 屒 二一三 屎 二一三 屓 二一三 屔 二一三 展 二一三 屖 二一三 峨 二一七 峩 二一七 峪 二一七 㟧 二一七 峭 二一七 峮 二一七 㟮 二一七 峯 二一七 峰 二一七

峱 二一七 峧 二一七 峴 二一七 峵 二一七 島 二一八 峷 二一八 峹 二一八 㟋 二一八 峻 二一八 峆 二一八 峽 二一八 迯 二一八 㟟 二一八 峿 二一八 差 二二四 帆 二二七 帨 二二七 㡌 二二七 帹 二二七 帩 二二七 帳 二二七 師 二二七 帬 二二七 郡 二二七

帹 二二七 席 二二七 帰 二二七 座 二三三 庨 二三四 庪 二三四 庫 二三四 庬 二三四 庭 二三四 庮 二三四 庘 二三四 迴 二三七 弆 二三八 弰 二四〇 弱 二四〇 弲 二四〇 𢏆 二四〇 彧 二四三 㣎 二四三 徎 二四四 徐 二四四 後 二四四 徍 二四四 徫 二四五

徑 二四五 徒 二四五 恁 二五一 恋 二五三 恐 二五三 恕 二五三 恖 二五三 恙 二五三 恚 二五三 恝 二五三 㤿 二五三 恣 二五三 恥 二五三 恧 二五三 恩 二五三 恭 二五三 息 二五三 悆 二五三 恾 二五三 悀 二五三 悁 二五四 悃 二五四 悄 二五四 悅 二五四

悇 二五四 悈 二五四 悋 二五四 悌 二五四 悍 二五四 悎 二五四 悒 二五四 悭 二五四 悔 二五四 悕 二五四 悖 二五四 悗 二五四 𢙄 二五四 悙 二五四 悚 二五四 悛 二五五 悝 二五五 悞 二五五 悟 二五五 悧 二五五 悢 二五五 惱 二五五 悩 二五五 敍 二六九

戚 二六九 戜 二六九 戔 二六九 扅 二七一 扆 二七一 扇 二七一 拲 二七八 拳 二七八 拿 二七九 挈 二七九 𢪃 二七九 挙 二七九 挐 二八〇 挨 二八〇 挩 二八〇 挪 二八〇 挫 二八〇 挮 二八〇 振 二八〇 挱 二八〇 挴 二八〇 挹 二八〇 挺 二八〇 挻 二八〇

括 二八〇 挼 二八〇 挽 二八〇 𢫬 二八〇 挀 二八〇 挬 二八一 挾 二八一 挿 二八一 捀 二八一 捁 二八一 捂 二八一 捃 二八一 捄 二八一 捅 二八一 捆 二八一 捇 二八一 捈 二八一 捉 二八一 捊 二八一 捋 二八一 捌 二八一 捍 二八一 捎 二八一

捏 二八一 捐 二八一 捒 二八一 挪 二八一 捔 二八二 捕 二八二 拶 二八二 掇 二八二 捜 二八二 㪟 二九九 𢼝 二九九 攱 二九九 敘 三〇一 敆 三〇一 敕 三〇一 敌 三〇一 效 三〇一 敉 三〇一 赦 三〇一 敊 三〇五 斋 三〇五 斘 三〇六 料 三〇六

斱 三〇七 旂 三〇八 㫙 三〇八 旃 三〇八 旄 三〇八 旅 三〇八 旆 三〇八 晟 三一三 晁 三一三 時 三一三 晃 三一三 晄 三一三 晅 三一三 晈 三一三 晉 三一三 晋 三一三 晊 三一三 晌 三一三 晑 三一三 晏 三一三 晐 三一四 晒 三一四 書 三一九 朕 三二〇

朒 三二〇 朓 三二〇 朔 三二〇 胼 三二〇 朕 三二〇 栒 三一九 栓 三一九 栔 三一九 栖 三一九 栕 三一九 栗 三一九 栘 三一九 桻 三一九 栨 三一九 栀 三一九 栜 三一九 栝 三一九 栞 三一九 枅 三一九 栟 三二〇 校 三二〇 栢 三二〇 栧 三二〇 栩 三二〇

桬 三三三　桭 三三三　栝 三三三　桯 三三三　梛 三三三　桲 三三三　桴 三三三　桵 三三三　桶 三三三　桷 三三三　桸 三三三　桹 三三三　栭 三三三　桼 三三三　梐 三三三　桾 三三三　桿 三三三　梀 三三三　梁 三三三　梂 三三三　梃 三三三　梄 三三三　梅 三三三　梆 三三三

梌 三三三　梏 三三三　梐 三三三　梒 三三三　梓 三三三　梔 三三三　梖 三三三　梗 三三三　梫 三三三　梎 三三三　梛 三三三　梜 三三三　梊 三三三　條 三三三　梟 三三三　梠 三三三　梡 三三三　梢 三三三　梣 三三三　梦 三三三　梧 三三三　梨 三三四　梩 三三四

梪 三三四　梫 三三四　梬 三三四　梭 三三四　梮 三三四　梯 三三四　械 三三四　梱 三三四　梳 三三四　梲 三三四　梳 三三四　梴 三三四　梵 三三四　梶 三三四　梹 三三四　棥 三三四　棴 三三四　欳 三三四　欲 三三四　欱 三三四　欸 三三四　欶 三三四　欷 三三四

欽 三三四　夋 三五八　殍 三六〇　殌 三六〇　殍 三六〇　殕 三六〇　殏 三六〇　殐 三六〇　殑 三六〇　毀 三六三　殻 三六三　殸 三六三　殹 三六三　殺 三六三　毫 三六五　毯 三六五　毦 三六五　毮 三六五　毬 三六五　氫 三六七　涪 三六〇　涫 三六〇　涬 三六〇

浻 三六〇　涯 三六〇　涰 三六〇　液 三六〇　涳 三六〇　淹 三六〇　涴 三六〇　涵 三六〇　涶 三六〇　渓 三六〇　涷 三六〇　涸 三六〇　涹 三六〇　涾 三六〇　涼 三六〇　涽 三六〇　淊 三六〇　涿 三六〇　淀 三六〇　淁 三六〇　淄 三六〇　淅 三六一

淆 三六一　淇 三六一　洴 三六一　淈 三六一　淊 三六一　淋 三六一　淌 三六一　淑 三六一　淒 三六一　淔 三六一　淖 三六一　淘 三六一　淙 三六一　淚 三六一　淛 三六一　淜 三六一　淝 三六一　淞 三六一　洊 三六一　淟 三六一　淠 三六一　淢 三六一　淴 三六一

淡 三六一　減 三六一　淣 三六二　淤 三六二　淥 三六二　淦 三六二　淩 三六二　淼 三六二　淪 三六二　淁 三六二　淫 三六二　淬 三六二　淶 三六二　淮 三六二　淯 三六二　淰 三六二　深 三六二　淳 三六二　淴 三六二　淵 三六二　淶 三六二　混 三六二

淸 三六三　清 三六三　淹 三六三　淺 三六三　添 三六三　淐 三六三　淜 三六三　渉 三六三　烰 四〇五　烱 四〇五　烣 四〇五　烴 四〇五　烵 四〇五　烹 四〇五　烻 四〇五　烼 四〇五　羨 四〇五　烽 四〇五　焂 四〇五　焃 四〇五　焄 四〇五　焅 四〇五　焞 四〇五

焇 四〇五　焉 四〇五　焥 四〇五　焌 四〇五　焍 四〇五　埶 四〇五　黑 四一四　爽 四一五　牀 四一八　牸 四一八　牶 四一八　牻 四一八　牼 四一八　牽 四一八　牾 四一八　牿 四一八　犁 四一八　猈 四二三　猇 四二三　猣 四二三　猊 四二三　猍 四二三　猑 四二三　猓 四二三

猕 四二三　猖 四二三　猑 四二三　猞 四二三　猗 四二三　猘 四二三　猙 四二三　猂 四二三　猛 四二四　猜 四二四　猝 四二四　猟 四二四　率 四二六　兹 四二六　珵 四三一　珷 四三一　琊 四三一　珸 四三一　琄 四三一　珽 四三一　現 四三一　珿 四三一　琀 四三一　琁 四三一

球 四三一　琅 四三一　理 四三一　琇 四三一　琈 四三一　琊 四三一　瓝 四三七　瓟 四三七　瓠 四三七　瓻 四三八　瓶 四三八　瓸 四三八　瓷 四三八　甛 四四〇　甜 四四〇　產 四四〇　畢 四四三　畤 四四三　略 四四三　畧 四四三　畦 四四三　異 四四三　疏 四四五　痓 四四七

𤵸 四四七　痍 四四七　痎 四四七　痏 四四七　痑 四四七　痒 四四七　痓 四四七　痢 四四七　痔 四四七　痞 四四七　痕 四四七　皎 四五四　皏 四五四　皋 四五四　皴 四五五　皵 四五五　盡 四五七　盒 四五七　盒 四五七　盓 四五七　盛 四五七　盔 四五七　盖 四五七

眭 四六一　眡 四六一　眳 四六一　眮 四六一　眪 四六一　眡 四六一　眯 四六二　眲 四六二　眩 四六二　眳 四六二　眴 四六二　眵 四六二　眶 四六二　眷 四六二　眸 四六二　眹 四六二　眺 四六二　眼 四六二　眽 四六二　眾 四六二　着 四六二　独 四六八　矜 四六九

矪 四六九　硃 四七一　硅 四七一　硋 四七一　硇 四七二　硈 四七二　䂺 四七二　硉 四七二　硊 四七二　硌 四七二　硎 四七二　硩 四七二　研 四七二　硐 四七二　祗 四七九　祥 四七九　祦 四七九　票 四七九　祩 四七九　祫 四七九　祬 四七九　祭 四七九　离 四八二　秱 四八四

【㬥】一八五 【鞅】一八五 【奢】一八五 【報】一八五 【奥】一八五 【奋】一八五 【婷】一九四 【婸】一九四 【敵】一九四 【婹】一九四 【婈】一九四 【婼】一九四 【婚】一九四 【媮】一九四 【婿】一九四 【媀】一九四 【媁】一九四 【媃】一九四 【媄】一九四 【媅】一九四 【媬】一九四 【媆】一九四 【媈】一九四 【媉】一九四

【媊】一九四 【媌】一九五 【媎】一九五 【媜】一九五 【婌】一九五 【嬰】一九五 【媒】一九五 【媓】一九五 【媔】一九五 【婗】一九五 【媕】一九五 【媙】一九五 【媚】一九五 【媍】一九五 【媛】一九五 【㛹】一九五 【媞】一九五 【媟】一九五 【婧】一九五 【媢】一九五 【媣】一九五 【媤】一九五 【媥】一九五 【媨】一九五

【媦】一九五 【媧】一九五 【媼】一九五 【孴】二〇三 【孱】二〇三 【𡱂】二〇三 【寊】二〇六 【富】二〇六 【寍】二〇六 【寎】二〇六 【寘】二〇六 【寐】二〇六 【寏】二〇六 【寖】二〇六 【寒】二〇六 【寃】二〇六 【寓】二〇六 【寔】二〇六 【尊】二〇九 【尋】二〇九 【尋】二〇九 【封】二〇九 【就】二一〇 【尰】二一一

【尳】二一一 【尯】二一一 【屜】二一四 【屐】二一四 【属】二一四 【屖】二一四 【屠】二一四 【屡】二一四 【屓】二一九 【崲】二一九 【崴】二一九 【崵】二一九 【崷】二一九 【崺】二一九 【嵵】二一九 【崽】二一九 【崿】二一九 【嵃】二一九 【嵁】二一九 【嵂】二一九 【嵆】二一九 【嵇】二一九 【嵋】二一九 【嵌】二一九

【嵎】二一九 【嵏】二二〇 【嵐】二二〇 【嵑】二二〇 【嵔】二二〇 【嵒】二二〇 【嵒】二二〇 【巽】二二五 【幓】二二八 【帽】二二八 【幁】二二八 【幐】二二八 【幀】二二八 【帡】二二八 【㡇】二二八 【幝】二二八 【帮】二二八 【㡜】二二八 【帊】二二八 【幃】二二八 【幄】二二八 【幅】二二八 【幚】二二八 【幇】二二八

【幾】二三三 【庾】二三五 【廇】二三四 【廋】二三四 【廆】二三五 【廁】二三五 【廄】二三五 【廁】二三五 【廂】二三五 【廃】二三八 【彛】二三八 【弑】二四〇 【强】二四〇 【弼】二四〇 【弻】二四〇 【𢐀】二四一 【弽】二四一 【彈】二四三 【彘】二四三 【彙】二四三 【彭】二四五 【徥】二四五 【徫】二四五 【徦】二四六

【徧】二四五 【徨】二四六 【𢓭】二四六 【復】二四六 【㣍】二四六 【循】二四六 【悲】二五五 【惪】二五五 【悶】二五五 【𢚩】二五五 【㥏】二五五 【惫】二五五 【惄】二五五 【惉】二五五 【惌】二五五 【惎】二五五 【惑】二五五 【愁】二五五 【惠】二五七 【惡】二五七 【惢】二五七 【惣】二五七 【㥑】二五七 【惈】二五七

【㥯】二五七 【惰】二五七 【惱】二五七 【惲】二五七 【惴】二五八 【惵】二五八 【惶】二五八 【惸】二五八 【惹】二五八 【惺】二五八 【惻】二五八 【惼】二五八 【㥐】二五八 【惛】二五八 【㥌】二五八 【㥦】二五八 【㥣】二五八 【㥛】二五八 【惿】二五八 【愀】二五八 【㦤】二五八 【㥟】二五八 【㥟】二五八 【愃】二五八

【愅】二五八 【愇】二五八 【愲】二五八 【愉】二五九 【㥢】二五九 【愊】二五九 【愎】二五九 【愐】二五九 【𢞬】二五九 【愒】二五九 【愓】二五九 【愔】二五九 【愕】二五九 【愖】二五九 【㦗】二五九 【㥔】二五九 【愜】二五九 【愌】二五九 【㦓】二六〇 【愠】二六〇 【愡】二六〇 【愢】二六〇 【愫】二六〇 【豩】二六九

【戞】二六九 【戟】二六九 【扉】二七二 【扊】二七二 【扈】二七二 【掌】二八三 【掔】二八三 【掣】二八四 【揓】二八五 【掾】二八五 【揀】二八五 【㨉】二八五 【揂】二八五 【揃】二八五 【揄】二八五 【揥】二八五 【搜】二八五 【揆】二八五 【揹】二八五 【掏】二八五 【揉】二八五 【揌】二八五 【揎】二八五 【描】二八五

【揑】二八五 【插】二八六 【揷】二八六 【揔】二八六 【揖】二八六 【揗】二八六 【揘】二八六 【揚】二八六 【㨗】二八六 【捘】二八六 【換】二八六 【揜】二八六 【揩】二八六 【揞】二八六 【揟】二八六 【揠】二八六 【握】二八六 【㨋】二八六 【接】二八六 【𢭃】二八六 【揣】二八六 【揤】二八六 【㨐】二八六 【撥】二八六

【揆】二八六 【揥】二八七 【揩】二八七 【揪】二八七 【挾】二八七 【揭】二八七 【揼】二八七 【揮】二八七 【㨖】二八七 【揅】二八七 【揲】二八七 【揳】二八七 【援】二八七 【揵】二八七 【撤】二八七 【揶】二八七 【戡】二九九 【鼔】二九九 【戟】三〇二 【敡】三〇二 【敛】三〇二 【敝】三〇二 【敞】三〇二 【敟】三〇二

【敠】三〇二 【㪝】三〇二 【敤】三〇二 【敭】三〇二 【敢】三〇二 【敝】三〇二 【散】三〇二 【敯】三〇三 【敧】三〇三 【敦】三〇三 【敬】三〇三 【斌】三〇五 【斐】三〇五 【斑】三〇五 【斝】三〇六 【斞】三〇六 【斮】三〇七 【斯】三〇七 【斱】三〇七 【旐】三〇九 【晾】三一〇 【晫】三一四 【晬】三一四 【普】三一四

【景】三一五 【晾】三一五 【晱】三一五 【晛】三一五 【晳】三一五 【晴】三一五 【晵】三一五 【晶】三一五 【晷】三一五 【晹】三一五 【智】三一五 【㫼】三一五 【晻】三一五 【晭】三一五 【晼】三一五 【晽】三一五 【晤】三一五 【晋】三一五 【曾】三一九 【替】三一九 【最】三一九 【朁】三一九 【脝】三二一 【朝】三二一

皴 四五五　盡 四五七　盛 四五七　盜 四五七　盞 四五七　着 四六二　睃 四六二　睅 四六二　睆 四六二　𥇖 四六二　睇 四六二　𥈭 四六二　𥇣 四六二　睉 四六二　𥇧 四六三　晢 四六三　睊 四六三　睞 四六三　䀹 四六三　𥃤 四六三　睋 四六三　睌 四六三　睍 四六三　睎 四六三

督 四六三　䀭 四六三　矞 四六八　𥍯 四六八　矟 四六八　𥎊 四六八　矬 四六九　短 四六九　規 四六九　硜 四七二　硝 四七二　硟 四七二　硠 四七二　硡 四七二　𥑮 四七二　硎 四七二　硨 四七二　硩 四七二　硪 四七二　硫 四七二　硬 四七二　磁 四七二　确 四七二　硯 四七二

硰 四七二　硲 四七二　𥛚 四七九　祰 四七九　䄉 四七九　祲 四七九　祳 四八〇　祴 四八〇　禼 四八三　稀 四八四　稂 四八四　稍 四八四　稃 四八四　稅 四八四　稆 四八五　稈 四八五　稉 四八五　稊 四八五　程 四八五　稌 四八五　稍 四八五　竳 四九〇　𥦗 四九〇　窜 四九〇

窖 四九〇　窗 四九〇　窐 四九〇　窘 四九〇　窣 四九一　窠 四九一　窓 四九一　竢 四九四　竣 四九四　童 四九四　竦 四九四　笿 四九七　筃 四九七　筄 四九七　筐 四九七　筅 四九七　筆 四九七　筇 四九七　筈 四九七　等 四九七　筊 四九七　筋 四九七　筌 四九七　筍 四九七

筎 四九七　筏 四九七　筩 四九七　筑 四九八　筒 四九七　筓 四九八　答 四九八　策 四九八　粞 五〇九　粟 五〇九　粷 五〇九　粢 五〇九　粵 五〇九　臬 五〇九　粥 五〇九　粦 五〇九　粧 五〇九　粨 五〇九　絍 五一六　絎 五一六　絏 五一六　結 五一六　絑 五一六　絓 五一六

絕 五一六　絖 五一六　絘 五一六　絚 五一六　絜 五一六　絝 五一六　絞 五一六　絟 五一六　絡 五一六　絢 五一六　絣 五一六　絤 五一六　給 五一六　絧 五一七　絉 五一七　絨 五一七　絾 五一七　絩 五一七　絪 五一七　絫 五一七　絬 五一七　絼 五一七　絭 五一七　絮 五一七

絯 五一七　絰 五一七　統 五一七　絲 五一七　絳 五一七　𦈲 五二九　缾 五二九　缿 五二九　罥 五三〇　罦 五三〇　買 五三〇　罝 五三〇　𦐇 五三〇　𦍧 五三三　羠 五三三　羜 五三三　羨 五三三　羢 五三三　翐 五三五　翑 五三五　翍 五三五　翔 五三五　翕 五三五　耑 五三八

𦓤 五三九　𦓥 五三九　𦓡 五三九　聎 五四〇　聏 五四〇　聐 五四〇　聑 五四〇　聒 五四〇　肅 五四三　胾 五四七　膒 五四八　脹 五四八　脺 五四八　腤 五四八　脼 五四八　脽 五四九　脾 五四九　腗 五四九　脋 五四九　腁 五四九　腂 五四九　𦛗 五四九　腃 五四九　腄 五四九

腆 五四九　腇 五四九　䐃 五四九　䐄 五四九　脫 五四九　𦛅 五四九　腊 五四九　腋 五四九　腌 五四九　䐈 五四九　腍 五四九　腎 五四九　腏 五四九　腑 五四九　腒 五四九　腦 五四九　腓 五四九　腔 五四九　腕 五四九　腃 五四九　𦤃 五五五　皐 五五五　臮 五五五　𦦂 五五六

𦦗 五五六　䑕 五五六　舏 五五六　舄 五五七　舄 五五七　舃 五五七　舒 五五八　舜 五五九　舙 五六〇　舥 五六〇　舽 五六〇　䑝 五六八　莽 五七二　莾 五七二　莿 五七三　菀 五七三　菁 五七三　菂 五七三　菅 五七三　𦰛 五七三　菆 五七三　𦲷 五七三　菈 五七三　菉 五七一

菊 五七三　菋 五七一　菌 五七一　菎 五七一　菏 五七一　菍 五七一　菑 五七一　菓 五七二　菔 五七二　菕 五七二　菖 五七二　菘 五七二　𦱎 五七二　菜 五七二　菟 五七二　菠 五七二　菝 五七二　菡 五七二　菢 五七二　𦲣 五七二　菤 五七二　菥 五七二　菦 五七二　菧 五七二

菨 五七三　菩 五七三　菪 五七三　菫 五七三　菬 五七三　華 五七三　菰 五七三　菱 五七三　菲 五七三　菴 五七三　菶 五七三　菸 五七三　菹 五七三　菻 五七三　菼 五七三　菽 五七三　萘 五七三　菿 五七三　萁 五七三　萃 五七三　萆 五七三　萇 五七三　萉 五七四　𦲁 五七四

萊 五七四　萋 五七四　萌 五七四　萍 五七四　萎 五七四　萏 五七四　萐 五七四　萑 五七四　落 五七五　葬 五七六　虛 五九一　虜 五九一　䖑 五九一　𧆣 五九一　蛑 五九五　蛓 五九五　蛔 五九五　蛕 五九五　蛘 五九五　蛙 五九五　蛚 五九五　蛛 五九五　蛜 五九五　蛝 五九五

街 六〇七　䖵 五九五　蛩 五九五　蛰 五九五　蛮 五九五　蛭 五九五　蛢 五九六　衆 六〇六　衇 六〇六　衈 六〇六　衉 六〇六　衕 六〇七　衖 六〇七　衙 六〇七　蛞 五九五　蛟 五九五　蛡 五九五　蛣 五九五　蛤 五九五　蛇 五九五　蛥 五九五　蛧 五九五　袌 六一〇　裁 六一〇

裂 六二〇　裷 六二〇　裋 六二〇　裌 六二〇　裎 六二〇　裡 六二一　裑 六二一　裓 六二一　裕 六二一　裖 六二一　裬 六二一　裙 六二一　補 六二一　裎 六二一　裞 六二一　覃 六二七　覃 六二七　覎 六二八　覘 六二八　覙 六二八　覘 六二八　覗 六二八　覗 六二八　覘 六二八

舳 六二〇　舥 六二〇　舭 六二〇　舠 六二一　舶 六二一　舸 六二一　觜 六二一　觝 六二一　訴 六二五　訵 六二五　訶 六二五　訳 六二五　詘 六二五　詠 六二五　詒 六二五　診 六二五　註 六二五　証 六二五　詢 六二五　訾 六二五　詆 六二五　詀 六二五　詁 六二五

訴 六二五　詂 六二五　詃 六二五　詄 六二五　詄 六二五　詥 六二五　詆 六二五　詇 六二五　詉 六二五　詈 六二五　詉 六二五　詠 六二六　詋 六二六　詌 六二六　詍 六二六　詎 六二六　詏 六二六　詐 六二六　詑 六二六　詒 六二六　詓 六二六　詔 六二六

詖 六二六　評 六二六　詖 六二六　詚 六二六　詗 六二六　詘 六二六　詛 六二六　詞 六二六　詬 六二六　詠 六二六　詌 六二八　谽 六二八　谺 六二九　豞 六四〇　豝 六四〇　豠 六四〇　象 六四〇　象 六四〇　豟 六四二　豾 六四二　貀 六四二　貁 六四二

貂 六四三　貯 六四三　貫 六四三　貶 六四四　貱 六四四　貰 六四四　貳 六四四　貴 六四四　貶 六四四　買 六四四　貸 六四四　貺 六四四　貽 六四四　費 六四四　貼 六四四　貽 六四四　貿 六四四　貹 六四四　賀 六四四　貤 六四四　賁 六四四　赦 六四七　赦 六四七

趁 六四九　趂 六四九　趃 六四九　趄 六四九　趆 六四九　趉 六四九　超 六四九　趄 六四九　超 六四九　趑 六四九　趐 六四九　趒 六四九　趍 六四九　越 六四九　跅 六五三　跆 六五三　跇 六五三　跈 六五三　跛 六五三　跋 六五三　跌 六五三　跋 六五三　跌 六五三

跎 六五三　跑 六五三　跏 六五三　跐 六五三　跑 六五三　跒 六五三　跓 六五三　跔 六五三　跕 六五三　跖 六五三　跗 六五三　跘 六五三　跙 六五三　跚 六五三　跛 六五三　跜 六五三　距 六五三　躰 六六一　躰 六六一　躭 六六一　軀 六六一

躲 六六一　躭 六六一　軥 六六二　軦 六六二　軧 六六二　軨 六六二　軬 六六二　軮 六六二　軤 六六二　輩 六六二　軱 六六二　軲 六六二　軳 六六二　軴 六六二　軵 六六二　軶 六六二　軷 六六二　軸 六六二　軹 六六二　軺 六六二　軻 六六二　軼 六六二

軽 六六二　辜 六六八　辝 六六八　逨 六七四　逩 六七四　逯 六七四　逪 六七四　逫 六七四　逬 六七四　逭 六七四　逮 六七四　逰 六七四　進 六七四　逕 六七四　逴 六七四　逵 六七四　逶 六七四　逷 六七四　逸 六七四　郠 六八一　郪 六八一　都 六八一　鄐 六八一

郿 六八一　郗 六八一　鄂 六八一　郤 六八一　鄄 六八一　郵 六八一　鄆 六八一　郻 六八一　郯 六八一　郾 六八二　酟 六八四　酤 六八五　酌 六八五　酡 六八五　酢 六八五　酣 六八五　酥 六八五　酤 六八五　酩 六八五　酳 六八五　酥 六八五　粟 六八九

釉 六八九　量 六八九　釾 六九〇　釪 六九〇　釫 六九〇　釬 六九〇　釲 六九〇　鈀 六九〇　欽 六九〇　鈆 六九〇　鈇 六九一　鈉 六九〇　鈊 六九一　鈋 六九一　鈌 六九一　鈍 六九一　鈎 六九一　鈏 六九一　鈐 六九一　鈑 六九一　鈒 六九一　鈔 六九一　鈕 六九一　鈗 六九一　鈚 六九一

鈜 六九一　鈞 六九一　衰 七〇五　勛 七〇五　鉄 七〇五　開 七〇六　閉 七〇六　閑 七〇六　閌 七〇六　閍 七〇六　閎 七〇六　閏 七〇六　閐 七〇六　閑 七〇六　間 七〇六　閔 七〇六　閉 七〇六　陻 七一三　陼 七一三　陽 七一三　陝 七一三　陿 七一三　隁 七一三

陰 七一三　隃 七一三　陵 七一三　隄 七一三　隊 七一三　隅 七一三　隉 七一三　隆 七一三　隈 七一四　隍 七一四　隊 七一四　隋 七一四　隍 七一四　階 七一四　隑 七一四　雁 七一六　雄 七一六　雅 七一六　雄 七一六　隽 七一六　雄 七一六　雅 七一六　集 七一六　雎 七一七

雇 七一七　雳 七一九　雯 七一九　雰 七一九　雱 七一九　雲 七一九　斐 七二三　辈 七二三　靭 七二四　靬 七二四　靮 七二五　靯 七二五　靰 七二五　靱 七二五　靲 七二五　靳 七二五　靸 七二五　靶 七二九　䡞 七三二　項 七三二　頊 七三三　頌 七三三　順 七三三　頇 七三三

十四畫

嘈 二二二　嶇 二二二　峽 二二二　嶈 二二二　嶉 二二二　嶋 二二二　嵥 二二九　幑 二二九　幢 二二九　幚 二二九　幝 二二九　幓 二二九　幔 二二九　幕 二二九　幖 二二九　幓 二二九　幡 二二九　幗 二二九　幘 二二九　廬 二三五　廏 二三五　廐 二三五　廑 二三五

廒 二三五　廓 二三五　廛 二三五　廕 二三五　廖 二三五　廚 二三六　彉 二三八　彈 二四一　彄 二四一　彯 二四三　彰 二四三　彭 二四三　徠 二四六　徲 二四六　徫 二四六　德 二四六　徵 二四六　徵 二四六　慗 二六〇　愬 二六〇　愻 二六〇　慐 二六〇　愿 二六〇

慁 二六一　慸 二六一　慇 二六一　慈 二六一　慽 二六一　態 二六一　慒 二六一　慓 二六一　慔 二六一　慘 二六一　慚 二六一　慝 二六二　慟 二六二　慠 二六二　慢 二六二　慣 二六二　慥 二六二　慧 二六二　慨 二六二　慬 二六二　慪 二六二　慬 二六二

慯 二六三　慱 二六三　慲 二六三　慳 二六三　慵 二六三　慴 二六三　慵 二六三　慊 二六三　慸 二六三　慺 二六三　慺 二六三　慽 二六三　憀 二六三　憎 二六三　戧 二七〇　戩 二七〇　戫 二七〇　截 二七〇　戫 二七〇　屢 二七一　擎 二七二　搴 二七二　撥 二九〇　搓 二九〇

摍 二九〇　摎 二九〇　摠 二九〇　摑 二九〇　摒 二九〇　摓 二九〇　摕 二九〇　摳 二九〇　摏 二九〇　摐 二九〇　摿 二九〇　摙 二九〇　摛 二九〇　摜 二九〇　摞 二九〇　摟 二九〇　摠 二九〇　摡 二九〇　摣 二九〇　摢 二九〇　摧 二九一　摦 二九一　摧 二九一

摫 二九一　摭 二九一　摳 二九一　摲 二九一　摴 二九一　摶 二九一　摸 二九一　摵 二九一　摌 二九一　摺 二九一　摻 二九一　摼 二九二　摽 二九二　摑 二九二　擓 二九二　據 二九二　敱 三〇三　敳 三〇三　敲 三〇三　敳 三〇三　鼓 三〇三　敲 三〇三　斠 三〇六

斡 三〇六　斲 三〇七　斷 三〇七　新 三〇七　旖 三〇九　旗 三〇九　暚 三一六　暛 三一六　暝 三一六　暷 三一六　暟 三一六　暠 三一六　㬈 三一六　暢 三一六　㬎 三一六　暤 三一六　朄 三一九　朅 三一九　朡 三二二　朢 三二二　榎 三四一　榼 三四一　榐 三四一

榑 三四一　榔 三四一　榕 三四一　榖 三四一　槃 三四一　榘 三四一　榛 三四一　榜 三四一　榠 三四一　榱 三四一　樢 三四一　榛 三四一　榣 三四一　樓 三四一　榤 三四一　槐 三四一　榧 三四一　榨 三四一　榩 三四一　榪 三四一　榤 三四一　榰 三四一　榫 三四二

榱 三四二　榭 三四二　榮 三四二　榯 三四二　榰 三四二　榱 三四二　榲 三四二　榴 三四二　榶 三四二　榷 三四二　榸 三四二　槶 三四二　榹 三四二　槐 三四二　榻 三四二　榼 三四二　榽 三四二　榾 三四二　槉 三四二　槀 三四二　槁 三四二　槃 三四二　槗 三四二

槙 三四三　槗 三四三　槈 三四三　槉 三四三　槊 三四三　構 三四三　槌 三四三　槍 三四三　槎 三四三　槏 三四三　槑 三四三　槐 三四三　槑 三四三　對 三四三　槓 三四三　梆 三四三　槨 三四三　樣 三四三　歃 三五五　歆 三五五　歌 三五五　歎 三五五　歊 三五五

歋 三五五　歌 三五五　歍 三五六　歑 三五八　殟 三六一　殞 三六一　殠 三六一　殢 三六一　殟 三六一　殣 三六三　殼 三六三　毃 三六三　毄 三六四　毓 三六六　毷 三六六　毸 三六六　氈 三六七　氳 三六七　熒 三八八　滌 三八九　滫 三八九　滬 三八九

澤 三八九　滮 三八九　滯 三八九　滰 三八九　滲 三八九　溆 三八九　滻 三八九　滾 三八九　滿 三八九　漁 三九〇　漂 三九〇　滴 三八九　滵 三八九　滷 三八九　滸 三八九　滹 三八九　滺 三八九　漃 三九〇　漅 三九〇　漆 三九〇　漇 三九〇　漎 三九〇　漈 三九〇

漉 三九〇　漊 三九〇　漌 三九〇　漎 三九〇　漏 三九〇　漑 三九〇　漓 三九〇　演 三九〇　漕 三九〇　漘 三九〇　漙 三九〇　漚 三九〇　漛 三九〇　漠 三九一　漢 三九一　漢 三九一　漣 三九一　漊 三九一　漥 三九一　漨 三九一　漩 三九一　漪 三九一　漫 三九一

漬 三九一　漮 三九一　潚 三九一　漱 三九一　漲 三九一　漯 三九一　漳 三九一　漴 三九一　潊 三九一　漉 三九一　漷 三九一　漸 三九一　漹 三九二　漺 三九二　漻 三九二　漼 三九二　漾 三九二　滫 三九二　熀 四〇八　熁 四〇八　熄 四〇八　熅 四〇八　熇 四〇八

【嬩】一九六 【嬐】一九六 【嬒】一九六 【嬖】一九六 【嬗】一九六 【嬴】一九六 【嬙】一九八 【嬰】一九九 【嬛】一九九 【[illegible]】一九九 【嫳】一九九 【[illegible]】一九九 【嬟】一九九 【學】二〇三 【穜】二〇三 【窵】二〇八 【寰】二〇八 【窾】二〇八 【[illegible]】二〇八 【導】二一〇 【[illegible]】二一二 【嶦】二一二 【嶧】二一二

【[illegible]】二一三 【嶫】二一三 【嶬】二一三 【嶵】二一三 【嶭】二一三 【嶮】二一三 【嶰】二一三 【嶱】二一三 【嶲】二一三 【[illegible]】二三〇 【幦】二三〇 【幧】二三〇 【幨】二三〇 【幩】二三〇 【廥】二三六 【[illegible]】二三六 【廦】二三六 【廧】二三六 【廨】二三六 【廩】二三六 【[illegible]】二三八 【彊】二四一 【彋】二四一

【[illegible]】二四一 【[illegible]】二四三 【彯】二四三 【[illegible]】二四三 【憓】二六三 【[illegible]】二六三 【憓】二六三 【憋】二六三 【憃】二六四 【憑】二六四 【憖】二六四 【憙】二六四 【[illegible]】二六四 【憨】二六四 【憩】二六五 【憲】二六五 【憴】二六五 【憶】二六五 【憸】二六五 【[illegible]】二六五 【憹】二六五 【憺】二六五

【懍】二六五 【[illegible]】二六五 【[illegible]】二六五 【憾】二六五 【[illegible]】二六五 【懞】二六五 【[illegible]】二六五 【懂】二六五 【[illegible]】二六六 【懆】二六六 【懈】二六六 【懊】二六六 【懌】二六六 【懍】二六六 【懷】二六六 【戰】二七〇 【戲】二七〇 【撻】二九四 【撼】二九四 【撽】二九四 【撾】二九四 【撿】二九四 【[illegible]】二九四

【擁】二九四 【擂】二九四 【擄】二九四 【擅】二九四 【擇】二九四 【擉】二九四 【擋】二九五 【[illegible]】二九四 【操】二九四 【撽】二九四 【擐】二九四 【擒】二九四 【擓】二九四 【擔】二九四 【擕】二九四 【攜】二九四 【擗】二九四 【擖】二九四 【據】二九四 【[illegible]】二九九 【敿】三〇四 【敲】三〇四 【[illegible]】三〇四

【整】三〇四 【整】三〇四 【敹】三〇四 【[illegible]】三一七 【暸】三一七 【暹】三一七 【曏】三一七 【暻】三一七 【暾】三一七 【嘻】三一七 【曀】三一七 【暨】三一七 【曃】三一七 【曄】三一七 【曆】三一七 【曇】三一七 【曈】三一七 【曉】三一七 【曒】三二二 【朣】三二二 【橨】三四六 【檮】三四六 【樴】三四六

【樵】三四六 【樕】三四六 【[illegible]】三四六 【樸】三四六 【樹】三四六 【橐】三四七 【橑】三四七 【橒】三四七 【橓】三四七 【橕】三四七 【橪】三四七 【橖】三四七 【橋】三四七 【橙】三四七 【橚】三四七 【橛】三四七 【檕】三四七 【橝】三四七 【橞】三四七 【機】三四七 【橡】三四七 【橢】三四七 【[illegible]】三四七

【橦】三四八 【[illegible]】三四八 【橧】三四八 【橨】三四八 【橪】三四八 【橫】三四八 【橬】三四八 【橭】三四八 【橩】三四八 【[illegible]】三四八 【橵】三四八 【[illegible]】三五六 【歖】三五六 【歕】三五六 【歔】三五六 【歙】三五六 【歘】三五六 【[illegible]】三五八 【[illegible]】三五八 【殩】三六一 【殧】三六一 【殨】三六一

【殩】三六一 【殪】三六一 【殫】三六一 【數】三六三 【毇】三六三 【[illegible]】三六三 【[illegible]】三六三 【氃】三六六 【[illegible]】三六六 【[illegible]】三六六 【[illegible]】三六六 【[illegible]】三六六 【氅】三六六 【[illegible]】三九四 【濾】三九四 【[illegible]】三九四 【[illegible]】三九四 【[illegible]】三九四 【澤】三九四 【[illegible]】三九五 【[illegible]】三九五 【澧】三九五 【澂】三九五

【[illegible]】三九五 【澑】三九五 【澪】三九五 【澬】三九五 【澭】三九五 【澰】三九五 【澮】三九五 【澯】三九五 【[illegible]】三九五 【澰】三九五 【澱】三九五 【澳】三九五 【澴】三九五 【澶】三九五 【[illegible]】三九五 【[illegible]】三九五 【澹】三九五 【澺】三九五 【[illegible]】三九五 【澫】三九五 【澼】三九五 【澾】三九五 【激】三九五

【濂】三九六 【濃】三九六 【[illegible]】三九六 【[illegible]】三九六 【[illegible]】三九六 【[illegible]】三九六 【[illegible]】三九六 【[illegible]】三九六 【[illegible]】三九六 【[illegible]】四〇九 【[illegible]】四〇九 【[illegible]】四一〇 【[illegible]】四一〇 【熹】四一〇 【熾】四一〇 【燂】四一〇 【燀】四一〇 【燁】四一〇 【燂】四一〇 【燃】四一〇 【[illegible]】四一〇 【[illegible]】四一〇 【燈】四一〇

【燉】四一〇 【[illegible]】四一〇 【[illegible]】四一〇 【燋】四一〇 【[illegible]】四一〇 【[illegible]】四一〇 【燎】四一〇 【燐】四一〇 【燒】四一〇 【燓】四一〇 【燔】四一〇 【燕】四一一 【[illegible]】四一一 【燗】四一一 【[illegible]】四一一 【[illegible]】四一一 【[illegible]】四一五 【[illegible]】四一五 【牘】四一六 【[illegible]】四一六 【[illegible]】四一九 【[illegible]】四一九 【[illegible]】四一九

【[illegible]】四一九 【[illegible]】四二六 【[illegible]】四二六 【[illegible]】四二六 【[illegible]】四二六 【獧】四二六 【獨】四二六 【[illegible]】四二六 【[illegible]】四二六 【獪】四二七 【[illegible]】四二七 【[illegible]】四二七 【[illegible]】四三五 【璐】四三五 【璘】四三五 【璚】四三五 【[illegible]】四三五 【璞】四三五 【璟】四三五 【璠】四三五 【[illegible]】四三五 【璣】四三五 【瓢】四三七

【瓢】四三七 【[illegible]】四三七 【[illegible]】四三九 【[illegible]】四三九 【[illegible]】四三九 【[illegible]】四三九 【[illegible]】四四〇 【[illegible]】四五〇 【[illegible]】四五〇 【[illegible]】四五〇 【[illegible]】四五〇 【[illegible]】四五〇 【[illegible]】四五〇 【[illegible]】四五〇 【[illegible]】四五〇 【[illegible]】四五〇 【[illegible]】四五一 【[illegible]】四五〇 【[illegible]】四五〇 【[illegible]】四五〇 【[illegible]】四五一 【[illegible]】四五一 【[illegible]】四五一

【覩】六一九 【覦】六一九 【題】六一九 【覣】六一九 【親】六一九 【覞】六一九 【䚡】六二一 【觻】六二一 【觭】六二一 【䚢】六二一 【觰】六二一 【觬】六二一 【觱】六二一 【觽】六二二 【諡】六二二 【譆】六二二 【諜】六二二 【謢】六二二 【諝】六二二 【諞】六二二 【諟】六二二 【諠】六二二 【謚】六二二 【諢】六二二

【詨】六二二 【諤】六二二 【諦】六二二 【諦】六二二 【諧】六二二 【諫】六二二 【諭】六二二 【諮】六二二 【諯】六二二 【諰】六二二 【諱】六二二 【諲】六二二 【諳】六二二 【諴】六二二 【諵】六二二 【諶】六二二 【諷】六二二 【諸】六二二 【諹】六二二 【諻】六二二 【諼】六二二 【謻】六二二

【諱】六二三 【諾】六二三 【諿】六二三 【謀】六二三 【謁】六二三 【諉】六二三 【謂】六二三 【豉】六三三 【諄】六三三 【豋】六三九 【豫】六四〇 【貇】六四一 【貒】六四一 【豬】六四一 【貐】六四一 【貑】六四二 【豵】六四二 【貓】六四二 【貐】六四二 【貗】六四二 【貒】六四二 【貍】六四二

【貓】六四三 【貆】六四三 【賵】六四六 【賭】六四六 【賫】六四六 【賢】六四六 【賝】六四六 【賰】六四六 【賴】六四六 【賵】六四六 【賵】六四六 【䞓】六四八 【赬】六四八 【赭】六四八 【赮】六四八 【趦】六五〇 【趨】六五〇 【趧】六五〇 【趥】六五〇 【趪】六五〇 【趯】六五〇 【趧】六五〇 【趦】六五〇

【踰】六五六 【踱】六五六 【蹕】六五六 【踼】六五六 【踳】六五六 【踴】六五六 【踵】六五六 【踶】六五六 【踝】六五六 【踷】六五六 【諶】六五六 【踹】六五六 【踥】六五六 【踼】六五六 【踖】六五六 【踽】六五六 【蹁】六五六 【蹀】六五六 【蹁】六五六 【蹂】六五六 【蹁】六五七 【蹤】六五七 【蹄】六五七

【踳】六五七 【躽】六六一 【軀】六六一 【軀】六六一 【躶】六六一 【軆】六六一 【輭】六六五 【輮】六六五 【輵】六六五 【輚】六六五 【輯】六六五 【輲】六六六 【輱】六六六 【輴】六六六 【輰】六六六 【輳】六六六 【輵】六六六 【輶】六六六 【輷】六六六 【輹】六六六 【輻】六六六 【輸】六六六

【輹】六六六 【輺】六六六 【輻】六六六 【輹】六六六 【辦】六六九 【辨】六六九 【辧】六六九 【辪】六六九 【遲】六七六 【遲】六七七 【遴】六七七 【遵】六七七 【遶】六七七 【遷】六七七 【遹】六七七 【選】六七七 【遹】六七七 【遺】六七七 【遻】六七七 【遼】六七七 【遾】六七七 【鄲】六八三 【鄴】六八三

【鄰】六八三 【鄶】六八三 【鄶】六八三 【鄷】六八三 【醓】六八六 【醅】六八六 【醍】六八六 【醎】六八六 【醏】六八六 【醐】六八六 【醬】六八六 【醶】六八六 【醑】六八六 【醒】六八六 【醎】六八六 【醓】六八六 【醆】六八六 【醓】六八六 【醡】六八六 【鋸】六九五 【鋺】六九五 【鋻】六九五 【鋼】六九五

【錄】六九五 【錆】六九五 【錈】六九五 【錊】六九五 【錍】六九五 【錎】六九五 【錏】六九五 【錐】六九五 【錑】六九五 【錔】六九五 【錕】六九五 【鉼】六九五 【錙】六九六 【錚】六九六 【錞】六九六 【錟】六九六 【錠】六九六 【錡】六九六 【錢】六九六 【錣】六九六 【錤】六九六 【錥】六九六

【錦】六九六 【錧】六九六 【錪】六九六 【錫】六九六 【錭】六九六 【錮】六九六 【錯】六九六 【錺】六九六 【錆】七〇五 【閶】七〇七 【閹】七〇七 【閹】七〇七 【閪】七〇八 【閫】七〇八 【閣】七〇七 【閼】七〇八 【閽】七〇八 【閾】七〇八 【閿】七〇八 【閹】七〇八 【隟】七一五 【隭】七一五 【隒】七一五 【隧】七一五

【隨】七一五 【隩】七一五 【險】七一五 【陵】七一五 【隷】七一六 【雔】七一七 【雟】七一七 【雚】七一七 【雕】七一七 【雕】七一七 【雖】七一七 【霆】七二〇 【霙】七二〇 【霋】七二〇 【霍】七二〇 【霎】七二〇 【霏】七二〇 【霐】七二〇 【霑】七二〇 【霒】七二〇 【霓】七二〇 【霖】七二〇

【霑】七二〇 【霘】七二〇 【霜】七二〇 【靛】七二三 【靜】七二三 【靤】七二四 【靦】七二四 【靧】七二四 【靨】七二四 【靦】七二四 【鞋】七二六 【鞅】七二六 【鞔】七二六 【鞘】七二六 【靻】七二六 【鞙】七二六 【鞚】七二六 【鞛】七二六 【鞞】七二六 【鞝】七二六 【鞘】七二六 【鞞】七二六 【韎】七二九

【鞱】七二九 【韰】七三〇 【頷】七三二 【頸】七三二 【頹】七三二 【頼】七三四 【頽】七三四 【頾】七三四 【頭】七三四 【頯】七三四 【頰】七三四 【頱】七三四 【頲】七三四 【頳】七三四 【頴】七三四 【頵】七三四 【頶】七三四 【頷】七三四 【頸】七三四 【頹】七三四 【頺】七三四 【頻】七三四 【頿】七三四

【頽】七三四 【頯】七三四 【頻】七三四 【頱】七三四 【頤】七三四 【頼】七三四 【颲】七三八 【颮】七三八 【颭】七三八 【颶】七三八 【颷】七三八 【颸】七三八 【颹】七三八 【餇】七四二 【餐】七四二 【餑】七四二 【餒】七四二 【餕】七四二 【餓】七四二 【餔】七四二 【餈】七四二 【餐】七四二 【餔】七四二

【贅】五八七 【藗】五八七 【藘】五八七 【藤】五八七 【藙】五八七 【蕢】五八七 【藺】五八七 【藜】五八七 【蘄】五八七 【藝】五八七 【藟】五八七 【蘢】五八七 【藤】五八七 【藥】五八七 【藦】五八七 【藨】五八七 【藩】五八七 【藪】五八八 【藫】五八八 【蒻】五八八 【蟶】六〇三 【蟷】六〇三 【蟹】六〇三

【蟺】六〇三 【蟻】六〇三 【蟾】六〇三 【蟞】六〇三 【蠁】六〇三 【蠃】六〇三 【蠅】六〇三 【蠆】六〇三 【蠉】六〇三 【蠊】六〇三 【蠋】六〇三 【蠌】六〇三 【蟩】六〇三 【蠎】六〇四 【盥】六〇六 【襞】六一五 【羸】六一五 【襖】六一五 【襣】六一五 【襤】六一五 【襛】六一六 【襦】六一六 【擊】六一六

【襬】六一六 【覇】六一七 【覈】六一七 【覼】六一九 【覬】六一九 【覵】六一九 【覶】六一九 【覰】六一九 【覽】六一九 【覿】六一九 【觵】六三三 【觼】六三三 【觶】六三三 【𧣈】六三三 【觽】六三三 【觾】六三三 【譀】六三四 【譏】六三四 【譁】六三四 【𧬖】六三四 【譂】六三四 【譄】六三四 【譅】六三四

【譆】六三四 【讀】六三四 【譀】六三四 【譇】六三四 【譈】六三四 【譤】六三四 【證】六三四 【譊】六三五 【譌】六三五 【誓】六三五 【譎】六三五 【謗】六三五 【譏】六三五 【譐】六三五 【譑】六三五 【譒】六三五 【譓】六三五 【譬】六三五 【譔】六三五 【𧭥】六三五 【譕】六三五 【譛】六三五 【識】六三五

【譙】六三五 【譚】六三五 【譜】六三五 【徼】六三八 【𢕛】六三九 【𢖍】六三九 【獠】六三九 【𤢿】六四一 【獪】六四一 【㺙】六四一 【獱】六四二 【獮】六四二 【贆】六四六 【贘】六四六 【贈】六四六 【贉】六四七 【贊】六四七 【贗】六四七 【𧾍】六五一 【趩】六五一 【𧿁】六五一 【趬】六五一 【趫】六五一

【趪】六五一 【趫】六五一 【趯】六五一 【趬】六五一 【趭】六五一 【蹨】六五八 【䠣】六五八 【蹾】六五八 【蹕】六五八 【蹩】六五八 【䠠】六五八 【蹟】六五八 【蹜】六五八 【䠥】六五八 【蹬】六五八 【𨆷】六五八 【𨆼】六五八 【蹭】六五八 【蹮】六五八 【蹯】六五八 【躇】六五八 【蹱】六五八 【蹢】六五八

【蹲】六五八 【蹳】六五八 【蹴】六五八 【蹵】六五八 【蹶】六五八 【蹷】六五八 【蹸】六五九 【蹹】六五九 【蹺】六五九 【蹻】六五九 【蹼】六五九 【踽】六五九 【䠙】六六一 【軃】六六一 【軄】六六一 【轍】六六七 【轎】六六七 【轏】六六七 【䡴】六六七 【轐】六六七 【轑】六六七 【轒】六六七 【轓】六六七

【轔】六六七 【辭】六六九 【辮】六六九 【䢅】六七〇 【𨗈】六七〇 【遺】六七八 【邊】六七八 【邋】六七八 【邌】六七八 【鄨】六八三 【鄲】六八三 【酀】六八三 【醭】六八七 【䣢】六八七 【𨣿】六八七 【醮】六八七 【醰】六八七 【醱】六八七 【鎩】六九九 【鏀】六九九 【鏁】六九九 【鏃】六九九 【鎊】六九九

【鏇】七〇〇 【鏈】七〇〇 【鏉】七〇〇 【鏊】七〇〇 【鏋】七〇〇 【鏌】七〇〇 【鏐】七〇〇 【鏑】七〇〇 【鏓】七〇〇 【鏖】七〇〇 【鏗】七〇〇 【鏻】七〇〇 【鏙】七〇〇 【鏚】七〇〇 【鏜】七〇〇 【鏝】七〇〇 【鏞】七〇〇 【鏟】七〇〇 【鏠】七〇〇 【鏡】七〇〇 【鏢】七〇〇 【鏸】七〇〇 【鏰】七〇〇

【鏤】七〇〇 【鏥】七〇〇 【鏦】七〇〇 【鏩】七〇〇 【錞】七〇〇 【鏹】七〇〇 【闚】六九九 【闛】六九九 【闞】六九九 【𨼆】七一五 【隫】七一五 【隴】七一五 【雞】七一八 【雝】七一八 【離】七一八 【雛】七一八 【難】七一八 【霧】七二二 【霩】七二二 【霦】七二二 【𩅹】七二二 【𩅦】七二二 【霪】七二二

【麗】七二二 【霫】七二二 【霥】七二二 【靡】七二三 【靦】七二四 【靧】七二四 【鞱】七二六 【鞲】七二六 【鞧】七二六 【鞳】七二六 【鞷】七二六 【鞼】七二六 【鞵】七二六 【鞾】七二六 【鞶】七二六 【鞻】七二六 【鞿】七二六 【韡】七三〇 【韓】七三〇 【韜】七三〇 【韝】七三〇 【韞】七三〇 【韲】七三〇

【嚁】七三〇 【韱】七三〇 【韶】七三二 【韻】七三二 【顊】七三六 【顗】七三六 【額】七三六 【顋】七三六 【願】七三六 【顈】七三六 【顙】七三六 【顛】七三六 【顚】七三六 【顜】七三六 【顝】七三六 【顡】七三六 【顥】七三六 【類】七三六 【颾】七三九 【颼】七三九 【飆】七三九 【飃】七三九 【飀】七三九

【飋】七三九 【颹】七三九 【飝】七四〇 【餬】七四三 【䭖】七四三 【饎】七四三 【餺】七四三 【餻】七四三 【饅】七四三 【饈】七四三 【餲】七四三 【饃】七四四 【𩝐】七四四 【餹】七四四 【餼】七四四 【餽】七四四 【餾】七四四 【𩝠】七四四 【餿】七四四 【䭔】七四四 【餡】七四四 【餣】七四四 【鬙】七四六

【翰】七四六 【鬑】七四六 【鬸】七四六 【騷】七五〇 【騁】七五〇 【騕】七五〇 【騨】七五〇 【驁】七五〇 【騘】七五〇 【騙】七五〇 【䮞】七五〇 【騛】七五〇 【騜】七五〇 【騞】七五〇 【騠】七五〇 【騢】七五〇 【駿】七五〇 【騣】七五〇 【騤】七五〇 【騸】七五〇 【騧】七五〇 【髂】七五四 【骼】七五四

【讞】六六八 【護】六六八 【豔】六三九 【貜】六四二 【[illegible]】六五一 【躨】六六〇 【躩】六六〇 【躝】六六〇 【[illegible]】六六一 【[illegible]】六六六 【[illegible]】六六八 【釅】六六八 【鑼】七〇四 【鑽】七〇四 【鑾】七〇四 【[illegible]】七一〇 【[illegible]】七三三 【[illegible]】七三三 【韉】七二九 【[illegible]】七三〇 【顳】七三七

【顴】七三七 【[illegible]】七三七 【[illegible]】六三九 【[illegible]】七四〇 【飝】七四〇 【[illegible]】七四五 【驤】七五三 【驥】七五三 【驦】七五三 【驧】七五三 【鬤】七五九 【鬡】七五九 【[illegible]】七六一 【[illegible]】七六一 【[illegible]】七六二 【鱷】七七〇 【鱸】七七〇 【鱱】七七〇 【鸕】七八〇 【[illegible]】七八〇 【鸛】七八〇 【[illegible]】七八〇

【[illegible]】七八八 【黷】七八八 【鼜】七九一 【[illegible]】七九三 【[illegible]】七九三 【齳】七九六 【鼟】七九六 【[illegible]】七九六 【[illegible]】七九七 【[illegible]】七九八

二十八畫

【戇】二六八 【[illegible]】四一三 【[illegible]】四一三 【纜】五二八 【釀】五九〇 【贛】五九〇 【豔】六三九 【[illegible]】六六〇 【[illegible]】六六〇 【鑿】七〇四

【[illegible]】七〇四 【钁】七〇四 【雧】七一八 【[illegible]】七一九 【饡】七四五 【[illegible]】七四五 【[illegible]】七五三 【驩】七五三 【[illegible]】七五五 【[illegible]】七五六 【[illegible]】七五九 【鬱】七五九 【[illegible]】七六一 【[illegible]】七六二 【[illegible]】七八〇 【[illegible]】七八〇 【鸚】七八〇 【[illegible]】七六二 【[illegible]】七六四 【黸】七八九 【[illegible]】七九二 【齼】七九六 【[illegible]】七九六

【[illegible]】七九六 【[illegible]】七九七

二十九畫

【爨】四一三 【[illegible]】四五九 【[illegible]】五二八 【虋】五九〇 【[illegible]】五九〇 【讟】六三八 【[illegible]】六六〇 【[illegible]】七〇四 【驪】七五三 【鬱】七六〇 【[illegible]】七七〇 【鱹】七七〇 【[illegible]】七八〇 【鸛】七八〇 【[illegible]】七八九 【[illegible]】七八九 【[illegible]】七九二 【[illegible]】七九六

【[illegible]】七九六

三十畫

【[illegible]】五〇七 【籱】五〇七 【[illegible]】六〇五 【[illegible]】七二九 【[illegible]】七五三 【[illegible]】七六一 【鱺】七七〇 【鸝】七八〇 【鸞】七八〇 【[illegible]】七九六

三十一畫

【灩】四〇二 【[illegible]】七五六 【[illegible]】七七〇 【[illegible]】七八五

三十二畫

【[illegible]】三二[illegible]

【[illegible]】二九九 【灪】四〇二 【籲】五〇七 【[illegible]】七六一 【[illegible]】七九七

三十三畫

【鱻】七七〇 【[illegible]】七八三 【龗】七九七

三十四畫

【[illegible]】七八〇

三十五畫

【[illegible]】七九六 【[illegible]】七九六

三十六畫

【[illegible]】七三二

三十七畫

【[illegible]】五九〇

三十九畫

【[illegible]】七三二

四十八畫

【[illegible]】七九七

實用大王篇

一部

【一】(일) 質 イチ、イツ、ひとつ one; only ㄧ i¹
小篆 古文 草書 ❶한일(數之始)。〔論語 公冶長〕回也聞—以知十。❷정성스러울일(誠也)。〔中庸〕所以行之者—。❸순전할일(純也)。〔書經 大禹謨〕惟精惟—。❹오로지일(專也)。〔禮記〕欲—以窮之。❺같을일(同也)。〔孟子 離婁下〕前聖後聖其揆—也。❻온통일(統括之辭)。〔詩〕政事—埤益我。❼만약일(或然之辭)。〔漢書〕歲—不登民有飢色。❽첫째일(第之本)。〔顏延之〕務—不尙繁密。❾낱낱일(個個)。(『壹』과 通함)

一畫

【丁】㊀(정) 靑 ㊁(쟁) 庚 テイ、チョウ、ひのと、わかもの adult ㄉㄧㄥ ting
小篆 草書 ㊀❶(나이 스무살 된)사나이정(成年者)。〔史記 項羽紀〕—壯苦軍旅。❷네째천간정(天干第四位)。❸당할정(當也)。〔五代史〕其兄珽—內艱貧無以葬。❹부리는 사람정(僕役者)。「園—、兵—」。❺외로울정(孤也)。〔陳情表〕零—孤苦。❻백정정(庖—)。〔莊子〕庖—解牛。❼물이 새어 떨어지는 소리정(水漏聲)。㊁나무베는소리쟁(伐木聲)。〔詩經小雅伐

【丂】(교)『巧』(工部 2畫)의 古字

【七】(칠) 質 シチ、ななつ seven ㄑㄧ ch'i¹
小篆 小篆(聲定訓通) 草書 ❶일곱칠(數名)。〔詩經 召南 摽有梅〕摽有梅、其實—兮。❷글체이름칠(文體名)。

二畫

【万】㊀(만) 願 ㊁(묵) 職 バン、マン、よろず ten thousand ㄨㄢ wan⁴
草書 ㊀뜻은『萬』에 보라。㊁성묵(姓也)。「—俟」로 쓰면 複姓을 나타냄。

【丈】(장) 養 ジョウ、たけ length ㄓㄤ chang⁴
小篆 草書 ❶길장、열자장(十尺也)。❷어른장(長老尊稱)。〔柳宗元 與韓愈論史書〕十八—退之侍者。❸지팡이장(杖也)。

【三】(삼) 覃 サン、みつ three ㄙㄢ san¹ (『參』과 通함)
小篆 古文 草書 ❶석삼、셋삼、세번삼(二之加一)。〔史記、律書〕數始於一、終於十、成於三。❷자주삼(頻也)。

【上】(상) 漾 養 ジョウ、うえ、あげる upper ㄕㄤ shang⁴
小篆 篆文 古文 ❶위상、높을 상(下之對)。〔雲笈七籤〕上方九天之—。❷물건의위상。〔十八史略 西漢〕羽爲高俎、置太公其—。❸바깥상(外也)。❹임금상(君也)。〔史記 魏其傳〕—初即位富春秋。❺윗사람상。〔孝經、士章〕忠順不失、以事其—。❻뛰어나서 좋을상。❼오를상(昇也)。〔莊子 逍遙遊〕有鳥其名爲鵬、云云、摶扶搖羊角而—者九萬里。❽드릴상(進也)。〔韓愈 復上宰相書〕向—書及所著文。

【下】㊀(하) 馬 ㊁(하) 禡 カ、ゲ、した、さげる under ㄒㄧㄚ hsia⁴
小篆 篆文 古文 草書 ㊀❶아래하、밑하 (上之對)。〔王勃 滕王閣序〕—臨無地。낮을하(賤也)。㊁❶떨어질하(落也)。❷〔史記〕慷慨傷悵、泣數行—。❷내릴하(自上而—)。〔十八史略〕母投杼—機踰牆而走。❸하늘에서 떨어질하(降也)。〔曹丕寡婦賦〕陰雲曀兮雨未—。

三畫

【丌】(기) 支 キ、だい table ㄐㄧ chi¹
小篆 ❶책상기(薦物具)。❷성기(姓也)。❸『其』의 古字。

【不】㊀(부) 尤 ㊁(불) 月 フ、あらず not ㄅㄨˋ pu⁴
小篆 草書 ㊀뜻이 정하지 않을부(未定辭)。〔陶潛詩〕未知從今去、當復如此—。㊁아니불、않을불

(未也、非也。【孟子】ㅣ爲也非ㅣ能也。

【丐】㊀(갈) 曷 カツ、カイ、こじき beggar ㊁(개) 泰 ㄍㄞ kai⁴

草書 ㊀❶거지갈(乞人)。❷줄갈(與也)。【唐書 盧龍傳】飢寒無所貸ㅣ。㊁빌개(乞也)。

【丏】(면) 銑 メン、みえない invisible

小篆 뵈지 않을면(不見)。〔說文〕丏、不見也。象雝蔽之形。

【与】(여)『與』(臼部8畫)와 같음

【丑】㊀(축) 有 チュウ、うし cattle ㊁(추)(慣音) ㄔㄡ ch'ou³

小篆 草書 ㊀❶소축(牛也)。❷축시(四更)。(밤한시부터 세시까지의 사이)。❸북동축(北東)。(자「子」와 인「寅」과 사이의 방위)。㊁❶사람이름추(人名)。❷수갑추(手械)。【六書正譌】ㅣ手械也。

四畫

【且】㊀(차) 馬 シヤ、かつ、また ㊁(저) 魚 and ㄐㄩ chü ㊂(저) 語

小篆 古文 草書 ㊀❶또차(又也)。❷그위에차。【史記】孔子貧ㅣ賤。❸바야흐로차。❹거의차(幾也)。【史記】若屬ㅣ爲所虜。❺여기에차(此也)。【詩經】匪ㅣ有ㅣ。❻(미정「未定」의 뜻을 나타냄)【詩經 唐風山有樞】ㅣ以喜樂、ㅣ以永日。

㊂❶(말투를 강하게 하기 위하여 쓰는)어조사(語助辭)。【詩經】女曰觀乎、士曰旣ㅣ。❷나아가지 않을저(不進)。【易經】其行次ㅣ。❸많을저(多也)。【詩經 大雅韓奕】籩豆有ㅣ。❹파초저(芭蕉) ㊂공손할저(恭也)。【詩經】有萋有ㅣ。

【丕】(비) 支 ヒ、おおきい great ㄆㄧ p'i

小篆 草書 ❶클비(大也)。【書經大禹謨】嘉乃ㅣ績。❷으뜸비、첫째비(元也)。【書經金縢】是有ㅣ子之責于天。

【世】(세) 霽 セ、セイ、よ world ㄕ shih⁴

小篆 小篆 草書 ❶인간세、세상세(ㅣ界)。【論語】豈若從辟ㅣ之士哉。❷일평생세(生涯)。【大學】沒ㅣ不忘也。❸대대세(代代)。【詩經 大雅下武】ㅣ有哲王。❹역대세(歷代)。【詩經】凡周之士、不顯亦ㅣ。❺백년세(百年)。

【丘】(구) 尤 キュウ、おか hill ㄑㄧㄡ ch'iu¹

小篆 古文 草書 ❶언덕구(阜也)。❷클구(大也)。❸모을구(聚也)。❹높을구(高也)。❺고을구(邑也)。【漢書刑法志】四井爲邑、四邑爲ㅣ、ㅣ十六井也。

井牧(禮器圖)

【丙】(병) 梗 ヘイ、ひのえ third ㄅㄧㄥ ping³ 敬

小篆 草書 ❶천간병(십간「十干」의 세째)。❷남쪽병(南方)。❸밝을 【爾雅 釋天】太歲在ㅣ曰柔兆。병(明也)。(불의 뜻에 씀)。❹물고기의 꼬리병(魚尾也)。

五畫

【㐁】(첨) 琰 テン、なめる lap lick ㄊㄧㄢ t'ien⁴ 鹽

小篆 古文 ❶핥을첨(舐也)。❷혀가늘첨(舌細貌)。

【丞】(승) 蒸 ジョウ、たすける aid ㄔㄥ ch'êng² 徑

小篆 草書 ❶이을승(繼也)。【史記張湯傳】於是ㅣ上指。❷도울승(佐也)。【古詩 焦仲卿妻】媒人去數日、尋遣ㅣ請還。❸벼슬의 이름승(ㅣ相)。❺향상할승(向上)。【史記】ㅣㅣ治不至姦。(『承』과 통함)

【丢】(주) 尤 チュ、なくす ㄉㄧㄡ tiu¹

잃어버릴주(一去不還)。

【両】(량)『兩』(入部6畫)의 俗字

【丗】(세)『世』(一部4畫)의 俗字

【来】(래)『來』(人部6畫)의 俗字

六畫

【丣】(유)『酉』(酉部0畫)의 古字

【所】(소)『所』(戶部4畫)의 俗字

七畫

【並】(병) 迥 ヘイ、ならべる abreast

草書 ❶아우를병(倂也)。❷견줄병(比也)。【禮記】ㅣ於鬼神。❸함께병(共也)。【中庸】萬物ㅣ育。

(『竝』과 같음)

十畫

【[illegible]】(두) 宥 トウ、さけいれ wine bowl

小篆 큰술잔두(禮器斝屬)。【說文】鋀、[illegible]、鋀或省金。

丨 部

【丨】(곤) 阮 コン、たて set ㄍㄨㄣ kuen³ (同音「신」)

小篆 草書 ❶셈대세울곤(象數之縱)。❷뒤로 물러설곤(退也)。❸위아래로 통할곤(上下相通)。

一畫

【丩】(구) 尤 キュウ、まつわる the vine

小篆 ❶넝쿨구(蔓延)。❷얽힐구(糾也)。

二畫

【丫】(아) 廱 ア、ふたまた strand 丨丫 ya¹
小篆 草書 ❶두갈래질아(物之岐頭)。❷가닥낱아(分形)。

【个】㈠(개)〔慣音〕 ㈡(가) 箇 カ、かず a piece ㄍㄜˋ kê⁴
小篆 草書 ㈠낱개(枚也)。(물건을 헤아리는 수、箇와 같음。『介』와 통함) ㈡명당곁방가(明堂傍室)。〔禮記月令〕君居右丨。

三畫

【中】㈠(중) 東 ㈡(중) 送 チュウ、なか midst; in ㄓㄨㄥ chung¹
小篆 古文 籀文 ㈠❶가운데중(四方之央)。〔中庸章句〕其書始言一理、丨散爲萬事、末復合爲一理。❷안쪽중(內也)。〔十八史略〕沛丨子弟。❸마음중(心也)。〔史記樂書〕情動於丨。❹바른덕중(正德)。〔中庸〕丨者天下之大本也。㈡❶맞힐중(至的)。〔史記〕百發百丨。❷응할중(應也)。〔禮記〕律丨大簇。❸당할중(當也)。〔尹文子大道下〕刑罰丨則民畏死。(『仲』과 통함)

【丰】(봉) 冬 ボウ、しげる dense ㄈㄥ fêng¹
小篆 草書 ❶예쁠봉(容色美好)。〔詩經鄭風〕子之丨兮、俟我乎巷兮。❷풀무성할봉(丨茸草盛)。

四畫

【丮】(극) 陌 ケキ、とる catch
小篆 잡을극(執也、捕罪人)。〔說文〕丮、持也、象手有所丮據也、讀若戟。

【丱】(관) 諫 カン、あげまき two topknot ㄍㄨㄢˋ kuan⁴
草書 쌍상투관(束髮兩角貌)。〔字彙〕束髮如兩角貌。

【丫】(개) 蟹 カイ、やぎのつの sheep's horns
小篆 양뿔개(羊角)。〔說文〕丫、羊角也、象形、讀若乖。

六畫

【串】㈠(관) 諫 ㈡(천) 霰 ㈢(곶)〔國音〕 カン、なれる セン、てがた skilled; bill ㄔㄨㄢˋ ch'uan⁴
草書 ㈠습관관、익숙해질관(狎習)。〔荀子〕惡民之丨以無分得也。㈡❶수표천(券也)。(券과 같이 씀)。〔文字指歸〕今官司倉庫收帖曰丨子。❷꿰미천(連穿)。〔陳樵詩〕歌珠一丨鶯流出。㈢❶땅이름곶(육지가 바다에 내밀은 곳。반도「半島」보다 작음)。❷꼬챙이곶(貫物竹釘)。

七畫

【丳】(찬) 潸 サン、くし spit; grill
草書 ❶석쇠찬(燔肉具)。〔韓愈詩〕如以肉貫丨。❷꼬치찬(貫物釘)。

九畫

【丵】(착) 覺 サク、くさのむらがり (of grass) thick
小篆 풀성할착(草盛)。〔說文〕丵、叢生艸也、象丵嶽相並出也 讀若浞。

丶部

【丶】(주) 麌 チュ、てん comma
小篆 草書 ❶귀절칠주(有所絶止丨而識之)。❷표할주(標點)。❸불똥주(燈中火丨)。

二畫

【丸】(환) 寒 ガン、まるい grain; ball ㄨㄢˊ wan²
小篆 草書 ❶둥글환(圜也)。〔在傳〕從臺上彈人、而觀其避丨也。❷총알환(彈丨)。❸구를환(轉也)。

三畫

【丹】㈠(단) 寒 ㈡(란)〔國音〕 タン、あか red ㄉㄢ tan¹
小篆 古文 古文 草書 ㈠❶붉을단(赤色)。❷마음단(衷心)。❸(수은「水銀」과 유황「硫黃」을 화합하여 된) 붉은 색의 흙。❹성실할단(誠實)。〔謝脁詩〕旣秉丨石心、寧流素絲涕。❺신약단(神藥)。〔白居易詩〕藥爐有火丨應伏。㈡꽃이름란(牡丨)。

四畫

【主】(주) 麌 御 シュ、ぬし、つかさ host; lord ㄓㄨˇ chu²·³
小篆 草書 ❶주인주(賓之對)。〔蘇軾 赤壁賦〕物各有丨。❷거느릴주(領也)。❸임금주(君也)。❹〔史記〕丨倡而臣和、丨先而臣從。임금의딸주(公丨)。〔十八史略〕弘入見、丨坐屛後。❺주장할주(掌也)。❻어른주(一家之長)。❼지킬주(守也)。❽신주주(神靈宿所)。❾맡을주(寄也)。❿높일주(宗也)。

【丼】(정) 梗 セイ、いど well ㄉㄢˇ tan³
草書 ❶우물정(井也)。❷샘정(泉也)。(『井』과 같음)

丿部

【丿】(별) 屑 ヘツ、まがる stretch
小篆 草書 ❶삐칠별(左引之)。(오른쪽에서 왼쪽으로 삐침)。❷목을 바로하여 몸을 펄별。

【乀】(불) 物 フツ、まがる stretch
小篆 草書 파임불(右引之)。〔說文〕乀、ナ戾也、从反丿、讀與弗同。

一畫

【乂】㈠(예) 隊 ㈡(예) 泰 カイ、かる mow; rule ㄧˋ i⁴

【乂】 ㊀❶풀벨예(芟草)。❷다스릴예(治也)。〔十八史略〕ㅡ格姦。❸정리할예(整也)。〔書經〕政乃ㅡ。❹평온할예(平安)。〔北史〕朝野安ㅡ。❺어질예(賢才之稱)。〔書經〕俊ㅡ在官。㊁(허물을 뉘우치게) 제계할예(制戒)。

【乃】(내) 廼 ダイ、ナイ、すなわち hereupon ㄋㄞˇ nai³
❶어조사내(語助辭)。❷곧내(即也)。〔書經〕ㅡ命羲和。❸겨우내(僅也)。〔史記〕將軍將數萬兵、歲餘ㅡ下趙五十餘城。❹옛내(古也)。〔戰國策 秦策〕ㅡ者過杜山。❺너내(汝也)。〔左傳〕胙ㅡ舊勳。(『迺』와 같음)

【ナ】(좌)『左』(工部 2畫)의 本字

【乂】(오)『五』(二部 2畫)의 古字

二 畫

【久】(구) 有 キュウ、ひさしい long ㄐㄧㄡˇ chiu³
❶오랠구(暫之反)。〔史記 孔子世家〕孔子循道彌ㅡ。❷기다릴구(待也)。〔左傳 昭公二十四年〕是以ㅡ子。

【夂】(구)『久』(前條)의 俗字

【乇】㊀(책) 陌 ㊁(탁) 藥 タク、チャク、くさのは leaves of grass
㊀풀잎책(草葉)。㊁뜻은『託』에 보라。

【幺】(요)『幺』(幺部 0畫)의 俗字

三 畫

【之】(지) 支 シ、これ this ㄓ chih¹
❶갈지(往也)。〔韓愈 復上宰相書〕於周不可、則去ㅡ魯。❷이를지(至也)。〔詩經 鄘風 柏舟〕ㅡ死矢靡他。❸이지(此也)。〔孟子 滕文公下〕湯使人問ㅡ。❹어조사지(語助辭)。❺의지(所有格)。(있는 곳등을 가리킬때 씀)。〔論語 先進〕請子ㅡ車以爲之槨。❻이에지(於也)。〔大學〕人ㅡ其所親愛而辟焉。

四 畫

【乍】(사) 禡 サ、たちまち suddenly ㄓㄚˋ cha⁴
❶잠간사(暫也)。❷별안간사(忽也)。〔孟子 公孫丑上〕今人ㅡ見孺子將入於井。❸엇핏사(猝也)。❹겨우사(甫然)。❺처음사(初也)。

【乎】(호) 虞 コ、か、や exclamatory style ㄏㄨ hu¹
❶어조사호(語助辭)。(형용의 힘을 강하게 하기 위하여 붙이는 토)。〔論語 八佾〕郁郁ㅡ文哉。❷가호(疑問辭)。〔論語〕禮後ㅡ。❸그런가호(感歎詞)。(감탄의 뜻을 표할때 씀)。〔論語 雍也〕中庸之爲德也、其至矣ㅡ。❹에호(于、於)。〔論語 先進〕浴ㅡ沂。❺를호(于、於)。〔柳宗元 送薛存義序〕傭ㅡ吏。❻아호(歎詞)。(탄식의 뜻을 나타낼때 씀)。〔詩經 大雅抑〕於ㅡ小子、未知臧否。❼뜻이 없는토。〔論語〕於從政ㅡ何有。

【乏】(핍) 洽 ボウ、とぼしい be exhausted ㄈㄚˊ fa²
❶없을핍(無也)。❷옹색할핍、구차할핍(貧也)。❸폐할핍(廢也)。〔莊子〕子往矣、無ㅡ吾事。❹다할핍(欠絕)。❺(가죽으로 만든 화살을 막는) 살가림핍(兵器)。〔周禮 春官車僕〕車僕 大射共三ㅡ。

(禮器圖)❺乏

五 畫

【乑】(음) 侵 ギン、ならびたつ stand side by side
❶나란히 설음(並立)。❷모여설음(衆立)。❸기어오를음(攀也)。〔揚雄〕ㅡ夫傳說兮。

【丢】(주) 尤 チュウ、さる go away ㄆㄧㄥ p'ing¹ (『丟』의 俗字)
❶아주갈주(一去不還)。❷잃어버릴주(失也)。

七 畫

【乖】(괴) 佳 カイ、そむく deviate ㄍㄨㄞ kuai¹
❶어그러질괴(戾也)。〔易經〕家道窮必ㅡ。❷다를괴(異也)。「志與時ㅡ」。〔孟郊詩〕道理與俗ㅡ。❸배반할괴(背也)。

八 畫

【乗】(승)『乘』(丿部 9畫)의 俗字

九 畫

【乘】(승) 蒸 徑 ジョウ、のる ride ㄕㄥˊ shêng²
❶탈승、오를승(駕也)。〔列子〕俱ㅡ高台。❷올릴승(上也)。〔列子〕風ㅡ我耶、我乘風乎。❸꾀할승(計也)。〔周禮〕ㅡ其事。❹곱할승(算也)。❺멍에멜승(駕也)。❻인할승(因也)。❼다스릴승(治也)。❽대승(輛也)。(수레의 수를 헤아릴때 씀)。〔孟子〕後車數十ㅡ。❾수레승。〔孟子〕今ㅡ輿已駕矣。❿한쌍승(物雙)。〔揚子法言〕雙鴈曰ㅡ。⓫같은 물건 네개승。〔禮記 少儀〕ㅡ壺酒。⓬사기승(史也)。

乙 部

【乙】(을) 質 イツ、オツ、きのと ㄧˇ i³
❶새을(鳥也)。❷천간이름을(天干名、「十干」의

둘째이고 오행「五行」의 木에 맞음、甲에 대하여 둘째。❸(문서의 끊어지는 곳에 붓으로 점을 침)。〔史記〕朔初上書、人主從上方讀之、止輒ㅣ其處。❹(문장에 탈자「脫字」가 있을 때 그 옆에 표를 침)。❺굽힐 을(屈也)。〔京房易傳〕ㅣ屈也、❻생선의창자을(魚腸)。〔禮記 內則〕魚去ㅣ。❼모모을(某也)。(이름 대신으로 쓰는글)。〔史記〕奮長子建、次子甲、次子ㅣ。

【乚】(을) 質 黠 イツ、つばめ swallow

小篆 ❶제비을(玄鳥)。❷생각이 어려울을(難出貌)。〔陸機文賦〕思ㅣㅣ其若抽。(『鳦』과 같음)

一畫

【乜】(먀) 馬 バ、やぶにらみ 「一せ mieh¹ squint eye

❶눈흘길마(眼斜)。❷무당마(巫稱)。❸성먀(蕃姓)。

【九】㊀(구) 尤 ㊁(규) 有 キュウ、ク、ここのつ ㄐㄧㄡˇ chiu³ nine

小篆 草書 ㊀❶아홉구(數名)。〔書經 益稷〕簫韶ㅣ成。❷(수가 많을때 씀)。〔公羊傳僖公九年〕葵丘之會、桓公震而矜之、叛者ㅣ國。㊁모을규(聚也)。

二畫

【乞】㊀(걸) 物 ㊁(기) 未 キッ、こう ㄑㄧˇ ch'i³ beg

小篆 草書 ㊀❶구걸할걸(求也)。❷요구할걸。〔史記〕行ㅣ於市。❸원할걸(願也)。〔張羽詩〕安得金丹從爾ㅣ。❹거러지걸(ㅣ人)。㊁❶빌릴기(貸也)。〔晉書〕以野ㅣ汝。❷줄기(與也)。

【也】(야) 馬 ヤ、なり ㄧㄝ yeh³

小篆 古文 草書 ❶잇기야、라야、어(…라、한귀의 끝에 붙여서 결정의 뜻을 나타냄)。〔禮記 曾子問〕廟有二主、自桓公始ㅣ。❷(형용의 뜻을 강하게 하는 토)。〔論語 八佾〕始作翕如ㅣ、從之純如ㅣ。❸뜻이 없는 토)。〔論語 學而〕孝弟ㅣ者、其爲仁之本歟。❹〔中字〕또야(亦也)。(시「詩」혹은 속어「俗語」에 亦과 같이 씀)。〔杜甫詩〕青袍ㅣ自公。

三畫

【乣】(규)『糾』(糸部1畫)의 譌字

【乤】(할) 〔國字〕

땅이름할(ㅣ浦、在咸鏡道)。

四畫

【乪】(이) 支 イ、えびす ㄧˊ i² savage

草書 남쪽오랑캐이름이(南蠻雜種古百越之一)。

五畫

【乩】(계) 齊 ケイ、うらなう ㄐㄧ chi¹ fortunetelling

무꾸리할계(卜以問疑)。〔通典〕西國用羊卜其卜師謂之厮ㅣ。

【乫】(갈) 〔國字〕

땅이름갈(地名)。

【乬】(걸) 〔國字〕

걸걸(掛也)。

【乭】(돌) 〔國字〕

이름돌(人名)。

六畫

【乱】(란)『亂』(乙部12畫)의 俗字

七畫

【乳】(유) 麌 ニュウ、ちち ㄖㄨˇ ju³ milk

小篆 草書 ❶젖유(湩也)。❷종유석유(鍾乳石)。❸낳을유(生也)。〔十八史略 西漢〕羝ㅣ乃得歸。❹젖먹일유(乳也)。〔唐書 德秀傳〕德秀自ㅣ之。❺기를유(育也)。〔李商隱詩 行次西郊〕皇子棄不ㅣ、椒房抱羌渾。❻(어머니 혹은 부모의 뜻으로 씀)。〔唐書 韓思彥傳〕兄弟共ㅣ而生。

八畫

【乶】(폴) 〔國字〕

땅이름폴(ㅣ下、在咸鏡道)。

【扏】(구) 尤 キュウ、ただしい chastity

❶음란하지 않을 구(男女之道不猥)。〔揚雄〕謹於娶ㅣ初貞後寧。❷바를구(正也)。

【乺】(솔) 〔國字〕

❶솔솔(塗刷具)。❷땅이름솔(地名)。

【乼】(줄) 〔國字〕

줄줄(繩條)。

十畫

【乾】㊀(건) 先 ㊁(간) 寒 ケン、カン、かわく ㄍㄢ kan¹ dry

小篆 籀文 古文 草書 ㊀❶하늘건(天也)。❷괘이름건(주역「周易」의 괘「卦」의 하나)。❸서북쪽건(戌亥方位)。〔易經 說卦〕ㅣ西北之卦也。❹굳셀건(健也)。❺사나이건(男也)。❻임금건(帝位)。❼쉬지 않고 일할건。〔易經 乾卦〕君子終日ㅣㅣ。㊁❶마를간(燥也)。〔晉書 范汪傳〕冬月沔漢ㅣ涸。❷마르게 할간(燥之)。❸엄중하게 금품을 바치게할간。〔史記 張湯傳〕始爲小吏ㅣ沒。

十二畫

【亂】(란) 翰 ラン、みだれる ㄌㄨㄢˋ luan⁴ confuse

小篆 古文 草書 ❶어지러울란(不治)。〔史記 孔子世家〕誅魯大夫ㅣ政者少正卯。❷얽힐란(紊也)。〔朱熹 論語序說〕昭公奔齊、魯ㅣ。❸섞어둘란(混也)。〔韓

非子 喩老】ㅣ之楮葉之中而不可別也。❹내를 가로건널란(橫流而濟)。【書經 禹貢】ㅣ于河。❺난리란(兵寇)。【大學】一人貪戾、一國作ㅣ。❻음란할란(淫行)。【詩經】東門之墠刺ㅣ也。❼다스릴란(治也)。❽풍류가락란(樂章)。

【亄】(의) 寘 イ、むさぼる be stingy
❶탐할의(貪也)。❷인색할의(吝也)。❸아낄의(嗇也)。【方言】荆汝之間凡貪而不施者謂之ㅣ。

亅 部

【亅】(궐) 月 ケツ、かぎ hook ㄐㄩㄝ chüeh²
小篆 草書 갈구리궐(鉤之逆者)。【說文】亅、鉤逆者、謂之亅、象形、讀若橛。

【𠄌】(궐) 月 ケツ、かぎのしるし mark of hook
小篆 ❶갈구리 표지궐(鉤識)。❷열쇠궐(鍵也)。❸창궐(戟也)。

一畫

【了】(료) 篠 リョウ、おわる finish ㄌㄧㄠ liao³ ㄌㄜ lê
小篆 草書 ❶마칠료(訖也)。【世說任誕上】便足ㅣ一生。❷깨달을료(理解也)。【南史 蔡撙傳】武帝曰、卿殊不ㅣ事。❸똑똑할료(分明)。❹드디어료(遂也)。【唐書 姚南仲傳】ㅣ復何益。❺총혜할료(聰慧)。❻어조사료(語助辭)。【朱子語類】古人都自少小涵養好ㅣ。❼쾌할료(快也)。

二畫

【亇】(마) 【國字】
마치마(鐵鎚)。

三畫

【予】㊀(여) 魚 ヨ、あたえる、われ give; myself ㄩˇ yü² ㊁(여) 語
小篆 草書 ㊀나여(我也)。【論語 堯曰】百姓有過、在ㅣ一人。【詩經小雅采菽】天子所ㅣ。㊁❶줄여(賜也)。❷취할여(取也)。

七畫

【事】(사) 寘 ジ、しごと、こと work; affair ㄕ shih⁴
小篆 古文 草書 ❶일사(動作云爲)。【大學】物有本末、ㅣ有終始。❷일삼을사。【史記曹參世家】賓客見參不ㅣ事。❸섬길사(奉仕也)。【孝經 開宗明義】夫孝、始於ㅣ親、中於ㅣ君、終於立身。❹벼슬사(職也)。【詩】三ㅣ大夫。❺큰일사、변사사(異變)。❻다스릴사(治也)。❼경영할사(營也)。❽반역사(叛逆)。

二 部

【二】(이) 寘 ジ、ニ、ふたつ two ㄦ êrh⁴ (『弍』와 通함)
小篆 古文 草書 ❶두이、둘이(數、一之加一)。【老子四十二章】一生ㅣ、ㅣ生三。❷풍신이(風神)。❸같을이(同也)。【史記】功無ㅣ於天下。❹두 마음이(異心)。❺의심할이(疑也)。【左傳】臣共而不ㅣ。❻둘로 나눌이(分也)。【後漢書】不ㅣ價。❼거듭이(重也)。

一畫

【亍】㊀(촉) 沃 チョク、たたずむ limp ㄔㄨˋ chu⁴ ㊁(마) 【國字】
小篆 ㊀❶자축거릴촉(小步也)。❷겨우 디딜촉(稍停)。㊁땅이름마(地名)。

【于】㊀(우) 虞 ウ、ここに particle ㊁(우) 魚 ㄩ yü²
小篆 ㊀❶갈우(往也)。❷여기우(是也)。【詩經 邶風燕燕】之子于歸、遠ㅣ將之。❸부터우(於也、乎也)。【書經 大禹謨】祗承ㅣ帝。❹넓은모양우(廣大貌)。【禮記檀弓下】易則易、ㅣ則ㅣ。❺만족할우(自足貌)。【莊子 應帝王】其臥徐徐、其覺ㅣㅣ。❻말할우(曰也)。【詩經 小雅六月】王ㅣ出征、以匡王國。❼할우(爲也)。(『於·迂』와 通함) ㊁어조사우(語助辭)。(탄식의 뜻을 나타냄)。【詩經 周南麟之趾】麟之趾、振振公子、ㅣ嗟麟兮。

二畫

【云】(운) 文 ウン、いう tell ㄩㄣˊ yün²
小篆 草書 ❶이를운(曰也)。【論語 子罕】牢曰、子ㅣ、吾不試故藝。❷움직일운(運也)。【管子 戒】四時ㅣ下、而萬物化。❸이러저러할운(衆語)。❹여기에운(뜻없는 토)。【詩經 小雅何人斯】伊誰ㅣ從。❺흥하는 모양운(興貌也)。【漢書 司馬相如傳】威武紛ㅣ。❻돌아갈운(歸也)。

【互】(호) 遇 ゴ、たがいに mutual ㄏㄨˋ hu⁴
小篆 草書 ❶서로호(交也)。【何晏 論語集解敍】ㅣ有得失。❷서로 관계를 맺을호(相關也)。【許謙詩】聚沙合舊港、連ㅣ如片石。❸맞대볼호(較也)。【周禮】司會以參ㅣ考日成。❹어그러질호(差也)。❺고기시렁호(縣肉格)。【周禮】牛人凡祭祀供其牛牲之ㅣ。

【亓】(기)『其』(八部 6畫)의 古字

【五】(오) 麌 ゴ、いつつ five ㄨˇ wu³
小篆 古文 草書 ❶다섯오(數名)。【中庸】天下之達道ㅣ。❷다섯번오(五回)。【說苑 指武】ㅣ敗荆人。(『伍』와 通함)

【井】(정) 梗 セイ、いど well ㄐㄧㄥˇ ching³

井 小篆 丼 草書 ❶우물정(地穴出水也)。〔十八史略 帝堯〕鑿ㅣ而飮, 畊田而食。❷밭이랑「정자」로 그을정(授田區劃)。(은나라, 주나라때 행해진 제도 인。〔孟子 文公上〕方里而ㅣ、ㅣ九百畝。❸단정할정(端正貌)。〔荀子 儒效〕ㅣㅣ兮其有條理也。❹천정정(天井也)。〔左思 魏都賦〕綺ㅣ列疏。❺괘이름정(卦名)。「주역(周易)의 괘 이름」。❻ 저자정(市場)。〔孟子 萬章下〕在國曰市ㅣ之臣。❼잇닿을정(相連也)。〔易經 井卦〕往來ㅣㅣ。 ❽별이름정(宿名)。

九夫爲井

夫	夫	夫
夫	畲	夫
夫	夫	夫

井牧圖(禮器)

水井(農政全書)

【夫】(부)→大部1畫

【元】(원)→儿部2畫

【天】(천)→大部1畫

三畫

【示】(시)→示部0畫

【未】(미)→木部1畫

四畫

【亘】㊀(선) 先 セン、のべる bestow
㊁(환) 寒 カン、たけしい
㊂(긍) 徑 ㄒㄩㄢ hsüan¹

亘 小篆 [篆] 小篆 亙 古文 亙 草書 ㊀❶베풀선(揚布)。❷구할선(求也)。 ❸펼선(布也)。㊁굳셀환(勇也)。 (『桓』과 같음) ㊂ 뜻은『亙』에 보라。

【亙】(긍) 徑 コウ、わたる extend

亙 草書 ❶뻗칠긍(延袤也)。〔後漢書 梁冀傳〕經ㅣ數十里。❷통할긍(通也)。 ❸극진할긍(極也)。〔王勃 秋日餞霍使君 序〕川塗所ㅣ、 郢路轉于峭瀆。❹마칠긍(竟也)。

五畫

【況】(황) 漾 キョウ、いわんや much more

하물며황(發語辭也)。〔詩經 小雅常棣〕ㅣ也永歎。 (『況』과 같고 『况』과는 別字)

【些】㊀(사) 麻 シャ、サ、わずか little
㊁(사) 箇 ㄒㄧㄝ hsieh¹

些 小篆 [篆] 草書 ㊀적을사(少也)。㊁어조사사(語助辭)。「어세(語勢)를 강하게 하기 위한 뜻없는 토」。〔楚辭〕招魂何爲四方ㅣ。

【亜】(아)『亞』(二部6畫)의 俗字

六畫

【亞】㊀(아) 禡 ア、つぐ next
㊁(아) 麻
㊂(악) 藥 アク、ぬりかざる ㄧㄚˋ ya⁴
㊃(압) 〔慣音〕

亞 小篆 [篆] 草書 ㊀❶버금아(次也)。「다음、둘째」。〔蜀志 諸葛亮傳〕亮之器、能理政、抑亦管蕭之ㅣ匹。❷이어서아。〔北夢瑣言〕此子可ㅣ其父。❸동서아(同婿也)。(婭에 通用함)。〔詩經 小雅節南山〕瑣瑣姻ㅣ。❹「아세아주(亞細亞洲)의 준 말」。㊁(가지모양으로) 갈라질아(岐也)。〔康熙字典〕趙古則曰、物之岐者曰ㅣ。 ㊂칠을 하여 장식할악(堊也)。 ㊃ 누를압(壓也)。〔杜甫詩〕花蕊ㅣ枝紅。

【亝】(제)『齊』(齊部0畫)의 古字

七畫

【亟】㊀(극) 職 キョク、すみやか quick; frequent
㊁(기) 寘 キ、しばしば ㄐㄧˊ chi²

亟 小篆 [篆] 草書 ㊀❶빠를극(疾也)。〔詩經 大雅靈臺〕經始勿ㅣ。❷급할극(急也)。〔左傳 襄公二十四年〕公孫之ㅣ也。 ㊁❶자주기(頻數也)。〔孟子 萬章下〕ㅣ問ㅣ餽鼎肉。❷창졸기(遽也)。

亠 部

【亠】(두) 尤 トウ、なべぶた ㄊㄡˊ t'ou²

亠 草書 뜻 없는 토(義不明)。〔字彙〕亠、義闕。

一畫

【亡】㊀(망) 陽 ボウ、モウ、ほろぶ be ruined
㊁(무) 虞 ㄨㄤˊ wang²

亡 小篆 ㊀❶죽일망(殺也)。〔史記 淮陰侯傳〕楚已ㅣ龍且。❷없어질망(失也)。〔中庸〕其人存則其政擧、其人ㅣ則其政息。 ❸죽은 사람망(ㅣ人)。〔中庸〕事ㅣ如事存。 ❹망할망(滅也)。〔中庸〕國家將ㅣ、 必有妖孼。❺죽을망(死也)。〔周禮 春官 大宗伯〕以喪禮哀死ㅣ。❻ 도망할망(逃亡)。〔漢書 韓信傳〕蕭何聞韓信ㅣ自追之。 ㊁없을무(無也)。〔論語 述而〕ㅣ而爲有。

二畫

【亢】㊀(항) 陽 コウ、くび neck
㊁(항) 漾 ㄨㄤˊ wang²

亢 小篆 [篆] 小篆 草書 ㊀❶목항(頸也)。❷새목구멍항(鳥嚨也)。(보통 吭字를 씀)。 ㊁❶높을항(高極)。❷별이름항(星名也)。「二十八宿의 하나」。❸기둥항(棟 也)。〔北史宇文忻傳〕咸有四阿重ㅣ 重廊。❹겨룰항(敵也)。〔揚雄趙充國贊〕威謀靡ㅣ。❺가릴항(蔽也)。 〔左傳 昭公元年〕吉不能ㅣ身、 焉能ㅣ宗。❻자기스스로 믿을항(自尊也)。〔唐書 崔信明傳〕信明蹇ㅣ、以門望自負。❼극진할항(極也)。

【六】(륙)→八部2畫

【文】(문)→文部0畫

【方】(방)→方部0畫

【卞】(변)→卜部2畫

三 畫

【市】(시)→巾部2畫

【立】(립)→立部0畫

【玄】(현)→玄部0畫

四 畫

【交】(교) 看 コウ、まじわる exchange ㄐㄧㄠ chiao^{1} (本音은「강」)
小篆 草書 ❶사귈교(相合也)。〔易經 泰卦〕上下ㅣ、而其志同也。❷벗할교(友也)。〔孟子 梁惠王上〕上下ㅣ征利。❸서로 주고받을교(往來也)。〔禮記 坊記〕不ㅣ爵。❹바꿀교(更代也)。❺서로 만나는 곳교(相合之所也)。〔王勃 滕王閣序〕臺隍枕夷夏之ㅣ。❻흘레할교(媾合也)。❼한달의 바뀌지는때교。〔詩經 小雅十月之交〕十月之ㅣ、朔日辛卯。「어름、계절이 바뀔때도씀」。❽날아서 왕래할교(鳥飛貌)。〔詩經 秦風黃鳥〕ㅣㅣ黃鳥、止于棘。❾옷깃교(衣領)。

【亥】(해) 賄 ガイ、い ㄏㄞ hai^{4}
小篆 古文 古文 草書 ❶끝지지해(地支末位)。「십이지(十二支)의 맨끝의이름」。❷방위해(方位)。「서북쪽과 북쪽과의 사이」。❸해시해(지금의 오후 열시「ㅣ時」)。❹(음력) 시월해(十月也)。❺돼지해(豚也)。

【亦】(역) 陌 エキ、ヤク、また too; also ㄧ i^{4}
小篆 草書 ❶또역(又也)。〔論語 公冶長〕左丘明恥之、丘ㅣ恥之。❷또한역(承上之辭也)。〔書〕怨不在大ㅣ不在小。❸클역(大也)。〔詩經 周頌噫嘻〕ㅣ服爾耕。❹모두역(總也)。❺어조사역(語助辭也)。〔詩〕ㅣ既見止ㅣ既覯止。

【衣】(의)→衣部0畫

【充】(충)→儿部3畫

五 畫

【亨】㈠(형) 庚 キョウ、とおる ㈡(팽) 庚 コウ、にる go well ㈢(향) 養 ㄏㄥ hêng$^{1\cdot2}$
草書 ㈠❶형통할형(通也)。〔易經 乾卦〕乾元ㅣ利貞。❷남을형(餘也)。㈡삶을팽(煮也)。〔詩經 豳風七月〕七月ㅣ葵及菽。(『烹』과 같음) ㈢드릴향(獻也)。〔易經 大有〕ㅣ于天子。(『享』과 通함)

六 畫

【享】(향) 養 キョウ、もてなす enjoy ㄒㄧㄤ hsiang^{3}
小篆 籀文 草書 ❶드릴향(獻也)。〔禮記 曲禮〕五官致貢曰ㅣ。❷제사 지낼향(ㅣ祀、時ㅣ)。❸흠향할향(祭ㅣ、歆也)。〔左傳〕神不ㅣ非禮。❹잔치향(宴也)。〔左傳 成公十二年〕ㅣ以訓恭儉、宴以示慈惠。(『亨』과 通함)

【京】(경) 庚 ケイ、キョウ、みやこ capital ㄐㄧㄥ ching^{1} (『麖』과 通함)
小篆 草書 ❶서울경(首都也)。❷클경(大也)。〔左傳 莊公二十二年〕莫之與ㅣ。❸언덕경(丘也)。〔詩〕如坻如ㅣ。❹수의 이름경(數名也)。(兆의 열곱)。❺곳집경(倉也)。〔廣雅〕ㅣ、倉也。❻근심할경(憂也)。〔詩經 小雅正月〕念我獨兮、憂心ㅣㅣ。

❺京(會圖才三)

【亩】(름)『廩』(广部13畫)의 本字

【夜】(야)→夕部5畫

【育】(육)→肉部4畫

【卒】(졸)→十部6畫

七 畫

【亭】(정) 靑 テイ、あずまや arbour ㄊㄧㄥ t'ing^{2}
小篆 草書 ❶정자정(觀覽處也)。〔蘇軾 喜雨亭記〕爲ㅣ於堂之北云云、以爲休息之所。❷여관정(宿所也)。〔後漢書 百官志〕十里一ㅣ十ㅣ一鄕設ㅣ長以詰盜。❸평평할정(平也)。〔史記 秦始皇紀〕決河ㅣ水。❹고를정(調也)。〔淮南子〕甘立而五味ㅣ。❺곧을정(直也)。〔史記〕以征不ㅣ。❻이를정(至也)。〔孫綽 遊天台山賦〕羲和ㅣ午。❼자라날정(育也)。〔老子〕ㅣ之毒之。❽우뚝할정(聳立貌也)。〔太公兵法〕高山磐石、其上ㅣㅣ。

❶亭(會圖才三)

【亮】(량) 陽 漾 リョウ、あきらか bright ㄌㄧㄤ liang^{4}
小篆 草書 ❶밝을량(明也)。❷알량(諒也)。❸믿을량(信也)。〔孟子 告子中〕君子不ㅣ、惡乎執。❹도울량(佐也)。〔晉書 王導傳〕勳格四海、翼ㅣ三世。

【亰】(경)『京』(亠部6畫)과 같음

【哀】(애)→口部6畫
【帝】(제)→巾部6畫

八畫

【亳】(박)藥 ハク、いんのみやこ ㄅㄛˊ po²
小篆 草書 은나라 서울박(湯所都)。(은나라의 탕왕「湯王」이 서울로 정한 곳)。
【亭】(정)『亭』(亠部7畫)의 俗字
【高】(고)→高部0畫
【旁】(방)→方部6畫
【衰】(쇠)→衣部4畫

十一畫

【亶】(단)旱 タン、まこと believe ㄉㄢˇ tan³ (『但』과 같음)
小篆 草書 ❶믿을단(信也)。〔詩經 小雅常棣〕是究是圖、亶其然乎。❷진실로단(誠也)。〔禮〕醮辭曰旨酒既清嘉薦亶時。❸도타울단(篤也)。❹클단(大也)。❺많을단(多也)。❻옷을 벗을단(袒也)。❼다만단、한갓단(但也)。〔漢書 賈誼傳〕非亶倒懸而已。

【裏】(리)→衣部7畫
【雍】(옹)→隹部5畫
【稟】(품)→禾部8畫

十二畫

【膏】(고)→肉部10畫
【裹】(과)→衣部8畫
【齊】(제)→齊部0畫
【豪】(호)→豕部7畫

十三畫

【稾】(고)→禾部10畫
【褒】(포)→衣部9畫

十四畫

【壅】(옹)→土部13畫

十五畫

【襄】(양)→衣部11畫
【齋】(재)→齊部3畫

【褻】(포)→衣部11畫

十七畫

【羸】(리)→羊部13畫

十八畫

【贏】(영)→貝部13畫

二十畫

【亹】㊀(미)尾 ビ、つとむ deligent ㄨㄟˇ wei³ ㊁(문)元
草書 ㊀❶부지런할미(不倦也)。〔詩經 大雅文王〕亹亹文王、令聞不已。❷문채날미(斐亹文貌)。❸아름다울미(美也)。❹깊숙하고 그윽할미(幽遠)。〔漢書 藝文志〕成天下之亹亹。❺되어가는 모양미(進行貌)。❻힘쓸미(勉也)。〔張衡 思玄賦〕時亹亹而代序。㊁❶고을이름문(縣名浩亹)。❷산어귀문(兩山峙立如門)。〔詩經 大雅鳧鷖〕鳧鷖在亹。

人部

【人】(인)眞 ジン、ニン、ひと man ; people ㄖㄣˊ jen²
小篆 草書 ❶사람인(動物最靈者)。〔書經〕惟人萬物之靈。❷나랏사람인(國民也)。〔孟子 梁惠王下〕國人皆曰可殺。❸남인(己之對)。〔崔子玉 座右銘〕無道人之短、無說己之長。❹성질인(性質也)。〔王安石 祭歐陽公文〕讀其文則其人可知。❺잘난사람인(賢良人也)。〔韓愈 送温處士序〕相爲天子、得人於朝廷。❻사람됨이인(爲人)。❼(가벼운 뜻으로 토 모양으로 씀「助辭也」)。〔大學〕爲人子止於孝、爲人父止於慈。❽(사람 수를 헤아릴때씀)。〔論語 述而〕三人行必有我師。❾(관명「官名」)

【亻】사람인변〔人部首名〕

二畫

【什】㊀(십)緝 ジュウ、とお ten ㄕˊ shih² ㊁(집)〔慣音〕(本音「습」)
小篆 草書 ㊀❶열사람십(十人)。〔孟子〕或相什百。❷열십(十也)。❸책권십(卷也)。(시편「詩篇」따위)。〔白居易詩〕珠玉傳新什。㊁세간집(什物器類)。

【仁】(인)眞 ジン、ニン、いつくしむ humane ㄖㄣˊ jen
小篆 古文 古文 草書 ❶어질인、착할인(心之德愛)。〔程顥曰〕心如穀種生之者便是仁。❷사람됨의 근본인(人道之根本也)。〔論語〕顏淵問仁、子曰克己復禮爲仁。❸동정할인(同情也)。〔韓愈 上宰相書〕將大其聲、疾呼而望仁之。❹덕있는 사람

인(有德人)。〔論語 學而〕汎愛衆而親—。❺사람인(人也)。〔論語 雍也〕雖告之曰井有—者焉其從之也。❻열매씨인(果核中實也)。

【仂】(륵) 職 ロク、あまり excess ㄌㄜˋ lê⁴

草書 ❶나머지륵(餘也)。〔禮記 王制〕喪用三年之—。❷십분의 일륵(十分之一也)。❸부지런할륵(勵也)。

【仄】(측) 職 ソク、かたむく incline ㄗㄜˋ tsê⁴

小篆 籀文 草書 ❶기울측(傾也)。〔漢書 鼂錯傳〕險道傾—、且馳且前。❷(한자음운「音韻」四聲중에서 평성「平聲」을 뺀 상「上」、거「去」、입「入」의 삼성)。❸물이 괄괄 흐를측(水流貌也)。❹희미할측(幽也)。〔陸龜蒙 祀竈解〕帝至尊嚴、鬼至幽—。❺옆측(側也)。〔漢書 鮑宣傳〕罷退外親及旁—素餐之人。❻돈이름측(錢名)。(『側』과 通함)

【仆】㊀(부) 遇 フ、たおれる fall down ㄆㄨˊ p'u² ㊁(부) 宥

小篆 草書 ㊀❶엎드러질부(偃也、僵也)。〔唐書 杜房傳〕與—植僵。❷뒤집어질부(顚覆也)。〔韓愈祭李郴州文〕名頹位—。❸죽을부(死也)。〔唐書薛仁貴傳〕所射皆應弦而—。㊁몸을 굽힐부(倒也)。〔唐書 王方翼傳〕嘗夜行見長人丈餘、引弓射—之、乃朽木也。

【仇】(구) 尤 キュウ、あだ、かたき enemy ㄔㄡˊ ch'ou²

小篆 草書 ❶짝구(匹也)。〔詩經 周南兎罝〕公侯好—。❷원수구(怨敵)。〔史記 留侯世家〕張良爲韓報—。❸거만할구(傲也)。〔詩經 小雅正月〕執我——。❹짝될인연이 없을구(緣無也)。〔左傳 桓公二年〕怨耦曰—。❺잔질할구(以手挹酒)。〔詩經〕賓載手—。

【今】(금) 侵 キン、コン、いま now ㄐㄧㄣ chin¹

小篆 草書 ❶이제금(對古之稱也)。〔中庸〕生乎—之世反古之道。❷곧금(急辭、即也)。〔史記 吳王濞傳〕不足憂也、—破矣。❸말머리에 쓰이는 조사(發語辭)。〔陳師道 思亭記〕—夫升高以望松梓云云。❹오늘금(今日也)。〔陶潛 歸去來辭〕覺—是而昨非。

【介】(개) 卦 カイ、はさまる medium ㄐㄧㄝˋ chieh⁴

小篆 草書 ❶끼개(際也)。〔左傳 襄公三十年〕求—于大國。❷도울개(助也)。〔詩經 豳風七月〕以—眉壽。❸맬개(繫也)。❹클개(大也)。〔詩〕神之聽之—爾景福。❺인할개(因也)。〔左傳 文公六年〕—人之寵、非勇也。❻중매할개(仲媒也)。〔孔叢子 難訓〕士無—不見。❼갑옷개(甲也)。〔禮記 曲禮〕—胄則有不可犯之色。❽딱지개(鱗也)。〔韓愈 應科目時與人書〕非常鱗凡—之品彙匹儔也。❾기슭개(側畔也)。〔楚辭 九章〕悲江—之遺風。❿성질이 단단하고 깨끗할개(耿耿也)。〔漢書〕——獨惡是耳。⓫절개개(節—)。⓬굳을개(堅確也)。〔易經 豫卦〕—于石。⓭임금의 아들개(王子也)。〔左傳〕王子圍寡君之貴—弟也。⓮사신개(使臣也)。〔禮〕上公七—侯伯五—子男三—。⓯홀로개(孤立也)。〔揚子方言〕—特也。⓰견식개(見識也)。〔孟子 盡心上〕柳下惠不以三公易其—。⓱홀 짐승개(無偶獸)。(『芥』와 같음)

【仍】(잉) 蒸 ジョウ、よる be due to ㄖㄥˊ jêng²

小篆 小篆 草書 ❶인할잉(因也)。〔論語 先進〕—舊貫如之何。❷그대로잉(尙也)。❸거듭할잉(重也)。❹자주잉(頻也)。❺즉잉(乃也)。〔漢書 谷永傳〕饑饉—臻。❻실망한 모양잉(失意貌)。〔淮南子 精神訓〕——然知盆瓴之足羞也。❼칠대손잉(七代孫也)。〔爾雅 釋親〕昆孫之子爲—孫。

【从】(종)『從』(彳部 8畫)의 本字

【仏】(불)『佛』(人部 5畫)의 古・略字

三畫

【仔】(자) 紙 シ、こまかに minute ㄗˇ tzŭ¹·³

小篆 草書 ❶맡길자(任也)。〔詩〕佛時—肩。❷이길자(克也)。❸질자(負也)。❹자세할자(—細)。

【仕】(사) 紙 シ、つかえる official life ㄕˋ shih⁴

小篆 草書 ❶벼슬할사(宦也)。〔朱熹 論語序說〕孔子不—而退。❷벼슬사(官也)。〔公羊傳宣公元年〕退而致—。❸살필사(察也)。〔詩〕弗問弗—勿罔君子。❹배울사(學也)。❺『事』혹은『士』와 通함。

【㐰】(신)『信』(人部 7畫)과 같음

【他】(타) 歌 箇 タ、ほか other ㄊㄚ t'a¹

小篆 ❶다를타(異也)。〔大學〕斷斷兮無—技。❷남타、저타(彼也)。〔杜審言詩〕羅敷獨向東方去、謾學—家作使君。❸누구타(誰也)。❹간사할타(邪也)。〔揚子 法言〕君子正而不—。❺다른 마음타(異心也)。〔詩經 鄘風柏舟〕之死矢靡—。

【仗】(장) 漾 養 ジョウ、つわもの guard ㄓㄤˋ chang⁴

草書 ❶의장장(兵衛儀—)。(당나라 제도로서 궁전을 지키는 병사)。〔儀衛志〕朝會之—三衛番上。❷지팡이장(杖器)。❸짚을장(憑依也)。〔魏徵詩〕—策謁天子。❹기댈장(倚也)。❺무기장(武器)。(『杖』과 通함)

【付】(부) 遇 フ、つける stick to ㄈㄨˋ fu⁴ (『附』와 통합) ❶부칠부(畀也)。❷줄부(與也)。〔孔叢子 記義〕苟ㅣ可ㅣ、則已不勞而賢才不失矣。❸부탁부(託也)。〔蜀志 諸葛亮傳〕受命以來、夙夜憂勤、恐ㅣ託不效、傷先帝之明。

【仙】(선) 先 セン、せんじん fairy beings ㄒㄧㄢ hsien¹ ❶신선선(不老不死者)。(산중에 들어가서 늙지 않고 죽지 않는 術을 얻은 사람)。〔楊雄曰〕聖人不師ㅣ。❷신선 스러울선(凡庸對稱)。(보통사람으로서 할수 없는 힘、또 그 사람)。〔杜甫詩〕自稱臣是酒中ㅣ。❸가볍게 날선(輕擧貌)。〔杜甫詩〕行遲更覺ㅣ。

【仛】㊀(차) 馬 タ、おとめ ㊁(탁) 藥 タク、ほか girl ㊀젊은 계집차(少女)。㊁❶부칠탁(寄也)。❷다를탁(異也)。

【仚】(헌) 先 ケン、とぶ fly (『仚』은 別字) 날듯할헌(輕擧貌)。〔鮑照書勢〕鳥ㅣ魚躍。〔說文〕仚、人在山上皃、从人山。

【仝】(동) 東 トウ、おなじ same ㄊㄨㄥˊ t'ung² ❶「同」의 古字。〔廣韻〕ㅣ、同古文。❷성동(姓也)。

【仞】(인) 震 ジン、ひろ、はかる measure ㄖㄣˋ jen⁴ ❶길인(長也)。「여덟 자에서 나온말」。❷잴인(度深)。〔左傳 昭公三十二年〕ㅣ溝洫。❸찰인(滿也)。〔司馬相如子虛賦〕充ㅣ其中。❹깊을인(深也)。❺높을인(高也)。〔鄭谷詩〕峭ㅣ聳巍巍。

【仟】(천) 先 セン、せんにんかしら leader ; thousnd ㄑㄧㄢ ch'ien¹ ❶천사람어른천(千人長)。❷일천천(百之十倍)。〔漢書 食貨志〕ㅣ佰之得。〔註〕ㅣ謂千錢、佰謂百錢。❸풀이 무성한 모양천(草盛貌也)。〔謝朓詩〕遠樹曖ㅣㅣ。

【仡】(흘) 物 キツ、いさましい bravery ㄧˋ i⁴ ❶끌밋할흘 날랠흘(壯勇貌也)。〔公羊傳 宣公六年〕ㅣ然從乎趙盾而入。❷높을흘(高也)。❸클흘(大也)。〔詩經大雅文王〕崇墉ㅣㅣ。

【仢】(작) 藥 シャク、まるきばし log bridge 외나무 다리작(橫木渡水)。

【代】(대) 隊 ダイ、かわる、よ substitute; generation ㄉㄞˋ tai⁴ ❶대신대(ㅣ身、ㅣ理)。❷갈아들대(更也、替也)。〔左傳 莊公八年〕及瓜而ㅣ。❸번갈을대(交替也)。〔孟子滕文公下〕暴君ㅣ作。❹댓수대(世也)。〔十八史略 東晋〕亂臣賊子、何ㅣ無之。❺맥이 순조롭지 못할대(脈不定)。〔史記倉公傳註〕脈候不定曰ㅣ。

【令】㊀(령) 庚 レイ、ふれ、おきて ordination ㊁(령) 敬 ㄌㄧㄥˊ ling² ㊂(령) 靑 ㄌㄧㄥ ling⁴ ㊀❶하여금령(使也)。〔孟子 梁惠王上〕便嬖不足使ㅣ於前與。❷시킬령、하게끔할령(俾也)。〔漢書 邴吉傳〕ㅣ天下昭然知之。❸가령령(假ㅣ)。〔史記 張耳傳〕ㅣ事成歸王。❹개 목소리 령(犬聲)。〔詩〕盧ㅣㅣ。㊁❶명령할령(命也)。〔史記 孫子傳〕ㅣ之曰、汝知而心與左右手背乎。❷법 률령(法也、律也)。〔書經〕發號施ㅣ。❸벼슬이름령、원령(官名)。(한 지 방의 장관)。〔韓非子 內儲說〕卜皮爲縣ㅣ。❹착할령(善也)。❺철령(時也)。㊂❶성령(複姓ㅣ狐)。❷벽 돌령。(『瓴』과 통합)

【以】(이) 紙 イ、もつて with ㄧˇ i³ ❶할이(爲也)。〔論語 爲政〕視其所ㅣ。❷써이(用也)。(「를」의 뜻에 씀)。〔孟子 梁惠王上〕ㅣ羊易之。❸쓸이(用也)。〔論語 微子〕不使大臣怨乎不ㅣ。❹까닭이(因也)。〔史記 商君傳〕景監ㅣ讓衞鞅。❺함께이(與也)。〔詩經 大雅 皇矣〕不大聲ㅣ色。❻거느릴이(率也)。〔左傳 僖公二十六年〕凡師能左右之曰ㅣ。❼생각할이(思也)。〔韓愈 論佛骨表〕伏ㅣ、佛者夷狄之一法耳。(『已』와 같고 『似』와 통합)

【今】(금)『今』(人部 2畫)의 俗字

【囚】(수)→口部2畫

【失】(실)→大部2畫

【央】(앙)→大部2畫

四 畫

【仮】㊀(가)『假』(人部 9畫)의 略字 ㊁(반)『反』(又部 2畫)과 같음

【仰】㊀(앙) 養 ギョウ、ゴウ、あおぐ respect ㊁(앙) 漾 ㄧㄤˇ yang³ ㊀❶우러러볼앙、쳐다볼앙(擧首望)。❷사모할앙(敬慕也)。〔易繫辭〕ㅣ以觀于天文。❸임금의 분부 앙(王命)。〔孟子 梁惠王上〕ㅣ足以事父母、俯足以畜妻子。〔康熙字典〕以尊命卑曰ㅣ。㊁❶의뢰할앙(依賴)。〔史記 平準書〕衣食ㅣ給縣官。❷믿을앙(恃也)。〔戰國策〕東周之民可令一ㅣ西周。❸자뢰할앙(資也)。

【仲】(중) 送 チュウ、なか medium ㄓㄨㄥˋ chung⁴

❶다음중、버금중(次也)。〔禮記 檀弓〕幼名冠字五十以伯ㅣ。❷가운데중(中也)。❸악기 이름중(樂器名)。❹중개중(ㅣ介)。(『中』과 통함)

【仳】(비) 紙 ヒ、わかれる parting ㄆㄧˇ p'i³
❶이별할비(別也、ㅣ離)。❷얼굴 못 생길 비(醜貌也)。

【仵】(오) 麌 遇 ゴ、おなじ similar ㄨˇ wu³ (『伍』와 통함)
❶짝오(偶敵也)。❷같을오(同也)。〔莊子〕以觭偶不ㅣ之辭相應以巨子爲聖人。

【件】(건) 銑 ケン、わける classification ㄐㄧㄢˋ chien⁴
❶조건건(條ㅣ)。❷가지건(物別也)。(것、벌、치의 뜻)。〔康熙字典〕俗號 物數曰若干ㅣ。❸구별할건、나눌건(區別也)。

【价】(개) 卦 カイ、よい good ㄐㄧㄝˋ chieh⁴ (『介』와 통함)
❶착할개(善也)。❷클개(大也)。〔詩〕ㅣ人維藩。❸사신개(使ㅣ)。

【任】㊀(임) 沁 ㊁(임) 侵 ニン、まかせる charge: entrust ㄖㄣˋ jen⁴
㊀❶맡길임(以恩相信)。〔十八史略 西漢〕平智有餘、然難獨ㅣ。❷믿을임(信也)。❸일임(事也、職務)。〔論語 泰伯〕仁以爲己ㅣ。❹임신할임(姙也)。〔史記 鄒陽傳註〕紂刳ㅣ者、觀其胎產。❺성임(姓也)。❻마음대로임(所爲也)。〔晉書 張翰傳〕縱ㅣ不拘。❼쓸임(用也)。〔書經〕ㅣ賢勿貳。❽부새를 맡게 할임(賦稅負擔也)。〔周禮 夏官大司馬〕ㅣ邦國。(『壬・妊・姙』과 통함) ㊁❶당할임(當也)。〔左傳 僖公十五年〕衆怒難ㅣ。❷맡아서 책임질임(負擔也)。❸짐임(荷物也)。〔孟子 滕文公上〕門人治ㅣ 將歸。❹견딜임(堪也)。〔史記 王翦傳〕病不ㅣ行。❺두터울임(誠篤也)。〔詩經 邶風燕燕〕仲氏ㅣ只。❻보증할임(保證也)。〔淮南子 說山訓〕所不能ㅣ其必孝也。❼질임(所負)。

【份】(빈)『彬』(彡部 8畫)의 古字

【仿】㊀(방) 養 ㊁(방) 陽 ホウ、ボウ、にる similar ㄈㄤˇ fang³
㊀❶비슷할방(相似也)。〔楊基詩〕人生還鄉樂、無物堪比ㅣ。❷흉내낼방(倣也)。❸어슴프레할방(ㅣ佛)。〔楊雄甘泉賦〕ㅣ佛其若夢別。㊁배회할방(俳徊)。〔史記 荆軻傳〕ㅣ徨不能去。

【伀】(종) 冬 ショウ、おそれる tearful
두려울종(懼也)。〔周魴誘曹休書〕卒奉大略ㅣ矇狼狽。

【企】(기) 紙 寘 キ、くわだて plan ㄑㄧˋ ch'i⁴ (『跂』와 통함)
❶바랄기(擧踵望也)。〔漢書 高帝紀〕日夜ㅣ而望歸。❷계획할기(計劃也)。❸절실하게 생각할기。〔賈島詩〕仰ㅣ碧霞仙。

【伃】(여) 魚 ヨ、うつくしい beautiful ㄩˊ yu²
❶궁녀의 벼슬이름여(漢官名、倢ㅣ)。❷아름다울여(美也)。

【伅】(돈) 阮 トン、おろか foolish
❶어두울돈(暗也)。❷분명하지 않을돈(事物不分明貌)。❸어리석을돈(暗愚)。

【伈】㊀(심) 寑 ㊁(침) 沁 シン、おそれる fear ㄒㄧㄣˇ hsin³
㊀두려워할심(恐貌)。㊁뜻은 ㊀과 같음。

【役】(역)『役』(彳部 4畫)의 古字

【伉】㊀(항) 陽 ㊁(항) 漾 コウ、たぐい straight ㄎㄤˋ k'ang⁴ (古音「강」)
㊀❶강직할항(剛正)。❷우뚝할항(高貌)。〔詩經大雅〕皐門有ㅣ。㊁❶짝항 배필항(配偶也)。〔左傳 成公十一年〕已不能庇其ㅣ儷而亡之。❷겨룰항(敵也、匹敵也)。〔蔡邕文〕帶甲百萬非一勇所ㅣ。❸곧을항(直也)。〔揚子法言〕事勝辭則ㅣ。❹굳셀항(健也)。〔漢書 朱博傳〕ㅣ俠好交。❺가무릴항(藏物也)。❻성항(姓也)。❼방자할항(驕也)。〔淮南子 齊俗訓〕ㅣ行以違俗。(『抗』과 같음)

【伊】(이) 支 イ、これ this ㄧ i¹
❶저이(彼也)。〔詩經 秦風蒹葭〕所謂ㅣ人、在水一方。❷이이(是也)。〔揚雄 河東賦〕ㅣ年暮春。❸오직이、다만이(維、惟也)。〔儀禮 士冠禮〕嘉薦ㅣ脯。❹발어사이(發語辭)。❺(소리 혹은 동작을 형용하는 뜻 없는 토로 씀)。〔後漢書 崔寔傳〕智士鬱ㅣ於下。❻답답할이(不舒貌)。

【伋】(급) 緝 キュウ、いつわり reflecion ㄐㄧˊ chi²
❶생각할급(思也)。❷(공자의 손자) 이름급(孔子孫子思名)。❸간사할급(虛詐貌)。

【伍】(오) 麌 ゴ、くみ、なかま squad ㄨˇ wu³
❶다섯오(五也)。❷다섯 사람오(五人也)。〔禮記祭義註〕五人爲ㅣ。❸(옛날제도로 다섯호의 조합、「五家相保也」)。〔左傳襄公三十年〕取我田疇而ㅣ之。❹항오오(軍列)。〔左傳 桓公 五年〕

先偏後ㅣ。❺무리속에 들오(同列也)。〔史記 淮陰侯傳〕生乃與噲等ㅣ。(『五』와 같음)

【伎】㊀(기) 紙 キ、うでまえ tack
㊁(기) 支 ㄐㄧˋ chi⁴ (『技』와 같음)
小篆 書 草 ㊀❶재주기(才也)。〔史記 馮驩傳〕無他ㅣ能。❷배우기(藝者也)。㊁❶천천한 모양기(舒貌也)。〔詩經 小雅小弁〕鹿斯之奔、維足ㅣㅣ。❷육발기(跂也)。(발가락이 많은 기형「畸形」)。

【伀】(중)『衆』(血部 6畫)의 本字

【伏】㊀(복) 屋 フク、ふせる
㊁(부) 宥 ホク、はらばう lie flat; crawl
㊂(북) 職 ㄈㄨˊ fu²
小篆 書 草 ㊀❶엎드릴복(跧也、偃也)。〔禮記 曲禮〕寢毋ㅣ。〔史記〕膝行蒲ㅣ。❷공경할복(ㅣ慕、ㅣ望)。❸숨을복(隱匿也)。「숨어서 갑자기 적군을 습격하는 병사」。〔孫子 行軍〕鳥起者ㅣ也。❹숨은 죄복(隱秘也)。〔漢書 趙廣漢傳〕發奸摘ㅣ如神。❺복복(음력 유월「六月」의 철이름「時令之名」으로, 하지「夏至」후의 제 삼경「三庚」을 초복「初伏」、제 사경「四庚」을 중복「中伏」、입추「立秋」후의 초경「初庚」을 말복「末伏」이라 함)。❻굴복할복(屈服也)。〔左傳 隱公十一年〕旣ㅣ其罪矣。㊁새가 알을 품을부(鳥抱卵)。〔漢書 五行志〕丞相府史家雄雞ㅣ子。㊂길북(匍匐)。(『匐』과 같음)

【伐】(벌) 月 バツ、うつ fell ㄈㄚˊ fa¹·²
小篆 書 草 ❶칠벌(征也)。〔史記 孔子世家〕附於晉則楚來ㅣ。❷벨벌(斫木也)。〔詩經 小雅 伐木〕ㅣ木丁丁。❸공벌(功也)。〔左傳 莊公二十八年〕且旌君ㅣ。❹자랑할벌(自矜也)。〔老子〕不自ㅣ、故有功。❺방패벌(干也)。❻갈아 눕힌 흙벌(耦土也)。〔周禮 冬官考工記〕一耦之ㅣ。(『閥·垡』과 같음)

【休】㊀(휴) 尤 キュウ、やすむ rest
㊁(휴) 遇 ㄒㄧㄡ hsiu¹
小篆 書 草 ㊀❶쉴휴(暇息也)。〔杜甫詩〕官因老病ㅣ。❷아름다울휴(美也、善也)。〔書經 召誥〕惟王受命、無疆惟ㅣ。❸기쁠휴(慶也)。〔書經 洛誥〕敬天之ㅣ。❹겨를휴(暇也)。❺물러갈휴(ㅣ退致仕)。〔六書故〕以原官歸老曰ㅣ退。❻넉넉할휴(有容)。〔大學〕其心ㅣㅣ焉。❼죄를 놓을휴(宥也)。〔書經 呂刑〕雖ㅣ勿ㅣ。❽검소할휴(儉也)。〔詩經 唐風 蟋蟀〕良士ㅣㅣ。❾그칠휴(止也)。〔溫憲詩〕店香風起時、村白雨ㅣ時。㊁탄식할휴、한탄할휴(歎也)。〔左傳 昭公三年〕民人痛疾而或燠ㅣ之。(『痛·歎·咻』와 같음)

【伙】(화) 哿 カ、かぐ ㄏㄨㄛˇ huo³
❶세간화(什物傢ㅣ)。❷불목하니화(火件)。(『火』와 같음)

【个】(개)『個』(人部 8畫)의 略字

【会】(회)『會』(曰部 9畫)의 略·俗字

【伛】(구)『傴』(人部 11畫)의 略·俗字

【伜】(쉬)(졸)『倅』(人部 8畫)의 略·俗字

【伝】(전)『傳』(人部 11畫)의 略字

【全】(전)→入部 4畫

五畫

【伯】㊀(백) 陌 ハク、かしら、おさ chief; elder
㊁(패) 禡 ㄅㄞˇ pai³ (古音「파」)
小篆 小篆 書 草 ㊀❶맏백(長也)。〔莊子 人間世〕匠ㅣ不顧、遂行不輟。❷벼슬 이름백(爵名也)。(다섯 작위「爵位」의 세째 이름)。〔孝經 三才〕不敢遺小國之臣、而況於公侯ㅣ子男乎。❸백부백(伯父也)。〔釋名〕父之兄曰ㅣ父。❹형백(兄也)。〔詩經 小雅何人斯〕ㅣ氏吹壎。❺남편백(夫之稱也)。〔詩經〕ㅣ也執殳。❻세간백(巷間也)。〔史記 酷吏傳〕置ㅣ格長。❼말의 신백(馬祖)。(말을 말아 보는 별 이름「天馬星」)。㊁우두머리패、으뜸패(盟主也)。(중국제후「諸侯」의 우두머리)。〔左傳 成公二年〕五ㅣ之覇也、勤而撫之。

【佤】(과) 佳 カ、もとる unjust
바르지 않을과(不正也)。〔集韻〕ㅣ、不正也。

【估】(고) 麌 コ、あたい price ㄍㄨ ku¹·⁴
書 草 ❶장세고(市稅也)。❷값고(價也)。〔唐書 陸長源傳〕高鹽價、賤帛ㅣ。

【你】(니) 紙 ニ、ジ、なんじ you ㄋㄧˇ ni³
너니(汝也)。

【伴】㊀(반) 旱 ハン、つれ、とも companion
㊁(반) 翰 ㄅㄢˋ pan⁴
小篆 書 草 ㊀❶짝반、벗반、동무반(友也)。〔李商隱雜纂 相似〕燕似尼姑、有ㅣ方行。❷동반할반(同ㅣ)。❸의지할반(倚也、依也)。❹모실반(陪也)。㊁❶한가할반(閒暇)。〔詩經〕ㅣ奐爾遊矣。❷늘어질반(縱弛、ㅣ奐)。

【伶】(령) 青 レイ、わざおぎ musician ㄌㄧㄥˊ ling²
小篆 書 草 ❶악공령、광대령(樂工)。〔六書故〕號樂官爲ㅣ官今亦稱戲子曰ㅣ。❷외로울령(獨也)。〔魏觀詩〕父老匍匐來、形影

何ㅡ行。❸영리할령(ㅡ俐)。❹놀릴감의 신하령(弄臣)。(『伶·鈴』과 통합)

【伸】(신) 眞 シン、のびる ㄕㄣ shen¹ straighten (『申』과 통합)
伸 小篆 伸 草書 ❶펼신(舒也)。❷다스릴신(理也)。❸기지개켤신(欠ㅡ)。【禮記 曲禮】志倦則欠體倦則ㅡ。

【伺】(사) 寘 支 シ、うかがう ㄘ tz'ǔ watch
伺 小篆 伺 草書 ❶살필사、엿볼사(偵察也)。【蜀志 後主紀】ㅡ上意所趣而合之。❷안부를물을사。【韓愈 送李愿序】ㅡ候於公卿之門。

【伻】(팽) 庚 ホウ、つかう ㄅㄥ pêng¹ make one do
伻 草書 ❶부릴팽(使也)。【書經 洛誥】ㅡ來以圖及獻卜。❷사람부릴팽(使人也)。❸좇을팽(從也)。

【似】(사) 紙 寘 シ、ジ、にる ㄕ shih⁴ resemble
似 小篆 似 草書 ❶같을사(肖也)。【中庸】射有ㅡ乎君子。❷본받을사(模倣也)。【陸游詩】吳語我能ㅡ。❸이을사(嗣也)。【詩經 周頌良耜】以ㅡ以續。❹드릴사(振也)。❺받들사(奉也)。【賈島詩】今日把ㅡ君。

【伾】(비) 支 ヒ、つよい ㄆㄧ p'i¹ strong
伾 小篆 伾 草書 ❶힘셀비(有力)。【詩】以車ㅡㅡ。❷많을비(衆也)。

【伽】(가) 歌 カ、てら ㄑㄧㄝ ch'ieh² temple
伽 草書 절가(僧居也)。【梵書】僧ㅡ藍今浮屠所居也。(梵語의 (ka, ga)음을 나타냄에 씀)。(『茄』와 통합)

【佀】(사)『似』(人部 5畫)와 같음

【佁】(이) 紙 イ、おろかなさま ㄧ i³
佁 小篆 미련스러울이(癡貌)。【說文】佁、癡也。

【佂】(정) 庚 セイ、おそれる ㄓㄥ chêng¹
두려워할정(懼也、ㅡ伀)。

【佃】(전) 先 霰 デン、たがやす ㄉㄧㄢ tien² cultivating
佃 小篆 佃 草書 ❶밭맬전(治田也)。【康熙字典】ㅡ、治田也、亦作田。❷머슴군전(代耕農者)。❸소작인전(小作人)。【宋史 食貨志】訂其主ㅡ。❹사냥할전(獵也)。【十八史略太古】結網罟敎ㅡ漁。❺수레이름전(멍에가 하나 있는 차「一轅車」)。

【但】(단) 旱 タン、ダン、ただし ㄉㄢ tan⁴ but
但 小篆 但 草書 ❶다만단、한갖단、홑로단、오직단(徒也)。【宋史 王安石傳】人皆謂、卿ㅡ知經術、不曉世務。❷특별히단(特也)。【劉廷芝詩】ㅡ看古來歌舞地。❸그러나단(然也)。【杜甫詩】學書初學衛夫人、ㅡ恨無過王右軍。❹부질없을단(空也)。

【佅】(매) 卦
오랑캐풍류이름매(夷樂名)。

【佇】(저) 語 チョ、たたずむ ㄓㄨ chu⁴ stay
佇 小篆 佇 草書 ❶오래설저(久立貌)。【詩經 邶風燕燕】瞻望不及、ㅡ立以泣。❷기다릴저(待也)。❸잠깐 머물저(延ㅡ)。

【佈】(포) 遇 フ、あまねし ㄅㄨ pu⁴ spread (『布·抪』와 통합)
佈 草書 펼포(徧也)。【集韻】佈、徧也、古作尃。

【佉】(거) 魚 キョ、くにのな ㄑㄩ ch'ü¹ (구)【俗音】
佉 草書 나라이름거(國名、ㅡ沙)。

【佊】(피) 寘 ヒ、よこしま wickedness
잔사할피(邪也)。

【佋】(一)(소) 蕭 (二)(소) 篠 ショウ、とりつぐ ㄕㄠ shao⁴ introduce
佋 小篆 (二)❶댓수의 차례소(廟位)。【說文】宗廟ㅡ穆父爲ㅡ南面子爲穆北面。(『昭』와 통합) (一)❶소개할소(ㅡ介)。❷사신소(介行)。(『紹』와 통합)

【佌】(차) 紙 シ、ちいさい ㄘ tz'ŭ³ small
佌 草書 ❶작을차(小也)。❷작은 것들이 나란히 서 있는 모양차(立貌)。【詩經 小雅正月】ㅡㅡ彼有屋。

【位】(위) 寘 イ、くらい ㄨㄟ wei⁴ position
位 小篆 位 草書 ❶벼슬위。❷임금의 신분위(王身分)。【史記 伯夷傳】堯將遜ㅡ、讓於虞舜。❸위치위(ㅡ置)。【中庸】君子素其ㅡ。❹자리가 정해있을위(安其所也)。【中庸】天地ㅡ焉萬物育焉。❺바를위(正也)。❻분위(다른 사람에게 대하는 존대말「敬辭也」)。❼벌일위(列也)。❽방위위(方角)。

【低】(저) 齊 テイ、ひくい ㄉㄧ ti¹ low
低 小篆 低 草書 ❶낮을저(高之反、下也)。❷값쌀저(賤價也)。【蘇軾詩】不見鱸魚價自ㅡ。❸구부릴저(俛也)。❹소리 약할저(音弱也)。【馬臻詩】夜深鄰語ㅡ。❺숙일저(垂也)。【談藪】黍熟頭ㅡ。❻머뭇거릴저(留連也)。【史記】ㅡ回留之不能去。(『氐』와 통합)

【住】(주) 遇 チュ、ジュウ、すむ ㄓㄨ chu⁴ dwell
住 草書 ❶머무를주(留也)。【李商隱 雜纂 相似】婢似猫煖處便ㅡ。❷거처할주(居也)。【崔顥詩】君家何處ㅡ。❸그칠주(止也)。【李白詩】兩岸猿聲啼不ㅡ。❹설주(立也)。【齊

書 張融傳〕牽船於岸上—。

【佐】(좌) 箇 哿 サ、たすける help ㄗㄨㄛˇ tsuo^3 草 書 ❶도울좌(輔也)。〔史記 孔子世家〕及正考父、—戴武宣公。❷보좌관좌。〔史記商君傳論〕幾覇者之—哉。❸버금좌(貳也)。〔周禮〕以—王邦國。

【佑】(우) 宥 ユウ、たすける help ㄧㄡˋ yu^4 草 書 ❶도울우(助也)。〔書〕上天孚—下民。❷도움이 될우(—之)。(『右·祐』와 통함)

【体】㊀(분) 阮 ホン、おとる mediocrity ㄅㄣˋ pen^4 ㊁(체) 霽 草 書 ㊀❶용렬할분(劣也)。❷추할분(麤貌)。❸거칠분(荒也)。❹상엿군분(輀丁—夫)。㊁뜻은『體』에 보라。(『體』의 俗字)

【怏】(앙) 養 オウ、かがむ bend 몸 거북할앙(體不伸、偃—)。

【佔】(점) 豔 テン、うかがう glance furtively ㄓㄢˋ chan^4 草 書 ❶엿볼점(覘視)。〔禮記 學記〕今之教者呻其—畢。❷숙일점(垂也)。〔韓愈應科目時與人書〕俛首—耳。❸까불점(輕薄)。❹속삭일점(呫也)。〔漢書 匈奴傳〕令喋喋而——。

【何】㊀(하) 歌 カ、なに、どれ what ㄏㄜˊ he^2 ㊁(하) 哿 小 篆 草 書 ㊀❶어찌하、무엇하(曷也)。〔書經皐陶謨〕禹曰—。❷누구하、어느하(孰也)。〔孟子 告子上〕心之所同然—也。❸어조사(詰辭)。〔詩〕夜如—其。❹어찌하지 못할하(莫敢)。〔過秦論〕陳利兵而莫敢誰—。❺얼마 안되어서하(未多時)。〔史記 曹參傳〕居無—、使者果召參。❻꾸짖을하(譴責)。〔漢書賈誼傳〕大譴大—。㊁멜하(擔也)。〔詩經 小雅無羊〕—蓑—笠。

【佖】(필) 質 ヒツ、ただしい gentle ㄅㄧˋ pi^4 小 篆 ❶점잔피울필(威儀貌)。❷가득할필(滿也)。〔羽獵賦〕騈衍—路。〔注〕善曰、佖、滿也。

【佗】㊀(타) 歌 タ、ほか ㊁(타) 箇 タ、になう other ㊂(타) 哿 ㄊㄨㄛ t'uo^1 小 篆 草 書 ㊀❶다를타、저타(彼稱也)。〔法言〕君子正而不—。❷마음에 든든할타。〔詩經 鄘風君子偕老〕委委——。㊁더할타(加也)。〔詩經 小雅小弁〕舍彼有罪予之—矣。㊂❶입을타(被也)。〔史記 龜策傳〕醮酒—髮。❷짊어질타(背負)。

【余】(여) 魚 ヨ、われ、あまる I; remainder ㄩˊ yü^2 小 篆 草 書 ❶나여(我也)。〔爾雅 釋詁〕—我也。❷남을여(餘也)。〔周禮地官委人〕其—聚以待頒賜。❸달이름여(음력 사월의 별칭「別稱」)。❹마래기여(冠之一種)。(『予』와 같음)

【佘】(사) 麻 シャ、やまのな ㄕㄜˊ shê^2 ❶산이름사(山名、在江蘇省)。❷성사(姓也)。

【佚】㊀(일) 質 イツ、やすんじる indolence ㊁(질) 屑 テツ、みだら ㄧˋ i^4 小 篆 草 書 ㊀❶편할일(不勞)。〔呂覽 重已〕足以—身煖骸而已矣。❷숨을일(隱遁)。〔孟子 公孫丑上〕遺—而不怨。❸망할일(亡也)。❹허물일(過失)。〔書經 盤庚〕惟予一人有—罰。❺아름다울일(美也)。〔楚辭 離騷〕見有娀之—女。(『逸』과 같음) ㊁❶방탕할질(蕩也)。〔漢書 揚雄傳〕爲人簡易—蕩。❷갈마들질(更遞)。〔史記〕西國興—。

【佛】㊀(불) 物 フツ、ほとけ Buddha ㊁(필) 質 ㄈㄛˊ fo^2 小 篆 草 書 ㊀❶부처불(釋迦牟尼)。〔韓愈 論佛骨表〕夫—本夷狄之人。❷어기어질불(戾也)。〔揚子法言〕荒乎淫—乎正。❸도울불(輔也)。❹비스름할불(不審貌)。❺깨달을불(覺也)。〔梵書〕—以覺悟衆生。㊁❶흥할필(興也)。〔荀子非十二子〕—然平世之俗起焉。❷도울필(輔也)。

【作】㊀(작) 藥 サク、サ、つくる make ㊁(자) 箇 ㊂(주) 御 ㄗㄨㄛˋ tsuo$^{1·2·4}$ 小 篆 草 書 ㊀❶지을작(造也)。〔詩經 鄘風定之方中〕—于楚宮。❷이룰작(成也)。〔中庸〕父—之、子述之。❸비롯할작(始也)。❹일할작(事也)。❺일어날작(興起)。㊁❶할자(爲也)。〔詩〕敝予又改—兮。❷지을자(做也)。㊂만들주(造也)。(『做』와 같음)

【佝】㊀(후) 宥 コウ、ク、せむし crookback ㄎㄡˋ k'ou^4 ㊁(후) 虞 (古音「구」) 小 篆 草 書 ㊀추루할후(곱사등이를 일러 씀「短醜貌」)。㊁거리낄후(拘也)。(『拘』와 같음)

【佞】(녕) 徑 デイ、ネイ、へつらう clever; flattery ㄋㄧㄥˋ ning^4 小 篆 草 書 ❶재주녕(才也)。〔國語 晋語〕我不—雖不識義亦不可惑。❷재주있는 사람녕(才人)。❸아첨할녕(諂也)。(재주가 있되 마음이 정직하지 못함)。〔論語 先進〕是故惡夫—者。

【佟】(동) 多 トウ、うじ family name ㄊㄨㄥˊ t'ung^2

侼 草書 성동(姓也)。【燕錄】有遼東ㅣ萬以文章知名。

【巫】(무)→工部4畫

【攸】(유)→攴部3畫

【坐】(좌)→土部4畫

【夾】(협)→大部4畫

【含】(함)→口部4畫

六 畫

【佬】(료) 蕭 リョウ、おおきい ㄌㄧㄠ liao² 점잖을료(大貌)。

【佯】(양) 陽 ヨウ、いつわる falsehood ㄧㄤ yang² 佯 草書 ❶거짓양(詐也)。❷바깥치례양。【史記田叔傳】以爲任安爲ㅣ邪。❸상양할양(徜徉)。

【佰】(백) 陌 ハク、ヒャク、もも a hundred ㄅㄛ po² 佰 小篆 佰 草書 ❶백 사람의 어른백(百人長)。【漢食書貨志】仟ㅣ之得。❷백백(百也)。【漢 書食貨志註】ㅣ謂百錢。❸논밭의 동서 경계가 되어있는 길백(田地界)。【漢書 匡衡傳註】ㅣ者田東西界。

【佩】(패) 隊 ハイ、ヒ、おびる wear ㄆㄟ p'ei⁴ 佩 小篆 佩 草書 ❶ 패옥패 (大帶ㅣ玉)。(옛날의의복제도로서 큰 띠에 붙이는 장식하는 구슬)。【詩經 鄭風女曰鷄鳴】雜ㅣ以贈之。❷찰패(帶之)。❸마음에 먹을패 (心服)。❹물이 흘러서 합할패(合流)。【康熙字典】水縈紆謂之ㅣ。(『珮』와 같음)

❶佩 (禮器圖)

古玉工連環寶鈴全 (古玉圖譜)

❶古白玉珩文全 (古玉圖譜)

【佪】(회) 灰 カイ、さまよう loitering 佪 草書 ❶거닐회(徊也)。【漢書 高后紀】徘ㅣ往來。❷어두울회(惛也)。(『徊』와 같음)

【佲】(명) 迥 メイ、よう be drunk ❶몹시취할명(大醉)。❷좋을명(好也)。

【佳】㊀(가) 佳 カイ、カ、よい good ㊁(개) 佳 ㄐㄧㄚ chia¹ 佳 小篆 佳 草書 ㊀❶아름다울가(美也)。❷기릴가(褒也)。(『嘉』와 같음) ㊁❶착할개(善也)。❷좋을개(好也)。【世說】汝言亦復ㅣ。❸좋아할개(好也)。【老子】ㅣ兵者不祥。

【佽】(역) 陌 エキ、ヤク、やまい name of a disease ❶감질날역(食而瘦食)。❷병이름역(病名、解ㅣ)。

【佴】(이) 寘 ジ、つぐ second ㄦ êrh⁴ 佴 小篆 佴 草書 버금이(次也、貳也)。【司馬遷、報任安書】僕又ㅣ之蠶室、重爲天下觀笑。

【併】㊀(병) 迥 ヘイ、ならぶ abreast ㊁(병) 敬 ㄅㄧㄥ ping³·⁴ 併 草書 ㊀❶나란할병(竝也)。【禮記 祭義】行肩而不ㅣ。❷다툴병(競也)。【賈誼 治安策】高皇帝與諸侯ㅣ起。❸물리칠병(屛棄)。【荀子】ㅣ己之私欲必以道。㊁❶겸할병(兼也)。❷아우를병(竝也)。❸합할병(合也)。【趙岐孟子題辭】後爲魯所ㅣ。(『幷』과 같음)

【佷】㊀(항) 蒸 コウ、コン、もとる act contrary to ㊁(한) 阮 ㄏㄥ hêng² ㊀❶고을 이름항(縣名、ㅣ山)。❷돌아올항(還也)。㊁ 어그러질한(戾也)。【玉篇】ㅣ、本作很。

【佶】(길) 質 キツ、すこやか healthy ㄐㄧ chi² 佶 小篆 佶 草書 ❶바를길(正也)。❷헌걸찰길(牡健貌)。【詩經 小雅六月】四牡旣ㅣ。

【佸】㊀(괄) 曷 カツ、いたる reach ㊁(활) 曷 ㄏㄨㄛ huo² 佸 小篆 佸 草書 ㊀❶힘뻗을괄(會力貌)。❷회계할괄(會計)。㊁이를활(至也)。【詩】曷其有ㅣ。

【⿰亻曲】(궁) 送 キュウ、いやしい ㄑㄩㄥ ch'iung² 작고추할궁(小陋)。

【佹】(궤) 紙 キ、もとる be against ㄍㄨㄟ kuei³ 佹 草書 ❶포갤궤(重累)。❷의지할궤(依也)。❸어길궤(戾也)。❹주추궤(支柱)。【淮南子 齊俗訓】爭爲ㅣ辯久積而不訣。【上林賦】連卷欐ㅣ。(『詭』와 통함)

【佻】㊀(조) 蕭 チョウ、かるい ㊁(조) 篠 ヨウ、ゆるめる frivolous ㊂(요) 蕭 ㄊㄧㄠ t'iao¹·² 佻 小篆 佻 小篆 佻 草書 ㊀❶경박할조(偸薄)。【唐書 鄭覃傳】文人多ㅣㅣ。❷훔칠조(竊取)。【國語 周語】ㅣ天以爲己力。㊁고달플조(苦貌)。【詩經 小雅大東】ㅣㅣ公子、行彼周行。㊂느러질요(緩也)。【荀子 王霸】ㅣ其期日、而 利其巧任。

【佼】㊀(교) 巧 キョウ、みめよい pretty ㊁(교) 肴 ㄐㄧㄠ chiao³·¹ 佼 小篆 佼 草書 ㊀❶좋을교(好也)。【詩經 陳風月出】ㅣ人僚兮。

❷굳셀교(健也)。❸예쁠교(好貌)。(『姣』와 같음) ㊁사괴일교(交也)。(『交』와 같음)

【佺】(전) 先 セン、せんじん 신선이름전(仙人)。

【佽】(차) 寘 シ、たすける ㄘˋ tzʻŭ⁴ help ❶도울차(助也)。〔詩經 唐風杕杜〕人無兄弟胡不ㅡ焉。❷민첩할차(緻捷)。〔漢書 宣帝紀〕募ㅡ飛射士。❸편리할차(便利)。❹대신차(代也)。❺견줄차(比也)。(『次』와 통함)

【佾】(일) 質 イツ、まい ㄧˋ i⁴ 춤일(周舞)。(「周」나라의 춤추는사람 의 한 줄)。〔論語 八佾〕八ㅡ舞於庭。

【使】㊀(사) 紙 ㊁(사) 寘 シ、つかう ㄕˇ shih³ employ; mission ㊀❶부릴사(役也)。〔論語 學而〕ㅡ民以時。❷하여금사(令也)。〔禮記〕六十曰耆指ㅡ。❸가령사(假定辭)。〔史記 武安侯傳〕ㅡ武安君在者族矣。㊁❶사신사(將命者)。〔史記 孔子世家〕吳使ㅡ問仲尼。❷심부름 시킬사(命也)。〔史記〕上乃ㅡ使持節、詔將軍亞夫。

【侀】(형)『型』(土部 6畫)과 같음

【侁】(신) 眞 シン、むれゆく ㄕㄣ shen¹ 떼 지어 갈신(衆行貌)。〔楚辭〕豺狼 從目往來ㅡㅡ些。

【侃】(간) 旱 翰 カン、つよくただしい ㄎㄢˇ kʻan³ integrity ❶강직할간(剛直)。❷웃는 모양간(和悅貌)。〔論語 鄕黨〕朝與下大夫言ㅡㅡ如也。

【侂】(탁) 藥 タク、たのむ ㄊㄨㄛ tʻuo¹ request ❶부칠탁(寄也)。❷부탁할탁(託也)。(『託』과 같음)

【侄】(질) 質 シツ、かたい ㄓˊ chih² steady ❶굳을질(堅也)。❷어리석을질(癡也)。

【侅】(해) 灰 カイ、つねでない ㄍㄞ kai¹ abnormal (古音「개」) 이상할해(奇也)。〔方言〕非常曰ㅡ事。

【來】㊀(래) 灰 ㊁(래) 隊 ライ、くる、いたる ㄌㄞˊ lai² come ㊀❶올래(至也)。❷부를래(呼也)。〔漢高祖〕横ㅡ。❸돌아올래(還也)。❹보리래(麥名)。〔詩經 周頌思文〕貽我ㅡ牟。❺오대손래(孫也)。❻(어세를 강하게 하기 위하여 붙이는 뜻 없는 토씨)。〔范成大詩〕知是兒孫 草ㅡ。❼부터래(自也)。〔韓愈 與孟尙君書〕入秋ㅡ、眠食何似。❽이를래(至也)。㊂위로할래(撫其至者)。〔孟子 滕文公上〕勞之ㅡ之。

【侇】(이) 支 イ、ともがら ㄧˊ i² ❶무리이(儕也)。❷주검이(尸也)。

【侈】(치) 紙 シ、イ、おごる ㄔˇ chʻih³ luxury ❶사치할치(奢ㅡ、驕也)。〔舊唐書 于志寧傳〕崇ㅡ恣情。❷넓을치(廣也)。(크게 떠벌려 있는 것)。〔漢書〕奔爲人ㅡ口。❸많을치(多也)。❹풍부할치(饒也)。〔書經 周官〕祿不期ㅡ。(『奓』와 같음)

【侉】(과) 麻 カ、ほこる ㄎㄨㄚ kʻua¹ pride 자랑과(矜也)。〔書經〕驕淫矜ㅡ。(『誇』와 같음)

【侊】(광) 陽 コウ、おおきい ㄍㄨㄤ kuang big ❶클광(大也)。❷차담 광(ㅡ飯盛饌)。〔越語〕ㅡ飯不及壺飧。

【例】(례) 霽 レイ、たとえば ㄌㄧˋ li⁴ example ❶법식례(法式)。❷전례 례(前ㅡ)。❸견줄례(比也)。❹대강례(槩也)。〔杜預 左傳序〕發凡以言ㅡ。❺대부분례(大部分)。〔南史 劉苞傳〕家有舊書ㅡ皆殘蠹。❻같을례(類也)。

【侍】(시) 寘 シ、ジ、はべる ㄕˋ shih attend ❶모실시(陪側)。〔禮記 曲禮〕ㅡ坐于 先生。❷모시는 사람시(侍人)。〔唐書 李珏傳〕早喪妻、不置妾ㅡ。❸가까울시(近也)。❹좇을시(從也)。(『寺』와 통함)

【侎】(미) 紙 ビ、ミ、いつくしむ pacificate ❶어루만질미(撫也)。❷사랑할 미(愛也)。❸안존할미(安也)。〔周禮〕掌ㅡ裁兵。

【侏】(주) 虞 シュ、こびと ㄓㄨ chu dwarf ❶난장이주(短人)。〔禮記〕ㅡ儒百工。❷악생주(樂生)。〔史記 孔子世家〕優倡 ㅡ儒爲戲而前。❸동자 기둥주(欂上 短柱)。〔韓愈 進學解〕欂櫨ㅡ儒。❹음성주(ㅡ離)。(언어가 분명치 못하여 듣기 어려운 형용에 씀)。〔韓愈 答孟簡書〕服左衽、而言ㅡ離。

【侐】(혁) 職 キョク、しずか ㄒㄩˋ hsü⁴ quiet 고요할혁(靜寂)。〔詩〕閟宮有ㅡ。

【侔】(모) 尤 ボウ、ひとしい ㄇㄡˊ mou² symmetrize

小篆 書 草 ❶같을모(齊等)。【莊子 大宗師】畸於人而ㅣ於天。❷벌레이름모。(벼를 좀 먹는 벌레)。❸고를모(均也)。

【侒】(안) 寒 アン、やすらか restful
小篆 ❶편안할안(安也)。❷늦을안(遲也)。❸잔치안(宴也)。

【侑】(유) 宥 ユウ、たすける ㄧㄡˋ yu⁴ assist
小篆 書 草 ❶도울유(佐也)。❷권할유(勸也)。【齊東野談】執板奏歌ㅣ觴。❸짝유(耦也)。❹너그러울유(寬也)。❺귀인을 모시고 밥먹을유(陪食)。【禮記】ㅣ食不盡食。❻권하여먹일유(勸食)。

【侖】(륜) 元 ロン、まるい ㄌㄨㄣˊ luen²
小篆 籀文 書 草 뭉치륜, 덩어리륜(物之圜而未剖散者、渾ㅣ)。(『崙』과 같음)

【侗】㊀(통) 送 トウ、おろか foolish ㄊㄨㄥˊ t'ung² ㊁(동) 東
小篆 書 草 ㊀❶분별 모를통。❷무지할통(無智)。【論語 泰伯】ㅣ而不愿。❸바보통, 우둔한 사람통(愚人)。【書經 顧命】在後之ㅣ、敬迓天威。㊁❶성년이 되지 못한 사람동(未成器之人)。【集韻】侗、一曰、未成器之人。❷참될동(眞也)。【莊子 庚桑楚】𠍱然而往ㅣ然而來。

【侙】(칙) 職 チョク おそれる afraid
小篆 書 草 두려워할칙(惕也)。【說文】侙、惕也、从人式聲。

【侘】(차) 禡 麻 タ、ほこる ㄔㄚˋ ch'a⁴ pride
書 草 ❶실심할차(失意貌)。【屈原 離騷】余ㅣ傺兮。❷자랑할차(誇也)。❸교만 할차(驕也)。【史記 韓安國傳】即欲以ㅣ鄙。

【侚】(순) 震 シュン、したがう ㄒㄩㄣˋ hsün⁴ obey
小篆 書 草 ❶좇을순(從也)。❷빠를순(疾也)。❸조리돌릴순(行示)。【漢書】車裂以ㅣ。(『殉·徇』과 통함)

【供】㊀(공) 冬 ㊁(공) 宋 キョウ、ク、そなう provide ㄍㄨㄥ kung¹
小篆 書 草 ㊀❶베풀공(設也)。【南史 顔延之傳】凡所資ㅣ、一無所受。❷이바지할공(給也)。【魏志 鍾繇傳】ㅣ給資費、使得專學。(『共』과 통함) ㊁❶갖출공(具也)。【晋書 何曾傳】一日之ㅣ、以錢二萬爲限。❷받들공(奉也)。【書】以庶邦惟正之ㅣ。❸문초 받을공(審問取招)。

【侜】(주) 尤 チュウ、おおう ㄓㄡ chou¹ screen
小篆 書 草 ❶가리울주(壅蔽)。❷속일주(誑也)。【詩經】誰ㅣ予美。(『譸』와 같음)

【依】㊀(의) 微 イ、エ、よる ㄧ i¹ depend ㊁(의) 尾 ㄧˇ i³
小篆 書 草 ㊀❶의지할의, 기댈의(倚也、賴也)。【史記 司馬相如傳】其人材足ㅣ也。❷비슷할의(彷彿)。【劉禹錫詩】宋臺梁館尙ㅣ俙。❸따를의(循也)。【論語 述而】ㅣ於仁。❹그대로의(ㅣ然)。❺나무가 우거진 모양의。【詩經 小雅 采薇】楊柳ㅣㅣ。❻붙일의(附也)。㊁❶비유할의(譬喩)。【禮記 學記】不學博ㅣ、不能安詩。❷편안할의(安也)。【詩經 大雅 公劉】于京斯ㅣ。❸병풍의(屏類)。【儀禮】天子設斧ㅣ 于戶牖。

【㑖】(융) 東 ジュウ、えびす savage
셋뿔 사람융(西戎人有三角)。

【侞】(여) 魚 ジョ、したがう obey
온순할여(順也)。【孔穎達曰】欲安遠方當先順ㅣ其近。

【金】(금)→金部0畫

【命】(명)→口部5畫

【臾】(유)→臼部2畫

【舍】(사)→舌部2畫

七畫

【侮】(모) 麌 ブ、あなどる ㄨˇ wu³ despice
小篆 古文 小篆 ❶업신여길모(慢易)。【書經 說命中】無啓寵納ㅣ。

【侺】(신) 眞 シン はらむ conceive
小篆 아이밸신(妊身)。【玉篇】侺、妊身也。

【侯】(후) 尤 コウ、きみ ㄏㄡˊ hou² marquis
小篆 書 草 ❶벼슬이름후(五爵第二位)。❷과녁후(射布)。【儀禮 鄕飲酒】天子熊ㅣ白質。❸임금후(君也)。❹영주후(領主)。【康熙字典】古者以射選賢、射中者獲封爵、故因謂之諸ㅣ。❺아름다울후(美也)。【詩經 鄭風 羔裘】洵美且ㅣ。❻(왕성서 떨어져있는 五백리의 땅)。【書經 禹貢】五百里ㅣ服。❼어조사후(語助辭、維·惟·伊)。【詩經 大雅文王】ㅣ于周服。

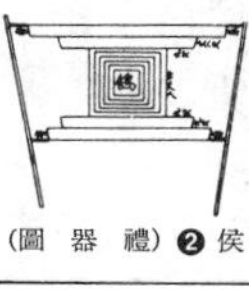

(禮器圖) ❷侯

【侲】(진) 震 眞 シン、よいわらべ good boy
小篆 書 草 아이 초라니진(逐厲童)。【漢書】先臘 大儺選黃門子弟百二十人爲ㅣ子 赤幘皁製執大鼗逐疫。

【侳】(좌) 箇 サ、やすらか restful 小篆 小篆 ❶편안할좌(安也)。❷부끄러울좌(恥也)。〔淮南子〕君子不入市爲其—廉也。❷가질좌、지닐좌(所持)。

【侵】㈠(침) 侵 ㈡(침) 寑 シン、おかす invade ㄑㄧㄣ ch'in¹ 小篆 草書 ㈠❶범할침、침노할침(犯也)。〔史記 孔子世家〕齊師—魯。❷점점침(漸進)。〔史記 武帝本紀〕天子始巡郡縣—尋泰山。❸습격할침(襲也)。〔周禮夏官大司馬〕負固不服則—之。❹흉작침(凶作)。〔穀梁傳 襄公二十四年〕五穀不登、謂之大—。㈡용모가 모춤할침(貌不揚)。〔漢書〕貌—而體弱。

【侶】(려) 語 リョ、ロ、ともがら companion ㄌㄩˇ lü³ 小篆 草書 ❶짝려(徒伴)。❷벗할려、함께려。〔蘇軾詩〕—魚蝦而友麋鹿。❸동행할려(同行)。〔陸璣 草木疏〕麟不—行。

【⿰亻沙】(사) 歌 サ、ゆく go ❶갈사(行也)。❷춤그치지않을사(舞而不止貌)。

【侷】(국) 『局』(尸部 4畫)과 같음 『跼』(足部 7畫)과 같음

【侸】(두) 宥 トウ、つかれる fatigue 小篆 ❶몸씨피곤할두(極疲)。❷구부정할두(下垂貌)。

【侻】(탈) 曷 ダツ、かるがるしい rashness ㄊㄨㄛ t'uo¹ 草書 ❶간사할탈(狡也)。❷가벼울탈(輕也)。〔三國志〕劉表以王粲體弱通—不甚重。❸간략할탈(簡易)。〔淮南子〕其行—而順情。❹합할탈(合也)。(『脫』과 통함)

【侹】(정) 迥 テイ、なおい ㄊㄧㄥˇ t'ing³ 小篆 ❶멀쑥할정(長貌)。❷꼿꼿할정(直也)。❸평평할정(平也)。❹대신할정(代也)。

【便】㈠(편) 霰 ㈡(변) 眞 ㈢(편) 先 ベン、ヘン、たやすい convenience ㄅㄧㄢˋ pien⁴ 小篆 草書 ㈠❶편할편(安也)。〔漢書 馮野王傳〕而私自—。❷소식편(消息)。〔陸雲 與 載李甫書〕道路悠遠、不值信—。❸편리할편(利也)。〔後漢書 廉范傳〕范毁削先令云云、百姓爲—。❹익힐편(習也)。❺오줌편(溲也)。〔漢書 張安世傳〕郞有醉—殿上者。❻오로지편(輒也)。〔莊子 達生〕未嘗見舟 而—操之。㈡❶비위맞출변(—辟足恭)。〔論語 季氏〕友—佞損矣。❷말잘할변(明辯)。〔論語 鄉黨〕其在宗廟朝廷 —言唯謹爾。❸배뚱뚱할변(肥大)。〔後漢書 邊韶傳〕邊孝先腹——。❹똥오줌변(屎尿大—小—)。❺아담할변(嫺也)。〔韓詩外傳〕——閑雅貌。❻같을변(平也)。〔史記 堯本紀〕—章百姓。㈢「㈡」의 ❸과 같음。

【俁】(우) 麌 ゴ、おおきい big ㄩˇ yü² 小篆 草書 얼굴클우(容貌大)。〔詩〕碩人——。

【係】(계) 霽 ケイ、かかる unite ㄒㄧˋ hsi⁴ 小篆 草書 ❶맬계(縛也)。〔左傳 僖公二十五年〕—與人、以圍商密。❷이을계(繼也)。〔易〕—小子失丈夫。❸맞이을계(連屬)。❹당길계(曳也)。〔莊子 山木〕—履而見魏王。(『系』와 通함)

【促】(촉) 沃 ソク、うながす pressing ㄘㄨˋ ts'u⁴ 小篆 草書 ❶핍박할촉(迫也)。〔唐書 柳宗元傳〕長來覺日月益—。❷촉박할촉(急也)。〔鹽鐵論〕民年急而歲—。❸재촉할촉(催也)。〔史記 陳涉世家〕—趙兵亟入關。❹쪼그릴촉(小也)。〔李白詩〕嗷嗷空城雀身計何戚—。❺좁을촉(狹也)。❻짧을촉(短也)。❼빠를촉(速也)。〔潘岳 悼亡賦〕聞冬夜之恆長何此夕一—。

【俄】(아) 歌 ガ、にわか sudden ㄜˊ ê²·⁴ 小篆 草書 ❶아까아(短速)。〔列子 說符〕—而其弟適秦。❷잠깐아(須臾)。❸기울어질아(傾也)。〔詩經 小雅賓之初筵〕側弁之—。❹헌걸찰아(大貌)。〔世說新 話〕嵇叔夜傀—若玉山之將頹。

【俅】(구) 尤 キュウ、うやうやしい submission ㄑㄧㄡ ch'iu² 小篆 草書 공순할구(恭順貌)。〔詩〕載弁——。

【俇】(광) 漾 キョウ、あわただしい confusion ㄎㄨㄤˋ k'uang⁴ 小篆 草書 허둥지둥할광(惶遽貌)。〔楚辭〕魂——而南征。

【俊】(준) 震 シュン、すぐれる outstand ㄐㄩㄣˋ chün⁴ 小篆 草書 ❶준걸할준(傑秀)。❷준수할준。〔禮記 王制〕論選士之秀者而升之學曰—士。❸재주가 뛰어난 사람준。〔書經 皐陶謨〕—又在官。❹높을준(峻也)。❺클준(大也)。〔書經 堯典〕克明—德。(『儁·駿』과 통함)

【俉】(오) 遇 ゴ、むかえる meet 맞이할오(迎也)。〔史記〕鬼若哭若呼其人逢—化言。

【俋】(읍) 緝 ユウ、いさましい brave ㄧˋ i⁴

❶날쌜읍(勇壯貌)。❷밭가는 모양읍 (耕人行貌)。〔集韻〕-耕人亍皃。

【俌】(보) 虞 フ、たすけ assistance 도울보(輔也)。〔說文〕俌、輔也、从人甫聲、讀若撫。(『輔』와 통함)

【俍】(량) 陽 リョウ、よい ㄌㄧㄤˊ liang² humane 어질량(良也)。〔莊子〕工乎天而-乎人惟全人能之。

【俐】(리) 寘 リ、かしこい ㄌㄧˋ li⁴ clever 똑똑할리、영리할리(慧也)。〔康熙字典〕今方言謂黠慧曰伶-。

【俎】(조) 語 ソ、まないた ㄗㄨˇ tsu³ chopping board ❶제기조(祭享載牲器)。〔後漢書馬融 傳註〕-載牲之器。❷도마조(庖厨所用器)。〔史記 項羽紀〕如今人方爲刀- 我爲魚肉。

(圖器禮)❶俎

【俏】㊀(소) 蕭 ㊁(초) 嘯 ショウ、にる ㄑㄧㄠˋ ch'iao⁴ resemble ㊀거문고 뒤치는 소리소 (反琴聲)。〔莊子〕孔子-然反琴而絃歌。㊁❶같을초 (似也)。❷어여쁠초 (好貌)。

【俑】(용) 腫 ヨウ、ひとがた ㄩㄥˇ yung³ 허수아비용(木偶)。(시체와 함께 매장 하는 인형)。〔孟子 梁惠王上〕始作-者、其無後乎。

【俒】(혼) 願 カン、まったい complete ❶완전할혼(完也)。〔逸周書〕朕實不 明以-伯父。❷겨정시킬혼(㥵也)。

【俓】(경) 徑 ケイ、なおい ㄐㄧㄥˋ ching⁴ straight 곧을경(直也)。(『徑』과 같음)

【倂】(잉) 徑 ヨウ、おくる see off 배웅할잉、전송할잉(送也)。〔康熙字典〕古者諸侯取夫人、則同姓二國-之。

【俔】㊀(현) 銑 ㊁(견) 霰 ケン、たとえる ㄒㄧㄢˋ hsien⁴ simile ㊀❶염탐할현(間諜)。〔左傳注〕-謂 之間諜即今細作也。❷풍세보는 깃현 (候風羽)。〔淮南子〕譬如-之見風無 須臾之間定。㊁비유할견(譬喻)。〔詩〕-天之妹。

【俖】(폐) 薺 ヘイ、あゆむ waddle 어기적거릴폐(-倈開脚行貌)。

【俗】(속) 沃 ゾク、ならわし ㄙㄨˊ su² manners ❶익을속(習也)。❷버릇속。❸풍속속(風-)。〔禮記〕入國而問-。❹세상속(世上)。〔吳志 虞翻傳〕性不協-、多見謗毀。❺평범할속(平凡)。❻속인속 (俗人)。〔宋書 徐湛之傳〕世祖命使還-。❼하고자할속(欲也)。

【俘】(부) 虞 フ、とりこ ㄈㄨˊ fu² catch alive ❶가져올부(取也)。〔書經 湯誓〕-厥寶玉。❷사로잡을부(軍所獲)。〔左傳〕 盡-以歸。❸가둘부(囚也)。

【俙】㊀(희) 微 ㊁(희) 尾 キ、ほのか ㄒㄧ hsi¹ indistinct ㊀❶비슷할희(彷彿)。❷어슴프레할희(訟面相是)。㊁희미할희(不明)。〔李登聲類〕僾-不明莫如雲。

【俚】(리) 紙 リ、いやしい ㄌㄧˇ li³ vulgar ❶속될리(鄙俗)。〔漢書 司馬遷傳〕質而不-。❷상말리。❸종말리(俗言)。❹상노래리(野歌)。〔康熙字典〕野人 歌曰-。❺힘입을리(賴也)。

【俛】(면) 銑 ベン、うつむく ㄇㄧㄢˇ mien³ bend ❶구부릴면(俯也)。〔漢書 晁錯傳〕在 -仰之間耳。❷머리를 아래로 숙일면。〔韓愈應科目時與人書〕-首帖耳。❸좁프릴면(小貌)。〔漢書 夏侯勝傳〕經術苟明、其取靑紫、猶-拾地芥耳。❹부지런한 모양면(勉貌)。〔禮記 表記〕-焉日有孳孳。(『勉』과 같음)

【俜】(빙) 靑 ヘイ、おとこだて ㄆㄧㄥ p'ing² chivalrous ❶비틀거릴빙(行不正)。❷호협할빙(俠也)。

【保】(보) 皓 ホウ ホ、たもつ integrity keep ❶보둘보(任也)。〔周禮〕令五家爲比、使之相-。❷지닐보(持也)。❸보전할보(全之)。〔孟子 離婁上〕士庶人不仁、不-四體。❹도울보(佑也)。〔孟子〕故推恩足以-四海。❺편안할보(安也)。〔詩經 大雅崧高〕往近王舅南土是-。❻기를보(養也)。〔孟子 文公上〕古之人若-赤子。❼머슴보(傭也)。〔史記 欒布傳〕窮困賃傭齊、爲酒家-。❽가까이서 일보는 사람보。「保母」。〔禮記 文王世子〕入則有-出則有師。❾중매인보(仲媒人)。❿작은 성이름보(小城名)。〔禮記 月令〕四鄙入-。⓫편안할보(安也)。(『褓』와 통함)

【俞】(유)『兪』(人部7畫)의 俗字

【俟】㊀(사) 紙 シ、キ、まつ wait for ㊁(기) 支 ㄑㄧˊ ch'i² 小篆 草書 ㊀❶기다릴사(待也)。〔中庸〕君子居易以－命。❷기대할사(期待)。〔禮記 玉藻〕在官不－履在外不－車。❸짐승 의 떼가 천천히 가는 모양사。〔詩〕儦儦－－。㊁성기(姓也)。

【俠】㊀(협) 葉 キョウ、おとこだて chivalry ㊁(겹) 洽 ㄒㄧㄚˊ hsia² 小篆 草書 ㊀❶의기협(權力輔人)。〔漢書 季布傳〕任－有名。❷사이에 낄협(挾也)。〔漢書 叔孫通傳〕殿下朗中－陛。㊁❶아우를겹(竝也)。❷곁겹(傍也)。(『挾』과 통함)

【信】㊀(신) 震 シン、まこと believe ㊁(신) 眞 ㄒㄧㄣˋ hsin⁴ 小篆 古文 古文 草書 ㊀❶믿을신(不疑)。〔孟子 盡心下〕盡－書則不如無書。❷참될신(眞也)。❸밝힐신(明也)。〔左傳 昭公二十五 年〕－罪之有無。❹징험할신(驗也)。〔老子〕其中有－。❺인장신(印也)。❻맡길신(任也)。❼이틀 밤을 잘신(再宿)。〔左傳 僖公七年〕一宿爲食、再宿爲－。❽소식신(消息)。〔白居易詩〕音－日已疎。❾사신신(使也)。〔晋書 王羲之傳〕然聞－至。㊁펼신(伸也)。〔易經 繫辭〕往者屈也、來者－也。(『伸·申』과 같음)

【俣】(오) 〔日字〕 また strand 草書 갈래질오(叉也)。

【俤】(제) 〔日字〕 おもかげ figure 草書 얼굴그림자제(面影)。

【俥】(거) 〔日字〕 くるま rickshaw 草書 인력거거(人力車)。

八畫

【修】(수) 尤 シュウ、おさめる cultivate ㄒㄧㄡ hsiu¹ 小篆 草書 ❶닦을수(飾也)。〔漢書 敍傳〕束髮－學。❷옳게할수(正也)。❸정리할수(整理)。〔詩經 小雅車攻序〕內－政事、外攘夷狄。❹꾸밀수(飾也)。〔論語 憲問〕行人子羽－飾之。❺엮을수(編纂)。〔唐書 百官 志〕－國史。❻다스릴수(葺理)。〔韓愈 進學解〕行雖－、而不顯於衆。❼길 수(長也)。❽훌륭한 사람을 일컬음。❾키 높이수(身長)。〔戰國策 齊上〕鄒忌－八尺有餘。(『脩』와 통함)

【俯】(부) 麌 フ、ふせる bow ㄈㄨˇ fu³ 草書 ❶구부릴부(俛也)。〔易經 繫辭〕－以察於地利。❷머리를 숙일부(垂也)。〔史記 孔子世家〕三命而－。❸깊숙히 숨어 있을부(潛伏)。〔禮記 月令〕季秋之月蟄蟲咸－。❹굽을부(曲也)。(『頫』와 같음)

【俱】(구) 虞 ク、ともに together ㄐㄩˋ chü⁴ 小篆 草書 ❶다구(皆也)。❷함께구(偕也)。〔孟子 盡心上〕父母－存。❸갖출구(具也)。〔史記 孔子世家〕孔子適周、魯君與之一乘車、兩馬一竪子－。❹동반할구(伴也)。〔史記 刺客傳〕荊軻有所待欲與－。

【俲】(효)『傚』(10人部 10畫)와 같음

【俳】(배) 佳 ハイ、わざおぎ player ㄆㄞˊ p'ai² 小篆 草書 ❶광대배(雜戲)。❷배우배。❸어슷거릴배(徊也)。(『徘』와 같음)

【俴】(천) 銑 セン、あさい shallow ㄑㄧㄢˇ ch'ien³ 小篆 草書 얕을천(淺也)。

【㑮】(혼) 願 コン、くらい ignorant ❶어두울혼(闇也)。❷노인건망증혼(耆忘)。

【俵】(표) 嘯 ヒョウ、わかちあたう distribution ㄅㄧㄠˇ piao³ 草書 ❶나누어줄표(分界)。❷흩어질표(散也)。❸〔日字〕가마니。

【偒】(이) 寘 イ、あなどる despise 小篆 업신여길이(慢也)。

【俶】㊀(숙) 屋 シュク、テキ、はじめる begin ㊁(척) 錫 ㄔㄨˋ ch'u⁴ 小篆 草書 ㊀❶비롯할숙(始也)。〔詩經 大雅旣醉〕令終有－。❷처음숙(始也)。〔書經 胤征〕－擾天紀。❸지을숙(作也)。❹일으킬숙(興也)。〔詩經 大雅崧高〕有－其城。❺갖출숙(整也)。❻정돈할숙。〔張衡思玄賦〕簡元辰而－裝。❼착할숙(善也)。❽심할숙(甚也)。〔詩經〕有－其成。㊁고상할척(－儻不羈)。〔史記 魯仲連傳〕好奇偉－儻之畫策。(『倜』과 통함)

【俷】(비) 未 ヒ、そむく betrayal 草書 등질비(背也)。〔史記〕無作怨無－德。

【俸】(봉) 宋 ホウ、ふち salary ㄈㄥˋ fêng⁴ 草書 ❶녹봉(秩祿)。❷급료봉(給料)。〔漢書 宣帝紀〕小吏勤事而－薄。(『奉』과 통함)

【俾】㊀(비) 紙 ヒ、ヘイ、したが obey ㊁(비) 霽 ㄅㄧˋ pi⁴ 小篆 草書 ㊀❶하여금비(使也、命令辭)。〔大學〕違之－不

通。❷좇을비(從也)。〔書經 武成〕罔不率ㅣ。❸더할비(益也)。❹오로지비(職也)。 (二)흘겨볼비(睥也)。

【倀】(창) 陽 チョウ、トウ、くるう confusedly ㄔㄤ ch'ang¹
倀 篆小 倀 書草 ❶갈팡질팡할창(狂行)。〔禮記 仲尼燕居〕瞽者無相、ㅣㅣ乎其何之。❷고립하는 모양창(孤立)。❸길을 잃을창(失道也)。❹창귀창(虎魂)。〔聽雨記談〕虎齧人魂不敢適他輒隷事虎名曰ㅣ。❺미칠창(狂也)。

【倂】(一)(병) 迥 (二)(병) 敬 ヘイ、ならべる abreast ㄅㄧㄥ pin⁴
倂 篆小 倂 書草 (一)❶나란할병(竝也)。〔禮記 祭義〕行 肩而不ㅣ。❷다툴병(競也)。〔賈誼 治安策〕高皇帝與諸侯ㅣ起。❸물리칠병(屛棄)。〔荀子〕ㅣ己之私欲必以道。(二)❶겸할병(兼也)。❷아우를병(竝也)。❸합할병(合也)。〔趙岐 孟子題辭〕後爲魯所ㅣ。 (『幷』과 같음)

【俗】(구) 有 キュウ、そしる slander
俗 篆小 헐방할구(毀也)。〔說文〕俗毀也、从人咎聲。

【倄】(효) 肴 コウ、さす pierce
倄 篆小 ❶찌를효(刺也)。❷끙끙앓을효(痛貌)。❸한탄할효(嘆也)。

【倅】(一)(쉬) 隊 サイ、ソツ、そえ (二)(졸) 月 next ㄘㄨㄟ ts'uei⁴
倅 篆小 倅 書草 (一)❶버금쉬(副也)。〔周禮 夏官戎僕〕掌王ㅣ車之政。❷아직 벼슬자리에 오르지 않은 아들쉬(曹子)。〔周禮〕國子存遊ㅣ使之修德學道。❸원쉬(郡守)。(二)백사람졸(百人組合)。(『卒』과 통함)

【倆】(량) 養 リョウ、たくみ talent ㄌㄧㄤ liang³
倆 書草 재주량、공교할량(技也、巧也)。〔舊唐書 司空圖傳〕伎ㅣ。

【個】(개) 箇 カ、コ、ひとつ a piece ㄍㄜ kê⁴
個 書草 ❶낱개(枚也)。❷치우칠개(偏也)。 (『个·箇』와 같음)

【倉】(一)(창) 陽 ソウ、くら warehouse (二)(창) 漾 ㄘㄤ ts'ang¹
倉 篆小 倉 篆小 仺 古文 全 奇字 書草
(一)❶곳집창(穀藏)。(곡식 넣는 창고)。〔戰國策註〕圓曰囷方曰ㅣ。❷갑자기창(卒也)。❸졸급할창(遽也)。(옛날은 「蒼」「臟」혹은 「滄」과 통함)。 (二)❶초상날창(喪也)。❷슬퍼할창(愴也)。〔詩經 大雅桑柔〕ㅣ兄塡兮。 (『愴』과 통함)

❶ 倉 (三才圖會)

【倌】(관) 寒 カン、とねり ㄍㄨㄢ kuan¹
倌 篆小 倌 書草 수레부리는 사람관(主駕者)。〔詩經〕命彼ㅣ人星言夙駕。

【弇】(감)(엄) →廾部6畫

【食】(식) →食部0畫

【俹】(아) 禡 ア、よる depend
❶기댈아。❷의지할아(依也)。❸거만할아(傲也)。

【倍】(一)(배) 隊 バイ、ます double (二)(패) 灰 ㄅㄟ pei⁴
倍 篆小 倍 書草 (一)❶곱배、갑절배(加等、加也)。〔易經 說卦〕利市三ㅣ。❷겸할배(兼也)。❸더욱더배(益也)。(二)❶어길패(背也)。〔禮記 緇衣〕信以結之、則民不ㅣ。❷떨어질패(絕也)。〔淮南子 人間訓〕ㅣ世離俗。❸비패할패(鄙俗)。〔論語 泰伯〕斯遠鄙ㅣ矣。❹암송할패(暗誦)。〔韓愈 韓滂墓志〕滂讀書ㅣ文。

【倎】(전) 銑 テン、あつい thick
❶두터울전(厚也)。❷착할전(善也)。 (『腆』과 같음)

【倏】(숙) 屋 シュク、たちまち suddenly ㄕㄨ shu⁴
倏 篆小 ❶잠간숙(瞬也)。❷홀연숙(忽也)。❸얼른숙(速也)。❹개의 빨리 달리는 모양숙(疾走貌)。

【倐】(숙)『倏』(前條)의 俗字

【㑦】(례) 霽 レイ、おこる angry
성낼례(怒也)。

【們】(문) 元 モン、ともがら group ㄇㄣ men²
們 書草 ❶무리문(等輩)。❷우리들문(다른 이들 따위의 인칭(人稱)에 붙여 쓰는글자。❸따위문(等也)。

【倒】(一)(도) 皓 トウ、たおれる (二)(도) 號 upset ㄉㄠ tao⁴
倒 篆小 倒 書草 (一)❶엎드러질도(偃也)。〔漢書 李廣傳〕度不中不發發即應弦而ㅣ。❷넘어뜨릴도(仆也)。〔見門記〕魏武登山、使人排ㅣ之。❸(과격한 동작을 나타낼때 쓰는 글자)。〔晉書 衛玠傳〕每聞衛玠言、輒歎息絕ㅣ。❹간간웃을도、요절할도(極笑貌)。❺헛늙을도(老也)。(二)❶거꾸로도。❷뒤집어질 도(顚ㅣ)。〔詩經 齊風 東方未明〕顚之ㅣ之、自公召之。❸거스릴도(逆也)。〔韓非子 難言〕至言忤于耳而ㅣ于心。

【倓】(담) 覃 タン、やすらか appease ㄊㄢ t'an²

倓(小篆) 倓(或體) 倓(草書) ❶담연할담(恬靜)。❷편안할담(安也)。❸고집담(不疑)。〔荀子〕ㅣ然見管仲之能足以託國。

【倔】(굴) 物 クツ、つよい firm ㄐㄩㄝˊ chüeh²

倔(草書) ❶군셀굴(强也)。❷딱딱할굴(梗戾)。〔宋史 趙鼎傳〕ㅣ强猶昔。(『崛』과 통함)

【倕】(수) 支 スイ、おもい heavy

❶무거울수(重也)。❷이름수(人名)。(『垂』와 통함)

【倖】(행) 梗 コウ、さいわい good luck ㄒㄧㄥˋ hsing⁴

倖(草書) ❶괴일행(寵也)。❷아당할행(佞也)。❸친할행(親也)。〔後漢書 呂强傳〕素餐私ㅣ、必加榮擢。❹요행행(僥ㅣ)。〔班固奕旨〕優者有不遇劣者有僥ㅣ。(『幸』과 통함)

【俺】㊀(엄) 豔 ㊁(업) 葉 エン、われ myself ㄢˇ an³

俺(小篆) 俺(草書) ㊀❶나엄(我也)。〔康熙字典〕北人稱我曰ㅣ。❷클엄(大也)。㊁뜻은 ㊀과 같음。

【俻】(비)『備』(人部 10畫)의 俗字

【倗】(붕) 蒸 ホウ、ゆだねる request

倗(小篆) 부탁할붕(託也)。〔六書統〕倗、委也、託也。

【偞】(엽) 葉 ヨウ、かるい rash

❶가벼울엽(輕也)。〔禮記〕惟水漿不祭若祭爲已ㅣ卑。❷낮을엽(卑也)。

【倘】㊀(당) 養 ㊁(상) 陽 ショウ、もし perhaps ㄊㄤˇ t'ang³ (本音「창」)

倘(草書) ❶아마당(或然辭)。❷갑자기당。❸그치는 모양당。❹문득당(忽也)。〔莊子 在宥〕雲將見之ㅣ然止。❺어이가 없을당。❻반할당(恍惚)。(『儻』과 같음) ㊁뜻은 ㊀과같음。

【倚】㊀(의) 紙 ㊁(기) 支 イ、キ、よる depend ㄧˇ i³

倚(小篆) 倚(草書) ㊀❶기댈의(依也)。〔左傳 昭公五年〕設机而不ㅣ。❷인할의(因也)。〔老子〕禍兮福所ㅣ福兮禍所伏。❸의지할의。❹믿을의(恃也)。〔漢書 韓信傳〕容容無所ㅣ。❺장단에 맞출의(合調)。〔漢書 張釋之傳〕愼夫人ㅣ琴而歌。❻더할의(加也)。㊁❶설기(立也)。〔易經 說卦〕參天兩地而ㅣ數。❷『奇』『畸』와 통함。

【候】(후) 宥 コウ、うかがう inquire; peep ㄏㄡˋ hou⁴

候(小篆) 候(草書) ❶물을후(訪也)。❷살필후(伺也)。〔呂覽 貴因〕武王使人ㅣ殷。❸생각할후。❹점칠후(占也)。〔後漢書 郞顗傳〕父宗能望氣占ㅣ吉凶。❺바랄후(望也)。〔史記 封禪書〕上乃遣望氣者佐ㅣ其氣。❻모실후(侍也)。〔後漢書 寵公傳〕劉表數延請不能屈乃就ㅣ之。❼기다릴후(待也)。〔陶潛 歸去來辭〕稚子ㅣ門。❽망군후(斥ㅣ)。〔後漢書 光武帝紀〕北邊築亭ㅣ修烽燧。❾징조후(兆也)。〔晉書 天文志〕凡遊氣蔽天日月失色、皆是風雨之ㅣ也。❿철후(節也)。(일년을 七十二로 나눈 시절의 일컬음)。〔魏書 律曆志〕五日一ㅣ。⓫날씨후(天氣)。

【倛】(기) 支 キ、かめん mask ㄑㄧ ch'i¹

倛(草書) 방상탈기(方相)。(귀신을 쫓을때 쓰는 탈)。〔荀子 非相〕仲尼面如蒙ㅣ。(『魌』와 같음)

【倜】(척) 錫 テキ、チャク、すぐれる nobility ㄊㄧˋ t'i⁴

倜(小篆) 倜(草書) ❶고상할척(ㅣ儻不羈)。〔北史〕王頒少ㅣ儻有文武幹局。(속박 당하지 않고 독립하여 있는 모양에 씀)。❷번쩍들척(高擧貌)。〔荀子 君道〕ㅣ然乃擧太公於州人而用之。

【倞】㊀(량) 漾 ㊁(경) 敬 リョウ、キョウ、とおい distant ㄌㄧㄤˋ liang⁴

倞(小篆) 倞(草書) ㊀❶멀량(遠也)。❷찾을량(索也)。〔禮記〕祊之爲言ㅣ也ㅣ索也。(『諒』과 같음) ㊁굳셀경(彊也)。〔詩經〕秉心無ㅣ。

【倝】(간) 翰 カン、ひので sunrise

倝(小篆) 倝(籀文) ❶해돋을간(日出貌)。❷쓸간(用也)。

【借】㊀(차) 禡 ㊁(적) 陌 シャ、シャク、かりる borrow ㄐㄧㄝˋ chieh⁴

借(小篆) ㊀❶빌릴차(假也)。〔左傳〕盡ㅣ邑人之車。❷빚차(貸也)。❸도울차(助也)。❹허락할차(許也)。〔薛逢 上韋學士啓〕三年欲飛長風不ㅣ。❺가령차(設辭)。〔詩經 大雅抑〕ㅣ曰未知亦旣抱子。㊁뜻은 ㊀과 같음。

【倠】(휴) 支 キ、みにくい ugly

倠(小篆) ❶얼굴추할휴(容貌醜惡貌)。❷천할휴(賤也)。

【倡】㊀(창) 陽 ㊁(창) 漾 ショウ、わざおぎ actress ㄔㄤ ch'ang¹

倡(小篆) 倡(草書) ㊀❶가무창(歌舞)。〔西京雜記酒賦〕縱酒作ㅣ。❷미치광이창(狂也)。〔莊子山木〕ㅣ狂妄行。❸기생창(ㅣ妓)。〔揭傒斯詩〕世無劇孟交、不及靑樓ㅣ。❹번창할창(昌也)。〔楊子法言〕物咸倜ㅣ。(『娼』과 같음) ㊁❶부를창(唱也)。〔禮記 樂記〕壹ㅣ而三歎。❷노래마디창(發歌句)。❸인도할창(導也)。(『唱』과 통함)

【倢】(첩) 葉 ショウ、はやい quick ㄐㄧㄝˊ chieh²

倢[小篆] 倢[書草] ❶빠를첩(速也)。❷사낭질할첩。❸가까울첩(近也、短也)。(『捷』과 통함)

【倣】(방) 養 ホウ、ならう imitate ㄈㄤ fang³
倣[書草] ❶본받을방(倣也)。〔宣和書譜〕學者奉模ㅣ焉。❷의방할방(依也)。

【値】(치) 寘 チ、あたい value ㄓ chih²·⁴
値[小篆] 値[書草] ❶만날치(遇也)。❷당할치。❸가질치(持也)。〔詩經 陳風宛行〕ㅣ其鷺羽。❹값치(價也)。〔康熙字典〕物價曰ㅣ。❺가치가 있을치(價也)。〔唐彥謙詩〕翡翠鮫鮹何所ㅣ。(『直』과 통함)

【倥】㊀(공) 東 コウ、おろか unwise ㄎㄨㄥ k'ung³ ㊁(공) 董 ㊂(공) 送
倥[書草] ㊀분별 모를공(無知)。〔會鞏詩〕衮衣天下頌豈但是ㅣ侗。(『悾』과 같음) ㊁바쁠공(不暇)。「急迫」。㊂곤할공(困也)。〔楚辭 九歎〕愁ㅣ傯於山陸。

【倦】(권) 霰 ケン、うむ lazy ㄐㄩㄢ chüan⁴
倦[小篆] 倦[書草] ❶게으를권(懈也)。❷고달플권(疲也)。〔禮記 儒行〕敎行而不ㅣ。❸수고할권(勞也)。

【倧】(종) 冬
한배종、신인종(上古神人)。〔朝鮮古紀〕神人降于 太白山 檀木下是爲大ㅣ。

【倨】(거) 御 キョ、おごる arrogance ㄐㄩ chü⁴
倨[小篆] 倨[書草] ❶거만할거(不遜)。〔禮記 曲禮〕遊毋ㅣ。❷걸터앉을거(箕坐)。〔漢書 張耳傳〕高祖箕ㅣ。❸굽을거(曲也)。〔禮記〕ㅣ中矩。

【倩】㊀(천) 霰 セン、セイ、ういしい modest ㄑㄧㄢ ch'ien⁴ ㊁(청) 敬
倩[小篆] 倩[書草] ㊀❶엄전할천(男子美稱)。「好美」。〔杜甫詩〕披顔爭ㅣㅣ逸足競駸駸。❷입술가에 아양이 뜨는 모양천。〔詩經〕巧笑ㅣ兮。㊁❶사위청(婿也)。❷고용할청(雇也)。❸빌청(假借)。

【倪】(예) 齊 ゲイ、ガイ、おさない very young ㄋㄧ ni²
倪[小篆] 倪[書草] ❶어릴예(幼者)。「弱者」。〔孟子 梁惠王下〕反其旄ㅣ。❷도울예(俾益)。❸가예(際也)。❹끝예(端也)。〔韓愈 南海神廟碑〕乾端坤ㅣ、軒豁呈露。❺한정예(限也)。〔莊子 秋水〕惡至而ㅣ貴賤。(『兒』와 통함)

【倫】(륜) 眞 リン、たぐい、みち truth; morals ㄌㄨㄣ luen²
倫[小篆] 倫[書草] ❶인륜륜(人道)。〔中庸〕行同ㅣ。❷무리륜(類也)。〔禮記〕儗人必於其ㅣ。❸조리륜(條理)。〔周禮〕折幹必ㅣ。❹의리륜(理也)。〔禮記〕夫祭有十ㅣ。❺떳떳할륜(常也)。〔書經〕彝ㅣ攸敍。❻가릴륜(擇也)。〔儀禮〕雍人ㅣ膚。

【倬】(탁) 覺 タク、いちじるしい distinguished ㄓㄨㄛ chuo¹
倬[小篆] 倬[書草] ❶클탁(著大)。〔詩經〕ㅣ彼雲漢、昭回于天。❷환할탁(明貌)。〔詩經〕有ㅣ其道。

【倭】㊀(위) 支 イ、ワ、やまと Japan ㄨㄟ wei¹ ㊁(왜) 歌
倭[小篆] 倭[書草] ㊀❶순한 모양위(順貌)。〔字彙〕ㅣ謹貌又順貌。❷빙돌위(回遠)。〔詩經〕周道ㅣ遲。㊁나라이름왜(日本)。(중국에서 일본을 부르던 일컬음)。〔漢書〕樂浪中有ㅣ人、分爲百餘國。

【倮】(라) 哿 ラ、はだか naked ㄌㄨㄛ luo³ (同音「과」)
倮[書草] ❶벌거벗을라(赤體)。〔禮記〕中央土、其蟲ㅣ。❷좁을라(狹隘)。〔左思賦〕風俗以韰ㅣ爲嫿。(『裸』와 같음)

【倰】(릉) 蒸 リョウ、あざむく deceive
❶속일릉(欺也)。❷거문고 소리릉(琴聲)。❸길릉(長也)。〔集韻〕ㅣ、長也。

【倱】(혼) 阮 コン、おろか foolish
❶통하지않을혼(事物不通貌)。❷어리석을혼(愚也)。

【倲】(동) 東 トウ、おろか foolish
❶어리석을동(愚也)。❷뒤떨어질동(劣也)。❸성 동(姓也)。

【倳】(사) 寘 シ、さしはさむ thrust ㄗ tzu⁴ (本音「차」)
倳[書草] ❶꽂을사(揷也)。〔史記〕且ㅣ刃公之腹中、以成其名。❷세울사(立也)。〔周禮〕ㅣ典以任百官。

【倴】(분) 元
❶사람이름분(人名、ㅣ蓋)。❷(中字)둔한사람분(ㅣ人)。

【丧】(상)『喪』(口部 9畫)의 俗字

【倹】(검)『儉』(人部 13畫)의 略字

【脊】(척) → 肉部 6畫

九畫

【偁】(칭)『稱』(禾部 9畫)의 本字

【偃】(언) 阮 エン、ふせる lie down ㄧㄢ yen³

㥾 小篆 偃 草書 ❶자빠질언(僵也)。〔淮南子〕牆之立、不若其ㅡ也。❷누울언(臥也)。〔詩經〕或息ㅡ在牀。❸느른할언(失志貌)。❹거만할언(傲也)。〔左傳〕彼皆ㅡ蹇將棄子之命。❺방죽언(堤也)。〔左傳〕規ㅡ豬。

【偄】 ㊀(난) 翰 ダン、ナン、よわい weak ㊁(연) 銑 ㄋㄨㄢ nuan⁴ 小篆 ㊀❶연약할난(柔弱)。❷공순할난(敬也)。 ㊁뜻은 ㊀과 같음。

【偅】 (동)『憧』(心部12畫)과 같음

【偆】 (춘) 軫 シュン、とむ rich 小篆 ❶가멸할춘(富也)。❷두터울춘(厚也)。

【假】 ㊀(가) 馬 カ、ケ、かり provisional ㊁(가) 禡 ㊂(하) 麻 (古音 하) ㊃(격) 陌 ㄐㄧㄚ chia³ 小篆 草書 ㊀❶거짓가(非眞)。〔古樂府〕寡婦哭城頹此情非虛ㅡ。❷빌릴가(借也)。〔禮記〕大夫祭器不ㅡ。❸잠시가(非永久)。〔詩經〕不遑ㅡ寐。❹클가(大也)。〔詩經大雅文王〕ㅡ哉天命。❺아름다울가(美也)。〔詩經〕ㅡ樂君子。❻인할가(因也)。〔禮記〕ㅡ爾泰筮有常。❼빌려줄가(貸也)。〔北史〕若天ㅡ之年、繼二南矣。❽가령가(設辭)。〔史記〕ㅡ令晏子而在、余雖爲之執鞭、所忻慕焉。❾좋은운가(嘏也)。〔禮記〕是謂大ㅡ。❿용서할가(恕也)。(『嘏・嘉』와 통함) ㊁❶꿀가(貸也)。❷여가가(暇也)。〔晉書〕護軍與尼長ㅡ。㊂아득할하(遐也)。〔揚子 法言〕ㅡ言周於天地。㊃이르를격(至也)。〔易經〕王ㅡ有廟。(『格』과 같음)

【偈】 ㊀(걸) 屑 ケツ、ケイ、いこう rest ㊁(게) 霽 ㄐㄧˋ chi⁴ (本音 계) 書 草 ㊀❶힘 빼두를걸(用力貌)。〔莊子〕ㅡㅡ乎揭仁義而行。❷빠를걸(疾也)。〔詩經〕匪風發兮匪車ㅡ兮。❸헌걸찰걸(武貌)。〔詩〕伯兮ㅡ兮。(『朅』과 통함) ㊁❶쉴게(息也)。〔揚雄賦〕三巒兮ㅡ棠梨。❷게타게(범어 가타(伽陀)〔gāthā〕의 음을 나타내는데 씀)。❸글귀게(詩詞也)。(불가「佛家」의 詩詞로서 보통 四句를 일게(一偈)로하여 다섯자 혹은 일곱자를 一句로 함。〔康熙字典〕ㅡ句釋氏詩詞也。(『憩』와 통함)

【偉】 (위) 尾 イ、すぐれる great 未 ㄨㄟˇ wei³ 小篆 書 草 ❶클위, 넉넉할위, 거룩할위(大也)。〔漢書〕衣冠甚ㅡ。❷기특할위(奇也、怪也)。❸잘난이위(大人物)。

【偌】 (야) 禡 ジャ、はなはだ ㄖㄨㄛˋ juo⁴ ❶성야(姓也)。❷〔中字〕너무야(甚意)。

【偎】 (외) 灰 ワイ、したしむ ㄨㄟ wei¹ ❶사랑할외(愛也)。❷친근할외(昵近)。❸가물거릴외(或隱或見貌)。

【偊】 (우) 麌 クウ、かがむ bend ㄩˇ yü³ 書 草 ❶꾸부렁거릴우(曲躬獨行貌)。❷홀로걸어가는모양우(獨行貌)。〔漢書〕行步ㅡ旅。〔列子〕ㅡㅡ爾。

【偺】 (잔) 銑 刪 サン、そなえる possess 갖출잔(具也)。

【⿰亻卻】 ㊀(갹) 藥 キャク、つかれる exhausted ㊁(극) 陌 小篆 ㊀질갹(受屈微ㅡ)。㊁게으를극(倦也)。

【偏】 (편) 先 ヘン、かたよる lean ㄆㄧㄢ p'ien¹ 小篆 書 草 ❶치우칠편(側也)。〔中庸〕不ㅡ之謂中。❷불공평할편(不公平)。〔書經〕無ㅡ無陂遵王之義。❸반신편(半體)。〔荀子〕禹跳湯ㅡ。❹무리편(屬也)。〔左傳〕擧其ㅡ不爲黨。❺오십명편(오십사람을 한반으로 한 일컬음)。〔周禮〕五十人爲ㅡ。❻간사한모양편(邪也)。〔古文易經〕ㅡㅡ不富。❼넓을편(廣也)。❽한마음편(專心)。〔張籍詩〕今體詩中ㅡ出格。❾왼쪽획편(만들은 글자의 왼쪽의획)「旁의 對」。〔蘇軾詩〕强壽ㅡ傍推點畫。

【偐】 (안) 諫 ガン、にせもの counterfeit 위조물안(僞物)。

【偒】 (탕) 養 トウ、ながい long 헌걸찰탕(長貌)。(『蕩』과 통함)

【偓】 (악) 覺 アク、こだわる weigh on ㄨㄛˋ wo⁴ 小篆 書 草 ❶거리낄악(拘也)。〔康熙字典〕ㅡ促拘也。❷신선이름악(仙人、ㅡ佺)。

【偕】 ㊀(해) 佳 カイ、ともに together ㄐㄧㄝ chieh¹ (古音 개) ㊁(혜) 齊 (古音 계) 小篆 書 草 ㊀❶함께할해, 같이해(俱也)。〔孟子〕古之人與民ㅡ樂。❷굳셀해(强壯貌)。〔詩經〕ㅡㅡ士子、朝夕從事。㊁❶화할혜(適也)。〔顔延之詩〕物謝時旣晏、年往志不ㅡ。❷같을혜(齊也)。〔詩經〕飮酒孔ㅡ。

【偖】 (차)『撦』(手部12畫)와 같음

【做】 ㊀(자) 箇 サ、つくる make ㊁(주)〔慣音〕 ㄗㄨㄛˋ tsuo⁴ 書 草 ㊀지을주(造也)。㊁뜻은 ㊀과 같음。(『作』의 俗字)

【偛】 (삽) 洽 ソウ、こびと dwarfish 키작을삽, 작을삽(短倭貌)。

【停】(정) 靑 テイ、とどまる stay; stop ㄊㄧㄥ t'ing²
篆小 書草 ❶머무를정(行中止)。〔晋書〕始無三日休ㅣ。❷정할정(定也)。〔王弼 易 傳〕上下不ㅣ。❸늦어질정(延滯)。〔梁書〕淹ㅣ不時施行者。❹더부룩할정(草木樸㪚不長)。

【偝】(배)『背』(肉部 5畫)와 같음

【偞】(엽) 葉 ヨウ、かるい ㄒㄧㄝ hsieh⁴
❶가벼울엽(輕也)。❷낮을엽(底也)。❸얼굴예쁠엽(容美貌)。

【偟】(황) 陽 コウ、いとま spare time ㄏㄨㄤ huang²
書草 ❶어슷거릴황(徘徊)。❷겨를황(暇也)。〔揚子法言〕忠臣孝子ㅣ乎不ㅣ。〔『徨·遑』과 통함〕

【偠】(요) 篠 ヨウ、しなやか slender loin ㄧㄠˇ yao³
書草 허리가늘요(細腰)。

【健】㊀(건) 願 ケン、すこやか healthy ㄐㄧㄢˋ chien⁴ ㊁(건) 銑
篆小 書草 ㊀❶굳셀건(强有力)。〔易經〕天行ㅣ 君子以自强不息。❷병없을건(無病)。㊁탐할건(貪也)。

【偢】(초) 嘯 ショウ、うれえる ㄑㄧㄡ ch'iu³
❶근심할초(愁也)。〔篇海〕ㅣ、與愀同。❷볼초(覗也)。❸돌아볼초(省也)。

【便】(편)(변)『便』(人部 7畫)과 같음

【偨】(치) 紙 シ、そろわない uneven
書草 가지런하지 않을치、오르락내리락할치(ㅣ傂)。

【偫】(치) 紙 チ、まつ wait for
篆小 ❶기다릴치(待也)。❷갖출치(具也)。

【偩】(부) 有 フ、かたどる pattern ㄈㄨˋ fu⁴
書草 형상할부(依象)。

【偪】㊀(벽) 職 ヒョク、せまる urgency ㄅㄧ pi ㊁(핍) 〔慣音〕
書草 ㊀❶핍박할벽(侵迫)。〔禮記〕君子不偪上、不ㅣ下。❷행전벽、각반벽(行縢)。〔禮記〕ㅣ屨著綦。㊁뜻은 ㊀과 같음。

【偬】(총)『傯』(人部 11畫)과 같음

【偭】(면) 銑 メン、むかう face towards ㄇㄧㄢˇ mien³
篆小 書草 ❶향할면(向也)。❷등질면(背也)。

【偯】(의) 尾 イ、なげくこえ cry ㄧ i
書草 울음끝소리의(哭餘聲)。〔禮間傳〕大功之哭、三曲而偯。

【偰】(설) 屑 セツ、きよい ㄒㄧㄝ hsieh²
篆小 ❶맑을설(淨也)。성설(姓也)。

【偲】㊀(시) 支 シ、サイ、しのぶ blame ㄙ ssu¹ ㊁(시) 灰
篆小 篆小 書草 ㊀❶간절히책망할시(切責)。〔論語 子路〕朋友切切ㅣㅣ。❷살피고힘쓸시(詳勉)。㊁❶굳셀시(彊力)。❷수염이 많은 모양시(多鬚貌)。❸재주많을시(多才)。

【側】(측) 職 ソク、そば side ㄓㄞ chai¹
篆小 ❶곁측(傍也)。〔史記 孔子世家〕費人攻之弗克入及公ㅣ。❷기울어진쪽측。〔書經 洪範〕無反無ㅣ。❸기울을측(傾也)。〔字彙〕ㅣ傾也、不正也、偏臥也。❹저물측(日暮)。〔儀禮 旣夕〕日ㅣ。❺배반할측(反也)。〔後漢書 光武紀〕使反ㅣ子自安。❻미천할측(微賤)。〔書經 堯典〕明明揚ㅣ陋。❼가까울측(近也)。❽홀로측(獨也)。〔儀禮 士冠禮〕ㅣ尊。❾아플측(痛也)。〔楚辭 九歌〕隱思君兮悱ㅣ。❿절실하게 느끼는 모양측(痛感貌)。〔韓偓詩〕ㅣㅣ輕寒翦翦風。⓫소문측(仄也)。〔『仄』과 같고 『特』과 통함〕

【偽】(위)『僞』(人部 12畫)의 略字

【偵】(정) 庚 テイ、うかがう detective ㄓㄣ chen¹
篆小 書草 ❶정탐군정(斥候)。〔後漢書任延傳〕罷ㅣ候戍卒。❷엿볼정(探伺也)。❸정탐할정。〔後漢書 淸河孝王傳〕使御史ㅣ伺得失。❹물을정(問也)。

【偶】(우) 有 グウ、つい、たまたま even; coincide ㄡˇ ou³
篆小 書草 ❶짝셈우(雙數)。〔禮記 郊特牲〕鼎俎奇而籩豆ㅣ。❷짝지울우(匹也)。❸무리우(類輩、同類)。〔漢書 黥布傳〕率 其曹ㅣ亡之江中。❹허수아비우(俑也)。〔史記 孟嘗君傳〕木ㅣ人謂ㅣ人土。❺만날우(遇也)。❻뜻밖에우(偶然)。〔列子楊朱〕鄧析謂子產曰、鄭國之治ㅣ耳、非子之功。❼마침우(適也)。

【偸】(투) 尤 トウ、ぬすむ steal ㄊㄡ t'ou¹
書草 ❶훔칠투(盜也)。〔李商隱雜纂〕必不來ㅣ客作ㅣ物去。❷엷을투(薄也)。❸구차할투(苟且)。❹인정이 경박할투〔論語 泰伯〕故舊不遺、民則不ㅣ。❺도적투(盜賊)。

十畫

【傀】㊀(괴) 賄 クワイ、あやにんぎょう puppet ㄎㄨㄟˇ k'uei³ ㊁(괴) 灰

傀 小篆 傀 草書 ㊁❶엄전할괴(大貌)。【荀子 性惡】ㅣ然獨立天地之間而不畏。❷클괴(偉也)。❸괴이할괴(怪異)。【周禮 天官大司樂】大ㅣ異烖去樂。㊂망석중탈괴(ㅣ儡木偶)。【列子】周穆王時、巧人有偃師者、爲木人能歌舞、此ㅣ儡之始也。

【傃】(소) 遇 ソ、むかう ㄙㄨ su⁴ come near
草書 ❶향할소(向也)。❷떳떳할소(常也)。

【傅】㊀(부) 遇 フ、たすける ㄈㄨ ㊁(부) 虞 aid
草書 ㊀❶스승부(師也、輔佐)。【十八史略 春秋戰國秦】刑其ㅣ公子虔。❷이를부(至也)。【詩經 大雅卷阿】鳳凰于飛、翽翽其羽、亦ㅣ于天。❸붙을부(麗著)。【左傳 僖公十四年】皮之不存、毛將安ㅣ。❹가까울부(近也)。❺가깝게할부(近也)。【周禮 冬官考工記】ㅣ人則密。❻수표부(手書)。(『付·附』와 같음) ㊁베풀부(敷也)。【漢書 文帝紀】ㅣ納以言。(『敷』와 같음)

【傋】㊀(강) 講 コウ、おろか ㄍㄡ kou⁴ ㊁(구) 宥 fool
草書 ㊀아첨아니할강(不媚ㅣ倰)。㊁지각없을구(無知)。

【傍】㊀(방) 漾 ホウ、ボウ、かたわら ㊁(방) 陽 side ㊂(팽) 庚 ㄆㄤ pang²·⁴
小篆 草書 ㊀❶의지할방(倚也)。❷가까이할방(近也)。【李白詩】雲ㅣ馬頭生。㊁❶곁방(竝通 側也)。❷좌우에시종할방(侍也)。【賈子保傅】成王之生、仁者養之、孝者强之、四聖ㅣ之。㊂마지못할팽(不得已、ㅣㅣ)。

【傌】(마) 禡 バ、ののしる ㄇㄚ ma⁴
욕할마(辱也)。(『罵』의 本字)

【⿰亻疾】(질) 質 シツ、ねたむ jealous
小篆 ❶천할질(賤也)。❷시기할질、샘낼질(嫉也)。(『嫉』과 통함)

【傎】(전) 先 テン、さかさま ㄉㄧㄢ tien¹
엎드러질전(倒也)。(『顚』과 같음)

【⿰亻能】(태) 隊 タイ、かたち form
小篆 모양태(態也)。【正字通】ㅣ、同態。

【傑】(걸) 屑 ケツ、すぐれる ㄐㄧㄝ chieh² outstanding
小篆 草書 ❶준걸걸、호걸걸(俊也)。【漢書】子房·蕭何·韓信三者皆人ㅣ也。❷뛰어날걸(ㅣ出)。❸빼어날걸(秀也)。【王昌齡詩】ㅣ出天漢上。【後漢書 徐穉傳】自江南卑薄之域角立ㅣ出。❹떡잎걸(苗之先長者)。❺거만할걸(傲也)。

【⿰亻架】(공) 冬 コウ、ののしる abuse
❶작고못생길공(形小醜惡ㅣ倯)。❷꾸짖을공(罵也)。

【傒】(혜) 齊 ケイ、まつ ㄒㄧ hsi¹ wait for
草書 ❶이름혜(人名、齊高ㅣ)。❷기다릴혜(待也)。❸가둘혜(囹也)。(『徯』와 같음)

【傓】(선) 霰 セン、さかん prosperous
小篆 매우성할선(熾盛)。【詩經】豔妻ㅣ方處。

【傔】(겸) 豔 ケン、おそばづき ㄑㄧㄢ ch'ien⁴ servant
小篆 草書 겸종겸(使屬、ㅣ從)。

【傕】(각) 覺 カク ㄐㄩㄝ chüeh²
草書 이름각(人名、李ㅣ)。

【傖】(창) 庚 ソウ、いやしい ㄘㄤ ts'ang¹ humble
草書 ❶놈창(賤稱)。【韓愈詩】無端逐饑ㅣ。❷시골뜨기창(鄙人)。【南史 王彥德傳】彥德獨受老ㅣ之目。

【傘】(산) 旱 サン、かさ ㄙㄢ san³ umbrella
草書 우산산、양산산(蓋也)。

【備】(비) 寘 ビ、そなえる ㄅㄟ pei⁴ possess;assort
小篆 古文 草書 ❶갖출비(具也)。【書經 周官】官不必ㅣ惟其人。❷이룰비(成也)。【中庸章句】其實體ㅣ於己而不可離。❸족할비(足也)。【易經 繫辭】易之爲書也、廣大悉ㅣ。❹방비할비(防也)。【書經 說命】惟事事乃其有ㅣ。❺마음을쓸비(用意)。❻긴 병장기비(長兵)。【左傳昭公二十一年】齊致死莫如去ㅣ。❼다할비(盡也)。【禮記 月令】農事ㅣ收。❽더할비(加也)。【漢書 魏相傳】臣相幸得ㅣ位。

【傚】(효) 效 コウ、ならう ㄒㄧㄠ hsiao⁴ imitate
草書 ❶본받을효(法也)。【詩經 小雅十月之交】我不敢ㅣ我友自逸。❷닮을효(倣也)。❸배울효(學也)。(『效』와 통함)

【傛】(용) 冬 ヨウ、かがむ bow
小篆 草書 ❶혁혁할용(奕奕)。❷계집의 벼슬 이름용(女官卜華)。❸몸굽힐용(軀身)。

【傞】(사) 歌 サ、まい ㄙㄨㄛ suo¹ dancing
小篆 草書 춤출사(醉舞貌)。

【傝】(탑) 合 タン、やすんじない ㄊㄚ t'a⁴ uneasy
❶답답할탑、불안할탑(不自安貌)。❷나쁠탑(惡也)。❸어리석을탑、용렬할탑(愚劣)。

【傜】(요) 蕭 ヨウ、つかう set to work
❶부릴요、일요(役也)。「使役」。❷별이름요(星名)。(『徭』와 같음)

【傢】(가) 麻 カ、すまい ㄐㄧㄚ chia¹ dwell
草書 세간살이가(ㅣ伙)。

【舒】(서)→舌部6畫

十一畫

【催】(최) 灰 サイ、うながす ㄘㄨㄟ ts'uei¹ pressing
小篆 草書 ❶재촉할최(促也)。〔梁簡文帝 從軍行〕將軍號令密、天下聚書ㅣ。❷핍박할최(迫也)。〔梁簡文帝詩〕洞門扉未啓 金壺漏已ㅣ。❸일어날최(起也)。〔孟浩然詩〕歲時歸思ㅣ。❹열최(主ㅣ)。

【傭】㊀(용) 冬 ㊁(총) 冬 ヨウ、やとう ㄩㄥ yung¹ labour
小篆 草書 ㊀❶머슴용、품팔잇군용(雇役人)。〔後漢書 夏馥傳〕馥變姓爲冶家ㅣ。❷지을용(作也)。〔正名篇〕色不及ㅣ可以養羽。❸삯용(賃金)。〔李翱 江州 南湖隄銘〕厚其錢ㅣ以餉饑人。㊁❶고를총(均也)。〔詩經 小雅 節南山〕昊天不ㅣ。❷가지런할총(齊也)。

【傮】(조) 豪 ソウ、おわる finish
小篆 마칠조(終也)。〔荀子〕ㅣ然要時務民。

【傯】(총) 董送 ソウ、せはし busy
❶바쁠총(不暇)。❷곤궁할총(困窮)。

【傰】(붕) 蒸 ホウ、とも friend
❶성붕(姓也)。❷동무붕(朋也)。

【傂】(자) 禡 ソウ、いそぐ quick steps
키크고덕없을자(儸健不德)。

【傲】(오) 號 オウ、おごる ㄠ ao⁴ arrogance
小篆 草書 ❶업신여길오(慢也)。❷거만할오(倨也)。〔禮記 曲禮〕ㅣ不可長。❸놀오(遊也)。❹즐길오(樂也)。(『慠』와 같음)

【傳】㊀(전) 先 ㊁(전) 霰 ㊂(전) 霰 テン、デン、つたう ㄔㄨㄢ ch'uan² hand over; transmit
小篆 草書 ㊀❶전할전(轉也)。〔禮記 曲禮〕七十曰老而ㅣ。❷줄전(授也)。❸펼전(布也)。❹이을전(續也)。〔陳書 徐伯陽傳〕盛ㅣ於世。❺옮길전(移也)。〔禮記 內則〕父母舅姑之衣衾簟席枕几不ㅣ。㊁❶주막전。❷나그네의집전(旅舍)。〔史記 酈食其傳〕沛公 至高陽ㅣ舍。❸역말전(驛遞)。〔禮記 玉藻注〕驛ㅣ車馬、所以供急遽之令。❹보람전、통부전(竹信)。㊂❶책전(書也)。〔康熙字典〕賢人之書曰ㅣ。❷경서의 설명전(經書之明)。〔左傳序〕發ㅣ之體有三。❸전할전(記錄)。

【傴】(구) 麌 ウ、オ、かがむ ㄩ yü³ bend
小篆 草書 ❶구푸릴구(俯也)。〔左傳昭公七年〕一命而僂、再命而ㅣ、三命而俯。❷곱추구(傴背)。〔淮南子齊俗訓〕ㅣ者使之塗。

【債】(채) 卦 サイ、かり ㄓㄞ chai⁴ debt
小篆 草書 ❶빚채、빚질채(負財)。〔漢書 鼂錯傳〕賣田宅鬻子孫、以償ㅣ。❷빌릴채(貸也)。〔史記 孟嘗君傳〕收ㅣ於薛。

【傜】(요) 蕭 ヨウ、よろこぶ glad
小篆 ❶기쁠요(喜也)。❷비교할요(以彼比此)。

【傷】(상) 陽 ショウ、いたむ ㄕㄤ shang¹ be injured
小篆 草書 ❶아플상(痛也)。❷근심할상(憂思)。〔詩經 小雅 鼓鍾〕憂心且ㅣ。❸상할상(創損)。〔書經 說命〕若跣弗視地、厥足用ㅣ。❹해할상(戕害)。「中ㅣ」。〔呂覽 察微〕ㅣ之於昭公。

【傺】(제) 霽 テイ、とどまる ㄔ ch'ih⁴ dispirited (古音「체」)
草書 물끄럼할제(失志貌)。〔楚辭 離騷〕余侘ㅣ兮。

【傻】(사) 馬 サ、セ、こざかしい ㄕㄚ sha³ pretend to know
❶팔초할사(ㅣ俏)。❷아는 체할사(輕慧貌)。❸몹쓸사(不仁)。

【傾】(경) 庚 ケイ、かたむく ㄑㄧㄥ ch'ing¹·² incline
小篆 草書 ❶기울어질경(側也)。〔淮南子說山訓〕重鈞則衡不ㅣ。❷엎드러질경(伏也)。❸무너질경(圮也)。❹곁눈질할경(流視)。❺귀기울여들을경(聽也)。〔陸游詩〕樵唱時ㅣ耳。❻잠깐경(少選)。❼약하게할경(弱也)。〔史記項羽紀〕此天下辯士、所居ㅣ國故號平國。❽섞을 경(交也)。〔孔子家語 致思〕遭程子於 塗ㅣ蓋而語終日。❾없을경(無也)。❿다할경(盡也)。⓫엷을경(薄也)。⓬위태할경(危也)。(『頃』과 통함)

【傽】(장) 陽 ショウ、おつとのちち ㄓㄤ chang¹ father-in-law
草書 ❶시아버지장(夫之兄)。❷놀라고 두려워할 장(驚恐貌)。(『嫜』과 같음)

【傿】㊀(언) 願 ㊁(언) 先 エン かけねをする
小篆 草書 ㊀에누리할언(引爲賈也)。㊁❶고을이름언(縣名)。❷성언(姓也)。

【⿰亻商】(적) 陌 タク、はばからない without reserve
❶어려움없을적(無憚)。❷모질적(ㅣ傺惡也)。

【僁】(설) 屑 セツ、ささやく whisper
小篆 소근거릴설(小言聲)。

【僂】㊀(루) 㾗 ロウ、かがむ bend ㊁(루) 宥 ㄌㄡˊ lou²
小篆 草書 ㊀ ❶구푸릴루(俯也)。〔左傳 昭公七年〕一命而ㅣ、再命而傴、三命而俯。❷곱사등이루(背曲)。〔莊子 達生〕痀ㅣ承蜩。❸삼태루(筥屬)。❹굽을루(屈也)。〔荀子儒效〕雖有聖人之知未能ㅣ指也。㊁난장이루(短醜貌)。

【僄】(표) 嘯 ヒョウ かるい frivolity ㄆㄧㄠˋ p'iao⁴
小篆 草書 ❶진중치못할표(輕也)。〔後漢書 班固傳〕雖輕信與ㅣ狡。❷몸이가벼울표(輕捷)。〔史記 高祖紀〕項羽爲人ㅣ悍猾賊。

【僅】(근) 震 キン、わずか barely; scarcely ㄐㄧㄣˇ chin³
小篆 草書 ❶겨우근(纔也)。〔舊唐書 僖宗紀〕克用踰垣ㅣ免。❷적을근(少也)。❸남을근(餘也)。❹거의근(庶幾)。〔韓愈張仲丞傳後序〕士卒ㅣ萬人。(『菫』과 통함)

【僆】(련) 銑 先 レン、ふたご twins
❶쌍둥이련(雙生子)。❷병아리련(鷄小者)。

【僇】(륙) 屋 リク、はずかしめる abusive ㄌㄨˋ lu⁴
小篆 草書 ❶욕할륙、욕될륙(辱也)。〔荀子 非相〕爲天下大ㅣ。❷죽일륙(殺也)。〔大學〕辟則爲天下ㅣ。(『戮』과 같음)

【[illegible]】(어) 虞 ゴ、きずつく inanimate
어릿어릿할어(傷貌)。

【僈】(만) 諫 バン、マン、あなどる loose ㄇㄢˋ man⁴
흘게늦을만(舒遲)。〔修身篇〕不由禮則勃亂提ㅣ。(『漫』과 같음 『謾』과 通함)

【偋】㊀(병) 梗 ヘイ、しりぞける reject ㊁(병) 敬
小篆 ㊀❶물리칠병(斥也)。❷제할병(除也)。㊁궁벽할병(僻寠)。

【僉】(첨) 鹽 セン、みな all ㄑㄧㄢ ch'ien¹
小篆 草書 ❶다첨(咸也)。❷여럿첨(皆也)。〔書經〕於鯀哉。❸도리깨첨(打穀具)。

【僊】(선) 先 セン、まう dance ㄒㄧㄢ hsien¹
小篆 草書 ❶춤훨훨출선(舞軒擧貌)。〔莊子在宥〕ㅣㅣ乎歸矣。❷선인선(仙人)。〔十八史略 五帝〕千歲厭世、去而上ㅣ。(『仙』과 같음)

【僋】(탐) 勘 タン、のびる increase
❶늘어날탐(增也)。❷어리석을탐(ㅣ㑣)。

【働】(동) 〔日字〕 ドウ、はたらく work

【禽】(금)→内部8畫

【絛】(도)→糸部7畫

【翛】(소)→羽部7畫

【會】(회)→曰部9畫

十二畫

【僎】㊀(준) 眞 セン、そなえる furnish ㊁(선) 銑
小篆 ㊀향음주인돕는 사람준(鄕飮助主人者)。㊁❶갖출선(具也)。❷정제할선(整也)。(『撰』과 통함)

【像】(상) 養 ショウ、ゾウ、かたち form ㄒㄧㄤˋ hsiang⁴
小篆 草書 ❶모양상、꼴상(形象)。〔曹植 洛神賦〕骨ㅣ應圖。❷같을상、닮을상(肖似)。〔唐書 李嶠傳〕武后將建大ㅣ於白司馬阪。❸모뜰상。(『象』과 통함)

【僑】(교) 蕭 キョウ、かりずまい temporary abode ㄑㄧㄠˊ ch'iao²
小篆 草書 ❶높을교(高也)。❷붙어살교(旅寓)。〔鮑照詩〕我初辭家從軍ㅣ。

【僒】(군) 軫 キン、くるしむ be bound
小篆 草書 굼닐동(行動竭力)。❶구부릴군(曲也)。❷얽매일군(結也)。(『窘』과 같음)

【僔】(준) 阮 ソン、あつまる crowd
小篆 ❶모을준(聚也)。❷무리준(衆也)。❸높일준(尊也)。❹공경할준(恭敬)。(『撙』과 같음)

【僕】(복) 沃 ボク、しもべ man-servant ㄆㄨˊ p'u²
小篆 古文 草書 ❶시중군복(給事者)。〔禮記 禮運〕仕于公曰臣仕于家曰ㅣ。❷마부복(御者)。〔周禮春官車僕注〕車ㅣ主供輻車者ㅣ猶御也。❸황송한체할복(煩猥貌)。〔孟子萬章下〕鼎肉使己ㅣㅣ爾亟拜。❹붙일복(附也)。〔詩經 大雅旣醉〕君子萬年、景命有ㅣ。❺종복(隷也)。〔左傳 僖公二十四年〕秦伯送衛于晉三千人、實紀綱之ㅣ。❻숨길복(隱也)。〔左傳 昭公七年〕文王作ㅣ區之法。❼무리복(徒也)。〔莊子 則陽〕仲尼曰、是聖人ㅣ也。❽저복(自謙辭)。

【僚】㊀(료) 蕭 リョウ とも comrade ㊁(료) 篠 ㄌㄧㄠˊ liao²
小篆 草書 ㊀❶벗료(朋也)。〔康熙字典〕ㅣ朋也。❷동관료(同官)。〔孔平仲詩〕淸風明月想同ㅣ。㊁❶어여쁠료(好貌)。❷희롱할료(戲也)。

【㒄】(연) 銑 ゼン、おどろく in a great hurry
황겁할연(意急而懼)。

【僖】(희) 支 キ、よろこぶ pleasant ㄒㄧ hsi¹
❶기꺼울희(樂也)。❷성희(姓也)。(『喜』와 같음)

【僛】(기) 支 キ、よいまい over drink
취하여 춤추는 모양기(醉舞貌)。

【僝】㊀(잔) 刪 セン、あらわす ㊁(잔) 銑 appear ㄔㄢ ch'an²
㊀❶모시욕할잔(ㅣ僽惡罵)。❷보일잔(見也)。㊂갖출잔(具也)。〔書經 堯典〕共工方鳩ㅣ功。〔左思 魏都賦〕ㅣ拱木於山林。

【僜】(등) 蒸 トウ、ちからがない contrary to one's wish
❶불여의할등(僜ㅣ不著事)。❷고달플등(行疲貌)。

【僞】(위) 寘 ギ、いつわる falsehood ㄨㄟ wei⁴
❶거짓위(假也)。〔荀子 性惡〕人性惡也、其爲善者ㅣ也。❷속일위(詭也)。〔杜預上黜陟法略〕簡書愈繁、官方愈ㅣ。(『詭』와 통함)

【僟】(기) 微 キ、ゲ、つつしむ prudent
삼갈기(精謹)。

【傒】(계) 齊 ケイ、むねをひろげる unclose the neck
❶옷깃을 헤칠계(開襟)。❷걸음걸이계(開脚行步佳ㅣ)。

【僣】(참)『僭』(12人部)의 俗字

【僤】(탄) 翰 タン、あつい critical
❶도타울탄(篤也)。〔詩〕逢天ㅣ怒。❷빠를탄(疾也)。〔周禮〕兵欲無ㅣ。

【僦】(추) 宥 シュウ、やとう hire ㄐㄧㄡ chiu⁴
❶임금추(賃金)。〔韓愈詩〕功大莫酬ㅣ。❷고용할추(傭也)。〔北齊書 盧文偉傳〕ㅣ二千餘車。

【僥】(요) 蕭 篠 ギョウ、さいわい fortunate ㄧㄠ yao²
❶거짓요(僞也)。❷난장이요(短人)。❸까딱수요(詐數也)。❹요행요(ㅣ倖覬非望)。〔康熙字典〕ㅣ倖求利不止貌。

【僨】(분) 問 フン、たおれる fall down ㄈㄣ fen⁴
❶엎드러질분(僵也)。〔左傳 隱公三年〕鄭伯之車ㅣ于濟。❷엎드러뜨릴분(覆敗)。〔大學〕一言ㅣ事。❸움직일분(動也)。〔左傳 僖公十五年〕張脈ㅣ興。

【僧】(승) 蒸 ソウ、ぼうず monk ㄙㄥ sêng¹
❶중승(從浮屠教者)。❷梵語僧伽邪(Samgha)의 略。〔魏書 釋老志〕ㅣ之三歸若君子之三畏也。

【僩】(한) 潸 カン、たけしい bravery ㄒㄧㄢ hsien⁴
❶굳셀한(武貌)。〔荀子 榮辱〕陋者俄且ㅣ也。〔註〕晉魏閒謂猛爲ㅣ。❷너그러울한(寬大)。〔詩經 衛風淇奧〕瑟兮ㅣ兮。❸살필한(察也)。❹성내는 모양한(怒貌)。

【僬】(초) 蕭 嘯 ショウ、こびと dwarf ㄐㄧㄠ chiao¹
❶난장이초(短人、ㅣ僥)。❷달음질할 초(促走)。❸밝게볼 초(明察貌)。

【僪】(결) 屑 キツ、くるう mad; insane
❶해무리결(日傍氣)。❷미칠결(狂也)。

【僭】(참) 豔 セン、なぞらえる presumptuous ㄐㄧㄢ chien⁴
❶참람할참(儗也)。〔史記 孔子世家〕季氏亦ㅣ於公室。❷거짓참(假也)。〔宋史 范仲淹傳〕斥游惰、去冗ㅣ。❸어지러울참(亂也)。❹어기어질참(差也)。〔書經〕天命弗ㅣ。

【僮】(동) 東 ドウ、わらべ page; child ㄊㄨㄥ t'ung²
❶아이동(童也)。〔傳休奕詩〕乃有材ㅣ妙技。❷굽실거릴동(竦敬貌)。❸아이 종동。❹시종군동(奴僕)。〔詩〕狂ㅣ之狂也且。〔漢書 張安世傳〕ㅣ七百人、皆有手技。❺어리석을동(愚也)。❻무지한 모양동(無知)。〔太玄經〕物ㅣ然未有知。

【僰】(북) 職 ホク、えびす savage
전위 오랑캐이름북(犍爲蠻)。

十三畫

【僶】(민) 軫 ビン、ミン、つとめる be forced to do
억지로할민(强爲、ㅣ勉)。

【僵】(강) 陽 キョウ、たおれる fall down ㄐㄧㄤ chiang¹
❶엎드러질강(仆也)。〔曹冏 六代論〕百足之蟲至死不ㅣ。❷쓰러질강(偃也)。〔莊子 則陽〕推而ㅣ之。

【僷】(엽) 葉 ヨウ、うるわしい pretty

儏 ❶떠지않을엽(不張貌)。〔楚辭〕衣攝ㅣ以儲與兮。❷얼굴예쁠엽、아름다울엽(美貌)。〔揚雄〕美容謂之奕或謂之ㅣ。

【僸】(금) 沁 キン、コン、あおぐ look up
❶쳐다볼금(仰頭貌)。〔大人賦〕ㅣ侵尋而高縱。❷오랑캐풍류이름금(東樂名)。

【價】(가) 禡 カ、あたい value；price ㄐㄧㄚˋ chia⁴
❶값가(物直)。「〔李白與韓荊州書〕一登龍門、則聲ㅣ十倍」。❷가치가(品位)。〔李白與韓荊州書〕一登龍門、則聲ㅣ十倍。(『賈』와 같음)

【僻】㊀(벽) 陌 ヘキ、ヒ、かたよる eccentricity
㊁(피) 寘 ㄆㄧˋ pʻi⁴ ㄅㄟˋ pei⁴
㊀❶후미질벽、궁벽할벽(陋也)。❷치우칠벽(偏也)。❸간사할벽(邪也)。❹괴벽할벽(乖也)。❺방탕할벽(放ㅣ)。〔孟子梁惠王上〕放ㅣ邪侈無不爲已。❻깊숙할벽(幽也)。 ㊁피할피(避也)。

【僿】(사) 寘 シ、こまやか small
❶가늘사(細碎)。❷거짓사(無悃)。〔史記〕救ㅣ莫若以忠。

【僽】(추) 宥 シュウ、ののしる abuse bitterly ㄓㄡˋ chou⁴
몹시욕할추(惡言而罵)。

【僾】(애) 隊 アイ、ほのか close resemblance ㄞˋ ai⁴
❶방불할애(髣髴、ㅣ然)。❷돋보기애(玻瓈類)。❸흑흑느낄애(嗚唈)。

【儀】(의) 支 ギ、のり、のっとる model；law and system ㄧˊ i²
❶꼴의(形也)。❷모양의(容也)。〔詩〕其ㅣ不忒。❸짝의(匹也)。〔詩〕威ㅣ棣棣。❹쪽의(兩ㅣ天地)。〔易繫辭〕太極生兩ㅣ。❺잴의(度 也)。〔詩經 烝民〕我ㅣ圖之。❻법도의(法也)。❼좋을의(宜也)。〔釋名〕ㅣ宜也、得事宜也。❽올의(來也)。〔揚子 方言〕來也、淮潁之間曰ㅣ。❾천체의 측도에 쓰는 기구의。〔後漢書 張衡傳〕作渾天ㅣ。❿형상의(象也)。⓫본딸의(擬也)。〔漢書 外戚傳〕皆心ㅣ霍將軍。(『擬』와 같음)

【儁】(준) 震 シュン、すぐれる excellence ㄐㄩㄣˋ chün⁴
❶영특할준(絕異卓特)。〔世說〕王澄曰兄似道而神鋒太ㅣ。❷훌륭할준(俊也)。〔左傳 莊公十一年〕得ㅣ曰克。(『俊』과 같음)

【儂】(농) 冬 ドウ、ノウ われ myself ㄋㄨㄥˊ nung²
❶나농(我也)。〔韓愈詩〕鱷魚大于船、牙眼怖殺ㅣ。❷그이농(彼也)。❸저이농。〔楊維禎詩〕勸ㅣ莫上北高峰。

【儃】㊀(천) 先 セン、タン、ためらう hesitate
㊁(탄) 旱 ㄊㄢˇ tʻan³
㊀머뭇거릴천(不進)。〔楚辭九章〕欲ㅣ佪以干傺。 ㊁천천할탄(舒閑貌)。〔莊子 田子方〕ㅣㅣ然不趨。

【億】(억) 職 オク、おく hundred million
❶억억(數名)。「一만의 만배」。〔禮記內則注〕小數以十爲等、十萬爲ㅣ、十ㅣ爲兆也、大數以萬爲等、萬至萬、是萬 萬爲ㅣ也。❷편안할억(安也)。〔左傳 昭公二十一年〕心ㅣ則樂。❸이바지할 억(供也)。❹헤아릴억(料度)。〔論語先進〕ㅣ則屢中。❺많을억(衆多)。❻인민억(人民)。〔十八史略〕ㅣ兆願戴己歟。(『臆』과 통함)

【儆】(경) 梗 ケイ、いましめる warn ㄐㄧㄥˇ ching³
경계할경(戒也)。〔書經大禹謨〕ㅣ戒無虞。(『警』과 통함)

【儇】(현) 先 ケン りこう clever ㄒㄩㄢ hsüan¹
❶영리할현(慧利)。〔荀子〕鄉曲之ㅣ子。❷빠를현(疾也)。〔詩經 齊風還〕揖我謂我ㅣ兮。

【儈】(괴) 泰 カイ、さいとり brokerage ㄎㄨㄞˋ kʻuai⁴
거간군괴(賣買周旋業者)。〔史記〕節駔ㅣ。

【儉】(검) 琰 ケン、つづまやか frugality ㄐㄧㄢˇ chien³
❶검소할검(約也)。〔禮記〕國奢則示之以ㅣ、國ㅣ則示之以禮。❷흉년들 검(歲歉)。〔北史 韓麒麟傳〕年豐多積 歲ㅣ出振。❸적을검(少也)。〔南史謝 弘微傳〕弘微家素貧ㅣ。❹다할검(乏也)。❺가난할검(貧也)。(『險』과 통함)

【儋】(담) 覃 タン、になう burden ㄉㄢ tan¹
❶짐담(負荷)。〔史記〕蹻千ㅣ。❷항아리담(罃也)。〔揚子方言〕齊之東北海岱之間罃謂之ㅣ。(『擔』과 같고 『甔』과 통함)

❷儋 (書全政農)

【儌】(교) 蕭 篠 キョウ、もとめる expect ㄐㄧㄠˇ chiao³
❶갈교(行也)。❷바랄교(望也)。❸거짓교(欺也)。

【儷】(려)『儷』(人部19畫)의 略字

十四畫

【儐】(빈) 震 ヒン、みちびく ㄅㄧㄣˋ pin⁴ reception 小篆 草書 ❶인도할빈(導也)。〔禮記 聘義〕主人三ㅣ。❷나아갈빈(進也)。〔周禮〕王命諸侯則ㅣ。❸베풀빈(陣也)。〔詩經 小雅常棣〕ㅣ爾籩豆。❹손 대접할빈(接賓以禮)。〔禮記 禮運〕山川所以ㅣ鬼神也。❺공경할빈(敬也)。(『賓·擯』과 통함)

【㒆】(압) 合 ゴウ、おちつかない stupid ❶잔피할압(不著事)。❷용렬할압(劣也、㒆ㅣ)。

【儒】(유) 虞 ジュ、がくしや ㄖㄨˊ ju² scholar 小篆 草書 ❶선비유(學者)。〔禮〕ㅣ有席上之珍。❷난장이유(侏ㅣ、短人)。❸유도유。(孔子를 시조로 하는 도)。❹광대유(俳優)。

【儓】(대) 灰 ダイ、めしつかい ㄊㄞˊ t'ai² servant 草書 ❶하인대(儓賤之稱、輿ㅣ)。❷농부대(農夫醜稱)。

【儔】(주) 尤 チュウ、ともがら ㄔㄡˊ ch'ou² companion 小篆 草書 ❶짝주(等類)。〔梁元帝 懷舊序〕命ㅣ嘯侶。❷누구주(誰也)。❸가릴주(翳也)。(『疇』와 통함)

【儕】(제) 佳 サイ、セイ、ともがら ㄔㄞˊ ch'ai² companion 小篆 草書 ❶무리제(等輩)。〔左傳 成公二年〕文王猶用衆、況吾ㅣ乎。❷짝제(匹也)。〔列子 湯問〕長幼ㅣ居。❸함께제(偕也)。

【儗】(의) 紙 ギ、なぞらえる ㄋㄧˇ ni³ presumptuous 小篆 草書 ❶참람할의(僭也)。❷견줄의(比也)。〔禮記 曲禮〕ㅣ人必于其倫。❸서로못믿을의(相疑)。〔荀子 儒效〕無所ㅣ怍。(『擬』와 통함)

【儘】(진) 軫 ジン、つくす ㄐㄧㄣˇ chin³ exhaust 草書 다할진(盡也)。(『盡』과 통함)

【儚】(몽) 東 ボウ、くらい dim 草書 밝지못할몽(惛也ㅣㅣ)。

【儛】(무) 虞 フ、まふ ㄨˇ wu³ dance 草書 춤출무(舞也)。〔莊子〕皷歌以ㅣ之。〔楚辭、王襃〕丘陵翔ㅣ兮。(『舞』와 같음)

【儜】(녕) 庚 トウ、さわがしい ㄋㄥˊ nêng² noisy ❶고달플녕(困弱)。〔韓愈詩〕始知樂名教何用苦拘ㅣ。❷떠들썩할녕(相呼聲)。〔唐書 劉禹錫傳〕歧吹裵回、其聲傖ㅣ。

十五畫

【償】(상) 陽 漾 ショウ、つぐなう ㄔㄤˊ ch'ang² return; pay 小篆 草書 ❶갚을상(還也)。〔漢書 雋不疑傳〕不疑買金ㅣ之。❷보답할상(酬報)。〔史記 藺相如傳〕臣觀大王無意ㅣ趙城邑、故臣復取璧。❸값상(代價)。❹속죄할상(贖也)。

【儠】(렵) 葉 リョウ、わるい evil 小篆 ❶풍신좋을렵(長壯多鬚貌)。❷흉괴할렵(惡也)。

【儚】(멸) 屑 ベツ、わるがしこい sly; wiliness 간사할멸(多詐ㅣ僣)。

【儡】(뢰) 賄 ライ、でく ㄌㄟˇ lei³ puppet 小篆 草書 ❶꼭두각시뢰、허수아비뢰(木偶、傀ㅣ)。〔列子〕周穆王時巧人有偃師者爲木人能歌舞此傀ㅣ之始。〔字彙〕傀ㅣ木偶戲、唐段倫使楊思齊造傀ㅣ。❷허술할뢰(敗壞貌)。❸피곤할뢰(疲也)。

【儢】(려)『儢』(女部15畫)와 같음

【儤】(표) 肴 ボウ、とのい ㄅㄠˋ pao⁴ night-watch 草書 ❶번들표(官府宿直)。❷넘을표、건널표(越也)。❸바를표、곧을표(直也)。

【儥】(육) 屋 イク、うる sell 小篆 草書 ❶팔육(賣也)。❷길육(長也)。

【儦】(표) 蕭 ヒョウ、おおい crowd 小篆 草書 ❶떼지어걷는모양표(衆行貌)。〔詩經 齊風載驅〕汶水滔滔行人ㅣㅣ。❷많을표(衆多)。

【儧】(찬) 旱 サン、あつめる ㄗㄢˇ tsan³ meet; gather ❶모일찬(聚也)。❷모아서 일을 꾸밀찬、도모할찬(計也)。

【儨】(질) 質 シツ、あつまる correct ❶바를질(正也)。❷머무를질(止也)。❸막힐질(塞也)。(『懫』과 같음)

【儩】(사) 寘 シ、つきる ㄙˋ ssŭ⁴ exhaust 다할사(盡也)。

【優】(우) 尤 ユウ、まさる ㄧㄡ yu¹ superiority 小篆 草書 ❶넉넉할우(寬饒)。〔詩經 小雅信南山〕旣ㅣ旣

渥。❷화할우(和也)。〔詩經 商頌長發〕敷政ㅣㅣ。❸부드러울우(ㅣ游和柔)。〔詩經 大雅卷阿〕ㅣ游爾 休矣。❹아양우(戲也)。〔左傳 襄公 六年〕少相狎長相ㅣ。 ❺광대놀이우(伊ㅣ侫媚貌)。〔左傳 襄公二十八年〕陳氏鮑氏之圉人爲ㅣ。❻나을우(劣之對)。❼이길우(勝也)。 ❽광대우(倡ㅣ俳ㅣ)。 ❾결단성없을우(無決心)。 ❿희롱할우(戲也)。

【儷】(려)『儷』(19人部畫)의 略字

【龠】(약)→龠部 0畫

十六畫

【㒖】(뇨) 篠 ジョウ ほそこし slender loin 草書 ❶아름다울뇨(美也)。❷허리가늘뇨(㒖ㅣ細腰)。

【儭】(츤) 震 眞 シン、はだぎ underwear ㄔㄣ ch'in¹ 草書 속옷츤(裏也)。(『襯』과 通함)

【儱】(롱) 董 宋 ロウ、できあがらない uncomplete ㄌㄨㄥˇ lung³ 草書 건목칠롱(ㅣ侗未成器)。

【𠐼】(괴) 灰 カイ、うつくしい beautiful ❶좋을괴、아름다울괴(美也)。❷성할괴(盛也)。❸클괴(大也)。❹괴이할괴(怪異)。

【儲】(저) 魚 チョ、たくわえる saving ㄔㄨˊ ch'u²³ 小篆 草書 ❶쌓을저(貯也)。〔淮南子 主術訓〕二十七年而有九年之ㅣ。❷버금저(副也)。〔大學衍義補〕兩京皆有ㅣ書也。❸용납할저(容與)。〔揚雄羽獵賦〕ㅣ與乎大浦聊浪乎宇內。

十七畫

【㒞】(건) 銑 ケン、あなどる arrogant ❶교만할건(傲也)。❷업신여길건(侮也)。❸절름발이건(跛也)。

【儳】㊀(참) 咸 ㊁(참) 陷 ザン、はやい fast ㄔㄢˋ ch'an⁴ 小篆 草書 ㊀❶빠를참(疾也)。〔後漢書〕何進驚馳從ㅣ道歸營。❷어긋날참(ㅣ互不齊)。❸진 칠참(整陣)。〔左傳 僖公二十二年〕鼓ㅣ可也。〔註〕乘未列陣而急攻也。❹흉괴할참(惡貌)。㊁❶천하게 여길참(輕賤貌)。❷잡말참(雜言)。

【儴】(상) 陽 ショウ、くるしむ suffer ❶고생할상(困也)。❷훔칠상(竊取)。❸인(「攘」과 같음)。〔書經〕無敢寇ㅣ。연할상(因緣)。

【儚】(횡) 蒸 コウ、おろか foolish 小篆 ❶어두울횡(惛也)。❷원망할횡(恨也)。

【儵】(숙) 屋 シュク、あおぐろい grey ㄕㄨˋ shu⁴ 小篆 草書 ❶잿빛숙(青黑繒)。❷남해임금숙(南海帝)。〔莊子〕南海帝爲ㅣ北海帝爲忽。❸독화당할숙(禍毒)。❹갑자기숙(忽也)。〔楚辭 九歌〕ㅣ而來兮、忽而逝。

十八畫

【㒓】(섭) 葉 regard for 小篆 ❶심복할섭(心服)。❷두려워할섭(恐怯喪氣)。(『懾』과 通함)

【儶】㊀(혜) 霽 ㊁(휴) 齊 ケイ、はやい fast; lead ㊀빠를혜、잴혜(疾也)。㊁❶끌휴(提也)。❷거느릴휴(携也)。❸떠날휴(離也)。

【儽】(뢰) 賄 ルイ、つかれる tired out ❶고달플뢰、피로할뢰(極困)。❷무너질뢰(破壞)。

十九畫

【儷】(려) 霽 レイ、つれあい counter part ㄌㄧˋ li⁴ 小篆 草書 ❶아우를려(並也)。〔淮南子 繆稱訓〕與俗ㅣ走。❷짝려(偶也)。「伉ㅣ」。〔左傳 成公十一年〕鳥獸猶不失ㅣ。〔注〕ㅣ耦也。❸채단려(納幣)。〔儀禮〕主人酬賓束帛ㅣ皮。〔註〕兩鹿皮也。(『麗』와 통함)

【儸】(라) 歌 ラ、とくがない lack of virtue ㄋㄨㄛˊ nuo² 草書 ❶전장하고 덕없을라(健而不德、僬ㅣ)。❷간사성있을라(幹辨能事、僂ㅣ)。〔五代史〕諸君可謂僂ㅣ兒。

【儹】(찬) 旱 サン、そうだんする confer with 小篆 일공론할찬(聚而計事)。

【儺】㊀(나) 歌 ㊁(나) 哿 ダ、ナ、おにやらい exorcism ㄋㄨㄛˊ nuo² 小篆 草書 ㊀❶역귀쫓을나(驅疫)。❷경읽고굿할나。〔論語 鄉黨〕鄉人ㅣ、朝服而立於阼階。❸휘청거릴나(柔順)。〔詩經 檜風隰有萇楚〕隰有萇楚猗ㅣ其枝。❹성할나(盛也)。〔詩〕隰桑有阿其葉有ㅣ。㊁지어걸을나(行有度)。〔詩經 衛風竹竿〕佩玉之ㅣ。

二十畫

【儻】(당) 養 トウ、すぐれる nobility ㄊㄤˇ t'ang³ 小篆 草書 ❶고상할당(卓異)。〔康熙字典〕倜ㅣ卓異也。❷문득당(忽然)。〔莊子 繕性〕物之ㅣ

來寄也。❸구차할당(苟也)。【莊子 天下】時恣縱而不ㅣ。❹뜻을잃은모양 당(失志貌)。【莊子 天地】ㅣ乎若行而失道也。❺얽매지않을당(不羈倜ㅣ)❻어쨌당(或然辭)。(『倘』과 通함)

【儼】(엄) 琰 ゲン、おごそか solemn ㄧㄢˇ yen³
小篆 草書 ❶공경할엄(恭也、敬也)。❷엄전할 엄(矜莊)。【詩經 陳風澤陂】有美一人、碩大且ㅣ。

二十一畫

【儽】(래) 隊 ライ、やみつかれる languid
小篆 래(懶也)。❶게으를래(懈也)。❷나른할래(懶也)。❸드리울래(垂也)。❹고달플래(病困)。❺패할래(敗也)。❻속일래(欺也)。❼높은곳에많이설래(憑高處而衆立貌)。

【儸】(라) 哿 ラ、はだか strip oneself naked
❶벌거벗을라(赤裡)。❷누에라(蠶也)。(『倮·裸』와 通함)

儿 部

【儿】㊀(인) 眞 ジン、ひと benevolent person ㄖㄣˊ jen²
㊁(궤) 卦
小篆 小篆 草書 ㊀사람인(人也)。㊁어진사람궤(仁人)。【六書故】人象立人ㅣ象行人。

一 畫

【兀】(올) 月 コツ、たかい aloft ㄨˋ wu⁴
小篆 草書 ❶우뚝할올(高貌)。【杜牧 阿房宮賦】蜀山ㅣ阿房出。❷발뒤꿈치벨올(刖足)。【莊子 德充符】魯有ㅣ者王駘。❸움직이지않을올(不動貌)。【韓愈進 學解】常ㅣㅣ以窮年。❹위험할올(危 也)。❺뜻없을올(無志)。

二 畫

【允】(윤) 軫 イン、まこと reliable ㄩㄣˇ yün³
小篆 草書 ❶미쁠윤(信也)。【書經 君奭】告汝朕ㅣ。❷마땅할윤(當也)。【魏書 穆亮 傳】公卿等宜自相推擧、必令稱ㅣ。❸옳게여길윤(肯也)。【元稹論罷進海味 狀】聖慈特賜ㅣ許。❹진실로윤(眞實)。❺허락할윤(諾也、ㅣ許)。❻좇을윤(從也)。

【元】(원) 元 ゲン、もと foundation ㄩㄢˊ yüan²
小篆 草書 ❶으뜸원(原也)。❷착하고어질원(善良)。【易經 文言】ㅣ者善之長也。❸착한사람원(善人)。【左傳 文公十八年】堯擧八ㅣ、使布五敎于四方。❹일 년의맨첫날원(元旦)。「ㅣ日」。❺ 연 호원(年號)。【十八史略 西漢】 即位之元年、始改ㅣ曰建元。❻두목원(頭首)。【孟子 滕文公下】勇士不忘喪其ㅣ。❼임금원(君也)。【書經 益稷】ㅣ首明哉。❽백성원(民也)。【賈誼 過秦論】子ㅣㅣ。❾클원(大也)。❿기운원(氣也)。⓫하늘원(天也)。【公羊傳註】變一爲ㅣㅣ者。⓬길원(長也)。

三 畫

【兄】㊀(형) 庚 ケイ、キョウ、あに elder brother ㄒㄩㄥ hsiung¹
㊁(황) 漾
小篆 草書 ㊀❶맏형(同胞ㅣ弟)。【詩】莫如ㅣ弟。❷어른형(長也)。【十八史略 東漢】 太邱曰、元方難爲ㅣ、季方難爲弟。❸친구를 부를때 높이는 칭호(敬稱)。【韓愈 與孟尙書書】辱吾ㅣ眷厚。㊁❶부를황(滋也)。❷민망할 황(怳也)。【詩經 大雅桑柔】不殄心憂 倉ㅣ塡兮。❸클황(大也)。❹근심할 황(憂也)。【詩經大雅召旻】職ㅣ斯弘。❺하물며황(況也)。【樊毅 華嶽廟碑】 君善必書、ㅣ乃盛德。(『怳·況』과 통함)

【充】(충) 東 ジュウ、みたす be full;enough ㄔㄨㄥ ch'ung¹
小篆 草書 ❶가득찰충(滿·實也)。【中庸章句】去外誘之私、而ㅣ其本然之善。❷막을충(塞也)。❸찰충(實也)。【詩經 邶風旄丘】褎如ㅣ耳。❹ 당할충(當也)。【禮】ㅣ君之庖。【漢書 揚雄傳】ㅣ庖厨 而已。❺번거로울충(煩也)。【左傳 哀 公十一年】事ㅣ政重。❻어찌할줄을모 를충(度失)。【禮記 檀弓】ㅣㅣ如有窮。❼길충(長也)。❽궁축할충(窮急之容)。❾아름다울충(美也)。

四 畫

【充】(충)『充』(儿部 3畫)의 譌字

【兜】(고) 虞 コ、ふさがる cover
小篆 가릴고(壅蔽)。

【兆】(조) 篠 チョウ、きざし symptoms ㄓㄠˋ chao⁴
小篆 古文 草書 ❶ 조짐조 (未作意)。❷점괘조(卜筮)。【漢書 文帝紀】ㅣ得大橫。❸뫼조(塋 域)。【孝經 喪親】卜其宅ㅣ、而安之。❹조조(十億)。❺빌미조(ㅣ朕未 作意)。【道德經】我則泊兮其未ㅣ。❻많을조(衆也)。【字彙】京兆猶京師也 云云、ㅣ者衆數、言大衆所在也。❼백성 조(民也)。【十八史略 帝堯】億ㅣ願戴己歟。

【兇】㊀(흉) 冬 キョウ、わるい evil ㄒㄩㄥ hsiung¹
㊁(흉) 腫

(小篆)(草書) ㊀❶흉할흉(惡也)。❷사나울흉(惡也)。[字彙]蕩滌羣一。❸두려울흉(恐也)。[左傳 僖公二十八年]曹人一懼。(『凶』과 같음) ㊁소동할흉(懼聲)。(『恟』과 같음)

【先】㊀(선) 先 ㊁(선) 霰 セン、さき previous ㄒㄧㄢ hsien¹

(小篆)(草書) ㊀❶먼저선(始也)。[十八史略 春秋戰國]趙之一、與秦同姓。❷비로소선(始也)。❸선조선(先祖)。[中庸]宗廟之禮所以祀其一也。❹앞선(前也)。[詩經小雅正月]不自我一、不自我後。❺이를선(早也)。[韓愈 師說]固一乎吾。❻우두머리선。[晉書孫楚傳]渴賞之士、鋒鏑爭一。❼옛선(古也)。[詩經 大雅板]一民有言 詢于芻蕘。❽이끌선(導也)。[漢書 英布傳]項王伐齊、身負版築、爲士卒一。❾끝선(端也)。 ㊁❶먼저할선(一之)。[大學]知所一後、則近道矣。❷동서선(娣姒)。[孟康曰]兄弟妻相謂先後。❸앞에있을선(前也)。[禮記 月令]一立春三日。❹뒷것이앞에될선。[朱熹 論語序說]孔子生鯉、字伯魚一卒。(『洗』와 통함)

【光】(광) 陽 コウ、ひかり light ㄍㄨㄤ kuang¹

(小篆)(古文)(古文)(草書) ❶빛광(明意)。[詩經 齊風雞鳴]匪東方則明、月出之一。❷빛날광(華采)。[薩都剌詩]高眉短髮耀漆一。❸색광(景色)。[吳融詩]簷横碧嶂秋一近。❹기운광(勢也)。[漢書 禮樂志]承順 溫良、受帝之一。❺문물의 아름다울 광(文化)。[易經 觀卦]觀國之一。❻영광광(名譽)。[淮南子 俶眞訓]與之同一。❼비출광(照也)。[諸葛亮 出師表]以一先帝遺德。❽위엄광(威也)。

【兊】(태)『兌』(儿部 5畫)의 俗字

五 畫

【克】(극) 職 コク、かつ overcome ㄎㄜ k'ê⁴

(小篆)(古文)(古文)(草書) ❶이길극(勝也)。[史記 孔子世家]費人攻之不一。❷능할극(能也)。[易經大有]小人不一。❸마음을 억누를극(抑心)。[論語 顔淵]一己復禮爲仁。❹세금많이받을극(掊一聚斂)。❺멜극(肩任)。(『剋』과 통함)

【兌】㊀(태) 泰 タイ、よろこぶ be glad ㊁(예) 霽 ㄉㄨㄟ tuei⁴

(小篆)(草書) ㊀❶기쁠태(悅也)。[易]一亨利貞。❷지름길태(蹊也)。❸모일태(聚也)。[荀子 議兵]仁人之兵一、則若莫邪之利鋒。❹통할태(通也)。[詩經 大雅緜]行道一矣。❺곧을태(直也)。[詩經 大雅 皇矣]松柏斯一。❻구멍태(穴也)。[老子]塞其一閉其門。❼바꿀태(易也)。[丁芝仙詩]十千一得餘杭酒。❽괘이름태(卦名)。(『隊』와 통함) ㊁날카로울예(銳也)。

【免】㊀(면) 銑 メン、まぬかれる escape ㊁(문) 問 ㄇㄧㄢ mien³

(小篆)(草書) ㊀❶벗을면(脫也)。❷면할면(脫也)。[韓愈 毛穎傳]因一冠謝。❸피할면(避也)。[韓愈送石處士序] 請與出遊、未嘗以事一。❹놓을면(縱也)。[春秋 僖公二十一年]乃一牲。❺죄를용서할면(宥也)。[周禮 秋官鄕士]若欲一之。㊁❶해산할문(娩也)。[字彙]生子曰一、與娩同。❷통건쓸문(喪冠)。[禮記 喪服小記]親者皆一。

六 畫

【児】(아)『兒』(儿部 6畫)의 俗字

【兎】(토)『兔』(儿部 6畫)의 俗字

【兒】㊀(아) 支 ニ、ジ、こども child; infant ㊁(예) 齊 ㄦ êrh²·¹

(小篆)(草書) ㊀❶아이아、아기아(孩子)。[韻會]男曰一女曰嬰。❷아이가어른에대하여하는자칭(自稱)。[古詩 焦仲卿妻]一實無罪過。㊁❶어릴예(幼弱)。[倉頡篇]嫛也謂嬰一嫛然幼弱之形。❷성예(姓也)。(『倪』와 통함)

【兟】㊀(침) 侵 シン、するどい sharp ㊁(찬) 翰

(小篆) ㊀날카로울침(銳也)。㊁❶도울찬(贊也)。❷기릴찬(讚也)。

【兔】(토) 遇 ト、うさぎ rabbit ㄊㄨ t'u⁴

(小篆)(草書) 토끼토(獸名)。[禮]一曰明視。[陸佃云]一明月之精光見月而生子。

【兕】(시) 紙 ジ、けもの rhinoceros ㄙ ssŭ⁴

(小篆)(小篆)(古文)(古文)(草書) 외뿔난들소시(一角野牛)。[詩經 周南卷耳]我姑酌彼一觥。

兕
(古今圖書集成)

七 畫

【兗】(연) 銑 エン、まこと reliable ㄧㄢ yen³

(草書) ❶고을이름연(九州之一、一州)[書]濟河惟一州。❷믿을연(信也)。❸단정할연(端也)。(『沇』과 통함)

八 畫

【兙】『瓧』(瓦部 2畫)과 같음

【兛】『瓩』(瓦部 3畫)과 같음

【党】(당) 養 トウ、えびす savage ㄉㄤˇ tang³ (『黨』의 略字)
党(草書) ❶오랑캐당(羌種、ㅣ項)。❷사람의성당(姓也)。

九畫

【兜】(두) 尤 トウ、かぶと helmet ㄉㄡ tou¹
兜(小篆) 兜(草書) ❶투구두(首鎧)。❷아주 반할두(惑也)。〔國語 晉語〕左列者獻詩、使毋ㅣ。

【兟】(신) 眞 シン、すすむ advance
兟(小篆) ❶나아갈신(進也)。❷총총 들어 설신(衆多貌)。(『侁』과 통함)

十二畫

【兢】(긍) 蒸 キョウ、つつしむ caution ㄐㄧㄥ ching¹
兢(小篆) 兢(草書) ❶조심할긍(戒愼)。〔書經 皐陶謨〕ㅣㅣ業業、一日萬機。❷공경스러울긍(敬也)。❸군셀긍(彊也)。〔詩經 小雅無羊〕矜矜ㅣㅣ、不騫不崩。❹떨리는데긍(寒涼戰栗處)。

入 部

【入】(입) 緝 ニュウ、はいる enter ㄖㄨˋ ju⁴
入(小篆) 入(草書) ❶들입(出之對)。❷넣을입。〔大學〕貨悖ㅣ者亦悖而出。❸드릴입(納也)。〔杜甫詩〕寸地尺天皆ㅣ貢。❹빠질입(沒也)。〔楞嚴經〕謂六麁卽眼ㅣ色耳ㅣ聲也。❺받을입(受也)。〔楞嚴經〕身ㅣ觸、意ㅣ法。❻뺏을입(取也)。〔史記 佞幸傳〕遂竟案盡沒ㅣ鄧通家。❼해칠입(侵害)。〔春秋 隱公二年〕莒人ㅣ向。❽들을입(聽也)。

一畫

【亾】㊀(망) 陽 バウ、ほろびる perish ㄨˊ wu² ㊁(무) 虞
㊀❶잃을망(失也)。❷망할망(滅也)。❸도망할망(逃也)。(『亡』과 같음) ㊁없을무(不存)。(『無』와 같음)

二畫

【內】㊀(내) 隊 ダイ、ナイ、うち inside; interior ㄋㄟˋ nei⁴ ㊁(납) 合 ㊂(나)〔國音〕
內(小篆) 內(草書) ㊀❶안내、속내(裏也)。〔周禮 秋官朝士〕期ㅣ之治聽、期外不聽。❷방내(房也)。〔漢書 鼂錯傳〕先爲築室家、有一堂二ㅣ。❸우리나라내(我國)。〔漢書 賈捐之傳〕貪外虛ㅣ、務欲廣地、不慮其害。❹마음내(心也)。〔易經 坤卦〕君子敬以直ㅣ義以方外。❺대궐안내(禁裏)。❻중할내(重也)。〔大學〕外本ㅣ末、爭民施奪。❼처내(妻也)。〔史記 佞幸傳〕ㅣ寵嬖臣、大底外戚之家。❽비밀내(秘密)。〔詩經 匈好傳〕惠后與狄后子帶爲ㅣ應。❾불러들내(入也)。〔韓非子 內儲說〕ㅣ美人、而虞虢亡。❿가운데내(中也)。〔論語 堯曰〕出ㅣ之吝、謂之有司。㊁❶받을납(受也)。❷들일납(入也)。㊂여관나(女官)。

三畫

【仝】(전)『全』(入部 4畫)의 本字

四畫

【全】(전) 先 ゼン、まったく perfect; all ㄑㄩㄢˊ ch'üan²
全(小篆) 全(籀文) 全(古文) 全(草書) ❶온전전、온통전(完也)。〔雲笈七籤〕君臣俱具、父子固ㅣ。❷순전할전(純也)。〔周禮〕玉人之事天子用ㅣ。❸갖출전(具也)。❹생명을 잃지 않을전。〔古詩 焦仲卿妻〕念與世間辭、千萬不復ㅣ。❺상하지 않을전(傷也)。〔周朗報羊希書〕寇滅而兵ㅣ。❻모두전(全也)。〔王維詩〕草色ㅣ經細雨濕。

六畫

【兩】㊀(량) 養 リョウ、ふたつ both ㄌㄧㄤˇ liang³ ㊁(량) 漾
兩(小篆) 兩(小篆) 兩(草書) ㊀❶둘량(再也)。〔易繫辭〕兼三才而ㅣ之。❷쌍량(雙也)。〔陶潛詩〕白髮被ㅣ鬢。❸짝량(耦也)。〔周禮〕大宰以九ㅣ繫邦國之民。❹끝량(匹也)。〔左傳 閔公二年〕重錦三十ㅣ。❺근량(斤量、十六ㅣ爲一斤)。❻양량(錢數百分)。〔史記 平準書〕更鑄四銖錢、其文爲半ㅣ。㊁수레량(車數)。〔後漢書〕車有兩輪故稱ㅣ。(『輛』과 같음)

七畫

【兪】(유) 虞 麌 ユ、しかり such ㄩˊ yü²
兪(小篆) 兪(草書) ❶그럴유(然也)。〔書經 堯典〕帝曰ㅣ。❷대답할유。〔禮記 內則〕男唯、女ㅣ。❸공손스러울유(和恭貌)。

八畫

【㑣】(람) 感 ラン、かなしみうれえる worry
❶근심할람(憂也)。❷슬퍼할람(悲也)。

十一畫

【𠎤】(렴) 寢 レン、もえる flame
❶불꽃렴(焰也)。❷불붙일렴(烽也)。

【㒨】(체) 霽 セイ、かがやく shine ❶반짝일체(燀也)。❷빛날체、비칠체(照也)。

八 部

【八】(팔) 黠 ハチ、やつ eight ㄅㄚ pa¹ 小篆 草書 여덟팔(數名)。(『捌』과 같음)

二 畫

【公】(공) 東 コウ、おおやけ impartiality;public ㄍㄨㄥ kung¹ 小篆 草書 ❶공변될공(平分無私)。〔朱熹 中庸章句序〕天理之ㅣ、卒無以勝夫人欲之私矣。❷한가지공(共也)。〔禮記 禮運〕大道之行、天下爲ㅣ。❸밝을공(明白)。❹벼슬이름공(五爵之首)。❺마을공(官所)。〔詩經 召南羔羊〕退食自ㅣ。❻어른공(尊稱)。〔漢書 吳王濞傳〕ㅣ即山鑄錢。❼그대공(相呼之稱)。〔漢書〕此六七ㅣ皆亡恙。❽아비공(父也)。〔史記〕公等碌碌。❾시아비공(婦謂舅)。〔列子 黃帝〕家ㅣ執席。〔漢書 賈誼傳〕與ㅣ併居。〔孝經 孝治〕ㅣ侯伯子男。(『功』과 통함)

【六】(륙) 屋 ロク、むつ six ㄌㄧㄡ liu⁴ 小篆 草書 ❶여섯륙(數名)。〔說文〕易之數變于ㅣ正于八。❷여섯번륙。〔晋書 杜預傳〕ㅣ黜淸能、ㅣ進否劣。❸나라이름륙(春秋時國名)。(『陸』과 통함)

【兮】(혜) 齊 ケイ、や、か ㄒㄧ hsi¹ 小篆 草書 ❶말멈출혜(語有所稽)。〔漢武帝 秋風辭〕歡樂極ㅣ哀情多。❷노래 후렴혜(歌辭)。❸어조사혜(語助辭)。

【父】(부)→父部0畫

【分】(분)→刀部2畫

四 畫

【共】㊀(공) 宋 ㊁(공) 冬 キョウ、ともに together ㄍㄨㄥ kung⁴ 小篆 古文 草書 ㊀❶한가지공、함께공(同也)。〔何晏論語集解敍〕七十弟子之門人、ㅣ所撰錄也。❷향할공(向也)。〔論語〕衆星ㅣ之。❸다공(皆也)。〔史記 張釋之傳〕法者所與天下ㅣ也。❹모둘공(合也)。❺공변될공(公也)。〔左傳 僖公四年〕王祭不ㅣ。❻무리공(衆也)。(『供』과 같음) ㊁❶공경공(敬也)。〔詩經 召南采蘋序〕ㅣ祭祀矣。❷법될공(法也)。(『恭』과 통함)

五 畫

【关】(소)『笑』(竹部4畫)의 古字

【兵】(병) 庚 ヘイ、ヒョウ、つわもの soldier ㄅㄧㄥ ping¹ 小篆 古文 古文 草書 ❶군사병(從戎戰鬪者)。〔孫子 始計〕ㅣ者詭道也。❷무기병(戎器)。❸재난병(災也)。❹전쟁병(戰爭)。〔十八史略〕與吳廣起ㅣ于。❺도적병(寇也)。〔史記 南宋〕無歲不受ㅣ、幾不能支。❻적을무찌를병(擊敵)。〔左傳定公十年〕孔子曰士ㅣ之。

秦小戎❷(三才圖會)

【皃】(모)『貌』(豸部7畫)와 같음

六 畫

【其】㊀(기) 支 ㊁(기) 寘 キ、その it; the ㄑㄧ ch'i² 小篆 籒文 草書 ㊀❶그기、그것기(指物辭)。〔易經 繫辭〕ㅣ旨遠、ㅣ辭文。❷어조사기(語助辭)。〔詩經 小雅庭燎〕夜如何ㅣ。㊁토씨기(助辭)。〔詩經 曹風候人〕彼ㅣ之子。(『居』와 通함)

【具】(구) 遇 グ、そなわる possess;assort ㄐㄩ chü⁴ 小篆 草書 ❶갖출구(備也)。〔唐書 王師範傳〕每縣令至、ㅣ威儀入謁。❷판비할구(辨也)。❸함께구、다구(俱也)。〔詩經小雅節南山〕赫赫師尹、民ㅣ爾瞻。❹그릇구、제구구(器也)。「道ㅣ、器ㅣ」。❺옆에 사람을 둘구(附人)。〔史記 孔子世家〕請ㅣ左右司馬。❻가질구(持也)。〔孟子 公孫丑上〕ㅣ體而微。❼완비할구(完備)。〔晁錯 論貴粟〕以畜積多而備先ㅣ也。❽만족할구(足也)。〔梁武帝敕〕爵祿ㅣ忠衰于君。❾설비할구(設備)。〔王襃聖主得賢臣頌〕何則有其ㅣ者易其備。❿일할구(動也)。〔李陵 答 蘇武書〕抱將相之ㅣ。⓫필요할구(要也)。〔韓非子 定法〕謂之衣食孰急於人、明是不可一無也、皆養生之ㅣ也。(『俱』와 通함)

【典】(전) 銑 テン、のり、みち regulations ㄉㄧㄢ tien³ 小篆 古文 古文 草書 ❶법전(法也)。〔書經〕愼徽五ㅣ。❷맡을전(主也)。〔管子 任法〕國更立法以ㅣ民。❸책전(書也)。〔書經 五子之歌〕有ㅣ有則。❹전당잡힐전(質貸)。❺도덕전(道德)。〔詩經 周頌我將〕文王之ㅣ。❻떳떳할전(常也)。❽본보기전(模範)。

七 畫

【侖】(륜) 元 ロン、おもう think

생각할륜(思也)。

八 畫

【真】(진)『眞』(目部 5畫)의 略字

【兼】(겸) 鹽 ケン かねる combine ㄐㄧㄢ chien¹ 小篆 草書 ❶겸할겸、아우를겸(并也)。〔史記 秦始皇紀〕秦并ㅣ諸侯山東三十餘郡。❷둘 얻을겸(兩得)。〔孟子 告子上〕生 亦我所欲也、義亦所我所欲也、二者不可得ㅣ、舍生而取義者也。❸불을겸(增也)。〔古詩 焦仲卿妻〕我有親父母逼迫ㅣ弟兄。❹모을겸(總也)。〔孟子盡心上〕墨氏ㅣ愛。

九 畫

【與】(여)『與』(臼部 6畫)의 略字

十一 畫

【異】(기)『冀』(八部 14畫)의 略字

十二 畫

【樊】㊀(반) 刪 ハン、いやしいしごと humble occupation ㊁(비) 微 小篆 ㊀천한 직업반(賤話)。㊁ 뜻은 ㊀과 같음。

十四 畫

【冀】(기) 寘 キ、こいねがう expect; want ㄐㄧˋ chi⁴ 小篆 草書 ❶하고자할기(欲也)。〔韓愈 與孟東野書〕ㅣ足下、一來相視也。❷고을이름기(州名ㅣ州)。❸나라 이름기。❹바랄기(望也)。〔左傳 僖公三十三年〕鄭有備矣、不可ㅣ也。❺원할기(願也)。〔吳志 周魴傳〕經年之ㅣ願。

【興】(흥)→臼部9畫

十八 畫

【顛】(전)『顚』(頁部 10畫)의 俗字 『巓』(次條)과 같음

【顛】(전) 先 テン、ひたい、ふせる forehead ❶이마전(頂也)。❷엎드러질전(覆倒)。(『顚』과 같고 『傎』과 통함)

冂 部

一 畫

【冂】(경) 靑 ケイ、とおい remote ㄐㄩㄥ chiung¹ 小篆 古文 古文 草書 ❶멀경(遠界)。❷빌경(空也)。❸들밖경(野外)。

二 畫

【冃】㊀(모) 皓 ボウ、おおう cover again ㊁(무) 宥 小篆 古文 ㊀겹쳐덮을모(重覆)。㊁ 뜻은 ㊀과 같음。

【冄】(염)『冉』(冂部 3畫)과 같음

【円】(원)『圓』(口部 10畫)의 俗字

【冃】(모) 號 ボウ、どもづきん headdress for baby 小篆 古文 어린이 머리수건모(小兒頭巾)。(『帽』와 通함)

三 畫

【冉】(염) 琰 ゼン、ゆく go ㄖㄢˇ jan³ 小篆 草書 ❶가는털늘어질염(細毛下垂)。❷가는모양염(行貌)。〔楚辭 九章〕時亦ㅣㅣ而將至。❸남생이 등언저리염(龜甲緣)。❹침노할염(侵也)。

【冊】(책) 陌 サク、サツ、ほん book ㄘㄜˋ ts'ê⁴ 小篆 古文 ❶책책(簡編)。〔楊萬里詩〕草ㅣ纔抄第一詩。❷병부책(符命)。「封ㅣ」。❸세울책(立也)。❹꾀책(謀也)。〔漢書〕全師保勝之ㅣ。❺문서책(文書)。(『策·册』과 같고 『栅』과 통함)

【册】(책)『冊』(前條)과 같음

【用】(용)→用部0畫

四 畫

【凸】(철)→凵部4畫

【冊】(책)『冊』(冂部 3畫)의 本字

【再】(재) 隊 サイ、ふたたび again ㄗㄞˋ tsai⁴ 小篆 草書 ❶두번재(兩也)。〔書經〕朕言不ㅣ。❷거듭재(重也)。〔論語 公治長〕ㅣ斯可矣。❸두개재(二也)。

【同】(동)→口部3畫

五 畫

【冋】(경) 靑 ケイ、ひかる bright 小篆 草書 ❶빛날경(光也)。〔木華 海賦〕ㅣ然鳥逝。❷밝을경(明也)。

六 畫

【冒】(모)『冒』(冂部 7畫)의 俗字

七 畫

【冑】(주) 宥 チュウ、かぶと helmet ㄓㄡˋ chou⁴ 小篆 或體 草書 ❶투구주(兜也)。〔說文〕冑、兜鍪也、

从冃由聲、韋、司馬法冑从革。(『軸』와 같음)

冑(圖器禮)

【冒】 ㊀(모) 號 ㊁(묵) 職 ボウ、ボク、おかす dare

小篆 或體 草書 ㊀❶가릴모(蔽也)。【易經 繫辭上】ー天下之道。❷쓰개모(帽也)。【漢書雋不疑傳】著黃ー。❸시기할모(忌也)。【書經】ー嫉以惡之。❹거짓쓸모(假稱)。【漢書衞靑傳】ー姓衞氏。❺겁내지 않을모、무릅쓸모(ー矢石)。【李商隱雜纂 不得已】ー暑迎謁。❻받힐모(觸也)。【國語 周語】戎翟ー沒。❼간섭할모(涉也)。❽공격할모(攻也)。【史記 吳世家】吳王闔閭弟夫槩、以其部五千人襲ー楚、楚兵大敗走。㊁❶탐할묵(貪也)。【左傳 文公十八年】ー於貨賄。❷범할묵、무릅쓸묵(犯也)。【漢書】直ー漢圍。❸선우이름묵(單于名ー頓)。

八畫

【冓】 (구) 宥 コウ、くみたてる pile up 〔ㄍㄡˋ mao⁴〕

小篆 草書 ❶재목어긋매껴쌓을구(交積材)。❷침방구(奧房)。【詩經 鄘風牆有茨】中ー之言、不可道也。

【冔】 (후) 麌 麌 ク、おおう cover 〔ㄒㄩˇ hsü³〕

草書 ❶덮을후(覆也)。❷은나라관후(殷冠)。

九畫

【冕】 (면) 銑 ベン かんむり crown 〔ㄇㄧㄢˇ mien³〕

小篆 草書 면류관면(冠也)。【說文】古黃帝初作ー。(『絻』『俛』과 通함)

冕漢

【㒼】 ㊀(면) 霰 ㊁(만) 寒 ベン、たいら plane

小篆 小篆 ㊀❶평평할면(平也)。❷당할면(當也)。❸구멍뚫을면(穿孔)。㊁뜻은㊀과같음。

十一畫

【⿵冂施】 ㊀(시) 寘 ㊁(이) 寘 シ、おおう veil

㊀얼굴수건시(面衣)。㊁뜻은 ㊀과 같음。

【⿵冂智】 (교) 巧 コウ、いつわる deceive

속일교(詐也)。

冖 部

【冖】 (멱) 錫 ベキ、おおう cover

小篆 草書 덮을멱(以巾覆物)。(『冪』과 같음)

二畫

【冗】 (용)『宂』(宀部 2畫)과 같음

【冘】 (유) 尤 ユウ、くずくずする hesitate

小篆 草書 머뭇거릴유(不決、ー豫)。❷갈유(行貌)。(『猶』와 通함)

五畫

【宜】 (의)『宜』(宀部 5畫)의 俗字

六畫

【冞】 (미) 支 ミ、ふかい deep

❶두루다닐미(周行)。❷깊을미(深也)。

七畫

【冠】 ㊀(관) 寒 ㊁(관) 翰 カン、かんむり crown 〔ㄍㄨㄢ kuan¹〕

小篆 小篆 草書 ㊀❶갓관(冕弁總名)。❷새볏관(鷄ー)。❷물건위의 장식관。㊁❶갓쓸관。【漢書 酈食其傳】諸客ー儒冠來者、輒解其冠溺其內。❷남자로서 어른이될때 처음 갓쓸 관(元服)。【禮記 冠儀】ー者禮之始也、故聖王重ー。❸어른이될관(成人)。【韓愈 送楊少尹序】初ー擧於鄕。❹우두머리관(爲衆之首)。【史記 灌夫傳】灌 夫名ー三軍。

冠 ❶㊀ (圖器禮)

冠山方 (圖禮三)

【冟】 (석) 陌 セキ、ひとしい equal

小篆 ❶고룰석(調也)。❷고르지못할석(不調)。❸알맞게된 밥석(適飯)。

【軍】 (군)→車部2畫

八畫

【冡】 (몽) 東 モウ、ボウ、おおう cover 〔ㄇㄥˊ mêng²〕

小篆 草書 ❶덮을몽(覆也)。❷속일몽(欺也)。❸어릴몽(幼學未通)。(『蒙』과 통함)

【冢】 (총) 腫 チョウ、つか peak; mound 〔ㄓㄨㄥˇ chung³〕

小篆 草書 ❶클총(大也)。【周禮天官 宰注】ー宰大也。❷산봉우리총(山頂)。【詩】山ー卒崩。❸산꼭대기총(山高起者腫也)。❹토주총(封土)。【詩經 大雅緜】乃立ー土。❺벼슬이름총(天官ー宰)。❻무덤총、뫼총(墓墳)。【史記 伯夷傳】其上蓋有許由ー云。(『塚』과 통함)

【冤】 (원) 元 エン、うらみ resentment

小篆 草書 ❶원통할원(ー屈枉也)。【漢書 于定國傳】定國爲廷尉、民自以不ー。❷억울할원。【史記 淮陰侯傳】嗟乎ー哉烹也。❸원한원(怨也)。❹원수원(仇也)。【韓愈詩】孤

魂抱深ㅣ。(『寃』과 같음)

【冥】(명) 靑 メイ、くらい dark ㄇㄧㄥˊ ming² 小篆 草書 ❶어둘명(昏晦)。〔楊維楨詩〕梨花枝外雨ㅣㅣ。❷밤명(夜也)。❸어릴명(幼也)。〔詩〕噦噦其ㅣ。❹바다명(海也)。〔莊子〕北ㅣ有魚其名曰鯤。❺지식이 없을명(無知)。「愚ㅣ、頑ㅣ」。❻어리석을명(愚也)。❼하늘명(天也)。〔楚辭 九章〕據靑ㅣ而攄虹。❽물귀신명(水神)。〔禮記 月令〕其神玄ㅣ。❾저승명(他界)。(『溟』과 통함)

【冣】(취) 遇 シヤ、つむ pile up 小篆 ❶쌓을취(積也)。❷모을취(聚也)。

九畫

【冨】(부)『富』(宀部 9畫)의 俗字

十畫

【託】(타) 遇 ト、さかずきをすすめる offer a wine cup 잔드릴타(進盞)。

【幂】(멱) 錫 ベキ、おおう cover ㄇㄧˋ mi⁴ ❶덮을멱(覆也)。❷덮개멱(覆尊巾)。

十四畫

【冪】(멱) 錫 ベキ、おおう cover ㄇㄧˋ mi⁴ 草書 ❶덮을멱、덮개멱(疏布)。❷장막멱(幕也)。❸수멱(數也)。「自乘ㅣ(平方)、三乘ㅣ(立方)」。(『羃』과 통함)

❶羃(三禮圖)

十九畫

【顚】(전) 先 テン、とおい distant ❶멀전(遠也)。❷높고아득할전(高遠)。

冫部

【冫】(빙) 蒸 ヒョウ、こおり freeze 草書 얼음빙(冬寒水結)。

三畫

【冬】(동) 冬 トウ、ふゆ winter ㄉㄨㄥ tung¹ 小篆 古文 草書 ❶겨울동(閉藏節)。斗柄北指天下皆ㅣ。❷겨울 지낼동(過冬)。〔史記匈奴傳〕土地苦寒、漢馬不能ㅣ。

四畫

【冰】(빙) 蒸 ヒョウ、こおり ice ㄅㄧㄥ ping¹ 小篆 ❶얼음빙(凍也)。〔禮記 月令〕孟冬水始ㅣ。❷살통무껑빙(矢筩蓋)。〔左傳昭公二十五年〕公徒釋甲執ㅣ而踞。(『氷』의 本字)

唐冰鑑(博古圖)

【冱】(호) 遇 ゴ、こおる freeze ㄏㄨˋ hu⁴ 草書 ❶얼어붙을호(寒凝)。〔西京賦〕涸陰ㅣ寒。❷찰호(冷也)。

【冴】(호)『冱』(前條)의 俗字

【冲】(충) 東 チュウ、やわらぐ mix 草書 ❶화할충(和也)。❷깊을충(深也)。❸어릴충(稚也)。〔書經 金縢〕惟予ㅣ人弗及知。❹얼음 끄는 소리충(鑿氷聲)。〔詩〕鑿冰ㅣㅣ。❺드림느릴충(垂飾貌)。〔詩〕革ㅣㅣ。❻까맣게뜰충(上飛貌)。〔史記 淳于髡傳〕一飛ㅣ天。❼빌충(虛也)。(『沖』과 같고 『种』과 통함)

五畫

【决】(결)『決』(水部 4畫)의 俗字

【况】(황)『況』(水部 5畫)의 俗字

【冶】(야) 馬 ヤ、いる liquefy 小篆 草書 ❶풀무야(爐鑄)。〔韻會〕尤造九ㅣ。❷녹일야(銷也)。❸쇠불릴야(鎔也)。❹갓장이야(鑄匠)。〔漢書〕金之在鎔惟ㅣ者之所鑄。❺단장할야(粧飾)。〔易經 繫辭〕ㅣ容誨淫。❻잘닦을야(精鍊)。〔杜甫詩〕陶ㅣ賴詩篇。

【冷】(랭) 梗 迥 レイ、ひえる、つめたい cold : cool ㄌㄥˇ lêng³ 小篆 草書 ❶찰랭、추울랭(寒也)。〔梁武帝淨業賦〕心淸ㅣ其若水志皎潔其若雪。❷맑을랭(淸也)。❸쓸쓸할랭(寂也)。〔徐彦伯孤燭歎〕切切夜閨ㅣ、微微孤燭然。❹몸에 스밀랭(身也)。〔李羣玉詩〕使我肝膽ㅣ。❺(官職이) 여가있을랭。〔白居易詩〕豈論官ㅣ熱。❻동정심이 없을랭(無情)。〔李中詩〕ㅣ淡少知音。❼업신여기는 모양랭。〔北史崔瞻傳〕何容讀國士議文直此ㅣ笑。❽열심하지않을랭。❾쌀쌀할랭(薄情)。❿식을랭(退熱)。

【冸】(반) 翰 ハン、とける melt ㄆㄢˋ p'an⁴ 얼음녹을반(冰釋)。〔詩〕迨冰未ㅣ。

【冹】(불) 物 フツ、さむい chilly 小篆 바람찰불(風寒)。〔詩〕一之日渾ㅣ。(同音「발」)

六畫

【㓉】(활) 曷 カツ、こおり ice 얼음활(冰也)。

【冽】(렬) 屑 レツ、さむい severe cold ㄌㄧㄝˋ lieh⁴ 小篆 草書 ❶맵게추울렬(寒氣嚴)。❷찬샘렬(寒泉)。〔詩經 小雅大東〕有ㅣ氿泉。❸바람이 심하

게 불렬(風烈)。〔王褒聖主得賢臣頌〕虎嘯而谷風ㅣ。

七畫

【浗】(구) 尤 キュウ、てあしがこおる (of hands and feet) freeze 손발얼어곱을구(手足凍貌)。

【浸】(침) 寑 侵 シン、ひややかな chilly ❶찰침(冷也)。❷찬기운침(冷氣)。

【涑】(수) 宥 ソウ、ひえこおる freeze ❶싸늘할수(冷也)。❷얼을수(凍也)。

八畫

【凄】(처) 齊 霽 セイ、さびしい ㄑㄧ ch'i¹ gloomly and chilly 凄 草書 ❶바람찰처(風寒)。〔陶潛詩〕秋日ㅣ且厲。❷찰처(寒也)。❸심할처(烈也)。〔『淒』와 통함〕

【凅】(고) 遇 コ、こおりつく be frozen 얼어붙을고(寒氣凝閉)。

【准】(준) 軫 ジュン、なぞらえる ㄓㄨㄣˇ chuen³ conform to ❶평평할준(平也)。❷비준할준、견줄준(有比照之意)。❸대전준(以金錢代禮)。❹준거할준(依據)。❺윤허할준(允許)。〔『準』과 통함〕

【凇】(송) 冬 ソウ、つらら 산유화송(寒氣結氷如珠、霧ㅣ)。

【凊】(청) 敬 セイ、すずしい ㄑㄧㄥˋ ching⁴ cool 小篆 草書 서늘할청(薄寒)。

【涼】(량) 陽 リョウ、すずしい ㄌㄧㄤˊ liang² cool 서늘할량(輕寒)。〔『涼』과 통함〕

【凈】(정) 庚 ソウ、ひややか ㄐㄧㄥˋ ching⁴ cold 찰정(冷貌)。〔『淨』과 통함〕

【凋】(조) 蕭 チョウ、しぼむ ㄉㄧㄠ tiao¹ weary; fade 小篆 書 草 ❶시들조(ㅣ落半傷)。〔牟融詩〕淒其九日至、頗感頭髮ㅣ。❷느른할조(力盡貌)。❸여윌조(悴傷)。〔韓愈詩〕朋交日ㅣ謝。〔『彫』와 통함〕

【凌】㊀(릉) 蒸 ㊁(릉) 徑 リョウ、しのぐ ㄌㄧㄥˊ ling² surpass 小篆 古文 書 草 ㊀❶빙고릉(氷室)。〔周禮 天官 宰〕ㅣ人。❷지날릉(歷也)。〔史記 秦始皇本紀〕ㅣ水經地。❸떨릉(ㅣ遽、戰慄)。〔漢書 揚雄傳〕虎豹之ㅣ遽。❹두꺼운얼음릉(厚氷)。〔風俗通〕積冰曰ㅣ。❺업신여길릉(輕視)。㊁얼음릉(氷也)。〔漢書 高帝紀〕未央宮ㅣ室。

【凍】(동) 送 トウ、こおる freeze 小篆 書 草 ❶꽁꽁얼동(氷壯)。〔禮記 月令〕雨ㅣ傷穀。❷얼음동(氷也)。〔禮記〕孟春東風解ㅣ。❸추울동(寒感)。〔孟子 梁惠王上〕父母ㅣ餓、兄弟妻子離散。

九畫

【減】(감)『減』(水部 9畫)의 俗字

十畫

【凒】(의) 微 ギ、しもやゆきがつもる deep in snow and frost 눈서리쌓일의(雪霜積聚貌)。

【凓】(률) 質 リツ、さむい cool 小篆 찬기운률(寒氣甚、ㅣ冽)。

【滄】(창) 漾 ソウ、さむい ㄔㄨㄤ ch'uang¹ cold 小篆 小篆 書 草 찰창(寒也)。〔列子〕日初出則ㅣㅣ凉。

【準】(준)『準』(水部 10畫)의 俗字

十一畫

【漼】(최) 灰 サイ、しもやゆきがつもる deep in snow and frost 눈서리쌓일최(雪霜積聚貌ㅣ凒)。

【漻】(류) 尤 リュウ、てあしがこごえる freeze 수족얼어곱을류(手足凍貌)。

【滭】(필) 質 ヒツ、さむい (of the wind) chilly, wintry 小篆 바람찰필(風寒)。

十二畫

【澌】(시) 支 寘 シ、セイ、こおり ㄙ ssŭ¹ floating ice 小篆 書 草 성에시(流氷)。

【潔】(결)『潔』(水部 12畫)의 俗字

十三畫

【凙】(탁) 藥 タク、つらら icicle 고드름탁(檐結氷庭ㅣ)。

【凚】(금) 寑 キン、コン、ひどくさむい freezing 쌀쌀하게 추울금(寒極貌)。

十四畫

【凜】(름) 寑 リン、さむい ㄌㄧㄣˇ lin³ chilly 小篆 書 草 찰름(寒也)。〔陸機詩〕遺涼清且ㅣ。

【凛】(름)『凜』(前條)의 俗字

【凝】㊀(응) 蒸 ㊁(응) 徑 ギョウ、こる ㄋㄧㄥˊ ning² congeal 小篆 書 草 ㊀❶엉길응(結也)。〔易〕履霜堅冰陰始ㅣ也。❷이룰응(成也)。〔中庸〕苟不至德、至道不ㅣ焉。❸열중할응(熱中)。〔鄭谷詩〕相顧思皆ㅣ。❹(눈 또는 마음을) 한쪽

에 둘응(ㅣ視)。〔江淹詩〕ㅣ意方自驚。❺정할응(定也)。〔易經 鼎卦〕君子以正位ㅣ命。❻엄숙할응(嚴整)。㊂물얼응(氷堅止水)。

十五畫

【凞】(희) 支 キ、やわらぐ (become)harmonious
화할희(和也)。

【⿰冫質】(질) 質 シツ、さむくてふるえる shivery; cold
❶어슬어슬추울질(寒冷)。❷추워서 와들와들떨질(寒而慄)。

十六畫

【⿰冫賴】(래) 泰 ライ、さむい cold
小篆 추울래(寒也)。

几部

【几】(궤) 紙 キ、おしまずき cushion for the back ㄐㄧˇ chi³
小篆 草書 ❶안석궤(凭坐)。〔書經 顧命〕憑玉ㅣ。❷책상궤(机也)。❸제기궤(祭享載牲器)。❹진중할궤(安重貌)。〔詩〕赤舃ㅣㅣ。(『机』와 通함)

❸几(圖器禮)

一畫

【凡】(범) 咸 ボン、およそ general; common ㄈㄢˊ fan²
小篆 草書 ❶대강범(大指)。〔漢書 揚雄傳〕請略擧ㅣ。❷범상할범(常也)。〔孟子〕待文王而後興者ㅣ民也。❸총계할범(總計)。〔漢書 石奮傳〕ㅣ號奮爲萬石君。❹다범(皆也)。〔小學 明倫〕ㅣ內外雞初鳴咸盥漱衣服。❺속인범(俗人)。〔沈遼詩〕由來此地殊仙ㅣ。❻이세상범(俗界)。〔蘇軾詩〕山前雨水隔塵ㅣ。❼무릇범(大槪)。❽우두머리범(最目最ㅣ諸ㅣ之)。〔周禮〕謂薄書挈其最ㅣ。

【凢】(범)『凡』(前條)의 俗字

三畫

【凥】(거)『居』(尸部5畫)와 같음

【処】(처)『處』(虍部5畫)의 略字

【⿵几彡】(진) 軫 シン、はねがはえてとぶ winged
짓처음나서날을진(新生羽而初飛)。

四畫

【凩】(목)〔日字〕こがらし cold wind
草書 찬바람목(秋末初冬風)。

【凪】(지)〔日字〕なぐ die away the wind
草書 바람이자고파도그칠지(風浪止)。

六畫

【⿰亥几】(극) 陌 ケキ、つかれる idle; lazy
게으를극(倦也)。〔子虛賦〕徼ㅣ受詘。

【凭】(빙) 蒸 徑 ヒョウ、よる depend ㄆㄧㄥˊ p'ing²
小篆 小篆 草書 ❶기댈빙。❷의지할빙(依也)。〔史達祖 詠燕詞〕日日畫欄獨ㅣ。

【凮】(풍)『風』(風部0畫)의 譌字

九畫

【凰】(황) 陽 オウ、おおとり phoenix(female) ㄏㄨㄤˊ huang²
草書 암봉황새황(雌鳳)。〔古詩〕鳳兮鳳兮求其ㅣ。(『皇』과 通함)

【⿸虍几】(처)『處』(虍部5畫)의 略字

十畫

【凱】(개) 賄 ガイ、かち victory ㄎㄞˇ k'ai³
草書 ❶싸움이긴풍류개(ㅣ歌軍勝樂)。〔史記 主父偃傳〕天子大ㅣ。❷착할개(善也)。〔史記〕高陽氏有才子八人謂八ㅣ。❸화할개(和也)。〔詩經 邶風 凱風〕ㅣ風。❹마파람개(南風)。❺즐거울개(樂也)。❻좋은 사람개(善人)。❼이길개(戰勝)。〔北齊武德樂辭〕仁兵告ㅣ。

十二畫

【凳】(등) 徑 トウ、こしかけ couch ㄉㄥˋ têng⁴
草書 걸상등、평상등(牀屬)。(『橙』과 같음)

【凴】(빙)『凭』(几部6畫)과 같음

凵部

【凵】(감) 勘 カン、はる open
小篆 草書 ❶입벌릴감(張口)。❷위가벌어진 그릇감(受物之器)。

二畫

【凶】(흉) 冬 キョウ、わるい bad:evil ㄒㄩㄥ hsiung¹
小篆 草書 ❶흉할흉(吉之反)。❷재앙흉(禍也)。❸요사할흉(短折)。〔書〕ㅣ短折。❹두려울흉(憂懼)。〔晉語〕敵入而ㅣ。❺흉한사람흉(兇人也)。〔唐書 孝友傳〕父死ㅣ手。❻흉년흉(五穀不實)。〔周禮 地方遺人〕掌縣都之委積、以待ㅣ荒。❼사나울흉(暴虐)。❽악한놈흉(惡人)。(『恟』과 통함 『兇』과 같음)

三畫

【凷】(괴) 隊 カイ、つちくれ clod

小篆 草書 흙덩이괴(墣也)。〔蔡邕 釋誨〕九阿盈溢非一ー所能防。(『塊』와 같고 『蕢』와 통함)

【凸】(一)(철) 屑 トツ、なかだか convex (二)(돌) 月 ㄍㄨˇ ku³ ㄊㄨˊ tu²

草書 (一)❶뾰족할철。❷내밀철(出貌)。〔杜甫詩〕酒ー觥心瀲灩光。❸도도록할철(高貌)。(『垤』과 통함) (二)뜻은 (一)과 같음。

【凹】(요) 肴 オウ、なかくぼ concave ㄧㄠ yao²

草書 오목할요(窊也、凸之對)。〔丹鉛錄〕土窪曰ー土高曰凸。(『坳』와 같음)

【出】(一)(출) 質 シュツ、でる come out; exit (二)(추) 寘 ㄔㄨ ch'u¹

小篆 (一)❶날출(進也)。〔史記 衛將軍傳〕從大將軍ー朔方。❷게울출、토할출(吐也)。❸도망할출(逃也)。〔十八史略 秦〕公子虔之徒、告鞅欲反鞅ー亡。❹보일출(見也)。❺낳을출(生也)。〔古文眞寶後赤壁賦注〕鱸ー吳中、淞江尤盛。❻물러갈출(ー之)。〔史記 平原君虞卿傳〕使遂蚤得處囊中、乃穎脫而ー。❼(집또는 나라의) 밖에 나갈출。〔論語 學而〕弟子入則孝ー則弟。❽갈릴출(離也)。〔孟子 滕文公上〕死徒無ー鄉。❾잃을출(失也)。〔大學〕貨悖而入者亦悖而ー。❿갈출(往也)。〔十八史略 西漢〕始以强壯ー 及還須髮盡白。⓫표할출(表也)。〔唐書 李林甫傳〕喜津津ー眉宇間。⓬발족할출(發足)。〔十八史略 西漢〕信引兵從故道ー、襲雍王章邯。⓭자리에서 떠날출(退席)。〔小學 明倫〕侍坐者請ー矣。⓮자손출(子孫)。〔十八史略 東晉〕帝母鮮卑ー也。⓯생질출(甥也)。(二)내보낼추(自內而外之)。((一)의 他動詞)。

六畫

【函】(一)(함) 覃 カン、はこ case; box (二)(함) 咸 ㄏㄢˊ han²

小篆 草書 (一)❶휩쌀함(包容)。〔禮記 曲禮〕席間ー丈。❷갑옷함(鎧也)。〔孟子 公孫丑上〕ー人惟恐傷人。❸함함(箱也)。〔十八史略 東晉〕竟達空ー。❹관이름함(關名ー谷)。(二)❶편지함、글월함(書也)。「如信一封曰一ー」。❷갑함(匣也)。「如劍匣鏡匣」。❸악기함(樂器)。〔蘇軾 石鐘山記〕南聲ー胡北音淸越。

七畫

【凾】(함)『函』(凵部 6畫)의 俗字

十畫

【幽】(유)→幺部 6畫

【歯】(치)『齒』(齒部 0畫)의 略字

刀 部

【刀】(도) 豪 トウ、かたな sabre ㄉㄠ tao¹

小篆 草書 ❶칼도(兵刃)。〔左傳〕操ー而使割也。❷거루도(小船)。〔詩經〕誰謂河廣曾不容ー。❸돈이름도(錢也)。「古錢名形如ー」。

❶刀(禮器圖) ❸即墨刀(金石索)

【刁】(조) 蕭 チョウ、どうなべ ㄉㄧㄠ tiao¹

草書 ❶조두조(ー斗古軍用器)。〔漢書李廣傳〕不擊ー斗。❷(나무끝이) 까딱거릴조(微動貌)。〔莊子 齊物論〕獨不見之調調之ーー乎。❸바람불조(風動)。

【刂】(도)『刀』〔部首名〕

一畫

【刃】(인) 震 ジン、ニン、やいば edge ㄖㄣˋ jen⁴

小篆 草書 ❶칼날인(刀鋒)。〔莊子〕臣之刀十九年矣所解數千牛而刀ー若新發于硎。❷미늘인(刀加距)。〔中庸〕白ー可踏也。❸병장기인(兵也)。

【刄】(인)『刃』(刀部 1畫)의 俗字
(량)『兩』(入部 6畫)의 略字

二畫

【刅】(창) 陽 ショウ、きず wound

小篆 小篆 草書 상처창(傷處)。(『創』과 같음)

【分】(一)(분) 文 フン、ブン、わける part; divide (二)(분) 問 ㄈㄣ fen¹ (三)(푼) 問

小篆 草書 (一)❶나눌분(割也)。❷쪼갤분(總數折成多數)。〔易繫辭〕物以羣ー。❸분별할분(辨別)。〔論語〕五穀不ー。❹찢을분(裂也)。❺나누어줄분(施也)。❻반쪽분(半也)。〔荀子 仲尼篇〕以齊之ー奉之、而不足。❼한푼분(十黍)。(『紛』과 통함) (二)❶분수분、지위분(位也)。〔禮記〕禮達而ー定。❷직분분(服事)。〔諸葛亮 出師表〕此臣所以報先帝、而忠陛下之職ー也。❸몫분(均也)。〔禮記〕ー毋多求。❹헤칠분(散也)。(三)푼푼(尺度單位寸之下)。

【切】(一)(절) 屑 セツ、サイ、きる cut ㄑㄧㄝ ch'ieh¹ (二)(체) 霽

小篆 小篆 (一)❶끊을절、저밀절(割也)。〔李商隱雜纂 不快意〕鈍刀ー物。❷새길절(刻也)。❸급

할절(急也)。❹정성스러울절(愨也)。〔後漢書〕明君不惡—愨之言。❺종요로울절(要也)。〔舊唐書 穆宗紀〕帝王所重者國體所—者人情。❻진맥할절(按也)。〔史記 扁鵲傳〕不待—脈。❼문지방절(門限)。〔漢書〕—皆冒銅塗金。❽반절절(反也)。❾간절할절(懇—)。㊁❶온통체(大凡)。〔漢書〕一—滿秩如眞。❷대강체(大略)。❸급할체(急也)。

【刈】(예) 隊 ガイ、かる cut grass ㄧ i⁴ 小篆 草書 ❶풀벨예(芟草)。〔離騷經〕願俟時乎吾將—。❷죽일예(殺也)。〔金史吾札忽傳〕斫—甚多。(『艾』와 통함)

【⿰卜刂】(박) 覺 ハク、けずる peel; rind ❶벗길박(脫也)。❷찢을박(裂也)。❸깎을박(削也)。(『剝』과 같음)

三畫

【刊】(간) 寒 カン、けずる shave; carve ㄎㄢ k'an¹ 小篆 草書 ❶깎을간(削也)。〔漢書〕隨山—木。❷나무 쪼갤간(木斫)。❸새길간(刻也)。〔王儉褚淵碑〕—玄石以表德。(『栞』과 통함)

【刋】(천) 霰 セン、きる cut out 草書 끊을천(切也)。

【⿰兀刂】(곤) 元 カン、きる lop off branches 가지칠곤(斫木枝)。

【刌】(촌) 阮 スン、きる cut; break 小篆 끊을촌(切斷)。

【切】(절)『切』(刀部 2畫)의 俗字

【召】(소) → 口部 2畫

四畫

【刎】(문) 吻 フン、はねる behead ㄨㄣˇ wen³ 小篆 草書 ❶목자를문(剄也)。〔禮記〕不至者廢其祀—其人。❷벨문(割也)。

【刉】(기) 未 微 キ、さす thrust 小篆 ❶찌를기(刲也)。❷칼갈기(礪刀)。

【⿱亼乂刂】(삼) 陷 サン、かる、きる cut; mow 베일삼(刈也)。

【刑】(형) 靑 ケイ、つみ、しおき crime ㄒㄧㄥˊ hsing² 小篆 小篆 草書 ❶형벌형(罰總名)。〔易經 豐象〕君子以折獄致—。❷본받을형(效則)。〔書註〕王有天下之德民皆儀—。❸예법형(舊法)。〔詩經〕尙有典—。❹국그릇형(盛羹器)。〔周禮〕羞脩—膴。❺법률형(法律)。❻본보기형(法也)。〔詩經 周頌烈文〕百辟—之。❼모범될형(模範)。〔孝經 天子〕德敎加於百姓、—於四海。❽될형(成也)。〔禮記 樂記〕敎之不—、其此之由乎。❾죽일형(戮也)。(『形』과 통함)

【划】(화) 麻 カ、さおさす pole for punting 삿대화(進船竿)。

【刓】(완) 寒 ガン、けずる carve ㄨㄢˊ wan² 小篆 小篆 草書 ❶깎을완(剸也)。〔楚辭 九章〕—方以爲圓。❷모없앨완(削廉)。〔史記 淮陰侯傳〕印—弊忍不能予。❸해질완(弊也)。

【刕】㊀(리) 支 ㊁(례) 齊 リ、レイ、さく cut ㊀벨리(割也)。(『州』의 俗用) ㊁벨례(割也)。

【刖】㊀(월) 月 ㊁(왈) 黠 ゲツ、あしきる cut heel ㄩㄝˋ yüeh⁴ 小篆 草書 발꿈치 자를월(斷足刑、剕也)。〔漢書 刑法志〕—罪五百。㊁뜻은 ㊀과 같음。

【列】(렬) 屑 レツ、ならぶ line; row ㄌㄧㄝˋ lieh⁴ 小篆 草書 ❶벌렬(分解)。❷반열렬(位序)。〔漢書〕恤我九—。❸무리에들어갈렬(仲間)。❹항렬렬(行次)。〔王勃詩〕—席俯春泉。❺펼렬(布也)。〔論語 季氏〕陳力就—。❻베풀렬(陳也)。〔隋書 經籍志〕徐氏中論六卷、—於儒家。❼항오렬(軍伍)。

五畫

【刘】(류)『劉』(刀部 13畫)의 略字

【⿰句刂】(구) 尤 コウ、かま sickle 小篆 낫구(鎌也)。

【刜】(불) 物 ブツ、けずりきる strike 小篆 ❶칠불(擊也)。❷깎을불(斫也)。❸끊을불(斷也)。〔白居易〕君勿誇我鍾可—。

【初】(초) 魚 ショ、はじめ beginning; first ㄔㄨ ch'u¹ 小篆 草書 ❶처음초、비롯할초(始也)。〔史記 孔子世家〕不忘其—。❷근본초(本原)。❸이전초(以前)。〔莊子〕無以反性情而復其—。〔十八史略 東漢〕孝明皇帝—名陽。❹예초(故也)。〔禮記 檀弓〕夫魯有—。❺맨앞초(最前)。〔梁元帝纂要〕孟春曰上春—春。

【删】(산) 刪 サン、けずる shave ㄕㄢ shan¹ 小篆 草書 ❶깎을산(削除)。〔孔安國古文尙書序〕—詩爲三百篇。❷재할산(除也)。〔漢書 律歷志〕—其僞辭、取正義著於篇。❸정할산(定也)。(『刪』으로도 씀)

【判】(판) 翰 ハン、わける、さばく split; judge ㄆㄢˋ p'an⁴
小篆 書草 ❶판단할판(斷也)。「裁ㅣ、身言書ㅣ。」❷쪼갤판(剖也)。〔左傳 莊公三年〕紀於是乎始ㅣ。❸나눌판(分也)。〔薩都 刺詩〕一尊ㅣ袂闔閭城。❹한쪽판(半也)。〔周禮〕媒氏掌萬民之ㅣ。❺맡을판(任也)。(『拌』과 통함)

【別】(별) 屑 ベツ、わける classify ㄅㄧㄝˊ pieh²
小篆 書草 ❶다를별(異也)。〔嚴滄浪詩話〕詩有ㅣ趣、非關理也。❷나눌별(分解)。〔十八史略 東漢〕不遇盤根錯節、無以ㅣ利器。❸분별할별、가를별(辨也)。〔淮南子〕宰庖之切割分ㅣ也。❹이별할별(離ㅣ)。〔三國志 呂蒙傳〕士ㅣ三日、即當刮目相待。❺문서별(書卷)。❻떠날별、이별별(分手)。❼영결할별(訣也)。〔江淹ㅣ賦〕黯然消魂者惟ㅣ而已。❽차이별(差異)。〔小學 明倫〕右明夫婦之ㅣ。

【别】(별)『別』(前條)의 俗字

【刦】(겁) 葉 キョウ、コウ、おびやかす cowardice ㄐㄧㄝˊ chieh²
書草 ❶겁탈할겁(強取)。❷구속할겁(禁持貌)。〔荀子 修身〕ㅣ之以師友。(『刧』과 통함)

【刧】(겁)『刦』(前條)의 俗字

【刨】(포) 肴 ホウ、けずる cut; slice
깎을포(削也)。

【刮】(점) 豔 テン、はものがかける (cf knife) dull
小篆 칼 이빠질점(刀缺)。(『玷』과 통함)

【利】(리) 寘 リ、とし、もうけ benefit ㄌㄧˋ li⁴
小篆 古文 古文 書草 ❶날카로울리、날랠리(銛也)。〔孟子公孫丑下〕兵革非不堅ㅣ也。❷길할리、이로울리、좋을리(吉也)。〔易經 賁卦〕ㅣ有攸往。❸탐할리(貪也)。〔禮〕先財而後禮則民ㅣ。❹편리할리(便好)〔漢書 高帝紀〕與ㅣ田宅。❺이자리、변리리(子金)。

六畫

【刮】(괄) 黠 カツ、けずる scratch ㄍㄨㄚ kua¹
小篆 書草 ❶깎을괄(削也)。〔韓非子 五蠹〕茅茨不翦、采椽不ㅣ。❷쪼갤괄(剔也)。❸긁을괄(磨也)。〔十八史略 東漢〕士別三日、即當ㅣ目相待。

【到】(도) 號 トウ、いたる reach ㄉㄠˋ tao⁴
小篆 書草 ❶이를도(至也)。〔朱子語類〕精神一ㅣ、何事不成。❷주밀할도(周密)。「如言懇ㅣ周ㅣ」。

【刱】㊀(창) 漾 ㊁(창) 陽 ソウ、はじめる begin ㄔㄨㄤˋ ch'uang⁴
小篆 小篆 小篆 書草 ㊀❶처음창(初也)。❷비롯할창(始也)。❸창기할창(ㅣ業造法)。〔孟子〕ㅣ業垂統。㊁상할창、다칠창(傷也)。(『創』과 통함)

【刲】(규) 齊 霽 ケイ、さく pierce ㄎㄨㄟ k'uei¹
小篆 書草 ❶찌를규(刺也)。〔易經〕士ㅣ羊無血。❷베일규(割也)。〔禮記〕炮取豚牂ㅣ之。

【刑】(형)『刑』(刀部 4畫)의 本字

【刳】(부) 有 フ、つか hilt
小篆 ❶칼자루부(刀握)。❷활줌통부(弓中央)。

【刳】(고) 虞 コ、えぐる split ㄎㄨ k'u¹
小篆 書草 ❶빠갤고。❷쪼갤고(剖破)。〔戰國策 秦〕ㅣ腹折頤。❸속팔고(空物腸也)。〔易經 繫辭〕ㅣ木爲舟。

【刴】(타) 箇 タ、きる cut
❶찍을타(斫也)。❷꺾을타(折也)。

【刵】(이) 寘 ジ、みみきる cut ear ㄦˋ êrh⁴
小篆 書草 귀베일이(斷耳)。〔書經 康誥蔡傳〕劓ㅣ刑之小者。

【制】(제) 霽 セイ、さだめる enactment ㄓˋ chih⁴
小篆 古文 書草 ❶마를제(裁也)。〔淮南子 主術訓〕猶巧工之ㅣ木也。❷지을제(造也)。〔孟子 梁惠王上〕ㅣ梃。❸절제할제(節也)。〔孝經 諸侯〕ㅣ節謹度。❹어거할제(御也)。❺단속할제(檢也)。❻금할제(禁也)。「禁ㅣ」。❼제서제(ㅣ書王言)。〔十八史略 秦〕命爲ㅣ。❽법도제(成法)。〔中庸〕非天子不議禮、不ㅣ度。〔禮記 王制〕凡ㅣ五刑。❾직분제(職分)。〔荀子 王覇〕敬節死ㅣ。❿제마음 대로할제。⓫모양제(形也)。〔呂氏春秋 禁塞〕以告ㅣ兵者。〔史記禮書〕乃採風俗、定ㅣ作。

【刷】(쇄) 黠 サツ、する scratch ㄕㄨㄚ shua¹ (古音은「살」)
小篆 書草 ❶긁을쇄(刮也)。❷고칠쇄(改也)。〔漢書 武帝紀〕欲ㅣ恥改行。❸빗을쇄、쓰다듬을쇄、솔질할쇄(理馬毛)。〔顏延賦〕旦ㅣ幽燕晝秣荊越。❹파볼쇄、궁구할쇄(尋究)。❺인쇄할쇄(印刷)。❻문지를쇄(拭也)。

【券】(권) 願 ケン、てがた bill ㄑㄩㄢˋ ch'üan⁴
小篆 書草 ❶문서권(錄也)。〔史記〕馮驩收責於薛旣還曰臣合ㅣ焚之市義而ㅣ。❷엄쪽권(契也)。「如今之合同成約各藏一半爲憑信者」。〔史記、蘇秦謂田軫曰公常執左ㅣ。❸

계약서권(契約書)。〔史記 孟嘗君傳〕合ー焚之。

【刹】(찰) 黠 サツ、セツ、てら ㄔㄚˋ chʻa⁴
小篆 書 草 ❶절찰(僧寺)。❷탑찰(佛塔)。〔頭陀寺碑〕列ー相望。「梵語 Ksetra의 音譯」。

【刻】(각) 職 コク、きざむ ㄎㄜˋ kʻê⁴ carve
小篆 古文 書 草 ❶새길각(鏤也)。〔春秋 莊公二十四年〕春王三月、ー桓宮桷。❷몹시각(痛也)。❸긁을각(割剝)。「彫ー」。〔漢書 路溫舒傳〕ー木爲吏、期不對。❹각색할각(慘覈)。❺해할각(害也)。〔書經〕我舊云ー子。❻돼지 발자취각(豕跡)。❼줄을 붙일각。〔呂氏春秋 察今〕ー舟求劍。❽시각각(晷ー漏箭)。

【刺】㊀(자) 寘 シ、セキ、さす ㄘˋ tzʻŭ⁴ pierce ㊁(척) 陌 ㊂(라) 〔國字〕
小篆 書 草 ㊀❶찌를자(直傷)。〔公羊傳〕ー之者何殺之也。❷베일자(剗除)。〔儀禮〕庶人則曰ー草之臣。❸뽑을자、추릴자(采取)。〔漢書〕ー六經中作王制。❹바늘자(針之)。〔史記〕ー繡文不如倚市門。❺가시자(棘芒)。❻명함자(姓名)。「名ー、通ー」。❼신문할자(訊決)。〔周禮 秋官〕司ー掌三ー。❽기롱할자(譏也)。〔淮南子 說林〕ー我行者。㊁❶찌를척(刃之)。〔孟子 梁惠王上〕ー人而殺之。❷자자할척(黥也)。❸정탐할척(偵伺)。〔漢書燕王傳〕陰ー候朝廷事。❹잡아당길척(掣也)。〔史記〕陳平乃ー船而去。❺소근거릴척(私語貌)。〔韓愈 送殷員外序〕語ーー不能休。❻바느질할척(針縫)。〔史記 貨殖傳〕ー繡文、不如倚市門。㊂수라라(御食曰水ー)。

七畫

【剃】(체) 霽 テイ、(かみを)そる ㄊㄧˋ tʻi⁴ tonsure
書 草 털깎을체(剪髮)。(『鬀』와 같음)

【剄】(경) 靑 ケイ、くびきる 徑 behead
小篆 書 草 목자를경(刎也)。〔史記 淮南王傳〕令從者魏敬ー之。

【則】㊀(즉) 職 ソク、のり、すなわち ㊁(측)(칙)〔俗音〕 ㄗㄜˊ tsê² regulation
小篆 古文 古文 籒文 書 草 ㊀곧즉、어조사즉(助辭)。〔論語〕行有餘力ー以學。㊁❶법칙칙(常法)。〔周禮天官冢宰〕以八ー治都鄙。❷본받을칙(法可當效)。〔書經說命〕明哲實作ー。❸법칙(天理)。〔易經 乾卦〕乃見天ー。❹모범칙(模範)。〔中庸〕其ー不遠。❺때칙(時也)。〔孟子 告子上〕求ー得之、舍ー失之。❻그후칙(其後)。〔論語 學而〕行有餘力、ー以學之。❼혹은칙(或也)。〔論語〕過ー勿憚改。❽조목칙(條目)。

【剈】㊀(연) 先 エン、くぼみ ㊁(연) 銑 hollow
小篆 ㊀❶아로새길연(剜也)。❷꺾어가질연(挑取)。❸움푹 들어갈연(窪也)。㊁뜻은 ㊀과 같음。

【剉】(좌) 箇 ザ、きる ㄘㄨㄛˋ tsʻuo⁴ break
小篆 小篆 小篆 書 草 ❶꺾어질좌(折傷)。❷토막칠좌、썰좌(斬截)。(『挫』와 같음)

【削】(삭) 藥 サク、けずる ㄒㄧㄠ hsiao¹ shave
小篆 書 草 ❶깎을삭、저밀삭(刮也)。〔禮記 王制〕君ー以地。❷지근댈삭(小侵)。〔書經 君陳〕無倚法以ー。❸약할삭(弱也)。〔孟子 告子下〕魯之ー滋甚。❹빼앗을삭(奪除)。「如奪其官曰ー職奪其地曰ー地」。❺새김칼삭(書刀)。〔周禮 冬官考工記 築氏〕築氏爲ー。❻제할삭(除也)。❼침노할삭(侵也)。

❺削 (圖古考)

【剋】(극) 職 コク、かつ ㄎㄜˋ kʻê⁴·² overcome
書 草 ❶반드시극(必也)。〔後漢書 鍾離意傳〕ー期。❷급할극(急也)。❸이길극(勝也)。〔後漢書 桓譚傳〕何征不ー。❹깎일극(損削)。〔淮南子 說山訓〕至伐大木、非斧不ー。❺가릴극、빨극(涓選)。❻심할극(嚴酷)。(『克』과 통함 『尅』과 같음)

【剌】(랄) 曷 ラツ、もとる ㄌㄚˊ la²·⁴ deviate
小篆 書 草 ❶어그러질랄(戾也)。〔漢書 杜欽傳〕無乖ー之心。❷활다리는 소리랄(弓聲)。〔思玄賦〕彎威弦之撥ー。❸고기뛰는 소리랄(魚躍聲)。

【前】(전) 先 ゼン、まえ ㄑㄧㄢˊ chʻien² front; previous
小篆 小篆 書 草 ❶앞전(後之對)。〔禮〕書於君ー。❷일찌기전(嘗也)。〔南史顔竣傳〕ー鑄二銖官錢。❸앞설전(先之)。〔韓愈與于襄陽書〕先達之士、負天下之望者爲之ー焉。❹예전(故也)。〔禮記 檀弓〕我未之ー聞也。❺인도할전(導也)。〔儀禮〕祝ー主人降。❻연검은빛전(淺黑色)。〔周禮〕木路ー樊鵠纓。❼가는곳전(行先)。〔禮記 曲禮〕先生書策琴瑟在ー、坐而遷之。❽걸을전(步也)。〔韓愈詩〕雪擁藍關馬不ー。

八畫

【㓨】(척)(자) 『刺』(刀部 6畫)의 俗字

【剒】 ㊀(착) 覺 チャク、まる cut ㄘㄨㄛˋ ts'uo^{4} ㊀베일착(斬也)。㊁(작) 藥 ㊁전목칠작(治樸俱未成器)。(『錯』과 같음)

【剺】 (리) 支 リ、きる peel ❶벗길리(剝也)。찢을리、쪼갤리(劃也)。(本字는『剺』)

【⿰朋刂】 (붕) 蒸 ホウ、きる cut; split 끊을붕、쪼갤붕(斫也)。

【剔】 (척) 錫 テキ、えぐる crack ㄊㄧ t'i^{1} 小篆 草書 ❶뼈발라낼척(解骨)。〔書經 泰誓〕刳ㅣ孕婦。❷뺄척(拔也)。〔詩經 大雅 皇矣〕攘之ㅣ之。

【剕】 (비) 未 ヒ、あしきる cut heel ㄈㄟˋ fei 草書 발베일비(刖足)。〔書經 呂刑〕ㅣ罰之屬五百。(『跰』와 같음)

【剖】 (부) 有 ボウ、さく、わる split ㄆㄡˇ p'ou$^{3.1}$ 小篆 草書 ❶쪼갤부。❷뻐갤부(中分判也)。❸깨뜨릴부(破也)。〔漢書〕ㅣ符封功臣。❹가를부(割也)。〔莊子 胠篋〕比干ㅣ。❺나눌부(分也)。(『掊』와 통함)

【剙】 (창)『剏』(刀部 6畫)의 俗字

【剗】 (잔) 潸 サン、けずる shave ㄔㄢˇ ch'an^{3} (古音「찬」) 草書 ❶깎을잔(削也)。❷평할잔(平也)。〔漢書〕革ㅣ五等制立郡縣。❸농구잔(農具)。 ❸ 剗(書全政農)

【剚】 (사) 眞 シ、さす thrust a knife into ㄗˋ tzŭ^{4} 草書 칼꽂을사(揷刀)。〔史記 張耳陳餘傳〕敢ㅣ刃公之腹中。(『傳』와 같음)

【剛】 (강) 陽 ゴウ、かたい firm ㄍㄤ kang^{1} 小篆 古文 草書 ❶굳을강(堅也)。〔詩經 大雅 烝民〕柔則茹之、ㅣ則吐之。❷굳셀강(勁也)。〔論語 季氏〕及其壯也、血氣方ㅣ。❸꼬장할강(ㅣ健强斷)。〔論語 公治長〕吾未見ㅣ者。❹바야흐로강。〔禪月詩〕ㅣ有峨眉念。

【剝】 (박) 覺 ハク、はぐ peel ㄅㄛ po^{1} ㄅㄠ pao^{1} 小篆 或體 草書 ❶찢을박(裂也)。❷떨어질박(落也)。❸벗어질박(脫也)。❹두드릴박(力擊)〔詩經 豳風七月〕八月ㅣ棗。❺괘이름박(卦名)。

【剜】 (완) 寒 ワン、けずる scratch ㄨㄢ wan^{1} 小篆 草書 깎을완(刻削)。〔韓愈詩〕有洞若神ㅣ、有巖若天劃。

【⿰戾刂】 (렬) 屑 レツ、つらぬく run through 꿸렬(貫也)。(『列』의 俗字)

【剞】 (기) 紙 キ、きざむ carve ㄐㄧ chi^{1} 小篆 草書 새김칼기(ㅣ劂曲刀)。〔楚辭 哀時命〕握ㅣ劂而不用兮。

【剟】 ㊀(철) 屑 ㊁(탈) 曷 テツ、けずる scratch ㄉㄨㄛˊ tuo^{2} 小篆 草書 ㊀❶깎을철(刊也)。〔商子 定分〕有敢ㅣ定法令者死。❷벨철(割也)。〔漢書 賈誼傳〕ㅣ寢戶之簾。❸찌를철(刺也)。〔史記 張耳陳餘傳〕刺ㅣ身無可擊者。(『掇』과 같음) ㊁❶깎을탈(削也)。〔爾雅序〕ㅣ其瑕礫。❷칠탈(擊也)。

【剡】 ㊀(염) ㊁(섬) 琰 エン、するどい sharp ㄧㄢˇ yen^{3} 小篆 草書 ㊀❶날카로울염、뾰족염(銳利)。〔漢書 賈誼傳〕ㅣ手以衝仇人之胷。❷번쩍할염(光貌)。〔離騷經〕皇ㅣㅣ其揚靈。❸깎을염(削也)。〔易經 繫辭〕ㅣ木爲矢。❹베일염(斬也)。〔荀子 强國〕安欲ㅣ其脛。㊁고을이름섬(會稽縣名)。

【剠】 ㊀(경) 庚 ㊁(량) 漾 ㊂(략) 藥 ケイ、いれずみ tattoo ㄑㄧㄥˊ ch'ing^{2} ㊀자자할경(墨刑在面)。(『黥』과 같음) ㊁노략질할량(鈔取)。㊂휘채갈략(奪取)。(『掠』과 같음)

九 畫

【⿰枼刂】 (접) 葉 チョウ、うすくきる carve ❶살을 얇게 썰을접(薄切)。❷새길접(刻也)。(本字는『牒』)

【剨】 (괵) 陌 キャク、こわれるおと (of sound) crash 깨지는소리괵(破聲)。

【⿰扁刂】 (편) 先 ヘン、けずりきざむ carve ❶새길편(削也)。❷새김칼편(ㅣ刀)。❸갈을편(鈞也)。

【剪】 (전) 先 セン、きる scissoring 草書 ❶가위전(翦刀)。❷싹벨전(齊斷)。(『揃』과 通함 『翦』과 같음)

【剫】 (탁) 藥 タク、わける split 小篆 ❶쪼갤탁(判也)。❷전목칠탁(治樸俱未成器)。

【剬】 (단) 寒 タン、たちきる cutting 小篆 小篆 草書 ❶똑같이자를단(剸齊)。❷잘게썰단(細割)。❸단정할단(整飭貌)。

【剭】 ㊀(옥) 屋 ㊁(악) 覺 オク、くびきる gibbeting the head 草書 ㊀목벨옥(誅也)。㊁형벌할악(厚刑)。

【剮】(과) 馬 カ、にくをさきわける ㄍㄨㄚˇ kua³ 살바를과(剮肉置骨)。(『咼』와 같음)

【⿰咢刂】(악) 藥 ガク、やりさき edge of a sword 小篆 籒文 ❶칼날악(劍刃)。❷창끝악(戟端)。

【副】㊀(부) 宥 ㊁(복) 屋 ㊂(벽) 職 フク、フ、そう next ㄈㄨˋ fu⁴ 小篆 小篆 籒文 籒文 草書 ㊀❶버금부(次也)。❷다음부、둘째부(貳也)。❸알맞을부(稱也)。「如盛名之下其實難ㅣ」。❹첩지부(首飾)。〔詩經 鄘風君子偕老〕ㅣ笄六珈。❺찢을부(裂也)。㊁쪼갤복(析也)。〔禮記〕爲天子削瓜者ㅣ之。㊂순산될벽(難産析ㅣ)。

十畫

【剩】(잉) 徑 ジョウ、あまる remain;surplus ㄕㄥˋ shêng⁴ ❶남을잉(餘也)。❷더할잉(益也)。❸멀쑥할잉(冗長)。❹뿐아닐잉(不啻)。〔高適詩〕尋經ㅣ欲翻。

【割】(할) 曷 カツ、さく、わる divide; part ㄍㄜ kê¹ 小篆 草書 ❶벨할、저밀할(截也)。〔禮記〕天子袒而ㅣ牲。❷긁을할(剝也)。❸나눌할(分也)。〔杜甫詩〕陰陽ㅣ昏曉。❹찢을할(裂也)。〔漢書 東方朔傳〕拔劍ㅣ肉、何壯也。❺십분지일할(十分之一)。❻해로울할(害也)。〔書經 堯典〕洪水方ㅣ。

【剳】(답) 合 トウ、かぎ ㄉㄚˊ ta² 草書 갈구리답(鉤也)。

【⿰⿱罒王刂】(탁) 覺 タク、きりわける split 草書 쪼갤탁(割也)。

【剴】(개) 灰 隊 ガイ、かま sickle ㄎㄞˇ k'ai³ 小篆 草書 ❶낫개(鐮也)。❷가까울개(近也)。❸간절할개(切也)。〔唐書 魏徵傳〕凡二百餘奏、無不ㅣ切當帝心者。

【⿰罡刂】(강)『剛』(刀部 8畫)의 俗字

【創】㊀(창) 陽 ㊁(창) 漾 ソウ、きず、はじめ becut; begin ㄔㄨㄤ ch'uang¹ 小篆 小篆 草書 ㊀❶날에다칠창(刃所傷)。〔漢書 曹參傳〕身被七十ㅣ。❷부스름창。〔禮記 曲禮〕頭有ㅣ則沐。(『瘡』과 통함) ㊁❶비로소창(始也)。〔孟子 梁惠王下〕君子ㅣ業垂統。❷아플창(傷也)。〔漢書 匈奴傳〕人民ㅣ艾戰鬪。❸징계할창(懲也)。〔書經 益稷〕予ㅣ若時。(『刅』과 같음)

十一畫

【剷】(산) 潸 サン、けずる slice off ㄔㄢˇ ch'an³ (古音「찬」) 草書 깎을산(損削)。

【⿰桼刂】㊀(칠) 質 ㊁(치) 紙 シツ、きる split 小篆 ㊀❶벨칠(割也)。❷상할칠(傷也)。㊁뜻은 ㊀과 같음。

【剸】㊀(단) 寒 ㊁(전) 先 タン、セン、きる、もっぱら cut; intently ㄊㄨㄢˊ t'uan² 小篆 草書 ㊀❶끊을단(斷也)。❷탐낼단。〔荀子 榮辱〕信而不見敬者、好ㅣ行也。㊁❶오로지전、천단할전(擅也)。〔漢書 蕭何傳〕上以是ㅣ屬任何關中事。❷저밀전、회칠전(細割肉)。(『專』과 같음)

【剹】(륙) 屋 リク、けずる cut ❶깎을륙(削也)。❷죽일륙(殺也)。(『戮』과 같음)

【剺】(리) 支 リ、はぐ peel 小篆 草書 ❶깎을리(剝也)。❷그을리(劃也)。(『黎』와 같음)

【⿰婁刂】(루) 尤 ロウ、うがつ bore ❶뚫을루(穿也)。❷가늘게끊을루(細切)。

【剽】㊀(표) 蕭 ㊁(표) 篠 ㊂(표) 嘯 ヒョウ、おびやかす threat ㄆㄧㄠˋ p'iao⁴ 小篆 草書 ㊀❶표독할표(輕急)。〔漢書〕自全晉時已患其ㅣ悍也。❷종쇠북표(鍾之中者)。㊁끝표(末也)。〔莊子〕有長而無本ㅣ者宙也。㊂❶긁을표(剝也)。❷끊을표(截也)。❸겁박할표(劫也)。〔史記〕攻ㅣ爲羣盜。❹찌를표(刺也)。❺빠를표(輕疾)。

【⿰爽刂】(창) 養 ソウ、かわがさける (of skin) bruise 껍질상할창(皮傷)。(『[illegible]』와 통함)

【剿】(초) 篠 ソウ、きる cut 草書 ❶끊을초(絕也)。❷죽일초(殺也)。(『勦』와 같음)

十二畫

【⿰尊刂】(준) 阮 ソン、へらす reduce 小篆 ❶감할준(減也)。❷끊을준(斷也)。

【劀】(괄) 黠 カツ、はれものをえぐる cut a blotch (or swell) out 小篆 곪은살도려낼괄(刮去惡瘡肉)。

【⿰朁刂】(잠) 咸 感 サン、さす thrust ❶찌를잠(刺也)。❷살쭈그러질잠(縮朒貌)。

【劂】㊀(귀) 霽 ㊁(궐) 月 ㊂(굴) 月 ケツ、ほる scoop out ㄐㄧㄠˇ chiao³

劂 ㊀새김칼궐(剞刀)。〔漢書 揚雄傳〕棄其剞ㅣ。㊁❶굽은끌궐(曲鑿)。〔楚辭〕握ㅣ剞而不用。❷새길궐(彫也)。〔傳毅琴賦〕施公輸之剞ㅣ。❸우비칼궐(曲刀)。㊂뜻은 ㊁와 같음。

【劃】(획) 陌 カク、かぎる draw ㄏㄨㄚˋ hua²·⁴ ❶새길획(刻也)。❷그을획(以刀破物)。❸계획할획(作事、計ㅣ)。❹송곳칼획(錐刀)。

【劄】(차)→竹部8畫

十三畫

【劇】(극) 陌 ゲキ、はげしい、しばい extreme; drama ㄐㄧˋ chi² ❶심할극、대단할극、몹시극(甚也)。❷어려울극(艱也)。〔王粲詩〕同知埋身ㅣ。❸산디판극、연극극(演ㅣ)。〔姚合詩〕映竹窺猿ㅣ。❹더할극(增也)。❺많을극(多也)。❻바쁠극(忙也)。〔郭璞辭尙書表〕以無用之材管繁ㅣ之任。❼아플극(痛也)。

【劈】(벽) 錫 ヘキ、つんざく split ㄆㄧˋ p'i³ 쪼갤벽、쪼갤벽、팰벽(剖破)。〔曹松詩〕ㅣ碎琅玕意有餘。

【劉】(류) 尤 リュウ、かつ overcome ㄌㄧㄡˊ liu² ❶이길류(尅也)。❷죽일류(殺也)。〔書經 盤庚〕重我民無盡ㅣ。❸베풀류(敷陣)。❹쇠잔할류(衰也)。❺자귀류(斧屬)。〔書經 顧命〕一人冕、執ㅣ立于東堂。〔註〕ㅣ鉞屬。❻성류(姓也)。

【劊】(회) 泰 カイ、たちきる cut ㄍㄨㄟˋ kuei⁴ (本音「괴」) 끊을회(斷也)。

【劋】(조) 篠 ソウ、きる、たつ cut ❶끊을조(絕也)。❷죽일조(殺也)。(『剿』와 같음)

【劌】(귀) 霽 ケイ、やぶる tear ❶사뿐찌를귀(利傷)。❷베일귀(割也)。❸찢을귀(破也)。〔禮記 聘義〕廉而不ㅣ義也。

【劍】(검) 豔 ケン、つるぎ sword ㄐㄧㄢˋ chien⁴ ❶칼검(兵器)。〔管子〕昔葛天盧之山發而出金蚩尤受而制之爲ㅣ鎧。❷칼로써 찔러죽일검(斬殺)。❸칼을 쓰는 법검(使法)。〔潘岳 馬敦誄序〕手ㅣ父讎。〔史記 荆軻傳〕與蓋聶論ㅣ。(『劒』과 같음)

❶劍(圖器禮)

十四畫

【劀】(유) 虞 ジュ、やわらか oil the leather 가죽에기름먹여유하게할유(渥脂柔革)。

【劐】(확) 藥 カク、きる cut; reap ㄏㄨㄛ huo¹ ❶끊을확(斷也)。❷벨확(刈穀)。

【劑】㊀(자) 支 ㊁(제) 霽 セイ、ザイ、てがた、くすり bill; medicine ㄐㄧˋ chi⁴ ㊀❶싹문지를자(翦齊)。❷어음쪽자(券書)。〔周禮 地官〕司市以質ㅣ結信而止訟。〔疏〕質ㅣ謂券書。㊁❶나눌제(分也)。❷약재료제(藥ㅣ)。〔唐書〕武爲救世砭ㅣ。(『齊』와 통함)

【劒】(검)『劍』(13畫 刀部)의 籀文

【劔】(검)『劍』(13畫 刀部)의 俗字

【劓】(의) 寘 ギ、はなきり cut nose ㄧˋ i⁴ ❶코베일의(割鼻)。〔周禮 秋官司刑〕ㅣ罪五百。❷베일의(割也)。〔書經 盤庚〕我乃ㅣ殄滅之。

十五畫

【劙】㊀(려) 錫 ㊁(라) 哿 レキ、きりひらく cut open

十七畫

【劖】(참) 咸 ザン、ほる、うがつ bore; carve ㄔㄢˊ ch'an² ❶새길참(刻也)。❷쇠지레참(剽釗)。❸뚫을참(鑿也)。〔韓愈詩〕若使乘酣馳雄怪造化何以當鑴ㅣ。

❷劖(書全政農)

㊁❶베어서열력(劙開)。❷쪼갤력、저밀력(分破)。㊂❶나무베는소리라(斫木聲)。❷나무칠라(柯擊)。

十九畫

【劚】(례) 霽 薺 レイ、とく split ❶풀례(解也)。❷벨례(割也)。❸쪼갤례(破也)。

【劗】㊀(찬) 寒 ㊁(천) 銑 サン、きる scissoring ㊀❶머리깎을찬(剃也)。❷끊을찬(切也)。❸덜찬(減也)。㊁깎을천(剪也)。〔漢書〕ㅣ髮文身之民也。

【劘】(마) 歌 マ、バ、けずる slice off ㄇㄛˊ mo² ❶깎을마(削也)。❷벨마(切也)。

二十一畫

【劙】㊀(리) 支 ㊁(례) 霽 リ、きる split ㄌㄧˊ li²

㊁저밀리、쪼갤리(分破)。㊂뜻은 ㊀과 같음。

【劚】(촉) 屋 チョク、けずる cut 깎을촉(削也)。

力 部

【力】(력) 職 リョク、リキ、ちから strength; power ㄌㄧˋ li^{4} 小篆 小篆 草書 ❶힘력(筋ㅡ)。〔十八史略 西漢〕ㅡ拔山兮、氣蓋世。❷육체력(肉體)。〔孟子 滕文公上〕或勞心或勞ㅡ。❸부지런할력(勤也)。〔書經 盤庚〕ㅡ穡。❹심할력(甚也)。〔漢書 汲黯傳〕臣犬馬病ㅡ。❺종 부릴력(僕役)。〔陶潛與子書〕遺此ㅡ助汝薪水之勞。❻(물건의) 특유한일력。〔孟子 離婁〕聖人既竭目ㅡ焉云云、既竭耳ㅡ焉。❼일할력(勞也)。〔史記 淮陰侯傳〕欲爲陛下所爲者甚衆、顧ㅡ不能耳。❽덕력(恩德)。〔十八史略 五帝〕帝ㅡ何有於我哉。❾위엄력(權威)。〔孟子 公孫丑上〕以ㅡ服人者、非心服也。❿용기력(勇氣)。〔史記 秦本紀〕秦武王好ㅡ。⓫힘쓸력(盡力)。〔後漢書 銚期傳〕戮ㅡ方ㅡ。⓬작용할력(作用)。「引ㅡ、彈ㅡ」。

三 畫

【功】(공) 東 コウ、ク、てがら services; merits ㄍㄨㄥ kung^{1} 小篆 草書 ❶공공(勞之績也)。〔書經〕九ㅡ惟敍。❷공치사할공(自以爲ㅡ之)。〔史記〕公子乃自驕而ㅡ之。❸복입을공(喪服)。〔字彙〕喪服曰大ㅡ小ㅡ。❹일할공(事也)〔孟子 滕文公下〕通ㅡ易事。❺사업의공로공(ㅡ績)。〔朱熹中庸章句序〕若吾夫子云云、其ㅡ反有賢於堯舜者。❻이용할공(利用)。〔孟子 滕文公下〕其有ㅡ於子、可食而食之矣。(『公』과 통함)

【加】(가) 麻 カ、くわえる add ㄐㄧㄚ chia^{1} 小篆 草書 ❶더할가(增也)。〔朱熹中庸章句序〕天下之理、豈有以ㅡ於此哉。❷업신여길가(凌也)。〔論語 公冶長〕我不欲人之ㅡ諸我也。❸미칠가(及也)。〔韓愈送李愿歸盤谷序〕刀鋸不ㅡ。❹붙일가(著也)。〔論語 鄕黨〕ㅡ朝服。〔史記 儒林傳〕冠雖敝必ㅡ於首。❺침노할가(侵也)。〔十八史略春秋戰國趙〕秦終不能ㅡ於趙。❻당할가(當也)。〔史記〕及其既降皆不ㅡ戮。❼더욱가(益也)。〔柳子厚送澥序〕吾黜而季父公綽更爲刑部郞、則ㅡ稠焉。❽합할가(算法)。「ㅡ減乘除」。

【⿴囗力】(화) 箇 カ、かけごえ tugging sound 배끄는소리화(牽船聲)。

四 畫

【劣】(렬) 屑 レツ、おとる inferior ㄌㄧㄝˋ lieh^{4} 小篆 小篆 草書 ❶용렬할렬(拙弱)。❷못날렬(優之反)。❸어릴렬(弱少)。〔魏書 崔浩傳〕臣稟性弱ㅡ、力不及健婦人。❹서툴렬。〔白居易詩〕顧我文章ㅡ、知他氣力全。❺조금렬(僅也)。〔宋書 劉懷貞傳〕ㅡ通車軸。❻더러울렬(鄙薄)。

【劤】(근) 問 キン、ちから strength ❶힘많을근(多力)。❷강할근(强也)。

【劦】(협) 葉 キョウ、ちからをあわせる collaborate 小篆 草書 ❶힘을합할협(合力)。❷힘쓸협(用力)。(本音「겹」)

【攰】(귀) 寘 キ、つかれる tired out 草書 피곤할귀(疲極、勞ㅡ)。

五 畫

【助】(조) 御 ジョ、たすける help;assist ㄓㄨˋ chu^{4} 小篆 草書 ❶도울조(輔佐)。〔易繫辭〕天之所ㅡ者順也。❷자뢰할조(藉也)。❸유익할조(益也)。〔史記〕來以爲客、則一ㅡ也。(『鋤』와 같음)

【努】(노) 麌 ド、つとめる make efforts ㄋㄨˇ nu^{3} 草書 ❶힘쓸노(勉也)。〔李陵書〕足下ㅡ力自愛。❷힘들일노(用力)。

【劫】(겁) 洽 葉 キョウ、コウ、おびやかす threat ㄐㄧㄝˊ chieh^{2} 小篆 草書 ❶위협할겁(勢脅)。〔禮記 儒行〕ㅡ之以衆。❷겁탈할겁(强取)。〔南史 宋孝武帝紀〕各置都官從事一人司水火ㅡ盜。❸부지런할겁(勤也)。〔字彙〕ㅡㅡ猶汲汲也。❹대궐층계겁(宮殿階級)。〔杜甫詩〕浩ㅡ因王造平臺訪古遊。❺겁겁(佛一世之稱)。〔楞嚴經〕儒爲世、釋爲ㅡ道爲塵。❻(전쟁으로 일어나는) 화재겁(兵燹)。❼불한당겁(强盜ㅡ盜)。(『刦』과 통함)

【劬】(구) 虞 ク、くるしむ trouble ㄑㄩˊ ch'ü^{2} 小篆 草書 ❶수고할구(疲勞)。〔詩經 小雅蓼莪〕哀哀父母生我ㅡ勞。❷애먹을구(ㅡ勞病苦)。〔詩經〕之子于征ㅡ勞于野。❸부지런할구(勤勉)。

【劭】㊀(교) 蕭 ㊁(소) 嘯 ショウ、つとめる diligent ㄕㄠˋ shao^{4} 小篆 草書 ㊀권면할교(勸勉)。〔漢成帝詔〕先帝ㅡ農。㊁❶아

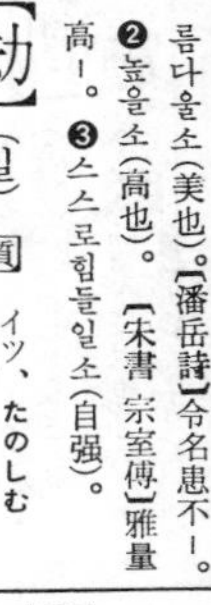

름다울소(美也)。【潘岳詩】令名患不ㅡ。❷높을소(高也)。【宋書 宗室傳】雅量高ㅡ。❸스스로힘들일소(自强)。

【劮】(일) 質 イツ、たのしむ glad
❶기쁠일(豫也)。❷외람할일(猥也)。

【励】(려)『勵』(15力部畫)의 略字

【劲】(경)『勁』(7力部畫)의 略·俗字

【労】(로)『勞』(10力部畫)의 略字

【男】(남)→田部2畫

六畫

【劵】(권) 霰 ケン、なまける lazy
❶게으를권(倦也)。❷고달플권(勞也)。❸수고로울권(苦也)。(『倦』과 같음)

【劬】(구) 宥 コウ、つとめる endeavour
❶부지런할구(勤也)。❷힘쓸구(勵也)。

【効】(효)『效』(6支部畫)의 俗字

【劻】(광) 陽 キョウ、にわかに suddenly ㄎㄨㄤ k'uang¹
급거할광(急遽貌)。

【劼】(할) 黠 キツ、つつしむ be careful
❶부지런할할(勤也)。❷삼갈할(愼也)。❸굳을할(確固)。(本音「갈」)

【劾】㊀(해) 隊 ガイ、きわめる verification ㊁(핵) 職 ㄏㄜˊ hê²
㊀❶힘쓸해(用力)。❷공해(功也)。❸안찰할해(按也)。㊁❶캐고물을핵(推窮罪人)。【後漢書 范滂傳】滂知意不行、投ㅡ去。❷핵실할핵(彈治)。【六書故】考ㅡ其實。

【協】(협)→十部6畫

七畫

【勀】(극) 職 コク、つとめる endeavour
❶이길극(勝也)。❷힘쓸극(自彊)。❸극심할극(尤極)。

【勁】(경) 敬 ケイ、キョウ、つよい firm
굳셀경(强健)。【戰國策 宋策】夫梁兵ㅡ而權重。(『綣』과 통함)

【勃】(발) 月 ボツ、おこる spirited ㄅㄛˊ po²
❶활발할발(興起)。❷발끈할발(變色貌)。【論語 鄕黨】色ㅡ如也。❸범성할발(盛貌)。【陳造詩】ㅡ鬱詩情喙三尺。❹화난 모양발(怒貌)。【孟子 萬章下】王ㅡ然變乎色。❺때마침발(卒也)。❻밀칠발(排也)。(『渤』과 같고 『艴』과 통함)

【勅】(칙) 職 チョク、みことのり imperial command ㄔˋ ch'ih⁴
❶신칙할칙(誡也)。❷칙령칙(天子制書)。(『勑·敕』과 같음)

【勑】(래)(칙)『勑』(8力部畫)의 略·俗字

【勇】(용) 腫 ユウ、いさましい bravery ㄩㄥˇ yung³
❶날랠용(氣健、銳也)。【論語】ㅡ而無禮則亂。❷용맹할용(果敢)。「高踏ㅡ退」。❸용기용(ㅡ氣)。【中庸】知仁ㅡ三者、天下之達德也。❹기운차게할용。【韓愈 柳子厚墓誌銘】ㅡ於爲人。❺억센 사람용(猛士)。【李嶠詩】決勝三河ㅡ、長驅六郡雄。

【勉】(면) 銑 ベン、つとめる make efforts ㄇㄧㄢˇ mien³
❶힘쓸면(勗也)。【中庸】有所不足、不敢不ㅡ。❷부지런할면(勤也)。❸강인할면(强也)。❹장려할면(勵也)。【禮記 月令】ㅡ諸侯。

【巭】(부) 〔國字〕 study
공부부(功夫)。

八畫

【勌】(권) 霰 ケン、つかれる fatigue ㄐㄩㄢˋ chüan⁴
❶고달플권(疲也)。【莊子 應帝王】學道不ㅡ。❷게으를권(倦也)。❸수고로울권(勞也)。(『倦』과 통함)

【勍】(경) 庚 ケイ、つよい strong ㄑㄧㄥˊ ch'ing²
❶굳셀경(彊也)。【左傳 僖公】ㅡ敵之人。❷강할경(强也)。

【勆】(량) 養 リョウ、しいる pressing
❶핍박할량(逼也)。❷가까울량(近也)。❸힘쓸량(勉也)。❹거스를량(拒也)。❺게으를량(懶惰)。

【勑】㊀(래) 隊 ライ、チョク、ねぎらう、いましむ comfort; warning ㊁(칙) 職 ㄔˋ ch'ih⁴
㊀위로할래(慰也)。(『徠』와 같음) ㊁❶바를칙(正也)。【後漢書】效伯高不得猶爲謹ㅡ之士。❷다스릴칙(治也)。(『勅』과 같음)

【势】(세)『勢』(11力部畫)의 俗字

九畫

【𠢕】(할) 黠 カツ、つとめる work hard
❶힘들일할(勤力)。❷어기어차할할

(用力聲)。

【勒】(륵) 職 ロク、くつわ bridle ㄌㄜˋ lê⁴
勒 小篆 草書 ❶굴레륵(絡銜)。【說文】有銜曰ㅣ無銜曰韁。❷억지로할륵(抑也)。【後漢書 馬廖傳】廖性寬緩不能敎ㅣ子孫。❸새길륵(刻也)。❹엄중할륵(嚴重)。【後漢書光武帝紀】親ㅣ六軍。❺정돈할륵(整頓)。

【勔】(면) 銑 メン、はげむ make efforts ㄇㄧㄢˇ mien³
勔 草書 ❶권면할면(勸勉)。❷힘쓸면(勉也)。

【動】(一)(동) 董 ドウ、うごく move ㄉㄨㄥˋ tung⁴
(二)(동) 送
動 小篆 或體 草書 (一)❶움직일동(靜之對)。【易】二之ㅣ。❷지을동(作也)。❸감응동(感應)。【中庸】見乎蓍龜、ㅣ乎四體。❹나올동(出也)。【禮記 月令】仲春蟄蟲咸ㅣ。❺마음진정치 않을동。【十八史略春秋戰國趙】襄子如厠心ㅣ。❻난리동(亂也)。❼행동동(行ㅣ、擧ㅣ)。❽동물동(ㅣ物)。(二)움직이게할동(ㅣ之)。【易繫辭】雷以ㅣ之。

【勖】(욱) 沃 キョク、つとめる make efforts ㄒㄩˋ hsü⁴
勖 小篆 草書 힘쓸욱(勉也)。【書經 牧誓】ㅣ哉夫子。

【勗】(욱)『勖』(前條)의 譌字

【勘】(감) 勘 カン、しめきり closing ㄎㄢ k'an¹·⁴
勘 小篆 草書 ❶정할감(定也)。❷마감할감(磨ㅣ)。❸죄를정할감(鞫囚)。❹감당할감(ㅣ當)。

【務】(一)(무) 遇 ム、つとめる make efforts ㄨˋ wu⁴
(二)(무) 虞
務 小篆 草書 (二)❶힘쓸무(勉强)。【易繫辭】開物成ㅣ。❷일무(事也)。【史記 貨殖傳】必用此爲ㅣ。❸직분무(職分)。❹마음을 먹을무。【大學】長國家而ㅣ財用者、必自小人矣。❺업신여길무。【詩經小雅常棣】外禦其ㅣ。(『懋』와 같음) (二)산무。(앞이 높고 뒤가 낮은산)(『侮』와 같음)

十畫

【勛】(훈)『勳』(力部 14畫)의 古字

【勝】(一)(승) 徑 ショウ、かつ、まさる win; overcome ㄕㄥˋ shêng⁴
(二)(승) 蒸
勝 小篆 草書 (二)❶이길승(負之對)。【史記】百戰百ㅣ。❷나을승(優也)。【古詩 焦仲卿妻】卿當日ㅣ貴我獨向黃泉。❸경치가좋을승。【南史 梁始興王憺傳】ㅣ境名山多所尋履。❹화곽승(首飾)。【杜甫詩】ㅣ裏金花巧耐寒 ❺새이름승(鳥名戴ㅣ)。(二)❶맡을승(任也)。【論語 鄕黨】執圭鞠躬如也、如不ㅣ。❷가질승(持也)。❸들승(擧也)。【蘇軾詩】沈郞淸瘦不ㅣ衣。❹남지않을승(悉也)。

【勞】(一)(로) 豪 ロウ、つかれる trouble; work ㄌㄠˊ lao²
(二)(로) 號
勞 小篆 古文 古文 草書 (一)❶일할로(勤也)。【論語 子路】先之ㅣ之。❷수고로울로(事功)。【禮記 儒行】先ㅣ後祿。❸고단할로(苦役)。【易經 兌卦】民忘其ㅣ。❹근심할로。❺부지런할로(勉也)。❻이없는 가래로(無齒農具)。(二)위로할로(慰也)。【禮記 曲禮】君ㅣ之則拜。

❻ 勞 (農政全書)

十一畫

【募】(모) 遇 ボ、つのる call; want ㄇㄨˋ mu⁴
募 小篆 草書 ❶널리구할모(廣求)。【十八史略西漢】信ㅣ得李左車。❷부를모(召也)。❸고용살모(雇也)。

【勠】(一)(륙) 屋 リク、あわせる co-operate ㄌㄨˋ lu⁴
(二)(류) 宥
勠 草書 (一)협력할륙(幷力)。【漢書】ㅣ力攻秦。(二) 뜻은 (一)과 같음。

【𠢕】(호) 豪 コウ、すこやか healthy
𠢕 小篆 건장할호(健也)。

【勡】(표) 嘯 ヒョウ、おびやかす plunder
勡 小篆 草書 ❶겁탈할표(强取)。❷겁박표(攻刼)。(『剽』와 통함)

【勢】(세) 霽 セイ、いきおい power ㄕˋ shih⁴
勢 小篆 草書 ❶권세세(權力)。【孟子】好善而忘ㅣ。❷위엄세(氣燄)。【書】毋倚ㅣ作威。❸형세세(形ㅣ)。「地ㅣ、姿ㅣ、大ㅣ」。❹불알세(外腎)。【韻會】宮刑男子割ㅣ。❺사람을 좌우하는 위력세。【韓非子 難勢】以堯之ㅣ治天下。❻기회세(機會)。【孟子 公孫丑上】雖有智慧不如乘ㅣ。❼당연할세(當然)。【十八史略 西漢】其ㅣ糧食必在後。❽전장에 나가는 군인세(軍隊)。

【勣】(적) 錫 セキ、いさお meritorious deed ㄐㄧ chi¹
❶공적(功也)。❷사업적(事業)。(『績』과 통함)

【勤】(근) 文 キン、つとめる diligent ㄑㄧㄣˊ ch'in²
勤 小篆 草書 ❶부지런할근(勞力)。【左傳僖公三年】齊方ㅣ我。❷도타울근(篤厚)。【詩經】恩斯ㅣ斯。❸수고할근(ㅣ勞、ㅣ役)。

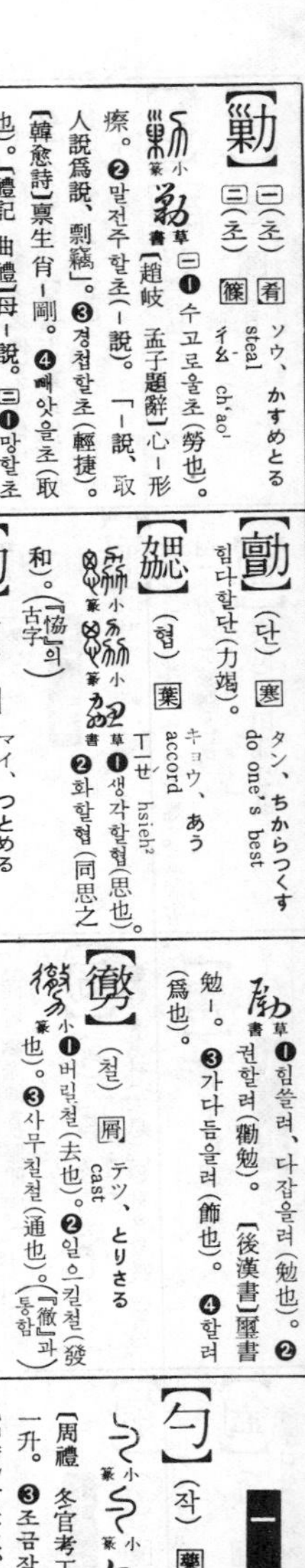

【勦】 ㊀(초) 肴 ソウ、かすめとる ㊁(조) 篠 steal ㄔㄠ ch'ao¹
小篆 草書 ㊀❶수고로울초(勞也)。【趙岐 孟子題辭】心ー形瘵。❷말전주할초(ー說)。「ー說、取人說爲說、剿竊」。❸경첩할초(輕捷)。【韓愈詩】稟生肖ー剛。❹빼앗을초(取也)。【禮記 曲禮】毋ー說。㊁❶망할초(亡也)。【書經 甘誓】天用ー絕其命。❷죽일초(殺也)。

【⿰啇力】(적)『敵』(攴部11畫)과 같음

【勧】(권)『勸』(力部18畫)의 俗字

十二畫

【勨】 ㊀(양) 養 ショウ、ゆるやか ㊁(상) 養 loose
小篆 ㊀❶느즈러질양(緩也)。❷힘쓸양(勉也)。❸움직일양(動也)。㊁뜻은 ㊀과 같음。

【勩】 ㊀(예) 霽 エイ、つかれる ㊁(이) 寘 tired out ㄧˋ i⁴
小篆 草書 ㊀수고로울예(勞也)。【詩經】莫知我ー。㊁뜻은 ㊀과 같음

十三畫

【勮】(거) 御 キョ、つとめる endeavour
小篆 ❶부지런히힘쓸거(勤力)。❷두려울거(懼恐貌)。

【勯】(단) 寒 タン、ちからつくす do one's best
힘다할단(力竭)。

【勰】(협) 葉 キョウ、あう accord ㄒㄧㄝˊ hsieh²
小篆 小篆 草書 ❶생각할협(思也)。❷화할협(同思之和)。(『協』의 古字)

【勱】(매) 卦 マイ、つとめる make effort
小篆 草書 힘쓸매(勉力)。

【勲】(훈)『勳』(力部14畫)의 俗字

十四畫

【勳】(훈) 文 クン、いさお services; merit ㄒㄩㄣ hsün¹
小篆 古文 草書 ❶공훈(功也)。【周禮】王公曰ー。❷거느릴훈(帥也)。

十五畫

【⿰畾力】 ㊀(래) 隊 ライ、おす ㊁(류) 支 push
小篆 ㊀❶밀칠래(推也)。❷품을래(懷也)。㊁❶힘쓸류(勉也)。❷뜻은 ㊀의 ❷와 같음。

【勴】(려) 御 リョ、たすける aid
마음으로도울려(心助)。

【勵】(려) 霽 レイ、はげむ endeavour ㄌㄧˋ li⁴
草書 ❶힘쓸려、다잡을려(勉也)。❷권할려(勸勉)。【後漢書】璽書勉ー。❸가다듬을려(飭也)。❹할려(爲也)。

【勶】(철) 屑 テツ、とりさる cast
小篆 ❶버릴철(去也)。❷일으킬철(發也)。❸사무칠철(通也)。(『徹』과 통함)

十七畫

【勷】(양) 陽 ジョウ、いそがしい urgent; busy; run ㄖㄤˊ jang²
❶바쁠양(急遽貌)。❷달음박질할양(走貌)。

十八畫

【勸】(권) 願 カン、すすめる advise ㄑㄩㄢˋ ch'üan⁴
小篆 草書 ❶권할권(勉也)。【漢書 賈誼傳】慶賞以ー善刑罰以懲惡。❷도울권(助也)。❸가르칠권(敎也)。❹힘껏할권(力行)。【書經 大禹謨】ー之以九歌。❺순종할권(從也)。【史記 貨殖傳】各ー其業樂其事。【論語 爲政】擧善敎不能則ー。

勹 部

【勹】(포) 肴 ホウ、つつむ wrap
小篆 草書 쌀포(裹也、包也)。

一畫

【勺】(작) 藥 シャク、ひしゃく ladle ㄕㄠˊ shao²
小篆 小篆 草書 ❶잔질할작(挹取)。❷구기작(飮器)。【周禮 冬官考工記梓人】梓人爲飮器ー一升。❸조금작(少量)。【中庸】今夫水、一ー之多。❹음악이름작(周公旦이 지은 음악의 이름)。【漢書 禮樂志】十三舞ー。❺작작(百分之一升)。(『酌·杓』과 통함)
(圖物名) 勺

【勺】(작)『勺』(前條)의 俗字

二畫

【勻】 ㊀(균) 眞 キン、イン、ひとしい ㊁(윤) 眞 even ㄩㄣˊ yün²
小篆 草書 ㊀❶고를균(均也)。❷두루균(周也)。(『均』과 같음) ㊁❶가지런할윤(齊也)。【杜甫詩】肌理細膩骨肉ー。❷적을윤(少也)。◎本字는『匀』

【勼】(구) 尤 キュウ、あつめる gather ㄐㄧㄡ chiu¹
모을구(聚也)。

【⿹勹入】(문) 吻 ブン、つつむ cover
小篆 덮을문(覆也)。

【勾】(구)(귀)『句』(口部2畫)와 같음

【勿】㊀(물) 物 フツ、モチ、なかれ don't ㄨˋ wu⁴ ㊁(몰) 月 小篆 草書 ㊀❶없을물(毋也)。〔論語 公冶長〕欲ㅣ用。❷말물(禁言)。〔論語 學而〕過則ㅣ憚改。❸깃발물(州里建旗)。❹정성스러울물(懃愛貌)。〔禮記〕ㅣㅣ乎 其欲饗之。❺급한모양물(急貌)。(『無』와 통함) ㊁먼지채몰(掃塵)。〔禮記〕郵ㅣ驅塵。

【匁】(문)(日字) もんめ 草書 몸메문(衡目)。「一貫의千分之一」。

【匂】(내)(日字) におい fragrant 草書 향내내(香也)。

三畫

【匃】㊀(개) 泰 カイ、もとめる request ㊁(갈) 曷 小篆 草書 ❶청구할개(請求)。〔漢書 西域傳〕乞ㅣ無所得。❷줄개(與也)。〔後漢書 竇武傳〕ㅣ施貧民。❸빌개(行請)。(『丐』와 같음) ㊁뜻은 ㊀과 같음。

【匄】(개)(갈)『匃』(前條)와 같음

【包】(포) 肴 ホウ、つつむ pack ㄅㄠ pao 小篆 草書 ❶쌀포、꾸릴포(裹也)。〔詩經〕白茅ㅣ之。❷용납할포(容也)。〔易經〕九二ㅣ荒用馮河。❸더부룩히 날포(叢生)。〔書經〕草木漸ㅣ。❹숨길포(隱也)。〔李翱 幽懷賦〕ㅣ深懷而告誰。❺보통이포、보따리포(裹也)。(『苞·匏』와 통함)

【匆】(총) 東 ソウ、いそがしい busy 草書 바쁠총(急遽)。(『悤』과 같음)

四畫

【匈】(흉) 冬 宋 キョウ、むね、さわぐ breast; noisy ㄒㄩㄥ hsiung¹ 小篆 草書 ❶가슴흉(膺也)。〔漢書〕司馬相如ㅣ中曾無滯芥。❷떠들썩할흉(喧擾意)。〔漢書 高帝紀〕天下ㅣㅣ。❸지껄일흉。〔荀子 天論〕君子不爲小人之ㅣㅣ也、而輟其行。❹흉할흉(不好)。❺오랑캐흉(ㅣ奴)。❻구라파나라이름흉(ㅣ牙利)。(『胸』과 통함)

五畫

【匉】(평) 庚 ホウ、おおごえ shout 크게소리지를평(ㅣ訇大聲)。〔師古曰〕ㅣ訇流水鼓怒之聲。

【甸】(전)→田部2畫

六畫

【⿹勹舟】(주) 尤 シュウ、あまねく universally 小篆 두루주(周也)。(『周』와 통함)

【匊】(국)『掬』(手部8畫)의 俗字

【匋】㊀(도) 豪 とう、やきもの porcelain ㄊㄠ t'ao² ㊁(요) 蕭 小篆 ㊀질그릇도(瓦器)。(『陶』와 같음) ㊁기와를 굽는 가마요(燒瓦竈)。(『窯』와 같음)

【匌】(합) 合 コウ、ゆううつ gloomy 小篆 ❶기운답답할합(氣鬱)。❷두를합(周匝)。

七畫

【匍】(포) 虞 ホ、はらばう crawl ㄆㄨˊ p'u² 小篆 草書 ❶엉금엉금 길포(手行而伏)。〔孟子 滕文公上〕赤子ㅣ匐將入井。❷엎드러질포(顚蹶)。〔漢書 霍光傳〕扶服叩頭。(『扶』와 같음)

【⿹勹而】(괴) 卦 カイ、ためいき sigh ❶한숨쉴괴(太息)。❷탄식할괴(歎息)。

【訇】(굉)→言部2畫

八畫

【匎】(압) 合 オウ、つつしむ thrifty 사치스럽지않을압、검약할압(儉約)。

【⿹勹目】(순) 軫 寘 シュン、おどろく be frightened 小篆 或體 놀랄순(驚也)。(『惸』과 같음)

【芻】(추)→艸部4畫

九畫

【匏】(포) 肴 ホウ、ふくべ dipper made of gourd ㄆㄠ p'ao² 小篆 草書 ❶박포(瓠也)。〔詩經 邶風〕匏有苦葉〕ㅣ有苦葉。❷바가지포(飮器)。〔詩經 大雅 公劉〕酌之用ㅣ。❸퉁소포(笛也)。

【匐】㊀(복) 屋 フク、はう crawl ㄈㄨˊ fu² ㊁(북) 職 小篆 小篆 草書 ㊀❶엉금엉금 길복(手行)。〔詩經〕誕實匍ㅣ。❷달음박질할복(盡力奔趨)。〔詩經〕凡民有喪匍ㅣ救之。㊁뜻은 ㊀과 같음。

十畫

【匑】(궁) 東 キュウ、くつする cringe 굽실거릴궁(恭貌)。

【⿹勹盍】(압) 合 オウ、かみかざり headdress 족두리압、계집머리꾸밀압(婦人花髻

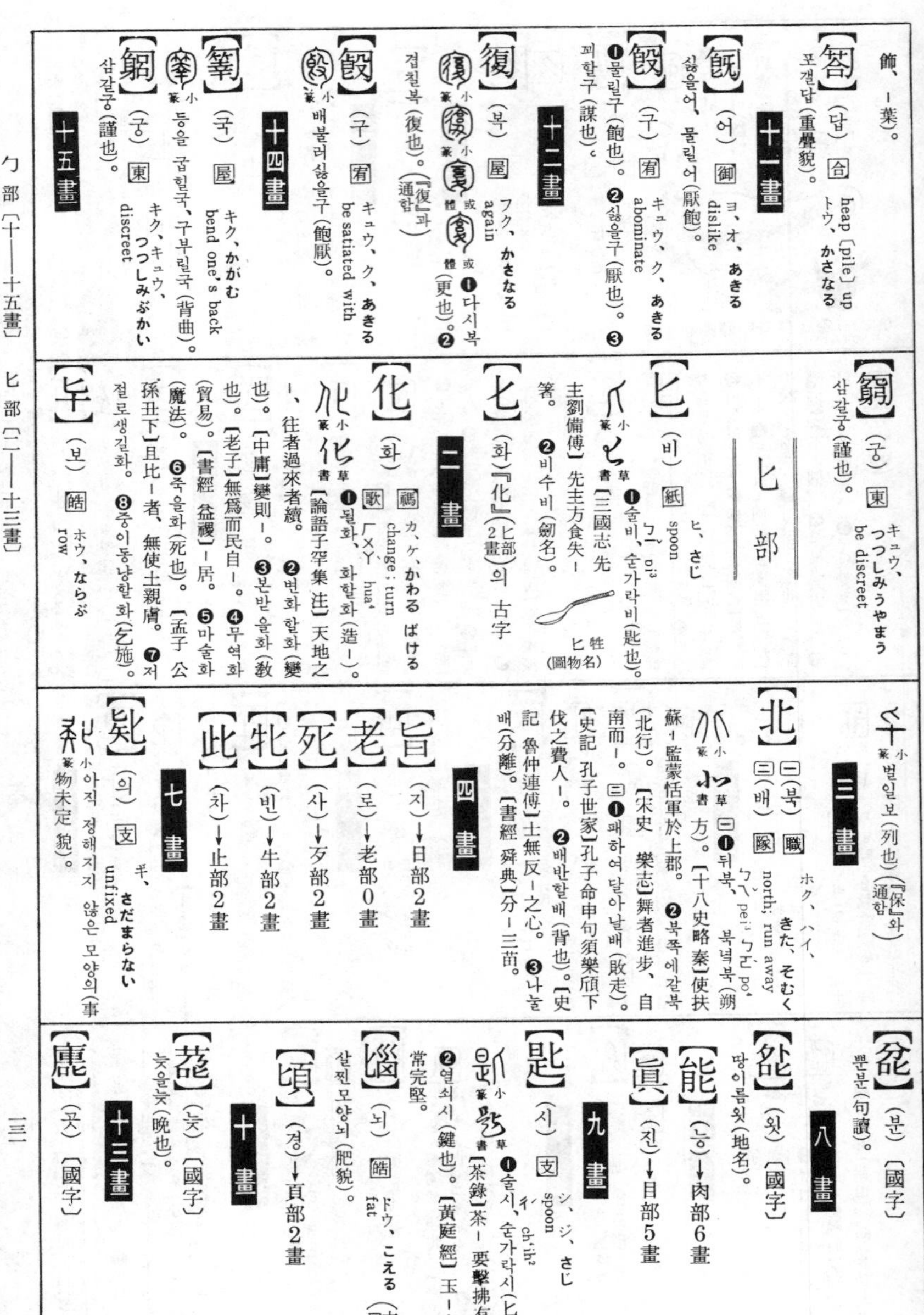

飾、ㅣ葉)。

【匒】(답) 合 heap〔pile〕up トウ、かさなる
포갤답(重疊貌)。

十一畫

【⿹勹飫】(어) 御 ヨ、オ、あきる dislike
싫을어、물릴어(厭飽)。

【匓】(구) 宥 キュウ、ク、あきる abominate
❶물릴구(飽也)。❷싫을구(厭也)。❸꾀할구(謀也)。

十二畫

【⿹勹復】(복) 屋 フク、かさなる again
小篆 小篆 或體 或體 ❶다시복(更也)。❷겹칠복(復也)。(『復』과 通함)

【⿹勹餃】(구) 宥 キュウ、ク、あきる be satiated with
小篆 배불러싫을구(飽厭)。

十四畫

【⿹勹鞠】(국) 屋 キク、かがむ bend one's back
小篆 등을 굽힐국、구부릴국(背曲)。

【匑】(궁) 東 キク、キュウ、つつしみぶかい discreet
삼갈궁(謹也)。

十五畫

【匔】(궁) 東 キュウ、つつしみうやまう be discreet
삼갈궁(謹也)。

匕 部

【匕】(비) 紙 ヒ、さじ spoon
小篆 草書 ❶숟비、숟가락비(匙也)。ㄅㄧˇ pi³ 〔三國志 先主劉備傳〕先主方食失ㅣ箸。❷비수비(劍名)。

匕 牲
(圖物名)

二畫

【𠤎】(화)『化』(匕部 2畫)의 古字

【化】(화) 禡 歌 カ、ケ、かわる ばける change ; turn
小篆 草書 ❶될화、화할화(造ㅣ)。ㄏㄨㄚˋ hua⁴ 〔論語子罕集注〕天地之ㅣ、往者過來者續。❷변화할화(變也)。〔中庸〕變則ㅣ。❸본받을화(敎也)。〔老子〕無爲而民自ㅣ。❹무역화(貿易)。〔書經 益稷〕ㅣ居。❺마술화(魔法)。❻죽을화(死也)。〔孟子 公孫丑下〕且比ㅣ者、無使土親膚。❼저절로생길화。❽중이동냥할화(乞施)。

【⿱匕十】(보) 皓 ホウ、ならぶ row
小篆 벌일보(列也)。(『保』와 通함)

三畫

【北】㊀(북) 職 ㊁(배) 隊 ホク、ハイ、きた、そむく north; run away
小篆 草書 ㊀❶뒤북、북녘북(朔方)。ㄅㄟˇ pei³ ㄅㄛˋ po⁴ 〔十八史略 秦〕使扶蘇ㅣ監蒙恬軍於上郡。❷북쪽에갈북(北行)。〔宋史 樂志〕舞者進步、自南而ㅣ。㊁❶패하여달아날배(敗走)。〔史記 孔子世家〕孔子命申句須樂頎下伐之費人ㅣ。❷배반할배(背也)。〔史記 魯仲連傳〕士無反ㅣ之心。❸나눌배(分離)。〔書經 舜典〕分ㅣ三苗。

四畫

【旨】(지)→日部2畫

【老】(로)→老部0畫

【死】(사)→歹部2畫

【牝】(빈)→牛部2畫

【此】(차)→止部2畫

七畫

【⿰匕矢】(의) 支 ギ、さだまらない unfixed
小篆 아직 정해지지 않은 모양의(事物未定貌)。

【⿱分匕】(분) 〔國字〕
뿐분(句讀)。

八畫

【⿱夕匕】(왓) 〔國字〕
땅이름왓(地名)。

【能】(능)→肉部6畫

【眞】(진)→目部5畫

九畫

【匙】(시) 支 シ、ジ、さじ spoon
小篆 草書 ❶숟시、숟가락시(匕也)。ㄔˊ ch'ih² 〔茶錄〕茶ㅣ要擊拂有力。❷열쇠시(鍵也)。〔黃庭經〕玉ㅣ金鑰常完堅。

【匘】(뇌) 皓 ドウ、こえる fat (古音「노」)
살찐모양뇌(肥貌)。

【頃】(경)→頁部2畫

十畫

【⿱艹⿰乃匕】(늦) 〔國字〕
늦을늦(晩也)。

十三畫

【[illegible]】(곳) 〔國字〕

곳곳(處也)。

匚 部

【匚】(방) 陽 ホウ、はこ angular vessel ㄈㄤ fang
(小篆)(籀文)(草書) 상자방、모진그릇방(器之方者)。

二畫

【巨】(거)→工部2畫

三畫

【匛】(구) 宥 キュウ、ひつぎ coffin
(小篆) 널구、관구(柩也)。(『柩』와 같음)

【匜】(이) 支 紙 イ、はんぞう basin
(小篆)(草書) ❶손대야이、양치그릇이(盥器)。〔唐書〕盥則奉ㅣ。❷술잔이(酒器)。〔禮記〕敦牟卮ㅣ。

周季姬匜 ❶匜(金石索) ❷匜(三禮圖)

【匝】(잡) 合 ソウ、めぐる be enclosed
(草書) 두루잡、둘릴잡(周也)。(『帀』의 俗字)

【⿷匚工】(장)『匠』(匚部4畫)의 本字

四畫

【匟】(강) 漾 コウ、こしかけ stool ㄎㄤ k'ang⁴
평상강(坐牀)。

【匠】(장) 漾 ショウ、たくみ artisan ㄐㄧㄤ chiang⁴
(小篆)(草書) ❶바치장、장인장、장색장(作器)。〔孟子〕梓ㅣ輪輿。❷대목장(木工)。〔周禮 冬官考工記〕ㅣ人。❸직공장(職工)「畫ㅣ」。❹만들장(製作)。〔張羽詩〕斧鑿自天ㅣ。❺고안할장(考案)。〔杜甫詩〕意ㅣ慘淡經營中。

【匡】(광) 陽 キョウ、ただす straight ㄎㄨㄤ k'uang¹
(小篆)(草書) ❶바를광(正也)。〔論語 憲問〕一ㅣ天下。❷바로잡을광(改正)。〔孝經事君〕ㅣ救其惡。❸비뚤어질광(斜枉)。〔周禮〕輪雖敝不ㅣ。❹도울광(輔助)。〔漢書宣帝紀〕ㅣ朕之不逮。❺겁날광(恐也)。〔禮記 禮器〕衆不ㅣ懼。❻모날광(方也)。❼밥그릇광(飯器)。❽구원할광(救也)。(『恇』과 같고 『眶』과 통함)

五畫

【匣】(갑) 洽 コウ、はこ case ㄒㄧㄚˊ hsia²
(小篆)(草書) ❶궤갑(匱也)。❷상자갑(箱子)。〔漢書〕虎文衣廢藏在室ㅣ中者。

【匥】(변) 霰 ヘン、ベン、たけばこ chest
❶관갑변(冠匣)。❷옷상자변(笥也)。❸대그릇변(竹器)。

六畫

【⿷匚缶】(요) 蕭 ヨウ、つづみ drum-cylinder
북통요(鼓也)。(『鞠』와 같음)

七畫

【⿷匚攸】(조) 嘯 蕭 チョウ、ふご basket
(小篆) 밭에쓰는 제구조、삼태기조(蕢也)。

【匧】(협) 葉 キョウ、きものばこ chest
(小篆) ❶옷상자협(藏衣笥)。❷궤맬협(緘也)。

八畫

【匪】㊀(비) 尾 ㊁(분) 文 ヒ、フン、あらず、はこ not; bamboo case ㄈㄟˇ fei³
(小篆)(草書) ㊀❶아닐비(非也)。〔十八史略 春秋戰國魯〕詩云、ㅣ兕ㅣ虎、率彼曠野、吾道非邪。❷대상자비(竹器)。❸빛날비(采貌)。〔詩經 衞風淇澳〕有ㅣ君子。❹악할비(惡也)。「ㅣ徒、ㅣ類」。❺말이 멈추지 않을비。〔禮記 少儀〕車馬之美ㅣㅣ翼翼。㊁나눌분(分也)。〔周禮 天官大宰〕八曰ㅣ頒之式。(『分』과 통함)

九畫

【匬】(유) 麌 ユ、ます dry measure
(小篆) 휘유(量也、十六斗)。

【匭】(궤) 紙 キ、はこ case ㄍㄨㄟˇ kuei³
(小篆)(草書) ❶갑궤(匣也)。〔唐書 百官志〕鑄銅ㅣ四。❷묶을궤、동여맬궤(纏結包ㅣ)。〔書經〕包ㅣ菁茅。

十畫

【⿷匚倉】(창) 陽 ソウ、うつわ antique
(小篆)(小篆) 옛그릇창(古器)。

十一畫

【匯】(회) 賄 隊 カイ、めぐる turn round ㄏㄨㄟˋ huei⁴
(小篆)(草書) ❶물이돌아나갈회(水廻流)。〔蘇轍詩〕洶湧衆流ㅣ。❷그릇회(器也)。❸클회(大也)。(『滙』와 같음)

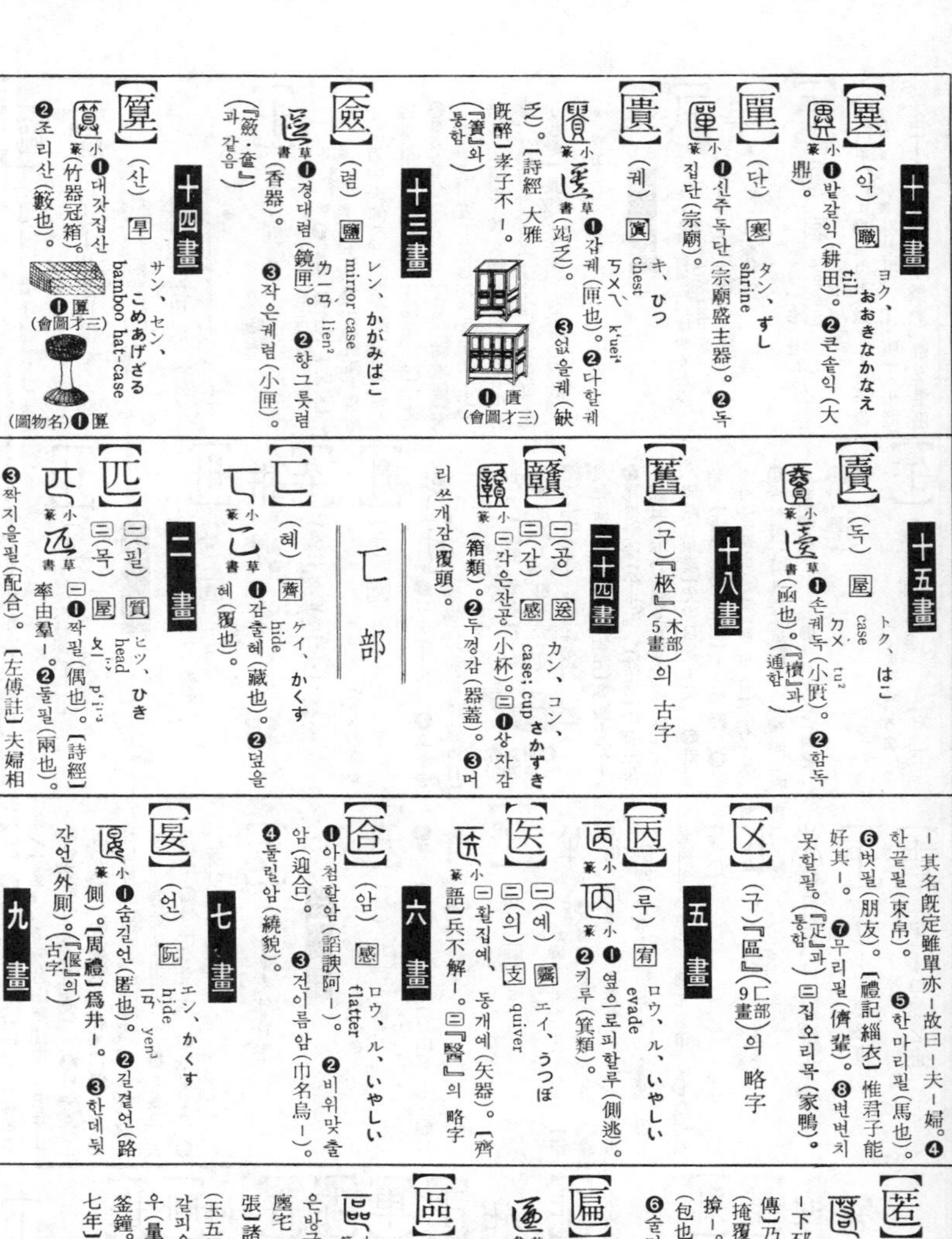

十二畫

【⿷匚異】 (익) 職 ヨク、おおきなかなえ till
小篆 ❶밭갈익(耕田)。❷큰솥익(大鼎)。

【匰】 (단) 寒 タン、ずし shrine
小篆 ❶신주독단(宗廟盛主器)。❷독집단(宗廟)。

【匱】 (궤) 寘 キ、ひつ chest ㄎㄨㄟˋ k'uei⁴
小篆 草書 ❶갑궤(匣也)。❷다할궤(竭乏)。❸없을궤(缺乏)。〔詩經 大雅 旣醉〕孝子不ㅣ。(『簣』와 통함)

十三畫

【匳】 (렴) 鹽 レン、かがみばこ mirror case ㄌㄧㄢˊ lien²
草書 ❶경대렴(鏡匣)。❷향그릇렴(香器)。❸작은궤렴(小匣)。(『斂·奩』과 같음)

十四畫

【匴】 (산) 旱 サン、セン、こめあげざる bamboo hat-case
小篆 ❶대갓집산(竹器冠箱)。❷조리산(籔也)。

十五畫

【匵】 (독) 屋 トク、はこ case ㄉㄨˊ tu²
小篆 草書 ❶손궤독(小匱)。❷함독(函也)。(『櫝』과 통함)

十八畫

【匶】 (구) 『柩』(木部 5畫)의 古字

二十四畫

【⿷匚贛】 ㊀(공) 送 ㊁(감) 感 カン、コン、さかずき case; cup
小篆 ㊀작은잔공(小杯)。㊁❶상자감(箱類)。❷두껑감(器蓋)。❸머리쓰개감(覆頭)。

匸 部

【匸】 (혜) 薺 ケイ、かくす hide
小篆 草書 ❶감출혜(藏也)。❷덮을혜(覆也)。

二畫

【匹】 ㊀(필) 質 ㊁(목) 屋 ヒツ、ひき head ㄆㄧˇ p'i³
小篆 草書 ㊀❶짝필(偶也)。〔詩經〕率由羣ㅣ。❷둘필(兩也)。❸짝지을필(配合)。〔左傳註〕夫婦相ㅣ其名旣定雖單亦ㅣ故曰ㅣ夫ㅣ婦。❹한끝필(束帛)。❺한마리필(馬也)。❻벗필(朋友)。〔禮記 緇衣〕惟君子能好其ㅣ。❼무리필(儔輩)。❽변변치못할필。(『疋』과 통함) ㊁집오리목(家鴨)。

五畫

【区】 (구) 『區』(匸部 9畫)의 略字

【㔷】 (루) 宥 ロウ、ル、いやしい evade
小篆 ❶옆으로피할루(側逃)。❷키루(箕類)。

【医】 ㊀(예) 霽 ㊁(의) 支 エイ、うつぼ quiver
小篆 ㊀활집예、동개예(矢器)。〔齊語〕兵不解ㅣ。㊁『醫』의 略字

六畫

【匼】 (암) 感 ロウ、ル、いやしい flatter
❶아첨할암(諂諛阿ㅣ)。❷비위맞출암(迎合)。❸건이름암(巾名烏ㅣ)。❹둘릴암(繞貌)。

七畫

【匽】 (언) 阮 エン、かくす hide ㄧㄢˇ yen³
小篆 ❶숨길언(匿也)。❷길곁언(路側)。〔周禮〕爲井ㅣ。❸한데뒷간언(外厠)。(『偃』의 古字)

九畫

【匿】 (닉) 職 トク、かくす hide ㄋㄧˋ ni⁴
小篆 草書 ❶숨을닉(隱也)。〔史記 留侯世家〕良更姓名、亡ㅣ下邳。❷숨길닉(藏亡)。〔史記 灌夫傳〕乃ㅣ其家竊出上書。❸덮어둘닉(掩覆)。〔漢書〕曹參見人有細過專務掩ㅣ。❹몰래붙을닉(陰姦)。❺쌀닉(包也)。〔論語 公冶長〕ㅣ怨而友其人。❻술담는 그릇닉(酒器)。

【匾】 (변) 銑 ヘン、ひらたい flat ㄅㄧㄢˇ pien³
草書 ❶엷은그릇변(薄器)。❷모가진모양변(不圓貌)。(『扁』과 같음)

【區】 ㊀(구) 虞 ㊁(우) 尤 ク、オウ、わける、かくす distinguish; hide ㄍㄡ kou¹
小篆 草書 ㊀❶감출구(藏也)。「凡言ㅣ者皆有所藏」。❷작은방구(小室)。〔漢書 揚雄傳〕有田一廛宅一ㅣ。❸나눌구(別也)。〔論語 子張〕諸草木ㅣ以別矣。❹옥다섯쌍구(玉五瑴)。❺조그마할구(小貌)。㊁❶갈피우、지경우(域也)。❷저울네눈우(量名四豆)。〔左傳 昭公三年〕豆ㅣ釜鐘。❸숨길우(匿也)。〔左傳 昭公七年〕楚文王作僕ㅣ之法。

十三畫

【歐】(구)→欠部11畫

【毆】(구)→殳部11畫

十 部

【十】(십) 緝 ジュウ、とお ㄕ shih² ten
小篆 十 草書 十 ❶열십(數名)。〔說文〕－數之具也 一爲東西丨爲南北 四方中央備矣。〔易繫辭〕天九地－。❷열번십。〔中庸〕人－能之、己千之。❸완전할십(完全)。〔晉書 祜本傳〕天下不如意、恆－居七八。❹열배십(十倍)。〔漢書 韓安國傳〕利不－者不易業。❺십자가십(十字街)。〔張祜 蘇小小歌〕長怨－字街、使郎心四散。(『什·拾』과 통함)

一畫

【卂】(신) 震 シン、はやくとぶ fly rapidly
小篆 ❶빠를신(迅也)。❷급히날신(急飛)。(『迅』과 같음)

【千】(천) 先 セン、ち、せん ㄑㄧㄢ ch'ien¹ thousand
小篆 草書 ❶일천천(數名十百)。❷천번천。〔中庸〕人十能之己－之。❸많을천(數多)。❹길천(南北通路)。❺성천(姓也)。(『阡』과 통함)

二畫

【廿】(입)『廿』(廾部1畫)의 俗字

【卅】(삽) 合 ソウ、みそ ㄙㄚ sa⁴ thirty
小篆 草書 서른삽(三十)。(『丗』과 같음)

【卆】(졸)『卒』(十部6畫)의 譌字

【升】(승) 蒸 ショウ、ます、のぼる ㄕㄥ shêng¹ measure : ascend
小篆 草書 ❶되승(十合)。❷오를승(登也)。〔詩經 小雅吉日〕－彼大阜。❸이룰승(成也)。〔禮記 樂記〕男女無辨則亂－。❹새승(布縷)。「피륙의 짜인 날을 세는 單位」。〔禮記 雜記〕朝服十五－。❺태평할승(平也)。〔漢書〕民有三年之儲曰－平。❻진급할승(昇級)。〔十八史略 東漢〕先生自比－矣。❼권할승。〔通鑑 陳後主紀〕－之朝廷。❽번성할승(盛也)。〔書經 畢命〕道有－降。❾곡식이 익을승(成熟)。〔論語 陽貨〕新穀既－。❿괘이름승(卦名)。(『昇·陞』과 같음)

❶升銅漢 (鑑續清西)

【午】(오) 麌 ゴ、まひる、うま ㄨ wu³ noon
小篆 草書 ❶낮오(日中)。〔孫綽 遊天台山賦注〕－、日中也。❷일곱째지지오(地支)。❸남쪽오(正南)。〔梁元帝纂要〕日在－曰停－。❹거역할오(逆也)。〔漢書 劉向傳〕朝臣舛－。❺말오(馬也)。❻오월오(五月)。❼어수선할오。❽난잡할오。❾어긋날오(戾也)。

【支】(지)→支部0畫

三畫

【卉】(훼) 尾 未 キ、くさ ㄏㄨㄟ huei⁴ grass
❶풀훼(草也)。〔詩經〕有山嘉－。❷많을훼(衆也)。

【半】(반) 翰 ハン、なかば ㄅㄢ pan⁴ half
小篆 草書 ❶절반반(物中分)。〔漢書 卜式傳〕式上書、願輸家財－助邊。❷쪼각반(大片)。〔漢書 李陵傳〕令軍士持二升糒一－冰。❸가운데반(中也)。❹조금반。❺덜될반(未成)。

【本】(지) 紙 シ、とまる stop
小篆 그칠지、머무를지(止也)。

【平】(평)→干部2畫

【古】(고)→口部2畫

【朮】(출)→木部1畫

四畫

【卋】(세)『世』(一部4畫)와 같음

【卌】(십) 緝 シュウ、よお forty
草書 마흔십(四十)。

【𠦃】(세)『世』(一部4畫)의 古字

【𠦄】(훼)『卉』(十部3畫)의 本字

【𠦒】(화)『華』(艸部8畫)와 같음

【卍】(만) 願 バン、まんじ ㄨㄢ wan⁴
草書 佛書의『萬』字。〔苑咸〕蓮花－字總由天。

五畫

【𠦑】(필) 質 ヒツ、いきふきこえ breathing sound
숨내쉬는소리필(呼吸聲)。

【尗】(숙)『叔』(又部6畫)의 俗字

【華】(필) 質 ヒツ、み winnow
小篆 키필(箕屬)。

六畫

【克】(극)→儿部5畫

【卑】(비) 攴 ヒ、いやしい mean ㄅㄟ pei^{1} 小篆 草書 ❶낮을비(下也)。〔宋史 歐陽修傳〕論—氣弱。❷천할비(賤也)。❸하여금비(使也)。❹작을비(小也)。❺산이름비(山名 鮮—。(『庳』와 같음)

【卒】㊀(졸) 月 ㊁(줄) 質 ソツ、しもべ、おわる soldier; finish ㄘㄨ ts'u^{2} 小篆 草書 ㊀❶항오졸(軍伍)。〔周禮〕五人爲伍 五伍爲兩 四兩爲—。❷바쁠졸(忽遽)。〔漢書 辛慶忌傳〕應—。❸별안간졸(倉卒)。〔吳子〕—遇敵人。❹종졸(僕—從—)。㊁❶마칠줄(終盡)。〔司馬相如 難蜀父老〕恐未能—業。〔史記 孔子世家〕維以—歲。❷죽을줄(死也)。〔禮記〕大夫死曰—。❸마침내줄(竟也)。〔十八史略 西晋〕—爲天下患。❹다할줄(盡也)。〔詩經〕笑語—獲。❺이미줄(既也)。(『猝』과 같음)

【卓】(탁) 覺 タク、たかい、つくえ aloft; table ㄓㄨㄛ chuo^{1,2} 小篆 小篆 古文 草書 ❶높을탁(高也)。❷우뚝할탁(特立)。〔揚子法言〕顏苦孔子之—。❸뛰어날탁(偉也)。〔唐書〕爲文章、—偉精緻。❹책상탁(机也)。❺설탁(立也)。❻성탁(姓也)。

【協】(협) 葉 キョウ、あわせる harmony ㄒㄧㄝ hsieh^{2} 小篆 古文 草書 ❶화할협(和也)。❷맞을협(合也)。❸복종할협(服從)。❹도울협(助也)。

七畫

【卌】(십)『卌』(十部 4畫)과 같음

【南】(남) 覃 ナン、みなみ south ㄋㄢ nan^{2} 小篆 古文 草書 ❶남녘남(午方)。〔論語 子路〕—人有言。❷금남(金名)。〔杜甫詩〕許身愧比雙—金。❸앞남(前也)。❹합장배례할남(拜禮)。❺성남(姓也)。❻남쪽에갈남。〔淮南子 時則訓注〕時候之鴈、從北漠中來、過周雒—。

八畫

【単】(단)『單』(口部 9畫)의 略字

【單】(단)『單』(口部 9畫)의 略字

【索】(색)→糸部4畫

九畫

【卙】(집) 緝 シュウ、あつまる throng 小篆 모일집(集也)。

【𠦬】(집) 緝 シュウ、ことばをあつめる edit an anthology 小篆 말을 모을집(詞集)。

十畫

【博】(박) 藥 ハク、ひろい comprehensive ㄅㄛ po^{2} 小篆 草書 ❶넓을박(廣也)。❷많을박(多也)。〔史記 伯夷傳〕載籍極—。❸장기박(局戲)。〔家語〕君子不—。❹무역할박(貿易)。❺통할박(通也)。❻클박(大也)。❼학문있을박(—學)。❽노름박(賭—)。❾거문고곡조박(曲也)。

【喪】(상)→口部9畫

【辜】(고)→辛部5畫

卜部

【卜】(복) 屋 ボク、うらなう fortunetelling ㄅㄨ pu^{3} 小篆 古文 草書 ❶점복(問龜)。❷점칠복(占之)。〔十八史略 周〕西伯將獵—之。❸줄복(賜與)。〔詩經 小雅楚茨〕—爾百福。❹가릴복(選也)。〔史記 周本紀〕成王使周公—居。❺기대할복(期也)。〔詩經 小雅天保〕君曰—爾、萬壽無疆。〔集傳〕—猶期也。❻〔國字〕짐바리복(擔也)。

二畫

【卝】㊀(관) 諫 ㊁(광) 便 ㊂(횡) 梗 カン、コウ、かみのあげまき topknotted hairs ㄍㄨㄢ kuan^{1} 小篆 ㊀북상투관(束髮貌)。㊁쇠뭉치광(鐵樸)。㊂금옥덩어리횡(金玉樸)。(『丱』과 같음)

三畫

【卟】(계) 齊 ケイ、かんがえる think 小篆 ❶점칠계(問卜)。❷생각할계(考也)。

【占】㊀(점) 鹽 ㊁(점) 豔 セン、うらなう fortunetelling ㄓㄢ chan^{1} 小篆 草書 ㊀❶점칠점(問卜)。〔易 繫辭〕以卜筮者尙其—。❷날씨볼점(候也)。〔蘇軾文〕其—爲有年。❸점점(視兆)。㊁❶점령할점(擅據)。〔王安石詩〕坐—白鷗沙。❷입으로부를점(口授)。〔漢書〕陳遵憑几口—數百封書。❸가질점(持也)。〔韓愈 進學解〕—小善者率以錄。❹있을점(有也)。

【卞】(변) 霰 ベン、かるがるしい hasty temper ㄅㄧㄢ pien^{4} 草書 ❶법변(法也)。〔書經〕率循大—。❷조급할변(躁疾)。〔左傳 定公三年〕邾莊公—急而好潔。❸손바닥칠변(手博)。❹성변(姓也)。❺땅이름변(地名)。

【卡】(잡) 合 ソウ、まもり ㄑㄧㄚ chʻia² strategic border
지킬잡(關隘設兵立塘守ㅡ)。

五畫

【卲】(소) 蕭 ショウ、うらなう ask fortune-telling
小篆 무꾸리할소(問卜)。

【卣】(유) 宥 尤 ユウ、さけつぼ ㄧㄡ yu³ tub
草書 중술통유、술통유(中尊)。〔詩經 大雅江漢〕秬鬯一ㅡ。

商父丁卣(西清古鑑)

六畫

【卦】(괘) 卦 カイ、ケ、うらなう ㄍㄨㄚ kua⁴ divination sign
小篆 草書 점괘괘(筮兆)。〔易經 繫辭上〕四象生八ㅡ。

【卤】(잉) 蒸 セイ、ジョウ、おどろく be astonished at
小篆 古文 ❶놀랄잉(驚也)。❷갈잉(往也)。

【卓】(탁)→十部6畫

七畫

【卥】(조) 嘯 チョウ、くさきのみがふさふさたれる bended
小篆 籀文 古文 열매주렁주렁달릴초(草木實垂ㅡ)。

【貞】(정)→貝部2畫

八畫

【𠧪】(유) 尤 ユウ、いきつく draw one's breath
小篆 숨도는모양유(氣行貌)。(『攸』의 古字)

九畫

【卨】(설) 屑 セツ
은나라시조이름설(殷國祖名)。

卩 部

【卩】(절) 屑 セツ、ふし ㄐㄧㄝ chieh² score
草書 몸기절、병부절(符ㅡ示信)。(『節』과 같음)

【㔾】(절) 屑 セツ、ふし score
小篆 『卩』과 같음。

一畫

【卫】(주) 宥 ソウ、おさえる military tally
❶병부주(符信)。〔藝文備覽〕反ㅡ復命于君。❷빌주(闕也)。❸억누를주(抑也)。

二畫

【卬】(앙) 陽 ゴウ、ギョウ、われ ㄤ ang² myself
小篆 草書 ❶나앙(我也)。〔詩經〕ㅡ須我友。❷격양할앙(激厲)。〔司馬相如 長門賦〕意慷慨而自ㅡ。❸높을앙(高也)。❹바랄앙(望也)。〔荀子 議兵〕上足ㅡ、則下可用。(『昂·仰』과 통함)

三畫

【卯】(묘) 巧 ボウ、う ㄇㄠ mao³ rabbit
小篆 古文 草書 ❶네째지지묘、토끼묘(地支)。❷무성할묘(茂也)。❸동쪽묘(東方)。

【卭】(공)『邛』(邑部3畫)의 譌字

【卮】(치) 支 シ、さかずき ㄓ chih¹ winecup
小篆 草書 ❶술잔치(酒杯)。❷연지치(脂粉)。

漢玉螭首卮 (古玉圖譜)

四畫

【印】㊀(인) 震 イン、はん、いん ㄧㄣ yin⁴ seal ㊁(끝)(國音)
小篆 草書 ㊀❶도장인(刻文)。〔漢書 百官公卿表〕刻文云、某官之ㅡ。❷찍을인、박을인(ㅡ之)。㊁끝끝(官簿之末端書字)。

關內侯印(漢晉印章圖譜)

【危】(위) 支 キ、あやうい danger
小篆 草書 ❶위태할위(不安)。〔孝經 諸侯〕在上不驕、高而不ㅡ。❷무너질위(隤也)。〔論語 季氏〕ㅡ而不持、顚而不扶。❸병이 더칠위(重病、ㅡ篤)。❹상할위(傷也)。〔禮記 儒行〕有比黨而ㅡ之者。❺높을위(高也)。〔論語 憲問〕ㅡ言ㅡ行。❻기울위(不正)。❼별이름위(星名)。

【邢】(형)→邑部4畫

五畫

【卲】(소) 嘯 ショウ、たかい ㄕㄠ shao⁴ high
小篆 ❶높을소(高也)。❷성소(姓也)。(『邵』와 통함)

【即】(즉)『卽』(卩部7畫)과 같음

【却】(각) 藥 キャク、しりぞく repulse
❶물리칠각(斥也)。❷물러갈각(退也)。❸사양할각(不受)。❹막을각(拒也)。❺도리어각(反也)。❻치어다볼각(仰也)。(『卻』과 같음)

【卵】(란) 旱 ラン、たまご ㄌㄨㄢ luan³ ㄌㄢ lan³ eggs; spawn

卵 小篆 古文 草書 ❶알란(凡物無乳生者)。〔漢書食貨志注〕ㅣ、鳥卵也。❷기를란(撫育)。〔左傳哀公十六年注〕今撫育人曰ㅣ翼言如鳥孚卵也。❸큰란(大也)。❹불알란(睾丸)。

【⿰必卩】(비) 寘 ヒ、つかさどる superintend 小篆 주관할비(宰也)。

【⿰甘卩】(한)→邑部5畫

六畫

【卶】(시) 紙 寘 シ、おおよろこび very auspicious 小篆 ❶크게 경사스러울시(大慶)。❷기뻐할시(喜也)。

【卷】(一)(권) 霰 ケン、カン、まきもの、まく volume; roll (二)(권) 銑 (三)(권) 先 ㄐㄩㄢˋ chüan⁴ 小篆 草書 (一)❶책권권(書秩)。〔韓愈與陳給事書〕獻近所爲復志賦已下十首爲一卷、ㅣ有標軸。❷오금권(膝曲)。(二)❶접을권(ㅣ舒)。❷풀이름권(草名)。〔詩經 邶風柏舟〕我心匪席不可ㅣ。❸아리따울권(美也)。(『捲』과 같음) (三)❶굽을권(曲也)。〔莊子 逍遙遊〕ㅣ曲不中規矩。❷정성권(誠也)。〔漢書 賈捐之傳〕敢昧死竭ㅣㅣ。(『惓』과 통함)

【卸】(사) 禡 シャ、おろす un load ㄒㄧㄝˋ hsieh⁴ 小篆 草書 ❶짐부릴사(解載車馬)。❷벗을사(脫衣解甲)。❸떨어질사(落也)。

【卹】(一)(술) 質 シュツ、ソツ、うれえる anxiety ㄒㄩˋ hsü⁴ (二)(솔) 月 小篆 草書 (一)걱정할술(憂愍)。(『恤』과 같음) (二)먼지떨이솔(捎塵)。〔禮記〕ㅣ勿驅塵。

【却】(각)『卻』(卩部7畫)의 俗字

【卺】(근) 吻 キン、さかずき wine cup(gourd) 草書 혼례때의 술바가지근(婚禮瓢杯)。〔儀禮 士昏禮〕四爵合ㅣ。

七畫

【卻】(각) 藥 キャク、しりぞく repulse ㄑㄩㄝˋ ch'üeh⁴ 小篆 ❶물리칠각(退也)。〔漢書 袁盎傳〕引ㅣ愼夫人座。❷사양할각(不受)。〔孟子〕ㅣ之爲不恭。❸반대할각(反對)。「窮鼠ㅣ齧猫」(『却』과 같음)

【卼】(올) 月 コツ、あやうい dangerous 草書 위태할올(危也)。〔易經 困卦〕上六困于葛藟于臲ㅣ。(『杌』과 통함)

【⿰希卩】(희) 微 キ、ほねのふしのあいだ interals between joints 뼈마디사이희(骨節間)。

【即】(즉)『卽』(次條)의 俗字

【卽】(즉) 職 ソク、すなわち namely ㄐㄧˊ chi² 小篆 草書 ❶이제즉、곧즉(今也)。〔十八史略 春秋戰國齊〕姬爲言得釋ㅣ馳去。❷가까울즉(近也)。〔漢書 高帝紀〕使陸賈ㅣ授璽綬。❸나아갈즉(就也)。〔十八史略 西漢〕漢王ㅣ皇帝位。❹다만즉(只也)。❺불똥즉(燭炬燼)。〔管子 弟子職〕左手執燭、右手執ㅣ。❻진작즉(直時)。〔宋史 蔡挺傳〕盜發ㅣ得。❼가득할즉(滿也)。❽만일즉(萬一)。〔史記〕吾ㅣ沒、若必師之。(『則』과 통함)

九畫

【郎】(랑)→邑部7畫

【卾】(악) 藥 ガク、うわあご jaw 웃턱악(上顎)。

十畫

【卿】(경) 庚 ケイ、キョウ、きみ lord; Sir ㄑㄧㄥ ch'ing¹ 小篆 草書 ❶밝힐경(章也)。〔徐曰〕ㅣ善明理。❷향할경(鄕也)。「言爲人所歸鄕也」。❸벼슬경(爵也)。❹귀공경(貴公)。〔後漢書 光武紀〕ㅣ曹努力。❺스승경(先生)。〔史記荀卿傳注〕ㅣ者時人相尊而號爲ㅣ也。❻자네경(對女呼稱)。〔古詩〕府吏謂新婦、賀ㅣ得高遷云云、ㅣ當日勝貴我獨向黃泉。

【⿰益卩】(익)→邑部10畫

十一畫

【厀】(슬)『膝』(肉部11畫)의 本字

【⿰夋卩】(준) 震 ソン、あぶない dangerous 위태할준(危也)。

十六畫

【⿱䙴卩】(천) 先 セン、うつす remove 옮길천(移也)。(『遷』과 같음)

厂 部

【厂】(一)(엄) 鹽 ガン、がけ precipice (二)(한) 翰 ㄏㄢˇ han³ 小篆 籒文 草書 (一)❶굴바위엄(山之厓巖人可居)。❷언덕엄、기슭엄(岸也)。(二)뜻은 (一)과 같음。

二畫

【厃】(一)(점) 鹽 (二)(위) 紙 キ、セン、あおぐ look up 小篆 (一)❶우러러볼점(仰也)。❷평고대점(屋梠)。〔揚雄〕秦謂之梠、

齊謂之ㅣ。 ㊂뜻은 ㊀과 같음。

【厄】(액) 陌 ヤク、わざわい misfortune 小篆 草書 ❶재앙액(災也、禍也)。〔玉逸 九思〕悼屈子兮遭ㅣ、❷옹이액、혹액(木節)。(『戹』과 같음 『危』와 通함)

三 畫

【厈】(국) 沃 キク、コク、もつ sieze 小篆 잡을국(持也)。

【厇】(책) 陌 チヤク、タク、ひらく slash ❶발길책、찢을책(裂體剔肉)。❷능지할책(ㅣ市、刑名)。(『磔』과 같음)

【厄】(신) 眞 シン、あかつき browning 『辰』과 같음。〔道藏洞靈眞經〕夫雞ㅣ而作、負日任勞。

【厉】(려)『厲』(13厂部畫)의 略字

四 畫

【厊】(아) 馬 が、くいちがい different 어긋날아(相違)。

五 畫

【厎】(지) 齊 紙 シ、いたす do ❶고를지(均也)。❷이를지(致也)。❸평평할지(平地)。❹소리지(聲也)。

【厎】(지) 紙 シ、といし whetstone ㄓˇ chih³ 小篆 草書 ❶이를지(致也)。〔書經 旅獒〕西旅ㅣ貢厥獒。❷정할지(定也)。〔書經〕朕言惠可ㅣ行。❸숫돌지(礪也)。〔漢書 梅福傳〕爵祿天下之ㅣ石。

【垃】㊀(랍) 合 ロウ、いしのあと sound of stone ㊁(립) 緝 小篆 ㊀❶돌소리랍(石聲)。❷꺾을랍(拉也)。㊁뜻은 ㊀과 같음。

【厺】(겁) 葉 キョ、コウ、がけ cliff 낭떠러지겁、언덕겁(山左右有岸)。

六 畫

【厓】(애) 佳 ガイ、きし、がけ cliff ㄧㄞˊ yai² 小篆 草書 ❶언덕애(山邊水畔)。〔爾雅釋丘疏〕ㅣ水邊也。❷가애(際也)。❸성애(姓也)。(『崖』와 같고 『涯』와 통함)

【厔】(질) 質 シツ、とまる stop ❶산굽이질(山曲)。❷산모퉁이질。(山隈)。❸물굽이질(水曲)。❹그칠질(止也)。

七 畫

【厖】(방) 江 ボウ、おおきい enormous ㄇㄤˊ mang² 小篆 草書 ❶두터울방(厚也)。〔詩經 商頌長發〕爲下國駿ㅣ。❷클방(大也)。〔左傳〕民生敦ㅣ。❸어지러울방(雜也)。❹섞일방。❺넉넉할방(鐃也)。〔漢書〕湛恩ㅣ洪。(『尨』과 통함 古音「망」)

【厘】㊀(리)〔慣音〕リン、りん ㊁(전) 先 ㄌㄧˊ ㄌㄧˊ 草書 ㊀❶이리(貨幣之最少單位、一錢之十分一)。❷티끌리(塵也)。㊁뜻은 『廛』에 보라。

【厚】(후) 有 コウ、あつい thick ㄏㄡˋ hou⁴ 小篆 古文 草書 ❶두터울후(不薄)。〔史記 孔子世家〕破産ㅣ葬。❷무거울후(重也)。❸클후(大也)。〔戰國策〕非能ㅣ勝之。❹무르녹을후(醲也)。❺친절할후(ㅣ情)。❻많을후(多也)。

八 畫

【厜】(수) 支 シ、ズイ、やまのいただき summit 小篆 산꼭대기수(山巓ㅣ㕒)。

【厝】㊀(조) 遇 ソ、おく put ㊁(착) 藥 ㄘㄨㄛˋ ts'uo⁴ 小篆 草書 ㊀둘조(置也)。〔漢書〕抱火ㅣ之積薪之下。(『措』와 같음) ㊁숫돌착(礪石)。

【厞】㊀(비) 微 ヒ、うすくらい ㊁(비) 未 sordid 小篆 ㊀더러울비、궁벽할비(陋也)。㊁❶숨을비(隱也)。❷후미질비、으슥할비(幽隱)。

【原】(원) 元 ゲン、はら、もと field; original ㄩㄢˊ yüan² 小篆 古文 草書 ❶근본원(本也)。〔漢書 食貨志〕農漁商賈四者衣食之ㅣ。❷거듭원(重再)、〔禮記 文王世子〕命膳宰曰、末有ㅣ。❸언덕원、둔덕원(地高平)。〔爾雅 釋地〕大野曰平、廣平曰ㅣ。❹미룰원(推也)。〔易繫辭〕ㅣ始安終。❺용서할원(宥罪)。〔晋書 潘岳傳〕會詔ㅣ之。❻원인원(基因)。〔朱熹中庸章句序〕或ㅣ於性命之正。❼추구할원(究也)。〔漢書 薛宣傳〕ㅣ心定罪。❽뫼원(墓地)。〔禮記 檀弓〕從先大夫於九ㅣ。❾들원(野也)。(『源』과 통함)

九 畫

【厠】(칙)(치)『廁』(9广部畫)와 같음

【厀】(리) 支 リ、チ、さく split 小篆 쪼갤리、벌일리(坼也)。

十 畫

【厥】㊀(궐) 月 ケツ、クツ、それ the ㊁(굴) 物 ㄐㄩㄝˊ chüeh 小篆 草書 ㊀❶그궐、그것궐(其也、助辭)。〔書經大禹謨〕允執ㅣ中。❷짧을궐(短也)。❸절할궐(頓也)。〔漢書 諸侯王表〕漢諸侯王、ㅣ角稽首。(『撅』과 통함) ㊁나라이름굴(蕃國、

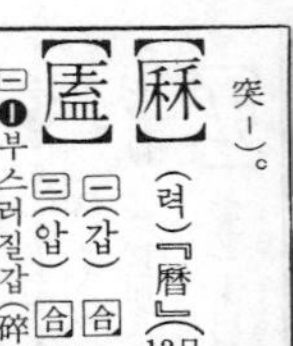

突ㅣ)。

【厤】(력)『厯』(12日部)의 古字

【盍】 ⊖(갑) 合 コウ、オウ、くずれる ⊜(압) 合 break (down)
⊖❶부스러질갑(碎也)。❷무너질갑(崩也)。❸산옆구멍갑(山旁穴)。 ⊜뜻은 ⊖과 같음。

【厦】(하)『廈』(10广部)와 같음

【厨】(주)『廚』(12广部)와 같음

十一畫

【廐】(구)『廏』(11广部)의 俗字

【廑】(근) 震 キン、わずか barely
草書 ❶겨우근(僅也)。【漢書 鄒陽傳】ㅣ脫死。❷적을근(少也)。(『僅』과 같음)

十二畫

【廙】 ⊖(시) 紙 シ、ヨク、するどい ⊜(이) 紙 (of stone) ⊜(익) 職 sharp-angled
小篆 ⊖돌모서리 뾰족할시(石稜隅銳貌)。 ⊜⊜뜻은 ⊖과 같음。

【厭】 ⊖(염) 鹽 エン、あきる ⊜(엽) 琰 unwilling ;dislike ⊜(암) 感 ㅡㄢ yen⁴ ⊚(엽) 葉
小篆 草書 ⊖❶편할염(安也)。【詩經 小雅湛露】ㅣㅣ夜飮。❷만족할염(足也)。【漢書 王莽傳】克ㅣ上帝之心。 ⊜❶미워할염(惡也)。【中庸】近之則不ㅣ。❷싫을염。❸넉넉할염(足也)。【詩經 周頌載芟】ㅣㅣ其苗。❹찰염(滿也)。❺아름다울염。❻게으를염(倦也)。 ⊜❶빠질암(沈溺)。【莊子逍遙遊】其ㅣ也如緘。❷막힐암(閉也)。❸검붉을암。 ⊚❶제사할엽(禳也)。【史記 高祖紀】因東游以ㅣ之。❷모을엽(合也)。【國語 周語】克ㅣ帝心。❸덜엽(損也)。【左傳 文公二年】書曰及晉處父盟以ㅣ之也。❹누를엽(鎭壓)。【左傳 昭公二十六年】將以ㅣ衆。❺축축할엽(濕意)。【詩經】ㅣ浥行露。❻마를엽(乾也)。【十八史略 五帝】月小盡則一葉ㅣ而不落。❼피로울엽(疲也)。【論語 述而】學而不ㅣ、誨人不倦。❽끊을엽(絕也)。【論語 雍也】天ㅣ之。❾업신여길엽。❿가까워질엽(近迫)。【中庸】衽金革死而不ㅣ。⓫나쁜 꿈꿀엽(惡夢)。【國語 晉語】荆ㅣ晉軍。⓬숨길엽(藏也)。【荀子 解蔽】ㅣ目而視者、視一以爲兩。

【厬】(궤) 紙 キ、みずがかれる dry; drained
小篆 물마를궤(涸也)。

【厮】(시) 支 シ、わける manage
❶부릴시(使也)。❷마부시(僕也)。【史記 蘇秦傳】ㅣ徒十萬。❸나눌시(分也)。【史記 河渠書】乃ㅣ二渠以引其河。(『廝』와 같음)

十三畫

【厂義】(의) 微 ギ、やまのいただき mountain ridge
小篆 산마루의、산꼭대기의(山巓、厜ㅣ)。

【厂辟】(벽) 錫 ヘキ、いやしい sordid
小篆 ❶더러울벽(陋也)。❷기울어질벽(仄也)。

【厱】(엄) 琰 カン、がけがけわしい slope
小篆 언덕비탈엄(厓岸危貌)。

【厲】(려) 霽 レイ、ライ、とぐ、みがく whet ㄌㄧˋ lì
小篆 小篆 或體 草書 ❶갈려(磨也)。【荀子 性惡】鈍金必將待礱ㅣ然後利。❷엄할려(嚴也)。【論語 子張】聽其言也ㅣ。❸위태할려(危也)。【易經 乾卦】ㅣ无咎。❹지을려(作也)。【穀梁傳】始ㅣ樂矣。❺사나울려(虐也)。【孟子】ㅣ民以自養。❻권할려(勸勉)。【漢書】以ㅣ賢才。❼질병려(疫也)。【左傳 昭公七年】子產曰、鬼有所歸、乃不爲ㅣ。❽띠를드리울려(帶垂)。【詩經 小雅都人士】垂帶而ㅣ。❾옷 입고 물을건늘려(以衣涉水)。【詩經】深則ㅣ。❿병들려(病也)。【史記 嚴安傳】民不夭ㅣ。⓫낭떠러지려(涯也)。(『礪·勵·癘』와 통함)

十二畫

【厤】(력)→止部12畫

【曆】(력)→日部12畫

十五畫

【厳】(엄)『嚴』(17口部)의 略字

【壓】(압)→土部14畫

厶 部

【厶】(사) 支 シ、わたくし myself ㄙ ssū
小篆 草書 ❶사사사(自營)。❷나사(我也)。(『私』의 古字)

二畫

【厷】(굉) 蒸 コウ、かいな round
小篆 古文 ❶둥글굉(圜也)。❷팔뚝굉(臂上一節)。(『肱』의 古字)

【厸】(린)『鄰』(12邑部)의 古字

【厹】(구) 尤 キュウ、やり spear
小篆 草書 ❶세모난창구(三隅矛)。【詩】ㅣ矛鋈錞。❷기승

부릴구(氣高)。❸짐승의 발자국구(獸跡)。(『감』와 같음)

【公】(공)→八部2畫

【勾】(귀)→勹部2畫

【云】(운)→二部2畫

【允】(윤)→儿部2畫

三畫

【厺】(거)『去』(ム部 3畫)의 本字

【去】㊀(거) 御 キョ、さる ㊁(거) 語 ㄑㄩˋ ch'ü⁴ 小篆 草書 ㊀❶갈거(離也、行也)。〔史記〕汲黯應之不ㅣ。❷버릴거(棄也)。〔後漢書〕人所畔者天所ㅣ。❸오래될거(時隔)。〔孟子萬章上〕舜禹益相ㅣ久遠。❹떨어질거(距也)。〔王朗與文休書〕相ㅣ數千里時聞消息於風聲。❺도망할거(亡也)。〔十八史略 春秋戰國吳〕越旣滅吳范蠡ㅣ之。❻내쫓을거(放逐)。〔小學明倫〕不順父母ㅣ。❼예전거(過時)。「過ㅣ、生前、前世」。❽지나갈거(通過)。㊂❶덜거(除也)。〔論語鄕黨〕ㅣ喪無所不佩。❷감출거(藏也)。〔漢書〕蘇武掘野鼠ㅣ草實而食之。(「弆」와 같음)

【弘】(홍)→弓部2畫

【台】(대)(태)(이)→口部2畫

【弁】(변)(반)→廾部2畫

四畫

【厽】㊀(뤼) 紙 ルイ、サン、つちかべをつくる ㊁(참) 覃 wall about by heaping up earth 小篆 ㊀흙을 쌓아서 담쌓뤼(積土而牆壁)。㊁『參』과 같음.

五畫

【牟】(모)→牛部2畫

【帝】(제)『帝』(巾部 6畫)의 古字

【矣】(의)→矢部2畫

【私】(사)→禾部2畫

六畫

【参】(삼)『參』(ム部 9畫)의 略字

七畫

【怠】(태)→心部5畫

八畫

【能】(능)→肉部6畫

九畫

【㕗】(유) 有 ユウ、ユ、すすめる lead 小篆 或體 或體 古文 ❶꾀일유、권유할유(誘也)。❷인도할유(導也)。(『誘』와 같음)

【參】㊀(삼) 覃 サン、シン、みつ、まじわる ㊁(참) 覃 three; participation ㊂(심) 侵 ㄙㄢ san¹ ㄘㄢ 小篆 或體 草書 ㊀셋삼、석삼(數名、三也)。〔易繫辭〕ㅣ伍以變。㊁❶참여할참(間廁干與)。「如ㅣ謀、ㅣ議、ㅣ乘」。❷보일참(謁也)。「如ㅣ謁、ㅣ見」。❸북장단참(鼓曲)。❹빽빽이들어설참(叢立)。〔東晳補亡詩〕ㅣㅣ其穡。❺층날참、가지런하지않을참(不齊)。〔詩〕ㅣㅣ荇菜。❻긴모양참(長貌)。〔張衡思玄賦〕長金佩之ㅣㅣ。(『摻』과 같음) ㊂❶삼심(藥名)。❷별이름심(星名)。

十畫

【叅】(참) 覃 サン、まじわる participation 草書 참여할참、낄참(ㅣ伍、與也)。(『參』과 같음)

十三畫

【㕙】(준) 眞 シュン、ずるいうさぎ clever rabbit 小篆 草書 약은토끼준(狡兎)。〔戰國策〕東郭ㅣ天下之狡兎也。

又 部

【又】(우) 宥 ユウ、ウ、また and 小篆 草書 ❶또우(更也)。〔史記 孔子世家〕他日ㅣ復問政於孔子。❷용서할우(宥也)。〔禮記王制〕王三ㅣ然後制刑。❸다시우(復也)。〔詩經〕天命不ㅣ。(『宥』와 통함)

一畫

【叉】㊀(차) 麻 サ、ふたまた crotched ㊁(차) 佳 ㄔㄚ ch'a¹ 小篆 草書 ㊀❶손길잡을차(手指錯交)。〔柳宗元詩〕逢人手盡ㅣ。❷귀신이름차(夜ㅣ)。㊁❶가닥진비녀차(婦人岐笄)。❷가장귀차、양갈래차(兩枝)。(『釵』와 같음)

二畫

【㕚】(조) 巧 サ、シャ、ゆびをくむ back of a hand and the instep 小篆 ❶손발등조(手足之甲)。❷『爪』의 古字。

【及】(급) 緝 キュウ、およぶ reach ㄐㄧˊ chi² 小篆 古文 古文 古文 草書

❶미칠급(逮也)。〔論語顏淵〕駟不ㅣ舌。❷미쳐갈급(覃被)。〔詩〕覃ㅣ鬼方。❸죄미칠급(連累)。〔左傳〕長惡不悛從自ㅣ也。❹및급、과(와)급(兼詞)。〔孟子梁惠王〕予ㅣ汝偕亡。❺찰급(滿也)。〔論語先進〕過猶不ㅣ。❻때가올급(時來)。〔十八史略西漢〕ㅣ壯爲泗上亭長。❼더불어급(與也)。〔詩經大雅棫樸〕周王于邁六師ㅣ之。❽같을급(如也)。

【友】(우) 有 ユウ、とも friend ㅣㄡ yu³ 小篆 古文 古文 草書 ❶벗우、친구우(同志相交)。〔論語季氏〕ㅣ直ㅣ諒ㅣ多聞益矣。❷우애우(善於兄弟)。〔書〕惟孝ㅣ于兄弟。❸합할우(合也)。〔司馬光潛虛〕天地相ㅣ萬彙以生。

【𠬜】(반) 刪 ハン、ひく draw 小篆 끌반(引也)。

【𠬝】(복) 屋 フク、おさめる govern ❶일할복(以手治事)。❷다스릴복(治也)。

【双】(쌍)『雙』(隹部10畫)의 俗字

【収】(수)『收』(支部2畫)의 俗字

【反】㈠(반) 阮 ハン、ヘン、かえる、そむく opposition ㄈㄢ fan³ ㈡(반) 刪 ㈢(번) 願 小篆 古文 草書 ㈠❶돌이킬반(正之對)。〔史記仲尼弟子傳注〕正與家語相ㅣ。❷엎을반、덮을반(覆也)。〔孟子〕以齊王由ㅣ手也。❸배반할반(叛也)。「如謀ㅣ、ㅣ對之類」。〔大學〕其所令ㅣ其所好而民不從。❹돌아올반(還也)。〔漢書〕使者五ㅣ。❺제법반(果也)。〔朱熹 中庸章句序〕若吾夫子云云、其功ㅣ有賢於堯舜者。❻그런데반。〔十八史略 春秋戰國趙〕知伯滅之子不爲報讐、ㅣ委質於知伯。❼돌아볼반(內省)。〔孟子 公孫丑上〕自ㅣ而不縮。❽생각할반(思考)。〔論語 述而〕擧一隅、不以三隅ㅣ。㈡듬직할반、진중할반(愼重)。〔詩〕威儀ㅣㅣ。㈢뒤칠번、이치에뒤칠번(平理枉)。『翻』과 통함。

【支】(지)→支部0畫

三畫

【夬】(쾌) 卦 カイ、わける divide 나누어 가를쾌(分決)。〔易夬彖〕剛ㅣ柔也。

【叏】(토) 豪 トウ、なめらか smooth 小篆 ❶미끄러울토(滑也)。❷끌어낼토(挑也)。❸북토(鼓也)。〔集韻〕戎鼓大首謂之ㅣ。

四畫

【叒】(약) 藥 ジャク、ニャク、したがう follow 小篆 籀文 ❶동쪽 신목약(東方神木、搏桑)。❷좇을약(順也)。

五畫

【𠭁】(사)『史』(口部2畫)의 古字

【叓】(사)『事』(亅部7畫)의 古字

六畫

【叔】(숙) 屋 シュク、おじ uncle ㄕㄨ shu² 小篆 或體 草書 ❶아재비숙、삼촌숙(伯ㅣ季父)。❷주울숙(收拾)。〔詩經 豳風七月〕九月ㅣ苴。❸어릴숙(幼稱)。❹끝숙(末也)。❺콩숙(菽也)。〔漢書 昭帝紀〕得以ㅣ粟當賦。❻성숙(姓也)。『菽』과 통함。

【㕞】(설) 屑 セツ、セチ、ぬぐう wash 小篆 ❶씻을설(拭也)。❷쓸설(掃也)。❸깨끗이할설(淸也)。

【叕】(철) 屑 テツ、つづく connect 小篆 ❶이을철(連也)。❷잇댈철(聯也)。

【取】(취) 麌 シュ、とる take ㄑㄩ ch'ü³ 小篆 草書 ❶거둘취(收也)。❷받을취(受也)。〔孟子 萬章上〕一介不以與人、一介不以ㅣ諸人。❸찾을취(索也)。〔禮〕力行以待ㅣ。❹빼앗을취(奪也)。〔史記 孔子世家〕吳王夫差伐陳、ㅣ三邑而去。❺들취(擧也)。〔史記 仲尼弟子傳〕以貌ㅣ人、失之子羽。❻장가들취(娶也)。〔詩經 豳風伐柯〕ㅣ妻、如何。

【受】(수) 有 ジュ、うける receive ㄕㄡ shou⁴ 小篆 草書 ❶이을수(繼承)。〔孟子 萬章下〕殷ㅣ夏、周ㅣ殷。❷얻을수(得也)。〔易〕實ㅣ其福。❸담을수(盛也)。〔杜甫詩〕野航恰ㅣ兩三人。❹용납할수(容物)。〔論語〕君子不可以小知而大ㅣ也。❺받을수(相付)。❻입을수(被也)。

七畫

【叙】(서)『敍』(支部7畫)의 俗字

【叚】(가) 馬 カ、かりる granting that ㄐㄧㄚ chia³ 小篆 或體 或體 ❶빌릴가(假也)。❷허물가(瑕也)。『假』와 통함。

【叛】(반) 翰 ハン、ホン、そむく betrayal ㄆㄢ p'an⁴ 小篆 草書 ❶배반할반(背也)。〔漢書〕漢王幷關中而齊梁ㅣ之。❷달아날반(離也)。❸나누일반(ㅣ散)。『畔』과 통함。

八畫

【叞】(위) 困 イ、やすんじる easy
❶안위할위(安也)。❷다리미위(熨也)。

【叟】㊀(수) 有 ソウ、としより old man ㊁(수) 宄 ㄙㄡˇ sou³
小篆 草書 ㊀❶어른수、늙은이수(老稱)。❷어르신네수(尊稱)。〔孟子〕ㅣ不遠千里而來。㊁쌀씻는소리수(淅米聲)。〔詩經 大雅生民〕釋之ㅣㅣ蒸之浮浮。

【桑】(상)→木部6畫

【蚤】(조)→虫部4畫

【隻】(척)→隹部2畫

十一畫

【[illegible]】(리) 攴 リ、ひく draw
小篆 끌리(引也)。

十二畫

【㕡】(학) 藥 カク、たに valley
❶골짜기학(谷也)。❷구렁학(坑也)。(『壑』과 같음)

十四畫

【叡】(예) 霽 エイ、あきらか brigbt ㄖㄨㄟˋ juei⁴
小篆 ❶밝을예(深明通達)。❷임금예(王也)。❸성인예(聖人)。❹어질예(賢也)。(『睿』는 古字)

十六畫

【叢】(총) 東 ソウ、くさむら cluster ㄗㄨㄥˊ tsung²
小篆 草書 ❶떨기총(灌木密生)。❷모을총(聚也)。〔書〕是ㅣ于厥身。❸번잡할총(煩雜)。〔書經 益稷〕元首ㅣ脞哉。(『藂』과 같음)

【雙】(쌍)→隹部10畫

十九畫

【變】(변)『變』(言部16畫)의 俗字

口 部

【口】(구) 有 コウ、ク、くち mouth ㄎㄡˇ k'ou³
小篆 草書 ❶입구(人所以言食)。〔易〕自求ㅣ食。❷인구구(人ㅣ)。〔孟子 盡心上〕八ㅣ之家、可以無飢。❸어귀구(洞ㅣ、港ㅣ)。「張家ㅣ、古北ㅣ」。❹말할구(辯舌)。〔國語 周語〕防民之ㅣ、甚於防川。❺구멍구(孔穴)。❻실마리구(緖也)。

一畫

【𠮙】(을) 質 イツ、イチ、こえ sound
소리을(聲也ㅣㅣ)。

【𠮚】(알) 黠 アツ、とりのこえ chirp of birds
새소리알(鳥聲)。

【中】(중)→ㅣ部3畫

二畫

【古】(고) 麌 コ、むかし、ふるい antiquity ㄍㄨˇ ku³
小篆 古文 草書 ❶예고(昔也)。〔書經〕曰若稽ㅣ帝堯。❷옛일고(古事)。〔論語 述而〕信而好ㅣ。❸선조고(先祖)。〔禮記 祭義〕以祀天地山川社稷先ㅣ。❹하늘고(天也)。❺비롯할고(始也)。(『故』와 통함)

【另】(령) 徑 レイ、わける part
草書 ❶나눌령(割開)。❷다를령(別異)。

【句】㊀(귀) 遇 ク、コウ、く、くぎり paragraph ㊁(구) 宥 ㊂(구) 尤 ㄐㄩˋ chü⁴
小篆 草書 (本音「구」) ㊀귀절귀(章ㅣ文詞止處)。㊁❶나라이름구(國名高句麗)。❷거리낄구(拘也)。❷맡아볼구(ㅣ當、辦理)。〔宋史 曹彬傳〕江南ㅣ當公事回。㊂❶굽을구(曲也)。〔禮〕ㅣ者畢出。❷귀신이름구(神名ㅣ芒)。❸활을잡아당길구(弓引)。〔詩經 大雅行葦〕敦弓旣ㅣ。❹땅이름구(地名須ㅣ)。(『勾』와 같음)

【叨】(도) 豪 トウ、むさぼる impudence ㄊㄠ t'ao¹
小篆 草書 ❶탐할도(貪也)。〔後漢書〕梁冀貪ㅣ凶淫。❷욕될도(忝也)。❸외람할도、참람할도(橫ㅣ、濫也)。

【叩】(고) 有 宥 コウ、たたく knock ㄍㄨˇ ku³
草書 ❶두드릴고(擊也)。〔禮〕ㅣ之以大者大鳴。❷꾸벅거릴고(稽顙)。〔漢書〕ㅣ頭自請。❸물을고(問也)。❹알게할고(啓發)。〔論語〕我ㅣ其兩端而竭焉。❺끌어잡아당길고(引止)。〔史記 伯夷傳〕ㅣ馬而諫。❻상처고(喪妻)。

【只】(지) 紙 シ、ただ only ㄓˇ chih³
小篆 草書 ❶다만지(但也)。❷말을그칠지(語已辭)。〔左傳 襄公二十七年〕諸侯歸晉之德ㅣ。

【叫】(규) 宥 嘯 キョウ、さけぶ cry ㄐㄧㄠˋ chiao⁴
小篆 草書 ❶부르짖을규(嘷也)。〔詩〕或不知ㅣ號。❷헌칠할규(高擧)。〔大人賦〕糾蓼ㅣ奡。❸이치에맞지않을규(事理不當)。〔塵史〕王德用召入兩府有干薦館職者王曰某

武人若奉薦則色ㅣ矣。❹멀리들릴규(遠聞聲)。〔揚雄 解難〕大語ㅣㅣ。❺종달새규。(雲雀)。

【召】㊀(소) 嘯 ショウ、めす
㊁(조) 〔國字〕 ㄓㄠ chao⁴ call
小篆 草書 ㊀❶부를소(呼也)。〔王逸曰〕以手曰招以言曰ㅣ。〔書〕大戰于甘乃ㅣ六卿。❷청할소(招也)。〔程頤言箴〕吉凶榮辱、惟其所ㅣ。❸과부소(寡婦ㅣ史)。(古音「조」) ㊁❶대추조(棗也)。

【叭】(팔) 曷 ハツ、ひらく trumpet ㄅㄚ pa¹
草書 ❶입벌릴팔(口開)。❷나팔팔(喇ㅣ軍中吹器)。

【㕣】(연) 霰 エン、やまあいのどろぬま march in mountain
小篆 古文 산속의늪연(山間陷泥地)。

【叮】(정) 青 テイ、ねんごろ request
草書 ❶단단히부탁할정(ㅣ嚀囑也)。❷친절할정(親切)。❸정성스러울정(誠也)。

【可】㊀(가) 哿 カ、よい right；may ㄎㄜ kʻo³
㊁(극) 職
小篆 草書 ㊀❶옳을가(否之對)。〔書〕訟ㅣ乎。❷허락할가(許也)。〔史記 孔子世家〕晏嬰不ㅣ、公惑之。❸가히가(肯也)。❹바가(所也)。〔十八史略 西漢〕宜爲帝者太宗之廟、制曰ㅣ。❺마땅할가(宜也)。〔論語〕子曰、ㅣ也簡。❻착할가(善也)。〔論語 爲政〕人而無信、不知其ㅣ也。❼만큼가(程也)。〔史記滑稽傳〕飮ㅣ五六斗。❽겨우가(僅也)。㊁❶오랑캐극(突厥酋長曰ㅣ汗)。❷안해극(妻曰ㅣ敦)。

【台】㊀(태) 灰 タイ、イ、われ myself
㊁(이) 支 ㄊㄞ tʻai²
小篆 ㊀❶별태(三ㅣ星、今三公曰三ㅣ三鼎)。❷늙을태(大老)。〔詩經 大雅行葦〕黃耇ㅣ背。(『臺』의 略字) ㊁❶나이(我也)。〔書〕祗ㅣ德先。❷기쁠이(悅也)。〔史記〕唐堯遜位虞舜不ㅣ。❸기를이(養也)。

【叱】(질) 質 シツ、しかる scold ㄔ chʻih⁴ (本音「즐」)
小篆 草書 꾸짖을질(ㅣ咤、大訶發怒)。〔禮〕尊客之前不ㅣ狗。

【史】(사) 紙 シ、れきし history ㄕ shih³
小篆 草書 ❶사기사、역사사(冊也)。「歷ㅣ」。❷사관사(太ㅣ掌書官)。〔禮〕動則左ㅣ書之言則右ㅣ書之。❸빛날사(華美)。〔論語 雍也〕文勝質則ㅣ。❹성사(姓也)。

【右】(우) 有 ユウ、ウ、みぎ right ㄧㄡ yu⁴
小篆 草書 ❶오른쪽우(左之對)。〔書〕夾ㅣ碣石。❷높일우(尊也)。〔漢書〕遭遇ㅣ武。❸강할우(强也)。〔後漢書〕無令豪ㅣ得固其利。❹도울우(助也)。〔書〕予欲左ㅣ有民。❺위우(上也)。❻곁우(側也)。(『祐·佑』와 통함)

【叴】(구) 尤 キュウ、みつまたやり
小篆 草書 ❶기승할구(氣高)。❷세모창구(三隅矛)。〔詩〕ㅣ矛鋈錞。❸나라이름구(國名)。(『仇』와 통함)

【叵】(파) 哿 ハ、むずかしい impossible
小篆 草書 ❶못할파、할수없을파(不可)。〔後漢書〕大耳兒最ㅣ信。❷드디어파(遂也)。〔後漢書〕帝知其終不爲用ㅣ欲討之。❸술잔파(巵名、ㅣ羅)。(『尀』와 같음)

【叶】(협) 葉 キョウ、かなう harmony ㄒㄧㄝ hsieh²
小篆 草書 화합할협(和也)。〔後漢書〕ㅣ時月正日餘。(『協』의 古字)

【号】(호)『號』(虍部 7畫)의 略字

【司】(사) 支 シ、つかさどる take charge of ㄙ ssŭ¹
小篆 草書 ❶맡을사(主也)。❷벼슬사(有ㅣ職事)。〔何承天答宗居士書〕耳目殊ㅣ。❸엿볼사(伺也)。〔周禮 地官師氏〕居虎門之左、ㅣ王朝。❹차지할사(占也)。❺마을사(府也)。

【叺】(입) 〔日字〕 かます straw-sack
가마니입、섬입。

【加】(가)→力部 3畫

【占】(점)→卜部 3畫

三畫

【吁】(우) 虞 ク、ウ、ああ ah! ㄒㄩ hsü¹ (本音「후」)
小篆 草書 ❶탄식할우(嘆也)。〔書〕帝曰ㅣ。❷불우(噓也)。〔論衡〕猪馬以氣ㅣ之。

【吃】(흘) 物 キツ、どもる stammer ㄔ chʻih¹ (古音「글」)
小篆 草書 ❶말더듬을흘(言蹇難)。〔史記〕韓非爲人口ㅣ而善著書。❷먹을흘(喫也)。〔新書〕越王窮至乎ㅣ山草。❸웃는소리흘(笑聲)。〔飛燕外傳〕笑ㅣㅣ不絕。

【各】(각) 藥 カク、おのおの each ㄍㄜ ke²·³
小篆 草書 각각각、따로따로각、제각기각(異辭)。〔韓愈 上張僕射書〕人ㅣ有能有不能。

【合】㊀(합) 合 ゴウ、あう sum ㄏㄜ hê²
㊁(갑) 合

【合】 小篆 草書 ❶합할합(結ー)。❷같을합(同也)。〔詩〕妻子好ー。❸짝합(配也)。〔詩〕天作之ー。❹모일합(會也)。〔禮〕不能五十里者不ー于天子。❺모둘합(聚也)。〔論語〕始有苟ー。❻대답할합(答也)。〔左傳〕旣ー而來奔。□❶부를갑(呼也)。❷화할갑(和也)。❸홉갑(量名十龠)。

【吅】(현) 元 ケン、よびたてる cry
부르짖을현(叫也)。

【吆】(요) 蕭 ヨウ、こごえ lamenting cry
애통하는소리요(悲痛聲)。

【吴】(화) 禡 カ、やかましい chatter
❶지껄일화(譁也)。❷큰입화(魚之大口)。❸큰소리화(大聲)。

【吉】(길) 質 キツ、キチ、よい good
小篆 草書 ❶길할길(嘉祥)。〔書經 大禹謨〕惟ー之從。❷즐거울길(慶也)。〔書〕彰厥有常、ー哉。❸이할길(利也)。〔書〕惠廸ー。❹초하룻날길(朔日)。〔周禮〕正月之ー。❺착할길(善也)。

【吊】(조)『弔』(弓部 1畫)의 俗字

【吋】□(촌)〔新字〕 トウ、しかる scold
□(두) 有
□ 인치촌(英國度名(inch))。
草書 □꾸짖을두(叱也)。

【吕】(기) 紙 キ、たいらか flat
❶해석할기(解釋)。❷평평할기(平也)。

【同】(동) 東 ドウ、おなじ same ㄊㄨㄥ t'ung²
小篆 草書 ❶한가지동(共也)。〔大學〕不與ー中國。❷모을동(會合)。❸무리동(輩也)。〔易〕天與火ー人。❹가지런히할동(齊也)。〔書〕ー律度量衡。❺화할동(和也)。〔禮〕是爲大ー。❻같이할동(等也)。〔中庸〕ー其好惡。❼사방백리의 땅동(地方百里)〔左氏·注〕方百里爲ー。(『仝』과 통함)

四都爲同(農政全書)

【吅】(히) 支 キ、シ、うなる groan
小篆 신음할히(呻也)。(『屎』와 같음)

【名】(명) 庚 メイ、ミョウ、な name: famous ㄇㄧㄥ ming²
小篆 草書 ❶이름명(聲稱號也)。〔禮記〕父前子ー君前臣ー。❷이름지을명(命ー)。〔論語〕蕩蕩乎民不能ー。❸공명(功也)。〔周語〕勤百姓以爲己ー。❹사람명(수를 나타낼때 씀)。❺글명(文字)。〔儀禮 聘禮〕不及百ー書于方。❻명령할 명(命令)。〔國語 周語〕言以信ー。❼말뿐명(虛也)有ー無實。

【后】(후) 有 宥 コウ、きさき empress ㄏㄡ hou⁴
小篆 草書 ❶임금후(君也)。〔書〕徯我ー。❷뒤후(後也)。〔禮〕天子有ー。❸왕비후(王妃)。❹땅을맡은 귀신후(社神ー土)。〔左傳昭公二十九年〕土正日ー土。(『後』와 通用)

【吏】(리) 寘 リ、つかさ subordinate ㄌㄧ li⁴
小篆 草書 ❶아전리(府ー)。〔書〕天ー逸德烈于猛火。❷관리리(治政官人)。

【吐】(토) 遇 麌 ト、はく vomit ㄊㄨ t'u³
小篆 草書 ❶토할토(口歐)。〔詩〕剛則ー之。❷펼토(出也、舒也)。〔漢書〕發明詔ー德音。❸게울토(吐出物)。❹나올토(ー露)。

【向】□(향) 漾 キョウ、コウ、むかう toward ㄒㄧㄤ hsiang⁴
□(상) 漾
小篆 小篆 草書 □❶향할향(對也)。〔戰國策〕西ー事秦。❷나아갈향(趨也)。❸접때향(昔也)。〔莊子〕ー也俯而今也仰。❹북쪽창향(北出牖)。〔詩〕塞ー墐戶。❺앞설향(嚮也)。❻기울어질향(傾ー)。(『嚮·鄕』과 通함)□성상(姓也)。

【吒】□(타) 禡 タ、しかる scold
□(탁) 藥 ㄓㄚ cha⁴
草書 □❶뿜을타(噴也)。〔禮記 曲禮〕毋ー食。❷꾸짖을타(叱怒貌)。(『咤』와같음)(本音은「차」)□조롱할탁(嘲也)。

【吂】(망) 漾 ボウ、モウ、こたえない making no answer
물어도대답않을망(問而不答)。

【夻】(구)〔國字〕
대구구(魚名、大口魚)。

四畫

【吘】(우) 有 ゴウ、よぶ call
❶화할우(和也)。❷부를우(呼也)。

【㕧】(예) 霽 エイ、よい good
❶좋을예(善也)。❷옳을예(可也)。

【吚】(의) 支 イ、キ、うなる sigh
小篆 ❶탄식할의(嘆也)。❷신음할의(呻也)。

【君】(군) 文 クン、きみ king; you ㄐㄩㄣ chün¹
小篆 小篆 草書 ❶임금군(至尊)。〔書〕皇天眷命爲天下ー。❷아버지군(嚴父)。〔易〕家人有嚴ー焉。❸아내군(妻也)。〔漢書〕歸遺細ー又何仁也。❹남편군(夫也)。〔古詩 焦仲卿妻〕ー爾妾亦然。❺선조군(先祖稱)。〔孔安國 尚書序〕先ー孔子生于周末。❻그대군(彼此通稱)。❼귀신의 존칭군。「湘ー」。

【吝】(린) 震 リン、おしむ stinginess ㄌㄧㄣˋ lin4 小篆 古文 草書 ❶한할린(恨也)。【易繫辭】悔ー者憂虞之象。❷아낄린(惜也)。【書】改過不ー。❸인색할린(鄙嗇)。【論語】使驕且ー。

【呑】(탄) 元 ドン、のむ gulp down ㄊㄨㄣ t'uen1 小篆 草書 ❶삼킬탄(咽也)。【子虛賦】ー若雲夢者八九。❷휩쌀탄(幷包)。【戰國策】陰謀有幷ー天下之心。❸감출탄(藏也)。【杜甫詩】少陵野老ー聲哭。❹멸할탄(滅也)。

【吟】(음) 侵 ギン、うたう recite ㄧㄣˊ yin2 ㊀(음) 侵 ㊁(음) 寢 ㊂(음) 沁 小篆 小篆 或體 或體 草書 ㊀❶읊을음(咏也)。【莊子】倚樹而ー。❷끙끙거릴음(呻也)。❸탄식할음(歎也)。(『唫』과 같음) ㊁턱끄덕거릴음(頷頤貌)。【楊雄解嘲】蔡澤雖噤ー而笑唐擧。㊂❶노래할음(長咏)。❷말더듬을음(吃也)。【後漢書 梁冀傳】口ー舌言。❸울음(鳴也)。

【吠】(폐) 隊 ハイ、バイ、ほえる bark ㄈㄟˋ fei4 小篆 草書 ❶짖을폐(犬聲)。【詩】無使尨也ー。❷땅이름폐(地名、ー狗)。

【㕫】(방) 養 ボウ、きく hear ❶들을방(聞也)。❷어렴풋할방(如聞)。

【否】(부) 有 ヒ、フ、いな no ; not ㄈㄡˇ fou3 ㊀(부) 有 ㊁(비) 紙 小篆 草書 ㊀❶아닐부(口不許)。【書】ー則威之。❷틀릴부(違也)。【詩經 小雅賓之初筵】凡此飮酒、或醉或ー。❸없을부(無也)。【大學】其本亂而末治者ー矣。❹인정치않을부(不肯)。【胡銓 上高宗封事】伴食中書、漫不可ー事。(『不』와 통함) ㊁❶막힐비(塞也)。❷더러울비(穢也)。【易】初六師出以律ー臧凶。❸악할비(惡也)。【詩】未知臧ー、

【吡】(필) 質 ヒツ、とりのこえ chirp of birds 새소리필(鳥聲)。

【吣】(심) 沁 シン、いぬがはく (of dogs) vomit ㄑㄧㄣˋ ch'in4 개가토할심(犬吐)。

【吧】(파) 麻 ハ、ヘ、あらそい quarrel ㄅㄚ pa1 아이다툴파(小兒忿爭ー呀)。

【吨】(둔) 元 ドン、おろか foolish ❶말분명치못할둔(言語不明)。❷어리석을둔(愚也)。

【𠯑】(괄) 曷 カツ、くちをふさぐ shut one's mouth 小篆 古文 입막을괄(塞口)。

【吩】(분) 文 フン、いいつける instruction ❶분부할분(命令ー咐)。❷뿜을분(噴也)。

【含】(함) 覃 ガン、ふくむ hold in mouth ㄏㄢˊ han2 ㊀(함) 覃 ㊁(함) 勘 小篆 小篆 草書 ㊀❶머금을함(銜也)。【莊子】ー哺而熙。❷용납할함(包容)。【易】ー弘光大品物咸亨。❸참을함(忍也)。【左傳宣公十五年】國君ー垢。㊁무궁주함(飯ー)。【周禮】共飯玉ー玉贈玉。

【吪】(와) 歌 カ、うごく move ㄜˊ e2 小篆 草書 ❶움직일와(動也)。【詩】尙寐無ー。❷변화할와(化也)。【詩】周公東征四國是ー。❸거짓말와(謬也)。❹사투리와(鄙言)。

【听】(은) 軫 ギン、わらう smile ㄧㄣˇ yin3 小篆 草書 ❶벙긋거릴은(ー然笑貌)。【子虛賦】亡是公ー然而笑。❷들을은(聽也)。❸입이큰모양은(大口貌)。

【吮】(전) 銑 セン、シュン、なめる lick ㄕㄨㄣˇ shuen3 ㊀(전) 銑 ㊁(연) 銑 小篆 草書 ㊀빨전(嗡也)。【史記】卒有病疽者吳起爲之ー之。㊁❶기침할연(嗽也)。❷핥을연(舐也)。

【吭】(항) 陽 漾 コウ、のど throat ㄏㄤˊ hang2 草書 ❶목구멍항(咽喉)。❷새목구멍항(鳥嚨)。

【𠯂】(필) 質 ヒツ、つばをはく spit 침뱉을필(吐唾)。

【启】(계)『啓』(口部 8畫)와 같음

【𠯗】(요) 肴 ヨウ、もてあそぶ raillery ❶희롱하는소리요(弄聲)。❷응답하는소리요(荅也)。

【㕮】(부) 麌 フ、かむ chew 씹을부(嚼也、ー咀)。

【吱】(지) 支 シ、ジ、あえぐ pant ㄗ tzu1 ❶가는소리지(細聲)。❷헐떡이며가는모양지(行貌)。

【呈】(정) 庚 テイ、あらわす show; appear ㄔㄥˊ ch'êng2 小篆 草書 ❶보일정(示也)。【晋書 元帝紀】星斗ー祥、金陵表異。❷드러낼정(露也)。❸드릴정(獻也)。❹정도정(程也)。【史記 始皇紀】至以衡石量書、日夜有ー、不中ー不得休息。❺평평할정(平也)。(『程』과 통함)

【吳】(오) 虞 ゴ、くれ family name ㄨˊ wu2 ㊀(오) 虞 ㊁(우) 虞 小篆 古文 草書 ㊀❶오나라오(國名)。【史記】太伯奔荊蠻自號句ー。❷큰소리할오(大

言。【詩】不ㅣ不敖。❸성오(姓也)。㊁지껄일우(譁也)。

【吲】(신) 軫 シン、あざわらい scorn
비웃을신(哂ㅣ笑也)。【晋書王猛載記】田千秋一言致相匈奴ㅣ之。

【吵】㊀(묘) 篠 ビョウ、ショウ、なく、さわぐ ㊁(초) 巧 ㄕㄠˇ shao³ howl
㊀울묘(鳴也)。㊁떠들초(喧也)。

【吷】(혈) 屑 ケツ、のむ drink
❶작은소리혈(小聲)。【莊子】吹劍首者ㅣ而已矣。❷마실혈(飮也)。❸새소리혈(鳥聲)。(『啜』과 통함)

【呐】㊀(눌) 月 トツ、どもる stammering ㊁(열) 屑 ㄋㄚˋ na⁴
㊀말더듬거릴눌(言難)。【禮記 檀弓】其言ㅣㅣ然、如不出諸其口。(『訥』과 같음) ㊁❶말을느리게할열(言緩)。❷함성지를열(喊也)。

【㕯】(열) 屑 トツ、ひくいこえ whisper
말소리나직나직할열(低聲)。

【吸】(흡) 緝 キュウ、すう ㄒㄧ hsi¹ sip
❶숨들이쉴흡(內息)。❷마실흡(飮也)。【杜甫詩】飮如長鯨ㅣ百川。❸구름이떠다닐흡(雲動)。【劉向 九歎】雲ㅣㅣ以淋戾。

【吹】㊀(취) 支 スイ、ふく blow; exhale ㊁(취) 寘 ㄔㄨㄟ ch'uei¹
㊀❶불취(出氣噓也)。【詩】鼓瑟ㅣ笙。❷숨쉴취(息吐)。❸악기불취(奏也)。【詩經 小雅 何人斯】伯氏ㅣ壎、仲氏ㅣ篪。㊁❶부를취(鼓ㅣ)。【禮】樂正入學習ㅣ。❷바람취(風也)。❸충동할취、부추길취(衝也)。

【吺】(두) 尤 トウ、ささやく whisper
❶말많을두(言多)。❷속삭일두。

【吻】(문) 吻 ブン、フン、くちさき ㄨㄣˇ wen³ lip
❶입술문(口脣邊)。【漢書】吐脣ㅣ。❷뾰족나온곳문(物出邊)。【孔平仲詩】葉走堂階響、雲依殿ㅣ浮。

【吼】(후) 有 コウ、ク、ほえる ㄏㄡˇ hou³ roar
❶소우는소리후(牛鳴)。❷사자우는소리후(獅鳴)。【大智論】獅子百獸之王爲小蟲ㅣ則爲衆所笑。❸높고긴소리후(高長聲)。❹원성후(怨聲)。❺범성낸소리후(虎怒聲)。

【吽】㊀(음) 侵 ギン、なきごえ bellow ㊁(우) 尤 ㄡˊ ou²
㊀소울음(牛鳴)。㊁개싸울우(犬爭)。

【吾】(오) 虞 ゴ、われ ㄨˊ wu² I
❶나오(我也)。【大學】子曰、聽訟ㅣ猶人也。❷내오(自己也)。【孟子 公孫丑上】我善養ㅣ浩然之氣。❸아들오(子稱)。【韓愈答尉遲生書】今ㅣ子所爲皆善矣。❹응얼거릴오(伊ㅣ讀書聲)。❺벼슬이름오(官名執金ㅣ)。(『晤』와 통함)

【告】㊀(고) 號 コク、つげる ㊁(곡) 沃 ㄍㄠˋ kao⁴ tell; declare
㊀❶알릴고(報也)。【廣韻】ㅣ上曰ㅣ發下曰誥。❷여쭐고(啓也)。【詩經 周南葛覃】言ㅣ師氏。❸칙지고(授官)。❹쉴고(ㅣ寧休暇)。【漢書】賜ㅣ者數。❺물을고(問也)。【禮記 王制疏】君每月使人致膳ㅣ問存否。❻가르칠고(敎也)。㊁❶청할곡(請也)。❷보일곡(示也)。❸찾을곡(尋也)。

【吒】(학) 覺 カク、おこるこえ roar
성내서부르를학(怒聲呼也)。

【咂】(잡) 合 ソウ、かむ chew
❶고기물켤잡(魚食)。【風俗通】入口曰ㅣ。❷씹을잡(啖也)。

【呀】(하) 麻 カ、ガ、あける ㄧㄚˊ ya² opened
❶입딱벌릴하(張口貌)。【韓愈日蝕詩】如口開ㅣㅣ。❷골속휑할하(谷空貌)。【上林賦】谽ㅣ豁閜。❸경탄하는말하(警歎聲)。

【呂】(려) 語 リョ、ロ、せぼね ㄌㄩˇ lü³ vertebra
❶풍류려(陰律)。【周禮】大司樂奏黃鍾歌大ㅣ。❷등골뼈려(脊骨)。❸성려(姓也)。❹종이름려(鍾名)。❺칼이름려(刃名)。

【呃】(애) 卦 アイ、しゃっくり sneeze
재채기할애(氣逆作聲)。(『詬』와 통함)

【呅】㊀(매) 灰 バイ、わらう laugh ㊁(문) 吻
㊀웃을매(笑也)。㊁뜻은 ㊀과 같음。(『吻』과 通함)

【呆】(보)『保』(人部7畫)의 古字

【呈】(광)『狂』(犬部4畫)의 古字

【㕼】(홍) 腫 キョウ、かまびすしい noisy
시끄러울홍(喧也)。(『哅』과 같음)

【叫】(규) 嘯 キュウ、さけぶ cry loudly for
부르짖을규(呼也)。(『叫』와 같고『訆』와 통함)

【呎】(척) 【新字】 シャク、フィート foot
피이트(Feet·英國尺度)。

【呏】(승) 【新字】

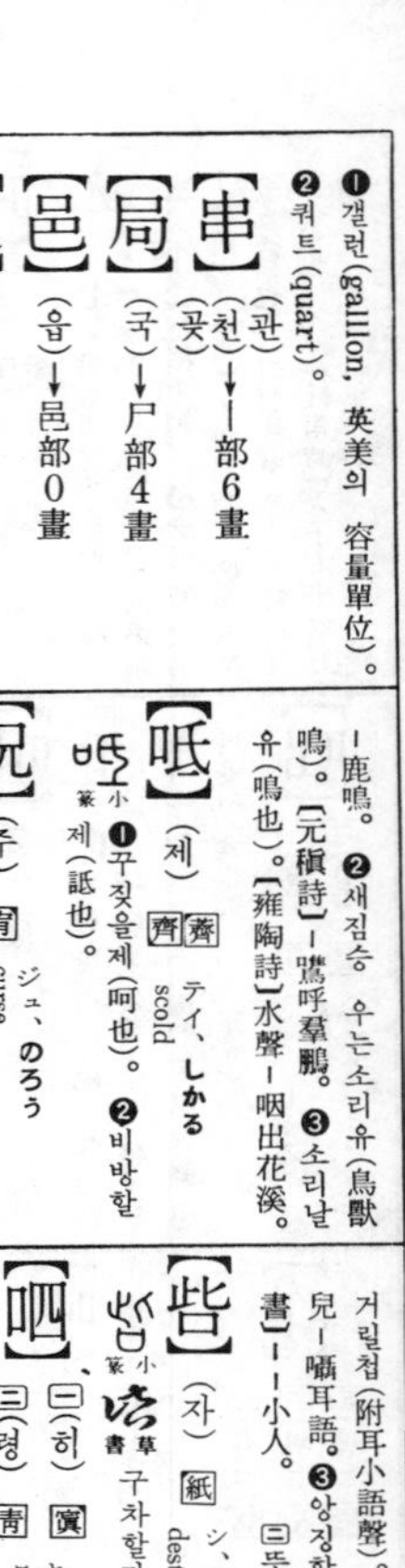

❶갤런(gallon, 英美의 容量單位)。❷쿼트(quart)。

【串】(관)(천)(곶)→丨部6畫

【局】(국)→尸部4畫

【邑】(읍)→邑部0畫

【足】(족)→足部0畫

五畫

【咢】(악) 陌 アク、さえずる chirp ㄜˋ è 小篆 ❶새소리악(鳥聲)。❷닭소리악(鷄聲)。

【呟】(현) 銑 ゲン、つぶやく grumble 草書 소리현(聲也)。

【呢】(니) 支 ニ、ジ、ささやく whisper ㄋㄧˊ ní 草書 ❶소근거릴니(小聲多言)。❷제비지저귈니(燕語)。❸우단니(羽緞)。

【呤】(령) 靑 レイ、リョウ、ささやき whisper ❶속삭일령(小言)。❷말할령(語也)。

【呦】(유) 尤 有 ユウ、なきこえ chirp ㄧㄡ yu¹ 小篆 或體 草書 ❶사슴 우는소리유(鹿鳴聲)。〔詩〕ㅣ鹿鳴。❷새짐승 우는소리유(鳥獸鳴)。〔元稹詩〕ㅣ鷺呼羣鵬。❸소리날유(鳴也)。〔雍陶詩〕水聲ㅣ咽出花溪。

【呧】(제) 薺 齊 テイ、しかる scold 小篆 ❶꾸짖을제(呵也)。❷비방할제(詆也)。

【呪】(주) 宥 ジュ、のろう curse ㄓㄡˋ chou⁴ 草書 ❶방자할주(請神加殃)。〔戰國策〕許綰爲我ㅣ。❷저주할주(咀ㅣ)。〔關尹子 七釜〕有誦ㅣ者。(『說·祝』과 通함)

【周】(주) 尤 シュウ、めぐる round ㄓㄡ chou¹ 小篆 古文 草書 ❶두를주(匝也)。❷주밀할주(密也)。〔荀子 正論〕主道利ㅣ。❸두루할주(徧也)。〔易繫辭〕知ㅣ乎萬物。❹미쁠주(忠信)。〔禮〕君子ㅣ而不比。❺구할주(救助)。〔論語 雍也〕ㅣ急不繼富。❻구부러질주(曲所)。〔詩經 唐風杕杜〕有杕之杜 生于道ㅣ。❼나라이름주(國名)。(『賙』와 통함)

【咒】(주)『呪』(前前條)와 같음

【呫】㊀(첩) 葉 ㊁(점) 鹽 チョウ、テン、なめる lick up ㄔㄢ chan¹ 草書 ㊀❶맛볼첩(嘗也)。〔穀梁傳〕未嘗有ㅣ血之盟。❷귀에대고소근거릴첩(附耳小語聲)。〔史記〕及效女兒ㅣ囁耳語。❸앙징할첩(小人貌)。〔唐書〕ㅣㅣ小人。㊁뜻은 ㊀과 같음。

【呰】(자) 紙 シ、まずしい destitute 小篆 草書 구차할자(苟且)。(『訾』와 같음)

【呬】㊀(히) 寘 キ、いこう rest (本音「희」) ㊁(령) 靑 小篆 草書 ㊀숨쉴히(息也)。㊁와자할령(衆聲)。

【呭】(예) 霽 エイ、くどくどしい be garrulous 小篆 草書 말수다할예(多言)。〔詩〕無然ㅣㅣ。(『詍』와 통함)

【呮】(기) 寘 キ、こしをかける sit cross-legged 도사리고앉을기(足垂而坐)。

【呱】(고) 虞 コ、なく weep ㄍㄨ ku¹ 小篆 草書 아이가울고(小兒啼聲)。〔書〕啓ㅣㅣ而泣。

【味】(말) 曷 バツ、マチ、くらいひかり gleaming in the darkness 꺼멓게빛날말(黑光)。

【味】(미) 未 ミ、ビ、あじ taste ㄨㄟˋ wei⁴ 小篆 草書 ❶맛미(滋ㅣ物之精液)。❷기분미(氣分)。〔耶律楚材詩〕中隱冷官聞況ㅣ。❸뜻미(意ㅣ)。〔中庸章句〕其ㅣ無窮。❹맛볼미(嘗味)。〔禮〕五ㅣ異和。

【呴】㊀(구) 虞 ク、いきふく breath (古音「후」) ㊁(구) 宥 草書 ㊀❶숨내쉴구(開口出氣)。〔道德經〕式ㅣ式吹。❷말공순히할구(言語順)。〔漢書〕愉愉ㅣㅣ。❸꾸짖을구(呵也)。㊁❶입김들일구(以氣溫)。❷고기 물방울 토할구(魚吐沫)。

【吠】(벌) 月 ベツ、くちばし bill ❶방패벌(盾也)。❷입부리뾰족할벌(ㅣ嘴)。(『瞂』과 같음)

【呵】(가) 歌 箇 カ、しかる scold ㄏㄜ hê¹ (古音「하」) 草書 ❶꾸짖을가(怒責)。〔史記 李廣傳〕覇陵尉醉ㅣ止廣。❷내불가(氣出)。❸깔깔웃을가(笑聲)。〔傳燈錄〕猶有一人、ㅣㅣ大笑。❹꾸지람할가(責讓)。❺불가(噓氣)。

【呸】(비) ヒ、あらそうこえ quarrel or wrangle ㄆㄟ p'ei¹ 다투는소리비(爭聲)。

【呷】(합) 洽 コウ、すう sip ㄒㄧㄚ hsia² 小篆 草書 ❶빨아마실합(吸而飮也)。❷떠들썩할합(喤ㅣ、衆聲貌)。❸벌릴합(張也)。〔司馬相如 子虛賦〕翕ㅣ萃蔡。❹집오리우는 소리합(鴨鳴)。

【呶】(노) 看 ド、やかましい chatter ㄋㄠ nao² 小篆 書 草 ❶들렐노(讙聲)。❷지껄일노(譊也)。〔詩經〕載號載ㅡ。

【呹】㊀(일) 質 イツ、チツ、くさをかむ feed on grass ㊁(질) 質 ㊀❶풀뜯어먹을일(牛羊草食貌)。❷재빠를일(疾也)。㊁소리질(聲也)。〔揚雄〕薌ㅡ肹以 根兮。

【呺】㊀(효) 蕭 ゴウ、ギョウ、かぜおと ㊁(호) 號 wind ㊀큰체할효(ㅡ然虛大貌)。〔莊子〕非不知ㅡ然大也吾爲其無用而掊之。㊁바람소리호(風聲)。〔莊子〕萬竅怒ㅡ。

【呻】(신) 眞 シン、うめく moaning ㄕㄣ shen¹ 小篆 書 草 ❶읊조릴신(吟咏聲)。〔禮〕今之教者ㅡ其佔畢。❷끙끙거릴신(ㅡ吟、殿屎)。〔莊子〕ㅡ吟裘氏之地。

【呼】(호) 虞 遇 コ、よぶ call ㄏㄨ hu¹ 小篆 書 草 ❶숨내쉴호(外息)。❷부를호(喚也)。〔李商隱雜纂必不來〕把棒ㅡ狗。❸슬퍼할호(嗚ㅡ歎辭)。〔書〕ㅡ 嗚曷歸。❹부르짖을호(號也)。〔詩〕式號式ㅡ。❺청할호(招也)。〔杜甫詩〕天子ㅡ來不上船。

【命】(명) 敬 メイ、ミョウ、いのち、いいつけ life ; command ㄇㄧㄥ ming⁴ 小篆 書 草 ❶목숨명(天之所賦人所稟受)。〔易〕各正性ㅡ。❷시킬명(使也)。〔書〕乃ㅡ羲和。❸명령할명(教令)。〔增韻〕大曰ㅡ小曰令。❹이름명(名也)。〔漢書〕嘗亡ㅡ遊外黃。❺도명(道也)。〔詩〕維天之ㅡ。❻운수명(運也)。〔大學〕詩曰、周雖舊邦、其ㅡ維新。❼일러보일명(告示)。

【呾】(달) 曷 タツ、しかりあう reproach each other 마주 꾸짖을달(相訶)。

【呿】㊀(거) 魚 キョ、カ、くちあく open mouth ㄑㄩ ch'ü¹ ㊁(가) 麻 書 草 ㊀입딱벌일거(張口貌)。〔莊子〕公孫龍口ㅡ而不合。㊁뜻은 ㊀과 같음。

【咂】(잡) 合 ソウ、すう ㄗㄚ tsa¹ 빨잡(口吸)。

【咀】(저) 語 ショ、ソ、かむ chew ㄐㄩ chü³ 小篆 書 草 ❶씹을저(ㅡ嚼含味)。〔韓愈文〕含英ㅡ華。❷깨달을저(了解)。〔文心雕龍〕ㅡ嚼文義。❸먹을저(食也)。

【咄】㊀(돌) 月 トツ、しかる scold ㄉㄨㄛ tuo⁴ ㊁(탈) 曷 小篆 書 草 ㊀❶꾸짖을돌(訶也)。〔戰國策〕呴籍叱ㅡ。❷괴이쩍을돌(驚怪聲)。〔後漢書〕帝撫光腹曰ㅡㅡ子陵。❸혀찰돌(咨語)。〔晉書〕嘗爲客作豆粥ㅡ嗟便辨。❹부르는소리돌(呼聲)。〔漢書 李陵傳〕立政曰、ㅡ小卿良苦。❺눈깜박할새돌(瞬間)。㊁뜻은 ㊀과같음。

【咅】㊀(투) 宥 トウ、あざわらう sneer ㊁(부) 有 小篆 或體 ㊀❶비웃을투(嗤也)。❷침뱉을투(唾也)。㊁뜻은 ㊀과 같음。

【咆】(포) 肴 ホウ、ほえる roar ㄆㄠ p'ao² 小篆 書 草 ❶고함지를포(嗥也)。❷짐승소리포(ㅡ哮熊虎聲)。〔淮南子〕虎豹襲穴而不敢ㅡ。❸성불끈낼포(ㅡ勃怒貌)。〔潘岳 西征賦〕何猛氣之ㅡ勃。

【咇】(필) 質 ヒツ、こうばしい fragrant 향기날필(馨香ㅡ芬)。(『苾』과 같음)

【咈】(불) 物 フツ、たがう be against ㄈㄨ fu² 小篆 書 草 어길불(違也戾也)。〔書〕帝曰吁ㅡ哉。(『拂』과 통함)

【咋】㊀(사) 禡 サク、シャク、かむ chew ㄓㄚ cha⁴ ㊁(책) 陌 ㊂(색) 陌 書 草 ㊀잠깐사(暫也)。〔左傳〕桓子ㅡ謂林楚曰而先皆季氏之良也。(本音「자」) ㊁소리꽥지를책(大聲)。〔周禮 冬官考工記鳧氏〕侈則柞。㊂❶씹을색(齰也)。〔漢書 東方朔傳〕孤豚之ㅡ虎。❷먹을색(啖也)。

【咉】(앙) 養 オウ、むせびかなしむ weep mournfully 목메어슬피울앙(咽悲)。

【咊】(화)『和』(次條)의 古字

【和】㊀(화) 歌 カ、やわらぐ peaceful ㄏㄨㄛ huo⁴ ㊁(화) 箇 小篆 書 草 ㊀❶순할화(順也)。〔中庸〕君子ㅡ而不流。❷화할화(諧也)。❸합할화(合也)。〔易〕保合大ㅡ。❹방울화(鈴也)。〔詩〕ㅡ鸞雝雝。❺알맞을화(過不及)。〔中庸〕ㅡ也者、天下之達道也。❻세피리화(小笙)。❼사이좋을화(睦也)。㊁❶화답할화(聲相應)。〔易〕鳴鶴在陰其子ㅡ之。❷곡조화(調也)。〔禮〕竽笙備而不ㅡ。❸섞을화(調味)。〔禮〕甘受ㅡ。❹더할화(加也)。〔禮記 內則〕衣裳垢、ㅡ灰請澣。❺본받을화(見習)。❻줄화(與也)。

【咍】(해) 灰 カイ、わらう derision ㄏㄞ hai¹ 小篆 書 草 비웃을해(嗤笑)。〔左思賦〕東吳王孫囅然而ㅡ。

【咎】 ㊀(구) 有 キュウ、とがめる reprove ㊁(고) 豪 ㄐㄧㄡˋ chiu⁴
小篆 草書 ㊀❶허물구(愆也)。〔詩〕微我有ㅣ。❷재앙구(災也)。〔書經大禹謨〕天降之ㅣ。❸미워할구(仇也)。〔書經西伯戡黎序〕殷始ㅣ周。㊁순임금신하고(舜臣、ㅣ繇)。

【咏】(영) 敬 エイ、うたう chant ㄩㄥˇ yung³
小篆 草書 ❶노래할영(歌也)。〔漢書〕彈琴其中以ㅣ先王之風。❷읊을영(吟也)。〔『詠』과 같음〕

【咐】(부) 虞 フ、いいつける instruct
草書 ❶불부(噓也)。❷분부할부(吩也)。

【咖】(가) 〔中字〕 コーヒー coffee ㄐㄧㄚ chia¹
草書 커피차가(熱帶產植物茶名、ㅣ啡)。

【咕】(고) 麌 コ、ことばがおおい grumble ㄍㄨ ku¹
두덜거릴고(多言)。

【咜】(타)『咤』(口部6畫)의 訛字

【知】(지)→矢部3畫

六畫

【咠】(집) 緝 シュウ、そしる slander 〔本音(즙)〕
小篆 ❶참소할집(譖言ㅣㅣ)。❷귓속말할집(聶語)。

【咢】(악) 藥 ガク、おどろく be startled ㄜˋ è⁴
小篆 草書 ❶깜짝놀랄악(驚也)。〔詩〕式歌式ㅣ。❷바른말할악(直言)。〔漢書 韋賢傳〕ㅣㅣ黃髮。❸높을악(高貌)。〔張衡 思玄賦〕冠ㅣㅣ其映蓋。❹노래안하고북칠악(無歌鼓打)。〔爾雅 釋樂〕徒擊鼓謂之ㅣ。〔『諤』과 통함〕

【咡】(이) 寘 ジ、くちもと about one's lips ㄦˋ êrh⁴
草書 입이귀이(口旁)。

【咤】(타) 禡 タ、しかる scold ㄓㄚˋ cha⁴ 〔古音(차)〕
小篆 草書 ❶꾸짖을타(叱怒)。〔史記〕暗啞叱ㅣ千人自廢。❷슬플타(悲也)。〔蔡琰詩〕怛ㅣ靡肝肺。❸뿜을타(噴也)。❹혀찰타(舌打)。❺쩍쩍씹는소리타(物食口鳴)。〔禮記 曲禮〕毋ㅣ食。

【咦】㊀(이) 支 イ、ダイ、わらう laugh ㊁(재) 佳 ㄧˊ i²
小篆 ㊀❶크게부를이(大呼貌)。❷웃을이(笑貌)。㊁뜻은 ㊀과 같음。

【咥】㊀(희) 未 キ、テツ、わらう laugh ㊁(질) 質 ㄒㄧˋ hsi⁴ ㊂(절) 屑
小篆 草書 ㊀허허웃을희(笑聲)。〔詩〕ㅣ其笑矣。㊁웃을질(笑也)。㊂❶물절(齧也)。❷씹을절(啖也)。

【咧】(렬) 屑 レツ、とりこえ ㄌㄧㄝ lieh¹·²·³
새소리렬(鳥聲ㅣㅣ)。

【咨】(자) 支 シ、はかる、なげく plan; resent ㄗ tzu¹
小篆 草書 ❶꾀할자(謀也)。〔書經〕十有二牧。❷원망할자(怨也)。〔書經〕小民惟曰怨ㅣ。❸탄식할자(嗟歎聲)。〔易經〕齎ㅣ涕洟。〔書經 堯典〕帝曰、ㅣ汝羲曁和。〔『諮』와 통함〕

【咩】(미)『哶』(口部6畫)와 같음

【咫】(지) 紙 シ、すこし little ㄓˇ chih³
小篆 草書 ❶여덟치지(八寸)。〔左傳〕天威不違顏ㅣ尺。❷적을지(少也)。〔楚語〕是知天ㅣ安知民則。❸짧을지(短也)。

【咪】(미) 紙 ビ、なく bleat ㄇㄧ mi¹
草書 양우는소리미(羊鳴聲)。〔『哶』와 같음〕

【咬】㊀(교) 肴 コウ、キョウ、かむ bite ㊁(교) 巧 ㄧㄠˇ yao³
草書 ㊀새지저귈교(鳥聲)。㊁❶물교(齧也)。〔王君玉雜纂難奈何〕ㅣ人馬。❷씹을교(食也)。〔『齩』와 같음〕

【咮】(주) 宥 ジュ、くちばし bill
小篆 草書 새부리주(鳥口、喙也)。〔詩經曹風候人〕維鵜在梁、不濡其ㅣ。〔『噣』와 통함〕

【咭】㊀(길) 質 キツ、よろこぶ be glad of ㊁(갈) 黠 ㄐㄧ chi¹
㊀❶웃는모양길(笑貌)。❷기뻐할길(喜貌)。㊁쥐우는 소리갈(鼠鳴聲)。

【呭】㊀(예) 霽 エイ、セイ、セツ、ことばがおおい talkative ㊁(세) 霽 ㊂(설) 屑
㊀❶말많을예、되풀이말할예(言多)。❷즐거워할예(樂也)。〔詩經〕無然ㅣㅣ。㊁뜻은 ㊀과 같음。㊂즐길설(樂也)。

【咯】㊀(각) 藥 カク、ラク、あらそい quarrel ㊁(락) 藥 ㄌㄨㄛˋ luo⁴
草書 ㊀꿩소리각(雉聲)。㊁송사하는말락(訟言)。

【咱】㊀(찰) 曷 サツ、わたくし myself ㊁(차) 麻 ㄗㄢˊ tsan²
草書 ㊀나찰(自己之稱)。㊁뜻은 ㊀과 같음。

【㖃】(후) 有 コウ、はずかしい shy
小篆 ❶부끄러울후(恥也)。❷토할후(吐也)。❸욕할후(罵也)。

【咳】㊀(해) 灰 ガイ、せき cough ㊁(해) 隊 ㄎㄜˊ k'e²
小篆 古文 草書 ㊀방글방글할해(小兒笑)。〔史記〕

曾不可以告ㅣ嬰之兒終日。(『孩』와 같음 本音은「개」)
㊁❶기침해(ㅣ嗽痰病)。❷침뱉을해(ㅣ唾)。〔莊子〕幸聞ㅣ唾之音。❸신기한 방문해(奇ㅣ非常術)。〔史記〕受其脈書上下經五色診奇ㅣ。(『欬』와 통함)

【咲】(소) 嘯 laugh ショウ、わらう Tㅣㄠ hsiao⁴
草書 웃을소(笑也)。〔李商隱雜纂 惡模樣〕未語先ㅣ。(『笑』의 古字)

【咸】(함) 咸 all カン、みな Tㅣㄢ hsien²
小篆 草書 ❶다함(悉也)。〔書〕庶績ㅣ熙。❷같을함(同也)。〔左傳 僖公二十四年〕周公弔二叔之不ㅣ。❸골고루함(徧也)。❹괘이름함(卦名)。〔國語 魯語〕小賜不ㅣ。

【咶】㊀(시) 紙 シ、なめる ㊁(활) 黠 ㄏㄨㄚ hua² lick
草書 ㊀❶핥을시(舌取物)。〔管子〕十口之家十人ㅣ鹽。❷이야기할시(話也)。 ㊁뜻은 ㊀과 같음。(『舓·舐』와 통함)

【咷】(도) 豪 cry トウ、なく ㄊㄠ t'ao²
小篆 小篆 草書 ❶아이울음 아니그칠도(兒泣不止)。〔易〕先號ㅣ而後笑也。❷부르짖을도(號也)。

【咮】(주) 尤 cluck シュウ、とりよぶこえ
❶병아리 부르는소리주(鷄呼雛聲ㅣㅣ)。❷닭부르는소리주(呼鷄聲)。(『州』와 같음)

【咮】㊀(축) 屋 ㊁(육) 屋 ㊂(적) 錫 シュク、にわとりをよぶ (of fowls) chuck
㊀❶닭부르는소리축(呼鷄聲)。❷한탄할축(嘆也)。㊁❶편히갈육(安行)。❷편안할육(安也)。㊂고요하고 소리없을적(靜而無聲貌)。

【咔】(롱) 送 deride ロウ、あざける
❶조롱할롱(嘲也)。❷소근거릴롱(聶也)。

【咺】(훤) 阮 dignified figure ケン、きわだつ Tㄩㄢ hsüan³
小篆 草書 ❶섧게울훤(哀泣不止痛也)。❷점잖을훤(威儀宣著)。〔詩〕赫兮ㅣ兮。❸두려워할훤(懼也)。

【咻】(휴) 虞 grieve キュウ、なげく Tㄩ hsü³
草書 ❶지껄일휴(嚾也)。〔孟子〕衆楚人ㅣ之。❷입앓는소리휴(噢ㅣ口病聲)。❸숨쉬는 소리휴(呼吸聲)。〔高適詩〕旅雁悲ㅣㅣ。〔蘇軾詩〕草中ㅣㅣ有寒兎。

【咼】(괘)『喎』(口部 9畫)와 같음

【哚】(염) 琰 ゼン、くちうごく mouth move
입움직일염(口動貌)。

【咽】㊀(인) 先 ㊁(연) 霰 ㊂(열) 屑 エン、イン、のど throat ㄧㄢ yen¹ (本音「연」)
小篆 草書 ㊀목구멍인(ㅣ喉,嗌)。〔戰國策〕頓子曰韓天下之ㅣ喉。㊁❶삼킬연(呑也)。〔孟子〕三ㅣ然後耳有聞目有見。❷빨리치는 북소리연(早急打鼓聲)。〔詩經 魯頌有駜〕鼓ㅣㅣ。㊂❶목멜열(嗚ㅣ聲塞)。〔孔稚圭北山移文〕石泉ㅣ而下愴。❷막힐열(塞也)。〔新序 雜事〕雲霞充ㅣ、則奪日月之明。

【咿】(이) 支 forced laugh イ、つくりわらう ㅣ i¹
草書 ❶선웃음칠이(喔ㅣ强笑)。〔楚辭〕吾將喔ㅣ嚅唲以事婦人乎。❷책읽는 소리이(讀書聲)。

【哀】(애) 灰 pitiful アイ、あわれむ ㄞ ai¹
小篆 草書 ❶서러울애(傷也)。〔詩經〕ㅣ我人斯。❷민망할애(悶也)。❸슬플애(痛也)。❹불쌍할애(憐也)。〔韓愈 應科目時與人書〕ㅣ其窮而運轉之。❺사랑할애(愛也)。〔詩經 小雅鴻雁〕ㅣ此鰥寡。❻기중애(喪中)。〔史記 孔子世家〕崇喪遂ㅣ。

【品】(품) 寢 kind; character ヒン、しな、がら ㄆㄧㄣ p'in³
小篆 草書 ❶뭇품(類也)。〔易〕ㅣ物流亨。❷품수품(格也)。〔禮〕ㅣ節斯斯謂之禮。❸가지품(物件)。〔書〕維金三ㅣ。❹벼슬 차례품(官級)。〔周禮〕外官不過九ㅣ。❺법품(式也)。❻한가지품(齊也)。〔國語 周語〕ㅣ其百國。❼평할품(批評)。

【哂】(신) 軫 smile シン、わらう ㄕㄣ shen³
草書 ❶빙그레웃을신(微笑)。〔論語〕夫子ㅣ之。❷비웃을신(嘲笑)。

【㗊】(령) 青 noisy レイ、リョウ、おおくのこえ
❶많은 소리령(衆聲)。❷시끄러울 령(喧也)。

【㖅】(술) 質 grumble ジュツ、つぶやく
❶중얼거릴술(口言)。❷휘파람술。

【哃】(동) 東 brag ドウ、ほらふく
❶큰말할동(大言ㅣ嗐)。❷망녕된말동(妄言)。

【哄】(홍) 東 送 clamour コウ、キョウ、どよめく ㄏㄨㄥ hung¹
草書 ❶여럿이지껄일홍(衆唱聲)。❷큰소리내어웃을홍(笑大聲)。

【哆】㊀(치) 紙 ㊁(차) 馬 oppen a mouth シ、タ、はる、あける ㄔㄜ ch'ê³
小篆 草書 ㊀입딱벌일치(張口貌)。〔詩〕ㅣ兮侈兮。㊁입술

처질차(脣下垂)。

【呴】(후) 宋 コウ、やかましい 多 clamour
❶큰소리할후(大聲)。〔呂氏春秋〕功之難立也其必由ㅣㅣ耶。❷떠들썩할후(譁聲)。

【哇】㊀(와) 麻 アイ、カイ、はく vomit ㄨㄚ wa¹ ㊁(왜) 佳 (同音「해」)
小篆 草書 ㊀❶음란한소리와(淫聲)。〔法言〕中正則雅多ㅣ則鄭。❷게울와(吐也)。〔孟子〕出而ㅣ之。❸막힐와(氣不暢)。〔莊子 大宗師〕屈服者其言若ㅣ。㊁뜻은 ㊀과 같음。

【哈】㊀(압) 合 ゴウ、すする a draught ㄏㄚ ha¹·³ ㊁(합) 洽
草書 ㊀고기우물거릴압(魚多貌)。㊁한모금합(以口歃飲)。〔淮南子〕嘗一ㅣ水而甘苦知矣。

【哉】(재) 灰 サイ、はじめ for the first time ㄗㄞ tsai¹
小篆 草書 ❶비로소재(始也)。〔書〕惟三月ㅣ生魄。❷답다재(間隔辭)。〔論語〕君子ㅣ若人。❸그런가재(疑辭)。〔韓愈送高閑上人序〕今閑之於草書、有旭之心ㅣ。❹어조사재(語助辭)。(『材』『栽』와 통함)

【响】(향) 漾 コウ、なく howl
❶진동할향(振動)。❷울향(鳴也)。(『響』의 俗字)

【𠯗】(알) 曷 アツ、そしる slander
❶비방할알(謗也)。❷소리알(聲也)。

【哎】(애) 〔中字〕 ガイ、ああ ㄞ ai¹
애통하는소리애(悲痛聲ㅣ呟)。

【[illegible]】(뿐) 〔國字〕
그뿐(句讀)。

七畫

【員】㊀(원) 先 イン、エン、かず number; member ㄩㄢ yüan² ㊁(운) 文
小篆 籀文 草書 ㊀❶관원원(官數)。〔史記〕以毛遂備ㅣ而行矣。❷둥글원(幅ㅣ周也)。〔詩〕ㅣ景ㅣ維河。㊁❶더할운(益也)。〔詩〕ㅣ于爾輻。❷땅이름운(烏ㅣ)。(『云』·『鄖』과 통함)

【哢】(롱) 送 ロウ、さえずる chirp ㄌㄨㄥ lung⁴
草書 새울조릴롱(鳥吟聲)。〔左思賦〕雲飛水宿ㅣ吭清渠。

【哤】(방) 江 ボウ、みだれる clamour
小篆 草書 잡된말방、떠들썩할방(雜處語亂貌)。

【哥】(가) 歌 カ、あに、うたう elder brother; sing ㄍㄜ kê¹
小篆 草書 ❶언니가(呼兄)。〔西陽雜俎〕帝呼寧王爲大ㅣ。❷노래할가(歌也)。〔唐書劉禹錫傳〕屈原作九ㅣ。❸〔國字〕성지명할가(指稱姓氏)。(『歌』의 古字)

【哦】(아) 歌 カ、うたう chant ㄜ ê²
小篆 草書 읊조릴아(吟也)。〔宋楊秀詩〕乃翁對竹方ㅣ詩。

【哨】㊀(초) 嘯 ショウ、みはり picket ㄕㄠ shao⁴ ㊁(소) 蕭
小篆 草書 ㊀❶방수군초(巡ㅣ屯戍防盜處)。❷청대의 군제초(清代軍制、百人一隊稱)。❸피리초(喇叭一種)。㊁❶입비뚤어질소(口不正)。❷잔말할소(多言)。〔揚子法言〕禮義ㅣㅣ、聖人不取也。

【哪】(나) 箇 ナ、ダ、なんぞ ㄋㄜ nê²
어조사나(語助辭)。

【哩】㊀(리) 寘 リ、マイル mile ㄌㄧ li¹·³ ㊁(리) 〔新字〕
草書 ㊀어조사리(語助詞)。㊁마일리(英國里程〈Mile〉)。

【哮】(효) 豪 コウ、ほえる roar ㄒㄧㄠ hsiao¹
小篆 草書 ❶돼지놀란소리효(豕驚聲)。❷성낼효(怒也)。❸울부짖을효(獸類怒吼)。〔風俗通〕闞如ㅣ虎。❹큰소리낼효(大聲發)。

【哭】(곡) 屋 コク、なく wail ㄎㄨ k'u¹
小篆 草書 ❶울곡(哀之發聲)。〔禮〕歌于斯ㅣ于斯。❷곡례곡(ㅣ禮)。〔論語述而〕ㅣ則不歌。

【哫】(족) 沃 ソク、へつらう flattery
草書 아첨할족(以言求媚ㅣ訾)。

【哬】(하) 歌 カ、おおいこえ voice of many people
뭇소리하(衆聲)。

【哯】(현) 銑 ケン、ゲン、ちちをはく disgorge the milk
小篆 아이젖토할현(小兒嘔乳)。

【哰】(로) 豪 ロウ、はっきりしない ㄌㄠ lao²
말알지못할로(言語不解嘯ㅣ)。

【哱】(발) 月 ホツ、ハイ、みだれる trumpet
대평소발(ㅣ囉軍器)。〔紀效新書〕凡吹ㅣ囉是要衆兵起身執器。

【哲】(철) 屑 テツ、あきらか sagacious ㄓㄜ chê²
小篆 或體 古文 草書 ❶밝을철(明也)。〔漢書〕哀鰥ㅣ獄。❷슬기스러울철(智也)。〔書〕濬ㅣ文明。❸슬기로운이철(知者)。(『喆』과 같음)

【哳】(찰) 黠 タツ、なきこえ ㄓㄚ cha²
새지저귈찰(啁ㅣ鳥鳴)。〔楚辭〕鵾雞啁ㅣ而悲鳴。

【哶】(마) 馬 バ、メ、ひつじのなくこえ bleat ㄇㄧㄝ mieh¹
양울마(羊鳴)。

【哷】 (렬) 屑 レツ、にわとりのこえ cock-a-doodle-doo カㄝ lê⁴
닭우는 소리렬(鷄鳴聲)。

【呼】 (부) 尤 フ、ふく blow
❶부는소리부(吹氣ㅡㅡ)。 ❷물새소리부(水鳥鳴ㅡㅡ)。

【哺】 (포) 遇 ホ、くらう eat ㄅㄨˇ pu³·⁴
小篆 草書 ❶씹어먹을포(口中嚼食)。 【史記】一飯三吐ㅡ。 ❷먹일포(ㅡ之)。 【易林】烏鵲食穀張口受ㅡ。(『餔』와 통함)

【哼】 (형) 庚 コウ、おろか、おびえる be afraid of ㄏㄥ hêng¹
겁낼형(愚怯貌、唅ㅡ)。

【哽】 (경) 梗 コウ、むせぶ be choked with ㄍㄥˇ kêng³
小篆 草書 목막힐경(ㅡ咽塞也)。【莊子】壅則ㅡㅡ而不止則跈。(『鯁』과 통함)

【哿】 (가) 哿 カ、よい good ㄍㄜˇ kê³
小篆 草書 ❶옳을가(可也)。【孟子】梁惠王下】ㅡ矣富人。 ❷아름다울가(嘉也)。

【哫】 (속) 沃 ソク、すう suck
❶빨속(吸也)。 ❷새의부리속(鳥喙)。

【唁】 (언) 霰 ゲン、とむらう condolence ㄧㄢˋ yen⁴
小篆 草書 위문할언(弔生)。【詩】歸ㅡ衛侯。

【唀】 (유)『誘』(言部 7畫)와 같음

【唄】 (패) 卦 バイ、うた song ㄅㄞˋ pai⁴
草書 ❶염불소리패(梵音聲)。【法苑】西方之有ㅡ猶東國之有讚。 ❷노래부를패(唱也)。【唐書 王縉傳】王縉佐代宗、作內道場、晝夜梵ㅡ。

【唅】 (함) 勘 カン、ふくむ hold in mouth ㄏㄢˊ han²
草書 ❶재갈물릴함(銜也)。【漢書 王褒傳】蘘藜ㅡ糗。 ❷머금을함(哺ㅡ)。 ❸입빠끔하게벌릴함(張口呀也)。(『含』과 같음)

【唆】 (사) 歌 サ、そそのかす tempt
草書 ❶아이들 군호할사(小兒相應聲)。 ❷꾀일사(誘也)。

【唇】 (진) 眞 シン、おどろく surprise ㄔㄨㄣˊ ch'uen²
小篆 놀랄진(驚也)。(『脣』과 別字)

【唉】 (애) 灰 アイ、キ、おお、ああ deplore ㄞ ai¹
小篆 草書 ❶놀라 물을애(驚問)。【管子 桓公問】禹立諫鼓於朝、而備訊ㅡ。 ❷범연히 대답할애

(慢應聲)。【莊子 知北遊】狂屈曰、ㅡ吾知之。 ❸탄식할애(恨歎辭)。【史記】范亞父以劍破玉玦曰ㅡ豎子不足與謀。(『欸』와 같음)

【唈】 ㊀(읍) 緝 ユウ、むせぶ sobbing ㊁(압) 合
草書 ㊀숨느껴쉴읍(嗚ㅡ短氣)。【淮南子】孟嘗爲之增欷歍ㅡ流涕狼戾不可止。 ㊁뜻은 ㊀과 같음。

【唊】 (겹) 葉 キョウ、かまびすしい talkativeness
小篆 ❶망녕되이 말할겹(妄語)。 ❷말많을겹、수다스러울겹(多言)。

【唌】 ㊀(연) 先 エン、そしる slander ㊁(단) 寒
小篆 ㊀참소할연(纏貌、ㅡㅡ)。 ㊁뜻은 ㊀과 같음。

【唍】 (완) 潸 カン、ほほえむ beam upon (本音「환」)
방긋웃을완(莞爾笑)。

【唐】 (당) 陽 トウ、ほら humbug ㄊㄤˊ t'ang²
小篆 古文 草書 ❶당나라당(國名)。 ❷황당할당(荒ㅡ大言)。【莊子】荒ㅡ之言。 ❸북도당(堂途)。【詩】中ㅡ有甓。 ❹갑자기당(遽也)。 ❺제방당(塘也)。【國語 周語】陂ㅡ汚痺、以鍾其美。

【唏】 ㊀(희) 微 キ、なく weep ㊁(희) 未 ㄒㄧ hsi¹
小篆 草書 ㊀❶한숨쉴희(歔ㅡ歎也)。【史記十二諸侯年表】紂爲象箸、而箕子ㅡ。 ❷슬퍼 느낄희(哀而不泣)。(『欷』와 같음) ㊁슬피 울희(哀聲)。

【唒】 (제) 霽 テイ、タイ、くしゃみをする sneeze
재채기할제(鼻噴)。

【唔】 (오) 虞 ゴ、よみごえ reading sound
草書 글읽는 소리오(讀書聲)。

【唕】 (조) chirp ソウ、さわがしい ㄗㄠˋ tsao⁴
지저귈조(ㅡ囉)。

【唚】 (침) 〔中字〕
입맞출침(ㅡ嘴)。

【唜】 (끗) 〔國字〕
땅이름끗(地名、ㅡ串餉)。

八畫

【唪】 (봉) 董 ホウ、おおわらい loud laughter ㄈㄥˇ fêng³
小篆 草書 크게웃을봉(大笑貌)。

【唫】 ㊀(금) 寢 キン、つぐむ be shut up ㊁(음) 侵 ㄧㄣˊ yin²
小篆 小篆 草書 ㊀입다물금(口急閉)。 ㊁읊을음(咏也)。(『吟』과 같음)

【唭】 (기) 寘 キ、おろか、あざむく not listening to and not looking at

❶듣지도 보지도 않을기(無聞見)。❷어리석을기、어두울기(暗愚)。❸속일기(紿也)。

【唬】(호) 皓 roar コウ、ほえる ㄏㄨˇ hu³ 小篆 ❶웅얼거릴호(ー聲)。❷범의소리호(虎聲)。(『虓』와 같음)

【售】(수) 宥 sell シュウ、うる ㄕㄡˋ shou⁴ 小篆 草書 ❶팔수(賣也)。❷갚을수(償也)。

【唯】(유) 紙 支 only イ、ただ ㄨㄟˊ wei² 小篆 草書 ❶오직유、뿐유(專辭獨也)。❷허락할유(許也)。❸어조사유(語助辭)。

【口叔】(적) 錫 calm セキ、ジャク、しずか 小篆 고요할적(靜也)。

【唱】(창) 漾 sing ショウ、うたう ㄔㄤˋ ch'ang⁴ 小篆 草書 ❶노래할창(發歌)。❷인도할창(導也)。

【唲】㊀(아) 支 ㊁(애) 佳 forced laugh ジ、アイ、つくりわらい 草書 ㊀선웃음칠아(强笑嚅ー)。㊁어리광부릴애、응석할애(兒語ー嘔)。

【唳】(려) 霽 quack レイ、なく ㄌㄧˋ li⁴ 小篆 草書 ❶학울려(鶴鳴)。❷기러기소리려(雁聲)。

【唴】(강) 漾 weep キョウ、なく 小篆 ❶어린아이울강(小兒啼ーー)。❷울어기진할강(哭極音絕)。

【唵】㊀(암) 感 ㊁(옴) [慣音] seize アン、にぎりくう ㄢˇ an³ 草書 ㊀움켜먹을암(手進食)。㊁진언옴(釋呪)。

【唶】㊀(차) 禡 ㊁(책) 陌 sigh シャ、サク、なげく 小篆 草書 ㊀탄식할차(歎也)。㊁❶우렁찰책(大聲嘖ー)。❷새소리책(鳥聲)。

【唷】(육) 屋 shout イク、かまびすしい ㄧㄛ yo¹ 소리지를육(出聲)。

【唸】㊀(점) 豔 ㊁(전) 霰 groan テン、うめく ㄋㄧㄢˋ nien⁴ 小篆 草書 ㊀신음할점(吚也)。【詩經】民之方ー咿 ㊁뜻은㊀과 같음。

【唹】(어) 魚 smile at ゴ、わらう 고요히웃을어(靜笑)。

【口夜】(야) 禡 (of birds) chirp at night ヤ、とりがよるなく 새밤에울야(鳥夜鳴)。【禽經】水鳥以夜ー。

【唼】(삽) 洽 sob ソウ、すする ㄗㄚ tsa¹ 草書 오리와기러기먹는소리삽(鳧鴈聚食ー喋)。

【口函】(함) 覃 jaw カン、あご ❶턱함(頤也)。❷노하는모양함(怒貌)。

【唾】(타) 箇 spittle ダ、つば ㄊㄨㄛˋ t'uo⁴ 小篆 或體 草書 ❶침타(口液)。❷버릴타(ー罵)。(『涶』와 같음)

【唿】(홀) 月 about worry コツ、うれえる ㄏㄨ hu¹ 근심할홀(憂也)。

【啀】(애) 佳 bite ガイ、いがむ 草書 개가물려고할애(狗欲齧)。

【口沓】(답) 合 chattering トウ、かまびすしい 잔말할답(多言)。(『誻』과 통함)

【啁】㊀(조) 肴 ㊁(주) 尤 chirp トウ、チョウ、なきさえずる ㄓㄡ chou¹ 小篆 草書 ㊀지껄일조(聲也ー嘐)。㊁새소리주(鳥聲ー噍)。

【啨】(효) 肴 peal of laughter コウ、わらいごえ 웃음소리효(笑聲)。

【啃】(삽) 緝 smack シュウ、くちをならす ㄎㄣˋ k'ên⁴ 입다시는소리삽(口聲咠ー)。

【啄】(탁) 覺 peck タク、ついばむ(本音「착」) ㄓㄨㄛˊ chuo² 小篆 草書 ❶쪼을탁(鳥食)。❷문두드릴탁(叩門剝ー)。

【啅】(탁)『啄』(前條)과 같음

【商】(상) 陽 trade ショウ、あきない ㄕㄤ shang¹ 小篆 古文 古文 籀文 草書 ❶장수상(行貨ー賈)。❷헤아릴상(裁度)。❸상나라상(國號)。❹쇳소리상(金音)。

【啇】(적) 錫 root テキ、ねもと 草書 ❶나무뿌리적(木根)。❷실과꼭지적(果蔕)。❸밑둥적(本也)。

【啉】(람) 覃 noisy ラン、やかましい ❶술순배람(酒巡匝)。❷떠들람(喧也)。(『惏』과 같음)

【啊】(아) 箇 love ア、あいする Y a¹·³·⁴ ❶사랑할아(愛也)。❷어조사아(助辭)。

【口效】(교) noisy キョウ、かまびすしい(或音「효」) ❶움직일교(動也)。❷시끄러울교(喧也)。

【⿰口昏】(혼) 元 コン、こごと twaddle ❶잔말할혼(多言ㅡㅡ)。❷아득할혼(目所不見)。

【啍】(톤) 元 トン、いき breath ㄊㄨㄣ t'uen¹ 小篆 草書 ❶느럭느럭할톤(重遲貌ㅡㅡ)。❷입김톤(口氣)。(『噋』와 같음)

【啎】(오) 遇 ゴ、さからう oppose ㄨˇ wu³ 小篆 ❶거스를오(逆也)。❷서로마주칠오(相觸)。❸만날오(逢也)。

【問】(문) 問 ブン、モン、とう ask ㄨㄣˋ wen⁴ 小篆 草書 ❶물을문(訊也)。❷문안할문(訪也)。❸문초할문(訊罪)。❹분부할문(命令)。

【啐】㊀(쵀) 隊 サイ、ソツ、おどろく ㊁(줄) 質 surprise ㄘㄨㄟˋ ts'uei⁴ 小篆 草書 ㊀❶부를쵀(呼也)。❷놀랄쵀(咄ㅡ驚也)。❸맛볼쵀(嘗也)。㊁❶지껄일줄(衆聲嘈ㅡ)。❷쭉쭉빨줄(吮聲)。

【唼】㊀(잡) 合 ソウ、すする ㊁(삽) 洽 sob ㊂(체) 〔中字〕 草書 ㊀삼킬잡(呑也)。(『咂』과 같음) ㊁오리가텁석텁석먹을삽(鴨食魚貌ㅡ喋)。㊂콧김불체(鼻噴氣)。

【啓】(계) 薺 ケイ、ひらく cultivate ㄑㄧˇ ch'i³ 小篆 草書 ❶열계, 가르칠계(開發)。❷열어볼계(開也)。❸인도할계(導也)。❹여쭐계(奏事)。❺떠날계(發足)。❻꿇을계(跪也)。

【啕】(도) 豪 トウ、かまびすしい garrulous ㄊㄠˊ t'ao² 수다할도(多言ㅡㅡ)。(『咷』와 같음)

【啖】(담) 勘 タン、くらう swallow ㄉㄢˋ tan⁴ 小篆 草書 ❶씹을담(噍也)。❷통째로삼킬담(幷呑貌)。❸미끼담(以利餌人)。(『啗·噉』과 같음)

【啗】(담) 勘 タン、くらう masticate; eat ㄉㄢˋ tan⁴ 小篆 草書 ❶씹을담(噍也)。❷먹을담(食也)。(『啖』과 같음)

【啙】(자) 紙 シ、まずしい distitute ㄗˇ tzu³ 小篆 草書 ❶구차할자(苟且ㅡ窳)。❷짧을자(短也)。(『呰』와 같음)

【啚】(비) 紙 ヒ、やぶさか stingy ㄅㄧˇ pi³ 小篆 古文 인색할비、다라울비(嗇也)。(『鄙』와 같음)

【啜】(철) 屑 テツ、セツ、すする sob ㄔㄨㄛˋ ch'uo⁴ 小篆 草書 ❶훌쩍거릴철(泣貌)。❷수다할철(多言)。❸맛볼철(嘗也)。❹부리철(喙也)。

【啞】㊀(아) 馬 アク、ア、おし ㊁(아) 禡 mute ㊂(액) 陌 ㄧㄚˇ ya³ 小篆 草書 ㊀벙어리아(病瘖不言)。(『瘂』와 같음) ㊁까마귀소리아(烏聲)。㊂깔깔웃을액(笑聲)。

【啝】(화) 歌 ワ、すなお docile ❶순할화(順也)。❷아이울화(小兒啼)。

【唲】(애) 佳 アイ、こどものかたごと child word 아이말애(小兒言)。

【啡】㊀(배) 灰 ハイ、ヒ、コーヒー ㊁(비) 〔新字〕 coffee ㄈㄟ fei¹ ㊀침뱉는 소리배(唾聲)。㊁커피차비(熱帶産植物茶名咖ㅡ)。

【啣】(함)『銜』(金部 6畫)의 俗字

九畫

【⿰口垔】(열) 中字 エツ、のど throat 목구멍열(喉也)。

【啻】(시) 寘 シ、ただ only ㄊㄧˋ t'i⁴ 小篆 草書 뿐시、만시、쯤시(不止是、不ㅡ)。

【啼】(체) 齊 テイ、なく weep ㄊㄧˊ t'i² (本音「제」) 草書 울체(泣也)。(禮記)主人ㅡ。

【⿰口是】(시) 支 シ、なく chirp 새울시(鳥鳴)。

【啽】(암) 覃 カン、つぐむ be shut up 草書 ❶말아니할암(不言ㅡ嘿)。❷잠꼬대할암(寐聲ㅡ囈)。

【啇】(역) 職 ヨク、こころよい chearful 小篆 쾌할역(快也)。

【啾】(추) 尤 シュウ、なく speak in 小篆 草書 ❶두런거릴추(小聲)。❷찍찍거릴추(ㅡ唧)。

【啿】㊀(담) 感 タン、ゆたか ㊁(잠) 豏 abundant 草書 ㊀수두룩할담、많을담(豐厚之貌ㅡㅡ)。㊁뜻은 ㊀과 같음

【喀】(객) 陌 カク、キャク、はく spew ㄎㄚˋ k'a⁴ 草書 ❶기침할객(欬聲)。❷토할객(吐也)。

【喁】㊀(옹) 冬 ギョウ、よびあう unison ㄩㄥˊ yung² ㊁(우) 虞 小篆 草書 ㊀❶고기입오물거릴옹(魚口聚貌喁ㅡ)。❷고기입쳐들옹(衆口向上)。㊁서로부를우(相呼)。

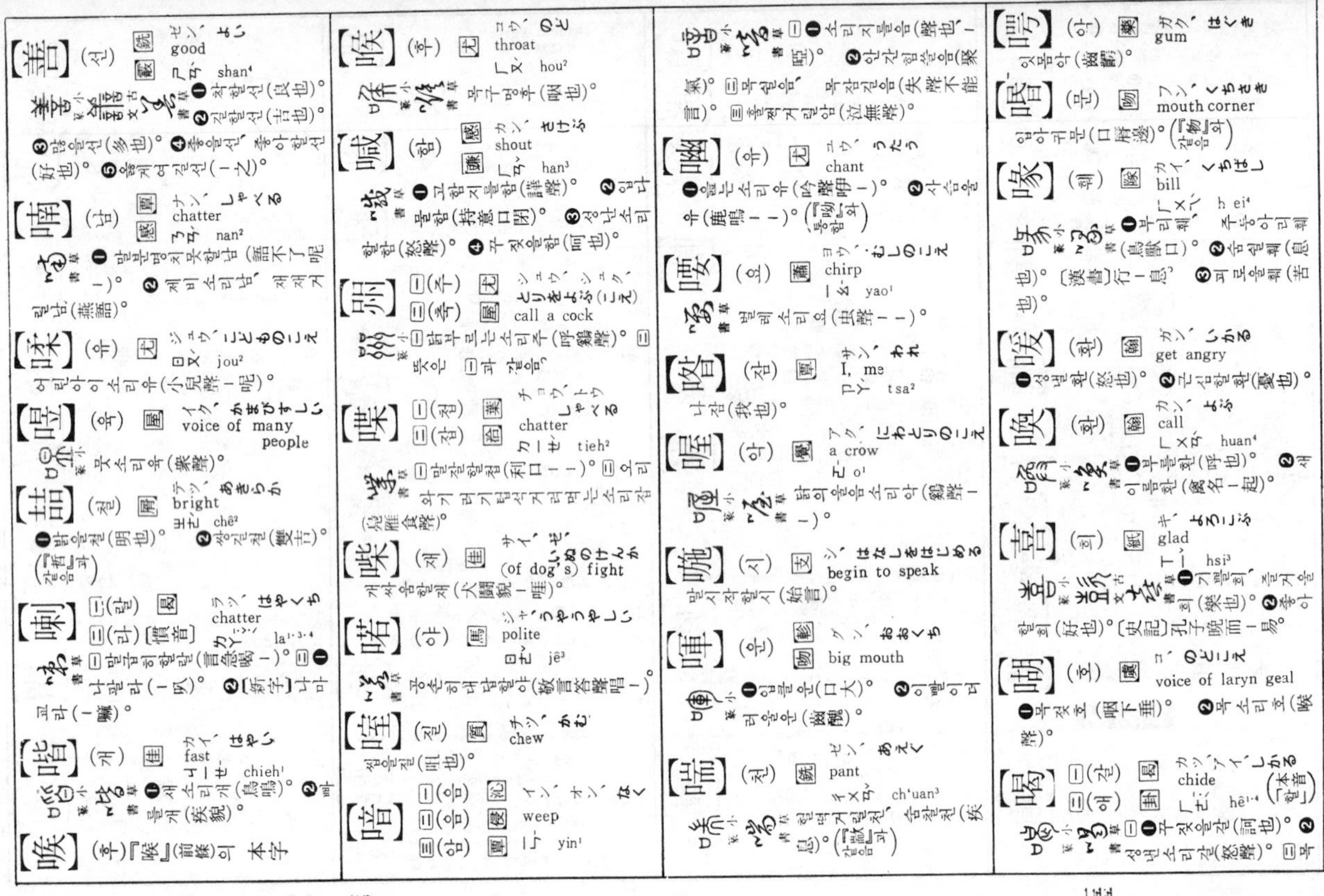

【善】(선) 銑 霰 ゼン、よい good ㄕㄢˋ shan⁴
小篆 古文 草書 ❶착할선(良也)。❷길할선(吉也)。❸많을선(多也)。❹좋을선、좋아할선(好也)。❺옳게여길선(ㅡ之)。

【喃】(남) 覃 感 ナン、しゃべる chatter ㄋㄢˊ nan²
草書 ❶말분명치못할남(語不了呢ㅡ)。❷제비소리남、재재거릴남(燕語)。

【[口柔]】(유) 尤 ジュウ、こどものこえ ㄖㄡˊ jou²
어린아이소리유(小兒聲ㅡ呢)。

【喅】(육) 屋 イク、かまびすしい voice of many people
小篆 뭇소리육(衆聲)。

【喆】(철) 屑 テツ、あきらか bright ㄓㄜˊ chê²
❶밝을철(明也)。❷쌍길철(雙吉)。(『哲』과 같음)

【喇】㊀(랄) 曷 ラツ、はやくち chatter ㊁(라)〔慣音〕 ㄌㄚ la¹·³·⁴
草書 ㊀말급히할랄(言急喝ㅡ)。㊁❶나팔라(ㅡ叭)。❷〔新字〕나마교라(ㅡ嘛)。

【喈】(개) 佳 カイ、はやい fast ㄐㄧㄝ chieh¹
小篆 草書 ❶새소리개(鳥鳴)。❷빠를개(疾貌)。

【喉】(후)『喉』(前條)의 本字

【喉】(후) 尤 コウ、のど throat ㄏㄡˊ hou²
小篆 草書 목구멍후(咽也)。

【喊】(함) 感 豏 カン、さけぶ shout ㄏㄢˇ han³
草書 ❶고함지를함(譁聲)。❷입다물함(持意口閉)。❸성난소리할함(怒聲)。❹꾸짖을함(呵也)。

【喌】㊀(주) 尤 ㊁(축) 屋 シュウ、シュク、とりをよぶ(こえ) call a cock
小篆 ㊀닭부르는소리주(呼鷄聲)。㊁뜻은 ㊀과 같음。

【喋】㊀(첩) 葉 ㊁(잡) 洽 チョウ、トウ、しゃべる chatter ㄉㄧㄝˊ tieh²
草書 ㊀말잘할첩(利口ㅡㅡ)。㊁오리와기러기텁석거려먹는소리잡(鳧雁食聲)。

【喍】(재) 佳 サイ、ゼ、いぬのけんか (of dog's) fight
개싸움할재(犬鬪貌ㅡ喍)。

【喏】(야) 馬 ジャ、うやうやしい polite ㄖㄜˇ jê³
草書 공손히대답할야(敬言答聲唱ㅡ)。

【[口室]】(질) 質 チツ、かむ chew
씹을질(咀也)。

【喑】㊀(음) 沁 ㊁(음) 侵 ㊂(암) 覃 イン、オン、なく weep ㄧㄣ yin¹
小篆 草書 ㊀❶소리지를음(聲也、ㅡ啞)。❷안간힘쓸음(聚氣)。㊁목쉴음、목잠길음(失聲不能言)。㊂훌쩍거릴암(泣無聲)。

【[口幽]】(유) 尤 ユウ、うたう chant
❶읊는소리유(吟聲咿ㅡ)。❷사슴울유(鹿鳴ㅡㅡ)。(『呦』와 통함)

【喓】(요) 蕭 ヨウ、むしのこえ chirp ㄧㄠ yao¹
草書 벌레소리요(虫聲ㅡㅡ)。

【喒】(잡) 覃 サン、われ I, me ㄗㄚˊ tsa²
나잡(我也)。

【喔】(악) 覺 アク、にわとりのこえ a crow ㄛ o¹
小篆 草書 닭의울음소리악(鷄聲ㅡㅡ)。

【[口施]】(시) 支 シ、はなしをはじめる begin to speak
말시작할시(始言)。

【喗】(운) 軫 吻 グン、おおくち big mouth
小篆 ❶입클운(口大)。❷이빨이더러울운(齒醜)。

【喘】(천) 銑 ゼン、あえぐ pant ㄔㄨㄢˇ ch'uan³
小篆 草書 헐떡거릴천、숨찰천(疾息)。(『歂』과 같음)

【[口咢]】(악) 藥 ガク、はぐき gum
잇몸악(齒齶)。

【[口昏]】(문) 吻 フン、くちさき mouth corner
입아귀문(口脣邊)。(『吻』과 같음)

【喙】(훼) 隊 カイ、くちばし bill ㄏㄨㄟˋ h ei⁴
小篆 草書 ❶부리훼、주둥아리훼(鳥獸口)。❷숨쉴훼(息也)。〔漢書〕行ㅡ息。❸괴로울훼(苦也)。

【喛】(환) 翰 ガン、いかる get angry
❶성낼환(怒也)。❷근심할환(憂也)。

【喚】(환) 翰 カン、よぶ call ㄏㄨㄢˋ huan⁴
小篆 草書 ❶부를환(呼也)。❷새이름환(禽名ㅡ起)。

【喜】(희) 紙 キ、よろこぶ glad ㄒㄧˇ hsi³
小篆 古文 草書 ❶기쁠희、즐거울희(樂也)。❷좋아할희(好也)。〔史記〕孔子晩而ㅡ易。

【[口胡]】(호) 虞 コ、のどこえ voice of laryn geal
❶목젖호(咽下垂)。❷목소리호(喉聲)。

【喝】㊀(갈) 曷 ㊁(애) 卦 カツ、アイ、しかる chide ㄏㄜˋ he⁴ (本音「할」)
小篆 草書 ㊀❶꾸짖을갈(訶也)。❷성낸소리갈(怒聲)。㊁목

싈애(嘶聲)。

【喞】 ㊀(즐) 質 ショク、ソク、そそぐ ㊁(직) 職 mutter ㄐㄧ chi¹·² 草書 ㊀두런거릴질(衆聲喞ㅡ)。㊁찍찍거릴직(多聲ㅡㅡ)。

【喟】 ㊀(위) 寘 キ、なげく sigh (本音「귀」) ㊁(괴) 卦 ㄎㄨㄟ k'uei⁴ 小篆 或體 草書 ㊀한숨쉴위(太息)。㊁뜻은 ㊀과 같음

【喠】(종) 腫 ショウ、おし dumb ❶벙어리종(瘂也)。❷구역질할종(嘔逆)。

【𠷎】(수)『壽』(士部11畫)의 古字

【喣】 ㊀(후) 麌 ク、ふく blow ㊁(후) 虞 草書 ㊀불후(吹也)。(『噓』와 같음) ㊁❶선웃음칠후(詔笑貌)。❷품어줄후(溫潤)。

【喤】 ㊀(황) 陽 コウ、かまびすしい gabble ㄏㄨㄤ huang² ㊁(횡) 庚 小篆 草書 ㊀아이울음소리황(兒聲)。㊁지껄일횡(喧也)。

【喦】(엽) 葉 ヨウ、あらそう struggle 小篆 ❶땅이름엽(地名)。❷다툴엽(爭也)。

【喧】(훤) 元 ケン、やかましい chatter ㄒㄩㄢ hsuan¹ 草書 ❶지껄일훤、들렐훤(大語嘩也)。❷싸움할훤(爭也)。(『嚾』과 같음)

【喨】(량) 漾 リョウ、なきやまない keep cry ㄌㄧㄤ liang⁴ 草書 울고그치지않을량(泣不止)。

【喩】(유) 遇 ユ、さとす、たとえる enlighten; simile 虞 ㄩ yü⁴ 草書 ❶효유할유、깨우쳐줄유 알려줄유(曉諭)。❷고할유(告也)。❸비유할유(譬也)。❹좋아할유(好也)。(『諭』와 같음)

【𠷈】(략) 藥 リャク、とぐ sharpen a sword 小篆 ❶칼갈략(磨刀)。❷날카로울략(利也)。(『㓞』과 같음)

【喪】(상) 陽 ソウ、うしなう lose; die ㄙㄤ sang¹ 漾 小篆 草書 ❶상사상、복입을상(持服曰ㅡ)。❷죽을상、구걸상(亡也)。❸없어질상、잃어버릴상(失也)。

【𠷔】(상)『喪』(前條)의 本字

【喫】(끽) 錫 ケキ、キツ、くらう、のむ eat; drink (本音「긱」) ㄔ ch'ih¹ 小篆 草書 먹을끽、마실끽(食飮)。

【㗊】(즙) 緝 シュウ、かまびすしい many mouths 小篆 뭇입즙(衆口)。

【喬】(교) 蕭 キョウ、たかい tall tree ㄑㄧㄠ ch'iao² 小篆 草書 ❶큰나무교(大樹·松、栢、檜、杉類)。❷높을교(高也)。❸창갈구리교(矛上句)。❹교만할교(驕也)。(『驕』와 통함)

【喭】 ㊀(안) 翰 カン、いやしい mean ㊁(언) 霰 ㄧㄢ yen⁴ 草書 ㊀추솔할안(失容)。(論語)由也ㅡ。㊁조상할언(弔生)。(『唁』과 통함)

【單】 ㊀(단) 寒 タン、セン、ひとつ single ㊁(선) 先 ㄉㄢ tan¹ ㊂(선) 銑 小篆 草書 ㊀❶홀로단、홑단(獨也)。❷다할단(盡也)。❸클단(大也)。❹엷을단(薄也)。㊂되임금선(廣大貌ㅡ于)。㊁❶성선(姓也)。❷고을이름선(縣名、ㅡ父)。

【喲】(약) ヤク ㄧㄠ yao¹ 감탄하는 어조사약(感歎詞)。

【喳】(사)〔中字〕 サ、こたえ ㄓㄚ cha¹ 예하고 대답하는 소리사(應答聲)。

【営】(영)『營』(火部13畫)의 略字

【𠲱】(놋)〔國字〕 땅이름놋(地名、ㅡ乭岩)。

【喰】(식)〔日字〕 くう eat 草書 먹을식(飡也)。

十畫

【𠹗】(상)『喪』(口部9畫)의 古字

【喿】(소) 號 ソウ、なく (of birds) chirp 小篆 새떼지어울소(鳥羣鳴)。(『噪·譟』와 통함)

【嗀】(학) 覺 カク、コク、はく nauseate 小篆 구역질할학(嘔吐貌)。『左傳』臣疾異於人若見之君將ㅡ之。(『觳』과 같음)

【嗁】(제) 齊 テイ、なく wail ㄊㄧ t'i² 小篆 草書 부르짖어울제(號泣)。(『啼』와 같음)

【嗂】(요) 蕭 ヨウ、よろこぶ glad 小篆 ❶기꺼울요(喜也)。❷즐거울요(樂也)。

【嗃】 ㊀(효) 肴 コウ、カク、きびしい scold severely ㊁(학) 巧 ㄒㄧㄠ hsiao¹ ㊂(학) 藥 小篆 草書 ㊀❶볼멘소리효(恚聲)。❷크게부르짖을효(大叫)。㊂❶엄숙히꾸짖을학(嚴厲ㅡ

ㅡ)。❷기뻐할학(悅樂)。

【嗄】 ㊀(애) 卦 ㊁(사) 禡 サ、しわがれごえ get hoarse ㊀목쉴애(氣逆聲敗)。㊁목갈랠사(聲變)。

【嗅】(후) 宥 キュウ、かぐ smell ❶냄새맡을후(以鼻取氣)。❷냄새날후(就臭)。(『臭』와 통함)

【嘗】(상)『嘗』(口部 11畫)의 俗字

【嗆】(창) 陽 ソウ、ふく belch ㄑㄧㄤ ch'iang¹·⁴ ❶새먹을창(鳥食)。❷뿜을창(噴出)。❸어리석을창(愚也ㅡ哼)。

【口冓】(구) 宥 コウ、うたう sing ❶부를구(唱也)。❷꿩울구(雊鳴)。

【嗇】(색) 職 ショク、おしむ stingy ㄙㄜ sê⁴ ❶아낄색(愛也)。〔呂氏春秋〕ㅡ其大寶。❷인색할색、다라울색(慳也)。〔易經〕爲客ㅡ。❸탐낼색(貪也)。〔左傳〕ㅡ于禍。❹권농색、농부색(ㅡ夫田畯)。(『穡』과 같음)

【嗊】(홍) 董 コウ、きよくのな tune 서방바라는노래홍(囉ㅡ望夫歌曲)。

【嗋】(협) 葉 キョウ、すう breathe in 들이마실협(吸氣)。

【嗈】(옹) 冬 ヨウ、がんのこえ (of wild geese) cry in 기러기 짝지어울옹(鴈和鳴)。〔詩〕ㅡㅡ鳴鴈旭日始朝。

【嗉】(소) 遇 ソ、えぶくろ crop ㄙㄨ su⁴ 멀떠구니소(鳥受食處)。

【口舀】(담)『啗』(口部 8畫)과 같음

【口能】(능) 迥 ノウ、かまびすしい talkative ❶말많을능、수다스러울능(多言)。

【嗌】㊀(익) 陌 ㊁(액) 陌 ヤク、アイ、のど throat ㄧ i⁴ ㊀목구멍익(咽喉)。㊁뜻은 ㊀과 같음。

【嗎】(마) 禡 バ、ののしる ㄇㄚ ma¹·³ 꾸짖을마(叱罵)。(『罵』의 俗字)

【嗐】㊀(할) 黠 ㊁(해) 泰 カツ、あくび sigh ㄏㄞ hai⁴ ㊀하품할할(開口吐氣)。㊁뜻은 ㊀과 같음。

【嗑】(합) 合 洽 コウ、やかましい talkative ㄎㄜ k'ê⁴ (本音 갑) ❶입다물합(合也)。❷먹을합(食也)。❸잔말할합(多言)。〔孔叢子〕子路ㅡㅡ、尙飮十榼。❹웃는소리합(笑聲)。〔韓詩外傳〕疾笑ㅡㅡ。❺괘이름합(卦名、噬ㅡ)。

【嗒】(탑) 合 トウ、うっとりする listless ㄊㄚ t'a⁴ 우두먼할탑(解體貌)。〔莊子〕ㅡ然似喪其耦。

【嗓】(상) 養 ソウ、のど throat ㄙㄤ sang³ ❶목구멍상(喉也)。❷말 병들어 코침 흐를상(馬病鼻流涎)。

【口蚤】(소) 號 ソウ、さわぐ noisy 시끄러울소(騷也)。

【嗔】(진) 眞 シン、いかる scold ㄊㄧㄢ t'ien² 성낼진(怒也)。(『瞋』과 같음)

【嗕】(욕) 沃 ジョク、やばんじん savage 오랑캐이름욕(羌別種)。

【啤】(패) 蟹 ヒ、ビ、わける divide ❶나눌패(分解)。❷달리할패(別也)。❸찢을패(裂也)。

【嗙】(방) 庚 ボウ、わらう laugh ㄆㄤ p'ang³ ❶웃을방(笑也)。❷노랫소리방(歌聲)。

【嗚】(오) 虞 オ、ウ、ああ oh ㄨ wu¹ ❶탄식할오、오홉다할오(歎辭)。❷노래이름오(歌也)。

【口尃】(박) 藥 ハク、くらう eat 먹을박(啖也)。

【嗜】(기) 寘 シ、たしなむ amuse ㄕ shih⁴ (本音 시) ❶즐길기、욕심낼기(慾也)。❷좋을기(好也)。(『醋』와 같음)

【口唐】(당) 陽 トウ、おおごと talk big 큰말할당(大言唐ㅡ)。

【嗛】㊀(겸) 鹽 ㊁(겸) 琰 ㊂(함) 咸 ㊃(협) 葉 カン、ケン、ふくむ hold in mouth ㄑㄧㄢ ch'ien³ ㊀❶부족히여길겸(不足貌)。(『謙』과 같음) ❷겸손겸(謙也)。㊁입에밥물고있을겸(口裏貯食)。㊂❶머금을함(口有銜)。❷한할함(恨也)。(『銜』과 통함) ㊃넉넉할협(足也)。

【口哲】(잘) 黠 タツ、とりがさえずる chirp 새울잘(鳥囀)。

【嗝】(격) 陌 カク、しゃくり hiccup ㄍㄜ kê² ❶딸꾹질할격(逆氣)。❷꿩울격(雉鳴)。

【嗞】(자) 支 シ、なげく ㄗ tzŭ¹ 탄식할자(歎也)。

【嗟】㊀(차) 禡 ㊁(차) 麻 サ、なげく sigh ㄐㄩㄝ chüeh¹

草書 ⊟❶슬플차(咨也)。【盧琦詩】冷宦莫一鄉國遠。❷탄식할차(歎也)。【詩】猗一昌兮。❸가엾을차(惜也)。❹한숨소리차(歎息聲)。【唐書 宋璟傳】帝益一重。⊟잠깐동안차(瞬間)。【世說 汰侈】石崇作豆粥、咄一而辨。

【嗡】(옹) 東 オウ、なく bellow ㄨㄥ wêng¹ ❶소울음옹(牛聲)。❷벌레소리옹(虫聲)。

【嗢】(올) 月 オツ、むせぶ sob ㄨㄚ wa⁴ 小篆 草書 목멜올(咽也)。【潘岳笙賦】披鳴笙而將吹先一噦而理氣。

【⿰口虐】(휼) 質 キツ、キチ くちぶえふく whistle 휘파람불휼(嘯也吹口)。

【嗣】(사) 寘 シ、つぐ succeed ㄙ ssŭ⁴ 小篆 古文 草書 ❶이을사(續也、繼也)。【書】舜讓于德弗一。❷익힐사(習也)。【詩】縱我不往子寧不一音。❸자손사(子孫)。【書經 大禹謨】罰弗及一。

【嗤】(치) 支 シ、わらう sneer ㄔ ch'ih¹ 草書 ❶비웃을치(嘲笑)。【後漢書 樊宏傳】時人一之。❷냉소치(冷笑)。【古詩西門行】但爲後世一。

【⿰口恚】(이) 寘 イ、おこるこえ angry voice 성낸소리이(怒聲)。

【嘁】(족) 屋 シュク、うれえる frown 눈살찡그릴족(愁貌嚬眉)。

【嗧】(륜) [新字] 갤런(gallon, 英美의 容量單位)。

【嗩】(쇄) サ、がくきのな horn ㄙㄨㄛ suo³ 호적쇄(軍中樂一吶木管蘆頭銅底)。

【⿱亩叱】(짓) [國字] 땅이름짓(地名)。

【戢】(집)→戈部9畫

【號】(호)→虍部7畫

十一畫

【嗶】(필) 質 ヒツ、なく cry ㄅㄧ pi⁴ ❶울필(鳴也)。❷잔말할필(多言)。

【嗷】(오) 豪 ゴウ、やかましい noisy ㄠ ao² 小篆 小篆 草書 ❶여럿이 걱정할오(衆口愁)。❷새소리오(鳥聲)。【西京雜記】紛紜翔集嘈一鳴啼。(『熬·敖』와 통함)

【嗸】(오) 豪 ゴウ、かまびすしい sad voice 草書 슬픈소리오(哀聲)。(『嗷』와 같음)

【嗹】(련) 先 レン、くどくどいう ㄌㄧㄢ lien² 길게말할련(長言)。

【嗺】(최) □ サイ、かむ bite ❶입옴칠최(撮口)。❷급히마실최(促飮)。【王仁裕詩】芳尊每命管絃一。❸입추할최(口醜)。

【嗻】(차) 禡 シャ、さわがしい talkative ㄓㄜ chê¹ 小篆 ❶말많을차(多言)。❷말안믿을차(語無信)。

【嗼】(막) 藥 バク、マク、しずか ㄇㄛ mo⁴ 小篆 고요할막(靜也)。

【嗽】⊟(수) 宥 ⊟(삭) 覺 ソウ、せき cough ㄙㄡ sou³·⁴ 草書 ⊟❶기침할수(盪口上氣疾)。❷입가실수(漱也)。【史記】倉公日一三升。(『嗽·漱』와 같음) ⊟❶마실삭(口嗍)。❷빨삭(吮也)。

【嗾】⊟(수) 有 ⊟(주) 宥 ソウ、ゾク、そそのかす instigate ㄙㄡ sou³·⁴ 小篆 草書 ⊟❶개부릴수(使犬聲)。【左傳】宣公一夫獒焉。❷얼려시킬수(勸爲)。【北史宋弁傳】爲人所一。⊟뜻은 ⊟과 같음。(『嗾』와 같음)

【嗿】(탐) 感 タン、トン、おおい sound of many people's eating 小篆 小篆 草書 여럿이 먹는소리탐(衆食聲)。【詩經】有一其饁。

【⿰口率】⊟(률) ⊟(설) ⊟(쇄) 四(술) 五(세) 質 屑 卦 質 霽 サツ、セツ、すこしのむ、さえずる sip; chirp 小篆 ⊟❶지저귈률(鳥鳴聲)。❷울률(鳴也)。⊟조금마실설(小飮)。⊟뜻은 ⊟와 같음。四소리술(聲也)。五핥을세(嘗也)。

【嘁】(축) 屋 シュク、はじ shy 부끄러울축(慙也)。

【嘄】⊟(교) 蕭 ⊟(규) 嘯 キョウ、さけぶ shout 小篆 小篆 草書 ⊟❶부르짖을교(叫也)。【漢書】狂夫一譟於東崖。❷짐승이름교(獸名、一陽)。⊟뜻은 ⊟과 같음。(『叫』와 같음)

【嘂】(교) 嘯 キョウ、さける cry 小篆 크게 부르짖을교(大呼)。【公羊傳】昭公一然而哭。

【嘅】(개) 隊 ガイ、なげく sigh ㄎㄞ k'ai³·⁴ 小篆 草書 ❶탄식할개(歎也)。【詩】一其嘆矣。❷성낼개(怒也)。(『愾』와 통함)

【嘆】(탄) 翰 タン、なげく sigh ㄊㄢ t'an⁴ 小篆 草書 한숨쉴탄(呑歎太息)。【詩】嘅其一矣。(『歎』과 같음)

【嘇】(삼) 咸 サン、くちにふくむ keep in one's mouth
머금을삼(物在口中、啥ㅡ)。

【嘈】(조) 豪 號 ソウ、さわがしい chatter ㄘㄠ ts'ao²
草書 지껄일조(喧也)。【馬融長笛賦】啾咋ㅡ啐。

【嘉】(가) 麻 カ、よい beautiful;good ㄐㄧㄚ chia¹
小篆 草書 ❶아름다울가(美也)。【書】ㅡ乃丕績。❷착할가(善也)。❸기릴가(褒也)。【中庸】ㅡ善而矜不能。❹즐거울가(樂也)。【禮記 禮運】交獻以ㅡ魂魄。❺기꺼울가(慶也)。【晉傳充妻辛氏詩】元正啓令節ㅡ慶肇自此。❻맛있을가(味也)。(『佳』와 같음)

【嘊】(애) 佳 ガイ、キ、よろめく staggar
草書 비틀거릴애(傾而不正)。(『啀』와 같음)

【⿰口窒】(질) 質 チツ、でたらめにしゃべる talk round
말절차없을질(語無節ㅡ咄)。

【嘌】(표) 蕭 ヒョウ、はやい fast
小篆 草書 ❶몰아갈표(車疾行無節)。【詩】匪車ㅡ兮。❷휙불표(疾吹貌)。

【嘍】(루) 尤 有 ロウ、うるさい ㄌㄡ lou³
草書 ❶번거로울루(煩也)。❷어조사루(語助辭)。❸새소리루(鳥聲)。

【嘎】(알) 黠 カツ、なきこえ ㄍㄚ ka¹·²·³ (古音「갈」)
두루미소리알(鶴聲)。

【⿰口寅】(연) 銑 エン、おおいにわらう burst into laughter
깔깔웃을연(大笑)。

【嘏】(하) 馬 カ、とおい far ㄍㄨ ku³ (本音「가」)
小篆 草書 ❶클하(大也)。【爾雅】凡物壯大謂之ㅡ。❷복하(福也)。【詩】天錫公純ㅡ。❸멀하(遠大)。【禮記 郊特牲】ㅡ長也ㅡ大也。❹굳을하(固也)。❺축복할하(祝福)。【禮記 禮運】修其祝ㅡ。

【⿰口習】(습) 緝 シュウ、さむさをしのぶこえ
추위참는소리습(忍寒聲)。

【嘐】㈠(교) 肴 コウ、なきこえ crow ㄒㄧㄠ hsiao¹ ㈡(효) 看
小篆 草書 ㈠닭자쳐울교(鷄鳴)。【詩】鷄鳴ㅡㅡ。㈡큰체할효(誇大語)。【孟子】其志ㅡㅡ然。(『咬』와 같음)

【嘑】㈠(호) 虞 コ、さけぶ roar ㄏㄨ hu¹ ㈡(호) 遇
小篆 草書 ㈠❶웅얼거릴호(哮也)。❷고함칠호(大聲)。【周禮】鷄人夜ㅡ旦以嘂百官。㈡❶혀찰호(舌打)。❷꾸짖을호(叱咤)。【孟子 告子上】ㅡ爾而與之。

【嘒】(혜) 霽 ケイ、やわらぐ harmoy ㄏㄨㄟ huei⁴
小篆 或體 草書 ❶매미소리혜(蟬聲)。【詩】鳴蜩ㅡㅡ。❷화할혜(和也)。【詩】管聲ㅡㅡ。❸반짝거릴혜(微貌)。【詩】ㅡ彼小星。(『嚖』와 통함)

【嘓】(곽) 陌 カク、キャク、うるさい tiresome
귀찮을곽(苦厭不肯)。

【⿰口祭】(절) 屑 セツ、ただしいことば speak without reserve
바른말할절(正言)。

【嘔】㈠(구) 尤 オウ、ク、はく vomit ㈡(구) 有 ㈢(후) 虞 ㄡ ou¹ (古音「우」)
草書 ㈠❶노래할구(謳也)。【漢書 朱買臣傳】毋歌ㅡ道中。❷소리구(物聲)。【陸游詩】ㅡㅡ啞啞車轉急。㈡게울구(吐也)。【左傳 哀公二年】吾伏ㅡ血。(『歐』와 같음) ㈢기꺼이말할후(悅言)。【史記 韓信傳】言語ㅡㅡ。

【嘖】(책) 陌 サク、さけぶ cry ㄗㄜ tsê²
小篆 草書 ❶크게부르는 소리책(大呼聲)。❷말다툼할책(爭言貌)。【管子桓公問嘖室注】謂議論者言語讙ㅡ也。❸꾹꾹울책(鳩鳴)。【爾雅】宵鳴ㅡㅡ。

【嘕】(언) 先 エン、よろこぶ glad
❶기꺼워할언(喜也)。❷즐거워할언(樂也)。❸빙그레할언(笑貌)。

【噓】(허) 魚 御 キョ、ふく blow ㄒㄩ hsü¹
小篆 草書 ❶불허(虛口吐氣)。【聲類】出氣急曰吹緩曰ㅡ。❷뿜을허(物吹出貌)。❸아아허(歎息聲)。【石介詩】對我ㅡ嚱涕泗下。

【嘗】(상) 陽 ショウ、なめる taste ㄔㄤ ch'ang²
小篆 草書 ❶맛볼상(探味)。【詩】ㅡ其旨否。❷시험할상(試也)。❸일찍상(曾也)。【戰國策】疑則少ㅡ之。【論語】ㅡ從事於斯矣。❹가을제사상(秋祭名)。【詩】禴祠烝ㅡ。(『甞』과 같음)

【⿱尚多】(차) 麻 シャ、あついくちびる thich lips
小篆 ❶입술두터울차(厚脣)。❷입처질차(緩口貌)。

【⿰口悉】(실) 質 シツ、ひびき sound
소리낼실(發響)。

【嘛】(마) 〔中字〕 マ、らま lama ㄇㄚ ma²
草書 중마、나마마(西藏蒙古稱僧曰喇ㅡ)。

【嘞】(륵) ロク、なく cry ㄌㄜ lê
(語助辭)。

【嗚】(명)→鳥部3畫

十二畫

【嘩】(화)『譁』(言部12畫)와 같음

【嘫】(연) 刪 ネン、ダン、こたえる ㄖㄢ jan^{2} 小篆 대답할연(荅也)。

【嘬】(최) 卦 サイ、かむ bite ㄗㄨㄛ tsuo^{1} 草書 ❶물최(齧也)。〔孟子〕蠅蚋姑ㅣ之。❷산적 한입에넣을최(一擧盡臠)。〔禮〕無ㅣ炙。

【嘮】(조) 肴 トウ、かまびすしい ㄌㄠ lao^{2} 小篆 지껄일조(ㅣ呶嘈也)。

【嘩】(집) 緝 シュウ、もぐもぐする mumble 小篆 입우물거릴집(嘩貌、噂ㅣ)。

【嘯】(소) 嘯 ショウ、うそぶく whistle ㄒㄧㄠ hsiao 小篆 草書 ❶휘파람소(蹙口吹聲)。〔詩〕其ㅣ也歌。❷세게 뿜을소(荒息吐出)。〔孔安國 孝經序〕虎ㅣ而風起。❸읊을소(吟也)。〔李白 詩〕撫劍夜吟ㅣ。(『歗』와 같음)

【嘰】(기) 微 キ、くらう mumble ㄐㄧ chi^{1} 小篆 草書 ❶입오물어질기(口醜)。❷쪼잘거려 먹을기(小食)。〔大人賦〕嘰咀芝英兮ㅣ瓊華。❸한탄할기(唏也)。〔淮南子〕號而哭ㅣ而哀。

【噣】(촉)『囑』(口部21畫)과 같음

【嚿】(획) 陌 カク、さけぶ shout ❶부르짖을획(ㅣ嘖叫也)。❷말똑똑할획(言聲)。

【嘲】(조) 肴 チョウ、あざける mockery ㄔㄠ ch'ao^{2} 小篆 草書 ❶희롱할조(謔也)。〔蜀志 費禕傳〕孫權性旣滑稽ㅣ啁無方。❷경멸할조(輕蔑)。〔後漢書〕弟子私ㅣ之。(『啁』와 통음)

【嘳】(괴) 卦 寘 キ、ためいき deep sigh 小篆 草書 ❶한숨쉴괴(太息ㅣ思)。〔晏子〕ㅣ然而歎。❷놀릴괴(譏他人)。

【嘴】(취) 紙 シ、くちばし bill ㄗㄨㄟ tsuei^{3} 草書 부리취(喙也)。(『觜』와 같음)

【嘩】(필) 質 ヒツ、なく cry 울필(鳴也)。

【嘵】(효) 蕭 キョウ、おどろく tear ㄒㄧㄠ hsiao^{1} 小篆 草書 두려워할효(懼也)。〔詩〕予維音ㅣㅣ。

【嘶】(시) 齊 セイ、いななく whinny ㄙ ssu^{1} 草書 ❶말울시(馬鳴)。〔李商隱雜纂 富貴相〕駿馬ㅣ。❷목쉴시(聲破)。〔漢書〕王莽大聲而ㅣ。❸울시(鳴也)。〔馬臻詩〕ㅣ鴻入幽耳。

【嘷】(호) 豪 コウ、ほえる roar ㄏㄠ hao^{2} 小篆 草書 ❶고함지를호(叫也)。❷짖을호(咆也)。〔左傳〕豺狼所ㅣ。(『號·諕』와 같음)

【嘸】(무) 麌 ブ、あいまい be disconcerted 草書 어리둥절할무(不精明)。〔漢書 韓信傳〕諸將皆ㅣ然、陽應曰諾。

【嘹】(료) 蕭 嘯 リョウ、なく sing(bird) ㄌㄧㄠ liao^{2} 草書 ❶새소리 멀리들릴료(鳥鳴遠聞聲)。❷울료(鳴也)。❸신음할료(病呼)。

【嘺】(교) 蕭 キョウ、くちがただしくない wry-mouthed 입비뚤어질교(口不正)。

【嘻】(희) 支 キ、たのしむ harmony ㄒㄧ hsi^{1} 草書 ❶화락한소리희(和樂聲)。〔易〕婦子ㅣㅣ。❷한숨쉴희(悲恨聲)。〔禮〕夫子曰ㅣ其甚矣。❸에구머니할희(驚懼聲)。〔左傳〕從者曰ㅣ速駕。❹억지웃음희(强笑)。〔史記魏其武安侯傳〕夫怒因ㅣ笑曰、將軍貴人也。❺느낄희(感也)。❻시침뗄희(自得)。〔揚雄 河東賦〕ㅣ旭旭。❼아아희(贊美聲)。〔詩經 周頌噫噫〕噫ㅣ成王。(『噫』와 같음)

【嘼】(휴) 宥 キュウ、チュウ、けだもの animal 小篆 古文 산짐승휴(山獸)。(『畜』의 古字)

【嘽】㊀(탄) 寒 ㊁(천) 銑 タン、セン、あえぐ pant ㄊㄢ t'an^{1} 小篆 草書 ㊀❶헐떡거릴탄(喘息)。〔詩〕ㅣㅣ駱馬。❷성할탄(盛貌)。〔詩〕王旅ㅣㅣ。❸기꺼워할탄(喜也)。〔詩〕徒御ㅣㅣ。❹많을탄(衆多)。㊁❶시름없을천(紓緩聲)。〔王褒洞簫賦〕ㅣ逸豫戒其失。❷분이북바칠천(怒而嘻噫)。

【嘬】㊀(쵀) 卦 ㊁(철) 屑 サイ、セツ、かむ gulp; chew ㊀씹을쵀(嘬也)。㊁훌쩍마실철(歠也)。(『歠』와 같음)

【嘾】(담) 覃 タン、のみくだす swallow 小篆 ❶꿀꺽삼킬담(含深)。〔莊子〕大甘而ㅣ。❷탐할담(貪也)。

【嘿】(묵)『默』(黑部4畫)과 같음

【噀】(손) 願 ソン、ふく spout ㄙㄨㄣ suen^{4} 草書 ❶물뿜을손(噴水)。❷해삼손(海鼠)。(『潠』은 俗字)

【噁】(오) 遇 オ、いかる get angry

草書 성낼오(怒也)。〔史記 淮陰侯傳〕項王暗ㅣ叱咤。

【噂】(준) 阮 ソン、うわさ rumour ㄗㄨㄣˇ tsuen³ 小篆 草書 수군거릴준(ㅣ沓聚語)。〔詩〕ㅣ沓背憎。(『譐』과 같음)

【噃】(번) 元 ハン、いのしし wild boar ❶산돼지번(山猪㺹ㅣ、產猶太諸山)。❷소리번(聲也)。

【噅】(위) 寘 ギ、うそ lie ❶거짓말위(口不言正)。❷곱사등이위(醜也)。〔淮南子〕啳睽哆ㅣ籧篨戚施。

【噆】(참) 感 サン、かむ bite 小篆 草書 ❶머금을참(嗛也)。〔淮南子〕ㅣ味含甘。❷물참(齧也)。〔莊子〕蚊虻ㅣ膚則通昔不寐。

【噇】(당) 江 トウ、たべる eat ㄔㄨㄤˊ ch'uang² 草書 먹는모양당(食貌)。

【噈】(축) 屋 シュク、くちとくちをつける kiss 小篆 입맞출축(口合)。

【噉】(담) 感 タン、くらう masticate ㄉㄢˋ tan⁴ 小篆 씹을담(噍也)。(『啖』과 같음)

【噋】(톤)『哼』(口部8畫)과 같음

【噊】㊀(율) 質 ㊁(술) 質 イツ、シュツ、あぶない dangerous 小篆 ㊀위태할율(危也)。㊁뜻은 ㊀과 같음。

【噌】㊀(쟁) 庚 ㊁(증) 蒸 ソウ、さわがしい clamorous ㄘㄥ ts'êng¹ 草書 ㊀장꾼웅성거릴쟁(市人聲)。㊁공연히떠들증(泓ㅣ空鬻)。〔晉書〕空鬻者以泓ㅣ爲雅量。

【噍】㊀(초) 嘯 ㊁(초) 蕭 ショウ、かむ masticate ㄐㄧㄠˋ chiao⁴ 小篆 草書 ㊀❶씹을초(嚼也)。〔漢書〕襄城無ㅣ類。❷먹고살초(ㅣ類、生民)。㊁❶새지저귈초(啁ㅣ鳥聲)。〔禮〕燕雀猶有啁ㅣ之頃然後乃能去之。❷급할초(急也)。〔禮〕其哀心感者、其聲ㅣ以殺。

【噎】㊀(열) 屑 ㊁(일) 質 イツ、エツ、むせぶ stick in the throat ㄧㄝ yeh¹ 小篆 草書 ㊀목멜열(飯窒喉閑)。〔詩經〕中心如ㅣ。㊁뜻은 ㊀과 같음。

【噏】(흡) 緝 キュウ、すう breathe in ㄒㄧ hsi¹ 草書 숨들이쉴흡(內息)。(『吸』과 같음)

【噐】(기)『器』(口部13畫)의 俗字

【嗇】(색) 職 ショク、おしむ stingy 인색할색(愛惜)。(『嗇』과 같음)

【嘟】(도) 虞 ト、ほめる praise ㄉㄨ tu¹ ❶칭찬할도(讚詞)。❷간병날도(肝病名)。❸〔中字〕중얼거릴도(私罵)。

【噴】(분)『噴』(口部13畫)과 같음

十三畫

【噞】(엄) 琰 鹽 ケン、あぎとう mumble 小篆 草書 고기우물거릴엄(ㅣ喁魚聚貌)。〔淮南子〕水濁則魚ㅣ。

【[口解]】(해) 蟹 カイ、おこる be vexed 역정낼해(怒聲)。(『謑』와 같음)

【噡】(첨) 鹽 セン、しゃべる chattering 草書 잔말할첨(多言)。〔荀子〕口舌之均ㅣ唯則節。

【噠】(달) 曷 タツ、えびすのくに barbarian country ㄉㄚ ta² 오랑캐나라이름달(西夷國名嚈ㅣ)。

【噢】㊀(욱) 屋 ㊁(우) 虞 イク、ユウ、かなしむ grieve ㄩ yü¹ 草書 ㊀슬퍼할욱(悲也)。㊁뜻은 ㊀과 같음。(同音「오」)

【嘵】(요) 蕭 ヨウ、よろこぶ please ❶기뻐할요(喜也)。❷즐거울요(樂也)。

【噣】㊀(주) 宥 ㊁(탁) 覺 チュウ、タク、くちばし bill 小篆 草書 ㊀부리주(鳥喙)。〔史記〕射ㅣ鳥于東海。(『咮』와 같음) ㊁쪼을탁(啄也)。〔戰國策〕黃雀俯ㅣ白粒。

【噤】(금) 沁 キン、つぐむ silent ㄐㄧㄣˋ chin⁴ 小篆 草書 ❶입다물금(口閉)。〔漢書〕鼂錯ㅣ口不敢復言。❷잠잠할금(默也)。(『唫』과 같음)

【噥】(농) 冬 ノウ、ドウ、たわごと empty talk ㄋㄨㄥˊ nung² 草書 ❶달게먹을농(甘食)。❷헛된말할농(空談)。❸〔中字〕두덜거릴농(咕ㅣ)。

【噧】(홰) 卦 カイ、たかぶったこえ talk up in high spirits 小篆 기운높여떠들홰(高氣多言)。

【噦】㊀(얼) 月 ㊁(홰) 泰 エツ、カイ、しゃくり sneeze ㄩㄝ yüeh¹ 小篆 草書 ㊀재채기할얼(氣逆聲)。〔禮〕不敢ㅣ噫嚏咳。㊁❶천천히갈홰(徐行貌)。〔詩〕ㅣㅣ其冥。❷밝을홰(明貌)。〔詩〕鸞聲ㅣㅣ。

【器】(기) 寘 キ、うつわ vessel ㄑㄧˋ ch'i⁴ 小篆 草書 ❶그릇기(成形皿)。〔易繫辭〕形乃謂之ㅣ。❷도

량기(度量)。〔論語 八佾〕管仲之ㅡ小哉。❸쓰일기(使用物)。〔論語 爲政〕君子不ㅡ。❹그릇다울기(才量)。〔論語〕管仲之ㅡ小哉。❺중히여길기(重也)。

【嘺】(교) 嘯 キョウ、よろめく stagger
❶뒤뚝거릴교(ㅡ[illegible]不安)。❷높을교(高也)。

【噩】(악) 藥 ガク、おどろく be surprised ㄜ è⁴
草書 ❶놀랄악(驚也)。〔周禮〕六夢二曰ㅡ夢。❷엄숙할악(嚴肅貌)。〔揚子法言〕周書ㅡㅡ爾。(『愕』과 통함)

【噪】(조) 號 ソウ、さわぐ chirp (本音「소」)
뭇새지저귈조(鳥羣鳴)。(『喿·譟』와 같음)

【噬】(서) 霽 セイ、ゼイ、かむ chew ㄕ shih⁴
小篆 草書 ❶씹을서(啗也)。〔易〕頤中有物ㅡ嗑。❷미칠서(逮也)。〔詩〕ㅡ肯適我。

【噫】㊀(희) 支 イ、アイ、ああ oh! ㊁(애) 卦 ㊂(억) 職 ㄧ i¹
小篆 草書 ㊀❶느낄희(痛傷聲)。〔後漢書〕梁鴻作五ㅡ之歌。❷한숨쉴희(歎息)。(『嘻·譆』와 통함) ㊁❶배불러씨근거릴애(飽食息)。❷기트림할애(ㅡ氣)。〔莊子〕大塊ㅡ氣。❸대답소리애(應答聲)。(『億·譩』와 같음) ㊂뜻은『抑』과 같음。

【噭】(교) 嘯 キョウ、ほえる cry loudly ㄐㄧㄠ chiao⁴
小篆 草書 ❶부를교(呼也)。❷부르짖을교(號聲)。〔禮〕毋ㅡ應。❸고함지를교(吼也)。❹울교(泣貌)。〔公羊傳 昭公二十四年〕昭公于是ㅡ然而哭。❺입교(口也)。〔漢書 貨殖傳〕馬蹏ㅡ千。(『叫』와 같음)

【噮】(연) 霰 エン、はなはだあまい very sweet
몹시달연(食甘甚)。〔呂氏春秋〕不ㅡ而香。

【噯】(애) 泰 アイ、あたたかい warmth ㄞ ai¹·³
❶숨애(氣息)。❷더운기운애(暖氣)。❸〔中字〕물건팔려외치는소리애(叫賣聲)。

【[illegible]】(하) 麻 カ、おおわらい laugh aloudly
❶껄껄웃을하(大笑)。❷골속휑할하(谷中大空貌)。

【噰】(옹) 冬 ヨウ、やわらぐ ㄩㄥ yung¹
화한소리옹(和聲)。〔爾雅〕ㅡㅡ喈喈民協服也。

【噱】(갹) 藥 キャク、わらう laugh aloud ㄐㄩㄝ chüeh¹
小篆 草書 ❶껄껄웃을갹(笑不止)。〔漢書〕談笑大ㅡ。❷입벌일갹(口開)。

【噲】(쾌) 卦 カイ、のど throat ㄎㄨㄞ k'uai⁴
小篆 草書 ❶목구멍쾌(咽也)。❷훤할쾌(寬明貌)。〔詩〕ㅡㅡ其正。

【噳】(우) 麌 グ、うごめく squirm in swarm
小篆 草書 뭇사슴우물거릴우(羣鹿相聚貌)。〔詩〕麀鹿ㅡㅡ。

【噴】㊀(분) 願 フン、ふく spout ㊁(분) 元 ㄆㄣ p'en⁴
小篆 ㊀❶뿜을분(噀也)。〔莊子〕ㅡ則大者如珠小者如霧。❷코소리낼분(鼻鳴)。❸재채기할분(嚏鼻)。㊁❶후내불분(吐氣)。〔戰國策〕俛而ㅡ仰而鳴。❷꾸짖을분(叱也)。〔韓詩外傳〕疾言ㅡㅡ。

【噶】(갈) 曷 カツ、くにのな place name ㄍㄜ kê²
❶벼슬이름갈(官名)。❷땅이름갈(地名)。

【噸】(돈) 〔新字〕 トン ton ㄉㄨㄣ tuen⁴
草書 톤돈(英國의 量目、Ton, 二百七十貫九百五十匁四分)。

【噺】(신) 〔日字〕 はなし tale
草書 이야기신(古談)。

十四畫

【[illegible]】(압) 合 ゴウ、やかましい noisy
시끄러울압、떠들압(喧也)。

【嚂】(람) 勘 ラン、むさぼる covet
草書 ❶입을어기적거릴람(食貌)。〔淮南子〕芻豢黍粱荊吳芬馨以ㅡ其口。❷탐할람(貪也)。

【[illegible]】(대) 隊 タイ、かたりつづける talk incessantly
말그치지않을대(言不止)。

【嚀】(녕) 靑 デイ、ネイ、ねんごろ surely ㄋㄧㄥ ning²
草書 정녕할녕(叮ㅡ囑辭)。(『寧』과 통함)

【嚃】(탑) 合 トウ、すする drink up
小篆 훅들어마실탑(大歠)。〔禮記〕無ㅡ羹。

【嚄】(획) 陌 カイ、さけぶ resonant ㄏㄨㄛ huo⁴
草書 ❶우렁찰획(ㅡ唶大聲)。〔史記〕ㅡ唶宿將。❷깜짝놀랄획(驚貌)。❸잔말할획(多言)。❹아아획(大嘆息聲)。〔史記 外戚世家〕武帝下車泣曰、ㅡ大姊何藏之深也。

【[illegible]】(락) 覺 ラク、まだらうし spotted cattle
얼룩소락(斑牛)。

【嚅】(유) 虞 ジュ、つぐむ hesitate to say
草書 ❶말머뭇거릴유(囁ㅡ欲言復縮)。〔韓愈文〕口將言而囁ㅡ。❷잔

말할유(多言)。

【嚆】(효) 看 コウ、さけぶ shout ㄏㄠ hao¹
草書 ❶부르짖을효(叫也)。❷우는살효(ㅣ矢鳴鏑)。〔莊子〕焉知曾史之不爲桀跖ㅣ矢也。

【嚇】㊀(하) 禡 カク、おどす menace ㊁(혁) 陌 ㄒㄧㄚˋ hsia⁴
草書 ㊀❶웃을하(笑也)。❷으를하(恐動)。〔喩汝礪詩〕幾回ㅣ殺生仲達。㊁❶노할혁(怒也)。❷꾸짖을혁(叱也)。(『赫』과 통함)

【嚊】(비) 寘 ヒ、あえぎ pant
草書 ❶헐떡거리는소리비(喘息聲)。❷〔日字〕아내비(妻賤稱)。

【⿰口疑】㊀(억) 職 ガク、ギ、がんこ ㊁(의) 寘 narrow-minded
小篆 ㊀숙성할억(小兒有知)。〔詩〕克岐克ㅣ。㊁고루할의(唭ㅣ無見聞)。(『嶷』는 古字)

【⿰口蒙】(몽) 東 モウ、ことばがはっきりしない (of speech) indistinct
말분명치않을몽(言不明)。

【嚌】(제) 霽 セイ、なめる taste ㄐㄧˋ chi⁴
小篆 草書 맛볼제(嘗也)。〔書〕太保受同祭ㅣ。

【⿰口盡】(진) 震 シン、おこる be vexed at
화낼진(憤發)。

【嚎】(호) 豪 コウ、おおごえ loud ㄏㄠˊ hao²
소리높을호(聲高)。

【雖】(수)→隹部9畫

十五畫

【⿰口節】(질) 質 シツ、こえ voice
통소김들일질(咇ㅣ聲出貌)。〔王褒洞簫賦〕啾咇ㅣ而將吟。

【⿰口質】(질) 質 シツ、ことば words
小篆 천한말질(賤言)。

【嚏】(체) 霽 テイ、くさめ sneeze ㄊㄧˋ t'i⁴
小篆 草書 재채기체(噴鼻)。〔詩〕願言則ㅣ。(『嚔』와 같음)

【嚕】(로) 麌 ロ、おしい grudge ㄌㄨˇ lu³
아깝게여길로(吐ㅣ可惜)。〔元粱王女阿䕷詩〕吐ㅣ吐ㅣ段阿奴。

【⿰口賢】(현) 先 ケン、といたずねる query
❶심문할현(訊問)。❷어려울현(難也)。

【嚗】(박) 覺 バク、いかる get angry
❶역정낼박(怒聲)。❷지팡이 던지는 소리박(放杖聲)。〔莊子〕神農隱几擁杖而起ㅣ然放杖而笑。

【⿰口麃】(표) 肴 ホウ、ビョウ、けだもののこえ animal's sound
짐승소리표(獸聲)。

【嚘】(우) 尤 ユウ、なげく sigh
小篆 ❶말얼버무릴우(語未定貌)。〔漢書〕卬ㅣ啞者辭未定也。❷기운뜰우(氣逆)。〔老子〕終日號而嗌不ㅣ氣逆也。❸탄식할우(欭ㅣ歎也)。

【嚙】(요) 巧 ゴウ、かむ bite ㄋㄧㄝˋ nieh⁴ (俗音「교」)
草書 ❶물요(咬也)。❷씹을요(齧也)。

【嚚】(은) 眞 キン、ゴン、おろか foolish ㄧㄣˊ yin²
小篆 古文 古文 草書 ❶어리석을은(愚也)。〔書〕父頑母ㅣ。〔左傳 僖公二十四年〕口不道忠信之言爲ㅣ。❷말다툼할은(爭訟)。❸불칙하게말할은(言不忠信)。

【⿰口賣】(두) 宥 トウ、よむ read
읽을두(讀也)。

【⿰口匏】(포) 巧 ホウ、たがやす culture
❶가래질할포(臿地)。❷밭갈포(耕也)。

【嚛】(학) 藥 ガク、からい pungent
小篆 ❶매울학(食辛)。〔伊尹曰〕酸而不ㅣ。❷시큼할학(酸而不酷)。❸먹을학。

【嚜】㊀(묵) 職 ボク、いつわる lie ㊁(매) 隊 ㄇㄛˋ mo⁴
草書 ㊀잠잠할묵(失意)。〔弔屈原賦〕于嗟ㅣㅣ兮生也無故。(『嘿』과 같음) ㊁거짓말할매(小兒詐言)。〔方言〕江湘之間小兒多詐而獪謂ㅣ杘。

【嚠】(류) 尤 リュウ、さわやか(おと) clear voice
草書 소리맑을류(音聲淸雅)。

十六畫

【嚥】(연) 霰 エン、のむ swallow ㄧㄢˋ yen⁴
草書 ❶침삼킬연(呑也)。〔譚子化書〕聞珍羞之名則妄有所ㅣ。❷목구멍연(咽也)。(『咽』과 같음)

【嚦】(력) 錫 レキ、こえ ㄌㄧˋ li⁴
소리력(聲也ㅣㅣ)。

【嚧】(로) 虞 ロ、わらう laugh
웃을로(笑也)。

【嚨】(롱) 東 ロウ、のど ㄌㄨㄥˊ lung²
小篆 목구멍롱(喉也)。

【嚪】(담)『啖』(口部8畫)과 같음

【⿰口歔】(허) 魚 キョ、なく howl
울허(噭也)。

【嚫】(친) 震 シン、ほどこす distribute
베풀친(施也)。

【嚬】(빈) 眞 ヒン、しかめる frown ㄆㄧㄣˊ p'in²
草書 찡그릴빈(眉蹙貌)。〔通鑑〕韓昭侯曰明主愛一ㅣ一笑。(『顰·矉』과 같음)

【嚭】(비) 紙 ヒ、おおいなり big ㄆㄧˇ p'i³
小篆 草書 ❶클비(大也)。❷사람이름비(人名吳大宰ㅣ)。

【嚮】(향) 漾 キョウ、コウ、むかう face toward ㄒㄧㄤˋ hsiang⁴
草書 ❶향할향(面對)。〔書〕若火之燎于原不可ㅣ邇。❷누릴향(享也)。〔書〕ㅣ用五福。❸접때향(曏也)。〔漢書〕ㅣ使丞相不先聞馭吏言何見勞勉之有。❹울릴향(響也)。〔漢書〕天下ㅣ應。❺받을향(饗也)。〔漢書宣帝紀〕上帝嘉ㅣ。(『向·曏』과 통함)

十七畫

【嚱】(희) 支 キ、ああ ah!
草書 ❶소리낼희(聲發)。❷아아희(驚歎聲)。

【⿰口韱】(첨) 鹽 セン、むさぼる covet
탐낼첨(貪也)。

【嚲】(타) 哿 タ、たれる hang ㄉㄨㄛˇ tuo³
草書 휘늘어질타(垂下貌)。〔岑參詩〕柳ㅣ鶯嬌花復殷。

【嚳】(곡) 沃 コク、つぐ report ㄎㄨˋ k'u⁴
小篆 草書 ❶급히고할곡(急告)。❷사람이름곡(高辛氏號帝ㅣ)。

【⿰口闌】(란) 寒 ラン、ことばがわからない not clear one's says
말알수없을란(語不可解)。

【嚴】(엄) 鹽 ゲン、きびしい severe ㄧㄢˊ yen²
小篆 古文 草書 ❶굳셀엄(毅也)。❷엄할엄(威也)。❸높을엄(尊也)。❹공경할엄(敬也)。〔祭禮〕ㅣ威儼恪。〔禮〕收族故宗廟ㅣ。〔書〕日ㅣ祇敬六德。❺씩씩할엄(莊也)。〔漢書〕聲中ㅣ鼓之節。❻계엄할엄(戒ㅣ防備)。〔孝經 三才〕其政不ㅣ而治。❼혹독할엄(寒氣凜冽)。❽무서울엄(甚恐)。〔大學〕十目所視、十手所指、其ㅣ乎。

【嚵】(참) 咸 サン、むさぼる covet
小篆 탐할참(饞也)。(『饞』과 같음)

【嚷】(양) 陽 ジョウ、わめく ㄖㄤˇ jang¹·³
떠들양(喧也)。

【嚶】(앵) 庚 オウ、なく sing ㄧㄥ ying¹
小篆 草書 ❶꾀꼬리소리앵(鳥鳴)。〔詩〕鳥鳴ㅣㅣ。❷서로울앵(兩鳥互應答鳴)。〔詩經〕ㅣ其鳴矣、求其友聲。(『嚶』과 통함)

十八畫

【嚼】(작) 藥 シャク、かむ chew ㄐㄧㄠˊ chiao²·⁴
小篆 草書 ❶씹을작(齧也)。〔後漢書〕ㅣ復ㅣ者京都飲酒相强之辭。❷맛볼작(味也)。〔蘇軾詩〕吟ㅣ五味足。❸이해할작(了解)。〔文心雕龍〕咀ㅣ文義。❹벌레먹을작(侵蝕)。〔眞山民詩〕水ㅣ沙洲樹根出。❺이를갈작(齒鳴)。〔唐書張巡傳〕ㅣ齒皆碎。

【嚿】(획) 陌 カク、ほこる boast
❶자랑할획(誇貌)。❷큰말할획(言壯貌)。

【⿰口⿰帝頁】(제) 霽 テイ、くしゃみ sneeze
재채기할제(噴鼻氣)。

【嚾】(一)(환) 寒 (二)(훤) 翰 カン、よぶ call
草書 (一)부를환(呼也)。(『喚』과 통함) (二)지껄일훤(喧囂)。〔荀子〕世俗之溝猶瞀儒ㅣㅣ然不知其所非也。(『喧』과 같음)

【囀】(전) 霰 テン、さえずる chirp ㄓㄨㄢˋ chuan⁴
草書 ❶새지저귈전(鳥吟)。〔庾信春賦〕新年鳥聲千種ㅣ。❷소리굴릴전(聲轉)。❸후렴전(韻也)。

【囁】(一)(섭) 葉 (二)(엽) 葉 ショウ、ささやく whisper ㄋㄧㄝˋ nieh⁴
草書 (一)❶말하려다멈출섭(ㅣ嚅將言未言)。❷중얼거릴섭(私罵)。❸소곤거릴섭(細言)。❹입다물섭(喋也)。〔韓愈 送李愿歸盤谷序〕口將言而ㅣ嚅。(二)소곤거릴엽(細言)。(『讘』과 같음)

【囂】(효) 蕭 ゴウ、やかましい noisy ㄒㄧㄠ hsiao¹
小篆 或體 草書 ❶시끄러울효(喧也)。〔詩〕讒口ㅣㅣ。❷들렐효(聲也)。〔左傳〕湫隘ㅣ塵。❸속셈든든할효(自得無欲貌)。〔孟子〕人知之亦ㅣㅣ 人不知亦ㅣㅣ。❹걱정할효(憂貌)。❺짐승이름효(獸名)。

❺囂 (三才圖會)

【嚻】(효) 蕭 ゴウ、ひま leisure
❶한가할효(ㅣ然閒暇貌)。❷땅이름효(地名)。(『囂』와 같음)

【囃】(잡) 合 ソウ、はやし keep of tune ㄘㄚˋ ts'a⁴
草書 ❶장단잡을잡(長短也)。❷춤을도우는소리잡(舞助聲)。❸어릿광대잡。

十九畫

【囅】㊀(천) 銑 ㊁(천) 屑 テン、わらう laugh aloud 彳ㄢˇ ch'an³
草書 ㊀껄껄웃을천(ㅣ然大笑貌)。〔左思吳都賦〕東吳王孫ㅣ然而咍。㊁뜻은 ㊀과 같음。

【嘊】(채) 卦 タイ、ひとのな person's name
사람이름채(人名)。

【囈】(예) 霽 ゲイ、たわごと talking in sleep ㄧˋ i⁴
草書 ❶잠꼬대할예(睡語)。〔列子〕眼中唹ㅣ呻呼。❷자면서웃고싱긋거릴예(睡笑)。❸헛소리예(戱言)。

【囉】(라) 歌 ラ、しゃべる talkative ㄌㄨㄛ˙ lo˙²
❶노래꺾일라(歌助聲)。❷소리뒤섞일라(䌖ㅣ聲迭蕩相雜貌)。〔王褒洞簫賦〕行鏘鉎以䌖ㅣ。❸잔말할라(多言)。

【囊】(낭) 陽 ノウ、ふくろ sack ㄋㄤˊ nang²
小篆 草書 ❶주머니낭(有底囊)。〔詩〕于橐于ㅣ。❷자루낭(袋也)。❸큰구멍낭(大穴)。〔宋玉風賦〕盛怒於土ㅣ之口。❹떠들썩할낭(倉ㅣ亂貌)。〔莊子〕乃始臠卷 傖ㅣ而亂天下。❺쌀낭(包藏)。❻지갑낭(財布)。〔賀知章詩〕ㅣ中自有錢。

【囋】㊀(찰) 曷 ㊁(찬) 翰 サツ、サン、がやがやいう twittering
草書 ㊀❶지저귈찰(嘈ㅣ聲也)。〔陸機文賦〕務嘈ㅣ而妖冶。❷북소리찰(鼓音)。 ㊁❶삼킬찬(呑也)。❷기롱할찬(譏也)。❸기릴찬(讚也)。〔荀子〕問一而告二謂之ㅣ。

【嚵】㊀(삼) 咸 ㊁(참) 鹽 サン、すする sip
㊀❶조금빨아마실삼(啐也)。❷입부리삼(喙也)。❸핥을삼(嘗也)。㊁❶대신해서설명할참(讒言)❷맛볼참(試食)。

【囍】(희) 〔國字〕
쌍희희(雙喜)。

二十畫

【⿰口嚴】(암) 咸 ガン、うごめく groan
小篆 신음할암(呻也)。

【囐】(잘) 曷 ザツ、サツ、たいこのこえ sound of drum
❶북소리잘(嘈ㅣ皷聲)。〔張衡賦〕奏嚴皷之嘈ㅣ。❷나라이름잘(闐西國名ㅣ嵯)。

【囏】(간)『艱』(艮部 11畫)의 古字

二十一畫

【囑】(촉) 沃 ショク、たのむ request ㄓㄨˇ chu³
書 부탁할촉(付託)。

【囒】(란) 寒 ラン、いつわる lie
❶거짓말할란(誣言)。❷벌레이름란(虫名呀ㅣ)。(『讕』과 같음)

【囓】(설) 屑 ゲツ、かむ bite ㄋㄧㄝˋ nieh⁴ (本音 녈)
씹을설(噬也)。(『齧』과 같음)

囗 部

【囗】㊀(국)『國』(囗部 8畫)의 古字
㊁(위)『圍』(囗部 9畫)의 古字
㊂큰입구(部首名)。

二畫

【囙】(인)『因』(囗部 3畫)의 俗字

【⿴囗又】㊀(닙) 緝 ㊁(녑) 洽 ニュウ、ぬすむ steal
小篆 ㊀❶사사로 가질닙(私取物)。❷훔쳐갈 닙(盜也)。㊁뜻은 ㊀과 같음。

【囚】(수) 尤 シュウ、とらえる be confined ㄑㄧㄡˊ ch'iu²
小篆 草書 ❶가둘수(獄ㅣ拘繫)。〔史記孔子世家〕陽虎因ㅣ桓子。❷갇힐수(被獄拘繫)。〔史記 李斯傳〕斯卒ㅣ。❸묶일수(束縛)。〔師曠詩〕壯士豈爲章句ㅣ。❹갇힌사람수(罪人)。〔禮〕挺重ㅣ益其食。❺사로잡힌사람수(俘虜)。〔詩經 魯頌泮水〕在泮獻ㅣ。❻재판의말수(獄辭)。〔書經康誥〕丕蔽要ㅣ。

【四】(사) 寘 シ、よつ four ㄙˋ ssu⁴
小篆 古文 籒文 草書 ❶넷사、넉사(數名)。〔易繫辭〕兩儀生ㅣ象。❷사방사(四方)。〔論語 顏淵〕ㅣ海之內皆兄弟也。❸네번사(ㅣ次)。(『肆』과 통함)

三畫

【囝】(건) 銑 ケン、こども child ㄐㄧㄝˇ chieh²
아이건(閩人呼兒)。〔青箱雜記〕唐取閩子爲宦官顧況有哀ㅣ詩。

【回】㊀(회) 灰 ㊁(회) 隊 カイ、めぐる turn ; return ㄏㄨㄟˊ huei²
小篆 古文 書 草 ㊀❶돌아올회(返也)。〔詩〕昭ㅣ于天。❷돌이킬회(旋也)。〔史記〕墨子ㅣ車。❸간사할회(邪曲)。〔詩經〕其德不ㅣ。❹어길회(違也)。〔詩〕求福不ㅣ。❺머뭇거릴회(低ㅣ紆衍貌)。〔史記〕適魯觀仲尼車服禮器余低ㅣ留之。❻굽을회(曲折)。〔孟浩然詩〕尋幽石徑ㅣ。❼둘레회(周圍)。❽도수회(度數)。〔喩汝礪詩〕幾ㅣ嚇殺生仲達。(『廻』와 통함) ㊁❶돌회(遶也)。〔漢書〕趙充國ㅣ遠千里。❷피할회(畏避)。

【囟】(신) 震 シン、ひよめき (of the head) the crown ㄒㄧㄣˋ hsin⁴

小篆 或體 古文 숨구멍신(小兒頂門)。

【因】(인) 眞 イン、よる be due to ㄧㄣ yin¹ 小篆 草書 ❶인할인(仍也)。❷이을인(襲也)。〔論語〕殷—於夏禮。❸헤질인(析也)。〔書經〕厥民—。❹말미암을인(由也)。〔鄒陽上梁王書〕夜光之璧暗投於人莫不按劍相眄者無—至前也。❺의지할인(依也)。〔論語〕—不失其親亦可宗也。❻부탁할인(托也)。〔孟子〕時子—陳子以告孟子。❼인연인(緣也)。〔傳燈錄〕欲知前世—今生受者是。❽따를인(隨也)。〔中庸〕天之生物、必—其材而篤。❾겹칠인(重合)。〔十八史略 西漢〕太倉之粟、陳陳相—。❿근본인(本也)。⓫까닭인(理由)。

【団】(단)『團』(11口部畫)의 略字

四畫

【囤】(돈) 阮 トン、ちいさいくら small storehouse ㄉㄨㄣˋ tuen⁴ 작은곳집돈(小廩囷類)。

【囦】(연)『淵』(水部8畫)의 古字

【囧】(경) 靑 キョウ、あきらか bright 草書 창밝을경(窗牖闓明)。〔韓愈詩〕月吐窻——。(『冏』과 통함)

【囪】㊀(창) 江 ソウ、まど window ㄔㄨㄤ ch'uan ㊁(총) 東 小篆 或體 古文 草書 ㊀창창(屋戶)。(「牕·窓」과 같음) ㊁굴뚝총(竈突)。

【囫】(홀) 月 コツ、かたまり ㄏㄨˊ hu² 草書 ❶덩어리홀(物完)。❷완전할홀(完也)。

【囬】(회)『回』(3口部畫)의 俗字

【园】(완) 寒 ガン、まるくけずる cut roundly 草書 둥글게깎을완(刓而圓形)。

【囮】(와) 歌 カ、おとり kinap ㄜˊ é 小篆 或體 或體 草書 ❶새후릴와(誘禽鳥 即今鳥媒)。〔說文〕率鳥者繫生鳥以來之名曰—。❷화할와(—育化也)。〔元包經〕羣類—育庶物牲植。

【困】(곤) 願 コン、こまる distress; difficult 小篆 古文 草書 ❶곤할곤(窮苦)。〔易〕澤無水—。❷노곤할곤(倦極力乏悴也)。〔後漢書〕世祖至營勞耿純曰昨夜—乎。❸지칠곤。❹고심할곤(苦心)。〔中庸〕或—而知之。❺게으를곤(倦也力乏)。❻언짢을곤(苦也)。〔宋史 王彥章傳〕此夕巡警甚—。❼어지러울곤(亂心)。〔論語子罕〕不爲酒—。❽괘이름곤(易卦名)。

【囲】(위)『圍』(9口部畫)의 略字

【囩】(운) 文 둘릴운(繞回)。

【冏】(경) 靑 ケイ、ひかる shine ㄌㄧㄥˊ ling² 빛날경(光也)。(『囧』의 俗字)

五畫

【図】(도)『圖』(11口部畫)의 略字

【囷】(균) 眞 軫 キン、コン、こめぐら store house ㄐㄩㄣ chün¹ 小篆 草書 ❶둥근곳집균(圓廩)。〔詩〕不稼不穡胡取禾三百—。❷서릴균(輪—屈曲盤戾貌)。〔漢書〕蟠木根柢輪—離奇爲萬乘器。❸곳간균(穀倉)。

(三才圖會)❶囷

【⿴囗布】(포) 麌 ホ、はたけ vegetable garden 채전포(菜田)。(『圃』와 같음)

【囶】(국)『國』(8口部畫)의 古字

【囹】(령) 靑 レイ、ひとや prison ㄌㄧㄥˊ ling² 小篆 草書 옥령(—圄獄也)。〔禮〕仲春命有司省—圄。

【固】(고) 遇 コ、かたい solid ㄍㄨˋ ku⁴ 小篆 草書 ❶굳을고(堅也)。〔論語〕學則不—。❷막힐고(險塞)。〔禮〕城郭溝池以爲—。❸굳이고(再辭)。〔書〕禹拜稽首—辭。❹고집할고(執一不通)。〔論語〕非敢爲佞也疾—也。❺심할고(甚也)。❻고루할고(鄙陋)。〔禮〕公曰寡人—不—焉得聞此言。❼진실로고(本然之辭)。〔孟子〕天下—畏齊强。❽이미고(已然之辭)。〔孟子〕夫世祿膝—行之。❾떳떳할고(常然之辭)。〔孟子〕若—有之。❿셀고(强也)。〔論語 季氏〕—而近於費。⓫완고할고(不變通頑—)。〔孟子告子下〕—哉高叟之爲詩也。⓬천할고(禮儀不得心)。〔論語 述而〕儉則—。⓭고질고(—疾)。(『錮』와 통함)

【国】(국)『國』(8口部畫)의 俗字

六畫

【囿】㊀(유) 宥 ユウ、かき enclosure ㄧㄡˋ yu⁴ ㊁(육) 屋 小篆 籒文 草書 ㊀❶엔담유(苑有垣)。〔詩經〕王在靈—。❷고루할유(識不通廣)。〔尸子〕列子貴虛揚子貴別—其學之相非也皆弇於私也。❸논밭유(園圃)。〔司空曙詩〕蔬—水涓涓。㊁나라동산육(苑也)。

【圀】(국)『國』(8口部畫)의 古字

七畫

【圎】㊀(선) 霰 セン、エン、まるい round ㊁(연) 先

小篆 ㊀둥글선(圓也)。㊁뜻은 ㊀과 같음。

【圁】(은) 文 ギン、ン river
물이름은(水名)。

【圂】㊀(혼) 願 コン、カン、かわや water-closet ㊁(환) 諫 ㄏㄨㄣ hu
小篆 草書 ㊀뒷간혼(厠也)。(『溷』과 같음) ㊁가축환(家畜)。

【圃】(포) 麌 ホ、はたけ vegetable garden 遇 ㄆㄨ p'u³
小篆 草書 ❶채전포、채마밭포(種菜場)。【周禮】九職二曰園－毓草木。❷밭갈포(田作)。【論語 子路】吾不如老－。❸곳포(場所)。❹산이름포(崑崙山名縣－)。

八 畫

【圇】(륜) 眞 リン、かたまり lump ㄌㄨㄣ luen² (本音「론」)
草書 덩어리륜(囫物完)。

【圈】㊀(권) 先 ケン、おり cage ㊁(권) 霰 ㄐㄩㄢ chüan⁴ ㊂(권) 阮 ㄑㄩㄢ ch'üan¹
小篆 草書 ㊀❶채 그릇권(屈木爲器)。❷술잔권(杯也)。(『棬』과 같음) ㊁우리권(獸欄)。㊂❶우리권(養畜欄)。【通鑑】虎－畜夫。❷비척거릴권(曳轉循地而行)。【禮】－豚行不擧足。❸돌권(轉也)。【禮記玉藻注】－轉也。❹둥글권(圓形)。

【圄】(어) 語 ギョ、ゴ、ろうや prison
小篆 草書 ❶옥어(囹－獄也)。【禮】仲春命有司省囹－。❷가둘어(囚也)。【左傳 宣公四年】－伯嬴。(『圉』과 통함)

【圅】(함) 咸 カン、いれる put in 覃 ㄏㄢ han²
小篆 俗體 ❶담을함(容也)。❷혀함(舌也)。❸궤함(匱也)。❹갑옷함(鎧也)。(『函』과 같음)

【圉】(어) 語 ギョ、ゴ、うまかい groom ㄩ yü³
小篆 草書 ❶마부어(－人養馬者)。【周禮】乘馬一師四－。❷변방어(外垂)。【詩】孔棘我－。❸어릿어릿할어(因而未舒貌)。【孟子】始舍之－－焉。❹외양간어(廐也)。❺마굿간어(牧也)。❻막을어(禦也)。【莊子 繕性】其來也不可－。(『圄·禦』와 통함)

【圔】(합) 合 コウ、あう meet
❶만날합(會也)。❷모을합(合也)。

【圊】(청) 庚 セイ、かわや water-closet 靑 ㄑㄧㄥ ch'ing¹
草書 뒷간청(溷厠)。

【國】(국) 職 コク、くに nation ㄍㄨㄛ kuo²
小篆 草書 ❶나라국(邦也)。【周禮】分－爲九州。❷고향국(故－)。【盧僎詩】去－三巴遠。

九 畫

【圌】(천) 先 セン、まるいたけばこ round bamboo basket
둥근대그릇천(竹圌器)。

【圍】(위) 微 イ、かこむ surround ㄨㄟ wei²
小篆 草書 ❶둘레위(繞也)。【易繫辭】範－天地而不過。❷에울위(環也)。【春秋】環其城邑曰－。❸에워쌀위(遮取禽獸)。【禮】春田不－澤。❹한아람위(五寸曰－一抱曰－)。【莊子】櫟社樹百－無所用故壽。❺둘러싸일위(敵包四方攻)。【莊子 胠篋】魯酒薄而邯鄲－。❻지킨위(衛也)。❼지킬위(守也)。【管子 地員】－羣殃。

【圎】(원)『圓』(口部10畫)의 俗字

十 畫

【園】(원) 元 エン、その garden ㄩㄢ yüan²
小篆 草書 ❶동산원(圃之樊樹果所)。【禮】有樊曰－。❷능원(寢－陵也)。【禮記曾子問】葬于－。❸울타리원(樊也)。【詩經 鄭風 將仲子】將仲子兮、無踰我－。❹절원(祇－佛界)。

【圓】(원) 先 エン、まるい round ㄩㄢ yüan²
小篆 草書 ❶둥글원(方之對)。【易繫辭】蓍之德－而神。❷원만할원(豊滿)。【呂氏春秋審時】其粟－而薄糠。❸둥근꼴원(圓形)。【韓非子 飾邪】左手畫－、右手畫方。❹둘레원(周也)。❺온전할원(全也)。❻화폐의단위원(貨幣單位)。❼뚜렷할원。(『圜·圓』과 통함)

十一畫

【[illegible]】(완) 刪 ワン、みずがまわる of whirlpool
물결이돌완(水勢回旋)。

【圖】(도) 虞 ト、ズ、えがく、え picture; map ㄊㄨ t'u²
小篆 草書 ❶그림도(畫也)。【易繫辭】河出－。❷꾀할도(謀也)。【書】惟懷永－。❸다스릴도(除治)。【左傳】無使滋蔓蔓難－也。❹헤아릴도(度也)。【詩】是究是－。❺지도도(版－簿籍)。【周禮】爲之版－以待。❻탑도(浮－寺塔)。❼고아할도(考也)。【李密 陳情表】－宦達、不矜名節。

【圗】(도)『圖』(前條)의 俗字

【團】(단) 寒 タン、あつまり group ㄊㄨㄢ t'uan²
小篆 草書 ❶둥글단(圓也)。【班婕好詩】－－似明月。❷모을단(聚也)。❸군대반잘단(軍－)。❹이슬많을단(露多貌)。【謝惠連詩】－－滿葉露。❺덩이질단(聚結貌)。【江淹詩】－－霜露色。❻빙빙돌단(旋轉狀)。【脩惠洪詩】心若旋飈驪、月夜－

ㅣ轉。(『專』과 통함)

十二畫

【圗】(도)『圖』(11畫 口部)의 俗字

十三畫

【圜】㊀(원) 先 エン、カン、めぐる be surrounded ㄩㄢˊ yüan² ㊁(환) 刪
小篆 草書 ㊀❶옥담원(獄城)。❷둥글원(圓也)。❸제단원(祭天壇曰ㅣ丘)。(『圓』과 같음) ㊁❶둘릴환(繞也)。【通鑑】ㅣ橋門而觀聽。❷에울환(圍也)。【賈誼 治安策】天下ㅣ視而起。

【圛】(역) 陌 エキ、めぐりゆく hover
小篆 맴돌역(回行象氣絡繹不絕)。

十四畫

【獄】(옥)『獄』(10畫 犬部)의 古字

十九畫

【圞】(란) 寒 ラン、まるい round
草書 둥글란(圞ㅣ圓也)。【梵書】大家圞ㅣ頭共說無生話。

土部

【土】㊀(토) 麌 ト、ド、つち earth ㄊㄨˇ t'u³ ㊁(두) 麌
小篆 草書 ㊀❶흙토(五行之一、地也)。【書經】厥貢惟ㅣ五色。❷뿌리토(根也)。【詩經】撤彼桑ㅣ。❸나라토(邦ㅣ)。❹곳토(場所)。【大學】有人此有ㅣ。❺땅신토(地神)。【禮記 月令】其神后ㅣ。❻뭍토(陸也)。❼고향토(故鄕)。❽악기토(八音之一)。❾땅토(生物荐植適所)。【易經 離象傳】百穀草木麗乎ㅣ。❿평지토(平地)。㊁뽕뿌리두(桑根)。

一畫

【圠】(알) 黠 アツ、かすか vast ㄧㄚˋ ia⁴
草書 ❶산굽이알(山曲)。❷편할알、끝없을알(無涯、坱ㅣ)。

【𡈼】㊀(제) 齊 テイ、セイ、よい、きよい clear ㊁(정) 靑 ㊂(청) 梗
小篆 ㊀맑을제(澄也)。㊁❶줄기정(莖也)。❷마룻대정(屋梁)。❸『徵』의 古字。㊂❶착할청(善也)。❷낳을청、나올청(生也)。

二畫

【圣】㊀(골) 月 コツ、セイ、つとめる endeavor ㊁(성) 敬
小篆 ㊀힘쓸골(勉也)。㊁뜻은『聖』에 보라。

【圤】(박) 覺 ハク、ホク、つちくれ clod
흙덩어리박(土塊)。

【圥】(룩) 屋 ロク、きのこ muskroom;toad
❶버섯룩(菌ㅣ、菌之異名)。❷두꺼비룩(ㅣ鼀)。❸나아가지 않을룩(不能前之貌)。

三畫

【圧】(압)『壓』(14畫 土部)의 略字

【在】(재) 隊 ザイ、ある be; stay ㄗㄞˋ tsai⁴
小篆 草書 ❶있을재(存也)。【論語】父母ㅣ不遠遊。❷살재(居也)。【詩經】相ㅣ爾室。❸살필재(察也)。【書經 舜典】ㅣ璿璣玉衡。❹곳재(所也)。【蔡邕獨斷】天子以四海爲家以所居爲行ㅣ所。

【圩】(우) 虞 ウ、つつみ bank ㄩˊ yü²
草書 ❶방축우(築堤防水)。❷언덕우(岸也)。

【圪】(을) 物 イツ、たかいつち (of clod) high
小篆 흙더미우뚝할을(堆高)。

【圬】(오) 虞 オ、こて trowel ㄨ wu¹
草書 흙손오(泥鏝)。【左傳】ㅣ人以時塓館宮室。(『杇』와 같음)

【圭】(규) 齊 ケイ、たま gem
小篆 古文 草書 ❶홀규(上圓下方瑞玉)。【書經】禹錫玄ㅣ。❷일영표규(土ㅣ、測日景)。【周禮】土ㅣ以致四時日月。❸달규(ㅣ刀製藥)。❹저울눈 이름규(量名六十四黍爲ㅣ)。【漢書】量多少者不失ㅣ撮。(『珪』와 같음)

【圮】(비) 紙 ヒ、やぶれる collapse ㄆㄧˇ p'i³
小篆 草書 무너질비(毀也)。【書】方命ㅣ族。

【圯】(이) 支 イ、つちばし earthen bridge ㄧˊ i²
小篆 草書 흙다리이(土橋)。

【地】(지) 寘 チ、ジ、つち earth ㄉㄧˋ ti⁴
小篆 籒文 草書 ❶땅지(天之對、載萬物坤也)。【博物志】ㅣ以名山爲輔佐石爲骨川爲脈草木爲毛土爲肉。❷뭍지(陸也)。❸아래지(下也)。❹나라지(領土)。❺곳지(所也)。【孟子 離婁下】禹・稷・顏子、易ㅣ則皆然。❻예비할지(豫備)。(『第』와 통함)

【圳】(수) 宥 シュウ、たはたのみぞ ditch between fields ㄔㄡˊ ch'ou²
밭두덕둘레에 있는 도랑수(田畔周圍溝)。

【壯】(장)『壯』(士部 4畫)의 略字

四 畫

【圻】㊀(기) 微 キ、ギン、さかい boundary ㄑㄧ́ ch'i² ㊁(은) 眞 草書 ㊀서울지경기(王畿)。【左傳】天子之地一ㅡ。(『畿』와 통함) ㊁언덕은(岸也)。【淮南子】四達無竟通于無ㅡ。

【圽】(몰) 月 ボツ、うめる bury ❶묻을몰(埋也)。❷험할몰(險也)。(『歿』과 같음)

【圿】(갈) 黠 カツ、あか stain 때낄갈(積垢)。

【圾】(급) 緝 キュウ、あやうい danger ㄐㄧ́ chi² 草書 ❶위뚝거릴급(危殆)。【莊子 天地】殆哉ㅡ乎天下。❷산높을급(高貌ㅡㅡ)。(『岌』과 같음)

【址】(지) 紙 シ、もとい site ㄓˇ chih³ 草書 터지(基也)。【劉兼長春節詩】太平基ㅡ千年永混一車書萬古存。(『阯』와 같음)

【坻】(지) 紙 シ、とまる stay ㄓˇ chih³ 小篆 머무를지(留也)。

【坂】(판) 阮 潸 ハン、さか slope 草書 ❶언덕판(坡ㅡ)。【漢書】帝欲下峻ㅡ。❷산비탈판(山脅)。❸순나라 서울 이름판(舜都名蒲ㅡ)。(『阪』과 같음)

【坄】(역) 陌 エキ、えんとつ chimney ㄧˋ i⁴ 小篆 굴뚝역(煙突)。

【坅】(금) 寢 キン、あな hole ㄑㄧㄣˇ ch'in³ 小篆 구덩이금(坎也)。

【均】(균) 眞 キン、ひとしい even ㄐㄩㄣ chün¹ 小篆 草書 ❶고를균(調也)。【詩經 皇皇者華】六轡旣ㅡ。❷반듯할균、평할균(平也)。【詩經】大夫不ㅡ。❸두루할균(徧也)。【易經】坤爲ㅡ。❹기와를 만드는 틀균(造瓦具)。【董仲舒曰】泥之在ㅡ惟甄者之所爲。❺장단균(節樂器)。【禮記 樂記】樂所以立ㅡ。❻싸움옷균(戎服)。【左傳】ㅡ服振振。❼평등할균【孟子 滕文公上】經界不正、井地不ㅡ。❽학교이름균(學名)。(『鈞』과 통함)

【坆】㊀(매)『梅』(木部 7畫)의 古字 ㊁(분)『墳』(土部 12畫)의 俗字

【坉】(둔) 元 トン、あぜ ridge between fields ㄉㄨㄣˇ tuen³ ❶농막둔(莊家)。❷밭고랑둔(畔也)。

【坊】(방) 陽 ボウ、ちまた village ㄈㄤ fang¹·² 小篆 草書 ❶골 이름방(邑里之名)。❷방방(房也)。❸막을방(障也)。【禮記 坊記】君子之道、譬則坊歟ㅡ民之所不足者也。❹승사방(僧舍)。「僧寺」。(『防』과 통함)

【坋】(분) 吻 問 フン、ブン、ちり dust ㄈㄣˋ fen⁴ 小篆 ❶티끌분(塵也)。❷섞을분(拌也)。

【坌】(분) 願 フン、あつまる crowd ㄅㄣˋ pen⁴ 草書 ❶모을분(聚也)。【唐書 儒學傳】ㅡ集京師。❷아우를분(竝也)。❸(中字) 눌려썩을분(壓腐貌)。

【坍】(담) 覃 タン、なみうちこわす break ㄊㄢ t'an¹ 물이언덕칠담(波打岸)。

【坎】(감) 感 カン、あな hollow ㄎㄢˇ k'an³ 小篆 草書 ❶구덩이감(穴也)。❷험할감(險也)。【易經】習ㅡ重險也。❸작은 잔감(小皿)。❹힘쓰는 소리감(力聲)。【詩經 魏風 伐檀】ㅡㅡ伐檀。❺괘이름감(卦也)。❻불우하여 뜻을 이루지 못할감(失志)。【楚辭 九辯】ㅡ壈兮貧士 失職而志不平。❼북쪽감(北方)。(『埳·焰』과 같음)

【坏】(배) 灰 ハイ、したじ raw tile ㄆㄟ p'ei¹ 小篆 草書 ❶날기와배(未燒陶瓦)。【後漢書】ㅡ冶一陶羣生得理。❷흙으로 틈 막을배(土封罅隙)。【禮記 月令】孟冬、使有司ㅡ城郭。❸뒷담배(屋後墻)。【揚雄 解嘲】或鑿ㅡ而遁。❹첩첩이된산배(二重山)。【爾雅 釋山】山再成曰ㅡ。(『阫·坯』와 통함)

【坐】㊀(좌) 箇 ザ、すわる sit ㄗㄨㄛˋ tsuo⁴ ㊁(좌) 哿 小篆 古文 草書 ㊀❶앉을좌(行之對)。❷무릎을 꿇좌(跪也)。【禮記 曲禮上】先生書策琴瑟在前ㅡ而遷之。❸자리좌(席也)。【十八史略宋】賜ㅡ給筆札。❹지킬좌(守護)。【左傳 桓公十二年】楚人ㅡ其北門。㊁❶죄를 입을좌(被罪人)。【漢書】除收帑相ㅡ律令。❷대심할좌(罪人對理)。【左傳 僖公二十八年】鍼莊子爲ㅡ。❸자리좌(行所止)。【漢書】當戶牖之法ㅡ。❹손발을 움직이지 않을좌(手足不動)。【孟子 滕文公上】經界旣正、分田制祿、可ㅡ而定也。(『座』와 통함)

【坑】(갱) 庚 コウ、あな pit ㄎㄥ k'êng¹ 草書 ❶빠질갱(陷也)。❷묻을갱(埋也)。【史記 項羽記】詐ㅡ秦降卒三十萬。❸구덩이갱(陂塹)。【東方朔諫】與麋鹿同ㅡ。(『阬』과 통함)

【坒】(비) 寘 ヒ、どちがつらなる (of land) attached 小篆 ❶잇닿을비(土地相接)。❷견줄비(比肩)。❸배합할비(配合)。

【赤】(적)→赤部 0畫

【走】(주)→走部0畫

五畫

【坡】(파) 歌 ハ、ヒ、さか hill ㄆㄛ p'o¹ 小篆 草書 ❶언덕파(阪也)。〔蘇軾 後赤壁賦〕二客從予過黃泥之ㅣ。❷제방파(堤也)。

【坣】(당)『堂』(土部8畫)의 古字

【坤】(곤) 元 コン、つち earth ㄎㄨㄣ k'uen¹ 小篆 草書 ❶따곤(地也)。❷순할곤(順也)。〔易經〕地勢ㅣ。❸괘이름곤(卦名)。❹황후곤(皇后)。❺계집곤(女稱ㅣ命)。

【坥】(저) 魚 ショ、みみずのはいたどじょう earthworms swarmed round 小篆 지렁이모인땅저(蚯蚓集地)。

【坦】(탄) 旱 タン、たいらか even; level ㄊㄢ t'an³ 小篆 草書 ❶너그러울탄(寬也)。〔論語 述而〕君子ㅣ蕩蕩。❷평평할탄(平也)。〔易經〕履道ㅣㅣ。❸넓을탄(廣也)。

【坩】(감) 覃 カン、るつぼ melting-pot ㄍㄢ kan¹ 草書 도가니감(所以鎔鍊金鐵)。

【坪】(평) 庚 ヘイ、たいらか field ㄆㄧㄥ p'ing² 小篆 小篆 草書 ❶벌판평(大野)。❷들평。❸평평할평(平也)。❹평수평(地積、四方六尺爲一ㅣ)。

【坫】(점) 豔 テン、しきり wall ㄉㄧㄢ tien⁴ 小篆 草書 ❶병풍점(屛也)。❷막을점(塞也)。❸잔돌려놓는자리점(反爵之者)。〔禮記〕獻酬畢反爵于ㅣ上。❹담점(屛障)。〔禮記〕崇ㅣ康圭。❺대청모퉁이점(堂隅)。

【坭】(니) 紙 デイ、どろ mud 진흙니(水和土)。

【坮】(대)『臺』(至部8畫)의 古字

【坱】(앙) 陽 オウ、ほこり dust 小篆 草書 ❶티끌앙(塵埃)。〔上林賦〕過於ㅣ漭之野。❷질펀할앙(無涯)。〔賈誼鵩賦〕大鈞播物ㅣ北無垠。❸어두울앙(昧也)。〔字彙〕ㅣ軋霧氣昧也。

【坯】(배)『坏』(土部4畫)와 같음

【坰】(경) 靑 ケイ、キョウ、まちはずれ field ㄐㄩㄥ chiun 小篆 草書 들경(郊也)。〔杜甫詩〕元戎小隊出郊ㅣ。

【坲】(불) 物 フツ、ちりがたつ raise a dust 티끌일어날불(塵起、ㅣ埻)。

【坳】(요) 肴 效 ヨウ、くぼみ hollow ㄠ ao¹·⁴ 小篆 草書 오목할요(窊下)。〔莊子 逍遙遊〕覆杯水于ㅣ堂之上則芥爲之舟。(『凹』와 같음)

【坴】(륙) 屋 リク、おか hill 小篆 언덕륙(高凷)。〔漢書〕河溢皐ㅣ。

【坵】(구)『丘』(一部4畫)의 俗字

【坶】(목) 屋 ボク、やしなう rear 小篆 ❶기를목(養也)。❷살필목(察也)。❸다스릴목(治也)。(『牧』과 같음)

【坷】(가) 哿 箇 カ、けわしい steep ㄎㄜ k'e³ 小篆 草書 ❶길험할가(行不利)。〔揚雄賦〕藏南巢之坎ㅣ兮。❷때에 맞지 않을가(時不利)。(『軻』와 통함)

【坌】(분) 問 フン、はく sweep away 小篆 쓸어버릴분(掃除)。(『糞』과 통함)

【坹】(혈) 屑 ケツ、あな hollow ❶비고 깊을혈(空深貌)。❷구멍혈(穴也)。❸막힐혈(塞窒)。

【坺】(발) 曷 バツ、ほる dig 小篆 ❶흙팔발(發土)。❷터닦을발(治土)。

【坻】㊀(지) 支 ㊁(지) 紙 ㊂(저) 薺 テイ、チ、しま、さか bar; hill ㄔ ch'ih² 小篆 或體 或體 草書 ㊀모래섬지(水中高地)。〔左傳 昭公十二年〕有酒如淮、有肉如ㅣ。㊁마당지(場也)。〔方言〕梁宋之間蚍蜉鼠之場謂ㅣ。㊂언덕저(隴阪)。〔張衡賦〕坂ㅣ巀嶭而成巘。(『阺』와 같음)

【坼】(탁) 陌 タク、さける tear (本音「척」) 小篆 草書 ❶찢을탁(裂也)。〔後漢書 安帝紀〕日南地ㅣ長百餘里。❷터질탁(分開)。❸난산할탁(難産也)。〔詩經 大雅生民〕不ㅣ不副。❹싹이틀탁(植物分開)。

【坿】(부) 遇 フ、いかた raft 小篆 草書 ❶흰 수정부(白石英)。〔子虛賦〕雌黃白ㅣ。❷뗏목부(編木以渡)。(『附』와 통함)

【垀】(호) 虞 コ、ひくいかき low fence. ❶낮은담호(丘也)。❷곳집담호(庫垣)。❸번거러울호(煩也)。〔淮南子〕嬴ㅣ有無之精。

【垁】(치) 紙 チ、かき fence 담치(垣也)。

【垂】(수) 支 スイ、たれる hang down 小篆 草書 ❶드리울수(自上縋下)。〔易經〕ㅣ衣裳而天下治。❷변방수(邊也)。〔左傳〕虔劉我邊ㅣ。

❸거의수、미칠수(將及幾)。❹남길수(殘也)。〔十八史略 西漢〕ㅣ功名於竹帛。❺「천한사람이 귀한 사람에게 간원(懇願) 또는 경의(敬意)를 표할 때에 쓰는 말」。〔韓愈上張僕射書〕ㅣ仁採納焉。

【垈】(대)〔國字〕 집터대(宅地)。

【坐】(좌)『坐』(土部 4畫)와 같음

【幸】(행)→干部5畫

六畫

【型】(형) 靑 ケイ、かた type ㄒㄧㄥ hsing² 小篆 草書 ❶본형(鑄式)。「爾雅」以土曰ㅣ以木曰模以金曰範。❷모범형(模範)。

【垍】(계) 寘 キ、せともの pottery (古音「기」) 小篆 ❶석비레계(堅土)。❷질그릇계(陶也)。

【垎】(각) 陌 カク、つちがかわく (of soil) drained 小篆 흙마를각(土乾)。

【垒】(루) 紙 ルイ、うちがき mud-wall 흙담루(土壘)。

【垓】(해) 佳 ガイ、さかい、はて frontier 小篆 草書 ❶땅가장자리해(八極界也)。〔周語〕天子之田九ㅣ。❷햇수해(極數)。〔風俗通〕十億曰兆、十兆曰京、十京曰ㅣ。❸계단해(階段)。〔史記 封禪書〕太乙壇三ㅣ。(本音「개」)『晐』와 같음

【垔】(인) 眞 イン、ふさぐ block with earth 小篆 或體 古文 막을인(土塞)。(『陻·堙』과 같음)

【垗】(조) 篠 チョウ、はかば graveyard 小篆 草書 ❶뫼자리조(塋界宅ㅣ)。❷제터조(壇域)。(『兆』와 通함)

【垛】(타) 哿 タ、ダ、あづち target 小篆 ❶글방타(堂塾)。❷살받이터타(射堋)。「사술(射術)을 연습할때 흙을 돋우어서 표적을 세워두는 곳」。〔唐六典〕武擧制有長ㅣ馬射。(『垜』와 같음)

【垘】(복) 屋 フク、ふさがる dike for reservoir water 보막을복(洑也土壅)。

【垜】(타) 哿 タ、ダ、あづち target 草書 ❶살받이터타(射堋)。❷글방타(堂塾)。《中字》석가휘타(ㅣ口)。(『垛』와 같음)

【垝】(궤) 紙 キ、やぶる callapse ㄍㄨㄟ kuei³ 小篆 或體 草書 무너진담궤(壞垣)。

【垞】(탁) 禡 タク、おか the hill (本音「차」) 언덕탁(小丘)。

【垟】(양) 陽 ヨウ、つちのせい monster 흙속괴물양(土怪、羵ㅣ)。(『羵』과 같음)

【垡】(벌) 月 ハツ、たがやす cultivate 밭갈아들출벌(耕起)。(『墢』과 通함)

【垠】(은) 眞 ギン、きし hill ㄧㄣ yin² 小篆 草書 ❶언덕은(岸也)。❷하늘가장자리은(九天之際)。❸지경은(界限)。〔楚辭〕逴絕ㅣ乎寒門。〔李華弔古戰場文〕浩浩乎沙無ㅣ。

【垢】(구) 有 コウ、ク、あか dirt ㄍㄡ kou⁴ 小篆 草書 ❶때구(塵滓)。❷더러울구(汚也)。〔莊子 大宗師〕仿偟乎塵ㅣ之外。❸때가 묻을구。〔禮記 內則〕冠帶ㅣ和灰請漱。❹부끄러울구(恥也)。「汚辱」。〔左傳 宣公十五年〕國君含ㅣ天之道也。

【垣】(원) 元 エン、かき wall ㄩㄢ yüan² 小篆 籒文 草書 ❶낮은 담원(卑墻)。❷보호하는 사람원(護衛者)。〔詩經〕大師維ㅣ。❸별 이름원(星名)。

【垤】(질) 屑 テツ、ありづか ant-hill (本音「절」) ㄉㄧㄝ tieh² 小篆 草書 ❶개미둑질(蟻封)。「蟻巢」。❷언덕질(丘也)。〔孟子 公孫丑上〕太山之於丘ㅣ河海之於行潦、類也。

【垙】(렬) 屑 レツ、あぜ ridge between fields 밭두덕렬(塍也)。

【垌】(동)〔國字〕 못막이동(池貯水)。

【封】(봉)→寸部6畫

七畫

【埕】(녈) 屑 ネツ、デツ、ふさぐ block ❶막을녈、막힐녈(塞也)。❷내릴녈(下也)。

【垷】(현) 銑 ゲン、どろ mud 小篆 진흙현(泥土)。

【垸】(완) 寒 カン、はいをまぜる plaster mixed (本音「환」) 小篆 회섞어바를완(以漆和灰而髹)。

【垺】(부) 尤 フ、ホウ、かこい castle-wall 草書 ❶산위에물있을부(山上有水)。❷성가퀴부(郭也)。

【垻】(패) 泰 ハイ、つつみ dike ㄅㄚ pa⁴

방축패(防堰)。

【垽】(은) 震 ギン、かす dregs 小篆 ❶해감은(澱也)。❷찌끼은(滓泥)。

【垾】(한) 翰 カン、どて、つつみ bank ❶언덕한(岸也)。❷방축한、둑한(堤也)。

【坶】㊀(매) 灰 バイ、ちり ㊁(목)〔慣音〕 dust ㊀티끌매(塵也)。㊁목 ㊂땅이름목(地名)。

【埀】(수)『垂』(土部5畫)의 俗字

【埂】(경) 梗 コウ、あな pit ㄈㄚ fa² 小篆 구덩이경(坑也)。

【埃】(애) 灰 アイ、ほこり dust ㄞ ai¹ 小篆 草書 티끌애(塵也)。〔漢書〕杳冥晝昏塵ㅣ抪覆。

【埅】(방) 陽 ホウ、ボウ、ふせぐ bank 小篆 막을방(防也)。〔呂氏春秋〕季春之月、命有司修利隄ㅣ。(『防』과 같음)

【埄】(봉) 董 ホウ、ちりがたつ raise a dust ㄆㄥ p'êng² 먼지일어날봉(塵起)。

【埆】(각) 覺 カク、コク、やせち rough ㄑㄩㄝ ch'üeh⁴

草書 ❶땅이평탄치못할각(墝ㅣ瘠薄)。〔史記 三王世家〕燕地墝ㅣ。❷바위엉서리각(山多大石)。

【埇】(용) 腫 ヨウ、こじ narrow street ❶길돋울용(路上加土)。❷골목길용(巷道)。

【埈】(준) 震 シュン、たかい(本音「순」) lofty, high 높을준(高也)。

【埋】(매) 佳 マイ、うめる bury ㄇㄞ mai² 草書 ❶묻을매(瘞也)。〔賈誼新書〕孫叔敖兒時、嘗出遊、見兩頭蛇、殺而ㅣ之。❷감출매(藏也)。〔左傳〕ㅣ璧于太室之庭。(『薶』와 같음)

【埍】(현) 銑 ケン、ひとや(本音「견」) prison 小篆 ❶계집가두는옥현(女牢)。❷하인청현(奴僕所居)。

【城】(성) 庚 セイ、ジョウ、しろ castle ㄔㄥ ch'êng² 小篆 籀文 草書 ❶재성(築土所以盛民)。〔淮南子 原道訓〕昔者夏鯀作三仞之ㅣ。❷서울성(都邑)。〔十八史略 宋〕贏得兒童語音好、一年强半在ㅣ中。❸보루성(堡壘也)。「방비(防備)를 위하여 흙돌을 쌓아서 만든 성」。〔史記 始皇紀〕帝築萬里長ㅣ。❹성을 만들성。〔李華 弔古戰場文〕旣ㅣ朔方、全師而還。

城 圖 (三才圖會)

【埌】(랑) 漾 ロウ、はてしない boundless 草書 ❶아득할랑(野逈貌壙ㅣ)。❷무덤랑(塚也)。

【埏】㊀(연) 先 ㊁(선) 先 エン、セン、はて edge of the earth ㄧㄢ yen² 小篆 草書 ㊀❶땅가장자리연(地際)。〔漢書〕上暢九垓下泝八ㅣ。❷광중연(墓道)。〔後漢書 陳蕃傳〕葬親而不閉隧ㅣ。㊁❶흙이길선(水和土)。〔老子〕ㅣ埴以爲器。❷부드러운 흙선(柔土)。❸질그릇 만들선(土燒器ㅣ埴)。

【埒】(랄) 屑 レツ、ラツ、かき wall 小篆 草書 ❶낮은 담랄(庳垣)。〔世說〕晉王濟有馬ㅣ謂于外作短垣繞之。❷갈피랄(畫界分程)。〔淮南子〕知八紘九野之形ㅣ。❸같을랄(等也)。〔國語 晉語〕叔向・子產・晏嬰之才、相等ㅣ。❹길 돋울랄(補道)。

【袁】(원)→衣部4畫

【栽】(재)→木部6畫

八 畫

【埜】(야)『野』(里部4畫)의 古字

【域】(역) 職 イキ、ヨク、さかい boundary ㄩ yü⁴ 小篆 草書 ❶지경역(界局)。〔詩經〕肇ㅣ四海。❷범위역(範圍)。〔韓愈 答張籍書〕納諸聖賢之ㅣ。❸나라역(邦ㅣ)。〔後漢書 徐穉傳〕穉自江南卑薄之ㅣ、而角立傑出。❹경계를 만들역。〔孟子 公孫丑下〕ㅣ民不以封疆之界。

【埠】(부) 遇 ホ、フ、はとば wharf ㄅㄨ pu⁴ 草書 선창부、부두부(泊船之所ㅣ頭)。〔通雅〕ㅣ頭水瀕也。

【埢】(권) 先 ケン、まがりがき curved fence 굽은담권(曲墻、ㅣ垣)。

【埤】(비) 紙 支 ヒ、ヘイ、ます enlarge ㄆㄧ p'i² 小篆 草書 ❶더할비(增也)。❷두터울비(厚也)。〔詩經〕政事一ㅣ益我。❸성위의 담비(城上女墻)。❹얕고 습기가 있는 땅비(卑隰)。〔國語晉語〕松柏不生ㅣ。❺붙좇을비(附也)。

【埦】(완) 旱 カン、さかずき cup 작은술잔완(小盃)。(『椀』과 같음)

【埩】(정) 庚 ジョウ、たがやす plough 小篆 밭갈정(耕田)。(『耕』과 같음)

【埭】(태) 隊 タイ、せき dike 草書 보뚝태(以土堰水)。(『碌』와 같음)

【掩】㊀(암) 感 アン、エン、ほらあな ㊁(엄) 琰 hollow ㊀구덩이암(坑也)。㊁흙덮을엄(土覆物)。

【埰】(채) 隊 サイ、りようち fields endowed by King 나라에서준땅채(采地食邑)。(『采·寀』와 통함)

【⿰土長】(장) 陽 チョウ、つちがもりあがる uncultivated ❶갈지않는 밭장(未耕田)。❷모래둔덕장(沙之墳起貌)。(『場』과 같음)

【埱】(축) 屋 シュク、はじめる for the first time 埱 小篆 ❶땅에서 김오를축(土壤發起)。❷비로소축、비롯할축(始也)。

【埳】㊀(감) 感 カン、あな ㊁(함) 旱 hollow 草書 ㊀구덩이감(坎也)。㊁빠질함(沒也)。

【埴】㊀(식) 職 ショク、ねばつち clay ㊁(치) 寘 ㄓ´ chih² 埴 小篆 草書 ㊀❶찰진흙식(黏土)。【老子】埏ー以爲器。❷흙을이길식(埏ー)。【莊子】我善爲ー。❸더듬어서 걸을식(瞽者冥行)。【楊子】擿ー索塗冥行而已。㊁뜻은 ㊀과 같음。

【埵】(타) 哿 タ、かたつち hard soil 埵 小篆 草書 ❶석비레타(堅土)。❷딴딴한 흙타(硬土)。

【埶】(예) 霽 ゲイ、うえる plant ㄧˋ i⁴ 埶 小篆 草書 심을예(樹ー種也)。(『藝』와 같음)

【執】(집) 緝 シュウ、シツ、とる catch ㄓ´ chih² 執 小篆 草書 ❶잡을집(操持)。【中庸】ー柯以伐柯。❷지킬집(守也)。【論語 堯曰】允ー其中。❸잡을집(捕也)。【史記 孔子世家】陽虎ー懷。❹막을집(塞也)。【左傳僖公二十八年】閉ー讒慝之口。❺벗집(友也)。「뜻을 같이하는 벗」。【小學 明倫】見父之ー。

【埸】(역) 陌 エキ、あぜ ridge between fields 埸 小篆 草書 ❶밭두둑역(田畔)。【詩經】疆ー翼翼。❷변방역(邊境)。【左傳 成公十三年】鄭人怒君之疆ー。(『場』과는 別字)

【培】㊀(배) 灰 バイ、ホウ、つちかう earth up ㊁(부) 有 ㄆㄟˊ p'ei² 培 小篆 草書 ㊀❶북돋울배(助養)。【中庸】栽者ー之。❷북배(敦土)。㊁두둑할부(小阜)。【晉語】必墮其壘ー。

【基】(기) 支 キ、もとい basis ㄐㄧ chi¹ 基 小篆 草書 ❶터기(址也)。❷근본기(本也)。❸업기(業也)。❹웅거할기(據也)。❺호미기(田器鎡ー)。❻풍류이름기(樂名立ー)。

【埻】(준) 軫 シュン、まと target ㄓㄨㄣˇ chuen³ 埻 小篆 ❶과녁준(射的)。❷살받이터준(射堋)。

【埽】(소) 號 皓 ソウ、はく sweep ㄙㄠˇ sao³ 埽 小篆 草書 ❶쓸소(帚穢)。【周禮】閽人掌ー門庭。❷그릴소(畫也)。【司空圖詩】蘸得燈花自ー眉。❸언덕소(隄岸)。

【埼】(기) 支 微 キ、きし、みさき front of a hill ㄑㄧˊ ch'i² 草書 언덕머리기(曲岸頭)。【上林賦】觸穹石激ー堆。(『崎·碕·隑』와 통함)

【埾】(추) 遇 シュ、もりつち earth heaped up 埾 小篆 ❶쌓은흙추(築土)。❷쌓을추(築也)。(『堅』와 같음)

【埿】(니) 霽 デイ、どろ mud ❶흙바를니(塗土)。❷진흙니(泥也)。

【堀】(굴) 物 コツ、クツ、あなほり cave 堀 小篆 堀 小篆 草書 ❶굴뚝굴(突也)。【左傳】吳公子光伏甲于ー室而享王。❷굴굴(孔穴)。【漢書】鄒陽伏死ー穴巖藪之中。❸팔굴(掘也)。(『窟·掘』과 같음)

【堂】(당) 陽 ドウ、おもてざしき hall ㄊㄤˊ t'ang² 堂 小篆 古文 籒文 草書 ❶마루당(正寢)。【詩經】躋彼公ー。❷번듯할당、정당할당(正也)。【淮南子】ーー之陣。❸집무하는 곳당(政事ー)。【揚雄 解嘲】歷金門、上玉ー。❹가까운 친척당(ー內、ー弟、ー叔)。❺훌륭한태도당(容儀)。【論語子張】ーー乎張也。❻훌륭한용모당(容貌)。【烈仙傳 尹喜】姿形長雅云云、ーー有天人之貌。

【堁】(과) 哿 箇 カ、ほこりがたつ dust ❶먼지과、티끌일어날과(塵也)。❷언덕과(丘也)。

【堄】(예) 霽 ゲイ、ひめがき battlement 草書 성위의 담예(城上女墻)。【集韻】埤ー女牆也。(『睨』와 통함)

【堅】(견) 先 ケン、かたい solid ㄐㄧㄢ chien¹ 堅 小篆 草書 ❶굳을견(固也)。【詩經】實ー實好。❷굳셀견(勁也)。❸변하지 않을견。【唐書張考忠傳】締約益ー。❹반드시견(必也)。【歐陽修論范富狀】ー不許辭。❺강할견(剛也)。

【堆】(퇴) 灰 タイ、うずだかい heap of earth ㄉㄨㄟ tuei¹ 草書 ❶흙무더기퇴(聚土)。【楚辭】陵魁ー以蔽視兮。❷놓을퇴(舍也)。【戰國策】鍾期ー琴。❸수두룩하게 쌓일퇴(積貌)。【李商隱詩】爛穀ー荆囷。❹언덕퇴(阜也)。❺둘퇴(措也)。

【堇】㊀(근) 文 キン、ねばつち clay ㊁(근) 震 ㄐㄧㄣˇ chin³

堇 小篆 古文 古文 古文 草書

㊀❶노란 진흙근(黃黏土)。〔五代史〕劉守光圍滄州城中雜食一塊。❷때근(時也)。〔管子 五行〕待乎天一。(『墐』과 같음)
㊂❶진흙근(黏也)。❷흙 바를근(塗也)。❸조금근(僅也)。(『僅』과 통함)

【堈】(강) 陽 コウ、おか hill
❶언덕강、밭두둑강(壠也)。❷독강(甕也)。(『甌』과 같음)

【堉】(육) 屋 イク、こえたどち fertile land ㄩˋ yü⁴
기름진땅육(肥地)。

【堊】(악) 藥 アク、しろつち white soil ㄜ è⁴
小篆 小篆 草書 ❶ 색흙악(色土)。〔山海經〕大次之山其陽多一。❷회색벽악(飾壁)。〔釋名〕一者亞也次也先泥之以灰飾之。❸여막악(不塗墍)。〔禮記〕三年之喪廬一室之中。

【堋】㊀(붕) 徑 ホウ、ほうむる ㊁(붕) 蒸 bury
小篆 草書 ㊀❶광중붕(窆也)。❷파묻고 흙덮을붕。㊁❶살받이터붕(射垛)。〔庾信詩〕橫弓先望一。❷보막을붕(壅水灌漑)。

【堌】(고) 遇 コ、ふるいつか old mound
옛무덤고(古塚)。

【裁】(재)→衣部6畫

九畫

【堗】(돌) 月 トツ、えんとつ chimney
❶굴뚝돌(烟突)。❷부엌창돌(竈窗)。

【堙】(인) 眞 イン、ふさぐ intercept ーㄣ yin¹
草書 ❶막을인(塞也)。〔陸機弔蔡邕文〕彼洪川之方割豈一墳之所一。❷흙뫼인(土山)。〔公羊傳 宣公十五年〕子反乘一而窺宋城。(『陻』과 같음)

【堛】(벽) 職 ヘキ、つちかたまり clod
小篆 흙덩이벽(土塊)。

【堝】(과) 歌 カ、るつぼ melting-pot ㄍㄨㄛ kuo¹
草書 도가니과(所以烹煉金銀)。「금속을녹이는데 쓰는 흙으로 만든 항아리」。

【⿰土度】(도) 遇 ト、うめる bury ㄉㄨˇ tu³
묻을도(埋也)。

【堞】(첩) 葉 チョウ、ひめがき battlement ㄉーㄝ tieh²
小篆 草書 성위의 담첩(城上女墻)。〔左傳〕盧蒲嫳攻崔氏崔氏一其宮而守之。

【堠】(후) 宥 コウ、つか high-ground
草書 ❶돈대후(封土爲壇以記里)。「오리(五里)마다 흙을 쌓아 단(壇)을 만들어 이수(里數)를 기록함」。〔韓愈詩 路傍堠〕堆堆路傍一。❷흙성후(土堡)。❸봉화직이후(望烽火)。

【堡】(보) 皓 ホウ、ホ、とりで fort ㄅㄠ pao³
草書 ❶방축보、둑보(堤也)。❷작은성보(小城)。〔宋史 夏國傳上〕築一于河西、以爲保障。

【堣】(우) 虞 グウ、くにのな place name
小篆 땅이름우(暘谷一夷)。(『嵎』와 같음)

【堤】(제) 齊 テイ、つつみ dike ㄊー t'i²
小篆 草書 ❶ 막을제(滯也、防也)。❷방축제(築土遏水)。❸이랑제(頃畝)。〔顏師古曰〕一封者大擧其封疆也。(『隄』와 통함)

【堥】(무) 尤 ボウ、おか hill
草書 ❶질그릇무(陶器)。❷앞높고 뒤낮은 언덕무(丘貌)。

【堧】(연) 先 ゼン、ダン、ほとり river side ㄖㄨㄢ juan²
草書 ❶ 빈터연、틈서리땅연(隙地)。❷사당집바깥담연(廟堂外垣)。❸강가의땅연(江邊)。

【堦】(계) 佳 カイ、だん stairs (本音「개」)
草書 ❶섬돌계(砌也)。❷뜰계(陛也)。

【堨】(알) 曷 カツ、いせき bank
小篆 ㊀보막을알(以土障水)。㊁방축알(堰也)。

【堪】(감) 覃 カン、たえる endure ㄎㄢ k'an¹
小篆 草書 ❶견딜감、이길감(勝也)。〔羊祜表〕臣有何功可以一之。❷맡을감(任也)。〔古詩 焦仲卿妻〕不一吏人婦。❸하늘감(天也)。〔揚雄 甘泉賦〕屬一輿以壁壘。❹산모양이 기괴할감(山奇態貌)。〔揚雄 蜀都賦〕一嵓隱倚。

【堫】(종) 東 ソウ、たがやす culture
小篆 小篆 ❶밭갈종(耕田)。❷심을종(種也)。

【堯】(요) 蕭 ギョウ、たかくとおい high and far ーㄠ yao²
小篆 小篆 古文 草書 ❶ 높을요(高嶢貌)。❷멀요(遠也)。❸요임금요(陶唐氏號)。〔書經〕曰若稽古帝一。

【堬】(유) 虞 ユ、つか tomb
무덤유(塚也)。

【堭】(황) 陽 コウ、ほり moat
❶대궐황(合殿)。❷해자황(城下池)。

【堮】(악) 藥 ガク、がけ slope
언덕비탈악(厓岸圻一)。

【埀】(수)『垂』(土部5畫)의 古字

【報】㊀(보) 號 ㊁(부) 遇 ホウ、むくいる repay；report ㄅㄠ pao⁴

小篆 草書 ㊂❶대답할보(酬答)。〔詩經〕ㅣ之以瓊琚。❷고할보(告也)。〔漢書〕無文書ㅣ。❸갚을보(復也)。〔史記 范雎傳〕睚眦之怨必ㅣ。❹합할보(合也)。〔禮記〕下殤小功帶澡麻不絕本詘而反以ㅣ之。❺공초를받아올릴보(論囚)。〔漢書 張湯傳〕爰書訊鞫論ㅣ。❻치붙을보(下婬上)。〔左傳 宣公三年〕鄭文公ㅣ鄭子之妃。㊂빠를부(急疾)。〔禮記〕ㅣ葬者ㅣ虞。(『赴』와 통함)

【堰】(언) 霰 願 エン、せき bank ㄧㄢˋ yen⁴
草書 방죽언(壅水爲埭)。〔楊佺期記〕千金ㅣ在洛陽城西ㅣ上有穀水塢。

【堲】㊀(질) 質 ㊁(직) 職 ショク、ソク、にくむ hate
小篆 草書 ㊀미워할질(疾也)。〔書經 舜典〕朕ㅣ讒說殄行。㊁❶불똥직(餘燼)。〔管子弟子職〕左手秉燭、右手折ㅣ。❷벽돌직(甎也)。〔禮記〕夏后氏ㅣ周。

【堳】(미) 支 ビ、かき fence
담미(壿垣)。

【場】(장) 陽 ジョウ、にわ、ば garden ㄔㄤˊ ch'ang²³
小篆 草書 ❶마당장(除地)。〔詩經 豳風七月〕九月築ㅣ圃。❷제사하는 곳장(祭ㅣ、齋ㅣ)。❸싸움터장(戰ㅣ)。(『場·𡋾』과 같음)

【堵】(도) 麌 ト、かき wall ㄉㄨˇ tu³
小篆 籀文 草書 ❶담도(垣也)。〔說文〕一丈爲板五板爲ㅣ。❷저것도(若箇這箇兀的曰阿ㅣ)。〔晉書〕王衍口未言錢字婦令婢以錢繞牀下衍晨起呼婢曰擧卻阿ㅣ中物。❸편안히살도(相安)。〔史記〕約法三章吏民安ㅣ如舊。

【堶】(타) 歌 タ、いしなげ throwing stone
❶돌팔매질타(石戲飛ㅣ)。❷연자매타(碾輪石)。(『砣·碢』와 같음)

【堷】(암) 感 アン、つちにうめる bury under the ground
흙에묻을암(土藏)。

【堺】(계)『界』(田部 4畫)와 같음

【塀】(병) [日字] へい wall
담병(墻也)。

【墅】(야)『野』(里部 4畫)와 같음

【堽】(강)『岡』(山部 5畫)과 같음

【堿】(감) 感 カン、しおからい salty ㄐㄧㄢˇ chien³
짤감(鹽質)。(『鹹』과 같음)

十畫

【塉】(척) 陌 セキ、やせつち barren soil
書 草 메마른흙척(薄土)。

【塊】(괴) 卦 カイ、つちくれ clod
小篆 書 草 ❶흙덩이괴(墣也)。〔王充論衡〕風不鳴枝、雨不破ㅣ。❷땅덩이괴(造物名)。〔莊子〕大ㅣ載我以形。❸가슴이 뭉쿨할괴(胷中不平)。〔世說〕阮籍胷中壘ㅣ、故須酒澆之。❹흙덩이물괴(銜ㅣ請罪)。〔唐書〕安祿山反帝欲禪位太子楊貴妃銜ㅣ請死。❺나괴(我也)。❻고독한모양괴(孤獨貌)。〔楚辭 九辯〕ㅣ獨守此無澤。

【塋】(영) 庚 エイ、はか grave
小篆 書 草 ❶무덤영(墓也)。❷산소영(葬地)。(『塋』은 別字)

【塌】(탑) 合 トウ、ひくい low ground ㄊㄚ t'a³
書 草 ❶낮은땅탑(低地)。❷초벌갈탑(初耕)。❸떨어질탑(墮也)。

【塍】(승) 蒸 ショウ、うね ridge
小篆 書 草 ❶밭두둑승(畦也)。❷큰들승(坪也)。

【塏】(개) 賄 カク、たかだい cool place
小篆 書 草 시원한 땅개(高明處)。

【塐】(소)『塑』(次條)와 같음

【塑】(소) 遇 ソ、でく scarecrow
草 書 허수아비소(埏土象物)。「土像、ㅣ佛、ㅣ造今俗揑土肖鬼神象曰ㅣ」。〔謝顯道曰〕程明道如泥ㅣ人及接物一團和氣。

【塒】(시) 支 シ、ジ、ねぐら perch
小篆 書 草 홰시(鑿垣而棲鷄)。〔詩經 王風君子于役〕鷄棲于ㅣ。

【塓】(멱) 錫 ベキ、つちをぬる plaster with earth
小篆 흙바를멱(塗也坊ㅣ)。

【塔】(탑) 合 トウ、そとば Pagoda
書 草 탑탑(西域浮圖)。〔唐詩〕長安宮城南建大慈恩寺造甎浮圖藏釋玄奘所取西域佛經名鴈ㅣ。

吳越王塗金塔 (金石索)

【塕】(옹) 董 オウ、ごみたつ dusty
書 草 ❶티끌일어날옹(塵起貌)。❷바람소리옹(風聲ㅣㅣ)。

【塗】(도) 虞 ト、ぬる coat ㄊㄨˊ t'u²
小篆 書 草 ❶진흙도(泥也)。〔書經〕厥土唯ㅣ泥。❷바를도(泥飾)。〔詩經〕如ㅣㅣ附。❸더럽힐도(汚也)。〔莊子 讓王〕夷齊曰周以ㅣ吾身不如避之以潔吾行。❹두터운모양도(厚貌)。〔楚辭 九歌〕白露紛以ㅣㅣ。❺길도(路也)。〔藉田賦〕啓四

ㅣ之廣阡。❻흐리멍덩할도(不分曉)。〔宋史 呂端傳〕端小事糊ㅣ大事不糊ㅣ。❼글자를 고칠도(改竄)。〔隋志〕給事中掌侍 左右分判省事詔勅有不便者ㅣ竄奏還謂之ㅣ歸。(『途』와 통함)

【塘】(당) 陽 トウ、いけ pond
篆小 草書 ❶못당(鑿池注水)。❷방축당(陂也堤岸)。

【塳】(봉) 東 ホウ、ほこりがとぶ dusty
草書 먼지날봉(塵起貌)。

【塙】(一)(교) 肴 コウ、カク、かたいつち hard soil (二)(각) 覺 ㄑㄩㄝ ch'üeh⁴
篆小 草書 (一)돌많은땅교(多石土)。(二)단단할각(堅土)。

【塚】(총)『冢』(冖部 8畫)의 俗字

【塝】(방) 陽 ボウ、つか ridge
❶땅두둑방(地畔)。❷평평한땅언덕방(平丘)。

【塞】(一)(새) 隊 サイ、ふさぐ、とりで wall up: fortress (三)(색) 職 ㄙㄞ sai⁴
篆小 草書 (一)❶변방새(邊界)。〔禮記〕孟冬完要ㅣ。❷주사위새(戲具)。〔莊子〕問 何事則博ㅣ以遊。(三)❶막을색(塡也、窒也)。〔禮記〕孟冬天地閉ㅣ。❷채울색、찰색(滿也)。〔漢書 公孫弘傳〕無以報德ㅣ責。❸막힐색(阨險)。〔史記 蘇秦傳〕秦四ㅣ之國。

【塟】(장)『葬』(艸部 9畫)의 俗字

【塡】(一)(진) 眞 テン、うずめる (二)(전) 先 fill up (三)(전) 銑 ㄊㄧㄢ t'ien²
篆小 草書 (一)❶오랠진(久也)。〔詩經〕孔ㅣ不寧。❷편안할진(安也)。❸정할진(定也)。❹눌릴진(壓也)。❺가라앉을진、진정할진。〔十八史略 西漢〕ㅣ國家。(『鎭』과 통함) (二)❶메일전(塞也)。〔博物志〕炎帝女溺死東海化 精衛鳥常取西山木石以ㅣ東海。❷북소리전(鼓聲)。〔孟子 梁惠王上〕ㅣ然鼓之。❸순종할전(順也)。〔班固 東都賦〕ㅣ流泉而爲沼。(三)❶병이들전(病也)。〔詩經〕哀我ㅣ寡。❷엄정하고 왕성한 모양전(嚴盛貌)。〔淮南子 兵略訓〕不擊ㅣㅣ之旗。

【塤】(훈) 元 ケン、つちぶえ ㄒㄩㄢ hsüan¹
草書 질나팔훈(燒土樂器)。〔詩經 小雅何人斯〕伯氏吹ㅣ 仲氏吹篪。

古塤(圖禮三) 今塤(圖禮三)

【塢】(오) 麌 オ、ウ、むら village ㄨ wu⁴
草書 ❶산언덕오(山阿)。〔王維〕輞川別墅有辛夷ㅣ。❷마을오(村落)。〔杜甫詩〕谿行盡日無村ㅣ。(『隖』와 같음)

【塥】(혁) 陌 カク、つちをかさねてぬる add earth to (本音「격」)
흙덧붙일혁(重土)。〔管子〕沙土之次曰五ㅣ。

【塩】(염)『鹽』(鹵部 13畫)의 俗字

【載】(재)→車部 6畫

【嘉】(가)→口部 11畫

十一畫

【塲】(장)『場』(土部 9畫)의 俗字

【塴】(붕) 徑 ホウ、ほうむる hold a funeral
❶장사지낼붕(窆也)。❷살받이담붕(射埒)。❸방죽붕(壅水灌漑)。(『堋』과 같음)

【塵】(진) 眞 ジン、ちり dust ㄔㄣ ch'en²
篆小 古文 草書 ❶티끌진、먼지진(埃也)。〔列仙傳〕麻姑謂王方平曰見 東海三變爲桑田今將復揚ㅣ乎。❷때낄 진(ㅣ垢)。〔詩經小雅無將大車〕祗自ㅣ兮。❸오래될진(久也)。❹더러울진(汚也)。〔李商隱詩〕九廟無ㅣ八馬回。❺시끄러울진(喧也)。

【𡎸】(로)『鹵』(鹵部 0畫)와 같음

【𡐦】(효) 蕭 キョウ、たまごをうむ lay egg
알낳을효(卵産)。

【𡏳】(예) 霽 エイ、ちり dust
篆小 티끌예、먼지예(塵埃)。

【塹】(참) 豔 ザン、ほり trench ㄑㄧㄢ ch'ien⁴
篆小 草書 ❶구덩이참(坑也)。❷해자참(遶城水)。❸땅을팔참。〔史記 秦紀〕ㅣ山堙谷千八百里。

【塺】(一)(매) 灰 バイ、ちり dust (二)(마) 箇
篆小 (一)티끌매(塵也)。(二)뜻은 (一)과 같음。

【塼】(전) 先 セン、かわら brick ㄓㄨㄢ chuan¹
草書 벽돌전(燒墼甓也)。(『甎』과 같음)

【㙢】(만) 寒 マン、つちでおおう cover with earth
❶흙으로덮을만(以土覆土)。❷흙손만(鐵起)。(『墁』과 통함)

【塽】(상) 養 ソウ、こころよい pleaure ㄕㄨㄤ shuang
❶시원한땅상(快適地)。❷땅높고 밝은곳상(地高明處)。

【塾】(숙) 屋 ジュク、まなびどころ private school ㄕㄨ shu²
篆小 草書 ❶사랑방숙(門側堂)。❷글방숙(教舍)。〔禮記 學記〕古之教者、家有ㅣ黨有庠。❸(학교의) 기숙사숙(寄宿舍)。

【塿】(루) 有 ロウ、おか ridge ㄌㄡˇ lou³
小篆 草書 두둑할루(小阜)。【方言】小冢謂之ㅣ。(『嶁』와 통함)

【墀】(지) 支 チ、にわ yard ㄔˊ ch'ih²
小篆 草書 ❶지대뜰지(階上地)。【漢制】青瑣丹ㅣ。❷대궐지대지(殿陛)。

【墁】(만) 翰 寒 マン、バン、ぬる facing ㄇㄢˋ man⁴
草書 ❶흙손만(塗具墻壁之飾)。❷벽만(壁也)。【孟子 滕文公下】毁瓦畫ㅣ。(『鏝』와 같음)

【境】(경) 梗 ケイ、キョウ、さかい boundary ㄐㄧㄥˋ ching⁴
小篆 草書 ❶갈피경, 지경경(界也)。【魯語】外臣之言不越ㅣ。❷마칠경(竟也)。【說文】疆土至此而ㅣ也。❸곳경(場所)。【耶律楚材詩】我愛北天眞ㅣ界。

【墄】(척) 職 セキ、だんだん stairs
草書 섬돌층척(階齒)。

【墅】(서) 語 ショ、なや farmer's hut ㄕㄨˋ shu⁴
草書 ❶농막서(田廬)。【沈約詩】山陰柳家女、薄言出田ㅣ。❷별관서(別館)。「別莊」。【晉書 謝安傳】圍棊賭別ㅣ。

【墆】㊀(절) 屑 ㊁(체) 霽 タイ、テツ、たかい high
草書 ㊀❶저축할절(貯也)。❷그칠절(止也)。㊁❶으스름할체(陰貌ㅣ翳)。❷높을체(高也)。

【㙤】(하) 禡 カ、すき gap
小篆 或體 틈하(孔隙)。

【墇】(장) 陽 漾 ショウ、ふさぐ shut
小篆 ❶막을장(壅塞)。❷동안장(隔也)。

【墈】(감) 勘 カン、がけ cliff ㄎㄢˋ k'an⁴
❶험한비탈감。❷낭떠러지감(險岸)。

【墉】(용) 冬 ヨウ、かき wall ㄩㄥ yung¹·²
小篆 古文 草書 ❶작은성용(小城)。【詩經】以伐崇ㅣ。❷담용(垣也)。❸벽용。【禮記 郊特牲】君南向于北ㅣ下。(『庸』과 통함 『牗』과 같음)

【墊】(점) 豔 テン、くだる fall into ㄉㄧㄢˋ tien⁴
小篆 草書 ❶빠질점(溺也)。【書經 益稷】下民昏ㅣ。❷축축할점(濕也)。❸내려올점(下也)。

【墋】(참) 寢 サン、すなつち sandy soil
❶모래흙참(沙土)。❷흐릴참(不澄清貌)。❸때참(垢也)。

【墍】㊀(기) 寘 ㊁(희) 未 キ、ぬる coat ㄐㄧˋ chi⁴
小篆 草書 ㊀❶흙을 바를기(泥飾屋)。【書經 梓材】塗ㅣ。❷담을기(取也)。【詩經 召南芣苢】傾筐ㅣ之。❸쉴기(息也)。【詩經】尹余來ㅣ。㊁뜻은 ㊀과 같음。

【墌】(척) 陌 シャク、どだい level ground
터다질척(築土爲基)。

【墐】(근) 震 キン、ぬる coat
小篆 草書 ❶묻을근(瘞埋)。【詩經】行有死人尙或ㅣ之。❷바를근(塗也)。【詩經】塞向ㅣ戶。❸돌둑길근(溝上道)。❹막을근(塞也)。【禮記 月令】季秋之月云云、蟄蟲皆俯、在內皆ㅣ其戶。

【墓】(묘) 遇 ボ、はか grave ㄇㄨˋ mu⁴ (本音「모」)
小篆 草書 무덤묘(冢也)。【禮記】古不修ㅣ。

【墔】(최) 灰 サイ、たかいおか lofty hill
높은언덕최(高丘)。

【臺】(대)→至部8畫

十二畫

【墜】(추) 寘 ツイ、おちる fall ㄓㄨㄟˋ chuei⁴
小篆 草書 ❶떨어질추(落也)。【徐寅詩】日ㅣ虞淵燭影開。❷잃을추(亡失)。【論語】文武之道未ㅣ於地在人。

【塯】(류) 宥 リュウ、すえもの porcelain
❶질그릇류(盛飯瓦器)。❷밥뚝배기류。

【墝】(요) 肴 コウ、やせち poor soil (本音「교」)
草書 ❶메마른 밭요(瘠土)。【淮南子】舜耕歷山田者爭處ㅣ埆以肥饒相讓。❷자갈 땅요(土不平)。

【增】(증) 蒸 ソウ、ます increase ㄗㄥ tsêng¹
小篆 草書 ❶더할증(益也)。【韓愈 爲人求薦書】伯樂一顧、價ㅣ三倍。❷점점증。【柳完元謝吉甫啓】喜極ㅣ悲。❸많을증(衆也)。❹거듭증(重也)。

【㙩】(료) 嘯 蕭 リョウ、めぐりかき enclosure
小篆 에워싼 담료(周垣)。【西都賦】ㅣ以周垣。

【墟】(허) 魚 キョ、しろあと ruins of a castle ㄒㄩ hsü¹
草書 ❶큰두덕허(大丘)。【禮記】ㅣ墓之間未施哀于民而民哀。❷옛터허(古城)。【竹書紀年】盤庚自奄遷朝歌遂曰殷ㅣ。❸장허(商賈物貨輻湊處)。

【墠】(선) 霰 セン、ゼン、まつりのにわ altar ㄕㄢˋ shan⁴

墠(小篆) 墠(草書) 제터선(壇ㅡ除地祭處)。【說文】 築土爲壇除地爲ㅡ。

【壒】(예) 霽 エイ、ほこり dust 壒(小篆) ❶티끌예。❷흙비올예(天陰塵ㅡㅡ)。

【墡】(선) 銑 ゼン、しろつき terra alba ㄕㄢ shan⁴ 백토선(白土)。

【墢】(발)『坺』(土部5畫)과 같음

【墣】㊀(복) 屋 ボク、つちくれ clod ㊁(박) 覺 墣(小篆) 圤(或體) ㊀흙덩이복(土塊)。㊁뜻은㊀과같음。

【墦】(번) 元 ハン、はか grave ㄈㄢ fan² 墦(草書) 무덤번(塚也)。【孟子】東郭ㅡ間之祭者。

【墨】(묵) 職 ボク、すみ carbon ㄇㄛ mo⁴ (古音「묵」) 墨(小篆) 墨(草書) ❶그을음묵(煤也)。❷먹묵。❸먹줄묵(度也)。【小爾雅】五尺爲ㅡ倍ㅡ爲丈。❹자자할묵(五刑之一黥也)。【書經伊訓】臣下不匡、其刑ㅡ。❺탐할묵(貪也)。❻어두울묵(暗也)。【劉向新序】國有ㅡ、ㅡ而不危者未之有也。❼말을 하지않을묵。【史記 商君傳】武王諤諤以興、紂ㅡ以亡。❽오척(五尺)의 길이묵。【國語 周語】不過ㅡ丈尋常之間。

【墩】(돈) 元 トン、おか eminence ㄉㄨㄣ tuen¹ 墩(草書) 돈대돈(平地有堆)。【李白詩】治城訪遺跡猶有謝公ㅡ。(『墪』과 같음)

【墪】(돈)『墩』(前條)과 같음

【墮】㊀(타) 哿 タ、ダ、おちる fall ㄉㄨㄛ tuo⁴ ㊁(휴) 支 墮(草書) ㊀❶떨어질타(落也)。【漢書】周道衰法度ㅡ。❷상투타(髻也)。❸잃을타(失也)。【朱熹答楊子直】ㅡ在語言心實無得。㊁❶무너뜨릴휴(壞也)。【過秦論】ㅡ名城。❷게으를휴(惰也)。【韓非子 五蠹】侈而ㅡ者貧。

【墯】(타)『墮』(前條)와 같음

【墰】(담) 覃 タン、さけかめ wine-bottle 목긴술병담(無屬酒瓶)。❷땅이름담。(『罎』과 같음)

【墱】(등) 徑 トウ、さか slope ㄉㄥ têng⁴ 蒸 墱(草書) ❶자드락길등(小坂)。❷비계등(飛陛)。❸물갈래질등(水分派)。【左思魏都賦】ㅡ流十二、同源異口。❹복도등(閣道)。❺높은 다리등(高橋)。(『隥』과 통함)

【墳】㊀(분) 文 フン、はか tomb ㄈㄣ fen² ㊁(분) 阮 墳(小篆) 墳(草書) ㊀❶봉분분(土之高者墓也)。【禮記】古者墓而不ㅡ。❷클분(大也)。【周禮春官司烜氏】共ㅡ燭庭燎。❸보뚝분(大防)。❹책이름분(書名)。【孔安國 尚書序】伏羲神農黃帝之書謂之三ㅡ。㊁❶걸찰분(土肥膏)。【書經】白ㅡ黑ㅡ赤埴ㅡ。❷흙이 부풀어오를분(土沸起)。【左傳 僖公四年】公祭地地ㅡ。

【墲】(모) 虞 ボ、ブ、たかいつか high mound 높은무덤모(高塚)。

十三畫

【墺】㊀(오) 號 オウ、きし beach ㊁(욱) 屋 墺(小篆) 墺(草書) ㊀❶방구들오(四方土可居)。❷물가언덕오(水厓)。❸뭍오(陸也)。㊁뜻은㊀과 같음。

【墻】(장)『牆』(爿部13畫)과 같음

【墼】(격) 錫 ケキ、やかないれんが unburned bricks 墼(小篆) 굽지않은벽돌격(未燒塼)。

【墾】(간) 阮 コン、ひらく cultivation ㄎㄣ k'en³ 墾(小篆) 墾(草書) ❶밭갈간(耕也)。❷김맬간(治田)。❸따비이룰간(開田反土)。❹상할간(傷也)。【蘇軾詩】我詩久不作荒澁旋鉏ㅡ。

【[土遂]】(수)『隧』(阜部13畫)와 같음

【壁】(벽) 錫 ヘキ、かべ wall ㄅㄧ pi⁴ 壁(小篆) 壁(草書) ❶바람벽벽(屋垣)。【孔安國尚書序】秦始皇焚書我先人用藏其家書于屋ㅡ。❷진벽(軍壘)。【漢書】周亞夫堅ㅡ而守。❸돌비탈벽(石厓之峭削)。【馬岌銘】青ㅡ千尋。❹별이름벽(宿名二十八宿之一)。(『壁』은 別字)

【壂】(전) 霰 デン、やかたのしきち lot of shrine ❶당집터전(堂基)。❷앙금전(滓垽)。

【壃】(강)『疆』(田部14畫)과 같음

【壄】(야)『野』(里部4畫)의 古字

【壅】㊀(옹) 宋 ヨウ、ふさぐ be closed ㄩㄥ yung¹·³ ㊁(옹) 腫 壅(草書) ㊀❶막을옹(塞也)。【史記 太史公自序】孔子爲魯司寇、諸侯害之、大夫ㅡ之。㊁❶막힐옹(障也)。❷북돋울옹(培也)。

【[土雍]】(옹)『壅』(前條)과 같음

【㙳】(감) 感 カン、たいらでない uneven ❶편편하지 않을감(不平也)。【集韻】ㅡㅡ坷、不平也。❷『轗·坎』과 通함。

【壇】(단) 寒 タン、ダン、だん、たかだい attar 壇(小篆) 壇(草書) ❶제터단(墠也、祀場)。【十八史略 西漢】乃設ㅡ場具禮。❷단단(封土)。【禮記】燔柴于泰ㅡ祭天地。

【壈】(람) 感 ラン、しつい misfortune
❶건둔할람(屯蹇失志)。❷뜻을 얻지못한 실의(失意)의 모양람(𢡆軻不遇)。

【壞】(괴)『壞』(土部16畫)의 略字

十四畫

【壍】(참)『塹』(土部11畫)과 같음

【⿰土㬎】㊀(집) 緝 ㊁(접) 葉 シュウ、おちる fall; sink
㊀❶떨어질집(下入)。❷흙을 쌓을집(累土)。㊁❶낮아질접(墊也)。❷빠질접(溺也)。❸곡식 익을접(稔也)。

【壎】(훈) 元 ケン、つちぶえ earthen trumpet
질나팔훈(燒土樂器)。【詩經小雅何人斯】伯氏吹ㅣ仲氏吹篪。

【壐】(새) 紙 シ おうじやのしるし Imperial Seal
옥새새(帝印)。(『璽』와 같음)

【壑】(학) 藥 ガク、たに valley ㄏㄜˋ hè
❶골학(谷也)。【陶潛 歸去來辭】既窈窕以尋ㅣ。❷구렁학(阬也)。【詩經】實墉實ㅣ。❸바다학(海也)。【莊子】大ㅣ之爲物注焉而不滿酌焉而不竭。

【壒】(애) 泰 アイ、ちり dust
티끌더미애(塵合)。【韓愈詩】幽泥化輕ㅣ。

【壓】(압) 洽 アツ、おす press ㄧㄚ ya¹·⁴
❶누를압(鎭也)。【唐書】柳仲郢曰輦轂之下彈ㅣ爲先。❷잘압(笮也)。【羅隱詩】夜槽ㅣ酒銀船滿。❸엎드러질압(覆壞)。❹틈을막을압(塞補)。❺눌릴압。【杜牧之 阿房宮賦】覆ㅣ三百餘里。❻죽일압(殺也)。❼무너뜨릴압(壞也)。

【壔】(도) 皓 トウ、とりで small castle
❶작은성도(小城)。❷도도(圓ㅣ)。

【壕】(호) 豪 ゴウ、ほり trench ㄏㄠ hao²
해자호(城下池)。【柳宗元詩】鴈鳴寒雨下空ㅣ。

【壖】(연) 先 ゼン、きし hill
❶빈땅연(城下河邊壖外閒地)。【漢書】田其宮ㅣ地。❷성밑밭연。❸언덕가연。(『堧』과 같음)

【壝】(궤) 寘 イ、キ、もりつち straw basket
❶삼태기궤(簣也)。【後漢書】爲山而不終、踰乎一ㅣ。❷흙쌓을궤(累土)。

【戴】(대)→戈部14畫

十五畫

【壥】(전)『廛』(广部12畫)의 俗字

【壘】㊀(루) 紙 ㊁(뢰) 賄 ルイ、とりで camp ㄌㄟˇ lei³ (本音「류」)
㊀❶진루(軍壁)。【禮記】四郊多ㅣ卿大夫之辱也。❷늘비할루(相連貌)。㊁끌밋할 뢰(壯貌)。【漢書 飽宣傳】飽宣魁ㅣ之士。

【壙】(광) 養 コウ、あな hollow
❶구덩이광(墓穴)。❷들이휑할광(野空貌)。【賈誼新書】天下ㅣㅣ一人有之。❸들광(野也)。【孟子 離婁上】猶水之就下、獸之走ㅣ也。❹텅빌광(空虛)。【漢書 韋賢傳】五世ㅣ僚、至節侯。

【壜】(면) 先 ヘン、つちをたいらにする make the ground even
땅을 편편하게할면(平地)。

十六畫

【壚】(로) 虞 ロ、くろつち black earth ㄌㄨˊ lu²
❶검은 석비레로(黑剛土)。【書經】豫州下土墳ㅣ。❷술청로(酒區)。「술을파는곳」。【史記司馬相如傳】使文君當ㅣ。❸저승로(黃泉)。❹화로로(爐也)。【陸游詩】茶ㅣ烟起知高興。

【壜】(담) 覃 タン、ドン、さけかめ wine bottle
술병담(酒瓶)。(『罈』과 같음)

【壝】(유) 支 ㄧ、かきね 寘 wall
❶토담유(埒也)。❷단둘러 쌓은담유(壇邊低垣)。【籍田賦】封人ㅣ宮。

【壞】㊀(괴) 卦 ㊁(회) 賄 カイ、やぶる destroy ㄏㄨㄞˋ huai⁴
㊀무너뜨릴괴(毁之)。【何晏 論語集 解敍】嘗欲以孔子宅爲宮、ㅣ得古文論語。㊁무너질회(自敗)。【春秋傳】魯城門ㅣ之。

【壟】(롱) 腫 ロウ、はか grave ㄌㄨㄥˇ lung³
❶무덤롱(冢也)。【東方朔七諫】封比干之丘ㅣ。❷두둑롱(田中高處)。【史記 陳涉世家】輟耕之ㅣ上。❸언덕롱(丘也)。(『隴』과 같음)

【壠】(롱)『壟』(前條)의 本字

十七畫

【壥】(희) 支 キ、こわれる crumble
무너질희、헐희(毁也)。

【壤】(양) 養 ジョウ、つち earth ㄖㄤˇ jang³
❶고운흙양(柔土無塊)。【書經】咸則三ㅣ。❷분

답할양(粉錯貌)。〔史記貨殖傳〕天下ㅣㅣ皆爲利往。❸쓰레기양(糞掃之餘積)。〔莊子〕塡ㅣ之內雷霆居之。❹풍족할양(富足)。〔列子天瑞〕一年而給、二年而足、三年大ㅣ。(『穰』과 통합)

十八畫

【壅】(옹)『壅』(土部13畫)과 같음

【壜】(탑)『塌』(土部10畫)과 같음

二十畫

【壧】(암) 咸 ガン、あな cave 굴암(地穴)。

二十一畫

【壩】(파) 禡 ハ、つつみ dike ㄅㄚˋ pa⁴ 壩(草書) 방죽파、둑파(堰也)。

二十二畫

【壤】(낭) 漾 ドウ、ほらあな cave ㄋㄤˊ nang⁴ ❶토굴낭(土窟)。❷티끌낭(塵也)。

士 部

【士】(사) 紙 シ、さむらい scholar; knight 士(小篆) 士(草書) ❶선비사(儒也、四民之首)。❷벼슬사(官之總名)。〔中庸〕忠信重祿、所以勸ㅣ也。❸일사(事也)。❹군사사(ㅣ氣、勇ㅣ、兵ㅣ)。❺남자사(男稱)。❻살필사(察也)。(『仕·事』와 통합)

一畫

【壬】(임) 侵 ジン、ニン、みずのえ、おおいなり vast ㄖㄣˊ jen² 壬(小篆) 壬(草書) ❶북방임(北方位)。❷아홉째 천간임(干名)。❸간사할임(巧言也)。〔書經皐陶謨〕巧言令色孔ㅣ。❹클임(大也)。〔詩經 小雅賓之初筵〕有ㅣ有林。❺짊어질임(擔也)。(『任』과 통합)

三畫

【壮】(장)『壯』(士部4畫)의 俗字

四畫

【壯】(장) 漾 ソウ、さかんなり prosperous ㄓㄨㄤˋ chuang⁴ 壯(小篆) 壯(草書) ❶장할장(大也)。❷굳셀장(彊也)。❸클장(大也)。❹왕성할장(血氣盛)。〔論語季氏〕及其ㅣ也、血氣方剛。❺성하게할장(盛也)。〔詩經 小雅采芑〕克ㅣ其猷。❻젊을장(盛年)。「ㅣ年、ㅣ丁」。〔禮記曲禮〕三十曰ㅣ。❼팔월의 다른 이름장(八月別稱)。〔爾雅釋天〕八月爲ㅣ。❽상할장(傷也)。

【声】(성)『聲』(耳部11畫)의 俗字

【壱】(일)『壹』(士部9畫)의 略字

【売】(매)『賣』(貝部8畫)의 略字

【志】(지)→心部3畫

八畫

【壷】(호)『壺』(士部9畫)와 같음

九畫

【壹】(일) 質 イツ、イチ、ひとつ one ㄧ i¹ 壹(小篆) 壹(草書) ❶한결일(專也)。〔大學〕自天子以至庶人、ㅣ是皆以修身爲本。〔孟子 公孫丑上〕志ㅣ則動氣。❷정성일(誠也)。❸순박할일(醇也)。〔史記 曹參世家〕民以寧ㅣ。❹모두일(全也)。❺통일할일(合也)。❻막힐일(閉塞)。(『一』과 같음)

【壺】(호) 虞 コ、つぼ bottle ㄏㄨˊ hu² 壺(小篆) ❶입좁고 복부가 벌어진 항아리 병호(酒器)。❷박호(匏也)。❸흙으로 만든 악기호(土樂器)。❹산이름호(三神山)。(『壷』는 同字、『壼』는 別字)

【壹】(운) 文 ウン、ゆううつ gloomy 壹(小篆) 답답할운(鬱也)。

【壻】(서) 霽 セイ、むこ son-in-law ㄒㄩˋ hsü 壻(小篆) 婿(或體) 壻(草書) ❶사위서(女之夫)。〔楚國 先賢傳〕得ㅣ如龍。❷남자서(男子)。〔晉書 虞翼傳〕陛下勿以常ㅣ畜之。❸땅이름서(公ㅣ)。(『婿』는 同字、『聟』는 俗字)

【喜】(희)→口部9畫

十畫

【壼】(곤) 阮 コン、おくみち court corridor 壼(小篆) 壼(草書) ❶대궐안길곤(宮中衖)。❷복도문곤(閣道門)。❸거할곤(居也)。(『壺』는 別字)

十一畫

【壽】(수) 有 宥 ジュ、いのち、とし life ㄕㄡˋ shou⁴ 壽(小篆) 壽(草書) ❶목숨수(命也)。❷명이길수(長命)。〔論語雍也〕仁者ㅣ。❸나이 수(年齡)。「天ㅣ」。❹오래살수(長生)。〔中庸〕故大德云云、必得其ㅣ。❺축복할수(祝福)。〔蘇軾詩〕東坡持是ㅣ卯君。❻윗사람에게잔드릴수(獻酌)。

【嘉】(가)→口部11畫

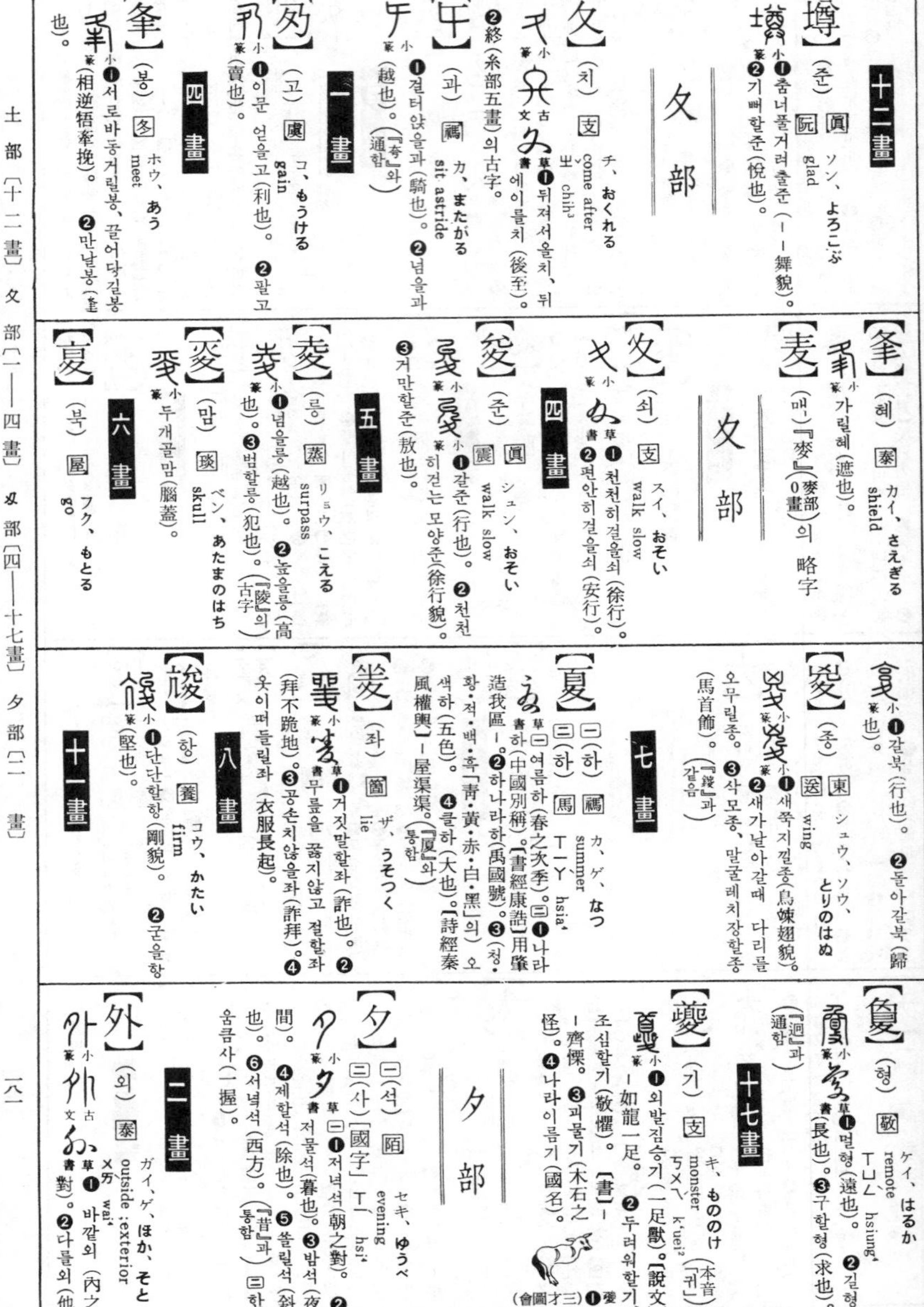

十二畫

【墫】(준) 圓 阮 ソン、よろこぶ glad
小篆 ❶춤너풀거려출준(ㅣㅣ舞貌)。❷기뻐할준(悅也)。

夂 部

【夂】(치) 支 チ、おくれる come after ㄓˇ chih³
小篆 古文 草書 ❶뒤져서올치、뒤에이를치(後至)。❷終(糸部五畫)의古字。

【午】(과) 禡 カ、またがる sit astride
小篆 ❶걸터앉을과(騎也)。❷넘을과(越也)。(『夸』와 通함)

一畫

【夃】(고) 虞 コ、もうける gain
小篆 ❶이문 얻을고(利也)。❷팔고(賣也)。

四畫

【夆】(봉) 冬 ホウ、あう meet
小篆 ❶서로바둥거릴봉、끌어당길봉(相逆牾牽挽)。❷만날봉(逢也)。

【夅】(혜) 泰 カイ、さえぎる shield
小篆 가릴혜(遮也)。

【麦】(매)『麥』(麥部 0畫)의 略字

夊 部

【夊】(쇠) 支 スイ、おそい walk slow
小篆 草書 ❶천천히걸을쇠(徐行)。❷편안히걸을쇠(安行)。

四畫

【夋】(준) 眞 震 シュン、おそい walk slow
小篆 ❶갈준(行也)。❷천천히걷는 모양준(徐行貌)。❸거만할준(敖也)。

五畫

【夌】(릉) 蒸 リョウ、こえる surpass
小篆 ❶넘을릉(越也)。❷높을릉(高也)。❸범할릉(犯也)。(『陵』의 古字)

【夈】(맘) 琰 ベン、あたまのはち skull
小篆 두개골맘(腦蓋)。

六畫

【复】(복) 屋 フク、もとる go
小篆 ❶갈복(行也)。❷돌아갈복(歸也)。

【㚇】(종) 東 送 シュウ、ソウ、とりのはね wing
小篆 小篆 ❶새쭉지깔종(鳥竦翅貌)。❷새가날아갈때 다리를 오무릴종。❸삭모종、말굴레치장할종(馬首飾)。(『騣』과 같음)

七畫

【夏】㈠(하) 禡 ㈡(하) 馬 カ、ゲ、なつ summer ㄒㄧㄚˋ hsia⁴
草書 ㈠❶여름하(春之次季)。㈡❶나라하(中國別稱)。【書經康誥】用肇造我區ㅡ。❷하나라하(禹國號)。❸(청·황·적·백·흑「靑·黃·赤·白·黑」의) 오색하(五色)。❹클하(大也)。【詩經秦風權輿】ㅡ屋渠渠。(『厦』와 통함)

【夎】(좌) 箇 ザ、うそつく lie
小篆 草書 ❶거짓말할좌(詐也)。❷무릎을 꿇지않고 절할좌(拜不跪地)。❸공손치않을좌(詐拜)。❹옷이떠들릴좌(衣服長起)。

八畫

【㚕】(항) 養 コウ、かたい firm
小篆 ❶단단할항(剛貌)。❷굳을항(堅也)。

十一畫

【夐】(형) 敬 ケイ、はるか remote ㄒㄩㄥˋ hsiung⁴
小篆 草書 ❶멀형(遠也)。❷길형(長也)。❸구할형(求也)。(『迥』과 通함)

十七畫

【夔】(기) 支 キ、もののけ monster ㄎㄨㄟˊ k'uei² (本音「귀」)
小篆 ❶외발짐승기(一足獸)。【說文】ㅡ如龍一足。❷두려워할기、조심할기(敬懼)。【書】ㅡㅡ齊慄。❸괴물기(木石之怪)。❹나라이름기(國名)。
(三才圖會) ❶夔

夕 部

【夕】㈠(석) 陌 ㈡(사)「國字」 セキ、ゆうべ evening ㄒㄧˊ hsi⁴
小篆 草書 ㈠❶저녁석(朝之對)。❷저물석(暮也)。❸밤석(夜也)。❹제할석(除也)。❺쏠릴석(斜也)。❻서녘석(西方)。(『昔』과 통함) ㈡한움큼사(一握)。

二畫

【外】(외) 泰 ガイ、ゲ、ほか、そと outside ;exterior ㄨㄞˋ wai⁴
小篆 古文 草書 ❶바깥외(內之對)。❷다를외(他也)。

也。【中庸】君子素其位而行、不願其ㅣ。❸겉외(表面)。❹다른나라외(他國)。【禮記】君子非有大故、不宿於ㅣ。❺멀리할외(疏斥遠之)。【易經 否卦】內君子、而ㅣ小人。❻잃을외(忘也)。【莊子大宗師】參日而後能ㅣ天下。❼버릴외(棄也)。【呂覽 有度】貪汙之利ㅣ矣。❽제할외(除也)。❾아버지외(父也)。

【夗】(원) 阮 エン、ころがりふす tumble about
小篆 누워뒹굴원(臥轉貌)。

三畫

【夙】(숙) 屋 シュク、はやい early ㄙㄨˋ su⁴
小篆 古文 古文 草書 ❶이를숙(早也)。❷이미숙(旣也)。❸아침일찍숙。【詩經 小雅小宛】ㅣ興夜寐。❹빠를숙(速也)。【許渾詩】功名異ㅣ心。❺일찍일어날숙(早起)。【詩經大雅烝民】ㅣ夜匪懈。❻공경할숙(敬也)。【詩經 生民】載震載ㅣ。

【多】(다) 歌 タ、おおい abundant ㄉㄨㄛ tuo¹²
小篆 古文 草書 ❶많을다(衆也)。【左傳 僖公七年】後之人必求ㅣ于汝、汝必不免。❷뛰어날다(勝也)。【漢書 袁盎傳】諸公聞之、皆ㅣ盎。❸마침다、다만다。【論語 子張】ㅣ見其不知量也。❹넓을다(廣也)。❺아름다울다(稱美)。❻과할다(過也)。

【夛】(다)『多』(夕部 3畫)의 俗字

【名】(명)→口部3畫

五畫

【夜】㊀(야) 禡 ヤ、よる、よ ㊁(액) 陌 night ㄧㄝˋ yeh⁴
小篆 草書 ㊀❶밤야(晝之對)。❷해질야「夙興ㅣ寐」。❸어두울야(暗也)。❹광중야(墓穴ㅣ台)。❺풀이름야(草之名)。❻쉴야(休也)。㊁고을이름액(東海縣名)。

【姓】(청)『晴』(日部 8畫)과 같음

八畫

【夠】(구) 宥 コウ、ク、あつめる gather ㄍㄡˋ kou⁴
❶모을구(聚也)。❷넉넉할구(饒也)。❸많을구(多也)。

【梦】(몽)『夢』(夕部 11畫)의 俗字

【麥】(맥)→麥部0畫

十一畫

【夢】㊀(몽) 送 ボウ、ム、ゆめ ㊁(몽) 東 dream ㄇㄥˋ mêng⁴
小篆 小篆 草書 ㊀꿈몽(寐中神遊)。(『梦・夣』은 俗字) ㊁❶어두울몽、희미할몽(不明)。【詩經大雅正月】民只方殆、視天ㅣㅣ。❷상상할몽(想像)。❸환상몽(幻像)。

【夥】㊀(과) 哿 カ、おびただしい ㊁(해) 蟹 abundant ㄏㄨㄛˇ huo³
小篆 草書 ㊀❶많을과(多也)。❷동무과(朋友)。㊁뜻은㊀과같음。

【夣】(몽)『夢』(前條)의 俗字

【夤】(인) 眞 イン、つつしむ revere ㄧㄣˊ yin²
小篆 籀文 草書 ❶조심할인(敬惕)。❷공손할인(恭也)。❸인연할인(因緣)。❹오직인(維也)。❺등골뼈인(腰絡)。

十五畫

【殨】(괴) 賄 カイ、おおい abundant
많을괴(多也)。

大部

【大】㊀(대) 泰 タイ、ダイ、おおきい ㊁(다) 箇 ㊂(태) 泰 big; large ㄉㄚˋ ta⁴
小篆 古文 籀文 草書 ㊀❶큰대(小之對)。❷지날대(過也)。❸길대(長也)。❹높이는말대(尊稱)。(『太』와 같음) ㊁❶극할다(極也)。❷심할다(甚也)。㊂뜻은『太』에 보라。

一畫

【天】(천) 先 テン、あめ、そら heaven; sky ㄊㄧㄢ t'ien¹
小篆 草書 ❶하늘천(乾也)。【詩經大雅旱麓】鳶飛戾ㅣ。❷만물의근본천(萬物之根本)。❸조물주천(造物主)。【易經 大有】自ㅣ祐之。❹진리천(眞理)。【孟子離婁上】順ㅣ者存、逆ㅣ者亡。❺임금의경칭천(帝王之敬稱)。「ㅣ顏ㅣ聽」。❻운명천(運命)。【五代史】成敗ㅣ也。❼날천(出生也)。❽아버지천。❾지아비천。❿중요할천(重要)。

【太】(태) 泰 タイ、ふとい thick; big ㄊㄞˋ t'ai⁴
草書 ❶클태(大也)。❷굵을태(細之對)。❸심할태(甚也)。【杜甫詩】燈火何ㅣ喜。❹처음태(最初)。❺【國字】콩태(大荳)。(『大・泰』와 通함)

【夫】(부) 虞 フ、おとこ、おっと man; husband ㄈㄨ fu¹
小篆 草書 ❶사내부(男子通稱、丈ㅣ)。❷지아비부(配匹)。❸선생부(先生ㅣ子)。❹어조사부(語助辭)。❺저부(其也)。【論語 先進】賊ㅣ人之子。❻계집벼슬부(女職、ㅣ人)。

【夬】(쾌) 卦 カイ、きめる decide

小篆 草書 ❶결단할쾌(決也)。❷나누어정할쾌(分決)。❸괘이름쾌(卦名)。

【夭】㊀(요) [篠] ㊁(요) [蕭] ㊂(오) [皓] ヨウ、わかじに premature death 一ㄠ yao¹

小篆 草書 ㊀❶어여쁠요(少好貌ㅣㅣ)。[詩經周南桃夭]桃之ㅣㅣ。❷얼굴빛화할요(色愉ㅣㅣ)。[論語 述而]子之燕居、申申如也ㅣㅣ如也。❸무성할요(茂盛)。❹재앙요(災也)。[詩]天ㅣ是椓。㊁❶일찍죽을요(短折)。❷굴할요(屈也)。❸배속에든 아이요(胎兒)。[史記 孔子世家]刳胎殺ㅣ。㊂❶끊어죽일오(斷殺)。❷어릴오(物穉)。

【犬】(견)→犬部0畫

一畫

【央】(앙) [陽] オウ、なかば centre 一ㄤ yang¹

小篆 草書 ❶가운데앙(中也)。[詩經]宛在水中ㅣ。❷반앙(半也)。❸다할앙(盡也)。[呂氏春秋 貴直]其後患未ㅣ。❹넓을앙(廣也)。[司馬相如 長門賦]覽曲臺之ㅣㅣ。❺맑고밝을앙(鮮明)。[詩經小雅出車]旂旐ㅣㅣ。

【夯】(항) [養] コウ、になう shoulder ㄏㄤ hang¹

草書 ❶다질항(用力以堅)。❷멜항(擔也擧物)。

【失】(실) [質] シツ、うしなう miss ; forget ㄕ shih¹

小篆 草書 ❶잃을실(得之反)。[中庸]身不ㅣ天下之顯名。❷그릇될실(錯也)。❸틀릴실(差誤)。[諸葛亮 後出師表]先帝每稱操爲能、猶有此ㅣ。❹허물실(過也)。❺잊을실(忘也)。[朱熹中庸章句序]子思懼夫愈久而愈ㅣ其眞也。

【夰】(호) [皓] コウ、はなつ set free

小篆 ❶놓을호(放也)。❷『昊』와 같음。[元包經]泰ㅣ入于囷、元氣降也。

【夲】㊀(본) [阮] ㊁(토) [豪] ホン、トウ、もと、すすむ root ; advance

小篆 草書 ㊀뜻은『本』에 보라。㊁❶나아갈토(進也)。❷왔다갔다하며볼토(往來而見貌)。

二畫

【夵】㊀(염) [琰] ㊁(토) [豪] エン、トウ、すすむ advance

㊀위가크고 밑이작을염(上大下小貌) ㊁나아갈토(進也)。

【夷】(이) [支] イ、えびす savage 一 i²

小篆 草書 ❶평평할이(平也)。❷동쪽 오랑캐이(東方蠻人)。❸기꺼울이(悅也)。[詩經]云胡不ㅣ。❹상할이(傷也)。❺베풀이(陳也)。❻무리이(等也)。[禮記 喪大記]男女奉尸ㅣ於堂。❼멸할이(誅滅)。[禮記 曲禮]在醜ㅣ不爭。「ㅣ九族」。[漢書]秦用商鞅法造參ㅣ之誅。❽벨이(芟也)。❾괘이름이(卦名)。

【夸】(과) [麻] カ、ほこる boast ㄎㄨㄚ k'ua¹

小篆 草書 ❶큰체할과(ㅣ奓自大)。❷사치할과(奢也)。❸아첨할과(諛也)。[詩經]無爲ㅣ毗。

【夸】(이)『夷』(前前條)의 古字

【夻】(화) [國字] 대구화(魚名、大口)。

四畫

【夽】(운) [吻] ウン、たかい high

小篆 높을운(高也)。

【夋】(순) [眞] シュン、おおきい big

小篆 클순(大也)。

【夾】㊀(협) [葉] ㊁(협) [洽] キョウ、はさむ side ㄐㄧㄚ chia¹·² (古音「겹」)

小篆 草書 ㊀❶곁협(傍也)。❷잡을협(把也)。❸칼이름협(劒名)。❹성협(姓也)。㊁❶곁에서부축할협(左右持)。[左傳 僖公二十六年]ㅣ輔成王。❷낄협(挾也)。❸가까울협(近也)。[書經梓材]懷爲ㅣ。❹잡될협(雜也)。❺겸할협(兼也)。❻가질협(持也)。

【夾】㊀(섬) [琰] ㊁(석) [陌] コウ、キョウ、ぬすむ steal

小篆 ㊀물건을 훔칠섬(盜取)。㊁뜻은 ㊀과 같음。

五畫

【奄】(엄) [琰] [鹽] エン、おおう cover ㄧㄢ yen³

小篆 草書 ❶문득엄(忽也)。[詩經]ㅣ有四方。❷가릴엄(覆也)。❸그칠엄(止也)。❹오랠엄(久也)。[詩經]ㅣ觀銍艾。❺매우엄。(『淹』과 通함)

【奅】(와) [麻] ワ、おおきい large

小篆 클와(大也)。

【奅】(포) [效] ホウ、おおきい big

❶클포(大也)。❷고을이름포(縣名)。❸소뇌돌포(礮石)。[韓愈詩]投ㅣ鬧碚礐。(『砲』와 통함)

【奉】(불) [物] フツ、ブツ、たすける help

小篆 ❶도울불(助也)。❷클불(大也)。

【奆】(권) [阮] ケン、おおきい huge

몹시 클권(甚大)。

【奇】(기) 支 キ、めずらしい strange ㄑㄧ chi²
小篆 草書 ❶이상할기(異也)。❷괴술기(詭也)。❸숨길기(秘也)。【史記】陳平六出ㅣ計。❹홀수기(偶數之對)。❺때못만날기(不遇)。【史記 李廣傳】李廣老數ㅣ毋令獨當單于。❻정년미만(丁年未滿)의 남자기。【韓非子十過】遺有ㅣ人者。

【扶】(반) 旱 ハン、ならびゆく accompany
小篆 ❶나란히 갈반(並行)。❷따라갈반(侶也)。

【奈】㊀(내) 泰 ナ、ナイ、いかに why; how
㊁(나)(慣音) ㄋㄞ nai⁴
草書 ㊀❶어찌내(那也)。❷어찌할고내(如何ㅣ何)。(『柰』와 같음) ㊁뜻은 ㊀과 같음。

【奉】(봉) 腫 ホウ、ブ、たてまつる respect ㄈㄥ feng⁴
小篆 草書 ❶받들봉(恭承也)。【潘勗 册魏公九錫文】ㅣ答天命。❷드릴봉(獻也)。『貢ㅣ』。❸높일봉(尊也)。❹봉양할봉(養也)。【詩經 小雅吉日小序】無不自盡以ㅣ其上焉。❺기다릴봉(待也)。【史記 孔子世家】景公止孔子曰、ㅣ子以季氏、吾不能。❻살아갈봉(ㅣ身儉薄)。【孟子 告子上】妻妾之ㅣ。❼녹봉(祿、秩祿、給料)。【漢書 宣帝紀】小吏勤事而ㅣ薄。(『俸』과 통함)

【奒】(해) 卦 カイ、おおきくひらく extend
小篆 벌릴해(張大)。

【奊】(혈) 屑 ケツ、じだらく unmoderate
小篆 草書 ❶머리비뚤어질혈(頭衺骫)。❷분수 없을혈(無志分)。【治安策】ㅣ詬亡節。

【奌】(점)『點』(黑部 5畫)의 略字

六畫

【奛】㊀(한) 寒 カン、エン、おごる
㊁(원) 阮 luxurious
小篆 ㊀❶사치할한(奢也)。❷클한(大也)。❸큰입한(大口貌)。㊁뜻은 ㊀과 같음。

【奎】(규) 齊 ケイ、ほし star ㄎㄨㄟ k'uei²
小篆 草書 ❶별규(西方星名)。❷꽁무니규(兩髀間)。

【奏】(주) 宥 ソウ、もうしあげる inform ㄗㄡ tsou⁴
小篆 古文 古文 草書 ❶아뢸주(進言)。【書經】敷ㅣ以言。❷천거할주(薦也)。❸풍류주(音樂)。❹상소할주(上疏)。【漢書】上嘗坐武帳汲黯前ㅣ事。❺편지주(簡類)。(『輳·腠·湊』와 통함)

【奐】(환) 翰 カン、あきらか shine ㄏㄨㄢ huan⁴
小篆 草書 ❶클환(大也)。❷성할환(盛也)。❸빛날환(粲明貌)【禮記檀弓下】美哉ㅣ焉。❹한가할환(閑暇貌)。【詩經大雅卷阿】伴ㅣ爾游矣。(『煥』과 같음)

【契】㊀(계) 霽 ケイ、セツ、ちぎり
㊁(글) 物 contract
㊂(결) 屑 ㄒㄧㄝ hsieh⁴
㊃(설) 屑
小篆 草書 ㊀❶계약할계(約也)。❷문서계(券也書ㅣ)。❸합할계(合也)。❹근심하고 괴로워할계(ㅣㅣ憂苦)。【詩經】ㅣㅣ寤歎。(『鍥·挈』와 통함) ㊁나라의 이름글「ㅣ丹」。㊂근고할결(勤苦ㅣ闊)。【詩經】死生ㅣ闊。㊃사람의 이름설(殷湯王의 祖先의 名)。

【奓】(차) 麻 シャ、ほこる pride
馬
❶자랑할차(夸也)。【唐書】陸贄ㅣ言無驗。❷열릴차(開也)。【天地賦】偉二儀之ㅣ闊。❸사치할차(侈也)。【西京賦】憑虛公子心ㅣ體泰。(『侈』와 같음)

【奔】㊀(분) 元 ホン、はしる
㊁(분) 願 run
㊂(분) 問 ㄅㄣ pen¹
小篆 草書 ㊀❶달아날분、빨리갈분(走也)。【爾雅】大路謂之ㅣ。❷분주할분(趨事恐後)。【詩經】駿ㅣ走在廟。㊁급히 달아날분(有變急赴)。㊂❶패할분(追ㅣ覆敗)。【史記】追ㅣ逐北。❷야합할분(野合)。

【奕】(혁) 陌 エキ、うつくしい beautiful ㄧ i⁴ (古音「역」)
小篆 草書 ❶클혁(大也)。【詩經 大雅韓奕】ㅣㅣ梁山、維禹甸之。❷아름다울혁(美也)。【詩經 魯頌 閟宮】新廟ㅣㅣ。❸차례혁(次序)。【詩經商頌那】萬舞有ㅣ。❹바둑혁(圍碁)。【孟子 告子上】奕秋通國之善ㅣ者也。(『弈』과 通함)。❺대바뀔혁(ㅣ葉、累世)。「ㅣ世」。❻근심할혁(憂心)。【詩經 小雅頍弁】未見君子、憂心ㅣㅣ。❼빛날혁(赫也)。【北齊書 瑯邪王儼傳】瑯邪眼光ㅣㅣ 數步射人。❽연한모양혁。【左思 吳都賦】儐從ㅣㅣ。

【奟】(부) (國字)
공부부(勉學)。

【美】(미)→羊部3畫

七畫

【套】㊀(토) 號 トウ、かさねる
㊁(투) 晧 pile
草書 ㊀❶장대할토(長大)。❷들씨우는어리토(圈ㅣ)。❸씌울토(重也襲也)。❹껍질토(外函)。「筆ㅣ、封ㅣ、外ㅣ」。❺캐캐묵을토。「陳ㅣ、舊ㅣ」。❻땅이굽어진곳토。「河ㅣ(河曲)」。❼버릇토、솜씨토。

(俗音 투) 三 전례투(前例也)。

【奘】(장) 養 漾 ソウ、ゾウ、おおいなり big ㄓㄨㄤˇ chuang³ 小篆 草書 ❶클장(大也、壯也)。❷튼튼할장(强大)。〔方言〕晉秦閒人大謂之ㅡ。

【奚】(해) 齊 ケイ、なんぞ (本音 혜) why ㄒㄧ hsi¹ 小篆 草書 ❶어찌해(問疑辭何也)。〔韓非子 十過〕ㅡ謂小忠。❷종해(隷役)。〔周禮天官酒人〕ㅡ三百人。❸큰배해(大腹)。❹종족의 이름해。「수당(隋唐)나라때 열하(熱河)의 땅에있던 종족(種族)의 이름」。〔杜甫詩〕黃頭ㅡ兒日向西。

【畚】(분)『畚』(田部 5畫)의 本字

八畫

【斐】(비) 尾 未 ヒ、おおきい big 클비(大也)。

【[illegible]】(역) 職 ヨク、つよい strong 강할역(强也)。

【奝】(조) 蕭 チョウ、おおい abundant 草書 ❶클조(大也)。❷많을조(多也)。

【奞】(순) 震 シュン、はばたく flap the wings 小篆 날개칠순(奮翼)。

【[illegible]】(투)『套』(大部 7畫)와 같음

【[illegible]】(상)『爽』(爻部 7畫)의 俗字

【爽】(상)→爻部7畫

九畫

【奠】(전) 霰 テン、さだめる decide 小篆 草書 ❶정할전(定也)。〔書經 盤庚下〕ㅡ厥攸居。❷둘전(置也)。〔禮記〕ㅡ之而後取之。❸전올릴전(薦也)。〔禮記〕春夏釋ㅡ於先師。❹베풀전(陳也)。

【奡】(오) 號 ゴウ、おごる arrogant 小篆 草書 ❶거만할오(慢也)。❷헌걸찰오(矯健)。❸이름오(寒促子名)。「중국 하(夏)나라 시대、흉폭(兇暴)하게 완력이강했던 사람」。〔論語 憲問〕ㅡ盪舟。(『傲』와 通함)

【[illegible]】(결)『缺』(缶部 4畫)과 같음

【奢】(사) 麻 シャ、おごる luxury 小篆 籀文 草書 ❶사치할사(侈也)〔史記〕晏子儉矣夷吾則ㅡ。❷조카사위사(媼婿阿ㅡ)。

【[illegible]】(보)『報』(土部 9畫)의 本字

【奤】(반) 旱 ハン、かおがおおきい broad-face 얼굴클반(面大曰ㅡ)。

【奥】(오)『奧』(大部 10畫)의 俗字

十畫

【[illegible]】(효) 蕭 キョウ、コウ、ふとる graw fat ❶클효(大也)。❷살찔효(肥也)。❸돼지고기국효(豚肉羹)。

【奧】一(오) 號 オウ、オク、おく profundity 二(욱) 屋 ㄠˋ ao⁴ 小篆 草書 一❶속오(內也)。❷아랫목오(室隅)。❸물의굽이쳐들어간낭떠러진곳 오。〔詩經 衛風淇奧〕瞻彼淇ㅡ、綠竹猗猗。❹비밀오(秘密)。❺맨끝오(極所、極點)。❻깊을오(深也)。「究蘊ㅡ」。❼알기어려울오(幽冥、深遠)。❽쌓을오(積聚)。〔周語〕野無ㅡ草。❾삶을오(烹和)。❿돼지우리오。(『懊』『澳』와 같고 통함) 三❶따스할욱(暖也)。❷모퉁이욱(隈也)。

【[illegible]】(탈)『奪』(大部 11畫)의 古字

十一畫

【奩】(렴) 鹽 レン、こうばこ incense case ㄌㄧㄢˊ lien² 草書 ❶향합렴(盛香器)。❷경대렴(鏡匣)。〔韓愈詩〕妝ㅡ一暫開。(『匳』과 같음)

【奪】(탈) 曷 ダツ、タツ、うばう rob ㄉㄨㄛˊ tuo² 小篆 草書 ❶빼앗을탈(强取)。❷잃어버릴탈(失也)。❸빼앗길탈。〔論語 陽貨〕惡紫之ㅡ朱也。❹좁은길탈(狹路)。〔禮記〕齊莊公襲莒于ㅡ。❺깎을탈(削除)。❻갈탈(去也)。(『敓』과 通함)

【奫】(윤) 眞 イン、ふかい profundity 草書 ❶물깊을윤(深廣貌)。〔樂歌〕聖德至深兮ㅡㅡ如淵。❷물이 충충할 윤(ㅡ水深)。

【[illegible]】一(질) 質 チツ、テツ、おおきい big 二(절) 屑 小篆 一❶클질(大也)。❷성할절(盛也)。 二뜻은 一과 같음。

【奬】(장)『獎』(犬部 11畫)의 略字

十二畫

【奭】一(석) 陌 セキ、さかん prosperous ㄕˋ shih⁴ 二(학) 藥 小篆 小篆 草書 一❶클석(大也)。❷성할석(盛也)。❸성낼석(怒也)。〔漢書〕高遂說竇嬰曰如兩宮ㅡ將軍則妻子無類矣。❹사람이름석(召公名)。「武王의臣」。二❶붉은모양학(赤貌)。(『赩』과 같음)

【樊】(번)→木部11畫

十三畫

【奮】(분) 問 フン、ふるう arise
小篆 書 草 ❶드날릴분(揚也)。❷뽐낼분(勇起)。❸떨칠분(震動)。〔易經 震卦〕雷出地ㅣ。❹날개칠분(飛上)。❺일어날분(ㅣ起)。❻날랠분(ㅣ戰力鬪)。❼날개분(翬也)。〔詩經〕不能ㅣ飛。❽성낼분(怒也)。❾분격할분(憤激)。

【奯】(활) 曷 カツ、ひろい vast
小篆 ❶휜할활(空大)。❷눈굴릴활(目動)。

十四畫

【奞】(환) 寒 カン、はじめ begin
❶비롯할환(始也)。❷바꿀환(化也)。〔揚雄〕始也、化也。

十五畫

【奰】(비) 寘 ヒ、せまる tight
小篆 書 草 ❶장대할비(壯大)。❷핍박할비(迫也)。❸성낼비(怒也)。〔詩經〕內ㅣ于中國。

二十一畫

【奲】(차) 馬 シヤ、ゆるやか generous
小篆 草書 너그러울차(寬大)。

女部

【女】㊀(녀) 語 ㊁(녀) 御 ジョ、ニョ、おんな famale ㄋㄩˇ nü³
小篆 書 草 ❶계집녀、딸녀(婦人未嫁)。〔左傳〕君子謂宋共姬ㅣ而不婦。❷여자녀、아낙네녀(婦人總稱)。❸너녀(汝也)。「汝의古字」。❹별이름녀(星名)。㊁시집보낼녀(以ㅣ妻人)。

二畫

【𡚦】(질) 質 シツ、シチ、つつしまない wanton
계집삼가지않을질(女不謹)。

【奴】(노) 虞 ド、ヌ、やっこ slave ㄋㄨˊ nu²
小篆 古文 草書 ❶종노(僕也)。❷남을천하게일컫는말노(賤稱)。〔漢書〕備青曰人ㅣ之生得無答罵足矣安敢望封侯。❸포로노(俘虜)。

【奶】(내) 蟹 ナイ、ダイ、うしのちち milk ㄋㄞˇ nai³
❶소젖내(牛乳)。❷주인의아내를존대하는말내(尊大語)。

【奵】(정) 青 テイ、チョウ、みめよい handsome
❶얼굴좋을정(好容)。❷얼굴넓적할정(顏好貌)。

三畫

【奸】(간) 寒 カン、よこしま wicked ㄐㄧㄢ chien¹
小篆 書 草 ❶간음할간(犯淫)。❷어지러울간(亂也)。❸거짓간(詐也)。〔諸葛亮 出師表〕作ㅣ犯科。

【她】(저) 馬 ソ、シャ、あね eldest daughter
❶맏딸저(長女)。❷아가씨저(제삼인칭의여성)。(『姐』와 같음。本音「자」)

【奺】(구) 有 キュウ、みさお remined chaste
小篆 ❶과부수절할구(寡婦守節不嫁)。❷과부가정조를지킬구(守節)。

【奻】(난) 刪 ナン、あらそう quarrel
小篆 시끄럽게 송사할난(諠訟)。

【奼】(타) 馬 禡 タ、うつくしい beautiful ㄔㄚˋ ch'a⁴ (本音「차」)
小篆 ❶아름다울타(美也)。❷젊은계집타(少女)。❸아름다운계집타(美女)。

【㚤】(익) 職 ヨク、おんなのかんり woman-official's title
小篆 여자벼슬이름익(婦官名)。

【好】㊀(호) 皓 ㊁(호) 號 コウ、このむ、よい good, like ㄏㄠˇ hao³
小篆 書 草 ㊀❶좋을호(善也)。〔詩經〕琴瑟在御莫不靜ㅣ。❷아름다울호(美也)。〔史記 孔子世家〕齊國中女子、ㅣ者八十人。❸좋아할호(相善)。❹친할호(親善)。㊁❶사랑할호(愛也)。〔詩經〕永以爲ㅣ也。〔大學〕如ㅣ好色。❷구슬구멍호(璧孔)。〔周禮〕璧羨尺ㅣ三寸以爲度。❸사귈호(交也)。❹심할호(甚也)。

【㚢】(번) 願 ハン、おんなのかしこいもの (of women) clever
小篆 계집영오할번(女慧而員)。

【妁】(작) 藥 シャク、なかうど match-making
小篆 小篆 草書 ❶중매작(媒也)。❷중신할작(二姓者媒也)。

【如】(여) 魚 ニョ、ジョ、ごとし likewise ㄖㄨˊ ju²
小篆 草書 ❶같을여(似也)。〔大學〕人之視己ㅣ見其肺肝然。❷무리들여(等也)。〔十八史略 西漢〕上曰ㅣ我能將幾何。❸맞먹을여、등비할여(等比)。〔論語 公冶長〕子曰弗ㅣ也、吾與汝弗ㅣ也。❹만약여(若也)。〔王昌齡詩〕洛陽親友ㅣ相問、一片氷心在玉壺。❺그러할여(語助辭、然也)。〔論語 鄕黨〕逞顏色怡怡ㅣ也、沒階趨翼ㅣ也。❻어떠할여(疑問辭)。

「ㅣ何」。❼이를여(至也)。❽갈여(行也)。〔史記 豫讓傳〕襄子ㅣ厠。❾미칠여(及也)。❿부처이름여(釋迦如來)。⓫첩여(ㅣ夫人)。⓬이월여(二月名)。

【妃】㊀(비) 微 ㊁(배) 隊 ヒ、ハイ、きさき queen ㄈㄟ fei¹ 小篆 草書 ㊀❶왕비비(后ㅣ)。❷짝비(配也)。❸태자비비(太子ㅣ)。㊁짝배(配也)。(『配』와 같음)

【妄】(망) 漾 ボウ、モウ、みだり dotage ㄨㄤ wang⁴ 小篆 草書 ❶망녕될망(虛誕)。❷허망할망(虛ㅣ)。〔圓覺經〕認ㅣ爲眞雖眞亦ㅣ。❸성실하지않을망(不誠實)。❹범상할망(凡也)。〔漢書李廣傳〕諸ㅣ校尉以下。❺속일망(罔也)。〔禮記〕今之命儒也ㅣ。❻법에어긋날망。❼괘이름망(卦名)。

四 畫

【妅】(엄) 琰 ゲン、おんなのみなりがただしい good figure ❶맵시가 단정할엄(婦人容儀端整貌)。❷민첩할엄(斂疾)。

【妊】(임) 侵 ジン、ニン、はらむ pregnancy 小篆 草書 아이밸임(懷孕)。(『姙』과 같음)

【妋】㊀(부) 虞 ㊁(우) 尤 フ、にくむ hate ㊀탐할부(貪也)。㊁❶미워할우(憎也)。❷미워서 눈살찌프릴우(眉目間恨)。

【妌】(정) 敬 セイ、ジョウ、しずか (of women) virtuous 小篆 계집엄전할정、덕성스러울정(女德不妄動)。

【妍】(연)『姸』(女部 6畫)과 같음

【妎】(해) 卦 泰 カイ、ねたむ jealous 小篆 ❶투기할해(妒也)。〔路史〕太古之民與物相友人無ㅣ物之心。❷엎지를해(覆也)。

【姌】(염) 琰 ゼン、かよわい weakness 小篆 ❶휘청거릴염(纖細)。❷연약할염(弱長)。

【妏】(문) 文 ブン、うむ bear ❶낳을문(生也)。❷여자이름문(女字)。

【妐】(종) 冬 ソウ、しゅうと husband's father ❶시아버지종(夫之父)。〔呂覽〕姑ㅣ知之曰爲我婦而有外心不可畜。❷시아주버니종(夫之叔)。

【妑】(파) 麻 ハ、ふたまたまげ hair done up to two locks 새앙머리파(女兒雙髻ㅣ頭)。「여자가 예장(禮裝)할때에 머리를 두 갈래로 갈라서 땋은것」。

【妒】(투) 遇 ト、ねたむ jealous 小篆 ❶투기할투(嫉也)。〔詩註〕以色曰ㅣ以行曰忌。❷강샘할투(猜也)。ㅣ嫉ㅣ吾躬。❸미워할투(娼嫉)。❹부러워할투(羨也)。〔史記〕(「妬」와 通함)

【妓】(기) 紙 キ、ギ、うたいめ singing girl ㄐㄧ chi⁴ 小篆 草書 ❶기생기(女樂)。❷갈보기(遊女)。

【妔】㊀(갱) 庚 ㊁(항) 陽 コウ、せせつかしい rashly ㊀예쁜계집갱(美女)。㊁계집의 성품조급할항(女性急戾)。

【妕】(중) 送 チュウ、りこう clever ❶영리할중(伶也)。❷여자이름중(女字名)。

【妖】(요) 蕭 ヨウ、あやしい wicked ㄧㄠ yao¹ 小篆 草書 ❶요괴로울요(異孽)。〔左傳〕人棄常則ㅣ興。❷요사한귀신요(奇怪)。❸고울요(艶也)。❹아양부릴요(媚也)。❺생긋생긋웃는모양요(巧笑貌)。

【妗】(금) 沁 キン、コン、かるがるしい act rashly 小篆 小篆 ❶싱긋벙긋할금(善笑貌)。❷계집방정스러울금(女輕薄貌)。❸외숙모금(外叔母、內舅母)。

【妘】(운) 文 ウン、ひとのみようじ surname 小篆 小篆 성운(姓也)。

【妙】(묘) 嘯 ミョウ、たえ strange 草書 ❶묘할묘(神化不測)。❷신비할묘(神秘)。「奇ㅣ」。❸정미할묘(精微)。〔老子〕玄之又玄、衆ㅣ之門。❹예쁠묘(美也)。❺간들거릴묘(纖婿)。〔漢書〕李夫人ㅣ麗善舞。❻젊을묘(少年)。〔杜甫詩〕明公獨ㅣ年。(『玅』와 通함)

【妠】(삽) 合 ソウ、うつくしい pretty face ❶얼굴예쁠삽(美容)。❷여자 이름삽(女字名)。

【妜】(얼) 屑 エツ、ケツ、はなすじ the ridge of the nose 小篆 양미간얼(眉目間)。

【妝】(장) 陽 ソウ、ショウ、よそおう toilet 小篆 草書 ❶단장할장、꾸밀장(飾也)。〔韓愈詩〕桃李晨ㅣ靚。❷화장할장(粧也)。(『粧』과 같음)

【妞】(뉴) 有 ジュウ、おんなのこども girl ❶성뉴(姓也)。❷계집아이뉴(女兒)。

【旻】(안)『旻』(日部 6畫)과 같음

【妠】㊀(놜) 黠 ㊁(납) 合 ドツ、ドウ、むこいり marry ㊀어린아이 살찐모양놜(媪ㅣ、小兒肥貌)。㊁❶뜻은 ㊀과 같음。❷장가들납(娶也)。❸물건을모을납、쌓을납(聚物)。

【妣】(비) 紙 ヒ、なきはは deceased mother ㄅㄧˇ pi³ 小篆 籒文 書 草 죽은어머니비(歿母)。【禮記】生曰父母、死曰考ー。

【妡】(흔) 文 キン、うつくしい beautiful ❶아름다울흔(美也)。❷여자이름흔(女字名)。

【妤】(여) 魚 ヨウ、うつくしい beautiful 小篆 書 草 ❶궁녀의 벼슬이름여(婕ー女官)。【史記】婕ー秩比列侯。❷아름다울여(美也)。(『伃』와 같음)

【妥】(타) 哿 ダ、やすらか peaceful 小篆 書 草 ❶편안할타(安也)。❷일없을타(平穩)。【詩經】以ー以侑。❸타협할타(協也)。❹떨어질타(墮와通함)。【杜甫詩】花ー鸎捎蝶。

【妧】(완) 翰 ゲン、うつくしい pretty face ❶좋을완(好貌)。❷고울완(美也)。

【⿰女殳】(추) 虞 シュ、うつくしい fair-faced 小篆 얼굴고울추(容美)。

【妨】(방) 漾 陽 ホウ、ボウ、さまたげる disturbance ㄈㄤˊ fang² 小篆 書 草 ❶해로울방(害也)。❷방해할방(障害)。【隋書】太子勇數被讒毀歎曰我大覺身ー。❸거리낄방(礙也)。【韓愈詩】宇宙隘而ー。

五畫

【⿰女丕】(배) 灰 ハイ、はらむ month past with child ㄐㄧㄝˇ chieh³ 한달된태배(孕胎一朔曰ー)。(『胚』와 같음)

【妬】(투) 遇 ト、ねたむ jelaous 小篆 書 草 ❶자식없는 계집투(女無子者)。❷투기할투(妒也)。(『妒』와 混用)

【妭】(발) 曷 バツ、うつくしい beautiful つま wife 小篆 ❶고운처발(美妻ー女)。❷고운계집발(美女)。

【妮】(니) 支 ニ、はしため maid 계집종니(婢也)。

【妯】㈠(축) 沃 ㈡(추) 尤 チク、チュウ、かなしむ grive ㄓㄡˊ chu² 小篆 ㈠동서축(ー娌兄弟之妻相呼)。㈡❶슬퍼할추(悼也)。【詩經】憂心且ー。❷마음이 움직일추(心動)。【詩經】憂心且ー。

【妴】(원) 阮 エン、たおやか mild and honest 小篆 순직할원(順直)。

【妲】(달) 曷 ダツ、タツ、だっき ㄉㄚˊ ta² 小篆 書 草 계집 이름달 (ー己紂妃名)。【晉語】殷辛伐有蘇氏有蘇氏以ー己女焉。

【妵】(두) 有 トウ、うつくしい beautiful 小篆 ❶사람이름두(人名華ー)。❷예쁠두(好貌)。(『주』는 訛音)

【妷】㈠(일) 質 ㈡(질) 質 イツ、チツ、みだら lewdness ㈠❶편안할일(安也)。❷허물일(過也)。❸음란할일(淫ー)。(『佚』과 같음) ㈡느지러질질(緩也ー蕩)。

【妹】(매) 隊 マイ、いもうと younger sister ㄇㄟˋ mei⁴ 小篆 書 草 ❶손아랫누이매(女弟)。❷성이다른누이매(同母異父曰外ー)。【詩經大雅大明】大邦有子、俔天之ー。❸계집아이매。❹괘이름매(卦名)。

【妻】㈠(처) 齊 ㈡(처) 霽 サイ、つま wife ㄑㄧ ch'i¹ 小篆 古文 古文 書 草 ㈠아내처(婦也室人)。【詩經】令ー壽母。㈡시집보낼처(以女嫁人)。【論語 公冶長】以其子ー之。

【妾】(첩) 葉 ショウ、めかけ concubine ㄑㄧㄝˋ ch'ieh⁴ 小篆 書 草 ❶첩첩(側室不聘)。❷작은집첩(小室)。❸처녀계집첩(童女)。【漢書 五行志】處ー遇之而孕。❹나첩(女自卑稱)。【于濆詩】父兄未許人、畏ー事姑舅。

【妺】(말) 曷 バツ、マツ、おんなのあざな 書 草 계집이름말(ー嬉桀妻名)。(『妹』와 別字)

【妼】(필) 質 ヒツ、しとやか meat ❶계집엄전할필。❷계집단정할필(女有容儀)。

【⿰女占】(섬) 鹽 セン、かるがるしい act rashly 小篆 ❶계집경박할섬(女輕薄)。❷작고약할섬(小弱)。

【妿】(아) 歌 ア、しつけうば teacher 小篆 여스승아(女師)。

【姁】㈠(후) 麌 ㈡(후) 遇 ク、うつくしい pretty ㄒㄩˇ hsü³ 小篆 書 草 ㈠어여쁠후(美也)。「ー媮」。㈡❶즐거워할후(樂也)。【呂覽】燕雀處堂子母ーー焉相樂。❷노파후、할미후(嫗也)。【史記 淮陰侯傳】項王言語ーー。

【姂】(핍) 洽 ボウ、うつくしい beautiful ❶예쁠핍、얌전할핍(好貌)。❷고울핍(美貌)。

【姅】(반) 翰 ハン、けがれ menstruate 小篆 ❶몸있을반、월경할반(ー變、婦人汚)。【漢律】ー變不得侍祠古

者嬪婦御夫君有月事者以丹注面。

【姆】(모) 麌 ボ、かしつき female taecher (本音「무」) ㄇㄨˇ mu³ 小篆 草書 ❶여스승모、여선생모(女師)。【唐書白居易傳】其始生七月、能展書—指之無兩字、雖試百數不差。❷백모모(伯母)。❸외조모모(外祖母)。❹동서모(同壻)。

【娎】(부) 虞 フ、うつくしい beautiful ❶아름다울부(美也)。❷기꺼울부(悅也)。

【妳】(내)『嬭』(14畫 女部)와 같음

【姈】(령) 靑 レイ、かしこいおんな (of women) clever ❶계집슬기로울령(女兒賢明)。❷여자이름령(女字)。

【姊】(자) 紙 シ、あね elder sister 小篆 草書 ❶맏누이자、웃누이자(女兄)。【詩經】遂及伯—。【史記】獨不憐公子—。(『姉·姐』와 같음)

【姉】(자)『姊』(前條)의 俗字

【始】(一)(시) 紙 シ、はじめ beginning ㄕˇ shih³ (二)(시) 寘 小篆 草書 (一)❶비로소시、처음시(初也)。【中庸章句】其書—言一理、中散爲萬事、末復合爲—理。❷시작할시(新起)。❸풍류이름시(樂名華—)。❹별이름시(星名旬—)。(二)바야흐로시(方也)。【禮記】桃—華。

【姎】(앙) 陽 オウ、わたくし (of women) I, me 小篆 나앙(我也、女人自稱)。

【姍】(一)(산) 刪 寒 (二)(선) 先 サン、セン、そしる slander ㄕㄢ shan¹ 小篆 草書 (一)❶예쁠산、고울산(好也)。❷비방할산(誹也)。【漢書 異姓諸侯王表】—笑三代。(二)❶비척거릴선(行貌)。❷옷이 찰찰끌릴선(衣裳曳地)。

【姏】(담) 覃 勘 バン、ばば old woman ㄇㄢˊ man² 草書 할미담(老女自稱)。

【姐】(저) 馬 シャ、ソ、あね eldest sister ㄐㄧㄝˇ chieh³ 小篆 草書 ❶맏누이저(女兄)。❷아가씨저「小—、大—」。❸교만할저(慢也)。【嵇康詩】恃愛肆—不訓不師。

【娍】(월) 月 エツ、みがるい light 小篆 가벼울월(輕也)。

【姑】(고) 虞 コ、しゅうとめ husband's mother ㄍㄨ ku¹ 小篆 草書 ❶시어머니고(夫之母)。【于濆詩】畏妾事—舅。❷고모고(父之姊妹)。【詩經 邶風泉水】問我諸—。❸시누이고(夫之女弟小—)。❹아직고(—息)。【書經】—惟教之。❺장모고(妻之母)。❻별이름고(星名黃—)。❼살이름고(矢名)。❽꽃이름고(花名鼠—)。

【姛】(시)『媤』(9畫 女部)와 같음

【姒】(사) 紙 シ、あによめ elder brother's wife ㄙˋ ssŭ⁴ 草書 ❶맏며누리사(長婦)。❷형수사(兄之妻曰—婦)。❸동서사(同壻)。❹성사(姓也)。

【姓】(성) 敬 セイ、ショウ、うじ family name ㄒㄧㄥˋ hsing⁴ 小篆 草書 ❶성씨성(氏系統稱)。❷일가성(一族)。【詩經 周南麟之趾】振振公—。❸아이낳을성(生子)。【左傳 昭公四年】庚宗之婦人獻以雉、問其—、對曰、余子長矣、能奉雉而從我矣。❹백성성(百—)。

【委】(一)(위) 未 (二)(위) 紙 (三)(위) 寘 イ、ゆだねる entrust ㄨㄟˇ wei³ 小篆 草書 (一)❶맘에든든할위(自得貌)。【詩經】——佗佗。❷벼이삭고개숙일위(—曲禾垂穗貌)。❸외곡할위(曲也)。❹아름다울위(美也)。(二)❶버릴위(棄也)。【孟子】—而去之。❷맡을위、맡길위(任也)。【陶潛 歸去來辭】曷不—心任去留。❸붙일위(屬也)。❹시들어질위(萎也)。❺예복위(禮服端—)。❻자세할위(精細)。(三)❶쌓을위(積也)。【唐書】書詔雲—。❷쇠할위(—靡不振)。❸끝위(末也)。【禮記】或原也或—也。

【姕】(一)(자) 支 (二)(치) 紙 ジ、シ、つまらぬおんな small-minded woman 小篆 (一)하찮은계집자(婦人小物)。(二)❶무뚝뚝할치。❷아양떨지않을치(不媚)。

【要】(기) 支 キ、かげま sodomy 비역할기、남색할기(—姦將男作女)。

六畫

【姙】(임)『妊』(4畫 女部)과 같음

【姚】(一)(요) 蕭 (二)(요) 嘯 ヨウ、うつくしい beautiful ㄧㄠˊ yao² 小篆 小篆 草書 (一)❶어여쁠요(美好貌)。【荀子】美麗—冶。❷멀요(遙와 같음)。❸성요(姓也)。❹빠를요(急疾)。(二)날랠요(勁疾貌)。【漢書】霍去病爲嫖—校尉。

【姛】(동) 董 送 ドウ、ただしい honest 小篆 ❶계집성품곧을동(女性正直)。❷목이바를동(正項)。

【姜】(강) 陽 キョウ、うじのな family name ㄐㄧㄤ chiang¹ 小篆 草書 ❶성강(人姓)。❷걸이름강(川名)。❸강할강(强也)。

【姝】(주) 虞 シュ、うつくしい pretty ㄕㄨ shu¹ 小篆 草書 ❶어여쁠주(美也)。【詩經 邶風靜女】靜女其—。❷기운없을주(柔懦)。【莊子 徐無鬼】暖暖——。❸분바를주(粉飾)。【太玄

經註〕不粉飾其心而施其面猶ㅣㅣ之子遇雨則視無好也。

【姞】(길) 質 キツ、うじのな family name ㄐㄧˊ chi² 小篆 草書 ❶성길(姓也)。〔左傳 文公三年〕燕ㅣ。❷후직의 이름길(后稷元妃)。

【姽】(와) 哿 カ、うつくしい・ beautiful 小篆 ❶어여쁠와(美貌)。〔韓愈詩〕日君月妃煥赫婐ㅣ。❷약할와(弱也)。〔太玄經〕萅萅之離不宜婪且ㅣ。

【姡】(활) 曷 カツ、ずるい sly 小篆 ❶거짓활(詐僞)。❷교활할활(狡也)。

【娟】(연)『娟』(女部 7畫)과 같음

【姣】(교) 巧 コウ、うつくしい pretty ㄐㄧㄠˇ chiao³ 小篆 草書 ❶아름다울교(美也)。❷아양부릴교(媚也)。〔史記〕前有樓閣軒轅後有長ㅣ 美人。❸지혜교(智也)。〔後漢書 劉玈子傳〕卿所謂鐵中錚錚、傭中ㅣㅣ者也。❹음탕할교(淫也)。〔左傳 襄公九年〕穆姜曰、棄位而ㅣ、不可謂貞。(『佼·狡』와 통함)

【姤】(구) 宥 有 コウ、あう meet ㄍㄡˋ kou⁴ 小篆 草書 ❶만날구(遇也)。〔易經〕乾上巽下ㅣ。〔註〕柔遇剛也。❷어여쁠구(好也)。〔管子〕其人釋ㅣ。❸괘이름구(卦名)。

【姥】(모) 麌 ボ、ばば old woman 草書 ❶할미모(老女)。❷산이름모(山名天ㅣ)。(『姆』와 통함)

【姦】(간) 刪 カン、よこしま wicked 小篆 古文 草書 ❶간사할간(詐也)。〔禮記〕政以一其行刑以防其ㅣ。❷간음할간(婬也)。❸강간할간(强ㅣ)。❹나쁜사람간(惡漢)。❺도적간(寇賊)。〔書經〕寇賊ㅣ宄。❻거짓간(僞也)。(『奸』과 통함)

【奸】(간)『姦』(前條)과 같음

【⿱汙女】(오) 遇 オ、みだら lewd 小篆 小篆 음탐할오(淫貪)。

【姨】(이) 支 イ、はらから maternal ant 小篆 草書 ❶이모이(母之姊妹)。❷처이모이(妻母之姊妹)。〔左傳〕息嬀過蔡、蔡公曰、吾ㅣ也、止而享之。

【⿰女衣】(의) 微 イ、はなやか brilliant 小篆 ❶빛날의、번쩍번쩍할의(華麗)。❷여자이름의(女字名)。

【姬】(희) 支 キ、ひめ young lady ㄐㄧ chi¹ 小篆 草書 ❶아씨희(婦人美稱)。❷황후희、왕비희(皇后)。❸첩희(妾也)。〔史記 孟嘗君傳〕使人抵昭王幸ㅣ求解。❹주의성희(周姓)。

【姪】㊀(질) 質 テツ、めい、おい nephew ㄓˊ chih² ㊁(절) 屑 小篆 草書 ㊀❶조카질(兄弟之子)。〔聞見錄〕臣諸子皆豚犬、有ㅣ夷簡、宰相才也。❷조카딸질(姪女)。❸처질질。(아내의 형이나 아우가 낳은 자식)。〔唐書 狄仁傑傳〕姑ㅣ與母子孰親。㊁뜻은 ㊀과 같음。

【姮】(항) 蒸 コウ、ゴウ、つき another name of moon 草書 ❶항아항、달에사는미인항(ㅣ娥、羿妻)。❷달의異名。(『嫦』과 같음)

【姰】(균) 眞 キン、ひとしい equality 小篆 ❶같을균、한가지균(男女優劣同等)。❷적합할균(適合)。

【姱】(과) 麻 カ、うるわしい pretty ㄎㄨㄚ k'ua¹ 어여쁠과、좋을과(美好貌)。

【㛅】(이) 寘 ジ、おとめ virgin 小篆 ❶처녀이(未嫁女稱、處女)。❷여자이름이(女字名)。

【姶】(압) 合 オウ、うつくしい pretty 小篆 ❶아름다울압(美好)。❷계집의이름압(女名媧ㅣ)。

【姷】(유) 宥 ユウ、たがいにしたしむ couple 小篆 或體 짝유(配也)。(『侑』와 같음)

【姸】(연) 先 ケン、うつくしい pretty 小篆 ❶고울연(麗也)。❷사랑스러울연(媚也)。〔韓愈文〕爭ㅣ而取憐。❸총명할연(慧也)。〔釋名〕ㅣ硏也硏精於事宜則無蚩謬也。❹안존할연(安也)。

【姻】(인) 眞 イン、よめいり marry ㄧㄣ yin¹ 小篆 籀文 草書 ❶혼인할인(婚ㅣ)。❷사위집인(夫曰婚、婦曰ㅣ)。❸시집인。❹아내인(妻也)。❺인연인(因緣)。(『婣』과 같음)

【姹】㊀(차) 馬 タ、なまめかしい pretty ㄔㄚˋ ch'a⁴ ㊁(차) 禡 草書 ㊀아리따운계집차(美女)。㊁아리따울차(美也)。(『奼』와 같음)

【姺】㊀(신) 眞 シン、くにのな name of a country ㄒㄧㄢˇ hsien³ ㊁(선) 銑 小篆 小篆 草書 ㊀나라 이름신(商侯國名、ㅣ邳)。(『莘·嫀』과 같음) ㊁건듯건듯걸을선(行輕貌、媥ㅣ)。〔上林賦〕媥ㅣ徶徆。(『躚』과 같음)

【姼】㊀(제) 齊 ㊁(시) 紙 ㊂(치) 支 シ、かるがるしい rash

妑 小篆 或體 ㊁예쁠제(美好貌)。【漢書】ㅣㅣ公主乃嫁烏孫。㊂죽은어머니시(母ㅣ)。【方言】南楚人謂母妣母ㅣ。㊃경망할치(輕薄貌姑ㅣ)。

【姇】(부) 有 フウ、うつくしい beautiful ❶계집행실부(女之行儀)。❷고울부(美也)。

【姽】(궤) 紙 キ、カイ、のろい walk leisurely ㄍㄨㄟˇ kuei³ 小篆 ❶느릿느릿걸음궤(ㅣㅣ閒體行)。【神女賦】既ㅣ嫿於幽靜。❷좋을궤(好也)。

【姾】(전) 先 ゼン、しとやか virtuous ❶계집단정할전(女之端正)。❷여자이름전(女字名)。

【姿】(자) 支 シ、すがた figure ㄗ tzŭ 小篆 草書 ❶맵시자、태도자(態也)。【李白詩】憶昔嬌小ㅣ、春心亦自持。❷성품자(性品)。❸취미자(趣味)。❹맵시를 꾸밀자、모양을 낼자。【韓愈詩】羲之俗書趁ㅣ媚。(『資』와 같음)

【娀】(융) 東 ジュウ、くにのな name of a country ㄙㄨㄥ sung¹ 小篆 草書 ❶나라이름융(國名有ㅣ氏)。❷성융(姓也)。【十八史略 殷紀】有ㅣ氏女。(本音「숭」)

【威】(위) 微 イ、たけしい dignity ㄨㄟ wei¹ 小篆 草書 ❶위엄위(尊嚴)。❷세력위(勢也)。【晋書 劉弘傳】弘專督江漢ㅣ行南服。❸으를위(懼也)。【孟子 公孫丑下】ㅣ天下、不以兵革之利。❹거동위(儀也)。【禮記 樂記】收其ㅣ也。❺두려울위。【中庸】民ㅣ於鈇鉞。(『畏』와 같음)

【㛊】(타) 哿 タ、うるわしい pretty 小篆 ❶헤아릴타(量也)。❷아리따울타(美好貌)。

【娃】㊀(왜) 佳 ㊁(와) 麻 アイ、うつくしい beauty ㄨㄚ wa² 小篆 草書 ㊀❶어여쁜계집왜(美女)。【李白詩】吳ㅣ與越豔。❷아름다울왜(美也)。❸얼굴이 아름다울왜(美貌)。㊁뜻은 ㊀과 같음。

【㛓】(세) 霽 セイ、しずか silent ❶조용할세(靜也)。❷계집의 자세(女字)。

【拏】(나)(녀)→手部5畫

【要】(요)→襾部3畫

七畫

【㛍】(협) 葉 キョウ、こころよい graceful 小篆 얌전할협(志靜)。

【㛂】(려) 語 リョ、みにくい dirty 추잡할려(醜雜)。

【娉】㊀(빙) 敬 ㊁(빙) 庚 ヘイ、めとる take a wife ㄆㄧㄥ p'ing¹ 小篆 草書 ㊀❶물을빙(問也)。❷부를빙(召也)。❸찾을빙(訪也)。❹장가들빙(娶也)。㊁어여쁠빙(美貌)。【杜甫詩】不嫁惜ㅣ婷。

【娋】(초) 效 ショウ、あね elder sister 小篆 누이초(女兄)。

【娌】(리) 紙 リ、あいよめ the wife of one's husband's brother ❶동서리(妯ㅣ兄弟之妻相謂)。❷마음이 동할리(心動)。

【㛃】(혈) 屑 ケツ、ここちよい joyful 小篆 小篆 기쁠혈(喜也)。

【娍】(성) 敬 ジョウ、セイ、うつくしい beautiful ❶아름다울성(美也)。❷헌걸찰성(長好貌)。

【娑】㊀(사) 歌 ㊁(사) 歌 サ、シャ、まいめぐる fluttering ㄙㄨㄛ suo¹ 小篆 草書 ㊀❶춤추는모양사(舞貌)。❷걸어 다니는 모양사。【杜甫詩】方知不才者、生長漫婆ㅣ。❸옷너풀거리는 모양사(衣揚貌)。【思玄賦】修初服之婆ㅣ。❹앉아 있는 모양사。❺편히 앉은모양사。❻거문고 소리사。【嵇康 琴賦】紆餘婆ㅣ。㊁❶오랑캐 도읍이름사(吐蕃國都名邏ㅣ)。❷세상사(塵世ㅣ婆)。

【娒】(모)『姆』(女部5畫)와 같음

【娓】(미) 尾 ビ、したがう obedient ㄨㄟ wei³ 小篆 草書 ❶순할미(順也)。❷아름다울미(美也)。

【㛑】(찬) 翰 サン、うつくしい beautiful ❶아름다울찬(美也)。❷계집 셋을 둘찬(一妻二妾)。【詩經】今夕何夕見此粲者。(『粲』과 통함)

【娖】(착) 覺 サク、つつしむ prudent 草書 조심할착(謹貌)。【史記】申屠嘉死後爲丞相者皆ㅣㅣ廉謹備員而已。

【娗】㊀(정) 迥 ㊁(전) 銑 ㊂(정) 青 テイ、テン、みめよい、きどる airs 小篆 ㊀매욱할전(不開通眡ㅣ)。【列子】眡ㅣ誣諉。㊁속일전(欺慢語)。㊂모양낼정(容也)。(『婷』과 같음)

【娙】(형) 青 ケイ、キョウ、すらりとする good figure 小篆 ❶맵시어여쁠형(形好貌)。❷계집키클형(女身長)。❸여자벼슬이름형(女官名)。

【娘】(낭) 陽 ジョウ、むすめ girl ㄋㄧㄤ niang² (本音「냥」)
草書 ❶아가씨낭、소녀낭。〔李賀詩〕東家嬌ー求對値。❷처녀의 이름에 붙여쓰는말낭。❸속어(俗語)에 어머니를말함。〔康熙字典〕俗稱父曰爺、母曰ー。❹딸낭(女息)。

【娚】(남) 覃 ダン はなしごえ voice
❶말소리남(語聲)。❷〔國字〕오라비남(姉妹謂男兄弟曰ー)。

【娛】(오) 虞 ゴ、たのしむ amuse ㄩ yü² (古音「우」)
小篆 草書 ❶즐거울오(樂也)。〔西京賦〕窮歡極ー。❷기쁠오(喜也)。

【娜】(나) 哿 ダ、ナ、うつくしい charming ㄋㄨㄛ nuo²
草書 ❶아름다울나、여자의 풍채가 아리따울나(美女貌)。〔曹植洛神賦〕華容婀ー。❸한들거릴나(柔而長)。〔杜甫詩〕連笮動嫋ー。

【娝】(부) 虞 ヒ、おろか foolish
小篆 어리석을부(愚也)。

【娷】(좌) 箇 サ、やすらか guard
小篆 小篆 경계할좌(戒也)。

【娞】(뇌) 賄 ノウ、うつくしい beautiful
❶고울뇌(姸也)。❷어엿할뇌(威好貌)。

【㛘】(불) 月 ホツ、こえたおんな (of women) fat
계집몸통통할불(女肥貌、婏ー)。

【娟】(연) 先 ケン、エン、うつくしい pretty ㄐㄩㄢ chüan¹
小篆 草書 ❶어여쁠연(美好)。❷아당할연(媚也)。얼굴이 고울연。❸아름다운모양연。〔杜甫詩〕石瀨月ーー。❹춤추는모양연。❺가볍게 움직이는 모양연。❻아득히멀연(幽遠)。〔杜甫詩〕風含翠篠ーー淨。

【娠】(신) 眞 シン、はらむ pregnancy ㄕㄣ shen¹
小篆 草書 ❶아이밸신(懷孕)。〔史記 高帝紀〕已而有ー。❷마부신(養馬者)。(『身』과 통함)

【娣】(제) 薺 テイ、いもうと young sister ㄉㄧ ti⁴
小篆 草書 ❶손아래누이제(女弟妹也)。〔爾雅釋親〕女子同出、先生爲姒、後生爲ー。❷계수제(弟之妻)。〔爾雅〕長婦謂稚婦爲ー婦、稚婦謂長婦爲姒婦。❸동서제(ー姒妯娌)。

【娥】(아) 歌 ガ、みめよい beautiful ㄜ ê²
小篆 草書 ❶어여쁠아(美好)。❷항아아(姮ー羿妻)。❸선녀아(天女)。❹아황아(ー皇舜妻)。

【娨】(만) 潸 バン、おごる arrogant
교만할만(驕慢)。

【娧】(태) 泰 タイ、よろこぶ glad
小篆 小篆 ❶더딜태(ーー舒遲貌)。❷기뻐할태(喜也)。

【娦】(빈)『嬪』(女部14畫)과 같음

【娩】㊀(만) 阮 ベン、メン、うむ bear ㊁(면) 銑 ㄨㄢ wan³
草書 ❶해산할만(產子)。❷유순할면(柔順)。〔禮記 內則〕姆教婉ー聽從。

【娪】(오) 遇 ゴ、うつくしいおんな pretty woman
예쁜계집오(美女)。

【娭】(애) 賄 アイ、たわむれる flirt with
小篆 草書 ❶희롱할애(戲也)。〔房中歌〕神來燕ー。❷계집종애(婢也)。

【宴】(연)→宀部7畫

八畫

【㛥】(탑) 合 トウ、くつする lie flat
小篆 엎드릴탑(伏也)。

【娵】(추) 虞 シュ、ソウ、たおやめ pretty girl
草書 ❶젊을추(少也)。❷물고기추(ー隅魚也)。〔郝隆詩〕ー隅躍清池。❸예쁜 여자추(美女)。❹별이름추(星名ー訾)。

【娶】(취) 魚 シュ、めとる take a wife ㄑㄩ ch'ü⁴·³
小篆 草書 ❶장가들취(取妻)。〔胡安定家訓〕ー婦須不若吾家則事舅姑必謹。❷중개인취(商ー)。

【姘】(평) 庚 ヘイ、とりのぞく get rid of ㄆㄧㄣ p'in¹
小篆 ❶제거할평(除去)。❷계집종을 간통할평(妻婢通姦)。

【娼】(창) 陽 ショウ、あそびめ prostitute ㄔㄤ ch'ang¹
草書 ❶창녀창、여광대창(女樂)。❷노는계집창(戲女)。❸갈보창(賣淫女)。(『倡』의 俗字)

【娷】(수) 支 スイ、たがいにたのむ ask favors each other
小篆 일 서로부탁할수(以事相託)。

【娸】(기) 支 キ、にくむ hate
小篆 ❶더럽게여길기(醜也)。❷미워할기(憎也)。

【㛦】(현) 先 ゲン、まもる keep
小篆 지킬현(守也)。

【娺】(달) 黠 タツ、たけしい rough
小篆 ❶빠를달(疾也)。❷모질달(猛也)。

【娽】(록) 屋 ロク、したがう follow

따를록(從也)。

【娃】(애) 蟹 ガイ、たのしむ merry
❶즐거울애(樂也)。❷계집이추할애(醜女)。

【娿】(아) 歌 哿 ア、しなやか ramble
❶한들거릴아(弱態貌)。❷머뭇거릴아(不決娿ㅣ)。【石鼓歌】詎肯感激徒媕ㅣ。

【婁】㊀(루) 尤 ㊁(루) 麌 ㊂(루) 遇 ル、ロウ、ひく pull ㄌㄡ lou²
㊀❶끌을루(曳也)。【詩經】子有衣裳弗曳弗ㅣ。❷어리석을루(愚也)。【蘇氏演義】時人以無分別者爲郲ㅣ不辨。(『廔』와 통합) ㊁고달플루(倦ㅣ形神交役) ㊂❶빌루(空也)。❷별이름루(星名二十八宿之一)。

【婁】(루)『婁』(前條)의 俗字

【婄】(부) 有 ブ、フ、ふとる fat
❶살찔부(肥也)。❷둔할부(愚也)。

【婆】(파) 歌 ハ、ばば old woman ㄆㄛ p'o²
❶할머니파(老媼)。❷춤너풀너풀출파(娑舞貌)。❸조모파(祖母)。(『媻』와 통합)

【⿰女羌】(강) 養 キョウ、みだら disorderly
문란할강(紊亂)。

【婉】(완) 阮 エン、しなやか obedient ㄨㄢ wan³
❶순할완(順也)。【禮記內則】ㅣ娩聽從。❷예쁠완、아름다울완(美也)。❸젊을완(少也)。❹간들거릴완。【楚辭離騷】駕八龍之ㅣㅣ。

【婊】(표) 篠 ヒョウ、しょうか brothell ㄅㄧㄠ piao³
화랑이표(娼家)。

【婌】(숙) 屋 シュク、きゅうじょ (lady) official title
궁녀벼슬이름숙(後宮女官名)。(『淑』과 통합)

【婎】(휴) 支 キ、ふるまい figure
❶모양휴、태도휴(姿態)。❷제마음대로행동할휴(放逸)。

【⿰女兔】(반) 願 ベン、うさぎのこ young of the rabbit
토끼새끼반(兎子)。

【婐】(와) 哿 カ、こしもと waiting-maid
❶시녀와(侍女)。❷연약할와(軟弱)。

【婓】(비) 紙 ヒ、ビ、ゆききする come and go
❶오락가락할비(往來貌)。【揚雄反騷】昔仲尼之去魯兮ㅣㅣ遲遲而同邁。❷신녀비(神女名江ㅣ)。❸몹시미운모양비(厭貌)。

【婑】(유) 支 ズイ、うつくしい beautiful
아리따울유(美也)。【列子】公孫穆好色擇稚齒ㅣ媠者。

【⿱制女】(혜) 霽 ケイ、みにくい evil face
❶흉할혜(兇也)。❷방자할혜(姿也)。

【⿰女芺】(요)『妖』(女部4畫)와 같음 ショウ、うつくしい

【婕】(첩) 葉 ショウ、うつくしい pretty ㄐㄧㄝ chieh²
❶예쁠첩(美貌)。❷궁녀벼슬이름첩(ㅣ妤)。(『倢』과 같음)

【婗】(예) 齊 ゲイ、こびる coquet
❶갓난아이예(嫛ㅣ人始生)。❷예쁜체할예、아양부릴예(媞ㅣ、嫵媚貌)。

【婚】(혼) 元 コン、えんぐみ marriage ㄏㄨㄣ huen¹
❶혼인할혼(結ㅣ)。❷처가혼(婦家)。❸장가들혼(取婦)。【古詩焦仲卿妻】云有第五郞、嬌逸未有ㅣ。

【婩】(엄) 豔 エン、はしため female slave
❶모함잡을엄(誣挐)。❷계집종엄(婢也)。❸계집다울엄(女貌)。

【婜】(간) 刪 カン、はなやか splendid
화려할간、빛날간(美麗)。

【婘】(권) 先 ケン、やから relations
❶어여쁠권(美好)。❷집안붙이권(ㅣ屬)。【漢書】誅諸呂ㅣ屬。(『眷』과 통합)

【婞】(행) 迥 コウ、もとる peevish ㄒㄧㄥ hsing⁴
❶성미패할행(ㅣㄴ狠也)。【離騷經】鯀ㅣ直以亡身。❷친할행(親也)。

【婟】(고) 遇 コ、うつくしい beautiful
❶아낄고、안타까울고(戀惜、ㅣ嫪)。❷어여쁠고(好也)。

【婠】(완) 寒 ワン、みなりがよい fair-looking ㄨㄢ wan¹
몸맵시예쁠완(體德美好)。

【⿱沾女】(점) 鹽 テン、わらう laugh
벙글거릴점(喜笑貌)。

【婢】(비) 紙 ヒ、はしため female slave ㄅㄟ pei⁴
❶계집종비(女奴)。❷하녀비(下女)。❸천한 여자비(賤女)。【史記孔子世家】夫子罪我以羣ㅣ故也夫。❹여자가 자기를 낮추어 일컫는 말비。【禮記曲禮】自世婦以下、自稱曰ㅣ子。

【婣】(인)『姻』(女部6畫)과 같음

【媰】(주) 尤 シュウ、かおたちがよい fair-faced
小篆 얼굴얌전할주(容貌優美)。

【婥】(작) 藥 シャク、うつくしい beautiful
小篆 草書 예쁠작(美好貌)。〔莊子 逍遙遊〕藐姑射之山有神人居焉、肌膚如冰雪ㅣ約若處子。

【婦】(부) 有 フ、フウ、おんな、よめ wife;daughter-in-law ㄈㄨˋ fu⁴
小篆 草書 ❶며느리부(子之妻也)。〔爾雅 釋親〕子之妻爲ㅣ。❷지어미부、아내부(妻也)。❸여자부(女子)。〔史記 孔子世家〕彼ㅣ之謁可以死敗。❹암컷부(雌、牝)。〔康熙字典〕物類之陰者亦曰ㅣ。❺예쁠부(美好)。〔荀子 樂論〕其容ㅣ。

【婧】(청) 敬 セイ、しとやか chaste and pure
小篆 ❶조촐할청(貞潔)。❷가냘플청(纖弱)。〔思玄賦〕舒眇ㅣ之纖腰。

【婩】㊀(안) 翰 ガン、カク、うつくしい pretty ㊁(학) 藥
㊀고울안(美好)。㊁어리석을학(愚也)。

【婪】(람) 覃 ラン、むさぼる avarice ㄌㄢˊ lan²
小篆 草書 ❶탐할람(貪也)。〔韓愈 順宗實錄〕韋執誼性貪ㅣ詭賊。❷함부로할람(不謹愼)。(『惏』과 같음)

【婫】(혼) 阮 コン、かみをおおう head-dressed
머리덮을혼(以物蒙頭)。

【婬】(음) 侵 イン、みだら adultery ㄧㄣˊ yin²
小篆 ❶간통할음(姦ㅣ)。❷샛서방질할음(私逸女)。❸음탕할음(蕩也)。❹놀음(遊也)。❺희학질할음(戲也)。(『淫』과 통함)

【婭】(아) 禡 ア、あいむこ the husband of one's wifes sister ㄧㄚˋ ya⁴
草書 ❶동서아(姻ㅣ兩壻相謂)。❷일가아、친척아(親戚、姻戚)。(『亞』와 통함)

九畫

【婷】(정) 靑 テイ、みめよい pretty ㄊㄧㄥˊ t'ing²
草書 ❶아리따울정(美好貌)。〔陳無己詩〕當年不嫁惜娉ㅣ傅粉施朱學後生。❷쌀쌀할정(冷也)。(『婝』과 같음)

【婸】㊀(탕) 養 トウ、ヨウ、みだら dissipated ㊁(양) 陽
㊀음탕할탕(淫戲)。㊁나양(我也)。

【媨】(축) 屋 シュク、おうな (of women) ugly because of age
小篆 계집늙어추할축(老媼醜貌)。

【媱】(요) 篠 ヨウ、かよわい weak ㄧㄠˇ yao³
연약할요(弱也)。

【婺】(무) 尤 ム、したがわない disobey
小篆 小篆 草書 ❶별이름무(ㅣ女星名)。❷맘대로못할무、유순하지못할무(不柔)。

【嫂】(수) 皓 ソウ、あによめ elder brother's wife ㄙㄠˇ sao³
小篆 草書 형수수(兄之妻)。〔後漢書〕馬援敬事寡ㅣ不冠不入廬。(『嫂』와 같음)(本音은 「소」)

【婼】㊀(착) 藥 ジャク、さからう atrocious ㄔㄨㄛˋ ch'uo⁴ ㊁(야) 麻 ㊂(이) 支
小篆 ㊀❶순하지않을착(不順)。❷악독할착(惡也)。㊁거스를야、거역할야(不順)。㊂나라이름이(ㅣ羌、國名)。

【婚】(혼)『婚』(女部8畫)과 같음

【媮】㊀(유) 虞 ユ、トウ、たのしむ、ぬすむ glad; steal ㄊㄡ t'ou¹ ㊁(투) 尤
小篆 草書 ㊀❶엷을유(薄也)。〔左傳 襄公三十年〕晋未可ㅣ也。❷즐거울유(樂也)。(『愉』에 통함) ㊁❶간교할투(巧黠)。〔左傳 文公十七年〕齊君之語ㅣ。❷도둑질할투(偸也)。〔楚辭 卜居〕將從俗富貴以ㅣ生。(『偸』와 같음)

【婿】(서)『壻』(士部9畫)와 같음

【媀】(우) 遇 グ、ねたむ be jealows envy
투기할우、강짜할우、샘낼우(女妒男)。

【媁】(위) 微 イ、かわいらしい charming
小篆 ❶탐스러울위(美盛貌)。❷추잡할위(醜也)。

【媃】(유) 尤 ジュウ、こびる pretend to be pretty
예쁜체할유(女媚貌)。

【㛴】(노) 皓 ノウ、うらましい resentful
小篆 ❶원통할노(有所恨痛)。❷번뇌할노、마음수란할노(亂擾心)。(『惱』와 통함)

【媄】(미) 紙 ビ、うつくしい (of color) beautiful
小篆 빛고울미(色艷)。

【媅】(담) 覃 タン、たのしむ rejoice
小篆 즐길담、즐거울담(樂也)。(『妉』과 통함)

【媆】(눈) 願 セン、かよわい weak
小篆 어릴눈、약할눈(嫩弱)。(『嫩』과 통함)

【媈】(휘) 微 キ、めかけ concubine
❶첩휘(妾也)。❷작은집휘(小家)。

【媉】㊀(옥) 屋 オク、アク、かわいらしい charming ㊁(악) 覺
㊀예쁠옥(美也)。㊁모양낼악(容飾)。

【媊】(전) 先 セン、ほしのな name of the star
小篆 별이름전(女ㅣ、星名)。〔星經〕太白上公妻女ㅣ。

【媌】(묘) 看 ボウ、めもとがうつくしい charming eyes
小篆 書 草 ❶눈매 고울묘(眉目美好貌)。〔列子〕娥ㅣ靡曼者。❷노는계집묘(妓女)。〔方言註〕闘人謂妓女爲ㅣ。

【婧】(성) 梗 セイ、へる decrease
小篆 축날성、 갈성(減也)。

【⿰女炭】(탄) 翰 タン、みだれる confused
❶어수선할탄(亂也)。❷예의없을탄(無儀)。

【媍】(부)『婦』(女部 8畫)와 같음

【媐】(이) 支 イ、キ、たのしむ joyful ㄒㄧ hsi¹
小篆 기쁠이(悅也)。

【媒】(一)(매) 灰 バイ、なかだち match-making ㄇㄟ mei² (二)(매) 隊
小篆 書 草 (一)❶중매매、중신매(仲ㅣ)。〔詩經 豳風伐柯〕取妻如何、匪ㅣ不得。❷탐낼매(貪也)。❸술을빚을매(釀也)。〔漢書〕ㅣ孽其短。❹용마매(駿馬龍ㅣ)。(二)어둘매(昧也)。〔莊子 知北遊〕ㅣㅣ晦晦。

【媓】(황) 陽 コウ、おんなのあざな princess
여자이름황(女ㅣ、堯妃)。

【媔】(면) 先 メン、ねたむ jealous
❶눈매예쁠면(目美貌)。〔楚辭〕靑色直眉美目ㅣ只。❷투기할면(妒也)。

【⿰女剋】(극) 紙 コク、いやしいおんな humble woman
❶천한할미극(賤媼)。❷상스런계집극(賤女)。

【媕】(암) 覃 エン、まごまごする hesitate ㄢ an¹
小篆 머뭇거릴암、결단못할암(ㅣ婀不決)。

【媚】(미) 寘 ミ、ビ、こびる flatter ㄇㄟ mei⁴
小篆 書 草 ❶아첨할미(諂也)。〔書經〕便辟側ㅣ。❷사랑할미(愛也)。〔詩經〕ㅣ玆一人。❸상긋거릴미(悅也)。❹부닐미(親順)。〔唐書〕太宗曰人言魏徵擧動疎慢我見其嫵ㅣ。❺아름다운모양미。〔元好問詩〕妍花紅粉妝意態工ㅣ嫵。「風月明ㅣ」。

【⿰女享】(경) 庚 ケイ、さびしい lonely
외로울경(孤獨)。

【媛】(一)(원) 霰 エン、みめよい beautiful woman ㄩㄢ yüan⁴ (二)(원) 元
小篆 書 草 (一)❶아리따운여자원(美女)。❷아름다울원(美也)。❸여자벼슬원(女官)。(二)맘에당길원(牽引貌)。〔楚辭〕心嬋ㅣ而傷懷兮。

【㛹】(변) 先 ベン、うつくしい beautiful
아름다울변(美貌)。

【媞】(제) 齊 デイ、うつくしい pretty
小篆 ❶안존할제(安也)。❷예쁘고고울제(美好貌)。〔東方朔諫〕西施ㅣㅣ而不得見。

【媟】(설) 屑 セツ、あなどる haughty ㄒㄧㄝ hsieh⁴
小篆 書 草 ❶거만스러울설(慢也)。〔後漢書〕爰延上下ㅣ嬻有虧尊嚴。❷모독할설(瀆也)。❸희롱지거리할설(戲也)。❹친압할설(狎也)。(『䙝』과 같음 『褻』에 통해씀)

【媠】(타) 哿 ダ、うるわしい pretty
書 草 ❶고울타、예쁠타(豔美)。❷거만할타(不敬)。〔漢書 龍勝傳〕ㅣ嫚亡狀。❸게으를타(惰也)。〔漢書〕李夫人曰妾不敢以燕ㅣ見帝。

【媢】(모) 號 ボウ、ねたむ jealous ㄇㄠ mao⁴
小篆 書 草 ❶투기할모(忌嫉)。〔大學〕ㅣ嫉以惡之。❷성낼모(怒也)。〔史記〕憲王病甚王后以妒ㅣ不當侍病。

【媣】(염) 琰 エン、あきらか distinct
小篆 小篆 분명할염、똑똑할염(分明)。

【媤】(시) 〔國字〕
시집시(夫家)。

【媥】(편) 先 ヘン、かるい step shakily
小篆 간들간들걸을편(ㅣ姺行輕貌)。〔上林賦〕ㅣ姺徶僁。

【⿰女臿】(삽) 洽 ソウ、しゃべる talk from the Point
小篆 차례없이말할삽、말납신거릴삽(急言 失序)。

【媦】(위) 未 イ、いもうと younger sister ㄨㄟ wei⁴
小篆 書 草 손아래누이위(女弟)。

【媪】(오)『媼』(女部 10畫)와 같음

【媧】(一)(왜) 佳 カイ、カ、めがみ goddess ㄨㄚ wa¹ (二)(과) 麻 (古音「괘」)
小篆 籀文 書 草 (一)여자이름왜(女ㅣ古女聖名)。〔史記〕女ㅣ始制笙簧又煉石補天。(二)뜻은(一)과 같음。

十畫

【媰】(一)(추) 虞 (二)(취) 尤 シュウ、やもめ widow
小篆 書 草 (一)❶홀어미추(寡婦)。〔淸河王誄〕惠子ㅣ孀。❷애밸추(姙娠)。(二)성취(姓也)。

【⿰女畜】(축) 屋 チク、こびる flatter
小篆 아첨할축(媚也)。

【媱】(요) 蕭 ヨウ、かたがまがる bent with age ㄧㄠ yao²
小篆 늙어등굽을요(老而曲背)。

【⿰女恚】(이) 寘 イ、おんなのみなり women's manner
小篆 계집태도이、맵시이(女態)。

【媲】(비) 霽 ヒ、つれあい couple ㄆㄧ p'i⁴

小篆 짝비、배필비(耦也配也)。

【媳】(식) 陌 セキ、よめ ㄒㄧ hsi² daughter in law
草書 며느리식(子婦)。〔元史 裕宗徽仁裕聖皇后傳〕世祖每稱之爲賢德ー婦。

【媵】(잉) 徑 ヨウ、こしもと ㄧㄥ ying⁴ waiting maid
草書 ❶잉첩잉(從嫁)。〔左傳〕凡諸侯嫁女同姓ー。❷부칠잉(寄物)。❸계집종잉(侍女)。〔後漢書 馮衍傳〕妻悍不得蓄ー妾。❹물잿잔잉(飮爵)。

【媷】(욕) 沃 ジョク、おこたる idle
게으를욕(惰怠)。

【媸】(치) 支 シ、みにくい ㄔ ch'ih¹ ugly
草書 ❶더러울치(醜也)。❷음란할치(淫也)。❸어리석을치(癡也)。〔陸機文賦〕姸ー好惡。(『蚩』와 같음)

【媺】(미) 紙 ビ、よい ㄇㄟ mei³ good-natured
草書 착할미(善也)。〔周禮〕師氏掌ー詔王。(『美』와 通함)

【媻】(반) 寒 翰 バン、よろめく ㄆㄢ p'an² shaky
小篆 草書 비틀거릴반(不定貌)。

【媼】(오) 皓 オウ、ばば ㄠ ao³ old woman
小篆 ❶할미오、노파오(女老稱)。❷어머니오(母也)。〔史記 趙世家〕ー之愛燕后、賢于長安君。❸땅귀신오(地神)。

【媽】(마) 馬 ボ、はは ㄇㄚ ma¹ mother (同音「모」)
草書 ❶어미마(母之稱)。❷암말마(牝馬)。

【婉】(원) 元 エン、やすちか peaceful
小篆 편안할원(安也)。

【媾】(구) 宥 コウ、よしみ ㄍㄡ kou⁴ friendship
小篆 草書 ❶거듭혼인할구(重婚)。〔左傳〕惟我鄭國之有請謁焉如舊昏ー。❷사랑할구(愛也)。❸화친할구(和也)。〔史記〕樓昌曰不如發重使爲ー。❹교접할구(情交)。❺총애할구(寵愛)。〔詩經 曹風候人〕彼其之子、不遂其ー。

【媿】(괴) 寘 キ、はじ shame
小篆 書 부끄러울괴(慚也)。(『愧』와 같음)

【嫁】(가) 禡 カ、とつぐ、よめ ㄐㄧㄚ chia⁴ marry
小篆 草書 ❶시집갈가(女適人)。〔禮記〕女子二十而ー。❷갈가(往也)。〔列子 天瑞〕列子居鄭圃四十年、人無識者、將ー于衛。❸떠넘길가(ー禍推惡于人)。〔史記 趙世家〕是欲ー禍於趙也。

【嫂】(수) 皓 ソウ、あによめ ㄙㄠ sao³ leder brother's wife
草書 형수수(兄之妻)。〔後漢書〕馬援敬事寡ー不冠不入廬。

【嫅】(차) 麻 サ、こしがほそい slender-waisted
허리가늘차、허리날신할차(腰細)。

【嫄】(원) 元 ゲン ㄩㄢ yüan²
小篆 草書 여자이름원(女名)。〔十八史略周〕后稷名棄棄母曰姜ー。

【嫇】(맹) 庚 ミョウ、わかよめ young wife
小篆 ❶어린지어미맹(幼婦)。〔韓愈詩〕彩伴颯嫈ー。❷앙징스러울맹(小人貌)。

【嫈】(앵) 庚 オウ、うつくしい beautiful
小篆 ❶예쁠앵(好貌)。❷어린지어미앵(ー嫇、幼婦)。

【嫋】㊀(뇨) 篠 ㊁(약) 藥 ジョウ、ジャク、たおやか ㄋㄧㄠ niao³ slender
小篆 草書 ㊀❶간들거릴뇨(悠揚貌)。〔楚辭九歌〕ーー兮秋風。❷하늘거릴뇨。❸휘늘어질뇨(柔長貌)。〔鮑照詩〕ー柳垂條。❹소리가길게들리는모양뇨。〔蘇軾 赤壁賦〕餘音ーー。㊁가냘플약(弱貌)。

【嫉】(질) 質 シツ、ねたむ ㄐㄧ chi² jealous
小篆 草書 ❶미워할질(妎也)。〔離騷經註〕害色曰妒害賢曰ー。❷투기할질(妒也)。〔史記〕女無美惡入室見妒士 無賢不肖入朝見ー。

【㜎】(혜) 齊 ケイ、こしもと female slave
❶계집종혜(女隷)。❷투기할혜(妒也)。(『奚』와 통함)

【嫌】(혐) 鹽 ケン、きらう ㄒㄧㄢ hsien² hate
小篆 草書 ❶의심할혐(疑也)。〔後漢書〕帝謂馮異曰將軍何ー何疑而有懼意。❷혐의할혐(不平於心)。〔唐書〕秦王謂尉遲敬德曰丈夫意氣相期勿以小ー介意。❸싫어할혐(不好)。〔後漢書〕論者ー其銅臭。❹유쾌하지않을혐(不愉快)。〔金史 宣宗紀〕戶部侍郞奧屯阿虎言、國家多故、職官往往不仕、乞限以兩季、違者勿復任用、上ー其太重。(『慊』과 같음)

【嫐】(뇨) 皓 ヨウ、ねたむ ㄋㄧㄠ niao³ jealous
❶계집이 사내조롱할뇨(戲也嘲弄)。❷샘낼뇨(嫉也)。

十一畫

【嫕】(예) 霽 エイ、おとなしい meek
草書 유순할예(柔順貌)。〔漢書〕婉ー有節操。

【嫖】(표) 蕭 ヒョウ、かるい swift 嘯 ㄆㄧㄠ p'iao² 小篆 草書 ❶가벼울표(輕也)。❷색에빠질표(貪色)。❸날랠표(勁疾)。❹간특스러울표(邪淫)。

【嫗】㊀(구) 遇 ウ、ばば old woman (古音「우」) ㊁(구) 麌 ㄩ yü⁴ 小篆 草書 ㊀❶할미구(老婦之稱)。❷어머니구(母也)。【漢書嚴延年傳】母號萬石ㅣ。❸여자구。㊁기를구(育也)。【禮記樂記】煦ㅣ覆育萬物。

【嫘】(류) 支 ルイ、おんなのな surname ㄌㄟ lei² 성류(性也)。

【嫙】(선) 先 セン、うつくしい pretty 小篆 이쁠선(美貌)。

【嫚】(만) 諫 マン、あなどる despise ㄇㄢ man⁴ 小篆 小篆 草書 ❶업신여길만(侮易)。【左傳】其言僭ㅣ于鬼神。❷더럽힐만(瀆汚)。【漢書呂后記】單于爲書ㅣ呂太后。❸거만할만(慢也)。

【嫜】(장) 陽 ショウ、しゅうと、しゅうとめ husband's parents ㄓㄤ chang¹ 草書 ❶시부모장(姑ㅣ舅姑)。【杜甫詩】妾身未分明何以拜姑ㅣ。❷맏시아지비장(夫之兄)。

【嫛】(예) 齊 エイ、あかご baby 小篆 갓난아이예(婗ㅣ人始生)。

【嫟】(닉) 職 ジョク、したしむ intimacy 草書 서로친근할닉(互相親近)。

【㜗】(삼) 感 サン、みだら lewd 小篆 小篆 小篆 ❶탐할삼(婪也)。❷음란할삼(淫也)。

【嫠】(리) 支 リ、ごけ、やもめ widow ㄌㄧ li² 小篆 草書 홀어미리, 과부리(寡婦)。【左傳】ㅣ不恤其緯。

【嫡】(적) 錫 テキ、チャク、よつぎ eldest son ㄉㄧ ti² 小篆 草書 ❶정실적, 큰마누라적(正室)。❷맏아들적(本妻所生子)。【左傳】內寵並后嬖子配ㅣ亂之本也。

【㜘】(처) 御 ショ、ねたむ jealous 小篆 ❶투기할처(妒也)。❷교태부릴처(嬌也)。

【嫢】(규) 支 キ、ほそごし slender waist 小篆 小篆 가는허리규(細腰)。

【嫥】(전) 先 セン、うつくしい beautiful ㄓㄨㄢ chuan¹ 小篆 ❶전일할전(壹也)。❷아름다울전(美也)。

【嫦】(항) 陽 コウ、ジョウ、つきのいめい ㄔㄤ ch'ang² 草書 항아항(ㅣ娥羿妻)。(『姮』과 같음)(本音은「상」)

【嫣】㊀(언) 先 エン、にこやか smilingly ㊁(현) 先 ㄧㄢ yen¹ 小篆 草書 ㊀생긋생긋웃을언(巧笑態)。【宋玉賦】ㅣ然一笑。㊁❶예쁠현(好貌)。❷긴모양현(長好貌)。

【嫧】(책) 陌 セキ、つつしむ prudent 小篆 ❶삼갈책(謹也)。❷선명할책(鮮明)。

【嫩】(눈) 願 トン、やわらかい weak and slender 草書 ❶연약할눈(弱也)。【楊萬里詩】細草欣欣賀ㅣ晴。❷고울눈(艶也)。【杜甫詩】紅入桃花ㅣ。(『嫰』과 같음)

【嫪】(로) 號 リョウ、こいしたう attached to ㄌㄠ lao⁴ 小篆 草書 ❶아낄로, 애달플로(戀惜)。【韓愈詩】感物增戀ㅣ。❷사모할로(慕也)。❸오입장이로(ㅣ毒士無行)。「秦代의 大陰人」。

【嫫】(모) 虞 ボ、みにくい ugly ㄇㄛ mo² 小篆 草書 ❶더러울모(大醜)。❷황제의황후이름모(ㅣ母黃帝第四妃)。

【嫭】(호)『嫮』(次條)와 같음

【嫮】(호) 遇 コ、うるわしい beautiful 草書 ❶아름다울호(美好)。【思玄賦】咨妒ㅣ之難并兮。❷자랑할호(誇也)。

【嬆】㊀(암) 覃 アン、エン、むっつりする sullen ㊁(엄) 鹽 小篆 小篆 ㊀계집맘둘암(女有心)。㊁부루퉁할엄(含怒意)。

【嫯】(오) 號 ゴウ、おごる be haughty 小篆 업신여겨볼오(蔑視)。

【嫸】(참) 覃 ザン、しろいかお fair complexion ❶얼굴허연할참(顏白)。❷환할참(美貌)。

十二畫

【嫳】(별) 屑 ベツ、かるがるしい frivolous 小篆 ❶경박할별(輕薄貌)。❷발끈할별(易使怒)。

【嫴】(고) 虞 ク、かりそめ destitute 小篆 ❶구차할고(苟且ㅣ嫴)。❷여자죄인을보수할고(婦人罪輕不入獄而保任)。

【嫵】(무) 麌 ブ、なまめかしい coquet 小篆 草書 예쁠무, 아담스러울무(媚也)。【元好問詩】姸花紅粉妝、意態工媚ㅣ。(『娬』와 같음)

【⿱⿰禾貞女】(조) 看 ショウ、あね elder sister
누님조(姊也)。

【嫶】(초) 蕭 ショウ、やつれる emaciated
草書 얼굴파리할초(ㅣ姸又ㅣ冥憂愁面疲)。【漢書】ㅣ姸太息。(『憔』와 같음)

【嬿】(연) 先 エン、すがた figure
小篆 아리잠직할연(姿態貌)。

【⿰女覃】(담) 覃 エン、しなやか (of woman) pose
小篆 계집몸 호리호리할담(女體細長)。

【嫷】(타) 哿 タ、とりのな bird
까치같고꼬리허연새타(鳥名ㅣ羿)。

【⿰女善】(선) 銑 ゼン、はずかしめる
小篆 남의말어기기좋아할선(好枝格人語)。

【嫺】(한) 刪 カン、みやびやか elegant ㄒㄧㄢˊ hsien²
小篆 草書 ❶아담할한(雅也)。【上林賦】妖冶ㅣ都。❷익힐한(習也)。【史記 屈原傳】屈原ㅣㅣ于辭令。(『閑』과 通함)

【嫻】(한)『嫺』(前條)과 같음

【嫼】(흑) 職 コク、いかる angry
小篆 성낼흑(怒也)。

【嫽】㊀(료) 蕭 ㊁(료) 嘯 ㊂(로) 皓 リョウ、たわむる raillery ㄌㄧㄠˊ liao²
小篆 草書 ㊀희롱할료、희학질할료(戲也)。㊁❶예쁠료(好也)。❷예쁜체할료(好貌)。(『僚』와 같음) ㊂외조모로(母之母ㅣㅣ)。

【嫿】(획) 陌 カク、ほこる pride ㄏㄨㄚˋ hua⁴
小篆 小篆 小篆 ❶안존할획(靜好)。【神女賦】旣姽ㅣㅣ于幽靜兮又婆娑于人閒。❷자랑할획(矜恃貌)。【魏都賦】風俗以韰倮爲ㅣ。❸말빠르게달릴획(徽ㅣ奔馳貌)。【廣成頌】徽ㅣ霍奕別鶩分奔。

【嬀】(규) 支 ギ ㄍㄨㄟ kuei¹
小篆 草書 ❶성규(陳姓)。❷걸이름규(川名)。❸고을이름규(州名)。(『潙』와 通함)

【嬃】(수) 虞 シュ、あね elder sister ㄒㄩ hsü¹
小篆 ❶누님수(姊也)。【離騷經】女ㅣ之嬋媛。❷여자의이름수(女字呂ㅣ)。

【嬈】㊀(요) 篠 ㊁(뇨) 蕭 ジョウ、わずらわしい fastidious ㄖㄠˊ jao²
小篆 小篆 草書 ㊀예쁜체할요(嬌ㅣ姸媚貌)。㊁❶어지러울뇨(亂也)。【漢書】除苛解ㅣ。❷까다로울뇨(苛也)。❸희롱할뇨(擾戲)。

【⿰女𤔔】(란) 翰 ラン、すなお obedient
小篆 籒文 籒文 순할란(順從)。

【嬉】(희) 支 キ、たのしむ merry ㄒㄧ hsi¹
草書 ❶즐거울희(樂也)。❷놀희(遊也)。【史記】ㅣ戲常陳俎豆。❸희롱할희(戲也)。❹계집이름희(妹ㅣ桀妃)。❺예쁠희(美姿)。(『喜』와 通함)

【嬋】(선) 先 セン、みめよい pretty ㄔㄢˊ ch'an²
小篆 草書 고울선(ㅣ娟物有色態)。【吳都賦】檀欒ㅣ娟玉潤碧鮮。

【嬌】(교) 蕭 キョウ、なまめかしい coquet ㄐㄧㄠ chiao¹
小篆 草書 ❶맵시교、태도교(態也)。❷아리따울교(妖嬈)。【元好問詩】牙牙ㅣ女總堪誇。❸여자교、처녀교(女兒)。【輟耕錄】關中以兒女爲阿ㅣ。

十三畫

【⿰女奧】(오) 號 オウ、ねたむ jealous
투기할오(嫉也)。

【嬐】(섬) 鹽 セン、すばやい nimble
小篆 민첩할섬(敏疾)。【大人賦】ㅣ侵潯而高縱兮紛鴻涌而上厲。

【嬒】(회) 泰 カイ、おんなのいろがくろい dark-complexioned
小篆 얼굴검은계집회(女面黑色)。

【嬖】(폐) 霽 ヘイ、かわいがる favour
小篆 草書 ❶사랑할폐(愛也)。【春秋傳】賤而得幸曰ㅣ。❷웃사람으로부터사랑받을폐(寵愛)。❸벼슬의이름폐(官名)。【左傳 昭公七年】使從ㅣ大夫。【注】下大夫也。

【嬗】㊀(선) 先 ㊁(선) 霰 セン、ゼン、しずか quiet ㄕㄢˋ shan⁴
草書 ㊀❶고요할선(靜也)。❷중선(僧也)。(『禪』과 같음) ㊁❶전위할선(傳位)。❷터닦을선(除地封ㅣ)。

【嬴】(영) 庚 エイ、みちる full
❶성영(秦姓)。❷풀영(解也)。【禮記】天地始肅不可以ㅣ。❸가득할영(滿也)。❹남을영(餘也)。【史記】歲星ㅣ縮。❺끝영(端也)。【史記】命兮命兮曾莫我ㅣ。❻아름다울영(美也)。(『盈』과 통함)

【嬙】(장) 陽 ショウ、そばめ court lady ㄑㄧㄤˊ ch'iang²
小篆 草書 ❶궁녀벼슬이름장(嬪ㅣ婦官名)。【阿房宮賦】妃嬪媵ㅣ。❷미녀의 이름장(古美女名、毛ㅣ)。

【嬛】㊀(현) 先 ケン、しなやか (本音「선」) slender
㊁(경) 庚 ㄒㄩㄢ hsüan¹
小篆 草書 ㊀산뜻할현(便ㅣ輕麗)。㊁홀아비경(獨也)。(『惸』과 같음)

【⿱毀女】(희) 紙 キ、そしる hateful
小篆 미울희(憎也)。

【⿱豈女】(개) 蟹 カイ、なやむ be in torture
小篆 맘번뇌할개(心惱)。

【嬜】㊀(암) 覃 アン、ギン、むさぼる covet
㊁(흠) 侵
㊀탐낼암(貪也)。㊁인자할흠(仁慈)。

【⿰女黽】㊀(잉) 徑 ジョウ、はらむ、はえ fly : conceive
㊁(잉) 蒸
㊀아이밸잉(孕也)。【揚雄】沈其腹好ㅣ惡粥。㊁파리잉(蠅也)。

【嬝】(뇨)『嫋』(女部10畫)의 俗字

【⿰女義】(의) 寘 ギ、みさおがかたい very chaste
정조굳을의(堅也貞操)。

十四畫

【嬤】(마) 哿 バ、はは mamma ㄇㄚ ma¹
엄마마(幼兒呼母)。

【嬣】(녕) 靑 ネイ、くだらぬ おんな mediocrity
❶계집용렬할녕(姩ㅣ女劣貌)。❷느릴녕(女態舒徐)。

【嬥】㊀(조) 篠 チョウ、ゆきかう com-and-go
㊁(조) 嘯
㊀❶아리따울조(嬈也)。❷오락가락할조(往來貌)。❸오랑캐노래조(蠻人歌)。㊁팔조할조、거북할조(ㅣ嬈不仁貌)。

【嬪】(빈) 眞 ヒン、ひめ lady ㄆㄧㄣ p'in²
小篆 草書 ❶지어미빈(婦也)。【書】ㅣ于虞。❷복종할빈(服也)。❸귀녀빈(女子敬稱)。❹궁녀벼슬이름빈(婦官名)。【張說詩】藹藹綺庭ㅣ從列。❺많을빈(多也)。【漢書 王莽傳】ㅣ然成行。

【嬭】(내) 蟹 ダイ、ナイ、うば nurse ㄋㄞ nai³
草書 ❶젖어미내、유모내(乳母)。❷누님내(姉也)。❸낮잠내、낮졸음내(黃ㅣ晝睡)。【風土歲時記】唐人呼晝睡爲黃ㅣ。(『妳』와 같음)

【嬬】㊀(유) 虞 ジュ、つま wife
㊁(수) 虞
小篆 草書 ㊀아내유(妻也)。㊁약할수(弱也)。

【⿰女監】(람) 勘 ラン、あやまち mistake
小篆 그릇할람(誤也)。

【嬮】(염) 鹽 エン、しずか calm
小篆 고요할염(靜也)。

【嬯】(대) 灰 タイ、おろか stupid
小篆 미련스러울대(愚也)。

【嬰】(영) 庚 エイ、あかご baby ㄧㄥ ying¹
小篆 草書 ❶어릴영(孩也)。「男曰孩女曰ㅣ」。❷더할영(加也)。【賈誼 治安策】ㅣ之以芒刃。❸찌를영(觸也)。【韓非子說難】龍喉下逆鱗ㅣ之則殺人。❹둘릴영(繞也)。【後漢書 卓茂傳】ㅣ城者相望。❺얽힐영(絆也)。【陸機詩】世網ㅣ吾身。❻머리치장할영(女首飾)。【荀子】處女ㅣ寶珠。❼걸릴영(縈也)。❽병에걸릴영(罹也)。【李密 陳情表】劉夙ㅣ疾病。❾물요괴영(水怪)。【淮南子】堯使羿誅九ㅣ于凶水之上。

【嬲】(뇨) 篠 ジョウ、たわむれる raillery ㄋㄧㄠ niao³
草書 ❶희학질할뇨(戲擾)。【王安石詩】ㅣ汝以一句。❷조롱할뇨(嘲弄)。(『嬈』와 通함)

【嬴】(영) 庚 エイ、みちる full ㄧㄥ ying²
小篆 草書 ❶성영(秦姓)。❷풀영(解也)。【禮記 月令】天地始肅、不可以ㅣ。❸가득할영(滿也)。【史記】歲星ㅣ縮。❹나머지영(餘也)。❺끝영(端也)。【史記】命兮命兮會莫我ㅣ。❻조화귀신영(造化神)。❼아름다울영(美也)。

【嬶】(비)【日字】かか wife
草書 여편네비(妻賤稱)。

十五畫

【⿰女適】(적) 陌 セキ、とつぐ (of girls) marriage
시집갈적(出嫁從夫)。

【嬹】(흥) 徑 コウ、よろこぶ glad
小篆 기쁠흥(悅也)。

【嬽】㊀(연) 先 エン、うつくしい pretty
㊁(원) 元
小篆 ㊀❶아리따울연(美好貌)。❷눈매고울연(蛾眉好貌)。❸굽힐연(屈貌)。【司馬相如】柔橈ㅣ。㊁얼굴아름다울원(美容貌)

【嬸】(심) 寑 シン、おば aunt ㄕㄣ shen³
❶숙모심、작은어머니심(叔母)。❷손아래동서심(夫之弟婦)。

十六畫

【嬻】(독) 屋 トク、おごる insolence
小篆 草書 거만할독、설만할독(媟ㅣ慢也)。【周語】陳侯棄其伉儷而淫于夏氏不亦ㅣ姓矣乎。

【孃】(회) 佳 カイ、おとなしい mild
온화할회(安和)。

【嬾】(란) 旱 ラン、おこたる lazy ㄌㄢˇ lan³
小篆 草書 게으를란(怠也)。

【嬿】(연) 霰 エン、うつくしい beautiful
小篆 ❶아름다울연(美也)。❷수더분할연(—婉安順貌)。

十七畫

【孀】(상) 陽 ソウ、やもめ widow ㄕㄨㄤ shuang¹
草書 과부상(寡婦)。〔河清王誄〕惠于孀—。

【孂】(一)(교) 篠 (二)(겸) 琰 キョ、ケン、おそる shrink
小篆 (一)❶곱송거릴교(竦貌)。❷두려워할교(懼貌)。(二)뜻은 (一)과 같음。

【孽】(얼) 屑 ゲツ、わきばら child born to a concubine
❶서자얼、첩의자식얼(庶子)。❷요괴얼(妖—禽獸蟲蝗之怪)。(『孼』의 俗字)

【孃】(냥) 陽 ジョウ、むすめ virgin;miss ㄋㄧㄤˊ niang²
小篆 草書 ❶어머니냥(阿—母稱)。〔古樂府〕不聞耶—哭子聲。❷아씨냥(處女尊稱)。(『娘』과 같음)(俗音「양」)

【孅】(섬) 鹽 セン、かよわい slender ㄒㄧㄢ hsien¹
小篆 草書 ❶가늘섬(銳細)。〔漢書〕古之治天下至—至悉。❷약할섬(弱也)。〔上林賦〕嫵媚—弱。(『纖』과 통함)

十八畫

【孈】(一)(유) 紙 (二)(휴) 寘 ユウ、おろか demon
小篆 (一)❶어리석고 몸짓많을유(愚戇多態)。❷북쪽귀신이름유(北方神名)。〔王逸〕回揭兮北逝遇神—兮宴娭。(二)❶뜻은 (一)과 같음。❷지날휴(過也)。

【㜸】(녑) 洽 ノウ、うつくしい pretty
아름다울녑(美貌)。

十九畫

【㜺】(찬) サン、うつくしい beautiful
小篆 ❶희고 예쁠찬(白好貌)。❷아리따울찬(容美貌)。

【孋】(리) 支 リ ㄌㄧˊ li²
草書 나라이름리(國名—戎)。(『驪』와 통함)

【孌】(련) 霰 銑 レン、ラン、うつくしい beautiful ㄌㄩㄢˇ luan³
小篆 草書 ❶좇을련(從也)。❷순할련(順也)。❸사모할련(慕也)。〔詩經〕思—季女逝兮。❹예쁠련(美好貌)。〔詩經 曹風蜉蝣〕婉兮—兮、季女斯飢。

二十畫

【孍】(엄) 鹽 ゲン、おもおもしい solemn
❶엄전할엄(莊也)。❷조용할엄(靜也)。

二十一畫

【孎】(촉) 沃 ショウ、つつしむ meek and honest
小篆 계집순직할촉(女謹順貌孎—)。

【孏】(란) 旱 ラン、おこたる idle
게으를란(怠也)。

子 部

【子】(자) 紙 シ、ス、むすこ son ㄗˇ tzŭ³
小篆 古文 籀文 草書 ❶아들자、자식자(嗣也、息也)。〔易經〕有夫婦然後有父—。❷종자자、씨자(卵—、種—)。❸당신자(男—美稱)。「如言孔—、孟—、老—、莊—」。❹어르신네자(—孫稱其先人曰—)。「如言先—、先君—」。❺임자자(夫婦互稱)。「如言內—、外—」。❻자네자(貴公)。❼사람자(人也)。「如言士—、舟—」。❽벼슬이름자(公侯伯—男)。❾첫째지지자(地支第一位)。「정북(正北)의 방각(方角)。오후 열두시」。❿칠자、기를자(人君愛養百姓曰—)。〔中庸〕—庶民。⓫열매자(草木之實)。⓬쥐자(鼠也)。(『慈』와 통함)

【孑】(혈) 屑 ケツ、ひとり solitary ㄐㄧㄝˊ chieh²
小篆 草書 ❶외로울혈(孤也單也)。❷나머지혈(餘也)。〔詩經〕靡有—遺。❸특출할혈(——特出貌)。〔詩經〕——干旄。❹창갈구리혈(戟也)。〔禮註〕戈有旁出者爲句—。

【孓】(궐) 月 ケツ、みじかい short ㄐㄩㄝˊ chüeh²
小篆 草書 ❶짧을궐(孑—短也)。❷장구벌레궐(水蟲俗呼沙蟲長成化爲蚊)。

一畫

【孔】(공) 董 コウ、あな hole ㄎㄨㄥˇ k'ung³
小篆 草書 ❶구멍공(穴也)。「眼—、鼻—」。❷매우공、심히공(甚也)。〔詩經 小雅鹿鳴〕德音—昭。❸통할공(通也)。❹성공(姓也)。

二畫

【孕】(잉) 徑 ヨウ、はらむ pregnancy ㄩㄣˋ yün⁴

小篆 草書 아이밸잉(懷姙)。【李商隱雜纂 意想】腹大師尼似有ㅣ。

三畫

【孖】(자) 支 シ、ふたご twins
草書 쌍둥이자(雙生子)。

【字】(자) 寘 ジ、もじ letter ㄗˋ tzŭ⁴
小篆 草書 ❶글자자、글씨자(文ㅣ)。❷자자(副名)。「실명(實名)의 외에 붙이는 일명」。【史記 孔子世家】孔子名丘、ㅣ仲尼。❸시집보낼자(女子許嫁笄而ㅣ 故許嫁亦曰ㅣ)。【易經】女子貞不ㅣ十年乃ㅣ。❹젖먹일자(乳也)。【詩經】牛羊腓ㅣ之。❺사랑할자(愛也)。【書經】父不能ㅣ厥子乃疾厥子。❻암컷자(畜牝)。❼기를자(養育)。【書經 康誥】父不能ㅣ其子。

【存】(존) 元 ソン、ゾン、ある exist ㄘㄨㄣˊ ts'uen²
小篆 草書 ❶있을존(在也)。【唐書 陳子昂傳】學堂至今猶ㅣ。❷존문할존(告ㅣ恤問)。【禮記】養幼少ㅣ諸孤。❸보존할존(保ㅣ)。❹살필존(省也)。

【孜】(호)『好』(女部3畫)의 古字

【好】(호)→女部3畫

四畫

【孚】(부) 虞 フ、まこと reliable ㄈㄨˊ fu²
小篆 古文 草書 ❶믿을부(信也)。【詩經 大雅下武】成王之ㅣ。❷옥문채부(玉采)。❸기를부(育也)。❹알부(卵也)。❺씨부(種子)。❻알을깔부(孵化)。❼괘이름부(卦名)。

【孛】㊀(패) 未 ㊁(발) 月 ハイ、ほうきぼし comet ㄅㄟˋ pei⁴
小篆 草書 ㊀혜성패(彗星)。㊁❶뜻은 ㊀과 같음。❷요기발(妖氣)。(『誖』과 통함)

【孜】(자) 支 シ、つとむ diligent ㄗ tzŭ¹
小篆 草書 부지런할자(ㅣㅣ勤也)。【書經 益稷】予思日ㅣㅣ。(『孳』와 통함)

【孝】(효) 效 コウ、こうこう filial piety ㄒㄧㄠˋ hsiao⁴
小篆 草書 ❶효도효(善事父母)。【禮記】孝者畜也順於道不逆於倫之謂。❷상복입을효(喪服)。【李商隱雜纂 羞不出】重ㅣ醉酒。

【斈】(교) 效 コウ、みちびく lead
인도할교(導也)。(『孝』의 俗字)

五畫

【李】(리)→木部3畫

【孟】㊀(맹) 敬 ㊁(망) 漾 モウ、おさ、かしら the eldest ㄇㄥˋ mêng⁴
小篆 古文 草書 ㊀❶맏맹(長也)。❷첫맹(始也)。「如ㅣ春、ㅣ夏」。❸힘쓸맹(勉也)。❹클맹(大也)。【管子】高言ㅣ行以過其情。㊁맹랑할망(ㅣ浪不精要貌)。

【孢】(포) 巧 ホウ、はらむ pregnant
아이밸포(孕也)。

【季】(계) 寘 キ、すえ the last ; season ㄐㄧˋ chi⁴
小篆 草書 ❶끝계(末也)。「如ㅣ世、ㅣ春」。❷막내계「伯仲叔ㅣ」。❸사철계(四時)。❹말세계(末世)。「ㅣ世、澆ㅣ」。

【孤】(고) 虞 コ、ひとり solitude ㄍㄨ ku¹
小篆 草書 ❶외로울고(獨也)。【陶潛 歸去來辭】撫ㅣ松而盤桓。❷아비없을고(無父)。【大學】上恤ㅣ、民不倍。❸배반할고(背也)。

【孥】(노) 虞 ト、つまこ wife and children ㄋㄨˊ nu²
草書 ❶아들노(子也)。【詩經】樂爾妻ㅣ。❷처자노(妻子亦稱ㅣ)。❸노예노(奴隸)。【後漢書 楊終傳】太宗至仁、除去收ㅣ。(『帑』와 통함)

【㚤】(호)『好』(女部3畫)와 같음

【学】(학)『學』(子部13畫)의 略字

【享】(향)→亠部6畫

六畫

【孨】(전) 銑 セン、つつしむ discreet
小篆 삼갈전(謹也)。

【孩】(해) 灰 ガイ、おさなご child ㄏㄞˊ hai²
小篆 草書 ❶어린아이해(今統稱幼童曰ㅣ)。【孟子】ㅣ提之童。❷방글방글웃을해(小兒笑)。

【孯】(견) 先 ケン、ひとり solitary (本音「현」)
❶외로운아이견(孤獨)。❷공경하여절할견(敬拜)。

【孖】(의) 紙 キ、さかる prosperous
번성할의(昌盛)。

七畫

【孫】(손) 元 ソン、まご grandson ㄙㄨㄣ suen¹
小篆 草書 ❶손자손(子之子)。❷움돋을손(物再生)。「如稻ㅣ」。❸겸손할손(謙遜)。❹순할손(順也)。【論語 衛靈公】ㅣ以出之。❺피할손(避也)。【春秋 莊公元年】夫人ㅣ

于齊(『遜』과 통합)

【挽】(면) 銑 ベン、こをうむ give birth to
小篆 아이날면(生子)。(『娩·免』과 같음)

八畫

【孮】(종) 冬 ソウ、さかえる be blessed of disendant
자손번성할종(子孫繁盛)。

【孰】(숙) 屋 ジュク、いずれ what ㄕㄨˊ shu²
小篆 草書 ❶누구숙(誰也)。【孟子】┃謂子產智。❷어느숙(何也)。【論語】是可忍也┃不可忍也。❸살필숙(審也)。❹익을숙(熟也)。(『熟』과 통합)

九畫

【[illegible]】(거) 語 キョ、わびしい lonely
외로울거(孤也)。

【孱】㊀(잔) 先 ㊁(잔) 刪 セン、よわい frail ㄔㄢˊ ch'an²
小篆 草書 ㊀잔약할잔(弱也、劣也)。【史記】貫高曰吾王┃王也。㊁산이 높이 솟은모양잔「┃顔」。(『巉』과 통합)

【[illegible]】(명) 敬 ベイ、はじめてはらむ pregnancy
첫아이밸명(初孕)。

十畫

【[illegible]】(형) 庚 ケイ、キョウ、ひとり lonely
외로울형(獨也)。

【孳】㊀(자) 寘 ㊁(자) 支 ジ、シ、つとめる diligent ㄗ tzu¹
小篆 小篆 籀文 草書 ㊀❶흘레할자(┃尾乳化交接)。【書經堯典】鳥獸┃尾。❷우거질자(繁殖)。【柳宗元 郭橐駝傳】橐駝非能使木壽且┃也。(『孜』와 통합) ㊁부지런할자(┃┃猶汲汲)。【孟子】┃┃為善。

【㝅】㊀(누) 有 ㊁(구) 宥 ニュウ、ちち milk
小篆 ㊀❶젖누(乳也)。❷자식누(子也)。㊁뜻은 ㊀과 같음。

【孴】㊀(의) 紙 ㊁(읍) 緝 ギ、さかん prosper
小篆 籀文 ㊀성할의(盛貌戢┃)。㊁우물우물할읍(衆多貌┃┃)。

十一畫

【孵】(부) 虞 フ、かえる hatching ㄈㄨ fu¹
草書 알깔부(┃化)。

【孷】(리) 支 寘 リ、ふたご twins
쌍동이리(雙子)。

十三畫

【學】(학) 覺 ガク、まなぶ learn ㄒㄧㄠˊ hsiao²
小篆 古文 草書 ❶배울학(效也受教傳覺悟)。【書經】┃於古訓。❷글방학(庠序總名)。❸공부학「法律┃、┃理」。

學❷(三才圖會)

【[illegible]】(종) 宋 チョウ、ちしる milk
젖물종(乳汁)。

十四畫

【孺】(유) 遇 虞 ジュ、ちのみご infant ㄖㄨˊ ju²
小篆 草書 ❶젖먹이유(乳子、幼也)。❷사모할유(慕也)。【詩經】和樂且┃。❸딸릴유(屬也)。

【孻】(내) 灰 ダイ、ナイ、すえこ youngest child
❶노인자제내(老人之子)。❷막내내。

十六畫

【孼】(얼) 屑 ゲツ、わきばら child born to a concubine
小篆 草書 ❶첩자식얼(庶子)。【史記 商君傳】商君者衞之庶┃公子也。❷치장할얼(┃┃盛飾)。【詩經】庶姜┃┃。❸요물얼(妖害)「妖┃」。(『孽』과 통합)

十七畫

【孽】(얼)『孼』(子部16畫)의 俗字

十九畫

【孿】㊀(산) 諫 ㊁(련) 先 サン、レン、ふたご twins ㄌㄩㄢˊ lüan²
小篆 草書 쌍동이산(雙生子)。㊁뜻은 ㊀과 같음。

二十二畫

【[illegible]】(련)『孿』(子部19畫)과 같음

宀 部

【宀】(면) 先 ベン、うかんむり celarhovel ㄇㄧㄢˊ mien²
小篆 草書 움집면(交覆深屋)。

二畫

【宁】(저) 語 チョ、たたずむ standing still ㄓㄨˋ chu⁴
小篆 草書 ❶조회받는곳저(門屛間視朝處)。【禮記曲禮下】天子當┃而立。❷멈출저(佇也)。「┃立」。(『著』와 통합)

【宂】(용) 腫 ジョウ、むだ complexity ㄖㄨㄥˇ jung³
小篆 ❶번잡할용(煩雜)。❷바쁠용(忙也)。❸긴치않을용(剩也)。❹떠돌아다닐용(民無定居)。(『冗』의 俗字)

【它】(타) 歌 タ、ダ、へび snake ㄊㄨㄛ t'uo¹
小篆 書 草 ❶뱀타(蛇也)。❷다를타(他也)。【禮記 檀弓下】有ㅡ志。(『蛇·佗』의 古字)

【宄】(귀) 紙 キ、よこしま wicked ㄍㄨㄟˇ kuei³
小篆 古文 古文 書 草 ❶간악할귀(姦也)。❷바깥도둑귀(外寇盜出內爲姦起外爲ㅡ)。【史記 帝舜紀】寇賊姦ㅡ。

【穴】(혈) → 穴部 0畫

三畫

【宅】(택) 陌 タク、すまい house ㄓㄜˊ chê² (本音「책」)
小篆 古文 古文 書 草 ❶집택(所托居處)。❷살택(居也)。❸자리택(位置)。【孟子 離婁上】仁人之安ㅡ也。❹정할택(定也)。【書經】亦惟助王ㅡ天命。❺묘구덩이택(墓穴)。

【[宀+久]】㊀(구) 宥 ㊁(유) 有 キュウ、まずしくなやむ poverty-stricken
小篆 ㊀가난하고병들구(貧而病)。【詩經】在ㅡ。㊁뜻은 ㊀과 같음。

【宇】(우) 麌 ウ、やね、いえ roof ㄩˇ yü³
小篆 籀文 書 草 ❶집우(居處之屋)。【詩經】聿來胥ㅡ。❷처마기슭우(屋邊簷下)。【陶潛 歸去來辭】乃瞻衡ㅡ。❸하늘우(上下四方)。【淮南子 齊俗訓】四方上下曰ㅡ。❹품성우(品性)。「器ㅡ」。❺끝우(端也)。「眉ㅡ」。

【守】(수) 有 シュ、ス、まもる defend; keep ㄕㄡˇ shou³
小篆 書 草 ❶지킬수(護也勿失)。❷보살필수(主管其事)。【左傳】山林之木衡麓ㅡ之澤之萑蒲舟鮫ㅡ之。❸원수(官名)。❹서리수(官之署理)。❺기다릴수(待也)。(『狩』와 통함)

【安】(안) 寒 アン、やすい peaceful; comfortable ㄢ an¹
小篆 書 草 ❶편안할안 (危之對)。【朱熹 中庸章句序】危殆而不ㅡ。❷고요할안(靜也、徐也、定也)。❸즐거울안(佚樂)。【左傳 僖公二十三年】懷與ㅡ實敗名。❹무엇、안、어느안(何也)。❺자리잡을안 (位置其物)。「ㅡ置、ㅡ放」。❻값쌀안(廉價)。「ㅡ價」。

【㝍】(사)『寫』(12畫 宀部)의 略字

【字】(자) → 子部 3畫

四畫

【宊】(돌) 月 トツ、あらわれる appear
나타날돌(顯出)。

【宋】(송) 宋 ソウ ㄙㄨㄥˋ sung⁴
小篆 書 草 ❶송나라송(國名)。❷성송(姓也)。

【完】(완) 寒 カン、まったい perfect ㄨㄢˊ wan³
小篆 小篆 書 草 ❶완전할완(全也)。❷끝날완(事畢)。❸지킬완(保全)。【史記】子胥智而不能ㅡ吳。❹꾸밀완(繕也)。❺지을완(作也)。【詩經】溥彼韓城燕師所ㅡ。❻튼튼할완(堅好)。【孟子】城郭不ㅡ。

【[宀+介]】(개) 卦 カイ、ひとりすまい solitary life
❶홀로살개(獨居)。❷홀짐승개(無偶畜)。

【宍】(육)『肉』(0畫 肉部)의 古字

【宎】(요) 嘯 ヨウ、ほらあな cave
書 草 ❶굴요(窟也)。❷방의 동남쪽구석요(室東南隅)。❸굴속소리요(深竅聲)。【莊子齊物論】ㅡ者咬者。

【宏】(굉) 庚 コウ、ひろい vast ㄏㄨㄥˊ hung² (古音「횡」)
小篆 書 草 ❶넓을굉(廣大)。❷클굉(博大)。❸넓힐굉(恢ㅡ)。

【[宀+丏]】(면) 霰 ベン、かなう be suitable
小篆 맞을면(適合)。

【宐】(의)『宜』(5畫 宀部)의 本字

【[宀+之]】(정)『定』(5畫 宀部)의 俗字

【究】(구) → 穴部 2畫

【牢】(뢰) → 牛部 3畫

五畫

【宓】㊀(복) 屋 ㊁(밀) 質 ビツ、フク、やすらか comfortable ㄇㄧˋ mi⁴
小篆 書 草 ㊀❶엎드릴복(伏也)。❷성복(姓也)。❸편안할복(安也)。(『伏』과 같음) ㊁잠잠할밀(默也)。(『密』과 통함)

【宔】(주) 麌 シュ、いはい shrine
小篆 신주독주(宗廟藏主櫝)。(『主』와 통함)

【宕】(탕) 漾 トウ、ほらあな cave
小篆 書 草 ❶골집탕(洞屋)。❷방탕할탕(放也)。❸석수탕(石工)。(『蕩』과 통함)

【宖】㊀(굉) ㊁(홍) 庚 コウ、おおいなり profound

小篆 ㊁집울림횡(屋響)。㊂클홍(深大)。

【宗】(종) 冬 ソウ、シュウ、もと root;family ㄗㄨㄥ tsung¹
小篆 草書 ❶밑둥종、밑종(本也)。❷높을종(尊也)。❸일가종、겨레종(同姓)。❹종묘종(一廟)。❺교파종(敎派)。❻학파종(學派)。❼우럴어 받들종(奉也)。〔史記 伯夷傳〕天下一周。❽조회볼종(朝見)。

【官】(관) 寒 カン、つかさ government post ㄍㄨㄢ kuan¹
小篆 草書 ❶벼슬관(職也)。「一職」。❷관가관、마을관(朝廷治事處)。〔禮記〕左一不俟履。❸부릴관(使也)。❹공변될관(公也)。❺일관(事也)。〔禮記〕禮明樂備天地一矣謂各得其事也。❻맡을관(司也)。

【宙】(주) 宥 チュウ、あめ、そら heaven; sky ㄓㄡ chou⁴
小篆 草書 ❶집주(居也)。❷하늘주(天也)。「宇一」。❸때주(無限時間)。

【定】(정) 徑 テイ、ジョウ、さだめる decide; fix ㄉㄧㄥ ting⁴
小篆 草書 ❶정할정(決也)。❷바를정(正也)。❸편안할정(安也)。❹고요할정(靜也)。❺그칠정(止也)。〔書經〕公一予往已。❻이마정(額也)。〔詩經〕麟之一。❼익은고기정(羹一熟肉)。❽별이름정(宿名)。

【宛】㊀(완) 阮 ㊁(원) 元 ㊂(울) 物 エン、あたかも indistinct ㄨㄢ wan³
小篆 或體 草書 ㊀❶어슴푸레할완(一然)。❷지정할완(指定處)。❸언덕위언덕완(丘上有丘)。❹작을완(小也)。〔詩經〕一彼鳴鳩。❺여전할완(依然)。㊁서쪽나라이름원(西域國名、大一)。㊂쌓일울(積也)。

【宜】(의) 支 ギ、よろしい suitable ㄧ i²
小篆 古文 古文 草書 ❶옳을의(所安適理)。❷마땅할의(當也)。〔禮記〕不亦一乎。❸유순할의(和順)。〔詩經〕一其室家。❹일할의(事也)。❺제이름의(祭名)。❻좋아할의(好也)。

【宐】(의)『宜』(前條)와 같음

【宝】(보)『寶』(宀部17畫)의 略字

【实】(실)『實』(宀部11畫)의 俗字

【実】(실)『實』(宀部11畫)의 略字

【空】(공)→穴部3畫

【穹】(궁)→穴部3畫

六畫

【客】(객) 陌 キャク、きゃく、まらうど guest ㄎㄜ k'ê⁴
小篆 草書 ❶손객(賓也主之對)。❷부칠객(寄也)。❸나그네객(一于他鄉)。❹지날객(過去)。❺사람객(人也)。

【[宀/危]】(귀) 紙 寘 キ、こわる collapse
무너질귀(毁也)。

【宣】(선) 先 セン、のべる proclaim ㄒㄩㄢ hsüan¹
小篆 草書 ❶베풀선(布也)。❷펼선(弘也)。〔程頤 言箴〕人心之動、因言以一。❸밝힐선(明也)。〔書經 皐陶謨〕日一三德。❹흩을선(散也)。❺통할선(通也)。❻보일선(示也)。❼다할선(盡也)。❽일찍셀선(一髮早白)。❾임금이스스로말할선。(『瑄』과 같음)

【宎】(요) 篠 ヨウ、すみ、おく corner
小篆 ❶어둑한구석요(隱暗處)。❷방동남모퉁이요(室東南隅)。(『宊』와 같음)

【室】(실) 質 シツ、へや room ㄕ shih⁴
小篆 草書 ❶집실(家宮)。❷방실(房也)。❸안해실(夫謂婦)。❹묘의구멍실(墓穴)。〔韓愈 柳子厚墓誌銘〕是惟子厚之一。❺칼집실(鞘也)。〔史記 春申君傳〕刀劍一以珠玉飾之。❻토굴실(土窟)。「石一、氷一」。

【宥】(유) 宥 ユウ、なだめる lenient ㄧㄡ yu⁴
小篆 草書 ❶너그러울유(許容)。❷죄사할유(赦罪)。❸도울유(助也)。

【宦】(환) 諫 カン、つかさ government post ㄏㄨㄢ huan⁴
小篆 草書 ❶벼슬환(官也)。❷부릴환(仕也)。❸내관환(奄人)。❹배울환(學也)。〔左傳〕一三年矣。

【宧】(이) 支 イ、くりや cuisine ㄧ i²
小篆 방동북구석이(房之東北隅)。

【宨】(조) 篠 チョウ、ほしいまま assist
방조할조(放肆)。

【[宀/丷一女]】(녕)『寧』(宀部11畫)과 같음

【[宀/土口]】(해)『害』(宀部7畫)와 같음

【突】(돌)→穴部4畫

【穽】(정)→穴部4畫

【穿】(천)→穴部4畫

七畫

八畫

【宬】(성) 庚 セイ、くら warehouse ㄔㄥˊ ch'êng²
宬(小篆) 宬(草書) ❶사고성(藏史所)。❷도서실성(圖書室)。❸창고성(倉庫)。【字彙補】明大內有皇史宬爲藏實錄秘典之處。

【㝗】(랑) 陽 ロウ、むなしい vacant
㝗(小篆) 집고요할랑(靜也空家)。

【宭】(군) 文 クン、むれ living in groups ㄑㄩㄣˊ ch'ün²
宭(小篆) 여럿이 살군(羣居)。(『羣』과 통함)

【宮】(궁) 東 キュウ、グウ、みや palace ㄍㄨㄥ kung¹
宮(小篆) 宮(草書) ❶집궁(宮也)。❷궁궐궁(至尊所居)。❸종묘궁(宗廟)。❹울소리궁(五音律之中聲)。❺불알썩힐궁(腐刑)。❻담궁(垣也)。

【[illegible]】(오)『寤』(宀部11畫)의 俗字

【宰】(재) 賄 サイ、つかさ minister ㄗㄞˇ tsai³
宰(小篆) 宰(小篆) 宰(草書) ❶주관할재(主也)。❷다스릴재(治也)。❸재상재(大臣)。【史記】ㅣ制萬物。【朱喜論語序說】定公以孔子爲中都ㅣ。❹으뜸재(首也)。❺잡을재(屠也)。❻삶을재(烹也)。

【宱】(좌) 禡 サ、ひろい generous
너그러울좌(寬也)。

【害】㈠(해) 泰 ㈡(할) 曷 ガイ、そこなう harm ㄏㄞˋ hai⁴
害(小篆) 害(草書) ㈠❶해할해(傷也、禍也)。❷방해할해(妨也)。❸시기할해(忌也)。❹죽일해(殺也)。㈡어찌할(何也)。【詩經】ㅣ澣ㅣ否。(『曷』과 통함)

【宴】(연) 霰 エン、さかもり banquet ㄧㄢˋ yen⁴
宴(小篆) 宴(草書) ❶잔치연(饗也)。【晉書 庾純傳】賈充ㅣ朝士。❷즐길연(樂也)。【詩經 衛風氓】總角之ㅣ、言笑晏晏。❸편안할연(安也)。【易經 隨卦】君子以嚮晦、入ㅣ息。

【宵】(소) 蕭 ショウ、よい、よる night ㄒㄧㄠ hsiao¹
宵(小篆) 宵(草書) ❶밤소(夜也)。【詩經 豳風七月】晝爾于茅ㅣ爾索綯。❷작을소(小也)。【禮記】ㅣ雅肄三即小雅也。❸벌레이름소(蟲名ㅣ行)。

【家】(가) 麻 カ、ケ、いえ、や house;home ㄐㄧㄚ chia¹
家(小篆) 家(古文) 家(草書) ❶집가(住居)。❷가문가、일족가(一族)。❸남편가(婦謂夫ㅣ君)。❹속가(內家)。❺용한이가(有專長者)。❻학파가(學派)。【史記】諸子百ㅣ。

【宸】(신) 眞 シン、のき eaves ㄔㄣˊ ch'en²
宸(小篆) 宸(草書) ❶집신(屋宇)。❷처마신(簷也)。【國語越語】君若不忘周室、而爲敝邑ㅣ宇、亦寡人之願也。❸대궐신(帝居)。

【容】(용) 冬 ヨウ、かたち figure ㄖㄨㄥˊ jung²
容(小篆) 容(小篆) 容(古文) 容(草書) ❶얼굴용(貌也)。❷모양용(儀也)。【禮記】禮文始在於正ㅣ體。❸쌀용(包也)。❹놓을용(置也)。【陶潛 歸去來辭】審ㅣ膝之易安。❺용납할용(受也)。【易經】君子以ㅣ民畜衆。❻용서할용(宥也)。「ㅣ諫」。❼쓸용(用也)。❽내용용(內ㅣ)。❾안존할용(安也)。❿펄렁거릴용(飛揚貌)。⓫천천할용(從ㅣ)。⓬조사용(助詞)。

【[illegible]】(오) 遇 ゴ、さめる be disillusioned
잠깰오(寢覺)。

【[illegible]】(밀)『密』(宀部8畫)의 俗字

【宼】(구)『寇』(宀部8畫)의 俗字

【案】(안)→木部6畫

【窈】(요)→穴部5畫

【窄】(착)→穴部5畫

【窆】(폄)→穴部5畫

【[illegible]】(거) 魚 キョ、たくわえる save
❶쌓을거、저축할거(貯也)。❷있을거(居也)。(『居』와 같음)

【宿】㈠(숙) 屋 ㈡(수) 宥 シュク、やどる lodge ㄒㄧㄡˋ hsiu⁴
宿(小篆) 宿(草書) ㈠❶잘숙(夜止)。❷드샐숙(夜止)。❸지킬숙(守也)。❹여숙숙(旅宿)。❺쉴숙(休也)。❻머무를숙(留也)。❼본디숙(素也)。❽클숙(大也)。㈡❶떼별수(列星)。❷성좌수(星座)。

【[illegible]】(숙)『宿』(前條)의 古字

【[illegible]】(석) 陌 セキ、よる night
밤석(夜也)。

【寀】㈠(채) 賄 ㈡(채) 隊 サイ、あいやく fellow official ㄘㄞˇ ts'ai³
寀(小篆) ㈠❶동관채(同官)。㈡사패땅채(ㅣ地、食邑)。(『采』와 같음)

【寂】(적) 錫 セキ、ジャク、さびしい、しずか desolate ㄐㄧˊ chi²
寂(小篆) 寂(或體) 寂(草書) ❶고요할적(靜也、安也)。❷쓸쓸할적(寥也)。❸적막할적(ㅣ莫)。【易經】ㅣ然不動。

【寁】(잠) 感 セン、はやい fast ㄗㄢˇ tsan³

❶빠를잠(速也)。❷얼른할잠(速成)。

【寃】(원) 元 エン、うらみ grudge ❶원통할원(怨也)。❷굽힐원(屈也)。❸죄없을원(無罪)。(『冤』과 같음)

【寄】(기) 寘 キ、よる request; rely ㄐㄧˋ chi⁴ ❶붙어있을기(寓也)。❷부칠기(送也)。❸줄기(與也)。❹맡길기(付托)。【論語】可以ㅣ百里之命。❺전할기(傳也)。❻방게기(小蟹)。❼부탁할기(請ㅣ猶囑托)。❽향할기(向也)。❾기울어질기(傾也)。❿모을기(集也)。

【寅】㊀(인) 眞 イン、つつしむ、とら respect ㄧㄣˊ yin² ㊁(이) 支 ㊀❶공경할인(敬也)。❷세째지지인(十二支中第三位)。❸동북인(東北)。❹범인(虎也)。❺동관인(同官)。 ㊁뜻은 ㊀과 같음。

【密】(밀) 質 ミツ、しける、ひそか chick; secrecy ㄇㄧˋ mi⁴ ❶빽빽할밀(稠也)。❷가만할밀(秘也)。❸깊을밀(深也)。【易經 繫辭上】幾事不ㅣ則害成。❹촘촘할밀「綿ㅣ、周ㅣ」。❺매우가까울밀(切近)。【書經】ㅣ邇王室。❻차근차근할밀(緻ㅣ)。❼조용할밀(靜也)。【孟子 萬章上】四海遏ㅣ八音。❽잘밀(細也)。(『宓』과 같음)

【寀】(림) 侵 リン、ふかいいえ deep house ❶집깊을림(家深)。❷집층층할림(家深屋)。

【⿱宀亞】(아) 麻 禡 ア、まがる perverse 비뚤어질아(不正)。

【宼】(구)『寇』(攴條)의 俗字

【寇】(구) 宥 コウ、かすめとる seizure ㄎㄡˋ k'ou⁴ ❶떼도둑구(群賊)。❷사나울구(暴也)。❸겁탈할구(刼取)。❹원수구(讐也)。❺해칠구(害也)。(『宼』는 俗字)

【㝠】(명)『冥』(冖部8畫)의 俗字

【宨】(조)→穴部6畫

【⿱宀忩】(창)→穴部6畫

九畫

【寊】(정) 庚 テイ、ひろいいえ roomy house 넓은집정(廣屋)。

【富】(부) 宥 フウ、フ、とむ rich ㄈㄨˋ fu⁴ ❶많을부(豊也)。❷넉넉할부(裕也)。【唐書 宋之問傳】ㅣ文辭工書、有力絶人。❸충실할부(滿足)。❹부자부(豊財)。❺어릴부(年幼)。(『冨』로 도씀)

【寍】(녕)『寧』(宀部11畫)의 古字

【寎】(병) 梗 ヘイ、さんがつ March ❶잠들어 깜짝깜짝놀랄병(臥驚病)。❷삼월병(三月)。(『棅』과 같음)

【寏】(환) 寒 カン、めぐりかき enclosure 둘러싼 담환(周垣)。

【寐】(매) 寘 ビ、ねむる sleep ㄇㄟˋ mei⁴ (本音「미」) ❶잠잘매(寢也)。❷쉴매(息也)。【詩經】夙興夜ㅣ。

【⿱宀契】(예) 霽 エイ、しずか calm 고요할예(靜也)。

【寒】(한) 寒 カン、さむい cold ㄏㄢˊ han² ❶추울한(暑之對)。❷찰한(冷也)。❸떨릴한(戰慄)。「心ㅣ、膽ㅣ」。❹뼈에 사무칠한。【史記 刺客傳】風蕭蕭兮易水ㅣ。❺쓸쓸할한。❻가난할한(窮窘)。【史記】范叔一ㅣ如此哉。❼추워서 얼한「飢ㅣ」。❽그만 둘한(歇也)。❾겨울한(冬也)。

【寓】(우) 遇 グウ、よる、やど lodging ㄩˋ yü⁴ ❶부칠우(寄也)。❷살우(居也)。「今旅人所居曰ㅣ」。❸부탁할우(托也)。❹빙자할우「ㅣ言、ㅣ意」。

【寑】(침)『寢』(宀部11畫)의 古字

【⿱宀免】(만) 阮 バン、ひく pull 당길만(引也)。

十畫

【寔】(식) 職 ショク、まこと true ㄕˊ shih² ❶이식(是也)。❷참식(實也)。❸뿐식(止也)。

【寖】(침) 侵 シン、ひたす get wet ㄐㄧㄣˋ chin⁴ ❶젖을침(ㅣ漬漑也)。❷잠길침(浸也)。❸점점침(漸也)。【漢書 武帝紀】ㅣ明ㅣ昌。(『浸』과 같음)

【寗】(녕)『寧』(宀部11畫)의 譌字

【⿱宀索】(색) 陌 サク、さがす search 집에들어와 찾을색(入家搜索)。

【寘】(치) 寘 シ、おく put ㄓˋ chih⁴ ❶둘치(置也)。❷폐할치(廢也)。❸쉴치(舍也)。【詩經 周南卷耳】ㅣ彼周行。(『置』와 通함)

【寙】(유) 麌 ユ、おこたる lazy 나약하고 게으를유(嬾也)。【史記】呰ㅣ偸生。

【⿱宀冓】(구) 宥 コウ、よる night

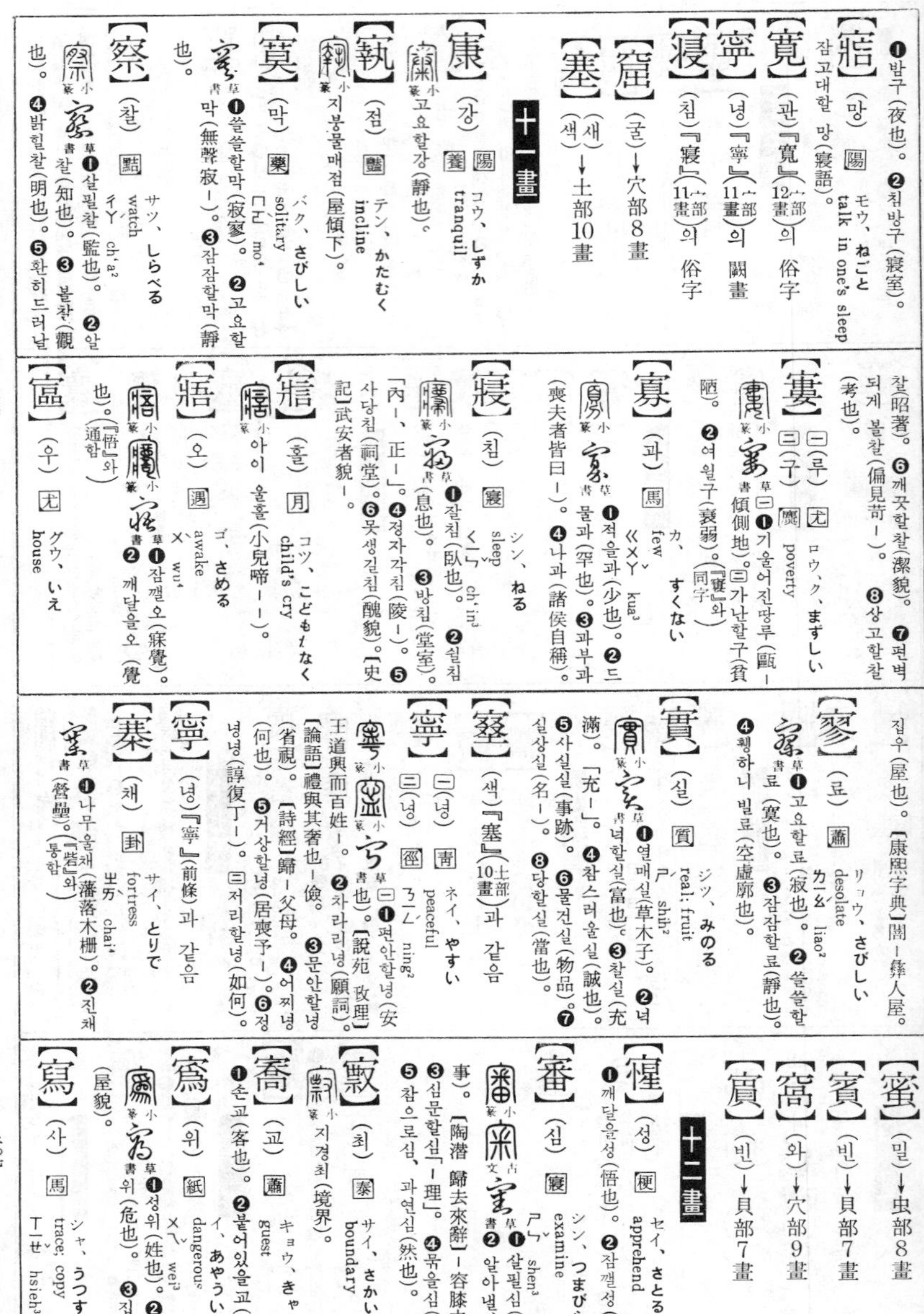

❶밤구(夜也)。❷침방구(寢室)。

【㝱】(망) 陽 モウ、ねごと talk in one's sleep 잠고대할 망(寢語)。

【寛】(관)『寬』(12宀部畫)의 俗字

【寗】(녕)『寧』(11宀部畫)의 闕畫

【寝】(침)『寢』(11宀部畫)의 俗字

【窟】(굴)→穴部8畫

【塞】(새)(색)→土部10畫

十一畫

【㝩】(강) 陽 コウ、しずか tranquil 小篆 고요할강(靜也)。

【㝪】(점) 豔 テン、かたむく incline 小篆 지붕물매점(屋傾下)。

【寞】(막) 藥 バク、さびしい solitary ㄇㄛˋ mo⁴ 草書 ❶쓸쓸할막(寂寞)。❷고요할막(無聲寂ㅡ)。❸잠잠할막(靜也)。

【察】(찰) 黠 サツ、しらべる watch ㄔㄚˊ ch'a² 小篆 草書 ❶살필찰(監也)。❷알찰(知也)。❸볼찰(觀也)。❹밝힐찰(明也)。❺환히드러날찰(昭著)。❻깨끗할찰(潔貌)。❼편벽되게 볼찰(偏見苛ㅡ)。❽상고할찰(考也)。

【寠】(一)(루) 尤 (二)(구) 麌 ロウ、ク、まずしい poverty 小篆 草書 (一)❶기울어진땅루(甌ㅡ傾側地)。(二)가난할구(貧陋)。❷여윌구(衰弱)。(『窶』와 同字)

【寡】(과) 馬 カ、すくない few ㄍㄨㄚˇ kua³ 小篆 草書 ❶적을과(少也)。❷드물과(罕也)。❸과부과(喪夫者皆曰ㅡ)。❹나과(諸侯自稱)。

【寢】(침) 寑 シン、ねる sleep ㄑㄧㄣˇ ch'in³ 小篆 草書 ❶잘침(臥也)。❷쉴침(息也)。❸방침(堂室)。「內ㅡ、正ㅡ」。❹정자각침(陵ㅡ)。❺사당침(祠堂)。❻못생길침(醜貌)。〔史記〕武安者貌ㅡ。

【寣】(홀) 月 コツ、こどもがなく child's cry 小篆 아이 울홀(小兒啼ㅡㅡ)。

【寤】(오) 遇 ゴ、さめる awake ㄨˋ wu⁴ 小篆 小篆 草書 ❶잠깰오(寐覺)。❷깨달을오(覺也)。(『悟』와 通함)

【𡫏】(우) 尤 グウ、いえ house 집우(屋也)。〔康熙字典〕闕ㅡ彝人屋。

【寥】(료) 蕭 リョウ、さびしい desolate ㄌㄧㄠˊ liao² 草書 ❶고요할료(寂也)。❷쓸쓸할료(寞也)。❸잠잠할료(靜也)。❹휑하니 빌료(空虛廓也)。

【實】(실) 質 ジツ、みのる real; fruit ㄕˊ shih² 小篆 草書 ❶열매실(草木子)。❷넉넉할실(富也)。❸찰실(充滿)。「充ㅡ」。❹참스러울실(誠也)。❺사실실(事跡)。❻물건실(物品)。❼실상실(名ㅡ)。❽당할실(當也)。

【𡫼】(색)『塞』(10土部畫)과 같음

【寧】(一)(녕) 靑 ネイ、やすい peaceful (二)(녕) 徑 ㄋㄧㄥˊ ning² 小篆 小篆 草書 (一)❶편안할녕(安也)。〔說苑 政理〕王道興而百姓ㅡ。❷차라리녕(願詞)。〔論語〕禮與其奢也ㅡ儉。❸문안할녕(省覲)。〔詩經〕歸ㅡ父母。❹어찌녕(何也)。❺거상할녕(居喪予ㅡ)。❻정녕녕(諄復丁ㅡ)。(二)저리할녕(如何)。

【寜】(녕)『寧』(前條)과 같음

【寨】(채) 卦 サイ、とりで fortress ㄓㄞˋ chai⁴ 草書 ❶나무울채(藩落木柵)。❷진채(營壘)。(『砦』와 통함)

【蜜】(밀)→虫部8畫

【賓】(빈)→貝部7畫

【窩】(와)→穴部9畫

【賔】(빈)→貝部7畫

十二畫

【㝭】(성) 梗 セイ、さとる apprehend ❶깨달을성(悟也)。❷잠깰성(醒也)。

【審】(심) 寑 シン、つまびらか examine ㄕㄣˇ shen³ 小篆 古文 草書 ❶살필심(詳也)。❷알아낼심(鞫事)。〔陶潛 歸去來辭〕ㅡ容膝之易安。❸심문할심「ㅡ理」。❹묶을심(束也)。❺참으로심、과연심(然也)。

【㝡】(최) 泰 サイ、さかい boundary 小篆 지경최(境界)。

【𡫾】(교) 蕭 キョウ、きゃく guest ❶손교(客也)。❷붙어있을교(寄寓)。

【寪】(위) 紙 イ、あやうい dangerous ㄨㄟˇ wei³ 小篆 草書 ❶성위(姓也)。❷위태할위(危也)。❸집모양위(屋貌)。

【寫】(사) 馬 シャ、うつす trace; copy ㄒㄧㄝˇ hsieh³

小篆 草書 ❶모들사(摹畫)。❷베낄사(謄鈔)。〔唐書 鄭虔傳〕嘗自—其詩並畫以獻。❸쏟을사(洩也)。〔詩經〕以—我憂。❹부어만들사(鑄像)。〔越語〕王令工以良金—范蠡之狀而朝禮之。

【寬】(관) 寒 カン、ひろい generous ㄎㄨㄢ k'uan¹
小篆 草書 ❶너그러울관(裕也)。❷놓을관(宥也)。❸용서할관(恕也)。

【寭】(혜) 薺 ケイ、さとる perceive
❶밝힐혜(察也)。❷깨달을혜(悟也)。

【寮】(료) 蕭 リョウ、りょう villa ㄌㄧㄠˊ liao²
草書 ❶동관료(同官)。❷관리료(官吏)。❸작은창료(小窓)。❹중의집료(僧舍)。〔陸遊詩〕屋窄似僧—。(『僚』와 통함)

【竆】(궁)→穴部10畫

【褰】(건)→衣部10畫

【憲】(헌)→心部12畫

十三畫

【寯】(준) 震 シュン、あつまる gather ㄐㄩㄣˋ chün⁴
❶모일준(聚也)。❷재주준(才也)。

【寰】(환) 刪 カン、ケン あがた the districts around the capital city ㄏㄨㄢˊ huan²
小篆 草書 ❶경기고을환(封畿內縣)。❷대궐담환(宮周垣)。書「仙—」、「—宇」。

【⿱宀敫】(격) 錫 lift
올릴격(揚貌)。

【⿱宀絹】(견) 銑 ケン、あみ net
그물견(網也)。

十四畫

【寱】(예) 霽 エイ、ねごと sleeper's talk
小篆 잠고대예(—語夢中言)。(『囈』와 같음)

【蹇】(건)→足部10畫

【謇】(건)→言部10畫

【賽】(새)→貝部10畫

十五畫

【[illegible]】(면) 先 メン、みえない invisible
小篆 ❶보이지 않을면(不見)。❷방에 사람없을면(室內無人)。

十六畫

【寵】(총) 腫 チョウ、いつくしむ favour ㄔㄨㄥˇ ch'ung³
東
小篆 草書 ❶사랑할총(愛也)。❷임금께총애받을총(君主之愛)。❸은혜총(恩也)。❹영화로울총(尊榮)。❺첩총(俗謂妾曰—)。(『寵』과 통함)

【寳】(보)『寶』(17宀部)의 俗字

十七畫

【寶】(보) 皓 ホウ、たから treasure ㄅㄠˇ pao³
小篆 小篆 草書 ❶보배보(珍也、瑞也)。❷귀할보(貴也)。〔書經〕所—維賢。❸옥새보(符璽)。「傳國—」。❹돈보(錢幣)。「常平通—」。(『葆』와 통함)

【竇】(두)→穴部15畫

【騫】(건)→馬部10畫

十八畫

【[illegible]】(어) 御 ヨ、うたたね pretend to fall asleep
小篆 거짓잠잘어(佯宿)。

【㝱】(몽)『夢』(11夕部)과 같음

十九畫

【[illegible]】(계) 寘 キ、よくねむる fall fast (sound) asleep
小篆 깊이 잠들계(熟寐)。

【[illegible]】(몽) 迥 寒 ボウ、おろか stupid
어리석을몽、어두울몽(—懵)。

二十一畫

【[illegible]】㊀(메) 薺 ㊁(미) 紙 ベイ、ねざめる be half-asleep
㊀❶잠깨지 않을메(不覺)。❷엄습당할메(魔也)。㊁뜻은 ㊀과 같음。

二十三畫

【[illegible]】(침) 寢 シン、ねる fall asleep
❶앓아누울침(病臥)。❷잠잘침(寢也)。

【[illegible]】(함) 覃 カン、かりねする
옷입은채잘함(寐不脫衣冠)。

寸 部

【寸】(촌) 願 スン、ソン、ながさ Korean inch ㄘㄨㄣˋ ts'uen⁴
小篆 ❶치촌(度名十分)。❷마디촌(節也)。❸헤아릴촌(忖也)。❹조금촌(少也)。

三 畫

【寺】㊀(사) 寘 ㊁(시)〔國音〕 ジ、シ、てら temple ㄙ ssŭ⁴
小篆 草書 ㊀❶절사(僧居)。❷법찰사(梵刹)。❸마을사(官舍)。㊁내관시(宦—)。(『侍』와 통함)

四 畫

【寽】(률) 圓 リツ、とる take
小篆 취할률(取也)。

【寿】(수)『壽』(士部 11畫)의 俗字

【对】(대)『對』(寸部 11畫)의 略字

五 畫

【导】(애) 隊 ガイ、とまる stop
❶그칠애(止也)。 ❷막힐애(閉也)。

【叵】(파) 哿 ハ、できない fail to do
못할파(不可)。(『叵』와 같음)

六 畫

【封】㊀(봉) 冬 ホウ、フウ、とじる close
㊁(봉) 宋 ㄈㄥ fêng¹
小篆 古文 籒文 草書 ㊀❶무덤봉(聚土)。❷지경봉(一疆)。❸클봉(大也)。〔詩經〕一建厥福。❹제후의영지봉(諸侯領地)。〔十八史略春秋戰國魯〕伯禽就一。❺북돋울봉(培也)。〔吳語〕一殖越國。❻봉선제봉(一禪祭)。❼봉할봉(緘也)。〔南史 劉孝綽傳〕寫別本一至東宮。❽닫을봉(一鎖)。㊁부자봉(素一富厚)。

七 畫

【村】(숙) 屋 シュク、ひろう pick up
❶『叔』과 같음。 ❷주울숙(拾也)。

【尃】(부) 虞 フ、ひろげる spread
小篆 펼부(布也)。

【射】㊀(사) 禡 シャ、いる shoot
㊁(석) 陌 ㄕ shih²
㊂(야) 禡
㊃(역) 陌
小篆 古文 草書 ㊀❶쏠사(發矢)。「以弓激矢使及遠也」。❷화살같이 빠를사(速如矢。『𥎦』와 같음)。㊁❶맞혀취할석(指物而取)。❷목표를잡을석「一殺」。❸숨겨둔것을 알아맞칠석「暗一地圖」。㊂벼슬이름야(官名)。「僕一」。㊃싫을역(厭也)。〔中庸〕矧可一思。

【尅】(극)『剋』(刀部 7畫)과 같음

【将】(장)『將』(寸部 8畫)의 略字

八 畫

【將】㊀(장) 陽 ショウ、まさに、ひきいる in future; general
㊁(장) 漾 ㄐㄧㄤ chiang¹
小篆 草書 ㊀❶장차장(漸也)。〔易經〕是以君子一有爲也一有行也。❷거의장(幾也)。〔論語 子罕〕固天縱之一聖、又多能也。❸문득장(抑然辭)。〔楚辭〕寧誅鋤草茆以力耕乎 一遊大人以成名乎。❹또장(且也)。〔詩經〕一安一樂。❺기를장(養也)。〔詩經〕不遑一父。❻도울장(助也)。〔史記〕補過一美。❼보낼장(送也)。〔詩經〕百兩一之。❽클장(大也)。〔詩經〕我受命溥一。❾받들장(奉也)。❿이을장(承也)。〔詩經〕湯孫之一。⓫곧장(即也)。⓬거느릴장(領也)。⓭나아갈장(進也)。〔詩經〕日就月一。⓮행할장(行也)。〔書經〕奉一天罰。⓯가질장(持也)。〔詩經〕無一大車。⓰곁붙을장(扶持)。⓱함께할장。〔左傳〕鄭伯一王自圉門入。⓲청컨대장(請也)。〔詩經〕一子無怒。⓳쟁그렁쟁그렁할장(聲也)。⓴으리으리할장。㉑으로서장(以也)。〔李商隱雜纂 不達時宜〕一主人酒食作人情。㊁❶장수장(一帥)。❷대장장(大一)。❸거느릴장(一之)。「一中軍」。

【專】(전) 先 セン、もっぱら entirely; only
ㄓㄨㄢ chuan¹
小篆 草書 ❶오로지전(獨也)。〔論語 子路〕不能一對。❷전일할전(壹也誠也)。❸주로할전(主也)。〔晉書 劉弘傳〕弘一督江漢、威行南服。❹저대로할전(擅也)。

【尉】㊀(위) 未 イ、やすんじる comfort
㊁(울) 物 ㄩ yu⁴
小篆 草書 ㊀❶벼슬이름위(官名)。〔史記〕廷一天下之平。❷가다릴위(候也)。❸누릴위(按也)。❹평안하게할위(安也)。㊁성울(複性一遲)。「周의 兵法家」。

九 畫

【尊】㊀(존) 元 ソン、たっとぶ respect
㊁(준) 元 ㄗㄨㄣ tsuen¹
小篆 或體 草書 ㊀❶높을존(貴也、高也)。❷어른존(君父稱)。❸공경할존(敬也)。〔禮記〕自卑而一人。㊁술준(酒器)。(『樽』과 통함)

【𡬶】(선) 先 セン、おさめる train
❶닦을선(修也)。❷바깥선(表也)。❸따를선、좇을선(循也)。

【尋】(심) 侵 ジン、たずねる look for; visit
ㄒㄧㄣ hsin²
小篆 草書 ❶찾을심(繹也、搜也、求也)。❷인할심(仍也)。❸이을심(繼也)。〔左傳〕日一干戈。❹쓸심(用也)。〔左傳 僖公五年〕將一師焉。❺고쳐들을심(一問)。❻아까심(俄也)。❼여덟자심(度名八尺)。❽항상심(一常一樣)。(『燖』과 통함)

【尌】(주) 遇 チュウ、たてる set
小篆 ❶세울주(立也)。❷아이놈주(童僕)。〔後漢書〕耘夫牧一。❸성주(姓也)。

十一 畫

【對】(대) 隊 タイ、ツイ、こたえる answer
ㄉㄨㄟ tuei⁴
小篆 或體 草書 ❶마주볼대(物竝峙)。❷대답할대(答也)。〔詩經〕以一于天下。❸당할대(當也)。❹짝대(配也)。❺마주대(偶也)。

十三 畫

【導】(도) 號 ドウ、みちびく lead ㄉㄠˇ、ˋ tao³·⁴ 小篆 小篆 草書 ❶이끌도(引也)。❷인도할도。❸다스릴도(治也)。❹통할도(通也)。❺열어줄도(啓廸)。(『道』와 通함)

小部

【小】(소) 篠 ショウ、ちいさい small; little ㄒㄧㄠˇ hsiao³ 小篆 草書 ❶작을소(微也)。❷잘소(細也)。❸좁을소(狹隘)。❹짧을소(短也)。〔史記 孔子世家〕秦國雖ㅣ其志大。❺적을소(少也)。「ㅣ數」。❻어릴소(幼也)。「ㅣ兒」。❼천할소(賤也)。〔孟子 公孫丑上〕不卑ㅣ官。❽적게여길소(輕之)。〔左傳 桓公十三年〕莫敖狃於蒲騷之役、將自用也、必ㅣ羅。❾첩소(妾也)。「ㅣ室」。

一畫

【少】㊀(소) 篠 ㊁(소) 嘯 ショウ、すくない little; young ㄕㄠˇ shao³ 小篆 小篆 草書 ㊀❶적을소(不多)。〔邵雍詩〕料得ㅣ人知。❷조금소。〔儀禮鄕射禮〕賓ㅣ進。❸멸시할소(蔑視)。❹잠깐소(暫時)。〔孟子萬章上〕ㅣ則洋洋焉。❺작게여길소(短之)。㊁❶젊을소(老之對)。〔南史 劉苞傳〕苞ㅣ好學、能文。❷버금소(副貳)。

二畫

【尒】(니) 紙 ジ、なんじ you ❶그렇다할니(然也、助辭)。❷너니(爾也)。

三畫

【尖】(첨) 鹽 セン、とがる sharp-pointed ㄐㄧㄢ chien¹ 草書 ❶뾰족할첨(末銳)。❷날카로울첨(先銳)。〔杜甫詩〕萬點蜀山ㅣ。

【尗】(숙) 屋 シュク、まめ bean 콩숙(豆也)。(『菽』과 같음)

【尘】(당)『當』(田部 8畫)의 略字

四畫

【尖】(참) 咸 サン、するどい sharp 날카로울참(銳也)。

【尙】(당)『當』(田部 8畫)의 略字

五畫

【尙】㊀(상) 漾 ㊁(상) 陽 ショウ、なお、たっとぶ rather; respect ㄕㄤˋ shang⁴ 小篆 草書 ㊀❶일찍상(曾也)。❷거의상(庶幾)。❸높일상(尊也)。❹숭상할상(崇也)。❺더할상(加也)。❻귀하게여길상(貴也)。❼꾸밀상(飾也)。❽짝지을상(配也)。❾자랑할상(矜伐)。〔禮記〕君子不自ㅣ其功。❿가상하알상(嘉也)。⓫오히려상(猶也)。〔詩經〕雖無老成人ㅣ有典刑。㊁주관할상(主也)。「임금의 衣服·食物等을 감독함」。

七畫

【覍】(변) 霰 ベン、かんむり crown 小篆 或體 籀文 ❶『弁』의 本字。❷『覍』과 같음。

【㝯】(극) 陌 ゲキ、すきま crack of the wall 小篆 벽틈극(壁際孔)。(『隙』과 같음)

八畫

【㟴】(극)『𡭴』(小部 7畫)과 같음

【𡮐】(누) 有 ノウ、ちいさい small ❶작은 모양누(小貌)。❷젖먹이누(乳子)。

【䨲】(누) 尤 ドウ、うさぎのこ young of the rabbit 토끼 새끼누(兎子)。

九畫

【𡮢】(량) 陽 リョウ、よくない bad ❶좋지않을량(不善)。❷엷을량(薄也)。

十畫

【尟】(선)『尠』(次條)과 같음

【尠】(선) 銑 セン、すくない little ㄒㄧㄢˇ hsien³ 小篆 小篆 草書 적을선(少也)。(『鮮』과 通함)

十一畫

【尞】(척) 職 チョク、すこやか healthy 건강할척(健康)。

【𡮲】(렴) 鹽 レン、ちいさい little ❶적을렴(少也)。❷작을렴(小也)。❸결할렴(缺也)。

十二畫

【𡮳】(조) 豪 ソウ、あらい wild 거칠조(荒也)。

【𡮴】(근) 震 キン、すくない few ❶적을근(僅也)。❷대할근(對也)。

尢部

【尢】(왕) 陽 オウ、せむし hunchback ㄨㄤ wang¹ 小篆 古文 草書 ❶절름발이왕(一足跛曲)。「部首名」。❷곱사왕(傴僂)。

一畫

【尣】(우)『尤』(次條)의 本字

【尢】(우) 宄 ユウ、もっとも most; blame
小篆 草書 ❶가장우(最也)。❷더욱우(甚也)。【晋書明帝紀】帝聰明有機斷ㅣ精物理。❸탓할우(咎也)。❹허물할우(怨也)。【論語】不怨天不ㅣ人。

二畫

【尥】(력) 職 リョク、ゆきなやむ step cross-leggedly
다리를 비꼬며 걸을력(歷相交而行)。

三畫

【尦】(료) 嘯 リョウ、あしのすじ string of leg カㅣ幺 liao⁴
小篆 小篆 ❶다리힘줄약할료(筋弱擧足不仁ㅣ棹)。❷발로끌어당길료(以足鉤之)。

【⿺尢于】(우) 虞 ウ、ももがまがる bend the thigh
小篆 ❶다리굽을우(股曲)。❷돌우(盤旋)。

四畫

【尨】一(방) 江 ボウ、むくいぬ shaggy dog 二(봉) 東 ㄇㄤ mang² (本音「망」)
小篆 小篆 草書 一❶삽살개방(犬多毛者)。❷무럭무럭하게클방。❸얼룩질방(雜也)。二헝클어진모양봉。【左傳 僖公五年】狐裘ㅣ茸。

【尪】(왕) 陽 オウ、まがったすね lame person ㄨㄤ wang¹
❶절름발이왕(跛曲脛)。❷파리할왕(ㅣ弱)。❸천상바라기왕(癈疾人其面向天)。

【尫】(왕)『尪』(前條)의 俗字

五畫

【尬】(개) 卦 カイ、よろめく stagger
小篆 비틀거릴개(行不正)。

【⿺尢皮】(파) 箇 禡 ハ、あしなえ limp
小篆 ❶절파(蹇也)。❷발비틀어진병파(足病)。

【⿺尢左】(좌) 箇 歌 サ、あしなえ limp
小篆 절름거릴좌(跛也)。

六畫

【⿺尢多】(타) 箇 タ、びっこ cripple
절뚝발이타(蹇也)。

【尯】(귀) 二 寘 キ、うむ tiresome
❶고달플귀(倦也)。❷절름거릴귀(跛也)。

七畫

【⿺尢皃】(요) 嘯 ヨウ、はれる limp
小篆 ❶절름거릴요(跛也)。❷다리종기요(足腫)。

【⿺尢委】(퇴) 賄 タイ、あるきつかれる sick through the fatigue travel
❶노독날퇴(路毒)。❷걸어서 고단할퇴(委ㅣ)。❸풍독퇴(風毒)。

【⿺尢坐】(좌) 箇 サ、あるけないやまい cripple
❶다리병신좌(足不具)。❷앉은뱅이좌(座客)。

【⿺尢肖】(소) 蕭 ショウ、づつう headache
머리앓을소(頭痛)。

【⿺尢面】(면) 先 ベン、ななめにゆく walk not uprightly
비스듬히 걸을면(邪行)。

八畫

【⿺尢欲】(극) 陌 コク、なまける lazy
❶느른할극、게으를극(倦也)。❷고달플극(疲也)。

【⿺尢咅】一(파) 箇 二(부) 有 ハ、たおれる lie flat
一엎드러질파(也)。二뜻은 一과 같음。

【⿺尢果】(라) 箇 ラ、ただしくない limp
❶절름거릴라(跛行貌)。❷절뚝발이라(蹇也)。

【⿺尢奇】(기) 紙 キ、ちんば cripple
❶절뚝발이기(蹇也)。❷절름거릴기(跛行)。❸싫증날기(倦也)。

九畫

【尰】(종) 腫 ショウ、はれる fester
草書 ❶발곱길종(足腫)。❷수종다리종(脛氣濕腫)。(『瘇』과 같음)

【⿺尢畏】(외) 賄 ワイ、リウマチス suffering from paralysis
풍질앓을외(風疾)。

【就】(취) 宥 シュウ、ジュ、つく follow; take ㄐㄧㄡ chiu⁴
小篆 籀文 草書 ❶좇을취(從也)。【孟子 告子下】所ㅣ三、所去三。❷이룰취(成也)。「成ㅣ」。❸곧취(即也)。【魏徵詩 述懷】縱橫計不ㅣ。【晋書 景帝紀】ㅣ加詔許之。❹가령취(假令)。【韓愈 送孟東野序】ㅣ其能鳴者其聲清以淨。❺능할취(能也)。❻마칠취(終也)。❼저자취(市也)。

【⿺尢扁】(발) 曷 ハツ、あしがおおきい large-footed
❶발이클발(足大)。❷보기흉할발(惡也)。

十畫

【尲】(감) 咸 カン、いちがう stagger ㄍㄢ kan¹
小篆 비틀걸음감(ㅣ行不正)。

【尳】(골) 月 コツ、すねのやまい get one's knee dislocated
小篆 ❶무릎병골(膝骨)。❷뼈빨골(脫骨)。

十一畫

【⿺尢巂】(휴) 齊 ケイ、ゆく walk
걸어갈휴(行貌)。

十二畫

【尵】(퇴) 灰 タイ、うまのやまい (of horse)emaciated from hunger
말들피질퇴、말병퇴(虺—馬病)。

十三畫

【⿺尢是】(제) 齊 テイ、ちんばであるく limp
小篆 ❶절름거리며 걸을제(跛行)。❷부축받을제(—⿺尢巂)。

十八畫

【⿺尢雚】(관) 刪 カン、こしとひざのやまい sickness
허리와무릎아플관(腰膝痛)。

十九畫

【⿺尢羸】㊀(라) 哿 ラ、ひざのやまい sickness ㊁(뤼) 支
㊀허리와무릎아플라(腰膝痛)。㊁뜻은 ㊀과 같음。

二十二畫

【⿺尢巂】(휴) 齊 ケイ、ちんばであるく limp
小篆 절름거리며 걸을휴(跛行)。

尸 部

【尸】(시) 支 シ、しかばね dead body ㄕ shih¹
小篆 小篆 草書 ❶시동시(—童神像)。「옛적에 제(祭)를 지낼때 임시로 神의 代身이 되는 사람」。❷주검시(死體)。❸주관할시(主也)。〔詩經 召南采蘋〕誰其—之。❹진칠시(陳也)。

一畫

【尹】㊀(윤) 軫 イン、おさめる govern ㄧㄣˇ yin³ ㊁(윤) 眞
小篆 古文 草書 ㊀❶다스릴윤(治也)。〔書經〕—玆東郊。❷바를윤(正也)。❸벼슬이름윤(官名)。❹성실할윤(誠信)。〔禮紀 聘義〕孚—旁達信也。㊁❶믿을윤(信也)。❷포윤(脯曰、—祭)。

【尺】(척) 陌 シャク、ものさし ruler ㄔˇ ch'ih³
小篆 草書 ❶자척(度名、十寸爲尺)。❷가까울척(近距離)。❸법척(法也)。

二畫

【尻】(고) 豪 コウ、しり the tip of the coccyx ㄎㄠ k'ao¹
小篆 草書 ❶꽁무니고(臀也)。「脊骨盡處脽也」。❷밑바닥고(底部)。〔屈原 天問〕崑崙縣圃、其—安在。❸구푸릴고(蹲也)。

【尼】㊀(니) 支 ジ、ニ、あま nun ㄋㄧˊ ni² ㊁(닐) 質
小篆 草書 ㊀❶여승니(女僧)。❷화할니(和也)。㊁❶가까울닐(近也)。❷정할닐(定也)。❸그칠닐(止也)。〔孟子〕止或—之。(『柅』과 통함)

【𡰥】㊀(이)『仁』(人部 2畫) ㊁(인)『夷』(大部 3畫)의 古字

三畫

【㞡】(직) 職 ショク、おさめる rule
小篆 小篆 다스릴직(理也)。

【尽】(진)『盡』(皿部 9畫)의 俗字

四畫

【尾】(미) 尾 ビ、お、しっぽ tail ㄨㄟˇ wei³
小篆 草書 ❶꼬리미(鳥獸蟲魚之末梢)。❷뒤미(後也)。❸끝미(終也)。❹흘레할미(交—)。

【尿】(뇨) 嘯 ニョウ、しょうべん urine ㄋㄧㄠ niao⁴
小篆 草書 오줌뇨(小便)。(『溺』와 같음)

【局】(국) 沃 キョク、つぼね part; bureau ㄐㄩˊ chü²
小篆 草書 ❶마을국(官署)。❷방국(部署)。「總務—」。❸판국(部分)。❹굽힐국(曲身)。〔詩經 小雅 正月〕不敢不—。❺거리낄국(拘也)。❻말릴국(卷也)。〔詩經小雅采綠〕予髮曲—。❼줄국(縮小)。〔漢書〕—趣效轅下駒。❽판국(棋盤)。〔十八史略 唐〕長日惟消一—碁。❾시절국(世運時會)。

【屁】(비) 寘 ヒ、へ fart ㄆㄧˋ p'i⁴
草書 방귀비(氣下泄)。

五畫

【㞧】(집) 緝 チュウ、つづく connect
小篆 小篆 맞이을집(前後相連)。

【屎】(차) 支 シ、うかがう peep at
❶몰래볼차(盜視)。❷엿볼차(伺也)。

【屄】(비) 微 ヒ、おんなのいんぶ vagina ㄅㄧ pi¹
보지비(女子陰部)。

【㞪】(복) 屋 ホク、いそがしくゆく go
小篆 갈복(行也)。

【居】㊀(거) 魚 キョ、いる、すむ dwell ㄐㄩ chü¹ ㊁(기) 支
小篆 或體 草書 ㊀❶살거(—之)。〔中庸〕禽獸—之。❷곳거(處也)。〔論語〕子之燕—。❸앉을거(坐也)。〔論語〕—吾語汝。❹항상있을거。〔論語 先進〕—則曰不吾知也。❺놓을거(置也)。〔禮記 王制〕度地以—民。❻쌓을거(貯蓄)。〔十八史略 秦〕奇貨可—。(『據』와 通함) ㊁어조사기(語助辭)。〔詩經北風柏舟〕日—月諸胡迭而微。(『其』와 通함)

【屆】(계) 卦 カイ、とどける extend to ㄐㄧㄝ chieh⁴
屆 小篆 屆 草書 ❶이를계(至也)。【書經 大禹謨】弗遠不ㅣ。❷극할계(極也)。【詩經】致天之ㅣ。

【届】(계)『屆』(前條)의 俗字

【屇】(전) 先 デン、あな hole
구멍전(穴也)。

【屈】(굴) 物 クツ、かがむ bend; bow ㄑㄩ ch'ü¹
屈 小篆 屈 草書 ❶굽을굴(曲也)。【易繫辭】尺蠖之ㅣ 以求伸也。❷굽힐굴(ㅣ節)。【孟子滕文公下】威武不能ㅣ。❸짧을굴(短也)。❹다할굴(竭也)。【漢書食貨志】用之無度、物力必ㅣ。❺줄일굴(縮也)。【易經繫辭】尺蠖之ㅣ、以求信也。❻강할굴(强也)。

【屜】(체) 霽 テイ、うまのくら saddle
언치체、말안장체(鞍具)。

【[尸+矢]】(시)(히)『屎』(尸部 6畫)와 같음

【[尸+元]】(둔) 元 トン、しり hip
小篆 或體 或體 ❶궁둥이둔(臀也)。❷넓적다리 뼈둔(髀也)。

六 畫

【[尸+自]】(해) 卦 カイ、いびき snore
小篆 코골해(鼻息聲)。

【屋】(옥) 屋 オク、いえ、や house ㄨ wu¹
屋 小篆 籀文 古文 草書 ❶집옥(舍也)。❷지붕옥(舍蓋)。❸큰도마옥(大俎夏ㅣ)。❹수레덮개옥(車蓋黃ㅣ)。❺거북껍질옥(龜甲神ㅣ)。

【屌】(조) 篠 チョウ、おとこのいんぶ penis ㄉㄧㄠ tiao³
자지조(男子陰)。

【[尸+旨]】(기) 紙 キ、しり hip
小篆 볼기기(臀也)。

【屍】(시) 支 シ、かばね dead body ㄕ shih¹
小篆 草書 주검시、송장시(死體)。(『尸』와 通함)

【屎】㊀(히) 支 シ、くそ dung
㊁(시) 紙 ㄒㄧ hsi¹
草書 ㊀아파서 끙끙거릴히(殿ㅣ呻吟)。㊁똥시(糞也)。【李商隱雜纂 惱人】淘井漢急ㅣ尿。(『矢』와 通함)

【[尸+多]】(시) 紙 シ、ひろい wide
넓을시(廣也)。

【屏】(병)『屛』(尸部 8畫)의 俗字

【[尸+肙]】(견) 先 ケン、しり hip
엉덩이견(尻也)。

七 畫

【[尸+矣]】(시) 紙 シ、まつ wait
기다릴시(待也)。

【[尸+予]】(서) 語 ショ、はきもの clogs
小篆 나막신서(木履)。

【屐】(극) 陌 ゲキ、ケキ、げた clogs ㄐㄧ chi¹
小篆 草書 나막신극(木履)。

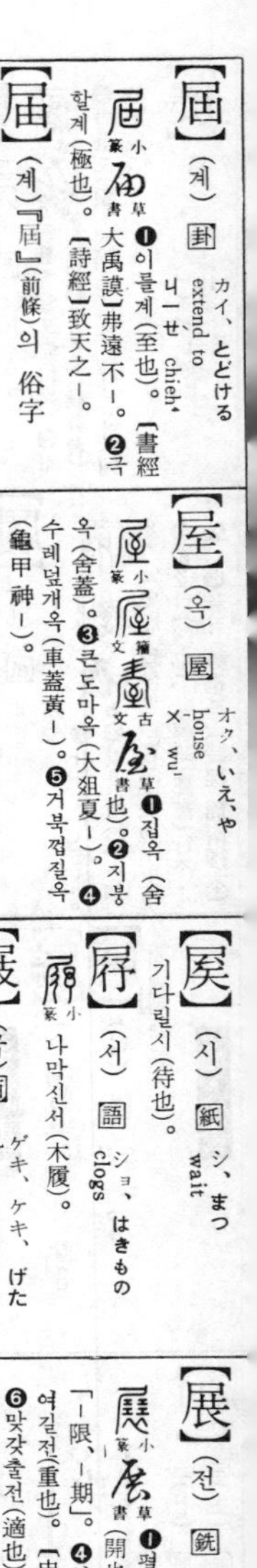
木屐 (三才圖會)

【屑】(설) 屑 セツ、くず pieces; powder ㄒㄩㄝ hsüeh³·⁴
小篆 草書 ❶조촐할설(潔也)。【詩經 北風谷風】不我ㅣ以。❷수고스러울설(勞也)。❸가루설(碎末)。❹마음이 편치않을설(ㅣㅣ不安)。❺가벼이볼설(輕視)。❻좋아하지않을설。【孟子 告子下】不ㅣ之教誨。

【屒】(진) 軫 チン、あついくちびる thick lips
小篆 두꺼운입술진(厚脣)。

【[尸+尤]】(구) 尤 ク、おとこのいんぶ penis
자지구(男子陰莖)。

【屔】(니) 支 デイ、くぼみ pool
小篆 웅덩이니(水潦所溜)。

【屓】(희) 寘 キ、さかん magnificently
❶힘들일희(力也)。❷코골희(臥息)。

【展】(전) 銑 テン、のべる unfold ㄓㄢ chan³
小篆 草書 ❶펼전(舒也)。❷열전(開也)。❸늘일전(放寬)。「ㅣ限、ㅣ期」。❹열릴전(發也)。❺중히여길전(重也)。【史記 孔子世家】ㅣ親。❻맞갖출전(適也)。❼살필전(省視、審也)。❽진실로전(誠也)。【詩經 邶風雄雉】ㅣ矣君子。❾적을전(錄也)。

【屖】(세) 齊 セイ、おそい slow
小篆 小篆 ❶굳을세(堅也)。❷더딜세(遲久)。

八 畫

【[尸+句]】(구) 遇 ク、はきもののお decorate the toecap
신코꾸밀구(履頭飾)。(『絇』와 같음)

【屙】(아) 歌 ア、ふりむく go to stool ㄜ e¹
뒤볼아(上厠)。

【屚】(루) 宥 ロウ、もる (of house) leak
小篆 집샐루(屋漏)。

【屛】㊀(병) 梗 ヘイ、ビョウ、びょうぶ
㊁(병) 靑 folding screen
㊂(병) 敬 ㄆㄧㄥ p'ing²
小篆 ㊀❶병풍병(ㅣ風)。❷덮을병(蔽也)。❸비맡은귀신병(雨師ㅣ翳)。【論語 鄕黨】ㅣ氣似不息者。㊁❶앞가림병、울타리병(ㅣ風蔽也)。【詩經】大邦維ㅣ。❷겁낼병(恐也)。「ㅣ營」。㊂물리칠 병(斥退)。【禮記】ㅣ之遠方。【書經】我乃ㅣ璧與圭。

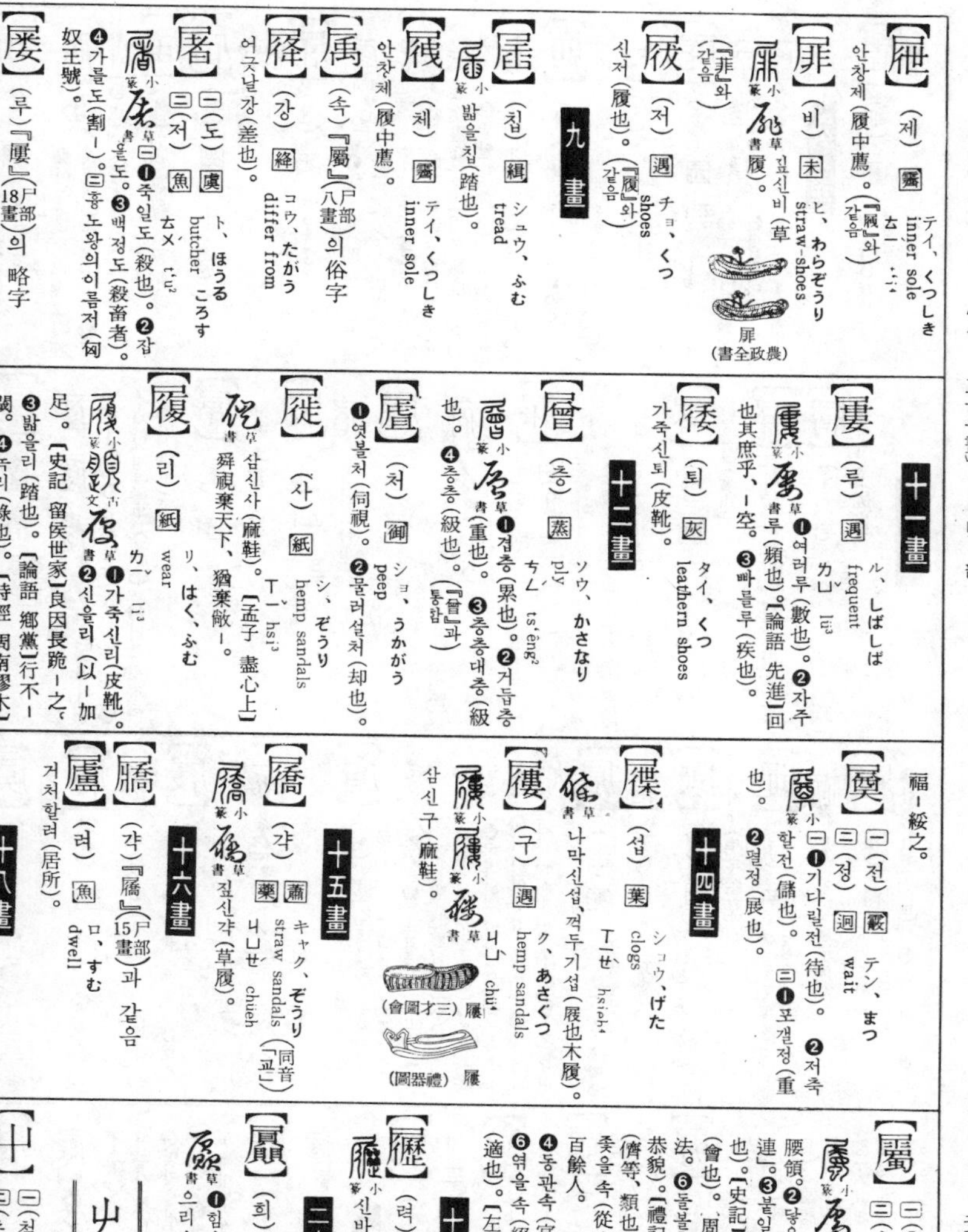

【屜】(제) 霽 テイ、くつしき ㄊㄧˋ t'i⁴ inner sole 안창제(履中薦)。(『屜』와 같음)

【屝】(비) 未 ヒ、わらぞうり straw-shoes 小篆 草書 짚신비(草履)。(『菲』와 같음)

屝
(農政全書)

【屐】(저) 遇 チョ、くつ shoes 신저(履也)。(『履』와 같음)

九畫

【𡳐】(집) 緝 シュウ、ふむ tread 小篆 밟을집(踏也)。

【屜】(체) 霽 テイ、くつしき inner sole 안창체(履中薦)。

【属】(속)『屬』(尸部八畫)의 俗字

【㞏】(강) 絳 コウ、たがう differ from 어긋날강(差也)。

【屠】一(도) 虞 ト、ほうる butcher ころす 二(저) 魚 ㄊㄨˊ t'u² 小篆 草書 一❶죽일도(殺也)。❷잡을도。❸백정도(殺畜者)。❹가를도(割-)。二흉노왕의이름저(匈奴王號)。

【屡】(루)『屢』(尸部18畫)의 略字

十一畫

【屢】(루) 遇 ル、しばしば ㄌㄩˇ lü³ frequent 小篆 草書 ❶여러루(數也)。❷자주루(頻也)。〔論語 先進〕回也其庶乎、-空。❸빠를루(疾也)。

【㞜】(퇴) 灰 タイ、くつ leathern shoes 가죽신퇴(皮靴)。

十二畫

【層】(층) 蒸 ソウ、かさなり ㄘㄥˊ ts'êng² ply 小篆 草書 ❶겹층(累也)。❷거듭층(重也)。❸층층대층(級也)。❹층층(級也)。(『曾』과 통함)

【𡳏】(처) 御 ショ、うかがう peep ❶엿볼처(伺視)。❷물러설처(却也)。

【屣】(사) 紙 シ、ぞうり hemp sandals ㄒㄧˇ hsi³ 草書 삼신사(麻鞋)。〔孟子 盡心上〕舜視棄天下、猶棄敝-。

【履】(리) 紙 リ、はく、ふむ ㄌㄩˇ lü³ wear 小篆 古文 草書 ❶가죽신리(皮靴)。❷신을리(以-加足)。〔史記 留侯世家〕良因長跪-之。❸밟을리(踏也)。❹녹리(祿也)。〔詩經 周南樛木〕福-綏之。

十四畫

【㞡】一(전) 霰 テン、まつ wait 二(정) 迥 小篆 一❶기다릴전(待也)。❷저축할전(儲也)。二❶포갤정(重也)。❷펼정(展也)。

【屧】(섭) 葉 ショウ、げた ㄒㄧㄝˋ hsieh⁴ clogs 草書 나막신섭、껴두기섭(履也木履)。

十五畫

【屨】(구) 遇 ク、あさぐつ ㄐㄩˋ chü⁴ hemp sandals 小篆 小篆 草書 삼신구(麻鞋)。

屨 (三才圖會)

屨 (禮器圖)

【屩】(갸) 藥 キャク、ぞうり ㄐㄩㄝ chüeh straw sandals (同音「교」) 小篆 草書 짚신갸(草履)。

十六畫

【屫】(갸)『屩』(尸部15畫)과 같음

十八畫

【𡳭】(려) 魚 ロ、すむ dwell 거처할려(居所)。

【屬】一(촉) 沃 ショク、ゾク、つづく 二(속) 沃 ㄓㄨˇ chu³ belong 小篆 草書 一❶이을촉(續也)。〔管子小匡〕幸以獲生以-其腰領。❷닿을촉(接也)。「相-猶言相連」。❸붙일촉(附著)。❹부탁할촉(托也)。〔史記〕獨韓信可-大事。❺모을촉(會也)。〔周禮〕月吉則-其州之民讀邦法。❻돌볼촉(恤也)。❼조심할촉(--恭貌)。〔禮記〕-乎其忠。二❶무리속(儕等、類也)。〔史記〕以若-取天下。❷좇을속(從也)。〔史記〕項羽渡淮能-者百餘人。❸붙이속(親眷)。「親-」。❹동관속(官僚)。❺거느릴속(部曲)。❻엮을속(綴文字曰-文)。❼마침속(適也)。〔左傳〕下臣不幸-當戎行。

十九畫

【𡳾】(력) 錫 レキ、くつのそこ soles of shoes 小篆 신바닥력(履下)。

二十一畫

【屭】(희) 寘 キ、さかん ㄒㄧˋ hsi⁴ magnificent 草書 ❶힘우적우적쓸희(力作貌)。❷우리우리할희(壯大貌)。

屮 部

【屮】一(철) 屑 テツ、ソウ、くさ grass 二(초) 皓 ㄔㄜˋ ch'ê⁴

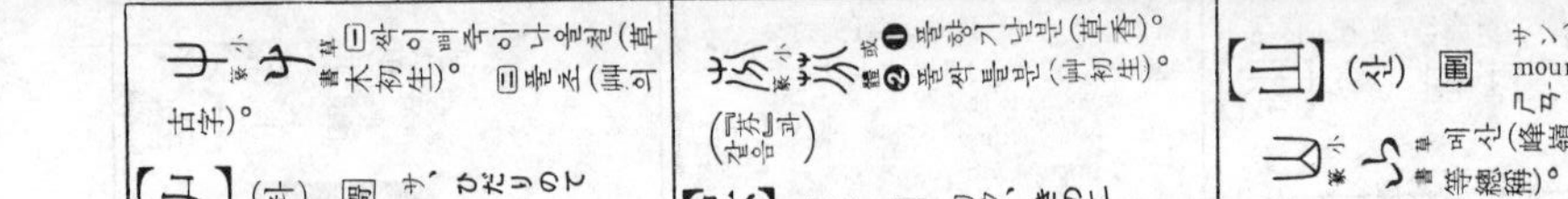

屮 小篆 屮 草書 ㊀싹이삐죽이나올철(草木初生)。 ㊁풀초(艸의 古字)。

【屮】(좌) 哿 サ、ひだりのて left hand 小篆 왼손좌(左手)。(『左』와 같음)

一畫

【屯】㊀(둔) 元 ㊁(준) 眞 トン、チュン、たむろ cantonment ㄊㄨㄣˊ t'uen² 小篆 草書 ㊀❶모일둔(聚也)。❷둔칠둔(勒兵守)。❸둔전둔(一田兵耕)。㊁❶어려울준(難也)。〔易經〕一如邅如。❷두터울준(厚也)。❸아낄준(吝也)。❹괘이름준(卦名)。❺머뭇거릴준(難行)。

二畫

【㞢】(지)『之』(ノ部 3畫)의 古字

【生】(생)『生』(生部 0畫)의 古字

三畫

【屰】(역) 陌 ゲキ、さからう oppose 小篆 ❶거스릴역(逆也)。❷갈래진창역(叉槍也)。(『逆』과 통함)

四畫

【芬】(분) 文 フン、わかいめのにおい (of grass) sprout 小篆 或體 ❶풀향기날분(草香)。❷풀싹틀분(艸初生)。(『芬』과 같음)

【坴】(륙) 屋 リク、きのこ mushroom 小篆 小篆 古文 古文 ❶버섯륙(茸也)。❷풀잎륙(草葉)。

五畫

【㞷】(황) 陽 コウ、しげる flourish 小篆 古文 무성할황(蔓延)。

【每】(매) 賄 バイ、しげる every time 小篆 ❶매양매(每也)。❷풀우거질매(草盛貌)。〔左傳〕原田一一。❸곡척매(正方器)。❹자주매(屢也)。

六畫

【𡴎】(얼) 屑 ゲツ、たかくあぶない steep 小篆 높고위태할얼(高危貌)。

八畫

【毒】(독) 沃 ドク、どく poison 『毒』의 本字。

山 部

【山】(산) 刪 サン、やま mountain ㄕㄢ shan¹ 小篆 草書 메산(峰嶺等總稱)。

山 (解圖略蒙引書四)

二畫

【屳】(침) 侵 シン、やまぶかくはいる deep into a mountain 小篆 산깊이들어갈침(深入山)。

【屴】(력) 職 リョク、やまがたかい (of a mountain)high 산높을력(山高貌)。

三畫

【屹】(흘) 物 キツ、そばだつ aloft 草書 ❶산우뚝할흘(山聳)。〔蘇舜欽詩〕烽臺一一百丈起。❷의연한 모양흘(毅然)。〔宋史 施師點傳〕師點一立、不肯少動。

【屺】(기) 紙 キ、はげやま barren mountain 小篆 小篆 草書 민둥산기(山無草木)。

【屼】(올) 月 コツ、はげやま barren mountain 草書 산이우뚝한모양올(禿山貌)。〔唐樂府〕山屹一兮水淪漣。

【屾】(신) 眞 シン、ふたつのやま two connected mountains 小篆 같이선산신(兩山連接)。

四畫

【𡵓】(종) 東 ソウ、ひくい low ❶낮을종(低也)。❷저물종(暮也)。

【岅】(판)『阪』(阜部 4畫)과 같음

【岈】(하) 麻 カ、やまがふかい empty-valleyed 산골휑할하(山谷空虛)。

【岉】(물) 物 ブツ、やまがたかい (of mountain)high 산높을물(山高貌)。

【岊】(절) 屑 セツ、やまのくま projected 小篆 小篆 산모퉁이가 우뚝내밀절(山之陬隅高處)。〔吳都賦〕夤緣山嶽之一。(『節』과 통함)

【岋】(업) 葉 ゴウ、あぶない dangerous ❶위태할업(危也)。❷흔들리는 모양업(震動貌)。

【岌】(급) 緝 キュウ、たかい、あやうい towering; dangerous ㄐㄧˊ chi² 小篆 草書 ❶산우뚝할급(高貌)。〔爾雅 釋山〕小山一。❷키클급。〔楚辭 離騷〕高余冠之一一兮。❸위태로울급(危也)。〔孟子 萬章上〕天下殆哉一一乎。(『圾』과 같음)

【岐】(기) 支 キ、えだみち rugged ㄑㄧˊ ch'i² 草書 ❶높을기(峻也)。〔詩經〕克一克嶷。❷두개로갈라질기(分支)。

❸산이름기(山名)。【詩經】古公亶父至于ㅣ下。

【岎】(분) 文 フン、やまのわかれめ (of mountains) parted
산갈래질분(山岐)。

【岏】(완) 寒 ガン、やまがとがる (of mountains) sharp-peaked
산뾰족할완(山銳高)。

【岑】㊀(잠) 侵 シン、ギン、みね the peak
㊁(음) 寢 ㄘㄣ ts'en²
小篆 小篆 草書 ㊀❶멧부리잠(山小而高)。【謝靈運詩】明登天姥ㅣ。❷아플잠(痛也)。【漢書外戚傳】我頭ㅣㅣ也,藥中得無有毒。㊁❶기슭음 언덕음(岸也)。❷낭떠러지음(崖也)。【莊子 徐無鬼】未始離於ㅣ。

【岒】(검) 侵 ケン、ちいさくたかい hilly but high
草書 산작고높을검(峰山而高)。

【岓】(기) 微 キ、いし rock near a mountain
산곁에놓여있는돌기(山傍石立)。

【岔】(차) 禡 タ、みつまたみち a three forked road ㄔㄚ ch'a⁴
草書 산길나뉠차(三分路)。

五畫

【岝】(작) 藥 サク、たかい high
草書 산높을작(山峻高)。

【岞】(작)『岝』(前條)과 같음

【岟】(앙) 陽 オウ、ふもと foot
❶후미질앙(峡深邃)。【魏都賦】山林幽ㅣ。❷산골짜기앙(山麓幽ㅣ)。

【岠】(거) 語 キョ、おおやま great mountain
草書 ❶큰산거(泰山)。❷이를거(至也)。【漢書 食貨志】元龜ㅣ冉,長尺二寸。❸상거할거(距也)。【爾雅 釋地】ㅣ齊州以南。

【岡】(강) 陽 コウ、おか mountain ridge ㄍㄤ kang¹·³
小篆 草書 멧등강、산등성이강(山脊)。【詩經小雅天保】如ㅣ如陵。(『崗』은 俗字)

【岢】(가) 哿 カ name of mountain ㄎㄜ k'ê³
❶가람산가(ㅣ嵐太原山名)。❷고을이름가(州名)。

【岣】(구) 宥 コウ、いただき peak ㄍㄡ kou³
草書 ❶산이마구(山顚)。❷산이름구(衡陽山名)。

【岥】(파) 歌 ハ、ななめ (of mountain) steep
산비알질파(斜也ㅣ陁)。

【岧】(초) 蕭 チョウ、たかい aloft ㄊㄧㄠ t'iao²
草書 산이우뚝할초(山高貌)。【張衡西京賦】狀亭亭以ㅣㅣ。

【岨】㊀(저) 魚 ソ、いしやま roky
㊁(조) 語 ㄐㄩ chü¹
小篆 草書 ㊀돌산에흙덮일저(石山戴土)。【說文】ㅣ,石戴土也。㊁❶산울퉁불퉁할조(ㅣ峿山形)。❷험한산길조(山路險也)。【曹植九愁】踐險之危ㅣ。

【岩】(암)『嵒』(山部9畫)『巖』(山部20畫)의 俗字

【岪】(불) 物 フツ、けわしい aloft
小篆 草書 ❶산첩첩할불(山貌ㅣ鬱)。❷산이험하고아주깊숙할불(山險深貌)。【司馬相如子虛賦】盤紆ㅣ鬱。(『岪』과 같음)

【岪】(불) 物 フツ、やまみち bend of a mountain
산굽이불(山曲)。(『岪』과 같음)

【岫】(수) 宥 シュウ、いわあな orifice ㄒㄧㄡ hsiu⁴
小篆 籀文 草書 바위구멍수(岩穴)。【陶潛 歸去來辭】雲無心以出ㅣ。(『㞬』와 같음)

【岬】(갑) 洽 コウ、みさき cape ㄐㄧㄚ chia³
草書 ❶산허구리갑(山脅)。【淮南子】徘徊於山ㅣ之旁。❷줄이느런할갑(ㅣ嵑接連貌)。

【岭】(령) 青 レイ、やまがふかい retired and quiet
산으슥할령(山深貌)。【唐樂府】入ㅣ中而登玉峯。

【岮】(타) 歌 タ、ななめ steep
산비탈질타(岥ㅣ不平貌)。【潘岳賦】裁岥ㅣ以隱嶙。

【岯】(비) 支 ヒ、ビ、かさなる remote
❶산이름비(山名大ㅣ)。❷산첩첩할비(山頂重疊)。(『坯』와 통함)

【岰】(유) 有 ヨウ、やまのまがり curve of a mountain ㄧㄡ yu³
산굽이유(山曲貌)。

【岱】(대) 隊 タイ name of a mountain ㄉㄞ tai⁴
小篆 小篆 草書 산이름대(山名,ㅣ宗)。

【岳】(악)『嶽』(山部20畫)과 같음

【岵】(호) 麌 コ、しげやま thickly-wooded
小篆 산에숲질호(山多草木)。

【屔】(니) 支 ジ、やまのな mountain ㄏㄨ hu⁴
산이름니(山名丘ㅣ)。

【岷】(민) 眞 ミン、ビン、みね peak ㄇㄧㄣ min²
小篆 小篆 草書 ❶민산민(蜀山名)。❷봉우리민(峰也)。

【岸】(안) 翰 カン、きし cliff; shore ㄢ an⁴

【岸】 小篆 草書 ❶언덕안(厓也)。❷낭떠러지안(水涯接處)。〔詩經〕高ㅡ爲谷。❸섬돌안(堦也)。〔西京賦〕襄ㅡ夷塗。❹기운찰안(魁ㅡ雄傑)。〔漢書〕江充爲人魁ㅡ。❺갓비스듬히쓸안(露頂)。〔後漢書〕帝ㅡ幘見馬援。❻나타낼안(ㅡ幘)。❼옥이름안(獄名)。

【岾】(점)〔國字〕 ❶고개점(嶺也)。❷절이름점(楡ㅡ寺)。

六畫

【峇】(갑) 合 コウ、やま mountain ❶산모양갑(山形)。❷산굴갑(山窟)。❸『峆』과 같음。

【峉】(액) 陌 ガク、たかくおおきい high and grand 草書 산이높고웅장할액(山高大貌)。〔楚辭〕山皀兮ㅡㅡ。

【峊】(얼) 屑 ゲツ、やまくずれ be cut off 산끊어질얼(山斷絕屹ㅡ)。

【峋】(순) 眞 シュン、ジュン、おくふかい ㄒㄩㄣˊ hsün² 小篆 草書 후미질순(嶙ㅡ山厓重深貌)。〔甘泉賦〕岭巆嶙ㅡ洞無涯兮。

【峌】(질) 屑 チツ、たかい high 산높을질(山高)。

【峍】(률) 質 リツ、いしがけ cliff 돌비탈률(碌矹山崖)。〔子虛賦〕其山則盤紆岪鬱隆崇律崒。(『嵂』과 같음)

【⿰山兇】(앙) 江 ゴウ、けわしい steep 산가파를앙(山峻貌)。〔韓愈詩〕止敢陵峌ㅡ。

【峎】(언) 阮 ゴン、たかいさか high pass 높은고개언(高坂)。

【峒】 一(동) 東 ドウ、いわあな orifice 二(동) 送 ㄊㄨㄥˊ t'ung² 草書 一산이름동(崆州山名 崆ㅡ)。二산굴동(山穴)。(『洞』과 통함)

【峐】(해) 灰 カイ、はげやま barren mountain 민둥산해(山無草木)。

【峓】(이) 支 イ、やまのな mountain 산이름이(嵎ㅡ東表山名)。(『夷』와 통함)

【峗】 一(위) 支 キ、たかい lofty 二(외) 灰 一산이름위(三ㅡ山名)。二산뾰족할외(山高貌)。

【峘】(환) 寒 カン、たかい high 작은산이큰산보다높을환(小山高於大山)。

【岍】(견) 先 ケン、やまのな mountain ㄑㄧㄢ ch'ien¹ 산이름견(雍州山名)。

【峙】(치) 紙 ジ、そばだつ aloft ㄓˋ chih⁴ 草書 ❶산이우뚝솟을치(屹立)。〔東都賦〕散似驚濤聚似京ㅏ。❷갖출치(具也、共也)。〔詩經〕以ㅡ其粻。❸쌓을치(積也)。〔書經 費誓〕ㅡ乃糗糧。(『跱』와 같음)

【峛】(리) 紙 リ、さかみち slanting 草書 산낮고길리(ㅡ崺山卑長)。〔法言〕觀東岳而知衆山之ㅡ崺。

【峠】(상)〔日字〕とうげ (mountain) pass 草書 고개상、재상(山嶺)。

七畫

【峨】(아) 歌 ガ、たかい high ㄜˊ ê² 小篆 草書 ❶산이높을아(嵯ㅡ山高)。〔陸機詩〕崇山鬱嵯ㅡ。〔詩經 大雅棫樸〕奉璋ㅡㅡ。❷산이름아(ㅡ眉山名)。〔李白詩〕ㅡ眉山月半輪秋。

【峩】(아)『峨』(前條)와 같음

【⿰山那】(나) 箇 ナ、つらなる connected ㄧㄝˊ yeh² 산연접할나(山連接貌)。

【峪】(욕) 沃 ヨク、たに valley ㄩˋ yü⁴ 草書 ❶산골욕(谷也)。❷관의이름욕(關名)。

【峭】(초) 嘯 ショウ、けわしい steep ㄑㄧㄠˋ ch'iao⁴ 草書 ❶높고험악할초、가파를초(峻也)。「ㅡ絕、峻ㅡ」。〔淮南子〕岸ㅡ者必弛。❷급할초(急也)。〔漢書〕晁錯爲人ㅡ直刻深。

【峮】(균) 眞 キン、つらなる ranged 산이연할균(山連貌)。

【⿰山忌】(기) 紙 キ、たかい aloft ❶산우뚝할기(崚峰)。❷산이높은모양기(山高貌)。

【峯】(봉) 冬 ホウ、みね peak ㄈㄥ fêng¹ 小篆 草書 봉우리봉(直上而銳)。〔李白詩〕五老ㅡ爲筆。(『峰』과 같음)

【峱】(노) 豪 ドウ 小篆 草書 산이름노(山名)。(山東省에 있는 山)。〔詩經 齊風還〕遭我乎ㅡ之間兮。

【峰】(봉)『峯』(前前條)과 같음

【⿰山投】(투) 尤 トウ、けわしい steep 산험준할투(山峻貌)。〔揚雄〕ㅡ巃嵸巉

【峴】(현) 銑 ケン、ゲン、とうげ ridge ㄒㄧㄢˇ hsien³ 草書 ❶재현、고개현(嶺小高)。〔謝靈運詩〕迢遞陟陘ㅡ。❷산이름현(中國의湖北省襄陽에 있는山)。

【⿰山宏】(횡) 庚 コウ、たかくけわしい high and steep 산높고험할횡(高峻)。

【島】(도) 皓 トウ、しま island ㄉㄠˇ tao³
小篆 草書 섬도(海中有山可居)。〔書經〕－夷卉服。(『嶋·嶌』로 씀)

【峷】(신) 眞 シン、かみのな demon
두억시니신(神名、似狗有角文身五采)。

【峹】(도) 虞 ト、やまのな mountain
산이름도(會稽山名)。(『塗』와 통함)

【⿰山妥】㊀(퇴) 賄 タイ、やまがたかい ㊁(타) 哿 high ; far-extended
㊀산높을퇴(山高貌)。 ㊁산긴모양타(長山貌)。

【峻】(준) 震 シュン、けわしい steep ㄐㄩㄣˋ chün⁴
小篆 或體 草書 ❶높을준(高也)。❷높고 클준(高大)。〔中庸〕－極于天。❸혹독할준(嚴也)。〔史記 酷吏傳〕吏務爲嚴－。❹클준(大也)。〔大學〕克明－德。❺험할준(險也)。「高－、－險」。(『駿』과 通함)

【峆】(함) 覃 ガン、おおたに broad valley
❶큰골함(大谷)。〔集韻〕－、大谷也。❷산이 깊은모양함(山深貌)。

【峽】(협) 洽 キョウ、はさま gorge ㄒㄧㄚˊ hsia²
草書 ❶물낀 두메협、물낀 산골협(山峭夾水)。〔荆州記〕三－兩岸連山無斷處。❷산이름협(山名)。

【⿱沂山】(은) 眞 ギン、みずのうずまき (of water) meander
물이 굽이쳐돌아나같은(水回旋貌－崙)。〔郭璞江賦〕－崙 瀤乍浥乍堆。

【峿】(어) 語 ギョ、ゴ、くいちがう rugged ㄨˊ wu²
❶산이울퉁불퉁할어(險也)。❷산이름어(山名嶇－)。

【峌】(형)『陘』(阜部 7畫)과 같음

八 畫

【崆】㊀(공) 東 コウ、そばたつ aloft ㊁(강) 江 ㄎㄨㄥ k'ung¹
草書 ㊀산이우뚝할공(山高貌)。❷산이름공「－峒」。(『空』과 通함) ㊁가파를강(險也)。

【崇】(숭) 東 シュウ、ス、たかい nobility ㄔㄨㄥˊ ch'ung²
小篆 草書 ❶높을숭(高貴)。〔易繫辭〕－高莫大於富貴。❷높일숭(尊也)。「－拜、－敬」。〔禮配 祭統〕－事宗廟社稷。❸공경할숭(敬也)。〔書經〕欽－天道。❹채울숭(充也)。❺모을숭(聚也)。〔儀禮〕主人再拜－酒。❻마칠숭(終也)。〔詩經〕福祿來－。❼귀인숭(貴人)。〔詩經〕誰謂宋 遠曾不－朝。❽산이름 숭 (山名五岳之一)。〔左傳 宣公十二年〕師叔楚之－也。

【崈】(숭)『崇』(前條)과 같음

【⿰山果】(괴) 賄 カイ、けわしい steep
산험할괴(山險)。

【崋】(화) 禡 カ、はなやか ㄏㄨㄚˋ hua⁴
小篆 草書 ❶산이름화(山名)。❷「華」와 같음。

【崌】(거) 魚 キョ、ふかい deep (retired) mountain
깊은산거(深也)。

【崍】(래) 灰 ライ、やまのな mountain
산이름래(印－蜀山名)。

【崎】(기) 支 キ、けわしい risky ㄑㄧˊ ch'i²
草書 산길험할기(山路險峻)。(「埼」와 通함)

【崟】(음) 侵 ギン、みね peak ㄧㄣˊ yin²
小篆 小篆 草書 ❶멧부리음 (山頂)。❷산높을음(山高嶔－)。〔杜甫詩〕挽葛上崎－。

【崐】(곤)『崑』(山部 8畫)과 같음

【崒】(줄) 質 シュツ、けわしい steep
小篆 草書 ❶산높을줄(山高)。❷위태로울줄(危也)。

【崓】(고) 遇 コ、しま island
섬고(島也)。〔宋史〕出沒島－。

【崔】(최) 灰 サイ、たかい aloft ㄘㄨㄟ ts'uei¹
小篆 草書 ❶산우뚝할최(山高貌－嵬)。❷높고가파를최。〔何晏景福殿賦〕高甍－嵬。❸성최(姓也)。❹고을이름최(齊邑名)。

【崑】(곤) 元 コン name of a mountain ㄎㄨㄣ k'uen¹
小篆 草書 곤륜산곤(山名－崙山)。

【崕】(애)(의)『崖』(次條)와 같음

【崖】㊀(애) 佳 ガイ、ギ、がけ cliff ㊁(의) 支 ㄧㄞˊ yai²
小篆 草書 ㊀❶낭떠러지애 (水邊－岸)。〔郭璞江賦〕觸曲－以縈繞。❷변덕많을애。〔康熙字典〕不和物曰－岸。❸땅이름애「－山」。㊁언덕의(岸也)。

【⿰山臽】(감) 感 カン、あな pit in a mountain
산구덩이감(山坑)。

【崘】(륜)『崙』(次條)과 같음

【崙】(륜) 元 ロン name of a mountain ㄌㄨㄣˊ luen²
小篆 草書 ❶곤륜산륜(崑－山名)。❷나라 이름 륜(荒服國名)。(『侖』과 통함)

【崚】(릉) 蒸 リョウ、たかい high ㄌㄥˊ lêng²
草書 산이언틀먼틀할릉(—嶒山貌)。〔沈約詩〕－嶒起靑嶂。

【崛】(굴) 物 クツ、そばだつ aloft ㄐㄩㄝˊ chüeh²

崛 小篆 草書 ❶산높을굴「ㅣ起、ㅣ然」。❷불끈솟을굴(勃起貌)。【揚雄 甘泉賦】洪臺ㅣ其獨出兮。(『崫』과 통함)

【嵲】(열) 屑 ケツ、たかい high
산높을열(山高)。

【㟍】(장) 陽 ショウ、けわしい precipitous
小篆 험할장(險也)。

【崝】(정) 庚 セイ、けわしい precipitous
小篆 ❶험하고높을정(險高貌)。❷깊을정(深也)。

【崞】(곽) 藥 カク、くにのな place name
小篆 땅이름곽(地名)。

【崟】(음) 侵 ギン、むかいあう face each other
산이마주향할음(山相對)。

【崢】(쟁) 庚 ソウ、たかい steep ㄓㄥ ch'êng¹
草書 ❶가파를쟁(險也)。❷산높을쟁(山峻ㅣ嶸)。(『崝』과 같음)

【崣】(위) 紙 イ、やまたかい lofty
산높을위(山高)。

【崤】(효) 肴 コウ ㄧㄠ yao²
草書 ❶산이름효(河南省河南府所在)。【賈誼 過秦論】秦孝公據ㅣ函之固。❷내이름효(河名)。

【崦】(엄) 鹽 エン、ひのいるやま mountain of sun set ㄧㄢ yen¹
草書 해지는산이름엄(ㅣ嵫日入所山名)。【離騷經】望ㅣ嵫而勿迫。

【崧】(숭) 東 スウ、そばだつ great mountain ㄙㄨㄥ sung¹
草書 ❶산불끈솟을숭(竦也)。【詩經 大雅 崧高】ㅣ高維嶽。❷산웅장할숭(山高而大)。❸산이름숭(高麗山名ㅣ岳)。(『嵩』과 같음)

【崩】(붕) 蒸 ホウ、くずれる collapse ㄅㄥ pêng¹
小篆 古文 草書 ❶산무너질붕(自上墜下山壞)。【春秋】沙鹿ㅣ。❷황제가죽을붕(殂落)。「ㅣ御」。【穀梁傳】高曰ㅣ厚曰ㅣ尊曰ㅣ。❸부서질붕(破也)。【論語陽貨】三年不爲樂、樂必ㅣ。

【崨】(첩) 葉 ショウ、つらなる connect
이을첩(連也)。

【崗】(강)『岡』(5畫)의 俗字

九畫

【崱】(측) 職 ソク、たかくけわしい grand mountain
❶산이웅장할측(ㅣ屴山大貌)。❷산맥이연해있을측(山連)。【劉峻詩】開軒望嶄ㅣ。

【崲】(황) 陽 コウ、みずうみ な lake
늪이름황(湖名休ㅣ)。

【嵔】(외) 佳 アイ、けわしい steep ㄨㄟ wei¹
草書 평평치아니할외(不平貌)。

【崵】(양) 陽 ヨウ、とおいやま remote mountain
小篆 먼산양(遠山)。

【崷】(추) 尤 シュウ、とおくたかい high and far
산길고우뚝할추(ㅣ崒山長而高貌)。

【崺】(이) 紙 イ、ひくくながい low and far
산이낮고길이(峛ㅣ山卑長貌)。【法言】觀東岳而知衆山之峛ㅣ。

【崻】(치) 紙 チ、そばだつ loft
우뚝솟을치(聳立貌)。

【崽】㊀(재) 賄 シ、むすこ son ㄗㄞ tsai³ ㊁(새) 佳
草書 ㊀❶자식재(子也)。❷저재(彼稱)。㊁뜻은 ㊀과 같음。

【嵁】(감) 覃 カン、けわしい steep
草書 산험할감、바위너설감(ㅣ巖不平貌)。【莊子】大山ㅣ巖之下。

【崿】(악) 藥 ガク、がけ cliff ㄜ ê⁴
草書 ❶낭떠러지악(崖也)。【謝靈運詩】連嶂疊巘ㅣ。❷벼랑악(岸也)。【郭璞江賦】碕嶺爲之嵒ㅣ。❸높고가파를악(山高而峻也)。

【㟧】(악)『崿』(前條)과 같음

【嵂】(률) 質 リツ、けわしい steep ㄌㄩ lü⁴
草書 산가파를률(ㅣ崒山高峻貌)。【子虛賦】隆崇ㅣ崒。

【嵃】(언) 霰 ゲン、けわしい steep
산가파를언(ㅣ峭高峻貌)。【西征賦】峻ㅣ峭以繩直。

【嵋】(미) 支 ビ ㄇㄟ mei²
草書 산이름미(峨ㅣ蜀山名)。

【嵆】(혜)『嵇』(次條)와 같음

【嵇】(혜) 齊 ケイ name of a mountain ㄐㄧ chi¹
小篆 草書 ❶산이름혜(中國河南省所在)。❷사람의성혜「ㅣ康(三國魏)」。

【嵌】(감) 感 カン、ふかいたに deed valley ㄑㄧㄢ ch'ien¹
小篆 草書 ❶깊은골감(ㅣ巖深谷)。【甘泉賦】ㅣ巖巖其龍鱗。❷결굴감(坎旁孔)。❸깊은산감(深山ㅣ巉)。

【嵎】(우) 虞 グ、グウ、すみ、くま spur of a mountain ㄩ yü²
小篆 草書 ❶산굽이우(山曲)。【孟子】虎負ㅣ。【支遁詩】息肩棲南ㅣ。❷해돋이우(ㅣ夷日出處)。

(『隅』와 通함)

【嵕】(종) 東 ソウ、そばたつ aloft
小篆 ❶봉우리가 쭝긋쭝긋할종(峯聚)。【校獵賦】虎路山ㅣ。❷산이름종(馮翊山名九ㅣ)。

【嵐】(람) 覃 ラン、あらし rainstorm ㄌㄢˊ lan²
小篆 草書 ❶아지랑이람(山氣蒸潤)。「山氣」。【謝靈運西射堂詩】夕曛ㅣ氣陰。❷폭풍람(暴風)。【一切經音義】ㅣ山風也。

【嵔】㊀(위) 尾 イ、たかい ㊁(외) 賄 high
㊀산 구불퉁구불퉁할위(山盤曲貌崔ㅣ)。㊁산높을외(山高)。

【嵑】(갈) 曷 カツ、そびえる aloft
草書 산우뚝할갈(特立孤山)。(『碣』과 通함)

【嵔】(외) 賄 ワイ、やまのな mountain
❶산이름외(山名)。❷산높을외(山高貌)。

【嵒】(암) 咸 ガン、いわお rock ㄧㄢˊ yen²
小篆 ❶바위암(山巖)。【嵇康 琴賦】盤紆隱深崔嵬ㅣ。❷산우뚝할암(嶃ㅣ山高貌)。(『巖』과 通함)

【嵓】(암)『嵒』(前條)과 같음

十畫

【嵊】(승) 徑 ショウ、やまのな mountain ㄕㄥˋ shêng⁴
산이름승(山名)。

【嵞】(도) 虞 ト、やまのな mountain
小篆 ❶산이름도(山名)。❷『塗』와 通함 ❸『峹』와 같음。

【嵦】(애) 泰 アイ、いただき peak
메봉우리끝애(山尖極端)。

【嵭】(명) 梗 メイ、くらい (of a mountain)dark
산기운어둘명(山氣暗昧)。

【嶏】(비) 紙 ヒ、くずれる crumble
小篆 무너질비(壞也)。

【嵟】(퇴) 灰 賄 タイ、たかい high
小篆 높을퇴(高也)。

【嵣】(당) 陽 トウ、やまのまがり bend of a mountain foot
산굽이당(山隈)。

【嵤】(형) 青 ケイ、おくふかい remote
❶산으슥할형(峆ㅣ山深貌)。❷산가파를형(崢ㅣ山峻貌)。

【嵥】(걸) 屑 ケツ、きわめてたかい loftiest
한없이높을걸(高也無比)。

【嵫】(자) 支 シ、けわしい lofty ㄗ tzŭ¹
해지는 산이름자(崦ㅣ日入山)。

【嵩】(숭) 東 スウ、とうとぶ high ㄙㄨㄥ sung¹
小篆 草書 ❶높을숭(高也)。❷산이름숭(山名)。

【嵬】㊀(외) 灰 カイ、けわしい aloft ㊁(외) 賄 ㄨㄟˊ wei²
小篆 草書 ㊀산뾰족할외(崔ㅣ高貌)。【詩經】陟彼崔ㅣ。㊁산울뚝질뚝할외(嵔ㅣ山高下貌)。【魏都賦】或ㅣ嵔而複陸。

【嵬】(괴)『嵬』(前條)와 같음

【嵯】㊀(차) 歌 サ、けわしい lofty ㊁(치) 支 ㄘㄨㄛˊ ts'uo²
小篆 草書 ㊀산높을차(ㅣ峨山石貌)。【唐詩】稽山罷霧鬱ㅣ峨。㊁산울뚝질뚝할치(嵾ㅣ山不齊貌)。

【嵳】(차)『嵯』(前條)와 같음

【嵱】(용) 冬 ヨウ、やまのみね many-peaked
봉우리 쭝긋쭝긋할용(ㅣ嵷山峯上下衆多貌)。

【嵲】(얼) 屑 ケツ、やまがたかい high
산높을얼(嵽ㅣ山高貌)。

十一畫

【嵷】㊀(종) 董 ショウ、ソウ たかい ㊁(송) 腫 aloft
㊀산높을종(巃ㅣ、 山高貌)。【上林賦】巃ㅣ崔巍。㊁뾰족한 봉우리송(嵱ㅣ山峯貌)。

【嵺】㊀(교) 肴 リョウ、そびえる ㊁(료) 蕭 very lofty
㊀산불끈솟을교(山聳貌)。㊁뜻은 ㊀과 같음。

【嵼】(산) 潸 サン、まがりくねったやま zigzag
산이 구불퉁구불퉁할산(嵃ㅣ 山屈曲貌)。

【嶚】(료) 蕭 リョウ、ふかくむない retired and empty
산속이휑할료(山深空貌)。

【嵽】㊀(절) 屑 テツ、たかい ㊁(제) 霽 high-peaked
㊀산우뚝할절(山突兀貌)。【西京賦】直ㅣ嵲以高居。㊁뜻은 ㊀과 같음。

【嵾】(참) 侵 シン、ひとしくない unevenly-peaked
산이울멍줄멍할참(山不齊貌)。(『參』과 通함)

【嵾】(참)『嵾』(前條)과 같음

【嶂】(장) 漾 ショウ、みね lofty ㄓㄤˋ chang⁴
草書 ❶산봉우리둘릴장(峯如屛障)。【沈約詩】峻嶒起靑ㅣ。❷험하게 연달아 있는봉우리장(連峯峻貌)。

【嶁】(루) 有 麌 ロウ、かけ brow ㄌㄡˇ lou³
草書 ❶산이름루(岣ㅣ衡山峯名)。❷산이마루(山巓)。

【嶃】(참)『嶄』(前條)과 같음

【嶄】(참) 咸 ザン、けわしい steep ㄓㄢ chan³
(草書) ❶산높을참(山高峻貌)。〔丘遲詩〕ㅣ絶峯殊狀。❷산봉우리가 뾰족한 모양참(ㅣ巖尖銳貌)。(『巉』과 같음)

【嶅】(오) 肴 ゴウ、いしやま stony mountain
(小篆) ❶산에돌이 많을오(山多小石)。❷산우뚝할오(山高貌)。(『嶴』와 通함)

【[山敖]】(오)『嶅』(前條)와 같음

【嶖】(표) 篠 ヒョウ、みね ridge
❶산이마표(山巓)。❷산마루표。

【嶆】(조) 豪 ソウ、ふかくむなしい retired and empty
산속휑할조(山深空貌)。

【嶇】(구) 虞 ク、けわしい steep ㄑㄩ ch'ü¹
(草書) ❶산길언틀먼틀할구(崎ㅣ山路不平)。〔西征賦〕軌崎ㅣ以低仰。❷산가파를구(山峻)。❸위태로운모양구(嶮危貌)。

【[山敞]】(창) 養 ショウ、やまのよりあい close to each other
산이서로닿은듯할창(山相摩貌)。

【嶈】(장) 陽 ショウ、おおやま great mountain
❶산이높고클장(山高貌)。❷물이 마주쳐 산을울릴장(水激山聲)。

【嶉】(주) 紙 スイ、やまのまがり bend of a mountain foot
산굽이주(山隈)。

【嶌】(도)『島』(山部7畫)와 같음

【嶋】(도)『島』(山部7畫)와 같음

十二畫

【嶏】(배) 隊 ハイ、くずれるおと collapsed sound
(小篆) ❶산무너지는소리배(山崩聲)。❷바위떨어지는 소리배(巖隕聲)。

【[山卷]】(건) 阮 ケン、やまのまがり bend
산굽을건(山曲)。

【[山間]】(간) 諫 カン、たにみず water flowing a valley
산골물간(山夾水)。(『澗·礀』과 같음)

【[山童]】(동) 東 トウ、はげやま barren mountain
민둥산동(山無木草)。

【嶒】(증) 蒸 ソウ、そばだつ lofty ㄘㄥ ts'êng²
(草書) 산이언틀먼틀할증(崚ㅣ山貌)。〔何遜詩〕絶壁駕崚ㅣ。

【[山虛]】(허) 魚 キョ、けわしい steep (本音「거」)
산길험할허(山路峻)。

【嶓】(파) 歌 ハ、やまのな mountain ㄅㄛ po¹
산이름파(梁州山名)。

【嶔】(금) 侵 キン、そばだつ rise ㄑㄧㄣ ch'in¹
(草書) ❶산불끈솟을금(山勢聳立貌)。❷산골어귀금(山開張其口)。〔范曄詩〕隨山上嶇ㅣ。

【嶕】(초) 蕭 ショウ、みね ridge
(草書) ❶산이마초(山巓)。❷산이우뚝하게높은모양초(山高貌)。〔東都賦〕別風ㅣ嶢。

【[山集]】(집) 緝 シュウ、たかい lofty and remote
❶높고첩첩할집(山高而重疊貌)。❷산이높을집(山高貌)。

【[山集]】(집)『[山集]』(前條)과 같음

【嶘】(잔) 諫 サン、きわたかい aloft
(小篆) 산우뚝할잔(尤高)。〔元結閔中嶺樂府〕大淵蘊蘊兮絶ㅣ岌岌。

【嶙】㊀(린) 軫 ㊁(린) 眞 リン、さか sloping ㄌㄧㄣ lin²
(小篆)(草書) ㊀산비탈질린(山峻貌)。㊁산층대질린(山節級貌)。

【嶚】(료) 蕭 リョウ、たかい high
높을료(高也)。〔魏都賦〕劍閣雖ㅣ憑之者蹶。(『嵺』와 같음)

【嶛】(료)『嶚』(前條)와 같음

【嶜】(침) 侵 シン、たかくけわしい lofty
(草書) 산봉우리가 뾰족할침(高銳貌)。〔羽獵賦〕玉石ㅣ崟。

【嶝】(등) 徑 トウ、さかみち sloping road ㄉㄥ têng⁴
(草書) ❶작은비탈등(小坂)。❷산비탈진길등(登陟道)。〔蘇軾詩〕上山絶梯ㅣ。(『磴』과 같음)

【嶞】(타) 哿 ダ、たかい aloft
(小篆)(草書) 회리봉타(山小而銳)。

【嶟】(준) 元 ソン、そびえる lofty
(草書) 산우뚝솟을준(山高貌)。

【嶠】(교) 嘯 キョウ、やまみち mountain path ㄐㄧㄠ chiao⁴
(小篆)(草書) ❶산길교(山逕)。〔顔延之詩〕山祇蹕ㅣ路。❷산쭈뼛할교(山銳而高)。❸산 이름교(山名)。〔列子 湯問〕渤海之東、其中有五山焉、二曰員ㅣ。(『喬』와 通함)

【嶡】㊀(귀) 霽 ㊁(궐) 月 ケイ、そばだつ aloft ㄐㄩㄝ chüeh²
㊀산이불끈솟을귀(山崛起貌)。㊁도마이름궐(俎名)。

嶡 俎 (三才圖會)

【嶢】(요) 蕭 ギョウ、たかい high ㄧㄠ yao²
(小篆)(小篆)(草書) 높을요(高也)。

十三畫

【嶦】(첨) 鹽 セン、みね ridge
❶봉우리첨(山峯)。❷산비탈첨(山阪)。

【嶨】(학) 覺 カク、いわのおおいやま rocky
小篆 산에바위많을학(山多石)。

【嶧】(역) 陌 エキ、つらなるみね range of mountain 一ˋ i⁴
小篆 草書 ❶산이름역(嶧ㅣ山)。「山東省兗州府所在」。❷연달아있는산역(連山)。(『繹』과 通함)

【嶪】(업) 葉 ギョウ、けわしい high and steep
草書 산이 높고 웅장할업(高壯貌)。【杜甫詩】岌ㅣ土囊口。

【嶬】(의) 紙 ギ、けわしい lofty
❶산꺾아지른듯할의(山峯巉巖)。【靈光殿賦】上崎ㅣ而重注。

【嶵】(죄) 賄 サイ、けわしい steep
❶험준할죄(險峻貌)。❷높을죄(高貌)。

【嶭】㊀(알) 曷 ㊁(얼) 屑 ゲツ、けわしい steep
小篆 ㊀산가파를알(山高峻貌)。【上林賦】九嵕嶻ㅣ。㊁뜻은 ㊀과 같음。

【嶮】(험) 琰 ケン、けわしい steep Tㄧㄢˇ hsien³
草書 산가파를험(高峻貌)。【嵇康琴賦】丹崖ㅣ巇青壁萬尋。

【嶰】(해) 蟹 カイ、ゲ、たに gorge Tㄧㄝˋ hsieh⁴
草書 ❶골이름해(곤륜산「崑崙山」의 北쪽에 있는 골(谷)이름)。❷골짝사이해(山澗)。

【嶱】(갈) 曷 カツ、いしがたかくけわしい (of a stone) high
돌우뚝할갈(石高)。

【嶲】(쉬) 紙 スイ ムㄨㄟˇ suei³
草書 고을이름쉬(地名)。

十四畫

【嶷】㊀(의) 支 ㊁(억) 職 ギ、ぬきんでる precocity 一ˊ i²
小篆 草書 ㊀산이름의(九ㅣ山名)。「湖南省永州府所在」。(『疑』와 通함) ㊁❶숙성할억「아이가 영리(伶俐)한것」。【詩經 大雅生民】克岐克ㅣ。❷높을억(高也)。【史記帝嚳紀】其德ㅣㅣ。

【嶺】(령) 梗 レイ、みね、とうげ ridge カㄧㄥˇ ling³
小篆 草書 ❶고개령、재령(山肩通路)。❷산길령。❸산봉우리령(山峯)。(『領』과 통함)

【嶸】㊀(영) 庚 ㊁(횡) 庚 エイ、たかい lofty ㄖㄨㄥˊ jung²
小篆 草書 ㊀산높을영(山峻貌)。【西都賦】金石崢ㅣ。㊁뜻은 ㊀과 같음。

【巀】㊀(찰) 曷 ㊁(절) 屑 サツ、セツ、けわしい steep
㊀산가파를찰(山高峻貌)。【上林賦】九嵕ㅣ嶭。㊁비탈절(山阪)。

【嶼】(서) 語 ショ、しま island ㄩˇ yü³
小篆 草書 섬서、뭍의섬서(陸島)。「水中에 있는 작은 山、또는 洲」。「島ㅣ(島는大、ㅣ는小)」。

【嶽】(악) 覺 ガク、たけ great mountain ㄩㄝˋ yüeh⁴
小篆 古文 草書 ❶큰산악(山宗)。❷엄하고 위엄있는모양악。【漢書 朱雲傳】五鹿ㅣㅣ、朱雲折其角。(『岳』에 通함)

【嶾】(은) 吻 イン、けわしい steep
산가파를은(山峻貌)。

十五畫

【巀】(찰) 曷 サツ、たかくけわしい lofty and steep
小篆 ❶산높고 가파를찰(高峻貌)。❷산이름찰(山名)。

【巁】㊀(례) 霽 ㊁(렬) 屑 レイ、たかい lofty
小篆 ㊀산높을례(巍高)。㊁산높을렬(巍高)。

【𡾋】(뢰) 賄 ライ、けわしい rugged
울퉁불퉁할뢰(山高下貌)。【魏都賦】或ㅣ嵬而複陸。

十六畫

【巃】(롱) 東 ロウ、けわしい steep
산가파를롱(山峻貌)。【上林賦】崇山矗矗ㅣ嵷崔巍。

【裹】(괴) 佳 カイ、けわしい precipitous-valleyed
산골험할괴(山谷嶮貌)。

十七畫

【巆】(형) 庚 コウ、やまがふかい remote
산골으슥할형(山深貌)。

【巉】(참) 咸 ザン、けわしい lofty ㄔㄢˊ ch'an²
草書 ❶높을참(高也)。❷산꺾아지른듯할참(山嶮絶如削)。【高唐賦】登ㅣ巖而下望兮。(『嶃·嶄』과 같음)

【巇】(희) 支 ギ、あやうい dangerous Tㄧ hsi¹
草書 ❶산가파를희(山危險貌)。【張九齡詩】經途避嶮ㅣ。❷틈희(釁隙)。【揚子法言】ㅣ可抵乎。

【𡾹】(건) 銑 ケン、まがりくねり zigzag
산구불퉁구불퉁할건(山屈曲貌)。(『蹇』과 通함)

【巊】(영) 梗 エイ、やまがふかい gloomy ; dark
산기운어둠침침할영(山氣暗昧)。

【巋】㊀(규) 支 ㊁(규) 寘 キ、たかい aloft ㄎㄨㄟ k'uei¹

草書 ㊀가파를규(高峻貌)。㊁산오뚝할규(ㅣ然獨貌)。【莊子】ㅣ然有餘。

【巌】(암)『巖』(山部20畫)과 같음

十八畫

【巍】(외) 微 ギ、たかい high ㄨㄟ wei² (本音「위」)
小篆 草書 ❶높을외(高峻貌)。【論語】ㅣㅣ乎唯天爲大唯堯則之。❷높고큰모양외(高大貌)。【論語泰伯】ㅣㅣ乎、舜禹之有天下也。

【⿰山雙】(송) 腫 ショウ、みねがそびえたつ high-peaked
산봉우리가 우뚝할송(山峰峻貌)。【杜甫】風御冉以縱ㅣ。

十九畫

【巑】(찬) 寒 サン、つらなる range of mountain
草書 ❶산쭝긋쭝긋할찬(竦列貌)。【高唐賦】盤岸ㅣ岏。❷산이 연달아있는 모양찬(山連貌)。【楚辭 九歎】登ㅣ岏以長企兮。

【巒】(만) 寒 ラン、みね peak ㄌㄨㄢ luan² (本音「란」)
小篆 草書 ❶산봉우리만(山圓峯)。❷작고뾰족한산만(山小而銳)。【楚辭】登石ㅣ而遠望兮。❸산둘러있을만。

【巓】(전) 先 テン、いただき top ㄉㄧㄢ tien¹
草書 산꼭대기전(山頂)。【謝惠運詩】縱巒萬尋ㅣ。【詩經】釆苓釆苓首陽之ㅣ。(『顚』에 通함)

【⿰山靡】(미) 紙 ビ、けわしい steep
❶산모양미(山貌)。❷산험할미(山嶮峻貌)。

二十畫

【巖】㊀(암) 咸 ㊁(엄) 鹽 ガン、ゲン、いわお rock ㄧㄢ yen²
小篆 草書 ㊀❶바위암(石窟)。❷험할암(險也)。【左傳】制ㅣ邑也。❸산가파를암(高峻貌)。【上林賦】嶄ㅣ嵾嵯。❹대궐곁채암(ㅣ廊殿廡)。【漢書】虞舜之時遊於ㅣ廊之上。(『岩』과 같음) ㊁높을엄(高貌)。【詩經】泰山ㅣㅣ。

【巗】(암)『巖』(前條)과 같음

【巘】(헌) 阮 ケン、みね peak ㄧㄢ yen³ (本音은「언」)
草書 ❶시루봉헌(山形如甑)。❷봉우리헌(峯也)。【南都賦】坂坻巀嶭而成ㅣ。

二十一畫

【⿰山齧】(얼) 屑 ゲツ、はなれやま be separated
산따로떨어질얼(山斷絕貌峗ㅣ)。

二十四畫

【⿱山靈】(령) 靑 レイ、やまがふかい deep
산깊을령(山深貌)。

二十九畫

【⿰山鬱】(울) 物 ウツ、かすみかかる foggy
❶산에연기낄울(山烟掩貌)。❷산에안개자욱할울(山霞掩貌)。

巛 部

【巛】(천)『川』(次條)과 같음

【𡿨】(견) 銑 ケン、こみぞ ditch ㄑㄩㄢ ch'üan³
小篆 古文 籀文 도랑견(溝也)。

【巜】(괴) 泰 カイ、おおみぞ large ditch ㄎㄨㄞ k'uai⁴
小篆 큰도랑괴(大溝也)。

【川】(천) 先 セン、かわ stream ㄔㄨㄢ ch'uan
小篆 草書 ❶내천(通流水)。【書經】奠高山大ㅣ。❷굴천(坑也)。

三畫

【⿱巛冂】(렬) 屑 レツ、みずのながれ flow
小篆 물흐를렬(水流貌)。

【州】(주) 尤 シュウ、ス、さと、くに country ㄓㄡ chou¹
小篆 古文 草書 ❶고을주(郡縣)。❷주주(行政區劃名)。❸섬주(水中可居)。(『洲』와 通함)

四畫

【巠】(경) 迥 ケイ、ちかすい、water-course
小篆 古文 물줄기경(水脈)。

【⿱巛日】㊀(일) 質 ㊁(견) 銑 イツ、ながれる flow
小篆 ㊀물흐를일(水流)。㊁뜻은㊀과 같음。

【巡】(순) 眞 ジュン、めぐる patrol; circulate ㄒㄩㄣ hsün²
小篆 草書 ❶돌순(廻也)。❷순행할순(視行)。❸돌며살필순。【書經】五載一ㅣ守。❹두루순(徧也)。【左傳】楚師分涉于彭羅人欲伐之使伯嘉諜之三ㅣ數之。❺굽신거릴순(却退貌)。

八畫

【巢】(소) 肴 ソウ、す nest ㄔㄠ ch'ao² (古音「초」)
小篆 草書 ❶새집소(鳥棲)。❷집지을소。【莊子逍遙遊】鷦ㅣ林、不過一枝。❸새보금자리소。【詩經】維鵲有ㅣ維鳩居之。❹적진망보는 높은 수레소(轈車)。❺도둑굴소(賊窟)。

❻큰피리소(大笙)。❼채소이름소(菜名)。

【巣】(소)『巢』(前條)의 略字

【⿴或巛】(익) 職 ヨク、ながれる flow

小篆 흐를익(流也)。

十二畫

【巤】(렵) 葉 リョウ、たてがみ mane

小篆 ❶목갈기렵(毛ㅡ)。❷근본렵(根本)。❸쥐털렵(鼠髮)。

工 部

【工】(공) 東 コウ、ク、たくみ、さいく artisan ㄍㄨㄥ kung¹

小篆 古文 草書 ❶공교할공(巧也)。【詩經】ㅡ祝致告。❷장인공、공장공(匠也)。【禮記】天子之六ㅡ、曰土ㅡ、金ㅡ、石ㅡ、木ㅡ、獸ㅡ、草ㅡ。❸벼슬공(官也)。【書經】允釐百ㅡ。❹만들공(製作)。

二畫

【左】㊀(좌) 哿 ㊁(좌) 箇 サ、ひだり left ㄗㄨㄛˇ tsuo³

小篆 草書 ㊀❶왼좌(右之對)。❷왼쪽갈좌(左行)。【十八史略】欲ㅡㅡ。❸그를좌、어긋날좌(反也)。【左傳 襄公十年】天子所右寡君亦右之、所ㅡ亦ㅡ之。❹심술 궂을좌、패리좌(悖理)。「ㅡ還」。「ㅡ道」。❺물리칠좌(黜也)。❻증거할좌(證也)。【左傳】ㅡ驗明白。㊁도울좌(助也)。(『佐』와 通함)

【巧】(교) 巧 コウ、たくみ skill; tactful ㄑㄧㄠˇ ch'iao³

小篆 草書 ❶교묘할교(拙之反)。【周禮】材有美工有ㅡ。❷훌륭한 솜씨교。「ㅡ妙、技ㅡ」。【漢書 王莽傳】與ㅡ者刳剝之。❸거짓말을 꾸밀교。【論語 學而】ㅡ言令色、鮮矣仁。❹재능교(技能)。❺공교할교(機ㅡ)。❻똑똑할교(黠慧)。【道德經】大ㅡ若拙。❼어여쁠교(好也)。【詩經】ㅡ笑倩兮。

【巨】(거) 語 キョ、おおきい big; huge ㄐㄩˋ chü⁴

小篆 或體 古文 草書 ❶클거(大也)。【孟子】爲ㅡ室。❷많을거(鉅也)。「ㅡ多」。【史記 平準書】京師之錢、累ㅡ萬。❸억거(萬萬數也)。(『鉅』와 같음)

三畫

【巪】(거) 國字 사람의 이름거(人名)。「林ㅡ正」。

四畫

【巩】(공) 腫 キョウ、かかえる embrace

小篆 或體 안을공、품을공(擁也)。

【巫】(무) 虞 フ、みこ witch ㄨ wu¹·²

小篆 古文 草書 ❶무당무(ㅡ祝事無形以舞降神者)。【楚語】男曰覡女曰ㅡ。❷산이름무(廬縣山名)。

七畫

【差】㊀(차) 麻 ㊁(치) 支 ㊂(채) 佳 ㊃(채) 卦 サ、シ、たがう difference ㄔㄚ ch'a¹·⁴

小篆 籀文 草書 ㊀❶어기어질차(舛也)。【漢書】失之毫釐ㅡ以千里ㅡ。❷가릴차(擇也)。【詩】穀旦于ㅡ。❸이름차(人名)。❹다를차(異也)。【韓愈詩】颶風有時作掀簸眞ㅡ事。㊁❶어긋날치、층날치(不齊)。【詩經】參ㅡ荇菜。❷오르락나리락할치(燕飛)。【詩經 邶風 燕燕】燕燕于飛、ㅡ池其羽。❸구분지을치(區分)。「等ㅡ」。㊂❶버금채(貳也)。❷가릴채(擇也)。❸부릴채(使也)。【唐書】宣宗詔曰凡役事委令輪ㅡ。❹보낼채(遣也)。㊃❶지나칠채(過也)。【離騷經】同論道而莫ㅡ。❷견줄채(較也)。【左傳】拔旗投衡使不帆風ㅡ輕。❸병나을채(病愈)。

十二畫

【⿱众工】(차)『差』(工部 7畫)의 古字

己 部

【己】(기) 紙 キ、コ、おのれ self ㄐㄧˇ chi³

小篆 古文 草書 ❶몸기、저기(身也)。【書經】舍ㅡ從人。❷사사기(私也)。【論語】克ㅡ復禮。❸마련할기(紀也)。【詩經】式夷式ㅡ。❹여섯째 천간기(天幹第六位)。(『已·巳』는 別字)

【已】(이) 紙 イ、すでに already ㄧˇ i³

小篆 小篆 草書 ❶이미이(過事語辭)。【史記】灌夫ㅡ然諾。❷그칠이(止也、訖也)。❸말이(卒事之辭)。【易經】ㅡ事遄往。❹버릴이(去也)。【書經】試可乃ㅡ。❺너무이(太過)。【孟子】仲尼不爲ㅡ甚者。❻조금있다가이(踰時)。【史記】ㅡ而有娠。❼뿐이、따름이(啻也)。❽병나을이(病愈)。【史記】疾可ㅡ、身可活也。(『己·巳』는 別字)

【巳】(사) 紙 シ、み ㄙ ssu⁴

小篆 草書 ❶여섯째지지사(地支第六位)。「方角」으로서는 東南。時刻으로는 午前 十時。❷뱀사(蛇也)。(『己·已』는 別字)

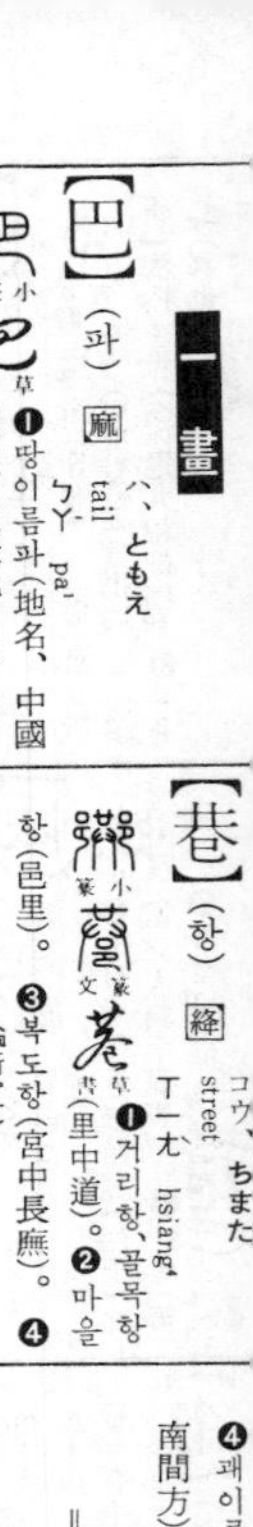

一 畫

【巴】 (파) 麻 ハ、ともえ tail ㄅㄚ pa¹ 小篆 草書 ❶땅이름파(地名、中國四川省重慶地方)。❷뱀파(食象蛇)。〔山海經〕一蛇 食象三歲出其骨君子服之 無心腹疾。❸꼬리파(尾也)。

二 畫

【巵】 (와) 哿 ガ、ふし knar ❶나무마디와(木節)。❷쌀와(裹也)。(『卮』과 通用)

【㠯】 (이)『以』(人部 3畫)의 古字

四 畫

【巵】 (치) 支 シ、さかずき wine cup ❶잔치(飮酒器)。〔史記〕高祖奉玉一起爲太上皇壽。❷연지치(臙脂染草名紅草)。〔史記〕巴蜀亦沃野地饒一。

五 畫

【巹】 (근) 吻 キン、のびる expand ㄐㄧㄣˇ chin³ 草書 ❶받들근(敬承)。❷펼근(伸也)。❸혼인근(婚姻)。❹표주박근。

六 畫

【祀】 (사)→示部3畫

【巷】 (항) 絳 コウ、ちまた street ㄒㄧㄤˋ hsiang⁴ 小篆 篆文 草書 ❶거리항、골목항(里中道)。❷마을항(邑里)。❸복도항(宮中長廡)。❹내시항(一伯)。(『衖』과 通함)

【巸】 ㊀(이) 支 ㊁(희) 支 キ、ひろい broad 小篆 古文 ㊀❶넓을이(廣也)。❷길이(長也)。❸아름다울이(美也)。❹즐거울이(樂也)。㊁뜻은 ㊀과 같음。

【卷】 (권)『卷』(卩部 6畫)의 俗字

【巼】 (팟) 〔國字〕 땅이름팟(一乛)。

八 畫

【巹】 (기) 紙 キ、ひざまずく bestride 小篆 ❶걸어앉을기(踞也)。❷꿇어앉을 기(跪也)。

九 畫

【巽】 (손) 願 ソン、ゆずる modest ㄙㄨㄣˋ suen⁴ 小篆 古文 篆文 篆文 草書 ❶사양할손(讓也)。〔書經 堯典〕一朕位。❷낮은체할손(卑也)。〔易經〕童蒙之吉順以一。❸부드러울손(柔也)。

④괘이름손(卦名)。❺동남간방손(東南間方)。(『遜』과 通함)

巾 部

【巾】 (건) 眞 キン、ふきん towel ㄐㄧㄣ chin¹ (本音「근」) 小篆 草書 ❶수건건(帨也)。〔禮記〕盥卒授一。❷머리건건(首飾蒙也)。〔玉篇〕佩一本以拭物後人著之於頭。❸건건(男子冠)。❹덮을건(冪也)。〔周語〕靜其一冪。

雲巾 (三才圖會)

一 畫

【市】 (불) 吻 フツ、まえだれ apron 小篆 篆文 草書 ❶앞치마불(膝布)。❷사람이름불(徐一、秦始皇時人)。(『市』와 別字)

【帀】 (잡) 合 ソウ、あぐる circulate ㄗㄚ tsa¹ 小篆 草書 둘릴잡(周也)。(『匝』은 俗字)

二 畫

【市】 (시) 紙 シ、いち market ; city ㄕˋ shih⁴ 小篆 草書 ❶저자시、장시(賣買所之一場)。〔易繫辭〕日中爲一交易而退。❷흥정할시(賣買)。❸집이 많은 동리시(都邑)。「城一、都一」。

【帄】 (비) 紙 ヒ、ぬのぎれ a piece of cloth 小篆 헝겊조각비(片破之帛)。

【布】 (포) 遇 フ、ホ、ぬの、しく cloth ㄅㄨˋ pu⁴ 小篆 草書 ❶베포(麻枲葛織)。〔詩經〕抱一貿絲。❷피륙포(織物總絲)。❸벌릴포(陳也)。〔書經〕諸侯入應門右皆一乘黃朱。❹돈포(錢也)。〔周禮〕天官外府掌邦一之出入。❺베풀포(施也)。

新王莽幼布 (金石索)

三 畫

【帆】 (인) 震 ジン、てぬぐい (pillow) slip 小篆 베개잇인(枕表)。

【帆】 (범) 咸 陷 ハン、ほ sail ㄈㄢ fan¹ 草書 돛범(舟上幔使風)。〔廣成頌〕張雲一施蜺幬。(『颿』과 같음)

【衫】 (삼) 覃 サン、やぶれたしたき ragged summer worn by woman blouse 해진적삼삼(衫破貌)。

【师】(사)『師』(巾部 7畫)의 略字

【帇】(녑) 葉 ニョウ、てあしがはやい (of hands and feet) quick
小篆 손발빠를녑(手足敏捷)。

四畫

【帢】(갑) 合 コウ、かます cattail mat
小篆 부들자리갑(蒲席)。

【帉】(분) 文 フン、ふきん house cloth
小篆 ❶걸레분、행주분(拭物巾)。〔禮記〕左佩紛帨。 ❷차는수건분(佩巾)。(『紛』과 通함)

【帎】(첨) 琰 テン、ゆまき wash-towel
밑가리는수건첨(掩下浴巾)。

【帊】(파) 禡 ハ、ずきん towel tied round one's head ㄆㄚˋ p'a⁴
小篆 ❶머리수건파(幞也)。 ❷휘장파(帳也)。(『帕』와 같음)

【帋】(지)『紙』(糸部 4畫)와 같음

【希】(희) 微 キ、まれ、ねがう rare; hope ㄒㄧ hsi¹
草書 ❶드물희(罕也)。〔書經〕鳥獸希革。 ❷바랄희(望也)。〔後漢書〕海內希世之流遂共相標榜。 ❸적을희(寡也)。(『稀』와 通함)

【帍】(호) 虞 コ、くびまき muffler
❶여인목도리수건호(婦人頸巾)。 ❷〔中字〕행주치마호(巾巾)。

五畫

【帵】(원) 元 エン、はた banner
小篆 기원(幡也)。

【帾】(저) 語 チョ、ひつぎかけ coffin cloth
❶구의저(柩衣)。 ❷관싸는베저。〔禮記註〕褚覆棺之物似幕形以布爲之。(『褚』와 같음)

【帑】(一)(노) 虞 ド、ト、かねぐら ware house (二)(탕) 養 ㄋㄨˊ nu²
小篆 草書 (一)❶처자식노(妻子)。〔詩經〕樂爾妻帑。 ❷새꼬리노(鳥尾)。 ❸감출노(藏也)。(『孥』와 通함) (二)나라곳집탕(金幣所藏府)。〔漢書〕以爲虛費府帑。

【帩】(초) 蕭 ショウ、ほそいと fine thread
가는실초(細絲)。

【帒】(대) 隊 タイ、かばん bag ㄉㄞˋ tai⁴
小篆 가방대、전대대(囊屬)。(『袋』와 같음)

【帓】(말) 黠 マツ、バツ、ずきん head cloth ㄇㄛˋ mo⁴
草書 ❶머리수건말(幞頭)。〔列子〕北國之人鞨巾而裘。 ❷띠말(帶也)。 ❸버선말(襪也)。(『韈』과 같음)

【帔】(피) 寘 ヒ、すそ skirt ㄆㄟˋ p'ei⁴
小篆 草書 ❶치마피(帬也)。 ❷배자피(褙子)。〔南史〕任昉子西華冬月著葛帔練裙。

【帕】(파) 禡 ハ、はちまき head-band ㄆㄚˋ p'a⁴
草書 머리동이수건파(額首飾)。〔韓愈詩〕以錦纏股以紅帕首。(『帊』와 같음)

【帖】(一)(첩) 葉 チョウ、かきつけ archives (二)(체)(國字) (三)(첩)(國字) ㄊㄧㄝ
小篆 草書 (一)❶문서첩(卷也)。 ❷타협할첩(定也)。「帖妥」。〔王逸楚辭序〕義多乖異事不帖妥。 ❸상앞휘장첩(牀前帷)。〔韓愈應科目時與人書〕俛首帖耳、搖尾而乞憐者。 ❹습자책첩。「法帖」。(『貼』과 같음) (二)체지체(帖紙)。 (三)봉지첩(一帖、藥帖)。

【帗】(불) 物 フツ、まう dance
小篆 춤수건불(舞具)。〔周禮〕凡舞有帗舞。

【帙】(질) 質 チツ、ふまき jacket
小篆 或體 草書 ❶책갑질(書衣)。〔梁昭明文選序〕卷盈乎緗帙。 ❷책권차례질(書卷編次)。 ❸작은주머니질(小囊)。

【帘】(렴) 鹽 レン、さけばた tavern banner ㄌㄧㄢˊ lien²
草書 술기렴(酒家幟)。〔韓非子〕宋人有沽酒者懸幟甚高。〔註〕幟即帘也。

【㡀】(폐) 霽 ヘイ、ぼろきもの rag
小篆 ❶옷헤질폐(衣壞)。 ❷더럽고작을폐(鄙小)。

【帚】(추) 有 シュウ、ほうき broom ㄓㄡˇ chou³
小篆 草書 ❶비추(箒也)。〔禮記〕凡爲長者糞之禮必加帚于箕上。 ❷털추(掃也)。(『箒』와 같음)

【帛】(백) 陌 ハク、きぬ silk fabric ㄅㄛˊ po²
小篆 草書 ❶비단백(絹也)。〔周禮〕書帛如今璧色繪也。 ❷폐백백(幣也)。〔易經〕賁于丘園束帛戔戔。 ❸죽백백(史名)。

六畫

【帝】(제) 霽 テイ、タイ、みかど emperor ㄉㄧˋ ti⁴
小篆 古文 草書 ❶임금제 제왕제(王天下之號君也)。 ❷하느님제(上帝天也)。〔白虎通〕德合天者稱帝。

【㡍】(과) 禡 カ、はだぎ underwear
❶속적삼과(小衫)。 ❷홑옷과(單衣)。

【帞】(파)『帕』(巾部 5畫)와 같음

【帑】(례) 霽 レイ、きぬぎれ a piece of silk 비단자투리례(帛餘)。【魏都賦】漢罪流禦秦餘徙ㅣ。

【帟】(역) 陌 エキ、ひらとばり curtain ㄧˋ i⁴ 小篆 草書 ❶휘장역(帳也)。❷작은장막역(小幕)。【周禮】幕人掌帷幕幄ㅣ綬之事。

【㡛】(황) 陽 コウ、おおう shut 小篆 ❶덮을황(幪也)。❷삶아서빤실황(練絲)。【周禮】ㅣ氏練絲。

【㡄】(순) 眞 シュン、えりさき end of the neck 小篆 옷깃끝순(領端)。

【帢】(갑) 洽 コウ、ぼうし hat ㄑㄧㄚˋ ch'ia⁴ ❶모자갑(帽子)。❷네모 질룩한고깔갑(弁缺四隅)。【魏志】太祖擬古皮弁裁縑帛以爲ㅣ。

【帣】(권) 霰 ケン、ふくろ sack 小篆 草書 ❶자루권(囊也)。【說文】三斛爲一ㅣ。❷소매걷을권(ㅣ韝)。

【帤】(녀) 魚 ジョ、はたのきれ banner 小篆 먹걸레녀、먹수건녀(幡巾)。❷활에 심올릴녀(弓中裨)。【周禮】弓人厚其ㅣ則木堅薄其ㅣ則需。

【帥】㊀(솔) 質 ㊁(수) 寘 スイ、かしら、おさ general ㄕㄨㄞˋ shuai⁴ 小篆 或體 草書 ㊀❶거느릴솔(領兵)。【易經】長子ㅣ師。❷좇을솔(循也)。【禮記】命鄕簡不ㅣ教者以告。㊁❶주장할수(主也)。❷장수수(將ㅣ)。

七畫

【㡇】(첩) 葉 チョウ、えりさき end of the neck 小篆 옷깃끝첩(領耑)。

【帨】(세) 霽 ゼイ、てぬぐい hankerchief ㄕㄨㄟˋ shuei⁴ 草書 ❶차는수건세(女子佩巾)。【儀禮】母施衿結ㅣ。

圖 帨 (三才圖會)

【㡈】(문) 元 バン、ずきん mourner's head-piece ❶통건문(括髮)。❷굴건문(喪冠)。

【㡒】(지) 支 シ、はたじるし banner 기표지(旗標)。

【帩】(초) 嘯 ショウ、しばる bind ㄑㄧㄠˋ ch'iao⁴ 묶을초(縛也)。

【師】(사) 支 シ、せんせい master: teacher ㄕ shih¹ 小篆 古文 草書 ❶스승사、선생님사(敎人以道者範也)。【書經】作之君作之ㅣ。❷본받을사(效也)。【書經】百僚ㅣㅣ。❸어른사(長也)。【書經】州有十二ㅣ。❹군사사(軍旅稱衆)。❺서울사(京ㅣ)。❻벼슬이름사(官名)。「太ㅣ、小ㅣ」。❼신이름사(神名)。「雨ㅣ、雲ㅣ、風ㅣ」。❽괘이름사(卦名)。❾뭇사람사(衆人)。【詩經】殷之未喪ㅣ、克配上帝。

【帪】(진) 眞 シン、まぐさふくろ fodder-bag 말먹이자루진(飼馬橐)。

【帬】(군) 文 クン、すそ skirt ㄑㄩㄣˊ ch'ün² 小篆 或體 草書 치마군(連接裙幅裳也)。(『裙』과 같음)

【㡓】(군)『帬』(前條)과 같음

【㡌】(무) 虞 ブ、けおりもの woollen wear 털옷무(毛衣)。

【席】(석) 陌 セキ、むしろ seat ㄒㄧˊ hsi² 小篆 古文 草書 ❶돗석、자리석(簟也)。【急就篇註】重日筵單日ㅣ。❷깔석(藉也)。❸걷을석(卷也)。【詩經】我心匪ㅣ不可卷也。❹자뢰할석(資也)。【書經】ㅣ寵惟舊。❺인할석(因也)。【漢書】呂祿呂產ㅣ太后之寵。❻베풀석(陣也)。【禮記】儒有ㅣ上之珍。

① 席 (禮器圖)

【帰】(귀)『歸』(止部14畫)의 俗字

八畫

【𢃎】(종) 冬 ソウ、えびすぎぬ silk 오랑캐비단종(南蠻之絹)。

【帡】(병) 庚 ヘイ、とばり curtain ㄆㄧㄥˊ p'ing² 草書 휘장병(幄也)。【法言】然後知夏屋之爲ㅣ幪。

【㡉】(현) 霰 ケン、ぬの cloth 小篆 표신기현(標信旗、幡係於桀者)。

【帴】(전) 先 セン、すそ skirt 小篆 草書 ❶치마전(帬也)。❷포대기전(小兒藉褓)。❸안갑전(鞍匣)。

【㡊】(흡) 洽 コウ、かぶりもの cap ❶모자흡(帽也)。❷갑건흡(絹幘)。【魏書】武帝裁縑帛以爲ㅣ。

【帳】(장) 漾 チョウ、とばり curtain ㄓㄤˋ chang⁴ 小篆 草書 ❶휘장장(帷也)。❷장막장(幕也)。❸앙장장(幬也)。❹치부책장(計簿)。

【帵】(완) 元 寒 ワン、たちあまりのきれ a piece of cloth 자투리완(裁餘)。【正字通】今采帛舖剪截之餘曰ㅣ子。

【帶】(대) 泰 タイ、おび belt ㄉㄞˋ tai⁴

帶 ❶띠대(紳也)。❷찰대(佩也)。❸데릴대(隨行)。❹뱀대(蛇也)。❺둘레대(圓也)。「一一」。❻쪽대(邊也)。「寒一熱一」。❼골이름대(朝鮮郡名)。❽가질대(持也)。「携一」。❾대하증대(婦人病)「一下」。❿풀이름대(草名)。

【⿰巾奄】(업) 葉 ヨウ、ずきん head-cloth ❶두건업(幞頭)。❷머리동이업(綃頭)。[釋名]齊人綃頭謂之一言斂髮使從上也。

【帷】(유) 支 イ、とばり curtain ㄨㄟ wei^{2} ❶휘장유(幔也)。❷장막유(幕也)。

【常】(상) 陽 ショウ、つね always ㄔㄤ ch'ang^{2} ❶항상상、늘상(恒久)。[易繫辭]動靜有一。❷떳떳할상(庸也)。❸두길상(數名倍尋)。「八尺曰尋倍尋曰一」。❹아가위상(棣也)。[詩經]維一之華。❺오랠상(久也)。[易經]後得之而有一。❻벼슬이름상(官名)。「太一」。(『裳』과 통함)

【帺】(기) 寘 キ、つなぐ fasten 맬기(繫也)。

【帽】(모)『帽』(巾部9畫)의 俗字

九畫

【⿰巾俞】(유) 虞 ユ、きぬぎれ piece of silks ㄇㄠ mao^{4} ❶비단조각유(絹之端片)。❷토끝유(繪端裂)。❸등거리유(短袖襦)。❹속옷유(近身衣)。

【帽】(모) 號 ボウ、モウ、ぼうし、かぶりもの hat·cap ❶모자모(冠也)。[唐書]烏紗一者視事及燕見賓客之服。❷무릅쓸모(冒也)。(『冒』와 통함)

【⿰巾前】(전) 先 セン、はたじるし banner 기전(旗也)。

【帾】(도) 麌 ト、はたじるし mark 찌지붙일도(標記貼物)。

【幀】(정) 敬 テイ、きぬえ picture ㄓㄥ chêng^{4} (本音「탱」) 그림족자정(張畫繪)。

【⿰巾是】(시) 紙 シ、てぬぐい dishcloth 행주시(拭器巾)。

【⿰巾盾】(춘) 眞 チュン、こめぶくろ rice-bag 쌀자루춘(米袋)。

【⿰巾敄】㊀(무) 宥 ㊁(옥) 沃 ム、ブ、ほろ wagon cover ㊀차우비무(漆布覆車)。㊁차우비옥(漆布覆車)。

【⿰巾軍】(곤) 元 コン、さるまた short trousers 잠방이곤(縵褌)。

【⿰巾英】(앙)『央』(大部2畫)과 같음

【⿰巾祀】(파) 馬 ハ、てをかえしてうつ flap with the back of a hand 손뒤집어칠파(翻手擊之)。

【幃】(위) 微 イ、におい perfume purse ㄨㄟ wei^{2} ❶향낭위(香囊)。[離騷經]蘇糞壤以爲一兮。❷홑휘장위(單帳)。[漢書]所幸愼夫人令一帳不得文繡。(『禕』와 통함)

【幅】㊀(폭) 屋 ㊁(핍) 職 ㊂(복)[國字] フク、はば width ㄈㄨ fu^{2} (本音「벽」) ㊀❶폭폭(布帛廣狹)。[左傳]夫富如布帛之有一焉。❷걸치레할폭(外飾)。[漢書]修飾邊一。❸가득찰폭(滿也)。㊁행전핍(行縢)。

【幄】(악) 覺 アク、とばり curtain ㄨㄛ wo^{4} ❶장막악(覆帳形如屋)。[史記]運籌帷一之中。❷군막악(軍旅之帳)。[左傳]子産以一幕九張行。

【⿰巾剌】(랄) 曷 ラツ、はらう strike 칠랄(擊也)。

【幇】(방) 庚 ホウ、たすける help ❶곁들방(事物傍取者)。❷도울방(助也)。❸구할방(救也)。❹신가상이 꾸미개방(裨帖治履邊)。

十畫

【幚】(방) 漾 ホウ、きぬにかく album of excellent handwritings 서첩방(書貼)。

【⿰巾虒】(체) 霽 テイ、あかいがみ red paper 붉은종이체(赤紙)。

【⿰巾兼】(렴) 鹽 レン、とばり curtain ❶휘장렴(帷也)。❷문면자렴(戶上之幔)。

【幋】(반) 寒 バン、きものかけ clothes-rack ❶횃대보반(覆衣大巾)。❷머리동이반(首幋)。

【幏】(몽) 東 モウ、ふろしき cloth wrapper ❶옷보몽(衣巾)。❷덮을몽(覆也)。[方言]嵩南陳潁之間大巾謂之一。(『幪』과 같음)

【幌】(황) 養 コウ、とばり curtain ㄏㄨㄤ huang^{3} ❶휘장황(帷幔)。[晉書]有雲母一。❷포장황(車帷)。❸방장황(房幔)。

【幍】(도) 豪 トウ、くみひも sheath ❶칼전대도(巾衱)。❷모자도(巾帽)。(『絛』와 같음)

【幎】(멱) 錫 ベキ、おおう cover ㄇㄧˋ mi⁴
小篆 草書 ❶면모멱(面帽)。〖儀禮〗ㅡ目用緇。❷덮을멱(覆也)。〖十八史略〗夫差曰、吾無以見子胥爲ㅡ冒乃死。

【幐】(등) 蒸 トウ、きんちゃく purse
小篆 ❶차는주머니등(帶囊)。❷자루등(袋也)。(『縢』과 통함) ❸향주머니등(香囊)。

【幏】(가) 禡 カ、みつぎぬの cloth
小篆 구실베가(蠻布稅也)。〖魏都賦〗賓ㅡ積墆琛幣充物。

【⿰巾冓】(구) 尤 コウ、ひとえ unlined clothes
❶홑옷구(單衣)。❷갑옷구(甲衣)。

十一畫

【⿰巾祭】(一)(세) 霽 (二)(설) 屑 セイ、セツ、きぬぎれ scrap of cloth
小篆 (一)자투리세(剪帛遺餘)。(二)❶찢은비단설(裂帛)。❷가화설(剪繒爲花)。

【幑】(휘) 微 キ、はた、のぼり banner
小篆 草書 표기휘(幟也)。〖說文〗以絳ㅡ帛著於背。(『徽』와 통함)

【⿰巾埶】(一)(세) 霽 (二)(지) 寘 セ、てぬぐい handkerchief (pocket)
小篆 或體 (一)❶예절에쓰는수건세(禮儀巾)。❷손수건세(手巾)。(二)뜻은 (一)과 같음。

【⿰巾彗】(세) 霽 セイ、てぬぐい towel
세수수건세(盥巾)。

【⿰巾逢】(봉) 宋 ホウ、てぬぐい towel
❶수건봉(巾也)。❷향서봉(裹書)。

【幓】(一)(삼) 咸 (二)(섬) 鹽 サン、セン はたあし
(一)수레휘장술삼(車飾貌)。(二)기복판섬(旌旗正幅)。

【幔】(만) 翰 マン、ひきまく curtain ㄇㄢˋ man⁴
小篆 草書 ❶장막만(幕也)。❷휘장만(帳也)。〖拾遺記〗周穆王有鸞章錦ㅡ。

【幕】(막) 藥 マク、バク、まく curtain ㄇㄨˋ mu⁴
小篆 草書 ❶장막막(帷在上)。❷장군막(將軍之稱)「ㅡ下、ㅡ僚」。❸군막막(軍旅無常居故以帳ㅡ之)。〖史記〗市租皆入ㅡ府。❹가릴막(蔽也)。❺덮을막(被覆)。(『莫』과 통함)

【幖】(표) 蕭 ヒョウ、はたのぼり banner
小篆 깃발표(幡也、幟也)。〖正韻〗立木爲表繫綵其上謂之ㅡ。

【⿰巾婁】(루) 尤 ロウ、ふくろ bag
자루루(囊也)。〖方言〗關以西飼馬橐謂之ㅡ篼。

【⿰巾曹】(조) 蕭 ソウ、しきもの baby's quilt
포대기조(小兒藉蓐)。

【幗】(괵) 陌 カク、かみづつみ bonnet ㄍㄨㄛˊ kuo² (古音〔곽〕)
小篆 草書 아낙네관괵(婦人冠)。〖晉書〗諸葛亮數挑戰帝不出因遺帝巾ㅡ婦人之飾。

【幘】(책) 陌 サク、ずきん head-cloth ㄗㄜˊ tse²
小篆 草書 머리수건책(頂上覆髻)。〖急就篇〗ㅡ者韜髮之巾所以整髮。

十二畫

【幜】(경) 迥 ケイ、きぬ silk
비단경(帛也)。〖隋書〗皇后服大嚴繡衣帶綬佩加ㅡ入昭陽殿前至席位姆去ㅡ。

【幝】(천) 銑 セン、やぶれとばり wear out curtain
小篆 草書 수레휘장해져너풀거릴천(車衣弊貌)。〖詩經〗檀車ㅡㅡ。

【幟】(치) 寘 シ、のぼり banner ㄓˋ chih⁴
小篆 草書 ❶깃대치、표기치(旌旗屬標)。〖史記〗旗ㅡ皆赤。❷기치(幡也)。

【幞】(복) 沃 ボク、ずきん mourner's hempen cap ㄆㄨˊ p'u²
小篆 草書 ❶두건복(頭巾)。〖二儀實錄〗古以皂羅三尺裹頭號頭巾。❷머리동이복(帕也)。❸치마폭복(裳削幅)。❹복두복(ㅡ頭)。〖唐書〗ㅡ頭起於後周便武事者。

交脚幞頭(三才圖會)

【幠】(무) 虞 ブ、おおう cover
小篆 ❶덮을무(覆也)。〖禮記〗ㅡ用斂衾。❷거만할무(慢也)。〖禮記〗毋ㅡ毋敖。

【⿰巾散】(산) 旱 サン、きぬがさ sunshade
일산산(蓋也)。〖晉書〗功曹吏ㅡ扇騎從。(『繖・傘』과 같음)

【幡】(번) 元 ハン、ホン、はた flag ㄈㄢ fan¹
小篆 草書 ❶표기번(幟也)。〖崔豹古今註〗信ㅡ古之徽號所以題表官號以爲符信。❷나부길번(飛揚貌)。〖上林賦〗垂條扶疏落英ㅡ纚。❸돌이킬번(反也)。〖孟子〗既而ㅡ然改。❹수건번(帉帨)。❺먹걸레번(書兒拭觚布)。〖徐鉉曰〗觚八稜木於上學書已以布拭之俗呼ㅡ布。(『翻』과 통함)

【⿰巾須】(수) 虞 シュ、ずきん mourner's hempen cap
❶두건수(頭巾)。❷버냉기오라기수(婦人喪巾布)。〖家禮〗婦人成服布頭ㅡ用略細麻布一條長八寸束髮根垂其餘於後。

【幢】(당) 江 トウ、はた flag
小篆 草書 ❶기당(旌旗屬麾)。〔漢書〕建―棨植羽葆。❷수레드림당(車幰)。〔釋名〕―容也施之車蓋童童然以隱蔽形容也。❸장목너풀거릴당(――羽貌)。〔東京賦〕樹羽――。

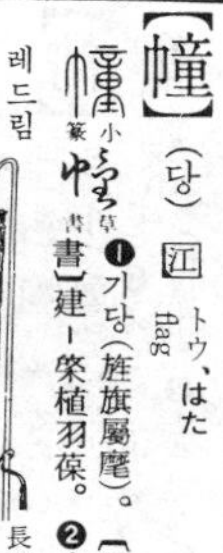
長壽幢(淸會典圖)

【幣】(폐) 霽 ヘイ、ぬさ、きぬ gift ㄅㄧˋ pi⁴
小篆 草書 ❶폐백폐(帛也)。〔周禮〕九式六曰―帛之式。❷예물폐(禮物)。❸재물폐(財也)。〔管子〕以珠玉爲上―黃金爲中―刀布爲下―。❹돈폐(錢也)。

古幣(金石索)

十三畫

【⿰巾敫】(교) 篠 嘯 キョウ、むかばき leggings
행전교(脛行縢)。

【幦】(멱) 錫 ヘキ、くるまのおおい waggon cover
小篆 草書 수레두껑멱(覆車笭)。〔禮記〕君羔―虎犆。(『幭』과 같음)

【幧】(조) 蕭 ソウ、はちまき head-cloth
小篆 草書 상투관조(帕頭所以覆髻)。〔古樂府〕少年見羅敷脫帽著―頭。

【幨】(첨) 鹽 セン、えり collar ㄔㄢ ch'an¹
草書 ❶수레휘장첨(車帷)。〔韻會〕以帷障車傍如裳爲容飾者曰―。❷옷깃첨(披衣)。〔管子〕列大夫豹―。(『襜』과 같음)

【幩】(분) 文 フン、くつわのおおい string joined to the horse-bit ㄈㄣˊ fên²
小篆 草書 말자갈끈분(馬銜外飾鐵)。〔詩經〕朱―鑣鑣。

十四畫

【⿰巾㥯】(은) 問 イン、はだぎ underwear
❶속옷은(內衣)。❷속서로붙을은(裏相着)。

【幫】(방) 陽 ホウ、たすける help ㄅㄤ pang¹
草書 ❶곁들방(事物傍取者)。❷신가상이꾸미개방(裨帖治履邊)。(『幇』과 같음)

【幪】㊀(몽) 東 ㊁(몽) 董 モウ、おおう cover ㄇㄥˊ mêng²
草書 ㊀덮을몽(覆也)。〔法言〕震風凌雨然後知夏屋之帡―。㊁더부룩할몽(茂盛貌)。〔詩經〕麻麥――。(『幏』과 같음)

【⿰巾賓】(빈) 眞 ヒン、みだれる be tangled; worn out
❶얼크러질빈(亂貌)。❷옷헤질빈(衣敝貌)。

【⿰巾監】(람) 覃 ラン、へりがない hemless clothes
小篆 단없는 옷람(無緣衣)。

【幬】㊀(주) 尤 ㊁(도) 號 チュウ、トウ、とばり curtain ㄔㄡˊ ch'ou²
小篆 草書 ㊀❶홑휘장주(禪帳)。❷수레휘장주(車帷)。〔寡婦賦〕易玄帳以素―。㊁덮을도(覆也)。〔禮記〕辟如天地之無不覆―。(『燾』와 通함)

【帰】(귀) 『歸』(14畫 止部)의 略字

十五畫

【幮】(주) 虞 チュウ、チュ、とばり curtain ㄔㄨˊ ch'u²
草書 장막주(帳也)。

【幭】(멸) 屑 ベツ、バツ、くるまのおおい covered wagon
小篆 草書 수레두껑멸(車覆)。〔詩經〕鞹鞃淺―。(或音「말」)

【⿰巾節】(절) 屑 セツ、ふきん wiper
걸레절(拭也)。

【⿰巾慧】(세) 霽 セイ、ぬのぎれ a piece of cloth
❶베조각세(布片)。❷수건세(巾也)。

十六畫

【⿰巾賴】(래) 蟹 ライ、すたれきもの ragged
옷해어질래(衣破貌)。

【⿱剡巾】(섬) 鹽 セン、おおう cover
❶덮을섬(覆也)。❷수건섬(巾也)。

【⿰巾奮】(분) 吻 フン、ふくろがさける (of corn-bags) tear
小篆 곡식자루터질분(穀滿而袋裂)。

十七畫

【幰】(헌) 阮 ケン、ほろ wagon cover ㄒㄧㄢˇ hsien³
小篆 草書 ❶수레안장헌(車上幔)。〔倉頡篇〕帛張車上爲―。❷휘장헌(幨也)。

【幱】(란) 寒 ラン、ながいころも official dress
철릭란(裳與衣連)。〔廣韻〕―衫―裙也。

【⿰巾登】(쟁) 敬 トウ、えぎぬ picture ㄓㄥ chêng⁴
그림족자쟁(開張畫繪)。(『幀』과 通함)

【⿰巾韱】(첨) 鹽 セン、しるし mark
小篆 ❶표지첨(記也)。❷표할첨(識也)。(『籤』과 같음)

【⿰巾龠】(약) 藥 ヤク、まくばり tent
막을친 집약(張幕屋)。

十八畫

【⿰巾夒】㊀(논) 元 ㊁(난) 旱 ドン、ぬぐう wipe the stone steps

(小篆) ⊟❶걸레로섬돌을씻을논(拭墀以巾)。❷붙을논(著也)。❸바를논(塗也)。 ⊟뜻은 ⊟과 같음。

十九畫

【⿰巾羅】(라) 歌 ラ、さけたきぬ torn silk
❶찢어진비단라(裂繒)。❷비단조각라(繒片)。

干 部

【干】(간) 寒 カン、たて、おかす shield ㄍㄢ kan¹
小篆 草書 ⊟❶방패간(盾也)。【書】舞ー于兩階。❷범할간(犯也)。【左傳】其敢ー大禮以自取戾。❸구할간(求也)。【論語】子張ー祿。❹막을간(扞也)。【詩經】公侯ー城。❺물가간(水涯)。【易經】鴻漸于ー。❻얼마간(幾許)。【禮記】問天子之年對曰服衣若ー尺。❼천간간(天自甲至癸)。【皇極經世】十ー天也。❽기울간(横斜貌)。【古樂府】月落參横北斗闌ー。❾눈물 줄줄 흘릴간(淚流貌)。【白樂天詩】夢啼粧淚紅闌ー。❿난간간(闌ー)。【李白詩】沉香亭北倚闌ー。⓫모시간(紵也)。【後漢書】闌ー細布織成文章如綾錦。⓬마를간(乾也)。⓭골짝간(澗也)。【詩經】秩秩斯ー。⓮간여할간(與也)。

干⊟❶(禮器圖)

二畫

【𢆉】(임) 寢 ジン、おかす severe
약간심할임(稍甚)。

【平】⊟(평) 庚 ⊟(평) 敬 ⊜(편) 先 ヘイ、ヒョウ、たいらか flat ;even ㄆㄧㄥˊ p'ing²
小篆 古文 草書 ⊟❶평탄할평(坦也)。【易經】无ー不陂。❷바를평(正也)。❸화할평(和也)。❹다스릴평(治也)。❺고를평(均也)。【易經】雲行雨施天下ー。❻쉬울평(易也)。【後漢書】任尙曰我以班君當有奇策今所言ーー耳。❼화친할 평(解怨和成)。【春秋】宋人及楚人ー。❽풍년들평(歲稔)。【漢書】再登曰ー三登曰太ー。⊟❶중도위평(定物價)。【法言】一閧之市必立之ー。❷벼슬이름 평(官名廷尉ー)。❸재판관평(裁判官)。【十八史略】廷尉者天下之ー也。❹소리평(發音上 四聲中一)。「ー、上、去、入」。⊜편편할편(辨治)。【書經】王道ーー。(『辯』과 通함)

三畫

【年】(년) 先 ネン、とし year; age ㄋㄧㄢˊ nien²
小篆 草書 ❶해년(穀一熟歲也)。「唐虞曰載夏曰歲商曰祀周曰ー」。❷나이년(齡也)。【禮記】凡三王皆引ー。❸나갈년(進也)。

【幵】(견) 先 ケン、たいら even
小篆 평평할견(平也)。

【并】(병)『幷』(干部 5畫)의 俗字

四畫

【⿱干丁】(정) 靑 テイ、みずぎわ water's edge
물가정(水際)。(『汀』과 같음)

【⿺尢干】(안) 寒 アン、また groin
사타구니안(股也)。

五畫

【幷】⊟(병) 庚 ⊟(병) 敬 ヘイ、あわせる merge ㄅㄧㄥˋ ping⁴
小篆 草書 ⊟❶합할병(合也)。【謝靈運詩】心跡猶未ー。❷미칠병(及也)。❸같을병(同也)。(『併』과 같음) ⊟❶아우를병(竝也)。❷겸할병(兼也)。【過秦論】ー呑八荒。

【幸】(행) 梗 コウ、さいわい luck ; happy ㄒㄧㄥˋ hsing⁴
小篆 草書 ❶다행할행(福善稱ー)。❷고일행(寵愛)。【漢書】但以婉媚貴ー。❸바랄행(冀也)。❹요행행(非分而得)。【中庸】小人行險僥ー。❺거동행(車駕所至)。(『倖』과 같음)

十畫

【幹】(간) 翰 カン、みき trunk ㄍㄢˋ kan⁴
小篆 草書 ❶줄기간(草木莖)。【詩話】木傍生者爲枝正出者爲ー。❷등마루뼈간(脊骨)。【左傳】唯是偏柎所以藉ー。❸몸뚱이간(體也)。【易經】貞者事之ー。❹일맡을간(堪事)。【易經】ー父之蠱。❺재능간(才能)。「文ー、才ー」。❻천간간(干支)。(『榦·管』과 通함)

【⿱東干】(견) 銑 ケン、こたば small bundle
小篆 작은단견(小束)。

幺 部

【幺】(요) 蕭 ヨウ、ちいさい small ㄧㄠ yao¹
小篆 草書 ❶작을요(小也)。「ー微」。【通俗文】不長曰ー細小曰麼。❷어릴요(幼也)。

一畫

【幻】(환) 諫 ゲン、まどわす witchcraft ㄏㄨㄢˋ huan⁴
小篆 草書 ❶변화할환(化也)。【金剛經】一切有爲法如夢ー泡影。❷미혹할환(惑也)。【書經】民無或胥譸張爲ー。❸요술환(妖術)。❹허깨비환(ー形)。

二畫

【幼】(유) 宥 ヨウ、おさない very young ㅣㄡˋ yu⁴
小篆 草書 ❶어릴유(稚也)。〔禮記〕人生十年曰ㅣ學。❷어린아이유(小兒)。❸사랑할유(愛也)。

三畫

【幺幺】(유) 尤 ヨウ、こまかい tiny
小篆 작을유(微也)。

四畫

【纱】(요)『紗』(次條)와 같음

五畫

【紗】(요) 蕭 ヨウ、こびと dwarf
小篆 ❶난장이요、자그마할요(小貌)。❷어그러질요(急戾)。(『妙』와 通함)

六畫

【幽】(유) 尤 ユウ、ふかくしずか hushed and still ㅣㄡ yu¹
小篆 草書 ❶숨을유(隱也)。〔易經〕ㅣ人貞吉。❷그윽할유(深也)。〔易繫辭〕无有遠近深ㅣ。❸적을유(微也)。〔史記〕極ㅣ而不隱。❹어두울유(闇也)。〔書經〕黜陟ㅣ明。❺가둘유(囚也)。〔史記〕ㅣ於縲紲。❻귀신유(鬼神)。❼저승유(冥途)。〔蘇軾詩〕夜看金輪出九ㅣ。❽고을이름유(州名)。(『黝』와 通함)

八畫

【絲】(관) 刪 カン、とおす thread the spindle
小篆 북에실꿸관(以絲貫杼)。

九畫

【幾】㊀(기) 尾 ㊁(기) 微 キ、いくばく some; several ㄐㄧˇ chi³
小篆 草書 ㊀❶얼마기(ㅣ何多少)。❷얼마못될기(無ㅣ物無多)。㊁❶기미기(ㅣ微)。〔易繫辭〕ㅣ者動之微吉之先見者。❷위태할기(危也)。〔詩〕天之降罔維其ㅣ矣。❸기약할기(期也)。〔詩〕卜爾百福如ㅣ如式。❹자못기(殆也)。❺거의기、거진기(庶ㅣ尚也)。〔孟子〕王庶ㅣ改之。❻가까울기(近也)。〔易〕月ㅣ望。❼살필기(察也)。〔禮〕御瞽ㅣ聲之上下。

十畫

【緆】(예) 霽 エイ、もどる return
小篆 급히 돌아올예(急戾)。

广 部

【广】(엄) 琰 ゲン、いわや rock-house ㄧㄢˇ yen³
小篆 草書 바윗집엄(巖屋)。〔韓愈詩〕剖竹走泉源開廊架屋ㅣ。

二畫

【庀】(비) 紙 ヒ、そなえる possess ㄆㄧˇ p'i³
草書 ❶다스릴비(治也)。〔左傳〕楚子木使ㅣ賦。❷갖출비(具也)。〔左傳〕官ㅣ其司。(『庇』와 통함)

【庁】㊀(청) 靑 ㊁(청) 靑 テイ、チョウ、たいら even
㊀❶평평할청(平也)。❷마루청(廳也)。㊁뜻은『廳』에 보라。

三畫

【広】(광)『廣』(12广部 畫)의 略字

【乇】(탁)『宅』(3宀部 畫)『度』(6广部 畫)의 古字

【庌】(사) 禡 サ、ひさし attached room ㄒㄧㄚˋ hsia⁴
양실사(旁屋)。

【庛】(예) 霽 エイ、のき eaves
❶추녀예(簷也)。❷식당예(食堂)。

【庄】(장) 陽 ソウ、ショウ、むらさと farmhouse ㄓㄨㄤ chuang¹
❶농막장(農幕)。❷전장장(田舍)。

四畫

【庇】(비) 寘 ヒ、おおう、hide; conceal ㄅㄧˋ pi⁴
小篆 草書 ❶덮을비(ㅣ廕、覆也)。〔禮〕有ㅣ民之大德。❷가릴비(蔽也)。(『疪』와 통함)

【庉】(돈) 元 ドン、くら ware house
小篆 小篆 ❶곳간돈、광돈(屯聚處)。❷벽장돈(室中藏)。❸거할돈(居也)。❹불이활활 붙을돈(ㅣ熾盛貌)。〔詩〕風與火爲ㅣ。

【床】(상)『牀』(4爿部 畫)의 俗字

【庋】(기) 紙 キ、たな cupboard ㄐㄧˇ chi³
草書 찬장기(ㅣ閣藏食物)。

【庌】(아) 馬 ガ、いえ house
小篆 ❶집아(舍也)。❷대청아(屋之正廳)。〔六書故〕廊廡四達之謂ㅣ。❸덮을아(庇也)。〔周禮〕圉師夏ㅣ馬。

【庎】(개) 卦 カイ、たな shelf
시렁개(庋食器)。〔六書故〕ㅣ、版令足流水以受滌濯今人設之於廚。

【戌】(환) 刪 カン、まるかわら tile
小篆 ❶암기와바닥환(牝瓦下)。❷그물벼리환(網羅)。

【序】(서) 語 ジョ、ついで order ㄒㄩˋ hsü⁴
小篆 草書 ❶차례서(次第)。【孟子】序長幼有ー。❷학교서、고남서(學也)。【孟子】殷曰ー。❸서지을서(陳經旨)。【爾雅】孔子作書ー 子夏作詩ー。(『叙』와 통함)

五畫

【底】㊀(지) 紙 ㊁(저) 薺 テイ、そこ bottom ㄉㄧˇ ti³
小篆 草書 ㊀❶이룰지(致也)。❷정할지(定也)。❸이를지(至也)。(『祇』와 통함) ㊁❶밑저(下也)。❷그칠저(止也)。❸무슨저、어쩐저(設疑辭)。【匡謬正俗】俗謂何物爲ー。

【㡳】(지) 紙 シ、ひくい squalid hut
더러운집지(鄙屋)。

【庖】(포) 肴 ホウ、くりや butcher's shop
小篆 草書 ❶푸줏간포、관포(ー廚宰殺所)。【詩】大ー不盈。❷부엌포(廚也)。

【店】(점) 豔 テン、みせ shop ㄉㄧㄢˋ tien⁴
草書 가게점、주막점(商舖)。【徐勉誡子書】或欲創闢田園或勸興立邸ー。(『坫』과 통함)

【㡸】(사) 禡 サ、いえ house
❶집사(屋也)。❷어긋날사(不齊)。

【庘】(압) 洽 コウ、ぶたごや pigsty
❶집이기울어지려할압(屋欲壞)。❷돼지우리압(豚屋)。

【庙】(묘)『廟』(广部12畫)의 略字

【废】(발) 曷 ハツ、いおり straw-thatched house
小篆 초가집발(草舍)。

【庚】(경) 庚 コウ、かわる、かのえ correct ㄍㄥ kêng¹
小篆 草書 ❶일곱째천간경(天幹第七位)。❷고칠경(更也)。❸갚을경(償也)。【禮】季子皐葬其妻 犯人之禾申詳以告曰請ー之。❹곡식경(ー癸穀水)。【左傳註】ー西方主穀癸北方主水。❺나이경(同ー年齒)。【墨客揮犀】文彦博居洛日年七十八與和昫司馬旦席汝言爲同ー會。❻굳셀경(堅强)。❼길경(道也)。【左傳】塞夷ー。❽초저녁별이름경(星名長ー)。❾새이름경(鳥名倉ー)。❿풀이름경(草名盜ー)。

【㡹】(저) 語 魚 ショ、よりあう interdepend
小篆 서로의지할저(相倚)。

【㢊】(예) 霽 エイ、たな cupboard
찬장예(庋也)。

【庛】(자) 寘 シ、またぎ small plough
장기술자、따비가지자(耒下歧木)。【鄭康成謂耒下前曲接耜】。

【府】(부) 麌 フ、やくしょ government office ㄈㄨˇ fu³
小篆 草書 ❶마을부(官舍)。【漢書】文深不可居大ー。❷곳집부(藏文書財幣所)。【書】六ー三事允治。❸고을부(州也)。❹서울부(都ー)。❺죽은조상부(ー君)。(『腑·俯』와 통함)

六畫

【庠】(상) 陽 ショウ、まなびや school in a locality ㄒㄧㄤˊ hsiang²
小篆 草書 ❶태학상(ー斆)。【孟子】周曰ー。❷고남상(養老處)。【禮】有虞氏養老于ー。

【㡯】(한) 刪 カン、しきみ threshold
문지방한(閾也)。

【㡿】㊀(척) 陌 ㊁(차) 禡 セキ、しりぞける point
㊀❶집을물리칠척(郤屋)。❷가리킬척(指也)。❸드물척(稀也)。❹클척(大也)。❺멀리할척(疏遠)。❻꽉찰척(充滿)。❼버릴척(不用)。㊁뜻은 ㊀과 같음。

【庢】(질) 質 シツ、いかる burst out with anger ㄓˋ chih⁴
小篆 ❶분북받칠질(怒發礙止而涌沸)。【枚乘七發】發怒ー沓。❷물굽이질(水曲)。【寰宇記】山曲曰盩水曲曰ー。❸거리낄질(拘也)。

【庣】(조) 蕭 チョウ、みたない be short of
❶차지않을조(不滿貌)。【漢書】另有ー焉。❷휘조자리조(斛㫄耳)。

【庤】(치) 紙 ジ、そなえる possess ㄓˋ chih⁴
小篆 草書 ❶쌓을치(儲置)。【詩】ー乃錢鎛。❷갖출치(具也)。(『峙』와 통함)

【庥】(휴) 尤 キュウ、かげ be shadowed ㄒㄧㄡ hsiu¹
小篆 草書 ❶덮을휴(庇蔭)。❷의지할휴(依持)。【韓愈詩】此邦是ー。(『休』와 같음)

【度】㊀(도) 遇 ㊁(탁) 藥 ド、タク、のり たび、はかる ruler, conjecture ㄉㄨˋ tu⁴
小篆 草書 ㊀❶법도도(法制)。❷잴도(丈尺)。【書】同律ー量衡。❸지날도(過也)。❹국량도(ー量)。【漢書】帝有豁達大ー。❺뼘잴도(布指知尺)。❻모양도(姿態)。❼번도(數量單位)。❽때도(時也)。❾도수도(温ー)。㊁❶꾀할탁(謀也)。【詩】周爰咨ー。❷헤아릴탁(忖也)。【孟子】他人有心予忖ー之。❸벼슬이름탁(官名ー支)。

度 (三才圖會)

七畫

【座】(좌) 箇 ザ、すわるところ、しきもの seat ㄗㄨㄛˋ tsuo⁴

座 草書 ❶지위좌(位也)。【李嶠表】八ㅣ楓機五曹要劇。❷자리좌(坐具)。(『坐』와 통함)

【庨】(효) 肴 コウ、たかいいえ palace
궁집드높을효(宮室高貌)。

【庬】㊀(방) 江 ボウ、あつい(本音「망」) thick
㊁(몽) 董
草書 ㊀❶두터울방(厚也)。【孝經】天度ㅣ鴻厖萌。❷잡될방(雜也)。【書】不和政ㅣ。㊁❶분명치않은모양몽(未分之形ㅣ澒)。❷순전할몽(醇也)。

【庪】(기) 紙 キ、おさめる sacred place
小篆 산제터기(ㅣ縣祭山)。【爾雅註】或ㅣ或縣置之于山。

【庫】(고) 遇 コ、ク、くら warehouse ㄎㄨˋ k'u⁴
小篆 草書 곳집고(貯物舍兵車藏)。【禮】審五ㅣ之量。【註】五ㅣ車兵祭樂宴。

庫(三才圖會)

【庮】(유) 尤 ユウ、のきづけ the dip of rafter
小篆 ❶오랜집썩은나무냄새유(久屋朽木臭)。【周禮】牛夜鳴則ㅣ。❷석가래끝유(簷端)。

【㢅】(전)『廛』(广部12畫)과 같음

【庭】㊀(정) 靑 テイ、にわ yard
㊁(정) 徑 ㄊㄧㄥˊ t'ing²
小篆 草書
庭 ❶(三才圖會)
㊀❶뜰정(堂階前)。【易】不出戶ㅣ无咎。❷곧을정(直也)。【詩】播厥百穀既ㅣ且碩。㊁동안뜰정(逕ㅣ隔遠貌)。【莊子】大有逕ㅣ。

八畫

【庰】(병) 梗 ヘイ、かくす hide
小篆 ❶감출병(藏也)。❷덮을병(蔽也)。【六書故】ㅣ門閒屛蔽者所謂塞門。❸궁벽할병(僻也)。(『㡒·屛』과 같음)

【㢈】(퇴) 灰 タイ、いえがかたむく inclined roof
小篆 지붕물매질퇴(屋從上傾下)。

【庳】㊀(비) 紙 ヒ、ひくい humble ㄅㄟˋ pi⁴
㊁(비) 寘
小篆 草書 ㊀❶낮을비(下也)。❷오두막집비(低小屋)。【左傳】宮室卑ㅣ。❸짧을비(短也)。【周禮】其民豐肉而ㅣ。(『卑』와 같음) ㊁땅이름비(舜弟象所封國名有ㅣ)。(『鼻』와 통함)

【庱】(릉) 蒸 リョウ arbour
小篆 정자이름릉(亭名ㅣ亭)。

【㢠】(름)『廩』(广部13畫)의 古字

【庴】㊀(적) 陌 セキ
㊁(욱)【國字】
㊀고을이름적(縣名ㅣ縣)。㊁움집욱(ㅣ幕)。

【㢋】(치) 紙 シ、ひろい broad
넓을치(廣也)。

【庵】(암) 覃 アン、いおり hermitage ㄢ an¹
草書 암자암、초막암(小草舍)。【集韻】圜屋爲ㅣ。(『菴』과 같음)

【㢊】(추) 尤 ソウ、くずれる(或音「취」) crumble
무너질추(崩壞)。

【庶】(서) 御 ショ、もろもろ numerous ㄕㄨˋ shu⁴
小篆 草書 ❶무리서、뭇서、여럿서(衆也)。【易】首出ㅣ物。❷바랄서(冀也)。❸거의서(ㅣ幾)。❹백성서(人民)。❺많을서(多也)。❻서자서(支子)。【左傳】其ㅣ子爲公行。

【康】(강) 陽 コウ、やすらか peaceful; healthy ㄎㄤ k'ang¹
草書 ❶편안할강(安也)。【書】庶事ㅣ哉。❷즐거울강(樂也)。【詩】無已太ㅣ。❸화할강(和也)。❹다섯거리강(五達衢)。【列子】堯遊於ㅣ衢。❺풍년들강(年豊)。【詩】迄用ㅣ年。❻헛될강(空也)。❼성강(姓也)。

【庸】(용) 冬 ヨウ、つね、もちいる always; use ㄩㄥ yung¹·²
小篆 草書 ❶쓸용(用也)。【書】疇咨若時登ㅣ。❷떳떳할용、항상용(常也)。【易】ㅣ言之信ㅣ行之謹。❸공용(功也)。【書】有能奮ㅣ熙帝之載。❹수고로울용(勞也)。【詩】我生之初尙無ㅣ。❺화할용(和也)。【禮疏】ㅣ者以其記中和之爲用。❻어리석을용(愚也)。【史記】周勃才能不過凡ㅣ。❼어찌용(豈也)。【左傳】ㅣ非貳乎。❽부용나라용(附ㅣ、小國)。❾물도랑용(水ㅣ溝也)。❿부세용(賦法租ㅣ)。(『鄘·墉·傭·鏞』과 통함)

【㢆】(사) 馬 シャ、こや little house
❶집머리사(屋頭)。❷작은집사(小屋)。

【廧】(장) 陽 ショウ、かき wall
❶담장장(蕭ㅣ垣也)。❷사모할장(追慕羨ㅣ)。❸옥장(圜ㅣ獄也)。(『牆·墻』과 같음)

【㢛】(염) エン、あつい thick
두터울염(厚也)。

九畫

【庿】(묘)『廟』(广部12畫)의 古字

【廋】(수) 尤 ソウ、かくす hide
❶산모퉁이수(山隈)。【劉向九歎】步從容於山ㅣ。❷숨을수(匿也)。(『廀』와 같음)

【庾】(유) 麌 ユ、くら stack of grain ㄩˇ yü³
庾(小篆) 庾(草書) ❶노적유(倉無屋露積)。【周語】野有ㅣ積。❷휘유(量名、十六斗)。【左傳】粟五千ㅣ。(『斞』와 같음)

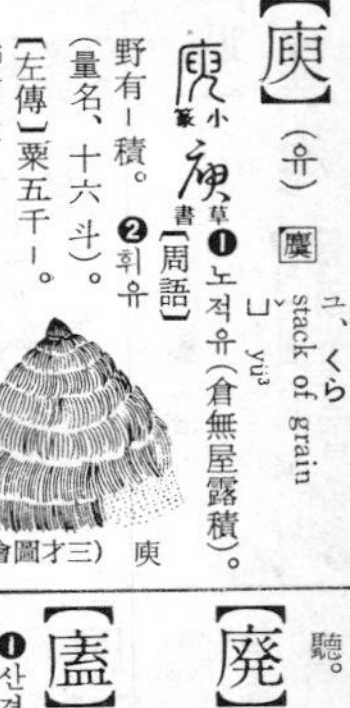

庾 (會圖才三)

【[illegible]】(얼) 月 エツ、せまい (of a house) small
(小篆) 집좁을얼(家狹)。

【廁】一(치) 寘 シ、ソク、かわや water-closet ㄘㄜˋ ts'ê⁴ (本音「측」) 二(칙) 職
(小篆) 一❶뒷간치(圊溷)。【史記】沛公起如ㅣ。❷평상가장자리치(牀邊側)。【漢書】衛青侍中上常踞ㅣ而視之。❸섞일치(雜也)。❹버금치(次也)。二기울칙(側也)。

【廀】一(투) 尤 ユ、トウ、かいばおけ manger 二(유) 虞
一❶매화틀투(行圊)。❷말죽통투(木槽)。(『牏』와 통함) 二뜻은 一과 같음。

【㢋】(랄) 曷 ラツ、いおり hermitage
❶초막랄、암자랄(庵也)。❷옥방랄(獄室)。

【廂】(상) 陽 ショウ、ひさし outbuilding ㄒㄧㄤ hsiang
廂(小篆) (草書) 곁채상、행랑상(廊也)。【史記】呂后側耳於東ㅣ聽。【索隱】正寢之東西室皆曰ㅣ。

【廃】(폐)『廢』(广部12畫)의 略字

十畫

【廅】(합) 合 ゴウ、かくす hide
❶산곁구멍합(山傍穴)。❷감출합(藏也)。

【廆】(외) 賄 カイ、かき wall (本音「회」)
❶담외(廦也)。❷사람이름외(人名晋慕容ㅣ)。

【廌】一(치) 紙 チ、タイ、のり law ㄓ chih⁴ 二(채) 蟹
(小篆) 一❶법치(法也)。❷해태치、외뿔양치(獬ㅣ一角羊)。【王充論衡】獬ㅣ者一角羊性知有罪皐陶治獄其罪疑者令羊觸之。(『豸』와 통함) 二뜻은 一과 같음。

【廇】(류) 宥 リュウ、うつばり board-floored hall
(小篆) 대마루류、한마루류(屋ㅣ室中央)。【劉向九歎】刜讒賊於中ㅣ兮。

【廈】(하) 馬 カ、いえ building ㄒㄧㄚˋ hsia⁴
(小篆) (草書) ❶큰집하(大屋)。【杜甫詩】安得廣ㅣ千萬間。❷허수청하(門之廡)。❸곁방하、행랑하(旁屋)。(『夏』와 통함)

【廉】(렴) 鹽 レン、いさぎよい integrity
(小篆) (草書) ❶맑을렴(淸也)。❷조촐할렴(潔也)。❸청렴할렴(不貪)。❹검소할렴(儉也)。❺모렴(ㅣ隅稜也)。【書】簡而ㅣ。❻살필렴(察也)。【後漢書】袁安使仁恕椽肥親往ㅣ之。❼서슬렴(嚴利)。【禮】其器ㅣ而深。❽값쌀렴(安價)。

【廊】(랑) 陽 ロウ、ろうか servants' rooms ㄌㄤˊ lang²
(小篆) (草書) ❶곁채랑、행랑랑(東西序廡)。❷묘당랑(巖ㅣ殿下外屋)。【漢書】蓋聞唐虞之時遊於巖ㅣ之上。

廊 (會圖才三)

【廋】(수) 尤 ソウ、かくす hide ㄙㄡ sou¹
(草書) 숨길수(隱匿)。【論語】觀其眸子人焉ㅣ哉。(『搜』와 같음)

【㢈】(추) 寘 ツイ、いえがつぶれる (of houses) crumble
집무너질추(舍壞)。

十一畫

【㢒】(사) 麻 サ、こわれいえ (of houses) likely to crumble
집이쓰러지려할사(屋頽貌)。【淮南子】ㅣ屋之下不可坐。

【廏】(구) 宥 キュウ、うまや stable ㄐㄧㄡ chiu⁴
(小篆) (或體) (草書) 마구구(馬舍)。【詩】乘馬在ㅣ。

廏 (會圖才三)

【廐】(구)『廏』(前條)의 俗字

【廑】(근) 文 震 キン、わずか barely
(小篆) (草書) ❶겨우근(纔也)。❶오막집근(小屋)。(『僅』과 같음)

【廒】(오) 豪 ゴウ、こめぐら storehouse ㄠˊ ao²
❶곳집오(倉也)。❷겨우근(僅也)。❸오막살이오(陋屋)。

【廓】(확) 藥 カク、おおきい big ㄎㄨㄛˋ k'uo⁴ (同音「곽」)
(草書) ❶클확(大也)。【吳志】周瑜性度恢ㅣ。❷휑할확(空也)。【漢書】今之處士魁然無徒ㅣ然獨居。❸열 확(開也)。

【廔】(루) 尤 ロウ、むね ridge ㄌㄡˊ lou²
(小篆) ❶집대마루루(屋脊)。❷깁창루(綺窓)。

【廖】一(료) 蕭 リョウ ㄌㄧㄠˋ liao⁴ 二(류) 嘯
(小篆) (草書) 一사람이름료(周召伯名)。二성류(姓也)。

【廕】(음) 沁 イン、かげ、おおう be shadowed ㄧㄣˋ yin⁴

草書 덮을음(庇也)。【戰國策】趙席隴畝而ㅣ庇桑陰。(『蔭』과 같음)

【廗】(대) 泰 タイ、ゆがむ inclined house ❶집비뚤어질대(屋之傾斜)。❷물이름대(水名)。

十二畫

【廙】㊀(익) 職 イ、ひさし entrance-hall ㊁(이) 寘 小篆 ㊀행랑익(行屋)。㊁공경할이(敬也)。

【⿸广番】(반) 寒 ハン、たくわえる pile ❶쌓을반(儲物)。❷곳간반(峙屋)。

【⿸广屠】(도) 虞 ト、いおり hermitage ❶암자도(庵也)。❷평집도(屋平)。❸술이름도(酒名)。

【廚】(주) 虞 チュウ、くりや kitchen ㄔㄨ ch'u² 小篆 草書 ❶부엌주(熟食炊也)。❷푸판주、관주(庖屋)。【孟子】遠庖ㅣ。❸버섯주(䕋ㅣ菌也)。

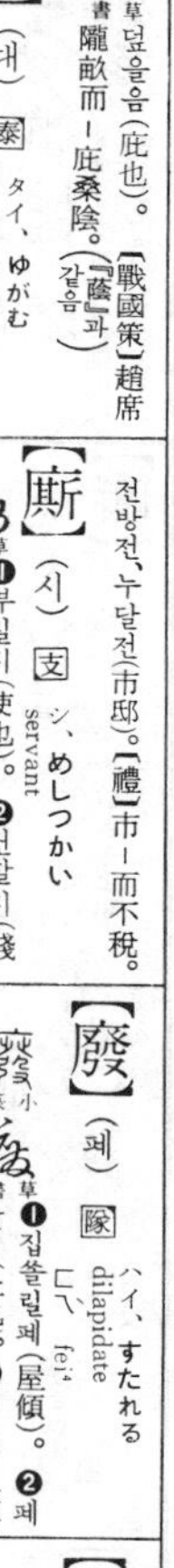
(會圖才三) 廚

【廛】(전) 先 テン、みせ shop ㄔㄢ ch'an² 篆 草書 ❶터전전(百畝一家之居)。【詩】胡取禾三百ㅣ兮。❷전방전、누달전(市邸)。【禮】市ㅣ而不稅。

【廝】(시) 支 シ、めしつかい servant 草書 ❶부릴시(使也)。❷천할시(賤也)。❸마부시(養馬者)。(『厮』와 같음)

【廞】(흠) 侵 キン、おこす rise ㄑㄧㄣ ch'in¹ 小篆 草書 ❶포진할흠(陳興服於庭)。【周禮】ㅣ裘飾皮車。❷일흠(興也)。【周禮】笙師ㅣ其樂器。❸행상제구흠(喪具)。

【廟】(묘) 嘯 ビョウ、たまや shrine ㄇㄧㄠ miao⁴ 小篆 古文 草書 ❶모양묘(貌也)。【說文】尊先祖貌也。❷사당묘(宗ㅣ祠也)。【六書故】宮前曰ㅣ後曰寢。❸묘당묘(廊ㅣ前殿)。

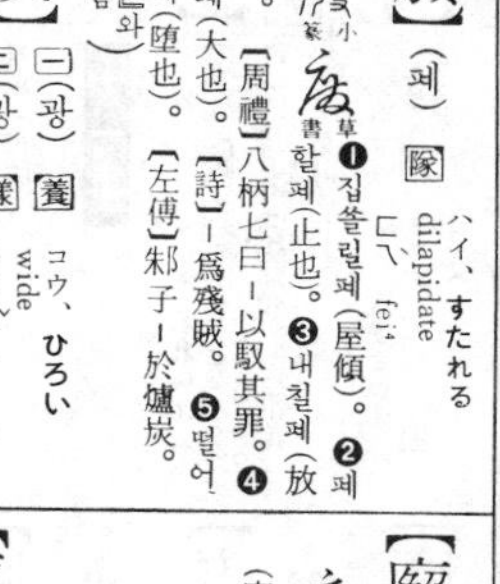
(轅軒) ❷ 廟 (會圖才三)

【廠】(창) 養 ショウ、しごとば barn ㄔㄤ ch'ang³ 草書 ❶헛간창(露舍屋無壁)。❷곳집창(庫也)。

【廡】(무) 麌 ブ、ひさし entrance-hall ㄨ wu³ 小篆 或體 草書 ❶월랑무、거느림채무(堂下周屋)。❷문간방무(門屋)。❸초목우거질무(草木盛貌)。(『甒』와 통함)

【廢】(폐) 隊 ハイ、すたれる dilapidate ㄈㄟ fei⁴ 小篆 草書 ❶집쏠릴폐(屋傾)。❷폐할폐(止也)。❸내칠폐(放也)。【周禮】八柄七曰ㅣ以馭其罪。❹클폐(大也)。【詩】ㅣ爲殘賊。❺떨어질폐(墮也)。【左傳】邾子ㅣ於爐炭。(『癈』와 통함)

【廣】㊀(광) 養 コウ、ひろい wide ㄍㄨㄤ kuang³ ㊁(광) 漾 小篆 草書 ㊀넓을광(闊也)。【易繫辭】ㅣ大配天地。㊁❶넓이광(橫量)。❷클광(大也)。

【廇】(류)『霤』(9畫 广部)의 本字

【廘】(곡) 곳곳(處也)。[國字]

十三畫

【廥】(괴) 泰 カイ、まぐさごや ware house of provender ㄎㄨㄞ k'uai⁴ 小篆 草書 여물광괴(芻藁之藏)。

【⿸广虜】(로) 虞 ロ、ひさし an awning 小篆 볕가릴로、차양로(遮陽)。

【廦】(벽) 陌 ヘキ、かき wall 小篆 담벽(垣也)。

【廧】(장)『牆』(13畫 爿部)과 같음

【廨】(해) 泰 カイ、やくば government office ㄒㄧㄝ hsieh⁴ 草書 공해해、관청해(官舍)。

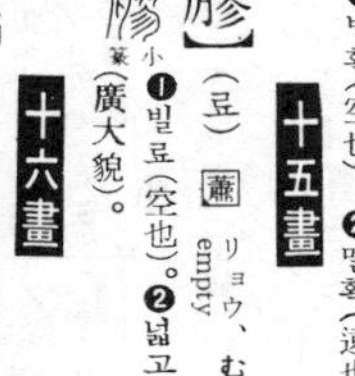
(會圖才三) 廨

【廩】(름) 寢 リン、こめぐら warehouse of rice ㄌㄧㄣ lin³ 小篆 或體 草書 ❶쌀광름(倉ㅣ米藏)。❷줄름(給也)。【後漢書】恐人稍受ㅣ往來煩劇。(『㐭』과 같음)

(會圖才三) ❶ 廩

十四畫

【⿸广霍】(확) 藥 カク、むなしい empty ❶빌확(空也)。❷멀확(遠也)。

十五畫

【廫】(료) 蕭 リョウ、むなしい empty 小篆 ❶빌료(空也)。❷넓고큰모양료(廣大貌)。

十六畫

【⿸广穌】(소) 虞 ソ、いおり wine

❶암자소(廜ㅣ庵也)。❷술이름소(元日酒名廜ㅣ)。(『蘇』와 같음)

【廬】(려) 魚 リョ、ロ、かりや farmer's hut ㄌㄨˊ lu²
小篆 草書 ❶농막려(農人田事所)。【詩】中田有ㅣ。❷풀집려(粗屋總名)。【左傳】猶有 先人之敝ㅣ。❸원집려(候舍)。【周禮】十里有ㅣㅣ有飲食。❹부칠려(寄也)。

【[illegible]】(부) 遇 フ、くさい smell
❶냄새날부(臭也)。❷썩을부(腐也)。

十七畫

【廙】(익) 職 エキ、いえがひろい corridor
복도익(屋通)。

【廮】(영) 梗 エイ、やすらか にとどまる
小篆 ❶편안히 그칠영(安止)。❷골이름영(縣名ㅣ陶)。

【廯】(선) 銑 先 セン、こめぐら storehouse
곳간선(囷倉之別名)。

十八畫

【廱】(옹) 冬 ヨウ、やわらぐ mild ㄩㄥ yung¹
小篆 ❶벽옹옹(辟ㅣ天子教宮)。【詩】於樂辟ㅣ。❷화할옹(ㅣㅣ和也)。(『雍·壅』과 통함)

【[illegible]】(구) 虞 ク、くら storehouse
곳집구(倉庫)。

二十二畫

【廳】(청) 靑 チョウ、やくしょ government office ㄊㄧㄥ t'ing¹
草書 대청청、관청청(治官處)。

二十四畫

【[illegible]】(련) 先 レン、よぢる clutch
휘어잡을련(攣也)。

廴 部

【廴】(인) 軫 イン、ひく draw ㄧㄣˇ yin³
小篆 ❶길게걸을인(長行)。❷당길인(引之)。

三畫

【㢟】(천) 先 テン、しずかにあるく walk
小篆 걸을천(步也)。

四畫

【延】(연) 先 エン、のばす extend ㄧㄢˊ yen²
小篆 草書 ❶미칠연(及也)。【書】賞ㅣ于世。❷드릴연(納也)。【漢書】公孫弘開東閣以ㅣ賢人。❸미적거릴연(遷ㅣ淹久)。【左傳】晋人謂之遷ㅣ之役。❹뻗칠연、벋을연(ㅣ袤遠也)。【史記】築長城ㅣ袤萬餘里。❺서릴연(宛ㅣ盤屈貌)。【甘泉賦】颺翠氣之宛ㅣ。❻맞을연(迎也)。

【[illegible]】(정) 庚 セイ、ゆく go; leave
小篆 갈정(征也)。

【廷】(정) 徑 靑 テイ、つかさ imperial court ㄊㄧㄥˊ t'ing²
小篆 草書 ❶조정정(朝ㅣ)。【論語】其在宗廟朝ㅣ。❷바를정(正也)。❸곧을정(直也)。❹벼슬이름정(秦官名ㅣ尉)。

六畫

【建】(건) 願 ケン、コン、たてる build ㄐㄧㄢˋ chien⁴
小篆 草書 ❶세울건、설건(立也)。【書】ㅣ用皇極。❷둘건(置也)。【易】先王以ㅣ萬國親諸侯。❸심을건(樹也)。❹별이름건(星名)。❺칼집건(韜也)。(『鞬』과 통함)

【廻】(회) 灰 カイ、めぐる come back ㄏㄨㄟˊ huei²
草書 ❶돌아올회(還也)。❷피할회(避也)。(『回』와 같음)

【廼】(내)『迺』(辵部 6畫)의 俗字

七畫

【廽】(회)『廻』(廴部 6畫)의 俗字

十畫

【[illegible]】(천) 先 テン、はなしながらゆく talking walk
서로돌아보고갈천(相面而行)。

廾 部

【廾】(공) 腫 キョウ こまぬく fold one's arms ㄍㄨㄥˇ kung³
小篆 或體 草書 팔짱낄공(竦手)。

一畫

【廿】(입) 緝 ジュウ、にじゅう twenty ㄋㄧㄢˋ nien⁴
小篆 草書 스물입(二十)。【顏之推稽聖賦】中山何夥有子百ㅣ。

二畫

【弁】㊀(반) 寒 ㊁(변) 霰 ベン、かんむり、たのしむ crown; merry ㄅㄧㄢˋ pien⁴
草書 ㊀❶즐거울반(樂也)。【詩】ㅣ彼鸒斯。❷시의 이름반(詩名小ㅣ)。(『般』과 같음) ㊁❶고깔변(周冠)。【儀禮】周ㅣ殷冔夏收。【詩】會ㅣ如星。❷떨변(戰懼貌)。【漢書】吏皆股ㅣ。❸손바닥칠변(手博)。【漢書】試ㅣ爲期門。

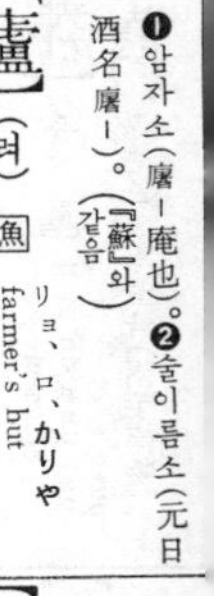
(圖器禮) 弁

三畫

【异】(이) 寘 イ、やめる retire 一ˋ i⁴
小篆 草書 ❶말이(已也)。〔書〕—哉試可乃已。❷들이(擧也)。❸물러갈이(退也)。❹탄식할이(歎也)。(『異』와 통함)

四畫

【弃】(기)『棄』(木部 7畫)의 古字

【弅】(귀) 支 キ、にぎり knob of an arrow
小篆 활잡이귀(弓拊)。

【弄】(롱) 送 ロウ、もてあそぶ mock ㄋㄨㄥˋ nung⁴
小篆 草書 ❶구경할롱(玩也)。〔詩〕載—之璋。❷희롱할롱(戲也)。〔左傳〕夷吾弱不好—。❸업신여길롱(侮也)。〔漢書〕自公卿在位東方朔皆敖—無所爲屈。❹곡조롱(樂曲)。〔晉書〕桓伊善吹笛 作三調—。❺골목롱(巷也)。

【弅】(분) 文 フン、おか high hill
높은언덕분(丘高起貌)。〔莊子〕登隱—之丘。

五畫

【弆】(욱) 屋 イク、ささげる hold up with two hands
小篆 두손으로받들욱(兩手捧物)。

【弆】(거) 語 キョ、しまいこむ store ㄐㄩˇ chü³
草書 감출거(藏也)。〔漢書〕陳遵性善書與人尺牘皆藏—以爲榮。(『去』와 통함)

【卌】『열반(涅槃)』의 合字

六畫

【弇】 ㊀(감) 覃 カン、エン、おおう
㊁(엄) 琰 cover
㊂(엄) 豔 ㄧㄢˇ yen³
小篆 古文 草書 ㊀❶두껑감(蓋也)。❷사람이름감(人名漢耿—)。㊁❶덮을엄(覆蓋)。❷좁은길엄(狹路)。〔左傳〕行及—中。❸산이름엄(大荒山名—州)。㊂쇠북배부를엄(鐘中寬)。〔周禮〕侈聲窄—聲鬱。

【弈】(혁) 陌 エキ、いご 一ˋ i⁴ (本音「역」)
小篆 草書 ❶바둑둘혁(圍碁)。❷바둑잘둘혁(善棋者—秋)。

七畫

【弮】(권) 霰 ケン、にぎりめし a rice-ball
小篆 ❶주먹밥권(摶飯)。❷움큼권(握也)。

九畫

【𢍰】(위) 未 イ、しげる (of plants) thick
小篆 초목이 무성할위(草木盛貌)。

十一畫

【𢍸】(장)『奬』(大部 11畫)과 같음

十二畫

【弊】(폐) 霽 ヘイ、やぶれる wear out ㄅㄧˋ pi⁴
小篆 或體 草書 ❶해질폐(壞敗)。〔逐貧賦〕禮薄義—。❷폐단폐(惡也)。〔漢書〕重以周秦之—。❸곤할폐(困也)。〔後漢書〕軍士疲—。❹곰곰궁리할폐(——經營貌)。〔莊子〕——然以天下爲事。❺결단할폐(斷也)。〔周禮〕以—邦治。❻엎드릴폐(頓仆)。(『獘』와 같음)

十三畫

【𢍷】(천) 先 セン、のぼる climb up high
小篆 或體 古文 높은데올라갈천(升高)。

弋 部

【弋】(익) 職 ヨク、いぐるみ arrow
小篆 草書 ❶주살익(繳射)。〔周禮〕矰矢茀矢用諸—射。❷취할익(取也)。〔書〕非我小國敢—殷命。❸홰익(橛也)。〔爾雅〕鷄棲于—。❹검을익(黑也)。〔漢書〕身衣—綈。❺벼슬이름익(官名鉤—)。❻오랑캐익(羌部名無—)。

一畫

【弌】(일)『一』의 古字

二畫

【弍】(이)『二』의 古字

三畫

【弎】(삼)『三』의 古字

【式】(식) 職 シキ、しき、のり system；ceremony ㄕˋ shih⁴
小篆 草書 ❶법식(法也)。〔書〕百官承—。❷쓸식(用也)。〔詩〕維此良人作爲—穀。❸제도식(制度)。〔漢書〕樞機周密品—俱備。❹구푸릴식(敬而俛)。〔書〕—商容閭。❺수레앞가로막대식(車前橫木)。❻발어사식(發語辭)。(『栻』과 통함)

四畫

【𢎗】(장) 陽 ソウ、ふねぐい pile
❶배말뚝장(繫船杙)。❷고을이름장(南越郡名—牁)。(『牂』과 통함)

九畫

【弑】(시) 寘 シ、ころす regicide ㄕˋ shih⁴

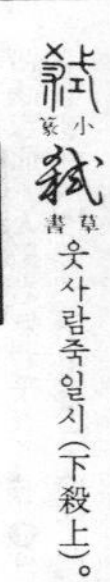

小篆 草書 웃사람죽일시(下殺上)。

十畫

【哥弋】(가) 歌 カ、ふなぐい ㄍㄜ kê¹ pole for mooring 배말뚝가(舸ㅡ杙也)。(『舸』와 같음)

十二畫

【弒】(시)『弑』(弋部 9畫)의 本字

【曾弋】(증)『矰』(矢部 12畫)과 같음

弓 部

【弓】(궁) 東 キュウ、ゆみ ㄍㄨㄥ kung¹ bow 小篆 草書 ❶활궁(射器弧也)。〔周禮〕ㅡ人取六材幹角筋膠絲漆。 (圖器禮) 弓 ❷땅재는자궁(量地數)。〔度地論〕三百ㅡ爲一里。❸성궁(姓也)。

一畫

【𢎘】(함) 感 カン、つぼみ ㄏㄢ han² bud 小篆 ❶꽃봉오리함(蕾也)。❷꽃함(華也)。

【弔】㊀(조) 嘯 ㊁(적) 錫 チョウ、とむらう ㄉㄧㄠ tiao⁴ condolence 小篆 草書 ㊀❶조상할조(問終)。「ㅡ生曰唁ㅡ死曰ㅡ」。❷서러울조(傷也)。〔詩〕中心ㅡ兮。❸불쌍히여길조(愍也)。〔詩〕昊天不ㅡ。㊁이를적(至也)。〔詩〕神之ㅡ矣。(『吊』와 같음)

【引】(인) 軫 イン、ひく ㄧㄣ yin³ pull 小篆 草書 ❶활당길인(開弓)。❷이끌인(相牽)。❸인도할인(薦ㅡ導也)。〔史記〕兩人相爲ㅡ重。❹기운들여마실인(道ㅡ服氣法)。〔莊子〕道ㅡ之士養形之人。❺열길인(十丈)。〔漢書〕用竹爲ㅡ長十丈也。❻노래곡조인(歌曲)。〔蔡邕琴操〕有思歸ㅡ。

二畫

【弗】(불) 物 フツ、あらず ㄈㄨ fu² violate 小篆 草書 ❶어길불(違也)。❷말불, 아니불(不也)。〔書〕績用ㅡ成。❸버릴불(去也)。❹〔新字〕딸라(dollar)。

【弘】(홍) 蒸 コウ、ひろい ㄏㄨㄥ hung² vast 小篆 草書 ❶클홍(大也)。〔易〕含ㅡ光大。❷크게할홍(大之)。

三畫

【弙】(오) 虞 ウ、ひく pull 小篆 ❶활곽당겨겨눌오(滿弓有所向)。❷당길오(引也)。

【弓丸】(탄)『彈』(弓部12畫)과 같음

【弚】(퇴) 灰 タイ、くるしむ distress 궁할퇴、궁상스러울퇴(窮貌ㅡ靡)。

【弛】(이) 紙 シ、ゆるむ ㄕ hsih³ loosen (本音「시」) 小篆 或體 草書 ❶늦출이(緩也)。〔周禮〕荒政十有二四曰ㅡ力。〔註〕息徭役也。❷활부릴이(弓解弦)。〔禮〕ㅡ弓尚角。❸방탕할이(放也)。〔漢書〕泛駕之馬跅ㅡ之士亦在御之而已。❹해이할이、풀어질이(解也)。〔漢書〕臣恐朝廷之解ㅡ。❺놓을이(釋也)。〔周禮〕凡國之大憂令ㅡ縣。

【弜】(강) 養 キョウ、つよい ㄐㄧㄤ chiang⁴ strong 小篆 강할강(强也)。

四畫

【弝】(파) 禡 ハ、ゆづか ㄅㄚ pa⁴ middle of a bow 草書 활줌통파(弣中手執處)。

【弓夬】(결) 屑 ケツ、ゆがけ archer's thimble 草書 깍지결(鉤弦發矢者)。(『決』과 통함)

【弞】(신) 軫 シン、にっこり smile 小篆 ❶생긋웃을신(笑不壞顏)。❷나무이름신(木名ㅡ杻)。(『哂』과 같음)

五畫

【弟】㊀(제) 薺 ㊁(제) 霽 テイ、ダイ、おとうと ㄉㄧ ti⁴ younger brother 小篆 古文 草書 ㊀아우제、동생제(男子後生)。〔書〕惟孝友于兄ㅡ。㊁❶공경제(善事兄)。❷순할제(順也)。(『悌』와 통함)

【弓出】(굴) 物 クツ、いさましい brave 날랠굴(勇也)。

【弣】(부) 麌 フ、ゆづか ㄈㄨ fu³ middle of a bow 草書 활줌통부(弓中央)。〔禮〕左手承ㅡ。

【弤】(저) 薺 テイ、あかゆみ ㄉㄧ ti³ red bow 草書 붉은칠한활저(漆赤弓)。(『弴』와 통함)

【弢】(도) 豪 トウ、ゆみぶくろ ㄊㄠ t'ao¹ bow case 小篆 草書 활전대도(弓衣)。〔左傳〕鄢陵之戰楚共王召養由基使射呂錡中項伏ㅡ。(『韜』와 통함)

【弥】(미)『彌』(弓部14畫)와 같음

【弧】(호) 虞 コ、きゆみ ㄏㄨ hu² wooden bow 小篆 草書 ❶나무활호(木弓)。〔禮〕男子乃生桑ㅡ蓬矢以射四方。❷기이름호(旗名螫ㅡ)。❸별레

이름호(蟲名短－)。

【弦】(현) 先 ゲン、つる、いと bow string ㄒㄧㄢ hsien² 小篆 草書 ❶시위현(弓絲)。〔儀禮〕有司左執弣 右執－而授弓。❷반달현(半月)。「半月其形一旁曲一旁直若張弓施－。」❸맥박잦을현(脈數)。〔史記〕脈長而－。❹땅이름현(地名－蒲、－中)。❺풍류 줄현(樂器絲)。(『絃』과 통함)

【弩】(노) 麌 ド、おおゆみ big bow ㄋㄨ nu³ 小篆 草書 쇠뇌노(有臂機射)。〔史記〕萬－夾道而發。

弩(禮器圖)

【弨】(초) 蕭 ショウ、そりかえる turn inside out ㄔㄠ ch'ao¹ 小篆 草書 활뒤집힐초、활이뒤로처질초(弓弛體反)。〔方言〕翻起曰－。〔詩〕彤弓－兮。

六畫

【弭】(미) 紙 ビ、ゆはず ends of a bow ㄇㄧ mi³ 小篆 或體 草書 ❶활끝미(弓末)。〔詩〕象－魚服。❷쉴미(息也止也)。〔左傳〕自今以往兵其少－。❸편안할미(安也)。〔史記〕夫治國家而－人民者無若乎五音。❹어루만질미(按也)。〔子虛賦〕－節裴回。

【弮】㊀(환) 諫 ㊁(권) 先 ケン、おおゆみ big bow ㄑㄩㄢ ch'üan¹ 草書 ㊀쇠뇌활환(弩弓)。〔漢書〕士張空－冒白刃。㊁뜻은 ㊀과 같음。(『卷』과 통함)

【⿰弓合】(협) 葉 キョウ、ゆがけ ascher's thimble ❶센활협(弓强)。❷깍지협(射決)。(『韘』과 같음)

七畫

【弰】(소) 肴 ショウ、ゆはず ends of a bow ㄕㄠ shao¹ 草書 ❶활끝소(弓末)。❷활쏠소(弓放箭)。

【弱】(약) 藥 ジャク、ニャク、よわい weak ㄖㄨㄛ juo⁴ 小篆 草書 ❶약할약(强之對)。「虛－」。❷못생길약(尫劣)。〔宋史〕論卑氣－。❸어릴약(未壯)。〔禮記〕二十曰－冠。❹나약할약(懦也)。〔書經〕六極六曰－。❺부닐약(體柔貌)。〔子虛賦〕嫵媚孅－。❻절름발이약(跛也)。〔左傳〕又孟縶之足不良－行。❼죽을약(喪也)。〔左傳〕又－一个焉。❽패할약(敗也)。〔左傳〕頡遇王子－焉。❾몸저누울약(委也)。❿활이름약(弓名)「繁－」。⓫침노할약(侵也)。〔左傳〕華臣－皐比之室。

【弲】(현) 先 ケン、つのゆみ horn-bow 小篆 뿔활현、각궁현(角弓)。

八畫

【⿰弓矢】(신) 軫 シン、ながい long 길신(長也)。

【⿰弓委】(뇌) 賄 ズイ、ゆみをはる draw (bend) a bow 활당길뇌(張弓貌)。

【⿰弓并】(병) 庚 ホウ、はじく play ㄅㄥ pêng¹ 탈병(彈也)。

【弴】㊀(돈) 元 ㊁(조) 蕭 トン、えゆみ painting bow 小篆 ㊀그림그린활돈(畫弓)。〔廣雅〕天子－弓。㊁뜻은 ㊀과 같음。

【張】㊀(장) 陽 ㊁(장) 漾 チョウ、はる hold; widen ㄓㄤ chang¹ 小篆 草書 ㊀❶베풀장(施也)。〔漢書〕－羽旗設供具以祀神君。❷활시위얹을장(施弓弦)。〔禮記〕－弓尙筋。❸벌일장(開也)。〔道德經〕將欲翕之必故－之。❹자랑할장(夸也)。「誇－」、「布－」。❺벌장、장장(計物數－、물건을 헤아릴때씀)。〔左傳〕子產以幄幕九－行。❻속일장(誑也)。〔書經〕民無或胥譸－爲幻。❼어기어질장(相戾)。〔補史序〕其中遠近乖－。❽고칠장(更也)。〔漢書〕琴瑟不調甚者心解而更－。㊁❶차려놓을장(設也)。〔史記〕取酒－坐飲。❷큰체할장(自大)。〔左傳〕隨－必棄小國。❸별이름장(星名)。(『帳·脹』과 通함)

【強】(강)『强』(弓部 9畫)의 本字

【弸】㊀(팽) 庚 ㊁(붕) 蒸 ホウ、みちる full ㄆㄥ pêng² 小篆 草書 ㊀화살소리팽(弓聲)。㊁❶가득할붕(滿也)。〔庾信馬射賦〕弓如明月對－。❷활강할붕(弓强貌)。

九畫

【强】㊀(강) 陽 ㊁(강) 漾 キョウ、ゴウ、つよい strong ㄑㄧㄤ ch'iang² 草書 ㊀❶강할강(過優)。〔中庸〕南方之－與北方之－與。❷나머지강(數餘)。〔木蘭詩〕賞賜百千－。❸바구미강(米中蠹)。(『强』으로 씀) ㊁❶힘쓸강(勉也)。〔中庸〕或勉－而行之。❷굳셀강(不屈)。❸뻐득뻐득할강(自是)。〔漢書〕乃欲以新造未集之越屈－於此。(『彊』과 통함)

【弼】(필) 質 ヒツ、たすける help ㄅㄧ pi⁴ 小篆 或體 古文 古文 草書 ❶도울필(輔也)。〔書經〕明于五刑以－五教。❷도지개필(正弓器)。❸거듭필(重也)。(『弻』과 같음)

【弻】(필)『弼』(前條)과 같음

【⿰弓是】(지) 寘 チ、はじく cause to spring

통길지(彈也)。

【弽】(섭) 葉 ショウ、はる bend ❶활당길섭(張弓)。❷깍지뗄섭(射決)。(『韘』과 같음)

【弾】(탄)『彈』(弓部12畫)의 略字

十畫

【彀】(구) 宥 コウ、はる bend ㄍㄡ kou⁴ 小篆 小篆 草書 ❶활당길구(弓矢持滿)。〔孟子〕羿之教人射必志於ㅣ。❷과녁판구(射的)。(『句』와 통함)

十一畫

【彃】(필) 質 ヒツ、いる、はなつ shoot 小篆 ❶쏠필(射也)。〔楚辭〕羿焉ㅣ日。❷활시위필(弓弦)。

【彄】(구) 尤 コウ、わ ring ㄎㄡ k'ou¹ 小篆 ❶활고자구(弓端)。❷가락지구(環屬)。〔西京雜記〕戚夫人以百鍊金爲ㅣ環照見指骨。

十二畫

【彆】(별) 屑 ヘツ、ゆみがそる (of a bow) twisted ㄅㄧㄝ pieh⁴ 활뒤틀릴별(弓戾)。(『彇』과 같음)

【彇】(소) 蕭 ショウ、ゆはず ends of a bow 활고자머리소(弓弭頭)。〔禮記〕右手執ㅣ。(『彇』와 같음)

【彈】㊀(탄) 寒 ㊁(탄) 翰 ダン、はじく、たま shoot ㄉㄢ tan⁴ 小篆 或體 或體 草書 ㊀❶탄알탄(丸射)。〔左傳〕晉靈公從臺上ㅣ人而觀其避丸。❷탈탄(鼓爪曰ㅣ)。〔楚辭〕新沐者必ㅣ冠。❸탄핵할탄(劾也)。〔後漢書〕州司不敢ㅣ糾。㊁탄자탄(行丸)。

十三畫

【彉】(확) 藥 カク、ひきしぼる bend 小篆 ❶베풀확(張也)。〔孫子兵勢〕勢如ㅣ弩。❷빠를확(迅速)。❸활당길확(張弓)。(『彍』과 같음)

【彊】㊀(강) 陽 ㊁(강) 養 ㊂(강) 漾 キョウ、つよい firm ㄑㄧㄤ ch'iang² 小篆 草書 ㊀❶센활강(有力弓)。〔史記〕材官引ㅣ。❷굳셀강(健也)。〔易經〕君子以自ㅣ不息。❸굿굿할강(壯盛)。〔書經〕身其康ㅣ。❹사나울강(暴也)。〔書經〕ㅣ不友剛克。(『强』과 같음) ㊁❶힘쓸강(勉也)。〔漢書〕ㅣ勉學問則聞見博而知益明。❷강잉할강(抑之使然)。〔孟子〕ㅣ而後可。㊂❶뻐두뻐두할강(自是)。❷송장뻣뻣할강(屍硬)。(『殭』과 통함)

【彋】(횡) 庚 コウ、ゆみおと the boom of a arrow ❶화살소리횡(弓聲)。❷휘장에바람치는소리횡(帷帳風吹聲)。

【彊】(강) 陽 キョウ、すじのさき tendon 심줄강(筋也)。

十四畫

【彌】㊀(미) 支 ㊁(미) 紙 ミ、ビ、あまねし all around ㄇㄧ mi² 小篆 草書 ㊀❶활부릴미(弛弓)。❷두루미(徧也)。〔周禮〕ㅣ祀社稷。❸더할미(益也)。〔論語〕仰之ㅣ高。❹오랠미(久也)。❺마칠미(終也)。〔詩經〕誕ㅣ厥月。❻기울미(補闕)。❼꿰맬미(ㅣ縫)。〔易繫辭〕ㅣ綸天地之道。❽조금미(稍也)。〔漢書〕ㅣㅣ其失。(『弥』와 같음) ㊁그칠미(止息)。〔周禮〕ㅣ災兵。(『弭』와 같음)

十五畫

【彍】(확) 藥 カク、はる bend ㄎㄨㄛ k'uo⁴ 草書 ❶빠를확(迅捷)。〔送窮文〕駕塵ㅣ風與電爭光。❷활당길확(張弓)。(『彉』과 같음)

十八畫

【[弓+雚]】(권) 先 ケン、ゆみまがり bent part of a bow 小篆 활이 굽은곳권(弓曲處)。

十九畫

【彎】(만) 刪 ワン、ひく、まがる bend ㄨㄢ wan¹ (本音「완」) 小篆 草書 ❶당길만(引也)。〔王褒頌〕逢門子ㅣ烏號。❷활에 살먹일만(持弓關矢)。❸굽을만(ㅣ曲、ㅣ屈)。

二十畫

【彏】(확) 藥 カク、ゆみをひく draw a bow 小篆 활급히당길확(弓急張)。〔尸子〕鴻鵠在上扞弓ㅣ弩待之。

ヨ 部

【彐】(계) 霽 ケイ、ぶたあたま pig head ㄐㄧ chi⁴ 小篆 草書 ❶고슴도치머리계(彙頭)。❷돼지머리계(豕頭)。

三畫

【彑】(계)『彐』(前條)와 같음

【当】(당)『當』(田部8畫)의 略字

四畫

【叚】(하) 麻 カ、ぶた pig 小篆 돼지하(豕也)。

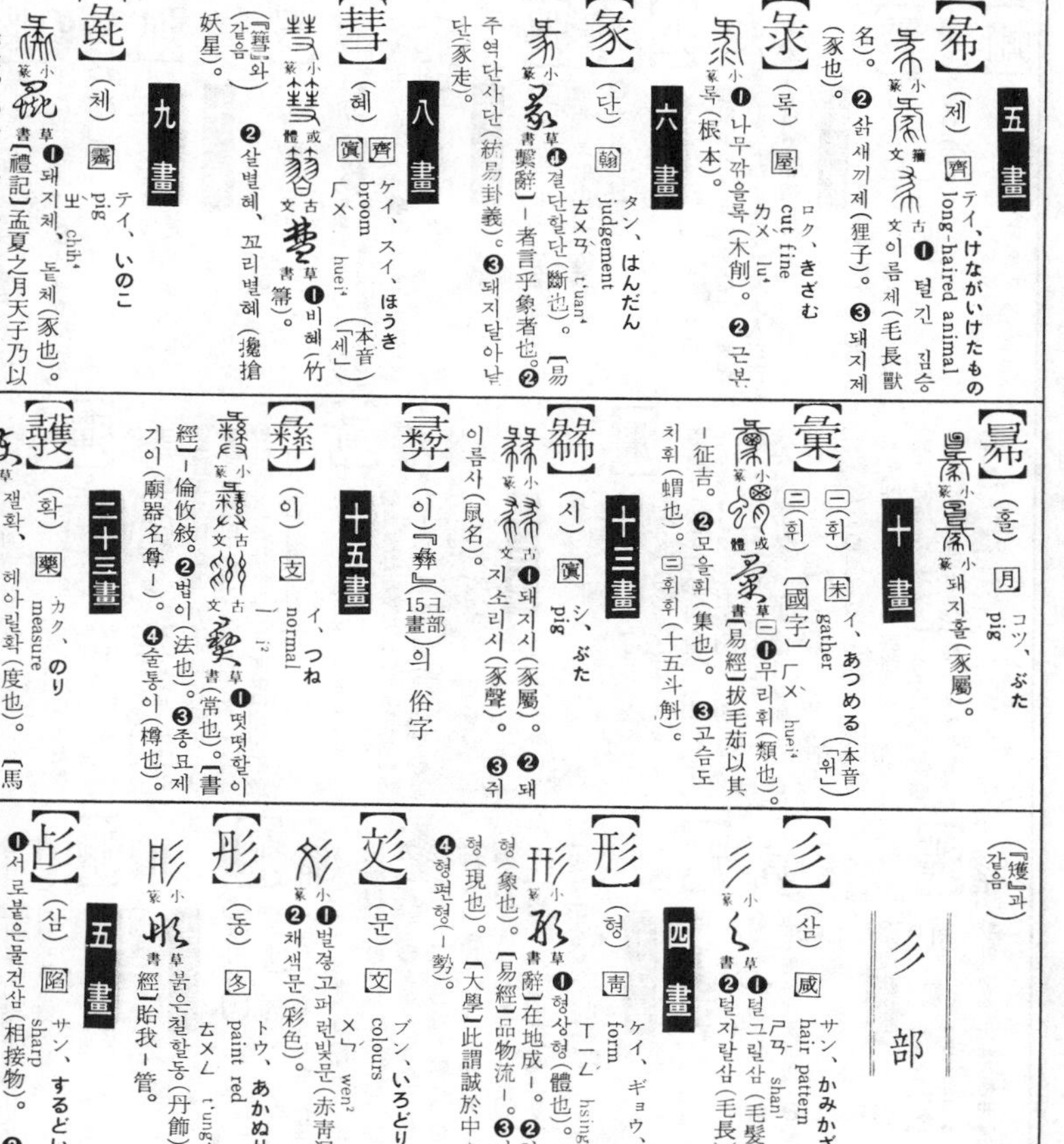

五畫

【𢑚】(제) 齊 テイ、けながいけたもの long-haired animal
小篆 籀文 古文 ❶털긴 짐승이름제(毛長獸名)。❷삵새끼제(狸子)。❸돼지제(豕也)。

【彔】(록) 屋 ロク、きざむ cut fine ㄌㄨˋ lu⁴
小篆 ❶나무깎을록(木削)。❷근본록(根本)。

六畫

【彖】(단) 翰 タン、はんだん judgement ㄊㄨㄢˋ t'uan⁴
小篆 草書 ❶결단할단(斷也)。〔易繫辭〕彖者言乎象者也。❷주역단사단(統易卦義)。❸돼지달아날단(豕走)。

八畫

【彗】(혜) 霽 寘 ケイ、スイ、ほうき broom ㄏㄨㄟˋ huei⁴ (本音「세」)
小篆 或體 古文 草書 ❶비혜(竹箒)。❷살별혜, 꼬리별혜(攙搶妖星)。(『篲』와 같음)

九畫

【彘】(체) 霽 テイ、いのこ pig ㄓˋ chih⁴
小篆 草書 ❶돼지체, 돝체(豕也)。〔禮記〕孟夏之月天子乃以彘嘗麥。❷땅이름체(地名)。

【㣇】(홀) 月 コツ、ぶた pig
小篆 小篆 돼지홀(豕屬)。

十畫

【彙】一(휘) 未 イ、あつめる gather (本音「위」) 二(휘)〔國字〕ㄏㄨㄟˋ huei⁴
小篆 或體 草書 一❶무리휘(類也)。〔易經〕拔茅茹以其彙征吉。❷모을휘(集也)。❸고슴도치휘(蝟也)。二휘휘(十五斗斛)。

十三畫

【𢑱】(시) 寘 シ、ぶた pig
小篆 古文 ❶돼지시(豕屬)。❷돼지소리시(豕聲)。❸쥐이름사(鼠名)。

【彞】(이)『彝』(彐部15畫)의 俗字

十五畫

【彝】(이) 支 イ、つね normal ㄧˊ i²
小篆 古文 古文 草書 ❶떳떳할이(常也)。〔書經〕彝倫攸敍。❷법이(法也)。❸종묘제기이(廟器名彝)。❹술통이(樽也)。

二十三畫

【彠】(확) 藥 カク、のり measure
草書 잴확, 헤아릴확(度也)。〔馬融長笛賦〕挑截本末規摹彠矩。(『矱』과 같음)

彡部

【彡】(삼) 咸 サン、かみかざり hair pattern ㄕㄢ shan¹
小篆 草書 ❶털그릴삼(毛髮繪飾)。❷털자랄삼(毛長)。

四畫

【形】(형) 靑 ケイ、ギョウ、かたち form ㄒㄧㄥˊ hsing²
小篆 草書 ❶형상형(體也)。〔易繫辭〕在地成形。❷형상할형(象也)。〔易經〕品物流形。❸나타날형(現也)。〔大學〕此謂誠於中形於外。❹형편형(形勢)。

【彣】(문) 文 ブン、いろどり colours ㄨㄣˊ wen²
小篆 ❶벌겋고퍼런빛문(赤靑混色)。❷채색문(彩色)。

【彤】(동) 冬 トウ、あかぬり paint red ㄊㄨㄥˊ t'ung²
小篆 草書 붉은칠할동(丹飾)。〔詩經〕貽我彤管。

五畫

【𢒉】(삼) 陷 サン、するどい sharp
❶서로붙은물건삼(相接物)。❷예리할삼(利也)。

六畫

【彥】(언) 霰 ゲン、ひこ meek scholar ㄧㄢˋ yen⁴
小篆 草書 ❶착한선비언(美士)。〔書經〕旁求俊彥。❷클언(碩也)。

【𢒆】(형)『形』(彡部4畫)의 本字

七畫

【彧】(욱) 屋 イク、あや bright ㄩˋ yü⁴
草書 ❶빛날욱(文章)。❷문채날욱(文彩)。❸무성할욱(茂盛貌)。

【𢒫】(좌) 箇 サ、かる cut
베일좌(莝也)。

八畫

【㣎】(목) 屋 ボク、こまかいあや thin pattern
小篆 가는문채목(細文)。

【彩】(채) 賄 サイ、いろどる colour ㄘㄞˇ ts'ai³
小篆 草書 ❶채색채(文色精光)。❷빛날채(光也)。〔許渾詩〕輪彩漸移金殿外。❸무늬채(文色)。(『采』와 통함)

【彪】(표) 尤 ヒョウ、まだらとら (古音「퓨」) ㄅㄧㄠ piao¹
小篆 小篆 草書 ❶칡범표(虎之班文)。❷문채표(文

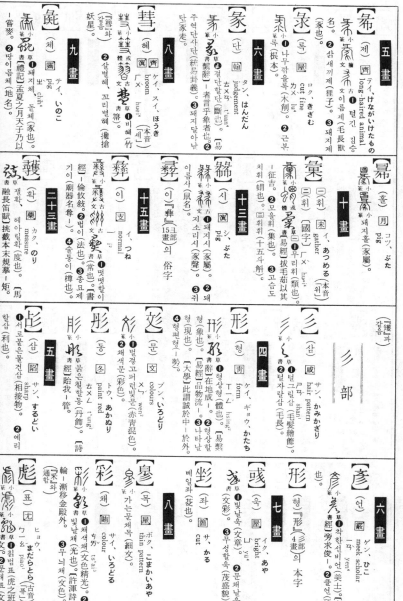

也。[法言]成文成德朔中而ㅡ外。❸작은범표(小虎)。

【彫】(조) 蕭 チョウ、きざむ、ほる carve ㄉㄧㄠ tiao¹
❶새길조(鏤也)。[莊子]覆載天地ㅡ刻衆形而不爲巧。❷그릴조(畫文)。[書經]峻宇ㅡ牆。❸문채낼조(文飾)。[漢書]今雖欲自ㅡ琢。❹조잔할조(瘁也)。[魏書]於是百姓ㅡ弊。(『琱·雕』과 通함)

【彬】(빈) 眞 ヒン、あきらか bright ㄅㄧㄣ pin¹
빛날빈、잘갖추어질빈(文質備也)。[論語]文質ㅡㅡ然後君子。(『份·斌』과 通함)

九畫

【彭】㊀(팽) 庚 ㊁(방) 陽 ホウ、たて、ふくれる shield;swell ㄆㄥ p'êng²
㊀❶성팽(姓也)。❷땅이름팽(地名)。「ㅡ城」。❸방패팽(盾也ㅡ排)。❹총소리팽(銃聲ㅡㅡ)。❺북소리팽(鼓聲)。㊁❶가까울방(近也)。[易經]匪其ㅡ无咎。❷장할방(壯也)。[詩經]駟騵ㅡㅡ。❸웅기중기갈방(多衆貌)。[詩經]行人ㅡㅡ。

十一畫

【彰】(창) 陽 ショウ、あきらか bright ㄓㄤ chang¹ (本音「장」)
❶나타날창(著也)。[書經]嘉言孔ㅡ。❷밝을창(明也)。❸드러낼창(著明之)。[書經]ㅡ厥有常。❹문채창(文飾)。「纖文鳥ㅡ」。

【彯】㊀(표) 蕭 ㊁(표) 嘯 ヒョウ、いろどる paint ㄆㄧㄠ p'iao⁴
㊀끈이치렁거릴표(長組貌)。(『縹』와 通함) ㊁단청할표(畫飾)。

【𢒼】(용) 冬 ヨウ、かたち double-shaded
❶포개진 그림자용(重影)。❷모양용(形也)。

十二畫

【影】(영) 梗 エイ、かげ shadow ㄧㄥ ying³
❶그림자영(物之陰形)。[列子]形動不生形而生ㅡ。❷형상영(形也)。❸말이름영(馬名躡ㅡ)。(『景』과 같음)

【景】(영)『影』(前條)과 같음

十三畫

【粲】(찬) 翰 サン、きつい いろどり variously-patterned
문채번화할찬(文繁)。

【戫】(욱) 屋 イク、あや patterned ㄩ yü⁴
❶문채날욱(彰也)。❷『彧』과 같음。

十九畫

【彲】(이) 支 チ、みずち big serpent ㄔ ch'ih¹ (本音「치」)
이무기이(似龍而無角)。「용같고 뿔없는짐승」。[史記]西伯將出獵卜之曰非龍非ㅡ非虎非羆所獲者 必霸王之輔。

彳 部

【彳】(척) 陌 テキ、たたずむ limp ㄔ ch'ih⁴
자축거릴척(小步)。[潘岳射雉賦]ㅡ于中輟。

二畫

【彳丩】(교) 篠 キョウ、ゆく go, leave
갈교(行貌)。

【彳丁】(정) 靑 テイ、ひとりゆく walk (go) alone ㄉㄧㄥ ting¹
혼자걸을정(獨行貌)。(『行』과 같음)

三畫

【彴】㊀(박) 覺 ㊁(작) 藥 シャク、まるきばし single log bridge ㄓㄨㄛ chuo
㊀불별박(奔星)。㊁외나무다리작(橫木橋)。[蘇軾詩]略ㅡ橫秋水。

【彺】(환) 阮 カン、まよう get lost
길잃을환(失路)。

四畫

【彶】(급) 緝 キュウ、いそいでゆく go in a hurry
급히갈급(急行)。

【彷】㊀(방) 陽 ㊁(방) 養 ホウ、さまよう wander ㄆㄤ p'ang²
㊀❶방황할방(徘徊)。❷어정거릴방。[莊子]ㅡ徨乎無爲其側。㊁비슷할방(ㅡ髴、相似)。(『仿·髣』과 같음)

【彸】(송) 冬 ショウ、あわてる in precipitation ㄓㄨㄥ chung¹ (本音「종」)
❶눈휘둥거릴송(惶懼貌)。[王褒論]百姓征ㅡ無所措其手足。❷황급히갈송(急遽貌)。

【役】(역) 陌 エキ、ヤク、つかう work;use ㄧ i⁴
❶부릴역(使也)。[書經]予造天ㅡ。❷국경을 지킬역(戍ㅡ、行ㅡ)。❸부역역(賦ㅡ)。❹벌어설역(列也)。[詩經]禾ㅡ穟穟。❺부림군역(使人)。[史記]其賓客厮ㅡ皆天下俊傑。❻전쟁역(戰爭)。❼일역(職務)。❽힘써일할역(勉也)。[莊子 齊物論]終身ㅡㅡ、而不見其成功。❾골몰할역(有所求而不止)。

五畫

【彼】(피) 紙 ヒ、かれ、あれ he; that ㄅㄧ pi³
❶저피(此之對)。[詩經]ㅡ月而微。❷저것피(外之辭)。[論語]ㅡ哉ㅡ哉。

【彽】(지) 齊 支 テイ、うろつく wander 草書 머뭇거릴지(彽徨)。

【彾】(령) 靑 レイ、ひとりでゆく go alone ㄌㄧㄥ ling² 홀로걸을령(獨行貌)。(『伶』과 같음)

【彿】(불) 物 フツ、にる similar ㄈㄨ fu² 草書 ❶비스름할불(彷—)。❷비슷할불(相似)。(『髴』과 같음)

【⿰彳由】(적) 錫 テキ、いそいでゆく go in a hurry 小篆 급히갈적(急行)。

【往】㊀(왕) 養 ㊁(왕) 漾 オウ、ゆく go ㄨㄤ wang³ 小篆 古文 草書 ㊀❶갈왕(去也)。【禮記】禮尙—來。❷옛왕(昔也)。【漢書】稽諸—古制宜於今。❸이따금왕(時時)。【史記】長老——稱黃帝堯舜之處風敎固殊焉。❹뒤왕(後也)。【論語】禘自旣灌而—者。(『徃』으로씀) ㊁향할왕(向也)。【史記】雖不能至、然心鄕—之。

【徃】(왕)『往』(前條)의 俗字

【征】(정) 庚 セイ、うつ attack ㄓㄥ chêng¹ 小篆 或體 草書 ❶갈정(行也)。【詩經】之子于—。❷세받을정(取稅)。【禮記】關譏而不—。❸찾을정(索也)。❹칠정(上伐下)。【書經】惟時有苗不率汝徂—。

【徂】(조) 虞 ソ、ゆく go ㄘㄨˊ ts'u² 小篆 或體 籒文 草書 ❶갈조(往也)。【詩經 豳風東山】我—東山。❷죽을조(殂死)。❸시작할조(始也)。❹겨눌조(狙也)。(『狙』와 통함)

【径】(경)『徑』(彳部 7畫)의 略字

六畫

【⿰彳各】(객) 陌 カク、いたる reach 이를객(至也)。

【待】(대) 賄 タイ、まつ wait ㄉㄞˋ tai⁴ 小篆 草書 ❶기다릴대(俟也)。【禮記】儒有席上之珍以—聘。❷대접할대(遇也)。【論語】季孟之閒—之。❸막을대(備禦)。【魯語】率大讐以憚小國其雖云—之。

【徇】(순) 震 ジュン、となえる expose to public gaze ㄒㄩㄣˋ hsün⁴ 小篆 草書 ❶조리돌릴순(行示)。【漢書】使周市—魏地。❷따라죽을순(殉也)。【漢書】貪夫—財。❸빠를순(疾也)。【史記】幼而—齊。❹부릴순(使也)。【莊子】夫—耳目內通而外於心知。❺널리펼칠순。【墨子】思慮—通。(『殉』과 통함)

【很】(흔) 阮 コン、もとる violate ㄏㄣˇ hen³ 小篆 草書 ❶말듣지 않을흔(不聽從)。❷어길흔(違也)。【吳語】今王將—天而伐齊。❸말다툼할흔(諍訟)。【禮記】—毋求勝。(『狠』과 통함)

【徉】(양) 陽 ヨウ、うろつく walking up and down ㄧㄤ yang² 草書 ❶노닐양(戲蕩)。【韓愈文】終吾生而徜—。❷빈들거릴양(彷也)。

【徊】(회) 灰 カイ、さまよう loitering ㄏㄨㄞˊ huai² 草書 ❶배회할회(彷徨)。【史記】徘—往來。❷어정거릴회(彽也)。(『佪』와 같음)

【⿰彳夷】(이) 支 イ、やすい easy 小篆 편하고쉬울이(平易)。

【律】(률) 質 リツ、おきて law ㄌㄩˋ lü⁴ 小篆 草書 ❶법률(法也)。【管子】—者所以定分止爭。❷풍류률(—呂)。「聲—、音—」。❸지을률(述也)。【中庸】上—天時。❹저울질할률(銓也)。(『后』와 같음)

【後】㊀(후) 有 ㊁(후) 宥 コウ、ゴ、のち、うしろ rear; late ㄏㄡˋ hou⁴ 小篆 古文 草書 ㊀❶뒤후(前之對)。【詩經】不自我先不自我—。❷늦을후(遲也)。❸아들후(嗣也)。【史記】與長者期—何也。【孟子 離婁上】不孝有三、無—爲大。(『后』와 같음) ㊁❶뒤질후(後之)。【論語 雍也】非敢—也、馬不進也。❷시대가 지날후(經也)。【朱熹 中庸章句序】世之相—千有餘年。

【⿰彳圭】(와) 佳 麻 アイ、よろめく stagger 비척거릴와(邪行貌)。

七畫

【徎】(정) 梗 テイ、こみち a narrow path 小篆 좁은길정(狹也小路)。

【徐】(서) 魚 ジョ、おもむろ slow ㄒㄩˊ hsü² 小篆 草書 ❶천천할서(安行)。【孟子】子謂之姑——云爾。❷천천히서(緩也)。【蘇軾 赤壁賦】淸風—來水波不興。❸한가할서(安穩貌)。【莊子】其臥——其覺于于。❹찬찬할서(威儀貌)。【爾雅】其虛其—威儀容止。❺더딜서(遲緩)。❻땅이름서(地名)。(『舒』와 통함)

【⿰彳夋】(준) 眞 シュン、しりぞく retire 물러갈준(退也)。

【⿰彳狂】(광) 養 キョウ、あおぐ fan 부채질할광(扇搖動風)。

【逢】(봉) 冬 ホウ、つかう set to work
小篆 부릴봉、심부름할봉(使也)。

【徑】 (一)(경) 逕 ケイ、ちかみち short cut
(二)(경) 靑 ㄐㄧㄥˋ ching⁴
小篆 草書 (一)❶지름길경(小路)。〔論語 雍也〕行不由ー。❷빠를경(疾也)。〔唐書〕仕宦之捷ー。❸곧을경(直也)。❹방법경(法也)。❺곧경(直也)。〔李華 弔古戰場文〕ー截輜重。(二)❶지날경(行過)。〔十八史略 西漢〕夜ー澤中。❷드디어경(竟也)。〔史記 滑稽傳〕不過一斗ー醉矣。

【徒】(도) 虞 ト、ともがら、むだ group ㄊㄨˊ t'u²
小篆 小篆 草書 ❶걸어다닐도(步行)。〔易經 賁卦〕舍車而ー。❷보병도(步兵)。〔詩經 魯頌 宮〕公ー三萬。❸무리도(輩也)。❹다만도(但也)。〔漢書 東方朔傳〕人至察則無ー。〔孟子 離婁上〕ー善不足以爲政。❺종도(隷也)。〔詩經 小雅 車攻〕ー御不驚。❻제자도(弟子)。〔論語 先進〕非吾ー也。❼학업을닦는사람도(修業者)。❽형벌의이름도(徒刑名)。

八畫

【俺】(엄) 豔 エン、かくす hide
숨길엄(隱也)。

【得】(득) 職 トク、とく、える gain ㄉㄜˊ tê²
小篆 古文 草書 ❶얻을득(獲也)。〔易〕知ー而不知喪。❷탐할득(貪也)。〔論語 季氏〕戒之在ー。❸상득할득(與人契合)。〔王褒頌〕聚精會神相ー益章。❹만족할득(滿足)。〔十八史略 春秋戰國齊〕意氣揚揚自ー。❺잡을득(捕也)。〔宋史 蔡挺傳〕盜發即ー。❻잘할득(能也)。〔中庸〕在下位不獲乎上、民不可ー而治矣。「옛날에(德)과 서로 바꾸어씀」。

【俴】(천) 銑 セン、あと traces
小篆 ❶자취천(迹也)。❷땅이름천(地名長ー)。

【徘】(배) 佳 ハイ、さまよう loiter about ㄆㄞˊ p'ai²
草書 ❶배회할배(彷徨)。〔史記〕ー徊往來。❷어슷거릴배(彽也)。(『俳·裴』와 같음)

【徙】(사) 紙 シ、うつる remove ㄒㄧˇ hsi³
小篆 小篆 或體 古文 草書 ❶옮길사(遷移)。〔潘岳 閑居賦〕孟母所以三ー也。❷귀양갈사(謫也)。〔漢書 陳湯傳〕免湯爲庶人、ー邊。❸의지할사(倚也)。〔嚴忌哀時命〕獨ー倚而彷徉。❹넘을사(踰也)。〔禮記 檀弓上〕ー月樂。

【徜】(도) 豪 トウ、まつ wait
기다릴도(待也)。

【徛】(기) 寘 キ、とびいし stepping-stones ㄐㄧˋ chi⁴
小篆 징검다리기(聚石水中以爲橋)。

【徜】(상) 陽 ショウ、さまよう ramble
草書 노닐상(戲蕩)。〔韓愈文〕終吾生而ー徉。

【從】 (一)(종) 冬 ショウ、ジュウ、したがう obey
(二)(종) 冬
(三)(종) 宋 ㄘㄨㄥˊ ts'ung¹·²
小篆 小篆 草書 (一)❶따를종、좇을종(隨也)。〔史記 孔子世家〕吾昔ー夫人、遇難於匡。❷말을들을종(相聽)。〔書〕汝無面ー。❸허락할종(許也)。❹나갈종(就也)。❺부터종(自也)。〔易〕雲ー龍風ー虎。〔十八史略 殷〕ー天降ー地出ー四方來。❻순할종(順也)。(二)❶종용할종(舒緩貌)。〔中庸〕ー容中道。❷상투가우뚝할종(高)。〔禮〕爾無ーー爾。(三)❶친척종(同宗)。〔爾雅〕父之世父叔父爲ー。❷따르는사람종(隨行者)。

【松】(송) 冬 ショウ、おそれる be afraid of
두려워할송(懼也)。

【徠】 (一)(래) 灰 ライ、くる come
(二)(래) 隊 ㄌㄞˊ lai²
草書 (一)❶산이름래(徂ー、山名)。❷올래(來也)。(『來』와 통함) (二)위로할래(勞ー、慰勉)。

【御】 (一)(어) 御 ギョ、ゴ おさめる、はべる reign over
(二)(어) 語
(三)(아) 禡 ㄩˋ yü⁴
小篆 古文 草書 (一)❶모실어(侍也)。〔詩〕飮ー諸友。❷거느릴어(統也)。〔賈誼 過秦論〕ー宇內。❸나아갈어(進也)。〔禮記 曲禮上〕ー食於君。❹주장할어(主也)。〔禮記〕問大夫之子長曰能ー幼曰未能ー。❺마부어(使馬)。〔詩經 小雅車攻〕徒ー不驚。❻부인을 사랑할어(寵愛)。❼왕후어(后也)。❽임금에 대한 경칭어。(『馭』와 같음) (二)막을어(禦也)。〔詩經 邶風 谷風〕以亦ー冬。(三)맞을아(迎也)。〔詩經 召南 鵲巢〕百兩ー之。(『迓』와 같음)

【偫】(치) 紙 ジ、そなえる possess ㄓˋ chih⁴
草書 ❶기다릴치(待也)。❷갖출치(具也)。❸바라고갈치(有望而往)。

九畫

【倢】(첩) 葉 ショウ、にげる run away
달아날첩(走也)。

【徥】(시) 支 シ、ゆく walk slowly
小篆 슬슬걸을시(行貌ーー)。

【徸】(종) 腫 ショウ、ついでゆく follow
小篆 뒤따라갈종(連後)。

【徧】(변) 霰 ヘン、あまねし all around ㄅㄧㄢˋ pien⁴

徧 小篆 徧 書草 ❶두루변(周也)。【書經】ㅣ于羣神。❷널리변(普也)。【史記 春申君傳】今大國之地ㅣ天下有其二垂。(『遍』과 같음)

【假】(가) 馬 カ、いたる reach; get to
假 小篆 이를가(至也)。

【(彳+柔)】(우) 有 ジュウ、かえる return
小篆 ❶되돌아올우(復也)。❷익힐우(習也)。

【徨】(황) 陽 コウ、さまよう wander ㄏㄨㄤˊ huang²
徨 書草 방황할황(徘徊)。

【(彳+兪)】(유) 虞 ユ、ひそかにゆく steal along
몰래갈유(闇行)。

【復】㊀(복) 屋 フク、フウ、かえる ㄈㄨˋ fu⁴ revive ㊁(부) 宥
復 小篆 復 書草 ❶돌아올복(返也)。【唐書 僕固懷恩傳】以ㅣ兩京有殊功。❷대답할복(答也)。【書經】說ㅣ于王。❸되풀이할복(反也)。【論語 先進】南容三ㅣ白圭。❹회복할복(興ㅣ)。【出師表】興ㅣ漢室。❺아뢸복(白也)。【孟子 梁惠王上】有ㅣ於王者。❻제할복(除也)。【漢書 高帝紀】ㅣ其身及戶。❼거듭될복(重也)。【漢書】上從ㅣ道上、望見諸將往往耦語。❽심부름을갔다올복(反命)。❾죽은사람의 혼을 부르는 의식복。【禮記 檀弓下】ㅣ盡愛之道也。❿덮을복(覆也)。⓫갚을복(報也)。⓬괘이름복(卦名)。㊁다시부、또부(又也、再也)。【詩經 大雅大明 序】天ㅣ命武王也。

【徖】(종) 東 ソウ、おしえる teach
❶가르칠종(敎也)。❷갈종(行也)。

【循】(순) 眞 ジュン、めぐる circulate ㄒㄩㄣˊ hsün²
循 小篆 循 書草 ❶좇을순(行順)。【史記 孔子世家】孔子ㅣ道彌久。❷의지할순(依也)。【十八史略 春秋戰國魯】ㅣ牆而走。❸돌순(ㅣ環)。【史記】三王之道若ㅣ環終而復始。❹차례순(次序)。【論語】夫子ㅣㅣ然善誘人。❺돌아다닐순(巡也)。【漢書】遣使者ㅣ行郡國。❻위로할순(安慰)。【漢書 李陵傳】自ㅣ其刀環。❼착할순(善也)。❽지을순(述也)。

十畫

【(彳+屑)】(설) 屑 セツ、ひるがえる (of skirts) flutter
옷자락너펄거릴설(衣飄貌)。

【徬】(방) 漾 陽 ホウ、かたわら adore ㄆㄤˊ pang²
徬 小篆 徬 書草 ❶붙어갈방(附行)。❷방황할방(徘徊ㅣ徨)。(『傍』과 같음)

【徭】(요) 蕭 ヨウ、ぶやく labour ㄧㄠˊ yao²
徭 書草 ❶역사요(役也)。❷구실요(賦ㅣ)。【後漢書】第五倫爲鄕嗇夫平ㅣ賦。(『傜·繇』와 통함)

【微】(미) 微 ビ、ミ、こまか delicate ㄨㄟ wei¹
微 小篆 微 書草 ❶은미할미(隱也)。【易經 繫辭下】知ㅣ知彰。❷작을미、가늘미(細也)。【孟子】具體而ㅣ。❸희미할미(不明)。【歸去來辭】恨晨光之熹ㅣ。❹쇠약할미(衰也)。【詩】式ㅣ式ㅣ。❺아닐미(非也)。【詩經 邶風 柏舟】ㅣ吾無酒。❻없을미(無也)。【論語 憲問】ㅣ管仲吾其被髮左衽矣。❼기찰할미(伺察)。【漢書 郭解傳】使人ㅣ知賊處。❽숨길미(匿也)。【左傳 哀公十六年】其徒ㅣ之。❾천할미(賤也)。【孟子 離婁下】子思臣也ㅣ也。(『徵』로 도씀)

【徯】(혜) 齊 ケイ、まつ wait ㄒㄧ hsi¹
徯 小篆 蹊 或體 徯 書草 ❶기다릴혜(待也)。【孟子 滕文公下】書曰ㅣ我后。❷사잇길혜(細路)。【禮記 月令】塞ㅣ徑。(『蹊』와 통함)

十一畫

【(彳+卒)】(솔) 質 シュツ、ゆく go hurriedly
바삐갈솔(忙行)。

【(彳+犀)】(제) 齊 サイ、ゆきき come-and-go
小篆 ❶왕래할제(往來ㅣㅣ)。❷오래섰을제(久立)。

【(彳+章)】(장) 陽 ショウ、さまよう wander astray ㄓㄤ chang¹
길잃고헤맬장(失途浪行)。

【(彳+䙴)】(선) 先 セン、とおくゆく go far away
멀리갈선(遠行)。

【微】(미)『微』(彳部 10畫)와 같음

【徴】(징)『徵』(彳部 12畫)의 略字

十二畫

【徵】㊀(징) 蒸 チョウ、めす call; collect ㄓㄥ cheng¹ ㊁(치) 紙 (本音「증」)
徵 小篆 古文 徵 書草 ㊀❶부를징(召也)。【漢書 韋玄成傳】ㅣ至長安。❷효험징、징험징(驗也)。【莊子 逍遙遊】而ㅣ一國者。❸조세를거둘징(斂也)。【周禮 地官閭師】以時ㅣ其賦。❹구할징(求也)。【左傳 僖公四年】寡人是ㅣ。❺이룰징(成也)。【儀禮註】ㅣ成也納幣而成婚。㊁치성치(五音之一)。【孟子 梁惠王下】蓋ㅣ招角招。

【德】(덕) 職 トク、とく、めぐみ virtue ㄉㄜˊ te²
德 小篆 悳 小篆 德 書草 ❶큰덕(行道有得)。【詩】好是懿ㅣ。❷품행덕(品行)。【韓愈 原道】ㅣ有凶有吉。❷은혜덕(惠也)。【書】施實ㅣ于民。❸덕되게여길덕(荷恩)。【左傳 成公三年】ㅣ我乎。❹날덕(生也)。【中庸】天地之大ㅣ曰生。❺덕있는 사람

덕、군자덕。❻좋은 가르침덕(感化)。❼별이름덕(木星)。❽왕기덕(四時旺氣)。【禮記】立春盛ㅡ在木。(『悳』과 통합)

【徹】(철) 屑 テツ、とおる pierce ㄔㄜˋ ch'ê⁴
小篆 古文 草書 ❶통할철(通也)。❷사무칠철(達也)。【左傳】養由基蹲甲而射之ㅡ七札。❸다스릴철(治也)。【詩】ㅡ田爲糧。❹버릴철(去也)。【儀禮】ㅡ笲席。❺벗겨갈철(剝取)。【孟子 公孫丑上】ㅡ彼桑土。❻벌릴철(列也)。【蔡邕 獨斷】羣臣異姓有功封者曰ㅡ侯。❼주나라 세금철(周稅ㅡ田)。

【徲】(제) 齊 タイ、ただすむ stop suddenly
가다가우뚝설제(行止佇立)。

十三畫

【徼】㈠(요) 嘯 キョウ、みまわり patrol ㈡(요) 蕭 ㄐㄧㄠˋ chiao⁴ (古音「교」)
小篆 草書 ㈠❶돌아다닐요(循也)。【漢書】中尉秦官掌ㅡ循京師。❷순라요(邏卒)。【後漢書】臧宮少爲縣亭長游ㅡ。❸변방요(邊也)。【十八史略 西漢】西至沫若水南至牂牁爲ㅡ。㈡❶구할요(要求)。【中庸】小人行險以ㅡ幸。❷맞을요(迎也)。❸가릴요(抄也)。【論語】惡ㅡ而爲知者。(『儌』와 통함)

十四畫

【⿰彳寧】(녕) 徑 デイ、にげさる run away
❶가는모양녕(行貌)。❷달아날녕(走也)。

【徽】(휘) 微 キ、はたじるし banner ㄏㄨㄟ huei¹
小篆 草書 ❶아름다울휘(美也)。❷좋을휘(善也)。❸세겹노휘(三糾繩)。【易】繫用ㅡ。❹기휘(幟也)。【禮記】必改正朔殊ㅡ號。❺달릴휘(奔馳貌)。【廣成頌】ㅡ嫿霍奕別鶩分奔。❻거문고기발휘(琴節)。【稽康琴賦】ㅡ以鐘山之玉。

【⿰彳歰】(삽) 合 ソウ、おおぜいゆく go in a crowd ㄙㄚˋ sa⁴
小篆 여럿이갈삽(衆行)。

【⿰彳翟】(조) 篠 チョウ、ゆく go
❶가는모양조(行貌)。❷빠를조(疾也)。

十六畫

【⿰彳甹】(병) 靑 ヘイ、つかう set to work
小篆 부릴병(使也)。

【徿】(롱) 董 宋 リョウ、まがる stagger (或音「룡」)
❶비틀거릴롱(行不正)。❷곧게갈롱(直行)。

十七畫

【⿰彳暴】(포) 效 ホウ、こえる arrive at one's new post
❶도임할포(新任官府)。❷넘을포(越也)。

【⿰彳襄】(상) 陽 ショウ、たちもとる stroll ㄒㄧㄤˊ hsiang²
노림상(ㅡ徉、逍遙)。

十八畫

【⿰彳顀】(대) 隹 タイ、あたまたれる lower (bow) one's head
머리를 떨어뜨릴대(垂頭貌)。

十九畫

【⿰彳靡】(미) 紙 ビ、ゆく go
갈미(行貌)。

二十畫

【⿰彳矍】(각) 藥 キャク、ゆく go
❶갈각(行也)。❷높을각(高也)。

心 部

【心】(심) 侵 シン、こころ mind ㄒㄧㄣ hsin¹
小篆 草書 ❶마음심(形之君而神明之主)。【孟子 告子上】ㅡ之官則思。❷가운데심(中也)。【正義】中謂中ㅡ。❸염통심(臟也)。【十八史略】吾聞聖人之ㅡ有七竅。❹가지끝심(木尖刺)。【詩】吹彼棘ㅡ。❺근본심(根本)。❻별이름심(星名)。

【忄】(심)『心』과 같음(部首名＝심방변)

【⺗】部首名＝(밑마음심변)

一畫

【必】(필) 質 ヒツ、かならず without fail: must ㄅㄧˋ pi⁴
小篆 草書 ❶반드시필(定辭)。【大學】菑ㅡ逮夫身。❷그럴필(然也)。❸오로지필(專也)。【太玄經】赤石不奪節士之ㅡ。❹살필필(審也)。【後漢書】劉陶所與交友ㅡ也同志。❺기약필(期ㅡ)。

二畫

【⿱乂心】(애) 泰 ガイ、こらす reprimand
小篆 징계할애(戒也懲ㅡ)。(『艾』와 통함)

【⿱刀心】(의) 未 ギ、おこる get angry
小篆 성낼의(怒也)。

【忉】(도) 豪 トウ、うれう anxious ㄉㄠ tao¹
草書 근심할도(憂也)。【詩經】心焉ㅡㅡ。

三畫

【忌】(기) 寘 キ、いむ shun ㄐㄧˋ chi⁴
小篆 草書 ❶미워할기(憎惡)。「ㅡ功、ㅡ人」。❷질투할기

(嫉也)。〔詩箋〕以色曰妒以行曰ㅣ。❸꺼릴기(憚也)。〔左傳〕民知有辟則不ㅣ于上。❹원망할기(怨也)。〔晋語〕小人ㅣ而不思。❺경계할기(戒也)。〔書經〕敬ㅣ罔有擇言在身。❻공경할기(敬也)。〔左傳〕非羈何ㅣ。❼제사기(ㅣ日)。

【忏】(천) 銑 セン、おごる be vexed
성낼천(怒也)。

【忍】(인) 軫 ジン、ニン、しのぶ bear ㄖㄣˇ jen³
小篆 草書 ❶참을인(耐也)。〔書銘〕ㅣ之須臾乃全汝軀。❷강잉할인(强也)。〔左傳〕魯以相ㅣ爲國。❸차마할인(安於不仁)。〔詩〕維彼ㅣ心。❹차마못할인。〔孟子 公孫丑上〕人皆有不ㅣ人之心。❺마음을억제할인。〔杜牧詩〕包羞ㅣ恥是男兒。

【忐】(담) 感 タン、むなしい empty ㄊㄢˇ t'an³
草書 맘허할담(心虛)。

【忑】(특) 職 トク、こころむなしい empty (blank)-minded ㄊㄜˋ t'ê⁴
맘허할특(心虛)。

【忒】(특) 職 トク、たがう deviate ㄊㄜˋ t'ê⁴
小篆 草書 ❶어기어질특(差也)。〔詩經 大雅抑〕昊天不ㅣ。❷변할특(變也)。〔左傳 文公二年〕享祀不ㅣ。❸의심할특(疑也)。〔詩經 曹風鳲鳩〕其儀不ㅣ。❹틀릴특(違也)。(『慝』과 通함)

【忓】㊀(간) 寒 ㊁(한) 翰 カン、ケン、さわがしい noisy
小篆 ㊀요란할간、시끄러울간(擾亂)。㊁착할한(善也)。

【忄于】(후) 虞 ク、うれえる fear
小篆 경계할후(戒也)。

【忔】(흘) 物 キツ、ギツ、よろこぶ please ㄍㄜˋ ko⁴
草書 ❶기쁠흘(喜也)。〔史記 周本紀〕ㅣ如巨人之志。❷싫을흘(心不欲)。〔史記 倉公傳〕數ㅣ食飮。

【忕】㊀(태) 泰 ㊁(설) 屑 タイ、おごる luxury
小篆 ㊀사치할태(奢也)。(『汰』와 通함) ㊁익힐설(習也)。

【忄工】(공) 東 コウ、こころいそぐ make haste
맘급할공(心急)。

【忖】(촌) 阮 ソン、はかる consolidate ㄘㄨㄣˇ ts'uen³
小篆 草書 ❶헤아릴촌(ㅣ度思也)。❷짐작할촌(斟酌)。〔孟子 梁惠王上〕王說曰、詩云、他人有心、予ㅣ度之夫子之謂也。

【志】(지) 寘 シ、こころざし will ㄓˋ chih⁴
小篆 草書 ❶뜻지(心之所之)。〔詩序〕在心爲ㅣ。❷뜻할지(意向)。❸맞출지(中也)。〔書〕若射之有ㅣ。❹기록할지(記也)。〔周禮〕小史掌邦國之ㅣ。❺살촉지(箭鏃)。❻원할지、희망할지(希望)。〔論語 先進〕亦各言其ㅣ也。❼기억할지(記憶)。〔後漢書 劉駿傳〕博見彊ㅣ。(『誌』와 통함)

【忘】㊀(망) 陽 ㊁(망) 漾 ボウ、わすれる forget ㄨㄤˋ wang²
小篆 草書 ㊀❶깜짝할망(忽也)。❷잃어버릴망(失也)。❸기억이없을망(不記)。〔莊子 達生〕氣下不上、則使人善ㅣ。❹없애버릴망(ㅣ憂)。〔後漢書 宋弘傳〕貧賤之交不可ㅣ。㊁잊을망(遺ㅣ志不在)。〔周禮〕三有一曰遺ㅣ。

【忙】(망) 陽 ボウ、モウ、いそがしい busy ㄇㄤˊ mang²
草書 ❶바쁠망(悤ㅣ、心迫)。❷빠를망(急迫)。〔杜甫詩〕暮婚晨告別無乃大悤ㅣ。❸일이많을망(繁ㅣ、多ㅣ)。

【忄弋】(익) 職 ヨク、こころうごく (of a mind) be shaken (moved)
맘동할익(心動)。

【忚】㊀(계) 霽 ㊁(혜) 齊 ケイ、いやがる dislike
㊀싫어할계(心不欲)。㊁속일혜(欺慢ㅣ)。

【忄勺】㊀(조) 篠 ㊁(작) 藥 シャク、おどろく be surprised ㄉㄧㄠˇ tiao³
㊀근심할조(憂也)。㊁놀랄작(驚也)。

【応】(응)『應』(13心部 13畫)의 略字

四畫

【忝】(첨) 琰 テン、はずかしめる shame ㄊㄧㄢˇ t'ien³
小篆 草書 욕될첨(辱也)。〔書經 堯典〕否德ㅣ帝位。

【忞】㊀(민) 眞 ㊁(문) 吻 ビン、つとめる tough ㄇㄧㄣˇ min³
小篆 ㊀❶강잉할민(自强)。❷맘다잡을민(自强)。㊁어수선할문(亂也)。

【忟】(문)『忞』(前條)과 같음

【忠】(충) 東 チュウ、ちゅう、まこと loyal ㄓㄨㄥ chung¹
小篆 草書 ❶충성충(盡心不欺)。〔周禮疏〕中心曰ㅣ。❷곧을충(直也)。❸정성껏할충(竭誠)。〔書〕爲下克ㅣ。❹공변될충(無私)。〔左傳〕無私ㅣ也。

【忡】(충) 東 チュウ、うれえる anxious ㄔㄨㄥ ch'ung¹
小篆 小篆 草書 근심할충(憂也)。〔詩經 召南艸蟲〕憂心ㅣㅣ。

【忤】(오) 週 ゴ、さからう oppose ㄨˇ wu³
草書 ❶거스릴오(逆也)。【後漢書】持正之ㅣ。❷미워할오(意不喜)。(『悟·捂』와 通함)

【⿱介心】(개) 卦 カイ、ゆるがせ easy (本音「해」)
小篆 근심없을개(無愁)。(『恝』와 같음)

【忦】(개) 卦 ガイ、うれえる worry and fear ㄐㄧㄝˋ chieh⁴
小篆 근심하고두려워할개(憂懼)。

【忥】(희) 未 キ、しずか silent ㄒㄧˋ hsi⁴
小篆 ❶고요할희(靜也)。❷쉴희(息也)。

【忨】(완) 翰 カン、むさぼる covet ㄨㄢˋ wan⁴
小篆 草書 ❶탐할완(貪也)。❷사랑할완(愛也)。【左傳】ㅣ歲而愒日。(『翫』과 通함)

【忧】(우) 宥 ユウ、こころうごく be moved (shaken)
小篆 맘동할우(心動)。

【忩】(총)『悤』(心部 7畫)의 俗字

【忪】(종) 多 ショウ、あわてる upset ㄓㄨㄥ chung¹
❶황겁할종(惶遽)。❷놀랄종(驚也)。❸맘들뜰종(心動不定)。

【快】(쾌) 卦 カイ、こころよい pleasant ㄎㄨㄞˋ k'uai⁴
小篆 草書 ❶쾌할쾌(稱心)。❷기분이좋을쾌。【孟子 梁惠王上】構怨於諸侯然後ㅣ於心與。❸가할쾌(可也)。【後漢書】王允曰欲得ㅣ司隸校尉誰可作者。❹시원할쾌(爽也)。❺마음을편하게할쾌。【史記 莊周傳】ㅣ吾志焉。❻빠를쾌(急也)。「ㅣ速力」、「ㅣ走船」。

【⿰忄市】(패) 泰 隊 ハイ、おこる be [feel] vexed ㄅㄨˋ pu⁴
小篆 성낼패(怒也)。

【忬】㊀(여) 御 ㊁(서) 魚 ヨ、ショ、あらかじめ beforehand
㊀❶미리여(先也)。❷「預」와같음。㊁❶느릴서(緩也)。❷「紓」와 같음。

【忭】(변) 霰 ベン、よろこぶ please ㄅㄧㄢˋ pien⁴
草書 ❶좋아할변(喜樂貌)。❷뛰놀변(踴躍)。❸즐거워할변(歡ㅣ)。

【忮】(기) 寘 シ、もとる wild (古音「지」)
小篆 草書 ❶사나울기(狠也)。❷용심낼기(懻ㅣ强害)。【詩】不ㅣ不求。❸질투할기(嫉妬)。【論語 子罕】不ㅣ不求、何用不臧。

【⿰忄反】(판) 願 ハン、せつかち hasty
❶조급할판(急性)。❷급한성품판(急性)。❸뉘우칠판(悔也)。

【忰】(췌)『悴』(心部 8畫)의 俗字

【忱】(침) 侵 シン、まこと believe ㄔㄣˊ ch'en² (本音「심」)
小篆 草書 ❶믿을침(信也)。❷정성침(誠也)。【書】越天棐ㅣ。

【忲】(태)『忕』(心部 3畫)와 같음

【⿰忄心】(침) 沁 シン、いたむ pitiable
측은할침(惻也)。

【忳】(돈) 元 トン、うれえる be sorry ㄊㄨㄣˊ t'uen²
민망할돈(悶也)。

【念】(념) 豔 ネン、おもう remind ㄋㄧㄢˋ nien⁴
小篆 草書 ❶생각할념(常思)。【書】ㅣ玆在玆。❷읽을념(ㅣ誦)。【李商隱雜纂 不相稱】屠家ㅣ經。❸스물념(二十日ㅣ)。❹【佛】대단히짧은시간념。【仁王經】一ㅣ中有九十刹那。

【忷】(흉)『恟』(心部 6畫)과 같음

【忸】㊀(뉴) 有 ㊁(뉵) 屋 ジク、はじる shameful ㄋㄩˋ nü⁴
草書 ㊀익을뉴(習也)。「荀子」ㅣ之以慶賀。㊁부끄러울뉵(慙也)。【孟子 萬章上】象曰、鬱陶思君爾ㅣ怩。

【忺】(험) 鹽 ケン、のぞむ intend
하고자할험(心所欲)。

【⿰忄牙】㊀(가) 麻 ㊁(아) 麻 カ、ふせる lie prone ㄑㄧㄚ ch'ia¹
㊀엎드린 모양가(伏態)。㊁뜻은 ㊀과 같음。

【忻】(흔) 文 キン、よろこぶ glad ㄒㄧㄣ hsin¹
小篆 草書 기쁠흔(喜也)。【史記】姜嫄見巨人跡心ㅣ然說欲踐之。(『欣』과 같음)

【忼】(강) 陽 コウ、なげく indignant ㄎㄤˇ k'ang³
小篆 草書 ❶강개할강(ㅣ慨意氣感激不平)。❷뜻이크고 기개있을강(倜儻)。❸탄식할강(歎也)。(『慷』과 같음)

【忽】(홀) 月 コツ、たちまち suddenly ㄏㄨ hu¹
小篆 草書 ❶깜짝할홀(卒也)。❷잊을홀(忘也)。【晏子春秋】ㅣㅣ矣若之何。❸올홀(蠶吐絲)。【集韻】十蠶爲一ㅣ。十ㅣ爲一絲。❹가벼이여길홀(輕也)。(『[illegible]』과 같음)

【忿】(분) 問 吻 フン、いかる anger ㄈㄣˋ fen⁴
小篆 草書 ❷분할분(恨也)。❷한할분(恨怒)。【書】爾無ㅣ疾于頑。❸노할분(ㅣ怒)。(『憤』과 통함)

【⿰忄犬】(설)『忕』(心部 3畫)의 譌字

五畫

【怽】(말) 曷 マツ、わすれる forget
❶잊을말(忘也)。❷잃을말(失也)。

【怇】(거) 語 キョ、あなどる despise
업신여길거(蔑視)。

【怊】(초) 蕭 チョウ、かなしむ sorrow ㄔㄠ ch'ao¹
小篆 草書 ❶슬플초(悲也)。❷섭섭할초(一悵失意貌)。【莊子】一然若嬰兒之失母。

【怉】(포) 皓 ホウ、いだく bosom
❶회포포(懷也)。❷품을포(懷也)。❸심란할포(心亂)。

【怋】(민) 眞 ビン、みだれる confuse
小篆 ❶민망할민(悶也)。❷어지러울민(亂也)。

【怍】(작) 藥 サク、はじる shame ㄗㄨㄛ tsuo⁴
小篆 草書 ❶부끄러울작(慚也)。【論語】其言之不一。❷무안할작(顏色變)。【禮】容無一。(『怎』과 같음)

【怏】(앙) 漾 養 オウ、うらむ vengeance ㄧㄤ yang⁴
小篆 草書 ❶앙심먹을앙(情不滿足)。【漢書】塞其一一。❷원망할앙(怨也)。(『鞅』과 통함)

【怎】(즘) 寢 シン、いかに why ㄗㄣ tsen³
草書 ❶어찌즘 무엇즘(語辭猶何也)。❷어조사즘(助辭)。

【怐】㊀(구) 宥 ㊁(후) 宥 コウ、おろか foolish
草書 ㊀어리석을구(愚貌)。【楚辭】直一愗以自苦。(『佝』와 같음) ㊁뜻은 ㊀과 같음。

【怒】(노) 遇 麌 ド、いかる angry ㄋㄨ nu⁴
小篆 草書 ❶성낼노、짜증낼노(憤激)。❷뽐낼노(奮也)。【莊子】一而飛。【外物篇】草木一生。

【怓】(뇨) 肴 ドウ、みだれる confused in mind ㄋㄠ nao²
小篆 草書 심란할뇨、맘어수선할뇨(心亂)。

【怔】(정) 庚 セイ、おそれる fear ㄓㄥ chêng¹
草書 ❶황겁할정(惶遽)。【晋書】王濬惶怖一營無地自。❷겁낼정(懼也)。❸가슴두근거릴정(不安)。(『征』과 같음)

【怕】(파) 禡 ハ、おそれる fear ㄆㄚ p'a⁴
小篆 草書 두려울파(懼也)。【韓愈詩】鬼神一嘲詠。

【㤏】(동) 冬 トウ、うれう anxious
❶근심할동(憂也)。❷두려워할동(恮一懼也)。

【怖】(포) 遇 フ、おそれる dread ㄅㄨ pu⁴
草書 ❶두려울포(惶懼)。【後漢書】其巫祝有依託鬼神詐一愚民。❷놀라게할포(懼之)。

【怗】(첩) 葉 チョウ、しずか quiet ㄊㄧㄝ t'ieh¹
草書 ❶고요할첩(靜也)。【公羊傳】卒一荆以此爲王者事。❷편안할첩(安也)。❸따를첩(服也)。(『帖』과 같음)

【怙】(호) 麌 コ、たのむ rely upon ㄏㄨ hu⁴
小篆 草書 ❶믿을호(恃也)。【書】一侈滅義。❷의지할호(依也)。【詩】無父何一。❸부탁할호(托也)。

【恒】(긍) 徑 コウ、かわらぬ constantly (本音「항」)
❶맘한결같을긍(心如日日)。❷마침내긍(竟也)。

【怚】(저) 御 ショ、おごる boast
小篆 草書 ❶교만할저(驕也)。【史記】秦王一而不信人。❷투기할저(妒也)。❸거칠저(氣麤)。

【怛】(달) 曷 ダツ、おどろく be frightened ㄉㄚ ta²
小篆 或體 草書 ❶놀라울달(驚懼)。【莊子】無一化。❷수고로울달(勞也)。【詩】勞心一一。❸슬플달(悲慘)。【詩】中心一兮。

【怜】㊀(령) 靑 ㊁(련) 先 レイ、さとい clever ㄌㄧㄥ ling²
草書 ㊀영리할령(慧也)。㊁불쌍할련(可哀)。(『憐』과 같음)

【思】㊀(사) 支 ㊁(사) 寘 シ、おもう think ㄙ ssu
小篆 小篆 草書 ㊀❶생각할사(念也)。【詩】一皇多士。❷원할사(願也)。❸어조사사(語助辭)。【中庸】神之格一、不可度一。㊁❶생각사(慮也)。【詩】悠悠我一。❷의사사(意一情緖)。

【怞】(추) 尤 チュウ、ほがらか bright
小篆 밝을추(明也)。

【㤉】(합) 洽 ゴウ、たのしむ joyful ㄒㄧㄚ heia²
❶즐거울합(樂也)。❷기쁠합(喜也)。

【怠】(태) 賄 タイ、おこたる lazy ㄉㄞ tai⁴
小篆 草書 ❶게으를태(惰也)。❷느릴태(遲也)。【書】汝惟不一。❸거만할태(慢也)。

【体】(분) 吻 ホン、おろか foolish ㄅㄣ pen⁴
❶성품총혜치 못할분(性不慧)。❷어리석을분(愚也)。

【怡】(이) 支 イ、よろこぶ be pleased ㄧ i²

小篆 草書 ❶기쁠이(悅也)。❷즐거울이(樂也)。❸화할이(和也)。〔禮〕下氣ㅡ色。

【怢】(돌) 月 トツ、わすれる forget for the moment
깜짝잊을돌(忽忘)。

【㤔】(부) 週 フ、したがう follow
❶좇을부、따를부(從也)。❷붙을부(心附)。

【怤】(부) 虞 フ、おもう think
小篆 ❶생각부(思也)。❷기꺼울부(悅也)。

【急】(급) 緝 キュウ、いそぐ rapid ㄐㄧˊ chi²
小篆 草書 ❶빠를급(疾也)。❷급할급(迫也)。❸좁을급(編也)。〔後漢書〕范丹以狷ㅡ不能從容常佩韋于朝。❹군색할급(窘也)。〔禮〕國無六年之畜曰ㅡ。

【怦】(평) 庚 ヒョウ、せっかち quick temper ㄆㄥ p'êng¹
草書 ❶맘급할평(心急)。❷칼칼할평(忠直)。

【怞】(줄) 質 シュツ、うれえる anxious
❶근심할줄(憂心)。❷두려워할줄(怵心)。

【性】(성) 敬 セイ、ショウ、たち personality; character ㄒㄧㄥˋ hsing
小篆 草書 ❶성품성(賦命自然)。❷마음성(ㅡ情、ㅡ本)。〔大學〕拂人之ㅡ。❸바탕성(質也)。❹색욕성(ㅡ慾)。

【怨】㊀(원) 願 ㊁(원) 元 エン、うらむ grudge ㄩㄢˋ yüan⁴
小篆 古文 草書 ㊀❶원망원(恨也)。〔陳琳賦〕夫何人之足ㅡ。❷원수원(仇也)。㊁❶원수원(讎也)。〔樂毅書〕我有積ㅡ深怨於齊。❷분낼원(恚也)。〔禮〕外擧不避ㅡ。

【怩】㊀(니) 支 ㊁(닐) 質 ジ、ニ、はじる feel ashamed ㄋㄧˊ ni²
小篆 草書 ㊀❶겸연쩍을니(忸ㅡ心慚。〔孟子〕忸ㅡ。〔註〕慚色也。❷부끄러울니(愧也)。㊁뜻은 ㊀과 같음。

【忒】(특) 職 トク、たがう deviate from
小篆 어그러질특(違也)。

【怪】(괴) 卦 カイ、ケ、あやしい strange ㄍㄨㄞˋ kuai
小篆 草書 ❶기이할괴(奇也)。❷의심할괴(疑也)。❸궤술괴(詭異)。〔中庸〕索隱行ㅡ。❹괴이할괴(異也)。〔書〕鉛松ㅡ石。❺괴물괴(人妖物孽)。❻요괴괴(妖也)。〔太玄經〕ㅡ分靑赤白黑黃。❼깜짝놀랄괴(驚歎辭)。(『傀』와 같음)

【忄弘】(횡) 庚 コウ、しつぼうする be disappointed(in)
실심할횡(失志貌)。

【怫】㊀(비) 未 ㊁(불) 物 ヒ、フツ、いかる angry ㄈㄟˋ fei⁴
小篆 草書 ㊀❶괴란할비(ㅡ憒心不安)。❷발끈할비(忿貌)。〔莊子〕ㅡ然作色。(『沸』와 같음) ㊁답답할불(鬱也)。〔魏樂府〕我心何ㅡ鬱。

【怭】(필) 質 ヒツ、あなどる despise
草書 업신여길필(慢也)。(『佖』과 통함)

【怮】㊀(요) 蕭 ㊁(유) 有 ヨウ、うれえる anxiety ㄧㄡˇ yu³
小篆 ㊀❶근심할요(憂貌)。❷눈쌀찌프릴요(憂貌)。㊁❶부루퉁할유(含怒不言)。❷근심할유(憂貌)。

【怯】(겁) 葉 キョウ、おそれる dread ㄑㄧㄝˋ ch'ieh⁴
草書 ❶무서워할겁(多畏)。❷겁낼겁(恐也)。〔後漢書〕光武見小敵ㅡ。❸으를겁(恐脅)。(『㹤』과 같음)

【怱】(총)『悤』(心部 7畫)의 俗字

【怲】(병) 梗 敬 ヘイ、うれえる anxious ㄅㄧㄥˇ ping³
小篆 草書 근심할병(憂也)。〔詩〕憂心ㅡㅡ。

【怳】(황) 養 コウ、くるう confused ㄏㄨㄤˇ huang³
小篆 草書 ❶당황할황(惝ㅡ狂貌)。❷실심할황(自失貌)。

[illegible] 漢難狀)。〔道德經〕惟ㅡ惟惚。

【怵】(출) 質 チュツ、かなしむ sorrow ㄔㄨˋ ch'u⁴
小篆 草書 ❶두려워할출(恐也)。❷슬플출(悽愴)。〔禮〕心ㅡ而奉之以禮。

【怾】(기) 〔國字〕
산이름기(山名)。「ㅡ怛」。

【怺】(영) こらえる endure
草書 견딜영(堪也)。〔日字〕

六畫

【恀】㊀(지) 紙 ㊁(치) 紙 ジ、シ、たのむ request
㊀믿을지(怙恃)。㊁뜻은 ㊀과 같음。

【恁】㊀(임) 沁 ㊁(님) 侵 ニン、ジン、おもう think ㄖㄣˋ jen⁴
小篆 草書 ㊀❶생각할임(念也)。〔班固典引〕勤ㅡ旅力。❷믿을임(信也)。㊁이러할님(如此)。

【恃】(시) 紙 ジ、たのむ request ㄕˋ shih⁴
小篆 草書 ❶믿을시(賴也)。❷의지할시(依也)。〔詩〕無母何ㅡ。❸어머니시(母也)。

【恂】㊀(순) 眞 ㊁(준) 震 シュン、まこと truth ㄒㄩㄣˊ hsün²

(小篆)(草書) ㊀❶진실할순(信實貌)。〔後漢書〕德行ㅣㅣ召伯春。❷믿을순(信也)。〔書〕廸知忱ㅣ。❸온공스러울순(恭貌)。㊁무서울준(ㅣ慄嚴也)。

【恤】(휼) 質 キツ、くるふ mad ㄒㄩˋ hsü⁴
미칠휼(狂也)。

【恒】㊀(항) 蒸 ㊁(긍) 徑 コウ、つね always ㄏㄥˊ hêng²
(小篆)(古文)(草書) ㊀❶늘항(久也)。❷항상항(常也)。〔易〕ㅣ久也。❸예항(故也)。〔禮〕文繡有ㅣ。❹언제든지항(平素)。〔晉書 祜本傳〕天下不如意、ㅣ十居七八。(『恒』과 같음) ㊁❶시위긍(弦也)。〔詩〕如月之ㅣ。❷두루할긍(徧也)。〔詩〕ㅣ之秬秠。

【恆】(항) 『恒』(前條)의 本字

【恈】(모) 尤 ボウ、むさぼる covet (古音『무』)
(草書) ❶탐낼모(貪也)。〔荀子〕ㅣㅣ然惟利之見。❷탐내어아낄모(貪愛)。

【恇】(광) 陽 キョウ、おそれる fear ㄎㄨㄤ k'uang¹
(小篆)(草書) ❶겁낼광(怯也)。❷두려워할광(恐也)。〔梁鴻詩〕嗟ㅣㅣ兮誰留。

【恟】(충) 東 シュウ、どきどきする throb

❶맘동할충(心動)。❷맘두근거릴충(惶急)。

【協】(협) 『恊』(10畫 心部)과 같음 (『協』과 別字)

【恋】(련) 『戀』(19畫 心部)의 俗字

【恀】㊀(탁) 藥 ㊁(차) 麻 タ、はかる conjecture ㄔㄚˋ ch'a⁴
(草書) ㊀요량할탁(量也)。㊁마음이 안정되지 않는 모양차(ㅣ傺)。

【恌】(조) 篠 蕭 チョウ、うすい frivolious ㄊㄧㄠ t'iao¹
(草書) 경박할조(偸薄)。〔詩〕視民不ㅣ。

【恝】㊀(렬) 屑 ㊁(례) 霽 レツ、うれえる worry about
㊀근심할렬(憂也)。㊁놀랄례(驚也)。

【恍】(황) 養 コウ、ほのか vague; dim ㄏㄨㄤˇ huang³
(草書) ❶어두울황(昏也)。〔道德經〕惚兮ㅣ兮。❷황홀할황(不明ㅣ惚)。❸흐리멍덩할황(不明)。(『慌·怳』과 같음)

【恐】㊀(공) 腫 ㊁(공) 宋 キョウ、おそれる fear ㄎㄨㄥˇ k'ung³
(小篆)(古文)(草書) ㊀❶두려울공(懼也)。〔正韻牋〕ㅣ有驚惶之意懼乃畏怕之實ㅣ在懼前也。❷겁을낼공(㤼也)。❸놀라게 할공(ㅣ嚇)。〔漢書 淮陽憲王傳〕令弟光ㅣ王。

㊂❶염려할공(慮也)。❷의심낼공(疑也)。❸속대중할공(億度)。

【恞】㊀(예) 霽 ㊁(체) 霽 エイ、ならう train exercise
(小篆) ㊀❶익힐예(習也)。❷밝을예(明也)。㊁뜻은 ㊀과 같음。

【恑】(궤) 紙 カイ、くいる regret ㄍㄨㄟˇ kuei³
(小篆) ❶변할궤(變也)。❷뉘우칠궤(悔也)。

【恓】(서) 齊 セイ、なやむ worry ㄒㄧ hsi¹
❶애쓸서(煩惱貌ㅣ惶)。❸번뇌할서(煩惱貌ㅣ惶)。

【恔】(교) 效 コウ、こころよい pleasant ㄒㄧㄠˋ hsiao⁴ (古音「효」)
(小篆)(草書) ❶쾌할교(快也)。〔孟子〕於人心獨無ㅣ乎。❷시원할교(爽也)。

【恕】(서) 御 ショ、ゆるす pardon ㄕㄨˋ shu⁴
(小篆)(古文)(草書) ❶어질서(仁也)。〔傳曰〕仁者必ㅣ而後行也。❷헤아릴서(忖也)。〔中庸疏〕ㅣ者忖度其義於人也。❸용서할서(以己體人)。❹동정심서(同情心)。〔論語 里仁〕其ㅣ乎、己所不欲勿施於人。

【恖】(사) 『思』(5畫 心部)와 같음

【恙】(양) 漾 ヨウ、つつが disease
(小篆)(草書) ❶근심할양(憂也)。〔風俗通〕噬蟲能食人心古者 草居多被此毒故相問勞曰無ㅣ。❷병양(病也)。

【恗】(과) 麻 カ、ほこる boast ㄎㄨㄚˇ k'ua³
❶큰체할과(心自大)。❷자랑할과(自慢)。(『誇』와 같음)

【恚】(에) 寘 イ、いかる angry ㄏㄨㄟˋ huei⁴ (古音「혜」)
(小篆)(草書) ❶성낼에(恨怒)。❷분낼에(憤也)。❸원망할에(嗔ㅣ焰)。

【恛】(회) 灰 カイ、いらだつ fluster oneself
맘허둥거릴회(昏亂貌)。〔太玄經註〕小人執志不堅ㅣㅣ然從人。

【恜】(칙) 職 チョク、つつしむ cautious
❶조심할칙(惕也)。❷겁낼칙(怯也)。〔顏氏家訓〕卜得惡卦反令ㅣㅣ。

【恝】㊀(개) 卦 ㊁(괄) 黠 カイ、カツ、うれいがない freedom from care ㄐㄧㄚˊ chia²
(草書) ㊀걱정없을개(無愁貌)。〔孟子〕公明高以孝子之心爲不若是ㅣ。(『忦』와 같음) ㊁뜻은 ㊀과같음。

【恞】(이) 支 イ、よろこぶ glad
기꺼울이(悅也)。(『夷』와 통함)

【恟】(흉) 冬 キョウ、おそれる fear ㄒㄩㄥ hsiung 草書 두려울흉(懼也)。【韓愈詩】譎夢意猶ー。(『凶』과 같음)

【悋】(린) 震 リン、おしむ stingy ❶더러울린(鄙也)。❷아낄린(慳也)。

【恢】(회) 灰 カイ、ひろい wide ㄏㄨㄟ huei^1 (古音「괴」) 小篆 草書 ❶넓을회(志大)。【後漢書】ー廓大度同符高祖。❷넓힐회(拓也)。

【㤥】(해) カイ、くるしむ be troubled with 小篆 괴로워할해(苦貌)。

【⿱汚心】(오) 遇 オ、むさぼる covet 탐할오(貪也)。(『汙』와 通함)

【恣】(자) 寘 シ、ほしいまま self-indulgent ㄗ tzu^4 小篆 草書 ❶방자할자(放ー縱也)。【漢書】寵貴横ー。❷제멋대로할자(放也)。

【恤】(휼) 質 ジュツ、あわれむ compassion ㄒㄩ hsu^4 (古音「술」) 小篆 草書 ❶근심할휼(憂也)。【書】永敬大ー。❷기민먹일휼(賑也)。【通論】賑貧老曰ー。❸사랑할휼(相愛)。【周禮】八刑六曰不ー之刑。❹불쌍히여길휼(愍也)。

【恥】(치) 紙 チ、はじ shame ㄔ ch'ih^3 小篆 草書 ❶부끄럼치(慚也)。❷부끄러울치。【孟子】人不可以無ー。❸욕될치(辱也)。【左傳】ー匹夫不可以無備況國乎。(「耻」는 俗字)

【恧】(뉵) 屋 ジク、はじる shy ㄋㄩ nü^4 小篆 草書 ❶부끄러울뉵(慚也)。❷겸연쩍을뉵(心愧)。【詩】心愧爲ー。

【恨】(한) 願 コン、うらむ deploring ㄏㄣ hen^4 小篆 草書 ❶한할한(怨之極)。【蜀志】劉巴不得反使遂遠適交阯先主深以爲ー。❷뉘우칠한(悔也)。【史記】李廣曰羌降者八百人吾詐而盡殺至今大ー。

【恩】(은) 元 オン、めぐみ benefit ㄣ en^1 小篆 草書 ❶은혜은、덕택은、신세은(惠澤)。【孟子】ー足以及禽獸。❷사랑할은(愛也)。❸사사은(私也)。

【恫】㊀(통) 東 トウ、いたむ sorrow ㄊㄨㄥ t'ung^1 ㊁(동) 送 小篆 草書 ㊀❶슬플통(痛也)。【詩】神罔時ー。❷공공앓을통(呻吟)。❸아플통(痛也)。(『痛』과 같음) ㊁❶뜻 같지 않을 동(不得志)。❷놀라게할동(ー疑虛喝)。

【恪】(각) 藥 カク、つつしむ careful ㄎㄜ k'ê^4 草書 ❶정성각(誠也)。【詩】執事有ー。❷삼가할각(謹也)。❸공경할각(敬也)。

【恬】(념) 鹽 テン、やすらか peaceful ㄊㄧㄢ t'ien^2 (古音「첨」) 小篆 草書 ❶편안념(安也)。❷편안할념。【書】引養引ー。❸고요할념(靜也)。【莊子】以ー養志。❹태평한 모양념。

【恭】(공) 冬 キョウ、うやうやしい submissive ㄍㄨㄥ kung^1 小篆 草書 ❶공순할공(從和)。❷엄숙할공(肅也)。❸공경할공(敬也)。【書】貌曰ー。❹받들공(奉也)。【書】予惟ー行天之罰。(『共』과 통함)

【⿱共心】(공)『恭』(前條)의 本字

【⿰忄共】(공) 腫 キョウ、ふるえる fear 小篆 떨공(戰慄)。

【恮】(전) 先 セン、つつしむ be discreet 小篆 삼갈전(謹也)。

【息】(식) 職 ソク、いき、むすこ breath; son ㄒㄧ hsi^2 小篆 草書 ❶쉴식(休也)。❷그칠식(止也)。【周禮】以ー老物。❸처할식(處也)。【詩】無恆安ー。❹숨쉴식(呼吸)。❺한숨쉴식(太ー大歎)。【戰國策】閔王太ー。❻아직편할식(安也)。【禮】小人之愛人也以姑ー。❼자식식(子也)。【東觀漢記】此蓋我子ー也。❽이자식(錢生子)。【周禮】凡民之貸者以國服爲之ー。❾기를식(養也)。❿날식(生也)。【孟子 告子上】其日夜之所ー。

【恰】(흡) 洽 コウ、あたかも similar ㄑㄧㄚ ch'ia^4 小篆 草書 ❶흡족할흡(ー足)。【杜甫詩】野航ー受兩三人。❷마침흡(適當辭)。❸새우는 소리흡(鳥鳴聲)。❹흡사할흡(宛然)。

【⿱合心】(흡) 合 キュウ、あう be united 합할흡(合也)。【太玄經】陰氣ー而ー之。

【悦】(열)『悅』(心部 7畫)의 俗字

七畫

【⿱侖心】(론) 阮 ロン、あつかましい shameless 염치없을론(無廉)。

【恾】(망) 陽 ボウ、おそれる fear ㄇㄤ mang^2 草書 ❶겁낼망(怖也)。❷걱정할망(憂貌)。【列子】ー然無以應。❸어찌할줄모를망。(『忙』과 같음)

【悀】(용) 腫 ヨウ、いかる angry ㄩㄥ yung^3

❶성낼용(怒也)。 ❷결낼용。 ❸분낼용(忿也)。

【悁】㊀(연) 先 エン、いかる angry ㄩㄢ chüan¹ ㊁(견) 霰 小篆 籒文 草書 ㊀❶분할연(忿也)。〔史記〕棄忿ㅣ之節。❷근심할연(憂也)。〔詩〕中心ㅣㅣ。㊁조급할견(躁急)。

【悃】(곤) 阮 コン、まこと sincerity ㄎㄨㄣˇ k'uen³ 小篆 草書 ❶정성곤(志純一)。〔楚辭〕ㅣㅣ款款朴以忠乎。❷정성껏 하는 도양곤。

【㤮】(광) 漾 コウ、うそつく lie 小篆 ❶거짓말할광(誑也)。❷그릇할광(誤也)。❸혹할광(惑也)。

【悄】(초) 篠 ショウ、うれえる anxious ㄑㄧㄠˇ ch'iao³ 小篆 草書 ❶근심할초(憂也)。〔詩〕憂心ㅣㅣ。❷조용한 모양초。〔曹唐詩〕樹影悠悠花ㅣㅣ。

【悅】(열) 屑 エツ、よろこぶ glad ㄩㄝˋ yüeh⁴ 草書 ❶즐거울열(樂也)。❷기꺼울열(喜也)。❸복종할열(服也)。❹성열(姓也)。(『說』과 통함)

【悇】㊀(도) 虞 ト、ショ、うたがわしい ㊁(서) 魚 doubtful ㊀속끓일도(懊憂貌)。㊁❶의심스러울서(禍福未定)。❷즐거울서(喜也)。

【悆】(여) 御 ヨ、たのしむ be pleased 小篆 草書 기쁠여(悅也)。

【悉】(실) 質 シツ、ことごとく without exception ㄒㄧ hsi¹ 小篆 古文 草書 ❶다알실(詳盡知也)。❷궁구할실(窮究)。❸다실(皆也)。

【悈】㊀(계) 卦 カイ、コク、いましめる ㊁(극) 職 admonition ㄐㄧㄝˋ chieh⁴ 小篆 ㊀❶신칙할계(飭也)。〔司馬法〕有虞氏ㅣ於中國。❷경계할계(警戒)。㊁급할극(急也)。

【悊】(철)『哲』(口部 7畫)의 古字

【𢙢】(작) 藥 サク、はずかしい shy ❶부끄러울작(慙也)。〔太玄經〕階天不ㅣ。❷의심낼작(疑也)。〔荀子〕無所疑ㅣ。(『怍』과 같음)

【悋】(린) 震 リン、やぶさか stingy 草書 ❶더러울린, 비루할린(鄙也)。〔家語〕商甚ㅣ於財。❷아낄린(慳也)。❸깍정이린。〔孔子家語 致思〕甚ㅣ於財。(『吝』과 같음)

【悌】㊀(제) 霽 テイ、すなお polite ㊁(제) 薺 ㄊㄧˋ t'i⁴ 小篆 草書 ㊀❶개제할제(愷ㅣ樂易)。❷부드러울제(柔也)。㊁공경할제(善兄弟)。

【悍】㊀(한) 旱 カン、たけだけしい ㊁(한) 翰 wild ㄏㄢˋ han⁴ 小篆 草書 ㊀❶독살스러울한(性急)。〔周禮註〕楚性急ㅣ。❷사나울한(强狠)。㊁❶날랠한(勇也)。❷모질한(桀也)。

【悎】㊀(교) 效 コク、おどろく ㊁(곡) 沃 surprise ㄏㄠˋ hao⁴ ㊀놀랄교(驚也)。㊁두려워할곡(懼也)。

【㤲】(협) 葉 キョウ、おもう think 小篆 생각할협(思也)。

【悐】(척) 錫 テキ、おそれる fear 두려워할척(憂懼貌)。〔楚辭〕悼來者之ㅣㅣ。〔漢書〕王商卒無怵ㅣ。(『惕』과 같음)

【悒】(읍) 緝 ユウ、うれえる anxious ㄧˋ i⁴ 小篆 草書 ❶답답할읍(鬱ㅣ不安)。❷근심할읍(憂也)。〔楚辭〕武發殺殷何所ㅣ。

【悂】(형) 迥 ケイ、たがう deviate from 小篆 어긋날형(違也)。

【悔】㊀(회) 賄 カイ、くいる regret ㄏㄨㄟˇ huei³ ㊁(회) 隊 小篆 草書 ㊀❶뉘우칠회(懊也)。❷실패할회(失敗)。㊁❶고칠회(改也)。❷한할회(恨也)。❸후회할회(後ㅣ)。

【悕】(희) 微 キ、ねがう desire ㄒㄧ hsi¹ 草書 ❶생각할희(念也)。❷원할희(願也)。❸슬플희(悲也)。〔公羊傳〕在招丘ㅣㅣ矣。

【悖】㊀(패) 隊 ハイ、ボツ、さからう oppose ㄅㄟˋ pei⁴ ㊁(발) 月 草書 ㊀❶어지러울패(亂也)。❷거스를패(逆也)。❸어기어질패(戾也)。〔周語〕是以行事而不ㅣ。❹성할패(盛貌)。〔左傳〕其興也ㅣ然。㊁뜻은 ㊀의 ❷와 같음。(『勃』과 같음)

【悗】㊀(문) 阮 バン、わすれる forget ㊁(만) 寒 草書 ㊀잊어버릴문(廢忘)。〔莊子〕ㅣ乎忘其言。㊁의혹할만(疑惑)。

【悘】㊀(예) 霽 イ、エイ、しずか calm ㊁(의) 寘 ㊀고요할예(靜也)。㊁자세할의(詳也)。

【𢙔】㊀(습) 緝 シュウ、わるがしこい shrewd ㊁(첩) 葉 ㊀약은체할습(黠貌)。㊁경망스러울첩(志輕)。

【悙】㊀(형) 庚 キョウ、コウ、あらい firm ㊁(행) 敬 ㊀굳센체할형(悙彭ㅣ自矜健貌)。㊁추솔할행(佷ㅣ疏率)。

【悚】(송) 腫 ショウ、おそれる fear

草書 ❶두려울송(怖也)。❷송구할송(懼也)。

【悛】(전) 先 セン、シュン、あらためる correct ㄑㄩㄢ ch'üan¹ (或音〔준〕)
小篆 草書 ❶고칠전(改也)。【周語】其有ㅣ乎。❷그칠전(止也)。❸차례전(次也)。【左傳】內外以ㅣ。❹맘구짖을전(責心)。

【悝】㈠(리) 紙 リ、カイ、うれえる (本音〔괴〕) ㈡(회) 灰 anxious
小篆 草書 ㈠❶근심할리(憂也)。❷슬퍼할리(悲也)。❸미워할리(疾也)。(『里』와 통함) ㈡❶지껄일 회(嘲也)。❷클회(大也)。

【悞】(오) 遇 ゴ、あざむく deceive
草書 ❶속일오(欺也)。❷거짓말할오(謬也)。❸의심할오(疑惑)。(『誤』와 같음)

【悟】(오) 遇 ゴ、さとる realize ㄨ wu⁴
小篆 古文 草書 ❶깨달을오(覺也)。【困知記】有所覺之謂ㅣ。❷깰오(覺也)。❸깨우쳐줄오(啓發人)。【崔駰達旨】唐睢華顚以ㅣ秦。(『寤』와 통함)

【悠】(유) 尤 ユウ、はるか far ㄧㄡ yu¹
小篆 草書 ❶멀유(遠也)。【詩】驅馬ㅣㅣ。❷생각할유(思也)。【詩】ㅣ哉ㅣ哉。❸아득할유(眇邈無期貌)。【詩】ㅣㅣ蒼天。❹한가할유(閒暇貌)。【詩】ㅣㅣ旆旌。❺근심하는모양유。【詩經 小雅巧言】ㅣㅣ我思。(『攸』와 통함)

【悢】(량) 漾 リョウ、かなしむ pathetic
草書 ❶슬플량(悲也)。❷섭섭할량(惆悵)。【蘇武詩】ㅣㅣ不能辭。

【悧】(리)『俐』(人部 7畫)와 같음

【患】(환) 諫 カン、うれえる anxious；ill ㄏㄨㄢ huan⁴
小篆 小篆 古文 古文 草書 ❶근심환、근심할환(憂也)。❷재앙환(禍也)。【晉樂章】結舌亦何憚盡忠爲身ㅣ。❸병들환(疾也)。【謝惠連詩】平生無志意少小嬰憂ㅣ。❹어려울환(難也)。❺괴로울환(苦也)。

【悤】(총) 東 ソウ、あわただしい hasty
小篆 ❶바쁠총(急遽)。❷총총할총。【晉書】無故ㅣㅣ先自猖獗。❸덤빌총。(『怱』과 같음)

【您】(니)『你』(人部 5畫)의 俗字

【惱】(뇌)『惱』(心部 9畫)의 俗字

【悩】(뇌)『惱』(心部 9畫)의 略字

【悪】(악)『惡』(心部 8畫)의 俗字

八畫

【悰】(종) 冬 ソウ、よろこぶ (be) joyful ㄘㄨㄥ ts'ung²
小篆 ❶즐거울종(樂也)。【謝朓詩】戚戚苦無ㅣ。(『慒』과 같음)

【悱】(비) 尾 ヒ、いきどおる indignant ㄈㄟ fei³
小篆 草書 ❶분낼비(憤也)。❷뜻은 있으나 말못할비(有意未言)。【論語 述而】不ㅣ不發。

【悲】(비) 支 ヒ、かなしむ sorrow；pathetic ㄅㄟ pei¹
小篆 草書 ❶슬플비(痛也)。【楚辭】然惆悵而自ㅣ。❷불쌍히여길비。❸한심할비(寒心)。【楚辭 九辯】ㅣ哉秋之爲氣也。

【㥏】(탐) 勘 タン、おもう think
❶실심할탐(失志)。❷생각할탐(思也)。❸황급할탐(惶遽)。

【㤿】㈠(염) 豔 ㈡(엄) 豔 エン、いきこむ triumph
㈠의기많은체할염(意氣多貌ㅣ憸)。㈡맘에달게여길엄(甘心貌)。

【㥀】(식) 職 ショク、もっぱら only
오로지식(專也)。

【悳】(덕)『德』(彳部 12畫)과 같음

【悴】(췌) 寘 スイ、やつれる emaciated ㄘㄨㄟ ts'uei⁴ (古音〔취〕)
小篆 草書 ❶근심할췌(憂也)。❷파리할췌(瘦瘠)。【楚辭】顧色憔ㅣ。❸피폐할췌(疲弊)。

【悵】(창) 漾 チョウ、いたむ dispirited ㄔㄤ ch'ang⁴
小篆 草書 ❶실심할창(失意貌)。❷섭섭할창(望恨)。【柳宗元夢賦】靈幽漠以瀏汩兮進怊ㅣ而不得。❸슬플창(悲也)。

【悶】(민) 願 モン、もだえる agonize ㄇㄣ men⁴ (古音〔문〕)
小篆 草書 ❶민망할민(懣也)。【易經】遯世无ㅣ。❷속답답할민(心煩鬱)。❸번민할민「煩ㅣ」。

【㦖】(민)『悶』(前條)과 같음

【悷】㈠(려) 霽 ㈡(리) 紙 レイ、リ、かなしむ sorrow
㈠서러워할려(悽ㅣ悲貌)。㈡뜻은 ㈠과 같음。

【悸】(계) 寘 キ、おののく throb ㄐㄧ chi⁴
小篆 草書 ❶두근거릴계(心動)。❷띠술늘어질계(帶下垂貌)。【詩經】垂帶ㅣ兮。

【悹】(관) 旱 カン、うれえる worry about
小篆 근심할관(憂也)。

【㤵】(달)『怛』(心部 5畫)과 같음

【悻】(행) 迥 コウ、いかる rage ㄒㄧㄥˋ hsing4
草書 발끈성낼행(狠怒)。〔孟子〕ㅣㅣ然見於其面。(『倖』과 같음)

【悼】(도) 號 トウ、あわれむ mourn ㄉㄠˋ tao4
小篆 草書 ❶슬퍼할도(傷也)。〔詩〕中心是ㅣ。❷일찍죽을도(早夭)。〔謚法〕中年早夭曰ㅣ。❸속썩이며 한탄할도。〔史記孔子世家〕君若ㅣ之、則謝以實。

【咎+心】(구) 有 尤 グ、うらむ grudge
小篆 원망할구(怨也)。

【忄+厓】(애) 卦 ガイ、うらむ grudge
한할애(恨也)。

【㥄】(릉) 蒸 リョウ、かなしむ sad
❶슬퍼할릉(哀也)。❷놀랄릉(驚也)。

【悽】(처) 齊 セイ、いたむ sad ㄑㄧ ch'i1
小篆 草書 ❶슬플처(悲也)。〔後漢書〕曹操過喬公祖墓輒ㅣ愴致祭奠。❷아플처(痛也)。

【悾】㈠(공) 東 ㈡(공) 董 ㈢(강) 江 コウ、まこと sincere ㄎㄨㄥ k'ung1
草書 ㈠❶정성스러울공(誠也)。〔任昉箋〕實有愚誠不任ㅣ款。❷어리둥절할공(無知貌)。〔論語〕ㅣㅣ而不信。㈡경황없을공(ㅣ愡失意貌)。㈢믿을강(信也)。

【忄+隶】(태) 隊 タイ、ほしいままにする audacious
小篆 방자할태(恣也)。

【惀】(론) 阮 ロン、おもう think
小篆 생각할론(思也)。

【惂】(감) 感 カン、うれえる worry about
小篆 ❶근심할감(憂也)。❷괴로울감(苦也)。

【惃】(곤) 元 コン、みだれる giddy
어지러울곤(亂也)。

【惤】㈠(견) 先 ㈡(현) 銑 ケン、ゲン、きびしい stern
㈠베이름견(布名)。㈡엄할현(嚴也)。

【惄】(녁) 錫 デキ、ひもじい hungry ㄋㄧˋ ni4
小篆 草書 ❶허출할녁(飢意)。〔詩〕ㅣ如調飢。❷생각녁(思也)。〔詩〕ㅣ焉如擣。❸마음졸릴녁(飢思)。(『愵』과 같음)

【情】(정) 庚 セイ、ジョウ、なさけ feeling ㄑㄧㄥ ch'ing2
小篆 草書 ❶뜻정(性之動意也)。〔漢書〕董仲舒曰人欲之謂ㅣ。❷실상정(實也)。〔論語〕上好信則民莫敢不用ㅣ。❸마음속정(心中)。(『情』은 俗字)

【惈】(과) 哿 カ、いさましい dare(to do)
감행할과(敢勇)。〔左思〕風俗以 ㅣ爲 人物以 害爲藝。

【惆】(추) 尤 チョウ、なげく dispirited ㄔㄡ ch'ou2
小篆 草書 ❶실심할추(失意)。〔荀子〕ㅣ然不嗛。❷섭섭할추(ㅣ悵悲愁)。

【惇】(돈) 元 ジュン、トン、あつい warm hearted ㄉㄨㄣ tuen1
小篆 草書 ❶도타울돈(厚也)。〔書〕ㅣ德允元。❷힘쓸돈(勉也)。❸인정있을돈(人情)。(『敦』과 통함)

【惉】(첨) 鹽 セン、ととのわない discord
小篆 草書 ❶불화할첨(ㅣ懘音敗不和)。〔樂書〕五者不亂則無ㅣ懘之音。❷속소리와자할첨。

【忄+朋】(붕) 庚 ホウ、ふきげん ill-humoured
❶짜증잘낼붕(好嗔貌)。❷부루퉁할붕(怒貌)。

【惋】(완) 翰 ワン、なげく resent ㄨㄢˋ wan4
草書 ❶한할완(駭恨)。❷놀라탄식할완(驚歎)。〔遼史〕聞者莫不歎ㅣ。❸원망할완(怨也)。

【惎】(기) 寘 キ、そこなう poisonous ㄐㄧˋ chi4
小篆 草書 ❶독할기(毒也)。〔左傳〕管蔡啓商ㅣ閒王室。❷가르칠기(敎也)。〔左傳〕ㅣ之拔旆投衡。❸꾀할기(謀也)。❹해로울기(害也)。

【惌】㈠(원) 元 ㈡(울) 物 エン、ウツ、ふさぎこむ melancholy
㈠작은구멍빤할원(小孔僅ㅣ)。㈡맘울적할울(心氣鬱積)。

【忄+知】(치) 寘 チ、よい honest-minded
맘착할치(心善)。

【惏】㈠(람) 覃 ㈡(림) 侵 ラン、リン、むさぼる covet ㄌㄢ lan2
小篆 草書 ㈠탐할람(貪也)。(『婪』과 같음) ㈡떨릴림(ㅣ慄寒也)。

【惐】(역) 屋 イク、いたむ heartache
❶맘아플역(心痛)。❷가슴아플역(痛也)。

【惑】(혹) 職 ワク、まどう bewitch ㄏㄨㄛˋ huo4
小篆 草書 ❶미혹할혹(迷也)。❷의심낼혹(疑也)。❸현란할혹(眩亂)。❹헤맬혹(無定處)。(『或』과 통함)

【悡】(리) 支 リ、うらむ regret
❶한할리(恨也)。❷태만할리(怠慢)。❸기뻐할리(悅也)。

【惓】(권) 先 ケン、つつしむ respect ㄑㄩㄢ ch'üan2
草書 ❶삼갈권(謹也)。❷정성스러울권(懇至)。〔漢書〕ㅣㅣ之義也。❸친절할권(親切)。(『卷』과 통함)

【㥏】(전) 銑 テン、はじる be ashamed of ㄊㄧㄢˇ t'ien³ 부끄러울전(慚也)。(『靦』과 통함)

【[忄+囷]】㊀(균) 眞 ㊁(군) 問 キン、あきる be tired of ㊀❶싫증날균(倦也)。❷고달플균(勞也)。㊁뜻은 ㊀과 같음。

【惔】(담) 覃 タン、やく worry ㄊㄢˊ t'an² ❶속탈담(燔也、燎也)。【詩】憂心如－。❷근심할담(憂也)。(『炎』과 통함)

【惕】(척) 錫 テキ、つつしむ respect ㄊㄧˋ t'i⁴ ❶공경할척(敬也)。❷두려워할척(怵－憂懼)。❸근심할척(憂也)。(『惖』과 같음)

【[忄+采]】(채) 賄 サイ、かたましい wicked 간악할채(邪也姦惡)。

【惗】(녑) 鹽 ジョウ、いつくしむ love 사랑할녑(愛也)。

【惘】(망) 養 ボウ、モウ、あわてる confused ㄨㄤˇ wang³ ❶경황없을망(－憮失志貌)。【思玄賦】魂憮－而無疇。❷실심할망(失心)。(『罔』과 통함)

【惙】㊀(철) 屑 ㊁(체) 霽 テツ、つかれる tired ㄔㄨㄛˋ ch'uo⁴ ㊀❶근심할철(憂也)。【詩】憂心－－。❷고달플철(疲也)。㊁성미급할체(性急)。

【惚】(홀) 月 コツ、うっとりする ecstasy ㄏㄨ hu¹ ❶황홀할홀(恍－微妙不測貌)。【道德經】惟恍惟－。❷망창할홀(心志惘憮貌)。(『忽·芴』과 통함)

【惜】(석) 陌 セキ、シャク、おしむ pitiful; sorry ㄒㄧ hsi¹·² ❶아낄석、아까울석(悋也)。❷중하게 여길석。❸가엾을석(憐也)。「寵－」。【杜甫詩】樹木猶爲人愛－。❹불쌍히여길석。❺사랑할석(愛也)。【曹植詩】寶金非所－。

【惛】㊀(혼) 元 ㊁(혼) 願 コン、ほける、くらい bewildering ㄏㄨㄣ huen¹ ㊀흐릴혼(心不明)。【莊子】－然若亡而存。㊁혼미할혼(迷忘)。

【惝】(창) 養 ショウ、ぼんやりする dispirited ㄔㄤˇ ch'ang³ ❶실심할창(失意不悅貌)。【莊子】－然若有亡也。❷깜짝놀랄창(驚貌)。(『[忄+敞]』과 같음)

【惟】(유) 支 イ、おもう、ただ considerate; only ㄨㄟˊ wei² ❶꾀유、꾀할유(謀也)。【詩】載謀載－。❷생각할유(思也)。【書】視遠－明。❸오직유(獨也)。【書】－王不邇聲色。❹어조사유(語助辭)。【書】濟河－兗州。(『唯』와 같음)

【惠】(혜) 霽 ケイ、エ、めぐむ benefit ㄏㄨㄟˋ huei⁴ ❶어질혜(仁也)。【書】安民則－。❷순할혜(順也)。【書】亮采－疇。❸은혜、덕택혜(恩也)。【書】惟－之懷。❹줄혜(賜也)。【禮】行慶施－。❺세모창혜(三隅矛)。【書】二人雀弁執－。

【[忄+亞]】(아) 禡 ア、きがふさぐ gloomy 속답답할아(心鬱)。

【惡】㊀(악) 藥 ㊁(오) 遇 ㊂(오) 虞 アク、オ、わるい、にくむ bad; evil ㄜˋ ㄨˋ e³·⁴ ㊀❶악할악、모질악(不善)。❷더러울악(醜陋)。【書經】六極五曰－。❸나쁠악(不良)。㊁❶미워할오(憎也)。【左傳】周鄭交－。❷부끄러울오(恥也)。【孟子】羞－之心。❸욕설할오(辱也)。㊂❶어찌오(何也)。【論語】－乎成名。❷허오(歎辭)。【孟子】－是何言也。

【惢】㊀(솨) 哿 ㊁(지) 支 サ、シ、うたがう doubt ㊀의심낼솨(疑也)。㊁착할지(善也)。

【惣】(총) 『揔』(手部 9畫)의 譌字

【[illegible]】(애) 隊 アイ、ゆく go; depart ❶갈애(行貌)。❷사랑할애(愛也)。

【惧】(구) 『懼』(心部 18畫)의 俗字

九畫

【[忄+臾]】(유) 麌 虞 ユ、うれう anxieous ❶근심할유(憂也)。❷두려워할유(懼也)。

【[忄+亟]】(극) 職 キョク、あわただしい hasty ❶경망할극(急性)。【列子】譴－凌誶。❷급한성품극(急性)。

【惰】(타) 哿 箇 タ、ダ、おこたる lazy ㄉㄨㄛˋ tuo⁴ ❶게으를타(懈－懶也)。【書】股肱－哉。❷태만할타(怠也)。【禮記 曲禮上】臨祭不－。(『嫷』와 같음)

【惱】(뇌) 皓 ノウ、なやむ anguish ㄋㄠˇ nao³ (本音「노」) ❶다릴뇌、고달플뇌(事物撓心)。❷한할뇌(懊－恨也)。❸번뇌할뇌(煩－)。❹걱정할뇌(憂也)。

【惲】(운) 吻 ウン、はかる counsel ㄩㄣˋ yün⁴ ❶혼후할운(重厚)。❷꾀할운(謀也)。❸의논할운(議也)。

【想】(상) [養] ソウ、おもう think; consider ㄒㄧㄤˇ hsiang³ 小篆 草書 ❶생각상、생각할상(思也)。〔後漢書〕夢ㅣ賢士。❷뜻할상(意之)。❸희망할상(冀思)。

【惴】(췌) [寘] ズイ、おそる dread ㄓㄨㄟˋ chuei⁴ (本音「취」) 小篆 草書 두려워할췌(憂懼)。〔詩經〕ㅣㅣ其慄。

【慄】㈠(협) [葉] ㈡(첩) [葉] チョウ、おそる afraid 草書 ㈠두려울협(危懼)。〔後漢書〕ㅣ楚黎。㈡❶눈휘둥그릴첩(懼貌)。❷두려운체할첩(懼也)。

【惶】(황) [陽] コウ、おそれる fear ㄏㄨㄤˊ huang² 小篆 草書 ❶두려울황(恐懼)。〔後漢書〕蕭廣縱暴百姓 ㅣ懼。❷혹할황(惑也)。❸급할황(遽也)。

【惷】(준) [軫] シュン、みだれる disorderly 小篆 草書 ❶심란할준(亂也)。❷수선할준(動搖貌)。〔左傳〕鄭子太叔曰今王室實ㅣㅣ焉。❸어둔할준(愚也)。(『蠢』과 같음)

【惸】(경) [庚] ケイ、うれえる worry ㄑㄩㄥˊ ch'iung² 草書 ❶근심할경(憂也)。〔詩〕憂心ㅣㅣ。❷홀몸경(無兄弟獨也)。❸고독할경(孤獨)。〔詩〕哀此ㅣ獨。(『煢』과 같음)

【惹】(야) [馬] ジャ、ジャク、ひく cause ㄖㄜˇ jê³ 小篆 草書 ❶끌야、끌릴야(引著)。❷어지러울야(亂也)。❸속일야(詭也)。❹생각케할야(ㅣ起)。

【惿】(낙) [藥] ダク、ゆるす permit 허락낙(心許)。(『諾』과 같음)

【惺】㈠(성) [梗] ㈡(성) [靑] セイ、さとる perceive ㄒㄧㄥ hsing¹ 草書 ㈠깰성、깨달을성(悟也)。㈡❶똑똑할성(ㅣ憁了慧)。❷조용할성。

【惻】(측) [職] ショク、ソク、いたむ lamenting ㄘㄜˋ ts'ê⁴ 小篆 草書 ❶슬플측(痛也)。❷감창할측(ㅣㅣ愴也)。〔易〕井渫不食爲我心ㅣ。❸아플측(痛愴)。❹불쌍할측(ㅣ隱)。

【惼】(편) [銑] ヘン、せまい narrow-minded (本音「변」) 草書 ❶조급할편(急也)。❷편협할편(偃ㅣ性狹)。〔莊子〕有虛船來觸舟雖有ㅣ心之人不怒。

【愘】㈠(각) [藥] ㈡(극) [陌] キャク、つかれる exhausted 小篆 ㈠고달플각(勞也)。㈡❶피로할극(疲也)。❷싫증날극(倦也)。

【惛】(혼) [元] コン、くらい、おろか stupidity 草書 ❶혼암할혼(不憭)。〔孟子〕齊宣王曰吾ㅣ。❷마음이 흐릴혼。〔孟子 梁惠王上〕吾ㅣ不能進於是矣。(『惛』과 같음)

【慔】(모) [麌] ブ、いたわる love (或音「무」) 小篆 사랑할모(愛也)。

【愯】(수) [宥] ソウ、わるい irritant smell 냄새코찌를수(困ㅣ氣臭薰鼻不通)。〔莊子〕五臭薰鼻困ㅣ中顙。

【愐】㈠(미) [紙] ㈡(면) [銑] ベン、やめる stop 小篆 ㈠❶그칠미(止也)。❷힘쓸미(厲也)。㈡뜻은 ㈠과 같음。

【愪】(집) [緝] チュウ、おもいとまらない irresolute 맘끊지못할집(心不斷行)。

【惿】(제) [齊] テイ、おどおどする timid ❶심겁할제(心劫ㅣ慚)。❷맘약할제(心弱)。

【愀】(초) [篠] シュウ、あらたまる change one's face ㄑㄧㄠˇ ch'iao³ 草書 ❶해쓱할초(ㅣ然容色變)。〔禮〕ㅣ然作色。❷안색이 달라질초。❸풀이죽을초。〔蘇軾 赤壁賦〕ㅣ然整襟。(『悄』와 같음)

【愁】(수) [尤] シュウ、うれう worry ㄔㄡˊ ch'ou² (古音「추」) 小篆 草書 ❶근심수、근심할수(憂也)。❷염려할수(慮也)。❸생각하여괴로와할수(悶也)。❹탄식할수(歎也)。

【愷】(체) [霽] カイ、すこしいかる lose one's temper 小篆 약간성내고말체(小怒止也)。

【㥟】(수) [寘] スイ、かしこい profound 小篆 맘깊을수(心藏)。

【愃】㈠(선) [先] ㈡(훤) [阮] ケン、ゆたか generous 小篆 草書 ㈠쾌할선(快也)。㈡너그럽고 아담할훤(寬雅)。〔詩經 衞風淇奧〕赫兮ㅣ兮。

【㦟】(휴) [齊] カイ、うらむ uneasy 小篆 편치않을휴(心不平)。

【愅】(격) [陌] カク、あらためる decorate 꾸밀격(飾也)。(『諽』과 같음)

【愆】(건) [先] ケン、あやまる fault 小篆 或體 籒文 草書 ❶죄건(罪也)。❷허물건(過也)。〔書〕惟茲三風十ㅣ。❸어기어 질건(差爽)。〔詩〕式禮莫ㅣ。

【愇】(위) [尾] イ、うらむ grudge 한할위(恨也)。〔幽通賦〕ㅣ世業之可懷。

【惰】(서) [魚] ショ、さとい wisdom 小篆 지혜서(智也)。

【愈】(유) 㢜 ユ、まさる get well ㄩˋ yü⁴
草書 ❶나을유(勝也過也)。❷어질유(賢也)。【孟子】丹之治水也ㅣ於禹。❸더욱유(益也)。❹심할유(甚也)。【詩】憂心ㅣㅣ。❺병나을유(病差)。【左傳】相從爲ㅣ。(『瘉』와 같음)

【愉】㊀(유) 虞 ㊁(투) 尤 ユ、よろこぶ plaasant ㄩˊ yü²
小篆 草書 ㊀❶기뻐할유(和悅)。【論語】ㅣㅣ如也。❷즐거울유(樂也)。【詩】他人是ㅣ。㊁구차할투(苟也)。

【⿰忄酋】(추) 尤 シュウ、わるい evil
❶나쁠추(惡也)。❷교만할추(傲也)。

【愊】㊀(픽) 職 ㊁(핍) 緝 フク、まこと sincerity ㄅㄧˋ pi⁴ (本音「벽」)
小篆 小篆 草書 ㊀맘꼭할픽、지성스러울픽(悃ㅣ誠志)。【漢書】悃ㅣ無華。㊁❶답답할핍(鬱也)。【顯志賦】心ㅣ意而紛紜。

【愍】(민) 軫 ビン、あわれむ pitiful ㄇㄧㄣˇ min³
小篆 草書 ❶슬플민(悲痛)。❷불쌍할민(憐也、恤也)。❸서러워할민(傷也)。【左傳】吾代二子ㅣ矣。(『愍』과 같음)

【愎】(퍅) 職 ヒョク、もとる wild ㄅㄧˋ pi⁴ (古音「벽」)
草書 ❶사나울퍅(狠戾)。❷고집할퍅、강할퍅(剛ㅣ自强)。【左傳】ㅣ諫違上。

【意】(의) 寘 イ、こころ intention ;mean ㄧˋ i⁴
小篆 草書 ❶뜻의、뜻할의(志之發心所嚮)。【大學疏】爲情所念謂之ㅣ。❷생각의(思也)。❸의리의(義理)。「ㅣ味、ㅣ義」。【孟子萬章上】以ㅣ逆志。❹형세의(勢也)。「筆ㅣ輕妙」。(『抑』과 통함)

【愐】(면) 銑 ベン、つとめる endeavour ㄇㄧㄢˇ mien³
小篆 ❶힘쓸면(勉也)。❷생각할면(思也)。

【⿰忄重】(종) 宋 ショウ、おくれる late
小篆 ❶늦을종(遲也)。❷『慟』과 通함。

【愒】㊀(게) 霽 ㊁(개) 泰 ㊂(할) 曷 ケイ、カイ、カツ、いこう、むさぼる、おどす rest; covet; threat
小篆 草書 ㊀쉴게(息也)。【詩】不尙ㅣ焉。(『憩』와 같음) ㊁❶탐할개(玩ㅣ貪也)。【左傳】玩歲而ㅣ日。❷급할개(急也)。【公羊傳】葬宋繆公不及時而日ㅣ葬也。㊂❶공갈할할(恐之)。❷으를할(喝也)。

【愓】㊀(탕) 養 ㊁(상) 陽 トウ、ショウ、ほしいまま dissipate
小篆 草書 ㊀방탕할탕(放也)。【荀子】ㅣ悍憍暴。㊁빨리갈상(直疾貌)。【禮】行容ㅣㅣ。

【愔】(음) 侵 イン、しずまる calm ㄧㄣ yin¹
草書 ❶조용할음(深靜貌)。【嵇康琴賦】ㅣㅣ琴德。❷화평할음(安和貌)。【左傳】祈招之ㅣㅣ。

【愕】(악) 藥 ガク、おどろく frighten ㄜˋ ê⁴
草書 ❶깜짝놀랄악(錯ㅣ倉卒驚遽貌)。❷악지쓸악(阻礙不依順)。

【愘】(가) 禡 カ、たくらむ conspiracy
❶몰래할가(陰謀ㅣ詐)。❷비밀히할가(密謀)。

【愗】(무) 宥 ム、おろか foolish
❶어릿어릿할무(怐ㅣ愚貌)。❷어리석은모양무(愚痴貌)。

【愖】(심) 侵 ジン、まこと sincerity
草書 ❶믿을심(信也)。❷정성심(誠也)。❸맘머뭇거릴심(斟ㅣ遲疑)。【顯志賦】意斟ㅣ而不澹。

【⿰忄禺】(우) 虞 グ、よろこぶ please
小篆 ❶기쁠우(喜也)。❷반가울우(悅也)。

【愚】(우) 虞 グ、おろか foolish ㄩˊ yü²
小篆 草書 ❶어리석을우(癡也)。【荀子】非是是非之謂ㅣ。❷고지식할우(ㅣ直)。❸어두울우(闇昧)。❹우준할우(蠢也)。❺업신여길우(ㅣ弄)。

【愛】(애) 隊 アイ、あいする love ㄞˋ ai⁴
小篆 古文 草書 ❶사랑애(仁之發)。【韓愈文】博ㅣ之謂仁。❷친할애(親也)。【孟子】ㅣ人者人恆ㅣ之。❸은혜애(恩也)。❹어여삐여길애(憐也)。❺괴일애(寵也)。❻사모할애(慕也)。【詩】心乎ㅣ矣。❼측은히여길애(隱也)。❽아낄애(吝惜)。【孟子】百姓皆以王爲ㅣ。❾좋아할애、기뻐할애(喜也)。❿몰래간통할애(密通)。

【愜】(협) 葉 キョウ、こころよい pleasant ㄑㄧㄝˋ ch'ieh⁴
小篆 草書 ❶쾌할협(快也)。❷뜻에맞을협(適意志滿)。【漢書】天下人民未有ㅣ志。

【愞】㊀(난) 翰 ㊁(연) 銑 ㊂(나) 箇 ダン、ナン、ゼン、ナ、よわい timid
小篆 草書 ㊀맘약할난(弱也)。㊁맘약할연(心弱)。㊂❶겁낼나(怯也)。❷맘약할나。【漢書】太守以畏ㅣ棄市。

【感】(감) 感 カン、かんずる emotion ;feel ㄍㄢˇ kan³
小篆 草書 ❶감동할감(動也)。❷감격할감(格也)。❸한할감(恨也)。❹찌를감(觸也)。【易】聖人ㅣ人心而天下和平。❺깨달을감(覺也)。

❻느낄감(應也)。

【慽】(감) 豏 カン、おちつかない uneasy 마음불안할감(意不安貌)。

【慍】(온) 吻 問 ウン、オン、いかる angry 草書 ❶분낼온(憤也)。❷한할온(恨也)。❸병온(病也)。❹노염품을온(含怒貌)。(『慍』의 俗字)

【愡】(종)『憁』(心部 11畫)의 俗字

【愢】㊀(새) 灰 サイ、シ、つつしむ polite ㊁(시) 紙 ㊀맘에맞지않을새(心不可合)。㊁겸손할시(謙也)。

【⿰忄泉】(견) 先 ケン、きびしい impatient ❶마음급할견(心急貌)。❷급박할견(迫也)。

十畫

【愧】(괴) 寘 キ、はじる shameful ㄎㄨㄟˋ k'uei⁴ 草書 부끄러울괴(慚也)。〔皇極經世〕無ㅣ於口不若無ㅣ於身無ㅣ於身不若無ㅣ於心。

【愨】(각) 覺 カク、コク、つつしむ discreet ㄑㄩㄝˋ ch'üeh⁴ 小篆 草書 ❶삼갈각(謹也)。❷정성각(誠也)。(『慤』과 같음)

【愩】(공) 送 コウ、たかぶる be proud (of) 잘난체할공(自矜)。

【愪】(운) 軫 ウン、イン、うれう anxious 小篆 草書 근심할운(憂也)。

【愫】(소) 遇 ソ、まこと sincerity ㄙㄨˋ su⁴ 草書 ❶정성스러울소(誠也)。❷참뜻소(眞情)。〔漢書〕披心腹見情ㅣ。(『素』와 통함)

【⿰忄備】(배) 卦 ハイ、つかれやむ be exhausted 고달플배(病極)。(『憊』와 같음)

【愬】㊀(소) 遇 ソ、サク、うったう appeal ㊁(색) 陌 ㄙㄨˋ su⁴ 草書 ㊀❶고할소(告也)。❷하소할소。〔詩經〕薄言往ㅣ。❸알릴소(訴也)。〔論語 顔淵〕膚受之ㅣ。❹일러바칠소、참소할소。〔論語 憲問〕公伯寮ㅣ子路於季孫。❺애고할소(哀告)。〔班彪北征賦〕諒時運之所爲兮永伊鬱其誰ㅣ。(『訴·遡』와 통함) ㊁두려워할색(驚懼)。〔易〕履虎尾ㅣㅣ終吉。

【愭】(기) 支 キ、つつしむ polite ❶공손할기(恭也)。❷두려울기(畏也)。❸공경할기(敬也)。

【愮】(요) 蕭 ヨウ、いらいらする nervous 草書 ❶심란할요(悸也)。❷혹할요(惑也)。❸궁궁할요(憂無所愬)。〔詩〕中心ㅣㅣ。

【愰】(황) 養 コウ、あきらか bright ❶밝을황(明也)。❷맘달뜰황(ㅣ懩心不定)。❸마음청백할황(心明)。

【⿰忄疾】(질) 質 シツ、ねたむ jealous 미워할질(妒也)。(『嫉』과 같음)

【愲】(골) 月 コツ、いらいらする nervous 草書 심란할골(心亂)。〔漢書〕心結ㅣ兮傷肝。

【慅】(소) 豪 ソウ、うれえる worry ❶근심소(憂也)。❷수심소(愁也)。

【愴】(창) 漾 ソウ、かなしむ grievous ㄔㄨㄤˋ ch'uang⁴ 小篆 草書 ❶슬플창(悲也)。❷서러울창(傷也)。❸아플창(傷也)。〔孔稚圭 北山移文〕石泉咽而下ㅣ。

【愵】(닉) 錫 デキ、うれえる be anxious 小篆 근심할닉(憂也)。〔元結詩〕久ㅣ兮恍恍。(古音 녁)

【愶】(협) 葉 キョウ、おどかす threaten 草書 ❶겁낼협(怯也)。❷위협할협(威力想恐)。❸으를협(脅也)。〔魏志曹植傳〕刧ㅣ使者。

【愷】(개) 賄 ガイ、たのしむ pleasant ㄎㄞˇ k'ai³ 小篆 草書 ❶편안할개(康也)。❷즐거울개(樂也)。〔詩〕豈樂飮酒。❸싸움이긴풍류악개(軍勝樂)。〔左傳〕晋文公振旅ㅣ以入于晋。❹개제개(ㅣ悌樂易)。(『凱·豈』와 같음)

【愺】(초) 皓 ソウ、こころがみだれる dizzy 심란할초(心亂ㅣ恅)。

【愻】(손) 願 ソン、つつましい humble 小篆 ❶겸손할손(順也)。❷공손할손(謹恭)。(『遜』과 통함)

【愼】(신) 震 シン、つつしむ discreet ㄕㄣˋ shen⁴ 小篆 古文 草書 ❶삼갈신(謹也)。〔大學〕君子必ㅣ其獨也。❷정성스러울신(誠也)。〔詩〕ㅣ爾言也。❸고요할신(靜也)。❹생각할신(思也)。❺삼가하게할신(禁戒)。

【⿱眞心】(신)『愼』(前條)의 古字

【愾】㊀(희) 未 カイ、キ、ためいき sigh ㊁(개) 隊 ㄒㄧˋ hsi⁴ 小篆 草書 ㊀한숨쉴희(太息)。〔詩〕ㅣ我寤歎。㊁❶한숨쉴개(太息)。❷성낼개(敵ㅣ怒也)。〔左傳〕諸侯敵王所ㅣ而獻其功。(『慨』와 같음)

【愿】(원) 願 ゲン、つつしむ sincerity ㄩㄢˋ yüan⁴ 小篆 草書 ❶정성원(誠謹)。❷착할원(善也)。〔書〕ㅣ而恭。

(『[illegible]』과 통함)
❸심길원(諢也)。

【愿】(원) 元 ゲン、はかる calculate
❶측량할원(測量)。❷헤아릴원(量也)。

【⿰忄虒】(이) 紙 イ、うれえる do not worry(about)
근심않을이(不憂)。

【慁】(혼) 願 コン、うれえる worry ㄏㄨㄣˋ huen⁴
❶근심할혼(憂患)。【左傳】主不一賓。❷욕될혼(辱也)。【禮】不一君王。❸민망할혼(悶亂)。【史記】天以寡人一先生。❹어지러울혼(亂也)。(『惛』과 같음)

【⿱寒心】(식) 職 ショク、ふさがる be closed
❶막힐식(塞也)。❷꽉찰식(充塞)。【書經】剛而一。

【⿰忄圂】(혼)『慁』(前前條)과 같음

【慂】(용) 腫 ヨウ、ときすすめる persuasion ㄩㄥˇ yung³
❶권할용(勸也)。❷거들어말할용(慫一傍勸)。❸조를용(慫一)。

【慄】(률) 質 リツ、おののく shivering カ、 li⁴
❶두려울률(懼也)。❷쭈그릴률(竦縮)。【書】夔夔齊一。❸슬플률(悽愴貌)。【楚辭】憭一兮若在遠行。❹떨률(戰一)。❺송구할률(竦縮)。❻처량할률(悽愴)。(『栗』과 통함)

【慅】㊀(소) 豪 ㊁(초) 皓 ソウ、さわぐ uproar
㊀❶소동할소(動也)。❷수고로울소(勞也)。㊁수고로울초(一一勞也)。【詩】勞心一兮。

【慆】(도) 豪 トウ、ほしいまま arrogant ㄊㄠ t'ao
❶기쁠도(喜也)。❷거만할도(慢也)。【書】無即一淫。❸오랠도(久也)。【詩】一一不歸。❹의심할도(疑也)。【左傳】天命不一久矣。❺감출도(藏也)。【左傳】以樂一憂。❻지낼도(過也)。

【慇】(은) 文 イン、ねんごろ polite ㄧㄣ yin¹
❶은근할은(一懃委曲)。❷공손할은(恭也)。❸간절할은(切也)。❹슬플은(痛也)。【詩】憂心一一。(『殷』과 같음)

【慈】(자) 支 ジ、いつくしむ humane ; love ㄘ tz'ŭ²
❶사랑자(愛也)。【左傳】父一子孝姑一婦聽。❷착할자(善也)。❸어질자(仁也)。❹부드러울자(柔也)。❺어머니자(母也)。❻불쌍할자(憐也)。

【慉】(휵) 屋 キク、やしなう breed
❶기를휵(養也)。【詩】不我能一反以我爲讐。❷한할휵(恨也)。❸일어날휵(起也)。

(『[illegible]』과 통함)

【慌】(황) 養 コウ、うっとりする be at a loss
❶어리둥절할황(懭一昏也)。❷흐리멍덩할황(一惚不分明)。❸잊어버릴황(忘也)。(『恍』과 같음)

【慊】㊀(겸) 琰 ㊁(협) 葉 ケン、キョウ、きらう grudge ㄑㄧㄢˋ ch'ien⁴
㊀❶앙심먹을겸(切齒恨)。❷찐덥지않을겸(意不滿)。❸불만족하게 생각할겸。【孟子公孫丑下】吾何一哉。❹싫을겸(厭也)。【大學註】一之言厭也謂誠意自足。❺맘에맞을겸(愜也)。【大學自謙朱注】謙讀爲一云云一快也。㊁족할협(足也)。【莊子 天運】盡去而後一。

【態】(태) 隊 タイ、ありさま posture ㄊㄞ t'ai⁴
❶태도태(作姿)。❷모양태(姿也)。【徐鍇曰】心能其事然後有一度也。❸뜻태(情一意也)。

【慍】(온) 問 吻 ウン、オン、いかる get angry ㄩㄣ yün⁴
❶성낼온(怒也)。❷한할온(恨也)。【詩】一于羣小。❸병온(病也)。【南風歌】南風之薰兮解吾民之一兮。❹노엽품을온(含怒貌)。(『蘊』과 같음)

【慏】(명) 梗 ベイ、つきない generous
맘너그러울명(寬心)。

十一畫

【慒】㊀(종) 冬 ㊁(조) 豪 ソウ、みだれる nervous
㊀❶생각할종(慮也)。❷꾀할종(謀也)。(『悰』과 같음) ㊁심란할조(亂也)。

【慓】(표) 蕭 ヒョウ、すばやい nimble
급할표(急也)。

【⿰忄𤰇】(비)『憊』(12畫 心部)의 本字

【慔】(모) 遇 ボ、したう endeavour
힘쓸모(勉也)。

【慕】(모) 遇 ボ、したう longing ㄇㄨˋ mu⁴
❶생각할모(思也)。【漢書食貨志】動欲一古、不度時宜。❷사모할모(係戀不忘)。【孟子】大孝終身一父母。❸모뜰모(愛習模範)。

【慘】㊀(조) 皓 ㊁(참) 感 サン、むごい severity ㄘㄢˇ ts'an³
㊀근심할조(憂也)。【詩】視爾夢夢我心一一。(『懆』와 같음) ㊁❶슬플참(痛慼)。【詩】憂心一一。❷성낼참(慍也)。❸근심할참(愁也)。❹혹독할참(酷毒)。【史記】雖一酷斯稱其位矣。

【慙】(참) 覃 ザン、はじる shame ㄘㄢˊ ts'an²
(小篆)(草書) 부끄러울참(愧也)。【書】惟有ㅣ德。【小爾雅】不直失節謂之ㅣ。

【憒】(책) 陌 セキ、まこと fidelity
❶깨끗할책(耿介)。❷절개굳을책(堅也節操)。

【慚】(참)『慙』(前前條)과 같음

【慜】(민) 軫 ビン、かしこい clever
❶총명할민(聰也)。❷슬플민(悲也)。

【慝】(특) 職 トク、よこしま wicked ㄊㄜˋ t'ê⁴
(草書) ❶간악할특(惡也)。【書】旌別淑ㅣ。❷더러울특(穢也)。【禮】世亂則禮ㅣ而樂淫。❸간사할특(邪也)。【詩】之死失靡ㅣ。❹간특할특(姦ㅣ隱惡)。【荀子 天論】ㅣ則大惑。

【⿰忄匿】㈠(닐) 質 ㈡(닉) 職 ジツ、ジョク、はじる shame
㈠부끄러울닐(愧也)。(『怩』과 같음) ㈡속으로부끄러워할닉(內愧)。

【慟】(통) 送 トウ、なげく grievous ㄉㄨㄥˋ tung⁴
(小篆)(草書) 서러울통(哀過心動)。【論語】子哭之ㅣ。

【慠】(오) 號 ゴウ、おごる arrogant ㄠˋ ao⁴
(草書) 거만할오(倨也)。【後漢書】生而貴者ㅣ。(『傲』와 같음)

【⿱敖心】(오)『慠』(前條)와 같음

【⿱𠩺心】(리) 支 リ、うれえる worry about
(小篆) 근심할리(憂也)。

【慢】(만) 諫 マン、おこたる lazy ㄇㄢˋ man⁴
(小篆)(草書) ❶게으를만(怠也)。【荀子 不苟】君子寬而不ㅣ。❷아무렇게나할만(等閑)。【孟子】暴君汙吏、必ㅣ其經界。❸업신여길만「侮ㅣ、輕ㅣ」。【左傳 襄公三十一年】我遠而ㅣ之。❹거만할만(倨也)。❺방자할만(放肆)。【書經 益稷】惟ㅣ遊是好。❻느릴만(緩也)。【詩經 鄭風大叔于田】叔馬ㅣ忌。(『謾』과 같음)

【慣】(관) 諫 カン、なれる skilful ㄍㄨㄢˋ kuan⁴
(草書) ❶익을관,익숙할관(習熟)。❷버릇관(習ㅣ)。【詩】三歲ㅣ女。(『串·貫』과 통함)

【慤】(각)『愨』(心部10畫)과 같음

【慥】(조) 號 ソウ、まこと sincerity ㄗㄠˋ tsao⁴
❶진실할조(篤實言行相應)。【中庸】君子胡不ㅣㅣ爾。❷서로응할조(相應)。

【慧】(혜) 霽 ケイ、エ、かしこい sagacity ㄏㄨㄟˋ huei⁴
(小篆)(草書) ❶총명할혜(智也)。❷밝을혜(明也)。❸영리할혜(儇敏)。❹똑똑할혜(姸黠)。❺요요할혜(了也)。【論語 衞靈公】好行小ㅣ。❻지혜혜(才智)。(『惠』와 통함)

【⿰忄彗】(세) 霽 セイ、つつしむ be discreet
삼갈세(謹也)。

【慨】(개) 隊 ガイ、なげく indignant ㄎㄞˇ k'ai³
(小篆)(草書) ❶분할개(高亢憤激)。【後漢書】馮良ㅣ然恥在厮役。❷상개할개(慷ㅣ失意壯士不得志)。【晉書】陸機登壇忼ㅣ。❸슬플개(悲也)。【禮】既葬ㅣ然如不及。(『嘅』와 같음)

【⿰忄逢】(봉) 東 ホウ、よろこぶ joyful
❶기쁠봉(悅也)。❷사랑할봉(愛也)。

【慩】(련) 先 レン、なく tear stained
(小篆) ❶눈물흘릴련(泣涕)。❷훌쩍거릴련(泣貌)。

【慪】(우) 尤 オウ、つつしむ respect ㄡˋ ou⁴
공경할우、삼갈우(恪也)。

【慫】(종) 腫 ショウ、おどろく amaze ㄙㄨㄥˇ sung³
(小篆)(小篆)(草書) ❶놀랄종(驚也)。❷곁들어말할종(ㅣ慂旁勸)。❸권할종(ㅣ慂)。

【慬】㈠(근) 文 ㈡(근) 吻 キン、うれえる sorrow ㄑㄧㄣˊ ch'in²
(草書) ㈠❶서러워할근(憂哀)。【公羊傳】ㅣ然後得免。❷날랠근(勇也)。【列子】無以立ㅣ於天下。㈡❶겨우근(僅也)。❷정성근(誠也)。

【慮】(려) 御 魚 リョ、おもんぱかる consider ㄌㄩˋ lü⁴
(小篆)(小篆)(草書) ❶생각려(謀思)。【論語 衞靈公】無遠ㅣ有近憂。❷염려할려、걱정할려(憂也)。❸의심할려(疑也)。❹기려(ㅣ無軍前幡)。【左傳】前茅ㅣ無。❺취려(諸ㅣ葛也)。❻땅이름려(地名)。

【慯】㈠(상) 漾 ㈡(상) 陽 ショウ、かなしむ sorrow
(小篆) ㈠근심할상(憂也)。㈡❶서러울상(痛也)。❷앓을상(痛也)。

【⿱⿸尸又心】(위)『慰』(次條)와 같음

【慰】(위) 未 イ、なぐさめる comfort ㄨㄟˋ wei⁴
(小篆)(草書) ❶위로할위(安之以愜其情)。【詩經】莫ㅣ母心。❷유쾌할위(愉也)。❹아른체할위。(『尉』와 통함)

【慱】(단) 寒 タン、うれえる anxieous ㄊㄨㄢˊ t'uan²
(草書) 근심할단(憂也)。【詩經】勞心ㅣㅣ。

【慳】(간) 刪 stingy ㄑㄧㄢ chʻien¹

慳 草書 ❶아낄간(悋也)。【李白詩】披豁露天ㅣ。❷인색할간(吝也)。

【慲】(만) 寒 forget マン、わすれる

慲 小篆 잊을만(忘也)。

【⿰忄達】㊀(산) 潸 サン、おおい ㊁(찬) 諫 plentiful

㊀온전한덕산(全德)。㊁❶많을찬(夥也)。❷뜻은 ㊀과 같음。

【慴】(접) 葉 afraid シュウ、おそれる ㄓㄜˊ chê²

慴 小篆 慴 草書 ❶두려울접(懼也)。❷겁낼접(怯也)。【史記】一府中皆ㅣ伏。【東都賦】八靈爲之震ㅣ。(或音「섭」)

【慵】(용) 冬 lazy ヨウ、ものうい ㄩㄥ jung¹ (本音「송」)

慵 小篆 慵 草書 게으를용(懶也)。【白居易詩】行ㅣ擧足遲。

【慶】㊀(경) 敬 ケイ、キョウ、めでたい ㊁(강) 陽 happy event ㄑㄧㄥ chʻing⁴

慶 小篆 慶 草書 ㊀❶경사경(福也)。【易】大有ㅣ也。❷착할경(善也)。【書】一人有ㅣ。❸하례할경(賀也)。【周禮】以賀ㅣ之禮親異性之國。❹즐거워할경。「ㅣ喜弔禍」。【周禮 春官宗伯疏】侯國有喜可賀、使大夫以物ㅣ賀之。❺[illegible]【[illegible]月令】行ㅣ施惠。㊁❶복강(福也)。【易】積善之家必有餘ㅣ。❷이에강(乃也)。

【慷】(강) 陽 養 deplore コウ、なげく ㄎㄤˇ kʻang³

慷 草書 강개할강(ㅣ慨激昂)。【後漢書】齊武王縯性剛毅ㅣ慨。(『忼』과 같음)

【慸】(제) 霽 weary タイ、くたびれる

慸 小篆 慸 草書 ❶느른할제(困劣)。❷맘괴란할제(心不安)。(『憏』와 같음)

【憏】(채) 卦 uneasy タイ、おちつかない

맘에불안할채(心之不安ㅣ忦)。(『慸』와 같음)

【慹】㊀(집) 緝 シュウ、おそれる ㊁(접) 葉 fear

慹 小篆 ㊀두려울집(怖也)。㊁꼼짝아니할접(不動貌)。【莊子】ㅣ然似非人。

【⿱埶心】(열) 屑 flattering attitude ゼツ、ありさま

⿱埶心 草書 ❶정태열(情態貌)。❷모양열(態也)。

【⿰忄虖】㊀(하) 麻 カ、コ、ほこる ㊁(호) 虞 proud

㊀뜻없을하(無志)。㊁자랑할호(誇也)。

【慺】㊀(루) 虞 ル、ロウ、うやうやしい ㊁(루) 尤 polite and discreet

慺 草書 ㊀정성스러울루(勤懇)。【後漢書】豈敢愛惜垂沒之年而不盡其[illegible] ❸공근할루(恭勤貌)。

【慼】(척) 錫 anxieous セキ、うれえる ㄑㄧ chʻi¹

慼 小篆 慼 草書 ❶근심할척(憂也)。【書】率籲衆ㅣ。❷슬플척(哀也)。(『戚』과 통함)

【慽】(척)『慼』(前條)과 같음

【慾】(욕) 沃 desire ヨク、ほしがる

慾 草書 ❶욕심욕、계염낼욕(情所好嗜)。【杖銘】惡乎失道於嗜ㅣ。❷탐낼욕(貪也)。【東京賦】滌饕餮之貪ㅣ。❸하고자할욕(欲也)。(『欲』과 같음)

【慿】(빙)『憑』(心部 12畫)의 俗字

【憀】(료) 蕭 grudge リョウ、うらむ ㄌㄧㄠˊ liao²

憀 小篆 ❶원망할료(悲恨)。❷힘입을료(賴也)。

【憁】(총) 董 送 distract ソウ、ぼんやりする

❶실심할총(倥ㅣ失意貌)。❷뜻같지않을총(ㅣ恫不得志貌)。

【憂】(우) 尤 anxious ユウ、うれえる ㄧㄡ yu¹

憂 小篆 憂 草書 ❶근심우(愁思)。❷격정할우。【書】六極三曰ㅣ。❸상제될우(居喪)。【書】王宅ㅣ。❹병우(疾也)。【禮】某有負薪之ㅣ。❺그윽할우(幽也)。【易】ㅣ則違之。❻욕될우(辱也)。【易】小人道ㅣ也。

【惷】㊀(용) 冬 ㊁(충) 宋 ㊂(창) 江 ㊃(당) 絳 idiot ショウ、トウ、おろか、にぶい ㄔㄨㄥ chʻung¹ (本音「송」)

惷 小篆 惷 草書 ㊀천치용(生而癡騃)。【周禮】三赦曰ㅣ愚。㊁어리석을충(愚也)。㊂지더릴창(癡騃)。㊃어리석을장(愚也)。

【⿱甛心】(게)『憩』(心部 12畫)의 俗字

【⿰忄曽】(증)『憎』(心部 12畫)의 略字

十二畫

【⿰忄華】(화) 麻 vain カ、おごる

맘사치스러울화(心侈)。

【⿱赧心】(난) 潸 blush タン、はずかしい

부끄러워얼굴붉을난(愧而面赤)。(『赧』과 같음)

【憊】(비) 卦 tired out ハイ、つかれる ㄅㄟˋ pei⁴ (本音「배」)

憊 小篆 𢟊 或體 憊 草書 ❶고달플비(疲極)。❷다릴비(憋也)。❸노곤할비(困也)。【莊子】貧也非ㅣ也。

【憋】(별) 屑 hasty ヘツ、きばやい ㄅㄧㄝ pieh¹

憋 草書 ❶조급할별(急性)。❷모질별(惡也)。【後漢書】董卓ㅣ腸狗態。

【憍】(교) 蕭 キョウ、ほこる proud ㄐㄧㄠ chiao¹ 草書 ❶자랑할교(矜也)。❷방자할교(恣也)。【觴豆銘】戒之ㅣㅣ則逃。❸교만할교(逸也)。(『驕』와 통함)

【憋】(별)『憋』(前前條)과 같음

【憎】(증) 蒸 ゾウ、にくむ hate ㄗㄥ tsêng¹ 小篆 草書 미울증、미워할증(惡也)。【詩經】伊誰云ㅣ。

【憐】(련) 先 レン、あわれむ pitiful ㄌㄧㄢ lien² 小篆 草書 ❶불쌍할련(哀也)。【吳越春秋】同病相ㅣ。❷사랑할련(愛也)。❸가련할련(可哀)。

【憃】㊀(할) 黠 カツ、サン、おろか foolish ㊁(흘) 月 ㊂(찬) 旱 小篆 ㊀잠들할(寢熟)。㊁잠깰흘(睡覺)。㊂어리석을찬(愚也)。

【憁】(창) 養 ショウ、びっくりする be surprised (at) 깜짝놀랄창(ㅣ怳驚貌)。(『惝』과 같음)

【憑】(빙) 蒸 ヒョウ、よる、たよる pretext ㄆㄧㄥ p'ing² 草書 ❶기댈빙、의지할빙(依也)。【書】ㅣ玉几。❷부탁할빙(托也)。【唐詩】ㅣ君傳語報平安。❸성할빙(盛也)。❹증거빙(據ㅣ、ㅣ票)。

【憒】(궤) 隊 カイ、みたれる confused in mind ㄎㄨㄟ k'uei⁴ 小篆 草書 ❶심란할궤(心亂)。【晋書】意慘ㅣ而無聊兮。❷어리석을궤(愚也)。【蜀志 蔣琬傳】事不當理則ㅣㅣ矣。

【憓】(혜) 霽 ケイ、いつくしむ love 草書 ❶사랑할혜(愛也)。【封禪書】義征不ㅣ。❷순할혜(順也)。(『惠』와 같음)

【憕】(증) 蒸 チョウ、おちつく recover one's composure 小篆 맘가라앉을증(心平靜)。

【憔】(초) 蕭 ショウ、やつれる emaciated ㄑㄧㄠ ch'iao² 草書 ❶파리할초(ㅣ悴瘦也)。【屈原漁父辭】顏色ㅣ悴。❷걱정에여윌초(瘦也)。【孟子 公孫丑上】民之ㅣ悴於虐政。

【憖】(은) 震 ギン、なまじいに make efforts ㄧㄣ yin⁴ 小篆 草書 ❶물을은(問也)。❷공근할은(敬謹)。❸힘쓸은(勉强)。【詩】不ㅣ遺一老。❹원할은(願也)。【晋語】ㅣ庇州犁焉。❺서러워할은(傷也)。❻또은(發語辭、且也)。【左傳】ㅣ使吾君 聞勝與臧之死 也以爲快。

【憘】(희)『憙』(次條)의 古字

【憙】(희) 未 寘 キ、よろこぶ please ㄒㄧ hsi³ 小篆 草書 ❶기뻐할희(悅也)。【史記】無不欣ㅣ。❷좋아할희(好也)。【治安策】遇之有禮則羣臣自ㅣ。(『喜』와 같음)

【憘】(획) 陌 カク、かたくな obstinate 草書 ❶어리석을획(不慧)。【顏氏家訓】乃陳文墨ㅣㅣ無言者須言。❷어기어질획(乖戾)。❸완고할획(頑也)。

【憚】㊀(탄) 旱 タン、はばかる shun ㄉㄢ tan⁴ ㊁(탄) 翰 小篆 草書 ㊀수고로울탄(勞也)。【詩】哀我ㅣ人。㊁❶꺼릴탄(忌難)。❷두려울탄(畏也)。

【憛】㊀(담) 覃 タン、うれえる anxious ㊂(탐) 勘 ㊀❶염려할담(憂思)。㊁❶황급할탐(惶遽)。❷근심쩍을탐(憂惑)。

【憞】(돈) 元 タン、うらむ gloomy ㄉㄨㄟ tuei⁴ 맘어둘돈(心暗)。

【㒋】(시) 支 シ、おそれる fear 겁낼시(心怯)。

【憝】(대) 隊 タイ、うらむ resent ㄉㄨㄟ tuei⁴ 小篆 草書 ❶원망할대(怨也)。【書】凡民罔弗ㅣ。❷모질대(惡也)。【書】元惡大ㅣ。(『懟』와 같음)

【憢】(준) 軫 セン、よろこぶ pleasant ㊁(선) 霰 ㊀못생기고약할준(劣弱)。㊂기쁠선(悅也)。

【㥳】(책) 陌 サク、いたむ painful ❶약간아플책(小痛)。❷쓰라릴책(辛苦)。

【憢】(효) 蕭 キョウ、おそれる fearful 두려울효(懼也)。(『嘵』와 같음)

【憣】(반) 寒 ハン、うつりかわる change one's mind 草書 맘변동할반(心變動)。

【憤】(분) 吻 フン、いきどおる indigant ㄈㄣ fen⁴ 小篆 草書 분할분、결낼분(懣也)。【周語】陽ㅣ盈。(『賁』과 같음)

【憦】(로) 號 ロウ、くいる regret ㄌㄠ lao⁴ 뉘우칠로(悔也)。

【憨】(감) 覃 カン、おろか stupid ㄏㄢ han¹ 草書 ❶어리석을감(愚癡)。❷미련할감(愚也)。

【憧】(동) 冬 ドウ、あこがれる aspire for ㄔㄨㄥ ch'ung¹ 小篆 草書 ❶뜻정치 못할동、맘동할동(ㅣㅣ意不定)。【易】ㅣㅣ往來。❷흐리멍덩할동(騃昏)。

【憩】(게) 霽 ケイ、いこう rest ㄑㄧˋ ch'i⁴
草書 실게(息也)。【詩經】召伯所ㅣ。『憇』와 같음

【憪】(한) 删 カン、しずか calm
小篆 草書 ❶맘고요할한(心靜愉也)。【柳宗元詩】安排柢自ㅣ。❷맘들성거릴한(ㅣ然不安貌)。【史記】文帝ㅣ然念外人之有非。❸성낼한(怒貌)。【唐書 王叔文傳】ㅣ然以爲天下無人。

【憫】(민) 軫 ビン、あわれむ pitiful ㄇㄧㄣˇ min³
草書 ❶딱할민(憂恤)。❷잠잠할민(默也)。❸불쌍할민(憐也)。【元稹詩】天子深哀空ㅣ悼。❹근심할민(憂也)。【孟子 公孫丑上】阨窮而不ㅣ。

【㦤】(려) 霽 レイ、だます deceive
❶잔말할려(多言)。❷속여말할려(ㅣ他欺謾語)。

【㦓】(년) 霰 ネン、きがよわい feeble-minded
맘강한듯하고약할년(心强而弱)。

【憬】(경) 梗 ケイ、さとる be awake to ㄐㄧㄥˇ ching³
小篆 草書 ❶깨달을경(覺寤)。❷멀경(遠也)。【詩】ㅣ彼淮夷。

【憭】(료) 篠 リョウ、さとい clever ㄌㄧㄠˇ liao³
小篆 草書 ❶똑똑할료(慧也)。❷떨릴료(ㅣ慄心傷)。【朱子詩】ㅣ慄起寒襟。❸밝힐료(照察)。❹쾌할료(快也)。

【憮】(무) 麌 ブ、なでる、いつくしむ appease ㄨˇ wu³
小篆 草書 ❶어루만질무(撫也)。❷실심할무(失意貌)。【論語】夫子ㅣ然。

【憯】一(참) 感 二(첨) 琰 サン、いたむ painful ㄘㄢˇ ts'an³
小篆 草書 一❶아플참(痛也)。❷미워할참(憯也)。二슬플첨(ㅣ怛悽也)。【史記】支體傷則怛心ㅣ。

【憰】(휼) 屑 ケツ、いつわる deceive
小篆 속일휼(權詐)。【說文】言詭曰譎 心詭曰ㅣ。

【㥵】(추) 宥 シュウ、いたむ urgent
❶핍박할추(迫也)。❷근심으로 얼굴 찡그릴추(愁也顣ㅣ)。『蹵』과 같음

【憲】一(헌) 願 二(헌) 阮 ケン、のり law;charter ㄒㄧㄢˋ hsien⁴
小篆 草書 一❶법헌(法也)。【詩】萬邦爲ㅣ。❷표준될헌(表也)。❸민첩할헌(敏也)。【禮】發慮ㅣ。❹고시할헌(懸法示人)。❺밝힐헌(明也)。【中庸】ㅣㅣ令德。❻기뻐할헌(悅貌)。【詩經】無然ㅣㅣ。二성할헌(盛貌)。

十三畫

【憴】(승) 蒸 ジョウ、いましめる careful
❶경계할승(ㅣㅣ戒也)。❷삼갈승(愼也)。『繩』과 통함

【憶】(억) 職 オク、おぼえる memory ㄧˋ i⁴
草書 ❶생각억(念也)。【古詩】下有長相ㅣ。❷기억할억(回ㅣ記也)。

【憸】一(섬) 鹽 二(험) 琰 セン、ケン、よこしま cunning ㄒㄧㄢ hsien¹
小篆 草書 一간사할섬(利口佞也)。【書】其勿以ㅣ人。二간사히말할험(詖也)。【蔡沈尙書註】小人而謂之ㅣ者形容其沾沾便捷之狀也。

【憹】一(노) 皓 二(농) 冬 ノウ、なやむ regret
草書 一❶한할노(恨也)。❷몹시뉘우칠노(懊ㅣ痛悔)。『惱·嬲』와 같음 二❶기뻐할농(喜也)。❷심란할농(心亂)。

【㦟】(만)『慢』(心部11畫)과 같음

【憺】一(담) 感 二(담) 勘 タン、やすらか peaceful ㄉㄢˋ tan⁴
小篆 草書 一❶편안할담(安也)。【楚辭】志欲憺而不ㅣ兮。❷고요할담(靜也)。二움직일담(動也)。【漢書】李廣威稜ㅣ乎隣國。

【憻】(단)『坦』(土部5畫)과 같음

【憼】(경) 敬 ケイ、うやまう respect
小篆 ❶공경할경(敬也)。❷엄숙할경(肅也)。❸경계할경(戒也)。【荀子】無私罪人ㅣ革二兵。『敬·儆』과 같음

【憽】(송) 東 ソウ、さとい clever ㄙㄨㄥ sung¹
똑똑할송(聰也)。

【㦗】一(금) 侵 二(금) 寑 キン、しずか calm
一맘단단할금(心堅固)。二잠잠할금(心㵝貌)。

【憾】(감) 勘 感 カン、うらむ sorry ㄏㄢˋ han⁴ (古音「함」)
草書 한할감, 섭섭할감, 함협할감(恨也)。【中庸】人猶有所ㅣ。

【憿】(요) 蕭 ギョウ、さいわい luck (古音「교」)
小篆 ❶요행요(ㅣ幸希覬非望)。❷바랄요(希也)。

【㦒】(업) 葉 ギョウ、おそれる fear
❶두려워할업(懼也)。❷위태할업(危也)。

【懁】一(현) 先 二(환) 删 ケン、カン、きばやい quick-tempered
小篆 草書 一급할현(急也)。【莊子】順ㅣ而達。二❶성품패려할환(性戾)。❷돌아올환(還也)。

【懂】(동) 董 トウ、こころがみだれる dizzy ㄉㄨㄥˇ tung³

悺 草書 심란할동(心亂)。

【懅】 ㊀(거) 魚 キョ、おそれる ㊁(거) 御 dread
草書 ㊀겁낼거(怯也)。㊁❶두려울거(懼也)。❷부끄러울거(慚也)。〔後漢書〕王覇慚ㅣ而退。

【懃】 (근) 文 キン、ねんごろ polite ㄑㄧㄣˊ ch'in²
草書 ❶은근할근(慇ㅣ委曲貌)。❷수고로울근(勞也)。〔蘇軾祭文〕雖不負米實勞且ㅣ。❸친절할근(親切)。

【懆】 (조) 皓 ソウ、うれえる anxious ㄘㄠˇ ts'ao³
小篆 草書 근심할조(ㅣㅣ憂也)。〔詩〕念子ㅣㅣ。

【懇】 (간) 阮 コン、ていねい sincerity ㄎㄣˇ k'en³
小篆 草書 ❶정성간(悃也)。❷믿을간(信也)。❸간칙할간(ㅣ惻至誠)。〔漢書〕ㅣㅣ數奸死亡之誅。

【懈】 (해) 卦 カイ、おこたる lazy ㄒㄧㄝˋ hsieh⁴ 〔古音「개」〕
小篆 草書 게으를해(懶怠)。

【應】 ㊀(응) 蒸 オウ、こたえる answer ㊁(응) 徑 ㄧㄥˋ ying¹
小篆 草書 ㊀❶응당응,꽉응(料度辭當也)。〔唐詩〕ㅣ須祇ㅣ皆是也。❷사랑할응(愛也)。〔周語〕其叔父實ㅣ且憎。(『膺』과 통함) ㊁❶대답할응(答也)。❷응할응(物相感)。〔易〕二氣感ㅣ以相與。❸승낙할응(承諾)。「ㅣ諾」。❹풍류이름응(樂名ㅣ鼓)。

【㦗】 (계) 霽 ケイ、つかれる tired
小篆 고단할계(困憊)。

【懊】 ㊀(오) 皓 オウ、うらむ deplore ㊁(오) 號 ㄠˋ ao⁴
草書 ㊀❶한할오(ㅣ惱恨也)。「晉綠珠有ㅣ儂歌」。❷원망할오(怨也)。❸번뇌할오(惱也)。㊁사랑할오(忨也)。〔郭璞註〕蓋人情因愛生惱終爲ㅣ恨之意。

【懋】 (무) 宥 ボウ、つとめる make efforts ㄇㄠˋ mao⁴
小篆 或體 草書 ❶힘쓸무(勉也)。〔書〕惟時ㅣ哉。❷아름다울무(美也)。❸성대할무(盛大)。

【懌】 (역) 陌 エキ、よろこぶ please ㄧˋ i⁴
小篆 草書 ❶기꺼울역(悅也)。〔書〕則予一人以ㅣ。❷기쁘게할역(以我悅彼)。〔書經〕和ㅣ先後迷民用ㅣ先王受命。

【懍】 (름) 寢 リン、ラン、おそれる be afraid ㄌㄧㄣˇ lin³
草書 ❶공경할름(敬也)。❷두려워할름(畏也)。〔書〕百姓ㅣㅣ。❸위태할름(危也)。❹눈휘둥그릴름(ㅣ懼貌)。❺맘오싹할름(寒添貌)。❻추울름(寒也)。(『凜』과 같음)

【懷】 (회)『懷』(心部 16畫)의 略字

十四畫

【㦧】 (습) 緝 シュウ、おしむ grudge
아낄습(慳也)。

【懕】 (염) 鹽 エン、やすらか peaceful ㄧㄢ yên¹
小篆 草書 편안할염(ㅣㅣ安也)。〔詩〕ㅣㅣ夜飮。(『厭』과 통함)

【懖】 (괄) 曷 カツ、よくやる at one's will
小篆 古文 古文 임의로할괄(善自用)。

【㦓】 (변) 銑 ベン、うれえる worry (about)
小篆 ❶근심할변(憂也)。❷급할변(急也)。

【懗】 (하) 禡 カ、たぶらかす deceive
❶속일하(詐也)。❷공갈할하(恐嚇)。

【懘】 (체) 霽 セイ、テイ、しわかれる hoarse
小篆 草書 ❶불화할체(不和惉ㅣ)。❷목쉴체(音敗)。〔樂書〕五者不亂則無怗ㅣ之音。

【懝】 (애) 隊 ガイ、おどろく amaze
小篆 ❶놀랄애(駭也)。❷두려울애(惶也)。❸영민할애(小兒有知)。

【懜】 ㊀(몽) 東 ボウ、モウ、くらい become confused ㊁(맹) 徑 ㄇㄥˇ mêng³
小篆 草書 ㊀❶부끄러울몽(慚也)。❷어리둥절할몽(ㅣㅣ無知貌)。❸맘뒤숭숭할몽(心亂)。㊁❶속캄캄할맹(ㅣㅣ不明)。❷민망할맹(悶也)。

【懙】 (여) 語 ヨ、うやまう respect
小篆 ❶공경할여(恭敬)。❷천천히걸을여(行步安舒)。〔韓愈詩〕ㅣ江南子。

【懞】 (몽) 東 モウ、おろか dim ㄇㄥˊ mêng²·³
草書 흐리멍덩할몽(不明瞭)。

【懟】 (대) 隊 ツイ、タイ、うらむ grudge ㄉㄨㄟˋ tuei⁴
小篆 草書 원망할대(怨也)。〔詩〕彊禦多ㅣ。

【懠】 (제) 霽 セイ、いかる angry
草書 ❶성낼제(怒也)。〔詩〕天之方ㅣ。❷근심할제(愁也)。❸미워할제(疾也)。

【懢】 (람) 勘 ラン、むさぼる covet ㄌㄢˋ lan⁴
❶즐길람(貪ㅣ嗜也)。❷탐할람(貪也)。

【懤】 (주) 尤 チュウ、うれえる worry(about)
草書 근심할주(憂也)。

【㦟】 (막) 覺 バク、うつくしい beautiful
아름다울막(美也)。

【懣】㊀(문) 阮 マン、モン、もだえる worry ㄇㄣˋ mên⁴
㊁(만) 旱
小篆 草書 ㊀번거러울문(煩也)。㊁속답답할만(煩悶)。(『悶』과 같음)【史記】使人煩－食不下。

【懥】(치) 寘 チ、いかる angry ㄓˋ chih⁴ (古音「지」)
草書 성낼치(忿－怒也)。【大學】身有所忿－。

【懦】㊀(유) 虞 ジュ、ダ、よわい weak
㊁(연) 銑
㊂(나) 箇
小篆 草書 ㊀만만할유、나약할유(弱也)。㊁잔약할연(劣弱)。【荀子】偸－憚事。㊂부드러울나(柔也)。

【懧】(나)『懦』(前條)와 같음

十五畫

【懩】(양) 養 ヨウ、のぞむ wish
❶맘가려울양(技－有藝欲達)。【潘岳射雉賦】徒心煩而技－。❷바랄양(望也)。(『癢』과 같음)

【懪】(찰) 黠 サツ、みきわめる bring to light
밝힐찰(明也)。

【懫】(치) 寘 チ、いかる angry (古音「지」)
草書 성낼치(忿戾)。【書】有夏氏之民叨－曰欽。

【懬】(광) 漾 コウ、ひろい generous
小篆 ❶너그러울광(寬也)。❷빌광(虛也)。【漢書】衆僚久－。

【懭】(광) 漾 養 コウ、なげく regret
草書 ❶한할광(恨也)。❷뜻못이룰광。

【懮】(유) 有 ユウ、ゆるやか without hurry ㄧㄡˇ yu³
草書 웅용스러울유(舒遲貌)。

【憽】(숭) 東 ソウ、かしこい clever
❶똑똑할숭(惺－了慧貌)。❷영민할숭(慧也)。

【懰】㊀(류) 尤 リュウ、うれえる anxious ㄌㄧㄡˊ liu²
㊁(류) 有
草書 ㊀근심스러울류(－慄憂貌)。㊁❶좋아할류(好也)。❷원망할류(怨也)。

【懱】(멸) 屑 ベツ、あなどる despise; contempt
小篆 업신여길멸(輕易)。

十六畫

【懲】(징) 蒸 チョウ、こらす punish ㄔㄥˊ ch'êng²
小篆 草書 징계할징(－創戒也)。

【𢥞】(위) 霽 エイ、ねごと talk in one's sleep
小篆 잠꼬대할위(寐語)。

【𢡱】(막) 覺 バク、ほめる despise
小篆 업신여길막(陵也)。【後漢書】沮先聖之成論兮－名賢之高風。

【懿】(의)『懿』(心部18畫)와 같음

【懜】㊀(몽) 東 ボウ、みだれる confused ㄇㄥˊ mêng²
㊁(몽) 董
㊂(몽) 送
㊀어리둥절할몽(－－無知貌)。(『懵』과 같음) ㊁심란할몽(－憧心亂)。㊂흐리멍덩할몽(惛也)。(『瞢』과 같음)

【懶】(란)『嬾』(女部16畫)과 같음

【懶】㊀(란) 旱 ラン、ライ、おこたる idle ㄌㄢˇ lan³
㊁(라)〔俗音〕
㊂(뢰) 泰
草書 ㊀❶게으를란(懈怠)。❷누울란(臥也)。❸미워할란(嫌惡)。【蘇轍詩】傍人任嫌－。(『嬾』과 같음) ㊁㊂뜻은 ㊀과 같음。

【懷】(회) 佳 カイ、おもう think ㄏㄨㄞˊ huai²
小篆 草書 ❶생각할회(念思)。【論語】君子－德。❷돌아갈회(歸也)。【書經】黎民－之。❸올회(來也)。【詩】曷又－止。❹편안할회(安也)。【詩經】－哉－哉。❺품을회(藏也)。【論語】－其寶而迷其邦。❻서러울회(傷也)。【詩經】願言則－。❼사사회(私也)。【詩經】每－靡及。❽쌀회(包也)。【書經】蕩蕩－山襄陵。❾가슴회(－抱胷臆)。【左傳】瓊瑰盈吾－乎。❿위로할회(慰也)。【詩經】－之好音。⓫가질회(持也)。⓬성회(姓也)。

【懸】(현) 先 ケン、かける hang ㄒㄩㄢˊ hsüan²
草書 ❶달현、달릴현(揭也、繫也)。【孟子】猶解倒－。❷멀현(－隔、遠)。(『縣』과 같음)

【㦕】(롱) 東 ロウ、たけしい fierce
❶사나울롱(悷很)。❷되돌아올롱(戾也)。「－悷」。

十七畫

【㦧】(참)『憯』(心部12畫)의 俗字

【懺】(참) 陷 サン、ザン、くいる repent ㄔㄢˋ ch'an⁴
草書 ❶뉘우칠참(悔過)。❷회계할참(戒也)。

【𢤱】(선) 銑 セン、はずかしい be ashamed
부끄러울선(慚也)。

【懚】(은) 吻 イン、あわれむ sorrow
❶슬플은(哀也)。❷조심할은(憂也)。

【懻】(기) 寘 キ、もとる fierce
草書 사나울기(－忮很也)。【史記】人民矜－忮好氣任俠爲姦。

【懪】(박) 覺 ハク、もだえる heavy 답답할박(煩悶)。(『㦒』과 같음)

【㦤】(섭) 葉 ショウ、かるがるしい imprudent 경망스러울섭(志輕惬ㅣ)。

十八畫

【𢤱】(휴) 齊 ケイ、そむく double-minded 두마먹을휴(二心)。

【懼】(구) 遇 ク、おそれる fearful ㄐㄩ chü⁴ 小篆 古文 草書 ❶두려울구(恐也)。【漢書】聞叔孫通之諫則ㅣ然。❷근심할구(憂也)。【朱熹 中庸章句序】子思ㅣ夫愈久而愈失其眞也。❸조심할구(愼也)。【論語 述而】必也臨事而ㅣ、好謀而成者也。❹깜짝놀랄구(驚也)。(『瞿』와 같음)

【𢣸】(초) 蕭 ショウ、きびしい hot [quick] tempered 성품급할초(性急)。

【𢥜】(노) 豪 トウ、おとる inferior 용렬할노、못할노(劣也)。

【𢥞】(충) 東 チュウ、うれえる anxious 草書 근심할충(ㅣㅣ憂也)。(『忡』과 같음)

【懽】(환) 寒 カン、よろこぶ glad ㄏㄨㄢ huan¹ 小篆 草書 ❶기꺼울환(喜也)。【孝經】得萬國之ㅣ心。❷기쁘게할환(喜悅)。【杜甫詩】大庇天下寒士皆ㅣ顔。(『歡』과 같음)

【懾】(섭) 葉 ショウ、おそる fearful ㄓㄜ chê² (古音「접」) 小篆 草書 ❶무서울섭(恐也)。【荀子】憂則挫而ㅣ。❷두려울섭(ㅣ慴恐懼)。

【㦼】(쌍) 江 ソウ、おそる fearful (古音「상」) 草書 두려울쌍(懼也)。【春秋傳】駟氏ㅣ。書㦼、或作ㅣ。

十九畫

【懿】(의) 寘 イ、うるわしい beautiful ㄧˋ i⁴ 小篆 草書 ❶아름다울의(醇美)。【詩】我求ㅣ德。❷클의(大也)。

【㦫】(찰) 曷 サツ、おこたる idle 게으를찰(懎ㅣ心慢怠)。

【戀】(련) 霰 レン、こい、こう adore ㄌㄧㄢ lien⁴ 草書 ❶생각련(眷念)。❷생각킬련(係慕)。【後漢書】姜肱兄弟相ㅣ。❸사모할련(慕也)。(『恋』은 略字)

【戁】(난) 潸 ダン、おそる awe ㄋㄢ nan³ 小篆 草書 ❶두려울난(悚懼)。【詩】不ㅣ不悚。❷공경할난(敬也)。

【㦬】(라) 哿 ラ、はずかしい bashful 부끄러울라(慚也)。

【𢤀】(원) 願 ガン、ひたい forehead ❶이마원(顚也)。❷꼭대기원(頂也)。

二十畫

【懤】(주) 尤 チュウ、ためらう hesitate 주저할주(躊也)

【戄】(확) 藥 カク、おどろく startle 草書 ❶놀랄확(驚也)。❷눈휘둥그려볼확(遽視)。【史記】晏平仲ㅣ然攝衣冠謝。(『矍』과 같음)

【戃】(당) 陽 トウ、おどろく be surprised (at) 깜짝놀랄당(驚貌、怳ㅣ)。

二十一畫

【戅】(당)『戇』(心部 24畫)의 俗字

【𪐝】(톤) 阮 トン、おろか obscure ❶밝지않을톤(不明)。❷어두울톤(暗也)。

二十四畫

【戇】(당) 絳 トウ、おろか foolish ㄓㄨㄤ chuang⁴ (古音「장」) 小篆 草書 ❶어리석을당(愚也)。❷고지식할당(愚直)。

【㦶】(공) 送 コウ、うつとりする trance ❶황홀할공(心神恍惚)。❷흐릴공(惑也)。

戈 部

【戈】(과) 歌 カ、ほこ spear 小篆 草書 ❶창과(短兵平頭戟)。【禮】進ㅣ者前其鐏後其刃。❷전쟁과(戰爭)。【杜甫 詩】鳳林ㅣ未休。

一畫

【戉】(월) 月 エツ、おの axe 小篆 ❶도끼월(威斧)。【司馬法】夏執玄ㅣ、周執黃ㅣ。❷별이름월(星名)。(『鉞』과 같음)

【戊】(무) 宥 ボウ、モ、つちのえ 小篆 草書 ❶다섯째천간무(天幹第五位)。❷물건무성할무(物茂盛)。

【戍】(수) 遇 ジュ、まもる frontier guards 小篆 草書 ❶수자리수(守邊)。【王烈詩】黃花ㅣ上雁長飛。❷막을수(遏也)。【杜甫詩】歸來頭白還ㅣ邊。❸집수(舍也)。「守備兵의 兵舍」。

二畫

【戌】(술) 質 ジュツ、いぬ dog
小篆 草書 ❶개술(犬也)。❷열한째지지술(地支 第十一位)。❸때려부술술(破也)。

【戎】(융) 東 ジュウ、いくさどうぐ weapons
小篆 草書 ❶병장기융(兵也)。「軍器의 總稱」。【禮】以習五一。❷싸움수레융(元一、小一、兵車名)。【詩】元一十乘。❸클 융(大也)。【詩】念玆一功。❹너융(汝也)。【詩】一雖小子。❺도울융(相也)。【詩】烝也無一。❻서쪽오랑캐융(蠻族)。「東夷西一南蠻北狄」。【張九齡詩】計日五一平。

三畫

【𢦏】(재) 灰 サイ、きずつく harm
小篆 손상할재、해할재(傷害)。

【成】(성) 庚 セイ、ジョウ、なる achieve; complete
小篆 古文 草書 ❶이룰성(就也畢也)。❷평할성(平也)。【詩】虞芮質厥一。❸거듭성(重也)。【周禮】爲壇三一。❹마칠성(終也)。【書】簫韶九一。❺사방십리땅성(方十里)。【左傳】有田一一。❻될성(爲也)。❼화목할성(和睦)。

【我】(아) 哿 ガ、われ I
小篆 古文 草書 ❶나아(自謂己身)。【詩】知一者謂一何求。❷이쪽아(此側)。❸고집쓸아(執也)。❹우리아(一軍、一輩)。

【戒】(계) 卦 カイ、いましめる warn
小篆 草書 ❶경계할계(警也)。【書】警一無虞。❷타이를계(諭也)。❸고할계(告也)。【儀禮】主人一賓。❹방비할계(備也)。【易】一不虞。❺조심할계(肅然警惕)。【易繫辭】聖人以此齊一。❻지킬계(守也)。❼삼가할계(愼也)。【周禮】夜三鼜以號一。(『界·誡』와 같음)

四畫

【戓】(화) 馬 カ、うつ strike the heel
小篆 발뒤꿈치를 칠화(擊踝)。

【㦰】(첨) 鹽 セン、たつ cut
小篆 ❶끊을첨(絕也)。❷찌를첨(刺也)。❸가래첨(鍬屬)。

【戔】㊀(잔) 寒 ㊁(전) 先 セン、つむ amass
小篆 草書 ㊀❶해할잔(賊也)。❷상할잔(傷也)。【廣韻】二戈疊加有賊傷之象。(『殘』과 통함) ㊁쌓을전(一一委積貌)。【易】束帛一一。

【⿰今戈】(감) 覃 カン、ころす kill
小篆 죽일감(殺也)。

【或】(혹) 職 ワク、あるいは some; or
小篆 或體 草書 ❶의심낼 혹(疑也)。❷혹혹、아마혹(未定辭)。【易】一躍在淵。❸괴이할혹(怪也)。【孟子】無一乎王之不智也。❹어떤사람이혹(誰人)。❺있을혹(有也)。(『惑』과 통함)

【戕】(장) 陽 ショウ、ころす kill
小篆 草書 ❶찌를장(槍也)。【春秋】邾人一鄫子于鄫。❷죽일장(殺也)。❸상할장(傷也)。❹무찌를장(殘也)。

五畫

【⿰可戈】(가) 哿 カ、ふねをつぐ mooring - pole
배말뚝가(繫舟杙)。

【哉】(재)→口部6畫

【威】(위)→女部6畫

【咸】(함)→口部6畫

六畫

【⿰各戈】(격) 陌 キャク、あらそう struggle
❶싸울격(鬪也)。❷잡을격(捕也)。(『斫』과 같음)

【戙】(동) 送 トウ、ふないた plank on ship
배널판동(船板木)。

【⿰至戈】(용) 腫 ヨウ、たけだけしい wild
사나울용(猛也)。

【⿰从戈】(점) 鹽 セン、つきる exhaust
다할점(盡也)。

七畫

【戚】(척) 錫 セキ、みうち relation
小篆 草書 ❶겨레척(親也)。【詩】一一兄弟。❷도끼척(戊類斧也)。【詩】干戈一揚。❸분낼척(憤也)。【禮】慍斯一。❹슬플척(哀也)。【論語】喪與其易也寧一。❺근심할척(憂也)。【論語】小人長一一。(『慽·慼』과 통함)

❷戚(圖器禮)

【⿰旱戈】㊀(한) 翰 ㊁(간) 寒 カン、たて shield
小篆 ㊀방패한(盾也)。㊁뜻은 ㊀과 같음。

【戞】(알)『戛』(戈部8畫)의 本字

【戜】(철) 屑 テツ、するどい sharp
小篆 ❶빠를철(疾也)。❷날카로울철(利也)。

八畫

【⿰豖戈】(착) 覺 タク、うつ strike
칠착(擊也)。

【戛】(알) 黠 カツ、ほこ spear (古音 갈)
草書 ❶창알(戟也)。❷수레바퀴에 칠알(轢之)。【書】ㅣ擊鳴球。❸어근버근할알(齟齬貌)。【韓愈書】ㅣㅣ乎其難哉。❹상고할알(考也)。

【戟】(극) 陌 ゲキ、ほこ spear
小篆 草書 갈래진창극(有枝兵)。【增韻】雙枝爲ㅣ 單枝爲戈。(『棘』과 통함)

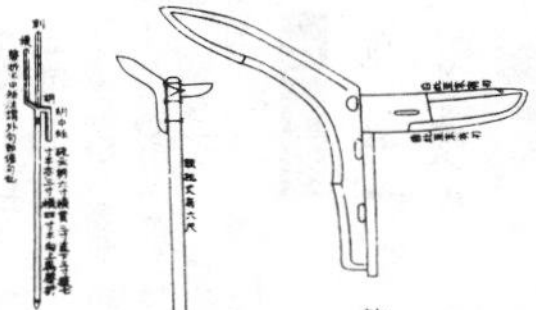

戟 (記小物創工考)

內衛秘鑿戟 圖之縛纏 (記小物創工考)

戟 (圖器禮)

【裁】(재)→衣部6畫

【幾】(기)→幺部9畫

九畫

【戡】(감) 覃 カン、さす pierce
小篆 草書 ❶이길감(勝也)。❷찌를감(刺也)。❸죽일감(殺也)。(『堪』과 통함)

【戠】(시) 寘 シ、ねばつち clay
小篆 찰진흙시(黏土)。

【戢】(집) 緝 シュウ、おさむ collect (本音 즙)
小篆 草書 ❶병기 모을집(藏兵)。【詩】載ㅣ干戈。❷거둘집(斂也)。【詩】鴛鴦在梁ㅣ其 左翼。❸그칠집(止也)。【左傳】兵猶火也弗ㅣ將自焚也。

【⿰昜戈】(양) 陽 ヨウ、ほこ spear
❶창양(戈也)。❷도끼양(斧也)。(『揚』과 같음)

【戣】(규) 支 キ、ほこ spear
小篆 草書 양지창규(戟屬)。【書】一人冕執ㅣ。

【戤】(개) カイ、しちいれる take in pawn
전당잡힐개(以物相質)。

【戥】(등) 迥 トウ、こはかり a scale beam
草書 ❶작은저울등(小衡)。❷은을 다는저울등(衡也)。

【盞】(잔)→皿部8畫

【歲】(세)→止部9畫

十畫

【戧】(창)『創』(刀部10畫)의 古字

【戨】(가) 歌 カ、くい pole
말뚝가(杙也)。

【戩】(전) 銑 セン、ほろぼす perish
小篆 草書 ❶복전(福也)。❷다할전(盡也)。【詩】俾爾ㅣ穀。❸멸할전(滅也)。【詩】實始翦商。【戩穀:전곡】❶最善을 다함。【詩經】天保定爾、俾爾ㅣㅣ。❷福祿。【詩經】。

【截】(절) 屑 セツ、きる、たつ cut
小篆 草書 ❶끊을절(斷也)。【宋史】太祖所過苑 池多令衛士射雕ㅣ柳。❷말잘할절(ㅣㅣ辯給)。【書】惟ㅣㅣ善諞言。❸분명 할절(分明)。

【⿸厂嬰戈】(험) 琰 ケン、つよい strong
❶굳셀험(强也)。❷건장할험(健也)。

十一畫

【戭】㊀(인) 軫 イン、ながいやり long spear ㊁(연) 銑
小篆 草書 ㊀긴창인(長戟)。㊁사람 이름연(高陽氏才子名檮ㅣ)。

【⿰雀戈】(절)『截』(戈部10畫)의 本字

【戮】(륙) 屋 リク、ころす kill
小篆 草書 ❶죽일륙(殺也)。❷육시할륙(刑也)。【晉語】殺其生者而ㅣ其死者。❸욕할 륙(辱也)。(『僇·勠』과 통함)

十二畫

【戰】(전) 霰 セン、たたかう fight; battle
小篆 草書 ❶싸움전(鬪也)。【左傳】皆陳曰ㅣ。❷경쟁할전(競也)。❸무서워떨전(ㅣㅣ懼也)。【書】小大ㅣㅣ。

十三畫

【戱】(희)『戲』(戈部13畫)의 俗字

【⿰有彧】(욱) 屋 イク、あや patterned
小篆 ❶문채날욱(文也)。❷윤기있을욱(潤也)。

【戲】㊀(휘) 支 ギ、キ、ケ、たわむれる ㊁(희) 寘 play ㊂(호) 虞
小篆 草書 ㊀기휘(大將旗)。(『麾』와 같음) ㊁❶탄식할희(於ㅣ歎美辭)。❷희롱할희(弄也)。【禮】閭門之內ㅣ而不歎。❸희학질할희(謔也)。【詩】善ㅣ謔也。❹농탕칠희(嬉也)。㊂서러울호(嗚ㅣ哀傷辭)。(『乎·呼』와 같음)

十四畫

【馘】(괵)→首部8畫

【戳】(착) 覺 タク、さす pierce with a spear
草書 창으로찌를착(刺也槍ㅡ)。

【戴】(대) 隊 タイ、いただく carry on one's head
小篆 古文 草書 ❶머리에일대(以首荷)。【書】衆非元后何ㅡ。【李白詩】頭ㅡ笠子日卓午。❷덤을받을대(分物得增益)。❸모실대(推ㅡ)。

十五畫

【戲】(희) 支 キ、わらいあう smile at each other
서로웃을희(相笑之貌)。

十七畫

【戵】(아) 歌 ガ、むしのな worm
❶벌레아(蟲屬)。❷거머리아(蛭也)。

十八畫

【戵】(구) 虞 ク、ほこ spear
네갈래진창구(戟屬四出矛)。

古戵(金石索)

戶部

【戶】(호) 麌 コ、と、いえ door
小篆 小篆 古文 草書 ❶지게호(室口)。【六書精蘊】室之口曰ㅡ堂之口曰門內曰ㅡ外曰門一扉曰ㅡ兩扉曰門。❷백성의집호(編ㅡ民居)。【唐六典】ㅡ部掌天下ㅡ口。❸집의 출입구호(出入口)。【陳子昂詩】山陰滿庭ㅡ。❹머무를호(留也)。【左傳宣公十二年】屈蕩ㅡ之。

一畫

【戹】(액) 陌 ヤク、せまい narrow and close
小篆 草書 ❶되창문액(戶小門)。❷좁을액(隘也)。❸간난할액(艱也)。【周禮】阨萬民之囏ㅡ。❹곤할액(困也)。【史記】兩賢豈相ㅡ哉。❺재앙액(災也)。❻나무옹두라지액(木節)。(『厄·阨』과 通함)

三畫

【戺】(사) 紙 シ、みぎり stone steps
草書 ❶당모퉁이사(堂簾)。【書】四人綦弁執戈夾兩階ㅡ。❷섬돌사(砌也)。【西京賦】金ㅡ玉階。

【𢨱】(사)『戺』(前條)와 같음

【戼】(묘)『卯』(卩部 3畫)의 本字

【戻】(태) 泰 タイ、くるまのと side door of a chariot
小篆 수레옆문태(輜車旁戶)。

四畫

【戾】㊀(려) 霽 ㊁(렬) 屑 レイ、もとる deviate
小篆 草書 ㊀❶어기어질려(乖也)。【左傳】其敢干大禮以自取ㅡ。❷허물려(罪也)。❸이를려(至也)。【詩】鳶飛ㅡ天。❹그칠려(止也、定也)。【書】今惟民不靖未ㅡ厥心。❺휘어질려(斜曲)。❻사나울려(狠也)。 ㊁뜻은 ㊀과 같음。

【戽】(호) 遇 コ、つるべ well bucket
草書 손두레박호(斗ㅡ舟中渫水器)。

【房】(방) 陽 ボウ、へや room ㄈㄤˊ fang²
小篆 草書 ❶방방(室在旁)。❷살집방(箭室)。【左傳】如莊子每射抽矢菆納諸廚子之ㅡ。❸별이름방(星名)。❹궁이름방(宮名阿ㅡ)。❺제기방(俎也)。

房(三才圖會)

【所】(소) 語 ショ、ところ place ㄙㄨㄛˇ suo³
小篆 草書 ❶바소、것소(語辭)。【論語】視其ㅡ以。❷곳소(處也)。【詩經】獻于公ㅡ。❸쯤소(許也)。❹연고소(ㅡ以)。❺가질소(ㅡ有)。❻얼마소(幾何)。

【𢨮】(모) 巧 ボウ、とをあける open
❶문열모(闢戶)。❷열모(開也)。

【肩】(견)→肉部4畫

五畫

【𢩎】(갑) 合 キョ、とじる shut
小篆 닫을갑(閉也)。

【扁】㊀(편) 先 ㊁(변) 銑 ヘン、ひらたい flat ㄅㄧㄢˇ pien³
小篆 草書 ㊀❶특별할편(特也)。❷작을편(小也)。❸거루배편(小舟)。「小舟人曰輪ㅡ」。㊁❶현판변(署門額)。❷모진그릇변(器物不圓者)。❸낮을변(卑也)。【詩】有ㅡ斯石。

【扂】(점) 琰 テン、とざし bolt
草書 ❶빗장점(戶牡)。【韓愈文】ㅡ楔各得其宜。❷문잠글점。【韓愈 進學解】ㅡ楔。

【扃】(경) 青 迥 ケイ、かんぬき cross-bar ㄐㄩㄥ chiung¹
小篆 草書 ❶빗장경(關門横木)。【禮】入口奉ㅡ。❷수레앞난간경(車前兵欄)。【左傳】楚人惎之脫ㅡ。❸문경(門戶)。【高適詩】翻然想柴ㅡ。

❶扃(禮器圖)

六畫

【扅】(이) 支 イ、とざし cross-bar
草書 문빗장이(門扃)。【百里奚妻琴歌】烹伏雌炊扊ㅡ。

【扆】(의) 尾 イ、ついたて folding screen

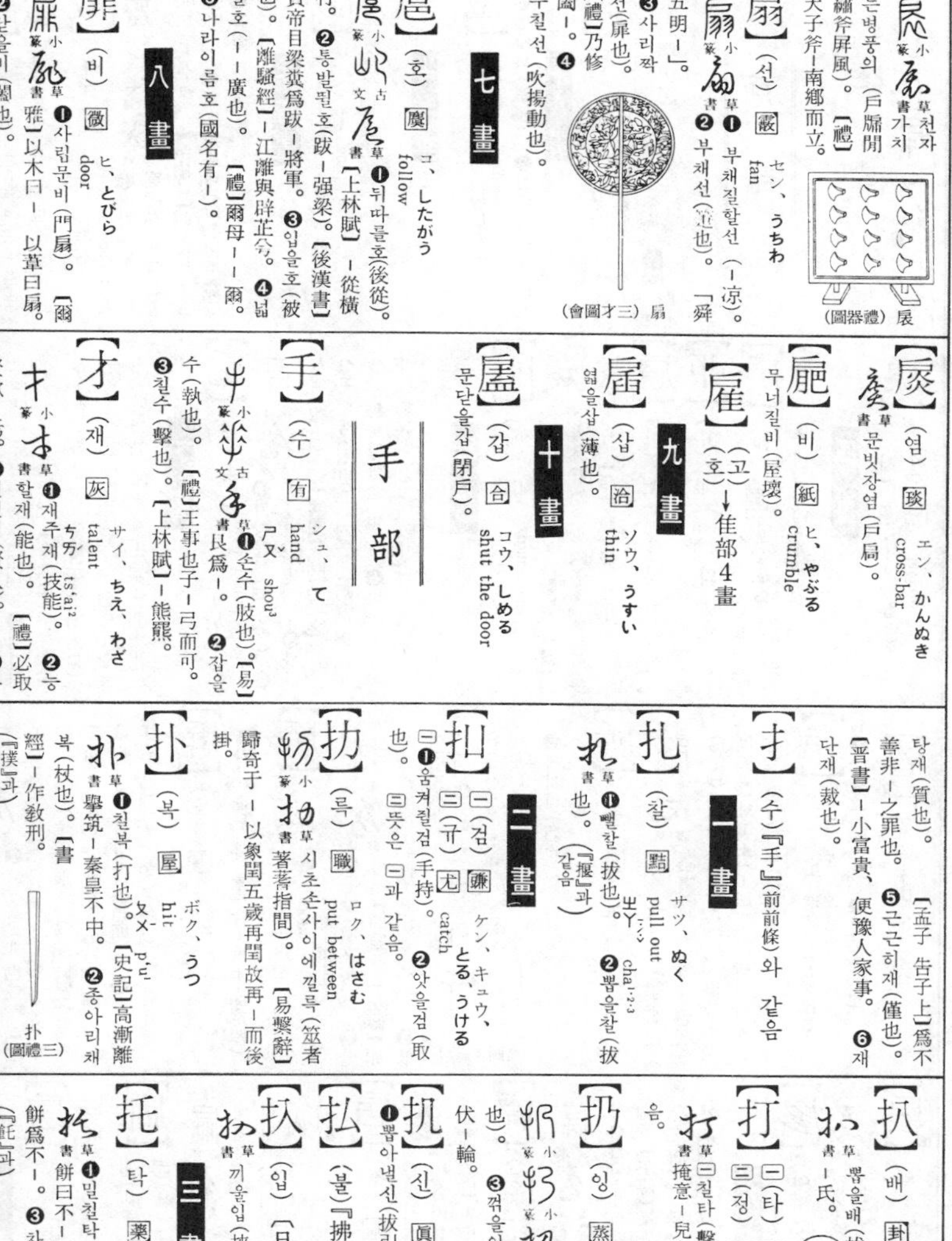

小篆 草書 천자가 치는 병풍의 (戶牖開繡斧屛風)。【禮】天子斧ㅣ南鄉而立。

扆 (禮器圖)

【扇】(선) 霰 セン、うちわ fan
小篆 草書 ❶부채질할선(ㅣ涼)。❷부채선(箑也)。「舜五明ㅣ」。❸사리짝선(扉也)。【禮】乃修闔ㅣ。❹부칠선(吹揚動也)。

扇 (三才圖會)

七畫

【扈】(호) 麌 コ、したがう follow
小篆 古文 草書 ❶뒤따를호(後從)。【上林賦】ㅣ從橫行。❷통발될호(跋ㅣ强梁)。【後漢書】質帝目梁冀爲跋ㅣ將軍。❸입을호(被也)。【離騷經】ㅣ江離與辟芷兮。❹넓을호(ㅣㅣ廣也)。【禮】爾母ㅣㅣ爾。❺나라이름호(國名有ㅣ)。

八畫

【扉】(비) 微 ヒ、とびら door
小篆 草書 ❶사립문비(門扇)。【爾雅】以木曰ㅣ 以葦曰扇。❷닫을비(闔也)。

【扊】(염) 琰 エン、かんぬき cross-bar
草書 문빗장염(戶扃)。

【⿸戶巴】(비) 紙 ヒ、やぶる crumble
무너질비(屋壞)。

九畫

【雇】(고)(호)→隹部4畫

【⿸戶臿】(삽) 洽 ソウ、うすい thin
엷을삽(薄也)。

十畫

【⿸戶盍】(갑) 合 コウ、しめる shut the door
문닫을갑(閉戶)。

手 部

【手】(수) 有 シュ、て hand ㄕㄡ shou³
小篆 古文 草書 ❶손수(肢也)。【易】艮爲ㅣ。❷잡을수(執也)。❸칠수(擊也)。【禮】王事也子ㅣ弓而可。【上林賦】ㅣ熊羆。

【才】(재) 灰 サイ、ちえ、わざ talent ㄘㄞ ts'ai²
小篆 草書 ❶재주재(技能)。❷능할재(能也)。【禮】必取賢斂ㅣ焉。❸현인재(賢人)。❹바탕재(質也)。【孟子 告子上】爲不善非ㅣ之罪也。❺근근히재(僅也)。【晉書】ㅣ小富貴、便豫人家事。❻재단재(裁也)。

【扌】(수)『手』(前前條)와 같음

一畫

【扎】(찰) 黠 サツ、ぬく pull out ㄓㄚ cha¹·²·³
草書 ❶뺄찰(拔也)。❷뽑을찰(拔也)。『揠』과 같음

二畫

【⿰扌凵】㊀(겸) 鹽 ㊁(규) 尤 ケン、キュウ、とる、うける catch
㊀❶움켜질겸(手持)。❷앗을겸(取也)。㊁뜻은 ㊀과 같음。

【扐】(륵) 職 ロク、はさむ put between
小篆 草書 시초손사이에낄륵(筮者著蓍指間)。【易繫辭】歸奇于ㅣ以象閏五歲再閏故再ㅣ而後掛。

【扑】(복) 屋 ボク、うつ hit ㄆㄨ p'u¹
草書 ❶칠복(打也)。【史記】高漸離擧筑ㅣ秦皇不中。❷종아리채복(杖也)。【書經】ㅣ作敎刑。『撲』과 통함

扑 (三禮圖)

【扒】(배) 卦 ハイ、ぬく pick out ㄅㄚ p'a²
草書 뽑을배(拔也)。【元包經】拔芦ㅣ氏。『拜』에 통함

【打】㊀(타) 馬 ㊁(정) 迥 ダ、うつ beat ㄉㄚ ta²·³
草書 ㊀칠타(擊也)。【李商隱 雜纂】掩意ㅣ兒女。㊁뜻은 ㊀과 같음。

【扔】(잉) 蒸 ジョウ、ひく draw ㄖㄥ jêng¹·³
小篆 小篆 草書 ❶당길잉(引也)。❷나아갈잉(就也)。❸꺾을잉(摧也)。【後漢書】竄伏ㅣ輪。

【扟】(신) 眞 シン、ぬく choose
❶뽑아낼신(拔引)。❷뽑을신(拔也)。

【払】(불)『拂』(手部5畫)의 略字

【扖】(입)〔日字〕 はめる put between
草書 끼울입(挾也)。

三畫

【托】(탁) 藥 タク、おす push ㄊㄨㄛ t'uo¹
草書 ❶밀칠탁(手推)。❷떡국탁(湯餠曰不ㅣ)。【歸田錄】唐人謂湯餠爲不ㅣ。❸차반탁(承茶杯者)。『飥』과 같음

【扚】㊀(작) 藥 ㊁(조) 篠 ㊂(약) 藥 シャク、ヤク、はやくうつ attack
扚 小 篆 扚 小 篆 ㊀곁매칠작(旁擊)。㊁빨리칠조(速擊)。㊂손마디금약、손금약(手指節文)。

【扛】(강) 江 コウ、もちあげる ㄍㄤ kang' hold up together
扛 小 篆 扛 草 書 마주들강(橫關對擧)。【史記】項籍力能－鼎。(『舡』과 같음)

【扜】(우) 虞 ウ、さしず command
扜 小 篆 ❶지휘할우(指麾)。❷가질우(持也)。

【扝】(오) 虞 オ、ひく pull
끌어당길오(引看)。

【扞】(한) 翰 カン、ふせぐ ㄏㄢ han' defend
扞 小 篆 扞 草 書 ❶막을한(禦難)。【漢書】手足之－頭目。❷호위할한(衛也)。【左傳】親率－之送致諸竟。❸다닥칠한(抵也)。【禮】發然後禁則－格而不勝。❹팔찌한(臂衣)。【漢書】尹賞被鎧－持刀兵。(『捍』과 통함)

【扠】(차) 麻 サ、はさむ ㄔㄚ ch'a' pinch
扠 草 書 ❶집어낼차(挾取)。❷찌를차(刺取)。【韓愈】饞－飽活鱗。

【扟】(신) 眞 シン、ひっぱる pull
扟 小 篆 扟 小 篆 ❶당길신(捋也)。❷추릴신(自上擇取物)。❸감할신(減也)。【元包經】損－且㪅。

【扡】㊀(타) 歌 タ、ひく draw ㊁(시) 寘 ㄕ shih'
扡 草 書 ㊀끄을타(曳也)。(『拕』와 같음) ㊁뜻은 ㊀과 같음。

【扢】(흘) 月 物 コツ、こする ㄒㄧ hsi' rub (本音「골」)
扢 草 書 ❶문지를흘(摩也)。【漢書】－嘉壇扱蘭芳。❷너울거릴흘(奮舞貌)。【莊子】子路－然執干而舞。

【扣】(구) 宥 有 コウ、うつ ㄎㄡ k'ou' beat
扣 小 篆 扣 草 書 두드릴구(擊也)。【晉書】吳郡臨平岸出一石鼓張華曰可取蜀中桐材刻爲魚形－之則鳴矣。(『叩』와 통함)

【扦】(천) セン、さす ㄏㄢ han' stick
❶꽂을천(揷也)。❷『攓』의 俗字

【扤】(올) 月 ゴツ、うごく shake
扤 小 篆 扤 小 篆 扤 草 書 ❶움직일올(動也)。【詩經】天之－我如不我克。❷흔들릴올(搖動)。❸불안할올(不安)。

【扶】(해) 泰 カイ、さぐる grope
더듬어찾을해(摸也)。

四 畫

【扭】(뉴) 有 チュウ、こする ㄋㄧㄡ niu' rub
❶비빌뉴(手轉貌)。❷누를뉴(按也)。

【扢】(개) 隊 カイ、みがく grind
갈개(磨也)。【淮南子】禹燒不暇擠濡不給－。

【扮】㊀(분) 文 ㊁(반) 諫 フン、よそおう ㄅㄢ pan' disguise
扮 小 篆 扮 草 書 ㊀❶움큼분(握也)。❷잡을분(握也)。㊁꾸밀반(打－裝飾)。

【抜】(발) 曷 ハツ、おす push
抜 小 篆 ❶문댈발(摧也)。【淮南子】游者以足蹶以手－。❷밀발、밀칠발(推也)。❸칠발(打也)。❹기탄없을발(無憚－扈)。❺땅이름발(地名－捍)。

【扯】(차) 馬 シャ、ひきさく tear
찢어버릴차(裂破)。(『撦』와 같음)

【扱】㊀(급) 緝 ㊁(삽) 洽 キュウ、おさめる gather ㄔㄚ ch'a' (本音「잡」)
扱 小 篆 扱 草 書 ㊀걷어가질급(斂取)。㊁❶거둘삽(收也)。【禮】以箕自鄕而－之。❷들삽(擧也)。❸당길삽(引也)。❹가질삽(取也)。❺깊을삽(拜手至地)。

【扲】㊀(금) 侵 ㊁(겸) 鹽 キン、ケン、しるす take notes
㊀얼른집을금(急持)。㊁❶전업으로삼을겸(專職業)。【方言註】－謂基業也。❷적을겸(記也)。

【扳】(반) 刪 諫 ハン、ひく ㄆㄢ p'an' draw
扳 草 書 ❶당길반(挽也)。❷이끌반(引也)。【公羊傳】諸大夫－隱而立之。(『攀』과 같음)

【扴】(갈) 黠 カツ、けずる scratch
扴 小 篆 긁을갈(刮也)。【韓愈詩】室晏絲曉－。

【扵】(어)『於』(方部 4畫)의 俗字

【扶】(부) 虞 フ、たすける ㄈㄨ fu² help
扶 小 篆 扶 古 文 扶 草 書 ❶도울부(佐也)。❷붙들부(持也)。❸호위할부(護也)。【論語】顚而不－。❹어리광부릴부(幼貌)。【太玄經】赤子－－。❺땅이름부(地名)。

【[爿手]】(장) 陽 ショウ、たすける help
[爿手] 小 篆 도울장(扶也)。

【抵】(지) 紙 シ、うつ flap
抵 小 篆 抵 草 書 ❶곁매칠지(側擊)。【漢書】業因勢而－隴。❷헐

지(毁也)。【揚雄解嘲】ㅣ穰侯而代之。(『抵』와 같음)

【批】 (一)(비) 紙 (二)(비) 齊 (三)(별) 屑 ヘイ、ヒ、おす push ㄆㄧ p'i¹
小篆 小篆 草書 (一)손으로칠비(手擊)。【左傳】宋萬遇仇牧于門ㅣ而殺之。(『剕·搥』와 통함) (二)❶밀칠비(推也)。❷깎을비(削也)。❸칠비(擊也)。【杜甫詩】竹ㅣ雙耳峻。❹뵈어줄비(示也)。【唐書】李藩還給事中制敕有不便者黃紙後ㅣ之。 (三)찔러밀칠별(觸擊)。【史記】奈何以見陵之怨欲ㅣ其迷鱗哉。

【扠】 (자) 寘 カン、かみをおさめる comb
머리털빗을자(治髮)。【莊子】簡髮而ㅣ數米而炊。

【扼】 (액) 陌 アク、ヤク、にぎる grasp ㄜˋ e⁴
草書 ❶움킬액(握也)。【漢書】李陵力ㅣ虎射命中。❷잡을액(握也)。(『搤』과 같음)

【抩】 (탐) 覃 タン、もつ hold in common
小篆 함께가질탐(并持)。

【扽】 (돈) 願 トン、ひく move
❶움직일돈(動也)。❷끌돈(引也)。❸문지를돈(摩也)。

【找】 (一)(조) 巧 (二)(화) 麻 カ、さお row pole ㄓㄠˇ chao³
(一)채울조(補充)。 (二)❶상앗대화(以竿推船)。❷【中字】찾을화(尋也)。

【承】 (승) 蒸 ショウ、うける inheritance ㄔㄥˊ ch'êng²
小篆 小篆 草書 ❶받들승(奉也)。【書】后克聖臣不命其ㅣ。❷받을승(受也)。【禮】是謂ㅣ天之祜。❸이을승(繼也)。【詩】如松柏之茂無不爾或ㅣ。❹도울승(佐也)。【左傳】楚司馬子國帥師而行請ㅣ。❺차례승(順序)。(『丞』과 통함)

【技】 (기) 紙 寘 ギ、たくみ、わざ talent ㄐㄧˋ chi⁴
小篆 草書 ❶재주기(藝也)。❷공교할기(巧也)。【禮記】作奇ㅣ奇器以疑衆。❸능할기(能也)。【書】斷斷兮無他ㅣ。❹술법기(方術)。【禮】凡執ㅣ以事上者祝史射御醫卜及百工。(『伎』와 통함)

【抁】 (연) 銑 エン、うごく move
움직일연(動也)。(『抁』과 같음)

【抃】 (변) 霰 ベン、てをうつ clap one's hands ㄅㄧㄢˋ pien⁴
草書 ❶손벽칠변(鼂ㅣ拊手)。【魏志】能言之倫莫不ㅣ舞。❷손장단칠변(歌舞之節)。(『拚』과 같음)

【抄】 (一)(초) 看 (二)(초) 效 ショウ、うつす copy ㄔㄠ ch'ao¹
草書 (一)❶가릴초(取也)。【杜甫詩】飯ㅣ雲子白。❷노략질할초(略ㅣ)。【魏志註】ㅣ略諸郡。❸베낄초(謄寫)。❹번역할초。❺책제목초(寫錄之目)。 (二)훔칠초、가로챌초(掠也)。(『鈔』와 통함)

【抅】 (구)『拘』(手部5畫)의 俗字

【⿰扌方】 (방) 養 ホウ、による resemble
서로같을방(相似)。

【抈】 (월) 月 ゲツ、くじく break
小篆 草書 ❶꺾을월(折也)。【太玄經】車軸折其衡ㅣ。❷움직일월(動也)。【晉語】其置本也固矣故不可ㅣ也。

【抆】 (문) 吻 問 ブン、ぬぐう wipe ㄨㄣˇ wen³
草書 ❶닦을문、문댈문(拭也)。【漢書】欲 酒卿耻ㅣ拭用禁。❷만질문(摩也)。【唐書】李勉居官久未嘗ㅣ飾器用。

【抇】 (一)(골) 月 (二)(홀) 月 コツ、ケツ、うがつ drill
草書 (一)❶굴릴골(牽物動轉)。【柳宗元文】掎ㅣ泥淖。❷뚫을골(穿也)。【荀子】ㅣ人之墓。 (二)찢을홀(裂也)。

【抉】 (결) 屑 ケツ、えぐる scratch ㄐㄩㄝˊ chüeh²
小篆 草書 ❶긁을결(剔也)。【史記】ㅣ吾目懸吳 東門之上以觀越之滅吳。❷당길결(搯也)。(『鈌·決』과 통함)

【把】 (파) 馬 麻 ハ、にぎる catch ㄅㄚˇˋ pa³·⁴
小篆 草書 ❶쥘파(握也)。【孟子】拱ㅣ之桐梓。❷잡을파(持也、執也)。【戰國策】左手ㅣ其袖右手揕其胷。❸헤칠파(播也)。❹【國字】발파(庰也)。(『爬』와 통함)

【抌】 (침) 寑 チン、おす push
小篆 草書 ❶살박아칠침(深擊)。❷밀칠침(推也)。【列子】攩拯挨ㅣ亡所不爲。

【抍】 (증) 蒸 ショウ、すくう、あげる lift ㄓㄥˇ chêng³
小篆 或體 草書 ❶들어올릴증(上擧)。【易曰】用ㅣ馬壯吉。❷구할증(救也)。

【抎】 (운) 吻 ウン、うしなう lose
小篆 草書 ❶잃어버릴운(失也)。【戰國策】寡人愚陋守齊國惟恐ㅣ之。❷떨어질운(下也)。【戰國策】折清風而ㅣ之。(『隕』과 통함)

【抏】 (완) 寒 ガン、へる waste
草書 ❶꺾을완(挫也)。❷모지라질완(消耗)。【史記】百姓ㅣ敝以巧

法。❸닳아없어질완(消滅)。(『玩』과 통함)

【抑】(억) 職 ヨク、おさえる oppress 一ˋ i⁴
小篆 俗 體 草書 ❶누를억(按也)。【史記】緣恩寬忍ー按不揚。❷억울할억(屈也)。❸핍박할억(逼也)。【禮】君子之教喩也强而弗ー。❹덜릴억(損也)。【後漢書】人自ー損以塞咎戒。❺물러갈억(退也)。【班固傳論】固之序事不激詭不ー抗。❻막을억(遏也)。【史記】ー天下物名曰平準。❼그칠억(止也)。【後漢書】章奏若有過稱虛譽尙書宜ー而不省。❽또한억(轉語亦然辭)。【詩】ー磬控忌。❾문득억(發語辭)。【詩】ー此皇父。❿삼갈억(ーー愼密貌)。【詩】威儀ーー。

【抒】㊀(서) 語 ㊁(저) 語 ジョ、チョ、くみあげる suck up ㄕㄨ shu¹
小篆 草書 ㊀❶당길서(挹也)。❷물자아올릴서(渫水)。❸쏟을서(泄也)。【漢書】王褒略陳愚而ー情素。❹덜서(除也)。【左傳】有此四德者難必ー矣。㊁❶당길저(挹也)。❷북저(織具行緯)。(『杼』와 같음)

【抓】(조) 巧 肴 ソウ、かく scratch ㄓㄨㄚ chua
草書 ❶긁을조(搔也)。【杜甫詩註】玉搔頭今之ー頭也。❷움킬조(掐也)。【莊子】有一狙焉委蛇攫ー見巧于王。❸할퀼조(爪刺)。

【抔】(부) 尤 ボウ、すくう handful ㄆㄡ p'ou²
草書 줌부、움큼부(手掬)。【禮】汙尊而ー飮。(『抙·掊』와 같음)

【投】(투) 尤 トウ、なげる throw ㄊㄡ t'ou²
小篆 草書 ❶던질투(擲也)。❷버릴투(棄也)。【禮】無ー與狗骨。❸줄투(贈也)。【詩】ー我以木瓜。❹의탁할투(適也、託也)。【後漢書】張儉得亡命望門ー止。❺나아갈투(進也)。

【抖】(두) 有 トウ、あげる hold up
草書 두수를두(ー擻擧索物)。

【抗】(항) 漾 コウ、ふせぐ resist ㄉㄡˇ tou³
小篆 小篆 或體 草書 ❶막을항(扞也)。【儀禮】ー木橫三縮二。❷들항(擧也)。【禮】周公ー世子法於伯禽。❸겨룰항(敵也)。【漢書】子貢聘諸侯所至國君無不分庭ー禮。❹항거할항(拒也)。(『亢』과 통함)(古音은「강」)

【折】㊀(제) 齊 ㊁(절) 屑 ㊂(설) 屑 セツ、おる break ㄕㄜ shê²
小篆 籀文 文 篆 草書 ㊀천천할제(安徐貌)。【禮】吉事欲其ーー爾。㊁❶꺾을절、분지를절(拗也)。【詩】無ー我樹杞。❷결단할절(斷之)。【易】无敢ー獄。❸알맞을절(ー中)。【漢書】微孔子之言亡所ー中。❹휘일절(曲也)。【禮】ー還中矩。❺굽힐절(屈也)。【漢書】ー節下士。❻욱박지를절(挫也)。【史記】諸侯吏卒乘勝輕ー辱秦吏卒。❼헐절(毁也)。【漢書】高帝常從王媼武負貰酒兩家ー券棄責。❽일찍죽을절(夭也)。【書】六極一曰凶短ー。㊂부러질설(斷猶連)。

【択】(택)『擇』(手部13畫)의 略字

五 畫

【抦】(병) 梗 ヘイ、もつ seize
잡을병(持也)。(『秉』과 통함)

【抨】(평) 庚 ヒョウ、しりぞける impeach ㄆㄥ p'êng¹
小篆 草書 탄핵할평(彈ー揮也)。【漢書註】罪敗而ー彈之。

【抧】㊀(지) 紙 ㊁(채) 蟹 シ、あける open
小篆 ㊀열지(開也)。㊁칠채、두드릴채(擊也)。

【抪】(포) 遇 フ、しく spread
小篆 草書 ❶더듬을포(捫持)。❷펼포(舒也)。❸흩칠포(布散)。【漢書】塵埃ー覆。❹칠포(擊也)。

【披】㊀(피) 支 ㊁(피) 紙 ヒ、ひらく turn up
小篆 草書 ㊀❶헤칠피(開也)。【韓愈文】手不停ー於百家之編。❷흩어질피(散也)。❸나눌피(分也)。【左傳】又ー其邑。㊁❶흩을피(散也)。❷찢어 질피(裂也)。【史記】木實繁者ー其枝。❸쓰러질피(ー靡震伏貌)。【史記】項羽大呼馳下漢軍皆ー靡。

【抬】(태) 灰 タイ、うつ beat
칠태(擊也)。(『擡』의 略字)

【抮】(진) 軫 シン、ねじる grasp
草書 휘어잡을진(引捩)。【淮南子】雖天地覆育亦不與之ー抱矣。(『紾』과 같음)

【抭】㊀(요) 篠 ㊁(유) 尤 ヨウ、ユウ、くみだす pound in a mortar
㊀❶절구질할유(抒臼)。【周禮】女舂ー二人。❷들어낼유(擧物臼中)。【詩經】或舂或ー。㊂끌유(引也)。

【抯】(저) 馬 シャ、ひきとる draw (古音「자」)
小篆 ❶잡아당길저(抯也)。❷건져낼저(攎取)。【方言】南楚之閒凡取物於溝泥中謂之ー或謂攎。

【抱】(포) 號 皓 ホウ、いだく embrace ㄅㄠ pao⁴
草書 ❶안을포、품을포(懷持)。【書】保ー携持厥婦子。❷아람포

(圍也)。❸길 포(挾也)。❹알안을포(伏鷄)。【方言】北燕朝鮮洌水之間謂伏鷄曰ㅣ。(『袌』와 같음)

【抴】 ㊀(예) 霽 エイ、ゼツ、ひく ㊁(열) 屑 draw
小篆 草書 ㊀당길예(引也)。【荀子】接人則用ㅣ。(『拽』와 같음) ㊁끌열(拕也)。(『揲』과 같음)

【抵】 ㊀(지) 紙 テイ、シ、ふれる ㊁(저) 薺 conflict ㄉㄧˇ ti²·³
小篆 草書 ㊀칠지(擊也)。【戰國策】蘇秦見說趙 王於華屋之下ㅣ掌而談。(『抵』와 같음) ㊁❶밀칠저(擠也)。❷다드릴저(觸也)。【漢書】習俗薄惡人民ㅣ冒。❸당할저(當也)。【漢書】傷人及盜ㅣ罪。❹막을저(拒也)。【漢書】田延年ㅣ曰無有是事。❺다달을저(至也)。【漢書】或ㅣ其罪法。❻던질저(擲也)。【後漢書】劉表與諸文人共草章奏禰衡見之毀而ㅣ地。❼하우저、대저저(大ㅣ大凡)。【史記】大ㅣ盡詆以不道。❽씨름할저、씨름저(角ㅣ技戲)。【漢書】元封三年作角ㅣ戲。(『觝』와 통함)

【抹】 (말) 曷 マツ、けす erase ㄇㄛˇ mo³·⁴
草書 ❶바를말(塗也)。【增韻】亂曰塗長曰ㅣ。❷삭칠말、지울말、뭉갤말(塵ㅣ 撥滅也)。❸마라이말(ㅣ額巾名)。【唐書】婁師德募猛士討吐蕃乃載紅ㅣ額來應。

【抶】 (질) 質 チツ、むちうつ spank ㄔˋ ch'ih
小篆 草書 종아리칠질、볼기때릴질(撻也笞刑)。【左傳】ㅣ其僕以徇。

【抻】 (신) 眞 シン、のばす spread
❶펼신(展也)。❷잡아늘일신(ㅣ物長)。❸휘어잡을신(引戾)。(『申』과 같음)

【押】 ㊀(압) 洽 オウ、コウ、おす ㊁(갑) 洽 press ㄧㄚ ya¹·²
草書 ㊀❶수결둘압(手決)。❷이름쓸압(署也)。❸찍을압、누를압(按也)。❹거느릴압、관리할압(管拘)。【唐書】朝會監察御史二人ㅣ班。❺전당잡힐압(典當)。❻운자찍을압(詩賦點韻)。㊁❶도울갑(輔也)。❷단속할갑、잡아들일갑(檢束)。(『壓·狎』과 통함)

【抽】 (추) 尤 チュウ、ぬく abstract ㄔㄡ ch'ou¹
草書 ❶뺄추、뽑을추(拔也)。【詩】左旋右ㅣ。❷거둘추(收也)。【太玄經】羣倫ㅣ緖。❸당길추(引也)。(『紬』와 통함)

【抾】 (거) 魚 キョ、とる take
가져갈거(持去)。

【抿】 (문) 眞 ビン、なでる wash
❶씻을문(拭也)。❷만질문(撫也)。

【拂】 ㊀(필) 質 ヒツ、フツ、はらう ㊁(불) 物 shake : assist ㄅㄧˋ pi⁴
小篆 草書 ㊀도울필(輔也)。【孟子】入則無法家ㅣ士。(『弼』과 통함) ㊁❶떨칠불、건드릴불(擊而過之)。❷씻어버릴불(拭除)。【禮】進几杖者ㅣ之。❸거스를불(逆也)。❹어길불(違戾)。【詩】四方無ㅣ。❺먼지채불(塵具)。【南史】塵尾蠅ㅣ是王謝家許。

【拄】 (주) 麌 チュ、ささえる support ㄓㄨˇ chu³
草書 ❶버틸주(撑持)。【戰國策】齊嬰兒謠曰大冠若箕脩劒ㅣ頤。❷손가락질할주(從旁指)。【漢書】五鹿充宗爲梁丘易朱雲入論難連ㅣ五鹿君。❸막을주(拒也)。(『柱』와 같음)

【拃】 (잔) 潸 サン、しぼる squeeze ㄓㄚˇ cha³
草書 ❶쥐어짤잔(搾也)。【唐書】太宗遣使 取熬糖法詔揚州上諸蔗ㅣ瀋如其劑。❷더듬어찾을잔(探索)。

【担】 ㊀(단) 旱 タン、ケツ、あげる ㊁(걸) 月 lift ㊂(담)(俗音) ㄉㄢˋ tan¹·⁴
草書 ㊀❶떨칠단(拂也)。❷칠단(擊也)。㊁번쩍들걸(ㅣ撟、軒擧)。㊂『擔』의 俗字

【扼】 (액) 陌 ヤク、にぎる hold
草書 ❶잡을액(把也)。【漢書】燕齊之閒方士瞋目ㅣ掔。❷겪을액(抑也)。【法言】或問持滿曰ㅣ敧。(『搤』과 같음)

【拆】 (탁) 陌 タク、さく crack ㄔㄜˋ ch'ê⁴ (古音은「책」)
草書 ❶터질탁、찢어질탁(裂也)。【易】雷雨作而百果草木皆甲ㅣ。❷열릴탁(開也)。

【拇】 (무) 有 ボ、ボウ、おやゆび thumb ㄇㄨˇ mu³
小篆 草書 엄지손가락무(手大指)。【易】咸其ㅣ。

【拈】 ㊀(념) 鹽 デン、ネン、つまむ ㊁(점) 琰 pick ㄋㄧㄢ nien²·³
小篆 草書 ㊀집을념、딸념(指取物)。【杜甫詩】舍西柔桑葉可ㅣ。㊁뜻은 ㊀과 같음。

【拊】 (부) 麌 フ、なでる stroke ㄈㄨˇ fu³
小篆 草書 ❶어루만질부(揗也)。【詩】ㅣ我育我。❷두드릴부(擊也拍也)。【書】予擊石ㅣ石。❸풍류이름부(樂器名)。(『撫』와 통함)

(禮器圖)❸拊

【拉】 (랍) 合 ロウ、ラツ、くじく break : catch ㄌㄚ la¹·²·³

小篆 草書 ❶꺾을랍、분지를랍(摧折)。【史記】范雎折脅—齒於魏。❷바람휙 불 랍(—風聲)。【校獵賦】猋—雷厲。❸잡아 갈랍(—致)。❹끌랍(牽也)。

【抛】(포) 看 ホウ、なげうつ throw ㄆㄠ p'ao¹
小篆 草書 ❶버릴포(棄也)。❷던질포(擲也)。❸돌 소뇌포(—車發石機)。【唐書】李勣列—車飛大石所當輒潰。

【批】㊀(자) 紙 セイ、シ、つかむ ㊁(제) 薺 punch
小篆 ㊀❶꺼두를자(捽也)。❷쥐어박을자、주먹질할자(以拳加人)。㊁뜻은 ㊀과 같음。

【茡】(자) 寘 シ、つむ pile up
小篆 쌓을자(積也)。

【拌】(반) 寒 旱 ハン、すてる abandon ㄆㄢ p'an⁴
草書 버릴반(揮棄)。【方言】楚人凡揮棄物謂之—。(『拚』과 같음)

【拍】(박) 藥 ハク、たたく applaud ㄆㄞ p'ai¹ (古音「백」)
小篆 草書 ❶칠박(搏也)。❷노래곡절박(樂句)。【琴集】大胡歌十八—小胡歌十九—。❸손벽칠박(—張手搏捽胡之戲)。

【拏】(나) 麻 ナ、ダ、ひく、とる haul ㄋㄚ na²
小篆 草書 ❶맞당길 나(相牽引)。【史記】漢匈奴 相紛—。❷잡을나(拘捕)。❸연좌될나(罪相連引)。【漢書】禍—而不解。(『拿·挐』와 같음)

【拐】(괴) 蟹 カイ、さそう allure ㄍㄨㄞ kuai³
草書 ❶유인할괴、꾀일괴(誘也)。❷훔쳐 팔괴(—賣)。❸지팡이괴(杖也)。

【拑】(겸) 鹽 ケン、カン、つぐむ bit a horse ㄑㄧㄢ ch'ien²
小篆 草書 자갈먹일겸(脅持)。【漢書】天下之士—口不敢復言矣。(『箝·鉗』과 통함)

【拒】㊀(거) 語 キョ、ク、こばむ ㊁(구) 虞 refuse ㄐㄩ chü⁴
草書 ㊀❶막을거(禦也)。❷맞설거(捍也)。【論語】其不可者—之。❸다닥칠거(格也)。❹다다를거(抵也)。(『距』와 통함) ㊁진이름구(陳名)。【左傳】鄭子元請爲 左—以當蔡人衛人爲右—以當陳人。

【拓】㊀(탁) 藥 タク、セキ、ひらく ㊁(척) 陌 repulse ㄓ chih²
小篆 草書 ㊀❶물리칠탁、헤칠탁、열탁(斥開)。【甘泉賦】—迹開統。❷밀칠탁(手推物)。【李山甫詩】一—纖痕更不收。❸낙척할탁(落—不耦)。【揚雄解嘲】何爲官之—落也。㊁주울척(拾也)。【思玄賦】—若華而躊躇。(『摭』과 같음)

【拔】㊀(발) 曷 バツ、ハイ、ぬく ㊁(발) 黠 pull out ㊂(패) 隊 ㄅㄚ pa²
小篆 草書 ㊀❶뺄발、뽑을발(抽也)。【易】確乎 其不可—。❷돌아올발(廻也)。❸빠를발(疾也)。【漢書】—起隴畝之中。❹오늬발(矢末)。【詩】舍—則獲。❺덜어버릴발(除也)。㊁❶빼어날발(挺也特立貌)。【杜甫詩】友于皆挺—。❷가릴발(擢也)。【後漢書】蔡邕連見—擢位在上列。(『茇과』통함) ㊂❶밋밋할패(挺然)。【詩】柞棫—矣。❷휘어꺾을패(拂取)。

【拕】㊀(타) 歌 タ、ダ、ひく ㊁(타) 箇 draw
草書 ㊀끌타(曳也)。【漢書】嚴助—舟而入水。(『拖』와 같음) ㊁당길타(引也)。(『拖』와 같음)

【拖】㊀(타) 歌 タ、ダ、ひく ㊁(타) 箇 draw ㄊㄨㄛ t'uo¹
小篆 草書 ㊀끌타(曳也)。【西都賦】挾獅豹—熊螭。㊁당길타(引也)。【論語】加朝服—紳。(『拕』와 같음)

【拘】(구) 尤 ク、コウ、とらえる hold ㄐㄩ chü¹
小篆 草書 ❶잡을구(執也)。【書】盡執—以歸于周。❷거리낄구(曲礙)。【漢書】弘大體不—文法。(『抅』는 俗字)

【拗】㊀(요) 巧 ヨウ、オウ、くじく ㊁(요) 效 pluck ㄠ ao⁴ ㄋㄧㄡ niu⁴
小篆 草書 ㊀꺾을요、부지를요(手拉折)。【尉繚子】—矢折矛。㊁고집스러 울요(心戾捩也)。【朱子語類】王臨川天資亦有—强處。

【拂】㊀(별) 屑 ヒツ、ヒ、ねじる ㊁(비) 寘 crush ㊂(필) 質
㊀❶휘어꺾을별(捩也)。❷쳐꺼꾸러뜨릴별(擊倒)。【西京賦】徒搏之所撞—。㊁얼러칠비(戲擊)。㊂찌를필(刺也)。

【拙】(졸) 屑 セツ、つたない bad ㄓㄨㄛ chuo¹·² (古音「절」)
小篆 草書 ❶못날졸、졸할졸(不巧)。【道德經】大巧若—。❷무딜졸(物屈不用)。❸나 졸(自己謙稱)。

【拚】㊀(번) 元 ヘン、フン、ひるがえる ㊁(분) 問 fly ㊂(변) 霰 ㄈㄣ fen⁴
小篆 草書 ㊀날번(飛也)。【詩】—飛維鳥。(『翻』과 같음) ㊁버릴분(棄也)。㊂손춤출변(附手舞貌)。

〔宋書〕何承天歌ㅣ就路。(『抃』과 같음)

【招】㊀(초) 蕭 ショウ、まねく ㊁(교) 蕭 ㄓㄠ chao invite 招(小篆) 招(草書) ㊀❶손짓할초(手呼)。〔詩〕ㅣㅣ舟子。❷불러올초(來之)。〔書〕旁ㅣ俊乂。㊁❶들교(擧也)。〔周語〕好盡言以ㅣ人過。❷높이들교(揭也)。〔莊子〕有虞氏ㅣ仁義而撓天下。

【拜】(배) 卦 ハイ、おがむ bow ㄅㄞ pai⁴ 拜(小篆) 拜(或體) 拜(或體) 拜(古文) 拜(草書) ❶절배、절할배(兩手下稽首至地)。❷굴복할배(服也)。❸벼슬줄배(授官)。〔史記〕至ㅣ大將乃韓信也。❹예할배(禮也)。(『扒』와 같음)

【拝】(배)『拜』(前條)와 같음

【拠】(거)『據』(手部 13畫)의 俗字

六 畫

【拪】(천) 先 セン、うつす remove ❶옮길천(遷也)。❷「遷」과 같음。

【拫】(흔) 元 コン、ひく pull 拫(草書) ❶끌어당길흔(引也)。「吳楚俗謂牽引前郤爲ㅣ格」。❷물리칠흔(排擠)。〔唐書〕爲姦險ㅣ抑。

【括】(괄) 曷 カツ、くくる wrap ㄍㄨㄚ kua¹ 括(小篆) 括(草書) ❶맺을괄(絜也結也)。❷쌀괄(包也)。〔禮〕祖ㅣ髮。〔易〕ㅣ囊无咎无譽。❸이를괄(至也)。〔詩〕牛羊下ㅣ。❹검사할괄(檢也)。❺궁구할괄(根刷)。❻오늬괄(矢末)。〔唐書〕明經者但記帖ㅣ。〔書〕若虞機張往者ㅣ于度則釋。❼모을괄(會也)。〔詩〕德音來ㅣ。❽닫을괄(閉也)。(『髻·筈』과 通함)

【拭】(식) 職 ショク、シキ、ぬぐう wipe ㄕ shih⁴ 拭(草書) ❶닦을식、지울식、문댈식、씻을식(拔ㅣ揩也)。❷다듬을식(刷也)。〔六書故〕以巾ㅣ垢濡也。

【拮】㊀(길) 質 キツ、ケツ、はたらく work ㊁(결) 屑 ㄐㄧㄝ chieh² 拮(小篆) ㊀길거할길、열심히일할길(ㅣ据手口共作)。㊁뜻은 ㊀과 같음。

【拯】(증) 迥 ショウ、たすける help ㄓㄥ chêng³ 拯(小篆) 拯(草書) ❶구원할증(救也)。❷도울증(助也)。❸건질증(援也)。〔左傳〕目于眢井 而ㅣ之。

【拰】(님) 寢 ニン、おさえる press ❶누를님(搦也)。❷활바로잡을님(ㅣ搦調弓貌)。

【拲】㊀(공) 腫 キョウ てじょう handcuffs ㊁(국) 屋 拲(小篆) 拲(或體) ㊀수갑지를공、조막손이낄공(兩手同械)。〔周禮〕上罪梏ㅣ而桎。㊁뜻은㊀과 같음。

【拱】(공) 腫 キョウ、こまぬく fold one's arms ㄍㄨㄥ kung³ 拱(小篆) 拱(草書) ❶팔짱낄공(斂手)。〔書〕垂ㅣ而天下治。❷손길잡을공(兩手大指相拄)。〔禮〕凡侍於君垂ㅣ。❸아람공(兩手合把)。〔左傳〕爾墓之木ㅣ矣。

【拳】(권) 先 ケン、こぶし fist ㄑㄩㄢ ch'üan² 拳(小篆) 拳(草書) ❶주먹권(屈手)。〔漢書〕武帝巡守過河間召一女女兩手皆ㅣ上自披伸號曰ㅣ夫人。❷근심할권(憂也)。❸부지런할권(勤懇)。〔漢書〕不勝ㅣㅣ不敢不盡愚心。❹맘에품을권(奉持貌)。〔中庸〕得一善則ㅣㅣ服膺。(『惓』과 같음)

【⿰扌百】(박)『拍』(手部 5畫)과 같음

【拴】(전) 先 セン、えらぶ choose ㄕㄨㄢ shuan¹ 가릴전(揀也)。(『詮·銓』과 通함)

【⿰扌戎】㊀(융) 東 ジュウ、たすける help ㊁(잉) 蒸 ㊀도울융(助也、相也)。(『戎』과 통함) ㊁인할잉(因也)。

【拵】(존) 元 ソン、さしはさむ insert 拵(草書) ❶꽂을존(插也)。❷〔日字〕지을존(調製)。

【拶】(찰) 曷 サツ、せまる come upon ㄗㄢ tsan³ 拶(草書) 마주칠찰(排ㅣ漏也)。

【拷】(고) 皓 コウ、たたく whip ㄎㄠ k'ao³ 拷(草書) 매때릴고(ㅣ掠打也)。

【⿰扌休】(호) 豪 コ、キュウ、のぞきさる sweep ❶쓸어버릴호(除也)。❷김맬호(拔去田草)。

【⿰扌⿱厶月】(연)『捐』(手部 7畫)의 俗字

【拸】(치) 紙 支 シ、すてる throw ❶버릴치(去也)。〔莊子〕介者ㅣ畫外非譽也。❷칠치(拍也)。❸끌치(拽也)。

【拹】㊀(랍) 合 キョウ、くじく break ㊁(협) 葉 拹(小篆) ㊀부러질랍(拉也)。(『拉』과 같음) ㊁꺾을협(折也)。

【拺】㊀(색) 陌 ソク、サク、えらびとる choose ㊁(착) 陌 ㊀고를색、추릴색(擇取物)。㊁붙들착(扶也)。

【拽】㊀(예) 霽 エイ、エツ、ひく draw ㊁(열) 屑 ㄧㄝ yeh⁴ 拽(草書) ㊁당길예(引也)。〔朱子語類〕康節凡事纔覺難便ㅣ身退。

(『曳』와 갈음) 曰끌열(拖也)。【禮】車輪曳踵。(『抴』과 갈음)

【拾】 (一)(습) 緝 シュウ、ジュウ、ひろう (二)(십) 緝 pick up: gather (三)(겁) 葉 ㄕ shih² (四)(섭) 葉
小篆 草書 (一)❶주울습、집을습(掇也)。❷거둘 습(收也)。【漢書】經術苟明其取青紫如 ㅣ地芥。❸팔찌습(射韝)。【詩】決ㅣ旣佽。❹벼슬이름습(官名ㅣ遺)。(二)열십(十也)。(「什」과 갈음) (三)다시겁(更也)。【禮】左右告矢具請ㅣ投。(四)건늘섭(ㅣ級涉也)。【禮】ㅣ級聚足連步以上。
拾❸ 圖 (三才圖會)

【拿】 (나)『拏』(手部 5畫)의 俗字

【捆】 (인) 眞 イン、よる advance 小篆 ❶나아갈인(就也)。❷기댈인(仍也)。

【持】 (지) 支 チ、ジ、もつ hold ㄔ ch'ih² 小篆 草書 ❶가질지、잡을지(執也)。【禮】ㅣ弓矢審固。❷물장군지(軍ㅣ汲水具)。【陸游詩】遊山雙不借取水一軍ㅣ。❸지킬지(守也)。

【挂】 (괘) 卦 ケイ、カイ、かかる hang ㄍㄨㄚ kua 小篆 草書 ❶그림족자괘(畫也)。❷걸괘、달괘(懸也)。【戰國策】無把銚ㅣ耨之勢而 有積粟之實。❸살촉괘(矢鏃)。【射雉賦】屬剛ㅣ以潛擬。(『掛』와 통함)

【挃】 (질) 質 チツ、つく beat 小篆 草書 ❶ 벼 베는 소리질 (穫禾聲)。【詩】穫之ㅣㅣ。❷두드릴질(撞也)。【淮南子】五指之更彈不若捲手一ㅣ。(『秷』과 通함)

【扌充】 (충) 送 チュウ、はねる jump 뛸충(跳也)。

【扌亙】 (긍) 蒸 コウ、ひっぱる snatch 휙챌긍(引急)。【淮南子】大弦ㅣ則小弦絶。(『揯』과 갈음)

【挆】 (타) 哿 ダ、タ、ゆれる shake ❶헤아릴타(忖度)。❷배돛내릴타(下帆)。❸흔들타(搖也)。(『揣』와 갈음)

【挅】 (타)『挆』(前條)와 같음

【扌旬】 (一)(현) 霰 ケン、うつ strike ; brandish (二)(횡) 庚 ㄒㄩㄢ hsüan⁴ (一)칠현(擊也)。(二)휘두를횡(揮也)。

【指】 (지) 紙 シ、ゆび、さす fingers ; point ㄓ chih¹·²·³ 小篆 草書 ❶손가락지、발가락지(手足端)。【左傳】子公之食ㅣ動。❷가리킬지(示也)。【禮】凡有ㅣ畫於君前用笏。❸뜻지(歸趣)。【孟子】言近而ㅣ遠者善言也。❹벼슬이름지(官名直ㅣ)。❺아름다울지(美也)。(『旨·脂』와 통함)

【挈】 (一)(계) 霽 ケイ、ケツ、かける、さげる break (二)(설) 屑 ㄑㄧㄝ ch'ien⁴ (本音「결」) 小篆 草書 (一)❶이지러질계(缺也)。【封禪書】ㅣ三神之歡。❷거북점칠계(燃火灼龜)。【幽通賦】且算祀於ㅣ龜。(『契』와 통함) (二)❶끌설(提也)。【禮】班白不提ㅣ。❷달아올릴설(懸持)。

【按】 (一)(안) 翰 アン、アツ、おさえる press (二)(알) 曷 ㄢ an⁴ 小篆 草書 (一)❶누를안(抑也)。【梁簡文箏賦】陸離抑ㅣ磊落縱橫。❷그칠안(止也)。【史記】ㅣ兵毋出。❸어루만질안(撫也)。【史記】毛遂ㅣ劍歷階而上。❹당길안(控也)。【漢書】天子乃ㅣ轡徐行。❺살필안(察也)。❻안험할안、증험할안、알아볼안(驗也)。❼핵실할안(劾也)。【漢書】驗之往古ㅣ之當今之務。(二)막을알(捺也)。【詩】以遏徂旅。(『遏』과 통함)

【桀手】 (책) 陌 タク、てではかる span 뼘잴책(手度物)。(『搩』과 갈음)

【挵】 (롱)『弄』(廾部 4畫)의 俗字

【扌危】 (一)(궤) 紙 ギ、こわす destroy (二)(위) 尾 (一)헐어버릴궤(毀撤)。(二)달위(懸也)。

【挋】 (진) 震 シン、ぬぐう shine 小篆 草書 ❶닦을진(ㅣ拭刷清)。【禮】浴用絺巾ㅣ用浴衣。❷씻을진(洗也)。

【挌】 (격) 陌 カク、ラク、うつ beat ㄍㄜ kê² 小篆 草書 ❶칠격(擊也)。【魏志】手ㅣ猛獸。❷들격(擧也)。(『格』과 通함)

【拲】 (공) 腫 キョウ、つかむ take 小篆 두손으로잡을공(兩手取物)。

【挍】 (교) 效 コウ、はかる examine ㄐㄧㄠ chiao⁴ 草書 ❶알아볼교、검사할교(檢也)。❷살펴볼교、상고할교(考也)。❸헤아릴교(計量)。【禮】中年考ㅣ。【左傳】君父之命不ㅣ。(『校』와 갈음)

【挑】 (一)(조) 蕭 チョウ、トウ、はねる jump ; chose (二)(조) 篠 (三)(도) 豪 ㄊㄠ t'ao¹ 小篆 小篆 草書 (一)절구조(抒物器)。(二)❶끔을조(撥也)。❷뽑을조、가릴조(揀選取也)。❸멜조(肩荷)。❹희롱할조(弄也)。【史記】願與漢王ㅣ戰決雌雄。❺돋울조(引

調)。【漢書】卓文君好音相如以琴心ㅣ之。(『佻』와 통함) 三❶뛸도(輕偎跳躍貌)。【詩】ㅣ兮達兮。❷끌어낼도(引出)。

【挏】(동) 董 トウ、おす、ひく pound ㄊㄨㄥˊ t'ung²
挏 小篆 挏 草書 ❶당겼다 밀었다할 동(推引來去不定)。【淮南子】撣挏ㅣ世之風俗。❷짓찧을동(撞也)。【漢書】給大官ㅣ馬酒。❸움직일동(動也)。

【拏】一(나) 麻 二(녀) 魚 ダ、ジョ、ひく pull ㄋㄚˊ na²
拏 小篆 拏 草書 一끌어당길나(牽引)。【莊子】丈ㅣ而引其船。(『拏』와 같음) 二❶끌녀(牽也)。【揚雄解嘲】擭ㅣ者亡默默者存。❷번거러울녀(煩也)。【宋玉九辨】枝煩ㅣ而交橫。

【挒】(렬) 屑 レツ、ひねる twist
❶내걸렬(捩也)。❷비틀렬(捩也)。(『捩』와 같음)

七畫

【挖】(알) 曷 アツ、あばく pick out ㄨㄚ wa¹²
挖 草書 우벼낼알(穿索桃ㅣ)。

【挨】(애) 蟹 アイ、おす push away ㄞ ai¹²
挨 小篆 挨 書 ❶등칠애(擊背)。❷밀칠애(推也)。❸강하게 나아갈애(强進)。❹맞댈애(物相近)。

【挩】一(탈) 曷 二(세) 霽 ダツ、セイ、ぬぐう wipe
挩 小篆 挩 小篆 挩 草書 一❶닦을탈(除也)。❷끼칠탈(遺也)。(『脫』과 같음) 二씻을세(拭也)。【儀禮】坐ㅣ手遂祭酒。

【挪】(나) 歌 ダ、もむ seize and bend ㄋㄨㄛˊ nuo²
잡아휠나(挼ㅣ揉物)。

【挫】(좌) 箇 ザ、くじく break ㄘㄨㄛˋ ts'uo⁴
挫 小篆 挫 小篆 挫 草書 ❶꺾을좌, 꺾어질좌(摧折)。【孟子】思以一毫ㅣ於人若撻之於市。❷바로잡을좌(搦也)。

【挮】(체) 薺 テイ、ぬぐう wipe
❶눈물뿌릴체(揮ㅣ淚)。❷씻을체(拭也)。

【振】一(진) 眞 二(진) 震 シン、ふるう shake ㄓㄣˋ chen⁴
振 小篆 振 書 草 一❶무던할진(仁厚)。【詩】宜爾子孫ㅣㅣ。❷성할진(盛貌)。【左傳】均服ㅣㅣ。❸들진(擧也)。二❶떨칠진, 움직일진(奮也)。【禮】孟春蟄虫始ㅣ。❷건질진(拯也)。【易】君子以ㅣ民育德。❸구원할진(救也)。【禮】ㅣ乏絕。❹진동할진(震也)。【戰國策】燕王ㅣ怖大王之威。❺정돈할진(整也)。【禮】ㅣ書端書於君前。❻발할진(發也)。【左傳】ㅣ廩同食。❼거둘진(收也)。❽그칠진(止也)。【中庸】ㅣ河海而不洩。❾떼지어날진(羣飛貌)。【詩】振旅闐闐。【詩】ㅣ鷺于飛。(『賑』과 통함)

【挱】(사) 歌 サ、なでる touch ㄙㄨㄛ suo¹
만질사(摩ㅣ手挼)。【韓愈石鼓歌】誰復著手更摩ㅣ。(『挲』와 통함)

【挴】(매) 賄 バイ、むさぼる grudge
탐할매, 계엄낼매(貪也)。【楚辭】穆王巧ㅣ夫何周流。

【挶】(국) 沃 キョク、もつ stretcher
挶 小篆 挶 書 草 ❶가질국(挶ㅣ持也)。❷들것국(土轝)。【左傳】陳畚ㅣ具綆缶。

【挹】(읍) 緝 ユウ、くむ pull ㄧˋ i⁴
挹 小篆 挹 書 草 ❶잔질할읍(酌也)。【詩】不可以ㅣ酒漿。❷잡아당길읍(抒也)。(『揖』과 통함)

【挺】(정) 迥 テイ、ぬく outstanding ㄊㄧㄥˇ t'ing³
挺 小篆 挺 書 草 ❶빼어날정(拔出)。【晉書】以天ㅣ之資應期受命。❷너그러울정(寬也)。❸당길정(引也)。【禮】仲夏ㅣ重囚益其食。【漢書】ㅣ身逃亡其印綬。❹꼿꼿할정(直也)。【左傳】周道ㅣㅣ我心扃扃。❺향초이름정(香草名茘ㅣ)。

【挻】(연) 先 セン、ながくする lengthen 〔古音「선」〕
挻 小篆 挻 書 草 ❶당길연(引也)。【晉書】ㅣ亂江南。❷달아날연(遁也)。【治安策】主上有敗則因而ㅣ之矣。❸손바닥으로칠연(掌擊)。❹휠연(揉也)。

【挼】一(뇌) 灰 二(쇠) 灰 三(나) 歌 ダ、もむ stroke ㄋㄨㄛˊ nuo²
挼 小篆 挼 書 草 一잡아휠뇌(按揉)。二어루만질쇠(手摩)。三꺾을나(摧也)。

【捊】(부) 有 ホウ、すくう handful
움큼부(手掬)。(『抔』와 같음)

【挽】(만) 阮 バン、ベン、ひく draw ㄨㄢˇ wan³
挽 草書 ❶당길만(引也)。❷상여군노래만(ㅣ歌)。【崔豹古今註】露薤里二章李延年分爲二曲薤露送王公貴人蒿里送士大夫庶人使ㅣ柩者歌之世謂ㅣ歌。

【挭】(갱) 庚 コウ、ひきのばす stretch oneself
기지개켤갱(引伸)。(『鏗』과 같음)

【挕】(접) 葉 チョウ、ひねる rub
挕 小篆 비빌접(手摩物)。

【捀】(봉) 宋 ホウ、ささげる lift
❶받들봉(奉也)。❷갈라잡고 셀봉(兩手分而數之)。

【掀】(흔) 元 ケン、コン、あげる raise ㄒㄧㄢ hsien¹ (本音「헌」)
❶번쩍들흔(以手高擧)。【左傳】乃ㅣ公以出于淖。❷불끈내밀흔(東聳貌)。【韓愈詩】虵䖵首ㅣㅣ。

【拚】㈠(반) 寒 ハン、ホン、すてる abandon ㈡(번) 元
㈠버릴반(棄也)。(『拌』과 같음) ㈡날번(飛也)。

【挾】(협) 葉 キョウ、はさむ insert ㄒㄧㄝ hsieh²
❶낄협(掖也)。【詩】既ㅣ四鍭。❷가질협(持也)。❸도울협(輔也)。❹감출협(藏也)。【漢書】除ㅣ書律。❺품을협(懷也)。【孟子】不ㅣ長不ㅣ貴。❻띠협(帶也)。(『夾』과 같음)

【揷】(삽)『插』(手部 9畫)과 같음

【捁】(교) 巧 コウ、みだす disturb
❶흔들교(動也)。❷깨우칠교(覺也)。❸어지럽게할교(亂也)。(『攪』와 같음)

【捂】(오) 遇 ゴ、ふる、さわる conflict
❶다닥칠오(抵ㅣ觸也)。❷거스릴오(逆也)。【儀禮】若無器則ㅣ受之。❸버틸오(斜拄)。❹어금지금할오(抵ㅣ參差)。

【捃】(군) 問 クン、ひろう pick up ㄐㄩㄣ chün⁴
주울군(ㅣ摭拾收)。【史記】荀卿孟子韓非之徒往往ㅣ摭春秋之文以著書。

【捄】㈠(구) 虞 キュウ、すくう relieve ㄐㄧㄡ chiu⁴ ㈡(구) 尤 ㈢(구) 有
㈠흙파올릴구(築墻取土也)。【詩】ㅣ之陾陾。㈡❶길구(長也)。【詩】有ㅣ棘匕。❷뾰죽할구(角貌)。【詩】有ㅣ其角。㈢❶그칠구(止也)。❷두둔할구(護也)。【漢書】將以ㅣ溢扶衰。❸호위할구(護衛)。(『救』의 古字)

【捅】(통) 董 トウ、ひく draw ㄊㄨㄥ t'ung³
끌어당길통(進前引也)。

【捆】㈠(곤) 阮 コン、たたく knock ㄎㄨㄣ k'uen³ ㈡(혼) 元
㈠❶두드릴곤(叩椓)。❷짚신삼을곤(織也)。【孟子】ㅣ屨織席。㈡❶취할혼(取也)。❷짤혼(纂組)。

【捇】(혁) 陌 カク、ほる dig
흙팔혁(掘土)。

【捈】(도) 虞 ト、ひく draw
❶궁굴릴도(臥引)。【方法】ㅣ中心之所欲通諸人之嚍嚍者莫如言。❷당길도(引也)。

【捉】(착) 覺 サク、ソク、とる catch ㄓㄨㄛ chuo¹
❶쥘착(搤也)。❷잡을착(握也)。【漢書】周公躬吐ㅣ之勞。❸사로잡을착(捕也)。❹수자리살착(守ㅣ邊戍)。【唐書】兵之戍邊者大曰軍小曰守ㅣ。

【捊】(부) 尤 フ、ブ、くさとる weed out
❶김맬부(引取治田)。【禮註】謂以手ㅣ聚即耕種耘鋤也。❷움큼부(掬也)。❸칠부(擊也)。❹당길부(引也)。(『抔·掊』와 통함)

【捌】(팔) 黠 ハツ、ハチ、やぶる break ㄅㄚ pa¹
❶깨뜨릴팔(破也)。❷나눌팔(分也)。❸칠팔(擊也)。【淮南子】解捽者不在於ㅣ格在於批。(『八·扒』과 같음)

【捋】(랄) 曷 ラツ、つみとる pull out ㄌㄨㄛ luo¹·³
❶쏙쏙뽑을랄(以指歷取)。【詩】采采芣苢薄言ㅣ之。❷만질랄(摩也)。【潘岳笙賦】郁ㅣ劫捂。

【捍】(한) 翰 カン、ふせぐ block ㄏㄢ han⁴
❶호위할한(衛也)。❷막을한(抵也)。❸팔찌한(臂ㅣ射具)。(『扞』과 같음)

【捏】(날) 屑 ネツ、おさえる press ㄐㄩㄢ chüan¹ (本音「녈」)
❶꽉찍을날(捺也)。❷꽉누를날(搦也)。❸주워모을날(捻聚)。❹만들날(作也)。

【捎】㈠(소) 效 ショウ、のぞく remove ㄕㄠ shao¹ ㈡(소) 肴
㈠❶덜소(除也)。【周禮】輪人以其圍之阞ㅣ其藪。❷흔들거릴소(ㅣ搖動貌)。㈡❶추릴소、출소(撟ㅣ凡取物之上者)。❷버릴소(芟也)。【史記】以夜ㅣ免絲去之。❸휙찰소(掠也)。【校獵賦】曳ㅣ星之旃。❹말이름소(良馬名蒲ㅣ)。

【捐】(연) 先 エン、すてる throw ㄋㄧㄝ nieh¹
❶버릴연(棄也)。【漢書】自我得之自我ㅣ之無所恨。❷덜릴연(除去損也)。【史記】ㅣ不急之官。❸병들어죽을연(ㅣ瘠病死)。【列子】生相憐死相ㅣ。

【捒】㈠(송) 腫 ショウ、つつしむ respect ㈡(수) 遇
㈠공경스러울송(敬也)。(『竦』과 같음) ㈡묶을수(裝也)。

【挪】(야) 麻 ヤ、あざける banter ㄧㄝ yeh¹·²

희롱지거리할야(ㅣ揄擧手相弄)。【白樂天詩】時遭人指點數被鬼ㅣ。(『揶』와 같음)

【捔】(각) 覺 カク、からみしばる bind
❶받들각、 떠밀각(掎ㅣ紲後絓前)。【左傳】譬如捕鹿者晋人ㅣ之諸戎掎之。❷앞뒤로얽을각(絆也)。

【捕】(포) 遇 ホ、ブ、とらえる catch ㄅㄨˇ pu3·4
小篆 草書 사로잡을포(逮ㅣ擒捉)。【漢書】遣吏 分曹逐ㅣ。【說文】其人亡而討ㅣ之。

【捗】㊀(척) 陌 チョク、ホ、はかどる ㊁(보) 遇 progress
草書 ㊀나갈척(進也)。㊁❶북더기모을보(收亂草ㅣ攎)。❷칠보(打也)。❸거둘보(收斂)。

【捘】㊀(준) 眞 シュン、おす ㊁(준) 願 push
小篆 小篆 草書 ㊀누를준(按也)。㊁❶밀칠준(推擠)。❷손톱으로찌를준(搯也)。

【捜】(수)『搜』(手部 10畫)의 略字

八畫

【捙】(특) 職 トク、おす push
❶쥐어박을특(拳打)。❷밀 칠 특(挨也)。

【捥】(완) 寒 翰 ワン、うで arm
草書 팔뚝완(臂也)。【史記】海上燕齊之閒 莫不搤ㅣ而自言有禁方能神仙焉。(『腕』과 같음)

【捦】(금) 侵 キン、にぎる grasp
小篆 或體 ❶움킬금(急持)。❷잡을금(捉也)。(『擒·襟』과 通함)

【掊】(답) 合 トウ、ゆびおおい thimble
小篆 골무답(裁縫指物)。

【掾】(탁) 覺 タク、うつ beat
❶칠탁(擊也)。❷밀칠탁(推也)。❸말뚝탁(刺木)。(『椓』과 같음)

【摽】(표) 嘯 ヒョウ、わける distribute
❶나누어줄표(分與)。❷헤 칠 표(散也)。

【捧】(봉) 腫 ホウ、ささげる raise ㄆㄥˇ p'êng3
草書 ❶받들봉(兩手承)。❷움큼봉(掬也)。(『奉』과 같음)

【捨】(사) 馬 シャ、すてる throw ㄕㄜˇ shê3
小篆 草書 ❶놓을사(釋也)。❷버릴사(棄也)。【宋書】殷淳愛好文義未嘗違ㅣ。❸베 풀사(施也)。❹줄사(與也)。(『舍』와 같음)

【捩】(렬) 屑 レツ、レイ、ねじる bend ㄌㄧㄝˋ lieh4
草書 ❶휘어꺾을렬(拗也)。❷비 틀 렬(紾也)。【韓愈文】ㅣ手翻羹。❸끌렬(撕也)。❹되돌아올렬(復歸)。(『攦·戾』과 通함)

【捫】(문) 元 ボン、モン、なでる caress
小篆 草書 ❶어루만질문(撫持)。【詩】莫ㅣ朕舌。❷잡을문(摸也)。【史記】漢王傷胸乃ㅣ足曰虜中吾指。

【捴】(홀) 月 コツ、はらう dust
먼지털홀(拂塵)。

【拊】(부) 虞 フ、なでる stroke
❶어루만질부(按撫)。❷위로할부(慰也)。(『拊·撫』와 통함)

【捭】㊀(패) 蟹 ハイ、ヒャク、なげうつ ㊁(벽) 陌 throw ㄅㄞˇ pai3
小篆 草書 ㊀❶두손으로칠패(兩手擊)。❷던질패(擲也)。【吳都賦】莫不衂銳挫鋩拉ㅣ摧藏。㊁❶열벽(開也)。「鬼谷子有ㅣ闔篇蘇秦學ㅣ闔揣摩」。❷꺾을벽(折也)。

【捱】(애) 佳 ガイ、ふせぐ intercept ㄞˊ ai2
❶막을애(拒也)。❷늘어질애(ㅣ過延緩)。

【据】㊀(거) 魚 キョ、よる ㊁(거) 御 hold ㄐㄩ chü1
小篆 草書 ㊀❶가질거(戟挶持也)。❷길거할거 (拮ㅣ手足爲事)。㊁❶의지할거(依也)。❷손병거(手病)。(『據』와 같음)

【捲】㊀(권) 先 ケン、こぶし ㊁(권) 銑 clench one's fist ㄐㄩㄢˇ chüan
小篆 草書 ㊀❶주먹부르쥘권 (氣勢)。【齊語】有 ㅣ勇股肱之力。❷힘우쩍우쩍쓸권(ㅣㅣ用力貌)。【莊子】ㅣㅣ乎后之爲人葆力之士也。㊁걷을권(斂也)。【史記】席ㅣ常山之險。(『卷』과 같음)

【捵】(전) 銑 テン、のばす straighten ㄔㄣ ch'en1
바로잡을전(手伸物)。

【捴】(총)『摠』(手部 11畫)과 같음

【捶】㊀(추) 紙 スイ、タ、むちうつ lash ㊁(타) 哿 ㄔㄨㄟˊ ch'uei2
小篆 草書 ㊀❶종아리칠추 (以杖擊)。【魏志】加 其ㅣ扑之罰。❷짓찧을추(擣也)。【禮】欲乾肉則ㅣ而食之。㊁헤아릴타(忖度)。(『揣』와 같음)

【捷】(첩) 葉 ショウ、かつ win; fact ㄐㄧㄝˊ chieh2
小篆 草書 ❶사냥할첩(獵也)。❷이길첩(剋也)。【詩】一月三ㅣ。❸첩서첩(ㅣ書、報勝)。❹빠를첩(敏疾)。【詩】征夫ㅣㅣ。

【捺】(날) 曷 ナツ、おす stamp ㄋㄚ na^{4}
草書 ❶손가락으로누를날、수장찍을날(手 重按)。❷도장찍을날(押印)。❸삐칠날(書法有—)。〔書法離鉤〕徵斜曰—人大等字是也橫過曰波之道等字是也。

【捻】(념) 葉 ネン、おす press ㄋㄧㄝ nieh^{1} (本音「녑」)
小篆 草書 손가락으로찍을념(指—捏也)。〔靑瑣 高議〕明皇時有獻牧丹者貴妃手印於花 上詔栽仙春館來歲花瓣有指印名爲一—紅。

【捼】 ㊀(뇌) 灰 ㊁(나) 歌 ダ、もむ rub ㄋㄨㄛ nuo^{2}
小篆 草書 ㊀비빌뇌(兩手切摩)。(『挼』와 같음) ㊁❶꺾을나(摧也)。❷문댈나(抄也)。

【捽】(졸) 月 ソツ、つかむ grasp ㄗㄨㄛ tsuo^{2}
小篆 草書 ❶꺼두를졸(持頭髮)。〔淮南子〕溺則 —其髮而拯。❷찔릴졸(觸也)。〔莊子〕齊人之井飮者相—也。

【捾】(알) 曷 アツ、ひく draw
小篆 ❶당길알(援也)。❷손톱제길알(搯也)。❷취할알(取也)。

【捿】(서) 齊 セイ、すむ roost
草書 깃들일서、살서(幽居)。〔謝靈運詩〕忞此永幽—。(『栖』와 같음)

【㨁】(지) 寘 ジ、もつ hold
❶가질지(持也)。❷꽂을지(拄杖)。

【掁】(쟁) 庚 ジョウ、ふる pierce
❶찔릴쟁、찌를쟁(觸也)。❷두드릴쟁(撞也)。❸더듬을쟁(揬也)。〔謝惠連文〕以物—發之應手灰滅。

【掂】(점) 鹽 テン、はかる weigh ㄉㄧㄢ tien^{1}
무게달점(衡也)。

【拼】 ㊀(평) 敬 ㊁(병) 庚 ヘイ、したがえる obey ㄆㄧㄣ p'in^{1}
㊀좇을평(隨從)。㊁물리칠병、제할병(排斥)。

【掃】(소) 號 皓 ソウ、はく sweep ㄙㄠ sao$^{3·4}$
草書 ❶쓸소(灑—抃除)。〔詩〕灑—庭內。❷상투소(髻名鬧—)。(『埽』와 같음)

【掆】 ㊀(강) 陽 ㊁(강) 養 コウ、あげる raise ㄌㄨㄣ luen$^{1·?}$
草書 ㊀들강(擧也)。〔唐書〕—鼓金鉦。㊁끌강(捎—舁也)。

【掄】 ㊀(륜) 眞 ㊁(론) 元 リン、ロン、えらぶ choose ㄌㄨㄣ luen$^{1·?}$
小篆 草書 ㊀가릴륜、고를륜(擇也)。〔周禮〕凡邦工入山林—材不禁。㊁뜻은 ㊀과 같음。

【掇】(철) 曷 テツ、ひろう pick up ㄉㄨㄛ tuo^{4} (本音「탈」)
小篆 草書 ❶주울철(拾取)。〔詩〕采采芣苢薄言—之。❷캘철(採也)。❸말채찍철(馬鞭)。

【授】(수) 有 ジュ、さずける give ㄕㄡ shou^{4}
小篆 ❶줄수(予也)。〔史記〕沛公殆天—。〔禮〕男女不親—。❷부칠수(付也)。

【掉】(도) 嘯 篠 ドウ、ふるう swing ㄉㄧㄠ tiao^{4} (本音「조」)
小篆 草書 ❶흔들도、두를도(搖也)。〔左傳〕末大必折尾大不—。❷떨칠도(振也)。

【掊】 ㊀(부) 尤 ㊁(부) 有 ホウ、あつめる gather ㄆㄡ p'ou^{3}
小篆 草書 ㊀❶헤칠부(把也)。〔史記〕見地如鉤狀—視得鼎。❷덜부(減也)。〔易〕君子以裒多益寡古作—。❸거둘부(聚 斂)。〔詩〕曾是—克。㊁칠부(擊也)。(『剖』와 같음)

【掌】(장) 養 ショウ、てのひら palm ㄓㄤ chang^{3}
小篆 草書 ❶손바닥장(手心)。〔論語〕指其—。❷맡을장(職—主也)。〔書〕冢宰—治 邦。❸고달플장(鞅—失容)。〔詩〕或 王事鞅—。

【掍】(혼) 阮 コン、あわせる put together
小篆 草書 같을혼、맞출혼(同也)。(『混』과 같음)

【掎】(기) 紙 キ、ひく draw ㄐㄧ chi^{3}
小篆 草書 ❶한다리끌기(牽一脚)。〔漢叙傳〕秦 失其鹿劉季逐而—之。❷통길기(發也)。〔西都賦〕機不虛—。

【掏】(도) 豪 トウ、えらぶ choose ㄊㄠ t'ao^{1}
草書 ❶가릴도(擇也)。❷당길도(搯也)。(『搯』와 같음)

【排】(배) 佳 ハイ、おしのける reject ㄆㄞ p'ai$^{2·3}$
小篆 草書 ❶떠밀배、내밀배、밀칠배(推也擠也)。〔史記〕迺—闥直入。❷물리칠배(斥也)。❸벌려놓을배(安置列也)。〔漢書〕相推—成列。

【掐】(겁) 洽 コウ、つまむ pinch ㄑㄧㄚ ch'ia^{1}
小篆 草書 꼬집을겁(爪刺)。

【掔】 ㊀(완) 刪 ㊁(견) 先 ケン、ひく draw (古音「간」)
小篆 草書 ㊀당길완(引也挽也)。㊁끌어갈견(牽去)。〔史記〕鄭襄公肉擠—羊以迎。(『牽』과 같음)

【掖】(액) 陌 エキ、わきばさむ ㄧㄝˋ yeh⁴ join
小篆 草書 ❶낄액、겯들액、부액할액(挾扶)。〔詩〕誘－其君也。❷겨드랑이 액(臂下)。❸큰소매옷액(大袂衣)。〔禮〕衣 逢－之衣。❹궁결채액(－庭宮傍舍)。❺대궐결담액(－垣殿傍垣)。(『腋』과 通함)

【掗】(아) 禡 ア、ゆれる ㄧㄚˋ ya⁴ shake
❶흔들아(搖也)。❷억지로줄아(馬彊給)。

【掘】㈠(굴) 物 クツ、コツ、ほる ㄐㄩㄝˊ chüeh² dig
㈡(궐) 月
小篆 草書 ㈠❶팔굴(搰也)。〔孟子〕有爲者辟若 －井。❷굴팔굴(穿地)。〔詩〕蜉蝣－閱。❸우뚝할굴(特起貌)。〔甘泉賦〕洪臺－其獨出兮。㈡뚫을궐(穿也)。〔易繫辭〕－地爲臼。(『闕·窟』과 通함)

【掙】(쟁) 敬 ソウ、さす ㄓㄥ chêng⁴ pierce
❶찌를쟁(剄也)。❷꺾을쟁(折也)。

【掛】(괘) 卦 カ、ケイ、かける ㄍㄨㄚˋ kua⁴ hang
草書 ❶걸괘、걸릴괘、달괘(懸也)。〔易〕卦者－也言懸－物象以示於人。❷달아둘괘(－置)。(『挂』와 같음)

【掜】(예) 薺 ゲイ、にぎる grasp
❶붙일예(寄也)。❷비길예(擬也)。❸잡을예(捉也)。❹당길예(手筋急)。〔莊子〕兒子終日握而手不－。

【掞】(섬) 豔 セン、のべる ㄕㄢˋ shan⁴ spread
草書 ❶펼섬(舒也)。〔蜀都賦〕摛藻－天庭。❷번쩍할섬(疾動)。(『拠』과 같음)

【掝】㈠(획) 陌 カク、コク、さく tear
㈡(혹) 職
㈠찢을획(裂也)。㈡흐릴혹(惛也)。〔荀子〕以己之焦焦受人之－－。

【掟】(정) 徑 ジョウ、はる enclose
草書 둘러칠정、영갑정(揮張)。

【掠】㈠(량) 漾 リョク、リョウ、かすむ plunder
㈡(략) 藥
小篆 草書 ㈠❶빼앗을량、앗을량(鹵－奪取)。〔左傳〕禁侵－。❷볼기칠량(搒－搒笞)。〔禮記〕毋肆－止獄訟。㈡❶노략질할략(抄－刼人財物)。〔戰國策〕－於郊野以足軍食。❷훽차갈략(拂過)。(『略·剠』과 通함)

【採】(채) 賄 サイ、つみとる ㄘㄞˇ ts'ai³ pick up
草書 ❶딸채、캘채(摘也)。〔戰國策〕芻牧薪－莫敢窺東門。❷취할채(取也)。(『采』와 通함)

【㨆】(름) 寢 リン、ころす kill
❶죽일름(殺也)。❷칠름(打也)。

【探】(탐) 覃 勘 タン、さぐる ㄊㄢˋ t'an⁴ grope
小篆 草書 ❶더듬을탐(遠取之)。〔易繫辭〕－賾索隱。❷찾을탐(闚索)。❸취할탐(取也)。〔書〕惟爾多方－天之威。❹시험할탐(試也)。〔論語〕見不善如－湯。❺엿탐할탐(伺也)。(『撢』과 같음)

【掣】㈠(체) 霽 セイ、セツ、ひく ㄔㄜˋ ch'ê⁴ draw
㈡(철) 屑
草書 ㈠❶끌체、끌릴체(曳也)。❷거리낄체(滯隔不進)。〔唐書〕可任則當要之於終不宜－肘於內也。㈡❶당길철(挽也)。❷들철(揭也)。

【掤】(붕) 蒸 ヒョウ、やづつのふた the lid of a quiver
小篆 草書 전동뚜께붕(箭筩蓋)。〔詩〕抑釋－忌。

【接】(접) 葉 セツ、まじわる ㄐㄧㄝ chieh¹ associate
小篆 草書 ❶사귈접(交也)。❷합할접、더칠접(合也)。❸모을접(會也)。〔易〕晝日三－。❹가질접(持也)。❺받을접(受 也)。❻이을접(承也)。〔史記〕漢興－秦之獘。❼연할접、잇닿을접(－續連也)。〔禮〕堂上－武。❽가까울접(近 也)。〔儀禮〕賓立－西塾。

【㧍】(방)『搒』(手部10畫)의 本字

【控】㈠(공) 送 コウ、ひかえる ㄎㄨㄥˋ k'ung⁴ pull
㈡(강) 講
小篆 草書 ㈠❶당길공(引也)。〔漢書〕－弦四十萬騎。❷고할공(告也)。〔詩〕－于大邦。❸경마잡을공(操制勒止)。〔詩〕抑磬－忌。❹던질공(投也)。〔莊子〕時則不至而－於地而已矣。㈡칠강(打也)。

【推】㈠(추) 支 スイ、タイ、おす ㄊㄨㄟ t'uei¹ push ;chose
㈡(퇴) 灰
小篆 草書 ㈠❶옮길추(順遷)。〔易繫辭〕寒暑相 － 而歲成焉。❷가릴추(擇也)。〔書〕－賢讓能。❸기릴추(獎也)。❹궁구할추(尋繹)。〔漢書〕有意其－本之也。❺파물을추(窮詰)。〔漢書〕天水駱璧－減。㈡밀퇴(排也)。〔禮〕天子三－。〔史記〕－食食我。

【掩】(엄) 琰 エン、おおう ㄧㄢˇ yen³ screen
小篆 草書 ❶거둘엄(斂也)。❷가릴엄、막을엄 (隱翳遮也)。〔禮〕仲夏君子齊戒處必－身。❸닫을엄(閉也)。〔韓愈詩〕獨宿門不－。❹속여잡을엄(襲取)。〔禮〕大夫不－羣。(『揜』과 같음)

【措】 ㊀(조) 遇 ソ、シャク、おく put ㄘㄨㄛˋ ts'uo⁴ ㊁(책) 陌 小篆 草書 ㊀❶둘조(置也)。❷들조(擧也)。❸베풀조(施布)。【禮】ㅣ則正施則行。❹정돈할조(頓也)。【漢書】幾於刑ㅣ。㊁좇아잡을책(追捕)。【漢書】迫ㅣ青徐盜賊。

【掫】 (추) 尤 有 ソウ、よまわり night watch ㄗㄡ tsou¹ 小篆 草書 ❶목탁칠추, 딱다기칠추(干ㅣ行夜擊析)。【左傳】陪臣干ㅣ有淫者。❷칠추(擊也)。

【掬】 (국) 屋 キク、すくう grasp ㄐㄩ chü² 草書 ❶움킬국(兩手撮動)。【禮】受珠玉者 以ㅣ。【左傳】舟中之指可ㅣ。❷움큼국(屈掌)。

【捷】 ㊀(순) 震 ㊁(단) 寒 ジュン、セン、みずなわ plumb ㊀줄띠어다림볼순(望繩取正)。㊁뜻은㊀과같음。

九畫

【揨】 (팽) 敬 ホウ、つく clash ㄆㄥ p'êng⁴ 부딛칠팽(撞也ㅣ擣)。

【掾】 (연) 霰 エン、したやく clerk: cause ㄩㄢ yuan⁴ 小篆 草書 ❶아전연(官屬)。【晋書 謝尙傳】王導辟爲ㅣ。❷인할연(因也)。

【揀】 ㊀(간) 潸 ㊁(련) 霰 カン、レン、えらぶ choose ㄐㄧㄢˇ chien³ 草書 ㊀❶뺄간, 가릴간(選擇)。❷가를간, 분별할간(分別之)。【魏志】袁紹博愛容衆無所ㅣ擇。㊁뜻은 ㊀과 같음。(『柬』과 같음)

【揊】 (문) 吻 ビン、ぬぐう wash 小篆 씻을문(拭也)。(『抆』과 같음)

【揫】 (추) 尤 シュウ、あつめる gather 小篆 모을추(聚也)。

【揃】 (전) 銑 セン、きる sever ㄐㄧㄢˇ chien³ 小篆 草書 ❶가를전(分割)。【唐書 韋表微曰吾 年五十拭鏡ㅣ白。❷자를전(剪也)。【史記魯世家】周公自ㅣ其蚤、沈之河。❸가지런히할전(整齊)。(『翦』과 같음)

【揄】 ㊀(유) 虞 ㊁(유) 尤 ユ、ユウ、ひく draw ㄩˊ yü² 小篆 草書 ㊀❶당길유(引也)。【史記 貨殖傳】ㅣ長袂、躡利屣。❷칭찬할유(ㅣ揚譽言)。【西都賦序】雍容ㅣ揚著於後嗣。❸희롱할유(揶ㅣ擧手笑弄)。【後漢書 王覇傳】市人皆大笑、擧手邪ㅣ之。㊁절구질할유(抒臼)。【詩經 大雅 生民】或舂或ㅣ。

【搩】 (탁) 陌 タク、さく crack ❶터질탁(裂開)。❷벌어질탁(開也)。(『拆』과 같음)

【掔】 (연)『掔』(手部 11畫)의 俗字

【揯】 (경) 梗 コウ、あらまし outline ❶대개경(大略)。❷깨울경(攪也)。(『挭』과 같음)

【揆】 (규) 紙 キ、はかる calculate ㄎㄨㄟˊˇ k'uei²·³ 小篆 草書 ❶헤아릴규(度也)。【易經 繫辭】初率其辭而ㅣ其方。❷법도규(法也)。【孟子 離婁下】先聖後聖其ㅣ一也。❸벼슬규(官名百ㅣ)。【書經 舜典】納于百 ㅣ。

【揣】 (타) 哿 ダ、おとす fall ❶만질타(捫也)。❷떨어질타(落也)。

【揉】 ㊀(유) 尤 ㊁(유) 有 ジュウ、もむ rub ㄖㄡˊ jou² 草書 ㊀❶풀유(調順)。❷부드럽게할유。【詩經 大雅崧高】ㅣ此萬邦。(『柔』와 같음) ㊁❶휘일유(曲直之)。【十八史略 三皇】ㅣ木爲耒。❷바로잡을유(直也)。

【揘】 (횡) 庚 コウ、うつ stroke ㄏㄨㄥ hung¹ 치는소리횡(打聲)。

【揌】 (새) 灰 サイ、うごかす move ❶움직일새(動也)。❷가릴새(擇也)。

【揎】 (선) 先 セン、まくりあげる roll up one's sleeves ㄒㄩㄢ hsüan¹ 草書 소매걷을선(捲袂出臂)。

【描】 (묘) 蕭 ビョウ、えがく picture 草書 그릴묘, 모뜰묘(摹畫)。【圖繪寶鑑】白ㅣ荷花。

【提】 ㊀(제) 霽 ㊁(제) 齊 ㊂(시) 支 ㊃(리) 〔梵語〕 テイ、シ、ひっさげる hold ㄕˊ shi² 小篆 草書 ㊀❶들제(擧也)。【白居易詩】ㅣ魚苦 酒遠相尋。❷끌제, 당길제(挈也)。【詩經】言ㅣ其耳。❸젓가락제(箸也)。【禮記】羹之有菜者用挾ㅣ。❹가만가만걸을제(ㅣㅣ行步安諦)。【詩經】好人 ㅣㅣ。㊁던질제(擲也)。【戰國策奏策】以藥囊ㅣ荆軻。㊂❶떼지어날시(群飛貌)。❷고을이름시(縣名朱ㅣ)。㊃ 보리수리(菩ㅣ樹)。

【㝅】 (구) 宥 ク、しぼる milk 젖짤구(取牛羊乳)。

【掱】 (방) 陽 ホウ、ふせぐ defend ❶막을방(捍也)。❷호위할방(衛也)。

【揑】 (날) 屑 ゲツ、あつめる collect ㄋㄧㄝ nieh¹

❶주워모을날(捻聚)。❷성날(姓也)。

【插】(삽) 洽 ソウ、さしはさむ insert ㄔㄚ ch'a¹ (本音「잡」)
小篆 草書 ❶꽂을삽(刺入)。〔徐凝詩〕美人曾一九枝花。❷질삽(擔也)。

【揘】(황) 庚 コウ、うつ beat
❶칠황(擊也)。❷찌를황(擊刺)。

【揕】(침) 沁 チン、さす pierce
草書 ❶찌를침(刺也)。〔史記 荊軻傳〕手持匕首一之。❷나무베는소리 침(伐木聲)。❸칠침(擊也)。

【揔】(총)『摠』(手部 11畫)의 俗字

【揖】㊀(읍) 緝 ㊁(즙) 緝 ユウ、シュウ、えしゃく bow 一 i¹
小篆 草書 ㊀❶읍할읍(拱手上下)。〔漢書〕酈生長一不拜。❷나아갈읍(進也)。❸깍지낄읍(拱也)。❹공손할읍(遜也)。〔史記 秦始皇紀〕搏心一志。㊁모을즙(聚也)。〔詩經 周南螽斯〕螽斯羽一一兮。(『輯·揖』과 통함)

【揗】(순) 軫 シュン、ジュン、なでる stroke
小篆 ❶만질순(摩也)。❷쓰다듬을순(手相安慰)。

【揚】(양) 陽 ヨウ、あげる raise 一ㄤ yang²
小篆 古文 草書 ❶들날릴양(飛擧)。〔書經 泰誓〕我武惟一。❷필양(發也)。〔周易〕一于王庭。❸나타낼양(顯也)。❹들양(擧也)。〔書〕明明一側陋。❺칭찬할양(稱說)。❻까부를양(簸去糠秕)。〔詩經〕維南有箕不可以簸一。❼도끼양(戚一 鉞也)。〔詩經〕干戈戚一。

❼揚(會圖才三)

【揅】(연) 先 ゼン、もむ rub
小篆 ❶비빌연(揉挱煩一)。❷부스러뜨릴연(碎也)。(『撋』과 같음)

【搜】(수) 尤 シュウ、ソウ、さがす search for
草書 ❶찾을수(索也)。❷수색할수(一索)。❸화살빨리갈수(矢行勁疾)。❹모을수(聚也)。(『搜』와 같음)

【換】(환) 翰 カン、かえる exchange ㄏㄨㄢ huan⁴
小篆 草書 ❶바꿀환(易也)。❷교역할환(交易)。〔李白詩〕呼兒將出一美酒。❸방자할환(畔一 强恣貌)。〔漢敍傳〕項氏畔一。

【揜】㊀(암) 感 ㊁(엄) 琰 エン、おおう shield 一ㄢ yen³
小篆 草書 ㊀❶손으로가릴암(手掩物)。❷가득히덮을암。〔禮記 禮器〕豚肩不一豆。㊁❶찾아가질엄(索取)。❷곤박할엄(困迫)。〔禮記〕篤厚行於善道不使一逼而被困迫也。(『掩』과 같음)

【揝】(잠) 感 サン、てをうごかす wave one's hand ㄗㄨㄢ tsuan⁴
❶손흔들잠(手動)。❷[中字]잡을잠(執也)。

【揞】(암) 感 アン、おおう cover ㄢ an³
❶손으로덮을암(手揞)。❷감출암(藏也)。❸멸할암(滅也)。

【揟】(서) 魚 ショ、うおをとる fish
小篆 ❶고기잡을서(捕魚)。❷고을이름서(地名一次)。

【揠】(알) 黠 アツ、ぬく pull out 一ㄚ ya⁴
小篆 草書 ❶고갱이뽑을알(拔草心)。❷잡아뽑을알。〔孟子 梁惠王上〕宋人有閔其苗之不長而一之者。

【握】(악) 覺 アク、にぎる grasp ㄨㄛ wo⁴
小篆 古文 草書 ❶움큼악、줌악(掌也)。〔詩經〕一粟出卜。❷조그마할악(少貌)。〔禮記王制〕宗廟之牛角一。

【掔】(완) 翰 ワン、にぎる handful
小篆 줌완、움큼완(手握)。

【挌】(객) 陌 キャク、とらえる clutch ㄎㄜ k'ê⁴
움켜잡을객(著也手把)。

【挍】(교) 巧 コウ、まじわる be mixed
❶접할교(接也)。❷섞일교(接交)。❸어그러질교(戾也)。

【揣】㊀(취) 紙 ㊁(타) 哿 シ、スイ、はかる measure ㄔㄨㄞ ch'uai³
小篆 草書 ㊀❶잴취(量也)。〔孟子告子下〕不一其本、而齊其末。❷시험할취(試也)。❸요량할취(忖也)。㊁헤아릴타(忖度)。〔鬼谷子〕善用天下者必一諸侯之情。

【揳】(열) 屑 エツ、めをえぐる rub one's eyes
눈비빌열(捩目)。

【揤】㊀(즉) 職 ㊁(질) 質 ソク、ジツ、つかむ grasp
小篆 ㊀꺼두를즉(捽也)。㊁씻을질(拭也)。

【㨐】(부) 有 ホウ、うつ thrash one's jacket
小篆 옷위로칠부(衣上擊之)。

【𢯱】(종) 東 ソウ、かぞえる slap
❶손으로칠종(手擊)。❷셀종(數也)。

【㨒】(규) 齊 ケイ、さす thrust
찌를규(刺也)。(『刲』와 같음)

【揦】(랄) 曷 ラツ、とぐ grind ㄌㄚ la³

갈랄(硏摩)。

【揩】(개) 佳 カイ、する rub ㄎㄞ k'ai¹ 草書 ❶문댈개(摩拭)。【西京賦】ㅣ枳落突棘藩。❷문질러훔칠개。

【揥】(체) 霽 テイ、こうがい tweezers ㄊㄧ t'i⁴ 草書 ❶족집게체(摘髮)。【詩經】象之ㅣ也。❷버릴체(捐也)。【陸機文賦】意徘徊而不能ㅣ。

揥圖(三才圖會)

【揪】(추)『揫』(次條)와 같음

【揫】(추) 尤 シュウ、たばねる bind up 小篆 ❶묶을추(束也)。❷거둘추(斂也)。【禮記】秋之爲言ㅣ也。❸모을추(聚也)。【廣成頌】ㅣ斂九藪之動物。

【揬】(돌) 月 トツ、つきあたる collide ❶당돌할돌(觸也搪ㅣ)。❷부딛칠돌(衝突)。❸찌를돌(觸也)。

【揭】㊀(게) 霽 ㊁(갈) 月 ㊂(걸) 屑 ケイ、ケツ、あげる hoist ㄐㄧㄝ chi¹ 小篆 草書 ㊀❶높이들게(高擧)。❷옷걷고물건늘게(褰衣涉水)。【賈誼 過秦論】ㅣ竿爲旗。❸등에질게。【史記 東方朔傳】數賜縑帛擔ㅣ而去。㊁뜻은㊀과같음。㊂❶들걸(擧也)。❷세울걸(竪也)。【史記】ㅣ竿爲旗。❸길걸(長貌)。【詩經】葭菼ㅣㅣ。❹일어날걸(起也)。【詩經】維北有斗西柄之ㅣ。

【⿰扌革】(격) 陌 カク、あらためる fix 고칠격(改也)。

【揮】(휘) 微 キ、ふるう flourish ㄏㄨㄟ huei¹ 小篆 草書 ❶뽐낼휘(奮也)。❷휘두를휘(振也)。【李白詩】手ㅣ白陽刀淸晝殺仇家。❸글그림을그릴휘(書畫)。【李頎詩】ㅣ筆如流星。❹헤칠휘(散也)。【周易】六爻發ㅣ旁通情也。❺지휘할휘(指ㅣ)。분별할휘(分別)。❻휘동할휘(動也)。

【揯】(긍) 蒸 コウ、きびしくひく pull(draw) something close 小篆 바싹당길긍(引急)。(『搄』과 같음)

【⿰扌衍】(연) 銑 エン、のべしく spread 펼연(舒布)。

【揱】(삭) 覺 サク、ほそながい pointed 小篆 ❶팔날씬할삭(人臂細長)。❷뾰족할삭(尖銳)。

【揳】(설) 屑 ケツ、セツ、うつ beat 草書 ❶일비뚤게할 설(擮ㅣ作事不方正)。❷쓰다듬을설(撚也)。❸막을설(塞也)。❹소리나게두드릴설(擊鳴)。【史記 貨殖傳】ㅣ鳴琴。❺칠설(擊也)。【後漢書 中屠剛傳】捶ㅣ牽曳於前。

【援】㊀(원) 元 ㊁(원) 霰 エン、たすける help ㄩㄢˊ yüan² 小篆 草書 ㊀❶당길원(引也)。【禮記 儒行】擧賢ㅣ能。❷사다리원(鉤梯)。【詩經】以爾鉤ㅣ。❸끌어잡을원(牽持)。【中庸】左下位、不ㅣ上。❹잡을원(執也)。❺뺄원(拔也)。㊁❶구원할원(救助)。【魯語】爲田隣之ㅣ結諸侯 之信。❷접할원(接也)。

【揵】㊀(건) 先 ㊁(건) 阮 ケン、になう carry on the shoulder 草書 ㊀멜건(以肩擧物)。【後漢書】ㅣ弓韣九鞬。(『楗』과 통함) ㊁❶막을건(閉塞)。【漢書 溝洫志】下淇園之竹、以爲ㅣ。❷들건(擧也)。【司馬相如 上林賦】鰭掉尾。

【揲】㊀(설) 屑 ㊁(접) 葉 ㊂(엽) 葉 セツ、かぞえる feel one's pulse ㄕㄜˊ shê² 小篆 草書 ㊀❶맥짚을설(閱持)。【史記】扁鵲ㅣ荒爪幕。❷손사이에 시초낄설(ㅣ蓍)。【易繫辭】ㅣ之以四以象四時。㊁접을접(摺也)。㊂뜻은㊀ 과같음。

【⿰扌致】(치) 寘 チ、かすみとる plunder 小篆 ❶노략질할치(掠奪)。❷찌를치(刺也)。

【揶】(야) 麻 ヤ、からかう mockery 草書 희롱할야(戲也)。(『挪』와 같음)

十畫

【⿰扌奚】(혜) 佳 ケイ、はさむ insert (本音「해」) ❶낄혜(挾物)。❷붙들혜(扶也)。

【搆】(구) 宥 コウ、ひく draw 草書 ❶얽어맬구(聚也)。❷당길구 (『構』와는別字)

【㩒】(금) 沁 キン、おす press 누를금(押也)。

【搉】(각) 覺 カク、たたく knock ㄍㄡˋ kou⁴ 小篆 草書 ❶두드릴각(敲擊)。【漢書 五行志】高后支斷戚夫人手足ㅣ其眼以爲人彘。❷약간들출각(揚ㅣ都擧)。【漢敍傳】揚ㅣ古今監世盈虛。(『榷』과 통함)

【搊】(추) 尤 シュウ、はじく finger ㄔㄡ ch'ou¹ 손으로퉁길추(五指摳搯手彈)。【唐書】五弦如琵琶而小舊以木撥彈樂工裴神符始手彈爲ㅣ琵琶。

【⿰扌閃】(섬) 豔 セン、はやくうごく flash 번쩍거릴섬(疾動貌)。【射雉賦】ㅣ降丘以馳敵。(『掞』과 같음)

【援】(건) 元 ケン、あいたすける help each other
[小篆] ❶서로도울건(相助)。 ❷멜건(荷肩)。

【搋】㈠(최) 佳 テイ、くじく break ㈡(치) 紙 ㄔㄨㄞ ch'uai¹
㈠쥐어지를최(以拳觸人)。 ㈡❶꺾을치(折也)。 ❷끄을치(拽也)。

【搌】(전) 銑 デン、のびきる spread widely ㄓㄢˇ chan³
❶활짝펼전(展極ㅡ搌)。 ❷묶을전(束縛)。 ❸걷을전(捲也)。 ❹씻을전(拭也)。

【損】(손) 阮 ソン、へる injure ; loss ㄙㄨㄣˇ suen³
[小篆] [草書] ❶덜손、감할손(減也)。【易】ㅡ下益上其道大行。 ❷잃어버릴손(失也)。 ❸피곤할손(疲困)。 ❹삼가할손(愼也)。【十八史略 春秋戰國齊】御者乃自抑ㅡ。 ❺상할손(傷也)。【後漢 李固傳】兆人 傷ㅡ。 ❻깨어질손(破也)。「破ㅡ」 ❼괘이름손(卦名)。

【扌索】(삭) 藥 サク、とる grasp ㄙㄨㄛˇ suo³
❶집을삭(手捉搴ㅡ)。 ❷취할삭(取也)。 ❸구할삭(求也)。(『索』과 통함)

【搸】(소) 遇 ソ、さぐる steal
훔칠소(暗取物)。

【搠】(척) 錫 テキ、かく scratch ㄑㄧㄣˋ ch'in⁴
❶긁을척(搔也)。 ❷벨척(伐也)。

【搏】(박) 藥 ハク、うつ stroke
[小篆] [草書] ❶어루만질박(拊也)。【書經】ㅡ拊琴瑟。 ❷두드릴박(拍也)。【史記 李斯 傳】彈箏ㅡ髀。 ❸취할박(取也)。【史記 李斯 傳】鑠金百鎰盜跖不ㅡ。 ❹손 바닥으로칠박(手擊)。【左傳僖公二十 八年】晉侯夢與楚子ㅡ。 ❺잡을박(捕也)。

【搐】(휵) 屋 チク、ひく attract ㄅㄛˊ po² (本音은「축」)
[草書] 당길휵(牽制)。【賈誼治安策】一二指ㅡ、身慮之聊。

【搒】㈠(방) 陽 ホウ、こぐ row ㈡(방) 庚 ㄆㄥˋ pêng⁴ ㈢(병) 敬
[小篆] [草書] ㈠❶가릴방(掩也)。 ❷볼기칠방(笞掠)。【漢書 張耳傳】吏ㅡ笞數千。 ㈡상앗대방(掉船一歐)。 ㈢❶맞당길병(相牽)。 ❷배저을병(進船)。

【搔】(소) 豪 ソウ、かく scratch ㄙㄠ sao¹
[小篆] [草書] ❶긁을소(手爬)。【詩經 邶風靜女】ㅡ首踟躕。 ❷휘저을소。【漢書 枚乘傳】十圍之木、始生如蘖、足可ㅡ而絕。 ❸분분할소(騷也)。【吳志 陸凱傳】所在ㅡ擾、更爲煩苛。

【搓】(차) 歌 サ、もむ chafe hand ㄘㄨㄛ ts'uo¹
[草書] ❶휘두를차(ㅡ挪)。【陸游 詩】柳細ㅡ難似花新染未乾。 ❷밀고칠차(推擊)。 ❸손비빌차(手相磨)。

【搕】(갑) 合 コウ、とる take
❶칠갑(擊也)。 ❷취할갑(取也)。

【搖】(요) 蕭 ヨウ、ゆるがす shake
[小篆] [草書] ❶흔들요(動也)。【詩經】中心ㅡㅡ。 ❷움직일요(動也)。【唐書 祝欽明傳】據地ㅡ頭睆目。 ❸회리바람불요(暴風 扶ㅡ)。 ❹별이름요(星名招ㅡ)。 ❺머 리치장할요(首飾步ㅡ)。

【搗】(도) 皓 トウ、つく pound ㄉㄠˇ tao³
❶찧을도(舂也)。 ❷다듬을도(手椎)。 ❸방망이질할도(椎也)。(『擣』와 같음)

【搘】(지) 支 シ、ささえる support ㄓ chih¹
[草書] ❶버틸지(拄也)。 ❷고일지(柱砥)。 ❸나무주추지(柱礎)。(『榰』와 같음)

【搙】㈠(녹) 沃 ジョク、ダク、ひねる twist ㈡(낙) 覺 ㈢(누) 宥
㈠비틀녹(捻也)。 ㈡손가락으로누를낙(按也)。 ㈢버틸누(棄也)。

【搚】(랍) 合 ロウ、くじく break
[草書] ❶꺾을랍(挫也)。 ❷부러지는 소리랍(折聲)。【公羊傳】ㅡ幹而殺之。(『拉』과 같음)

【扌毘】㈠(비) 齊 ヒ、ベツ、(すみやかに)ひく ㈡(별) 屑 play quickly
㈠손뒤집어칠비(反手擊)。 ㈡손재게 탈별(手疾彈絃)。【琴賦】搫ㅡ擽捋。

【搜】(수) 尤 ソウ、さがす search ㄙㄡ sou¹
[小篆] [草書] ❶찾을수(索也)。 ❷더듬을수。【韓愈 進學解】獨旁ㅡ而遠紹。 ❸화살빨리가 는소리수(矢行勁疾)。【詩經】束矢其ㅡ。 ❹어지러울수(亂也)。【韓愈詩】炎風日ㅡ攪。(『捜』와 같음)

【搡】(상) 養 ソウ、うつ strike ; beat ㄙㄤˇ sang³
칠상(擊也)。

【搢】(진) 震 シン、はさむ stick ㄐㄧㄣˋ chin⁴
[小篆] [草書] ❶꽂을진(插也)。【唐書 張九齡傳】故事公卿、皆ㅡ笏于帶、而後乘馬。 ❷ 떨칠진(振也)。【吳語】挺鈹ㅡ鐸。(『薦』과 통함)

【搣】(멸) 屑 メツ、にぎる、もむ grasp
[小篆] ❶손길펴때릴멸(批也)。 ❷만질멸(摩 也)。 ❸꺼두를멸(捽也)。 ❹눈썹뽑을 멸(拔眉髮揃ㅡ)。 ❺손으로뽑을멸(手拔)。

【搤】(액) 陌 アク、とらえる grasp ㄜ è⁴
搤 小篆 搹 草書 ❶잡을액(捉也)。【史記 劉敬傳】－天下之吭。❷움킬액(握也)。【史記 周本紀】釋弓－劍。❸가질액(持也)。

【搥】㈠(추) 支 ツイ、タイ、なげうつ beat ㈡(퇴) 灰 ㄔㄨㄟ ch'uei²
搥 草書 ㈠북칠추(擊鼓)。【唐書】三－鼓爲三嚴。(『捶』와 통함) ㈡❶던질퇴(擲也)。【揚子法言】－提仁義。❷망치로칠퇴(搥也)。【唐書 禮樂志】－鼓。(『槌』와 같음)

【搦】㈠(낙) 覺 ジャク、ダク、おさえる press ㈡(닉) 陌 ㄋㄨㄛ nuo⁴
搦 小篆 草書 ㈠❶누를낙(按也)。【史記 扁鵲傳】－髓腦。❷가질낙(持也)。㈡잡을닉(捉也)。【錢俶 小詞】金鳳欲飛遭掣－。

【搧】(선) 先 霰 セン、うつ beat with a fan ㄕㄢ shan¹
부채로칠선(以扇打之)。

【搨】(탑) 合 トウ、うつす copy; print ㄊㄚ t'a⁴
搨 草書 ❶비문박을탑(－碑摹也)。❷베낄탑(寫也)。【梅堯臣詩】韓幹馬本摸－時。(『搭』과 같음)

【搫】㈠(반) 寒 ハン、とらえる catch ㈡(파) 歌
搫 小篆 ㈠[illegible](－擭不正)。㈡❶활터닦을파(射也除地爲場)。❷흩을파(披散)。

【搪】(당) 陽 トウ、ふさぐ block ㄊㄤ t'ang²
搪 草書 ❶베풀당(張也)。❷막을당(塞也)。❸당돌할당(－揬不遜)。

【搬】(반) 寒 ハン、はこぶ transport ㄅㄢ pan¹
搬 草書 ❶옮길반(運也)。❷운반할반(運－)。❸덜반(除也)。

【搭】㈠(답) 合 トウ、かける hang ㈡(탑) 合 ㄉㄚ ta¹
搭 草書 ㈠❶붙을답(附也)。❷걸답(掛也)。【白居易詩】薰籠亂－舊衣裳。❸얹을답(載也)。❹태울답(乘也)。❺칠답(擊也)。㈡❶모뜰탑(模也)。❷박을탑(摸－)。(『搨』과 같음)

【搮】(률) 質 リツ、てわけ select ㄌㄧ li⁴
가릴률(以手理物)。

【搯】(도) 豪 トウ、たたく knock ㄊㄠ t'ao¹
搯 小篆 草書 ❶두드릴도(叩也)。❷검도배울도(双以擊刺)。❸당길도(搯也)。

【搰】(골) 月 コツ、ほる dig ㄏㄨ hu² (本音「홀」)
搰 小篆 草書 ❶[illegible](掘也)。【吳語】狐埋之、而狐－之。❷흐릴골(濁也)。【呂氏春秋 本性】水之性淸、土者－之。❸힘쓸골(用力貌)。【莊子 天地】－－然用力甚多而見功寡。

【搲】(와) 馬 ワ、かく scratch ㄨㄚ wa³
❶긁을와(爬也)。❷당길와(牽引)。

【搳】㈠(할) 黠 カツ、けずる cut ㈡(갈) 黠
搳 小篆 ㈠❶깎을할(刮也)。❷긁을할(擖也)。㈡뜻은 ㈠과 같음。

【搴】㈠(건) 先 ケン、とる take ㈡(건) 銑 ㄑㄧㄢ ch'ien¹
搴 草書 ㈠❶가질건(取也)。❷줄어들건(縮也)。❸뺄건(拔也)。【漢書贊】身履軍－旗者數矣。(『攓』과 같음) ㈡❶빼앗을건(拔取)。【史記 貨殖傳】斬將－旗。❷뺄건(拔也)。

【搵】(온) 願 オン、(ゆびで)おす press with finger ㄨㄣ wen⁴
搵 小篆 ❶손가락으로 누를온(指押)。❷물에 담글온(沈物水中－抐)。

【搶】㈠(창) 漾 ソウ、つく pierce ㈡(창) 養 ㄔㄨㄤ ch'uang³
搶 草書 ㈠❶모을창(集也)。❷찔창(突也)。❸막을창(拒也)。【戰國策】布衣之怒亦以頭－地耳。❹찌를창(刺也)。【校獵賦】角－題注。❺홰채어갈창(飛掠)。【莊子 逍遙遊】飛－楡枋。❻어수선할창(－攘亂貌)。【漢書 賈誼傳】國制－攘。㈡❶찔창(突也)。❷부딪칠창(著也)。❸다투어가져갈창(－奪爭取)。

【掆】(강) 江 コウ、あげる lift
들강(擧也)。(『扛』과 통함)

【搉】(회) 佳 カイ、ぬぐう wash
씻을회(拭也)。

【搷】(전) 先 デン、ひく draw
❶칠전(擊也)。【楚辭】竽瑟狂會－鳴鼓些。❷당길전(引也)。❸날릴전(揚也)。(『抻』과 같음)

【搽】(차) タ、ぬる coat ㄔㄚ ch'a²
바를차(塗飾)。

【搹】(격) 陌 カク、とる handful (of)
搹 小篆 或體 줌격(手把)。

【携】(휴) 『攜』(18畫手部)의 俗字

【搾】(착) 〔新字〕 サク、しぼる squeeze ㄓㄚ cha⁴
搾 草書 ❶짤착(壓物)。❷압박할착「壓－空氣」。

【搿】(격) ラク、もつ hold ㄍㄜ kə²
❶가질격(持也)。❷성격(姓也)。

十一畫

【撒】(살) 曷 サツ、うつ flog ㄙㄚ sa¹
撒 草書 ❶후리칠살(側手擊)。〔公羊傳 莊公十二年〕宋萬臂ㅣ仇牧。❷뭉갤살(掃滅)。❸삭칠살(抹殺)。〔韓愈孟郊墓志〕惟其大翫於辭而與世抹ㅣ。

【撰】(산) 潸 サン、よりわける choose
❶가릴산(精撰揀ㅣ)。❷손으로움직거릴산(以手動物)。

【摍】(숙) 屋 シュク、ひきぬく pick out
小篆 뺄숙(抽也)。

【摎】㊀(규) 尤 キュウ、くくる bundle up ㄐㄧㄡ chiu¹ ㊁(뇨) 巧
小篆 草書 ㊀❶묶을규(束也)。〔漢書五行志〕天雨草、而葉相ㅣ結、大如彈丸。❷잡아당길규(捋也)。❸얽어죽일규(縛殺)。❹맬규(絞也)。〔儀禮〕不ㅣ垂。❺둘릴규(繞也)。㊁흔들뇨(搖也)。

【摏】(용) 冬 ショウ、つく thrust ㄔㄨㄥ ch'ung¹ (古音「송」)
草書 ❶찌를용(衝也)。❷두드릴용(撞也)。❸지쩡을용(擣也)。〔左傳 文公十一年〕ㅣ其喉以戈。

【揅】(연) 先 ケン、みがく polish
小篆 ❶연마할연(靡也)。❷깨칠연(破也)。(『硏』과 통함)

【摐】(창) 江 ソウ、たたく tap ㄔㄨㄤ ch'uang¹
草書 ❶두드릴창(撞也)。〔司馬相如 子虛賦〕ㅣ金鼓、吹鳴籟。❷흔들거릴창(搖也)。〔太玄經〕喬木維ㅣ飛鳥過之或降。❸종칠창(打鐘)。

【㨭】(호) 虞 コ、さからう oppose
❶거스릴호(不順理)。❷펼호(敷施)。

【㨮】(두) 尤 トウ、うつ tear up ㄉㄡ tou¹
잡아헤칠두(擺開)。

【摑】(괵) 陌 カク、うつ slap ㄍㄨㄛ kuo² (本音「괵」)
草書 ❶빰때릴괵(掌耳批)。❷칠괵(打也)。

【摒】(병) 敬 ヘイ、はらう guess ㄅㄧㄥ ping⁴
❶요량할병(料理ㅣ擋)。❷제할병(除也)。(『屛』과 통함)

【摓】(봉) 冬 ホウ、ぬう sew
草書 ❶꿰맬봉、홀봉(以鍼紩衣)。〔莊子 盜跖〕ㅣ衣淺帶。❷받들봉(奉也)。〔史記 龜策傳〕ㅣ策定數。

【摘】㊀(적) 陌 テキ、つむ pick ㄓㄞ chai¹ ㊁(적) 錫 (『縫』과 같음)
小篆 草書 ㊀딸적(手取)。〔唐書〕天后次子賢作 歌曰種瓜黃台下四ㅣ抱蔓歸。㊁❶돋구어낼적(挑發)。❷딸적(拓果)。❸움직일적(動也)。〔元稹詩〕乘去ㅣ船行。(『適』과 같음)

【摔】(솔) 質 シュツ、なげる throw away ㄕㄨㄞ shuai¹·³
땅에 버릴솔(棄放地)。

【摕】㊀(철) 屑 テイ、タイ、つかむ grasp (本音「절」) ㊁(제) 霽
小篆 ㊀❶훼채어갈철(掠去)。❷추릴철(捎取)。㊁움킬제(撮取)。

【摿】(요) 蕭 ヨウ、うごく shake
흔들요(動也)。(『搖』와 같음)

【摝】㊀(록) 屋 ロク、ふるう tremor ㄌㄨ lu⁴ ㊁(로) 虞
草書 ㊀❶떨칠록(振也)。❷움직일록(動也)。㊁건질로(撈也)。

【摙】(련) 銑 レン、になう carry on the shoulder
❶멜련(負荷)。❷운반할련(運搬)。

【摛】(리) 支 チ、のべる spread ㄔ ch'ih¹ (古音「치」)
小篆 草書 ❶펼리(布也、舒也)。❷필리(發也)。〔班固答賓戲〕ㅣ藻如春華。❸베풀리(張也)。

【摜】(관) 諫 カン、おびる girdle
小篆 草書 ❶띠멜관(帶也)。❷익숙할관(習也)。(『慣』과 같음)

【摞】(라) 箇 ルイ、おさめる rule ㄌㄨㄛ luo⁴
다스릴라(理也)。

【摟】(루) 有 ロウ、ル、ひく drag
小篆 草書 ❶끌루(牽也)。〔孟子〕五伯者ㅣ諸侯 以伐諸侯者也。❷품을루(抱持)。〔孟 子〕踰東家墻而ㅣ其處子。

【摠】(총) 董 ソウ、すべて all ㄗㄨㄥ tsung³
草書 ❶거느릴총(統也)。❷모을총(合也)。❸다총、모두총(皆也)。❹무리총(衆也)。❺장수총(將領)。❻맺을총(結也)。(『總』과 같음)

【摢】(호) 遇 コ、おおう cover
덮을호(覆也)。

【摡】㊀(희) 未 ガイ、あらう wash ㊁(개) 隊
小篆 草書 ㊀❶가질희(取也)。❷닦을희(拭也)。㊁씻을개(漑也)。〔周禮 天官世婦〕帥女宮而濯ㅣ爲齊盛。(『漑』와 통함)

【㩁】(찰)『撮』(12畫 手部)과 같음

【摣】(차) 麻 サ、とらえる take up ㄓㄚ cha

擡 草❶잡어쥘치(攄取) 書 차(搏撮)。❷후려칠

【㨷】(근) 問 キン、ぬぐう wash
小篆 씻을근(拭也)。

【摦】(화) 禡 カ、ひろい lenient
小篆 草 書 ❶가로퍼질화(橫大)。❷너그러울화(寬也)。【左傳 昭公二十一年】今鐘－矣。

【摧】(최) 灰 サイ、くじく break ㄘㄨㄟ ts'uei¹
小篆 草 書 ❶꺾을최(折也)。【古詩 焦仲卿妻】寒風－樹木。❷꺾어질최(挫也)。【同詩】－藏馬悲哀。❸억제할최(抑也)。【史記 李布傳】能－剛爲柔。❹망할최(滅也)。【詩經 大雅雲漢】先祖于－。❺저지할최、막아낼최(沮也、止也)。【詩經 邶風北門】室人交徧－我。❻여물최(秣也)。【詩經 小雅鴛鴦】－之秣之。

【摩】(마) 歌 マ、する polish ㄇㄛˊ mo²
小篆 草 書 ❶갈마(硏也)。【孟子 梁惠王上】爲長者折枝。❷닦을마(揩也)。❸가까와질마(迫也)。【郭璞詩】閶闔天開勢－邈。❹미칠마(及也)。❺멸할마(滅也)。【史記 平準書】姦或盜－錢裏取鎔。❻헤아릴마(揣－)。【管子】－之符也內內符者揣之主也。

【[illegible]】(배) 賄 ハイ、おこす flourish
❶빌배(手起物令虛)。❷떨칠배(揚也)。

【摫】(규) 支 キ、たつ cut
마르잴규、마름질할규(裁也)。【方言】裂帛爲衣曰－。

【摭】(척) 陌 セキ、ひろう pick up ㄓˊ chih²
草 書 주울척(拾取)。【漢書 司馬遷傳贊】采經－傳。(『拓』과 같음)

【摰】(체) 霽 シ、ひきこむ pull
끌어당길체(曳挽)。

【摮】㊀(오) 豪 ゴウ、うつ beat
㊁(교) 肴
草 書 ㊀칠오(擊也)。㊁가로칠교(橫擿)。

【摯】(지) 寘 シ、とる、まこと grasp ㄓˋ chih⁴
小篆 草 書 ❶잡을지(握持)。❷지극할지(至也)。【書經】大命不－。❸폐백지(執物相見禮)。【禮】凡－天子鬯諸侯圭卿羔大夫鴈士雉庶人之－匹。❹나아갈지(進也)。【戰國策】近習之人其－諂也固矣。❺극진할지(極也)。【周禮】凡甲鍛不－則不堅。❻사나울지(猛也)。

【[illegible]】(참) 覃 感 サン、きりとる cut off
小篆 ❶물막을참(防水)。❷꺾어가질참(截取)。❸칠참(擊也)。

【摲】㊀(삼) 咸 サン、かる cut down
㊁(참) 陷
草 書 ㊀풀벨삼(芟也)。【禮記】君子之於禮也有－而播也。㊁❶물막을참(投版偃水)。❷던질참(投也)。❸벨참(芟也)。

【摳】㊀(구) 虞 コウ、ク、かかげる draw
㊁(구) 尤 ㄎㄡ k'ou¹
小篆 草 書 ㊀치마걷어들구(褰裳)。㊁❶끌구(提也)。【禮記 曲禮】－衣趨隅。❷더듬을구(探取)。【列子 黃帝】以瓦－者巧。

【摴】(저) 魚 チョ、のべる spread ㄕㄨ shu¹
小篆 草 書 ❶펼저(舒也)。❷상륙저(－蒱局戲)。

【摵】(색) 陌 サク、おちる fall
小篆 草 書 ❶주릴색(捎也)。❷뚝뚝떨어질색(隕落貌)。❸우수수잎이떨어지는소리 색(落葉聲)。【白居易 琵琶行】楓葉荻花秋－－。

【摶】(단) 寒 タン、セン、まるい circular ㄊㄨㄢ t'uan²
小篆 草 書 ❶후려칠단(擊也)。❷둥글단(圓也)。【禮記 曲禮】毋－飯。❸흙장인단(－埴土工)。【周禮】－埴之工二。❹헤아릴단(揣度)。❺잡을단(握也)。【史記 田齊世家】－三國之兵(『專』과 통함)

【摸】㊀(모) 虞 ボ、モ、うつす model
㊁(막) 藥 ㄇㄛ mo¹
草 書 ㊀❶규모모(規－)。❷본뜰모(規倣－範)。㊁더듬을막(手捉)。「雜纂新續怕人知」袖中－得風。

【摹】(모) 虞 ボ、モ、ならう pattern ㄇㄛˊ mo²
小篆 草 書 ❶규모모(規也)。【史記】雖日不暇給規－弘遠矣。❷모뜰모、본뜰모、체받을모、닮을모(－寫)。【後漢書】正定 六經文字蔡邕 自書册於碑使工 鐫刻立於太學門外觀視及－寫者車乘日千餘兩。(『摸』와 통함)

【㨾】(양)『樣』(木部 11畫)과 같음

【摺】㊀(랍) 合 ロウ、ショウ、たたむ fold
㊁(접) 葉 ㄓㄜˊ chê²·³
小篆 草 書 ㊀❶꺾을랍(折也)。❷분지를랍。【史記 范雎傳】魏齊使人笞擊范雎折脅－齒。㊁❶접을접、재킬접(疊也)。❷패할접(敗也)。

【摻】㊀(섬) 鹽 セン、サン、とる catch
㊁(삼) 咸 ㄕㄢ shan¹
㊂(삼) 豏
㊃(참) 勘
小篆 草 書 ㊀손길야들야들 고울섬(好手貌)。【詩經】－－女手可以縫裳。㊁뜻은 ㊀과 같음。

三❶잡을삼(執也)。〔詩經 鄭風遵大路〕ㅣ執子之袪兮。❷가질삼(取也)。四북장단참(鼓曲)。〔古歌〕邊城晏開漁陽ㅣ黃塵蕭蕭白日暗。

【摽】 一(표) 蕭 ヒョウ うつ strike 二(표) 篠 ㄆㄧㄠˇ p'iao³ 小篆 草書 一❶칠표(擊也)。〔左傳 哀公十二年〕長木之斃無不ㅣ也。❷두를표(麾也)。〔公羊傳〕曹子ㅣ劍而去之。❸칼끝표(刀末)。〔漢書 王莽傳〕ㅣ末之功。(武功)。(『標』와 통함) 二❶찔러밀칠표(ㅣ擊)。❷떨어질표(落也)。〔詩〕ㅣ有梅。❸가슴만질표(拊心貌)。〔詩經 邶風柏舟〕寤辟有 。

【摼】(경) 庚 ケイ、うつ beat violently 小篆 ❶머리두드릴경(扣頭)。❷몹시칠경(强擊)。

【扌副】(벽) 職 ヒョク、さく incise 草書 종기쨀벽(ㅣ症)。

【揞】(음) 侵 イン、たおれる fall 草書 넘어질음(倒也)。

【扌處】(거)『據』(手部13畫)의 俗字

十二畫

【撅】 一(궤) 霽 ケイ、ケツ、ほる、うがつ dig 二(궐) 月 小篆 草書 一옷걷을궤(揭衣)。〔禮記 內則〕不涉不ㅣ。二❶던질궐(投也)。❷칠궐(擊也)。〔唐書 褚遂良傳〕ㅣ高昌纓突厥。❸팔궐(掘也)。〔孫子序〕ㅣ其城郭。❹주사위궐(菜ㅣ擣蒲)。(『掘』과 같음)

【撈】(로) 豪 ロウ、とる scoop up 草書 ❶건져낼로(鉤ㅣ沈取)。❷〔國字〕공게로(農具曳介)。

【撆】(별)『撇』(攴條)의 本字

【撇】(별) 屑 ヘツ、うつ beat ㄆㄧㄝ p'ieh¹·³ 小篆 草書 ❶칠별(擊也)。❷오른쪽삐칠별(書法右ㅣ)。〔書法離鉤〕長ㅣ須迅其鋒。❸당길별(引也)。(『撆』과 같음)

【撊】(한) 潸 カン、いかる angry 草書 불끈성낼한(ㅣ然勁忿貌)。〔左傳 昭公十八年〕今執事ㅣ然授兵登陴。

【撋】(연) 先 ゼン、もむ rub ㄖㄨㄢˊ juan² 草書 ❶꺾을연(摧物)。❷문댈연(揉抄)。❸닦을연(拭也)。(『擩·㨎』과 같음)

【撁】(견)『牽』(牛部7畫)의 古字

【撍】(잠) 侵 セン、サン、あつめる gather ❶모을잠(聚也盍ㅣ)。❷빠를잠(疾也)。(『簪』과 통함)

【攐】(건) 銑 ケン、ぬきとる pull out 小篆 빼가질건(拔取)。

【撎】(의) 寘 エイ、えしゃく bow 小篆 草書 읍할의(揖也、擧手下手)。(『揖』과 통함)

【撏】 一(잠) 覃 ジン、とる take 二(섬) 侵 ㄒㄩㄣˊ hsün² 草書 一가질잠(取也)。二❶더듬을섬(探也)。❷뜯을섬(摘也)。❸취할섬(取也)。

【撑】(탱)『撐』(攴條)의 俗字

【撐】(탱) 庚 トウ、ささえる support (古音「쟁」) ㄔㄥ ch'êng¹ 草書 ❶버틸탱(以柱ㅣ物)。〔韓愈詩〕赤龍黑烏燒口熱翎鬣倒側相搪ㅣ。❷취할탱(取也)。❸헤칠탱(撥也)。

【撓】 一(뇨) 肴 ドウ、みだれる 二(뇨) 巧 scratch 三(뇨) 效 ㄋㄠˊ nao² 小篆 小篆 草書 一긁을뇨(抓搔)。〔左傳 十三年〕ㅣ亂我同盟。二❶흔들뇨(擾也)。❷교란할뇨(攪也)。〔左傳 成公二年〕師徒ㅣ敗。三❶굽할뇨(屈也)。〔孟子 公

【撒】(살) 曷 サツ、さらす、まく sprinkle ㄙㄚ sa¹·³ 草書 ❶흩어버릴살(散放)。❷흩어질살(散也)。❸뿌릴살(ㅣ水)。

【擂】(류) 宥 リュウ、ひく pull 小篆 或體 或體 或體 ❶당길류(引也)。❷손으로고르게할류(以手平物)。

【扌畫】(획) 陌 カク、さく scratch ❶찢을획(裂也)。❷나눌획(分也)。(『掝』과 같음)

【撕】(시) 齊 セイ、ひっさげる drag ㄙ ssŭ¹ 草書 ❶끌을시(提也)。〔漢書 賈誼傳註〕提ㅣ之。

【撗】(광) 漾 コウ、みちる full ❶채울광(充也)。❷가득할광(滿也)。(『擴』과 통함)

【撘】(탑)『搭』(手部10畫)과 같음

【撙】(준) 阮 ソン、くじく setback ㄗㄨㄣˇ tsuen³ 草書 ❶꺾어질준(挫也)。〔戰國策〕伏軾ㅣ銜橫歷天下。❷맞갖게할준、존절할준(裁抑)。〔禮記 曲禮〕恭敬ㅣ節。❸엉클어질준(聚貌)。〔甘泉賦〕齊總總ㅣㅣ其相膠葛

【撚】(년) 銑 ネン、デン ふむ trample ㄋㄧㄢˇ nien³
❶잡을년(執也)。〔白居易詩〕輕攏慢ㅡ撥復挑。❷닦을년(以手拭物)。❸밟을년(蹂也)。❹손끝으로 비빌년(指頭相摩)。

【𢹿】(린) 軫 リン、たすける save
구원할린(扶助)。

【撜】(승) 蒸 ショウ、すくう deliver
건질승(拯也)。

【撝】㊀(휘) 支 ㊁(위) 支 キ、さく tear ㄏㄨㄟ huei¹
㊀❶찢을휘(裂也)。〔廣成頌〕ㅡ介鮮。❷두를휘(揮也)。〔易經 謙卦〕ㅡ謙。㊁도울위(佐也)。〔太玄經〕事貌用恭ㅡ肅。

【撞】(당) 絳 江 トウ、つく pound ㄓㄨㄤˋ chuang⁴ (古音은「장」)
❶칠당、두드릴당(擊也)。〔魏志〕萬石之鐘不以莛ㅡ起音。❷지을당(手擣)。〔戰國策〕迫則杖戟相ㅡ。❸부딪칠당(衝也)。

【撟】㊀(교) 篠 ㊁(교) 蕭 キョウ、あげる raise ㄐㄧㄠˇ chiao³
㊀❶손들교(擧手)。〔荀子 臣道〕ㅡ然剛折。❷천단히 할교(擅也)。〔漢書〕ㅡ制以令天下。❸바로잡을교(正曲)。〔漢書 諸侯王表〕ㅡ枉過直。❹굿굿할 교(强貌)。〔荀子〕ㅡ然剛折端立而無傾側之心。(『矯』와 같음) ㊁❶밟힐교(鞣也)。❷노략질할교(ㅡ捎略取)。

【撠】(극) 陌 ケキ、もつ hold
❶가질극(持也)。〔史記〕救鬪者不搏ㅡ。❷칠극(擊也)。(『戟』과 통함)

【撡】(삼)(참)『摻』(11手部畫)의 俗字
(조)『操』(13手部畫)의 俗字

【撢】(탐) 勘 タン、さぐる grope ㄊㄢˋ t'an⁴
❶더듬을탐(遠索)。❷찾을탐(探也)。(『探』과 같음)

【撤】(철) 屑 テツ、のぞく vacate ㄔㄜˋ ch'ê⁴
❶걷을철、치울철(除也)。〔唐書 高宗紀〕減膳ㅡ樂。❷피울철(發也)。❸빼낼철(抽也)。❹긁을철(剔也)。

【撣】㊀(탄) 旱 ㊁(선) 先 タン、セン、ふれる collide with ㄉㄢˇ tan³
㊀❶부딪칠탄(觸也)。❷다닥칠탄(觸也)。㊁당길선(牽引ㅡ援)。

【撥】(발) 曷 ハツ、おさめる govern ㄅㄛ po¹
❶다스릴발(治也)。〔史記 太史公自序〕ㅡ亂世、反諸正。❷제할발(除也)。〔漢書司馬遷傳〕秦ㅡ去古文。❸뒤집을 발(轉之)。〔戰國策〕弓ㅡ矢鉤。❹상엿 줄발(葬具紼也)。〔禮記〕廢輴而設ㅡ竊禮之不中者也。❺채발(鼓絃物)。❻말 이름발(良馬名叱ㅡ)。

【撦】(차) 馬 シャ、ひらく tear ㄔㄜˇ ch'ê³
❶젤차(裂開)。❷뜯을차(ㅡ圻啓也)。〔劉克莊題跋〕溫李諸人困于撏ㅡ。(『扯』와 통함)

【撨】(초) 蕭 ショウ、えらぶ choose
❶골라가질초(擇取)。❷밀칠초(推也)。❸닦을초(拭也)。

【撌】(비) 未 ヒ、うちたおす knock down
때려넘어뜨릴비(擊仆)。

【撩】㊀(료) 蕭 ㊁(료) 篠 リョウ、すくう seize ㄌㄧㄠˊ liao²·²
㊀❶가릴료(理也)。❷움킬료(取物)。❸으를료(挑弄)。〔魏志 龐德傳〕但持長矛ㅡ戰。(『繚』와 같음) ㊁❶붙들료(扶也)。❷취할료(取也)。

【撫】(무) 麌 ブ、なでる caress ㄈㄨˇ fu³ (古音「부」)
❶누를무(按也)。〔禮記〕君ㅡ僕之手。❷어루만질무(安存)。〔左傳 文公十二年〕鎭ㅡ其社稷。❸위로할무(慰勉)。〔孟子 梁惠王上〕ㅡ四夷。❹좇을무(循也)。❺두드릴무(拍也)。〔晉書 謝尙傳〕尙便著衣幘而舞、導令坐者ㅡ掌擊節。

【㨲】(책) 陌 サク、たすける help
붙들어도울책(扶助)。

【撬】(교) 蕭 キョウ、あげる lift ㄑㄧㄠ ch'iao¹·⁴
들교(擧也)。

【播】(파) 箇 ハ、まく sow ㄅㄛˋ po⁴
❶심을파(種也)。〔詩經 豳風七月〕其始ㅡ百穀。❷펼파(布也)。〔書經 盤庚〕王ㅡ告之修不匿厥指。❸버릴파(棄也)。〔書經〕ㅡ棄黎老。❹헤칠파(散也)。〔書經〕又北ㅡ爲九河。❺까불파(揚也)。〔莊子人閒世〕鼓筴ㅡ精。❻달아날파(逋也)。「ㅡ遷、ㅡ越」

【撮】(촬) 曷 サツ、つまむ gather ㄗㄨㄛˇ tsuo³
❶자밤촬(兩指取)。〔中庸〕今夫地、一ㅡ土之多也。❷머리끄덩이잡을촬(摠取)。〔漢書〕司馬遷ㅡ名法之要。❸당길촬(挽也)。❹비칠촬(暎也)。❺모을촬(聚也)。❻수이름촬(數名六十四黍爲圭四圭爲ㅡ)。

【擖】(압)『擪』(14手部畫)과 같음

【撰】 ㊀(찬) 潸 サン、セン、 compose そなえる ㊁(천) 銑 ㊂(천) 霰 ㄓㄨㄢˋ chuan⁴

草書 ㊀❶갖출찬(具也)。❷일찬(事也)。【論語】異乎三子者之－。❸글지을찬(－求屬辭記事)。【唐書】史館修－國史。❹법찬(則也)。【易繫辭】以體天地之－。(『纂』과 같음) ㊁뜻은 ㊀의 ❷와 같음。㊂❶지을천(述也)。【歐陽修詩】任君居太原白首勤著－。❷가질천(持也)。【禮記曲禮】君子欠伸－杖屨。❸모을천(集也)。❹고를천(擇也)。(『譔』과 같음)

【撲】 ㊀(복) 屋 ボク、うつ strike ㊁(박) 覺

草書 ㊀❶두드릴복(拂著擊)。【書】若火之燎于原不可嚮邇其猶可－滅。❷씨름할복(相－挨也)。❸엎드러질복(踣也)。(『扑』과 통함) ㊁❶맞부딪칠박(相－挨也)。❷엎드러질박(踣也)。❸없앨박(滅也)。❹칠박(擊也)。「－殺」。

【撱】 (타) 哿 タ、ほそながい lanky ㄆㄨ p'u¹

草書 갸죽할타(狹長)。

【搜】 (수) 尤 シュ、かぜふく fatting scattered

우수수할수(－－蕭條)。

十三畫

【撻】 (달) 曷 タツ、むちうつ flog ㄊㄚ t'a⁴

小篆 古文 草書 ❶종아리칠달(打也)。【十八史略】春秋戰國魯王有過則－伯禽。❷매맞을달 【書經說命】若－于市。❸빠를달(疾也)。【詩】－彼殷武。❹농구이름달(農具名)。

(農政全書) 撻

【撼】 (감) 感 カン、うごかす move ㄏㄢˋ han⁴ (古音「함」)

草書 ❶흔들감(搖也)。【韓愈詩】蚍蜉－大樹。❷깨뜨릴감(破也)。【宋史 蘇軾傳】元豐舊黨、多起邪說、以搖－在位。❸움직일감(動也)。

【撽】 ㊀(교) 效 ケキ、コウ、うつ beat ㊁(격) 錫

小篆 草書 칠교(擊也)。【莊子 至樂】－以馬捶。㊁뜻은 ㊀과 같음。

【⿱敫手】 (교) 『撽』(前條)의 本字

【撾】 (과) 歌 麻 カ、うつ beat ㄓㄨㄚ chua¹

草書 ❶칠과(擊也)。【魏志 太祖紀】伯魚三娶孤女謂之－婦翁。❷두드릴과(打也)。【岑參詩】軍中置酒夜－鼓。

【撿】 (검) 琰 ケン、しらべる examine ㄐㄧㄢˇ chien³

小篆 草書 ❶잡을검(拱也)。❷구속할검(拘束)。【漢書】郡事皆以法令－式。❸생각할검、관찰할검、조사할검。【晉書 周顗傳】王導料－中書故事。❹비교할검(校也)。❺검사할검(巡察)。(『檢』과 통함)

【擀】 (간) 旱 カン、てをひろげる spread out one's hand ㄍㄢˇ kan³

손으로펼간(以手伸物)。

【擁】 (옹) 冬 腫 ヨウ、いだく embrace ㄩㄥ yung¹

小篆 草書 ❶안을옹、품을옹(抱也)。「抱－、兄弟相－而泣」。❷낄옹、가질옹(持也)。【漢書高帝紀】太公－篲。❸옹위할옹(羣從衛也)。【十八略宋】爭－馬首。❹가릴옹(摭也)。❺이바지할옹。【禮記內則】女子出門心－蔽其面。(『壅』과 통함)

【擂】 ㊀(뢰) 灰 ライ、する grind ㄌㄟˋ lei⁴ ㊁(뢰) 隊

草書 ㊀❶갈뢰(硏也)。❷닦을뢰。㊁❶돌내려굴릴뢰(推石自高而下)。❷칠뢰、두드릴뢰(－鼓)。

【擄】 (로) 麌 ロ、かすめる seize ㄌㄨㄛˇ luo³

草書 ❶노략질할로(掠也)。❷사로잡을로(獲也)。❸항복받을로(服也)。(『虜』와 같음)

【擅】 (천) 霰 セン、ゼン、ほしいまま act without authority (古音「선」)

小篆 草書 ❶오로지할천(自專)。❷제 마음대로 할천(任意)。【史記 孔子世家】晉平公 淫六卿－權。

【擇】 (택) 陌 タク、えらぶ select ㄓㄞˊ chai² (古音「책」)

小篆 古文 草書 ❶가릴택、추릴택、뽑을택(選也)。❷차별할택(差也)。【書經】罔有－言在躬。【孟子 梁惠王上】則牛羊何－焉。

【擛】 (설) 屑 セツ、ジョウ、たたむ fold

❶맥짚을설(閱持)。❷접을설(摺也)。(『揲』과 같음)

【擉】 (착) 覺 サク、ショク、さす spit ㄔㄨㄛˋ ch'uo¹

草書 꽂을착、꼬챙이착(刺取鼈蜃)。【莊子】冬則－鼈於江。(『矠』과 같음)

【擊】 (격) 錫 ゲキ、うつ strike ㄐㄧˊ chi²

小篆 草書 ❶칠격(打也)。【史記】急－勿失。❷두드릴격(撲也)。❸눈에마주칠격(目－觸也)。【莊子】目－而道存矣。❹죽일격(殺也)。【楚語】刲羊－豕。

【擋】(당) 讜 treat トウ、あたる ㄉㄤ tang³·⁴
草書 ❶처리할당(料理摒ㅡ)。 ❷주선할당(周旋)。 ❸물리칠당(斥也)。

【操】㊀(조) 豪 ㊁(조) 號 grasp ソウ、もつ、とる ㄘㄠ ts'ao⁴
小篆 草書 ㊀❶잡을조(把持)。 ❷움켜쥘조(握也)。〔十八史略〕不得ㅡ尺寸兵。 ❸조종할조(ㅡ從)。「ㅡ舟、ㅡ作」。 ㊁❶지조조(所守志行)。〔後漢書〕趙熹少有節ㅡ。 ❷풍치조(風調)。〔南史〕袁粲清整有風ㅡ。 ❸가락조、곡조조(琴曲)。〔後漢書〕樂詩曲ㅡ以俟君子。

【擎】(경) 敬 庚 lift up ケイ、ささげる ㄑㄧㄥ ch'ing²
草書 ❶받들경(擧也)。 ❷떠받들경(持高)。〔杜甫傳〕書從稚子ㅡ。

【撤】(경)『擎』(前條)과 같음

【擐】㊀(관) 刪 ㊁(환) 諫 penetrate カン、つらぬく ㄏㄨㄢ huan⁴
小篆 草書 ㊀꿋힐관(貫也)。〔左傳〕躬ㅡ甲冑。 ㊁뜻은 ㊀과 같음。

【擒】(금) 侵 capture キン、とらえる ㄑㄧㄣ ch'in²
草書 ❶사로잡을금(生捉)。〔杜甫詩〕射人先射馬ㅡ賊先ㅡ王。 ❷옴킬금(急持)。(『捦·禽』과 같음)

【擓】(괴) 泰 collect カイ、おさめる
거둘괴(收也)。〔路史〕有巢氏教民巢居ㅡ菰桔以爲蓆。

【擔】㊀(담) 覃 ㊁(담) 勘 undertake タン、になう ㄉㄢ tan¹
草書 ㊀❶멜담(肩荷)。〔戰國策〕蘇秦負書ㅡ囊。 ❷맡을담(任也)。 ㊁짐담(所負)。〔左傳〕弛于負ㅡ。

【擕】(휴)『攜』(手部18畫)의 俗字

【㩗】(휴)『攜』(手部18畫)의 俗字

【擖】㊀(갈) 黠 ㊁(엽) 葉 scratch カツ、ヨウ、かく ㄍㄜ ko¹
小篆 草書 ㊀❶긁을갈(刮也)。 ❷종아리칠갈(撻也)。 ㊁키바닥엽(箕舌)。〔禮〕拚席不以執箕膺ㅡ。

【擗】(벽) 陌 split ヘキ、ひらく ㄆㄧ p'i⁴
草書 ❶빠갤벽(擘開)。〔楚辭〕ㅡ蕙櫋兮既張。 ❷가슴두드릴벽(ㅡ踊拊心)。〔孝經 喪親〕ㅡ踊哭泣。 ❸손발곱실거릴벽(屈折手足)。〔莊子 馬蹄〕摘ㅡ爲禮。(『辟』과 통함)

【擘】(벽) 陌 devide ハク、さく ㄅㄛ po⁴
小篆 草書 ❶나눌벽(分ㅡ擣也)。〔李白詩〕巨靈ㅡ太華。 ❷엄지손가락벽(大指)。〔孟子 滕文公下〕吾必以仲子爲巨ㅡ焉。

【據】(거) 御 depend キョ、コ、よる ㄐㄩ chü⁴
小篆 草書 ❶의지할거、기댈거(依也)。〔論語 述而〕ㅡ於德依於仁。 ❷웅거할거(拒守)。〔史記 趙奢傳〕先ㅡ北山上者勝。 ❸의탁할거(依托)。 ❹짚을거(杖也)。 ❺누를거(按也)。〔禮記〕君賜稽首ㅡ掌致諸地。

十四畫

【擠】(제) 齊 霽 repulse セイ、サイ、おす ㄐㄧ chi³
小篆 草書 ❶물리칠제(排也)。〔韓愈 柳子厚墓誌銘〕反ㅡ之又下石焉。 ❷밀칠제(推也)。 ❸떨어질제(墜也)。〔左傳 昭公十三年〕小人老而無子知ㅡ于溝壑矣。

【擟】(미) 支 push ミ、おす
❶밀미(推也)。 ❷산이름미(山名ㅡ拘)。

【擡】(대) 灰 raise タイ、もたげる
草書 ❶들대(擧也)。 ❷움직거릴대(ㅡ擺動也)。

【擢】(탁) 覺 select タク、ぬきんでる (古音「착」) ㄓㄨㄛ chuo²
小篆 草書 ❶뺄탁(拔也)。 ❷뽑을탁(選也)。 ❸빼낼탁(抽出)。〔戰國策〕ㅡ之乎賓客之中而立之乎羣臣之上。 ❹솟을탁(聳也)。〔西都賦〕抗仙掌以承露ㅡ雙立之金莖。 ❺이길탁(勝也)。〔莊子〕ㅡ德塞性以收名聲。 ❻앞설탁(先也)。

【擣】(도) 皓 pound トウ、チュウ、つく、たたく ㄉㄠ tao³
小篆 草書 ❶두드릴도(手椎)。〔李白詩〕萬戶ㅡ衣聲。 ❷다질도(築也)。〔史記 孫武傳〕批亢ㅡ虛。 ❸찧을도(舂也)。〔詩經〕我心憂傷惄焉如ㅡ。

【擫】(은) 問 split イン、わける
❶빠갤은(劑也)。 ❷똑같이 두량할은(均量)。

【擤】(형) 梗 blow one's nose コウ、はなをかむ ㄒㄧㄥ hsing³
코풀형(手捻鼻膿)。

【擥】(람) 感 hold ラン、とる
草書 ❶걷어잡을람(撮持)。〔蜀志 諸葛亮傳〕罰二十以上皆親ㅡ焉。 ❷총찰할람(總括)。〔屈原 離騷〕夕ㅡ洲之宿莽。

【擥】(람)『擥』(前條)과 같음

【擈】(박)『撲』(手部12畫)과 같음

【擦】(찰) 黠 friction サツ、こする ㄘㄚ ts'a¹

擦 草書 ❶비빌찰(摩急)。❷문지를찰(摩ㅣ)。

【擧】(거) 語 キョ、あげる raise ㄐㄩˇ chü³

擧 小篆 ❶들거(扛也)。【孟子】力足以ㅣ百鈞。❷받들거(擎也)。❸움직일거(動也)。【漢書】人主無過ㅣ。❹일컬을거(稱也揚也)。【禮記】懷忠信以待ㅣ。❺뺄거(拔也)。【孟子梁惠王下】五旬而ㅣ之。❻왼통거、모두거(皆也)。【左傳】君ㅣ不信羣臣乎。【司馬光 獨樂園記】事物之理ㅣ集目前。❼행할거(行也)。【周禮】王ㅣ則從。❽말할거(言也)。【禮記 曲禮】主人不問客不先ㅣ。❾합할거(合也)。【史記 刺客傳】韓ㅣ國與仲子爲讐。❿일으킬거(起也)。【戰國策】臣聞當世之ㅣ王必誅暴正亂。⓫날을거(鳥飛)。【論語 鄕黨】色斯ㅣ矣。

【擪】㊀(엽) 葉 ヨウ、おさえる press ㊁(압) 洽 ㄧㄝˋ yeh⁴

擪 小篆 草書 ㊀손가락으로 누를엽(一指按)。【張衡 南都賦】彈琴ㅣ笛、流風徘徊。㊁꽉잡을압(手執堅狀)。

【擫】(엽)(압)『擪』(前條)과 같음

【擩】(유) 麌 ジュ、ひたす dye

擩 小篆 草書 ❶물들일유(染也)。【唐書】ㅣ擠道眞。❷버틸유(拄也)。【戰國策】齊嬰兒謠曰大冠若箕脩劍ㅣ頤。

【擿】(치) 寘 テイ、サイ、たおれる slide

❶거리낄치(礙不行)。❷엎드러질치(頓也)。❸미끄러질치(跆也)。

【擬】(의) 紙 ギ、はかる estimate ㄧˇ i³

擬 小篆 草書 ❶의론할의(議也)。❷추측할의(推測)。【易經 繫辭】ㅣ之而後言。❸헤아릴의(度也)。❹적용할의(適用)。❺비길의(比ㅣ像也)。【漢書 王孫宏傳】管仲相齊有三歸侈ㅣ於君。❻흉사할의(摸像ㅣ比)。【後漢書 張衡傳】與五經相ㅣ。

【擭】㊀(화) 禡 カク、わな snare ㊁(확) 藥 ㊂(획) 陌 ㄏㄨㄛˋ huo⁴

擭 小篆 草書 ㊀❶덫화(捕獸檻)。❷함정화(檻也)。㊁잡을획(手取)。㊂뜻은 ㊁과 같음。【西都賦】抄木末ㅣ獑猢。

【擹】(단) 旱 タン、まわす roll

❶자위질할단(轉籆)。❷구를단(轉也)。

【擯】(빈) 震 ヒン、しりぞける reject ㄅㄧㄣˋ pin⁴

擯 小篆 草書 ❶물리칠빈(斥也)。❷버릴빈(棄也)。❸펑개칠빈(彈也)。【崔寔政論】寡不勝衆遂見ㅣ棄。❹손님 맞는 사신빈(使接賓者)。【聘儀】卿爲上ㅣ大夫爲承ㅣ士爲紹ㅣ。『儐』과 같음

【擰】(녕) 庚 ドウ、みだれる dizzy

❶어지러울녕(眩也)、❷[中字]비틀녕(捻也)。

十五畫

【擱】(각) 藥 カク、おく abandon

擱 草書 버릴각(棄也)。『閣』의 俗字

【擲】(척) 陌 テキ、チャク、なげうつ throw ㄓˋ chih²

擲 草書 ❶던질척(投也、拋也)。【晋書】卿試ㅣ地、當作金石聲也。❷던져버릴척、방기할척(放棄)。

【擳】(즐) 質 シツ、いねがるおと the sound of mowing the rice-plant

❶벼베는소리즐(刈稻音)。❷씻을즐(拭也)。

【擴】㊀(광) 漾 コウ、ひろめる enlarge ㊁(확) 藥 ㄎㄨㄛˋ k'uo⁴ (古音「곽」)

擴 草書 ㊀채울광(充也)。㊁늘일확、넓힐확(張小使大)。【孟子 公孫丑上】凡有四端於我者、知皆ㅣ而充之矣。

【擷】(힐) 屑 ケツ、つまみとる pick ㄒㄧㄝˊ hsieh² (古音「헐」)

擷 草書 ❶딸힐(捋取)。❷잡아뽑을힐(摘取)。【許有壬詩】奚童ㅣ滿筐。

【擙】(오) 豪 オウ、みなごろし beat

무찌를오(盡殺人)。

【擸】㊀(랍) 合 ロウ、もつ hold ㊁(렵) 葉 ㄌㄚˋ la⁴

擸 小篆 草書 ㊀꺾을랍(折也)。㊁❶가질렵(持也)。❷가다듬을렵(理持)。【儀禮】尙ㅣ坐啐醴。

【擮】(멸) 屑 ベツ、うつ beat

❶일바로못할멸(作事不正ㅣ揳)。❷칠멸(打也)。

【㩣】(휘) 微 キ、ふるう flourish

❶옮길휘(移也)。❷떨칠휘(振也)。【太玄經】ㅣ而散之者人也。

【擺】(파) 蟹 ハイ、ひらく spread ㄅㄞˇ pai³ (本音「패」)

擺 草書 ❶열파(開也)。❷제거할파(排而振之)。【馬融 廣成頌】ㅣ牲班禽。❸헤칠파(撥也)。【張協七命】鉤爪摧鉅牙ㅣ。❹손벽칠파(兩手擊)。

【擻】(수) 有 ソウ、はらう manage ㄙㄡˇ sou³

擻 草書 ❶차릴수、수습할수(擧也)。【王維詩】抖ㅣ辭貧里。❷떨칠수(振動)。

【擽】(략) 藥 リャク、レキ、うつ strike

草書 ❶칠략(擊也)。〔唐書〕胡證膂力絕人取鐵燈檠ㅣ合其跗橫膝上謂客曰飮不釂者以此擊之。❷털을략(拂也)。

【擾】 ㈠(요) 蕭 ジョウ、みだれる disturb ㈡(요) 篠 ㄖㄠˇ jao³
小篆 草書 ㈠❶길들일요(馴也)。〔十八史略夏后氏〕有劉累者、學ㅣ龍。❷순할요(順也)。❸온화할요。〔書經 皐陶謨〕ㅣ而毅。㈡❶번거러울요(煩也)。❷난잡할요(亂雜也)。〔左傳 襄公四年〕德用不ㅣ。❸어지러울요(亂也)。〔書經〕俶ㅣ天紀。

【擿】 ㈠(척) 陌 テキ、なげる throw ㈡(적) 錫 ㄊㄧˊ t'i²
小篆 草書 ㈠❶던질척(投也)。〔十八史略 春秋戰國秦〕引匕首以ㅣ秦王。❷긁을척(搔也)。〔後漢書〕簪以玳瑁爲ㅣ。(『擲』과 같음) ㈡❶돋굴적(挑也)。〔漢書〕趙廣漢發姦ㅣ伏如神。❷딸적(手取)。(『摘』과 같음)

【擕】 (휴) 『攜』(手部 18畫)의 略字

【攀】 (반) 刪 ハン、ひく drag ㄆㄢ p'an¹
草書 ❶휘어잡을반(自下援上)。〔晉書〕百歲老翁ㅣ枯枝。❷당길반(引也)。〔晉語〕ㅣ輦即利而舍。

【擂】 (뢰) ライ、うつ beat the drum
❶급히북칠뢰(急擊鼓)。❷돌 구르는 소리뢰(轉石聲)。〔唐書〕徹民屋爲ㅣ石車車二百人挽之石所及輒數十人。

【擈】 (박) 覺 ハク、うつ whip
❶잠간칠박(小擊)。❷회초리박(榎楚)。(『扑』과 같음)

【擦】 ㈠(살) 曷 サツ、する rub ㈡(찰) 曷
㈠헤칠살(散之)。〔韓愈詩〕星如ㅣ沙出。(『撒』과 같음) ㈡문댈찰(摩也)。

【攄】 (터) 魚 チョ、のべる spread (古音「처」) ㄕㄨ shu¹
草書 ❶펼터(舒也、布也)。〔封禪書〕ㅣ之無窮。❷흩을터(散也)。〔河東賦〕奮六經以ㅣ頌。❸날칠터(騰也)。〔思玄賦〕八乘ㅣ而超驤。❹비길터(擬也)。

【攅】 (찬) 『攢』(手部 19畫)의 俗字

十六畫

【擹】 (헌) 阮 ケン、なぞらえる liken
❶비길헌(擬也)。❷물건댈헌(手約物)。

【攈】 (군) 問 クン、ひろう pick up ㄐㄩㄣˋ chün⁴
草書 ❶주울군(拾也)。❷취할군(取也)。

【攉】 (확) 藥 カク、てをかえす applaud ㄏㄨㄛˋ huo⁴
草書 ❶손뒤집을확(手反覆)。❷손벽칠확(盤手弄)。❸책두를확(奮迅)。〔淮南子〕豈可謂無大揚ㅣ乎。(『権』과 통함)

【㩭】 (효) 巧 コウ、みだれる disturb
❶흔들효(擾也)。❷어지러울효(亂也)。〔洞簫賦〕攪搜ㅣ捎。(『攪』와 같음)

【攊】 (력) 錫 レキ、うつ beat
칠력(擊也)。(『擽』과 같음)

【攋】 ㈠(랄) 曷 ラツ、ライ abandon すてさる ㈡(뢰) 泰
㈠뒤적거릴랄(手披)。㈡❶버릴뢰(棄也)。❷찢어버릴뢰(毀裂)。

【攌】 (환) 潸 カン、やらい wooden barricade
草書 ❶목책할환(木柵)。〔史記〕拘士繫俗兮ㅣ如囚拘。❷가둘환(拘繫)。〔正字通〕ㅣ獄名圜土使囚不得越出。

【攍】 (영) 庚 エイ、になう shoulder
멜영(擔也)。

【攎】 ㈠(로) 虞 ロ、ロウ、ひきとる draw ㈡(로) 遇
小篆 ㈠❶당길로(引也)。❷베풀로(張也)。㈡거둘로(收斂)。

【攏】 (롱) 董 ロウ、とる grasp ㄌㄨㄥˇ lung³
草書 ❶가질롱(持也)。〔白居易 琵琶行〕輕ㅣ慢撚撥復挑。❷빼앗을롱(掠也)。❸셈댈롱(酒令籌也)。❹다스릴롱(理也)。

十七畫

【攐】 (건) 先 ケン、かかげる tuck up
小篆 옷걷어잡을건(摳衣)。(『褰』과 같음)

【攦】 (례) 霽 レイ、さく split
찢을례(裂也)。

【攓】 (건) 先 ケン、ぬく roll up
걷을건(掇也)。〔ㅣ雲篇序〕雲氣自山中來以手ㅣ開籠收其中歸家雲盈籠開而放之作ㅣ雲篇。(『搴』과 같음)

【攔】 (란) 寒 ラン、さえぎる shut off ㄌㄢˊ lan²
草書 막을란(遮也)。(『闌』과 통함)

【攕】 ㈠(섬) 鹽 セン、しなやか supple hands ㈡(삼) 咸
小篆 ㈠손길고울섬(玉手ㅣㅣ)。(『摻』과 같음) ㈡뜻은 ㈠과 같음。

【擧】 (여) 魚 ヨ、もちあげる lift
小篆 들어올릴여(擧也)。

【攘】 ㈠(양) 陽 ジョウ、しりぞく repulse ㈡(양) 養 ㈢(녕) 庚 ㄖㄤˇ jang³
小篆 草書 ㈠❶밀칠양(推也)。❷훔칠양(竊也)。〔書〕奪

ㅣ矯虔。❸물리칠양(郤也)。〔禮〕左右ㅣ辟。❹잡아다릴양(捋也)。〔漢書〕ㅣ袂而正議。❺덜양(除也)。〔詩〕ㅣ之剔之。❻그칠양(止也)。❼쫓을양(逐也)。㊁❶흔들양(擾也)。〔漢書〕傾側擾ㅣ楚魏之間。❷겸손할양(遜也)。〔漢書〕隆雅頌之聲盛揖ㅣ之容。❸호번할양(浩ㅣ繁冗)。(『讓』과 같음) ㊂어수선할녕(搶ㅣ亂貌)。〔漢書〕國制搶ㅣ。

【攖】(영) 庚 エイ、からめる entangle ㄧㄥ ying¹
草書 ❶찌를영(觸也)。❷잡을영(拈也)。❸어지러울영(亂也)。❹가까이갈영(迫近)。〔孟子 盡心下〕虎負嵎、莫之敢ㅣ。❺얽힐영(縈也)。(『嬰』과 통함)

【擹】(분) 問 フン、はらう clear away(out)
쓸어버릴분(掃除)。

【攙】(참) 咸 ザン、さす pierce ㄔㄢ ch'an¹
小篆 草書 ❶찌를참(刺也)。❷꽂치참(銳也)。❸붙들참(扶也)。(『攙』과 같음)

十八畫

【㩡】(옹)『擁』(手部13畫)의 本字

【㩱】(작) 藥 シャク、えらぶ choose
❶가릴작(擇也)。❷추릴작(捎也)。

【攛】(찬) 寒 サン、なげうつ throw ㄘㄨㄢ ts'uan¹
草書 ❶던질찬(擲也)。❷후릴찬(誘人爲非)。

【㩳】(송) 腫 ソウ、とる hold
❶뽑낼송(挺也)。〔杜甫詩〕ㅣ身思狡兎。❷잡을송(執也)。❸밀칠송(推也)。

【㩧】(박) 覺 ハク、むちうつ whip
❶종아리칠박(小擊)。❷회초리박(榎楚)。(『扑』과 같음)

【㩴】(곡) 沃 カク、コク、つかむ grasp
❶질곡(手把)。❷움킬곡(握也)。

【攝】㊀(섭) 葉 ㊁(녑) 葉 ショウ、セツ、ひく、とる draw; take ㄕㄜ shê⁴
小篆 草書 ㊀❶몰아잡을섭(摠持)。❷끌 섭(引持)。〔左傳〕請ㅣ飮焉。❸단정히할섭(整飾)。〔史記〕吾曩者目ㅣ之。❹겸할섭(兼也)。〔論語 八佾〕官事不ㅣ。❺거둘섭(收斂)。〔詩經〕ㅣ以威儀。❻꾸일섭(假貸)。〔禮記〕伯高之喪冉子ㅣ束帛乘馬而將之。❼기록할섭(錄也)。❽쫓아잡을섭(追捕)。〔論語 先進〕ㅣ乎大國之間。❾항복할섭(降服)。〔漢書 霍去病傳〕ㅣ讋者弗取。❿이을 섭(結也)。〔莊子〕ㅣ緘縢。⓫기를섭(養也)。〔老子〕善ㅣ生者。㊁❶가질녑(持也)。❷고요할녑(靜謐貌)。〔漢書 嚴助傳〕天下ㅣ然、人安其生。

【攜】(휴) 齊 ケイ、たずさえる draw ㄒㄧㄝ hsieh²
小篆 草書 ❶끌휴(提也)。❷가질휴(持也)。〔白居易詩〕提魚ㅣ酒遠相尋。❸떠날휴(離也)。❹나눌휴(分離)。〔左傳 僖公 七年〕招ㅣ以禮。❺연속할휴(連續)。〔陶潛 歸去來辭〕ㅣ幼入室。(『携』는 俗字)

十九畫

【攌】(관) 刪 カン、かかわる hold each other's hand
손맞잡을관(手相關付)。〔太玄經〕ㅣ神明而定摹。

【攞】(라) 哿 ラ、さく tear ㄌㄨㄛ luo³
찢을라(裂也)

【攈】(군) 問 クン、ひろう pick up ㄐㄩㄣ chün⁴
草書 주울군(ㅣ摭收拾)。〔唐書〕詔柳璟ㅣ摭永泰後事綴成之。(『捃』과 같음)

【攠】(미) 支 ビ、かねのうつところ the part of a bell to be struck
쇠북방망이받이미(鍾受擊處)。

【攡】㊀(리) 支 ㊁(치) 支 リ、チ、のべる spread
㊀베풀리(張也)。〔太玄經〕幽ㅣ萬類而不見形。㊁펼치(舒也)。

【攢】(찬) 旱 寒 サン、あつめる gather ㄘㄨㄢ ts'uan
❶중기중기모일찬(族聚)。〔司馬相如 上林賦〕ㅣ立叢倚。❷토롱할찬(不葬而掩其柩)。❸초빈할찬(掩柩)。(『攅』은 俗字)

【攣】㊀(련) 先 ㊁(련) 霰 レン、つながる bind; tie ㄌㄩㄢ lüan²
小篆 草書 ㊀맬련(係也)。〔說文〕凡拘牽連繫者皆曰ㅣ。㊁❶손발이구부러 질련、손발병신련(手足曲病)。〔史記〕蹙頞膝ㅣ。❷사모할련(慕也)。(『戀』과 통함)

【攤】㊀(탄) 寒 ㊁(난) 翰 タン、ひらく spread ㄊㄢ t'an¹
小篆 草書 ㊀❶열탄(開也)。❷펼탄(手布)。「ㅣ書」。〔杜甫詩〕白晝ㅣ錢高浪中。㊁누를난(按也)。

【攦】㊀(려) 霽 ㊁(렬) 屑 レイ、おる、さく break
草書 ㊀꺾을려(折也)。〔莊子〕ㅣ工倕之指而天下始人有其巧矣。㊁비틀렬(拗也)。(『捩』과 같음)

二十畫

【攩】(당) 養 トウ、くみ、とも group ㄉㄤ tang³
小篆 草書 ❶망치로칠당(搥打)。❷막을당(遮遏)。❸무리

당(朋羣)。(『黨』과 같음)

【攪】(교) 㔻 カク、コウ、かきみだす stir ㄍㄠ kao³
小篆 草書 ❶어지러울교(亂也)。❷흔들릴교(撓也)。【詩經】祇ー我心。❸손놀릴교(手動)。【方岳詩】搜ー平生書五車。

【攫】(확) 藥 カク、つかむ snatch ㄐㄩㄝ chüeh² (古音「곽」)
小篆 草書 ❶후리칠확(搏也)。❷움킬확(以瓜撲取)。【禮記 儒行】鷙蟲ー搏。

【⿰扌籋】(녑) 葉 ジョウ、ひねる twist
❶손으로찍어바를녑(捏也)。❷손으로비빌녑(兩指相搓)。(『捻』과 같음)

二十一畫

【攬】(람) 感 ラン、とる grasp ㄌㄢ lan³
小篆 草書 ❶잡아다릴람(手取)。「ー筆、ー轡」。【古詩 焦仲卿妻】ー裾脫絲履、擧身赴淸池。❷모울람(總ー)。【丁復詩】ー秀目顒顒。(『擥』은 俗字)

【⿰扌霸】(파) 禡 ハイ、ハ、にぎる grasp
잡을파(把也)。(『欛』와 같음)

【⿰扌羼】(찬) 諫 サン、さす stick
꽂을찬(插也)。

【攞】(라) 哿 ラ、レイ、あかはだか hairless
草書 터럭없을라(無羽毛貌)。【荀子】ーー兮其狀屢化如神。

二十二畫

【⿰扌疊】(첩) 葉 チョウ、しりぞく repule ㄉㄧㄝ tieh²
❶물리칠첩(排也)。❷거둘첩(收也)。❸걸첩(掛也)。

二十九畫

【⿰扌鬱】(울) 物 ウツ、ひねる twist
비틀어돌릴울(拗戾)。

支 部

【支】(지) 支 シ、えだ、ささえる branch ㄓ chih¹
小篆 古文 草書 ❶고일지、버틸지、지탱할지(拄也)。【左傳 定公元年】天之所ー不可壞也。❷헤아릴지(度也)。❸내줄지(出也)。「ー出」。❹무지(庶也)。【詩經】本ー百世。❺초목의가지지。【詩經衛風芄蘭】芄蘭之ー。❻흩어질지(ー離分散)。【程頤 言箴】傷煩則ー。❼문서지(券也)。【魏書】ーー付勳人ーー付行臺。❽나누어질지(分也)。「ー流、ー線、ー派」。❾이바지할지。❿지지지(十二辰名)。(『肢·枝』와 통함)

二畫

【攱】(기) 寘 キ、かたむく incline
小篆 기울기(傾也)。

五畫

【⿰可支】(괴) 紙 キ、ささえる sustain
❶버틸괴(掎也)。❷벨괴(枕也)。

六畫

【⿰危支】(기) 支 キ、かたむく incline
小篆 ❶쏠릴기(傾低不正)。❷기울기(傾也)。(『攲』와 같음)

【⿰尗支】(시) 寘 シ、みそ spice
小篆 俗體 草書 ❶절일시(配鹽)。❷양념할시(以調五味)。【史記】鹽ー千合。❸메주시(配鹽於豆而幽藏)。(『豉』와 같음)

【⿰多支】(지) 支 シ、おおい many
많을지(多也)。【西京賦】炙炰夥淸酤ー。

七畫

【⿰束支】(기) 支 キ、ひこばえ sprout
❶움틀기(木別生)。❷곁가지기(橫首枝)。

八畫

【⿰垂支】㊀(추) 支 ツイ、ひとしくない uneven ㊁(기) 支
㊀가지런하지 않을추(不齊)。㊂드리울기(垂也)。

【攲】(기) 支 キ、かたむく incline ㄑㄧ ch'i¹
小篆 草書 기울어질기(不正)。【家語】孔子觀於周廟有ー器焉使子路取水試之 滿則覆中則正虛則ー。(『攱』와 같음)

十二畫

【⿰厤支】(리) 寘 リ、ただしい right
바를리(正也)。

十六畫

【⿰器支】(기) 支 キ、かたむく incline
기울어질기(攲隔不正)。

攴 部

【攴】(복) 屋 ボク、うつ rap
똑똑두드릴복(小擊)。

【攵】(복)『攴』(前條)과 같음

二畫

【收】㊀(수) 尤 シュウ、おさめる collect; harvest ㄕㄡ shou¹ ㊁(수) 宥

小篆 草書 ㊀❶모을수(聚也)。【詩經】我其ㅣ之。❷거둘수(斂也)。「ㅣ拾」。【禮記 玉藻】有事則ㅣ之。❸잡을수(捕也)。【詩經 大雅瞻卬】此宜無罪、女反ㅣ之。❹쉴수(息也)。【戰國策】秦可以少割而ㅣ害也。❺떨칠수(振也)。【中庸】振河海而不洩。❻수레바퀴수(車軫)。【詩經】小戎俴ㅣ。❼정돈할수(整也)。【禮記學記】夏楚二物、ㅣ其威也。㊁❶추수할수(穫多)。【禮記】農事備ㅣ。❷걷어올릴수(汲取)。【易經】井ㅣ勿幕。❸거두게할수(斂之)。

【攷】(고) 晧 コウ、かんがえる think ㄎㄠˇ k'ao³ 小篆 ❶상고할고(稽察)。❷이룰고(成也)。(『考』의 古字)

三畫

【𢻱】(시) 支 シ、ほどこす bestow 小篆 베풀시(施也)。

【攸】(유) 尤 ユウ、ところ place ㄧㄡ yu¹ 小篆 秦刻石文 草書 ❶곳유(所也)。【詩經】爲韓姞相ㅣ。❷휙달아날유(ㅣ然迅走)。【孟子】ㅣ然而逝。❸어조사유(語助辭所也)。❹아득할유(遠貌)。【漢敍傳】ㅣㅣ外寓。❺대롱거릴유(ㅣ懸危貌)。

【改】(개) 賄 カイ、あらためる reform ㄍㄞˇ kai³ 小篆 草書 ❶고칠개(更也)。【論語學而】過則勿憚ㅣ。❷거듭할개(再也)。【論語 先進】何必ㅣ作。❸바꿀개(易也)。「ㅣ貌」。【宋書樂志】琴瑟殊未調ㅣ弦當更張。❹새롭게할개(新也)。「ㅣ面目」。❺지을개(造也)。

【𢻰】㊀(부) 麌 ㊁(무) 遇 フ、なでる stroke 小篆 ㊀어루만질부(撫也)。㊁뜻은 ㊀과 같음。

【𢻩】(굴) 月 クツ、おだやかでない incomfortable ❶편치않을굴(不穩殷ㅣ)。❷껄끄러울굴(不滑利ㅣ殷)。

【攻】(공) 東 コウ、せめる attack ㄍㄨㄥ kung¹ 小篆 草書 ❶칠공(擊也)。【書經】造ㅣ自鳴條。❷남의허물을말할공(摘人過失)。【蜀志諸葛亮傳】勤ㅣ吾闕則事可定。❸익힐공(習也)。「專ㅣ」。【論語爲政】ㅣ乎異端。❹다스릴공(治也)。【書經】左不ㅣ于左。❺굳을공(堅也)。【詩經 小雅車攻】我車旣ㅣ。❻지을공(作也)。【孟子 梁惠王上】庶民ㅣ之。❼갈공(硏也)。【詩經小雅鶴鳴】他山之石、可以ㅣ玉。

【斈】(학)『學』(子部13畫)의 俗字

四畫

【攽】(반) 刪 ハン、わける distribute 小篆 ❶나눌반(分也)。【書經】乃惟孺子ㅣ朕不暇。❷줄반(賜也)。(『頒』과 같음)

【𢻶】㊀(금) 侵 ㊁(감) 覃 キン、カン、もつ hold ㊀가질금(持也)。㊁층날감(ㅣ敨不齊)。

【放】(방) 漾 ホウ、はなつ loosen ㄈㄤˋ fang⁴ 草書 ❶쫓을방、내칠방、귀향살이방(逐也)。【書經】ㅣ驩兜于崇山。❷버릴방(棄也去也)。❸놓을방(釋也)。「ㅣ禽」。【李商隱雜纂 惱人】被醉人纏住不ㅣ。❹사놓을방(縱也)。【左傳】獄之ㅣ紛。❺놓아먹일방(逸也)。【孟子】如追ㅣ豚。❻흩어질방(散也)。❼방자할방(肆也)。❽본받을방(效也)。【書經】曰ㅣ勳。❾이를방(至也)。【孟子離婁下】ㅣ乎四海。❿넓힐방(弘也)。【中庸章句】ㅣ之則彌六合、卷之則退藏於密。⓫고할방(示也)。⓬걸어놓을방(措置)。

五畫

【𢻼】(비) 支 ヒ、こわれる (of vessel) cracked 그릇금갈비(器破未離)。

【政】(정) 敬 セイ、まつりごと administration; politic ㄓㄥˋ chêng⁴ 小篆 草書 ❶정사정(以法正民)。「大ㅣ、國ㅣ」【論語爲政】爲ㅣ以德。❷바르게할정(正也)。❸조세정(租稅)。(『征』과 통함)

【𢼂】(불) 物 フツ、やぶる break ❶다스릴불(理也)。❷깨뜨릴불(破也)。

【敀】㊀(박) 陌 ㊁(귀) 微 ハク、せまる urgency 小篆 ㊀❶핍박할박(逼也)。❷때릴박(打也)。㊁『歸』의 略字

【敁】(점) 鹽 テン、わける devide equally ㄉㄧㄢ tien¹ ❶손으로달아볼점(量也)。❷똑같이나눌점(正分)。

【敂】(구) 有 コウ、たたく rap ㄎㄡˋ k'ou⁴ 小篆 草書 두드릴구(叩也)。【周禮】凡四方賓客ㅣ關則爲之告。

【㪅】㊀(경) 庚 ㊁(갱) 敬 コウ、あらためる change ㊀❶고칠경(改也)。【史記】擧事無所變ㅣ。❷대신할경(代也)。【禮記】乃留ㅣ僕未可終也。❸지날경(歷也)。❹경점경(督夜行鼓)。【西都賦】衛以嚴ㅣ之署。(『更』은 俗字) ㊁다시갱(再也)。【長門賦】懷鬱鬱其不可再ㅣ。

【故】(고) 週 reason ;ancient ㄍㄨˋ ku⁴
❶예고(舊也)。【論語爲政】溫ㅣ而知新。❷연고고(緣故)。❸일고(事也)。【易經繫辭】知幽明之ㅣ。❹사건고(事件)。許出。❺변사고(變事)。【禮記 曲禮】【韓愈 上張僕射書】非有疾病事ㅣ輒不君無ㅣ玉不去身。❻옛습관고(先例)。❼죽을고(物ㅣ死也)。【漢書】前以降及物ㅣ凡隨武還者九人。❽까닭고(理由)。【唐庚 古硯銘】硯之壽以世計 其ㅣ何也。❾그러므로고(承上起下語)【論語子罕】吾少也賤ㅣ多能鄙事。❿짐짓고(固爲之)。【史記】朱亥ㅣ不復謝。⓫과실고(過失)。【書經 大禹謨】刑ㅣ無小。⓬초상날고(大ㅣ喪事)。【禮】非有大ㅣ不宿於外。⓭글의뜻고(指義)。【漢書】魯ㅣ二十五卷。

【敃】(민) 軫 ビン、つとめる make efforts
❶강잉할민(彊也)。❷힘쓸민(勉也)。

六畫

【敋】(곽) 陌 カク、うつ slap
손으로빽때릴곽(手打之類)。(『摑』과 같음)

【敆】(갑) 合 コウ、あう gather
모을갑(會也)。

【敇】(척) 陌 チャク、むちうつ whip a horse
❶말을때릴척(擊馬)。❷채찍질할척(鞭也)。

【敁】⊟(할) 黠 ⊟(기) 寘 カツ、キ、あえぐ pant
⊟다할할(盡也)。⊟헐떡거릴기(行而喘息)。

【效】(효) 效 コウ、ききめ、ならう effect; follow ㄒㄧㄠˋ hsiao⁴
❶효험효(驗也)。【漢書】儒者已試之ㅣ。❷공효(功也)。【漢書】追思其功ㅣ。❸본받을효、닮을효(倣也)。❹배울효(學也)。【左傳 莊公二十一年】鄭伯ㅣ尤。❺형상할효(象也)。❻힘쓸효(勉也)。【張九齡詩】今人爭ㅣ忠。❼이룰효(致也)。❽드릴효(獻也)。❾줄효(授也)。【左傳】宣王有志而後ㅣ官。❿법받을효(法也)。【易繫辭】ㅣ法之謂坤。(『傚·効』와 같음)

【敉】(미) 紙 ビ、やすんずる peaceful ㄇㄧˇ mi³
❶어루만질미(撫也)。❷편안할미(安也)。【書經】民獻十夫予翼以于ㅣ寧武圖功。❸사랑할미(愛也)。

【敊】⊟(축) 屋 ⊟(수) 宥 チク、シュウ、うる gain
⊟몹시앓을축(ㅣ蹴痛至貌)。⊟얻을수(獲也)。

七畫

【敤】(한) 翰 カン、とまる stop
그칠한(止也)。【周書曰】ㅣ我于艱。

【敍】(서) 語 ジョ、のべる describe ㄒㄩˋ hsu⁴
❶베풀서(陳也)。【王羲之 蘭亭記】亦足以暢ㅣ幽情。❷지을서(述也)。❸쓸서(用也)。❹차례서(次第)。【書經 舜典】百揆時ㅣ。❺서문서(序文)。❻단서(端緒)。❼지위를줄서(ㅣ正七位)。(『叙』와 같음)

【敎】(발) 月 ボツ、のろい walk slowly
❶더디걸을발(徐行)。❷별안간발(卒然)。

【敐】(통) 董 トウ、たたく rap
❶두드릴통(扣也)。❷끌통(引也)。

【敘】(서)『敍』(支部 7畫)와 같음

【敐】(포) 遇 ホ、くずれる (of houses)be likely to crumble
집무너지려할포(屋欲壞)。

【敎】(교)『敎』(前條)와 같음

【敎】⊟(교) 肴 ⊟(교) 效 キョウ、おしえる teach ;religion
⊟❶본받을교(效也)。금교(使爲)。【唐詩】莫ㅣ枝上啼。⊟❶가르칠교(訓也)。【禮記】ㅣ訓正俗非禮不備。❷알릴교(告也)。【十八史略 春秋戰國秦】ㅣ以遠交近攻之策。❸훈계할교(訓戒)。【趙岐 孟子題詞】幼被慈母三遷之ㅣ。❹학문교(學也)。【管子】先生施ㅣ。❺도덕교(道德)。【孝經】夫孝德之本也、ㅣ之所由生也。❻줄교(授也)。❼종교교(宗ㅣ)。【周易】聖人以神道設ㅣ。❽법령교(ㅣ令)。【書經】敬敷五 ㅣ 在寬。❾교서교(王命)。

【敏】(민) 軫 ビン、すばやい agile ㄇㄧㄣˇ min³
❶빠를민(亟也)。❷민첩할민(敏捷)。【論語學而】ㅣ於事、而愼於言。❸총명할민(聰也)。「銳ㅣ、明ㅣ」。【論語公冶長】ㅣ而好學。❹통달할민(達也)。❺공손할민(恭也)。❻민망할민(閔也)。❼엄지발가락민(足大指)。【詩經】履帝武ㅣ歆。❽힘쓸민(勉也)。【中庸】ㅣ猶勉也。

【敎】(섬) 琰 セン、てをあげる raise
❶손들섬(擧手貌)。❷정하지않는모양섬(不定)。

【救】(구) 宥 キュウ、すくう save; aid ㄐㄧㄡˋ chiu⁴
❶건질구(拯也)。❷구원할구(ㅣ援)。【盤銘】

溺於淵尙可游也溺於人不可ㅣ。❸그칠구(止也)。❹도울구(助也)。〔詩經〕凡民有喪、匍匐ㅣ之。❺두둔할구(護也)。〔書經〕尙賴匡ㅣ之德。❻바를구(正也)。(『捄』와 通함)

【敓】 (탈) 曷 タツ、ぬすむ plunder
小篆 小篆 억지로빼앗을탈(强取)。〔周書〕曰ㅣ攘矯虔。(『奪』과 같음)

【敒】 ㊀(진) 震 チン、おさめる ㊁(신) 眞 rule
小篆 ㊀다스릴진(理治)。❷펼신(伸也)。㊁❶다스릴신(理也)。❸돌이킬신(引戾)。

【敔】 (어) 語 ギョ、とめる forbid ㄩˇ yü
小篆 草書 ❶금할어(禁也)。❷풍류그칠어(止樂器)。〔書〕合止柷ㅣ。

(圖器禮) 敔

【敕】 (칙) 職 チョク、いましめる warn ㄔˋ ch'ih
小篆 ❶경계할칙(誡也)。「ㅣ衆」。〔釋名〕ㅣ飭也使自警ㅣ不敢廢慢也。❷다스릴칙(理也)。❸삼갈칙(謹也)。〔後漢書安帝紀〕能ㅣ身率下。❹바를칙(正也)。❺칙서칙(制書)。〔漢制〕帝之下書曰ㅣ誡ㅣ刺史太守。❻기릴칙、표창할칙(褒嘉)。❼꾸짖을칙(責讓辭)。❽신칙할칙(飭也)。(『飭·勅』과 通함)

【敖】 (오) 豪 號 ゴウ、おごる arrogant ㄠˋ ao
小篆 草書 ❶희롱할오(戲也)。〔詩經〕以ㅣ以遊。❷장대할오(長貌ㅣㅣ)。〔詩經〕碩人ㅣㅣ。❸거만할오(傲也)。〔禮記 曲禮〕ㅣ不可長。(『遨』와 같음)

【敗】 (패) 卦 ハイ、やぶれる defeat ㄅㄞˋ pai
小篆 籀文 草書 ❶헐어질 패(毁也)。〔書經 大禹謨〕反道ㅣ德。❷무너질패(壞也、潰也)。❸깨어질패(破也)。❹멸망할패(滅亡)。〔史記 孔子世家〕吳ㅣ越王句踐會稽。❺덜릴패(損也)。❻엎드러질패(覆也)。❼썩을패(腐也)。〔論語鄕黨〕肉ㅣ不食。

八 畫

【軙】 (비) 齊 ヒ、ビ、こわす destroy
小篆 ❶때리는소리비(擊聲ㅣ[illegible])。❷헐비(毁也)。

【[illegible]】 (률) 月 ロツ、あらい rough
❶깔깔할률(不滑)。❷거칠률(荒面)。

【敜】 (녑) 葉 ジョウ、ふさぐ intercept
小篆 草書 ❶막을녑(塞也)。〔書〕ㅣ乃穽。❷닫을녑(閉也)。

【敝】 (폐) 霽 ヘイ、やぶれる worn out ㄅㄧˋ pi
小篆 草書 ❶무너질폐(壞也)。〔論語 公冶長〕與朋友ㅣ之。❷버릴폐(棄也)。〔禮記〕冠而ㅣ之可也。❸옷해어질폐(敗衣)。〔詩經〕ㅣ予又改爲兮。❹파할폐(罷也)。〔左傳〕以ㅣ楚人。❺실패할폐(失敗)。〔左傳 僖公十年〕ㅣ於韓。❻활줌통폐(弓握處)。〔周禮〕長其畏而薄其ㅣ。(『弊』와 통함)

【敟】 (전) 銑 テン、つかさどる charge
小篆 ❶떳떳할전(常也)。❷맡을전、주장할전(主也)。

【敞】 (창) 養 ショウ、ひろい vast ㄔㄤˇ ch'ang
小篆 草書 ❶열창(開也)。❷드러날창(露也)。❸넓을창(豁也)。〔張衡 南都賦〕體爽塏以閑ㅣ。❹통창할창(高曠爽塏地)。❺눈멀건히 앉을창(ㅣ罔失容)。〔史記〕ㅣ罔靡徙。

【敪】 (철) 屑 曷 テツ、はかりみる estimate ㄉㄨㄛˊ tuo
❶드레질할철(敁ㅣ知輕重)。❷더디먹을철(食不速)。

【敥】 (엽) 葉 ヨウ、つく stick
❶붙을엽(付着ㅣ[illegible])。❷미칠엽(及也)。

【[illegible]】 (예) 霽 ゲイ、こわす destroy
小篆 小篆 ❶헐예(毁也軙ㅣ)。❷때리는소리예(擊聲)。

【敡】 (이) 寘 イ、あなどる despise
小篆 ❶업신여길이(侮也)。❷쉽게말할이(輕說)。

【敢】 (감) 感 カン、あえて dare ㄍㄢˇ kan
小篆 籀文 古文 草書 ❶구태어감(忍爲)。❷과단성 있을감(果ㅣ)。〔書經〕ㅣ恭生生。❸감히감(冒昧辭)。〔書經〕誰ㅣ不讓ㅣ不敬應。❹날랠감(勇也)。❺용맹스러울감(勇ㅣ)。❻범할감(犯也)。

【㪔】 (산) 旱 サン、ちらす scatter
小篆 ❶흩어질산(分離)。❷벗길산(剝也)。

【散】 ㊀(산) 翰 サン、ちる ㊁(산) 旱 scatter ㊂(산) 寒 ㄙㄢˋ san
小篆 草書 ㊀❶흩어질산、펼산(布也)。〔禮記〕積而能ㅣ。❷허탄할산(誕也)。❸헤어질산(分離)。❹술준산(爵也)。〔周禮〕凡䰞事用ㅣ。❺방출할산(放也)。「發ㅣ、四ㅣ」。❻없어질산(消也)。❼짬산(暇也)。「閑

(圖器禮)❹㊀散

❾가루약산(藥石屑)。「－藥」。❿거문고곡 조산(琴曲名廣陵－)。(本字는『散』) 二❶놓을산(放也)。【公羊傳】－舍諸宮中。❷어슷거릴산、한가할산(閒－)。【莊子】－人惡知－木。三절뚝거릴산(跛行貌)。【史記】槃－行汲。

【⿰卓攴】 一(작) 藥 二(소) 篠 シャク、ショウ、うばう snatch 一빼앗을작(奪取物)。二두드릴소(撲也)。

【敦】 一(퇴) 灰 二(대) 隊 三(돈) 元 四(돈) 阮 五(돈) 願 六(단) 寒 七(조) 蕭 タイ、タン、トン、まこと、あつい esteem ㄉㄨㄟˋ tuei'
小篆 草書 一❶쪼을퇴(琢也)。❷모을퇴(聚也)。❸다스릴퇴(治也)。【詩經】－商之旅。❹끊을퇴(斷也)。【莊子】今日試使士－劍。❺곱송거릴퇴(－然獨宿貌)。【詩經】－彼獨宿。❻성낼퇴(怒也)。(『追』와 통함) 二❶옥쟁반대(玉－槃類)。【周禮】若合諸侯則共珠槃玉－。❷서직 담는 그릇대(盛黍稷器)。【禮記】有虞氏兩－。

(圖器,禮)❷二敦

三❶성낼돈(怒也)。❷알소할돈、꾸짖을돈(詆也)。❸도타울돈(厚也)。【易】－臨吉。❹핍박할돈(迫也)。【詩經】王事－我。❺힘 쓸돈(勉也)。【漢書】－衆神使式道兮。❻누구돈(誰何)。❼클돈(大也)。四❶뒤섞일돈(渾－不開通貌)。❷막연한 모양돈(混沌)。【左傳 文公十八年】天下之民謂之渾－。五세울돈(豎也)。【莊子】－杖蹙之。六❶모을단(聚也)。【詩經】－彼行葦。❷외조롱 달릴단(瓜繫蔓貌)。【詩經】有－瓜苦。七❶아로새길조(彫也)。【詩經】－琢其旅。❷그림 그린 활조(畫弓)。【詩經】－弓旣堅。(『彫』와 通함)

【敊】 (주) 尤 シュウ、ふせぐ prevent 막을주(防止)。

【敬】 (경)『敬』(攴部 9畫)의 略字

九畫

【敫】 一(약) 藥 二(교) 嘯 キョウ、うたう sing ㄐㄧㄠˇ chia.
小篆 一해그림자약(日影)。二노래할교(唱歌)。

【⿰耑攴】 一(취) 紙 二(타) 哿 シ、タ、はかる measure 一❶헤아릴취(量也)。❷시험할취(試也)。二달타(揣物輕重)。(『揣』와 같음)

【⿰度攴】 (도) 虞 ド、とじる shut 小篆 或體 ❶막힐도(塞也)。❷닫을도(閉也)。

【⿰亭攴】 (쟁) 庚 beat ❶두드릴쟁(撞也)。❷다닥칠쟁(觸也)。

【敬】 (경) 敬 ケイ、うやまう respect ㄐㄧㄥˋ ching 小篆 草書 ❶공경할경(恭也)。【左傳】－民之主也。❷엄숙할경(肅也)。❸경동할경(警也)。❹삼갈경(謹愼)。【易】－以直內。【左傳】－德之聚也。

【敭】 (양) 陽 ヨウ、あきらか bright 草書 밝을양、밝힐양(明也)。【書經】明明－仄陋。(『揚』의 古字)

【⿰柬攴】 (련) 霰 レン、えらぶ choose ❶가릴련(擇也)。❷나른하게두드릴련(搥打物)。

【数】 (삭)(수)『數』(攴部 11畫)의 略字

十畫

【⿰盍攴】 (합) 合 コウ、たたく beat (本音「갑」) 두드릴합(敲也)。

【⿰兼攴】 (감) 陷 カン、ケン、むさぼる be covetous for ❶탐할감(貪也)。❷맞출감(物相値合)。

【⿰⿱艹⿵冂人攴】 (률) 月 ロツ、おちつかない uneasy 편치못할률(不安)。

【⿰害攴】 (개) 泰 カイ、はずかしめる speak ill of ❶욕할개(辱也)。❷칠개(伐也)。

【敳】 (애) 灰 ガイ、おさめる rule 小篆 다스릴애(治也)。

【敲】 一(고) 肴 二(교) 效 コウ、たたく beat (古音「교」)
小篆 草書 一❶두드릴고(叩也)。❷짧은매고(短杖)。【賈誼過秦論】執－扑、以鞭笞天下。❸칠고(擊也)。【左傳 定公二年】奪之杖以－之。❹후려칠고(橫擊)。二 곁매칠교(從傍擊)。

十一畫

【⿰畢攴】 (필) 質 ヒツ、つきる hasten someone to come 小篆 불러빨리오라할필(召使疾行)。

【敵】 (적) 錫 テキ、あた、かたき enemy ㄉㄧˊ ti²
小篆 草書 ❶대적할적(當也)。【左傳】－惠－怨不在後嗣。❷원수적(仇也)。【書經 微子】相爲－讎。❸짝적(匹也)。❹대할적(對也)。【禮記】雖貴賤不－。❺무리적(輩也)。❻막을적(拒抵)。【管子】明理而勝－。

【⿰虘攴】 (자) 麻 シャ、とる take ❶취할자(取也)。❷손가락으로 누를자(以指按)。

【敻】 (형) 敬 ケイ、とおい distant

草書 아득할형(遠貌)。〔李華 弔古戰場文〕ㅣ不見人。(『迥』과 같음)

【敶】(진) 震 チン、つらねる spread ❶벌릴진(列也)。❷고할진(告也)。(『陳·陣』과 같음)

【敷】(부) 虞 フ、しく disclose ㄈㄨ fu 小篆 草書 ❶베풀부(陳也)。〔書經 舜典〕ㅣ奏以言。❷펼부(布也)。〔書經 大禹謨〕文命ㅣ于四海。❸흩을부(散也)。❹너를부(廣索)。〔詩〕罔ㅣ求先王。(『傅』와 같음)

【數】㊀(수) 麌 ㊁(수) 遇 ㊂(촉) 沃 ㊃(삭) 覺 サク、スウ、かぞえる count; number ㄕㄨˇ shuo 小篆 草書 ㊀❶헤아릴수、셈칠수(計也)。〔詩〕心焉ㅣ之。❷수죄할수(責也)。〔左傳〕使吏ㅣ之。❸몇수、두어수(幾也)。㊁❶셈수(算ㅣ枚也)。〔周易〕君子以制ㅣ度議德行。❷이치수(理致)。❸팔자수(命ㅣ)。❹운수수(運ㅣ)。〔書經〕天之曆ㅣ在汝躬。❺기술수(術也)。㊂빽빽할촉(細密)。〔孟子 梁惠王上〕ㅣ罟不入洿池。㊃❶자주삭、여러번삭(頻屢)。〔禮記〕祭不欲ㅣㅣ則煩。❷빠를삭(疾也)。

【敹】(료) 蕭 リョウ、えらぶ select 小篆 草書 ❶두를료(揮也)。❷가릴료(簡也)。〔書經〕善ㅣ乃甲冑。❸꿰어맬료(縫綴)。

【敺】(구) 虞 ク、かる drive ㄑㄩ chü ❶좇을구、몰구(逐也)。〔周禮〕方相氏以索室ㅣ疫。❷종아리칠구(捶擊)。〔孟子 離婁上〕爲淵ㅣ魚者獺也。(『驅』의 古字)

十二畫

【𢿭】(란) 翰 ラン、わずらわしい trouble some 小篆 ❶번거러울란(煩也)。❷게으를란(惰也)。❸어지러울란(亂也)。

【敿】(교) 篠 キョウ、つなぐ tie up ㄐㄧㄠˇ chiao 小篆 草書 끈맬교(繫連)。〔書經〕ㅣ乃干。

【敾】(선) 霰 セン、おさめる rule ❶다스릴선(治也)。❷기울선(補也)。

【整】(정)『整』(夂條)의 正字

【整】(정) 梗 セイ、ととのえる arrange ㄓㄥˇ chêng³ 小篆 草書 ❶가지런할정、정돈할정(齊也)。〔左傳〕夫禮所以ㅣ民也。❷신칙할정(飭也)。〔孟子 梁惠王下〕爰ㅣ其旅。

【㪔】(산)『散』(攴部8畫)의 本字

十三畫

【𣀔】(효) 嘯 キョウ、かなしむ grieve 슬퍼할효(悲也)。

【𣀖】(뢰) 灰 ライ、くだく smash ❶부서뜨릴뢰(碎也)。❷꺾을뢰(摧也)。

【𣀈】(점) 琰 セン、てをあげる raise one's hand 손들점(擧手)。

【斀】㊀(탁) 覺 ㊁(촉) 屋 トク、タク、きよせいする emasculate 小篆 ㊀불알벨탁(去陰刑)。㊁두드릴촉(擊也)。

【斁】㊀(도) 遇 ㊁(역) 陌 ト、エキ、いとう dislike ㄉㄨˋ tu⁴ 小篆 小篆 草書 ㊀패할도(敗也)。〔書經〕彝倫攸ㅣ。㊁❶풀역(解也)。❷싫을역(厭也)。〔書經〕朕承王之休無ㅣ。❸마칠역(終也)。

【斂】㊀(렴) 琰 ㊁(렴) 豔 レン、おさめる withdraw ㄌㄧㄢˋ lien⁴ 小篆 草書 ㊀❶거둘렴(收也)。〔中庸〕時使薄ㅣ。❷모을렴(聚也)。〔詩經〕有此不ㅣ穧。㊁❶감출렴(藏也)。〔儀禮〕ㅣ旜。❷취할렴(取也)。(『殮』과 같음)

十四畫

【厳】(엄)『嚴』(口部17畫)의 俗字

【𣁀】(탁) 覺 タク、さずける give (古音「착」) ❶줄탁(授也)。❷찌를탁(刺也)。❸아플탁(痛也)。❹다질탁(築也)。❺찧을탁(舂也)。

【斃】(폐) 霽 ヘイ、たおれる dead ㄅㄧˋ pi⁴ 草書 ❶죽을폐(死也)。〔禮記〕射之ㅣ一人。❷엎드러질폐(踣也)。〔禮記 表記〕ㅣ而後已。(『弊』와 같음)

【𣀷】㊀(추) 尤 ㊁(수) 有 シュ、すてる throw 小篆 ㊀❶버릴추(棄也)。❷미워할추(惡也)。㊁뜻은 ㊀과 같음。

【𣁋】㊀(만) 阮 ㊁(취) 霽 バン、マン、のぎをのぞく remove 小篆 ㊀쓿을만(小舂)。㊁까락바술취(除穀芒)。

十五畫

【𣁐】(박) 覺 ハク、うつ strike 칠박(擊也)。

【𣁔】(래) 隊 ライ、おす push 밀래(推也)。

十六畫

【斄】(태) 灰 タイ 小篆 古文 草書 땅이름태(地名)。(『邰』와 통함)

【𢿋】(로) 虜 ロ、あざむく deceive ❶속일로(欺也)。 ❷거둘로(斂也)。

【𣀔】(괴)『壞』(16畫 土部)의 籒字

【斅】(효) 效 コウ、おしえる teach 小篆 草書 ❶깨우칠효(悟也)。〔書經 盤庚〕ㅣ于民。 ❷가르칠효(敎也)。〔書經 說命〕惟ㅣ學半。(『學』의 古字)

【𣀕】(력) 錫 レキ、みだれる be dizzy 어지러울력(亂也)。

十七畫

【𣀚】(삼) 覃 サン、いとう hate 싫어할삼(厭也)。

【𢿹】(분) 問 フン、はらう sweep away 쓸어버릴분(掃除)。

十八畫

【𣀤】(녑) 葉 ショウ、あいおよぶ encounter 마주칠녑(相及)。

十九畫

【𣀩】(려) 薺 レイ、かぞえる count 小篆 ❶셀려(數也)。 ❷펼려(布也)。

【𢿿】(변)『變』(16畫 言部)과 같음

文 部

【文】㊀(문) 文 ㊁(문) 問 ブン、モン、ふみ literature ; sentence ㄨㄣˋ wen⁴ 小篆 草書 ㊀❶글월문(錯畫)。〔尙書序〕伏羲始畫八卦造書契由是ㅣ籍生焉。 ❷글자문(ㅣ字書契)。〔中庸〕書同ㅣ。 ❸문채문(ㅣ章)。〔易繫辭〕物相雜故曰ㅣ。 ❹어귀문(語句)。〔孟子 萬章上〕不以ㅣ害辭。 ❺빛날문(華也)。 ❻법문(法也)。「繁ㅣ縟禮」。 ❼착할문(善也)。 ❽아롱질문(斑也)。 ❾현상문(現象)。「天ㅣ、地ㅣ、人ㅣ」。 ❿꾸밀문(飾也)。 ⓫아름다울문(美也)。〔禮記〕禮減而進以進爲ㅣ。 ⓬채색문(彩色)。 ⓭결문(理也)。 ㊁❶꾸밀문(飾也)。〔論語子張〕小人之過也必ㅣ。 ❷수식할문(修飾)。〔論語 憲問〕ㅣ之以禮樂。

三畫

【𢻱】(거)『擧』(14畫 手部)의 俗字

四畫

【斉】(제)『齊』(0畫 齊部)의 略字

六畫

【𢼸】(반) 刪 ハン、まだら spotty 얼룩덜룩할반(斑也)。

【斋】(재)『齋』(3畫 齊部)의 略字

七畫

【𢽎】(예)『譽』(14畫 言部)의 略字

【𢽴】(각)『覺』(13畫 見部)의 略字

【斎】(재)『齋』(3畫 齊部)의 略字

八畫

【斌】(빈) 眞 ヒン、うるわしい refined ㄅㄧㄣ pin¹ 草書 ❶빛날빈(文質貌)。 ❷아롱질빈(頒ㅣ相雜貌)。(『份·彬』과 같음)

【斐】(비) 尾 ヒ、うるわしい refined ㄈㄟˇ fei³ 小篆 草書 ❶아롱질비(分別文)。〔易〕君子豹變其文也ㅣ。 ❷문채날비(文章相錯)。〔詩經〕萋兮ㅣ兮成是貝錦。

【斑】(반) 刪 ハン、まだら spotted ㄅㄢ pan¹ 草書 ❶아롱질반(雜色)。 ❷얼룩질반。〔禮記〕貍首之ㅣ然。

九畫

【斒】(반) 刪 ハン、まだら spotted ㄅㄢ pan¹ 草書 아롱질반(ㅣ斕色不純貌)。

【𣁀】(환) 翰 カン、あや patterned 문채날환(ㅣ斕文采)。

十一畫

【斄】(리) 支 リ、ほそくえがく draw a fine line 가늘게그을리(微畫)。

十五畫

【斔】(유) 虞 ユ、ます measure 열여섯말들이유(十六斗入)。(『斞』와 같음)

十七畫

【斕】(란) 刪 ラン、あや beautiful colouring 草書 ❶아롱질란(色雜)。 ❷문채날란(文采)。〔蘇軾詩〕曉得異石靑ㅣ斑。

斗 部

【斗】(두) 有 ト、トウ、ます Korean measure ㄉㄡˇ tou³ 小篆 草書 ❶말두(量名、十升)。「열되들이」。〔史記〕平ㅣ斛度量。

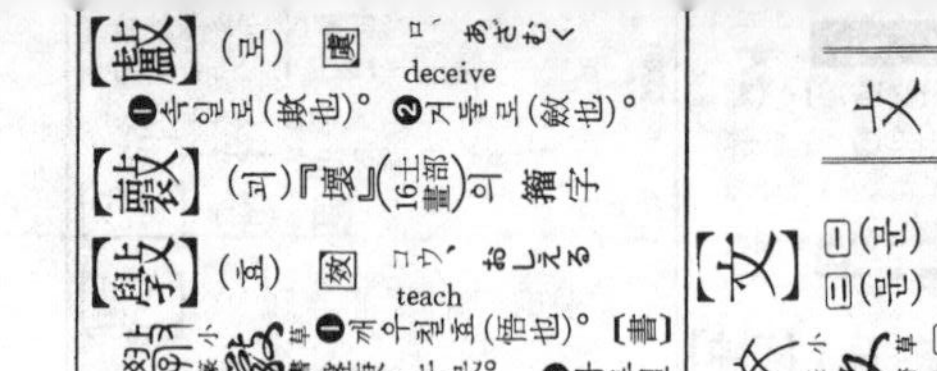

❷구기두(酒器勺也)。〔詩經〕酌以大ㅣ。 ❸글씨두(科ㅣ書形)。〔尙書序〕皆科ㅣ文字。 ❹별이름두(星名北ㅣ、南ㅣ)。 ❺문득두(忽也)。

三畫

五 畫

【斘】(승) 蒸 ショウ、のぼる climb
오를승(登也)。(『昇』과 통함)

【㪽】(반) 翰 ハン、わける devide
되어서반분할반(量物分半)。

六 畫

【斡】(알) 曷 アツ、くむ scoop by measure
말로되어담을알(斗量取物)。

【料】㊀(료) 蕭 ㊁(료) 嘯 リョウ、はかる estimate;cost ㄌㄧㄠ liao⁴
㊀❶될료、말질할료(量也)。【史記】嘗爲季氏吏—量平。❷교계할료(—理計也)。❸셀료(數也)。【周禮】—民于太原。❹잡아다릴료(捋也)。【史記 李斯傳】君侯自—、能孰與蒙恬。❺소고료(樂器小鼓)。❻대금료(代金)。「—金」。㊁❶헤아릴료(度也)。❷다스릴료(理也)。❸녹료(祿也)。❹거리료、가음료(人物材質)。

七 畫

【㪷】(두)『斗』(斗部 0畫)의 俗字

【斛】(곡) 屋 コク、ます ㄏㄨˊ hu² (古音「혹」)
열말들이 곡、휘곡(量名)。【漢書】—者角斗平多少之量也。

斛(圖禮三)

八 畫

【斜】㊀(사) 麻 ㊁(야) 麻 シャ、なxめ inclined ㄧㄝˊ yeh²
㊀❶빗길사(不正橫也)。【靈光殿賦】枝掌杈枒而—據。❷흩어질사(散也)。❸잡아당길사(抒也)。㊁고을이름야(褒州谷名褒—)。

【斚】(방) 陽 ホウ、あふれる brimful
넘게될방(量溢)。(『斛』의 本字)

【斝】(가) 馬 カ、さかずき precious stone cup ㄐㄧㄚˇ chia³
옥잔가(玉爵)。【詩經】洗爵奠—。

九 畫

【斞】(유) 麌 ユ、ます cubic measure
얼엿말들이휘유(量名十六斗)。【周禮】絲三邸漆三—。(『庾』와 통함)

【斢】(조) 蕭 チョウ、ます measure
귀달린휘조(斛旁耳古量器)。

【斟】(짐) 侵 シン、くむ dip up ㄓㄣ chen¹ (本音「친」)
❶구기짐(勺也)。【楚辭】彭鏗—雉帝何饗。❷짐작할짐(—酌計也)。【周語】而後王—酌也。❸마음 머뭇거릴짐(—愖遲疑)。【後漢書】意—愖而不澹。

十 畫

【斠】(각) 覺 カク、はかる strickle ㄐㄧㄠ chiao⁴
❶평미레각、고무래각(平斗斛)。❷될각(量也)。

【斡】㊀(간) 早 ㊁(알) 曷 カン、アツ、めぐる manage ㄍㄨㄢˇ kuan³ (古音「관」)
㊀❶구를간(轉也)。❷옮길간(運也)。【漢書】—棄周鼎。❸주장할간(主也)。【漢書】欲擅—山海之貨。❹자루간(柄也)。㊁돌알(旋也)。

十一畫

【斢】(루) 有 ロウ、かすめる plunder
❶겁탈할루(斢—兵奪人物)。❷노략질할루(掠也)。

【尉斗】㊀(위) 未 ㊁(울) 物 イ、ひのし iron
㊀다리미위(火斗)。㊁다릴울(持火展布)。(『熨』과 같음)

十二畫

【斢】(주) 有 トウ、うばう plunder (古音「두」)
겁탈할주(—斢兵奪人物)。

十三畫

【斣】(축) 屋 ショク、はかる strickle
❶평미레축(斠也)。❷맞걸릴축(相易物俱等)。

【斞】(구) 虞 ク、くむ dip up
❶뜰구(挹也)。【詩經】不可以挹酒漿。❷구기질할구(酌也)。【儀禮註】勺尊升所以—酌也。

斤 部

【斤】㊀(근) 文 ㊁(근) 問 キン、おの axe ㄐㄧㄣ chin¹
㊀❶근근、열엿량중근(權輕重器十六兩)。❷도끼근(斫木器)。【孟子 梁惠王上】斧—以時入山林。❸날근(剞劂總稱)。㊁❶도끼근(釿也)。❷밝게 살필근(明察)。【詩經】——其明。

一 畫

【斥】(척) 陌 セキ、しりぞける repulse ㄔˋ ch'ih⁴
❶가리킬척(指也)。【後漢書】擬—乘輿。❷개척할척(開也)。❸넓힐척(廣也)。【書經】海濱廣—。❹쫓을척(逐也)。❺물리칠척(擯也)。【左傳】大國之求無禮以—之何饜之有。❻개펄척(鹹也)。【漢志】除山川沈—。❼언덕척(澤厓)。【西京賦】絕阬踰—。❽내칠척(屏除)。【史記】王使郎中令—免。❾망군척(—侯望也)。【史記】然亦遠—侯未嘗遇害。❿나타날척(現也)。【左傳 襄公三十一年】盜賊充—。

四畫

【斧】(부) 麌 フ、おの axe ㄈㄨˇ fu³
小篆 草書 ❶도끼부(斫木器)。〔孟子〕ㅣ斤以時入山林。❷언월도부(ㅣ鉞儀仗)。〔『鈇』와 통함〕

叔斧彝(大部古彝器款識)

【斨】(장) 陽 ソウ、ショウ、おの axe
草書 ❶괴구멍모진도끼장(方銎斧)。❷찍을장(戕也)。

五畫

【斪】(구) 虞 ク、さく cut with a axe
小篆 ❶쪼갤구(斫也)。❷호미구(鋤屬)。

【斫】(작) 藥 シャク、きる cut with a sword
草書 ❶쪼갤작、찍을작(刀ㅣ擊也)。❷베어낼작(切也)。〔後漢書 呂布傳〕呂布拔戟ㅣ機。

六畫

【㪙】(격) 陌 カク、たたかう fight ㄓㄨㄛ² chuo²
❶싸움할격(爭鬪)。❷다툴격(爭也)。❸잡을격(捕也)。〔『㦸』과 같음〕

七畫

【斬】(참) 豏 ザン、きる cut ㄓㄢˇ chan
小篆 草書 ❶끊을참、베일참(截也)。〔孟子離婁下〕君子之澤五世而ㅣ。❷목베일참(斷首)。〔十八史略〕ㅣ首數萬。❸죽일참(殺也)。〔詩經〕ㅣ伐四國。❹상복에 도련아니할참(ㅣ衰喪服不緝)。❺거상입을참(居喪)。

【断】(단)『斷』(斤部14畫)의 略字

八畫

【斮】(一)(착) 覺 (二)(작) 藥 サク、きる cut ㄓㄨㄛˊ chuo²
小篆 草書 (一)벨착(斬也)。〔書經 泰誓〕ㅣ朝涉之脛。(二)쪼갤작(斫也)。〔史記〕因齊後至則ㅣ。〔『斫』과 같음〕

【斯】(사) 支 シ、この、これ this
小篆 草書 ❶쪼갤사(析也)。〔詩〕斧以ㅣ之。❷이사(此也)。「代名詞」。〔詩經〕何ㅣ違ㅣ。❸곧사(即也)。〔書經〕大木ㅣ拔。❹말그칠사(語已辭)。❺천할사(賤也)。〔屈原 漁父辭〕何故至於ㅣ。

【斱】(기)『剞』(刀部8畫)와 같음

九畫

【新】(신) 眞 シン、あたらしい new; fresh ㄒㄧㄣ hsin¹
小篆 草書 ❶새신、처음신、새로울신(初也)。〔易經 大畜〕日ㅣ其德。❷고울신(鮮也)。❸새롭게할신(革其舊)。〔李商隱雜纂 隔壁聞語〕ㅣ娶婦。❹옛나라이름신。

十畫

【㫁】(단)『斷』(斤部14畫)의 俗字

【斲】(착) 覺 タク、けずる slice off ㄓㄨㄛ chuo²
小篆 或體 或體 草書 ❶깎을착(削也)。❷쪼갤착(斫也)。〔孟子梁惠王下〕匠人ㅣ而小之。

十一畫

【⿰區斤】(一)(우) 尤 (二)(후) 尤 オウ、すき ploughshare
(一)보습우(耰屬)。(二)깎을후(削也)。

【⿰庶斤】(서) 御 ショ、きる cut
❶칠서(擊也)。❷끊을서(斫也)。

【⿰國斤】(획) カク、きる cut
벨획(斫也)。

十三畫

【斵】(착)『斲』(斤部10畫)과 같음

【斶】(촉) 沃 ショク
草書 사람의이름촉(人名顏ㅣ)。

十四畫

【斷】(一)(단) 旱 (二)(단) 翰 ダン、たちきる cut ㄉㄨㄢˋ tuan⁴
小篆 古文 古文 草書 (一)❶끊을단(截也)。〔書〕乃ㅣ棄汝。❷갈길단(翦也)。❸끊어질단(絶之)。(二)❶결단할단(決也)。〔易繫辭〕以ㅣ天下之疑。❷조각낼단(段也)。〔易繫辭〕其利ㅣ金。❸한결같을단(ㅣㅣ專一)。〔書〕ㅣㅣ猗無他技。

二十一畫

【斸】(一)(촉) 沃 (二)(착) 覺 チョク、きる cut ㄓㄨˇ chu³
小篆 草書 (一)❶쪼갤촉(段也)。❷찍을촉(斫也)。(二)뜻은(一)과 같음。

方部

【方】(방) 陽 ホウ、かど square; direction ㄈㄤ fang¹
小篆 或體 草書 ❶모방(矩也)。〔淮南子〕地道曰ㅣ。〔周禮〕ㅣ者中矩。❷방위방(嚮也)。〔周易〕君子以省ㅣ觀民設敎。❸이제방(今也)。〔莊子〕ㅣ今本身異形。❹떳떳할방(常也)。〔禮記〕左右就養無ㅣ。❺견줄방(比也)。〔論語〕子貢ㅣ人。❻또한방、바야흐로방(且也)。❼있을방(有也)。〔詩經〕維鳩ㅣ之。❽배아울러맬방(併舟)。〔史記〕ㅣ船而下。❾방법방(術法)。〔易繫辭〕ㅣ以類聚。❿책방(簡策)。〔中庸〕布在ㅣ策。⓫방

서방(醫書)。〔史記〕乃悉取其禁ー書盡與扁鵲。

二 畫

【㫃】(언) 阮 エン、ひるがえるはた banner
小篆 古文 깃발언(旌旗垂末)。

三 畫

【[illegible]】(천) 銑 テン、はたざお flagstaff
小篆 깃대천(旗竿)。

四 畫

【斺】(개) 卦 カイ、むすぶ knot 〔本音 혜〕
맺을개(結也)。

【㫄】(방)『旁』(方部 6畫)의 本字

【於】㊀(어) 魚 オ、よる、おいて on; at; in ㊁(오) 虞 × wu¹
草書 ㊀❶어조사어(語助辭)。❷에어(句讀)。〔論語〕孟孫問孝ー我。❸거할어、살어(居也)。〔韓愈 示兒詩〕前榮饌賓親冠婚之所ー。❹갈어(往也)。❺대신할어(代也)。❻여기어(此也)。〔戰國策 秦策〕ー魏王聽此言也甚詘。❼이 보다어(比也)。〔十八史略 春秋戰國趙〕使趙重ー九鼎大呂。㊁❶오홉다 할오(歎辭)。〔書經〕僉曰ー鯀哉。❷땅이름오(地名商ー)。

五 畫

【施】㊀(시) 支 ㊁(시) 紙 ㊂(시) 寘 ㊃(이) 支 ㊄(이) 寘 シ、セ、ほどこす bestow ㄕ shih¹
小篆 草書 ㊀❶베풀시(設也)。〔書〕以五采彰ー于五色。❷쓸시(用也)。〔大學〕爭民ー奪。❸더할시(加也)。❹안팎곱사등이 시(戚ー不能仰)。〔詩〕得此戚ー。❺벙글거릴시(ーー喜悅貌)。〔孟子〕ーー從外來。❻성시(姓也)。㊁버릴시(捨也)。〔周禮〕治其ー舍。〔『弛』와 같음〕㊂❶줄시(與也)。❷펼시(布也)。〔易〕德ー普也。❸은혜시(惠也)。〔禮〕太上貴德其次務ー報。❹공로시(勞也)。〔左傳〕ー者未厭。㊃❶잘난체할이(ーー自得貌)。❷비뚤어질이(斜也)。〔『迆』와 같음〕㊄❶옮길이(移也)。❷벋을이(延也)。〔詩〕葛之覃兮ー于中谷。❸미칠이(及也)。〔詩〕ー于子孫。〔儀禮〕絕族無ー服。

【斿】(유) 尤 ユウ、リュウ、はたあし tassel of a flag
草書 ❶깃발유(旌旗末垂)。❷깃술유(旗旒)。❸면류관술유(冕前後垂)。〔『游』와 같음〕

【旀】(며) 國字
❶하며며(句讀接讀詞)。「爲ー」。❷땅이름며(新羅地名ー知縣)。

六 畫

【旁】㊀(방) 陽 ㊁(방) 漾 ㊂(팽) 庚 ボウ、かたわら side ㄆㄤ pang²·⁴
小篆 古文 古文 籀文 草書 ㊀❶넓을방(廣也)。〔韓愈進學解〕獨ー搜而遠紹。❷클방(大也)。❸두갈래길방(岐道)。❹뎡어리방(ー礴混同)。❺오락가락할방(ー午交橫)。〔漢書〕使者ー午。㊁오락가락할방(ー午)。〔『傍』과 같음〕㊂휘몰아갈팽(ーー驅馳不息貌)。〔詩〕駟介ーー。

【旂】(기) 微 キ、はた banner
小篆 草書 ❶쌍룡그린기기(交龍旗)。〔周禮〕交龍爲ー。❷방울단기기(懸鈴旗)。〔詩〕ー旐央央。

旂(三禮圖)

【㫚】(물) 物 ブツ、はた banner
동리기물(洞里所建旗)。

【旃】(전) 先 セン、はた banner ㄓㄢ chan¹
小篆 或體 草書 ❶기전(曲柄旗)。〔周禮〕通帛爲ー。❷말그칠전(語已辭)。〔詩〕舍ー舍ー。〔『旜·氈』과 같음〕

【旄】㊀(모) 豪 ㊁(모) 號 ボウ、おいぼれ old man ㄇㄠ mao²
小篆 草書 ㊀❶쇠꼬리기모(旗懸牛尾幢也)。❷별이름모(星名)。〔書〕右秉白ー以麾。❸언덕앞이 높을모(前高後下曰ー丘)。㊁❶노루솔털모(鹿毛猥長)。❷늙은이모(老人)。〔孟子〕友其ー倪。〔『耄』과 통함〕

旄(三才圖會)

【旅】(려) 語 リョ、たび travel ㄌㄩ lü³
小篆 古文 草書 ❶나그네려、손님려(羈ー寄客)。〔易〕商ー不行。❷무리려(衆也)。〔詩〕ー力方剛。❸군사려(五百人爲ー軍也)。〔書〕班師振ー。❹베풀려(陳也)。〔詩〕殽核惟ー。❺오랑캐어른려(西戎之長曰西ー)。❻괘이름려(卦名)。❼제이름려(祭名)。

【旆】(패) 泰 ハイ、はた banner ㄆㄟ p'ei⁴
小篆 草書 ❶기패(繼旐旗)。〔詩經〕白ー央央。❷깃발날릴패(ーー飛揚貌)。〔詩經〕彼旟旐斯胡不ーー。〔『斾』는 俗字〕

七 畫

【旇】(비) 支 ヒ、なびく flap 〔古音 피〕
小篆 ❶휘두를비(麾也)。❷깃발휘비(旌旗ー靡)。❸대장기비(將旗)。

【旈】(류)『旒』(方部 9畫)의 俗字

【旉】(부)『敷』(支部 11畫)의 古字

【旊】(방) 養 ホウ、すえものつくり ceramist
草書 질그릇장인방(陶工)。【周禮】搏埴之工陶－。

【旋】㊀(선) 先 セン、めぐる ㊁(선) 霰 revolve
小篆 草書 ㊀❶돌이킬선(反也)。【易經】其－元吉。❷빠를 선(疾也)。❸오줌선(小便)。【左傳】夷射姑－焉。❹쇠북꼭지선(鐘懸)。【周禮】鐘懸謂之－。❺주선할 선(周－指麾)。❻돌아다닐선(盤－廻也)。❼구를선(斡－轉也)。㊁둘릴선(逐－遶也)。(『還』과 통합)

【旑】(아) 哿 ア、はた (of a flag) flap
깃발날릴아(旌旗從風貌)。

【旌】(정) 庚 セイ、しるし signal ㄐㄧㄥ ching¹
小篆 草書 ❶장목기정(旗名析羽置竿)。【詩經】孑孑干－。【周禮】析羽爲－。❷표할정(－別表也)。【周語】故爲車服以－之。

❶旌(圖器禮)

【旍】(정)『旌』(前條)과 같음

【旎】(니) 支 紙 ジ、ひらめく flap ㄋㄧ ni³
草書 ㊀❶깃발펄펄날릴니(旖－旌旗從風貌)。【史記】旖－從風。

❷구름피어오를니(雲貌)。【漢書】乘雲蜺之旖－。❸성할니(盛也)。【楚辭】紛旖－乎都房。

【族】㊀(족) 屋 ㊁(주) 宥 ゾク、みうち、やから family ㄗㄨ tsu²
小篆 草書 ㊀❶무리족(衆也)。❷일가족、겨레족(宗－)。【書經 堯典】以親九－。❸동류족(同類)。【書經】方命圮－。❹성씨족(姓氏)。【左傳隱公八年】羽父請諡與－。❺모일족(簇也、聚也)。【爾雅 釋詁】木－生爲灌。(『蔟』과 같음) ㊁풍류가락주(節－樂變)。(『奏』와 통합)

八畫

【旐】(조) 篠 チョウ、はた banner ㄓㄠ chao⁴
小篆 小篆 草書 기조(龜蛇旗)。【詩經】設此－矣。「거북과 뱀을 그린 기」。

(圖禮三)旐

九畫

【旒】(류) 尤 リュウ、はたあし tassel of a flag
❶기술류(旗旓)。【詩經】爲下國綴－。❷면류관술류(冕前後垂)。【禮記】天子玉藻、十有二－。

【旓】(소) 肴 ソウ、はたあし flag

草書 깃발소、기술소(旗旒)。【漢書】建光耀之長－。

【旔】(건) 願 カン、かつ win
이길건(捷也)。

【旕】(엇) [國字]
❶땅이름엇(地名、－每)。❷엇엇(－時調)。

十畫

【旖】(의) 支 紙 イ、なびく flap ㄧ i³
小篆 草書 ❶깃발 휘날릴의(－旎旌旗從風貌)。【史記司馬相如傳】－旎從風。❷구름이피어오를의(雲貌)。【漢書 揚雄傳】乘雲蜺之－旎兮。❸성할의(盛貌)。【楚辭 九辯】紛－旎乎都房。

【旗】(기) 支 キ、はた flag ;banner ㄑㄧ ch'i²
小篆 草書 ❶기기(軍將所建)。❷대장기기(將旗)。【周禮】熊虎爲－軍將所建象其猛如虎。❸표할기(標也)。

旗(圖器禮)

十一畫

【𣄓】(휘) 微 キ、はた banner
❶기휘(幟也)。❷움직일휘(動也)。

十三畫

【𣄻】(염) 豔 ゲン、しるし ticket
표염(證也)。

【旚】(표) 蕭 ヒョウ、はたがひるがえる flutter
깃발 번득일표(旌旗飄貌)。

十四畫

【旛】(번) 元 ハン、のぼり banner ㄈㄢ fan¹
小篆 草書 기번(旌旗總名)。【漢書】立靑－。

【𣄠】(표) 蕭 ヒョウ、はたがひるがえる flutter
小篆 깃발훨훨날릴표(旌旗飛揚貌)。

十五畫

【旜】(전) 先 セン、はた banner ㄓㄢ chan¹
草書 자루굽은기전(曲柄旗)。(『旃』과 같음)

旜(圖禮三)

【旝】(괴) 泰 カイ、さしずばた banner
小篆 草書 ❶사명기괴(大將所麾)。【左傳】－動而鼓。❷돌쇠뇌괴(機石槌擊)。【說文】建大木置石其上發機以追敵謂－。

【旞】(수) 寘 スイ、はた banner

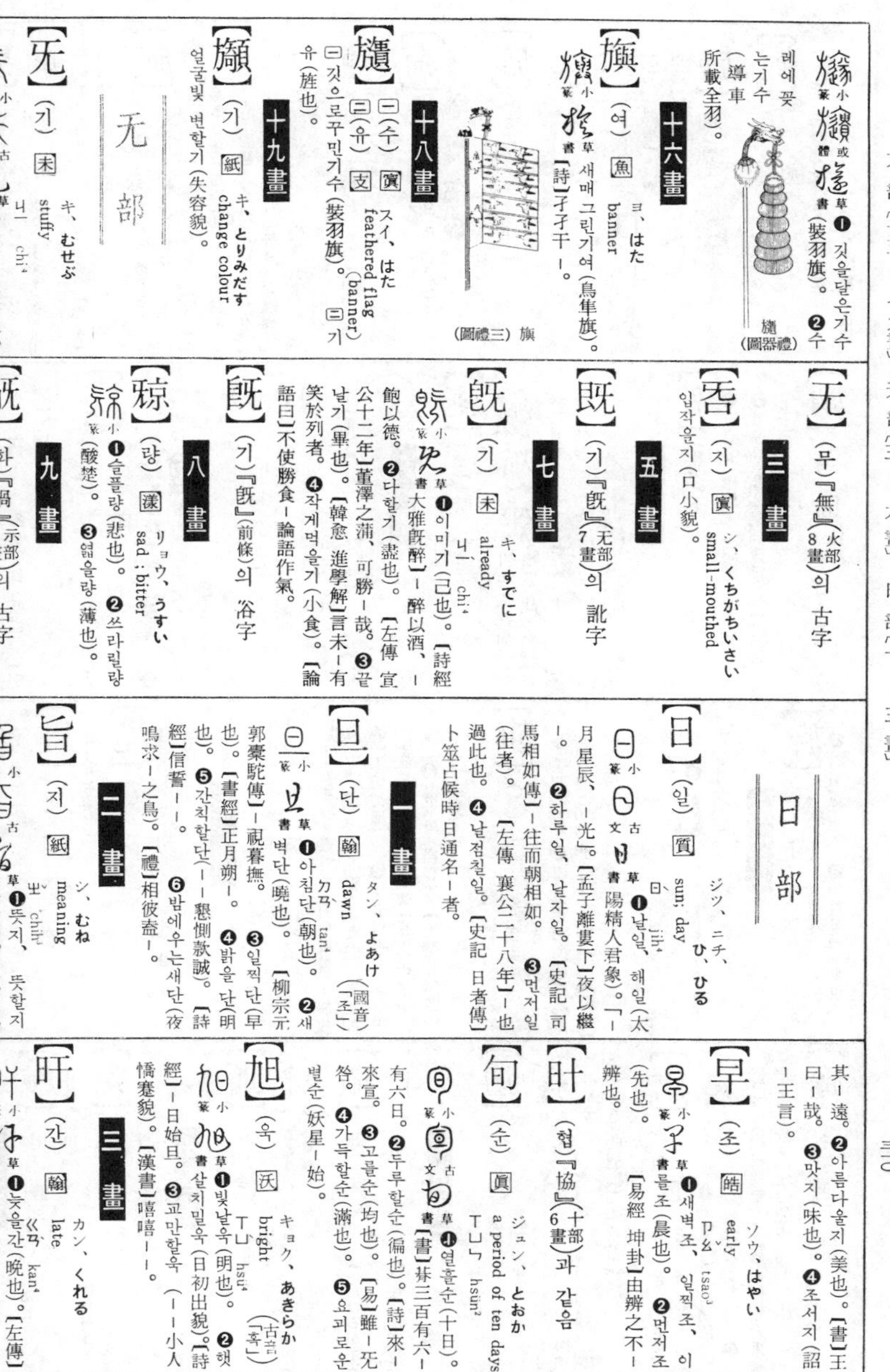

旟 小篆 或體 草書 ❶깃을달은기수(裝羽旗)。❷수레에꽂는기수(導車所載全羽)。

旟(圖器禮)

十六畫

【旗】(여) 魚 ヨ、はた banner
小篆 草書 새매그린기여(鳥隼旗)。【詩】孑孑干ㅣ。

旗(三禮圖)

十八畫

【旞】㊀(수) 寘 ㊁(유) 支 スイ、はた feathered flag (banner)
㊀깃으로꾸민기수(裝羽旗)。㊁기유(旌也)。

十九畫

【旝】(기) 紙 キ、とりみだす change colour
얼굴빛 변할기(失容貌)。

无部

【旡】(기) 未 キ、むせぶ stuffy ㄐㄧˋ chi⁴
小篆 古文 草書 숨막힐기(氣塞)。

【无】(무)『無』(火部 8畫)의 古字

三畫

【旣】(지) 寘 シ、くちがちいさい small-mouthed
입작을지(口小貌)。

五畫

【既】(기)『旣』(无部 7畫)의 訛字

七畫

【旣】(기) 未 キ、すでに already ㄐㄧˋ chi⁴
小篆 草書 ❶이미기(已也)。【詩經 大雅旣醉】ㅣ醉以酒、ㅣ飽以德。❷다할기(盡也)。【左傳 宣公十二年】董澤之蒲、可勝ㅣ哉。❸끝날기(畢也)。【韓愈 進學解】言未ㅣ有笑於列者。❹작게먹을기(小食)。【論語曰】不使勝食ㅣ論語作氣。

【旣】(기)『旣』(前條)의 俗字

八畫

【琼】(량) 漾 リョウ、うすい sad ; bitter
小篆 ❶슬플량(悲也)。❷쓰라릴량(酸楚)。❸엷을량(薄也)。

九畫

【旤】(화)『禍』(示部 9畫)의 古字

日部

【日】(일) 質 ジツ、ニチ、ひ、ひる sun; day ㄖˋ jih⁴
小篆 古文 草書 ❶날일、해일(太陽精人君象)。「ㅣ月星辰、ㅣ光」。【孟子離婁下】夜以繼ㅣ。❷하루일、날자일。【史記 司馬相如傳】ㅣ往而朝相如。❸먼저일(往者)。【左傳 襄公二十八年】ㅣ也過此也。❹날점칠일。【史記 日者傳】卜筮占候時日通名ㅣ者。

一畫

【旦】(단) 翰 タン、よあけ dawn (國音「조」) ㄉㄢˋ tan⁴
小篆 草書 ❶아침단(朝也)。❷새벽단(曉也)。【柳宗元 郭橐駝傳】ㅣ視暮撫。❸일찍단(早也)。【書經】正月朔ㅣ。❹밝을단(明也)。❺간칙할단(ㅣㅣ懇惻款誠)。【詩經】信誓ㅣㅣ。❻밤에우는새단(夜鳴求ㅣ之鳥)。【禮】相彼盍ㅣ。

二畫

【旨】(지) 紙 シ、むね meaning ㄓˇ chih³
小篆 古文 草書 ❶뜻지、뜻할지(意向)。【易繫辭】其ㅣ遠。❷아름다울지(美也)。【書】王曰ㅣ哉。❸맛지(味也)。❹조서지(詔ㅣ王言)。

【早】(조) 皓 ソウ、はやい early ㄗㄠˇ tsao³
小篆 草書 ❶새벽조、일찍조、이를조(晨也)。❷먼저조(先也)。【易經 坤卦】由辨之不ㅣ辨也。

【叶】(협)『協』(十部 6畫)과 같음

【旬】(순) 眞 ジュン、とおか a period of ten days ㄒㄩㄣˊ hsün²
小篆 古文 草書 ❶열흘순(十日)。【書】朞三百有六旬有六日。❷두루할순(徧也)。【詩】來ㅣ來宣。❸고를순(均也)。【易】雖ㅣ无咎。❹가득할순(滿也)。❺요괴로운별순(妖星ㅣ始)。

【旭】(욱) 沃 キョク、あきらか bright (古音「혹」) ㄒㄩˋ hsü⁴
小篆 草書 ❶빛날욱(明也)。❷햇살치밀욱(日初出貌)。【詩經】ㅣ日始旦。❸교만할욱 (ㅣㅣ小人憍蹇貌)。【漢書】嘻嘻ㅣㅣ。

三畫

【旰】(간) 翰 カン、くれる late ㄍㄢˋ kan⁴
小篆 草書 ❶늦을간(晚也)。【左傳】日ㅣ不召。❷번화할

간(－－盛貌)。〔漢書〕采色澔－。

【旱】(한) 翰 旱 カン、ひでり dry weather ㄏㄢˋ han⁴
小篆 草書 ❶가물한(亢陽不雨)。〔書經〕若歲大－用汝作霖雨。❷물없을 한(渴水)。〔詩經〕－旣太甚。

【旳】(적) 錫 テキ、あきらか light
小篆 小篆 밝을적(明也)。〔隸釋魯峻碑〕晩矣－。

【旴】(우) 虞 ク、ひので sunrise 〔古音〕「후」
草書 ❶해돋을우(日始出)。❷새벽우(晨也)。

【⿰日乞】(계) 霽 ケイ、あたたかい warm
❶따뜻할계(暖也)。❷따끈할계。

四 畫

【旹】(시)『時』(日部6畫)의 古字

【旺】(왕) 漾 オウ、さかん prosper ㄨㄤˋ wang⁴
草書 ❶고울왕(光美)。❷해무리왕(日暈)。❸성할왕(物之始盛)。❹일왕(興－、盛－)。『暀』과 같음

【旻】(민) 眞 ビン、あきぞら autumn sky
小篆 草書 ❶가을하늘민(秋天)。〔書經〕日號泣于－天于父母。〔爾雅 釋天〕秋爲－天。❷어진하늘민(仁覆閔下)。

【旼】(민) 眞 ビン、やわらぐ mild
草書 화할민(－－和貌)。〔漢書〕－－穆穆君子之能。

【旽】㊀(견) 銑 ㊁(돈) 元 トン、あけぼの dawn
㊀지성스러울견(－－至誠)。『暾』과 같음 ㊁먼동틀돈(日欲出)。

【旿】(오) 麌 ゴ、あきらか midday
낮밝을오、한나절오、대낮오(日當午而盛明)。

【昁】(패) 泰 ハイ、くもる cloudy
❶흐릴패(曇也)。❷어둘패(暗也)。

【昂】(앙) 陽 コウ、あがる bright; high ㄤˊ ang²
小篆 草書 ❶밝을앙(明也)。❷들앙(擧也)。〔楚辭遠遊〕服偃蹇而低－兮。❸높을앙(高也)。❹말성큼성큼 걸을앙。(－－馬行貌)。〔楚辭〕－－若千里之駒。『卬·仰』과 통함

【昃】(측) 職 ショク、ソク かたむく decline
小篆 草書 해기울어질측(日斜)。〔易〕日中則－。

【昄】(판) 潸 ハン、おおきい big ㄅㄢˇ pan³
小篆 草書 클판(大也)。〔詩經 大雅卷阿〕爾土宇－章。

【昆】㊀(곤) 元 ㊁(혼) 阮 コン、あに eldest brother
小篆 草書 ㊀❶맏곤、언니곤、형곤(兄也)。〔詩〕謂他人－。❷뒤곤(後也)。〔書〕－命于元龜。❸손자곤(後－孫也)。〔書〕垂裕後－。❹같을곤(同也)。〔漢書〕瞧瞧－鳴。❺다곤(咸也)。『崑·蜫』과 통함 ㊁❶덩어리혼(－侖天形)。❷서쪽 오랑캐 이름 혼(西夷名)。『渾·混』과 통함

【昇】(승) 蒸 ショウ、のぼる ascend ㄕㄥ sheng¹
小篆 草書 ❶해돋을승(日上)。〔郭璞 山海經序〕東－大人之堂。❷풍년들승(－平)。「天下－平」。『升』과 통함

【昊】(호) 皓 コウ、なつぞら clear summer sky ㄏㄠˋ hao⁴
草書 ❶여름하늘호(夏天)。〔書經〕欽若－天。〔詩經〕浩浩－天。❷기운이넓을호(－天罔極)。『皞』와 통함

【昉】(방) 養 ホウ、あきらか bright ㄈㄤˇ fang³
小篆 草書 ❶밝을방(明也)。❷비롯할방(始也)。❸마침방(適也)。〔列子 黃帝〕衆－同疑。

【昈】(호) 麌 コ、あや beautiful colouring
小篆 ❶문채날호、빛날호(－－文彩貌)。〔西京賦〕赫－－以弘敞。❷밝을호(明也)。

【昋】(계) 霽 ケイ、あきらか bright
❶성계(姓也)。❷밝을계(明也)。

【昌】(창) 陽 ショウ、さかん make prosperious ㄔㄤ ch'ang¹
小篆 籀文 草書 ❶창성할창(盛也)。〔書經〕邦乃其－。❷나타날창(顯也)。❸착할창(美言善也)。〔書經〕禹拜－言曰俞。❹물건창(物也)。〔莊子 在宥〕百－者皆生於土。❺날빛창(日光)。

【昍】(헌) 元 ケン、あきらか bright
밝을헌(明也)。

【明】(명) 庚 メイ、ミョウ、あきらか bright; clear ㄇㄧㄥˊ ming²
小篆 古文 草書 ❶밝을명(照也)。〔蘇軾 赤壁賦〕月－星稀。❷분별할명(辨也)。❸총명할명(聰也)。〔書經 益稷〕元首－哉。❹나타날명(著也)。❺확실할명(確也)。〔易繫辭〕日月相推而－生焉。❻볼명(視也)。〔禮記 檀弓〕喪其－。❼밝힐명(顯也)。❽날이샐명(夜明)。〔詩經〕東方－矣。❾낮명(晝也)。❿현세명(現世)。〔左傳昭公六年〕陰陽風雨晦－。⓫신령스러울명(神靈)。⓬왕조의 이름명(中國王朝名)。⓭깨달을명(曉也)。⓮빛명(光也)。⓯흴명(白也)。⓰통할명(通也)。⓱살필명(察也)。『盟·孟』과 통함

【昏】(혼) 元 コン、くらい dusk; twilight ㄏㄨㄣ huen¹
小篆 草書 ❶날저물혼(日冥)。〔淮南子〕日至虞是淵謂黃ㅣ。❷어두울혼(闇也)。〔書經〕下民ㅣ墊。❸어지러울혼(亂也)。〔書經〕ㅣ棄厥肆祀不答。❹어려서 죽을혼(夭死)。〔左傳〕札瘥夭ㅣ。(『昬』과 같음)

【昛】(탐) 覃 タン、ひぐれのいろ evening glow
저녁경치탐(夕景)。

【昒】㊀(물) 物 コツ、フツ、よあけ ㊁(홀) 月 dawn
小篆 小篆 草書 ㊀먼동틀물(ㅣ爽未明)。〔幽通賦〕ㅣ昕寤而仰思兮。(『曶』과 같음) ㊁❶어둑새벽홀(尙冥)。❷새벽녘홀(曉也)。

【曶】(물) (홀)『昒』(前條)과 같음

【易】㊀(이) 寘 イ、エキ、やすい、かわる ㊁(역) 陌 easy; change
小篆 草書 ㊀❶다스릴이(治也)。〔孟子〕ㅣ其田疇。❷홀하게여길이、쉽게여길이(忽也)。❸쉬울이(不難)。〔論語〕喪與其ㅣ也寧戚。❹게으를이(輕惰)。〔公羊傳〕俾君子ㅣ怠。❺편할이(安也)。〔詩經 大雅文王〕駿命不ㅣ。㊁❶변할역(變也)。❷바꿀역(換也)。「交ㅣ」。〔易繫辭〕日中爲市交ㅣ而退。❸형상 할역(象也)。〔易繫辭〕生生之謂ㅣ。❹물이름역(涿郡水名)。❺역서역(ㅣ書、ㅣ經)。

【昔】㊀(석) 陌 セキ、シャク、むかし ㊁(착) 藥 old; ancient ㄒㄧ hsi²
小篆 籀文 草書 ㊀❶옛석、이석(古也)。〔詩經〕自古在ㅣ先民有作。❷오랠석(久也)。〔詩〕誰ㅣ然矣。❸어제석(去日)。❹밤석(夜也)。〔左傳 哀公四年〕爲一ㅣ之期。❺옛적석(前代)。❻접때석(嚮日)。❼비롯할석(始也)。(『腊』과 같음) ㊁쇠뿔비틀릴착(牛角理錯)。

【昕】(흔) 文 キン、ひので sunrise ㄒㄧㄣ hsin
小篆 草書 ❶해돋을흔(日將出)。〔儀禮〕凡行事必用昏ㅣ。❷초하룻날흔(朔日)。〔禮記 文王世子〕天子視學大ㅣ鼓徵。

【昖】(연) 先 エン、ひがめぐる (of the sun) pass
해다닐연(日行)。(『昭』과 같음)

五畫

【晄】(광) 敬 キョウ、あきらか bright
밝을광(明也)。

【昜】(양)『陽』(阜部 9畫)과 같음

【昵】(예) 薺 エイ、ひがかたむく (of the sun) sink
해기울예(日傾)。

【昞】(병) 梗 ヘイ、あきらか bright ㄅㄧㄥ ping³
草書 ❶밝을병(明也)。❷사람이름병(人名)。「帝ㅣ」。宋代最後의 皇帝。(『炳』과 같음)

【昺】(병)『昞』(前條)과 같음

【星】(성) 靑 セイ、ショウ、ほし star ㄒㄧㄥ hsing
小篆 古文 或體 草書 ❶별성(列宿總名)。〔書經〕曆象日月ㅣ辰。❷희뜩희뜩할성(ㅣㅣ點點)。〔謝靈運詩〕ㅣㅣ自髮垂。❸세월성(歲月)。〔王勃詩〕物換ㅣ移幾度秋。❹천문성(天文)。〔晋書 鳩摩羅什傳〕博覽五明諸論及陰陽ㅣ算莫不畢盡。❺성성(姓也)。

【映】(영) 敬 エイ、うつす reflect ㄧㄥ ying⁴
小篆 草書 ❶비칠영(明相照)。〔蘭亭詩序〕ㅣ帶左右。❷빛날영(照也)。(『暎』과 같음)

【昡】(현) 霰 ゲン、ひかり sunlight
햇빛현(日光)。〔離騷經〕世幽昧以ㅣ曜兮。

【昢】(불) 月 フツ、あけぼの dawn
❶어둑새벽불(日未明貌)。❷해돋을불(日出貌)。

【昣】(진) 軫 シン、あきらか bright
밝을진、빛날진(明也)。

【春】(춘) 眞 シュン、はる spring ㄔㄨㄣ ch'uen¹
草書 ❶봄춘(歲之始、四時首)。〔史記〕東方木主ㅣ。❷남녀의 정사춘(男女情事)。〔詩經〕有女懷ㅣ、吉士誘之。❸술춘(酒之異名)。〔司空圖詩品〕玉壺買ㅣ。❹화할춘(和也)。〔李絳兵部尙書王紹碑〕彊內如ㅣ。❺해춘(歲也)。〔漢書賈誼傳〕ㅣ秋鼎盛。

【昧】㊀(매) 泰 バイ、マイ、よあけ ㊁(매) 隊 dawn ㄇㄟ mi⁴
小篆 草書 ㊀❶어두울매(冥也)。〔書經〕宅西曰ㅣ谷。❷먼동틀매(ㅣ爽微明)。〔書經〕ㅣ爽丕顯。㊁❶무릅쓸매(貪冒)。〔漢書 高祖紀〕ㅣ死再拜、言大王陛下。❷어두울매(暗也)。〔屈原 離騷〕路幽ㅣ以險隘。❸둔할매(愚也)。〔書經〕兼弱攻ㅣ。

【昨】(작) 藥 サク、きのう yesterday; last ㄗㄨㄛ tsuo²
小篆 草書 ❶어제작、어저께작(隔一宵)。〔莊子〕周ㅣ來有中道而呼者。❷엇그제작(累日)。

【昩】(말) 曷 マツ、くもる gloomy in the day time
❶대낮침침할말(日中不明)。❷별이름말(小星名)。

【昪】(변) 霰 ベン、ひかり sunlight

昪(小篆) ❶날빛환할변(日光貌)。❷좋아할변(喜樂貌)。(『忭』과 같음)

【昫】(구) 虞 ク、あたたか warm (古音「후」)
昫(小篆) 昫(草書) 햇빛 따뜻할구(日出温)。【淮南子 原道訓】ㅣ嫗覆育。

【昭】㈠(소) 蕭 ㈡(조) 嘯 ㈢(조) 篠 ショウ、あきらか bright; luminous
昭(小篆) 昭(草書) ㈠❶소명할소(詳也)。❷소목소(ㅣ穆廟位)。❸태평세월소(ㅣ代)。(『佋』와 같음) ㈡❶나타날조(著也)。【易】君子以自ㅣ明德。❷빛날조(光也)。❸깰조(曉也)。【禮】蟄蟲ㅣ蘇。(『炤』와 같음) ㈢밝을조(ㅣㅣ明也)。【中庸】天斯ㅣㅣ之多也。

【是】(시) 紙 シ、ゼ、よい、これ right; this ㄒㄩˇ hsü³
是(小篆) 昰(籒文) 是(草書) ❶이시(此也)。【易】不見ㅣ而無悶。❷바를시(正也)。❸곧을시(直也)。❹옳을시(非之對)。【禮】夫禮者所以定親疎決嫌疑別同異明ㅣ非也。

【昱】(욱) 屋 イク、あきらか bright ㄩˋ yü⁴
昱(小篆) 昱(草書) 햇빛밝을욱(日光明)。【太玄經】日ㅣ乎晝。

【昖】(연)『[日+公]』(日部 4畫)과 같음

【晛】(비) 未 ヒ、フツ、かわかす dry
❶말릴비(乾物ㅣ曬)。❷별쪼일비(曝也)。

【昳】(질) 屑 テツ、かたむく decline (古音「절」)
昳(小篆) 昳(草書) 해기울어질질(日傾)。【漢書 游俠傳】至日ㅣ皆會。

【昴】(묘) 巧 ボウ、すばる the Pleiad
昴(小篆) 昴(草書) 묘별묘(西陸宿名二十八宿一)。【爾雅】ㅣ西方之宿別名旄頭。

【昵】㈠(닐) 質 ㈡(녜) 薺 ジツ、ちかずく intimate (古音「닉」)
昵(草書) ㈠가깝게할닐(親近)。【書經】ㅣ比罪人。(『暱』과 같음) ㈡아비사당녜(禰廟)。【書經】典祀無豊于ㅣ。

【昶】(창) 養 チョウ、ながい long day
昶(小篆) 昶(草書) ❶해가길창(日長)。❷밝을창(明也)。❸통할창(通也)。【稽康琴賦】固以和ㅣ而足耽矣。❹펼창(舒也)。

【昷】(온) 元 オン、よい generous
어질온(仁也)。(『溫·昷』과 같음)

【昻】(앙)『昂』(日部 4畫)의 俗字

六 畫

【[日+乞]】(흘) 質 キツ、はやい early
❶이를흘(早也)。❷빠를흘(急速)。

【晁】㈠(조) 蕭 ㈡(조) 篠 チョウ、あさ morning ㄔㄠˊ ch'ao²
晁(草書) ㈠아침조(朝也)。(『朝』의 古字) ㈡❶땅이름조(地名東陽縣名)。❷벌레이름조(蟲名)。

【時】(시) 支 ジ、シ、とき、これ time; period ㄕˊ shih²
時(小篆) 旹(古文) 時(草書) ❶때시(辰也)。끼니시「ㅣ間」。❷기약시(期也)。【書經】敬授人ㅣ。❸이시(是也)。【書經 堯典】黎民於變ㅣ雍。❹엿볼시(伺也)。【論語 陽貨】孔子ㅣ其亡也、而往拜之。❺가끔시(往往)。【論語 學而】學而ㅣ習之。

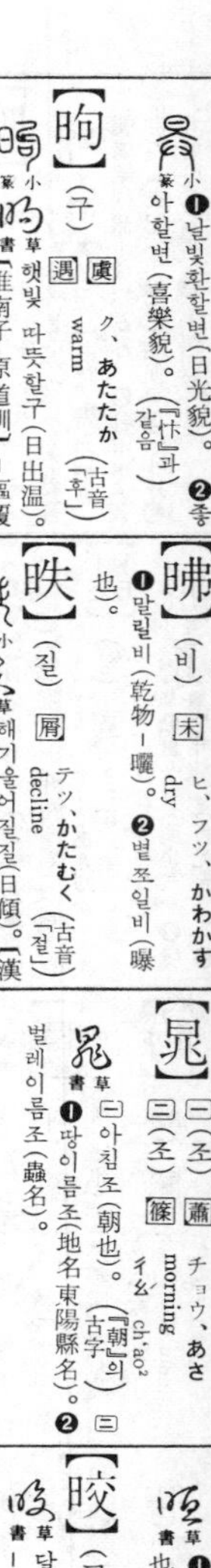
十二辰

【晃】(황) 養 コウ、あきらか bright ㄏㄨㄤˇ˙ huang³·⁴
晃(小篆) 晄(小篆) 晃(草書) ❶밝을황(明也)。❷빛날황(暐也)。❸환히 빛날황(ㅣㅣ光耀貌)。【吳都賦】炫ㅣ芬馥。

【晄】(황)『晃』(前條)과 같음

【晅】(훤) 元 ケン、かわく dry ㄒㄩㄢˇ hsüan³
晅(草書) ❶햇기훤(日氣)。❷말릴훤(乾也)。(『烜』과 같음)

【晈】(교) 篠 コウ、つきあかるい (of the moon) bright
晈(草書) 달밝을교(皎也)。【楚辭】夜ㅣㅣ兮既明。

【晉】(진) 震 シン、すすむ advance ㄐㄧㄣˋ chin⁴
晉(小篆) 晉(草書) ❶나아갈진(進也)。【周易】ㅣ進也。❷억제할진(抑也)。【周禮】凡田王提馬而走諸侯ㅣ大夫馳。❸꽂을진(搢也)。【周禮】王ㅣ大圭。❹나라이름진(國名)。❺괘이름진(卦名)。(『晋』은 俗字)

【晋】(진)『晉』(前條)의 俗字

【晊】(질) 質 シツ、おおきい big
❶클질(大也)。❷밝을질(明也)。

【晌】(상) 養 ショウ、まひる mid-day ㄕㄤˇ shang³
晌(草書) ❶한낮상、대낮상(午也)。❷반각상(半刻)。

【晑】(향) 養 キョウ、あきらか bright
밝을향(明也)。

【晏】(안) 諫 アン、はれる clear sky ㄧㄢˋ yen⁴
晏(小篆) 晏(草書) ❶하늘맑을안(天淸)。【漢書 揚雄傳】天淸日ㅣ。❷늦을안(晩也)。【論語 子路】何ㅣ也。

❸편안할안(安也)。❹선 명할안(鮮盛貌)。〔詩〕羔裘ㅣ兮。❺화할안(和也)。〔詩經〕言笑ㅣㅣ。

【晐】(해) 灰 ガイ、あまねく ㄍㄞ kai¹ get all ready (古音「개」) 小篆 書 草 ❶다해(咸也)。❷갖출해(備也)。

【晒】(쇄)『曬』(19日部畫)의 俗字

七畫

【晆】(경) 梗 コウ、ひがたかい (of the sun) high 해높을경(日高)。

【晗】(함) 覃 カン、あけかかる dawn 날샐함、샐녘함(曙也)。

【朖】(랑) 養 ロウ、さらす expose ❶볕쬘랑(曝也)。❷밝을랑(明朗)。『朗』과 通함

【晙】(준) 震 シュン、ジュン、あきらか bright 小篆 ❶밝을준(明也)。❷이를준(早也)。

【晚】(만) 阮 バン、マン、くれ ㄨㄢ wan³ evening 小篆 書 草 ❶저물만、늦을만(暮也)。〔古詩 焦仲卿妻〕朝成繡袂裙ㅣ成單羅衫。❷뒤질만(後也)。〔史記 李斯傳〕君何見之ㅣ。❸저녁만(夕也)。❹끝날만(末也)。

【晛】(현) 銑 霰 ケン、ひかり ㄒㄧㄢ hsien⁴ daylight 小篆 書 草 ❶햇기운현(日氣)。❷햇발현(日光)。〔詩〕雨雪瀌瀌見ㅣ則消。

【晜】(곤) 元 コン、おじ uncle 小篆 書 草 ❶삼촌곤(父之兄弟)。❷육대손곤(來孫之子)。『昆』과 通함

【㬉】(난) 潸 ダン、あかい reddish 小篆 불그레할난(小赤)。

【曡】(첩)『疊』(17田部畫)과 같음

【晝】(주) 宥 チュウ、ひる ㄓㄡ chou⁴ daytime 小篆 籀文 書 草 ❶낮주(與夜爲界)。〔易〕ㅣ日三接。❷대낮주、한낮주(日中)。❸땅이름주(地名)。〔孟子 公孫丑下〕三宿而後出ㅣ。

【晞】(희) 微 キ、かわく ㄒㄧ hsi¹ dry 小篆 書 草 ❶마를희(乾也)。〔詩經〕白露未ㅣ。❷햇살치밀희(日之始昇)。〔詩經 齊風東方未明〕東方將ㅣ。❸말릴희(燥也)。

【晟】(성) 敬 セイ、あきらか ㄕㄥ shêng⁴ bright 小篆 書 草 ❶밝을성(明也)。❷햇살퍼질성(日光充盛)。❸성할성(熾也)。

【晡】(포) 虞 ホ、ななつ、ひぐれ ㄅㄨ pu¹ 3~5 o'clock p.m. 書 草 ❶신시포(申時)。「지금의 오후四시」❷해질포(暮也)。〔淮南子〕日至於悲谷是謂ㅣ時。〔白居易詩〕朝ㅣ頒餠餌。

【晤】(오) 遇 ゴ、あう ㄨ wu⁴ meet 小篆 書 草 ❶밝을오(明也)。〔宋史 眞宗紀贊〕眞宗英ㅣ之主。❷만날오(遻也)。〔詩〕可與ㅣ歌。❸저녁볕오(返照)。❹깨우쳐줄오(以言曉人)。

【晢】㊀(제) 霽 ㊁(절) 屑 セイ、セツ、あきらか ㄓㄜ chê² shine 小篆 小篆 書 草 ㊀별 반짝반짝할제(ㅣㅣ星光)。〔詩經 陳風東門之楊〕明星ㅣㅣ。㊁❶밝을절(明也)。❷비칠절(照也)。

【晣】(절)『晢』(前條)과 같음

【晥】(환) 潸 カン、あきらか bright 書 草 ❶환할환(明貌)。❷깨끗할환(白淨)。『皖』과 같음

【㫲】(패) 隊 ハイ、くらい dark 어두울패(暗也)。〔吳都賦〕旭日晻ㅣ。

【晦】(회) 隊 カイ、みそか ㄏㄨㄟ huei⁴ last day a month 小篆 書 草 ❶그믐회(月終)。〔後漢書明帝紀〕壬寅ㅣ日有食之既。❷늦을회(晚也)。〔易經〕君子以嚮ㅣ入宴息。❸어두울 회(冥也)。〔左傳 成公十四年〕志而ㅣ。❹안개회(霧也)。❺얼마 못될회(亡幾)。〔幽通賦〕鮮生民之ㅣ在。

【晧】(호) 皓 コウ、あきらか shine 小篆 書 草 ❶밝을호(明也)。❷빛호(光也)。❸햇살환히치밀호(日出貌)。

【晨】(신) 眞 シン、あさ ㄔㄣ ch'en² dawn 小篆 或體 書 草 ❶샛별신(星名)。❷새일녘 신(昧爽)。〔說文〕房星之ㅣ 通作辰又早朝之辰通作ㅣ。❸아침을아뢸신(告ㅣ)。〔書經牧誓〕牝雞無ㅣ。

八畫

【晫】(탁) 覺 タク、あきらか bright ❶환할탁(明盛貌)。❷밝을탁(明也)。

【晬】(쉬) 隊 サイ、ひとまわり ㄗㄨㄟ tsuei⁴ anniversary (古音「췌」) 小篆 書 草 돐쉬、첫생일쉬(周年同時)。

【普】(보) 麌 フ、あまねく ㄆㄨ p'u³ general 小篆 書 草 ❶넓을보(博也)。「ㅣ遍、ㅣ天之下、ㅣ通」。❷클

見龍在田德施ー也。❹칠칠할보(日無色)。

【景】 (一)(경) 梗 ケイ、けしき view (二)(영) 梗 ㄧㄥˇ ying³
篆小 書草 (一)❶빛경(光也)。❷경치경。〔李商隱雜纂 不快意〕樹陰遮ー。❸밝을경(明也)。〔詩經〕ー行行止。❹클경(大也)。〔詩經〕介以ー福。❺형상할경(像也)。❻사모할경(慕也)。〔李白 與韓荊州書〕何令人之ー慕、一至於此。(二)❶그림자영(物之陰影)。〔詩〕汎汎其ー。❷옷영(衣也)。〔儀禮〕婦乘以几姆加ー。(『影』과 通함)

【晾】 (량) 漾 リョウ、さらす bask in the sun ㄌㄧㄤˋ liang⁴
쪼일량(曬曝晒ー)。

【晱】 (섬) 琰 セン、いなびかり flash
❶번개빛섬(電光)。❷번쩍일섬(閃也)。

【晲】 (예) 齊 ゲイ、ひがかたむく decline
해기울어질예(日昳)。〔淮南子〕有符曬ー。

【晴】 (청) 庚 セイ、はれる fair weather ㄑㄧㄥˊ ch'ing²
草書 ❶갤청(雨止無雲)。〔史記〕天ー而見景星。❷맑은 날씨청。〔陳與義詩〕孤松立快ー。(『暒·甠』과 같음)

【晳】 (석) 陌 discriminate ㄒㄧ hsi¹
분석할석(明辨)。(『晰』과 같음)

【晵】 (一)(계) 薺 ケイ、はれる clear up (二)(견) 霰
小篆 (一)❶비갤계(霽也)。❷〔中字〕성계(姓也)。(二)뜻은 (一)과 같음。

【晶】 (정) 庚 ショウ、すいしょう crystal ㄐㄧㄥ ching¹
小篆 草書 ❶맑을정(精光)。〔宋之問詩〕八月涼風天氣ー。❷빛날정(光也)。〔方岳詩〕江樹曉ーー。❸(鑛)함나정(美石)。❹수정정(水ー)。

【晷】 (귀) 紙 キ、ひかげ shadow ㄍㄨㄟˇ kuei³ (古音「궤」)
小篆 草書 ❶해그림자귀(日景)。〔陸雲詩〕願登扶桑仰結飛ー。❷시각귀(刻也)。

【晹】 (역) 陌 エキ、ひざしがよい sunburst
해반짝날역(日覆雲暫見)。

【智】 (지) 寘 チ、かしこい、ちえ wisdom ㄓˋ chih⁴
草書 ❶슬기지(心有所知知有所合)。〔孟子〕是非之心ー之端。❷사리에 밝을지(聰明睿ー)。

【晻】 (一)(암) 感 アン、エン、くらい dark (二)(엄) 琰 ㄢˇ an³
小篆 草書 (一)❶어두울암(暗也)。〔漢書〕三光ー昧。❷막힐암(隕也)。(二)햇빛침침할엄(日無光)。〔楚辭〕日ーー而下頹。

【晣】 (제) 霽 セイ、あきらか starry
별빛찬란할제(ーー星光)。〔詩〕明星ーー。(『晢』와 같음)

【暀】 (왕) 養 オウ、うつくしい beautiful
小篆 ❶빛고울왕(美麗)。❷덕왕(德也)。❸옳을왕(是也)。

【晼】 (원) 阮 エン、ひぐれ sunset
草書 해 넘어갈원(ー晚日落)。〔楚辭〕白日ー晚其將入兮。

【晽】 (림) 侵 サン、しりたがる desire
알고자할림(欲所之知)。

【睧】 (혼) 元 コン、くらい dim
어두울혼(闇也)。

【晋】 (진)『晉』(日部 6畫)의 俗字

九畫

【暄】 (훤) 元 ケン、あたたか warm ㄒㄩㄢ hsüan¹
草書 ❶따뜻할훤(日暖)。〔絕交論〕敍溫郁則寒谷成ー。❷따스할훤(溫也)。

【暅】 (一)(긍) 徑 コウ、ケン、さらす expose (二)(훤) 阮
(一)볕 쪼일긍(曝也)。(二)말릴훤(乾燥)。〔易繫辭〕日以晅之。(『晅』과 같음)

【暆】 (이) 支 イ、ひがうつる orbit of the sun
小篆 ❶해다닐이(ーー日行)。〔越絕書〕日昭昭浸以ー與子期乎蘆之漪。❷땅이름이(樂浪縣名東ー)。

【暇】 (가) 禡 カ、いとま leisure ㄒㄧㄚˊ hsia²·⁴ (古音「하」)
小篆 草書 ❶한가할가(閒也)。〔左傳 成公十六年〕好以ー。❷겨를가(休ー)。〔孟子 梁惠王上〕壯者以ー日、修其孝悌忠信。

【暈】 (운) 問 ウン、かさ halo ㄩㄣˋ yün¹·⁴
小篆 草書 ❶무리운(日月傍氣)。❷어지러울운(眩也)。〔姚合詩〕眼ー夜書多。

【暉】 (휘) 微 キ、ひかり sun-light ㄏㄨㄟ huei¹
小篆 草書 햇빛휘(ーー日光)。〔易經〕君子之光其ー吉也。

【暋】 (민) 眞 ビン、つよい strong
草書 ❶강할민(强也)。〔書經 康誥〕ー不畏死。❷괴로울민(悶也)。〔莊子 外物〕慰ー沈屯。(『敃』과 같음)

【暌】 (규) 齊 ケイ、たがう violate ㄎㄨㄟˊ k'uei²
草書 ❶해질규(日入)。❷어길규(違也)。

【暍】 (갈) 月 カツ、あつさあたり suffer from hot weather ㄏㄜˋ hê⁴

小篆 草書 ❶더위 먹을갈(傷暑中熱)。〔漢書 武帝紀〕夏大旱民多ㅣ死。❷빛날갈(煥也)。

【暎】(영)『映』(日部 5畫)과 같음

【暐】(위) 尾 イ、ひかる sun shine
草書 ❶햇빛위(日光)。ㄨㄟˇ wei3 ❷빛환할위(光盛貌)。

【暑】(서) 語 ショ、あつい hot: heat of summer
小篆 草書 ❶더위서、더울서(熱也)。〔易繫辭〕日月運行一寒一ㅣ。❷여름철서(夏節)。「大ㅣ、小ㅣ」。

【暕】㊀(간) 潸 ㊁(란) 寒 カン、ラン かげぼし dry in the shade
㊀흐린아침에날밝을간(陰朝日明)。㊁그늘에말릴란(陰乾)。

【㬉】(난) 旱 ダン、あたたかい warm
따뜻할난(溫也)。〔禮〕行春令則ㅣ風來至。(『暖』과 같음)

【暖】㊀(난) 旱 ㊁(훤) 元 タン、ナン、あたたかい warm
草書 ㊀더울난(溫也)。ㄋㄨㄢˇ nuan3 〔韓愈 進學〕ㅣ冬ㅣ而兒號寒。(『㬉』과 같음) ㊁부드러울훤(柔貌)。〔莊子〕有ㅣ姝者。

【暗】(암) 勘 アン、くらい dark ㄢˋ an4
小篆 草書 ❶어두울암(不明)。〔歐陽修…〕…。❷침침할암(深窈貌)。〔甘泉賦〕稍ㅣㅣ而靚深。❸몰래할암(秘也)。〔李商隱雜纂 相似〕京官似冬瓜ㅣ長。

【暘】(양) 陽 ヨウ、ひので rising sun ㄧㄤˊ yang2
小篆 草書 ❶해돋이양(日出處)。〔書經〕宅嵎夷曰ㅣ谷。❷밝을양(明也)。〔書經 洪範〕曰雨曰ㅣ。❸햇발쏘일양(日乾物)。(『䁑』과 같음)

十畫

【暚】(요) 蕭 ヨウ、あきらか bright
❶밝을요(明也)。❷햇빛요(日光)。

【暛】(차) 哿 サ、ひぐれ get dark
해저물차(日暮)。

【暝】㊀(명) 青 ㊁(명) 徑 メイ、くらい dark ㄇㄧㄥˊ ming2
草書 ㊀❶캄캄할명(暗也)。❷어두울명(幽也)。(『冥』과 같음) ㊁❶저물명(暮也)。〔古詩〕晻晻日欲ㅣ。❷쓸쓸할명(寂也)。〔劉孝綽詩〕誰能對雙燕ㅣㅣ守空房。

【暠】㊀(고) 皓 ㊁(호) コウ、しろい white ㄍㄠˇ kao3
草書 ㊀깨끗할고(明白貌)。(『皓』와 같음) ㊁흴호(白也)。〔漢書〕ㅣ然白首。

【暷】(박) 藥 ハク、さらす bask in the sun
볕쪼일박(暴也)。

【暟】(개) 賄 ガイ、うつくしい beautiful
❶아름다울개(美也)。〔方言〕ㅣㅣ美德也。❷비칠개(昭也)。

【㬈】(앙) 漾 オウ、くもり cloudy
날흐릴앙(曇也)。

【暢】(창) 漾 チョウ、のべる be understood
草書 ❶길창(長也)。❷통할창(通也)。〔周易〕美在其中而ㅣ於四支。❸사무칠창(達也)。❹찰창(充也)。〔禮記〕命之曰ㅣ月。❺거문고가락창(琴曲)。〔風俗通〕命其曲曰ㅣ者道之美ㅣ。

【㬎】㊀(현) 銑 ㊁(압) 合 ケン、まゆ cocoon
㊀❶고치현(繭也)。❷미묘할현(微妙)。❸뚜렷할현(著也)。❹빛날현(光也)。㊁뜻은 ㊀과 같음。

【暤】(호) 皓 コウ、あきらか light ㄏㄠˋ hao4
小篆 밝을호(明也)。(『暭』와 같음)

十一畫

【𣋃】(망) 養 ボウ、モウ、くらい dim
❶희미할망(曭ㅣ不明)。❷날흐릴망(日無光)。

【𣋉】(표) 嘯 ヒョウ、さらす dry in the sun
볕쪼여말릴표(曬乾物)。

【暫】(잠) 勘 ザン、しばらく meanwhile
小篆 草書 ❶잠간잠、얼른잠(不久須臾)。〔書經〕ㅣ遇姦宄。❷마칠잠(卒也)。〔左傳〕婦人ㅣ而免諸國。

【暬】(설) 屑 セツ、なれる insolence ㄒㄧㄝˋ hsieh4
小篆 草書 ❶거만할설(日狎習相慢)。❷모실설(侍御)。〔詩經〕曾我ㅣ御。❸캄캄할설(晦暝)。(『媟』과 같음)

【暭】(호)『暤』(日部 10畫)의 俗字

【暮】(모) 遇 ボ、くれる sunset ㄇㄨˋ mu4
小篆 草書 ❶저물모、늦을모(日晚)。〔史記〕吾日ㅣ道遠。❷더딜모(遲也)。〔離騷經〕恐美人之遲ㅣ。

【暱】(닐) 質 ジツ、ちかずく intimacy ㄋㄧˋ ni4
小篆 或體 草書 ❶해 가깝게뜰닐(日近)。❷친할닐(親也)。〔詩經〕無自ㅣ焉。(『昵』과 같음)

【暲】(장) 陽 ショウ、のぼる rising up
❶햇발돋아올장(日光上進)。❷밝을장(明也)。

【暳】(혜) 霽 ケイ、ほしのひかり twinkling stars
草書 별 반짝거릴혜(衆星貌)。

【暴】㊀(포) ㊁(폭) 號 屋 ボウ、はげしい、あらい rough ㄅㄠˋ pao⁴ ㊀❶사나울포(猛也)。【古詩 焦仲卿妻】我有親父兄、性行ー如雷。❷칠로 할포(侵也)。❸가로차갈포(橫取)。❹급할포(急也)。【詩經】終風且ー。❺맨 손으로 칠포(徒搏)。【詩經】襢裼ー虎。❻불끈 일어날포(卒起貌)。【荀子】ーー如丘山。❼마를포(乾也)。❽상할 포(傷也)。【孟子 公孫丑上】持其志無ー其氣。㊁❶햇빛 쪼일폭(日乾)。【孟子告子上】一日ー之。❷나타날폭(顯也)。【孟子 萬章上】ー之於民。❸드러날폭(露也)。【後漢書】皆近事ー著。(『曝』과 같음)

【暵】(한) 旱 翰 カン、かわかす dry ㄏㄢˋ han⁴ ❶마를한(乾也)。❷말릴한(燥也)。【易經】燥萬物莫ー乎火。❸가물한(旱也)。【詩經】中谷有蓷ー其乾矣。❹쪼일한(曝也)。(『熯』과 같음)

【暶】(선) 先 セン、うつくしい bright ; light ❶밝을선(明也)。❷아름다울선(美也)。

十二畫

【暸】(료) 蕭 リョウ、あきらか bright 밝을료(明也)。

【暹】(섬) 鹽 セン、のぼる sun rising ㄒㄧㄢ hsien¹ ❶나아갈섬(進也)。❷햇살 치밀섬(日光昇)。❸나라이름섬(國名)。

【⿰日肅】(속) 屋 ソク、かわかす(俗音「숙」) dry ❶말릴속(乾也)。❷볕 쪼일속(曝也)。

【暻】(경) 梗 ケイ、あきらか bright 밝을경(明也)。

【暾】(돈) 元 トン、あさひ rising sun ❶해 돋을돈(日始出)。【楚辭】ー將出兮東方。❷수더분할돈(溫ー性不爽利)。

【曀】(에) 霽 エイ、くもる cloudy and gloomy 一ˋ i⁴ ❶음산할에(陰而風)。【詩經】終風且ー。❷가리울에(翳也)。「黑雲ー日」。

【暿】(희) 紙 キ、あつい awfully hot 몹시더울희(盛熱)。(『熹』와 같음)

【暨】(기) 未 キ、ともに together ❶다못기(與也)。【書經】汝羲ー和。❷미칠기(及也)。【列子 周穆王】ー及化人之宮。❸굳셀기(果毅貌)。【禮記】戎容ーー。

【曃】(태) 隊 タイ、うすくらい vague 희미할태(不明貌)。【楚辭】時曖ー其曭莽兮。

【曄】(엽) 葉 ヨウ、かがやく bright 一せ yeh⁴ ❶빛날엽(光也)。❷밝을엽(明也)。❸번개번쩍거릴엽(震電貌)。【後漢書】列缺ー其照夜。❹성할엽(盛貌)。【漢敍傳】世祖ーー。

【曆】(력) 錫 レキ、こよみ calendar ❶셀력(數也)。❷보로력、책력 력(ー象)。【書經】五日ー數。❸세월력(歲月)。(『歷』과 통함)

【曇】(담) 覃 タン、ドン、くもる cloudy ㄊㄢˊ t'an² ❶구름낄담(雲布)。❷부처이름담(西國呼世尊瞿ー)。

【曈】(동) 東 トウ、よあけ dawn ㄊㄨㄥˊ t'ung² 먼동틀동(ー曨欲明)。

【曉】(효) 篠 ギョウ、あかつき dawn ㄒㄧㄠˇ hsiao³ ❶밝을효(明也)。❷날샐효、새벽효(曙也)。❸깨달을효(知也)。【史記】指ー南越。❹사뢸효(白也)。【漢書】未ー大將軍。❺효유할효(開喩)。❻만날효(遇也)。❼달랠효(說也)。❽쾌할효(快也)。

十三畫

【曎】(역) 陌 エキ、ひかる sunlight 날빛역(日光)。

【曏】(향) 漾 養 キョウ、さきに last time ㄒㄧㄤ hsiang ❶저즘께향、접때향、아레향(前時)。【春秋傳】ー役之三月。❷지난번향(往也)。❸밝을향(明也)。【莊子】證ー古今。(『向』과 같음)

【㬥】(포) 號 ボウ、にわか sudden ❶급할포(急也)。❷창졸포(猝也)。

【曖】(애) 隊 アイ、うすくらい、かげる obscure ㄞˋ ai⁴ ❶해희미할애(日不明)。❷침침할애(昏昧貌)。【晏子春秋】星之昭昭不如月之ーー。❸덮을애(翳也)。

【曦】(희)『曦』(日部 16畫)의 俗字

十四畫

【⿰日對】(대) 隊 タイ、しげる (be) thick 성할대(茂也)。【宋玉賦】ー兮若松榯。

【曙】(서) 御 ショ、あけぼの dawn ❶새벽서、샐서(曉也)。❷동이틀서(東方明)。【淮南子】日入于虞淵之汜ー于蒙谷之浦。❸밝을서(明也)。【管子】ー戒勿怠。

【曚】(몽) 東 モウ、くらい dark ㄇㄥˊ mêng²
셀녁몽(ㅣ曨日未明)。

【曛】(훈) 文 クン、たそがれ twilight ㄒㄩㄣ hsün
草書 어둑컴컴할훈、 땅거미훈(日入餘光黃昏時)。

【暴】(폭)『暴』(日部11畫)의 本字

【曜】(요) 嘯 ヨウ、かがやく glorious ㄧㄠˋ yao⁴
草書 ❶해비칠요(日光照)。【詩經】日出有ㅣ。❷빛날요(燿也)。❸요일요(七曜)。【王筠詩】百華ㅣ九枝。「日月火水木金土의 七星」。

十五畫

【曝】㊀(포) 號 バク、さらす expose ㄆㄨˋ p'u⁴ ㊁(폭) 屋
草書 ㊀볕쬘포、 쏘일포(曝也)。 ㊁햇볕에 말릴폭(日乾)。

【曞】(려) 霽 レイ、ひかり (of the sunbeams) beam
햇살퍼질려(日光盛輝)。

【曠】(광) 漾 コウ、むなしい vacant ㄎㄨㄤˋ k'uang⁴
小篆 草書 ❶밝을광(明也)。【後漢書】則ㅣ若發矇。❷빌광(空也)。【書經】無ㅣ庶官。❸멀광(遠也)。❹클광(大也)。❺오랠광(久也)。❻넓을광、 휑할광(豁也)。❼홀아비광(ㅣ夫男壯無室)。

十六畫

【曣】(연) 霰 エン、あたたかい warm
小篆 草書 ❶더울연(㬗也)。❷청명할연(ㅣ晛日出無雲)。【漢書】至中山ㅣ晛。

【曦】(희) 支 ギ、ひかり sun-light ㄒㄧ hsi¹
草書 햇빛희(赫ㅣ日光)。「ㅣ朝ㅣ射崖光」。

【曥】(려) 魚 リョ、てらす shine
❶해비칠려(日照)。❷햇빛려(日色)。

【曨】㊀(롱) 董 ロウ、ほのぐらい obscure; dawn ㄌㄨㄥˊ lung² ㊁(롱) 東
小篆 草書 ㊀먼동틀롱(日欲明)。㊁해돋을롱(曈ㅣ日出)。

十七畫

【曩】(낭) 養 ドウ、ノウ、さきに bygone ㄋㄤˇ nang³
小篆 草書 ❶저즈음께낭、 접때낭、 아레낭(鄉也)。【左傳】ㅣ者志入而已。❷오래낭(久也)。

【曝】(박) 藥 ハク、てらす bask in the sun
햇빛에쬐일박(曝也)。

十八畫

【日聶】(녑) 葉 チョウ、あたたか warm
따뜻할녑(暖也)。

十九畫

【曫】㊀(란) 寒 ラン、たそがれ dusk ㊁(만) 刪
小篆 ㊀땅거미질란(薄暮)。 ㊁뜻은 ㊀과 같음。

【曬】(쇄) 卦 サイ、さらす expose ㄕㄞˋ shai⁴
小篆 草書 ❶햇빛쬘쇄(曝也)。【漢書】白日ㅣ光。❷햇빛쬐어말릴쇄(日乾物)。(『晒』와 같음)

二十畫

【日巤】(렬) 屑 レツ、ひぐれ dusk
❶해질렬(日落)。❷어두울렬(暮也)。

【曭】(당) 養 トウ、うすぐらい dim
草書 햇빛희미할당(日不明)。【楚辭】時曖曃其ㅣ莽兮。

【曮】(엄) 琰 ゲン、おごそか majesty
❶해다니는길엄(日之軌道)。❷엄전할엄(矜莊貌)。(『儼』과 같음)

二十一畫

【曯】(촉) 沃 ショク、てらす shine
비칠촉(照也)。【沈亞之書】戎鏡包陽當日而ㅣ之則能延爍興火。(『燭』과 통함)

曰 部

【曰】(왈) 月 エツ、いわく、いう it is said ㄩㄝ yüeh¹ (古音「월」)
小篆 草書 ❶가로되왈、 가라사대왈(語端)。【大學】帝典ㅣ、克明峻德。❷이를왈(謂也)。❸일컬을왈(稱也)。【書經 堯典】ㅣ若稽古帝堯ㅣ放勳。❹에왈(於也)。❺의왈(之也)。❻말낼왈(發語辭)。❼ㅣ【國字】얌전하지못한계집왈(ㅣ字、ㅣ牌)。

二畫

【曲】(곡) 沃 キョク、まがる、うた bent, tune
小篆 古文 草書 ❶굽을곡(不直)。【書經】木曰ㅣ直。❷곡절곡(委ㅣ節目)。【中庸】其次致ㅣ。❸누에발곡(養蠶器)。【禮記】具ㅣ植籧筐。❹곡조곡、 가락곡(歌詞調也)。【宋玉曰】其ㅣ彌高其和彌寡。

【曳】(예) 霽 エイ、ひく drag ㄑㄩ ch'ü³
❶끌예(牽也)。❷당길예(引也)。【易】見輿ㅣ其牛掣。❸천천히할예(徐也)。(『拽』와 같음)

【曵】(유)『臾』(臼部2畫)의 俗字

三畫

【更】㊀(경) 庚 コウ、あらためる、かわる again; change ㊁(갱) 敬
小篆 草書 ㊀❶고칠경(改也)。【史記】舉事無所變ㅣ。❷

대신할경(代也)。【禮記】乃留ㅣ僕未可終也。❸지날경(歷也)。❹경점할경(督夜行鼓)。【西都賦】衛以嚴ㅣ之署。㊁다시갱(再也)。【長門賦】懷鬱鬱其不可再ㅣ。(『更』의 俗字)

四 畫

【曶】(홀) 月 コツ、おろそか careless 小篆 小篆 籒文 ❶가볍게여길 홀(輕也)。【漢書】於時人皆ㅣ之。❷사람이름홀(鄭公子名)。(『忽』과 같음)

【㿝】(향)『香』(香部 0畫)의 本字

五 畫

【曷】(갈) 曷 カツ、なんぞ why ㄏㄜ hé² (古音「할」) 小篆 草書 ❶어찌갈(何也)。【書】時日ㅣ喪。【易】ㅣ之用。❷그칠갈(止也)。❸어찌아니하리요할갈(盍也)。❹벌레 이름갈(蝎也)。

【𣊻】(책) 陌 サク、つげる announce 고할책、이를책(告也)。

六 畫

【書】(서) 魚 ショ、かく、ふみ write; book ㄕㄨ shu¹ 小篆 草書 ❶쓸서、적을서、기록할서(紀也)。❷글씨서(六藝之一)。【十八史略秦】ㅣ足以記姓名而已。❸글지을서(著也)。❹글서(文也)。【中庸】ㅣ同文。❺책서、서적서(經籍總名)。❻편지서(牘也)。【古詩 焦仲卿妻】阿母謂阿女、適得府君ㅣ、明日來迎汝。

七 畫

【曹】(조) 豪 ソウ、つかさ government official ㄘㄠ ts'ao² 小篆 草書 ❶마을조(局也)。【漢書】置五人有三公ㅣ主斷獄事。❷무리조(羣也、衆也)。【蘇軾詩】我豈畏死如兒ㅣ。❸나라 이름조(國名)。❹성조(姓也)。

【曼】㊀(만) 寒 ㊁(만) 翰 ㊂(만) 願 マン、のびる、ひく extend 小篆 草書 ㊀멀만(ㅣㅣ脩長)。【離騷經】路ㅣㅣ其修遠兮。(『漫』과 같음) ㊁❶끝만(末也)。❷퍼질만(ㅣ衍無極)。【莊子】因以ㅣ衍所以窮年。㊂❶당길만(引也)。❷아름다울만(美也)。【漢書】ㅣ辭以自解。❸부드러울만(輕細)。【楚辭】平脊ㅣ膚。❹넓을만(廣也)。❺길만(長也)。❻윤택할만(潤澤)。

八 畫

【曾】(증) 蒸 ソウ、かつて last time ㄗㄥ tsêng¹ (古音「층」) 小篆 草書 ❶일찍증(嘗也)。【史記 孟嘗君傳】ㅣ待客夜食。❷지난번증(經也)。❸이에증(乃也)。❹곧증(則也)。【論語 學而】ㅣ是以爲孝乎。❺거듭증(重也)。【爾雅】王父之考爲ㅣ祖。❻성증(姓也)。

【替】(체) 霽 テイ、タイ、かえる instead ㄏㄨㄟ huei³ 草書 ❶갈아들일체、대신할체、대신체(代也)。❷폐할체、시들체(廢也)。【書】無ㅣ厥服。❸바꿀체(交也)。

【最】(최) 泰 サイ、もっとも most; superior ㄗㄨㄟ tsuei⁴ 小篆 草書 ❶가장최(第一)。【後漢書】常爲邊ㅣ。❷극진할최(極也)。❸우뚝할최(尤也)。❹나을최(勝也)。❺넉넉할최(優也)。❻잘할최(善也)。【漢敍傳】猶無益於殿ㅣ。❼백성 모을최(聚民)。【公羊傳】會猶ㅣ也。

九 畫

【朁】(참) 感 サン、かつて early 小篆 일찍 참(曾也)。

【會】㊀(회) 泰 ㊁(괴) 泰 カイ、あつまり meet; society 小篆 古文 草書 ㊀❶모을 회(聚衆)。❷모둘회(合也)。【古詩 焦仲卿妻】俱ㅣ大道口。❸맞출 회(適也)。【史記】ㅣ天大雨。❹맹세할회(盟也)。【左傳】有事而ㅣ不協而盟。❺조회할회(朝覲)。❻고깔혼솔회(弁中縫)。【詩經】ㅣ弁如星。㊁그릴괴(畫也)。【書經】日月星辰山龍華蟲作ㅣ。(『繪』와 通함)

十 畫

【𣈶】(동) 東 トウ、とおく きこえるつつみ drumbeat from a distance 멀리 들리는 북소리동(遠聞鼓聲)。

【朄】(인) 震 イン、こつづみ beat the drum 小篆 ❶소고칠 인(擊小鼓)。❷풍류 끄는 소리인(引樂聲)。

朄鼓(三才圖會)

【朅】㊀(걸) 屑 ㊁(흘) 月 ケツ、さる go ㄑㄧㄝ ch'ieh⁴ 小篆 草書 ㊀갈걸(去也)。【漢書】回車去來兮。㊁씩씩할흘、헌걸찰흘(武壯貌)。【詩經】庶士有ㅣ。

十一畫

【𣋫】㊀(녕) 靑 ㊁(니) 支 テイ、つげる announce ㊀고할녕(告也)。㊁뜻은 ㊀과 같음。

十三畫

【𣌭】(첨) 鹽 テン、ます increase 더할첨(益也)。

月部

【月】(월) 囝 ゲツ、ガツ、つき moon; month ㄩㄝˋ yüeh⁴ 小篆 小篆 古文 草書 ❶달월(太陰精水精土精)。【易】陰陽之義配日一。❷한달월(三十日)。【禮記】一以爲量。

二畫

【有】㊀(유) 有 ユウ、ある、もつ is; have ㄧㄡˇ yu³ ㊁(유) 宥 小篆 草書 ㊀❶있을유(無之對)。❷얻을유(得也)。【易疏】能大所一。❸취할유(取也)。【詩經】奄一九一。❹질정할유(質也)。❺과연유(果然)。❻가질유(保也)。【大學】一國者不可以不愼。❼친할유(親也)。【左傳 昭公二十年】是不一寡君也。㊁또유(又也)。【孟子 滕文公下】邪說暴行一作。

三畫

【肎】(외) 賄 ワイ、はく vomit 토할외(吐也)。

四畫

【朊】(원) 阮 ゲン、うすいつき dim (of the moonlight) 달빛희미할원(月光稀微)。

【朋】(붕) 蒸 ホウ、とも friend 草書 ❶벗붕(友也、同師同門同道)。【周易】君子以一友講習。❷무리붕(羣也)。【書經】一淫于家。❸패물붕(五貝)。【韓愈上宰相書】錫我百一。❹두단지붕(兩尊)。【詩經】一酒斯饗。

【朌】㊀(반) 刪 ハン、みつぎ taxation ㊁(분) 文 草書 ㊀부세반(賦也)。【禮】名山大澤不以一。(『班』과 通함) ㊁머리통클분(大首)。(『頒』과 通함)

【服】(복) 屋 フク、きもの、したがう clothes; obey ㄈㄨˊ fu² 小篆 古文 草書 ❶옷복(衣也)。【易經】以訟受一。❷수레 첫째멍에복(車右騎)。【易繫辭】一牛乘馬。❸직분복(職也)。【書】無替厥一。❹생각할복(思也)。【詩經】寤寐思一。❺다스릴복(治也)。【詩經】一之無斁。❻익힐복(習也)。【漢書】一其水土。❼행할복(行也)。【書經】旨哉說乃言惟一。❽좇을복(從也)。【史記 春申君傳】韓魏一而事秦。❾일복(事也)。【詩經】昭哉嗣一。❿잣복(冠也)。⓫제후 나라복(邦國)。【周禮】乃辨九一之邦國。⓬동개복(盛矢器)。【詩經】象弭魚一。⓭친숙할복(親也)。

五畫

【朎】(령) 靑 レイ、うつくしいつき brilliant (of the moonlight) 달빛영롱할령(一朧月光彩)。

【朏】㊀(비) 尾 ヒ、ホツ、みかづき crescent ㊁(불) 月 小篆 草書 ㊀❶초사흘달빛비(月三日明)。【書經】三月惟丙午一。❷먼동 틀비(向曙色)。㊁뜻은 ㊀과 같음。

【朐】(구) 虞 ク、くびき yoke 草書 수레 멍에목구(車軛)。【左傳】繇一汰輈。(『軥』와 같음)

六畫

【䏲】(홍) 董 コウ、くらいつき dimly moonlit night 어스름달밤홍(月不明夜)。

【朒】(뉵) 屋 ジク、ちぢまる crumple 小篆 草書 ❶쪼그러질뉵(不寬伸不任事)。【漢書】王侯縮一不任事。❷초생달 동에서뜰뉵(朔而月見東方)。

【朓】(조) 蕭 チョウ、みそかづき last day of a month 小篆 小篆 草書 그믐달서쪽에뜰조(晦而月見西方)。

【朔】(삭) 覺 サク、ついたち new moon; north ㄕㄨㄛˋ shuo⁴ 小篆 草書 ❶초하루삭(月一日)。【白虎通】一之言蘇也明消更生故言一。❷처음삭(初也)。【禮記】皆從其一。❸북방삭(北方)。【書經】宅一方曰幽都。

【䏰】(삭)『朔』(月部 6畫)의 古字

七畫

【朕】(짐) 寑 チン、われ I; emperor ㄓㄣˋ chen⁴ 小篆 草書 ❶나짐(我也)。【爾雅疏】禹曰一德罔克屈原亦云一皇考曰伯庸秦始皇定爲至尊之稱迄于今。❷조짐짐、빌미짐(兆也)。【淮南子】欲與物接而未成兆一。

【朖】(랑)『朗』(夊條)과 같음

【朗】(랑) 養 ロウ、ほがらか bright ㄌㄤˇ lang³ 小篆 草書 밝을랑(明也)。【詩經】高一令終。

【脧】(전) 先 セン、ちぢむ crumple 草書 쪼그러질전(縮也)。【漢書 董仲舒傳】民日削月一。

【朙】(명)『明』(日部 4畫)의 古字

【朚】(황) 陽 コウ、あくるひ the next day 小篆 이튿날황(翌日)。

【望】㊀(망) 陽 ボウ、モウ、のぞむ hope ; watch ㄨㄤˋ wang⁴ ㊁(망) 漾
小篆 草書 ㊀❶볼망(瞻也)。❷원망할망(怨也)。㊁❶바라볼망(遠視)。【史記】絳侯ー袁盎。❷이름망(名也)。【魏徵詩】出沒ー平原。❸우러러볼망(爲人所仰)。【詩經】令聞令ー。【晉書 劉毅傳】王公貴人、ー風憚之。❹책망할망(責也)。❺보름달망(弦ー月體)。【蘇軾 赤壁賦】是歲十月之ー。❻망제망(祭名)。【書經】ー于山川。❼돌아보지 않고갈망(去而不顧)。【孟子】ーー然去之。

【望】(망)『望』(前條)과 같음

八畫

【朜】(돈) 元 トン、つきのひかり moonlight
달빛돈(月光)。

【朝】(조) 蕭 チョウ、あさ morning ; court ㄔㄠˊ ch'ao²
小篆 草書 ❶아침조、이를조(早也)。【詩經】東方明矣、ー旣昌矣。❷보일조(臣下覲君)。【孟子 公孫丑下】孟子將ー王。❸조회 받을조(ー會人君覲政)。❹조정조(ー廷)。【論語 鄕黨】ー與下大夫言。❺찾을조(訪也)。【史記 司馬相如傳】臨邛令謬爲恭敬、日往ー相如。❻나라이름조(國名ー鮮)。

【朞】(기) 支 キ、ひとまわり full year
草書 ❶ … 三百有六旬有六日。❷두루할기(匝也)。

【期】(기) 支 キ、ちぎる、とき promise ; period
小篆 古文 草書 ❶기약할기(ー約)。【權德輿詩】山僧相訪ー中飯。❷모을기(會也)。❸돌기(周年)。【中庸】ー之喪達乎大夫、三年之喪達乎天子。❹반드시기(必也)。【漢書】刻木爲吏ー不對。❺백살기(百年)。【書經】耄ー倦于勤。❻당할기(當也)。【書經】ー于予治。❼기다릴기(待也)。【陶潛 歸去來辭】富貴非吾願、帝鄕不可ー。❽때기(時也)。【漢書 楊僕傳】失ー內顧。❾언약할기(契約)。❿믿을기(信也)。⓫한정할기(限也)。⓬네거리기(四道交出)。⓭떠듬거릴기(口吃)。【史記】臣ーー知其不可。

九畫

【⿰月亙】(긍) 徑 コウ、つきがでる (of the moon) rise
달돋을긍(月出也)。

【朠】(영) 庚 エイ、つきのひかり moonlight
달빛영(月色)。

十畫

【⿰月荒】(황) 養 コウ、うすいつき dimly-moonlit
어스름달밤황(朦ー月不明)。

【朢】(망) 漾 ボウ、もちづき full moon
小篆 ㊀ … ㊁『望』과 같음

十一畫

【⿰月旋】(선) 銑 セン、みじかい little
조그마할선(便ー小貌)。

【⿰月見】(년) 霰 デン、つきがでる (of the moon) rise
달돋을년(月出)。

十二畫

【⿰月敦】(돈)『朜』(月部 8畫)과 같음

【朣】(동) 東 トウ、おぼろつき (of the moonlight) lucid
草書 달빛 훤히 치밀동(ー朧月欲明貌)。

十四畫

【⿰月業】(엽) 葉 ヨウ、つきのうごき (of the moon) pass
달이 움직일엽(月動貌)。

【朦】(몽) 東 モウ、おぼろ dim ㄇㄥˊ mêng²
小篆 草書 ❶지는달빛 어른거릴몽(ー朧月將入)。❷정신 희미할몽(ー朧)。

十六畫

【朧】(롱) 東 ロウ、おぼろ dim ㄌㄨㄥˊ lung²
小篆 草書 ❶달빛훤히치밀롱(朦ー月欲明)。❷달빛침침할롱(月將入朦)。

木 部

【木】㊀(목) 屋 ボク、モク、き tree; wood ㄇㄨˋ mu⁴ ㊁(모)〔國字〕
小篆 草書 ㊀❶나무목(東方位)。【書經】五行三曰ー。❷질박할목(ー訥質樸)。【論語】剛毅ー訥近仁。❸뻣뻣할목(不和柔貌)。【漢書 周勃傳】勃爲人、ー彊敦厚。❹〔國字〕무명목(棉織)。㊁모과모(ー瓜)。

一畫

【未】(미) 未 ビ、ミ、いまだ not; yet ㄨㄟˋ wei⁴
小篆 草書 ❶아닐미、못할미(不也)。【王維詩】寒梅著花ー。❷여덟째지지미(地支第八位)。

【末】(말) 曷 マツ、すえ end; final ㄇㄛˋ mo⁴
小篆 小篆 草書 ❶끝말(木端)。【大學】其本亂、而ー治者否矣。❷이마말(顚也)。❸다할말(盡也)。❹마칠말(終也)。【書經 立政】我則ー惟成德之彥。❺덜말(滅也)。【左傳】三數叔魚之惡不爲ー減。❻장사말(商也)。❼없을말(無也)。【論語 憲問】果哉ー之難也。

【本】(본) 阮 ホン、もと root; origin ㄅㄣˇ pen³

小篆 古文 書 草 ❶밑 본、뿌리본(草木根柢)。〔左傳〕木水之有ㅣ源。❷비롯할본(始也)。❸옛본(舊也)。❹아래본(下也)。〔禮〕反ㅣ修古不忘其初。❺장본본(張ㅣ豫爲後地)。❻밑천본(資本)。❼정말본(眞正)。❽나본(ㅣ國我也)。❾체법본(書畫法帖)。❿당자본(ㅣ人當者)。⓫이본(ㅣ日今也)。⓬책본(册也)。

【札】(찰) 黠 サツ、ふだ letteer ㄓㄚˊ cha²
小篆 書 草 ❶편지찰(小簡)。〔爾雅疏〕古未有紙載文於簡謂之簡ㅣ。❷갑옷미늘찰(甲葉)。〔左傳〕養由基蹲甲而射之穿七ㅣ。❸젊어죽을찰(夭死)。〔左傳〕民不夭ㅣ。❹노찰(撥水櫂)。

【朮】(출) 質 ジュツ、おけら Tractylis ovata ㄓㄨˊ chu² (俗音「술」)
書 草 삽주뿌리출(藥名蒼ㅣ、白ㅣ)。〔本草別錄〕ㅣ有兩種白ㅣ甛而少膏赤ㅣ苦而多膏。

二畫

【朱】(주) 虞 シュ、あか red ㄓㄨ chu¹
小篆 書 草 붉을주(赤色、南方位)。〔論語 陽貨〕惡紫之奪ㅣ也。(『侏』와 통함)

【朳】(팔) 黠 ハツ、えぶり rake
❶고무래팔、곰배팔(平具無齒杷)。❷삼태팔(畚具)。

【朴】(박) 覺 ボク、すなお unsophisticated ㄆㄨˊ p'u²
小篆 書 草 ❶진실할박(質也)。〔漢書〕示敦ㅣ爲天下先。❷밑둥박、등걸박(本也)。❸약이름박(藥名厚ㅣ)。(『樸』과 같음)

【朶】(타) 哿 ダ、しだれる cluster ㄉㄨㄛˇ tuo³
小篆 書 草 ❶나무가지 휘늘어질타(樹木垂)。❷떨기타(花叢)。〔杜甫詩〕百花檐外ㅣ。❸턱까불타(動也)。〔易經 頤卦〕觀我ㅣ頤。❹움킬타(手捉物)。

【朵】(타)『朶』(前條)와 같음

【朷】㊀(도) 豪 ㊁(목) 屋 トウ、きのしん pith
㊀나무고갱이도(木心)。㊁뽕가지치는칼목(治桑刀)。

【朸】(력) 職 リョク、もくめ annual ring
小篆 나뭇결력、나이테력(木理、年輪)。

【朹】(구) 尤 キュウ、さるなし haw
아가위구、아가배구(山樝)。

【机】(궤) 紙 キ、つくえ desk ㄐㄧˇ chi³
小篆 書 草 ❶궤나무궤(木名)。〔山海經〕單狐之山多ㅣ木。❷책상궤(案屬)。〔家語〕仰視榱桷俯察ㅣ筵。(『几』와 통함)
木机(坐具)(三才圖會)

【朻】(규) 尤 キュウ、まがる bent down
❶나무 아래로 굽을규(木下曲)。❷높은나무규(高木)。

【朼】(비) 紙 ヒ、さじ rice scoop
書 草 주걱비(調飲木匙)。(『枇』와 같음)

【朽】(후) 有 キュウ、くちる rot ㄒㄧㄡˇ hsiu³
書 草 ❶썩을후(腐也)。〔左傳〕恐燥濕之不時而ㅣ蠹以重敝邑之罪。❷냄새후(臭也)。〔列子〕饗香以爲ㅣ。❸망할후(亡也)。〔左傳 襄公二十四年〕死而不ㅣ何謂也。(『殞』와 같음)

【朾】(정) 靑 テイ、はたざお flagstaff
小篆 書 草 ❶깃대정(旗桿)。❷땅이름정(地名)。

【朿】(치) 寘 シ、とげ fragment of splinters ㄘˋ tz'u⁴
小篆 書 草 까스랭이치(芒也)。

三畫

【杄】(천) 先 セン、ぶどうがき Diospyros Lotus var

【杅】(우) 虞 ウ、ゆあみだらい bath-tub ㄩˊ yü²
書 草 ❶목욕통우(浴器)。〔荀子 君道〕ㅣ方則水方。❷든든할우(ㅣㅣ自得貌)。〔荀子 儒效〕ㅣㅣ富人豈不貧而富哉。
周季姜杅(博古圖)

【杆】(간) 翰 カン、ぼう、てこ pole ㄍㄢ kan¹
書 草 ❶박달간(檀木)。❷쓰러진나무간(僵木)。❸몽둥이간(木梃)。❹방패간(盾也)。〔漢書 尹賞傳〕被鎧ㅣ。❺팔찌간(臂衣)。

【杇】(오) 虞 オ、こて trowel ㄨ wu¹
小篆 書 草 ❶흙손오(塗墁器)。❷칠할오(塗也)。〔論語 公冶長〕巧木不可雕也糞土之牆不可ㅣ也。(『圬·鋘』와 같음)

【杈】(차) 麻 サ、えだ、また crotch of a tree ㄔㄚ ch'a¹
小篆 書 草 ❶두가장귀나무차(岐枝木)。〔杜甫雕賦〕突杈ㅣ而皆折。❷작살차(捕魚具)。〔周禮〕以ㅣ刺泥中。❸써레차(ㅣ杷農器)。
杈 ❷❸ (農政全書)

【杉】(삼) 咸 サン、すぎ cryptomeria ㄕㄢ shan¹ ㄕㄚ sha¹
草 삼나무삼、이루나무삼(似松、

【杌】(올) 月 ゴツ、きりかぶ stump ㄨˋ wu^3·4
草書 ❶나무그루터기올(木無枝)。❷수선할올(不安貌)。【書經 秦誓】邦之ㅣ隉。❸완악할올(凶也)。❹절상올(ㅣ子)。

【杍】(자) 紙 シ、だいく carpenter
❶목수자(木匠)。❷곱자자(治木器)。(『梓』와 通함)

【李】(리) 紙 リ、すもも plum ㄌㄧˇ li^3
小篆 古文 草書 ❶오얏리(果名似桃)。【阮籍詩】東園桃與ㅣ。❷선비천거할리(桃ㅣ薦士)。【世說苑】機桃ㅣ者夏得休息秋得其實故世謂狄仁傑桃ㅣ皆在公門。❸역말리(行ㅣ關驛)。❹행장리、보따리리(行裝)。【左傳 僖公十三年】行ㅣ之往來。(『理』와 통함)

【杏】(행) 梗 キョウ、あんず apricot ㄒㄧㄥˋ hsing^4
小篆 ❶살구행(果名)。【管子】五沃之土其木宜ㅣ。❷은행행(樹名)。【吳都賦註】平仲果其實如銀故曰銀ㅣ。

【呆】(모)『某』(木部 5畫)와 같음

【材】(재) 灰 ザイ、まるた stuff ; tact ㄘㄞˊ ts'ai^2
草書 ❶[illegible]【孟子】ㅣ木不可勝用也。❷자품재(性質)。【中庸】必因其ㅣ而篤焉。❸재주재(才也)。【書經】任官惟賢ㅣ。(『才·財』와 통함)

【村】(촌) 元 ソン、むら village ㄘㄨㄣ ts'uen^1
草書 ❶마을촌(聚落)。【陶潛詩】曖曖遠人ㅣ。❷밭집촌(野也)。❸시골촌(山ㅣ)。(『邨』과 같음)

【杓】㊀(표) 蕭 ㊁(작) 藥 ヒョウ、シャク、ひしゃく small ladle ㄅㄧㄠ piao^1 ㄕㄨㄛˋ shuo^4
小篆 小篆 草書 ㊀북두자루표(斗柄)。【漢書】玉衡ㅣ建天之綱也。㊁❶구기작(飲器)。【史記】沛公不勝桮ㅣ。❷당길작(引也)。【淮南子 道應訓】孔子勁ㅣ國門之關、而不以力開。❸묶일작(繫也)。【淮南子 兵略】爲人ㅣ者死。(『勺』과 같음)

【杔】㊀(탁) 藥 ㊁(척) 陌 タク、チャク、さけこし legs of a sieve
㊀탁로나무탁(木名ㅣ櫨)。㊁❶(술거를때쓰는)체다리척、주자틀척(漉酒具ㅣ櫨)。❷주두척(柱上枅)。

【杕】㊀(체) 霽 ㊁(타) 哿 テイ、かじ helm ㄉㄧˋ ti^4
小篆 草書 ㊀❶나무무성할체(樹盛貌)。❷나무우뚝할체(木生孤高)。【詩】有[illegible] ㊁[illegible]은키타(船尾小梢)。

【杖】㊀(장) 養 ㊁(장) 漾 ジョウ、つえ stick ㄓㄤˋ chang^4
小篆 草書 ㊀❶지팡이장(所以扶行)。【禮記】大夫七十而致仕賜之几ㅣ。❷몽둥이장(大梃)。【家語】舜事瞽瞍小捶則待過大ㅣ則逃走。㊁❶가질장(持也)。【書經】左ㅣ黃鉞。❷기댈장、의지할장(憑倚)。【左傳】ㅣ信以待晋。(『仗』과 통함)

㊀❶ 杖 (圖器禮)

【杗】㊀(망) 陽 ㊁(맹) 庚 ボウ、モウ、むなぎ girder ㄇㄤˊ mang^2
小篆 草書 ㊀❶대들보망(大粱)。【韓愈 進學解】大木爲ㅣ。㊁❶고동보맹(瘤粱)。❷동자기둥맹(棟也)。

【杘】(치) 寘 チ、ニ、いとまき handle of reel
小篆 或體 ❶얼레자루치(收絲具簑柄)。❷아이간교할치(小兒多詐而獪)。

【杙】(익) 職 ヨク、くい stake ㄧˋ i^4
小篆 草書 ❶익실과익(交趾果名)。❷말뚝익(橛也)。【左傳】臧堅以ㅣ抉其傷而死。❸몽치익(所以格獸)。【莊子】拱把而上求狙猴之ㅣ者斬之。

【杜】(두) 麌 hawthorn ; shut ㄉㄨˋ tu^4
小篆 草書 ❶아가위두(甘棠)。【樊光曰】赤者爲ㅣ白者爲棠。❷막을두(塞也)。【史記 商鞅傳】公子虔ㅣ門不出、已八年矣。❸향초이름두(香草名)。

【杝】㊀(이) 支 ㊁(치) 紙 チ、さく、わる split
小篆 草書 ㊀피나무이(木名白椴)。「白楊類似」㊁❶나무결로쪼갤치(隨其理析)。❷떨어질치(落也)。

【杞】(기) 紙 キ、こぶやなぎ willow ㄑㄧˇ ch'i^3
小篆 草書 ❶산버들기(柳屬)。【左傳】ㅣ梓皮革自楚往也。❷개버들기(可爲桮棬之屬)。【詩經 小雅南山有臺】南山有ㅣ。❸약이름기(藥名)。❹나라이름기(國名)。

【束】(속) 沃 ソク、たばねる bundle ㄕㄨˋ shu^4
小篆 草書 ❶묶을속、동일속、얽을속(縛也)。【後漢書 卓茂傳】前密令卓茂、ㅣ身自修、執節淳固。❷단나무속(ㅣ薪)。【詩經】白茅純ㅣ。❸약속할속(約也)。【史記 高祖紀】定要ㅣ耳。❹비단다섯끝속(錦五疋爲ㅣ)。

【杠】(강) 江 コウ、はたざお flag-staff ㄍㄤ kang^1·4

杠 小篆 杠 草書 ❶외나무다리강(小橋)。【孟子】徒ㅣ成。❷깃대강(旗竿)。【爾雅】素綿綢ㅣ。❸상앞가로댄막대강(牀前橫木)。❹올릴강(擧也)。【漢書 項籍傳】力能ㅣ鼎。

【条】(조)『條』(木部 7畫)의 略字

【杢】(목) 〔日字〕 だいく carpenter
杢 草書 목수목、지위목(木手)。

【杣】(산) 〔日字〕 そま wood-cutter
杣 草書 나뭇군산(樵人)。

【来】(래)『來』(人部 6畫)의 略字

四畫

【杪】㊀(초) 效 ビョウ、こずえ the point of a tree ㊁(묘) 篠 ㄇㄧㄠˇ miao³
杪 小篆 杪 草書 ㊀❶휘추리초、나무끝초(木末)。【柳宗元詩】縈廻出林ㅣ。❷끝초(末也)。❸작을초(小也)。㊁뜻은 ㊀과 같음。

【杫】(지) 寘 シ、まないた chopping-board
도마지(俎也)。【方言】蜀漢之閒俎几謂之ㅣ。

【𣏕】(곤)『困』(口部 4畫)의 古字

【杬】㊀(원) 元 ゲン、もむ massage ㊁(완) 翰
杬 草書 ㊀❶몸주무를원(身體按摩)。❷나무이름원(木名)。【吳都賦】緜ㅣ杶櫨。㊁뜻은 ㊀과 같음。

【杭】(항) 陽 コウ、わたる across ㄏㄤˊ hang²
杭 草書 ❶거루항(方舟)。【詩經】誰謂河廣、一葦ㅣ之。❷고을이름항(州名)。❸건널항(渡也)。(『航』과 같음)

【杮】(폐) 隊 ハイ、こけら shavings
杮 小篆 杮 草書 대패밥폐(削下木片)。【後漢書】風吹削ㅣ。(『柹』와 같음)

【杯】(배) 灰 ハイ、さかずき cup ㄅㄟ pei¹
杯 小篆 㔶 籀文 㔶 籀文 杯 草書 ❶잔배(飮酒器)。【禮記】母沒而ㅣ棬不能飮焉。❷국바리배(羹盃)。【史記】幸分我一ㅣ羹。(『盃·桮』와 같음)

【柿】(폐) 隊 ハイ、こけら shavings
柿 草書 대패밥폐(削木札)。(『杮』의 俗字)

【杰】(걸)『傑』(人部 10畫)의 俗字

【東】(동) 東 トウ、ひがし east ㄉㄨㄥ tung¹
東 小篆 东 草書 ❶동녘동、오른쪽동(日出方)。【史記】日起於ㅣ月起於西。【詩】自西徂ㅣ。❷봄동(春也)。「五行說」。

【杲】㊀(고) 皓 コウ、あきらか bright ㄍㄠˇ kao³ ㊁(호) 皓
杲 小篆 杲 小篆 杲 草書 ㊀❶밝을고(明也)。【詩經】ㅣㅣ出日。❷높을고(高也)。【管子】ㅣ乎如登乎天。㊁뜻은 ㊀과 같음。

【杳】(묘) 篠 ヨウ、はるか remote ㄇㄧㄠˇ miao³ (本音「요」)
杳 小篆 杳 小篆 杳 草書 ❶아득할묘(冥也)。【張衡 思玄賦】日ㅣㅣ而西匿。❷깊을묘(深也)。【管子 內業】ㅣ乎如入於淵。❸너그러울묘(寬也)。❹고요할묘(寂也)。

【杴】(험) 鹽 ケン、すき、くわ spade
❶가래험(鍬屬)。❷약이름험(藥名稀薟草)。

鐵杴 (農政全書)

【杵】(저) 語 ショ、きね、つち pestle ㄔㄨˇ ch'u³
杵 小篆 杵 草書 ❶공이저(擣穀)。【易繫辭】斷木爲ㅣ掘地爲臼ㅣ臼之利萬民以濟。❷방망이저(槌衣具)。【儲光羲詩】秋山響砧ㅣ。❸혜성저(慧星曰天ㅣ)。

【杶】(춘) 眞 チュン、ちゃんちん cedrela sinenois ㄔㄨㄣ ch'uen¹
杶 小篆 櫄 或體 杻 古文 杶 草書 참죽나무춘(木名 似樗樹)。【書】ㅣ幹栝柏。(『櫄·橁』과 같음)

【杷】㊀(파) 麻 ハ、さらい、つか harrow ㄆㄚ pa¹ ㄆㄚˊ p'a² ㊁(파) 禡
杷 小篆 杷 草書 ㊀❶비파나무파(似杏)。【上林賦】枇ㅣ橪柹。❷써레파(鈀也平田器)。【戰國策】商人無ㅣ銚枉耨之勢而有積粟之實。㊁❶칼자루파(刀柄)。❷악기이름파(琵琶)。

大把 (農政全書)

【杸】(수) 虞 ジュ、やり spear
杸 小篆 ❶팔모진창수(八稜無刃兵器)。❷칠수(擊也)。(『殳』와 같음)

【杹】(화) 禡 カ、ふようのき Hibiscus mutabilis
목부용화(木芙蓉)。

【杻】㊀(뉴) 有 ジュウ、チュウ、てかせ handcuffs ㄋㄧㄡˇ niu³ ㊁(추) 有 ㄔㄡˇ ch'ou³
杻 草書 ㊀싸리뉴(檍也)。【詩經】隰有ㅣ。㊁수갑추、조막손이추(手械)。

【杼】(저) 語 チョ、ジョ、ひ spindle ㄓㄨˋ chu⁴
杼 小篆 杼 草書 ❶북저(織具)。【詩經】大東小東ㅣ柚其空。❷길저(長也)。【方言】豊人ㅣ首。❸도토리저(栗屬)。【莊子 山木】衣裘褐、食ㅣ栗。

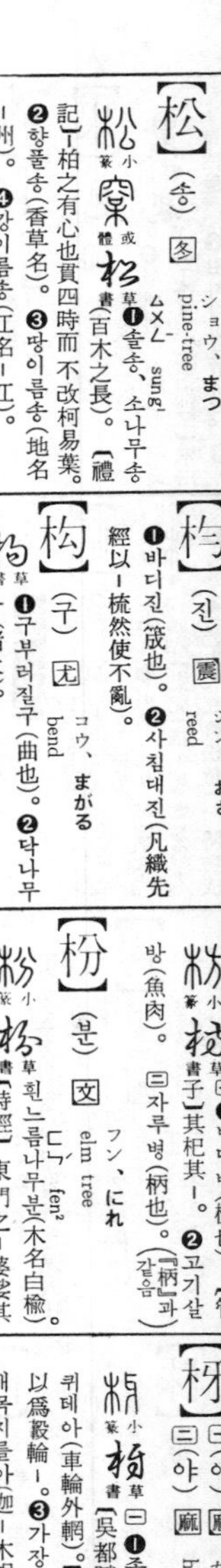

【松】(송) 冬 ショウ、まつ pine-tree ㄙㄨㄥ sung¹ 小篆 或體 草書 ❶솔송, 소나무송(百木之長)。【禮記】ㅣ柏之有心也貫四時而不改柯易葉。❷향풀송(香草名)。❸땅이름송(地名ㅣ州)。❹강이름송(江名ㅣ江)。

【板】(판) 潸 ハン、いた boards ㄅㄢˇ pan³ 草書 ❶널조각판(木片)。❷널기와판(木瓦)。【詩經】在其ㅣ屋。❸홀판(笏也)。【文獻通考】晋宋以來謂之手ㅣ。❹뒤칠판(反側)。【詩經】上帝ㅣㅣ。❺부판판(喪服背著)。【儀禮註】孝子前有衰後負ㅣ。❻풍류이름판(打樂器)。(『版』과 같음)

❻板(古今圖書集成)

【枀】(송)『松』(前前條)과 같음

【苿】(화) 麻 カ、もろばのすき plowshare 小篆 或體 ❶칼이름화(劍名錕ㅣ)。❷보습화(犂鏵)。(『釫·鏵』과 같음)

【枂】(월) 月 ゲツ、はぐ peel ❶나무껍질벗길월(剝去木皮)。❷안장기와월(鞍瓦)。❸주두월(枊ㅣ柱頭木)。

【枃】(진) 震 シン、おさ reed ❶바디진(筬也)。❷사침대진(凡織先經以ㅣ梳然使不亂)。

【构】(구) 尤 コウ、まがる bend 草書 ❶구부러질구(曲也)。❷닥나무구(楮木)。

【枉】(왕) 養 陽 オウ、まがる curve ㄨㄤˇ wang³ 小篆 草書 ❶굽을왕(曲也)。【論語 微子】ㅣ道而事人。❷원통할왕, 원굴할왕(寃屈)。【禮記 月令】申嚴百刑, 毋或ㅣ橈。❸굽힐왕(ㅣ駕)。【論語 少儀】毋循ㅣ。【戰國策】聶政曰仲子不遠千里ㅣ車騎而交臣。

【枇】㊀(비) 支 ㊁(비) 紙 ㊂(비) 寘 ヒ、くし comb ㄆㄧˊ p'i² 小篆 草書 ㊀비파나무비(ㅣ杷似杏)。㊁주걱비(所以載牲)。(『朼』와 같음) ㊂참빗비(細櫛)。

㊁枇(三禮圖)

【枊】(앙) 漾 ゴウ、くい stake 小篆 草書 말뚝앙(繫馬柱)。【蜀志】先主解綬繫督郵著馬ㅣ。

【枋】㊀(방) 陽 ㊁(병) 敬 ホウ、え handle ㄈㄤ fang¹ 小篆 草書 ㊀❶박달방(檀也)。【管子】其杞其ㅣ。❷고기살방(魚肉)。㊁자루병(柄也)。(『柄』과 같음)

【枌】(분) 文 フン、にれ elm tree ㄈㄣˊ fen² 小篆 草書 흰느릅나무분(木名白楡)。【詩經】東門之ㅣ婆娑其下。

【枎】(부) 虞 フ、しく spread 小篆 小篆 草書 퍼질부(布也)。【陶潛詩】遶屋樹ㅣ疎。

【枏】㊀(남) 覃 ㊁(염) 鹽 ダン、ゼン、うめ plum-tree ㄋㄢˊ nan² 小篆 草書 ㊀매화나무남(木名梅也)。【史記】江南出ㅣ梓。㊁뜻은 ㊀과 같음。(『楠』과 같음)

【析】(석) 錫 セキ、さける devide ㄒㄧ hsi¹ 小篆 草書 ❶쪼갤석, 뻐갤석, 팰석(破木)。【詩經 齊風 南山】ㅣ薪如之何, 匪斧不克。❷나눌석(分也)。【書】厥民ㅣ。❸무지개석(ㅣ翳)。

【析】(석)『析』(前條)과 같음

【枑】(호) 遇 ゴ、こまよけ caltrap ㄏㄨˋ hu⁴ 小篆 草書 마름쇠호(梐ㅣ遮闌調行馬)。

【枒】㊀(아) 麻 ㊁(야) 麻 カ、やし hemp-palm 小篆 草書 ㊀❶종려나무아(木名)。【吳都賦】ㅣ葉無陰。❷바퀴테아(車輪外輞)。【周禮】輿人斬三材以爲轂輪ㅣ。❸가장귀아(木枒)。❹가새목지를아(迦ㅣ木相拒)。㊁뜻은 ㊀과 같음。(『椰』와 같음)

【枓】㊀(주) 虞 ㊁(두) 有 シュ、トウ、ひしゃく ladle 小篆 草書 ㊀❶구기주(勺也)。【徐曰】有柄如北斗用以酌。❷세수통주(水器)。【儀禮】司官設罍水于洗東有ㅣ。㊁주두두(栱ㅣ柱上方木)。

枓(禮器圖)

【柄】(면)『棉』(木部 8畫)과 같음

【枕】㊀(침) 寢 ㊁(침) 沁 シン、チン、まくら ㄓㄣˇ chen³ 小篆 草書 ㊀❶베개침(首具)。【詩經】角ㅣ粲兮。❷수레뒤가로댄나무침(車後橫木)。❸소말뚝침(繫牛杙)。㊁벨침(ㅣ之)。【論語 述而】曲肱而ㅣ之。

【枔】(심) 侵 キン、きのは leaf 나무잎사귀심(木葉)。

【枖】(요) 嘯 篠 ヨウ、しげる (of trees) thick

杕(小篆) 나무번성할요(樹木繁盛)。

【林】(림) 侵 リン、はやし forest ㄌㄧㄣˊ lin²
林(小篆) 林(草書) ❶수풀림(叢木)。〔詩經〕依彼平ㅣ。❷더북더북날림(ㅣㅣ叢生盛貌)。〔詩經〕有壬有ㅣ。

【枘】(예) 霽 ゼイ、ほぞ handle of tools ㄖㄨㄟˋ juei⁴
枘(草書) 자루예(柄也)。〔莊子〕鑿不圍ㅣ。〔宋玉九辨〕圜ㅣ而方鑿兮吾固知鉏鋙而難入。

【枙】(와) 歌 カ、ガ、ふし knot
❶나무마디와(木節)。❷옹이와(木節)。

【枚】(매) 灰 マイ、みき、かぞえる piece ;page ㄇㄟˊ mei²
枚(小篆) 枚(草書) ❶줄기매(幹也)。〔詩經〕施于條ㅣ。❷낱매(箇也)。〔書經〕ㅣト功臣。❸셀매(數物)。❹말채찍매(馬鞭)。〔左傳〕以ㅣ數闔。❺함오매(銜ㅣ止喧)。❻조밀할매(ㅣㅣ龍密)。〔詩經〕宮有侐實實ㅣㅣ。

【枛】(초) 效 ソウ、きのとげ splinter
나무가시초(木刺)。

【果】(과) 哿 カ、くだもの fruit ㄍㄨㄛˇ kuo³
果(小篆) 果(草書) ❶열매과、열음과、실과과(木實)。〔應劭曰〕木曰ㅣ草曰蓏。❷감히할과(敢也)。❸과연과(驗也)。〔宋書〕今ㅣ然矣。❹냅뜰과(勇也)。❺결단할과(決也)。❻배불룩할과(ㅣ然飽腹)。〔莊子〕三餐而反腹猶ㅣ然。❼짐승이름과(獸名)。〔宋國史補〕楊州取一ㅣ然數十ㅣ然可得。❽맺힐과(因ㅣ)。〔隨書〕釋迦敎化弟子多有正ㅣ者。❾모실과(女侍)。〔孟子 盡心下〕二女ㅣ。(『蜾·顆』와 통함)

【枝】(지) 支 シ、えだ branch ㄓ chih¹
枝(小篆) 枝(草書) ❶가지지(木別生柯)。〔左傳〕ㅣ布葉分。❷흩어질지(散也)。〔易繫辭〕中心疑者其辭ㅣ。❸버틸지(持也)。〔史記〕諸將慴伏莫敢ㅣ梧。❹손마디지(手節)。〔孟子〕爲長者折ㅣ。(『支』와 통함)

【校】(효) 肴 コウ、たるき rafter
서까래효(桷也)。

【枡】(승) 〔日字〕 ます measure
枡(草書) 되승(升也量器)。

【枢】(우)(추) 『樞』(木部11畫)와 같음

五 畫

【枯】(고) 虞 コ、かれき dead tree; dry (古音「구」) ㄎㄨ k'u¹
枯(小篆) 枯(草書) ❶마른나무고(槀木)。〔史記〕摧ㅣ朽者易爲力。❷마를고(乾也)。〔曹松詩〕一將功成萬骨ㅣ。❸몸이여윌고(身弱)。〔屈原 漁父辭〕形容ㅣ槁。

【枰】(평) 庚 ヒョウ、ごばん chessboard ㄆㄧㄥˊ p'ing²
枰(小篆) 枰(草書) ❶장거판평(博局)。〔博奕論〕所志不過一ㅣ之上。❷바둑판평(碁局)。❸회양목평(木名欒也)。〔上林賦〕樺楓ㅣ櫨。

【枱】(이) 支 イ、すき weeder ㄊㄞˊ t'ai²
枱(小篆) 鈶(或體) 枱(草書) 따빗자루이(耒柄)。

【枲】(시) 紙 シ、からむし plant ㄒㄧˇ hsi³
枲(小篆) 枲(籒文) 枲(草書) ❶수삼시(牡麻)。〔書經〕岱畎絲ㅣ。❷도꼬마리시(草木名)。

【枳】㊀(지) 紙 ㊁(기) 支 キ、からたち hedge thorn ㄓˇ chih³
枳(小篆) 枳(草書) ㊀탱자지、거랏지(似橘)。〔周禮〕橘踰淮而化爲ㅣ。㊁❶해할기(害也)。〔孔叢子 刑論〕奉過以小罪謂之ㅣ。❷사타리기(股也)。

【柺】(괘) 蟹 カイ、つえ stick ㄍㄨㄞˇ kuai³
柺(草書) 노인이 지팡이 짚을괘(老人拄杖)。

【枵】(효) 蕭 キョウ、むなしい empty ㄒㄧㄠ hsiao¹
枵(小篆) 枵(草書) ❶속빈나무효(木根空)。❸클효(ㅣ然)。

【架】(가) 禡 カ、たな、いこう shelf; clothesrack ㄐㄧㄚˋ chia⁴
架(草書) ❶들가라가、장강틀가(杙也所以擧物)。❷사닥다리가(棚也)。❸횃대가(衣ㅣ)。❹세울가(起也)。

【枷】(가) 麻 カ、からざお flail ㄐㄧㄚ chia¹
枷(小篆) 枷(草書) ❶칼가(項械)。〔廣成頌〕ㅣ天狗紲墳羊。❷도리깨채가(連ㅣ打穀具)。(『耞』와 통함)

枷 (三才圖會)

【枸】㊀(구) 麌 ㊁(구) 尤 ㊂(구) 有 ク、まがる bent ㄍㄡˇ kou³ ㄍㄡ kou¹ ㄐㄩˇ chü³
枸(小篆) 枸(草書) ㊀구나무구(似樝爲醬)。〔詩經〕南山有ㅣ。(『蒟』와 같음) ㊁❶굽을구(曲也)。❷탱자구(ㅣ橘枳名)。〔宋玉賦〕枳ㅣ來巢。㊂구기자구(ㅣ杞)。〔爾雅疏〕一名苦ㅣ 一名地骨服之輕身益氣。

【枹】㊀(부) 虞 ㊁(포) 肴 フ、フウ、ばち drum-stick ㄈㄨ fu¹
枹(小篆) 枹(草書) ㊀북채부(鼓槌)。〔左傳〕左執轡右援ㅣ而鼓馬逸不能止。㊁굴싸리포(ㅣ樸叢生者)。

【枺】(말) 曷 マツ、はしら pillar

【枻】 ㊀(예) 霽 ㊁(설) 屑 エイ、セツ かい、かじ rowing-sweep ㄧˋ

枻 草書 ㊀돛대예(楫也)。〔漁父辭〕莞爾而笑鼓ㅣ而歌。(『栧』와 통합) ㊁도지게설(檠ㅣ正弓弩具)。

【楪】 ㊀(엽) ㊁(삽) 葉 ヨウ、かたいき angled tree

楪 小篆 楪 小篆 ㊀❶모진나무엽(方木)。❷엷을엽(薄也)。㊁뜻은 ㊀과 같음。

【枾】(시) 紙 シ、かき persimmon ㄕˋ shih⁴

枾 小篆 감시(赤實果)。〔禮〕棗栗榛ㅣ。

【柹】(시)『枾』(前條)의 本字

【柿】(시)『枾』(前前條)의 俗字

【枿】(알) 曷 ゲツ、きりかぶ sprouts

枿 草書 나무움알(斬而復生)。〔東京賦〕山無槎ㅣ。

【柀】(피) 紙 ヒ、すぎ cryptomeria ㄆㄧˇ pi³

柀 小篆 비파피 비자나무피(榧也)。

【柂】(이) 支 イ、きのな tree

柂 草書 ❶피나무이(椵也)。〔禮〕ㅣ椵。〔註〕所謂椑棺也。❷술이름이(酒名柯ㅣ)。(『杝』와 같음)

【柃】(령) 青 レイ、ひさかき knot of a tree

柃 小篆 나무혹령(木瘤)。〔松漠紀聞〕有榛ㅣ瘿盂椀之有文理可愛者。

【柁】(타) 哿 タ、ダ、かじ rudder ㄉㄨㄛˋ tuo⁴

柁 草書 키타(正船木設於舟尾)。〔郭璞賦〕凌波縱ㅣ。(『舵』와 같음)

【柄】(병) 敬 ヘイ、え、とって handle

柄 小篆 棅 或體 柄 草書 ❶자루병(柯也)。❷권세병(權也)。❸잡을병(持也)。〔左傳〕旣有利權又執民ㅣ。(『枋·秉』과 통합)

【柊】(종) 東 シュウ、つち club

柊 草書 방망이종(ㅣ楑椎也)。

【柅】㊀(니) 支 ㊁(닐) 質 チ、くるまどめ stopcock ㄋㄧˇ ni³

柅 小篆 柅 草書 ㊀❶팥배나무니(木名實如梨)。❷고동목니(止車木)。〔易經 姤卦〕繫于金ㅣ。❸더부룩할니(茂盛貌)。〔吳都賦〕總莖ㅣㅣ。❹살필니(察也)。㊁그칠닐(止也)。〔唐書〕捷ㅣ姦冒。

【柈】(반) 寒 ハン、はち tray

柈 草書 ❶쟁반반(承盤)。〔杜甫詩〕焦糖幸一ㅣ。❷소반반(盤也)。❸널판반(杆ㅣ板木)。〔墨子〕書名竹帛琢戒

[illegible]ㅣ (통합)

【柍】㊀(영) 庚 ㊁(앙) 陽 オウ、うめ plum-tree

柍 小篆 柍 草書 ㊀매화나무영(梅也)。〔南都賦〕ㅣ柘檍檀。㊁추녀끝앙(屋端)。〔甘泉賦〕日月纔經于ㅣ棖。

【柏】(백) 陌 ハク、かしわ oriental arborvitae ㄅㄞˇ pai³ ㄅㄛˊ po²

柏 小篆 栢 草書 ❶측나무백、측백나무백(椈也)。〔六書故〕木皆屬陽而ㅣ向陰指西蓋木之有貞德者。❷잣나무백(ㅣ松)。(『栢』은 俗字)

柏 (三才圖會)

【柎】㊀(부) 虞 ㊁(부) 麌 フ、うてな elm tree ㄆㄧㄥˊ ping³·⁴

柎 小篆 柎 草書 ㊀느릅나무부(楡也)。㊁❶난간발부(闌足)。❷떼부(編木以渡)。〔管子 兵法〕方舟投ㅣ。❸꽃자리부(花萼足)。〔玉篇〕凡草木之房謂之ㅣ。(『拊』와 통합)

【某】㊀(모) 有 ㊁(매) 灰 ボウ、それがし so and so ㄇㄡˇ mou³

某 小篆 槑 古文 某 草書 ㊀아무모(不知名者)。〔論語〕ㅣ在斯。(古音은「무」) ㊁매화나무매(梅也)。(『梅』의 古字)

【柑】㊀(감) 覃 ㊁(겸) 鹽 カン、みかん orange ㄍㄢ kan¹

柑 草書 ㊀감자감、감귤감(橘屬)。〔唐書〕荆州進黃ㅣ。㊁나무재갈겸(以木銜馬口)。〔公羊傳〕ㅣ馬而秣之。(『鉗·拑』과 통합)

【柒】(칠)『漆』(水部 11畫)의 俗字

【染】㊀(염) 琰 ㊁(염) 豔 セン、そめる dye ㄖㄢˇ jan³

染 小篆 染 草書 ㊀❶꼭두서니염(茜屬)。❷물들일염(以繒綵爲色)。〔周禮〕ㅣ人掌ㅣ帛。❸훌부들할염(柔貌)。〔詩經〕荏ㅣ柔木。㊁물젖을염(漬也汚也)。〔書〕舊ㅣ汚俗咸與維新。

【柔】(유) 尤 ジュウ、ニュウ、やわらか soft ㄖㄡˊ jou²

柔 小篆 柔 草書 ❶부드러울유(剛之反)。〔書經〕沉潛剛克高明ㅣ克。❷순할유(順也)。❸편안할유(安也)。〔書經〕ㅣ遠能邇。❹연약할유(耎弱)。❺싹나올유(草木新生)。〔詩經〕薇亦ㅣ止。❻복종할유(服也)。〔左傳 僖公二十八年〕我且ㅣ之矣。

【柖】㊀(소) 蕭 ㊁(초) 篠 ショウ、ゆれる shake

柖 小篆 ㊀❶나무흔들릴소(樹搖)。❷과녁소(射的)。㊁목욕상초(浴牀)。

【枀】(송)『松』(木部 4畫)과 같음

【柘】(자) 禡 シャ、やまぐわ wild mulberry tree ㄓㄜˋ chê⁴
柘 小篆 柘 草書 산뽕나무자(山桑)。【周禮】弓人取榦之道ㅣ爲上。(『蔗』와 통함)

【柙】(합) 洽 コウ、おり cage ㄒㄧㄚˊ hsia²
柙 小篆 古文 柙 草書 ❶향나무합(香木)。【吳都賦】木則楓ㅣ豫章。❷우리합(藏獸檻)。【管子】生縛管仲而ㅣ以予齊。(『匣』과 통함)

【柚】㊀(유) 宥 ユ、チク、ゆず citron ㄓㄨˊ chu² ㊁(축) 屋 ㄧㄡˋ yu⁴
柚 小篆 柚 草書 ㊀유자유(似橙而酢)。【書經】厥包橘ㅣ錫貢。㊁북축(織具受緯)。【詩經 小雅大東】杼ㅣ其空。(『軸』와 같음)

【柜】(거) 語 キョ、けやき oak
柜 小篆 柜 草書 떡갈나무거(ㅣ柳大葉木)(『欅』와 같음)

【柤】(사) 紙 シ、ふご shovel
柤 小篆 或體 ❶삽사(臿也)。❷손수레사(手車)。

【柝】(탁) 藥 タク、ひょうしぎ watchman's rattle
柝 草書 ❶조갤탁(判也)。❷조두탁、목탁탁(夜警刁斗)。【易繫辭】重門擊ㅣ以待暴客。(『欜』과 같음)

【柞】㊀(작) 藥 サク、くぬぎ oak ㄗㄨㄛˋ tsuo⁴ ㊁(책) 陌
柞 小篆 柞 草書 ㊀갈참나무작(櫟也)。【詩經】維ㅣ之枝其葉蓬蓬。㊁벌목할책(除木)。【詩經 周頌載芟】載芟載ㅣ。

【柟】(남)『枏』(木部 4畫)의 俗字

【柠】(저)『楮』(木部 9畫)와 같음

【柢】(저) 薺 霽 テイ、ね root ㄉㄧˇ ti³
柢 小篆 柢 草書 뿌리저(根也)。【道德經】深根固ㅣ。(『邸』와 통함)

【柣】(질) 質 チツ、しきい threshold
柣 草書 문지방질(門閾)。

【柤】(사) 麻 サ、てすり (古音은 「차」)
柤 小篆 柤 草書 ❶중방사(木閑)。❷아가위사(木名似梨而酸)。

【査】(사) 麻 サ、しらべる seek；survey ㄔㄚˊ ch'a² ㄓㄚ cha¹
査 草書 ❶떼사(水中浮木)。【博物志】仙ㅣ犯斗牛。❷조사할사、캐물을사(考察)。(『槎』와 같음)

【柧】(고) 虞 コ、かど ridge
柧 小篆 ❶모날고(棱角)。【漢書】漢興破觚爲圜。❷대마루고(ㅣ棱殿堂最高轉角處)。❸술잔고(鄉飲酒爵)。(『觚』와 같음)

【柩】(구) 宥 キュウ、ひつぎ coffin ㄐㄧㄡˋ chiu⁴
柩 小篆 籀文 柩 草書 널구(棺也)。【釋名】在牀曰尸在棺曰ㅣ。

【柫】(불) 物 フツ、からざを flail
柫 小篆 도리깨채불(擊禾連枷)。

【柬】(간) 潸 カン、えらぶ select ㄐㄧㄢˇ chien³
柬 小篆 柬 草書 ❶가릴간、분별할간(分別)。❷가릴간(擇也)。【荀子】安燕而血氣不惰ㅣ理也。(『揀·簡』과 통함)

【柭】㊀(패) 隊 ハイ、バツ、しげる dense ㊁(발) 曷
柭 小篆 ㊀나무지엽돋을패(木生枝葉)。㊁❶무성할발(茂貌)。❷나무잎가지발(枝葉)。

【柯】(가) 歌 カ、えだ branch ㄎㄜ k'ê¹
柯 小篆 柯 草書 ❶가지가(枝也)。❷도끼자루가(斧柄)。【詩經】伐ㅣ伐ㅣ、其則不遠。

【柮】(돌) 月 トツ、きりはし dead branches
柮 小篆 柮 草書 마들가리돌、우죽돌(木頭)。

【柰】(내) 泰 ダイ、ナイ、べにりんご how ㄋㄞˋ nai⁴
柰 小篆 柰 草書 ❶사과내(果名)。❷어찌내(那也)。【書經 五子之歌】爲人上者、ㅣ何弗敬。

【柱】㊀(주) 麌 チュウ、はしら pillar ㄓㄨˋ chu⁴ ㊁(주) 遇
柱 小篆 柱 草書 ㊀기둥주(楹也)。【漢書】腐木不可以爲ㅣ。㊁❶버팀주(撐也)。【十八史略 春秋戰國趙】若膠ㅣ鼓瑟耳。❷고일주(支也)。【韓愈 王適墓誌銘】鼎也、不可以ㅣ車馬。❸막을주(搴也)。(『拄』와 통함)

【柲】㊀(비) 寘 ヒ、え、ほこ spear-handle ㊁(필) 質
柲 小篆 柲 草書 ㊀❶창자루비(戈戟柄)。【周禮】戈ㅣ六尺有六寸。❷도지개비(弓檠)。【周禮】弓檠曰ㅣ。(『閉』와 통함) ㊁뜻은 ㊀과 같음。(『鉍』과 통함)

❷柲 弓 (圖器禮)

【𣐈】(자) 支 シ、かし elm-tree
느릅나무자(無疵木楡也)。

【柴】㊀(시) 佳 シ、しば brushwood ㄔㄞˊ ch'ai² ㊁(채) 卦 (古音「재」)
柴 小篆 柴 草書 ㊀❶섶시、불땔나무시(小木散材)。【禮記】收

秩薪ㅣ。❷시제지낼시(燔ㅣ)。【書經】至于岱宗ㅣ。㊁❶막을채(塞也)。【莊子 天地】ㅣ其內。❷지킬채(護也)。【淮南子 道應訓】ㅣ箕子之門。❸울채(藩落)。【徐鍇曰】師行野次堅材爲區落名曰ㅣ籬。(『寨』와 통함)

【柵】(책) 陌 サク、やらい palisade ㄓㄚ chà ㄕㄢ shān
柵(小篆) 柵(草書) ❶우리책、울책、목책책(寨也)。【魏書】連營立ㅣ。❷사닥다리책(棧也)。

【柳】(류) 有 リュウ、やなぎ willow tree ㄌㄧㄡ liǔ
柳(小篆) 柳(草書) ❶버들류(楊也)。【詩經】楊ㅣ依依。❷별이름류(宿名)。❸성류(姓也)。

【柶】(사) 寘 シ、さじ spoon ㄙ ssŭ
柶(小篆) 柶(草書) ❶숟가락사(匕也)。【周禮】飮醴用ㅣ者糟也不用ㅣ者醴也。❷뿔숟가락사(角ㅣ喪禮所用)。【禮註】ㅣ以角爲之長六寸兩頭屈曲。❸【國字】윷사(擲ㅣ)。

(圖物名) ❶柶

【栅】(책)『柵』(前前條)과 같음

【柾】㊀(구) 宥 まさ ㊁(정)【日字】 striaght
柾(草書) ㊀뜻은『柩』를 보라。㊁❶나무바를정(木之正)。❷나무결이좋을정(木理好貌)。

【柷】(축) 屋 シュク、がくき instrument of wood
柷(小篆) 柷(小篆) 축풍류축(ㅣ敔樂器)。【書經】合止ㅣ敔。

(圖器禮) 柷

【桒】(상)『桑』(木部6畫)의 俗字

【荣】(영)『榮』(木部10畫)의 略字

【栍】(생)【國字】
❶사슬생(籤也)。❷장승생(路程標木長ㅣ)。

【栃】(회)【日字】 とち tree
栃(草書) 상수리나무회(橡木)。(『杤』과 같음)

六畫

【栓】(전) 先 セン、きくぎ wooden peg ㄕㄨㄢ shuān (本音『선』)
栓(草書) 말뚝전(木釘)。

【栒】(순) 軫 シュン、きのな tree ㄒㄩㄣˇ hsün³
❶경쇠걸이순(懸鍾磬木)。❷순나무순(木名)。(『筍·簨』과 같음)

【栔】㊀(설) 屑 セツ、ケイ、たつ ㊁(계) 霽 cut
栔(小篆) ㊀❶끊을설(絕也)。❷이지러질설(缺也)。❸근심할설(憂也ㅣㅣ)。㊂새길계(刻也)。

【栖】(서) 齊 セイ、すむ dwell ㄑㄧ chī ㄒㄧ hsī
栖(草書) ❶깃들일서(鳥投樹)。【禽經】陸鳥曰ㅣ水鳥曰宿獨鳥曰止衆鳥曰集。❷어정댈서(ㅣ遲游息)。【陶潛詩】ㅣ遲詎爲拙。❸싸다닐서(ㅣㅣ猶皇皇不安)。【論語】何爲是ㅣㅣ者與。❹홰서(鷄所止)。(『棲』와 같음)

【杝】(이) 支 イ、あかくみ bucket to draw water in a ship
배에물푸는 두레박이(船中欿水斗)。(『枱』와 같음)

【栗】(률) 質 リツ、くり chestnut ㄌㄧˋ lì
栗(小篆) 栗(古文) 栗(草書) ❶밤률(果樹實有房多刺)。【周禮】饋食之籩其實ㅣ。❷신주재목률(主材)。【公羊傳】虞主用桑練主用ㅣ。❸단단할률(堅也)。【禮記 聘義】縝密以ㅣ。❹무서울률(威嚴)。【論語 八佾】使民戰ㅣ。❺공손할률(謹敬)。【書經】寬而ㅣ。❻곱송거릴률(竦縮)。❼죽정이률(穀不秕)。【詩經】實穎實ㅣ。❽건널률(越等)。【儀禮】ㅣ階不過二等。❾풍류이름률(樂名)。

【栘】(체) 霽 セイ、やまなし Hugeria faponica (古音『세』)
栘(小篆) 栘(草書) ❶산매자나무체、당체나무체(棠棣)。❷파드등[illegible]나무체([illegible]棣)

【栙】(항) 江 コウ、ほ sail
栙(小篆) ❶펴지않는돛항(船帆未張ㅣ㮰)。❷뜸항(篷也)。

【栌】(려) 語 リョ、きのな pine tree
소나무려(松別種)。「箭笴用材似松極隹」。

【𣏌】㊀(파) 卦 ハイ、きのな ㊁(파) 禡 wistaria
㊀등나무파(藤屬)。㊁뜻은 ㊀과 같음。

【栜】(색) 陌 サク、なつめ Jujube tree
栜(小篆) 대추색(棗也)。

【栝】(괄) 曷 カツ、びゃくしん juniper ㄍㄨㄚ kuā
栝(小篆) 栝(草書) 전나무괄(柏葉松身也)。【書經】杶幹ㅣ柏。(『檜』와 같음)

【栞】(간) 寒 カン、きり、しおり cut ㄎㄢ k'ān
栞(古文) 栞(小篆) 栞(草書) 깎을간(斫木)。【書經 禹貢】隨山ㅣ木。(『刊』과 같음)

【枅】㊀(계) 齊 ケイ、ケン、ますがた ㊁(견) 先 beam
枅(小篆) ㊀가로보계(屋櫨)。【徐曰】柱上横木承棟者横之似笄也。㊁뜻은 ㊀과 같음。

【栟】(병)『栟』(木部8畫)의 略字

【栢】(백)『柏』(木部5畫)의 俗字

【栧】(예) 霽 エイ、かじ、かい mast 돛대예(楫也)。(『枻』와 같음)

【校】㊀(교) 效 ㊁(효) 效 コウ、キョウ、まなびや、くらべる compare; school ㄐㄧㄠˋ chiao4 ㄒㄧㄠˋ hsiao4 小篆 草書 ㊀❶틀교(械也)。【周易】屨－滅趾。❷교계할교(計也)。【漢書】貫朽而不可－。❸이를교、보할교(報也)。【論語 泰伯】犯而不－。❹사냥할교(獵也)。【漢書】大－獵。❺끊을교(檢也)。【禮記】比年入學中年考－。❻교정할교(訂書)。【漢書】詔劉向－中五經秘書。❼싸움어울어질교(戰交)。❽장교교(軍官)。【漢書】司隸－尉。❾마굿간교(廐格)。【周禮】六廐成－。㊂학궁효(學宮)。【孟子滕文公上】－者敎也云云、夏曰－。

【栩】(허) 虞 ク、くぬぎ acorn tree ㄒㄩˇ hsü3 (古音「후」) 小篆 草書 ❶도토리허(栗屬橡也)。【詩經】集于苞－。❷반가울허(喜貌)。【莊子】－－然蝴蝶也。

【⿰木尗】(초)『椒』(木部8畫)의 俗字

【株】(주) 虞 シュ、チュ、かぶ trunk of a tree ㄓㄨ chu1 小篆 草書 ❶뿌리주(根也)。【周易】困于－木。❷그루주、나무주(木數)。【諸葛亮表】成都有桑八百株。❸줄기주(幹也)。【韓非子】宋人守－冀復兎。

【栫】(천) 霰 セン、かこみ fence ㄐㄧㄢˋ chien4 小篆 草書 ❶거섭천(以柴壅水)。❷울천(籬也)。❸둘러막을천(圍也)。【左傳】囚諸樓台－之以棘。❹깃천(捕魚具)。

【栭】(이) 支 ジ、ニ、ささぐり acorn ㄦˊ êrh2 小篆 草書 ❶작은도토리이(小栗)。❷주두이(櫨也)。【西京賦】繡－雲楣。

【栮】(이) 紙 ジ、きくらげ fungus 버섯이、느타리이(木茸)。「生於枯木上形如人耳」。(『茸』와 같음)

【栰】(벌) 月 バツ、いかだ raft ㄈㄚˊ fa2 떼벌(桴也)。【爾雅疏】大曰－小曰桴乘之渡水。(「筏·撥」과 같음)

【栯】(욱) 屋 イク、きのな Prunus japonica 산앵두욱(－李)。「果如櫻桃稍小赤者」。

【栱】(공) 腫 キョウ、くい stake ㄍㄨㄥˇ kung3 草書 ❶말장공(大杙)。【爾雅】大者為－小者為閣。❷주두공(柱頭方木)。

【桊】(공) 腫 キョウ、かせ handcuffs ❶수갑공(手械)。❷두손에 수갑챌공(兩手同械)。【周禮】上罪梏拲而桎。(『拲』과 같음)

【栲】(고) 皓 コウ、ぬるで sumac ㄎㄠˇ k'ao3 草書 북나무고(山樗)。

【栳】(로) 皓 ロウ、こうり basket ㄌㄠˇ lao3 草書 고리짝로(栲－柳器)。

【栵】㊀(례) 霽 ㊁(렬) 屑 レイ、レツ、ならぶ make a line 小篆 草書 ㊀나무가줄로날례(木生從列)。㊁작은도토리렬、돌밤렬(栭栗)。

【栴】(전) 先 セン、かおりき chinese juniper ㄓㄢ chan1 草書 향나무전(－檀香木)。

【核】㊀(홀) 月 ㊁(핵) 陌 カク、さね、しん kernel ㄏㄜˊ hê2 ㄏㄨˊ hu2 小篆 草書 ㊀씨홀(果中實)。【禮】賜果于君前其有－者懷其－。㊁❶실과핵(豆實)。【蘇軾 赤壁賦】肴－旣盡。❷각색할핵(剋－)。【莊子】剋－太甚則必有不肖之心應之。❸자세할핵(綜－)。【漢書】綜－名實。

【根】(근) 元 コン、ね、もと root; base ㄍㄣ kên1 小篆 草書 ❶뿌리근(柢也)。❷밑근、밑둥근(本也)。【左傳】農夫之去草絕其本－。❸그루근(木株)。❹시작할근(始也)。【孟子盡心上】仁義禮智－於心。❺별 이름근(星名)。

【格】㊀(격) 陌 ㊁(락) 藥 ㊂(각) 藥 カク、キャク、のり、しな pattern; rule ㄍㄜˊ kê2 小篆 ㊀❶이를격(至也)。【書】－于上下。❷올격(來也)。【書】帝曰－汝舜。❸바를격(正也)。【孟子 離婁上】－君心之非。❹오를격(登也)。【書經】皆聽朕言庶有－命。❺대적할격(敵也)。【史記】驅群羊攻猛虎不－明矣。❻감동할격(感通)。【書經】－于皇天。❼고칠격(變革)。【書經】－則承之庸之。❽법식격(法式)。【禮記】言有物、而行有－也。❾궁구할격(窮究)。【大學】致知在－物。❿시렁격(庋－)。「凡書架肉架皆曰－」。⓫표준할격(標準)。【後漢書】朝庭重其方－。⓬자품격(資－)。㊁막힐락(不入)。【禮記】發然後禁則扞－而不勝。㊂❶휘추리각(樹枝)。【徐曰】樹高長枝為－。❷그칠각(止也)。❸막을각(阻－)。【漢書】袁盎有所關說太后議－。❹씨름할각(－五角戲)。

【栾】(란)『欒』(木部19畫)의 俗字

【栻】(식) 職 ショク、シキ、うらないばん takle for fortune-telling ㄕ shih⁴
栻 草書 점판식(推占木局)。

【栽】 一(재) 灰 二(재) 隊 サイ、うえる plant ㄗㄞ tsai¹
栽 小篆 栽 草書 一 심을재(種也)。【中庸】ㅣ者培之。 二 토담틀재(築墻長板)。【左傳】水昏正而ㅣ。

【栿】(복) 屋 フク、はり beam
❶들보복(梁也)。❷나무덧붙일복(以小木附於大木)。

【桁】 一(항) 陽 二(항) 漾 三(형) 庚 コウ、けた shelf ㄏㄥ hêng² ㄏㄤ hang² ㄏㄤ hang⁴
桁 草書 一 ❶수갑항(ㅣ楊械也)。【莊子】ㅣ楊相推刑獄相望。❷배다리항(浮橋)。【晉書】溫嶠討王敦燒朱雀ㅣ以挫其鋒。(『航』과 통함) 二 횃대항(衣架)。【古樂府】還視ㅣ上無懸衣。(『筕』과 통함) 三 ❶시렁 형(屋橫木)。❷마개형(葬具)。【儀禮註】以木ㅣ塞其口。

(三禮圖) 桁

【桀】(걸) 屑 ケツ、とまりき roost ㄐㄧㄝ chieh²
桀 小篆 桀 草書 ❶찢을걸(磔也)。【周禮】謂磔爲辜古人稱ㅣ。❷홰걸(鷄棲杙)。【詩經】鷄棲于ㅣ。❸빼어날걸(秀貌)。【詩經】維莠ㅣㅣ。❹멜걸(荷也)。【左傳 成公二年】齊高國ㅣ石以投人。❺사나울걸(猛也)。❻왕이름걸(夏王號)。(『傑·榤』과 같음)

【桂】(계) 霽 ケイ、かつら cinnamon ㄍㄨㄟ kuei⁴
桂 小篆 桂 草書 계수나무계(江南木百藥之長)。【禮】草木之滋薑ㅣ之謂也。

【桃】(도) 豪 トウ、もも peach ㄊㄠ t'ao²
桃 小篆 桃 草書 ❶복숭아도(果名)。【禮記】ㅣ始華。❷앵도도(果名櫻ㅣ)。❸대나무이름도(ㅣ枝)。

【桄】 一(광) 陽 二(광) 漾 コウ、たがやさん gomutipalm ㄍㄨㄤ kuang¹ ㄍㄨㄤ kuang⁴
桄 小篆 桄 草書 一 광랑나무광(ㅣ榔麵樹)。 二 ❶찰광(充也)。❷베틀광(織機)。

【桅】 一(외) 灰 二(괴) 紙 キ、カイ、ほばしら mast of a vessel ㄨㄟ wei²
桅 小篆 桅 草書 一 돛대외(舟上帆竿檣也)。 二 치자나무괴(染黃木)。

【框】(광) 陽 キョウ、かまち end of a coffin ㄎㄨㄤ k'uang⁴
框 草書 ❶광판광(棺門)。【類篇】朕門謂之ㅣ朕。❷문골광(門檔)。

【案】(안) 翰 アン、つくえ あん table ; plan
案 小篆 案 草書 ❶안석안(几屬)。❷지경안(界也)。【齊語】參國起ㅣ。❸상고할안(考也)。【漢書】ㅣ之當今之務。❹어루만질안(撫也)。【史記 孟嘗君傳】ㅣ劍以前。❺등록안(登錄)。❻글초잡을안(著書起義)。❼책상안(書床)。(『按』과 통함)

玉案 (名物圖)

【桉】(안) 翰 アン、わん、はち bowl
푸른옥바리안(食器靑玉椀)。(『案』의 古字)

【桊】(권) 霰 ケン、はなぎ noseblock
桊 小篆 ❶소코뚜리권(牛鼻穿環)。❷휘어만든나무바리권(屈木盂)。(『捲』과 통함)

【桋】(이) 支 イ、めぐわ mulberry tree
桋 小篆 桋 草書 ❶가시목이(木名似柞赤棟)。【詩】隰有杞ㅣ。❷암뽕나무이(雌桑)。

【桌】(탁) 覺 タク、つくえ table
탁상탁(几案)。

【桎】(질) 質 シツ、あしかせ fetters ㄓ chih²
桎 小篆 桎 草書 ❶수갑질(足械)。【徐曰】械在足曰ㅣ在手曰梏。❷구멍질(窒也)。【莊子 達生】故其靈臺一而不ㅣ。

【桏】(공) 冬 キョウ、きのな quercus dentata
桏 小篆 떡갈나무공(柜柳)。【管子】高陵土山其木多ㅣ。

【桐】(동) 東 トウ、きり paulownia ㄊㄨㄥ t'ung²
桐 小篆 桐 草書 오동나무동, 머귀동(木名)。【書經】嶧陽孤ㅣ。

【桑】(상) 陽 ソウ、くわ mulberry tree ㄙㄤ sang¹
桑 小篆 桑 草書 ❶뽕나무상(蠶食葉)。【詩經 小雅南山有臺】南山有ㅣ。❷동쪽상(日出處曰扶ㅣ)。

【桒】(상)『桑』(前條)의 俗字

【桓】(환) 寒 カン、しるしのき signpost ㄏㄨㄢ huan²
桓 小篆 桓 草書 ❶모감주나무환(木名)。【郭璞云】葉似柳子似楝。❷표목환(郵亭表)。【漢法】亭表四角建大木貫以方板名曰ㅣ表。❸굳셀환(武貌)。【詩經魯頌泮水】ㅣㅣ于征。❹머뭇거릴환(難進貌)。【易經】盤ㅣ利居貞。❺어여머리환(髻也)。【古今註】長安婦人好爲盤ㅣ髻。❻하관틀환(下棺木)。❼홀환(ㅣ圭公爵所執)。

【桔】(길) 屑 キツ、きっきょう garden rampion (本音「결」) ㄐㄧㄝ chieh²
桔 小篆 桔 草書 ❶도라지길(ㅣ梗藥名)。【戰國策】求柴胡ㅣ梗于沮澤則累世不得一焉。❷두레박틀길

(井上樚櫨)。〔莊子〕ㅣ槹者引之則俯舍之則仰。❸봉화들길(擧烽具)。〔史記註〕櫓上作ㅣ槹。

【栢】(구)『㭘』(木部 8畫)의 俗字

【棌】(타) 箇 タ、はしら pillar ❶나무이름타(木名)。❷헤아릴타(量也)。❸기둥타(柱也)。

【桙】(우)『杅』(木部 3畫)와 같음

【染】(염)『染』(木部 5畫)의 俗字

【桒】(상)〔日字〕かせ spindle 草書 물레가락상(織具)。

【桜】(앵)『櫻』(木部 17畫)의 略字

七畫

【桫】(사) 歌 サ、きのな Shorea robusta ㄙㄨㄛ suo¹ 사라나무사(ㅣ欏木名)。「類似枇杷」。

【桬】(사) 麻 サ、きのな tree 사당나무사(ㅣ棠木名)。

【桭】(진) 眞 シン、のき lath ❶평고대진(梜ㅣ屋梠)。❷대청진(兩楹間)。

【桮】(배) 灰 ハイ、さかずき goblet ㄆㄟ pēi¹ 술잔배(ㅣ棬飮器)。(『杯·盃』와 같음)

【桯】(정) 靑 テイ、よりかかり couch ㄊㄧㄥ t'ing¹ 小篆 草書 ❶서안정、걸상정(牀前几)。❷기둥정(柱也)。

【桴】㈠(부) 尤 ㈡(부) 虞 フ、むね raft ㄈㄨ fu² 小篆 草書 ㈠❶대마루부(屋脊)。〔西都賦〕荷棟ㅣ而高驤。❷북채부(擊鼓杖)。㈡떼부(筏也)。〔論語〕乘ㅣ浮于海。(『枹』와 같음)

【梛】(야) 麻 ヤ、やし coconut 草書 야자나무야(似椶櫚花可釀酒)。(『枒』와 같음)

【桲】(발) 月 ボツ、からざお flail 草書 ❶도리깨채발(打穀具)。「連枷」。❷막대발(杖也)。❸팥배나무발(梨屬)。〔洛陽花木記〕梨之別種二十七榲ㅣ其一也。

【桵】(유) 支 ズイ、たら oak ㄖㄨㄟ juei¹ 小篆 ❶무리참나무유(白ㅣ柞棫)。❷나무떨기로날유(木生叢ㅣ樸)。❸보습유(犂也)。(『棫』와 같음)

【桷】(각) 覺 カク、たるき rafter ㄐㄩㄝ chüeh² 小篆 草書 ❶서까래각(榱也、椽也)。〔詩經〕松ㅣ有焉。❷가로뻗은가지각(平柯)。〔周易〕鴻漸于木或得其ㅣ。

【桶】㈠(통) 董 ㈡(용) 腫 トウ、ヨウ、おけ、ます tub ㄊㄨㄥ t'ung³ 小篆 草書 ㈠엿되들이통통(六升入木方器)。㈡휘용(斛也)。〔史記〕平斗ㅣ。(『角』과 通함)

【桸】(희) 支 キ、ひしゃく dipper ❶나무썩을희(朽也)。❷국자희(杓也)。

【桹】(랑) 陽 ロウ、ふないた board ㄌㄤ lang² 小篆 草書 ❶광랑나무랑(似栟櫚)。〔後漢書註〕桄ㅣ。❷배널랑(船板)。(『榔』과 같음)

【桺】(류)『柳』(木部 5畫)의 本字

【桼】(칠) 質 シツ、うるし lacquer tree 小篆 ❶옻나무칠(木汁可以黏黑)。❷물이름칠(水名)。(『榛·漆』과 통함)

【桽】(좌) 歌 ザ、わせもも peach ❶밀오얏좌(麥李)。❷일찍된복숭아좌(早桃)。

【桾】(군) 文 クン、さるがき Diospyros Lotus var. 고욤나무군(ㅣ櫏柿之小者)。

【桿】(한) 旱 カン、ぼう、てこ pole ㄍㄢ kan³ 줄기한(木梃)。(『杆』의 俗字)

【梀】(촉) 屋 ソク、たるき eaves ❶짧은추녀촉(短椽)。❷가사목촉 박달나무촉(木名、梀也)。

【梁】(량) 陽 リョウ、はり ridgepole ㄌㄧㄤ liang² 小篆 小篆 古文 草書 ❶대들보량(負棟木)。❷나무다리량(木橋)。〔孟子 離婁下〕與ㅣ成。❸돌다리량、징검다리량(石絶水爲ㅣ)。〔詩經〕在彼淇ㅣ。❹발담량(以笱捕魚)。〔詩〕敝笱在ㅣ。❺달음박질할량(亂走貌)。〔甘泉賦〕飛蒙茸而走陸ㅣ。❻팔팔뛸량(跳ㅣ)。〔莊子〕狸狌東西跳ㅣ中于機辟。❼굳셀량(彊ㅣ)。〔金人銘〕彊ㅣ者不得其死。(『樑』과 같음)

【梂】(구) 尤 キュウ、くぬきのみ acorn-cup ㄑㄧㄡ ch'iu² 小篆 도토리받침구(櫟實包房)。

【梃】(정) 迥 テイ、チョウ、ほこ、つえ stick ㄊㄧㄥ t'ing¹·³ 小篆 草書 ❶외줄기정(一枝)。❷막대정(杖也)。〔孟子 梁惠王上〕可使制ㅣ。❸꼿꼿할정(勁直貌)。

【梄】(유)『槱』(木部 11畫)와 같음

【梅】(매) 灰 バイ、マイ、うめ plum ㄇㄟ mei² 小篆 或體 草書 ❶매화나무매(似杏實酢)。〔書經〕若

【爾雅】時英ㅡ。❸양매나무매(楊ㅡ)。【越郡志】會稽楊ㅡ爲天下之奇。❹열굴칙칙할매(ㅡㅡ猶昧昧居爽之容)。【禮記】視容瞿瞿ㅡㅡ。

【梆】(방) 陽 ホウ、ひょうしぎ wooden bell ㄅㄤ pang¹
梆 草書 ❶목탁방(木鐸)。❷대통칠방(發響)。

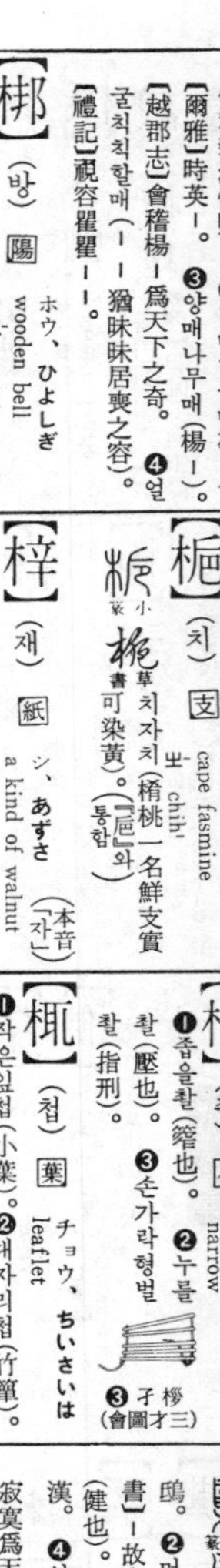
梆(三才圖會)

【梌】(도) 皓 ト、ひさぎ Gleditschia Japonica var. Koraiensis
쥐엄나무도(皀莢)。

【梏】(곡) 沃 コク、てかせ handcuffs ㄍㄨˋ ku⁴
梏 小篆 梏 草書 ❶수갑곡、조막손이곡(手械)。【周禮】中罪桎ㅡ下罪ㅡ。❷어지러울곡(亂也)。【孟子】ㅡ亡之矣。❸뚫을곡(貫也)。【左傳 襄公六年】以弓ㅡ華弱於朝。

【梐】(폐) 薺 ヘイ、ひとや prison
梐 小篆 草書 ❶마름쇠폐(ㅡ枑行馬)。❷우리간폐(周ㅡ牢獄)。❸목책폐、말장폐(ㅡ枑遮欄)。

【梒】(함) 覃 カン、ゆすらうめ Prunus tomentosa
앵두함(櫻桃)。

【梔】(치) 支 cape fasmine ㄓ chih¹
梔 小篆 草書 치자치(梔桃一名鮮支實可染黃)。(『巵』와 통함)

【梓】(재) 紙 シ、あずさ a kind of walnut (本音「자」)
梓 小篆 或體 草書 ❶가래나무재(楸也)。【埤雅】ㅡ爲百木長。❷목수재(木工)。【梓材註】治木器曰ㅡ治土器曰陶治金器曰治。❸우러러볼재(橋ㅡ、家道)。【尙書大傳】橋者父道ㅡ者子道。❹고향재(故鄕)。【詩經】維桑與ㅡ。❺책판재(鋟文書於板)。「版木」。

【梖】(패) 泰 バイ、ばいたら patra
梖 草書 패엽나무패(木名)。(『貝』는 俗字)

【梗】(경) 梗 コウ、やまにれ、とげ thorny tree ㄍㄥˇ kêng³
梗 小篆 草書 ❶산느릅나무경(山枌楡)。❷곧을경(直也)。❸막힐경(塞也)。❹흔들경(撓也)。❺해로울경(害也)。❻병들경(病也)。【詩經 小雅桑柔】於今爲ㅡ。❼대개경(ㅡ槪大略)。❽놀음감경(人形、土偶)。【莊子】吾所學者土ㅡ耳。

【梛】(나) 歌 ダ、きのな tree
梛 草書 나무이름나(木名、竹柏)。

【桚】(찰) 黠 narrow
❶좁을찰(窄也)。❷누를찰(壓也)。❸손가락형벌찰(指刑)。

桚子(三才圖會)

【[illegible]】(첩) 葉 チョウ、ちいさいは leaflet
❶작은잎첩(小葉)。❷대자리첩(竹簟)。

【梜】(협) 葉 キョウ、はし chopstick (古音「겹」)
梜 小篆 草書 ❶젓가락협(ㅡ提箸也)。❷『莢』과 같음。

【柴】㊀(추) 紙 ㊁(취) 支 スイ、しるす mark
小篆 ㊀❶표할추(識也)。❷감출추(藏也)。❸입추(口也)。❹부리추(觜也)。㊁돌침취(石鍼)。

【條】(조) 蕭 ジョウ、えだ、すじ branch; strand ㄊㄧㄠˊ t'iao²
條 小篆 草書 ❶곁가지조(小枝)。【詩經 周南汝墳】伐其ㅡ枚。❷귤조(橘屬)。【詩經】有ㅡ有梅。❸조리조、가닥조(ㅡ理)。【書經 盤庚】有ㅡ而不紊。❹노끈조(繩也)。【禮記】喪冠ㅡ屬。❺사무칠조(達也)。【漢郊祀歌】聲氣遠ㅡ。❻조목조(ㅡ目枚擧)。❼요란할조(擾亂)。【漢書】陰陽萬物靡不ㅡ鬯該成。❽길조(長也)。【書經 禹貢】厥木惟ㅡ。❾땅이름조(地名鳴ㅡ)。

【梟】(효) 蕭 キョウ、ふくろう owl ㄒㄧㄠ hsiao (古音「교」)
梟 小篆 …書爲)。【詩經】爲ㅡ爲鴟。❷머리베어달효(懸首木上)。【漢書】ㅡ故塞王欣首櫟陽市。❸건장할효(健也)。【漢書】北貉燕人來致ㅡ騎助漢。❹영웅효(雄也)。【淮南子】湫漻寂寞爲天下ㅡ。❺주사위효(摴蒲釆名)。【晉謝艾曰】ㅡ激也六博得邀者勝。

【梠】(려) 語 リョ、ロ、ひさし porch ㄌㄩˇ lü³
梠 小篆 草書 ❶문얼굴려、현관려(楣也)。❷평고대려(梍端連綿木)。

【梢】(소) 肴 ショウ、こずえ twig ㄕㄠ shao¹
梢 小篆 草書 ❶마들가리소、졸가리소(木無枝柯)。❷키꼬리소(船尾)。【字彙】今人謂篙師謂ㅡ子。❸장기자루소(農器)。(『艄』와 같음)

【梡】(완) 旱 カン、まないた board
梡 小篆 小篆 草書 ❶네발도마완(四足俎)。【禮記】俎用ㅡ嶡。❷토막나무완(斷木)。

【梣】(침) 侵 シン、とねりこ Fraxinus rhynchophylla
梣 小篆 或體 물푸레침(青皮木)。

【梦】(몽)『夢』(11畫 夕部)의 俗字

【梧】㊀(오) 虞 ㊁(오) 遇 ゴ、あおぎり paulownia ㄨˊ wu²

小篆 草書 ⊟오동오、머귀나무오(ㅣ桐、木名)。〔詩經〕ㅣ桐生矣于彼朝陽。⊟❶버틸오(支也)。〔漢書 項籍傳〕諸將皆慴服,莫敢枝ㅣ。❷허울찰오(魁ㅣ奇偉貌)。〔史記 留侯世家〕魁ㅣ奇偉。

【梨】(리) 支 リ、なし pear ㄌㄧˊ li² 小篆 草書 ❶배리(山樆)。〔說文〕在山曰樆人植曰ㅣ。❷벌레이름리(蟲名蛤ㅣ)。(『棃』와 같음)

【梩】(리) 支 リ、もっこ stretcher ㄌㄧˊ li² 草書 ❶흙담는 들것리(土轝)。❷가래리(鍬也)。〔孟子 滕文公上〕反虆ㅣ而掩之。

【梪】(두) 宥 トウ、たかつき wooden vessel 小篆 ❶독두나무두(獨ㅣ樹名)。❷나무그릇두(木食器)。

【梫】(침) 侵 シン、かつら Cinnamomum cassia 小篆 계수나무침、계나무침(桂也)。

【梬】(영) 梗 エイ、さるがき Diospyros Lo. tus var. typica 小篆 고욤나무영(ㅣ棗似柿而小)。(古音「잉」)

【梭】(사) 歌 サ、ひ weaver's shuttle ㄙㄨㄛ suo¹ 小篆 小篆 草書 북사(織具)。〔晋書〕陶侃少漁雷澤網得一ㅣ。

【梯】(제) 齊 テイ、はしご ladder ㄊㄧ t'i¹ 小篆 草書 ❶사닥다리제(木階)。〔虎韜兵略篇〕視城中則有雲ㅣ飛樓。❷층제(階ㅣ)。❸모없을제(無隅角者)。〔楚辭〕突ㅣ滑稽如脂如韋。❹휘추리제(木稚)。

【梮】(국) 沃 コク、かんじき footgear 草書 나무신국(山行所履)。〔漢書〕禹治水山行則ㅣ。(『橇』과 같음)

【械】(계) 卦 カイ、どうぐ implement ㄒㄧㄝˋ hsieh⁴ 小篆 草書 ❶틀계、기계계(器之總名)。(古音「해」)〔禮記〕器ㅣ異制。❷형구계(桎梏)。〔孔穎達曰〕ㅣ者戒止人不得遊行。❸무기계(武器)。「器ㅣ兵仗」。

【梱】(곤) 阮 コン、しきみ threshold ㄎㄨㄣˇ k'uen³ 小篆 草書 ❶문지방곤(門橛)。〔禮記〕外言不入于ㅣ。❷마무를곤(成就貌)。❸상자곤(柳箱子)。

【梡】(각) 屑 曷 カク、きこく Poncirus trifoliata 탱자나무각(枳ㅣ藥名)。

【梲】⊟(절) 屑 ⊟(탈) 曷 セツ、タツ、うだち king post ㄓㄨㄛˊ chuo² 小篆 小篆 草書 ⊟동자기둥절(梁上短柱)。〔(?)〕管仲山節藻ㅣ。〔淮南子〕執彈而招鳥揮ㅣ。⊟작대기탈(大杖)。

【梳】(소) 魚 ソ、くし comb ㄕㄨ shu¹ 小篆 草書 얼레빗소(理髮櫛)。〔劉禹錫詩〕容顏本南國妝ㅣ學西京。

梳(三才圖會)

【梴】(천) 先 テン、ながい slender ㄔㄢ ch'an¹ 小篆 草書 ❶나무밋밋할천(木長貌)。〔詩〕松柏有ㅣ。❷방아틀천(碓機)。

【梵】(범) 陷 ボン、ぼんご Brahman ㄈㄢˋ fan⁴ 小篆 草書 ❶중의글범(西域釋書)。〔韻會〕ㅣ華言清淨正言寂靜。❷웅얼거릴범(ㅣ唄吟聲)。

【梶】(미) 尾 ビ、こずえ sprig 草書 ❶나무끝미(木杪)。❷〔日字〕키미(舵也)。

【梹】(빈)『檳』(14畫 木部)의 略字

【梺】(록)『麓』(8畫 鹿部)의 俗字

【梻】(불)〔日字〕 しきみ incense 향나무불(佛供香木)。

八畫

【棃】(리)『梨』(7畫 木部)와 같음

【棄】(기) 寘 キ、すてる abandon ㄑㄧˋ ch'i⁴ 小篆 古文 籀文 草書 ❶버릴기(捐也)。❷잊어버릴기(忘也)。〔詩經〕不我遐ㅣ。❸잃을기(遺也)。

【梚】(도) 虞 ト、ひさぎ walnut ❶나무가지퍼질도(木枝四布)。❷가래나무도(木名)。

【棅】(병) 敬 ヘイ、え handle ❶가지병(柯也)。❷자루병(柄也)。❸권세병(權也)。〔莊子〕天下奮ㅣ而不與借。❹밑둥병(本也)。(『柄』과 같음)

【棆】(륜) 眞 リン、くすのき elm-tree 小篆 ❶느릅나무륜(楡也)。❷둔나무둥치륜(母杶)。

【棇】(총)『樬』(12畫 木部)과 같음

【棉】(면) 先 メン、わた cotton ㄇㄧㄢˊ mien² 草書 목화나무면、주라나무면(木ㅣ)。〔張勃吳錄〕交趾安定縣有木ㅣ樹高丈餘。

【栞】(간)『栞』(6畫 木部)과 같음

【棋】(기) 支 キ、ゴ、ごいし game of chess

(小篆)(草書) ❶비두기(圍ㅡ奕子)〔博物誌〕堯造圍ㅡ丹朱善之。❷뿌리기(根也)。「根柢」。〔史記 律書〕萬物根ㅡ。(『碁·棋』와 같음)

【棊】 (기)『棋』(前條)와 같음

【棌】 (채) 賄 サイ、かしわ oak
(草書) 참나무채(ㅡ椽榭也)。〔史記〕ㅡ椽不刮。

【棐】 (비) 尾 ヒ、かや torreya nut ㄈㄟˇ fêi³
(小篆)(草書) ❶비자나무비(木名似柏)。〔漢書〕歲入貢ㅡ。❷도울비(輔也)。〔書經 大誥〕天ㅡ忱辭。

【棍】 ㊀(혼) 阮 ㊁(곤) 願 コン、たばねる bundle ㄍㄨㄣˋ kuen⁴
(草書) ㊀나무묶을혼(束木)。〔楊雄 反騷〕ㅡ申椒與菌桂。㊁곤장곤(ㅡ棒刑具)。 棍式(會圖才三)

【棎】 (섬) 鹽 セン、きのな the fruit of Sorbus alnifolia var. typica
팥배섬(果名、似奈而酸)。

【棑】 (패) 佳 ハイ、ヒ、たて shield
❶방패패(盾也)。❷뗏목패(筏也)。

【棒】 (봉) 講 ホウ、ぼう、つえ club ㄅㄤˋ pang⁴ (本音「방」)
(草書) ❶몽둥이봉(杖也)。〔李商隱雜纂〕把ㅡ呼狗。❷칠봉(打也)。

【棓】 ㊁(방) 講 beat
(小篆)(草書) ㊀❶때릴부(打也)。❷별이름부(天ㅡ星名)。㊂도리깨채방(連枷打穀具)。(『棒』과 같음)

【棕】 (종)『椶』(木部 9畫)의 俗字

【棖】 (정) 庚 チョウ、ぼうだて gatepost ㄔㄥˊ ch'êng² (古音「쟁」)
(小篆)(草書) ❶문설주정(楔也)。❷막대정(杖也)。〔謝靈運文〕以物ㅡ撥應手灰滅。

【棗】 (조) 皓 ソウ、なつめ jujube ㄗㄠˇ tsao³
(小篆)(草書) 대추조(棘實赤心果)。

【棘】 (극) 職 キョク、いばら thorny brambless ㄐㄧˊ chi⁴
(小篆)(草書) ❶가시나무극(小ㅡ叢生)。〔詩經〕吹彼ㅡ心。❷큰창극(大戟)。〔左傳 隱公十一年〕子都拔ㅡ而逐之。❸가시성쌓을극(執囚之處)。〔左傳〕邾子無道吳子囚諸樓臺栫之以ㅡ。❹곧극(速也)。❺약이름극(藥名天ㅡ)。(『戟』과 通함)

【棙】 (려) 霽 レイ、ばち handle of lute
비파고동려(琵琶撥棙)。〔唐書〕雕木爲鸞鶴置機ㅡ腹中發之則飛。

【棚】 (붕) 庚 ホウ、たな ladder ㄆㄥˊ p'êng² (古音「팽」)

(小篆)(草書) 각붕(閣也)。❸전동붕(矢藏)。

【棜】 (어) 御 オ、だい small table
(草書) 책상반어(承尊器)。

【棝】 (고) 遇 コ、ねずみおとし rat trap
(小篆) 쥐덫고(ㅡ斗可以射鼠)。

【棞】 (곤)『梱』(木部 7畫)과 같음

【棟】 (동) 送 トウ、むね pillar ㄉㄨㄥˋ tung⁴
(小篆)(草書) 동자기둥동(屋脊檁也)。〔蘇軾詩〕陳君落落堂上ㅡ。

【棠】 (당) 陽 トウ、やまなし haw ㄊㄤˊ t'ang²
(小篆)(草書) ❶아가위당(杜也)。〔詩經〕蔽芾甘ㅡ。❷사당나무당(如李無核)。

【棣】 ㊀(체) 霽 ㊁(태) 隊 テイ、タイ、にわうめ Hugeriajaponica ㄉㄧˋ ti⁴
(小篆)(草書) ㊀❶산매자체(移也)。〔詩經〕何彼穠矣唐ㅡ之華。❷통할체(通也)。〔漢書〕萬物ㅡ通。❸나무이름체(木名雀梅)。❹들벚꽃체(木名似櫻桃)。㊁익숙할태(ㅡㅡ閑習貌)。〔詩經〕威儀ㅡㅡ。

【棡】 (강) 陽 コウ、もくさく wooden barricde

(木柵橫木)。

【棬】 (구) 有 コウ、はぜ well-bucket
(小篆) ❶두레박구(桔槔汲水具)。❷아구나무구(木名鵝ㅡ)。(『栒』와 같음)

【棨】 (계) 薺 ケイ、ほこ spear ㄑㄧˇ ch'i³
(小篆)(草書) ❶창틀계(ㅡ戟兵欄)。〔漢書〕有衣之戟曰ㅡ。❷표신계(傳信符)。〔後漢書〕取ㅡ信閉諸禁門。

【棧】 (잔) 潸 諫 サン、かけはし ladder ㄓㄢˋ chan⁴
(小篆)(草書) ❶사다리잔(棚也)。〔史記〕說漢王燒絕ㅡ道。❷복도잔(閣也)。❸장강틀잔(柩車)。〔儀禮〕賓奠幣于ㅡ。❹마판잔(馬ㅡ)。〔莊子〕編之以皀ㅡ。❺작은쇠북잔(小鐘)。〔爾雅〕大鐘謂之鏞小鐘謂之ㅡ。

【棪】 (염) 琰 エン、きのな tree
(小篆) 재염나무염(梓ㅡ木名)。

【棫】 (역) 職 イキ、たらのき tree ㄩˋ yü⁴
(小篆)(草書) ❶무리참나무역(白桵)。〔詩經〕柞ㅡ拔矣。❷무저리역(ㅡ樸木叢生)。

【棬】 (권) 先 ケン、はなぎ noseblock ㄑㄩㄢˊ ch'üan²

棬 草書 ❶휘어만든 나무바리권(屈木爲盂)。【孟子告子上】順杞柳之性而以爲桮ㅣ。❷쇠코두레권(拘牛鼻)。【呂覽】五尺童子引其ㅣ。

【棭】(액) 陌 エキ、ねむのぎ name of a tree
나무이름액(木名)。

【榙】(답) 合 トウ、ますがた pillar-head
기둥머리답(柱頭)。

【森】(삼) 侵 シン、おおい、もり luxuriant tree ㄕㄣ shen¹ ㄙㄣ sen¹
小篆 草書 ❶나무빽빽들어설삼(木多貌)。【射雉賦】蕭ㅣ繁茂。❷심을삼(植也)。【元包坤辭】丞ㅣ囮若。❸성할삼(盛也)。【杜甫詩】錦官城外柏ㅣㅣ。

【棯】(임) 寢 デン、きのな (of jujubes) become tasty
대추맛들임(ㅣ棗還味)。

【棰】(추) 紙 スイ、むち whip ㄔㄨㄟ ch'uei²
草書 매추(杖擊)。【漢書】ㅣ楚之下何求不得。(『捶·箠』와 통함)

【棱】(릉) 蒸 リョウ、かど angle ㄌㄥ lêng²
小篆 草書 ❶네모질릉(四方木柧也)。❷전각추녀릉(殿角)。❸위엄릉(神靈之威)。【漢書】李廣威ㅣ憺乎列國。❹모내지아니할릉(模ㅣ持兩端)。【唐書】立朝ㅣㅣ有風望。(『楞』과

【棲】(서) 齊 セイ、すむ dwell ㄑㄧ ch'i¹
草書 ❶쉴서(息也)。❷깃들일서(鳥ㅣ)。【詩】衡門之下可以ㅣ遲。❸평상서(牀也)。❹서성거릴서(往來貌)。【後魏書】京師遼遠實憚ㅣ屑。❺물풀이름서(水草名ㅣ苴)。(『栖』와 같음)

【棳】(절) 屑 セツ、うだち club
小篆 ❶몽치절(棒也)。❷고을이름절(縣名)。

【棵】㊀(환) 旱 カン、カ、きぎれ cut of wood ㊁(과) 哿 ㄎㄜ k'ê¹ ㊂(과)(國字)
㊀❶나무토막환(切木片)。❷나뭇단환(薪束)。㊁나무이름과(木名)。㊂재협과(菓具)。

【棶】(래) 灰 ライ、きのな tree
죽내나무래(ㅣ掠、即來木)。

【棹】(도) 效 トウ、さお、かい oar ㄓㄠ chao⁴ (古音「조」) ㄓㄨㄛ chuo¹
草書 노도(楫也)。【謝靈運詩】鶩ㅣ逐驚流。

【棷】㊀(취) 泰 ㊁(추) 尤 ㊂(수) 有 シュウ、シュ、たきぎ (古音「최」) brushwood ㄗㄡ tsou¹
小篆 草書 ㊀푸서리취(聚草藪也)。㊁섶추(薪也)。㊂수풀수(校ㅣ)。(『藪』와 같음)

【棸】(추) 尤 シュウ、きのな tree
草書 ❶추나무추(木名)。❷성추(姓也)。

【棺】(관) 寒 カン、ひつぎ coffin ㄍㄨㄢ kuan¹
小篆 草書 ❶널관(掩尸關)。【禮記】有虞氏瓦ㅣ。❷염할관(斂也)。

【棼】(분) 文 フン、むなぎ beam ㄈㄣ fen²
小篆 草書 ❶겹들보분(複屋重梁)。【西都賦】列ㅣ橑以布翼。❷삼베분(蔴麻)。【周禮】素車ㅣ蔽。❸어지러울분(亂也)。【左傳 隱公四年】猶治絲而ㅣ之也。❹나무많을분(木多)。【說文】林木ㅣ錯。

【棻】(분)『棼』(前條)과 같음

【棽】(림) 侵 チン、しげる dense
小篆 小篆 草書 나무가지무성할림(ㅣ儷木枝條繁蔚貌)。

【棿】(예) 齊 ゲイ、あやうい danger
草書 ❶불안할예(杌ㅣ不安)。❷위험할예(危也)。(『輗』와 통함)

【椀】(완) 旱 ワン、はち、わん bowl ㄨㄢ wan³
草書 ❶주발완(食器小盂)。【李商隱雜纂】不收拾ㅣ器、失家事。❷사발완(食器)。(『盌』과 같음)

【椢】(굴) 物 クツ、きりかぶ cut of wood
❶토막나무굴(斷木)。❷풍당목굴(白枯木)。

【椁】(곽) 藥 カク、ひつぎ outer coffin ㄍㄨㄛ kuo³
小篆 草書 ❶덧널곽(外棺)。【禮記】桓司馬爲石ㅣ三年不成。❷재일곽(度也)。【周禮】兵車之輪崇六尺有六寸ㅣ。(『槨』과 같음)

【椄】(접) 葉 セツ、つぎき graft ㄐㄧㄝ chieh¹
小篆 ❶나무접붙일접(續木)。❷형벌틀접(械也)。【莊子】吾未知聖知之不爲桁楊ㅣ槢也。❸문설주접(楔也)。【淮南子】大者爲舟航柱梁小者爲ㅣ槢也。

【椅】㊀(의) 支 ㊁(의) 紙 イ、いす chair ㄧ i³ ㄧ i¹
小篆 草書 ㊀가래나무의(梓也)。【詩經】ㅣ桐梓漆。㊁교의의(ㅣ子坐凳)。

【椆】(주) 尤 チュウ、かわのな stream
小篆 草書 내이름주(川名)。

【椈】(국) 屋 キク、ひのき cypress
측백나무국(柏也)。【禮】暢曰以ㅣ。

【栟】(병) 庚 ヘイ、しゅろ hemp-palm

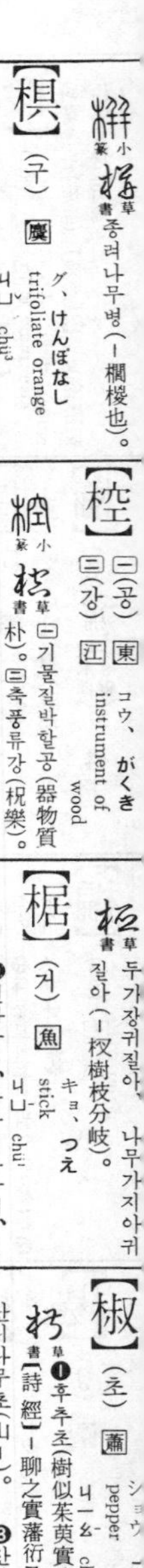

栟 小篆 草書 종려나무병(ㅣ櫚椶也)。

【椇】(구) 麌 グ、けんぽなし trifoliate orange ㄐㄩˇ chü³ 草書 ❶(폐백에 쓰는) 탱자나무구(枳也)。〔禮〕婦人之贄ㅣ榛脯脩棗栗。❷팥배구(褄ㅣ梨屬)。❸은나라제기구(殷俎名)。(『枸』와 통함)

椇 俎 (名物圖)

【㮁】(효) 肴 コウ、くちなし Gardenia jasminoides 치자나무효(ㅣ桃梔子)。

【椉】(승)『乘』(ノ部 9畫)의 本字

【𣘸】(곡) 沃 コク、はんだい a(dining) table 小篆 ❶밥상곡(食膳)。❷수레곡(輿也)。

【椊】(졸) 月 ソツ、ほぞ handle of axe ❶도끼자루졸(ㅣ杌以柄納孔)。❷휘추리졸(ㅣ杌木短出貌)。

【椋】(량) 陽 リョウ、むくのき Betula schmiditic ㄌㄧㄤˊ liang² 小篆 草書 박달나무량(葉似柿而材堅)。

【𣗚】㊀(유) 支 ズイ、たら oak ㊁(위) 支 ㊀❶떡갈나무유(棫也、木名白ㅣ)。❷보습유(犂也)。㊁곱정이위(農器)。(『桵』와 갈음)

【椌】㊀(공) 東 コウ、がくき instrument of wood ㊁(강) 江 小篆 草書 ㊀기물질박할공(器物質朴)。㊁축풍류강(柷樂)。

【植】㊀(식) 職 ショク、うえる plant ㄓˊ chih² ㊁(치) 寘 小篆 或體 草書 ㊀❶심을식(栽也)。〔古詩焦仲卿妻〕東西ㅣ松柏、左右種梧桐。❷세울식(樹立)。〔左傳〕子產曰陳亡國也其君弱ㅣ。❸둘식(置也)。❹초목식(草木)。㊁❶방망이치(椎也)。❷심을치(種也)。❸세울치(立也)。❹기댈치(倚也)。〔論語〕ㅣ其杖而藝。❺달굿대치(枝幹築城楨)。〔周禮〕大役屬其ㅣ。❻두목치(將領主帥)。〔左傳〕宋華元爲ㅣ巡功。

【椎】(추) 支 ツイ、つち club ㄔㄨㄟˊ ch'uei² ㄓㄨㄟ chuei¹ 小篆 草書 ❶쇠몽둥이추、쇠뭉치추(鐵棒)。❷칠추(擊也)。〔李白詩〕ㅣ秦博浪沙。❸짓찧을추(擣也)。❹빳빳할추(ㅣ鈍不曲撓)。〔漢書 周勃傳〕樸ㅣ少文。❺참나무추(櫟也)。(『槌』와 갈음)

東晉永昌椎 (金石索)

【椏】(아) 麻 ア、また forking branch ㄧㄚ ya¹ 草書 두가장귀질아、나무가지아귀질아(ㅣ杈樹枝分岐)。

【椐】(거) 魚 キョ、つえ stick ㄐㄩ chü¹ 小篆 ❶인가목거、가마태나무거、영수목거(樻也)。

【椑】㊀(비) 支 ㊁(비) 齊 ㊂(벽) 陌 ㊃(비)〈中字〉 ヘキ、ハイ、ひつぎ coffin 小篆 草書 ㊀떫은감비(烏ㅣ澁柹)。〔漢書〕梁侯園中有八稜烏ㅣ。㊁❶도끼자루비(斧柄)。〔周禮〕句兵ㅣ。❷둥근합비(圓榼)。〔急就篇〕榼ㅣ榹。❸잔비(飮器)。㊂관벽、널벽(親身棺)。〔禮〕君即位爲ㅣ歲一漆之藏焉。㊃갈매나무비(鼠李)。

椑 (三禮圖)

【椖】㊀(방) 養 ボウ、むち whip ㊁(방) 漾 ㊂(병) 敬 ㊀❶나무조각방(木片)。❷게시판방(揭示)。❸방써붙일방(標題)。〔後漢書〕李膺廢錮士大夫更相標ㅣ。❹방목방(取士及選官之次序)。〔杜牧詩〕平明放ㅣ未花開。(『牓·榜』과 같음) ㊁❶볼기칠방(笞也)。〔史記〕ㅣ笞數千身無可擊。❷배떠날방(進船)。〔楚辭〕齊吳ㅣ以擊汰。❸뱃사공방(舟人)。㊂뜻은㊁의❸과 같음。(『搒』과 갈음)

【椒】(초) 蕭 ショウ、こしょう pepper ㄐㄧㄠ chiao¹ 草書 ❶후추초(樹似茱萸實味辛香烈)。〔詩經〕ㅣ聊之實蕃衍盈升。❷난디나무초(山ㅣ)。❸산이마초(山巓)。〔楚辭〕馳ㅣ丘且焉止息。❹향기로울초(香也)。〔詩經 周頌 載芟〕有ㅣ其馨。

【𣗳】(초)『椒』(前條)의 俗字

【椓】(탁) 覺 タク、うつ、たたく beat ㄓㄨㄛˊ chuo² (古音「착」) 小篆 草書 ❶칠탁(擊也)。〔詩經〕ㅣ之丁丁。❷불알베일탁(宮刑)。〔書經 呂刑〕劓刵ㅣ黥。

【椧】(명)〔國字〕❶홈통명(筧也)。❷절이름명(寺名、比ㅣ寺在慶州)。

【椙】(창)〔日字〕すぎ cryptomeria 삼나무창(杉也)。(『杉』의 俗字)

【椛】(화)〔日字〕もみじ maple 단풍나무화(丹楓)。

九畫

【㮴】(소) 豪 ソウ、ふね ship 小篆 배소(船之總名)。(『船·艘』와 같음)

【椯】(타) 哿 タ、むち whip

채죽타、종아리채타(箠也)。

【椰】(야) 麻 ヤ、やし cocoa-nut yeh² 一せ
草書 야자나무야(木名)。〔左思 吳都賦〕ㅣ葉無陰。(『梛』와 같음)

【椱】一(부) 有 二(복) 屋 フク、ボク、はきもの footgear
小篆 一베틀발부(機足)。二신복(屐也)。

【椔】(치) 支 シ、たちかれ dead tree
서서죽은나무치(木立死者)。

【椳】(외) 灰 ワイ、とのちく hinge ㄨㄟ wei¹ 돌쩌귀
小篆 草書 ❶문지도리외、문고리외(門樞)。❷〔國字〕윗가지외(輿杌)。

【椵】一(가) 馬 二(가) 禡 三(가) 麻 カ、かせ citron
小篆 一유자가(柚屬)。二틀가락가(擧物具杙)。三칼가(囚械)。

【樀】(탁) 藥 タク、もくぎょ wooden gong
草書 조두탁、모탁탁(柝也)。〔漢書註〕周廬擊ㅣ。

【椴】(단) 翰 タン、きのな Tilia amurensis ㄉㄨㄢ tuan⁴ japonic
피나무단(椴也)。〔爾雅疏〕一名椴樹似白楊其材能濕。

【椶】(종) 東 ソウ、シュ、しゅろ hemp-palm ㄗㄨㄥ tsung¹
小篆 小篆 草書 종려나무종(ㅣ櫚、一名蒲葵)。〔說文〕ㅣ木高一二丈旁無枝葉如車輪萃于木杪。(『棕』과 같음)

【椷】(함) 咸 カン、はこ forgive ㄐㄧㄢ chien¹ (本音「감」)
小篆 草書 ❶함함、궤짝함(函屬木篋)。❷용납할함(容也)。❸잔함(杯也)。

【椸】(이) 支 イ、ころもかけ clothes-rack ㄧ i²
小篆 草書 ❶횃대이、옷걸이이(衣架)。❷책상이(榻前几)。〔禮記 曲禮〕男女不同ㅣ架。(『箷』와 같음)

【椹】一(침) 侵 二(심) 寢 チン、シン、くわのみ mulkerry fruit ㄕㄣ shen⁴
草書 一❶모탕침、도끼바탕침(木趺・斫木櫍)。❷토막침(斃人櫍)。〔戰國策〕范睢曰臣之胷不足以當ㅣ櫍。二오디심(桑實)。

【椺】(보) 國字
들보보(樑也)。

【椻】(언) 願 エン、せきとめる dam up
나무로방천할언(積木防川)。

【㮌】(면)『棉』(木部 8畫)의 俗字

【椽】(연) 先 テン、たるき rafter ㄔㄨㄢ ch'uan² (本音「전」)
小篆 草書 서까래연(屋角榱)。〔漢書 藝文志〕茅屋采ㅣ。

【椿】(춘) 眞 チュン、チン、たまつばき camellia ㄔㄨㄣ ch'uen¹
草書 ❶참죽나무춘(香椿)。〔書經〕作杶。❷대춘나무춘(壽木大ㅣ)。❸어르신네춘(ㅣ堂・ㅣ丈)。

【楀】(우) 麌 グウ、きのな tree
小篆 ❶나무이름우(木名)。❷성우(姓也)。

【楁】(격) 陌 カク、キャク、ころもかけ clothes-rack (或音「객」)
❶횃대격、옷걸이격(掛衣架)。❷안장걸이격(鞍ㅣ)。

【㮎】(배)『杯』(木部 4畫)와 같음

【楂】(사) 麻 サ、いかだ raft ㄔㄚ ch'a² (古音「차」) ㄓㄚ cha¹
❶아가위사(果名)。〔柳宗元詩〕傖父饋酸ㅣ。❷등걸사(樹下體)。❸떼사(桴也)。❹까치소리사(鵲鳴)。

【楃】(악) 覺 アク、とばり hangings
小篆 ❶나무로만든장막악(木帳)。❷방장악(房帳)。

【楄】(편) 先 ヘン、がく tablet
小篆 草書 ❶칠성판편(棺中笭牀ㅣ)。❷모진나무편(方木ㅣ部)。❸짧은서까래편(短椽禁ㅣ)。

【㮈】(내) 霽 デイ、たちがれ dead tree (或音「니」)
죽은나무내(枯立木)。

【㮐】(성) 梗 ショウ、まないた chopping board
小篆 ❶도마성(俎也)。❷첫다리성(椮交以支炊箄)。

【㮑】(잡) 洽 ソウ、しげる dense
❶나무부러지는소리잡(木折聲)。❷무성할잡(茂也)。

【楅】一(복) 屋 二(벽) 職 フク、ヒョク、つのよけ ㄅㄧ pi⁴
小篆 草書 一❶쇠뿔에가로댄막대복(ㅣ衡牛角橫木)。〔詩註〕以防牛觸人故以一木橫于角端也。❷살그릇복(承矢器)。〔儀禮〕設ㅣ于中庭南。二뜻은 一과 같음。

【㮘】(모) 號 ボウ、とかみ gatepost
小篆 草書 문설주모(門樞上橫木)。

【楈】(서) 語 ショ、しゅろ tree
나무이름서(木名)。

【楉】(약) 藥 ジャク、ざくろ pomegranate
석류약(果名ㅣ榴)。

【楊】(양) 陽 ヨウ、やなぎ willow 一尢 yang²

楊小篆 楊小篆 楊書草 ❶메버들양(蒲柳白ㅣ)。【詩經 小雅 南山有台】北山有ㅣ。 ❷왕버들양(葉長青ㅣ)。 ❸사시나무양(圓葉弱蔕微風大搖)。 ❹회양나무양(黃ㅣ)。【埤雅】黃ㅣ性堅緻難長歲長一寸閏歲倒長一寸。

【楎】 ㈠(휘) 微 ㈡(혼) 元 キ、クン、いこう clothes-rack 小篆 書草 ㈠ ❶옷걸이휘(掛衣架)。 ❷문지방휘(橛也)。 ㈡쟁기술혼(農具犂轅)。

【楇】 ㈠(화) 哿 ㈡(괘) 歌 カ、カイ、いとまき reel 小篆 ㈠기름통화(塗輪膏筒)。 ㈡자새괘(紡車收絲具)。

【楑】 (규) 支 キ、つち club 書草 방망이규(椎也柊ㅣ)。

【楓】 (풍) 東 フウ、かえで maple ㄈㄥ fêng 小篆 書草 단풍나무풍、신나무풍(欇也)。【埤雅】ㅣ葉作三脊霜後色丹謂之丹ㅣ。

【楆】 (이) 支 ジ、きのこ mushroom ❶버섯이(木茸)。 ❷잇꽃이、홍화이(紅藍)。

【楔】 (설) 屑 セツ、ケツ、ほこだち gatepost ㄒㄧㄝˋ hsieh⁴ 小篆 書草 ❶문설주설(棖也)。【韓愈文】椳闑店ㅣ。 ❷기둥설(柱也)。 ❸노가주나무설(似松有刺)。【蜀都賦】椶枒ㅣ樅。 ❹앵도설(櫻桃)。 ❺칠설(鼓也)。

【楕】 (타)『橢』(木部12畫)의 略字

【楖】 (즐) 質 シツ、くし comb ㄐㄧㄝˊ chieh² ㄐㄧˊ chi² 書草 ❶질률나무즐(木名ㅣ栗)。 ❷빗즐(櫛也)。 ❸고을이름즐(縣名ㅣ裘)。 ❹새김장이즐、각수장이즐(ㅣ人刮工)。

【楗】 (건) 願 ケン、かんぬき bar ㄐㄧㄢˋ chien⁴ 小篆 書草 ❶문빗장건(鎖門橫木)。【道德經】無關ㅣ而不可開。 ❷문지방건(限門木關ㅣ)。

【楘】 (목) 屋 ボク、ながえまき yoke dressing ㄇㄨˋ mu⁴ 小篆 書草 가죽으로 감은 차멍에 목(車輈皮束爲飾)。

【楙】 (무) 宥 ボウ、しげる dense ㄇㄠˋ mao⁴ 小篆 ❶모과나무무(木瓜)。 ❷성할무(盛也)。(『茂』와 통함)

【楜】 (호) 虞 コ、こしょう pepper 후추호(胡椒)。

【楚】 (초) 語 御 ソ、うばら、むち white oak ; whip ㄔㄨˇ ch'u³ 小篆 書草 ❶휘추리초(叢木)。【詩經 召南漢廣】言刈其ㅣ。 ❷가시나무초(荊也)。【詩經】ㅣㅣ者茨言抽其棘。 ❸고울초(鮮明貌)。【詩經 曹風蜉蝣】蜉蝣之羽衣裳ㅣㅣ。 ❹초나라초(國名)。 ❺높을초(高也翹ㅣ)。 ❻종아리칠초(扑撻犯禮)。【韓愈詩】判司卑官不堪說、未免捶ㅣ塵埃間。(『憷』와 통함) ❼쓰라릴초(辛痛)。【陸機詩】悽慨含辛ㅣ。

【楛】 ㈠(호) 麌 ㈡(고) 麌 コ、わるい bad ㄏㄨˋ hu⁴ 小篆 書草 ㈠싸리나무호(木名)。【國語 魯語】東方肅愼氏有ㅣ。 ㈡❶물건 추잡할고(器物濫惡)。【荀子】問ㅣ者勿告也告ㅣ。 ❷단단하지못할고(不堅)。

【楝】 (련) 霰 レン、あうち picrasma ailanthoides ㄌㄧㄢˋ lien⁴ 小篆 書草 고련나무련(似槐)。【淮南子】ㅣ實鳳凰所食。

(三才圖會)楝

【楞】 (릉) 蒸 リョウ、かど angle ㄌㄥˊ lêng² 書草 네모질릉(四方木柧也)。【白居易詩】惟有ㅣ嚴四卷經。(『稜』과 같음)

【楟】 (정) 靑 テイ、やまなし hawthorn 아가위정(木名棠梨)。

【楡】 (유) 虞 ユ、にれ elm tree 小篆 書草 ❶느릅나무유(白枌)。【陸璣草木疏】ㅣ有十種葉皆相似皮及木理異。 ❷서편쪽유(西方、晩景)。【後漢書】失之東隅收之桑ㅣ。 ❸별이름유(星名)。 ❹시골이름유(鄕名)。

【楠】 (남) 覃 ナン、くすのき cedar ㄋㄢˊ nan² 書草 남나무남(美材似豫章)。(『枏』과 같음)

【楢】 (유) 尤 ユウ、なら tree ㄧㄡˊ yu² 小篆 書草 ❶부드러운나무유(柔木)。 ❷홰유(燎柴)。(『槱』와 통함)

【楣】 (미) 支 ビ、ひさし lintle of a door ㄇㄟˊ mei² 小篆 書草 인중방미(門上橫梁)。【禮記】賓升主人阼階上立當ㅣ北面再拜。

【楤】 (송) 董 ソウ、たらのき Kalopanax pictum 書草 엄나무송(木名)。(或音「총」)

【楦】 (훤) 願 ケン、かた last 신골훤(履模)。(『楥』과 같음)

【楥】(원) 元 ケン、けやき oak ㄒㄩㄢ hsüan⁴
❶떡갈나무원(木名柜柳)。❷실감개원、자새원(卷絲具)。❸신골원(靴型)。(『楦』과 通함)

【楨】(정) 庚 テイ、ねずみもち privet ㄓㄣ chen¹
❶단단한나무정(剛木)。❷담틀마구리대정(ㅣ幹築墻具)。【書經】峙乃ㅣ幹。❸쥐똥나무정(木名)。

【楄】(편) 先 ヘン、くすのき cedar ㄆㄧㄢ p'ien²
편나무편(南方大木似豫章)。

【㮚】(률)『栗』(木部 6畫)의 古字

【楪】(접) 葉 チョウ、すのこ flat wooden-bed
❶널평상접(牀板)。❷창접바라지접(牖也)。

【楬】(갈) 月 黠 カツ、ケツ、たてふだ sign-post ㄐㄧˊ chi²
❶패를써서표할갈(ㅣ櫫表識)。【周禮】有死于道路者令埋而置ㅣ。❷풍류그칠재비갈(止樂器)。【禮註】椌柷也ㅣ敔也。

【楫】(즙)(접) 緝 葉 シュウ、かい、かじ oar
㊀(즙) ㊁(접) ㊀돛대즙、노즙(棹也)。【易繫辭】剡木爲舟剡木爲ㅣ。㊁노접(短棹曰ㅣ)。(『檝』과 같음)

【業】(업) 葉 ギョウ、わざ work; business ㄧㄝ yeh⁴
❶일업(事也)。【易繫辭】富有之謂大ㅣ。❷일할업(事之)。【孟子 盡心下】有ㅣ屨於牖上。❸위태할업(危也)。【書經 皐陶謨】兢兢ㅣㅣ一日二日萬機。❹씩씩할업(壯也)。【詩經 大雅 烝民】四牡ㅣㅣ。❺종다는 널조각업(懸鐘具大板)。【詩經】虡ㅣ維樅。❻벌써업、이미업(已然)。【史記 留侯世家】良ㅣ爲取履。❼처음업(創也)。【史記】項梁ㅣ之。❽공경할업(敬也)。

❺業 (會圖才三)

【楮】(저) 語 チョ、こうぞ paper-mulberry ㄔㄨˇ chu³
❶닥나무저(皮可爲紙)。【酉陽雜俎】葉有瓣曰ㅣ。❷종이돈저(紙也)。❸감매나무저(木名)。

【楰】(유) 虞 ユ、ねずみもち privet
산유자나무유(鼠梓似山楸而黑)。【詩經 小雅 南山有臺】北山有ㅣ。

【楯】(순) 軫 ジュン、たて shield ㄕㄨㄣˇ shuen³
❶난간순(欄干)。【王逸曰】縱曰欄橫曰ㅣ。❷방패순(干也)。❸뺄순(拔擢)。【淮南子】引ㅣ萬物羣美萌生。❹상여순(喪車)。❺벼슬이름순(官名陛ㅣ郎)。

赤楯 (圖禮三)

【楱】(주) 宥 ソウ、たちばな small orange
❶작은귤주、감자주(小橘)。❷쇠스랑주(鐵齒杷)。

【㮇】(첨) 豔 テン、かまとたき poker
부지깽이첨、부짓대첨(炊竈火杖)。

【椷】(위) 微 イ、おまる chamber-pot
❶요강위(褻器ㅣ窬)。❷수문통위(決塘木)。

【楳】(매)『梅』(木部 7畫)와 같음

【楴】(체) 霽 テイ、かんざし tweezers
❶빗치개체(象ㅣ整髮釵)。【詩經】象之ㅣ也。❷족집게체(摘髮)。

【極】(극) 職 キョク、ゴク、きわまる utmost point; pole
❶대마루극、한마루극(棟也)。【說文註】ㅣ者屋脊之ㅣ。❷덩어리극(天地未分前)。【易經繫辭】易有太ㅣ。❸한가운데극(大中)。【書經 洪範】皇建其有ㅣ。❹한끝극(方隅)。【淮南子】紀綱八ㅣ。❺별극(辰也)。「南ㅣ星·北ㅣ星」。❻지극할극(至也)。【詩經】立我烝民莫非爾ㅣ。❼다할극(盡也)。【易繫辭】ㅣ其數遂定天下之象。❽멀극(遠也)。❾궁진할극(盡也)。❿마칠극(終也)。【通鑑 梁武紀】ㅣ土木之美。

【楶】(절) 屑 セツ、ますがた king post
동자기둥절、공대절(梁上短頭)。

【楷】(해) 佳 蟹 カイ、のり、てほん written ㄎㄞ k'ai³ (古音「개」) ㄐㄧㄝ chieh¹
❶해나무해(孔子冢木)。【淮南子】ㅣ木生孔子塚上其幹枝疎而不屈。❷본뜰해、본보기해(模也)。【後漢書】天下模ㅣ。❸법해(法式)。【禮記 儒行】今世行之後世以爲ㅣ。❹해자해(書名)。【晉書】上谷王次仲始作ㅣ。

【楸】(추) 尤 シュウ、ひさぎ walnut ㄑㄧㄡ ch'iu¹
❶가래나무추、노나무추(梓也)。【埤雅】梧早脫故謂之秋ㅣ。❷산유자추(苦ㅣ)。❸바둑판추(棋局)。(『萩』와 같음)

【楹】(영) 庚 エイ、はしら pillar ㄧㄥ ying²
❶기둥영(柱也)。【詩經】有覺有ㅣ。❷하관틀영(桓ㅣ窆棺具)。

【楺】(유) 宥 ジュウ、ためる bend
나무휠유、굽은나무유(屈木)。

【檇】 (비) 〔國字〕 사다리비、비계비(木梯)。

【楼】 (루) 『樓』(11畫 木部)의 俗字

【梎】 (천) 〔日字〕 はんぞう gutter 홈통천(通水管)。

【椙】 (향) 〔日字〕 かつら cinnamon 계수나무향(桂也)。

十畫

【榎】 (가) 馬 カ、えのき bush-clover ❶싸리나무가(楚也)。❷가나무가(楸也)。❸차이름가(苦茶)。(『檟』와 같음)

【榏】 (익) 錫 ゲキ、ふね a boat 푸른새그린배익(青雀舟)。(『艗』과 같음)

【榐】 (전) 銑 テン、きがながい (of a tree) tall 나무길전(樹長貌、榗ー)。

【榑】 (부) 虞 フ、ふそう mulberry tree 해돋이 뽕나무부(神木名)。〔淮南子 覽冥訓〕朝發ー桑。

【榔】 (랑) 陽 ロウ、びんろう betel-nut palm-tree ㄌㄤˊ lang² 빈랑나무랑(果名檳ー)。

【榕】 (용) 冬 ヨウ、あこう tree ㄖㄨㄥˊ jung² 용나무용(南方樹名)。〔三體詩註〕ー初生如葛藟緣木後乃成樹生於南方。

【榖】 (곡) 屋 コク、こうぞ paper-mulberry ❶닥나무곡(楮也)。〔詩經〕爰有樹檀其下維ー。❷성곡(姓也)。「ー梁」。

【槃】 (곡) 『穀』(前條)과 같음

【榘】 (구) 麌 ク、のり rule ㄐㄩˇ chü³ ❶곡척구(正方器)。❷법구(法也)。(『矩』와 같음)

【榛】 (진) 眞 シン、はしばみ hazel ㄓㄣ chen¹ ❶개암나무진(實如小栗)。〔詩經〕山有ー。❷덧거칠진(蕪也)。〔揚雄 反騷〕枳棘之ー兮。

【榠】 (명) 靑 ミョウ、くわりん tree 명사나무명(木梨)。〔蘇頌圖經〕花葉實酷類瓜 別有重蔕如乳者木瓜無者ー樝。

【榜】 ㊀(방) 漾 ㊁(병) 敬 ホウ・ボウ、ふだ public notice ㄅㄤˇ pang³ ㄅㄥˋ pêng⁴ ㊀❶게시판방(揭示)。❷방써붙일방(標題)。〔後漢書〕李膺廢錮士大夫更相標ー。❸방목방(選職次序發表ー目)。〔杜牧詩〕平明放ー未花開。❹볼기칠방、매방(笞也)。〔史記 張耳傳〕ー笞數千身無可擊。❺배저을방(進船)。〔楚辭〕齊吳ー以擊汰。❻뱃사공방(舟人)。〔張協 七命〕ー人奏采菱歌。㊁뜻은 ㊀과 같음

【榡】 (색) 錫 セキ、こずえ branch ❶백색나무색(木名、白ー)。❷나무가지색(梢也)。

【榦】 ㊀(간) 翰 ㊁(한) 寒 カン、みき trunk ㊀❶밑줄기간(木本根)。〔淮南子〕枝不得大於ー。❷담틀간(築墻木)。〔詩經〕ー不庭方以佐戎辟。❸자루간(柄也)。㊁우물난간한(井上木欄)。〔莊子〕井ー之上。(『幹』의 本字)

【榪】 (오) 虞 オ、ウ、しぶがき green persimmons ㄨ wu¹ 푸른감오(青柿)。

【榣】 (요) 蕭 ヨウ、きがうごく (of trees) shake 나무흔들릴요(樹動)。

【榡】 (소) 遇 ソ、きじ lumber 진목칠소(未成器)。

【榱】 (즉) 職 ショク、きのな tree 나무이름즉(木名)。

【榤】 (걸) 屑 perch 닭의홰걸(鷄棲杙)。

【榥】 (황) 養 コウ、ふづくえ table ㄏㄨㄤˇ huang³ 책상황(讀書牀)。(『檺』과 같음)

【榧】 (비) 尾 ヒ、かや torreya nut ㄈㄟˇ fei³ 비자나무비(似柏文木子可食療白蟲)。(『棐』와 통함)

【榩】 (건) 先 ケン、あてぎ block ❶모탕건(斫木鑕)。❷쌀고건、곳집건(米倉)。

【榨】 (자) 禡 サ、サク、しめぎ oil-press ㄓㄚˋ cha⁴ ❶기름틀자(打油具)。❷주자틀자(壓酒器)。(『醡』와 같음)

【榪】 (마) 禡 バ、かまち frame barrels with wood ❶나무로테멜마(橫木關定器物ー子)。❷〔中字〕주격마(ー杓)。

【椌】 (공) 冬 キョウ、ちいさいふね sampan ❶거루배공(小舟)。❷가증스러울공(可憎貌ー松)。

【榼】 (할) 曷 黠 カツ、ゆだめ the inner wheel ❶수레안바퀴할(車之內軸)。❷도지개할(正弓具)。

【榫】(순) 軫 シュン、ほぞ ㄙㄨㄣˇ suen³ put a handle [haft]
자루박을순(斫木入竅)。

【榬】(원) 元 エン、いとまき reel
草書 ❶자새원,도토마리원(絡絲)。❷종다는 나무원(懸鐘磬具)。〔管子〕懸鐘磬之ㅣ。

【榮】(영) 庚 エイ、さかえる glory;honour ㄖㄨㄥˊ jung²
小篆 草書 ❶영화영(辱之反)。❷오동나무영(桐木)。❸추녀영(屋梠之兩頭起者)。❹꽃다울영(華也)。〔爾雅 釋草〕木謂之華草謂之ㅣ、不ㅣ而實者謂之秀、ㅣ而不實者謂之英。❺무성할영(茂也)。〔陶潛 歸去來辭〕木欣欣以向ㅣ。❻명예영(名譽)。〔北齊書 柳元伯傳〕侍人ㅣ之。❼피영(血氣)。〔內經〕ㅣ衛不行五臟不通。

【榭】(사) 禡 シャ、うてな arbour
小篆 草書 ❶정자사(臺有屋)。〔書經〕宮室臺ㅣ陂池侈服。❷사당집사(廟無室)。〔春秋〕成周宣ㅣ火。❸사정사(講武屋)。❹연장을 두는곳집사(庫也)。

【榯】(시) 支 シ、そばたつ stand upright
❶나무곧게설시(木直堅立)。❷문설주시(持門楅)。

【榴】(류)『榴』(木部 12畫)의 俗字

【榰】(지) 支 シ、どだい footing
小篆 草書 ❶나무주추지(柱礎)。〔說文〕古用木今用石。❷이바지할지(支也)。〔爾雅釋訓註〕相ㅣ柱也。『搘』와 같음

【榱】(최) 支 スイ、たるき rafter ㄘㄨㄟ ts'uei¹
小篆 草書 서까래최(屋桷椽也)。〔西京賦〕飾華ㅣ與璧璫。

【榲】㊀(온) 問 ㊁(올) 月 オン、オツ、はしら pillar
草書 ㊀기둥온(柱也)。㊁❶팥배나무올(ㅣ桲果似楂)。〔花木記〕ㅣ桲梨別種也。❷삼나무올(木名、杉也)。

榲桲(三才圖會)

【榷】㊀(교) 效 ㊁(각) 覺 カク、まるきばし log bridge ㄐㄩㄝ chüeh² ㄑㄩㄝ ch'üeh⁴
小篆 草書 ㊀외나무다리교(水上橫木以渡者)。㊁❶도거리할각(獨取利)。〔漢書 武帝紀〕初ㅣ酒酤。❷세각(稅也)。

【榶】(당) 陽 トウ、しで hawthorn
❶아가위당(移也)。❷주발당(椀也)。

【㮮】(길)『桔』(木部 6畫)과 같음

【㮯】(혼) 元 コン、まるき log
小篆 통나무혼(圓木未折)。

【榹】(사) 支 シ、けもも a wild peach
小篆 ❶산복숭아사(山桃)。❷소반사(槃也)。

【榌】(비) 支 ヒ、ひさし eaves
小篆 草書 ❶부연비(連檐木)。❷평고대비(梍端梠木)。

【榻】(탑) 合 トウ、こしかけ flat wooden bed ㄊㄚ t'a⁴
小篆 草書 ❶평상탑(牀也)。〔古詩 焦仲卿妻〕移我琉璃ㅣ出置前窗下。❷모직탑(布也)。〔史記 貨殖傳〕ㅣ布皮革千石。❸자리탑(座也)。(『㯓』과 같음)

榻(三才圖會)

【榼】(합) 合 コウ、さかだる wine-cask ㄎㄜ k'ê⁴ (古音「갑」)
小篆 草書 ❶술그릇합(酒器)。〔左傳 成公十六年〕執ㅣ承飲。❷물통합(貯水器)。〔淮南子〕霤水足以溢壺ㅣ而江河不能實漏巵。❸뚜껑합(蓋也)。

【榽】㊀(혜) 齊 ㊁(계) 霽 ケイ、カイ、たばねる bundle
㊀나무이름혜(木名ㅣ橀)。㊁묶을계(束也)。

【榾】(골) 月 コツ、きりかぶ dead branches ㄍㄨˇ ku³
草書 ❶살대나무골(木中箭笴)。〔本草圖經〕作狗骨木體白似骨故名。❷삭정이골、마들가리골(柮木頭ㅣ)。

【榿】(기) 支 キ、はんのき tree
草書 기나무기(木名)。

【槁】(고)『槀』(次條)와 같음

【槀】(고) 皓 コウ、かれき dry wood ㄍㄠˇ kao³
小篆 草書 ❶마른나무고(枯木)。〔易 說卦註〕草木空中者必ㅣ也。❷말린고기고(乾魚)。〔禮記 曲禮〕祭ㅣ魚曰商。❸쌓일고(積也)。〔左傳〕富父槐去表之ㅣ道還公宮。

【槅】㊀(혁) 陌 ㊁(핵) 陌 カク、くびき yoke ㄍㄜˊ kê²
小篆 草書 ㊀멍에혁(車軛)。㊁씨핵(果中核)。

【槃】(반) 寒 ハン、たらい tray ㄆㄢˊ p'an²
小篆 古文 籒文 草書 ❶쟁반반(承皿)。〔禮記 內則〕少者奉ㅣ、長者奉水。❷즐거울반(樂也)。〔詩經〕考ㅣ在澗。❸머뭇거릴반(不進)。〔宋書 吳喜傳〕ㅣ停。『盤』과 같음

棧槃(考古圖)

【槇】(전) 先 テン、こずえ tip of a branch 小篆 草書 ❶나무끝전(木梢)。❷자빠진나무전(顚木)。

【椑】(비) 寘 ヒ、きのな tree 草書 나무이름비(木名)。

【槈】(누) 宥 ドウ、すき grasscutter 小篆 或體 풀베는기구누(除草具)。【管子】挾其槍刈ㅣ鎛。

【槉】(질) 質 シツ、ますがた the head of pillar 기둥머리질、장여질(屋枅)。

【槊】㊀(삭) 覺 サク、ほこ spear ㄕㄨㄛ shuo4 ㊁(소)【國字】 小篆 草書 ㊀❶창삭(矛也)。【說文】書矛長丈八謂之ㅣ。❷쌍륙삭(雙陸)。【韓愈詩】酒食罷無事基ㅣ。(『矟』과 같음) ㊁뇨소소(俗以茵褥裝毛曰ㅣ)。

【構】(구) 宥 コウ、かまえる build; consist ㄍㄡ kou4 小篆 草書 ❶닥나무구(楮也)。❷집세울구(屋架)。【書經】厥子乃弗肯堂矧肯ㅣ。❸모일구(合也)。【易經 繫辭】男女ㅣ精、萬物化生。❹이룰구(成也)。【漢書】事已ㅣ矣。❺글미리 지을구(宿ㅣ)。【唐書】賦詩如宿ㅣ。❻이을구(結也)。【孟子 梁惠王上】ㅣ怨於諸侯。

【槌】㊀(추) 支 ツイ、つち club ㄔㄨㄟ ch'uei2 ㊁(퇴) 灰 小篆 草書 ㊀칠추(擊也)。【宋子侯詩】ㅣ牀使大怒。㊁❶몽둥이퇴(棒也)。【魏書 李崇傳】雙ㅣ亂擊。❷너스레퇴、누에시렁퇴(架蠶薄木)。❸말퇴(摘也)。❹던질퇴(投也)。

雙 槌 (大清會典圖)

【槍】㊀(창) 陽 ソウ、やり spear ㄑㄧㄤ ch'iang1 ㊁(쟁) 庚 小篆 草書 ㊀❶나무창창(矟也)。❷막을창(距也)。❸낮을창(低也)。【漢書 路温舒傳】頭ㅣ地。㊁혜성쟁(慧星)。

虎 槍 (大清會典圖)

【槎】(사) 麻 サ、いかだ raft ㄔㄚ ch'a2 小篆 草書 ❶떼사(桴也)。❷엇찍을사、비스듬히깎을사(斜斫)。【春秋公羊傳】山木不ㅣ。(古音은「차」『査』와 같음)

【槏】㊀(겸) 琰 レン、まどのはしら window-post ㊁(렴) 鹽 小篆 ㊀❶창설주겸(牖傍柱)。❷단속할겸(檢束)。❸문겸(戶也)。㊁난간렴(欄也)。

【⿰木冉】(전)『栴』(木部6畫)과 같음

【槑】㊀(매)『梅』(木部7畫)의 古字 ㊁(모)『某』(木部5畫)의 古字

【槓】(공) 江 コウ、てこ handspike 草書 지렛대공(梃也ㅣ扛)。

【尌】(수)『樹』(木部12畫)의 古字

【槐】(괴) 佳 カイ、えんじゅ pagoda-tree 小篆 草書 ❶회화나무괴、느티나무괴(木名花可染黃色)。【春秋說題辭】ㅣ者虛星之精。❷삼공괴(三公)。(本音은「회」『櫰』와 같음)

(三才圖會) 槐

【⿰木郤】㊀(혁) 陌 キョク、つくえのあし desk ㊁(격) 陌 小篆 ㊀나무밑동이힐혁(木下白)。㊁책상격(案脚)。

【⿰木郢】(영) 梗 エイ、きのな tree 나무이름영(木名)。

【様】(양)『樣』(木部11畫)의 略字

十一畫

【榝】(살) 黠 サツ、けもも wild peach 小篆 산복숭아살(山桃)。

【槢】(습) 緝 シュウ、きのな hard tree 小篆 ❶[illegible](械也)。

【槤】(련) 銑 レン、かんのき bolt 小篆 문빗장련(門橫關木)。

【槥】(혜) 霽 ケイ、セイ、ひつぎ coffin 小篆 草書 적은관혜(小棺)。

【槦】(용) 冬 ヨウ、ぶきがけ shelf for weapons ❶병기얹는시렁용(兵器挿架)。❷살대나무용(木中箭笴)。

【槧】㊀(참) 感 ザン、セン、ふだ boards for writing ㊁(첨) 豔 小篆 草書 ㊀❶전목칠참(始削牘樸)。【王充論衡】斷木爲ㅣ。❷서판참(削版)。【西京雜記】揚雄懷鉛提ㅣ。㊁편지첨(牘也)。

【槨】(곽) 藥 カク、そとひつぎ outer coffin ㄍㄨㄛ kuo3 덧관곽(葬具外棺)。(『椁』과 같음)

【槩】(개)『概』(次條)와 같음

【概】(개) 隊 ガイ、あらまし out-line ㄍㄞ kai4 小篆 草書 ❶평두목개(平斗斛)。❷절개개(意氣節ㅣ)。❸대강개(大率梗ㅣ)。❹거리낄개(感觸經心)。❺칠한술통개(㮣樽)。(『槩』와 같음)

❺ 概 (三才圖會)

❶ 概 (三才圖會)

【榑】(단) 寒 タン、まるい round
草書 ❶둥글단(圓也)。❷영구차단(柩車)。

【𣘻】(다) 麻 タ、ちゃ tea plant
차나무다(茶樹)。(本音「사」)(『茶』와같음)

【槬】(화) 禡 カ、よこひろ spread by aside
草書 쇠북 가로퍼질화(鐘橫大)。〔左傳 昭公二十一年〕ㅣ則不容。

【槭】㊀(색) 陌 セキ、かえで maple-tree ㊁(축) 屋 ㄗㄨˋ tsu²
小篆 草書 ㊀나뭇잎 떨어져 앙상할색(葉落木枝空)。〔潘岳賦〕庭樹ㅣ以灑落。㊁단풍 나무축(丹楓屬)。

【槮】(삼) 侵 シン、サン、ながい slender
小篆 草書 ❶나무밋밋할삼(木長貌)。〔西京賦〕橚爽櫹ㅣ。❷고기깃줄삼(積柴水中以取魚)。(『罧』과같음)

【槲】(곡) 屋 コク、かしわ oak ㄏㄨˊ hu² (古音『혹』)
草書 ❶떡갈나무곡(櫟類)。❷도토리(櫟類ㅣ梂)。

槲(三才圖會)

【槱】㊀(유) 有 ユウ、やく、たく make a fire ㄧㄡˇ yu³ ㊁(유) 宥
小篆 或體 草書 ㊀화톳불 놓고 제사 지낼 유(積薪燒之而祭天)。〔詩經〕薪之ㅣ之。㊁❶쌓을유(積也)。❷나무유(薪也)。

【𣜩】(신) 眞 シン、よこたえる place across
상앞에 가로댄나무신(牀前橫木)。

【槳】(장) 養 ショウ、かい punting pole
草書 상앗대장(橫楫)。〔蘇軾 赤壁賦〕桂棹兮蘭ㅣ。

【槵】(환) 諫 カン、むくろじ soapberry
草書 ❶무환나무환(無患木)。〔崔豹 古今註〕昔有神巫名寶眊能符劾百鬼得鬼以此棒殺之世人以爲衆鬼所畏名無患。❷염주나무환(可爲念珠)。〔佛經〕此謂當貫木ㅣ子一百八個常自隨身。

【槶】(귀) 隊 カイ、はこ basket
小篆 草書 광주리바닥귀(筐底)。

【槷】(얼) 屑 ゲツ、まと target
草書 ❶과녁얼(射質鵠中)。❷줄띠워볼얼(辨正方位柱)。〔周禮 註〕匠人立柱須欲柱正垂繩於柱之四角繩皆附柱則正矣。❸휘둑거릴얼(物不安)。❹편치 못할얼(不安兀ㅣ)。(『臬·闑』과 통합)

【槸】(예) 霽 ゲイ、すれあう friction
小篆 或體 草書 나무가서로개갤예(木相磨)。(『槷』과같음)

【槽】(조) 豪 ソウ、かいおけ manger ㄘㄠˊ ts'ao²
小篆 草書 ❶말구유통조(馬ㅣ溜器)。❷차거르는틀조(茶碓茶ㅣ)。❸주사틀조(酒ㅣ)。❹비파바탕조(ㅣ檀石ㅣ皆琵琶ㅣ也)。❺과실이름조(枸ㅣ子)。

【槔】(고) 豪 コウ、はねつるべ scoop bucket
草書 용두레두、두레박고(汲水器)。(『皐』와 통합)

【槺】(강) 陽 コウ、むなしい vain
草書 헛될강(虛也)。〔司馬相如〕委參差以ㅣ梁。

【槻】(규) 支 キ、つき ash tree ㄍㄨㄟ kuei¹
草書 물푸레나무규(堪作弓材)。

【槾】(만) 寒 マン、こて trowel
小篆 草書 ❶평고대만(梠也)。❷흙손만(杇也泥ㅣ)。(『鏝·墁』과 같음)

【樀】(적) 錫 テキ、のき the eaves
小篆 ❶추녀적(檐也)。❷도토마리적(機上卷絲具)。❸방망이적(槌也)。

【槿】(근) 吻 キン、むくげ rose of sharon ㄐㄧㄣˇ chin³
草書 무궁화근(木ㅣ無窮花·一名椵·一名櫬)。

【㯃】(칠) 質 シツ、うるしのき a lacquer tree
옻나무칠(木可爲杖汁可塗器)。(『漆』과 통합)

【樁】㊀(장) 江 トウ、ショウ、くい、つく stake ㄓㄨㄤ chuang¹ ㊁(용) 冬
小篆 草書 ㊀말뚝장(杙也)。〔韓愈詩〕斬拔榹與ㅣ。㊁두드릴용(撞也)。〔晉書〕扼其喉而ㅣ其心。

【樂】㊀(악) 覺 ガク、ラク、おんがく、たのしい music; pleasure ㄩㄝˋ yüeh⁴ ㊁(요) 效 ㊂(락) 藥
小篆 草書 ㊀❶풍류악(八音之總名)。〔孟子 梁惠王下〕王語暴以好ㅣ。❷풍류인악(風流人)。〔同書〕獨ㅣ樂、與人ㅣ樂孰樂。❸사람이름악(人名)。「ㅣ毅」(燕人)。㊁❶좋아할요(好也)。〔論語雍也〕知者ㅣ水、仁者ㅣ山。❷하고자할요(欲也)。㊂즐길락(喜也)。〔詩經 小雅常棣〕宜爾室家、ㅣ爾妻帑。

【樃】(랑) 陽 ロウ、にれのき elm
느릅나무랑(木名)「ㅣ榆」。

【樅】(종) 冬 ショウ、もみ fir ㄘㄨㄥ ts'ung (古音『총』)

小篆 小篆 草書 ❶전나무종(木名 松葉柏身)。【漢書】ㅣ-木外臧椁十五具。❷칠종(撞也)。❸엄종(ㅣㅣ崇牙貌)。

【樆】(리) 支 リ、やまなし wild pear ㄌㄧˊ li² 돌배리(山梨)。「在山曰ㅣ人植曰梨」。

【樫】(천) 先 セン、さるがき Diospyros Lotus var. typica 고욤나무천(梬ㅣ木)。(『樫』과 같음)

【樊】(번) 元 ハン、とりかご bird-cage ㄈㄢˊ fan² 小篆 草書 ❶새장번(籠也)。【莊子 逍遙遊】不期畜於ㅣ中。❷울타리번(藩籬)。【詩經 小雅青蠅】止於ㅣ。❸어수선할번(紛雜貌)。【莊子 齊物論】ㅣ然殽亂。❹사람의 성번(姓也)。(『繁』과 통함)

【樋】(통) 東 トウ、かけい gutter 草書 ❶어름나무통(木名)。❷대홈통 통(通水竹筧)。

【樎】(숙) 屋 シュク、かいばおけ manger 구유통숙(家畜食桶)。(『槽』와 같음)

【橏】(산) 潸 サン、きのな tree 산나무산(果樹)。

【樏】(류) 紙 支 ルイ、かんじき sledge 草書 ❶썰매류(檋也山行所乘)。❷찬합류(盤中有隔榼)。

【樑】(량)『梁』(木部 7畫)의 俗字

【樒】(밀) 質 ミツ、じんこう aloeswood 草書 침향나무밀(香木)。

【樓】(루) 尤 ロウ、たかどの tower ㄌㄡˊ lou² 小篆 草書 ❶다락루(重屋)。❷봉우리루(山之銳嶺)。【孟子】方寸之木可使高於岑ㅣ。❸문루(城ㅣ)。【史記】戰譙門中。❹어깨루(兩肩)。【蘇軾詩】凍合玉ㅣ寒起粟。❺모일루(聚也)。

(三才圖會) ❶ 樓

【㯃】(예) 齊 エイ、こくたん tree 오목예(葉似棕櫚材質堅輕)。

【樔】(소) 肴 ソウ、ばんごや look-out set up in the field 小篆 草書 ❶풀막소(澤上守草樓)。❷너스레소(橧巢)。

【樕】(속) 屋 ソク、しば oak 小篆 草書 ❶떡갈나무속(樸類槲ㅣ)。【詩經】林有樸ㅣ。❷토리참나무속(槲ㅣ)。

【樗】㊀(저) 魚 ㊁(화) 禡 チョ、ごんずい tree of heaven ㄕㄨ shu¹ 小篆 或體 草書 ㊀가죽나무저(惡木不材)。【詩經】采茶薪ㅣ。㊁벚나무화(樺也)。【說文】以其皮裹松脂。(『樺』와 같음)

【樘】(탱) 庚 トウ、はしら support (古音「쟁」) 小篆 버팀목탱(支柱)。

【標】㊀(표) 蕭 ㊁(표) 篠 ヒョウ、しるし mark; signal ㄅㄧㄠ piao¹ 小篆 草書 ㊀❶표할표(表也)。【晋書 宣帝紀】立兩ㅣ、以別新舊。❷높은가지표(高枝)。【莊子】上如ㅣ枝民如野鹿。❸적을표(記也)。❹쓸표(書【天台山賦】名ㅣ於奇絕。也)。❺들표(擧也)。❻기표(旌旗)。【淸異錄】梁祖建火龍ㅣ。㊁나무끝표(木末)。【管子】大本而小ㅣ。

【樚】(록) 屋 ロク、ろくろ well-sweep 두레박틀록(井上所設汲水機)。(『轆』과 통함)

【樛】(규) 尤 キュウ、くねる、まがる hang ㄐㄧㄡ chiu¹ 小篆 草書 ❶가지 늘어질규(木枝下曲)。【詩經 周南樛木】南有ㅣ木。❷두루 떠다닐규(ㅣ流周流)。【揚雄反騷】望崑崙以ㅣ流。❸맺을규(結也)。【漢書 五行志】天雨草葉相ㅣ結、大如彈丸。(『繆』와 통함)

【樝】(사) 麻 サ、こぼけ hawthorn ㄓㄚ cha¹ (古音「차」) 小篆 草書 아가위사(果屬似梨而酸)。【莊子】禮義法度其猶ㅣ。

【樞】㊀(추) 虞 ㊁(우) 尤 スウ、ねもと、かなめ root; central 小篆 草書 ㊀❶밑동추(本也)。❷지도리추(根也)。❸고동추(ㅣ機制動之主)。【易繫辭】言行君子之ㅣ機。❹북두 첫째별 추(北斗第一星)。【十八史略 五帝】大電繞北斗ㅣ星。❺긴요할추(要也)。【荀子】人君者管分之ㅣ要。❻가운데추(中也)。【淮南子】經營四隅還返于ㅣ。❼달추(月也)。【木華海賦】大明攄轡於金ㅣ之穴。❽벼슬이름추(官名ㅣ密)。㊁느릅나무우(ㅣ楡木名)。【詩經 唐風山有樞】山有ㅣ。

【樟】(장) 陽 ショウ、くすのき camphor-laurel 草書 예장나무장(木名、豫章)。(『章』과 통함)

【樠】㊀(문) 元 ㊁(만) 寒 モン、マン、やに pine resin ㄇㄢˊ man² 小篆 草書 ㊀❶관솔문(松心木)。【漢書】烏孫國山多松ㅣ。❷송진흐를문(脂出貌)。【莊子 人間世】以爲門戶則液ㅣ。㊁나무진 나올만(木液出ㅣㅣ)。

【模】(모) 虞 ボ、モ、のり、かた pattern; style ㄇㄛˊ mo² ㄇㄨˊ mu² 小篆 草書 ❶법모(法也)。❷모범할모(形也)。❸본뜰모(爲規)。❹주공묘에난 나무모(周公墓木)。(『摹·橅』와 같음)

【樣】㊀(양) 漾 ヨウ、さま、かた pattern; style ㊁(상) 養 ㄧㄤ yang⁴
小篆 書草 ㊀모양양(式也貌ㅣ)。【唐書】柳公權在元和間書法有名劉禹錫稱爲柳家新ㅣ。㊁도토리 상(栩實)。

【穎】㊀(영) 梗 キョウ、きりのえ handle of gimlet ㊁(경) 迥
㊀송곳자루영(錐柄)。㊁❶발달린궤 경(足几)。❷상자경(篋也)。

【樤】(조) 蕭 ジョウ、ゆず orange
❶귤조(橘屬)。❷곁가지조(小枝)。

【権】(권)『權』(木部18畫)의 俗字

十二畫

【樫】(견)(日字) かし oak
書草 떡갈나무견(櫟屬)。

【樲】(이) 寘 ジ、なつめ jujube-plum ㄦ èrh⁴
小篆 書草 신대추나무이(酸棗)。【孟子 告子上】養其ㅣ棘。

【樳】(심) 侵 シン、きのな tree
書草 심나무심(木名似槐)。

【樵】(초) 蕭 ショウ、きこり firewood ㄑㄧㄠ ch'iao²
小篆 書草 ❶땔나무초(散木)。【左傳】請無扞采ㅣ者以誘之。❷나무할초(采薪)。【詩經 小雅白華】ㅣ彼桑薪。❸나무하는이초(采薪者)。【王安石詩】問ㅣㅣ不知。❹불사를초(焚也)。【公羊傳】焚之者何ㅣ之也。(『譙』와 통함)

【樴】(직) 職 ショク、くい、ぼう stake ㄓ chih²
小篆 書草 ❶문지방직(橛也)。❷소 말뚝직(繫牛杙)。【周禮】大祭祀展犧牲繫于牢頒于ㅣ。

【⿰木菆】(추) 尤 シュウ、みのる bear fruits
열매열추(實成)。

【樷】(총)『叢』(又部16畫)의 古字

【樸】㊀(복) 屋 ボク、ハク、きじ、すなお butt; sincere ㄆㄨ p'u² ㄆㄛ p'o⁴ ㊁(박) 覺
小篆 ㊀❶떡갈나무복(叢木)。❷나무빽빽들어설복(木密)。【詩經】林有ㅣ樕。㊁❶나무둥치박(木素)。【徐曰】土曰坏木曰ㅣ。❷바탕박(質也)。【禮記】素車之乘尊其ㅣ也。❸순박할박(朴也)。【東都賦】遵節儉尚素ㅣ思仲尼之克己履老氏之常足。(『朴』과 통함)

【樹】㊀(수) 遇 ジュ、き、うえる tree; plant ㄕㄨ shu⁴ ㊁(수) 麌
小篆 籒文 書草 ㊀❶나무수(生植之總名)。【淮南子 原道訓】萍ㅣ根于水、木ㅣ根于土。❷막을수(屏也)。【論語】邦君ㅣ塞門。❸동물이름수(獸名)。㊁❶세울수(立也)。【書經 說命】ㅣ后王君公。❷심을수(植也)。【易經 繫辭】不封不ㅣ。

【樺】(화) 禡 カ、かば a kind of birch ㄏㄨㄚ hua⁴
書草 벚나무화(木名皮可貼弓)。【莊子】原憲華冠縱履。(『樗』와 같음)

【樻】(궤) 寘 キ、きのな tree
小篆 ❶가마테나무궤(椐也)。❷영수목궤(靈壽木)。

【樽】(준) 元 ソン、たる wine-jar ㄗㄨㄣ tsuen¹
書草 ❶술단지준(ㅣ彝酒器)。【陶潛 歸去來辭】有酒盈ㅣ。❷그칠준(止也)。【淮南子】ㅣ流遁之觀。(『罇』과 같음)

【㯓】(탑)『榻』(木部10畫)과 같음

【樾】(월) 月 エツ、こかげ shade of trees ㄩㄝ yüeh⁴
書草 ❶두나무그늘월(兩樹交陰之下)。【淮南子】武王蔭暍人于ㅣ下。❷행로수월(行路樹)。

【樿】(전) 銑 セン、つげ knob of a tree
小篆 書草 ❶나무혹전(木瘤)。❷밋밋할전(樹長貌)。❸전나무전(白理木)。

【橀】(혜) 霽 ケイ、きのな tree
나무이름혜(木名)「榽ㅣ」。

【橁】(춘) 眞 シュン、きのな Cedrela sinensis
小篆 참죽나무춘(木名琴材)。(『杶』과 같음)

【橃】(벌) 月 ハツ、おおふね ship
小篆 ❶큰배벌(大船)。❷떼벌(桴也)。❸유자벌(柚屬)。(『筏』과 통함)

【橆】(무) 麌 ブ、ム、しげる dense
書草 ❶없을무(無也)。❷번성할무(蕃也)。(『無·蕪』와 통함)

【橄】(감) 感 カン、かんらん olive ㄍㄢ kan³
書草 감람나무감(ㅣ欖交趾木)。【三輔黃圖】漢武帝破南越得ㅣ欖百餘本。

【⿰木倚】(의) 支 イ、きのふし knot of a tree
❶나무마디의(木節)。❷휘청거릴의(木弱貌)。

【橇】㊀(취) 霽 ゼイ、キョウ、そり sled ㊁(교) 蕭 ㄑㄧㄠ ch'iao¹
書草 ㊀진흙썰매취(泥行所乘)。【史記】泥行乘ㅣ。㊁뜻은㊀과 같음。

橇(農政全書)

【⿰木斯】(서) 齊 セイ、ゆびひしぎ (of roots) entangle
小篆 ❶나무밑동서로얽힐서(木下相交)。❷발판서(踏板)。

【橈】 ㊀(요) 蕭 ㊁(뇨) 巧 ㊂(뇨) 效 ドウ、たわむ、かじ oar ㄖㄠˊ jao² 小篆 草書 ㊀노요(短櫂)。〔陳子昂詩〕停ㅣ問土風。㊁❶흔들릴뇨(動亂貌)。❷구부정한나무뇨(曲木)。〔易經大過〕棟ㅣ凶。㊂❶굽힐뇨(枉也)。❷약할뇨(弱也)。〔漢書 高帝紀〕謀ㅣ楚權。❸꺾을뇨(摧折)。〔左傳 成公二年〕師徒ㅣ敗。❹헤칠뇨(散也)。〔易經 說掛〕ㅣ萬物者、莫疾於風。❺부닐뇨(骨體耎弱)。〔上林賦〕柔ㅣ嫚嫚嫵媚纖弱。

【橉】 (린) 震 リン、しきみ threshold 草書 ❶나무껍질린(木皮)。❷문지방린(門梱)。

【橊】 (류) 尤 リュウ、ざくろ pomegranate ㄌㄧㄡˊ liu² 草書 ❶석류류(果名、石ㅣ)。〔博物志〕張騫使西域得石ㅣ而回。❷짐승이름류(獸名)。

【橋】 (교) 蕭 キョウ、はし bridge ㄑㄧㄠˊ ch'iao² 小篆 草書 ❶다리교(水梁)。〔史記〕昭王五十年初作河ㅣ。❷줄늘여서잴교(懸繩以度)。〔水經註〕闕賓之境絙ㅣ相引。❸드레박틀교(桔橰上衡)。〔淮南子〕ㅣ直植立而不動俯仰取制焉。❹업신여길교(ㅣ泄嫚也)。〔荀子〕ㅣ泄者人之殃也。❺강할교(强也)。〔莊子 則陽〕欲惡去就、於是ㅣ起。❻교나무교(ㅣ梓木名)。〔尙書大傳〕ㅣ木高而仰、梓木晋而俯、以諭父子。❼땅이름교(魯地名陽ㅣ)。

【⿰木善】 ㊀(전) 銑 ㊁(건) 銑 セン、きのこぶ knot of a tree ㊀나무혹전(木瘤)。㊁나무밋밋할건(樹長貌)。「ㅣ棍」。

【橐】 (탁) 藥 タク、ふくろ sack; bag ㄊㄨㄛˊ t'uo⁴ 小篆 草書 ❶전대탁、자루탁(無底囊)。〔詩經〕于ㅣ于囊。❷도가니탁(冶器)。〔道德經〕天地之間其猶ㅣ籥乎。❸공잇소리탁(杵聲)。〔詩經小雅斯干〕椓之ㅣㅣ。❹짐승이름탁(獸名)。

【橑】 ㊀(료) 蕭 ㊁(로) 皓 ロウ、たるき rafter ㄌㄠˇ lao³ 小篆 草書 ㊀평고대료(椽耑木)。㊁❶서까래로(椽木)。❷수레앞장로(車前蓋幌)。

【橒】 (운) 文 ウン、もくめ wooden figures 나무무늬운(木紋)。

【橓】 (순) 震 シュン、むくげ Hibiscus syriacus 무궁화나무순(木槿)。「朝榮暮落」。

【橕】 (탱) 庚 トウ、ささえ prop ㄔㄥ ch'êng¹ (古音「쟁」) 草書 버팀대탱(斜柱)。〔靈光殿賦〕枝ㅣ杈枒而斜據。

【⿰木壺】 (호) 虞 コ、なつめ jujube 굵고끝뻐죽한대추호(棗大尖上)。

【⿰木萃】 (취) 寘 スイ、くちき withered tree 썩은나무취(朽木)。

【橘】 (귤) 質 キツ、みかん orange ㄐㄩˊ chü² 小篆 草書 귤귤(柚屬一名木奴)。〔史記〕蜀漢江陵千樹ㅣ其人與千戶侯等。

【橚】 (숙) 屋 シュク、ながくたかい long and slender ㄙㄨˋ su⁴ 小篆 草書 길고꼿꼿할숙(長直貌)。「ㅣ矗」。

【橙】 ㊀(증) 庚 ㊁(등) 徑 トウ、だいだい coolie-orange ㄔㄥˊ ch'êng² ㄔㄣˊ ch'en² 小篆 草書 ㊀귤증(橘屬)。〔上林賦〕黃甘ㅣ榛。(本音은「쟁」) ㊁등상등(几屬)。(『凳』과 같음)

橙
(三才圖會)

【橛】 (궐) 月 ケツ、くい、とじきみ stake; threshold ㄐㄩㄝˊ chüeh² 小篆 草書 ❶말뚝궐(杙也)。❷문지방궐(門梱)。❸토막나무궐(斷木)。❹말재갈궐(馬銜)。〔莊子〕前有ㅣ飾之患。❺북채궐(擊鼓槌)。

【橜】 (궐)『橛』(前條)과 같음

【橝】 (점) 琰 タン、たるき、のき eaves 小篆 草書 ❶평고대점(屋梠)。❷누에시렁점(蠶棚)。❸잿물들일점(木灰可染)。

【橞】 (혜) 霽 ケイ、きのな tree 小篆 나무이름혜(木名)。

【機】 (기) 微 キ、しかけ、ばね machine ㄐㄧ chi¹ 小篆 草書 ❶고동기(發動所由)。〔大學〕其ㅣ如此。❷기미기、기틀기(氣運之變化)。〔莊子 至樂〕萬物皆出於ㅣ。❸기계기(ㅣ械巧術)。〔莊子〕有ㅣ械者必有ㅣ事。❹베틀기(織具)。〔古詩 焦仲卿妻〕鷄鳴入ㅣ織、夜夜不得息。❺천진기(天眞)。〔莊子〕嗜欲深者天ㅣ淺。❻기회기(ㅣ會)。❼별이름기(星名、握ㅣ)。(『幾』와 통함)

【橡】 (상) 養 ショウ、つるばみ chestnut-oak 草書 상수리상、도토리상(栩實)。〔列子〕夏食菱芰冬食ㅣ栗。

【橢】 (타) 哿 ダ、こばんがた oval ㄊㄨㄛˇ t'uo³ 小篆 草書 ❶둥글길죽할타(器之圓而長者)。〔楚辭〕南北順ㅣ其衍幾何。❷수레통가운데그릇타(車笭中器)。❸길죽한그릇타(器之狹長)。

【橤】 (예) 紙 ズイ、しべ flower-centre 草書 ❶여의예、꽃술방울예(花鬚頭點)。〔蜀都賦〕敷ㅣ。❷드리울예(垂也)。〔盧諶詩〕ㅣㅣ芬華落。

【橦】㊀(동) 東 トウ、ショウ、きぎれ cut of wood ㊁(당) 江 ㄊㄨㄥˊ t'ung² 小篆 草書 ㊀❶동나무동(木名花可爲布)。〔蜀都賦〕布有—華。❷진뚫는수레동(陷陣車)。〔晉書〕輴櫓鉤—發矢石雨下。㊁❶토막나무당(木一截)。❷깃대당(旗竿)。

【⿱滅木】(의) 寘 キ、うま horse 草書 팔준마이름의(八駿之一白—)。

【橧】(증) 蒸 ソウ、すみか、す ㄗㄥ tsêng¹ roost 草書 ❶너스레증(積薪住居—巢)。❷돼지울증(豚之所寢)。❸깃들일증。❹지붕이없는높은집증(高屋)。

【橨】(분) 文 フン、きのな tree ❶나무이름분(木名)。❷발분(器物脚)。

【橪】(연) 銑 ゼン、なつめ species of jujube 小篆 草書 ❶신대추연、산대추연(酸小棗)。〔上林賦〕枇杷—柿。❷향내나는풀연、연지초연(香草—支)。

【横】㊀(횡) 庚 コウ、オウ、よこ、ぬき width; horizontal ㊁(횡) 敬 ㄏㄥˋ hêng⁴ 小篆 草書 ㊀❶비낄횡、가로횡(縱之對)。〔漢武帝秋風辭〕汎樓船兮濟汾河、—中流兮揚素波。❷난간목횡(闌木)。(『衡』과 통함) ㊁❶거스를횡(—逆、不順理)。〔孟子〕待我以—逆。❷사나울횡(—暴)。

【橬】㊀(잠) 鹽 シン、ふしずけ fin ㊁(심) 侵 ㊀물고기깃잠(積柴水中取魚)。(『潛』과 통함) ㊁뜻은 ㊀과 같음。

【橭】(고) 虞 コ、ぼこ species of a elm 草書 ❶무고나무고(木名)。❷나무사방으로퍼질고(木布四方)。

【⿰木異】(경)『耕』(耒部4畫)과 같음

【槔】(고) 豪 コウ、つる ㄍㄠ kao¹ well-bucket 小篆 ❶두레박고、용두레고(吸水器)。❷나무이름고(木名)。(『槹』와 같음)

【橵】(산) 〔國字〕 산자산(屋上瓦下布木—子)。

【橴】(자) 〔國字〕 땅이름자(地名)。

十三畫

【橽】(달) 曷 タツ、みずおけ trough ❶물통달(所以泄水)。❷박달나무달(檀木)。

【橾】(수) 虞 シュ、くるまのこしき spokes of a wheel 小篆 ❶수레바퀴통수(車軸中空)。❷가래수(鍬也)。

【檨】(양)『樣』(木部11畫)의 俗字

【檀】(단) 寒 ダン、まゆみ Betula schmiditii 小篆 草書 ❶박달나무단(善木)。〔詩經〕奚有樹—。❷향나무단(香木)。

【橿】(강) 陽 キョウ、もちのき ㄐㄧㄤ chiang¹ Cedrela sinenois 小篆 草書 ❶참죽나무강(檍也一名萬年木)。〔周禮註〕轂用雜榆輻以檀牙以—。❷호미자루강(鋤柄)。❸사닥다리강(棧木)。❹억셀강(彊盛貌)。〔方言〕左右——。

【檃】(은)『檼』(木部14畫)과 같음

【檄】(격) 錫 ゲキ、めしぶみ ㄒㄧˊ hsi² manifesto (古音「혁」) 小篆 草書 ❶격서격(徵兵書)。〔宋史 岳飛傳〕—飛捕劇賊馬友云云、皆平之。❷격문격(敵惡諭告)。❸과격할격(過—)。

【檆】(삼)『杉』(木部3畫)과 같음

【檇】(취) 支 スイ、つく ㄗㄨㄟˋ tsuei⁴ pound (或音「추」) 小篆 草書 ❶찧을취(以木所擣)。❷땅이름취(地名、—李)。

【橯】(로)『櫓』(木部15畫)와 같음

【檈】㊀(선) 先 セン、まるいつくえ round table ㊁(선) 霰 小篆 ㊀가리틀선、가리질할선(以繩專油)。㊁둥근책상선(圓案)。

【檉】(정) 庚 テイ、ぎょりゅう ㄔㄥ ch'êng¹ weeping willow 小篆 草書 능수버들정(河柳)。〔詩經〕其—其椐。

【檍】(억) 職 ヨク、もちのき Cedrela sinensis; Betula Schmidtii 小篆 小篆 ❶참죽나무억(杶也)。❷박달나무억(檀也)。❸싸리나무억(杻也)。

【檊】(간) 翰 カン、やまぐわ wild mulberry ❶산뽕나무간(柘也)。❷박달나무간(檀也)。

【檋】(국) 沃 キョク、かんじき footgear ❶나막신국(山行履)。❷멍에국(直轅車)。❸썰매국(雪泥所乘)。(『梮』과 같음)

【檎】(금) 侵 キン、りんご ㄑㄧㄣˊ ch'in² apple 草書 능금금(果名)。〔蜀都賦〕其園則有林—枇杷。

【檐】(첨) 鹽 セン、ひさし ㄧㄢˊ yen² eaves 小篆 草書 ❶추녀첨、처마첨(屋四垂)。〔陸龜蒙詩〕笠—簑袂有殘聲。❷멜첨(擔也)。〔管子 七法〕猶—竿而欲定其末。(古音은「염」)(『簷』과 같음)

【檔】(당) 陽 トウ、つくえ table 草書 ❶책상당(册床)。❷널발판당(橫木)。

【檑】(뢰) 灰 ライ、ぶきのな (of stone) roll over
❶돌굴릴뢰(自高轉石)。❷돌쇠뇌뢰(守城桿禦之具石ㅣ)。(『礧·礌』와 같음)

【檒】(풍)『風』(風部 0畫)의 古字

【檓】(훼) 紙 キ、おおざんしょう peper
굵은산초추훼(大椒)。

【檕】(계) 霽 ケイ、つるべどめ the spindle of a water bucket
小 篆 용두레채계、두레박틀계(桔槔上橫木所以轉機)。

【檖】(수) 寘 スイ、やまなし Mieromeles alnifolia ㄙㄨㄟ suei⁴
팥배나무수(山梨楊ㅣ)。

【橐】(표) 蕭 ヒョウ、つつむ bag
小 篆 자루아가리벌릴표(囊張大貌)。

【檘】(벽)『檗』(次條)과 같음

【檗】(벽) 陌 ハク、ビャク、きわだ Phellodendron amurense ㄅㄛˋ po⁴
小 篆 草 書 ❶황경피나무벽(黃木可染)。【子虛賦】ㅣ離朱楊。❷회양목벽(子ㅣ)。(『蘗』과 통함)

【檛】(과) 麻 カ、むち whip ㄓㄨㄚ chua¹ (古音「좌」)
草 書 ❶종아리채과(箠也)。❷채찍과(馬鞭策也)。【左傳】士會適晉繞朝贈之以策。

【檜】㊀(회) 泰 カイ、ひのき fir ㄍㄨㄟˋ kuei⁴ ㊁(괄) 曷 ㄎㄨㄞˋ k'uai⁴
小 篆 草 書 ㊀❶전나무회(柏葉松身)。❷나라이름회(國名)。㊁뜻은 ㊀과 같음。【詩經】ㅣ楫松舟。(『栝』과 같음)

【檝】(즙)『楫』(木部 9畫)과 같음

【檞】(해) 蟹 カイ、まつやに pine resin ㄐㄧㄝˇ chieh³
草 書 솔고갱이해(松構)。

【檟】(가) 馬 カ、ひさぎ walnut ㄐㄧㄚˇ chia³
小 篆 草 書 가나무가(楸也)。【十八史略 春秋戰國吳】必樹吾墓ㅣ、ㅣ可材也。(『榎』와 같음)

【檠】㊀(경) 庚 ㊁(경) 敬 ケイ、ともしび lamp light ㄑㄧㄥˊ ch'ing²
小 篆 草 書 ㊀❶광명두경、등잔대경(燈架)。【韓愈】有短ㅣ歌。❷도지개경(正弓器)。【淮南子】弓必待ㅣ而後能調。㊁발달린도마경(有足几)。【漢書】朝鮮民飮食以籩豆。

【檄】(경)『檠』(前條)과 같음

【檡】(석) 陌 タク、きのな hazel-nut
개암석、고욤석(梬棗)。

【檢】(검) 琰 ケン、しらべる inspect; check ㄐㄧㄢˇ chien³
小 篆 草 書 ❶교정할검(校也)。❷금제할검(制也)。【孟子 梁惠王上】狗彘食人食、而不知ㅣ。❸법검(式也)。【淮南子】人主立法先自爲ㅣ。❹봉할검(書署)。【漢書】金泥玉ㅣ。❺책메뚜기검、수결둘검(書表之簽)。【後漢書】皀囊施ㅣ。❻검속할검(束也)。❼벼슬이름검(官名)。

【檣】(장) 陽 ショウ、ほばしら mast ㄑㄧㄤˊ ch'iang²
草 書 돛대장(帆柱)。(『艢』과 같음)

【檥】(의) 紙 ギ、ふなじたく bring a ship to the shore ㄧˇ i³
小 篆 草 書 ❶배댈의(附船着岸)。【史記 項羽紀】烏江亭長ㅣ船待。❷줄기의(幹也)。❸푯대의(立木表物)。(『艤』와 같음)

【檦】(표) 篠 ヒョウ、しるし、はしら mark; pillar
草 書 ❶표할표(表也)。❷기둥표(柱也)。(『標』와 통함)

【檧】(송) 東 董 ソウ、はしづつ case of chopsticks
❶수저통송(箸筩桶ㅣ)。❷작은바구니송(小桶)。

十四畫

【[illegible]】(패) 佳 ハイ、いかだ a raft
뗏목패(筏木)。

【檬】(몽) 東 ボウ、レモン lemon ㄇㄥˊ mêng²
草 書 영몽몽、양귤몽(果名、lemon)。

【檭】(은) 眞 ギン、いちよう gingko
은행나무은(ㅣ杏)。

【檮】(도) 豪 トウ、きりかぶ cut of wood ㄊㄠˊ t'ao²
小 篆 草 書 ❶토막나무도(斷木)。❷악할도(頑凶ㅣ杌)。❸흐리멍텅할도(ㅣ昧不知貌)。【郭璞 爾雅序】不揆ㅣ昧。❹풀이름도(草名)。

【檯】(대) 灰 ダイ、とうだい light house
❶등대대(燈臺)。❷상대(几也)。

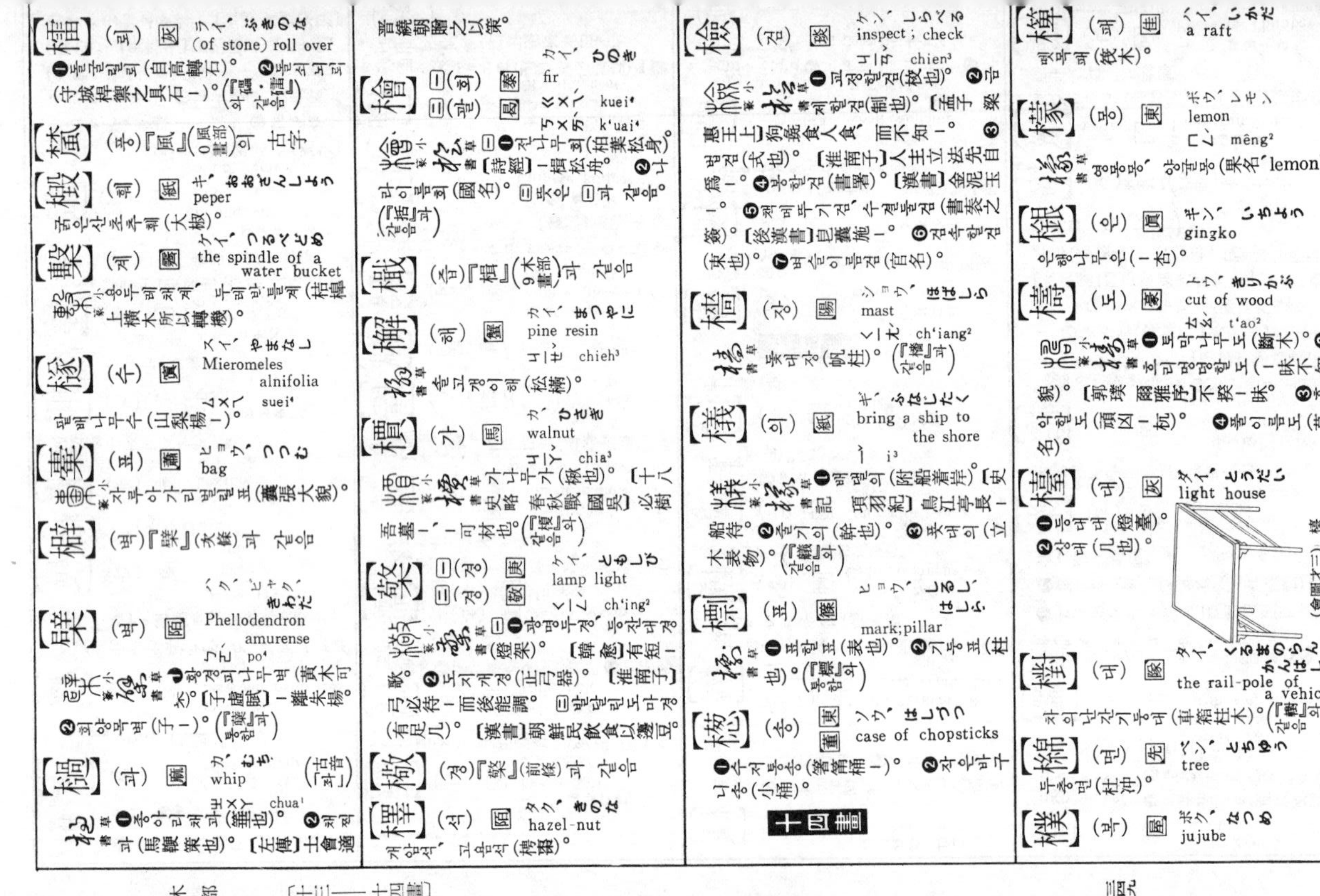
(三才圖會) 檯

【檤】(대) 隊 タイ、くるまのらん、かんはしら the rail-pole of a vehicle
차의난간기둥대(車箱柱木)。(『檤』와 같음)

【檰】(면) 先 ベン、とちゅう tree
두충면(杜冲)。

【檏】(복) 屋 ボク、なつめ jujube

小篆 ❶대추복(棗也)。❷굳을복(堅也)。❸떨기복(叢也)。

【檘】(벽) 陌 ヘキ、かべはしら wooden strip
小篆 중깃벽(壁柱)。

【檳】(빈) 眞 ビン、びんろう betel-nut palm tree ㄅㄧㄥ ping¹
草書 빈랑나무빈(果名、ㅣ榔)。【類篇】ㅣ榔樹無枝實從心出。

【檴】(확) 藥 カク、にれ elm ㄏㄨㄛ huo
草書 피나무확(樸也)。

【檵】(계) 霽 ケイ、くこ box thorn ㄐㄧˋ chi⁴
小篆 구기자나무계(枸ㅣ)。

【檷】(니) 紙 ジ、いとまき spool
小篆 실패니(卷絲具)。

【檸】(녕) 梗 ドウ、レモン lemon ㄋㄧㄥˊ ning²
草書 양귤녕(果名也、英語 Lemon.)。【集韻】ㅣ、木名、皮可爲藥。

【檻】(함) 豏 カン、てすり、おり railing,cage ㄎㄢˇ k'an³ ㄐㄧㄢˋ chien⁴
小篆 草書 ❶난간함(欄也)。【漢書】攀ㅣㅣ折。❷죄인타는 수레함(ㅣ車)。❸진차할함(進車貌)。【詩經 王風大車】大車ㅣㅣ。❹어리함(圈也)。【淮南子】養虎豹犀象者之圈。❺물이솟아오를함。【詩經 大雅采菽】沸ㅣ泉。(『轞』과 通함)

【[監/木]】(함) 感 カン、やせつち barren soil ㄏㄢˇ han³
메마른땅함(墝确地𡒘ㅣ)。(『壈』과 통함)

【檃】(은) 問 イン、むね ridge pole
小篆 ❶집마룻대은(屋脊)。❷대공은(複屋棟)。

【檽】㊀(누) 宥 ㊁(유) 有 ドウ、きくらげ fungus
草書 ㊀누구나무누(木名ㅣ構)。㊁버섯유(木茸)。

【檾】(경) 梗 迥 ケイ、いちび Indian mallow ㄑㄧㄥˇ ch'ing³
小篆 草書 어저귀경(似苧白麻)。

【櫁】(밀)『樒』(木部11畫)과 같음

【[木+厭]】(염)『檿』(次條)과 같음

【檿】(염) 琰 エン、やまぐわ wild mulberry tree ㄧㄢˇ yen³
小篆 草書 산뽕나무염(山桑有點文者)。【書經】厥篚ㅣ絲。

【[木+箋]】(전) 先 セン、きのな Chinese juniper
향나무전(香木)。

【櫂】(도) 效 トウ、かい、かじ oar ㄓㄨㄛˋ chuo²
小篆 草書 노도(所以進船楫也)。【釋名】在傍撥水曰ㅣ。(『棹』와 같음)

【櫃】(궤) 寘 キ、ひつ、はこ wooden box ㄍㄨㄟˋ kuei⁴
草書 ❶궤궤(櫝也)。【書經】納册于金縢之匱中。❷상자궤(篋也)。(『匱』와 같음)

【櫅】㊀(자) 齊 ㊁(제) 霽 セイ、しろなつめ white jujube tree ㄐㄧ chi¹
小篆 ㊀흰대추나무자(白棗)。㊁토막나무제(斷木)。

【櫄】(춘) 眞 シュン、きのな Cedrela sinensis
참죽나무춘(似樗可弓幹)。

【㯻】(곤) 阮 コン、ふくろ long cloth-sack ㄏㄨㄣˋ huen⁴
小篆 ❶전대곤(橐也)。❷묶을곤(束也)。

【櫈】(등) 徑 トウ、つくえ table
탁자등(卓子)。

十五畫

【櫋】(면) 先 ヘン、のきづけ eaves
小篆 草書 지붕연접할면(屋根連接)。

【櫌】(우) 尤 ユウ、くわのえ handle
小篆 草書 호밋자루우(鉏柄)。【論語】ㅣ而不輟。

【櫍】(질) 質 シツ、あし wood-chopping block ㄓˋ chih⁴
小篆 草書 ❶모탕질(行刑具)。❷도끼바탕질(斫木具)。(『鑕』과 [illegible]

【櫎】(황) 養 コウ、ひさし window
小篆 草書 ❶그릇받침황(所以支器)。❷창황(窓牖通名)。❸장지황(屛風之屬)。(『榥』과 통함)

【櫑】(뢰) 賄 ライ、たる fittings of sheath ㄌㄟˇ lei³
小篆 | 或體 | 或體 | 籀文 | 草書 ❶술잔에뇌문새길뢰(酒樽彫雲雷象)。❷칼자루에새김놓을뢰(ㅣ具劍飾)。【漢書】帶ㅣ具劍。

【櫐】(루) 紙 ルイ、かずら arrowroot
草書 굵은칡루(似葛粗大山ㅣ)。

【櫓】(로) 麌 ロ、やぐら watch-tower ㄌㄨˇ lu³
小篆 | 或體 | 草書 ❶큰방패로(大盾)。【禮記】禮義爲干ㅣ。❷망대로(望樓)。【後漢書】樓ㅣ千里。❸망보는수레로(戰陣高巢車)。【六韜篇】陷堅陣敗强敵武翼大ㅣ。❹노로(進船具)。【通鑑】呂蒙取荊州使白衣搖ㅣ。(『艪』와 같음)

【櫕】(찬)『欑』(木部19畫)과 같음

【[木+巤]】(랍) 合 ロウ、いぼた Ligustrum Ibota
백랍나무랍(水蠟樹)。【函史】樹可放蠟煎汁爲油可作燭。

【櫖】(려) 魚 リョ、やまふぢ Pueraria Thunbergiana
[illegible](山櫐)。

【櫗】(멸) 屑 ベツ、きなわ (of a tree) twist
나무비틀릴멸(木索)。

【櫚】(려) 魚 リョ、ロ、しゅろ hemp-palm
草書 종려나무려(椶也)。

【木+劉】(류) 尤 リュウ、きのな tree
나무이름류(木名)。

【櫛】(즐) 質 シツ、くし comb ㄐㄧㄝ chien²
小篆 草書 ❶빗즐(梳枇總名)。【詩經】其枇如—。❷빗질할즐(理髮)。❸즐비할즐(如—齒—比)。【洛陽伽藍記序】招提—比、寶塔駢羅。

❶櫛 (圖物名)

【櫜】(고) 豪 コウ、ゆみふくろ bow case ㄍㄠ kao¹
小篆 草書 ❶칼집고(韜也)。❷활집고(弓衣)。❸갑옷집고(甲衣)。❹전통고(受箭器)。【左傳】右屬—鞬。

【櫝】(독) 屋 トク、ひつ wooden box; coffin ㄉㄨ tu²
小篆 草書 ❶함독、궤독(櫃、函也)。【論語 季氏】龜玉毁於—中。❷널독(棺也)。【漢書】其爲水所流壓死令郡國給槥—。(『匵』과 통함)

【櫞】(연) 先 エン、ゆかん lemon ㄩㄢ yüan²
연나무연(枸—似橘)。

【櫟】(력) 錫 レキ、くぬぎ tree of heaven ㄌㄧ li⁴
小篆 草書 ❶가죽나무력(柞屬似樗木)。【詩經】山有苞—。❷노략질할력(捎掠)。(『擽』과 통함)

【櫡】(저) 御 チョ、はし chopstick ㄓㄨ chu⁴
小篆 젓가락저(飯具匙—)。(『箸』와 같음)

【櫢】(수) 宥 スウ、しげる (of trees) thick
나무무성할수(樹盛貌—檽)。

十六畫

【櫧】(저) 魚 ショ、かし oak
草書 저나무저(木名)。【本草拾遺】—子生江南皮樹如栗冬月不彫子小如橡。

【櫨】(로) 虞 ロ、ますがた capital ㄌㄨ lu²
小篆 草書 ❶주두로(柱上枅)。【淮南子】短者以爲侏儒枅—。❷과실이름로(果名)。

【櫩】(염) 鹽 エン、のき eaves
草書 ❶섬돌염(砌也)。❷처마염(屋端四垂)。❸처마기슭염(曲屋步廊)。(『檐』과 같음)

【櫪】(력) 錫 レキ、くぬぎ tree of heaven ㄌㄧ li⁴
小篆 草書 ❶가죽나무력(木名、櫟也)。❷마판력(馬—)。❸누【桓温詩】老驥伏—、志在千里。에발력(蠶薄)。❹형구력(刑具)。(『歷』과 통함)

【欜】(탁) 藥 タク、ひょうしぎ wooden gong
小篆 조두탁、목탁탁(警夜刁斗)。(『柝』과 같음)

【櫫】(저) 魚 チョ、くい、ふだ pile
草書 ❶표목저(表識揭—)。❷말뚝저(杙也)。(『楬』와 같음)

【木+遼】(료) 蕭 リョウ、ひのき Biota orientalis
❶측백나무료(柏也)。❷『橑』의 俗字。

【櫬】(친) 震 シン、ひつぎ coffin ㄔㄣ ch'en⁴ (本音「츤」)
小篆 草書 ❶널친、관친(親身棺)。【左傳】穆姜爲—。❷무궁화나무친(木槿)。❸땔나무친(薪也)。(『藽』과 같음)

【櫮】(악) 藥 ガク、はながさかる be in flower
꽃활짝필악(花盛開貌)。

【櫯】(소) 虞 ソ、きのな tree
단목소(—枋可染緋)。

【櫇】(빈) 眞 ヒン、きのな apple
小篆 사과빈(柰也、—婆)。(『蘋』과 통함)

【櫰】(회) 灰 カイ、えんじゅ Styphnolobium japonicum
㊀회화나무회、괴나무회(槐之別名)。

【櫱】(一)(얼) 屑 ゲツ、ひこばえ bud ㄋㄧㄝ nieh⁴ (二)(알) 曷
(一)그루터기얼(伐木餘)。【書經】顚木由—。(二)싹알(木生萌)。

【櫳】(롱) 東 ロウ、おり、まど cage; window ㄌㄨㄥ lung²
小篆 草書 ❶난간롱(檻也)。❷우리롱(養獸所)。❸창롱(窗也)。(『龓』과 같음)

【龒】(롱)『櫳』(前條)과 같음

【櫲】(여) 御 ヨ、きのな tree
草書 여장나무여(—樟、美材)。

【欔】(곽) 覺 カク、からたち Poncirus trifoliata
탱자나무곽(枳木)。

【木+篙】(고) 豪 コウ、さお punting pole
상앗대고(竿也)。【揚雄】所以刺船謂之—。

【木+參】(참) 覃 サン、きのみ fruits
나무열매참(木實)。

十七畫

【欅】(거) 語 キョ、けやき oak
草書 떡갈나무거(柜柳)。【本草別錄】—樹皮似檀槐葉如櫟槲。(『柜』와 통함)

【櫏】(선) 先 セン、なつめ ripe jujube

小篆 맛든대추선(味検棗)。

【櫹】(소) 蕭 ショウ、ながい slender 草書 ❶나무밋밋한모양소(木長貌)。❷초목이더부룩할소(草木茂盛貌)。

【櫺】(령) 靑 レイ、れんじ、のき lattice ㄌㄧㄥ ling² 小篆 草書 ❶난간령(檻也)。〔景福殿賦〕ㅣ檻邳張。❷평고대령(梠也)。〔天台山賦〕彤雲斐亹以翼ㅣ。❸살창령、완자창령(有間隔窓)。(『𣟴』과 통함)

【櫻】(앵) 庚 オウ、さくら cherry ㄧㄥ ying¹ 小篆 草書 ❶앵두앵、버찌앵(ㅣ桃ㅣ、名含桃)。〔禮記〕仲夏之月以含桃先薦宗廟。❷벚나무앵(黑ㅣ)。

【櫼】一(첨) 鹽 セン、くさび gate-post 二(삼) 咸 小篆 一문설주첨(楔也)。二삼나무삼(木名)。

【櫾】(유) 宥 ユウ、ユ、ゆず citron 小篆 草書 유자유(似橙而酢)。(『柚』과 같음)

【櫽】(은)『檃』(木部 14畫)과 같음

【櫶】(희) 支 キ、ひしゃく boxthorn 구기희(杓也)。(『椃』와 같음)

【櫵】(초) 蕭 ショウ、きこり firewood ❶나무초(柴也)。❷나무할초(採薪)。(『樵』와 같음)

【欀】(양) 陽 ジョウ、ゆずりはのき tree 草書 ❶양나무양(木名)。❷길위에선나무양(路上木)。

【[illegible]】(미) 支 ビ、ひし water nut 마름미(水中菱也)。

【欂】(박) 藥 ハク、ますがた capital ㄅㄛ po² 小篆 ❶주두박(ㅣ櫨柱上方木)。〔禮記雜記註〕ㅣ櫨刻之爲山曰山節、謂柱上方木也。❷중깃박(壁柱)。

【欄】(란) 寒 ラン、てすり railing ㄌㄢ lan² 小篆 草書 ❶난간란(階除木)。〔段國沙州記〕吐谷渾於河上作橋句ㅣ。❷외양간란(牛圈)。〔漢書〕與牛馬同ㅣ。(『闌』과 통함)

(會圖才三)❶欄

【欃】(참) 咸 ザン、まゆみ Betula schmiditii ㄔㄢ ch'an² 草書 ❶박달나무참(檀木)。❷수통참(通水管)。❸혜성참(彗星ㅣ槍)。(『攙』과 통함)

【欖】(람)『欖』(木部 21畫)의 俗字

十八畫

【欈】(추) 支 スイ、きのな tree ❶땅이름추(地名ㅣ李)。❷나무이름추(木名)。(『檇』와 같음)

【檑】(류) 尤 リュウ、ふぢ wisteria 등나무류(藤也)。

【[illegible]】(잡) 合 ソウ、とりのな water bird ❶물새이름잡(海鳥ㅣ縣)。❷섞일잡(交雜)。

【欇】(섭) 葉 ショウ、かえで maple tree ㄕㄜ she⁴ 小篆 ❶단풍나무섭(楓也)。❷지팡이섭(杖也)。

【權】(권) 先 ケン、いきおい authority;right ㄑㄩㄢ ch'üan² 小篆 草書 ❶권세권、사날권(ㅣ柄)。❷저울질할권(稱錘)。〔莊子〕親ㅣ者不能與人柄。〔孟子 梁惠王上〕ㅣ然後知輕重。❸평할권(平也)。〔禮記 王制〕立君臣之義、以ㅣ之。❹권도권(反經合道)。〔易繫辭〕巽以行ㅣ。❺벼슬겸할권(攝官)。〔鼠璞〕韓愈爲ㅣ知國子博士三歲爲眞。❻비롯할권(ㅣ輿如也)。〔詩經〕吁嗟乎不成ㅣ輿。❼모사할권(謀也)。〔孟子 離婁上〕嫂溺、援之以手ㅣ也。「臨機應變의 處置」。

(學古考)❷權 秦

【欋】(구) 虞 ク、くまで forked rake ❶쇠스랑구(四齒杷)。❷나무뿌리얽힐구(木根盤錯貌)。

【欌】(장)〔國字〕의장장、장롱장(所以衣藏)。

【欙】(뢰) 賄 ライ、くぐつ puppet 꼭두각시뢰(傀儡)。

十九畫

【欏】(라) 歌 ラ、かき a fence ㄌㄨㄛ luo² ❶울타리라(籬也)。❷찢을라(裂也)。❸사라나무라(似枇杷桫ㅣ)。

【欗】一(전) 先 セン、くい stake 二(관) 刪 一말뚝전(杙也)。二손댈관(手相關付)。

【[illegible]】(리) 支 リ、まがき endow ❶울타리리(藩也)。❷베풀리(布也)。(『籬』와 같음)

【欐】(려) 霽 レイ、むね beam ㄌㄧ li⁴ 草書 ❶들보려(梁也)。〔列子〕雍門鬻歌餘音遶梁ㅣ三日不絕。❷거루려(小船)。

【欑】(찬) 寒 サン、あつめる pile up

櫕 小篆 草書 ❶휘추리나무찬(叢木)。❷대나무를쌓을찬(積竹杖)。〔禮記〕君殯用輴ㅣ至于上畢塗屋。

【欄】(파)『欛』(21畫 木部)의 訛字

【欒】(란) 寒 ラン、ひじき capital ㄌㄨㄢˊ luan²
小篆 草書 ❶난나무란(木名、似欄栟)。❷엄장부란(曲櫨)。〔左思 吳都賦〕ㅣ櫨疊施。❸쇠북아귀란(鐘口兩角)。〔周禮註〕古之鐘不圓狀如今之鈴故有兩角也。❹파리할란(瘠貌)。〔詩經 檜風素冠〕棘人ㅣㅣ。

二十畫

【欓】(당) 養 トウ、きおけ wooden barrel
❶월나라산초당(越椒)。❷나무통당(木桶)。

【欔】(곽) 藥 カク、すき ploughshare ㄐㄩㄝˊ chüeh²
❶보습곽(犂也)。❷가래곽(鍬也)。

【欕】(심) 侵 シン、あれる coarse
거칠어질심(荒也)。

【欕】(엄) 〔國字〕
엄나무엄(鵲不踏木)。

二十一畫

【欖】(람) 感 ラン、かんらん olive ㄌㄢˇ lan³

櫕 草書 감람나무람(交趾果名)。

【欙】(첩) 葉 チョウ、きのな tree
❶나무이름첩(木名)。❷풀이름첩(草名)。

【欗】(란) 寒 ラン、きのな magnolia
목란란(桂類木ㅣ)。

【欘】(촉) 沃 チョウ、おののえ handle of adze ㄓㄨˊ chu²
小篆 草書 ❶굽은자귀자루촉(斤柄自曲者)。❷까귀촉(斫也)。❸호미촉(鋤也)。

【欙】(류)『樏』(11畫 木部)와 같음

【欚】(례) 薺 レイ、おおふね ship
小篆 ❶큰배례(江中大船)。❷작은배례(小船)。

【欛】(파) 禡 ハ、つか handle of a sword ㄅㄚˋ pa⁴
草書 칼자루파(刀柄)。〔丹鉛錄〕得此ㅣ柄。

【欘】(면) 先 ベン、しげる thick
나무 빽빽할면(木密貌)。

二十二畫

【欒】(만) 刪 ワン、まがったき bent tree
굽은나무만(曲木)。

【欝】(울)『鬱』(19畫 鬯部)과 같음

欠 部

【欠】㊀(흠) 豔 ケン、あくび(本音「겸」) ㊁(감)〔俗音〕 yawn
小篆 小篆 草書 ㊀❶하품할흠(張口氣解)。〔韓愈詩〕噫ㅣ爲飄風。❷기지개켤흠(ㅣ伸疲乏貌)。〔禮記 曲禮〕君子ㅣ伸。❸이지러질흠(不足)。〔韓愈詩〕所懷無一ㅣ。❹빌릴흠(負債)。〔蘇洵論積欠狀〕自小民已上、大率皆有積ㅣ。❺빠질흠。❻구부릴흠(ㅣ身)。㊁뜻은㊀과 같음。

二 畫

【次】(차) 寘 シ、ジ、つぎ next; secondary ㄘˋ tz'u⁴
小篆 古文 草書 ❶버금차(亞也)。〔中庸章句〕ㅣ言存養省察之要。❷차례차(第也)。〔十八史略、春秋戰國趙〕ㅣ者吾君、ㅣ者遂。❸군사머무를차(師止)。〔書經 泰誓〕王ㅣ于河朔。❹집사、사처사(舍也)。〔左傳 襄公二十六年〕師陳焚ㅣ。❺이를차(至也)。〔史記 酷吏傳〕內深ㅣ骨。❻장막차(幄也)。〔周禮〕掌ㅣ朝日祀五帝則張大ㅣ小ㅣ。❼가슴차、속차(中也)。〔莊子〕喜怒哀樂不入於胸ㅣ。❽갑자기차(急遽貌)。〔論語〕造ㅣ必於是。❾머리꾸밈차([illegible])。〔儀禮〕女ㅣ純衣纁袡。❿곳차(所也)。〔國語 魯語〕五刑三ㅣ。⓫위치차(位置)。〔左傳 襄公二十三年〕恪居官ㅣ。⓬행차차(行也)。

❻ 次 (禮器圖)

三 畫

【㰦】(의) 支 キ、ためいき sigh
탄식할의(歎聲)。

【欧】(감) 覃 カン、おろか(本音「함」) foolish
어리석을감(愚也)。

四 畫

【欨】(와) 麻 ガ、よわい weak
약할와(歐ㅣ、弱貌)。

【欣】(흔) 文 キン、よろこぶ joy; delight ㄒㄧㄣ hsin¹
小篆 草書 ❶기쁠흔(笑喜)。〔陶潛 歸去來辭〕乃瞻衡宇載ㅣ載走。❷좋아할흔(好也)。❸짐승이 힘셀흔(獸有力)。〔爾雅〕兎絕有力ㅣ牛絕力ㅣ。❹초목이생생할흔。〔陶潛 歸去來辭〕木ㅣㅣ以向榮。(『忻』과 같음)

【欯】㊀(혜) 齊 ケイ、うめく ㊁(희) 支 moan
㊀앓는 소리혜(痛聲)。㊁신음할희(呻吟)。

【欨】(흠) 文 キン、くさめ sneeze
재채기할흠(嚏也)。

【欦】(함) 覃 カン、すこしわらう smile 小篆 ❶빙그레웃을함(含笑)。❷탐낼함(貪欲)。❸슬기가많을함(多智)。(「欿」과 같음)

【欧】(구)『歐』(欠部 11畫)의 略字

五畫

【欨】(구) 虞 ク、ふく blow (古音「후」) 小篆 草書 ❶불구(吹也)。❷벙글거릴구(笑貌)。❸하품할구(欠也)。

【⿰可欠】(하) 哿 カ、いき burst into laughter ❶껄껄웃을하(大笑)。❷입을벌리고 숨쉴하(張口出息)。(『呵』와 같음)

【⿰戹欠】(액) 陌 ヤク、わらいかたる smile 웃고말할액(笑語ー歎)。

【⿰幼欠】㊀(유) 宥 ヨウ、うれえる worry (about) ㊁(욱) 屋 小篆 ㊀근심할유(愁貌)。㊁뜻은 ㊀과 같음。

【欩】(초) 蕭 ショウ、すこやか steam ❶김오를초(氣上蒸ー歊)。❷건장할초(健也)。

【欪】(출) 質 チュツ、わらう shameless 小篆 ❶부끄럼없을출、뻔뻔스러울출(無慚咄ー)。❷웃을출(笑也)。

【⿰只欠】(희) 支 カイ、むせぶ be irritated 상기할희(氣逆)。

六畫

【⿰去欠】(격) 錫 ケキ、ふく blow 草書 부는소리격(吹聲)。

【欱】(합) 合 コウ、すする inhale 小篆 草書 ❶한숨에훅들이마실합(大吸)。❷합할합(合也)。❸주름잡을합(斂受之意)。❹모을합(合也)。❺마실합(翕也)。(『哈』과 같음)

【⿰危欠】(궤) 紙 キ、つかれきる weary 고달플궤、나른할궤(疲極)。

【欬】㊀(해) 隊 ガイ、せき cough (古音「개」) ㊁(애) 卦 ㄎㄜˊ k'ê² ㄎㄞˋ k'ai⁴ 小篆 草書 ㊀❶기침할해(ー嗽因風逆氣)。❷크게부를해(大呼)。【禮記】車上不廣ー。❸일깨울(疾言)。㊁배불러숨찰애(飽食息)。

【欮】(궐) 月 ケツ、せきこむ pant 숨찰궐、가쁠궐(逆氣)。(『瘚』과 같음)

七畫

【欯】(힐) 質 キツ、よろこぶ glad ㄒㄧˋ hsi² 小篆 ❶기쁠힐(喜也)。❷웃을힐(笑也)。

【⿰⿸厂仁欠】(신) 軫 シン、ゆびさしてわらう point a finger (of scorn) at (或音「진」) 小篆 손가락질하며웃을신、빈정거릴신(指而笑)。

【欲】(욕) 沃 ヨク、ほっする want; desire ㄩˋ yü⁴ 小篆 草書 ❶탐낼욕、욕심낼욕(貪也)。【孟子 梁惠王上】將以求吾所大ー也。❷하고자할욕(期願)。【論語】我ー仁。❸사랑할욕(愛也)。【孟子】可ー之爲善。❹장차욕(將然)。【古銘】ー墮不墮逢王顆。❺필요할욕(要也)。【文章軌範 侯字集小序】膽ー大心ー小。(『慾』과 같음)

【欳】(괴) 卦 カイ、ためいき heavy sigh 크게한숨쉴괴(太息)。

【欵】(관)『款』(欠部 8畫)의 俗字

【欶】㊀(삭) 覺 サク、すう inhale ㊁(수) 宥 小篆 ㊀❶붙을삭(著也)。❷빨아들일삭(吮也含吸)。㊁기침할수(上氣咳)。(『嗽』와 같음)

【欷】(희) 微 未 キ、なく、なげく sob ㄒㄧ hsi¹ 小篆 草書 ❶한숨 휘내쉴희(息也)。❷탄식할희(歎也)。【後漢書】忠臣過故墟而歔ー。❸흑흑 느낄희(含泣飮聲)。「歔ー流涕」。(『唏』와 통함)

【欸】(애) 灰 賄 アイ、なげく sigh ㄞˇ ai³ ㄟˋ ei⁴ 小篆 草書 ❶한숨쉴애(歎聲)。【楚辭】ー秋冬之緒風。❷그렇다할애(然也)。【方言】南楚凡言然者或曰ー或曰譬。❸노젓는소리애(棹歌曰ー乃)。(『唉』와 같음)

八畫

【欹】(의) 支 イ、ああ adore ㄧ i¹ 草書 아름답다할의、거룩하다할의(ー歟歎美辭)。(『猗』와 통함)

【⿰念欠】㊀(전) 霰 セン、うめく moan ㊁(점) 豔 ㊀신음할전(呻也)。㊁뜻은 ㊀과 같음。

【欺】(기) 支 キ、あざむく deceive ㄑㄧ ch'i¹ 小篆 草書 ❶속일기(謾也)。【史記】子産治鄭民不能ー子賤治單父民不忍ー西門豹治鄴民不敢ー。❷거짓말할기(詐也)。❸업신여길기(陵也)。❹망녕될기(妄也)。❺속을기(自昧其心)。【大學】毋自ー也。

【欻】(훌) 物 クツ、たちまち suddenly ㄏㄨ hu¹ ㄔㄨㄚ ch'ua¹ 小篆 草書 ❶홀연훌(忽也)。【吳都賦】慌罔奄ー。❷훅들이마실훌(吸疾皃)。

幽遂貌)。【靈光殿賦】歇ㅣ幽靄。❹흔들거릴훌(動也)。❺급히일어날훌(暴起)。(『欻』과 같음)

【⿰歹欠】(자) 寅 シ、よみがえる revive
까무러쳤다깨날자(惛死而復生)。

【⿰此欠】(자) 支 シ、はじしらず shameless
염치없을자(無廉恥)。

【欽】(흠) 侵 キン、つつしむ respect (古音「금」)
❶공경할흠(敬也)。【書經】ㅣ明文思安安。❷공손할흠(恭也)。❸물끄럼히쳐다볼흠(思望意)。【詩經】憂心ㅣㅣ。❹임금의말흠(ㅣ差皇敕)。❺쇠북절도있게맞춰칠흠(鐘聲有節)。【詩經】鼓鐘ㅣㅣ。❻근심할흠(憂也)。

【款】(관) 旱 カン、まこと、かじょう sincere; item ㄎㄨㄢˇ k'uan³
❶정성스러울관(衷曲誠也)。❷사랑할관(敬愛)。【楚辭】寧悃悃ㅣㅣ朴以忠乎。❸막힐관(塞也)。【徐曰】意有所欲而猶塞ㅣㅣ然。❹두드릴관(叩也)。【晏子】前驅ㅣ門。❺이를관(至也)。【西京賦】繞黃山而ㅣ牛首。❻머무를관(留也)。【謝靈運詩】斷絕雖殊念俱爲歸慮ㅣ。❼관곡할관(ㅣ曲)。【後漢書】文叔少時謹言與人不ㅣ曲。❽조목관(條……汾陽得鼎鼎大異於衆鼎文鏤無ㅣ識。❿하고자할관(心所欲)。⓫말파리할관(馬疲)。⓬낙관관(落ㅣ)。

【欿】(감) 感 カン、あきたらない discontented (本音「함」) ㄎㄢˇ k'an³
❶서운할감、뜻에차지못할감(不自滿足)。【孟子】如其自視ㅣ然。❷찌푸릴감、걱정할감(愁貌)。【楚辭】ㅣ愁悴而委惰。

九畫

【歁】(一)(함) 覃 カン、ほほえむ (二)(감) 勘 beam (upon)
(一)방그레웃을함(含笑)。(二)부르짖을감(叫也)。

【⿰軍欠】(원) 願 ゴン、むせぶ a hiccough
딸꾹질할원、피기할원(逆氣)。

【欵】(관)『款』(欠部 8畫)과 같음

【歂】(一)(천) 先 セン、すう inhale (二)(천) 銑 ㄔㄨㄢˊ ch'uan²
(一)성천(姓名、ㅣ孫ㅣ師)。(二)❶헐떡거릴천(疲息)。❷들여마실천(口氣引吸)。(『喘』과 같음)

【歃】(삽) 洽 ソウ、すする guzzle ㄕㄚˋ sha⁴
❶마실삽(飮也)。❷입에피찍어바를삽(ㅣ血)。【說文】盟者以血塗口旁曰ㅣ血。(『喢』과 통함)

【歄】(괘) 麻 カ、よわい feeble
❶가냘플괘(弱也)。❷예쁠괘(妮也)。

【歆】(흠) 侵 キン、うける feed; desire ㄒㄧㄣ hsin¹
❶흠향할흠(ㅣ享神食氣)。【詩經】上帝居ㅣ。❷먹일흠(饗也)。【周語】王ㅣ大牢班嘗之。❸움쑥할흠(動也)。【詩經 大雅生民】履帝武敏ㅣ。❹부러워할흠(羨貪)。【詩經 皇矣】無然畔援、無然ㅣ羨。❺욕심낼흠(慾也)。

【歇】(헐) 月 ケツ、カツ、やむ、つきる rest; stop ㄒㄧㄝ hsieh¹
❶쉴헐(休息)。【左傳 襄公二十九年】難未ㅣ也。❷나른할헐(氣泄無餘)。【謝靈運傳】芳草亦未ㅣ。❸다할헐(竭也)。【孔稚圭 北山移文】澗愧不ㅣ。❹으슥할헐(幽邃貌)。❺스러질헐(消散)。❻흩어질헐(消散)。❼개의종류헐(犬種)。❽쌀헐、헐할헐(不貴)。

【歈】(유) 虞 ユ、うたう song ㄩˊ yü²
❶노래이름유(歌名吳ㅣ)。❷희학질할유(手相弄笑ㅣ舞)。

十畫

【⿰脅欠】(협) 葉 キョウ、いきあわせ breathe ㄒㄧㄝˊ hsieh²
……(翕氣)。……

【⿰䍃欠】(요) 蕭 ヨウ、いきがでる belch
기운날요、트림요(氣出貌ㅣㅣ)。

【⿰蚩欠】(치) 支 シ、わらう smile
조롱해웃을치(嘲笑)。(『嗤』와 같음)

【歉】(一)(겸) 琰 ケン、カン、たりない deficient (二)(겸) 豔 (三)(감) 陷 ㄑㄧㄢˋ chien⁴
(一)❶흉년들겸(荒歲)。【宋書】歲久不登公私ㅣ敝。❷적을겸(少也)。(『嗛』과 통함) (二)나쁠겸(食不滿)。(三)❶탐할감(貪也)。❷부리감(喙也)。

【歊】(효) 蕭 キョウ、のぼる steam ㄒㄧㄠ hsiao¹
❶김오를효(氣出貌)。【漢書 敍傳】陽ㅣㅣ、亦朱其堂。❷더운김효(熱氣)。【漢書 揚雄傳】散ㅣ蒸。❸지껄일효(喧也)。

【歋】(이) 支 イ、からかう exchange smiles
서로웃을이(相笑)。

【歌】(가) 歌 カ、うたう、うた song ㄍㄜ kê¹
❶노래가(聲音)。【蘇軾 赤壁賦】誦明月之詩、ㅣ窈窕之章。❷읊조릴가(詠

也。〔書經〕ㅣ永言。❸장단맞출가(曲合樂)。〔詩經〕我ㅣ且謠。

【歍】(오) 虞 オウ、はく sickening ㄨ wu¹ 小篆 草書 아니꼬울오, 헛구역질할오(心有所惡欲吐)。

十一畫

【⿰習欠】(랍) 合 ロウ、たりない offend each other 서운해할랍(不滿貌ㅣ歚)。

【歉】(강) 陽 コウ、むなしい empty 小篆 ❶빌강(空也)。❷흉년들강(穀不充實)。❸주릴강(餓也)。

【歎】(탄) 翰 寒 タン、なげく lament ㄊㄢ t'an⁴ 小篆 籀文 草書 ❶탄식할탄, 한숨쉴탄(吟息)。〔禮記 曲禮〕當食不ㅣ。❷아름답다할탄(稱美)。〔禮記 郊特牲〕孔子屢ㅣ之。❸화답할탄(讚和)。〔禮記〕一唱而三ㅣ。(『嘆』과 通함)

【歏】(근) 震 キン、あくび yawn 하품할근(欠也)。

【歐】㊀(구) 有 ㊁(구) 尤 オウ、はく、うたう vomit ㄡˇ ou³ ㄡ ou¹ (古音「우」) 小篆 草書 ㊀성구(姓也)。㊁❶토할구(吐也)。〔急就篇註〕ㅣ逆吐而不下食。❷쥐어박을구(捶擊)。〔史記〕張良愕然欲ㅣ之。❸노래할구(歌也)。❹(中字)갈이름구。〔後漢書 虞詡傳〕寧伏ㅣ刀、以示遠近。〔新字〕유럽구(Europe)。

【歑】(호) 虞 コ、ふきあたためる breathe out lengthily ㄏㄨ hu¹ 小篆 ❶숨길게내쉴호(出氣太息)。❷불호(吹也)。

【⿰⿱叕口欠】(최) 卦 サイ、かむ chew ❶씹을최(齧也)。❷한입에다먹을최(一擧盡食)。(『嘬』와 같음)

十二畫

【歔】(허) 魚 キョ、むせびなく snort ㄒㄩ hsü¹ 小篆 草書 ❶한숨쉴허(ㅣ欷抽息)。〔離騷經〕曾ㅣ欷余鬱邑兮。❷흑흑느껴울허(泣ㅣ)。〔東方朔 七諫〕泣ㅣ欷而霑衿。❸코로숨내쉴허(鼻出氣)。

【⿰黑欠】(흑) 職 コク、しわぶき spit ❶침뱉는소리흑(唾聲)。❷기침흑(咳也)。

【歖】(희) 支 キ、にわかによろこぶ be delighted 小篆 小篆 갑자기기뻐할희(卒喜)。

【歗】(소)『嘯』(12口部)의 古字

【歘】(훌)『欻』(8欠部)의 本字

【歙】㊀(흡) 緝 ㊁(섭) 葉 キュウ、すう breathe in ㄕㄜ shê⁴ ㄒㄧ hsi⁴ 小篆 草書 ㊀❶코찡찡이흡, 코막힐흡(縮鼻)。❷숨들이쉴흡(歛氣)。〔道德經〕將欲ㅣ之必故張之。(『翕』과 通함) ㊁뜻은 ㊀과 같음。

十三畫

【歛】(감) 勘 覃 カン、むさぼる desire ㄎㄢ kan⁴ (或音「검」) ❶탐할감(貪也)。❷구걸할감(乞也)。

【⿰豈欠】(희) 支 キ、わらいあう exchange smiles ❶서로웃을희(相笑)。❷희롱할희(戲也)。

【⿰嗇欠】(식) 職 ショク、おそれる fear ㄙㄜ sê⁴ 小篆 겁낼식(怯也)。

【歜】㊀(촉) 屋 ㊁(잠) 感 ショク、サン、つけもの pickles ㄔㄨ ch'u⁴ 小篆 草書 ㊀크게성낼촉, 역정낼촉(怒也盛氣)。㊁창포김치잠(菖蒲葅昌ㅣ)。

【歕】(분) 元 願 フン、はく、ふく breathe out ㄆㄣ p'en¹ ㄆㄣ p'en⁴ 小篆 草書 ❶기운뿜을분(吹氣貌)。❷뿜을분(潠也)。(『噴』과 같음)

十四畫

【⿰㬎欠】(읍) 合 ゴウ、おろか stupid 어리석을읍(痴也)。

【歟】(여) 魚 ヨ、か、や doubt ㄩ yü² 小篆 草書 ❶그런가할여, 어조사여(疑辭)。❷아름답다할여(歎美辭)。(『與』와 通함)

十五畫

【歠】(철) 屑 セツ、すする、のむ guzzle ㄔㄨㄛ ch'uo⁴ 小篆 或體 草書 훅들이마실철(大飮)。〔屈原 漁父辭〕ㅣ其醨。

【⿰憂欠】(우) 尤 ユウ、なげく deplore ❶개탄할우、슬플우(慨歎貌)。❷가쁠우、기운역할우(氣逆)。

十七畫

【⿰毚欠】(참) 感 サン、わらう smile 웃을참(笑也)。

【⿰蘢欠】(축) 屋 シュク、くちをあわす kiss 小篆 입맞출축(接口)。

十八畫

【歡】(환) 寒 カン、よろこぶ joyful ㄏㄨㄢ huan¹ 小篆 草書 ❶기꺼울환、좋아할환(喜樂)。〔漢武帝 秋風

辭】中流與羣臣飮燕、ㅣ甚。❷친할환(親也)。【漢書 張耳傳】上使泄公持節問之、勞苦如平生ㅣ。❸기뻐할환(悅也)。【南史 劉慧斐傳】游於匡山、遇處士張孝秀、相得甚ㅣ。❹술이름환(ㅣ伯)。❺나무이름환(木名也)。(『懽·驩』과 通함)

【歜】㊀(엽) 葉 ヨウ、きがうごく be out of spirits (古音「첩」) ㊁(첩) 葉
㊀기운뜰엽(ㅣㅣ氣動貌)。 ㊁취할첩(取也)。

十九畫

【⿰䜌欠】㊀(란) 寒 ラン、あくび yawn ㊁(권) 霰
小篆 ㊀❶하품할란(欠也)。❷마음현혹될란(心惑貌)。㊁뜻은 ㊀과 같음。

止 部

【止】(지) 紙 シ、とまる stop ㄓˇ chih³
小篆 草書 ❶말지(已也)。❷그칠지(停也)。【老子】過客ㅣ。❸고요할지(靜也)。【禮記 玉藻】口容ㅣ。❹쉴지(息也)。【論語 子罕】ㅣ吾ㅣ也。❺살지(居也)。【大學】邦畿千里惟民所ㅣ。❻마음편할지(心安)。❼머무를지(留也)。【論語 微子】ㅣ子路宿。❽예절지(禮節)。【詩經 鄘風相鼠】人而無ㅣ。❾거동지(行儀)。【齊書】張欣泰著鹿皮冠衲衣世祖曰將家兒何敢作此擧ㅣ。❿이를지(至也)。⓫어조사지(語助辭)。【詩經 周頌良耜】百室盈ㅣ、婦子寧ㅣ。

一畫

【正】㊀(정) 庚 ㊁(정) 敬 セイ、ショウ、ただしい right; true; straight ㄓㄥ chêng¹ ㄓㄥˋ chêng⁴
小篆 古文 古文 草書 ㊀❶첫정、정월정(歲首)。【詩經】ㅣ月繁霜。❷과녁정(射侯畫布中)。【周禮】王三侯五ㅣ。❸남쪽창정(室向明處)。【詩經】噲噲其ㅣ。㊁❶바를정(方直不曲)。【孟子 公孫丑上】其冠不ㅣ、望望然去之。❷평할정(平也)。❸마땅할정(當也)。【大學】有所恐懼、則不得其ㅣ。❹정할정(定也)。【周禮天官宰夫】令羣吏ㅣ歲會。❺어른정(長也)。【左傳】翼九宗五ㅣ。❻떳떳할정(常也)。【詩經 曹風鳲鳩】ㅣ是四國。❼분별할정(分辨)。【論語 學而】就有道而ㅣ。❽질정할정(平質)。❾미리작정할정(預期)。【孟子 公孫丑上】必有事焉而勿ㅣ。❿살고기정(ㅣ肉)。⓫시우쇠정(ㅣ鐵)。

二畫

【此】(차) 紙 this ㄘˇ tz'ŭ³
小篆 草書 ❶그칠차(止也)。❷이차(彼之對)。【詩經 周頌振鷺】在彼無惡、在ㅣ無斁。

三畫

【步】(보) 遇 ホ、ブ、あるく walk; step ㄅㄨˋ pu⁴
小篆 草書 ❶걸음보、다닐보(徒行)。【書經】王朝ㅣ自周。❷두발자취보(倍跬)。【白虎通】人踐三尺法天地人再擧足ㅣ備陰陽。❸하나보、독보보(人才特出)。【晉書】江東獨ㅣ王文度。❹운수보(運也)。【詩經】國ㅣ蔑資。❺나루보(水際渡頭)。【述異記】上虞縣有石駝ㅣ吳江中有魚ㅣ龜ㅣ湘中有靈妃ㅣ。❻머리치장할보(首飾曰ㅣ搖)。

【⿰卂止】(신) 震 シン、まつ wait (for)
기다릴신(待也)。

四畫

【武】(무) 麌 虞 ム、ブ、つよい bravery; military ㄨˇ wu³
小篆 草書 ❶건장할무(健也)。❷위엄스러울무(威也)。【書經】乃ㅣ乃文。❸날랠무(勇也)。❹강할무(剛也)。❺자취무(迹也)。【詩經】履帝ㅣ敏。【禮】牛曰一元大ㅣ。❻이을무(繼也)。【詩經】下ㅣ維周。❼무단할무(ㅣ斷)。❽풍류이름무(樂名)。❾호반무(軍官虎班)。

【歧】(기) 支 キ、わかれみち crossroads ㄑㄧˊ ch'i²
草書 ❶두갈래길기(路二達)。【後漢書 張湛傳】麥穗兩ㅣ。❷둥둥떠다닐기(飛行貌)。【潘岳 笙賦】翾翾ㅣㅣ。(『岐』와 通함)

五畫

【⿰止支】(기) 支 キ、わかれみち forked road
갈림길기(岐路)。

【歩】(보)『步』(止部 3畫)의 俗字

【歪】(의) 佳 ワイ、ゆがむ aslant ㄨㄞ wai (或音「왜」)
草書 기울의、비뚤의(不正)。

【歫】(거) 語 キョ、とめる stop ㄐㄩˋ chü⁴
小篆 ❶그칠거(止也)。❷찌를거(搶也)。❸뛸거(超ㅣ)。❹어길거(違也)。❺이를거(至也)。❻겨룰거、막을거(抗也)。❼법거(法也)。(『距』와 通함)

六畫

【歬】(전)『前』(刀部 7畫)의 古字

【⿰止艮】(근)『跟』(足部 6畫)과 같음

【歭】(치) 紙 チ、ジ、ためらう hesitate ㄓˋ chih⁴

踖 小篆 書 草 ❶주저할치、머뭇거릴치(不進－躇)。❷겨룰치(抗也)。❸모을치(貯也)。〔詩經 費誓〕－乃粮糧。

【⿱止⿴凵目】(저) 御 チョ、もる fill
담을저(盛物於器)。(『著』의 古字)

七 畫

【⿱余止】(도) 虞 ト、とまる stay : stop
머무를도(止也)。

八 畫

【⿰止帚】(귀)『歸』(14止部)와 같음

【⿱止刖】(전)『剪』(9刀部)의 古字

【⿱止囟】(치)『齒』(0齒部)의 俗字

【⿰止卒】(취) 寘 スイ、まつ wait
기다릴취(待也)。

【⿱尚止】㊀(탱) 庚 トウ、ショウ、とめる、ただしい (古音「쟁」) ㊁(상) 漾 correct
小篆 ㊀뒤꿈치벗디딜탱(掌拒)。〔周禮〕維角－之。㊁바를상(正也)。(『撐·撐』과 같음)

九 畫

【歰】(삽) 緝 洽 シュウ、しぶい rough
小篆 ❶떫을삽(酸苦)。❷깔깔할삽(不滑)。❸돌담무늬삽(墻疊石成文－浪)。(『澁·澀』과 같음)

【⿰止重】(종)『踵』(9足部)과 같음

【歲】(세) 霽 セイ、サイ、とし year; age ムㄨㄟ suei
小篆 草書 ❶해세(年也)。〔史記 孔子世家〕孔子居陳三－。❷곡식익을세(年穀之成)。❸돐세、일년세(周年)。〔韓愈上張僕射書〕－九遷其官。❹새해세(新年)。〔雜纂新續 冷淡〕元旦早晨賀－。❺풍년세(豊也)。〔左傳 昭公三十二年〕越得－。❻별이름세(星名)。〔十八史略太古〕－起攝提。❼절후세(時候)。❽나이세(年齡)。❾세월세(光陰)。

【⿱止首】(잡) 洽 コウ、とまる stop
머무를잡、그칠잡(止也)。

十 畫

【⿰止臭】(후) 尤 キュウ、いき take a rest
❶쉴후(休息)。❷숨후(息也)。

十一 畫

【⿰止責】(적) 陌 サク、ととのう right
바를적(正齊)。

十二 畫

【歷】(력) 錫 レキ、へる、すぎる pass; story
小篆 草書 ❶겪을력、지낼력(過也)。〔谷永論神怪〕曠日－年。❷전할력(傳也)。❸지날력、차례력(次也)。〔禮記 月令〕季冬命宰、－卿大夫至於庶民。❹다할력(盡也)。〔書經 盤庚〕－告爾百姓于朕志。❺넘을력(踰越)。〔孟子 離婁下〕不－位而相與言。❻다닐력(行也)。〔賈誼弔屈原賦〕－九州、而相其君兮。❼가마력(釜鬲)。〔史記〕銅－爲棺。❽고요할력(靜也)。〔張說詩〕空山寂－道心生。❾문채가날력(文章貌)。❿줄로설력、나란히설력(行列貌)。〔古樂府〕－－種白楡。❿역력할력(明也)。(『曆·靂』과 통함)

十三 畫

【⿰止喬】(각)(교)『蹻』(12足部)와 같음

【⿰止著】(저)(착)『躇』(13足部)와 같음

【⿱辟止】(벽)『躄』(13足部)과 같음

十四 畫

【歸】㊀(귀) 微 キ、かえる return ㄎㄨㄟ k'uei⁴ ㊁(궤) 寘 ㄍㄨㄟ kuei⁴
小篆 小篆 草書 ㊀❶돌아올귀、돌아갈귀(還也)。〔詩經〕薄言旋－。❷돌려보낼귀(還所取之物)。〔朱熹 論語序說〕齊人－魯侵地。❸던질귀(投也)。〔左傳〕請－死于司敗。❹붙좇을귀(附也)。〔穀梁傳〕王者民之所－往也。❺허락할귀(許也)。〔論語 顏淵〕天下－仁焉。❻시집갈귀(嫁也)。〔詩經 周南桃夭〕之子于－。❼사물의끝귀。〔易經 繫辭〕同－而殊塗。❽괘이름귀(卦名)。(『皈·歸』와 같음) ㊁먹일궤(餉也)。〔論語 陽貨〕－孔子豚。(『饋』와 같음)

【⿰止歲】(귀) 未 キ、きずつける be hurt
상할귀(傷也)。

十八 畫

【⿸厤止】(력) 錫 レキ、つむ pile up
쌓을력(積也)。

歹 部

【歹】㊀(알) 曷 ガツ、タイ、もとる ㊁(대) 賄 act contrary to ㄉㄞˇ tai³
小篆 草書 ㊀❶뼈앙상할알(剔肉置骨)。❷잔골알、살발린뼈알(殘骨)。(『歺』과 같음) ㊁❶못쓸대、좋지않을대(不好)。❷거스릴대(逆也)。❸괴악할대(惡也)。(『歹』와 같음)

【⿱丂夕】(대)『歹』(前條)와 같음

【歺】(알)『歹』(前前條)과 같음

二 畫

【⿰歹人】(사)『死』(前條)와 같음

三畫

【殀】(체) 圖 テイ、つかれる (be) tired
❶고달플체(極疲)。❷헐떡거릴체(喘也)。

【⿰歹丂】(후) 有 キュウ、くちる decay
小篆 或體 草書 ❶저밀후、베일후、쪼갤후(劉也)。〔列子〕楚南有炎人國其親戚死ー其肉棄之然後瘞其骨。❷썩을후(朽也)。(『朽』와 같음)

【死】(사) 紙 シ、しぬ die; death ㄙˇ ssŭ³
小篆 古文 草書 ❶죽을사(澌精氣窮)。〔莊子〕人之生氣之聚也聚則爲生散則爲ー。❷끊일사(絶也)。〔中庸〕衽金革、ー而不厭。❸마칠사(終也)。❹다할사(盡也)。❺기운흩어질사(氣散)。❻위태할사(危險)。❼나라이름사(國名)。

【⿰歹乞】(흘) 質 ギツ、ながれる flow
흐를흘(流也)。

四畫

【⿰歹斤】(설) 屑 セツ、わかじに die yong
❶일찍죽을설(夭死)。❷단수할설(短折)。

【歾】㊀(몰) 月 ㊁(흘) 吻 つきる、しぬ expire; die ㄇㄛˋ mo⁴
小篆 草書 ㊀❶마칠몰(終也)。〔左傳〕叔詹曰楚王其不ー乎。❷죽을몰(死也)。❸천천히할몰(舒緩貌)。(『歿・沒』과 같음) ㊁다할흘(盡也)。〔太玄經〕詘其節執其術共ー。(『𣨛』과 같음)

【歿】(몰) 月 ボツ、しぬ expire; die ㄇㄛˋ mo⁴
小篆 ❶죽을몰(死也)。❷천천할몰(舒緩貌)。

【殀】(요) 篠 ヨウ、わかじに early death ㄧㄠˇ yao³
草書 ❶단명할요、요사할요(壽之反短折)。〔孟子 盡心上〕ー壽不貳。❷끊을요(斷殺)。〔禮記 王制〕不ー夭。(『夭』와 같음)

【⿰歹内】(눌) 月 ドツ、みだれる nervous
심란할눌(心亂殟ー)。

【⿰歹凶】(흉)『凶』(凵部2畫)과 같음

【⿰歹月】(잔) 寒 サン、くいあまり remnant of food
小篆 或體 짐승먹던 찌꺼기잔(殘也)。(『殘』과 통함)

五畫

【⿰歹札】(찰) 黠 サツ、えやみ serious disease
모진병찰、염병찰(癘疾)。

【殂】(조) 虞 die ㄘㄨˊ ts'u²
小篆 古文 草書 죽을조(往死ー落)。

【殃】(앙) 陽 オウ、わざわい misfortune ㄧㄤ yang¹
小篆 草書 ❶허물앙(咎也)。❷재앙앙(禍也)。〔書經〕作不善降之百ー。❸벌내릴앙(罰也)。〔孟子 告子下〕ー民者、不容於堯舜之世。(『𥛛』과 같음)

【⿰歹民】(면) 銑 メン、あわれむ pity
불쌍히여길면(矜也)。

【殄】(진) 銑 テン、つきる exhaust ㄊㄧㄢˇ t'ien³
小篆 古文 草書 ❶다할진(盡也)。❷끊을진(絶也)。❸멸할진(滅也)。❹착할진(善也)。

【⿰歹尔】(진)『殄』(歹部5畫)의 略字

【殅】(생) 庚 セイ、よみがえる resuscitate rise from the dead
죽었다살아날생(死而更生)。

【⿰歹冬】(종)『終』(糸部5畫)의 古字

【⿰歹皮】㊀(피) 支 ㊁(피) 紙 ヒ、おる dissect
㊀살찢어버릴피(開肉解剖)。㊁가지꺾을피(枝折)。(『披』와 통함)

【⿰歹乍】(조)『殂』(歹部5畫)의 古字

【殆】(태) 賄 タイ、あやうい near: danger
小篆 草書 ❶위태할태(危也)。〔論語 爲政〕多見闕ー。❷가까이할태(近也)。〔詩經 小雅節南山〕無小人ー。❸자못태(幾也)。〔漢書 李夫人傳〕夫人病甚、ー將不起。❹비롯할태(始也)。〔詩經〕ー及公子同歸。❺장차태(將也)。

【⿰歹句】(후)『⿰歹丂』(歹部2畫)의 俗字
(순)『殉』(歹部6畫)의 譌字

六畫

【⿰歹各】(락) 藥 ラク、にわかじに die suddenly
갑자기죽을락(卒死殂ー)。

【殈】(혁) 錫 ケキ、さける chapped egg ㄒㄩˋ hsü⁴
草書 알터질혁(卵裂)。

【⿰歹先】(승) 蒸 迥 ショウ、しにかかる swoon
까무러칠승(欲死貌)。

【⿰歹肉】(잔)『⿰歹月』(歹部4畫)의 本字

【殉】(순) 震 ジュン、おいじに die for ㄒㄩㄣˋ hsün⁴
草書 ❶죽은사람을따라죽을순(以人從葬)。〔禮記〕ー葬非禮也。❷구할순(求也)。〔書經〕ー于貨色。❸경영할순(營也)。❹좇을순(從也)。

【殄】(면) 銑 ベン、あわれむ pitiful
불쌍할면(矜也)。

【殊】(수) 虞 シュ、ころす、ことに die; special ㄕㄨ shu¹
小篆 草書 ❶죽을수(死也)。【漢令】蠻夷長有罪當ㅣ之。❷베일수(誅也)。❸끊어질수(絶也)。【左傳 昭公二十三年】斷其後之木、而弗ㅣ。❹다를수(異也)。【易經 繫辭】天下同歸而ㅣ塗。❺상할수(傷也)。【史記 蘇秦傳】ㅣ而走。❻지나갈수(過去)。【後漢書 梁竦傳】母氏年ㅣ七十。❼어조사수(語助辭)。

【殉】(례) 霽 レイ、やむ be ill
앓을례(病也)。

【残】(잔)『殘』(歹部 8畫)의 略字

【殩】(란) 翰 ラン、しにかかる faint
까무러칠란(臨死神迷)。

七畫

【殍】(뢰) 泰 ライ、やむ sick
앓을뢰(病也)。

【殌】㊀(결) 月 ケツ、しぬ ㊁(경) 庚 die
㊀죽을결(死也)。㊁뜻은 ㊀과 같음。

【殍】(표) 篠 ヒョウ、フ、うえじに starve to death ㄆㄧㄠˇ p'iao³
草書 굶어죽을표(餓死)。【鹽鐵論 水旱】野有餓ㅣ。(『莩』와 통함)

【殑】(형) 庚 ケイ、ふくれる swell up
부을형(腫也)。

【殏】(구) 尤 キュウ、おわる finish
❶마칠구(終也)。❷죽을구(死也)。

【殐】(곡) 屋 コク、しをおそれる be afraid of dying
죽기를겁낼곡(臨死畏㥘)。

【殐】(속) 屋 ソク、されぼね preserved from decay after death
죽어썩지않을속(殭也)。

【殑】(긍) 蒸 キョウ、しにかかる swoon ㄑㄧㄥˊ ch'ing²
❶귀신나올긍(鬼出也)。❷죽으려할긍(欲死貌)。

八畫

【殀】(요) 蕭 ヨウ、そこなう hurt; injure
해할요(害也)。

【殘】(위) 支 イ、しぼむ wither ㄨㄟ wei¹
小篆 ❶말라죽을위、시들위(枯死)。❷병들위(病也)。

【殜】(엽)『殗』(歹部 9畫)의 俗字

【殔】(이) 寘 イ、うめる bury
小篆 묻을이(假葬於道側)。

【殚】(졸) 月 シュツ、しぬ die
小篆 ❶죽을졸(死也)。❷마칠졸(終也)。(『卒』과 통함)

【殏】(어) 語 オ、かれじに wither
말라죽을어(枯死)。

【殜】(심) 沁 シン、かれる wither
초목이시들어죽을심(草木萎死)。

【殕】㊀(부) 有 フ、ボク、くさる ㊁(무) 麌 decay ㊂(복) 屋 ㄅㄛˊ po²
草書 ㊀썩을부(腐也)。㊁곰을무、곰팡이날무(物腐生黴)。㊂죽을복(斃也)。

【殭】(강) 漾 キョウ、しがい corpse
시체강、송장강(屍體)。

【殖】(식) 職 ショク、ふやす prosper ㄓˊ chih²
小篆 草書 ❶날식(生也)。❷심을식(種也)。【書經】兆民允ㅣ。❸성할식、불을식(蕃也)。【魯語】同姓不婚惡不ㅣ也。❹많아질식(增也)。【漢書 董仲舒傳】羣生和而萬民ㅣ。❺자라날식(長也)。【左傳】內官不及同姓其生不ㅣ。❻세울식(立也)。【國語 周語】以ㅣ義方。❼반듯할식(平也)。【詩經 小雅斯干】ㅣㅣ其庭。❽불릴식(興生財利)。

【殏】(기) 支 キ、すてる throw
小篆 ❶버릴기(棄也)。❷죽을기(死曰殏)。

【殙】(혼) 元 コン、くらい unconcious ㄏㄨㄣ huen¹
小篆 小篆 ❶흐리멍덩할혼、혼미할혼(心不明了)。❷아찔할혼(瞀也)。❸어려서죽을혼(未立名而死)。❹불쌍할혼(矜也)。(『惛』과 같음)

【殗】㊀(업) 葉 ヨウ、エン、やむ be taken ill ㊁(엄) 鹽 ㄧㄝ yeh⁴
草書 ㊀❶병들업(病也)。❷병심하지않을업(病而不甚ㅣ殜)。❸나무잎빽빽할업。㊁죽을엄(殁也)。

【殘】(잔) 寒 ザン、そこなう、のこる injure; remainder ㄘㄢˊ ts'an²
小篆 ❶쇠잔할잔(凋傷)。【史記 樊噲傳】ㅣ東垣。❷해할잔(害也)。【孟子 梁惠王下】是上漫而ㅣ下也。❸나머지잔(餘也)。

九畫

【殫】(란) 翰 ラン、くさる break
❶깨뜨릴란(研壞)。❷썩을란(腐也)。

【殙】(혼)『殙』(歹部 8畫)의 本字

【殛】(극) 職 キョク、ころす condemn to exile ㄐㄧˊ chi²
小篆 草書 ❶귀양보낼극(誅責)。【書經 舜典】ㅣ鯀于羽山。❷귀양가서죽을극(斥死)。❸죽일극(殺

【𣩁】(외) 賄 ワイ、おとえる lose one's senses
정신모를외(不知人事ㅣ痿)。

【殜】(엽) 葉 ヨウ、やむ fall ill ㄧㄝ yeh⁴
❶병들엽(羅病)。❷쇠할엽(衰也)。❸비비듯하고앉을엽(半臥半起)。

【𣨸】(훼) 隊 カイ、やみつかれる get tired
피곤할훼(疲困)。

【𣩂】(언)『唁』(口部 7畫)과 같음

十畫

【𣩈】(개) 灰 ガイ、はらごもり conceive the first child
小篆 ❶첫아이밸개(朕胎)。❷양죽여태끄집어낼개(殺羊取胎)。

【殞】(운) 軫 イン、しぬ die ㄩㄣˇ yün³
草書 ❶죽을운(歿也)。❷떨어질운(落也)。〔潘岳 秋興賦〕槁葉夕ㅣ。

【殟】㊀(올) 月 ㊁(온) 元 オン、おちつかない have an abortion
小篆 ㊀❶낙태할올(落胎)。❷심란할올(心亂)。❸천천할올(舒緩貌)。㊁❶병들온(病也)。❷극진할온(極也)。

【𣩡】(재) 賄 サイ、ほろびる perisk
멸망할재(滅也)。

【𣩎】(회) 賄 カイ、おろか foolish
어리석을회(愚也)。

【殠】(추) 宥 シュウ、くさったにおい decayed stink ㄒㄧㄡˋ he
小篆 草書 썩은 냄새추(腐氣)。(『臭』와 通함)

十一畫

【殢】㊀(체) 霽 ㊁(혜) 霽 テイ、つかれる be languid
㊀느른할체(極困)。㊁막힐 혜(滯也)。

【殣】(근) 震 キン、うえじに starve to death ㄐㄧㄣˇ chin³·⁴
小篆 草書 ❶굶어죽을근(餓死)。〔左傳 昭公三年〕道ㅣ相望。❷묻을근(埋也)。(『覲』과 통함)

【𣩳】(최) 隊 サイ、こわれる be broken
깨질최(破也)。

【殤】(상) 陽 ショウ、わかじに die young ㄕㄤ shang¹
小篆 草書 어려서죽을상(未成人喪)。〔禮記〕年十六至十九死爲長ㅣ 十二至十五爲中ㅣ八歲至十一歲爲下ㅣ。

【𣩊】(지) 寘 シ、やむ fall ill
❶병들지(病也)。❷짐승죽을지(獸死)。

【𣩱】(소) 嘯 ソ、ただれる burn oneself
불에데일소(爛也)。

【殥】(인) 眞 イン、とおい distant
草書 멀인(遠也)。

十二畫

【殧】㊀(축) 屋 ㊁(추) 宥 シュク、しぬ finish
㊀마칠축(終也)。㊁죽을추、끊어질추(殄也)。

【殨】(궤) 隊 カイ、ただれる (of a swelling) burst (本音「회」)
小篆 ❶종기터질궤(腫決)。❷물크러질궤(爛也)。

【𣩚】(세) 泰 サイ、やせるやまい disease (古音「최」)
파리한병세、마르는병세(瘦病)。

【殪】(에) 霽 エイ、たおれる、しぬ kill
小篆 古文 草書 ❶죽을에(死也)。〔左傳〕鄭伯禦戎前後擊之盡ㅣ。❷죽여없앨에(殄絕)。〔詩經 小雅吉日〕ㅣ此大兕。

【殫】(탄) 寒 タン、つきる entirely ㄉㄢ tan¹
小篆 草書 다할탄(盡也)。〔李華 弔古戰場文〕財ㅣ力痛。(『單』과 같음)

十三畫

【殬】(두) 遇 ト、やぶれる defeat
小篆 小篆 草書 패할두(敗也)。〔書經〕彝倫攸ㅣ。

【殭】(강) 陽 キョウ、たおれる dead ㄐㄧㄤ chiang¹
草書 ❶죽어썩지않을강(死而不朽)。❷마른누에강(ㅣ蠶)。

【𣩯】(업) 葉 ヨウ、やむ sick
앓을업(病也)。

【殮】(렴) 豔 レン、おさめる shroud
❶염할렴(着衣于屍)。❷빈소할렴(殯也)。(『斂』과 通함)

十四畫

【殯】(빈) 震 ヒン、かりもがり shrouding ㄅㄧㄣ pin⁴
小篆 草書 ❶염할빈(殮也)。〔史記 孔子世家〕孔子母死、乃ㅣ五父之衢。❷빈소빈(死在棺將遷葬柩賓遇之)。〔禮記〕孔子曰夏后氏ㅣ於東階之上殷人ㅣ於兩楹之閒與賓主夾之也。❸상여소리빈(送葬歌)。

【𣩵】(강) 養 キョウ、たおれる fall(on one's back)
자빠질강、넘어질강(仆也)。

十五畫

【殰】(독) 屋 トク、りゅうさん abortion ㄉㄨˊ tu²
小篆 草書 낙태할독(殤胎)。(『䙱』과 같음)

十六畫

【瀝】(력) 錫 レキ、まさにしぬ nearly died
거의죽으려할력(幾至死境)。

十七畫

【殱】(란) 翰 ラン、ただれる soften to burst
물러터질란(爛敗)。

【殲】(섬) 鹽 セン、つきる destroy
(小篆)(草書) ❶다할섬(盡也)。〔春秋 莊公十七年〕齊人ㅣ於遂。❷멸할섬(滅也)。〔書經〕ㅣ厥渠魁。

十九畫

【𣩵】(라) 箇 ラ かちくのえきびょう (of cattle) sick
(小篆)(小篆) 병들라(畜産疫病)。

殳 部

【殳】(수) 虞 シュ、ほこ spear ㄕㄨ shu¹
(小篆)(草書) ❶칠수(擊也)。❷날없는창수(兵器無刃戟)。〔周禮註〕五兵者戈ㅣ戟酋矛夷矛。〔詩經〕伯也執ㅣ。(『杸』와 같음)

殳 (圖器禮)

四畫

【㱽】㊀(담) 感 ㊁(금) 侵 タン、キン、とどめる strike upwards
(小篆) ㊀칩떠칠담(下擊上)。㊁❶다스릴금(治也)。❷금할금(禁也)。❸제어할금(制也)。

五畫

【殴】(구)『毆』(11畫殳部)의 略字

【段】(단) 翰 タン、ダン、わける、しきり step; stairs ㄉㄨㄢ tuan⁴
(小篆)(草書) ❶가릴단, 고를단(推物)。❷조각단(分片)。❸층단(階也)。〔張衡詩〕美人贈我錦繡ㅣ。❹성단(姓也)。

六畫

【㱿】(각)『殼』(8畫殳部)과 같음

【殷】㊀(은) 文 ㊁(은) 吻 ㊂(안) 刪 イン、アン、さかん、おおきい abundant ㄧㄣ yin¹ ㄧㄣ yin³
(小篆)(草書) ㊀❶많을은, 무리은(衆也)。〔詩經〕ㅣ其盈矣。❷클은(大也)。〔莊子〕翼ㅣ不逝目大不覩。❸가운데은(中也)。〔書經〕日中星鳥以ㅣ仲春。❹은나라은(成湯國號)。㊁❶융성할은(盛貌)。〔史記〕鞠鞠ㅣㅣ若有三軍之衆。❷천둥소리은(雷發聲)。〔詩經〕ㅣ其雷在南山之陽。㊂검붉을안(黑赤色)。

【殺】(살)『殺』(7畫殳部)의 俗字

七畫

【殶】(두) 尤 トウ、なげる fly off
(小篆) 멀리칠두(遠而擊)。

【㲀】(진) 眞 シン、うつ jump for joy
❶뛰며기뻐할진, 소스라쳐기뻐할진(躍而喜貌)。❷칠진(擊也)。

【殸】(성)『聲』(11畫耳部)의 古字

【殺】㊀(살) 黠 ㊁(쇄) 卦 ㊂(시) 寘 サツ、サイ、ころす kill ㄕㄚ sha¹ ㄕㄞ shai⁴
(小篆)(古文)(古文)(古文)(古文)(古文)(古文)(草書) ㊀❶죽일살(戮也)。〔春秋〕隕霜不ㅣ草。〔左傳〕始ㅣ而嘗。❷살촉살(矢鏃)。〔周禮〕ㅣ矢用諸近射田獵。❸어수선할살, 흩어질살(散貌)。〔史記〕望之ㅣ然黃。❹늘어질살(垂貌)。〔東京賦〕飛流蘇之騷ㅣ。㊁❶내릴쇄(降也)。❷감할쇄(減也)。〔禮記〕其哀心感者其聲噍以ㅣ。❸빠를쇄(疾也)。❹옷에무어댈쇄(剪縫)。〔論語〕非帷裳必ㅣ之。❺널하모막이쇄(韜尸之具上曰質下曰ㅣ)。〔儀禮〕㮕ㅣ掩足。㊂죽일시(弑也)。

【殹】(예) 霽 齊 エイ、うちあたるこえ sound interceptively
(小篆) 소리마주칠예(聲相應)。

八畫

【㲄】(등) 庚 トウ、おす push
❶밀등(推也)。❷부딪칠등(揬也)。

【㲂】(구) 宥 キュウ、かがめる bend
(小篆) ❶구푸릴구(屈也)。❷삼갈구(謹也)。❸굴복할구(屈服)。❹세게칠구(强擊)。

【殼】(각) 覺 カク、から shell; skin ㄎㄜ kʻe² ㄑㄩㄝ chʻüeh⁴
(小篆)(草書) ❶껍질각(皮甲)。〔白居易詩〕乳氣初離ㅣ。❷내리칠각(打也)。〔左傳 哀公二十五年〕君將ㅣ之。❸본디각(素也)。❹바탕각(物之質)。

【殽】(효) 肴 コウ、まじる mixed; confused ㄧㄠ yao²
(小篆)(草書) ❶섞일효(相雜錯)。〔漢書〕鑄作錢布皆用銅ㅣ以連錫。❷어지러울효(亂也)。〔漢書〕賢不肖溷ㅣ。❸마른안주효(豆實)。〔詩經〕ㅣ核維旅。❹진안주효(俎實)。〔詩經〕爾ㅣ既將。(『肴·淆』와 같음)

九畫

【𣪘】(준) 震 シュン、つむ ram
쌓을준, 다질준(築也)。

【殿】(전) 霰 テン、デン、との palace

小篆 草書 ❶대궐전、전각전(宸居宮ー)。【史記】秦始皇始作ー。❷후군전(後軍)。【左傳】析公奔晋晋人寘之戎車之ー以爲謀主。❸적은공전(下功)。【漢書】丞相御史課ー最之間。❹공공거릴전(ー屎呻也)。【詩經】民之方ー屎。❺진정할전(鎭定)。【詩經】ー天子之邦。

【毁】(훼) 紙 キ、こわれる ruin; destroy
小篆 古文 草書 ❶헐훼、무너질훼(壞也)。【詩經】無ー我室。❷헐담할훼(訾也)。【論語】誰ー誰譽。❸이갈훼(小兒去齒)。【白虎通】男八歲ー齒。❹상제얼굴파리할훼(瘠也)。【禮記】居喪之禮ー瘠不形。❺헐어질훼(非自壞而隳ー之)。

【毂】(각)(격)『殼』(殳部10畫)의 譌字

十 畫

【[宮殳]】(동) 冬 トウ、うつおと resonant sound
小篆 쿵쿵울리는 소리동(擊空之聲)。

【毃】(각) 覺 カク、たたく deal blows to help
小篆 草書 ❶머리칠각(擊頭)。【左傳】邾莊公與夷射姑飮酒私出闇乞肉焉奪之杖以ー之。❷결매로칠각(橫擿)。(『敲』와 통함)

【毄】㊀(격) ㊁(각) 錫 ゲキ、あたる dash against
小篆 草書 ㊀❶맞부딪치는소리격、충돌할격(相擊聲)。❷물리칠격、떨칠격(拂也)。❸창격(戈戟類ー兵)。(『擊』과 통함) ㊁애쓸각(勤苦用力)。(『喫』과 같음)

十一畫

【毅】(의) 未 キ、つよい firm ㄧˋ i⁴
小篆 小篆 草書 ❶굳셀의(果敢)。【書經】擾而ー。【論語】剛ー木訥近仁。❷성발끈낼의(妄怒)。

【毆】(구) 有 オウ、たたく beat ㄡ ou¹ (本音「우」)
小篆 草書 쥐어박을구(捶擊)。

十二畫

【[丵殳]】(착) 藥 サク、うがつ bore
뚫을착、팔착(穿也)。(『鑿』와 같음)

【毇】(훼) 紙 キ、こめつき clean rice
小篆 쌀쓿을훼、정미할훼(精米)。【淮南子】作粲食不ー。

【毈】(단) 翰 タン、すもり addled egg ㄉㄨㄢˋ tuan⁴
小篆 草書 알곪아까지못할단(卵壞不孚)。

【毊】(소) 蕭 ショウ、がくき music
풍류소(舜樂大ー)。(『韶』와 같음)

十三畫

【㲉】(각) 覺 カク、たまご egg
草書 ❶새알각(鳥卵)。【東晳近遊錄】貫鷄ー于歲首。❷알깔각(卵孵)。

十四畫

【[殸寸]】(수) 尤 シュウ、うつ strike
칠수(擊也)。

【[殸巠]】(갱) 庚 コウ、キョウ、ちかつけない be not near
가까이못할갱、멀리할갱(不可近)。

【毉】(의)『醫』(酉部11畫)(예)『翳』(羽部11畫)와 같음

十五畫

【[殸臭]】(예) 霽 エイ、うつくしい beautiful
아름다울예(美也)。

毋 部

【毋】㊀(무) 虞 ㊁(무) 尤 ブ、ム、なかれ no; not ㄨ wu²
小篆 草書 ㊀❶말무(止之)。❷없을무(莫也)。【禮記】ー不敬。❸말게할무(禁之勿爲辭)。❹땅이름무(地名寗ー)。(『無』와 통함) ㊁관이름무(夏后冠ー追)。

【毌】(관) 翰 カン、つらぬく penetrate ㄍㄨㄢˋ kuan⁴
小篆 草書 ❶꿸관(貫也)。❷땅이름관(地名ー丘)。❸성관(魏人複姓ー丘儉)。(『貫』과 통함)

一 畫

【母】(모) 有 ボ、モ、はは mother (本音「무」) ㄇㄨˇ mu³
小篆 草書 ❶어미모、어머니모(父之配)。【詩經】ー兮鞠我。【書經】惟天地萬物父ー。❷장모모(妻ー)。❸암컷모(禽獸之牝)。❹모체모(ー體)。

三 畫

【每】㊀(매) 賄 ㊁(매) 隊 マイ、つねに、しきり every; each ㄇㄟˇ mei³
小篆 草書 ㊀❶매양매、늘매、일상매(常也)。❷각각매(各也)。❸무릇매(凡也)。【詩經】ー懷靡及。❹비록매(雖也)。【詩經】ー有良朋。❺탐할매(貪也)。【漢書】衆庶ー生。❻여러번매(屢也)。㊁❶셀매(數也)。❷좋은밭매(美田)。【左傳】元田ーー。❸풀더부룩할매(草盛貌)。

【毐】(애) 賄 アイ、みだら lewed
小篆 草書 음란할애(人無行嫪ー)。「秦人以淫坐誅故世罵淫曰嫪ー」。(『娭』의 古字)

四 畫

【毒】(독) 沃 ドク、どく poison;evil ㄉㄨˊ tu²
小篆 古 古文 草書 ❶독할독、악할독(惡也)。【書經】惟汝自生ㅡ。❷해할독(害也)。❸아플독(痛也)。❹괴로울독(苦也)。【詩經】寧爲荼ㅡ。❺한할독(恨也)。【後漢書】令人憤ㅡ。❻미워할독(憎也)。❼기를독(育也)。【道德經】亭之ㅡ之。【註】亭ㅡ化育也。❽나라이름독(國名)。

十 畫

【毓】(육) 屋 イク そだつ breed
草書 ❶기를육(養也)。❷어릴육(稚也)。【周禮】以九職任萬民二曰田園ㅡ草木。❸많을육(盛多)。【蜀道賦】密房郁ㅡ被其阜。(『育』과 같음)

比 部

【比】㊀(비) 支 ㊁(비) 紙 ㊂(비) 寘 ㊃(필) 質 ヒ、くらべる compare ㄅㄧˋ pi⁴ ㄅㄧˇ pi³
小篆 古文 草書 ㊀❶고를비(和也)。❷아우를비(ㅡ鄰並也)。【杜甫詩】不敎鵜鶘惱ㅡ鄰。❸차례비(次也)。❹범의가죽비(虎皮)。【左傳】蒙皐ㅡ皮而先犯之後人以爲講席。❺혁대갈구리비(胡革帶鉤)。【戰國策】胡服黃金師ㅡ。㊁❶비교할비(較也)。【齊語】ㅡ校民之有道者。❷무리비(類也)。❸의방할비(方也)。【禮記】ㅡ物醜類。❹견줄비(ㅡ例)。【禮記】必察大小之ㅡ以成之。㊂❶빽빽할비(密也)。【詩經】其ㅡ如櫛。❷미칠비(及也)。【詩經】ㅡ于文王。❸기다릴비(待也)。❹무리비(黨也)。【書經】人無有ㅡ德。❺편벽될비(偏也)。【論語】君子周而不ㅡ。❻가까울비(近也)。❼가지런할비(齊也)。【詩經】ㅡ物四驪。❽좇을비(從也)。【論語】義之與ㅡ。❾오늬비(矢括)。【周禮】矢人爲矢夾其陰陽以設其ㅡ 夾其ㅡ以設其羽。❿자주비(頻也)。【禮記】ㅡ年一小聘。⓫빗비(ㅡ余櫛具)。【史記】漢文帝遺單于ㅡ余。㊃차례필(櫛ㅡ次也)。【顧況持斧章】櫛之斯密如鱗櫛ㅡ。

五 畫

【毖】(비) 寘 ヒ、つつしむ take care ㄅㄧˋ pi⁴
小篆 草書 ❶삼갈비(愼也)。【詩經】予其懲而ㅡ後患。❷수고로울비(勞也)。【書經】無ㅡ于恤。❸샘물졸졸흐를비(泉流貌)。【詩經】ㅡ彼泉水亦流于淇。

【毗】(비) 支 ヒ、あつい thick ㄆㄧˊ p'i²
小篆 草書 ❶밝을비(明也)。❷두터울비(厚也)。【詩經】天子是ㅡ。❸도울비(輔也、助也)。【莊子】人大喜邪ㅡ於陽大怒邪ㅡ於陰。❹몸굽신거릴비(體柔)。【詩經】無爲夸ㅡ。❺혁대갈구리비(革帶鉤犀ㅡ)。

【毘】(비)『毗』(前條)와 같음

九 畫

【㲋】(결) 屑 ケツ、けだもののな a marten
小篆 담비결(貉也)。

十三畫

【毚】(참) 咸 サン、はしこい sly ㄔㄢˊ ch'an²
小篆 草書 ❶약은토끼참(狡兎)。❷나무이름참(樹名咸檀)。

二十三畫

【𣬛】(박) 陌 ハク、はやい speedy ; swift
빠를박(疾也)。

毛 部

【毛】(모) 豪 モウ、け、けもの hair; fur ㄇㄠˊ mao²
小篆 草書 ❶터럭모、털모(眉髮之屬毫也)。【詩經】不屬于ㅡ。❷나이차례모(序齒)。❸반쯤셀모(二ㅡ髮班白)。【禮記】古之征伐者不獲二ㅡ。❹풀모(草也)。【左傳】澗溪沼沚之ㅡ。【出師表】深入不ㅡ。❺되할모(去ㅡ)。【詩經】ㅡ炰胾羹。❻양모(羊也)。【禮記】羊曰柔ㅡ。❼떼모(莎草)。

二 畫

【毜】(녕) 徑 ジョウ、いぬのけ dog's hair
개털녕(犬毛)。

四 畫

【毝】(분) 文 フン、けがおちる (of hairs) fall out
털빠질분(毛落)。

【毰】(지) 支 シ、けおりもの woolen fabrics
❶털로짠베지(毛織)。❷가벼운털지(輕毛)。

【毜】(삽) 合 ケ、まつげがながい long-eyelashed
속눈썹길삽(目睫長貌)。

【毞】(표) 豪 ホウ、けだつ (of hairs) stand
❶털우수수하게일어날표(毛起貌)。❷가벼울표(輕也)。

【毟】(모)〔日字〕むしる pluck
草書 뜯을모(拔引取)。

五 畫

【𣭊】(초) 蕭 チョウ、とりのおのはね tail of a bird
❶새꼬리초(鳥尾翹毛)。❷깃이나쁠초(羽惡貌)。

【𣭂】(령) 青 レイ、こんがらかっている (of fur or wool) entangle 털엉킬령(毛結不理)。

【毠】(가) 麻 カ、けごろも woolen clothes 털옷가、모의가(毛衣)。

【毪】(무) 宥 ボウ、けぶかい dense-haired 털많이날무(毛密貌)。

【毢】(택) 陌 タク、うぶけ newly-grown hairs 갓난털택、솜털택(初生毛)。

【毡】(전)『氈』(13畫 毛部)의 俗字

【毞】(비)『紕』(4畫 糸部)과 같음

【毩】(구) 虞 ク、けむしろ blanket 담요구、담자리구(毛毯)。

六畫

【毣】(목) 屋 ボク、うるわしい soft
草書 ❶털젖을목(毛濕)。❷함함할목(美好貌)。❸곰곰히생각할목(思貌)。【漢書】願賜數刻之間極竭－－之思。❹바람휘휘불목(風貌)。【柳宗元錄】台人既辭去舟回如飛但覺風－－而過。

【𦑣】(목)『毣』(前條)과 같음

【毤】㊀(타) 箇 タ、エツ、ぬけげ ㊁(열) 屑 moult ㊀털바꿀타(羽毛解脫)。【管子】文皮－

【毦】(이) 寘 ジ、けかざり tassel
小篆 草書 ❶삭모이、투구치장이(兜上飾)。【後漢書】金銀鬪－施於犬馬。❷깃과털로꾸밀이(羽毛飾)。❸모직물이(毛織物)。❹머리틀이(結毛爲飾)。❺먼지떨이이(拂名)。【晉東宮舊事】太子納妃有白－拂二枚。❻비단이름이(錦名、兜羅－)。

【毧】(융) 東 ㄖㄨㄥˊ jung^{2} down 솜털융、가는털융(細毛)。

【毨】(선) 銑 セン、ととのう even
小篆 小篆 草書 털다시나서고를선(毛落更生整齊)。【書經】鳥獸毛－。

七畫

【毫】(호) 豪 ゴウ、ほそげ ㄏㄠˊ hao^{2} long hair
草書 ❶긴털끝호(長銳毛)。【道德經】合抱之木生於－末。【孟子】明足以察秋－之末。❷호호(數名、十絲)。【禮經解】差若－釐謬以千里。❸붓호(筆也)。【陸機文賦】或含－而渺然。❹조금호(少也)。❺가는호(細也)。(『豪』와 통함)

【毬】(구) 尤 キュウ、まり、たま ㄑㄧㄡˊ ch'iu^{2} ball; globe
小篆 草書 ❶제기구、공구(鞠丸)。【荊楚歲時記】寒食爲打

모직구(毾布)。【外國志】古大宛地有瑣伏花－織鳥毾成文。❸여주구(紅荔枝)。❸띠이름구(帶名圈－)。

毬(三才圖會)

【𣯗】(부) 虞 フ、ぬけげ moult ❶새털벗을부(鳥脫毛)。❷담부(毯也)。

【𣯉】(첩) 葉 ショウ、まつげ eyelashes 속눈썹첩(目毛)。(『睫』과 같음)

八畫

【𣯎】(사) 麻 サ、ながいけ long-haired 털길사、털너털너털할사(毛長貌)。(『毿』와 같음)

【毯】(담) 感 タン、けむしろ ㄊㄢˇ t'an^{3} carpet; blanket
草書 담자리담、담요담(毛席)。(『緂』과 통함)

【𣮎】(담)『毯』(前條)과 같음

【𣯔】㊀(리) 支 リ、けだつ ㊁(래) 灰 coarse ㊀❶센털리(彊毛)。❷털일어설리(毛起貌)。㊁뜻은 ㊀과 같음。

【毱】(국) 屋 キク、けまり shuttle-coek 제기국(毬也、蹴－)。(『鞠』과 같음)

【毰】(배) 灰 ハイ、はねをはる spread wings 날개펼배(張羽貌)。【韓愈詩】輿輿酒－毸。

【毲】(탈) 屑 woolen fabric
草書 모직탈、털로짠피륙탈(織毛罽)。

【毳】(취) 霽 ゼイ、にこげ ㄘㄨㄟˋ ts'uei^{4} wool
小篆 草書 ❶솜털취(獸細毛)。【周禮】共其－毛爲氈以待邦事。❷담장막취(氈也)。【李陵書】韋韝－幕。❸연하고부드러울취(柔美物)。【史記】聶政朝夕得甘－以養親。❹예복이름취(禮服名)。

九畫

【𣯾】(방) 養 ホウ、けおりもの woolen fabrics 털로짠베방(毛織物－毲)。

【𣯼】(영) 梗 エイ、けおりもの woolen cloth 털베영(毛布)。

【毷】(모) 號 ボウ、おちる moult
草書 ❶털벗을모(解毛)。❷답답할모(鬱也)。

【𣯸】(수) 尤 シュウ、じゅうたん blanket ❶담요수(織毛褥)。❷무늬놓은모직수(氍－織毛有文者)。

【毸】(시) 灰 シ、はねをはる spread wings (本音「새」) 날개벌일시(張羽貌)。

【毹】(유) 虞 ユ、けむしろ ㄕㄨ shu^{1} blanket (或音「수」)
小篆 草書 털방석유、담요유(毛席氍－)。【韓愈詩】兩廂鋪

毷ー。

【毻】(타) 箇 ダ、けかわり moult
草書 새와짐승털갈타(鳥獸解羽毛)。

【毼】(갈) 曷 カツ、けおりもの (本音「할」) blanket
草書 ❶담갈、털로짠피륙갈(毛織毼ー)。❷담요갈(毛布)。

【⿰扁毛】㊀(변) ㊁(편) 銑 ヘン、ベン、けがもつれる be tangled
㊀털엉킬변(ー毿毛結不理)。㊁긴털편(長毛)。

【毱】(국) 『鞠』(革部 8畫)과 같음

【毽】(건) 霰 ケン、けねおい shuttle-cock ㄐㄧㄢ chien⁴
제기건(戲具抛足)。

十畫

【⿰耆毛】(기) 支 キ、もようけおり hair-shaped
털무늬기、얼룩얼룩할기(毛文)。

【毾】(탑) 合 トウ、けむしろ fur cushion
小篆 草書 털자리탑(毛席、ー㲪)。【後漢書】天竺國有細布好ー㲪。

【⿰唐毛】(당) 陽 トウ、けおり long tail
❶담당(毯也ー毦)。❷삭모당(冠上飾毫)。❸긴꼬리당、긴털당(長毛)。

十一畫

【毿】(삼) 覃 サン、ながいけ long hair ㄙㄢ san¹
草書 털길삼、털너털거릴삼(毛長貌)。【詩經 陳風宛丘疏】ーー然與衆毛異。

【⿰崔毛】㊀(쇠) ㊁(최) 灰 サイ、はねをはる spread wings
㊀날개벌이는 모양쇠(張羽貌)。(『毢』와 같음) ㊁터럭모양최(羽貌)。(『⿱髟崔』와 같음)

【⿰滿毛】(만) 元 ボン、あかもうふ red hairs
小篆 붉은털요만(赤毛褥)。

【氀】(루) 虞 ル、けおりもの blanket
草書 담루(毯也、ー毹)。【後漢書】婦人能刺韋作文繡織ー毹。

【氁】(모) 虞 ボ、けおりもの velvet
털비단모(毛緞)。

【氂】(리) 支 リ、お tail
小篆 草書 ❶호리리(數名、十毫)。【漢書】不失毫ー。❷꼬리리(牛馬尾)。【淮南子】馬ー能截玉。❸잡털리(雜毛)。

十二畫

【氃】(동) 東 トウ、みだれけ (of hairs) disperse
털흩어질동、털옹송거릴동(散毛貌)。

【㲪】(등) 蒸 トウ、けおりもの carpet
小篆 草書 올이밴털베등(毯也、毾ー)。

【⿰業毛】(복) 屋 ホク、けがもつれる entangle
털엉킬복(毛不理毹ー)。

【氄】(용) 腫 ジョウ、わたげ down ㄖㄨㄥˇ jung³
草書 솜털용(耎毳細毛)。【書經】鳥獸ー毛。

【⿰焦毛】(초) 蕭 ショウ、はねがやぶれる broken
❶투구삭모초(兜上毛飾)。❷깃이부서질초(羽敝)。

【氅】(창) 養 ショウ、はごろも clothing lined with fur ㄔㄤˇ ch'ang³
小篆 草書 ❶학창의창(折羽爲衮衣)。【世說】王恭著鶴ー衣。(『鷩』과 같음) ❷【國字】창의창(官人平常服ー衣)。❸기의깃술창(旗纛)。

❸龍頭竿纛氅(三才圖會)

十三畫

【⿰巤毛】(렵) 葉 リョウ、ほろ the curtain of a carriage
수레의휘장렵(車篷所以禦風塵者)。

【氈】(전) 先 セン、けむしろ felt
小篆 ❶담자리전、전방석전(毛席)。【周禮】秋斂皮冬斂革共其毳皮爲ー。【漢書】荷ー被毳。❷전전、단전(蹂毛成片)。(『旃』과 통함)

【氊】(전) 『氈』(前條)과 같음

【氉】(소) 號 ソウ、けがつよい hard hair
草書 ❶털까칠할소(健毛)。❷답답할소(煩悶毷ー)。

十四畫

【氋】(몽) 東 ボウ、けがもつれる dispersed hairs ㄇㄥˊ mêng²
흩어진털몽(散毛貌)。【世說】羊祜有鶴善舞嘗向客稱之客試使驅來氃ー而不肯舞。

【⿰蓋毛】(애) 泰 アイ、けぶかい much-haired (或音「알」)
털많을애(多毛)。

【⿰監毛】(람) 咸 ラン、けながい long-haired
털길람、털너털거릴람(毛長貌)。

十五畫

【氌】(로) 虞 ロ、けおりもの flannel
서양융로、우단로(西番毛織)。

十七畫

【⿰襄毛】(양) 陽 ジョウ、みだれる be dishevelled
모발이 흐트러질양(毛髮亂貌)。

十八畫

【⿰聶毛】(엽) 葉 ジョウ、けやわらか fine-haired
털이 부드러울엽(毛柔貌)。

【氍】(구) 虞 ク、けむしろ felt ㄑㄩˊ ch'ü²
小篆 草書 담요구、털요구(毛褥)。(『毹』와 같음)

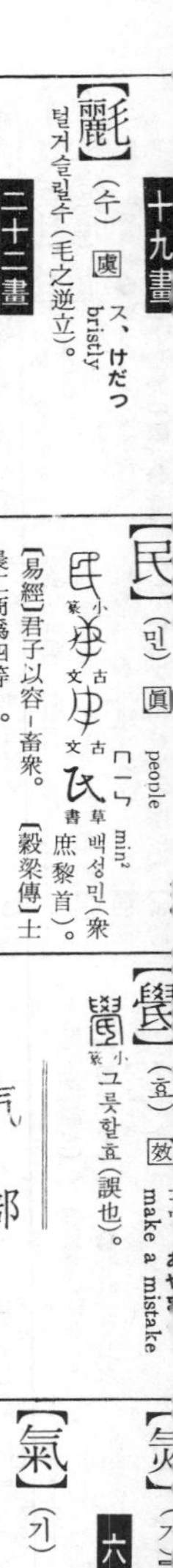

十九畫

【𣰽】(수) 虞 ス、けだつ bristly
털거슬릴수(毛之逆立)。

二十二畫

【氎】(첩) 葉 チョウ、ほそけおりもの fine woolen fabrics
가는모직첩(細毛織物)。【唐書】隴右道厥賦有毛氎白ㅡ。

氏部

【氏】㊀(씨) 紙 シ、うじ name of family ㄕˋ shih⁴ (本音「시」) ㊁(지) 支 ㄓ chih¹
小篆 草書 ㊀❶성씨(ㅡ族姓之所分)。【左傳】天子建德因生以賜姓胙之土而命之ㅡ。❷씨씨(婦人例稱)。㊁땅이름지(西域地名月ㅡ、單于妻名閼ㅡ)。

一畫

【氐】㊀(저) 薺 テイ、もと foundation ㄉㄧˇ ti³ ㊁(저) 齊 ㄉㄧ ti¹
小篆 草書 ㊀❶이를저(至也)。❷근본저(本也)。【詩經】維周之ㅡ。❸별이름저(二十八宿ㅡ)。(『抵・邸』와 통함) ㊁❶낮을저(賤也)。【漢書】其價ㅡ賤減半。❷오랑캐이름저(西羌名)。(『低』와 같음)

【民】(민) 眞 people ㄇㄧㄣˊ min²
小篆 古文 古文 草書 백성민(衆庶黎首)。【易經】君子以容ㅡ畜衆。【穀梁傳】士農工商爲四等ㅡ。

二畫

【氒】(궐)『厥』(厂部10畫)의 古字

四畫

【氓】(맹) 庚 ボウ、たみ people ㄇㄥˊ mêng² ㄇㄤˊ mang²
小篆 草書 백성맹。어리석은백성맹(愚民)。【詩】ㅡ之蚩蚩抱布貿絲。(『甿』과 같음)

五畫

【𣱼】(민) 眞 ヒン、たいら even
편편할민(平也)。

六畫

【𣱽】(질) 屑 テツ、ふれる prick
小篆 ❶찌를질(觸也)。❷뽑을질(手拔物)。

十畫

【𣱿】(인) 震 イン、ふす upset
小篆 엎어질인(仆臥)。

十四畫

【𣲀】(효) 效 make a mistake
小篆 그릇할효(誤也)。

气部

【气】㊀(기) 未 キ、キツ、き ㄑㄧˋ ch'i⁴ ㊁(걸) 物 beg
小篆 草書 ㊀기운기(雲氣)。(『氣』와 같음) ㊁❶구할걸(求也)。❷가져갈걸(取也)。(『乞』과 같음)

二畫

【氖】(기)『气』(前條)와 같음

【気】(기)『氣』(气部6畫)의 略字

四畫

【氛】(분) 文 フン、き vapour ㄈㄣ fen¹
小篆 或體 草書 ❶기운분(氣也)。【左傳】楚ㅡ甚惡。❷재앙분(災殃)。【漢書 元帝詔】ㅡ邪歲增。❸기운이왕성할분(氣盛貌)。【謝惠連詩】散漫交錯、ㅡ氳蕭索。

【氜】(양) 陽 ヨウ、ようき sunlight
볕기운양(陽氣)。(『陽』의 俗字)

【𣱶】(음)『陰』(阜部8畫)의 俗字

【𣱛】(기)『氣』(6畫)의 古字

六畫

【氣】(기) 未 キ、ケ、き、いき air; breath; weather ㄑㄧˋ ch'i⁴
小篆 或體 或體 草書 ❶날씨기、기후기(候也)。【左傳 昭公元年】六ㅡ。❷숨기(息也)。【論語鄕黨】屛ㅡ似不息者。❸공기기(空ㅡ)。❹힘기(活動力)。❺생기기、정기기(生之元精ㅡ)。

【氤】(인) 眞 イン、いきおい forces
草書 ❶기운인(氣也)。【易經 繫辭】天地ㅡ縕、萬物化醇。❷천지기운화할인、기운어릴인(天地合氣)。【杜甫詩】佳氣日ㅡ氳。(『絪』과 통함)

七畫

【𣱹】(소) 蕭 ショウ、そら sky
❶하늘소(雲ㅡ)。❷하늘기운소(天氣)。(『霄』와 같음)

十畫

【氳】(온) 文 ウン、さかんなき vigous ㄩㄣ yün
草書 ❶기운어릴온(元氣交密)。❷기운성할온(氣盛日氣ㅡ)。

水部

【水】(수) 紙 スイ、みず water; river ㄕㄨㄟˇ shuei³
小篆 書 草 ❶물수(地之血氣)。〔中庸〕今夫一、一勺之多。❷강수(河川)。❸홍수수(大水)。〔十八史略 五帝〕堯立七十年、有九年之一。❹물길을수(水汲)。❺국물수(漿液)。❻고를수(横平準)。

【氵】(수)(삼수변)〔部首名〕。

一 畫

【氷】(빙)『冰』(冫部 4畫)의 俗字

【永】(영) 梗 エイ、ながい eternal; long ㄩㄥˇ yung³
小篆 書 草 ❶길영(長也)。〔詩〕江之一矣。❷오랠영(久也)。〔書經 大禹謨〕萬世一賴。❸멀영(遠也)。〔詩〕一觀厥成。

二 畫

【氻】(륵) 職 ロク、みずのおと the sound of water
물소리륵(水聲)。

【氼】(닉)『溺』(水部 10畫)의 古字

【氽】(탄) 阮 トン、うかべる float
❶뜰탄(水推物)。❷헤엄칠탄(泳也)。

【氾】㊀(범) 陷 ㊁(범) 咸 ハン、ひろがる overflow ㄈㄢˋ fan⁴
小篆 書 草 ㊀❶넘칠범(一濫水漫延)。〔孟子〕一濫於中國。❷뜰범(未定之辭)。〔楚辭〕將一一若水中之鳧。❸넓을범(汎也)。❹물이름범(濟陰水名)。㊁❶땅이름범(鄭地名)。❷성범(姓也)。

【氿】(궤) 紙 キ、いずみ spring
小篆 書 草 ❶구멍샘궤(側出泉)。〔十八史略 東漢〕譬之一濫、雖清而易挹。❷물가궤(水涯)。

【汀】(정) 靑 迥 テイ、なぎさ beach ㄊㄧㄥ t'ing¹
小篆 或體 書 草 ❶물가정(水際平地)。〔謝靈運詩〕一曲舟已隱。❷수렁정(一濘泥淖)。

【汁】(집) 緝 シュウ、ジュウ、しる juice ㄓ chih¹
小篆 書 草 ❶진액집(液也)。〔禮〕一獻涗於醆酒。❷진눈깨비집(雨雪雜下)。〔禮〕天時雨一瓜瓠不成。❸국집(吸物)。(『叶』과 통함 本音「즙」)

【求】(구) 尤 キュウ、もとめる get; ask ㄑㄧㄡ ch'iu²
書 草 ❶구할구(覓也)。〔易〕同氣相一。❷구걸할구(乞也)。〔論語 述而〕富而可一。❸찾을구(索也)。〔孟子 公孫丑上〕是自一禍也。❹짝구(等也)。〔書〕用康乂民作一。❺책할구(咎也)。〔論語 衛靈公〕君子一諸己。❻요할구(要也)。〔禮記 曲禮〕不一變俗。❼탐낼구(貪也)。〔論語 子罕〕不忮不一。❽바랄구(所望)。〔古詩 焦仲卿妻〕東家有賢女云云、阿母爲汝一。

【汃】(팔) 黠 ハツ、なみおと sound of wave
小篆 물결치는소리팔(波相激聲)。〔韓愈詩〕瘖江息澎一。

三 畫

【汊】(차) 禡 サ、えだがわ branching stream ㄔㄚˋ ch'a⁴
書 草 ❶물두갈래질차(水岐流)。❷물이름차(遼東水名三一河)。

【汋】(작) 藥 シャク、くむ ladle
小篆 書 草 ❶물결치는소리작(激水聲)。❷구기질할작、물떠낼작(挹取)。❸인심소동할작(邦一激衆倡亂)。〔周禮〕士師之職掌士之八成一曰邦一。

【汍】(환) 寒 ガン、なみだ shed tears ㄨㄢ wan²
小篆 書 草 눈물줄줄흘릴환(一瀾涕泣貌)。〔馮衍賦〕涙一瀾而雨集。

【汎】㊀(봉) 東 ㊁(범) 陷 ハン、うかぶ float ㄈㄢˋ fan⁴
小篆 書 草 ㊀뜰봉(浮也)。㊁❶떠나갈범(任風波自縱)。〔詩〕亦一其流。❷둥둥뜰범(漂也)。❸가벼울범(一剽輕也)。❹넓을범(博也)。〔論語 學而〕一愛衆。❺물이름범(水名)。(『泛』과 통함)

【汐】(석) 陌 セキ、うしお evening tide ㄒㄧˋ hsi⁴
書 草 썰물석、저녁조수석、날물석(潮一海濤)。〔海潮論〕地浮與大海隨氣出入上下地下則滄海之水入江謂之潮地上則江湖之水歸之滄海謂之一。

【汏】(대) 泰 タイ、つなみ、あらう deluge; be washed
小篆 書 草 ❶사태날대(水激過)。❷씻길대(洗也)。

【汑】(탁) 藥 タク、すべる slide
미끄러질탁(滑也)。

【汒】(망) 陽 ボウ、あわただしい great hurry
書 草 ❶바쁠망(一若悤遽貌)。〔莊子〕一若於夫子之言。❷큰물망(水大貌)。(『茫』과 같음)

【汓】(수) 尤 シュウ、およぐ swim
小篆 或體 헤엄칠수(浮行水上)。

【汔】(흘) 物 キッ、かれる become dry
書 草 ❶물잦을흘(水涸)。❷거의흘(幾也)。〔詩〕一可小康。

【汕】(산) 諫 サン、すくいあみ weir ㄕㄢˋ shan⁴
小篆 書 草 ❶통발산(罩也)。〔詩〕南有嘉魚烝然一一。❷물고기자맥질할산(魚游水)。❸물이름산

(我國水名)。

【汗】㊀(한) 翰 ㊁(한) 寒 カン、あせ sweat ㄏㄢˋ han⁴ ㄏㄢˊ han² ㊀❶땀한(人液)。【關尹子】心悲物淚出心愧物ー出。❷물질펀할한(瀾ー水長貌)。【海賦】洪濤瀾ー。❸단청환할 한(澔ー符采映耀貌)。【上林賦】采色澔ー。㊁❶오랑캐이름한(突厥酋長號曰可ー)。❷땅이름한(地名番ー)。

【汙】(오)『汚』(次條)와 같음

【汚】㊀(오) 虞 ㊁(오) 遇 ㊂(와) 麻 オ、ワ、みずたまり よごれる puddle; dirty ㊀❶웅덩이오(窊下)。【詩】田卒ー萊。❷낮을오(隆ー降殺)。【禮】道ー則從而ー。❸논오(ー邪下地田)。【史記】甌窶滿溝ー邪滿車。(『洿』와 같음) ㊁❶더러울 오(穢染)。【書】舊染ー俗。❷작은못오(小池)。❸굽을오(意曲)。【孟子 公孫丑上】ー不至阿其所好。❹빨오(去垢)。【詩】薄ー我私。㊂❶술구덩이와(ー尊窪地爲尊)。【禮】ー尊而抔飮。❷더럽힐와(泥著汚)。

【汛】(신) 震 シン、そそぐ sprinkle ㄒㄩㄣˋ hsun⁴ 물뿌릴신(灑也)。【漢書】況盡ー掃前聖數千載功業。

【汜】(사) 紙 シ、みずたまり swamp ㄙˋ ssu⁴ ❶늪사、소사(窮瀆)。【爾雅疏】ー謂困窮不通之水也。❷물갈라졌다도로합할사(水別復合)。【詩經 召南江有汜】江有ー。❸강이름사(河南水名)。❹몽사사(濛ー日入處)。【楚辭】出自湯谷次于濛ー。❺멈출사(止也)。

【汈】(인) 軫 ジン、ぬれてひっつく wet to adhere each other 젖어맞붙을인(濕相付著)。

【汝】(여) 語 ジョ、ニョ、なんじ you ㄖㄨˇ ju³ ❶너여(爾也)。【書】予欲左右有民ー翼。❷물이름여(弘農水名)。❸성여(姓也)。❹고을이름여(州名)。(『女』와 통함)

【江】(강) 江 コウ、かわ river ㄐㄧㄤ chiang¹ ❶강강、가람강、큰내강(川之大者)。【蘇軾 赤壁賦】白露橫ー。❷물강、강수강(岷山水名)。

【池】㊀(지) 支 ㊁(타) 歌 チ、いけ pond; pool ㄔˊ ch'ih² ㊀❶못지(穿地通水)。【禮】毋漉陂ー。❷섞바꿔나를지(差ー飛不齊貌)。【詩】燕燕于飛差ー其羽。❸풍류이름지(黃帝樂名咸ー)。㊁물이름타(幷州水名、滹ー)。(『沱』와 통함)

【汞】(홍) 董 ヨウ、みずがね mercury ㄍㄨㄥˇ kung³ 수은홍(水銀丹砂所化)。

四畫

【汦】(지) 支 チ、シ、ととのえる even ❶균일할지、가지런할지(均一ーー)。❷멈출지(止也)。

【汨】㊀(멱) 錫 ㊁(골) 月 キ、コツ、みだれる、しずむ confused; absorb ㄩˋ yü⁴ ㊀물이름멱(長沙水名ー羅)。㊁❶다스릴골(治也)。❷어지러울골(亂也)。【書】ー陳其五行。❸통할골(通也)。【周語】ー決ー九川。❹물결괄괄흐를골(波浪聲)。【海賦】浤浤ーー。❺떴다잠겼다할골、골몰할골(ー沒浮沈)。【杜甫詩】ー沒一朝伸。❻물결솟을골(ー淈涌波)。【莊子】與齊俱入與ー偕出。❼물에잠길골(水滲)。【韓愈 雜說上】水下土、ー陵谷。

【汩】(율) 質 イツ、ながれる run fast ㄍㄨˇ ku³ ❶물흐를율(水流)。【楚辭】浩浩湘流兮分流ー兮。❷빨리걸을율(奔ー疾貌)。❸환할율(光明貌)。【景福殿賦】羅疎柱之ー越。❹북울릴율(鼓動貌)。❺걸을율(步貌)。【史記】ー徂南土。

【汪】(왕) 陽 ひろい deep and wide ㄨㄤ wang¹ ❶물출렁출렁할왕、깊고넓을왕(深廣)。【後漢書】叔度ーー若千頃波。❷못왕(池也)。【通俗文】停水曰ー池之于濁者。❸흐린못왕(濁池)。【左傳 桓公十五年】尸諸周氏之ー。❹고을이름왕(鴈門縣名、ー陶)。

【汭】(예) 霽 ゼイ、みずあい junction of two streams ㄖㄨㄟˋ juei⁴ ❶물이름예(雖州水名)。【書】釐降二女于嬀ー。❷물북쪽예(水北)。【書】涇屬渭ー。❸물굽이예(水曲)。【左傳】稱淮水之曲曰淮ー漢水之曲曰夏ー。❹물속예(水內、嬀ー)。(『芮』와 통함)

【汰】(태) 泰 タイ、タ、よなげる、あらう rinse ㄊㄞˋ t'ai⁴ ❶미끄러울태(滑也)。【賈誼新書】厚志隱行謂之潔反潔謂ー。❷넘칠태(太過)。【左傳】伯棼射上ー輈。❸사태태(沙ー)。【莊子】冷ー於物。❹씻길태、밀릴태(洮ー洗也亦作陶ー)。【淮南子】所以洮ー滌蕩至意。❺사치할태(奢也)。【荀子】閨門之內般樂奢ー。❻쫓아낼태(ー去)。

【汯】(굉) 庚 コウ、はやながれ (of water) flow rapidly (swiftly) ❶물빨리흐를굉(迅流ーー)。❷물굽

이쳐돌아나갈굉(水勢回旋貌)。

【汱】(견) 銑 ケン、みずおちる drop
❶물떨어질견(水落貌)。❷물샐견(伏水)。

【汲】(급) 緝 キュウ、くむ draw water ㄐㄧ chi²
小篆 書草 ❶물길을급(引水於井)。【莊子】綆短者不可以ー深。❷당길급(引也)。❸급할급(遽也)。【周禮】匠人大ー其版。【漢書】不ーー於富貴。

【汳】(판)『汴』(次條)과 같음

【汴】㊀(판) 願 ハン、ベン、かわのな river ㊁(변) 霰
小篆 書草 ㊀물이름판(陳留水名)。㊁뜻은 ㊀과 같음。
『汳』과 같음

【汵】(감) 勘 カン、あか (of a ship) leak
❶배틈으로물들감(水入船隙)。❷물이름감(水名)。(『淦』과 같음)

【汶】㊀(문) 問 ブン、モン、はずかしい disgrace ㄨㄣ wen⁴ ㊁(문) 吻
小篆 書草 ㊀물이름문(琅琊水名)。【論語 公冶長】在ー上矣。㊁더럽힐문(玷辱)。【史記 屈原傳】受物之ーー乎。

【汸】(방) 陽 ボウ、おおあめ heavy rain
書草 ❶큰비방(大雨ー沱)。❷배아울러맬방(併船)。❸물이름방(水名)。

【汷】(칙) 職 ショク、みずのいきおい bend in a river
물굽이칙(水勢、湢ー)。

【決】(결) 屑 ケツ、きまる decide ㄐㄩㄝ chüeh²
小篆 書草 ❶결단할결(斷也)。【禮】夫禮者所以定親疎 ー嫌疑。❷물이름결(北方水名)。❸물골터놓을결(行流)。【管子】ー之則行塞之則止。❹판단할결(判也)。【禮】分爭辨訟非禮不ー。❺끊을결(絶也)。【孟子滕文公上】ー汝漢。❻이별할결(別也)。【漢書 蘇武傳】李陵與蘇武ー去。❼깨뜨릴결(破也)。❽깍지결(ー拾射具)。【詩】ー拾旣佽。❾물어뜯을결(物絶齒)。【禮記 禮曲】乾肉不齒ー。
(『訣·缺』과 통함)

【汻】(오) 麌 コ、みぎわ water's edge
小篆 물가오(水涯)。

【汽】㊀(기) 未 キ、ゆげ steam; vapour ㄑㄧ ch'i⁴ ㊁(흘) 物
小篆 書草 ㊀물끓는김기(湯水蒸氣)。㊁거의흘(幾也)。

【沁】(심) 沁 シン、しみこむ steep ㄑㄧㄣ ch'in⁴ (俗音「침」)
小篆 書草 ❶물이름심(上黨水名)。❷물적실심(漬也)。❸물속에서찾을심(以物探水)。【韓愈詩】義泉雖至近盜索不敢ー。

【汾】(분) 文 フン、かわ river ㄈㄣ fen²
小篆 書草 ❶물이름분(太原水名)。❷물콸콸흐를분(溫ー水轉貌)。【枚乘七發】所揚汩者所溫ー者。(『湓·紛』과 통함)

【沇】(연)『沿』(水部 5畫)의 俗字

【沂】(기) 微 キ、かわ river ㄧ i² (本音「의」)
小篆 書草 ❶물이름기(魯南水名)。【論語 顏淵】浴于ー。❷산이름기(青州山名)。

【沃】(옥) 沃 ヨク、こえる fertile ㄨㄛ wo⁴
小篆 小篆 書草 ❶기름질옥、윤택할옥(潤也)。❷물로추길옥(灌漑)。【書】啓乃心ー朕心。❸부드러울옥(柔也)。【詩】其葉有ー。❹성할옥(盛也)。【詩】其葉ー若。❺걸찰옥(ー壤土腴)。【左傳】楚蔿掩爲司馬井衍ー。❻손씻을옥(盥手)。【周禮】小臣大祭祀ー玉盥。❼아리따울옥(壯姣)。【詩】夭之ーー。

【沄】(운) 文 ウン、ながれる gush
小篆 書草 ❶물콸콸흐를운(轉流)。【杜甫詩】ーー逆素浪。❷끓을운(泫ー沸貌)。【揚雄箴】冀土糜沸泫ー如湯。

【沅】(원) 元 ゲン river ㄩㄢ yüan²
小篆 小篆 書草 물이름원(長沙水名)。

【沆】(항) 養 陽 コウ、ひろい flow widely ㄏㄤ hang²
小篆 小篆 書草 ❶큰물항、물벌창할항(大水漭ー)。❷질펀할항、넓을항(水草廣大貌)。【西京賦】滄池漭ー。【羽獵賦】鴻濛ー茫。❸물충충할항(ー漾水深廣貌)。【海賦】沖融ー漾。❹이슬항(露氣)。【屈原 遠遊】餐六氣而飮ー瀣兮。

【沇】(연) 銑 エン、ながれゆく flow in a stream ㄧㄢ yen³
小篆 小篆 古文 古文 書草 ❶물졸졸흐를연(流行貌)。【司馬相如上林賦】ー溶淫鬻。❷물이름연(濟水別名)。【書經 禹貢】道ー水、東流爲濟。

【沈】㊀(침) 侵 チン、シン、しずむ sink ㄔㄣ ch'en² ㊁(심) 寢 ㄕㄣ shen³
小篆 書草 ㊀❶장마물침(陵上滈水)。❷진펄침(莽也)。【風俗通】言其平望莽莽無際涯也。❸잠길침(沒也)。【詩】載ー載浮。❹채색할침(綵ー采色)。【野客叢書】物色之深者皆

爲綠ㅡ。❺고요할친(ㅡ思)。❻빠질침(溺也)。(『沉』과 같음) ㊁❶즙낼심(汁也)。❷성심(人姓ㅡ德濟)。❸나라이름심(國名臺駘所封)。❹으슥할심(宮殿奧深貌)。【史記 陳涉世家】ㅡㅡ者。

【沉】 (침)(심)『沈』(前條)의 俗字

【沌】 (돈) 阮 トン、ふさがる meander ㄉㄨㄣˋ tuen⁴ 草書 ❶기운덩어리돈(混ㅡ元氣未判)。【太玄經】渾ㅡ無端莫見其根。❷뭉킬돈(不開通貌)。【莊子】中央之帝爲渾ㅡ。❸물기운돈(水勢形容)。【枚乘 七發】ㅡㅡ混混、狀如奔馬。❹돌돈(轉轉)。【孫子 兵勢】渾渾ㅡㅡ形圓而不可敗。❺막힐돈(不通塞也)。

【沍】 (호) 遇 ゴ、ふさがる be closed ㄏㄨˋ hu⁴ 草書 ❶막힐호(塞也)。【左傳 昭公四年】固陰ㅡ寒。❷닫힐호(閉也)。❸얼어붙을호(凍也)。【列子湯問】川池暴ㅡ。❹마를호(涸也)。(『涸』와 통함)

【沐】 (목) 屋 モク、ボク、あらう wash one's hair ㄇㄨˋ mu⁴ 小篆 草書 ❶머리감을목(濯髮)。【詩】豈無膏ㅡ。❷다스릴목(治也)。【禮】夫子助之ㅡ槨。❸추길목(潤澤之意)。【後漢書】冬無宿雪春不燠ㅡ。❹이슬비목(溟ㅡ密細之雨)。【太玄經】密雨溟ㅡ。

【沏】 ㊀(절) ㊁(칠) 屑 質 セツ、こする friction ㄑㄧ ch'i¹ 草書 ㊀❶물빨리흐를절(水疾流)。❷마찰할절(磨也)。【海賦】激勢相ㅡ。❸(中字)차따를절(ㅡ茶)。㊁물소리칠(水聲)。

【沑】 (유) 有 ジュウ、うるおう wet 小篆 ❶젖을유(濕也)。❷윤택할유(潤也)。

【㳄】 (연)『涎』(水部 7畫)과 같음

【沒】 (몰) 月 モツ、ボツ、しずむ sink; die ㄇㄟˊ mei² ㄇㄛˋ mo⁴ 小篆 草書 ❶잠길몰(沈也)。【李華 弔古戰場文】積雪ㅡ脛。❷다할몰(盡也)。【詩】曷其ㅡ矣。❸지날몰(過也)。【禮】君子不以美ㅡ禮。❹건으로빼앗을몰(乾ㅡ無潤澤而取他人)。【史記】張湯始爲小吏乾ㅡ。❺명이끝날몰(死也)。【大學】此以ㅡ世不忘也。❻마칠몰(悉也)。【論語 鄕黨】ㅡ階趨翼如也。❼숨을몰(隱也)。❽망할몰(泯也)。(『歿』과 같음)

【沓】 (답) 合 トウ、かさなる piled up ㄊㄚˋ t'a⁴ 小篆 草書 ❶거듭답(重也)。【詩經】噂ㅡ背憎。❷물끓어넘칠답(水沸溢)。❸말줄줄할답(ㅡㅡ語多若水流貌)。❹합할답(合也)。【羽獵賦】出入日月天與地ㅡ。❺무릅쓸답(冒也)。❻탐할답(貪也)。【唐書】酋領ㅡ墨。❼느른할답(弛緩貌)。【孟子】泄泄猶ㅡㅡ也。❽섞일답(雜也)。

【汖】 (류)『流』(水部 6畫)의 古字

【沔】 (면) 銑 メン、ベン、ながれる flood ㄇㄧㄢˇ mien³ 小篆 草書 ❶물그득히흐를면(水流滿)。【詩】ㅡ彼流水朝宗于海。❷물이름면(漢水別名)。(『湎』과 통함)

【沕】 ㊀(물) ㊁(매) 物 隊 ブツ、ひそむ sink ㄨˋ wu⁴ 草書 ㊀❶잠길물(潛藏)。❷오묘할물(ㅡ穆深微貌)。【賈誼 弔屈原賦】ㅡ淵潛以自珍。㊁뜻은 ㊀과 같음。

【沘】 (비) 紙 ヒ、かわ river 草書 물이름비(水名、今謂淠水)。

【沖】 (충) 東 チュウ、ふかい deep ㄔㄨㄥ ch'ung 小篆 草書 ❶빌충(虛也)。【道德經】大盈若ㅡ。❷화할충(和也)。❸깊을충(深也)。【蕭愨 詩】無累在淵ㅡ。❹흔들릴충(搖動)。❺위로날을충(上飛)。【史記】一飛ㅡ天。❻어릴충(幼少)。【書】肆予ㅡ人。❼드리울충(垂飾貌)。【詩】鞗革ㅡㅡ。❽얼음끄는소리충(鑿氷聲)。【詩】鑿氷ㅡㅡ。

【沙】 (사) 麻 サ、シャ、すな sand ㄕㄚ sha¹ 小篆 或體 草書 ❶모래사(疏土)。❷바닷가사(海邊)。❸소수이름사(數名十塵爲ㅡ)。❹고을이름사(長ㅡ郡名)。(『砂』와 같음)

【沚】 (지) 紙 シ、なぎさ beach ㄓˇ chih³ 小篆 草書 물가지(小渚)。【詩】于沼于ㅡ。

【沛】 (패) 泰 ハイ、おおあめ cloud-burst ㄆㄟˋ p'ei⁴ 小篆 草書 ❶패수패、고을이름패(泗水縣名)。❷둥둥뜰패(舟行貌)。【楚辭】ㅡ吾乘兮桂舟。❸비쏟아질패(滂ㅡ又ㅡ然雨盛貌)。【甘泉賦】雲飛揚兮雨滂ㅡ。❹넉넉할패(有餘貌)。【公羊傳】ㅡ若有餘。❺자빠질패(顚ㅡ偃仆)。【詩】顚ㅡ之揭。❻점잖을패(容俊偉貌)。【大人賦】ㅡ艾赳螑。❼클패(盛大貌)。【文天祥 正氣歌】ㅡ乎塞蒼溟。(『伂·旆』와 같음)

【沜】 (반) 翰 ハン、きし shore 草書 물가언덕반(水涯)。【唐書】輞川有芙蓉ㅡ。(『泮』과 같음)

【沝】 (추) 紙 スイ、ふたつのかわ two branched 小篆 두갈래물추(二流)。

【沒】(몰)『沒』(水部 4畫)의 譌字

【沢】(택)『澤』(水部 13畫)의 略字

五畫

【沫】(말) 曷 マツ、バツ、あわだつ froth ㄇㄟˋ mei⁴
小篆 草書 ❶침말(涎也)。【莊子】乾餘骨之ㅣ爲斯彌。❷땀말(汗也)。【漢志】霑赤汗ㅣ流赭。❸물방울말(跳波)。【長笛賦】滈瀑噴ㅣ。❹물끓는 거품말(泡也、湯華)。【陸羽茶經】凡酌賓諸盌令ㅣ餑均。❺말말(已也)。【離騷經】身服義而未ㅣ。❻물이름말(西域水名)。

【沬】㊀(매) 隊 ㊁(회) 隊 バイ、ミ、ほのぐらい dim ㄇㄟˋ mei⁴
小篆 古文 古文 草書 ㊀❶희미할매(微昧之明小星)。【易經】日中見ㅣ。❷낮별매(晝星)。❸고을이름매(地名)。【詩經 鄘風桑中】ㅣ之鄉矣。(『妹』와 통함) ㊁낯씻을회(洗面)。(『頮·靧』와 같음)

【沮】㊀(저) 語 ㊁(저) 御 ㊂(저) 魚 ショ、ソ、やむ stop ㄐㄩˇ chü³ ㄐㄩ chü¹
小篆 草書 ㊀❶그칠저(止也)。❷막을저(拒也)。【史記 孔子世家】請先嘗ㅣ之。❸무너질저(壞也)。【詩】謀猶其遹何日斯ㅣ。❹공갈할저(恐怖)。【禮記】ㅣ之以兵。❺샐저(漏也)。【禮記】地氣ㅣ泄是謂發天地之房。㊁물이번질저(漸濕)。【詩】彼汾ㅣ洳。㊂❶물이름저(扶風水名)。❷나라이름저(朝鮮國名、沃ㅣ)。

【沭】㊀(술) 質 ㊁(율) 質 ジュツ、かわのな a stream
小篆 ㊀물이름술(泗水支流名)。【周禮】其浸沂ㅣ。㊁뜻은 ㊀과 같음。

【沰】(탁) 藥 タク、おとす drop
❶떨어뜨릴탁(使落)。❷돌던질탁(投石)。❸떨어질탁(滴也)。【崔實農家諺】上火不落下火滴ㅣ。

【沱】(타) 歌 タ、ダ、おおあめ heavy rain ㄊㄨㄛˊ t'uo²
小篆 草書 ❶물이갈래질타(水別流)【書經】岷山導江東別爲ㅣ。❷큰비타(大雨貌)。【詩經小雅漸漸之石】俾滂ㅣ矣。❸눈물흐를타(淚貌)。【易經 離卦】出涕ㅣ若。❹내이름타(河名)。

【沲】(타)『沱』(前條)와 같음

【河】(하) 歌 カ、ガ、かわ river ㄏㄜˊ hê²
小篆 草書 ❶물하、강물하、내하(大川)。❷황하수하(四江之一)。【史記 孔子世家】臨ㅣ而歎曰、美哉水、洋洋乎。❸은하수하(天漢)。❹복통하(腹痛)。

【沴】(려) 霽 レイ、そこなう harmful ㄌㄧˋ li⁴
小篆 草書 ❶해로울려(害也)。【漢書 五行志】惟金ㅣ木。❷요기로울려(妖氣)。【漢書】六ㅣ之作。❸물가려(水渚)。【河東賦】秦神下讋跖魂負ㅣ。❹물맛순치않을려(水不利)。

【沸】(불)(비)『沸』(水部 5畫)와 같음

【沷】(발) 月 ハツ、そそぐ irrigate
草書 ❶물댈발(灌漑)。❷찰발(寒也)。❸샐발(泄也)。❹물고발(決壅水處)。

【沸】㊀(비) 未 ㊁(불) 物 ヒ、フツ、わく boil ㄈㄟˋ fei⁴
小篆 草書 ㊀끓을비(涫也)。【詩經】如ㅣ如羹。㊁물이용솟음칠불(泉涌貌)。【詩經】觱ㅣ檻泉。

【油】(유) 尤 ユ、あぶら oil ㄧㄡˊ yu²
小篆 草書 ❶기름유(膏也)。【博物志】積ㅣ滿萬石自然生火。❷구름피어오를유(雲盛貌)。【孟子 梁惠王上】天ㅣ然作雲。❸공손할유(和謹貌)。【禮記 玉藻】三爵而ㅣㅣ以進。❹물이름유(武陵水名)。

【沺】(전) 先 デン、ひろい vast and boundless
❶물가없을전(水無際廣大)。❷물결퍼질전(水勢廣大貌)。

【治】㊀(치) 支 ㊁(치) 寘 チ、おさめる govern ㄓˋ chih⁴ ㄔˊ ch'ih²
小篆 草書 ㊀❶가릴치、다스릴치(理也)。【周禮】大宰以九職任萬民七曰嬪婦化ㅣ絲枲。❷칠치、다듬을치(攻也)。㊁❶다스릴치、효험치(理效)。【大學】家齊而后國ㅣ。❷익을치(簡習)。【周禮】ㅣ其大體。❸비교할치(校也)。【戰國策】皆無敢趙ㅣ。❹치료할치(ㅣ療)。❺도읍치(所都處)。【漢書】更王膠東ㅣ。❻고을치(州郡所駐)。

【沼】(소) 篠 シヨウ、ぬま marsh ㄓㄠˇ chao³ (古音「조」)
小篆 草書 못소、늪소(曲池)。

【沽】(고) 虞 コ、うる、かう sell; buy ㄍㄨ ku¹
小篆 草書 ❶팔고(賣也)。【論語 子罕】求善賈而ㅣ諸。❷살고(買也)。【同書 鄉黨】ㅣ酒市脯。❸물이름고(漁陽水名)。❹등한할고(等閑)。【禮記 檀弓】以爲ㅣ也。(『酤』와 통함)

【沾】㊀(첨) 鹽 ㊁(접) 葉 セン、チョウ、うるおう moisten ㄓㄢ chan¹
小篆 草書 ㊀❶젖을첨(濡也)。【十八史略 西漢】惶懼、汗出ㅣ背。❷절일첨(漬也)。㊁❶경박할접(輕薄)。【史記 魏其傳】ㅣㅣ自

喜耳。❷스스로기뻐할접(自喜貌)。

【沿】(연) 先 エン、そう along ㄧㄢˊ yen²·⁴
小篆 書 草 ❶물따라내려갈연(緣水而下)。❷좇을연(循也)。〔禮記 樂記〕故明王、以相ㅣ也。

【況】(황) 漾 キョウ、いわんや much more ㄎㄨㄤˋ k'uang⁴
小篆 小篆 書 草 ❶비유할황(譬也)。〔莊子 知北遊〕每下愈ㅣ。❷하물며황(矧也)。〔易經 文言〕ㅣ於鬼神乎。❸이에황(玆也)。❹불어날황(益也)。❺찾아올황(臨訪)。〔司馬相如子虛賦〕來ㅣ齊國。❻줄황(賜也)。〔國語 魯語〕ㅣ使臣以大禮。❼모양황(樣也)。❽찬물황(寒水)。(『况』과 통함)

【泂】(형) 迥 ケイ、とおい distant ㄐㄩㄥˇ chiung³
小篆 書 草 ❶찰형(寒也)。❷멀형(遠也)。❸깊고넓을형(深廣)。(『迥』과 같음)

【泄】㊀(예) 霽 ㊁(설) 屑 エイ、セツ、もる、くだす leak; flux ㄒㄧㄝˋ hsieh⁴
小篆 小篆 書 草 ㊀❶내칠예(出也)。❷발할예(發也)。〔詩經〕俾民憂ㅣ。❸날개훨훨칠예(鼓翼舒緩貌)。〔詩經〕ㅣㅣ其羽。❹흩어질예(散也)。❺느릴예(怠緩貌)。〔孟子 離婁上〕ㅣㅣ猶沓沓也。㊁❶샐설(漏也)。〔管子〕古言墻有耳者微謀外ㅣ之謂也。❷피어날설、발설할설(發越)。〔禮記〕季春之月陽氣發ㅣ。❸설사설、물찌똥설(瀉病)。❹업신여길설(嫚也)。〔荀子〕憍ㅣ者人之殃。(『洩』과 같음)

【泉】(천) 先 セン、いずみ spring; fountain ㄑㄩㄢˊ ch'üan²
小篆 書 草 ❶샘천(水源)。❷폭포수천(瀑布立ㅣ)。❸돈천(錢也)。❹칼이름천(劍名)。

【泅】(수) 尤 シュウ、およぐ swim ㄑㄧㄡˊ ch'iu²
書 草 헤엄칠수(浮行水上)。

【泊】(박) 藥 ハク、とまる anchour a vessel ㄆㄛˋ p'o⁴
書 草 ❶그칠박(止也)。❷배머무를박(舟附岸)。❸말쑥할박(澹也)。❹떠돌아다닐박(流寓)。❺고요할박(靜也)。〔揚雄 解嘲〕有以自守ㅣ如也。❻쉴박(休宿)。(『薄』과 같음)

【泆】(일) 質 イツ、あふれる overflow ㄧˋ i⁴
小篆 書 草 ❶넘칠일(溢也)。❷물이출렁거릴일(水蕩ㅣ)。❸음탕할일(淫放)。〔左傳 隱公三年〕驕奢淫ㅣ。

【沬】(휘) 未 キ、なみもよう ripple
書 草 ❶물결무늬질휘(水波之紋)。❷물놀이칠휘(水遊)。

【泌】㊀(비) 寘 ㊁(필) 質 ヒ、ヒツ、いずみ gush forth ㄅㄧˋ pi⁴ ㄇㄧˋ mi⁴
小篆 書 草 ㊀샘물졸졸흐를비(泉水涓流貌)。㊁돌창물필、개천물필(水狹流)。

【泍】(분) 元 ホン、いずみ gush
❶샘솟을분(泉湧貌)。❷물이빨리흐를분(急流)。

【泏】(출) 質 チュツ、わきでる spring
小篆 書 草 물솟을출(水湧貌)。

【泐】(륵) 職 リョク、ふみ letter ㄌㄜˋ lê⁴
小篆 書 草 ❶돌결일어날륵(水石解散)。❷편지륵(書簡)。

【泑】(유) 有 ヨウ、みずがくろい (of water) dark
小篆 ❶물빛이검을유(水黑色)。❷물이름유(水名)。❸못이름유(澤名)。❹산이름유(山名)。

【泓】(홍) 庚 コウ、ふかい deep ㄏㄨㄥˊ hung² (古音「횡」)
小篆 書 草 ❶물깊을홍(水深貌)。❷물맑을홍(水淸貌)。〔梁簡文帝詩〕ㅣ澄靜首渠。❸내이름홍(川名)。

【泔】(감) 覃 カン、しろみず water in which rice has been washed
小篆 書 草 ❶쌀뜨물감(潘瀾甘米汁)。❷삶을감(煮也)。〔荀子 大略〕曾子食魚、有餘曰ㅣ之。

【法】(법) 洽 ホウ、のり law; rule ㄈㄚˇ fa³·²·³·⁴
小篆 古文 古文 書 草 ❶법법(制度憲章)。❷본받을법(效也)。〔中庸〕行而世爲天下ㅣ。〔大學〕其爲父子兄弟足ㅣ而后民ㅣ之也。❸형벌법(刑也)。〔書經〕惟作五虐之刑曰ㅣ。❹떳떳할법(常也)。〔禮記〕乃命太史守典奉ㅣ。❺형상법(象也)。❻가사법、장삼법(ㅣ衣)。

【泗】(사) 寘 シ、はなしる snivel ㄙˋ ssu⁴
小篆 書 草 ❶물이름사(濟陰水名)。❷콧물사(涕ㅣ鼻出)。

【泙】(평) 庚 ヒョウ、みずおと sound of the waves
小篆 書 草 물소리평、물결센평(水聲)。(『澎』과 같음)

【泚】㊀(자) 紙 ㊁(체) 薺 シ、セイ、きよい clear ㄘˇ tz'u³ (本音「차」)
小篆 書 草 ㊀❶물맑을자(水淸)。❷고울자(鮮明)。〔詩經 邶風

新臺】新臺有ㅣ。❸땀축축이날자(汗出貌)。【孟子 滕文公上】其顙有ㅣ。三뜻은 二과 같음

【泛】 一(범) 陷 ハン、ホウ、うかぶ float ㄈㄢˋ fan⁴ (本音「범」) 二(봉) 腫 三(핍) 洽
小篆 書 草 一❶뜰범(浮也)。【漢武帝 秋風辭】ㅣ樓船兮濟汾河。❷넓을범(汎也)。(『汎』과 같음) 二엎칠봉、덮을봉(覆也)。(『乏』과 통함) 三물소리핍(水聲)。

【泜】 一(지) 支 シ、テイ、かわ river 二(치) 紙 三(저) 霽
小篆 書 草 一물이름지(臨城水名)。(『濉』와 같음) 二물이름치(南陽水名)。三물이름저(常山水名)。

【泝】(소) 遇 ソ、さかのぼる flow back-ward ㄙㄨˋ su⁴
小篆 或體 書 草 ❶거슬러올라갈소(逆流上)。❷흘러갈소(順流下)。(『溯·遡』와 같음)

【泞】(저) 語 チョ、すんでふかい clear
맑을저(澄也)。

【泠】(령) 青 レイ、すずしい cool ㄌㄧㄥˊ ling²
小篆 書 草 ❶서늘할령(涼意)。❷샘소리령(泉聲ㅣㅣ)。❸물이름령(丹陽水名)。

【泡】(포) 肴 ホウ、あわ foam ㄆㄠ p'ao¹
小篆 書 草 ❶물거품포(水上浮漚)。❷물이 솟아 날포(泉出貌)。❸물흐를포(水流貌)。【山海經】其源渾渾ㅣㅣ。❹성할포(盛貌)。【揚子方言】ㅣ盛也。

【波】(파) 歌 ハ、なみ wave ㄆㄛ p'o¹
小篆 書 草 ❶물결파(浪也)。【爾雅】大ㅣ爲瀾小ㅣ爲淪直ㅣ爲徑。❷물젖을파(潤也)。❸눈광채파(目光)。❹움직일파(動也)。【莊子 外物】其孰不ㅣ。❺달빛파(月光)。【漢書】月穆穆以金ㅣ。❻책이름 파(書名偃ㅣ)。

【泣】(읍) 緝 キュウ、なく weep ㄑㄧˋ ch'i⁴ (本音「급」)
小篆 書 草 ❶눈물줄줄흘릴읍、소리없이울읍(無聲出涕)。❷부글부글 끓는소리읍(沸聲)。❸울읍(哭也)。

【泥】 一(니) 齊 デイ、どろ mud ㄋㄧˊ ni² 二(니) 薺 ㄋㄧˇ ni³ 三(니) 霽 ㄋㄧˋ ni⁴ (本音「녜」)
小篆 書 草 一❶수렁니、진흙니(水和土)。【屈原漁父辭】何不淈其ㅣ而揚其波。❷물이더러워질니(水濁)。【易經】井ㅣ不食。❸미장이니(ㅣ匠)。❹흙손니(ㅣ鏝)。❺술취할니(醉也)。【杜甫詩】先拚一飲醉如ㅣ。二❶이슬맺힐니(露濃貌)。【詩經 小雅蓼蕭】零露ㅣㅣ。❷야들할니(柔澤貌)。【詩經】維葉ㅣㅣ。(『苨』와 같음) 三막힐니(滯也)。【論語 子張】致遠恐ㅣ。

【泧】(월) 月 エツ、おおみず flood
小篆 ❶큰물월(大水)。❷넘칠월(漲溢)。

【注】(주) 遇 チュウ、そそぐ irrigate;intend ㄓㄨˋ chu⁴
小篆 書 草 ❶물댈주(灌也)。❷물쏟을주(水流射)。【左傳 襄公二十三年】射之不中又ㅣ。❸뜻둘주(意所嚮)。❹기록할주(記也)。【風俗通】記物曰ㅣ困支分派別之意。❺조처할주(措置)。❻주낼주、풀이할주(釋經典)。(『註』와 통함)

【泪】(루)『淚』(水部 8畫)와 같음

【泬】(혈) 屑 ケツ、むなしい deserted ㄒㄩㄝˋ hsüeh⁴
小篆 書 草 ❶휑할혈、빌혈(空貌ㅣ寥)。❷샘솟을혈(水從孔穴出)。

【泫】 一(현) 先 ゲン、ふかい deep ㄒㄩㄢˋ hsüan⁴ 二(현) 銑
小篆 書 草 一깊을현、물충충할현(水深廣貌)。【謝靈運詩】ㅣㅣ露垂條。二❶이슬맺힐현(露垂貌)。❷눈물줄줄흘릴현(流涕貌)。【禮記 檀弓】孔子ㅣ然流涕。

【泭】(부) 虞 フ、いかだ small raft
小篆 ❶작은떼부(小木筏)。❷물거품부(水泡)。(『桴』와 같음)

【泮】(반) 翰 ハン、とける melt ㄆㄢˋ p'an⁴
小篆 書 草 ❶반수반、반궁반(ㅣ水。諸侯學宮)。【詩經】思樂ㅣ水。❷얼음풀릴반(冰解)。【詩經 邶風匏有苦葉】迨冰未ㅣ。(『頖·泮』과 통함)

【泯】(민) 軫 ビン、ミン、ほろぶ perish ㄇㄧㄣˇ min³
小篆 書 草 ❶빠질민(沒也)。❷잦을민、꺼질민(滅也)。【朱熹 中庸章句序】幸此書之不ㅣ。❸다할민(盡也)。【書經】天惟與民彝大ㅣ亂。❹물맑을민(水淸貌)。【杜甫詩】春流ㅣㅣ淸。❺어둘민(昏也)。

【泰】(태) 泰 タイ、やすらか peaceful;huge ㄊㄞˋ t'ai⁴
小篆 古文 書 草 ❶클태(大也)。❷통할태(通也)。【易經 上象】天地交ㅣ。❸심할태(甚也)。【詩經 小雅巧言】昊天ㅣ憮。❹너그러울태(寬也)。❺편안할태(安也)。【論語 子路】君子ㅣ而不驕。❻사치할태(侈也)。【孟子 滕文公下】舜受堯之天下、不以爲ㅣ。❼산이름태(山名)。

❽괘이름태(卦名)。❾서양태(ㅣ西)。(『太』와 같음)

【泲】(제) 薺 セイ、かわ river ㄐㄧˇ chi³
泲小篆 泲草書 물이름제(泲水東流爲濟)。(『濟』와 같음)

【泱】㊀(앙) 陽 ㊁(앙) 養 オウ、エイ、ひろい broad and deep ㄧㄤ yang¹
泱小篆 泱草書 ❶물충충할앙、물이깊고 넓을앙(水深廣貌)。[詩經 小雅瞻彼洛矣]維水ㅣㅣ。❷바람소리광대할앙(風聲宏大)。[左傳 襄公二十九年]ㅣㅣ乎大風。㊁❶물결빨리 갈앙(水漂疾貌)。❷편할앙(廣大貌)。

【泳】(영) 敬 エイ、およぐ swim
泳小篆 泳草書 헤엄칠영、무자맥질할영(潛行水中)。[詩]ㅣ之游之。[詩]漢之廣矣不可ㅣ思。

【泾】(괴) 卦 カイ、かわのな river
❶물형세괴(水勢)。❷물이름괴。(水名)。

【泴】(관) 翰 カン、てあらいかん wash-basin
손씻는그릇관(洗手器)。

六畫

【泿】(은) 眞 ギン、きし water's edge
물가은(水厓)。

【洀】㊀(주) 尤 ㊁(반) 寒 シュウ、ハン、なみうつ wave
洀草書 ㊀물노리칠주(水文)。㊁서릴반(曲也ㅣ屈)。

【洃】(회) 灰 カイ、ねる knead
반죽할회(溲粉)。

【洄】(회) 灰 カイ、さかのぼる go up(a stream) ㄏㄨㄟˊ huei
洄小篆 洄草書 물거슬러흐를회(逆流)。[詩經]溯ㅣ從之。

【洉】(후) 宥 クウ、うるおす soak
적실후(濡也)。

【洊】(천) 霰 セン、しきりに repeatly ㄐㄧㄢˋ chien⁴
洊草書 거듭올천(再至)。[易經 坎卦]水ㅣ至。(『瀳』과 같음)

【洋】(양) 陽 ヨウ、おおうみ、ひろい ocean; wide ㄧㄤˊ yang²
洋小篆 洋草書 ❶큰바다양(大海)。[莊子]望ㅣ向若而歎。❷물결양(瀾也)。❸물출렁출렁할양(水盛貌)。[詩經]河水ㅣㅣ。❹넓을양(廣也)。❺클양(大也)。❻서양양(西ㅣ)。

【浺】(충) 東 チュウ、いずみ spring
❶산밑샘충(山下泉)。❷물소리충(水聲ㅣ淙)。

【洌】(렬) 屑 レツ、きよい clear ㄌㄧㄝˋ lieh⁴
洌小篆 洌草書 ❶맑을렬(淸也)。[歐陽修 醉翁亭記]泉香而酒ㅣ。❷찰렬(寒也)。[宋玉 高唐賦]ㅣ風過而增悲哀。❸물이름렬(大同江名)。(『冽』과 통함)

【洍】(사) 紙 シ、みずのあつまり flow in
洍小篆 ❶물모여들사(水別復入)。❷강물사(江水)。

【洎】(계) 寘 キ、うるおう glose (本音 기) ㄐㄧˋ chi⁴
洎小篆 洎草書 ❶미칠계(及也)。[十八史略 宋]ㅣ入京師。❷윤택할계(潤也)。[管子 水地]越之水、重濁而ㅣ。❸가마부실계(灌釜)。[詩經]ㅣ之釜鬵。❹고기즙낼계(肉汁)。[左傳 襄公二十八年]以其ㅣ饋。

【洕】(연)『涓』(水部 7畫)의 俗字

【洒】㊀(세) 薺 ㊁(새) 蟹 ㊂(최) 賄 ㊃(쇄) 阮 ㊄(선) 銑 ㊅(선) 霰 ㊆(사) 馬 サイ、セイ、あらう wash ㄒㄧˇ hsi³ ㄙㄚˇ sa³ ㄘㄨㄟˇ ts' ㄒㄧㄢˇ hsie
洒小篆 洒草書 ㊀❶씻을세(洗也)。[左傳]ㅣ濯其心壹以待人。❷설치할세(洗雪)。[孟子 梁惠王上]願比死者一ㅣ之。(『洗』와 같음) ㊁뿌릴새(汛也)。㊂우뚝할최(高峻貌)。[詩經]新臺有ㅣ。㊃닦을쇄(滌也)。(『灑』와 같음) [左傳 襄公二十一年]ㅣ濯其心。㊄❶엄숙할선(肅然貌)。[禮記 玉藻]君子之飮酒、受一爵、而色ㅣ如也。❷물깊을선(水深)。[爾雅]望厓ㅣ而高岸。㊅으슬으슬떨릴선(寒慄)。[素問]秋刺冬分病不已令人ㅣㅣ時寒。㊆뿌릴사(ㅣ落汛也)。[莊子 庚桑楚]ㅣ然而異之。

【洏】(이) 支 ジ、なみだ shed tears ㄦˊ erh²
洏小篆 洏草書 ❶눈물흘릴이(流涕貌)。❷끓인물이(湯水)。

【洑】㊀(복) 屋 ㊁(보) 〔國字〕 フク、ながれる flow ㄈㄨˊ fu²
洑草書 ㊀물스며흐를복(伏流)。[杜甫詩]ㅣ流何處入。(『澓』과 같음) ㊁[國字]보막을보(引水灌田)。

【洓】㊀(색) 陌 ㊁(자) 寘 サク、シ、こさめがふる (of drizzle) drip
洓小篆 ㊀가는비방울뚝뚝떨어질색(水雨零落)。㊁물거품자(水泡)。

【洔】(지) 紙 シ、みぎわ water's edge
洔小篆 ❶물가지(小渚)。❷물벅찰지(水暫益)。(『沚』와 같음)

【洗】㊀(세) 薺 ㊁(선) 銑 セイ、セン、あらう wash ㄒㄧˇ hsi³ ㄒㄧㄢˇ hsien³
洗小篆 洗小篆 洗草書 ㊀❶씻을세(滌也)[易經 繫辭]聖人

以此—心。❷세수 그릇세(承水器)。〔儀禮 士冠禮〕設—于東榮。(『洒』와 같음) ㊂❶조촐할선(潔也)。〔書經〕自—腆致用洒。❷율이름선(律名、姑—)。

【洘】(고) [皓] コウ、かわく dry up
물마를고(水涸)。

【洙】(수) [虞] シュ、ほとり beach ㄓㄨ chu¹
❶물가수(水涯)。❷물이름수(泰山水名—泗)。

【洚】㊀(홍) [東] コウ、おおみず flood ㊁(강) [絳] ㄐㄧㄤ chiang⁴ ㊂(홍) [送]
㊀물벅차게흐를홍(水不遵道)。〔孟子告子下〕水逆行謂之—水、—水者洪水也。(『洪』과 通함) ㊁❶물거슬러흐를강(水逆流)。❷물이름강(河內水名)。㊂물넘칠홍(水無涯)。

【洛】(락) [藥] ラク、みやこ capital ㄌㄨㄛ luo⁴
❶낙수락(水名)。〔韓愈 送溫處士序〕—之北涯曰石生。❷서울락(都也—陽)。〔張說詩〕四合塵烟漲—城。

【洝】㊀(안) [翰] アン、ぬるまゆ sorrowful ㊁(알) [曷]
㊀끓인물안(湯水)。㊁구슬플알(卑曲不平)。

【洞】㊀(동) [董] トウ、あな、ほら cave; hole ㄉㄨㄥ tung⁴ ㊁(동) [送] ㊂(통) [送]
㊀❶공손할동、조심할동(質慤貌)。〔禮記 祭義〕—乎、屬屬乎如弗勝。❷덩어리질동(相連貌)。〔淮南子〕天地鴻—。㊁❶골동、구렁동(幽壑)。❷깊을동(深也)。❸빌동(空也)。❹꿸동(貫也)。〔史記 蘇秦傳〕遠者括臂—胸。❺빨리흐를동(疾流)。〔西都賦〕濆渭—河。❻밝을동(朗徹)。〔顔延之詩〕識密鑑亦—。

【洟】(이) [支] イ、はなしる watery snivel ㄊㄧ t'i⁴
❶콧물이(鼻液)。〔禮記 內則〕不敢唾—。❷눈물이(淚也)。❸못이름이(澤名、溫—)。

【涞】(래) [隊] ライ、そまる be dyed
물들래(染色)。

【洣】(미) [薺] ベイ、なみ wave
❶물결미(波也)。❷물이름미(江州水名)。

【津】(진) [眞] シン、わたしば ferry ㄐㄧㄣ chin¹
❶진액진、침진(液也)。❷나루진(水渡處)。〔論語 微子〕問—。❸넘칠진(溢也)。〔莊子〕其中——乎猶有惡。

【洦】㊀(맥) [陌] バク、あさいみず shollows ㊁(백) [陌]
㊀얕은물맥(淺水)。㊁뜻은 ㊀과 같음。

【洧】(유) [紙] ユウ、かわ name of a river ㄨㄟ wei³
물이름유(潁川水名溱—)。

【洨】(효) [肴] コウ、あう junction ot river ㄒㄧㄠ hsiao²
❶물흘러합할효(水流合)。❷물이름효(水名)。

【汧】(견) [先] ケン、さわ pond
❶못견(澤也)。❷물이름견(扶風水名)。

【洩】㊀(예) [霽] エイ、セツ、もれる leak ㊁(설) [屑] ㄒㄧㄝ hsieh⁴
㊀❶퍼질예(舒散)。〔左傳〕其樂也——。❷날개훨훨칠예(飛翔貌)。〔木華 海賦〕泄泄——。㊁❶쉴설(歇也)。〔東都賦〕馬踠餘足士怒未—。❷샐설(漏也)。〔中庸〕振河海而不—。❸발설할설(發越)。❹덜설(減也)。〔左傳〕濟其不足以—其過。(『泄・渫』과 같음)

【洪】(홍) [東] コウ、おおきい vast ㄏㄨㄥ hung²
❶클홍、넓을홍(大也)。〔書經 大誥〕—惟我幼冲人。❷큰물홍(洚水)。〔書經〕湯湯—水方割。❸성홍(姓也)。(『鴻・洚』과 통함)

【洫】(혁) [職] キョク、あふれる overflow ㄒㄩ hsü⁴
❶빌혁(虛也)。〔管子〕滿者—之。❷넘칠혁(濫也)。〔莊子〕所行備而不—。❸봇도랑혁(溝也)。(『淢』과 通함)

【氵臾】(유) [尤] ユ、よごれみず dirty
❶더러울유(汚也)。❷검을유(黑也)。

【洮】(조) [豪] チョウ、あらう(本音「도」) wash ㄊㄠ t'ao¹
❶세수할조(盥也)。〔書經〕王乃—頮水。❷빨조(洗濯)。〔後漢書〕—汰學者之累惑。❸물이름조(隴西水名)。

【洲】(주) [尤] シュウ、ス、す、しま island ㄓㄡ chou¹
❶섬주(島也)。〔詩經 周南關雎〕關關雎鳩、在河之—。❷뭍주(陸地)。「五大—」。❸물가주(水際)。

【洵】㊀(순) [霰] ジュン、まこと truly ㄒㄩㄣ hsün² ㊁(현) [眞]
㊀❶웅덩이물순(渦中水)。❷소리없이눈물흘릴순(無聲出涕)。〔魯語〕無—涕。❸믿을순(信也)。〔詩經〕—美且都。㊁멀현(遠也)。〔詩經〕吁嗟—兮。

【洳】(여) [魚] [御] ジョ、ひたる damp ㄖㄨ ju⁴
❶물이름여(水名)。❷물에젖을여、번질여(漸濕)。〔詩經 魏風汾沮洳〕彼汾沮—。

【洶】㊀(흉) 冬 ㊁(흉) 腫 キョウ、わく rush of water ㄒㄩㄥ hsiung^{1}
小篆 草書 ㊀물결꿈틀거릴흉(水勢)。【吳都賦】濞焉ㅣㅣ。㊁물소리흉(涌水聲)。【揚雄 羽獵賦】ㅣㅣ旭旭。

【洸】(광) 陽 コウ、いかる get angry ㄍㄨㄤ kuang^{1}
小篆 小篆 草書 ❶물하양게솟을광(水涌光)。❷굳셀광(果毅貌)。【詩經 大雅江漢】武夫ㅣㅣ。❸성낼광(怒也)。【詩經】有ㅣ有潰。❹위엄스러울광(武勇ㅣㅣ)。

【洹】(원) 元 エン、カン、ながれる flow ㄩㄢ yüan^{2}
小篆 草書 ❶흐를원(流也)。❷물이름원(水名)。

【洺】(명) 庚 ベイ、かわのな waters ㄇㄧㄥ ming^{2}
小篆 ❶물이름명(易陽水名)。❷고을이름명(州名)。

【活】㊀(활) 曷 ㊁(괄) 曷 カツ、いきる live; active ㄏㄨㄛ huo^{2} ㄎㄨㄛ k'uo^{4}
小篆 或體 草書 ㊀❶살활, 살릴활(生也)。【孟子 盡心上】民非水火、不生ㅣ。❷활발할활(盛動)。❸올가미활(ㅣ細子)。㊁물콸콸흐를괄(水流聲)。【詩經 衛風 碩人】北流ㅣㅣ。

【洼】㊀(와) 麻 ㊁(왜) 齊 ワ、くぼみ curved ㄨㄚ wa^{1}
小篆 草書 ㊀❶물이름와(渥ㅣ陝西水名)。❷굽을와(曲也)。㊁뜻은 ㊀과 같음。

【洽】(흡) 洽 コウ、あっ harmony and unity ㄒㄧㄚ hsia^{2} (本音「협」)
小篆 草書 ❶화할흡(和也)。【舊五代史 馮道傳】時有周元豹者云云、與道不ㅣ。❷합할흡(合也)。【詩經】ㅣ比其類。❸두루 할흡、한길흡(周徧)。❹젖을흡(霑濡)。【書經】好生之德ㅣ于民心。

【派】(파) 卦 ハ、わかれ、わける branch ㄆㄞ p'ai^{4} (古音「패」)
小篆 草書 ❶물가닥파、물갈래파(分流)。【吳都賦】百川ㅣ別歸海而會。❷보낼파(ㅣ遣)。❸나눌파(分也)。❹파벌파(ㅣ閥)。

【洿】㊀(오) 虞 ㊁(호) 麌 オ、コ、たまりみず swamp ㄨ wu^{1}
小篆 草書 ㊀웅덩이오(窊下地水)。【孟子】數罟不入ㅣ池。㊁❶더러울호(穢也)。【左傳】趙盾爲政治舊ㅣ。❷물들일호(染也)。【漢書】以墨ㅣ色其周垣。

【流】(류) 尤 リュウ、ル、ながれる flow ㄌㄧㄡ liu^{2}
小篆 古文 草書 ❶흐를류(水行)。【孟子 梁惠王下】從ㅣ下而忘反。❷번져나갈류(覃也)。【詩經】如川之ㅣ。❸구할류(求也)。【詩經 周南關雎】左右ㅣ之。❹내릴류(下也)。【詩經】七月ㅣ火。❺내칠류(放也)。【書經】ㅣ有五刑。❻펼류(布也)。【易經 乾卦】品物ㅣ形。❼달아날류(走也)。【戰國策】楚襄王ㅣ淹于城陽。❽무리류(類也)。❾귀양보낼류(刑罰之一ㅣ配)。❿근거없을류(不確實ㅣ言)。⓫등급류(等級上ㅣ下ㅣ)。⓬은혜류(恩澤)。⓭돌림류(移行)。⓮갈래류(派也)。

【浅】(천)『淺』(水部 8畫)의 略字

七畫

【浘】(미) 尾 ビ、もれる leak
草書 ❶미려혈미、바닷물샐미(閭穴海洩)。❷샘밑미(泉底)。

【浙】(절) 屑 セツ、よなぐ wash rice
小篆 小篆 草書 ❶물이름절(錢塘水名)。❷쌀씻을절(洗米)。

【浧】(분) 願 ホン、わきでる fountain
草書 물날분(水出)。

【浚】(준) 震 シュン、ふかい deep ㄐㄩㄣ chün^{4} (古音「순」)
小篆 草書 ❶깊을준(深也)。【春秋】冬ㅣ洙。❷일준(淘也)。❸취할준(取也)。【左傳】ㅣ我以生。❹모름지기준(須也)。【書經】夙夜ㅣ明有家。❺팔준(堀也)。❻마을이름준(衛邑名)。

【浛】(함) 覃 カン、しずむ sink
잠길함(沈也)。

【浜】(병) 庚 ホウ、ふないれみぞ port ㄅㄤ pang^{1} (古音「평」)
草書 ❶배세우는갯고랑병(安船溝)。❷물가이름병(浦名)。

【浝】(방) 江 ボウ、おおみず flood
小篆 큰물방(大水)。

【浞】(착) 覺 サク、ひたす dip; soak ㄓㄨㄛ chuo^{2} (本音「삭」)
小篆 草書 ❶적실착(濡濕)。❷잠길착(漬也)。❸사람이름착(人名寒ㅣ)。

【浟】(유) 尤 ユウ、ながれる over flowing (或音「척」)
草書 물철철흐를유(水流貌)。

【浡】(발) 月 ボツ、おこる rise ㄅㄛ p'o^{2}
草書 ❶우쩍일어날발(興起貌)。【孟子 梁惠王上】苗ㅣ然興之矣。❷바다이름발(海名ㅣ海)。(『勃』과 通함)

【浢】(두) 宥 トウ、かわのな waters
❶옆갯고랑두(挾浦)。❷물이름두(河北水名)。

【浣】(완) 翰 カン、あらう clean ㄏㄨㄢˇ huan³ (古音「환」) ❶옷빨완(濯衣垢)。❷씻을완(滌也)。〔史記〕身自―滌。❸내이름완(溪名、―花)。❹열흘완(十日)。

【浤】(굉) 庚 コウ、わきのぼる gushing ❶바닷물용솟음칠굉(海水騰湧貌)。〔賦〕――汨汨。

【浥】㈠(읍) 緝 ㈡(업) 葉 ㈢(압) 洽 ユウ、ヨウ、ひたる damp; moist ㄧˋ i⁴ ㈠❶젖을읍、부를읍(潤濕)。❷흠치르르할읍(漬潤)。〔王維詩〕渭城朝雨―輕塵。㈡뜻은 ㈠과 같음。㈢물아래로흐를압(水流下貌)。〔江賦〕乍―乍堆。

【[illegible]】(숙) 屋 シュク、よい gentle ❶착할숙(善也)。❷맑을숙(清也)。(『淑』과 같음)

【浦】(포) 虞 ホ、うら creek ㄆㄨˇ p'u³ ❶물가포(瀕也)。〔詩經〕率彼淮―。❷개포(大水有小口別通曰―)。

【浧】(영) 梗 エイ、よどむ sink ❶잠길영(沈也)。❷앙금영(泥滓)。

【浩】(호) 皓 コウ、おおきい、ひろい vast ㄏㄠˋ hao⁴ ❶물질펀할호(大水貌)。〔書經 舜典〕――滔天。❷넓고큰호(廣大)。〔中庸〕――其天。

【浪】㈠(랑) 陽 ㈡(랑) 養 ㈢(랑) 漾 ロウ、なみ wave ㄌㄤˊ lang² ㄌㄤˋ lang⁴ ㈠❶물결흐를랑(流貌)〔屈原 離騷〕霑余襟之―。❷물이름랑(荊山水名)。「滄―」。❸고을이름랑(朝鮮地名樂―)。㈡맹랑할랑(不精要)。〔莊子〕夫子以爲孟―之言。㈢❶희롱지거리할랑(不敬)。〔詩經〕謔―笑傲。❷함부로쓸랑(―費)。❸물결랑(波也)。

【浬】(리) 支 リ、ノット nautical mile ㄌㄧˇ li³ ❶추장이름리(―泥、波斯酋長)。❷〔新字〕바다잇수리(海之里數)。

【浮】(부) 尤 フ、フウ、うかぶ float ㄈㄨˊ fu²·⁴ ❶뜰부(汎也)。〔論語〕乘桴―于海。❷넘칠부(溢也)。❸지날부(過也)。〔禮記 表記〕恥名之―於行。❹떠내려갈부(順流)。〔書經〕―于濟漯。❺물창일할부(水盛貌)。〔詩經 小雅角弓〕雨雪――。❻매인데없을부(無定意)。

【浯】(오) 虞 ゴ、かわ river ㄨˊ wu² ❶물이름오(琅邪水名)。❷내이름오(零陵溪名)。

【浰】㈠(련) 霰 ㈡(리) 寘 レン、リ、はやい rapid stream ㈠빨리흐를련(急流)。㈡뜻은 ㈠과 같음。

【浲】(봉) 冬 ホウ、かわ river 물이름봉(單狐山出水名)。(『逢』과 같음)

【浴】(욕) 沃 ヨク、あびる bath ㄩˋ yü⁴ ❶미역감을욕、목욕할욕(灑身)。〔屈原 漁夫辭〕新―者必振衣。❷깨끗이할욕(潔治意)。〔禮記 儒行〕有澡身而―德。❸물이름욕(水名)。

【[illegible]】(찰) 曷 サツ、そそぐ pour 물쏟을찰(濺也)。

【浶】(로) 豪 ロウ、おそれる be frightened 놀라고두려워할로(恐懼貌)。

【海】(해) 賄 カイ、うみ sea ㄏㄞˇ hai³ ❶바다해(滄―百川朝宗)。❷세계해(世界)。〔書經〕江漢祖宗于―。❸많을해(多也)。❹넓을해(廣也)。

【浸】(침) 沁 シン、ひたる soak; dip ㄐㄧㄣˋ chin⁴ ❶적실침(漬也)。〔論語 顔淵〕―潤之譖。❷불릴침(潤也)。〔詩經〕―彼稻田。❸번질침(漸也)。〔易經〕剛―而長。❹빠질침(沒也)。〔史記〕城不―者三版。❺잠길침(沈也)。❻젖을 침(涵也)。❼큰못침(澤之總名)。〔莊子〕大―稽天。

【浹】(협) 葉 キョウ、あまねく penetrate into ㄒㄧㄚˊ hsia² ❶사무칠협(徹也)。〔漢書 禮樂志〕教化―洽。❷둘릴협(周也)。〔左傳註〕自甲至癸―日自子至亥―辰。(古音은「접」)(『挾』과 같음)

【浺】(충) 東 チュウ、ふかい deep 물충충할충(水深廣貌―瀜)。

【泂】(형) 梗 キョウ、うずまき whirl 물소용돌이칠형(水回旋貌―澋)。

【浼】(매) 賄 マイ、バイ、けがす dirty ㄇㄟˇ mei³ ❶더러울매(汚也)。〔孟子 公孫丑上〕爾焉能―我哉。❷물펀펀하게 흐를매(水平流貌)。〔詩經 邶風新臺〕河水――。

【浽】(수) 支 スイ、ほそあめ、にごる drizzle ❶작은비수、부슬비수(微小雨)。❷물흐릴수(濁也)。❸물이름수(水名)。

【浿】(패) 泰 卦 バイ、かわ river
❶물이름패(大同江名)。【地理志】ㅣ水出遼東塞外西南至樂浪縣西入海。❷물가패(水涯)。

【涀】(견) 霰 ケン、こみぞ small ditch
❶작은도랑견(小溝)。❷물이름견(水名)。

【涂】㊀(도) 虞 ㊁(차) 麻 ト、みち road ㄊㄨˊ t'u²
㊀❶도랑도、개천도(溝也)。【周禮】百夫有洫洫上有ㅣ。❷길도(道也)。(『塗』와 같음) ㊁❶물젖을차(沮洳)。❷매질할차(塗飾)。

【涅】㊀(날) ㊁(녈) 屑 ネツ、デツ、くろつち black mud ㄋㄧㄝˋ nieh⁴
㊀❶앙금흙날、개흙날(水中黑土)。❷검은물들일날(染黑)。【論語 陽貨】ㅣ而不緇。㊁죽을녈、극락갈녈(佛經歸依曰ㅣ槃)。

【涆】(간) 翰 カン、はやい rapid stream
❶물빨리흐를간(水迅流貌)。❷물마를간(涸也)。

【涇】(경) 青 ケイ、とおる flow through ㄐㄧㄥ ching¹
❶통할경(通也)。【莊子 秋水】ㅣ流之大。❷물이름경(安定水名)。

【消】(소) 蕭 ショウ、きえる extinguish ㄒㄧㄠ hsiao
❶다할소(盡也)。❷꺼질소、사라질소(滅也)。【易經 泰卦】小人道ㅣ。❸풀릴소(釋也)。【禮記 月令】氷凍ㅣ釋。❹해어질소(敝也)。【陶潛 歸去來辭】樂琴書、以ㅣ憂。

【涉】(섭) 葉 ショウ、わたる cross ㄕㄜˋ shê⁴
❶물건널섭(渡水)。【詩經 衞風氓】送子ㅣ淇。❷거칠섭、지나쳐볼섭(經也)。【漢書】ㅣ獵書記不能爲醇儒。❸돌아다닐섭。【陶潛 歸去來辭】園日ㅣ以成趣。❹경과할섭(經過)。【枚乘 七發】背秋ㅣ冬。❺간섭할섭(干ㅣ)。

【涎】(선) 先 セン、うずまき swirling fountain
도래샘선(回泉)。(『漩』과 같음)

【涊】(년) 銑 デン、よごれる sweat ㄋㄧㄢˇ nien³
❶때끔쩨기년(垢濁)。【文賦】謬玄黃之秩序故淟ㅣ而不鮮。❷빠질년、골몰할년(汨沒)。❸간사히아첨할년(邪媚態)。❹땀날년(汗出)。【枚乘 七發】ㅣ然汗發。

【涌】(용) 腫 ヨウ、ユ、わく bubble up
❶날칠용(騰也)。【司馬相如 上林賦】洶ㅣ澎湃。❷물넘칠용(水溢)。【蘇軾詩】雲峯缺處ㅣ冰輪。(『湧』과 같음)

【涍】(효) 肴 コウ、かわのな waters
❶물가효(水涯)。❷물이름효(南郡水名)。

【涎】㊀(연) 先 ㊁(연) 霰 エン、よだれ (古音「선」) spittle ㄒㄧㄢˊ hsien²
㊀침연(口液)。【賈誼新書】垂ㅣ相告。㊁❶물졸졸흐를연(水流貌)。❷연할연(相連)。【海賦】迆ㅣ八裔。

【涏】㊀(정) 迥 ㊁(전) 霰 テイ、いずみ spring
㊀샘물정(小水)。㊁❶흠치르르할전(光澤貌)。❷물이흐를전(水流貌)。

【涓】(연) 先 ケン、しずく drop of water (本音「견」) ㄐㄩㄢ chüan¹
❶물방울떨어질연(滴也)。❷조촐할연(潔也)。❸가릴연(擇也)。❹졸졸흐를연(小流)。【陶潛 歸去來辭】泉ㅣㅣ而始流。❺벼슬이름연(官名中ㅣ)。

【涑】㊀(수) 尤 ㊁(속) 屋 ソク、シュウ、あらう wash ㄙㄨˋ su⁴
㊀❶빨래할수(濯垢)。❷양치질할수(盪口)。㊁❶물이름속(水名)。❷빨속(澣也)。

【涒】(군) 元 クン、うずまく meander (古音「톤」) ㄊㄨㄣ t'uen¹
❶도포증날군(倒飽症)。❷물굽이쳐흐를군(水流曲折)。

【涔】(잠) 鹽 シン、ひたす dip
❶적실잠(漬也)。❷쇠발자국괸물잠(牛跡中水)。【淮南子】牛蹄之ㅣ。❸비죽죽올잠(雨多貌)。❹눈물줄줄흐를잠(淚下貌)。【江淹詩】ㅣ淚猶在目。❺물고기잡는못잠(漁池)。

【涕】(체) 薺 霽 テイ、なみだ tears ㄊㄧˋ t'i⁴
❶눈물체(淚也)。【詩經 小雅小明】ㅣ零如雨。❷울체(泣也)。

【涘】(사) 紙 シ、みぎわ、きし shore ㄙˋ ssŭ⁴
물가사(水涯)。【詩經 王風葛藟】在河之ㅣ。

【涖】(리) 寘 リ、レイ、のぞむ overlook ㄌㄧˋ li⁴
❶여울물소리리(下瀨水聲)。【司馬相如 上林賦】ㅣㅣ下瀨。❷임할리(臨也)。【詩經 小雅采芑】方叔ㅣ止。(『莅』와 같음)

【涚】(세) 霽 セイ、あく lye

涗小篆 涗草書 ❶잿물세(灰汁)。❷미지근할세(微溫)。❸맑을세(淸也)。

八畫

【涪】(부) 尤 フ、あわ foam ㄈㄨ fu² 小篆 書草 ❶물거품부(水泡)。❷물이름부(廣漢水名)。

【涫】(관) 翰 カン、わく boil 寒 ㄍㄨㄢ kuan⁴ 小篆 書草 끓일관(沸也)。〔荀子〕ㅣ紛紛孰知其形。

【涬】(행) 迥 ケイ、キョウ、ひく haul 草書 ❶기운행(自然氣)。〔莊子 在宥〕大同乎溟ㅣ。❷끌행、당길행(引也)。

【氵邯】㊀(감) 覃 カン、あるいは ㊁(한) 翰 of, if ㊀혹시감、혹은감(或也)。〔揚雄〕沅之間、凡言或如此者曰ㅣ若是。㊁뜻은 ㊀과 같음。

【涯】㊀(애) 佳 ガイ、みぎわ、きし ㊁(의) 支 shore ㊂(아) 麻 ㄧㄚ ya² 小篆 書草 ㊀❶물가애、물언덕애(水畔)。❷물이름애(水名)。(『厓』와 같음) ㊁뜻은 ㊀과 같음。㊂❶물가아(水際)。〔書經〕若涉大水其無津ㅣ。❷다할아(窮盡意)。〔莊子 養生主〕吾生也有ㅣ、而知也無ㅣ。

【涰】(철) 屑 テツ、すすりなく shed tears 눈물흘릴철(泣也)。

【液】(액) 陌 エキ、しる liquid ㄧ i⁴ 小篆 書草 ❶진액、즙액(汁也津ㅣ)。❷헤칠액(解散)。〔文子〕渙乎其若水之液。❸불릴액(潤也)。❹물액(水也)。「ㅣ體」。

【涳】(공) 東 クウ、ほそあめ drizzle 小篆 ❶가는비공(細雨ㅣ濛)。❷곧게흐를공(直流)。

【淹】(타) 哿 タ、なみうちぎわ be flowed with the water ❶모래밀릴타(砂石隨水流貌)。〔江賦〕碧沙遺ㅣ而往來。❷물결출렁거릴타(水波相重貌)。(『沱』와 같음)

【沱】(타)『淹』(前條)의 俗字

【涴】㊀(완) 阮 エン、ワ、けがれる ㊁(와) 箇 pollute 書草 ㊀❶물굽이쳐돌완(水廻曲貌)。〔江賦〕洪瀾ㅣ演而雲廻。❷진흙묻을완(泥著物)。㊁더럽힐와(汚也)。〔韓愈詩〕勿使塵埃ㅣ。(『汙』와 같음)

【涵】(함) 覃 カン、うるおう soak ㄏㄢ han² 小篆 書草 ❶젖을함(濡也)。❷잠길함(沈也)。❸용납할함(容也)。〔詩經 小雅巧言〕亂之初生、僭始旣ㅣ。❹넓을함(廣也)。

【涶】(타)『唾』(口部8畫)와 같음

【浂】(옥)『沃』(水部4畫)의 本字

【涷】(동) 東 トウ、にわかあめ 送 shower 小篆 書草 ❶소나기동(暴雨)。❷얼동(凍也)。❸이슬흠치르르할동(瀧ㅣ露沾漬貌)。

【涸】㊀(후) 遇 コ、カク、かれる ㊁(학) 藥 dry ㄏㄜ he² (本音「각」) 小篆 或體 書草 ㊀❶마를후、잦을후(竭也)。❷막을후(塞也)。〔謝靈運詩〕渴汲水枯ㅣ。㊁뜻은 ㊀과 같음。

【涹】(와) 歌 ワ、にごる become muddy ㄨㄛ wo¹ ❶흐릴와(濁也)。❷더러울와(汚濊)。❸물에불릴와(漚也)。〔周禮〕慌氏漚其絲。

【涼】㊀(량) 陽 リョウ、すずしい ㊁(량) 漾 cool ㄌㄧㄤ liang² 小篆 書草 ㊀❶엷을량(薄也)。〔左傳 莊公三十二年〕虢多ㅣ德。❷서늘할량(微冷)。(『凉』과 통함) ㊁❶도울량(佐也)。〔詩經〕ㅣ彼武王。❷미쁠량(信也)。〔詩經〕ㅣ曰不可。❸적적하고슬플량(哀也)。(『諒』과 통함)

【淈】(홀) 月 コツ、きよい pure 小篆 ❶검푸를홀(黑青色)。❷구히맑을홀(大淸)。❸정결할홀(極潔)。〔楞嚴經〕心綿愛ㅣ。❹합할홀(合也)。

【涽】(혼) 願 コン、くらい vague 書草 ❶흐린물혼(濁水)。❷흐리멍덩할혼(未定貌)。

【涾】(답) 合 トウ、なみだつ wave 小篆 書草 ❶끓어넘칠답(沸溢)。❷물결출렁거릴답(水波相連貌)。

【涿】(탁) 覺 タク、うつ beat ㄓㄨㄛ chuo¹ (古音「착」) 小篆 奇字 書草 ❶물방울떨어질탁(水下滴)。❷칠탁(擊也)。〔周禮〕壺ㅣ氏掌除水蟲。❸물이름탁(水名)。❹땅이름탁(地名)。

【淀】(정) 霰 テン、よどむ shallow water ㄉㄧㄢ tien⁴ (古音「전」) 書草 ❶얕은물정(淺水)。〔吳都賦〕掘鯉之ㅣ。❷배댈정(船泊)。

【淁】(첩) 緝 ショウ、わく gush 小篆 물솟을첩(湧出)。

【淄】(치) 支 シ、くろ black ㄗ tzu¹ 書草 ❶물이름치(梁父水名)。❷검을치(黑也)。〔史記 孔子世家〕不曰白乎、涅而不ㅣ。❸고을이름치

(青州縣名)。

【淅】(석) 錫 セキ、よなぐ wash rice ㄒㄧ hsi¹
小篆 草書 ❶쌀일석(汰米)。〔孟子 萬章下〕接ㅣ而行。❷빗소리석(雨聲)。〔謝惠連詩〕ㅣㅣ振條風。

【淆】(효) 肴 コウ、みだれる confused ㄧㄠ yao²
草書 ❶어지러울효(亂也)。❷잡될효(雜也)。❸흙탕칠효(濁水)。〔後漢書 黃憲傳〕ㅣ之不濁。

【淇】(기) 支 キ、かわ river ㄑㄧ ch'i²
小篆 草書 ❶물이름기(河內水名)。〔詩經〕送子涉ㅣ。❷고을이름기(縣名)。

【洴】(병) 青 ヘイ、さらす wash ㄆㄧㄥ p'ing²
草書 빨래하는소리병(濯絮聲)。〔莊子 逍遙遊〕ㅣ澼絖。

【淈】㊀(굴) ㊁(홀) 月 コツ、にごる turbid
小篆 草書 ㊀❶흐릴굴(濁也)。〔屈原 漁父辭〕何不ㅣ其泥而揚其波。❷물괄괄흐를굴(決流)。❸다할굴(盡也)。〔荀子〕其洸洸乎不ㅣ盡似道。㊁다스릴홀(治也)。

【淊】(함) 感 カン、どろみず muddy water
小篆 진흙물함、붉덕물함(泥水ㅣㅣ)。

【淋】(림) 侵 リン、そそぐ wet; drip ㄌㄧㄣ lin²·⁴
小篆 草書 ❶축일림(以水沃)。❷지적지적할림(山下水貌)。❸번지르르할림(ㅣ漓渥貌)。〔羽獵賦〕ㅣ漓廊落。❹물댈림(澆也)。❺쓸쓸할림(寂也)。❻병의이름림(病名)。(『霖』과 통함)

【淌】(창) 漾 ショウ、おおなみ billow ㄊㄤ t'ang³
草書 큰물결창(大波)。〔淮南子〕ㅣ游瀾減。

【淑】(숙) 屋 シュク、よい good; clear ㄕㄨ shu²
小篆 草書 ❶맑을숙(清湛)。❷화할숙(和也)。❸착할숙(善也)。〔詩經〕ㅣ人君子。❹사모할숙(私ㅣ)。(『俶』과 같음)

【淒】㊀(처) 齊 ㊁(천) 霰 セイ、サイ、さむい cold ㄑㄧ ch'i¹
小篆 草書 ㊀❶구름피어오를처(雲起貌)。❷쓸쓸할처(寒涼)。〔詩經 邶風綠衣〕ㅣ其以風。㊁빠를천(ㅣ洌疾貌)。〔子虛賦〕倏眒ㅣ洌。

【淔】(칙) 職 チョク、かわのな waters
小篆 ❶풀이름칙(草名)。❷물이름칙(水名)。

【淖】(뇨) 效 ドウ、どろ、ぬかる mud ㄋㄠ nao⁴
小篆 草書 ❶[illegible]〔陸游詩〕食有ㅣ糜猶足飽。❷빠질뇨(濡甚)。〔漢書〕堅冰ㅣ溺。

【淘】(도) 豪 トウ、ながれる scour ㄊㄠ t'ao²
草書 ❶쌀일도(淅米)。〔齊民要術〕冷水淨ㅣ。❷물흐를도(水流)。

【淙】㊀(종) 冬 ㊁(장) 江 ソウ、そそぐ noise of water ㄘㄨㄥ ts'ung²
小篆 草書 ㊀물소리종(水聲)。〔高適詩〕石泉ㅣㅣ若風雨。㊁뜻은 ㊀과 같음。

【淚】(루) 寘 ルイ、なみだ tears ㄌㄟ lei⁴ (同音「뤼」)
草書 눈물루(目液)。〔本草〕ㅣ者肝之液。

【淛】㊀(제) 霽 ㊁(절) 屑 セイ、かわ river
草書 ㊀강이름제(江名)。〔山海經〕禹治水、以至ㅣ河。㊁강이름절(江名)。(『浙』과 같음)

【淜】(빙) 蒸 ヒョウ、わたる across a stream ㄆㄥ p'eng²
小篆 草書 ❶걸어물건늘빙(徒涉)。❷물소리빙(水聲ㅣ滂)。

【淝】(비) 微 ヒ、かわ river ㄈㄟ fei²
草書 물이름비(九江水名)。(『肥』와 통함)

【㳺】(유)『游』(水部 9畫)의 俗字

【淞】(송) 冬 ムㄨㄥ sung¹ river
草書 강이름송(吳郡江名)。

【淟】(전) 銑 テン しずむ sink ㄊㄧㄢ t'ien³
草書 ❶때낄전(垢濁)。〔屈原 遠遊〕切ㅣ涊之流俗。❷빠질전(沒也)。

【淠】(비) 霽 ヒ、ふねがゆく sail
小篆 草書 ❶배떠날비(舟行貌)。❷성할비(盛貌)。❸많을비(衆也)。❹물이름비(汝南水名)。

【⿰氵昔】(석) 陌 セキ、つつみ dike (或音「책」)
小篆 방축석(隁也)。

【⿰氵戽】(호) 麌 コ、あかくみ drawing bucket
草書 자루달린드레박호(舟中渫水器)。

【淡】㊀(담) 覃 ㊁(담) 感 ㊂(담) 勘 タン、あわい、うすい insipid ㄉㄢ tan⁴
小篆 草書 ㊀물맑을담(水淨)。(『澹』과 같음) ㊁❶싱거울담、슴슴할담(薄味)。〔史記 叔孫通傳〕食啖。❷물질펀할담(安流平滿貌)。〔高唐賦〕潰ㅣㅣ而並入。㊂묽을담(濃之對)。

【淢】㊀(역) 職 ㊁(혁) 職 ヨク、キョク、はやいながれ flow rapidly
小篆 草書 ㊀빨리흐를역(疾流)。〔南都賦〕漻淚ㅣ汨。㊁❶

서러울혁(悲傷貌)。❷해자혁、성개천혁(城溝)。【史記 夏紀】卑宮室、致費于溝ㅣ。

【淤】(어) 御 魚 ヨ、オ、にごる、どろ dregs; mud ㄩ yü¹
淤 小篆 淤 草書 ❶해감어、앙금어、찌끼어(澱滓)。【杜篤論都賦】畎瀆潤ㅣ。❷진흙어(泥也)。

【淣】(예) 齊 ゲイ、みぎわ water's edge
물가예(水際)。

【淥】㊀(록) 屋 ㊁(록) 沃 ロク、こす filtrate カㄨ lu⁴
淥 草書 ㊀❶샐록、스밀록(滲也)。❷물이름록(湘東水名)。(『漉』과 같음) ㊁물맑을록(水清)。【東京賦】ㅣ水澹澹。

【淦】(감) 勘 カン、もれみず leak ㄍㄢ kan⁴
淦 小篆 汵 或體 淦 草書 ❶배틈으로물들감(水入船隙)。❷물이름감(豫章水名)。(『汵』과 같음)

【淨】(정) 敬 セイ、ジョウ、きよい clear ㄐㄧㄥ ching⁴
淨 小篆 淨 草書 ❶조촐할정、깨끗할정(無垢潔也)。【周敦頤 愛蓮說】亭亭ㅣ植。❷맑을정(清也)。

【淩】(릉) 蒸 リョウ、しのぐ surpass ㄌㄧㄥ ling²
淩 小篆 ❶달릴릉(馳也)。❷지날릉(歷也)。【海賦】汎海ㅣ山。❸떨릉(慄也)。❹물이름릉(臨淮水名)。(『棱』과 통함)

【㳽】(니)(미) 『瀰』(水部17畫)의 俗字

【淪】㊀(륜) 眞 ㊁(론) 阮 リン、しずむ sink カㄨㄣ luen²
淪 小篆 淪 草書 ㊀❶빠질륜(沒也)。【書經】今殷其ㅣ喪。❷물놀이칠륜(小波)。❸거느릴륜(率也)。【詩經】ㅣ胥以鋪。㊁기운덩어리질론(氣未分)。【列子】氣形質具而未相離故曰混ㅣ。

【渫】(설) 屑 セツ、もれる leak
渫 草書 ❶샐설(漏也)。❷우물칠설(治井)。(『渫』과 같음)

【淁】(접) 葉 ショウ、みずぬれ wet
물축축할접、물자질자질할접(纔有水ㅣ溉)。

【淫】(음) 侵 イン、みだら obscene ㄧㄣ yin²
淫 小篆 淫 草書 ❶방탕할음(放也)。【史記 孔子世家】晉平公ㅣ、六卿擅權。❷간음할음(奸也)。❸음란할음(亂也)。【詩經 齊風 載馳序】與文姜ㅣ。❹넘칠음(溢也)。❺과할음(過也)。【書經 大禹謨】罔ㅣ於樂。❻심할음(甚也)。【列子 黃帝】朕之過ㅣ矣。❼적실음(漬也)。【周禮】善防者水ㅣ之。❽오랠음(久也)。【晉語】底著滯ㅣ。(『婬』와 통함)

【淬】(쉬) 隊 サイ、にらぐ dip into water (古音「췌」) ㄘㄨㄟ ts'uei⁴
淬 小篆 淬 草書 ❶칼담글쉬(燒劒入水)。【漢書】火與水合爲ㅣ。❷물들일쉬(染也)。❸범할쉬(犯也)。

【[illegible]】(포) 效 ホウ、ひたす soak
❶담글포、적실포(漬也)。❷맑을포(清也)。

【淮】(회) 佳 カイ、ワイ、かわ river ㄏㄨㄞ huai²
淮 小篆 淮 草書 회수회、물이름회(揚州水名)。

【淯】(육) 屋 イク、ます swollen waters
淯 小篆 淯 草書 ❶물불을육(水增)。❷고을이름육(縣名ㅣ陽)。

【淳】(순) 眞 ジュン、すなお pure; genuine ㄔㄨㄣ ch'uen²
淳 小篆 淳 草書 ❶맑을순(清也)。❷순박할순、순할순(質樸)。【思玄賦】何道眞之ㅣ粹兮。❸짠땅순(鹹地)。【左傳 襄公二十五年】表ㅣ鹵。❹빙빙돌순(流動貌)。【莊子 則陽】禍福ㅣㅣ。

【淰】㊀(념) 琰 ㊁(심) 寑 シン、ネン、にごる impure ㄋㄧㄢ nien³
淰 小篆 淰 草書 ㊀❶흐릴념(濁也)。❷물놀이칠념(水動貌、ㅣ淰)。❸물살질념(魚駭貌)。【禮記】龍以爲畜故魚鮪不ㅣ。㊁물고기놀라물살질심(魚驚貌)。

【深】㊀(심) 侵 ㊁(심) 沁 シン、ふかい deep ㄕㄣ shen¹
深 小篆 深 草書 ㊀❶으슥할심(邃也)。❷깊을심(淺之對)。【元史 鐵木兒塔識傳】伊洛諸儒之書、ㅣ所硏究。❸멀심(遠也)。❹감출심(藏也)。【周禮】梓人必ㅣ其爪。㊁❶잴심(度淺ㅣ)。【周禮地官大司徒】以土圭之法、測土ㅣ。❷옷이름심(衣名)。

【淴】㊀(올) 月 ㊁(홀) 月 オツ、コツ、はやい rapid
淴 草書 ㊀❶물소리올(水聲)。❷물빨리흐를올(急流)。㊁물모양홀(水貌)。

【淵】(연) 先 エン、ふち pond ㄩㄢ yüan¹
淵 小篆 𣶒 或體 囦 古文 渊 草書 ❶못연(池也)。【詩經 大雅旱麓】魚躍于ㅣ。❷깊을연(深也)。【賈誼弔屈原賦】汨ㅣ潛以自珍。❸북소리둥둥할연(鼓聲)。【詩經 小雅采芑】伐鼓ㅣㅣ。❹모래톱연(江中沙地)。

【淶】(래) 灰 ライ、かわのな waters ㄌㄞ lai²
淶 小篆 淶 草書 물이름래(黃河支流)。【周禮】幷州其浸ㅣ易。

【混】 ㊀(혼) ㊁(곤) 元 阮 コン、まじる mix ㄏㄨㄣˋ huen²·³·⁴ (本音「혼」)
小篆 草書 ㊀❶덩어리질혼(ㅡ沌氣未分)。【道德經】有物ㅡ成先天地生。❷섞일혼(雜也)。❸흐릴혼(濁也)。㊁오랑캐곤(西戎名ㅡ夷)。

【淸】 (청) 庚 セイ、きよい clear; pure ㄑㄧㄥ ch'ing¹
小篆 草書 ❶맑을청(去濁遠穢澄也)。【杜甫詩】在山泉水ㅡ。❷고요할청(靜也)。❸조촐할청(潔也)。【書經】直哉惟ㅡ。❹청렴할청(廉直)。

【清】 (청)『淸』(前條)과 같음

【淹】 (엄) 鹽 エン、ひたす dip; drown ㄧㄢ yen¹
小篆 草書 ❶담글엄、적실엄(漬也)。【禮記 儒行】ㅡ之以好樂。❷오래머물엄(留久)。【孟子 萬章下】未嘗有所終三年ㅡ也。❸빠질엄(沒也)。❹물가엄(水涯)。❺물이름엄(扶餘國水名ㅡ淲)。

【淺】 (천) 銑 セン、あさい shallow ㄑㄧㄢˇ ch'ien³
小篆 草書 ❶얕을천(水不深)。【詩經】就其ㅡ矣。❷고루할천、견문좁을천(少聞)。【戰國策趙上、武靈王】寡人年少、奉祠祭之日ㅡ。❸범의가죽천(虎皮)。【詩經】鞹鞃ㅡ幭。

【添】 (첨) 鹽 テン、そえる add; attach ㄊㄧㄢ t'ien¹
草書 더할첨([illegible])

【淼】 (묘) 篠 ビョウ、ひろい extensive ㄇㄧㄠˇ miao³
小篆 草書 물창일할묘(ㅡ茫大水)。【江賦】狀滔天以ㅡ茫。

【湙】 (역) 陌 エキ、つば、みちる saliva; brimful (同音「일」)
❶침역(唾液)。❷찰역(滿也)。

【湛】 (담) 旱 タン、たかいなみ surge
험한파도담(險波)。

【渋】 (삽)『澁』(水部 12畫)의 略字

九畫

【渃】 (약) 藥 ジャ、しろのな castle
草書 ❶성이름약(城名)。❷시내이름약(川名)。❸큰물약(大水)。

【渙】 (환) 翰 カン、つややか brilliant ㄏㄨㄢˋ huan
小篆 草書 ❶물출렁출렁할환(水盛貌)。【詩經 鄭風溱洧】溱與洧方ㅡㅡ兮。❷찬란할환(文章貌)。【後漢書】ㅡ爛兮其溢目。❸풀어질환(散釋)。【易正義】ㅡ者大德之人建功立業散難釋險故謂之。❹괘이름환(卦名)。

【渚】 (저) 語 ショ、みぎわ islet; bank ㄓㄨˇ chu³
小篆 草書 ❶물가저(小洲)。【詩經】江有ㅡ。❷물갈라질저(水岐)。【韓詩外傳】一溢一否曰ㅡ、

【減】 (감) 豏 ゲン、カン、へる decrease ㄐㄧㄢˇ chien³
小篆 草書 ❶덜감(損也)。❷무지러질감(耗也)。❸가벼울감(輕也)。【禮記】禮主其ㅡ。❹물이름감(水名)。

【渜】 (난) 翰 ダン、ゆ hot water
小篆 草書 ❶목욕한물난(浴水餘汁)。❷더운물난(湯也)。

【渝】 (투) 虞 ユ、かわる change ㄩˊ yü² (本音「유」)
小篆 草書 ❶빛변할투(變也)。❷더러워질투(汚也)。❸고을이름투(蜀州名)。

【渟】 (정) 靑 テイ、とどまる stop; ditch ㄊㄧㄥˊ t'ing²
草書 ❶물고일정(止水)。❷도랑정(溝也)。【史記】決ㅡ水致之海。❸물가정(水際平地)。(『汀』과 통합)

【渠】 (거) 魚 キョ、みぞ drain; gutter ㄑㄩˊ ch'ü²
小篆 草書 ❶개천거、도랑거(溝也)。【禮記】溝ㅡ必步。❷휑뎅그렁할거(深廣貌)。【詩經 秦風權輿】夏屋ㅡㅡ。❸클거(大也)。【史記】誅其ㅡ帥。❹껄껄웃을거(笑貌)。【後漢書】軒ㅡ笑自若。❺저거(俗謂他人爲ㅡ儂)。【古詩 焦仲卿妻】雖與府吏要ㅡ會永無緣。❻무엇거(何也)。【史記陸賈傳】何ㅡ不若漢。(『詎·遽』와 통합)

【渡】 (도) 遇 ト、わたる cross over ㄉㄨˋ tu⁴
小篆 草書 ❶건늘도(濟也)。❷통할도(通也)。【蘇軾詩 梅花】半隨飛雪ㅡ關山。❸나루도(津也)。

【渢】 ㊀(풍) ㊁(범) 東 咸 フウ、ハン、みずおと sound of the water
草書 ㊀물소리풍(水聲)。㊁❶풍류소리범(中庸聲)。❷소리둥둥뜰범(浮貌)。【左傳 襄公二十九年】美哉ㅡㅡ乎。

【渣】 (사) 麻 サ、かす sediment ㄓㄚ cha¹ (本音「차」)
草書 ❶찌끼사(滓也)。❷물이름사(義陽水名)。

【渤】 (발) 月 ホツ、きりかかる foggy ㄅㄛˊ po²
草書 ❶바다발(海別名)。【子虛賦】浮ㅡ澥。❷안개자욱할발(霧出貌)。【江賦】氣ㅡ以霧杳。❸나라이름발(ㅡ海、後高句麗國名)。

【渥】 (악) 覺 アク、うるおす get wet ㄨㄛˋ wo⁴
小篆 草書 ❶비젖을악(霑也)。【詩經 小雅信南山】旣優旣ㅡ。❷얼굴빛이불그레할악(厚漬)。【詩經】赫如ㅡ赭。❸흡족할악(洽也)。【韓非子 說難】周澤未ㅡ。❹윤택할악(潤澤)。❺물이름악(水名)。

【渦】㊀(와) 歌 ワ、カ、うずまく whirlpool ㄨㄛ wo¹ ㊁(과) 歌 (或音「과」)
渦 草書 ㊀❶웅덩이와, 소용돌이와(水回)。❷시끄러울와(騷也)。
㊁뜻은 ㊀과 같음。

【渧】(제) 齊 テイ、しずく drop of water
渧 草書 듣는물제, 물방울제(滴水)。

【渨】(외) 灰 ワイ、イ、なみだつ toss and leap ㄨㄟ wei¹
渨 小篆 渨 草書 ❶물결용솟음할외(水波涌起貌)。❷빠질외(沒也)。❸물굽이외(水澳曲)。

【温】(온)『溫』(水部10畫)의 俗字

【湎】(면) 霰 ベン、おおみず flood
큰물면(大水貌)。

【渫】㊀(설) 屑 セツ、チョウ、ちる、もらす scatter; leak ㄒㄧㄝ hsieh⁴ ㊁(접) 葉
渫 小篆 渫 草書 ㊀❶헤칠설(散也)。【漢書】農民有錢粟者有所―。❷쉴설(歇也)。【曹植七啓】爲歡未―。❸샐설(漏也)。【莊子 秋水】尾閭―之而不虛。❹더러울설(汚也)。【王褒 得賢臣頌】去卑辱奧―、而升本朝。❺업신여길설(慢也)。【詩經】醉而不出是―宗也。❻씻어버릴설(除去)。❼우물칠설(治井)。【易經】井―不食。(『洩』과 같음) ㊁물결출렁출렁할접(波連貌)。

【湡】(유) 虞 ジュ、ぬれる wet
❶젖을유(霑也)。❷지체할유(滯也)。(『濡』와 같음)

【湸】(침)『浸』(水部7畫)과 같음

【測】(측) 職 ソク、はかる measure ㄘㄜ ts'ê⁴
測 小篆 測 草書 ❶측량할측, 잴측(度也)。【易繫辭】陰陽不―之謂神。❷깊을측(深也)。❸맑을측(淸也)。【周禮】弓人漆欲―。❹날카로울측(刄利意)。

【渭】(위) 未 イ、かわ river ㄨㄟ wei⁴
渭 小篆 渭 草書 ❶물이름위(隴西水名)。❷속끓일위(心不安貌沸―)。

【渮】(가) 歌 箇 カ、かわ river
渮 小篆 渮 草書 물이름가(山陽水名)。

【港】(항) 講 コウ、みなと port; harbour ㄍㄤ kang³ (古音「강」)
港 小篆 港 草書 ❶물갈라질항(水分流)。❷뱃길항(水中行舟道)。❸땅이름항(地名香―)。❹항구항(―口)。

【渰】(엄) 琰 エン、むす sultry
渰 小篆 渰 草書 흔증할엄, 구름피어오를엄(雲雨貌)。【詩經】有―淒淒。

【渱】(홍) 東 コウ、ゆがわく boil up
물끓어솟을홍(水沸涌潰―)。

【渲】(선) 霰 セン、くまどり add colour ㄒㄩㄢ hsüan⁴
渲 草書 ❶물적실선(淋之)。❷물지적지적할선(小水)。❸개칠할선(書畫―刷之法)。

【渳】(미) 紙 ビ、しかばねをあらう sloppy
渳 小篆 ❶물질펀할미(水平貌)。❷송장목욕시킬미(浴尸)。

【渴】㊀(갈) 曷 カツ、ケツ、かわく thirsty ㄎㄜ k'ê³ ㊁(걸) 屑
渴 小篆 渴 草書 ㊀❶목마를갈(欲飮)。【詩經】載飢載―。❷급할갈(急也)。【公羊傳】不及時而日―葬也。㊁물잦을걸(水涸)。

【渷】(연) 銑 エン、かわのな waters
물이름연(濟水別名)。(『沇』과 같음)

【游】(유) 尤 ユウ、およぐ、うかぶ swim; float ㄧㄡ yu²
游 小篆 游 古文 游 草書 ❶헤엄칠유(浮行)。❷떠내려갈유(順流)。【詩經】遡―從之。❸노닐유(玩物適情)。【禮記】少依于德―於藝。❹깃발유(旗旒)。(『遊』와 통함)

【渹】(굉) 庚 コウ、とどろく the sound dashed against a rocks ㄏㄨㄥ hung¹
渹 草書 돌에물부딪는 소리굉 (水石相激聲)。

【渺】(묘) 篠 ビョウ、はるか vast ㄇㄧㄠ miao³
渺 草書 ❶물이질펀히흐를묘(水長貌)。【管子】――乎如窮無極。❷아득할묘(茫也)。

【渻】(성) 梗 セイ、かわのな waters
渻 小篆 ❶물줄성(減少)。❷물이름성(水名)。

【渼】(미) 紙 ビ、なみもよう water-ring; ripple ㄇㄟ mei³
渼 草書 ❶물결무늬미(波紋)。❷물이름미(水名)。

【渽】(재) 灰 サイ、きよい clear
渽 小篆 맑을재(淸也)。「水名―水」。

【渾】㊀(혼) 元 コン、にごる confused ㄏㄨㄣ huen² ㊁(혼) 阮 (古音「곤」)
渾 小篆 渾 草書 ㊀❶흐릴혼(濁也)。【道德經】―兮其若濁。❷오랑캐혼(戎名吐谷―)。(『混』과 같음) ㊁❶섞일혼(雜也)。【漢書】賢不肖―淆。❷혼후할혼(厚貌)。

【⿰氵軌】(궤) 紙 キ、かわく dry up
물마를궤(固也)。

【渻】(사) 佳 シ、こめあらう ladle rice after washing 쌀씻어건질사(漉米)。

【淶】(내) 泰 ナイ、そそぐ pour 小篆 물을 쏟을내(溉也)。

【湀】(규) 紙 ケイ、いずみ gush 小篆 샘날규(泉出)。

【湁】(립) 緝 リュウ、いずみ gush 小篆 샘솟을립(泉出貌)。

【湃】(배) 卦 ハイ、なみうつ sound of waves ㄆㄞ p'ai⁴ 草書 물소리배(水聲)。【上林賦】洶涌澎ㅣ。

【湄】(미) 支 ビ、みぎわ margin of a lake ㄇㄟ mei² 小篆 草書 물가미(水草之交)。【詩經】在水之ㅣ。

【湅】(련) 霰 レン、ねる refined a thread ㄌㄧㄢ lien⁴ 小篆 草書 실삶을련(熟絲)。

【湆】(읍) 緝 キュウ、しる broth; soup ㄑㄧ ch'i⁴ (古音「급」) 小篆 축축할읍(幽濕)。

【湇】(읍) 緝 キュウ、しる soup (古音「급」) 草書 국물읍(羹汁)。【禮記】凡有ㅣ者不以齊。

【湉】(첨) 鹽 テン、しずかにながれる flow quietly ㄊㄧㄢ t'ien² 草書 물고요히흐를첨(水之靜流貌)。

【湊】(주) 宥 ソウ、みなと water gathering ㄘㄡ ts'ou⁴ 小篆 草書 ❶물모일주(水會)。【汲冢周書】周公作大邑成周于中土以爲天下之大ㅣ。 ❷나아갈주(進也)。【戰國策】士爭ㅣ燕。 ❸모을주(聚也)。(『腠』와 통함)

【湍】(단) 寒 タン、はやせ swift current ㄊㄨㄢ t'uan 小篆 草書 여울단(急瀨)。【漢書】水ㅣ悍難以行平地。

【湋】(위) 微 イ、まわる flow bendedly 小篆 ❶물돌아갈위(水回轉)。 ❷물이름위(關中水名)。

【湌】㊀(손) 元 ソン、めし (俗音「찬」) ㊁(찬) 寒 eat ㊀밥손(飯也)。 ㊁(찬)(『飧』과 같음) ㊂먹을찬(餐也)。

【湎】(면) 銑 ベン、メン、おぼれる、ふける be drowned ㄇㄧㄢ mien³ 小篆 草書 ❶술에젖을면(溺酒)。【詩經】天不ㅣ爾以酒。 ❷빠질면(溺也)。【禮記】流ㅣ而忘本。 ❸물젖을면(流移)。【漢書敍傳】風流民化ㅣㅣ紛紛。

【湑】㊀(서) 魚 ショ、こす filter ㊁(서) 語 ㄒㄩ hsü³ 小篆 草書 ㊀❶이슬방울맺일서(露貌)。【詩經 小雅蓼蕭】零露ㅣ兮。 ❷성할서(盛貌)。【詩經】裳裳者華其葉ㅣ兮。 ㊁술거를서(漉也)。(『醑』와 같음)

【湒】(즙) 緝 シュウ、あめふる rain (或音「집」) 小篆 ❶비올즙(雨下)。 ❷물끓어솟을즙(沸涌)。(『濈』과 같음)

【湓】(분) 願 ボン、わく spring(out) 問 ㄆㄣ p'en² 草書 ❶물넘칠분(水溢)。 ❷소낙비분(驟雨)。 ❸불솟을분(水涌)。 ❹뿜을분(噴也)。 ❺적실분(漬也)。

【湔】(전) 先 セン、あらう wash 霰 ㄐㄧㄢ chien¹ 小篆 草書 ❶빨전(澣也)。 ❷씻을전(灑也)。 ❸물번질전(傍沾)。 ❹물이름전(水名)。 ❺고을이름전(蜀郡名)。

【㴐】(변) 霰 ベン、しょうべん piss 오줌변(小便)。

【溲】㊀(수) 有 シュウ、しょうべん piss ㊁(수) 尤 ㊀❶오줌수(小便)。 ❷적실수(浸溺)。(『溲』와 같음) ㊁❶반죽할수(水調粉麪)。 ❷거름할수(浸沃)。

【湖】(호) 虞 コ、みずうみ lake 小篆 草書 큰못호, 물호(大陂)。【周禮】揚州其浸五ㅣ。

【㴿】(유) 尤 ユウ、ふかい deep 깊을유(深也)。

【湘】(상) 陽 ショウ、にる boil; cook ㄒㄧㄤ hsiang¹ 小篆 草書 ❶삶을상(煮也)。【詩經 召南采蘋】于以ㅣ之。 ❷물이름상(水名)。

【湙】(역) 陌 エキ、ながれる flow ❶흐를역(流也)。 ❷내이름역(川名)。

【湛】㊀(담) 覃 タン、サン、ふかい、すむ deep; clear ㊁(침) 沁 ㊂(잠) 陷 ㄓㄢ chan⁴ 小篆 古文 草書 ㊀즐거울담(樂也)。【詩經】子孫其ㅣ。(『媅』과 같음) ㊁❶빠질침(沒也)。【賈誼 弔屈原賦】仄聞屈原兮自ㅣ汨羅。 ❷잠길침(漬也)。 ㊂❶편안할잠(安也)。 ❷맑을잠(澹也)。「神志ㅣ然」。 ❸이슬흠치르르할잠(露盛貌)。【詩經小雅湛露】ㅣㅣ露斯。 ❹성잠(姓也)。

【湜】(식) 職 ショク、きよい clear ㄕ shih² 小篆 草書 ❶물맑을식(水清)。【詩經】涇以渭濁ㅣㅣ其沚。 ❷엄숙할식(持正貌)。

【湝】 ㈠(개) 佳 カイ、さむい ㈡(해) 佳 cold 小篆 草書 ㈠물성할개(水盛流貌)。㈡❶찰해(寒也)。❷빗바람칠해(風雨不止)。

【湞】 (정) 庚 テイ、かわのな waters ㄓㄣ chen¹ 小篆 물이름정(水名)。

【湟】 (황) 陽 コウ、ひやみず cold water ㄏㄨㄤ huang² 小篆 草書 ❶찬물황(冷水)。❷빠질황(溺也)。❸물결빠를황(水波疾貌)。❹물이름황(金城水名)。

【湠】 (탄) 翰 タン、ひろい broad 넓을탄(廣也)。

【湢】 (벽) 職 ヒョク、フク、ゆどの bath-room ㄅㄧ pi⁴ 草書 ❶물용솟음할벽(水驚涌貌)。❷목욕간벽(浴室)。

【湣】 ㈠(민) 眞 ビン、おくりな posthumous name ㈡(혼) 元 ㄇㄧㄣ min³ 草書 ㈠시호이름민(謚也)。(『閔』과 같음) ㈡❶산란할혼(未定滑ㅡ)。❷민망할혼、딱할혼。

【湧】 (용)『涌』(水部 7畫)의 俗字

【湨】 (격) 錫 ケキ、なみうつ wave 草書 ❶물결칠격(波激)。❷물이름격(河內水名)。

【湩】 (동) 送 トウ、ちち milk 小篆 草書 ❶젖동(乳汁)。【穆天子傳】巨蒐之人具牛馬之ㅡ以洗天子之足。❷북소리동(鼓聲)。【管子】ㅡ然擊鼓士忿怒。

【湭】 (추) 尤 シュウ、さけしる juice 술즙낼추(酒汁)。

【湫】 ㈠(추) 尤 シュウ、ショウ、いけ、すずしい pond; cool ㈡(조) 篠 ㄐㄧㄡ chiu¹ 小篆 草書 ㈠❶늪추、소추(水池)。❷폭포추(瀑也)。❸찌푸릴추(憂愁貌)。❹서늘할추(涼貌)。【宋玉 高唐賦】ㅡ兮如風。㈡웅덩이초(隘下)。

【湮】 (인) 眞 イン、エン、しずむ fall into ㄧㄣ yin¹ 小篆 草書 ❶빠질인(沒也)。❷막힐인(塞也)。【左傳 昭公二十九年】鬱ㅡ不育。❸떨어질인(落也)。

【湱】 (획) 陌 カク、なみのおと breaking sound of wave 물결부딪치는소리획、파도소리획(波相激聲)。

【湯】 ㈠(탕) 陽 トウ、ゆ、わかす hot water; boil ㈡(상) 陽 ㈢(탕) 漾 ㄊㄤ t'ang¹ 小篆 草書 ㈠❶물끓일탕、끓을탕(熱水)。【楚辭】浴蘭ㅡ兮沐芳華。❷물이름탕(水名)。㈡물결굼틀거릴상、출렁거릴상(波動貌)。【詩經】江漢ㅡㅡ。㈢씻을탕(熱沃蕩)。【禮記】如以熱ㅡ。

【湲】 ㈠(원) 先 エン、カン、みずおと sound of water ㈡(환) 刪 ㄩㄢ yüan 小篆 草書 ㈠❶물소리원(水聲潺ㅡ)。❷물졸졸흐를원(水流貌)。㈡뜻은 ㈠과 같음。

【湳】 (남) 感 ダン、かわのな river 小篆 草書 물이름남(西河水名)。

【済】 (제) 齊 テイ、こめのとぎしる waters 쌀뜨물제(洗米水)。

【⿰氵扁】 (변)『徧』(彳部 9畫)과 같음

【満】 (만)『滿』(水部 11畫)의 略字

十畫

【溍】 (진) 震 シン、かわのな river 草書 물이름진(川名)。

【溎】 ㈠(연) 霰 エン、ケイ、おおみず flow over ㈡(계) 霽 ㈠물창일할연(大水貌)。㈡물이름계(水名)。

【溏】 (당) 陽 トウ、いけ pool ㄊㄤ t'ang² 草書 ❶연못당(池也)。❷진흙수렁당(淖也)。

【源】 (원) 元 ゲン、みなもと source ㄩㄢ yüan² 小篆 古文 草書 ❶근원원、샘원(泉本)。【禮記】爲民祈祀山川百ㅡ。❷계속할원(續也)。【孟子】故ㅡㅡ而來。

【溓】 ㈠(렴) 琰 デン、レン、ひたす wet; moisten ㈡(점) 鹽 ㈢(렴) 鹽 ㄌㄧㄢ lien² 小篆 或體 草書 ㈠물질척질척할렴(中絕小水)。㈡붙을점(相著)。【周禮】輪人雖有深泥亦不之ㅡ也。㈢❶젖을렴(漬也)。❷살얼음렴(薄冰)。【潘岳 寡婦賦】水ㅡㅡ以微凝。

【溔】 (요) 篠 ヨウ、おおみず flood ❶큰물요(水無際)。❷물빛힐요(水色深白)。

【⿰氵峭】 (초) 嘯 ショウ、たかいなみ high wave 높은물결초(峻波)。(『潲』와 같음)

【準】 ㈠(준) 軫 ジュン、セツ、たいらか、のり flat; rule ㈡(절) 屑 ㄓㄨㄣ chuen³ 小篆 ㈠❶평평할준(平也)。【漢書】繩直生ㅡㅡ者所以揆平取正也。❷고를준(均也)。【禮記】先定ㅡ直。❸법도준(度也·則也)。【易經 繫辭上】易與天地ㅡ。❹비길준、보기준(擬也·倣也)。❺악기

準(三才圖會)

鼻也)。

【溘】(합) 合 コウ、たちまち suddenly ㄎㄜˋ k'ê⁴ (古音 갑) 小篆 草書 ❶잠간합, 문득합(奄忽)。【江淹恨賦】朝露ㅣ至。❷이를합(至也)。❸의지할합(依也)。❹추울합(寒也)。【劉崧詩】沙堤十里寒ㅣㅣ。

【涾】(답) 合 トウ、ぬれる wet 젖을답, 축축할답(濕也)。

【溛】(와) 麻 ワ、くぼむ puddle 草書 ❶웅덩이와(汙下)。❷울멍줄멍할와(不平貌ㅣ瀤)。【江賦】溛淪ㅣ瀤。(『窊』와 같음)

【溜】(류) 宥 リュウ、したたる、しずく falling from the eaves ㄌㄧㄡˋ liu⁴ 小篆 草書 ❶처마물류, 낙수물류(檐水流下)。【天台山賦】醴泉涌ㅣ于陰渠。❷증류수류(蒸ㅣ水)。(『霤』와 통함)

【溝】(구) 尤 コウ、みぞ ditch ㄍㄡ kou¹ 小篆 草書 ❶개천구, 도랑구(水瀆)。【周禮】遂人十夫有ㅣ。❷성밑구덩이구(城塹)。【禮記】城郭ㅣ池以爲固。❸밭도랑구(田間水道ㅣ洫)。

【溞】(소) 豪 ソウ、こめをとぐおと the sound of washing rice

【溟】㊀(명) 青 メイ、うみ、くらい sea; dark ㊁(명) 迥 ㄇㄧㄥˊ ming² 小篆 草書 ㊀❶바다명(海也)。【莊子 逍遙遊】北ㅣ有魚。❷부슬비명(小雨)。【太玄經】密雨ㅣ沐。㊁❶기운덩이명(自然氣)。(『冥』과 통함) 【莊子】大同乎ㅣ涬物故自生。❷어두울명(暗也)。

【溢】(일) 質 イツ、あふれる overflow ㄧˋ i⁴ 小篆 草書 ❶넘칠일(器滿)。❷찰일(盈也)。【孝經】滿而不ㅣ。❸치렁치렁할일(洋ㅣ)。【中庸】洋ㅣ乎中國。(『鎰』과 같음)

【溡】(시) 支 シ、あまみず rain-water 빗물시(雨水)。

【㴠】(함)『涵』(水部 8畫)의 本字

【溣】(론) 願 ロン、ふねをひく tug a ship 배끌론(水中曳船)。

【溥】㊀(부) 虞 フ、あまねく extensive ㄆㄨˇ p'u³ ㊁(박) 藥 小篆 草書 ㊀❶클부(大也)。❷두루할부(徧也)。❸넓을부(廣也)。【詩經】ㅣ天之下。❹펼부(布也)。【禮記 祭義】ㅣ之而橫于四海。(『敷』와 같음) ㊁물이름박(川名)。

【溧】(률) 質 water's edge ㄌㄧˋ li⁴ 小篆 ❶물가률(水涯)。❷물이름률(丹陽水名)。

【[illegible]】(짐) 寢 チン、みずのながれ babble 물졸졸흐를짐(水流貌)。

【溪】(계)『谿』(谷部 10畫)와 같음

【溫】㊀(온) 元 オン、あたたかい warm; mild ㊁(온) 問 ㄨㄣ wen¹ 小篆 ㊀❶따뜻할온(暖也)。【李華弔古戰場文】繒纊無ㅣ。❷데울온(燖也)。❸익힐온(習也)。【論語 爲政】ㅣ故而知新。❹화할온(和也)。【論語 季氏】色思ㅣ。❺부드러울온(柔也)。【中庸】ㅣ而理。❻샘이름온(泉名)。㊁온자할온(克自勝)。【詩經】飮酒ㅣ克。

【濅】(침)『浸』(水部 7畫)과 같음

【溭】(즉) 職 ショク、なみ wave 草書 물결이비늘같을즉(波如鱗ㅣ減)。

【[illegible]】(작) 藥 サク、うるおう wet 젖을작(濕也)。

【溯】㊀(소) 遇 ソ、さかのぼる flowing back-ward ㊁(삭) 覺 ㄙㄨˋ su⁴ 草書 ㊀거슬러올라갈소(逆流)。㊁❶물이름삭(川名)。❷빨래한물삭。

【溱】(진) 眞 reach ㄓㄣ chen¹ 小篆 草書 ❶성할진(盛也)。【班固詩】百穀ㅣㅣ。❷많을진(衆也)。【詩經 小雅無羊】室家ㅣㅣ。❸펼진(舒也)。【太玄經】引揚而進物出ㅣㅣ。❹이를진(至也)。【漢書】萬祥畢ㅣ。❺내이름진(鄭水名)。(『臻』과 같음)

【溲】(수) 尤 シュウ、ゆばり urine; piss ㄙㄡ sou¹ 小篆 草書 ❶오줌수(溺也)。❷반죽할수(水調粉麵)。❸적실수(浸沃)。(『[illegible]』의 俗字)

【溳】(운) 軫 イン、なみがあいうつ (of wave) curl over and break each other 小篆 물결서로부딪칠운(波之相疊盡ㅣ)。

【溵】(은) 文 イン、みずのおと sound ❶물소리은(水聲汩ㅣ)。❷물이름은(潁川水名)。(『濦·㶏』과 같음)

【溶】㊀(용) 冬 ヨウ、とける melt ㊁(용) 腫 ㄖㄨㄥˊ jung² 小篆 草書 ㊀❶물질펀히흐를용(安流)。【甘泉賦】ㅣ方皇于西淸。❷적적할용(閒暇貌)。【晏殊詩】梨花院落ㅣㅣ月。㊁❶곱송거려뛸용(竦踊貌)。【大人賦】紛鴻ㅣ而上厲。❷녹일용(ㅣ解)。

【溷】(혼) 願 コン、みだれる confussed ㄏㄨㄣˋ huen⁴

小篆 草書 ❶어지러울혼(亂也)。❷흐릴혼(濁也)。〔離騷經〕世—濁而不分。❸더러울혼(穢也)。〔禮記〕君子不食—餘。❹뒷간혼(厠也)。〔晋書〕門庭藩—皆著紙筆。❺우리혼(畜舍)。

【溔】(요) 篠 ヨウ、かぎりなくふかい fathomless
깊이모를요(深不測——)。

【溹】(색) 陌 サク、あめのふるもよう rain
草書 비내리는모양색(降雨貌)。

【溺】㊀(뇨) 嘯 ㊁(닉) 錫 ニョウ、デキ、おぼれる drown; sink (本音「녁」) ㄋㄧˋ ni⁴
小篆 草書 ㊀❶오줌뇨(溲也)。❷오줌눌뇨(用便)。〔十八史略 春秋戰國秦〕使醉客更—之。㊁❶빠질닉(沒也)。〔孟子 離婁上〕嫂—則援之以手乎。❷약할닉(弱也)。〔詩經〕載胥及—。❸헤어나오지못할닉(沈湎不反)。〔禮記〕姦聲以濫—而不止。

【溼】(습)『濕』(水部14畫)의 本字

【溽】(욕) 沃 ジョク、むしあつい sultry ㄖㄨˋ ju⁴
小篆 草書 ❶유월더위욕(季夏)。〔呂氏春秋 季夏〕是月也、土潤—暑。❷무더울욕(濕熱)。❸젖을욕(濕也)。〔江賦〕林無不—。❹기름질욕、무르녹을욕(濃厚)。〔禮記 儒行〕其飮食不—。

【溾】(외) 灰 アイ、にごる dirty (或音「위」)
더러울외(汙濁—浽)。

【溿】(반) 翰 ハン、みぎわ water's edge
물가반(水涯)。

【滀】(축) 屋 チク、あつまる get together
草書 ❶물모일축(水聚)。❷크게성낼축(大怒貌)。〔莊子 大宗師〕—乎進我色也。

【滁】(저) 魚 チョ、かわ river ㄔㄨˊ ch'u²
小篆 草書 물이름저(山東水名)。

【滂】(방) 陽 ホウ、ながれる heavy rain ㄆㄤ p'ang
小篆 草書 ❶비퍼부울방(大雨)。〔詩經〕俾—沱矣。❷기름질방(渥也)。

【滃】(옹) 董 オウ、わきぐも rising of the clouds ㄨㄥˇ wêng³
小篆 草書 ❶구름피어오를옹(雲氣濃貌)。〔郭璞江賦〕氣—渤以霧杳。❷큰물옹(大水)。〔歐陽修 豐樂亭記〕中有淸泉、—然而仰出。❸안개자욱할옹(霧出貌)。〔江賦〕氣—渤以霧杳。❹호수이름옹(湖名)。

【滄】(창) 陽 ソウ、さむい cold ㄘㄤ ts'ang¹
小篆 小篆 草書 ❶찰창(寒也)。〔逸周書〕天地之有—熱。❷물이름창(東海句州水名、[illegible])。❸큰바다창(大瀛)。

【滅】(멸) 屑 メツ、ほろびる destroy ㄇㄧㄝˋ mieh⁴
小篆 草書 ❶멸할멸、다할멸(盡也)。〔周禮註〕毀其宗廟社稷曰—。❷끊을멸(絕也)。❸빠뜨릴멸(沒也)。〔易經〕過涉—頂。❹불꺼질멸(火熄)。〔王維詩〕春窗曙—九微火。

【滖】(심)『深』(水部8畫)의 古字

【滇】(전) 先 テン、さかん overflow
小篆 草書 ❶성할전(盛貌)。〔漢書 郊祀歌〕泛泛——。❷물창일할전(大水貌)。❸못이름전(益州池名)。

【滈】(호) 皓 コウ、ながあめ long rain ㄏㄠˋ hao⁴
小篆 草書 ❶장마비호(久雨)。❷물넘칠호(水盛—汗)。❸물이름호(長安水名)。

【滉】(황) 養 コウ、ふかくひろい deep and wide
草書 물깊고넓을황(水深廣)。〔江賦〕瀇—困泫。

【滊】㊀(헐) 月 ㊁(기) 未 ケツ、キ、いけ salt lake
草書 ㊀소금못헐(鹽池)。㊁김오를기(蒸氣)。

【滋】(자) 支 シ、ジ、うまみ、おおい nourish; abundant ㄗ tzū
小篆 草書 ❶맛자(味旨)。〔禮記 月令〕薄—味。❷많을자(多也)。❸번성할자(蕃也)。〔左傳 僖公十五年〕象而後有—。❹진액자(液也)。〔禮記〕必有草木之—。❺잠길자(浸也)。❻더할자(益也)。〔左傳 昭公元年〕其虐—甚。❼흐릴자(濁也)。〔左傳 哀公八年〕何故使吾水—。

【潝】(합) 葉 キョウ、はやせ torrents
여울합(湍流—濈)。

【滍】(치) 紙 チ、かわ river
小篆 草書 물이름치(南陽水名)。(『泜』와 같음)

【滎】(형) 青 ケイ、こかわ brook ㄧㄥˊ ying²
小篆 草書 ❶실개천형(小溝)。❷물이름형(河南水名)。

【滏】(부) 麌 フ、わく boil ㄈㄨˇ fu³
草書 ❶물끓을부(沸也)。❷물이름부(磁州水名)。

【滐】(걸) 屑 ケツ、みずがあいうつ (of water) break to turn
물이부딪치고돌걸(水激回旋)。

【漽】(저) 齊 テイ、きね pestle
❶방아공이저(硏米槌)。❷쌀뜨물저(洗米水)。

【滑】㊀(골) 月 ㊁(활) 黠 カツ、コツ、なめらか slippery ㄍㄨˇ ku³

小篆 草書 ㈡❶어지러울골(亂也)。❷다스릴골(治也)。[晉語]置不仁以—其中。[莊子]—欲於俗思以求致其明。❸익살스러울골(俳諧—稽。[楚辭]將突梯—稽如脂如韋。㈢❶이로울활(利也)。[周禮]調以—甘。❷미끄러울활(澾也)。[杜甫詩]霜濃木石—。❸땅이름활(鄭地名)。

【[illegible]】(섭) 琰 セン、なみのうごき toss 草書 물결출렁거릴섭(水波貌)。

【滒】(가) 歌 カ、しる juicy 小篆 草書 ❶즙많을가、진흐를가(多汁)。❷수렁가(淖也—溏)。

【滔】(도) 豪 トウ、はびこる overflow ㄊㄠ t'ao¹ 小篆 草書 ❶물창일할도(水——大貌)。[書經 堯典]浩浩—天。❷물질펀히흐를도(流貌)。[詩經]汶水——。❸게으를도(慢也)。[左傳]士不濫不—。❹물같이흐르는모양도。[論語 微子]——者天下皆是也。❺동풍도(東方風)。❻모일도(聚也)。[莊子 田子方]—乎前。

【滓】(재) 紙 シ、おり、かす sediment ㄗˇ tzŭ³ (古音「자」) 小篆 草書 앙금재、찌끼재(澱也)。

【滕】(등) 蒸 トウ、わく、あがる spring out ㄊㄥˊ t'êng² 小篆 草書 ❶물이솟아오를등(水超涌)。❷말줄줄할등(張口騁辭貌)。[易經]—口說也。❸나라이름등(魯附庸國名)。(『騰』과 통함)

十一畫

【滌】(척) 錫 テキ、あらう wash ㄉㄧˊ ti² 小篆 草書 ❶씻을척(洗也)。❷닦을척(除也)。[詩經]十月—場圃。❸바싹바싹마를척(旱氣)。[詩經]——山河。❹바람이훈훈할척(煖風)。[歲華紀麗]風惟——木漸欣欣。❺우리척(牲養室)。

【滫】(수) 有 シュウ、しろみず water in which rice has been washed 小篆 草書 ❶뜨물수(淅米汁)。[禮記]—瀡以滑之。❷쉰뜨물수(久泔)。❸오줌수(溺也)。

【滬】(호) 麌 コ、えり、あじろ fish-trap ㄏㄨˋ hu⁴ 草書 ❶통발호、그물호(漁具)。[漁具序]網罟之流列竹於海滋曰—。❷강이름호(玄—江名)。

【滭】(필) 質 ヒツ、わく boil up 샘솟어솟을필(泉湧—沸)。

【滮】(표) 尤 ヒュウ、ながる flow ㄅㄧㄠ piao¹ (古音「퓨」) 草書 ❶물흐를표(水流)。❷물이름표(水名)。

【滯】(체) 霽 タイ、とどこおる clog; stay ㄓˋ chih⁴ 小篆 草書 ❶엉길체(凝也)。[屈原漁父辭]聖人不凝—於物、而能與世推移。❷쌓일체(積也)。[魯語]敢告—積以紓執事。❸샐체(漏也)。[詩經]此有—穗。❹막힐체(淹也)。❺머물체(留也)。❻폐할체(廢也)。

【滰】㈠(경) ㈡(강) 敬 養 ケイ、キョウ、かわく dry up 小篆 ㈠거를경(漉也)。㈡말라붙을강(乾黏)。

【滲】㈠(삼) ㈡(삼) 沁 侵 シン、しみこむ soak into ㄕㄣˋ shen⁴ 小篆 草書 ㈠❶거를삼(漉也)。❷부등깃 함치르르할삼(毛羽始生貌)。[海賦]鶴子淋—。㈡❶샐삼(下漉漏也)。[漢書]滋液—漉。❷물스며흐를삼(流貌)。[河東賦]澤—灕而下降。

【[illegible]】(살) 黠 サツ、さむい cold 추울살(寒也)。

【滴】(적) 錫 テキ、したたる drop of water ㄉㄧ ti¹ 小篆 草書 ❶물방울적(水點)。❷스며내릴적(瀝下)。[王子年拾遺記]香露—瀝。❸물댈적(水注)。

【滵】(밀) 質 ミツ、みずのながれ babble 물졸졸흐를밀(水流貌)。

【滷】(로) 麌 salt land ㄌㄨˇ lu³ 草書 ❶쓸로(苦也)。❷간수로(鹹—苦地)。(『鹵』와 같음)

【滸】(호) 麌 コ、ほとり、きし bank of a river 草書 물가호(水厓)。[詩經]在河之—。

【滹】(호) 虞 コ、かわ river ㄏㄨ hu¹ 草書 물이름호(信都水名—沱)。

【滺】(유) 尤 ユウ、ながれる flow 草書 물철철흐를유(水流貌——)。(『㴩』와 같음)

【滻】(산) 潸 サン、かわのな waters 小篆 물이름산(藍田水名)。

【滾】(곤) 阮 コン、たぎる boil ㄍㄨㄣˇ kuen³ 草書 ❶물꿈틀거려흐를곤(流貌)。[杜甫詩]不盡長江——來。❷끓는물곤(湯水)。

【滿】(만) 旱 マン、みちる full ㄇㄢˇ man 小篆 草書 ❶넘칠만(盈溢)。[書經]不自—假。❷찰만、가득할만(充也)。[管子]地大而不爲命曰土—人衆而不理命曰人—兵威而不止命曰武—。❸교만할만(慢也)。❹땅이름만(地名、—洲)。

【漀】(경) 迥 ケイ、みずをかたむける pour into a container
(小篆) ❶그릇에물따를경(側器傾水)。❷옆으로나오는샘경(側出泉)。

【漁】(어) 魚 ギョ、りょう、いさり fishing ㄩˊ yü²
(小篆)(古文)(篆)(書草) ❶물고기잡을어(捕魚)。【古詩 槃操】乾澤而ㅣ、蛟龍不遊。❷낚아빼앗을어(侵取)。【禮記】諸侯不下ㅣ色。❸낚시터어(ㅣ磯)。

【漂】㊀(표) 蕭 ㊁(표) 篠 ヒョウ、ただよう float ㄆㄧㄠ p'iao¹
(小篆)(書草) ㊀❶뜰표(浮也)。【書經 武成】血流ㅣ杵。❷움직일표(動也)。【漢書】衆喣ㅣ山。❸으스스할표(寒也)。【長笛賦】正瀏ㅣ以風冽。❹높이훨훨날표(高飛貌)。【吊屈原賦】鳳ㅣㅣ其高逝。(『飄』와 같음) ㊁빨래할표(水中打絮)。【史記 淮陰侯傳】竟ㅣ數十日。

【漃】(적) 錫 セキ、きよいみず (of water) pure
❶물맑아서정결할적(水淨ㅣ漻)。❷고요할적(人無聲)。(『宋·寂』과 같음)

【漅】(소) 篠 ショウ、みずうみのな lake
호수이름소(廬州湖名)。(『巢』와 같음)

【漆】(칠) 質 シツ、うるし lacquer ㄑㄧ ch'i¹
(小篆)(書草) ❶옻칠할칠(髤物木汁)。【十八史略 春秋戰國趙】豫讓ㅣ身爲厲。❷옻나무칠(木名)。❸검을칠(黑也)。❹캄캄할칠(暗也ㅣ夜)。❺물이름칠(岐周水名)。(『桼』과 通함)

【漉】(록) 屋 ロク、こす、したたる filter ㄌㄨˋ lu⁴
(小篆)(古文)(書草) ❶샐록、스밀록(滲也)。【戰國策】ㅣ汁灑地。❷거를록(瀝也)。❸물젖을록(淋也)。❹다할록(竭也)。【禮記】仲春毋ㅣ陂池。

【滾】(누) 宥 ドウ、みずのあわ foam
물거품누(水滾)。

【漇】(사) 紙 シ、うるおう muddy
❶물질펀히흐를사(流貌ㅣㅣ)。❷흠치르르할사(潤也)。

【漈】(제) 霽 セイ、みぎわ beach: water's edge ㄐㄧˋ chi⁴
(書草) 물가제(水涯)。

【漊】㊀(루) 有 ㊁(루) 虞 ロウ、ル、みぞ ditch; (be) rainly
(小篆) ㊀❶돌창루、봇도랑루、개천루(通水溝)。❷성이름루(高句麗城、溝ㅣ)。㊁❶비지짐거릴루(小雨不絕)。❷물이름루(武陵水名)。

【漌】(근) 吻 キン、きよい clear
맑을근(淸也)。

【漏】(루) 宥 ロウ、ル、もる、もらす leak: drip ㄌㄡˋ lou⁴
(小篆)(書草) ❶샐루(泄也)。【左傳】齊寺人貂始ㅣ師于多魚。❷뚫을루(穿也)。【淮南子】朱絃ㅣ越。❸구멍루(竅也)。【白虎通】禹耳三ㅣ是謂大通。❹잃어버릴루(遺失)。【荀子】易忘曰ㅣ。❺누수루、물시계루(知時刻)。【說文】ㅣ以銅壺受水刻節晝夜百刻亦取ㅣ下之意。❻집서북모퉁이루(屋西北隅)。【詩經】尙不愧于屋ㅣ。❼병이름루(病名)。

【潨】㊀(총) 東 ㊁(송) 腫 ソウ、みずあつまる flow in
㊀물모여들총(水會ㅣㅣ)。㊁빠를송(疾貌ㅣㅣ)。

【漐】(칩) 緝 チュウ、あせでる perspire
❶땀날칩(汗出貌ㅣㅣ)。❷비찔끔거릴칩(小雨不輟)。

【漑】(개) 隊 ガイ、そそぐ irrigate ㄍㄞˋ kai⁴
(小篆)(書草) ❶물댈개(灌也)。【韓愈 答張籍書】ㅣ其根將食其實。❷씻을개(滌也)。【詩經】ㅣ之釜鬵。❸물천천히흐를개(徐流)。(『旣』와 통함)

【演】(연) 銑 エン、のべる perform ;exercise ㄧㄢˇ yen³
(小篆)(書草) ❶펼연(ㅣ劇、ㅣ出)。❷긴물줄기연(長流)。【海賦】東ㅣ折木。❸통할연(通也)。❹윤택할연(潤也)。【國語 周語】夫水土

【漓】(리) 支 リ、しみこむ water dripping ㄌㄧˊ li²
(書草) ❶물스밀리(水滲入地)。❷가을비지정거릴리(秋雨)。(『醨』와 通함)

【漕】㊀(조) 號 ㊁(조) 豪 ソウ、こぐ、はこぶ row; marine transportation ㄘㄠˊ ts'ao²
(小篆)(書草) ㊀❶배로실어올조(水運)。【史記】轉ㅣ給軍。❷배질할조(航船)。㊁고을이름조(衛邑名)。

【漘】(순) 眞 シン、きし beach; shore ㄔㄨㄣˊ ch'uen²
(小篆)(書草) 물가순(水厓)。【詩經】在河之ㅣ。

【漚】㊀(구) 尤 ㊁(구) 宥 オウ、ひたす brew; soak ㄡˋ ou⁴ (古音「우」)
(小篆)(書草) ㊀물거품구(水泡)。【楞嚴經】空生大覺中如海一ㅣ。㊁담글구、축일구、불릴구(久漬)。【詩經】東門之池可以ㅣ麻。

【漟】(당) 陽 トウ、たにがわ valley
❶골당(谷也)。❷시내당(溪也)。

【漙】(단) 寒 タン、つゆ dewdrop ㄊㄨㄢˊ t'uan²
(小篆)(書草) 이슬방울맺힐단(露多貌)。【詩經 鄭風 野有蔓草】零露

【漠】(막) 藥 バク、すなはら sandy desert ㄇㄛˋ mo⁴
小篆 草書 ❶모래벌막, 사막막(磧鹵沙—)。❷멀막, 아득할막(漫也)。〔程大昌北邊對〕沙磧廣—望之——然也。❸맑을막(淸也)。❹베풀막(施也)。❺고요할막(恬靜貌)。〔文子上仁篇〕非淡—無以明德。❻벌릴막(布列貌)。〔陸機詩〕街巷紛——。(『莫』과 통함)

【蒗】(랑) 漾 ロウ、みぞ ditch
도랑랑, 개천랑(溝渠, 涂—)。

【漢】(한) 翰 カン、あまのがわ Milky Way ㄏㄢˋ han⁴
小篆 古文 草書 ❶한수한(嶓冢水名)。❷은하수한(天河)。〔詩經〕倬彼雲—。❸놈한(男子賤稱)。〔蘇子瞻雜纂 旁不忿〕村—有錢。❹나라한(國名)。

【漣】(련) 先 レン、さざなみ ripple ㄌㄧㄢˊ lien²
草書 ❶물놀이칠련(水紋)。❷눈물줄줄흘릴련(涕流)。〔詩經 衞風 氓〕泣涕——。

【漤】(람) 感 ラン、やさいずけ press out the juice ㄌㄢˇ lan³
❶과실장아찌람(鹽漬果)。❷물방울람(水滴下—如)。❸즙낼람(汁也)。

【漥】(와) 麻 puddle
草書 ❶맑은물와(淸水)。❷웅덩이와(窊也)。❸소발자취에괴인물와(牛跡水)。〔老子〕—則盈。❹깊은못와(深池)。(『窪』와 같음)

【漨】(봉) 『浲』(水部 7畫)과 같음

【漦】(시) 支 シ、よだれ froth ㄌㄧˊ li²
小篆 草書 ❶침방울시(涎沫)。〔十八史略 周〕—化爲黿。❷물펑펑히흐를시(順流)。❸땅이름시(地名, 陝西省內)。

【漩】(선) 先 霰 セン、めぐる whirl ㄒㄩㄢˊ hsüan²
小篆 草書 ❶도래샘선(回泉)。〔江賦〕—澴滎瀯。❷물돌선, 소용돌이선(水之回—)。(『淀』과 같음)

【漪】(의) 支 イ、さざなみ ripples on water ㄧ i¹
草書 물놀이칠의(水波文)。〔初學記〕水波如錦文曰—。

【漫】㊀(만) 寒 ㊁(만) 翰 バン、マン、あまねし spreading ㄇㄢˋ man²
草書 ㊀❶물질펀할만(長遠貌)。❷물러터질만(水浸淫敗物)。〔方言〕濕敝爲—。㊁❶두루할만(徧也)。〔公羊傳〕郊牛死不言其所食—也。❷부질없을만(謾也)。❸아득할만(渺茫)。❹흩어질만(分散之形)。〔靈光殿賦〕流離爛—。❺구름빛만(雲色)。〔尙書大傳〕卿雲爛兮體——兮。

【漬】(지) 寘 シ、ひたす soak; steep ㄗˋ tzu⁴ (俗音「자」)
小篆 草書 ㊀물거품지(漚也)。〔楞嚴經〕空生大覺中如海一—。❶담글지, 적실지(浸潤)。〔詩經〕東門之池可以—麻。❷물들일지(染也)。〔周禮〕鍾氏染羽淳而—之。❸짐승죽을지(獸死)。〔禮記〕四足曰—。

【漮】(강) 陽 コウ、から empty ㄎㄤ k'ang¹
小篆 빌강(空也)。

【漯】(탑) 合 トウ、かわ river ㄊㄚˋ t'a⁴
草書 물이름탑(東郡水名)。

【漰】(붕) 蒸 ホウ、みずおと sound of wave ㄆㄥ p'êng¹
草書 ❶물결치는소리붕(水激聲)。〔江賦〕鼓㕡窟以—渤。❷땅이름붕(地名—口)。(『堋』과 같음)

【漲】(창) 漾 養 チョウ、みなぎる inundate ㄓㄤˋ chang³·⁴
草書 ❶물많을창(水多貌)。❷물불을창(水滿)。❸넘칠창(溢也)。〔杜甫詩〕春日—雲岑。

【漴】(충) 東 シュウ、みずのおと sound of water (俗音「종」)

(雨急)。

【漱】(수) 宥 ソウ、くちすすぐ rinse the mouth ㄕㄨˋ shu⁴
小篆 草書 ❶양치질할수(盪口)。❷빨래할수(澣也)。〔禮記〕冠帶垢和灰請—。(『嗽』와 같음)

【漳】(장) 陽 ショウ、かわ river ㄓㄤ chang¹
小篆 草書 ❶물이름장(南郡水名)。❷고을이름장(州名)。

【漵】(서) 語 ショ、うら creek ㄒㄩˋ hsü⁴
小篆 草書 ❶개서, 포구서(浦也)。〔杜甫詩〕舟人漁子入浦—。❷개울이름서(楚溪名)。(『溆』와 같음)

【漷】㊀(곽) 藥 ㊁(확) 陌 カク、かわのな waters ㄎㄨㄛˋ k'uo⁴
小篆 ㊀물이름곽(魯水名)。㊁뜻은 ㊀과 같음。

【漶】(환) 翰 旱 カン、よごれる grimy ㄏㄨㄢˋ huan⁴
草書 엉길환, 섞일환, 분명치않을환(不分別貌猶漫漶)。

【漸】㊀(점) 鹽 ㊁(점) 琰 ㊂(잠) 咸 ゼン、ザン、ようやく gradually ㄐㄧㄢˋ chien⁴
小篆 草書 ㊀❶번질점(浸入)。❷물들점(染也)。〔漢書 董仲

舒傳】ー民以仁。❸물흘러들어갈점(流也)。❹젖을점(濕也)。【詩經 衛風氓】ー車帷裳。❺흡족할점(洽也)。㊁❶점점점(稍也)。❷차차점(次也)。❸나아갈점(進也)。【晉書 顧愷之傳】ー入佳境。【易經】鴻ー于逵。㊂높을참(高也)。【詩經 小雅漸漸之石】ーー之石、維其高矣。(『嶄』과 같음)

【漹】(언) 先 エン、かわのな waters
小篆 물이름언(西河水名)。

【漺】(상) 養 ソウ、きよい clear
❶물맑을상(淨也)。❷찰상(冷也)。

【漼】㊀(최) 賄 サイ、ふかい deep; tear ㊁(최) 灰 ㄘㄨㄟˇ ts'uei³
小篆 草書 ㊀❶깊을최(深也)。【詩經 小雅小弁】有ー者淵。❷고울최(鮮明)。❸눈물줄줄흘릴최(垂涕貌)。【陸機 弔武帝文】指季豹而ー焉。❹휩쓰레할최、허술할최(壞貌)。【崔駰慰志賦】王綱ー以陵遲。㊁눈서리쌓일최(霜雪積聚貌)。

【漻】㊀(료) 蕭 リョウ、ふかい clear and deep ㊁(류) 宥 ㄌㄧㄠˊ liao²
小篆 草書 ㊀❶물충충할료(清深)。❷아득할료(高遠貌)。【漢書】寂ー上天知厥時。(『瀏』와 같음) ㊁물맑을류(水清貌)。

【漾】(양) 養 ヨウ、ただよう waves; ripples
小篆 古文 草書 ❶물결출렁거릴양(水動搖貌)。❷길양(長也)。【王粲賦】川旣ー而齊深。❸물이름양(隴西水名)。

【漿】(장) 陽 ショウ、のみもの、しる thick fluid ㄐㄧㄤ chiang¹
小篆 古文 草書 ❶초장、둔장(酢也)。❷미음장(水米汁相將)。【周禮】辨四飮之物曰ー。❸꽈리장(葴草寒ー)。❹조개장(蚌也)。

【潁】(영) 梗 エイ、かわ river ㄧㄥˇ ying³
小篆 草書 ❶물이름영(陽城水名)。❷성영(姓也)。

【潃】(순) 眞 シュン、あせがわく sweat
땀날순(汗出ーー)。

十二畫

【漭】(망) 養 ボウ、モウ、はるか、ひろい vast 〔ㄇㄤˇ mang³
草書 ❶펀펀할망(平也)。❷넓을망(廣也)。❸진펄망(野也)。❹물질펀할망(水廣遠貌)。【司馬相如 上林賦】過乎泱ー之壄。【宋玉 高唐賦】涉ーー、馳苹苹。❺새벽빛희미할망(曉色不明貌)。【謝眺詩】晨光復泱ー。

【潎】(별) 屑 ヘツ、なみうつ waves
小篆 草書 ❶물결서로부딪칠별(水相潎貌)。❷물고기오락

가락할별(魚游貌)。❸빨래할별(漂也)。

【潏】㊀(율) 質 ケツ、す sand-bank ㊁(술) 質 ㄐㄩㄝˊ chüeh² ㊂(휼) 屑 (古音「결」)
小篆 草書 ㊀물흐를율(水流貌)。㊁❶모래톱술(水中小洲)。❷섬술(島也)。㊂❶샘솟을휼(泉湧)。❷물이름휼(水名)。

【潐】(초) 嘯 ショウ、つまる frequent
小篆 ❶술거를초(漉酒)。❷잦을초(盡也)。

【潑】(발) 曷 ハツ、そそぐ springkle ㄆㄛ p'o¹
草書 ❶물뿌릴발(散水)。❷물샐발(水漏)。【畫斷】以墨ー絹。❸활발할발(盛勢活ー)。❹물고기펄펄뛸발(魚跳)。【杜甫詩】船尾跳魚ー刺鳴。

【潒】(상) 養 ショウ、ただよう flow in torrents
小篆 ❶물쏟아져내려갈상(水急貌漭ー)。❷넓을상(廣也)。❸질펀히흐를상(水流)。

【潗】(녑) 洽 ドウ、かげがうごく (of a shadow) move
❶그림자움직일녑(影動)。❷물출렁거릴녑(波也)。

【潓】(혜) 霽 ケイ、なみ wave
小篆 ❶물결혜(水波)。❷물이름혜(水名)。

【潔】(결) 屑 ケツ、いさぎよい clean; pure ㄐㄧㄝˊ chieh²
小篆 草書 ❶맑을결、정결할결(清也、淨也)。【孟子】粢盛不ー、衣服不備、不敢以祭。❷조촐할결(厚志隱行)。

【潕】(무) 麌 ブ、かわく dried up
小篆 물마를무(水涸)。

【潗】(집) 緝 ショウ、わきでる spring out
草書 ❶샘날집(泉出貌)。❷물끓을집(水沸)。❸용솟음칠집(水瀵)。

【潙】㊀(규) 支 キ、かわ river ㊁(위) 支 ㄍㄨㄟ kuei¹
草書 ㊀물이름규(阿東水名)。(『嬀』와 같음) ㊁물이름위(益陽水名)。

【潘】㊀(번) 元 ハン、しろみず water in which rice has been washed ㊁(반) 寒 ㄆㄢ p'an¹
小篆 草書 ㊀쌀뜨물번(淅米汁)。【禮記】面垢燂ー請靧。㊁❶물이름반(阿南水名)。❷성반(姓也)。❸쌀뜨물반(淅米汁)。

【潚】㊀(축) 屋 シュク、ふかくきよい deep and clear ㊁(숙) 屋 ㄒㄧㄠ hsiao¹
小篆 ㊀❶깊고맑을축(深清)。❷빠를축(疾也)。㊁성숙(姓也)。

【潛】(잠) 鹽 セン、もぐる dive ㄑㄧㄢˊ ch'ien² (本音「첨」)
小篆 草書 ❶잠길잠(沉也)。❷자맥

(深也)。〔詩經 小雅正月〕 雖伏矣、亦孔之昭。❺너겹잠(魚所息)。〔詩經〕-有多魚。

【潛】(잠)『潛』(前條)의 俗字

【潝】(흡) 緝 キュウ、かるがるしい mediocrity ㄒㄧˋ hsi⁴
小篆 草書 ❶물쏟아져내려갈흡(水流疾貌)。❷용렬할흡(不善貌)。〔詩經 小雅小旻〕--訿訿。

【潞】(로) 遇 ロ、かわ river ㄌㄨˋ lu⁴
小篆 草書 물이름로(歸德水名)。

【潟】(석) 陌 セキ、かた salt-land ㄒㄧˋ hsi⁴
염밭석、개펄석(鹹土鹵地)。〔周禮〕凡糞種鹹-用貆。

【潠】(손) 願 ソン、ふく、わく spray [spout] one's mouthful of water
小篆 물머금어뿜을손(含水噴)。

【潢】(황) 陽 コウ、ためいけ pond ㄏㄨㄤˊ huang²
小篆 草書 ❶웅덩이황(積水池)。〔海賦〕泱陂-而相　。❷길바닥물황(-汙行潦)。❸물충충할황(水深廣貌)。〔上林賦〕灝溔-漾。❹은하수황(天河)。〔史記 天官書〕天-。❺별이름황(星名)。

【澗】(간)『澗』(次條)의 俗字

【澗】(간) 諫 mountain torrent ㄐㄧㄢˋ chien⁴
小篆 ❶산골물간(山夾水)。〔詩經〕于-之中。❷물이름간(水名)。(『磵』과 같음)

【潣】(민) 軫 ビン、みずのながれ babble
小篆 물 졸졸흘러내릴민(水流浼浼貌)。

【潦】㊀(로) 晧 ㊁(로) 號 ロウ、おおみず heavy rains ㄌㄠˇ lao³
小篆 草書 ㊀❶큰비로(雨大貌)。〔禮記〕水-降。❷길바닥물로(路上流水)。〔詩經〕泂酌彼行-。㊁❶장마물로(積水)。❷장마비로(霖雨)。❸헛늙을로(-倒老也)。〔稽康絕交書〕-倒麤疎。

【潤】(윤) 震 ジュン、うるおう shine ㄖㄨㄣˋ juen⁴
小篆 草書 ❶불을윤(滋也)。〔劉詵詩〕土-蘇亢旱。❷윤택할윤、번지르르할윤(澤也)。〔荀子勸學〕玉在山而木-。❸더할윤(益也)。〔易說卦〕雨以-之。❹꾸밀윤(飾也)。〔論語 憲問〕東里子產-色之。❺촉나라베윤(蜀布名黃-)。

【潨】㊀(총) 東 ㊁(종) 冬 ソウ、ショウ、みずあい waer gathering ㄓㄨㄥ chung¹
小篆 草書 ㊀❶물모일총(水會)。〔詩經〕鳧鷖在-。❷물소리총(水聲)。㊁뜻은 ㊀과 같음。

【潫】(만) 刪 (of waters) deep and expensive
❶물충충할만(水深廣貌)。❷물빼돌아나갈만(廻復貌潫-)。

【滜】(고) 豪 コ、きし hill
❶언덕고(岸也)。❷못고(澤也)。❸완완할고(緩也)。❹호피고(虎皮-比)。❺완만스러울고(頑貌--)。❻고할고(告也)。❼성고(姓也)。(『皐』와 같음)

【潬】(단) 旱 タン、す the sands ㄉㄢˋ tan⁴ (古音「탄」)
모래섬단(水中沙渚)。

【潭】(담) 覃 タン、ふかい deep ㄊㄢˊ t'an²
小篆 草書 ❶소담、연못담(淵也)。❷깊을담(深也)。〔漢書〕-思渾天。❸물가담(岸也)。〔屈原 卜居〕遊於江-。❹물이름담(武陵水名)。

【⿰氵費】(비) 未 ヒ、いずみ gush
㊀샘솟을비(泉湧)。㊁물철렁철렁할비(水溢貌-渭)。(『沸』와 같음)

【潮】(조) 蕭 チョウ、うしお tide ㄔㄠˊ ch'ao²
小篆 草書 ❶조수조、밀물조(地之血脈隨氣進退)。〔皇極經世〕海-者地之喘息也隨月消長早則-晚則汐。❷나타날조(-紅)。❸꿀무기조(望-魚名)。❹고을이름조(州名)。

【潰】(궤) 隊 destroy ㄏㄨㄟˋ huei⁴ (古音「회」)
小篆 草書 ❶무너뜨릴궤(旁決)。〔史記〕大水-出。❷어지러울궤(亂也)。〔詩經 大雅召旻〕我相此邦、無不-止。❸흩어질궤(散也)。〔左傳〕民逃其上曰-。❹성낼궤(怒也)。〔詩經〕有光有-。❺물엇걸려흐를궤(水相交過)。〔高唐賦〕-淡淡而並入。

【潯】(심) 侵 ジン、ふち、きし water's edge; beach ㄒㄩㄣˊ hsün²
小篆 草書 ❶물가심(水厓)。❷강이름심(江名)。❸땅이름심(地名)。

【潴】(저)『瀦』(水部16畫)와 같음

【潵】(산) 翰 サン、みずまく spray water
물뿌릴산(散水)。

【潶】(흑) 職 コク、にごる muddy
❶물흐릴흑(水濁)。❷물이름흑(水名)。

【潸】(산) 潸 サン、ながれる tear ㄕㄢ shan¹
小篆 草書 눈물졸졸흘릴산(涕淚流貌)。〔詩經〕-焉出涕。

【潺】(잔) 刪 サン、ながれる water flowing ㄔㄢˊ ch'an²
小篆 草書 ❶물졸졸흐를잔(水流貌)。〔白居易詩〕有水清--。❷눈물줄줄흘릴잔(流涕貌)。〔楚辭〕橫流涕兮-湲。

【潼】(동) 東 トウ、たかい high ㄊㄨㄥˊ t'ung² 小篆 草書 ❶물결솟아칠동(高貌)。〔高唐賦〕沫ㅣㅣ而高厲。❷물이름동(廣漢水名)。❸바다이름동(北極海名)。

【潽】(보) 麌 フ、かわのな waters 물보(水也)。〔集韻〕ㅣ、水也。

【潾】(린) 眞 リン、みずきよい clear ㄌㄧㄣˊ lin² ❶물맑을린(水清貌)。❷석간수린、돌샘린(石間水)。(『粼』과 通함)

【澁】(삽) 緝 シュウ、しぶい astringent 草書 ❶조삽할삽、깔깔할삽(不滑)。〔風俗通〕冷ㅣ比于寒蠅。❷담밑에수문놓고쌓을삽(牆疊石作水文)。〔溫庭筠詩〕ㅣ浪浮瓊砌。❸떫을삽(酸苦)。❹대이름삽(竹名)。

【澀】(삽)『澁』(前條)과 같음

【澂】(징)『澄』(次條)과 같음

【澄】(징) 蒸 チョウ、きよい、すむ clear ㄔㄥˊ ch'êng² 草書 ❶맑을징(清也)。〔謝靈運詩〕秋水共ㅣ鮮。❷술이름징(酒名)。(『澂』과 같음)

【澅】(홰) 卦 カイ、みずくみ scoop up

【澆】㊀(요) 蕭 ギョウ、そそぐ thin ㊁(요) 嘯 ㄐㄧㄠ chiao¹ (本音「교」) 小篆 草書 ㊀❶걸찰요(灌也)。❷물뿌릴요(漓也)。❸엷을요(薄也)。〔齊書 武帝紀〕三季ㅣ浮、舊章陵替。❹물댈요(漑也)。㊁사람이름요(人名寒促子ㅣ)。

【澇】(로) 豪 ロウ、おおなみ billow ㄌㄠ lao⁴ 小篆 草書 큰물결로(大波)。(『潦』와 같음)

【澈】(철) 屑 テツ、すむ、きよい clear ㄔㄜ ch'ê⁴ 草書 물맑을철(水澄)。〔關尹子〕論道者或曰澄ㅣ。

【澉】(감) 感 カン、あらう wash ㄍㄢ kan³ 草書 ❶맛없을감(無味)。❷씻을감(洗滌澹ㅣ)。

【澌】㊀(시) 支 シ、つきる drain: dry ㊁(서) 齊 ㄙ ssŭ¹ 小篆 草書 ㊀❶물잦을시(水索)。❷다할시(盡也)。㊁목쉴서(散聲)。(『嘶』와 통함)

【澍】(주) 遇 ジュ、うるおす good rain ㄕㄨ shu⁴ 小篆 草書 ❶단비주、때맞은비주(時雨)。❷젖을주(霑濡)。❸물쏟을주(水流射)。〔洞簫賦〕聲礚礚而ㅣ淵。(『霔』와 같음)

【澎】(팽) 庚 ホウ、みずおと sound of waves ㄆㄥ p'êng¹·² 草書 ❶물소리팽(水聲)。❷물결부딪는형세팽(水激勢)。

【澐】(운) 文 ウン、おおなみ billow ㄩㄣ yün² 小篆 草書 큰물결운(大波)。

【澑】(류)『溜』(水部10畫)와 같음

【澒】(홍) 送 董 コウ、みずがね quicksilver ㄏㄨㄥ hung⁴ 小篆 草書 ❶수은홍(丹砂所化爲水銀)。❷덩어리질홍(元氣未分貌)。〔王充論衡〕溟涬濛ㅣ。❸잇닿을홍(相連貌)。〔杜甫詩〕ㅣ洞不可掇。

【澔】(호)『浩』(水部7畫)와 같음

【澓】(복) 屋 フク、まわりながれる percolate through flow oozily ❶은혈로흐를복、물스며흐를복(伏流)。❷물빙돌아나갈복(水廻流貌)。

【澖】(한) 刪 カン、ひろい expansive 넓을한(廣也無涯)。(『澗』과 같음)

【[illegible]】(한)『寒』(宀部9畫)과 같음

【[illegible]】(임) 侵 イン、ながあめ long spell of rainy weather 장마임(久雨)。

【[illegible]】(분)『濆』(水部3畫)의 俗字

十三畫

【[illegible]】(동) 董 トウ、みずにおちるおと plop 물에풍덩떨어지는소리동(物落水聲)。

【澞】(우) 虞 グ、たにがわ stream ㄩ yü² 언덕사이물우(陵夾水)。

【澠】㊀(민) 軫 メン、ジョウ、いけ lake ㊁(면) 銑 ㄕㄥ shêng² ㊂(승) 蒸 草書 ㊀못이름민(秦縣池名)。㊁뜻은㊀과 같음。㊂물이름승(臨淄縣所在水名)。

【澣】(한) 旱 カン、あらう、すすぐ wash ㄏㄨㄢ huan³ (本音「환」) 小篆 或體 或體 草書 ❶빨래할한(濯衣垢)。〔詩經 周南葛覃〕薄ㅣ我衣。❷열흘한(旬也)。〔唐官制〕十日一休沐今俗襲用以上中下三ㅣ爲三旬。

【澡】(조) 晧 ソウ、あらう wash ㄗㄠ tsao³ 小篆 草書 씻을조、미역감을조(洗也)。〔禮記〕儒有ㅣ身而浴德。

【澤】㊀(택) 陌 タク、セキ、さわ lake; glazed ㊁(석) 陌 ㄗㄜ tsê² (本音「책」) 小篆 或體 ㊀❶못택(水之鍾聚陂也)。〔古詩 槳操〕乾ㅣ而漁。❷

…(光澤)。【禮記】ㅣ飯首。❺비와이슬택(雨露)。【易經】ㅣ上于天。❻덕택택(德也)。【書經 畢命】ㅣ潤生民。❼기름택(油也)。【梁樂府】八月香油好煎ㅣ。㊂풀석(解也)。(『釋』과 통함)

【㵞】(수) 尤 シュウ、うれえる be anxious ㄔㄡ ch'ou² 小 篆 ❶근심할수、찌푸릴수(憂愁貌)。【賈誼新書】漻然ㅣ然憂以湫。❷배속출렁거릴수(腹中有水氣)。

【澥】(해) 蟹 カイ、うみ sea ㄒㄧㄝ hsieh⁴ 小 篆 草 書 바다해(海之別名渤ㅣ)。【子虛賦】浮渤ㅣ。

【澧】(례) 薺 レイ、いずみ spring ㄌㄧ li³ 小 篆 草 書 ❶물이름례(衡山水名)。❷단물나는샘례(甘水泉)。【列子 湯問】ㅣ泉涌。(『醴』와 통함)

【溦】㊀(미) 支 ㊁(미) 微 ビ、こさめ drizzle ㊀물가미(水際)。㊁가는비미(細雨)。

【澨】㊀(서) 霽 ㊁(예) 霽 ゼイ、きし、みぎわ beach; marsh ㄕ shih⁴ 小 篆 草 書 ㊀❶개펄서、물가서(水邊土人所止者)。【江淹詩】映月遊海ㅣ。❷물이름서(水名三ㅣ)。㊁뜻은 ㊀과 같음。

【⿰氵窟】(굴) 月 コツ、ふかい deep 물속우중충할굴(水深貌)。

【澩】(학) 覺 カク、かれだにみず a drained fountain ㄒㄩㄝ hsüeh² 小 篆 或 體 ❶마른샘학(涸泉)。❷여름에만샘날학(夏有水冬無水)。

【澪】(령) 靑 レイ、みお ship's course 草 書 ❶물이름령(水名)。❷배다니는길령(海中航路)。❸물떨어질령(水落)。

【澬】(자) 支 シ、ながあめ rainy weather 小 篆 小 篆 ❶장마자(霖雨涔ㅣ)。❷물이름자(武陵水名)。

【澭】(옹)『灉』(水部18畫)과 같음

【⿰氵歇】(갈) 曷 カツ、おそい late (俗音「헐」) 小 篆 ❶더딜갈(遲也)。❷목마를갈(渴也)。

【澮】㊀(회) 泰 ㊁(쾌) 卦 ㊂(활) 黠 カイ、みぞ furrow; drain ㄎㄨㄞ k'uai⁴ (本音「괴」) 小 篆 草 書 ㊀❶밭고랑회(井溝)。【周禮】千夫有ㅣ。❷물졸졸흐를회(小流)。【江賦】商摧涓ㅣ。㊁뜻은 ㊀과 같음。㊂물합쳐흐를활(兩水合流)。

【澯】(찬) 翰 サン、きよい clear ❶맑을찬(清也)。❷물출렁거릴찬(水貌ㅣ瀾)。

【澀】(삽) 洽 ソウ、あふれる overflow 넘칠삽(溢也)。

【澰】(렴) 琰 豔 レン、あふれる flow over ❶물벌창할렴(水溢貌ㅣ灩)。❷물철철넘을렴(水滿泛ㅣ)。(『瀲』과 같음)

【澱】(전) 霰 テン、よどむ stagnate ㄉㄧㄢ tien⁴ 小 篆 草 書 ❶찌끼전(滓也)。❷물고일전(淀也)。

【澳】㊀(오) 號 ㊁(욱) 屋 オウ、イク、ふかい deep ㄩ yü⁴ 小 篆 草 書 ㊀❶깊을오(深也)。❷물이름오(水名)。㊁벼랑욱(水隈)。【大學】瞻彼淇ㅣ、菉竹猗猗。

【澴】(환) 刪 カン、うずまく toss ㄏㄨㄢ huan² 물결꿈틀거려흐를환(波流轉貌)。

【澶】㊀(전) 先 ㊁(단) 翰 セン、タン、ほしいまま indulgence ㄔㄢ ch'an² 小 篆 草 書 ㊀물이름전(宋地水名)。㊁❶한만할단(漫也)。【莊子 馬蹄】ㅣ漫以爲樂。❷멀단(漫遠)。【司馬相如 上林賦】案衍ㅣ漫。❸놓을단(縱也)。

【澷】(만)『漫』(水部11畫)의 俗字

【⿰氵盝】(록) 屋 ロク、こす filter ❶거를록(漉也)。❷다할록(竭也)。(『盝』과 같음)

【澹】㊀(담) 感 ㊁(담) 勘 タン、やすらか pure; tranquil ㄉㄢ tan⁴ 小 篆 草 書 ㊀❶맑을담(淡水)。【上林賦】隨風ㅣ淡。❷싱거울담(薄味)。㊁❶담박할담(恬靜)。【道德經】ㅣ兮其若海。❷움직일담(動也)。【漢書】相放悲震ㅣ心。❸엉길담(凝也)。❹성담(複姓、ㅣ臺)。(『淡』과 같음)

【澺】(억) 職 オク、かわ stream 小 篆 小 篆 강이름억(川名)。

【澻】(수) 寘 スイ、こみぞ ditch ㄙㄨㄟ suei⁴ ❶밭도랑수(田間小溝)。❷골속수(通谷)。

【澫】(갈) 曷 カツ、なみ wave ❶물결갈(波勢)。❷맑을갈(清也)。

【澼】㊀(벽) 錫 陌 ㊁(피) 寘 ヘキ、さらす bleach ㄆㄧ p'i⁴ 草 書 ㊀빨래할벽(漂絮)。【莊子】世世以洴ㅣ絖爲業。㊁창자사이물피(腸間水)。

【澾】(달) 曷 タツ、すべる silppery ㄊㄚ t'a⁴ 草 書 미끄러울달(泥滑)。

【激】(격) 錫 ゲキ、ケキ、はげし violent ㄐㄧ chi¹

激 小篆 激 草書 ❶물결부딪쳐흐를격(疾波)。〔漢志〕爲石隄ㅣ使東注。❷찌를격(衝也)。〔潘岳詩〕驚湍ㅣ巖阿。❸맑은소리격(淸聲)。〔楚辭〕宮庭震驚發ㅣ楚些。❹말과격히할격(言論過直)。〔史記 張儀傳〕以ㅣ其意。❺심할격(甚也)。

【濁】(탁) 覺 ダク、にごる impure (本音「착」) ㄓㄨㄛ chuo²
濁 小篆 濁 草書 ❶흐릴탁(水不淸)。〔杜甫詩〕在山泉水淸、出山泉水ㅣ。❷더러울탁(汚也)。〔屈原 漁父辭〕擧世皆ㅣ、我獨淸。❸물이름탁(蒲州水名)。

【濂】(렴) 鹽 レン、かるい flippant ㄌㄧㄢ lien²
濂 草書 ❶경박할렴(輕薄貌)。❷시내이름렴(道州溪名)。❸성렴(姓也)。

【濄】㊀(과) 歌 ㊁(와) 歌 カ、うずまき (of water) bend ㄍㄨㄛ kuo¹
濄 小篆 ㊀물 돌아칠과(水回貌)。㊁뜻은 ㊀과 같음。

【濃】(농) 冬 ノウ、こい thick; dense ㄋㄨㄥ nung²
濃 小篆 濃 草書 ❶두터울농(厚也)。❷무르녹을농(淡之對)。❸이슬맺힐농(露多貌)。〔詩經 小雅蓼蕭〕零露ㅣㅣ。(『醲』과 같음)

【濅】(침) 沁 シン、ひたす soak; dip
濅 草書 ❶큰못침(大猪)。〔漢書〕楊州川曰三江ㅣ曰五湖。❷물젖을침(水漬)。❸점점침(漸也)。〔漢書成帝紀〕ㅣ以成俗。(『浸』과 같음)

【濆】(분) 文 吻 フン、みぎわ、ほとり beach ㄈㄣ fen²
濆 小篆 ❶물가분(水滨)。〔詩經〕鋪敦淮ㅣ。❷물이름분(水名)。❸물솟을분(涌也)。

【濇】(색) 職 ショク、しぶる rough ㄙㄜ sê⁴
濇 小篆 濇 草書 깔깔할색(不滑)。

【湆】(읍) 緝 ユウ、みずのわくおと bubbling sound
❶물끓는소리읍(沸聲)。❷물결무늬읍(水紋)。

【濈】(집) 緝 ショウ、やわらぐ harmony ㄐㄧ chi²
濈 小篆 濈 草書 ❶화할집(和也)。❷뿔빠죽할집(角貌)。〔詩經 小雅無羊〕其角ㅣㅣ。❸빠를집(疾貌)。❹빨리흐를집(急流)。〔曹植七啓〕ㅣ然鳧沒。

【濊】㊀(회) 泰 ㊁(예) 隊 ㊂(활) 曷 ワイ、カツ、ふかい、ひろい deep (古音「외」) ㄏㄨㄟ huei⁴
濊 小篆 濊 草書 ㊀물출렁출렁할회(深廣)。㊁❶흐릴예(濁也)。〔漢書〕澤汪ㅣ輯萬國。〔漢書〕盪滌濁ㅣ。❷물이넘칠예(水多貌)。㊂❶막힐활(礙流)。❷그물을물에넣는소리활(網入水聲)。〔詩經 衛風碩人〕施罛ㅣㅣ。

【濌】(답) 合 トウ、あつい thickly
❶두툼할답(積厚)。❷분별모를답(無賢愚之別ㅣㅣ)。❸검을답(黑也)。(『沓』과 통함)

十四畫

【[illegible]】(효) 篠 コウ、まじる mix
섞을효(混也)。

【濔】㊀(니) 薺 ㊁(미) 紙 デイ、おおい abundant ㄇㄧ mi³
濔 小篆 濔 草書 ㊀❶많을니(衆也ㅣㅣ)。❷물넘칠니(水滿)。㊁❶평평할미(廣也)。❷물많을미(水多)。(『瀰』와 통함)

【濕】(습) 緝 シツ、うるおす wet ㄕ shih¹
濕 小篆 溼 小篆 濕 小篆 濕 草書 ❶젖을습、축축할습(霑潤)。❷소귀벌룩거릴습(牛呞動耳貌)。〔詩經 小雅無羊〕爾牛來思、其耳ㅣㅣ。❸근심습、낙담습(愁也)。(『隰』과 같음)

【濐】(서) 御 ショ、みぞ ditch
❶도랑서(溝也)。❷넘칠서(漲也)。〔水經註〕ㅣ方數里。

【濘】(녕) 徑 迥 ネイ、デイ、ぬかる mud ㄋㄥ nêng⁴
濘 小篆 濘 草書 진흙녕、진수렁녕(淖也)。〔吳都賦〕流汗霢霂而中逵泥ㅣ。

【濗】(멱) 錫 ベキ、あさい shallow
물얕을멱(水淺貌)。〔水經註〕ㅣ注而已。

【濙】㊀(형) 靑 ㊁(형) 迥 ケイ、うずまき flow curved
㊀물돌아나갈형(水洄漩貌)。〔杜甫詩〕洪波空瀠ㅣ。㊁물바자울형(汫ㅣ小水)。〔甘泉賦〕梁弱水之濎ㅣ兮。

【濚】(영) 庚 靑 エイ、うずまき flow curved
물돌아나갈영(水回流)。

【濴】(영)『濚』(前條)과 같음

【濛】㊀(몽) 東 ㊁(몽) 董 モウ、くらい、こさめ drizzle ㄇㄥ mêng²
濛 小篆 濛 草書 ㊀비부슬부슬올몽、부슬비몽(微雨)。〔詩經 豳風東山〕零雨其ㅣ。㊁기운덩어리몽(元氣未分貌)。〔春秋序〕ㅣ鴻崩兆。

【濜】㊀(진) 軫 ㊁(진) 眞 シン、ながれがはやい flow in torrents
㊀물쏟아져흐를진(急流貌ㅣ湞)。㊁입김서릴진(氣液)。

【[illegible]】(서) 語 ショ、うら creek
❶개서(浦也)。❷물이름서(水名)。(『漵』와 같음)

【濞】(비) 寘 ヒ、みずおと sound of water ㄆㄧˋ p'i⁴
小篆 草書 물소리비(水聲滂ㅡ)。

【濟】㊀(제) 薺 セイ、サイ、わたる cross a stream ㊁(제) 霽 ㄐㄧˇ chi³
小篆 草書 ㊀❶정할제(定也)。❷그칠제(止也)。【莊子 齊物論】厲風ㅡ、則萬竅爲虛。❸단정할제(多威儀)。【詩經 大雅文王】ㅡㅡ多士。❹물이름제(水名)。㊁❶건늘제(渡也)。【詩經 風匏有苦葉】ㅡ有深涉。❷구할제(救也)。【易經 繫辭】知周乎萬物而道ㅡ天下。❸일이룰제(事遂)。【左傳 僖公二十年】以人從欲鮮ㅡ。

【濠】(호) 豪 ゴウ、ほり moat ㄏㄠˊ hao²
草書 ❶호수호(鍾離水名)。❷해자호(城下池)。❸고을이름호(州名)。(『壕』와 통함)

【濡】(유) 虞 ジュ、うるおう moisten ㄖㄨˊ ju²
小篆 草書 ❶적실유(漬也)。【詩經 風匏有苦葉】濟盈不ㅡ軌。❷막힐유(滯也)。【孟子 公孫丑下】何ㅡ滯也。❸흠치르르할유、곱고윤택할유(鮮澤)。【詩經 小雅四牡】六轡如ㅡ。❹참을유(含忍)。【史記 刺客傳】無ㅡ忍之心。❺젖을유(霑也)。❻오줌유(溺也)。【史記 倉公傳】不亟治、病必入ㅡ腎。

【[illegible]】(취) wet
小篆 눅눅할취(小濕)。

【氵斡】(알) 曷 アツ、みずくみ draw (scoop) water
물길을알(取水)。

【濤】(도) 豪 トウ、なみ billow ㄊㄠ t'ao¹·²
小篆 草書 물결도(大波)。【江賦】激逸勢以前驅、乃鼓怒而作ㅡ。

【濥】(인) 軫 イン、くぐる flow through the ground
小篆 ❶물줄기통할인(水脈行地中)。❷물문인(水門)。

【濦】(은) 『溵』(10水部畫) 『氵隱』(17水部畫)과 같음

【濧】(대) 隊 タイ、ひたす soak ㄉㄨㄟˋ tuei⁴
❶담글대(漬也)。❷젖을대(濡也)。

【濩】㊀(호) 遇 ゴ、カク、ちる spread ㊁(확) 藥 ㄏㄨㄛˋ huo⁴
小篆 草書 ㊀❶퍼질호(流散)。【東京賦】聲敎布ㅡ。❷풍류호(樂名)。㊁❶ 기슭물떨어질확(雨流霤下貌)。❷지질확、삶을확(煮也)。【詩經 周南葛覃】是刈是ㅡ。❸더러울확(汚也)。❹으슥할확(宮室深邃貌)。【甘泉賦】姍娟蠖ㅡ之中。

【氵聚】(추) 宥 シュウ、はやいながれ flaw swiftly
❶물급히흐를추(急流)。❷물소리추(水聲)。

【[illegible]】(정) 徑 cool
❶찰정(冷寒)。❷맑을정(淸也)。(『瀞』과 같음)

【濫】㊀(람) 勘 ラン、あふれる overflow ㊁(함) 豏 ㄌㄢˋ lan⁴
小篆 草書 ㊀❶넘칠람(溢也)。【孟子 滕文公下】水逆行、氾ㅡ於中國。❷담글람(漬也)。【魯語】宣公ㅡ乎泗淵。❸남형할람(刑濫)。【左傳 哀公五年】不僭不ㅡ。❹번질람(水延漫氾)。【孔子家語 三恕】夫江始出於岷山、其源可以ㅡ觴、及至江津、不舫楫不可以涉。❺외람할람(叨也)。❻말헤프게들을람(失實)。【左傳 昭公八年】民聽ㅡ也。❼뜬말람、풍설람(浮辭)。【陸機文賦】每除煩而去ㅡ。❽풍류소리음란할람(亂音)。【禮記】狄成滌ㅡ之音作而民淫亂。❾냉국람(藍漿)。㊁❶목욕통함(浴器)。【莊子 則陽】同ㅡ而浴。❷샘용솟을함(泉涌)。

【濬】(준) 震 シュン、ふかい deep ㄐㄩㄣˋ chün⁴
草書 ❶깊을준(幽深)。【詩經】ㅡ哲維商。❷팔준、개천을칠준(深通川)。【書經 堯典】封十有二州ㅡ川。

【濭】㊀(애) 泰 アイ、カイ、くもる (be) shadowy ㊁(갑) 泰
㊀❶그늘질애(陰也鬱ㅡ)。❷구름낄애(雲氣貌)。㊁배가모래에걸릴갑(船著沙場)。

【濮】(복) 屋 river ㄆㄨˊ p'u²
小篆 草書 물이름복(東郡水名)。

【濯】(탁) 覺 タク、あらう wash; cleanse (本音「착」) ㄓㄨㄛˊ chuo²
小篆 草書 ❶씻을탁、빨래할탁(澣也)。【屈原 漁父辭】滄浪之水淸兮、可以ㅡ吾纓。❷적실탁(漑也)。【儀禮】反告ㅡ具。❸클탁(大也)。【詩經】王公伊ㅡ。❹빛날탁(光明)。【詩經 大雅崧高】鉤膺ㅡㅡ。❺산민둥민둥할탁(山無草木貌)。【孟子 告子上】是以若彼ㅡㅡ也。❻살찔탁(肥澤)。【孟子 梁惠王上】麀鹿ㅡㅡ。❼놀탁(游貌)。

【濰】(유) 紙 イ、かわ river ㄨㄟˊ wei²
小篆 草書 물이름유(瑯琊水名)。

【濱】(빈) 眞 ヒン、はま shore ㄅㄧㄣ pin¹
草書 ❶물가빈(水際)。【書經】海ㅡ廣斥。❷가까울빈(地近)。【史記 貨殖傳】鄒魯ㅡ洙泗。❸끝빈(限也)。【詩經 小雅北山】率土之ㅡ、莫非王臣。(『瀕』과 같음)

【[illegible]】(연) 先 エン、ふかい deep
깊을연(深也)。

十五畫

【濶】(활)『闊』(9門部畫)의 俗字

【灅】(뢰) 賄 ライ、みずわく (of wave) curling over and breaking 물결용솟음칠뢰(水波湧起貌)。(『灅』와 같음)

【濺】㊀(천) 先 セン、そそぐ sprinkle ㄐㄧㄢ chien (本音「전」) ㊁(천) 霰 草書 ㊀쏟아져흐를천(疾流貌)。【沈約詩】出浦水ㅡㅡ。㊁뿌릴천(水激)。【十八史略 春秋戰國趙】臣得以頸血ㅡ大王。(『湔』과 통함)

【瀞】(정)『淨』(水部8畫)의 古字

【濼】㊀(록) 沃 ㊁(락) 藥 ㊂(박) 藥 ロク、ラク、いけ marsh ㄌㄨㄛ luo⁴ 小篆 ㊀물이름록(濟南水名)。㊁뜻은 ㊀과 같음。㊂늪박、방죽박(陂澤)。

【濾】(려) 御 リョ、こす strain ㄌㄩ lü⁴ 草書 ❶씻을려(洗也)。❷맑을려(澄也)。❸거를려(漉水去滓)。

【濿】(례) 霽 レイ、わたる the stepping stones 징검다리건너갈례(履石渡水)。

【瀀】(우) 尤 ユウ、あつい glossy ㄧㄡ yu¹ 小篆 ❶윤기많을우、흠치르르할우(潤氣多貌)。❷너그러울우(寬也)。❸기름질우(渥也)。❹젖을우(漬也)。

【瀁】(양) 漾 養 ヨウ、ひろい vast ㄧㄤ yang⁴ 草書 ❶물망망할양(水無限)。【吳都賦】瀇ㅡ沆ㅡ。❷물넘칠양(漲也)。(『漾』과 같음)

【瀃】(사) 寘 シ、ひのくち open the sluice ❶수문터놓을사(泄水門)。❷방죽사(障水)。

【𤄚】(찰) 黠 タツ、にごる impure (俗音「취」) 맑지못할찰、흐릴찰、지저분할찰(不淨)。

【𤅙】(필) 質 ヒツ、いずみ gush 샘솟을필(泉湧)。

【瀄】(즐) 質 シツ、みずのながれ flow 물흐를즐(水流貌)。

【𤁨】(적) 錫 テキ、うるおう muddy 小篆 흙이물에풀어질적(土得水沮)。

【𤄸】(교) 肴 コウ、かわのな flood 물벌창할교(大水貌)。【海賦】ㅡ漻浩汗。

【瀅】(형) 迥 エイ、すむ clear ㄧㄥ ying² 草書 ❶물맑을형(水澄)。❷적은물형(小水)。(『滎』과 같음)

【瀖】㊀(괵) 陌 ㊁(획) 陌 カク、みずおと sound of water ㄍㄨㄛ kuo² 小篆 草書 ㊀물갈라져나갈괵(水裂去)。㊁물소리괄괄할획(水聲)。【韓愈 藍田廳壁記】水ㅡㅡ循除鳴。(『㶁』과 같음)

【瀆】(독) 屋 トク、みぞ drain ㄉㄨ tu² 小篆 草書 ❶개천독(溝也)。【論語 憲問】自經於溝ㅡ。❷흐릴독(濁也)。【白虎通】ㅡ者濁也中國垢ㅡ發源東注海其功著大故稱ㅡ。❸거만할독(慢也)。【易經 繫辭】君子上交不諂下交不ㅡ。❹욕될독、어지러울독(辱也)。❺변경할독(變更)。【左傳 成公十六年】ㅡ齊盟。

【𤅥】(잡) 洽 チョウ、なみ wave ❶물결잡(波也)。❷물이름잡(水名)。

【瀇】㊀(왕) 養 ㊁(왕) 漾 オウ、ひろい wide; vast ㄨㄤ wang³ 草書 ㊀아득할왕、넓을왕(水深廣貌)。㊁고인물썩어냄새날왕(停水臭)。

【瀈】(휘) 微 キ、つくす spill ❶물내엎지를휘(振水去)。❷잦을휘(竭也)。

【瀉】㊀(사) 馬 ㊁(사) 禡 シャ、そそぐ pour out ㄒㄧㄝ hsieh⁴ 草書 ㊀❶쏟을사(傾也)。❷쏟아질사(ㅡ水)。【古詩 焦仲卿妻】淚落便如ㅡ。㊁❶토할사、개울사(吐也)。❷설사할사(泄也)。

【𤄊】(려) 魚 リョ、もれる leak 미려할려、물스밀려(泄海水渥ㅡ)。

【瀋】㊀(심) 寢 ㊁(심) 沁 シン、しる juice ㄕㄣ shen³ (古音「침」) 小篆 草書 ㊀즙낼심(汁也)。㊁그릇에물담을심(置水于器)。

【瀌】(표) 蕭 ヒョウ、みぞれ sleet ㄅㄧㄠ piao¹ 小篆 草書 눈퍼붓을표、진눈깨비표(雨雪盛貌)。【詩經 小雅角弓】雨雪ㅡㅡ。

【瀍】(전) 先 テン、かわ river ㄔㄢ ch'an² 草書 물이름전(河南省所在水名)。

【𤄷】(적) 錫 テキ、しずく drop ❶물방울떨어질적(水點下)。❷물댈적(水注)。(『滴』과 같음)

【瀎】㊀(말) 曷 ㊁(멸) 屑 バツ、ぬぐう wipe ㄇㄛ mo³ 小篆 草書 ㊀❶걸레말、밑씻개말(淨巾ㅡ布)。❷닦아버릴말(拭滅)。❸바를말(塗也)。㊁물쏟아져흐를멸(疾流貌)。

【瀏】㊀(류) 宥 ㊁(류) 尤 リュウ、きよい clear ㄌㄧㄡ liu² 小篆 草書 ㊀❶물맑을류(水清貌)。【詩經 鄭風溱洧】ㅡ其清矣。❷명랑할류(清明之稱)。【陸機 文賦】賦體而ㅡ亮。❸나무흔들리는소리류(林木鼓動聲)。【上林賦】ㅡ莅芔

章】秋風ㅣ以蕭蕭。

【瀑】 一(포) 號 二(폭) 屋 バク、たき waterfall ㄅㄠ pao^{4} 一❶소나기포(疾雨)。❷물거품포(水泡)。二폭포수폭(飛泉)。

【濇】(색) 緝 ショク、しぶる rough ❶깔깔할색(不滑)。❷돌담무늬색(墻石成文ㅣ浪)。❸떫을색(酸苦)。『澁』과 같음

十六畫

【[illegible]】 一(선) 霰 二(취) 霽 セン、のむ drink 一❶마실선(飲也)。❷빨선(歃也)。❸들이쉴선(吮也)。二뜻은 一과 같음。

【瀖】(곽) 藥 カク、なみのおと roaring (本音「확」) ❶물결소리곽(衆波聲)。❷채색빛휘황할곽(彩色眩曜不定貌)。

【瀕】(빈) 眞 ヒン、はま shore; beach ㄅㄧㄣ pin^{1} ❶물가빈(水厓)。〔漢書〕ㅣ河之郡。❷임박할빈(迫也)。『濱』과 같음

【[illegible]】(알) 曷 アツ、かわのな waters 물이름알(水名金ㅣ)。

【[illegible]】(염) 鹽 エン、けがす dirty 더러울염(汚也)。

【瀘】(로) 虞 river ㄌㄨ lu^{2} 물이름로(牂牁水名)。〔諸葛亮 出師表〕五月涉ㅣ、深入不毛。

【[illegible]】(횡) 敬 コウ、わたし ferry ㄏㄥ hêng^{2} ❶작은나루횡(小津)。❷배로건늘횡(以船渡水)。❸떼횡(筏也)。

【瀚】(한) 翰 カン、ひろい vast ㄏㄢ han^{4} ❶질펀할한(廣大貌)。〔文心雕龍篇〕載籍浩ㅣ。❷사막이름한(沙漠名)。❸북해이름한(北海)。

【瀛】(영) 庚 エイ、うみ ocean ㄧㄥ ying^{2} ❶큰바다영(大海)。〔史記 孟子荀卿傳〕乃有大ㅣ海、環其外。❷신선사는산영(神山名ㅣ洲)。

【瀜】(륭) 東 ユウ、ふかい deep (俗音「룽」) 물깊을륭(水深廣貌)。

【瀝】(력) 錫 レキ、したたる drop ㄌㄧ li^{4} ❶샐력(滲也)。❷물방울떨어질력(水下滴)。〔靈光殿賦〕動滴ㅣ以成響。❸턱찌끼력(飲酒將盡餘)。〔史記 滑稽傳〕時賜餘ㅣ。❹물이졸졸흐를력(水微流)。〔思玄賦〕漱飛泉之ㅣ液。❺눈부슬부슬오는소리력(雨雪聲)。〔謝惠連雪賦〕霰淅ㅣ而先集。

【瀞】(정) 敬 セイ、ジョウ、きよい clear 맑을정、정결할정(無垢穢)。『淨』과 같음

【瀟】(소) 蕭 ショウ、きよい clear ㄒㄧㄠ hsiao^{1} ❶비바람칠소(風雨暴疾貌)。〔詩經〕風雨ㅣㅣ。❷물맑을소(水清深)。❸강이름소(永州江名)。〔錢起詩〕ㅣ湘何事等閑回。

【瀠】(형)『瀅』(水部17畫)과 같음

【潠】(선) 霰 セン、はく spout one's mouthful of water 물머금어뿜을선(含水噴)。

【瀡】(수) 寘 支 スイ、なめらか smooth ㄙㄨㄟ suei^{3} 미끄러울수(滑也)。『滫』와 같음

【瀢】 一(유) 紙 二(대) 賄 イ、タイ、うおのむれ shoal 一물고기떼지어놀유(魚行相隨游)。二물에모래밀릴대(水泛沙動貌)。

【瀣】(해) 卦 カイ、つゆ dew ㄒㄧㄝ hsieh^{4} ❶찬이슬해(北方夜半氣)。〔東方朔七諫〕含沆ㅣ以長生。❷이슬기운해(露氣)。

【瀤】(회) 佳 カイ、かわのな waters ㄏㄨㄞ huai^{2} 물이름회(北方水名ㅣ澤)。

【瀦】(저) 魚 stagnate ㄓㄨ chu^{1} ❶물괼저(水所停)。〔周禮〕稻人以ㅣ畜水。❷못저(池也)。『豬』와 통함

【濳】(잠)『潛』(水部12畫)의 俗字

【瀧】 一(롱) 東 二(랑) 江 三(상) 江 ロウ、はやせ swift current ㄌㄨㄥ lung^{2} 一❶젖을롱(沾漬)。❷비부슬부슬올롱。二물이름랑(昭州水名)。三여울상(奔湍)。

【瀨】(뢰) 泰 ライ、はやせ swift current ㄌㄞ lai^{4} ❶여울뢰(水流沙石上)。〔楚辭〕石ㅣ兮淺淺。❷물결뢰(湍也)。〔漢書〕遺甲爲下ㅣ將軍。

【瀩】(대) 隊 タイ、みずがすなをただよう (of sands) accumulate 물에모래밀릴대(水帶沙往來貌)。

【瀔】(곡) 屋 コク、みずのおと sound of water (本音「혹」) 물소리곡(水聲)。

十七畫

【灆】(람) 勘 ラン、うく float 뜰람(浮貌)。

【瀯】(영) 庚 エイ、みずおと sound of water ㄧㄥ ying^{2}

瀯 草書 ❶물소리영(水聲)。【柳宗元 鈷鉧潭西小邱記】ㅡㅡ之聲與耳謀。❷물빙돌아나갈영(水廻旋貌)。❸웅덩이물영、도랑물영(小水)。【杜篤論都賦】去洛邑之渟ㅡ。

【瀰】 ㊀(미) 支 ビ、ミ、みちる full ㄇㄧˊ mi² ㊁(니) 紙
瀰 草書 ㊀물질펀할미(水曠遠貌)。【木華 海賦】渺ㅡ漭漫。㊁❶물가득할니(水滿貌)。【詩經 匏有苦葉】有ㅡ濟盈。❷물이흐를니(水流貌)。【詩經 邶風新臺】河水ㅡㅡ。

【瀱】(계) 霽 ケイ、いずみ well ㄐㄧˋ chi⁴
瀱 小篆 ❶우물물계(井水)。❷샘퐁퐁솟을계(泉出貌)。❸물잦을계(無水ㅡ汋)。

【瀲】 ㊀(렴) 琰 レン、うかぶ overflow ㄌㄧㄢˋ lien⁴ ㊁(렴) 豔
瀲 草書 ㊀물벌창할렴(水溢貌)。【木華 海賦】瀲㳄ㅡ灩。㊁❶넘칠렴(水滿泛)。【江賦】或泛ㅡ于潯波。❷물결조용히움직일렴(水波微動貌)。【明宣宗詩】力飲何妨ㅡ灩斟。

【瀴】(영) 庚 エイ、おおみず sloppy
❶물질펀할영(水遠貌ㅡ溟)。【海賦】徑途ㅡ溟。❷멀영(遙也)。

【瀵】(분) 問 フン、ちる sprinkle ㄈㄣˋ fen⁴
瀵 小篆 草書 ❶흩어질분(散也)。❷물이름분(汾陰水名)。

【瀶】(림) 侵 リン、たに valley
瀶 小篆 ❶골림(谷也)。❷추울림(寒也)。❸비내릴림(降雨)。

【潐】(조) 篠 ショウ、こす press out wine
小篆 ❶술거를조(釃也)。❷거를조(漉也)。❸일조(浚也)。❹다할조(盡也)。

【瀷】(익) 職 ヨク、ひそみながれる flow oozily
瀷 小篆 스며흐를익(漏流)。

【瀸】(첨) 鹽 セン、ひたす soak; steep ㄐㄧㄢ chien¹
瀸 小篆 草書 ❶건샘첨、건수샘첨(泉乍出乍渴)。❷적실첨(漬也)。❸젖을첨(洽也)。❹물길을첨(汲也)。❺빠질첨(沒也)。❻멸할첨(滅也)。【公羊傳】夏齊人ㅡ于遂。

【瀹】(약) 藥 ヤク、あらう wash ㄧㄠˋ yao⁴
瀹 小篆 草書 ❶적실약(漬也)。❷씻을약(滌也)。【莊子 知北遊】疏ㅡ而心澡雪而精神。❸지질약(煮也)。【齊民要術】有ㅡ鷄子法。❹데칠약(薄熟)。❺출렁거릴약(動搖貌)。

【瀺】(참) 咸 サン、もぐる dip; dive ㄔㄢˊ ch'an²
瀺 草書 ❶물소리참(水聲)。【上林賦】ㅡ灂霣墜。❷물고기자맥질할참(魚浮沉)。【潘岳閒居賦】游鱗ㅡ灂。

【瀻】(대) 隊 タク、さけがすまない turbid
❶술탁할대(酒不清)。❷흐린술대(濁酒)。

【瀼】 ㊀(양) 陽 ジョウ、どろ swamp ㄖㄤˊ jang² ㊁(낭) 漾
瀼 小篆 草書 ㊀이슬흠치르르할양(露濃貌)。【詩經】零露ㅡㅡ。㊁❶수렁낭(水淤)。【漢書】杜欽曰屯氏河美溢有塡淤反ㅡ之害。❷물철철흐를낭(水流貌)。【海賦】涓流泱ㅡ。❸물이름낭(夔州水名)。

【⿰氵隱】(은) 『溵』(10水部畫)、『濦』(13水部畫) 과 같음.

【瀾】 ㊀(란) 寒 ラン、おおなみ billow ㄌㄢˊ lan² ㊁(란) 翰
瀾 小篆 漣 或體 草書 ㊀❶큰물결란(大波)。【爾雅】大波爲ㅡ。❷눈물흘릴란(泣貌)。㊁❶흠치르르할란(淋漓貌)。❷질펀할란(長貌)。【木華 海賦】洪濤ㅡ汗萬里無際。❸쌀뜨물란(米汁)。

【瀿】(번) 元 ハン、あふれる overflow in
물급히넘칠번(水暴溢)。【淮南子】灌以ㅡ水。

【灀】(상) 漾 ソウ、しも heavy-frosted
된서리칠상(殺物)。

十八畫

【灂】 ㊀(조) 嘯 ショウ、うるしぬり(本音「작」) lacquer ㄓㄨㄛˊ chuo² ㊁(작) 覺 ㊂(색) 陌
灂 小篆 草書 ㊀수레채에옻칠할조(車轅漆)。㊁❶돌이물속에잠겼다드러났다할작(石在水出沒之貌)。【高唐賦】巨石溺溺之瀺ㅡ。❷물결치는소리작(波相激聲)。【江賦】漰湱澩ㅡ。㊂물떨어지는소리색(水落聲)。

【灁】(혁) 錫 ケキ、あわてる confused
두려워할혁(怖遽ㅡ沭)。

【灃】(풍) 東 ホウ、かわのな river ㄈㄥ fêng¹
灃 草書 물이름풍(扶風水名)。(『豐』과 같음)

【灄】(섭) 葉 ショウ、かわのな waters ㄕㄜˋ shê⁴
❶흠치르르할섭(雨露貌)。❷물이름섭(西陽水名)。❸떼섭(浮枝之類)。

【灅】(류) 紙 ルイ、かわのな waters
灅 小篆 草書 물이름류(水名)。

【灆】(람) 覃 レン、きよい clear
물맑을람(淸也)。

【灈】(구) 虞 ク、かわのな waters
灈 小篆 물이름구(水名)。

【㶚】(패) 卦 ハイ、なみ wave
물결패(水波)。【郭璞】湃ㅡ濊瀷。

【灊】 ㊀(첨) 鹽 セン、かわのな waters ㄑㄧㄢˊ ch'ien² ㊁(심) 侵

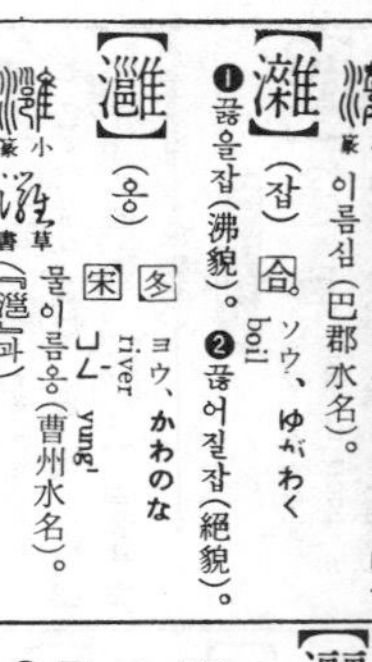

이름십(巴郡水名)。

【[氵+雜]】(잡) 合 ソウ、ゆがわく boil
❶끓을잡(沸貌)。❷끓어질잡(絶貌)。

【灉】(옹) 冬 宋 ヨウ、かわのな river ㄩㄥ yung¹
小篆 草書 물이름옹(曹州水名)。(『澭』과 같음)

【灋】(법)『法』(水部 5畫)의 古字

【灌】(관) 翰 カン、そそぐ irrigate ㄍㄨㄢ kuan⁴
小篆 草書 ❶물댈관(漑也)。【莊子 逍遙遊】時雨降矣、而猶浸ㅣ。❷물따를관(注也)。【莊子 秋水】百川ㅣ河。❸적실관(漬也)。❹물줄관(澆也)。【吳子 論將】霖雨數至、可ㅣ而沈。❺회추리나무관(木叢生)。【詩經 周南葛覃】黃鳥于飛集于ㅣ木。❻정성껏이를관(盡誠相告)。【詩經】老夫ㅣㅣ。❼새이름관(鳥名)。(『祼』과 같음)

【瀑】㊀(포) 號 ハク、にわかあめ shower ㊁(폭) 屋
㊀❶소나비포(疾雨)。❷물거품포(沫也)。㊁폭포폭(懸泉流下)。(『瀑』과 같음)

十九畫

【[氵+儵]】(숙) 屋 シュク、なみ silvery wave
물결번득거릴숙(波貌ㅣ閃)。

【灑】㊁(쇄) 卦 sprinkle ㊂(사) 馬 ムㄚ sa³
小篆 草書 ㊀❶뿌릴새(汛也)。【詩經】ㅣ掃庭內。❷깜짝놀랄새(驚貌)。【莊子】ㅣ然異之。(『洒』와 통함) ㊁뜻은㊀과같음。㊂❶깨끗할사(ㅣ落)。❷뜻은㊀과같음。

【灒】(찬) 翰 サン、そそぐ be in a sweat
小篆 땀뿌릴찬(汗灑)。(『濺』와 통함)

【灓】㊀(란) 翰 ㊁(란) 寒 ラン、わたる leak
小篆 ㊀물비껴건늘란(橫流渡)。㊁❶스며흐를란、샐란(漏流)。【戰國策】ㅣ水齧其墓。❷적실란(漬也)。

【灧】(염)『灩』(水部 28畫)의 俗字

【[氵+藥]】(약) 藥 ヤク、ゆがわく boil up
물펄펄끓을약(熱貌勺ㅣ)。【思玄賦】心汋ㅣ其若湯。

【灕】(리) 支 リ、しみこむ flow extensively ㄌㄧ li²
草書 ❶물질펀히흐를리(流貌滲ㅣ)。【甘泉賦】ㅣ乎滲灑。❷가을비지정거릴리(秋雨淋ㅣ)。(『漓』와 같음)

【[氵+羅]】(라) 歌 ラ、かわのな waters
물이름라(長沙水名汨ㅣ)。(『羅』와 같음)

【灖】(미) 紙 ビ、ながれ flow

【灘】㊀(탄) 翰 ㊁(탄) 寒 タン、はやせ swift current ㄊㄢ t'an¹
小篆 俗 草書 ㊀여울탄(瀨也)。㊁해이름탄(歲名、涒ㅣ、申年)。

二十畫

【灙】(당) 養 トウ、かわのな watery
❶물모양당(水形)。❷내이름당(川名)。

【[氵+輿]】(여) 魚 ヨ、かわのな (of water) toss
小篆 물출렁거릴여(水搖蕩)。

【灛】(천) 銑 セン、わかれながる tributary ㄔㄢ ch'an³
샛강천(水汝也、大水溢出別爲小水)。

【[氵+讞]】(열) 屑 ゲツ、ただす punish
小篆 ❶죄를다스릴열(問罪)。❷살필열(審也)。

【[氵+壤]】(양) 養 ジョウ、どろ muddy water
진탕물양(濁泥)。

二十一畫

【灢】(낭) 養 ドウ、みずのながれ overflow
❶물철철흐를낭(流貌決ㅣ)。❷물이름낭(水名)。(『瀼』과 같음)

【灝】(호) 晧 コウ、ひろい boundless ㄏㄠ hao⁴
小篆 草書 ❶물줄기멀호、끝없을호(水勢遠貌)。❷질펀할호、

爾。❸팔뜨물호(豆汁)。【說文長箋】禮用豆汁沐髮。

【灞】(파) 禡 ハ、かわのな river ㄅㄚ pa⁴ (俗音「패」)
草書 물이름파(藍田水名)。

【灟】(촉) 沃 ショク、うやうやしい polite; modest
❶공손할촉(恭也ㅣㅣ)。❷눈물촉(淚也)。❸조심할촉(小心貌)。【淮南子】馮馮翼翼洞洞ㅣㅣ故曰大昭。(『屬』과 통함)

【灠】(람) 感 ラン、いずみ gush ㄌㄢ lan³
❶샘용솟음칠람(湧泉)。❷물들일람(染也)。❸절인실과람(漬果)。

【灡】(란) 寒 ラン、しろみず washed water of rice
小篆 뜨물란(米汁潘ㅣ)。【周禮】潘ㅣ戔餘。

二十二畫

【灣】(만) 刪 ワン、いりえ bay; curved shore ㄋㄤ nang⁴ (本音「완」)
草書 ❶물굽이만(水曲)。【李白詩】振窮漂水ㅣ。❷배대는곳만(港ㅣ)。

【[氵+難+鳥]】(탄)『灘』(水部 19畫)의 本字

二十三畫

【灎】(염)『灩』(水部 28畫)의 俗字

【灤】(란) 寒 ラン、もれながれる leak ㄌㄨㄢ luan²

滦 草書 ❶스며흐를란、샐란(漏流)。❷물이름란(遼西水名、—河)。(『灤』과 같음)

【灥】㊀(순) 眞 シュン、セン、おおくのいずみ ㊁(천) 先 spring ㊂(전) 先 ㄒㄩㄣˊ hsün² 小篆 ㊀셋샘순(三泉)。㊁많은 물줄기천(衆流)。㊂『泉』과 같음。

【灦】(현) 銑 ゲン、きよくふかい deep and clear 물깊고 맑을현(水深而清貌)。〔郭璞〕混瀚—灦。

二十四畫

【⿰氵鹽】(염) 豔 エン、しおづけ salt ❶소금에 절일염(醃鹽)。❷『灩』과 같음。

【灨】㊀(공) 送 コウ、かわのな waters ㊁(감) 勘 ㄍㄢˋ kan⁴ ㊀물이름공(豫章水名)。(『贛』과 같음) ㊁뜻은 ㊀과 같음。

二十八畫

【灩】㊀(염) 豔 エン、ただよう ㊁(염) 琰 water waving 草書 ㊀물그득할염(水滿貌)。〔海賦〕瀲灩—。(『灧』과 같음) ㊁물결출렁거릴염(波動貌)。

二十九畫

【灪】(울) 物 ウツ、おおみず flow in flood 물벌창할울(大水貌—鬱)。〔海賦〕彭濞—碨。

火部

【火】(화) 哿 カ、ひ fire; flame ㄏㄨㄛˇ huo³ 小篆 草書 ❶불화(物燒而生光熱)。❷사를화(燬也)。❸등불화(燈—)。❹빛날화(光也)。❺불날화(—災)。❻빨갈화(物體熾熱而成赤)。❼탈화(燃也)。❽급할화(急也)。❾화날화(逆上心—)。❿불화(南方位五行一)。〔古史考〕燧人氏初作—。⓫베이름화(—辨)。⓬별이름화(星名)。〔詩經 豳風七月〕七月流—。

火

二畫

【灮】(광)『光』(儿部 4畫)의 本字

【灯】(등) 蒸 テイ、トウ、ひ flame ㄉㄥ têng¹ 草書 불꽃등(烈火)。(『燈』과 통함)

【⿵几火】(화) 哿 カ、ひがおこる (of fire) break out ❶불일어날화(火起)。❷불타는빛화(火光)。

【灰】(회) 灰 カイ、はい ashes ㄏㄨㄟ huei¹ 小篆 草書 ❶재회(火餘燼)。〔禮記〕毋燒—。❷활기없을회

【灱】㊀(효) 肴 コウ、やく burn ㊁(도) 肴 ㊀더울효(熱也)。㊁태울도(燒也)。

三畫

【灴】(홍) 東 コウ、かがりび torch 횃불홍(燎也)。(『烘』과 같음)

【灵】(령)『靈』(雨部 16畫)의 略·俗字

【灸】(구) 宥 有 キュウ、やいと cauterize ㄐㄧㄡˇ chiu³ 小篆 草書 ❶구울구、지질구(灼也)。❷불사를구(燒也)。❸뜸질할구(灼體病)。〔史記〕形弊者不當關—鑱石及飲毒藥也。

【灹】(타) 禡 タ、やくおと burning soun (或音「차」) 타는소리타(燒聲)。

【灺】(사) 馬 シャ、もえかす spark ㄒㄧㄝˋ hsieh⁴ 小篆 불똥사、초똥사(燈燭餘燼)。〔李商隱詩〕香—燈光奈爾何。

【灼】(작) 藥 シャク、やく burn; cauterize ㄓㄨㄛˊ chuo² 小篆 小篆 草書 ❶지질작、사를작(燒也)。〔李商隱 雜纂不得已〕忍痛—艾。❷구울작(炙也)。❸밝을작(昭也)。〔書經〕我其克—知厥若。❹졸아없어질작、잦아없어질작(煎盡)。❺꽃활짝필작(花盛貌)。〔詩經 周南桃夭〕桃之夭夭、——其華。

【災】(재) 灰 サイ、わざわい calamity ㄗㄞ tsai¹ 小篆 或體 籀文 古文 草書 ❶재앙재、천벌재(天火)。〔左傳 僖公十三年〕天—流行。❷횡액재(禍害)。〔書經〕眚—肆赦。(『菑』와 같음)

【灾】(재)『災』(前條)와 같음

四畫

【炁】(기)『氣』(气部 6畫)와 같음

【炂】(종) 冬 ショウ、とける melt ❶녹일종(熱化)。❷즙일종(熱汁)。

【炅】(경) 梗 ケイ、ひかる shine ㄐㄩㄥˇ chiung³ 小篆 빛날경(光也)。

【炆】(문) 文 ブン、けむりだつ smoke 연기날문(熅也)。

【炉】(로)『爐』(火部 16畫)의 俗字

【⿰火勿】(홀) 物 クツ、ひがさかん burn in flames 불기운성할홀(火氣盛)

【炊】(취) 支 スイ、かしぐ cook ㄔㄨㄟ ch'uei 小篆 草書 ❶불땔취(燃也)。〔公羊傳〕易子而食析骸而—。❷밥지을취(—事、自—)。❸땅이름취(地名—鼻)。

【炳】(눈) 願 ドン、あつい hot
더울눈、따뜻할눈(熱也)。

【炎】(염) 鹽 エン、ほのお、もえる flame; burn ㄧㄢˊ yen^2
炎 小篆 草書 ❶불꽃염(火光上)。❷불붙일염、불태울염(焚也)。【書經 胤征】火ー崑岡玉石俱焚。❸더울염(熱也)。❹불꽃성할염(熾也)。❺훗훗할염(熏也)。【詩經】赫赫ーー。❻임금의호염(神農帝號)。

【烽】(방) 絳 ホウ、ふくれる burn oneself to swell
❶불에데워부풀어오를방(遇火脹起)。❷불빛환할방(火光貌)。

【炔】㊀(계) 霽 ㊁(혈) ㊂(결) 屑 ゲイ、ひかり shine ㄍㄨㄟˋ kuei^4
㊀빛날계(光也)。(『炅』와 같음) ㊁불붙을혈、불피울혈(火始焚)。㊂연기무럭무럭일어날결(煙盛貌)。

【炒】(초) 巧 ソウ、いる parch; roast ㄔㄠˇ ch'ao^3
草書 볶을초(熬也)。(『煼』와 같음)

【炕】(항) 漾 コウ、かわく dry ㄎㄤˋ k'ang^4 (本音「강」)
小篆 草書 ❶마를항(乾也)。【漢書】ー陽暴虐。❷구울항(炙也)。【詩經】燔之炙之。❸끊을항(絕也)。【揚雄解嘲】ー其氣。❹구들항(北地煥炕)。

【炖】(돈) 元 阮 あかほのう flare ㄉㄨㄣˋ tuen^4
❶바람불어불길이성할돈(從風火盛)。❷붉을돈(赤色)。

【炘】(흔) 文 キン、かがやく bright ㄒㄧㄣ hsin^1
草書 ❶화끈거릴흔、이글이글할흔(熱貌)。❷불활활일어날흔(火盛貌ーー)。【甘泉賦】垂景炎之ーー。

【炙】㊀(자) 禡 ㊁(적) 陌 シャ、セキ、あぶる roast ㄓˋ chih^4
小篆 籀文 草書 ㊀❶고기구이자(燔肉)。【古詩 西門行】飮醇酒ー肥牛。❷김쏘일자、친근할자(親近而薰之)。【孟子 盡心下】而況於親ー之者乎。❸냄새퍼질자(膾ー)。㊁뜻은 ㊀과 같음。

五畫

【炟】(달) 曷 タツ、ひがおこる (of fire) break out ㄉㄚˊ ta^2
小篆 ❶불일어날달(火起)。❷화약불터질달(爆也)。❸【國字】다래달(獺ー、藤梨謂之ー艾)。

【炤】㊀(소) 嘯 ㊁(조) 蕭 ㊂(작) 藥 ショウ、てらす bright ㄓㄠˋ chao^4
草書 ㊀밝을소(明也)。【晋語】明燿以ー之。(本音「조」) ㊁❶비칠조(光也)。❷반딧불조(螢火)。【爾雅】熒火即ー。(『照』와 같음) ㊂밝을작(明也)。(『灼』과 통함)

【炠】(압) 洽 コウ、かわかす dry something over the fire
불에말릴압(火乾)。

【炡】(정) 庚 セイ、かがやく scald
데칠정、불번쩍거릴정(煠也ー爚)。

【炥】(비) 未 ヒ、あつい hot
小篆 ❶기운더울비(氣熱)。❷불탈비(燒貌)。

【炫】(현) 霰 ゲン、かがやく bright ㄒㄩㄢˋ hsüan^4
小篆 草書 ❶밝을현(明也)。【戰國策 秦策】ー熿于道。❷불빛현(火光)。

【炦】(별) 屑 ハツ、ほのお heat of fire
小篆 ❶김오를별(氣上)。❷불기운별(火氣)。

【炪】㊀(절) 屑 ㊁(출) 質 セツ、ひかり blaze
小篆 ㊀불빛절、빛날절(火光)。㊁❶다부룩할출(鬱也)。❷연기모양출(煙貌)。❸불소리출(火聲)。

【炬】(거) 語 キョ、かがりび torch light
草書 ❶횃불거(束葦爲燎)。【史記】牛尾ー火光明炫燿。❷불땔거(焚也)。【杜牧阿房宮賦】楚人一ー、可憐焦土。(『苣』와 通함)

【炭】(탄) 翰 タン、すみ charcoal ㄊㄢˋ t'an^4
小篆 草書 ❶숯탄(燒木未灰)。【禮記】草木黃落乃伐薪爲ー。❷불똥탄(炧也)。❸붉일탄(泥火)。【書經】民隊塗ー。❹원소이름탄(原素名)。❺석탄탄(石ー)。

【炮】(포) 肴 ホウ、あぶる roast ㄆㄠˋ p'ao^4
小篆 草書 ❶그슬릴포(毛炙肉)。【詩經】ー之燔之。❷싸서구울포(裹物燒)。❸형벌포(刑名ー烙)。

【炰】(포) 肴 ホウ、やく roast ㄆㄠˊ p'ao^2
草書 ❶그슬을포(炮也)。❷까불거릴포(自矜氣健貌)。【詩經 大雅 蕩】女ー烋于中國。

【炯】(형) 迥 ケイ、キョウ、あきらか bright ㄐㄩㄥˇ chiung^3
小篆 草書 ❶빛날형(光也)。❷밝게살필형(明察)。【李羣玉詩】金沙發光ー。❸불환히비칠형(火明貌)。

【炱】(태) 灰 タイ、すす soot ㄊㄞˊ t'ai^2
小篆 草書 그을음태(煙火所生煤也)。【皮日休詩】氣湧撲ー煤。(『炲』와 같음)

【炳】(병) 梗 ヘイ、あきらか bright ㄅㄧㄥˇ ping^3

炳 小篆 書 草 ❶밝을병(明也)。❷나타날병(著也)。【易經 革卦】大人虎變、其文ㅣ也。❸빛날병(光也)。(『昞』과 같음)

【炵】(동) 冬 トウ、ほのお spark ❶불꽃동(火焱)。❷불활활붙을동(火盛)。

【炷】(주) 遇 シュ、とうしん candle wick ㄓㄨˋ chu⁴ 草 書 심지주(燈心燼所著者)。【讀曲歌】燃燈不下ㅣ有油那得明。

【炸】(사) 禡 (작)【俗音】 サク、さく explosion 草 書 ❶불터질작(爆也)。❷기름에 지질작(灼也)。

【点】(점)『點』(黑部 5畫)의 略字

六畫

【烄】(교) 巧 コウ、もやす burn 小篆 태울교(燃也)。

【烈】(렬) 屑 レツ、はげしい burning violently ㄌㄧㄝˋ lieh⁴ 小篆 書 草 ❶불활활붙을렬(火猛)。【書經 胤征】ㅣ于猛火。❷빛날렬(光也)。【詩經】休有ㅣ光。❸공렬(業也)。【孟子 滕文公下】武王ㅣ。❹아름다울렬(美也)。【詩經】烝衎ㅣ祖。❺위엄스러울렬(威也)。【詩經】ㅣㅣ征師。❻독할렬(毒也)。【漢書】若湯之旱則傑之餘ㅣ也。❼사나울렬(暴也)。【史記】皆以酷ㅣ爲聲。❽매울렬(寒氣)。❾충직할렬(忠直)。【史記】ㅣ士徇名。(『列』과 통함)

【衮】㊀(온) 元 ㊁(오) 豪 オン、あぶる roast 小篆 ㊀고기쪼일온(微火温肉)。㊁구울오(煨也)。

【烉】(환)『煥』(火部 9畫)의 俗字

【烊】(양) 陽 ヨウ、あぶる roast ㄧㄤˊ yang² 草 書 구울양(炙也)。

【烋】㊀(효) 肴 ㊁(휴) 尤 コウ、うつくしい beautiful; healthy ㄒㄧㄠ hsiao¹ 草 書 ㊀기운건장할효、뽐낼효(氣健貌)。㊁❶아름다울휴(美也)。❷화할휴(和也)。❸복휴(福祿)。❹경사휴(慶善)。(『休』와 통함)

【烍】(선) 銑 セン、のび a field fire 들불선(野火)。

【烬】(진) 震 シン、もえかす spark 小篆 불똥진(火餘)。(『燼』과 같음)

【烏】(오) 虞 ウ、からす crow ㄨ wu¹ 小篆 古文 古文 書 草 ❶까마귀오(孝鳥)。【詩經】莫黑非ㅣ。❷검을오(黑也)。❸어찌오、어디오(何也)。【史記 司馬相如傳】使者曰、ㅣ謂此邪。❹탄식할오(歎辭)。【漢書 楊惲傳】仰天拊缶而呼ㅣㅣ。❺곡조이름오(奏曲名)。(『嗚』와 같음)

【烑】(요) 蕭 ヨウ、ひかる shine 빛날요(光也)。【淮南子】挾日月而不ㅣ潤萬物而不耕。

【烓】(계) 齊 ケイ、おきかまど oven ㄨㄟ wei¹ (本音「예」) 小篆 書 草 ❶화덕계(小竈)。❷밝을계(明也)。

【烕】(혈) 屑 ケツ、ほろぼす destroy ㄒㄩㄝˋ hsüeh⁴ 小篆 書 草 ❶불꺼질혈(消火)。❷멸할혈、없앨혈(滅也)。【詩經】褒姒ㅣ之。(『滅』과 같음)

【烔】(동) 東 トウ、あつい burn off ❶더운김동(熱氣)。❷불사를동(焚也)。

【烖】(재)『災』(火部 3畫)의 古字

【烘】(홍) 東 コウ、あぶる dry at a fire ㄏㄨㄥ hung¹ 小篆 書 草 ❶횃불홍(燎也)。【詩經】卬ㅣ于煁。❷불에쬐어말릴홍(火乾物)。

【烙】(락) 藥 ラク、やく fry; frizzle ㄌㄨㄛˋ luo⁴ 小篆 書 草 ❶지질락(灼也)。【史記】有炮ㅣ之法。❷사를락(燒也)。❸단근질할락(火鉞)。【莊子 馬蹄】燒之ㅣ之。

【烛】㊀(충) 東 ㊁(촉) 沃 チュウ、やける drought ㊀가물충(旱也)。㊁촛불촉(燭也)。(『燭』의 俗字)

【烜】㊀(훤) 阮 ㊁(훼) 紙 ケン、キ、あきらか bright ㄒㄩㄢ hsüan³ 書 草 ㊀❶빛날훤(光明)。【爾雅 釋訓】赫兮ㅣ兮。❷불활활붙을훤(火盛貌)。❸말릴훤(乾也)。【易經 說卦】日以ㅣ之。㊁벼슬이름훼(官名司ㅣ)。

【烝】(증) 蒸 ジョウ、むす steam ㄓㄥ chêng¹ 小篆 書 草 ❶김오를증(熏也)。❷찔증(炊也)。❸불김증(火氣上行)。【詩經】ㅣ之浮浮。❹임금증(君也)。【詩經 大雅文王有聲】文王ㅣ哉。❺무리증(衆也)。【書經】ㅣ民乃粒。❻두터울증(厚也)。【詩經】ㅣㅣ皇皇。❼나아갈증(進也)。【詩經 周頌載芟】ㅣ畀祖妣。❽웃사람과 상피붙을증(上淫)。【左傳 桓公十六年】衞宣公ㅣ于夷姜。❾어조사증(發語辭)。❿겨울제사이름증(冬祭名)。(『蒸』과 통함)

【烟】(연)『煙』(火部 9畫)과 같음

七畫

【焜】(훼) 紙 キ、はげしいひ burst into flames ㄏㄨㄟˇ huei³

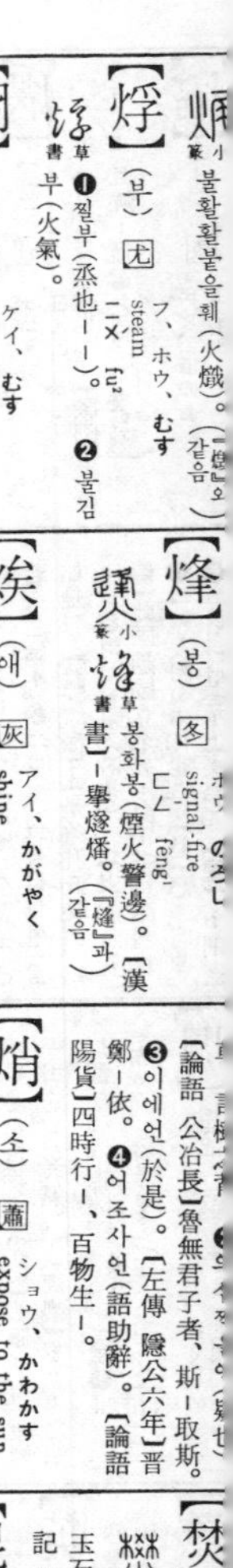

[illegible] 小篆 불활활붙을훼(火熾)。(『燬』와 같음)

【烰】(부) 尤 フ、ホウ、むす steam ㄈㄨˊ fu² 草書 ❶찔부(烝也ㅡㅡ)。❷불김부(火氣)。

【烱】(경) 梗 ケイ、むす fumes ㄐㄩㄥˇ chiung³ 불김경(炎烝)。(『炯』과 같음)

【焎】(철) 屑 ケン、もえる catch fire ❶불당길철(火燃)。❷불기운철(火氣)。

【烴】(형) 迥 ゲイ、あたためる smell of meat ❶누린내형(焦臭)。❷데울형(灼也)。

【⿰火芍】(작) 藥 シャク、ひばな flare ❶불성할작(火盛)。❷꽃빛이짙을작(ㅡ爍)。

【烹】(팽) 庚 ホウ、にる boil; cook ㄆㄥ p'êng¹ 草書 ❶삶을팽(煮也)。〔十八史略 西漢〕狡兎死、走狗ㅡ。❷요리팽(料理)。〔蘇軾詩〕寒庖有珍ㅡ。

【⿰火殳】(혁) 陌 カク、むぎをやく parch the barley 보리볶을혁(燒麥)。

【⿰火豕】(훌) 物 クツ、やく roast ❶구울훌(火煨)。❷따뜻할훌(暖也)。

【⿱𦍌灰】(자) 禡 サ、さらす expose to the sun 小篆 ❶볕쪼일자(曝也)。❷숯을묶을자(束炭)。

【烽】(봉) 冬 ホウ、のろし signal-fire ㄈㄥ fêng¹ 小篆 草書 봉화봉(煙火警邊)。〔漢書〕ㅡ擧燧燔。(『熢』과 같음)

【⿰火矣】(애) 灰 アイ、かがやく shine ❶빛날애(輝也)。❷더울애(熱也)。❸불땔애(焚也)。❹불이글이글할애(火盛貌)。

【焃】(혁) 陌 カク、あかい red ❶붉을혁(赤也)。❷밝을혁(明也)。❸빛날혁(赫也)。

【焄】(훈) 文 クン、ふすべる fumigate ㄒㄩㄣ hsün¹ 草書 ❶불김오를훈(火上出)。❷향내날훈(香臭)。〔蘇軾 韓文公廟碑〕ㅡ蒿悽愴。❸김쐴훈(熏炙之)。〔史記〕舞文巧詆下戶之猾以ㅡ大豪。(『熏』과 같음)

【焅】(곡) 沃 コク、かわかす droughty 小篆 ❶가무는기운곡(旱氣)。❷뜨거운김곡(熱氣)。

【⿰火孛】(발) 月 ボツ、けむりたつ broiling ㄅㄛˊ po² ❶찌는듯더울발(蒸熱貌ㅡ)。❷연기무럭무럭날발(煙起貌)。

【焉】(언) 先 エン、いずくんぞ how; why ㄧㄢ yen¹ 小篆 草書 ❶어찌언、어디언(何也)。〔詩經 衞風伯兮〕ㅡ得諼 [illegible] 〔論語 公冶長〕魯無君子者、斯ㅡ取斯。❸이에언(於是)。〔左傳 隱公六年〕晋鄭ㅡ依。❹어조사언(語助辭)。〔論語 陽貨〕四時行ㅡ、百物生ㅡ。

【焇】(소) 蕭 ショウ、かわかす expose to the sun ❶녹일소(爍也)。❷말릴소(乾也)。❸쬐일소(曝也)。

【焋】(장) 漾 ソウ、むす steam ❶김오를장(熏蒸)。〔字彙〕今炊粉瓷謂之ㅡ糕。❷젯밥찔장(實米於甑)。

【焌】(준) 震 願 シュン、たく、やく fire ㄐㄩㄣˋ chün⁴ 小篆 草書 불땔준(燃火)。

【焍】(제) 霽 テイ、やく frizzle 草書 거북지지는나무제(灼龜木)。

【焭】(경) 庚 ケイ、ひとり desolate 草書 ❶외로울경(獨也)。❷근심할경(憂也)。(『煢』과 같음)

【黒】(흑)『黑』(黑部 0畫)의 略字

八 畫

【焙】(배) 隊 ハイ、ホウ、あぶる dry over at a fire ㄅㄟˋ pei⁴ 草書 불에쬐어말릴배(熇也)。〔白居易詩〕夜火ㅡ茶香。

【焚】(분) 文 フン burn ㄈㄣˊ fen² 小篆 小篆 草書 ❶불사를분(燒也)。〔書經 胤征〕玉石俱ㅡ。❷불땔분(火灼物燒)。〔禮記 月令〕仲春無ㅡ山林。

【焜】(혼) 阮 コン、かがやく bright ㄎㄨㄣ k'uen¹ 小篆 草書 ❶빛환할혼(煌光)。❷밝을혼(明也)。(『焜』과 같음)

【焝】(혼) 元 コン、ひがもえる glare ❶불번쩍거릴혼(火貌)。❷불탈혼(火燃)。

【焞】㊀(돈) ㊁(퇴) ㊂(순) 元 灰 眞 トン、タイ、うすぐらい dim ㄔㄨㄣˊ ch'uen² 小篆 草書 ㊀❶어슴프레할돈(薄明)。❷거북등지지는홰돈(灼龜炬)。㊁성할퇴(盛勢貌)。〔詩〕戎車嘽嘽ㅡㅡ。㊂밝을순(明也)。

【⿱⺈豸】(상)『象』(豕部 5畫)의 古字

【焠】(쉬) 隊 サイ、にらぐ dye ㄘㄨㄟˋ ts'uei⁴ (古音「최」) 小篆 草書 ❶물들일쉬(染也)。❷칼날물에담글쉬(燒刀納水以堅刃)。〔漢書〕淸水ㅡ其鋒。❸지질쉬(灼也)。〔荀子〕有子臥而ㅡ掌可謂能自忍矣。❹태울쉬(燒也)。

【無】(무) 虞 ブ、ム、ない none; lack ㄨˊ wu²

小篆 草書 ❶없을무(有之對)。〔孟子 梁惠王上〕仁者—敵。❷아닐무(不也)。〔禮〕—易之道也。❸말무(勿也)。〔孟子 公孫丑上〕—若宋人然。❹빌무(空虛)。〔論語 泰伯〕有如—。❺풀이름무(草名文—)。(『毋』와 통함)

【焣】(초) 巧 ソウ、いる parch 불에말릴초(火乾)。

【焦】(초) 蕭 ショウ、こがす scorch ㄐㄧㄠ chiao¹ 小篆 或體 草書 ❶그슬릴초、델초(火所傷)。❷불내날초(火之臭)。〔禮〕其味苦其臭—。❸구울초(炙也)。❹볶을초、탈초(火燒黑)。〔阮籍詩〕誰知我心—。❺속태울초(思煩)。❻마를초(乾也)。〔杜甫詩〕脣—口燥呼不得。❼모일초(—點)。❽삼초초(水穀之道曰三—)。

【焧】(총) 東 ソウ、あたたかい hot 따뜻할총(暖也)。

【焪】(궁) 送 キュウ、つきる exhaust ❶다할궁(盡也)。❷말릴궁(乾也)。❸볕쪼일궁(曝也)。❹불똥궁(燼也)。

【焫】(열) 屑 ゼツ、やく burn ㄖㄨㄛ juo⁴ (俗音「설」) 草書 불사를열(燒也)。〔戰國策〕秦且燒—獲君之國。(『爇』과 같음)

【焰】(염) 琰 エン、ほのお 草書 불빛염(火光)。(『爓』과 통함)

【焮】(흔) 問 キン、やく roast ㄒㄧㄣ hsin⁴ 草書 ❶구울흔(炙也)。❷불김흔(火氣)。〔左傳〕司馬司寇列居火道行火所—。❸불사를흔(焚也)。❹비칠흔(燿也)。

【焯】(작) 藥 シャク、やく burn ㄓㄨㄛ chuo² 小篆 草書 ❶불김작(火氣)。〔羽獵賦〕—爍其陂。❷사를작(焚也)。❸빛날작(光貌)。

【烮】(렬)『烈』(火部6畫)의 古字

【焱】(一)(혁) 錫 (二)(염) 琰 エン、ほのお flame ㄧㄢ yen⁴ 小篆 草書 (一)불꽃혁(火華)。〔班固東都賦〕——炎炎。(二)뜻은 (一)과 같음。

【焵】(강) 漾 コウ、やいば whet 칼날벼를강(燒刄)。

【然】(연) 先 ネン、ゼン、もえる、しかり burn; certainly ㄖㄢ jan² 小篆 或體 草書 ❶사를연(燒也)。〔孟子 公孫丑上〕若火之始—。❷그럴연、그렇다할연(言如是)。〔論語 微子〕是魯孔丘徒與、曰—。❸허락할연(許也)。〔史記 張耳傳〕此固趙國立名義不侵、爲—諾者也。❹그럴듯할연(如也)。〔詩〕惠—肯來。❺그러나연(承上接語)。〔禮〕—則盍行乎。❻이렇다할연(斷定)。〔大學〕人之視己、如見其肺肝—。❼그렇게연(而也)。〔詩〕胡—而天也。❽체연(假飾)。❾어미에붙여꾸밀연(修飾爲添語句尾)。〔論語 先進〕不得其死—。❿산이름연(山名燕—)。⓫뱀이름연(蛇名率—)。⓬원숭이연(猿屬果—)。

九畫

【煁】(심) 侵 ジン、おきかまど oven ㄔㄣ ch'en² 小篆 草書 화덕심、단부엌심(烓也)。〔詩經〕樵彼桑薪卬烘于—。

【煅】(단)『鍛』(金部9畫)의 俗字

【煆】(하) 馬 麻 カ、あつい hot ㄒㄧㄚ hsia² 草書 ❶더울하(熱也)。❷마를하(乾也)。❸빛날하(赫也)。❹사를하(焚也)。❺불기운하(火氣)。

【煇】(一)(휘) 微 (二)(훈) 文 (三)(운) 問 (四)(혼) 阮 キ、コン、ケン、ウン、かがやく bright ㄏㄨㄟ huei¹ 小篆 草書 (一)빛날휘(光也)。〔易〕剛健篤實—光。(『輝』와 같음) (二)지질훈(灼也)。〔史記〕去眼—耳。(三)해무리운(日光氣)。〔周禮〕掌十—之法以觀妖祥辨吉凶。(『暈』과 같음) (四)❶벌걸혼(赤色)。❷불빛혼(煌火光)。(『焜』과 같음)

【焨】(풍) 送 フウ、やく ❶불사를풍(焚也)。❷태울풍(燒也)。

【煉】(련) 霰 レン、ねる refine ㄌㄧㄢ lien⁴ 小篆 草書 ❶쇠불릴련(鑠冶金)。〔王充論衡〕女媧氏銷—五色石以補蒼天。❷반죽할련(—炭)。(『鍊』과 같음)

【煊】(훤) 元 ケン、あたたか warm 따뜻할훤(暖也)。

【煌】(황) 陽 コウ、かがやく luminous 小篆 草書 ❶빛날황(煇也)。❷환히밝을황(光明)。〔詩〕明星——。❸성할황(盛也)。〔詩〕檀車——。❹고을이름황(郡名敦—)。(『皇』과 통함)

【煎】(전) 先 霰 セン、いる fry in fat ㄐㄧㄢ chien¹ 小篆 草書 ❶다릴전、지질전(熬也)。❷불에말릴전(火乾)。❸졸일전(水煮)。〔周禮〕內饔掌王及后世子膳羞之割烹—和之事。❹향이름전(香名甲—)。❺속태울전(胸焦)。〔古詩 焦仲卿妻〕恐不任我意、逆以—我懷。❻급히닥칠전(急迫)。〔同詩〕漸見愁—迫。❼익을전(熟也)。

【煐】(영) 庚 エイ、かがやく bright ❶빛날영(煇也)。❷사람이름영(人名張—)。

【煮】(자) 語 ショ、シャ、にる (本音「저」)

草書 ❶삶을자, 지질자, 다릴자(烹也)。[周禮]烹人職內外饔之爨烹 - 辨膳羞之物。❷삶아먹을자(烹食)。[李商隱雜纂]殺風景 - 鶴燒琴。❸익을자(熟也)。

【煒】(위) 尾 キ、イ、あきらか bright ㄨㄟˇ wei³
小篆 草書 ❶벌그레할위(盛赤)。[詩經 邶風靜女]彤管有 - 。❷환할위(光明)。

【煓】(단) 寒 タン、ひばな flaming
❶불꽃성할단(火熾盛)。❷빛날단(赫貌)。

【煔】㊀(삽) 咸 ㊁(첨) 鹽 ㊂(점) 鹽 サン、セン、ひばな flaming ㄕㄢ shan¹
小篆 ㊀빛이성할삽(火熾貌)。[洞冥記]遂臣入雲 - 之幕。㊁❶불빛첨(火光)。❷번쩍일첨(輝也)。㊂태울점(爚也)。[楚辭]炙鴰烝鳧 - 鶉陳只。

【熙】(희) 支 キ、ひかる bright ㄒㄧ hsi¹
小篆 草書 ❶빛날희(光也)。[詩]於緝 - 敬止。❷일어날희(興也)。[詩]時純 - 矣。❸넓을희(廣也)。[書經]庶績咸 - 。❹화할희(和也)。[道德經]衆人 - - 。❺기뻐할희(嬉也)。

【煖】(난) 旱 ダン、ナン、あたたか warm ㄋㄨㄢˇ nuan³
小篆 草書 ❶더울난, 따뜻할난(溫也)。[禮]七十非帛不 - 。❷불김난(火氣)。❸날씨난(日氣)。[禮] - 之日月。(『暖』과 通함)

【煗】(난)『煖』(前條)과 같음

【煙】㊀(연) 先 ㊁(인) 眞 エン、けむり smoke ㄧㄢ yen¹
小篆 烟 或體 籀文 古文 草書 ㊀연기연, 내연(火鬱氣)。[周禮]以其 - 被之。(『烟』과 같음) ㊁❶김인, 기운인(- 煴氣也)。❷안개인(霞靄類)。❸숯그을음인(煤也)。

【煜】㊀(욱) 屋 ㊁(읍) 緝 イク、ひかる blaze of fire ㄩˋ yü⁴
小篆 草書 ㊀❶비칠욱(耀也)。[漢書]其餘 飛景附 - 雷其間者蓋不可勝載。❷불꽃욱(火焰)。❸성할욱(盛貌)。[東都賦]管絃曄 - 。㊁❶㊀의 뜻과같음。❷불빛환할읍(火貌)。

【煝】(미) 寘 ビ、かがやく shine
❶빛날미(焃也)。❷가무는기운미(旱熱)。

【煞】㊀(쇄) 卦 ㊁(살) 黠 サツ、ころす kill ㄕㄚ sha¹·⁴
草書 ㊀❶감할쇄(減也)。❷내릴쇄(降也)。㊁죽일살(戮也)。(『殺』과 같음)

【焽】(위) 未 イ、ひのひかり light
불빛위(火光)。

【煠】(잡) 洽 ソウ、ゆでる boil ㄧㄝˋ yeh⁴
草書 ❶데칠잡, 끓일잡(湯渫瀹也)。❷구울잡(灼也)。

【熜】(총) 董 ソウ、むす heat the hem
小篆 ❶삼찔총(麻蒸)。❷더운김총(煴也)。

【煢】(경) 庚 ケイ、ひとり desolate ㄑㄩㄥˊ ch'iung²
小篆 草書 ❶외로울경(單也, 獨也)。[孟子]詩云哿矣富人哀此 - 獨。❷근심할경(憂思)。[左傳] - - 余在疚。(『惸』과 같음)

【煤】(매) 灰 バイ、すす charcoal ㄇㄟˊ mei²
草書 ❶그을음매(煙墨)。[呂氏春秋]嚮者 - 室入甑中棄食不祥回攫而飯之。❷석탄매(石炭)。❸먹매(墨也)。

【尞】(료) 嘯 リョウ、てんをまつる perform sacrificial rites
小篆 ❶천제지낼료(柴 - 祭天)。❷불밝힐료(明火)。(『燎』와 같음)

【煣】(유) 有 ジュウ、たわめる bend ㄖㄡˇ jou³
小篆 草書 나무를불로쬐어휠유(以火屈木)。

【[illegible]】(멸) 屑 ベツ、ひがくらい flicker
小篆 불깜박거릴멸(火不明)。

【煥】(환) 翰 カン、あきらか flaming ㄏㄨㄢˋ huan⁴
小篆 草書 ❶불빛환(火光)。❷밝을환(明也)。[廣川書跋]神明 - 發。❸빛날환(爛文貌)。[論語] - 乎其有文章。

【煦】(후) 遇 麌 ク、あたためる warm;hot ㄒㄩˋ hsü⁴
小篆 草書 ❶찔후(烝也)。❷뜨거울후(熱也)。❸품을후(覆育)。[禮記]天地訢合陰陽相得 - 嫗覆育萬物。❹햇빛따스할후(日光溫)。❺베풀후(惠也)。[韓愈原道] - - 謂之仁。

【照】(조) 嘯 ショウ、てらす ilumine ㄓㄠˋ chao⁴
小篆 草書 ❶비칠조(明所燭)。[易]大人以繼明 - 于四方。❷빛날조(光發)。[中庸]日月所 - 。❸비교할조(比較)。(『炤』와 같음)

【煨】(외) 灰 ワイ、うずめやく roast ㄨㄟ wei¹
小篆 草書 ❶불에묻어구울외(火中熟物)。[戰國策]犯白刃蹈 - 炭。❷그슬릴외(盆中火熝)。❸사람이름외(中郞將段 -)。

【煩】(번) 元 ハン、ボン、わずらう annoy ㄈㄢˊ fan²

煩 小篆 草書 ❶번열증날번(熱頭痛)。【孟子 滕文公上】何許子之不憚ㅣ。❷번거러울번(不簡)。【書】禮ㅣ則亂。❸간섭할번(干也)。【左傳】敢以ㅣ執事。❹수고로울번(勞也)。【禮】衛音趨數ㅣ志。❺민망할번(悶也)。【史記】病使人ㅣ懣。❻괴로울번(思惱)。【古詩 焦仲卿妻】阿兄得聞之、悵然心中ㅣ。

【煪】(추) 尤 シュウ、みみなり have difficulty in hearing
귀울추、귀먹먹할추(耳鳴)。

【煬】(양) 漾 陽 ヨウ、あぶる melt ㄧㄤ yang⁴
煬 小篆 草書 ❶녹을양(融也)。❷녹일양(鑠也)。❸구워말릴양(炙燥)。❹불쬘양(對火)。【莊子】冬則ㅣ之。❺불활활붙을양(火熾猛)。

【煴】(온)『熅』(火部 10畫)과 같음

十畫

【粦】(린) 震 リン、きつねび elf fire
小篆 도깨비불린(鬼火)。【博物志】戰鬪死亡之處有人馬血積年爲ㅣ 者著地及草木如露不可見行人觸之 體有光拂拭即分散無數。(『燐』과 같음)

【煹】(구) 宥 コウ、のろし kindle
❶불켤구(擧火)。❷봉화구(烽火)。

【煻】(당) 陽 トウ、うずみび roast
❶구울당(煨火)。❷잿불당(熱灰ㅣ煨)。

【𤎴】(초) 巧 ソウ、いぶる fry
지질초、볶을초(熬也)。(『炒』와 같음)

【煽】(선) 霰 先 セン、あおる blaze up ㄕㄢ shan¹
煽 小篆 草書 ❶성할선(熾盛)。【詩】豔妻ㅣ方處。❷불붙일선(使火熾)。【新論方慾篇】ㅣ熛章臺。❸부추길선(ㅣ動)。

【𥊕】(경) 迥 ケイ、おどろきのめ wied eyed in astonish
놀란눈모양경(驚目貌)。

【煿】(박) 藥 ハク、かわかす dry over the fire
불에말릴박(火乾)。(『爆』과 같음)

【熂】(희) 未 キ、のび make a fire on grasses
풀베어불놓을희(芟木傍草燒之)。【詩】柞棫之所以茂盛者乃人ㅣ燎其旁草養治之使無害也。

【𤏣】(재) 賄 サイ、にる scald
살짝데칠재、삶을재(小烹)。

【熀】(녑) 葉 ヨウ、あきらか flaming ㄏㄨㄤ huang³
熀 草書 불빛이글이글할녑(火光盛貌熀ㅣ)。

【熄】(식) 職 ソク、きえる extinguish ㄒㄧ hsi²
熄 小篆 草書 ❶불담을식(畜火)。❷불꺼질식(滅火)。【孟子】安居而天下ㅣ。❸불끌식(鎮火)。❹없어질식(亡也)。【孟子 離婁下】王者之迹ㅣ。❺마칠식(終也)。

【熅】㊀(온) ㊁(온) 元 阮 ウン、オン、あたたか warm ㄩㄣ yün²
熅 小篆 草書 ㊀❶내낄온、서린연기온(鬱煙)。【漢書註】ㅣ聚火無焱者。❷기운온、김온(氣也煙ㅣ)。【東都賦】降煙ㅣ調元氣。❸따뜻할온(煖也)。㊁❶불에구워펄온(火炙伸物)。❷숯불온(炭火)。【漢書 蘇武傳】置ㅣ火。(『蘊』과 통함)

【熇】㊀(효) ㊁(혹) ㊂(고) ㊃(확) 蕭 屋 肴 藥 コク、コウ、あつい hot ㄏㄨ hu⁴
熇 小篆 草書 ㊀불김효(炎氣)。㊁❶불꽃이글이글할혹(炎熾)。❷뜨거울혹(熱也)。㊂마를고(乾也)。(『熇』와 통함) ㊃불꽃성할확(熾盛)。【詩】多將ㅣㅣ不可救藥。

【熉】(운) 文 ウン、きいろい yellow
熉 草書 누른빛운(黃色ㅣ然)。【漢書】照紫幄珠ㅣ黃。

【熊】(웅) 東 ユウ、くま bear ㄒㄩㄥ hsiung²
熊 小篆 草書 ❶곰웅(獸名、似豕山居冬蟄)。【書經】ㅣ羆狐狸織皮。❷빛날웅(光也)。

(會圖才三) 熊

【熈】(희)『熙』(火部 9畫)의 俗字

【熌】(섬) 感 セン、ひらめく glare
불번쩍거릴섬、불똥튈섬(火行)。

【熏】(훈) 文 クン、ふすぶる roast; smoke ㄒㄩㄣ hsün¹
熏 小篆 草書 ❶불김훈(火炎上出)。❷지질훈(灼也)。【詩】憂心如ㅣ。❸연기오를훈(煙氣)。❹좋아할훈(和悅)。【詩】公尸來至ㅣㅣ。(『燻』과 같음)

【㷗】(옹) 董 オウ、けむりたつ smoky
연기자욱히낄옹(煙氣ㅣ然)。

【熑】(렴) 鹽 レン、ひがたえない burn the wheel to bend
熑 小篆 ❶수레바퀴 불로구워휠렴(煣車輞)。❷불꺼지지않을렴(火不絕)。

【熒】㊀(형) ㊁(형) 青 迥 ケイ、エイ、ともしび shining ㄧㄥ ying²
熒 小篆 草書 ㊀❶등불반짝거릴형(燈燭之光)。【漢書】守突奧之ㅣ燭。❷밝을형(明也)。【史記】美人ㅣㅣ兮顏若苕之榮。❸별이름형(星名ㅣ惑)。❹빛날형(光輝)。【杜牧 阿房宮賦】明星ㅣㅣ。㊁❶의심낼형(疑惑)。【莊子】而目將ㅣ之。❷현란할형(眩眼)。(『瑩』과 같음)

【熔】(용)『鎔』(金部 10畫)의 俗字

【熕】(공)〔日字〕おおづつ heavy gun

草書 ❶대포공(大砲)。❷포신공(火砲身)。

十一畫

【燁】(필) 質 ヒツ、とびひ flare
❶불활활탈필(火貌ㅣ焌)。❷불타는 소리필(火聲)。

【熛】(표) 蕭 ヒョウ、ひのこ sparkle ㄅㄧㄠ piao¹
小篆 草書 ❶불똥튈표(飛火)。〔史記〕ㅣ至風起。❷성낼표(怒也)。❸붉을표(赤也)。❹빛날표(光也)。

【熝】(록) 屋 ロク、きたえる temper
단련할록(煉也)。

【熟】(숙) 屋 ジュク、みのる、にる ripe; cooked ㄕㄡ shou²
草書 ❶익힐숙、익을숙(食飪、生之反)。〔世說 德行〕兵人作食、有先ㅣ者、呼後ㅣ者共食。❷삶을숙(煮也)。〔論語 鄉黨〕君賜腥、必ㅣ而薦之。❸무르익을숙(爛也)。〔禮〕亨ㅣ羶薌。❹이룰숙(稔歲成也)。〔書〕歲則大ㅣ。❺한참동안숙(頃久)。〔戰國策〕願王ㅣ慮之。❻자세할숙(精審)。〔荀子 議兵〕凡慮事欲ㅣ。❼숙달할숙(充分習得)。❽흐물흐물할숙(深煮)。❾풍년들숙(歲稔)。

【熠】(습) 緝 シュウ、あざやか clear; bright ㄧ i⁴ (古音「읍」)
小篆 草書 ❶환할습(盛光)。〔詩經 豳風東山〕ㅣ燿其羽。❷선명할습(鮮明)。〔陸游詩〕螢火飛ㅣ。❸반딧불반짝거릴습(螢光)。〔詩經〕ㅣ燿宵行。

【熢】(봉) 東 董 ホウ、のろし beacon fire
❶연기자욱할봉(煙鬱貌)。❷불기운봉(火氣)。(『烽』과 같음)

【熨】㊀(위) 未 ㊁(울) 物 イ、ウツ、ひのし iron ㄩ yu⁴
草書 ㊀❶다리미위(火斗)。〔史記〕毒ㅣ謂毒病之處以藥物ㅣ貼也。❷고약붙일의(膏藥患部貼附)。㊁다리미질할울(以火展帛)。(『尉』과 같음)

【⿰火曹】(조) 豪 ソウ、やける burn
小篆 ❶탈조(焦也)。❷사를조(燒也)。❸불탄나머지조(火餘木)。〔般若經〕有人持小火ㅣ燒乾草木。

【熤】(익) 職 エキ、かがやく shine
❶사람이름익(張ㅣ魏人名)。❷빛날익(輝也)。

【⿰火斬】(첨) 鹽 セン、きえる be put out (俗音「점」)
❶불꺼질첨(火熄)。❷다할첨(盡也)。

【熪】(이) 支 イ、ひがたえない (of fire) do not die
불끄지지않을이(火不絶貌)。

【熬】(오) 豪 ゴウ、いる roast ㄠ ao¹·²
小篆 或體 草書 ❶볶을오(乾煎)。〔周禮〕共飯米ㅣ穀。❷팔진미오(淳ㅣ八珍之一)。〔禮記〕煎醢加于陸稻上沃之以膏曰淳ㅣ。❸걱정할오、애끓는소리오(愁苦聲)。〔漢書〕衆庶ㅣㅣ苦之。(『嗸』와 통함)

【熭】(위) 霽 エイ、ほす dry ㄨㄟ wei⁴
小篆 草書 ❶불에급히말릴위(曝乾火)。❷쬐어말릴위(曝乾)。〔漢書〕黃帝曰日中必ㅣ、操刀必割。

【熮】(료) 蕭 リュウ、やく ripe
小篆 ❶사를료(燒也)。❷무르익을료(爛也)。〔逸周書〕味辛而不ㅣ。❸틈이빠끔할료(穴貌)。

【熯】㊀(선) 銑 ㊁(한) 旱 センカン、やく flaming ㄏㄢ han⁴ (本音「연」)
小篆 草書 ㊀❶불이글이글할선(火盛貌)。〔王充論衡〕ㅣ一炬火 一鑊水。❷태울선(燒也)。〔管子 伯形〕ㅣ焚楚地。❸공경할선(敬也)。〔詩〕我孔ㅣ矣式禮莫愆。㊁❶마를한(乾也)。〔易經說卦〕燥萬物者、莫ㅣ於火。❷구울한(炙也)。(『暵』과 같음)

【熰】(구) 尤 ク、はなはだあつい very hot ㄡ ou³ (本音「우」)
몹시뜨거울구(熱甚)。〔管子〕古之祭有時而ㅣ。

【熱】(열) 屑 ネツ、あつい hot; heat ㄖㄜ jê⁴
小篆 草書 ❶더울열、뜨거울열(溫也)。〔李商隱雜纂 意想〕夏月見紅似ㅣ。❷더위열(暑度)。❸불김열(炎氣)。❹흥분할열(激昂)。❺정성열(誠也)。❻쏠릴열、하고자할열(一心)。〔南史鄭灼傳〕多苦心ㅣ。

【熲】(경) 迥 ケイ、ひかり light ㄐㄩㄥ chiung³
小篆 草書 ❶불빛경(火光)。〔詩經 小雅無將大車〕不出於ㅣ。❷빛날경(輝也)。〔詩〕無思百憂不出于ㅣ。

十二畫

【⿱雁火】(안) 翰 ガン、ひかり light
불빛안(火色)。

【熷】(증) 蒸 ソウ、むす roast ㄗㄥ tsêng⁴
小篆 고기 대속에 넣어 구울증(取生肉於竹中炙)。

【熹】(희) 支 キ、さかん prosperous ㄒㄧ hsi¹
小篆 草書 ❶성할희(盛也、熾也)。❷빛날희(光也)。❸밝을희(明也)。❹넓을희(博也)。〔後漢書〕改元延ㅣ。❺희미할희(微陽)。〔歸去來辭〕恨晨光之ㅣ微。❻찔희(烝也)。〔禮疏〕言天地之氣烝動猶若人之ㅣ也。❼더울희(暑也)。❽구울희(炙也)。❾주자이름희(朱子名)。

【熸】(잠) 鹽 セン、きえる extinguish ㄐㄧㄢ chien¹ (本音「점」)
草書 불꺼질잠(火滅)。【左傳】王夷師ー。

【爉】(랍)『爉』(火部15畫)과 같음

【熾】(치) 寘 シ、さかん severe ㄔ ch'ih⁴
小篆 古文 古文 草書 ❶불활활붙을치(火盛)。【詩】玁狁孔ー。❷불땔치(炊也)。【左傳】柳ー炭于位。

【熿】(황) 陽 コウ、かがやく shine
草書 빛날황(輝也)。

【燀】(천) 銑 セン、タン、かしぐ make food ㄔㄢ ch'an³
小篆 草書 ❶불땔천(炊也)。【左傳】ー之以薪。❷환할천(光明貌)。❸성할천(熾也)。❹빛날천(燿也)。❺모닥불천。

【燁】(엽) 葉 ヨウ、かがやく flaming ㄧㄝ
小篆 小篆 草書 ❶불이글이글할엽(火盛)。❷번쩍번쩍할엽(輝貌)。【劉基 賣柑者言】ー然玉質而金色。

【燂】㈠(첨) 鹽 セン、あたためる ㈡(섬) 鹽 burn up ㈢(심) 侵 ㄑㄧㄢ ch'ien² ㈣(담) 覃
小篆 草書 ㈠불사윌첨(灰爛)。【周禮】弓人熵角欲熟于火而無ー。㈡삶을섬、고기구울섬(湯瀹肉)。(『爓』과 같음) ㈢❶불에익힐심、삶을심(火熟)。❷데칠심(沈肉於湯)。(『燖』과 같음) ㈣불사를담(火焚)。【禮記】五日則ー湯請浴。

【燃】(연) 先 ネン、もえる burn
草書 ❶불사를연、불탈연(燒也)。❷태울연(使燒)。❸연등절연(ー燈節)。(『然』과 통함)

【燄】㈠(염) 琰 エン、ほのお ㈡(염) 豔 flame ㄧㄢ yen²·⁴
小篆 草書 ㈠불당길염(火初著)。㈡❶불번쩍거릴염(火行貌)。【書】無若火始ーー厥攸灼敍弗其絕。❷불꽃염(炎也)。【左傳 莊公十四年】其氣ー以取之。

【燉】(돈) 元 トン、さかんなり flaming ㄉㄨㄣ tuen¹·⁴
草書 ❶불빛돈(火色)。❷불이글이글할돈(盛貌)。❸땅이름돈(地名 ー煌)。

【燅】(잠) 鹽 セン、ゆびく broil ㄒㄩㄣ hsün²
小篆 或體 ❶고기데칠잠(湯中瀹肉)。❷따스할잠(溫也)。

【⿰火備】㈠(피) 寘 ヒョク、ひでかわかす ㈡(벽) 屋 dry over the fire
㈠❶불에말릴피(火乾)。❷마를피(乾也)。㈡익힐벽(熟也)。

【燈】(등) 蒸 トウ、ともしび lamp ㄉㄥ têng¹
草書 ❶등잔등、등등(錠中置燭)。【春明退朝錄】上元燃ー大會。❷촛불등(燭火)。【王君玉雜纂 奴婢相】驀ー短。❸등불등(默火取明)。❹【佛】불도등(佛道)。❺풀이름등(蘴草名、金ー)。(『鐙』과 같음)

首山宮鴈足燈 (考古圖)

【燊】㈠(신) 眞 シン、カ、さかん ㈡(화) 麻 prosperous ㄕㄣ shen¹
小篆 ㈠❶성할신(熾也)。❷부릴신(役也)。❸불꽃화할신(炎和貌)。㈡활활탈화(熾也)。

【燋】㈠(초) 蕭 ショウ、たいまつ ㈡(조) 蕭 torch-light ㄐㄧㄠ ch'iao¹
小篆 草書 ㈠❶횃불초(然持火炬)。❷그슬릴초(焦也)。【漢書】ー頭爛額爲上客。㈡거북등지지는횃불초(灼龜炬)。(『焦』와 통함)

燋 (禮器圖)

【燌】(분)『林·焚』(火部8畫)과 같음

【燎】(료) 嘯 リョウ、にわび 篠 signal light ㄌㄧㄠ liao⁴
小篆 草書 ❶뜰에세운횃불료(放火照、庭ー)。【詩】庭ー之光。❷불놓을료(放火)。【詩】瑟彼柞棫民所ー矣。❸밝을료(明也)。【詩】佼人ー兮。❹비칠료(照也)。❺풀태울료(雜草燒耕也)。【詩經 小雅正月】ー之方揚。❻불붙을료(燃燒)。【書經 盤庚】若火之ー于原不可嚮邇。

【燍】(사) 支 シ、こげくさい smell of burnt smell ㄙ ssŭ¹
❶화덕내날사、단내날사(火焦臭)。❷타서눌을사(焦貌燍ー)。

【燐】(린) 眞 震 リン、おにび ghost's fire ㄌㄧㄣ lin²
草書 ❶도깨비불린(鬼火)。【淮南子】老槐生火久血爲ー。❷반디불린(螢火)。❸【化】원소이름린(元素之一)。❺불일어날린(自起煌)。(『粦』과 같음) ❻【日字】성냥린(ー寸)。

【燒】㈠(소) 蕭 ショウ、やく ㈡(소) 嘯 burn ㄕㄠ shao¹
小篆 小篆 草書 ㈠❶불붙을소(焚也)。【陰陵 傅大士傳】ー其苦器、製造華燈。❷불사를소(燃也)。【禮記】仲夏毋ー灰。❸탈소(燔也)。㈡❶들불소(野火)。【白居易詩】夕陽紅于ー。❷불땔소(燔也)。❸불놓을소(放火)。

【燓】㈠(번) 元 フン、やきはらう ㈡(분) 文 burn fields for cultivation
㈠화전일으킬번(火田)。㈡『焚』과 같음。

【燔】(번) 元 ハン、やく roast ㄈㄢ fan²
小篆 草書 ❶사를번(燒也)。❷구울번(炙也)。【孟子】

不至。

【焫】(심) 侵 シン、にる warm up food ㄒㄩㄣˊ hsün²
小篆 草書 ❶삶을심、불에익힐심(火熟物)。❷데칠심(沈肉於湯)。【儀禮註】膚家肉也惟ー者有膚。

【燕】 ㊀(연) 銑 エン、つばめ swallow ㄧㄢˋ yen⁴ ㊁(연) 先
小篆 草書 ㊀❶제비연(玄鳥)。❷편안할연(安也)。【詩】悉率左右以ー天子。❸쉴연(息也)。【詩】或ーー居息。❹잔치연(宴也)。【漢書 石奮傳】雖ー必冠、申申如也。㊁❶나라이름연(國名、召公所封)。【詩】溥彼韓城ー師所完。❷땅이름연(地名、直隷省地方)。(『讌』과 통함)

【燗】(란) 翰 ラン、あたためる heat up
小篆 草書 ❶술데울란(温酒)。❷밝을란(明也)。(『爛』과 같음)

【㷠】 ㊀(름) 寢 リン、ひをおかす burn ㊁(음) 寢
小篆 ㊀❶불을 범할름(侵火)。❷불탈름(火貌)。❸불펄름(火舒貌)。㊁활활붙을음(火盛貌)。

【燙】(탕) 漾 トウ、すすぐ wash ㄊㄤˋ t'ang⁴
❶씻을탕(滌也)。❷【中字】불에델탕(火傷)。

十三畫

【營】 ㊀(영) 庚 いとなむ manage;camp ㊁(형) 靑 ㄧㄥˊ ying²
小篆 草書 ㊀❶지을영(造也)。【詩】❷헤아릴영(度也)。❸다스릴영(治也)。【詩】肅肅謝功召伯ー之。❹경영할영(經ー)。【易 繫辭疏】四度經ー蓍策乃成易之一變也。❺오락가락할영(往來貌)。【詩】ーー靑蠅。❻영문영、진영(軍壘)。【史記】以師兵爲ー衛。❼황송할영(惶恐意屛ー)。㊁별이름형(星名ー惑)。

【燠】 ㊀(욱) 屋 イク、オウ、あたたかい warm ㄩˋ yü⁴ ㊁(오) 號
小篆 草書 ㊀더울욱(煖也)。【書經】日ー日寒。㊁❶끙끙앓을오(呴痛聲ー念)。【左傳 昭公三年】民人痛疾、而或ー休之。❷속답답할오(熱在中)。(『奧·隩』와 통함)

【爊】(오) 豪 オウ、やく roast
재에묻어구울오(埋物灰中煨也)。【韓愈詩】焫炮煨ー熟飛奔。

【燥】(조) 號 皓 ソウ、かわく dry ㄗㄠˋ tsao⁴ (古音「소」)
小篆 草書 ❶마를조(乾也)。【易】火就ー。❷녹일조(爍也)。❸물기없을조(水氣無)。【呂氏春秋 開春】ー則欲淫、淫則欲ー。❹재미없을조(無趣味)。

【燣】(람) 感 ラン、こげいろ hot
눌을람(黃焦)。

【燦】(찬) 翰 サン、あきらか brilliant ㄘㄢˋ ts'an⁴
小篆 草書 빛날찬、찬란할찬、밝을찬(ー爛明滿)。(『粲』과 통함)

【燧】(수) 寘 スイ、ひうち strike fire ㄙㄨㄟˋ suei⁴
小篆 籀文 草書 ❶봉화수(烽火)。❷불수(火也)。

【燩】 ㊀(각) 覺 カク、さらす dry over the fire ;dry ㊁(격) 錫
㊀❶불에말릴각(火乾)。❷볕쪼일각(曝也)。㊁말릴격(乾燥)。

【燬】(훼) 紙 キ、やく burning ㄏㄨㄟˇ huei³
小篆 草書 ❶불이글이글할훼(火盛)。【詩】王室如ー。❷불꺼질훼(火滅)。(『焜』와 통함)

【禮】左佩金ー右佩木ー。❸나무문질러불낼수(取火於木、鑽ー)。❹햇볕으로불낼수(取火於日、金ー)。❺【中字】성냥수(自來火)。(『遂』와 통함)

【燭】(촉) 沃 ショク、ともしび candle ㄓㄨˊ chu²
小篆 草書 ❶촛불촉(蠟炬)。【李白 春夜宴桃李園序】秉ー夜遊。❷비칠촉(照也)。【漢書】日月所ー莫不率俾。❸밝을촉(明也)。❹약이름촉(藥名)。❺풀이름촉(草名)。

【燮】(섭) 葉 ショウ、やわらぐ harmoize ㄒㄧㄝˋ hsieh⁴
小篆 籀文 草書 ❶불에 익힐섭(火熟)。❷화할섭(和也)。【書經】ー理陰陽。❸불꽃섭(炎也)。

十四畫

【(禾+畐+火)】(픽) 職 ヒョク、ひにくをかわかす dry
小篆 籀文 불에 고기말릴픽(以火乾肉)。(古音은「벽」)(『煏』과 같음)

【燸】(유) 虞 ジュ、あたためる warm
❶따뜻할유(温也)。❷사를유(燒也)。

【燹】 ㊀(희) 寘 セン、のび field fire ㄒㄧㄢˇ hsien³ ㊁(선) 銑
小篆 草書 ㊀들불희(野火)。㊁❶난리에 불지를선(兵火)。❷봉화선(烽也)。❸㊀의 뜻과같음。

【燺】(고) 皓 コウ、かわく dry (over the fire)
❶말릴고(燥也)。❷불에쬘고(火乾)。

【燻】(훈) 文 クン、ふすぶる、fumes ㄒㄩㄣ hsün¹
草書 ❶불기운훈、불길치밀훈(火氣盛貌)。❷불사를훈(灼也)。❸연기치밀훈(煙上)。❹기뻐할훈(和氣ーー)。(『熏』과 같음)

【燼】(신) 震 ジン、もえのこり ashes ㄐㄧㄣˋ chin⁴ (或音「진」)

草書 ❶깜부기불신(灰丨餘火)。❷숯불똥신(燈丨燭餘)。❸나머지신(餘也)。【左傳】收二國之丨。 ❹재난의뒤신(災難後)。

【燽】(주) 尤 チュウ、あきらか bright
❶밝을주(明也)。❷드러날주(現著)。

【燾】(도) 號 トウ、おおう、てらす cover; illuminate ㄉㄠˋ tao⁴
小篆 草書 ❶덮일도(普覆)。【公羊傳】周公盛魯公丨。 ❷비칠도(照也)。(『幬』와 같음)

【燿】(요) 嘯 ヨウ、かがやく glorious ㄕㄠˋ shao⁴
小篆 草書 ❶비칠요(照也)。❷빛날요(光貌、炫丨)。【晋語】光明之丨也。❸환할요(明貌熠丨)。

【爀】(혁) 陌 カク、ひのいろ flame
❶불빛혁(火色)。❷빛날혁(輝也)。(『赫』과 통함)

【爁】(람) 覃 ラン、もえる burning
草書 불번질람(火延貌)。【淮南子】火丨焱而不滅。

【爆】(찬) 翰 サン、やく roast
구울찬(灼也)。

十五畫

【爄】㊀(례) 霽 ㊁(렬) 屑 レイ、レツ、きえる remove the fire
㊀불물릴례(止火)。㊁불끌렬(火斷)。

【爆】㊀(폭) 效 ㊁(박) 覺 藥 バク、さく、やく burst; explode ㄅㄠˋ pao⁴ (古音「포」)
小篆 草書 ㊀불터질폭、 폭발할폭(火裂)。㊁❶지질박(灼也)。❷사를박(燒也)。❸불에 말릴박(火乾)。

【爕】(섭)『燮』(火部13畫)의 俗字

【爇】(설) 屑 ゼツ、やく burn ㄖㄜˋ jê⁴ (本音「열」)
小篆 草書 ❶불사를설(燒也)。【禮】凡卜以明火丨燋。❷불탈설(燃也)。【史記 秦始皇紀】入火不丨。

【爈】(려) 御 リョ、やまび forest fire
❶산불려(山火熩丨)。❷불사를려(燒也)。

【爉】(랍) 合 ロウ、ひのもえるおと the sound of fire
❶불소리랍(火聲)。❷불모양랍(火貌)。

【爡】(절) 屑 セツ、やく spark of candle-light (或音「즐」)
❶숯불똥절(燭餘燼)。❷구울절(炙也)。

【爊】(오) 豪 オウ、やく roast
草書 ❶구울오(炙也)。❷뒤할오(炰毛炙肉)。【漢書】亨羊炰羔。【註】即今所謂丨也。(『熝』와 같음)

【爍】(삭) 藥 シャク、かがやく bright
小篆 草書 ❶빛날삭(灼丨光貌)。【楊愼詩】功牌銀丨爚。❷녹일삭(鑠也)。(『鑠』과 통함)

【爌】㊀(광) 漾 ㊁(황) 養 コウ、あかるい bright
㊀불빛환할광(火光明貌)。【揚雄】北丨幽都。㊁❶환히밝을황(寬明)。❷불빛황(火光)。

十六畫

【爏】(력) 錫 レキ、ほのめく glare
불반짝거릴력(火貌)。

【爐】(로) 虞 ロ、いろり、ひばち brazier ㄌㄨˊ lu²
草書 ❶화로로(火器)。【范致能詩】何如田舍火丨頭。❷되약볕로(烈陽洪丨)。(『鑪』와 같음)

【燔】(번) 元 ハン、ひもろぎ meat for religious service
小篆 제사에쓰는고기번(宗廟火熟肉)。【春秋傳】天子有事丨焉以饋同姓諸侯。

【爓】㊀(섬) 鹽 ㊁(염) 豔 エン、セン、ほのお flame ㄧㄢˋ yen⁴
小篆 草書 ㊀❶데칠섬(沈肉于湯)。【禮】三獻丨。❷아궁이섬(火門)。(『燂』과 같음) ㊁불빛염(光也)。(『焰』과 같음)

【爕】(섭) 鹽 セン、ねっする scald
튀할섭(以湯沃毛令脫)。(『燂』과 같음)

【爒】(료) 篠 リョウ、やく roast
小篆 구울료(炙也)。

【爎】㊀(랄) 曷 ㊁(뢰) 泰 ラツ、そこなう hurt
㊀해칠랄(毒也)。㊁불독뢰(火毒)。

【爗】(엽) 葉 ヨウ、ひかる glistening ㄧㄝˋ yeh⁴
草書 ❶불 이글이글할엽(光盛)。【反離騷】颺丨丨之芳苓。❷번쩍거릴엽(閃光)。【詩】丨丨震電。(『燁』과 같음)

【爖】(롱) 東 ロウ、ひ fiery ㄌㄨㄥˊ lung²
❶불모양롱(火貌)。❷【中字】불필롱。

【爋】(훈) 問 クン、ひにほす dry over the fire
불에말릴훈(火乾物)。

十七畫

【爚】(약) 藥 ヤク、やく burn ㄩㄝˋ yüeh⁴
小篆 草書 ❶불사를약(焚也)。❷번갯불약(電光)。❸불똥틸약(火飛)。【莊子】外立其德而以丨亂天下者也。❹빛날약(輝也)。【楊愼詩】功牌銀爍丨。

【爛】(란) 翰 ラン、ただれる brilliant ㄌㄢˋ lan⁴
爛 小篆 書 草 ❶촛불빛란(燭光)。【韓愈詩】華燭光粲子自投于牀廢于鑪炭ㅣ。❸밝을란ㅣㅣ。❷익을란(熟也、糜ㅣ)。【左傳】(明也、燦ㅣ)。【詩】明星有ㅣ。❹난만할란(漫也)。❺썩을란(腐敗)。【公羊傳 僖公九年】魚ㅣ而亡。❻데어서벗어질란(潰也、火傷)。

十八畫

【爉】(섭) 葉 ジョウ、あたたか warm ㄋㄧㄝˋ nieh⁴
따뜻할섭(溫也)。(古音「녑」)

【爞】(충) 東 チュウ、かんばつ drought ㄊㄨㄥˊ t'ung²
爞 小篆 가물어뜨거울충(旱熱)。(『蟲』과 통함)

【爟】(관) 翰 カン、のろし signal-fire ㄍㄨㄢˋ kuan⁴
爟 小篆 烜 或體 書 草 ❶불켜들관(擧火)。【周禮註】杜子春云ㅣ爲私火鄭謂ㅣ。❷봉화불관(烽火)。❸화경관(取火於日)。❹벼슬이름관(周官名、司ㅣ)。

【爝】㊀(조) 嘯 ㊁(작) 藥 シャク、かがりび torch-light ㄐㄩㄝˊ chüeh²
爝 小篆 書 草 ㊀횃불조(炬火)。【莊子】日月出矣而ㅣ火不息。㊁뜻은 ㊀과 같음。

十九畫

【爡】(철) 屑 テツ、けむりだつ smoke
연기날철(烟出)。

【[illegible]】(연)『然』(火部 8畫)의 古字

【爢】(미) 支 ビ、ただれる burst
爢 小篆 ❶데어터질미(爛也)。❷무너질미(壞也)。【漢書】萬鈞之所發無不ㅣ滅者。

【爌】(광) 養 コウ、ひかる shine
빛날광(光貌)。

二十畫

【爣】(당) 養 トウ、あかるい bright ㄉㄤˇ tang³
밝을당、환할당(明也)。

二十一畫

【爥】(촉) 沃 ショク、てらす light ㄓㄨˊ chu²
書 草 비칠촉(照也)。【東都賦】散皇明以ㅣ幽。(『燭·曯』과 같음)

二十二畫

【[illegible]】(촌) 元 サン、かしぐ、たく simmer
부글부글끓으려할촌(鼎欲沸貌)。

二十四畫

【爧】(령) 靑 レイ、ひかり light
불빛령(火光)。

二十五畫

【爨】(찬) 翰 サン、かしぐ make a fire ㄘㄨㄢˋ t'suan⁴
爨 小篆 籒文 書 草 ❶불땔찬(炊也)。❷아궁이찬、부뚜막찬(竈也)。【詩】執ㅣ踖踖。❸불길오를찬(火氣上)。【儀禮】大爨湆在ㅣ。❹밥지을찬(炊也)。【孟子 滕文公上】以釜甑ㅣ。

爪 部

【爪】(조) 巧 ソウ、つめ nail ㄓㄠˇ chao³
爪 小篆 書 草 ❶손발톱조(手足甲)。❷긁어다릴조、할퀼조(覆手取物抓也)。【柳宗元 郭橐駝傳】其膚、以驗其生枯。

【[illegible]】(장) 養 ショウ、もつ take
小篆 ❶가질장(持也)。❷손바닥장(掌也)。(『掌』과 같음)

【爫】(조) 손톱변[部首名]

四畫

【[illegible]】(나) 麻 ダ、のぞく exclude
❶제할나(除也)。❷면제할나(收除)。

【爬】(파) 麻 ハ、かく scratch ㄆㄚˊ p'a²
草 書 ❶긁을파(搔也)。【韓愈 】剔抉。❷기어다닐파。「ㅣ蟲類」。

【爭】㊀(쟁) 庚 ㊁(쟁) 敬 ソウ、あらそう fight ㄓㄥ chêng¹
爭 小篆 書 草 ㊀❶다툴쟁(競也)。【書】汝惟不矜天下莫與汝ㅣ。❷다스릴쟁(理也)。❸분별할쟁(辨也)。【禮】分ㅣ辨訟非理不決。❹싸울쟁(戰也)。【大學】ㅣ民施奪。㊁❶옳다 그르다할쟁(辨難)。❷간할쟁(諍也)。【孝經】天子有ㅣ臣七人。(『諍』과 같음)

【㸒】(음) 侵 イン、ちかずきも make up to とめる
㸒 小篆 가까이할음(近而求)。

五畫

【爯】(승) 蒸 ショウ、あげる lift
爯 小篆 ❶들승(擧也)。❷클승(大也)。

【爰】(원) 元 エン、ここに therefore ㄩㄢˊ yüan²
爰 小篆 書 草 ❶당길원、이끌원(引也)。❷이에원(於也)。【書】ㅣ革夏正。❸가로대원(曰也)。【詩】ㅣ及矜人。❹바꿀원(換也)。❺느즈러질원(緩也)。【詩】有兎ㅣㅣ。

【[illegible]】(나) 麻 ダ、かく scratch
긁을나(搔也)。

八畫

【爲】(위) 支 寘 イ、なす do; act; for ㄨㄟˊ wei²
小篆 古文 草書 ❶하위、할위(造也)。【書】予欲宣力四方汝ㅣ。❷다스릴위(治也)。【晋語】疾不可ㅣ也。❸하여금위(使也)。【魯語】其ㅣ後世昭前之令聞也。❹어조사위(語助辭)。【漢書】何但亡匿幕北寒苦之地ㅣ。❺어미원숭이위(母猴)。❻인연위(緣也)。❼지을위(著作)。【記史 屈原傳】王使屈原ㅣ之。❽만들위(生產)。【大學】ㅣ之者疾、用之者舒、則財恆足矣。❾이룰위(成也)。【中庸】尊ㅣ天子、富有四海之中。❿행할위(行也)。【論語 學而】其ㅣ仁之本歟。⓫이름지을위(名稱)。【論語 爲政】曾是以ㅣ孝乎。⓬생각할위(思也)。【史記 孔子世家】顏淵後、子曰、吾以汝ㅣ死矣。⓭배울위(學也)。【論語 陽貨】女ㅣ周南召南矣哉。⓮써위(所以)。【書】臣ㅣ上ㅣ德ㅣ下ㅣ民。⓯흉내낼위(擬也)。【史記 范雎傳】佯ㅣ不知永巷而入其中。⓰위할위(助也)。【論語 述而】夫子ㅣ衞君乎。⓱호위할위(護也)。【論語 學而】ㅣ人謀而不忠乎。

十畫

【(爪+蚤)】(소)『搔』(手部10畫)의 本字

十四畫

【爵】(작) 藥 シャク、くらい peerage ㄐㄩㄝˊ chüeh²
小篆 古文 草書 ❶벼슬작、작위작(位也)。【廣韻】殷ㅣ三等周ㅣ五等。❷봉할작(封也)。❸술잔작(飲器受一升)。【詩】酌彼康ㅣ。❹벼슬줄작(授位階)。【史記 孔子世家】身擧五羖ㅣ之大夫。❺참새작(雀也)。【孟子 離婁上】爲叢敺ㅣ者鸇也。(『雀』과 통함)

爵(西淸古鑑)

父 部

【父】㊀(부) ㊁(보) 麌 フ、ホ、ちち father ㄈㄨˇ、ˋ fu³·⁴
小篆 草書 ㊀❶아비부、아버지부(生己者)。【詩】哀哀ㅣ母生我劬勞。❷늙으신네부、할아범부(老叟之稱)。【史記】漢文帝輦過問馮唐曰ㅣ老何自爲郞。㊁남자의미칭보(男子美稱)。(『甫』와 통함)

四畫

【爸】(파) 馬 ハ、ちち father ㄅㄚˋ pa⁴
草書 아비파、아버지파(羌人呼父)。【正字通】夷吾稱老者爲八八或巴巴後人因加父作ㅣ字。

六畫

【爹】(다) 哿 タ、ちち father ㄉㄧㄝ tieh¹
草書 아비다、아버지다(父也阿ㅣ)。【南史】人歌曰始興王人之ㅣ。

九畫

【爺】(야) 麻 ヤ、ちち father ㄧㄝˊ yeh²
草書 ❶아비야(俗呼爲父ㅣ字)。❷노인존칭야(老人尊稱)。❸서방님야、도련님야。

爻 部

【爻】(효) 肴 コウ、まじわる complicate ㄧㄠˊ yao²
小篆 草書 ❶사귈효(交也)。❷변할효(變也)。❸본받을효、닮을효(效也)。❹형상할효(象也)。❺괘이름효(易卦六十四ㅣ)。

四畫

【㸚】(례) 霽 レイ、あかるい bright ㄌㄧˇ li³
小篆 밝을례(明白)。

【㸛】(효) 肴 コウ、たるき rafter
서까래효(桷也)。

五畫

【㸜】(서) 魚 ショ、とおる attain
小篆 ❶이를서(通達)。❷멀저(遠也)。❸인도할서(引導)。

【爼】(조)『俎』(人部7畫)의 譌字

七畫

【爽】(상) 養 陽 ソウ、さわやか bright ㄕㄨㄤˇ shuang³
小篆 篆文 草書 ❶밝을상(明也)。【書】用ㅣ厥師。❷어기어질상、어길상(差也、忒也)。【老子】五味令人口ㅣ。❸지나칠상(過也)。【書】事其ㅣ侮。❹새벽상(早旦)。【書】先王味ㅣ丕顯。❺시원할상(淸快ㅣ塏)。❻잃어버릴상(失也)。❼매울상(烈也)。❽광활할상(廣貌)。【左傳 昭公三年】更諸ㅣ塏者。❾혼이밝을상(神靈明也)。【左傳 昭公七年】是以有精ㅣ以至于神明。❿반짝일상(輝也)。【書經 盤庚】故有ㅣ德。

十畫

【爾】(이) 紙 ジ、ニ、なんじ、しかり you; so ㄦˇ êrh³
小篆 ❶너이(汝也)。【書】肆予以ㅣ衆士奉辭伐罪。❷가까울이(近也)。【孟子 離婁上】道在ㅣ、而求諸遠。❸어조사이(語助辭)。【孟子 告子上】蹴ㅣ而與之乞人不屑也。❹오직이、뿐이(唯也)。❺그러할이(然也)。【孟子 萬章上】鬱陶思君ㅣ。❻그이(其也)。【古詩 焦仲卿妻】同是被逼迫、君ㅣ妾亦然。❼말이(而已)。(『尒・尔』와 같음)

爿 部

【爿】(장) 陽 ショウ、きぎれ slice ㄑㄧㄤˊ ch'iang²
爿(小篆) 爿(草書) 조각널장(判木)。〔周伯琦正譌〕半木左邊半爲ㅡ右邊半爲片。

四 畫

【牀】(상) 陽 ショウ、ねだい、ゆか couch; floor ㄔㄨㄤˊ ch'uang² (或音「장」)
牀(小篆) 牀(草書) ❶평상상(臥榻ㅡ簀)。〔易〕剝ㅡ以足。❷우물난간상(井幹)。〔樂府〕後園鑿井銀作ㅡ。❸마루상(人所座臥)。❹걸상상(跨床)。

五 畫

【牁】(가) 歌 カ、ふねつなぎ stake ㄍㄜ kē¹
(草書) ❶배매는말뚝가(繫舟杙)。❷고을이름가(南粵郡名牂ㅡ)。

【⿰爿且】(조) 語 ソ、まないた chopping-board ❶도마조(俎也)。❷『俎』와 같음。

六 畫

【⿰爿兆】㊀(조) ㊁(요) 篠 篠 チョウ、ゆかいた floor ㊀마루조(牀子)。㊁뜻은 ㊀과 같음。

【牂】(장) 陽 ショウ、めひつじ ewe ㄗㄤ tsang¹
牂(小篆) 牂(草書) 羊墳首。❷성할장(盛貌)。〔詩經〕東門之楊其葉ㅡㅡ。❸태세장(太歲、敦ㅡ)。❹고을이름장(郡名ㅡ牁)。(『牂』과 같음)

七 畫

【⿰爿求】(구) 尤 キュウ、のみのえ head of a chisel 끌머리구(鑿首)。

八 畫

【⿰爿空】(공) 送 コウ、かきをうがつ pierce the wall 담뚫을공(穿垣)。

十 畫

【牄】(장) 陽 ショウ、たべるこえ eating sound ㄑㄧㄤ ch'iang¹
牄(小篆) 牄(籀文) 새와짐승먹는소리장(鳥獸食聲)。

十一 畫

【⿰爿庸】(용) 冬 ヨウ、かき wall 담용(垣也)。(『墉』과 같음)

十二 畫

【⿰爿習】(습) 緝 シュウ、ほこがたつ erect the spear 창세울습(殳立貌)。

【⿰爿賁】(분) 文 フン、ゆかいた board 평상널분(牀板)。

十三 畫

【⿰爿詹】(염) 鹽 eaves 추녀염(檐也)。

【牆】(장) 陽 ショウ、かき fence; wall ㄑㄧㄤˊ ch'iang²
牆(小篆) 牆(籀文) 牆(籀文) 牆(草書) ❶담장(垣蔽)。〔書〕峻宇雕ㅡ。❷차면담장(蕭ㅡ門屛)。〔論語〕蕭ㅡ之內。❸옥장(圜ㅡ獄也)。〔漢書〕幽于圜ㅡ之中。❹사모할장(追慕)。(『墻』과 같음)

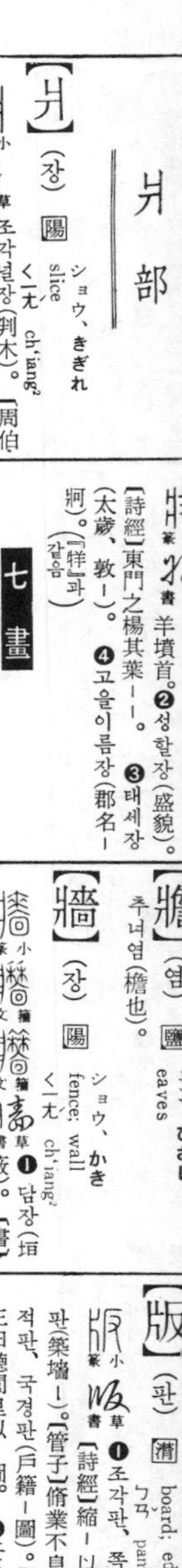
❶(會圖才三) 牆

片 部

【片】(편) 霰 ヘン、かた、きれ piece ;side ㄆㄧㄢˋ p'ien⁴
片(小篆) 片(草書) ❶조각편(析開木半)。〔論語〕ㅡ言可以折獄其由也與。❷쪼갤편(判也)。❸화판편(瓣也)。❹짝편(二物事中一方)。❺성편(姓也)。

三 畫

【⿰片丬】(창) 陽 ショウ、えかざり decorate 그림으로꾸밀창(畫飾)。(『牀』의 俗字)

四 畫

【版】(판) 潸 board; edition ㄅㄢˇ pan³
版(小篆) 版(草書) ❶조각판、쪽판(判也)。〔詩經〕縮ㅡ以載。❷담틀판(築墻ㅡ)。〔管子〕脩業不息ㅡ。❸호적판、국경판(戶籍ㅡ圖)。〔周禮〕八成三日聽閭里以ㅡ圖。❹홀판(笏也)。〔後漢書 范滂傳〕投ㅡ棄官而去。❺궁벽할판(僻也)。❻한길판(一丈長)。〔史記 趙世家〕城不浸者三ㅡ。❼인쇄할판(ㅡ權、出ㅡ)。(『板』과 같음)

五 畫

【⿰片禾】(화) 歌 カ、かん offin 널화(棺也)。

【牉】(반) 翰 ハン、なかば half ㄆㄢˋ p'an⁴
牉(草書) ❶반쪽반(半也)。❷나눌반(分也)。❸모을반(合也)。〔儀禮〕夫婦ㅡ合。(『片・判』과 같음)

六 畫

【⿰片旨】(지) 支 シ、かりごや shop ❶가게지、막지(假家)。❷집이을지(葢舍)。

【⿰片朱】(수) 虞 シュ、まるきばし board ❶물막는널수(防水板ㅡ腰)。❷통나무다리수(圓木橋)。

七 畫

【⿰片良】(라) 歌 ラ、ふなさお punting pole
상앗대라(艕別名)。

【⿰片足】(촉) 沃 ショク、せまる urge
재촉할촉、촉박할촉(迫也)。

八畫

【牋】(전) 先 セン、てがみ、ふだ letter ㄐㄧㄢ chien¹
草書 ❶표전(表也)。〔後漢書〕所著賦書ㅣ奏書凡五篇。❷글전(文書)。❸문체이름전(文體名)。(『箋』과 같음)

【牎】(창)『牕』(片部 11畫)의 俗字

【牌】㊀(패) ㊁(배)〔國音〕 佳 ハイ、ふだ sign-board ㄆㄞ p'ai²
草書 ㊀❶방붙일패(牓也)。❷호패패(籍也箭ㅣ)。❸방패패(楯也)。
㊁배지배(下書于賤者曰ㅣ旨)。

九畫

【⿰片怱】(창)『窗』(穴部 7畫)과 같음

【⿰片畐】(벽) 職 ヒョク、わける divide
小篆 나눌벽、조갤벽(判也)。

【牏】(투) 尤 宥 トウ、おまる chamber pot ㄊㄡ t'ou² (俗音「유」)
小篆 草書 ❶담틀투(築牆版)。❷요강투(便器)。〔史記 萬石君傳〕廁ㅣ身自浣滌。

【牒】(첩) 葉 チョウ、ふだ、かきもの letter ㄉㄧㄝ tieh²
小篆 草書 ❶편지첩(札也簡也)。❷글씨판첩(書板)。〔左傳〕右師不敢對受ㅣ而追。❸족보첩(譜也)。〔史記〕有玉ㅣ書。❹무늬놓은베첩(疊布)。〔後漢書〕皆服文組綵ㅣ。❺공문첩(官廳公文通ㅣ)。❻송사첩(訟辭)。❼〔中字〕첩지첩(判任授官ㅣ紙)。

【牐】(삽) 洽 ソウ、とびら cross bar ㄓㄚ cha²
草書 빗장삽、성문빗장삽(閉城門具)。(『閘』과 통함)

十畫

【牓】(방) 養 ホウ、ふだ register ㄅㄤ pang³
草書 ❶패꽂을방(牌也)。❷표할방(標也)。❸방붙일방(題也)。〔杜甫詩〕天門日射黃金ㅣ。❹나무조각방(木片)。(『榜』과 통함)

【牔】(박) 藥 ハン、のきいた gable
박공박(屋耑板ㅣ栱)。

十一畫

【牕】(창) 江 ソウ、まど window
草書 지게창、창창(戶也)。〔說文〕在牆曰牖在屋曰ㅣ。(『窗』과 같음)

【牖】(유) 有 ユウ、まど lattice window ㄧㄡ yu³
小篆 草書 ❶엇살창유(穿壁以木爲交窗)。❷들창유、바라지유(壁窓)。❸향할유(向也)。〔易經〕納約自ㅣ。❹밝을유、깨우칠유(開明)。❺인도할유(導也)。〔詩經 大雅板〕天之ㅣ民。(『誘』와 통함)

十二畫

【⿰片貴】(퇴) 灰 タイ、やぶれる humble
집모양허술할퇴(屋破狀ㅣ)。

【⿰片粦】(린) 震 リン、かど stiff
모질린(觚ㅣ、棱也)。

十三畫

【⿰片業】(업) 葉 ギョウ、かきづくりのいた flame
❶담틀업(築牆版)。❷쇠북위에 가로댄널업(虡上橫版)。

十四畫

【⿰片臺】(대) 賄 タイ、もくめをさかさにけずる cut wood
나무결거슬러깎을대(木理逆削)。

十五畫

【牘】(독) 屋 ドク、ふだ、てがみ letter ㄉㄨ tu²
小篆 草書 ❶편지독、서판독(簡ㅣ書板)。〔戰國策〕取筆ㅣ受之。❷공문독(公案)。❸악기이름독(器名春ㅣ)。

十七畫

【⿰片毚】(참) 陷 サン、いた board
❶널판참(板也)。❷물문참(水門)。

牙 部

【牙】(아) 麻 ガ、ゲ、きば molar ㄧㄚ ya²
小篆 古文 草書 ❶어금니아(牡齒)。〔易經〕豶豕之ㅣ。❷대장기아(大將旗)。❸짐승이름아(獸名騶ㅣ)。❹코끼리어금니아(象牡齒)。❺북틀아(崇ㅣ)。

六畫

【⿰牙艮】(간) 潸 カン、かむ bite
씹을간(齧也)。(『齦』과 같음)

八畫

【⿱尚牙】(당) 敬 庚 トウ、ささえ support ㄔㄥ ch'êng⁴
草書 ❶버틸당(支也)。❷버팀목당(支柱)。

九畫

【⿰牙禹】(우) 麌 ク、むしば pyorrhoea alveolaris
小篆 古文 너리먹을우、버레먹은이

十畫

【⿰牙豈】(애) 灰 ガイ、きば molar
❶어금니애(牙也)。❷씹을애、새김질할애(咀也)。

牛部

【牛】(우) 尤 ギュウ、ゴ、うし ox; cow ㄋㄧㄡˊ niu²
小篆 草書 ❶소우(耕畜大牲)。〔易經〕或繫之ㅡ。❷별이름우(星名牽ㅡ)。〔蘇軾 赤壁賦〕徘徊於斗ㅡ之間。

二畫

【牝】(빈) 軫 ヒン、めす female of animals ㄆㄧㄣˋ p'in⁴
小篆 草書 ❶암짐승빈、암컷빈(獸之雌)。〔易〕利ㅡ馬之貞。❷골빈(虛ㅡ、谿谷)。〔韓愈詩〕有似黃金擲虛ㅡ。❸열쇠 구멍빈(鎖孔)。

【牟】(모) 尤 ボウ、モ、なく、とる low; capture ㄇㄡˊ mou² (俗音「무」)
小篆 草書 ❶소울모(牛鳴)。❷클모(大也)。〔淮南子〕原道者盧ㅡ六合混沌萬象。❸침노할모(侵也)。〔漢書〕侵ㅡ萬民。❹취할모(取也)。〔戰國策〕上干主心下ㅡ百姓。❺빼앗을모(奪也)。〔史記 平準書〕富商大賈、無ㅡ大利。❻곱모、갑절모(倍也)。❼보리모(麥也)。〔詩經〕貽我來ㅡ。❽복도모(ㅡ首、閣道)。〔吳都賦〕長塗ㅡ首。❾제기모、그릇모(敦ㅡ、黍稷器)。〔禮〕敦ㅡ卮匜。❿땅이름모(地名、中ㅡ)。⓫나라이름모(國名)。

三畫

【牠】(타) 歌 タ、つのなしうし hornless cattle ㄊㄚ t'a¹
❶뿔없는소타(無角牛)。❷〔中字〕저짐승타(他獸)。

【牡】(모) 有 ボウ、ボ、おす male of animals ㄇㄨˇ mu³ (本音「무」)
小篆 草書 ❶수짐승모、수컷모(雄畜)。〔詩〕雉鳴求其ㅡ。❷빗장모(門關鍵)。〔漢書〕長安章城門門ㅡ自亡。❸열쇠모(鍵也)。❹모란모(ㅡ丹)。

【牢】㊀(로) 豪 ロウ、おり prison；firm ㄌㄠˊ lao² ㊁(뢰)〔俗音〕
小篆 草書 ❶굳을로(堅固)。〔史記〕欲連固邦根ㅡ甚。❷애오라지로(聊也)。〔漢書〕惜誦以下至懷沙一卷名畔ㅡ愁。❸우리로(養獸圈)。〔詩〕執豕于ㅡ。❹옥로(狴犴)。〔史記〕赤帝行德天ㅡ爲之空。❺소로(牛也、太ㅡ)。❻양로(羊也、少ㅡ)。❼바다짐승로(海獸名、蒲ㅡ)。❽쓸쓸할로(愁也)。

【牣】(인) 震 ジン、みちる full ㄖㄣˋ jen⁴
小篆 草書 ❶[illegible]〔詩〕於ㅡ魚躍。❷더할인(充ㅡ、益也)。

四畫

【牥】(방) 陽 ホウ、よいうし good cattle
좋은소방(良牛、如橐駞、日行二百里)。〔穆天子傳〕用ㅡ牛二百以行流沙。

【⿰牛尤】(유) 尤 ユウ、うごかぬ motionless
❶고요할유(靜也)。❷꼼짝않을유(不動)。

【牦】(모) 豪 ボウ、モウ、うし cattle
草書 들소모(野牛)。

【⿰牛巿】(패) 泰 ハイ、せのたかいうし tall cattle
小篆 ❶두살된송아지패(二歲牛)。❷다리긴소패(長足牛)。❸키큰소패(長牛)。

【⿰牛巴】(파) 麻 ハ、あいそむくつの twisted horns
❶자빡뿔파(牛角相背)。❷천지각파(天地角)。

【⿰牛天】(천) 霰 テン、くさくう (of cattle) graze
소풀먹을천(牛食草)。

【牧】(목) 屋 ボク、はなしがい、まきば cattle-breeding ㄇㄨˋ mu⁴
小篆 草書 ❶기를목、칠목(畜養)。〔周禮〕ㅡ人掌六畜而阜蕃其物以供祭祀之牲牷。❷다스릴목(治也)。〔書〕旣月乃日覲四岳羣ㅡ。❸[illegible] 살필목(察也)。❻교외목(郊外)。〔詩〕我出我車于彼ㅡ矣。❼권농관목(田官)。❽목장목(養畜場)。〔書經 禹貢〕萊夷作ㅡ。❾목단목(ㅡ丹、丹皮)。

【⿰牛冘】(심) 寢 チン、すいぎゅう buffalo
❶물소심(水牛)。❷오나라 소이름심(吳牛名)。

【物】(물) 物 ブツ、モツ、もの substance ;thing ㄨˋ wu⁴
小篆 草書 ❶만물물、물건물(有形萬ㅡ)。〔易經〕品ㅡ流行。❷일물(事也)。〔禮〕孔子對曰不過乎ㅡ。❸무리물(類也)。〔左傳〕丁卯子同生公曰是其生也與吾同ㅡ。❹재물물(財也)。❺헤아릴물(相度)。❻만날물(相也)。〔左傳〕ㅡ土方。

【牪】(언) 霰 ゲン、うしのつれ two head of cattles
❶물건언(件也)。❷두마리의 소언(牛二匹)。

【⿰牛斤】(건) 元 ケン、きよせいうし ox
❶불친소건(犗牛)。❷고을이름건(ㅡ爲)。(『犍』과 같음)

五畫

【⿰牛它】(타) タ、つのがないうし hornless cattle
뿔없는소타(牛無角)。

【牮】(천) 霰 セン、いせき embank ㄐㄧㄢˋ chien⁴

草書 보막을천(土石防水)。

【牯】(고) 虞 コ、めうし cow ㄍㄨˇ ku³ 草書 암소고(牝牛)。

【[牛+平]】(평) 庚 ホウ、まだらうし speckled cattle 小篆 얼룩소평(牛駁如星)。

【牱】(가) 歌 カ、ふねつなぎ stake ❶배매는말뚝가(繫船杙)。❷골이름가(牂ㅡ、南粵郡名)。(『牁』와 같음)

【牲】(생) 庚 セイ、いけにえ sacrifice ㄕㄥ shêng¹ 小篆 草書 ❶희생생(犧ㅡ、將殺牛羊豕)。〔書註〕六畜曰六ㅡ始養之曰畜將用之曰ㅡ。❷짐승생(獸類總稱)。

【牴】(저) 薺 テイ、ふれる gore ㄉㄧˇ ti³ 小篆 草書 ❶찌를저(觸也)。❷대강저(大ㅡ略也)。❸씨름저(角ㅡ、雜技)。❹당할저(當也)。(『抵』와 통함)

六畫

【牷】(전) 先 セン、いけにえ sacrifice ㄑㄩㄢˊ ch'üan² 小篆 草書 ❶순색소전、한빛털로 생긴소전(純色牛)。〔周禮〕凡時祀之牲必用ㅡ物。❷살진짐승전、온전한짐승전(體完牲)。❸희생전(犧牲)。

【牸】(자) 寘 ジ、めうし cow ㄗˋ tzu⁴ 草書 ❶암소자(牝牛)。〔孔叢子陳士義〕子欲速富當畜五ㅡ。❷품어기를자、새끼칠자(獸育子)。❸암말자(牝馬)。〔史記 封禪書〕有畜ㅡ馬。

【特】(특) 職 トク、おうし、ぬきんでる ox; special ㄊㄜˋ t'ê⁴ 小篆 草書 ❶우뚝할특、특별할특、가장특(挺立)。〔詩〕維此奄息百夫之ㅡ。❷숫소특(朴牡牛父)。❸뛰어날특(格別)。〔書〕格于藝祖用ㅡ。〔史記 魏其武安傳〕此ㅡ帝在、即錄錄。❹짝특(匹也)。〔詩經〕不思舊姻求爾新ㅡ。❺수컷특(雄也)。❻홀짐승특(獨也)。〔史記 魏其武安傳〕丞相ㅡ前戲灌夫。❼다만특(但也)。〔史記〕博士雖七十人ㅡ備員弗用。❽세살먹은짐승특(獸三歲)。

七畫

【[牛+寽]】(랄) 屑 ラツ、まだらうし speckled cattle 小篆 얼룩소랄(駁牛)。

【[牛+沙]】(사) 麻 サ、めうし cow 암소사(牝牛)。

【牻】(방) 江 ボウ、まだらうし brinded ox 小篆 草書 얼룩소방(黑白雜色牛)。

【牼】㊀(경) 庚 コウ、ケイ、はぎのほね tibia of cow ㄎㄥ k'êng¹ ㊁(간) 刪 小篆 草書 ㊀소무릎밑뼈경(牛膝下骨)。㊁뜻은 ㊀과 같음。

【牽】(견) 先 霰 ケン、ひく pull; drag ㄑㄧㄢ ch'ien¹ 小篆 草書 ❶당길견、이끌견(引也)。❷빠를견(速也)。〔禮記〕君子之教諭也道而勿ㅡ。❸거리낄견(拘也)。〔史記〕學者ㅡ於所聞。❹희생견(牲也)。〔周禮〕賓賜之飧ㅡ。❺별이름견(星名ㅡ牛)。〔史記 龜策傳〕今昔壬子、宿在ㅡ牛。❻잡아당길견(挽也)。〔左傳〕ㅡ帥老夫以至於此。❼뱃줄견(百文ㅡ舟索)。❽나발꽃견(蕣花)。❾연할견(連也)。〔易經〕九二ㅡ復吉。

【牾】(오) 虞 ゴ、さからう oppose ㄨˋ wu⁴ 草書 ❶짐승이름오(獸名)。❷거슬릴오(捂也)。(『捂』와 같음)

【牿】(곡) 沃 コク、おり stable ㄍㄨˋ ku⁴ 小篆 草書 ❶외양간곡(牛馬牢)。〔易經〕六四童牛之ㅡ元吉。❷소뿔에댄나무곡(楅衡)。

八畫

【犁】(려)(류)『犂』(牛部 8畫)와 같음

【犀】(서) 齊 セイ、サイ、さい、かたい rhinoceros; firm ㄒㄧ hsi¹ 小篆 草書 ❶코에뿔난소서(南徼外牛似豕角在鼻)。❷굳을서(堅也)。〔漢書〕器不ㅡ利。❸박씨서、박속서(瓠瓣)。〔詩經〕齒如瓠ㅡ。

【犂】㊀(려) 齊 レイ、リ、からすき plowshare ㄌㄧ li² ㊁(리) 支 ㊂(류) 尤 小篆 ㊀❶보습려(耕田具)。〔山海經〕ㅡ后稷之孫叔向所作。❷밭갈려(耕也)。〔漢書〕ㅡ其庭。❸새벽려(夜明頃)。❹검을려(黑也)。㊁❶얼룩소리(駁牛)。〔論語〕ㅡ牛之子騂且角山川其舍且。❷늙은이살결리(老人皮膚)。㊂무서워떨류(恐貌)。〔莊子 山木〕ㅡ然有當於人心。

犂 (農政全書)

【[牛+卓]】(뇨) 肴 トウ、つので ひっかける thrust with horns 뿔로 받을뇨(以角挑物)。

【犄】(의) 支 イ、きんきりうし bullock ㄐㄧ chi¹ ❶소불알깔의(犗也)。❷길의(長也)。❸기댈의、의지할의(倚也)。❹베풀의(施也)。

【犅】(강) 陽 コウ、おうし red ox 小篆 草書 ❶숫송아지강(特牛)。❷붉은소강(赤色牛)。〔公羊傳〕魯公用騂ㅡ。

【犆】㊀(직) 職 チョク、トク、うし
㊁(특) 職 ox
草書 ㊀❶선두를직(緣也)。【禮】君羔幦虎ー。❷소직(犆ー、牛也)。
㊁하나특(一也)。【禮】天子ー礿。(『特』과 같음)

【犇】(분) 元 ホン、はしる run away ㄅㄣ pen¹
草書 달아날분、소놀랄분(牛驚)。(『奔』과 같음)

【犉】(순) 眞 ジュン、おうし ox ㄖㄨㄣ juen²
小篆 草書 ❶누르고 입술 검은소순(黃牛黑脣)。❷일곱자되는소순(七尺牛)。【詩經】九十其ー。

九畫

【⿰牛兪】(유) 虞 ユ、くろいうし black cattle
검은소유(黑牛)。【南史】建武二年賜以常所乘白ー牛。

【犍】(건) 元 ケン、きんきりうし bullock ㄐㄧㄢ chien¹
小篆 草書 ❶불친소건(犗牛)。❷짐승이름건(獸名)。❸고을이름건、촉나라골이름건(蜀郡名)。

【⿰牛惣】(총)『揔』(手部 11畫)과 같음

【⿰牛軍】(휘) 微 キ、まだらうし speckled cattle
❶얼룩 소머리휘(犂牛頭)。❷소이름휘(牛名)。

【犎】(봉) 冬 ホウ、のうし cattle
草書 들소봉(野牛形如橐駝)。【後漢書】疏勒國獻獅子封牛。

十畫

【犒】(호) 號 コウ、ねぎらう entertain ㄎㄠ k'ao⁴ (古音「고」)
草書 ❶호궤할호(餉軍)。【左傳】齊孝公伐北鄙使展喜ー師。❷군사먹이소호(ー師牛)。【周禮】軍事供其ー牛。

【犓】(추) 虞 ス、まぐさをくう graze a cattle
小篆 소꼴먹일추(以芻養牛)。【春秋國語】ー幾何。

【犖】(락) 覺 ラク、まだらうし brinded ox ㄌㄨㄛ luo⁴
小篆 草書 ❶얼룩소락(駁牛)。【上林賦】赤瑕駁ー。❷뛰어날락(超絕)。【班固典引】卓ー乎方州。❸분명할락(分明)。【史記】此其ーー大者。❹밝을락(明貌)。【韓愈與 李浙東書】心事ーー。

【⿰牛氣】(희) 未 キ、うしのやまい starve a cattle
❶소굶길희(牛饉)。❷소병들희(牛病)。❸소먹일희(牛餉)。

【犕】(비) 寘 ヒ、はをそなえたうし (of a cattle) cut entire teeth
小篆 ❶소이갖출비(牛具齒)。❷여덟살된 소비(八歲牛)。

【犗】(개) 卦 カイ、きんきりうし bullock ㄐㄧㄝ chieh⁴
小篆 草書 ❶불알깐소개(騬牛)。【莊子】任公子爲大鉤巨緇五十ー以爲餌。❷짐승건강한놈개(畜健强者)。❸불알썩힐개(宮刑)。

十一畫

【⿰牛習】(랍) 合 ロウ、うしがつく horn
소가받을랍(牛牴)。

【⿰牛累】(루) 支 ルイ、こをもとめるうし cow in rut
암내낸소루(求子牛)。【淮南子】乃合ー牛騰馬。

【⿰牛堇】(근) 吻 キン、おとなしい meek
❶소길들일근(牛馴)。❷부드러울근(柔也)。❸착실할근(善也)。

【⿰牛虘】(조) 遇 ソ、うしをつかう work a cattle
소부릴조(使牛)。

【⿰牛庸】(용) 冬 ヨウ、のうし cattle
들소용(野牛、犎也)。【郭璞曰】ー領有肉堆即今之犎牛也。

【犛】㊀(모) 豪 ボウ、リ、からうし black cattle
㊁(리) 支 ㄌㄧ li²
小篆 草書 ㊀짐승이름모(獸如牛而尾長可爲旄旄)。【上林賦】犛旄貘ー。㊁검정소리(南徼外黑牛)。(『氂』와 통함)

犛(三才圖會)

【⿰牛敦】(돈)〔國字〕
돈피돈(貂也)。

【⿰牛黃】(황) 陽 コウ、うしのな cattle
소이름황(牛名)。

【犝】(동) 東 トウ、こうし calf
小篆 송아지동、뿔없는소동(無角牛)。

【⿰牛菐】(박) 覺 ハク、おうし bull
❶황소박(特牛)。❷불 안깐소박(未去勢牛)。

十三畫

【⿰牛畺】(강) 陽 キョウ、せながいうし tail cattle
小篆 ❶키큰소강(脊長牛)。❷흰소강(白牛)。❸등이흰소강(脊白牛)。

十四畫

【⿰牛壽】㊀(도) 豪 トウ、のめうし she-buffalo
㊁(채) 灰
小篆 ㊀들암소도(牛無孕)。㊁뜻은㊀과 같음。

【⿰牛需】(유) 遇 ジュ、うしのはぎ cattle's penis
소자지유(牛陛)。

十五畫

【犢】(독) 屋 トク、こうし calf ㄉㄨ tu²
小篆 草書 송아지독(牛子)。【禮】犧牲駒ー擧書其數。

【⿰牛䁝】(앵) 便 オウ、こうし calf
❶소부르는소리앵(呼牛聲)。❷소우는소리앵(牛鳴聲)。❸송아지앵(犢也)。

【⿰牛憂】(요) 篠 ジョウ、おとなしい (of a cattle) tame
소순할요(牛柔)。

【犦】(박) 覺 バク、のうし cattle
草書 들소박(野牛中一、犎也)。〔蘇軾 韓文公廟碑〕ㅣ牲鷄卜羞我觴。

十六畫

【⿱衛牛】㊀(위) 霽 ㊁(궤) 隊 エイ、ひずめ cattle-hoof
小篆 ㊀❶소굽위(牛蹏)。❷땅밟을위(踐蹋)。㊁❶받을궤(牛觸人)。❷떰비질할궤(觝也)。

【犧】㊀(희) 支 ㊁(사) 歌 ギ、いけにえ sacrifice ㄒㄧ hsi^1
小篆 草書 ㊀희생희(宗廟之牲)。〔書經〕今殷民攘竊神祇之ㅣ牷牲。㊁술통사(ㅣ樽、酒器)。〔詩經〕ㅣ樽將將。(『獻·戲』와같음)

【犨】(주) 尤 シュウ、いつ protrude ㄔㄡ ch'ou^1 (同音「주」)
小篆 小篆 草書 ❶흰소주(白牛)。❷소 숨씩씩거릴주(牛息聲)。❸내밀주(出也)。〔呂氏春秋〕南家之墻ㅣ於前而不直。❹고을이름주(縣名)。❺사람이름주(人名、魏ㅣ)。❻성주(姓也)。

十七畫

【⿰牛營】(영) 便 オウ、こうし calf
❶송아지영(犢也)。❷소울영(牛鳴)。❸송아지부르는 소리영(喚牛子聲)。

十八畫

【⿰牛夒】(요) 篠 ジョウ、なれる docile
小篆 ❶소순할요(牛柔順)。❷좋을요(善也)。❸편안할요(安也)。(「⿰牛憂」와 같음)

二十一畫

【⿰牛纍】(루) 支 ルイ、こをもとめるうし cattle in rut
암내내는소루(求子牛)。

犬 部

【犬】(견) 銑 ケン、いぬ dog ㄑㄩㄢˇ ch'üan^3
小篆 草書 큰개견(大狗)。〔書經〕ㅣ馬非其土性不畜。

【犭】(견)『犬』(前條)과 같음

一畫

【犮】(발) 曷 バツ、はしる run fast
小篆 草書 개달아날발(犬走貌)。

二畫

【犯】(범) 豏 ハン、おかす offence; invade ㄈㄢˋ fan^4
小篆 草書 ❶범할범(干也)。〔韓愈 諱辯〕爲ㅣ二名律乎、爲ㅣ嫌名律乎。❷침노할범(侵也)。❸다닥칠범(抵觸)。〔李商隱雜纂 惶愧〕ㅣ人忌諱。❹참람할범(僭也)。〔書〕玆用不ㅣ于有司。❺이길범(打勝)。〔論語〕孝弟而好ㅣ上者鮮矣。❻일으킬범(起也)。〔李商隱雜纂 不如不解〕婦人解詩則ㅣ物議。

【犰】(구) 尤 キュウ、けもの animal
草書 짐승이름구(獸名、ㅣ狳)。

【⿰犭力】(력) 職 リョク、いぬのあらそい growl (at)
개으르렁거릴력(犬爭貌)。

三畫

【⿰犭卂】(신) 震 シン、いたち weasel
족제비신(小獸色黃食鼠)。

【⿰犭也】(시) 紙 シ、おおかみ wolf
이리시(狼也)。〔山海經〕蛇山有獸其狀如狐白尾長耳。

【犴】㊀(안) 寒 ㊁(안) 翰 カン、のいぬ stray dog ㄢˋ an^4
草書 ㊀들개안(北地野犬)。〔淮南子〕靑ㅣ白虎。㊁❶우리안、옥안(狴ㅣ、獄也)。〔後漢書〕獄ㅣ塡滿。❷호박개안(逐虎犬)。

【犵】(힐) 質 キツ、えびす savage tribe
草書 오랑캐이름힐(南蠻ㅣ狫)。(古音「길」)

四畫

【犺】(강) 漾 コウ、いぬ healthy dog ㄎㄤˋ k'ang^4
小篆 草書 ❶건장한개강(健犬)。❷괴이한 짐승강(ㅣ狼、怪獸)。❸사나운짐승강(猰ㅣ、不順貌)。❹고슴도치강。

【犻】(패) 隊 ハイ、いぬがおこる growl (at)
小篆 개성낼패(犬怒)。

【⿰犭幵】(연) 霰 ゲン、ひとぐいいぬ fierce dog
小篆 ❶사나운개연(獟犬)。❷호박개연(逐虎犬)。❸사람잡아먹는개연(食人犬)。

【⿰犭欠】(유) 虞 ユ、こいぬをよぶ sound of calling a puppy
강아지부를유(呼犬子ㅣㅣ)。

【犽】(아) 麻 ガ、えびす savage tribe
草書 오랑캐아(蠻族名)。

【犾】(은) 支 ギン、いぬがかみあう snarl at each other
小篆 개서로물은、개마주짖을은(兩犬相齧)。

【犿】(변) 元 ヘン、めぐる chase each other
草書 서로좇을변(相從連ㅣ)。

【狀】 ㊀(장) … かたち
㊁(상)(國音) form; shape ㄓㄨㄤˋ chuang⁴
小篆 草書 ㊀❶모양장、형상장(形也)。【易繫辭】知鬼神之情ㅣ。❷형상할장(形容之)。❸같을장(類也)。❹베풀장(陳也)。【莊子】自ㅣ其過以不當亡者衆不ㅣ其過以不當存者寡。❺문서장(牒也)。❻편지장(札也)。㊁(상)은俗音。

【犭斤】(은) 文 ギン、いぬがほえる bark
小篆 ❶개짖는소리은(犬吠聲)。❷개싸울은(犬爭)。(『狺』과 같음)

【狁】(윤) 軫 イン、えびす savage tribe ㄩㄣˇ yün³
草書 오랑캐이름윤(玁ㅣ匈奴別號)。【詩經】薄伐玁ㅣ。

【狂】(광) 陽 キョウ、くるう mad ㄎㄨㄤˊ k'uang²
小篆 古文 草書 ❶미칠광(心病)。【書】我其發出ㅣ。❷경망할광(躁妄)。【詩經】衆穉且ㅣ。❸정신잃을광(失情錯亂)。❹사나울광(暴也)。

【狃】 ㊀(뉴) 有 ジュウ、なれる skill ㄋㄧㄡˇ niu³
㊁(뉴) 宥
小篆 草書 ㊀❶개버르장이 사나울뉴(犬性驕)。❷친압할뉴(狎也)。❸익숙할뉴(慣也)。㊁❶익힐뉴(習也)。【左傳】莫敖ㅣ乎蒲騷之役。❷

詩 商銘】嘄嘄之食、不足ㅣ也。

【狄】(적) 錫 テキ、えびす northern barbarians
小篆 草書 ❶북방오랑캐적(北方曰ㅣ)。【書經】南面而征北ㅣ怨。❷아래벼슬적(下士)。【書經】ㅣ設黼扆綴衣。❸악공적(人ㅣ、樂吏之賤者)。❹꿩그린옷적(揄ㅣ、畫雉衣)。【禮記】夫人揄ㅣ。❺멀적(遠也)。❻음성빠를적(音聲早貌)。【禮記 樂記】ㅣ成滌濫之音作。(『逖·翟』과 통함)

【狆】(중) 東 チュウ、えびす savage tribe
草書 ❶오랑캐이름중(貴州雲南地方蠻族名)。❷【日字】삽살개중(長毛犬)。

五 畫

【犿】(변) 霰 ベン、いぬけんか (of dogs) fight
개싸움할변(犬爭貌)。

【犭占】(첩) 葉 チョウ、いぬがなめる (of dogs) lap; lick
개핥을첩(犬舐)。

【犭玄】(현) 先 ケン、きみじか quick-tempered
성급할현(性褊急)。

【狉】(비) 支 ヒ、たぬき wild cat ㄆㄧ p'i¹
草書 ❶삵의 새끼비(貍子)。❷떼지어 달아날비(ㅣㅣ羣走貌)。【柳宗元封建論】草木榛榛鹿豕ㅣㅣ。

(같음)

【狊】(격) 錫 ケキ、さる monkey
小篆 草書 ❶원숭이격(獸名、猨屬)。❷개노리고볼격(犬視貌)。❸새날개벌릴격(鳥張兩翼)。

【狍】(포) 肴 ホウ、けだもののな animal
짐승이름포(獸也)。

【狋】㊀(의) 支 ギ、いがむ quarrel
㊁(치) 支
㊂(권) 先
小篆 草書 ㊀❶개응승거릴의(犬怒貌)。❷개싸움할의(兩犬爭)。㊁뜻은 ㊀과같음。㊂고을이름권(代郡縣名ㅣ氏)。

【狌】(생) 庚 セイ、さる monkey ㄒㄧㄥ hsing¹
草書 ❶원숭이생(獸名、人面能言似猿)。❷삵생(野貓)。【莊子 秋水】捕鼠不如狸ㅣ。(『猩』과 같음)

狌狌(山海經圖)

【狎】(압) 洽 コウ、なれる be familiar with (古音「합」)
小篆 草書 ❶친압할압(親近)。【論語 鄕黨】雖ㅣ必變。❷익힐압(習也)。【禮記】賢者ㅣ而敬之。❸가볍게 여길압(輕也)。【書】ㅣ侮五常。❹소홀하게여길압(忽也)。【左傳】水懦弱民ㅣ而玩之。❺다시압(更也)。【左傳】且晉楚ㅣ主諸侯之盟也久矣。❻

ㅣ其野。

【狐】(호) 虞 コ、きつね fox ㄏㄨˊ hu²
小篆 草書 ❶여우호(妖獸)。【易經】田獲三ㅣ。❷의심할호(疑詞)。【埤雅】ㅣ性疑疑則不可以合類。

【狑】(령) 靑 レイ、よいいぬ clever dog
草書 ❶영리한개령(怜犬)。❷오랑캐령(中國西南民)。

【狒】(비) 未 ヒ、ひひ baboon ㄈㄟˋ fei⁴
草書 비비짐승비、원숭이비(獸名、梟羊)。【爾雅】ㅣㅣ如人被髮迅走食人。

【狓】(피) 支 ヒ、とびあがる flight
草書 너풀거릴피(猖ㅣ飛颺)。

【狖】(유) 宥 ユウ、くろざる black monkey ㄧㄡˋ yu⁴
草書 검은 원숭이유(黑猿仰鼻長尾)。【楚辭】猨啾啾兮ㅣ夜鳴。(『貁』와 같음)

【狗】(구) 有 コウ、ク、いぬ dog ㄍㄡˇ kou³
小篆 草書 ❶개구(犬也)。【史記 孔子世家】纍纍若喪家之ㅣ。❷강아지구(未成毫犬)。【易經】艮爲ㅣ。

【狘】(월) 月 ケツ、はしる run away (古音「혈」)

狘(小篆) 狘(草書) ❶짐승이름월(獸名)。❷놀라 달아날월(驚走)。【禮記 禮運】故獸不ㅣ。

【狙】 ㊀(저) 魚 ㊁(처) 御 ショ、ソ、さる、うかがう monkey; spy out ㄐㄩ chü¹
狙(小篆) 狙(草書) ❶원숭이저(猿屬)。【莊子】ㅣ公賦芧朝三而暮四衆ㅣ皆怒曰然則朝四而暮三衆ㅣ皆悅。❷엿볼저、살필저(伺也、注視)。㊁❶어미원숭이처(玃屬)。【戰國策】兵固天下之ㅣ喜也。❷간사할처(詐也)。❸견줄처(見積)。

【狚】 ㊀(단) 旱 ㊁(달) 曷 タン、さる monkey
狚(草書) ㊀원숭이단(猵ㅣ、似猿)。【莊子】猨猵ㅣ以爲雌。㊁큰이리달(巨狼獦ㅣ)。

【狛】 (박) 陌 ハク、こまいぬ Korean dog
狛(小篆) 狛(草書) ❶짐승이름박(獸名)。❷【日字】조선개박(高麗犬)。

【狜】 (고) コ、えびす babarian tribe
오랑캐이름고(西域羌族名)。

六畫

【狟】 ㊀(훤) 元 ㊁(환) 寒 カン、むじな marten
狟(小篆) 狟(草書) ㊀담비훤(貉類)。㊁개다닐환(犬行)。

【狡】 (교) 巧 キョウ、わるがしこい sly; wiliness
狡(小篆) 狡(草書) ❶하루강아지교、적은개교(小徇)。❷간교할교、교활할교(猾也)。【左傳】夫ㅣ焉思啓封疆以利社稷者何國蔑有。❸미칠교(狂也)。【左傳】亂氣ㅣ憤。❹빠를교(疾也)。【戰國策】ㅣ兔有三窟。

狡 (三才圖會)

【狠】 (한) 阮 ガン、コン、もとる fierce ㄏㄣˇ hen³ (本音「완」)
狠(小篆) 狠(草書) ❶짐승이름한(獸名)。❷사나울한(戾也)。❸개싸우는 소리한(犬鬬聲)。❹【中字】과도할한(過度之意)。

【狢】 (학) 藥 カク、むじな marten (本音「각」)
狢(草書) 담비학(貈也)。

【狤】 (길) 質 キツ、くるう animal
❶짐승이름길(獸名ㅣ㹹)。❷미칠길(狂也)。

【狥】 (순)『徇』(彳部 6畫)의 俗字

【狦】 (산) 刪 サン、わるくつよいいぬ fierce dog
狦(小篆) ❶호박이산、사나운개산、모진개산(惡健犬)。❷사람이름산(人名、稽矦ㅣ)。

【狧】 ㊀(시) 紙 ㊁(탑) 合 トウ、ねぶる lick; lap up
狧(小篆) 狧(草書) ㊀핥을시(犬以舌取物)。米。㊁❶탐낼탑(貪欲意)。【太玄經】營狩ㅣㅣ。❷핥을탑(舐也)。

【狨】 (융) 東 ジュウ、さる monkey ㄖㄨㄥˊ jung²
狨(草書) 원숭이융(猴屬毛可爲布)。【本草】似猴而大毛黃赤色生廣南山谷間。

狨 (三才圖會)

【狩】 (수) 宥 シュウ、シュ、かり hunting in winter ㄕㄡˋ shou⁴
狩(小篆) 狩(草書) ❶겨울사냥수(冬獵)。【左傳】冬ㅣ。❷순행할수(巡也)。【孟子】侯曰巡ㅣ巡ㅣ者巡所守也。

【狪】 (통) 東 トウ、えびす savage tribe
狪(草書) ❶오랑캐이름통(蠻族名)。❷짐승이름통(獸名)。

【狳】 (휴) 尤 キュウ、ひょう leopard
狳(草書) 표범휴(貔ㅣ豹屬)。(『貅』와 같음)

【狫】 (로) 皓 ロウ、えびす savage tribe ㄌㄠˇ lao³
狫(草書) ❶오랑캐이름로。❷자자로(刺字)。(『獠』와 같음)

七畫

【独】 (독)『獨』(犬部 13畫)의 略字

【狳】 (여) 魚 ヨ、けもの
狳(草書) 짐승이름여(獸名、犰ㅣ)。(『犰』와 통함)

【狴】 (폐) 齊 薺 ハイ、のいぬ wild dog ㄅㄧˋ pi⁴
狴(草書) ❶짐승이름폐(ㅣ犴獸名)。❷옥폐(ㅣ犴、牢獄)。【集韻】ㅣ犴。❸들개폐(野犬)。

【狵】 (방) 江 ボウ、むくいね shaggy dog
❶삽살개방(犬多毛)。❷별이름방(星名)。(『尨』과 같음)

【狶】 ㊀(희) 紙 ㊁(희) 微 キ、シ、いのこ wild dog
狶(草書) ㊀왕이름희(太古帝王名)。【莊子 外物】ㅣ韋氏。㊁돼지희(猪也)。【列子】食ㅣ如食人。

【狽】 (패) 灰 ハイ、こだぬき young of a badger
너구리새끼패(狸子)。

【狢】 (욕) 沃 ヨク、けもの animal
狢(小篆) 짐승이름욕(獸名、獨ㅣ)。【山海經】北囂之山有獸其狀如虎而白犬首馬尾彘鬣名獨ㅣ。

【狷】 (견) 霰 銑 ケン、きみじか cross-grained ㄐㄩㄢˋ chuan⁴
狷(小篆) 狷(草書) ❶패려궂을견、편협할견(褊急)。❷조수할견(才不足守有餘)。【晉語】小心ㅣ介不敢行也。❸고집스러울견(有所不爲)。【論語】ㅣ

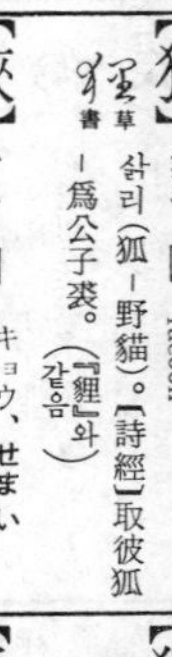

【狸】(리) 支 racoon
草 書 삵리(狐ㅡ野猫)。【詩經】取彼狐ㅡ爲公子裘。(『貍』와 같음)

【狹】(협) 洽 キョウ、せまい narrow ㄒㄧㄚˊ hsia²
草 書 좁을협(隘也)。【書經】無自廣以ㅡ人。(『陜』과 같음)

【狺】(은) 文 ギン、かみあう roar ㄧㄣˊ yin²
草 書 뭇개짖는 소리은(犬爭吠聲)。【楚辭】猛犬ㅡㅡ以迎吠。

【狻】(산) 寒 サン、しし lion ㄙㄨㄢ suan¹
小 篆 草 書 사자산(ㅡ猊、獅子)。天子傳】ㅡ猊野馬走五百里。

【狼】㊀(랑) 陽 ロウ、おおかみ wolf ㊁(랑) 漾 ㄌㄤˊ lang²
小 篆 草 書 ㊀❶이리랑(獸名、似犬銳頭白頰)。【里語曰】古之烽火用ㅡ糞取其煙直而聚雖風吹之不斜。❷어수선할랑、낭자할랑(ㅡ藉)。【孟子】樂歲粒米ㅡ戾。㊁❶땅이름랑(地名博ㅡ)。❷낭패랑(ㅡ敗)。❸별이름랑(星名)。(『浪』과 通함)

【狽】(패) 泰 バイ、おおかみ wolf ㄅㄟˋ pei⁴
草 書 이리패(獸名、狼屬)。【集韻】狼短後足ㅡ短前足相依而行。

【狾】(제) 霽 mad dog ㄓˋ chih⁴
小 篆 小 篆 草 書 미친개제(狂犬)。(『猘』와 같음)

【狿】(연) 先 エン、けだもの animal
짐승이름연(獸名、獌ㅡ似狸而長)。【漢書】窮奇獌ㅡ。

【猀】(사) シャ、えびす tribe
草 書 종족이름사(廣西蠻族)。

【犭求】(구) キュウ、えびす savage tribe
草 書 오랑캐이름구(雲南蠻族)。

八畫

【猅】(배) 佳 ハイ、くびのみじかいいぬ short-headed dog
머리짧은개배(短頭犬)。

【猇】(효) 肴 コウ、いがむ roar ㄒㄧㄠ hsiao¹
草 書 ❶범으르렁거릴효(虎欲齧聲)。❷고을이름효(濟南縣名)。(『虓』와 같음)

【犭委】(와)『猧』(犬部 9畫)와 같음

【猊】(예) 齊 ゲイ、しし lion ㄋㄧˊ ni²
草 書 사자예(獅子、狻ㅡ)。【穆天子傳】狻ㅡ野馬走五百里。

【猋】(표) 蕭 ヒョウ、つむじかぜ whirlwind ㄅㄧㄠ piao¹
小 篆 書 ❶[illegible] ❷회리바람표(回風從下上)。【禮記 月令】ㅡ風暴雨總至。

【猍】(래) 灰 ライ、たぬき wild cat
草 書 ❶삵래(貍也)。❷오랑캐이름래(廣西蠻族)。

【猑】(곤) 元 コン、おおいぬ large dog
❶큰개곤(大犬)。❷들말곤(野馬)。

【猕】(미)『獼』(犬部 17畫)와 같음

【猒】(염) 鹽 豔 エン、あきる gluttony
小 篆 或 體 草 書 ❶배부를염(飽也)。❷넉넉할염(足也)。❸편안할염(安也)。❹싫을염(斁也)。(『饜』과 같음)

【猓】(과) 哿 カ、さる monkey ㄍㄨㄛˇ kuo³
草 書 담비과(獸名似猴、ㅡ然)。

【猖】(창) 陽 ショウ、くるう mad ㄔㄤ ch'ang¹
草 書 ❶놀랄창、미칠창(駭也、ㅡ狂)。【莊子】ㅡ狂妄行乃蹈乎大方。❷너풀거릴창、퍼질창(縱裂貌)。【離騷經】何桀紂之ㅡ披。

【猗】㊀(의) 支 ア、イ、ながい long ㊁(의) 紙 ㄧ i¹ ㊂(아) 哿
ㅡ 篆 書 탄식할의(歎辭)。【詩經 周頌潛】ㅡ與漆沮。❸길의(長也)。【詩經】有實其ㅡ。❹야들야들할의(ㅡㅡ始生柔弱而美盛)。【詩經 衛風淇奧】綠竹ㅡㅡ。㊁❶의지할의(依也)。【漢書】ㅡ違者連歲。❷휘청거릴의(弱貌ㅡ狔)。❸더할의(加也)。【詩經】楊園之道ㅡ于畝丘。㊂부드러울아(柔順)。【詩經】隰有萇楚ㅡ儺其枝。

【猘】(제) 霽 セイ、きちがいいぬ rabid dog ㄓˋ chih⁴
草 書 미친개제(狂犬)。【蘇軾 甘露寺】一談收ㅡ子、再說走老瞞。

【猙】(쟁) 庚 ソウ、あらい detestable ㄓㄥ chêng¹
草 書 ❶짐승이름쟁(獸名、似狐有翼)。【續離騷】梟授翼於猙ㅡ。❷밉살스러울쟁(ㅡ獰)。

❶猙 (山海經圖)

【犭卓】(탁) 覺 タク、たけしいいぬ fierce dog
❶사나운개탁(猛犬)。❷개물탁(犬齧)。❸사냥할탁(狩也)。

【猛】(맹) 梗 モウ、たけしい fierce ㄇㄥˇ mêng³
小篆 草書 ❶날랠맹(勇也)。〔禮記〕虎豹之皮示服ー也。❷엄할맹(嚴也)。〔左傳 昭公二十年〕惟有德者能以寬服民其次莫如ー。❸모질맹、사나울맹(惡也)。〔禮記〕苛政ー于虎。❹위엄스러울맹(威也)。❺짐승이름맹(獸名ー氏如熊)。❻고을이름맹(縣名)。

【猜】(시) 灰 サイ、そねむ jealousy; envy (古音「채」) ㄘㄞ ts'ai¹
小篆 草書 ❶의심낼시(疑也)。❷시기할시、샘낼시(恨也)。〔左傳 僖公九年〕俱無ー貞也。❸두려워할시(懼也)。〔左傳 昭公七年〕雖吾子有ー焉。❹사나울시(狠也)。

【猝】(졸) 月 ソツ、にわか suddenly ㄘㄨˋ ts'u⁴
小篆 草書 ❶갑자기졸、별안간졸(忽然)。〔說文〕犬從草中暴出逐人也。❷뛰어 나올졸(突出)。

【猟】(렵)『獵』(犬部15畫)의 略字

九畫

【猢】(호) 虞 コ、さる monkey ㄏㄨˊ hu²
草書 원숭이호(獸名、似猿)。

【猥】(외) 賄 ワイ、いやしい、みだら vulgar; mean
小篆 草書 ❶더러울외(鄙也)。〔洞冥記〕黃安自云卑ー。❷굽을외(曲也)。〔漢書 文三王傳〕何故ー自發舒。❸성할외(盛也)。〔漢書 賈山傳〕無不ー大。❹섞일외、잡될외(幷雜)。〔左傳〕取此雜ー之物以資器備。❺쌓을외(積也)。〔漢書 董仲舒傳〕科別其條勿ー勿幷。❻개새끼셋낳을외(犬生三子)。❼많을외(多也)。〔漢書〕水ー盛則放溢。

【猤】(암) 咸 アン、いぬがほえる bark
小篆 개짖을암(犬吠)。

【㺞】(서) 魚 ショ、さる monkey
원숭이서(猨屬)。

【猧】(와) 歌 ワ、ちん dog ㄨㄛ wo¹
草書 와개와(犬名)。〔元微之詩〕嬌ー睡猶怒。(『𤠩』와 같음)

【猨】(원) 元 エン、てながざる monkey ㄩㄢˊ yüan²
草書 원숭이원、잔나비원(似獮猴而長大)。〔埤雅〕ー猴屬長臂善嘯便攀援。(『猿』과 같음)

【猩】(성) 庚 ソウ、ショウ、さる chimpanzee ㄒㄧㄥ hsin (同音「생」)
小篆 草書 성성이성(能言獸)。〔禮記 曲禮上〕ーー能言不離禽獸。

【𤟅】(휘) 微 キ、けだもの animal
小篆 짐승이름휘(獸名、猨屬)。「其狀如犬而善投人則笑」。

【猪】(저) 魚 チョ、いのしし boar; pig
草書 돼지저(豕也)。(『豬』의 俗字)

【猫】(묘) 蕭 ビョウ、ミョウ、ねこ cat
草書 고양이묘(捕鼠獸)。〔詩經〕有ー有虎。(『貓』의 俗字)

【猬】(위) 未 イ、はりねずみ hedgehog ㄨㄟˋ wei⁴
草書 고슴도치위(刺鼠食瓜)。

【𤟰】(제) 齊 テイ、いぬ dog
개이름제(犬名)。

【猭】㊀(천) 先 ㊁(전) 先 テン、にげる (of animals) run away
㊀짐승달아날천(獸走貌)。㊁뜻은 ㊀과 같음。

【献】(헌)『獻』(犬部16畫)의 俗字

【猯】(단) 寒 タン、やまねこ badger
삵단、오소리단(貍屬、似豚而肥)。(『貒』과 같음)

【猰】(알) 黠 アツ、まだらいぬ spotted dog
小篆 ❶얼룩개알(雜犬)。❷개알(犬

名)。(『貗』과 같음)

【猱】(노) 豪 ドウ、てながざる monkey ㄋㄠˊ nao²
草書 원숭이노(猴也、善升木)。〔詩經 小雅角弓〕毋敎ー升木。

【猲】㊀(헐) 月 ㊁(갈) 曷 ㊂(갑) 洽 カツ、いぬ hound ㄒㄧㄝ hsieh¹ (古音「할」) (古音「겁」)
小篆 草書 ㊀사냥개헐(田犬)。㊁뜻은 ㊀과 같음。㊂으를갑、핍박할갑(恐逼)。〔王莽傳〕各爲權勢恐ー良民。

【猴】(후) 尤 コウ、さる monkey ㄏㄡˊ hou²
小篆 草書 원숭이후(猱也)。〔史記〕人言楚人沐ー而冠果然。

【𤞑】(후)『猴』(前條)의 本字

【猣】㊀(수) 尤 ㊁(수) 尤 シュウ、いぬ hunt in autumn
㊀가을에사냥할수(秋獵)。㊁수개수(南越犬名)。(『獀』와 같음)

【猵】(편) 先 ヘン、ヒン、かわおそ otter
小篆 或體 草書 수달편(ー狙、獺屬似猿)。〔淮南子〕畜池魚者必去ー獺。

【猶】㊀(유) 尤 ユウ、さる、なお monkey; yet

…屬)。❷같을유(似也)。〔詩經〕寔命不ㅣ。❸오히려유(尙也)。〔禮記〕仲弓亦ㅣ行古之道。❹가히유(可也)。〔詩經〕上愼旃哉ㅣ來無止。❺느릿느릿할유(舒遲)。〔楚辭〕君不行兮夷ㅣ。❻한가지유(同一)。❼머뭇거릴유(不決ㅣ豫)。〔禮註〕ㅣ與二獸皆進退多疑人多疑惑謂ㅣ與。

【臭】(작) 藥 チャク、にげる run away
달아날작(奔走怵ㅣ)。

【猷】(유) 尤 ユウ、はかる、えがく sttempt; picture ㄧㄡˊ yu²
草書 ❶꾀유(謀也)。〔書經 君陳〕爾有嘉謀嘉ㅣ。❷그림유(圖也)。〔周禮〕以ㅣ鬼神祇。❸옳을유(可也)。〔詩經〕ㅣ來無止。❹같을유(若也)。❺길유(道也)。❻탄식할유(歎辭)。〔書經〕ㅣ大誥爾多邦。(『猶』와 통함)

十畫

【猺】(요) 蕭 ヨウ、いぬ dog ㄧㄠˊ yao²
草書 ❶개요(狗種、獏ㅣ)。❷오랑캐요(蠻種名、ㅣ獞)。

【猻】(손) 元 ソン、さる monkey ㄙㄨㄣ suen¹
草書 원숭이손(猴也)。

【猼】(박) 藥 ハク、けだもの monster
人有翼獸。

【猾】(활) 黠 カツ、わるがしこい sly; cunning ㄏㄨㄚˊ hua²
草書 ❶간교할활、교활할활(狡也)。〔史記 酷吏傳 義縱〕ㅣ民佐吏爲治。❷어지러울활(亂也)。〔書經 舜典〕蠻夷ㅣ夏。❸꾀자기활、꾀많을활(黠也)。〔方言〕ㅣ小兒多詐而獪。❹짐승이름활(獸名)。〔正字通〕ㅣ海獸無骨入虎口不能噬處虎腹中自內齧之。

【猿】(원) 元 エン、さる monkey ㄩㄢˊ yüan²
草書 원숭이원(猴屬)。〔戰國策〕ㅣ彌猴錯木據水則不若魚鼈。(『猨』과 같음)

【猨】(원)『猿』(前條)과 같음

【獀】(수)『狻』(犬部 9畫)와 같음

【猳】(가) 麻 カ、さる large monkey
큰원숭이가(玃也)。

【獂】(원) 元 ゲン、ぶた swine
❶돼지원(豕屬)。〔山海經〕乾山有獸狀如牛而三足名曰ㅣ。❷짐승이름결원(獸也)。

(山海經圖) ❷獂

【[illegible]】(치) 支 シ、かり hunt

【獃】(애) 灰 ガイ、おろか fool ㄞˊ ai²
草書 ❶못생길애、어리석을애(癡也)。❸우두커니서있을애(失志貌)。

【殼】㊀(혹) 屋 コク、いぬ dog ㊁(구) 宥
小篆 小篆 ㊀개혹(犬屬)。㊁뜻은 ㊀과 같음。

【犭恙】(양) 漾 ヨウ、けだもの animal
❶사자같은짐승양(獸名如獅食虎豹及人)。❷병양(恙也、病也)。〔神異經〕北方大荒中有獸咋人則疾名曰ㅣ常入人室黃帝殺之人無憂疾謂之無恙。(『恙』과 같음)

【犭兼】(협) 陷 ゲン、ほえる bark incessantly (古音「함」)
小篆 ❶개연속짖을협(犬吠不止)。❷개맞싸울협(兩犬相爭)。

【獅】(사) 支 シ、しし lion ㄕ shih¹
草書 사자사(猛獸、狻猊食虎豹)。〔爾雅釋獸注〕漢順帝時、疎勒王來獻犎牛及ㅣ子。

【獄】(옥) 沃 ゴク、ひとや prison ㄩˋ yu⁴
小篆 草書 ❶옥옥、우리옥(所以繫囚牢)。〔易經〕山下有火賁君子以明庶政无敢折ㅣ。❷송사옥(訟事)。〔呂氏春秋 孟秋紀〕審斷決ㅣ訟。

【猘】(체) 霽 セイ、きちがいいぬ mad dog
미친개체(狂犬)。

【獌】(만) 願 アン、けだもの animal
小篆 ❶짐승이름만(貍、貙ㅣ)。❷이리만(狼屬、ㅣ狿)。

(三才圖會) 獌

【獍】(경) 敬 ケイ、キョウ animal ㄐㄧㄥˋ ching⁴
草書 짐승이름경(惡獸、如貙)。

【犭婁】(루) 虞 ル、こをもとめるぶた (of pigs) rut
돼지암내낼루(豚求子)。

【獎】(장) 養 ショウ、すすめる encourage ㄐㄧㄤˇ chiang³
小篆 草書 ❶권면할장(勸也)。❷유도할장(誘導)。❸표창할장(賞也)。❹도울장(助也)。❺이을장(承也)。〔左傳 襄公十一年〕ㅣ王室。❻개퉈길장、개버릇사납게가르칠장(嗾犬厲之)。(『獎』과 같음)

【獏】(모)『貘』(豸部 11畫)와 같음

【犭參】㊀(삼) 覃 サン、たくむ animal ㊁(삼) 感 ㊂
小篆 ㊀미워할삼、패덤빌삼(賊疾)。㊂❶개구멍에 머리내밀삼(犬容頭進)。❷삼짐승삼(獸似人、山ㅣ)。

【獿】(교) 看 コウ、みだれる disturb
獿小篆 獿草書 ❶요란할교(擾也)。❷교활할교(獪也)。

【獐】(장) 陽 ショウ、のろ deer ㄓㄤ chang¹
獐草書 노루장(鹿屬、似麂而小無角)。(『麞』과 같음)

【獑】(참) 咸 サン、けだもの a monkey-like animal
흰원숭이같은 짐승참(獑屬而白獸)。

【獒】(오) 豪 ゴウ、つよいいぬ fierce dog ㄠ ao²
獒小篆 獒草書 ❶개오(四尺犬可使者)。❷사나운개오(猛犬)。〔書經〕西旅底貢厥ㅣ。〔公羊傳〕靈公有狗謂之ㅣ。

【㺜】(낭) 江 ドウ、けのおおいいぬ shaggy dog
삽살개낭(多毛犬)。

十二畫

【獆】(호) 豪 コウ、ほえる bark
獆小篆 ❶개짖을호(犬呼)。❷울호(鳴也)。❸웅얼거릴호(咆也)。

【獖】㊀(분) 吻 ㊁(분) 文 フン、ひつじ sheep
㊀양이름분(羊名)。㊁불깐돼지분(犗豕)。

【獳】(노) 豪 ドウ、むくけいぬ shaggy dog
삽살개노(犬也)。

【獗】(궐) 月 ケツ、たけしい rampancy ㄐㄩㄝ chüeh²
獗草書 뛰놀궐,도적형세성할궐(猖ㅣ賊勢)。〔字彙〕賊勢猖ㅣ。

【獘】(폐) 霽 ヘイ、たおれる、わるい evil ㄅㄧ pi⁴
獘草書 ❶곤할폐(困也)。❷폐단폐(惡也)。❸죽을폐(死也)。❹해질폐(敗壞)。❺〔爾雅釋木注〕ㅣ踣也。엎드러질폐(頓仆)。(『斃』와 같음)

【獙】(폐) 霽 ヘイ、けだもの fox
여우폐(狐屬)。〔山海經〕姑逢之山有獸焉、狀如狐而有翼、音如鴻雁、名曰ㅣㅣ。

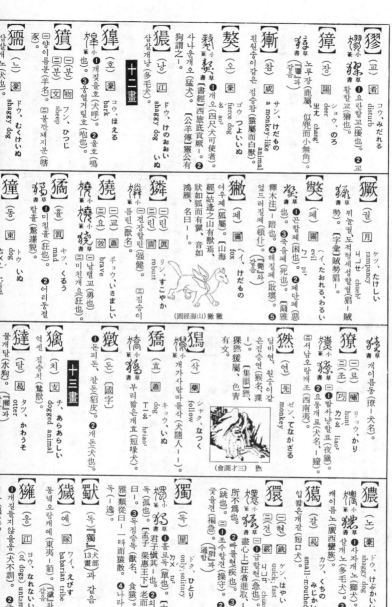

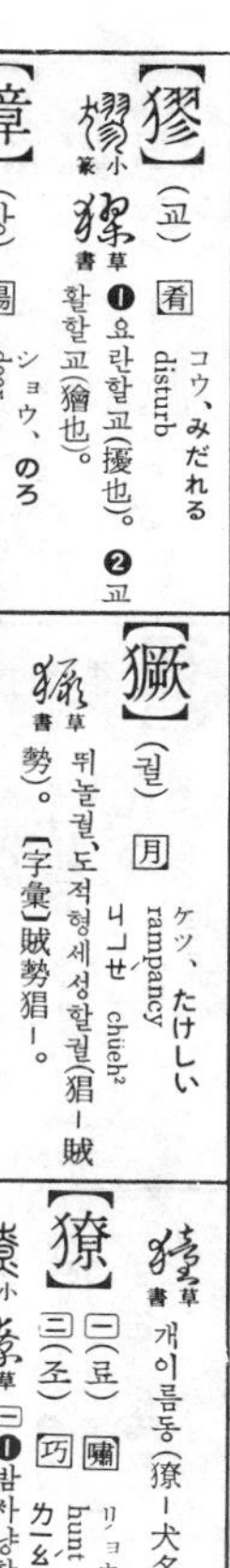
獙獙(山海經圖)

【獜】㊀(린) 眞 ㊁(린) 震 リン、すこやか robust
獜小篆 ㊀㊁건장할린(强健)。㊂짐승이름린(獸名)。

【獟】㊀(교) 蕭 ㊁(요) 效 ギョウ、いさましい brave
獟小篆 獟小篆 獟草書 ㊀날랠교(勇也)。㊁미친개요(狂也)。

【獝】(휼) 質 キツ、くるう mad
獝草書 ❶미칠휼(狂也)。❷어리둥절할휼(驚遽貌)。

【獞】(동) 東 トウ、いぬ dog ㄊㄨㄥ t'ung²
獞草書 개이름동(獠ㅣ犬名)。

【獠】㊀(료) 嘯 ㊁(조) 巧 リョウ、かり hunt ㄌㄧㄠ liao²
獠小篆 獠草書 ㊀❶밤사냥할료(夜獵)。❷요동개료(犬名、ㅣ獞)。㊁서남오랑캐조(西南夷)。

【㺕】(연) 先 ゼン、てながざる monkey
담비연、원숭이같은짐승연(猴名、猓ㅣ)。〔集韻〕㺕、猓㺕猨屬、色靑有文。

㺕(三才圖會)

【獡】(삭) 藥 シャク、なつく follow
獡小篆 개가사람따를삭(犬隨人ㅣㅣ)。

【獢】(효) 蕭 キョウ、いぬ dog ㄒㄧㄠ hsiao¹
獢小篆 獢草書 부리짧은개효(短喙犬)。

【獤】(돈)〔國字〕
❶돈피돈、잘돈(貂皮)。❷개돈(犬也)。

十三畫

【㺀】(치) 支 チ、あらあらしい dogged animal
억센 짐승치(鷙獸)。

【㺚】(달) 曷 タツ、かわうそ otter
물개달(水狗)。(『獺』과 같음)

【獶】(노) 豪 ドウ、けぶかいいぬ shaggy dog
獶小篆 獶草書 ❶사자개노(獅犬)。❷삽살개노(多毛犬)。❸오랑캐이름노(廣西蠻族)。

【獦】(갈) 曷 カツ、くちのみじかいいぬ small-mouthed dog
입짧은개갈(短口犬)。

【獧】㊀(현) 銑 ㊁(견) 霰 ケン、はやい quick; fast ㄐㄩㄢ chüan
獧小篆 獧草書 ㊀❶급할현(急也)。〔孟子 盡心上〕狂者進取、ㅣ者有所不爲也。❷빠를현(疾也)。❸뛸현(跳也)。㊁❶조수할견(操守)。❷패려궂을견(褊急)。(『狷』과 통함)

【獨】(독) 屋 ドク、ひとり only; solitary ㄉㄨ tu²
獨小篆 獨草書 ❶홀로독(單也)。〔中庸〕君子愼其ㅣ也。❷외로울독(孤也)。〔孟子 梁惠王下〕老而無子曰ㅣ。❸독짐승독(獸名、食猿)。〔埤雅〕類從曰ㅣ一叫而猿散。❹나라이름독(ㅣ逸)。

【𤢈】(독)『獨』(犬部 13畫)과 같음

【獩】(예) 隊 ワイ、えびす babarian tribe
동녘오랑캐예(東夷ㅣ貊)。(『濊』와 같음)

【㺢】(옹) 江 ヨウ、なれないいぬ (of dogs) untamed
❶개길들지않을옹(犬不馴)。❷굳센

【獪】㊀(회) 泰 カイ、わるがしこい sly;cunning
㊁(쾌) 卦 ㄎㄨㄞ k'uai⁴ (古音「괴」)
小篆 草書 ㊀간교할회、교활할회(狡也)。㊁뜻은 ㊀과 같음。

【獫】㊀(험) 琰 ケン、レン、いぬ dog
㊁(렴) 鹽 ㄒㄧㄢ hsien³
小篆 草書 ㊀험윤오랑캐험(匈奴別名、ㅣ狁)。【廣韻】夏曰獯鬻周曰ㅣ狁。(『玁』과 같음) ㊁부리긴개렴(長喙犬)。

【獬】(해) 蟹 カイ、ひつじ fabulous sheep
草書 ❶신통한 양해(神羊能別曲直)。【庾信詩】ㅣ豸飾刑官。❷해갓해(冠名)。【淮南子】楚文王愛服ㅣ冠。

十四畫

【⿰犭監】(함) 豏 カン、とらのこえ tiger roaring
❶범소리함(虎聲)。❷사나운개짖고 그치지않을함(惡犬吠不止)。

【獮】(선) 銑 セン、あきがり hunting in winter ㄒㄧㄢ hsien³
小篆 小篆 或體 草書 ❶죽일선(殺也)。❷가을 사냥선(秋獵)。【周禮 夏官大司馬】中秋教治兵、遂以ㅣ田。

【獯】(훈) 文 クン、えびす savage ㄒㄩㄣ hsün¹
草書 훈육 오랑캐훈(北方匈奴)。【廣韻】夏曰ㅣ鬻商曰鬼方周 曰玁狁 漢曰匈奴。

【獰】(녕) 庚 ドウ、わるい fierce ㄋㄧㄥ ning²
草書 ❶모질녕、영악할녕(惡也)。❷삽살개털녕(犬毛獰ㅣ)。

【獱】(빈) 眞 ヒン、かわおそ otter
草書 수달빈(獺屬、似孤青色居水中食魚)。

【獲】㊀(획) 陌 カク、うる、えもの acguire; catch
㊁(확) 藥 ㄏㄨㄛ huo⁴
小篆 草書 ㊀❶얻을획(得也)。❷노비획、종획(奴婢)。【書經】不虞胡ㅣ。【方言】罵奴曰臧罵婢曰ㅣ。㊁❶실심할확(困迫失志貌)。【禮記 儒行】不隕ㅣ於貧賤。❷더럽힐확(汙也)。

【獵】(렵)『獵』(犬部15畫)의 俗字

【獳】(누) 尤 ドウ、いかる angry
小篆 草書 ❶개 웅승거릴누、개성낼누(怒犬貌)。❷사람이름누(人名)。【左傳 僖公二十八年】侯ㅣ。

【獴】(몽) 東 モウ、さる monkey
꼬리재진작은원숭이몽、몽계짐승몽(蜼之小者ㅣ猿)。

十五畫

【⿰犭樂】(삭) 藥 シャク、おどろく be astonished
놀랄삭(驚也)。

【獵】(렵) 葉 リョウ hunting ㄌㄧㄝ lieh⁴
小篆 草書 ❶사냥렵、사냥질할렵(捷取禽獸)。【白虎通】四時之田總名爲ㅣ爲田除害也。❷진동할렵(震也)。【吳語】今大夫國子興其衆庶以犯ㅣ吳國之師徒。❸어긋날렵(相差次)。【校獵賦】鴻綺絅ㅣ。❹바람소리렵(風聲)。【鮑照詩】ㅣㅣ晚風起。

【獶】㊀(뇨) 巧 ドウ、おどろく surprise; frighten
㊁(노) 豪 ㄋㄠ nao²
㊂(우) 尤
草書 ㊀개놀랄뇨(犬驚貌)。㊁원숭이춤출노(獼猴戲)。【禮記 樂記】ㅣ雜子女。㊂개이름우、우수개우(犬名ㅣ狻)。

【⿰犭頡】(혈) 屑 ゲツ、けだもの scaled animal
비늘있는 짐승혈(有鱗獸)。【山海經】鼇山有獸、名曰ㅣ、狀如犬而有鱗、其毛如彘鬣。

⿰犭頡 (山海經圖)

【獷】(광) 梗 コウ、いぬ、あらい fierce dog ㄍㄨㄤ kuang³
小篆 草書 ❶개광(犬也)。❷추악할광(惡貌)。【後漢書 祭肜傳論】政移ㅣ俗。❸【國字】족제비광。

【獸】(수) 宥 ジュウ、けだもの beast;animal ㄕㄡ shou⁴
小篆 草書 짐승수(四足而毛)。【爾雅 釋獸】四足而毛謂之ㅣ。

十六畫

【獹】(로) 虞 ロ、よいいぬ good dog
草書 좋은개로(良犬、韓ㅣ)。【玉篇】韓ㅣ天下駿犬。

【獺】㊀(달) 曷 ダツ、かわおそ otter
㊁(찰) 黠 ㄊㄚ t'a³·⁴
小篆 草書 ㊀수달달、물개달(水狗)。【禮記】ㅣ祭魚然後虞人入澤梁。㊁뜻은 ㊀과 같음。(『獭』과 같음)

獺 (三才圖會)

【獻】㊀(헌) 願 ケン、コン、たてまつる offer; present
㊁(사) 歌 ㄒㄧㄢ hsien⁴
小篆 草書 ㊀❶바칠헌(呈也)。❷드릴헌(進也)。❸음식헌(羞也)。❹개헌(犬也、羹ㅣ)。❺어진이헌(賢也)。【書經】萬邦黎ㅣ。(『献』과 같음) ㊁술준사、술단지사(酒樽)。

十七畫

【⿰犭嬰】(영) 庚 エイ、けだもの animal
짐승이름영(獸名)。【山海經、西山經】皐塗之有獸焉、其狀如鹿而白尾、馬足人手而四角、名曰⿰犭嬰如。

⿰犭嬰如 (山海經圖)

【獽】(양) 陽 ジョウ、えびす babarian tribe

❶오랑캐이름양(野蠻族名ㅣ)。 ❷짐승이름양(獸名)。

【獼】(미) 支 ビ、おおざる monkey ㄇㄧˊ mi²
草書 원숭이미(猿屬、ㅣ猴)。

十八畫

【⿰犭瞿】(구) 虞 ク、うつ strike
❶두드릴구(搏也)。 ❷원숭이구(猿也)。

【獾】(환) 寒 カン、やまねこ badger ㄏㄨㄢ huan¹
❶왕살기환(貒也)。 ❷너구리환(野豚)。
『貛』과 같음

【獶】(노)『猱』(犬部9畫)와 같음

十九畫

【玀】(라) 歌 ラ、えびす savage
草書 오랑캐라(蠻人、猓ㅣ)。

二十畫

【玁】(험)『獫』(犬部13畫)과 같음

【玃】(확) 藥 カク、ケキ、おおざる big monkey ㄐㄩㄝˊ chüeh² (古音「곽」)
小篆 草書 ❶어미 원숭이확(母猴)。 ❷큰원숭이확(大猿)。〔呂氏春秋〕狗似ㅣ ㅣ似母猴母猴似人。❸

玄 部

【玄】(현) 先 ゲン、くろ、あめ black; heaven ㄒㄩㄢˊ hsüan²
小篆 古文 草書 ❶검을현(黑也)。 ❷검붉을현(黑赤色)。〔易經 坤卦〕天ㅣ而地黃。 ❸하늘현(天也)。〔隋書〕受命上ㅣ。 ❹아득할현(幽遠)。 ❺고요할현(淸靜)。〔漢書〕人君以ㅣ默爲神。 ❻현묘할현(理之妙)。〔參同契〕惟昔聖賢懷ㅣ抱眞。 ❼현손현(曾孫之子)。

四畫

【玅】(묘) 嘯 ビョウ、たえ precision
草書 현묘할묘、정미할묘(精微、玄ㅣ)。
『妙』와 같음

五畫

【玆】(一)(자) 支 シ、この、これ this ㄗ tzŭ¹ (二)(현) 先
小篆 草書 (一)❶이자(此也)。〔書經〕念ㅣ在ㅣ。 ❷흐릴자(濁也)。〔左傳 哀公八年〕何故使吾水ㅣ。 (二)검을현(黑也)。『玄』과 통함

六畫

【率】(一)(수) 寘 スイ、ソツ、リツ、したがう、わりあい (二)(솔) 質 lead; rate (三)(률) 質 ㄕㄨㄛˋ shuo⁴
小篆 草書 (一)❶새그물수(鳥網)。 ❷장수수(渠ㅣ)。〔詩旄丘序〕方伯連ㅣ之職。 (二)❶거느릴솔(領也)。〔史記 孔子世家〕昭公ㅣ師擊平子。 ❷좇을솔(循也)。〔孟子 梁惠王下〕ㅣ西水滸。 ❸다솔(皆也)。 ❹쓸솔(用也)。 ❺행할솔(行也)。 ❻대강솔(大略)。〔史記 莊周傳〕大抵ㅣ皆寓言也。 ❼소탈할솔(坦ㅣ)。〔聞見錄〕溫公作眞ㅣ會。 ❽경솔할솔(輕遽貌)。〔論語 先進〕子路ㅣ爾而對。 ❾뱀이름솔(蛇名)。(古音「술」) (三)❶셈이름률(約數)。 ❷표할률、과녁률(表的)。〔後漢書〕方伯一方表ㅣ。 ❸헤아릴률(計也)。 ❹활한껏다리릴률(彎弓之限)。〔孟子 盡心上〕羿不爲拙射變其彀ㅣ。 ❺띠공구를률(帶緶)。〔禮記〕凡帶有ㅣ無箴功。 ❻비례률(比例)。〔十八史略 春秋戰國秦〕有軍功者、各以ㅣ受爵。

【玈】(로) 虞 ロ、くろい black ㄌㄨˊ lu²
小篆 草書 검은빛로(黑色)。〔左傳〕王賜晋侯ㅣ弓矢千。

玉 部

【玉】(옥) 沃 ギョク、たま jewel; precious stone ㄩˋ yü⁴
小篆 古文 草書 ❶구슬옥、옥옥(石之美者)。 ❷사랑할옥(愛也)。〔詩經〕王欲ㅣ汝。 ❸이룰옥(成也)。〔張載銘〕ㅣ汝于成。

【王】(一)(왕) 陽 オウ、きみ king (二)(왕) 漾 ㄨㄤˊ wang²
小篆 古文 草書 (一)❶임금왕(君也)。 ❷할아버지왕(祖父之尊稱、ㅣ父)。 (二)❶왕노릇할왕(五霸身臨天下)。〔孟子〕以力假仁者霸、霸必有大國、以德仁者ㅣ、ㅣ不待大。 ❷어른왕(長也)。〔十八史略 太古〕以木德ㅣ。 ❸왕성할왕(盛也)。〔莊子 養生主〕神雖ㅣ不善也。 ❹갈왕(往也)。〔詩經〕及爾出ㅣ。

【王】 임금왕변〔部首名〕

二畫

【玎】(一)(쟁) 庚 テイ、たまのおと sound of jade (二)(정) 青 ㄉㄧㄥ ting¹
小篆 草書 (一)옥소리쟁(玉聲ㅣ玲)。 (二)뜻은 (一)과 같음。

【玏】(륵) 職 ロク、うつくしいいし precious stone
옥돌륵(如玉美石)。

三畫

【玒】(一)(공) 東 コウ、たま gem (二)

玒 小篆 ㊁옥이름공(玉名)。㊂뜻은 ㊀과 같음。

【玓】(적) 錫 テキ、たまのひかり (of jade) shiny ㄉㄧˋ ti⁴
玓 小篆 구슬빛환할적(明珠色ㅣ瓅)。

【玌】(보) 麌 ホ、たまのうつわ jadeware
옥그릇보(玉器)。

【玕】(간) 寒 カン、たまいし precious stone ㄍㄢ kan¹
玕 小篆 𤤛 古文 玕 草書 옥돌간、아름다운돌간(美石次玉、琅ㅣ)。【書經】厥貢惟球琳琅ㅣ。

【玔】(천) 霰 セン、たまのわ jade ring
❶옥고리천(玉環)。❷옥팔지천(玉製腕環)。

【玖】(구) 有 キュウ、くろたま black gem ㄐㄧㄡˇ chiu³
玖 小篆 玖 草書 ❶검은 옥돌구(黑石次玉)。【詩經】報之以瓊ㅣ。❷『九』와 通함。

【玗】(우) 虞 ウ、たま jade
玗 小篆 玗 草書 ❶옥돌우、옥같은돌우(石似玉)。❷우기나무우(ㅣ琪樹名)。

【玘】(기) 紙 キ、たま ornamental jade
玘 小篆 패옥기、노리개기(佩玉)。

四畫

【玞】(부) 虞 フ、たまいし gem ㄈㄨ fu¹
玞 草書 옥돌부(美石次玉)。『砆』와 같음。

【𤣾】(몰) 月 ボツ、たま jade
小篆 옥이름몰(玉名ㅣ瑤)。

【玟】(민) 眞 ビン、あやいし precious stone ㄨㄣˊ wen²
玟 小篆 玟 草書 옥돌민(石種次玉、瑂ㅣ)。(『珉』과 같음)

【玠】(개) 卦 カイ、しるしたま baton ㄐㄧㄝˋ chieh⁴
玠 小篆 玠 草書 큰홀개、큰서옥개(大圭)。【爾雅】大尺二寸謂ㅣ。

【玢】㊀(분) 文 ㊁(빈) 眞 フン、ヒン、あや pattern
㊀옥무늬분(玉紋貌ㅣ豳)。㊁뜻은 ㊀과 같음。

【玤】(방) 講 ホウ、おびたま jade
玤 小篆 ❶옥돌방(玉中次玉)。❷땅이름방(地名)。

【玦】(결) 屑 ケツ、おびたま jade pendants ㄐㄩㄝˊ chüeh²
玦 小篆 玦 草書 ❶옥패결(玉佩半環)。【廣韻】佩如環而有缺逐臣待命於境賜環則返賜ㅣ則絕。❷활깍지결(弓環)。

漢碧玉香草玦 (古玉圖譜)

【玧】㊀(윤) 軫 ㊁(문) 文 ear-plug made of jade
㊀귀막이구슬윤(充耳玉)。㊁붉은구슬문(赤玉)。

【玩】(완) 翰 ガン、もてあそぶ toy ㄨㄢˋ wan²
玩 小篆 翫 小篆 貦 或體 貦 或體 玩 草書 ❶희롱할완(弄也)。【黃庭堅跋俞淸老詩】滑稽以ㅣ世。❷익힐완(習也)。【易經 繫辭上】所樂而ㅣ者、爻之辭也。❸보배완(珍也)。【陸機論】奇ㅣ響應而赴。❹가지고놀완(ㅣ賞)。

【玨】(각)『珏』(玉部 5畫)의 古字。

【玫】(매) 灰 バイ、マイ、あかたま reddish gem ㄇㄟˊ mei²
玫 草書 붉은구슬매(火齊珠、ㅣ瑰)。

【玪】㊀(감) 咸 ㊁(음) 侵 カン、うつくしいたま jade
玪 小篆 ㊀옥돌감(石之次玉者)。㊁뜻은 ㊀과 같음。

【玭】㊀(빈) 眞 ㊁(변) 先 ヒン、ヘン、しんじゅ pearl
玭 小篆 蠙 或體 ㊀소리나는진주 빈(珠之有聲者)。㊁뜻은 ㊀과 같음。(『蠙』과 通함)

五畫

【玲】(령) 靑 レイ、たまおと sound of jade pendants ㄌㄧㄥˊ ling²
玲 小篆 玲 草書 령(金玉聲)。【劉子翬詩】ㅣ琅一鼓萬象春。❷아롱아롱할령(瓏ㅣ貌)。❸정교할령(精巧)。❹선명할령(鮮明)。

【玳】(대) 隊 タイ、たいまい hawk's bill turtle ㄉㄞˋ tai⁴
玳 草書 대모대(ㅣ瑁龜屬)。(『瑇』과 통함)

【玷】(점) 豔 琰 テン、かける、きず blemish of jade ㄉㄧㄢˋ tien⁴
玷 草書 ❶옥티점(玉病)。【詩經】白圭之ㅣ尙可磨也。❷흠각점(缺也)。【世說 德行上】攸素有德業言行無ㅣ。

【玹】(현) 先 ゲン、うつくしいたま jade
❶옥돌현(玉次石)。❷옥빛현(玉色)。❸성현(姓也)。

【玻】(파) 歌 ハ、はり crystal ㄅㄛ po¹
玻 草書 파려옥파、유리옥파(寶石)。【廣韻】ㅣ瓈玉西國寶。

【玼】㊀(자) 寘 ㊁(차) 紙 ㊂(체) 薺 セイ、シ、きず blemish of jade ㄘˇ t'zŭ³
玼 小篆 玼 草書 ㊀옥티자(玉病)。(『疵』와 通함) ㊁옥빛차(玉色)。【詩經】ㅣ兮ㅣ兮ㅣ。㊂옥빛고울체、옥빛깨끗할체(玉色鮮潔貌)。

【玽】(구) 有 宥 ク、うつくしいいし jade ㄎㄜ k'ê¹

小篆 옥돌구(石次玉者)。

【珀】(박) 陌 ハク、こはく amber ㄆㄛˋ p'o⁴ (古音「백」)
草書 호박박(琥ㅣ、茯苓所化)。

【珂】(가) 歌 カ、しろめのう white agate ㄎㄜ k'ê¹
小篆 草書 ❶옥이름가(玉名)。❷굴레치장하는 자개가(螺屬、勒飾)。〔爾雅翼〕貝大者ㅣ。❸흰마노가(白瑪瑙)。

【珈】(가) 麻 カ、かみかざり hair ornaments ㄐㄧㄚ chia¹
小篆 草書 떨잠가, 비녀치장가(笄飾)。〔詩經〕副笄六ㅣ。

珈(古玉圖)

【珉】(민) 眞 ビン、ミン、たまいし precious stone ㄇㄧㄣˊ min²
小篆 草書 옥돌민(美石次玉)。〔禮記 玉藻〕君子貴玉而賤ㅣ。(『玟』과 같음)

【珊】(산) 寒 サン、さんご coral ㄕㄢ shan¹
小篆 草書 ❶산호산(海中產動物、ㅣ瑚)。❷조잔할산(凋殘貌)。〔李後主詞〕簾外雨潺潺春意闌ㅣ。❸패옥 소리산(珮聲)。〔杜甫詩〕時聞雜珮聲ㅣㅣ。

【珌】(필) 質 ヒツ、こじりかざり sword ornaments
小篆 草書 칼장식옥필(佩刀下飾)。〔詩經〕鞞琫有ㅣ。

【珍】(진) 眞 チン、たから treasure; good ㄓㄣ chen¹
小篆 草書 ❶보배진(寶也)。〔禮記〕儒有席上之ㅣ。❷서옥진(瑞玉)。〔詩經〕周家大受ㅣ瑞。❸귀중할진(貴重)。〔左傳 文公八年〕書曰公子遂ㅣ之也。❹맛좋을진(食之美者)。

【珎】(진)『珍』(前條)의 俗字

【珏】㊀(각) 覺 ㊁(곡) 屋 カク、コク、ついたま double gem
小篆 ㊀쌍옥각(雙玉)。㊁뜻은 ㊀과 같음。

【玺】(새)『璽』(玉部 14畫)의 俗字

六 畫

【珓】(교) 效 コウ、うらないつつ divining-stick case ㄐㄧㄠˋ chiao⁴
草書 배교교, 점치는산통교(古具、杯ㅣ)。〔演繁露〕杯ㅣ用兩蚌殼或用竹根。

【珕】(려) 霽 レイ、かざり decorate
小篆 자개로칼장식할려(蜃屬、佩刀飾)。〔詩經〕士ㅣ琫而ㅣ珌。

【珖】(광) 陽 コウ、たまぶえ jade
❶옥피리광(琯也)。❷옥이름광(玉名)。❸사람이름광(人名)。

【珙】(공) 腫 冬 キョウ、おおたま big jade ㄍㄨㄥˇ kung³
小篆 草書 ❶옥이름공(玉名)。❷큰구슬공(大璧)。〔左傳 襄公三十一年〕ㅣ璧。

【珛】(후) 宥 キュウ、くちだま jade
小篆 티박힌옥후(朽玉)。

【珞】(락) 藥 ラク、くびかざり jade necklace ㄌㄨㄛˋ luo⁴
草書 구슬 목걸이락(頸飾、瓔ㅣ)。

【珠】(주) 虞 シュ、ジュ、たま pearl; bead ㄓㄨ chu¹
小篆 草書 ❶구슬주(蚌胎所生)。❷진주주(眞珠)。❸눈동자주(眼珠)。

【珢】㊀(은) 眞 ㊁(간) 願 ギン、うつくしい precious stone ㄎㄣˋ k'ên⁴
小篆 ㊀옥돌은(石似玉)。㊁부르터삐어진 흔적있는옥간(傷玉)。

【珣】(순) 眞 シュン、たまうつわ jade vessel ㄒㄩㄣˊ hsün²
小篆 草書 ❶옥그릇순(玉器)。❷옥이름순(東方美玉)。

【珤】(보)『寶』(宀部 17畫)의 古字

【珘】(주) 尤 シュウ、たま gem
구슬주(玉也)。

【珥】(이) 寘 ジ、みみたま ear ornaments ㄦˇ êrh³
小篆 草書 ❶귀막이옥이(瑱也)。❷귀고리이(耳璫)。〔史記〕夫人脫簪ㅣ。❸해무리이(日旁氣)。〔漢書〕抱ㅣ蚕蜺。

【珧】(요) 蕭 ヨウ、だいらぎ shell ㄧㄠˊ yao²
小篆 小篆 草書 ❶조개이름요、자개이름요(蜃屬、ㅣ名海月、江ㅣ)。❷옥이름요(玉名)。〔抱朴子〕ㅣ華黎綠連城之寶。

【珩】(형) 庚 コウ、おびたま court-dress jewels ㄏㄥˊ hêng²
小篆 草書 노리개형、패옥형(佩上玉)。〔正韻〕佩上ㅣ下璜。(『衡』과 통함)

古玉文珮珩(古玉圖譜)

【珪】(규) 齊 ケイ、しるしたま jade mace ㄍㄨㄟ kuei¹
草書 ❶서옥규(瑞玉)。❷〔化〕원소이름규(珪素)。(『圭』와 같음)

【班】(반) 刪 ハン、ならべる class; order ㄅㄢ pan¹
小篆 草書 ❶벌려설반(列也)。〔易經〕乘馬ㅣ如。❷반차반(次也)。〔左傳 文公六年〕ㅣ在九人。❸이별할반(別也)。〔左傳 襄公十八年〕有ㅣ馬之聲。❹나누어줄반(頒與)。〔書經 堯典〕ㅣ瑞於羣后。❺수레소리반(車聲)。〔後漢書 五行志〕車ㅣㅣ入河間。❻같을반(同也)。〔孟子 公

孫丑上〕伯夷伊尹於孔子 若是ㅣ乎。❼얼룩질반(斑也)。(『般』과 통함)

【珮】(패) 隊 ハイ、おびもの jade pendants
珮 草書 찰패(帶也、ㅣ玉)。(『佩』와 같음)

【琉】(류) 尤 有 リュウ、るり emerald ㄌㄧㄡ liu²
琉 草書 ❶유리돌류(西域采石、ㅣ璃)。❷나라이름류(泉州國名、ㅣ球)。

【瑙】(노) 『瑙』(玉部 9畫)『碯』(石部 9畫)와 같음

七畫

【珵】(정) 庚 テイ、たま ornamental jade ㄔㄥ ch'êng² 패옥정、노리개정(佩玉、珩也)。

【珷】(무) 麌 ブ、たまににたいし jade 옥돌이름무(石似玉、ㅣ玞)。

【珋】(류) 尤 有 リュウ、るり emerald
珋 小篆 ❶보석류(寶石)。❷금강석류(金剛石)。

【珸】(오)『⿰王吳』(玉部 7畫)와 같음

【琄】(패) 泰 ハイ、かいかざり decoration 자개장식패(具飾)。

【琀】(함) 勘 カン、ふくみだま jade

琀 小篆 빈함옥함(殯含玉)。【晉書】殯含ㅣ之物。(『含』과 통함)

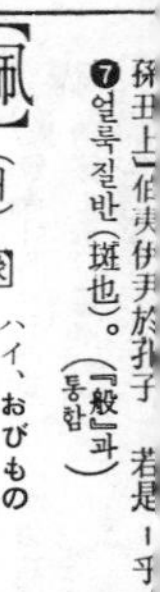
蒼玉琀(古玉圖)

【珽】(정) 迥 テイ、たまのしゃく jade tablet
珽 小篆 草書 ❶옥이름정(玉名)。❷옥홀정(笏也)。【左傳】袞冕黻ㅣ。

【現】(현) 霰 ゲン、あらわれる appear; present ㄒㄧㄢ hsien⁴
現 草書 ❶옥빛현(玉光)。❷나타날현、보일현(顯也)。【抱朴子】形ㅣ往來。❸지금현、당장현(今也)。(『見』과 통함)

【珿】㊀(착) 覺 ㊁(축) 屋 シュク、ひとしい be equal (to) ㊀비등할착(等也)。㊁뜻은 ㊀과 같음。

【球】(구) 尤 キュウ、たま round gem; ball ㄑㄧㄡ ch'iu²
球 小篆 璆 或體 草書 ❶옥경쇠구(玉磬)。【書經】戛擊鳴ㅣ。❷아름다운옥구(美玉)。【詩經】受小ㅣ大ㅣ。❸둥글구(圓也)。❹공구(毬也)。❺지구구(地球)。❻나라이름구(國名琉ㅣ)。

【琁】(선) 先 セン、たま beautiful jade
琁 小篆 아름다운옥선(美玉)。(『璇』과 같음)

【琅】(랑) 陽 ロウ、ろうかん lock ㄌㄤ lang²

琅 小篆 草書 【書經】球琳ㅣ玕。❷문고리랑(宮門銅環)。【漢書】木門倉ㅣ根。❸잠글랑、긴자물쇠랑(長鏁)。【漢書】以鐵鎖ㅣ當其頸。❹옥소리랑(玉聲)。【楚辭】璆鏘鳴兮琳ㅣ。❺【中字】파란랑(琺ㅣ)。

【理】(리) 紙 リ、おさめる、みち rule; reason ㄌㄧ li³
理 小篆 草書 ❶다스릴리(治也)。【說苑 君道】聖人寡爲而天下ㅣ矣。❷바를리(正也)。【左傳】疆ㅣ天下。❸무늬낼리(治玉)。【淮南子】璧襲無ㅣ。❹성품리(性也)。【禮記】天ㅣ滅矣。❺이치리、도리리(道也)。【易經 繫辭上】易簡而天下之ㅣ得矣。❻고칠리、정리할리(修理整理)。【劉基 賣柑者言】法斁而不知ㅣ。❼처치할리(處置)。❽나무결리(木理)。❾힘입을리(賴也)。【孟子 盡心下】稽大不ㅣ於口。

【琇】(수) 宥 シュウ、しゅうえい precious stone ㄒㄧㄡ hsiu⁴
琇 草書 ❶귀막이수(ㅣ瑩美石)。【詩經】充耳ㅣ瑩。❷옥돌수(石次玉)。

【琈】(부) 尤 フウ、うつくしいたま jade-pattern ❶옥문채부(玉采ㅣ筍)。❷아름다운옥부(美玉)。

【琊】(야) 麻 ヤ province ㄧㄝ yeh²
琊 草書 고을이름야(齊國郡名、琅ㅣ)。

八畫

【琕】(병) 迥 ヘイ、たま jade ❶칼집병(刀室)。❷구슬이름병(珠名)。(『鞞』과 같음)

【⿰王囷】㊀(윤) 吻 ㊁(윤) 軫 グン、ひとしい even ㊀가지런할윤(齊也)。㊁뜻은 ㊀과 같음。

【⿰王床】(거) 魚 キョ、みみわ earring 귀걸이거(耳環)。

【琖】(잔) 潸 サン、セン、たまのさかずき jade cup ㄓㄢ chan³
琖 小篆 草書 옥술잔잔(夏爵名、玉ㅣ)。(『盞』과 같음)

琖(淸會典圖)

【琛】(침) 侵 チン、たから treasure ㄔㄣ ch'en¹
琛 小篆 草書 보배침(寶也)。【詩經 魯頌 泮水】來獻其ㅣ。(『賝』과 같음)

【琚】(거) 魚 キョ、おびたま court-dress jewels ㄐㄩ chü¹
琚 小篆 草書 패옥거、노리개거(佩玉)。【詩經】報之以瓊ㅣ。

古玉疊勝古珮琚(古玉圖譜)

【琟】(유) 支 ユイ、たまににたいし jade like stone
小篆 옥같은돌유(如玉美石)。

【琡】(숙) 屋 シュク、たま jade
小篆 ❶옥이름숙(玉名)。❷큰홀숙(大璋)。

【琤】(쟁) 庚 ソウ、たまおと sound of gem ㄔㄥ cheng¹
小篆 草書 옥소리쟁(玉聲)。〔韓愈詩〕泉聲玉琮ㅣ。

【琢】(탁) 覺 タク、みがく carving and polishing ㄓㄨㄛ chuo² (古音「착」)
小篆 草書 ❶쪼을탁、옥다듬을탁(治玉)。〔孟子〕必使玉人雕ㅣ。❷가릴탁(選擇)。〔詩經〕敦ㅣ其旅。

【琥】(호) 麌 コ、こはく amber ㄏㄨ hu³
小篆 小篆 草書 ❶옥병부호、옥호부호(發兵瑞玉爲虎文)。〔左傳 昭公三十二年〕賜子家子雙ㅣ。❷호박호(松脂所化、ㅣ珀)。〔易經乾卦各從其類也疏〕若ㅣ珀拾芥。

白琥(禮器圖)

【琦】(기) 支 キ、たま a valuable stone
草書 ❶옥이름기(玉名)。〔漢書〕繡ㅣ珍。❷클기(大貌、ㅣ瑋)。〔宋玉問〕瑰意ㅣ行。

【琨】(곤) 元 コン、うつくしいいし jade ㄎㄨㄣ k'uen¹
小篆 或體 草書 ❶아름다운옥곤(美玉)。〔書經 禹貢〕瑤ㅣ篠蕩。❷패옥곤(佩玉)。

【琩】(창) 陽 ショウ、みみだま jade
❶귀막이옥창(蠻夷充耳ㅣ玩)。❷귀고리창(耳璫)。

【琪】(기) 支 キ、たま jade ㄑㄧ ch'i²
草書 옥이름기(玉屬)。〔爾雅 釋地〕東方之美者、有醫無閭之珣玕ㅣ

【琫】(봉) 董 ホウ、さやかざり sword ornaments
小篆 草書 칼장식옥봉(刀飾)。〔詩經〕鞞ㅣ有珌。

古玉雲璃琫(古玉圖譜)

【琬】(완) 阮 エン、しるしたま、jade tablet (古音「원」) ㄨㄢ wan³
小篆 草書 ❶홀완(圭也)。〔周禮春官典瑞注〕ㅣ圭無鋒芒。❷아름다운 옥완(美玉、ㅣ琰)。

【琭】(록) 屋 ロク、たま gem
草書 자질구레한 옥록(玉貌)。〔老子〕ㅣㅣ如玉。

【琮】(종) 冬 宋 ソウ、しるしたま octagonal jade ㄗㄨㄥ tsung¹
小篆 草書 지신제에쓰는옥종(祭地瑞玉)。〔周禮〕黃ㅣ禮地。

【琯】(관) 旱 カン、たまぶえ jade clarinet ㄍㄨㄢ kuan³
小篆 草書 옥피리관、옥퉁소관(以玉爲管)。(『管』과 같음)

【琰】(염) 琰 エン、しるしたま gem ㄧㄢ yen³
小篆 草書 ❶옥홀염(圭也)。〔周禮春官典瑞注〕ㅣ圭有鋒芒爲誅討之象。❷아름다운옥염(美玉名)。❸비취옥염(靑玉)。

【琱】(조) 蕭 チョウ、きざむ carving and polishing ㄉㄧㄠ tiao¹
小篆 草書 ❶옥다듬을조(治玉ㅣ琢)。❷아로새길조(畫也)。〔漢書〕牆塗而不ㅣ。(『彫』와 통함)

【琲】(배) 賄 隊 ハイ、じゅじゅだま a string of gem
小篆 草書 구슬꿰미배(貫五百枚、珠ㅣ)。〔左思吳都賦〕

【琴】(금) 侵 キン、ゴン、こと chinese harp ㄑㄧㄣ ch'in²
小篆 古文 草書 거문고금(七絃樂)。

琴(禮器圖)

【琳】(림) 侵 リン、たま gem ㄌㄧㄣ lin²
小篆 草書 아름다운 옥림(美玉)。〔書經〕球ㅣ琅玕。

【琵】(비) 支 ヒ、ビ、びわ lute ㄆㄧ p'i²
小篆 草書 비파비(胡琴馬上樂器、ㅣ琶)。

【琶】(파) 麻 ハ、びわ lute ㄆㄚ p'a¹
小篆 草書 비파파(馬上樂器、琵ㅣ)。

【琸】(탁) 覺 タク、ひとのな person
사람이름탁(人名、劉ㅣ)。

【琺】(법) ホウ、ほうろう enamel
草書 법랑법(ㅣ瑯、Enamel)。

九畫

【琿】(혼) 元 コン、たま jade ㄏㄨㄣ huen² (或音「훈」)
草書 아름다운옥혼(美玉)。

【瑀】(우) 麌 ウ、おびたま jade ornaments ㄩ yü³
小篆 草書 옥돌우(美石次玉、瑶ㅣ)。〔漢書〕大佩ㅣ璜。〔說文〕瑀、石之次玉者、从王禹聲。

古玉琱文珮瑀(古玉圖譜)

【瑂】(미) 支 ビ、うつくしいいし precious stone

瑂 小篆 옥돌미(石似玉者)。

【瑁】 ㊀(매) 隊 ㊁(모) 號 ボウ、しるしたま hawk's bill turtle ㄇㄠˋ mao⁴
瑁 小篆 玥 古文 瑁 草書 ㊀대모매(瑇—龜屬)。〔應劭曰〕雄曰瑇—雌曰觜蠵。㊁❶㊀의 뜻과 같음。❷서옥두겁모(圭冒)。(『冒』와 통함)

【瑄】(선) 先 セン、たま ornamental gem ㄒㄩㄢ hsuan¹
瑄 小篆 瑄 草書 도리옥선(璧大六寸)。〔漢書 郊祀志〕有司奉—玉。

【瑇】(대) 隊 タイ、たいまい hawk's bill turtle ㄉㄞˋ tai⁴
瑇 草書 대모대(—瑁龜屬)。(『玳』와 통함)

【瑉】(민) 眞 ビン、たま gem (俗音「민」)
瑉 草書 옥돌민(石之美者、琳—)。

【瑊】(감) 咸 カン、たま gem (或音「함」)
瑊 草書 ❶옥돌감(美石次玉)。〔史記〕—玏玄厲。❷사람이름감(人名)。

【瑖】(단) 翰 タン、たま jade
瑖 草書 옥돌단(玉石)。

【瑸】(빈) 眞 ヘン、ヒン、もようたま pattern of gem
瑸 草書 옥무늬 얼른얼른할 빈(玉文—璘)。

【瑋】(위) 尾 イ、めずらしい curious ㄨㄟˇ wei³
瑋 草書 ❶위옥위(玉名)。❷노리개위(奇玩)。

【瑌】(연) 先 ゼン、たま inferior kind of gem
瑌 草書 옥돌연(珉也、蜀石黃—)。(『瓀』과 같음)

【瑒】(창) 漾 チョウ、たまのさかずき jade cup
瑒 小篆 瑒 草書 옥잔창(圭瓚祠宗廟者)。〔周語註〕—降神之器。(『暢』과 통함)

【瑕】(하) 麻 カ、きず blemish ㄒㄧㄚˊ hsia²
瑕 小篆 瑕 草書 ❶옥티하(玉玷)。〔左傳 宣公十五年〕瑾瑜匿—國君含垢、天之道也。❷붉은옥하(赤玉)。❸허물하(過也)。〔韓愈 進學解〕指前人之—疵。❹멀하(遠也)。(『遐』와 통함)

【瑑】(전) 霰 テン、かざる carve ㄓㄨㄢˋ chuan⁴
瑑 小篆 瑑 草書 ❶홀머리아로새길전(圭璧上起)。〔周禮〕—圭璋璧。❷옥새길전(彫玉爲文)。

【瑛】(영) 庚 エイ、すいしょう crystal ㄧㄥ ying¹
瑛 小篆 瑛 草書 ❶옥빛영(玉光)。〔符瑞圖〕玉—仁寶不 自成光若白華今白石紫—皆石之有光者。❷수정영(水晶)。

【瑗】(원) 霰 エン、たま large round jade ㄩㄢˋ yüan⁴
瑗 小篆 瑗 草書 ❶도리옥원、구멍큰둥근옥원(大孔璧)。〔爾雅 釋器〕好倍肉謂之—、肉倍好謂之璧。❷사람이름원(蘧—、人名)。

【瑘】(야)『琊』(玉部 7畫)와 같음

【瑙】(노) 皓 ノウ、ドウ、めのう agate ㄋㄠˇ nao³
瑙 草書 옥돌노(石次玉)。(『碯』와 같음)

【瑚】(호) 虞 コ、もりものだい vessel ㄏㄨˊ hu²·³
瑚 小篆 瑚 草書 ❶호련호(宗廟祭器)。〔禮記〕夏璉殷—。❷산호호(海中產物珊—)。

【瑜】(유) 虞 ユ、たま lustre of gem ㄩˊ yü²
瑜 小篆 瑜 草書 아름다운 옥유(美玉)。〔左傳〕瑾—匿瑕。

【瑝】(황) 陽 コウ、たまのおと sound of jade
瑝 小篆 ❶옥소리황(玉聲)。❷종소리황(鍾聲)。

【瑞】(서) 寘 ズイ、めでたい happy;augury (古音「수」) ㄖㄨㄟˋ juei⁴
瑞 小篆 瑞 草書 ❶상서서(祥也)。〔左傳 序〕麟鳳五靈王者嘉—。❷홀서(信玉、符—)。〔書經〕輯五—。

【瑟】(슬) 質 シツ、おおごと Korean-harp ㄙㄜˋ sê⁴
瑟 小篆 𤨿 古文 瑟 草書 ❶슬、거문고슬(絃樂二十五絃)。〔說文〕—包犧氏所作。❷깨끗한체할슬(潔鮮矜莊貌)。〔大學〕—兮僩兮。❸바람소리슬(風聲)。〔康熙字典〕瑟、瑟瑟、風聲。

瑟(禮器圖)

十畫

【瑠】(류)『璢』(玉部 12畫)의 俗字

【(王+突)】(침) 侵 チン、たから treasure
❶보배침(寶也)。❷옥이름침(玉名)。(『琛』과 같음)

【瑣】(쇄) 哿 サ、こまかい gragment ㄙㄨㄛˇ suo³
瑣 小篆 瑣 草書 ❶옥가루쇄(玉屑)。❷잘쇄、가늘쇄(細小)。〔爾雅 釋言〕—、小也。❸좀스러울쇄(繁猥貌)。〔易經〕旅—。❹대궐문아로새길쇄(靑—天子門制上鏤花紋)。

【瑤】(요) 蕭 ヨウ、たま precious jade ㄧㄠˊ yao²
瑤 小篆 瑤 草書 ❶아름다운옥요(—瓊皆美玉)。〔書經〕—琨篠簜。❷북두자루요(斗杓—光)。〔楚辭〕騰羣鶴于—光。❸못이름요(瑤池)。

【(王+追)】(퇴) 灰 タイ、たまみがく polish a jade
옥광채낼퇴、옥다듬을퇴(治玉)。

【瑥】(온) 元 オン、ひとのな person's name

사람이름온(人名、晋翟ㅣ)。

【瑩】 ㊀(영) 庚 　エイ、あきらか lustrous ㄧㄥˊ ying² ㊁(형) 徑
小篆 草書 ㊀❶귀막이옥영(瑱也)。【詩經 衛風淇奧】充耳琇ㅣ。❷밝을영(鮮明)。【揚雄 大玄經】一死一生性命ㅣ矣。❸풍류이름영(樂名)。㊁❶의혹할형(惑也)。【列子】奏承雲六ㅣ九韶晨露以樂之。【莊子】黃帝之所聽ㅣ。❷옥빛조촐할형(玉色光潔)。【逸論語】如玉之ㅣ。❸맑을형(水鏡)。(『熒』과 같음)

【瑪】(마) 馬 　メ、めのう agate ㄇㄚˇ ma³
草書 옥돌이름마(美石、ㅣ瑙)。

【瑫】(도) 豪 　トウ、うつくしいたま jade
❶아름다운옥도(美玉)。❷칼꾸미개옥도(玉飾劍)。

【瑬】(류) 尤 　リュウ、たまかざり beautiful jade
小篆 ❶면류관드림옥류(垂玉冕飾)。❷기의술류(旗下垂)。【宋志】鸞輅四馬旂九ㅣ。

【瑯】(랑)『琅』(玉部 7畫)의 俗字

【瑭】(당) 陽 　トウ、たま jade
옥이름당(玉名、ㅣ璑)。

【瑰】(괴) 灰 　カイ、たま precious jade ㄍㄨㄟˋ kuei⁴
小篆 草書 ❶옥돌괴(石次玉)。【詩經 秦風渭陽】瓊ㅣ玉佩。❷불구슬괴(火齊珠)。【漢書】赤玉玫ㅣ。❸보배괴、보배스러울괴(珍奇)。【後漢書】因ㅣ材而究奇。

【瑱】㊀(전) 霰 　テン、みみだま ornament of ear ㄊㄧㄢˋ t'ien⁴ ㊁(진) 震
小篆 或體 草書 ㊀❶귀막이옥전(以玉充耳)。【詩經】玉之ㅣ也。❷옥이름전(玉名)。【周禮】玉用ㅣ圭。㊁뜻은 ㊀과 같음。

(圖器禮)瑱

【璅】(조) 巧 　ショウ、ひかさ sunshade of a carriage
小篆 일산조、수레덮게조(車蓋)。【漢書】金ㅣ羽葆。

【瑲】(장) 陽 　ソウ、たまおと sound of gem ㄑㄧㄤ ch'iang¹
小篆 小篆 草書 ❶옥소리장(玉聲)。❷풍류소리장(樂聲)。【詩經 小雅采芑】八鸞ㅣㅣ。(『鏘』과 같음)

【瑳】(차) 歌 箇 　サ、あざやか lustrous ㄘㄨㄛ tsu'o¹
小篆 草書 ❶옥빛깨끗할차(玉色鮮白)。【詩經 鄘風君子偕老】ㅣ兮ㅣ兮、其之展也。❷상긋웃을차(巧笑貌)。【詩經 衛風竹竿】巧笑之ㅣ。

【瑴】㊀(곡) 屋 　コク、カク、ふたつだま double gem ㄐㄩㄝˊ chüeh² ㊁(각) 覺
草書 ㊀쌍옥곡、합친옥곡(二玉相合、雙玉)【左傳 僖公三十年】王爲之請、納玉於王與晋侯、皆十ㅣ。㊁뜻은 ㊀과 같음。(『玨』과 같음)

十一畫

【瑻】(관) 元 　コン、うつくしいいし beautiful jade (本音「곤」)
아름다운옥관(美玉)。(『琨』과 같음)

【瑽】(종) 冬 　ショウ、たまのおと sound of jade
패옥소리종(佩玉聲、ㅣ瑢)。

【璁】(총) 東 　ソウ、うつくしいたま jade-like stone ㄘㄨㄥ ts'ung¹
小篆 옥같은돌총(美石次玉)。

【瑾】(근) 震 吻 　キン、あかたま red jade ㄐㄧㄣˇ chin³
小篆 草書 ❶붉은옥근(赤玉)。❷아름다운옥근(美玉)。【史記 屈原傳】懷ㅣ握瑜。

【璀】(최) 賄 　サイ、あざやか lustrous ㄘㄨㄟˇ ts'uei³
小篆 草書 ❶옥빛찬란할최(玉光、ㅣ璨)。❷구슬주렁주렁달릴최(珠垂貌)。【天台山賦】琪樹ㅣ璨而垂珠。

【璂】(기) 支 　キ、たま ornamens of cowl
草書 고깔꾸미개기(飾弁玉ㅣ)。(『璂』와 같음)

【璃】(리) 支 　リ、るり glass ㄌㄧˊ li²
草書 유리리、구슬이름리(西國寶)。【古詩】移我琉ㅣ榻。

【璅】㊀(소) 皓 　ソウ、サ、ちいさい fragment ㄙㄨㄛˇ suo³ ㊁(쇄) 哿
小篆 草書 ㊀옥돌소(石之似玉)。㊁❶옥소리쇄(玉屑)。❷자물쇠쇄(門鏤)。【離騷經】欲少留此靈ㅣ。❸좀스러울쇄(猥屑)。【晋書】ㅣㅣ常流離。(『瑣』와 같음)

【璆】(구) 尤 　キュウ、たま precious jade ㄑㄧㄡˊ ch'iu²
草書 ❶옥경쇠구(玉磬)。【漢書】ㅣ磬金鼓。❷아름다운옥구(美玉)。【書經】ㅣ鐵銀鏤。❸옥소리구(玉聲)。【史記 孔子世家】環珮玉聲ㅣ然。(『球』와 같음)

【璇】(선) 先 　セン、たま gem ㄒㄩㄢˊ hsüan²
草書 ❶옥이름선(玉名、瑰玉)。❷별이름선(星名、ㅣ璣)。【史記註】春秋運斗樞云斗第二ㅣ。(『璿』과 같음)

【璈】(오) 豪 　ゴウ、こと instrument ㄠˊ ao²
草書 풍류이름오(樂名、雲ㅣ)。

【璉】(련) 銑 　レン、もりものだい vessel

祭器)。

【璊】(문) 元 モン、ボン、あかたま red jade 小篆 或體 草書 붉은옥문(玉赤色)。【詩經】毳衣如ㅣ。

【璋】(장) 陽 ショウ、しるしたま ornamental jade ㄓㄤ chang¹ 小篆 草書 반쪽홀장(生男慶半圭)。【詩經 小雅斯干】乃生男子、云云載弄之ㅣ。

【璓】(一)(수) 宥 (二)(유) 有 シュウ、たまのようないし precious stone 小篆 (一)옥돌수(美石次玉)。(二)옥이름유(玉名)。

十二畫

【璏】(체) 霽 テイ、たまかざり decorate ruin 小篆 칼콧등옥으로꾸밀체(劍鼻玉飾)。【漢書】碎玉劍ㅣ。

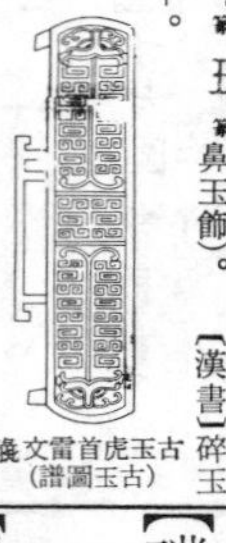
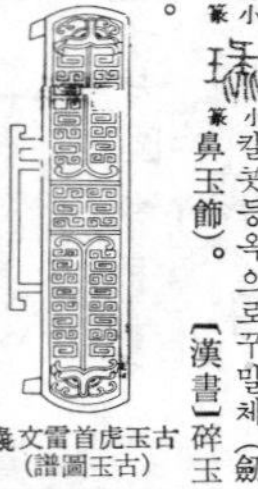
古玉虎首雷文璏(古玉圖譜)

【璗】(탕) 養 トウ、こがね a beautiful gold 小篆 아름다운금탕、황금탕(金之美者)。

【璐】(로) 遇 ロ、たま precious jade ㄌㄨ lu⁴ 小篆 草書 아름다운옥로(美玉)。【屈原 九章】被明月兮佩寶ㅣ。

【璘】(린) 眞 リン、 lustre of gem ㄌㄧㄣ lin² 草書 ❶옥무늬린(玉紋)。【甘泉賦】璧馬犀之瑞ㅣ。❷옥빛린(光彩)。【張衡 西京賦】ㅣ彬。

【璚】(경) 庚 ケイ、あかたま reddish jade ㄑㄩㄥ ch'iung² 草書 ❶붉은옥경(赤玉)。【嵇喜詩】仰曦ㅣ枝。❷패옥경(佩玉)。(『瓊』과 같음)

【璜】(황) 陽 コウ、おびたま ornametal jade ㄏㄨㄤ huang² 小篆 草書 반쪽패옥황(半璧)。【詩註】雜佩珩ㅣ琚瑀衝牙之類。

玄璜(禮器圖) 三代周玉元璜(古玉圖譜)

【璞】(박) 覺 ハク、あらたま crust of gem ㄆㄨ p'u⁴ 草書 옥덩어리박(玉之未琢者)。【道德經】ㅣ散則爲器。

【璟】(경) 梗 ケイ、ひかり lustre of gem ㄐㄧㄥ ching³ 草書 ❶옥광채날경(玉光彩)。❷사람이름경(人名)。(『璄』과 같음)

【璠】(번) 元 ハン、たま lustrous gem ㄈㄢ fan² 小篆 草書 보배옥번(魯寶玉)。【左傳 定公五年】陽虎將璵ㅣ斂。

【瑠】(류) 尤 ル、るり emerald 草書 유리류(ㅣ璃)。(『琉·璢』와 같음)

【璣】(기) 微 キ、たま fine jade ㄐㄧ chi¹ 小篆 草書 ❶잔구슬기(小珠)。❷선기기(渾天儀)。【書經】在璿ㅣ玉衡。❸별이름기(星名)。【史記註】斗第三ㅣ。

十三畫

【璧】(벽) 陌 ヘキ、しるしたま round jade ㄅㄧ pi⁴ 小篆 草書 ❶도리옥벽、둥근옥벽(瑞玉圜器)。【詩經】如圭如ㅣ。❷별이름벽(星名、東ㅣ)。

璧(名物圖)

【璨】(찬) 翰 サン、ひかる lustrous ㄘㄢ ts'an⁴ 小篆 草書 ❶옥빛찬란할찬(璨也玉光)。❷구슬주렁주렁 달릴찬(珠垂貌)。【天臺山賦】琪樹璀ㅣ而垂珠。

【璪】(조) 皓 ソウ、かざりたま jade pendants of crown ㄗㄠ tsao³ 小篆 草書 면류관드림옥조(冕飾貫玉)。

【⿱臤玉】(전) 霰 テン、みみだま an ear-plug jade 귀막이옥전(以玉充耳)。(『瑱』과 같음)

【璩】(거) 魚 キョ、 jade ring ㄑㄩ ch'ü² 小篆 옥고리거(環屬)。【說文新附】璩、環屬、从玉豦聲、見山海經。

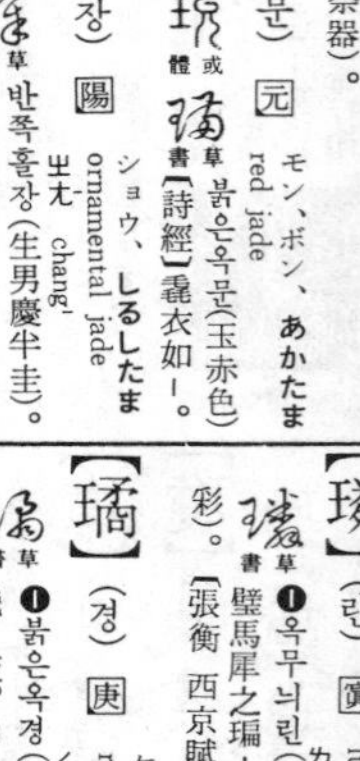
璩(古玉圖)

【璫】(당) 陽 トウ、みみだま ear-rings ㄉㄤ tang¹ 小篆 草書 ❶귀고리당(華飾耳珠)。❷내시의갓이름당(宦者冠)。【漢書】常侍冠皆銀ㅣ左貂。❸방울당(鈴鐺)。【杜甫詩】風動金琅ㅣ。❹패옥소리당(玉佩聲)。【詩緝】玉佩鳴丁ㅣ。

【⿱雝玉】(옹) 冬 ヨウ、たまのうつわ jadeware 옥그릇옹(玉器)。

【環】(一)(환) 刪 (二)(환) 諫 カン、たまき ring ㄏㄨㄢ huan² 小篆 草書 (一)❶도리옥환(璧屬)。【爾雅註】邊孔適等謂ㅣ。❷옥고리환(圓成無端)。【禮解】行則有ㅣ佩之聲。❸둘릴환、두를환(繞也)。【孟子 公孫丑下】三里之城七里之郭ㅣ而攻之而不勝。(二)둘레환(周廻)。【漢書】守濮陽ㅏ水。

古玉指南車飾蚩尤環(古玉圖譜)

【璱】(슬) 質 シツ、あおいしんじゅ azure pearl ㄙㄜ sê⁴ 小篆 ❶푸른진주슬(碧珠ㅣㅣ)。❷조촐할슬(淸淨鮮潔)。

【璲】(수) 寘 スイ、しるしだま jade girdle
璲 草書 ❶서옥수(瑞玉)。❷패옥수(佩玉)。

十四畫

【璵】(여) 魚 ヨ、たからたま lustrous gem ㄩˊ yü²
璵 小篆 璵 草書 보배옥여(寶玉、璠ㅡ)。
【璵璠:여번】春秋時代 魯의 寶玉。【左傳】。

【璿】(선) 先 セン、たま precious jade ㄒㄩㄢˊ hsüan²
璿 小篆 琁 或體 璇 古文 𤩓 籀文 璿 草書
❶아름다운옥선(美玉名)。【穆天子傳】天子之寶ㅡ。❷선기옥선(渾天器)。

【璸】(빈) 眞 ヘン、しんじゅ pearl
❶진주이름빈(蚌珠)。❷옥무늬어룽거릴빈(玉文理貌)。【漢書】ㅡ㻞文鱗。

【⿰王綦】(기) 支 キ、かざり ornament of a cowl
⿰王綦 小篆 琪 或體 고깔꾸미개기(飾弁玉ㅡ)。(『璂』와 같음)

【璽】(새) 紙 ジ、おしで Imperial seal ㄒㄧˇ hsi³ (古音「사」)
璽 草書 옥새새(王者印)。【後漢書 輿服志】ㅡ皆玉螭虎紐、文曰皇帝行印云云。

秦始皇璽(金石索)

【璹】㊀(숙) 屋 シュク、たまのうつわ jadeware ㊁(도) 豪
璹 小篆 ㊀옥그릇숙(玉器)。㊁뜻은 ㊀과 같음。

【璺】(문) 問 ブン、ひび crack ㄨㄣˋ wen⁴
❶옥깨어질문(玉破)。❷옥그릇금갈문(玉器破未裂)。

【瓀】(연) 先 ゼン、たま gem
瓀 草書 옥돌연(珉也石次玉)。(『碝』과 같음)

十五畫

【瓄】(독) 屋 トク、たま jadeware
❶옥그릇독(玉器)。❷독홀독、서옥이름독(圭名)。

【瓅】(력) 錫 レキ、たまのひかり (of jade) shiny
瓅 小篆 구슬빛환할력(明珠色、玓ㅡ)。【上林賦】玓ㅡ江靡。

【瓈】(려) 齊 レイ、リ、はり crystal ㄌㄧˊ li²
瓈 草書 파려옥려、유리려(寶玉)。【廣韻】玻ㅡ玉西國寶。

【瓉】(찬)『瓚』(玉部 19畫)의 俗字

【瓊】(경) 庚 ケイ、あかたま reddish gem ㄑㄩㄥˊ ch'iung²
瓊 小篆 璚 或體 瓗 或體 瓊 草書 붉은옥경(赤玉)。【詩經 衛風 木瓜】報之以ㅡ琚。

十六畫

【瓋】(적) 錫 テキ、たまのきず blemish of gem
瓋 草書 옥티적(瑕也)。

【瓏】(롱) 東 ロウ、たまおと sound of gem ㄌㄨㄥˊ lung²
瓏 小篆 瓏 草書 ❶환할롱(明貌)。【吳都賦】珊瑚幽茂而玲ㅡ。❷옥소리 쟁그렁거릴롱(玉聲)。【漢書】前殿崔巍兮和氏ㅡ玲。

【瓐】(로) 虞 ロ、みどりのたま jadeite
비취옥로(碧玉)。

【瓌】(괴)『傀』(人部 10畫)와 같음

十七畫

【瓓】(란) 翰 ラン、たまのあや jade-pattern
옥무늬채란、옥광채란(玉采)。

【瓔】(영) 庚 エイ、くびかざり necklace gem ㄧㄥ ying¹
瓔 草書 ❶옥돌영(美石似玉)。❷구슬목걸이영(頸飾)。【後漢書 三韓傳】ㅡ珞以綴衣爲飾。

【瓖】(양) 陽 ジョウ、かんざしかざり ornament of hairpin ㄒㄧㄤ hsiang¹
瓖 草書 ❶말배띠장식양(馬之腹帶裝飾)。❷비녀와 팔거리치장할양(釵釧飾玉ㅡ嵌)。

十八畫

【瓘】(관) 翰 カン、たま jade ㄍㄨㄢˋ kuan⁴
瓘 小篆 瓘 草書 ❶관옥관(玉名)。❷홀관(珪也)。【左傳 昭公十七年】用ㅡ單玉瓚。❸사람이름관(人名、陳ㅡ)。

十九畫

【瓚】(찬) 翰 サン、たまのさかつき ladle of jade ㄗㄢˋ tsan⁴
瓚 小篆 瓚 草書 ❶옥잔찬(宗廟祭器、玉ㅡ)。【詩經】瑟彼玉ㅡ。❷큰홀찬(大圭)。

玉瓚(禮器圖)

二十畫

【瓛】(환) 寒 カン、たま jade ㄏㄨㄢˊ huan²
瓛 小篆 서옥환、옥홀환(桓ㅡ、公所執)。

二十一畫

【⿰王甗】(언) 銑 ゲン、たまのこしき jade implement
옥시루언(玉甑)。

【⿰王纍】(루) 支 ルイ、たまのうつわ jadeware
옥그릇루(玉器)。

瓜部

【瓜】(과) 麻 カ、うり cucumber ㄍㄨㄚ kua¹

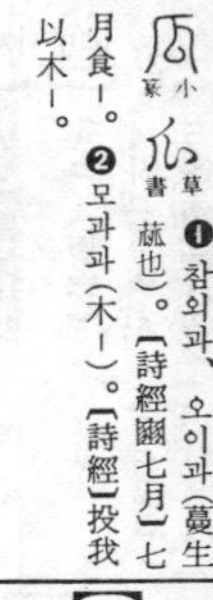

瓜 小篆 草書 ❶참외과, 오이과(蔓生蓏也)。〔詩經豳七月〕七月食ㅡ。❷모과과(木ㅡ)。〔詩經〕投我以木ㅡ。

三 畫

【瓝】(박)(포)『匏』(瓜部5畫)과 같음

四 畫

【𤫫】(봉) 董 ホウ、うりがたくさんなる abundant in cucumber 오이주렁주렁맺힐봉(瓜多實貌)。(『埄』과 같음)

五 畫

【瓞】(질) 屑 テツ、こうり small cucumber (古音「절」) ㄉㄧㄝˊ tieh² 小篆 或體 草書 ❶북치질, 작은오이질(小瓜)。〔詩經〕綿綿瓜ㅡ。❷후손질(後裔, 瓜ㅡ)。

【㼒】(구) 尤 コウ、うり melon 오이구, 참외구(王瓜ㅡ瓞)。

【瓟】㊀(박) 覺 ハク、ホウ、ひさご gourd ㊁(포) 肴 草書 ㊀❶종굴박박(可爲飮器ㅡ瓠)。❷조그마한오이박(小瓜)。㊁외지포(醬名)。(『瓝』과 같음)

【瓜瓜】㊀(여) 語 ジョ、コ、ほしたやさい dried vegetables ㊁(고) 虞 ㊀말린채소여, 마른채소여(乾菜)。㊁큰외고(大瓜)。(『菰』와 같음)

【㼌】(유) 虞 ユ、ねもとがよわい weak-root 小篆 밑둥약할유(根本微弱)。

六 畫

【𤬨】(뢰) 隊 ライ、うりわた cucumber's substance ❶외속뢰(瓜中ㅡ瓤)。❷진무른오이뢰(傷熟瓜)。

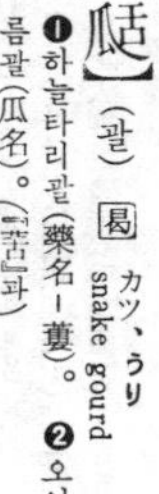

【𤬸】(괄) 曷 カツ、うり snake gourd ❶하늘타리괄(藥名ㅡ蔞)。❷오이이름괄(瓜名)。(『栝』과 같음)

【瓠】㊀(호) 虞 コ、ひさご gourd ㊁(호) 遇 ㄏㄨˋ hu⁴ 小篆 草書 ㊀❶표주박호(瓢也)。〔莊子〕剖之以爲ㅡ。❷질그릇호(瓦器)。❸깨어진독호(破罌)。〔史記賈生傳〕斡棄周鼎兮, 而寶康ㅡ。㊁박호(瓠也)。

七 畫

【𤬱】(뇌) 賄 ダイ、うりわた cucumber's substance 외속뇌(瓜中𤬨ㅡ)。

九 畫

【㼐】(편) 先 ヘン、うり yellow cucumber ❶누런오이편(黃瓜)。❷오이편(白ㅡ, 瓜屬)。

十 畫

【㼆】(형) 靑 ケイ、ちいさいうり small cucumber 小篆 작은오이형, 북치형(小瓜)。

【㼓】(렴) 鹽 レン、うりたね seed of a cucumber 외씨렴(瓜子)。

十一畫

【瓢】(표) 蕭 ヒョウ、ふくべ gourd ㄆㄧㄠˊ p'iao² 小篆 草書 ❶박표(瓠瓜)。〔莊子逍遙遊〕剖之以爲ㅡ。❷표주박표(容器)。〔論語雍也〕一簞食一ㅡ飮。

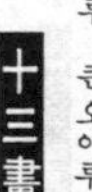

【㼖】(루) 宥 尤 ルイ、からすうり large cucumber 땅외루, 큰오이루(王瓜, 㼒ㅡ)。

十三畫

【㼗】(당) 陽 トウ、うりたね seed of a cucumber 외씨당(瓜中實ㅡ瓤)。

十四畫

【瓣】(판) 諫 ベン、うりたね cucumber seeds ㄅㄢˋ pan⁴ 小篆 草書 ❶외씨판(瓜中實)。❷실과씨판(果中實)。❸꽃잎판(花片)。〔楊維楨詩〕須臾蹋破蓮花ㅡ。

十六畫

【㼦】(로) 虞 ロ、ゆうかお calabash 호리병박로(酒器似壺, 瓠ㅡ)。

十七畫

【瓤】(양) 陽 ジョウ、うりわた cucumber seeds ㄖㄤˊ jang² 草書 외속양, 외씨양(瓜中實)。

瓦 部

【瓦】(와) 馬 ガ、かわら tile; brick ㄨㄚˇ wa³ 小篆 草書 ❶질그릇와(陶器總名)。〔古史〕昆吾氏作ㅡ。❷기와와(燒土蓋屋)。〔史記〕桀爲ㅡ室。❸길삼벽돌와(紡塼)。〔詩經〕載弄之ㅡ。❹방패의뒤쪽와(楯背)。〔左傳 昭公二十六年〕射之中楯ㅡ。❺〔新字〕그람와(佛國基本重量單位,〈gramme〉, 我衡二分六厘六毛餘)。

秦瓦(金石索)

二 畫

【㼚】(와) 禡 ガ、かわらぶき tile 기와덮을와, 기와올릴와(施瓦於屋)。(『瓦』와 같음)

【瓧】(십) 〔新字〕 デカグラム 草書 데카그램(衡名〈décagramme〉, 瓦의十倍)。

三 畫

【瓨】㊀(강) 江 コウ、もたい (同音「항」)
㊁(항) 陽 china bottle
篆小 書草 ㊀장군강、양병강(似甖、長頸受十升)。【史記】醯醬千ー。㊁뜻은 ㊀과 같음。

【瓩】(천)〔新字〕 キログラム
書草 ❶킬로그램(衡名〈Kilogramme〉、瓦千倍)。❷킬로와트(電力單位、〈kilowatt〉)。

四 畫

【瓫】(분) 元 ホン、ほとぎ jar
書草 ❶동이분(盆也)。❷물넘칠분(水溢)。【晉書】水澇ー溢。

【瓪】(판) 潸 ハン、かわら under-tile
篆小 암키와판(牝瓦)。

【瓬】(강) 陽 コウ、もたい large pot
큰독강(大甕)。

【瓮】(옹) 送 オウ、もたい、かめ jar ㄨㄥ weng⁴
篆小 書草 독옹(罋也)。【抱朴子】四瀆之濁不方ー水之淸巨象之瘦不同羔羊之肥。(『甕』과 같음)

【瓯】(구)『甌』(瓦部 11畫)의 略字

【瓰】(분)〔新字〕 デシグラム
書草 데시그램(衡名、〈decigram-me〉、瓦의十分之一)。

【瓱】(모)〔新字〕 ミリグラム
書草 밀리그램(衡名、〈milligram-me〉、瓦의千分之一)。

【瓲】(돈)〔新字〕 キロトン
돈돈(衡名、〈ton〉瓩의千倍、我衡二百六十貫餘當)。

五 畫

【瓴】(령) 靑 レイ、リョウ、かめ jar ㄌㄧㄥ ling²
篆小 書草 ❶귀달린병령(似甖有耳)。【淮南子修務訓】或以甕ー或以盆盂。❷암키와령(牝瓦仰蓋者)。

【瓵】(이) 支 イ、ちいさいかめ earthen bowl
篆小 작은독이、뚝배기이(甌甂小甖)。

【⿱央瓦】(앙) 漾 オウ、ほとぎ big wen
큰혹부리앙(大癭貌、甕ー)。【莊子】甕ー大癭說齊桓公。(『盎』과 같음)

【⿰白瓦】(백) 陌 ハク、いとかわ bricks
❶우물벽돌백(井甃)。❷기와집에아귀토 안물릴백(瓦屋不泥)。

六 畫

【⿰朱瓦】(수) 虞 シュ、ちいさいかめ long-necked pot
❶목긴병수、양병수(罃也)。❷물장군수(瓶也)。【揚雄】罃陳魏宋楚之間曰甂或曰ー。

【瓷】(자) 支 シ、やきもの china cvockery ㄘ tz'û²
篆小 書草 사기그릇자(陶器堅緻者)。【潘岳賦】傾縹ー以酌醽醁。

【瓶】(병) 靑 ヘイ、かめ bottle
書草 ❶물장군병(汲水器)。❷병병(酒水等所入器)。【儀禮 士喪禮】新盆槃ー。

唐素瓶(西淸古鑑)

【瓸】(백)〔新字〕 ヘクトグラム
書草 헥터그램(衡名、〈hectogram〉、瓦의百倍)。

七 畫

【瓹】(견) 先 ケン、かめのあな bottom-hole of a pot
독밑구멍견(瓮底孔)。

【⿰甬瓦】(동) 東 トウ、かわら halfmoon shaped tile
수키와동(牡瓦)。(『⿸厂⿰同瓦』과 같음)

【⿰舍瓦】(함) 覃 カン、とうき eared pot ㄏㄢ han²
❶귀달린병함(似瓶有耳)。❷작은병함(小瓶、ー㼶)。

【⿰夾瓦】(협) 葉 ショウ、かはら half-cut tile
❶반쪽기와협(半瓦)。❷기와서로업힐협(瓦相掩)。

【⿰長瓦】(장) 陽 チョウ、かめ unglazed earthen-ware
질그릇장(罃也)。

八 畫

【瓻】(치) 支 チ、かめ wine-holder ㄔ ch'ih¹
篆小 書草 술병치(酒瓶)。【聞見錄】古語借書爲一ー還書爲一ー今乃訛以ー爲癡也。

【瓽】(당) 漾 トウ、おおきいかめ large jar
篆小 큰소래기당、큰동이당(大盆)。

【⿰妻瓦】(차) 麻 サイ、みがく burnish wares
벽돌가루로그릇닦을차(瓦屑磨器)。

【瓿】(부) 有 ホウ、かめ、ほとぎ jar;pot ㄆㄡ p'ou³
篆小 書草 ❶작은 항아리부(小甕)。❷양병부(瓶也)。【戰國策】夫鼎者非效壺醯醬ー耳。

周蟠虬瓿(西淸古鑑)

【甀】(추) 支 ツイ、スイ、かめ jar
書草 ❶아귀좁은항아리추(小口罌)。【淮南子】抱ー而汲。❷땅이름추(地名)。

九 畫

【⿰皆瓦】(개) 佳 カイ、かわら under-tile
암키와개(牝瓦)。

【甃】(추) 宥 シュウ、いどかわ bricks ㄓㄡ chou⁴

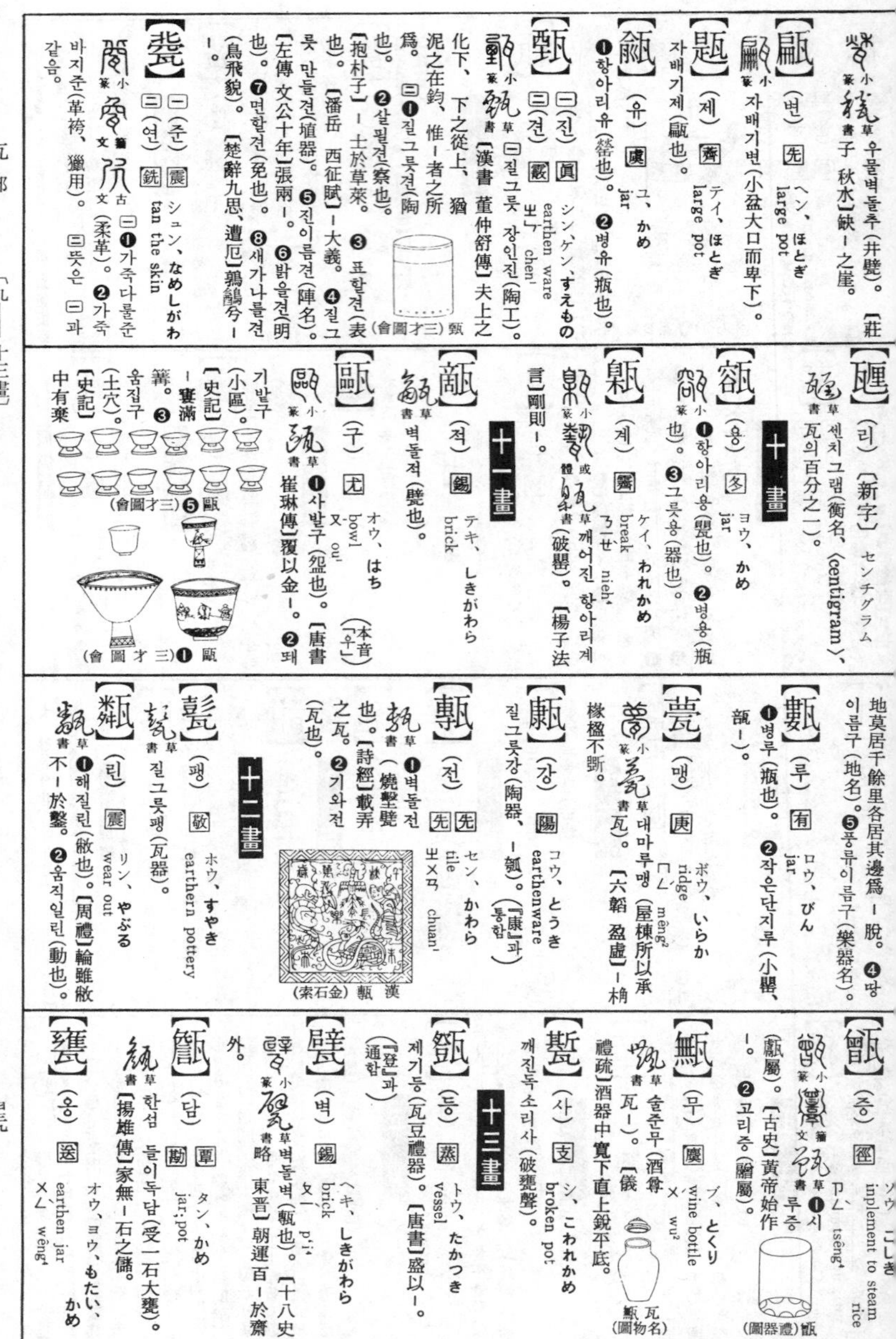

小篆 草書 우물벽돌추(井甓)。〔莊子 秋水〕缺ㅣ之崖。

【甂】(변) 先 ヘン、ほとぎ large pot 小篆 자배기변(小盆大口而卑下)。

【𤭯】(제) 齊 テイ、ほとぎ large pot 자배기제(甂也)。

【𤭞】(유) 虞 ユ、かめ jar ❶항아리유(罃也)。❷병유(瓶也)。

【甄】㊀(진) 眞 ㊁(견) 霰 シン、ケン、すえもの earthen ware ㄓㄣ chen¹ 小篆 草書 ㊀질그릇 장인진(陶工)。〔漢書 董仲舒傳〕夫上之化下、下之從上、猶泥之在鈞、惟ㅣ者之所爲。㊁❶질그릇견(陶也)。❷살필견(察也)。〔抱朴子〕ㅣ士於草萊。❸표할견(表也)。〔潘岳 西征賦〕ㅣ大義。❹질그릇 만들견(埴器)。❺진이름견(陣名)。〔左傳 文公十年〕張兩ㅣ。❻밝을견(明也)。❼면할견(免也)。❽새가나를견(鳥飛貌)。〔楚辭九思、遭厄〕鶉鷂兮ㅣㅣ。

甄(三才圖會)

【𤮐】㊀(준) 震 ㊁(연) 銑 シュン、なめしがわ tan the skin 小篆 籀文 古文 ㊀❶가죽다룰준(柔革)。❷가죽바지준(革袴、獵用)。㊁뜻은 ㊀과 같음。

【瓼】(리) 〔新字〕 センチグラム 草書 센치그램(衡名、〈centigram〉、瓦의百分之一)。

十畫

【𤭐】(용) 冬 ヨウ、かめ jar 小篆 ❶항아리용(罌也)。❷병용(瓶也)。❸그릇용(器也)。

【甈】(계) 霽 ケイ、われかめ break ㄋㄧㄝ nieh⁴ 小篆 或體 草書 깨어진 항아리계(破罌)。〔楊子法言〕剛則ㅣ。

十一畫

【甋】(적) 錫 テキ、しきがわら brick 草書 벽돌적(甓也)。

【甌】(구) 尤 オウ、はち bowl ㄡ ou¹ (本音「우」) 小篆 草書 ❶사발구(盌也)。〔唐書 崔琳傳〕覆以金ㅣ。❷돼기발구(小甌)。〔史記〕ㅣ窶滿篝。❸움집구(土穴)。〔史記〕中有棄地莫居千餘里各居其邊爲ㅣ脫。❹땅이름구(地名)。❺풍류이름구(樂器名)。

甌❺(三才圖會)

甌❶(三才圖會)

【甊】(루) 有 ロウ、びん jar ❶병루(瓶也)。❷작은단지루(小罌、瓿ㅣ)。

【甍】(맹) 庚 ボウ、いらか ridge ㄇㄥ mêng² 小篆 草書 대마루맹(屋棟所以承瓦)。〔六韜 盈虛〕ㅣ桷椽楹不斲。

【𤮿】(강) 陽 コウ、とうき earthenware 질그릇강(陶器、ㅣ瓬)。(『康』과 통함)

【甎】(전) 先 先 セン、かわら tile ㄓㄨㄢ chuan¹ 草書 ❶벽돌전(燒墼甓也)。〔詩經〕載弄之瓦。❷기와전(瓦也)。

漢甎(金石索)

十二畫

【甏】(팽) 敬 ホウ、すやき earthern pottery 草書 질그릇팽(瓦器)。

【甐】(린) 震 リン、やぶる wear out 草書 ❶해질린(敝也)。〔周禮〕輪雖敝不ㅣ於鑿。❷움직일린(動也)。

【甑】(증) 徑 ソウ、こしき implement to steam rice ㄗㄥ tsêng⁴ 小篆 籀文 草書 ❶시루증(甗屬)。〔古史〕黃帝始作ㅣ。❷고리증(鬵屬)。

甑(禮器圖)

【甒】(무) 麌 ブ、とくり wine bottle ㄨ wu² 草書 술준무(酒尊瓦ㅣ)。〔儀禮疏〕酒器中寬下直上銳平底。

瓦甒(名物圖)

【𤮍】(사) 支 シ、こわれかめ broken pot 깨진독소리사(破甕聲)。

十三畫

【㽅】(등) 蒸 トウ、たかつき vessel 제기등(瓦豆禮器)。〔唐書〕盛以ㅣ。(『登』과 통함)

【甓】(벽) 錫 ヘキ、しきがわら brick ㄆㄧ p'i⁴ 小篆 草書 벽돌벽(甎也)。〔十八史略 東晋〕朝運百ㅣ於齋外。

【甔】(담) 覃 勘 タン、かめ jar;pot 草書 한섬 들이독담(受一石大甕)。〔揚雄傳〕家無ㅣ石之儲。

【甕】(옹) 送 オウ、ヨウ、もたい、かめ earthen jar ㄨㄥ wêng⁴

草書 ❶독옹(罌也)。〔禮記〕醯醢百ー。❷물장군옹(汲水器)。〔易經〕井谷射鮒ー敝漏。

甕甀(三禮圖)

十四畫

【甖】(앵) 庚 オウ、かめ jar ㄧㄥ ying¹

草書 항아리앵(瓦器、坻也)。〔酒德頌〕先生於是方捧ー承槽銜杯漱醪。

漢湯甖(博古圖)

【甔】(함) 陷 カン おおかめ large pot

큰독함(大瓮)。〔續漢書〕盜伏於ー下。(『鑑』과 통함)

十六畫

【甗】(언) 銑 元 ゲン、こしき earthen ware vessel ㄧㄢ yen³

小篆 草書 ❶질고리언(無底甑)。〔左傳〕賂以紀ー。❷땅이름언(齊地名)。

饕餮甗❶(金石索)

【⿱⿰火并瓦】 一(용) 腫 二(준) 震 三(윤) 軫 ジョウ、かわばかま leathern trousers

小篆 一가죽바지용(皮袴、獵用)。二三뜻은 一과 같음。

十八畫

【⿰巂瓦】(규) 齊 ケイ、こしきのあな bottom-hole

시루구멍규(甑孔)。(『窐』와 같음)

十九畫

【⿱䜌瓦】(라) 歌 ラ、かわら crockery

❶질그릇라(瓦器)。❷굴뚝라、연통라(烟突)。

二十畫

【⿰霤瓦】(류) 宥 リュウ、いらか roof

지붕마루류(屋霤)。

甘 部

【甘】(감) 覃 カン、あまい sweet ㄍㄢ kan¹

小篆 草書 ❶달감(五味之一)。〔書經〕稼穡作ー。❷달게여길감(嗜也)。〔書經〕ー酒嗜飮。❸맛감(美味)。〔孟子〕肥ー不足於口與。❹싫을감(厭也)。〔詩經〕ー心首疾。❺마음 상쾌할감(快意)。〔左傳〕管召讎也請受而ー心。

四畫

【甚】一(심) 寢 二(심) 沁 シン、はなはだしい extemly ㄕㄣ shen²

小篆 古文 草書 一❶심할심(劇也)。〔易經繫辭〕其道ー大。❷몹시심、더욱심(尤也)。〔詩〕亦已太ー。二무엇심(何也)。

六畫

【甛】(첨) 鹽 テン、あまい sweet

草書 ❶달첨(甘也)。〔南都賦〕酸ー滋味百種千名。❷곤하게잘첨(熟睡)。〔蘇軾詩〕一枕黑ー餘。

【甜】(첨)『甛』(前條)과 같음

八畫

【甝】(감) 覃 カン、けだもの white tiger

흰범감(白虎)。

【甞】(상)『嘗』(口部 11畫)과 같음

十畫

【⿰甘兼】(겸) 鹽 ケン、かんばしい(本音『혐』) fragrant

향기로울겸(香也)。

十一畫

【⿸厤甘】(감) 覃 カン、あじつけ season

小篆 小篆 ❶조미할감(調味)。❷화창할감(調和)。

生 部

【生】(생) 庚 セイ、ショウ、うむ、いきる born; live ㄕㄥ sheng¹

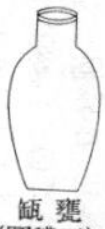

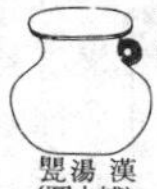

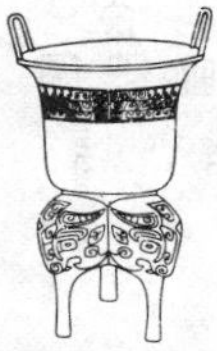

小篆 草書 ❶낳을생(產也)。〔博雅〕人十月而ー。〔詩經〕居然ー子。❷날생(出也)。〔易經〕上九觀其ー。❸익지않을생、날것생(未熟、未烹)。〔十八史略〕興一ー彘肩。❹살생(死之對)。〔論語〕死ー有命。❺목숨생(生命)。〔孟子告子上〕舍ー而取義。❻생활생(生活)。❼어조사생(語助辭)。〔李白詩〕借問別來太瘦ー。❽끝이없을생(不窮)。❾접때생(平生疇昔)。❿닭이알낳을생(鷄產卵)。⓫자랄생(成長)。⓬나생(自己謙稱)。⓭저절로생(天然)。⓮늘일생(殖也)。

五畫

【甡】(신) 眞 シン、おおい many ㄕㄣ shen

小篆 草書 많을신、우물우물할신(ーー衆貌)。〔詩經〕瞻彼中林ーー其鹿。

六畫

【產】(산) 潸 サン、うむ bear; production ㄔㄢ ch'an³

小篆 草書 ❶낳을산、해산할산(生也)。〔禮記〕ー萬物者聖也。❷생산할산(民業生ー)。❸난곳산(ー地、國ー、外國ー)。

七畫

【甤】(유) 支 ズイ、おおい abundant in fruit

小篆 초목에 열매다닥다닥 맺힐유(草木實垂ーー)。

【甦】(소) 虞 ソ、ス、よみがえる revival
草書 ❶쉴소(息也)。❷깨날소(死而復生)。

九畫

【甥】(생) 庚 セイ、ソウ、おい nephew ㄕㄥ shêng¹
小篆 草書 ❶생질생(姊妹之子)。【詩】展我ー兮。❷사위생(女婿)。【孟子】帝館ー于貳室。❸외손자생(外孫)。【左傳】以肥之得備彌ー。

【甦】(소) 虞 ソ、やすむ take a rest
草書 ❶쉴소(息也)。❷깨날소(死而復生)。(『甦』와 같음)

十二畫

【甤】(황) 陽 コウ、はな flowery
小篆 或體 꽃다울황(華榮)。

用 部

【用】(용) 宋 ヨウ、もちいる use;consume ㄩㄥ yung⁴
小篆 古文 草書 ❶쓸용(可施行)。【易】潛龍勿ー。❷쓰일용、부릴용(使也、利ー)。【左傳】惟楚有材晋實ー之。❸써용(以也)。【詩經】是ー不集。❹재물용(貨也)。❺그릇용、도구용(器也)。【書經】利ー厚生。【書經】今殷民乃攘竊神祇之犧牷牲ー以容。❻맡길용(任也)。❼통할용(通也)。

一畫

【甪】(록) 屋 ロク sage ㄌㄨˋ lu⁴
草書 ❶신선이름록、녹리선생록(ー里先生、四皓之一)。❷짐승이름록(獸名)。❸성록(複姓)。

二畫

【甫】(보) 麌 ホ、フ、おおきい great ㄈㄨˇ fu³
小篆 草書 ❶아무개보(男子美稱)。【儀禮註】孔子爲尼ー。❷클보(大也)。【詩經】卓彼ー田。❸많을보、무리보(衆也)。【詩經】魴鱮ーー。❹나보(我也)。❺또보(且也)。❻처음보、비로소보(始也)。

【甬】(용) 腫 ヨウ、みち、alley ㄩㄥˇ yung³
小篆 草書 ❶물솟아오를용(涌也)。❷골목길용(巷道)。【史記】築ー道。【淮南子】修爲牆垣ー道相連。❸쇠북꼭지용(鍾鼻)。【周禮】鳧氏爲鍾舞上謂ー、ー上謂衡。❹휘용(量名、斛也)。【禮記】仲春之月日夜分則角斗ー。❺초목빛날용(ーー草木華貌)。❻땅이름용(地名)。❼물이름용(水名)。

七畫

【甯】(녕) 徑 靑 デイ、ネイ、むしろ rather ㄋㄧㄥˊ ning²
小篆 ❶차라리녕(願詞)。【徐曰】今俗言ー可如此。❷성녕(姓也)。

田 部

【田】(전) 先 デン、た、はたけ feld;farm ㄊㄧㄢˊ t'ien²
小篆 草書 ❶밭전(耕地)。【詩經】雨我公ー。❷사냥할전(獵也)。【詩】叔于ー。❸북이름전(鼓名)。【詩】應ー縣鼓。❹수레이름전(車名)。【周禮】ー僕掌馭ー路。❺연잎둥글둥글할전(蓮葉貌)。【江南曲】蓮葉何ーー。❻【日字】논전(水田)。

【由】(유) 尤 ユウ、ユ、よる、わけ be derived;motive ㄧㄡˊ yu²
小篆 草書 ❶말미암을유(從也、自也)。【論語】觀其所ー。❷행할유(行也)。【書經】率ー典常以蕃王室。❸쓸유(用也)。【書經】弔ー靈。❹마음에든든할유(自得貌)。【孟子】ーー焉與之偕。❺까닭유(理ー、ー緖)。❻인할유(因也)。❼지날유(經也)。

【甲】(갑) 洽 コウ、よろい、きのえ armour;begin ㄐㄧㄚˇ chia³·⁴
小篆 古文 小篆 古文 草書 ❶갑옷갑(介胄)。【易經】離爲ー胄。❷첫째천간갑(十干支首)。❸비롯할갑(始也)。【書經】ー於內亂。❹떡잎날갑(草木初生之莩)。【易經】草木皆ー圻。❺법령갑(法令)。【戰國策】臣敬循衣服以待令ー。❻과거갑(科第)。【漢書】歲課ー乙丙科。❼첫째갑、으뜸갑(第一)。【蘇軾表】象犀珠玉之富ー於天下。❽껍질갑(魚蟲介殼)。❾대궐갑(ー帳、殿也)。❿아무갑(某也)。

甲 (禮器圖)

【申】(신) 眞 シン、さる、もうす stretch ㄕㄣ shen¹
小篆 古文 古文 古文 籒文 草書 ❶펄신(伸也)。【北征賦】行止屈伸ー與時息兮。❷기지개켤신(欠伸)。【莊子】熊經鳥ー。❸거듭신(重也)。【易經】重巽以ー命。❹낮살펼신(容舒)。【論語】ーー如也。❺아홉째지지신(地支之第九位)。❻원숭이신(猿也)。(『伸』과 通함)

一畫

【甶】(불) 物 フツ、おにあたま head ghost
小篆 귀신머리불(鬼頭)。

二畫

【男】(남) 覃 ダン、ナン おとこ、むすこ male; son ㄋㄢ nan²

篆小 書草 ❶사내남(丈夫)。❷아들남(子對父母曰ㅡ)。❸벼슬이름남(爵名、五等之末)。

【畖】(견)『畎』(田部4畫)과 같음

【甸】㊀(전) 霰 テン、ショウ、さかい、かり area ㄉㄧㄢ tien⁴ ㊁(승) 徑
篆小 書草 ㊀경기전(畿內區域)。〔書經〕五百里ㅡ服。㊁❶다스릴승(治也)。〔詩經〕信彼南山維禹ㅡ之。❷수레승(車名、衷ㅡ)。〔左傳〕良夫乘衷ㅡ。

四邱爲甸 邱 邱 甸 邱 邱
井牧 (禮器圖)

【甹】(병) 靑 ヘイ、ひく pull
篆小 書草 끌병(曳也)。

【町】(정) 迥 テイ、チョウ、あぜ ridge between fields ㄊㄧㄥ t'ing³
篆小 書草 ❶밭두덕정(ㅡ畦、田區畔埒)。❷정보정、지적정(三千坪爲町步)。❸〔日字〕시가정、장거리정(市街、商街)。

三畫

【画】(화)(획)『畫』(田部7畫)와 같음

【甽】(견)『畎』(田部4畫)의 古字

【甾】(치) 支 チ、きじ pheasant
❶꿩치(翟類)。〔周禮〕翟類有六曰翬曰搖曰鷂曰ㅡ曰希曰蹲。❷내이름치(川名)。

【畖】(견)『畎』(田部4畫)의 古字

【甿】㊀(맹) 庚 ボウ、たみ peasant ㄇㄥ mêng² ㊁(망) 魚
篆小 書草 ㊀농부맹(田民)。〔周禮〕以下劑致ㅡ以田里安ㅡ。㊁벌판망(廣野)。(『氓』과 같음)

【甼】(비)『卑』(十部6畫)의 俗字

【畀】(비) 寘 ヒ、あたえる give ㄅㄧ pi⁴
篆小 書草 줄비(付與、賜也)。〔書經〕不ㅡ洪範九疇。

四畫

【甾】(치) 支 シ、もたい barrel
❶장군치(楚缶)。❷한해된밭치(田一歲)。(『菑』와 같음)

【𤰶】(강) 養 コウ、おか hill
篆小 篆小 ❶언덕강(陌也)。❷지경강、갈피강(境也)。

【畇】㊀(균) 眞 イン、たつくる reclaim ㊁(윤) 眞 (同音「윤」)
書草 ㊀밭개간할균(墾田)。〔詩經〕ㅡ原濕。㊁밭윤(田也)。

【畆】(무)『畝』(田部5畫)의 本字

【畊】(경)『耕』(耒部4畫)의 古字

【畋】(전) 先 デン、かり hunt ㄊㄧㄢ t'ien²
篆小 書草 ❶사냥할전(獵也)。〔書經〕ㅡ于有洛之表。❷평밭전(平田)。

【界】(계) 卦 カイ、さかい boundary ㄐㄧㄝ chieh⁴
篆小 篆小 書草 ❶지경계、갈피계、경계계(境也)。〔孟子〕域民不以封疆之ㅡ。❷한정할계(分畫、限也)。〔後漢書〕以禮爲ㅡ。❸이간할계(離間)。〔揚雄解嘲〕范睢ㅡ涇陽。❹둘레계(範圍)。

【畍】(계)『界』(前條)와 같음

【畎】(견) 銑 ケン、みぞ ditch between fields ㄑㄩㄢ ch'üan³
書草 ❶밭도랑견(田中溝)。〔書經〕濬ㅡ澮距川。❷산골도랑견(山谷水道)。〔書經〕羽ㅡ夏翟。(『甽』과 같음)

【畏】(외) 未 イ、おそれる dread; fear ㄨㄟ wei⁴ (古音「위」)
篆小 古文 書草 ❶겁낼외(怯也)。〔孟子〕是ㅡ三軍者。❷두려울외(懼也)。〔書經〕永ㅡ惟罰。❸놀랄외(驚也)。❹꺼릴외(忌也)。

【𤰞】(외)『畏』(前條)와 같음

【畐】(복) 屋 フク、みちる be filled
篆小 ❶찰복(滿也)。❷나비복(幅也)。

【畓】(답)〔國字〕
논답(水田)。

【畑】(전)〔日字〕はたけ field
書草 ❶화전전(火畊田)。❷〔日字〕밭전(田也)。

五畫

【畔】(반) 翰 ハン、あぜ ridge between fields ㄆㄢ p'an⁴
篆小 書草 ❶밭두덕반(田界)。〔左傳〕如農之有ㅡ。❷도랑반、도랑할반(ㅡ援、跋扈)。〔詩經〕無然ㅡ援。❸갑절반、곱반(倍也)。〔禮〕革制度衣服者爲ㅡ。❹가반(邊側皆曰ㅡ)。

【𤱐】㊀(피) 支 ヒ、たがやす plough ㊁(파) 歌
㊀밭갈피(耕也)。㊁조금두두룩할파(小高貌、眎ㅡ)。

【留】(류) 尤 リュウ、とどまる stay; detain ㄌㄧㄡ liu²
篆小 書草 ❶머무를류(住也)。❷그칠류(止也)。❸오랠류(久也)。〔禮記〕悉數之乃ㅡ更僕未可終也。❹더딜류(遲也)。〔易經〕用刑而不ㅡ獄。❺횡사할류(費ㅡ凶命)。❻

막힐류(滯也)。❼꾀꼬리류(黃鳥)。❽멈출류(停待)。❾기다릴류(待也)。
(『留』는 本字)

【畚】(분) 阮 ホン、ふご shovel ㄅㄣˇ pen³
畚小篆 畚小篆 畚草書 ❶가래분(畚也)。❷삼태분(盛土器)。❸목도분(運搬具)。〔漢書 揚雄傳〕少以織ㅣ爲業。

畚❷(農政全書)

【畜】㊀(축) 屋 チク、たくわえる、かう accumulate ㊁(휵) 屋 domestic animals ㊂(휴) 宥 ㊃(추) 宥 ㄒㄩˋ hsü⁴
畜小篆 畜古文 畜古文 畜草書 ㊀❶육축축、가축축(家ㅣ、六ㅣ)。「牛馬羊鷄犬豕謂六ㅣ」。❷쌓을축(積也)。〔禮記〕務ㅣ菜。❸그칠축(止也)。〔孟子 梁惠王下〕ㅣ君何尤。㊁❶기를휵(養也)。〔大學〕不ㅣ聚斂之臣。❷용납할휵(容也)。〔左傳〕天下誰ㅣ之。㊂기른짐승휴(獸可養)。〔周禮〕在野曰獸在家曰ㅣ。㊃집짐승추(家養獸)。

【畝】(무) 有 ボウ、ホ、うね、あぜ ridge ㄇㄨˇ mu³ (俗音「묘」)
畝小篆 밭이랑무(田壟)。〔司馬法〕六尺爲步步百爲ㅣ。〔詩經〕南東其ㅣ。

十步 二十步
步百爲畝(農政全書)

【畞】(무)『畝』(前條)의 古字

【畛】(진) 軫 眞 シン、さかい patch between fields ㄓㄣˇ chen³
畛小篆 畛草書 밭갈피진(田界)。〔詩〕徂隰徂ㅣ。

【⿰田尔】(진)『畛』(前條)과 같음

【畟】(측) 職 ショク、するどいすき sharp plowshare
畟小篆 畟小篆 畟草書 ❶보습날카로울측(良耜、ㅣㅣ)。❷주사위측(骰子、瓊ㅣ)。❸나갈측(進也ㅣㅣ)。

【畠】(전) 〔日字〕 はたけ field
畠小篆 밭전(田地)。

六畫

【異】(이)『異』(田部7畫)와 같음

【畢】(필) 質 ヒツ、おわる finish ㄅㄧˋ pi⁴
畢小篆 畢草書 ❶마칠필(竟也)。〔左傳〕日至而ㅣ。❷다할필(盡也)。〔詩經〕ㅣ來旣升。❸토끼그물필(兎網)。❹편지필、책필(簡札)。〔禮記〕呻其佔ㅣ。❺희생꿰는나무필、고기꿰다는나무필(貫牲體木)。〔禮記〕ㅣ用桑。❻별이름필(星名、二十八宿之一)。

圖畢❺

【畤】(치) 紙 シ、ジ、まつりのにわ place for festival ㄓˋ chih⁴
畤小篆 畤草書 제터치(祭地神所依止)。〔史記〕祠上帝西ㅣ。

【⿱列田】㊀(례) 霽 レイ、おちいる sink ㊁(렬)〔國音〕
㊀빠질례(陷也)。㊁논배미렬(區畓)。

【略】(략) 藥 リャク、はぶく、はかる summary; plan ㄌㄩㄝˋ lüeh⁴
略小篆 略草書 ❶간략할략、약간략(簡也)。❷날카로울략(利也)。〔詩經〕有ㅣ其耜。❸꾀략(謀也、方略)。〔漢書〕圖上方ㅣ。❹지경략(界也)。〔左傳〕王興之武公之ㅣ自虎牢以東。❺대강략(要也)。〔孟子〕此其ㅣ也。❻노략질할략(ㅣ定、行取)。〔淮南子〕攻城ㅣ地。❼홀할략(忽也)。❽다스릴략(理也)。❾범할략(犯也)。(「掠」와 통함)

【畧】(략)『略』(前條)과 같음

【畦】(휴) 齊 ケイ、うね boundary ㄑㄧˊ ch'i²
畦小篆 畦草書 ❶밭쉰이랑휴(五十畝壟也)。〔莊子〕彼且爲無町ㅣ。❷갈피휴(區也)。

七畫

【番】㊀(번) 元 ハン、バン、ばん、かず time; number ㄈㄢ fan¹ ㊁(반) 寒 ㊂(파) 歌
番小篆 番或體 番古文 番草書 ㊀❶번수번、한번번(數也)。❷번들번(直宿更也)。〔漢書〕賢良直宿更ㅣ。㊁❶땅이름반(南海地名ㅣ禺)。❷갈릴반(遞也)。❸치려반(矛也)。㊂❶날랠파(勇貌)。〔書經〕ㅣㅣ良士。❷하얗게늙을파(老貌)。

【畫】㊀(화) 卦 ガ、ガク、えがく、かぎる picture; section (古音「홰」) ㊁(획) 陌 ㄏㄨㄚˋ hua
畫小篆 畫古文 畫古文 畫草書 ㊀그림화(形像繪也)。〔周禮〕祭祀共黼ㅣ組就之物。㊁❶그을획、나눌획(分ㅣ)。❷한정할획(界限)。〔左傳〕芒芒禹跡ㅣ爲九州。❸꾀할획(計策)。〔鄒陽書〕願大王審ㅣ而已。❹그칠획(截止)。〔論語〕今女ㅣ。❺지휘할획(規ㅣ)。〔釋名〕道出其右曰ㅣ丘人尙右凡有指ㅣ皆用右也。❻글씨획(書也)。

【畬】㊀(여) 魚 ヨ、シャ、あらた third year of cultivation ㊁(사) 麻 ㄩˊ yü²
畬小篆 畬草書 ㊀삼년된밭여(三歲治田)。〔詩經〕如何新ㅣ。㊁따비밭사、화전사(火種田)。

【畭】(여)(사)『畬』(前條)와 같음

【畮】(무)『畝』(田部5畫)의 正字

【畯】(준) 震 シュン、たびと peasant ㄐㄩㄣˋ chün⁴
畯小篆 畯小篆 畯草書 ❶농부준(農夫)。❷권농관준(典田官)。〔詩經〕田ㅣ至喜。

【異】(이) 寘 イ、ことなる different : strange
小篆 草書 ❶다를이(不同)。【論語】-乎三子之撰。❷괴이할이(怪也)。【孟子】無-於以王爲愛也。❸나눌이(分也)。【史記】不分-者倍其賦。❹기이할이(奇也)。【史記】孔子弟子皆-能之士也。

【畱】(류)『留』(田部 5畫)의 本字

八畫

【畫】(화)(획)『畫』(田部 7畫)의 俗字

【畊】(병) 靑 ヘイ、こめぶくろ rice-basket
小篆 ❶쌀소쿠리병(簃也)。❷광주리병(筥也)。

【𤲃】(래) 灰 ライ、あればたけ waste field
묵은밭래(不耕荒田)。

【𤱽】(비) 支 ヒ、つつみ dike
보막아물댈비(壅水漑田-田)。

【當】(一)(당) 陽 トウ、あたる undertake : right (二)(당) 漾 ㄉㄤ tang1.3
小篆 草書 (一)❶마땅당(理合如是)。【史記】內史坐車中自如固-。❷대적할당(敵也)。【史記廉頗傳】學兵法言兵事以天下莫能-。❸적합할당、순응할당(順應)。【呂氏春秋】寒暑四時-。❹당할당(値也)。【禮記曲禮】-食不歎。❺방비할당、막을당(防也)。❻법당(奏-、斷罪)。【史記】廷尉奏-。❼마땅할당(適可)。【禮記】-其可之謂時。❽번들당(-直、夕直)。【禮記】妻不在妾御莫敢-夕。❾일도맡아할당(幹事)。❿다다칠당(抵也)。⓫이을당(承也)。⓬주장할당(主也)。(二)❶전당할당(出物質-)。【左傳】慶封-國。【後漢書】劉虞賓賞典-。❷뽑힐당(選也)。❸밑당(底也)。【韓非子】猶玉巵之無-。❹맞힐당(中也)。

【畷】(一)(체) 霽 テツ、たんぼみち (二)(철) 屑 path dividing fields
小篆 草書 (一)밭두둑길체(田間道)。【禮記】饗農及郵表-禽獸。(二)뜻은 (一)과 같음。

【畸】(기) 支 キ、わりのこり odd pieces of land ㄐㄧ chi1
小篆 草書 ❶뙈기밭기(殘田)。【正字通】不可井者爲-。❷셈나머지기(-零數餘)。【莊子】-于人而侔于天。❸기이할기(奇異)。【莊子大宗師】-人者-於人。

【畹】(원) 阮 エン、たはた fields ㄨㄢ wan3
小篆 草書 밭스무두둑원(田二十畝)。【楚辭】余既滋蘭之九-兮。

【畺】(강)『疆』(田部 14畫)과 같음

九畫

【畻】(승) 蒸 ショウ、あぜ parcel of fields
草書 논두둑승(稻田畦)。

【畼】(창) 漾 チョウ、くにのな waste field
小篆 ❶땅이름창(地名)。❷곡식나지않는밭창(不毛田)。

【畽】(一)(톤) 阮 タン、にわ (二)(탄) 旱 garden ㄊㄨㄢˇ t'uan3
草書 (一)염우없을톤(無廉隅)。(二)마당탄(舍傍空地)。【詩經】町-鹿場。

【㽜】(연) 霰 ゼン、あきち vacant lot
小篆 ❶빈땅연(隙地)。❷성밑밭연(城下田)。

十畫

【㽅】(혜) 齊 ケイ、こみち shorter road
길혜(徑也)。(『蹊』와 같음)

【畾】(뢰) 灰 ライ、たがやす till
밭갈피뢰(田閒)。

【畿】(기) 微 キ、きない royal domains ㄐㄧ chi1
小篆 草書 ❶경기기(王國千里)。【詩經】邦-千里。❷문안기(門內)。【詩經】薄送我-。❸지경기(疆界)。

十一畫

【𤳉】(한) 翰 旱 カン、むぎはたけ barley-field
보리밭한(耕麥地)。

【疁】(류) 尤 リュウ、やまのた field
小篆 화전류(火田)。

十二畫

【疃】(탄) 旱 タン、にわ garden
小篆 마당탄、사슴발자국탄(鹿跡-)。【詩經】町-鹿場。(『畽』과 같음)

【疄】(린) 眞 リン、あぜ ridge ㄌㄧㄣˊ lin2
小篆 밭두둑린(田壟)。

十三畫

【𤳳】(옹) 冬 ヨウ、つちかう earth up
❶밭북돋울옹(培田)。❷연밥옹、마름옹(芡實)。(『壅』과 통함)

十四畫

【疆】(강) 陽 キョウ、さかい boundary ㄐㄧㄤ chiang1
草書 ❶지경강、갈피강(境界)。【書經】我武維揚侵于之-。❷굳셀강(堅也)。❸변방강(邊方)。❹한끝강(限也)。【詩經小雅楚茨】萬壽無-。(『畺』과 같음)

【疇】(주) 尤 チュウ、たはた arable land ㄔㄡ ch'ou2
小篆 或體 草書 ❶밭주(田也、穀田曰田、麻田曰-)。【禮記】可以糞田-。❷누구주(誰也)。【書經堯典】-咨若時登庸。❸같을주(等也)。【漢書】-其爵邑。❹무리주(類也)。【戰國策】賢者之-。❺지난번주、접때주(曩也)。【左傳】-昔之

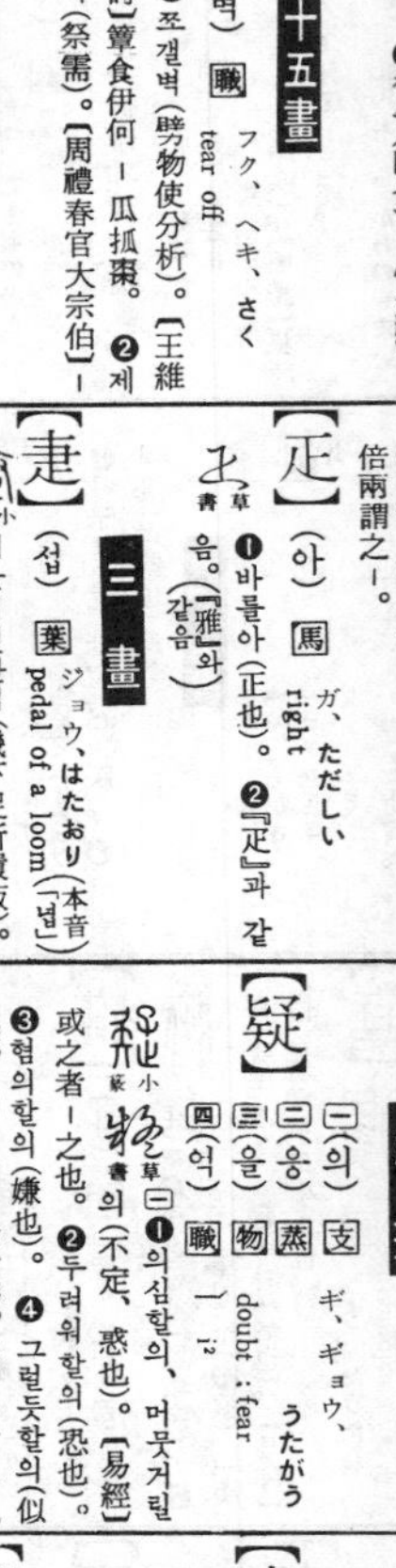

羊子爲政。❻적주(四也)。〔易經〕
離祉。

十五畫

【䟤】(벽) 職 フク、ヘキ、さく tear off
(草書) ❶쪼갤벽(擗物使分析)。〔王維詩〕簞食伊何─瓜抓棗。❷제수이름벽(祭需)。〔周禮春官大宗伯〕─辜。

十七畫

【疊】(첩) 葉 チョウ、ジョウ、かさなる pile up ㄉㄧㄝˊ tieh^2
(草書) ❶거듭첩(重也)。❷포갤첩(累也)。〔吳都賦〕雖累葉百─而富强相繼。❸쌓을첩(積也)。❹굽힐첩(屈也)。❺두려울첩(震懼)。〔詩經〕莫不震─。❻베이름첩(白─、布名)。

十八畫

【田+巂】(휴) 齊 ケイ、あぜ ridge
❶발두둑휴(畦也)。❷밭쉰이랑휴(五十畝)。(『畦』와 같음)

疋部

【疋】㊀(소) 魚 ショ、ヒツ、あし、ひき foot；roll ㊁(필) 質 ㄧㄚˇ ya^3
(小篆)(草書) ㊀발소(足也)。〔說文〕問─何止。㊁❶짝필(偶也)。

倍兩謂之─。

【疋】(아) 馬 ガ、ただしい right
(草書) ❶바를아(正也)。❷『疋』과 같음。(『雅』와 같음)

三畫

【疌】(섭) 葉 ジョウ、はたおり pedal of a loom (本音「녑」)
(小篆) 베틀디딜판섭(機下足所履板)。

六畫

【疏】㊀(소) 魚 ソ、とおる、わかれる drain；part ㊁(소) 御 ㄕㄨ shu^1
(小篆)(草書) ㊀❶트일소(通也、使兩頭孔相連而─通)。❷나눌소(分也)。〔孟子〕禹─九河。❸멀소(遠也)。〔禮記〕以定親─。❹추할소(麤也)。〔詩經〕彼─斯粺。❺드물소(稀也)。〔禮記〕祭不欲─。㊁❶주낼소(記注)。❷상소할소(條陳)。〔揚雄解嘲〕抗─時言是非。

七畫

【䟽】(소) 魚 ショ、こうしまど lattic-window
(小篆) 영창소(疏窓)。

【疎】(소) 魚 ソ、うとい、まれ sparse；rare
(草書) ❶성길소、드물소(稀也)。❷나무잎우거질소(枝葉盛貌)。〔太玄經〕以我扶─。(『疏』와 같음)

九畫

【疑】㊀(의) 支 ギ、ギョウ、うたがう doubt；fear ㊁(응) 蒸 ㊂(을) 物 ㊃(억) 職 ㄧˊ i^2
(小篆)(草書) ㊀❶의심할의、머뭇거릴의(不定、惑也)。〔易經〕或之者─之也。❷두려워할의(恐也)。❸혐의할의(嫌也)。❹그럴듯할의(似也)。㊁정할응(定也)。〔詩〕靡所止─。㊂바로설을(正立)。〔儀禮〕婦─立于席西。㊃뜻은 ㊂과 같음。

【疐】㊀(치) 寘 チ、テイ、つまずく fall down ㊁(체) 霽 ㄓ chih^4
(小篆)(草書) ㊀❶엎드러질치(頓也)。❷미끄러질치(跲也)。〔詩經〕載─其尾。❸거리낄치(礙不行)。㊁꼭지딸체(去本)。〔爾雅〕棗李曰─之。─者柢也。

疒部

【疒】(녁) 陌 ダク、やまい disease ㄔㄨㄤˊ ch'uang^2
(小篆)(草書) 병들어기댈녁(有疾倚)。

二畫

【疔】(정) 靑 テイ、チョウ、できもの carbuncle ㄉㄧㄥ ting^1

(草書) 紅絲─宜急用針刺斷─腫痛者取菊花葉搗汁傳之冬日用菊根。

【疕】(비) 紙 ヒ、かさぶた tumor on head
(小篆)(草書) 머리헐비、두창비(頭瘡)。〔周禮〕凡邦之有疾病者─瘍造焉。

三畫

【疘】(공) 東 コウ、もんのやまい prolapse of the anus
탈항증공、밑빠질공(脫─、下部病)。

【疙】(흘) 物 ギツ、かさ tumor on head (古音「을」) ㄍㄜ kê^1
(草書) ❶쥐부스럼흘、머리종기흘(頭上瘡突起)。〔淮南子〕親母爲其子治─禿。❷어리석을흘(癡貌)。

【疚】(구) 宥 キュウ、やまい chronic disease ㄐㄧㄡ chiu^4
(草書) 오랜병구(久病)。〔易經〕履帝位而不─光明也。

【疛】(주) 有 チュウ、はらのやまい stomachache
(小篆) ❶은결병주(心腹疾)。〔呂氏春秋〕身盡─腫。❷하복통주(小腹痛)。

【疒+丸】(환) 翰 カン、できもの tumor caused
긁어 난 부스럼환(搔生瘡)。

【疒+乇】(투) 遇 ト、ちちのできもの lump in the breast
❶젖멍울투(乳癰)。❷젖몸살투(乳病)。

【疒+下】(하) 禡 カ、はらくだし dysentery 이질하(痢疾)。

【疝】(산) 諫 サン、セン、せんき cystitis ㄕㄢˋ shan4 小篆 草書 산증산(三陰急痛客於膀胱)。【方書】男子有七ㅡ寒水筋血氣狐癩是也。

四畫

【疢】(진) 震 チン、やまい fever ㄔㄣˋ chên4 小篆 草書 ❶찻병진、열병진(熱病)。【詩經小雅小弁】ㅡ如疾首。❷감질진(美嗜爲病)。【左傳】美ㅡ不如惡石石猶生我ㅡ之美其毒滋多。

【疒+水】(수) 寘 スイ、はれやまい edema (或音「세」) 부종수、습종수(腫病)。

【疣】(우) 尤 ユウ、いぼ wen:hump ㄧㄡˊ yu2 草書 혹우(瘤也、結病)。【莊子】附贅縣ㅡ。

【疤】(파) 麻 ハ、できものあと scar ㄅㄚ pa1 草書 흉터파、헌데자리파(瘡痕)。

【疥】(개) 卦 カイ、ひぜん itch scabies ㄐㄧㄝˋ chieh4 小篆 草書 옴개(痒疾)。【周禮】夏時有痒ㅡ之疾。

【疒+冉】(첨) 鹽 セン、かわのやまい skin disease 小篆 籀文 籀文 피풍첨(皮剝病)。【正字通】皮膚多蚶如風疾故曰皮剝病亦曰皮蚶。

【疷】㊀(기) 支 キ、シ、やまい indigestion (或音「제」) ㊁(저) 薺 小篆 草書 ㊀체증기(滯病)。【詩經】之子之遠俾我ㅡ兮。㊁뜻은 ㊀과 같음。

【疨】㊀(하) 麻 ㊁(아) 麻 カ、ガ、いどのやまい (of disease) serious ㊀인후병하(喉病)。㊁병심할아(病甚、疨ㅡ)。

【疩】(췌) 『瘁』(疒部8畫)의 俗字

【疪】(피) 寘 ヒ、ひえ foot soreness (或音「폐」) 草書 다리습냉병피(脚濕冷病)。

【疫】(역) 陌 エキ、ヤク、えきびょう plague;epidemic ㄧˋ i4 小篆 草書 염병역、시환역(厲鬼爲災)。【周禮】逐令始難毆ㅡ。

【疒+反】(반) 阮 ハン、はきけ sickly feeling ❶헛구역질할반(心惡吐疾)。❷어리석을반(癡也)。

五畫

【疱】(포) 效 ホウ、もがさ get a blister ㄆㄠˋ p'ao4 草書 부풀포、부르틀포(腫病)。

【疰】(주) 遇 シュウ、やまい infect 병전염할주(病染)。

【疲】(피) 支 ヒ、つかれる tired : weary ㄆㄧˊ p'i2 小篆 草書 ❶피곤할피(乏也)。❷느른할피、나른할피(勞力、倦也)。【漢書】石慶上書曰臣ㅡ駑無輔國治。(『罷』와 通함)

【疳】(감) 覃 カン、ひかん ulcer ㄍㄢ kan1 草書 ❶감질병감(小兒食病)。【正字通】小兒食甘物多生ㅡ病ㅡ有五心肝肺脾腎也。❷종기아플감(腫痛)。❸창병감(花柳病)。

【疒+瓜】(과) 歌 カ、かさ swelling 헌데과(瘡也)。【集韻】春發爲燕ㅡ秋發爲鴈ㅡ。

【疴】(아) 歌 ア、やまい disease ㄜ ê1 小篆 草書 병아(病也)。【漢書】時卽有口ㅡ。(『痾』와 같음)

【疵】(자) 支 シ、きず flaw : blemish ㄘ tz'ŭ1 小篆 草書 ❶죽은깨자(黑類疾)。❷흠자、흠집자(瘢痕)。【漢書】吹毛求ㅡ。❸병자(病也)。【易經】悔吝者言乎其小ㅡ也。

【疸】㊀(달) 翰 タン、おうたん jaundice (本音「단」) ㊁(달) 旱 小篆 草書 ㊀황달달(黃病)。【內經】目黃溺黃赤安臥者黃ㅡ。已食如饑者胃ㅡ。㊁쥐부스럼달(疙ㅡ、頭瘡)。

【疹】㊀(진) 軫 シン、はしか samall pox ㄓㄣˇ chen3 ㊁(진) 震 草書 ㊀❶마마진、역질진、손님진(痘瘡)。❷두두러기진(癮ㅡ皮外小起)。❸홍역진(紅ㅡ)。㊁홧병진、열병진(熱病)。【張衡思玄賦】思百憂以自ㅡ。

【疺】(법) 洽 ホウ、やせる haggard ❶파리할법(瘦也)。❷가쁠법、고달플법(疲也)。【明史】駕發鳴轂鎖天氣清爽人馬不渴若喧熱人皆ㅡ矣。

【疻】(지) 紙 シ、みみずばれ druise 小篆 草書 맞어서멍들지(毆傷)。【漢書】遇人不以義而見ㅡ者與痏人之罪均。

【疼】(동) 冬 トウ、いたみ ache : pain ㄊㄥˊ t'êng2 草書 아플동(痛也)。(『痋』과 같음)

【疽】(저) 魚 ショ、ソ、はれもの swell ulcer ㄐㄩ chü1 小篆 草書 등창저(癰ㅡ)。【醫書】ㅡ者五臟不調之所致。

【疾】(질) 質 シツ、やまい disease : sickness ㄐㄧˊ chi2 小篆 籀文 古文 古文 草書

❶배아플주(病也)。〔書經〕若藥不瞑眩厥疾ㅣ不瘳。❷근심할질(患也)。〔左傳〕謂其不ㅣ疾蠱也。❸투기할질(妒也)。〔書經〕人之有技冒ㅣ以惡之。❹급할질(急也)。〔詩經〕旻天ㅣ威。❺몹쓸질(惡也)。〔左傳〕辰在子卯謂之ㅣ日。❻원망할질(怨也)。❼빠를질(速也)。〔南都賦〕箭馳風ㅣ。

【痀】(구) 虞 crookback ク、くぐせ ㄐㄩ chü¹
小篆 草書 곱사등이구(ㅣ瘻、曲脊)。〔莊子〕仲尼適楚出於林中見ㅣ瘻者。

【痱】(비) 未 prickly heat ヒ、あせも ㄈㄟˋ fei⁴
草書 땀띠비(觸暑汗濕瘥ㅣ)。〔正字通〕今俗以觸熱膚疹如沸者曰ㅣ子。

【痁】(점) 鹽 艶 malaria セン、おこり ㄉㄧㄢˋ tien⁴
小篆 草書 ❶학질점(瘧疾)。〔左傳〕齊侯疥遂ㅣ。❷〔中字〕멍들점(瘢ㅣ)。

【痂】(가) 麻 scad : eschar カ、かさぶた ㄐㄧㄚ chia¹
小篆 草書 헌데딱지가(乾瘍)。〔徐曰〕瘡生肉所蛻乾爲ㅣ。

【痃】(현) 先 muscular disease ケン、ゲン けんびき ㄒㄧㄢˊ hsien²
❶적병현(癖積)。❷힘줄당기는병현(筋肉急縮病)。

【痄】㊀(차) 馬 be not healed ㄓㄚˇ cha³ ㊁(자) 麻
㊀헌데아물지않을차(瘡不合)。㊁병더칠자(病甚、ㅣ疨)。

【症】(증) 敬 symptoms ショウ、しるし ㄓㄥˋ chêng⁴
草書 병증세증(病勢)。

【病】(병) 敬 disease : illness ヘイ、ビョウ、やまい ㄅㄧㄥˋ ping⁴
小篆 草書 ❶병들병、병더칠병、앓을병(疾加)。❷근심할병(憂也)。〔禮記〕ㅣ不得其衆。❸괴로울병(苦也)。〔書經〕人極于ㅣ。❹곤할병(困也)。〔禮記〕君子不以其所能者ㅣ人。❺아플병(痛也)。❻병통병(短處、缺點)。

【痆】㊀(날) 黠 itch ダツ、かゆい ㊁(닐) 質
㊀부스럼아플날、헌데쑤실날(瘡痛)。〔韓愈詩〕視傷悼瘢ㅣ。㊁가려울닐(痒也)。

六畫

【痊】(전) 先 heal : cure セン、いやす ㄑㄩㄢˊ ch'üan²
草書 병나을전(病除)。〔抱朴子〕灸刺慘痛而不可止者以病ㅣ也。

【痌】㊀(통) 東 ache : pain トウ、いたむ ㄊㄨㄥ t'ung¹ ㊁(동)
草書 ㊀아플통(痛也)。(『恫』과 같음) ㊁헌데터질동(瘡潰)。

【痎】(해) 佳 malaria ㄐㄧㄝˊ chieh² (古音「개」)
小篆 草書 하루거리해、학질해(二日一發之瘧)。〔左傳〕齊侯ㅣ遂痁。

【痍】(이) 支 wound : injury イ、きず ㄧˊ i²
小篆 草書 ❶상할이、다칠이(傷也)。〔史記〕天下之心未定傷ㅣ者未瘳。❷흠집이(傷痕)。(『夷』와 통함)

【痏】(유) 紙 druise イ、うちきず ㄨㄟˇ wei³
小篆 草書 맞아멍들유(毆擊人剝皮腫起)。〔漢書〕遇人不以義而見疻者與ㅣ人之罪均惡不直也。

【㾍】(상) 漾 worry ダイ、うれう
❶근심할상(憂也)。❷아플상(痛也)。

【痑】(타) 哿 horse-disease タ、うまやまい
小篆 ❶말병타(馬病)。❷고달플타(疲也)。

【痒】㊀(양) 陽 itch ヨウ、かさ ㊁(양) 養 ㄧㄤˇ yang³
小篆 草書 ㊁❶옴양(疥疾)。〔周禮〕夏時有ㅣ疥疾。❷병양(病也)。〔詩經小雅正月〕癙憂以ㅣ。(『瘍』과 같음) ㊀가려울양(膚欲搔)。(『癢』과 같음)

【痔】(치) 紙 piles チ、ジ、しもがさ ㄓˋ chih⁴
小篆 草書 치질치(隱瘡後病)。〔莊子〕舐ㅣ者得車五乘。

【痓】(치) 寘 palsy
❶풍병치(風病)。❷악할치(惡也)。

【㾐】(려)『癘』(疒部 13畫)와 같음

【㾑】㊀(답) 合 fatten トウ、こえる ㊁(압) 合
㊀살찔답(肥貌)。㊁오한증압(寒病)。

【痕】(흔) 元 scar : traces コン、あと ㄏㄣˊ hen²
小篆 草書 ❶헌데자욱흔、흉터흔(瘢也)。〔趙壹賦〕索其瘢ㅣ。❷흔적흔、자취흔(凡物之跡)。

七畫

【痗】(매) 隊 illness: disease バイ、マイ、やむ ㄇㄟˋ mei⁴
草書 병매(病也)。〔詩經 衞風伯兮〕使我心ㅣ。

【㾌】(연) 先 (of a joint) ache エン、うずく
小篆 ❶뼈마디쑤실연(骨節疼)。〔內經〕痿厥腨ㅣ。❷답답할연(煩懣)。〔列子〕心ㅣ體煩。❸근심할연(憂也)。❹분할연(忿也)。

【痘】(두) 宥 small-pox トウ、もがさ ㄉㄡˋ tou⁴
草書 마마두、손님두、역질두(ㅣ瘡、胎毒)。

【痙】(경) 梗 convulsions ケイ、ひきつる
小篆 草書 중풍들경、목뻣뻣할경(彊急、筋急縮而屈伸不利)。

〔內經〕諸ㅣ項强皆屬於濕。

【㾕】(심) 寢 シン、さむけ (或音「신」) take a chill 小篆 오한날심、한전날심(感寒體戰)。〔韓偓詩〕噤ㅣ餘寒酒半醒。

【痚】(효) 肴 コウ、あえぐ pant ❶헐떡일효(喘也)。〔正字通〕久欬不已連喘腰背相引 坐寢有音者俗名爲ㅣ病。❷인후병효(喉病、ㅣ瘶)。

【痛】(통) 送 トウ、ツウ、いたむ ache ; pain ㄊㄨㄥˋ t'ung⁴ 小篆 草書 ❶아플통(疼楚)。〔內經〕有擧ㅣ論。❷상할통、다칠통(傷也)。〔左傳〕斯是用ㅣ心疾首。❸심할통(甚也)。〔漢書〕以稽市物ㅣ騰躍。❹몹시통(凡事盡力)。〔世說〕ㅣ飮酒熟讀離騷便可稱名士。❺병통(病也)。

【㾙】㊀(은) 問 ㊁(흔) 軫 ギン、ねつがごる (或音「흔」) ache ㊀❶신열날은(熱氣著膚)。❷궂은살나올은(創肉反出)。❸멍울설은(腫起)。㊁❶아플흔(痛也)。❷㊀과 뜻이 같음。

【痞】(비) 紙 ヒ、つかえ hurt : pain ㄆㄧˇ p'i³ 草書 ❶더부룩할비、기질릴비(氣隔不通)。❷속결릴비(腹內結痛)。〔方書〕不痛者爲ㅣ滿痛者爲結胷。

【痟】(소) 蕭 ショウ、ずつう headache 小篆 草書 ❶머리아플소(頭痛)。〔周禮〕春時有ㅣ首疾。❷조갈증소(渴病)。〔漢書〕司馬相如ㅣ渴疾。

【痢】(리) 寘 リ、はらくだり loose bowels ㄌㄧˋ li⁴ 草書 이질리、곱똥리、설사리(腹痛瀉疾)。〔方書〕分十五ㅣ諸證皆濕熱積滯暑毒虛滑所致。

【㾍】(흘) 月 コツ、ねむりびょう sleeping〔sleepy〕sickness 잠자는병흘(多睡病)。

【痡】(부) 虞 (古音「포」) ホ、やむ be taken ill ㄆㄨ p'u 小篆 草書 ❶병들부(病也)。〔書經〕毒ㅣ四海。❷비척거릴부(疲不能行)。〔詩經周南卷耳〕我僕ㅣ矣。

【㾞】(유) 尤 ユウ、くちきのにおい stink of rotten tree 草書 썩은나무냄새유(朽木臭)。

【痣】(지) 寘 シ、ほくろ、あざ mole ㄓˋ chih⁴ 草書 검은사마귀지(黑子、黶也)。〔史記〕沛公左股有七十二黑子。

圖之凶吉痣面
(編全相神)

【痤】(좌) 歌 ザ、はれもの boil 小篆 小篆 草書 ❶뾰루지좌(小腫)。❷멍울좌(癤也)。

【痥】(탈) 曷 タツ、もものはれもの boil of horse 小篆 말부스럼탈(馬脛瘍)。

【痧】(사) 麻 サ、はしか measles ㄕㄚ sha¹ 草書 ❶쥐통사(虎列刺)。❷〔中字〕괴질사(霍亂)。❸홍역사(痲疹)。

八畫

【㾢】㊀(뢰) 隊 ㊁(래) 灰 ライ、あくびょう typhoid ㊀염병뢰(癘也)。㊁장감래、고질병래(久病)。

【痮】(장) 漾 チョウ、はらがふくれる stomachache ㄓㄤˋ chang⁴ 복창증장(腹大)。〔正字通〕脾胃不和冷氣客之爲脹滿。

【㾑】㊀(합) 合 ㊁(금) 侵 コウ、さむいやまい disease caused by coldness ㊀추위에상한병합(寒病)。㊁학질금(瘧也)。

【痯】(관) 旱 カン、つかれる exhausted: tired out ㄍㄨㄢˇ kuan³ 草書 ❶근심병관(懊憂病)。❷고달플관(疲貌)。

【痰】(담) 覃 タン、たん phlegm sputum ㄊㄢˊ t'an² 草書 담담、가래담(ㅣ癖、胷膈水病)。〔正字通〕ㅣ有六濕熱風寒食氣也。

【痲】(마) 麻 マ、しびれる paralysis ㄇㄚˊ ma² 草書 ❶마목마、홍역마(風熱病、痲木)。〔方書〕ㅣ是氣虛本是濕痰死血。❷저릴마(體失感覺)。

【痱】㊀(비) 未 ㊁(배) 賄 ヒ、はれもの boil 小篆 草書 ㊀❶풍병비(風病)。〔漢書 賈誼傳〕又類辟且病ㅣ也。❷뾰루지비(小腫)。㊁뜻은 ㊀과 같음。

【痳】(림) 侵 リン、りんびょう gonorrhoea ㄌㄧㄣˊ lin² 小篆 草書 ❶임질림(小便難、尿道病)。❷산증림(疝痛)。

【痹】(비) 寘 ヒ、しびれ beriberi ㄅㄧˋ pi⁴ 小篆 草書 각기비、습다리비(痿ㅣ風寒濕崇脚氣)。〔淮南子〕谷氣多ㅣ。

【痴】(치)『癡』(疒部 14畫)의 俗字

【痵】(계) 寘 キ、むなさわぎ (of the heart) palpitate ㄐㄧˋ chi⁴ 小篆 마음두근거릴계(心動)。

【𤷄】(권) 先 ケン、てのやまい disease of hand 손굽는병권(手屈病)。

【㾫】(축) 屋 チク、はらいた stomach ache 배아플축(腹痛)。

【痻】(민) 眞 ビン、やむ fall ill 草書 병들민(病也)。〔詩經 大雅桑柔〕多我覯ㅣ。(『痻』과)

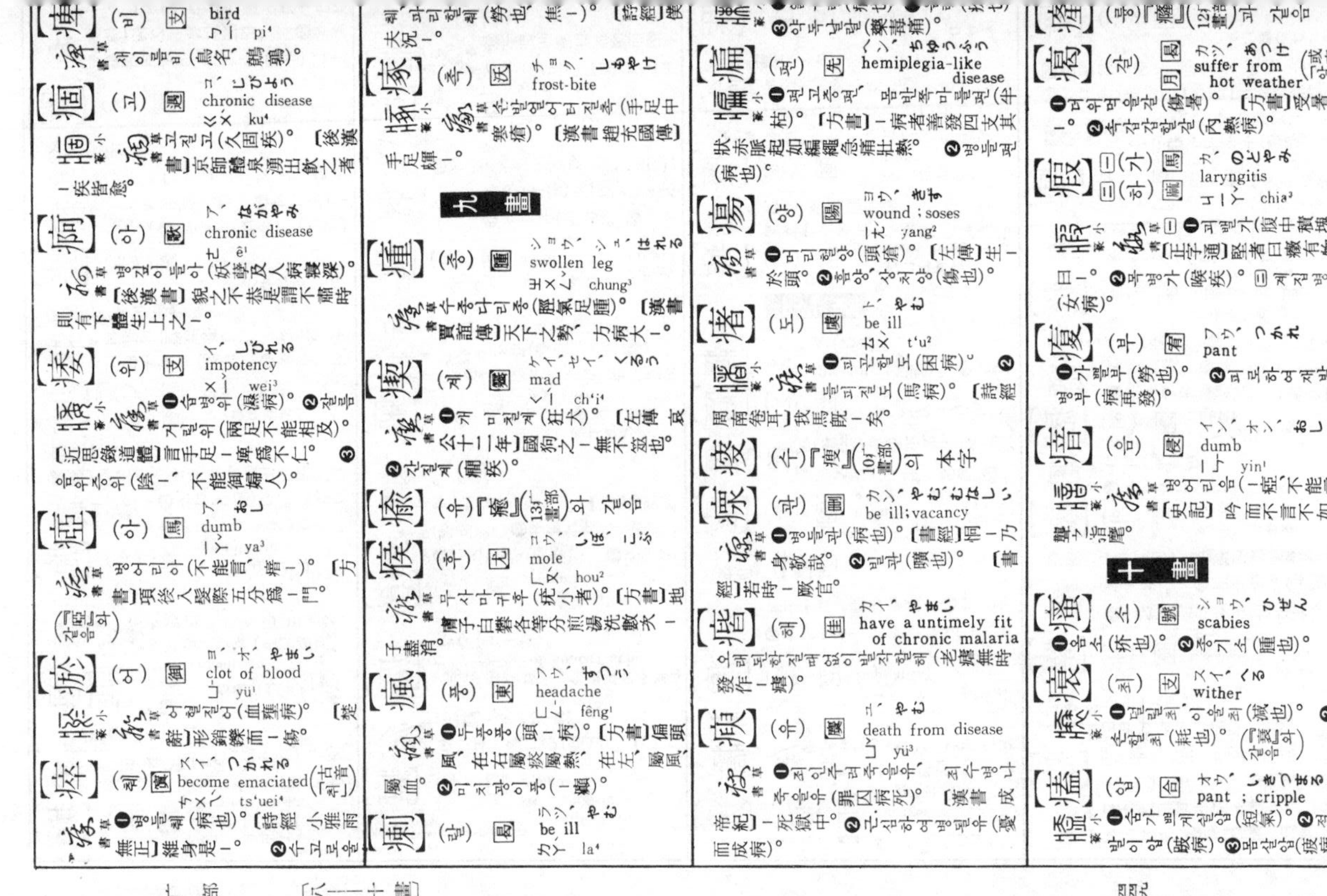

【痺】 (비) 支 bird ㄅㄧˋ pì
새이름비(鳥名、鵯鶋)。

【痼】 (고) 遇 コ、じびょう chronic disease ㄍㄨˋ ku⁴
고질고(久固疾)。〔後漢書〕京師醴泉湧出飮之者ー疾皆愈。

【痾】 (아) 歌 ア、ながやみ chronic disease ㄜ ê¹
병깊이들아(妖孽及人病寢深)。〔後漢書〕貌之不恭是謂不肅時則有下體生上之ー。

【痿】 (위) 支 イ、しびれる impotency ㄨㄟˇ wei³
❶습병위(濕病)。❷잘름거릴위(兩足不能相及)。〔近思錄道體〕言手足ー痺爲不仁。❸음위증위(陰ー、不能御婦人)。

【瘂】 (아) 馬 ア、おし dumb ㄧㄚˇ ya³
벙어리아(不能言、瘖ー)。〔方書〕項後入髮際五分爲ー門。(『啞』와 같음)

【瘀】 (어) 御 ヨ、オ、やまい clot of blood ㄩ yü¹
어혈질어(血壅病)。〔楚辭〕形銷鑠而ー傷。

【瘁】 (췌) 寘 スイ、つかれる become emaciated(古音「취」) ㄘㄨㄟˋ ts'uei⁴
❶병들췌(病也)。〔詩經 小雅雨無正〕維身是ー。❷수고로울췌、파리할췌(勞也、焦ー)。〔詩經〕僕夫況ー。

【瘃】 (촉) 沃 チョク、しもやけ frost-bite
손발얼어터질촉(手足中寒瘡)。〔漢書趙充國傳〕手足皸ー。

九畫

【瘇】 (종) 腫 ショウ、シュ、はれる swollen leg ㄓㄨㄥˇ chung³
수종다리종(脛氣足腫)。〔漢書賈誼傳〕天下之勢、方病大ー。

【瘈】 (계) 霽 ケイ、セイ、くるう mad ㄑㄧˋ ch'i⁴
❶개 미칠계(狂犬)。〔左傳 哀公十二年〕國狗之ー無不噬也。❷간질계(癇疾)。

【瘉】 (유)『癒』(13畫)와 같음

【瘊】 (후) 尤 コウ、いぼ、こぶ mole ㄏㄡˊ hou²
무사마귀후(疣小者)。〔方書〕地膚子白礬各等分煎湯洗數次ー子盡消。

【瘋】 (풍) 東 フウ、ずつう headache ㄈㄥ fêng¹
❶두풍풍(頭ー病)。〔方書〕偏頭風、在右屬痰屬熱、在左、屬風、屬血。❷미치광이풍(ー癲)。

【瘌】 (랄) 曷 ラツ、やむ be ill ㄌㄚˋ la⁴
❶앓…(病也)。❷…(痛也)。❸약독날랄(藥毒痛)。

【瘺】 (편) 先 ヘン、ちゅうふう hemiplegia-like disease
❶편고증편、몸반쪽마를편(半枯)。〔方書〕ー病者善發四支其狀赤脈起如編繩急痛壯熱。❷병들편(病也)。

【瘍】 (양) 陽 ヨウ、きず wound ; soses ㄧㄤˊ yang²
❶머리헐양(頭瘡)。〔左傳〕生ー於頭。❷흠양、상처양(傷也)。

【瘏】 (도) 虞 ト、やむ be ill ㄊㄨˊ t'u²
❶피곤할도(困病)。❷들피질도(馬病)。〔詩經周南卷耳〕我馬旣ー矣。

【瘦】 (수)『瘦』(10畫)의 本字

【瘝】 (관) 刪 カン、やむ、むなしい be ill ; vacancy
❶병들관(病也)。〔書經〕恫ー乃身敬哉。❷빌관(曠也)。〔書經〕若時ー厥官。

【瘖】 (해) 佳 カイ、やまい have a untimely fit of chronic malaria
오래된학질때없이발작할해(老瘧無時發作ー瘧)。

【瘐】 (유) 麌 ユ、やむ death from disease ㄩˇ yü³
❶죄인주려죽을유、죄수병나죽을유(罪囚病死)。〔漢書 成帝紀〕ー死獄中。❷근심하여병될유(憂而成病)。

【癃】 (륭)『癃』(12畫)과 같음

【瘍】 (갈) 曷 月 カツ、あつけ suffer from hot weather(或音「알」)
❶더위먹을갈(傷暑)。〔方書〕受暑中ー。❷속갑갑할갈(內熱病)。

【瘕】 ㊀(가) 馬 ㊁(하) 麻 カ、のどやみ laryngitis ㄐㄧㄚˇ chia³
㊀❶뢰병가(腹中積塊)。〔正字通〕堅者曰癥有物形曰ー。❷목병가(喉疾)。㊁계집병하(女病)。

【瘦】 (부) 宥 フウ、つかれ pant
❶가쁠부(勞也)。❷피로하여재발한병부(病再發)。

【瘖】 (음) 侵 イン、オン、おし dumb ㄧㄣ yin¹
벙어리음(ー瘂、不能言)。〔史記〕吟而不言不如ー聾之指麾。

十畫

【瘙】 (소) 號 ショウ、ひぜん scabies
❶옴소(疥也)。❷종기소(腫也)。

【瘣】 (최) 支 スイ、へる wither
❶덜릴최、이울최(減也)。❷모손할최(耗也)。(『衰』와 같음)

【瘧】 (압) 合 オウ、いきづまる pant ; cripple
❶숨가쁘게쉴압(短氣)。❷절뚝발이압(跛病)。❸몸살압(疲病)。

【瘚】(궐) 月 ケツ、のぼせ dumb-founded ㄐㄩㄝ chüeh²
小篆 或體 草書 기운질릴궐(氣逆)。【韓詩外傳】無使小民飢寒則ㅣ不作。

【瘛】㊀(계) 霽 ケイ、セイ、ひきつけ (古音「혜」) ㊁(체) 霽 convulsion
小篆 草書 ㊀경기병계(小兒驚風、ㅣ瘲)。 ㊁뜻은 ㊀과 같음。

【瘜】(식) 職 ソク、あまじし protuberance
小篆 草書 ❶혹식、군살식(寄肉)。❷스리식(惡肉)。【聖濟總錄】咽生ㅣ肉先刺破令血出用鹽鼓和搗塗之效。

【⿸疒馬】㊀(마) 禡 バ、めのやまい eye disease ㊁(난) 諫
小篆 ㊀❶눈병마(眼病)。❷몸에악기끼칠마(惡氣著身)。㊁마소비루먹을난(牛馬病蝕創)。

【瘞】(예) 霽 エイ、うずめる bury ㄧˋ i⁴
小篆 草書 ❶묻을예(埋也)。【禮記】祭祀ㅣ繪。❷제터예(ㅣ薤、祭地)。【詩經】上下奠ㅣ。❸산소예(墓所)。

【瘠】(척) 陌 セキ、やせる haggard ㄐㄧˊ chi²
草書 ❶파리할척、여윌척(瘦也)。【左傳】何必ㅣ魯以肥杞。❷줄척(減少)。【漢書食貨志】國無損ㅣ者以畜積多而備先具也。

【瘟】(온) 元 オン、えやみ plague ㄨㄣ wen¹
草書 염병온、온역온(疫也)。【抱朴子】經ㅣ役則不畏。

【⿸疒烝】(증) 迥 ジョウ、ほねのやまい (of bones) ache
뼈골쑤실증(骨ㅣ病)。

【瘡】(창) 陽 ソウ、かさ、きず tumor
草書 ❶부스럼창(瘍也)。❷상할창(痍也)。❸헌데자리창(痏也)。❹연장에 다칠창(金ㅣ)。【南史】虎魄療金ㅣ。(『創』과 通함)

【瘢】(반) 寒 ハン、きずあと traces of swelling ㄆㄢ pan¹
小篆 草書 ❶헌데자리반、부스럼자국반(痍處已愈有痕)。【漢書 馬寥傳】吳王好劍客百姓多瘡ㅣ。

【瘣】(외) 賄 カイ、やむ (古音「회」) be ill ㄏㄨㄟ huei⁴
小篆 草書 ❶병들외(病也)。❷나무혹외(木瘤)。【爾雅】ㅣ木苻婁。❸메높을외(山高峻貌)。【史記】崴崴嵔ㅣ。

【瘤】(류) 尤 リュウ、こぶ wen ㄌㄧㄡ liu²
小篆 草書 혹류(疣也)。【抱朴子】粉黛至則西施以加麗而宿ㅣ以藏醜。(『癅』와

【瘥】㊀(채) 卦 サイ、サ、いゆ、いやす (同音「차」) ㊁(차) 歌 recover ㄔㄞ ch'ai⁴
小篆 草書 ㊀병나을채(病除)。㊁역질차(小疫)。【詩經】天方薦ㅣ。

【瘦】(수) 宥 シュウ、ソウ、やせる haggard ㄕㄡ shou⁴
草書 ❶파리할수、여윌수(臞瘠)。【淮南子】堯ㅣ臞舜黴黑。❷가늘수(細也)。(『瘦』의 本字)

【瘧】(학) 藥 ギャク、おこり (古音「약」) malaria ㄋㄩㄝ nüeh⁴
小篆 草書 학질학(痁也、寒熱病)。【禮記】寒熱不節民多ㅣ疾。

【瘨】(전) 先 テン、てんかん mad
小篆 草書 ❶병들전(病也)。❷미칠전(狂也)。

十一畫

【⿸疒畢】(피) 寘 ヒ、あしよやまい (of feet) bend in
小篆 발오그라질피(足轉筋)。【正字通】ㅣ俗謂脚冷濕病也。

【瘭】(표) 嘯 ヒョウ、ひょうそ whitlow
草書 솔표、소리치기표(ㅣ疽、病名)。【千甚者如梅李有根痛傷心久則四面腫泡金方】肉中忽生點大者如豆細者如黍粟曰ㅣ疽。

【瘯】(족) 屋 ソク、ゾク、ひぜん psoriasis
草書 진버짐족、옴족(疥癬、皮膚病)。【左傳】謂其不疾ㅣ蠡。

【⿸疒帶】㊀(대) 泰 タイ、ながち、しらち ㊁(체) 霽 fluor albus
草書 ㊀대하증대(婦人下部病)。㊁이질체(久痢)。

【瘰】(라) 哿 ラ、ルイ、ひぜん scrofula ㄌㄨㄛ luo³
草書 ❶옴라(疥也)。【左傳】謂其不疾瘯ㅣ也。❷연주창라(ㅣ癧筋結病)。【正字通】ㅣ繞頸項結核纍纍也。

【⿸疒殹】(의) 支 アイ、やせる haggard
小篆 ❶파리할의(瘠也)。❷앓는소리의(呻吟聲)。

【瘱】(예) 霽 エイ、しずか quiet
小篆 ❶고요할예(靜也)。【漢書】婉ㅣ有節操。❷편안할예(安也)。❸공손할예(恭也)。❹빽빽할예(密也)。

【瘲】(종) 宋 ショウ、やむ disease of baby ㄗㄨㄥ tsung⁴
小篆 경기증종(小兒驚風病、瘛ㅣ)。【漢書】金創ㅣ瘛方三十卷。

【瘳】㊀(추) 尤 チュウ、リュウ、いえる、いやす ㊁(료) 蕭 recover ㄔㄡ ch'ou¹
小篆 草書 ㊀❶병나을추(病愈)。【孟子滕文公上】厥疾不ㅣ。❷덜릴추(損也)。【晋語】君不度而賀大國之襲於己何ㅣ。㊁뜻은 ㊀과 같음。

【瘴】(장) 漾 ショウ、ねつびょう endemic

장기장。풍토병장(ㅡ癘、山川癘氣)。【正字通】山川濕熱蒸鬱之氣中人輒病。

【癣】(선)『癬』(疒部17畫)과 같음

【瘵】(채) 卦 サイ、やむ emaciated disease ㄓㄞ chai⁴ 小篆 草書 ❶허로병채、노점병채(勞病)。【詩經】上帝甚蹈無自ㅡ焉。❷【中字】폐병채(肺病)。

【瘻】㊀(루) 宥 ㊁(루) 虞 ロウ、ル、せむし humpback ㄌㄡ lou⁴ 小篆 草書 ㊀❶부스럼루(瘡也)。【柳宗元捕蛇者說】可以已大風抱攣ㅡ癘。❷목부을루(頸腫)。❸곱사등이루(曲脊瘻ㅡ)。㊁오랜종기루(久瘡)。

【瘽】(근) 文 キン、やむ get sick 小篆 草書 병들근(病也)。【漢書 文帝紀】ㅡ身從事。

【瘼】(막) 藥 バク、やむ get sick ㄇㄛ mo⁴ 小篆 草書 병들막(病也、凡民所苦患曰ㅡ)。【詩經 小雅四月】亂離ㅡ矣。

【⿸疒邕】(옹) 冬 ヨウ、はなくた occlusion of the naris 草書 코막힐옹(鼻塞)。

【瘖】(음) 沁 イン、むねのやまい heart disease ❶심질음、심병음(心疾)。❷【中字】

十二畫

【⿸疒堯】(효) 蕭 キョウ、うむ fester 곪길효(腫欲潰)。

【癀】(황) 陽 コウ、おうたん the yellows ㄏㄨㄤ huang² 황달병황(黃疸病)。

【療】(료) 嘯 リョウ、いやす heal ; treat ㄌㄧㄠ liao² 草書 ❶병나을료、병고칠료(醫治止病)。【周禮】凡ㅡ瘍以五毒攻之。

【⿸疒爲】(위) 紙 イ、くちがゆがむ hare-lipped 小篆 입비뚤어질위(口咼)。

【⿸疒朁】(참) 感 セン、いたむ sick ; pain 草書 아플참(痛也)。【漢書】又以掖庭獄大爲亂阱榜箠ㅡ於炮烙。

【⿸疒斯】(서) 齊 セイ、しゃがれ hoarse voice 小篆 소리흘어질서、목쉰소리서(散聲)。

【癃】(륭) 東 リュウ、つかれる、おいる disease of old age ㄌㄨㄥ lung² 小篆 籀文 草書 ❶파리할륭(罷病)。❷늙을륭(老也)。【漢書】年老ㅡ病勿遣。

【癄】㊀(초) 蕭 ㊁(초) 嘯 ショウ、やつれる emaciated 草書 ㊀❶병들초(病也)。❷근심할초(憂也)。(『憔』와 같음) ㊁파리할초、초췌할초(ㅡ瘁減縮)。【漢書】是以纖

【⿸疒番】(반) 寒 ハン、しきゅうびょう disease of the uterus ❶자궁병반(子宮病)。❷병들어죽을반(病死)。

【癆】(로) 號 ロウ、いたみ hurt ㄌㄠ lao² 小篆 草書 ❶쑤실로(ㅡ瘌皆辛螫)。❷아플로(痛也)。【正字通】今人以積勞瘦削爲ㅡ病。❸약독날로(藥物中毒)。

【癅】(류)『瘤』(疒部10畫)의 本字

【⿸疒敝】(별) 屑 ヘツ、うみさける form pus to burst ㄅㄧㄝ pieh¹ 곪아터질별(腫滿悶而皮裂)。

【癇】(간) 刪 カン、かんびょう epilepsy ㄒㄧㄢ hsien² (本音「한」) 小篆 ❶간기간(小兒癲病)。【王符 潛夫貴忠篇】哺乳多、則生ㅡ病。❷간질간、지랄간(癲ㅡ)。

【癎】(간)『癇』(前條)과 같음

【癈】(폐) 隊 ハイ、かたわ disavlement ㄈㄟ fei⁴ 小篆 草書 고질폐(痼疾)。【增韻】固疾不復可用者。

【癉】㊀(단) 翰 ㊁(단) 寒 ㊂(다) 箇 タ、タン、つかれる emaciation ㄉㄢ tan⁴ 小篆 草書 ㊀허로병단(勞病)。【書經】彰善ㅡ惡。㊁황달병단(黃疸)。【漢書】南方暑濕近夏ㅡ熱 (『疸』과 같음) ㊂❶수고할다(勞也)。❷성낼다(怒也)。

【癌】(암) 咸 ガン、がん cancer ㄧㄢ yen² 草書 ❶암암、고약한종기암(內腔生腫)。❷괴병암(怪病)。

十三畫

【⿸疒亶】(단) 旱 タン、やむ be taken ill ㄉㄢ tan³ 병들단(病也)。【詩經】下民卒ㅡ。(『癉』과 같음)

【癑】(농) 冬 ノウ、うむ fester 小篆 ❶아플농(痛也)。❷곪아터질농(瘡潰)。❸설곪길농(腫血)。

【癐】㊀(괴) 泰 ㊁(위) 支 カイ、おもいやまい take a turn for the worse ㊀병더칠괴(病甚)。㊁고함지를위(喊聲)。【輟耕錄】淮人逐江南齊軍大喊阿ㅡㅡ。

【癒】㊀(유) 麌 ㊁(유) 遇 ユ、いえる cure ㄩ yü⁴ 草書 ㊀병나을유(病瘳)。【漢書】漢王疾ㅡ。(『愈』와 통함) ㊁병들유(病也)。【詩經 小雅正月】胡俾我ㅡ。

【癕】(옹)『癰』(疒部18畫)과 같음

【癖】(벽) 錫 ヘキ、くせ habit ㄆㄧ p'i³

(草書) ❶적병벽(腹病、積聚)。〔抱朴子〕過飮則成痰ㅣ。❷즐길벽、인박일벽(嗜好)。〔晉書〕杜預有左傳ㅣ。

【癘】(려) 霽 レイ、ライ、えやみ fever enteric ㄌㄧˋ li⁴
(小篆)(小篆)(草書) ❶염병려、시환려(ㅣ疫)。〔左傳〕ㅣ疾不降。❷문둥병려(癩也)。❸장기려(瘴ㅣ、山川厲氣)。❹창병려(惡瘡疾)。〔禮記〕仲冬行春令民多疥ㅣ。❺옻올라헌데날려(著黍生瘡)。

【癙】(서) 語 ショ、きやみ sickness caused by anxiety ㄕㄨˇ shu³
(草書) 근심으로난병서、속끓일서(憂病)。〔詩經小雅正月〕ㅣ憂以痒。

【𤸷】(서) 語 ショ、あつさあたり suffer from hot weather
더위먹을서(中暑)。

【癛】(름) 寑 リン、さむけ get goose-skinned
소름끼칠름(粟體寒病)。

【癜】(전) 霰 テン、なまず piebald skin ㄉㄧㄢˋ tien⁴
(草書) 어루러기전(ㅣ風斑片)。〔本草〕治ㅣ用茄蔕蘸硫黃末摻之取其能散血。

【𤺋】(분) 問 フン、はれもの (of a boil) burn
❶종기화끈거릴분(熱腫、ㅣ脹)。❷병으로번민할분(病悶)。

十四畫

【癮】(은) 吻 イン、かざほろし hives
두드러기은(ㅣ疹、皮外小起)。(『癮』과 같음)

【𤸱】(확) 藥 カク、のどにかかる stick in a one's throat
목에걸릴확(物在喉)。

【癠】(제) 霽 セイ、やむ be taken ill
(草書) 병들제(病也)。〔禮記〕親ㅣ色容不盛此孝子之疏節也。

【癡】(치) 支 チ、おろか foolish ㄔ ch'ih²
(小篆)(草書) ❶어리석을치、지더릴치、미련할치(心神不慧)。〔徐曰〕ㅣ者神思不足亦病也。❷미치광이치(狂也)。〔漢書〕蒙恥辱爲狂ㅣ。❸죽은깨치(疵病)。

十五畫

【癤】(절) 屑 セツ、ねぶと inflammation ㄐㄧㄝ chieh¹
(草書) 멍울절、부스럼절(瘍之小者)。

【癢】(양) 養 ヨウ、かゆい itchy ㄧㄤˇ yang³
(草書) ❶가려울양(搔病)。〔列子〕指擿無痟ㅣ。❷마음간지러울양(伎ㅣ)。〔史記〕高漸離變姓名爲宋子傭保聞堂上有客擊筑伎ㅣ不能無出言按伎ㅣ。(『痒』과 같음)

【癥】(징) 蒸 チョウ、かたまり cancer
(草書) 어혈징(ㅣ瘕腹結病)。〔史記〕以此視病盡見五臟ㅣ結。

【𤻲】(료) 嘯 リョウ、なおる heal (up)
(小篆)(或體) 병나을료(治病)。〔博雅〕病消曰ㅣ。(『療』와 같음)

十六畫

【癧】(력) 錫 レキ、るいれき scrofula ㄌㄧˋ li⁴
(草書) 연주창력(筋節病、瘰ㅣ)。

【癨】(곽) 藥 カク、かくらん cholera nostras ㄏㄨㄛˋ huo⁴
(草書) 곽란곽(ㅣ亂、吐病)。

【癩】(라) 泰 ライ、らいびょう leprosy ㄌㄞˋ lai⁴ (古音「뢰」)
(草書) ❶옴라(疥也)。❷문둥이라(惡疾)。

十七畫

【癬】(선) 銑 セン、たむし itch ㄒㄧㄢˇ hsien³
(小篆)(草書) 마른옴선、버짐선(乾瘍)。〔左傳〕謂其不疾瘯蠡也。

【癮】(은) 吻 イン、いんしん urticaria ㄧㄣˇ yin³
(草書) 두드러기은(皮外小起ㅣ疹)。

【癭】(영) 梗 エイ、こぶ a wen on the neck ㄧㄥˇ ying³
(小篆)(草書) 목혹영(頸瘤)。〔博物志〕山居多ㅣ飮泉水之不流者也。

十八畫

【癯】(구) 虞 ク、やせる emaciated ㄑㄩˊ ch'ü²
(草書) 파리할구(瘠也)。〔漢書 司馬相如傳〕形容甚ㅣ。(『臞』와 같음)

【癰】(옹) 冬 ヨウ、ようそ swelling ㄩㄥ yung¹
(小篆)(草書) 등창옹、헌데옹(惡瘡、疽也)。〔正字通〕有疵ㅣ厲ㅣ脫ㅣ諸名皆氣血稽留榮衛不通之所致。

十九畫

【癱】(탄) 寒 タン、ちゅうふう paralysis ㄊㄢ t'an¹
(草書) 중풍증탄、사지틀릴탄(四肢不仁、筋脈癱瘓)。

【癲】(전) 先 テン、くるう mad ㄉㄧㄢ tien¹
(草書) 미칠전(狂病)。〔正字通〕喜笑不常顚倒錯亂多喜爲ㅣ多怒爲狂。(『顚』과 같음)

【癳】(리) 支 ルイ、やみつかれる tired
병들어피곤할리(病疲)。

【㿛】(려) 霽 レイ、やせてくろい thin
(小篆) 파리하고검을려(瘦黑)。

【癴】(련) 先 ラン、やまい disease
[illegible]

癶 部

【癶】(발) 圓 ハツ、ゆく walk
草書 걸을발(丞足漸行)。

四畫

【癸】(계) 圓 紙 キ、みずのと ㄍㄨㄟˇ kuei³ (古音 규)
小篆 或體 草書 ❶열째천간계(天干之終)。❷물계(庚ー、穀水)。〔左傳〕吳申叔儀乞糧于公孫有山氏對曰若登首山以呼曰庚ー乎則諾。❸북방계(北方)。❹몸날계、몸때계、월경계(天ー、婦人經水)。〔黃帝素問〕女子二七而天ー至。

【癹】(발) 圓 ハツ、くさをふみにじる tread grasses under foot
발로풀뭉갤발(以足夷草)。

【発】(발)『發』(癶部7畫)의 略字

七畫

【登】(등) 圓 蒸 トウ、ト、のぼる rise ; ascend ㄉㄥ teng
小篆 籀文 草書 ❶오를등(升也)。〔中庸〕ー高必自卑。❷나아갈등(進也)。〔史記〕進業曰ー。❸벼슬에오를등(ー位)。〔晋書元帝紀〕帝竟ー大位。❹이룰등(成也)。❺높을등(高也)。〔書經〕以ー乃辟。❻익을등(熟也)。〔孟子〕五穀不ー。❼높일등(尊之)。〔禮記〕ー龜。❽탈등(乘也)。❾담쌓는 소리등(築牆用力相應聲)。〔詩經 大雅緜〕築之ーー。❿많을등、무리등(衆也)。

【發】(발) 月 ハツ、ホツ、おこる、はなつ occur ; issue ㄈㄚ fa¹
小篆 草書 ❶일어날발(起也)。〔孟子告子下〕舜ー於畎畝之中。❷찾아낼발(ー見)。❸일으킬발(興也)。〔禮記〕毋ー大衆。❹펼발(舒也)。〔易經〕六爻ー揮。❺열발(開也)。〔書經〕ー鉅橋之粟。❻쏟을발(洩也)。〔楚辭〕春氣奮ー。❼밝힐발(明也)。〔論語爲政〕亦足以ー。❽들날릴발(揚也)。〔左傳〕聲名以ー之。❾떠날발(行也)。❿활쏠발(放矢)。〔詩經〕壹ー五豝。⓫빠를발(ーー疾貌)。〔詩經〕飄風ーー。

白 部

【白】㊀(백) 陌 ㊁(배) 禡 ハク、ヒャク、しろ、しろい white ㄅㄞ pai²
小篆 小篆 古文 小篆 草書 ㊀❶흰백(西方色素也)。〔史記孔子世家〕不曰ー乎涅而不淄。❷분명할백(明也)。〔荀子正名〕說不行則ー道。❸밝을백(光線)。〔莊子 人間生〕虛室生ー。❹깨끗할백、결백할백(潔也)。❺말할백、이를백(告也)。〔正字通〕上曰禀ー。❻아무것도 없을백(無也)。❼성백(姓也)。❽책이름백(書名飛ー)。㊁땅이름배(ー川)。

一畫

【百】㊀(백) 陌 ㊁(맥) 陌 ハク、ヒャク、もも hundred ㄅㄞ pai³
小篆 古文 草書 ㊀❶일백백(十之十倍)。〔漢書〕紀于一協于十長于ー大于千衍于萬。㊁❶힘쓸맥(勵也)。〔左傳 僖公二十八年〕距躍三ー曰踊三ー。❷길잡이맥(行杖道驅人曰五ー)。

【乱】(가) 麻 カ、くにのな a place name
❶성가(姓也、ー加思蘭、韃靼酋長)。❷땅이름가(地名)。

二畫

【皀】(흡) 緝 キュウ、かんばしい have a flavour of nut
小篆 ❶고소할흡(穀之馨香)。❷낟알흡(一粒)。(『香』과 같음)

【皁】(조) 皓 ソウ、くろい black ㄗㄠ tsao⁴
草書 ❶검을조(黑色)。〔漢書〕自衣ー綈。❷마판조(馬櫪)。〔史記鄒陽傳〕牛驥同ー。❸하인조(賤隸)。〔左傳昭公七年〕士臣ーー臣輿輿臣隸。❹도토리조(櫟實)。〔周禮〕植宜ー物。❺조협자조(ー角子、藥名)。❻주염나무조(角刺)。

【皃】(모)『貌』(7畫)와 같음

三畫

【旰】(한)『皔』(白部7畫)과 같음

【的】(적) 錫 テキ、まと target ; of ㄉㄧˋ ti²·⁴
草書 ❶밝을적(明也)。〔中庸〕小人之道、ー然而日亡。❷꼭그러할적、적실할적(實也)。〔魏志〕各國遣子來朝林恐或非眞ー。❸표할적、표준적、목표적(標準)。❹과녁적(射板)。❺의적、것적(形容助辭)。〔傳習錄上〕知是行ー主意、行是知ー功夫。

四畫

【皅】(파) 麻 ハ、みだれる dizzy
어지러울파(亂也)。

【皆】(개) 佳 カイ、みな all ; every ㄐㄧㄝ chieh¹
小篆 草書 ❶다개(俱辭)。〔宋史王安石傳〕人ー謂、卿但知經術不曉時務。❷한가지개、같을개(同也)。〔易經〕雷雨作而百果草木ー甲坼。(『偕』와 통함)

【皇】㊀(황) 陽 ㊁(왕) 養 コウ、きみ emperor ㄏㄨㄤ huang²
小篆 草書 ㊀❶임금황(君也)。〔書經〕ー帝清問下民。❷클황(大也)。〔書經〕ー天眷命。❸바를황(正也)。〔詩經 豳風破斧〕四國是ー。

❹비롯할황(始也)。❺아름다울황(歎美辭)。〔詩經〕於ㅣ來牟。❻성할황(美盛貌)。〔詩經〕穆穆ㅣㅣ。❼성황(ㅣ甫、複姓)。□엄숙할왕 (ㅣㅣ祭儀嚴肅貌)。〔詩經〕烝烝ㅣㅣ。

五 畫

【皈】(귀)『歸』(14止部畫)와 같음

【皋】(고)(호)『皐』(白部6畫)와 같음

六 畫

【皎】(교) 篠 コウ、あきらか bright ㄐㄧㄠˇ chiao³
皎 小篆 草書 ❶달밝을교(月之白)。〔詩經〕月出ㅣ兮。❷햇빛교(日光)。〔王褒九懷〕晞白日兮ㅣㅣ。❸흴교(白也)。〔詩經小雅白駒〕ㅣㅣ白駒。

【皏】(팽) 梗 ホウ、あさい (of color) light
엷은빛팽(淺薄色)。

【皐】□(고) 豪 コウ、きし、さわ bank : pond □(호) 號
草書 □❶언덕고(岸也)。〔左傳襄公二十五年〕牧隰ㅣ。❷판고(局也)。〔西京賦〕奧區神ㅣ。❸느즈러질고(緩也)。〔左傳〕魯侯之ㅣ。❹혼부를고(ㅣ復)。〔禮記 禮運〕陞屋而號告曰ㅣ某復。❺높을고(高也)。❻범의가죽고(虎皮)。〔左傳〕蒙ㅣ比而先犯。❼완만스러울고(頑貌)。〔詩經 大雅召旻〕ㅣㅣ訛訛。❽고할고(告也)。〔本草〕翬飛ㅣㅣ如告故名寒ㅣ。❾못고、늪고(澤也)。〔詩經〕鶴鳴于九ㅣ。(『皞』와 같음) □부를호(呼也)。〔周禮〕來瞽令ㅣㅣ舞。

七 畫

【皓】(호) 皓 コウ、あきらか、しろい bright ; white ㄏㄠˋ hao⁴ (古音「고」)
草書 ❶빛호(光也)。❷흴호(白也)。〔詩經 唐風揚之水〕揚之水、白石ㅣㅣ。❸밝을호(明也)。〔詩經〕月出ㅣ兮。❹깨끗할호(潔也)。❺늙은이호(ㅣㅣ白髮)。

【皕】(벽) 職 ヒョク、ふたもも two hundred ㄅㄧˋ pi⁴
皕 小篆 草書 이백벽(二百)。

【皖】□(환) 寒 カン、あきらか shining star ㄏㄨㄢˇ huan³ □(환) 潸 旱
草書 □땅이름환(安徽省의古稱)。□밝은별환(明星)。

八 畫

【皘】(천) 霰 セン、しろい white
흰빛천(白貌)。

【皙】(석) 錫 セキ、しろい white face ㄒㄧ hsi¹
皙 小篆 草書 얼굴흴석(白ㅣ、人色)。〔左傳〕有君子白ㅣ。

十 畫

【皚】(애) 灰 ガイ、しろい white ㄞˊ ai²
皚 小篆 草書 눈서리흴애(霜雪色)。〔劉歆賦〕漂積雪之ㅣㅣ。

【皛】(효) 篠 キョウ、あらわれる appear
皛 小篆 草書 ❶나타날효(顯也)。〔潘岳詩〕虛ㅣ湳德繆彰甲吉。❷밝을효(明也)。〔陶潛詩〕ㅣㅣ川上平。❸흴효(白也)。〔郭璞賦〕沆漾ㅣ渀。❹흰밥효(白飯)。〔曾慥漫錄〕錢穆父召東坡食ㅣ飯設飯一盂蘿蔔一碟白湯一盞蓋以三白爲ㅣ也。

【皜】(학) 沃 コク、つややか lustrous ㄏㄜˋ hê⁴
皜 小篆 草書 새살찌고윤택할학(鳥肥澤貌)。〔景福殿賦〕ㅣㅣ白鳥。

【𤾩】(체) 霽 テイ、タイ、かたむく lean low to one side
小篆 或體 或體 한쪽으로치우쳐낮을체(㡹ㅣ偏低)。

【皜】(고) 皓 コウ、しろい white ㄏㄠˋ hao⁴ (同音「호」)
草書 흴고(白貌)。〔孟子 滕文公上〕ㅣㅣ乎不可尙已。

【皝】(황) 養 コウ、さかん prosperous ㄏㄨㄤˇ huang³
❶엄숙할황(氣容貌)。❷성할황(盛也)。❸사람이름황(人名、燕主慕容ㅣ)。

【皞】(호) 皓 コウ、あきらか
❶흴호(白也)。❷밝을호(明也)。❸복희씨호、황제호(太ㅣ、帝號)。

十一畫

【皟】(책) 陌 セキ、きよい clear ㄗㄜˊ tsê²
❶깊게흴책(深白)。❷맑을책(淨也)。❸파리할책(瘠也)。〔管子〕ㅣ山。

【皠】(최) 賄 サイ、しろい white ㄘㄨㄟˇ ts'uei³
草書 ❶흴최(白也)。〔韓愈詩〕繽翻落羽ㅣ。❷높을최(高峻貌)。

十二畫

【皢】(효) 篠 キョウ、しろいひかり (of sunshine) white
皢 小篆 햇빛흴효(日白)。

【皤】(파) 歌 ハ、しろい white ㄆㄛˊ p'o²
皤 小篆 或體 草書 ❶흴파(白也)。〔易經 賁卦〕賁如ㅣ如。❷배불룩할파(大腹)。〔左傳 宣公二年〕城者謳曰ㅣ其腹。❸귀밑희끗희끗할파(ㅣㅣ鬢白貌)。〔班固詩辟雍〕ㅣㅣ國老。

【皥】(호)『皞』(白部10畫)의 俗字

十三畫

【皦】(교) 篠 キョウ、あきらか bright

❶옥돌흴교(玉石之白)。❷밝을교(明也)。【論語】—如也。❸흴교(皦也)。【詩經】有如—日。

【皧】(애) 隘 アイ、きよい clear
❶깨끗할애(淨也)。❷흴애(白也)。

十四畫

【皗】(주) 尤 チュウ、ことば word
❶말주(詞也)。❷누구주(誰也)。

十五畫

【皣】(엽) 葉 ヨウ、しろばな white flower
❶흰꽃엽(白花)。❷빛날엽(光盛)。❸초목꽃하얗게필엽(草木白華)。

【皫】(표) 篠 ヒョウ、あせる fade ㄆㄧㄠˇ p'iao³
❶새털까칠할표(禽毛變色)。【正字通】物不澤者皆曰—。❷흴표(白也)。

【皪】(력) 錫 レキ、あざやか white and clear ㄌㄧˋ li⁴
❶희고깨끗할력(潔也)。【史記 司馬相如傳】的—江靡。❷희끗희끗할력(白貌)。【魏都賦】丹藕凌波而的—。

十六畫

【⿰白蔿】(위) 御 イ、はな slower ㄨㄟˇ wei³
풀꽃위(草花)。

【皬】(학) 藥 カク、しろい white bird
❶새흴학(鳥白——)。❷셀학(白也)。【漢書】——白首。

十八畫

【皭】㈠(조) 嘯 ㈡(작) 藥 シャク、しろい white ㄐㄧㄠˋ chiao⁴
㈠흴조(白也)。㈡밝을작(淨貌)。【史記】—然泥而不滓者也。

皮 部

【皮】(피) 支 ヒ、かわ skin ; leather ㄆㄧˊ p'i²
❶가죽피(剝獸取革)。【徐曰】生曰—理之曰革柔之曰韋。❷껍질피、거죽피(體表、凡物之表皆曰—)。❸성피(姓也)。

二畫

【⿰刀皮】(비) 紙 ヒ、おる break off a branch of tree
가지꺾을비、꺾을비(折枝)。

三畫

【⿰丸皮】(환) 寒 ガン、こぶ wen
❶혹환(瘤病)。❷전동환(箭筩、韇—)。

【皯】(간) 旱 カン、かおがくろい have discolorations on the face
얼굴에기미낄간(面黑氣)。【列子】焦然肌色—黣。

四畫

【⿰攴皮】(박) 覺 ハク、かわがやぶれる (of skin) get chapped
살가죽터질박(皮破)。

【⿱比皮】(비) 寘 ヒ、あさをはぐ gather up the ramie's skin
❶삼모시갈라꼭지질비(劈麻苧、—頭)。❷쪼그라질비(不伸、—皺)。

【⿰土皮】(피) 支 ヒ、ひび crack
그릇금갈피(器破未離)。

【⿰冉皮】(남) 勘 ダ、なめしがわ tan the leather
가죽다룰남(柔革)。

【⿰开皮】(피) 支 ヒ、くちをひらく open mouth
입딱벌릴피(開口貌、—覞)。【王孫賦】脣䫂嚼以—覞。

五畫

【皰】(포) 效 ホウ、にきび pimple ㄆㄠˋ p'ao⁴
여드름포、부풀포(面生氣起如水泡)。【淮南子】潰小—而發痤疽。

【⿱此皮】(자) 寘 シ、しわ wrinkles
가죽오그라질자(皮不伸)。

六畫

【⿰旬皮】(순) 眞 シュン、あかぎれ (of feet) chap
발터질순(足坼)。

【⿰危皮】(기) 寘 キ、つかれる be tired
피곤할기(困也)。

七畫

【⿰旱皮】(한) 翰 カン、ゆごて bracelet
팔찌한(射韝以皮—臂)。

【⿰折皮】(설) 屑 セツ、つかれる pinch
꼬집어뜯을설(撮取皮)。

【皴】(준) 眞 シュン、しわ wrinkles ㄘㄨㄣ ts'uen¹
손가죽얼어터질준、주름잡힐준(—裂 細起皵也)。【梁書】觸寒手爲—裂。

【⿰兌皮】(탈) 曷 ダツ、はぐ skin
가죽벗길탈(皮剝)。

八畫

【皵】(작) 藥 サク、ひび chap ㄑㄩㄝˋ ch'üeh⁴
❶살가죽터질작(皮皴)。❷나무껍질 얼멍얼멍할작(木皮甲錯)。【鄒浩四賦】皮皴—以龍驚。

【⿰彔皮】(록) 屋 ロク、あらいひふ skinny and rough
마른살결어셀록(皮肉瘦惡—瘯)。

【⿰典皮】(전) 銑 テン、はれあがる (of leather) swell up
가죽부르틀전(皮起)。

九畫

【皷】(고)『鼓』(鼓部0畫)의 俗字

【皸】(군) 文 クン、ひび、あかぎれ chapped skin ㄐㄩㄣ chun¹
小篆 草書 살가죽얼어터질군(凍裂皴也)。【漢書趙充國傳】手足ㅡ。

【⿰封皮】(봉) 董 ホウ、かわぐつ leather shoes
❶꺽두기봉、가죽신봉(小兒皮履)。❷미투리봉、삼신봉(枲履)。

十畫

【皺】(추) 宥 シュウ、しわむ be withered
草書 주그러질추(襞摺貌)。【孟郊詩】紅ㅡ曬檐瓦。

【⿰羞皮】(추) 寘 シュウ、しわ get goose-skinned
소름끼칠추(粟體)。

【⿰麻皮】(마) 麻 バ、くちをあける open-mouthed
입딱벌릴마(ㅡ嗜、開口貌)。

十一畫

【皻】(사) 麻 サ、にきび pimple ㄓㄚ cha¹
草書 ❶코에열꽃돋을사(鼻上皰)。【素問】勞汗當寒風薄爲ㅡ。❷분가시사(粉刺)。

【⿰曼皮】(만) 阮 バン、かわむける (of leather) peel off
가죽벗겨질만(皮剝離)。

【⿸肉⿰夌皮】(추) 宥 シュウ、かわがちぢむ (of leather) shrink
가죽오그라들추(皮縮)。

十三畫

【⿺辶⿰幸皮】(달) 曷 タツ、はれる swell up
부르틀달(皮外突起)。

【皽】(전) 銑 テン、うすかわ endothelium ㄓㄢˇ chan³
草書 속꺼풀전(皮肉上魄膜)。

十四畫

【⿰需皮】(연) 銑 ゼン、やわらかいかわ tamed skin
다룬가죽연(柔皮)。

【⿸厭皮】(염) 琰 エン、かさぶた scab of a boil
헌데딱지염(瘍痂)。

十五畫

【皾】(독) 屋 トク、うつぼ shiver
전동독、동개독(ㅡ䪅、箭器)。(『韇』과 같음)

十六畫

【⿰盧皮】(려) 魚 リョ、かわ leather
❶가죽려(皮也)。❷뱃가죽려(腹皮)。

皿 部

【皿】(명) 梗 ベイ、さら vessel
小篆 草書 그릇명(食器盤盂之屬)。【孟子】牲殺器ㅡ。

二畫

【⿱卜皿】(기) 紙 キ、うつわ vessel
❶그릇기(器也)。❷사람이름기(人名)。

三畫

【⿱亡皿】(맹) 漾 ボウ、あらい unreliable
맹랑할맹、거칠맹(不精要、ㅡ浪)。

【⿱干皿】(간) 寒 カン、さら small dinner talble
❶소반간(盤也)。❷큰바리간(大盌)。

【盂】(우) 虞 ウ、はち、わん bowl ㄩˊ yü²
小篆 草書 ❶바리우、밥그릇우(飯器)。【韓非子外儲說】君猶ㅡ民猶水ㅡ方水方ㅡ圜水圜。❷사냥하는 진우(田獵陣名)。【左傳】宋爲右ㅡ鄭爲左ㅡ。❸글이름우(孔甲所作書名、盤ㅡ)。

盂乳漢 (鑑古清西)

四畫

【盆】(분) 元 ボン、はち basin ㄆㄣˊ p'en²
小篆 草書 ❶동이분(瓦器、盎也)。【禮】盎於ㅡ。❷젖퉁이웃뼈분、젖가슴뼈분(乳房上骨)。【史記】疽發乳上入缺ㅡ。❸딸기분、약이름분(藥名、覆ㅡ)。

(圖器禮)盆

【盃】(배)『杯』(木部4畫)의 俗字

【盅】(충) 東 チュウ、むなしい empty ㄓㄨㄥ chung¹
小篆 草書 ❶빈그릇충(器虛)。【道德經】道ㅡ而用之。❷작은잔충(小杯)。

盅毅 (書全政農)

【盇】(합)『盍』(皿部5畫)이 本字

【盈】(영) 庚 エイ、みちる full; fill ㄧㄥˊ ying²
小篆 草書 ❶찰영、가득할영(充滿)。【易經】天地ㅡ虛。❷넘칠영(溢也)。【孟子盡心上】流水之爲物也、不ㅡ科不行。❸남을영(ㅡ縮)。【史記 蔡澤傳】進退ㅡ縮與時變化。❹물흐를영(流水貌)。

五畫

【盉】(화) 歌 カ、やくみ spice ㄏㄜˊ hê²
小篆 草書 ❶양념그릇화、고명그릇화(調味器)。❷양념할화(調味)。

盉父大周 (鑑古清西)

【益】(익) 陌 エキ、ヤク、ます increase; gain 一` i⁴
小篆 草書 ❶더할익(增加)。〔朱熹 中庸章句序〕堯之一言、至矣盡矣、而舜復ㅣ之以三言。❷나아갈익(進也)。〔大學章句〕因其已知之理而ㅣ窮之。❸넉넉할익(饒也)。❹많을익(多也)。❺넘칠익(盈溢)。〔莊子〕有貌愿而ㅣ。❻괘이름익(卦名)。

【益】(익)『益』(前條)과 같음

【盉】(아) 馬 カ、さかずき wine cup
술잔아(酒杯)。

【𥁃】(범) 陷 咸 ヘン、さかずき wine cup
잔범(桮也)。

【盋】(발) 曷 ハツ、わん brass bowl for woman's meal
小篆 바리발、그릇발(食器盂屬)。『鉢』과 같음

【昷】(온) 元 オン、おだやか mild
小篆 온화할온、어질온(仁也)。

【盌】(완) 旱 ワン、わん small bowl ㄨㄢˇ wan³
小篆 草書 은바리완(銀ㅣ小盂)。〔吳志〕孫權特賜米酒衆殽甘寧先以銀ㅣ酌酒自飮雨ㅣ。

【盍】(합) 合 コウ、おおう cover ㄏㄜˊ hé²
小篆 草書 ❶덮을합(覆也)。❷합할합(合也)。〔易經豫卦〕朋ㅣ簪。❸어찌아니할합(何不之義)。〔論語先進〕ㅣ各言爾志。

【盎】(앙) 漾 オウ、はち basin ㄤˋ ang⁴
小篆 或體 草書 ❶동이앙(瓦器、盆也)。〔後漢書〕首戴瓦ㅣ。❷성할앙(盛貌)。〔孟子盡心上〕睟然見於面ㅣ於背。

六 畫

【盡】(진)『盡』(9畫血部)의 俗字

【盒】(합) 合 コウ、はちのふた small brass vessel ㄏㄜˊ hé²
草書 ❶소반뚜껑합(盤覆)。❷합합(有蓋食器、饌ㅣ)。

【盓】(우) 虞 ウ、うずまきながれ pool
웅덩이우(盤ㅣ旋流)。〔海賦〕盤ㅣ激而成窩。

【盔】(회) 灰 カイ、はち basin ㄎㄨㄟ k'uei¹ (古音「괴」)
草書 ❶바리회(盂器)。❷투구회(首鎧)。

唐猊盔(武備志)

【㽙】(유) 有 ユウ、みずくみかめ well-bucket
小篆 或體 물긷는그릇유(抒水小器)。『𥁑』와 같음

【𥁋】(권) 緩 ケン、はち wooden bowl
나무바리권(屈木盂)。

【盖】(합)(개)『蓋』(10畫艸部)의 俗字

七 畫

【盙】(보)『簠』(12畫竹部)의 本字

【盛】㊀(성) 庚 ㊁(성) 敬 セイ、さかえる prosperous ㄔㄥˊ ch'êng²
小篆 草書 ㊀❶담을성(容受薦穀)。〔詩〕于以ㅣ之維筐及筥。❷이룰성(成也)。❸정제할성(整也)。㊁❶성할성(茂也)。❷장할성(壯也)。〔禮記〕生氣方ㅣ陽氣發泄。❸많을성(多也)。❹갈성(長也)。❺클성(大也)。

【盜】(도) 號 トウ、ぬすむ steal; rob ㄉㄠˋ tao⁴
小篆 草書 도적도、훔칠도(ㅣ賊、竊陰發私、物非當有而取皆曰ㅣ)。〔左傳〕竊賄爲ㅣ。

【盄】(조) 蕭 嘯 チョウ、くさとりき carrier's basket
삼태기조(草田器)。

八 畫

【𥂁】(몽) 東 ボウ、みちる brimful
가득찰몽(盛滿、豊ㅣ)。

【盝】(록) 屋 ロク、こす filter
草書 ❶거를록(漉也)。〔周禮〕清其灰而ㅣ之。❷작은궤록(櫝匣小者)。〔唐書〕敬宗詔浙西貢脂ㅣ妝具。

【盞】(잔) 潸 サン、さかずき wine-cup ㄓㄢˇ chan³
草書 술잔잔(最小杯)。〔歐陽脩詩〕魚蕉一擧十分當覆ㅣ。『琖』과 같음

【𥂀】(사) 禡 シ、うつわ vessel
❶제기사(祭器)。❷그릇사(器也)。

【盟】㊀(맹) 庚 ㊁(맹) 敬 メイ、ちかう oath; swear ㄇㄥˊ mêng²
小篆 古文 古文 草書 ㊀❶맹세맹(誓約)。〔史記〕與之ㅣ出孔子東門。❷믿을맹、미쁠맹(信也)。〔書經〕罔中于信以覆詛ㅣ。㊁고을이름맹(河內邑名ㅣ津)。

九 畫

【盠】㊀(리) 紙 ㊁(려) 齊 リ、たけかご bamboo basket (同音「려」)
㊀❶표주박리(瓢勺)。❷소쿠리리(簞也)。㊁뜻은 ㊀과 같음。

【盡】㊀(진) 軫 ㊁(진) 震 ジン、つきる exhaust; entirely ㄐㄧㄣˋ chin⁴
小篆 草書 ㊀❶다할진(竭也、悉也)。〔易繫辭〕書不ㅣ言言不ㅣ意。❷마칠진(終也、月終日ㅣ)。❸다진、모두진(皆也)。〔左傳〕周禮ㅣ在魯矣。❹비록진(縱令)。〔左傳〕公子

商人ㅣ其家貨於公。❺자세할진(詳也)。❻극진할진(極也)。㊁다하게할진(ㅣ之)。〔書經〕往ㅣ乃心。

【盡】(진)『盡』(皿部 9畫)의 本字

【監】㊀(감) 咸 ㊁(감) 陷 カン、みはる ㄐㄧㄢ chien¹ oversee; charge
小篆 古文 草書 ㊀❶거느릴감(領也)。〔詩經〕何用不ㅣ。❷살필감(察也)。〔孟子公孫丑下〕周公使管叔ㅣ殷。❸감독할감(ㅣ督)。㊁❶볼감(視也)。〔詩經〕ㅣ觀四方。❷벼슬감(官也)。〔史記〕黃帝置左右ㅣ。❸임할감(臨也)。❹거울감(鑑也)。❺감옥감(獄也)。❻별이름감(東方星名ㅣ德)。(『鑑·鑒』과 같음)

十畫

【盤】(반) 寒 ハン、バン、さら、だい ㄆㄢ p'an² vessel
草書 ❶소반반(杯ㅣ盛物器承槃)。〔左傳僖公二十三年〕乃饋ㅣ食置璧焉。❷즐길반(樂也)。〔書經〕乃ㅣ遊無度。❸어정거릴반(ㅣ桓、不進)。〔後漢書〕前此徵命ㅣ桓未至。❹목욕통반(浴器)。〔大學〕湯之ㅣ銘。❺서릴반(屈曲)。〔子虛賦〕其山則ㅣ紆岪鬱。❻편안할반(安也)。

周癸亥盤 (西淸古鑑)

十一畫

【⿱⿰古缶皿】(고) 麌 コ、うつわ ㄍㄨˇ ku³ vessel
小篆 그릇고(器也)。

【盥】(관) 旱 翰 カン、あらう ㄍㄨㄢˋ kuan⁴ wash
小篆 草書 ❶낯씻을관(洗面)。〔易經〕ㅣ而不薦。❷손씻을관(澡手)。〔左傳〕奉匜沃ㅣ。

【盦】(암) 覃 アン、ふた ㄢ an¹ lid
小篆 草書 뚜껑암、덮을암(覆蓋)。〔博古圖〕周有交虬ㅣ蓋鼎之盦也。

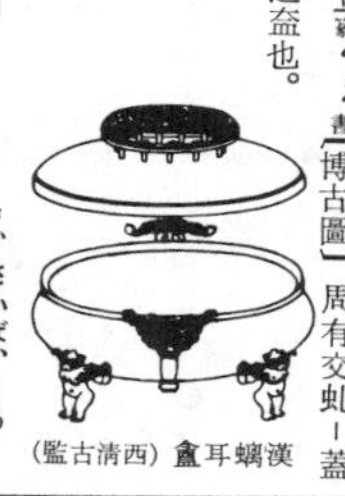
漢螭耳盦 (西淸古鑑)

【盧】(로) 虞 ロ、さかば、くろ ㄌㄨˊ lu² wine-shop; black
小篆 籀文 小篆 ❶술집로、술청로(賣酒區)。〔漢書〕文君當ㅣ。❷사냥개로(田犬)。〔博物志〕韓有黑犬名ㅣ。❸검은빛로(黑色)。〔書經〕ㅣ弓一ㅣ矢百。❹주사위로(ㅣ擣蒱戲)。〔晋書〕挼喝五木成ㅣ。❺창로(矛屬)。〔集韻〕長殳謂勃ㅣ。❻둥글로(ㅣ牟、規矩)。〔淮南子〕ㅣ牟六合。❼깔깔웃을로(笑也)。〔後漢書〕掩口胡ㅣ而笑。❽나나니벌로(蒲ㅣ、蜾蠃)。〔新語〕蜂細腰者曰蒲ㅣ。❾말머리꾸미개로(當ㅣ馬首飾)。〔詩〕刻金飾之。❿눈동자로(目中黑子)。⓫성로(姓也)。⓬포이름로(匏名)。⓭말이름로(的ㅣ、馬名)。

十二畫

【⿱喬皿】(교) 蕭 キョウ、はち brass bowl
바리교、밥그릇교(盂也)。〔揚雄〕椀謂之ㅣ。

【盩】(주) 尤 チュウ、くま ㄓㄡ chou¹ curve of a mountain
小篆 ❶산굽이주(山曲)。〔正字通〕山曲曰ㅣ水曲曰厔。❷고을이름주(扶風縣名ㅣ厔)。

【盪】㊀(탕) 養 ㊁(탕) 漾 トウ、あらう、うごく ㄊㄤˋ t'ang⁴ wash; move
小篆 草書 ㊀❶씻을탕(滌也)。〔漢書 藝文志〕ㅣ意平心。❷움직일탕(動也)。〔論語憲問〕奡ㅣ舟。❸진동할탕(震也)。〔左傳〕震ㅣ播越。❹밀칠탕(推也)。㊁❶그릇부실탕(滌器)。❷뭍배질할탕(陸地行船)。

十三畫

【⿱楊皿】㊀(양) 陽 ㊁(창) 陽 ヨウ、さかずき wine bowl
㊀술잔양(杯也)。〔揚雄〕吳越之間曰ㅣ。㊁뜻은 ㊀과 같음。

【盬】(고) 麌 コ、しおた ㄍㄨˇ ku³ salt-field
小篆 草書 ❶소금밭고(鹽池)。〔左傳〕沃饒而近ㅣ。❷느슨할고、견고하지못할고(不堅固)。〔詩經 唐風鴇羽〕王事靡ㅣ。❸빨고、먹을고(啑也)。〔左傳〕晋侯夢楚子伏己而ㅣ其腦。

十四畫

【⿱漻皿】(교) 巧 キョウ、うつわ vessel
小篆 ❶그릇교(器也)。❷휘정거릴교(撓使濁)。❸작은가마교(小釜)。

十五畫

【盭】(려) 霽 レイ、もとる ㄌㄧˋ li⁴ be contrary to
小篆 草書 ❶사나울려(戾也)。〔漢書〕爲人賊ㅣ。❷어그러질려(違也)。〔史記〕何鄉者慕用之誠後相背之ㅣ也。❸곰배팔려(胝也)。〔呂氏春秋〕長肘而ㅣ。❹발뒤뚱거릴려(不行病)。〔賈誼策〕病非徒腫也又苦跛ㅣ。

十七畫

【⿱臼皿】(구) 虞 ク、うえる plant
심을구(樹也、種也)。

十八畫

【⿸虍⿱宀皿】(저) 語 チョ、うつわ vessel
小篆 그릇저(器也)。(『⿱宀皿』와 같음)

二十四畫

【[illegible]】(감) 勘 カン、ふた、さかずき lid of a vessel ❶그릇뚜껑감(器蓋)。❷작은술잔감(小杯)。

目 部

【目】(목) 屋 モク、ボク、め、みる eye; see ㄇㄨˋ mu⁴ 小篆 古文 草書 ❶눈목(眼也)。❷눈동자목(人眼童子)。【易經】離爲ㅡ。❸눈여겨볼목(注視目之)。【史記】陳平去楚渡河船人疑其有金ㅡ之。❹조목목(條件)。【論語顏淵】請問其ㅡ。❺제목목(品藻、題ㅡ)。【晉書】山濤甄拔人物各有題ㅡ時稱山公啓事。❻지금목、당장목(目下)。❼두목목(首魁)。❽종요로울목(要也)。❾그물코목(網ㅡ)。❿명색목(名也、名ㅡ)。

一 畫

【𥃦】(교) 篠 キョウ、ふたえまぶた double eyelid eye 눈쌍꺼풀질교(目重皮)。

二 畫

【盯】(정) 庚 トウ、みつめる stare〔gaze〕(at) 눈똑바로뜨고볼정(直視)。【孟郊詩】眼瞟强ㅡ瞷。

【旬】㊀(현) 霰 ケン、シュン、めまいする dizzy ㊁(순) 眞 小篆 或 ㊀눈방울굴릴현(目搖)。㊁눈아찔할순(目眩)。

三 畫

【盰】(간) 翰 カン、みはる strain 小篆 草書 눈부릅뜰간(張目)。【白虎通】ㅡ目陳兵天下富昌。

【𥄉】(천) 先 セン、かすか remote 草書 아득히쳐다볼천(ㅡ瞑、遙視)。【南都賦】靑冥ㅡ瞑。

【䀓】(환) 翰 カン、まじろぐ roll one's eyeballs 눈동자굴릴환(睆ㅡ、轉目)。

【盱】(우) 虞 ク、みはる strain ㄒㄩ hsü¹ (古音후) 小篆 草書 ❶눈부릅뜰우(張目貌)。【漢書 王莽傳】ㅡ衡厲色。❷눈웃음칠우(喜悅貌、睢ㅡ)。

【盓】(우)『盱』(前條)와 같음

【𥃽】(범) 陷 ハン、おおきいめ big-eyed 큰눈범(大目)。

【盲】(맹) 庚 ボウ、モウ、めくら blind ㄇㄤˊ mang² 小篆 草書 ❶청맹과니맹、판수맹、장님맹(目無瞳)。【淮南子】ㅡ者目形存而無能見也。❷어둘맹(暗也)。❸몽매할맹(蒙昧)。

【盳】(망) 陽 ボウ、みあげる looking up 쳐다볼망(仰視)。

【直】㊀(직) 職 チョク、ジキ、ただしい、すぐに straight; honest ㊁(치) 寘 ㄓˊ chih² 小篆 古文 ㊀❶바를직(正也)。【書】王道正ㅡ。❷곧을직(不曲)。【論語】ㅡ哉史魚。❸당할직(準當)。【史記】以白鹿皮爲皮幣ㅡ四十萬。❹다만직(但也)。【孟子梁惠王上】ㅡ不百步耳。❺펼직(伸也)。【孟子】枉尺ㅡ尋。❻곧게할직(理枉)。【韓愈 王仲舒墓】公獨爲ㅡ其寃。❼번들직(侍也、當ㅡ、宿ㅡ)。❽바로직(即也、ㅡ接、ㅡ面)。㊁값치(物價)。【北史】何不還他價ㅡ。(『値』와 통함)

【𥃲】(요) 效 オウ、おくめ shallow-eyed 깊은눈요(深目)。

【直】(치)『直』(前前條)의 俗字

四 畫

【相】㊀(상) 陽 ショウ、ソウ、あい、かたち mutual; aspect ㊁(상) 漾 ㄒㄧㄤ hsiang¹ 小篆 草書 ㊀❶서로상(共也)。【孟子離婁下】ㅡ泣於中庭。❷바탕상(質也)。【詩經 大雅 棫樸】金玉其ㅡ。㊁❶볼상(視也)。【左傳 隱公十一年】ㅡ時而動。❷도울상(助也)。【易經】輔ㅡ天地之宜。❸[illegible](ㅡ役)。【周禮】朝覲會同爲上ㅡ。❹인도할상(導也)。【禮記】ㅡ者一人教導卽贊勉也。❺붙들상(扶也)。【禮記】樂有ㅡ步。❻정승상(官名)。【漢書】ㅡ國丞ㅡ皆秦官。❼상볼상(ㅡ術)。【左傳】叔服能ㅡ人。❽가릴상(選擇)。❾풍류이름상(似鼓、樂器名)。

(圖禮三)❾相

【盷】(전) 先 テン、みまわす glance 草書 ❶눈알굴려볼전(轉視貌)。【禮記】人生三月而徹ㅡ然後能有見。❷큰눈전、왕눈이전(大目、ㅡ瞑)。

【𥃴】(진) 軫 チン、みはる strain ❶눈정기진(目之精)。❷눈부릅뜰진(瞋怒目)。

【䀖】(천) 先 テン、あおぎみる look up 우러러볼천(仰視)。

【眂】(시)『視』(見部5畫)와 같음

【盹】(순) 眞 シュン、いねむり doze ㄉㄨㄣˇ tuen³ 草書 졸순、눈감을순(目藏)。

【𥄎】㊀(결) 屑 ケツ、めやみ eye disease ㊁(혈) 屑 小篆 ㊀눈앓을결(目患)。㊁❶휘둥그레볼혈(驚視)。❷흘깃흘깃볼혈(顧眄不定貌)。

【盻】(혜) 霽 ケイ、にらむ stare ㄒㄧˋ hsi⁴

❶눈흘길혜(恨視貌)。〔魏書志 許褚傳〕褚瞋目ㅡ之。❷돌아볼혜(顧視)。〔孔稚圭北山移文〕芥千金而不ㅡ。❸가쁠혜(勤苦貌)。〔孟子〕使民ㅡㅡ然。

【県】(교) 蕭 キョウ、さらす hang the cut head 목베어거꾸로달교(斬首倒懸)。

【睟】(수)『睟』(目部 8畫)의 俗字

【盼】(반) 諫 ハン、かえりみる look back ㄆㄢˋ p'an⁴ ❶돌아볼반(顧視)。〔魏書〕亦蒙恩ㅡ。❷눈매어여쁠반(美目)。〔詩經〕美目ㅡ兮。❸할겨볼반(流視貌)。〔神女賦〕目若微ㅡ精彩相接。

【盾】㊀(순) 軫 ㊁(돈) 阮 ジュン、トン、たて shield ㄕㄨㄣˇ shuen³ ㊀❶방패순(扞身蔽目)。〔管子〕兵尚脅ㅡ。❷벼슬이름순(官名、鉤ㅡ)。㊁사람이름돈(趙ㅡ)。

【旻】㊀(혈) 屑 ㊁(혁) 職 キョ、まじろく wink (at) ㊀눈짓할혈(擧目使之)。㊁뜻은 ㊀과 같음。

【省】㊀(성) 梗 ㊁(생) 梗 セイ、ショウ、かえりみる reflect; watch ㊀❶볼성(視也)。❷살필성(察也、審也)。〔論語學而〕日三ㅡ吾身。〔禮記曲禮〕晨ㅡ而昏定。㊁❶덜생(簡少)。〔左傳僖公二十一年〕貶食ㅡ用。❷아낄생、인색할생(嗇也)。❸대궐안마을생(禁署)。〔漢書〕公主共養ㅡ中。❹생략할생、치워버릴생(ㅡ略)。

【明】(명) 庚 メイ、あかるい sharp eye 눈밝을명(視瞭)。(『明』과 別字)

【眄】(면) 霰 ベン、メン、みる look askance ㄇㄧㄢˇ mien³ ❶곁눈질할면(斜視)。〔史記〕按劍相ㅡ。❷눈알흘겨굴릴면(轉眼貌)。〔西京賦〕眳藐流ㅡ一顧傾城。

【眅】㊀(판) 刪 ㊁(판) 潸 ハン、にらむ glance : sidelong ㄆㄢ p'an¹ ㊀❶눈에흰자위많을판(眼多白)。❷흘겨볼판(反目貌)。㊁동자에 백태낄판(膜侵睛)。

【眈】(탐) 覃 タン、ねらいみる glare (古音「담」) ❶노려볼탐(視貌)。〔易經頤卦〕虎視ㅡㅡ。❷즐길탐(樂也)。〔書經〕惟ㅡ樂之從。

【眆】(방)『仿』(人部 8畫)과 같음

【眇】(묘) 篠 ビョウ、ミョウ、すがめ one-eyed ㄇㄧㄠˇ miao³ ❶한눈짜긋할묘(ㅡ目小)。❷애꾸눈묘(偏盲)。〔易經〕ㅡ能視。❸작을묘(微也)。〔漢書 昭帝紀〕朕以ㅡ身託于王侯之上。❹볼묘(視也)。〔班固答賓戲〕離婁ㅡ目於毫分。❺아득할묘(遠也)。〔莊子〕藏其臣也不厭深ㅡ。❻다할묘(盡也)。〔荀子〕王者仁ㅡ天下義ㅡ天下威ㅡ天下。❼정미할묘(精微)。〔漢書 元帝紀贊〕窮極幻ㅡ。

【眉】(미) 支 ミ、ビ、まゆげ、まゆ eye-brow ㄇㄟˊ mei² ❶눈썹미(目上毛)。〔春秋〕天有攝提人有兩ㅡ。❷가미、둘레미、언저리미(側邊)。〔漢書 游俠傳〕居井之ㅡ。

【眛】(매) 隊 マイ、くらい dim-eyed ❶멀리볼매(遠視)。❷눈침침할매(目迷)。

【眊】(모) 號 ボウ、くらむ、おいぼれ blurred eye ㄇㄠˋ mao⁴ ❶눈흐릴모(目少精)。〔孟子 離婁上〕胸中不正則眸子ㅡ焉。❷눈어둘모(老ㅡ)。〔漢書〕哀夫老ㅡ。

【看】(간) 寒 カン、みる watch; guard ㄎㄢ k'an¹ ❶볼간(視也)。〔簡文帝賦〕廻照金屛裏脈脈兩相ㅡ。❷지킬간(ㅡ護員、ㅡ守)。

【䀹】㊀(내) 卦 ㊁(알) 曷 ダイ、こする rub ㊀눈나쁠내(惡目、睉ㅡ)。㊁눈부빌알(揩目)。

五畫

【眎】(시)『視』(見部 5畫)의 古字

【眐】(정) 庚 セイ、ひとりみる see alone 홀로볼정(ㅡ眐、獨視貌)。

【眗】(구) 遇 ク、きょろきょろみる look [stare] around ㄐㄩˋ chü⁴ 좌우로두리번거리며볼구(左右視)。

【眑】㊀(요) 篠 ㊁(유) 有 ヨウ、ふかい profound ㊀❶깊숙할요、고요할요(幽靜)。❷움펑눈요(深目)。㊁웅숭깊을유、아득할유(深遠)。〔漢書〕淸思ㅡㅡ。

【眒】(신) 震 シン、みはる stain ㄕㄣˋ shen⁴ ❶눈부릅뜰신(張目)。❷시선을끌신(引目)。❸새·짐승놀랄신(鳥獸驚貌)。❹빠를신(疾貌儵ㅡ)。

【眕】(진) 軫 シン、おもおもしい prudent ㄓㄣˇ chen³ ❶한껏볼진(目有所限)。❷진중할진(重厚)。〔左傳 隱公三年〕石碏曰憾而能ㅡ者鮮矣。

【眘】(신)『愼』(心部 10畫)의 古字

【眙】㊀(이) 支 ㊁(치) 寘 チ、みつめる gaze ㄔ ch'ih⁴

貌。❷고을이름이(楚州縣名盱ㅣ)。㊂눈똑바로뜨고볼치(直視)。【史記滑稽傳】目ㅣ不禁。

【䀯】 ㊀(혈) 屑 ケツ、みる look up in surprise ㊁(결) 屑 ㄒㄩㄝ hsüeh³·⁴
草書 ㊀깜짝놀라볼혈(驚視)。㊁움펑눈이결(目深貌)。

【眚】(생) 梗 セイ、かすむ leucoma
小篆 草書 ❶백태낄생(目病生翳)。❷재앙생(災沴)。【易經】无ㅣ。❸모르고지은죄생、과실생(過誤)。【書經】ㅣ災肆赦。❹어질병생(妖病)。【漢書】中山小王未滿歲月ㅣ病。❺조금상할생(微傷)。❻덜생(損也)。【周禮 地官大司徒】ㅣ禮。

【眛】(매) 隊 バイ、マイ、くらい blind ㄇㄟˋ mei⁴
小篆 草書 눈어둘매(目不明)。【左傳】目不別五色之章爲ㅣ。

【眜】(말) 曷 マツ、くらい dim-eyed
小篆 草書 ❶눈희미할말(目不明)。❷무릅쓸말(冒也)。

【眠】(면) 先 ミン、ねむる sleep ㄇㄧㄢˊ mien²
草書 ❶졸으면、졸면(翕目)。❷잘면(寐也)。【漢書】竟夕不ㅣ。❸우거질면(茂密貌)。【陸機賦】淸麗芊ㅣ。❹지각없을면(無知)。❺어지러울면(亂也)。

【眝】(저) 語 チョ、みつめる strain
小篆 ❶눈번쩍뜰저(長眙)。❷부릅뜰저(張目)。【陸機文】ㅣ美目其何望。

【䀡】(점) 豔 テン、みる see (古音 첨)
❶볼점(視也)。❷엿볼점(窺也)。❸눈내리깔점(目垂貌)。『覘』과 같음

【眞】(진) 眞 シン、まこと true; real ㄓㄣ chen¹
小篆 古文 草書 ❶참진(僞之反)。【漢書】使ㅣ僞毋相亂。❷진실할진(實也)。【十八史略 西漢】韓信請爲假王以鎭齊、漢王曰大丈夫定諸侯即爲ㅣ王耳。❸정신진(神也)。❹정할진(精也)。❺바를진(正也)。❻초상진(肖像)。❼순박할진(淳也)。❽천진진、근본진(本元、原質、天ㅣ)。❾진서진(楷書、書體之一)。❿하늘진(ㅣ宰、天也)。

【真】(진)『眞』(前條)의 略字

【眢】㊀(원) 元 ワン、めくら blind ㊁(완) 寒 ㄩㄢ yuan¹
小篆 草書 ㊀❶눈동자없을원(眸子枯陷)。❷물마른우물원(井枯無水)。【左傳】目於ㅣ井而拯之。㊁뜻은 ㊀과같음。

【眣】(순) 震 シュン、めくばせ wink ㄕㄨㄣˋ shuen⁴

書 羊傳】晉大夫使與公盟。

【眰】(질) 質 シツ、やぶにらみ cross-eyed ㄉㄧㄝ tieh²
小篆 ❶눈뒤룩거릴질、눈비뚤질(目不正)。【徐曰】其視散若有所失曰ㅣ。❷눈망울불거질질(目露出貌)。

【眥】㊀(자) 寘 シ、セイ、まなじり corner of the eye ㊁(제) 霽 ㄗˋ tzŭ⁴
小篆 草書 ㊀흘겨볼자(恨視)。【史記】睚ㅣ之怨必報。㊁눈가제、눈초리제(目厓)。【列子】拭ㅣ而望之。

【眦】(자)(제)『眥』(前條)와 같음

【眨】(잡) 洽 ソウ、まじろく one eyed ㄓㄚˇ cha³
小篆 草書 ❶눈꿈적일잡(目動)。❷애꾸눈잡(一目)。

【眩】㊀(현) 霰 ケン、ゲン、めまい giddiness ㊁(환) 諫 ㄒㄩㄢˋ hsüan⁴
小篆 草書 ㊀❶아찔할현(瞑ㅣ、潰亂)。【書經】若藥不瞑ㅣ厥疾不瘳。❷의혹할현、현혹할현(惑也)。【中庸】敬大臣則不ㅣ。❸어질병현(風疾)。【後漢書】ㅣ疾不欲風。❹어둘현(暗也)。㊁❶요술환(妖術)。❷미혹할환(惑也)。

【䀴】㊀(말) 黠 マツ、にらむ glare at ㊁(비) 寘 ㄇㄚˋ ma⁴

小篆 獱眼困逾ㅣ。❷부끄러울말(耻也)。㊂바로볼비(直視)。

【𥇮】(노) 虞 ド、にらむ glare at
눈부릅뜰노(怒目)。

六 畫

【眭】(휴) 支 キ、ケイ、くぼみめ sunken eyes ㄙㄨㄟ suei¹
小篆 草書 ❶움펑눈휴(深目)。❷노려볼휴(目深惡視)。【淮南子】ㅣ然能視。

【䀨】㊀(활) 點 カツ、みる see ㊁(괄) 曷 ㄍㄨㄚ kua⁴
㊀❶볼활(視也)。❷눈부릅뜰활、성나서볼활(怒視貌)。㊁눈어둘괄(目暗)。

【䀩】(락) 藥 ラク、みる look at
小篆 볼락(眄也)。【揚雄】吳揚江淮謂眄曰ㅣ。

【眮】(동) 東 トウ、まぶち fringe of an eye
小篆 ❶눈자위동(目眶)。❷눈망울굴릴동(轉目)。❸눈흘겨볼동(瞋目顧視)。

【䀹】(계) 霽 ケイ、のぞく peep at something
小篆 사람가리고 볼계、엿볼계(蔽人視)。

【䀿】(식) 職 シキ、ショク、みる observe closely
❶눈여겨볼식(目所記)。❷안표할식(眼標)。

【眯】(一)(미) 齊 ベイ、ビ、くらむ distorted eyes
(二)(미) 支
眯 小篆 書 草 (一)어지러울미(視亂貌)。【文中子】蒙塵而欲無一、不可得絜。(二)마귀에 홀릴미(魘也)。【莊子】彼不得夢必且數一焉。

【眴】(一)(순) 震 シュン、ケン、またたく gorgeous
(二)(현) 霰 ㄒㄩㄢ hsüan⁴
眴 草 書 (一)눈짓할순(人目使人)。【史記】項梁一籍曰可行矣。(二)❶현란할현(眩也)。【楚辭】一兮窈窕。❷눈깜작일현(目動)。

【眲】(액) 陌 ダク、ジ、あなどる hold cheap
眲 草 書 얕잡아볼액、깔볼액(輕視)。【列子】見商丘開衣冠不檢莫不一之。

【䀳】(해) 灰 ガイ、ぎょろめ goggle-eyed
❶눈부리부리할해(目大貌)。❷여럿이서로볼해(一矚、衆相視貌)。

【眳】(명) 庚 メイ、くらい blurred eye
❶눈어둘명(目暗)。❷기꺼워하지 않을명、부루퉁할명(不悅貌)。❸눈썹사이명(眉睫之間)。❹눈이작을명(目小)。

【眵】(치) 支 シ、めやに gum ㄔ ch'ih¹
眵 小篆 書 草 ❶눈곱낄치(目汁凝)。【韓愈燈檠歌】兩目一昏頭雪白。❷눈진물치(目傷眥)。

【眶】(광) 陽 キョウ、まぶち fringe of an eye ㄎㄨㄤ k'uang⁴
眶 草 書 눈자위광、눈두덩광(目厓)。【西京賦】隅目高一。(『匡』과 通함)

【眷】(권) 霰 ケン、かえりみる look after ㄐㄩㄢ chüan⁴
眷 小篆 書 草 ❶돌아볼권、돌봐줄권(回視顧念)。【書經大禹謨】皇天一命。❷붙이권、친척권(親屬)。【五代史】裴氏自晋魏以來世爲名族居燕省者號東一居涼者號西一居河者號中一。❸근념할권(一一勤厚意)。【詩經大雅皇矣】乃一回顧。(『睠』과 같음)

【眸】(모) 尤 ボウ、ひとみ pupil ㄇㄡ mou² (古音「무」)
眸 小篆 書 草 눈동자모(一子、目瞳)。【孟子】存乎人者莫良於一子。

【眹】(진) 軫 チン、ひとみ pupil ㄓㄣ chen⁴
眹 小篆 書 草 ❶눈동자진(目精童子)。【周禮】無目一謂之瞽。❷빌미진、조짐진(幾微萌兆)。【佩觿集】吉凶形兆謂之兆一。

【眼】(안) 潸 ガン、ゲン、め、まなこ eye; see ㄧㄢ yen³
眼 小篆 書 草 ❶눈안(目也)。【靈樞經】臟腑之精氣上注于目爲之精精之窠爲一。❷볼안(視也)。❸[illegible]

【眺】(조) 嘯 チョウ、ながめる look; gaze at
眺 小篆 眺 篆 書 草 ❶멀리볼조(遠視)。❷바라볼조(望也)。【禮記】可以遠一望。

【眽】(맥) 陌 バク、ミャク、みる fixedly; see ㄇㄛ mo⁴
眽 小篆 書 草 ❶지나쳐볼맥(目略視之)。❷서로물끄러미볼맥(相視)。【古詩】盈盈一水閒一一不得語。❸빗겨볼맥(衺視)。

【眾】(一)(중) 送 シュウ、おおい abundant
(二)(중) 送
眾 小篆 書 草 (一)❶많을중(多也)。【大學】生之者一食之者寡。❷무리중(衆人)。【論語衛靈公】一惡之必察焉一好之必察焉。❸민심중(庶民之心)。【大學】失一則失國。(二)고비쁘리중(貫一、藥名)。

【着】(착)(저)『著』(艸部 9畫)의 俗字

七 畫

【𥃩】(미)『眉』(目部 4畫)의 本字

【睆】(환) 潸 カン、うつくしい pretty ㄏㄨㄢ huan³
睆 草 書 ❶예쁠환(美好貌)。【禮記】華而一大夫之簀與。❷고울환(光鮮貌)。【詩】睍一黃鳥。❸열매다닥다닥달릴환(實貌)。【詩經】有一其實。❹[illegible](明星貌)。【詩經大東】一彼牽牛。❺멀리볼환(遠視)。【莊子天地】一一然在纏繳之中而自以爲得。

【睃】(준) 震 シュン、みる look at ㄐㄩㄣ chün⁴
❶볼준(視也)。❷사람이름준(人名)。

【睅】(환) 潸 カン、おおきいめ goggle-eyed ㄏㄨㄢ huan⁴
睅 小篆 或體 書 草 ❶눈퉁이환(大目)。❷눈불거질환(目出貌)。【左傳宣公二年】一其目。

【眐】(정) 迥 チョウ、でめ protrude
눈불거질정(目出)。

【睇】(一)(제) 霽 テイ、みる stare; glance
(二)(제) 齊 ㄉㄧ ti⁴
睇 小篆 書 草 (一)볼제(視也)。(二)흘깃볼제(小視)。【禮記】在父母舅姑之所不敢一視。

【睊】(一)(연) 霰 ケン、みる look each other
(二)(견) 先 ㄐㄩㄢ chüan⁴
睊 小篆 書 草 (一)볼연(視貌)。(二)옆눈으로 서로볼견 (以側目相視)。【孟子】一一胥讒。

【䀺】(두) 尤 トウ、めやに have discharge from the eyes [or gum]
눈곱낄두(一瞜、目汁凝)。

【[目孝]】(효) 肴 コウ、めくら blind
눈멀효(瞎也)。

【[目坐]】(一)(자) 歌 サ、めがちいさい

小篆 ㊀작은눈자(目小也)。㊁시ㄴ
운눈수(惡目ー眨)。

【[illegible]】(량) 漾 リョウ、めやまい suffer from sore eyes
小篆 눈병날량(目病)。

【[illegible]】(제) 霽 テイ、めのひかり eye glitter ㄓ chih⁴
❶눈광채제(目光)。❷눈이고울제(美眼)。

【䀹】(섭) 琰 セン、まばたく blink (repeatedly)
눈자주끔적거릴섭(目數動)。

【䀹】(첩) 葉 ショウ、まつげ eyelashes
小篆 草書 속눈썹첩(目旁毛)。【史記】忽忽承ー。(『睫』과 같음)

【[illegible]】(권) 霰 ケン、めまわり the edge of an eyelid
小篆 눈언저리권、눈시울권(目圈)。

【睋】(아) 歌 ガ、のぞむ see; gaze
바라볼아(望視)。【公羊傳】ー而鍰其板。

【睌】(만) 潸 バン、みる look at without timidity
小篆 겁없이볼만(無畏而視)。

【睍】(현) 銑 ケン、みる look fixedly ㄒㄧㄢ hsien⁴
小篆 小篆 草書 ❶고울현(ー睆、好貌)。【詩經】ー睆黃鳥。❷물끄러미볼현(視貌)。【唐書】俛首下佇佇

【睎】(희) 微 キ、したう longing ㄒㄧ hsi¹
小篆 草書 ❶바라볼희(盻望眄)。【西都賦】ー秦嶺。❷사모할희(慕也)。【揚子法言】ー顏之人亦顏之徒也。

【[illegible]】(도) 虞 ト、おおい many
❶많을도(多也)。❷사람이름도(仉ー、梁公子名)。

【[illegible]】(류) 尤 リュウ、ねてみる look at lying in bed
누워서볼류(臥視)。

八畫

【睒】(섬) 琰 セン、みる glance ㄕㄢ shan³
小篆 草書 ❶언뜻볼섬(暫視貌)。【江賦】獱獺ー睗乎厱空。❷맑을섬(晶瑩)。【韓愈詩】太白ーー。

【睓】(전) 銑 テン、はずかしい (be) shy
부끄러울전(慚也)。

【睔】(곤) 願 コン、おおきいめ large eye ㄍㄨㄣ kuen
小篆 草書 ❶큰눈곤(大目)。❷사람이름곤(人名鄭伯ー)。

【睕】(완) 旱 翰 ワン、くぼみめ sunken eyes
草書 ❶눈굴릴완(轉目)。❷눈뜰완(開目)。❸눈우묵할완(深目)。

【[illegible]】㊀(감) 勘 ㊁(흡) 洽 カン、くぼみめ sunken eyes
㊀눈우묵할감(目深貌)。㊁눈자위꺼질흡(目陷)。

【[illegible]】(행) 迥 ケイ、めをつぶる shut one's eyes
눈감을행(瞑目)。

【睖】(릉) 蒸 リョウ、にらみつける gaze at ㄌㄥ lêng⁴
노리고볼릉(ー瞪、直視貌)。

【睗】(석) 陌 セキ、ちらとみる glance ㄕ shih⁴
빨리볼석(速見)。

【睘】(경) 庚 ケイ、みはる become wide-eyed
❶눈휘둥그릴경(目驚視)。【素問】百節皆縱目ー絕系。❷비틀비틀할경(無依)。【詩經】獨行ーー。(『煢』과 같음)

【[illegible]】㊀(업) 葉 ㊁(암) 感 エン、アン、とじる close
㊀눈감을업(目閉)。㊁뜻은 ㊀과 같음。

【睚】(애) 卦 佳 ガイ、まぶち corner of the eye ㄧㄞ yai²
小篆 草書 ❶눈가애(目際)。❷눈흘길애(ー眦恨視)。【後漢書】報ー眦怨。

【睛】(정) 庚 セイ、ひとみ pupil ㄐㄧㄥ ching¹
草書 눈검은자위정、눈동자정(目珠)。【靈樞經】陽氣上走于目而

【睜】(정) 梗 セイ、みはる、みつめる glare at ㄓㄥ chêng¹
草書 노리고볼정(睄ー、不悅視)。

【[illegible]】(창) 漾 陽 チョウ、ほんやりする large eye
❶실심할창(失志貌)。❷눈이클창(大目)。

【睞】(래) 隊 ライ、わきみ、よこめ look askance ㄌㄞ lai⁴
小篆 草書 ❶흘금흘금볼래(遊眺)。❷곁눈질할래(旁視)。【洛神賦】明眸善ー。❸돌볼래(眄ー眷顧)。

【[illegible]】㊀(밀) 職 ㊁(묵) 職 ミツ、ちらとみる glance
㊀❶얼른볼밀、잠깐볼밀(暫視)。❷자세히볼밀(細視)。【吳萊尙志賦】ー瞭目以霧披。㊁뜻은 ㊀과 같음。

【睟】(수) 寘 スイ、つやつやしい glossy ㄙㄨㄟ suei⁴
草書 ❶똑바로볼수(正視貌)。❷흡치르르할수、윤택할수(潤澤貌)。【孟子盡心上】ー然見於面。

【睠】(권) 霰 ケン、かえりみる look after
草書 ❶돌아볼권、돌봐줄권(回視顧念)。【書經大禹謨】皇天ー命。❷붙이권、친척권(親屬)。【五代史】裴氏自晉魏以來世爲名族居燕省者號東ー居涼者號西ー居河者號中ー。❸근념

할권(ㅣㅣ勤厚意)。〔詩經大雅皇矣〕乃ㅣ回顧。

【睡】(수) 寘 スイ、ねむる sleep ㄕㄨㄟˋ shuei⁴ 小篆 草書 졸음수、졸수、잘수(坐寐眠也)。〔賈島詩〕共君今夜不須ㅣ。

【睢】㊀(수) 支 ㊁(휴) 寘 ㊂(휴) 支 スイ、キ、みはる strain one's eyes ㄙㄨㄟ suei¹ 小篆 草書 ㊀물이름수(浚儀水名)。㊁눈부릅뜨고볼휴(ㅣ盱、瞋視)。〔漢書〕萬衆ㅣㅣ驚怪連日。㊂성내서볼휴(恣ㅣ、怒視)。〔史記〕暴戾恣ㅣ。

【督】(독) 沃 トク、みる、うながす oversee ㄉㄨ tu¹ 小篆 草書 ❶감독할독、동독할독(董也)。❷거느릴독(率也)。❸살필독(察也)。❹권할독(勸也)。❺재촉할독(催趨)。❻꾸짖을독(責也)。❼신칙할독(敕戒)。〔史記〕聞大王有意ㅣ過之。〔漢書〕宜有以敎ㅣ。❽가운대독(中央)。〔周禮註〕ㅣ旁之脩。❾맏아들독(家ㅣ、長子)。〔史記〕家有長子曰家ㅣ。❿대장독(大將)。〔後漢書〕軍征校尉一統於ㅣ。

【睤】(비)『睥』(次條)와 같음

【睥】(비) 霽 ヘイ、にらむ stare sidelong ㄆㄧˋ pi⁴ 草書 결눈질할비、흘겨볼비(傍視貌)。〔史記〕ㅣ睨故久立。

【睦】(목) 屋 ボク、むつまじい friendly ㄇㄨˋ mu⁴ 小篆 古文 草書 ❶눈매고울목(目順)。❷친목할목(親信)。❸화목할목(和也)。〔書經〕九族旣ㅣ。❹공경할목(恭敬)。❺성목(姓也)。

【睧】(혼) 元 コン、めがくらい dim sighted 눈어두울혼(目暗)。〔淮南子〕漠ㅣ於勢利。

【⿻大⿰目目】(구) 遇 ク、よこめ look around 小篆 좌우로볼구(左右視)。(『䀠』와 같음)

【睨】(예) 霽 ケイ、にらむ stare sidelong ㄋㄧˋ ni⁴ 小篆 小篆 草書 ❶흘겨볼예(斜視)。〔史記〕藺相如持璧ㅣ柱。❷해기울어질예(日斜)。〔莊子〕日方中方ㅣ。

【睩】(록) 屋 ロク、みる look politely ㄌㄨˋ lu⁴ 小篆 草書 눈을곱게뜰록(目睞謹)。〔宋玉招魂〕蛾眉曼ㅣ目騰光些。

【睪】(역) 陌 エキ、うかがう glance furtively 小篆 小篆 草書 엿볼역、기찰할역(伺視)。〔說文〕ㅣ令將目捕罪人。

【睫】(첩) 葉 ショウ、まつげ eyelashes ㄐㄧㄝˊ chieh² 草書 속눈썹첩(目旁毛)。〔禮記〕豕望視而交ㅣ腥。

【睬】(채) 賄 サイ、みとめる take notice of ㄘㄞˇ ts'ai³ 주목할채(注目貌)。

九畫

【睯】(혼) 元 コン、わずらう worry 번민할혼(煩悶)。

【睮】(유) 虞 ユ、こびる flatter ㄩˊ yü² 草書 아첨할유(媚貌)。〔漢書〕ㅣㅣ諂夫。

【瞍】(수) 有 ソウ、めしい、めくら blind 草書 소경수、장님수、봉사수、판수(無目)。〔周語〕ㅣ賦矇誦。

【⿰目⿱夂目】(알) 曷 アツ、くぼんだめ deep-eyed 小篆 눈깊고검을알(目深黑貌)。

【⿰目枼】㊀(섭) 葉 ㊁(첩) 葉 チョウ、かため one eyed ㊀❶한눈멀섭(閉一目)。❷한눈짜긋할섭(目眇視)。㊁뜻은 ㊀과 같음。

【⿰目冒】(모) 號 ボウ、ふしめでみる downcast look 눈내리깔고볼모(低目視)。

【睲】(성) 梗 ショウ、ひとみがかがやく glittering 눈게광채날성(目睛照)。

【⿰目咸】㊀(흡) 洽 ㊁(감) 勘 キョウ、くぼみめ sunken eyes 小篆 ㊀❶눈우묵할흡(目深)。❷눈자위꺼질흡(目陷)。㊁볼감(視也)。

【⿰目亭】㊀(증) 庚 ㊁(정) 靑 テイ、チョウ、みる watch ㊀자세히볼증(詳審視)。㊁눈곱정(目眵)。

【睴】(곤) 願 コン、めばたく lobster-eyed 小篆 큰눈툭불거질곤(大目出)。

【睷】(건) 元 ケン、めでかぞえる count with one's eyes 눈으로세어볼건(以目計算)。

【睹】(도) 麌 ト、みる see; look ㄉㄨˇ tu³ 小篆 草書 볼도(見也)。〔漢書〕此子大夫之所ㅣ聞切。(『覩』와 같음)

【睺】(후) 宥 コウ、かため one eyed ㄏㄡˊ hou² 草書 반판수후、한눈멀후(半盲)。

【睼】(제) 齊 テイ、むかえみる look at each other 小篆 草書 ❶마주볼제(迎視)。〔東都賦〕弦不ㅣ禽。❷앉아서볼제(坐見)。

【睽】(규) 齊 ケイ、そむく depart from 小篆 草書 ❶어그러질규(乖也)。〔易經〕ㅣ者乖也。❷나를규

(異也)。【唐書 柳宗元傳】ㅡ焉而鬪。❸눈흘길규(反目)。

【瞃】(민) 眞 ミン、ねむる sleep
굽어볼민(俯視)。

【睾】(고) 豪 コウ、きんたま testicles ㄍㄠ kao¹
草書 ❶불알고、불알알맹이고 (腎丸)。【靈樞經】腰脊控ㅡ而痛。❷질펀할고、윤택할고(ㅡ如、澤貌)。【列子】望其壙ㅡ如也。

【睿】(예) 霽 エイ、さとい、かしこい wisdom ㄖㄨㄟˋ juei⁴
草書 ❶슬기예(智也)。【書經】思曰ㅡㅡ作聖。❷통할예(通也)。❸밝을예(深明)。❹성인예(聖ㅡ)。

【瞀】㊀(무) 宥 ㊁(모) 尤 ㊂(목) 屋 ボウ、ボク、くらい dimeyed ㄇㄡˋ mou⁴
小篆 草書 ㊀❶눈희미할무(目不明貌)。【全道篇】ㅡ視者以酟爲赤。❷어지러울무(亂也)。【北史】是非ㅡ亂。❸무식할무、천치무(無識)。【荀子】愚陋傋ㅡ。❹벌레이름무(ㅡ芮)。㊁뜻은 ㊀과 같음。㊂밤눈어둘목(夕昏不見物有謂之雀ㅡ)。

【瞁】(혁) 陌 ケキ、みる look at
草書 놀라볼혁(驚視)。

【瞂】(벌) 月 ハツ、たて shield ㄈㄚˊ fa²
小篆 방패벌(盾也)。【汲冢周書】請令以鮫ㅡ利劍。

十畫

【瞇】(미) 紙 ビ、すがめ one-eyed person ㄇㄧˇ mi¹
애꾸눈미、한눈멀미(眇目)。

【⿰目䍃】(요) 篠 ヨウ、みる wink
❶찌긋이볼요(視貌、眇ㅡ)。【海賦】眇ㅡ冶夷。❷눈매고울요(美目)。

【⿱般目】(반) 寒 ハン、みる look round
小篆 草書 눈굴려볼반(轉目視)。

【⿰目匽】(언) 銑 エン、めでたわむれる exchange glances in fun
小篆 눈으로희롱할언(目相戲)。

【瞉】(구) 宥 ク、おろか fool
❶무식할구(無識)。❷어리석을구(愚也)。❸맘흐릴구(ㅡ瞀、鄙陋心不明)。【荀子】愚陋傋ㅡ。

【瞋】(진) 眞 シン、いかる angry eyes ㄔㄣ ch'en¹
小篆 小篆 草書 눈부릅뜰진(怒而張目)。【史記項羽本紀】ㅡ目叱之。

【⿱䀠大】(구) 遇 ク、おそれてみる look at someone in fear
小篆 두려워서볼구(畏視)。

【瞌】(갑) 合 コウ、ねむる sleepy ㄎㄜ k'ê¹
草書 졸음올갑(欲睡貌)。【貫休詩】ㅡ睡山童欲成夢。

【瞍】(수) 有 ソウ、めくら blind ㄙㄡˇ sou³
小篆 草書 소경수、장님수、판수 수(目有眹無珠)。【詩經】矇ㅡ奏公。

【瞎】(할) 黠 カツ、めっかち、かため one eyed ㄒㄧㄚ hsia¹
草書 한눈멀할、애꾸눈할(一目盲)。【十六國春秋】苻生無一目七歲其祖洪戲之曰吾聞ㅡ兒一淚信乎生怒引刀自刺出血曰此亦一淚耶。

【⿰目隺】㊀(각) 覺 ㊁(학) 藥 カク、くらむ lose one's sight
㊀눈알빼각(去目睛)。㊁눈멀학(失明)。

【睘】(경) 庚 ケイ、みつめる look in surprise
小篆 草書 ❶놀라볼경(驚視)。❷비틀거릴경(ㅡㅡ無依)。【詩經唐風杕杜】獨行ㅡㅡ。

【瞑】㊀(면) 霰 先 ㊁(명) 青 徑 メイ、ミョウ、つぶる close one's eyes
小篆 草書 ㊀❶눈감을면(翕目)。【後漢書】甘心ㅡ目。❷아찔할면(ㅡ眩、憒亂)。❸심할면(劇也)。㊁❶눈흐릴명(目不明)。【晉書】臣耳目聾ㅡ不能自勵。❷눈감을명(翕目)。

【⿱𤇾目】(앵) 庚 ケイ、きよらか clear-eyed
小篆 눈맑을앵(目淨貌)。

【⿰目秦】(진) 文 シン、みだら lewd
음란할진(淫亂、貼瞔眠ㅡ者)【春箱雜記】貼瞔眼瞔淫亂也。

十一畫

【⿰目旋】(선) 先 セン、うつくしい charming-eyed
눈매예쁠선(目好貌)。【靈樞經】陰陽和平之人其狀ㅡㅡ然。

【瞕】(장) 漾 ショウ、かすむ (of eyes) gum-stained
눈에예막이생길장(目生障翳)。

【⿰目堅】(갱) 庚 コウ、かすむ dull-eyed
눈희미할갱、아리아리할갱(視不分明ㅡ瞸)。【靈光殿賦】屹ㅡ瞸以勿罔。

【瞖】(예) 霽 エイ、かすむ、くもる leucoma ㄧˋ i⁴
草書 눈에백태낄예(ㅡ膜、眼疾)。【宋史】后生而一目ㅡ。

【⿰目祭】(제) 霽 サイ、みまわる inspect
小篆 ❶살펴볼제(視察)。【嵇康琴賦】明嫿ㅡ惠。❷곁눈으로볼제(邪視)。

【⿰目啇】(적) 陌 チャク、あがりめ erected eye
눈곧두설적(目竪)。

【瞙】(막) 藥 マク、バク、くらむ、かすむ leucoma
❶눈어둘막(目不明)。❷눈에백태낄막(目瞖)。

【瞚】(순) 震 シュン、またたく wink
小篆 草書 눈끔적거릴순(開闔目數搖)。【莊子】終日視而目不ー。

【瞛】(종) 冬 ショウ、めがひかる glitter
눈에광채날종(目光)。【張協七命】怒目電ー。

【瞜】(루) 尤 虞 ル、ロウ、めっかち、かため one eyed ㄌㄡˊ lou¹
❶애꾸눈루(偏盲、ー瞍)。❷웃을루(笑也、眗ー)

【瞞】(만) 寒 マン、モン、だます deceive ㄇㄢˊ man²
小篆 草書 ❶눈거슴츠레할만(目瞼低)。【荀子非十二子】酒食聲色之中則ーー然。❷속일만(匿情相欺)。【汲冢周書】淺薄間ー其謀乃獲。❸반듯한눈만(平目)。❹부끄러울만(慚也)。

【瞝】(리) 支 チ、みる inspect
草書 거처볼리(歷視)。【弔屈原賦】ー九州而相君兮。

【瞟】㈠(표) 篠 ㈡(표) 嘯 ヒョウ、かため one eyed ㄆㄧㄠˇ p'iao³
小篆 草書 ㈠❶눈자그마할표(目小貌)。❷한눈멀표(一目病)。❸눈희미할표(ー眇視不明貌)。【靈光殿賦】忽ー眇以響像。㈢밝게살필표(明察、ー瞭)。

【瞠】㈠(쟁) 庚 ㈡(당) 【俗音】 ドウ、みつめる gaze straight ㄔㄥ ch'êng¹
草書 ㈠똑바로볼쟁(直視)。【莊子田子方】ー若乎其後矣。㈡뜻은 ㈠과 같음。

【瞡】(규) 支 キ、すがめ wink
草書 한눈찌긋이하고볼규(眇視)。【荀子】學者之嵬ーー然。

【瞢】㈠(몽) 東 ㈡(맹) 送 ボウ、モウ、くらい obscured eyes ㄇㄥˊ mêng²
小篆 草書 ㈠눈어두울몽(目不明)。【文中子】孰謂齊文宣ー而善揚遵彥也。㈡❶답답할맹(悶也)。【左傳襄公十四年】亦無ー焉。❷캄캄할맹(不光明)

【⿰目脩】㈠(척) 陽 ㈡(추) 尤 テキ、がっかりみる look at something spiritlessly
小篆 小篆 ㈠뜻잃고 볼척(失意而視貌)。【左思】ー焉失所。㈡뜻은 ㈠과 같음。

【⿰目梨】(리) 支 リ、ふたえまぶた double-eyelid eye
눈쌍꺼풀질리(目耴)。

【瞌】(갑) 合 コウ、ねむいめつき sleepy eyes
졸린눈갑(困悶眼)。

十二畫

【瞤】(순) 眞 ジュン、またたく blink one's eyes ㄕㄨㄣˋ shuen⁴
小篆 草書 눈끔적거릴순(目動)。【西京雜記】ー得酒食。

【⿰目爲】(위) 紙 ギ、うつくしいめつき charming-eyed
눈매예쁠위(目好貌ーー)。

【瞥】(별) 屑 ヘツ、みる glance at ㄆㄧㄝ p'ieh¹
小篆 草書 눈깜작할별、잠깐볼별(ー然、暫見)。【淮南子】鼈無耳而目不可以ー精於明。

【⿰目尊】(존) 願 ソン、あかいめ red-eyed
붉은눈존、눈알붉을존(赤目)。

【⿰目猋】(표) 蕭 ヒョウ、みわたす cast an unwelcome glance at
반갑지않게볼표(惡視貌)。

【瞦】(희) 支 キ、ひとみ clear-eyed
小篆 눈동자맑을희(瞳淸)。

【瞧】(초) 蕭 ショウ、みる askance ㄑㄧㄠˊ ch'iao²
草書 ❶곁눈질할초(偸視)。❷엿볼초(窺視)。

【⿰目朁】(잠) 鹽 セン、おもいしずむ shut one's eyes to consider
눈감고생각할잠(閉目內思)。

【瞩】(촉)『矚』(目部21畫)의 俗字

【瞪】(증) 蒸 トウ、みつめる looking in the face ㄉㄥˋ têng⁴
草書 눈똑바로뜨고볼증(直視貌)。【晋書】ー眸不轉。

【瞫】(심) 寢 シン、みる steal a glance at ㄕㄣˇ shen³
小篆 草書 ❶몰래볼심(竊見)。❷눈내리깔고볼심 (低目視)。

【瞬】(순) 震 シュン、またたく blink; wink ㄕㄨㄣˋ shuen⁴
草書 ❶눈깜작일순(目自動)。【宋史】目ー如電。❷잠깐순(ー息須臾)。【文賦】撫四海於一ー。

【瞰】(감) 勘 カン、みる look down
草書 굽어볼감、내려다볼감(俯視)。【後漢書】雲車千餘ー臨城中。

【瞭】(료) 篠 リョウ、あきらか clear-sighted ㄌㄧㄠˇˋ liao³·⁴
草書 ❶아득하게 보일료(遠視)。【楚辭】ー冥冥而薄天。❷눈자위맑을료、눈밝을료(目睛明)。【孟子】胷中正則眸子ー焉。

【瞯】㈠(한) 刪 ㈡(간) 諫 カン、うかがう spy out ㄐㄧㄢˋ chien⁴
小篆 草書 ㈠엿볼한(覘視)。【孟子】王使人ー夫子。㈡뜻은 ㈠과 같음。

【瞲】(휼) 質 ケツ、みる look in surprise
草書 ❶눈우묵할휼(目深貌)。❷놀라서볼휼(驚視貌)。【荀子】ー然視之。

【瞳】(동) 東 トウ、ひとみ pupil of the eye ㄊㄨㄥˊ t'ung²

草書 눈동자동(目珠ㅣ子腎之精)。【靈樞經】骨之精爲ㅣ子。

【瞴】(무) 虞 ブ、ちょっとみる glance at
小篆 잠깐볼무(微視、ㅣ婁)。

【瞵】㊀(린) 震 リン、ひとみ glitter of an eye
㊁(련) 先 カーㄣ
小篆 草書 ㊀❶눈정기린、눈동자린(目精)。❷눈똥그랗게뜨고볼린(視貌)。【吳都賦】鷹ㅣ鶚視。㊁눈치챌련(以目隨之)。

十三畫

【瞸】(엽) 葉 ヨウ、まぶた edge of an eyelid
눈시울엽(瞼也)。

【瞹】(애) 泰 アイ、くらい obscured vision
❶눈흐릿할애(目不明)。❷가리울애(隱也)。

【[illegible]】(전) 銑 セン、みつづける turn white at the sight
小篆 ❶보고 그칠전(視而止)。❷보고 낯빛변할전(視而面色變貌)。

【[illegible]】(현) 銑 ヘン、みえない leucoma
小篆 갓난아이눈에 예맥있을현、갓난애눈에백태낄현(始生兒目有翳)。

【[illegible]】(역) 陌 エキ、よくみる quick-sighted
눈밝을역(目明)。

【瞻】(첨) 鹽 セン、みる look up
小篆 草書 쳐다볼첨、우러러볼첨(仰視)。【陶潛歸去來辭】乃ㅣ衡宇載欣載奔。

【瞼】(검) 琰 ケン、まぶた edge of an eyelid
ㄐㄧㄢˇ chien³
小篆 草書 눈시울검(目上下弦)。【脈經】脾之候在ㅣㅣ 動則知脾能消化脾病則ㅣ 澁嗜臥。

【瞽】(고) 麌 コ、めくら、めしい blind
ㄍㄨˇ ku³
小篆 草書 ❶장님고、소경고、봉사고(盲也)。【周禮註】無目眹謂之ㅣ。❷전악고、풍류관원고(樂官)。【書經胤征】ㅣ奏鼓。❸학교이름고(殷代學校)。【禮記明堂位】ㅣ宗殷學也。❹사람이름고(舜父名ㅣ瞍)。

【瞾】(조)『照』(火部 9畫)와 같음

【瞿】㊀(구) 虞 ク、おどろく astonish
㊁(구) 遇 ㄑㄩˊ ch'ü²
小篆 草書 ㊀❶눈휘둥거릴구(驚視貌)。【禮記檀弓】曾子聞之ㅣ然。❷가슴두근거릴구(心驚貌)。【雜記】聞名心ㅣ。㊁두려울구(恐也)。

【[illegible]】(휴) 尤 ケイ、めやに gummy-eyed
눈곱많을휴(目多汁)。

十四畫

【[illegible]】(혁) 陌 カク、あかめ red-eyed
눈붉을혁(目赤)。

【[illegible]】(찰) 黠 サツ、よくみる have a careful look at
자세히볼찰(詳視)。

【瞰】(감) 陷 カン、あおぎみる look up
小篆 쳐다볼감(瞻視)。

【矄】(훈) 文 クン、めがかすむ dull-eyed
눈침침할훈(目暗)。

【矆】(확) 藥 カク、みはる strain one's eyes
小篆 ❶눈딱부릅뜨고볼확(大視)。❷번갯불확(ㅣ睒、電光)。

【[illegible]】(판) 諫 ハン、こどものにらみ (of baby) gray-eyed
小篆 아이눈뻐얄판(小兒白眼)。

【矈】(면) 先 メン、ベン、ぎっしり dense; thick
ㄇㄧㄢˊ mien²
小篆 ❶외눈어둘면(片目不明)。❷빽빽할면(密也)。

【矇】(몽) 東 ボウ、モウ、めくら、めしい blind
小篆 草書 청맹과니몽(ㅣ瞍、靑盲、有瞳未見)。【詩經】ㅣ瞍奏公。

【矊】(면) 先 メン、くろいひとみ black-pupil
검은눈동자면(黑瞳)。

【矉】(빈) 先 ヒン、しかめる frown
小篆 草書 ❶이맛살찌푸릴빈(額縮)。【莊子天運】西施病心而ㅣ其里。❷눈부라릴빈、눈부릅뜰빈(恨張目)。

【矏】(명) 敬 ベイ、ひろいまゆ wide-browed
눈썹넓을명、미간넓을명(眉闊)。

【[illegible]】(류) 宥 リュウ、きめる determine
❶복습할류(温故復習)。❷결심할류(決意)。

十五畫

【矌】(광) 漾 コウ、めくら blind
❶청맹과니광(目無珠)。❷눈에영채없을광(目無色)。

【[illegible]】(매) 卦 バイ、ながしめ look askance
❶곁눈질할매(邪視)。❷눈 가매(目際)。❸눈 부릅뜰매(怒貌)。

【矍】(확) 藥 カク、おどろきみる in alarm
ㄐㄩㄝˊ chüeh² (古音「곽」)
小篆 草書 ❶놀라돌아볼확(ㅣㅣ、左右顧)。【易經震卦】視ㅣㅣ。❷날쌜확(輕健貌)。【後漢書馬援傳】ㅣ鑠哉是翁也。❸눈휘둥거릴확(ㅣ然、失容)。【後漢書】秦使ㅣ然。

【矎】(현) 霰 ケン、まぶしい dazzling
눈부실현(目不正)。【靈光殿賦】目ㅣㅣ而喪精。

【[illegible]】(멸) 屑 ベツ、ただれめ blear eyed
눈 가장자리 진무를멸(目眥傷)。

十六畫

【⿰目歷】(력) 錫 レキ、あかるい clear-eyed
눈밝을력(目淨ー矆)。

【矐】(획) 藥 カク つぶす pull out an eyeball (古音「확」)
草書 ❶겹동자획(重目)。❷광채날획(光明)。❸눈멀획(害目失明)。【史記荆軻傳】秦始皇惜高漸離善擊筑重赦之乃ー其目。

【矑】(로) 虞 ロ、ひとみ pupil
草書 ❶볼로(視也)。❷눈동자로(目瞳)。【甘泉賦】玉女亡所眺其清ー。

【矒】(몽) 東 モウ、ねごと talking in sleep
잠고대할몽(寐言)。

十七畫

【⿰目龠】(요) 嘯 ヨウ、めまい mistake
잘못볼요(誤視)。

【⿰目靈】(령) 靑 レイ、めのひかり glitter
눈광채령(目光)。

【⿰目韱】(섬) 琰 セン、わらう smile at
웃을섬(笑也)。

十八畫

【矔】(관) 翰 カン、かえりみる look back ㄍㄨㄢˋ kuan⁴
小篆 눈을흘깃돌아볼관(轉目顧視)。【遂初賦】空下時而ー世兮。

【⿰目爵】(작) 藥 シャク、よくみえぬ shut one's eyes
눈감을작、눈어둘작(目瞑)。

十九畫

【矕】(만) 潸 バン、みる pretty
小篆 草書 ❶눈매예쁠만(目美貌)。❷갸웃이볼만(視貌)。【韓愈詩】親戚相睍ー。

【矖】(리) 支 リ、みる look for
草書 둘러볼리、찾아볼리(索視貌)。【魏書】ー目八荒。

【矗】(촉) 屋 チョク、まっすぐ straight (古音「축」) ㄔㄨˋ chʻu⁴
草書 ❶곧을촉(直也)。【杜牧阿房宮賦】ー不知其幾千萬落。❷우뚝솟을촉(聳上貌)。【司馬相如上林賦】崇山ーー。

二十畫

【矘】(당) 養 トウ、みつめる look at blankly
小篆 草書 눈멀거니뜨고볼당(目無精直視)。【後漢書】梁冀鳶肩豺目洞精ー眄。

【矙】(감) 勘 カン、うかがう glance furtively
草書 ❶엿볼감(窺也)。【孟子】ー孔子之亡而饋孔子蒸豚。❷볼감(視也)。

【矍】(확) 藥 カク、かえりみる recollect
❶돌아볼확(顧也)。❷두려울확(懼也)。

二十一畫

【矚】(촉) 沃 ショク、みる watch ㄓㄨˇ chu³
草書 볼촉(視也)。【魏書張淵傳】凝神遠ー。

矛 部

【矛】(모) 尤 ボウ、ム、ほこ spear (古音「무」) ㄇㄠˊ mao²
小篆 古文 草書 세모진창모(鉤兵、兵器長柄頭刃)。【禮疏】ー如鋌而三廉。

矛(圖器禮)

四畫

【⿰矛丑】㈠(뉴) 有 ㈡(뉵) 屋 ジュウ、さす thrust
小篆 ㈠찌를뉴(刺也)、㈡뜻은㈠과같음。

【矜】㈠(근) 眞 ㈡(환) 删 ㈢(긍) 蒸 キン、カン、キョウ、あわれむ pity; pride ㄍㄨㄢ kuan
小篆 草書 ㈠창자루근(矛柄)。【史記】起窮巷奮棘ー。㈡홀아비환(老無妻)。【詩經大雅烝民】不侮ー寡。(古音「관」) ㈢❶창자루긍(戟鋌杷)。❷민망할긍(愍也)。❸자랑할긍(自賢)。【書經】汝惟不ー天下莫與汝爭能。❹아낄긍(惜也)。【書經旅獒】不ー細行。❺공경할긍(敬也)。【孟子】使國人有所ー式。❻곰송거릴긍(竦也)。❼높일긍(尙也)。【思玄賦】魚ー鱗而并凌。❽불쌍할긍(哀也)。【賈誼治安策】人ー節行。❾꾸밀긍(飾也)。❿교만할긍(驕也)。

六畫

【⿰矛虫】(동) 冬 トウ、さす thrust
❶찌를동(刺也)。❷창동(矛也)。

七畫

【⿰矛良】(랑) 陽 ロウ、みじかいほこ short spear
小篆 짧은창랑(短矛)。

【矞】(율) 質 イツ、キツ、うがつ bore a hole with a gimlet ㄩˋ yü⁴
小篆 草書 ❶송곳질할율(錐穿)。❷상서구름율(瑞雲)。【董仲舒雨雹對】雲五色爲慶三色成ー。❸궤휼할율(詭詐)。【荀子】ー宇嵬瑣。❹귀신이름율(神名、ー皇)。

【矟】(삭) 覺 サク、ほこ、さす long spear ㄕㄨㄛˋ shuo⁴
草書 긴창삭(長矛)。【釋名】矛長丈八尺曰ー。

【⿰矛㑴】(침) 侵 シン、きり gimlet
송곳침(錐也)。

八畫

【⿰矛丑】(뉴) 有 ジュウ、やわらか tender
연할뉴、부드러울뉴(輭也)。

【矠】(색) 陌 サク ほこ、さす harpoon (本音「책」)
小篆 草書 ❶창색(矛屬)。❷작살질할색(以矛取物)。

九畫

【⿰矛匽】(언) 阮 エン、ほこ trident
삼지창언(戟三刃者)。

十一畫

【⿰矛堇】(근) 眞 文 キン、ほこのえ shaft of spear
❶창자루근(矛柄)。❷호미근(鉏耰)。

十四畫

【⿰矛爾】(미) 支 ビ、ほこ spear
창미(矛屬)。

十五畫

【⿰矛暴】(박) 覺 バク、ほこ stick spear
❶지팡이창박(杖矛)。❷당나라위장이름박(唐時衛仗名、一矟)。

十九畫

【⿰矛贊】(찬) 翰 サン、ほこ short spear
작은창찬(鋋也)。〔元史〕一制如戟鋒刃兩旁微起下有鐏銳。

二十畫

【矡】(확) 藥 カク、すき spade
❶호미확(鋤也)。❷창확(矛屬)。

矢部

【矢】(시) 紙 シ、や arrow ㄕˇ shih³
小篆 草書 ❶살시(箭也)。〔易經〕剡木爲一。〔史記〕肅愼氏楛矢石砮尺有咫。❷소리살 시(嚆矢響箭)。〔莊子〕焉知曾史之不爲桀紂嚆一。❸곧을시(直也)。〔詩〕其直如一。❹베풀시(陳也、施也)。〔春秋隱公五年〕公一魚于棠。❺맹세시(誓也)。〔論語雍也〕夫子一之曰。❻똥시(糞也)。〔左傳〕埋之馬一之中。

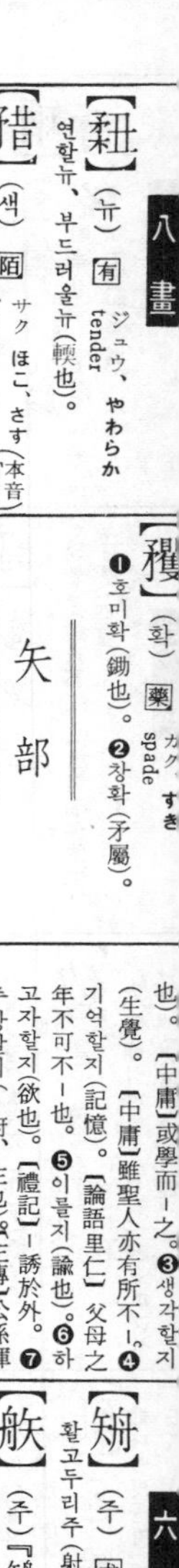
矢(禮器圖)

二畫

【矣】(의) 紙 イ 一ˇ i³
小篆 草書 ❶말그칠의(語已辭)。❷어조사의(語助辭)。

三畫

【矤】(신)『矧』(矢部 4畫)과 같음

【知】(지) 支 チ、しる know ㄓ chih¹
小篆 草書 ❶알지(識也)。〔書經〕一人則哲。❷깨달을지(覺也)。〔中庸〕或學而一之。❸생각할지(生覺)。❹기억할지(記憶)。〔中庸〕雖聖人亦有所不一。〔論語里仁〕父母之年不可不一也。❺이를지(諭也)。❻하고자할지(欲也)。〔禮記〕一誘於外。❼주장할지(一府、主也)。〔左傳〕公孫揮曰子產其將一政矣。

四畫

【矦】(후)『侯』(人部 7畫)의 古字

【矧】(신) 軫 シン、いわんや still more ㄕㄣˇ shên³
小篆 草書 ❶하물며신(況也)。〔中庸〕詩曰神之格思不可度思一可射思。❷잇속드러날신(齒本笑貌)。〔禮記〕笑不至一。

五畫

【矩】(구) 麌 ク、さしがね、さし carpenter's square ㄐㄩˇ chü³
草書 ❶곡척구(正方器)。〔孟子離婁上〕不以規一不能成方圓。❷법구(法也)。〔論語爲政〕不踰一。❸거동구(儀也)。❹모질구(廉隅)。

❶矩(三才圖會)

【⿰矢召】(조) 蕭 チョウ、みじかい short
짧을조(短也)。

【⿰矢此】(자) 支 セイ、みじかい small
짧고작을자(短小貌、矲一)。

六畫

【⿰矢舟】(주) 尤 チュウ、くるりや arrows
활고두리주(射鳥箭)。

【⿰舟矢】(주)『⿰矢舟』(前條)와 같음

七畫

【矬】(좌) 歌 ザ、みじかい dwarf ㄘㄨㄛˊ ts'uo²
草書 ❶짧을좌(短也)。❷난장이좌(身短)。

【短】(단) 旱 タン、みじかい short ㄉㄨㄢˇ tuan³
小篆 草書 ❶짧을단(不長促也)。〔禮〕度有長一。❷남의 허물지목할단(指人過失)。〔史記〕士官大夫一屈原於頃襄王。❸잘못단(缺點)。〔朱熹家訓〕愼勿談人之一。❹젊어서 죽을단(夭死)。〔書經洪範〕凶一折。

八畫

【䂓】(규)『規』(見部 4畫)의 本字

【矮】(왜) 蟹 ワイ、こびと、ちぢむ dwarfish ㄞˇ ai³
小篆 草書 ❶난장이왜(短人)。〔易林〕猨墮高木不一手足。❷줄일왜(縮也)。

【⿰矢叕】(철) 屑 テツ、みじかい short
키작을철(蹶一、短身貌)。

九畫

【䂙】(개) 蟹 カイ、みじかい short
짧을개、키작을개(矲ー、短貌)。

【䂚】㊀(창) 陽 ㊁(상) 陽 ジョウ、きず wound
㊀상처창、상처입을창(傷也)。㊁뜻은 ㊀과 같음。

十畫

【䂛】(시) 紙 シ、まつ wait (for)
기다릴시(待也)。

十二畫

【矯】(교) 篠 キョウ、ためる reform ; correct ㄐㄧㄠ chiao³
❶살바로잡을교(揉箭正曲)。【易經】坎爲ー輮。❷거짓교(詐也)。【左傳】ー誣先王。❸천단할교(擅也)。【史記】汲黯ー制持節發河南倉廩以振貧民。❹핑계할교(妄托)。【漢書】項羽ー殺卿子冠軍。【歸去來辭】時ー首而遐觀。❺들교(擧也)。❻날랠교(勇貌)。【詩經】ーー虎臣。❼굳셀교(强也)。【中庸】强哉ー。

十四畫

【矰】(증) 蒸 ソウ、いぐるみ arrow
주살증(ー繳、弋矢)。【史記】飛者可以爲ー。

【矱】(확) 藥 ワク、のり law and institution ㄏㄨㄛ huo⁴
법도확(榘ー度也)。【離騷經】求之所同。

石部

【石】(석) 陌 セキ、シャク、いし stone ㄕ shih²
❶돌석(山骨)。【物理論】土精爲ーー氣之核也。❷저울석(衡名、百二十斤)。【書經】關ー和鈞。❸단단할석(心如鐵ー)。❹섬석(量名、十斗)。❺경쇠석(樂器八音之一)。【書經】擊ー拊ー。

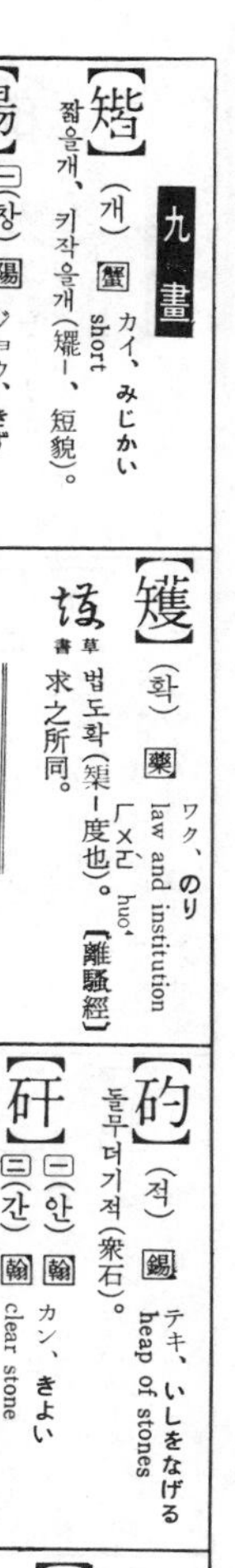
❻石(志備武)

一畫

【石】(석)『石』(石部0畫)과 같음

【乭】(돌) 〔國字〕
❶돌돌(石也)、❷사람이름돌(人名)。❸땅이름돌(ー長嶺、在咸鏡道)。

二畫

【矴】(정) 徑 テイ、いかり anchor ㄉㄧㄥ ting⁴
닻돌정(錘舟石)。【唐書楊瑒傳】作ー石。(『碇』과 같음)

三畫

【矵】(적) 錫 テキ、いしをなげる heap of stones
돌무더기적(衆石)。

【矸】㊀(안) 翰 ㊁(간) 翰 カン、きよい clear stone
㊀❶돌깨끗할안(石淨貌)。【甯戚歌】南山ー白石爛生不逢堯與舜禪。❷산돌안(山石)。㊁뜻은 ㊀과 같음。

【䂢】(망) 陽 モウ、やまいし stone
❶산돌망(山石)。❷고을이름망(沛邑山名、ー碭)。

【矺】㊀(책) 陌 ㊁(탁) 藥 タク、うつ beat with stone
㊀돌로칠책(打石)。㊁나무이름탁(木名、ー鼠)。

【矻】(굴) 月 コツ、つかれる tired (古音『골』)
느른할굴、수고로울굴、고달플굴(勞極)。【漢書】勞筋苦骨終日ーー。

【矼】(강) 江 コウ、いしばし stepping-stones ㄍㄤ kang¹
❶돌다리강、징검다리강(聚石渡水)。【孟子】歲十月徒ー成。❷성실할강(實貌)。【莊子】德厚信ー。

【矽】(석) 陌 セキ、しりこん silicon ㄒㄧ hsi⁴
❶석비레석(石質)。❷유리흙석(玻璃土、硅素)。

四畫

【砂】(사) 麻 サ、シャ、すな sand ㄕㄚ sha¹
❶모래사(沙也)。❷주사사(丹ー、辰ー)。【史記】丹ー可化爲黃金。❸약이름사(藥名、縮ー)。(『沙』와 통함)

【砅】(례) 霽 レイ、わたりいし stepping-stones
돌밟고물건늘례、징검다리례(履石渡水)。

【砆】(부) 虞 フ、いし stone ㄈㄨ fu¹
무부옥돌부(美石)。【子虛賦】碝石碔ー。(『玞』와 같음)

【砉】㊀(획) 陌 ㊁(혁) 錫 ケキ、カク、ばりばり tear to pieces ㄏㄨㄛ huo⁴
㊀가죽과 뼈가르는소리획(皮骨相離聲)。【莊子養生主】ー然嚮然奏刀騞然。㊁뜻은㊀과같음。

【砊】㊀(항) 漾 ㊁(강) 陽 コウ、ころがるおと sound of stone
㊀돌무너지는소리항(ー硠、石聲)。㊁우뢰소리강ー(礚、雷聲)。

【砋】(지) 紙 シ、といし whetstone
❶다듬잇돌지(搗繒石)。❷숫돌지(礪石)。

【砌】(체) 霽 セイ、みぎり stone step ㄑㄧˋ ch'i⁴ 小篆 書草 ❶섬돌체(階甃)。【西都賦】玄墀釦ー。❷문지방체(門限)。

【砎】㊀(개) 卦 ㊁(길) 黠 カイ、かたい hard ㊀단단할개(硬也)。㊁조약돌길(小石)。

【砏】(분) 文 フン、ヒン、かみなりのおと thunder 書草 우뢰소리분(ー磤、雷聲)。

【砐】(업) 合 ゴウ、そばたつ (of mountain) lofty 산우뚝할업(ー硪、山高貌)。【江賦】陽侯ー硪以岸起。

【砑】(아) 禡 ガ、みがく mill-stone ㄧㄚˋ ya⁴ 書草 ❶맷돌아(碾也)。❷마광석아(磨光石)。❸【中字】인두아(熨縫之具)。

【砒】(비) 齊 ヒ、ヘイ、ひそ arsenic ㄆㄧ p'i¹ 書草 비상비(ー霜、毒石)。(『䃾』와 같음)

【研】(연)『硏』(石部 6畫)의 俗字

五 畫

【砝】(겁) 葉 キョウ、かたい hard ㄈㄚˇ fa² 書草 단단할겁(硬也)。

【砠】(저) 魚 ショ、いしやま stony mountain ㄑㄩ ch'ü¹ 書草 흙산에돌박힐저(土山戴石)。【詩經周南卷耳】陟彼ー矣。

【砢】(가) 歌 カ、いしづか pile of stones (本音「라」) ㄌㄨㄛˇ luo³ 小篆 書草 돌무더기가、돌서덜가(磊ー、衆小石貌)。【司馬相如上林賦】水玉磊ー。

【砣】(타) 歌 タ、いしなげ throwing stone ㄊㄨㄛˊ t'uo² ❶돌팔매타(飛甎戲)。❷맷돌타、연자매타(碾輪石)。

【砥】(지) 紙 シ、テイ、といし whetstone ㄉㄧˇ ti³ 小篆 書草 ❶숫돌지(磨石)。【書經】荊州礪ー砮丹。❷평평할지(平也)、【詩經小雅大東】周道如ー。❸닦을지(ー礪、節操)。【禮記】ー礪廉隅。

【𥐻】(자) 支 シ、いしのな stone of orange color ㄘ tz'ŭ¹ 자황석자(石名、ー黃)。

【砦】(채) 卦 サイ、とりで fortress ㄓㄞˋ chai⁴ 書草 ❶진칠채、진터채(壘也)。❷울채、목책채、울타리채(藩落)。(『寨』와 같음)

【砨】(액) 陌 アク、アイ、たま jade 書草 옥이름액(玉石砥ー)。【史記 范雎傳】砥ー。

【砧】(침) 侵 チン、きぬた fulling-block ㄓㄣ chen¹ 小篆 書草 방칫돌침、다듬잇돌침(擣衣石)。【庾信詩】秋ー調急節。

【砆】(부) 虞 フ、しろすいしょう white crystal 흰수정부(白水晶)。

【砪】(모) 有 ボウ、きらら mica (古音「무」) 운모모(藥名、雲ー)。

【砭】(폄) 鹽 豔 ヘン、いしばり stone needle ㄅㄧㄢ pien¹ 小篆 書草 돌침폄(石鍼、以石刺病)。【史記】法不當ー灸。

【砮】(노) 虞 ド、いしのやじり stone arrow-head ㄋㄨˇ nu³ 小篆 書草 돌살촉노(石可爲矢鏃)。【史記孔子世家】石ー矢長尺有咫。

【砯】㊀(팽) 蒸 ㊁(빙) 徑 ヒョウ、みずのおと sound of waters ㊀물이바위에부디치는소리팽(水急打巖聲)。【江賦】ー崖鼓作。㊁뜻은 ㊀과 같음。

【砰】(팽) 庚 ホウ、はやせのおと sound of swift current ㄆㄥ p'êng¹ 書草 [illegible] 【上林賦】ー磅訇礚。

【砱】(령) 青 レイ、いしあな hole of stone ❶돌구멍령(石孔)。❷옥소리령(玉聲)。

【砲】(포) 效 ホウ、おおづつ heavy gun ㄆㄠˋ p'ao⁴ 書草 ❶돌쇠뇌포、돌튀기는화살포(以機發石)。【漢書】投石絕等倫。❷큰대포포(大ー、ー擊)。

【石㐱】(진) 軫 チン、どていし stone bank ❶돌험상스러울진(石不平貌)。❷방천돌진、돌모루진(以石致川之廉)。

【破】(파) 箇 ハ、やぶる break; destroy ㄆㄛˋ p'o⁴ 小篆 書草 ❶깨질파、깨트릴파(裂也、劈也)。【正字通】師敗物壞皆曰ー。❷군사패할파(敗師)。❸다할파(讀ー、盡也)。❹갈라질파(割也、ー竹之勢)。

六 畫

【硅】(규)〔新字〕ケイ、けいそ 書草 유리만드는흙규(礦石之一玻璃原料、ー素、〈Silicon〉)。

【硃】(주) 虞 シュ、しゅしゃ vermilion ㄓㄨ chu¹ 書草 주사주(丹砂)。

【硋】(애)『礙』(石部 14畫)와 같음

【硌】(락) 藥 ラク、おおいわ knob-like one of a rock ❶바위옹두라지락(石貌、磊ㅣ)。❶큰바위락(山上大石)。

【硎】(형) 靑 ケイ、といし whetstone 草書 ❶숫돌형(砥石)。【莊子養生主】刀刃苦新發於ㅣ。❷형곡형(谷名)。【尙書疏】始皇令冬月種苽於驪山ㅣ谷之中温處。

【䂮】(략) 藥 リャク、はをみがく sharpen the blads of a knife 칼날세울략(磨刀利也)。

【研】(연) 先 霰 ケン、みがく grind; rud fine ㄧㄢˊ yen² 小篆 ❶갈연、연마할연(䃺也)。❷연구할연、궁구할연(窮究)。

【硛】㊀(요) 肴 ㊁(조) 篠 ヨウ、こいし gravelly field (place) (古音「교」) ㊀돌자갈밭요(山田)。㊁돌이름조(石名)。

【硇】(노) 肴 ドウ、どうさ medicinal stone ㄋㄠˊ nao² 小篆 草書 약돌노(ㅣ砂、藥石)。

【硈】(할) 黠 カツ、かたい hard 小篆 견고할할(堅固、ㅣ然)。

【⿱巩石】(공) 腫 キョウ、みぎわのいし shingle 小篆 물가돌공(水邊石)。

【硉】(률) 月 リツ、いしがけ stony slope ❶돌비탈률(ㅣ矹、石崖貌)。❷돌굴릴률(礧也)。【枚乘七發】上擊下ㅣ。

【硐】㊀(동) 東 ㊁(동) 董 ドウ、みがく whet ㊀❶갈동(磨也)。㊁❷대마디뚫을동(以刀通竹節作笛、䆚ㅣ)。

七畫

【硜】(갱) 庚 コウ、へつらう flattering ㄎㄥ k'êng¹ 草書 ❶아둔아릿할갱、알랑알랑할갱(小人貌)。【論語子路】ㅣㅣ然小人哉。❷돌소리갱(石聲)。

【硝】(초) 蕭 ショウ、しょうせき nitre ㄒㄧㄠ hsiao¹ (古音「소」) 草書 망초초(硭ㅣ、石藥)。【正字通】ㅣ有七種。

【硟】(천) 霰 セン、きめた fulling-block 小篆 小篆 쟁치는돌천、다듬잇돌천(展繒石)。

【硠】(랑) 陽 ロウ、かたい hard 小篆 草書 ❶돌부딪는소리랑(ㅣ磕石相擊聲)。【司馬相如子虛賦】礧石相擊ㅣㅣ礚礚。❷단단할랑(堅也)。

【硨】(차) 麻 シャ、たま precious stone 옥돌차(ㅣ磲、石似玉)。

【硡】(굉) 庚 コウ、おちる falling 草書 돌떨어지는소리굉(石落聲)。

【⿰石甫】(보) 麌 フ、ひきうす millstone 맷돌보(磑也、ㅣ碩)。

【⿰石形】(경) 庚 コウ、ひきうす quern 숫돌경(磨石)。

【硩】㊀(척) 錫 ㊁(철) 屑 テキ、いしなげ stone-throwing ㄔㄜˋ ch'ê⁴ 小篆 小篆 ㊀❶괄매질해서딸척(桃摘)。【周禮】ㅣ蔟氏掌覆夭鳥之巢。❷벼슬이름척(官名、ㅣ蔟)。㊁뜻은 ㊀과 같음

【硪】(아) 哿 ガ、たかい aloft mountain 小篆 ❶산우뚝할아(山高貌)。❷바위아(石巖)。

【硫】(류) 尤 リュウ、ゆおう sulphur ㄌㄧㄡˊ liu² 草書 석류황류、황류、유황류(ㅣ黃、石藥)。

【硬】(경) 敬 コウ、かたい hard; stiff ㄧㄥˋ ying⁴ (古音「영」) 草書 ❶단단할경(堅牢)。❷강할경、억셀경(强也)。【杜甫詩】書貴瘦ㅣ方通神。

【硰】(사) 麻 サ、こいし pebble; gravel 草書 ❶잔돌사(小石)。❷땅이름사(樓煩地名)。【史記】從擊韓信於ㅣ石。

【硭】(망) 陽 ボウ、しょうせき sulphate of soda ㄇㄤˊ mang² 망초망(藥石、ㅣ硝)。

【确】(학) 覺 カク、やせち gravelly place ㄑㄩㄝˋ ch'üeh⁴ 小篆 或體 草書 돌자갈땅학(石地)。【韓愈詩】山石犖ㅣ行徑微。

【硯】(연) 霰 ケン、すずり ink-slab ㄧㄢˋ yen⁴ 小篆 小篆 草書 ❶벼루연(石可研墨)。【文房四譜】黃帝得玉一紐治爲墨篆曰帝鴻氏之ㅣ。❷돌연(石滑)。

【硲】(곡) 〔日字〕 はざま ravine 산골짜기곡(峽也)。

八畫

【⿰石岸】(학) 藥 カク、ひきうす mill-stone ❶맷돌학(磑也)。❷입술두꺼울학(大脣貌)。

【硺】(탁) 覺 タク、うつ strike 칠탁(擊也)。

【硼】㊀(평) 庚 ㊁(붕) 〔新字〕 ホウ、ほうさん borax ㄆㄥˊ p'êng² 草書 ㊀평돌평(石名)。㊁약이름붕(藥名、ㅣ酸)。

【碄】(림) 侵 リン、ふかい deep 깊을림(深貌)。

【硾】(추) 寘 ツイ、うつ suppress

小篆 草書 ❶누를주(鎭也)。❷다질주、다듬을주(擣也)。❸짤주(笮也)。【呂氏春秋】ㅡ之以石。

【硿】(공) 東 コウ、おちる falling stone
草書 ❶공청공(藥石、ㅡ靑)。❷돌떨어지는소리공(石落聲)。

【碁】(기) 支 キ、ご oriental chess くㄧˊ ch'i²
바둑기(圍ㅡ)。【法言】圍ㅡ擊劍反自眩。(『棊』와 같음)

【⿰石沓】(답) 合 トウ、うすづく mill
小篆 방아디딜답、舂을답(舂而復擣)。【正字通】今俗說臼以脚踏碓舂米曰ㅡ。

【碆】(파) 歌 ハ、やじりいし arrow-head
草書 돌살촉파(ㅡ繳、石可爲弋鏃)。【廣成頌】鎗ㅡ飛流。

【碇】(정) 徑 テイ、いかり anchor ㄉㄧㄥˋ ting⁴
草書 ❶닻돌정(錘舟石)。【唐書 孔戣傳】蕃舶泊步有下ㅡ稅戣禁絕之。❷배멈출정(ㅡ泊)。

【碌】㊀(록) 沃 ㊁(록) 屋 ロク、あおいし green stone ㄌㄨˋ lu⁴
小篆 草書 ㊀❶자갈땅록(ㅡ礁、石地不平)。【老子】不欲ㅡㅡ如玉。❷용렬할록、녹록할록(庸貌)。【論語註】ㅡㅡ庸庸。㊂푸른돌록(綠石)。

【碉】(주) 蕭 チョウ、いわや stone room
돌집주(石室)。

【碍】(애) 隊 ガイ、さえぎる obstacle
草書 막힐애、거리낄애(阻也)。(『礙』와 같음)

【碎】(쇄) 隊 サイ、くだく break ㄙㄨㄟˋ sui⁴
小篆 草書 ❶부술쇄、부서질쇄(細破)。【禪林類纂】粉骨ㅡ身難報此德。❷잘쇄(煩ㅡ、靡密)。【後漢書】米鹽靡密初若煩ㅡ。

【⿰石亞】(아) 麻 ア、いしち gravelly place
❶지형험할아、돌자갈땅아(地形不平䃁ㅡ)。❷돌이름아(石名)。

【碏】(작) 藥 シャク、サク、つつしむ respect くㄩㄝˋ ch'üeh⁴
小篆 草書 ❶공경할작(恭敬)。❷얼룩돌작(石雜色)。❸사람이름작(人名衛石ㅡ)。

【碑】(비) 支 ヒ、たていし stone monument ㄅㄟ pei¹
小篆 草書 비비、비석비(刻石紀功德)。【初學記】ㅡ以悲往事也宮室廟屋墓隧之碣鐫文於石皆曰ㅡ。

漢孔謙碑 (金石索)

【⿰石昆】(곤) 阮 コン、かねのおと ring of a broken bell
종소리털털할곤(鐘病聲)。【周禮】高聲ㅡ。

【碒】(음) 侵 ギン、けわしい rugged
험할음(嵚崟、嶔ㅡ)。【吳都賦】嶔ㅡ乎數州之間。

【碔】(무)『珷』(玉部 8畫)와 같음

【碗】(완) 旱 ワン、はち vessel
그릇완(器也)。(『椀·盌』과 같음)

【碡】(독) 屋 トク、ドク、つち stone mallet ㄉㄨˊ tu²
돌고무래독(碌ㅡ、磨田器)。

【碓】(대) 隊 タイ、うす mortar ㄉㄨㄟˋ tuei⁴
小篆 草書 ❶방아대(水ㅡ、舂具)。【陸游詩】村舍無人有ㅡ聲。❷물방아대(水輪車)。【長笛賦】ㅡ投瀺穴。

碓 (農政全書)

【碕】(기) 支 微 キ、きし precipice くㄧˊ ch'i²
草書 ❶굽이진언덕기(曲岸)。【羽獵賦】探巖排ㅡ。❷벼랑기(長邊)。【江賦】ㅡ嶺爲之嵒崿。

九 畫

【碝】(연) 銑 ゼン、たま precious stone
小篆 옥돌연(石次玉)。【子虛賦】ㅡ石碔砆。

【碞】(암) 咸 ガン、けわしい steep；rock ㄧㄢˊ yen²
小篆 ❶험할암(險也)。【書經】用顧畏于民ㅡ。❷바위암(巖也)。❸산봉우리높고낮을암(山不齊貌)。

【碟】(협) 屑 セツ、なめす tan (本音「설」) ㄉㄧㄝˊ tieh²
草書 ❶가죽다룰협(治皮)。❷【中字】접시협(ㅡ子)。

【⿰石苴】(저) 語 ショ、ひきうす millstone
맷돌저(礎也、哺ㅡ)。

【碢】(타) 歌 タ、いしなげ stone-throwing
돌팔매타(飛傳戲)。(『砣』와 같음)

【碣】㊀(계) 霽 ㊁(갈) 月 ㊂(갈) 屑 ケツ、いしぶみ stone monument ㄐㄧㄝˊ chieh²
小篆 古文 草書 ㊀돌세울계(立石)。㊁비갈(碑也)。㊂❶우뚝선돌갈(石特立)。❷동해의산이름갈(東海山名、ㅡ石)。

【碥】(편) 銑 ヘン、がけ cliff (古音「변」)
❶디딤돌편(將登車履石)。❷낭떠러지편(水疾匡傾)。

【碧】(벽) 陌 へキ、あおみどり blue ㄅㄧˋ pi⁴
小篆 草書 ❶푸를벽(深青色)。❷청강석벽(青美石)。【西都賦】珊瑚ー樹。

【碨】(외) 尾 ワイ、いしち gravelly land (古音「위」)
草書 ❶돌자갈땅외(ー硊、地不平)。❷바위옹두라지외(ー磊、石貌)。

【碩】(석) 陌 セキ、おおきい great; large ㄕˊ shih²
小篆 草書 ❶클석(大也)。【詩經】ー大且卷。❷충실할석(充實)。

【碪】㊀(침) 侵 ㊁(암) 感 シン、ガン、きぬた fulling-block ㄓㄣ chen¹
草書 ㊀방칫돌침、다듬잇돌침(擣衣石)。【庾信詩】秋ー調急節。㊁산모양암(山形)。

【碫】(단) 翰 タン、といし whetstone
小篆 ❶숫돌단(礪石)。❷쇠를칠단(打鐵)。(『鍛』과 같음)

【碬】(하) 麻 カ、といし whetstone
小篆 草書 숫돌하(礪石)。

【碭】(탕) 漾 トウ、すぎる overflow ㄉㄤ tang⁴
小篆 草書 ❶무늬진돌탕(文石)【景福殿賦】墉垣ー基其光昭昭。❷흰기운탕(白氣)。【漢書】西顥沆ー秋氣肅殺。❸넘칠탕(溢也)。【莊子】ー而失水。❹산이름탕(浦邑山名、芒ー)。

【⿰石㒸】(대) 隊 タイ、おちる fall
小篆 떨어질대(落也)。【漢書】長庚星見起兵星ー至地則石。

【碯】(노) 皓 ノウ、めのう onyx ㄋㄠˇ nao³ (『瑙』와 같음)
草書 무늬진돌노(碼ー、文石)。

十畫

【⿰石貨】(솨) 哿 サ、こいし gravel-stone
조약돌솨(小石)。

【確】(확) 覺 カク、たしか certain ㄑㄩㄝˋ ch'üeh⁴ (本音「각」)
草書 ❶확실할확(堅實)。❷굳을확(堅也)。【易經】ー乎其不可拔。

【碾】(년) 銑 デン、ひきうす mill-stone ㄋㄧㄢˇ nien³
草書 맷돌년、연자방아년(轢物器)。【李商隱雜纂富貴相】擣藥ー茶聲。

水碾（農政全書）

【⿰石虔】(건) 先 ケン、いしずき foot-stone of a pillar
주춧돌건(礎也)。

【碼】(마) 馬 バ、メ、めのう agate ㄇㄚˇ ma³
草書 ❶옥돌마(ー碯、美石次玉)。❷【新字】야드마(英國度名、〈yar-d〉)。

【⿰石冓】(구) 宥 ク、ふみいし step-stone
❶디딤돌구(碥也)。❷벽돌우물구(甃井)。❸돌무더기구(磃也)。

【磁】(자) 支 ジ、じしゃく magnet ㄘˊ tz'ŭ²
草書 ❶지남석자、자석자(石名、可以引鐵)。【文選】ー石引鐵於今不連。❷옹기자、사기그릇자(ー器)。

【磃】㊀(사) 支 ㊁(제) 齊 テイ、あやしい fantastic stone
㊀집이름사(舘名、ー氏)。㊁괴석제(怪石、磄ー)。

【磄】(당) 陽 トウ、あやしい fantastic rock
괴석당(怪石)。

【磅】㊀(방) 陽 ㊁(팽) 庚 ㊂(방)【新字】 ホウ、とどろき noise of stones crashing ㄆㄤ p'ang¹
草書 ㊀돌떨어지는소리방(隕石聲)。【上林賦】砰ー訇礚。㊁땅우툴두툴할팽(地形、ー礴)。㊂❶파운드방(英國衡名、〈pound〉)。❷파운드방(英國貨幣單位名)。

【⿰石烏】(오) 虞 オ、どて hill
❶산언덕오(山阿)。❷...

【磇】(비) 齊 ヘイ、くすりいし arsenic
비상비(ー霜、毒石)。(『砒』와 같음)

【磈】(외) 尾 カイ、いし pebbly river-side (古音「위」)
草書 돌서덜외、돌사닥다리외(ー礧、石貌)。

【磏】(렴) 鹽 レン、といし whetstone
小篆 草書 ❶붉은빛렴(赤色)。❷숫돌렴(礪石)。

【磉】(상) 養 ソウ、いしずえ footing stone of a pillar
小篆 草書 주춧돌상(柱下石、礎也)。【說文通訓定聲】ー、石磉也、一切經音義引說文有此字、始附于此。【集韻】磉、柱下石。【正字通】磉俗呼礎曰磉。

石磉（三才圖會）

【磋】(차) 歌 箇 サ、みがく polish ㄘㄨㄛ ts'uo¹
草書 갈차(磨治)。【大學】如切如ー如琢如磨。

【磊】(뢰) 賄 ライ、いし piles of stones ㄌㄟˇ lei³
小篆 草書 ❶돌무더기뢰(ーー衆石)。【古詩】ーー澗中石。❷헌걸찰뢰(ー砢、魁貌)。【世說】其人ー砢而英多。❸끼끗할뢰(ー落)。【晉書】大丈夫行事當ーー落落如日月

【磌】(전) 先 footing stone of a pillar テン、いしずえ
草書 ❶돌떨어지는소리전(石落聲)。【公羊傳】石聞其ー然。❷주춧돌전(柱下石)。【西都賦】雕玉ー以居楹。

【磍】㊀(할) 黠 ㊁(알) 黠 get angry カツ、いかる
㊀성불끈낼할(磍ー、盛怒)。【長楊賦】建磍ー之虡。㊁땅가파를알(ー嶻、石地不平)。

【磎】(계) 齊 valley ケイ、たに
시내계(石澗)。【長笛賦】萬仞之石ー。(『谿·溪』와 通함)

【磐】(반) 寒 rock バン、いわ ㄆㄢˊ p'an²
草書 ❶반석반、너러바위반(大石)。【易經】鴻漸于ー。❷연이을반(ー牙、連結)。【後漢書】盜賊羣起ー牙連歲。❸휑뎅그렁할반(ー礴、廣大貌)。【江賦】荆門闕竦而ー礴。

【磑】㊀(애) 隊 ㊁(외) 灰 mill-stone ガイ、いしうす
小篆 草書 ㊀❶맷돌애(磨也)。【正字通】ー碎物之器。❷단단할애(堅也)。【張衡思玄賦】行積冰之ーー。㊁쌓을외(積也)。

【磓】㊀(추) 寘 ㊁(퇴) 灰 repress ツイ、おす
㊀누를추(鎭也)。㊁돌떨어질퇴(落石)。

【磒】(운) 軫 fall down イン、おちる ㄩㄣˇ yün³
小篆 ❶떨어질운(落也)。❷별똥운(ー石)。

【磔】(책) 陌 tear to pieces タク、はりつけ ㄓㄜˊ chê²
小篆 草書 ❶찢을책、발길책、능지할책(裂也、剔也)。❷육시할책(ー市、裂體剔肉 死刑)。【漢書】諸死刑皆ー於市。

【磕】㊀(개) 泰 ㊁(갑) 合 sound of stone カイ、いしおと
小篆 草書 ㊀돌부딪치는소리개(兩石相擊聲)。㊁돌소리갑(石聲)。

【磤】(은) 吻 thunder イン、かみなり
草書 우뢰소리은(砏ー、雷聲)。【景福殿賦】聲訇ー其若震。

十一畫

【磚】(전) 先 tile セン、かわら ㄓㄨㄢ chuan¹
草書 ❶벽돌전(燒墼甓也)。【詩經】載弄之瓦。❷기와전(瓦也)。

【磛】(참) 咸 shingly place サン、けわしい
小篆 돌서덜참(ー嵒、山險貌)。

【硜】(갱) 庚 solid コウ、かたい
단단할갱(堅也)。

【磝】(오) 豪 stony soil ゴウ、かたい
草書 ❶산에돌이많을오(山多小石)。❷산우뚝할오(山高貌)。(『磽』와 通함)

【[illegible]】(족) 屋 arrow-head ソク、やじり
❶돌자갈땅족(碌ー、石地不平)。❷돌살촉족(鏃也)。【漢書】挹婁國弓長四尺砮以青石爲鏃。

【磟】(륙) 屋 stone-mallet リク、つち
草書 돌곰배륙(石輾、ー碡)。

碡 磟 (農政全書)

【磠】(노)『硇』(石部 6畫)와 같음

【磢】(창) 養 refining-powder ソウ、かわらこ
기왓가루창(瓦石洗物去垢)。【江賦】奔溜之所ー錯。

【磥】(뢰)『磊』(石部 10畫)와 같음

【磧】(적) 陌 pile of stones セキ、かわら ㄑㄧˋ chi²
小篆 草書 ❶돌무더기적、물가자갈적(ー歷、水渚有石)。【上林賦】下ー歷之坻。❷모래벌적(沙漠)。【杜甫詩】今君渡沙ー累月絕人烟。

【磩】(척) 錫 precious stone セキ、たま
草書 옥돌척(碶ー、石次玉)。【西都賦】碶ー彩緻。

【磪】(최) 灰 steep and high サイ、たかい
草書 험하고높을최(險高)。

【磨】㊀(마) 歌 ㊁(마) 箇 whet; rub マ、みがく ㄇㄛˊ mo²
小篆 草書 ㊀❶갈마(治石)。【大學】如琢如ー。❷숫돌마(礪石)。㊁❶맷돌마(石磑)。【天文志】如蟻旋ー。❷만질마(摩擦)。❸(中字)돌마(轉也)。

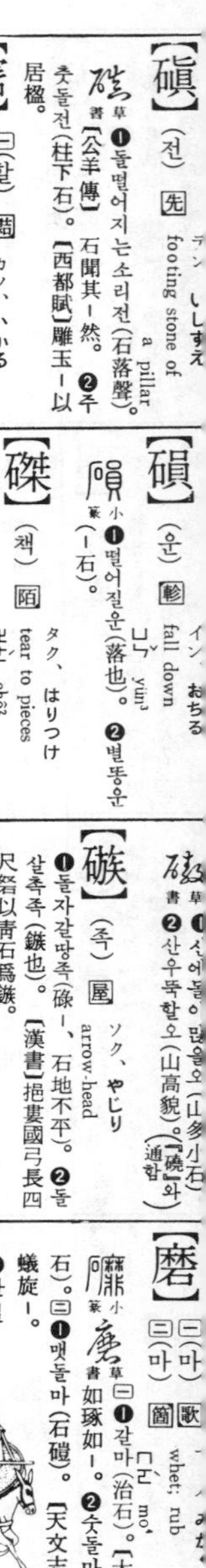

(農政全書) ㊁❶磨

【磬】(경) 徑 drive; scuttle ケイ、うちいし ㄑㄧㄥˋ ch'ing⁴
小篆 籀文 古文 草書 ❶경쇠경、경석경(玉ー、石ー、樂器)。【書經】泗濱浮ー。❷말달릴경(騁馬)。【詩經】柳ー控忌。❸몸구부릴경(ー折、僂身)。❹목맬경(縊也)。【禮記】ー于甸人。❺일층동일경(ー掉、激事)。【韻會】北海人以激事爲掉ー。

(禮器圖) ❶磬

十二畫

【[illegible]】(잠) 侵 gravel シン、こいし
❶돌문잠(石門)。❷자갈잠(小石)。

【磯】(기) 微 fishing place キ、いそ ㄐㄧ chi¹
小篆 草書 ❶낚시터기(水中磧)。❷여울돌기(水激石)。【孟

子告子下】親之過小而怨是不可ㅣ也。

【⿰石厥】(궐) 月 ケツ、いしをほる quarry out
돌들궐(採石)。

【磲】(거) 魚 キョ、しゃこ precious stone ㄑㄩ ch'ü²
草書 ❶옥돌거(硨ㅣ、美石似玉)。❷큰조개거(大蛤)。

【⿰石毀】(훼) 紙 キ、やぶる suffer : defeat
草書 패할훼(敗也)。【列子】事有破ㅣ而後有舞仁義者。(『毀』와 같음)

【磴】(등) 徑 トウ、いしばし stone bridge ㄉㄥ têng⁴
草書 돌사닥다리등、돌다리등(巖ㅣ石橋)。【天臺山賦】跨穹隆之懸ㅣ。(『隥』과 같음)

【磵】(간) 諫 カン、たにみず mountain torrent
산골시내간、석간수간(谿ㅣ、山夾水)。(『澗』과 통함)

【磶】(석) 陌 セキ、いしずえ foot-stone of a pillar
草書 주춧돌석(礎也)。【西京賦】雕楹玉ㅣ繡栭雲楣。

【磷】一(린) 眞 リン、うすい thin stone 二(린) 震 ㄌㄧㄣ ling²
草書 一❶돌문채린(玉石符采)。【司馬相如上林賦】ㅣㅣ爛爛采色澔汗。❷물이돌틈을흐를린(水流貌)。二❶얇은돌린(薄石)。❷돌비늘린(雲母)。

【⿰石最】(최) 泰 サイ、こいし gravel
자갈최(小石)。

【磺】一(광) 梗 コウ、あらがね mineral 二(황) 陽 ㄏㄨㄤ huang
小篆 一쇳돌광(銅鐵樸石)。二돌이름황(石名、硫黃)。(『礦』과 같음)

【磻】一(반) 寒 ハン、ハ、やのね arrow-head of stone 二(파) 歌 ㄆㄢ p'an²
小篆 草書 一반계반(鳳翔溪名、ㅣ溪姜太公釣處)。二돌살촉파(石鏃)。

【磽】一(교) 肴 コウ、かたい stony soil (本音 요) 二(교) 效 ㄑㄧㄠ ch'iao¹
小篆 小篆 草書 一❶돌자갈땅교(石地)。❷단단할교(堅硬)。【孟子告子上】地有肥ㅣ雨露之養。❸경쇳돌교(磬石)。二돌울멍줄멍할교(石不平)。

【磼】一(잡) 合 ソウ、たかい aloft 二(섭) 葉
草書 一산우뚝솟을잡(山高貌、ㅣ礏)。二물건깨지는소리섭(物破聲、磼ㅣ)。

【磾】(제) 齊 テイ、くろいし black stone
草書 ❶검은물들이는돌제(染繒黑石)。❷사람이름제(人名、金日ㅣ)。

【礲】(륭) 東 リュウ、いしのおちるおと falling sound of a stone
돌떨어지는소리륭(石落聲、硿ㅣ)。【韓愈詩】投奔鬧硿ㅣ。

【磿】(력) 錫 レキ、こいし gravel
小篆 草書 ❶조약돌대가락대가락할력(石小聲)。【周禮】遂師及窆抱ㅣ。❷궁이름력(蕪宮名、ㅣ室)。

【礁】(초) 蕭 ショウ、かくれいわ half-tide rocks
草書 ❶물속돌초(水中石)。❷암초초(水中巖暗ㅣ)。

十三畫

【礉】一(교) 效 カク、きびしい heartless 二(핵) 陌
草書 一돌울멍줄멍할교(石不平)。二각박할핵(刻也)。【史記韓非傳論贊】慘ㅣ少恩。

【⿰石寖】(침) 寢 チン、いしでうつ strike with a stone
돌로칠침(以石打之)。

【礌】(뢰) 隊 ライ、つみいし heap of stones ㄌㄟ lei⁴
❶돌내려굴릴뢰(推石自高而下)。❷돌무더기뢰(衆石)。(『礧』와 같음)

【⿰石詹】(담) 感 タン、くすり medical stone
석담담(石ㅣ、藥名)。【本草】石ㅣ石中有汁如膽汁酸辛 氣寒治諸石 癎石淋目痛。

【礎】(초) 語 ソ、ショ、いしずえ foundation stone ㄔㄨˇ ch'u
小篆 草書 주춧돌초(柱下石礩也)。【淮南子 說林訓】山雲蒸而柱ㅣ潤。

【礐】(각) 覺 カク、いしおと sound of stone
小篆 草書 돌소리각(石聲)。

【礑】(당) 漾 トウ、そこ bottom
草書 밑당(底也)。

【礒】(의) 紙 ギ、いわ rock
草書 바위의(巖也)。

【礔】(벽) 錫 ヘキ、かみなり thunder
벽력벽(ㅣ礰)。【思玄賦】ㅣ礰激而增響。(『霹』과 같음)

【磈】(외) 賄 カイ、いしがおおい stony
돌많을외(石多貌)。

【⿰石感】(감) 感 カン、いしのはこ stone case
돌함감(封禪所用、石篋)。

十四畫

【礗】(빈) 眞 ヒン、いしをくだく sound of breaking stones
돌부수는소리빈(碎石聲)。

【礚】(개) 泰 カイ、いしおと sound of stone
草書 ❶돌부딪치는소리개(兩石相擊聲)。❷돌소리개(石聲)。

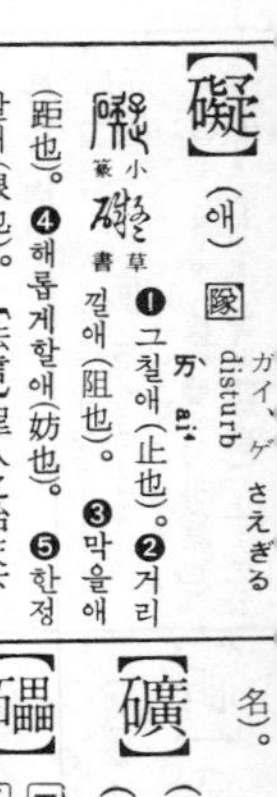

【礙】(애) 隊 ガイ、ゲ さえぎる disturb ㄞˋ ai⁴
小篆 草書 ❶그칠애(止也)。❷거리낄애(阻也)。❸막을애(距也)。❹해롭게할애(妨也)。❺한정할애(限也)。〔法言〕聖人之治天下ㅡ以禮樂。(『碍』와 같음)

【礛】(감) 感 カン、といし whetstone
草書 옥가는숫돌감(ㅡ䃴, 治玉礪石。)〔戰國策〕被ㅡ䃴。

【礜】(여) 御 ヨ、どくいし name of a stone
小篆 草書 여돌여(白石, 毒石名)。〔山海經註〕ㅡ石鼠食之死蠶食之肥。

十五畫

【礥】㊀(흔) 眞 ㊁(현) 先 ケン、かたい hard
㊀굳지할흔(難貌)。㊁❶딱딱할현(剛强)。〔太玄經〕陽氣微動動而ㅡㅡ生物之難也。❷간험할현(艱險)。

【礣】(말) 黠 ベツ、マツ、かたい hard
❶단단할말(ㅡ砎, 堅也)。❷조약돌말(小石)。

【礤】(찰) 曷 サツ、いし rugged stone ㄘㄚˇ ts'a³
거친돌찰(粗石)。

【䃶】(려) 御 リョ、かたい hard stone
❶돌단단할려(石堅)。❷돌이름려(石名)。

【礦】(황)『磺』(石部12畫)과 같음
(광)『鑛』(金部15畫)과 같음

【礧】㊀(뢰) 紙 ㊁(뢰) 隊 ライ、おおきいいし rock
草書 ㊀바위너설뢰, 산모양뢰(碨ㅡ, 山貌)。㊁돌내리굴릴뢰(推石自高而下)。〔子虛賦〕ㅡ石相擊。(『礌』와 같음)

【礨】(뢰) 賄 ライ、あな hole; leak
草書 ❶작은구멍뢰(ㅡ空, 小穴)。〔莊子秋水〕ㅡ空之在大澤。❷개미둑뢰(小封)。〔上林賦〕丘墟堀ㅡ。

【礫】(력) 錫 レキ、いしころ pebble ㄌㄧˋ li⁴
小篆 草書 ❶조약돌력(小石)。〔西京賦〕爛若磧ㅡ。❷주사력(丹沙)。〔江賦〕其下則金礦丹ㅡ。

【礪】(려) 霽 レイ、といし whetstone ㄌㄧˋ li⁴
小篆 草書 ❶숫돌려(砥石)。❷갈려(磨也)。〔書經費誓〕ㅡ乃鋒刃。

(農政全書) ❷ 礪

【礩】(질) 質 シツ、いしずえ foundation stone ㄓˋ chih⁴
小篆 草書 주춧돌질(柱下石)。

【礬】(번) 元 (반)〔俗音〕 ハン、バン、みょうばん alum ㄈㄢˊ fan²
草書 ❶백반반(涅石)。❷꽃이름반(花名, 山ㅡ)。

十六畫

【礭】(각) 覺 カク、むち whip
채찍각(鞭也)。(『確』과 통함)

【礮】(포) 效 ホウ、いしはじき ancient cannon ㄆㄠˋ p'ao⁴
돌쇠뇌포(發石機)。〔唐書〕以機發石爲攻城具號將軍ㅡ。(『砲』와 같음)

金龍礮(大清會典圖)

【礰】(력) 錫 レキ、かみなり thunder
❶벼락력, 벽력력(霹靂)。〔西京賦〕礔ㅡ激而增響。❷밝을력(的ㅡ, 明也)。〔思玄賦〕顏的ㅡ以遺光。

石礰礋 (農政全書)

【礱】㊀(롱) 東 ㊁(롱) 送 ロウ、みがく grind ㄌㄨㄥˊ lung²
小篆 草書 ㊀갈롱(磨ㅡ, 礲也)。〔國語晋語〕斲其椽而ㅡ之。㊁맷돌롱(磑也)。

【𥗼】(괴) 灰 カイ、こいし gravel-stone
조약돌괴(小石)。

十七畫

【𥗊】(섬) 鹽 セン、いなびかり lightning flashes
❶번갯빛섬(電光, ㅡ磹)。❷〔中字〕부싯돌섬(礚石)。

【礴】(박) 藥 ハク、みちる fill ㄅㄛˊ po²
草書 ❶널리덮힐박(磅ㅡ, 廣被)。❷가득할박(充塞)。〔莊子〕旁ㅡ萬物。❸땅형상박(地形)。❹벌거벗은몸박(盤ㅡ, 裸體)。

十八畫

【𥗬】(구) 虞 キュウ、といし whetstone
푸른숫돌구(青礪石)。

【礏】(잡) 合 ソウ、いしがおおい abundant in miscellaneous stones
잡돌많을잡(雜石多貌)。

示 部

【示】㊀(기) 支 ㊁(시) 寘 シ、ジ、しめす show ㄕˋ shih⁴
小篆 古文 草書 ㊀땅귀신기(神ㅡ)。〔周禮〕掌天神人鬼地ㅡ之禮。㊁❶보일시(垂ㅡ)。〔禮記〕國奢則ㅡ之以儉。❷바칠시(呈也)。❸가르칠시(敎也)。

【礻】보일시변〔部首名〕

一畫

【礼】(례)『禮』(示部13畫)의 古字

【礼】(례)『禮』(示部13畫)의 略字

二畫

【礽】(잉) 蒸 ジョウ、さいわい ㄖㄥˊ jêng² happiness ❶복잉(福也)。❷나아갈잉(就也)。

三畫

【社】(사) 馬 シャ、やしろ ㄕㄜˋ shê⁴ earthly deities 小篆 古文 草書 ❶땅귀신사、사직사(ㅣ稷、主土神)。〔禮記月令注〕ㅣ后土也。❷사일사(ㅣ日)。〔禮〕立春立秋後五戊爲ㅣ。❸둘레사、모일사(結ㅣ、賓朋聚會)。〔事文類聚〕遠公結白蓮ㅣ。❹단체사(ㅣ團、會ㅣ)。❺세상사(ㅣ說)。

【社】(사)『社』(前條)와 같음

【礿】(약) 藥 ヤク、はるまつり ㄩㄝˋ yüeh⁴ festival in spring 小篆 草書 봄제사약 (春祭名)。〔禮記〕天子四時之祭春曰ㅣ。

【祀】(사) 紙 シ、まつり ㄙˋ ssŭ⁴ religious service 小篆 或體 草書 ❶제사사(祭也)。〔中庸〕上ㅣ先公以天子之禮。❷해사(年也)。〔書經伊訓注〕夏曰歲商曰ㅣ周曰年。

【祁】(기) 支 キ、さかん ㄑㄧˊ ch'i² prosperous 小篆 草書 ❶성할기(盛也)。〔書經君牙〕冬ㅣ寒。❷클기(大也)。〔詩經〕其ㅣ孔有。❸많을기(ㅣㅣ衆多)。〔詩經〕采蘩ㅣㅣ。

四畫

【祅】(요) 蕭 ヨウ、わざわい ㄧㄠ yao¹ calamity 小篆 草書 재앙요(災也)。〔漢書〕迅雷風ㅣ。

【祆】(천) 先 テン、かみ ㄒㄧㄢ hsien¹ God (本音「현」) 小篆 草書 ❶귀신천(火ㅣ)。❷종교이름천(波斯拜火敎)。

【祇】㊀(기) 支 ㊁(지) 支 キ、ギ、くにつかみ ㄑㄧˊ ch'i² earthly deities 小篆 草書 ㊀❶땅맡은귀신기(地神)。〔說文〕地ㅣ提出萬物者。❷편안할기(安也)。〔詩經小雅何人斯〕俾我ㅣ也。❸클기(大地)。〔易經復卦〕無ㅣ悔。㊁❶공경할지(敬也)。❷마침지(適也)。❸다만지(但也)。〔詩經〕ㅣ攪我心。

【祈】(기) 紙 キ、いのる ㄑㄧˊ ch'i² pray 小篆 草書 ❶빌기(求福禱也)。〔書經〕ㅣ天永命。❷고할기(告也)。❸갚을기(報也)。〔詩經〕以ㅣ黃耇。❹천천히할기(ㅣㅣ徐也)。

【祉】(지) 紙 チ、シ、さいわい ㄓˇ chih³ happiness 小篆 草書 복지(福也)。〔易經〕以ㅣ元吉。

【礻比】(비) 紙 ヒ、まつり perform a religious service 小篆 제사지낼비(奉祭)。

【祊】(팽) 庚 ホウ、まつり religious service 小篆 或體 草書 사당문제사팽(廟門祭)。〔詩經〕祝祭于ㅣ。

【祋】㊀(대) 泰 ㊁(탈) 曷 タイ、ほこ spear 小篆 草書 ㊀창대(殳也)。〔詩經〕荷戈與ㅣ。㊁뜻은㊀과 같음。

【礻中】(중) 送 チュウ、かみ God 草書 신이름중(神名)。

五畫

【祏】(석) 陌 セキ、いしびつ ㄕˊ shih² miniature temple 小篆 草書 돌감실석(宗ㅣ、廟中藏主石室)。〔左傳莊公十四年〕命我先人典守宗ㅣ。

【祐】(우) 宥 ユウ、たすける ㄧㄡˋ yu⁴ god's help 小篆 草書 ❶도울우(神助)。〔易經〕自天ㅣ之。❷다행할우(幸也)。

【祓】(불) 物 フツ、はらう ㄈㄨˊ fu² remove evil 小篆 草書 ❶불제사불、푸닥거리불(祭名、除災求福)。〔周禮〕女巫掌歲時ㅣ除。❷조촐할불(潔也)。❸덜불(除也)。

【祔】(부) 遇 フ、まつる ㄈㄨˋ fu⁴ burying together 小篆 草書 ❶부제사부(祭石)。〔禮記檀弓下〕以吉祭易喪祭明日ㅣ於祖父。❷합장할부(合葬)。〔禮記〕周公蓋ㅣ。

【祕】(비) 寘 ヒ、ひそめる ㄅㄧˋ pi⁴ secret 小篆 草書 ❶귀신비(神也)。❷비밀비、숨길비(隱也)。❸가만히할비(密也)。❹신비할비(神ㅣ)。(『秘』는 俗字)

【祖】(조) 麌 ソ、とおつおや ㄗㄨˇ tsu³ grandfather 小篆 草書 ❶할아비조、할아버지조(父之父、大父)。〔詩經〕似續妣ㅣ。❷비롯할조(始也)。〔漢書〕黎民ㅣ饑。❸근본조(本也)。〔禮

記】ー述堯舜。❹길제사조(道神祭)。【詩經】仲山甫出ー。

【祗】(지) 支 シ、つつしむ modesty ㄓ chih¹·³

祗 小篆 祇 草書 ❶공경할지(敬也)。❷삼갈지(謹也)。

【祘】(산) 梗 サン、かぞえる watched count ㄙㄨㄢ suan⁴

祘 小篆 살펴셈할산(明視以算之)。

【祚】(조) 週 ソ、さいわい bless ㄗㄨ tsu⁴

祚 小篆 草書 ❶복조(福也)。【左傳宣公三年】天ー明德。❷자리조、지위조(位也)。【史記】卒踐帝ー。❸해조(歲也)。【曹植詩】初歲元ー。❹녹조(祿也)。【詩經】永錫ー胤。

【⿰示央】(앙)『殃』(5歹部畫)과 같음

【祛】(거) 魚 キョ、はらう drive off ㄑㄩ ch'ü

祛 草書 ❶물리칠거(卻也)。❷빌거(禳也)。【漢書】合ー於天地。❸굳셀거(彊健)。【詩經魯頌駉】以車ーー。

【祜】(호) 麌 コ、さいわい happiness ㄏㄨ hu⁴

祜 小篆 草書 복호(福也)。【詩經小雅桑扈】受天之ー。

【祝】㊀(주) 宥 シュク、いわう celebrate ㊁(축) 屋 ㄓㄨ chu⁴

祝 小篆 祝 小篆 祝 草書 ㊀축문주(祭主贊詞願也)。【周禮】大ー掌六ー之辭。(『呪』와 같음) ㊁❶빌축(巫ー贊主人饗神者)。【詩經】工ー致告。❷짤축(織也)。【詩經】素絲ー之。❸끊을축(斷也)。【穀梁傳哀公十三年】ー髮文身。❹비로소축(始也)。

【神】(신) 眞 シン、ジン かみ god; spirit ㄕㄣ shen²

神 小篆 草書 ❶천신신、하느님신(天ー、引出萬物者)。【皇極經世】天之ー棲于日人之ー捿于目。❷영검할신(靈也)。❸신명신、신통할신(ー明)。【書經】乃聖乃神。❹정신신(ー經)。

【祡】(시) 佳 サイ、まつる religious service (古音「재」)

祡 小篆 古文 草書 천제지낼시(燔柴祭天)。【甘泉賦】欽ー宗祈。

【祟】(수) 寘 スイ、たたり curse ㄙㄨㄟ suei⁴

祟 小篆 籀文 草書 빌미수(神禍)。【漢書】ー在巫蠱。

【祠】(사) 支 シ、まつる shrine ㄘ tz'ŭ²

祠 小篆 草書 ❶봄제사사(春祭名)。【詩經小雅天保】論ー烝嘗。❷사당사(廟也)。【朱子家禮】將營宮室先立ー堂。

【祢】(니)『禰』(14示部畫)와 같음

六 畫

【祥】(상) 陽 ショウ、さいわい good luck ㄒㄧㄤ hsiang²

祥 小篆 草書 ❶복상(福也)。❷상서상(吉也)。【書經】襲于休ー。❸착할상(善也)。❹재앙상(災異)。【中庸】必有妖孽凶ー也。❺상제사상(祭名)。【禮記】父母喪期而小ー又期而大ー。(『詳』과 통함)

【祣】(려) 語 リョ、まつり sacrifice service

祣 草書 여제사려(山川祭名)。

【祦】(오) 虞 ゴ、さいわい good ;luck

복오(福也)。

【祩】(주) 虞 シュ、のろう willful

방자할주(呪ー、詛也)。

【祧】(조) 蕭 チョウ、みたまや ancestral hall ㄊㄧㄠ t'iao¹

祧 小篆 草書 체천할조、천묘할조(遷遠祖廟)。【禮記】遠廟爲ー。去ー爲壇。

【票】㊀(표) 蕭 ヒョウ、てがた bill ;ticket ㊁(표) 嘯 ㄆㄧㄠ p'iao⁴

票 小篆 草書 ㊀❶불날릴표(火飛)。【太玄經】見ー如累明利以正於王。❷훌쩍날표(經擧貌)。【校獵賦】實觀夫ー禽之紲隃。❸문서표、표표、쪽지표(傳ー)。㊁날랠표(ー姚、勁疾)。【漢書】霍去病爲ー姚校尉。

【祫】(협) 洽 コウ、まつり sacrifice to ancestors ㄒㄧㄚ hsia⁴

祫 小篆 草書 합제사협(合祭先祖)。【公羊傳 文公二年】大事者何大ー也。

【祬】(지) (기)『祗』(5示部畫)의 古字

【祭】㊀(제) 霽 セイ、サイ、まつる sacrifice service ㊁(채) 卦 ㄐㄧ chi⁴

祭 小篆 草書 ㊀제사제、기고제(祀也)。【尙書】ー之言察也察者至也言人事至於神也。㊁❶성채(姓也)。❷읍이름채(邑名)。

七 畫

【⿰示肖】(조) 肴 ソウ、さいわい(本音「소」) blessing

복조(福也)。

【祰】(고) 皓 コウ、いのる pray

祰 小篆 ❶빌고(禱也)。❷고유제고(告祭)。

【⿰示我】(아) 歌 ガ、さかん prosperous

❶성할아(盛也)。❷제사아(祭也)。❸얼굴예쁠아(容貌美好)。

【祲】(침) 侵 シン、さかん prosperous ㄐㄧㄣ chin¹

小篆 草書 ❶상서침(精氣感祥)。❷해무리침(日旁氣)。〔左傳昭公五年〕吾見赤黑之ㅡ。❸왕성할침(盛也)。〔班固 東都賦〕天官景從ㅡ威盛容。

【祳】(신) 軫 シン、ひもろぎ raw meat
小篆 사직제사지낸날고기신(祭社生肉)。〔說文〕社肉盛以蜃故謂之ㅡ。

【祴】㈠(개) 佳 カイ、かわらみち pavement
㈡(개) 灰
小篆 草書 ㈠벽돌깐길개(塼道、甓ㅡ)。 ㈡풍류이름개(古樂章名、ㅡ夏)。

八 畫

【祹】(도) 豪 トウ、さいわい propitious omen
❶복도(福也)。❷상서도(吉祥)。❸귀신도(神也)。

【⿰示叕】(철) 屑 テツ、まつり religious service
❶천제철(重祭)。❷강신제철(酹也)。

【⿰示昔】(자) 禡 サ、まつり sacrifice of year-end ㄓㄚ cha⁴
납향제자(年終祭名、夏曰清祀商曰嘉平周曰ㅡ秦曰臘)。

【祺】(기) 支 キ、さいわい good : luck ㄑㄧ ch'i²
小篆 籀文 草書 ❶길할기(吉也)。❷상서기(祥也)。〔詩經 大雅行葦〕壽考維ㅡ。

【⿰示甾】(치) 支 シ、やすらか easy
편안할치(安也)。

【祼】(관) 翰 カン、いのり religious service ㄍㄨㄢ kuan⁴
小篆 草書 강신제관(祭酌鬯以ㅡ地)。〔詩經〕ㅡ將于京。

【祿】(록) 屋 ロク、さいわい gift : salary ㄌㄨ lu⁴
小篆 草書 ❶복록(福也)。〔詩經 商頌玄鳥〕百ㅡ是何。❷녹봉록、요록(俸給)。〔禮記〕位定然後ㅡ之。❸착할록(善也)。❹불귀신록(回ㅡ、火神)。❺죽을록(不ㅡ卒也)〔禮疏〕不終其ㅡ。❻곡식록(ㅡ米、ㅡ食)。

【禁】㈠(금) 侵 キン、とめる forbid
㈡(금) 沁 ㄐㄧㄣ chin⁴
小篆 草書 ㈠❶이길금(勝也)。❷당할금(當也)。❸금할금(赳持)。〔漢書 咸宣傳〕猶不能ㅡ。㈡❶금지할금(制止)。〔後漢書 廉范傳〕舊制ㅡ民夜作以防火災。❷대궐금(宮ㅡ、天子所居)。〔漢制〕天子所居門閣有ㅡ非侍御之臣不得妄入。❸술잔금(承酒尊器)。〔禮疏〕承尊名ㅡ者爲酒戒也。❹옥금(獄也)。

㈡禁(禮器圖)

【禀】(품) 寢 ヒン、あたえる tell
草書 ❶줄품(給也)。〔中庸〕旣ㅡ稱事。❷받을품(受命)。〔書經〕臣下罔攸ㅡ命。❸여쭐품、사뢸품(白事)。❹성품품(天賦性質)。

【禂】(도) 皓 トウ、いのり religious service
小篆 或體 或體 草書 말제사지낼도(禱馬祭)。〔周禮〕甸祝ㅡ牲ㅡ馬皆掌其祝號。

【⿰示坴】(륙) 屋 リク、あらわれる appear
볼륙(見也)。

【禃】(식) 職 ショク、もっぱら only
오로지할식(專一)。

九 畫

【⿰示侯】(후) 尤 コウ、いのる pray
❶복구할후(求福)。❷빌후(祈也)。

【禊】(계) 霽 ケイ、みそぎ exorcism ㄒㄧ hsi⁴ (古音 혜)
草書 계제사계、푸닥거리계(祓ㅡ、除惡祭名)。

【禋】(인) 眞 イン、まつる sacrifice
小篆 籀文 草書 정결히제지낼인(潔祀)。〔書經 舜典〕ㅡ于六宗。

【禍】(화) 哿 カ、わざわい calamity ㄏㄨㄛ huo⁴
小篆 草書 ❶앙화화(殃也)。❷재앙화(災害)。〔禮記〕君子愼以辟ㅡ。

【禎】(정) 庚 テイ、チョウ、さいわい lucky ㄓㄣ chen¹
小篆 草書 상서정(符瑞、祥也)。〔中庸〕國家將興 必有ㅡ祥。

【福】(복) 屋 フク、さいわい fortune : happiness ㄈㄨ fu²
小篆 草書 ❶복복(祜也)。❷아름다울복(休也)。❸착할복(善也)。❹상서복(祥也)。〔書經〕嚮用五ㅡ。❺음복할복(祭祀胙肉)。〔周禮〕祭祀之致ㅡ者受而膳之。

【福】(복)『福』(前條)과 같음。

【禓】㈠(양) 陽 ヨウ、まつり religious service
㈡(상) 陽
小篆 草書 ㈠❶길제사양(道上祭)。❷길귀신양(道神)。㈡귀신쫓을상(逐强鬼)。〔禮記〕鄕人ㅡ。

【禔】㈠(지) 支 シ、テイ、さいわい happy
㈡(제) 齊 ㄊㄧ t'i² (同音 시)
㈢(시) 支
小篆 草書 ㈠❶복지(福也)。❷편안할지(安也)。㈡㈢뜻은 ㈠과같음。

【⿰示胥】(서) 語 ショ、まつりどうぐ vessels
小篆 제기서(祭器)。

【禕】(의) 支 イ、うるわしい beautiful ㄧ i¹
草書 ❶아름다울의(美也)。❷보배로울의(珍貴)。❸아름답다할

의(嘆美辭)。

【禖】(매) 灰 バイ、まつり religious service ㄇㄟ mei²
禖 小篆 草書 매제사매(高ー、天子求子祭名)。〔禮記 月令〕仲春之月以太牢祠高ー。

【禗】(사) 支 シ、さる leave
草書 귀신이불안하여가려할사(神不安欲去ーー)。

【禘】(체) 霽 テイ、おおまつり imperial sacrifice ㄉㄧ ti⁴
禘 小篆 草書 체제체(大ー、王者大祭名)。〔禮記〕王者ー其祖之所自出。

【⿰祟攴】(쇄) 賓 シ、うらない ask for fortune-telling
무꾸리할쇄(問吉凶)。

十畫

【禚】(작) 藥 シャク、くにのな place name
땅이름작(齊地名)。〔春秋〕會齊侯于ー。

【禛】(진) 眞 シン、さいわい be blessed ㄓㄣ chen¹
禛 小篆 복받을진(以眞受福)。

【禜】(영) 敬 エイ、まつり prayers for rain
禜 小篆 草書 ❶기우제영(禳風祭雨)。❷재앙제하는제영(除災祭)。〔左傳 昭公元年〕山川之神則水旱癘疫之災於是乎ー之日月星辰之神則雪霜風雨之不時於是乎ー之。

【⿰礻留】(류) 宥 リュウ、まじなう prevent
⿰礻留 小篆 예방할류「방법할류(祝神詛也)。

【⿰礻冥】(명) 青 ベイ、さいわい blessing
복명(福也)。

【禠】(사) 支 シ、さいわい good luck
禠 小篆 禠 小篆 草書 복사(福也)。〔東京賦〕祈ー禳災。

【禡】(마) 禡 バ、まつり religious service
禡 小篆 草書 진터제마(師旅所止地祭名)。〔禮記王制〕ー於所征之地。

十一畫

【⿰礻离】(리) 支 リ、めでたい blessing
❶복리(福祥)。❷『魑』와 같음。

【⿰礻虘】(조)『詛』(言部5畫)의 古字

【⿰礻逢】(봉) 冬 ホウ、やまかみ mountain ghost
산귀신봉(負山之神、ー大黃負山之神能動天地氣昔孔甲遇之)。

泰逢 (三才圖會)

【禦】(어) 語 ギョ、ふせぐ resist ㄩˋ yü⁴
禦 小篆 草書 ❶막을어(扞拒)。〔易經〕利ー寇。❷그칠어(止也)。〔易繫辭〕以言乎遠則不ー。

十二畫

【⿰礻⿱孑冏】(걸) 屑 ゲツ、わざわい disaster
재앙걸(下祥)。

【⿱毳示】一(취) 霽 二(찬) 旱 セイ、こばむ refuse
⿱毳示 小篆 一❶사절할취(謝絕)。❷자주 제지낼취(屢次祭貌)。二뜻은 一과 같음。

【禧】(희) 支 キ、さいわい good ; fortune ㄒㄧ hsi³
禧 小篆 草書 ❶복희(福也)。❷길할희(吉也)。

【禨】一(기) 微 二(기) 未 キ、きざし signs ㄐㄧ chi¹
禨 草書 一❶상서기(祥也)。❷빌미기(祟也)。〔列子〕楚人鬼而越人ー。二목욕한뒤먹는술기(沐而飮酒)。〔禮疏〕新沐體虛必進ー酒。

【禩】(사)『祀』(示部3畫)의 古字

【禪】一(선) 先 二(선) 霰 ゼン、セン、ゆずる abdication ㄕㄢ shan⁴
禪 小篆 草書 一❶고요할선(靜也)。❷중선(僧也)。〔傳灯錄〕ー有五外道ー凡夫ー小乘ー大乘ー最上乘ー。二❶자리전할선(傳位)。〔孟子萬章上〕唐虞ー。❷터닦을선(封ー、除地)。

【禫】(담) 感 religious service ㄊㄢ t'an³
禫 小篆 草書 담제담(除服祭名)。〔禮記 間傳〕父母喪期而小祥又期而大祥中月而ー。

十三畫

【禬】(회) 泰 カイ、はらい exorcism ㄏㄨㄟ hui⁴
禬 小篆 草書 푸닥거리회(除殃祭名)。〔周禮〕女祝掌ー禳之事。

【禶】(선) 霰 ゼン、ゆずる declination
❶천제지낼선(祭天)。❷사양할선(讓也)。〔漢書〕舜禹受ー。

【禭】(수) 寘 スイ、かみ God
❶귀신이름수(神名)。❷제사이름수(祭名)。〔後漢書〕高句麗國在遼東之東千里國東有大穴號ー神以十月而祭之。

【禮】(례) 薺 レイ、れい good manners ㄌㄧ li³
禮 小篆 古文 草書 ❶예도례(節文仁義)。〔孟子〕ー之實節文斯二者。❷절례, 인사례(敬ー、ー拜)。

十四畫

【禰】(니) 薺 ナイ、デイ、みたまや ancestral shrine ㄋㄧ ni³ (本音「녜」)

(禰 continued) 小篆 草書 아비사당니(親廟)〔公羊傳〕生稱父死稱考入廟稱－。

【⿰示厭】(염) 琰 エン、はらう exorcize 도액할염、예방할염(禳也)。

【禱】(도) 晧 號 トウ、いのる pray ㄉㄠ tao³ 小篆 或體 籀文 草書 빌도(祈神求福)。〔詩經〕吉日維戊既伯既－。

十五畫

【⿰示萬】(려) 霽 レイ、おにかみ demon ❶뜬것려(浮行神、鬼災)。❷여귀려(古帝王無後鬼)。

【⿰示憂】(우) 宥 ユウ、さいわい blessing 복우(福也)。

十六畫

【⿰示賴】(뢰) 泰 ライ、のろう curse ❶방자할뢰(袾－、祝詛)。❷무너질뢰(壞也)。

十七畫

【禳】(양) 漾 ジョウ、はらう pray 日尢 jang² 小篆 草書 빌양、기도할양(祈也)。〔說文〕磔攘祀除癘殃攘之爲言－也。

【禴】(약) 藥 ヤク、まつり spring sacrifice ㄩㄝ yüeh⁴ 草書 ❶봄제사약(春祭名)。〔詩經〕－祀烝嘗。❷여름제사이름약(夏祭名)。(『礿』과 같음)

十八畫

【禵】(제) 齊 テイ、さいわい blessing 복제(福也)。

十九畫

【禷】(류) 寘 ルイ、まつり service to Heaven 小篆 천제지낼류(以事－祭天神)。〔書經〕肆類于上帝。

内部

【内】(유) 有 ジュウ、あしあと foot print jou² 小篆 篆文 草書 짐승발자욱유(獸足蹂地)。〔爾雅〕貍狐貒貈其跡－。

四畫

【禹】(우) 麌 ウ、ゆるむ slow ㄩ yü³ 小篆 古文 草書 ❶하우씨우(夏后名)。〔顔師古曰〕夏商之王皆以名爲號。❷성우(姓也)。❸펼우(舒也)。❹느지러질우(緩也)。

六畫

【禺】㊀(옹) 冬 ㊁(우) 虞 ㊂(우) 遇 グ、おながざる monkey ㄩ yü² 小篆 草書 ㊀땅이름옹(番－、廣州名)。㊁짐승이름우(獸名、似獮猴)。㊂사시우(巳時、日在巳曰－中)。

【离】(리) 支 リ、チ、ちりさる leave ㄌㄧ li² 小篆 小篆 草書 ❶밝을리(明也)。❷고울리(麗也)。❸헤질리(散也)。❹괘이름리(卦名)。❺짐승이름리(獸名)。(『離』와 같음)

七畫

【禼】(설) 屑 セツ chinese ancestry 小篆 古文 草書 ❶은나라조상이름설(殷祖名)。❷높을설(卓也)。

八畫

【禽】(금) 侵 キン、とり birds ㄑㄧㄣ ch'in² 小篆 草書 ❶새금(飛－、鳥也)。〔爾雅〕二足而羽謂之－四足而毛謂之獸。❷사로잡을금(戰勝執獲)。〔左傳〕－之以獻。

禾部

【禾】㊀(화) 歌 カ、いね rice-plant ㄏㄜ hê² 小篆 草書 ㊀벼화、곡식화(穀類總名、嘉穀二月生八月熟)。

二畫

【秃】(독) 屋 トク、はげ baldhead ㄊㄨ t'u¹ 小篆 小篆 草書 ❶모지라질독(無髮)。〔史記〕與長孺共一老－翁。❷대머리독(－頭)。❸민둥산독(－山)。

【秀】(수) 宥 シュウ、シュ、ひいでる distinguish ㄒㄧㄡ hsiu⁴ 小篆 草書 ❶빼어날수(榮茂)。❷이삭수、벼패일수(禾吐華)。〔詩經〕實發實－。❸선비수(－才)。〔史記〕聞其－才召置門下。❹아름다울수(美也)。❺무성할 수(茂盛)。

【私】(사) 支 シ、わたくし private ㄙ ssŭ¹ 小篆 草書 ❶사사사、사정사(不公)。〔書經〕以公滅－。❷나사(己稱)。❸간사할사(自營姦衺)。❹형제의남편사(女子之姉妹夫謂－)。

三畫

【秄】(자) 紙 シ、つちかう earth up 小篆 북돋울자(壅禾本)。【詩經】或耘或秄。

【秅】㊀(타) 麻 タ、いねたば bundle ㊁(차) 麻 小篆 草書 ㊀벼사백뭇타(禾四百秉)。㊁나라이름차(國名、烏秅)。

【秆】(간)『稈』(禾部7畫)과 같음

【秈】(선) 先 セン、うるち nonglutinous rice ㄒㄧㄢ hsien¹ 草書 메벼선(稉也)。(『籼』과 같음)

【秇】(익) 職 ヨク、わら straw 짚익(稈也)。

【𥝩】(조) 篠 チョウ、いなぼ droop of rice 小篆 小篆 이삭고개숙일조(禾穗垂貌)。

【𥝌】(흘) 屑 ケツ、くずごめ broken rice ❶싸라기흘(屑米細者)。❷벼싹날흘(稻生)。

【𥝢】(기) 紙 キ、もちきび paddy 육기벼기(穋−禾名)。【管子】其種穋−。

【秉】(병) 梗 ヘイ、たば grasp ㄅㄧㄥ ping³ 小篆 草書 ❶잡을병(把也)。❷움큼병、벼묶음병(禾束)。【詩經 小雅大田】彼有遺−。❸열여섯휘병(十六斛)。

【季】(년)『年』(干部3畫)의 本字

四畫

【𥝒】(부) 虞 フ、いきかえたいね shoots from rice roots 벼움날부(再生稻)。

【秋】(추) 尤 シュウ、あき autumn ㄑㄧㄡ ch'iu¹ 小篆 籀文 草書 ❶가을추(金行之時白藏節)。【書經】金乃亦有−。【禮記】孟夏麥−至。❷세월추(歲月、千−)。❸때추(時也)。【諸葛亮 出師表】危急存亡之−。❹말이뛰놀추(−−馬騰貌)。【漢書】飛龍−游上天。❺성추(姓也)。

【秌】(추)『秋』(前條)의 本字

【种】(충) 東 チュウ、おさない infant ㄔㄨㄥ ch'ung² 草書 어릴충(稚也)。

【秎】(분) 文 フン、かりとる sheaf of paddy 벼묶음분(穦禾束)。【管子】歲雖凶旱有所−穫。

【秏】㊀(모) 豪 モウ、へる decrease (古音「호」) ㊁(호) 號 ㄏㄠ hao⁴ ㊂(모) 號 小篆 草書 ㊀덜모(減也)。【漢書】−矣哀哉。㊁벼호(稻也)。【說文】伊尹曰飯之美者南海之−。㊂어두울모(−亂、不明貌)。

【秐】(운)『耘』(耒部4畫)과 같음

【科】(과) 歌 カ、わかち、ほど class: science ㄎㄜ k'ê¹ 小篆 草書 ❶과정과(程也、凡事物之程式皆曰−)。❷근본과(本也)。❸품수과(品也)。❹조목과(條也)。【戰國策】−條旣備。❺무리과(等也)。【論語】爲力不同−。❻웅덩이과(坎也)。【孟子】盈−而後進。❼과거과(官吏登用試驗、−第、登−)。❽벌쓸과(罪責處罰−料)。❾과학과(−學)。❿법과(法也、金−玉條)。

【秒】㊀(묘) 篠 ビョウ、のぎ beard: second ㊁(초)(國字) ㄇㄧㄠ miao³ 小篆 草書 ㊀❶벼까락묘(禾芒)。❷세미할묘(−忽、微妙)。【漢書】產氣黃鍾造計−忽。㊁초침초(−針)。

【秔】(갱) 庚 コウ、うるち nonglutinous rice ㄍㄥ kêng¹ 小篆 或體 草書 메벼갱(稻不黏)。

【䄰】(아) 麻 ガ、め sprout of rice 싹아(苗初茁)。

【秕】(비) 紙 ヒ、しいな blasted ear ㄅㄧ pi³ 小篆 草書 ❶쭉정이비(穀不成實)。【書經】若粟之有−。❷가

漢書】−我王度。

【秪】(지) 支 シ、まさに luckily 草書 ❶벼익을지(禾始熟)。❷마침지(適也)。【漢書】−怨結而不見德。

五畫

【𥝩】(수) 寘 スイ、みのる ripen 小篆 或體 ❶벼이삭수(禾穗)。❷벼익을수(禾成)。

【䅈】(가) 麻 カ、いね a rice-plant 벼가、나락가(禾也)。

【秘】(비)『祕』(示部5畫)의 俗字

【秚】(반) 旱 ハン、まぜる mix 섞일반、화합할반(物相和)。

【秜】(니) 支 チ、こむぎ kind of paddy (同音「리」) 小篆 돌벼니、피니(自生稻)。

【秞】(유) 尤 ユウ、いねあわしげる paddy and panic grow thick together 벼와기장무성할유(禾黍並盛)。

【租】(조) 虞 ソ、みつぎ tax: rant ㄗㄨ tsu¹ 小篆 草書 ❶구실조(田賦)。【史記】賜民田−之半。❷쌓을조(積也)。【詩經】予所蓄−。❸부세조(稅也)。❹〔中字〕벼조(已收禾正)。

【秠】(비) 支 紙 ヒ、くろきび black millet

검은기장비(黑黍)。〔詩經大雅生民〕維秬維ㅣ。

【秢】(령) 靑 レイ、とし year; age
❶벼처음익을령(稻始熟)。❷나이령(齡也)。

【秣】(말) 曷 マツ、まぐさ fodder ㄇㄛˋ mo⁴
❶모이말(食馬穀)。〔周禮〕芻ㅣ之式。❷먹일말(飼也)。〔詩經〕言ㅣ其馬。❸땅이름말(地名)。❹저울말(衡也)。

【秤】(칭) 徑 ショウ、はかり balance ㄔㄥˋ ch'êng⁴
❶저울칭(衡也)。〔太平御覽〕諸葛亮曰我心如ㅣ不能爲人低昻。❷(國字)백근칭(百斤)。

【秦】(진) 眞 シン nation ㄑㄧㄣˊ ch'in²
❶진벼진(禾名)。❷진나라진(伯翳所封國名)。

【秧】(앙) 陽 オウ、なえ rice-sprouts ㄧㄤ yang¹
모앙(禾苗)。

【秩】(질) 質 チツ、ついで order; rank ㄓˋ chih⁴
❶차례질(次序)。〔書經〕平ㅣ東作。❷품수질(品ㅣ、祿廩)。〔周禮疏〕依班ㅣ受祿。❸흘러갈질(流行貌)。〔詩經〕ㅣㅣ斯干。❹맑을질(淸明)。〔詩經 大雅假樂〕德音ㅣㅣ。❺떳떳할질(常也)。❻삼갈질(謹也)。❼봉급질(俸給)。❽십년동안질(十年間)。〔禮紀王制〕九十有ㅣ。

【秳】(석) 陌 セキ、かさ measure
섬석(十斗)。(『石』과 通함)

【秬】(거) 語 キョ、くろきび black millet ㄐㄩˋ chü⁴
검은기장거(黑黍)。〔詩經 大雅生民〕維ㅣ維秠。

【秫】(출) 質 シュツ、もちあわ glutinout millet ㄕㄨˊ shu² (古音「술」)
차조출(黏粟、穤也)。〔周禮〕染羽以朱湛丹ㅣ。

【秭】(자) 紙 シ、つむ hundred billion ㄗˇ tzŭ³
❶천억자(數名、千億)。〔詩經周頌豊年〕豐年多黍多稌亦有高廩萬億及ㅣ。❷고을이름자(縣名、ㅣ歸)。

六畫

【秱】(동) 東 トウ、ふし joint
❶벼마디길동、벼무성할동(禾盛貌)。〔呂氏春秋〕得時之禾長ㅣ而穗大。❷벼마디동(禾節)。

【桃】㊀(조) 看 ㊁(도) 蕭 豪 ト、ひずちばえ panic (grass)
㊀❶벼조(稻也)。❷돌벼조(自生禾)。㊁뜻은 ㊀과 같음。

【秳】(활) 曷 黠 カツ、はえる bud
❶악미활(舂粟不潰)。❷벼날활(禾生貌)。

【秵】(인) 眞 イン、いねのはな flower of paddy
벼꽃인(禾華)。

【秔】(황) 陽 コウ、ききん lean year
❶흉년들황(凶年)。❷빌황(空也)。

【秽】(예) 霽 エイ、かりいれ harvest
❶벼거둘예(收禾)。❷벼이름예(禾名)。

【秷】(질) 質 チツ、なえ rice-ear
❶벼이삭질(禾穗)。❷벼베는소리질(刈禾聲)。〔詩經〕穫之秷秷。

【桉】(안) 翰 アン、いねをする hull rice
벼갈안(轢禾)。

【秸】(갈) 黠 カツ、わら straw ㄐㄧㄝ chieh¹
짚고갱이갈、볏짚갈(禾稾)。〔書經禹貢〕三百里納ㅣ服。(『稭』와 같음)

【移】(이) 支 イ、うつる remove ㄧˊ i²
❶모낼이(禾相倚遷)。❷옮길이(遷也)。〔書經〕世變風ㅣ。❸변할이(變也)。

七畫

【秿】(부) 虞 ホ、いねをつむ rick of rice
볏가리부、벼쌓을부(禾積積)。

【稀】(희) 微 キ、まれ rare ㄒㄧ hsi¹
❶성길희、드물희(疏也)。〔蘇軾赤壁賦〕月明星ㅣ。❷적을희(小也)。〔杜甫詩〕人生七十古來ㅣ。❸맑을희、묽을희(淡也)。

【稍】(견) 先 ケン、むぎわら barley straw
보릿대견、보리짚견(麥莖)。

【稂】(랑) 陽 ロウ、いぬあわ foxtail ㄌㄤˊ lang²
가라지랑、강아지풀랑(草名、似莠害苗)。〔詩經〕不ㅣ不莠。(『蓈』과 같음)

【稃】(부) 虞 フ、すくも rice-bran ㄈㄨ fu¹
등겨부、왕겨부(米殼䊗糠)。

【稅】㊀(세) 霽 ㊁(태) 泰 ㊂(탈) 曷 セイ、タイ、タツ、みつぎ tax ㄕㄨㄟˋ shuei⁴
㊀❶구실세、부세세、세금세(租也)。〔書己〕人日

藉而不ㅣ。❷거둘세(斂也)。❸놓을세(舍也)。❹쉴세(ㅣ駕、休息)。〔史記〕我未知所ㅣ駕。㊁추복입을태(追服)。〔禮註〕日月已過聞喪而服曰ㅣ。㊂풀탈、끄를탈(解也)。〔左傳〕楚囚使ㅣ之。

【稆】(려)『穭』(禾部15畫)와 같음

【稈】(간) 旱 カン、わら straw ㄍㄢˇ kan³ 小篆 稈 或體 秆 草書 볏대간、볏짚간(稻藁禾莖)。〔左傳〕取一秉秆。(『秆』과 같음)

【稊】(제) 齊 テイ、のびえ foxtail ㄊㄧˊ t'i² 草書 가라지제、강아지풀제(ㅣ稗、穢草)。〔莊子 秋水〕ㅣ米之在太倉。

【稉】(갱)『秔』(禾部4畫)과 같음

【程】(정) 庚 テイ、ほど、みち degree; way ㄔㄥˊ ch'êng² 小篆 草書 ❶법정(式也)。〔荀子 致仕〕ㅣ者物之準也。❷한정정(限也)。〔十八史略 秦〕日夜有ㅣ。❸과정정(課ㅣ)。〔漢書〕定章ㅣ。❹품수정(品也)。❺헤아릴정(量也)。❻길정(道里)。❼도수정(ㅣ度)。❽준할정(準也)。

【稌】(도) 虞 ト、もちいね glutinous rice ㄊㄨˊ t'u² 小篆 草書 찰벼도([illegible])。〔詩經 周頌 豊年〕豊年多黍多ㅣ。

【稍】㊀(초) 巧 ㊁(초) 效 ソウ、ショウ、やや gradually (本音「소」) ㄕㄠ shao⁴ 小篆 草書 ㊀점점초(ㅣㅣ漸也)。〔韓愈詩〕近亦能ㅣㅣ。㊁❶작을초(小也)。〔周禮〕凡王之ㅣ事。❷녹초、요식초(廩食)。〔儀禮疏〕以其ㅣ給之故謂米廩爲ㅣ。❸고를초(均也)。❹땅이름초(地名)。

八畫

【稏】(아) 禡 ア、いね rice-plants 파아벼아(穲ㅣ、稻名)。

【䅏】(비) 尾 ヒ、いなほ droop of rice 벼이삭숙일비(禾穗垂貌)。

【稔】(임) 寢 ㊁(염)〔慣音〕 ジン、みのる ripen ㄖㄣˇ jen³ 小篆 草書 ❶풍년들임、여물임(穀熟)。〔左傳〕不及五ㅣ。❷오랠임(積久)。〔任彦昇 奏彈〕惡積釁ㅣ。❸해임(年也、期也)。

【稑】(륙) 屋 リク、ロク、わせ early-ripening rice ㄌㄨˋ lu⁴ 小篆 或體 穋 草書 ❶동륙벼륙(穜ㅣ、禾名)。〔說文〕徐種先熟曰ㅣ。❷올벼륙(早熟稻)。

【䅩】(치) 支 シ、たがやす cultivate ❶밭갈치(耕也)。❷벼죽을치(禾死)。

【稕】(준) 震 シュン、あら[illegible] bundle of straw 小篆 짚단준(束稈)。

【䅘】(래) 灰 ライ、こむぎ wheat 小篆 밀래(來麰小麥)。〔詩經〕貽我來牟。

【稗】(패) 卦 ハイ、ひえ barnyard grass ㄅㄞˋ pai⁴ 小篆 草書 ❶돌피패(似禾而實細)。〔孟子 告子上〕苟爲不熟不如荑ㅣ。❷잘패(細也)。

【稘】(기) 支 キ、まめがら stem of bean ㄐㄧ chi¹ 小篆 草書 ❶콩대기(豆莖)。❷일주년기(周年)。

【稙】(직) 職 チョク、はやまき early rice ㄓ chih² 小篆 草書 올예직、옥자강이직(早種禾)。〔詩經〕ㅣ穉菽麥。先種曰ㅣ、後種曰穉。

【稚】(치) 寘 チ、おさない young; infant ㄓˋ chih⁴ 草書 ❶어린벼치(幼禾)。❷어릴치(幼穉小也)。〔左傳〕驪姬有二子長曰奚齊ㅣ曰卓子。❸늦을치(晚也)。(『穉』와 같음)

【稛】(균) 軫 コン、キン、つかねる bundle up 小篆 草書 ❶묶을균(束也)。❷가득할균(滿也)。〔齊語〕ㅣ載而歸。

【稜】㊀(릉) 蒸 ㊁(릉) 徑 リョウ、ロウ、かど corner; edge ㄌㄥˊ lêng² 草書 ㊀❶모릉、모질릉(觚ㅣ、廉角)。❷서슬릉(神靈之威)。〔漢書 李廣傳〕威ㅣ憺於鄰國。❸형편릉(勢也)。㊁❶밭두둑릉(畦ㅣ)。❷약이름릉(藥名、三ㅣ)。

【稞】㊀(과) 歌 ㊁(라) 哿 カ、はだかむぎ rye ㄎㄜ k'ê¹ 小篆 草書 ㊀쌀보리과(無芒麥)。㊁알곡식라(無皮穀)。

【䅝】(공) 東 コウ、わら straw ❶볏대공(稈也)。❷짚공(藁也)。

【稟】(품) 寢 ヒン、もうす tell; say ㄅㄧㄥˇ ping³ 小篆 草書 ❶줄품(給也)。〔中庸〕既ㅣ稱事。❷받을품(受命)。〔書經〕臣下罔攸ㅣ令。❸여쭐품、사뢸품(白事)。❹성품품(天賦性質)。

【稠】(주) 尤 チュウ、しげる dense; thick ㄔㄡˊ ch'ou² 小篆 草書 ❶주밀할주、빽빽할주(密也)。❷많을주(多也)。〔戰國策〕書策ㅣ濁。❸무르녹을주(濃也)。

【稡】㊀(최) 泰 ㊁(졸) 月 サイ、ソツ、あつめる gather

⊖모울최(會ㅣ、聚也)。⊜볏가리즐(禾聚貌)。

九畫

【稧】⊖(결) 屑 ケツ、ケイ、わら ⊜(계) 霽 straw
⊖볏짚결(禾稈)。⊜볏단계(秧稻)。

【[illegible]】(추) 宥 シュウ、みのる (of rice) ripe ㄐㄧㄡ chiu'
벼여물추(稻稔實)。

【[illegible]】⊖(황) 陽 コウ、きび ⊜(황) 庚 panic grass
⊖기장황(禾ㅣ、黍也)。⊜뜻은 ⊖과 같음。

【稫】(벽) 職 ヒョク、みのる (of paddy) dense
보일벽、벼빽빽할벽(ㅣ稄禾密貌)。

【稬】⊖(나) 箇 ダ、もちいね ⊜(난) 旱 glutinous rice
⊖찰벼나(稻之黏者)。⊜뜻은 ⊖과 같음。

【[illegible]】(집) 緝 シュウ、うえる(本音「즙」) plant
심을집(種也)。

【稭】⊖(개) 佳 カイ、カツ、みごわら ⊜(갈) 黠 straw ㄐㄧㄝ chieh'
⊖짚고갱이개(禾稾去皮祭天爲席)。【史記】古者封禪掃地而祭席用菹ㅣ。⊜뜻은 ⊖과 같음。

【[illegible]】(타) 哿 ダ、いねのたれ (of rice) droop ㄋㄨㄛ nuo'
벼고개숙일타(禾垂貌)。

【[illegible]】(알) 月 ケツ、いねのめばえ pith of paddy
고갱이알(禾擧出苗)。

【種】⊖(종) 腫 シュ、たね ⊜(종) 宋 seed; sort ㄓㄨㄥ chun
⊖❶종류종(類也)。【書經】無俾易ㅣ。❷머리털모지라질종(ㅣㅣ髮短)。【左傳】余髮如此ㅣㅣ。❸씨종(ㅣ子)。❹가지종(物物)。⊜❶심을종(蓺植)。【史記】所不去者醫藥卜筮ㅣ樹之書。❷펼종(布也)。

【稯】(종) 東 ソウ、いねたば rice-sheaf
볏단종、벼묶음종(禾束)。【周禮】四秉曰筥十筥曰ㅣ十ㅣ曰秅ㅣ束也。

【稰】(서) 語 ショ、かりいれ harvest
❶가을걷이할서、타작할서(熟穫)。【禮註】熟穫曰ㅣ。❷고사쌀서(祭神米)。【漢書】費椒ㅣ以要神。

【稱】⊖(칭) 蒸 ショウ、となえる、ほまれ ⊜(칭) 徑 call; praise ㄔㄥ ch'êng'
⊖❶저울질할칭(銓也)。【申子】懸權衡以ㅣ輕重。❷날릴칭(揚也)。❸일컬을칭(言也)。【禮記】君子ㅣ人之善則爵之。❹들칭(擧也)。【書經】ㅣ爾戈。❺이름할칭(名號)。❻저울칭(衡也)。⊜❶헤아릴

맞을칭(副也)。【漢書】無以報ㅣ。❸맞갖을칭(愜意)。❹같을칭(參ㅣ、相等)。❺벌칭(衣單複具)。【禮記】衣必有裳謂ㅣㅣ。

【稲】(도)『稻』(禾部10畫)의 俗字

十畫

【[illegible]】(률) 質 リツ、いねたばつみ rick of rice
볏가리률(ㅣㅣ積禾貌)。

【稴】⊖(렴) 鹽 レン、ケン、うるち ⊜(겸) 琰 nonglutinous rice
⊖메벼렴(稻不黏)。⊜뜻은 ⊖과 같음。

【稷】(직) 職 ショク、きび millet ㄐㄧ chi'
❶피직、메기장직(黍屬五穀之長)。【詩經】彼ㅣ之苗。❷농관직(后ㅣ農官)。❸사직직、흙귀신직(社ㅣ、土神)。

【[illegible]】(당) 陽 トウ、きび millet
❶기장당(ㅣ梋、黍也)。❷(國字)옥수수당、강냉이당(玉蜀黍)。

【稸】(축) 屋 チク、キク、たくわえる(本音「흑」) accumulate
쌓을축(積也)。【戰國策】ㅣ積朽腐而不用。

【稹】(진) 軫 シン、こみいる dense ㄓㄣ chen³
❶빽빽할진(穜稑密也)。

모일진(聚物)。

【稺】(치) 寘 チ、いとけない young ㄓ chih'
❶어린벼치(幼禾)。【詩經】稙ㅣ菽麥。❷어릴치(幼小)。【詩經】衆ㅣ且狂。(『稚』와 같음)

【[illegible]】⊖(작) 藥 ⊜(곽) 沃 ⊝(녹) 沃 シャク、もみのかわ chaff
⊖벼껍질작(禾皮)。⊜⊝뜻은 ⊖과 같음。

【稻】(도) 皓 トウ、いね rice-plant ㄉㄠ tao'
벼도(秔ㅣ、水田種穀)。【詩經】十月穫ㅣ。

【稼】(가) 禡 カ、うえる、うえつけ plant; sow ㄐㄧㄚ chia'
심을가(種穀)。【書經】土爰ㅣ穡。

【稽】⊖(계) 薺 ⊜(계) 霽 ケイ、かんがえる examine ㄑㄧ ch'i³
⊖❶상고할계(考也)。❷계교할계(計也)。【漢書】婦姑不相悅則反脣而相ㅣ。❸의논할계(議也)。【禮記】行必ㅣ其所蔽。❹이를계(至也)。【莊子逍遙遊】大浸ㅣ天。❺같을계(同也)。❻저축할계(留止貯滯)。【漢書】蓄積餘ㅣ以ㅣ市物。❼익살부릴계(滑ㅣ、轉貌)。⊜❶머리숙일계、꾸벅거릴계(下首)。【書經 舜典】禹拜

【稿】(고) 皓 コウ、わら straw
草書 ❶볏짚고(禾稈)。〔漢書〕已奉穀租又出一稅。❷사초고、원고(文草)。〔史記〕屬草一未定。

【稾】(고)『稿』(前條)와 같음

【穀】㊀(곡) 屋 コク、たなつもの grain; corn ㊁(구) 宥 ㄍㄨˇ ku³
小篆 草書 ㊀❶곡식곡、낟알곡(禾稼總名)。〔書經〕百一用成。❷착할곡(善也)。〔書經洪範〕既富且一。❸녹곡(祿也)。〔詩經小雅天保〕俾爾戩一。❹삶곡(生也)。〔詩經王風大車〕一則異室 死則同穴。❺기를곡(養也)。〔詩經〕以一我士女。㊁녹구(祿也)。

十一畫

【⿰禾累】(라) 歌 ラ、もみをつみかさねる stack of corn
곡식쌓을라、노적더미라(穀積)。

【⿰禾荼】(도) 虞 ト、いなほ ears of rice
벼이삭도(禾穗)。

【⿰禾⿱酉灬】(초) 嘯 ショウ、へる lessen ㄐㄧㄡˋ chiu⁴
축날초(物縮少)。

【穄】(제) 霽 セイ、くろきび black millet ㄐㄧˋ chi⁴
小篆 草書 메기장제、피제(似黍而不黏稷也)。〔呂氏春秋〕飯之美者山陽之一。

【⿰禾悤】(총) 董 ソウ、いねたば rice-sheaf
볏단총(禾聚)。〔書經〕百里賦納總。

【穅】(강) 陽 コウ、ぬか chaffs ㄎㄤ k'ang¹
小篆 或體 草書 ❶겨강(穀皮)。〔漢書〕妻子一豆不贍。❷악기이름강(樂器名)。(『糠』과 같음)

【⿰禾啇】(적) 錫 テキ、うえる plant a seedling
모종낼적(離而種之)。

【穆】(목) 屋 ボク、やわらぐ harmony ㄇㄨˋ mu⁴
小篆 草書 ❶공경할목(敬也)。❷화할목(和也)。〔詩經大雅烝民〕一如清風。❸아름다울목(美也)。〔詩經〕一文王。❹사당차례목(昭一、廟序)。〔中庸〕所以序昭一也。

【穇】(삼) 咸 サン、ひえ barn-yard millet
❶쭉정이이삭삼(穗不實穇一)。(俗)피삼(稗也)。

【穈】㊀(미) 〔國音〕 ㊁(문) 元 モン、あわ millet seed ㄇㄣˊ men²
㊀❶기장미(黍屬)。❷미음미(粥也)。㊁조문(赤苗嘉穀)。〔詩經〕維一維芑。

【穊】(기) 寘 キ、しげる dense; thick
小篆 草書 밸기、빽빽할기(一種、稠也)。〔史記〕深耕一種立苗欲疏。

【穋】(륙)『稑』(禾部 8畫)과 같음

【穌】(소) 虞 ソ、よみがえる revive ㄙㄨ su¹
小篆 草書 ❶쉴소(息也)。❷기뻐할소(舒悅)。❸깨어날소(死而復生)。〔書經〕后來其蘇。❹예수소(太西教世主曰耶一)。

【穎】(영) 梗 エイ、ほ、ほさき ear; spike ㄧㄥˇ ying³
小篆 草書 ❶이삭영(穗也)。〔詩經〕實一實栗。❷송곳끝영(錐鋩)。〔史記〕如錐之處囊中乃一脫而出。❸빼어날영(才能拔類)。

【⿰禾票】㊀(표) 蕭 ㊁(묘) 篠 ヒョウ、のぎ ear; spike
㊀상이삭표(稻苗秀出者)。㊁까락묘(禾芒)。〔宋書〕秋分而禾一定一定而禾熟。

【⿰禾离】(리) 支 リ、いなほ droop of rice
벼이삭고개숙일리(禾華一一)。

【積】㊀(자) 寘 ㊁(적) 陌 セキ、つむ pile ; load ㄐㄧ chi¹
小篆 草書 ㊀쌓을자、저축할자(委一儲也)。〔孟子梁惠王下〕乃一乃倉。㊁❶포갤적、모을적(累聚堆疊)。〔詩經〕一之栗栗。❷넓이적(一量、面一)。❸부피적(容一)。

十二畫

【穔】(황) 陽 barley
❶들보리황(野麥)。❷들곡황(野穀)。

【穖】(기) 尾 キ、いね paddy
小篆 벼기(禾也)。

【穜】㊀(동) 東 ㊁(종) 冬 トウ、おくて late-rice ㄊㄨㄥˊ t'ung²
小篆 草書 ㊀늦벼동(先種後熟)。㊁종륙벼종(一稑、禾名)。

【穗】(수) 寘 スイ、ほ ear; spike ㄙㄨㄟˋ suei⁴
草書 이삭수(禾成秀)。〔詩經〕彼稷之一。

【⿰禾墨】(매) 賄 バイ、あめにいたむ injure
대모앉을매、비에상할매(禾傷雨生黑斑)。

【穚】(교) 蕭 キョウ、ほ ear of rice
❶벼이삭교(禾秀)。❷가라지풀우거질교(莠草茂貌)。

【穛】(착) 覺 サク、ソク、はやかり harvesting the unripen crops
草書 풋바심할착(早取穀)。

【⿰禾卓】㊀(탁) 覺 ㊁(조) 效 タク、たかくぬきんでる stop suddenly
小篆 ㊀❶우뚝머무를탁(特止)。❷우뚝설탁(卓立)。㊁❶탁자조(卓也)。❷무릅쓸조、범할조(冒也)。

【⿰禾粟】(속) 沃 ショク、いねのほ ears of rice

벼이삭속(禾穗)。

十三畫

【穟】(수) 寘 スイ、いなほ ear of rice 小篆 或體 草書 고갱이나올수(禾苗好美)。〔詩經大雅生民〕禾役ㅣㅣ。

【𪎭】(라) 歌 ラ、こくもつをつむ heap up corn in stack〔rick〕 곡식쌓을라(積穀)。

【𥣟】(괴) 泰 カイ、あらぬか chaff 小篆 겨괴(糓也)。

【穠】(농) 冬 ジョウ、しげる dense; thick ㄋㄨㄥˊ nung² 草書 나무빽빽히들어설농(華木稠多貌)。〔詩經〕何彼ㅣ矣唐棣之華。

【䆃】(도) 號 皓 トウ、えらぶ select 小篆 ❶가릴도(擇也)。❷응정할도(以粟爲米)。❸상서벼도(瑞禾)。

【穡】(색) 職 ショク、とりいれ harvest ㄙㄜˋ sê⁴ 小篆 草書 ❶거둘색(斂ㅣ、農也)。〔書經〕若農服田力ㅣ乃亦有秋。❷아낄색(吝惜)。〔左傳〕臧文仲曰務ㅣ勸分。❸농사색(農ㅣ)。

【䆄】(선) 霰 セン、いねのたば rice-sheaf 볏단선(禾束)。

【𥣬】(자) 支 シ、いねをつむ rick of rice 小篆 볏가리자(積禾)。

【穢】(예) 隊 ワイ、エ、けがれる dirty; unclean 草書 ❶더러울예(惡也、汙也)。〔左傳昭公元年正義〕若ㅣ之汚物。❷거칠예(蕪也)。〔漢書〕蕪ㅣ不治。❸더럽힐예(使汚)。❹김예(田中雜草)。

十四畫

【𥤀】(녕) 庚 ドウ、のぎ prickles of rice 벼꺼럭녕、벼가시랭이녕(禾芒)。

【穧】(제) 霽 セイ、かりいね harvest ㄐㄧˋ chi⁴ 小篆 草書 ❶곡식거둘제(穫刈)。❷벼옹큼수제、볏단수제(刈禾把數)。

【穨】(퇴) 灰 タイ、つむじかぜ wild wind ㄊㄨㄟˊ t'uei² 小篆 小篆 草書 ❶사나운바람퇴(暴風)。〔詩經〕維風及穨。❷모지러질퇴(禿貌)。『頹』와 같음。

【穩】(온) 阮 オン、おだやか quiet ㄨㄣˇ wen³ 小篆 草書 ❶펴안할온(安也)。〔蘇軾詩〕江山雖有餘亭榭苦難ㅣ。❷곡식걷어모을온(穀聚)。

【穪】(칭)『稱』(禾部 9畫)의 俗字

【穫】㊀(호) 遇 ㊁(확) 藥 カク、かる harvest 小篆 草書 ㊀땅이름호(焦ㅣ、扶風地名)。㊁❶곡식거둘확(刈穀)。〔詩經 豳風七月〕十月ㅣ稻。❷곤박할확(隕ㅣ、困迫)。〔禮記〕不隕ㅣ于貧賤。

【𥤉】㊀(총) 送 ㊁(추) 有 シュウ、あさたば bundle of hemp ㊀❶삼단총(麻束)。❷볏가리총(積禾)。㊁모을추(聚也)。

【𥤧】(적) 錫 テキ、もちごめ glutinous rice 찹쌀적(黏米)。

十五畫

【𥤓】(멸) 屑 ベツ、いね paddy 小篆 벼멸(禾也)。

【穬】(광) 梗 コウ、のぎ millet 小篆 ❶꺼럭조광(芒粟)。〔六書故〕五穀皆有ㅣ。❷벼여물지않을광(稻不熟)。

【穭】(려) 語 ロ、おろか (of rice plants) grow of itself ❶벼절로날려(自生稻)。❷어리석을려(愚也)。

【穲】(파) 禡 ハ、いね rice-plant 草書 파아벼파(ㅣ稏、稻名)。

【穮】(표) 蕭 ヒョウ、くさぎる weed out 小篆 草書 김맬표(耘田除草)。〔左傳〕譬如農夫是ㅣ是蓘。

【𥣴】(색)『穡』(禾部 13畫)의 本字

十六畫

【𥤚】(미) 寘 ビ、たねまく sow (the seeds) 씨뿌릴미(散種)。

【穐】(추)『秋』(禾部 4畫)의 古字

十七畫

【𥤮】(천) 霰 セン、まぐさ hay 꼴천(獸之所食草)。

【穰】(양) 養 ジョウ、わら straw 小篆 草書 ❶볏줄기양、볏짚양(禾莖)。❷벼잘여물양(禾實豐)。〔詩經〕豊年ㅣㅣ。❸많을양(衆也)。〔詩經 周頌執競〕降福ㅣㅣ。❹사람많을양(浩ㅣ、人多)。

【䆎】(섬) 鹽 セン、みのらない blasted ears of rice 벼쭉정섬(禾不實、穖ㅣ)。

十八畫

【䆗】(권) 元 ケン、きいろないね (of rice) ripen to yellow 벼익어누를권(禾熟黃)。

【𥤯】(분) 問 フン、こやし manure 小篆 ❶거름분(糞田)。❷상무벼분(紫稻)。❸벼차질지않을분(稻

十九畫

【穲】(리) 支 リ、いねのなえ (of the sheaf) be lined up
곡식포기가지런할리(ㅣㅣ五穀行列)。

【穳】(찬) 寒 サン、いねをつむ rick of rice
볏가리찬(禾聚)。

二十畫

【穮】(당) 養 トウ、きいろなこくもつ yellow corn
누른곡식당(黃穀)。

穴 部

【穴】(혈) 屑 ケツ、あな cave; hole ㄒㄩㄝ hsüeh²·⁴
小篆 草書 ❶굴혈、구멍혈(窟也)。❷움혈(土室)。〔易經 繫辭〕上古ㅣ居而野處。❸틈혈(孔隙)。〔孟子 滕文公下〕鑽ㅣ隙。❹굿혈、광중혈(壙也)。

一畫

【穵】(알) 黠 アツ、さぐる scoop out ㄨㄚ wa¹
小篆 草書 ❶구멍우빌알(手探穴)。❷큰구멍알(大穴)。

二畫

【𥤟】(정) 庚 テイ、うがつ make a hole
뚫을정(穿也)。

【究】(구) 宥 inquiry ㄐㄧㄡ chiu⁴
小篆 草書 ❶다할구(極也)。〔易經〕其ㅣ爲健。❷꾀할구(謀也)。〔詩經〕爰ㅣ爰度。❸마칠구(竟也)。〔史記孔子世家〕當年不能ㅣ其禮。❹궁구할구(推尋)。〔詩經〕是ㅣ是圖。❺미워할구(ㅣㅣ相憎惡)。〔詩經 唐風羔裘〕自我人ㅣㅣ。

【𥤚】(요) 篠 ヨウ、ふかい deep
깊을요(深也)。

三畫

【穸】(석) 陌 セキ、つかあな grave ㄒㄧ hsi⁴
小篆 草書 굿석、광중석(窀ㅣ墓穴)。〔左傳〕楚子曰惟是春秋窀ㅣ之事。

【穹】(궁) 東 キュウ、たかい high ㄑㄩㄥ ch'iung¹·²
小篆 草書 ❶높을궁(高也)。❷클궁(大也)。❸하늘궁(ㅣ蒼、天也)。〔詩經 大雅桑柔〕以念ㅣ蒼。❹궁할궁(窮也)。❺덮을궁(塞也)。〔詩經〕ㅣ窒熏鼠。

【空】(一)(공) 東 (二)(공) 送 (三)(공) 董 クウ、コウ、むなしい、そら empty; sky
小篆 草書 (一)❶다할공(磬也)。❷빌공(虛也)。〔詩經 大雅大東〕杼柚其ㅣ。❸하늘공(太ㅣ、天也)。❹클공(大也)。〔詩經〕在彼ㅣ谷。(二)구멍공(穴竅)。〔周禮〕函人眡其鑽ㅣ。(三)❶궁할공(窮也)。〔詩經〕不宜ㅣ我師。❷이지러질공(缺也)。❸없을공(ㅣ乏)。❹벼슬이름공(官名、司ㅣ)。〔論語〕回也其庶乎屢ㅣ。

【𥤢】(색) 職 ソク、あなをふさぐ fill in a hole with soil
흙으로구멍막을색(以土塞穴)。

四畫

【𥤹】(연) 銑 ゼン、なめしかわ refined leather
다룬가죽연(柔皮革)。

【穽】(정) 敬 セイ、おとしあな pit ㄐㄧㄥ ching
草書 구덩이정、함정정(穿地陷獸坑)。〔書經〕杜乃擭斂乃ㅣ。

【𥥈】(一)(혈) 屑 (二)(결) 屑 ケツ、うがつ make a hole
小篆 (一)❶뚫을혈(穿也)。❷빌혈(空也)。(二)뜻은 (一)과 같음。

【穾】(요) 嘯 ヨウ、くらい dark
草書 ❶깊숙할요(嚴ㅣ、隱暗處)。❷골방요(洞房)。〔楚辭〕冬有ㅣ廈。

【穿】(一)(천) 先 (二)(천) 霰 セン、うがつ go through ㄔㄨㄢ ch'uan¹
小篆 草書 (一)❶통할천(通也)。❷구멍천(穴也)。〔詩經〕何以ㅣ我屋。❸팔천(掘也)。❹뚫을천(鑽也)。(二)꿸천(貫也)。〔漢書〕貫ㅣ經傳。

【𥥛】(광) 庚 grand house
❶큰집광(大屋)。❷집우렁찰광(屋深響)。

【窀】(둔) 眞 チュン、うずめる burial ㄓㄨㄣ chuen¹ (古音「준」)
小篆 草書 ❶광중둔、굿둔(ㅣ穸、長夜)。❷묻을둔(埋也)。

【突】(돌) 月 トツ、つく、にわか rush out ㄊㄨ t'u²
小篆 草書 ❶우뚝할돌(出貌)。〔詩經〕ㅣ而弁兮。❷다닥칠돌(衝ㅣ、觸也)。❸속일돌(唐ㅣ、欺也)。〔任昉箋〕維此魚目唐ㅣ璵璠。❹벼란간돌(猝也)。❺굴뚝돌(煙出竈)。

【窂】(로) 豪 ロウ、おり cage
❶짐승우리로(獸圈)。❷굳을로、채울로(實也)。

【窃】(절)『竊』(17畫穴部)의 俗字

五畫

【𥦖】(규) 嘯 キョウ、おくぶかい hushed
草書 ❶깊을규(深遠也)。❷고요할규(靜也)。

【窄】(착) 陌 サク、せまい narrow ㄓㄞ chai³ (古音「책」)
草書 ❶좁을착(狹也、隘也)。❷끼일착(迫也)。

【窇】(박) 覺 ハク、あなぐら cellar

❶움바(土室)。❷구멍바(穴也)。❸굴바(窟也)。

【窅】(요) 篠 ヨウ、くぼみめ sunken eyes 一ㄠˇ yao³ 小篆 草書 ❶움펑눈요(深目)。❷까말요、멀요(深遠)。【莊子 逍遙遊】一然喪其天下焉。

【窆】(폄) 豔 ヘン、ほうむる taking down the coffin ㄅㄧㄢˇ pien³ 小篆 小篆 ❶하관할폄(葬下棺)。【周禮】及一執斧以涖匠師。❷광중폄(埋穴、墓穴)。

【窈】(요) 篠 ヨウ、ふかい secluded 一ㄠˇ yao³ 小篆 草書 ❶고요할요(一一靜也)。【莊子】至道之精一一冥冥。❷깊을요(深也)。【杜甫詩】煙生一窕谷。❸안존할요(一窕幽閒)。【詩經】一窕淑女。

【⿱穴甲】(압) 洽 オウ、はりをさす prick the vein 小篆 맥찌를압(刺脈)。

【窉】(병) 梗 ヘイ、あな hollow ❶구멍병(穴也)。❷삼월병(三月)。【爾雅】三月爲一。

【⿱穴皿】(명) 梗 ベイ、あなぐら cave 小篆 굴명(窟也)。

【⿱穴令】(령) 青 レイ、いど well 우물령(井也)。

【窊】(와) 麻 ワ、くぼむ sunken; hollow ㄨㄚ wa¹ 小篆 草書 ❶웅덩이와(汙下)。【長笛賦】一隆詭戾。

【窋】(줄) 質 チュツ、あな hollow 小篆 草書 뾰죽이내밀줄(物將出穴貌)。【靈光殿賦】綠芳紫菂一咤垂珠。

【窌】 一(교) 效 二(료) 肴 コウ、あなぐら cellar ㄌㄧㄠˊ liao² 小篆 草書 一❶움교(地藏)。❷굴교(窟也)。二으슥하고비어있을료(深空)。

【⿱穴犮】 一(음) 侵 二(탐) 感 イン、ふかい deep 小篆 一❶깊을음(深也)。❷검을음(窨一、黑也)。❸굴뚝음(煙突)。❹널을 묻을음(埋柩)。 二뜻은 一과 같음。

【⿱穴正】(요) 蕭 ヨウ、とうきをやく burn the tile 기와구울요(燒瓦)。

六 畫

【⿱穴同】(동) 東 トウ、とおる pass 통할동(通也)。

【⿱穴宅】(타) 禡 タ、とがったさき(本音「차」) protrude 뾰죽이내밀타(物將出穴貌)。【靈光殿賦】綠芳紫菂窋一垂珠。

【⿱穴血】 一(혈) 屑 ケツ、むなしい 二(출) 質 empty 一❶심방혈(心臟上房)。❷빌혈(空也)。二굴에살출(窟內生居)。

【⿱穴自】(요) 篠 ヨウ、くらい dark 小篆 ❶어두울요(冥也)。❷멀요(遠也)。❸숨을요(隱也)。❹깊을요(深也)。

【窐】(규) 齊 ケイ、こしき the steamer's bottom-hole 小篆 시루구멍규(甑孔)。【楚辭】珪璋雜于甑一。

【窑】(요)『窯』(穴部10畫)의 俗字

【窒】 一(질) 質 チツ、テツ、ふさがる 二(절) 屑 shut ㄓˋ chih⁴ 小篆 草書 一❶막을질、막힐질(塞也)。【詩經】穹窒熏鼠。❷가득할질(滿也)。❸원소이름질(一素、淡氣)。 二뜻은 一과같음。

【窓】(창) 江 ソウ、まど window 草書 창창、지게문창(戶也、通孔)。(『窻』의 俗字)

【窔】(요) 嘯 ヨウ、すみ corner of room 小篆 草書 웃목구석요(室東南隅)。【儀禮旣夕】聚諸一。

【⿱穴火】(심) 侵 シン、けむりだし chimney 一ㄠ yao 굴뚝심(烟突)。

【窕】(조) 篠 チョウ、ヨウ、しとやか peaceful ㄊㄧㄠˇ t'iao³ 小篆 小篆 草書 ❶안존할조(窈一、幽閒)。【詩經】窈一淑女。❷으슥할조(窈一、深也)。❸고요할조(靜也)。❹가늘조(細也)。

七 畫

【⿱穴豆】(두) 宥 トウ、おとしあな pit 함정두(陷穽)。

【⿱穴良】(랑) 養 ロウ、あな hole ❶집휑뎅그렁할랑(㝗一、宮室空貌)。❷구멍랑(穴也、㝗一)。

【⿱穴丣】(류) 宥 リュウ、くにのな place name 小篆 땅이름류(石一、濟北地名)。【左傳】齊侯以辟司徒之妻爲有禮與之石一。

【窗】(창)『窓』(穴部6畫)의 本字

【窘】(군) 軫 キン、くるしむ distressed 小篆 草書 ❶군색할군(困迫)。❷급할군(急也)。【莊子】困一織屨。

【窖】(교) 效 コウ、あなぐら cellar ㄐㄧㄠˋ chiao⁴ 小篆 草書 움교、지함교(大一地藏)。【漢書】迺幽蘇武置大一中。

【⿱穴巠】(경) 徑 ケイ、むなしい empty

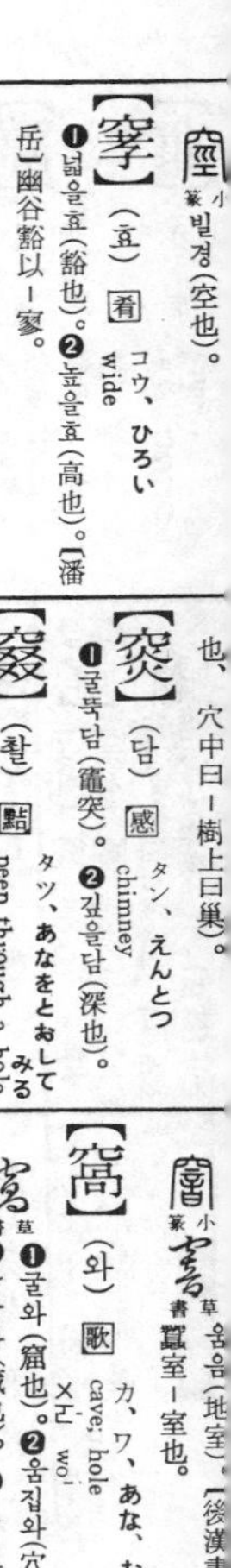

小篆 빌경(空也)。

【窙】(효) 看 コウ、ひろい wide ❶넓을효(豁也)。❷높을효(高也)。〔潘岳〕幽谷豁以ー窙。

【穴兼】(겸) 琰 ケン、とおい distant ❶멀겸(遠也)。❷사슴이름겸(鹿名)。

【窛】(구) 宥 コウ、あらい wild ❶노략질할구(鈔也)。❷사나울구(暴也)。

八畫

【窐】(괘) 蟹 カイ、しょうきばん chess-board 장기판 간살괘(博局方目)。

【穴朋】(붕) 蒸 ホウ、ほうむる cover the coffin with soil 평토칠붕(喪葬下土)。

【窞】(담) 感 タン、あな cave; hole 小篆 草書 광중담、구덩이담(坎中小坎)。〔易經〕習坎入于坎ー。

【窟】(굴) 月 クツ、あな cave; hole ㄎㄨ k'u 草書 ❶굴굴(孔穴)。❷움굴(土室)。〔左傳〕鄭伯爲ー室而夜飮酒。

【窠】(과) 歌 カ、あな hole ㄎㄜ k'ê 小篆 草書 ❶빌과(空也)。❷구멍과(穴也)。❸둥우리과(巢也、穴中曰ー樹上曰巢)。

【穴炎】(담) 感 タン、えんとつ chimney ❶굴뚝담(竈突)。❷깊을담(深也)。

【窡】(찰) 黠 タツ、あなをとおしてみる peep through a hole 小篆 구멍으로볼찰(穴中見)。

【窢】(획) 陌 カク、かぜ beadwind 草書 바람마주치는소리획(ー然、逆風聲)。〔莊子〕其風ー然惡可以言。

【窣】㊀(솔) 月 ㊁(졸) 月 ソツ、ゆるやか slowly ㄙㄨˋ su⁴ 小篆 草書 ㊀❶느릿느릿걸을솔(勃窣ー、行緩貌)。❷우지직거릴솔(窣ー、聲不安)。〔杜甫詩〕枝撑聲窣ー。❸구멍으로나올솔 (自穴中出)。㊁뜻은 ㊀과 같음。

【窤】(관) 寒 カン、あな deep hole ❶깊은구멍관(深穴)。❷땅이름관(地名)。

九畫

【穴冥】(녕) 靑 デイ、あきらか bright ❶클녕(大也)。❷밝을녕(明也)。❸하늘녕(天也)。

【窻】(창)『窗』(穴部 7畫)의 俗字

【窨】(음) 沁 イン、あなぐら cellar 小篆 草書 움음(地室)。〔後漢書註〕窨室ー室也。

【窩】(와) 歌 カ、ワ、あな、むろ cave; hole ㄨㄛ wo¹ 草書 ❶굴와(窟也)。❷움집와(穴居)。❸감출와(藏也)。❹벌집와(蜂ー、蜂房)。

【窪】(와) 麻 ワ、ア、くぼむ cave; deep 小篆 草書 ❶도랑와(溝也)。❷깊을와(深也)。❸맑은물와(淸水)。❹웅덩이와(窊也)。〔道德經〕ー則盈。

【窬】㊀(유) 虞 ㊁(두) 尤 ユ、トウ、くぐり side door ㄩ yü² 小篆 草書 ㊀판장문유(鑿板爲戶)。〔禮記 儒行〕蓽門圭ー。㊁❶문곁구멍두 (門房小竇)。〔論語 陽貨〕其猶穿ー之盜也與。❷요강두(楲ー、褻器)。

十畫

【窮】(궁) 東 キュウ、きわまる exhausted ㄑㄩㄥˊ ch'iung² 小篆 草書 ❶다할궁(極也)。〔禮記〕充充如有ー。❷궁구할궁(究也)。〔春秋序〕究其所ー。❸마칠궁(竟也)。〔書經〕永世無ー。❹막힐궁(困屈)。〔孟子 公孫丑上〕遁辭知其所ー。(『竆』과 같음)

【窯】(요) 蕭 ヨウ、かま kiln ㄧㄠˊ yao² 小篆 草書 ❶기와가마요(燒瓦竈)。❷오지그릇요(陶器)。

【窱】(조) 篠 チョウ、とおい remote 小篆 草書 까마득할조、아득할조(深遠貌)。〔荀子〕充盈太宇而不窕。(『窕』와 통함)

【窳】(유) 麌 ユ、ゆがみ、きず weak; idle ㄩˇ yü³ ❶이지러질유(苦ー、器病缺)。〔十八史略 五帝〕器不苦ー。❷약할유(惰ー弱也)。〔枚乘 七發〕手足惰ー。❸짐승이름유(獸名)。❹땅이름유(地名)。

【窴】(전) 先 テン、ふさぐ fill ㄊㄧㄢˊ t'ien² 小篆 草書 ❶메울전、막을전(塞也)。❷가득할전(滿也)。〔楚辭〕洪泉極深何以ー之。

【窰】(요)『窯』(穴部 7畫)와 같음

【穴氣】(비) 寘 ヒ、へ fart 방귀비(氣下泄)。

十一畫

【穴啇】(적) 陌 タク、うさぎのあな rabbit burrow 토끼굴적(兎窟)。

【穴翏】(료) 看 リョウ、しずか quiet

❶고요할료(空寂)。❷감출료(藏也)。❸아득할료(深遠貌)。

【寠】(구) 麌 ク、まずしい poor ㄌ幺 tiao⁴
草書 ❶가난할구(貧無禮居)。〔詩經 邶風北門〕終ㅣ且貧。❷또아리구(ㅣ數、戴具)。〔漢書〕盆下爲ㅣ數。

【窵】(조) 嘯 チョウ、ふかい profound
小篆 草書 아득할조(窅深)。〔杜甫詩〕影動ㅣ窕冲融間。

【窸】(실) 質 シツ、かぜおと howl; sough ㄒㄧ hsi¹
草書 바람에 날리는 소리실(ㅣ窣、聲也)。〔神絃曲〕紙錢ㅣ窣鳴飆風。

【窹】(오) 遇 ゴ、かまど kitchen(furnace)
부엌오、아궁이오(竈也)。〔倉頡〕楚人呼竈曰ㅣ。

【窺】(규) 支 キ、うかがう peep; spy ㄎㄨㄟ k'uei¹
小篆 草書 엿볼규(小視)。〔論語〕ㅣ見室家之好。

【窻】(창)『窓』(穴部 6畫)과 같음

【[illegible]】(침) 寢 シン、ようやく gradually
❶점점침(漸也)。❷땅이름침(地名ㅣ縣)。

【[illegible]】(강) 陽 コウ、むなしい empty
❶빌강(空也、ㅣ寞)。❷집조용할강(家靜)。

【窹】(오) 遇 ゴ、かまど kitchen(furnace)
아궁이오、부뚜막오(竈也)。

十二畫

【[illegible]】(복) 屋 フク、あなぐら cellar
小篆 움복(地室)。〔詩經〕陶ㅣ陶穴。

【窾】(관) 旱 カン、むなしい empty ㄎㄨㄢ k'uan³
草書 빌관(空也)。〔史記〕實不中其聲者謂之ㅣ。

【[illegible]】(정) 庚 トウ、えぎぬ picture
❶휑뎅그렁할정(ㅣ宏、濶大貌)。❷집울림정(屋響)。❸그림정(畫繪)。〔晋書〕東海氣如圓ㅣ。

【竀】㊀(탱) 庚 テイ、あかい red ㊁(정) 敬
小篆 草書 ㊀❶붉을탱(赤色)。〔左傳〕衛侯卜其繇曰如魚ㅣ尾。❷바로볼탱(正視)。㊁살펴볼정(廉視)。

【窿】(륭) 東 リュウ、そら、あめ sky
草書 하늘륭(穹ㅣ、天勢)。

【竁】㊀(취) 霽 ㊁(천) 霰 セイ、セン、ほる dig a hole
小篆 草書 ㊀금정놓을취、광중팔취(穿壙始穴)。〔周禮〕卜葬兆甫ㅣ。㊁뜻은 ㊀과 같음。

【竂】(료) 蕭 リョウ、うがつ bore
小篆 ❶뚫을료(穿也)。❷집료(舍也)。❸빌료(空也)。

【[illegible]】(반) 寒 ハン、みずがめぐる upstream
❶물거스를반(水洄)。❷소반(淵也)。〔莊子〕止水ㅣ淵。

【[illegible]】(성) 青 セイ、おおいにさとる see the truth
크게깨달을성(大悟)。

十三畫

【竄】(찬) 翰 サン、サン、かくれる sneak away ㄘㄨㄢ ts'uan⁴
小篆 草書 ❶숨길찬(匿也)。❷숨을찬(隱也)。〔賈誼弔屈原賦〕鸞鳳伏ㅣ兮鴟鴞翶翔。❸도망할찬(逃也)。〔漢書〕奉頭鼠ㅣ。❹귀양보낼찬(誅ㅣ、驅逐)。〔書經堯典〕ㅣ三苗于三危。❺고칠찬(ㅣ改)。〔韓愈詩〕濆墨ㅣ古史。

【竅】(규) 嘯 キョウ、あな cave; hole ㄑㄧㄠ ch'iao⁴ (古音「교」)
小篆 草書 ❶구멍규(穴也)。〔十八史略 殷〕聖人之心有七ㅣ。❷빌규(空也)。

【[illegible]】(취) 寘 スイ、ふさぐ be filled up
막힐취、막을취(塞也)。

十四畫

【竆】(궁)『窮』(穴部 10畫)과 같음

【寱】(예) 霽 ゲイ、ねごと sleeper's talk
❶잠꼬대예(睡語)。❷놀랄예(驚也)。

【[illegible]】(궁) 東 キュウ、くにのな dynasty
小篆 궁나라궁(夏后時夸羿國)。『窮』과 通함

十五畫

【[illegible]】(절)『竊』(穴部 17畫)의 俗字

【竇】(두) 宥 トウ、あな cave; hole ㄉㄡ tou⁴
小篆 草書 ❶구멍두(穴也)。〔禮記〕禮義者順人情之大ㅣ。❷들창문두(壁戶)。〔左傳〕華門圭ㅣ。❸터놓을두(決也)。〔國語 周語〕不ㅣ澤。

竇 (農政全書)

【[illegible]】(여) 語 ヨ、ねる sleep
잠잘여(寐也)。

十六畫

【竈】(조) 號 ソウ、かまど kitchen range ㄗㄠ tsao⁴
小篆 或體 草書 부엌조、부뚜막조(炊竈)。〔論

[illegible]

【⿱穴歷】(력) 錫 レキ、うがつ make a hole
뚫을력(穿也)。

【竉】(롱) 董 ロウ、あな hole
❶구멍롱(竆ㅣ、穴也)。❷고을이름
롱(州名)。

十七畫

【竊】(절) 屑 セツ、ぬすむ steal ㄑㄧㄝˋ ch'ieh
竊小篆 竊草書 ❶좀도둑절(盜也)。❷사사절(私也)。〔孟子〕ㅣ負而逃。❸얕을절(淺也)。❹깐깐할절(ㅣㅣ察察貌)。〔莊子〕ㅣㅣ然知之。

【⿱穴鮮】(시) 支 シ、みぎわ beach
❶물가시(水厓)。❷구멍시(穴也)。

十八畫

【⿱穴羸】(형) 迥 ゲイ、おいてよわい weak for age
늙어서 약할형(老弱貌)。

十九畫

【⿱穴鼕】(동) 東 トウ、かぜのおと sough
바람소리동(風聲)。

立部

【立】(립) 緝 stand ; set ㄌㄧˋ li
立小篆 立草書 ❶설립(起住)。❷세울립(樹也、建也)。❸이룰립(成也)。〔禮記冠義〕而後禮義ㅣ。❹굳을립(堅也)。〔易經〕獨ㅣ不懼。❺곧립(速意)。〔史記〕錐之處囊中其末ㅣ見。❻밝힐립(明也)。❼정할립(設格。❽〔新字〕리터립(litre 定)。〔南史陳後主紀〕重ㅣ賞佛國基本量名、五合五勺四抄三撮。

二畫

【⿰立元】(원) 阮 ゲン、よる lean (on, against)
기댈원(倚也)。

【竍】(십)〔新字〕デカリットル
데카리터십(decalitre. 佛國量名、立十倍、五升五合餘)。

三畫

【⿰立夫】(부) 有 フウ、のぼる climb (up)
오를부(登也)。

【⿰立巳】(사) 紙 シ、まつ wait (for)
기다릴사(待也)。『竢』와 같음

【竏】(천)〔新字〕キロリットル
킬로리터천(Kilolitre. 佛國量名、立千倍、五石五斗四升三合餘)。

四畫

【⿰立伐】(벌) 月 ハツ、ただずむ stand listlessly

【竑】(횡) 庚 コウ、はかる measure
竑草書 ❶헤아릴횡(量度)。〔周禮 考工記〕故ㅣ其幅廣。❷넓을횡(廣也)。

【竒】(기)『奇』(大部 5畫)의 俗字

【竓】(모)〔新字〕ミリリットル
밀리리터모(millilitre. 佛國量名、立千分之一)。

【竔】(승)〔新字〕リットル
리터승(litre. 佛國量名、立과同)。

【竕】(분)〔新字〕デシリットル
데시리터분(decilitre. 佛國量名、立十分之一、五勺五毛餘)。

五畫

【竛】(령) 靑 レイ、よろめく stagger
비실거릴령(ㅣ竮、行不正)。

【竜】(롱)『龍』(龍部 0畫)과 같음

【站】(참) 陷 タン、しゅくば stage of a journey
站草書 ❶역마을참(驛也)。❷우두커니설참(久立貌、俗言獨立)。❸술잔 받치는 그릇참(承尊器)。

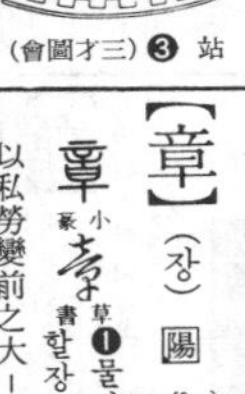

❸站 (三才圖會)

【竘】(구) 有 arrange
竘小篆 ❶다듬을구(治也)。❷꾸밀구(飾也)。❸건장할구(健也)。

【竚】(저) 語 チョ、ただずむ standing still
竚草書 우두커니설저(久立企也)。〔楚辭〕結桂枝兮延ㅣ。

【竝】(一 반)(二 방)(三 병) 早 漾 迥 ヘイ、ならぶ coexist ; together ㄅㄧㄥˋ ping
竝小篆 一❶짝할반(與人同處)。❷고을이름반(牂柯郡名)。二연할방(連也、近也)。〔漢書〕北ㅣ勃海。三❶견줄병(比也)。❷다병(皆也)。❸아우를병(併也)。〔詩經〕ㅣ驅從兩肩兮。❹붙들병(相扶)。❺함께병(偕也)。❻가까울병(近也)。

六畫

【竟】(경) 敬 ケイ、キョウ、おわり end; at last ㄐㄧㄥˋ ching
竟小篆 竟草書 ❶마칠경(終也)。〔史記〕略知其意不肯ㅣ學。❷궁진할경、다할경(窮也)。❸지음경(際也)。❹필경경(畢ㅣ)。

【章】(장) 陽 ショウ、ふみ sentence ㄓㄤ chang
章小篆 章草書 ❶물채장(文彩)。❷표할장(表也)。〔周語〕余敢以私勞變前之大ㅣ。❸장정장(ㅣ程條也)。〔十八史略 西漢〕約法三ㅣ。❹

글장(文也)。[詩疏]詩有 ㅡ句所以明情。❺밝을장(明也)。[易經 姤卦]品物咸ㅡ。❻큰재목장(大材木)。[史記 貨殖傳]千ㅡ之材。❼문 장장 (禮文曰文ㅡ)。❽인장장(圖書曰 印ㅡ)。

【竡】(백)〔新字〕ヘクトリットル 헥트리터백(hectolitre. 佛國量名、立百倍、五斗五升四合餘)。

七 畫

【竢】(사) 紙 シ、まつ wait ㄙ` ssŭ⁴
小篆 或體 草書 기다릴사(待也)。[漢書]ㅡ罪長沙。

【竣】㊀(준) 眞 シュン、おわる、やむ finish ㄐㄩㄣ` chün⁴ ㊁(전) 先
小篆 草書 ㊀❶일마칠준(事畢)。[周語]有司已事而ㅡ。❷물러설준(退立)。❸그칠준(止也)。㊁뜻은 ㊀과 같음。

【童】(동) 東 ドウ、わらべ child ㄊㄨㄥ´ t'ung²
小篆 籀文 草書 ❶아이동(ㅡ蒙、幼也)。[詩經]ㅡ子佩觿。❷우뚝우뚝할동(盛貌)。[蜀志] 先主舍東南角桑樹ㅡㅡ如小車蓋。❸민둥산동(山無草木)。[莊子]堯聞舜之賢擧之ㅡ土之地。❹뿔없는양동(無角羊)。

【竦】(송) 腫 ショウ、つつしむ respect ㄙㄨㄥˇ sung³
小篆 草書 ❶공경할송(敬也)。[漢書 東方朔傳]寡人將ㅡ意而覽焉。❷두려울송(懼也)。[詩經商頌 長發]不竦 [毛傳]ㅡ懼也。❸높일송(上也)。[國語 楚語]ㅡ善抑惡。❹솟을송(聳也)。[揚雄 長楊賦]整輿ㅡ戎。

八 畫

【䇎】(작) 藥 シャク、おどろく be surprised
小篆 ❶놀랄작(驚也)。❷겁낼작(懼也)。

【䇑】(록) 屋 ロク、おにをみる see a ghost
小篆 귀신볼록(ㅡㅡ鬼見)。

【䇗】(첨) 琰 テン、うやうやしい polite
공손할첨(恭也)。

【𥪯】(퇴) 賄 タイ、かさなる heap up
小篆 ❶포갤퇴(重也)。❷나무열매늘어질퇴(木實垂貌)。

【竪】(수) 麌 ジュ、たてる vartical
草書 ❶세울수、서있을수(立也)。❷더벅머리수(童僕之未冠者)。[史記]沛公罵曰ㅡ儒幾敗迺公事。❸[中子]어떻든지수(橫ㅡ)。

【竫】(정) 梗 セイ、ジョウ、しずか quiet ㄐㄧㄥ` ching⁴
小篆 草書 ❶머무를정(停安)。❷고요할정(靜也)。[後漢書 崔駰傳]ㅡ潛思於至賾。

【𥫃】㊀(리) 寘 リ、のぞむ face ㊁(립) 緝
小篆 ㊀❶임할리(臨也)。❷좇을리(從也)。❸뚫릴리(疏也)。㊁뜻은 ㊀과 같음。

【𥪺】(비) 支 ヒ、よろめく stagger
小篆 ❶우뚝설비(ㅡㅡ短人立貌)。❷비틀거릴비(行不正)。

九 畫

【䇓】(수) 虞 シュ、たつてまつ wait (for)
서서기다릴수(立而待)。

【竭】㊀(갈)[俗音] カツ、つきる exhaust ㄐㄧㄝˊ chieh² ㊁(걸) 屑
小篆 草書 ㊀❶다할갈(盡也)。[禮記]君子不ㅡ人之忠。❷마를갈(涸也)。㊁뜻은 ㊀과 같음。

【端】(단) 寒 タン、ただす correct; right ㄉㄨㄢ tuan¹
小篆 草書 ❶바를단(正也)。[禮記 玉藻]目容ㅡ。❷머리단(首也)。[禮記]人者五行之ㅡ。❸싹단(萌也)。❹비롯할단(始也)。❺실마리단(緖也)。❻오로지단(專也)。[戰國策]敢ㅡ其願。❼살필단(審也)。[戰國策 趙策]韓魏之君視疵ㅡ而趨走。❽근본단(本源)。[禮記]二者居天下之大ㅡ也。❾끝단(末也)。❿단오단(ㅡ午)。⓫성단(姓也)。

【竰】(리)〔新字〕センチリットル 센티리터리(centilitre. 佛國量名、立百分之一)。

十 畫

【𥫄】(혜) 齊 ケイ、まつ wait (for)
기다릴혜(待也)。

【𥫅】(전) 先 テン、ふさぐ fill up
막을전(塞也)。

十一畫

【竮】(병) 靑 ヘイ、よろめく stagger
비틀거릴병(竛ㅡ、行不正)。

【竸】(경)『競』(15畫立部)과 같음

【竱】㊀(전) 銑 セン、ひとしい co-ordinate ㊁(단) 翰
小篆 草書 ㊀같을전(等也)。㊁뜻은 ㊀과 같음。

十二畫

【竴】(준) 眞 シュン、よろこぶ be pleased
기뻐할준(喜也)。

【𥫐】(수) 虞 シュ、まつ wait (for)
小篆 或體 기다릴수(待也)。[詩經]印ㅡ我友。

十三畫

【𥫗】(라) 箇 ラ、しおれる

篆小 약하게설라(弱立)。

【竮】(기) 紙 キ、ただしくたつ stand upright 바로설기(正立)。

十四畫

【䇓】(수) 虞 ジュ、まつ wait (for) from long ago 오래기다릴수(久待)。

十五畫

【競】(경) 敬 ケイ、キョウ、きそう compete ㄐㄧㄥˋ ching⁴ 篆小 書草 ❶성할경(盛也)。【左傳】二惠ー爽。❷굳셀경(彊也)。【左傳 僖公十年】心則不ー 何憚於病。❸다툴경(爭也)。❹쫓을경(逐也)。【詩經】不ー不絿。❺높을경(高也)。❻급할경(遽也)。

【竷】(감) 感 勘 カン、つづみをうつ beat the drum 篆小 ❶북칠감(擊鼓)。❷춤노래이름감(舞曲名)。❸기꺼워하는소리감(和悅聲)。❹풍류이름감(樂器名)。

十七畫

【竸】(경)『競』(15畫立部)과 같음

竹 部

【竹】(죽) 屋 チク、たけ bamboo ㄓㄨˊ chu² 篆小 書草 ❶대죽(冬生草)。【史記】渭川千畝ー 其人與萬戶侯等。❷피리죽(笛也)。❸성죽(姓也)。

二畫

【竺】㊀(축) 屋 ㊁(독) 沃 チク、トク、あつい cordial 篆小 書草 ㊀나라이름축(天ー、西域國名)。㊁두터울독(厚也)。(『篤』과 같음)

【竻】(륵) 職 ロク、たけのね root of bamboo ㄌㄧˋ li⁴ 書草 대뿌리륵(竹根)。

三畫

【竽】(우) 虞 ウ、ふえ flute ㄩˊ yü² 篆小 書草 큰생황우(三十六簧樂)。【周禮】笙師掌敎吹ー。

(三禮圖) 竽

【竾】(지) 支 チ、ふえ flute 피리지(笙類)。【禮記】仲夏之月調竽笙ー簧。(『篪』와 같음)

【竿】(간) 寒 カン、さお pole ㄍㄢ kan¹ 篆小 書草 낚싯대간(竹梃漁ー)。【詩經】籊籊竹ー。

四畫

【笄】(계)『筓』(6畫竹部)의 俗字

【笆】(파) 麻 ハ、いばらだけ thorn bamboo ㄅㄚ pa¹ 書草 ❶가시대파(竹有刺)。❷울타리파、대바자파(ー籬、編竹圍之)。

【䇘】(호) 遇 コ、なわまき rope-winder ㄏㄨˋ hu⁴ 篆小 體或 ❶줄감는기구호(收繩具)。❷고기걸어두는대살호(懸肉竹格)。❸대이름호(竹名)。

【笇】(산) 翰 サン、かぞえる count 書草 ❶셈대산(籌也)。【史記】上與鼂錯調 兵ー軍食。❷대그릇산(竹器)。(『算·筭』과 같음)

【笈】㊀(급) 緝 ㊁(겁) 葉 キュウ、おい book-box ㄐㄧˊ chi² 書草 ㊀책상자급(書箱)。【史記】負ー從師。㊁길마겁(驢上負)。

【䇖】(방) 陽 ホウ、かご bamboo suit-case 죽롱방(竹籠)。

【笋】(순)『筍』(6畫竹部)과 같음

【笊】(조) 效 ソウ、ざる bamboo ladle ㄓㄠˋ chao⁴ 書草 조리조(ー籬、竹器)。

【䇔】(돈) 阮 トン、たけのようき bamboo basket 篆小 둥구미돈(容穀竹籠)。【說文】ー、篅也从竹屯聲。

(農政全書) 䇔

【笍】㊀(녈) 屑 ㊁(체) 霽 ㊂(예) 霽 デツ、むち bamboo whip 篆小 ㊀❶양차의채찍녈(羊車竹垂也)。❷작은수레기구녈(小車具)。㊁뜻은㊀과 같음。㊂대이름예(竹名)。

【笏】(홀) 月 コツ、しゃく tablet 書草 홀홀(手版、朝見時所執曰ーー 有事則書于上以備遺忘)。

大夫笏(圖物名)

士笏(圖物名)

【笑】(소) 嘯 ショウ、わらう laugh ㄒㄧㄠˋ hsiao⁴ 篆小 篆小 書草 웃음소、웃을소(喜而解顏啓齒欣也)。【論語】樂然後ー。

【笒】㊀(금) 沁 ㊁(함) 覃 キン、カン、たけくじ bamboo slip ㊀첨대금(竹籤)。㊁속빈대함(實中竹名)。

【笔】(필)『筆』(6畫竹部)과 같음

【笓】㊀(비) 寘 ヒ、くし comb ㊁(필) 質 ㄆㄧˊ pʻi² ㊀참빗비(篦梳)。㊁벌일필(列也)。

【笐】(항) 漾 コウ、たけ bamboo 小篆 ❶항대항(竹名)。❷옷걸이항、횃대항(衣架)。❸벼걸이항(稻架)。

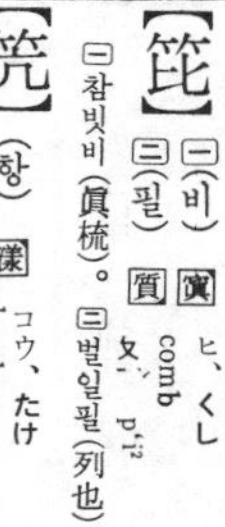
(農政全書) ❸笐

五畫

【筋】(건) 願 元 ケン、すじのもと sinewy 小篆 或體 ❶힘줄뿌리건(筋本)。❷힘줄클건(筋大貌)。

【笙】(생) 庚 ソウ、ショウ、たかむしろ split-bamboo ㄕㄥ shêng¹ 小篆 草書 ❶생황생(ㅣ簧、樂器名、女媧所作)。【詩經】ㅣ磬同音。❷대자리생(桃ㅣ、竹席)。

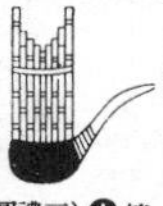

(三禮圖) ❶笙

【笘】(섬) 鹽 セン、ふだ writing board ㄕㄢ shan¹ 小篆 草書 분판섬(習字板ㅣ畢)

【笁】(축)『筑』(竹部 6畫)의 譌字

【笝】㊀(납) 合 ノウ、ともづな cable ㊁(닙) 洽 ㄋㄚˋ na⁴ ㊀배매는닻줄납(繫舟竹索)。㊁울타리얽어맬닙(補籬)。

【笛】(적) 錫 テキ、ふえ flute ㄉㄧˊ ti² 小篆 草書 ❶피리적、저적(樂管七孔篴)。❷날라리적(羌ㅣ、三孔)。【風俗通】武帝時丘仲作ㅣ。

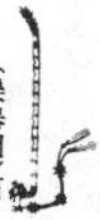

(樂器圖) 笛

【笞】(태) 支 チ、むちうつ spank ㄔ chʻih¹ (古音「치」) 小篆 草書 볼기칠태(捶擊)。【唐書】斷獄之刑有五一日ㅣ。

【笟】(고) 虞 コ、たが bamboo hoop 草書 대테맬고(以篾束物)。

【笠】(립) 緝 リツ、リュウ、かさ bamboo-hat ㄌㄧˋ li⁴ 小篆 草書 ❶삿갓립(簦也)。❷우산립(ㅣ轂)。【左傳註】執ㅣ依轂以御寒暑。❸갓립(頭冠)。❹갓양태립(ㅣ檐)。

(三禮圖) 笠

【笢】(민) 軫 ビン、たけかわ bamboo sheath ㄇㄧㄣˇ min³ 小篆 草書 ❶대껍질민(竹皮)。❷빗민(櫛也)。

【笟】(고) 虞 コ、コウ、にがたけ bamboo ❶관음대고(竹名)。❷고기잡는그릇고(取魚器)。(『笟』와 같음)

【笤】(소) 蕭 チョウ、たけぼうき bamboo broom ㄊㄧㄠˊ tʻiao² 草書 비소(竹箒)。

【笙】(허) 魚 キョ、めしばち bamboo vessel for meal (本音「거」) 小篆 대밥그릇허(竹製飯器)。

【笥】(사) 支 寘 シ、はこ box; trunk ㄙˋ ssŭ⁴ 小篆 草書 옷상자사(竹方器衣篋)。【書經】惟衣裳在ㅣ。

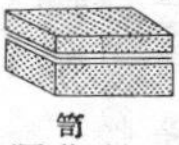

(名物圖) 笥

【符】(부) 虞 フ、しるし mark; sign ㄈㄨˊ fu² 小篆 草書 ❶보람부、병부부、증거부(信也、驗也、證也)。❷꼭맞을부(ㅣ合)。❸상서부(ㅣ瑞)。❹부적부(護ㅣ)。【禮註】萬物之ㅣ長。

【笧】(책)『冊』(冂部 3畫)과 같음

【笨】(분) 阮 ホン、あらい dirty ㄅㄣˋ pen⁴ 小篆 草書 ❶대청분、대속분(竹裏)。❷지저분할분(麤率)。【晋書】史疇肥大人目爲ㅣ伯。❸못생길분(愚ㅣ、蠢ㅣ)。❹투박할분(肥大)。

【笪】㊀(달) 旱 タツ、タン、こうり wicker-trunk ㊁(단) 曷 ㄉㄢˇ tan³ 小篆 ㊀뜸달、배덮는삿자리달(覆舟簟)。㊁고리짝단(笥也)。

【笫】(자) 紙 シ、ゆか、すのこ flat bed ㄗˇ tzu³ 小篆 草書 평상자(牀簀)。【左傳】牀ㅣ之言不踰閾。

【第】(제) 霽 テイ、ダイ、ついで order; time ㄉㄧˋ ti⁴ 小篆 草書 ❶차례제(次也)。【左傳 哀公十六年】楚國ㅣ我死令尹司馬非勝而誰。❷집제(宅也)。❸다만제(但也)。【十八史略 西漢】ㅣ出僞遊雲夢。❹또제(且也)。❺과거제(等ㅣ)。

【笭】(령) 迥 青 レイ、リョウ、かご small basket ㄌㄧㄥˊ ling² 小篆 草書 ❶작은농령(小籠)。❷종다래끼령(ㅣ箵、漁具)。

【笮】㊀(책) 陌 サク、せまい、しぼる narrow ㊁(작) 藥 ㄗㄨㄛˊ tsuo⁴ 小篆 草書 ㊀❶좁을책(狹也)。❷짤책(迫也)。❸대새끼책(竹索)。❹전동책(矢服)。【儀禮】甲胄干ㅣ。❺산자책(撒子、屋上板)。❻누

를책(壓也)。㈢자자할작(鑽ㅣ、黥刑)。

【筊】㈠(노) 虞 ド、とりかご ㈡(나) 麻 bird-cage ㄋㄨˊ nu²
篆小 書草 ㈠새농노(鳥籠)。【史記 屈原傳】鳳凰在ㅣ兮雞鶩翔舞。㈡뜻은 ㈠과같음。

【笹】(세)〔日字〕 reed ささ
書草 가는대세(細竹)。

【第】(불) 物 arrow フツ、や ㄈㄨˊ fu²
❶수레뒷창불(輿之後戶)。❷살불(箭也)。

【笱】(구) 有 weir コウ、うえ ㄍㄡˇ kou³
篆小 書草 통발구(曲竹取魚器)。【詩經 齊風敝笱】敝ㅣ在梁其魚唯唯。

【笲】㈠(번) 元 ヘン、もりものかご ㈡(변) 霰 bamboo box ㈢(반) 阮 ㄈㄢˊ fan²
書草 ㈠폐백상자번(盛贄棗脩器)。【禮記】婦執ㅣ以見。㈡㈢뜻은 ㈠과같음。

笲 (三禮圖)

【笳】(가) 麻 reed pipe カ、あしぶえ ㄐㄧㄚ chia¹
書草 초금가、호드기가、갈잎피리가(胡ㅣ)。【史記】胡人捲蘆葉吹之故謂之胡ㅣ。

【笴】㈠(간) 旱 カ、やがら ㈡(가) 哿 shaft ㄍㄜˇ kê³
書草 ㈠살대간(箭幹)。㈡뜻은 ㈠과같음。

【笵】(범) 豏 type; law ハン、のり ㄈㄢˋ fan⁴
篆小 書草 ❶법범(法也)。❷본보기범(楷式)。【通俗文】以土曰型以金曰鎔以竹曰ㅣ。(『範』과같음)

六 畫

【笿】(락) 藥 bind up ラク、たばねる ㄌㄨㄛˋ luo⁴
篆小 ❶묶을락(束也)。❷대그릇락(竹器)。

【筃】(체) 霽 winnow テイ、ふるい
❶대로기울체(以竹補缺)。❷키체(箕也)。

【⿱竹舛】(천) 銑 bamboo spit セン、くし
대꼬치천(以竹貫物)。

【笸】(희) 支 comb キ、すきぐし
篆小 참빗희、서캐훑이희(取蟣篦)。

【筆】(필) 質 writing brush ヒツ、ふで ㄅㄧˇ pi³
篆小 書草 ❶붓필作字迹書。一名不律。【禮記】史載ㅣ士載言。❷오랑캐이름필(辛夷別名、木ㅣ)。

【筅】(선) 銑 bamboo brush セン、ささら ㄒㄧㄢˇ hsien³
書草 솥씻는솔선(鍋釜洗帚)。

【筇】(공) 冬 bamboo キョウ、たけ ㄑㄩㄥˊ ch'iung²
書草 공대공(蜀竹可爲杖)。【漢書 張騫傳】在大夏見蜀布ㅣ竹杖。

【筈】(괄) 曷 notch カツ、はず ㄍㄨㄚ kua¹
書草 ❶살오늬괄(箭末受弦處)。【陸機詩】譬彼弦與ㅣ。❷〔日字〕그러할터괄(將然之意)。

【等】(등) 迥 equal ;grade トウ、ひとしい ㄉㄥˇ têng³
篆小 書草 ❶가지런할등(齊也)。❷무리등(類也、輩也)。❸등급등(級也)。【左傳】明貴賤辨ㅣ列。❹헤아릴등(稱量輕重)。【孟子 公孫丑上】ㅣ百世之王。❺기다릴등(待也)。❻계단등(階段)。【論語 鄕黨】出降一ㅣ。❼같을등(均也)。

【筊】㈠(효) 肴 bamboo-rope コウ、たけなわ ㈡(교) 巧 ㄐㄧㄠˇ chiao³
篆小 書草 ㈠❶단소효(小簫)。❷대새끼효(竹索)。【史記】搴長ㅣ沈美玉。㈡뜻은 ㈠과같음。

【筋】(근) 文 muscle キン、すじ ㄐㄧㄣ chin¹
篆小 書草 ❶힘줄근(骨絡肉力)。【禮記】老者不以ㅣ力爲禮。❷힘근、기운근(力也)。

【筎】(여) 魚 bamboo sheath ジョ、まきはだ
대껍질여(竹皮爲塞舟)。

【筌】(전) 先 weir セン、うえ、ふせご ㄑㄩㄢˊ ch'üan²
書草 통발전(取魚竹器)。【莊子】ㅣ者所以得魚 忘ㅣ。

【筍】(순) 軫 bamboo shoot ジュン、たけのこ ㄙㄨㄣˇ suen³
篆小 書草 죽순순、대싹순(竹胎萌生嫩芽)。【詩經】維何維ㅣ及蒲。

【筏】(벌) 月 raft バツ、ハツ、いかだ ㄈㄚˊ fa²
書草 떼벌(編竹渡水桴)。【方言註】木曰簰竹曰ㅣ。

筏 (三才圖會)

【笧】㈠(산) 諫 サン、サク、ふみ ㈡(책) 陌 book
㈠대바자산(編竹爲落)。㈡책책(書籍)。(『冊』과같음)

【筒】(통) 東 tube; pipe トウ、つつ ㄊㄨㄥˇ t'ung³
篆小 書草 ❶사통대통(射ㅣ、竹名)。【吳都賦】其竹則桂箭射ㅣ。❷통통(詩ㅣ、律ㅣ)。

【筐】(광) 陽 キョウ、かご、かたみ round bamboo basket ㄎㄨㄤ k'uang¹
草書 ❶광주리광。(ㅣ筥、筐屬)。〔詩經 周南卷耳〕不盈傾ㅣ。❷평상광(牀也)。〔莊子 齊物論〕王同ㅣ牀。❸별이름광(戴ㅣ、星名)。

筐❶(農政全書)

【[竹/朶]】㊀(타) 哿 タ、むち ㊁(차) 麻 whip
小篆 ㊀대이름타(竹名)。㊁채찍차(箠也)。

【筑】(축) 屋 チク、ひろう lute ㄓㄨˊ chu²
小篆 草書 ❶축축、비파축(樂器似箏)。〔史記荆軻傳〕高漸離擊ㅣ荆軻和而歌於市。❷주울축(拾也)。

筑❶(三才圖會)

【笄】(계) 齊 ケイ、こうがい bar for the hair ㄐㄧ chi¹
小篆 비녀계(女子安髮、簪也)。〔詩經〕君子偕老副ㅣ六珈。

【答】(답) 合 トウ、こたえる reply; answer ㄉㄚˊ ta²
草書 ❶대답답(對也)。〔古詩 焦仲卿妻〕蘭芝仰頭ㅣ理實如兄言。❷갚을답(報也)。❸그렇다할답(然也)。❹합당할답(合當)。❺굵은베답(麤布)。〔漢書〕ㅣ布皮革千石。

【策】(책) 陌 サク、はかりごと plan ㄘㄜˋ ts'ê⁴
小篆 ❶꾀책(籌ㅣ、謀也)。❷책책(簡冊)。❸채찍책(馬箠)。〔禮記〕僕執ㅣ立馬前。❹시초책(龜ㅣ、著也)。〔史記〕迎日推ㅣ ❺잎떨어지는소리책(ㅣㅣ落葉聲)。〔韓愈詩〕ㅣㅣ鳴不已。❻쇠지팡이책(金ㅣ、錫杖)。❼별이름책(星名、天ㅣ)。

七畫

【筟】(부) 虞 フ、つむくだ reed
小篆 ❶대청부(竹中衣)。❷바디부(織緯者)。

【筠】(균) 眞 イン、たけかわ bamboo sheath ㄩㄣˊ yün² (古音「윤」)
小篆 草書 ❶속밴대균(竹膚堅質)。〔禮記〕其在人也如竹箭之有ㅣ。❷대껍질균(竹皮)。

【筡】㊀(도) 虞 トウ、むなしい empty ㄊㄨˊ t'u² ㊁(서) 魚
小篆 ㊀속빌도(中空)。㊁대광주리서(竹筐篋ㅣ)。

【筢】(파) 麻 ハ、さらえ rake
갈퀴파(用以取草、泥ㅣ)。

【筣】(리) 支 寘 リ、たけがき bamboo fence ㄌㄧˊ li²
草書 대울타리리、대차면리(竹籬、笓ㅣ)。

【[竹/別]】(필) 屑 ヒツ、てがた bill
❶엄쪽필、어음필(分契)。❷대쪼갤필(劃竹)。

【[竹/肑]】(박) 覺 ハク、かんせつがなる sound of the knuckles ㄅㄛˊ po²
小篆 或體 손발마디소리날박(手足指節鳴)。

【[竹/夆]】㊀(강) 江 ホウ、とま ㊁(봉) 東 bamboo
㊀술거르는 용수강(酒篘)。㊁ 뜻은『蓬』에 보라。

【筤】(랑) 陽 養 ロウ、わかだけ young bamboo ㄌㄤˊ lang²
小篆 草書 어린대랑(蒼ㅣ、幼竹)。〔易經〕震爲蒼ㅣ竹。

【筥】(거) 語 キョ、めしかご bamboo ware ㄐㄩˇ chü³
小篆 草書 ❶쌀담는광주리거(盛米圓器)。〔詩經〕維筐及ㅣ。❷볏단거(稱名)。

筥(農政全書)

【[竹/豆]】(두) 宥 トウ、うつわ receptacles used in religious service
❶적대두、제기두(禮器)。❷나무식기두(木器)。

【筦】(관) 旱 カン、ふえ flute ㄍㄨㄢˇ kua
小篆 小篆 草書 ❶쌍피리관(樂器如六孔)〔詩經〕嘒嘒ㅣ聲。❷주관할관(主當)。〔禮記〕禮樂ㅣ乎人情。❸붓대관(筆彄)。〔詩經〕貽我銅ㅣ。❹고동관(樞要)。❺열쇠관(ㅣ鍵)。〔禮記〕修鍵閉愼ㅣ籥。❻살대구멍관(小見管窺)。❼대통관(截竹)。

【筧】(견) 銑 ケン、かけい water-pipe ㄐㄧㄢˇ chien³
草書 대홈통견(以竹通水)。〔石函器〕湖南有ㅣ放水漑田。

【筩】㊀(통) 東 トウ、ヨウ、たけつつ bamboo-tub ㊁(용) 腫
小篆 草書 ㊀❶대통통(竹筒)。〔漢書〕趙廣漢教吏爲缿ㅣ。(『筒』과 같음) ❷낚시통(捕魚鉤)。〔江賦〕ㅣ灑連鋒。㊁전동용(箭室)。〔左傳註〕冰箭ㅣ蓋。

【[竹/折]】(제) 霽 セイ、たかむしろ bamboo cushion
대자리제(竹席)。

【筪】(갑) 洽 コウ、たけばこ bamboo box
❶대상자갑(竹箱)。❷대이름갑(竹名)。

【筬】(성) 庚 セイ、おさ reed
草書 바디성(織具所以持經)。

【筭】㊀(산) 旱 サン、かぞえる count ㄙㄨㄢˋ suan⁴ ㊁(산) 翰
小篆 ㊀셈놓을산、수놓을산(數也)。(『算』과 같음) ㊁셈대산、줏가지산(籌也)。

筭㊁(禮器圖)

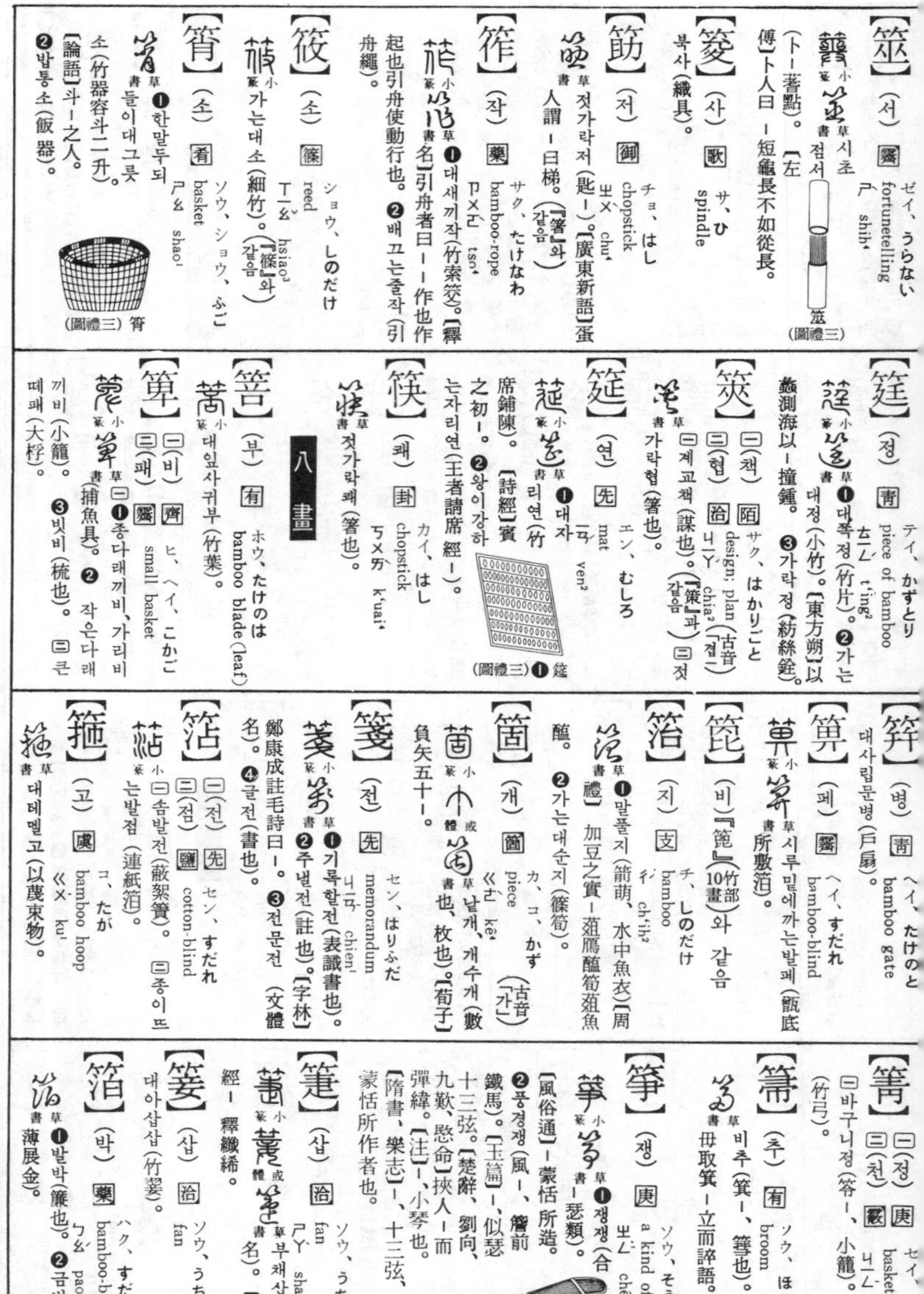

【筮】(서) 霽 ゼイ、うらない fortunetelling ㄕˋ shih⁴
蓍(小篆) 筮(草書) 시초점서(卜ー著點)。〔左傳〕卜人曰ー短龜長不如從長。
筮(圖禮三)

【⿱竹娑】(사) 歌 サ、ひ spindle
북사(織具)。

【筯】(저) 御 チョ、はし chopstick ㄓㄨˋ chu⁴
(草書) 젓가락저(匙ー)。〔廣東新語〕蛋人謂ー曰梯。(『箸』와 같음)

【筰】(작) 藥 サク、たけなわ bamboo-rope ㄗㄨㄛˊ tso²
(小篆)(草書) ❶대새끼작(竹索筊)。〔釋名〕引舟者曰ーー作也作起也引舟使動行也。❷배끄는줄작(引舟繩)。

【筱】(소) 篠 ショウ、しのだけ reed ㄒㄧㄠˇ hsiao³
(小篆) 가는대소(細竹)。(『篠』와 같음)

【筲】(소) 肴 ソウ、ショウ、ふご basket ㄕㄠ shao¹
(草書) ❶한말두되들이대그릇소(竹器容斗二升)。〔論語〕斗ー之人。❷밥통소(飯器)。
(圖禮三) 筲

【筳】(정) 靑 テイ、かずとり piece of bamboo ㄊㄧㄥˊ t'ing²
(小篆)(草書) ❶대쪽정(竹片)。❷가는대정(小竹)。〔東方朔〕以蠡測海以ー撞鍾。❸가락정(紡絲錠)。

【筴】㊀(책) 陌 ㊁(협) 洽 サク、はかりごと design; plan ㄐㄧㄚˊ chia² (古音「겹」)
㊀계교책(謀也)。(『策』과 같음) ㊁(草書) 젓가락협(箸也)。

【筵】(연) 先 エン、むしろ mat ㄧㄢˊ yen²
(小篆)(草書) ❶대자리연(竹席鋪陳)。〔詩經〕賓之初ー。❷왕이강하는자리연(王者講席 經ー)。
(圖禮三) ❶筵

【筷】(쾌) 卦 カイ、はし chopstick ㄎㄨㄞˋ k'uai⁴
(草書) 젓가락쾌(箸也)。

八畫

【箁】(부) 有 ホウ、たけのは bamboo blade (leaf)
(小篆) 대잎사귀부(竹葉)。

【箄】㊀(비) 齊 ㊁(패) 蟹 ヒ、ヘイ、こかご small basket
(小篆)(草書) ㊀❶종다래끼비、가리비(捕魚具)。❷작은다래끼비(小籠)。❸빗비(梳也)。㊁큰떼패(大桴)。

【箳】(병) 靑 ヘイ、たけのと bamboo gate
대사립문병(戶扇)。

【箅】(폐) 霽 ヘイ、すだれ bamboo-blind
(小篆)(草書) 시루밑에까는발폐(甑底所敷箔)。

【箆】(비) 『篦』(竹部10畫)와 같음

【箈】(지) 支 チ、しのだけ bamboo ㄔˊ ch'ih²
(草書) ❶말풀지(箔萌、水中魚衣)。〔周禮〕加豆之實ー菹鴈醢筍菹魚醢。❷가는대순지(篠筍)。

【箇】(개) 箇 カ、コ、かず piece ㄍㄜˋ kê⁴ (古音「간」)
(小篆)(或體)(草書) 낱개、개수개(數也、枚也)。〔荀子〕負矢五十ー。

【箋】(전) 先 セン、はりふだ memorandum ㄐㄧㄢ chien¹
(小篆)(草書) ❶기록할전(表識書也)。❷주낼전(註也)。〔字林〕鄭康成註毛詩曰ー。❸전문전(文體名)。❹글전(書也)。

【⿱竹沾】㊀(전) 先 ㊁(점) 鹽 セン、すだれ cotton-blind
(小篆) ㊀솜발전(蔽絮簀)。㊁종이뜨는발점(連紙箔)。

【箍】(고) 虞 コ、たが bamboo hoop ㄍㄨ ku¹
(草書) 대테멜고(以篾束物)。

【箐】㊀(정) 庚 ㊁(천) 霰 セイ、セン、かご basket ㄐㄧㄥ chin
㊀바구니정(箵ー、小籠)。㊁대활천(竹弓)。

【箒】(추) 有 ソウ、ほうき broom
(草書) 비추(箕ー、箒也)。〔賈誼策〕毋取箕ー立而誶語。(『帚』와 같음)

【箏】(쟁) 庚 ソウ、そうのこと a kind of harp ㄓㄥ chêng¹
(小篆)(草書) ❶쟁쟁(合ー瑟類)。〔風俗通〕ー蒙恬所造。❷풍경쟁(風ー、簷前鐵馬)。〔玉篇〕ー、似瑟十三弦。〔楚辭、劉向、九歎、愍命〕挾人ー而彈緯。〔注〕ー、小琴也。〔隋書、樂志〕ー、十三弦、所謂秦聲、蒙恬所作者也。
箏 (三才圖會)

【箑】(삽) 洽 ソウ、うちわ fan ㄕㄚˋ sha⁴
(小篆)(或體)(草書) 부채삽(扇之別名)。〔潘岳賦〕屏經ー 釋纖絺。

【⿱竹妾】(삽) 洽 ソウ、うちわ fan
대아삽삽(竹翣)。

【箔】(박) 藥 ハク、すだれ bamboo-blind ㄅㄠˊ pao²
(草書) ❶발박(簾也)。❷금박박(金屬薄展金)。

【箛】(고) 虞 コ、ふえ reed
小篆 피리고、초금고(笳也、車駕住吹小ー發吹大ーー卽笳)。

【算】(산) 旱 サン、かず、かぞえる count ㄙㄨㄢˋ suan⁴
小篆 草書 ❶셈놓을산(計數)。❷산술산、줏가지산(籌也)。❸(『筭』과 같음)

【箕】(기) 支 キ、み、ちりとり winnow ㄑㄧ ch'i¹
小篆 古文 古文 古文 籀文 草書 ❶별이름기(南ー、宿名)。【詩經】維南有ー不可以揚。❷키기(ー簸、去糠具)。❸바람의신기(風師名、ー伯)。【張衡 思玄賦】屬ー伯以函風兮。❹걸어앉을기(坐展足狀)。

❷ 箕 (農政全書)

【箙】(복) 屋 フク、えびら quiver
小篆 草書 전동복(盛矢器)。【周禮】仲秋獻矢ー。

矢箙(禮器圖)

【箚】(차) 洽 サツ、もうす message ㄓㄚˊ cha² (古音「잡」)
草書 ❶차자차、전갈할차(牋ー、用以奏事、非表非狀謂ー子)。❷기록할차(記錄)。

【箘】(균) 軫 キン、しのだけ bamboo ㄐㄩㄣˋ chün⁴
小篆 草書 ❶살대균(美竹箭材)。【書】惟ー簬楛。❷균계나무균(ー桂、木名)。【楚辭】雜申椒與ー桂。❸죽순균(笋也)。

【箜】(공) 東 コウ、ク、くだらごと ancient lute ㄎㄨㄥ k'ung¹
草書 공후공、거문고공(ー篌、樂器琵類)。【古詩】十五彈ー篌。

【箝】(겸) 鹽 ケン、はさむ tweezers ㄑㄧㄢˊ ch'ien²
小篆 草書 ❶재갈겸、족집개겸(鐵鑷籋)。【漢書】ー語燒書。❷목잠글겸(鎖項)。

【⿱竹念】(념) 豔 デン、ネン、ふなづな rope
草書 배끄는줄념(挽舟索、一名、百丈)。【白樂天詩】苒弱竹篾ー。

【箠】(추) 紙 スイ、むち whip ㄔㄨㄟˊ ch'uie²
小篆 草書 ❶채찍추(馬策)。❷볼기채추(笞刑)。【漢書 刑法志】定ー令當笞者笞臀。

【管】(관) 旱 カン、くだ、ふえ tube; flute ㄍㄨㄢˇ kuan³
小篆 草書 ❶쌍피리관(樂器如篪六孔)。❷주관할관(主當)。❸붓대관(筆彄)。❹고동관(樞要)。❺열쇠관(ー鍵)。❻살대구멍관(小見管窺)。❼대통관(截竹)。

❶ 管 (禮器圖)

【箣】(책)『策』(竹部 6畫)과 같음

九畫

【箬】(약) 藥 ジャク、たけのかわ bamboo sheath ㄖㄨㄛˋ io⁴
小篆 草書 대껍질약(竹皮)。(『篛』과 같음)

【箭】(전) 霰 セン、ゼン、やだけ、や arrow ㄐㄧㄢˋ chien⁴
小篆 草書 ❶살전(矢也)。【周禮】東南曰揚州其利金錫竹ー。❷약이름전(藥名赤ー)。

射侯箭(大淸會典圖)

透甲錐箭(武備志)

【箯】(편) 先 ベン、たけごし bamboo sedan ㄅㄧㄢ pien¹
小篆 草書 ❶대남여편(竹輿)。【史記 張耳陳餘傳】ー輿前。❷들것편(ー畢、土器)。

【箱】(상) 陽 ソウ、ショウ、はこ box; chest ㄒㄧㄤ hsiang¹
小篆 草書 ❶상자상(篋也、ー子)。❷수레곳간상(車服)。❸곳집상(廩也)。【詩經 小雅 甫田】求萬斯ー。

【⿱竹堇】(근) 軫 キン、たけのな white-sheathed bamboo
껍질흰대근(皮白竹)。

【箼】(엽) 葉 ヨウ、たけのふだ piece of bamboo
小篆 대쪽엽(竹簡)。

【箮】(훤) 元 ケン、たけのはな flower of a bamboo
대꽃훤(竹花)。

【箴】(잠) 侵 シン、はり needle ㄓㄣ chen¹ (古音「침」)
小篆 草書 ❶경계할잠(規戒諫誨辭)。【左傳】工誦ー諫。❷바늘잠(綴衣)。【禮記】紉ー請補綴。❸돌침잠(石刺病)。

【箵】(성) 梗 靑 セイ、こかご small basket
❶작은농성(小籠)。❷수레뚜껑성(車笭)。❸종다래끼성(笭ー、魚具)。

【箶】(호) 虞 コ、やつつ quiver
草書 전동호(ー簏、箭筒)。

【⿱竹是】㊀(시) 支 ㊁(이) 支 ㊂(제) 齊 シ、イ、たかむしろ panpipe
小篆 ㊀생황시(笙簧)。㊁책상이(几也)。㊂대그릇제(竹器)。

【箸】(저) 御 チョ、はし chopstick ㄓㄨˋ chu⁴
小篆 草書 젓가락저(匙ー、飯具)。【禮記】飯黍毋以ー。(『筯』와 같음)

【箷】(시) 支 シ、ころもかけ clothes-rack 옷걸이시、횃대시(衣架)。【爾雅】竿謂之ー。

【簁】(솨) 哿 サ、むしろ mat ❶돗솨(席也)。❷고을이름솨(縣名、ー人)。

【箹】㊀(요) 效 ヤク、こぶえ ㊁(약) 覺 small flute 小篆 ㊀대마디요(竹節)。㊁작은피리약(小籥)。

【䈜】(침) 沁 シン、すみさし inking-line ❶먹자침(工人墨尺)。❷붓에먹찍을침(墨漬筆)。

【簨】(순)『簨』(竹部12畫)과 같음

【箽】(동) 董 トウ、たけ root of bamboo ❶대그릇동(竹器)。❷대뿌리동(竹根)。

【箾】㊀(소) 蕭 ショウ、サク、ふえ ㊁(삭) 覺 kind of a flute ㄕㄨㄛ shuo4 小篆 草書 ㊀상소소(象ー、舞者所執)。【左傳】季子觀樂見舞象ー南籥者曰美哉猶有憾。『簫』와 같음。㊁춤가락삭(桓ー舞曲)。【荀子】武酌桓ー簡象。

【節】(절) 屑 セツ、ふし joint; chapter ㄐㄧㄝ chieh2 小篆 草書 ❶절개절(操也)。【古詩焦仲卿妻】君既爲府吏守ー情不移。❷절제할절(檢制)。【易經】君子以愼言語ー飮食。❸인절절(所以示信制符ー)。【周禮】以王命往來必有ー。❹때절(時ー)。❺마디절(竹ー)。❻풍류가락절(樂ー)。【爾雅釋樂疏】樂和則應ー。❼기절(ー旄)。【史記】衣服旌旄ー旗皆黑。❽우뚝할절(高峻貌)。❾뼈마디절(骨ー)。❿구절절(句ー、文之一段)。⓫예절절(禮ー)。⓬악기이름절(樂器名)。

節 ⑫ (大淸會典圖)

節 ⑧ (大淸會典圖)

【䈘】(자) 支 シ、ジ、たけ bamboo ❶자대자(竹名)。❷대가성할자(竹盛)。

【箈】(태) 灰 タイ、たけのこ bamboo shoot 小篆 죽순태(竹萌)。

【篁】(황) 陽 コウ、たかむら clump of bamboos ㄏㄨㄤ huang2 小篆 草書 ❶대수풀황、대떨기황(竹叢)。【楚辭】余處幽ー兮終不見天。❷대밭황(竹田)。【史記】蒯丘之植植於汶ー。

【䈛】(쾌) 灰 卦 カイ、たけのこ bamboo-shoot ❶죽순쾌(竹萌)。❷살대쾌(矢竹)。

【範】(범) 豏 ハン、のり pattern; law ㄈㄢ fan4 小篆 草書 ❶법범(法式)。❷골범、본보기범(模也)。【易繫辭】ー圍天地之化而不過。❸떳떳할범(常也)。

【䈂】(작) 藥 シャク、こめとぎざる bamboo ladle 조리작(淅米具)。

【篅】(천) 先 セン、たけのこめくら bamboo basket 小篆 대둥구미천(竹器盛穀圓囤)。【說文】ー、以判竹、圜以盛穀者、从竹耑聲。

篅 (三才圖會)

【篆】(전) 銑 テン、かきかた a form of Chinese writing ㄓㄨㄢ chuan4 小篆 草書 ❶전자전(書也)。【法書攷】大ー者周史籀所作小ー者秦李斯所作。❷하전수레전(夏ー、轂約)。【周禮】孤乘夏ー。❸쇠북띠전(鐘帶)。

【篇】(편) 先 ヘン、ふみ book; edit ㄆㄧㄢ p'ien1 小篆 草書 ❶책편(簡成章)。【漢書】詔賢良咸以書對著於ー。❷편차할편(編次)。【大學章句】於今可見古人爲學次第者獨賴此ー之存。❸글편(ー章)。

【篊】(홍) 東 送 コウ、やな fish-trap ㄏㄨㄥ hung2 草書 통발홍(取魚具)。【酉陽雜俎】錢塘人作ー年取魚億計號萬匠ー。

【節】(추) 屑 セツ、ものをたつおと sound of cutting 물건끊는소리추(斷聲)。

【篋】(협) 葉 キョウ、かご、はこ basket; box ㄑㄧㄝ ch'ieh4 (古音「겹」) 小篆 草書 행담협、상자협(箱ー、大曰箱狹而長曰ー)。【禮記】入學鼓ー孫其業也。

篋 (名物圖)

【篍】㊀(초) 蕭 シュウ、ふえ ㊁(추) 尤 bamboo clarinet ❶역군의통소초(吹籥所以勸役)。【急就篇】箛ー起居課後先。㊁대통소추(竹籥)。

【篌】(후) 尤 コウ、グ、ごと ancient lute ㄏㄡ hou2 草書 공후후(箜ー、絃樂)。【唐詩】下簾彈箜ー。

十畫

【築】(축) 屋 チク、きずく build ㄓㄨ chu2 小篆 草書 ❶다질축(擣也)。❷쌓을축(積重)。

【篔】(운) 文 ウン、おおだけ long-jointed bamboo ㄩㄣ yün2 草書 왕대운(ー簹、大竹)。【竹譜】ー簹竹最大薄肌而長節。

【篗】(확) 藥 ワク、いとわく reel

草書 자새확、얼레확(卷絲器)。(『籆』과 같음)

【篕】 ㊀(합) 合 ㊁(개) 泰 コウ、ケイ、たけむしろ split-bamboo mat
㊀대자리합(竹席)。㊁뜻은 ㊀과 같음。

【篎】(묘) 篠 ビョウ、こぶえ small flute
작은저묘、세피리묘(小笛)。

【篖】(당) 陽 トウ、たかむしろ bamboo cushion
대자리당(竹席、笇ㅡ)。

【篘】(추) 尤 シュウ、さけこし barrel
草書 용수추(籠漉取酒)。

【篗】(추) 尤 シュウ、こしざる bamboo instrument
용수추(篘也)。(『篘』와 같음)

【⿱竹袁】(원) 元 エン、いとまき reel
얼레원、자새원(絡絲籆)。(『棬』과 같음)

【⿱竹旅】(려) 語 リョ、めしばち basket
밥소쿠리려(盛飯器、筥也)。

【篙】(고) 豪 コウ、さお bamboo pole ㄍㄠ kao¹
小篆 草書 삿대고(進船竿)。

【篛】(약) 藥 ジャク、たけのこ bamboo shoot
草書 ❶죽순약(筍也)。【謝靈運賦】摘ㅡ于谷。❷대껍질약(竹皮)。(『箬』과 같음)

【篚】(비) 尾 ヒ、かご round wicker basket ㄈㄟˇ fei³
小篆 草書 광주리비(竹器、方曰筐圓曰ㅡ)。【書經】厥ㅡ織文。

篚 (禮器圖)

【⿱竹扇】(선) 霰 セン、おうぎ fan
부채선(箑也)。

【篝】(구) 尤 コウ、ふせご basket ㄍㄡ kou¹
小篆 草書 ❶배롱구、불덮개구(覆火籠)。❷부담롱구(負物笭)。【史記 滑稽傳】甌窶滿ㅡ。

【⿱竹屐】(격) 陌 ケキ、たけのくつ bamboo shoe
대신격(竹履)。

【篠】(소) 篠 ジョウ、ささ reed ㄒㄧㄠˇ hsiao³
草書 가는대소(細竹)。【書經】ㅡ簜既敷。

【篡】(찬) 諫 サン、うばう usurp ㄘㄨㄢˋ ts'uan⁴
小篆 草書 빼앗을찬(逆奪)。【孟子】是ㅡ也非天與也。

【⿱竹絇】(구) 遇 ク、はたおりのきぐ reed of a loom
바디구(筬也、織具)。

【篣】(방) 陽 ホウ、ボウ、み、ふるい winnow
❶키방(箕屬)。❷볼기칠방(笞擊)。【後漢書】加ㅡ二百。

【⿱竹剡】㊀(잠) 覃 ㊁(담) 覃 ザン、タン、うまぐし brush
小篆 ㊀말털긁을잠(搔馬)。㊁말글겅이담、말솔담(刷馬箟)。

【篤】(독) 沃 トク、あつい warm-hearted
小篆 草書 ❶도타울독(厚也)。❷굳을독(固也)。❸순전할독(純也)。【中庸】行之不ㅡ弗措也。❹병이위독할독(疾甚)。【史記】應侯遂病稱ㅡ。❺말걸음느릴독(馬行頓遲)。

【⿱竹般】(반) 寒 ハン、うえ fish-trap
❶통발반(捕魚具)。❷반전대반(ㅡ錢、竹名)。

【⿱竹差】㊀(차) 馬 ㊁(자) 歌 サ、ふえ bamboo clarinet
㊀❶통소차(洞簫、篸ㅡ)。【楚辭】吹參差兮誰思。❷대퍼질차(竹貌、篸ㅡ)。❸광주리차(筥屬)。㊁숯동구미자(炭籠)。

㊁ ⿱竹差 (農政全書)

【篥】(률) 質 リツ、リチ、たけ bamboo ㄌㄧˋ li⁴
草書 ❶쨍쨍한대률(勁竹)。【吳錄】日南有ㅡ竹勁利削爲矛。❷풍류이름률(蕃樂觱ㅡ)。

【篦】(비) 齊 ヘイ、くし comb ㄅㄧˋ pi⁴
小篆 草書 ❶비치개비(釵ㅡ齊毛)。❷대그릇비(竹器)。❸참빗비(髮具密櫛)。❹통체비(簀筌)。

【⿱竹捎】(소) 肴 ソウ、ささら large spoon
小篆 주걱소(飯臿)。

【篨】(저) 魚 チョ、たけむしろ split-bamboo ㄔㄨˊ ch'u²
小篆 草書 ❶대자리저(籧ㅡ、竹席)。❷천상바라기저(醜疾名)。【詩】籧ㅡ不鮮。

【篧】(착) 覺 サイ、さかなとりかご weir ㄓㄨㄛˊ chuo²
가리착、고기잡는발착(捕魚籠)。

【篩】(사) 支 シ、ふるい sieve ㄕㄞ shai¹
草書 ❶왕대사(大竹)。❷체사(竹器去麤取細)。【漢書 賈山傳】ㅡ土築阿房宮。

篩 (農政全書)

【篭】(롱)『籠』(16畫 竹部)과 같음

【簑】(사)『蓑』(10畫 艸部)의 俗字

十一畫

【箎】(지) 支 チ、ふえ flute ㄔˊ ch'ih²

草書 저지(壎ㅣ、橫吹管樂)。【詩經小雅何人斯】伯氏吹壎 仲氏吹ㅣ。

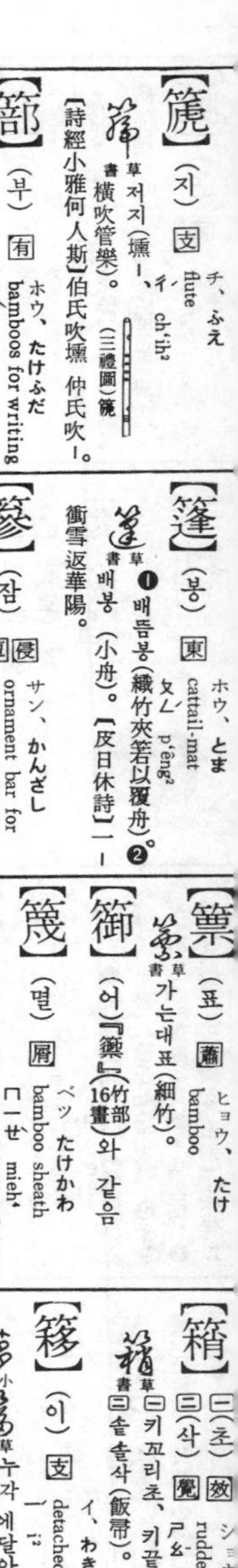
(三禮圖)箎

【篰】(부) 有 ホウ、たけふだ bamboos for writing ㄅㄨˋ pu⁴

小篆 대의 서판부(竹牘)。

【篱】(리) 支 リ、ざる bamboo ladle ㄌㄧˊ li²

대조리리(竹器、笊ㅣ)。

【篲】㊀(수) 霽 ㊁(세) 寘 スイ、セイ、ほうき bamboo broom ㄏㄨㄟˋ huei⁴

草書 ㊀대비수(竹帚)。(『彗』와 같음) ㊁꼬리별세、혜성세(星孛)。

【篳】(필) 質 ヒツ、ヒチ、まがき bamboo gate ㄅㄧˋ pi⁴

小篆 草書 ❶대사립문필(篳落柴門)。【禮記】ㅣ門圭窬。❷나무실은 수레필(ㅣ路柴車)。【左傳】ㅣ路藍縷以啓山林。

【⿱竹斛】(곡) 屋 コク、おおきいはこ large case

큰상자곡(大箱)。

【篴】(적) 錫 テキ、ふえ flute

草書 ❶피리적、저적(樂管七孔篴)。❷날라리적(羌ㅣ、三孔)。【風俗通】武帝時丘仲作ㅣ。

(禮器圖)❶篴

【篷】(봉) 東 ホウ、とま cattail-mat ㄆㄥˊ p'êng²

草書 ❶배뜸봉(織竹夾箬以覆舟)。❷배봉(小舟)。【皮日休詩】ㅡㅣ衝雪返華陽。

【篸】(잠) 覃 侵 サン、かんざし ornament bar for the hair

小篆 草書 ❶비녀잠(首笄)。【韓愈詩】山爲碧玉ㅣ。❷바늘잠(針也)。(『簪』과 같음)

【篹】㊀(찬) 潸 ㊁(산) 旱 ㊂(전) 霰 サン、たけかご bamboo basket ㄙㄨㄢˇ suan³

草書 ㊀빼앗을찬(逆奪)。(『簒』과 같음) ㊁대소쿠리산(竹筥、雕ㅣ)。㊂❶지을전(述也)。【漢書】書之起遠矣至孔子ㅣ焉。❷반찬전(具食)。【漢書】爲文母ㅣ食堂。(『饌·撰』과 通함)

【⿱竹捭】㊀(패) 蟹 ㊁(비) 支 ハイ、いかだ raft

草書 ㊀뗏목패(筏也)。【揚雄】附謂之ㅣ、ㅣ謂之筏。㊁뜻은 ㊀과같음。

【⿱竹渒】(패) 佳 ハイ、いかだ raft

큰떼패(大桴)。

【篼】(두) 尤 トウ、たけこし bamboo sedan

小篆 草書 ❶대남여두(竹輿ㅣ子)。❷말구유두(飮馬器)。

【篻】(표) 蕭 ヒョウ、たけ bamboo

草書 가는대표(細竹)。

【篽】(어)『籞』(16畫 竹部)와 같음

【篾】(멸) 屑 ベツ、たけかわ bamboo sheath ㄇㄧㄝˋ mieh⁴

草書 ❶대껍질멸(竹皮)。【書經】敷重ㅣ席。❷대이름멸(桃枝竹名)。

【簚】(멸)『篾』(前條)과 같음

【篿】㊀(전) 先 ㊁(단) 寒 セン、タン、たけかご wicker-trunk

小篆 ㊀점대전(折竹卜占、筳ㅣ)。【楚辭】索瓊茅以筳ㅣ。㊁고리짝단、둥근대그릇단(圓竹器)。

【簀】(책) 陌 サク、すのこ bamboo bed-mat ㄗㄜˊ tsê²

小篆 草書 ❶살평상책(牀棧)。【禮記】華而睆大夫之ㅣ歟。❷쌓일책(積聚)。【詩經】綠竹如ㅣ。❸살자리책(簟也)。

【簁】(사) 佳 シ、ふるい sieve

小篆 체사(竹器有孔除麤取細)。(『篩』와 같음)

【簂】(궤) 隊 カイ、かみかざり ornament of hair

草書 첩지궤、머리치레궤(婦人首飾)。

【⿱竹堇】(근) 文 キン、たけのな white sheathed bamboo

껍질흰대근(皮白竹)。

【⿱竹稍】㊀(초) 效 ㊁(삭) 覺 ショウ、サク、かじ rudder ㄕㄠ shao¹

草書 ㊀키꼬리초、키끝초(船舵尾)。㊁솥솔삭(飯帚)。

【簃】(이) 支 イ、わきべや detached building ㄧˊ i²

小篆 草書 누각 에달아지은작은집이(樓邊小屋)。

【⿱竹巢】(조) 肴 ソウ、ふえ reed instrument

큰생황조(大笙十九簧)。

【簇】㊀(족) 屋 ㊁(주) 宥 ソク、たけ、あつまり gather ㄘㄨˋ ts'u⁴

草書 ㊀❶가는대족(小竹)。❷모을족(聚也)。㊁뜻은 ㊀과 같음。

【簆】(구) 宥 コウ、おさ reed of a loom

바디구(筬也、織具)。

【⿱竹淡】(담) 勘 タン、たけ bamboo

❶단대담(甘竹)。❷큰대담(大竹)。

【簉】(추) 宥 シュウ、そえ next; second ㄔㄡˋ ch'ou⁴

草書 ❶버금추(倅也副也)。【左傳】僖子使助薳氏之ㅣ。❷가지런히날추(齊飛)。【唐書】ㅣ羽鵷鷺。

【⿱竹累】(류) 紙 ルイ、もっこ carrier's basket

❶삼태기류(盛土籠)。❷법류(法網)。

【⿱竹將】(장) 養 ショウ、たけふだ the piece of bamboo

小篆 마디두고짜갠대장(有節剖)。

【簌】(속) 屋 ソク、ふるい sieve ㄙㄨˋ su⁴
草書 ❶체속(篩也)。❷더부룩할속(茂密貌)。【元稹詩】風動落花紅ㅣㅣ。

【簋】(궤) 紙 キ、たけかご square basket of bamboo ㄍㄨㄟˇ kuei³
小篆 古文 古文 古文 草書 보궤궤、대제기궤(簠ㅣ、盛黍稷器)。【詩經】於我乎每食四ㅣ。

(圖器禮) 簋

【簍】(루) 尤 ロウ、かご bamboo basket ㄌㄡˇ lou³
小篆 草書 대롱루、대상자루(竹籠)。【急就篇註】ㅣ者疏目之籠言其孔樓樓然。

【簎】(착) 覺 セキ、やす、ひし bamboo harpoon
小篆 草書 대작살착(刺魚籠)。【周禮】籠人以時 ㅣ魚鼈龜蜃凡貍物。

【簏】(록) 屋 ロク、はこ book-case ㄌㄨˋ lu⁴
小篆 或體 草書 책상자록(書ㅣ竹篋)。【晋書】劉柳謂傳廸曰卿讀書而無所解可謂書ㅣ。

【簉】(도) 週 ト、たな shelf
시렁도(架也)。

【築】(축)『築』(竹部 10畫)의 本字

【篘】(조) 嘯 チョウ、つりざお fishing rod
낚싯대조(釣竹)。

十二畫

【簙】(박) 藥 ハク、すごろく die
小篆 草書 주사위박(局戲六ㅣ)。

【簚】(멱) 錫 ベキ、おおい cover
草書 ❶흰개가죽멱(白狗皮、素ㅣ)。❷수레덮개멱(車覆)。

【簠】(고) 虞 コ、かどだつ(或音「호」) angular
❶대쪽고(竹簡)。❷모질고(稜也)。(『觚』와 通함) 【文賦】或操ㅣ而率爾。

【簛】(시) 支 シ、ふるい sieve
❶체시(篩也)。❷대마디시(竹節)。

【簜】(탕) 養 トウ、おおだけ long-jointed bamboo ㄉㄤˋ tang⁴
小篆 草書 왕대탕(闊節大竹)。【書經】篠ㅣ既敷。

【簝】㈠(료) 蕭 ㈡(로) 豪 リョウ、ロウ、たけうつわ bamboo-ware ㄌㄧㄠˊ liao²
小篆 草書 ㈠종묘에고기담는대제기료(宗廟盛肉竹器)。㈡뜻은 ㈠과같음。

(圖器禮) 簝

【簓】(미) 寘 ビ、たけのこ shoot
겨울에나는죽순미(冬生筍)。

【簞】(단) 寒 タン、ひさご bamboo basket ㄉㄢ tan¹
小篆 草書 소쿠리단(小筐筒也)。【論語】ㅣ食。

(圖物名) 簞

【簟】(점) 琰 テン、むしろ reed-mat ㄉㄧㄢˋ tien⁴
小篆 草書 ❶삿자리점(竹席)。【詩經】下莞上ㅣ 乃安斯寢。❷대이름점(竹名)。

【篷】(공) 多 コウ、とま cattail mat
❶수레덮는대뜸공(車篷ㅣ籠)。❷농공(籠也)。

【簠】(보) 麌 ホ、フ、たけかご square basket of bamboo ㄈㄨˇ fu³
小篆 古文 草書 보궤보(ㅣ簋、盛黍稷器)。【詩傳】外方內圓曰ㅣ容一斗二升。

【簡】(간)『簡』(次條)과 같음

【簡】(간) 潸 カン、ふだ、はぶく letter; abridge ㄐㄧㄢˇ chien³
小篆 ❶편지간(札也)。【詩經】畏此ㅣ書。❷홀간(手板)。❸구할간(求也)。【書經】夏廸ㅣ在王庭。❹가릴간(選也)。【禮記 王制】ㅣ不肖以細惡。❺분별할간(分別)。【禮記】ㅣ其車賦。❻점고할간(閱也)。【周禮】大田之禮ㅣ衆也。❼종요로울간(要也)。❽간략할간(略也)。【易繫辭】坤以ㅣ能。❾클간(ㅣㅣ大也)。【書經】臨下以ㅣ。❿쉬울간(易也)。【詩】降福ㅣㅣ。⓫정성간(誠也)。⓬간할간(諫也)。⓭만홀할간(慢忽)。

【篾】(민) 軫 ビン、なかからたけ empty
대속빌민(竹中空)。

【簣】(궤) 未 キ、もつこ carrier's basket ㄎㄨㄟˋ k'uei⁴
草書 삼태기궤(盛土器)。【書經】爲山九仞功虧一ㅣ。

【簥】(교) 蕭 キョウ、おおぶえ flute
큰저교(大管)。

【簦】(등) 蒸 トウ、かさ umbrella ㄉㄥ têng¹
小篆 草書 우산등(禦雨長柄笠)。【越謠歌】君擔ㅣ我跨馬他日相逢爲君下。

【篰】(보) 麌 ホ、フ、すだれ bamboo-blind
❶발보(簾也)。❷대그릇보(竹器)。

【簧】(황) 陽 コウ、ふえのした reed-organ ㄏㄨㄤˊ huang²
小篆 草書 ❶생황황(笙ㅣ、女媧樂)。❷공교로히하는말황(ㅣ鼓、巧言)。【詩經 小雅巧言】巧言如ㅣ。

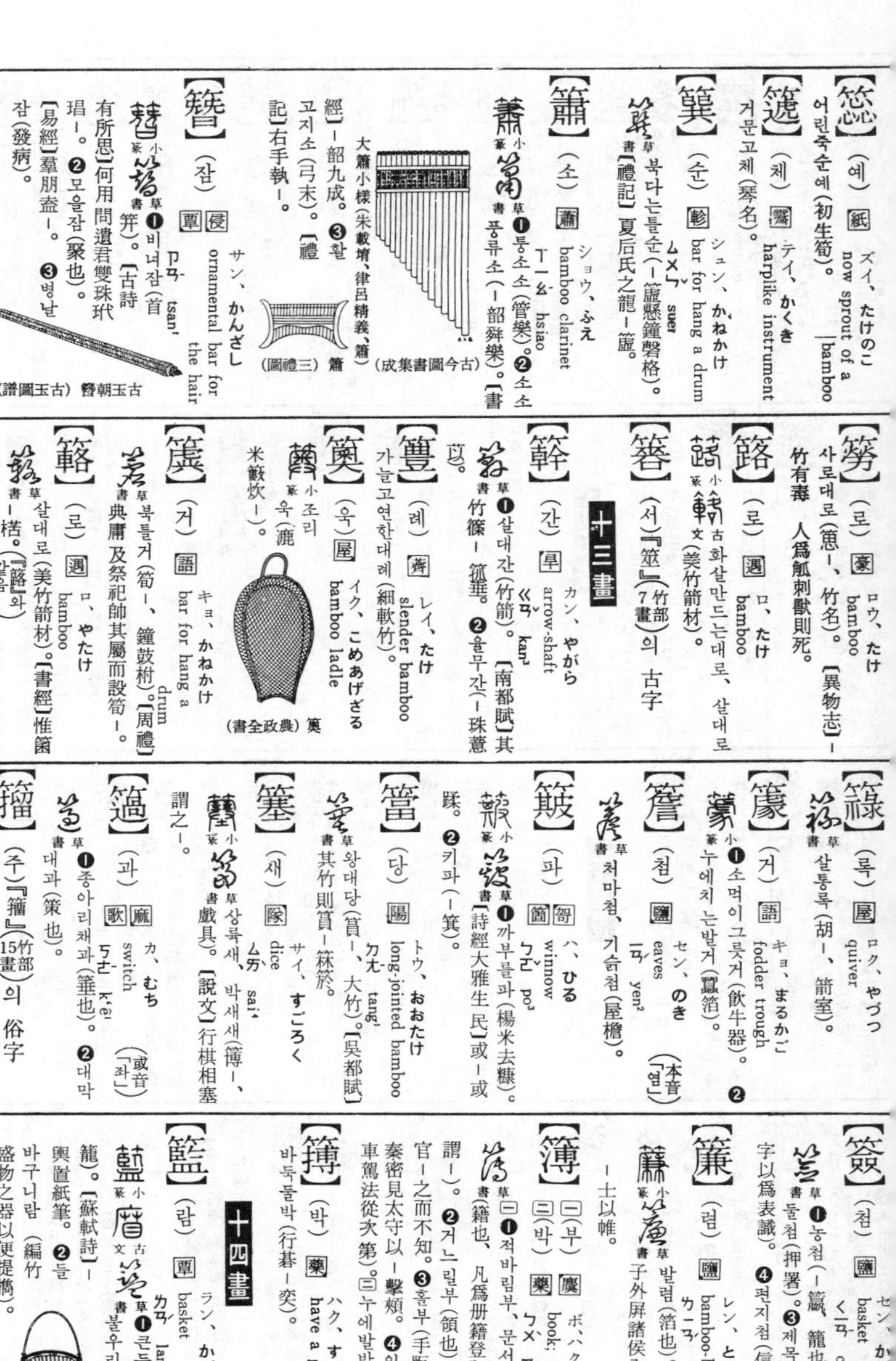

【箹】(예) 紙 ズイ、たけのこ now sprout of a bamboo
어린죽순예(初生筍)。

【篪】(제) 霽 テイ、かくき harplike instrument
거문고제(琴名)。

【簨】(순) 軫 シュン、かねかけ bar for hang a drum ㄙㄨㄣˇ suer
(草書) 북다는틀순(一簴懸鐘磬格)。【禮記】夏后氏之龍一簴。

【簫】(소) 蕭 ショウ、ふえ bamboo clarinet ㄒㄧㄠ hsiao
(小篆)(草書) ❶퉁소소(管樂)。❷소소풍류소(一部舜樂)。【書經】一韶九成。❸활고지소(弓末)。【禮記】右手執一。

大簫小様(朱載堉、律呂精義、簫) (古今圖書集成)

簫 (三禮圖)

【簪】(잠) 侵 覃 サン、かんざし ornamental bar for the hair ㄗㄢ tsan¹
(小篆)(草書) ❶비녀잠(首笄)。【古詩】有所思】何用問遺君雙珠玳瑁一。❷모을잠(聚也)。【易經】羣朋盍一。❸병날잠(發病)。

古玉朝簪 (古玉圖譜)

【簩】(로) 豪 ロウ、たけ bamboo
사로대로(箟一、竹名)。【異物志】一竹有毒 人爲觚刺獸則死。

【簬】(로) 遇 ロ、たけ bamboo
(小篆)(古文) 화살만드는대로、살대로(美竹箭材)。

【簭】(서)『筮』(竹部7畫)의 古字

十三畫

【簳】(간) 旱 カン、やがら arrow-shaft ㄍㄢˇ kan³
(草書) ❶살대간(竹箭)。【南都賦】其竹篠一箛筆。❷율무간(一珠薏苡)。

【䉒】(례) 薺 レイ、たけ slender bamboo
가늘고연한대례(細軟竹)。

【籅】(욱) 屋 イク、こめあげざる bamboo ladle
(小篆) 조리욱(漉米籔炊一)。

籅 (農政全書)

【簴】(거) 語 キョ、かねかけ bar for hang a drum
(草書) 북틀거(筍一、鐘鼓柎)。【周禮】典庸及祭祀帥其屬而設筍一。

【簵】(로) 遇 ロ、やたけ bamboo
(草書) 살대로(美竹箭材)。【書經】惟箘一楛。(『簬』와 같음)

【簶】(록) 屋 ロク、やづつ quiver
(草書) 살통록(胡一、箭室)。

【籧】(거) 語 キョ、まるかご fodder trough
(小篆) ❶소먹이그릇거(飲牛器)。❷누에치는발거(蠶箔)。

【簷】(첨) 鹽 セン、のき eaves ㄧㄢˊ yen² (本音「염」)
(草書) 처마첨、기슭첨(屋檐)。

【簸】(파) 哿 箇 ハ、ひる winnow ㄅㄛˇ po³
(小篆)(草書) ❶까부를파(揚米去糠)。【詩經大雅生民】或一或蹂。❷키파(一箕)。

【簹】(당) 陽 トウ、おおたけ long-jointed bamboo ㄉㄤ tang¹
(草書) 왕대당(篔一、大竹)。【吳都賦】其竹則篔一林於。

【簺】(새) 隊 サイ、すごろく dice ㄙㄞˋ sai⁴
(小篆)(草書) 상륙새、박새새(簙一、戲具)。【說文】行棋相塞謂之一。

【簻】(과) 麻 歌 カ、むち switch ㄎㄜ k'ê¹ (或音「좌」)
(草書) ❶종아리채과(箠也)。❷대마대과(策也)。

【籀】(주)『籒』(竹部15畫)의 俗字

【簽】(첨) 鹽 セン、かご basket ㄑㄧㄢ ch'ien¹
(草書) ❶농첨(一籯、籠也)。❷이름둘첨(押署)。❸제목첨(一書、文字以爲表識)。❹편지첨(信書)。

【簾】(렴) 鹽 レン、とばり bamboo-blind ㄌㄧㄢˊ lien²
(小篆)(草書) 발렴(箔也)。【禮緯】天子外屛諸侯內屛大夫以一士以帷。

【簿】㊀(부) 麌 ㊁(박) 藥 ボ、ハク、ちょうめん book; register ㄅㄨˋ pu⁴
(草書) ㊀❶적바림부、문서부、치부부(籍也、凡爲冊籍登記事物者皆謂一)。❷거느릴부(領也)。【荀子】五官一之而不知。❸홀부(手版)。【蜀志】秦宓見太守以一擊頰。❹의장부(鹵一車駕法從次第)。㊁누에발박(養蠶具)。

【簙】(박) 藥 ハク、すごろく have a game of 'badook'
바둑둘박(行碁一奕)。

十四畫

【籃】(람) 覃 ラン、かご basket ㄌㄢˊ lan²
(小篆)(古文)(草書) ❶큰등롱람、큰불우리람(大篝籠)。【蘇軾詩】一輿置紙筆。❷들바구니람(編竹盛物之器以便提攜)。

籃 (農政全書)

【篝】(구) 尤 コウ、かご crate
❶옷말리는배롱구(可熏衣)。❷대소쿠리구(負土籠)。

【篗】(확) 藥 カク、いとわく reel
小篆 或體 草書 자새확、얼레확(收絲器)。(『籆』과 같음)

【簁】(서) 御 ショ、ざる sieve
성긴체서(疏篩)。

【篵】(총) 董 ソウ、はしづつ container of spoons and chopsticks
젓가락통총(箸筒)。

【篅】(단) 寒 タン、たけ small bamboo
❶작은대단(小竹)。❷대이름단(竹名)。

【籈】(진) 眞 シン、ささら drumstick ㄓㄣ chen¹
草書 진풍류진(樂具所以鼓敵者)。
(禮器圖) 籈

【籉】(대) 灰 ダイ、かさ bamboo-hat ㄊㄞ t'ai²
草書 삿갓대(禦雨笠子)。【詩經】ㅣ笠緇撮。

【籊】(적) 錫 テキ、そげる stretch ㄊㄧ t'i⁴
草書 대죽죽올라갈적(ㅣㅣ竹貌)。【詩經】ㅣㅣ竹竿以釣于淇。

【籌】(주) 尤 チュウ、かずとり counting stick ㄔㄡ ch'ou²
小篆 草書 ❶셈대주、숫가지주(筭也)。❷셈놓을주(ㅣ畫)。❸투호살주(壺矢)。【禮記】ㅣ室中五扶堂上七扶庭中九扶。❹모략할주(ㅣ略)。【史記】運ㅣ策帷幄之中。❺제비주(籤也)。

【籋】(섭) 葉 ジョウ、ふむ step on (古音「녑」)
小篆 草書 ❶족집개섭(鉗也)。❷밟을섭(踏也)。【漢書】ㅣ浮雲晻上池。

【籍】(적) 陌 セキ、ジャク、ふみ book; list ㄐㄧ chi²
小篆 草書 ❶문서적(典ㅣ、簿書)。【左傳】昔而 高祖司晋之典ㅣ。❷와자할적(狼ㅣ)。❸호적적(圖ㅣ、戶口)。【史記】蕭何獨入丞相府收圖ㅣ。❹재재거릴적(ㅣㅣ語聲)。【漢書】國中口語ㅣㅣ。❺서적적(書ㅣ)。❻압수할적(ㅣ沒)。

十五畫

【䉦】(천) 先 セン、いなこぎ instrument for hackling rice
벼훑이천(扱稻具)。

【䉧】(류) 尤 リュウ、たけ bamboo
❶대소리류(竹聲)。❷대이름류(竹名)。

【籓】(번) 元 ハン、かき fence ㄈㄢ fan¹
小篆 ❶큰키번(大箕)。❷울타리번、바자번、울번(蔽也)。

【籐】(등) 蒸 トウ、とう wisteria ㄊㄥ t'êng²
草書 등나무등、등등(熱地生植物)。

【籑】(찬) 潸 セン、そなえもの side-dish
草書 ❶지을찬(述也)。❷반찬찬(具食)。【漢書 杜鄴傳】陳平共一飯之ㅣ。(『撰·饌』과 같음)

【籀】(주) 宥 チュウ、かきかた seal character ㄓㄡ chou⁴
小篆 草書 ❶전자주(ㅣ文、大篆)。【法書攷】文者史ㅣ所作。❷주나라태사이름주(周太史名)。

【籔】㊀(수) 麌 ス、ざる bamboo ladle ㄙㄡ sou³
㊁(수) 有
小篆 ㊀❶휘수(量名、受十六斗)。❷또아리수(寠ㅣ、薦盆)。
㊂조리수(漉米器)。
籔 (三才圖會)

十六畫

【籗】㊀(착) 覺 カク、やな weir
㊁(곽) 藥
㊀가리착(罩也。捕魚器)。㊂종다래끼곽、통발곽(捕魚籠)。

【籚】(로) 虞 ロウ、ほこのえ spear-handle
小篆 ❶창자루로(戟柄)。❷쌓인대로(積竹)。❸광주리로(筐也)。【儀禮】笄竹器而衣者其形蓋如今之筥笑ㅣ。

【籙】(록) 沃 ロク、ふみ list; chart ㄌㄨ lu⁴
草書 ❶호적록(籍也)。❷비기록(圖ㅣ)。【東京賦】高祖膺ㅣ受圖順天行誅。❸책장록(冊箱)。

【籛】(전) 先 セン ㄐㄧㄢ chien¹
草書 성전(姓也)。【神仙傳】彭祖姓ㅣ名鏗 善養性歷夏殷周年 七百六十七歲而不衰。

【籜】(탁) 藥 タク、たけのかわ bamboo sheath ㄊㄨㄛ t'uo⁴
草書 대껍질탁(竹皮)。【謝靈運詩】初篁苞綠ㅣ。

【籝】(영) 庚 エイ、かご basket
草書 ❶젓가락통영(箸筩)。❷농영(籠屬)。

【𥷾】(연) 先 エン、たけ bamboo
❶대병들연(竹病)。❷대이름연(竹名)。

【籞】(어) 語 ギョ、いけす garden ㄩ yü⁴
草書 나라동산어(池ㅣ 禁苑)、【漢書】詔池ㅣ未御幸者假與貧民。

【𥸄】(편) 銑 ヘン、たけのふた reed
갈잎피리편(蘆葉笛)。

【籟】(뢰) 泰 ライ、ふえ bamboo clarinet ㄌㄞ lai⁴
小篆 草書 ❶세구멍퉁소뢰(籥名三孔籥)。【史記】樅金鼓吹鳴ㅣ。❷소리뢰(凡孔竅幾括皆曰ㅣ)。

〔莊子〕人ㅣ則比竹地ㅣ則衆竅是已。

【籠】 ㊀(롱) 東 ロウ、かご basket
㊁(롱) 董 カメㄥˊ lung²
小篆 草書 ㊀❶농롱, 채롱롱(箱屬)。❷종대래끼롱(笭也、凡盛覆物皆曰ㅣ)。❸얽을롱(包擧ㅣ物)。〔漢書〕ㅣ貨物。❹새장롱(鳥檻)。〔莊子〕以天下爲之ㅣ則雀無所逃。❺전동롱(矢箙)。〔周禮〕田弋充ㅣ箙矢。㊁대상자롱(箱ㅣ、竹器)。〔周禮〕道野役及窆抱磨共丘ㅣ。

【䉯】 (현) 諫 ケン、かれたけ (of a bamboo)wither
대마를현(竹枯)。

十七畫

【籅】 (여) 魚 ヨ、こし bamboo sedan
草書 대남여여(竹輿)。

【籢】 (렴) 鹽 レン かたみばこ mirros box カㄧㄢˊ lien²
小篆 草書 경대렴(鏡ㅣ、鏡匣)。〔列女傳〕置鏡ㅣ中。

【籣】 (란) 寒 ラン、えびら quiver カㄢˊ lan²
小篆 草書 동개란(盛弩矢負器)。〔漢書〕韓延壽令騎士兵車抱弩負ㅣ。

【籤】 (첨) 鹽 セン、くじ lot くㄧㄢ ch'ien¹
小篆 草書 ❶찌붙일첨(幖識)。❷증험할첨(驗也)。❸서상대첨(書ㅣ)。❹점대첨(竹ㅣ、用以卜者)。❺벼슬이름첨(典ㅣ)。

【籥】 (약) 藥 ヤク、ふえ flute ㄩㄝˋ yüeh⁴
小篆 草書 피리약(管ㅣ、樂器似笛)。〔詩經〕左手執ㅣ。

【䉵】 (양) 陽 ジョウ、つつむ wrap
小篆 ❶쌀양(包也)。❷조리양(漉米竹器)。

【𥶾】 (국) 屋 キク、きわまる trial for felon
小篆 或體 草書 조사받을국(訊ㅣ、窮理罪人)。(『鞫』과 같음)

【籧】 ㊀(거) 魚 キョ、たかむしろ split-bamboo mat
㊁(거) 語 くㄩ ch'ü²
小篆 草書 ㊀❶대자리거(ㅣ篨、竹席)。❷천상바라기거(醜疾)。㊁양잠기거(養蠶器)。

十八畫

【䉭】 (렵) 葉 リョウ、たかむしろ mat made of bamboo
대자리렵(竹笪)。

【䉮】 (잡) 合 ソウ、すだれ bamboo blind
발잡(簾也)。

【䉶】 (쌍) 江 ソウ、ほ sail ㄕㄨㄤ shuang¹
❶돛쌍(帆也)。❷용수쌍(酒篘)。

十九畫

【籩】 (변) 先 ヘン、たかつき vessels used in religious service ㄅㄧㄢ pien¹
小篆 籀文 草書 변두변, 대제기변(ㅣ豆、祭祀燕享器)。〔詩經〕ㅣ豆有踐。

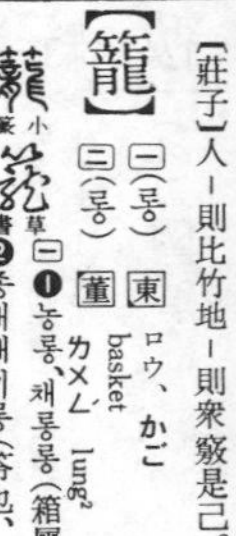
籩 (名物圖)

【籫】 (찬) 旱 サン、たけきぐ bamboo vessels
小篆 대그릇찬(竹器)。

【籬】 (리) 支 リ、まがき bamboo fence カㄧˊ li²
草書 ❶울타리리, 울리(藩ㅣ)。❷조리리(笊ㅣ、竹杓)。(『欐』와 같음)

【籭】 (사) 佳 シ、ふるい sieve
小篆 체사(竹器有孔除麤取細)。(『篩』와 같음)

(三才圖會) 籭

【籮】 (라) 歌 ラ、み bamboo basket カㄨㄛˊ luo²
草書 ❶키라(箕也)。❷광주리라(筐也)。

❷ 籮 (農政全書)

二十畫

【籯】 (영) 庚 エイ、かご bamboo vessel ㄧㄥˊ ying²
小篆 草書 상자영(竹器箱屬)。〔漢書〕遺子黃金滿ㅣ不如教子一經。

【籰】 (확) 藥 ワク、いとわく reel ㄩㄝˋ yüeh⁴
草書 자새확, 얼레확(收絲器)。(『籆』과 같음)

【𥸭】 (엄) 鹽 ゲン、ふせぐ defend
小篆 ❶무집게엄(射雉翳)。❷막을엄(禦也)。

【䉪】 (롱) 東 ロウ、かご basket
❶광주리롱(筐也)。❷상자롱(箱也)。

二十四畫

【籗】 ㊀(착) 覺 タク、さかなとりかご
㊁(곽) 藥 fishweir
小篆 或體 ㊀가리착(捕魚具)。㊁종다래끼곽, 통발곽(捕魚籠)。

【𥸾】 (잠) 感 サン、つづる bind
❶맺을잠(綴也)。❷가손할잠(緝也)。❸『簪』과 같음。

二十六畫

【籲】 ㊀(유) 遇 ユ、ヤク、よぶ
㊁(약) 藥 call
小篆 草書 ㊀❶부르짖을유(呼也)。〔書經〕ㅣ俊尊上帝。❷화할유(和也)。㊁뜻은 ㊀과 같음。

米 部

【米】(미) 齊 ベイ、マイ、こめ、よね rice ㄇㄧˇ mi³ 小篆 草書 ❶쌀미、낟알미(穀實精鑿)。❷〔新字〕미터(metre. 佛國 基本度名、我度三尺三寸三分)。(『粎』와 통함)

二 畫

【籵】(십)〔新字〕デカメートル 데카미터(decametre. 佛國度名、米十倍)。草書

【籴】㊀(적) 錫 ソウ、まぜる mingle; mix ㄗㄚˊ tsa² ㊁(잡) 合 ㊀곡식을살적(買穀)。(『糴』과 같음) ㊁섞일잡、잡될잡(不一)。〔莊子〕鳩—天下之用。

三 畫

【籸】(신) 眞 シン、こなのかす pudding ㄕㄣ shen¹ ❶녹말신(粉滓)。❷범벅신(粥凝)。

【⿰米工】(홍) 東 コウ、あかごめ old year's rice 小篆 묵은쌀홍(陳臭米)。〔漢書〕太倉之粟紅腐。

【籹】(여) 語 ジョ、おこし cake ㄖㄨˇ ju³ 小篆 草書 중배끼여(粔—、蜜餌即環餅)。〔楚辭註〕註以蜜和麪煎作粔—。

【籺】(흘) 月 ケツ、こごめ rice powder ㄏㄜˊ hsi² ❶쌀가루흘(糠—、米屑)。❷무거리흘(堅麥)。

【⿰米卩】(신) 眞 シン、こめかす crushed rice ❶쌀찌끼신(米滓)。❷싸라기신(碎米)。

【类】(류)『類』(頁部 10畫)와 같음

【籽】(자) 紙 シ、たね seeds ㄗˇ tzu³ 씨앗자(種子、—粒)。

【籾】(인)〔日字〕もみ hulled rice ❶벼인、나락인(稻也)。❷등겨인(穀皮)。

【粂】(구)〔日字〕くめ old rice 묵은쌀구(陳臭米、久米의合字)。

【粁】(천)〔新字〕キロメートル 킬로미터(kilometre. 佛國度名、米千倍)。

四 畫

【粃】(비) 紙 ヒ、しいな blasted ear ㄅㄧˇ pi³ 草書 ❶쭉정이비(—糠、不成粟)。〔書經〕若粟不有—。❷나쁜정치비(—政)。

【粊】(비) 寘 ヒ、わるいこめ bad rice 小篆 궂은쌀비(惡米)。

【粄】(판) 旱 ハン、だんご doughboy ❶싸라기떡판(屑米餅)。❷경단판(團子)。

【粆】(사) 麻 サ、さとう sugar 사탕사(沙糖)。〔字彙〕擣蔗汁熬成飴。

【粉】(분) 吻 フン、こな powder ㄈㄣˇ fen³ 小篆 草書 ❶가루분(物之碎末)。❷분바를분(—飾)。〔博物志〕燒鉛成胡—。❸회사벽 칠할분(白灰塗壁)。❹〔新字〕데시미터(decimetre. 佛國度名·米十分之一)。

【粋】(쇠) 寘 スイ、まじりけない pure ❶순전할쇠(純也)。❷정밀할쇠(精也)。

【⿰米斤】(료)『料』(斗部 6畫)와 같음

【类】(류)『類』(頁部 10畫)의 俗字

【粍】(모)〔新字〕ミリメートル 밀리미터(millimetre. 佛國度名、米千分之一)。

五 畫

【粒】(립) 緝 リュウ、つぶ grain; corn ㄌㄧˋ li⁴ 小篆 古文 草書 ❶낟알립、쌀알립(米顆)。〔孟子〕樂歲—米狼戾。❷쌀밥립(—食)。〔書經〕烝民乃—。❸알갱이립(細物、微—子)。

【粓】(감) 覃 カン、どぎしる washed water of rice 뜨물감(米汁)。

【粔】(거) 語 キョ、おこし cake ㄆㄛˋ p'o⁴ 小篆 草書 ❶중배끼거、약과거(—籹、蜜餌)。〔齊民要術〕—枚名環餅象環釧形。❷전병거(粔寒具)。

【粊】(비) 寘 ヒ、わるいこめ rice of inferior quality 小篆 궂은쌀비(惡米)。

【粕】(박) 藥 ハク、かす lees ㄐㄩˋ chü⁴ 小篆 草書 ❶지게미박(糟—、酒滓)。〔莊子〕古人之糟魄。❷깻묵박、비지박(油—)。

【冞】(미) 齊 ミ、ビ、ふかい deep ❶깊을미(深也)。❷무릅쓸미(冒也)。❸둘미(置也)。

【⿱龹乜】㊀(명) 靑 メイ、ビ、かしごめ moisten rice ㊁(미) 支 小篆 ㊀물적신쌀명(漬米)。㊁고을이름미(縣名、—冷)。

【粗】㊀(추) 虞 ソ、あらい rough; rude ㄘㄨ ts'u¹ ㊁(조) 麌 小篆 草書 ㊀❶클추(大也)。〔禮記〕其器高而—。❷추할추

(疏也)。【禮記】怒心感者其聲ㅣ以厲。❸거칠을추、무거리추(物不精)。【莊子】物之ㅣ也。㈢간략할 조(略也)。【史記 司馬相如傳】ㅣ陳其略。

【粖】(말) 曷 バツ、かゆ rice wate. 미음말、죽말(饘也、糜粥)。

【粐】(호) 虞 コ、かゆ gruel ❶죽호(粥也)。❷죽쑬호(煮米爲粥)。

【粘】(점) 鹽 ネン、テン、ねばる、つく glutinous; paste ㄓㄢ chan¹ 草書 ❶붙을점、붙일점(相著)。❷끈끈할점(飯ㅣ)。

【粝】(려)『糲』(15米部畫)의 俗字

六畫

【粞】(서) 齊 セイ、こごめ crushed rice ㄒㄧ hsi¹ 草書 싸라기서(碎米)。

【粟】(속) 沃 ゾク、あわ millet ㄙㄨ su⁴ 小篆 籀文 草書 ❶조속、좁쌀속(黍屬米有殼稱)。【書經】四百里ㅣ。❷겉곡식속(米有殼者)。

【粢】(자) 支 シ、セイ、きび barnyard grass ㄗ tzŭ¹ 草書 ❶피자(明ㅣ、稷也)。【禮記】稷曰明ㅣ。❷제메자、젯밥자(ㅣ盛、祭飯)。

【粣】(색) 陌 ソク、サク、こごめ degenerated rice ❶상한쌀색(壞米、糒ㅣ)。❷떡덩어리질색(餠相黏)。

【粤】(월) 月 エツ、ここに ㄩㄝ yüeh⁴ 小篆 草書 ❶말내킬월、어조사월(于也、於也、發端辭)。【書經】ㅣ三日丁巳。❷곰곰히생각할월(審愼之詞)。❸나라이름월(國名)。【魏徵詩】請纓繫南ㅣ。

【⿱臼米】(구) 有 キュウ、いりごめ parched rice 小篆 볶은쌀구(熬米)。

【粥】㈠(죽) 屋 シュク、イク、かゆ gruel ㈡(육) 屋 ㄩ yü⁴ 草書 ㈠❶미음죽、죽죽(糜ㅣ、饘ㅣ)。❷어리석은체할죽(卑謙貌)。【禮記】ㅣㅣ若無能也。㈡❶팔육(賣也)。【荀子】魯之ㅣ牛馬者不豫賈。❷북쪽오랑캐육(北狄葷ㅣ)。

【粦】(린)『燐』(12火部畫)과 같음

【粧】(장) 陽 ソウ、ショウ、よそおい embellish ㄓㄨㄤ chuang¹ 草書 단장할장(粉飾)。

【粨】(백)〔新字〕ヘクトミートル 헥터메미터(hectometre. 佛國度名、米百倍)。

七畫

【粰】㈠(부) 尤 フ、フウ、もみがら chaffs ㈡(부) 虞 草書 ㈠된죽부(饘也)。㈡왕겨부(穀皮)。

【粮】(량) 陽 リョウ、ロウ、かて provisions 草書 양식량(糧也)。【思玄賦】瑤蕋以爲ㅣ。(『糧』과 같음)

【⿰米甫】(포) 遇 ホ、もち glutinous rice jelly 꿀떡포、엿포(餹ㅣ、餌也)。

【⿰米每】(매) 灰 バイ、こうじ malt ❶술밑매(酒本)。❷모주매(ㅣ麴、酒母)。

【⿰米㐬】(류) 尤 リュウ、おこし parched rice 볶은쌀류(熬米)。

【粱】(량) 陽 リョウ、おおあわ millet ㄌㄧㄤ liang² 小篆 草書 기장량(稻穀名)。【韻會】ㅣ粟類五穀之長。

【粲】(찬) 翰 サン、あざやか bright; clear ㄘㄢ ts'an⁴ 小篆 草書 ❶쓿은쌀밥찬、정한쌀밥찬(精鑿食)。❷선명할찬(ㅣㅣ鮮明貌)。【世說 文學】ㅣ然成章。❸껄껄웃을찬(ㅣ然、盛笑貌)。【穀梁傳】軍人皆ㅣ然而笑。

【粳】(갱) 庚 コウ、うるち nonglutinous rice ㄍㄥ kêng¹ 草書 메벼갱(稻不黏者)。【庾肩吾集】有謝謝ㅣ米啓。(『秔』과 같음)

八畫

【粶】(록) 屋 ロク、はぜこめ parched rice 볶은쌀록(火爆米)。

【粹】(수) 寘 スイ、まじりけない pure ㄘㄨㄟ ts'uei⁴ 小篆 草書 ❶정할수、순수할수(純ㅣ、精也)。【易經】剛健中正純ㅣ精也。❷온전할수(全也)。【荀子 非相】ㅣ而能容雜。

【⿰米析】(석) 錫 セキ、こめをとぐ wash rice 쌀씻을석(洗米)。

【粺】(패) 卦 ハイ、しらげこめ cleaned rice ㄅㄞ pai⁴ 小篆 草書 정한쌀패、흰쌀패(精米)。【詩經】彼疏斯ㅣ。

【粻】(장) 陽 チョウ、かて food; provisions ㄓㄤ chang¹ 小篆 草書 ❶양식장(食米糧也)。【詩經】以峙其ㅣ。❷엿장(餳也)。

【粼】㈠(린) 眞 リン、きよい ㈡(린) 震 clear 小篆 草書 ㈠물맑을린(ㅣㅣ水淸)。【詩經】揚之水白石ㅣㅣ。㈢석간수린(水出石間)。

【粽】(종) 送 ソウ、ちまき dumpling 草書 주악종、송편종 (蘆葉裏米角黍)。〔續齊諧記〕ㅣ角黍屈原五日投汨灑楚人此 日以竹筒貯米投水祭之。

【精】(정) 庚 セイ、ショウ、くわしい fine and delicate ㄐㄧㄥ ching^{1} 小篆 草書 ❶정할정、가릴정(擇也)。❷세밀할 정(細也)。❸전일할정(專一)。〔書經 大禹謨〕惟ㅣ惟一。❹정교할정(精巧)。〔劉克莊詩〕銀鉤楷法ㅣ。❺정미할정 (精米)。❻정신정、정기정(眞氣)。〔易繫辭ㅣ氣〕爲物。❼밝을정(明也)。〔漢書〕陰霧不ㅣ。❽성실할정(誠實)。〔管子 心術〕中不ㅣ者心不平。❾신령정(神靈)。〔杜甫詩〕雲霧冥晦方降ㅣ。❿익숙할정 (熟也)。⓫깨끗할정、힐정(潔也)。⓬정충정、정액정(ㅣ蟲)。

【粿】(과) 哿 カ、しらげごめ cleaned rice ㄍㄨㄛˇ kuo^{3} ❶알곡식과(無皮穀)。❷정한쌀과(精米)。

【糀】(화)〔日字〕 こうじ malt 草書 누룩화(麴也)。

九畫

【糦】(시) 紙 シ、ねばる glutinous 차질시(黏也)。

【糂】(삼) 感 ジン、こながき rice powder ㄙㄢˇ san^{3} 小篆 籒文 古文 草書 ❶국죽삼(米粒和羹)。〔荀子〕藜羹不ㅣ。❷섞일삼(雜也)。❸쌀가루삼(米屑)。❹차질삼(黏也)。

【糄】㊀(변) 銑 ㊁(변) 先 ヘン、こめ rice ㊀벼볶아쌀만들변(燒稻取米)。㊁쌀변(米也)。

【糅】㊀(유) 有 ㊁(유) 宥 ジュウ、まじる mixed ㄖㄡˇ jou^{3} 草書 ㊀❶섞일유(雜ㅣ、色混)。❷얽힐유〔儀禮〕白羽與赤羽ㅣ。(粉ㅣ、亂也)。㊁잡곡밥유(雜飯)。

【麪】(면) 霰 メン、こな rice flour 가루면(屑米)。(『麫』과 같음)

【糆】(픽) 職 ヒョク、あぶる dry meat 불에고기말릴픽(以火焙肉)。

【糈】(주) 宥 シュウ、こめ grain ❶낟알주(稻實)。❷쌀주(米也)。

【糇】(후) 尤 コウ、ほしいひ dry provisions ㄏㄡˊ hou^{2} 草書 말린밥후(乾食糒也)。〔詩經 大雅公劉〕酒裏ㅣ糧。

【糈】㊀(서) 魚 ㊁(소) 語 ショ、かて food; provision ㄒㄩˇ hsü^{3} 小篆 ㊀❶양식서(糧食)。❷제메쌀서(祭神米)。〔楚辭〕懷椒ㅣ而要之。㊁산자소(繖也)。

【糉】(종) 送 ソウ、ちまき dumpling ㄓㄨㄥˋ chung^{4} 小篆 草書 주악종、송편종(蘆葉裏米角黍)。〔續齊諧記〕ㅣ角黍屈原五日投汨灑楚人此日以竹筒貯米投水祭之。

【糊】(호) 虞 コ、のり paste ㄏㄨˊ hu^{2} 草書 ❶풀호、풀칠할호(黏也)。〔鼎銘〕饘于是粥于是以ㅣ余口。❷모호할호(模ㅣ、漫貌)。〔杜甫詩〕駝背錦模ㅣ。

【粥】(시) 紙 シ、くそ urine and feces 똥오줌시(屎尿)。

【糎】(리)〔新字〕センチメートル centimetre. 草書 센티미터(centimetre. 佛國度名、米百分之一)。

十畫

【糍】(자) 支 シ、もち rice-cake 인절미자(稻餅、ㅣ餻)。

【糕】(추) 尤 シュウ、でんぷん starch 녹말추、앙금추(濾取粉末)。

【糏】(설) 屑 セツ、こごめ broken rice 싸라기설(舂餘米麥破)。

【糐】(부) 虞 フ、だんご dumpling 경단부(團餌)。

【糒】㊀(비) 寘 ㊁(배) 卦 ビ、ハイ、ほしいひ dry provision ㄅㄟˋ pei^{4} 小篆 草書 ㊀말린밥비(糗ㅣ、乾飯)。〔書疏〕糗ㅣ是行軍之粮。㊁뜻은 ㊀과같음。

【穀】(곡)『穀』(禾部 10畫)의 俗字

【糔】(수) 有 シュウ、こねる dough 草書 반죽할수(汁也)。〔禮記〕爲稻粉ㅣ溲之以爲馳。

【糕】(고) 豪 コウ、もち rice-cake ㄍㄠ kao^{1} 草書 떡고(餈ㅣ餌也)。〔野客叢書〕劉夢得嘗作九日詩欲用ㅣ字思六經無此字遂止故宋景文九日詩曰劉郎不肯題ㅣ字虛負人生一世豪。(『餻』와 같음)

【糖】(당) 陽 トウ、あめ sugar; candy (或音「탕」) ㄊㄤˊ t'ang^{2} 小篆 草書 ❶엿당(飴也)。❷사탕당(沙ㅣ)。〔易林〕南箕無舌飯多沙ㅣ。

【糗】(구) 有 キュウ、いりごめ parched rice ㄑㄧㄡˇ ch'iu^{3} 小篆 草書 ❶볶은쌀구(熬米麥)。❷미싯가루구 (乾飯屑)。〔書經〕峙乃ㅣ糧。

【粹】(쉬) 隊 サイ、こなのかす screenings

무거리쉬(粉滓)。

十一畫

【[illegible]】(살) 曷 サツ、おいはらろ scatter ㄙㄚˋ sa^{4} 小篆 ❶헤칠살、흩을살(散也)。❷내칠살 (放也)。【說文】ㅣ爲放散之義。

【糙】(조) 號 ゾウ、くろごめ unpolished rice ㄘㄠˋ ts'ao^{4} 草書 ❶애쩧은쌀조(粗米未舂)。❷잡곡조(米穀雜)。

【糚】(장) 陽 ソウ、よそおう embellish 草書 단장할장(靚ㅣ、粉飾)。【上林賦註】靚ㅣ粉白黛黑。(『粧』과 같음)

【[illegible]】(책) 陌 タク、きずごめ smashed rice 상한쌀책(壞米)。

【糜】(미) 支 ビ、かゆ rice-gruel ㄇㄧˊ mi^{2} 小篆 草書 ❶싸라기미(糒也)。❷죽미(饘也)。【古詩 東門行】賤妾與君共餔ㅣ。❸물커질미(爛也)。【孟子】ㅣ爛其民。

【糝】(삼) 感 サン、ねばる glutinous ㄙㄢˇ san^{3} 草書 ❶국죽삼(以米和羹)。❷찰질삼(黏也)【莊子 山木】藜羹不ㅣ。❸쌀가루삼(米屑)。❹섞을삼(雜也)。

【糞】(분) 問 フン、くそ、こえ excrement ㄈㄣˋ fen^{4} 小篆 草書 ❶똥분(ㅣ土、穢也)。❷거름줄분(治也、培也)。【禮記 月令】可以ㅣ田疇。❸쓸분(掃除)。【禮記】凡爲長者ㅣ之禮。(『坌』과 같음)

【糟】(조) 豪 ソウ、かす lees ㄗㄠ tsao^{1} 小篆 籀文 草書 지게미조、재강조(ㅣ粕、酒滓)。【史記】不厭ㅣ糠。

【糠】(강) 陽 コウ、ぬか chaffs ㄎㄤ k'ang^{1} 草書 ❶겨강(穀皮)。❷번쇄할강(粃ㅣ、煩碎)。【莊子】塵垢粃ㅣ。

【[illegible]】(강) 漾 コウ、キョウ、こんず rice-gruel ㄐㄧㄤˋ chiang^{4} ❶미음강(糜粥)。❷【中字】풀강(ㅣ子)。

【糢】(모) 虞 モ、あいまい vague 모호할모、흐릴모、어름어름할모(漫貌、ㅣ糊)。(『模』와 통함)

十二畫

【[illegible]】(반) 刪 ハン、とぎしる washed water of rice 쌀뜨물반(米汁)。

【[illegible]】(착) 覺 サク、はやかり the harvest of the unripe crop 小篆 풋바심착(早取穀)。【說文】生穫曰ㅣ、熟穫曰穛。

【[illegible]】(담) 感 タン、かゆ mingled gruel 小篆 ❶섞은미음담(雜糜)。❷찌끼담(滓也)。❸묽은 미음담(水糜)。

【糥】(나) 箇 ダ、もちごめ glutinous rice 찰벼나(黏稻)。(『糯』와 같음)

【[illegible]】(열) 屑 エツ、ちまき rice cake 송편열(糉也)。

【糧】(량) 陽 リョウ、かて food; provision ㄌㄧㄤˊ liang^{2} 小篆 草書 양식량、먹이량(穀食)。【左傳】共其資ㅣ。(『粮』과 같음)

【糦】(치) 寘 シ、キ、さけさかな wine and food 草書 ❶술과밥치(酒食)。【詩經】吉蠲爲ㅣ。❷서직치、기장치(大祭黍稷)。【詩經】大ㅣ是承。❸뜸들치(食熟)。【方言】氣熟曰ㅣ。(『饎』와 같음)

【[illegible]】(비) 未 ヒ、へ fart ❶방귀낄비(屁也)。【山海經】東始之山泚水出焉、其中多泚角、一首而十身食之不ㅣ。❷짐승이름비(獸名)。【大康記】秦文公時陳食人獵得獸若 而俱 不知其名、道逢二童子曰此名ㅣ勿逑。

十三畫

【[illegible]】(석) 陌 シャク、よなぐ wash rice 小篆 小篆 쌀일석(ㅣㅣ、淅米)。

【[illegible]】(삼) 感 サン、わるいこめ boiled-rice 궂은쌀삼、섞인쌀삼(米穀雜)。

【糫】(환) 刪 カン、おこし candy prepared 약과환(粔籹、膏ㅣ)。

【糪】㊀(벽) 陌 ヘキ、めし、かゆ half-steamed cake ㊁(팔) 黠 小篆 ㊀선밥벽(飯腥)。【李巡曰】米飯半腥半熟謂之ㅣ。㊁선떡팔(餅半熟)。

十四畫

【[illegible]】㊀(도) 號 トウ、ねばる glutinous ㊁(주) 尤 ㊀❶차질도(黏也)。❷덮을도(覆也)。㊁범벅주(厚粥)。

【[illegible]】㊀(조) 嘯 チョウ、こめ ㊁(적) 錫 grain 小篆 ㊀낟조(穀也)。㊁뜻은 ㊀과 같음。

【糯】(나) 箇 ダ、もちごめ glutinous rice ㄋㄨㄛˋ nuo^{4} 草書 찰벼나(稻之黏者)。【增韻】ㅣ稻之黏者可以爲酒。

【糰】(단) 寒 ダン、だんご doughboy ㄊㄨㄢˊ t'uan^{2} 草書 ❶수단단、경단단(粉餌)。❷단자단(ㅣ子)。

十五畫

【[illegible]】㊀(멸) 屑 ベツ、マツ、かゆ gruel ㊁(말) 曷

㊁죽멸(粥也)。㊂밀가루말(麥粉)。

【糲】㊀(려) 霽 レイ、ラツ、くろごめ ㊁(랄) 曷 カ丨 lì unpolished rice
草 書 ㊀궂은쌀려(糲ㅣ、米不精)。〔史記 刺客傳〕用爲夫人糲ㅣ之費。㊁애쨍은조랄(脫粟)。

十六畫

【糱】(얼)『糵』(米部 17畫)과 같음

【糳】(착) 藥 サク、こめ cleaned rice
희게쓿은쌀착、정미착(精舂米)。〔說文〕米一斛舂爲九斗曰ㅣ。

【糴】(적) 錫 テキ、かいよね buy grain カ丨 tí
小篆 書 草 ❶쌀사들일적(買穀入米)。〔左傳〕臧孫辰告ㅣ于齊。❷빠를적(儆ㅣ、疾貌)。〔潘岳賦〕㒨儆ㅣ以奔激。

十七畫

【糵】(얼) 屑 ゲツ、こうじ malt ㄋ丨ㄝ nieh
草 書 누룩얼(麴ㅣ、酒媒)。〔禮記〕禮之于人猶之有ㅣ。

【穰】(양) 漾 ジョウ、まじる be mixed〔mingled〕
섞일양(雜也)。

【糤】(산) 諫 サン、くろごめ unpolished rice
❶콩경단산(豆團子)。❷한벌쩧은쌀 산(玄米)。

十九畫

【䊚】(핵) 陌 カク、もみぬか chaff
거친겨핵(粗糠)。

【䊳】(미) 支 ビ、ぬか rice-bran
小篆 ❶등겨미(碎糠)。❷쌀팔미(賣米)。❸쌀쩧을미(舂米)。

【糶】(조) 嘯 チョウ、うりよね sell grain 去丨幺 t'iao
小篆 書 草 쌀팔조(賣米出穀)。〔史記〕ㅣ二十病農言米賤則農人病。

二十一畫

【䊑】(련) 霰 レン、いりごめ parched rice
❶볶은쌀련(餌熬)。❷차질련(黏也)。

【糷】(란) 翰 ラン、ねばりつく sloppy
草 書 밥질란(飯黏相著)。

【糳】(착) 藥 サク、しらげこめ cleaned rice
小篆 정한쌀착(精白米)。

糸 部

【糸】㊀(멱) 錫 ベキ、シ、ほそいと ㊁(사) 支 thread
小篆 古文 草 書 ㊀가는실멱(細絲)。〔徐鍇曰〕一蠶所吐爲忽十忽爲絲ㅣ五忽也。㊁❶극히적은 수사(絲之半數)。❷『絲』의 略字

一畫

【糺】(규) 有 キュウ、おさめる collect T丨 hsi
草 書 거둘규(收也)。〔後漢書〕捘旗ㅣ族。『糾』와 같음

【系】(계) 霽 ケイ、つながる connection〔古音〕「혜」 ㄒ丨 hsi
小篆 或體 或體 草 書 ❶맬계(繫也)。〔漢書 敍傳〕ㅣ高項之玄冑兮。❷실마디계(緒也)。〔古詩 陌上桑〕素絲爲籠ㅣ。❸이을계(繼也)。❹맏아들계(胤也)。❺혈통계(血統)。

二畫

【紌】(구)『絿』(糸部 7畫)와 같음

【糽】(정) 梗 テイ、ひく draw
❶노끈팽팽히끌정(絲繩緊織貌)。❷잡아당길정(引也)。

【糾】㊀(교) 篠 キュウ、あざなう rally; convoke ㊁(규) 有 ㄐ丨ㄡ chiu
小篆 書 草 ㊀❶맺힐교(窈ㅣ、愁結)。〔詩經〕舒窈ㅣ兮。❷삿갓가뜬할교(笠之輕擧)。〔詩經〕其笠伊ㅣ。㊁❶세겹노규(繩三合)。〔史記〕何異ㅣ纆。❷모둘규(ㅣ合)。〔後漢書 荀彧〕收離ㅣ散。❸들규(擧也)。〔左傳〕ㅣ之以政。❹살필규(察也)。〔周禮〕以ㅣ萬民。❺탄핵할규(彈也)。〔書經〕繩愆ㅣ謬。❻살핏할규(ㅣㅣ、繚戾寒涼意)。〔詩經〕ㅣㅣ葛屨。❼동독할규(督也)。❽어그러질규(戾也)。❾물을규(質問)。❿동여맬규(纏也)。⓫꼬을규(絢也)。

【紆】(조) 篠 チョウ、かける droop
거꾸로달조(倒懸)。

三畫

【紀】(기) 紙 キ、しるす、もとい record; epoch ㄐ丨 chi
小篆 草 書 ❶벼리기(維也)。〔詩經〕綱ㅣ四方。❷기록할기(記也)。〔韓愈 進學解〕ㅣ事者必提其要。❸터기(基也)。〔詩經〕有ㅣ有堂。❹열두해기(十二年)。〔書經 畢命〕旣歷三ㅣ。❺법기(法也、綱)。〔孔子家語 本姓解〕先王典籍 錯亂無ㅣ。❻해기(歲也)。❼다스릴기(理也)。

【紂】(주) 有 チュウ、しりがい reins; bridle ㄓㄡ chou
小篆 草 書 ❶말고삐주(馬緧)。❷상왕이름주(商辛號)。

【紉】(결) 屑 ケツ、たばねる bind up
실묶을결(絲束)。

【紂】㊀(순) 眞 シ、くろ ㊁(치) 支 black
㊀순전할순(粹也)。『純』과 같음 ㊁검은빛치(黑色)。『緇』와 같음

【紃】(순) 圓 ジュン、のり law ㄒㄩㄣ hsün²
小篆 草書 ❶신에실선두를순、실띠순(條也)。〔急就篇〕ー緣履之圓條。❷법순(法也)。❸좇을순(循也)。

【約】㊀(요) 效 ㊁(약) 藥 ヤク、ちぎり、むすぶ promise; agree with ㄧㄠ yao¹
小篆 小篆 草書 ㊀약속할요、미쁠요(契也、信也)。〔禮疏〕共相ー束以爲信。㊁❶검소할약(儉也)。〔論語〕以ー失之者鮮。❷간략할약(簡也)。〔禮記〕君子ー言。❸나긋나긋할약(淖ー、柔弱)。〔莊子〕淖ー若處子。❹단속할약(縛也、檢也)。❺맹세할약(誓也)。〔史記 田敬仲世家〕兩帝立ー伐趙。❻기약할약(期也)。❼대략약(大率)。❽덜약(減也)。❾맺을약(結也)。❿구차할약(貧窮)。〔論語 里仁〕不仁者不可以久處ー。

【紅】㊀(홍) 東 ㊁(공) 東 コウ、グ、くれない red ㄏㄨㄥ hung²
小篆 草書 ㊀❶붉을홍(南方色、絳也)。❷연지홍(顏料臙脂)。㊁길쌈공(ー女)。〔漢書〕ー女下機。〔『功·工』과 통함〕

【紆】(우) 虞 ウ、めぐる twine round ㄩ yü¹
小篆 草書 ❶얽힐우(縈也)。❷얽을우(縎也)。〔李白詩〕寸心增煩ー。❸굽을우(曲也)。〔史記〕寃結ー軫兮。

【紇】(흘) 月 コツ、つかねる bind up ㄏㄜ hê²
小篆 草書 ❶실끝흘(絲下)。❷묶을흘(束也)。❸굵은실흘(大絲)。❹사람이름흘(人名、孔子父叔梁ー)。

【紉】(인) 眞 ジン、いと、なわ string ㄖㄣ jen
小篆 草書 ❶바늘에실꿸인(絲貫鍼)。〔禮記 內則〕ー鍼請補綴。❷줄인(索也)。〔屈原 離騷〕ー秋蘭以爲佩。

【紈】(환) 寒 ガン、カン、しろぎぬ white silk
小篆 草書 흰깁환(氷ー、素也)。〔漢書〕織作氷ー綺繡純麗之物。

四畫

【紊】(문) 問 文 ブン、ビン、みだれる disorder ㄨㄣ wen⁴
小篆 草書 얽힐문、어지러울문(亂也)。〔書經〕有條而不ー。

【紋】(문) 文 モン、ブン、しわ、あや pattern; figure ㄨㄣ wen²
草書 ❶무늬문(織ー)。❷문채문(文彩)。

【紌】(구) 尤 キュウ、きぬいと white silk
흰비단실구(白緝絲)。

【納】(납) 合 ノウ、トウ、おさめる pay; offer ㄋㄚ na⁴
小篆 草書 ❶드릴납(入也)。〔書經〕夙夜出ー朕命。❷받을납(受也)。❸바칠납(獻也)。〔書經〕二百里ー銍。❹너그러울납(包容)。

【紏】(두) 有 トウ、つげる tell
❶고할두(告也)。❷누른실두(黃絲)。

【紐】(뉴) 有 チュウ、ひも knot; tie ㄋㄧㄡ niu³
小篆 草書 ❶단추뉴、맺을뉴、맬뉴(結也)。〔禮記〕縞帶幷ー約用組。❷〔中字〕수단추뉴(牡鈕)。

【紑】(부) 尤 フ、きよい clean ㄈㄡ fou²
小篆 草書 옷정결할부(衣潔)。〔詩經〕絲衣其ー。

【紒】㊀(계) 霽 ㊁(결) 屑 カイ、ケツ、ゆう wear a topknot ㄐㄧ chi⁴
草書 ㊀상투계(束髮)。㊁맺을결(締也)。〔『結』과 통함〕

【純】㊀(순) 眞 ㊁(준) 軫 ㊂(돈) 元 ジュン、トン、まじりけない pure ㄕㄨㄣ shuen²
小篆 草書 ㊀❶실순(絲也)。〔論語〕今也ー儉吾從衆。❷순수할순(粹也)。〔易經〕ー粹精也。❸온전할순(全也)。〔儀禮〕二算爲ー。❹천진할순(天眞)。❺큰순(大也)。❻부드러울순(柔也)。❼도타울순(篤也)。〔左傳〕穎考叔ー孝。 전일할순(專也)。〔十八史略 西漢〕奈何ー任德敎。㊁❶선두를준(冠飾)。〔禮記〕冠衣不ー素。❷옷선준(衣緣)。㊂꾸밀돈、묶을돈(包束)。〔詩經〕白茅ー束。

【紓】㊀(서) 魚 ㊁(서) 語 ショ、ジョ、ゆるい loosen ㄕㄨ shu¹
小篆 草書 ㊀❶느즈러질서、늦을서(緩也)。〔詩經〕彼交匪ー。❷풀서(解也)。〔左傳 莊公十三年〕以ー楚國之難。㊁늦출서、더딜서(緩也)。〔左傳 文公六年〕難必ー。

【紗】(사) 麻 サ、シャ、うすぎぬ thin silk
草書 ❶깁사(絹屬縠也)。〔漢書〕江充衣ー縠禪衣。❷나사사(毛織物之羅ー)。

【紕】㊀(비) 支 ㊁(비) 寘 ㊂(치) 紙 ヒ、あやまる contrary to ㄆㄧ p'i¹
小篆 草書 ㊀❶삭은비단비(繒欲壞)。❷선두를비(緣也)。〔禮記〕縞冠素ー。❸어그러질비(ー繆舛戾)。❹가꾸밀비(邊飾)。㊁❶꾸밀비(飾也)。〔詩經 鄘風 干旄〕素絲ー之。❷짤비(織組)。㊂길쌈모시치(績苧)。

【紖】㊀(진) 軫 ㊁(인) 震 シン、イン、はなづな reins ㄓㄣ chen⁴
小篆 草書 ㊀소고삐진(牛鼻繩)。〔禮記〕牛則執ー。㊁수레끄

논줄인(牽車紼)。

【紘】(굉) 庚 コウ、ひろい vast ㄏㄨㄥˊ hung² (古音『횡』) 小篆 或體 草書 ❶클굉、넓을굉(宏也)。❷끈굉(冕飾組)。〔禮記〕管仲鏤簋朱ㅣ。❸벼리굉(八ㅣ維)。〔淮南子〕ㅣ宇宙而章三光。 (圖禮三) ❷ 紘

【絅】(경)『絅』(糸部 7畫)과 같음

【屝】㊀(호) 虞 コ、はきもの shoes ㊁(과) 馬 小篆 ㊀❶신호(履也)。❷신코를 쳐 사로 기운신호(靑絲頭履)。〔揚雄〕西南梁益之間謂之ㅣ。㊁뜻은㊀과 같음。

【紙】(지) 紙 シ、かみ paper ㄓˇ chih³ 小篆 草書 ❶종이지(楮皮所成)。〔東觀漢記〕黃門蔡倫造意用樹皮及魚網作ㅣ。❷편지지(赫蹏)。

【級】(급) 緝 キュウ、しな、わかち degree; class ㄐㄧˊ chi² 小篆 草書 ❶등급급、차례급、층급(等次)。〔禮記〕貴賤之等ㅣ。❷실갈피급(絲次第)。❸〔國字〕두름급(編魚二十)。

【紛】(분) 文 フン、みだれる confused ㄈㄣ fen¹ 小篆 草書 ❶분잡할분(雜也)。❷많을분(衆也)。〔易經〕用史巫ㅣ若吉。❸어지러울분(ㅣㅣ亂也)。〔老子〕挫其鋒解其ㅣ。

【紜】(운) 文 ウン、みだれる confused ㄩㄣˊ yün² 草書 얼크러질운、어지러울운(紛ㅣ、數亂物多)。〔東都賦〕萬騎紛ㅣ。

【紝】(임) 侵 ジン、おる spin ㄖㄣˋ jên⁴ 小篆 或體 草書 짤임、길쌈할임(機縷)。〔禮記〕織ㅣ組紃。(『絍』과 같음)

【紞】(담) 感 タン、ひも tassel ㄉㄢˇ tan³ 小篆 草書 면류관앞드림담(冕兩旁條)。〔左傳〕衡ㅣ紘綖。

【紟】㊀(금) 侵 ㊁(금) 沁 キン、おびひも breast-tie ㄐㄧㄣ chin¹ 小篆 籀文 草書 ㊀❶옷고름금(衣系)。❷단추금(結衣者)。㊁홑이불금(單被)。

【素】(소) 遇 ソ、しろ、もと white; source ㄙㄨˋ su⁴ 小篆 草書 ❶흴소(白也)。❷생초소(生帛)。〔禮記 雜記〕純以ㅣ。❸빌소(空也)。〔詩經〕不ㅣ餐兮。❹질박할소(物朴)。〔釋名〕不加巧飾曰朴ㅣ。❺바탕소、본디소(本也)。❻성심소(誠也)。〔鄒陽獄中上書〕具情ㅣ。❼원래소(元來)。〔史記 項羽本記〕陳嬰ㅣ信謹。❽순색소(無色)。❾원소소(元ㅣ)。

【紡】(방) 養 ボウ、つむぐ spin ㄈㄤˇ fang³ 小篆 草書 길쌈할방、나이할방(ㅣ績網絲治麻)。〔儀禮〕賄用束ㅣ。

【毦】(모) 豪 モウ、きぬけ pile of silk 비단털모(絹帛ㅣ起如刺)。

【索】㊀(삭) 藥 ㊁(색) 陌 サク、なわ、つな rope ㄙㄨㄛ suo¹·²· 小篆 草書 ㊀❶노삭、새끼삭(繩也)。〔書經〕若朽ㅣ之御六馬。❷얽힐삭(縈紆)。〔孟子 藤文公上〕宵爾ㅣ綯。❸다할삭(盡 也)。〔書經〕惟家之ㅣ。❹흩어질삭、헤여질삭(散也)。〔禮記〕離羣而ㅣ居。❺두려울삭(ㅣㅣ懼貌)。〔易經〕震ㅣㅣ。❻소삭할삭、쓸쓸할삭(蕭ㅣ)。㊁❶찾을색(求也)。〔禮記〕大夫以ㅣ牛。❷더듬을색(搜也)。〔古詩 婦病行〕入門見孤啼ㅣ其母抱。❸법색(法也)。〔釋名〕ㅣ素也八ㅣ著素王之法也。

【紣】(최)(쵀)『綷』(糸部 8畫)의 俗字

五 畫

【紙】(저) 齊 テイ、いとくず waste thread 小篆 실찌끼저(絲滓)。

【紒】(결) 屑 ケツ、ひとすじ string of thread 小篆 실한올결(一縷絲)。

【紨】(부) 虞 フ、ぬの cloth 小篆 ❶거친명주부(粗紬)。❷베부(布也)。❸굵은실부(大絲)。❹이을부(續也)。❺길쌈부(績也)。

【絮】㊀(녀) 魚 ㊁(나) 馬 ジョ、わた cotton 小篆 ㊀❶묵은솜여(敝絮)。❷막을여(塞也)。㊁❶드러붙을나(相著)。❷실엉킬나(絲亂)。

【紅】(정) 庚 セイ、かざりいと string 小篆 말갈기땋은실정、말치장정(馬飾)。

【紩】(질) 質 チツ、ぬう sew; stitch ㄓˋ chih⁴ 小篆 草書 ❶꿰맬질(納刺縫也)。❷노질(索也)。

【紫】(자) 紙 シ、むらさき purple ㄗˇ tzŭ³ 小篆 草書 자줏빛자(帛靑赤色)。〔論語〕惡ㅣ之奪朱。

【紬】㊀(주) 尤 ㊁(주) 宥 チュウ、つむぎ silk 小篆 草書 ㊀명주주(大絲繒)。㊁❶실끝주(緖 也)。❷실뽑을주(引其端緖)。〔漢書註〕燕見ㅣ繹。❸모을주(綴集)。〔史記〕ㅣ史記金匱石室之書。

【緡】(민) 眞 ビン、つりいと fishing line 낚싯줄민(釣絲)。

【紮】(찰) 黠 サツ、つかねる bind up

草書 ❶묶을찰(纏束)。❷활줌통싸개찰(纏弓弝)。❸머무를찰(駐也)。

【紱】(불) 物 フツ、いんのひも ribbon of a seal ㄈㄨˊ fu²
草書 ❶인끈불(印組)。【易經】朱ー方來。❷얽을불(纏也)。

【累】㈠(루) 支 ㈡(루) 紙 ㈢(루) 寘 ルイ、しばる tie ; repeat ㄌㄟˋ lei⁴ (古音「류」)
草書 ㈠맬루、동일루(係ー繫也)。【孟子 梁惠王下】係ー其子弟。㈡❶더할루(增也)。❷여러것이 포갤루(疊也)。㈢❶더럽힐루(玷也)。【書經】終ー大德。❷얽힐루(縈也)。❸연좌할루(緣坐)。【蘇子瞻雜纂 自羞恥】和尙道士有家ー。❹【中字】여럿루(多貌)。

【細】(세) 霽 サイ、セイ、ほそい thin; slender ㄒㄧˋ hsi⁴
小篆 小篆 草書 ❶가늘세、세밀할세(微也密也)。【左傳 襄公二十九年】其ー已甚。❷잘세、작을세(小也)。【書經 旅獒】不矜ー行終累大德。❸좀놈세(奸ー)。

【紲】(설) 屑 セツ、つなぐ fasten ㄒㄧㄝˋ hsieh⁴
小篆 或體 草書 ❶맬설(縲ー繫也)。❷말고삐설(馬韁)。❸궁창설(弓韔)。【周禮】恒角而達辟如終ー。

【紳】(신) 眞 シン、おおおび girdle
小篆 草書 ❶큰띠신(大帶)。【論語】子張書諸ー。❷벼슬아치신(縉ー仕宦)。❸점잖은 사람신(ー士)。

【絉】(말) 月 バツ、たび socks ㄕㄣ shen¹
草書 ❶맬말(所以束衣)。❷버선말(足衣)。【後漢書】絳袴ー。

【紴】㈠(파) 歌 ㈡(피) 紙 ヒ、ハ、うちひも girdle
㈠비단무늬파(錦紋、水ー)。㈡실띠피(絛也)。

【紵】(저) 語 チョ、あさぬの ramie cloth
小篆 或體 草書 모시저(絺ー綌屬)。【書經】厥貢漆枲絺ー。

【紶】(거) 語 キョ、いとぐち clue
❶실끈거(絲繩)。❷실마리거(緒也)。

【𥿮】(탄) 諫 タン、つくろう sew
小篆 꿰맬탄、기울탄(補縫)。(古音「잔」『綻』과 같음)

【紸】(주) 遇 シュ、つける join; connect
草書 ❶이을주(繼也)。❷면류관곁에단솜주(冕傍纊)。【荀子】ー纊聽息之時。

【紹】(소) 篠 ショウ、とりもつ introduce ㄕㄠˋ shao⁴
小篆 古文 草書 ❶이을소(繼也)。【詩經】弗念厥ー。❷얽을소(緊糾)。【戰國策】請爲ー介。❸소개할소(ー介、相佐助)。

【紺】(감) 勘 カン、コン、こん dark blue ㄍㄢˋ kan⁴
小篆 草書 아청감、보라빛감(靑而含赤色)。【論語 鄕黨】君子不以ー緅飾。

【紼】(불) 物 フツ、ひも tangled thread ㄈㄨˊ fu²
小篆 草書 ❶엉킨실불(亂絲)。❷상여줄불(引柩索)。【禮記】助葬必執ー。❸가릴불(蔽也)。【詩經】朱ー斯皇。

【絾】(월) 月 エツ、ぬの cloth of fine texture ㄩㄝˋ yüeh⁴
小篆 ❶가는베월(細布)。❷채색비단월(采繒)。❸반베월(綵纆)。

【紽】(타) 歌 タ、ダ、かず a coil of thread ㄊㄨㄛˊ t'uo²
草書 ❶오겹실타、실마리타(絲數)。【詩經】素絲五ー。❷꿰맬타(縫也)。❸실밥타(縫際)。

【絀】㈠(출) 質 ㈡(굴)【俗音】 チュツ、ぬう sew; stitch ㄔㄨㄛˋ ch'uo⁴
小篆 草書 ㈠❶꿰맬출(縫也)。【史記】却冠秫ー。❷물리칠출(退也)。【史記 孔子世家】孔子與往陽虎ー曰季氏饗士、非敢饗子也。㈡굽힐굴(屈伸曲也)。【荀子】緩急贏ー。

【紾】(진) 軫 シン、めぐる roll ㄓㄣˇ chen³
小篆 草書 ❶구를진(轉也)。【淮南子】千萬ー。❷비틀진(引捩)。【孟子 告子下】ー其兄之臂。

【紿】(태) 賄 タイ、あざむく deceive ㄉㄞˋ tai⁴
小篆 草書 ❶실엉킬태(絲縈難理)。❷속일태(欺詐)。【史記】田父ー曰左。

【絁】(시) 支 シ、つむぎ silk ㄕ shih¹
草書 깁시、비단시(繒屬似布)。【唐書】丁歲輸綾ー二丈。

【終】(종) 東 シュウ、おわる end; finish ㄓㄨㄥ chung¹
小篆 古文 草書 ❶마지막종、다할종(窮極)。❷마칠종、마침내종(竟也)。【書經】愼厥ー惟其始。❸죽을종(卒也)。【書經】君子曰ー小人曰死。❹끝종(末也)。【中庸章句】ー言聖神功化之要。

【絃】(현) 先 ゲン、いと string of instrument ㄒㄧㄢˊ hsien²
草書 줄풍류현(管ー、八音之絲)。【論語】聞ー歌之聲。

【組】(조) 麌 ソ、くむ constitute ㄗㄨˇ tsu³
小篆 草書 ❶인끈조(印紱、綬也)。【書經】厥篚玄纁璣ー。❷땋은실조(ー紃、絛也)。【禮記】織紝ー

紃。❸짤조(ㅣ織)。❹만들조(ㅣ成、ㅣ閣)。

【絅】㊀(경) 靑 ケイ、ひとえもの unlined clothes ㊁(경) 徑 ㄐㄩㄥˇ chiung³ 小篆 草書 ㊀홑옷경(禪衣)。㊁낚을경(急引捕魚)。【中庸】詩曰衣錦尙ㅣ 惡其文之著也。

【絆】(반) 翰 ハン、きずな bridle ㄅㄢˋ pan⁴ 小篆 草書 ❶옭아맬반(羈ㅣ、馬縶)。【漢書】今吾子已貫仁義之羈ㅣ。❷말굴레반(馬繩)。

膝絆(武備志)

【絇】(구) 虞 遇 ク、くつかざり ornament of a toecap ㄑㄩˊ ch'ü² 小篆 草書 ❶신코꾸밀구(履頭飾)。【儀禮】靑ㅣ繶純。❷그물구(罥罟別名)。

【経】(경)『經』(糸部 7畫)의 俗字

六畫

【絍】(임)『紝』(糸部 4畫)과 같음

【絎】(행) 敬 コウ、ぬう sew ㄏㄤˊ hang² 草書 바느질할행(縫紩)。

【絏】(설) 屑 セツ、つなぐ tie up; bind 草書 매설(縲ㅣ、繫也)。【左傳】臣負羈ㅣ。

【結】(결) 屑 ケツ、むすぶ bind; tie ㄐㄧㄝˊ chieh¹·² 小篆 草書 ❶맺을결(締也)。【易繫辭】上古ㅣ繩而治。❷마칠결(終ㅣ)。❸나중결(ㅣ局)。❹【國字】뭇결(稅禾百負)。

【絑】(주) 虞 シュ、しゅ silks 小篆 붉은비단주(赤色繒)。

【絓】(괘) 卦 カイ、かかる hang ㄍㄨㄚˋ kua⁴ 小篆 草書 ❶맺을괘(結也)。【左傳】驂ㅣ于木而止。❷달괘(懸也)。【楚辭】心結ㅣ而不解。

【絕】(절) 屑 ゼツ、たつ、たえる cut; break off ㄐㄩㄝˊ chüeh² 小篆 古文 草書 ❶끊을절(斷也)。❷으뜸절(冠也)。❸뛰어날절(超也)。❹지날절(過也)。❺【荀子】假舟檝者非能水而ㅣ江河。막을절(謝絕)。❻멸할절(滅也)。【書經】天用勦ㅣ其命。❼극진할절(極也)。❽폐할절(廢也ㅣ食)。❾막힐절(隔也)。❿잘을절(橫斷)。⓫기이할절(奇也)。⓬그칠절(止也)。⓭결단할절(決也)。⓮아득할절(相距遼遠)。

【絖】(광) 漾 コウ、わた washed cotton ㄎㄨㄤˋ k'uang⁴ 草書 빤솜광、고운솜광(細綿)。【莊

【絘】(차) 寘 シ、いと thread ㄘˋ tz'ŭ⁴ 小篆 ❶손질하지않은낳이실차(績所未緝)。❷구실베차(列肆稅布)。

【絙】(환) 寒 カン、くみひも come loose ㄍㄥ kêng¹ 小篆 느즈러질환(緩也)。

【絚】㊀(긍) 徑 コウ、なわ ㊁(긍) 蒸 rope 草書 ㊀밧줄긍(大索)。㊁줄켕길긍、줄질긍(ㅣ瑟、急張絃)。【楚辭】ㅣ瑟兮交鼓。

【絜】㊀(혈) 屑 ケツ、はかる ㊁(결) 屑 measure ㊂(계) 霽 ㄐㄧㄝˊ chieh² 小篆 草書 ㊀❶잴혈、헤아릴혈(ㅣ矩度也)。【禮記】是以君子有ㅣ矩之道。❷묶을혈(約束)。【莊子】見櫟社樹其大蔽牛ㅣ之百圍。㊁❶삼한오리결(麻一耑)。❷고요할결(靜也)。❸조촐할결(淸也)。【左傳】ㅣ粢豐盛。㊂끌을계(提也)。

【絞】(교) 巧 コウ、くびる hang ㄐㄧㄠˇ chiao³ 小篆 草書 ❶급할교(急也)。❷목맬교(死刑、縊也)。【左傳】若其有罪ㅣ縊以戮。❸염매교、염포교(斂布)。【禮記】小斂布ㅣ。

❸絞(三禮圖)(又云大斂絞)

【絝】(고) 遇 コ、はかま trousers 小篆 草書 바지고(股衣)。【後漢書】平生無襦今五ㅣ。

【絟】(전) 先 セン、ぬの cloth of fine texture 小篆 ❶가는베전、고운베전(細布)。❷칡전(葛也)。

【絡】(락) 藥 ラク、からむ bind; cord ㄌㄠˋ lao⁴ 小篆 草書 ❶둘릴락(籠ㅣ、繞也)。【西都賦】籠山ㅣ野。❷맥락(經ㅣ、脈也)。❸쌀락(包ㅣ)。❹이을락、연락할락(聯也)。❺생삼락(生麻)。❻얽을락(連也)。❼담쟁이락(ㅣ石)。

【絢】(현) 霰 ケン、あや、うつくしい stylish ㄒㄩㄢˋ hsüan⁴ 小篆 草書 채색무늬현(采成文)。【論語】素以爲ㅣ兮。

【絣】(병) 庚 ホウ、つぐ connect ㄅㄥ pêng¹ (古音「붕」) 小篆 草書 ❶문늬 없는 비단병(無文綺)。【戰國策】妻自組甲ㅣ。❷이을병(續也)。【後漢書 班固傳】將ㅣ萬嗣。❸먹줄튀길병(振墨繩)。

【絤】(선)『綫』(糸部 8畫)과 같음

【給】(급) 緝 キュウ、あてがう、あたえる give; supply ㄌㄨㄛˋ luo⁴ 小篆 草書 ❶넉넉할급(贍也、足也)。【孟子】秋省斂而助不ㅣ。

不供ㅣ。❸말민첩할급、말잘할급(口捷)。【論語 公冶長】佞人以口辭捷ㅣ。

【絧】(동) 東 トウ、つぐ 迵 join; link
❶동베동(布名)。❷이을동(連也)。❸곧게달릴동(直馳貌、鴻ㅣ)。【漢書】鴻ㅣ緁獵。

【絉】(미) 蘼 ベイ、ぬいあや embroidered figures
小篆 ❶수놓은무늬미(繡文)。❷쌀무늬놓을미(繡文如聚細米)。

【絨】(융) 東 ジュウ、けおりもの flannel ㄖㄨㄥˊ jung²
草書 ❶삶은실융、익힌실융(練熟絲)。❷가는베융(細布)。

【絾】(직)『織』(糸部12畫)과 같음

【絪】(인) 眞 イン、しとね cushion yin¹
草書 ❶수삼인(麻枲)。❷기운덩이인(ㅣ縕元氣)。【易繫辭】天地ㅣ縕萬物化醇。❸자리인(茵也)。【漢書】加畫繡ㅣ。

【絩】(조) 嘯 チョウ、いろいと dyep thread
小篆 ❶실수효조(絲數)。❷색실조(五色絲)。

【絫】(류) 紙 ルイ、かさなる pile up
小篆 草書 ❶포갤류(疊也)。【漢書】脅肩ㅣ足。❷더할류(增也)。❸유수류、수의이름류(數名十黍)。【漢書】權輕重不失黍ㅣ。

(【纍】의 古字)

【絬】(설) 屑 セツ、かたい solid
小篆 굳을설(堅也)。

【䋊】(파) 卦 ハイ、みだれいと scattered strings
小篆 흩어진실파(散絲)。

【絭】(권) 霰 ケン、たすき string of sleeve ㄐㄩㄢˋ chüan⁴
小篆 草書 팔찌끈권(纏臂繩)。【廣韻】連弩三十ㅣ共一臂。

【絮】 ㊀(여) 魚 ㊁(서) 御 ㊂(처) 御 ジョ、わた cotton ㄒㄩˋ hsü⁴
小篆 草書 ㊀성여(姓也)。㊁솜서(敝緜縲餘、今棉花去其子曰ㅣ)。㊂간을맞출처(調羹)。【禮記 曲禮】毋ㅣ羹。

【絯】 ㊀(해) 蟹 ㊁(해) 灰 ㊂(해) 賄 カイ、くくる bind; tie (同音「개」)
草書 ㊀❶묶을해(束也)。❷걸해(挂也)。【莊子】方且爲物ㅣ。㊁뜻은 ㊀과 같음。㊂굵은실해(大絲)。

【絰】(질) 屑 テツ、あさおび hemp belt (古音「뎔」)
小篆 草書 요질질、수질질(喪服麻帶)。【儀禮】苴ㅣ。

大功牡麻牡
(三禮圖)

【統】(통) 宋 トウ、すべる、のり control; rule ㄊㄨㄥˇ t'ung³
小篆 草書 ❶거느릴통(總也)。【書經】冢宰掌邦治ㅣ百官。❷벼리통(紀也)。【齊語】民紀ㅣ。❸실마디통(緖也)。【書經】ㅣ承先王修其禮物。❹근본통(本也)。【易經】乃ㅣ天。❺이을통(承也)。❻혈통통(血ㅣ)。❼합칠통(ㅣ計、ㅣㅡ)。

【絲】(사) 支 シ、いと thread; string ㄙ ssŭ¹
小篆 草書 ❶실사(蠶所吐、細條之稱)。【禮記】王言如ㅣ。❷풍류이름사(絃器)。❸사수사(數名、十忽)。❹음의하나사(八音之一)。

【絳】(강) 絳 コウ、あかい red ㄐㄧㄤˋ chiang⁴
小篆 草書 ❶깊게붉을강(大赤色)。❷강초강(染草名)。【吳都賦】綸組紫ㅣ。

七畫

【綂】(통)『統』(糸部6畫)의 俗字

【絛】(도) 豪 トウ、ひらひも braid string t'ao¹
小篆 ❶땋은실도(編絲繩)。【周禮】革纓五路龍勒條就。❷끈도(纓飾)。【禮記】組紃具爲ㅣ。

【絹】(견) 霰 ケン、きぬ silk ㄐㄩㄢˋ chüan⁴
小篆 草書 깁견、비단견(繒如麥稍)。

【絺】(치) 支 チ、くずぬの kohemp ㄔ ch'ih¹
小篆 草書 가는칡베치、가는갈포치(細葛布)。【詩經】爲ㅣ爲綌。

【綎】(정) 靑 テイ、ひも girdle tassel
小篆 草書 띠술정(帶ㅣ、絲綬)。

【絻】(문) 問 ブン、もふく mourning dress ㄨㄣˋ wen⁴
草書 통건문、상복문(始發喪之服)。【左傳】使太子ㅣ。

【絽】(려) 語 リョ、ロ、ぬう sew
草書 ❶꿰맬려(ㅣ繁、鉄衣)。❷비단려(繪也)。❸줄지게짠베려(絣織)。

【絿】(구) 尤 キュウ、きびしい acute ㄑㄧㄡˊ ch'iu²
小篆 草書 ❶급할구(急也)。【詩經】不競不ㅣ。❷구할구(求也)。❸엄할구(嚴也)。

【綀】(소) 魚 ショ、ソ、あらぬの kohemp ㄕㄨ shu¹
小篆 草書 ❶화문포소(綌屬花ㅣ)。【後漢書】似苧織有花曰花ㅣ。❷굵은갈포소(粗葛布)。

【綄】(환) 寒 カン、かざみ wind ward
풍기환、배위바람표환(船上風候標)。

【綃】(초) 蕭 ショウ、きぎぬ silk gauze (本音「소」) ㄒㄧㄠ hsiao¹

小篆 草書 ❶생초초(生絲綺屬)。❷색비단초(采繒)。

【綅】(침) 侵 シン、いと red thread ㄑㄧㄣ ch'in¹
小篆 草書 ❶갑옷침, 붉은실침(綘綅)。〔詩經〕具冑朱一。❷비단이름침(繒名)。

【綆】(경) 梗 コウ、つるべなわ well-rope ㄍㄥˇ kêng³ (或音「갱」)
小篆 草書 두레박줄경(汲井索)。〔莊子 至樂〕一短不可汲深。

綆(農政全書)

【綈】(제) 齊 テイ、あつぎぬ thick silk ㄊㄧˊ t'i²
小篆 草書 두터운비단제(厚繒)。〔史記〕取一一袍以賜之。

【綉】(투) 宥 トウ、きぬぎれ piece of silk ㄒㄧㄡˋ hsiu⁴
비단조각투(錦一片)。

【綊】(협) 葉 キョウ、かんむりのたれ wrapper of a crown
小篆 면류관싸개협(紝一也綎)。

【[折/糸]】(별) 屑 ヘツ、くみひも plaited
小篆 엮은줄별(編繩)。

【綌】(격) 陌 ゲキ、くずぬの kohemp ㄒㄧˋ hsi⁴
小篆 或體 草書 가는칡베격(葛布)。〔詩經 周南葛覃〕爲絺爲一。

【綍】(발) 物 フツ、なわ rope ㄈㄨˊ fu² (本音「불」)
草書 ❶동아줄발(大索)。❷윤발발(綸一王言)。〔禮記〕王言如綸其出如一。

【綏】㊀(유) 支 ㊁(수) 支 スイ、タ、やすんずる peaceful ㄙㄨㄟ suei¹
小篆 草書 ㊀깃발늘어질유、기드림유(旗旆下垂)。〔詩經〕淑旂一章。㊁❶편안할수(安也)。〔詩經 周南樛木〕福履一之。❷수레고삐수(車轡)。〔論語〕必正立執一。❸물러갈수(退軍)。〔左傳 文公十二年〕乃皆出戰交一。❹여우모양수(狐貌)。〔詩經〕有孤一一。

【綐】(예) 泰 タイ、つむぎ silk (本音「태」)
草書 가는명주예(細紬)。〔管子〕不敢服一。

【[沙/糸]】(사)『紗』(糸部 4畫)와 같음

【經】㊀(경) 靑 ㊁(경) 靑 ケイ、キョウ、たて、いとなむ stripe; manage ㄐㄧㄥ ching¹
小篆 草書 ❶날경(一緯、織也)。❷떳떳할경(常也)。❸글경、경서경(書也)。❹경영할경(營也)。〔詩經〕一之營之。❺법경(法也)。〔周禮〕以一邦國。❻지낼경(過也)。〔谷永論神怪〕曠日一年。❼지경경(界也)。〔周禮 天官冢宰〕體國一野。❽곧을경(直也)。❾다스릴경(治也)。㊁❶목맬경(縊也)。〔論語 憲問〕自一於溝瀆而莫之知也。❷씨경(織綜絲)。

【綘】(봉)『縫』(糸部 11畫)과 같음

【綔】(호) 遇 コ、いんじゅのひも ribbon of a seal
인끈호(印系)。〔後漢書〕諸侯王以下以綺赤絲蕤縢一各如其印。

【緐】(번) 元 ハン、たてがみかざり decoration of mane
小篆 或體 草書 ❶말갈기치장번(馬髦飾)。❷말배때끈번(馬腹帶)。

【綖】(연) 先 銑 エン、おおい cover of crown ㄧㄢˊ yen²
草書 면류관싸개연(冠上前後垂覆)。〔左傳 桓公二年〕衡紞紘一。

【継】(계)『繼』(糸部 14畫)의 俗字

【続】(속)『續』(糸部 15畫)의 略字

八畫

【綜】(종) 宋 ソウ、すべる synthesize
小篆 草書 ❶씨종(機縷以絲交錯)。❷모을종(總聚)。〔易繫辭〕錯一其數。❸자세할종(一核)。〔漢書〕一核名實。

【綝】(침) 侵 チン、とめる stop ㄔㄣ ch'en¹
小篆 草書 ❶기울침、재맬침(繕也)。❷그칠침(止也)。

【綠】(록) 沃 リョク、ロク、みどり green ㄌㄩˋ lü⁴
小篆 草書 ❶유록빛록(靑黃閒色)。〔詩經〕一兮衣兮。❷옥이름록(玉名、結一)。

【綟】(려) 霽 レイ、いと thread ㄌㄧˋ li⁴
小篆 草書 ❶실려(線也)。❷초록빛려(綠色)。

【[糸+咅]】(부) 麌 フ、ふるわたのうちかえし willow the old cotton
小篆 묵은솜펼부(敝絮發理)。

【綢】㊀(도) 嘯 ㊁(주) 尤 トウ、チュウ、まとう fasten; tie ㄔㄡˊ ch'ou²
小篆 草書 ㊀❶동일도、얽을도(纏也)。〔詩經〕一繆束薪。❷쌀도、감출도(韜也)。〔爾雅〕素錦一杠。㊁빽빽할주(一繆、密也)。〔詩經〕一直如髮。

【[糸+阿]】(아) 歌 ア、きぬ silk ㄜ ê¹
❶가는비단아(細繒)。❷희게마전할아(縞練)。

【緁】(접) 葉 ショウ、いとをつなぐ link strings of thread
실이을접(絲續)。

【綣】(권) 願 阮 ケン、たばねる bend ㄑㄩㄢˇ ch'üan³
小篆 草書 ❶정다울권(厚情、繾一)。〔詩經〕以謹繾一。❷서로따를권(不離、繾一)。〔左傳〕繾一從公。

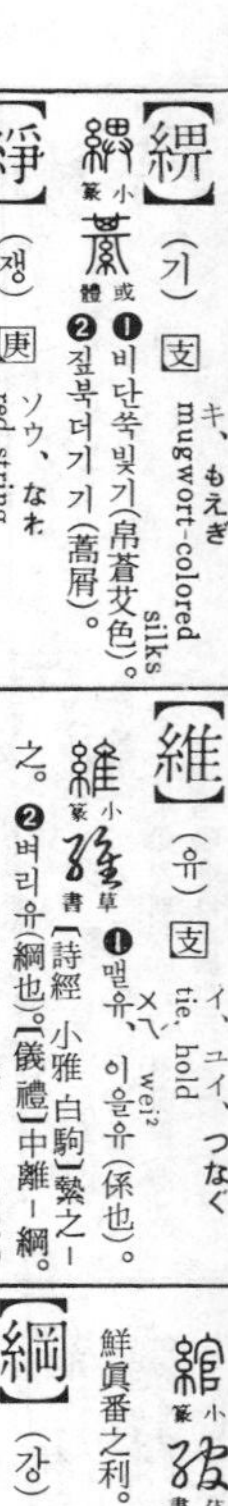

【緤】 小篆 或體 (기) 支 キ、もえぎ mugwort-colored silks ❶비단쑥빛기(帛蒼艾色)。❷짚북더기 기(蒿屑)。

【綷】 小篆 ❶풍류줄켕길쟁(急絃聲)。❷붉은끈쟁(赤紐)。 (쟁) 庚 ソウ、なわ red string

【綦】 (기) 支 キ、もえぎ grey green silk くí chʻi² 草書 ❶쑥빛비단기(綺采蒼艾色)。【書經】四人ㅣ弁。❷들메끈기(履飾)。【儀禮】ㅣ繫于踵。

【綪】 ㊀(천) 霰 ㊁(쟁) 庚 セン、ソウ、あかねぞめ red silk くㄧㄢˋ chʻien⁴ 小篆 草書 ㊀붉은비단천(赤繒)。【左傳】ㅣ茷旃旌。㊁고낼쟁(結而又屈)。【史記】ㅣ繳蘭臺。

【綪】 (육) 屋 イク、きぬ silk 小篆 연옥육(帛青經縹緯)。

【綫】 (선)『線』(糸部 9畫)과 같음

【綬】 (수) 宥 シュウ、ジュ、ひも ribbon of a seal ㄕㄡˋ shou⁴ 小篆 草書 인끈수(佩組㡛維)。【急就篇註】ㅣ受也所以承受印環。

綬 (三才圖會)

【維】 (유) 支 イ、ユイ、つなぐ tie, hold ㄨㄟˊ wei² 小篆 草書 ❶맬유、이을유(係也)。【詩經 小雅 白駒】縶之ㅣ之。❷벼리유(綱也)。【儀禮】中離ㅣ綱。❸맺을유(連結)。【周禮】以ㅣ邦國。❹모퉁이유(方隅)。【管子】國有四ㅣ曰禮義廉恥。❺오직유(獨也)。❻이유(此也)。❼발어사유(發語辭)。❽개혁유(ㅣ新)。❾끌어갈유(ㅣ持)。

【綮】 ㊀(계) 薺 ㊁(경) 徑 ケイ、ほこさや sheath くㄧㄥˋ chʻing⁴ 小篆 草書 ㊀❶톡톡할계(緻繒)。❷창집계(戟衣)。❸표기계(徽幟)。㊁힘줄얽힐경(筋肉結處)。【莊子 養生主】技經肯ㅣ之未嘗。

【綯】 (도) 豪 トウ、なわ straw-rope ㄊㄠˊ tʻao² 草書 새끼줄도(糾絞繩索)。【詩經】宵爾索ㅣ。

【絣】 (병)『絣』(糸部 6畫)의 本字

【㬥】 (곡) 沃 キョク、つかねる tie up 小篆 ❶묶을곡(約也)。❷동여얽을곡(纏也)。❸이을곡(連也)。

【綵】 ㊀(래) 灰 ㊁(리) 支 ライ、リ、こわいけ bristly hair ㊀❶센털래(强毛)。❷털설래(毛起)。㊁뜻은 ㊀과 같음。

【綰】 (관) 潸 ワン、つなぐ bind, join ㄨㄢˇ wan³ (古音「완」) 小篆 草書 ❶얽을관(繫也)。【史 記】東ㅣ朝鮮眞番之利。❷꿸관(貫也)。

【綱】 (강) 陽 コウ、おおづな large rope ㄍㄤ kang¹ 小篆 古文 草書 ❶벼리강(總綱大繩)。【書經 盤庚】若網在ㅣ有條而不紊。❷근본강(總要)。❸법강(法紀)。❹대강강(ㅣ領、紀ㅣ)。

【網】 (망) 養 ボウ、あみ net ㄨㄤˇ wang³ 草書 ❶그물망(佃漁)。【易繫辭】作結繩以爲ㅣ罟以佃以漁。❷그물칠망(張ㅣ)。❸법망(法也)。❹온통망(ㅣ羅)。❺망태기망(ㅣ橐)。

【綴】 ㊀(체) 霽 ㊁(철) 屑 テツ、テイ、つづる baste together ㄓㄨㄟˋ chuei⁴ 小篆 草書 ㊀❶연폭할체、연결할체(連也)。【書經】底席ㅣ純。❷가손할체、선두를체(緝也)。㊁❶잇댈철(聯也)。【禮記】殷主ㅣ重。❷춤을느런히출철(舞列)。【禮記】行其ㅣ兆。❸맺을철(結也)。【詩經】爲下國ㅣ旒。❹그칠철(止也)。【禮記】禮者所以ㅣ淫。

【綵】 (채) 賄 サイ、あやぎぬ coloured silk ㄘㄞˇ tsʻai³ 오색비단채(繒繪五采備)。

【綶】 (과) 哿 カ、まとう tie up

얽어동여맬과(纏束)。

【綷】 ㊀(최) 寘 ㊁(쵀) 隊 サイ、スイ、えぎぬ coloured silk ㄘㄨㄟˋ tsʻuei⁴ 草書 ㊀깁와삭거릴최(紈素聲ㅣ縩)。㊁오색비단쵀(五采繒)。

【綸】 ㊀(륜) 眞 ㊁(관) 刪 リン、カン、いと green thread ㄌㄨㄣˊ luen² 小篆 草書 ㊀❶푸른실끈륜(靑絲綬)。❷벼리륜(綱也)。【易經 屯卦】君子以經ㅣ。❸낚싯줄륜(釣繳)。【詩經】之子于釣言ㅣ之繩。❹사륜륜(絲ㅣ、王言)。【禮記】王言如絲其出如ㅣ。❺휩쌀륜(纏裹)。【易繫辭】彌ㅣ天地之道。❻분잡할륜(雜揉)。㊁관끈관(靑絲綬巾名)。【正字通】孔明軍中嘗服ㅣ巾。

【綹】 (류) 有 リュウ、いとたば twenty scrap of thread ㄌㄧㄡˇ liu³ 小篆 ❶실스무오리류(絲二十縷)。❷열오리류(緯十縷)。【沈佺期詩】上有仙人長命ㅣ。

【綺】 (기) 紙 キ、あやぎぬ thin silk くㄧˇ chʻi³ 小篆 草書 ❶무늬놓은비단기(文繒)。【漢書】賈人無得衣錦繡ㅣ紵罽。❷아름다울기(美也)。

【綻】 (탄) 諫 タン、ほころびる rip ㄓㄢˋ chan⁴ (古音「잔」) 草書 ❶옷터질탄(衣縫解)。【禮記】衣裳ㅣ裂。❷나타날탄(ㅣ露)。

❸파할탄(破ㅣ)。

【綼】(벽) 錫 ヘキ、すそかざり embroider the seamed skirt
치마폭치장할벽(裳幅錦繡)。

【綽】(작) 藥 シャク、ゆるやか generous ch'ao¹
小篆 或體 草書 ❶너그러울작(寬也)。【詩經】ㅣㅣ有裕。❷정숙할작(靜淑)。【莊子 逍遙遊】ㅣ約如處子。❸많을작(多也)。

【綾】(릉) 蒸 リョウ、あやぎぬ figured silk ㄌㄧㄥˊ ling²
小篆 草書 무늬놓은비단릉(ㅣ紈、文繒)。

【綿】(면) 先 メン、わた cotton
草書 ❶솜면(纊也)。【廣韻】精曰ㅣ麤曰絮。❷동일면、얽을면(纏也)。❸끊어지지않을면、연할면(連ㅣ)。❹잘면(細也)。

【緂】㊀(담) 感 タン、あざやか brilliant
㊁(담) 覃
小篆 草書 ㊀유록빛담(帛青黃色)。【淮南子】ㅣ一文纏。㊁❶옷빛갈환할담(衣色鮮明)。❷길쌈담(紡也)。

【緀】(처) 齊 セイ、あや pattern
小篆 무늬놓을처(緀章相錯)。【詩經】ㅣ兮斐兮成是貝錦。

【緁】(첩) 葉 ショウ、ぬう sew ㄑㄧ ch'i¹
小篆 或體 草書 옷궤맬첩(緶衣縫也)。【漢書】白縠之衣薄紈之裏ㅣ以偏諸。

【縱】(종) 冬 ショウ、いろぎぬ dyed silks
小篆 물들인비단종(染色繒)。

【緄】(곤) 阮 コン、おび girdle
小篆 草書 ❶수놓은띠곤(繡帶)。【後漢書 南匈奴傳】童子佩刀、ㅣ帶各一。❷노끈곤(繩也)。

【緅】(추) 尤 シュウ、ス、すずめいろ deep blue ㄗㄡ tsou¹
小篆 草書 아청빛추(青赤色即鴉青)。【周禮】五人爲ㅣ 言染五次。

【緆】(석) 錫 セキ、ほそぬの cloth of fine texture ㄒㄧˋ hsi⁴
小篆 或體 草書 가는베석(細布)。【子虛賦】被阿ㅣ。

【緈】(행) 迥 ケイ、なおい straight
小篆 곧을행(直也)。

【緇】(치) 支 シ、くろ black ㄗ tzŭ¹
小篆 草書 검을치(黑色)。【假眞訓】以涅染ㅣ則黑於涅。

【緉】(량) 養 リョウ、なう hanging
小篆 ❶켤래량、신한켤레량(雙履)。❷맬량(絞也)。

【緊】(긴) 軫 キン、しめる、きびしい vital; urgent ㄐㄧㄣˇ chin³
小篆 草書 ❶착착얽을긴(急也、糾也)。❷딴딴할긴(堅也)。❸급할긴(ㅣ急)。❹요긴할긴(ㅣ要)。❺움츠릴긴(縮也)。

【緋】(비) 微 ヒ、あか red ㄈㄟ fei¹
小篆 草書 ❶붉은빛비(絳色)。❷붉은 깁비(赤練)。【唐書】袴褶之制五品以上ㅣ。

【緪】(궐) 月 ケツ、むすぶ connect
❶맺을궐(結也)。❷황후의옷궐(后服)。

【総】(총)『總』(糸部 11畫)과 같음

【緌】(유) 支 ズイ、かんむりひも ribbon of a coronet ㄖㄨㄟˊ juei²
小篆 草書 관끈늘어질유(冠纓下垂)。【禮記】范則冠而蟬有ㅣ。

緌 (圖器禮)

【緎】(역) 職 ヨク、イク、ぬいめ bastings
草書 혼솔역(裘之界域縫也)。【詩經】素絲五ㅣ。

九畫

【緒】(서) 語 ショ、いとぐち、こぐち clue ㄒㄩˋ hsü⁴
小篆 草書 ❶실마리서、실끝서(絲耑)。❷기업서、사업서(基ㅣ、事業)。【詩經 魯頌閟宮】纘太王之ㅣ。❸나머지서(殘餘)。【莊子 讓王】其ㅣ餘以爲國家。❹끄트머리서、시초서(端ㅣ、發端)。

【緋】(배) 隊 ハイ、はだぎ inner shirts
속적삼배(襦也)。

【緗】(상) 陽 ショウ、あさぎ light-yellow ㄒㄧㄤ hsiang¹
小篆 草書 아황빛상、누르스름할상(淺黃)。【後漢書】賈人ㅣ縹而已。

【緘】(함) 咸 カン、とじる close; bind (本音「감」) ㄐㄧㄢ chien¹
小篆 草書 ❶묶을함(束篋)。❷궤맬함(縢也)。❸봉할함(封也)。【家語】孔子觀周廟有金人三ㅣ其口。

【線】(선) 霰 セン、いと wire; thread ㄒㄧㄢˋ hsien⁴
草書 ❶실선(縷也)。【周禮】縫人掌王宮縫ㅣ之事。❷바느질할선(針ㅣ)。❸줄선(面界)。❹줄칠선(畫ㅣ)。❺발선(有ㅣ、視ㅣ、光ㅣ)。❻길선(路也)。

【緛】(연) 銑 ゼン、ネン、ちぢむ wrinkle
小篆 ❶쪼그라들연(縮也)。❷주름연(衣戚)。

【緜】(면) 先 メン、わた cotton ㄇㄧㄢˊ mien²
小篆 草書 ❶햇솜면(新絮)。【漢書】雖與首沌ㅣ罷密。❷권

출번울면, 끊어지지않을 면(ㅣㅣ不絕)。【詩經】ㅣ瓜瓞。❸괴 꼬리 소리면(ㅣ蠻、鳥聲)。【詩經】ㅣ蠻黃鳥。❹얽을면(纏ㅣ、綢繆)。【淮南子】纏ㅣ經冗。❺길면(長也)。❻연할면(連也)。(『綿』과 같음)

【緝】(집) 緝 シュウ、あつめる collect; continue ㄑㄧˋ chʻi⁴
小篆 草書 ❶길쌈집(績也)。❷이을집(繼續)。【詩經】授几有ㅣ御。❸빛날집(光也)。【詩經】於ㅣ熙敬止。❹옷가손할집(下橫縫)。【儀禮】斬者何不ㅣ。❺모을집(集也)。

【緞】㊀(하) 麻 ㊁(단) 旱 タン、ダン、きぬ silk ㄉㄨㄢˋ tuan
草書 ㊀❶신뒤축실하(履跟帖)。【急就篇】履舃鞜裒緞ㅣ紃。㊁❶뜻은㊀과같음。❷비단단(紬ㅣ)。

【緟】(중) 多 チョウ、かさねる repeat
小篆 草書 ❶더할중(增也)。❷거듭할중(重也)。

【締】(체) 霽 テイ、むすぶ fasten ㄉㄧˋ ti⁴
小篆 草書 ❶꼭 맺을체(結不解)。【史記】合從ㅣ交。❷닫을체、닫힐체(閉也)。

【緡】(민) 眞 ビン、メン、つりいと fishing-line ㄇㄧㄣˊ min²
小篆 草書 ❶입힐민、입을민(被也)。【詩經】在染柔木言ㅣ之絲。❷낚싯줄민(釣繳)。【詩經】其釣維何維絲伊ㅣ。❸돈꿰미민(錢貫)。【漢書】初筭ㅣ錢。

【緢】(묘) 蕭 ビョウ、めぐる envelop
小篆 ❶실반대묘、실두를묘(絲旋)。❷깃술묘(旄絲)。

【⿰糸盾】(순) 眞 シュン、せぬい back of a coat
옷등솔순(衣之督脊)。

【緣】㊀(단) 翰 ㊁(연) 霰 先 タン、エン、ちなみ、ふちどる connection ㄩㄢˊ yüan²
小篆 草書 ㊀단옷단(后服)。㊁❶인연연(因也)。【孟子 梁惠王】ㅣ木而求魚。❷인연할연(連絡)。❸선두를연(飾也)。【漢書】衣加純ㅣ。

【⿰糸秋】(추) 尤 シュウ、しりがい reins
❶말고삐추(馬靷、紂也)。❷말뒷거리추(馬服後革)。❸차고삐추(車紂)。

【緤】(설) 屑 セツ、きずな tie ㄒㄧㄝˋ hsieh⁴
草書 맬설(繫也)。【漢書】若夫束縛之繫ㅣ之。(『紲』과 같음)

【緥】(보) 晧 ホウ、むつき baby's quilt ㄅㄠˇ pao³
小篆 草書 포대기보(小兒被)。【漢書】曾孫雖在襁ㅣ。

【緦】(시) 支 シ、あさぬの hemp cloth ㄙ ssu¹
小篆 古文 草書 ❶보름새베시(十五升布)。❷시마복시、석달복시(麻ㅣ、三月服)。【禮記】四世而ㅣ服之窮。

【緧】(추)『⿰糸秋』(糸部 7畫)와 같음

【編】㊀(편) 先 ㊁(변) 銑 ヘン、あむ compile ㄅㄧㄢ pien¹
小篆 草書 ㊀❶책편편(次簡)。【史記】孔子讀易韋ㅣ三絕。❷적을편、기록할편(綠也)。❸첩지편(婦人假紒)。【周禮】首服爲副ㅣ。❹엮을편(織也)。❺벌릴편(列也)。㊁땋을변(ㅣ髮)。

【緩】(완) 旱 カン、ゆるむ slow; loose ㄏㄨㄢˇ huan³
小篆 或體 草書 ❶느즈러질완、더딜완(遲ㅣ)。【禮記】其樂心感者其聲嘽以ㅣ。❷너그러울완(寬也)。

【⿰糸皆】(개) 佳 カイ、ふといと thick thread
小篆 굵은실개(大絲)。

【緪】㊀(긍) 蒸 ㊁(긍) 徑 コウ、おおなわ thick and durable rope ㄍㄥ kêng¹
小篆 草書 ㊀동아줄긍(大索)。㊁줄되게맬긍(急張絃)。

【緫】㊀(총) 東 ㊁(종) 送 ソウ、うすぎぬ thin silk
草書 ㊀❶통견총(輕絹)。❷검푸른비단총(帛靑色)。㊁혼솔종(絲數)。【詩經】素絲五ㅣ。

【緬】(면) 銑 ベン、メン、はるか far ;thread ㄇㄧㄢˇ mien³
小篆 草書 ❶옮겨서장사지낼면、면례할면(改葬禮)。【穀梁傳】改葬之禮緦擧下ㅣ也。❷아득할면(ㅣ藐、遠也)。❸우두커니바라볼면(ㅣ然、思貌)。【楚語】ㅣ然引領南望。❹가는실면(微絲)。

【緯】(위) 未 イ、よこ woof; latitude ㄨㄟˇ wei³
小篆 草書 ❶씨위、경위위(橫絲)。【左傳 昭公二十四年】不恤其ㅣ。❷별오른편으로돌위(星右旋)。【周禮註】五ㅣ即五星言ㅣ者二十八宿隨天左轉爲經五星右旋爲ㅣ。❸점서위(圖ㅣ)。【三皇本紀】圖ㅣ所載。

【緭】(위) 未 イ、しろぎぬ white silks
小篆 흰비단위(白繒)。

【緰】㊀(유) 虞 ㊁(요) 嘯 ユ、きぬ silk
小篆 ㊀찢어진비단유(裂繒)。㊁비단요(帛也)。

【緱】(구) 尤 コウ、つか handle of a sword ㄍㄡ kou¹
小篆 草書 ❶칼자루감을구(劍頭飾)。【史記註】ㅣ謂把劍之物言其劍無物可裝但以繩纏之。❷땅이름구(地名)。

【⿰糸封】(봉) 董 ホウ、あさぐつ hemp sandals

小篆 ❶미투리봉(枲履)。❷꺽두기봉(小兒皮履)。〔愼子〕有虞氏之誅以後ㅣ當則。

【緲】(묘) 篠 ビョウ、かすか distant ㄇㄧㄠˇ miao³
草書 ❶적을묘(微也)。❷아득할묘(遠視貌)。〔海賦〕羣仙縹眇。

【緳】(혈) 屑 ケツ、おび girdle
草書 미혈(帶也)。〔莊子〕ㅣ係履而過魏王。

【練】(련) 霰 レン、ねる refine; practise ㄌㄧㄢˋ lien⁴
小篆 草書 ❶이길련, 누인련(湅繒)。❷연복련(小祥服)。❸익힐련(凡技能之求其熟)。❹겪을련(閱歷)。〔漢書〕昔靡不ㅣ。❺마전할련(湅漚)。❻가릴련(選也)。

【緵】(종) 東 ソウ、あみ texture; net ㄗㄨㄥ tsung¹ 送
草書 ❶베올종(布縷)。〔史記〕令徒隷衣七ㅣ布。❷그물종(魚網百囊罟)。

【緶】㊀(편) 先 ベン、ぬう sew ㄅㄧㄢ pien¹ (同音「변」) ㊁(변) 銑
小篆 草書 ㊀꿰맬편(縫也)。㊁❶옷건을변(褰衣)。❷얽힐변(交枲)。

【緹】(제) 齊 テイ、あかぎぬ red silk ㄊㄧˊ t'i²
小篆 或體 草書 ❶붉은비단제(赤帛)。❷붉을제(赤色)。

【緸】(인) 眞 イン、うごめく wriggle
草書 꿈틀거릴인(蠢動貌)。

【緷】㊀(혼) 元 コン、おおたば large bundle ㄍㄨㄣˇ kuen³ ㊁(혼) 阮
小篆 草書 ㊀백우혼, 장목혼(百羽)。㊁큰묶음혼(大束)。

【緺】㊀(왜) 佳 カ、ひも ribbon of a seal ㄍㄨㄚ kua¹ ㊁(과) 麻
小篆 草書 ㊀아청빛인끈왜, 푸른인끈왜(紫青印綬)。〔史記〕佩青ㅣ。㊁뜻은 ㊀과 같음。

【緻】(치) 寘 チ、こまやか minuteness ㄓ chih⁴
小篆 草書 ❶톡톡할치, 빽빽할치(密也)。〔後漢書〕硬礦采ㅣ。❷헌옷기울치(縫補敝衣)。

【緼】(온) 文 吻 ウン、あさ ramie cloth
草書 ❶모시온(枲麻)。〔禮記〕ㅣ爲袍。❷묵은솜온(舊絮)。❸성할온(盛貌)。❹기운덩이온(元氣)。〔易繫辭〕乾坤其易之ㅣ。❺불꾸러미온, 엉킨삼온(亂麻)。〔漢書〕束ㅣ請火於亡肉家邪。

【繩】(승)『繩』(糸部 13畫)의 俗字

【縇】(선)〔國字〕선선, 선두를선(衣緣、席筵邊飾)。

十畫

【縈】(영) 庚 エイ、まとう、からむ coil; wind around ㄧㄥˊ ying²
小篆 草書 ❶얽힐영(繞也)。〔詩經 周南樛木〕葛藟縈之ㅣ。❷맬영(繫也)。

【縭】(리) 支 リ、わるいわた inferior cotton
小篆 궂은솜리(惡絮、縿ㅣ)。

【縉】(진) 震 シン、うすあか pink
小篆 草書 ❶분홍빛진(淺絳色)。❷홀꽂을진(ㅣ紳)。

【縌】(역) 陌 ゲキ、ギャク、ひも ribbon of a seal
小篆 草書 인끈역(印綬)。〔漢書〕赤韍ㅣ。

【縊】㊀(의) 霽 イ、エイ、くびくくる hang; strangle oneself ㄧˋ i⁴ ㊁(액)〔慣音〕
小篆 草書 ㊀목맬의(自經懸繩阨頸)。〔左傳〕莫敖ㅣ于荒谷。㊁뜻은 ㊀과 같음。

【縋】(추) 寘 ツイ、すがる hang; be suspended ㄓㄨㄟˋ chuei⁴
小篆 草書 줄에달릴추(繩懸)。〔左傳〕夜ㅣ而出。

【縎】(골) 月 コツ、むすぶ tie ㄍㄨˇ ku³
小篆 草書 맺을골, 맺힐골(結ㅣ不解)。〔楚辭〕心結ㅣ兮折摧。

【縏】(반) 寒 ハン、きんちゃく purse ㄆㄢˊ p'an²
草書 작은주머니반(小囊)。〔禮記〕施ㅣ袠。

【縒】㊀(차) 支 サ、よる wind around ㊁(착) 藥
小篆 草書 ㊀실엉킬차(絲乱貌)。㊁얽힐착, 어지러울착, 실엉킬착(ㅣ綜、亂也)。

【縐】(추) 宥 スウ、シュウ、ちぢみ crumple; wrinkle ㄓㄡˋ chou⁴
小篆 草書 ❶주름추, 구길추(蹙也)。〔史記〕襞積褰ㅣ。❷가는칡베추(細絺)。〔詩經〕蒙被ㅣ絺。

【縑】(겸) 鹽 ケン、かとりぎぬ braid silk ㄐㄧㄢ chien¹
小篆 草書 합사비단겸(并絲絹)。〔漢書〕縕爲翁須作單ㅣ衣。

【縓】(전) 先 セン、うすあか pink ㄑㄩㄢˊ ch'üan²
小篆 草書 붉은빛전(絳色)。〔禮記〕期而小祥練冠ㅣ緣。

【縕】(온) 文 ウン、くずあさ ramie ㄩㄣˋ yün⁴
小篆 草書 ❶모시온(枲麻)。〔禮記〕ㅣ爲袍。❷묵은솜온(舊絮)。❸성할온(盛貌)。❹기운덩이온

(元氣)。【易繫辭】乾坤其易之ㅣ。【漢書】❺불꾸러미온、엉킨삼온(亂麻)。束ㅣ請火於亡肉家邪。

【緂】(담) 感 タン、あさぎ light green 小篆 유록빛담(靑黃色)。【詩經】毳衣如菼。

【縗】(최) 灰 サイ、もふく mourning dress ㄘㄨㄟ ts'uei¹ 草書 상옷최、상복최(喪服)。【左傳】晏嬰麤ㅣ斬。

【縲】(류) 尤 リュウ、あやぎぬ name of a silk 草書 비단이름류(綺屬)。

【縚】(도)『絛』(糸部 7畫)와 같음

【縛】(박) 藥 バク、しばる bind; tie ㄈㄨˊ fu² 小篆 草書 ❶묶을박(束也)。❷얽을박(繫也)。【左傳】面ㅣ銜璧。

【縝】(진) 軫 シン、こまか closeness ㄓㄣˇ chen³ 草書 ❶맺을진(結也)。❷톡톡할진、빽빽할진(密緻)。【禮記】ㅣ密以栗。❸실오리진、실마리진(縷也)。

【縜】(균) 眞 イン、ひも net rope ㄩㄣˊ yün² 小篆 草書 그물고균(持綱紐)。【周禮】上綱與下綱出舌尋ㅣ寸焉。

【縞】(호) 皓 號 コウ、しろぎぬ white silk ㄍㄠˇ kao³ (古音「고」) 小篆 草書 흰깁호(白繒、素也)。【詩經】ㅣ衣綦巾。

【縟】(욕) 沃 ジョク、いろどり floral design ㄖㄨˋ ju⁴ 小篆 草書 ❶화문놓을욕(繁采飾)。【西京賦】采飾纖ㅣ。❷가늘욕(細也)。

【⿰糸⿱日羽】(탑) 合 トウ、かけなわ snare 草書 엮을탑、노올무탑(以索買物)。【集覽】契丹將李楷固善用ㅣ索。

【縠】(곡) 屋 コク、ちぢみぎぬ fine silk gauze (本音「혹」) ㄏㄨˊ hu² 小篆 草書 ❶저사곡(縐紗)。【戰國策】不若王愛尺ㅣ也。❷고은깁곡(細緜)。【神女賦】動霧ㅣ以徐步。

【縣】㊀(현) 霰 ㊁(현) 先 ケン、かかる hang ; county ㄒㄩㄢˊ hsüan² 小篆 草書 ㊀❶달현、매달릴현(繫也)。【詩經】應田ㅣ鼓。❷끊어질현(絕也)。【漢書】ㅣ隔千里。㊁고을현(州ㅣ、行政區域、四甸五鄙)。

四甸爲縣 甸 甸 縣 甸 甸 井 牧 (禮器圖)

【縡】(재) 隊 賄 サイ、こと thing 小篆 草書 ❶일재(事也)。【漢書 揚雄傳】上天之ㅣ。❷실을재(載也)。

【縢】(등) 蒸 トウ、ひも cord ㄊㄥˊ t'êng² 草書 ❶노끈등(繩也)。❷궤맬등(緘也)。【禮記】甲不組ㅣ。❸묶을등(約也)。【詩經】竹閉緄ㅣ。❹행전등(行ㅣ、纏脛)。【戰國策】嬴ㅣ履蹻。

十一畫

【縩】(채) 隊 サイ、あざやかなころも clean colthes ㄘㄞˋ ts'ai⁴ ❶선명한옷채(鮮衣)。❷옷와삭거릴채(衣聲)。【漢書】粉粹ㅣ兮紈素聲。

【縪】(필) 質 ヒツ、とめる stop ㄅㄧˋ pi⁴ 小篆 草書 ❶그칠필(止也)。❷관솔기필、갓혼솔필(冠縫)。【儀禮】冠六升外ㅣ纓條屬厭。

【縫】㊀(봉) 冬 ㊁(봉) 宋 ホウ、ぬう sew ㄈㄥˊ fêng² 小篆 草書 ㊀❶궤맬봉(以鍼紩衣)。【詩經】可以ㅣ裳。❷마무를봉、미봉봉(彌ㅣ、補合)。【左傳】敢拜子之彌ㅣ。❸큰옷봉(ㅣ掖、大衣)。㊁혼솔봉(ㅣ會)。【禮記】古者冠縮ㅣ今也衡ㅣ。

【⿰糸習】(첩) 葉 ショウ、うつくしい きもの fine clothes 고은옷첩(鮮明衣、緹ㅣ)。【楚辭】襲英衣兮緹ㅣ。

【縬】(축) 屋 シュク、ちぢむ shrink ❶쪼그라질축、오그릴축(縮也)。❷구김살축(ㅣ紋)。❸비단무늬축(繒文)。

【縭】(리) 支 リ、てふき towel ㄌㄧˊ li² 小篆 草書 ❶실로써 신꾸밀리(以絲飾履)。❷향주머니리(褘也)。【詩經】親結其ㅣ。❸맬리(繫也)。【詩經】紼ㅣ維之。

縭圖 (三才圖會)

【縮】(축) 屋 シュク、ちぢむ shrink (本音「숙」) ㄕㄠˋ shao⁴ 小篆 草書 ❶거둘축(收也、斂也)、오그라질축。❷물러갈축(退也)。❸줄축(贏之反)。【戰國策】ㅣ于財用則匱。❹곧을축(直也)。【孟子】自反而ㅣ。❺모자랄축(不及)。❻쭈그릴축(局ㅣ)。

【縯】㊀(연) 銑 ㊁(인) 軫 エン、イン、ながい、ひく long; drag ㄧㄢˇ yen³ 草書 ㊀길연(長也)。㊁당길인(引也)。

【縰】(사) 紙 シ、かみづつみ headpiece (俗音「쇄」) ㄕˇ shih³ 草書 ❶머리쓰개사、검은비단댕기사(韜髮黑繒)。【禮記】櫛ㅣ笄總。❷많을사(ㅣㅣ衆多)。【高唐賦】ㅣㅣ莘莘。

【縱】㊀(종) 董 ㊁(종) 冬 ㊂(종) 宋 ショウ、ジュウ、ゆるい、たて vertical ㄗㄨㄥ tsung¹ 小篆 草書 ㊀바쁠종(急遽)。【禮記檀弓】喪事欲其ㅣㅣ爾。

㊁❶세로종(橫之對直也)。❷세울종(竪也)。㊂❶늘어질종(緩也)。【詩經】無ㅣ詭隨。❷놓을종(放也)。【漢書】發ㅣ指示。❸비록종(雖也)。【左傳】ㅣ有共其內。❹어지러울종(亂也)。❺둘종(置也)。

【縲】(류) ［支］ ルイ、なわ black rope ㄌㄟˊ lei² (俗音「루」)
草書 검은새끼류(黑索)。【史記】幽於ㅣ紲。

【縳】㊀(견) ［銑］ テン、いと texture ㊁(전) ［霰］ ㄓㄨㄢˋ chuan⁴
小篆 草書 ㊀올견、낳이실견(紡絲)。㊁❶곱고선명한빛전(白而鮮色)。❷장목전(羽數束名)。【周禮】十羽爲審百羽爲摶十摶爲ㅣ。

【縵】㊀(만) ［翰］ マン、バン ひらぎぬ plain silk ㊁(만) ［諫］ ㊂(만) ［寒］ ㄇㄢˋ man⁴
小篆 草書 ㊀무늬없는비단만(繒無文)。【左傳】絳服乘ㅣ。㊂❶너그러울만(寬心)。【莊子】ㅣ者窖者密者。❷줄고를만(調絃)。【禮記】不學操ㅣ不能安弦。㊂늘어질만(緩也)。【卿雲歌】鄕卿雲爛兮糺ㅣㅣ。

【繾】(견) ［先］ ケン、わた bad cotton ㄑㄧㄢˇ ch'ien⁴
草書 궂은솜견(惡絮、ㅣ纐)。

【縶】(집) ［緝］ チュウ、つらねる bind; tie ㄓˊ chih²
草書 ❶맬집、옭을집(縶馬絆也)。【詩經】ㅣ之維之。❷간힐집(拘執)。【左傳】南冠而ㅣ者誰也。

【縷】(루) ［麌］ ルイ、いと string; rope ㄌㄩˇ lü³
小篆 草書 ❶실루、실마디루(綫也)。【孟子】有布ㅣ之征。❷곡진할루(委曲)。【柳宗元書】雖欲典筆覼ㅣ。❸남루할루(衣敝)。【左傳】華路藍ㅣ以啓山林。

【縸】㊀(모) ［遇］ バク、とばり curtain ㊁(막) ［藥］
草書 ㊀궂은솜모(惡絮)。㊁그물칠막(張羅貌、絡ㅣ)。【後漢書】織羅絡ㅣ。

【縹】(표) ［篠］ ヒョウ、はなだいろ light blue ㄆㄧㄠˇ p'iao³
小篆 草書 ❶옥색빛표(帛青白色)。【楚辭】翠ㅣ兮爲裳。❷훌쩍날표(輕飛貌)。【賈誼 鵩鳥賦】鳳ㅣㅣ其高逝兮。

【縺】(련) ［先］ レン、もつれる twine round
草書 실얽힐련(亂也)。

【縻】(미) ［支］ ビ、つなぐ tie up ㄇㄧˊ mi²
小篆 或體 草書 ❶얽어맬미(繫也)。【漢書】羈ㅣ不絕。❷소고삐미(牛轡)。

【總】㊀(총) ［東］ ソウ、すべる、すべて general; all ㊁(총) ［董］ ㄗㄨㄥˇ tsung³
小篆 草書 ㊀꿰맬총、훌총(縫也)。㊁❶거느릴총(統也)。【淮南子】萬物ㅣ而爲ㅣ。❷합할총(合也)。❸다총(皆也)。❹끄덩이잡을총(括也)。❺볏집총(禾稾)。【書經】百里賦納ㅣ。❻상투짠총、총각총(ㅣ角、束髮)。❼모을총(聚也)。【離騷經】紛ㅣㅣ其離合兮。

❻㊁總(圖物名)

【縼】(선) ［霰］ セン、つなぐ connect
小篆 바선(牛馬繫)。

【績】(적) ［錫］ セキ、つむぐ、いさお spin; merits ㄐㄧ chi¹
小篆 草書 ❶길쌈적(緝麻)。【詩經】不ㅣ其麻。❷공적(功業)。【書經】庶ㅣ咸熙。❸이룰적(成也)。❹이을적(繼也)。❺일적(事也)。

【繐】(세) ［霽］ セイ、こまかいぬの fine cloth
小篆 가는베세(細布)。

【縿】(삼) ［咸］ サン、はたあし breath of a flag ㄕㄢ shan¹
小篆 草書 기폭삼(旗幅)。【周禮註】旗之畫日月者正幅爲ㅣ旒則屬焉。

【繂】(률) ［質］ リツ、おおづな rope ㄌㄩˋ lü⁴
草書 ❶닻줄률(維舟大索)。❷깔아놓는방석률(韋ㅣ籍玉)。【東京賦】藻ㅣ鞶厲。

【繀】(쇄) ［隊］ サイ、いとぐるま reel
小篆 草書 실톳쇄、실을푸는얼려쇄(織ㅣ)。

【繁】㊀(번) ［元］ ハン、さかえる prosper ㊁(반) ［寒］ しげる ㄈㄢˊ fan²
㊀❶많을번(多也)。【書經】實ㅣ有徒。❷성할번(盛也)。【禮記】拜至辭讓之節ㅣ。❸번잡할번(雜也)。【孝經序】安得不翦其ㅣ蕪。㊁말배때끈반(馬腹帶)。【左傳】請曲縣ㅣ纓以朝。

【繃】(붕) ［庚］ ホウ、まく wind; bind ㄅㄥ pêng¹·³·⁴ (本音「팽」)
小篆 草書 ❶묶을붕(束也)。【墨子】桐棺三寸葛以ㅣ之。❷감을붕(卷也)。

【繄】㊀(예) ［齊］ エイ、くろぎぬ black silk ㊁(예) ［霽］ ㄧ i¹
小篆 草書 ㊀❶검푸른비단예(靑黑繒)。❷어조사예(語助辭)。【左傳 隱公元年】爾有母遺ㅣ我獨無。㊁탄식소리예(歎聲)。

【繅】㊀(소) ［豪］ ソウ、あや、くる reel silk off cocoons ㊁(조) ［皓］ ㄙㄠ sao¹
小篆 草書 ㊀고치켤소、고치실뽑을소(繹繭出絲)。【禮記】夫人ㅣ三盆手。㊁옥받침조(薦玉采藉)。【周禮】加ㅣ席畫純。

【緰】(두) ［尤］ トウ、いとでつくったふくろ purse made of thread
실로만든주머니두(編絲結囊)。

【繆】 ㊀(무) 宥 ㊁(류) 尤 ㊂(목) 屋 ㊃(규) 尤 ビュウ、あやまる error ㄇㄡ mou²
小篆 草書 ㊀❶실천오리무(絲千縷)。❷얽을무(纏綿)。【詩經】綢ㅣ牖戶。 ㊁어그러질류(錯也)。【禮記】五者一物紕ㅣ。 ㊂몹쓸시호목(惡諡)。【公羊傳】葬宋ㅣ公。 ㊃수질규、요질규(ㅣ絰、絞也)。

【繇】 ㊀(요) 蕭 ㊁(유) 尤 ㊂(주) 宥 ヨウ、ユウ、しげる dense ㄧㄡ yu²
小篆 草書 ㊀❶따를요(隨也)。❷성할요(茂也)。【書經】厥草惟ㅣ。❸역사할요(役也)。【史記】高祖常ㅣ咸陽。㊁❶좇을유(從也)。【易經】其所ㅣ來者漸矣。❷다닐유(行貌)。【漢書】犬馬。❸부드러울유(和柔)。㊂점괘주(占辭)。【左傳 閔公二年】成風聞成季之ㅣ。

【繈】 (강) 養 キョウ、ぜにさし string of coppers ㄑㄧㄤ ch'iang³
小篆 草書 돈꿰미강(錢貫)。【漢書】臧ㅣ千萬。

【顈】 (경) 迥 靑 ケイ、ひとえ unlined clothes
❶홑옷경(禪衣)。❷어저귀경(草名)。

十二畫

【繏】 (선) 霰 セン、なわ string
누에집매다는줄선(蠶巢懸繩)。

【繎】 (연) 先 ネン、あか deep red
小篆 ❶새빨갈연(深紅色)。❷실엉킬연(絲難理)。

【𦅷】 (수) 虞 シュ、もつれる bind one's feet
小篆 두앞발동일수(絆前兩足)。

【繐】 (세) 霽 セイ、あらぬの loose fabric ㄙㄨㄟ suei⁴ (或音「혜」)
小篆 草書 가늘고성긴베세(細絲疏布)。

【䌖】 ㊀(접) 葉 ㊁(집) 緝 シュウ、あう add〔put〕
小篆 ㊀❶합할접(合也)。❷오랑캐의재물접(蠻夷貨名)。【左思】ㅣ賄紛紜。㊁뜻은 ㊀과 같음。

【繑】 (교) 蕭 キョウ、はかまひも trousers band ㄑㄧㄠ ch'iao¹
小篆 草書 바지단추교(袴紐)。【管子】緉ㅣ而踵相隨。

【繒】 (증) 蒸 ソウ、ジョウ、きぬ silk ㄗㄥ tsêng¹
小篆 籀文 草書 ❶비단증(帛總名)。【漢書】灌嬰睢陽販ㅣ者也。❷나라이름증(國名)。

【織】 ㊀(직) 職 ㊁(지) ㊂(치) 寘 ショク、シ、おる weave ㄓ chih¹
小篆 草書 ㊀❶짤직、낳이직(布帛總名)。【書經】厥篚ㅣ文。❷만들직(組ㅣ)。㊁실다듬을지、실뽑을지(治絲)。【禮記】士不衣ㅣ。㊂기치(徽也、旗也)【詩經】ㅣ文鳥章。

【繓】 (촬) 曷 サツ、むすぶ knot ㄗㄨㄛ tsuo²
❶맺을촬(結也)。❷가위밥촬(縫餘)。

【繕】 (선) 霰 セン、ゼン、つくろう mend; repair ㄕㄢ shan⁴
小篆 草書 ❶기울선、꿰맬선(補也)。【禮記】ㅣ囹圄。❷다스릴선(治也)。【左傳】征ㅣ以輔孺子。❸쓸선(寫也)。【後漢書】供ㅣ寫上。❹가손할선、길쌈할선(緝也)。

【𦈏】 (초) 蕭 ショウ、きあさ unbleached ramie cloth
생모시초(生枲未漚)。

【繘】 (율) 質 イツ、つるべなわ well-rope ㄩ yü⁴
小篆 古文 籀文 草書 드레박줄율(汲水綆)。【易經】汔至亦未ㅣ井。

【繖】 (산) 旱 サン、かさ umbrella
小篆 草書 우산산、일산산(笠類)。【晉書】遇雨請以ㅣ入。

方繖 (大淸會典圖)　大繖 (三才圖會)

【繙】 (번) 元 ハン、バン、ひもとく translate ㄈㄢ fan¹
小篆 草書 ❶번역할번(ㅣ書、繹也)。【莊子】ㅣ十二經以說老聃。❷기펄럭거릴번(繽ㅣ、風吹旗)。

【𦆸】 ㊀(별) 屑 ㊁(폐) 霽 ベツ、つるぎひも ribbon of a sword
㊀칼끈별(劍帶)。㊁궂은솜폐(惡絮)。

【繚】 ㊀(료) 蕭 ㊁(료) 嘯 篠 リョウ、まとう tie up ㄌㄧㄠ liao²
小篆 草書 ㊀❶동일료、얽을료(纏也)。❷둘릴료(繞也)。【禮記】再ㅣ四寸。㊁다듬을료、다스릴료(理也)。【莊子】ㅣ意絕體而爭。

【繛】 (작)『綽』(糸部 8畫)과 같음

【繜】 (준) 阮 ソン、あつめる collect
小篆 草書 ❶잠방이준、쇠코잠방이준(小衣、犢鼻)。❷모을준(聚也)。

【繝】 (간) 諫 カン、あや figure
무늬간(紋也)。

【繞】 (요) 篠 ジョウ、ニョウ、まとう tie up ㄖㄠ jao⁴
小篆 小篆 草書 ❶동일요、얽힐요(纏也)。❷둘릴요(圍也)。

【𦇵】 (희) 支 キ、わらう laugh

❶웃을희(笑也)。❷즐길희(樂也)。

【繟】(천) 銑 セン、ゆるい lengthen
繟 小篆 ❶띠늘어질천(帶緩)。❷넉넉할천、너그러울천(寬綽)。

【繠】(예) 紙 ズイ、たれる hang down ㄖㄨㄟˇ juei³
繠 小篆 ❶드리울예(垂也)。〔左傳〕佩玉ㅣ兮餘無所繫。❷기울예(葺也)。❸모여들예(羣集)。

【繡】(수) 宥 シュウ、ぬいとり embroider ㄒㄧㄡˋ hsiu⁴
繡 小篆 草書 ❶수놓을수(五采刺文)。〔周禮〕畫績之事五采備爲之ㅣ。❷성수(姓也)。

【繢】(一)(궤) 隊 カイ、キ、いろどり embroider (本音「회」) (二)(귀) 寘 ㄏㄨㄟˋ huei
繢 小篆 草書 (一)❶톱끝궤(織餘)。❷그림궤(畫也)。〔周禮〕畫ㅣ之事雜五色。❸수놓을궤(繡也)。〔漢書〕以ㅣ爲皮幣。(二)뜻은 (一)과 같음。

繢(禮器圖)

【繧】(운)〔日字〕いろどり colouring
繧 草書 채색운(采色)。

【繣】(一)(홰) 卦 カイ、カク、そむく (二)(획) 陌 contrary to ㄏㄨㄚˋ hua⁴
繣 草書 (一)❶어긋칠홰(乖戾、徽ㅣ)。❷ㅗ홰(纏也)。(二)❶깨지는소리획(破聲)。〔西征賦〕ㅣ瓦解而冰泮。❷두끝맬획(兩頭繫)。

十三畫

【繩】(승) 蒸 ジョウ、なわ rope; string ㄕㄥˊ shêng²
繩 小篆 草書 ❶노승(索也)。〔易繫辭〕上古結ㅣ而治。❷먹줄승(直也)。〔禮記〕ㅣ墨之於曲直。❸법승(法也)。〔禮記〕以ㅣ德厚。❹다스릴승(彈治)。〔書經〕ㅣ愆糾謬。❺많을승(衆多)。〔詩經〕宜爾子孫ㅣㅣ兮。❻칭찬할승(譽也)。〔左傳 莊公十四年〕蔡ㅣ息嬀。❼이을승(繼也)。〔詩經大雅下武〕ㅣ其祖武。

繩❷(三才圖會)

【繐】(세) 霽 セイ、ねりぬの bleached cloth
마전한베세(練布)。

【繪】(회) 泰 カイ、え、えがく draw; picture ㄏㄨㄟˋ huei⁴
繪 小篆 草書 ❶그림회(畫也)。〔論語〕ㅣ事後素。❷수놓을회(會五采、繡也)。

【繫】(계) 霽 ケイ、つなぐ bind; fasten (本音「혜」) ㄐㄧˋ chi⁴
繫 小篆 草書 ❶얽을계(縛也)。❷맺을계(結也)。❸맬계(維也)。〔左傳〕ㅣ桑本焉。❹묶을계、약속할계(約束)。❺머물계(滯留)。❻이을계(續也)。

【𦅈】(저) 語 チョ、わたいれきもの stuff clothes with cotton
옷에솜둘저(綿絮衣)。(『紵』와 같음)

【繭】(견) 銑 ケン、まゆ cocoon ㄐㄧㄢˇ chien³
繭 小篆 古文 草書 ❶고치견(蠶房)。❷발부르틀견(足病)。〔戰國策註〕足傷皮皺如蠶ㅣ。❸목쉴견(ㅣ聲、氣微細)。〔禮記〕言容ㅣㅣ。❹비단견(絹布)。

【䌜】(업) 葉 ギョウ、しばる tie; bind ㄧㄝˋ yeh⁴ (或音「녑」)
❶얽을업(縛也)。❷꿰맬업(縫也)。

【繮】(강) 陽 キョウ、たずな reins ㄍㄤ kang¹
繮 小篆 草書 말고삐강(馬紲)。(『韁』과 같음)

【繯】(一)(현) 銑 ケン、からむ twine round (二)(환) 諫 ㄏㄨㄢˋ huan⁴
繯 小篆 草書 (一)❶얽힐현(絡也)。❷둘릴현(環也)。❸맬현(繫也)。〔漢書〕虹蜺爲ㅣ。(二)엷은비단환(薄繒)。

【繰】(一)(소) 豪 ソウ、くる reel silk ㄙㄠ sao¹ (二)(조) 皓
繰 小篆 草書 (一)고치켤소(繹繭)。(二)아청통견조(紺色)。

【𦆽】(금) 沁 キン、いと thread
❶실금(絲也)。❷쪽물들일금(ㅣ碧、所用藍染)。

【繺】(렴) 琰 レン、かいこのすばしら instrument used silkworms
누에발다는줄렴(蠶箔懸繩)。

【繲】(해) 卦 カイ、あらう wash (本音「개」)
繲 草書 옷빨해(浣衣)。〔莊子〕挫鍼治ㅣ。

【繳】(一)(교) 篠 キョウ、キャク、まとう tie up (二)(격) 藥 ㄐㄧㄠˇ chiao³
繳 小篆 草書 (一)동일교(纏也)。〔漢書〕名家苛察ㅣ繞。(二)❶주살격(矰ㅣ、弋箭)。〔孟子 告子上〕援弓ㅣ而射之。❷돌려보낼격(ㅣ還)。

【繴】(벽) 錫 ヘキ、とりあみ fowler's net
繴 小篆 ❶새그물벽(鳥網)。❷홀치그물벽(魚網)。

【䌟】(벽) 陌 ヘキ、ベキ、わた cotton
❶분합띠벽(織絲爲帶)。❷솜벽(絮也、緶ㅣ)。

【繵】(一)(전) 先 デン、タン、ひとえ unlined clothes (二)(단) 寒 ㄉㄢˋ tan⁴ (三)(단) 旱
(一)❶홑옷전(單衣)。❷맥얽힐전(脈纏繞胃)。〔史記〕動胃ㅣ緣。(二)❶자지색단(紫色)。❷노단(繩也)。(三)❶허리띠단(腰帶)。❷묶을단(束也)。

【𦈉】(겸) 鹽 ケン、とじる shut
𦈉 小篆 ❶뜻굳게가질겸(持意堅固)。❷입다물겸(閉口)。

【繶】(억) 職 オク、ひも braided string

❶빛은노역(絛繩)。【周禮】赤ー黃ー。❷신변나역、혼솔실역(履緣縫絡)。

【繷】(농) 腫 ドウ、おおい many
많을농(盛多、紛ー)。【後漢書】紛ー塞路。

【繸】(수) 寘 スイ、かざりひも ribbon seal ㄙㄨㄟˋ suei⁴
인끈수、노리개끈수(佩玉組、綬也)。

【繹】(역) 陌 エキ、ヤク、とく、つらねる get the clue 一ˋ i⁴
❶풀역、삭일역(理也)。【方言】抽繹曰ー言解曰ー。❷베풀역(陳也)。【書經 君陳】庶言同則ー。❸실끝찾을역、궁구할역(尋究)。❹잇닿을역(不絕)。❺빛날역(光采)。

【繤】(찬)『纂』(14畫 糸部)과 같음

十四畫

【辮】(변) 銑 ベン、あむ、くむ braid ㄅㄧㄢˋ pien⁴
❶땋을변、엮을변(交也)。❷얽을변(繆也)。❸단추변(紐也)。

【繻】(수) 虞 シュ、こまめのきぬ silk of fine texture ㄒㄩ hsü¹
❶톡백김수(細密羅)。【易經】ー有衣袽。❷비단보람수(符帛)。【漢書】關吏與軍ー。

【繼】(계) 霽 ケイ、つぐ、つづく succeed ㄐㄧˋ chi⁴
이을계(續也、紹也)。【中庸】善ー人之志。

【繽】(빈) 眞 ヒン、さかんなり prosperous ㄆㄧㄣ pin¹
❶성할빈(盛貌)。❷많을빈(衆也)。❸어지러울빈(亂也)。【屈原 離騷】佩ー紛其繁飾兮。

【糸隱】(은) 吻 イン、ぬう sew
❶맞꿰맬은(縫衣相著)。❷비단은、깁은(絣也)。

【繾】(견) 銑 ケン、てあつい hearty ㄑㄧㄢˇ ch'ien³
곡진할견、마지않을견(ー綣、不已)。【詩經】以謹ー綣。

【繿】(람)『襤』(14畫 衣部)과 같음

【纁】(훈) 文 クン、うすあか pink ㄒㄩㄣ hün¹
❶분홍빛훈(淺絳色)。❷세번물들일훈(三染成)。【書經】厥篚玄ー璣組。

【纂】(찬) 旱 サン、あつめる、あつまる collect; edit ㄗㄨㄢˇ tsuan³
❶책편찬할찬、모을찬(集也)。【漢書】揚雄取其有用者以作訓ー篇。❷이을찬(繼也)。【漢書】ー堯之緖。

十五畫

【纅】㊀(약) 藥 ㊁(력) 錫 レキ、いろいと coloured thread
㊀색실약(色絲)。㊁실다듬을력(治絲)。

【縩】(채) 泰 サイ、うすぎぬ rustle of silk
깁와삭거릴채(紈素聲)。【藉田賦】綃紈綷ー。

【纆】(묵) 職 ボク、なわ reins ㄇㄛˋ mo⁴
❶두겹노묵(兩股索)。【易經】係用徽ー。❷말고삐묵(ー牽)。

【纇】(뢰) 隊 ライ、ふしいと knot ㄌㄟˋ lei⁴
❶실마디뢰(絲節)。❷죽은깨뢰(疵也)。【唐書】鉏ー除荒。❸어그러질뢰(戾也)。【左傳】忿ー無期。

【纈】(힐) 屑 ケツ、しぼり (本音「혈」) tie a knot ㄒㄧㄝˊ hsieh²
❶무늬얽힐힐(文繒)。【李賀詩】醉ー拋紅網。❷맺을힐(結也)。

【纉】(찬)『纘』(19畫 糸部)의 俗字

【續】(속) 沃 ショク、ゾク、つづく continus ㄒㄩˋ hsü⁴
이을속(繼也)。【朱熹中庸章句序】ー夫千載不傳之緖。

【纊】(광) 漾 コウ、わた fine cotton ㄎㄨㄤˋ k'uang
고운솜광(細綿)。【書經】厥篚纖ー。

【纋】(우) 尤 ユウ、かみゆい white ribbon
흰댕기우(笄之中央以安髮)。【儀禮】鬠笄用桑長四寸ー中。

【纍】㊀(류) 寘 ㊁(류) 支 ルイ、まつわる be entangled ㄌㄟˊ lei²
㊀❶갇힐류(囚繫)。【漢書】幽于ー紲。❷얽크러질류(聯絡)。【詩經】葛藟ー之。❸어릿어릿할류(失志貌)。【史記 孔子世家】ーー若喪家之狗。❹죄류(罪也)。❺노류(索也)。㊁맬류(係也)。

【纎】(섬)『纖』(17畫 糸部)의 俗字

【纏】㊀(전) 先 ㊁(전) 霰 テン、からむ bind up ㄔㄢˊ ch'an²
㊀❶둘릴전(繞也)。【傳習錄上】舊說ー於胸中。❷묶을전(束也)。㊁❶동일전(約也)。❷얽을전(繳也)。【李商隱雜纂 惱人】被醉人ー住不放。

十六畫

【䌫】(람)『纜』(21畫 糸部)의 俗字

【纑】(로) 虞 ロ、あさぬの hemp cloth ㄌㄨˊ lu²
익힌베올로、베올로(練麻布縷)。【孟子 滕文公下】妻辟ー。

【纖】(산)『纖』(12畫 糸部)과 같음

【⿰糸頻】(빈) 眞 ヒン、ころもをうつ full clothes 옷다듬을빈(擣衣)。

【纒】(전)『纏』(15畫 糸部)의 俗字

十七畫

【⿰糸罽】(계) 霽 ゲイ、けおり fur fabrics ㄐㄧˋ chi⁴ 小篆 전계、털로짠베계(西方毳布氈髭類)。

【纓】(영) 庚 エイ、かんむりのひも chin-strip ㄧㄥ ying¹ 小篆 草書 ❶갓끈영(冠系)。〔孟子 離婁上〕滄浪之水淸兮、可以濯我ー。❷말가슴걸이영、말북두영(馬鞅)。〔左傳〕鞶厲游ー。❸노영(索也)。〔魏徵詩〕請ー繫南粵。❹얽힐영(纏也)。〔孔稚圭北山移文〕ー情於好爵。

【纔】㊀(재) 灰 ㊁(삼) 咸 サイ、ザン、わずかに barely; hardly ㄘㄞˊ ts'ai² 小篆 草書 ㊀❶겨우재(僅也)。〔漢書〕遠縣ー至。❷잠간재(暫也)。❸비롯할재(始也)。㊁❶회색비단삼(帛雀頭色)❷엷게검을삼(微黑色)。

【纕】(양) 陽 ジョウ、おび girdle (或音「상」) 小篆 ❶패옥띠양(佩帶、蕙ー)。〔楚辭〕旣替余以蕙ー兮。❷말북두양、말배때끈양(馬腹帶)。❸팔걷을양(捲臂)。

【纖】(섬) 鹽 セン、ほそい delicate ㄒㄧㄢ hsien¹ 小篆 ❶가늘섬(羅縠細)。〔楚辭〕被文服ー。❷아낄섬(儉嗇)。〔史記〕周人旣ー。

十八畫

【⿰糸雚】(권) 先 ケン、づきん winter-cap 풍뎅이권、풍차권(幘也)。

【纗】(수) 支 スイ、つなぐ bind up 小篆 ❶맬수(繫也)。❷큰띠수(紳帶)。

十九畫

【纘】(찬) 旱 サン、つづける continue ㄗㄨㄢˇ tsuan³ 小篆 草書 ❶이을찬(繼也)。〔書經〕ー禹舊服。❷울모을찬(綜集)。

【纙】(라) 箇 ラ、ぜにさし package of money ㄕˇ shih³ 돈꾸러미라(錢緡)。

【纚】㊀(리) 支 ㊁(사) 紙 ㊂(라) 紙 リ、シ、かみづつみ headpiece 小篆 草書 ㊀❶끈리(綏也)。〔詩經〕紼ー維之。❷대새끼리(笮也)。㊁❶치포건사(緇布幅廣長大尺 韜髮)。❷연이을사(連屬)。〔漢書〕輦道ー屬。㊂❶비비꼬일라(索貌)。〔楚辭〕索胡繩之ーー。

纚㊁❶(圖物名)

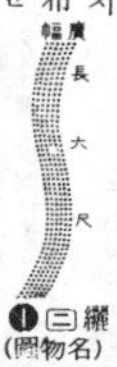

【纛】㊀(도) 號 ㊁(독) 沃 ㊂(둑)〔國音〕 トウ、トク、はた banner ㄉㄠˋ tao⁴ 草書 ㊀둑기도(羽葆幢大皂旗)。〔漢書〕黃屋左ー。㊁뜻은 ㊀과 같음。

纛(禮圖器)  吉爾丹纛(大淸會典圖)

【⿰糸璽】(시) 支 シ、ジ、ほそい delicate 小篆 ❶면주시(綿紬)。❷가늘시(細也)。

二十一畫

【⿰糸贏】(라) 箇 ラ、ひとしくない be not equal to 小篆 ❶고르지않을라(不均貌)。❷가늘지않을라(不細貌)。

【纜】(람) 勘 ラン、ともづな cable; hawser ㄌㄢˇ˙ˋ lan³·⁴ 草書 닻줄람(維舟索)。〔杜甫詩〕遲日徐看錦ー牽。

二十二畫

【⿰糸囊】(낭) 漾 ドウ、ゆるい loose 너그러울낭(緩也)。

二十三畫

【⿰糸戀】(련) 霰 レン、つづく unable to cut off 끊어지지않을련(不斷)。

缶 部

【缶】(부) 有 フ、フウ、ほとぎ barrel ㄈㄡˇ fou³ 小篆 草書 ❶양병부、장군부(大腹斂口、盎也)。〔易經〕有孚盈ー。❷질장구부(鼓以節歌)。〔詩經〕坎其擊ー。(『拊』과 같음)

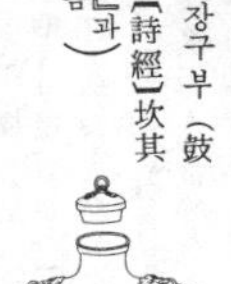

周素缶❶(西淸古鑑)

【缶】(부)『缶』(前條)의 俗字

三畫

【缸】(항) 江 コウ、かめ jar; pot ㄍㄤ kang¹ 小篆 草書 항아리항(長頸甖)。

【⿰缶于】(우) 虞 ウ、つるべ well-bucket 두레박우(汲水器)。

四畫

【䍃】㊀(요) 蕭 ㊁(유) 尤 ヨウ、どうき unglazed earthenware 小篆 ㊀질그릇요、병요(瓦器、瓶也)。㊁독유(甕也)。

【缺】(결) 屑 ケツ、かく broken; miss ㄑㄩㄝ ch'üeh¹ 小篆 草書 ❶이지러질결(器破、虧也)。〔書經〕咸以正罔ー。

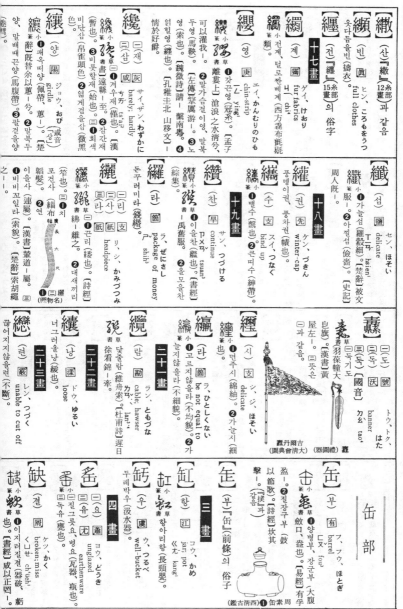

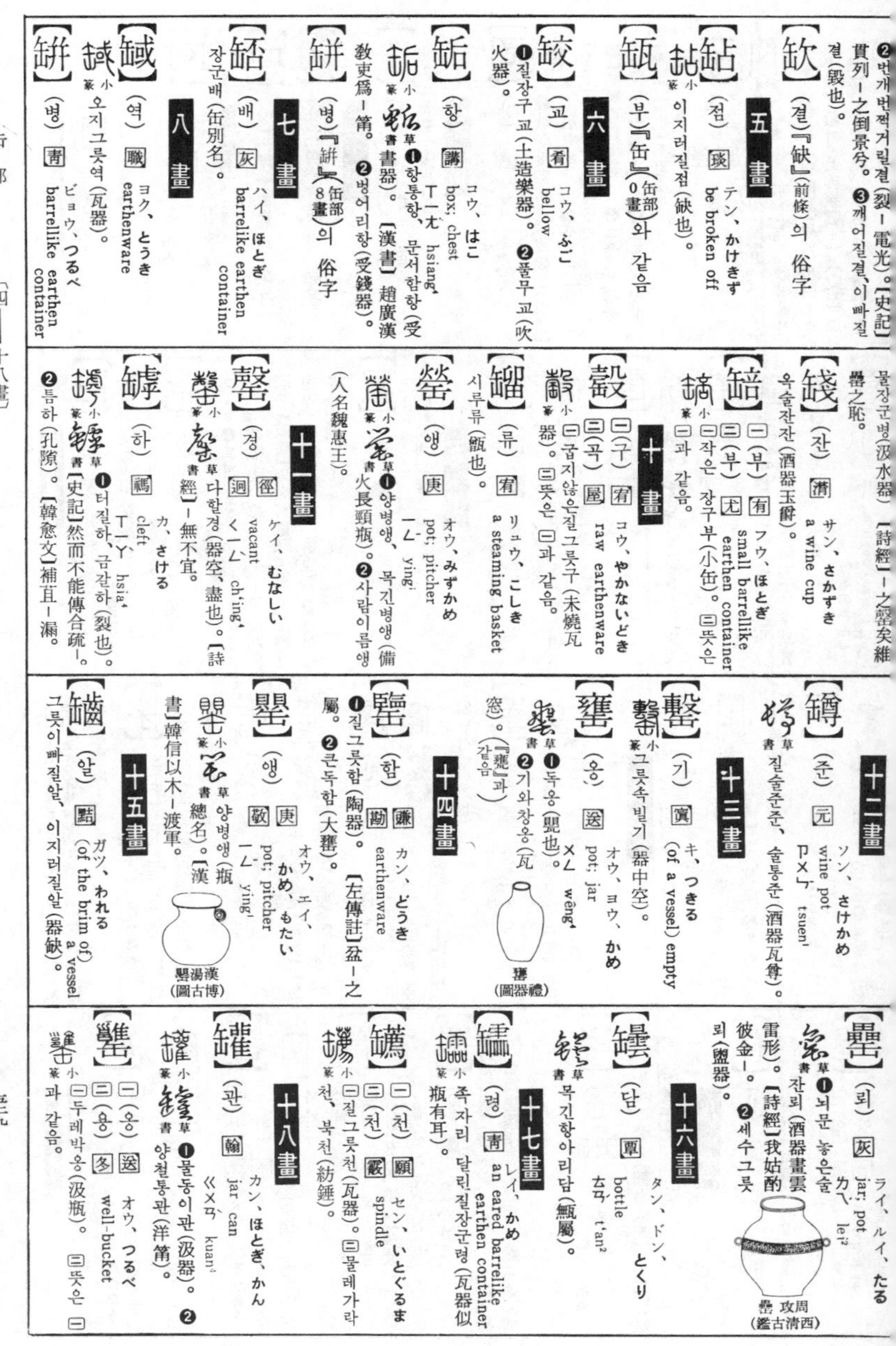

❷번개번쩍거릴결(裂—電光)。〔史記〕貫列—之倒景兮。❸깨어질결, 이빠질결(毁也)。

【缼】(결)『缺』(前條)의 俗字

五 畫

【𦈢】(점) [琰] テン、かけきず be broken off
小篆 이지러질점(缺也)。

【缻】(부)『缶』(缶部 0畫)와 같음

六 畫

【⿰缶交】(교) [肴] コウ、ふご bellow
❶질장구 교(土造樂器)。❷풀무 교(吹火器)。

【缿】(항) [講] コウ、はこ box; chest ㄒㄧㄤˋ hsiang⁴
小篆 草書 ❶항통항, 문서함항(受書器)。〔漢書〕趙廣漢教吏爲—筩。❷벙어리항(受錢器)。

【⿰缶并】(병)『缾』(缶部 8畫)의 俗字

七 畫

【⿰缶否】(배) [灰] ハイ、ほとぎ barrelike earthen container
장군배(缶別名)。

八 畫

【⿰缶或】(역) [職] ヨク、とうき earthenware
小篆 오지그릇역(瓦器)。

【缾】(병) [靑] ビョウ、つるべ barrellike earthen container
물장군병(汲水器)〔詩經〕—之罄矣維罍之恥。

【⿰缶戔】(잔) [潸] サン、さかずき a wine cup
옥술잔잔(酒器玉爵)。

【⿰缶咅】㈠(부) [有] ㈡(부) [尤] フウ、ほとぎ small barrellike earthen container
小篆 ㈠작은 장구부(小缶)。㈡뜻은 ㈠과 같음。

十 畫

【⿰⿱士⿱冖缶殳】㈠(구) [宥] ㈡(곡) [屋] コウ、やかないどき raw earthenware
小篆 ㈠굽지않은질그릇구(未燒瓦器)。㈡뜻은 ㈠과 같음。

【⿰缶留】(류) [宥] リュウ、こしき a steaming basket
시루류(甑也)。

【罃】(앵) [庚] オウ、みずかめ pot; pitcher ㄧㄥ ying¹
小篆 草書 ❶양병앵, 목긴병앵(備火長頸甁)。❷사람이름앵(人名魏惠王)。

十 一 畫

【罄】(경) [徑] [迥] ケイ、むなしい vacant ㄑㄧㄥˋ ch'ing⁴
小篆 草書 다할경(器空、盡也)。〔詩經〕—無不宜。

【罅】(하) [禡] カ、さける cleft ㄒㄧㄚˋ hsia⁴
小篆 草書 ❶터질하, 금갈하(裂也)。〔史記〕然而不能傳合疏—。❷틈하(孔隙)。〔韓愈文〕補苴—漏。

十 二 畫

【罇】(준) [元] ソン、さけかめ wine pot ㄗㄨㄣ tsuen¹
草書 질술준준, 술통준(酒器瓦尊)。

十 三 畫

【罊】(기) [寘] キ、つきる (of a vessel) empty
小篆 그릇속빌기(器中空)。

【罋】(옹) [送] オウ、ヨウ、かめ pot; jar ㄨㄥˋ wêng⁴
草書 ❶독옹(罌也)。❷기와창옹(瓦窓)。(『甕』과 같음)

罋 (禮器圖)

十 四 畫

【⿱監缶】(함) [豏] [勘] カン、どうき earthenware
❶질그릇함(陶器)。〔左傳註〕盆—之屬。❷큰독함(大甕)。

【罌】(앵) [庚] [敬] オウ、エイ、かめ、もたい pot; pitcher ㄧㄥ ying¹
小篆 草書 양병앵(甁總名)。〔漢書〕韓信以木—渡軍。

漢湯罌 (博古圖)

十 五 畫

【⿰缶齧】(알) [黠] ガツ、われる (of the brim of) a vessel
그릇이빠질알, 이지러질알(器缺)。

【罍】(뢰) [灰] ライ、ルイ、たる jar; pot ㄌㄟˊ lei²
草書 ❶뇌문 놓은술잔뢰(酒器畫雲雷形)。〔詩經〕我姑酌彼金—。❷세수그릇뢰(盥器)。

周攻罍 (西淸古鑑)

十 六 畫

【罎】(담) [覃] タン、ドン、とくり bottle ㄊㄢˊ t'an²
草書 목긴항아리담(甁屬)。

十 七 畫

【⿰缶霝】(령) [靑] レイ、かめ an eared barrelike earthen container
小篆 족자리 달린질장군령(瓦器似甁有耳)。

【⿰缶薦】㈠(천) [願] ㈡(천) [霰] セン、いとぐるま spindle
小篆 ㈠질그릇천(瓦器)。㈡물레가락천, 북천(紡錘)。

十 八 畫

【罐】(관) [翰] カン、ほとぎ、かん jar can ㄍㄨㄢˋ kuan⁴
小篆 草書 ❶물동이관(汲器)。❷양철통관(洋筩)。

【⿱雝缶】㈠(옹) [送] ㈡(옹) [冬] オウ、つるべ well-bucket
小篆 ㈠두레박옹(汲甁)。㈡뜻은 ㈠과 같음。

网部

【网】(망) 養 ボウ、あみ net ㄨㄤˇ wang³
그물망(羅罟總名)。

【罒】(망)『网』(前條)의 譌字

【四】(망)『网』(前條)의 略字

二畫

【[罒+丁]】(정) 靑 テイ、こあみ small net
작은그물정(小罟)。

三畫

【罔】(망) 養 ボウ、モウ、あみ、ない net; not
草書 ❶없을망(無也)。【書經 大禹謨】—所有赦。❷속일망(誣也)。【孟子】是—民。❸맺을망(結也)。【易經】結繩而爲—罟。❹그물망(羅致)。【詩經】天之降—。❺흐릴망(無知)。【論語 雍也】不可—也。

【罕】(한) 旱 翰 カン、まれ rare; few ㄏㄢˇ han³
小篆 草書 ❶드물한(稀寡)。【孟子】吾見亦—矣。❷필별한(—車畢星)。【史記註】畢八星曰—車主弋獵。❸기한(旌旗)。【史記 周本紀】百夫荷—旗。❹새그물한(鳥網)。

四畫

【[罒+比]】(비) 支 ヒ、えびをとるあみ net for fishing shrimp
새우잡는그물비(取鰕網)。

【罘】(부) 尤 フウ、フ、うさぎあみ hare net ㄈㄡˊ fou²
草書 ❶토끼그물부(兎罟)。【史記】—罔彌山。❷복도부(—罳連闕曲閣)。【漢書】未央宮東闕—罳災。❸면장부、병풍부(—罳、屛也)。❹산이름부(山名、芝—)。

【[罒+互]】(호) 遇 コ、うさぎあみ hare hunter's net
小篆 토끼그물호(兎罟)。

五畫

【罛】(고) 虞 コ、うおあみ casting net ㄍㄨ ku¹
小篆 草書 큰그물고(魚罟最大網)。【詩經】施—濊濊。

【[罒+包]】(부) 尤 虞 フウ、フ、とりあみ sparrow net
小篆 或體 草書 새그물부(鳥網)。

【罜】(주) 遇 麌 シュ、あみ net
小篆 草書 ❶물고기그물주(魚罟、—麗)。【魯語】于是乎禁罝麗。❷작은그물주(小網)。

【罝】(저) 魚 麻 シャ、けものあみ net for beast ㄐㄩ chü¹ (本音「차」)
小篆 或體 擬文 草書 짐승그물저(獸罟)。【詩經】肅肅兎—。

【罞】㊀(몽) 東 ㊁(모) 肴 ボウ、しかあみ net for elk
㊀고라니그물몽(麋罟)。㊁뜻은 ㊀과 같음。

【罟】(고) 麌 コ、あみ net ㄍㄨˇ ku³
小篆 草書 물고기그물고(魚網)。【易繫辭】結繩而爲罔—。

【罠】(민) 眞 ビン、ミン、けものあみ net for beast
小篆 草書 ❶고라니그물민(麋網罟也)。【吳都賦】—蹏連綱。❷낚시민(釣也)。

【罡】(강) 陽 コウ、ほし the Dipper ㄍㄤ kang¹
草書 강별강(天—北斗名)。【參同契】二月 榆魁臨于卯八月麥生天—據西。

六畫

【[罒+米]】(미) 支 齊 ビ、ミ、あみ seine
小篆 或體 ❶두루다닐미(周行)。【詩經】—入其阻。❷후리그물미(網也)。

【罣】(괘) 卦 カイ、かかる be caught
草書 ❶그물괘(罟也)。❷걸릴괘(罥也)。❸거리낄괘(礙也)。

七畫

【[罒+每]】㊀(모) 虞 ㊁(매) 灰 マイ、モ、きじあみ net for pheasant ㄇㄟˊ mei²
小篆 ㊀꿩그물모(雉網)。㊁뜻은㊀과 같음。

【[罒+否]】㊀(부) 尤 ㊁(비) 支 ボウ、むそうあみ hare hunter's net
小篆 ㊀토끼그물부(兎罟)。㊁뜻은 ㊀과 같음

【罥】㊀(견) 霰 ㊁(견) 銑 ケン、かける be caught
草書 ㊀얽힐견(絹也)。【蕪城賦】荒葛—塗。㊁걸릴견(挂也)。

【[罒+良]】(랑) 漾 ロウ、ひろい vast
❶질펀할랑(廣大貌、莽—)。【吳都賦】相與騰躍乎莽—之野。❷그물넓게칠랑(廣張網)。

【罦】(부) 尤 虞 フ、フウ、むそうあみ sparrow net ㄈㄨˊ fu²
草書 새그물부(翻車大網)。【詩經】雉離于—。

八畫

【罧】(삼) 侵 シン、ふしずけ fishing plants
小篆 고기깃삼(積柴水中取魚)。

【罨】㊀(엄) 琰 ㊁(압) 合 アン、オウ、あみ stretch a net ㄧㄢˇ yen³

小篆 草書 ㊀그물엄(網也)。〔張泌詩〕ㅣ岸春濤打船尾。㊁뜻은㊀과같음。

【罩】(조) 效 トウ、うおとりかご stack; pile ㄓㄠˋ chao⁴
小篆 草書 가리조(捕魚器罾類)。〔詩經〕南有嘉魚烝然ㅣㅣ。

【罪】(죄) 賄 ザイ、つみ、とが crime; sin ㄗㄨㄟˋ tsuei⁴
小篆 草書 ❶허물죄, 죄줄죄(罰惡)。〔書經〕ㅣ疑惟輕。❷고기그물죄(魚罔)。

【罫】(괘) 卦 カイ、ケイ、すじ line ㄏㄨㄚˋ hua⁴ (本音「화」)
草書 ❶바둑판정간괘(棋局線間)。〔桓譚新論〕使ㅣ中死棊皆生。❷거리낄괘(礙也)。

【罭】(역) 職 ヨク、イキ、うおあみ net ㄩˋ yü⁴
小篆 草書 물고기그물역(魚網)。〔詩〕九ㅣ之魚。

【置】(치) 寘 チ、おく put ㄓˋ chih⁴
小篆 草書 ❶베풀치(設也)。〔書經〕王ㅣ諸左右。❷버릴치(棄也)。〔周禮〕三日廢ㅣ以馭其吏。❸역말치(關驛)。〔孟子〕速於ㅣ郵而傳命。❹둘치, 안치할치(安止)。

九畫

【罯】(암) 感 アン、おおう cover
小篆 ❶덮을암(覆也)。❷고기그물암(魚網)。

【[illegible]】(삭) 覺 サク、あみ be caught in a net
그물에걸릴삭(罹於網)。

【罰】(벌) 月 バツ、つみ punish ㄈㄚˊ fa²
小篆 草書 ❶벌줄벌(小辠賞之對)。〔易經〕則刑ㅣ清而民服。❷벌받을벌(天ㅣ、處ㅣ)。❸꾸짖을벌(ㅣ責)。

【署】(서) 御 ショ、つかさ public office ㄕㄨˇ·ˋ shu³·⁴
小篆 草書 ❶쓸서(書也)。❷마을서, 관청서(官舍)。❸그물칠서(羅絡)。〔史記 項羽本紀〕部ㅣ吳中豪傑。❹둘서(置也)。❺대신일볼서(ㅣ理)。

【罳】㊀(시) 支 シ、ついたて front fence ㊁(새) 灰
小篆 草書 ㊀❶면장시, 병풍시, 차면시(屛也, 面牆)。❷대궐기슭시(罘ㅣ、宮殿簷間)。㊁뜻은㊀과같음。

十畫

【罵】(매) 禡 バ、ののしる scold; curse ㄇㄚˋ ma⁴ (本音「마」)
小篆 草書 꾸짖을매(惡言、詈也)。〔史記〕輕士善ㅣ。

【罶】(류) 有 リュウ、うえ、うけ weir
小篆 或體 草書 통발류(曲薄爲魚笱)。〔詩經〕魚麗于ㅣ。

【罷】㊀(피) 支 ハイ、ヒ、やめる stop ㊁(패) 蟹 ㊂(파) 禡 ㄆㄧˊ p'i²
小篆 草書 ㊀❶느른할피, 고달플피(困極)。〔禮記〕師役曰ㅣ。❷잔병피(ㅣ癃)。〔史記〕臣不幸有ㅣ癃之疾。㊁❶그칠패(止也)。❷귀양보낼패(遣囚)。❸아비패(閩人呼父曰郎ㅣ)。㊂❶파할파(休也)。〔論語子罕〕欲ㅣ不能。❷내칠파(廢黜)。

【罸】(벌)『罰』(9畫网部)과 같음

十一畫

【罹】(리) 支 リ、かかる be taken ㄌㄧˊ li²
小篆 草書 ❶만날리(遭也)。〔漢書〕以ㅣ寒暑之數。❷근심할리(憂也)。〔詩經〕逢此百ㅣ。❸걸릴리(離也)。〔書經〕ㅣ其凶害。

【罻】㊀(위) 未 イ、ウツ、こあみ net ㄨㄟˋ wei⁴ ㊁(울) 物
小篆 草書 ㊀새그물위(鳥網、ㅣ羅)。〔禮記〕鳩化爲鷹然後設ㅣ羅。㊁뜻은㊀과같음。

【罺】(조) 肴 ソウ、すくいあみ net of narrow meshes ㄔㄠ ch'ao¹
반도조, 가는그물조(撩罟小網)。〔吳都賦〕ㅣ鯿鰕。

【罼】(필) 質 ヒツ、さであみ hare hunter's net
토끼그물필(田獵兎網)。

【䍡】(록) 屋 ロク、こあみ net of narrow meshes
小篆 잔그물록(小罟)。〔魯語〕水虞於是乎禁罝ㅣ設穽鄂。

十二畫

【罽】(계) 霽 ケイ、うおあみ fishing net ㄐㄧˋ chi⁴
小篆 草書 ❶물고기그물계(魚網)。❷담계, 모직계(毳布氈紕屬)。〔漢書〕狗馬被繢ㅣ。❸〔中字〕나라이름계(ㅣ賓、西域地方)。

【[illegible]】(선) 銑 諫 セン、あみ snare
小篆 或體 올무선(繯獸足網)。

【罾】(증) 蒸 ソウ、よつであみ net
小篆 草書 삼태그물증, 활지증(有機魚網)。〔漢書陳勝傳〕置人所ㅣ魚腹中。

【罿】㊀(동) 東 トウ、ショウ、とりあみ sparrow net ㄔㄨㄥˊ ch'ung¹ ㊁(충) 冬
小篆 草書 ㊀새그물동(鳥網罬也)。〔詩經〕雉離于ㅣ。㊁뜻은㊀과같음。

十三畫

【[illegible]】(류)『罶』(10畫网部)와 같음

【羂】(견) 霰 ケン、あみ net
草書 견 ❶걸견、걸릴견(挂也)。〔西京賦〕但觀罝羅之所ー結。 물

十四畫

【罽】(제) 霽 セイ、しぼる filter ㄐㄧˇ chi³
❶술짤제(手搦酒)。❷거를제(漉也)。

【羅】(라) 歌 ラ、うすぎぬ silk; spread ㄌㄨㄛˊ luo²
小篆 草書 ❶새그물라(鳥罟)。〔詩經〕雉離于ー。❷깁라(綺縠)。〔戰國策〕下宮糅ー紈曳綺縠。❸벌라。벌릴라(列也)。〔楚辭〕ー生兮堂下。❹지남철라(ー針盤)。

【羃】(멱) 錫 ヘキ、おおう cover
❶밥보자기멱(覆食巾)。❷연기 자욱히덮일멱(ー䍥、煙貌)。❸족도리멱(ー羅、婦人所戴)。

【羆】(비) 支 ヒ、ひぐま bear ㄆㄧˊ p'i²
小篆 古文 草書 큰곰비(熊屬猛獸)。〔詩經〕維熊維ー。

十六畫

【䍥】(력) 錫 レキ、おおい covering cloth
❶연기자욱히덮일력(蓋烟貌、羃ー)。❷밥보자기력(蓋食巾)。

十七畫

【羇】(기) 支 キ、たび wayfarer ㄐㄧ chi¹
草書 나그네기(旅寓寄也)。〔左傳〕ー旅之臣。

十九畫

【䍦】(리) 支 リ、ずきん cap ㄌㄧˊ li²
草書 ❶접리관리、사모리(接ー、帽也)。❷두건리(頭巾)。

【[罒+睘]】(견) 霰 ケン、しばる bind; fasten
小篆 ❶얽을견、맬견(罥也)。❷올무견(罠也)。

【羈】(기) 支 キ、きずな bridle ㄐㄧ chi¹
草書 ❶말굴레기(馬絆勒也)。〔禮記〕如守社稷則執ー靮以從。❷북상투기(髻也)。〔禮記〕男角女ー。❸구속받을기、절제할기(ー絆)。

【羉】(란) 寒 ラン、いのししあみ wild boar hunter's net
산돼지그물란(山猪罟)。

羊部

【羊】(양) 陽 ヨウ、ひつじ sheep ㄒㄧㄤˊ hsiang²
小篆 草書 ❶양양(柔毛畜)。〔禮記〕ー曰柔毛。❷노닐양(遊也)。〔楚辭〕聊逍遙以相ー。❸상양새양(商ー、一足鳥)。〔家語〕齊有一足鳥飛集于公朝齊侯使使問孔子孔子曰此鳥名商ー水祥也。

一畫

【𦍌】(양)『羊』(前條)의 本字

【芈】(미) 紙 ビ、ミ、なく sheep crying ㄇㄧㄝ mieh¹
小篆 草書 ❶양이울미(羊鳴)。❷성미(姓也)。

二畫

【羌】(강) 陽 キョウ、えびす tribes in west China ㄑㄧㄤ ch'iang¹
小篆 或體 草書 ❶오랑캐강(西戎名)。〔書經〕庸蜀ー髳。❷말끝낼강(語端辭)。〔楚辭〕ー內恕已以量人兮。

三畫

【羍】(달) 曷 タツ、こひつじ lamb ㄊㄚˋ t'a⁴
小篆 古文 ❶새끼양달、어린양달(小羊)。❷아름다울달(美也)。❸날달(生也)。〔詩經〕先生如達。

【美】(미) 紙 ビ、ミ、よい、うつくしい good; beauty ㄇㄟˇ mei³
小篆 草書 ❶아름다울미(嘉也)。〔詩經〕匪女之爲ー。❷예쁠미、좋을미(好也)。❸맛날미(甘也)。

【羐】(유)『羑』(前條)의 俗字

四畫

【羑】(유) 有 ユウ、みちびく guide ㄧㄡˇ yu³
小篆 草書 ❶착한말할유(進善)。❷인도할유(導也)。〔書經〕惟周文武誕受ー若。❸유리옥유(ー里、殷獄名)。〔史記〕紂乃囚西伯于ー里。

【羒】(분) 文 フン、めひつじ ewe ㄈㄣˊ fen²
小篆 草書 암양분(牝羊)。

【羓】(파) 麻 ハ、ほじし pemmican ㄅㄚ pa¹
草書 포파(腊屬)。

【羘】(장) 陽 ソウ、めひつじ ewe
草書 암양장(牝羊)。〔史記〕泰山之高百仞而疲ー牧其上。『牂』과 같음。

【羔】(고) 豪 コウ、こひつじ lamb ㄍㄠ kao¹
小篆 草書 새끼양고、염소고(羊子)。〔詩經 召南〕羔羊ー羊之皮。

羔裘 四書引蒙圖解

羔(禮器圖)

【羕】(양) 漾 ヨウ、ながい long ㄧㄤˋ yang⁴
小篆 ❶물이길양(水長也)。❷길양(長

【羖】(고) 麌 ewe ㄍㄨˇ ku³ コ、めひつじ
小篆 草書 암양고(一羺、牝羊)。【詩經】俾出童一。

【⿱羊儿】(유)『羑』(羊部3畫)와 같음

【羘】(장) 陽 ヨウ、おひつじ ram
❶수야장(羝羊)。❷【國字】양양 장(牛胃)。

五畫

【⿰羊末】(말) 月 バツ、えびすひつじ kind of sheep
말갈말(胡羊名、一羯)。

【羚】(령) 靑 レイ、かもしか antelope ㄌㄧㄥˊ ling²
草書 영양령、뿔큰양령(似羊而大角)。【埤雅】似羊而大角有圓繞蹩文夜則懸角木上以防患。

【羛】(의) 紙 ギ land
草書 땅이름의(魏郡地名、一陽)。【後漢書】大破五校於一陽降之。

【羜】(저) 語 チョ、こひつじ lamb ㄓㄨˋ chu⁴
小篆 草書 다섯달된염소저(五月羔未成羊)。【詩經】既有肥一。

【羝】(저) 齊 テイ、おひつじ ram ㄉㄧ ti¹
小篆 草書 수양저(牡羊性善抵觸)。【易經】一羊觸藩。

【⿰羊古】(고)『羖』(羊部4畫)와 같음

【羞】(수) 尤 シュウ、はじる shame; shy ㄒㄧㄡ hsiu¹
小篆 草書 ❶부끄러울수(恥也)。【書經】惟口起一。❷음식수(庶一、滋味)。【周禮】掌王之食飲膳一。

六畫

【⿰羊兆】(조) 篠 チョウ、こひつじ sheep of a year old
小篆 古文 한살된양조(一歲牝羊)。

【羠】(이) 支 イ、のひつじ wild sheep
小篆 草書 들양이(野羊)。【史記】其民羠一不均。

【⿰羊此】(자) 寘 シ、めひつじ ewe
암양자(牝羊)。

【羨】(이) 支 イ、ひろい wide
❶넓을이(廣也)。❷고을이름이(地名、沙一)。

【羢】(융) 冬 ジュウ、ようもう pile ㄖㄨㄥˊ jung²
草書 털가늘융(細毛)。

七畫

【羣】(군)『群』(次條)의 本字

【群】(군) 文 グン、むれ crowd; flock
草書 ❶무리군(輩也)。❷벗군(朋友)。❸많을군(衆也)。❹떼군(隊也)。❺모을군(聚也)。【易繫辭】物以一分。【詩經】或一或友。

【羨】㊀(선) 霰 ㊁(연) 先 セン、エン、うらやむ envy; covet ㄒㄧㄢˋ hsien⁴
小篆 草書 ㊀❶부러워할선(貪慕)。【詩經】無然歆一。❷넉넉할선(餘衍)。【詩經】四方有一。❸넘칠선(溢也)。【史記 始皇本紀】功一於五帝。❹길선(長也)。【周禮】璧一以起度。㊁광중길연(墓道、埏也)。

【義】(의) 寘 ギ、よい、よろしい right
小篆 小篆 草書 ❶옳을의(由仁得宜)。【易經】立人之道曰仁與一。❷의리의(人所可行道理)。【中庸】君臣有一。❸뜻의(意味)。【大學章句】右傳之五章 蓋釋格物致知之一。(『誼』와 같음)

【⿰羊反】(반) 寒 ハン、けながひつじ long wool sheep
❶털긴양반(毛長羊)。❷양같은짐승반(似羊獸)。

八畫

【羫】㊀(강) 江 ㊁(공) 送 コウ、あばら physique
㊀❶뼈대강(骨體)。❷양의 갈빗대강(羊肋)。㊁양고기포공(羊腊)。(『腔』과 같음)

【⿰羊委】(위) 寘 イ、あつまる grouped sheep
小篆 ❶양모일위(羊聚)。❷양여위(羊疫)。

【⿰羊東】(동) 東 トウ、つのひつじ single-horned sheep
외뿔난양동(一角羊)。【山海經、北山經】泰戲之山、有獸焉、其狀如羊、一角一目、目在耳後、其名曰⿰羊東⿰羊東。

⿰羊東⿰羊東 (山海經圖)

九畫

【⿰羊垔】㊀(예) 齊 ㊁(인) 眞 エイ、イン、くろひつじ black sheep
小篆 ㊀검은양예(黑羊)。㊁양모길인(羣羊相積)。

【羬】㊀(암) 咸 ㊁(겸) 鹽 カン、ケン、ひつじ sheep ㄑㄧㄢˊ ch'ien²
㊀큰양암(大羊)。㊁뜻은㊀과같음。

羊羬 (三才圖會)

【羭】(유) 虞 ユ、よい、うつくしい beautiful ㄩˊ yü²
小篆 草書 ❶검은수양유(黑牡羊)。❷아름다울유(美也)。【左傳僖公三年】攘公之一。❸산신유(山神)。

【⿱敄羊】(무) 遇 ム、こひつじ sheep of six months old
小篆 여섯달된양무(生經六月羊)。

【⿱享羊】(순) 眞 シュン、よくにる ripen
小篆 古文 ❶익을순(熟也)。❷팔순(賣物)。

【羮】(갱)『羹』(13羊部)의 俗字

【羯】(갈) 月 カツ、きんきりひつじ castrated ram ㄐㄧㄝ chieh² 小篆 草書 ❶불친양갈(犗羊)。❷땅이름갈(上黨地名)。

十畫

【⿰𦍌尃】㈠(박) 藥 ㈡(부) 遇 バク、フ、きんきりひつじ castrated ram ㈠불친양박(去勢羊)。㈡짐승이름부(獸名)。

【羱】(완) 寒 ガン、のひつじ wild sheep ㄩㄢ yüan² 草書 들양완(野羊、角大可以爲器亦善鬪)。

(會圖才三) 羱

【⿰⿱士⿱冖羊殳】(구) 宥 コウ、ひつじのちちしぼる milk a sheep 양젖짜낼구(取羊乳汁)。

【䍐】(알) 黠 カツ、きよせいひつじ castrated sheep 불알깐양알(騸羊)。

十一畫

【羲】(희) 支 キ、ギ、き、いき tendency 草書 ❶기운희(氣也)。❷복희희(伏一、古聖)。❸벼슬이름희(一和)。

【⿰𦍌患】(환) 删 カン、ひつじのな mouthless sheep 입없는짐승환(無口獸)。

(會圖才三) ⿰𦍌患

【⿰𦍌資】(지) 寘 シ、あつまる gather; collect 小篆 草書 ❶모을지(集也)。❷양역지(羊疫)。

【⿱執羊】(진) 震 シン、ひつじ name of a sheep 小篆 古文 양이름진(羊名)。【說文】一、羊名。

【⿰𦍌婁】(루) 尤 ロウ、ひつじ four-horned sheep 뿔넷난양루(四角牛)。

十二畫

【羳】(번) 元 ハン、ひつじ yellow-bellied sheep ㄈㄢ fan² 小篆 배누른양번(黃腹羊)。【爾雅】一羊黃腹。

【⿰𦍌厥】(궐) 月 ケツ、ひつじ long-wooled sheep 털긴양궐(長毛羊)。

【羴】(전)『羶』(13羊部)과 같음

【羵】(분) 吻 文 フン、かいぶつ monster ㄈㄣ fen² 草書 땅속괴물분、땅속에사는이상한양분(一羊、土怪)。【魯語】土之怪曰一羊。

十三畫

【羶】(전) 先 セン、なまぐさい fur-scorching smell ㄕㄢ shan¹ 草書 노린내날전(羊臭)。【禮記】其臭一。

【羸】(리) 支 リ、やせる emaciated ㄌㄟ lei² 小篆 草書 ❶파리할리(瘦也)。【國語】民之一餒。❷뒤집을리(覆也)。【易經 井卦】一其瓶凶。❸앓을리(病也)。❹약할리(弱也)。

【羹】(갱) 庚 コウ、あつもの soup; broth ㄍㄥ kêng¹ 小篆 草書 국갱(五味和肉、臛也)。【書經】若作和一爾惟鹽梅。

十四畫

【⿰𦍌壽】(선)『善』(9口部)과 같음

【⿱與羊】(여) 御 ヨ、こえたひつじ fat sheep (或音「예」) 살찐양여(肥羊)。

十五畫

【⿰𦍌賣】(매) 卦 バイ、よごれる become filth (dirty) 비계낄매、때낄매(一⿰𦍌褱、垢膩貌)。

【羼】(산) 諫 サン、セン、まぜる mix 小篆 草書 ❶양서로섞일산(羊相雜)。❷서로다투어나아갈산(競進貌)。

十六畫

【⿰𦍌褱】(회) 卦 カイ、あかじみ become dirty 때낄회(垢膩貌、⿰𦍌賣一)。

【⿰𦍌歷】(력) 錫 レキ、ひつじ goat ❶산양력、메양력(羖一、山羊)。❷검은수양력(黑色牡羊)。

十七畫

【⿱殸羊】(혹) 沃 コク、こひつじ lamb 새끼양혹(小羊)。

【⿰𦍌霝】(령) 青 レイ、おおひつじ big sheep 큰양령(大羊)。

羽 部

【羽】(우) 麌 ウ、はね feather; wing ㄩ yü³ 小篆 草書 ❶깃우(鳥翅)。【書經】齒革一毛。❷우성우(五音之一)。【周禮】五聲宮商角徵一。❸펼우(舒也)。❹모을우(聚也)。

羽 (圖器禮)

三畫

【⿰羽也】(치) 支 チ、つばめがとぶ (of a swallow) take wing 제비나를치(⿰羽也一、燕飛貌)。

【⿱工羽】㈠(홍) 東 ㈡(공) 東 コウ、とぶおと the flap 小篆 ㈠나는소리홍(飛聲)。㈡이를공(至也)。

【羾】(공) 東 コウ、とぶ come flying 날아올공(飛至)。【漢書】登椽欒而一天門兮。

【羿】(예) 霽 ゲイ ㄧ i⁴
羿(小篆) (草書) 후예예(後ㅡ、古射師名)。【書經】有窮後ㅡ。

四畫

【翃】(항) 陽 コウ、とんだりおりたり fly up and down
오르락내리락할항(翃ㅡ鳥飛上下貌)。

【翀】(충) 東 チュウ、とぶ fly ㄔㄨㄥ ch'ung¹
(草書) 까맣게뜰충(直上飛貌)。

【翁】(옹) 東 オウ、おきな old man ㄨㄥ wêng¹
(小篆)(草書) ❶아비옹(父也)。【史記】吾ㅡ即若ㅡ。❷늙은이옹(老稱)。【史記】與長孺共ㅡ老禿ㅡ。❸새목아래털옹(鳥頸下毛)。【漢書】赤鷹集六翁員殊ㅡ雜五采文。❹훨훨날옹(飛貌)。

【翂】(분)『翸』(次條)과 같음

【翸】(분) 文 フン、とぶ fly
(草書) 파뜩파뜩날분, 가볍게날분(羽貌)。【莊子】其爲鳥也 ㅡㅡ翐翐而似無能。

【翅】(시) 寘 シ、はね、つばさ wing ㄔ ch'ih⁴
(小篆)(或體)(草書) ❶날개시, 깃시(鳥翼)。❷뿐시(啻同。【莊子】陰陽於人不ㅡ於父母。

【翆】(취)『翠』(羽部8畫)와 같음

五畫

【翇】(불) 物 フツ、まう dancing
(小篆) 춤추는깃불(樂舞執全羽以祀社稷)。

【翊】(익) 職 ヨク、たすける help ㄧ i⁴
(小篆)(草書) ❶도울익(輔也)。❷공경할익(敬也)。【漢書】共ㅡ合所思。❸날익(飛貌)。❹고을이름익(馮ㅡ)。

【翋】(랍) 合 ロウ、とぶ fly
날랍(飛也)。

【翌】(익) 職 ヨク、あくるひ next day
(草書) 다음날익, 이튿날익, 밝는날익(明日)。【漢書】ㅡ日親登嵩高。

【䎃】(염) 琰 ゼン、わたげ down
깃밑솜털염(翼下細毛)。

【翍】(피) 支 ヒ、ひらく expand wings
(草書) 날개벌릴피(張羽貌)。【漢書】ㅡ桂椒而鬱移楊。

【翏】(료) 蕭 リョウ、かぜがふく blow hard
(小篆)(草書) ❶까맣게날료(高飛貌)。❷바람휘휘불료(長風聲)。

【翎】(령) 靑 レイ、はね feather ㄌㄧㄥ ling²
(小篆)(草書) ❶날개령, 새깃령(鳥羽)。❷살깃령(箭羽)。

翎(大淸會典圖)

【[羽+只]】(지)『咫』(口部6畫)와 같음

【翐】(질) 質 チツ、とぶ fly
(草書) 파뜩파뜩날질, 가볍게날질(飛貌)。【莊子】翂翂ㅡㅡ而似無能。

【翑】(一)(구) 麌 (二)(우) 遇 ク、ウ、まがる bend a wing ㄑㄩ ch'ü²
(小篆) (一)❶날개굽을구(羽曲)。❷뒷발흰말구(後足白馬)。(二)화살에붙인깃우(箭羽)。

六畫

【習】(습) 緝 シュウ、ならう exercise; train ㄒㄧ hsi²
(小篆)(草書) ❶날기익힐습(學ㅡ鳥數飛)。【禮記】鷹乃學ㅡ。❷거듭습(重也)。【書經】卜不ㅡ吉。❸익을습(慣也)。【史記孔子世家】與弟子ㅡ禮大樹下。❹가까이할습(近ㅡ、狎也)。【禮記】雖有貴戚近ㅡ。❺솔솔불습(和舒貌)。【詩經邶風谷風】ㅡㅡ谷風。

【[羽+朱]】(주) 虞 チュ、たかくとぶ fly high up
높이날을주(高飛)。

【[羽+世]】(예) 霽 エイ、ひくくとぶ fly low
낮게날을예(低飛)。

【[羽+戉]】(훌) 質 キツ、とびはしる flutter away
훨훨날아갈훌(飛去貌)。【江賦】鼓翅翃ㅡ。

【翔】(상) 陽 ショウ、かける flight; soar ㄒㄧㄤ
(小篆)(草書) ❶빙돌아날상(翱ㅡ、回飛)。【論語】ㅡ而後集。❷엄숙할상(莊敬貌)。【禮記】朝廷濟濟ㅡㅡ。

【翕】(흡) 緝 キュウ、コウ、あわせる unite ㄒㄧ
(小篆)(草書) ❶합할흡(合也)。【書經】ㅡ受敷施。❷모을흡(聚也)。❸거둘흡(斂也)。【易繫辭】其靜也ㅡ。❹성할흡(盛也)。❺움직일흡(動也)。❻당길흡(引也)。

七畫

【[告+羽]】(고) 號 コウ、とぶ fly aslant
빗날고(斜飛)。

【翛】(소) 蕭 ショウ、ユウ、はやい rapid flight ㄒㄧ
(草書) ❶날개치는소리소(飛羽聲)。❷모지라질소(羽敝)。【詩經豳風鴟鴞】吾尾ㅡㅡ。

【翜】(삽) 緝 シュウ、はやくとぶ take a nimble flight
빠를삽, 휙날삽(捷也、飛之疾)。

【翖】(합) 覃 カン、とぶ flapping
새새끼파뜩파뜩날함(雛鳥飛貌)。

八畫

【⿰羽戔】㊀(잔) 銑 サン、とぶ fly rapidly ㊁(전) 銑
㊀❶빨리날잔(迅飛)。❷휙차갈잔、사납게칠잔(鳥鷙擊勢)。〔法言〕鷹集—。㊁뜻은㊀과 같음。

【⿰羽疌】(첩) 洽 ソウ、とぶ fly swiftly ㄓㄞˊ chai2
빨리날첩(捷飛)。

【翟】㊀(적) 錫 テキ、きじ pheasant ㄓㄜˊ chê2 ㊁(책) 陌
小篆 草書 ㊀❶꿩깃적(雉羽)。〔書經〕羽畎夏—。❷왕후의옷적(后服、揄—)。❸수레이름적(車名、重—)。㊁❶고을이름책(縣名、陽—)。❷성책(姓也)。

❶翟(圖物名) ❸翟、(三才圖會)

【翠】(취) 寘 スイ、みどり green ㄘㄨㄟˋ ts'uei4
小篆 草書 ❶비취취(青羽雀)。❷비취석취(翡—石)。❸산기운취(—微、山氣)。❹푸를취(—色、—蛾)。

【翡】(비) 未 ヒ、かわせみ kingfisher ㄈㄟˇ fei3
小篆 草書 ❶비취비(赤羽雀)。❷옥이름비(—翠)。

【翣】(삽) 洽 ソウ、うちわ fan ㄕㄚˋ sha4
小篆 草書 ❶운삽(棺飾如扇)。〔周禮〕后之喪持—。❷큰부채삽(扇也)。

雲翣(禮器圖)

九畫

【翥】(저) 御 ショ、あがる soar ㄓㄨˋ chu4
小篆 草書 높이날저(飛擧)。〔楚辭〕鸞鳥軒—而翔飛。

【翭】(후) 尤 コウ、はね pinfeathers
小篆 ❶부둥깃날후(羽初生)。❷깃밑둥후(羽根)。

【翦】(전) 銑 セン、たつ、きる cut; shear ㄐㄧㄢˇ chien3
小篆 草書 ❶갈길전(齊斷削滅)。〔詩經〕勿—勿敗。❷베어없앨전(除也)。〔南史 孔稚珪傳〕門庭之內、草萊不—、珪鳴于中。❸멸할전(滅也)。〔左傳 宣公十二年〕其—以賜諸侯。❹엷을전(淺也)。

【翨】(시) 寘 シ、おやばね fearther
小篆 草書 ❶억센깃시、장깃시(鳥之彊羽)。❷벼슬이름시(官名、—氏)。

【⿰是羽】(시) 支 シ、むれとぶ fly in flocks
떼지어날시(群飛——)。

【翩】(편) 先 ヘン、とぶ、かける fly; flapping ㄆㄧㄢ p'ien1
小篆 草書 ❶훌쩍날편(輕擧貌)。〔詩經〕——者鵻。❷오락가락할편(往來貌)。〔詩經小雅巷伯〕輯輯——。

【翫】(완) 翰 ガン、もてあそぶ play with ㄨㄢˋ wan4
小篆 草書 ❶싫을완(厭也)。〔春秋傳〕—歲而愒日。❷익숙할완(習狃狎也)。❸구경할완(遊觀)。❹탐할완(貪悅)。

【翬】(휘) 微 キ、とぶ flutter about ㄏㄨㄟ huei1
小篆 草書 ❶날개훨훨칠휘(大飛鼓翅)。❷꿩휘(雉屬五采成文章)。〔詩經 小雅斯干〕如—斯飛。

十畫

【⿰羽尃】(부) 虞 フ、にこげ down
솜털부(翮下細毛)。

【翮】㊀(핵) 陌 カク、はねのもと wing joint ㄍㄜˊ kê2 ㊁(력) 錫
小篆 草書 ㊀❶깃촉핵、쭉지핵(羽本)。〔周禮〕掌以時徵羽—之政于山澤之農。❷칼깃핵(勁羽)。㊁다리굽은솥력(曲脚鼎)。(『鬲』과 같음)

【翯】㊀(혹) 沃 コク、カク、つややか lustrous wing ㄏㄜˋ hê4 ㊁(학) 覺
小篆 草書 ㊀깃함치르르할혹、깃윤택할혹(鳥羽肥澤貌)。〔詩經〕白鳥——。㊁뜻은㊀과같음。

【⿱𤇾羽】(횡) 庚 コウ、とびかう fly in crowds
❶뭇새가날며 희롱할횡(群鳥弄翅)。❷나는소리횡(飛聲)。

【翰】㊀(한) 翰 カン、ふみ、ふで letter; pen ㄏㄢˋ han4 ㊁(한) 寒
小篆 草書 ㊀❶날개한(羽也)。❷줄기한(幹也)。〔詩經〕維周之—。㊁❶하늘닭한(天鷄赤羽)。〔逸周書〕大—若翬雉。❷날한(飛也)。〔易經〕—音登于天。❸붓한(筆也)。❹흰말한(白色馬)。〔易經〕白馬—如。❺글한、편지한(書詞)。❻벼슬이름한(官名、—林)。

【⿰韋羽】(답) 合 トウ、とぶ fly
훨훨날답(飛也)。

十一畫

【⿱瞢羽】(홍) 庚 コウ、とびつづく flap the wings
❶벌레소리홍(蟲聲——)。❷푸두둥날홍(飛貌)。

【翳】㊀(예) 霽 エイ、おおう、かくれる shade; cover ㄧˋ i4 ㊁(예) 齊
小篆 草書 ㊀어조사예(語助辭)。㊁
❶[illegible](羽[illegible])。〔[illegible]

就篇註】凡鳥羽之可隱ㅣ者舞者所持曰ㅣ今之雉尾扇。❷가릴예、숨을예(隱也、蔭也、掩也、蔽也)。❸새이름예(鳥名、似鳳)。

【𦒄】(한) 翰 カン、とぶ fly high 높이날한(高飛)。

【翲】(표) 蕭 ヒョウ、とぶ fly high 높이날표(高飛)。

十二畫

【𦒎】(증) 蒸 ソウ、とびあがる fly highly ❶높이날증(翥飛)。❷들증(擧也)。

【翹】(교) 蕭 ギョウ、キョウ、あがる raise ㄑㄧㄠˊ ch'iao² 小篆 草書 ❶들교(擧也)。❷우뚝할교(高貌)。【詩經】周南漢廣】ㅣㅣ錯薪。❸빼어날교(秀起貌)。

【翱】(고) 豪 コウ、さまよう stroll about ㄠˊ ao²(本音「오」) 小篆 草書 노닐고(遨遊)。【詩經】齊子ㅣ翔。

【𦒉】(교) 蕭 キョウ、とぶ fly highly ❶날개치뜨리고날교(仄飛)。❷높이날교(高飛)。

【翻】(번) 元 ヘン、ハン、ひるがえる flutter; wave ㄈㄢ fan¹ 小篆 草書 ❶번득일번、날번(飛也)。【西京賦】衆鳥翩ㅣ。❷얇게 두치는 박(反覆)

【𦒹】(숙) 屋 シュク、とぶ flutter ❶휠휠날숙(羽聲)。❷날숙(飛也)。

【翼】(익) 職 ヨク、つばさ wing 小篆 古文 草書 ❶날개익(翅也)。【易經】明夷于飛垂其ㅣ。❷공경할익(敬也)。【詩經、小雅六月】有嚴有ㅣ。❸공손할익(恭也)。【詩經】少心ㅣㅣ。❹도울익(戴奉)。【書經】庶明勵ㅣ。❺붙들익(扶也)。【孟子滕文公上】輔之ㅣ之。❻호위할익(衛也)。❼별이름익(星名)。

十三畫

【𦒻】(전) 先 テン、とおくとぶ fly afar off 멀리날전(遠飛)。

【翽】(홰) 泰 カイ、とびたつ flutter ㄏㄨㄟˋ huei⁴ 小篆 草書 휠휠날홰(飛聲)。【詩經】大雅卷阿】鳳凰于飛ㅣㅣ其羽。

【翾】(현) 先 ケン、とぶ flap the wings ㄒㄩㄢ hsüan¹ 小篆 草書 ❶파뜩파뜩날현(小飛)。【楚辭】ㅣ飛兮翠會。❷경박할현(輕薄)。【荀子不苟】喜則輕而ㅣ。❸영리할현(巧慧)。❹급할현(急也)。

十四畫

【翿】(도) 號 豪 トウ feather sunshade ㄉㄠˋ tao⁴ ㄊㄠˊ t'ao² 小篆 草書 ❶둑도(纛也、今之羽葆幢)。【詩經】君子揚揚左執ㅣ。❷덮을도、깃일산도(翳也)。

翿 旌(圖物名)

【耀】(요) 嘯 ヨウ、かがやく bright ㄧㄠˋ yao⁴ ㄩㄝˋ yüeh⁴ 草書 빛날요(光也)。【左傳】光遠而自他有ㅣ者。

十五畫

【𦒼】(혜) 霽 ケイ、はねもと under most wings 쪽지밑동혜(六翮之本)。【淮南子】奮翼揮ㅣ。

【䎣】(랍) 合 ロウ、とぶ make it's first flight 처음으로날랍(飛初起貌、ㅣ翑)。

老部

【老】(로) 皓 ロウ、としより、おいる old; aged ㄌㄠˇ lao³ 小篆 草書 ❶늙을로(年高)。【詩經】與子偕ㅣ。❷늙은이로、늙으신네로(尊稱)。【禮記】天子之ㅣ二人。❸어른로(ㅣ父、ㅣ長)。❹익숙할로(熟練、ㅣ練)。❺쭈그러질로(疲也、衰也)。

二畫

【考】(고) 皓 コウ、かんがえる think ㄎㄠˇ k'ao³ 小篆 草書 ❶오래살고(老也)。【詩經】周王壽ㅣ。❷죽은아비고(父死稱)。【易經】有子ㅣ無咎。❸상고할고(稽也)。【詩經】ㅣ卜維王。❹이룰고(成也)。【左傳】ㅣ仲子之宮。❺칠고(擊也)。【詩經 唐風山有樞】子有鍾鼓弗ㅣ。❻마칠고(終也)。

四畫

【耄】(모) 號 ボウ、モウ、おいる old man of ninety ㄇㄠˋ mao⁴ 小篆 草書 늙은이모(ㅣ期、九十歲)。【禮記】八十九十曰ㅣ。

【耆】㊀(기) 支 ㊁(지) 紙 キ、シ、としより old man ㄑㄧˊ ch'i² 小篆 草書 ㊀❶늙은이기(老也)。【禮記】六十曰ㅣ。❷스승기(師傅)。【周語】ㅣ艾修之。❸말등닳을기(瘢ㅣ、馬脊創瘢)。【漢書】兗鋋瘢ㅣ。❹어른기(長也)。㊁이를지(致也)。【詩經】ㅣ定爾功。

【耄】(모)『耄』(老部4畫)와 같음

【𦓂】(수) 遇 ジュ、おいぼれ (of an old man) follow after with difficulty 늙은이겨우따라갈수(老人僅行追從)。

五畫

【者】(자) 馬 シャ、もの (this) one ㄓㄜˇ chê³
小篆 草書 ❶놈자、것자(即物之辭)。【易經】元ー善之長也。❷이자(此也)。❸어조사자(語助辭)。

【耆】(점) 琰 テン、きみ dark spots (on the skin of on old man)
검버섯점(老人面上如點)。

【耇】(구) 有 コウ、ク、としより old man ㄍㄡˇ kou³
草書 ❶늙은이구(老壽)。【書經】㒯其ー長。❷명길구(長命)。

【耈】(구)『耇』(前條)와 같음

六畫

【耊】(질)『耋』(次條)과 같음

【耋】(질) 屑 テツ、としより old man ㄉㄧㄝˊ tieh² (本音「질」)
小篆 草書 늙은이질(大ー、八十歲)。【左傳】以伯舅ー老。

十八畫

【⿱⿰老老⿰老老】(수)『壽』(11畫 士部)의 古字

而部

【而】(이) 支 ジ、ニ、しかして and ㄦˊ êrh²
小篆 草書 ❶어조사이(語助辭)。【詩經】俟我於著乎ー。❷너이(女也)。【書經】[illegible] 이、또이(承上起下辭因是辭抑又辭)。❺【論語】學ー時習之。❹에이(於也)。같을이(如也)。❻이에이(乃也)。

二畫

【[illegible]】(이)『耏』(3畫 而部)와 같음

三畫

【耍】(솨) 馬 サ、たわむれる play ㄕㄨㄚˇ shua³
草書 ❶희롱할솨(戲也)。❷이할솨(利也)。

【⿰女而】(이) 支 ジ、ニ、こびる flatter
❶아첨할이(媚也)。❷여자이름이(女字)。

【耎】(연) 銑 ゼン、ネン、よわい weak; feeble
小篆 草書 연약할연、가냘플연(罷弱)。【漢書】以ー脃之體。(『輭』과 같음)

【耏】㊀(이) 支 ジ、ダイ、ほおひげ whiskers ㄦˊ êrh² ㊁(내) 隊
小篆 或體 ㊀구레나룻이(頰鬚)。【後漢書】冒ー之類。㊁수염깍을내(剃鬚、古時刑罰)。

【耐】(내) 隊 ダイ、ナイ、たえる bear; endure ㄋㄞˋ nai⁴
草書 참을내、견딜내(忍也)。【荀子】[illegible]

【耑】㊀(단) 寒 タン、はし edge; end ㄉㄨㄢ tuan¹ ㊁(천) 先 ㄓㄨㄢ chuan¹
小篆 草書 ㊀끝단(ー緖、物首)。【周禮】己下則摩其ー。㊁❶구멍천(穴也)。❷오로지천(專也)。

四畫

【⿱而火】(난) 旱 ダン、ちぢむ shrink
쪼그라들난(縮也)。【太玄經】ー首。

【⿰火而】(이) 支 ジ、にる cook
삶아익힐이(煮熟)。

六畫

【⿱而而】(이) 支 ジ、つらなる succeed
이을이(連續)。

七畫

【⿺而忍】(뉵) 屋 ドク、うれえる worry (about)
근심할뉵(憂貌)。

十畫

【⿸厂耑】(전) 銑 セン、こさかずき a small cup
작은잔전(小巵)。

耒部

【耒】(뢰) 隊 ライ、ルイ、すき plough
小篆 草書 쟁기뢰、굽정이뢰、훌청이뢰(手耕曲木)。【古事考】神農作ー。

【来】(래)『來』(6畫 人部)의 略字

三畫

【耔】(자) 支 紙 シ、つちかう earth up ㄗˇ tzŭ³
草書 ❶김맬자(耘也)。❷북돋울자(培苗本)。【詩經 小雅甫田】或耘或ー。

四畫

【耙】(파) 禡 ハ、まぐわ rake ㄆㄚˊ p'a²
草書 쇠시랑파(犂屬起土田器)。

【耕】(경) 庚 コウ、たがやす cultivate ㄐㄧㄥ ching¹
小篆 草書 갈경、호리질할경、겨리질할경(犂田)。【山海經】稷之孫曰叔均是始作牛ー。(『畊』과 같음)

【耖】(초) 效 ソウ、まぐわ harrow
草書 ❶거듭갈초、이듬갈초(重耕田)。❷써레초(農具如耙)。

❷耖(農政全書)

【耗】㊀(모) 號 ボウ、モウ、へる、ついやす waste; consume ㄏㄠˋ hao⁴ ㊁(호) 號
草書 ㊀❶빌모(虛也)。【詩經】ー斁下[illegible]

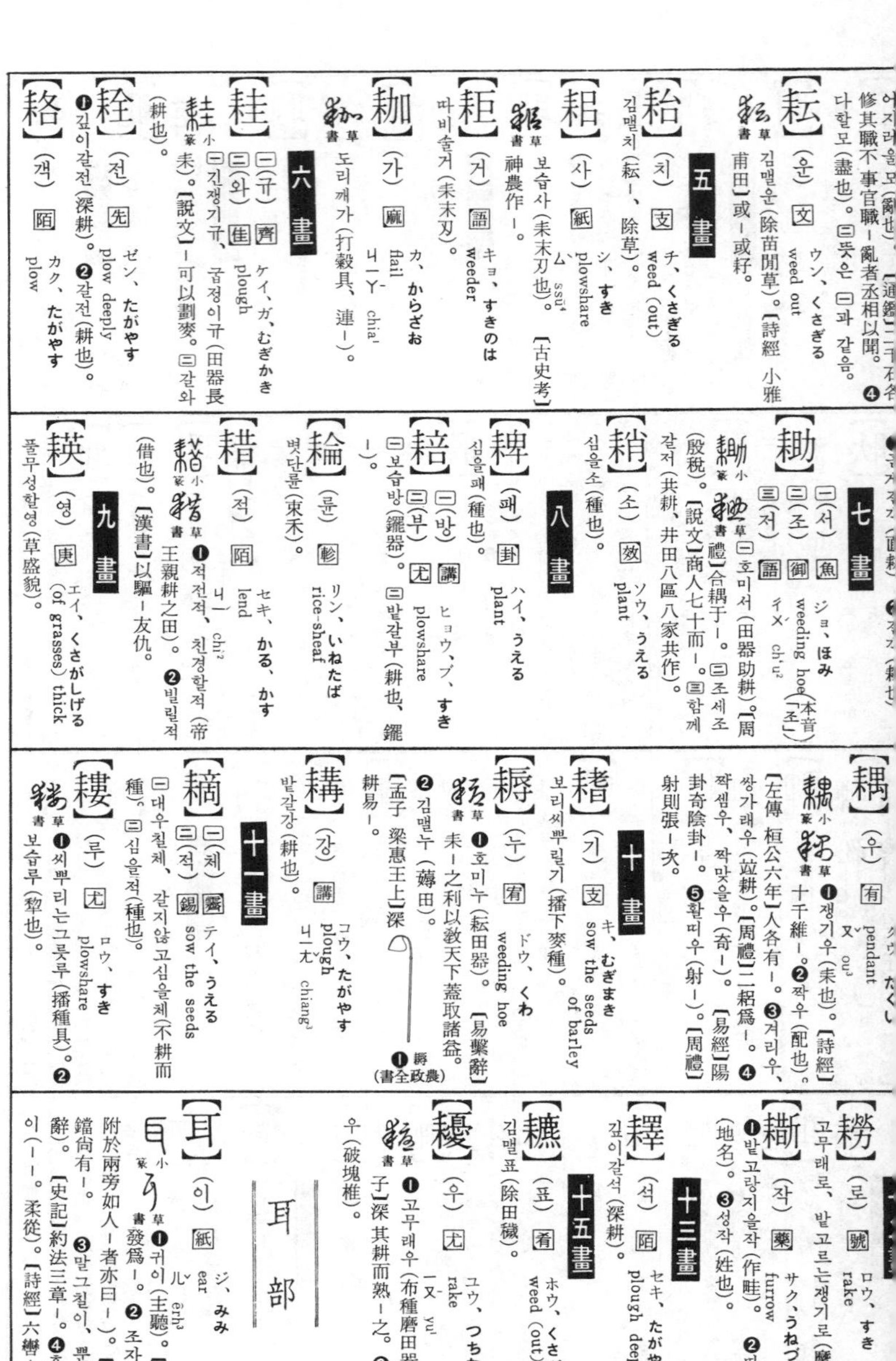

어지러울모(亂也)。〔通鑑〕二千石各修其職不事官職ー亂者丞相以聞。❹다할모(盡也)。㊂뜻은 ㊀과 같음。

【耘】(운) 囡 ウン、くさぎる weed out
草書 김맬운(除苗開草)。〔詩經 小雅 甫田〕或ー或耔。

五 畫

【耛】(치) 囡 チ、くさぎる weed (out)
김맬치(耘ー、除草)。

【耜】(사) 紙 シ、すき plowshare ㄙˋ ssŭ⁴
草書 보습사(耒耒刃也)。〔古史考〕神農作ー。

【耟】(거) 語 キョ、すきのは weeder
따비술거(耒耒刃)。

【耞】(가) 麻 カ、からざお flail ㄐㄧㄚ chia¹
草書 도리깨가(打穀具、連ー)。

六 畫

【桂】㊀(규) 齊 ㊁(와) 佳 ケイ、ガ、むぎかき plough
小篆 ㊀긴쟁기규、굽정이규(田器長耒)。〔說文〕ー可以劃麥。㊁갈와(耕也)。

【耗】(전) 先 ゼン、たがやす plow deeply
❶깊이갈전(深耕)。❷갈전(耕也)。

【格】(객) 陌 カク、たがやす plow

❶[illegible] ❷[illegible]

七 畫

【耡】㊀(서) 魚 ㊁(조) 御 ㊂(저) 語 ジョ、ほみ weeding hoe(本音「조」) ㄔㄨˊ ch'u²
小篆 草書 ㊀호미서(田器助耕)。〔周禮〕合耦于ー。㊁조세조(殷稅)。〔說文〕商人七十而ー。㊂함께 갈저(共耕、井田八區八家共作)。

【稍】(소) 效 ソウ、うえる plant
심을소(種也)。

八 畫

【稗】(패) 卦 ハイ、うえる plant
심을패(種也)。

【耪】㊀(방) 講 ㊁(부) 尤 ヒョウ、ブ、すき plowshare
㊀보습방(鑼器)。㊁밭갈부(耕也、鑼ー)。

【耣】(륜) 軫 リン、いねたば rice-sheaf
볏단륜(束禾)。

【耤】(적) 陌 セキ、かる、かす lend ㄐㄧˊ chi²
小篆 草書 ❶적전적、친경할적(帝王親耕之田)。❷빌릴적(借也)。〔漢書〕以驅ー友仇。

九 畫

【耧】(영) 庚 エイ、くさがしげる (of grasses) thick
풀무성할영(草盛貌)。

【耦】(우) 有 グウ、たぐい pendant ㄡˇ ou³
小篆 草書 ❶쟁기우(耒也)。〔詩經〕十千維ー。❷짝우(配也)。〔左傳 桓公六年〕人各有ー。❸겨리우、쌍가래우(竝耕)。〔周禮〕二耜爲ー。❹짝셈우、짝맞을우(奇ー)。〔易經〕陽卦奇陰卦ー。❺활띠우(射ー)。〔周禮〕射則張ー次。

十 畫

【耆】(기) 支 キ、むぎまき sow the seeds of barley
보리씨뿌릴기(播下麥種)。

【耨】(누) 宥 ドウ、くわ weeding hoe
草書 ❶호미누(耘田器)。〔易繫辭〕耒ー之利以敎天下蓋取諸益。❷김맬누(薅田)。〔孟子 梁惠王上〕深耕易ー。

❶耨 (書全政農)

【耩】(강) 講 コウ、たがやす plough ㄐㄧㄤˇ chiang³
밭갈강(耕也)。

十一畫

【耥】㊀(체) 霽 ㊁(적) 錫 テイ、うえる sow the seeds
㊀대우칠체、갈지않고심을체(不耕而種)。㊁심을적(種也)。

【耬】(루) 尤 ロウ、すき plowshare
草書 ❶씨뿌리는그릇루(播種具)。❷보습루(犂也)。

【耮】(로) 號 ロウ、すき rake
고무래로、밭고르는쟁기로(摩田器)。

【耤】(작) 藥 サク、うねづくり furrow
❶밭고랑지을작(作畦)。❷땅이름작(地名)。❸성작(姓也)。

十三畫

【釋】(석) 陌 セキ、たがやす plough deeply
깊이갈석(深耕)。

十五畫

【耰】(표) 肴 ホウ、くさぎる weed (out)
김맬표(除田穢)。

【耰】(우) 尤 ユウ、つちならし rake ㄧㄡ yu¹
草書 ❶고무래우(布種磨田器)。〔?子〕深其耕而熟ー之。❷곰방메우(破塊椎)。

耳 部

【耳】(이) 紙 ジ、みみ ear ㄦˇ êrh³
小篆 草書 ❶귀이(主聽)。〔管子〕腎發爲ー。❷조자리이(凡附於兩旁如人ー者亦曰ー)。〔宋書〕鼎錯尙有ー。❸말그칠이、뿐이(語決辭)。〔史記〕約法三章ー。❹홀부들할이(ーー。柔從)。〔詩經〕六轡ーー。❺

성할이(盛也)。❻여덟대손자이(八代孫)。

一畫

【耴】(첩) 葉 チョウ、みみがたれる root of the ear
小篆 귀뿌리첩(耳下垂肉)。

二畫

【耵】(정) 迥 青 テイ、チョウ、みみあか ear-wax ㄉㄧㄥˇ ting^3
草書 귀에지정(ㅣ聹、耳垢)。

【⿱⺈耳】(서) 魚 ショ、まつ wait (for)
기다릴서(待也)。(『胥』와 통함)

三畫

【耶】(야) 麻 ヤ、ジャ、か、や particle ㄧㄝˊ yeh$^{1\cdot 2}$
草書 ❶어조사야(語助辭)。❷그런가야(疑辭)。〔韓愈墓志銘〕縣曰萬年原曰神禾高四尺者先生墓ㅣ。

四畫

【⿰耳幺】(요) 蕭 ヨウ、みみなり ears sing
귀울요(耳鳴、膠ㅣ)。

【⿰耳月】(월) 月 ゲツ、みみきる ears cut
小篆 귀베일월(耳斬)。

【耹】(금) 侵 キン、おと
小篆 ❶소리금(音也)。❷땅이름금(地名、ㅣ邃)。

【耻】(치)『恥』(心部6畫)의 俗字

【⿰耳壬】(청)『聽』(耳部16畫)의 古字

【耼】(담) 覃 タン、みみたぶがない ears without rim ㄉㄢ tan^1
小篆 草書 ❶귀바퀴없을담(耳曼無輪)。❷노자이름담(老子名)。

【耺】(운) 文 ウン、みみなり (of the eardrum) vibrate
귀청울릴운(耳中聲)。〔法言〕籩豆不陳玉帛不分琴瑟不鏗鐘鼓不ㅣ吾則無以見聖人矣。

【耽】(탐) 覃 タン、たのしむ pleasure (本音「담」)
小篆 草書 ❶귀축처질탐(耳大而垂)。〔淮南子〕夸父ㅣ耳在其北方。❷즐길탐(過樂)。〔書經〕惟ㅣ樂之從。❸웅크리고볼탐(虎視貌)。〔易經〕虎視ㅣㅣ。❹즐거울탐(樂也)。〔詩經 少雅常棣〕兄弟既翕 和樂且ㅣ。❺깊고멀탐(深遠)。〔張衡 西京賦〕大廈ㅣㅣ。❻그릇될탐(耽誤)。

【耾】㊀(횡) 庚 ㊁(굉) 庚 コウ、つんぼ deaf
㊀바람소리우할횡(ㅣㅣ、大聲)。〔風賦〕ㅣㅣ雷聲。㊁❶귀먹을굉(聾也)。❷귀속말굉(耳語)。

【耿】(경) 梗 キョウ、あきらか bright
小篆 草書 ❶깨끗할경(介也)。〔馮衍 顯志賦〕獨ㅣ介而慕古兮。❷빛날경(光也)。〔書經〕以覲文王之ㅣ光。❸반짝거릴경(小明)。❹근심할경(憂也)。〔謝朓詩〕秋河曙ㅣㅣ。〔詩經 邶風柏舟〕ㅣㅣ不寐。

五畫

【聃】(담)『耼』(耳部4畫)의 俗字

【聄】(진) 軫 シン、ジン、つげる tell
❶고할진(告也)。❷들을진(聽也)。

【聁】㊀(비) 寘 ㊁(밀) 質 ヒ、ヒツ、はじる shame
㊀부끄러울비(恥也)。㊁뜻은 ㊀과 같음。

【聅】(철) 屑 テツ、みみをさす pierce the ear
小篆 화살로귀꿸철(軍法、以矢貫ㅣ)。〔司馬法曰〕小罪ㅣ。

【聆】(령) 靑 レイ、きく hear ㄌㄧㄥˊ ling^2
小篆 草書 ❶들을령(以耳取聲聽)。❷깨달을령(曉也)。

【⿰耳占】(점) 鹽 デン、たれる hang down
小篆 귀조금늘어질점(耳小垂)。

【聊】(료) 蕭 リョウ、たのむ due to ㄌㄧㄠˊ liao^2
小篆 草書 ❶애오라지료、힘입을료(賴也)。〔方言〕計劃無所ㅣ賴。❷귀울료(耳鳴)。〔楚辭〕耳ㅣ啾而懺慌。❸방탕할료(ㅣ浪、放曠)。〔吳都〕浪ㅣ乎昧莫之坰。❹원할료(願也)。〔詩經〕孌彼諸姬ㅣ與之謀。❺어조사료(語助)。〔詩經〕椒ㅣ之實。

【⿰耳幼】(유) 有 ユウ、しずか quiet
草書 고요할유(靜也)。

【聟】(서)『壻』(士部9畫)와 같음

六畫

【聎】(조) 蕭 チョウ、みみやみ earache
❶귀앓을조(ㅣ疾)。❷귀울조(ㅣ鳴)。

【聏】㊀(뉵) 屋 ㊁(이) 寘 ジ、ニ、やわらぐ harmony
㊀부끄러울뉵(耻也)。㊁화할이(和也)。〔莊子〕以ㅣ合驩。

【聐】(알) 黠 ケツ、おろか fool
❶멍청이알(痴不聽、頢ㅣ)。❷감각없을알(無覺)。

【聒】(괄) 曷 カツ、かまびすしい noisy; clamorous ㄍㄨㄚ kua^1
小篆 草書 ❶떠들썩할괄、요란할괄(聲擾讙語)。〔左傳〕ㅣ而與之語。❷덤덤할괄(ㅣㅣ無知貌)。〔書經〕今汝ㅣㅣ。❸어리석을괄(愚也)。

【聑】(접) 葉 チョウ、やすい easy
小篆 편안할접(安也)。

七畫

【聕】(호) 晧 コウ、きく hear
❶들릴호(聞也)。❷긴귀호(長耳)。

【聖】(성) 敬 セイ、ショウ、ひじり saint ㄕㄥˋ shêng⁴
小篆 草書 ❶성인성(智德過人、人格最高者)。❷착할성(睿也)。❸통할성(通也)。【孟子】大而化之之謂ㅣ。❹지극할성(至極之稱)。❺잘할성(其道之長者、詩ㅣ・樂ㅣ)。❻거룩할성(至ㅣ)。❼임금성(天子尊稱)。❽약주성(超凡曰ㅣ 淸酒異名)。【李適之詩】樂ㅣ且銜杯。

【聖】(성)『聖』(前條)과 같음

【聘】(빙) 敬 ヘイ、めとる marry; wife's ㄆㄧㄥˋ p'ing⁴ ㄆㄧㄣˋ p'in⁴
小篆 草書 ❶사신보낼빙(諸侯相問)。【周禮】時ㅣ以結諸侯之好。❷장가들빙(娶也)。【禮記】ㅣ則爲妻。❸부를빙(徵召)。【禮記】ㅣ名士。

【䎽】(문)『聞』(耳部8畫)의 古字

八畫

【⿰耳罔】(망) 養 ボウ、モウ、みみやみ ear disease
❶귀밝을망(聰也)。❷귓병망(耳疾)。

【聚】(취) 麌 シュ、シュウ、あつまる collect; gather ㄐㄩˋ chü⁴ (本音「추」)
小篆 草書 ❶모을취(會也)。【易經】君子學以ㅣ之。❷고을취(邑落居也)。【史記】一年而所居成ㅣ。❸건을취(ㅣ斂)。【大學】不畜ㅣ斂之臣。❹쌓을취(積也)。【禮記】命司徒循行積ㅣ。❺많을취(衆也)。

【聡】(총)『聰』(耳部11畫)의 俗字

【⿰耳奇】(기) 支 キ、みみをそばだつ hearken
귀기우릴기(傾耳)。

【聝】(괵) 陌 カク、みみをきる ears cut
小篆 或體 귀베일괵(斷耳)。

【聞】㊀(문) 文 ブン、モン、きく hear ㄨㄣˊ wên²
㊁(문) 問
小篆 古文 草書 ㊀들을문(聽ㅣ、耳受聲)。【大學】聽而不ㅣ。㊁❶들릴문(聲徹)。【詩經】聲ㅣ于天。❷이름날문(令ㅣ、名達)。【孟子】令ㅣ廣譽施於身。❸소문문(風ㅣ)。

【聟】(서) 霽 セイ、むこ son-in-law
草書 사위서(女之夫)。【王羲之女ㅣ帖】取卿爲女ㅣ。(『壻』의 俗字)

【⿰耳定】(정) 〔日字〕 しっかり certain
草書 확실할정、튼튼할정、분명할정(決定之意)。

九畫

【⿰耳星】(성) 靑 セイ、みみさとい sharp ears
귀밝을성(耳明)。

【聤】(정) 靑 secretions from a ear ㄊㄧㄥˊ t'ing²
草書 귀에진물흐를정(耳出惡水)。

【聥】㊀(구) 虞 グウ、ク、おどろく
㊁(우) 虞 surprise
小篆 ㊀❶놀랄구(驚也)。❷귀쭝긋거릴구(張耳有所聞)。㊁뜻은 ㊀과 같음。

【⿰耳晏】(안) 諫 エン、アン、たのしむ shake the ear
귀흔들안(耳戲)。

【聦】(총)『聰』(耳部11畫)의 俗字

【聨】(련)『聯』(耳部11畫)과 같음

【聧】(규) 齊 ケイ、かなつんぼ deaf
귀머거리규(聾者)。

十畫

【⿰耳宰】(재) 賄 サイ、つんぼ block head
小篆 멍청이재、귀머거리재(聽而不聽)。

【⿰耳冥】㊀(면) 先 ミョウ、もうす tell respectfully
㊁(명) 靑
㊀잠심하여들을면、새기어들을면(注意而聽)。㊁사뢸명(進言)。

【⿰耳辱】(뉵) 屋 ジク、はじる shame
부끄러울뉵(恥也)。

十一畫

【⿰耳巢】(조) 肴 ソウ、みみなり ears buzz
❶귀울릴조(耳中聲)。❷구어ㅅ고리 울조(⿰耳覃也)。

【聯】(련) 先 レン、つらなる unite; join ㄌㄧㄢˊ lien²
小篆 草書 ❶연이을련、잇닿을련(相繼不絕)。【思玄賦】纈ㅣ翩兮粉晻曖。❷관계할련(關ㅣ)。

【聰】(총) 東 ソウ、さとい clever ㄘㄨㄥ ts'ung¹
小篆 草書 ❶귀밝을총(耳明通察)。【史記】反聽之謂ㅣ 內視之謂明。❷민첩할총(敏捷)。

【聱】(오) 肴 ゴウ、きかない faltering ㄠˊ ao²
小篆 草書 ❶못들은체할오(ㅣ牙、不聽)。【唐書】能學ㅣ牙保宗而全家自號曰ㅣ叟。❷말며듬며듬할오(辭不平易)。【韓愈進學解】周誥殷盤詰屈ㅣ牙。

【聲】(성) 庚 セイ、ショウ、こえ sound; voice ㄕㄥ shêng¹
小篆 草書 ❶소리성(音也)。【中庸】上天之載ㅣ無臭。❷풍류성(樂也)。【書經】律和ㅣ。❸명예성、기릴성(名譽)。【孟子】ㅣ聞過情君子恥之。❹소리들릴성(ㅣ教)。

【聳】(용) 腫 ショウ、そびえる raise up ㄙㄨㄥˇ sung³ (古音「송」)
小篆 草書 ❶솟을용(高也)。【韓愈詩】詩思猶孤ㅣ。❷귀막힐용、귀먹을용(聾也)。【方言註】言

無所聞常ㅣ耳。❸공경할용(敬也)。〔國語 楚語〕能ㅣ其德。❹장려할용(奬也)。〔楚語〕ㅣ善而抑惡焉。

【䚧】(표) 嘯 ヒョウ、やっときく hear hardly ❶겨우들을표(僅聞)。❷가며들을표(行聽)。

十二畫

【聵】(외) 卦 カイ、つんぼ deaf ㄎㄨㄟˋ k'uei⁴ 小篆 或體 草書 배내귀머거리외, 천생귀머거리외(耳聾)。〔晉語〕聵ㅣ不可使聽。

【聶】(一)(섭) 葉 (二)(접) 葉 ショウ、ジョウ、ささやく whisper ㄋㄧㄝˋ nieh⁴ (古音「녑」) 小篆 草書 (一)❶소곤거릴섭(附耳私小語)。〔史記〕效兒女子呫ㅣ耳語。❷낄섭(攝也)。❸성섭(姓也)。(二)회칠접(牒也)。(『牒』과 같음)

【職】(직) 職 ショク、つとめ、しごと employment; work ㄓˊ chih² 小篆 草書 ❶주장할직(主也)。〔徐曰〕六ㅣ皆主記事之職。❷맡을직, 직분직(執掌)。〔書經 周官〕六卿分ㅣ。❸벼슬직(品秩)。❹많을직(多也)。〔莊子〕萬物ㅣㅣ。❺공 바칠직(貢也)。〔左傳〕共其ㅣ貢。❻떳떳할직(常也)。❼나눌직(分也)。

十三畫

【⿰耳農】(농) 江 ノウ、みみなり ringing (本音「낭」) 귓속쩡할농(耳中鳴)。〔淮南子〕聽雷者ㅣ。

【⿰耳當】(당) 陽 トウ、みみがたれる flap-eared ㄉㄤ tang¹ 귀처져붙을당(耳下垂)。

【聸】(담) 覃 タン、たれみみ ear lopped 小篆 ❶귀늘어질담(耳垂)。❷나라이름담(南方國名、ㅣ耳)。

十四畫

【⿰耳㬎】(一)(집) 緝 (二)(습) 緝 シュウ、うしうまのみみうごく (of horses and cattle)cock ears (一)마소귀쭝긋거릴칩(牛馬動耳貌)。(二)뜻은 (一)과 같음。

【聹】(녕) 靑 迥 ネイ、みみあか ear-wax ㄋㄧㄥˊ ning² 草書 귀에지녕(盯ㅣ、耳垢)。

【聻】(一)(적) 陌 (二)(니) 紙 セキ、ニ、おに devil 草書 (一)❶귀신적(鬼也)。❷어조사적(語助辭)。(二)손가락질할니(指示)。

十五畫

【⿰耳廣】(곽) 藥 カク、おおきいみみ large ear ❶귀넓을곽(耳廣)。❷큰귀곽(耳ㅣ)。

十六畫

【⿰耳歷】(력) 錫 レキ、よくきく hear out attentively 자세히들을력(詳聞)。

【聽】(一)(청) 靑 (二)(청) 徑 テイ、チョウ、きく listen; hear ㄊㄧㄥ t'ing¹·⁴ 小篆 草書 (一)❶들을청(聆也)。〔大學〕ㅣ而不聞。❷받을청(受也)。〔左傳 成公十二年〕鄭伯如秦ㅣ成。❸좇을청(從也)。〔左傳〕姑慈婦ㅣ。(二)❶결단할청(斷也)。〔禮記〕以ㅣ獄訟。❷꾀할청(謀也)。❸기다릴청(待也)。❹수소문할청(偵察)。❺맡길청(任也)。

【聾】(롱) 東 ロウ、つんぼ deaf ㄌㄨㄥˊ lung² 小篆 草書 귀막힐롱(耳聾無聞)。〔左傳〕耳不聽五聲之和曰ㅣ。

十七畫

【⿰耳闋】(一)(월) 黠 (二)(외) 卦 ガイ、かなつんぼ deaf 小篆 (一)귀머거리월(聾者)。(二)뜻은 (一)과 같음。

聿部

【聿】(율) 質 イツ、ついに、のべる at last; pen ㄩˋ yü⁴ 小篆 草書 ❶마침내율, 드디어율(遂也)。〔詩經〕歲ㅣ其莫。❷지을율(述也)。〔詩經〕ㅣ修厥德。❸오직율(惟也)。〔書經〕ㅣ求元聖。❹스스로율(自也)。〔詩經〕ㅣ來胥宇。❺좇을율(循也)。❻붓율(筆也)。

二畫

【𦘒】(녑) 葉 ジョウ、たけ bamboo 小篆 대녑(竹也)。

三畫

【津】(전) 先 セン、すすむ advance ❶뜻전(義也)。❷나아갈전(進也)。

【⿺聿彡】(진) 眞 シン、かざる decorate 小篆 ❶붓으로 꾸밀진(以筆飾也)。❷글씨 좋아할진(好書)。

四畫

【肁】(조) 篠 チョウ、はかる plan 小篆 ❶꾀할조(謀也)。❷열조(開也)。비로소조(始也)。

【肂】(사) 寘 シ、はかあな grave ㄙˋ ssŭ⁴ 草書 하관할사(埋棺坎下)。〔儀禮〕掘ㅣ見衽。

【書】(서)→曰部6畫

五畫

【晝】(주)→日部7畫

六畫

【肅】(숙)『肅』(聿部7畫)의 俗字

七畫

【畫】(화)(획)→田部7畫

【肄】(이) 寘 ならう practice 小篆 籀文 篆文 草書 ❶익힐이(習也)。【左傳】臣以爲ー業及之也。❷수고할이(勞也)。【詩經】既詒我ー。❸휘추리이、곁가지이(嫩條)。【詩經】伐其條ー。

【肅】(숙) 屋 シュク、つつしむ respect ㄙㄨˋ su⁴ 小篆 古文 草書 ❶공손할숙(恭也)。【書經】恭作ー。❷공경할숙(敬也)。【書經】罔不祇ー。❸나아갈숙(進也)。【禮記 曲禮】主人ー客而入。❹엄숙할숙(嚴貌)。【詩經】ーー謝功。❺화한소리숙(ーー、聲也)。❻경계할숙(戒也)。❼정제할숙(整也)。❽나라이름숙(國名、ー愼)。

【肆】(사) 寘 シ、ほしいまま licentious ㄙˋ ssŭ⁴ 小篆 或體 草書 ❶방자할사(放恣)。【禮記】安ー曰偸。❷베풀사(陳也)。【詩經】ー筵設席。❸늦춰줄사(緩也)。【書經】眚災ー赦。❹저자사(市也)。【漢書】開市ー以通之。❺말끝고칠사(更端辭)。【詩經】ー不殄厥愠。❻외양깐사(廏也)。【韓愈 爲人求薦書】木在山、馬在ー。❼고로사(故也)。❽벌릴사(展也)。【左傳 僖公三十年】又欲ー其西封。❾길사(長也)。❿궁구할사(究也)。

❹肆市 (禮器圖)

【肇】(조) 篠 チョウ、はじめる begin ㄓㄠˋ chao⁴ 小篆 草書 ❶비로소조(始也)。【書經】ー我邦于有夏。❷민첩할조(敏也)。【書經】ー牽車牛。

【肈】(조)『肇』(前條)의 本字

肉部

【肉】㈠(육) 屋 ㈡(유) 宥 ニク、ジク、にく meat; flesh ㄖㄡˋ jou⁴ 小篆 草書 ㈠❶고기육、살육(肌也)。【管子】五臟已具而後生ー。❷몸육(ー身、ー感)。㈡❶둘레유(璧邊)。【爾雅】ー倍好謂之璧。❷저울추유(錘體)。【漢書】圜而環之令之ー倍好者。❸살찔유(肥也)。❹찰유(滿也)。

二畫

【月】(육)『肉』(前條)과 같음

【肋】(륵) 職 ロク、あばら rib; costa ㄌㄟˋ lei⁴ 小篆 草書 갈빗대륵(脅骨檢勒五臟)。

【肌】(기) 支 キ、はだ skin ㄐㄧ chi¹ 小篆 草書 살기(膚肉)。【正字通】人身四支附骨者皆曰ー。

【肍】(구) 尤 meat boiled down 小篆 고기로장담글구、장조림구(肉醬)。

【肎】(긍)『肯』(肉部4畫)과 같음

【肸】(흘) 物 キツ、うごきひろがる shake off 小篆 떨칠흘(振也)。

【肙】(원) 霰 エン、こむし little insect ❶작은벌레원(小蟲)。❷빌원(空也)。❸움직일원(動也)。

三畫

【⿰月凡】㈠(봉) 東 ㈡(한) 翰 フウ、ちち breast ㈠젖봉(乳也)。㈡긁어부스럼날한(搔而生創)。(『肒』의 本字)

【肐】㈠(억) 職 ㈡(흘) 物 ヨク、キツ、むなぼね sternum ㄍㄜ kê¹ ㈠가슴뼈억(胸骨)。㈡❶몸흔들릴흘(體動貌)。❷【中字】팔꿈치흘(ー肘)。

【肑】㈠(적) 錫 ㈡(박) 覺 テキ、バク、したはらのにく entrails ㈠창자밑살적(腸下肉)。㈡손가락마디울박(指節鳴)。

【肒】(환) 翰 ガン、かききず get a blotch 小篆 긁어부스럼날환(搔而生創)。

【肓】(황) 陽 コウ、むなもと breast ㄏㄨㄤ huang¹ 小篆 草書 …下)。【左傳】居ー之上膏之下。

【⿰月乇】(도) 虞 ト、おおはら big belly 큰배도(大腹)。

【肔】(이) 紙 イ、さく cut off intestines ❶창자가를이(刳腸)。❷찢어질이(裂也)。

【肕】(인) 震 ジン、かたいにく tough meat 草書 질긴고기인(堅肉)。

【肖】㈠(소) 嘯 ㈡(초) 蕭 ショウ、にる similar; small ㄒㄧㄠˋ hsiao⁴ 小篆 草書 ㈠❶쇠약할소(衰弱)。【史記】申呂ー矣。❷흩어질소(失散)。【莊子】達於知者ー。㈡❶닮을초(類似)。【書經】說築傅巖之野惟ー。❷작을초(小也)。❸같지않을초(子不似父謂之不ー不賢亦曰不ー)。【孟子】舜之子亦不ー。❹본받을초(模倣)。

【肙】(연) 先 エン、イン、ぼうふり small insect 小篆 ❶작은벌레연(小蟲)。❷요동할연(撓動)。

【肘】(주) 有 チュウ、ひじ elbow ㄓㄡˇ chou³ 小篆 草書 ❶팔꿈치주(臂節)。❷팔뚝주(寸口手腕動脈處)。【唐詩】今日垂楊生左ー。

【肛】(항) 江 コウ、しりのあな anus

草書 ❶배뚱뚱할항(胮—、脹大)。【韓愈詩】連日挾所有形軀頓胮—。❷똥구멍항、분문항(大腸端—門)。【史記】—門重十二兩。

【肚】(두) 麌 ト、いぶくろ stomach ㄉㄨˋ tu³·⁴ 草書 밥통두(膓—、胃也)。【博雅】胃謂之—。

【肜】(융) 東 ユウ、またのまつり a kind of sacrifice ㄖㄨㄥˊ jung² 草書 ❶융제사융(商祭名)。【書經】高宗—日。❷다스릴융(治也)。❸화할융(和也)。

【肝】(간) 寒 カン、きも liver ㄍㄢ kan¹ 小篆 草書 ❶간간(—膽木藏)。【正字通】—左三葉右四葉以膽爲府附脊第九椎。❷마음간(—膽)。❸요긴할간(—要)。

四畫

【肤】(결) 屑 ケツ、こうもん anus 小篆 똥구멍결(肛門)。

【股】(고) 麌 コ、すね、もも thigh ㄍㄨˇ ku³ 小篆 草書 ❶다리고(脛本髀幹)。【詩經】赤芾在—。❷나뉠고(支別)。❸굳을고(固也)。

【肢】(지) 支 シ、てあし arm and legs 팔다리지(四—、體也)。

【肣】㊀(금) 侵 ㊁(함) 覃 キン、カン、した tongue ㊀거둘금(斂也)。【集韻】灼龜首仰足—。㊁❶혀함(舌也)。❷쇠고기포함(牛脯)。

【肥】(비) 微 ヒ、こえる fat; fertile ㄈㄟˊ fei² 小篆 草書 ❶살찔비(多肉)。【禮記】膚革充盈人之—。❷거름비(—料)。❸땅이름비(地名、合—)。

【肦】㊀(분) 文 ㊁(반) 刪 ハン、わける tax 草書 ㊀머리큰분(大首貌)。㊁부세반、구실반(賦也)。【禮記】名山大澤不以—。

【肧】(배) 灰 ハイ、はらむ conceive 아이밸배、애설배(婦孕一月曰—胎)。【正字通】器物未成者亦曰—。

【肨】(방) 江 ボウ、ふくれる stout ❶배불룩할방(腹脹)。❷퀴퀴할방(臭也)。

【肩】(견) 先 ケン、かた shoulder ㄐㄧㄢ chien¹ 小篆 俗體 草書 ❶어깨견(膊上)。❷이길견(克也)。【詩經】佛時仔—。❸맡길견(任也)。【書經】朕不—好貨。❹멜견(負擔)。【左傳】鄭子駟請息—於晉。❺세살된짐승견(三歲獸)。❻능할견(能也)。

【肪】(방) 陽 ボウ、あぶら fat; grease ㄈㄤˊ fang² 小篆 草書 ❶기름방、비계방(脂也)。【太玄經】脂牛正—不濯釜而烹。❷살찔방(肥也)。【徐曰】本草有鴈—。

【䏖】(윤) 震 イン、きず scar (古音「인」) 小篆 ❶흠집윤(瘡痕)。❷등살윤、등심윤(脊肉)。

【肫】(순) 眞 ジュン、ほおぼね cheekbone ㄓㄨㄣ chuen¹ (古音「준」) 小篆 草書 ❶광대뼈순(面頯)。❷정성스러울순(懇誠貌)。【禮記】——其仁。

【肬】(우) 尤 ユウ、いぼ wen ㄧㄡˊ yu² 小篆 籀文 草書 혹우、군살우(贅肉)。【荀子】會未如—贅。

【肭】(눌) 月 ドツ、あざらし seal 草書 ❶바닷개눌、물개눌(膃—、海狗)。❷살찔눌(肥也)。

【肯】(긍) 迥 コウ、かえんずる consent ㄎㄣˇ k'en³ 小篆 古文 草書 ❶즐길긍(可也)。【詩經】惠然—來。❷뼈사이살긍(著骨肉)。

【肮】(항) 陽 コウ、のど throat (或音「강」) 草書 목구멍항(咽也)。【史記】不搤

【肰】(연) 先 ゼン、いぬにく flesh of a dog 小篆 古文 古文 개고기연(犬肉)。

【肱】(굉) 蒸 コウ、ひじ forearm ㄍㄨㄥ kung¹ 草書 팔뚝굉(肘下腕上)。【書經】帝曰臣作朕股—耳目。

【育】(육) 屋 イク、そだつ rear; grow ㄩˋ yü⁴ 小篆 或體 草書 ❶기를육(養也)。【詩經】長我—我。❷날육(生也)。【禮記】發—萬物。❸자랄육(—成)。

【肐】(괘) 隊 カイ、こしいたみ attack of lumbago 허리아플괘(腰痛)。

【肴】(효) 肴 コウ、さかな relish ㄒㄧㄠˊ hsiao² 小篆 草書 안주효(俎實啖肉)。【漢書】載酒—於田閒候勤者而勞之。

【肳】(문)『吻』(口部 4畫)과 같음

【䏙】(탐) 感 タン、にくじる dregs of broth 小篆 고기국찌끼탐(肉汁滓)。

【肵】㊀(기) 微 ㊁(근) 問 キ、キン、まないた chopping-board ㄑㄧˊ ch'i² 草書 ㊀시동이먹는도마기(尸之所食俎)。【禮記】祭殤不擧肺無—俎。㊁공경할근(敬也)。【禮記】

敬也。

【肶】(비) 支 ヒ、うしのいぶくろ maw
멀떠구니비(牛胃)。

【肸】(힐) 質 ケツ、キツ、ひろがる sound ㄒㄧˋ hsi⁴ (同音「흘」)
小篆 草書 ❶소리울릴힐(響布盛作)【漢書註】ㅣ蠁言風之動樹聲響振起。❷클힐(佛ㅣ、大貌)。❸사람이름힐(人名)。❹웃을힐(笑也)。

【肺】㊀(폐) 隊 ㊁(패) 泰 ハイ、はい、こころ lungs ㄆㄟˋ p'ei⁴
小篆 草書 ㊀❶부아폐、허파폐(金藏主魄)。【素問】ㅣ者相傳之官治節出焉。❷친할폐(親也)。❸마음속폐(衷心)。㊁성할패(盛貌)。【詩經 陳風東門之陽】其葉ㅣㅣ。

五 畫

【胂】㊀(신) 眞 ㊁(이) 支 シン、イ、せのび stretch ㄕㄣ shen¹
小篆 ㊀기지개켤신(伸身)。㊁등심이(背脊肉)。

【胃】(위) 未 イ、いぶくろ stomach ㄨㄟˋ w'ei⁴
小篆 草書 ❶밥통위、양위(腸ㅣ、脾ㅣ、穀腑)。【史記】ㅣ脯簡微耳濁氏連騎。❷별이름위(星名)。❸성위(姓也)。(『膶』와 같음)

【胄】(주) 宥 チュウ、よつぎ heir; eldest son ㄓㄡˋ chou⁴
小篆 草書 ❶자손주(裔也 系也 [illegible]也)。【左傳】是四嶽之裔ㅣ也。❷맏아들주(ㅣ子、長也)。【書經】命汝典樂教ㅣ子。❸혈통주(血統)。

【胅】(질) 屑 テツ、はれる get one's joint sprained
小篆 뼈마디퉁길질、삘질(骨差)。

【胆】㊀(단) 寒 ㊁(단) 旱 ㊂(달) 曷 タン、つば spittle ㄉㄢˇ tan³
草書 ㊀침단、침버캐단(口脂澤)。㊁어깨벗어멜단(肉ㅣ)。㊂살찔달(肥貌)。

【胈】㊀(별) 屑 ㊁(필) 質 ヘツ、こえたにく fat meat
小篆 ㊀살찐 고기별(肥肉)。㊁클필(大貌)。

【胇】㊀(필) 質 ㊁(비) 未 ヒツ、ヒ、かわく dry
㊀장대할필(身大ㅣ胖)。㊁마를비(乾也)。

【胈】(발) 曷 ハツ、にこげ shin hair
草書 정강이털발(股上小毛)。【莊子 天下】腓無ㅣ脛無毛。

【背】㊀(배) 隊 ㊁(패) 隊 ハイ、せ、そむく back; betray ㄅㄟˋ p'ei¹·⁴
小篆 草書 ㊀❶등배(脊也)。❷해무리배(日旁氣)。【漢書】暈適ㅣ穴。❸집북편배(堂北)。【詩經】言樹之ㅣ。❹등에태문생길배(台ㅣ、壽徵)。【詩經】黃髮台ㅣ。㊁❶버릴패(棄也)。【李密陳情表】[illegible]ㅣ。❷배반할패(孤負反面違也)。【書經】ㅣ師保之訓。

【胉】(박) 藥 ハク、かたぼね shoulder bone
草書 ❶허리뼈박(骬也)。❷어깨죽지박(肩胛)。❸갈비박(脅也)。【儀禮】去蹄兩ㅣ脊脅。

【朐】(구) 虞 ク、ほじし jerked beef
小篆 草書 ❶포구(脯也)。【禮記】左ㅣ右末。❷멀구(遠也)。【管子】古之祭者有時而ㅣ。❸풀이름구(草名)。

【胎】(태) 灰 タイ、はらむ conceive ㄊㄞ t'ai¹
小篆 草書 ❶애밸태(孕ㅣ、懷姙)。【漢書】剖明月之珠ㅣ。❷처음태、시작태(胚ㅣ)。【漢書枚乘傳】福生有基禍生有ㅣ。

【胍】㊀(고) 虞 ㊁(과) 麻 コ、しり hips
㊀배통통할고(大腹、ㅣ肫)。㊁뜻은 ㊀과 같음。

【胏】(자) 紙 シ、ほじし jerked beef ㄗˇ tzŭ³
小篆 小篆 草書 ❶포자(脯有骨)。【易經】噬乾ㅣ。❷밥찌끼자(食所遺)。

【胢】(가) 麻 カ、かさぶた scab ㄐㄧㄚ chia¹
❶딱지가(瘡痂)。❷옴가(疥瘡)。

【胕】(부)『腑』(肉部 8畫)와 같음

【胔】(자) 寘 bone ㄗˋ tzŭ⁴
草書 ❶짐승의뼈자(鳥獸殘骨)。【禮記 月令】掩骼埋ㅣ。❷썩은고기자(腐肉)。

【胖】(반) 翰 寒 ハン、ふとる fat ㄆㄢˊˋ p'an²·⁴ ㄆㄤˋ p'ang⁴
小篆 草書 ❶살찔반、클반(肥ㅣ、大也)。【禮記】心廣體ㅣ。❷반쪽 고기반(半體肉)。❸안심반(胸側薄肉)。

【胗】(진) 軫 シン、はれもの small pox
小篆 古文 역질진(痘瘡)。(『疹』의 古字)

【胘】(현) 先 ケン、うしのいぶくろ the punch of cattle
小篆 소처녑현(牛胃)。

【胙】(조) 遇 ソ、サク、さいわい happiness ㄗㄨㄛˋ tsuo⁴
小篆 草書 ❶제지낸포조(祭餘肉)。【左傳】賜齊侯ㅣ。❷복조(福也)。【周語】天地所ㅣ。❸갚을조(報也)。【左傳 隱公八年】ㅣ之土命之氏。

【胚】(배) 灰 ハイ、はらむ conceive ㄆㄟ p'ei¹
小篆 草書 애밸배(ㅣ胎、婦孕一月曰ㅣ)。(『肧』와 같음)

【胆】(저) 魚 御 ソ、ひもろぎ maggot

胆 小篆 구더기저、쉬저(繩之所生肉中蟲)。

【胴】(사) 眞 シ、ひよめき crown of the head
❶백회사(頭會)。❷정수리사、정문사(頂門)。

【胛】(갑) 洽 コウ、かいがらぼね ㄐㄧㄚ chia¹ shoulder bone
草書 어깨죽지갑(背上兩膊閒肩甲)。【後漢書】中予貫ー。

【胜】(성) 靑 セイ、なまにく raw meat
小篆 ❶개기름냄새성、비릴성(犬膏臭)。❷날고기성(生肉)。【禮記】飮ー而苴熟。

【胝】(지) 支 チ、あかぎれ、たこ ㄓ chih¹ corn
小篆 草書 ❶더께질지、못박힐지、구덩살지(胼ー、皮厚)。【荀子】耕耘樹藝手足胼ー以養其親。❷부르틀지(繭也)。【漢書】躬幐胼ー無胈。

【胞】(포) 肴 ホウ、えな、はらから ㄅㄠ pao¹ placenta
小篆 草書 ❶태보포(胎衣)。【莊子】ー有重閬心有天遊。❷한배포、동포포(父所生曰同ー)。

【胠】㊀(거) 語 キョ、ひらく ㊁(겁) 葉 ㄑㄩ chʻü¹ open ㊂(협) 洽
小篆 草書 ㊀❶열거(旁開發也)。【莊子】ー篋探囊發匱之盜而爲守備。❷갈비거(脅也)。㊁❶오른편군대겁(軍右翼)。【左傳 襄公二十三年】狼蘧疏爲右ー。❷㊀의뜻과같음。㊂❶갈비협(脅也)。❷열협(開也)。

【胟】(무) 有 ボウ、おやゆび thumb
엄지손가락무(將指)。

【胡】(호) 虞 コ、えびす how; Mongol
小篆 草書 ❶어찌호(何也)。【書經】不虞ー獲。❷오래살호(壽也)。【詩經】ー考之寧。❸멀호(遐遠)。【儀禮】眉壽萬年永受ー福。❹창가장귀호(戈頸)。【周禮】戈ー三之戟ー四之。❺먹줄띠호(牛狼頷垂)。【詩經】狼跋其ー。❻고미호(彫ー、菰米)。【漢書】東彫ー。❼깔깔웃을호(笑貌)。【孔叢子】盧ー大笑。❽오랑캐호(ー馬)。

【胣】(이) 紙 チ、さく cut off intestines
草書 창자끊을이(刳腸)。

【胤】(윤) 震 イン、たね ㄧㄣ yin⁴ descendant
小篆 古文 草書 ❶맏아들윤(子孫相承也、繼也、嗣也續也)。【書經】王司敬民罔非天ー。❷익힐윤(習也)。【詩經】永錫祚ー。

【脉】(맥)『脈』(肉部 6畫)의 俗字

【胥】㊀(서) 魚 ショ、みな all; together ㊁(서) 語 ㄒㄩ
小篆 草書 ㊀❶다서(皆也)。【詩經】君子樂ー。❷서로서(相也)。【書經】民非后罔克ー匡以生。❸나비서(蝴蝶)。【列子】烏足之根爲蠐螬其葉爲蝴蝶蝴蝶ー也化爲蟲生竈下。❹게젓서(蟹醢)。【周禮註】青州之蟹ー。❺어조사서(語助辭)。【詩經】侯氏燕ー。❻쌓을서(蓄積)。【漢書】木雍槍纍以爲儲ー。❼도울서(助也)。❽기다릴서(待也)。【史記 廉頗傳】ー後令邯鄲。❾도적잡을서(捕盜)。❿끌릴서(淪ー、相牽引)。㊁❶연좌될서(ー徒ー靡、相隨坐輕刑之名)。【漢書】史遷薰ー以刑。❷땅이름서(地名、蒲ー)。

【胦】(앙) 陽 オウ、へそ navel
배꼽앙(臍也、脖ー)。

六畫

【胮】(방) 江 ホウ、ふくれる swell
❶배불룩할방、복창할방(ー肛、腹脹貌)。❷부을방(腫也)。

【胵】㊀(나) 麻 シ、こえる ㊁(치) 紙 fatten
㊀성길나(不密輕胵)。㊁살찌고연할치(肉物肥美)。

【胭】(연) 先 エン、のど ㄧㄢ yen¹ throat
草書 ❶목구멍연(嗌也)。❷연지연(ー脂)。

【胯】㊀(고) 遇 コ、また groin ㊁(과) 禡
小篆 草書 ㊀다리고(股也)。㊁사타구니과、샅과(兩股間)。【史記 淮陰侯傳】韓信不能死出我ー下。

【胰】(이) 支 イ、せにく ㄧ i² tenderloin
草書 등심이(脊肉)。

【胱】(광) 陽 コウ、ぼうこう ㄍㄨㄤ kuang¹ bladder
草書 오줌통광(水腑)。【素問】膀ー者州都之官津液藏焉氣化則能出。

【胲】㊀(해) 賄 カイ、ほおにく(本音「개」) ㊁(해) 灰 flesh of cheek
小篆 ㊀❶엄지발가락해(足之大脂)。❷갖출해(備也)。㊁볼살해(頰肉)。【漢書】樹頰ー。

【胳】(각) 藥 カク、わきのした ㄍㄜ ko¹ armpit
小篆 草書 ❶겨드랑이각(腋下)。❷목정뼈각(牲後頸骨)。【儀禮】介俎脊脅ー肺。

【胴】(동) 董 トウ、ドウ、だいちょう colon
草書 큰창자동(大腸)。【抱朴子】雄黃服餌之法以玄ー腸裏蒸於赤土下。

【胵】(치) 支 チ、はらわた ㄓ chih⁴ internal organs
小篆 草書 ❶새멀떠구니치(膍ー、鳥胃)。❷오장육부치(臟腑之總名)。

【脠】(이) 支 イ、ぶたにく pork
제육이(家肉)。

【胷】(흉)『胸』(次條)과 같음

【胸】(흉) 冬 キョウ、むね breast ㄒㄩㄥ hsiung¹
小篆 草書 ❶가슴흉(膺也)。【史記】人之懷抱曰ー。如ー襟ー次。❷마음흉(心情)。

【胹】(이) 支 ジ、にる boil ㄦ êrh²
小篆 草書 익힐이、삶을이(煮熟)。【左傳 宣公二年】宰夫ー熊蹯不熟。

【[月+合]】(흡) 緝 キュウ、からだ body
❶몸흡(體也)。❷【中字】어깨죽지흡(肩也、ー膊)。

【胻】(행) 敬 コウ、はぎ calf
小篆 草書 종아리행(脛也)。

【胾】(자) 寘 シ、きりみ skewered meat ㄗ tzŭ⁴
小篆 草書 산적점자(切肉大臠)。【詩經】毛炰ー羹。

【脀】㊀(승) 徑 ㊁(증) 蒸 ショウ、おろか foolish
小篆 草書 ㊀어리석을승(騃也、癡也)。㊁희생잡아솥에담을증(以牲實鼎)。【儀禮】脯醢無ー。

【胼】(변)『腁』(肉部8畫)의 俗字

【脁】(조) 嘯 チョウ、まつりのにく religious service ㄊㄧㄠ t'iao⁴
小篆 古文 제사고기조(祭肉)。

【能】㊀(내) 泰 ㊁(능) 蒸 ㊂(태) 灰 ノウ、ドウ、よくする able ㄋㄥ nêng²
小篆 草書 ㊀새발자라내(三足鼈)。㊁❶착할능(善也)。【孟子】尊賢使ー。❷능할능(勝任)。【孟子 梁惠王上】不爲也、非不ー也。❸곰능(熊屬足似鹿)。【說文】ー獸堅中故彊壯者稱ー傑。㊂별이름태(星名、台也)。

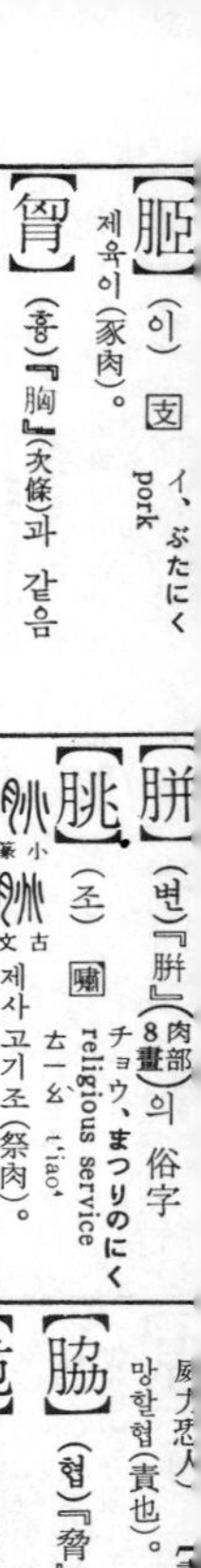
能 ㊀ (三才圖會)

【脂】(지) 支 シ、あぶら fat; grease ㄓ chih¹
小篆 草書 ❶기름지、비계지(膏也)。【詩經】膚如凝ー。❷연지지(臙ー)。【正字通】燕ー以紅藍花汁凝ー爲之燕國所出後人用爲口ー。

【脃】(취)『脆』(肉部6畫)의 本字

【脅】(협) 葉 キョウ、わき、おびやかす rib; threat ㄒㄧㄝ hsieh²
小篆 ❶갈비협、갈빗대협(腋下)。❷거둘협(斂也)。【漢書】動靜辟ー萬物生焉。❸위협할협、으를협(ー迫、厲力恐人)。【書經】ー權相滅 ❹[illegible] 망할협(責也)。

【脇】(협)『脅』(前條)과 같음

【脆】(취) 霽 ゼイ、もろい fragile ㄘㄨㄟ ts'ui⁴
小篆 草書 ❶연할취、쉬울취(小耎物易斷)。【周禮】夫角之末遠於割而不休於氣是故ーー故欲其柔。❷약할취(弱也)。

【脈】(맥) 陌 ミャク、バク、みゃく、すじ pulse ㄇㄛ mo⁴ ㄇㄞ mai⁴
草書 ❶맥맥(血理臟腑之氣分流四支)。【史記】音樂者所以動盪血ー流通精神。❷줄기맥(山ー、泉ー)。

【朐】(순) 軫 シュン、みみず earthworm
小篆 ❶고을이름순(ー䏰、蜀縣名)。❷【中字】지렁이순(蚓也、ー䏰)。【後漢書】遂屯兵ー䏰。

【脊】(척) 陌 セキ、せぼね spine ㄐㄧ chi²·³
小篆 草書 ❶등성마루척(背呂)。【戰國策】今梁者天下之ー。❷결척、조리척(倫ー、理也、條理)。【詩經 小雅正月】有倫有ー。❸쌓을척(積也)。

【脙】(휴) 尤 キュウ、はら emaciated belly
❶파리한배휴(瘠腹)。❷배와등사이휴(腹脊間)。

【胆】(저) 魚 maggot
구더기저(蛆也)。

【[月+朱]】(주) 虞 シュ、ジュ、ほほ globule; blood corpuscle ㄓㄨ chu¹
❶혈구주(血球)。❷【中字】볼주、뺨주(頰也)。

【脥】(협)『脇』(肉部6畫)의 略字

七畫

【脕】㊀(만) 願 ㊁(문) 問 ブン、マン、つやつやしい gloss and beautiful
草書 ㊀예쁠만(艶美色)。【楚辭】玉色頩以ー顏。㊁풀새로날문(草芽新生)。

【脖】(발) 月 ホツ、へそ navel ㄅㄛ po²
배꼽발(胦臍)。【正字通】靈樞經肓之原出於ー胦。

【脗】㊀(문) 吻 ㊁(민) 軫 フン、くちつけ kiss ㄨㄣ wên³ (同音「민」)
草書 ㊀합할문(合也)。【莊子】爲其ー合置其滑涽。㊁뜻은 ㊀과 같음。

【脘】(완) 旱 カン、いぶくろ stomach ㄍㄨㄢ kuan³ (本音「관」)
小篆 小篆 草書 중완완(胃府)。【正字通】胃之受水穀者曰ー。臍上五寸爲上ー、四寸爲中ー、二寸爲下ー。

【脙】(구) 尤 キュウ、やせる haggard 小篆 파리할구(瘠也)。

【脚】(각) 藥 キャク、カク、あし leg; foot ㄐㄧㄠ chiao 草書 ❶종아리각、다리각(脛也)。【釋名】ㅣ却也以其坐時却在後也。❷발각(足也)。

【脛】(경) 迥 徑 ケイ、すね、はぎ shin; shank 〔古音「형」〕 ㄐㄧㄥ ching 小篆 草書 ❶정강이경、종아리경(膝下骨)。【史記】ㅣ大於股。❷꼿꼿할경(直貌)。【漢書】ㅣㅣ者未必全。

【脝】(형) 庚 コウ、ふくれる swell ㄏㄥ hêng 草書 배불룩할형(脹貌、膨ㅣ)。【韓愈詩】苦聞腹膨ㅣ。

【脞】(좌) 哿 ザ、こまかい fine 草書 잘좌、좀스러울좌(叢ㅣ、細碎)。【書經】元首叢ㅣ哉。

【脟】(렬) 屑 レツ、あばらにく ribs of beef 小篆 草書 ❶갈빗살렬(脅肉)。❷창자기름질렬(腸脂)。

【肕】(인) 震 ニン、ジン、みみず earthworm 小篆 ❶고을이름인(蜀縣名、朐ㅣ)。❷【中字】지렁이인(蚯蚓,朐ㅣ)。

【脠】(전) 先 セン、ひしお raw meat 小篆 날고기젓전(生肉醬)。【釋名】生ㅣ以一分膾、二分細切、和ㅣ攪之。

【䏴】(소) 效 ソウ、するどい sharp-pointed 끝빨소(物之尖銳)。

【脡】(정) 迥 テイ、ほじし jerked beef 草書 포정(脯朐)。【公羊傳】與四ㅣ脯。

【䏲】㊀(체) 齊 ㊁(철) 屑 テイ、テツ、まがる inclined ㄊㄧ t'i ㊀코삐뚤어질체(鼻不正)。㊁삐어긋날철(骨差)。

【䏵】㊀(몽) 董 ㊁(망) 講 ボウ、ゆたか plump ㊀❶풍만할몽(豐大貌)。❷부을몽(腫也)。㊁❶풍만한살망(豐肉)。❷몸이클망(身大貌)。

【脢】(매) 灰 隊 バイ、せにく tenderloin 小篆 草書 등심매(背肉脊)。【易經】咸其ㅣ。

【脣】(순) 眞 シュン、くちびる lip ㄔㄨㄣ ch'un 小篆 古文 草書 입술순(口耑齒垣)。【穀梁傳】ㅣ亡則齒寒。

【脤】(신) 軫 シン、ひもろぎ meat for religious service 草書 사직제 지낸 고기신(祭社生肉)

【脧】㊀(최) 灰 ㊁(선) 先 サイ、へる decrease ㄗㄨㄟ tsui ㄐㄩㄢ chüan 小篆 ㊀❶어린아이불알최(赤子陰)。❷덜릴최、덜최(減也)。【漢書 董仲舒傳】民日削月ㅣ。㊁줄일선(縮也)。

【脩】(수) 尤 シュウ、ほじし jerked beef ㄒㄧㄡ hsiu 小篆 草書 ❶포수(束ㅣ、脯也)。【左傳】女贄不過榛栗棗ㅣ。❷길수(長也)。【詩經】四牡ㅣ廣。❸닦을수、다스릴수(治也)。【書經】爾交ㅣ予。❹공경할수(敬也)。【魯語】吾冀而朝夕ㅣ我。❺마를수(乾也)。【詩經 王風中谷有蓷】嘆其ㅣ矣。

【脪】(흔) 問 吻 キン、はれる 〔同音「은」〕 sweel 小篆 부을흔(腫起)。

【脫】㊀(탈) 曷 ㊁(태) 泰 ダツ、タイ、ぬぐ、やせる slip off; undress ㄊㄨㄛ t'uo 小篆 草書 ㊀❶벗어날탈、벗을탈(免也)。【漢書】自以爲不得ㅣ長安。❷간략할탈(略也)。【史記】凡禮始乎ㅣ。❸빠바를탈、파리할탈(肉去骨)。❹풀어질탈(物自解)。❺끼칠탈(遺也)。❻그르칠탈(誤也)。❼혹그런듯할탈(或然之辭)。【吳子 勵士】ㅣ其不勝取笑諸侯。㊁천천할태、더딜태(舒遲貌)。【詩經】舒而ㅣㅣ兮。

【脭】(정) 庚 テイ、にく ❶정한고기정(精肉)。❷혈질정(血質)。

【脬】(포) 肴 ホウ、ゆばりぶくろ bladder ㄆㄠ p'ao 小篆 草書 오줌통포(膀胱)。【博雅】膀胱謂之ㅣ。

【脯】(포) 麌 ホ、ほじし jerked beef ㄆㄨ p'u 小篆 草書 포포(乾肉、腊也)。【禮記】以ㅣ脩置者左朐右末。

【脰】(두) 宥 トウ、くび neck ㄉㄡ tou 小篆 草書 목두(項也)。【史記】自奮絕ㅣ而死。

八畫

【䐇】(골) 月 コツ、しり pelvis 볼기뼈골(臀骨)。

【脹】(창) 漾 チョウ、ふくれる swelled belly ㄓㄤ chang 草書 창증날창(鼓ㅣ、腹滿)。【玉篇】左氏傳將食ㅣ如廁。

【脺】㊀(수) 寘 ㊁(졸) 月 スイ、ソツ、つやつやしい lustrous face ㊀❶얼굴윤택할수(顔面光澤)。❷머리덜미수(腦也)。㊁연할졸(耎易破)。

【䏽】(부) 尤 ホウ、ぶたにくのひしお pork boiled down in soy 小篆 돼지고기장부(豕肉醬)。

【脼】(량) 養 リョウ、うまい

肭 小篆 맛있을랑(味多)。

【脽】 ㊀(수) 支 スイ、しり ㊁(주) 尤 tip of the coccyx 小篆 草書 ㊀❶꽁무니수(尻也)。❷볼기짝수(臀也)。【漢書】連ㅡ尻。 ㊁뜻은 ㊀과 같음。

【脾】 (비) 支 ヒ、ひぞう spleen 小篆 草書 지라비、만화비、비위비(ㅡ胃、土臟)。【淮南子】ㅡ爲雷。

【脾】 (비)『脾』(前條)의 略字

【䏿】 ㊀(기) 齊 ケイ、こむら ㊁(계) 霽 calf (of the leg) 小篆 ㊀장딴지기(腓腸)。㊁뜻은 ㊀과 같음。

【胼】 (변) 先 ヘン、あかぎれ、たこ corn 草書 더께질변、못박힐변、구덩살변(胝ㅡ、皮堅)。【荀子】耕耘樹藝手足ㅡ胝。

【腂】 (과) 箇 カ、あかくはれる swell 곪을과(腫赤)。

【腃】 ㊀(귀) 寘 キ、ケン、 ㊁(권) 先 くちさき lip ㊀힘줄당길귀(筋節急)。㊁입술권(吻也)。

【𦛨】 (기) 寘 キ、しる soup; broth ❶희생나눌기、고기분파할기(分牲)。❷국기(羹也)。

【腄】 (수) 支 スイ、しり hips 小篆 ❶볼기수(臀也)。❷고을이름수(縣名黃ㅡ)。

【腆】 (전) 銑 テン、あつい warm 小篆 古文 草書 ❶두터울전(厚也)。【書經】自洗ㅡ致用酒。❷많이차려놓을전(設膳多)。❸지극할전(至也)。【書經】殷小ㅡ誕敢紀其敍。❹착할전(善也)。【禮記】幣必誠辭無不ㅡ。

【腇】 (뇌) 賄 ダイ、よわい faint 草書 연약할뇌、자피할뇌(耎弱、萎ㅡ)。【後漢書】萎ㅡ咋舌叉手從族。

【䐃】 (균) 軫 キン、コン、あぶら fat of bowels ❶창자속이름균(腸中脂肪)。❷사태균(肘膝後肉如塊者)。

【腉】 (괴) 佳 カイ、ちち nipples 젖꼭지괴(乳嘴)。

【䐂】 (순)『脣』(肉部 7畫)과 같음

【䐄】 (함) 陷 カン、くらう aversion for meat 小篆 고기 먹어서 싫지 않을함(食肉不厭)。

【腊】 (석) 陌 セキ、ほじし jerked beef 草書 포석(脯ㅡ、乾肉)。【易經】噬ㅡ肉。

【腋】 (액) 陌 エキ、わき armpit 草書 겨드랑이액、곁액(左右脅間胳也)。【史記 商君傳】千羊之皮、不如一狐之ㅡ。

【腌】 ㊀(업) 葉 ヨウ、しおづけ ㊁(엄) 鹽 pickled meat 小篆 草書 ㊀절인고기업(鹽漬魚肉)。㊁뜻은 ㊀과 같음。

【䐈】 (직) 職 チョク、ねばり sticky ❶끈끈할직(黏也)。❷머리결을직(頭髮積有脂膏)。

【腍】 (임) 寢 ジン、にる boil ❶익힐임(熟也)。【禮記】腥肆爓ㅡ祭。❷배부를임、물릴임(飫也)。❸맛좋을임(味好)。

【腎】 (신) 軫 ジン、むらと kidney 小篆 草書 ❶콩팥신、불알신(水臟藏精)。【書經】今予其敷心腹ㅡ腸歷告爾百姓于朕志。❷자지신(陰莖)。

【腐】 (부) 麌 フ、くさる decay; rot 小篆 草書 ❶썩을부(朽也)。❷무를부(爛也)。【禮記】ㅡ草爲螢。❸불알썩히는형벌부(宮刑)。【漢書】死罪欲ㅡ者許之。❹두부부(豆ㅡ)。

【腏】 ㊀(철) 屑 テツ、テイ、 ㊁(체) 霽 ほねのしん marrow 小篆 ㊀뼈속기름철(骨間髓)。㊁강신잔체(祭酹)。

【腑】 (부) 麌 フ、はらわた viscera 草書 장부부、육부부(臟ㅡ)。【抱朴子】破積聚於臟ㅡ。

【腒】 (거) 魚 キョ、ほじし jerked phesant 小篆 草書 건치거、꿩포거(乾雉)。【禮記】夏宜ㅡ鱐膳膏臊。

【䐉】 (자) 寘 ジ、こえにく plump 살통통할자(肥貌)。

【腓】 (비) 微 ヒ、こむら calf of the leg 小篆 草書 ❶장딴지비(ㅡ腸、腨腨)。【易經】咸其ㅡ。❷병들비(病也)。【詩經 小雅四月】百卉具ㅡ。❸피할비(避也)。【詩經 采薇】君子所依、小人所ㅡ。

【腔】 (강) 江 コウ、から、わきばら coeliac 小篆 草書 ❶창자강、속빌강(內空)。❷뼈대강(骨體)。❸말허구리강(馬膁)。【齊民要術】相馬法腸欲充而ㅡ欲小。❹노래곡조강(歌曲調)。

【腕】 (완) 翰 ワン、うで arm; wrist 草書 팔뚝완(手ㅡ臂)。【戰國策】天下游士莫不日夜扼ㅡ瞋目切齒。

【䐚】 (기)『跽』(足部 7畫)와 같음

九畫

【腛】 ㊀(악) 覺 アク、あぶらがおおい ㊁(옥) 屋 greasy

㊁기름질악、기름많을악(脂豊)。㊂뜻은 ㊀과 같음。

【腜】(매) 灰 バイ、はらむ become pregnant ❶첫아이밸매(始孕、ー兆)。❷아름다울매(美貌)。

【腝】㊀(이) 支 イ、ドウ、ひじ elbow ㊁(노) 號 ㊂(눈) 願 ㊀뼈섞어담은젓이(有骨雜醢)。㊁팔꿈치노(臂節)。㊂연할눈(軟也)。

【腞】(전) 銑 テン、ほる carve 새길전(篆也)。【莊子】得死於ー楯之上。

【䐌】(추) 遇 チュウ、うつくしい pretty ❶반찬추(膳也)。❷고울추(姸也)。

【膣】(질) 質 チツ、にくづく granulation ❶새살날질(肉生)。❷【日字】보지질、음문질(陰戶)。

【臝】(라) 哿 ラ、けだもの animal 짐승이름라(獸名)。

【腠】(주) 宥 ソウ、ひふのきめ skin ㄘㄡ ts'ou⁴ 피부주、살갈피주(皮膚、ー理)。【史記 扁鵲傳】君有病在ー理。

【腢】㊀(우) 尤 ㊁(우) 有 グ、ゴウ、かたぼね shoulder-bone ㊁어깨앞뼈우(膊前骨)。【儀禮】當ー用吉器。㊂어깨죽지뼈우(肩頭)。

【脙】㊀(수) 尤 シュウ、ひざがしら hollow of the knee ㊁(추)〔中字〕 ㊀오금수(膕也)。㊁팔다리오금추(曲ー)。

【腤】(암) 覃 アン、にる boil ❶삶을암(烹也)。❷전유어암(煎油魚)。【齊民要術】有ー鷄法。

【腥】(성) 青 セイ、なまぐさい smell of fish ㄒㄧㄥ hsing¹ ❶비릴성、비린내성(臭也)。【禮記】仲秋之月其臭ー。❷더러울성(穢也)。【書經 酒誥】庶羣自酒ー聞在上。❸날고기성(生肉)。【論語 鄕黨】君賜ー必熟而薦之。

【䐑】(접) 葉 チョウ、うすぎり slice raw fish 회칠접(細切肉)。【禮記】牛與羊魚之腥聶而切之爲膾。

【腦】(뇌) 皓 ノウ、のうみそ brain ㄋㄠ nao³ (古音「노」) 머릿골뇌、정신뇌(頭髓)。

【腧】(수) 遇 シュ、きゅうでん acupuncture point 침놓는혈수(針灸、ー穴)。

【䐈】(규) 支 キ、みにくい ugly 추할규、곱사등이규(醜也、膗ー)。

【腨】(천) 銑 セン、こむら calf 장딴지천、어복천(腓ー足肚)。

【腩】(남) 感 ダン、あげる boil down; fry 간납남、지짐질남(肝炙)。

【腬】(유) 尤 ジュウ、よいにく fatty 고기 기름질유(肉肥美貌)。

【腫】(종) 腫 ショウ、シュ、はれもの swell ㄓㄨㄥ chung³ ❶부스럼종(癰也)。【周禮】瘍醫掌ー瘍潰瘍金瘍折瘍之祝藥劀殺之齊。❷부을종(膚肉浮滿)。

【腭】(악)『齶』(齒部9畫)과 같음

【䐓】(집) 緝 シュウ、あぶら fat ❶비계집(脂也)。❷파종될집(破腫)。❸화할집(和也)。

【腮】(시)『顋』(頁部9畫)의 俗字

【腯】㊀(돈) 願 トン、トツ、こえる corpulent ㊁(돌) 月 ㄊㄨ t'u² ㊀살찔돈(肥也)。㊁돼지살찔돌(豕肥)。【禮記】豚曰ー肥。

【腰】(요) 蕭 ヨウ、こし waist ㄧㄠ yao¹ 허리요(身體中)。【戰國策 魏策】梁者山東之ー也。

【腲】(외) 賄 ワイ、こえにく fatten ❶살찔외(ー腇肥貌)。❷느릿느릿할외(舒遲貌)。【王褒】其奏歡娛則莫不憚漫衍凱阿那ー腇者己。

【⿱要月】(요)『腰』(前前條)와 같음

【腱】(건) 元 願 ケン、すじ tendon ㄐㄧㄢ chien⁴ 힘줄건(筋之本)。【楚辭】肥牛之ー。

【腶】(단) 翰 タン、ほじし jerk ㄉㄨㄢ tuan⁴ 약포단(脯也、ー脩)。【公羊傳】然則曷用棗栗云乎ー脩云乎。

【膟】㊀(률) 質 ㊁(류) 寘 ㊂(수) 寘 リツ、ちまつり offered meat ㊀제사지낸고기률(祭肉)。㊁뜻은 ㊀과 같음。㊂싸움제사수(師祭)。

【腳】(각)『脚』(肉部7畫)의 本字

【腴】(유) 虞 ユ、こえる corpulent ㄩ yü² ❶아랫배살찔유(腹下肥)。【禮記】進魚冬右ー。❷결찰유、기름진밭유(肥田)。【漢書】爲九州膏ー。

【腸】(장) 陽 チョウ、はらわた intestines ㄔㄤ ch'ang² ❶창자장(水穀道)。【詩

(ㅣ心)。〔古詩 傷歌行〕哀鳴傷我ㅣ。
❸나라이름장(國名、無ㅣ)。

【腭】(갹) 藥 ガク、した tongue of cow
❶소혀갹(牛舌)。❷크게웃을갹(大笑)。

【腷】(픽) 職 ヒョク、ふさがる blockade ㄅㄧˋ pi⁴ (本音「벽」)
草書 ❶뜻막힐픽、답답할픽(意不泄)。〔魏武帝哀策〕遂ㅣ臆以泣事。❷닭홰치는소리픽(ㅣ膊)。〔古詩 兩頭纖纖〕ㅣㅣ膊膊雞初鳴。

【腹】(복) 屋 フク、はら belly ㄈㄨˋ fu⁴
小篆 草書 ❶배복(五臟六總)。〔詩經 小雅蓼莪〕出入ㅣ我。❷두터울복(厚也)。〔禮記〕水澤ㅣ堅。❸안을복(抱也)。

【腺】(선) 〔新字〕 セン、せん gland
草書 ❶멍울선(頸腋核)。❷살구멍선、땀줄기선(肉孔)。

十畫

【腿】(퇴) 賄 タイ、もも thigh ㄊㄨㄟˇ t'uei³
草書 넓적다리퇴、신다리퇴(股也)。〔正字通〕股大ㅣ腓小ㅣ。

【膀】(방) 陽 養 ボウ、ゆばりぶくろ bladder ㄆㄤˊ p'ang¹·²
小篆 或體 草書 오줌통방(水腑)。〔博雅〕ㅣ胱謂之脬。

【膁】㊀(겸) 琰 ㊁(엄) 鹽 ケン、わきばら flank
㊀허구리겸(腰之左右)。㊁맛좋을엄(美味)。

【䐜】(진) 眞 シン、はれる swell up
小篆 부어오를진(肉脹起)。〔太玄經〕股ㅣ如維身之疾。

【膂】(려) 語 リョ、せぼね backborn ㄌㄩˇ lü³
草書 ❶등성마루뼈려、사등이뼈려(脊骨)。〔書經〕作股肱心ㅣ。❷힘셀려(力也)。❸고기려(肉也)。

【䐞】(약) 藥 ジャク、たなじし membrane
小篆 ❶살속의 얇은 가죽약(膜也)。❷연할약(脃膜)。❸살약(肉也)。

【䐪】(좌) 箇 哿 サ、たなじし oil pipe ㄙㄨㄛˇ suo³
小篆 기름홀떼기좌(膏膜)。

【膐】(려)『膂』(肉部10畫)와 같음

【膃】(올) 月 オツ、おっとせい fur-seal ㄨㄚˋ wa⁴
草書 ❶올눌올、해구올(海狗、ㅣ肭)。❷살찔올(肥也)。

【膄】(수) 宥 シュウ、やせる emaciated
草書 파리할수(瘠也)。

【膆】(소) 遇 ソ、のどぶくろ crop ㄙㄨˋ su⁴
草書 ❶살찔소(肥也)。❷멀떠구니소(喉受食處)。〔射雉賦〕裂ㅣ破背。

【膇】(추) 寘 ツイ、はれる swollen leg ㄓㄨㄟˋ chuei⁴
草書 수종다리추、다리부을추(重腿足腫)。〔左傳 成公六年〕有沈溺重ㅣ之疾。

【膈】(격) 陌 カク、むねのうち pit of the stomach ㄍㄜˊ kê²
草書 ❶명치격(心脾間)。❷쇠북틀격(懸鐘格)。〔荀子〕縣一鐘尙拊之ㅣ。

【膉】(익) 陌 エキ、くびにく the fresh of nape ㄧˋ i⁴
草書 목덜미살익(脰肉)。〔儀禮〕取諸左ㅣ。

【膊】(박) 藥 ハク、かた shoulder
小篆 草書 ❶어깨박(肩也)。❷지경박(界埒)。〔太玄經〕福則有ㅣ。❸포박(脯也)。〔周禮〕豚ㅣ爲醢。❹찢을박、발길박(磔也)。〔左傳 成公二年〕殺而ㅣ之乎城上。❺닭날개치는소리박(膈ㅣ擊聲)。〔古兩頭纖纖詩〕膈膈ㅣㅣ鷄初鳴。

【膗】(확) 藥 カク、あつもの meat soup
小篆 草書 곰국확(肉羹)。〔徐曰〕羹以菜爲主ㅣ以肉爲主。

【𣫍】(곡) 屋 コク、あしのこう instep
발등곡(足跗)。

【膋】(료) 蕭 リョウ、あぶら fat ㄌㄧㄠˊ liao²
草書 발기름료、비계료(腸脂脂膏)。〔詩經〕取其血ㅣ。

【膌】(척) 陌 セキ、やせる emaciated (俗音「적」)
小篆 古文 草書 ❶파리할척(瘠也)。〔管子〕時簡稽師馬牛之肥ㅣ。❷뼈다귀척(死骨)。

【膍】㊀(비) 支 ㊁(비) 齊 ヒ、いぶくろ reticulum ㄆㄧˊ p'i²
小篆 或體 草書 ㊀❶새멀떠구니비、새내장비(鳥腸胃ㅣ胵)。❷처녑비(牛百葉)。❸두터울비(厚也)。㊁배꼽비(臍也)。

【膎】(해) 佳 カイ、ほじし jerk
小篆 ❶포해(脯也)。〔南史〕飮酒無ㅣ。❷고기안주해(肉肴)。❸살해(肌屬)。〔博雅〕肌膚者ㅣ也。

【膏】㊀(고) 豪 ㊁(고) 號 コウ、こえる、あぶら fat; plaster ㄍㄠ kao¹ ㄍㄠˋ kao⁴
小篆 草書 ㊀❶기름고(脂也)。〔韻會〕凝曰脂澤曰ㅣ。❷기름질고(肥也)。〔孟子〕不願人之ㅣ粱之味。❸명치끝고(心下曰ㅣ)。〔左傳〕居肓之上ㅣ之下。❹고약고(ㅣ藥)。❺달고(甘也)。㊁기름지게할고(潤物)。〔詩經〕陰雨ㅣ之。

【䐔】(치) 支 シ、めやに gum

눈곱치(目之凝)。

十一畫

【膒】(구) 尤 オウ、あぶら(本音「우」) old fat ❶가죽에기름먹일구(以脂漬皮)。❷오래된기름구(久脂)。

【膓】(장)『腸』(肉部 9畫)의 俗字

【膧】(종) 冬 ショウ、こえる corpulent ❶살찌는병종(肥大症)。❷살찔종(肥也)。

【膕】(괵) 陌 カク、ひかがみ hollow of the knee ㄍㄨㄛˊ kuo² 草書 오금괵(膝後曲節)。

【膢】(루) 紙 ルイ、ほじし(古音「류」) jerk ❶형상추할루(形醜貌、ー膗)。❷포루(脯也)。

【膘】(표) 篠 ヒョウ、ひばらにく rump 小篆 ❶허구리살표、소볼기표(牛脅後髀前合革肉)。❷부레표(魚ー)。

【膚】(부) 虞 フ、はだ skin ㄈㄨ fu¹ 小篆 籀文 草書 ❶살부、피부부(革外薄皮)。【詩經】ー如凝脂。❷아름다울부(美也)。【詩經】公孫碩ー。❸클부(大也)。【詩經 小雅六月】以奏ー公。

【膛】(당) 陽 ドウ、むね breast ㄊㄤˊ t'ang² 草書 ❶뚱뚱할당(肥貌)。❷가슴당 [illegible]

【膤】(접) 葉 シュウ、にえかかる scald ❶데칠접(爚也)。❷얇게썬은고기접(切肉)。

【膜】㊀(막) 藥 ㊁(모) 虞 マク、モ、うすかわ membrane ㄇㄛˊ mo²·⁴ 小篆 草書 ㊀흘떼기막(肉間脈ー)。【爾雅】治肉除其筋ー取好者。㊁절모(南ー、番人拜稱)。【穆天子傳】乃ー拜而受。

【膝】(슬) 質 シツ、ひざ knee; lap ㄒㄧ hsi¹ 草書 ❶무릎슬、종지뼈슬(脛骨節)。【唐書】鶴ー犀渠。❷치슬말슬(齒ー、良馬)。【漢書】駕齒ー。

【膞】㊀(전) 先 ㊁(전) 銑 セン、シュン、きりにく cut meat 小篆 草書 ㊀❶썰전(切肉)。❷창자전(腸也、腓ー)。㊁질그릇만드는틀전(作陶器具)。

【膟】(률) 質 リツ、あぶら fat ㄌㄩˋ lü⁴ 草書 ❶발기름률(腸間脂肪)。【禮記】取ー膋燔燎升首報陽也。❷제사고기률(血祭肉)。【詩經】燔取ー膋。

【膠】㊀(교) 肴 ㊁(교) 巧 コウ、にかわ glue 小篆 草書 ㊀❶굳을교(固也)。【詩經】德音孔ー。❷아교교、부레교(ー漆黏也)。【周禮】ー必厚施。❸사곡할교(邪曲)。【史記司馬相如傳】腕膻ー戾。❹닭울교(鷄鳴)。【詩經 鄭風風雨】鷄鳴ーー。❺옹색할교(不通)。❻학교교(周時代學校)。㊁❶흔들릴교(擾也)。【莊子天道】ーー擾擾乎。❷화할교(和也)。❸붙을교(附著)。【莊子逍遙遊】置杯焉則ー。

【膡】㊀(잉) 徑 ㊁(등) 蒸 ヨウ、みはる look (at) with ㊀❶크게볼잉(大視貌)。❷아름다운눈잉(美目)。❸쌍잉(雙也)。❹더할잉(增益)。❺보낼잉(送也)。㊁뜻은 ㊀의 ❶❷와 같음。

【膢】(루) 尤 ロウ、まつり autumn religious service 小篆 草書 ❶가을사냥제사루(貙ー、秋獵祭)。【韓非子 五蠹】山居而谷汲者、ー獵而買水。❷새곡식천신할루(離ー、祈穀食新)。

【膭】(궤) 隊 ケイ、こしいたみ attack of lumbago 허리아플궤(腰痛、ー腰)。

【膣】(질) 質 チツ、にくづく granulation ㄓˋ chih⁴ 草書 ❶새살날질(肉生)。❷보지질(生殖口陰道)。(『膣』과 같음)

十二畫

【膧】(동) 東 トウ、しりぼね bone of rump 볼기뼈동(尻骨)。

【膨】(팽) 敬 ボウ、ふくれる swell 草書 배불룩할팽(大腹)。【韓愈詩】豕 [illegible]

【膩】(니) 寘 ニ、ジ、あぶらぎる grease; fat 小篆 草書 ❶미끄러울니(滑也)。【宋玉招魂】靡顏ー理。❷살찔니(肥也)。❸때니(垢也)。

【膫】(료) 蕭 リョウ、あぶる fry 小篆 或體 ❶구울료、지지미료(炙也)。❷발기름료(牛腸脂)。

【膮】(효) 蕭 キョウ、あつもの pork soup 小篆 小篆 草書 돼지고기국효(豕羹)。【禮記】膷臐ー醢。

【膬】(취)『脆』(肉部 6畫)와 같음

【膞】(손) 阮 ソン、あつもの meat with blood 고기썰어피에섞을손(切肉混血)。

【膳】(잠) 覃 ザン、みつくち hare-lip ❶언청이잠(缺脣)。❷입술병잠(脣病)。

【膕】(획) 陌 カク、ひかがみ hollow of the knee 오금획(曲脚中)。

【膰】㊀(번) 元 ㊁(파) 歌 ハン、ひもろぎ boiled meat 草書 ㊀삶은제사고기번(祭熟肉)。㊁배불룩할파(大腹)。

【膡】㊀(수) 尤 ㊁(소) 嘯 シュウ、ショウ、ほしうお dried fish 小篆 草書 ㊀말린고기수(乾魚)。【禮記】夏宜腒ー膳膏臊。㊁ [illegible]

【膪】(차) 廱 シャ、きずあと scar
부스럼자국차(瘡痕)。

【膱】(직) 職 ショク、ほじし jerked meat ㄓ chih²
[草書] ❶자두치포직(脯脡)。〔儀禮〕ㅣ長尺二寸。❷고기썩을직(肉敗)。

【膳】(선) 霰 セン、ゼン、そなえもの side-dishes
[小篆][草書] ❶반찬선(具食美羞)。〔漢書〕其令大官損ㅣ省宰。❷먹을선(食也)。〔禮記 文王世子〕食下問所ㅣ。(『饍』과 같음)

【膲】(초) 蕭 ショウ、みのわた internal organs
[草書] 삼초초(三ㅣ、無形之腑)。

【膴】㊀(무) 虞 ブ、ほじし jerked meat ㊁(무) 虞
[小篆][草書] ㊀❶법무(法也)。〔詩經 小雅小旻〕民雖靡ㅣ。❷포무(脯也)。〔儀禮〕皆加ㅣ祭于其上。❸클무(大也)。❹많을무(多也)。㊁❶두터울무(厚也)。〔詩經 大雅緜〕周原ㅣㅣ。❷아름다울무(美也)。〔詩經〕則無ㅣ仕。

【𦟝】(결) 屑 ケツ、のどみゃく (the vein of) throat
목의맥결(喉脈)。

【膵】(췌)〔新字〕スイ、すいぞう pancreas
[草書] 췌육경췌、지라췌(甜肉經)。

十三畫

【膷】(향) 陽 キョウ、うしのあつもの beef soup
[草書] 소고기국향、곰국향(牛肉羹)。〔禮記〕ㅣ臐膮醢。

【膸】(수)『髓』(骨部13畫)와 같음

【膹】㊀(분) 吻 フン、ヒ、にくのあつもの ㊁(비) 微 meat soup
[小篆] ㊀곰국분(膗也)。㊁고기국비(汁多膗)。

【𦞂】(잉)『孕』(子部2畫)과 같음

【膺】(응) 蒸 ヨウ、むね breast ㄧㄥ ying¹
[小篆][草書] ❶가슴응(胸也)。〔禮記〕得一善則拳拳服ㅣ而不失之矣。❷친할응(親也)。〔禮記〕執箕ㅣ揭。❸당할응。응할응(當也)。〔書經 武成〕誕ㅣ天命。❹받을응(受也)。❺북두응(馬帶)。〔詩經〕鉤ㅣ濯濯。❻칠응(擊也)。〔孟子 滕文公上〕戎狄是ㅣ荆舒是懲。

【膻】㊀(단) 旱 セン、なまぐさい chest ㊁(전) 先 ㄕㄢ shan¹
[小篆][草書] ㊀어깨벗어멜단(ㅣ裼)。㊁❶젖가슴전(兩乳間)。❷노린내전(羊臭)。〔列子〕ㅣ惡而不可親。❸뜻전(意也)。

【膼】(과) 麻 カ、はれる foot swells
❶발부르틀과(ㅣ疝)。❷다리과(大腿)。

【膽】(담) 感 タン、きも gall-bladder
[小篆][草書] ❶쓸개담(肝之腑)。〔漢書〕將軍嗔目張ㅣ。❷씻을담(拭治)。〔禮記 內則〕桃曰ㅣ之。❸담클담(張ㅣ、勇甚)。

【膝】(슬)『膝』(肉部11畫)의 俗字

【膾】(회) 泰 カイ、なます slice raw fish (本音「괴」) ㄎㄨㄞ k'uai⁴
[小篆][草書] ❶회칠회(魚肉腥細切)。〔詩經 小雅六月〕炰鼈ㅣ鯉。❷냄새날회(ㅣ炙)。

【膿】(농) 冬 ノウ、ドウ、うみ pus ㄋㄨㄥ nung²
[草書] 고름농(腫血)。〔史記〕後八日嘔ㅣ。

【臀】(둔) 元 トン、デン、しり hip; buttock ㄊㄨㄣ t'uen²
[草書] 볼기둔(腿髀也)。〔周語〕其母夢神規其ㅣ以墨。

【臋】(둔)『臀』(前條)과 같음

【臁】(렴) 鹽 レン、はぎ shin
정강이렴(脛也)。

【臂】(비) 寘 ヒ、ひじ、ただむき forearm ㄅㄧˋ pi⁴
[小篆][草書] 팔뚝비(肱也)。〔正子通〕自肩至肘曰自肘至腕曰ㅣ。

【臃】(옹)『廱』(广部18畫)과 같음

【臃】(옹) 冬 ヨウ、はれもの tumor ㄩㄥ yung¹·²
[草書] 부스럼옹、종기옹(腫也)。〔史記〕色將發ㅣ。

【臄】(갹) 藥 キャク、うわあご upper lip
[草書] ❶웃입술갹(口上阿)。〔詩經〕嘉殽脾ㅣ。❷저민고기갹(切肉)。

【臅】(촉) 沃 ショク、あぶら fat of breast
[草書] ❶가슴속기름촉(兩乳間ㅣ中)。❷승냥이기름촉(狼ㅣ膏)。

【臆】(억) 職 オク、むね breast
[草書] ❶가슴억(胸也)。〔史記〕因噓唏服ㅣ。❷뜻억(意也)。〔史記 賈誼傳〕請以ㅣ對。❸가득할억(滿也)。

【臇】(전) 銑 セン、あつもの meat soup
[小篆][或體] ❶곰국전(膗也)。❷지짐이전(小汁臛)。〔名都篇〕膾鯉ㅣ胎鰕。

【臈】(랍)『臘』(肉部15畫)의 俗字

【臉】(검) 琰 ケン、ほお、かお cheek
[草書] 뺨검(目下頰上頰也)。

【臊】(조) 豪 ソウ、なまぐさい smell of meat (本音「소」) ㄙㄠ sao¹·⁴
[小篆][草書] 비린내조、누린내조(犬豕膏臭)。〔史記〕腥ㅣ何足食。

十四畫

【䐤】(주) 尤 チュウ、しり hips
엉덩이주(髀後)。

【臍】(제) 齊 セイ、ほぞ、へそ navel ㄑㄧˊ ch'i²
小篆 草書 배꼽제(子初生所繫包斷之爲ㅣ)。【左傳】若不早圖後君噬齊。

【臎】(취) 寘 スイ、くるぶし ankle-bone
❶새꽁무니살취(鳥尾上肉)。❷살찔취(肥也)。❸복사뼈취(踝骨)。

【臏】(빈) 軫 ヒン、ひざざら knee pan
草書 ❶종지뼈빈(膝蓋骨)。【西征賦】徂潛鉛而脫ㅣ。❷발끊는형벌빈(刖刑斷足)。【周禮註】刖斷足也周改ㅣ作刖。

【臐】(훈) 文 クン、あつもの mutton soup ㄒㄩㄣ hsün¹
草書 양고깃국훈(羊臛)。【禮記】ㅣ膮醢。

【䑃】(몽) 東 ボウ、モウ、ふとる fat
❶뚱뚱할몽(肥大)。❷풍부할몽(豐也)。

【䑐】(비) 寘 ヒ、ふとる fatten
살뚱뚱히찔비(肥壯)。

【臑】(노) 號 ドウ、すね elbow ㄖㄨˊ ju²
小篆 草書 팔꿈치노(臂節)。【史記龜策傳】取前足ㅣ骨穿佩之。

十五畫

【䑋】(박) 覺 ハク、はれる swell up
살이부어오를박(肉腫起貌)。【山海經】松果之山、有鳥焉其名曰螐渠、可以已ㅣ。

【䑆】(양) 養 ヨウ、むかつく feel sick
메스꺼울양(欲吐ㅣ)。

【臕】(표) 蕭 ヒョウ、こえる fat
살찔표(肥貌)。

【臗】(곤) 元 コン、しり buttock; hip ㄎㄨㄢ k'uan¹
草書 ❶볼기곤(臀也)。❷꽁무니곤(尻也)。

【䑈】(박) 覺 ハク、まじる be mixed (up)
❶뒤섞일박(ㅣ犖、亂雜)。❷제사고기박(祭肉)。

【臘】(랍) 合 ロウ、くれ year-end ㄌㄚˋ la⁴
小篆 草書 ❶납향제랍(歲終合祭諸神)。【風俗通】夏曰清祀殷曰嘉平周曰蜡漢曰ㅣ。❷선달랍(陰曆十二月異名)。

十六畫

【䑉】(영) 庚 エイ、くそ excrement
똥영(大便)。

【臙】(연) 先 エン、べに rouge ㄧㄢ yen¹
草書 ❶목구멍연(喉也)。❷연지연(ㅣ脂、紅藍汁)。❸조개분연(蚌粉)。

【䐹】(수) 尤 シュウ、あつもの meat soup
❶곰국수(肉羹)。❷건어꼬리수(乾魚尾)。

【臚】(려) 魚 ロ、はらさき belly
小篆 籀文 草書 ❶아랫배려(腹前)。❷배불룩할려(腹彭脹)。❸베풀려(陳也)。【史記】ㅣ於郊祀。❹전언관려(傳語官、鴻ㅣ)。

【臛】㊀(확) 藥 ㊁(혹) 沃 カク、あつもの broth ㄏㄨㄛˋ huo⁴
草書 ㊀❶곰국학(肉羹)。❷눈빨학(爊也)。【史記 刺客傳】ㅣ其目。㊁뜻은 ㊀과 같음。

【朧】(롱) 董 ロウ、こえる fat
살찔롱(肥貌)。

十七畫

【䑋】(양) 養 ジョウ、こえる fatten
小篆 ❶살찔양(肥也、ㅣㅣ)。❷성할양(盛也)。❸[國字]양양(牛胃)。

【臝】(라) 哿 ラ、はだか、すはだ naked; strip ㄌㄨㄛˇ luo³
草書 ❶벌거벗을라(赤體袒)。【漢書】ㅣ立擊鼓。❷과라나무라(果ㅣ栝樓)。【詩經】果ㅣ之實。❸나나니벌라(蜾ㅣ細腰蜂)。

十八畫

【䑕】(란) 寒 ラン、にる ripen
익을란(熟也)。

【䑍】(영) 梗 エイ、のど throat
❶목구멍영(嗌也)。❷목영(頸也)。

【䑌】(이) 紙 イ、きず scar
흠집이(瘡痕)。

【臞】(구) 虞 ク、やせる haggard
小篆 草書 파리할구(瘠也)。【史記司馬相如傳】形容甚ㅣ。

【臟】(장) 漾 ゾウ、はらわた entrail ㄗㄤˋ tsang⁴
草書 오장장(五ㅣ腑也)。【抱朴子】破稿聚於腑ㅣ。

【䑏】㊀(권) 先 ㊁(환) 寒 ケン、みにくい ugly
㊀추할권(醜也、ㅣ䏶)。㊁짐승이름환(獸名)。【山海經、北山經】帶山有獸焉、其狀如馬、一角有錯、其名曰䑏疏可以辟火。

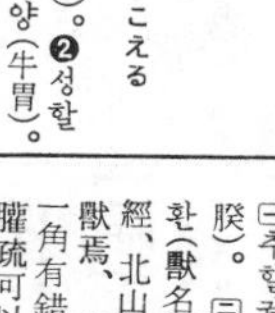

䑏疏(山海經圖)

十九畫

【臠】(련) 銑 レン、きりにく、きりみ sliced meat
小篆 草書 ❶산적점련(切肉)。【漢書】ㅣ切千段。❷파리할

【臞】(마) 歌 バ、はらくだり diarrhoea
설사병마(泄病、ㅡ痳)。

【臡】(니) 齊 デイ、しおびき salted meat ㄌㄩㄢˇ lüan³
草書 뼈섞인젓니(雜骨醬)。【周禮註】有骨爲ㅡ無骨爲醢。

二十畫

【䐹】(수) 虞 ソ、ちちのす sweet drink
단술수(甘酒)。(『酥』와 같음)

臣 部

【臣】(신) 眞 シン、ジン、けらい subject; retainer ㄔㄣˊ ch'en²
小篆 草書 ❶신하신(事君之稱)。【禮記】仕於公曰ㅡ仕於家曰僕。【詩經】率土之濱莫非王ㅡ。❷두려울신(主ㅡ惶恐之辭)。【漢書】陳平謝曰主ㅡ。

【𦣝】(이) 支 イ、おとがい jaw
小篆 籀文 籀文 ㊀턱이(頤也)。㊁뜻은 ㊀과 같음。

二畫

【臤】㊀(간) 刪 カン、ケン、かたい hard ㄑㄧㄢ ch'ien¹ ㊁(견) 先 ㊂(현)
小篆 ㊀굳을간(堅也)。㊁뜻은 ㊀과 같음。㊂『賢』의 古字

【臥】(와) 箇 ガ、ふせる lie down ㄨㄛˋ wo⁴
小篆 草書 ❶누울와(偃也寐也)。【禮記】魏文侯曰吾端冕而聽古樂則惟恐ㅡ。❷쉴와(休息)。【管子】ㅡ名利者寫生危。

五畫

【卧】(와)『臥』(前條)의 俗字

六畫

【𦣠】(진) 軫 シン、あきらか bright
❶밝을진、환할진(明也)。❷명랑할진(明朗)。

【臦】(광) 漾 コウ、そむく act contrary
小篆 ❶어그러질광(乖也)。❷사람이름광(人名)。

八畫

【臧】(장) 陽 ゾウ、よい、しもべ good; slave ㄗㄤ tsang¹
小篆 籀文 籀文 草書 ❶착할장(善也)。【詩經】何用不ㅡ。❷두터울장(厚也)。❸종장(奴婢)。【方言】罵奴曰ㅡ罵婢曰獲。❹숨길장(藏也)。【賈誼弔屈原賦】遠濁世而自ㅡ。❺장부장(臟也)。

十一畫

【臨】㊀(림) 侵 リン、のぞむ look down; face ㄌㄧㄣˊ lin² ㊁(림) 沁
小篆 草書 ㊀❶임할림(莅也)。【詩經】上帝ㅡ女。❷볼림(監也)。【中庸】聰明睿知、足以有ㅡ也。❸클림(大也)。❹군림할림(君ㅡ)。【十八史略】馬眞氏ㅡ朝。❺괘이름림(卦名)。㊁❶여럿이울림(衆哭)。【左傳宣公十二年】楚子圍鄭旬有七日鄭人卜行成不吉卜ㅡ于大宮且巷出車吉。❷굽힐림(偏向以尊適卑)。

【臩】㊀(광) 養 ㊁(경) 梗 キョウ、おどろきはしる be frightened so as to run away
小篆 ㊀❶놀라 달아날광(驚走貌)。❷왔다갔다할광(往來貌)。㊁사람이름경(人名)。

十五畫

【[臤/睘]】(환) 刪 カン、かたい solid
단단할환、굳을환(堅也)。

自 部

【自】(자) 寘 シ、ジ、おのずから oneself; from ㄗˋ tzŭ⁴
小篆 古文 草書 ❶몸소자(己也)。❷부터자、좇을자(由也、從也)。【詩經】退食ㅡ公。【論語憲問】晨門曰、奚ㅡ、子路曰ㅡ孔氏。❸스스로자(躬親)。【易經】ㅡ彊不息。❹저절로자(自ㅡ、無勉强)。

一畫

【𦣹】(교) 篠 キョウ、つつしむ restrain oneself
자중할교(自重)。

四畫

【臬】(얼) 屑 ケツ、もんぐい threshold ㄋㄧㄝˋ nieh⁴
小篆 草書 ❶법얼(法也)。【書經】爾罔不克ㅡ。❷문지방얼(門橛)。❸과녁얼(射的)。❹극진할얼(極也)。(『闑』과 통함)

【臭】(취) 宥 シュウ、におい smell; stink (本音「추」)
小篆 草書 ❶냄새취(氣通於鼻)。【詩經】上天之載無聲無ㅡ。❷향기취(香也)。【易繫辭】其ㅡ如蘭。❸썩을취、더럽힐취(敗也)。【書經】若乘舟汝弗濟ㅡ厥載。❹고약한이름취(惡名、醜聞、汚名)。【十八史略 東晋】男子不能流芳百世、亦當遺ㅡ萬年。

六畫

【皈】(귀)『歸』(止部14畫)의 略字

【皋】㊀(고) 豪 コウ、きし、ほとり pond side ㊁(호) 號
㊀못언덕고(澤岸)。(『皐』의 俗字) ㊁부를호(呼也)。

八畫

【臮】(기) 寘 キ、ともに together
다못기(衆與詞)。(『暨』의 古字)

【臭夬】(열) 屑 ヨウ、におう smell
냄새날열(臭發)。

九畫

【臱】(면) 先 ベン、みえない invisible
[小篆] 뵈지않을면(不見於眼)。

十畫

【臲】(얼) 屑 ゲツ、あやうい uneasy ㄋㄧㄝ nieh⁴
[草書] 위태할얼, 불안한 모양얼(不安貌)。〔易經〕困于葛藟于ㅣ卼。(『隉』과 같음)

【臲】(얼)『臲』(前條)과 같음

【臭辰】(신) 震 シン、わきが smell of the armpit
❶암내신(腋臭)。❷겨드랑냄새신(腋氣病)。

十一畫

【臭邑】㊀(업) 葉 ヨウ、におう ㊁(교) 蕭 smell
㊀냄새날업(臭也)。㊁뜻은 ㊀과 같음。

【臭犮】(발) 月 ホツ、くさみ offensive smell
좋지못한 냄새발(臭氣)。

十三畫

【臭曷】(할) 曷 カツ、くさい stink
❶퀴퀴할할(物敗氣)。❷개비린내할(犬臭氣)。❸냄새할(臭也)。

十四畫

【臭害】(해) 卦 カイ、におう smell
냄새날해(臭也)。

【鼻畀】(비) 寘 ヒ、ビ、ういご first born
❶개새끼첫배비, 무녀리비(犬初生子)。

至 部

【至】(지) 寘 シ、いたる reach; extremely ㄓ chih⁴
[小篆] [古文] [草書] ❶이를지(到也)。〔詩經〕如川之方ㅣ。❷지극할지(極也)。〔易經〕ㅣ哉坤元。❸절기지(節氣冬ㅣ)。

三畫

【致】(치) 寘 チ、いたす reach; extreme ㄓ chih⁴
[小篆] [草書] ❶이를치(至也)。〔周禮〕三夢之法一曰ㅣ夢。❷극진할치(極也)。〔書經〕凡爾衆其惟ㅣ告。❸버릴치(委也)。〔論語 學而〕事君ㅣ其身。❹불러올치(使之至)。〔周禮〕以ㅣ萬民而詔焉。❺풍치치(風ㅣ趣也)。〔王縉詩〕自然成高ㅣ。❻드릴치(納也)。〔禮記〕大夫七十而ㅣ事。❼보낼치(送也)。〔史記孔子世家〕沮之而不可 則ㅣ地庸遲乎。❽연구할치(研究)。〔論語 子張〕ㅣ遠恐泥。❾일으킬치(生起)。〔古詩 焦仲卿妻〕女行無偏斜、何意ㅣ不厚。(『緻』와 통함)

四畫

【至禾】(치)『致』(至部 3畫)와 같음

【致】(치)『致』(至部 3畫)와 같음

六畫

【至各】(격) 陌 カク、べつべつ separately
❶가지격(別也)。❷각각격(別也)。❸이를격(至也)。

【至存】(천) 霰 セン、かさねてくる repeatedly
거듭천(再也重也)。〔易經〕水ㅣ至。(『洊·薦』과 통함)

【臷】(질) 屑 ジツ、としより eighty years of age (本音「절」)
여든살질(年之至)。〔漢書〕犬馬齒ㅣ。

【臸】㊀(일) 質 ㊁(진) 震 シン、いたる reach
[小篆] ㊀이를일(至也)。㊁나아갈진(前進)。

七畫

【䑓】(대)『臺』(至部 8畫)의 俗字

【至戈】(수) 尤 シュウ、ならう practise
❶익힐수(習也)。❷나아갈수(進也)。

八畫

【臺】(대) 灰 ダイ、だい、うてな eminence ㄊㄞ t'ai²
[小篆] [草書] ❶돈대대, 집대(ㅣ榭築土觀四方而高者)。〔詩經〕經始靈ㅣ。❷종대, 하인대(輿ㅣ賤稱)。〔孟子 萬章下〕ㅣ無餽也。❸코골대(鼾息聲)。〔世說〕咍ㅣ大鼾。❹잔디대(莎草)。〔詩經小雅南山有臺〕南山有ㅣ。❺관청대(官廳)。❻고관대(高官)。❼사람을 부르는존칭대(尊稱)。

十畫

【臻】(진) 眞 シン、いたる reach ㄓㄣ chen¹
[小篆] [草書] ❶이를진(至也、及也)。〔詩經〕遄ㅣ于衛。❷모을진(聚也)。❸많을진(衆也)。

【至乖】(치) 寘 チ、いかる angry
[小篆] 생각이 어긋날치(念戾)。

十二畫

【至疐】(질) 質 シツ、ふさがる block
막을질(塞也)。

臼 部

【臼】(구) 有 キュウ、うす mortar ㄐㄧㄡ chiu²
[小篆] [草書] ❶절구구(杵ㅣ舂也)。〔易經〕斷木爲杵掘地爲ㅣ午

臼之利萬民以濟。❷별이름구(星名)。❸땅이름구(地名)。

❶漢雙螭臼(西清古鑑)

二畫

【臽】(함) 陷 カン、ちいさいおとしあな pit 小篆 구덩이함、함정함(小阱)。〔徐曰〕若今人作穴以ㅣ虎。(『陷』과 같음)

【臾】㊀(용) 腫 ユ、よい、しばらく ㊁(궤) 寘 for a moment ㊂(유) 虞 ㄩˊ yü² 小篆 草書 ㊀퇴일용(縱ㅣ勸也)。(『慂』과 같음) ㊁삼태기궤(草器)。〔論語〕荷ㅣ而過孔子之門。(『蕢』와 같음) ㊂❶잠간유(須ㅣ俄頃)。〔中庸〕道也者不可須ㅣ離也。❷착할유(善也)。❸꺼두를유(捽抴)。❹나라이름유(國名顓ㅣ)。❺활이뒤로 젖혀질유(夾ㅣ弓反張)。〔周禮〕往體多來體寡謂之夾ㅣ。

三畫

【臿】(잡) 洽 ソウ、すき spade ㄔㄚ ch'a¹ 小篆 草書 ❶가래잡、삽잡(築墻杵鍬也)。〔史記〕禹身自持築ㅣ。❷보리대낄잡(舂去麥皮)。(『鍤』과 같음)

❶臿(農政全書)

四畫

【舀】㊀(요) 篠 ヨウ、うす mortar ㊁(유) 尤 ㄎㄨㄞˇ k'uai³ 小篆 或體 或體 ㊀절구확 긁어낼요(抒臼)。〔說文〕挹彼注此謂之ㅣ。㊁뜻은㊀과 같음。

五畫

【舁】(여) 魚 ヨ、キョ、もちあげる hold up together ㄩˊ yü² 小篆 草書 ❶마주들여(對擧)。❷들것여(轝車)。

【⿰臼末】(말) 曷 バツ、こめをつきくだく brocken rice 싸라기말(舂米碎)。

【舂】(용) 冬 ショウ、うすづく hull in a mortar ㄕㄨㄥ shung(本音「송」) 小篆 草書 ❶방아찧을용(擣米築地)。〔莊子 逍遙遊〕適百里者宿ㅣ糧。❷쇠북소리용(ㅣ容鐘聲)。〔周禮〕ㅣ牘應雅。❸해가 질용(日入沒)。〔薛能詩〕隔溪遙見夕陽ㅣ。❹고요할용(靜也)。

六畫

【⿱白臼】(박) 藥 ハク、うすづく pound 小篆 찧을박(舂也)。

【舄】(석) 陌 セキ、くつ footgear ㄒㄧˋ hsi⁴ 小篆 籀文 草書 ❶신석(赤ㅣ晃服用履)。〔詩經〕赤ㅣ几几。❷이름칠석(大貌)。〔詩經 魯頌閟宮〕松桷有ㅣ。❸빛날석(光也)。〔班固典引〕ㅣ奕於千載。(『潟』과 통함)

❶舄(名物圖)

七畫

【舄】(석)『舄』(前條)과 같음

【舅】(구) 有 キュウ、しゅうと husband's father ㄐㄧㄡˋ chiu⁴ 小篆 草書 ❶시아비구(夫父)。〔禮記〕婦事ㅣ姑如事父母。❷외삼촌구(母之兄弟)。〔詩經〕我送ㅣ氏。❸장인구(妻父)。〔國語 晉語〕ㅣ所病也。

【與】㊀(여) 魚 ヨ、あたえる give; together ㊁(여) 語 ㄩˇ yü³ ㊂(여) 御 ㄩˊ yü² ㄩˋ yü⁴ 小篆 古文 草書 ㊀❶너울너울할여(翼翼蕃廡貌)。〔詩經〕我黍ㅣㅣ。❷어조사여(語辭)。〔論語〕其爲仁之本ㅣ。❸헌출하게 보일여。〔論語 鄕黨〕ㅣㅣ如也。㊁❶더불어여(以也)。〔詩經〕之子于歸不我ㅣ。❷좋아할여(善也)。〔禮記〕諸侯以禮相ㅣ。❸허락할여(許也、從也)。〔論語〕吾ㅣ點也。❹미칠여(及也)。〔易經〕立天之道曰陰ㅣ陽。❺같을여(如也)。〔漢書〕勇悍仁彊孰ㅣ項王。❻기다릴여(待也)。〔論語〕歲不我ㅣ。❼화할여(和也)。〔戰國策〕內寇不ㅣ。❽셈할여(數也)。〔禮記〕生ㅣ來日。❾무리여(衆也)。〔管子〕黨ㅣ成于下。❿줄여(施予)。〔禮記〕ㅣ人者不問其所欲。⓫한적할여(容ㅣ閒適)。〔史記〕翺翔容ㅣ。㊂참여할여(參ㅣ干也)。〔中庸〕夫婦之愚、可以ㅣ知焉。

九畫

【興】㊀(흥) 蒸 コウ、キョウ、おこる rise; prosperous ㊁(흥) 徑 ㄒㄧㄥ hsing¹ 小篆 草書 ㊀❶일흥、일어날흥(起也)。〔詩經 衞風氓〕夙ㅣ夜寐。❷지을흥(作也)。〔呂氏春秋〕貪戾之道ㅣ。❸성할흥(盛也)。〔詩經〕以莫不ㅣ。❹일으킬흥(擧也)。〔周禮〕進賢ㅣ功。❺거두어 모을흥(軍ㅣ徵聚)。〔周禮〕頒其ㅣ積。㊁❶기쁠흥(悅也)。〔禮記〕不ㅣ其藝。❷감동할흥(感物而發)。〔周禮〕大師敎六詩曰風曰賦曰比曰ㅣ曰雅曰頌。❸흥치흥(ㅣ況意思)。〔王勃 滕王閣序〕ㅣ盡悲來。❹형상할흥(象也)。❺시귀의 구조법흥(詩句構造法)。❻시경육의(六義)의 하나흥(詩經)。

十一畫

【⿰臿疌】(잡) 洽 ソウ、むぎあげるすき spade 보리 퍼올리는 가래잡(揚麥用杴)。

十二畫

【舉】(거)『擧』(手部14畫)의 俗字

【舊】(구) 宥 キュウ、ふるい antiquity; old ㄐㄧㄡ chiu⁴
小篆 或體 草書 ❶예적구(對新之稱昔也)。〔詩經〕其新孔嘉其ㅣ如之何。❷오랠구(久也)。〔詩經〕告爾ㅣ止。❸늙은이구(老宿)。❹친구구(故ㅣ交誼)。〔晉書 張華傳〕陸機兄弟見華、一面如ㅣ。(『旧』와 같음)

【舋】(흔) 震 キン、すきま alienated ㄒㄧㄣ hsin⁴
草書 틈낼흔、흔단낼흔(罅隙爭端)。(『釁』과 같음)

十三畫

【[illegible]】(울) 物 ウツ、みじかい short
짧을울(ㅣ屈、短貌)。

【[illegible]】(도) 豪 トウ、ふるいうつわ used vessel
헌그릇도(古器)。

舌 部

【舌】(설) 屑 セツ、ゼツ、した tongue ㄕㄜ shê²
小篆 草書 혀설(在口所以言語辨味)。〔易經〕兌爲口ㅣ。〔詩經〕莫捫朕ㅣ。

一畫

【乱】(란)『亂』(乙部12畫)의 俗字

二畫

【舎】(사)『舍』(次條)와 같음

【舍】㊀(사) 馬 ㊁(사) 禡 シャ、いえ house ㄕㄜ shê³ ㄕㄜ shê⁴
小篆 草書 ㊀놓을사(釋也)。〔詩經〕ㅣ矢如破。㊁❶집사(屋也)。〔漢書〕高祖適從旁ㅣ來。❷쉴사(止息)。〔詩經 小雅何人斯〕亦不遑ㅣ。❸베풀사(施也)。〔左傳 宣公十二年〕施ㅣ不倦。❹폐할사(廢也)。〔書經〕ㅣ我穡事。❺둘사(置也)。〔左傳 昭公四年〕使杜洩ㅣ路。❻삼십리사(一ㅣ三十里)。〔左傳〕辟君三ㅣ。❼용서할사(赦也)。〔漢書 朱博傳〕常刑不ㅣ。

三畫

【䑛】(지) 紙 シ、なめる lick (本音「시」)
핥을지(以舌取物)。(『舐·舓』와 같음)

四畫

【舐】(지) 紙 シ、なめる lick ㄕ shih⁴ (本音「시」)
草書 핥을지(以舌取物)。〔莊子 列禦寇〕ㅣ之者得車五乘。

【[illegible]】(기) 寘 キ、あえぐ gasp
숨찰기、헐떡거릴기(喘也)。

【舑】(담) 覃 タン、したをだす put out one's tongue ㄊㄧㄢ t'ien³
草書 혀빼물담(舚ㅣ、吐舌貌)。〔靈光殿賦〕玄熊ㅣ舕以齗齗。

六畫

【舒】(서) 魚 ジョ、のびる unfold ㄕㄨ shu¹
小篆 草書 ❶펼서(伸也、展也)。〔淮南子 厚道〕ㅣ之幎於六合。❷한가할서(閒也)。〔禮記 玉藻〕君子之容ㅣ遲。❸누울서(緩也)。〔大學〕爲之者疾、用之者ㅣ則財恒足矣。❹천천할서(徐也)。〔陶潛 歸去來辭〕ㅣ嘯。❺자세할서(詳也)。〔淮南子〕柔弱以靜安ㅣ以定。❻나라이름서(國名)。

七畫

【辞】(사)『辭』(辛部12畫)의 俗字

八畫

【[illegible]】(답) 合 トウ、おおぐい make mouthful of
小篆 草書 크게먹을답(大食)。

【舓】(지)『舐』(舌部4畫)의 本字

【舔】(첨) 琰 テン、なめる lick
핥을첨(以舌取物)。

九畫

【[illegible]】㊀(탑) 合 ㊁(첩) 葉 トウ、のむ drink
㊀❶크게먹을탑(大食)。❷마실탑(飲也)。㊁핥작핥작할탑(小舐)。

【舖】(포)『鋪』(金部7畫)의 俗字

十畫

【舘】(관)『館』(食部8畫)의 俗字

十二畫

【[illegible]】(탄) 寒 タン、どもる stammer
말얼얼할탄(訥言)。

十三畫

【舚】(첨) 琰 テン、はなしだす give mouth to
草書 말낼첨(出言)。(『丙』과 같음)

十五畫

【[illegible]】(화) 麻 カ、したがみじかい tongue-tied
혀짧을화(舌短貌)。

十七畫

【[illegible]】(란) 寒 ラン、どもる stammer
말서투를란(訥言)。

舛 部

【舛】(천) 銑 セン、たがう be contrary to ㄔㄨㄢ ch'uan³
小篆 (說雄揚) 草書 ❶어기어질천(相背差午)。〔漢書〕朝臣ㅣ午膠戾乖剌。❷어수선할천(錯亂也)。

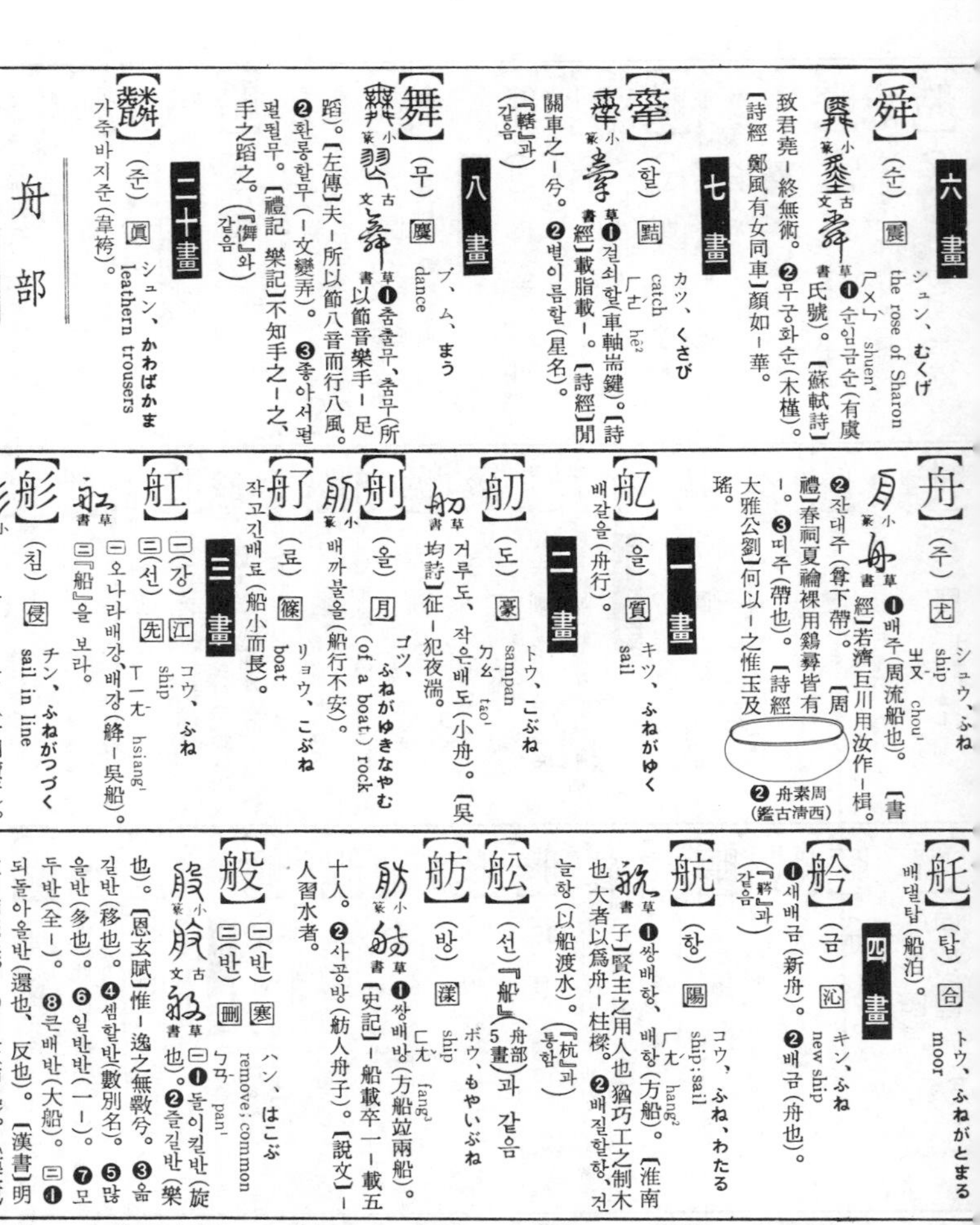

六畫

【舜】(순) 震 シュン、むくげ the rose of Sharon ㄕㄨㄣˋ shuen⁴ 小篆 古文 草書 ❶순임금순(有虞氏號)。〔蘇軾詩〕致君堯ー終無術。❷무궁화순(木槿)。〔詩經 鄭風有女同車〕顏如ー華。

七畫

【舝】(할) 黠 カツ、くさび catch ㄏㄜˊ hê² 小篆 草書 ❶결쇠할(車軸耑鍵)。〔詩經〕載脂載ー。〔詩經〕閒關車之ー兮。❷별이름할(星名)。(『轄』과 같음)

八畫

【舞】(무) 麌 ブ、ム、まう dance 小篆 古文 草書 ❶춤출무、춤무(所以節音樂手ー足蹈)。〔左傳〕夫ー所以節八音而行八風。❷환롱할무(ー文變弄)。❸좋아서펄펄뛸무。〔禮記 樂記〕不知手之ー之、手之蹈之。(『儛』와 같음)

二十畫

【[illegible]】(준) 眞 シュン、かわばかま leathern trousers 가죽바지준(韋袴)。

舟部

【舟】(주) 尤 シュウ、ふね ship ㄓㄡ chou¹ 小篆 草書 ❶배주(周流船也)。〔書經〕若濟巨川用汝作ー楫。❷잔대주(尊下帶)。〔周禮〕春祠夏禴祼用鷄彝皆有ー。❸띠주(帶也)。〔詩經 大雅公劉〕何以ー之惟玉及瑤。

❷ 舟素周 (鑑古淸西)

一畫

【[illegible]】(을) 質 キツ、ふねがゆく sail 배갈을(舟行)。

二畫

【舠】(도) 豪 トウ、こぶね sampan ㄉㄠ tao¹ 草書 거루도、작은배도(小舟)。〔吳均詩〕征ー犯夜湍。

【[illegible]】(올) 月 ゴツ、ふねがゆきなやむ (of a boat) rock 小篆 배까불올(船行不安)。

【[illegible]】(료) 篠 リョウ、こぶね boat 작고긴배료(船小而長)。

三畫

【舡】㈠(강) 江 コウ、ふね ship ㈡(선) 先 ㄒㄧㄤ hsiang¹ 草書 ㈠오나라배강、배강(䑸ー吳船)。㈡『船』을 보라。

【[illegible]】(침) 侵 チン、ふねがつづく sail in line 小篆 배서로잇대어갈침(舟相續行)。

【[illegible]】(탑) 合 トウ、ふねがとまる moor 배댈탑(船泊)。

四畫

【[illegible]】(금) 沁 キン、ふね new ship ❶새배금(新舟)。❷배금(舟也)。(『䑫』과 같음)

【航】(항) 陽 コウ、ふね、わたる ship; sail ㄏㄤ hang² 草書 ❶쌍배항、배항(方船)。〔淮南子〕賢主之用人也猶巧工之制木也大者以爲舟ー柱樑。❷배질할항、건늘항(以船渡水)。(『杭』과 통함)

【舩】(선)『船』(舟部 5畫)과 같음

【舫】(방) 漾 ボウ、もやいぶね ship ㄈㄤ fang³ 小篆 草書 ❶쌍배방(方船竝兩船)。〔史記〕ー船載卒一ー載五十人。❷사공방(舫人舟子)。〔說文〕ー人習水者。

【般】㈠(반) 寒 ハン、はこぶ remove; common ㈡(반) 刪 ㄅㄢ pan¹ 小篆 古文 草書 ㈠❶돌이킬반(旋也)。❷즐길반(樂也)。〔恩玄賦〕惟ー逸之無斁兮。❸옮길반(移也)。❹셈할반(數別名)。❺많을반(多也)。❻일반반(一ー)。❼모두반(全ー)。❽큰배반(大船)。㈡❶되돌아올반(還也、反也)。〔漢書〕明主ー師罷兵。❷펼반(布也)。〔漢書〕先以雨ー畜畜。❸사람의 이름반(人名魯公輸ー)。(『班』과 통함)

五畫

【舲】(령) 靑 レイ、やかたぶね ship ㄌㄧㄥ ling² 草書 창있는작은배령(小舟有窓)。〔淮南子〕越ー蜀艇不能無水而浮。

【舳】(축) 屋 ジク、とも stern ㄓㄡ chou² 小篆 草書 고물축、배꼬리축(船後持柁處)。〔漢書〕ー艫千里。

【[illegible]】(구) 尤 コウ、ふね ship 큰배구(ー艛大船)。〔北堂書鈔〕豫章城西有ー艛洲即呂蒙作ー艛大編處。

【舴】(책) 陌 サク、タク、こぶね boat ㄗㄜ tsê² 草書 작은배책(ー艋小舟名)。〔張志和詩〕兩兩三三ー艋舟。

【舵】(타) 哿 タ、かじ helm ㄉㄨㄛ tuo⁴ 草書 키타(正船木)。(『柁』와 같음)

【[illegible]】(타)『舵』(前條)와 같음

【舶】(박) 陌 ハク、おおぶね big ship ㄅㄛ po² (本音「백」) 草書 큰배박、당두리박(海中大船)。〔集韻〕蠻夷汎海舟曰ー。

【舷】(현) 先 ゲン、ふなばた gunwale ㄒㄧㄢ hsien²

草書 뱃전현(船邊)。〔蘇軾 赤壁賦〕泛舟云云、扣ㅣ而歌之。〔江賦〕詠採菱以叩ㅣ。

【舸】(가) 哿 カ、おおぶね large vessel
小篆 草書 큰배가(大船)。〔王勃 滕王閣序〕ㅣ艦。〔蜀都賦〕弘ㅣ連軸。

【船】(선) 先 セン、ふね ship ㄔㄨㄢˊ ch'uan²
小篆 草書 ❶배선(舟也)。〔世本〕鼓貨狄作ㅣ 黃帝臣。❷옷깃선(衣領)。〔正字通〕俗以ㅣ爲襟。

【舺】(갑) 洽 コウ、ながいふね long boat
❶긴배갑(長船)。❷배갑(船也)。

六畫

【舙】(활) 曷 カツ、ふねがゆく sail
배갈활(舟行)。

【舤】(범) 咸 ハン、ふなばた gunwale
뱃전범(舷也)。

【舽】(방) 江 ホウ、ふね boat
방쌍배방(ㅣ艭、ㅣ舡)。〔轉注古音〕物之龐大曰ㅣ舡。

七畫

【艀】(부) 尤 フウ、こぶね boat
草書 종선부、거룻배부(端艇)。

【艁】(조)『造』(辵部 7畫)의 古字

【艂】(봉) 東 ホウ、ふね boat
배이름봉(舟名)。

【艄】(소) 效 ショウ、とも stern
草書 ❶고물소(船尾)。❷정탐하는배소(哨船金翅)。

【艅】(여) 魚 ヨ、わたしぶね ferryboat
小篆 草書 ❶여황배여(ㅣ艎吳船)。〔江賦〕漂飛雲運ㅣ艎。❷나룻배여(渡船)。

【艆】(랑) 陽 ロウ、ふなばた gunwale
❶뱃전칠랑(扣舷)。❷뱃전랑(舷也)。

【艇】(정) 迥 テイ、こぶね boat ㄊㄧㄥˇ t'ing³
小篆 草書 거루정、작은배정(小船)。〔淮南子〕蜀ㅣ一板之舟。

【䑬】(부) 遇 ホ、ふね short and deep-hollowed boat
짧고 속깊은배부(短而深舟)。(『䑧·䑸』와 같음)

八畫

【艋】(맹) 梗 ボウ、モウ、こぶね boat ㄇㄥˇ mêng³
草書 책맹배맹、작은배맹(舴ㅣ小舟)。

【䑲】(도) 效 トウ、かい oar ㄓㄠˋ chao⁴
❶배띄어놓을도(行舟)。❷키도(櫂也)。

【䑺】(배) 卦 ハイ、かじ rudder
키배、고물배(船後所排水)。

【艌】(념) 豔 ネン、ひきづな tug ㄋㄧㄢˋ nien⁴
❶낡은배수리할념(舊船修理)。❷배끄을념(挽船)。

【䑿】(섭) 葉 ソウ、はやくゆく speedily
배빨리갈섭(舟行疾)。

九畫

【䒀】(위) 未 イ、にぶね transport
조운선위(漕運船)。

【艎】(황) 陽 コウ、わたしぶね ferryboat
小篆 草書 여황배황、나룻배황(艅ㅣ)。〔謝朓詩〕飛ㅣ遡極浦。

【䑸】(소)『艘』(舟部 10畫)와 같음

【艐】(종) 東 ソウ、いたる reach ㄗㄨㄥ tsung¹
小篆 ❶배가모래에 박힐종(船著沙不行)。❷이를종(至也)。❸나라이름종(國名三ㅣ)。〔史記〕糾蓼叫奡蹋以ㅣ路兮。

【艏】(수) 有 シュウ、へさき bow
뱃머리수(船首)。

【䑶】(범)『帆』(巾部 3畫)과 같음

【𦪷】(유) 尤 ユウ、うかぶ float
배뜰유(舟浮)。

【艑】㊀(편) 先 ㊁(변) 銑 ヘン、ひらたいふね flat boat ㄅㄧㄢˋ pien⁴
草書 ㊀거루편(淺船)。〔唐書〕乘ㅣ亡去。(『扁』과 통함) ㊁변차배변(ㅣ艖舟名)。

【艓】(접) 葉 チョウ、こぶね sampan ㄉㄧㄝˊ tieh²
草書 ❶거루접(小舟)。〔戴暠詩〕蓮花裝小ㅣ。❷사공접(ㅣ子)。〔杜甫詩〕貧窮取給行ㅣ子。

十畫

【䑽】(애) 灰 ガイ、そこびろふね broad-bottomed
밑넓은배애(底廣船)。

【䑼】(추) 尤 スウ、へさき stem
❶대동선추(海船)。❷뱃머리추(舷也)。

【艖】(차) 麻 サ、こぶね sampan
草書 거루차(艑ㅣ小舸)。

【艗】(익) 錫 エキ、へさき ship ㄧˋ i⁴ (本音은「역」)
익배익(青雀舟鷁首)。〔正字通〕晉王濬造大舟畫鷁於船首以懼江神後人因名舟爲ㅣ。

【𦪐】(탑) 合 トウ、おおぶね ship
큰배탑(大船)。〔通雅〕王濬造連舫方百二十步開四出門得馳馬即ㅣ類。

【艘】(소) 蕭 ショウ、ふね shipping
草書 배소(船總名)。〔王粲詩〕連舫踰萬ㅣ。

【艙】(창) 陽 ソウ、さんばし wharf
草書 갑판밑창(甲板底)。❷선창창(船ㅣ)。

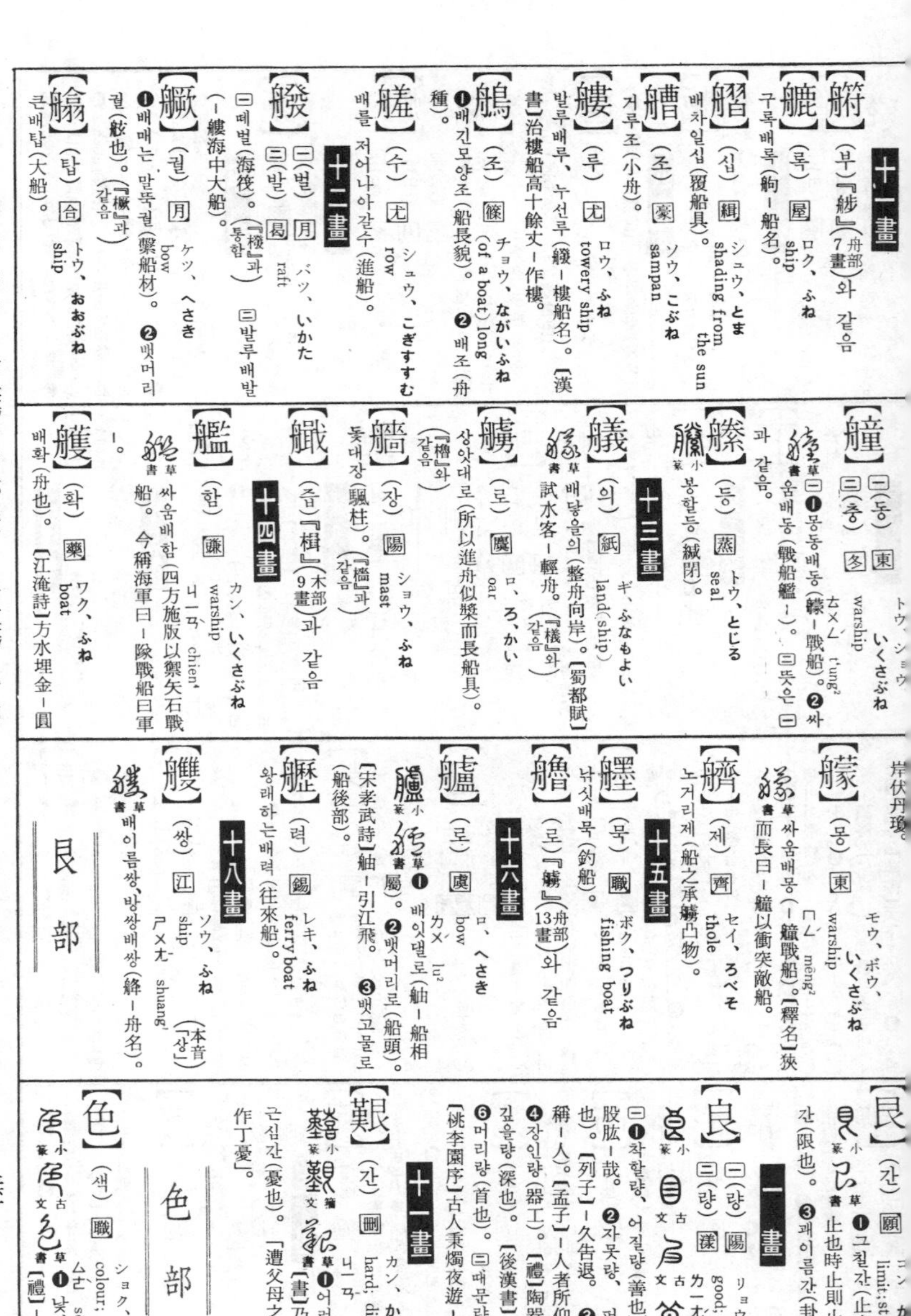

十一畫

【⿰舟符】(부)『艀』(舟部 7畫)와 같음

【⿰舟鹿】(록) 屋 ロク、ふね ship 구록배록(舸ㅣ船名)。

【⿰舟習】(십) 緝 シュウ、とま shading from the sun 배차일십(覆船具)。

【艚】(조) 豪 ソウ、こぶね sampan 거룻조(小舟)。

【艛】(루) 尤 ロウ、ふね towery ship 발루배루、누선루(艭ㅣ艛船名)。〔漢書〕治樓船高十餘丈ㅣ作樓。

【鵃】(조) 篠 チョウ、ながいふね (of a boat) long ❶배긴모양조(船長貌)。❷배조(舟種)。

【⿰舟羞】(수) 尤 シュウ、こぎすすむ row 배를저어나아갈수(進船)。

十二畫

【⿰舟發】一(벌) 二(발) 月 曷 バツ、いかた raft 一떼벌(海筏)。(『橃』과 통함) 二발루배발(ㅣ艛海中大船)。

【⿰舟厥】(궐) 月 ケツ、へさき bow ❶배매는말뚝궐(繫船材)。❷뱃머리궐(舷也)。(『橛』과 같음)

【⿰舟翕】(탑) 合 トウ、おおぶね ship 큰배탑(大船)。

【艟】一(동) 二(충) 東 冬 トウ、ショウ いくさぶね warship ㄊㄨㄥ t'ung² 草書 一❶몽동배동(艨ㅣ戰船)。❷싸움배동(戰船艦ㅣ)。二뜻은 一과 같음。

【艠】(등) 蒸 トウ、とじる seal 小篆 봉할등(緘閉)。

十三畫

【艤】(의) 紙 ギ、ふなもよい land(ship) 草書 배댈의(整舟向岸)。〔蜀都賦〕試水客ㅣ艤舟。(『檥』와 같음)

【艣】(로) 麌 ロ、ろ、かい oar 상앗대로(所以進舟似槳而長船具)。(『櫓』와 같음)

【艢】(장) 陽 ショウ、ふね mast 돛대장(颿柱)。(『檣』과 같음)

【艥】(즙)『楫』(木部 9畫)과 같음

十四畫

【艦】(함) 豏 カン、いくさぶね warship ㄐㄧㄢ chien⁴ 草書 싸움배함(四方施版以禦矢石戰船)。今稱海軍曰ㅣ隊戰船曰軍ㅣ。

【艧】(확) 藥 ワク、ふね boat 배확(舟也)。〔江淹詩〕方水埋金ㅣ圓岸伏丹瓊。

【艨】(몽) 東 モウ、ボウ、いくさぶね warship ㄇㄥ mêng² 草書 싸움배몽(ㅣ艟戰船)。〔釋名〕狹而長曰ㅣ艟以衝突敵船。

【艩】(제) 齊 セイ、ろべそ thole 노거리제(船之承艣凸物)。

十五畫

【⿰舟墨】(묵) 職 ボク、つりぶね fishing boat 낚싯배묵(釣船)。

【艪】(로)『艣』(舟部 13畫)와 같음

十六畫

【艫】(로) 虞 ロ、へさき bow ㄌㄨ lu² 小篆 草書 ❶배잇댈로(舳ㅣ船相屬)。❷뱃머리로(船頭)。❸뱃고물로(船後部)。〔宋孝武詩〕舳ㅣ引江飛。

【⿰舟歷】(력) 錫 レキ、ふね ferry boat 왕래하는배력(往來船)。

十八畫

【艭】(쌍) 江 ソウ、ふね ship ㄕㄨㄤ shuang¹ (本音「상」) 草書 배이름쌍、방쌍배쌍(艕ㅣ舟名)。

艮 部

【艮】(간) 願 コン、かたい limit; stop 小篆 草書 ❶그칠간(止也)。〔易〕ㅣ止也時止則止。❷한정할간(限也)。❸괘이름간(卦名)。

一畫

【良】一(량) 二(랑) 陽 漾 リョウ、よい good; meek ㄌㄧㄤ liang² 小篆 古文 古文 古文 草書 一❶착할량、어질량(善也)。〔書經〕股肱ㅣ哉。❷자못량、퍽그나량(頗也)。〔列子〕ㅣ久告退。❸남편량(夫稱ㅣ人)。〔孟子〕ㅣ人者所仰望而終身。❹장인량(器工)。〔禮〕陶器必ㅣ。❺깊을량(深也)。〔後漢書〕ㅣ夜乃罷。❻머리량(首也)。二때문랑(ㅣ有以)。〔桃李園序〕古人秉燭夜遊ㅣ有以也。

十一畫

【艱】(간) 刪 カン、かたい hard; difficulty ㄐㄧㄢ chien¹ 小篆 籀文 草書 ❶어려울간(難也)。〔書〕乃罔後ㅣ。❷근심간(憂也)。「遭父母之喪曰丁ㅣ亦作丁憂」。

色 部

【色】(색) 職 ショク、シキ、いろ colour; sexual ㄙㄜ sê⁴ 小篆 古文 草書 ❶낯색(顏氣)。〔禮〕ㅣ容莊。❷어

여쁜계집색(美女)。【書】內作ㅣ荒。❸빛색(五采貌)。【書】以五采彰施于五ㅣ。❹화상색(物色)。【後漢書】以物ㅣ訪之。❺핏대올릴색(作ㅣ怒也)。❻모양색(行ㅣ)。【莊子】車馬有行ㅣ。❼놀랄색(驚也)。【公羊傳 哀公六年】ㅣ然而駭。

四畫

【䒗】(혜) 齊 ケイ、おうたんのいろ ineteric colour 황달빛혜(黃病色)。

五畫

【艴】㊀(불) 物 フツ、おこる angry ㄈㄨˊ fu²
㊁(발) 月
㊂(배) 隊
小篆 草書 ㊀성발끈낼불(ㅣ然色怒)。【孟子】曾西ㅣ然不悅。(『艴』과 같음) ㊁뜻은 ㊀과 같음。(『勃』과 통함) ㊂새벽빛배(將曙之色)。

【䒐】(발) 曷 ハツ、うすい light; pale ❶빛없을발(無色)。❷엷을발(淺色)。

八畫

【艵】(병) 靑 ヘイ、はなだいろ light blue 小篆 옥색병(縹色)。

十畫

【䒌】㊀(명) 徑 メイ、あおぐろい dark-blue ㄇㄧㄥˋ ming⁴
㊁(명) 敬
草書 ㊀검푸를명(靑黑色)。㊁눈감을명(閉目)。

十二畫

【䒕】(망) 養 ボウ、いろなし colourless 색없을망(䒗ㅣ、無色)。

十三畫

【艶】(염) 豔 エン、なまめかしい fascinating 草書 ❶고울염(光彩)。【晉書】摛筆ㅣ于紈素。❷얼굴탐스러울염(容色豐滿)。【詩經】ㅣ妻煽方處。(『豔』과 같음)

十八畫

【艷】(염)『豔』(13色部 13畫)의 俗字

艸 部

【艸】㊀(초) 皓 ソウ、くさ grass ㄘㄠˇ ts'ao³
㊁(철) 屑
小篆 草書 ㊀풀초、새초(百卉總名)。【儀禮】在野則曰ㅣ茅之臣。(『草』와 같음) ㊁풀파릇파릇날철(發芽貌)。

【卄】초두밑[部首名]

一畫

【𦫳】㊀(개) 蟹 カイ、つの horn ㄍㄨㄞˇ kuai³ (本音「괘」)
㊁(과) 馬
小篆 ㊀양의뿔 벌어진 모양개(羊角開貌)。㊁뜻은 ㊀과 같음。

二畫

【艻】(륵) 職 リョク、ロク かおりくさ fragrant grass ❶향풀륵(香草蘿ㅣ)。❷약이름륵(藥名牛脂ㅣ)。

【艼】㊀(정) 靑 テイ、よう intoxicate ㄊㄧㄥˊ t'ing
㊁(정) 迥
小篆 草書 ㊀정풀정(ㅣ熒艸名茚也)。㊁❶취한모양정(醉貌茗ㅣ)。❷고드레만드레할정(茗ㅣ無所知)。【韓愈詩】茗ㅣ馬上知誰爲。(『酊』과 같음)

【芀】(조) 蕭 チョウ、あしのはな flower of a reed 갈대꽃조(葦華)。「今人取之爲帚曰ㅣ帚是也」。(『苕』와 통함)

【艽】㊀(교) 肴 キュウ、はて waste
㊁(구) 尤
㊂(구) 尤
小篆 草書 ㊀진교교(秦ㅣ藥名)。㊁뜻은 ㊀과 같음。㊂거친들구(荒野)。【詩】我征徂西至于ㅣ野。

【艾】㊀(애) 泰 ガイ、よもぎ mugwort
㊁(예) 霽
小篆 草書 ㊀❶쑥애(灸草蕭也)。【詩】采彼ㅣ兮。❷그칠애(止也)。【左傳】憂未ㅣ也。❸늙은이애(耆ㅣ過半老)。【禮】五十日ㅣ。❹기를애(頤ㅣ養也)。❺어여쁠애(少ㅣ美好)。【孟子】知好色則慕少ㅣ。❻편안할애(保ㅣ安也)。【詩】保ㅣ爾後。(『忍』와 같음) ㊁❶다스릴예(ㅣ安治也)。【漢書】天下ㅣ安。❷낫예(鎌也)。❸베어들일예(穫也)。【穀梁傳 莊公二十八年】一年不ㅣ而百姓飢。(『乂』와 같음)

艾 ❶㊀ (會圖才三)

艾 ❷㊁ (書全政農)

【艿】(잉) 蒸 ジョウ、くさのめ sprout 小篆 草書 묵은뿌리싹잉(陳根不芟新艸相仍)。【唐書】得陂ㅣ數百頃。(『芿』과 같음)

三畫

【芃】(봉) 東 ホウ、しげる dense 小篆 草書 ❶풀이더북더북할봉(ㅣㅣ草盛)。【詩經】ㅣㅣ其麥。❷꼬리가치렁치렁할봉(尾長貌)。【詩經】有ㅣ者狐率彼幽草。

【芄】(환) 寒 ガン、かがいも rush ㄨㄢˊ wan² 小篆 草書 왕골환(ㅣ蘭莞也)。【詩】ㅣ蘭之支。

【芇】(면) 先 メン、ベン、かけ bet 小篆 ❶내기할면(賭也)。❷비길면(相當)。

【芊】(천) 先 セン、あおい blue ㄑㄧㄢ ch'ien¹ 小篆 草書 ❶풀이더부룩할천(ㅣㅣ草盛貌)。【謝朓詩】遠樹曖ㅣㅣ。❷퍼런모양천(碧貌)。【藉田賦】碧色肅其ㅣ。

【芋】㊀(후) 虞 ク、ウ、さといも taro
㊁(우) 麌 ㄩˋ yü⁴

㊁클후(大也)。【詩】君子攸ー。(『訏』와 통함) ㊂토란우(土芝蹲鴟)。【史記】士卒食ー菽。

【芓】(자) 紙 シ、あさ hemp
❶삼자(麻母)。❷모시자(枲也)。(『籽』와 같음)

【芍】㊀(작) 藥 シャク、えびすぐすり peoy ㄕㄨㄛˋ shuo⁴
㊀함박꽃작(ー藥可離草)。【詩經衞風溱洧】贈之以ー藥。㊁(적) 錫 ❶연밥적(蓮中子)。❷연꽃의열매적(蓮實)。(『菂』과 같음)

【芎】(궁) 東 キュウ、おんなかずら Angelica polymorpha ㄒㄩㄥ hsiung¹
궁궁이궁(ー藭香草)。【博物志】苗曰江蘺根曰ー藭。

【芐】㊀(하) 禡 ㊁(호) 麌 カ、じおう Rehmannia glutinosa
㊁❶지황하(地黃)。【爾雅】地黃生者以水試之浮者天黃半沈半浮者人黃沈者地黃ー字亦趨下之義。❷성하(姓也)。㊁뜻은 ㊀과 같음。

【芑】(기) 紙 キ、もちあわ glutinous millet ㄑㄧˇ ch'i³
❶흰차조기(白粱粟)。❷시화기(菜名似苦菜)。❸풀기(草也)。【詩】薄言采ー。

【芒】(망) 陽 ボウ、のぎ awn; bear ㄇㄤˊ mang²
❶까끄라기망, 가스랑이망(草端)。【周禮】澤草所生種之ー種。【註】ー種稻麥也。❷편할망(ー大貌)。【詩】宅殷土ーー。❸꼬리별망(光ー)。【晏子】列舍無次變星有ー。❹칼날망(鋒刃)。❺맥없고 재미없는 모양망(罷倦貌)。【孟子 公孫丑上】ーー然歸。❻망종망(芒種)。❼귀신의 이름망(神名句ー)。(『茫·鋩』과 같음)

【芢】(망)『芒』(前條)의 本字

【芔】(훼) 未 尾 キ、くさ rank
성할훼(ー然, 盛貌)。

四畫

【芘】(비) 寘 ヒ、くさ herb ㄆㄧˊ p'i² ㄅㄧˋ pi⁴
❶풀이름비(草名芘ー)。【鹽鐵論】芘ー蓼蘇。❷가리울비(蔭也)。【莊子】隱將ー其所藾。(『庇』와 같음)

【芌】(우) 尤 ギュウ、くさのな knees of cattle
소무릎우, 우슬우(ー膝藥名)。

【芞】(걸) 物 キツ、くさ fragrant grass ㄑㄧˋ ch'i³
향풀걸(香草)。

【芙】(부) 虞 フ、はちす lotus flower ㄈㄨˊ fu²
❶연꽃부(ー蓉蓮花)。【楚辭】集ー蓉以爲裳。❷나무연꽃부(木ー蓉拒霜花)。

【芛】(순) 軫 シュン、くさしげる rank ㄙㄨㄣˇ suen³
초목성할순(草木盛生)。

【芚】(둔) 元 トン、チュン、きのめ(本音「돈」) shoot ㄊㄨㄣˊ t'uen²
❶나무싹둔(木始生)。【法言】春木之ー兮。❷둔나물둔(菜似莧可食)。❸둔한모양둔(無智貌)。【莊子齊物論】聖人愚ー。

【芝】(지) 支 シ、ひじりだけ gapanese touchwood ㄓ chih¹
❶버섯지, 지초지(靈ー瑞草)。「ー寄生於已枯之樹木其體如菌」。❷연꽃이름지(荷名氷ー)。

【芟】(삼) 咸 サン、かる mow ㄕㄢ shan¹
풀벨삼(刈草)。【詩】載ー載柞。

【芡】(검) 琰 ケン、おにばす water-caltrop ㄑㄧㄢˋ ch'ien⁴
마름검, 가시연밥검(鷄頭水果)。【周禮】菱ー棗脯。

【芢】(인) 寘 ジン、たね seed
❶씨인(種子)。❷풀이름인(草名)。

【芣】(부) 尤 フウ、おおばこ plantain ㄈㄡˊ fou²
질경이부, 길장구부(ー苢車前草)。【詩】采采ー苢。

【芤】(규) 尤 キュウ、ねぎ stone-leek
❶파규(葱也)。❷병든맥가운데허할규(病脈旁實中空)。

【芨】(급) 緝 キュウ、かぶとぎく Bletilla striata ㄐㄧˊ chi²
백급, 급대왕풀급(白ー、藥名)。【本草】白ー葉似初生椶苗開花紅紫色中心如舌。

【芥】(개) 卦 カイ、からしな mustard ㄐㄧㄝˋ chieh⁴
❶겨자개, 갓개(辛菜)。❷지푸라기개(草ー)。【孟子】君視臣如草ー。❸티끌개(纖ー)。【繁露王道篇】春秋記纖ー之失。

芥 ❶ (三才圖會)

【芦】(호) 麌 コ、がま cattail
❶지황호(地黃)。❷부들호(蒲也)。(『蘆』의 略字)

【芩】(금) 侵 キン、じしばり vine ㄑㄧㄣˊ ch'in²
❶금풀금, 사슴먹이풀금(鹿食草)。❷약이름금(藥名黃ー)。

【芧】 ㊀(서) 魚 ㊁(저) 語 ショ、チョ、どんぐり acorn ㄒㄩˋ hsü⁴ ㄓㄨˋ chu⁴
小篆 草書 ㊀도토리 나무서(栩也)。㊁뜻은 ㊀과 같음。『苧』와 同字。

【芪】 (기) 支 キ、はなすげ Astragalus membranaceus
小篆 단너삼기、황기기(黃ー藥名)。「黃ー一名王孫根高三四尺根爲藥用」。

【芫】 (원) 元 ゲン、ガン、ふじもどき smartweed ㄩㄢˊ yüan²
小篆 小篆 草書 고기잡는풀원、여귀원(魚毒)。〔急就篇註〕煮ー投水中則魚死而浮出故以爲名。

【芬】 (분) 文 フン、かおり fragrant
草書 ❶향기분(花草香氣)。〔詩〕苾ー孝祀。❷어지러울분(ーー亂也)。〔汲冢周書〕汝無泯泯ーー厚顏忍醜。❸이름날분(名譽)。

【芭】 (파) 麻 ハ、バ、ばしょう plantain ㄅㄚ pa¹
草書 파초파(ー苴甘蕉)。〔楚辭〕傳ー兮代舞。

【芮】 (예) 霽 ゼイ、みずぎわ shore ㄖㄨㄟˋ juei⁴
小篆 草書 ❶풀뾰족뾰족할예(草生貌)。❷물가예(水涯)。〔詩〕ー鞫之卽。〔箋〕ー之言內也水內曰陝水外曰鞫。❸방패끈예(繫楯綏)。〔史記〕革抉吷ー。❹나라이름예(國名)。❺성예(姓也)。

【芰】 (기) 寘 キ、ひし water-nut ㄐㄧˋ chi⁴
小篆 杜林說 草書 새발마름기(水栗四角菱)。〔楚辭〕製ー荷以爲衣兮。

【花】 (화) 麻 カ、ケ、はな flower ㄏㄨㄚ hua¹
小篆 或體 草書 ❶꽃화(草木之葩)。〔歐陽修花品序〕洛陽人稱ー曰某ー某ー稱牡丹則直曰ー。❷꽃필화(花開也)。〔宋之問詩〕温庭橘未ー。❸천연두화(天然痘)。❹기생의 별명화(娼妓異名)。❺써없앨화(消耗)。

【花】 (화)『花』(前條)와 같음

【苍】 (화)『花』(前條)의 俗字

【芳】 (방) 陽 ホウ、かおる flowery ㄈㄤ fang¹
小篆 草書 ❶꽃다울방(芬ー香氣)。〔楚辭〕雜杜蘅與ー芷。❷이름빛날방(聲譽之美)。「如言流ー百世」。❸덕스러울방(德行之美)。

【芴】 ㊀(물) 物 ㊁(홀) 月 フツ、コツ、にら turnip
小篆 草書 ㊀❶순무물(土茋菲也)。〔陸璣詩疏〕菲幽州謂之ー。❷빽빽할물(軋ー緻密)。〔上林賦〕縝紛緻ー。㊁❶황홀할홀(惚也)。❷아둔한 모양홀,확실하지 않는 모양홀。〔荀子正名〕故愚者之言ー然而粗。(『惚』과 같음)

【芺】 (결) 屑 ケツ、はぶそう Cassia obtusifolia
초결명결(薢茩ー光)。

【芷】 (지) 紙 シ、よろいくさ Angelica davurica ㄓˇ chih³
草書 구리때지、궁궁이지、백지지(白芷ー藥名澤芬)。〔楚辭〕扈江蘺與辟ー兮。

【芸】 (운) 文 ウン、くさのかおり fragrant grass ㄩㄣˊ yün²
小篆 草書 ❶향풀운、궁궁이운(香草)。〔續博物志〕ー香辟紙魚蠹故藏書臺稱ー臺。❷촘촘할운(多貌)。〔道德經〕夫物ーー各復歸其根。❸꽃성할운(花盛貌)。〔詩經 小雅裳裳者華〕ーー其黃矣。❹성운(姓也)。(『藝』의 略字로 씀)

【芹】 (근) 文 キン、せり parsley ㄑㄧㄣˊ ch'in²
小篆 草書 미나리근(楚葵水菜)。〔詩〕薄采其ー。

【芻】 (추) 虞 スウ、まぐさ fodder ㄔㄨˊ ch'u²
小篆 草書 ❶꼴추(ー蕘刈草)。〔詩〕詢于ー蕘。❷짐승먹이추(ー豢獸食)。〔孟子〕猶ー豢之悅我口。❸중추(僧曰苾ー)。

【芺】 (요) 篠 ヨウ、あざみ thistle
小篆 엉겅퀴요(薊屬野芉)。「草名鉤ー、又苦味草」。

【芼】 ㊀(모) 號 ㊁(모) 豪 ボウ、モウ、ぞうに mixed soup ㄇㄠˋ mao⁴
小篆 草書 ㊀❶나물모(菜也)。❷잡탕국모(用菜雜肉爲羹)。〔禮記〕ー羹。㊁가릴모(擇也)。〔詩經〕參差荇菜左右ー之。

【芽】 (아) 麻 ガ、ゲ、め sprout
小篆 草書 ❶싹아(萌也)。〔禮經〕是月也安萌ー。❷비롯할아(始也)。〔參同契〕陰陽之始玄合黃ー。

【茚】 (앙) 陽 ゴウ、しょうぶ an iris
小篆 창포앙(菖蒲)。

【芾】 ㊀(비) 未 ㊁(패) 泰 ㊂(불) 物 ヒ、フツ、おいしげる dense ㄈㄟˋ fei⁴ ㄈㄨˊ fu²
草書 ㊀나무더부룩할비(蔽ー木盛)。〔詩〕蔽ー甘棠。㊁나무더부룩할패(蔽ー木盛)。〔詩〕蔽ー甘棠。㊂❶초목우거질불(草木盛)。❷슬갑불(赤ー蔽膝服)。〔詩〕三百赤ー。

【芿】 (잉) 蒸 ジョウ、くさ shoot of grass
草書 풀싹잉(草生)。〔列子〕藉ー燔林。(『艿』과 같음)

【芫】 (항) 陽 コウ、くさのな cattail
부들풀항(蒲也)。

【苜】(일) 質 ジツ、ニチ くさいろ green
❶풀빛일(草色)。❷풀이름일(草名)。

【苧】(만) 寒 ハン、あたる rival
❶맞겨룰만(匹敵)。❷바둑비길만(ㅣ碁)。

五畫

【苐】(제) 齊 テイ、くさ herb ㄧㄚˊ ya²
❶제풀제(草名)。❷성제(複姓不ㅣ)。(『稊』와 같음)

【苑】(원) 阮 エン、オン、その garden ㄩㄢˊ yüan² ㄩㄢˋ yüan⁴
小篆 草書 ❶나랏동산원(禁ㅣ囿也)。【史記註】養禽獸曰ㅣ。【莊子】❷왜풍원, 큰바람원(ㅣ風大風)。適遇ㅣ風於東海之濱。

【苒】(염) 琰 ゼン、しげる luxuriant ㄖㄢˇ jan³
草書 ❶풀우거질염(草盛貌)。❷덧없을염, 그렁저렁할염(荏ㅣ展轉)。【魏書】荏ㅣ至今。

【苖】(적) 錫 テキ、ぎしぎし rumex coyeanus ㄇㄧㄠˊ miao²
小篆 소루쟁이적(羊蹄草)。

【苓】(령) 靑 レイ、リョウ、かんぞう Lactuca dentata ㄌㄧㄥˊ ling²
小篆 草書 ❶도꼬마리령(卷耳)。❷복령령, 풍냉이령(茯ㅣ藥名)。【淮南子】千年之松下有茯ㅣ。❸저령령(豬ㅣ亦菌類)。【韓愈進學解】是猶昌陽引年而進以豨ㅣ也。❹씀바귀령(大苦)。【詩】山有榛隰有ㅣ。

【苔】(태) 灰 タイ、こけ moss ㄊㄞˊ t'ai¹·²
草書 ❶이끼태(蘚也)。【苔賦】高有瓦ㅣ卑有澤葵散巖竇者曰石髮補空田者曰垣衣在屋曰昔邪在水曰陟釐。(『菭』와 같음)

【苕】(초) 蕭 チョウ、のえんどう aloft ㄊㄧㄠˊ t'iao²
小篆 草書 ❶풀이름초, 능초풀초(草名陵ㅣ)。【詩經】卭有旨ㅣ。❷우뚝한모양초(高貌ㅣㅣ)。【水經註】虎牢臨河ㅣㅣ孤上。

【苗】(묘) 蕭 ビョウ、なえ shoot of plant ㄇㄧㄠˊ miao²
小篆 草書 ❶싹묘(穀草初生)。【詩經】彼稷之ㅣ。❷여름사냥묘(夏獵)。【詩】之子于ㅣ。❸무리묘(衆也)。【後漢書】以贍黎ㅣ。❹이을묘(ㅣ裔胤也)。【楚辭】帝高陽之ㅣ裔兮。❺이삭묘(秀也)。❻종족이름묘(ㅣ族)。

【苙】(립) 緝 リュウ、おり cage ㄌㄧˋ li⁴
草書 ❶구리때립, 백지립(白芷藥名)。❷짐승우리립(畜欄)。【孟子】旣入其ㅣ。

【苛】(가) 歌 カ、きびしい severe ㄎㄜ k'ê¹ (本音「하」)
小篆 草書 ❶잔풀가(小草)。❷까다로울가(煩細)。【禮】ㅣ政猛于虎。❸흔들가(擾也)。【晋語】朝夕ㅣ我邊鄙。❹살필가(察也)。【鄭康成說禮】司關掌ㅣ察姦人。❺옴가, 가려울가(疥也)。【禮】疾痛ㅣ癢敬抑搔之。❻꾸짖을가(譴也)。【周禮】不敬者ㅣ罰之。❼가혹할가, 매울가(嚴酷也, 政煩也)。【詩經 周南關雎序】哀刑政之ㅣ。

【苣】(거) 魚 キョ、くさがりき weeder
풀베는 기구거(刈草器)。

【苜】(목) 屋 ボク、モク、うまごやし clover
草書 ❶거여목목(ㅣ蓿大宛草)。【史記】馬嗜ㅣ蓿。❷연지초목(連枝草)。

【苞】(포) 肴 ホウ、むらがる bush ㄅㄠ pao¹
小篆 草書 ❶그령풀포(藨也)。【子虛賦】其高燥則生葴菥ㅣ荔。❷밑동포(本也)。【易】繫于ㅣ桑。❸초목이다복히날포(草木叢生)。❹꾸러미포(包也)。【子夏詩傳】見ㅣ苴之禮焉。(『枹』와 같음)

(圖禮三) ❹苞

【苟】(구) 有 コウ、いやしくも truly; poor ㄍㄡˇ kou³
小篆 草書 ❶풀구(草也)。❷다만구(但也)。【法言】非ㅣ知之。❸구차할구(ㅣ且草率)。【晏子】行廉不爲ㅣ得。❹진실할구(誠也)。【魯語】夫ㅣ中心圖民知雖不及必將至焉。❺겨우구(纔也)。❻만일구(若也)。

【苠】(민) 眞 ミン、ビン、たけ bamboo
❶속대민(竹膚)。❷많은모양민(衆多貌)。【太玄經】人ㅣㅣ而處乎中。

【苡】(이) 紙 イ、おおばこ plantain ㄧˇ i³
小篆 草書 ❶율무이(薏ㅣ實如珠辟瘴氣)。「俗謂ㅣ米可煮粥磨麵並爲藥用」。❷질경이이(芣ㅣ)。(『苢』와 같음)

【苢】(이) 紙 イ、おおばこ plantain
草書 질경이이(芣ㅣ車前草)。【詩】采采芣ㅣ。(『苡』의 本字)

【苣】(거) 語 キョ、ごま sesame ㄐㄩˋ chü⁴
小篆 草書 ❶상치거(萵ㅣ菜名)。❷검은깨거(ㅣ藤胡麻)。【遊仙詩】喫盡溪頭ㅣ藤花。(『炬』의 本字)

【若】㊀(야) 馬 ㊁(약) 藥 ジャク、ニャク、ごとし same ㄖㄨㄛˋ juo⁴
小篆 草書 ㊀❶반야야(般ㅣ梵語)。【晋書】曇霍持一錫杖令人跪曰此是波ㅣ眼。❷난야야, 절야(蘭ㅣ僧居)。【柳宗元文】蘭ㅣ眞公。❸인

끈술늘어진모양야(一一綬貌)。【漢書】印何纍纍綬一一。㊁❶같을약(如也)。【書】一網在綱。❷너약(汝也)。【史記】吾翁即一翁。❸순할약(順也)。【書】欽一昊天。❹및약(豫及辭)。【漢書】年九十以上復子一孫。❺두약풀약, 향풀약(杜一香草)。【楚辭】采芳洲兮杜一。❻더북할약(一一盛多)。❼젊을약(年少也)。❽만약약(假說辭)。

【若】(약)『若』(前條)과 같음

【苧】(저) 語 チョ、からむし ramie ㄓㄨˋ chu⁴
草書 모시저(一麻可爲布縷)。【南都賦】其草則一蘋莞。(『苧·紵』와 같음)

苧(三才圖會)

【苦】(고) 麌 コ、ク、にがい bitter; painful ㄎㄨˇ k'u³
小篆 草書 ❶쓴나물고, 씀바귀고(荼名苓也)。【詩經】采一采一。❷쓸고(味也)。【詩經】誰謂荼一。❸부지런할고(勤勞)。【孟子】必先一其心志。❹괴로울고(困悴辛楚)。【郭璞日】一而爲快猶以臭爲香以亂爲治。❺모질고(濫惡)。【周禮】辨其一良。❻그릇이 엷어서 깨지기 쉬울고, 추하고 나쁘게될고。【十八史略 五帝】器不一窳。

【苨】(니) 薺 ディ、なずな shepherd's purse
草書 겨로기니(薺一)。【劉勰新論】愚與直相象若薺一之亂人蔘。

【苫】(점) 鹽 セン、とま、こも coarse straw-mat (本音「섬」)
小篆 草書 ❶이엉점(編茅覆屋名白蓋)。❷거적자리점(喪席)。【儀禮】居倚廬寢一。❸글씨흘려쓸점(廉一書貌)。【晉書】窈窕廉一隨體散布。

【苩】(백) 陌 ヒャク
성백(百濟姓)。

【苮】(선) 先 セン、くさのな grass
노양이선(草名似莞)。【隋書】南郊神座皆用一席。【皮日休詩】選勝鋪一席。

【苯】(분) 阮 ホン、むらがる luxuriant
草書 풀 더부룩하게날 분(草叢生一蓴)。

【苰】(홍) 蒸 コウ、ひまし castor bean
피마자홍(胡麻藤一)。

【英】(영) 庚 エイ、はな、すぐれる corolla; distinguished
小篆 草書 ❶꽃부리영(華也)。【詩】顏如舜一。❷영웅영(智出萬人)。【孟子】得天下一才而教育。❸구름뭉게뭉게일영(一一雲貌)。【詩】一一白雲。❹풍류이름영(樂名五一)。❺아름다울영(美也)。【晉書荀閻傳】京師語曰、洛中一一荀道明。(『瑛』과 같음)

【英】(영)『英』(前條)과 같음

【苲】㊀(자) 馬 サ、サク、うまごやし trefoil ㊁(작) 藥

㊁두엄자(土苴)。㊂❶풀이름작(草名)。❷고을이름작(縣名定一)。❸산이름작(山名一嶺)。

【苳】(동) 冬 トウ、ふき honeysuckle
小篆 겨울살이동(冬生苣一)。

【苴】㊀(저) 魚 ショ、ソ、あさ hemp ㊁(차) 麻 ㊂(자) 馬 ㄐㄩ chü¹
小篆 草書 ㊀❶암삼저(有子麻)。【詩】九月叔一。❷꾸러미저(苞一賂遺)。【禮】凡以弓劍苞一簞笥問人者。❸대지팡이저(竹喪杖)。【禮】一杖竹。❹신바닥저(履藉)。㊁마름풀차(水中浮草)。【詩】如彼棲一。㊂두엄풀자, 거름풀자(土一和糞草)。【莊子】其土一以治天下。

【⿱艹兄】(황)『怳』(心部5畫)과 같음

【芖】(시) 紙 シ、よもぎ mugwort
小篆 쑥시(蒿也)。

【苵】(질) 屑 テツ、くろびえ wild Deccan grass
小篆 돌피질(穢草似稗秫)。

【苶】㊀(날) 屑 デツ、つかれる tired (本音「녈」) ㊁(녑) 葉 ㄋㄧㄝˊ nieh²
草書 ㊀고달플날, 날연할날(一然疲貌)。【莊子】一然疲役而不知其所歸。㊁뜻은 ㊀과 같음。

【苷】(감) 覃 カン、あまくさ liquorice
小篆 감초감(甘草)。【本草】一名靈

【王十朋詩】閒庭勝苷一。

【苹】(평) 庚 ヘイ、ビョウ、よもぎ mugwort ㄆㄧㄥˊ p'ing²
小篆 草書 ❶맑은대쑥평(藾蕭可食)。【詩】呦呦鹿鳴食野之一。❷사과평(一果)。

【苺】(매) 賄 バイ、いちご Duchesnea indica
小篆 草書 뱀딸기매(覆盆草蛇一)。

【苻】㊀(부) 虞 フ、さや rind ㊁(부) 虞 ㄈㄨˊ fu²
草書 ㊀❶귀목풀부(鬼目似葛草名)。❷성부(姓也)。㊁껍질부(草之甲)。【史記】甲者言萬物剖一甲而出也。

【苽】(고) 虞 コ、まこものみ water-oat ㄇㄟˊ mêi²
小篆 草書 고미고, 줄고(彫胡茭米)。【淮南子】大旱一封熯。

【茀】(불) 物 フツ、くさむら bush ㄈㄨˊ fu⁴
小篆 草書 ❶풀우거질불(一一草盛)。❷복불(一祿福也)。【詩】一祿爾康矣。❸수레가림불(赤一車蔽)。【詩】翟一以朝。❹다스릴불(治也)。【詩】一厥豊草。❺막힐불(塞也)。【國語 周語】道一不可行。❻강하고 성한모양불(盛貌)。【詩經小雅皇矣】臨衝一一。「臨衝은兵車」。❼장사(葬事)때 관(棺)에 감는 새끼불。【左傳 宣公八年】用葛一。(『紼』과)

【苾】(필) 質 ヒツ、かおり fragrance ㄅㄧˋ pi⁴
小篆 草書 ❶필추풀필(ㅡ芻草名)。【陸龜蒙詩】烟生ㅡ芻碧。❷향기로울필(ㅡ芬馨香)。【詩】ㅡ芬孝祀。❸오랑캐의부락 필(突厥部契ㅡ)。(『蘽』과 같음)

【茁】㊀(줄) 質 ㊁(찰) 黠 ㊂(절) 屑 セツ、シュツ、めばえ(本音「굴」) sprout ㄓㄨㄛˊ chuo² ㄓㄚˊ cha²
小篆 草書 ㊀풀싹줄(草芽)。㊁❶풀뾰죽뾰죽날찰(草出貌)。【關尹子】草木俄ㅡㅡ俄亭亭俄蕭蕭。❷살찔찰(ㅡ壯肥也)。【孟子】牛羊ㅡ壯長而已矣。㊂풀싹절(草初生)。【詩】彼ㅡ者葭。

【茂】(무) 宥 ボウ、モ、しげる grow thick ㄇㄠˋ mao⁴
小篆 草書 ❶풀우거질무(草盛)。【詩】如松柏之ㅡ。❷아름다울무(美也)。【漢書】歲時存問ㅡ才。❸힘쓸무(勉也)。【周語】先王之于民也ㅡ正其德而厚其性。(『懋』와 통함)

【范】(범) 豏 ハン、はち、のり bee ㄈㄢˋ fan⁴
小篆 草書 ❶범풀범(草名)。❷벌범(蠭也)。【禮】ㅡ則冠而蟬有緌。❸궁이름범(周穆王宮名)。❹주형범(型也)。(『範』과 통함) ❺법범(範也)。❻성범(姓也)。

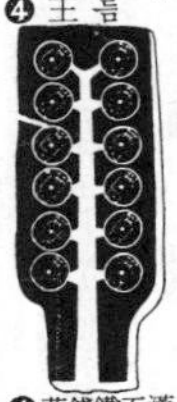

❹范錢鐵五漢(而石金)

【茄】㊀(가) 歌 ㊁(가) 麻 カ、なすび(古音「갸」) egg-plant ㄑㄧㄝˊ ch'ieh²
小篆 草書 ㊀❶연줄기가(芙蕖莖)。【西京賦】蔕倒ㅡ於藻井。❷오가피가(五ㅡ藥名)。㊁가지가(ㅡ子菜名)。【王褒僮約】別ㅡ披葱。

【茅】(모) 肴 ボウ、かや、ちがや(本音「묘」) miscanthus ㄇㄠˊ mao²
小篆 草書 ❶띠모(菅也)。【詩】白ㅡ包之。❷표기모(前ㅡ旌識)。【左傳】前ㅡ慮無。

【茆】㊀(류) 有 ㊁(묘) 巧 ボウ、ぬなわ water-shield ㄇㄠˇ mao³
小篆 草書 ㊀순채류(鳧葵蓴菜草)。【詩】思樂泮水薄采其ㅡ。(『茆』의 俗字) ㊁순나물묘(蓴菜)。

【苃】㊀(불) 物 ㊁(발) 曷 バツ、やどる thatched hut ㄅㄚˊ pa²
小篆 草書 ㊀배줄불(維舟紼)。㊁❶발괄풀발(ㅡ萿草名)。【甘泉賦】攢栟櫚與ㅡ萿兮。❷필발발(蓽ㅡ藥名)。【南方草木狀】醬生於蕃國者大而紫謂之蓽ㅡ。❸풀집발、초막발(草舍)。【詩經】召伯所ㅡ。❹풀뿌리발(草根也)。

【茈】(자) 支 シ、むらさき gromwell ㄔㄞˊ ch'ai²
小篆 草書 ❶올매자(勃薺草名)。【後漢書】王莽末南方饑饉人庶羣入野澤掘鳧ㅡ而食之。❷생강자(子薑)。【上林賦】ㅡ薑蘘荷。❸지치자(染紫草)。

【茉】(말) 曷 マツ、まつり white jasmine ㄇㄛˋ mo⁴
草書 말리꽃말(ㅡ莉柰花)。【南行記】南越五穀無味百花不香獨ㅡ莉不隨水土而變。

六畫

【茖】㊀(격) 陌 ㊁(각) 陌 カク、やまにら welshonion
小篆 ㊀산파격、달래격(山葱)。㊁풀각(草也)。

【茗】(명) 迥 メイ、ちゃ tea ㄇㄧㄥˊ ming²
小篆 草書 차싹명(茶芽)。【杜甫詩】ㅡ飲蔗漿携所有。(『酩』과 통함)

【荔】㊀(례) 寘 ㊁(려) 霽 レイ、リ、おおにら(本音「리」) balsam-pear ㄌㄧˋ li⁴
小篆 草書 ㊀예지례(ㅡ枝果名)。【南方草木狀】ㅡ枝樹高五六丈青花朱實實大如鷄子。㊁향풀려(薜ㅡ香草)。【楚辭】貫薜ㅡ之落蘂。

【荔】(려)『荔』(前條)의 俗字

【茙】(융) 東 ジュウ、からあおい sunflower
草書 ❶규화융、해바라기융(ㅡ葵)。【述異記】ㅡ葵本胡中葵似葵而大者。❷두터운모양융(ㅡㅡ原貌)。

【茛】(간) 願 コン、きんぽうげ camphor ㄍㄣˋ ken⁴
草書 ❶박꽃의싹간、노저나물간(烏頭之苗草也)。❷장뇌나무간(樟類)。

【茜】(천) 霰 セン、あかね madder
小篆 草書 꼭두서니천(茅蒐草名花可染絳)。【史記】千畝危ㅡ。

【茥】(규) 齊 ケイ、くさいちご strawberry
小篆 딸기규(覆盆子)。

【茝】(채) 賄 サイ、よろいぐさ orchid ㄔㄞˇ ch'ai³
小篆 草書 ❶난초채(蕙蘭類)。❷궁궁이싹채(ㅡ芎藭苗一名蘼蕪)。【禮】佩帨ㅡ蘭。

【茟】㊀(율) 質 ㊁(위) 賄 イツ、つぼみ button
草書 ㊀명아주율(赤藜)。(『茟』의 古字) ㊁꽃방울위、싹위、봉오리위(草木花始)。

【茠】㊀(호) 豪 ㊁(휴) 尤 コ、キュウ、かげ be shadowy
㊀김맬호(ㅡ刺除草)。【唐書】身操畚臿ㅡ刺無休時。(『薅』와 같음) ㊁그늘질휴、덮을휴(蔭也)。【淮南子】得ㅡ越下則脫然喜矣。(『休』와 같음)

【茢】(렬) 屑 レツ、あしのほ read-ear ㄌㄧㄝˋ lieh⁴

小篆 草書 부정풀이비렬(桃ㅣ萑苕掃不祥)。【左傳】乃使巫以桃ㅣ先祓殯。

【茤】 (다) 歌 タ、ひし water-nut
❶마름다(菱也)。❷남녘 오랑캐다(南夷名鹿ㅣ)。

【茦】 (一)(책) 陌 サク、くさのとげ prickle (二)(자) 支
小篆 一풀가시책(草刺針也)。二풀가스랑이자(草芒)。

【茨】 (자) 支 シ、いばら thorn ㄘ tz'ŭ²
小篆 草書 ❶풀이름자, 남가새자(疾藜草名)。【詩經】牆有ㅣ。❷새이엉자(茅ㅣ蓋屋)。【書】惟其塗塈ㅣ。❸쌓을자(積也)。【詩經】曾孫之稼如ㅣ如粱。

【茩】 (구) 有 コウ、はぶそう cossia obtusifolia
小篆 초결명구(決明薛ㅣ)。

【茫】 (망) 陽 ボウ、かすか vast
草書 ❶망망할망(ㅣㅣ廣大貌)。❷물이질편할망(滄ㅣ水貌)。❸막연할망(漠然)。【陶潛詩】天道幽且遠鬼神ㅣ昧然。

【茭】 (교) 肴 キョウ、かれくさ dried fodder ㄐㄧㄠ chiao¹
小篆 草書 마른꼴교(乾芻)。【書經】峙乃芻ㅣ。

【茬】 (치) 支 シ、くさ herb
小篆 ❶풀모양치(草貌)。❷땅이름치(地名)。❸성치(姓也)。(『茌』와 같음)

【茯】 (복) 屋 フク、まつほど ㄈㄨ fu²
草書 풍낭이복、복령복(ㅣ苓松脂)。【博物志】松柏脂入地千年化爲苓ㅣ苓ㅣ化爲琥珀且精氣不盛止爲附結本根既不離本故曰ㅣ神。

【茰】 (유)『萸』(艸部 9畫)와 같음

【䒷】 (괄) 曷 カツ、きからすうり snake-gourd
小篆 草書 하눌타리괄(藥名ㅣ蔞)。

【茱】 (수) 虞 シュ、かわはじかみ ㄓㄨ chu¹ Evodia Danielii
小篆 草書 수유수(ㅣ萸藥名)。【風土記】九月九日折ㅣ萸房插頭可辟惡氣。

【茳】 (강) 江 コウ、せんきゅう うのなえ ㄐㄧㄤ chiang¹ Gracilaria confervoides
草書 강리풀강(ㅣ蘺香草)。

【茲】 (자) 支 シ、むしろ ㄗ tzŭ¹ mat
小篆 草書 ❶돗자리자(蓐席)。【公羊傳】屬負ㅣ舍不即罪爾。【註】諸侯有疾稱負ㅣ。❷거듭자(重也)。【太玄經】天下之ㅣ。❸이자(此也)。【書經】念ㅣ在ㅣ。❹초목우거질자(草木盛多)。❺나라이름자(西域國名龜ㅣ)。(『滋』와 통함)

【茴】 (회) 灰 カイ、ういきょう fennel ㄏㄨㄟ huei²
草書 ❶약이름회(ㅣ香藥名)。「有大ㅣ香、小ㅣ香」。【茴香賦】仰眺崇岡俯察幽坂乃見ㅣ香蒙楚之間。❷방풍잎회(藥草防風葉也)。

【茶】 (다) 麻 チャ、タ、ちや tea ㄔㄚ ch'a² (本音「차」)
草書 차풀다(茗也)。【博物志】飲眞ㅣ令人少眠。

【茷】 (패) 泰 ハイ、しげり overgrow
小篆 草書 ❶풀잎우거질패(草葉盛貌)。【西山宴遊記】斫榛莽焚茅ㅣ。❷법도있을패(ㅣㅣ有法度)。

【茵】 (인) 眞 イン、しとね ㄧㄣ yin¹ mattress
小篆 (司馬相如說) 草書 ❶사철쑥인(ㅣ蔯蒿也)。【杜甫詩】ㅣ蔯春藕香。❷요인(褥也)。【詩】文ㅣ暢轂。(『鞇』과 같음)

【茸】 (一)(용) 冬 ジョウ、しげる overgrow (二)(용) 腫 ㄖㄨㄥ jung²
小篆 草書 一❶풀뾰족뾰족날용(ㅣㅣ又蒻ㅣ草生貌)。❷못생길용(闒ㅣ不肖)。【鹽鐵論】賢知之士闒ㅣ之所惡也。❸너불거릴용(尨ㅣ亂貌)。【史記】狐裘蒙ㅣ。❹예쁠용(丰ㅣ美貌)。二❶풀싹뾰족뾰족날용(蘢ㅣ草生貌)。【漢書】叢以蘢ㅣ。❷녹용용(鹿ㅣ)。

【䒸】 (혈) 屑 ケキ、あかね madder
小篆 꼭두서니혈、잇혈(蒨也)。

【荀】 (순) 眞 ジュン、くさ herb ㄒㄩㄣ hsün²
小篆 草書 ❶풀이름순(草名)。【山海經】青要之山有草焉黄華赤實名曰ㅣ草。❷성순(姓也)。

【茹】 (一)(여) 魚 ジョ、はかる measure ㄖㄨ ju² (二)(녀) 語 御
小篆 草書 一❶뿌리여(茅根)。【易】拔茅連ㅣ。❷받을여(受也)。【詩經】柔亦不ㅣ。❸헤아릴여(度也)。【詩經】不可以ㅣ。❹부드러울여(柔也)。【楚辭】攬ㅣ蕙以掩涕兮。❺꼭두서니여(ㅣ藘染草)。【詩】ㅣ藘在阪。❻마실여(啜也)。二먹을녀(食也)。【禮】ㅣ毛飲血。

【茻】 (망) 養 ボウ、くさぶかい (of the weed) thick
小篆 잡풀우거질망(衆草相雜)。

【茼】 (동) 東 トウ、しゅんぎく Chrysanthemum coronarium
草書 쑥갓동(香菜ㅣ)。

【荃】 (전) 先 セン、かおりぐさ fragrant grass

小篆 草書 향풀전, 전풀전(香草)。【楚辭】ㅣ不察余之中情。

【茿】 (축) 屋 チク、にわやなぎ weeping willow 小篆 ❶능수버들축(河柳)。❷쇠풀축(蓄ㅣ)。

【荁】 (환) 寒 カン、くさ herb 草書 풀이름환(草名)。

【莱】 (래) 隊 ライ、くだものがたれる be abundant in fruits 小篆 과실이 주렁주렁달릴래(果實垂貌)。

【荄】 (해) 灰 佳 カイ、ね root of grass ㄍㄞ kai¹ (古音「개」) 小篆 草書 풀뿌리해(草根)。【漢書】青陽開動根ㅣ以遂。

【茶】 (다)『茶』(艸部 6畫)와 같음

【莩】 (표)『殍』(歹部 7畫)와 같음

【荅】 (답) 合 トウ、あずき red bean ㄉㄚˊ ta² 小篆 草書 ❶좀콩답, 팥답(小豆)。【晋書】菽ㅣ麻麥。❷마름쇠답(渠ㅣ鐵蒺藜)。【漢書】布渠ㅣ。❸당할답(當也)。【書】奉ㅣ天命。『答·合』과 통함

【荆】 (형) 庚 ケイ、いばら thorn ㄐㄧㄥ ching¹ (本音「경」) 小篆 古文 草書 ❶굴싸리형, 광대싸리형(楚也)。【本草】牡ㅣ。【註】古者刑杖以ㅣ故字从刑其生成叢而疎爽故又謂之楚ㅣ楚地之多產此而名也。❷꽃이름형(花名紫ㅣ)。❸산이름형(山名)。❹내형(ㅣ妻)。❺가시형(ㅣ棘)。❻곤장형(刑杖)。❼땅이름형(地名)。

【荇】 (행) 梗 コウ、あさざ water-caltrop ㄒㄧㄥˋ hsing⁴ 小篆 或體 草書 마름풀행, 조아기행(接余水菜蘋類)。【詩】參差ㅣ菜。(『莕』과 같음)

【荈】 (천) 銑 セン、ちゃ tea ㄔㄨㄢˇ ch'uan³ 草書 늦차천(晚取茶)。【吳志】密賜曜茶ㅣ以當酒。

【䒼】 (곡) 沃 キョク、かいこのす breeding silkworms ㄑㄩˋ ch'ü⁴ 小篆 누에발곡(蠶薄)。

【草】 (초) 皓 ソウ、くさ grass ㄘㄠˇ ts'ao³ 小篆 草書 ❶풀초, 새초(百卉總名)。【書經】厥ㅣ惟繇。❷추할초(ㅣ率粗也)。【史記】惡ㅣ具進。❸초할초(ㅣㅣ苟簡)。【春秋註】ㅣ次之期二國各簡其禮。【疏】ㅣ次猶造次也。❹글씨쓸초(文藁)。【後漢書】蕭何ㅣ律。❺초서초(草書, 書體之一)。

【茭】 (교) 蕭 キョウ、ぜにあおい vegetable ㄐㄧㄠˊ ch'iao² 小篆 草書 금규화교(芘芣荆葵)。【詩經】視爾如ㅣ。

【草】 (조)『草』(前條)와 같음

【荋】 (이) 支 ジ、くさむら thick 小篆 ❶풀많을이(草多貌)。❷버섯이(菌也)。【馬融】芝ㅣ菫荁。

【荎】 (치) 支 チ、さねかずら Schizandra chinesis 小篆 오미자치(五味子)「ㅣ藸」。

【荏】 (임) 寑 ニン、ジン、えごま Perilla frutescens ㄖㄣˇ jen 小篆 草書 ❶왕콩임(ㅣ菽大豆)。【詩經】ㅣ菽旆旆。❷들깨임(白蘇可油)。【後漢書】桂ㅣ鳧葵。❸부드러울임(ㅣ染柔也)。【詩經】ㅣ染柔木。

【荐】 (천) 霰 セン、ふたたび again ㄐㄧㄢˋ chien⁴ 小篆 草書 ❶거듭천(再也仍也)。【左傳】晋ㅣ饑。❷자리깔천(薦席)。❸풀천(雜草)。【左傳 襄公四年】戎狄ㅣ居。(『薦』과 같음)

【荑】 ㊀(이) 支 イ、テイ、いぬびえ Amantus Blitum ㊁(제) 齊 ㄊㄧˊ t'i² 小篆 草書 ㊀❶흰비름이(莁ㅣ草名)。❷베일이(芟ㅣ)。【周禮】凡稼澤以水殄草而芟ㅣ之。㊁띠싹제, 띠처음날제(茅始生)。【詩經】手如柔ㅣ。

【荒】 (황) 陽 コウ、あれる coarse; rough ㄏㄨㄤ huang¹ 小篆 草書 ❶거칠황(蕪也)。【周語】田疇ㅣ蕪。❷폐할황(廢也)。【書經】無ㅣ棄朕命。❸클황(大也)。【詩經】天作高山大王ㅣ之。❹흉년들황(四穀不升饑也)。【韓愈文】天饑歲ㅣ。❺오랑캐땅황(ㅣ服蠻夷)。【書經】五百里ㅣ服。❻빠질황(耽也)。❼멀황(遠也)。

【荖】 (배) 灰 ハイ、くさのな fruit 구장배(果名蒟醬)。

七畫

【荰】 (두) 麌 ト、かんあおい grass 草書 두형풀두(ㅣ蘅香草)。(『杜』와 통함)

【荳】 (두) 宥 トウ、まめ bean ㄉㄡˋ tou⁴ 草書 ❶콩두(菽也)。「有大ㅣ、小ㅣ兩種俗作豆」。❷두구두, 솔마리두(藥名ㅣ蔻)。

【荴】 (부) 虞 フ、はすのはがおちる (of lotus leaves) wither 연잎이울부(荷葉將落時)。

【荵】 (인) 軫 ジン、くさのな honeysuckle 小篆 인동초인(ㅣ冬、草名)。

【荷】 ㊀(하) 歌 カ、になう bear ㄏㄜˊ hê² ㊁(하) 哿 ㄏㄜˋ hê⁴ 小篆 草書 ㊀❶연꽃하(芙蓉芙蕖之總名蓮花)。【詩經】隰有ㅣ花。❷원망할하(ㅣㅣ怨怒聲)。【通

鑑】梁武帝口苦索蜜不得再曰ㅣㅣ。❸멜하(擔也)。【論語】有ㅣ蕢而過孔氏之門者。❹박하하(薄ㅣ)。㊁❶질하(負也)。【稽康詩】少得離負ㅣ。❷더할하(加也)。

【䓢】(사) 支 シ、かやのほ miscanthus 小篆 띠싹사(茅莠)。

【荹】(보) 遇 ホ、かいば waste straw 小篆 짚북더기보(牛馬草亂藁)。

【荺】(윤) 軫 イン、たけのこ bamboo shoot 小篆 ❶연뿌리윤(蓮根)。❷대순윤(笋也)。

【荻】(적) 錫 テキ、おぎ reed ㄉㄧˊ ti² 草書 갈대적(蘆屬萑也)。【晋書】官家養蘆花爲ㅣ。

【荼】(도) 虞 ト、タ、けしあざみ Lactuca dentata ㄊㄨˊ t'u² 小篆 草書 ❶씀바귀도(苦菜)。【詩】誰謂ㅣ苦其甘如薺。❷씀도(ㅣ毒惡物)。【書經】不忍ㅣ毒。【註】ㅣ苦也。❸귀신이름도(神名神ㅣ)。❹구슬이름도(圭玉)。

博二寸半 博三寸 長二尺有六寸
諸侯荼(名物圖)

【荽】(유) 支 スイ、こえんどう fragrant vegetable ㄙㄨㄟ suei¹ 草書 호유나물유(胡ㅣ香菜)。【閒居賦】蓼ㅣ芬芳。

【荾】(수) 支 スイ、はなのしん flower-centre ❶꽃심수(華中臍)。❷『荽』와 같음。

【莂】(별) 屑 ベツ、いしょく plant a seedling ❶모종낼별(種穊移蒔)。❷중의글별(佛家作文)。【黃庭堅書】夙承記ㅣ。

【莅】(리) 寘 リ、のぞむ attend ㄌㄧˋ li⁴ 草書 ❶다다를리、임할리(臨也)。【易經】君子以ㅣ衆。❷자리리(位也)。❸임석할리(臨席)。【周禮 地官司市】ㅣ于介次、而聽小治小訟。❹임군으로서 아래사정을 돌볼리。【孟子 梁惠王上】ㅣ中國、撫四夷。

【莃】(희) 微 キ、くさのな vegetable 小篆 희나물희(食用菜蔬)。

【莄】(경) 梗 コウ、くき stem ❶풀줄기경(草莖)。❷풀경(草也)。

【莆】(보) 麌 ホ、がま cattail ㄈㄨˇ fu³ ㄆㄨˊ p'u² 小篆 草書 ❶삽보풀보(萐ㅣ堯時扇凉瑞草)。❷땅이름보(地名)。

【茆】(류) リュウ、やなぎ weeping willow 小篆 ❶순나물류(蓴菜鳧葵)。【詩經】薄采其ㅣ。❷개버들류(蒲柳)。

【莉】(리) 寘 リ、まつり jasmine ㄌㄧˋ li⁴ 草書 말리꽃리(茉ㅣ南越花名)。【南行記】南越五穀無味百花不香獨茉ㅣ不隨水土而變。

【莊】(장) 陽 ソウ、ショウ、おごそか manly ; respect ㄓㄨㄤ chuang¹ 小篆 古文 草書 ❶씩씩할장(嚴也)。【論語】臨之以ㅣ則敬。❷단정할장(端也)。❸공경할장(敬也)。❹여섯갈래거리장、육거리장(六達衢)。❺농막장、농가장(田舍)。「如平泉ㅣ午橋ㅣ」。❻가게장(錢ㅣ)。❼별장장(別ㅣ)。❽성장(姓也)。

【莋】㊀(적) 陌 ㊁(작) 藥 サク、くらう feed on grass 小篆 ㊀풀먹을적(食草)。㊁땅이름작(地名)。(『笮』과 같음)

【莎】(사) 麻 サ、はますげ nut grass ㄕㄚ sha¹ ㄙㄨㄛ suo¹ 小篆 草書 ❶향부자사(香附子、藥草)。❷비빌사(挼ㅣ煩撋)。【禮記】共飯不澤手。【疏】澤挼ㅣ也。❸베짱이사、귀뚜라미사(ㅣ鷄)。【詩經】六月ㅣ鷄振羽。

【莒】(거) 語 キョ、からむし ramie ㄐㄩˇ chü³ 小篆 草書 ❶모시풀거(草名可爲繩)。❷나라이름거(國名)。【春秋】ㅣ人入向。❸고을이름거(邑名ㅣ父)。

【莓】(매) 灰 バイ、いちご strawberry ㄇㄟˊ mei² 草書 ❶이끼매(苔也)。【甫杜詩】隨意坐ㅣ苔。❷나무딸기매(山ㅣ草實)。【齊民要術】ㅣ草實亦可食。❸결찬밭매(ㅣㅣ美田)。【魏都賦】蘭渚ㅣㅣ。❹풀이름매(草名山ㅣ)。

【莔】(맹) 庚 ボウ、ははぐり Fritillaria verticillata ㄇㄥˊ mêng² 小篆 패모맹(貝母)。【西京賦】王芻ㅣ臺。

【莖】(경) 庚 ケイ、キョウ、くき stem; trunk ㄐㄧㄥ ching¹ (本音「형」) 小篆 草書 ❶줄기경、줄거리경(草幹)。【楚辭】綠葉兮紫ㅣ。❷버팀기둥경(枝柱)。

【莙】(군) 軫 キン、やなぎも beet; chard ㄐㄩㄣ chün¹ 小篆 草書 ❶말마름군(馬藻)。❷군대군(ㅣ薘)。

【莘】(신) 眞 シン、ながい slender ㄕㄣ shên¹ 草書 ❶약이름신(藥名細ㅣ)。❷길음한모양신(長貌)。【詩經】魚在在藻有ㅣ其尾。❸많은모양신(衆多貌)。【東都賦】俎豆ㅣㅣ。❹나라이름신(國名)。【詩經】纘女維ㅣ。

【莚】(연) 霰 エン、つづく creep over ㄧㄢˊ yen² 草書 ❶만연할연、넌출질연(不斷蔓ㅣ)。【蜀都賦】風連ㅣ蔓於蘭皐。❷풀이름연(草名)。

【莛】(정) 靑 テイ、くき stem ㄊㄧㄥˊ t'ing²
小篆 草書 ❶풀줄거리정(草莖)。【漢書】以ㅡ撞鐘。❷들보정(屋梁)。【莊子】擧ㅡ與楹厲與西施恢恑橘怪道通爲一。

【莜】(조) 嘯 チョウ、にら 'leek; scallion ㄊㄧㄠˋ t'iao⁴
小篆 ❶풀조、부추조(薙也)。❷삼태기조(耕田器)。(『篠』와 같음)

【莝】(좌) 箇 ザ、きりまぐさ provender ㄘㄨㄛˋ ts'uo⁴
小篆 草書 ❶여물좌(斬芻)。【詩經】摧之秣之。【箋】摧今ㅡ字也。❷경소할좌(輕少)。

【莟】(함) 勘 ガン、つぼみ flower-centre
草書 ❶꽃필함(ㅡ菡花開)。❷꽃술함(花蕊)。

【莞】㈠(관) 寒 ㈡(완) 潸 カン、まるがま rush (本音「관」) ㄨㄢˇ wan³ ㄍㄨㄢ kuan¹
小篆 小篆 草書 ㈠❶골관、왕골관(草名苻蘺)。❷왕골자리관(小蒲席)。【詩經】下ㅡ上簟。(『菅』과 같음) ㈡빙그레웃는모양완(ㅡ爾笑貌)。【論語】夫子ㅡ爾而笑。

【莠】(유) 有 ユウ、はぐさ foxtail
小篆 草書 ❶가라지유(稂ㅡ害穀草)。【孟子】惡ㅡ恐其亂苗也。❷추할유(醜也)。【詩經】ㅡ言自口。

【莢】(협) 葉 キョウ、さや pod; legume (本音「겹」) ㄐㄧㄝ chieh¹
小篆 草書 ❶콩꼬투리협、조염협(豆角)。【周禮】其植物宜ㅡ。【疏】即今人謂之皀ㅡ是也。❷명협협(蓂ㅡ瑞草堯時生于庭)。

【莣】(망) 陽 ボウ、すすき grass
小篆 도리미망、망풀망(似茅杜榮)。【爾雅註】今ㅡ草似茅皮可以爲繩索履屩。(『芒』과 같음)

【莤】㈠(숙) 屋 ㈡(유) 有 シュク、こす filter
小篆 ㈠❶모사숙、강신할숙(束茅灌鬯酒)。【周禮】甸師祭祀共蕭茅。【註】蕭字或爲ㅡ。❷거를숙(滑也)。㈡물풀유(水草)。

【莥】(뉴) 有 ジュウ、たんきりまめ Glycine ussuriensis
小篆 돌콩뉴(鹿豆)。

【莦】(소) 肴 ソウ、わるいくさ rough grass
小篆 모진풀소(惡草)。

【莧】㈠(현) 霰 ㈡(한) 諫 ケン、ひゆ pokeweed ㄒㄧㄢˋ hsien⁴
小篆 小篆 草書 ㈠비름현、자리공현(商陸草)。【易】ㅡ陸夬夬。㈡패모한(莔也)。【管子】鳖下于ㅡㅡ下于蒲。

㈠莧(會圖才三)

【莨】(랑) 漾 ロウ、ちからぐさ henbane

莙 小篆 草書 조우엉련。이아리풀련(ㅡ若毒草)。【史記】領以ㅡ若。

【莩】㈠(부) 虞 ㈡(표) 篠 フ、ヒョウ、あまかわ membrane the hollow of a bamboo ㄈㄨˊ fu²
小篆 草書 ㈠갈청부、갈대청부(葭中皮)。㈡굶어죽을표(餓死者)。【孟子】野有餓ㅡ。(『殍』와 같음)

【莪】(아) 歌 ガ、きつねあざみ sage-brush ㄜˊ ê²
小篆 草書 다북쑥아、새발쑥아(蘿ㅡ蒿屬美菜)。【詩經】菁菁者ㅡ。

【莫】㈠(모) 遇 ㈡(막) 藥 ㈢(맥) 陌 バク、マク、ない、むなしい not ; vast ㄇㄨˋ mu⁴
小篆 草書 ㈠❶나물모、푸성귀모(菜也)。【詩經】言采其ㅡ。❷저물모(日且冥)。【易經】ㅡ夜有戎。(『暮』와 같음) ㈡❶없을막(無也)。❷말막(勿也)。【詩經】ㅡ捫朕舌。❸정할막(定也)。【詩經】監觀四方求民之ㅡ。❹무성할막(ㅡㅡ茂也)。【詩經】維葉ㅡㅡ。❺꾀할막(謨也)。【詩經】聖人ㅡ之。❻클막(大也)。【莊子】廣ㅡ之野。❼엷을막(薄也)。(『幕』과 통함) ㈢고요할맥(靜也)。【詩經】君婦ㅡㅡ。

【菉】(록) 沃 リョク、かりやす green-bean ㄌㄨˋ lu⁴ ㄌㄩˋ lü⁴
小篆 草書 녹두록(綠色小豆)。一名王芻」。

【菋】(미) 未 ビ、さねかずら Schizandra chinensis
小篆 오미자미(五味子)。

【菌】(균) 軫 キン、たけ mushroom ㄐㄩㄣˋ cüün⁴
小篆 草書 ❶버섯균(朝ㅡ一名地蕈一名楂)。【莊子】朝ㅡ不知晦朔。❷곰팡이균(黴ㅡ)。寄生他物體曰細ㅡ恒爲傳染病之媒介。❸세균균(細ㅡ)。❹무궁화균(朝ㅡ)。

【菎】(곤) 元 コン、かおりぐさ fragrant grass
小篆 草書 향풀곤(香草)。

【菏】㈠(하) 歌 ㈡(가) 歌 カ、だいこん radish
㈠무우하(菔草)。㈡늪이름가(澤名)。

【菍】(총)『蔥』(艸部 11畫)과 같음

【菑】㈠(치) 支 ㈡(재) 灰 シ、サイ、わざわい misfortune ㄗ tzŭ¹
小篆 或體 草書 ㈠따비밭치(田一歲)。【詩經】于此ㅡ畝。㈡재앙재(災也)。【詩經】無ㅡ無害。(『栽·災』와 같음)

【菓】(과) 哿 カ、くだもの fruit ; cake ㄍㄨㄛˇ kuo³
草書 ❶실과과(木實)。【史記】古者有春嘗ㅡ今櫻桃熟可薦宗廟。❷과자과(ㅡ子)。(『果』와 같음)

【菓】(과)『菓』(前條)와 같음

【菔】㊀(복) 職 フク、だいこん radish ㄈㄨˊ fu² ㊁(북) 屋 ㄅㄛˋ po⁴ (古音「북」) 小篆 草書 ㊀무우복(蘆ー蘿蔔作萊ー)。㊁뜻은 ㊀과 같음。

【菕】(론) 元 ロン、かおりぐさ fragrant grass ❶논나무론(木名)。【管子】其木宜蚖ー與杜松。❷논로풀론(ー蘼香草)。

【菖】(창) 陽 ショウ、あやめ iris; flag ㄔㄤ ch'ang¹ 草書 창포창(ー蒲似蓀)。【本草】ー蒲蒲類之昌盛者。【呂氏春秋】冬至後五旬七日ー始生ー者百草之先于是始耕。

【菘】(숭) 東 スウ、とうな chinese cabbage ㄙㄨㄥ sung¹ 草書 배추숭(江南菜名)。【南史】秋末晩ー。

【菲】(괴) 佳 ケ、へこむ slim (本音「가」) ❶잘룩할괴(頭寬中狹)。❷바르지않을괴(頭寬中狹)。❸풀이름괴(草名)。

八畫

【菜】(채) 隊 サイ、あおもの、な vegetable ㄘㄞˋ ts'ai⁴ 小篆 草書 ❶나물채(蔬也)。【禮】民務畜ー。【儀禮】婦人三月乃奠ー。❷반찬채(飯饌)。

【莽】㊀(무) 尤 ボウ、モウ、くさむら bush ㊁(망) 陽 ㄇㄤˇ mang³ ㊂(모) 麌 小篆 草書 ㊀추솔할무(粗率鹵ー)。㊁❶풀우거질망(草深貌)。❷엽귀풀망(靑魚草)。❸추솔할망(粗率)。㊂묵은풀모(宿草)。

【莾】(무)(망)(모)『莽』(前條)와 같음

【莿】(자) 寘 シ、とげ thron ㄘˋ tz'ŭ⁴ 小篆 풀가시자(草之刺針)。(『茦』와 같음)

【菀】㊀(원) 阮 エン、ウツ、しげる grow thick ㊁(울) 物 ㄨㄢˇ wan³ 小篆 草書 ㊀더부룩할원(茂木)。【詩經】有ー者柳。㊁우거질울(ー然盛貌)。【詩經】有ー其特。

【菁】㊀(정) 庚 セイ、かぶら turnip ㊁(청) 靑 ㄐㄧㄥ ching¹ 小篆 草書 ㊀❶부추꽃정(韭華)。【南都賦】秋韭冬ー。❷세골진띠정(三脊茅)。【書經】包匭ー茅。❸무우정、순무정(蕪ー菜名)。【後漢書】種蕪ー以助人食。❹빛날정(ー華精英)。【西京賦】麗服颺ー。㊁❶무성한모양청(ーー茂貌)。【詩經】其葉ーー。❷땅이름청(地名)。

【菅】㊀(관) 寒 カン、すげ、すが rush ㄐㄧㄢ chien¹ ㊁(간) 刪 小篆 草書 ㊀골관、왕골관(小蒲)。【山海經】白ー爲席。(『莞』과 같음) ㊁❶띠간(茅屬)。【詩經】白華ー兮。❷성간(姓也)。

【菂】(적) 錫 テキ、はすのみ lotus pip 草書 연밥적(蓮實)。【靈光殿賦】綠房紫ー。(『芍』과 같음)

【⿱艹帛】(백) 陌 ハク、わた cotton plant 목화백(木棉)。

【菆】㊀(찬) 寒 サン、シュウ、や arrow ㊁(추) 尤 小篆 草書 ㊀초빈할찬(ー塗積木以殯)。【禮】ー塗龍輴。(『攢』과 같음) ㊁❶좋은화살추(矢之善者)。【左傳】左射以ー。❷풀더부룩할추(草叢生)。

【⿱艹姁】(후) 虞 ク、いも potato 감자후(芋也)。

【菈】(랍) 合 ロウ、おる break (off) 草書 ❶꺾을랍(折也)。❷무랍(菈菔)。❸무너지는소리랍(壞聲)。

【菊】(국) 屋 キク、きく chrysanthemum ㄐㄩˊ chü² 小篆 草書 국화국(秋華)。【楚辭】餐秋ー之落英。(『鞠』은 古字)

【菠】(파) 歌 ハ、ほうれんそう spinach ㄆㄛ po¹·² 草書 시금치파(菜名ー薐)。

【菟】㊀(도) 虞 ト、うさぎ rabbit; hare ㄊㄨˋ t'u⁴ ㊁(토) 遇 草書 ㊀❶범도(於ー虎也)。【集韻】楚人謂虎爲於ー。❷고을이름도(魯邑名ー裘)。❸고조선의고을이름도(朝鮮郡名玄ー)。㊁❶약이름토(藥名ー絲)。❷토끼토(兎也)。

【荓】(병) 靑 ヘイ、せしめる make do 小篆 ❶괴배양병、말솔풀병(草名馬帚)。【詩經】ー云不逮。❷사람이름병(人名趙青ー)。❸하여금병(使也)。【詩經】莫予ー蜂。

【菡】(함) 感 カン、つぼみ flower-bud ㄏㄢˋ han⁴ 草書 ❶꽃봉오리함(草木花未發)。❷연봉오리함(ー萏芙蓉)。【詩經】有蒲ー萏。

【菢】(포) 號 ホウ、おおう cover ㄅㄠˋ pao⁴ ❶새알품을포(鳥伏卵覆也)。【韓愈詩】鶴翎不天生變化在啄ー。❷덮을포(覆也)。

【菦】(긴) 震 キン、よもぎ Artemisia japonica 小篆 或體 제비쑥긴(香蒿蔚屬)。(『堇』과 같음)

【菤】(권) 銑 ケン、みみなぐさ Xanthium Strumarium 도꼬마리권(卷耳草名)。【詩經】采采ー耳。(『卷』과 같음)

【菥】(석) 錫 セキ、なずな shepherd's purse [illegible]

【南都賦】ー萁芋瓜。

【近】(근) 文 キン、せり Artemisia Siebersiana
小篆 흰쑥근(草名白艾)。

【菩】(보) 遇 ボ、ほとけぐさ pipal tree
小篆 草書 ❶보리나무보(ー提摩伽陀國樹名)。「ー提高二丈餘葉卵形而大實如櫻桃子可作念珠」。❷보살보(佛號ー薩)。❸깨칠보(ー薩了也)。【佛書云】ー提薩捶言覺有情也,從簡稱ー薩。

【萋】(접) 葉 ショウ、あさざ water-caltrop
小篆 草書 마름풀접, 미나리접(荇菜水草一名接余)。

【菧】(지) 支 シ、つけもの pickled vegetables
小篆 或體 김치지(漬菜)。

【菪】(탕) 漾 トウ、おにひるぐさ henbane ㄉㄤˋ tang^4
草書 초우엉탕、이아리풀탕(莨ー毒草)。【金匱要略】莨ー葉圓而光有毒悞食令人狂亂甘草汁解之。

【菫】(근) 震 吻 キン、すみれ violet ㄐㄧㄣˇ chin^3
小篆 草書 ❶씀바귀근(苦菜)。【詩經】ー茶如飴。❷오두근(烏頭藥名)。【淮南子】蝮蛇螫人傅以和ー即愈。

【菭】㊀(태) 灰 ㊁(치) 支 タイ、こけ moss
小篆 草書 ㊀이끼태(水衣)。【漢書】華殿塵兮玉階ー。(『苔』와 같음) ㊁풀이름치(草名)。

【華】㊀(화) 麻 ㊁(화) 禡 カ、ゲ、はなやか brilliant ㄏㄨㄚˊˋ hua$^{1\cdot 2}$
小篆 草書 ㊀❶빛날화、영화화(榮也色也)。【書經】重ー協于帝。❷조갤화(破也)。❸꽃필화(花開也)。【古詩 邪徑謠】桂樹ー不實。❹외관의미화(外觀之美)。「去ー就實」。❺흴화(白也)。【後漢書 陳蕃傳】ー首彌固。❻나라이름화(ー夏)。「中ー」、「ー夏」。【書經】ー夏蠻貊罔不率俾。(『花』와 같음) ㊁산이름화(西嶽名太ー)。

【菰】(고) 虞 コ、まこも water-oat ㄍㄨ ku^1
草書 고미고(茭米蔣也)。【西京雜記】ー之有米者長安人謂之雕胡有首者謂之綠節。(『苽』와 같음)

【菱】(릉) 蒸 リョウ、ひし water-nut
草書 마름릉(芰也)。【武陵記】四角三角曰芰兩角曰ー。(『蔆』과 같음)

【菶】(봉) 董 ホウ、しげる grow over
小篆 草書 ❶무성할봉(茂盛貌)。❷열매 많을봉(實多)。【詩經】ーー萋萋。

【菲】㊀(비) 微 ㊁(비) 尾 ヒ、うすい thin ㄈㄟ fei$^{1\cdot 3}$
小篆 草書 ㊀❶나물이름비(菜名葑類)。【詩經】采葑采ー。❷향기비(芳ー香也)。【上林賦】郁郁ーー。❸풀우거질비(芳ー草茂貌)。㊁❶엷을비(薄也)。【論語】ー飮食而致孝乎鬼神。❷둔할비(妄目ーー)。

【菴】㊀(암) 覃 ㊁(암) 勘 アン、いおり hermitage ㄢ an^1
草書 ㊀❶진주뿔암(ー閭蒿草)。【子虛賦】ー閭軒于。❷절암、암자암(草舍)。㊁가리울암(ー藹翳薈)。【蜀都賦】茂八區而ー藹。

【菹】(저) 魚 ソ、シャ、つけもの pickled vegetable ㄐㄩ chü^1
小篆 或體 或體 草書 ❶김치저、침채저(酢菜)。❷푸서리저(澤生草)。【孟子】驅蛇龍而放之ー。(『葅』와 같음)

【菸】㊀(어) 魚 ㊁(연) 先 ヨ、オ、しおれる wither ㄧㄢ yen^1
小篆 草書 ㊀시들어(ー邑矮也)。【宋玉九辨】葉ー邑而無色兮。㊁뜻은 ㊀과 같음。

【菻】(름) 寢 リン、よもぎ mugwort
小篆 ❶쑥름(艾也)。❷나라이름름(國名拂ー)。

【菼】(담) 感 タン、おぎ Phramites japonica ㄊㄢˇ t'an^3
小篆 或體 草書 달담(似葦萑之初生薍)。【詩經】毳衣如ー。

【菽】(숙) 屋 シュク、まめ bean ㄕㄨˊ shu^2
콩숙(衆豆總名)。【詩經】禾麻ー麥。【春秋】隕霜殺ー。(『赤·叔』과 통함)

【菾】(첨) 鹽 セン、ちさ lettuce ㄊㄧㄢˊ t'ien^2
상치첨(菜名)。

【菿】(도) 號 トウ、たおれる fall
小篆 초목거꾸러질도(草木倒)。

【萁】(기) 支 キ、まめがら bean stem ㄑㄧˊ ch'i^2
小篆 ❶콩대기(豆ー豆莖)。【漢書】種一頃豆落而爲ー。❷기나물기(菜名似蕨)。【廣成頌】芷ー芸蒩。❸풀기(草也)。【漢書】緊孤ー服。

【萃】(췌) 寘 スイ、サイ、あつめる gather ㄘㄨㄟˋ ts'uei^4 (本音「취」)
小篆 草書 ❶모을췌(聚也)。【詩經】有鵻ー止。❷괘이름췌(卦名)。

【萄】(도) 豪 ドウ、ぶどう grape ㄊㄠˊ t'ao^2
小篆 草書 포도도、들머루도(葡ー蔓果)。【魏書】南方龍眼荔枝寧比西國蒲ー石蜜乎。

【萆】㊀(비) 支 ㊁(벽) 錫 ヒ、ヘイ、おおう shade ㄅㄧˋ pi^4
小篆 草書 ㊀흰며래비(ー薢藥草)。㊁❶도롱이벽(蓑衣)。❷가릴벽(蔽也)。

【萇】(장) 陽 チョウ、いらくさ herb ㄔㄤˊ ch'ang^2

小篆 草書 보리수장、장초나무장(ㅣ楚木名)。〔詩經〕隰有ㅣ楚。〔疏〕今羊桃。

【萉】 ㊀(비) 微 ㊁(비) 未 ㊂(복) 職 ヒ、だいこん radish ㄅㄧ pi 小篆 或體 ㊀피할비(避也)。㊁삼씨비(枲實也)。㊂무우복(菔也)。

【萞】 (비) 齊 ㄅㄧ、ヒ、ひまし castor bean 피마자비、아주까리비(萞麻子)。

【萊】 (래) 灰 ライ、あかざ mugwort 小篆 草書 ❶쑥래(蒿ㅣ草ㅣ田廢生草)。〔詩經〕北山有ㅣ。❷풀이 덧거칠게나있을래(草穢)。〔詩經〕田卒汙ㅣ。❸밭묵힐래(田休不耕)。❹땅이름래(在山東省地名)。

【萋】 (처) 齊 セイ、サイ、しげる overgrow ㄑㄧ chʻi¹ 小篆 草書 ❶풀성할처(草盛貌)。〔詩經〕維葉ㅣㅣ。❷구름뭉게뭉게가는모양처(雲行貌)。〔詩經〕有渰ㅣㅣ。❸문채모양처、무늬모양처(ㅣ斐文章相錯)。〔詩經〕ㅣ兮斐兮成是貝錦。❹굽실거리는모양처(ㅣ且)。

【萌】 (맹) 庚 ボウ、ホウ、きざす shoot of grass ㄇㄥ mêng² 小篆 草書 ❶풀싹맹(草芽)。「凡草木始生皆曰ㅣ」。❷비롯할맹、맹동할맹(始也)。❸밭갈맹(耕也)。〔周禮〕春始生而ㅣ之。❹움직이지 않는 모양맹(牢乎)。〔莊子應帝王〕ㅣ乎不震不正。

【萍】 (평) 青 ヘイ、ヒョウ、うきくさ great duckweed ㄆㄧㄥ pʻing² 小篆 草書 ❶마름평(蘋也)。❷머구리밥평、개구리밥평(浮ㅣ楊花所化)。〔後漢書〕ㅣ浮南北。

【萎】 (위) 支 イ、しおれる wither ㄨㄟ wei¹ 小篆 草書 ❶마를위、이울위(枯也)。〔詩經〕無木不ㅣ。❷풀이름위(草名)。〔韓愈詩〕ㅣ蕤綴藍瑛。❸쇠약해질위(衰也)。「ㅣ靡不振」。〔李漢 集昌黎文序〕氣象ㅣ茶。❹병이날위(病也)。〔禮記檀弓〕哲人其ㅣ乎。

【萏】 (담) 感 タン、はちす lotus-oud ㄊㄢˇ tʻan³ 小篆 草書 연봉오리담(菡ㅣ芙蓉葩華貌)。〔朝享太廟賦〕雲菡ㅣ以張蓋。(『[illegible]』과 같음)

【[illegible]】 (삽) 洽 ショウ、くさ suspicious grass ㄕㄚ sha⁴ 小篆 ❶삽보풀삽(瑞草ㅣ莆)。❷상서풀삽「ㅣ莆王者有孝德則生於廚」。

【萑】 ㊀(추) 支 ㊁(환) 寒 カン、めはじき mother wort ㄏㄨㄢ huan² 小篆 小篆 草書 ㊀❶풀우거질추(草多貌)。❷익모초추(茺蔚又名益母萑也)。㊁달환(薍也)。〔詩經〕八月ㅣ葦。

【[illegible]】 (늣) 〔國字〕 늣을늣(晩也)。

【荆】 (형) 庚 ケイ、いばら thorn ❶광대싸리형(楚也)。❷가시형(荊也)。(『荊』의 本字)

九畫

【萩】 (추) 尤 シュウ、よもぎ mugwort ㄑㄧㄡ chʻiu¹ 小篆 草書 ❶맑은대쑥추(蒿也)。〔左傳〕秦周伐雍門之ㅣ。❷가래나무추(木名)。〔漢書〕山居千章之ㅣ。(『楸』와 통함)

【萪】 (과) 歌 カ、ふじのき wisteria 등나무과(藤也)。

【[illegible]】 (호) 號 コウ、こやし compost 풀거름할호、절초할호(草木葉折糞)。

【萫】 (향) 漾 コウ、やさいじる vegetable soup 나물국향(菜羹)。

【萬】 (만) 願 バン、マン、よろず ten thousand ㄨㄢ wan⁴ 小篆 草書 ❶일만만(千之十倍)。❷벌만(蜂名)。❸춤이름만(舞名)。〔詩經〕方將ㅣ舞。❹많을만、여럿만(多數ㅣ邦)。❺만약만(若也)。❻결단코만(決也)。(『万』과 같음)

【萭】 (우) 麌 ウ、ひとのみょうじ surname ㄐㄩˇ chü³ 小篆 성우(姓也)。

【萯】 (부) 有 フウ、からすうり melon 小篆 땅외부、뒤참외부(王瓜草名)。〔禮〕孟夏王ㅣ生。〔註〕今月令云王ㅣ生。

【萰】 (련) 霰 レン、しげる overgrow ㄌㄧㄢ lien⁴ ❶가위톱련(白薇)。❷퍼렁게우거질련(青盛貌)。

【萱】 (훤) 元 ケン、カン、わすれぐさ day lily ㄒㄩㄢ hsüan¹ 小篆 或體 或體 草書 원추리훤(忘憂草一名宜男草)。〔詩經〕焉得ㅣ草言樹之背。

【萲】 (훤) 『萱』(前條)과 같음

【萴】 (즉) 職 ショク、とりかぶと medic herb 小篆 약이름즉、즉자즉(ㅣ子藥名)。〔鹽鐵論〕雖以進壤廣地如食ㅣ之充腸。

【萵】 (와) 歌 ワ、ちさ lettuce 草書 상취와、부루와(ㅣ苣菜名一名辟蟲)。

【萸】 (유) 虞 ユ、ぐみ Evodia Danielle ㄩ yü² 小篆 수유유(茱ㅣ藥名)。〔風土記〕九月九日折茱ㅣ房插頭可辟惡氣。

【落】(락)『落』(9畫)과 같음

【萷】(소) 蕭 ソウ、こずえ twig
小篆 草書 줄기만서있을소, 마들가리소(花葉已落莖獨立)。

【萼】(악) 藥 ガク、はなぶさ calyx ㄜ̀ ê⁴
草書 꽃받침악(花跗)。【晉書】春華發―夏繁其實。

【萹】(변) 先 ヘン、にわやなぎ herb ㄆㄧㄢ p'ien¹ ㄅㄧㄢ pien³
小篆 草書 옥매듭변(―蓄)。【爾雅註】布地而生節閒白華葉細綠人謂之―竹。

【落】(락) 藥 ラク、おちる、おとす fall ㄌㄨㄛ luo⁴
小篆 草書 ❶떨어질락(零也)。【禮】草木零―然後入山林。❷마을락(村―聚也)。【網目集覽】人之所聚居謂之村―。❸하늘락(碧―天也)。❹기걸할락(磊―魁擂)。【上林賦】牢―陸離。❺쌀쌀할락(冷―蕭索)。❻낙척할락(拓―不遇)。【揚雄解嘲】何爲官之拓―也。❼헤어질락(――難合)。【道德經】――如石。❽낙성제지낼락(―成始成祭)。【左傳】楚子成章華之臺願與諸侯―之。❾술잔락(盤―飮器)。❿쇠북에피바를락(釁鍾)。【左傳】叔孫爲孟鍾饗大夫以―之。⓫폐할락(廢也)。⓬논마지기락(斗―)。⓭비로소락(始也)。

【葂】(면) 阮 さかん prosperous
❶사람이름면(蔣閭―人名)。【莊子】蔣閭―見季徹。❷성할면(盛也)。(『菟』과 같음)

【蒯】(괴) 卦 カイ、くさのな grass
小篆 풀이름괴, 기령괴(草名茅類)。

【葄】(조) 虞 ソ、あし reed ㄗㄨㄛ tsuo⁴
갈대조(蘆也)。

【蒩】(자) 麻 サ、せり parsley
미나리자(芹也)。

【葅】(저) 魚 ショ、つけもの pickled vegetable
김치저(淹菜)。(『菹』와 같음)

【葆】(보) 皓 ホウ、しげる、むらがる overgrow ㄅㄠ pao³
小篆 草書 ❶풀더북할보(草盛)。【漢書】頭如蓬―。❷감출보(韜藏)。【莊子】此之謂―光。❸일산보(羽―蓋也)。❹보배보(寶也)。【史記】―祠。

【葈】(시) 佳 シ、せり parsley
❶돌미나리시(野芹)。❷시호시(藥名―胡)。

【葇】(유) 尤 ジュウ、いぬえ Perilla frutescens
❶노야기유(香―)。❷들깨유(釀―蘇也)。【方言】蘇之―者謂之釀―。

【葈】(사) 紙 cocklebur
도꼬마리사(卷耳)。

【葉】㊀(엽) 葉 ヨウ、ショウ、は leaf ㄧㄝ yeh⁴
㊁(섭) 葉
小篆 草書 ㊀❶잎엽(枝―花之對)。❷세대엽(世代)。【詩經】昔在中―有震其業。❸성엽(姓也)。㊁고을이름섭(南陽縣名)。

【葊】(암)『菴』(8畫)의 古字

【葌】(간) 刪 カン、かや miscanthus
小篆 띠간(茅屬)。【山海經】吳林之山、其中多―草。

【葍】(복) 屋 フク、みょうが radish ㄈㄨ fu²
小篆 草書 순무우복(惡菜葍也)。【詩經】言采其―。

【葎】(률) 質 リツ、むぐら Sophora angustifolia ㄌㄩ lü⁴
小篆 草書 한삼률, 너삼률(―草似葛有刺)。【本草】莖有細刺善勒人膚故名勒草訛爲―草。

【葐】(분) 元 ブン、かおる fragrant ㄆㄣ p'en²
❶성할분, 자욱한모양분(―蒀盛貌)。【蜀都賦】鬱―蒀以翠微。❷향기분(馥―香也)。❸딸기분(覆―藥名)。【正字通】梵書謂覆―子花曰蘇密那花。

【葑】㊀(풍) 東 ホウ、かぶら turnip ㄈㄥ fêng¹
㊁(봉) 冬
㊂(봉) 宋
小篆 草書 ㊀ … 【詩經 邶風谷風】采―采菲無以下體。(『蘴』과 같음) ㊁순무우봉(蔓菁)。㊂방기뿌리봉(菰根盤結)。

【葒】(홍) 東 コウ、たで knot-grass ㄏㄨㄥ hung²
요화홍、여뀌풀홍(馬蓼水草)。【本草】―草水―也。

【葓】(홍)『葒』(前條)과 같음

【葔】(후) 尤 コウ、はますげ nut grass
❶향부자후(香附子)。❷후사후(一名―莎)。

【䓶】(예) 霽 エイ、めばえる come up
풀돋아날예(草生貌)。

【葖】(돌) 月 トツ、だいこん radish ㄊㄨ t'u²
무우돌(菔也)。

【葘】(치)(재)『菑』(8畫)와 같음

【著】㊀(저) 魚 ㊁(저) 御 ㊂(착) 藥 チョ、チャク、あらわす、つく appear; stick ㄓㄨㄛ chuo² ㄓㄠ chao¹·²
草書 ㊀무넌저、옹저저(太歲在戊曰雍―)。㊁❶나타날저(明也章也)。【中庸】形則―。❷이름이높아질저、널리 알려질저(―名)。❸면장사이저(門屛閒)。【詩經】俟我於―乎而。❹품계저(朝―位次)。【漢書】朝內列位有定處所謂表―也。❺글지을저(紀述)。❻편찬할저(輯纂)。【史記 老子傳】―書上

下篇。❼조정의 석차저(朝廷之席次)。〔左傳昭公十二年〕若不廢 君命 則固有ㅣ矣。㊂❶부딪칠착(附也黏也)。〔漢書〕黑子之ㅣ面。❷둘착(置也)。〔吳越春秋〕從陰收ㅣ望陽出糶。❸입을착(被服)。「如言ㅣ衣ㅣ履」。❹벼슬이름착(官名ㅣ作)。❺술준착(殷樽名)。

著㊂〔三才圖會〕

【葙】(상) 陽 ショウ、のけいとう cockscomb
송곳맨드라미상(鷄冠花尖)。〔魏志〕初平中有青牛先生者客三輔常食青ㅣ芫花年似五六十者。

【萸】(연) 銑 ゼン、きくらげ fungus
小篆 나무버섯연(枯木生耳)。

【葚】(심) 寢 ジン、くわのみ mulberry ㄖㄣˋ jen⁴ ㄕㄣˋ shen⁴
小篆 草書 오디심(桑實)。〔晉書〕桑ㅣ甜甘。(『椹』과 같음)

【葛】(갈) 曷 カツ、くず arrowroot ㄍㄜˊ kê²·³
小篆 草書 칡갈(蔓生絺綌草)。〔易經〕困于ㅣ藟。〔詩經〕ㅣ之覃兮。

【葝】(경) 庚 ケイ、にら leek
❶산부추경、산염교경(山薤)。❷쥐꼬리풀경(草名)。

【[艹昜]】(탕) 陽 チョウ、やまごぼう prodigal
小篆 방탕할탕(不自收斂儻ㅣ)。(『蕩』과 통함)

【葞】(미) 紙 ミ、ビ、はるくさ grass in spring ㄇㄧˇ mi³
❶봄풀미(春草)。❷봄보리미(春麥)。

【蓡】(삼) 侵 シン、にんじん ginseng ㄕㄣ shen¹
❶인삼삼(人ㅣ神草)。❷더덕삼(沙ㅣ)。(『蔘』과 같음)

【葡】(포) 虞 ホ、ブ、ぶどう grape ㄆㄨˊ p'u²
草書 ❶포도포、들머루포(ㅣ萄蔓果ㅣ名草龍)。❷나라이름포(歐洲國名ㅣ萄牙)。(『蒲』와 같음)

【葢】(개)『蓋』(10畫艸部)의 本字

【董】(동) 董 トウ、ただす superintend ㄉㄨㄥˇ tung³
草書 ❶바를동(正也)。❷감독할동(督也)。〔書經〕ㅣ之用威。❸굳을동(固也)。❹연뿌리동(蓮根)。❺비빔밥동(骨ㅣ雜饍)。❻고물동(骨ㅣ)。

【葥】(전) 先 セン、おおばこ plantain
小篆 질경이전(藥草車ㅣ子)。

【葦】(위) 尾 イ、あし reed ㄨㄟˇ wei³
小篆 草書 ❶갈대위(大葭)。「初生爲葭稍大爲蘆長成爲ㅣ」〔詩經〕一ㅣ杭之。❷작은배위(小舟)。〔蘇軾 赤壁賦〕縱一ㅣ之所如。

【葧】(발) 月 ホツ、しろよもぎ thick ㄅㄛˊ po²
草書 ❶새발쑥발(葧ㅣ、白蒿)。❷성한모양발(盛貌)。〔柳宗元〕蓊ㅣ香氣。

【葪】(계) 霽 ケイ、さく cut
草書 ❶베일계(割也)。❷삽주계(朮也)。

【葩】(파) 麻 ハ、はな flower ㄆㄚ p'a¹
小篆 草書 꽃봉오리파(華也)。〔西京賦〕披紅ㅣ之狎獵。

【葫】(호) 虞 コ、にんにく garlic ㄏㄨˊ hu²
草書 ❶물외호(爪也草名)。❷마늘호(ㅣ大蒜)。〔孫緬云〕張騫使西域得大蒜ㅣ荾則小蒜中土舊有而大蒜出胡也有胡名。

【葬】(장) 漾 ソウ、ほうむる hold a funeral ㄗㄤˋ tsang⁴
小篆 草書 묻을장、장사지낼장(藏也埋也)。〔禮記〕國子高曰ㅣ者藏也。

【塟】(장)『葬』(前條)과 같음

【葭】(가) 麻 カ、あし reed ㄐㄧㄚ chia¹
小篆 草書 갈대가(蒹ㅣ蘆也)。〔詩經〕彼茁者ㅣ。

【葮】(단) 翰 タン、むくげ Hibiscus syriacus
무궁화단(槿花)。

【葯】㊀(약) 藥 ヤク、よろいぐさ Angelica davurica ㊁(약) 覺 ㄩㄝˋ yüeh⁴
草書 ㊀❶구리때잎약(白芷葉香草)。❷동일약(纏繞)。㊁뜻은 ㊀과 같음。

【葰】㊀(유) 支 スイ、シュン ㊁(준) 震 はじかみ ginger ㄐㄩㄣˋ chün⁴ ㊂(사) 馬 ㄙㄨㄟ suei¹ (古音「수」)
小篆 草書 ㊀생강유(薑屬)。㊁클준(大也)。〔上林賦〕實葉ㅣ茂。㊂고을이름사(上黨縣名ㅣ人)。

【葱】(총) 東 ソウ、しげる grow thick
草書 풀더북할총(草盛貌蓁ㅣ)。

【葳】(위) 微 イ、しげる over grow ㄨㄟ wei¹
草書 ❶초목성할위(ㅣ蕤草木盛貌)。〔東方朔七諫〕上ㅣ蕤而防露兮。❷위유풀위(ㅣ蕤草名)。

【葴】(침) 侵 シン、ほほずき ground cherry ㄓㄣ chen¹
小篆 꽈리침、청디침(馬藍草名)。

【葵】(규) 支 キ、あおい sunflower ㄎㄨㄟˊ k'uei²
小篆 草書 ❶아욱규(百菜之主)。〔詩經〕七月亨ㅣ及菽。❷해바라기규(向日ㅣ)。〔左傳〕鮑莊子之知不如ㅣㅣ猶能衛其足。❸촉규화규(蜀ㅣ)。

【嵐】(람) 覃 ラン、くさがなびく waving grass 小篆 바람에흔들리는풀람(風草)。

【葶】(정) 青 テイ、いぬなずな shepherd's pur se ㄊㄧㄥˊ t'ing² 草書 두루미냉이풀정、한새냉이(ー藶大薺)。【西京雜記】ー藶死於盛夏。

【葷】(훈) 文 クン、コン、にんにく rocambole ㄏㄨㄣ huen¹ 小篆 草書 마늘훈(臭菜)。「凡蒜等五辛之屬皆曰ー 單言ー者皆指大蒜」。

【葸】(사) 紙 シ、おそれる astonish ㄒㄧˇ hsi³ 草書 눈휘둥그레할사(畏懼貌)。【論語】愼而無禮則ー。

【葺】(즙) 緝 シュウ、ふく thatch ㄑㄧˋ ch'i⁴ 小篆 草書 ❶기울즙、수집할즙(修補覆蓋)。【左傳】繕完ー牆。❷지붕이을즙(覆蓋)。【王禹偁 黃州竹樓記】嗣而ー之、庶斯樓之不朽也。

【葹】(시) 支 シ、おなもみ green-bean 草書 ❶권시풀시(草名卷ー)。【玉篇】卷ー草拔心不死。❷녹두시(菉ー豆屬)。【楚辭】薋菉ー以盈室兮。

【葼】(종) 東 ソウ、こえだ whip ㄗㄨㄥ tsung¹ 小篆 ❶나무휴추리종(木緜杉)【方言】故傳曰慈母之怒子也猶折ー笞之其惠存焉。❷물들이는풀종(染草)。【漢宮儀】ー園供染綠紋綬。

【葽】(요) 蕭 ヨウ、さかん dense ㄧㄠ yao¹ 小篆 草書 ❶아기씨풀요、원지요(草名王萯)。【詩經】四月秀ー。❷풀더부룩할요(草盛貌)。【漢書】豊草ー女蘿施。

【蒀】(운) 文 ウン、かんばしい thick ❶성할운(盛貌)。❷향기로울운(香貌)。【左思】鬱蒀ー以翠微。

【[illegible]】(주) 宥 ソウ、とりのす bird's nest 새집주(鳥巢)。

【蒂】(체)『蔕』(艸部11畫)와 같음

【蒏】(홀) 物 コツ、さかん overgrow ❶풀성할홀(草盛貌)。❷사람이름홀(人名孫ー)。

十畫

【募】(모)→力部11畫

【营】(궁) 東 キュウ、せんきゅう Angelica polymorpha 小篆 궁궁이궁(香草芎藭)。

【蒐】(수) 尤 シュウ、あつめる gather ;search ㄙㄡ sou¹ 小篆 草書 ❶꼭두서니수(茅ー草名可染絳)。【徐曰】今人謂ー爲地血食之補血故从鬼。❷모을수(聚也)。【爾雅註】春獵爲ーー者以其聚人衆也。❸숨을수(隱也)。【左傳】服讒ー慝。❹찾을수(求索)。(『獀』와 같음)

【蒔】㊀(시) 支 シ、ジ、いしょく plant a seedling ㄕˊ shih² ㊁(시) 寘 小篆 草書 ㊀소회향시(ー蘿小茴香)。【本草】ー蘿生佛誓國實如馬芹。㊁모종낼시(更種植也)。【晋書】

【蒒】(사) 支 シ、はまむぎ seaweed 싸락풀사(海草實如大麥)。

【蒕】(온) 文 オン、さかん overgrow 성한모양온(蒀ー盛貌)。【蜀都賦】鬱蒀ー以翠微。

【蒗】(랑) 陽 ロウ、みぞのな ditch 오독도기랑(藥名ー毒)。

【蒘】(나) 麻 ダ、くさのな grass 찰풀나、계나풀나(粘草蔄ー)。

【蒙】(몽) 東 ボウ、モウ、こうむる、くらい ignorant ㄇㄥ mêng²·³ 小篆 草書 ❶어릴몽(穉也)。【易經】童ー求我。❷속일몽(欺也)。【左傳】上下相ー。❸새삼넌출몽(女蘿草名)。【爾雅】ー王女也。❹덮을몽(覆也)。❺입을몽(被也)。【詩經】ー彼縐絺。❻무릅쓸몽(冒也)。【漢書】雖有患禍猶ー死而存之。❼날릴몽(蔑ー飛揚)。❽괘이름몽(卦名)。❾나라이름몽(國名ー古)。

【䓿】(함) 感 flower-bud ❶꽃봉오리함(草木花未發)。❷연봉오리함(ー萏芙蓉)。【詩經】有蒲ー萏。(『菡』과 같음)

【蒚】㊀(력) 錫 レキ、カク、やまにれ garlic ㄌㄧˋ li⁴ ㊁(핵) 陌 小篆 ㊀산마늘력(山蒜)。㊁부들꽃핵(蒲黃)。

【蒜】(산) 翰 サン、にんにく garlic ㄙㄨㄢ suan⁴ 小篆 草書 마늘산(葷菜胡荽)。【古今註】ー卵ー也俗謂之小ー。【庾信詩】幔繩金麥穗簾鉤銀ー條。

【蒝】(원) 元 ゲン、しく spread 小篆 줄기와잎퍼질원(莖葉廣布)。

【蒞】(리)『莅』(艸部7畫)와 같음

【蒟】(구) 麌 ク、きんま ㄐㄩˇ chü³ 小篆 草書 구장구、필발구(ー醬蓽茇)。【蜀都賦註】ー醬緣樹而生其子如桑椹正青長二三寸以蜜藏而食之。

【蒡】(방) 陽 ボウ、ごぼう burdock ㄅㄤ pang⁴ 草書 우방자방、우엉방(牛ー藥名)。【本草】牛ー一名惡實似葡萄核外殼如栗菉氣味苦寒無毒。

【蒪】(박) 藥 ハク、みょうが zingiber mioga

굵은양하박(大蘘荷－苴)。

【蘥】(약) 藥 ヤク、セキ、はかる measure 小篆 或體 ❶잴약(度也)。 ❷자약(尺也)。

【䔑】(차) 歌 サ、なずなのみ seed of a shepherd's purse 냉이씨차(薺實)。〔急就篇註〕薺甘菜也其實名－。

【蒭】(추)『芻』(艸部 4畫)와 같음

【蓶】(육) 屋 イク、やまにら Allium japonica ㄩˋ yü4 小篆 산부추육(山韭)。

【蒯】(괴) 賄 カイ、あぶらがや miscanthus 草書 기령풀괴(菅－茅類)。〔左傳〕雖有絲麻無棄菅－。(『蔽』와 같음)

【蒢】(제) 魚 ジョ、われもこう herb 小篆 ❶외나물제(地榆抽－)。 ❷때꽈리제(蘵也黃－)。

【蒤】(도) 虞 ト、いたどり withered leaf ㄊㄨˊ t'u2 ❶감젖도(藥名虎杖)。 ❷시든잎도(萎葉)。

【蒧】(점) 琰 セン、くさ herb ❶풀이름점(草名)。 ❷사람이름점(人名曾－公西－奚容－)。

【莖】(경) 梗 コウ、ずいき stem of a taro 곤대경(芋莖)。

【蒨】(천) 霰 セン、しげる ㄑㄧㄢˋ ch'ien4 overgrow 草書 ❶풀더북할천(－－草盛貌)。〔吳都賦〕夏曄冬－。 ❷선명할천(鮮明貌)。〔東晳詩〕－－士子。 ❸성천(姓也)。(『茜』과 통함)

【葅】(조) 麌 ソ、どくだみ herb 小篆 ❶제사 자리조(祭事薦)。〔周禮〕羞牛牲共茅－。 ❷땅가지조(土茄)。〔左思〕樊以－圃。

【蒩】(조) 虞 ソ、あらごも ㄗㄨ tsu1 reed-mat 小篆 草書 띠자리조(茅－用以藉祭)。〔周禮〕大祭祀羞牛牲共茅－。

【蒱】(포) 虞 ホ、ばくち ㄆㄨˊ p'u2 gambling 草書 저포포、놀음포(樗－戲具)。〔晉書〕樗－者牧豬奴戲耳。

【蒲】(포) 虞 ホ、ブ、がま ㄆㄨˊ p'u2 cattail 小篆 草書 ❶부들풀포(水草可作席)〔詩經〕維筍及－。 ❷창포포(菖－白菖)。〔舊俗〕端午製－劍者即此故陰曆五月亦曰－節。 ❸개버들포(－柳楊也)。〔世說〕－柳之質望秋先零。

【蒳】(납) 合 ドウ、くさ fragrant grass 개납풀납、향내나는풀이름납(芥－香草)。〔吳都賦〕草則藿－豆蔻。

【蒴】(삭) 覺 サク、きのな Sambucus racemosa 말오줌나무삭(藥名)。

【蒵】㊀(해) 齊 ㊁(계) 薺 ケイ、くつひも ㄒㄧ hsi1 shoe-string 草書 ㊀풀해(草也)。 ㊁신들메끈계(屧－)。

【蒶】(분) 文 フン、くさをつむ heap up grass 풀쌓을분(積草)。

【蒸】(증) 蒸 ジョウ、むす ㄓㄥ chêng1 steam 小篆 或體 草書 ❶삼대증(麻中幹)。〔詩經〕以薪以－。〔箋〕麤曰薪細曰－。 ❷무리증(衆也)。〔詩經〕天生－民。 ❸찔증(薰－)。 ❹홰증(炬也)。〔列子註〕温－同乎炎火。 ❺섶증(薪也)。(『烝』과 같음)

【蒍】(오) 虞 オ、おぎ reed 갈대오(－蘆荻也)。

【蒹】(겸) 鹽 ケン、おぎ ㄐㄧㄢ chien1 reed 小篆 草書 갈겸、갈대겸(－葭葦屬似萑而細)。〔詩經〕－葭蒼蒼白露爲霜。

【蒻】(약) 藥 ジャク、ニャク、がまのめ ㄖㄨㄛˋ juo4 heart of cattail 小篆 草書 ❶부들속약(蒲心白者)。〔書經〕敷重底席。 ❷구약나물약(蒟－菜名)。〔蜀都賦〕其圃則

【蒺】(질) 質 シツ、はまびし ㄐㄧˊ chi2 briar 草書 찔레질、질려풀질(－蔾藥草)。〔本草〕－疾也其刺傷人甚疾而利也。

【蓖】(비) 齊 ヒ、ヘイ、とうごま castor-oil plant 草書 피마주비(－麻)。

【蒼】㊀(창) 陽 ㊁(창) 養 ソウ、あおい ㄘㄤ ts'ang1 blue 小篆 草書 ㊀❶푸를창(深靑色)。〔詩經〕悠悠－天。 ❷백성창(－生百姓)。〔書經〕至于海隅－生。 ❸흰털창(－浪華髮)。 ❹창황할창(－黃悤遽貌)。 ㊁편할창(莽－草野色)。〔莊子〕適莽－者三飡而反。

【蓀】(손) 元 ソン、はなあやめ ㄙㄨㄣ suen1 iris; flag 小篆 草書 난초손(蘭－香草)。〔楚辭〕－橈兮蘭旌。 ❷창포손(菖蒲)。

【蔇】㊀(기) 尾 ㊁(애) 灰 キ、ちさ dry herb 小篆 ㊀물속에 나는고사리기(菜似蕨生水中)。 ㊁마른나물애(乾菜)。

【蒿】(호) 豪 コウ、よもぎ ㄏㄠ hao1 mugwort 小篆 草書 ❶다북쑥호(蓬屬)。〔詩經〕食野之－。 ❷눈에티들어갈호(－目眯塵)。〔莊子〕今之君子

出貌。【禮記】其氣發揚于上爲昭明君一悽愴此百物之精也。

【蓁】(진) 眞 シン、くさむら bush ㄓㄣ chên¹ ㄑㄧㄣ ch'in² 小篆 草書 ❶망풀진(一芁藥名)。❷풀더북할진(一一盛貌)。【詩經】其葉一一。

【[illegible]】(용) 腫 ゼン、みずこけ grow in disorder 풀어수선할용(草亂貌)。

【蓂】㈠(명) 靑 ㈡(멱) 錫 ベキ、なずな shepherd's purse ㄇㄧㄥ ming² 小篆 草書 ㈠명협명(一莢知時草)。一莢瑞草堯時生于庭月一日一莢生十六日一莢落俗謂曆日一莢。㈡굵은냉이멱、두루미냉이멱(菥一大薺)。【南都賦】菥一芋瓜。

【蓄】(축) 屋 チク、たくわえる accumulate ㄒㄩ hsü⁴ 小篆 草書 ❶쌓을축(積也)。【禮記】國無九年之一曰不足。❷모을축(聚也)。❸감출축(藏也)。(『畜』과 같음)

【蓄】(축)『蓄』(前條)과 같음

【蓆】(석) 陌 セキ、おおきい vast ㄒㄧ hsi² 小篆 草書 ❶석구풀석(一具草名)。【古詩云】千里一具草。❷클석(大也)。【詩經】緇衣之一兮。

【蓢】(랑) 陽 ロウ、しいな foxtail 小篆 或體 ❶가라지랑(莠屬)。❷쭉그렁이랑(董一禾粟之米生而不成者)。(『稂』과 같음)

【蓇】(골) 月 コツ、くき stem ㄍㄨ ku³ ❶풀줄기골(莖也)。❷골초골(草名一草)。

【蓉】(용) 冬 ヨウ、はす lotus ㄖㄨㄥ jung² 小篆 草書 ❶연꽃용(芙一蓮花)。【楚辭】集芙一以爲裳。❷나무연꽃용(木芙一名拒霜花一名木蓮)。❸약이름용(藥名蓯一)。

【蓊】(옹) 董 オウ、しげる grow thick ㄨㄥ wêng³ 草書 ❶옹풀옹(染黃草)。❷우거질옹(一鬱草木盛貌)。【西京賦】鬱一薆薱。

【蓋】㈠(개) 泰 ㈡(합) 合 ㈢(갑) 合 ガイ、コウ、ふた lid ㄏㄜ he² ㄍㄜ kê³ ㄍㄞ kai⁴ 小篆 草書 ㈠❶뚜껑개、덮개개(覆也)。【關尹子】其高無一。❷이엉개(白茅苫也)。【左傳】乃祖吾離被苦一。❸가리울개(掩也)。【書經】爾尙一前人之愆。❹우산개(雨具傘也)。【嵇康書】仲尼不暇一于子夏。❺대개개(大凡)。(『[illegible]』와 같음) ㈡❶이엉덮을합(苫覆)。❷부들자리합(蒲席)。㈢❶고을이름갑(齊下邑名)。❷성갑(姓也)。(『盍』과 통함)

蓋㈠❶ 商田貞蓋(博古圖)

【[illegible]】(쇄) 佳 カイ、たがいまじわる slant 비뚜러질쇄(不正)。

【蓌】(좌) 箇 サ、いつわる play a trick ㄘㄨㄛ ts'uo⁴ 草書 꾸뻑할좌(一拜失容節猶詐也)。【禮記】介者不拜爲其拜而一拜。

【蓍】(시) 支 シ、めどはぎ dunce ㄕ shih¹ 小篆 草書 시초시、뺑대쑥시(一本百莖下有神龜守之用之以筮蒿屬)。【易繫辭】一之德圓而神。

【蓏】(라) 哿 ラ、うり cucumber ㄌㄨㄛ luo³ 小篆 草書 ❶풀열매라(果一草實)。「木實曰果草實曰一」。【周禮】共野果一之屬。❷오이라(胡瓜)。

【蓐】(욕) 沃 ジョク、しとね hay for seat ㄖㄨ ju⁴ 小篆 籒文 草書 ❶새싹욕(陳草復生)。❷자리욕(薦也)。【禮記】茵者一也。❸가을 맡은 귀신욕(秋神一收)。

【蓑】(사) 歌 サ、みの straw raincoat ㄙㄨㄛ suo¹ 草書 도롱이사(草衣備雨)。【詩經】何一何笠。

蓑(三禮圖)

【蓓】(배) 賄 flower-bud ㄅㄟ pei⁴ ❶황배풀배(黃一草名)。❷꽃망울배(一蕾始華)。

十一畫

【蔱】(살) 黠 サツ、かわはじかみ Evodia Danielii ❶수유살(茱萸)。❷휘비름살(巫萸一藙)。

【蓧】(조) 嘯 チョウ、あじか bamboo basket 草書 삼태조(竹器)。【論語】遇丈人以杖荷一。(『莜』와 같음)

蓧(農政全書)

【蓨】㈠(조) 蕭 ㈡(수) 尤 シュウ、たのしむ glad ㄊㄧㄠ t'iao¹ ㄒㄧㄡ hsiu¹ 小篆 ㈠싹조(苗也)。㈡❶기쁠수(悅也)。❷수산수(一酸)。

【蓩】(모) 皓 ム、ブ、しげる grow thick 小篆 ❶또꼬마리모(卷耳草)。❷성할모(茂也)。【魏武帝樂府】乘雲駕龍鬱何一一。❸더북할모(葆也)。

【[illegible]】(추) 宥 シュウ、からむ twine round the roots 小篆 ❶풀뿌리얽힐추(草根雜)。❷풀이서로잇닿을추(草相次)。

【蓫】(축) 屋 チク、しぶくさ rumex coreanus 소루쟁이축(羊蹄草)。【詩經】我行其野言采其一。

【蓬】(봉) 東 ホウ、よもぎ mugwort ㄆㄥˊ p'êng^{2}
小篆 籀文 草書 ❶쑥봉(蒿也禦亂草)。〔荀子〕—生麻中不扶自直。❷더북할봉(——盛貌)。〔詩經〕其葉——。❸엉킬봉(亂也)。〔詩經〕首如飛—。❹봉래봉(—萊神仙居所)。

【蓮】(련) 先 レン、はす lotus ㄌㄧㄢˊ lien^{2}
小篆 草書 ❶연밥련(荷實)。❷연꽃련(—花)。〔周敦頤愛說〕—花之君子者也。

【蓯】㊀(총) 冬 ショウ、しげる growthick ㄘㄨㄥ ts'ung^{1} ㊁(종) 董
草書 ㊀풀더북할총(草盛貌蓁—)。㊁약이름종(藥名肉—蓉)。

【蓰】(사) 紙 シ、ごばい fivefold ㄒㄧˇ hsi^{3}
草書 ❶다섯곱사(物數五倍)。〔孟子滕文公上〕或相倍—。❷풀이름사(草名)。

【蓱】(평) 靑 ヒョウ、うきくさ duckweed
小篆 草書 ❶마름평(蘋也)。❷머구리밥평、개구리밥평(浮—楊花所化)。〔後漢書〕—浮南北。

【蓡】(심) 侵 シン、がま cat's tail
小篆 부들심(蒲類)。

【蓲】(구) 尤 キュウ、おぎ reed
달구、갈대구(薍也)。

【蒓】(순) 眞 ジュン、ぬなは water-shield ㄔㄨㄣˊ ch'uen^{2}
小篆 草書 순나물순(水葵絲—)。

【蓶】(유) 紙 イ、やさい greens
小篆 푸성귀유、채소유(菜蔬)。(「菲」과 통함)

【蔲】(구) 宥 ク、コウ、ずく nutmeg ㄎㄡˋ k'ou^{4}
草書 두구씨구(荳—草實藥名)。〔吳都賦〕草則藿蒳荳—。

【蓷】(퇴) 灰 タイ、きせわた motherwort ㄊㄨㄟ t'uei^{1}
小篆 草書 익모초퇴(益母草)。

【蓺】(예) 霽 ゲイ、うえる plant; sow ㄧˋ i^{4}
草書 심을예(種也)。〔詩經〕—之荏菽。(『藝』와 통함)

【蓼】㊀(료) 篠 リョウ、リク、たで smartweed ㄌㄧㄠˇ liao^{3} ㊁(륙) 屋 ㄌㄨˋ lu^{4}
小篆 草書 ㊀❶여뀌료(辛菜)。〔詩經〕予又集于—。❷요나라료(國名)。〔左傳〕楚子燮滅—。㊁풀잎긴모양륙(草長貌——)。〔詩經小雅蓼莪〕——者莪。

【蓽】(필) 質 ヒツ、ヒチ、いばら thorn ㄅㄧˋ pi^{4}
草書 ❶휘추리필(荆也)。〔禮記〕—門圭窬。❷약이름필(—茇藥名)。

【蓾】(로) 麌 ロ、くさのな grass
小篆 그령풀로(蘆也)。

【蓿】(숙) 屋 シュク、うまごやし clover ㄙㄨˋ su^{4}
草書 거여목숙(苜—連枝草)。

【蔀】㊀(부) 有 ホウ、ホ、しとみ straw-mat ㄅㄨˇ pu^{3} ㊁(부) 麌
草書 ㊀❶서부풀부(蔀—草名)。❷부수부、일흔두살부(—首閏餘一之數)。〔詩疏〕三統曆七十二歲爲一—二十—爲一紀。㊁거적부(障明小席)。〔易經〕豐其—。

【蓓】(배) 賄 ベイ、つぼみ bud
꽃봉오리배(花蕾)。

【蔂】(류) 支 ラ、ルイ、ふご vine grass
小篆 ❶덩굴풀류(蔓草)。❷삼태류(盛土籠)。〔監鐵論〕劓鼻盈—。

【蒣】(허) 語 キョ、まぐさ fodder
❶꼴허(芻也)。❷호허허(虎—藥草)。

【蔃】(강) 陽 キョウ、ゆり Forsythia Koreana
개나리강(百合—莢)。

【蔆】(릉) 蒸 リョウ、ひし water-nut
小篆 小篆 草書 마름릉(—角菱也)〔陸佃詩疏〕武陵記四角三角曰菱兩角曰—。

【蔇】(기) 寘 キ、いたる reach ㄐㄧˋ chi^{4}
小篆 草書 이를기(至也)。〔左傳〕善鄭以勸來者猶懼不—。

【蔈】(표) 篠 ヒョウ、おちる fall down ㄆㄧㄠ p'iao^{1}
小篆 ❶떨어질표(草木零落)。❷까라표(禾末)。〔淮南子〕秋分—定—定而禾熟。

【蓘】(곤) 阮 コン、つちかう earth up
草書 북돋울곤(以土壅苗根)。〔左傳〕是是—。

【蔋】(적) 錫 テキ、ひでり drought
草書 가무는기운적(旱氣)。

【蔌】㊀(수) 有 ソク、な、あおもの vegetable ㄙㄨˋ su^{4} ㊁(속) 屋
草書 ㊀나물수(菜也)。〔詩經〕其—維何。㊁❶뜻은 ㊀과 같음。❷더러울속(——陋也)。〔詩經〕——方有穀。❸바람서슬속(——風威)。

【蔍】(록) 屋 ロク、いちやくそう day lily
원추리록(忘憂草)。

【蔎】(설) 屑 セツ、かんばしい fragrant ㄕㄜˋ shê^{4}
小篆 草書 ❶향내날설(香也)。❷풀이름설(香草)。

【蔑】(멸) 屑 ベツ、けずる、かろんずる despise ㄇㄧㄝˋ mieh^{4}

(小篆)(草書) ❶없을멸(無也)。【左傳】―以加於此矣。❷작을멸(微也)。【法言】視日月而知衆星之―也。❸깎을멸(削也)。【易經】剝牀以足―貞凶。❹업신여길멸(輕易)。❺버릴멸(棄也)。❻땅이름멸(地名)。(『蔑』와 같음)

【蕈】(훈) 文 クン、ゆげたつ steam
김오를훈(―蒿氣蒸出貌)。

【蔛】(곡) 屋 コク、せきこく、 herb
(草書) 석곡초곡(石―藥草色)。

【蔓】(만) 願 翰 バン、マン、つるくさ vine ㄇㄢˋ man⁴
(小篆)(草書) ❶넌출만、덩굴만(葛屬延也)。【詩經】野有―草。❷순무우만(蕪也)。

【蔕】(체) 霽 テイ、うてな calyx ㄉㄧˋ ti⁴
(小篆)(草書) ❶꼭지체(根―果綴實)。【西京賦】―倒茄于藻井。【漢書 賈誼傳】細故―芥、何足以疑。❷가시체(小刺)。【註】―果鼻也。❸뿌리체(根本)。

【蔔】(복) 職 フク、だいこん cape jasmine ㄅㄛˊ po²
(草書) 치자꽃복(蒼―梔子花)。(『菔』과 같음)

【蔘】(삼) 侵 サン、ジン、にんじん ginseng
❶인삼삼(人―神草)。❷더덕삼(沙―)。(『葠』과 같음)

【蔖】㊀(차) 歌 ㊁(사) 麻 シャ、せり paesley ㄘㄨˇ ts'u³ ㄓㄚ cha¹
㊀기령풀차(菡―蒯類)。㊁미나리사(楚葵)。

【蔗】(자) 禡 ショ、シャ、さとうきび sugar cane ㄓㄜˋ chê⁴
(小篆)(草書) 사탕풀자(甘―砂糖草)。(『柘』와 통함)

【蔚】㊀(위) 未 ㊁(울) 物 イ、ウツ、くさむら grow thick ㄨㄟˋ wei⁴ ㄩˋ yü⁴
(小篆)(草書) ㊀❶제비쑥위(牡蒿)。【詩經】匪莪伊―。❷초목우거진모양위(蓊―草木盛貌)。【詩經】薈兮―兮。❸잔무늬위(文密貌)。【易經】其文―也。㊁고을이름울(州名)。

【蔞】(루) 尤 虞 ロウ、リュウ、しろよもぎ artemisia ㄌㄡˊ lou²
(小篆)(草書) 물쑥루(―蒿似艾)。【蘇軾詩】―蒿滿地蘆芽短。

【蔟】㊀(주) 宥 ㊁(족) 屋 ソウ、ゾク、むらがる gather ㄘㄨˋ ts'u⁴
(小篆)(草書) ㊀❶정월음률주(太―正月律)。【禮註】太―言陽氣大―達于上也。❷정월주(正月別稱)。㊁❶모을족(聚也)。【晉書】修成蠶―分繭理絲。❷누에발족(蠶―)。(『簇』과 같음)

【蔡】㊀(채) 泰 ㊁(살) 曷 サイ、サツ、おおかめ big tortoise
(小篆)(草書) ㊀❶채나라채(國名―仲所封)。❷법받을채(法也)。❸거북채(龜也)。【論語】臧文仲居―。【書經】二百里―。㊁내칠살、귀양보낼살(放也)。【左傳】周公殺管叔而――叔。(『𧇊』과 같음)

【蔢】(파) 歌 ハ、はくか peppermint ㄆㄛˊ p'o²
❶박하파(薄荷)。❷초목무성할파(草木茂盛)。❸사과파(果名蘋―)。

【蔣】㊀(장) 陽 ㊁(장) 養 ショウ、まこも water-oat ㄐㄧㄤˇ chiang³
(小篆)(草書) ㊀과장풀장(苽―水草)。【漢書】―茅青蘋。㊁❶성장(姓也)。❷나라이름장(國名)。

【蔾】(률) 質 リツ、はじめ beginning
❶풀아귀틀률(草芽甲出)。❷처음률(初也)。

【蔤】(밀) 質 ミツ、れんこん lotus rhizome ㄇㄧˋ mi⁴
(小篆) 연근밀、연밑둥밀(荷本)。

【蔥】(총) 東 ソウ、ねぎ welsh onion ㄘㄨㄥ ts'ung¹
(小篆) ❶파총(葷菜)。❷파뿌리총(―白―根)。❸푸를총(青也)。【詩經】有瑲―珩。❹기운어릴총(――佳氣)。【後漢書】氣佳哉鬱鬱――然。

【蓩】(이) 支 イ、しぼむ wither
(小篆) 시들이(萎也)。

【蔦】(조) 篠 嘯 チョウ、つた ivy ㄋㄧㄠˇ niao³
(小篆)(或體)(草書) 담장이덩굴조(寄生草)。【詩經】―與女蘿施于松柏。

【蔧】㊀(세) 霽 ㊁(혜) 寘 スイ、ケイ、ほうき broom of grass ㄏㄨㄟˋ huei⁴
㊀풀비세(草箒)。㊁풀이름혜(草名)

【蔴】(마) 麻 マ、あさ hemp
삼마(枲屬)。

【蔩】(인) 眞 イン、からすうり melon ㄧㄣˊ yin²
(小篆) 땅외인、노랑하눌타리인(王瓜)。【爾雅疏】―苗及實似土瓜土瓜即王瓜。

【蔪】㊀(점) 鹽 ㊁(점) 琰 ゼン、かる mow
(小篆)(或體)(草書) ㊀보리팰점(麥秀)。㊁❶더북할점(草相―苞)。❷풀벨점(刈草)。

【蔫】㊀(언) 先 ㊁(연) 霰 エン、しぼむ wither ㄧㄢ yen¹ ㄋㄧㄢ nien¹
(小篆)(草書) ㊀시들언、이울언(物不鮮)。㊁썩은풀연(―菸臭草)。

【蔬】(소) 魚 ソ、ショ、な、あおもの vegetable

나물소(草菜通名)。【禮記】稻曰嘉ㅡ。

【蔭】(음) 沁 イン かげ shade ㄧㄣ yin⁴
❶덮을음, 가리울음(庇也)。「凡托庇於人者謂之ㅡ如祖ㅡ父ㅡ」。❷그늘음(陰景)。【荀子】樹成ㅡ而衆鳥息焉。

【蔮】(궤) 隊 カイ、かんむり crown
잠없는 치포관궤(無笄者緇布冠)。

十二畫

【⿱艹皐】(고) 豪 コウ、つるくさのな rank
풀성할고(草盛貌)。

【蕁】(담) 覃 タン、はなすげ water-caltrop ㄊㄢ t'an²
❶마름담(海藻)。❷지모담(藥名知母)。

【⿱艹⿰氵毒】(독) 沃 ドク、にわやなぎ weeping
땅버들독(地柳)。

【蔽】(폐) 霽 ヘイ、フツ、おおう cover ㄅㄧ pi⁴
❶가리울폐(掩也)。【禮記】是察阿黨則罪無有掩ㅡ。❷다할폐(盡也)。❸정할폐(定也)。(『弊』와 통함)

【⿱艹異】(이) 寘 イ、あさ hemp
삼이(麻也)。

【蔾】㊀(리) 支 ㊁(려) 齊 リ、レイ、はまびし caltrop ㄌㄧ li²
㊀질리풀리(蒺ㅡ旱草)。【易經】據于蒺ㅡ。㊁뜻은 ㊀과 같음。

【蔿】㊀(위) 紙 ㊁(화) イ、くさ fire-weeds ㄨㄟ wei³
㊀❶새위, 풀위(草也)。❷성위(姓也)。【潛夫論】楚ㅡ氏皆羋姓也。❸고을이름위(地名)。㊁떠들화(譁也)。

【蕀】(극) 職 キョク、くさのな polygala japonica ㄐㄧ chi²
아기풀극(藥草遠志, 一名ㅡ菀, 又天門冬)。

【⿱艹酤】(고) 遇 コ、すずけ vegetables pickled in vinegar
초김치고(醋葅一名菲葅)。

【⿱艹嫂】㊀(수) 尤 ㊁(소) 皓 ソウ、はこべ dayflower; spider-wort ㄙㄠ sao³
㊀닭의밑씻개수(鷄腸草)。㊁뜻은 ㊀과 같음。

【蕃】(번) 元 バン、ハン、しげる grow wildly ㄈㄢ fan¹
❶불을번, 쉴번(息也, 滋也)。【周語】民之ㅡ庶于是乎生。❷많을번(多也)。❸더북할번(草茂)。【書經】庶草ㅡ廡。❹야만번(ㅡ國)。【蘇子瞻雜纂 强陪奉】與ㅡ使接談。❺고을이름번(眞ㅡ)。(『藩』과 통함)

【蕂】(승) 徑 ショウ、くろごま black sesame
검은깨승, 흑임자승(苣ㅡ胡麻)。

【⿱艹富】(부) 宥 フウ、だいこん raddish
잔무우부(細蕌)。

【蕄】(맹) 庚 ボウ、ある exist
❶있을맹(在也ㅡㅡ)。❷『萌』의 俗字。

【蕆】(천) 銑 テン、いましめる admonition ㄔㄢ ch'an³
❶경계할천, 신칙할천(敕也)。❷갖출천(備也)。【左傳】寡君又朝以ㅡ陳事。

【蕇】(전) 銑 テン、いぬなずな rape
❶산겨자전(山芥)。❷두루미냉이전(葶藶)。

【蕈】(심) 侵 シン、ジン、きのこ mushroom ㄒㄧㄣ hsin⁴ ㄒㄩㄣ hsün⁴
버섯심(菌也)。【爾雅疏】地菌俗呼地ㅡ。

【⿱艹犁】(려) 齊 レイ、しげる grow thick
❶풍성할려(草茂貌)。❷나라이름려(國名新ㅡ)。

【蕉】(초) 蕭 ショウ、ばしょう plantain ㄐㄧㄠ chiao¹
❶파초초(芭ㅡ草名)。❷섶초, 땔나무초(薪也)。❸파리할초(ㅡ萃也)。【列子】覆之以ㅡ。【左傳 成公九年】無棄ㅡ萃。

【蕊】(예) 紙 ズイ、しべ flower-centre ㄖㄨㄟ iuei³
❶꽃술예(花內植物傳種之器官)。「凡ㅡ有雌雄之別雄ㅡ之粉著於雌ㅡ則雌ㅡ漸長而結爲果實」。❷꽃예(花也)。❸약이름예(藥名石ㅡ)。❹초목떨기로난모양예(草木叢生貌)。(『蘂』와 같음)

【⿱艹項】(항) 講 コウ、くさのな sunflower
해바라기항(向日葵)。

【蕋】(예)『蕊』(前前條)의 俗字

【蕎】(교) 蕭 キョウ、そば buckwheat ㄑㄧㄠ ch'iao²
❶메밀교(ㅡ麥白花蘗)。【白居易詩】ㅡ麥鋪英白。❷호랑버들교, 버들옷교(藥名大戟)。

【蕐】(화) 麻 カ、はな brilliant
빛날화(榮也色也)。(『華』와 같음)

【蕑】(간) 刪 カン、ふじはかま orchid ㄐㄧㄢ chien¹
난초간(蘭也)。【荊州記】都梁縣山下生蘭草名都梁香因山爲號其物可殺蟲毒除不祥故鄭人方春三月秉ㅡ而祓除。

【蕒】(매) 蟹 バイ、けしあざみ wild lettuce ㄇㄞ mai³
들상치매(菜名野苣一名苦苣)。

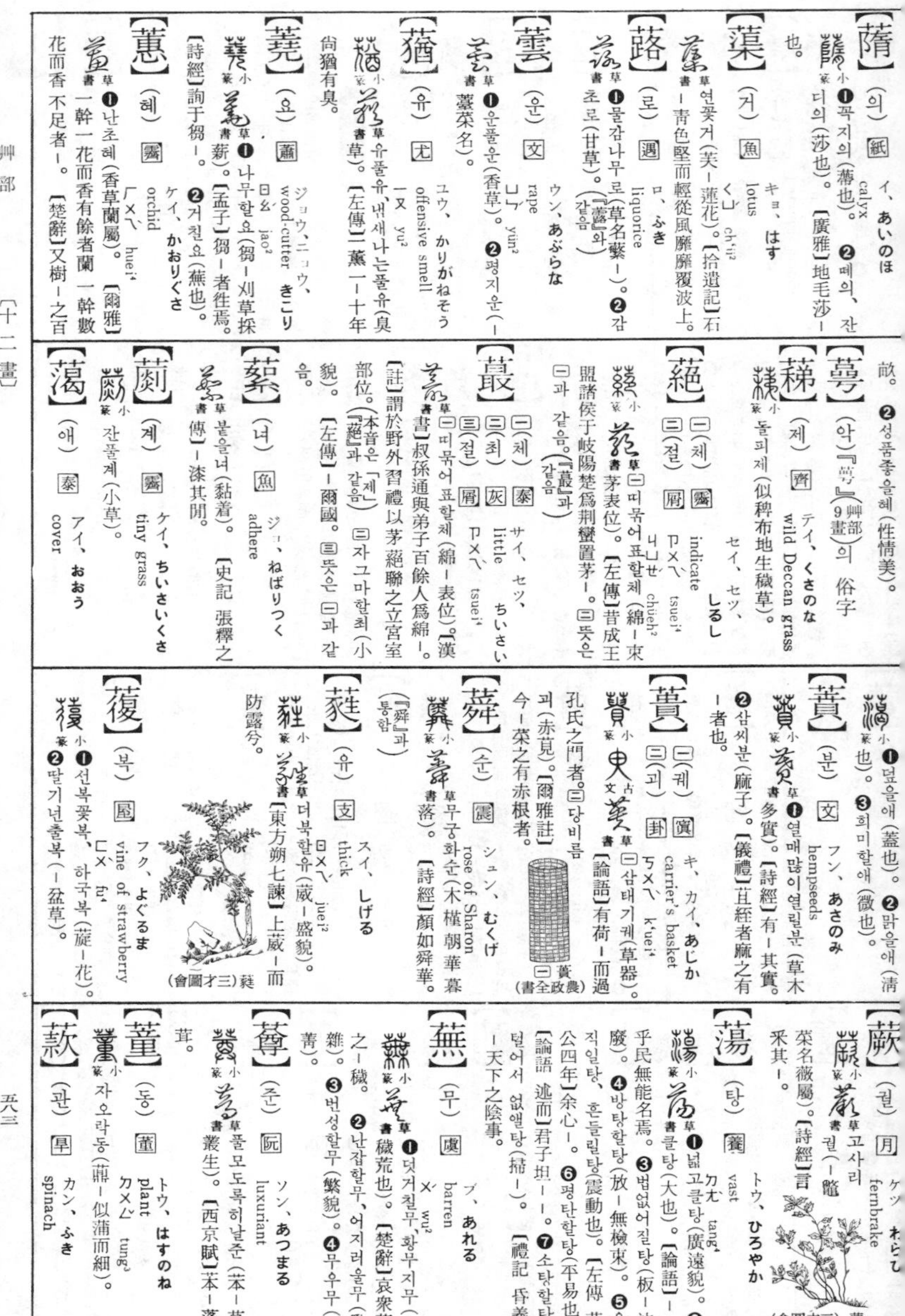

【薾】(의) 紙 イ、あいのほ calyx 小篆 ❶꽃지의(薾也)。❷떼의、잔디의(莎也)。【廣雅】地毛莎薾也。

【蕖】(거) 魚 キョ、はす lotus ㄑㄩˊ ch'ü² 草書 연꽃거(芙蕖－蓮花)。【拾遺記】石蕖青色堅而輕從風靡靡覆波上。

【蕗】(로) 遇 ロ、ふき liquorice 草書 ❶물감나무로(草名蘩蕗)。❷감초로(甘草)。(『蕗』와 같음)

【蕓】(운) 文 ウン、あぶらな rape ㄩㄣˊ yün² 草書 ❶운풀운(香草)。❷평지운(蕓薹菜名)。

【蕕】(유) 尤 ユウ、かりがねそう offensive smell ㄧㄡˊ yu² 小篆 草書 유풀유、냄새나는풀유(臭草)。【左傳】一薰一蕕十年尙猶有臭。

【蕘】(요) 蕭 ジョウ、ニョウ、きこり wood-cutter ㄖㄠˊ jao² 小篆 草書 ❶나무할요(芻蕘－刈草採薪)。【孟子】芻蕘者往焉。【詩經】詢于芻蕘。❷거친요(蕪也)。

【蕙】(혜) 霽 ケイ、かおりぐさ orchid ㄏㄨㄟˋ huei⁴ 草書 ❶난초혜(香草蘭屬)。【爾雅】一幹一花而香有餘者蘭 一幹數花而香不足者蕙。【楚辭】又樹蕙之百畝。❷성품좋을혜(性情美)。

【蕚】(악)『萼』(艸部 9畫)의 俗字

【蕛】(제) 齊 テイ、くさのな wild Deccan grass 小篆 돌피제(似稗布地生穢草)。

【蕝】 ㊀(체) 霽 セイ、セツ、しるし indicate ㄗㄨㄟˋ tsuei⁴ ㊁(절) 屑 ㄐㄩㄝˊ chüeh² 小篆 草書 ㊀띠묶어표할체(綿蕝－束茅表位)。【左傳】昔成王盟諸侯于岐陽楚爲荊蠻置茅蕝。㊁뜻은 ㊀과 같음。(『蕞』과 같음)

【蕞】 ㊀(체) 泰 サイ、セツ、ちいさい little ㄗㄨㄟˋ tsuei⁴ ㊁(최) 灰 ㊂(절) 屑 草書 ㊀띠묶어표할체(綿蕞－表位)。【漢書】叔孫通與弟子百餘人爲綿蕞。【註】謂於野外習禮以茅蕝聯之立宮室部位。(本音은「제」)(『蕝』과 같음) ㊁자그마할최(小貌)。【左傳】蕞爾國。㊂뜻은 ㊀과 같음。

【蕠】(녀) 魚 ジョ、ねばりつく adhere 草書 붙을녀(黏着)。【史記 張釋之傳】蕠漆其間。

【蘮】(계) 霽 ケイ、ちいさいくさ tiny grass 小篆 잔풀계(小草)。

【藹】(애) 泰 アイ、おおう cover 小篆 ❶덮을애(蓋也)。❷맑을애(清也)。❸희미할애(微也)。

【蕡】(분) 文 フン、あさのみ hempseeds 小篆 草書 ❶열매많이열릴분(草木多實)。【詩經】有蕡其實。❷삼씨분(麻子)。【儀禮】苴絰者麻之有蕡者也。

【蕢】 ㊀(궤) 寘 キ、カイ、あじか carrier's basket ㄎㄨㄟˋ k'uei⁴ ㊁(괴) 卦 小篆 古文 草書 ㊀삼태기궤(草器)。【論語】有荷蕢而過孔氏之門者。㊁당비름괴(赤莧)。【爾雅註】今蕢菜之有赤根者。

㊀蕢 (農政全書)

【蕣】(순) 震 シュン、むくげ rose of Sharon 小篆 草書 무궁화순(木槿朝華暮落)。【詩經】顏如蕣華。(『舜』과 통함)

【蕤】(유) 支 スイ、しげる thick ㄖㄨㄟˊ juei² 小篆 草書 더북할유(葳蕤－盛貌)。【東方朔七諫】上葳蕤而防露兮。

蕤 (三才圖會)

【蕧】(복) 屋 フク、よぐるま vine of strawberry ㄈㄨˋ fu⁴ 小篆 ❶선복꽃복、하국복(蕧－花)。❷딸기넌출복(蕧盆草)。

【蕨】(궐) 月 ケツ、わらび fernbrake 小篆 草書 고사리궐(蕨鼈菜名薇屬)。【詩經】言采其蕨。

蕨 (三才圖會)

【蕩】(탕) 養 トウ、ひろやか vast ㄉㄤˋ tang⁴ 小篆 草書 ❶넓고클탕(廣遠貌)。❷클탕(大也)。【論語】蕩蕩乎民無能名焉。❸법없어질탕(板蕩－法廢)。❹방탕할탕(放蕩－無檢束)。❺움직일탕、흔들릴탕(震動也)。【左傳 莊公四年】余心蕩。❻평탄할탕(平易也)。【論語 述而】君子坦蕩蕩。❼소탕할탕、털어서 없앨탕(掃蕩)。【禮記 昏義】蕩天下之陰事。

【蕪】(무) 虞 ブ、あれる barren ㄨˊ wu² 小篆 草書 ❶덧거칠무、황무지무(蕪穢荒也)。【楚辭】哀衆草之蕪穢。❷난잡할무、어지러울무(亂雜)。❸번성할무(繁貌)。❹무우무(蕪菁)。

【蕁】(준) 阮 ソン、あつまる luxuriant 小篆 草書 풀모도록히날준(苯蕁－草叢生)。【西京賦】苯蕁蓬茸。

【董】(동) 董 トウ、はすのね plant ㄉㄨㄥˇ tung³ 小篆 자오락동(蘠－似蒲而細)。

【款】(관) 旱 カン、ふき spinach

시금초관(藥名ㅣ冬)。

【蕭】(소) 蕭 ショウ、よもぎ mugwort ㄒㄧㄠ hsiao¹
小篆 草書 ❶쑥소(蒿也)。❷쓸쓸할소(ㅣ條寂寥貌)。〔宋玉九辨〕ㅣ瑟兮草木搖落而變衰。❸차면담소(ㅣ牆門屛)。〔論語〕不在顓臾而在ㅣ牆之內。❹말우는소리소(聲也)。〔詩經〕ㅣㅣ馬鳴。❺바람소리소(風聲也)。〔史記〕風ㅣㅣ兮易水寒。❻도끼이름소(斧名)。

十三畫

【蕖】(거) 語 魚 キョ、やさいのな vegetables
小篆 사라부루거(苦菜ㅣ蕒)。

【蕷】(여) 御 ヨ、やまいも taro ㄩ yü⁴
草書 마여、산약여(薯ㅣ山藥)。

【蕸】(하) 麻 カ、はすのは lotus leaf ㄒㄧㄚ hsia²
연잎새하(荷葉)。

【蕺】(즙) 緝 シュウ、どくだみ herb ㄐㄧ chi²
草書 메밀나물즙(蕺菜似蕎麥)。〔南都賦〕若其園圃則有蓼ㅣ蘘荷。

【蕼】(사) 寘 シ、くさのな Lactuca dentata
小篆 草書 ❶씀바귀사(菫也)。❷『肆』와 같음。〔荀子〕祺然ㅣ然。❸너그러울사(寬也)。❹천천할사(徐也)。

【蕻】(홍) 送 コウ、くさのしん stalks
장다리홍(草菜之心)。

【蕾】(뢰) 賄 ライ、つぼみ flower-bud
草書 ❶꽃봉오리뢰(蓓ㅣ始華)。❷꽃잎방긋할뢰(花綻貌)。

【薀】(一)(온) 吻 (二)(온) 問 オン、ウン、つむ heap ㄩㄣ yün⁴
小篆 草書 (一)마름온(藻屬)。〔左傳〕蘋蘩ㅣ藻之菜。(二)❶쌓일온(積也)。❷익힐온(習也)。(『蘊』과 같음)

【薁】(욱) 屋 イク、えびずる grapevine ㄩ yü⁴
小篆 草書 새머루욱(蘡ㅣ葡萄類)。〔詩經〕六月食鬱及ㅣ。

【薄】(박) 藥 ハク、うすい thin ㄅㄠ pao²
小篆 草書 ❶엷을박(不厚)。❷적을박(少也)。❸가벼울박(輕也)。「凡輕微狹小皆謂之ㅣ如言物ㅣ土ㅣ味ㅣ德ㅣㅣ情ㅣ俗」。❹힘입을박、외오라지박(聊也)。〔詩經〕ㅣ言采之。❺모을박(集也)。〔上林賦〕奄ㅣ水渚。❻입힐박(被也)。〔書經〕外ㅣ四海。❼풀서리박(林ㅣ草叢)。〔甘泉賦〕列新雉于林ㅣ。❽혐의박(嫌也)。〔漢書〕ㅣ朕忘故。❾발박(帷ㅣ簾也)。〔禮記〕帷ㅣ之外不趨。❿빨리달릴박(ㅣㅣ疾驅)。〔詩經〕載驅ㅣㅣ。⓫다닥칠박、핍박할박(迫也)。〔左傳〕楚師ㅣ於險。⓬땅거미박(ㅣ暮晩也)。⓭누에발박(蔟也)。「蠶ㅣ」。⓮넓을박(博也)。〔荀子 榮辱〕ㅣㅣ之地。

【薅】(호) 豪 コウ、くさぎる weed out ㄏㄠ hao¹
小篆 籀文 或體 김맬호(拔去田草)。〔詩經〕以ㅣ荼蓼。

【薆】(애) 隊 アイ、しげる grow thick ㄞ ai⁴
❶초목우거질애(ㅣ薱草木盛貌)。〔西京賦〕鬱蓊ㅣ薱。❷향기어릴애(晻ㅣ香氣)。〔上林賦〕晻ㅣ咇茀。

【薇】(미) 微 ビ、わらび flowering fern ㄨㄟ wei²
小篆 籀文 草書 ❶고비나물미(蕨也)。〔詩經〕言采其ㅣ。❷백일홍미(紫ㅣ花名)。〔拾遺記〕詔民間園圃皆植紫ㅣ。❸벼슬이름미(唐官名紫ㅣ省)。❹장미미(薔ㅣ)。

【薈】(회) 泰 カイ、しげる grow thick ㄏㄨㄟ huei⁴
小篆 草書 ❶염교회(鴻ㅣ韰菜)。❷가리울회(翳ㅣ障也)。〔射雉賦〕翳ㅣ蓁茸。❸풀우거질회(ㅣ蔚草多貌)。❹일어날회(雲霧起)。

【薉】(예) 隊 ワイ、けがれ dirty
小篆 草書 ❶더러울예(汙也)。❷김묵을예(荒蕪田中雜草)。〔齊民要術〕凡種穀遇大雨待ㅣ生。(『穢·獩』와 같음)

【薋】(자) 支 シ、つむ heap
小篆 ❶납가새자(惡草疾藜)。〔楚辭〕ㅣ菉葹以盈室兮。❷쌓을자(積也)。❸풀더부룩할자(草多貌)。

【薊】(계) 霽 ケイ、あざみ Tractylis ovata ㄐㄧ chi⁴
小篆 草書 ❶삽주계(朮也)。❷땅이름계(涿郡地名)。(『鄭』와 같음)

【薌】(향) 陽 キョウ、におい fragrant ㄒㄧㄤ hsiang¹
小篆 草書 ❶곡기향(穀氣)。〔禮記〕黍曰ㅣ合粱曰ㅣ萁。❷향기향(香氣)。❸기장향(粱也)。(『香』과 같음)

【薍】(완) 諫 カン、おぎ reed ㄨㄢ wan⁴
小篆 달완、갈대완(菼也)。〔陸機詩疏〕ㅣ或謂之荻至秋堅成則謂之萑。

【薃】(오) 皓 ゴウ、うりのつる vines of melons
외덩굴오(瓜蔓)。

【薎】(멸) 屑 ベツ、とびあがる fly into the sky
草書 ❶날아오를멸(飛揚貌)。〔史記〕ㅣ蠓踊躍。❷가늘멸(細也)。〔馬融〕蹉纖根跋ㅣ纏。

【薏】(一)(의) 陽 (二)(억) 職 イ、ヨク、はすのみ lotus pip ㄧ i⁴
小篆 草書 (一)❶연밥의(蓮子)。❷율무의(ㅣ苡草珠)。〔吳越

春秋】有莘氏之女得ㅣ苡而吞之生禹。㊁연밥알어(蓮心)。

【薐】(릉) 蒸 ロウ、ほうれんそう spinach ㄌㄥˊ lêng²
草書 시금치릉(菠ㅣ草)。

【薑】(강) 陽 キョウ、しょうが ginger ㄐㄧㄤ chiang¹
小篆 草書 생강강(禦濕菜)。【論語】不撤ㅣ食。

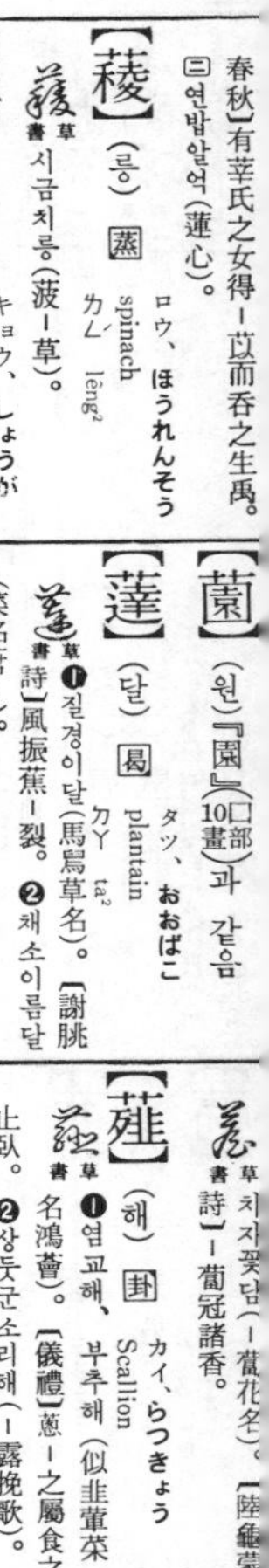
薑 (三才圖會)

【蔘】(삼) 侵 シン、にんじん ginseng ㄕㄣ shen¹
小篆 草書 인삼삼(人ㅣ)。【本草】ㅣ名神草一名人銜一名地精年深浸漸長成者根如人形故謂之人ㅣ。(『蔘』과 같음)

【薔】㊀(색) 職 ショク、ショウ、ばら ㊁(장) 陽 rose ㄑㄧㄤˊ ch'iang²
小篆 草書 ㊀물여뀌색(澤生者蔷)。㊁장미꽃장(ㅣ薇)。

【薕】(렴) 鹽 レン、おき reed ㄌㄧㄢˊ lien²
小篆 갈렴(蒹也)。

【薖】(과) 歌 カ、ゆるやか tolerant ㄎㄜ k'ê¹
小篆 草書 ❶과풀과(草名)。❷넉넉할과(寬大貌)。【詩經】碩人之ㅣ。❸헛헛할과(饑意)。

【薗】(원)『園』(口部10畫)과 같음

【薘】(달) 曷 タツ、おおばこ plantain ㄉㄚˊ ta²
草書 ❶질경이달(馬舃草名)。【謝朓詩】風振蕉ㅣ裂。❷채소이름달(菜名莙ㅣ)。

【薙】㊀(치) 紙 チ、テイ、かる、なぐ ㊁(체) 霽 cut down ㄊㄧˋ t'i⁴
小篆 草書 ㊀풀깎을치(芟草)。【禮記】季夏燒ㅣ行水。㊁뜻은 ㊀과 같음。

【薛】(설) 屑 セツ、よもぎ mugwort ㄒㄩㄝ hsüeh¹
小篆 草書 ❶설풀설(藾蒿草名)。【子虛賦】ㅣ莎青薠。❷설나라설(國名)。【春秋】滕侯ㅣ侯來朝。❸성설(姓也)。

【蔄】(가) 箇 カ、くさのな peppermint
박하가(薄荷藥名)。

【薜】㊀(폐) 霽 ヘイ、ハク、とうき Angelica Uchiyamai ㊁(벽) 陌 ㄅㄛˋ po⁴
小篆 草書 ㊀❶승검초폐(ㅣ荔香草)。【楚辭】貫ㅣ荔之落蕊。❷돌삼폐(山麻)。【爾雅註】麻生山中者名ㅣ。㊁뜻은 ㊀과 같음。(『辟』과 통함)

【薝】(담) 感 タン、セン、せんぷく flower of gardenia ㄓㄢ chan¹
草書 치자꽃담(ㅣ蔔花名)。【陸龜蒙詩】ㅣ蔔冠諸香。

【薤】(해) 卦 カイ、らっきょう Scallion
草書 ❶염교해、부추해(似韭葷菜一名鴻薈)。【儀禮】葱ㅣ之屬食之止臥。❷상둣군소리해(ㅣ露挽歌)。

【薟】(렴) 琰 レン、めなもみ herb ㄌㄧㄢˋ lien⁴ ㄒㄧㄢ hsien¹
小篆 或體 草書 가위톱렴、진동찰렴(白ㅣ藥名)。(『蘞』과 같음)

【薠】(번) 元 ハン、くさのな turf
小篆 메번(青ㅣ似莎)。【南都賦】其草則苧ㅣ莞。

【蘤】(화)『驊』(馬部12畫)의 古字

【薢】(해) 蟹 カイ、ところ Nanocnide Japonica ㄐㄧㄝ chieh¹
小篆 草書 며래해(藥名草ㅣ)。

【艹蜀】(촉) 沃 ショク、からあおい rhododendron
❶촉규화촉(ㅣ葵)。❷자귀밥촉(躑ㅣ)。

【薦】(천) 霰 セン、すすめる recommend ㄐㄧㄢˋ chien⁴
小篆 草書 ❶쑥천、꼴천(獸之所食草薦也)。【莊子】麋鹿食ㅣ。❷드릴천(進也)。【易經】殷ㅣ之上帝。❸천거할천(ㅣ擧)。【孟子】諸侯能ㅣ人於天子。❹천신할천(ㅣ新祭也)。【穀梁傳註】無牲而祭曰ㅣ。❺잦자리천(薦席)。「莞曰席藁曰ㅣ」。❻풀 모도록할천(草稠)。

【薧】(고) 皓 コウ、ひもの dried fish ㄎㄠˇ k'ao³
小篆 草書 ❶말린고기고(乾魚)。【周禮】辨魚物爲鱻ㅣ。❷황천고、저승고(ㅣ里黃泉)。【唐韻】ㅣ里死人里也。

【薨】㊀(횡) 庚 コウ、しぬ ㊁(훙) 蒸 decease ㄏㄨㄥ hung¹
小篆 草書 ㊀❶메뚜기떼로나는소리횡(ㅣㅣ羣飛聲)。【詩經】螽斯羽ㅣㅣ兮。❷많이모일횡(狘也)。【詩經 周南螽斯】螽斯羽ㅣㅣ兮。❸빠를횡(疾貌)。【詩經】度之ㅣㅣ。㊁죽을훙(奄也)。【白虎通】ㅣ之言奄也然亡也。【禮記】天子死曰崩諸侯曰ㅣ。

【薪】(신) 眞 シン、たきぎ brushwood ㄒㄧㄣ hsin¹
小篆 草書 ❶섶신、땔나무신(蕘也柴也)。【詩經】析ㅣ如之何。❷월급신(薪水)。❸성신(姓也)。❹풀신(草也)。【孟子 離婁下】毁傷其ㅣ木。

【艹稕】(순) 震 シュン、わらたば straw sheaf
짚단순(束藁)。

【艹賊】(적) 職 ソク、とぐさ scouring rush (本音「즉」)
속새적(木ㅣ)。

十四畫

【薩】(살) 曷 サツ、ぼさつ bodhisattra ㄙㄚˋ sa⁴ 보살살(菩ㅣ普濟佛號)。〔釋典〕菩普也ㅣ濟也能普濟衆生。

【薯】(서) 御 ショ、やまのいも Chinese yam ㄕㄨˇ shu³ 마서(ㅣ蕷藥名)。(『藷』와 같음)

【薰】(훈) 文 クン、かおりぐさ fragrant grass ㄒㄩㄣ hsün¹ ❶향풀훈(香草似靡蕪)。〔左傳〕一ㅣ一蕕。❷훈할훈、피울훈(灼也)。〔易經〕厲ㅣ心。❸더울훈(熱也)。

【薴】(녕) 庚 ドウ、みだれる disorderly 풀어지러울녕(草亂貌)。

【薱】(대) 隊 タイ、しげる thick ㄉㄨㄟˋ tuei⁴ 빽빽히들어설대(薆ㅣ鬱蔥貌)。〔東京賦〕鬱蓊薆ㅣ。

【薲】(빈) 眞 ヒン、みずぐさ great duckweed ❶빈풀빈(草名)。〔西陽雜俎〕瓜州飼馬以ㅣ。❷머구리밥빈(萍也)。(『蘋』과 같음)

【薳】㊀(위) 紙 ㊁(원) 阮 イ、エン、ひめはぎ milkwort ㄨㄟˇ wei³ ㊀아기풀위(草也)。(『蔿』와 같음) ㊁아기풀원、원지원(藥草ㅣ志)。

【薵】(주) 尤 ジュ、ねぎ welsh onion ❶파주(葱也)。❷덮을주(覆也)。

【薶】(매) 佳 バイ、マイ、うずめる bury ㄇㄞˊ mai² ❶묻을매(藏也)。❷지신제매(地神祭)。〔爾雅〕祭地曰瘞ㅣ。(『埋』와 같음)

【薸】(표) 蕭 ヒョウ、うきぐさ great duckweed 머구리밥표(浮萍)。

【薹】(대) 灰 タイ、かさすげ lawn; turf ㄊㄞˊ t'ai² ❶띠대(夫須草)。〔謝朓詩〕ㅣ笠聚東菑。❷평지나물대(蕓ㅣ菜名)。

【薺】㊀(자) 支 ㊁(제) 薺 ㊂(제) 霽 セイ、ザイ、なずな shepherd's purse ㄐㄧˋ chi⁴ ㄑㄧˊ ch'i² ㊀❶납가새자(疾藜別名)。❷채제풍류자(采ㅣ樂名)。〔周禮〕樂師趨以采ㅣ。(『茨』와 통함) ㊁냉이제(甘菜)。〔詩經〕誰謂荼苦其甘如ㅣ。㊂계로기제(ㅣ苨似蔘)。

【薽】(진) 眞 シン、やぶたばこ grass 개비름진(草名ㅣ莂)。

【薿】㊀(의) 紙 ㊁(억) 職 ギ、ギョク、しげる grow thick ㄋㄧˇ ni³ ㊀더북할의(ㅣㅣ茂也)。〔詩經〕黍稷ㅣㅣ。㊁뜻은 ㊀과 같음。

【蔡】(찰) 黠 サツ、あくた waste-straw ㄔㄚˊ ch'a² 북더기찰(草芥)。

【薾】(이) 紙 ジ、はなしげる in flower 꽃번성할이(花盛)。

【藑】(형) 青 ケイ、くさがまつわる tangle 풀얽힐형(草旋)。

【藁】(고) 皓 コウ、わら straw ❶짚고(禾稈)。〔易林〕蝗齧我稻驅不可去實穗無有但見空ㅣ。❷거적고(席也)。〔荀子〕以ㅣ爲席貧賤人之居。❸글초잡을고(文草)。(『稾』와 같음)

【藂】(총) 東 ソウ、あつまる cluster ㄘㄨㄥˊ ts'ung¹·² 떨기나무총(灌木)。〔漢書〕ㅣ棘棧棧。(『叢』과 같음)

【藃】(호) 號 コウ、きゅうにおこる spring ㄏㄠˋ hao⁴ 튈호(暴起貌)。〔周禮〕輪人以火養其陰而齊其陽則轂雖敝不ㅣ。

【藄】(기) 支 キ、わらび osmund ㄑㄧˊ ch'i² 고비기(薇也)。

【藅】(벌) 月 ハツ、しおれる wither ㄈㄚˊ fa² 풀시들시들할벌(草枯萎縮)。

【藇】㊀(서) 語 ㊁(여) 御 ショ、ヨ、うつくしい beautiful ㄒㄩˋ hsü⁴ ㄩˋ yü⁴ ㊀아름다울서(美貌)。〔詩經〕釃酒有ㅣ。(『醑』와 같음) ㊁마여(藷ㅣ蕷也)。(『蕷』와 같음)

【藉】㊀(자) 禡 ㊁(적) 陌 シャ、セキ、しく、かる spread; excuse ㄐㄧㄝˋ chieh⁴ ㊀❶깔자(薦也)。〔易經〕ㅣ用白茅。❷도울자(助也)。❸빌릴자(借也)。〔孟子〕助者ㅣ也言借其力以助耕公田也。❹핑계댈자(憑ㅣ)。〔左傳〕所以ㅣ寡君之命。❺온자할자(醞ㅣ含容意)。〔漢書〕廣德爲人溫雅有醞ㅣ。❻잘대접할자、위로할자(慰ㅣ厚待)。〔後漢書〕所以慰ㅣ之良厚。㊁❶어수선할적(狼ㅣ雜亂)。〔漢書〕國中口語ㅣㅣ無復至江都。❷성할적(ㅣ甚盛也)。❸왁자할적(ㅣㅣ名稱)。❹드릴적(貢獻)。❺임금이가는밭적(ㅣ田)。

【藋】(조) 嘯 チョウ、あかざ goose-foot ㄉㄧㄠˋ tiao⁴ 명아주조(藜類)。〔爾雅〕拜蔏ㅣ。

【藍】(람) 覃 ラン、あい indigo-plant ㄌㄢˊ lan² ❶쪽람(染青草)。〔通志〕青出於ㅣ而青於ㅣ。❷옷해질람、결레람(ㅣ縷敝衣)。〔傅玄詩〕整此ㅣ縷衣。❸절람(伽ㅣ僧居)。〔綱

目集覽】伽ー梵語猶中華言衆園。❹성람(姓也)。

【藎】(신) 震 シン、ジン、かりやす rush ㄐㄧㄣˋ chin⁴
❶갈풀신(染黃草)。❷나아갈신(忠ー進也)。【詩經】王之ー臣。❸남을신(餘也)。【長笛賦】ー滯抗絕。

【藏】㊀(장) 陽 ㊁(장) 漾 ゾウ、おさめる storage ㄗㄤˋ tsang⁴
㊀❶장풀장(似藺草名)。【子虛賦】其埤濕則生ー茛蒹葭。❷감출장(隱也蓄也)。【易經】陽氣潛ー。㊁곳집장、광장(物所蓄)。(『臟』과 통함)

【藐】㊀(묘) 篠 ㊁(막) 覺 ビョウ、バク、はるか small; weak ㄇㄧㄠˇ miao³
㊀❶멀묘(遠也)。【莊子】藐姑射之山有神人居焉。❷작을묘(小也)。【左傳】以是ー諸孤。❸쉽게볼묘(輕視貌)。❹약할묘(弱也)。㊁❶지초막(紫草)。❷아름다울막(美也)。【詩經】寢廟既成既成ーー。❸약간막(ーー忽略)。

【藑】(경) 庚 ケイ、ひるがお fragrant grass ㄑㄩㄥˊ ch'iung²
경모풀경(ー茅香草)。【楚辭】索ー茅以筳篿。

【蘉】(몽) 東 ボウ、ほうきぐさ broom grass
❶비 만드는 풀몽(帚草)。❷싹날몽(蘖也)。

【藒】(걸) 屑 ケツ、くさのな fragrant grass ㄑㄧㄝˋ ch'ieh⁴
향풀걸(香草ー車)。

十五畫

【藕】(우) 有 グ、ゴウ、はすのね lotus rhizome ㄡˇ ou³
연뿌리우(芙蓉根)。【續博物志】ー生應月閏月益一節。

【蘸】(잠) 陷 サン、ぬれる wet
젖을잠(濕也)。

【藖】(간) 刪 カン、まぐさのこり draff of fodder (本音「한」)
여물찌끼간(莝餘草莖)。【元結詩】豈欲皐櫪中爭食乾ー。

【藗】(속) 屋 ソク、くさのな grass ㄙㄨˋ su⁴
흰띠속(白茅)。

【藘】(려) 魚 リョ、ロ、あかね madder ㄌㄩˊ lü²
❶꼭두서니려(茹ー 染絳草蒨也)。【詩經】茹ー在阪。❷성려(姓也)。

【藤】(슬) 質 シツ、いのこづち knee of cattle
쇠무릎슬、우슬슬(牛ー藥草)。

【藙】(의) 未 キ、おおだら Evodia officinalis ㄧˋ i⁴
오수유의(欓子吳茱萸)。

【䕡】(려) 魚 リョ、いぬよもぎ mugwort
다북쑥려(菴ー蒿也)。

【藚】(속) 沃 ゾク、おもだか Alisma canaliculatum ㄒㄩˋ hsü⁴
❶쇠귀나물속(水舄藥草)。【詩經】言采其ー。❷택사속(澤瀉)。

【藜】(려) 齊 レイ、あかざ goose-foot ㄌㄧˊ li²
❶명아주려(蒿類藿菜)。【爾雅】ー莖葉似王芻兗州蒸爲茹又可爲杖。❷아름다운옥려(梁美玉名懸ー)。❸청려、장려(青ー、ー杖)。

【蔪】(참) 豏 サン、きる cut
나무벨참(伐木)。

【藝】(예) 霽 ゲイ、わざ talent ;art ㄧˋ i⁴
❶재주예(才能)。【論語】求也ー。❷글예(文也)。【書經】歸格于ー祖。❸대중할예(準也)。【上林賦】ー殪仆。【註】所射準的爲ー。❹극진할예(極也)。【晋語】貪欲無ー。❺심을예(種也)。【孟子】樹ー五穀。❻법예(法也)。❼분별할예(分別)。

【藟】(류) 紙 ルイ、かづら vines of arrowroots ㄌㄟˇ lei³
칡덩굴류、칡넌출류(葛蔓藤屬)。【詩經】葛ー纍之。(『蘽』와 같음)

【藣】(피) 支 ヒ、くさのな grass ㄅㄟ pei¹
쇠꼬리피、풀이름피(旄也牛尾)。

【藥】(약) 藥 ヤク、くすり medicine ㄧㄠˋ yao⁴ ㄩㄝˋ yüeh⁴
약약(金石草木劑皆曰ー)。【史記】神農氏嘗百草始有醫ー。

【藤】(등) 蒸 トウ、ふじ rattan ㄊㄥˊ t'êng²
등등、등덩굴등(蔓生木藟也)。【李賀詩】白ー交穿書笈。【白樂天詩】六尺白ー牀。

【藦】(마) 箇 マ、ががいも Metaplexis Japonica
새박마、새박조가리마(草名蘿ー)。

【藨】㊀(표) 蕭 ㊁(표) 篠 ヒョウ、いちご rashberry ㄆㄧㄠ piao¹
㊀❶산매자표、산딸기표(山莓)。❷김맬표(耘也)。(『穮』와 같음) ㊁❶기령풀표(蒯屬)。【儀禮】屨者ー蒯之菲也。❷녹두잎표(鹿藿)。

【藩】(번) 元 ハン、まがき fence ㄈㄢˊ fan²
❶울번、울타리번(籬也)。【易經】羝羊觸ー。❷제후나라번(ー屏)。【詩經】价人維ー。❸지킬번(守護)。【左傳哀公十二年】ー衞侯之舍。

【藪】(수) 有 スウ、ソウ、やぶ thicket ㄙㄡˇ sou³ 小篆 草書 ❶큰늪수(大澤)。〔周禮〕一牧養藩鳥獸。❷덤불수、숲수(林一)。〔詩經〕叔在一。❸똬리수(簍一戴品)。〔史記註〕以盆盛物戴於頭者則以簍一薦之。

【藫】(담) 覃 タン、みずくさ seaweeds ㄊㄢˊ t'an² ❶물이끼담(水苔)。❷마름담(海藻)。

【藭】(궁) 東 キュウ、おんなかずら Angelica Polymorpha 草書 ❶궁궁이궁(芎一香草)。❷천궁궁(藥草名川芎)。

十六畫

【藶】(력) 錫 レキ、ぬなずな chinese artichoke ㄌㄧˋ li⁴ 草書 두루미냉이력(大薺葶一)。

【蘏】(영) 庚 エイ、きく chrysanthemum 국화영(菊花)。

【⿱艹獨】(독) 屋 トク、ししうど Aralia Cordata 땅두릅독(藥名一活)。

【藷】(저) 魚 ショ、いも white potato 小篆 草書 마저、감자저(一蔗甘蔗)。〔南都賦〕一蔗薑䕬。

【藹】㊀(애) 泰 アイ、しげる grow thick ㊁(애) 賄 ㄞˇ ai³ 小篆 草書 ㊀수두룩할애(一一盛多貌)。〔詩經〕一一王多吉士。㊁초목우거질애(草木叢雜貌)。

【藸】(저) 魚 ショ、さねかずら Maximowiczia chinensis 小篆 오미자저(五味子)。(『蕏』와 같음)

【藺】(린) 震 リン、い rush ㄌㄧㄣˋ lin⁴ 小篆 草書 ❶뇌양이린(草名馬一)。❷성린(姓也)。

【藻】(조) 皓 ソウ、も water-caltrop ㄗㄠˇ tsao³ 小篆 或體 草書 ❶마름조(水草有文)。〔詩經〕于以采一。❷글조(文也)。〔東都賦〕鋪鴻一。❸좋아할조(皃喜悅也)。〔後漢書〕武旅有皃之士一。

❶藻 (四書蒙引略解圖)

【蘔】(로) 皓 ロウ、うめぼし dried plum 小篆 或體 草書 마른매실로(乾梅實)。〔周禮〕饋食之籩其實棗䅘桃乾一榛實。

【蘂】(예) 紙 ズイ、しべ stamen 草書 꽃술예(花心鬚)。〔廣韻〕華內曰蕚華外曰一。(『蕊』와 같음)

【藾】(뢰) 泰 ライ、くさよもぎ mugwort ㄌㄞˋ lai⁴ 草書 ❶맑은대쑥뢰(一蕭萃也)。❷덮을뢰(蔭也)。〔莊子〕隱將芘其所一。

【藿】(곽) 藥 カク、まめのは bean leaves ㄏㄨㄛˋ huo⁴ (本音은「확」) 小篆 草書 ❶콩잎곽(豆葉)。〔詩經〕皎皎白駒食我場一。❷곽향곽(一香藥草)。〔吳都賦〕草則一蒳豆蔻。

【蘀】(탁) 藥 タク、おちば fallen leaves ㄊㄨㄛˋ t'uo⁴ 小篆 小篆 草書 ❶떨어질탁、이울탁(隕一草木皮葉落隊地)。〔詩經〕十月隕一。❷마를탁(槁也)。〔詩經〕一兮一兮風其吹汝。

【蘁】㊀(오) 遇 ゴ、さからう act against ㊁(악) 藥 草書 ㊀거스를오(逆也)。〔周禮〕一曰正夢二曰噩夢列子作一。(『忤』와 같음) ㊁꽃자리악(華跗)。(『蕚』과 통함)

【蘷】(기) 支 キ、くさ herb ❶풀이름기(草名)。❷『夔』의 誤字。

【⿱艹彊】(강)『薑』(艸部 13畫)과 같음

【蘞】(섬) 鹽 セン、くさのな grass 풀쐐기섬、독풀섬(一癤拂人肥肉即成瘡疱)。〔白居易詩〕一草四時青。

【蘄】㊀(기) 支 キ、キン、せり parsley ㊁(근) 文 ㄑㄧˊ ch'i² 小篆 草書 ㊀❶미나리기(芹也)。〔爾雅〕一茝蘪蕪。❷구할기(求也)。〔莊子〕予惡乎知夫死者不悔其始之一生乎。❸말자갈기(馬銜)。〔西京賦〕結駟方一。❹풀이름기(草名)。㊁승검초근(山一藥名)。

【蘆】㊀(려) 魚 ロ、あし reed ㊁(로) 虞 ㄌㄨˊ lu² 小篆 草書 ㊀❶꼭두서니려(茹一蒨也)。❷범고채려(漏一藥名)。㊁갈대로(葦也)。〔玉篇〕葦之未秀者爲一。

【⿱艹瞨】(파) 歌 ハ、しろよもぎ Artemisia Siebersiana 흰쑥파(白蒿)。

【蘅】(형) 庚 コウ、かんあおい Ligularia sibirica ㄏㄥˊ hêng² 草書 곰취형、두형초형(杜一香草)。〔楚辭〕雜杜一與芳芷。

【⿱艹憑】(빙) 蒸 ヒョウ、しげる rank 초목무성할빙(草木茂盛)。

【蘇】(소) 虞 ソ、ス、よみがえる revive ㄙㄨ su¹ 小篆 草書 ❶차조기소(紫一草名)。❷부소나무소(扶一木名)。〔詩經〕山有扶一。❸나무할소(樵一取草)。〔楚辭〕一糞壤以充幃兮。❹술소、실드릴소(流一盤線)。〔西京雜記〕昭陽殿壁帶往往爲黃金釭皆銜五色流一。❺까무러질소(一氣索貌)。〔易經〕震一一。❻깨어날소、회생할소(死而復生)。〔戰國策〕勃然乃一。❼나라이름소(國名)。❽성소(姓也)。(『甦』와 같음)

【蘉】(망) 陽 ボウ、つとめる try hard ㄇㄤ mang²
草書 힘쓸망(勉也)。【書經】汝乃是不ㅣ乃時惟不永哉。

【蘊】㊀(온) 吻 ウン、オン、つむ、つもる ㊁(운) 問 pile up ㄩㄣ yün⁴
㊀마름온(藻屬)。【左傳】蘋蘩ㅣ藻之菜。㊁❶쌓일운(積也)。❷익힐운(習也)。(『薀』과 같음)

【蘋】(빈) 眞 ヒン、うきくさ great duckweed
小篆 草書 마름빈(大萍)。【詩經】于以采ㅣ。(『薲』과 같음)

【蘢】㊀(롱) 東 ロウ、いぬたで knot-grass ㊁(롱) 冬 カメㄥ lung²
小篆 草書 ㊀❶여뀌롱(葒草)。【管子】其山之淺有ㅣ與斥。❷가리울롱(蒙ㅣ覆蔽)。【漢書】草木蒙ㅣ。㊁말여뀌롱(馬蓼)。

【蘌】(어) 語 ギョ、おおう cover up
❶가릴어(掩也)。❷땅이름어(地名ㅣ況)。

【藮】(작) 覺 サク、とりかぶと bulb of Aconitum japonicum
부자작(藥草名附子)。

十七畫

【蘖】(얼) 屑 ゲツ、きりかぶ sprout ㄋㄧㄝ nieh⁴
草書 싹얼、벤나무에 싹날얼(萌ㅣ)。

【蘘】(양) 陽 ジョウ、みょうが Zingiber moiga ㄖㄤ jang²
小篆 小篆 草書 양하풀양(ㅣ荷一名 蒩草名)。【子虛賦】茈薑ㅣ荷。

【蘗】(벽) 陌 ハク、きはだ Angelica uchiyamai ㄅㄛ po⁴
草書 황경나무벽(黃木)。(『檗』과 같음)

【蘙】(예) 霽 エイ、しげる grow thick ㄧ i
草書 풀더북할예(ㅣ薈草盛貌)。

【蘚】(선) 銑 セン、こけ moss ㄒㄧㄢ hsien³
草書 ❶이끼선(瓦ㅣ苔也)。【述異記】苔草亦呼宣ㅣ。❷기와옷선(瓦ㅣ)。

【蘞】㊀(험) 鹽 レン、やぶからし ㊁(렴) 豔 vine-grass ㊂(렴) 鹽 ㄌㄧㄢ lien²·⁴
草書 ㊀맵고독한풀험(辛毒草)。㊁덩굴진풀렴(蔓草)。【詩經】葛生蒙楚ㅣ蔓于野。㊂진동찰렴、가위톱렴(白ㅣ藥名)。

【蘛】(육) 屋 イク、しげる overgrow
❶무성할육(茂也)。❷꽃필육(花開敷ㅣ)。

【蘠】(장) 陽 ショウ、ばら rose ㄑㄧㄤ ch'iang²
小篆 장미꽃장(ㅣ薇花名)。「ㅣ薇灌木枝茂多刺花有紅白黃諸色」。(『薔』과 같음)

【蘜】(국)『菊』(艸部 8畫)과 같음

【蘡】(앵) 庚 オウ、えびずる wild vines ㄧㄥ ying¹
草書 머루덩굴앵(ㅣ薁蔓生苗葉似葡萄而小)。【博雅】燕薁ㅣ舌也。

【蘤】㊀(위) 紙 イ、はな ㊁(화) 麻 flower
草書 ㊀꽃부리위(花也)。【拾遺記】西王母進洞淵紅ㅣ。㊁꽃화(花也)。(『花』의 古字)

【蘥】(약) 藥 ヤク、からすむぎ oat ㄩㄝ yüen⁴
小篆 귀리약(雀麥)。

【蘦】(령) 青 レイ、かんぞう liguorice ㄌㄧㄥ ling²
小篆 草書 ❶감초령(大苦今甘草)。❷떨어질령(落也)。【楚辭】悼芳草之先ㅣ。(『零』과 같음)

【蘫】(람) 覃 ラン、うりづけ pickled cucumber
小篆 외김치람(瓜菹)。

【蘨】(요) 蕭 ヨウ、しげる rank
풀더북더북할요(草盛貌)。

【蘩】(번) 元 ハン、しろよもぎ white mugwort ㄈㄢ fan²
小篆 草書 새발쑥번(白蒿)。【詩經】于以采ㅣ。

【蘧】(거) 魚 キョ、なでしこ China pink ㄑㄩ ch'ü²
小篆 草書 ❶패랭이꽃거、석죽화거(瞿麥)。❷마음에 든든할거(ㅣㅣ自得貌)。【莊子】俄而覺則ㅣㅣ然周也。

【蘪】(미) 支 ビ、せんきゅう Angelica polymorpha ㄇㄧ mi²
小篆 草書 궁궁이싹미(ㅣ蕪香草)。【蜀都賦】ㅣ蕪布濩于中阿。

【蘭】(란) 寒 ラン、らん orchid
小篆 草書 ❶난초란(香草一幹一花)。【易經】同心之言其臭如ㅣ。❷목란꽃란(木ㅣ花名朝搴)。阰之木ㅣ兮。❸나라이름란(國名和ㅣ)。

【蘮】(계) 霽 ケイ、ねばりつく glutinous ㄐㄧ chi⁴
❶찰풀계(粘草ㅣ蒘)。❷성계(姓也)。

【蘬】(귀) 支 キ、たで knotweed ㄎㄨㄟ k'uei¹
小篆 ❶겨울쑥갓귀(冬葵)。❷제로기씨귀、냉이씨귀(薺實)。❸말여뀌귀(馬蓼)。

十八畫

【蘒】(교) 蕭 キョウ、れんげ medic herb
어리나무교(藥名連ㅣ)。

【藂】(총) 東 ソウ、くさむら bush
小篆 ❶떨기총(草ㅣ生)。❷줄기총(株也)。

【䕮】(구) 虞 ク、なでしこ Dianthus Sinensis

패랭이꽃구(ㅣ麥)。

【蘳】 ㊀(화) 馬 カ、きいろいはな ㊁(휴) 支 yellow flower
(小篆) ㊀❶노란꽃화(黃華)。❷꽃잎 모양화(花葉貌)。〔馬融〕蘳扈ㅣ熒。㊁과실휴(果實)。

【蘴】(풍) 東 フウ、かぶら radish
무우싹풍(蕪菁苗)。

【[illegible]】(리) 支 リ、はますげ Cyperus rotundus
향부자리(香附子草名)。

【[illegible]】(첩) 洽 チョウ、はながさく flower
꽃필첩(花笑開)。

十九畫

【蘱】(류) 寘 ルイ、あぶらかや grass
그령류、자오라류(茅屬蔄蓳)。

【蘸】(잠) 陷 サン、ひたす soak ㄓㄢˋ chan^4
(小篆)(草書) 물에담글잠(以物淬水)。〔鏡賦〕朱開錦蹈黛ㅣ油檀。

【蘺】(리) 支 リ、くさびえ Angelica polymorpha ㄌㄧˊ li^2
(小篆)(草書) 궁궁이싹리(江ㅣ芎藭苗香草)。〔上林賦〕被以江ㅣ。(『籬』와 통함)

【蘻】(계) 霽 ケイ、くさ grass ㄐㄧˋ chi^4
(小篆) ❶풀연접할계(草連貌)。❷풀이름계(毒草名)。

【⿱艹難】(연) 先 ゼン、くさのな grass
(小篆)(小篆) ❶풀이름연(草名)。❷데울연(爇也)。

【蘼】(미) 支 ビ、せんきゅう Angelica polymorpha ㄇㄧˊ mi^2
(草書) 풀이름미、맥문동미(草名蘠ㅣ虋冬)。

【蘽】(류) 紙 ルイ、ふじかずら wild vines
(小篆)(籀文)(草書) 머루덩굴류(蘡ㅣ)。〔爾雅〕山ㅣ似葛虎ㅣ有毛刺。

【蘿】(라) 歌 ラ、かずら dodder-vines ㄌㄨㄛˊ luo^2
(小篆)(草書) ❶새삼넌출라(女ㅣ托松而生)。〔詩經〕蔦與女ㅣ施于松柏。❷무우라(ㅣ蔔菜也)。〔後漢書〕更始亂宮女食ㅣ菔根。❸시라향라(蒔ㅣ香也)。❹댕댕이넌출라(藤ㅣ)。❺담장이넌출라(薜ㅣ)。

【⿱艹躅】(촉) 沃 チョク、つつじ azalea
❶촉풀촉(草名)。❷철죽꽃촉(躑ㅣ花名)。〔韓愈詩〕躑ㅣ成山開不算。(『蠋·躅』과 같음)

【虀】(제) 齊 セイ、サイ、あえもの seasoning ㄐㄧ chi^1
(草書) 양념할제(醯醬所和細切)。〔釋名〕ㅣ濟也與諸味相濟成也。(『齏』와 같음)

【⿱艹瞪】(등) 徑 トウ、さめない half-awake
잠깨어어릿할등(睡覺貌)。

【⿱艹贊】(찬) 翰 サン、おおいたび ivy ㄗㄢˋ tsan^4
담쟁이덩굴찬(蔓草牡ㅣ)。

二十畫

【虂】(로) 遇 ロ、つるむらさき wind vines
머루덩굴로(草名蔠葵)。

二十一畫

【虆】㊀(류) 支 ㊁(류) 紙 ラ、ルイ、ふご carrier's basket
(草書) ㊀❶덩굴류(蔓也)。❷들것류(ㅣ梩籠臿類)。〔孟子〕蓋歸反ㅣ梩而掩之。(『蔂·蘽』와 통함) ㊁칡덩굴류(葛蔓)。〔詩經〕葛ㅣ纍之。(『藟』와 같음)

【虈】(효) 蕭 キョウ、よろいぐさ medic root
(小篆) 백지효(白芷)。〔王逸〕芳ㅣ兮挫枯蘭。

【⿱艹齏】(제)『虀』(19劃艸部)와 같음

二十三畫

【虊】(란) 寒 ラン、あさざ water-caltrop
(小篆) ❶순채란(蓴菜)。❷마름풀란(鳧葵)。

【虃】(현) 先 ケン、むぎわら barley straw
보리짚현(麥稈)。

二十四畫

【⿱艹贛】(공) 送 コウ、じゅすたま Coix agrestis
(小篆) 율무공(薏苡)。

【⿱艹釀】(양) 養 ジョウ、な、あおもの vegetable
(小篆) ❶들깨양(ㅣ茅蘇也)。〔方言〕蘇之小者謂之ㅣ。❷양나물양(菜也)。〔齊民要術〕種蘘菁擬作乾菜及ㅣ菹者。

二十五畫

【虋】(문) 元 ボン、もちあわ reddish millet
(小篆) ❶붉은기장문(赤粱粟)。❷맥문동문(ㅣ冬蘠蘼)。〔山海經〕鮮山其草多ㅣ冬。(『穈』와 통함)

【虌】(별) 屑 ベツ、わらび fresh bracken
처음난고사리별(初生蕨)。

三十三畫

【⿱艹麤】(추) 虞 ソ、わらぐつ straw shoes
(小篆) 짚신추(草履)。

虍部

【虍】(호) 虞 コ、とら figure of tiger's skin ㄏㄨ hu^1
(小篆)(草書) 범의문채호(虎文)。

二畫

【虎】(호) 麌 tiger ㄏㄨˇ hu³ コ、とら
小篆 小篆 古文 古文 草書 범호(猛獸山獸之君)。【易經】雲從龍風從ー。

三畫

【虐】(학) 藥 ギャク、しいたげる cruel ㄋㄩㄝˋ nüeh⁴ (本音「약」)
小篆 古文 草書 ❶사나울학, 혹독할학, 까다로울학(酷也苛也)。【書經】以敷ー于爾萬方百姓。❷해롭게할학(殘也)。【左傳】陵ー神主。

四畫

【虑】(필) 質 ヒツ、うれえる worry about
근심할필, 애탈필(愁也)。

【虒】(사) 支 シ、チ palace ㄙ ssŭ¹
小篆 草書 ❶뿔범사(委ー虎之有角者)。❷대궐이름사(ー祁)。❸땅이름사(地名)。

【[illegible]】(예) 紙 隊 ガイ、とらのさま tigerish
小篆 범의모양예(虎貌)。

【虓】(효) 肴 コウ、ほえる roar ㄒㄧㄠ hsiào¹
小篆 草書 범고함지를효(ー然虎怒聲)。【詩經】進厥虎臣闞如ー虎。

【虔】(건) 先 ケン、つつしむ sincerity ㄑㄧㄢˊ ch'ien²
小篆 草書 ❶정성건(恭敬)。【左傳】ー卜於先君。❷빼앗을건(强取)。【書經】奪攘矯ー。❸죽일건(ー劉殺也)。【左傳】ー劉我邊陲。

五畫

【[illegible]】(을) 物 ギツ、とらのさま (of a tiger)glare at
小篆 범이노려볼을(虎視貌)。

【處】㊀(처) 語 ㊁(처) 御 ショ、ところ place ;live ㄔㄨˇ ch'u³ ㄔㄨˋ ch'u⁴
小篆 草書 ㊀❶살처(居也)。【詩經】莫或遑ー。❷그칠처(止也)。【詩經】其後也ー。❸정할처(定也)。❹처치할처(ー置分別)。「如區ーー事用刑亦曰ー刑ー斬ー絞以法律」ー置曰ー分」。❺처자처, 처녀처(女未嫁)。❻구처할처(區ー)。㊁곳처(ー所)。【詩經】于時ーー。

【䖏】(처)『處』(前條)의 俗字

【虖】(호) 虞 コ、ク、あ、ああ phrase implying regret ㄏㄨ hu¹
小篆 草書 탄식할호(歎辭)。【漢書】嗚ー何施而臻此歟。(『呼·嘑』와 통함)

【虗】(허)『虛』(虍部 6畫)와 같음

【虙】(복) 屋 フク、とらのさま stately ㄈㄨˊ fu²
小篆 草書 ❶위엄스러울복(虎貌)。❷복희씨복(ー犧帝號)。【正韻】ー犧氏能馴ー犧姓也。❸성복(姓也)。(『宓』과 같음)

【虚】(허)『虛』(虍部 6畫)의 俗字

六畫

【虛】(허) 魚 キョ、コ、むなしい empty ;vain ㄒㄩ hsu¹
小篆 草書 ❶빌허, 헛될허(空也)。【禮記】執ー如執盈。❷다할허(罄也)。❸버금자리허(次也)。【晋語】實沉之ー晋人是居。❹약할허(弱也)。❺거짓말허(ー言)。❻하늘허(天空)。❼터허(故城)。【詩經】升彼ー矣。❽별이름허(宿名二十八宿之一)。

【虜】(로) 麌 リョ、ロ、とりこ catch alive ㄌㄨˇ lu³
小篆 草書 ❶사로잡을로(掠也)。【漢書註】生得曰ー斬得曰獲。❷종로(奴隷)。(『擄』와 같음)

【[illegible]】(은) 文 ギン、とらのこえ roar of a tiger
小篆 범의 소리은(虎聲)。

【[illegible]】(백) 錫 ベキ、しろいとら white tiger
小篆 흰범백(白虎)。

七畫

【䖒】(희) 支 キ、むかしのとうき antique earthenware ㄒㄧ hsi¹
小篆 옛날그릇희(古陶器)。

【[illegible]】(함) 感 カン、とら tiger
小篆 ❶범의소리함(虎聲)。❷범함(虎也)。

【虞】(우) 虞 グ、うれえる anxious ㄩˊ yü²
小篆 草書 ❶염려할우(艱ー慮也)。【孟子】有不ー之譽。❷추우짐승우(騶ー仁獸)。【詩】吁嗟乎騶ー。❸즐거울우(驩ー樂也)。【孟子】覇者之民驩ー如也。❹갖출우(備也)。【晋語】衛文公有邢翟之ー。❺그릇할우(誤也)。【詩】無貳無ー。❻편안할우(安也)。【國語】ー於湛樂。❼우제지낼우(葬後祭禮)。【禮】豈若速反而ー乎。❽우벼슬우(山澤官名)。【書】汝作朕ー。❾나라이름우(帝舜國號)。

【號】㊀(호) 豪 ㊁(호) 號 ゴウ、さけぶ shout ;call ㄏㄠˊ hao² ㄏㄠˋ hao⁴
小篆 草書 ㊀❶부르짖을호(大呼)。【詩】式ー式呼。❷엉엉울호(大哭)。【易】先ー咷而後笑。❸닭울호(鷄鳴)。【晋書】鷄始三ー。❹오호활호(烏ー弓名)。(『謕·嗥』와 통함) ㊁❶부를호(召也)。【齊語】使周遊四方以ー召天下之賢士。❷호령할호(ー令)。【易】渙汗其大ー。❸이름호(名稱)。「如國ー謚ー人之字亦曰ー」。(『號·唬』와 같음)

八畫

【虝】(호) 虞 コ、まだみない invisible
보지못할호(不見)。

【虡】(거) 語 キョ、ゴ、かねかけだい bar for hang a bell ㄐㄩˋ chü⁴ 小篆 或體 篆文 草書 쇠북틀설주거(栒ㅣ 栒名)。【詩】ㅣ業維樅。(『簴』와 같음)

九畫

【虢】(괵) 陌 カク、くに state ㄍㄨㄛˊ kuo² 小篆 草書 괵나라괵(國名)。【廣韻】周封ㅣ仲于西ㅣ。

【虣】(포) 號 ホウ、ボウ、あらい wild; rough ㄅㄠˋ pao⁴ 小篆 草書 ❶사나울포(强侵虐也猛也)。【漢書】作威ㅣ害。❷급할포(急也)。❸벼슬이름포(周官名司ㅣ)。(『暴』와 통함)

十畫

【虤】(현) 銑 ケン、とらがいかる (of a tiger)get angry ㄧㄢˊ yen² 小篆 범성낼현(虎怒)。

【䖘】(도) 虞 ト、とら tiger ㄊㄨˊ t'u² 小篆 범도(烏ㅣ虎也)。【方言】虎或謂烏ㅣ。

【虥】(잔) 删 サン、とらのけ cut fur of a tiger ㄓㄢˋ chan⁴ 小篆 몽근털잔(ㅣ貓虎淺毛)。【爾雅】虎竊毛謂之ㅣ貓。

【䖙】(요) 嘯 ギョウ、おちつかない stagger 뒤뚱거릴요(ㅣ䖘不安)。【韓愈詩】我亦平行踏ㅣ䖘。

十一畫

【虧】(휴) 支 キ、かける break (古音「규」) 小篆 或體 草書 ❶이지러질휴(缺也)。【史記】月滿則ㅣ。❷덜릴휴(氣損少也)。【易】天道ㅣ盈而益謙。

【虨】(반) 删 ハン、とらのあや tiger pattern 小篆 범의문채반(虎文)。

十二畫

【䖛】(오) 虞 ウ、とら tiger 범오(虎也ㅣ菟)。

【䖒】(호) 號 コウ、どかま earthen cauldron 小篆 흙가마호(土釜)。

【䖓】(휴)『虧』(11畫 虍部)와 같음

【虩】(혁) 陌 ケキ、おそれる fearful ㄒㄧˋ hsi⁴ 小篆 草書 ❶눈휘둥그레할혁(ㅣㅣ恐懼貌)。❷거미혁(蠅虎蟲)。

十四畫

【䖜】(은) 眞 ギン、あらそうこえ 小篆 ❶범싸우는소리은(兩虎爭聲)。❷입김내보낼은(口氣出)。

【䖂】(격) 陌 ケキ、おそれる fear 두려워할격(恐也)。

十五畫

【䖕】(혁) 陌 カク、とらのこえ roar of a tiger (本音「객」) 小篆 범의소리혁(虎聲)。

二十畫

【虪】(숙) 屋 シュク、くろとら black tiger ㄕㄨˋ shu⁴ 小篆 검은범숙(黑虎)。

虫 部

【虫】㊀(훼) 尾 キ、チュウ、むし insect ㊁(충)〔蟲音〕 ㄏㄨㄟˇ huei³ 小篆 草書 ㊀벌레훼(鱗介總名)。【佩觿集】蛇ㅣ之ㅣ爲蟲豸非是。㊁뜻은 ㊀과 같음。

一畫

【虬】(규)『虯』(2畫 虫部)와 같음

二畫

【虯】(규) 尤 キュウ、みずち dragon ㄑㄧㄡˊ ch'iu² 小篆 草書 ❶뿔없는용규(龍之無角者)。【楚辭】焉有ㅣ龍負熊以遊。❷굼틀거릴규(蚴ㅣ蟠形)。【樂觀賦】有仙駕雀其形蚴ㅣ 騎驢馳射狐兎驚走。(『虬』와 같음)

【虰】㊀(정) 靑 テイ、とんぼ dragon-fly ㄉㄧㄥ ting¹ ㊁(증) 庚 ㊀잠자리정(蜻蜓ㅣ蛵)。㊁개미증(螘也蟹ㅣ)。

【虱】(슬)『蝨』(9畫 虫部)과 같음

【䘌】(닉) 職 ジョク、むしがくうやまい worm-eaten disease 벌레먹는병닉(蟲食病)。

三畫

【虳】㊀(굴) 物 クツ、テキ、ねずみ rat ㊁(적) 錫 ㊀쥐굴(鼠也)。㊁뜻은 ㊀과 같음。

【虴】(택) 陌 タク、いなご locust 小篆 베메뚜기택(虴蜢、一名稻蝱)。

【虵】(사)『蛇』(5畫 虫部)의 俗字

【虶】(우) 虞 ウ、げじげじ millipede 그리마우、치자리우(蚰蜒蚨ㅣ)。

【虷】(간) 寒 カン、ぼうふり wriggler (本音「한」) 草書 ❶범할간(犯也)。【漢書】白虹ㅣ日。❷장구벌레간(井中赤蟲)。【莊子】還ㅣ蟹與科斗莫吾能若也。

【虸】(자) 紙 シ、いなむし cicadula viridis 草書 자방벌레자(ㅣ蚄害稼蟲)。【唐書】楡關ㅣ蚄蟲害稼。

【虮】(올) 月 ゴツ、かに crab 게올(蛤蟹)。

【虹】㊀(홍) 東 コウ、にじ rainbow ㄏㄨㄥˊ hung² ㊁(강) 絳 ㊂(공) 送 ㊃(항) 江

小篆 籒文 籒文 草書 ㊀무지개홍(蝃蝀)。【禮】季春ㅡ始見孟冬ㅡ藏不見。㊁골이름강(泗州縣名)。㊂뜻은 ㊁와 같음。㊃❶어지러울항、무너질항(潰也)。【詩】彼童而角實ㅡ小子。❷칼이름항(劍名流彩ㅡ)。

【𧈧】(홍)『虹』(夾條)과 같음

【蚩】(천)銑 テン、むしがのびゆく wriggle 小篆 벌레굼틀거릴천(蟲曳行)。【晉書】指禿腐骨不簡ㅡ儁。

【虻】(맹)庚 ボウ、あぶ gadfly 등에맹(蚊ㅡ齧人飛蟲)。(『䖟』과 같음)

【虺】㊀(훼)尾 キ、カイ、まむし viper ㊁(회)灰 ㄏㄨㄟˇ huei³ 小篆 草書 ㊀❶이무기훼(蛇虺)。【詩】維ㅡ維蛇女子之祥。❷적은배암소리훼(ㅡㅡ小蛇聲)。【詩】ㅡㅡ其雷。㊁비루먹을회(ㅡ隤馬病)。【詩】我馬ㅡ隤。(『瘣』와 같음)

【䖟】(맹)『虻』(前前條)과 같음

【虽】(수)『雖』(隹部 9畫)와 같음

四畫

【蚄】(방)陽 ボウ、いなむし cicadula viridis ㄔˋ ch'ih³ 草書 자방벌레방(蚄ㅡ害稼蟲)。

【蚇】(척)陌 セキ、しゃくとりむし looper 자벌레척(ㅡ蠖屈伸蟲)。

【蚊】(문)文 ブン、モン、か mosquito ㄨㄣˊ wen² 小篆 或體 或體 草書 모기문(齧人飛蟲蚋也)。【莊子】ㅡ虻噆膚則通昔不寐矣。

【蚋】(예)霽 ゼイ、ぬかが mosquito 草書 모기예(蠅ㅡ)。【孟子】蠅蚋姑嘬之。(『蜹』와 같음)

【蚌】(방)講 ホウ、ボウ、どぶがい shellfish ㄅㄤˋ pang⁴ 小篆 草書 조개방(蛤屬含漿)。【吳都賦】ㅡ蛤珠胎與月虧全。(『蜯』과 같음)

【蚏】(월)月 エツ、こがに small crab 방게월(似蟹而小)。(『䖡』과 같음)

【蚍】(비)支 ヒ、おおあり Hercules ant ㄆㄧˊ p'i² 小篆 或體 草書 왕개미비(ㅡ蜉蟻之大者)。

【蚐】(균)眞 キン、やすで galleyworm 노래기균(臭蟲馬蚿)。

【蚑】(기)支 キ、はう wriggle ㊁寘 ㄑㄧˊ ch'i² 小篆 草書 ❶굼실거릴기(ㅡㅡ蟲行貌)。【天地賦】ㅡ行蠕動方聚類分。❷장기벌레기(長ㅡ蠨蛸別名)。

【蚓】(인)軫 イン、みみず earthworm ㄧㄣˇ yin³ 草書 지렁이인(蚯ㅡ一名土龍一名曲蟺)。【埤雅】蚯ㅡ土精無心之蟲與阜螽交。(『螾』과 통함)

【蚖】㊀(원)元 ㊁(완)寒 ゲン、ガン、いもり salamander ㄩㄢˊ yüan² 小篆 小篆 ㊀도룡뇽원(蠑ㅡ蜥蜴)。【說文】蠑ㅡ蛇醫以注鳴者。(『螈』과 같음) ㊁까치독사완(虺類毒蛇)。

【蚔】㊀(기)支 ㊁(지)紙 ギ、あおがえる tree frog 小篆 ㊀❶청개구리기(畫也)。❷등에기(土蝱)。㊁『蚳』와 같음。

【蚕】㊀(천)銑 ㊁(잠)覃 テン、みみず earthworm ㄘㄢˊ ts'an² 草書 ㊀지렁이천(寒蚓)。【爾雅】螼蚓蜸ㅡ。㊁『蠶』의 俗字

【蚒】(면)先 ベン、せみ cicada 小篆 매미면(蟬類)。

【蚗】㊀(결)屑 ㊁(열)屑 ケツ、みんみんせみ cicada ㄐㄩㄝˊ chüeh² (本音「열」) 小篆 ㊀쓰르라미결(蛥ㅡ蟬類)。㊁도룡뇽열(蛟也)。【史記】ㅡ龍伏之。

【蚘】㊀(회)灰 カイ、 ㊁(우)尤 ウ、はらのむし round worm ㊀회충회(人腹中長蟲)。(『蛔』와 같음) ㊁이름우(九黎君號蚩ㅡ)。(『尤』와 통함)

【蚙】(금)侵 キン、むしがつらなってゆく (of insects)go in a line 벌레가 줄지어 갈금(蟲連行貌)。【淮南子】昌羊去蚤虱而來ㅡ窮。

【蚚】(기)微 キ、よねむし rice-weevil ㄑㄧˊ ch'i² 小篆 쌀바구미기(米蠹)。

【蚜】(아)麻 ガ、あぶらむし Plant louse 草書 작은벌레아、진딧물아(小蟲)。

【蚝】(자)寘 シ、いらむし worm 갈래자(龍ㅡ斑蝥)。

【虺】(훼)(회)『虺』(虫部 3畫)의 本字

【蚞】(목)屋 ボク、せみ cicada ㄇㄨˋ mu⁴ 쓰르라미목(蛥蚗蜓ㅡ)。

【蚟】(왕)陽 オウ、こおろぎ cricket 귀뚜라미왕(蟋蟀ㅡ孫)。

【䖥】(뉵)屋 ジク、げじげじ millipede 지차리뉵、그리마뉵(蚰蜒ㅡ蚭)。

【蚠】(분)文 フン、ひとのな person's name 草書 사람이름분(人名伯ㅡ)。

【蚡】(분)文 フン、むぐらもち mole ㄈㄣˊ fen² 草書 두더쥐분(地鼠伯勞所化)。(『鼢』과 같음)

【蚣】㊀(공)東 コウ、むかで centipede ㊁(송)冬 ㄍㄨㄥ kung 草書 ㊀지네공(蜈ㅡ毒蟲)。㊁메뚜기송(ㅡ蝑蝗也)。(『蜙』과 같음)

【蚢】(항) 陽 コウ、かいこ silkworm ㄏㄤˊ hang² 쑥누에항(食蕭蠶)。

【蚨】(부) 虞 フ、みずむし water insect ㄈㄨˊ fu² 小篆 草書 물나비부(靑ー水蟲)。

【蚤】(조) 皓 ソウ、のみ flea ㄗㄠˇ tsao³ 小篆 或體 草書 ❶벼룩조(嚙人跳蟲)。〔莊子〕鴟鵂夜撮ー察毫末。❷일찍 조(早也)。〔孟子〕ー起施從良人之所之。(『爪』와 같음)

【蚦】(염) 鹽 ゼン、ネン、にしきへび big sanke ㄖㄢˊ jan² 小篆 草書 염뱀염, 먹는 구렁이염(大蛇可食尾圓無鱗身有斑文而似鼉)。〔唐書〕廣州土貢鼉甲ー蛇。

【蚧】(개) 卦 カイ、かい shellfish ㄐㄧㄝˋ chieh⁴ 草書 ❶조개개(燕雀所化)。〔大戴禮〕魚遊於水鳥飛於雲故冬燕雀入於海化而爲ー。❷동아뱀개(蛤ー)。〔元陳孚詩〕龍眼花開蛤ー鳴。

【蚩】(치) 支 シ、おろか foolish ㄔ ch'ih¹ 小篆 草書 ❶치벌레치(蟲名)。〔六書正譌〕凡無知者皆以ー名之。❷어리석을치(ーー愚貌)。〔詩〕氓之ーー。❸업신여길치(侮也)。❹별이름치(星名ー尤旗)。❺사람이름치(人名ー尤)。

五畫

【蚪】(두) 有 トウ、おたまじゃくし tadpole ㄉㄡˇ tou³ 草書 올챙이두(蝌ー聒子)。〔高陽氏書〕名蝌ー頭圓大而尾細古文似之故謂之蝌斗文。

【蚭】(니) 支 デイ、むしのな millipede 지차리니, 그리마니(蚰蜒蚰ー)。

【蚯】(구) 尤 キュウ、みみず earthworm ㄑㄧㄡ ch'iu¹ 草書 지렁이구(ー蚓土龍)。〔禮〕孟夏ー蚓出。

【⿱夗虫】(원) 元 エン、うごめく wriggle ㄨㄢ wan¹ ❶굼틀거리는 모양 원(盤旋貌)。❷지렁이 원(蚯蚓)。

【蚰】(유) 尤 ユウ、げじげじ millipede ㄧㄡˊ yu² 草書 땅지네유, 노래기유(ー蜒蚰蚭)。〔本草〕ー蜒長寸餘死亦蜷曲如環。

【蚱】(책) 陌 サク、いなご locust ㄓㄚˋ cha⁴ 草書 책맹벌레책, 메뚜기책(ー蜢蝗類)。

【蚲】(평) 庚 ヘイ、あぶ gadfly 등에평(䖟也)。

【蚳】(지) 支 チ、ありのたまご ant's spawn ㄔˊ ch'ih² 小篆 籀文 古文 草書 개미알 지, 왕개미알젓지(ー醢蚍蜉子即蛾卵)。〔周禮〕ー醢。〔疏〕謂蛾之子取白者以爲醢。

【蚴】(유) 有 ユウ、うねりくねる wriggle 草書 굼틀거릴유(ー蟉龍貌)。〔上林賦〕靑龍ー蟉於東廂。

【蚵】(가) 歌 カ、とかげ lizard (本音「하」) 도마뱀가(蜥蜴)。

【蚶】(감) 覃 カン、あかがい ark shell ㄏㄢ han¹ 草書 살조개감, 강요주감(蚌屬魁陸)。〔江賦〕洪ー專車。

【蚷】(거) 語 キョ、やすで flat millipede ㄐㄩˋ chü⁴ 草書 마현벌레거(商ー馬蚿蜾)。〔莊子〕猶猴蛟負商ー馳河也。

【蚸】(력) 錫 レキ、むしのな grasshopper ㄌㄧˋ li⁴ 가늘고긴메뚜기력(細長螽蟿ー)。

【蚹】(부) 遇 フ、へびのうろこ scale ㄈㄨˋ fu⁴ 草書 ❶뱀의배비늘 부(蛇腹下橫鱗)。〔莊子〕吾待蛇ー蜩翼耶。❷달팽이부(蝸牛)。〔爾雅〕ー蠃螔蝓。

【蚺】(염)『蚦』(虫部4畫)의 俗字

【蚿】(현) 先 ゲン、やすで flat millipede ㄒㄧㄢˊ hsien² 草書 그리마 현(馬ー蟲名)。〔博物志〕百足一名馬ー中斷成兩段各行而去。〔莊子〕夔憐ーー憐蛇。

【蚻】(찰) 黠 サツ、せみ cicada 쓰르라미찰(小蟬)。〔孟郊詩〕始去杏飛蜂及歸柳蜥ー。

【蚼】(구) 有 ク、あり ant 小篆 ❶개미구(蟻也蚍蜉)。❷사람잡아먹는개구(犬名)。

【⿰虫出】(굴)『⿰虫屈』(虫部8畫)과 같음

【⿰虫旦】(철)『蜇』(虫部7畫)과 같음

【蛀】(주) 遇 ジュ、きくいむし tree-moth ㄓㄨˋ chu⁴ 草書 나무좀주(食木蟲)。〔本草〕木蠹蟲亦名ー蟲。

【蛁】(조) 蕭 チョウ、みんみんぜみ Tanna japonensis 小篆 草書 쓰르라미 조, 참매미 조(蛄也ー蟧)。

【蛩】(공)『蛬』(虫部6畫)의 俗字 キョウ、こがねむし may-beetle

【蛂】(별) 屑 ㄅㄧㄝˊ pieh² 풍뎅이별(甲蟲蟦蛂)。

【蛃】(병) 梗 ヘイ、しみ white moth 흰좀병(白蟫)。〔爾雅註〕衣書中蟲一名ー魚。

【蛄】(고) 虞 コ、なつぜみ cicada 小篆 草書 ❶도르래고, 하늘밥도둑고(螻ー穴蟲)。〔爾雅疏〕鼠蔡邕以爲螻ー。❷쓰르라미고(蟪ー蟬屬)。〔莊子〕蟪ー不知春秋。

【蛅】(염) 鹽 セン、けむし caterpillar 小篆 草書 쐐기염(蛓也ー蟖)。

【蛆】(저) 魚 ショ、うじ ㄐㄩ chü¹ maggot ❶구더기저(蠅乳肉中蟲)。 ❷지네저(蝍－蜈蚣)。〔關尹子〕蝍－食蛇蛇食蛙蛙食蝍－互相食也。

【蛇】㊀(이) 支 ㊁(타) 歌 ㊂(사) 麻 ジャ、ダ、へび ㄕㄜˊ shê² snake ㊀든든할이(委－自得貌)。〔詩〕委－委－。㊁❶뜻은㊀과 같음。 ❷이무기타(虺屬)。〔詩〕維虺維－。㊂❶배암사(毒蟲)。〔埤雅〕牛以鼻聽－以眼聽。 ❷별이름사(玄武宿騰－)。

【蛈】(철) 屑 テツ、くも ㄊㄧㄝ t'ieh⁴ spider ❶도르래철(蛈蟷－母)。 ❷땅거미철(土蛈)。

【蛉】(령) 靑 レイ、とんぼ ㄌㄧㄥˊ ling² red dragon-fly ❶고추잠자리령(蜻－赤卒)。 ❷뽕나무벌레령(螟－桑蟲)。〔詩〕螟－有子 蜾蠃負之。

【蚩】(자) 支 シ、むしのな worm 벌레 이름자(蟲名)。〔集韻〕－、蟲、似蟬。 (『蠀』와 통함)

【蛋】(단) 翰 タン、たまご ㄉㄢˋ tan⁴ birds' egg 새알단(鳥卵)。

六畫

【蛕】(회) 灰 カイ、はらのむし ㄏㄨㄟˊ huei² round worm 회회、거위회(腹中蟲)。

【蛑】(모) 尤 ボウ、がざみ ㄇㄡˊ mou² big crab (本音은「무」) 큰게모(蝤－大蟹)。〔續博物志〕蝤－大有力能與虎鬪。

【蛓】(자) 寘 シ、けむし ㄘˋ tz'ŭ⁴ caterpillar 쐐기자(毛蟲)。〔王逸九思〕－緣兮我裳。(『蠀』와 같음)

【蛔】㊀(회) 灰 ㊁(회) 賄 カイ、はらのむし ㄏㄨㄟˊ huei² round worm ㊀회회、거위회(腹中蟲)。(『蛕』와 같음) ㊁흙벌레 회(土蟲)。

【蛘】(양) 陽 ヨウ、かゆい itch ❶근질근질할양(痒也)。 ❷바구미양(强－)。

【蛙】㊀(왜) 佳 ㊁(와) 麻 ワ、ワイ、かえる ㄨㄚ wa¹ frog ㊀❶개구리왜(蝦蟇)。〔尹文子〕路逢怒－而軾之。 ❷음란한소리왜(淫聲)。〔漢書〕紫色－聲。 ㊁뜻은 ㊀과 같음。

【蛚】(렬) 屑 レツ、こおろぎ ㄌㄧㄝˋ lieh⁴ cricket 귀뚜라미렬(蜻－蛩也)。

【蛛】(주) 虞 チュ、くも ㄓㄨ chu¹ spider 거미주(蜘－網蟲)。〔關尹子〕聖人師蜘－立網罟。

【蛜】(이) 支 イ、わらじむし ㄧ sow-bug 쥐며느리이 (－蝛鼠婦)。〔詩〕伊威在室。(『伊』와 통함)

【蛝】(한) 刪 カン、ありたまご ㄒㄧㄢˊ hsien² egg of ant 왕개미알한(大蟻蚳蜉子)。

【蛡】(익) 職 ヨク、はう crawl ❶벌레길익(蟲之匍行)。 ❷봉방익(蜂房)。

【蛞】(활) 曷 カツ、なめくじ ㄎㄨㄛˋ k'uo⁴ snail (本音「괄」) ❶집없는달팽이활、알달팽이활(蝸牛無殼蝓)。 ❷올챙이활 (蝌蚪－也)。

【蛟】(교) 肴 コウ、みずち ㄐㄧㄠ chiao¹ dragon 도롱룡 교(龍屬)。〔禮〕季夏命漁師伐－。

【蛣】(길) 質 キツ、くそむし ㄐㄧㄝˊ chieh² sacred scrabs ❶말똥굴이길(－蜣啖糞蟲)。〔莊子〕－蜣之智在乎轉丸。 ❷방게길(蟝－蟹奴)。〔江賦〕蟝－腹蟹。

【蛤】(합) 合 コウ、はまぐり ㄍㄜˊ kê²·³ clam 조개합(蚌屬)。〔禮〕雀入大水爲－。

【蛥】(설) 屑 セツ、せみ cicada 쓰르라미설、털매미설(蟬類－蚗)。

【蛇】(차) 禡 タ、くらげ ㄓㄚˋ cha⁴ jelly-fish 해파리차(水母形如羊胃無目以鰕爲目)〔爾雅〕－生東海正白濛濛如沫又如凝血縱廣數尺有智識無頭目處所故不知避人衆鰕附之隨故江賦曰水母目鰕。(『蛇』와 같음)

【蛧】(망) 養 ボウ、すだま ghost 도깨비망(－魎)。

【蚰】(곤) 元 コン、むし ㄎㄨㄣ k'uen¹ worms and insects 벌레곤(蟲之總名)。

【蛩】(공) 冬 キョウ、こおろぎ cricket ❶공공이공(－－獸名)。〔山海經〕狀如馬名曰－－一走百里。 ❷귀뚜라미공(蟋蟀)。

【蛪】(얼)『蜺』(虫部 8畫)과 같음

【蛮】(만)『蠻』(虫部 19畫)의 略字

【蛬】(공) 冬 キョウ、こおろぎ ㄍㄨㄥˇ kung³ cricket 귀뚜라미공(蟋蟀)。〔蠡海集〕－近陰依於上以陽而爲聲。

【蛭】(질) 質 チツ、シツ、ひる ㄓˋ chih⁴ leech ❶서캐질(蟣也)。 ❷거머리질(血食蟲馬蜞)。〔劉向新序〕楚惠王食寒菹而得－因遂呑之腹有疾而不能食。

【蚈】(견) 先 ケン、ほたる fire fly 반딧불견(蟲名螢火)。〔呂氏春秋〕腐草化爲螢ー。

七畫

【蛵】(형) 靑 ケイ、とんぼ dragonfly 잠자리형(蜻蛉、虰ー)。

【蛸】㊀(소) 肴 ショウ、あしたかぐも logicorn beetle ㊁(소) 蕭 ㄕㄠ shao¹ ㊀연가시알집 소(螵ー桑蟲)。〔爾雅〕不過當蠰其子蜱ー。㊁거미알소(蠨ー蟏子)。〔詩〕ー在戶。

【蛶】(렬) 屑 レツ、とかげ insect ㄌㄧㄝˋ lieh⁴ 벌레이름렬(蟲名)。

【蛫】(회) 灰 カイ、もぐら mole ❶돼지땅뒤질회(豕掘地)。❷땅두더지회(蝟也)。

【蛷】(구) 尤 キュウ、げじげじ millipede 그리마구(ー螋多足蟲)。〔韓愈詩〕蜿垣亂ー蝖。

【蜈】(오) 虞 ゴ、むささび centipede 지네오(蜈蚣)。

【蛹】(용) 腫 ヨウ、さなぎ pupa ㄩㄥˇ yung³ 번데기용(蠶化爲ーー化爲蛾繭蟲)。〔荀子〕ー以爲母。

【蛺】㊀(겹) 葉 キョウ、あげはのちょう butterfly ㊁(협) 洽 ㄐㄧㄚˊ chia² ㊀나비겹(ー蝶、野蛾)。〔本草〕ー蝶輕薄夾翅而飛。㊁뜻은 ㊀과 같음。

【蛻】㊀(세) 霽 ゼイ、タイ、ぬけがら shell of a cicada ㊁(태) 泰 ㄕㄨㄟˋ shuei⁴ ㊀매미허물세、허물벗을세(蛇蟬所解皮)。〔神仙傳〕王方平死三日夜忽失其屍衣冠不解如蛇耳。㊁뜻은 ㊀과 같음。

【蛼】(차) 麻 シャ、かいのな clam ㄔㄜ ch'ê¹ 차오차、대합차(ー螯)。

【蛾】(아) 歌 ガ、ひむし silkworm moth ㄜˊ ê² ❶누에나비아(ー羅蠶蛹所化)。〔埤雅〕繭生ーー生卵。❷나비눈섭아(ー眉)。〔詩〕螓首ー眉。

【蛘】㊀(양) 陽 ヨウ、かゆい itch ㊁(미) 紙 ㊁쌀바구미미(米中小黑甲蟲)。㊀『蛘』과 같음。

【蜀】(촉) 沃 ショク、あおむし green caterpillar ㄕㄨˇ shu³ ❶촉규화벌레촉、해바라기벌레촉(葵中蟲)。〔淮南子〕蠶與ー狀相類而愛憎異也。❷큰닭촉(大鷄)。〔韻會〕鷄大者謂之ー鷄。❸땅이름촉(地名)。

【蜁】(선) 先 セン、かい top shell 소라선(ー蝸、螺也)。〔江賦〕鸚螺蜁蝸。

【蜂】(봉) 冬 ホウ、はち bee ㄈㄥ fêng¹ 벌봉(螫人飛蟲)。(『蠭』과 같음)

【蜃】(신) 軫 シン、おおがい clam ㄕㄣˋ shen⁴ ❶큰조개신(大蛤)。(氣를 吐하면 樓臺가 나타난다 함)。〔述異記〕黃雀秋化爲蛤春復爲黃雀五百年爲ー蛤。❷이무기신(蛟之屬)。〔本草〕ー其狀亦如蛇而大有角如龍狀紅鬣腰以下鱗盡逆食燕子能吁氣成樓臺城郭之狀將雨即見名ー樓亦曰海市。❸술잔신。(蜃❶을 그린 제사 때 쓰는 잔)。

❶蜃(古今圖書集成)❷蜃(三才圖會)❸蜃(三禮圖)

【蜄】㊀(신) 震 シン、うごく move ㊁(신) 軫 ㊀움직일신(動也)。〔史記〕辰者言萬物之ー也。㊁『蜃』과 같음。

【蜆】(현) 銑 ケン、みのむし corbicula ㄒㄧㄢˇ hsien³ ❶가막조개현(小蛤)。〔隋書〕劉臻好啖ー以父諱顯因呼ー爲扁螺。❷호수이름현(湖名)。

【蜇】(철) 屑 テツ、さす sting ㄓㄜˊ chê² 벌레쏠철(螫也)。〔柳宗元文〕ー吻裂鼻。

【蜈】(오) 虞 ゴ、むかで centipede ㄨˊ wu² 지네오(ー蚣、毒蟲)。

【蜌】(폐) 薺 ヘイ、まてがい sea mussel 홍합폐(海ー淡菜、一名東海夫人)。

【蜉】(부) 尤 フ、かげろう dayfly ㄈㄨˊ fu² ❶왕개미부(蚍ー大蟻)。〔韓愈詩〕蚍ー撼大樹可笑不自量。❷하루살이부(ー蝣渠略)。〔赤壁賦〕寄ー蝣於天地。

【蜊】(리) 支 リ、しおふき shellfish ㄌㄧˊ li² 참조개리(蛤ー海蚌)。〔南史〕不知許事且食蛤ー。

【蜋】㊀(랑) 陽 ロウ、かまきり mantis ㊁(량) 陽 ㄌㄤˊ lang² ㊀버마재비랑(螳ー臂有斧)。〔史記〕螳ー抱蟬黃雀在後。㊁말똥구리량(蜣ー轉丸蟲)。

【蜍】㊀(서) 魚 ショ、ひきがえる toad ㊁(여) 魚 ㄔㄨˊ ch'u² (古音「서」) ㊀두꺼비서(蟾ー蝦蟇)。〔本草〕蕭炳曰腹下有丹書八字者眞蟾

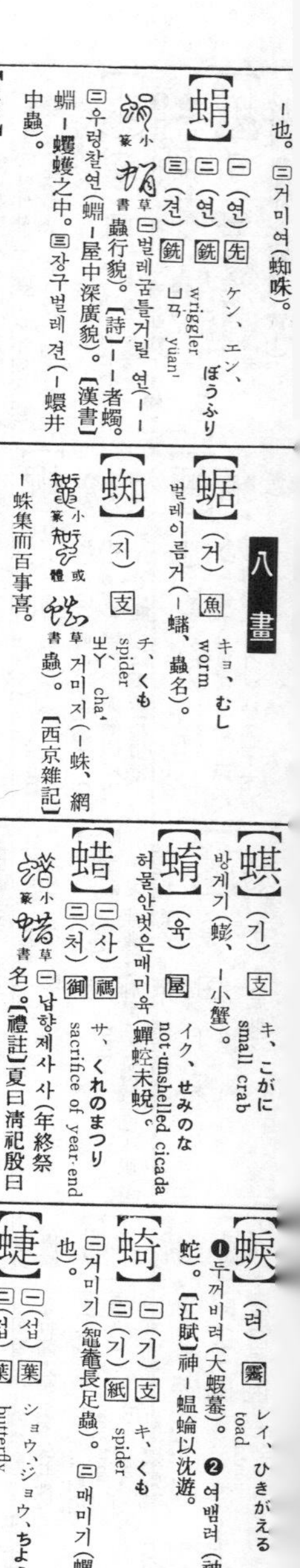

ㅣ也。㊂거미여(蜘蛛)。

【蜎】㊀(연)先 ㊁(연)銑 ㊂(견)銑 ケン、エン、ぼうふり wriggler ㄩㄢ yüan^1
小篆 草書 ㊀벌레굼틀거릴 연(ㅣㅣ蟲行貌)。【詩】ㅣㅣ者蠋。㊁우렁찰연(蜎ㅣ屈中深廣貌)。【漢書】蜎ㅣ蠖蠖之中。㊂장구벌레 견(ㅣ蠉井中蟲)。

【蜏】(유)宥 ユウ、かげろう dayfly
하루살이유(蜉蝣)。

【蜐】(겁)葉 キョウ、かめのて feet of a tortoise
草書 거북손겁(石ㅣ)。

【蜑】(단)旱 タン、えびす southern savage ㄉㄢ tan^4
小篆 草書 남녘 오랑캐 단(南方夷)。【晋書】天門ㅣ蠻屬。

【蜒】(연)先 エン、やもり centipede ㄧㄢ yen^2
草書 ❶방지네연(蚰ㅣ、百足蟲)。❷굼틀거릴연(蜿ㅣ、龍貌)。❸짐승이름연(獸名蝘ㅣ)。

【蜓】㊀(전)銑 ㊁(정)青 テン、テイ、とんぼ dragon-fly ㄊㄧㄥ t'ing^2
小篆 草書 ㊀도마뱀전(蝘ㅣ蛇屬)。㊁잠자리정、발가숭이정(蜻ㅣ赤卒)。

【蜹】(제)齊 テイ、せみ cicada
매미제(蟬屬)。

八畫

【蜛】(거)魚 キョ、むし worm
벌레이름거(ㅣ蠩、蟲名)。

【蜘】(지)支 チ、くも spider ㄓㄚ cha^4
小篆 或體 草書 거미지(ㅣ蛛、網蟲)。【西京雜記】ㅣ蛛集而百事喜。

【蜙】(송)冬 ショウ、きりぎりす grasshopper
小篆 或體 베짱이 송(ㅣ蝑、蝗類)。【酉陽雜俎】ㅣ蝑蝗鳴。

【蜚】㊀(비)微 ㊁(비)尾 未 ヒ、あぶらむし may-beetle ㄈㄟ fei^3
小篆 或體 草書 ㊀떡풍뎅이 비(臭惡之蟲)。【漢書】有ㅣ有蜮不言災者氣所生所謂眚也。㊁❶메까치 비(負阜螽)。❷짐승 이름비(蠬蜚)。

(山海經圖)㊁蜚

【蜜】(밀)質 ミツ、みつ honey ㄇㄧ mi^4
小篆 或體 草書 꿀 밀(蜂甘飴)。【楚辭】瑤漿ㅣ勺。

【蜣】(강)陽 キョウ、くそむし sacred scarabs ㄑㄧㄤ ch'iang^1
말똥구리강(蛣ㅣ、轉丸蟲)。

【蜝】(기)『蜞』(次條)와 같음

【蜞】(기)支 キ、こがに small crab
방게기(蟛、ㅣ小蟹)。

【蜟】(육)屋 イク、せみのな not-unshelled cicada
허물안벗은매미육(蟬蛇未蛻)。

【蜡】㊀(사)禡 ㊁(저)御 サ、くれのまつり sacrifice of year-end
小篆 草書 ㊀납향제사 사(年終祭名)。【禮註】夏日淸祀殷日嘉平周日ㅣ秦日臘。㊁쉬저(蠅蛆)。

【蜥】(사)禡 シャ、かにのしおから pickled crabs
게젓사(蟹醢)。

【蜢】(맹)梗 ボウ、モウ、いなご locust ㄇㄥ mêng^3
小篆 草書 메뚜기맹(蚱ㅣ蝗類)。【本草】蟲蟲一名蚱ㅣ。

【蜥】(석)錫 セキ、とかげ lizard ㄒㄧ hsi^1
小篆 草書 도마뱀석(ㅣ蜴蛇醫)。【說文】在草曰ㅣ蜴在壁曰蝘蜓。

【蜦】(륜)眞 リン、うねりゆく crawl
小篆 或體 기어갈륜(蝹ㅣ行貌)。【江賦】神蜧蝹ㅣ以沈遊。

【蜪】(도)豪 トウ、いなごのこ grasshopper ㄊㄠ t'ao^2
메뚜기새끼도(蝗子、蝮ㅣ)。

【蜩】(조)蕭 チョウ、せみ cicada ㄊㄧㄠ t'iao^2
小篆 或體 草書 말매미 조(螗ㅣ蟬也)。【詩】五月鳴ㅣ。

【蜧】(려)霽 レイ、ひきがえる toad
❶두꺼비려(大蝦蟇)。❷여뱀려(神蛇)。【江賦】神ㅣ蝹蜦以沈遊。

【蜻】㊀(기)支 ㊁(기)紙 キ、くも spider
㊀거미기(蠾蝓長足蟲)。㊁매미기(蟬也)。

【蜨】㊀(섭)葉 ㊁(접)葉 ショウ、ジョウ、ちょう butterfly
㊀나비섭(蛺ㅣ蟲名)。㊁뜻은『蝶』과 같음。

【蜫】(곤)元 コン、むし insect
벌레곤(蟲也)。(『昆』과 같음)

【蜲】(답)合 トウ、よねむし beetle
❶박정벌레답(蚌也、ㅣ蟽)。❷작은등에답(小虻蟲)。

【蜭】(함)感 カン、けむし caterpillar
小篆 쐐기함(毛蠹)。

【蜯】(방)『蚌』(虫部4畫)과 같음

【蜮】(역)職 イキ、いさごむし caddis worm ㄩ yü^4
小篆 或體 草書 물여우 역(短狐一名射影人影見水中投影則殺之)。【詩】爲鬼爲ㅣ。

(三才圖會) 蜮

【蜸】㊀(잔)潸 ㊁(전)先 サン、やすで millipede

㊁노래기잔(蟲名、馬ㅣ)。 ㊂매미전(蟬也)。

【蛗】(부) 有 フ、いなご grasshopper 메뚜기부(ㅣ螽、蝗類)。

【蜚】(비) 微 ヒ、むしのな bug ㄈㄟ fei² 小篆 떡풍뎅이비、빈대비(蠦ㅣ、臭蟲)。

【蜱】(비) 支 ヒ、むしのな Gordius aqvaticus ㄆㄧ p'i² 小篆 或體 연가시새끼 비(ㅣ蛸、蟷蠰子)。【爾雅】不過蟷蠰其子ㅣ蛸。

【蜲】(위) 紙 イ、わらじむし sow-bug 草書 쥐며느리위(鼠婦、ㅣ蛷)

【蜵】(연) 先 エン、おおいなり dignified 草書 ❶우렁찰연(ㅣ蜎、深廣)。【漢書】ㅣ蜎蠖濩之中。❷벌레이름연(巧蟲名)。

【蜳】㊀(윤) 軫 ㊁(돈) 元 トン、むなさわぎ dizzy 草書 ㊀아찔할 윤(螴ㅣ氣不安定貌)。【莊子】螴ㅣ不得成。㊁뜻은 ㊀과 같음。

【蟑】(장) 陽 チョウ、げじげじ flat millipede ❶그리마장、치자리장(蚰蜒、ㅣ蠷)。❷【中字】바퀴장(ㅣ螂)。

【蛢】(병) 青 ヘイ、こがねむし gold beetle ㄆㄧㄥ p'ing² 小篆 풍뎅이병(蚗也、黃ㅣ)。

【蜴】㊀(역) 陌 ㊁(석) 錫 エキ、とかげ lizard ㄧˋ i⁴ (古音「역」) 草書 ㊀도마뱀역(蜥ㅣ、蝎虎)。【詩】哀今之人胡爲虺ㅣ。㊁속일석(欺也)。

【蜷】(권) 先 ケン、まげる shrink ㄑㄩㄢˊ ch'üan² 草書 움추릴권(蟲形屈曲不行貌)。【楚辭】ㅣ局顧而不行。

【蜸】(견) 銑 カン、ケン、かいこ silkworm ㄑㄧㄢˇ ch'ien³ ❶누에 견(蠶也)。❷지렁이견(蚯蚓)。

【蜻】(청) 庚 セイ、とんぼ dragon-fly ㄑㄧㄥ ch'ing¹ 小篆 草書 ❶귀뚜라미청(ㅣ蛚蟋蟀)。【張載詩】俯聞ㅣ蛚吟。❷잠자리청(ㅣ蛉胡離)。

【蜹】(예) 霽 ゼイ、ぶと rice-weevil ㄖㄨㄟˋ juei⁴ 小篆 草書 ❶바구미예、초파리예(醯鷄)。【荀子】醯酸而ㅣ聚焉。❷하루살이예(蠛蠓)。

【蜺】㊀(예) 齊 ㊁(얼) 屑 ゲイ、つくづくぼうし cicada 小篆 草書 ㊀말매미예(寒蜩)。【方言】蟬黑而赤者謂之ㅣ。㊁암무지개얼(虹ㅣ)。【漢書】抱珥垂ㅣ。

【蜽】(량) 養 リョウ、すだま female demon 小篆 草書 ❶망량벌레량(蝄ㅣ蟲名)。❷두억시니량(蝄ㅣ木石怪)。

【蜼】㊀(류) 紙 ㊁(유) 宥 イ、おながざる monkey ㄨㄟˋ wei⁴ 小篆 草書 ㊀짐승이름류(獸名似獼猴而尾歧)。【上林賦】ㅣ玃飛猵。㊁뜻은 ㊀과 같음。

蜼 (三才圖會)

【蜾】(과) 哿 カ、じがばち wasp ㄍㄨㄛˇ kuo³ 小篆 或體 草書 나나니벌 과(ㅣ蠃、細腰蜂無雌)。【法言】螟蛉之子殪而逢ㅣ蠃祝之曰類我類我久則肖之。

【蜿】㊀(원) 元 ㊁(완) 阮 エン、うねりゆく wriggle ㄨㄢ wan¹·³ 草書 ㊀굼틀거릴원(ㅣㅣ龍貌)。【西京賦】海鱗變而成龍狀ㅣㅣ以蝹。㊁❶굼틀거릴완(蟠ㅣ龍動)。❷설렁설렁걸을완(虎行貌)。【楚辭】虎豹ㅣ只。

【蝀】(동) 東 トウ、にじ rainbow 小篆 草書 무지개동(螮ㅣ虹也)。【詩】螮ㅣ在東。

【蝁】(악) 藥 アク、へび snake 小篆 악뱀악(虺屬)。【爾雅註】大眼有毒今淮南人呼ㅣ子。

【赨】(동) 冬 トウ、あかいろ red 小篆 붉을동(赤也)。

【蝃】(체) 霽 テイ、にじ rainbow ㄉㄧˋ ti⁴ 草書 무지개체(ㅣ蝀虹也)。【詩】ㅣ蝀在東。(『螮』와 같음)

【蝄】(망) 養 モウ、ボウ、すだま female demon ㄨㄤˇ wang³ 두억시니망、도깨비망(ㅣ蜽山川精物狀如小兒)。【南都賦】追水豹兮鞭ㅣ蜽。

【蝅】(잠)『蠶』(虫部18畫)의 略字

【蝳】㊀(독) 沃 ㊁(대) 隊 トク、くも spider ㄉㄞˋ tai⁴ ㊀❶거미독(ㅣ蜍、今之蜘蛛)。❷가리독(蝐也)。㊁거북이 대(龜也)。

九畫

【蝌】(과) 歌 カ、おたまじゃくし tadpole ㄎㄜ k'o¹ 草書 올챙이과(ㅣ蚪蛙子)。【李時珍曰】ㅣ蚪狀如河豚頭圓身上青黑色始出有尾無足稍大則足生尾脫。

【蝊】(천) 銑 セン、うごめく wriggle 벌레굼실거릴천(ㅣ蝡蟲動)。【莊子】喘耎之蟲肖翹之物莫不失其性。

【蝍】㊀(즉) 職 ㊁(즐) ショク、むかで centi-pede ㄐㄧˊ chi² 草書 ㊀지네즉(ㅣ蛆、蜈蚣)。㊁잠자리즐(飛蟲名)。

【蝎】㊀(갈) 曷 ㊁(할) 曷 カツ、きくいむし scorpion ㄏㄜˊ hê²

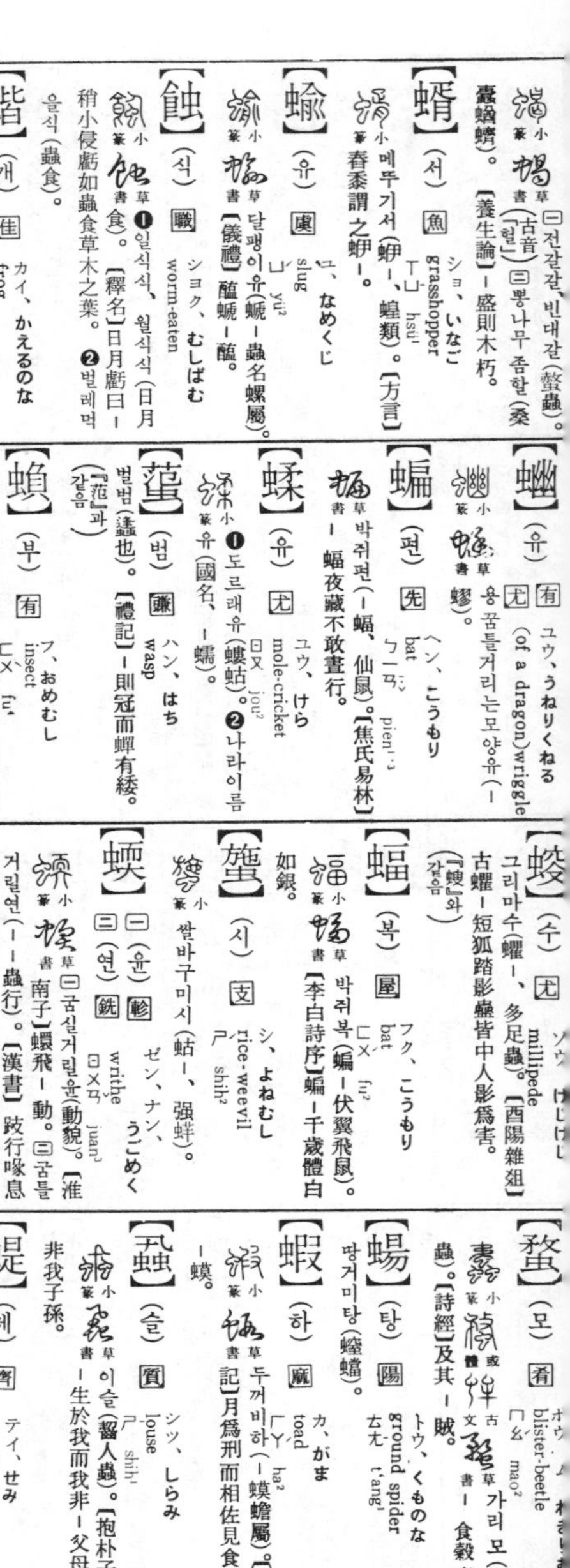

(小篆)(草書) ㊀전갈갈(蠆蟲)。(古音「헐」) ㊁뽕나무 좀 할(桑蠹蝎蟦)。【養生論】ㅣ盛則木朽。

【蝑】(서) 魚 ショ、いなご grasshopper ㄒㄩ hsü¹ (小篆) 메뚜기서(蚹ㅣ、蝗類)。【方言】春黍謂之蚹ㅣ。

【蝓】(유) 虞 ユ、なめくじ slug ㄩ yü² (小篆)(草書) 달팽이유(蝛ㅣ蟲名螺屬)。【儀禮】醢蝛ㅣ醢。

【蝕】(식) 職 ショク、むしばむ worm-eaten (小篆)(草書) ❶일식식、월식식(日月食)。【釋名】日月虧曰ㅣ稍小侵虧如蟲食草木之葉。❷벌레먹을식(蟲食)。

【蝔】(개) 佳 カイ、かえるのな frog ㄐㄧㄝ chieh¹ 참개구리개(雨蛙)。

【蝗】(황) 陽 コウ、いなご locust ㄕ shih¹ (小篆)(草書) 황벌레황(食苗蟲)。【禮記】蟲ㅣ爲災。

【蝘】(언) 阮 エン、やもり lizard ㄧㄢ yen³ (小篆)(或體)(草書) 도마뱀 언(ㅣ蜓、守客)。【揚雄解嘲】執ㅣ蜓而嘲龜龍不亦病乎。

【蝛】(위) 微 イ、わらじむし sow-bug (草書) 쥐며느리위(蚹ㅣ、鼠婦)。

【蚴】(유) 有 尤 ユウ、うねりくねる (of a dragon)wriggle (小篆)(草書) 용꿈틀거리는모양유(ㅣ蟉)。

【蝙】(편) 先 ヘン、こうもり bat ㄅㄧㄢ pien¹·³ (草書) 박쥐편(ㅣ蝠、仙鼠)。【焦氏易林】ㅣ蝠夜藏不敢晝行。

【蝚】(유) 尤 ユウ、けら mole-cricket ㄖㄡ jou² (小篆) ❶도르래유(螻蛄)。❷나라이름유(國名、ㅣ蠕)。

【范虫】(범) 豏 ハン、はち wasp 벌범(蠭也)。【禮記】ㅣ則冠而蟬有緌。(『范』과 같음)

【蝜】(부) 有 フ、おめむし insect ㄈㄨ fu⁴ (草書) 부판벌레 부(ㅣ蝂、善負小蟲)。【蝜蝂傳】ㅣ蝂者善負小蟲也行遇物輒取仰首負之雖困極不止。

【蝝】(연) 先 エン、いなむしのこ locust ㄩㄢ yüan² (小篆)(草書) 메뚜기새끼연(螽子、蝗類)。【春秋】冬ㅣ生。

【蝞】(미) 寘 ビ、えび prawn 새우미(蝦也、寄生龜甲蟲)。

【蝟】(위) 未 イ、はりねずみ hedgehog ㄨㄟ wei⁴ (草書) 고슴도치위(似鼠毛岐而刺如栗房)。【漢書】反者如ㅣ毛而起。

【蝬】(수) 尤 ソウ、げじげじ millipede 그리마수(蠼ㅣ、多足蟲)。【酉陽雜俎】古蠼ㅣ短狐踏影蠱皆中人影爲害。(『螋』와 같음)

【蝠】(복) 屋 フク、こうもり bat ㄈㄨ fu² (小篆)(草書) 박쥐복(蝙ㅣ伏翼飛鼠)。【李白詩序】蝙ㅣ千歲體白如銀。

【施虫】(시) 支 シ、よねむし rice-weevil ㄕ shih² (小篆) 쌀바구미시(蛄ㅣ、强蛘)。

【蝡】㊀(윤) 軫 ㊁(연) 銑 ゼン、ナン、うごめく writhe ㄖㄨㄢ juan³ (小篆)(草書) ㊀굼실거릴윤(動貌)。【淮南子】蝡飛ㅣ動。㊁굼틀거릴연(ㅣㅣ蟲行)。【漢書】跂行喙息ㅣ動之類莫不就安利避危殆。

【蝤】㊀(유) 尤 ㊁(추) 尤 ユウ、シユウ、かざみ crab ㄑㄧㄡ ch'iu² (小篆)(草書) ㊀큰게유(ㅣ蛑大蟹)。㊁나무 좀 추(ㅣ蠐木蟲)。【詩】領如ㅣ蠐。

【蝣】(유) 尤 ユウ、かげろう dayfly ㄧㄡ yu² (草書) 하루살이유(蜉ㅣ、渠略)。【詩】蜉ㅣ之羽衣裳楚楚。

【蝥】(모) 宥 ボウ、くも spider ❶거미모(蜘蛛)。❷벌레모(蛑蝥、蟲名)。

【蟊】(모) 肴 ボウ、… blister-beetle ㄇㄠ mao² (小篆)(或體)(古文)(草書) 가리 모(螌ㅣ食穀毒蟲)。【詩經】及其ㅣ賊。

【蝪】(탕) 陽 トウ、くものな ground spider ㄊㄤ t'ang¹ 땅거미탕(蛈蝪)。

【蝦】(하) 麻 カ、がま toad ㄏㄚ ha² (小篆)(草書) 두꺼비하(ㅣ蟆蟾蜍屬)。【史記】月爲刑而相佐見食于ㅣ蟆。

【蝨】(슬) 質 シツ、しらみ louse ㄕ shih¹ (小篆)(草書) 이슬(齧人蟲)。【抱朴子】ㅣ生於我而我非ㅣ父母ㅣ非我子孫。

【蝭】(제) 齊 テイ、せみ cicada 쓰르라미제(ㅣ蟧、蟬也)。【大戴禮】蟬也者ㅣ蟧也。

【蝮】(복) 屋 フク、まむし viper ㄈㄨ fu⁴ (小篆)(草書) 독사복(毒蛇)。【韓愈詩】ㅣ蛇生子時圻裂腸無肝。

【蝰】(규) 齊 ケイ、さなぎ pupa ❶번데기규(蠶蛹)。❷작은뱀규(虺ㅣ)。【本草】青ㅣ即竹根蛇。

【蝯】(원) 元 エン、てながさる monkey ㄩㄢ yüan² (小篆) 원숭이원(猱也、腕長猿)。

【蝱】(맹) 庚 ボウ、あぶ horse-fly ㄇㄥˊ mêng² 小篆 草書 등에맹(齧人飛蟲)。

【蝲】(랄) 曷 ラツ、むし insect ㄌㄚˋ la⁴ 벌레이름 랄(蟲名)。

【蝺】(우) 虞 グ、むし butterfly 草書 물나비우(蝺ㅣ青蚨)。〔酉陽雜俎〕蝺ㅣ形如蟬 其子 如蝦著草葉得其子則母飛來就之煎食辛而美。

【蝴】(호) 虞 コ、こちょう butterfly ㄏㄨˊ hu²·⁴ 草書 들나비호(蝶ㅣ、野蛾)。

【蝵】(추) 尤 シュウ、くも spider 거미추(蜘蛛)。

【蝶】(접) 葉 チョウ、ちょう butterfly ㄉㄧㄝˊ tieh² 草書 들나비접(蝴ㅣ、野蛾)。〔莊子〕烏足之根爲蠐螬其葉爲蝴ㅣ。〔齊物論〕莊周夢爲蝴ㅣ。

【蝸】㊀(왜) 佳 ㊁(와) 麻 カ、かたつむり snail (古音「과」) 小篆 草書 ㊀달팽이왜(瓜牛)。㊁달팽이 와(ㅣ牛陵螺)。㊂달 〔江賦〕鸚螺蜁ㅣ。

【蝹】(운) 眞 イン、ウン、うねりゆく wriggle 草書 용굼틀거릴운(ㅣㅣ、龍貌)。〔韓愈詩〕山磨電奕奕水淬龍ㅣㅣ。

【蝺】(구) 虞 ク、よい pretty 草書 어여쁠구(好貌)。〔呂氏春秋〕惠子之言ㅣ焉美無所用。

【蝼】(루)『螻』(虫部11畫)의 略字

十畫

【螂】(랑)『蜋』(虫部7畫)과 같음

【螃】(방) 陽 ホウ、どろがに small crab ㄆㄤˊ p'ang² 草書 방게방(ㅣ蜞、蟹屬)。

【螄】(사) 支 シ、にな、たにし top-shell ㄙ ssu¹ 草書 소라사(螺也)。

【螇】(해) 齊 ケイ、ばった grasshopper (本音「혜」) ㄒㄧㄚ hsia¹ 小篆 草書 방아깨비해(ㅣ蚸、似蚯蜓而細長)。〔鹽鐵論〕諸生獨不見委夏之ㅣ乎音聲入耳秋風而聲無。

【螈】(원) 元 ゲン、なつご summer silkworm ㄩㄢˊ yüan² 草書 ❶두벌누에원(晩蠶)。〔埤雅〕再蠶也 或曰 蠶不交而生者往往爲ㅣ蠶。❷도마뱀원(蠑ㅣ、蜥蜴)。

【螉】(옹) 東 オウ、じがばち bee 小篆 草書 가다리 옹(蠮ㅣ細腰蜂)。〔方言〕蠭燕趙閒謂蠓ㅣ其小者謂蠮ㅣ。

【蟀】(손) 元 ソン、こおろぎ cricket 귀뚜라미손(蟋蟀、ㅣ蛀)。

【𧍮】(지) 支 チ、ひる leech 거머리지(蛭也)。

【螌】(반) 刪 ハン、はんみょう spanish fly ㄆㄢ pan¹ 小篆 반묘반(ㅣ蝥、毒蟲)。〔本草〕一名斑貓長五六分黃足斑文鳥腹犬喙秋食豆花爲ㅣ蝥。

【融】(융) 東 ユウ、やわらぐ melting 小篆 籀文 草書 ❶화할융(和也)。〔左傳〕其樂也ㅣㅣ。❷밝을융(昭ㅣ明也)。〔詩經〕昭明有ㅣ。❸융통할융(ㅣ通)。❹부드러워질융(柔也)。〔左傳隱公元年〕其樂也ㅣㅣ。❺불길위로오를융(ㅣ散)。❻귀신의이름융(神名、祝ㅣ)。

【蝢】(합) 合 コウ、てんとうむし beetle (本音「갑」) 딱정벌레합(蚻也、蝤ㅣ)。

【螑】(후) 宥 キュウ、うごめく wriggle 草書 용이고개들고굼틀거릴후(螑ㅣ龍申頸行貌)。〔史記〕浦艾螑ㅣ。〔漢書音義曰〕螑ㅣ申頸低昂。

【蚳】(지) 支 チ、ありのたまご egg of an ant 개미알지(蟻卵)。

【螕】(비) 霽 ヘイ、だに mange 小篆 草書 비루비(牛蝨)。〔說文〕齧牛蟲也。

【蝹】(운)『蝹』(虫部9畫)과 같음

【螓】(진) 眞 シン、なつぜみ cicada ㄑㄧㄣˊ ch'in² 草書 매미진(似蟬廣額蟲名)。〔詩經〕ㅣ首蛾眉。

【螔】(이) 支 イ、かたつむり snail 草書 달팽이이(ㅣ蝓、蝸牛)。

【螖】(활) 黠 カツ、やどかり small crab ㄏㄨㄚˊ hua² 草書 방게활(ㅣ蠌小蟹)。〔韓愈詩〕水瀟雜鱣ㅣ。

【螗】(당) 陽 トウ、なつぜみ cicada ㄊㄤˊ t'ang² 草書 주발매미당(蜩也)。〔詩經〕如蜩如ㅣ。

【螘】(의) 紙 ギ、あり ant ㄧˇ i³ 小篆 草書 ❶말개미의(蚍蜉蟻也)。❷술구더기의(醪汁滓酒、浮ㅣ)。

【螝】(회) 隊 カイ、さなぎ silkworm 小篆 누에번데기회(蠶蛹)。〔柳宗元天對〕ㅣ蟜巳毒不以外肆。

【螛】(할) 曷 カツ、めをうごかしたをだす dragon ㄏㄜˊ hê² 용이 눈 굴리고 혀날름거릴할(龍搖目吐舌貌)。〔漢書〕蜓蠖蝎ㅣ容以骫麗兮。

【螞】(마) 馬 マ、バ、いなご locust ㄇㄚ ma¹·³·⁴ ❶말거머리마(馬蛭ㅣ蟥)。❷메뚜기마(ㅣ蚱)。

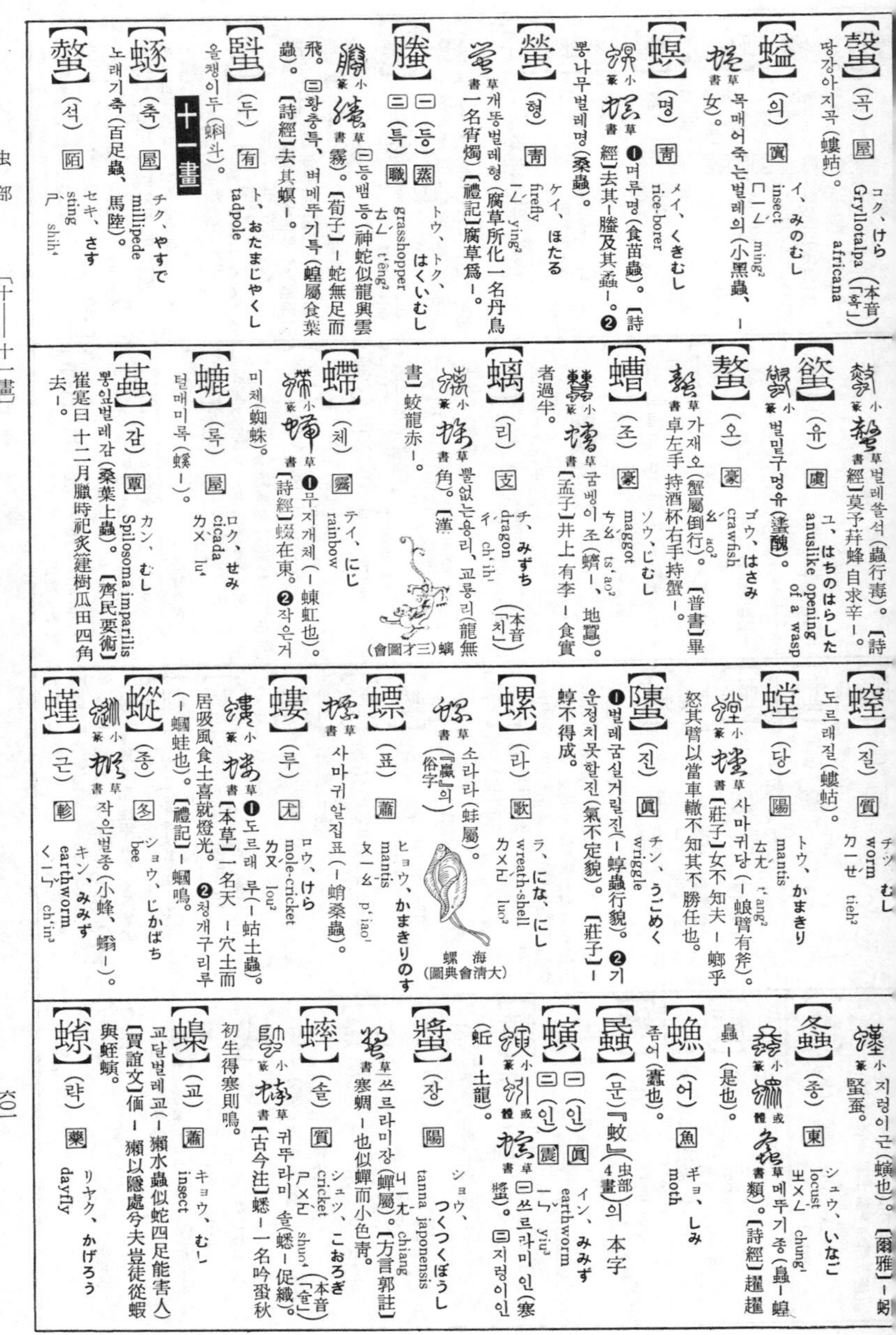

【螜】(곡) 屋 コク、けら Gryllotalpa africana (本音「혹」) 땅강아지곡(螻蛄)。

【螠】(의) 寘 イ、みのむし insect ㄇㄧㄥˊ ming² 草書 목매어죽는벌레의(小黑蟲、―女)。

【螟】(명) 靑 メイ、くきむし rice-borer 小篆 草書 ❶머루명(食苗蟲)。【詩經】去其―螣及其蟊―。❷뽕나무벌레명(桑蟲)。

【螢】(형) 靑 ケイ、ほたる firefly ㄧㄥˊ ying² 草書 개똥벌레형(腐草所化一名丹鳥一名宵燭)【禮記】腐草爲―。

【螣】㊀(등) 蒸 ㊁(특) 職 トウ、トク、はくいむし grasshopper ㄊㄥˊ t'êng² 小篆 草書 ㊀등뱀등(神蛇似龍興雲霧)。【荀子】―蛇無足而飛。㊁황충특、벼메뚜기특(蝗屬食葉蟲)。【詩經】去其螟―。

【蚪】(두) 有 ト、おたまじゃくし tadpole 올챙이두(蝌斗)。

十一畫

【蟵】(축) 屋 チク、やすで millipede 노래기축(百足蟲、馬陸)。

【螫】(석) 陌 セキ、さす sting ㄕˋ shih⁴ 小篆 草書 벌레쏠석(蟲行毒)。【詩經】莫予荓蜂自求辛―。

【螸】(유) 虞 ユ、はちのはらした anuslike opening of a wasp 小篆 벌밑구멍유(蠭醜)。

【螯】(오) 豪 ゴウ、はさみ crawfish ㄠˊ ao² 草書 가재오(蟹屬倒行)。【普書】畢卓左手持酒杯右手持蟹―。

【螬】(조) 豪 ソウ、じむし maggot ㄘㄠˊ ts'ao² 小篆 草書 굼벵이조(蠐―、地蠶)。【孟子】井上有李―食實者過半。

【螭】(리) 支 チ、みずち dragon ㄔ ch'ih¹ (本音「치」) 小篆 草書 뿔없는용리、교룡리(龍無角)。【漢書】蛟龍赤―。

螭 (三才圖會)

【螮】(체) 霽 テイ、にじ rainbow 小篆 草書 ❶무지개체(―蝀虹也)。【詩經】蝃在東。❷작은거미체(蜘蛛)。

【螰】(록) 屋 ロク、せみ cicada ㄌㄨˋ lu⁴ 털매미록(螇―)。

【⿱甚虫】(감) 覃 カン、むし Spilosoma imparilis 뽕잎벌레감(桑葉上蟲)。【齊民要術】崔寔曰十二月臘時祀炙箑樹瓜田四角去―。

【螲】(질) 質 チツ、むし worm ㄉㄧㄝˊ tieh² 도르래질(螻蛄)。

【螳】(당) 陽 トウ、かまきり mantis ㄊㄤˊ t'ang² 小篆 草書 사마귀당(―蜋臂有斧)。【莊子】女不知夫―螂乎怒其臂以當車轍不知其不勝任也。

【螴】(진) 眞 チン、うごめく wriggle ❶벌레굼실거릴진(―蜳蟲行貌)。❷기운정치못할진(氣不定貌)。【莊子】―蜳不得成。

【螺】(라) 歌 ラ、にな、にし wreath-shell ㄌㄨㄛˊ luo² 草書 소라라(蚌屬)。(『蠃』의 俗字)

海螺 (大淸會典圖)

【螵】(표) 蕭 ヒョウ、かまきりのす mantis ㄆㄧㄠ p'iao¹ 草書 사마귀알집표(―蛸桑蟲)。

【螻】(루) 尤 ロウ、けら mole-cricket ㄌㄡˊ lou² 小篆 草書 ❶도르래 루(―蛄土蟲)。【本草】一名天― ―穴土而居吸風食土喜就燈光。❷청개구리루(―蟈蛙也)。【禮記】―蟈鳴。

【⿰虫從】(종) 冬 ショウ、じかばち bee 小篆 草書 작은벌종(小蜂、螉―)。

【螼】(근) 軫 キン、みみず earthworm ㄑㄧㄣˇ ch'in³ 小篆 지렁이근(螾也)。【爾雅】―蚓豎蠶。

【螽】(종) 東 シュウ、いなご locust ㄓㄨㄥ chung¹ 小篆 或體 草書 메뚜기종(蟲―蝗類)。【詩經】趯趯蟲―(是也)。

【⿰虫魚】(어) 魚 ギョ、しみ moth 좀어(蠹也)。

【蟁】(문)『蚊』(虫部 4畫)의 本字

【螾】㊀(인) 眞 ㊁(인) 震 イン、みみず earthworm ㄧㄣˇ yin³ 小篆 或體 草書 ㊀쓰르라미 인(寒螿)。㊁지렁이인(蚯―土龍)。

【螿】(장) 陽 ショウ、つくつくぼうし tanna japonensis ㄐㄧㄤ chiang 草書 쓰르라미장(蟬屬)。【方言郭註】寒蜩―也似蟬而小色靑。

【蟀】(솔) 質 シュツ、こおろぎ cricket ㄕㄨㄛˋ shuo⁴ (本音「술」) 小篆 草書 귀뚜라미 솔(蟋―促織)。【古今注】蟋―一名吟蛩秋初生得寒則鳴。

【蟂】(교) 蕭 キョウ、むし insect 교달벌레교(―獺水蟲似蛇四足能害人)【賈誼文】偭―獺以隱處兮夫豈徒從蝦與蛭螾。

【⿰虫京】(략) 藥 リャク、かげろう dayfly

篆小 하루살이략(蜉蝣)。

【蟃】(만) 願 マン、バン、くわむし larva of longicorn beetle ❶뽕나무벌레만(蟃蛉桑蟲)。【爾雅註】桑ㅣ亦曰戎女。❷짐승이름만(大獸名ㅣ蜒)。

【蟄】(칩) 緝 チュウ、チツ、ひそむ、かくれる hibernate ㄓ chih² 篆小 書草 ❶벌레움츠릴칩(蟲藏)。【易繫辭】龍蛇之ㅣ以存身也。❷우물거릴칩(ㅣㅣ和集貌)。【詩】宜爾子孫ㅣㅣ兮。

【蟆】(마) 歌 マ、バ、ひきがえる toad ㄇㄚ ma² 篆小 書草 두꺼비마(蝦ㅣ蟾類)。【易林】穴有狐鳥坎生蝦ㅣ。

【蟇】(마)『蟆』(前條)와 같음

【蟈】(괵) 陌 カク、あおがえる tree-frog (古音 「괵」) 書草 청머구리괵(螻ㅣ)。

【𧒂】(습) 緝 シュウ、ほたる firefly 반딧불습(螢火、ㅣ蠐)。

【蟉】㊀(료) 嘯 ㊁(류) 有 ㊂(규) 尤 リュウ、リョウ、うねりゆく wriggle 篆小 書草 ㊀용머리굼틀거릴료(蟉ㅣ龍首動貌)。【漢書】蜩ㅣ偃蹇。㊁용굼틀거릴류(蚴ㅣ龍行貌)。【漢書】青龍蚴ㅣ于東廂。㊂뜻은 ㊁와 같음。

【蟊】(모) 尤 ボウ、ねきりむし chinese migratory locust ㄇㄠ mao² 篆小 書草 게심이모、누리모(食苗根蟲)。

【蟋】(실) 質 シツ、こおろぎ cricket ㄒㄧ hsi¹ 篆小 書草 귀뚜라미 실(ㅣ蟀、一名促織)。【詩經】ㅣ蟀在堂。

【蟱】(무) 遇 ブ、げじげじ millipede 그리마무(多足蟲、ㅣ蛛)。

【蟔】(무) 尤 ボウ、とんぼ dragonfly 잠자리무(蜻蜓)。

【蟍】(리) 支 リ、むかで centipede 지네리(蝍蛆、蛛ㅣ)。

【蟰】(숙) 屋 シュク、しやくとりむし looper 자벌레숙(尺蠖蟲)。

十二畫

【蟓】(종) 送 シュウ、いなご millipede 메뚜기종(螽也)。【申培】ㅣ斯美周室多男之詩。

【蟒】(망) 養 ボウ、モウ、おろち big snake 書草 구렁이망(大蛇)。【爾雅註】ㅣ蛇最大者故曰王蛇。

【蠘】(월) 月 エツ、あしはらがに small crab ㄩㄝ yüeh⁴ 書草 방게월(小蟹、蟛ㅣ)。

【蟕】(주) 支 シ、うみがめ big tortoise 書草 큰거북주(ㅣ蠵、大龜)。【本草】ㅣ蠵生海邊甲有文堪爲物飾。

【蟖】(사)『蟴』(次條)와 같음

【蟴】(사) 支 シ、けむし caterpillar ㄙ ssŭ¹ 쐐기사(蛓也)。

【蟙】(직) 職 ショク、こうもり bat 박쥐직(蝙蝠、ㅣ蠌)。

【蟚】(팽)『蟛』(次條)과 같음

【蟛】(팽) 庚 ホウ、こがに small crab 書草 방게팽(似蟹而小、ㅣ蜞)。

【蟜】㊀(교) 蕭 ㊁(교) 篠 キョウ、あり ant ㄐㄧㄠ chiao³ 篆小 書草 ㊀개미교(蟹ㅣ螘也)。【枚乘七發】蚑ㅣ螻蟻聞之拄喙而不能前。㊁❶용굼틀거릴교(夭ㅣ龍貌)。❷사람이름교(人名ㅣ牛)。

【蟢】(희) 紙 キ、くも spider ㄒㄧ hsi³ 書草 낙거미희(蟲名、蠨蛸類)。

【蟝】(거) 魚 キョ、かげろう dayfly 하루살이거(蜉蝣、ㅣ蟟)。

【蟞】(별) 屑 ヘツ、あり ant 개미별(蟻也)。

【蟟】(료) 蕭 リョウ、つくつくぼうし cicada 書草 쓰르라미료(蟪蛄)。

【蟠】(반) 寒 ハン、わだかまる coil ㄆㄢ p'an² 篆小 書草 ❶서릴반(屈曲)。❷엎딜반(伏也)。❸용서릴 반(龍ㅣ)。【太玄經】龍ㅣ于泥。

【蟣】(기) 尾 キ、こしらみ nits ㄐㄧ chi³ 篆小 書草 서캐기(蝨子)。【漢書】介冑生ㅣ蝨。

【蟤】(전) 先 セン、わだかまる wriggle 꿈틀거릴전、서릴전(屈曲貌)。

【蟥】(황) 陽 コウ、こがねむし gold beetle ㄏㄨㄤ huang² 篆小 풍뎅이황(ㅣ蛢)。

【蟦】㊀(비) 微 ㊁(분) 元 ビ、フン、すくもむし maggot ㄈㄟ fei² ㊀❶물어미비(水母)。❷굼벵이비(蠐螬)。㊁굴분(蟦也)。

【蟧】(로) 豪 ロウ、つくつくぼうし small crab ㄌㄠ lao² 書草 쓰르라미로(蟟ㅣ)。

【蟨】(궐) 月 ケツ、けだもの animal ㄐㄩㄝ chüeh² 篆小 짐승궐(獸名)。

【蟪】(혜) 霽 ケイ、なつぜみ small crab ㄏㄨㄟ huei⁴ 篆小 書草 쓰르라미 혜(ㅣ蛄蟬屬)。【莊子】ㅣ蛄不知春秋。

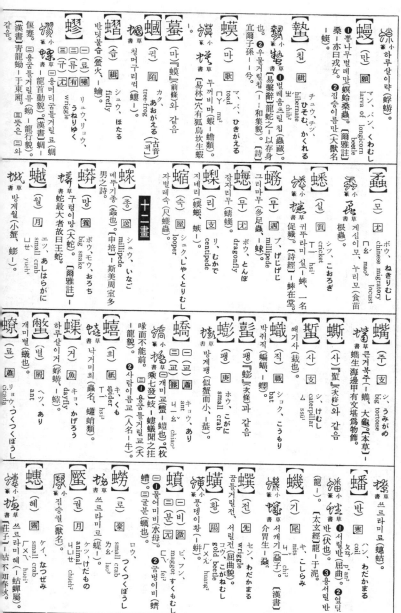

【蟩】(궐) 用 ケツ、ぼうふり wriggle
장구벌레궐(井中蟲)。

【蟫】㊀(담) 覃 ㊁(음) 侵 ㊂(심) 侵 タン、イン、ジン、しみ moth ㄊㄢ t'an²
[小篆][草書] ㊀좀 담(衣書蠹、白魚)。㊁뜻은 ㊀과 같음。㊂움직일 심(物動貌)。

【蟬】(선) 先 セン、せみ cicada ㄔㄢ ch'an²
[小篆][草書] ❶매미 선(飮露蟲蜩)。〔大戴禮〕ー飮而不食。❷관꾸밀선(冠飾)。〔後漢書〕侍中中常侍黃金璫附ー爲文貂尾爲飾。❸굼실거릴선(蜿ー舞盤曲貌)。〔王逸九思〕乘六蛟兮蜿ー。

【䗲】(린) 震 リン、ほたる firefly
반딧불린(螢火)。

【蟭】(초) 蕭 ショウ、おおじがふぐり ㄐㄧㄠ chiao
버마재비알초(蟷蜋卵、蟳ー)。

【蟮】(선) 銑 セン、みみず earthworm ㄕㄢ shan⁴
지렁이선(蚓也、土ー)。

【蟰】(소) 蕭 ショウ、くも long-legged spider ㄒㄧㄠ hsiao¹
[小篆] 발 긴 거미 소(長脚蛛)。

【蟯】(요) 蕭 ジョウ、ギョウ、はらのむし tapeworm ㄖㄠ jao²
[小篆][草書] 촌백충요(腹中短蟲)。〔關尹子〕我之一身內變ー蛔外蒸蝨蚤。

【蟱】(모) 尤 ボウ、くも spider (本音「무」)
거미모(蜘蛛、ー蛐)。

【蟲】(충) 東 チュウ、むし insect ㄔㄨㄥ ch'ung²
[小篆][草書] ❶벌레충(毛羽鱗介總名)。〔荀子〕肉腐出ー。❷김오를충(ーー氣熏人)。〔詩經〕蘊隆ーー。

【蟳】(심) 侵 ジン、かざみ big crab
큰게심(蝤蛑)。

十三畫

【蟶】(정) 庚 テイ、まてがい Novaculina constricta ㄔㄥ ch'êng¹
[小篆] 가리맛정、맛살조개정(蚌屬)。〔正字通〕閩粤人以田種之謂之ー田。

【蟷】(당) 陽 トウ、かまきり mantis ㄉㄤ tang¹
[小篆][草書] 사마귀당(ー蠰、蟲名)。〔爾雅〕不過ー蠰。〔註〕螗蜋別名。

【蟹】(해) 蟹 カイ、かに crab ㄒㄧㄝ hsieh³·⁴
[小篆][或體][草書] 게해(介蟲旁行)。〔爾雅〕ー八跪而二螯八足折而容俯故謂之跪兩螯倨而容仰故謂之螯一名郭索又名無腸公子。

【蠏】(해)『蟹』(前條)와 같음

【蟺】(선) 銑 セン、ゼン、みみず earthworm ㄕㄢ shan⁴
[小篆][草書] ❶서로 뒤틀릴 선(相糾蜿ー)。❷지렁이선(蚯蚓)。❸변할선、옮길선(變也移也)。〔賈誼鵬鳥賦〕形氣轉續兮變化而ー。

【蟻】(의) 紙 ギ、あり ant ㄧ i³
[草書] ❶왕개미의(蠛ー、蚍蜉)。〔續博物志〕白ー聞竹鷄之聲化爲水。❷검을의(ー裳)。〔書經〕麻冕ー裳。❸술구더기의(浮ー醪汁滓酒)。〔南都賦〕浮ー若萍。

【蟾】(섬) 鹽 セン、ひきがえる toad ㄔㄢ ch'an² (本音「첨」)
[草書] ❶두꺼비섬(ー蠩蛙屬)。〔抱朴子〕ー諸壽三千歲者頭上有角頷下有丹書八字。❷달그림자섬(ー光月影)。〔張衡靈憲曰〕羿請不死藥于西王母姮娥竊之奔月宮託身于月是爲ー諸。

【蠁】(향) 養 キョウ、さなぎ pupa
[小篆][草書] ❶번데기향(蛹也)。❷향벌레향、초파리향(ー子、知聲蟲)。❸퍼질향(肸ー盛作)。〔上林賦〕肸ー布寫晻薆咇茀。

【蟿】(계) 霽 ケイ、ばった locust ㄑㄧ ch'i⁴
[草書] 메뚜기계(ー螽)。

【蠃】㊀(라) 歌 ㊁(라) 哿 ラ、にな trumpet-shell ㄌㄨㄛ luo³
[草書] ㊀소라라(蚌屬)。㊁나나니벌라(蜾ー、細腰蜂)。

【蠅】(승) 蒸 ヨウ、はへ ㄧㄥ ying² (古音「응」)
[小篆][草書] 파리승(逐臭蟲)。〔詩經〕營營靑ー。

【蠆】(채) 卦 タイ、さそり scorpion ㄔㄞ ch'ai⁴
[小篆][或體][草書] ❶벌채(螫蟲)。〔詩經〕卷髮如ー。❷전갈채(全蝎)。

蠆(三才圖會)

【蠉】(현) 先 ケン、ぼうふり wriggler ㄒㄩㄢ hsüan¹
[小篆][草書] ❶장구벌레현(井中小赤蟲)。❷벌레굼실거릴현(蟲行貌)。

【蠊】(렴) 鹽 レン、こがねむし gold beetle ㄌㄧㄢ lien²
풍뎅이렴(蜚ー、一名石薑)。

【蠋】(촉) 沃 ショク、あおむし larva of longicorn beetle ㄓㄨ chu²
[草書] ❶뽕나무벌레촉(似蠶桑蟲)。〔詩經〕蜎蜎者ー。❷콩망아지촉(藿ー)。〔莊子〕奔蜂不能化藿ー。

【蠌】(책) 陌 タク、こがに small crab ㄗㄜ tsê²
방게책(小蟹、蜡ー)。

【蠍】(헐) 月 ケツ、さそり scorpion ㄒㄧㄝ hsieh¹
[草書] 전갈헐(ー虎、蠆類)。〔杜甫詩〕每愁夜中自足ー。

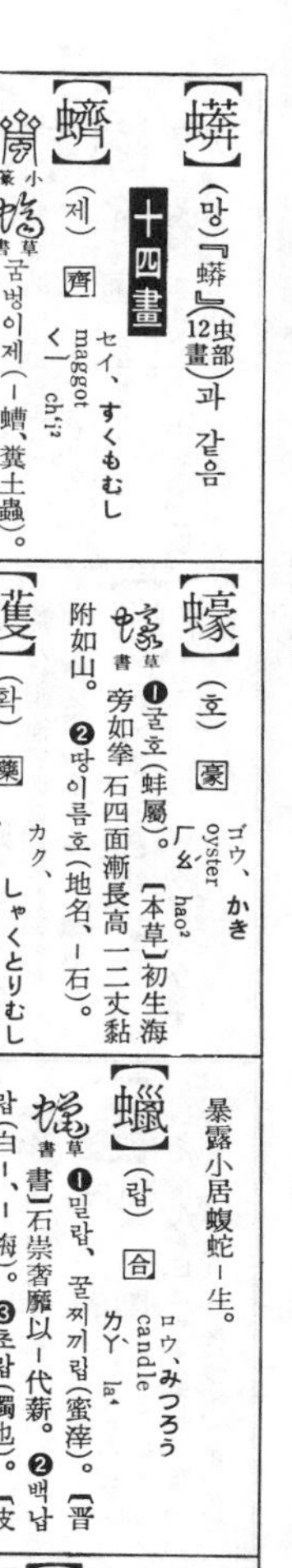

【蟒】(망)『蟒』(虫部12畫)과 같음

十四畫

【蠐】(제) 齊 セイ、すくもむし maggot ㄑㄧˊ chʻi² 小篆 草書 굼벵이제(ー螬、糞土蟲)。

【[illegible]】(유) 寘 イ、こあぶ gad-fly 草書 등에유(小蝱)。【晉語】譬之如牛馬處暑之既至蝱ー之既多而不能掉其尾。

【蠑】(영) 庚 エイ、いもり lizard 草書 도마뱀영(ー螈水宮)。【韓愈詩】蜿垣亂蛛ー。

【蠙】㊀(빈) 眞 ㊁(변) 先 ヒン、どぶがい pearl oyster ㄆㄧㄣˊ pin¹ 小篆 草書 ㊀진주조개빈(蚌之別名(珠母)。【書經】淮夷ー珠曁魚。㊁뜻은 ㊀과 같음。

【蠓】(몽) 董 ボウ、モウ、ぬかが dayfly ㄇㄥˇ mêng³ 小篆 草書 ❶하루살이몽(蠛ー似蠛)。【列子】春夏之月有ー蚋者因雨而生見陽而死。❷초바구미몽(醯鷄)。

【蠕】㊀(유) 虞 ㊁(연) 銑 ジュ、ゼン、うごめく wriggle ㄖㄨㄢˇ juan³ 草書 ㊀굼실거릴유(微動貌)。【荀子】端爲言ー爲動。㊁벌레길연(ー蟲行)。

【蠔】(호) 豪 ゴウ、かき oyster ㄏㄠˊ hao² 草書 ❶굴호(蚌屬)。【本草】初生海旁如拳石四面漸長高一二丈黏附如山。❷땅이름호(地名、ー石)。

【蠖】(확) 藥 カク、しゃくとりむし loop-worm ㄏㄨㄛˋ huo⁴ 小篆 草書 ❶자벌레확(尺ー屈伸蟲)。【易繫辭】尺ー之屈以求伸也。❷뽕벌레확(桑上蟲)。【韓愈詩】桑ー見虛指。❸물러가며 숨을확(ー濩)。❹어지러울확(昏憒)。【史記】蒙世之溫ー。

【蠗】(탁) 覺 タク、かい small shell 小篆 ❶작은 조개탁(小蜃)。❷우짐승탁(馬屬)。

十五畫

【蠝】(뢰) 灰 ルイ、むささび bat 박쥐뢰(飛鼠)。【漢書】蜼獾飛ー。

【蠜】(번) 元 バン、いなご locust ㄈㄢˊ fan² 小篆 草書 메뚜기번(阜螽)。

【蠛】(멸) 屑 ベツ、ぬかが dayfly ㄇㄧㄝˋ mieh⁴ 小篆 草書 하루살이멸(ー蠓似蚋亂飛)。【甘泉賦】浮ー蠓而撇天。

【蠚】(학) 藥 カク、むしがさす sting 쏠학(毒螫)。【漢書】南方暑濕近夏熱暴露小居蝮蛇ー生。

【蠟】(랍) 合 ロウ、みつろう candle ㄌㄚˋ la⁴ 草書 ❶밀랍、꿀찌끼랍(蜜滓)。【晉書】石崇奢靡以ー代薪。❷백납(白ー、ー梅)。❸초랍(燭也)。【皮日休詩】夜半醒來紅ー短。

【蠣】(려) 霽 レイ、かき oyster ㄌㄧˋ li⁴ 小篆 草書 굴려(牡ー、蚌屬)。【本草】附石而生磈礧相連如房呼爲ー房。

【蠡】㊀(려) 薺 ㊁(리) 支 ㊂(라) 歌 ㊃(라) 哿 レイ、ラ、むしばむ motheaten ㄌㄧˇ li³ 小篆 古文 草書 ㊀❶표주박려(瓠瓢)。【漢書】以ー測海。❷좀먹을려(蟲齧木中)。㊁❶달팽이리(蚌屬)。【類篇】聖人法ー蚌而閉戶見文子。❷사람이름 리(人名范ー)。㊂소라라(蚌屬)。㊃옴 라(疥病)。【左傳】謂其不疾瘯ー也。

【蠢】(준) 軫 シュン、うごめく wriggle ㄔㄨㄣˇ chʻuen³ 小篆 古文 草書 ❶굼실거릴준(蟲動)。【禮記】春之爲言ー也。❷어리석을준(ーー、愚也)。【詩經】ー爾蠻荆。

【蠇】(뢰) 泰 ライ、さそり poisonous insect 小篆 或體 독벌레 이름뢰(毒蟲名)。【莊子】其知憯于ー蠆之尾。

十六畫

【蠥】(얼) 屑 ゲツ、もののけ monster ㄋㄧㄝˋ nieh⁴ 요물얼(妖也)。【說文】禽獸蟲蝗之怪謂之ー。

【蠧】(두)『蠹』(虫部18畫)와 같음

【蠨】(소) 蕭 ショウ、あしたかぐも Uroctea compactilis ㄒㄧㄠ hsiao¹ 草書 납거미소(ー蛸、蟢子)。【詩經】ー蛸在戶。

【[illegible]】(유) 支 イ、へび snake 뱀유(肥ー、蛇屬)。【山海經】太華之山有蛇焉、名曰肥ー、六足四翼、見則天下大旱。

【蠩】(저) 魚 ショ、がま toad 두꺼비저(蝫ー、似鼁即蟾ー)。【本草】腹下有丹書八字者是眞蟾蜍。

【蠭】(방) 江 ホウ、ひとのな surname 성방(姓也)。

【蠪】(롱) 東 ロウ、いいあり ant ㄌㄨㄥˊ lung² 小篆 草書 개미롱(ー虰、螘也)。

十七畫

【蠮】(열) 屑 エツ、じがばち wasp ㄧˋ i⁴ 草書 ❶나나니벌열(ー螉、細腰蜂)。

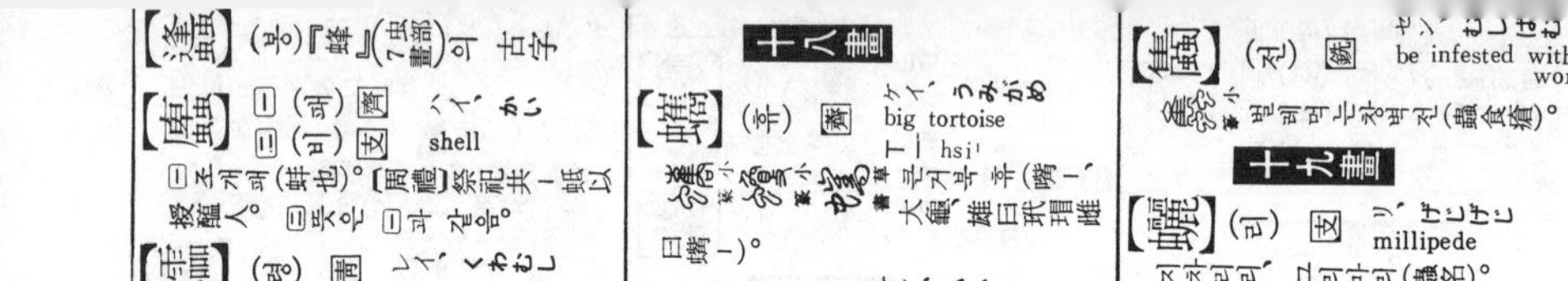

【蠭】(봉)『蜂』(虫部 7畫)의 古字

【蠯】㊀(패) 齊 ハイ、かい ㊁(비) 支 shell
㊀조개패(蚌也)。【周禮】祭祀共ㅣ蚳以授醢人。㊁뜻은 ㊀과 같음。

【蠕】(령) 靑 レイ、くわむし insect of mulberry
小篆 뽕나무벌레령(螟ㅣ、桑蟲)。

【蠱】(고) 麌 コ、はらのむし round worm ㄍㄨˇ ku³
小篆 草書 ❶회고(腹蟲)。【正通志】造ㅣ之法以百蟲置皿中俾相啖食其存者爲ㅣ。❷일고(事也)。【易經】幹父之ㅣ。❸고혹할 고(ㅣ惑亂也)。【左傳】楚令尹子元欲ㅣ文夫人。❹괘이름고(卦名)。

【蠰】(상) 漾 ショウ、かみきりむし Gordius aqvaticus ㄕㄤˋ shang⁴
小篆 연가시상(蟷ㅣ、蟲名)。【爾雅】ㅣ齧桑。

【螇】(계) 齊 ケイ、じがばち wasp
땅벌계(土蜂)。

【蠬】(약) 藥 ヤク、ほたる firefly
반딧불약(蠗ㅣ、螢也)。

【蠲】(견) 先 ケン、あきらか bright ;deduce ㄐㄩㄢ chüan¹
小篆 草書 ❶밝을견(明也)。【左傳】惠公ㅣ其大德。❷조촐할견(潔也)。【詩經】吉ㅣ爲饎。❸덜견(ㅣ賦、除也)。❹반딧불 견(馬ㅣ、蟲名)。【禮記】腐草爲ㅣ。

十八畫

【蠵】(휴) 齊 ケイ、うみがめ big tortoise ㄒㄧ hsi¹
小篆 小篆 草書 큰거북 휴(嘴ㅣ、大龜、雄曰玳瑁雌曰蠵ㅣ)。

【蠶】(잠) 覃 サン、かいこ silkworm ㄘㄢ ts'an²
小篆 草書 ❶누에잠(吐絲蟲)。【詩經】ㅣ月條桑。❷누에칠잠(農ㅣ)。❸땅이름잠(地名、ㅣ陵)。

【蠺】(잠)『蠶』(虫部 18畫)과 같음

【𧓦】(녕) 靑 デイ、けら Gryllotalpa africana
小篆 땅강아지녕(螻蛄)。

【蠸】(권) 先 ケン、うりばえ Auracophora femoralis ㄑㄩㄢ ch'üan²
小篆 草書 노린재 권(黃甲小蟲)。【莊子】瞀芮生乎腐ㅣ。

【蠷】(구) 虞 ク、げじげじ millipede
그리마구(ㅣ螋、多足蟲)。

【蠹】(두) 遇 ト、しみ moth ㄉㄨ tu⁴
小篆 或體 草書 ❶좀두(白魚木蟲)。【莊子】以爲門戶則液樠以爲柱則ㅣ是不材之木也。❷벌레먹을두(蝕也)。

【蝮】(복) 職 ホク、いなご(本音〔북〕) locust
벼메뚜기복(稻蝗)。

【雋虫】(전) 銑 セン、むしばむ be infested with worms
小篆 벌레먹는창벽전(蟲食瘡)。

十九畫

【𧕿】(리) 支 リ、げじげじ millipede
지차리리、그리마리(蟲名)。

【蠻】(만) 刪 バン、えびす southen savage ㄇㄢ man²
小篆 草書 ❶되만、오랑캐만(南ㅣ、鴂舌人)。【書經】遂通道于九夷八ㅣ。❷새소리 만(綿ㅣ、鳥聲)。【詩經】綿ㅣ黃鳥。❸야만만(野ㅣ、ㅣ行)。

【蠢】(준) 軫 シュン、はじめる appear
❶나올준(出也)。❷일어날준(作也)。❸흔들릴준(動搖貌)。

二十畫

【蠼】㊀(곽) 藥 カク、おおざる big monkey ㄐㄩㄝ chüeh² ㊁(구)
草書 ㊀큰원숭이곽(大猿)。㊁뜻은 ㊀과 같음。

二十一畫

【蠾】(촉) 沃 ショク、のみ flea
벼룩촉(蚤也)。

【蠽】(절) 屑 セツ、ひぐらし cicada ㄐㄧㄝ chieh²
小篆 ❶매미절(茅ㅣ、似蟬而小青色)。❷잠자리절(蜻蜓)。

二十四畫

【蠕】(령) 靑 レイ、ほたる firefly
반디령、개똥벌레령(螢也)。

血 部

【血】(혈) 屑 ケツ、ち blood ㄒㄧㄝ hsieh³
小篆 草書 ❶피혈(ㅣ脈水穀精氣)。【禮記】凡有ㅣ氣者莫不尊親。❷붙이혈(ㅣ族、ㅣ統)。❸씩씩할혈(熱ㅣ)。【論語】及其壯也、ㅣ氣方剛。

二畫

【𧖧】(정) 靑 テイ、いきをする breath
숨쉴정(息也)。

三畫

【䘏】(술)『卹』(卩部 6畫)의 譌字

【衁】(황) 陽 コウ、ち blood ㄏㄨㄤ huang¹
小篆 草書 피황(血也)。【左傳】士刲羊亦無ㅣ。

四畫

【衃】(배) 灰 ハイ、くされち blood-clotted ㄆㄟ p'ei¹
小篆 어혈질배、멍들배(凝血)。

【衄】(뉵) 屋 ジク、はなぢ nosebleed ㄋㄧㄡ niu⁴

【衄】 小篆 草書 ❶코피뉵(鼻血)。【素問】鼻ㅣ又脾移熱于肝則爲驚ㅣ。❷패배할뉵(敗也)。【曹植求自試表】師徒小ㅣ。

【衂】(뉵)『衄』(前條)의 俗字

五畫

【衅】(흔) 震 キン、ちぬる blood-stained ㄒㄧㄣ hsin⁴
草書 흔제사흔(以血塗器際)。【禮記】車甲ㅣ而藏之府庫而弗復用。

六畫

【衆】(중) 送 シュウ、もろもろ crowd ;many
草書 ❶많을중(多也)。【大學】生之者ㅣ食之者寡。❷무리중(衆人)。【論語 衛靈公】ㅣ惡之必察焉ㅣ好之必察焉。❸민심중(庶民之心)。【大學】失ㅣ則失國。❹고비뿌리중(貫ㅣ、藥名)。

【衉】(객) 陌 カク、はく spit blood
草書 ❶얼굴에피묻을객(面汗血)。【楚語】鐵之戰趙簡子曰鄭人擊我吾伏弢ㅣ血鼓音不衰。❷각혈할객(咯血)。

【衈】(이) 寘 ジ、ちまつり carbleed ㄦ êrh⁴
草書 ❶귀피이(耳血)。【禮】其ㅣ皆于屋下。❷닭피제사이(殺鷄血祭)。❸피로 그릇틈바를이(釁也)。【穀梁傳】用之者叩其鼻以ㅣ社也。

【衇】(맥)『脈』(肉部 6畫)과 같음

七畫

【⿰血夋】(최) 灰 サイ、おちんちん baby's penis ㄗㄨㄟ tsuei¹
草書 어린애자지최(赤子陰莖)。【道德經】未知牝牡之合而ㅣ作精之至也。

【⿰血忍】(녁) 錫 デキ、うれえる worry (about)
근심할녁(憂也)。

八畫

【⿱耽皿】(담) 感 タン、しおから prickled meat
육젓담、고기식혜담(肉醢、肉汗)。【詩經】醓醢以薦。

【⿰血臽】(감) 勘 カン、ちのあつもの blood
小篆 或體 피국감、선지국감(血羹)。

【⿱明血】(맹)『盟』(皿部 8畫)과 같음

九畫

【⿰血客】(객) 陌 カク、はく spit blood
草書 ❶피토할객(吐血)。【唐書】王暴疾衉血數升。❷구역질할객(嘔吐聲)。

十畫

【⿰血幾】(기) 微 キ、ちぬりまつり thrust to bleed
小篆 찔러피낼기(刲而出血)。【周禮】刲羽牲曰刉刉或作ㅣ。

【⿰血辱】(뉵) 屋 ドク、けがす filthy
더러울뉵(汚也)。

十一畫

【⿰血虖】(호) 遇 コ、ちでけがれる bloody sweat
피땀호(血汗)。

十三畫

【⿱農血】(농) 冬 ドウ、うみ pus
小篆 俗體 고름농(膿血)。

十四畫

【⿱厭血】(엽) 葉 ヨウ、ち blood
피엽(血也)。

十五畫

【衊】(멸) 屑 バツ、ベツ、けがす blood-stained ㄇㄧㄝ mieh⁴
小篆 草書 ❶더러운피멸(汙血)。【漢書 文三王傳】汙ㅣ宗室。❷코피멸(鼻血)。

十八畫

【衋】(혁) 職 キョク、いたむ grieve ㄒㄧ hsi⁴
몹시서러울혁(傷痛)。【書經 酒誥】民罔不ㅣ傷心。

行 部

【行】 ㊀(항) 陽 ㊁(항) 漾 ㊂(행) 庚 ㊃(행) 敬 ギョウ、コウ、ゆく、おこなう go; perform ㄒㄧㄥ hsing²
小篆 草書 ㊀❶항오항(列也)。【左傳 隱公十一年】鄭伯使卒出豭ㅣ出犬鷄。❷시장항(市長)。㊁❶항렬항(等輩)。【杜甫詩】豈知吾甥不流宕丞相中郞丈人ㅣ。❷굳셀항(ㅣㅣ剛强)。【論語先進】子路ㅣㅣ如也。㊂❶다닐행(步也)。【易】雲ㅣ雨施。❷갈행(往也)。【詩經】與子偕ㅣ。❸길귀신 행(路神)。【禮記】孟冬其祀ㅣ。❹오행행(運也)。【書經】在昔鯀陻洪水汨陳其五ㅣ。❺그릇얄긋거릴행(ㅣ窳器不牢)。【唐書】器不ㅣ窳。❻길행(道路)。【詩經 召南行露】謂ㅣ多露。❼행서행(書體)。【書斷】魏初有鍾胡二家爲ㅣ書之法。❽쓸행(用也)。【中庸】道之不ㅣ。㊃❶순행할행(巡ㅣ)。【劉商詩 送元史君自楚移越】露冕ㅣ春向若耶。❷행실행(身之所ㅣ)。【易經】君子以果ㅣ育德。❸운반할행(運也)。【世說 德行上】覓ㅣ炙人有欲炙之色。

三畫

【衍】(연) 銑 霰 エン、あふれる overflow ㄧㄢ yen³
小篆 草書 ❶성할연(蕃ㅣ、茂盛)。【詩經】蕃ㅣ盈升。❷넓을연(廣也)。【小爾雅】澤之廣者謂之ㅣ。❸물이넘칠연(水溢)。【張衡賦】仁風ㅣ而外流。❹번울연(曼ㅣ、無極)。【莊子】因之以篋ㅣ。❺상자연(篋ㅣ筒也)。【莊子】盛以篋ㅣ。❻방자할연、놀연(游ㅣ、自恣)。【詩經】及爾游ㅣ。❼결찬땅연(ㅣ沃、平美地)。【左傳 襄公二十五年】井ㅣ沃。❽아름다울연(美也)。❾흐를연(流也)。

【衎】(간) 翰 カン、たのしむ amuse ㄎㄢˋ k'an⁴ (本音「한」)
小篆 草書 ❶즐길간(樂也)。【詩經 小雅南有嘉魚】嘉賓式燕以ー。❷미쁠간、믿을간(信也)。

四畫

【衏】(어) 御 ギョ、はべる attend upon
모실어(侍也)。

【[illegible]】(랍) 合 ロウ、あるけない cripple
앉은뱅이랍(不能行者)。

五畫

【衒】(현) 霰 ゲン、てらう self-praise ㄒㄩㄢˋ hsüan⁴
小篆 或體 草書 ❶팔릴현(行且賣)。【越絕書】ー女不貞ー士不信。❷자랑할현(自矜自媒)。【劉基賣柑者言】將ー外以惑愚瞽也。(『眩』과 통함)

六畫

【術】(술) 質 ジュツ、わざ talent; trick ㄕㄨˋ shu⁴
小篆 草書 ❶꾀술、재주술(技也)。【人物志】思通造化策謀奇妙是爲ー家。❷업술(業也)。【禮記】營道同ー。❸심술부릴술(心之所由)。【禮記】心ー形焉。❹촌 길술(邑中道)。【蜀都賦】當衢向ー。❺방법술(方法)。【十八史略 宋神宗】致君堯舜終無ー。❻술법술(神仙之法)。

【衕】(동) 送 トウ、ちまた main street ㄊㄨㄥˋ t'ung⁴
小篆 草書 거리동(通街、衚ー)。

【衖】(항)『巷』(己部 6畫)과 같음

【衘】(함)『銜』(金部 6畫)의 俗字

【[illegible]】(갹) 藥 キャク、おこたる lazy (本音「갹」)
게으를갹、느릴갹(倦也)。

【街】(가) 佳 ガイ、よつまた、まち street ㄐㄧㄝ chieh¹
小篆 草書 ❶네거리가(四通道)。【張華詩】甲第面長ー。❷큰길가(大路)。❸별이름 가(星名)。

七畫

【[illegible]】(현)『衒』(行部 5畫)과 같음

【衙】(아) 麻 ガ、つかさ、やくしょ government office ㄧㄚˊ ya²
小篆 草書 ❶마을아(官府官廳)。❷벌의집아(蜂房)。

九畫

【衚】(호) 虞 コ、ちまた street ㄏㄨˊ hu²
草書 서울거리호(ー衕街也)。【正字通】京師街道曰ー衕。

【[illegible]】(흠) 沁 キン、そうつとゆく go〔travel〕incognito
가만히갈흠(暗行貌)。

【衝】(충) 冬 ショウ、つきあたる collide with ㄔㄨㄥ ch'ung¹·⁴
小篆 草書 ❶충돌할충、찌를충(突也)。❷충동할충(動也)。❸거리충(通道)。【漢書酈食其傳】夫陳留天下之ー、四通八達之郊也。❹돌파할충(突破)。【後漢書光武紀】光武與敢死者三千人ー其中堅。

十畫

【衛】(위) 霽 エイ、まもる guard; protect ㄨㄟˋ wei⁴
小篆 ❶막을위、지킬위(防也、捍也)。❷호위할위(宿ー、侍ー、護也)。【公羊傳】朋友相ー。❸핏기운위(血氣)。【內經】榮ー不行五臟不通。❹나라이름위(國名、康叔所封)。

【衞】(위)『衛』(前條)와 같음

【衜】(도)『道』(辵部 9畫)의 古字

【衠】(순) 眞 シュン、ただしい upright ㄓㄨㄣ chuen¹
❶바를순(正也)。❷순전할순(不雜)。

【衡】㊀(형) 庚 ㊁(횡) 庚 コウ、はかり balance ㄏㄥˊ hêng² (本音「행」)
小篆 古文 草書 ㊀❶저울형(枰也)。【漢書】ー平也所以任權而均物平輕重也。❷수레멍에 형(車軛)。【論語 衛靈公】在輿則見其倚於ー也。❸눈통이형(眉目之間)。【蔡邕釋誨】揚ー含笑。❹옥형형(渾天儀)。【書經 堯典】在璿璣玉ー。❺난간형(樓殿邊欄楯)。【漢書 袁盎傳】百金之子不騎ー。❻북두성의 가운데별 형(星名中星)。❼산이름형(山名)。❽벼슬이름형(虞ー、官名)。㊁가로횡(縱之對)。【漢書】合縱連ー。(『橫』과 통함)

❶衡 (三才圖會)

十一畫

【[illegible]】(솔) 質 シュツ、ひきいる command
小篆 거느릴솔(統也)。【石鼓文】悉ー左右。

十二畫

【[illegible]】(충)『衝』(行部 9畫)의 本字

十八畫

【衢】(구) 虞 ク、ちまた crossroad ㄑㄩˊ ch'ü²
小篆 草書 네거리구(通ー、四達街)。【荀子 勸學】行ー道者不至。

衣 部

【衣】㊀(의) 未 ㊁(의) 微 イ、エ、ころも clothes
小篆 草書 ㊀옷의(ー裳、庇身上下)。【易繫辭】垂ー裳而天下治。㊁입을의(服之)。【漢書】身ー弋綈。

二畫

【衤】(의)『衣』(前條)와 같음

【[衤+了]】(료) 篠 リョウ、こももひき short trousers ㄌㄧㄠˇ liao³ 잠방이료(小袴、袨ㅣ)。

【卒】(졸)『卒』(十部 6畫)의 本字

三畫

【衦】(간) 旱 カン、きものをのばす smooth out the clothes
옷펼간(摩展衣服)。

【表】(표) 篠 ヒョウ、あらわす、おもて coat; surface ㄅㄧㄠˇ piao³
❶웃옷 표(上衣)。❷겉표、거죽표(外也)。【書經】至于海ㅣ。❸밝을표(明也)。【禮記】君子ㅣ微。❹표꽂을표(識也)。【晉書】置茅蕝設望ㅣ。❺정문 세울표(ㅣ異)。【書經】ㅣ厥宅里。❻거드름부릴표(威儀)。❼글표、전문 표(箋也)。❽표표할표(出衆)。

【衩】㊀(차) 禡 サイ、サ、もすそ collar; gusset ㄔㄚˋ ch'a⁴ ㊁(채) 卦
㊀섶차、옷깃차(衽也、褄)。【李商隱詩】裙ㅣ芙蓉小。㊁뜻은 ㊀과같음。

【[衤+弋]】(익) 職 ヨク、あせとりひとえ summer coat
적삼익(單衫)。

【衪】(이) 支 イ、そで sleeve ㄧˊ i²
❶옷선이(衣緣)。❷소매이(袖也)。

【[衤+勺]】㊀(작) 藥 テキ、ヒョウ、えり collar ㊁(표) 效
㊀적삼작(襌衣)。㊁옷깃표(襟也)。

【衫】(삼) 咸 サン、きもの clothes ㄕㄢ shan¹
❶적삼삼(小襦)。【近游賦】脅汗ㅣ以當熱。❷옷삼(衣之通稱)。【唐書】士人以棠紵襴ㅣ爲上服。

衫 (三才圖會)

四畫

【衭】(부) 虞 フ、まええり front gusset
옷앞섶부(衣前襟)。

【衮】(곤) 阮 コン、こんい royal robe ㄍㄨㄣˇ kuen³
곤룡포곤、임금의옷곤(龍ㅣ衣、九章法服)。【詩經】ㅣ衣繡裳。

【[衤+弔]】(조) 蕭 チョウ、しにやのころも shroud
수의조(死者衣)。

【衯】(분) 文 フン、ながいきもの dangle
옷치렁거릴분(衣長貌)。

【衰】㊀(쇠) 支 スイ、サイ、おとろえる weaken; emaciate ㄕㄨㄞ shuai ㊁(최) 支 ㊂(최) 灰
㊀❶쇠할 쇠(浸微浸殘也)。【呂氏春秋 仲秋紀】殺氣浸盛 陽氣日ㅣ。❷모손할쇠(耗也)。【詩經 衛風氓小序】華落色ㅣ。❸약할쇠(弱也)。【論語 季氏】及其老也血氣旣ㅣ。㊁같을최(等也)。【齊語】相地而ㅣ征則民不移。㊂상복최(喪服)。

【衱】(겁) 葉 キュウ、すそ rear train ㄐㄧㄝˊ chieh²
❶옷뒷자락겁(衣後裾)。【杜甫詩】珠壓腰ㅣ穩稱身。❷옷깃겁(衣領)。

【衲】(납) 合 ノウ、つくろう patch up ㄋㄚˋ na⁴
❶기울납(補也)。❷장삼납(僧衣、法服)。【蘇軾詩】欲教乞食歌姬院故與雲山舊ㅣ衣。❸승려의자칭납(僧自稱辭)。❹거문고이름납(琴名、百ㅣ)。

【衳】(종) 冬 ショウ、ふんどし pants
속바지종(襌也)。

【衴】(담) 感 タン、ふち margin of a quilt
이불깃담(衾緣)。

【衵】(일) 質 ジツ、はだぎ women's underwears ㄋㄧˋ ni⁴
속곳일(婦人近身衣)。【左傳】皆衷其ㅣ服以戲于朝。

【衷】㊀(충) 東 チュウ、まごころ sincerity ㄓㄨㄥ chung¹ ㊁(충) 送
㊀❶가운데충(中也)。【周語】其君齊明ㅣ正。❷정성충(誠也)。【左傳 昭公十六年】發命之不ㅣ。❸착할충(善也)。【書經 湯誥】惟皇上帝降ㅣ于下民。❹바를충(正也)。❺속곳충(褻衣裏也)。【左傳】ㅣ其衵服。❻마음충(方寸所蘊)。【左傳 僖公二十八年】天誘其ㅣ。㊁알맞을충(折ㅣ斷其ㅣ)。【史記】折ㅣ于夫子。

【衸】(개) 卦 カイ、きゃはん gaiters
❶행전개(脚絆)。❷옷폭개(衣幅)。

【衹】(기) 支 キ、ころも cope ㄓ chih¹
가사기(袈裟、ㅣ枝)。

【衺】(사) 麻 シャ、ななめ slant
비뚤사(不正)。【周禮】去其淫思與其奇ㅣ之民。

【衻】(염) 鹽 ゼン、ふち hem ㄖㄢˊ jan²
❶활옷염(嫁服纁ㅣ)。【儀禮】女次純衣纁ㅣ。❷옷선염(衣緣)。

【衼】(지) 支 シ、けごろも cope
가사지(袈裟、衹ㅣ)。

【衽】(임) 寢 ジン、えり、おくみ lapels
❶옷섶임、옷깃임(衣襟)。【禮記】ㅣ當旁。❷요임(臥席)。【禮記】請ㅣ何趾。

【衾】(금) 侵 キン、ふすま coverlet ㄑㄧㄣˊ ch'in²
❶옷깃금(衣領)。❷도포금(士服)。「青ㅣ」。❸옷고름금(結也衣糸)。(「襟」과 통함) 이불금(寢衣、大被)。【詩經 召南小星】肅肅宵征抱ㅣ與裯。

衾 (三禮圖)

【衾】(금)『衾』(前條)과 같음

【衿】㊀(금) 侵 ㊁(금) 沁 キン、むすび breast-tie ㄐㄧㄣ chin¹ ㊀옷깃금(衣領)。㊁옷고름금(衣系結也)。【儀禮】母施ㅣ結悅。

【袀】(균) 眞 小篆 草書 ❶군복균(戎服)。❷순전할균(純也)。キン、いくさごろも military uniform ㄐㄩㄣ chün¹

【袁】(원) 元 小篆 草書 ❶옷치렁거릴원(衣長貌)。❷성원(姓也)。エン、ながいころも dangle a robe ㄩㄢ yüan²

【衵】(유) 有 옷부드러울유(衣柔貌)。ジュウ、きものがやわらかい soft

【袂】(메) 霽 小篆 草書 소매메(袖也)。【禮記】以ㅣ拘而退。ベイ、そで sleeve ㄇㄟ mei⁴

五畫

【袈】(가) 麻 草書 가사가(ㅣ裟、僧衣)。【通鑑】武后賜僧法朗等紫ㅣ裟。カ、ケ、かさ kasaya ㄐㄧㄚ chia¹

【袉】(타) 哿 小篆 옷뒷자락타(裾也)。タ、すそ rear train

【袊】(저) 語 해진옷저(敝衣)。チョ、やぶれきもの worn-out clothes

【袊】(령) 靑 활옷령(直ㅣ、婦人嫁服)。【方言】袒飾謂之直ㅣ。レイ、すそまわし full dress worn

【袋】(대) 隊 草書 부대대、자루대(囊屬)。タイ、ふくろ bag; sack ㄉㄞ tai⁴

【袍】(포) 豪 小篆 草書 ❶도포포(長襦)。【釋名】ㅣ丈夫著下至跗者也。❷관디 포(靑ㅣ朝服)。❸앞섶포(衣前襟)。ホウ、うえのころも long gown ㄆㄠ p'ao²

常服袍(大清會典圖)

【袎】(요) 效 버선목 요(襪頸)。オウ、たび neck of cotton socks

【袏】(좌) 箇 ❶옷보따리좌(衣包囊)。❷홑옷좌(褌衣)。【揚雄】褌衣有袌者謂之ㅣ衣。サ、きもののつつみ clothes wrapping

【袈】㊀(피) 寘 ㊁(제) 霽 ㊀옷띠매지않을피(衣不展)。㊁옷깃여밀제(衣交衿)。ヒ、セイ、ととのう adjust

【紪】(자) 紙 옷갈아입을자(換着衣)。シ、きがえ one's change clothes

【袒】㊀(단) 旱 ㊁(탄) 諫 小篆 草書 ㊀[illegible]【楞嚴經】偏ㅣ右肩。㊁혼솔터질탄(衣縫解)。タン、はだぬく undress

【袑】(소) 篠 小篆 草書 바지소(袴襠)。【漢書】敕功曹官屬多褒衣大ㅣ不中節度自今掾吏衣皆令去地三寸。ショウ、はかま trousers

【袤】(아) 哿 옷치렁치렁할아(ㅣㅣ、衣長好貌)。カ、ながいきもの trail ㄜ ê³

【袖】(수) 有 草書 소매수(衣袂)。【後漢書】城中好大ㅣ四方全匹帛。シュウ、そで sleeve ㄒㄧㄡ hsiu⁴

【袚】(발) 曷 小篆 오랑캐옷발(蠻服)。ハツ、えびすきもの savage clothes

【袗】(진) 軫 小篆 或體 草書 ❶고운옷진(袨服)。❷홑옷진(單也)。❸수놓은 옷진(畫衣)。【論語 鄕黨】當署ㅣ絺綌。【孟子 盡心下】被ㅣ衣。シン、ひとえ unlined clothes ㄓㄣ chen³

【袘】㊀(이) 紙 ㊁(이) 寘 草書 ㊀옷속이(衣中)。㊁치마선이(裳下緣)。【儀禮】主人爵弁纁裳緇ㅣ。イ、ふち hem of skirt

【袙】(파)『帕』(巾部 5畫)와 같음

【袛】(저) 齊 小篆 草書 속적삼저(ㅣ裯汗襦)。【後漢書】其資藏惟有布衾敝袛。テイ、はたぎ shirt

【袜】㊀(말) 月 ㊁(말) 曷 草書 ㊀버선말(脚衣)。【漢雜事秘辛】約縑迫ㅣ收束微如禁中。㊁허리띠말(所以束衣)。【隋煬帝詩】錦袖淮南舞寶ㅣ楚宮腰。バツ、はらおび girdle ㄇㄛ mo⁴

[illegible]

【衮】(곤)『袞』(衣部 4畫)과 같음

【袟】(질) 質 草書 ❶칼전대 질、칼집 질(劍衣)。❷책갑 질(書衣)。❸봉급질(俸給)。【唐書 蕭至忠傳】官ㅣ益輕。❹질서질(秩序)。❺주머니질(槃ㅣ、囊也)。チツ、ふみづつみ case; order

【袠】(질)『袟』(前條)과 같음

【袢】(번) 元 小篆 草書 ❶속옷번(近身衣)。❷옷꼭동일번(ㅣ延衣熱)。【詩經】是紲ㅣ也。バン、はだぎ underwear ㄆㄢ p'an⁴

【袣】(예) 霽 草書 긴옷예(長衣)。エイ、イ、ながころも long gown

【袤】(무) 宥 小篆 籒文 草書 뻗칠무(延亙)。【史記】延ㅣ萬餘里。ボウ、ながさ、たて lengthen ㄇㄠ mao⁴

【袥】(탁) 藥 小篆 ❶옷자락탁(衣衸)。❷옷깃헤칠탁(開衣領)。【韻會】開衣令大也。タク、すそ skirt; train ㄊㄨㄛ t'uo⁴

【袧】(구) 宥 コウ、ク、ひだ plait
草書 상복치마 양쪽을 주름 잡을 구。

【袨】(현) 霰 ケン、はれぎ beautiful attire
小篆 草書 고운옷현(好衣盛服)。

【被】㊀(피) 紙 ヒ、こうむる wear; be done ㄆㄟ pei⁴ ㊁(피) 寘
小篆 草書 ㊀이불피(寢衣)。【被銘】ㅣ雖溫無忘人之寒。㊁❶덮힐피(覆也)。【楚辭】皋蘭ㅣ徑兮ㅣ。❷미칠피(及也)。【書】光ㅣ四表。❸나타날피(著也)。❹창피할피(猖ㅣ不帶)。【楚辭】何桀紂之猖ㅣ兮。❺딴머리피(首飾)。【詩經 召南采蘩】ㅣ之僮僮。❻상처받을피(傷也)。【諸葛亮 後出師表】陟險ㅣ創。❼더할피(加也)。

【袪】(거) 魚 キョ、たもと sleeve ㄑㄩ ch'ü¹
小篆 草書 ❶소매거(衣袂)。❷소매아귀거(袖口)。【詩經】摻執子之ㅣ兮。

六畫

【袱】(복) 屋 フク、ふろしき cloth-wrapper ㄈㄨ fu²
草書 보자기복(包ㅣ、帊也)。

【袲】㊀(이) 支 イ、シ、たれる dangle ㄧ i² ㊁(나) 哿 ㊂(치) 紙
㊀옷치렁거릴이(袲ㅣ、衣長好貌)。㊁㊂뜻은 ㊀과 같음。

【袳】(치) 紙 シ、きものひろがる spread one's clothes
小篆 옷펼치(張衣)。

【袴】㊀(고) 遇 コ、はかま trousers ㊁(과) 禡
草書 ㊀바지고(脛衣)。【急就篇 卷二 章第十二】ㅣ謂脛衣也、云云ㅣ、之兩股曰襱、合襠謂之褌、最親身者也。㊁사타구니과(兩股閒)。【史記】屠中少年辱韓信曰出我ㅣ下。

【衤交】(교) 篠 コウ、ふんどし short trousers ㄐㄧㄠ chiao³
잠뱅이교(小袴)。

【袵】(임)『衽』(衣部 4畫)과 같음

【袷】㊀(겁) 葉 コウ、キョウ、あわせ lined clothes ㄐㄧㄚ chia² ㊁(겹) 洽
小篆 草書 ㊀동구래깃겁(曲領)。【禮記 曲禮下】天子視不上于ㅣ。㊁겹옷겹(複衣)。【史記】服繡ㅣ綺衣。

【袹】㊀(말) 黠 ハク、はらあて belly-band ㊁(맥) 陌
草書 ㊀통건말、상복말(邪巾始喪服)。【晉書】童謠曰著巾ㅣ腹爲齊持服。㊁배띠 맥(腹帶)。

【袺】(결) 屑 ケツ、つまどる catch the gusset ㄐㄧㄝ chieh²
小篆 草書 옷섶잡을결(執衽)。【詩經 周南芣苢】薄言ㅣ之。

【袻】(이) 支 ジ、ひだ wrinkle
옷구김살이(衣之縐皺)。

【袼】(각) 藥 ラク、そで bastings of the sleeve ㄌㄨㄛ luo⁴
草書 소매혼솔각(衣袂接處掖縫)。【禮記】ㅣ之高下可以運肘。

【袽】(녀) 魚 ジョ、やぶれきもの worn-out clothes ㄖㄨ ju²
草書 해진옷녀(敝衣、袾ㅣ)。

【袾】(주) 虞 シュ、みごろ underwear ㄓㄨ chu¹
小篆 ❶짧은옷주(短衣)。❷속옷주(內衣)。

【袿】(규) 齊 ケイ、うちかけ woman's coat ㄍㄨㄚ kua⁴
草書 부인의웃옷규(婦人上服)。【後漢書】ㅣ裳鮮明。

【裀】(인) 眞 イン、みごろ underwear ㄧㄣ yin¹
草書 ❶속옷인(近身衣)。❷겹옷인(複襂)。

【裁】㊀(재) 灰 サイ、たつ、したて decide; cutting ㄘㄞ ts'ai² ㊁(재) 隊
小篆 草書 ㊀❶마름질할재(ㅣ縫、製也)。【古詩 焦仲卿妻】十四學ㅣ衣。❷헤아릴재(度也)。【淮南子】取民不ㅣ其力。❸결단할재(斷決)。㊁품재재(品ㅣ鑒別)。【後漢書】李膺獨持風ㅣ。

【裂】(렬) 屑 レツ、さく、たつ be torn ㄌㄧㄝ lieh⁴
小篆 草書 ❶찢어질렬(破也)。【禮記】衣裳綻ㅣ。❷비단자투리렬(繒餘)。❸갈릴렬(分裂)。

【衤同】(동) 董 トウ、ももひき trousers
치마동(裙也)。

【衤充】(충) 東 ジュウ、つづれ short coat
草書 짧은옷충(短衣、ㅣ裾)。

【卷衣】(권) 阮 ゲン、たび cotton socks
버선권(襪也)。

七畫

【裊】(뇨) 篠 ジョウ、しなやか draw ㄋㄧㄠ niao³
草書 ❶끌릴뇨(曳貌)。❷간들거릴뇨(ㅣ娜輭美)。❸말이름뇨(神馬名騕ㅣ)。

【裌】(겹) 洽 コウ、あわせ lined clothes ㄐㄧㄚ chia²
겹옷겹(復衣)。

【裋】(수) 麌 ジュ、ながころも long coat ㄕㄨ shu⁴
小篆 草書 두루마기수、긴저고리수(長襦)。【漢書】ㅣ褐不完。

【裎】(정) 庚 テイ、はだか strip ㄔㄥ ch'êng
小篆 草書 벌거벗을정(裸體)。【孟子 萬章下】雖袒裼裸ㅣ於我側。

【裏】(리) 紙 リ、うら inside ㄌㄧ li³
小篆 草書 ❶옷안리(衣內)。【詩經】綠衣黃ㅣ。❷안리、속리(表ㅣ)。【左傳】表ㅣ山河。

【裡】(리)『裏』(前條)의 俗字

【裑】(신) 眞 シン、みごろ underwear 草書 옷등걸신(衣身即前後幅部分)。

【裒】(부) 尤 ホウ、あつめる collect ㄆㄡ p'ou² 草書 ❶모을부(聚也)。〔詩經 小雅常棣〕原隰ㅣ矣、兄弟求矣。❷덜할부、감할부(減也)。〔易經 謙卦〕君子以ㅣ多益寡。❸많을부(多也)。

【裓】(극) 職 コク、もすそ rear train 옷뒷자락극(衣裾)。〔柳宗元序〕蔑衣ㅣ之贈。

【裔】(예) 霽 エイ、もすそ、すそ descendant ㄧˋ i⁴ 小篆 古文 草書 ❶옷뒷자락예(衣裾)。❷변방예(四ㅣ邊也)。〔史記〕乃流四凶族遷于四ㅣ。❸씨예(苗ㅣ種類)。〔書經〕德垂後ㅣ。❹후손예(後ㅣ)。❺방자할예(容ㅣ從肆貌)。❻갈예(ㅣ貌)。〔司馬相如子虛賦〕般乎ㅣㅣ。❼흐를예(流貌)。〔漢書〕沛先以雨般ㅣㅣ。

【裕】(유) 遇 ユウ、ユ、ゆたか wealthy ㄩˋ yü⁴ 小篆 草書 ❶넉넉할유(饒也)。〔易經〕有孚ㅣ无咎。❷너그러울유(寬也)。〔書經 康誥〕ㅣ乃以民寧。❸느러질유(緩也)。〔周語〕享祀時至而布施優ㅣ。

【裖】(진)『袗』(衣部 5畫)과 같음

【䘽】(준) 眞 シュン、ももひきのつつ part of trousers 바지통준(袴桶)。

【裘】(구) 尤 キュウ、かわごろも clothing lined with fur ㄑㄧㄡˊ ch'iu² 小篆 草書 ❶갖옷구(皮衣)。〔詩經〕熊羆是ㅣ。❷대물림구(箕ㅣ、父業)。〔禮記〕良冶之子必爲箕 良弓之子必爲ㅣ。

【裙】(군) 文 クン、すそ、もすそ skirt ㄑㄩㄣˊ ch'ün² 草書 치마군(下裳)。〔張華白紵歌〕羅ㅣ飄飄昭儀光。

裙(三才圖會)

【裠】(군)『裙』(前條)과 같음

【裚】(제) 霽 セイ、たつ cut clothes 옷끊을제(斷衣)。

【裛】(一)(읍) 緝 (二)(업) 葉 ユウ、ヨウ、まとう bind up ㄧˋ i⁴ 小篆 草書 (一)❶얽어맬읍(纏也)。〔西都賦〕ㅣ以藻繡。❷옷에향내밸읍(香襲衣)。〔飛燕外傳〕有傾絶倒ㅣ衣。❸글주머니읍(書囊)。(二)뜻은 (一)과같음。

【補】(보) 麌 ホ、フ、おぎなう help; mend ㄅㄨˇ pu³ 小篆 草書 ❶기울보(綴也)。〔詩經〕袞職有厥惟仲山甫ㅣ之。❷도울보(裨也)。〔孟子 梁惠王下〕春省耕而ㅣ不足。秋省斂而助不給。❸수선할보(修繕)。〔呂氏春秋 孟冬紀〕修宮室ㅣ牆垣。❹수이름 보(數名、十垓曰ㅣ)。

【裝】(장) 陽 ショウ、ソウ、よそおう fill up; pack ㄓㄨㄤ chuang¹ 小篆 草書 ❶행장장、봇짐장(裹也)。〔漢書 陸賈傳〕賜賈橐中ㅣ直千金。❷쌀장(齎也)。〔史記〕悉以其ㅣ齎置二石醇醪。❸꾸밀장(飾也)。❹동일장、묶을장(ㅣ束)。〔後漢書〕夜分嚴ㅣ衣冠待明。❺저장할장(藏也)。〔孔稚圭 北山移文〕牒訴倥傯ㅣ其懷。

【䘸】(一)(전) (二)(연) 先 セン、ほろ folding top 小篆 (一)❶수레포장전(車幌)。❷피륙전(巾也)。(二)뜻은 (一)과 같음。

【裞】(세) 霽 ゼイ、ころも shroud 小篆 草書 ❶수의 세(贈死者衣被)。❷추복입을세(聞喪追服)。

【裟】(사) 麻 サ、ほうい cope ㄕㄚ sha¹ 草書 가사사(袈ㅣ、佛衣)。〔楞嚴經〕袈ㅣ從色得名三衣通稱。

八畫

【裣】(금)『衿』(衣部 4畫)과 같음

【裧】(첨) 鹽 セン、たれぎぬ drip-curtain ㄔㄢ ch'an¹ 草書 ❶옷헤칠첨(披衣)。❷수레휘장첨(車幃)。〔儀禮〕婦車亦如之有ㅣ。

【裨】(비) 支 ヒ、おぎなう aid; benefit ㄅㄧˋ pi⁴ 小篆 草書 ❶도울비(補也)。〔三國志〕孤豈不樂忠言以自ㅣ補邪。❷더할비(益也)。❸줄비(與也)。❹작을비(小也)。〔史記 孟子荀卿傳〕有ㅣ海環之。❺비장 비(偏將)。〔漢書〕項籍爲ㅣ將。❻관복 비(ㅣ冕、朝服)。〔荀子〕大夫ㅣ冕。

【裩】(곤)『褌』(衣部 9畫)과 같음

【䘵】(록) 屋 ロク、すれるおと rustle of clothes 옷소리록(衣聲)。

【裮】(창) 陽 ショウ、おびをしめない not belted 띠아니띨창(衣不帶)。

【裯】(一)(주) 尤 (二)(도) 豪 チュウ、はだぎ sheet ㄔㄡ ch'ou² 小篆 草書 (一)❶홑옷주(褌衣)。❷홑이불주(單被)。〔詩經 召南 小星〕抱衾與ㅣ。(二)소매도(衣袂)。〔後漢書 羊續傳〕惟有布衾敝祗ㅣ。

【裱】(표) 篠 ヒョウ、ひれ shawl ㄅㄧㄠ piao³ 목수건표(領巾)。

【裰】(철) 曷 タツ、つくろう patch up ㄉㄨㄛ tuo² (古音「탈」) 草書 기울철(補也)。〔集韻〕補ㅣ被衣也。

【𧝎】(액) 陌 エキ、わきぬい seam down the armpit

❶겨드랑이솔기액(衣掖下ㅣ縫)。❷큰옷액(縫ㅣ大衣)。〔禮〕衣縫ㅣ之衣。❸수레휘장액(襘也)。

【裲】(량) 養 リョウ、うちかけ waist-coat ㄌㄧㄤˇ liang³ 草書 배자량(ㅣ襠、袹腹)。

【裳】(상) 陽 ショウ、はかま skirt ㄕㄤ shang¹ 草書 ❶치마상(下衣帬也)。〔詩經 邶風綠衣〕綠衣黃ㅣ。❷성할상(盛貌)。〔詩經小雅裳裳者華〕ㅣㅣ者華。

【⿰衤卒】(쉬) 隊 スイ、きがえ spare clothes ❶여벌옷쉬(副衣)。❷홑옷쉬(單衣)。

【⿰衤疌】㊀(칩) 葉 シュウ、えりのへり hem ㄐㄧㄝˊ chieh² ㊁(삽) 洽 小篆 ㊀❶깃의 단칩(襟緣)。❷옷궤맬칩(緶衣)。㊁해어질삽(衱ㅣ、衣敝)。

【裵】(배) 灰 ハイ、ながころも swinging a gown ㄆㄟˊ p'ei² ❶옷치렁치렁할배(衣長貌)。❷성배(姓也)。

【裶】(비) 微 ヒ、ころもをひく trail 옷잘잘끌비(ㅣㅣ曳衣貌)。

【裷】(권) 阮 ケン、ずきん cap 草書 복건권(幞巾)。〔韓非子 外儲說〕以其ㅣ麾之。

【裸】(라) 哿 ラ、はだか naked 草書 ❶벌거벗을라(赤體)。〔孟子〕雖袒裼ㅣ裎於我側。❷털없는벌레라(ㅣ蟲)。〔晋書〕ㅣ蟲人類而人爲之王。

【裹】(과) 哿 カ、つつむ wrap 小篆 草書 ❶쌀과(包也)。〔詩經 大雅公劉〕迺ㅣ餱糧。❷얽을과(纏也)。

【裺】(암) 覃 アン、きものがひろい loose 小篆 옷너그러울암、옷넓을암(衣寬)。

【裻】(독) 沃 トク、せぬい seam down the back 小篆 草書 ❶등솔기독(背縫)。〔史記 佞幸傳〕顧見其衣ㅣ。❷소맷등독(衫襦橫者)。

【裼】㊀(체) 霽 テイ、セキ、むつき baby's quilt ㄒㄧˊ hsi² ㊁(석) 錫 小篆 草書 ㊀포대기체(褓也)。〔詩經 小雅斯干〕載衣之ㅣ。㊁❶벗어멜석(袒ㅣ露臂)。〔孟子 萬章下〕雖袒ㅣ裸裎於我側。❷등거리석(裘單)。〔禮記 玉藻〕裘之ㅣ也見美也。

【裾】(거) 魚 キョ、すそ rear train ㄐㄩ chü¹ 小篆 草書 옷뒷자락거(衣後衱也)。〔爾雅〕衱謂之ㅣ。

【製】(제) 霽 セイ、したて、つくる make ㄓˋ chih⁴ 小篆 草書 ❶마를제(裁也)。〔左傳 襄公十一年〕雖有美錦不使人學ㅣ焉。❷지을제(造也)。❸본새제、법제제(式也)。〔漢書 叔孫通傳〕通儒服、漢王憎之、迺變其服、服短衣楚ㅣ。❹우장옷제(雨衣)。〔左傳 哀公二十七年〕成子衣ㅣ杖戈。

【⿰衤兒】(예) 齊 ゲイ、きものやぶれる (be) worn out ㄋㄧˊ ni² 옷해질예、시침실예(衣縷)。〔爾雅〕衣裗謂之ㅣ。

【⿰衤屈】(굴) 物 クツ、みじかいきもの short clothes ㄑㄩㄝˊ ch'üeh² 짧은옷굴、반배굴(裗ㅣ、短衣)。〔後漢書註〕裗ㅣ如今之半臂。

【褂】(괘) 卦 カイ、ころも Korean jumper ㄍㄨㄚˋ kua⁴ 草書 마고자괘(馬ㅣ)。

常服褂(大清會典圖)

九畫

【⿰衤隋】(타) 箇 タ、そでなし sleeveless coat 小篆 소매없는옷타(無袖衣)。

【褆】(제) 齊 シ、きものがあつい somewhat thick 小篆 옷두툼할제(ㅣㅣ衣厚)。

【複】㊀(부) 宥 フク、あわせ、かさなる plural：repeat ㄈㄨˋ fu⁴ ㊁(복) 屋 小篆 草書 ㊀거듭부(重也)。㊁❶겹옷복(重衣)。〔釋名〕衣服有裏曰ㅣ。❷복도복(上下道)。〔漢書〕從ㅣ道上望見諸將。

【褊】㊀(변) 銑 ヘン、せまい narrow ㄅㄧㄢˇ pien³ (古音「변」) ㊁(편) 先 小篆 草書 ㊀옷너풀거릴변(衣貌)。㊁❶좁을편(狹也)。〔孟子〕齊國雖ㅣ小。❷급할편(急也)。〔詩經〕維是ㅣ心。❸옷이몸에낄편(衣小)。

【⿰衤要】(요) 蕭 ヨウ、つけひも breast knot〔tie〕 옷고름요、옷끈요(衣襻)。〔詩〕要之襋之。

【褋】(접) 葉 チョウ、ひとえ unlined clothes ㄉㄧㄝˊ tieh² 小篆 小篆 草書 홑옷접(禪衣)。〔楚辭〕遺余ㅣ兮澧浦。

【褌】(곤) 元 コン、ふんどし shorts ㄎㄨㄣ k'uen¹ 草書 잠방이곤(褻衣合襠)。〔漢書〕司馬相如身自著犢鼻ㅣ。

【褎】㊀(유) 宥 ユウ、シュウ、そで、すすむ sleeve ㄒㄧㄡˋ hsiu⁴ ㊁(수) 宥 小篆 俗體 草書 ㊀❶나아갈유(進也)。❷벼잎빼어난모양유(禾盛貌)。〔詩經 大雅生民〕實種實ㅣ。❸옷을잘입을유(盛飾貌)。〔漢書 董仲舒傳〕今子大夫、ㅣ然爲擧首。❹웃을유(笑貌)。〔詩經〕ㅣ如充耳。㊁소매수(袂也)。〔詩經 唐風羔裘〕羔裘豹ㅣ。

【褍】(단) 寒 タン、みごろ breast knot 小篆 옷바른폭단(玄ㅣ、衣正幅)。

【褏】(수)『褎』(前條)와 같음

【褐】(갈) 曷 カツ、けおり furs, serge ㄏㄜˊ hê² (古音 할) 小篆 草書 ❶털베갈(毛布)。【詩經 豳風七月】無衣無ㅡ。❷굵은베갈(麤布)。【潘岳賦】披ㅡ振裾。❸천한사람갈(賤人)。【左傳 哀公十三年】余與ㅡ之父睨之。❹갈옷갈(賤者所服)。【孟子】不受於ㅡ寬博。

【褒】(포) 豪 ホウ、ほめる prize 草書 ❶옷뒷길포(大裾)。【漢書 雋不疑傳】ㅡ衣博帶。❷포장할포(揚美奬飾)。【公羊傳】曷爲稱字ㅡ之。❸도포포(ㅡ明長襦)。【方言】ㅡ明謂之袍。❹고을 이름포(邑名ㅡ斜)。『褎』의 俗字。

【褓】(보) 皓 ホウ、むつき baby's quilt ㄅㄠˇ pao³ 草書 포대기보(襁ㅡ、小兒被)。【漢書】曾孫雖在襁ㅡ猶坐收繫郡獄。

【褖】(단) 翰 タン、たんい queen's clothing ㄊㄨㄢˋ t'uan⁴ 草書 ❶황후의옷단、단옷단(后服)。❷선비의아내예복단(黑衣士妻命服)。【儀禮註】ㅡ之言緣也所以表袍者也。

❷褖衣(三禮圖)

【褕】㊀(유) 虞 ユ、ヨウ、はごろも feather-robe ㄩˊ yü² ㊁(요) 蕭 小篆 草書 ㊀❶쾌자 유(ㅡ襜ㅡ直裾)。【漢書】有一男子衣黃襜ㅡ。❷꿩의 깃으로꾸민옷유(翟羽飾衣)。㊁요적옷요、황후의옷요(ㅡ狄、后服)。【柳宗元表】ㅡ狄亦被於恩光。

【褗】(언) 阮 エン、えり neck 小篆 옷깃언(衣領)。

【⿰衤癸】(규) 霽 ケイ、すそ wrinkle 옷뒤틀릴규(衣之分裾)。

【⿰衤耎】(연) 銑 ゼン、いせる shrink 옷구길연(衣縮)。

【褘】㊀(위) 微 イ、キ、うつくしい beautiful ㄏㄨㄟ huei¹ ㊁(휘) 微 小篆 草書 ㊀❶휘장위、장막위(帳也)。❷아름다울 위(美也)。㊁❶적휘옷 휘(翟ㅡ后祭服)。【禮記 玉藻】王后ㅡ衣。❷주머니휘(囊也)。

【褙】(배) 隊 ハイ、からぬき waist-coat ㄅㄟˋ pei⁴ ❶배자배、등거리배(襦也)。❷(中字)배접할배(褾ㅡ)。

【褚】(저) 語 チョ、わたいれ wadded clothes ㄔㄨˇ ch'u³ 小篆 草書 ❶주머니저(囊也)。【唐書】傾ㅡ以濟。❷쌓을저(蓄也)。【左傳 襄公三十年】取我衣冠而ㅡ之。❸옷에솜둘저(綿絮裝衣)。【急就篇註】ㅡ衣以綿曰複。❹구의저、관덮개저(覆棺物)。【禮記】ㅡ幕丹質。❺성저(姓也)。

十畫

【⿰衤芻】(추) 宥 シュ、ころものしわ wrinkle 옷구길추、옷주름살잡힐추(衣不伸)。

【褞】(온) 元 オン、ぬのこ loose fabric clothes 草書 굵은베옷온(褐衣)。【晉書】袞龍出於ㅡ褐。

【⿰衤尃】(박) 藥 ハク、ひとえ unlined clothes 홑옷박(單衣)。

【褠】(구) 尤 コウ、つつそで narrow sleeve clothes 草書 ❶소창옷구(單衣袖狹者)。【吳志註】呂範釋ㅡ著袴褶執鞭詣闕下。❷팔찌구(臂ㅡ)。【後漢書】倉頭衣綠ㅡ領袖正白。

【⿰衤索】(삭) 藥 サク、きものずれのおと rustle of clothes 옷버석버석할삭(衣聲)。

【褡】(답) 合 トウ、やぶれる wear out ㄉㄚ ta¹ ❶옷해질답(衣敝)。❷처네답(橫ㅡ小被)。

【褢】(회) 佳 カイ、つつむ put in one's bosom ㄏㄨㄞˊ huai² 小篆 옷에품을회(胸衿藏物)。【漢書】ㅡ誠秉忠維義是從。

【褥】(욕) 沃 ジョク、しとね mattress ㄖㄨˋ ju⁴ 草書 요욕(裀ㅡ藉也)。【後漢書】王暢常布衣皮ㅡ。

褥(三才圖會)

【褦】(내) 隊 タイ、ひがさ bamboo-hat ㄋㄞˋ nai⁴ 草書 ❶패랭이내(ㅡ襶涼笠)。【魏程曉詩】今世ㅡ襶子觸熱到人家。❷분수가없을내(ㅡ襶不曉事)。【篇海】ㅡ襶謂當暑人樂祖裸而固盛服請見也。

【⿰衤冥】(말)『襪』(衣部15畫)과 같음

【褧】(경) 迥 ケイ、ひとえ unlined clothes ㄐㄩㄥˇ chiung³ 小篆 草書 ❶홑옷경(衣無裏襌也)。【詩經】衣錦ㅡ衣。❷저사경(縠也)。

【褪】(퇴) 願 タイ、トン、あせる fade; lose colour 草書 ❶옷벗을퇴(卸衣)。【趙鼎詩】頓覺春衫ㅡ。❷꽃빛엷어질퇴(色減)。【蘇軾詩】花ㅡ殘紅青杏小。❸꽃이질퇴(花謝)。

【褫】(치) 寘 チ、はぎとる rob of a clothes ㄔˇ ch'ih³ 小篆 草書 ❶옷빼앗을치(奪衣)。【易經】或錫之鞶帶終朝三ㅡ之。❷벗을치(脫也)。【荀子】極禮而ㅡ。❸요잇치(ㅡ氈、蓐衣)。❹넋잃을치(神志喪失)。【晁補之詩】試人一縷立ㅡ魄。

【⿰衤害】(할) 曷 カツ、うわぎ coat 저고리할(上衣)。

【⿰衤畜】(축) 屋 チク、たくわえる storage ❶감출축(藏也)。❷쌓을축(貯也)。

【褭】(뇨) 篠 ジョウ、よいうま swift horse 小篆 草書 ❶말북두뇨(以組帶馬)。❷준마뇨(駿馬騕ㅡ)。

【褮】(형) 庚 ケイ、きもののあな get a hole ㄧㄥˊ ying^{2} 옷에구멍날형(衼也)。

【褯】㊀(자) 禡 シャ、セキ、しきもの seat ㊁(석) 陌 ㄐㄧㄝˋ chieh^{4} ㊀아이옷자(小兒服)。㊁자리석(藉也)。

【褰】(건) 先 ケン、はかま trousers ㄑㄧㄢ ch'ien^{1} 小篆 草書 ❶바지건(袴也)。【左傳】徵－與襦。❷걷을건(攓也)。【詩經 鄭風褰裳】－裳涉溱。❸발걷을건(簾也)。【李商隱詩行次西郊】珠簾亦高－。

【褱】(회)『懷』(心部16畫)의 古字

十一畫

【褵】(리) 支 リ、おび belt attached to the coat of a child ㄌㄧˊ li^{2} 草書 돌띠리(衣帶)。【爾雅】婦人之褘謂之褵。

【褶】㊀(습) 緝 シユウ、チョウ、あわせ lined clothes ㊁(첩) 葉 ㄉㄧㄝˊ tieh^{2} 草書 ㊀습갑습(騎服)。【晉書】弓弩隊各五十人黑袴－。㊁❶덧옷 첩(襲也)。❷겹옷첩(袷衣)。

【褷】(시) 支 シ、はごろも furs ㄕ shih^{1} 草書 털옷푸수수할시(褵－、毛羽衣貌)。【西京賦】被羽之褵－。

【褠】(구) 尤 オウ、よだれかけ pinafore 小篆 草書 ❶어린애침받기구、턱받기구(小兒涎衣)。❷머리쓰개구(頭衣)。

【[衣冏]】(예)『裔』(衣部7畫)와 같음

【褸】(루) 麌 ロ、ル、ぬう つづる sew ㄌㄩˇ lü^{3} 小篆 草書 ❶옷 해여질 루(襤－衣敝)。【方言】南楚凡人貧衣被醜弊或謂之－裂或謂之襤－。❷옷궤맬루(紩衣)。

【褺】(첩) 葉 ジョウ、あわせ lined clothes 小篆 ❶겹옷첩(重衣)。❷고을이름첩(巴郡縣名、－江)。

【褻】(설) 屑 セツ、ふだんぎ ordinary dress ㄒㄧㄝˋ hsieh^{4} 小篆 草書 ❶평복설、사복설(私服)。【論語 鄕黨】紅紫不以爲－服。❷무람없을설(狎也)。❸더러울설(猥－)。❹친할 설(親也)。❺속옷설(裏衣)。【論語鄕黨】雖－必以貌。

【褼】(선) 先 セン、きものなびく flutter ㄒㄧㄢ hsien^{1} 옷너풀거릴선(衣貌、褊－)。

【褽】(외) 未 イ、しく spear 小篆 草書 ❶깔외(薦也)。【左傳】之新篋－之以元纁。❷옷짓외(衣衽)。

【褾】(표) 篠 ヒョウ、ふみづつみ jacket 草書 ❶소매끝표(袖端)。❷책가위표(卷帙飾)。

【[衤盍]】(합) 合 コウ、うちかけ long overdress 더그레합、배자합(－襠前後兩當衣)。【唐書】鼓吹披工加白練－襠。

【褿】(조) 豪 ソウ、えり collar 小篆 옷깃조(襟也)。

【襀】(적) 陌 セキ、ひだ plait 草書 주름잡을적(衣間蹙)。【子虛賦】襞－褰縐。

【襁】(강) 養 キョウ、せおいおび baby's quilt ㄐㄧ chi^{1} 小篆 草書 포대기강(－褓負兒衣)。【論語 子路】則四方之民－負其子而至矣。

【[衤鳥]】(조) 篠 チョウ、みじかいきもの short clothes ㄐㄧㄤˇ chiang^{3} 小篆 짧은옷조(短衣)。

【襂】㊀(삼) 侵 サン、はらおび girdle ㊁(삼) 咸 ㄕㄢ shan^{1} ㊀깃옷늘어질삼(－纚羽衣垂貌)。【海賦】被羽翮之－纚。㊁허리띠삼(中帶)。【儀禮註】中帶若今之褌－。

【[衤焦]】(초) 語 ショウ、セキ、あざやか bright ❶선명할초(鮮也)。❷고운옷초、깨끗한옷초(好衣)。

【襃】(포) 豪 ホウ、すそのながいころも long train ㄆㄠ pao^{1} 小篆 ❶옷뒷길포(大裾)。【漢書 雋不疑傳】－衣博帶。❷포장할포(揚美獎飾)。【公羊傳】曷爲稱字－之。❸도포포(－明長襦)。【方言】－明謂之袍。❹고을 이름포(邑名－斜)。

【襄】(양) 陽 ジョウ、のぼる rise; get up ㄒㄧㄤ hsiang (古音「상」) 小篆 古篆 草書 ❶도울양(贊也)。【書經 皐陶謨】思日贊贊－哉。❷오를양(上也)。【書經 堯典】懷山－陵。❸뽑아버릴양(除也)。【詩經 鄘風牆有茨】牆有茨不可－也。❹멍에양(駕也)。【詩經 鄭風大叔于田】兩服上－。❺이룰양(成也)。【左傳 定公十五年】葬定公雨不克－事禮也。❻평할양(平也)。❼별이이동할양(星貌)。【詩經 小雅大東】跂彼織女終日七－。

十二畫

【襆】(복)『幞』(巾部12畫)과 같음

【[衤登]】(등) 蒸 トウ、けおりおび woolen belt 모직띠등(毛織帶)。

【襊】㊀(찰) 曷 サツ、かりぬい baste ㊁(최) 泰 ㊀❶시침할찰(衣游縫)。【劉孝標樂府】袙複兩邊作入－。❷검은베로만든관찰(緇布冠)。㊁옷깃최(衣領)。

【襇】(간) 諫 カン、すそのひだ wrinkles of a skirt ㄐㄧㄢˋ chien^{4} 치마주름간(裙幅相攝)。

【襋】(극) 職 キョク、えり collar ㄐㄧˊ chi^{2} 小篆 草書 옷깃극(衣領)。【詩經】要之－之。

【[衤賁]】(비) 未 ヒ、つるまぎ overcoat 두루마기비(周衣)。

【襍】(초) 篠 ショウ、ぬぐう clean
닦을초(拭也)。

【襌】(단) 寒 タン、ひとえもの unlined clothes ㄉㄢ tan¹
小篆 草書 홑옷단(單衣無裏)。【禮記】ㅣ爲絅。

【襍】(잡)『雜』(隹部 10畫)과 같음

【襏】(발) 曷 ハツ、みの straw raincoat ㄅㄛ po²
도롱이발(ㅣ襫蓑雨衣)。

【襐】(상) 養 ショウ、かみかざり ribbon ㄒㄧㄤ hsiang⁴
小篆 草書 아이머리꾸미개상、댕기상(未笄冠者首飾)。【急就篇註】ㅣ飾刻畫無等雙。

【襀】(귀) 寘 キ、ひも cord
끈귀(紐也)。

【襑】㊀(심) 侵 ㊁(탐) 感 シン、タン、おおきい loose-fitting
小篆 ㊀옷클심(衣大)。㊁뜻은 ㊀과 같음。

【禘】(체) 霽 テイ、むつき baby's wrappings
小篆 포대기체(褓也)。

【襘】(증) 徑 ショウ、はだぎ lined clothes
겹옷증(袷也)。

【襢】(전) 銑 テン、あかい ちりめんのころも red flannel colthes
小篆 붉은저사옷전、전옷전(后妃服丹衣)。【周禮】王后之六服其一曰ㅣ衣。

【襒】(별) 屑 ヘツ、はらう reduce ㄅㄧㄝ pieh²
草書 떨칠별(拂也)。【史記 孟子荀卿傳】側行ㅣ席。

【襓】(요) 蕭 ジョウ、つるぎぶくろ sheath
草書 칼전대요(劒衣)。【禮】劒則啓櫝蓋襲之加夫ㅣ與劒焉。

【襷】(거) 魚 キョ、ひも breast-tie
옷고름거(衣糸)。

【襨】(저) 語 チョ、よそおう dressing up
옷치장할저(裝衣)。

十三畫

【襖】(오) 皓 オウ、うわぎ robe
小篆 草書 도포오(袍屬)。【韓愈詩】破ㅣ請來綻。

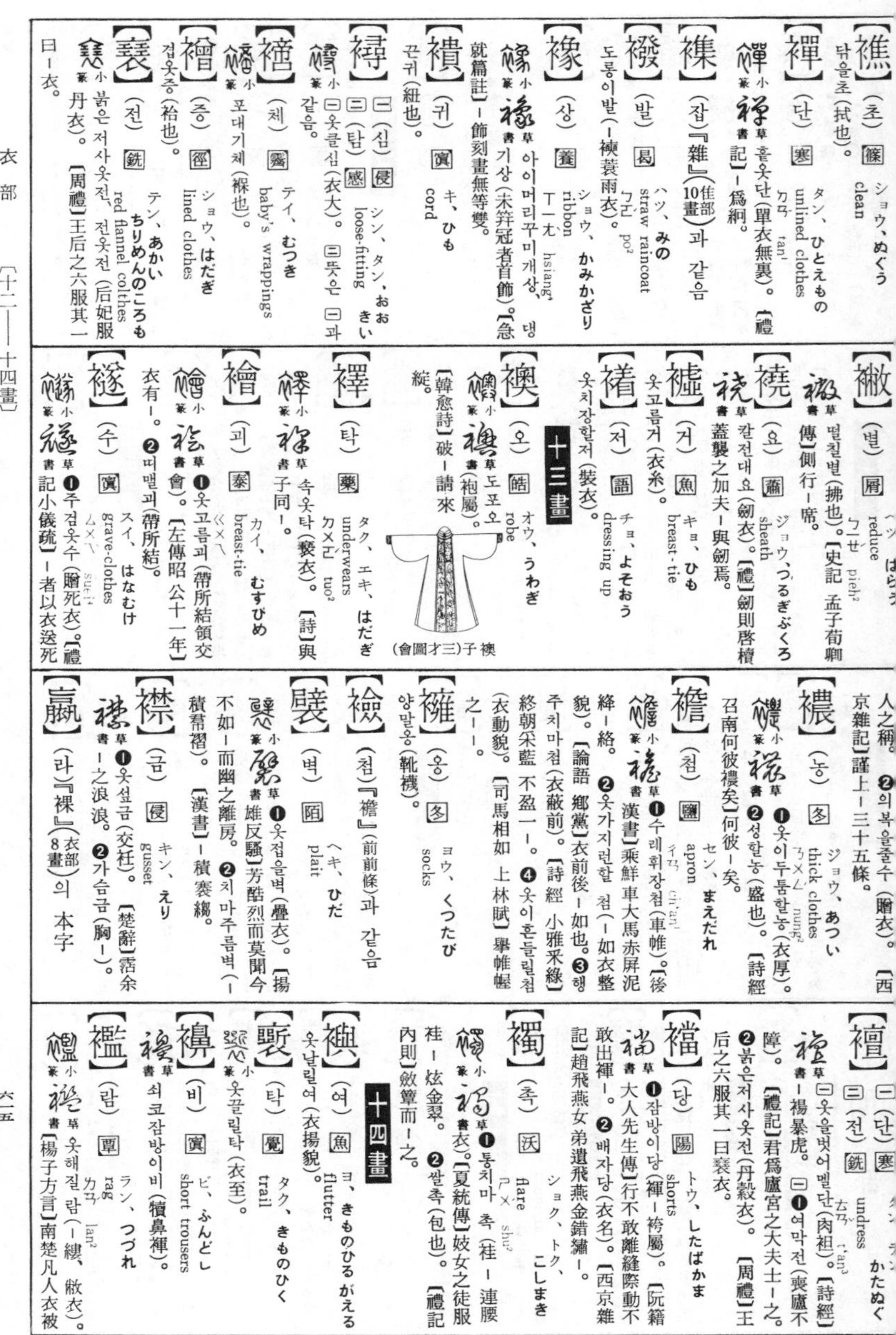
(會圖才三)子 襖

【襗】(탁) 藥 タク、エキ、はだぎ underwears ㄉㄨㄛ tuo²
小篆 草書 속옷탁(褻衣)。【詩】與子同ㅣ。

【襘】(괴) 泰 カイ、むすびめ breast-tie ㄍㄨㄟ
小篆 草書 ❶옷고름괴(帶所結領交會)。【左傳昭 公十一年】衣有ㅣ。❷띠맬괴(帶所結)。

【襚】(수) 寘 スイ、はなむけ grave-clothes ㄙㄨㄟ suei⁴
小篆 草書 ❶주검옷수(贈死衣)。【禮記小儀疏】ㅣ者以衣送死人之稱。❷의복을줄수(贈衣)。【西京雜記】謹上ㅣ三十五條。

【襛】(농) 冬 ジョウ、あつい thick clothes ㄋㄨㄥ nung²
小篆 草書 ❶옷이두툼할농(衣厚)。❷성할농(盛也)。【詩經 召南何彼襛矣】何彼ㅣ矣。

【襜】(첨) 鹽 セン、まえだれ apron ㄔㄢ ch'an¹
小篆 草書 ❶수레휘장첨(車帷)。【後漢書】乘鮮車大馬赤屛泥絳ㅣ絡。❷옷가지런할 첨(ㅣ如衣整貌)。【論語 鄉黨】衣前後ㅣ如也。❸행주치마첨(衣蔽前)。【詩經 小雅采綠】終朝采藍 不盈一ㅣ。❹옷이흔들릴첨(衣動貌)。【司馬相如 上林賦】擧帷幄之ㅣㅣ。

【襛】(옹) 冬 ヨウ、くつたび socks
양말옹(靴襪)。

【襝】(첨)『襜』(前前條)과 같음

【襞】(벽) 陌 ヘキ、ひだ plait
小篆 草書 ❶옷접을벽(疊衣)。【揚雄反騷】芳酷烈而莫聞今不如ㅣ而幽之離房。❷치마주름벽(ㅣ積帬褶)。【漢書】ㅣ積褰縐。

【襟】(금) 侵 キン、えり gusset
草書 ❶옷섶금(交衽)。【楚辭】需余ㅣ之浪浪。❷가슴금(胸ㅣ)。

【嬴】(라)『裸』(衣部 8畫)의 本字

【襢】㊀(단) 寒 ㊁(전) 銑 タン、テン、かたぬぐ undress ㄊㄢ t'an³
草書 ㊀옷을벗어멜단(肉袒)。【詩經】ㅣ裼暴虎。㊁❶여막전(喪廬不障)。【禮記】君爲廬宮之大夫士ㅣ之。❷붉은저사옷전(丹縠衣)。【周禮】王后之六服其一日襢衣。

【襠】(당) 陽 トウ、したばかま shorts
草書 ❶잠방이당(褌ㅣ袴屬)。【阮籍大人先生傳】行不敢離縫際動不敢出褌ㅣ。❷배자당(衣名)。【西京雜記】趙飛燕女弟遺飛燕金錯繡ㅣ。

【襡】(촉) 沃 ショク、トク、こしまき flare ㄕㄨ shu²
小篆 草書 ❶통치마 촉 (袿ㅣ連腰衣)。【夏統傳】妓女之徒服袿ㅣ炫金翠。❷쌀촉(包也)。【禮記 內則】斂簟而ㅣ之。

十四畫

【襖】(여) 魚 ヨ、きものひるがえる flutter
옷날릴여(衣揚貌)。

【襨】(탁) 覺 タク、きものひく trail
小篆 옷끌릴탁(衣至)。

【襣】(비) 寘 ビ、ふんどし short trousers
草書 쇠코잠방이비(犢鼻褌)。

【襤】(람) 覃 ラン、つづれ rag ㄌㄢ lan²
小篆 草書 옷해질람(ㅣ褸、敝衣)。【楊子方言】南楚凡人衣被

醜獘或謂之ㅣ裂或謂之ㅣ褸。

【襦】(유) 虞 ジュ、はだぎ short coat ㄖㄨˊ ju^2 小篆 草書 ❶저고리유(短衣)。〔禮記〕衣不帛ㅣ袴。❷〔國字〕베쐐기갓장이유(布笠匠曰ㅣ匠)。❸유삼유(ㅣ衫)。

【纁】(훈) 文 クン、うすあか light red 연분홍빛훈(淡紅色)。

【褁】(과) 箇 カ、つつむ wrap up clothing 옷쌀과(包衣)。

十五畫

【襪】(말) 月 バツ、たび socks ㄨㄚˋ wa^4 草書 버선말(足衣)。〔洛神賦〕凌波微步羅ㅣ生塵。

襪(三才圖會)

【襫】(석) 陌 セキ、あまぎ straw raincoat ㄕˋ shih^4 草書 도롱이석(襏ㅣ蓑雨衣)。〔管子〕身服襏ㅣ。

【襭】(힐) 屑 ケツ、つまばさむ adjust ㄒㄧㄝˊ hsieh^2 小篆 或體 草書 옷깃힐(以衣袵扱物)。〔詩經 周南芣苢〕薄言ㅣ之。

【襮】(박) 藥 ハク、おもて surface 小篆 草書 ❶수놓은옷깃박(黼領)。❷거죽박(表也)。〔唐書李晟傳〕將務持重、豈宜自表ㅣ。

【襩】(축) 屋 シュク、あざやか luxury 옷좋고 화사할축(好衣鮮明也)。

十六畫

【襯】(친) 震 シン、はだぎ under-wears ㄔㄣˋ ch'en^4 草書 ❶속옷친(近身衣)。〔禮註〕取名于ㅣㅣ近尸也。❷접근할친(接近)。〔韓偓詩〕天ㅣ樓臺籠苑外。❸베풀친(施與)。〔齊諧記〕以ㅣ衆僧。

【襰】(뢰) 蟹 ライ、きものやぶれる wear out 옷해질뢰(衣敝)。

【襱】(롱) 東 ロウ、はかまのつつ trouser leg 小篆 或體 草書 바지가랑이롱(袴也)。〔急就篇 卷二章第十二〕袴之兩股曰ㅣ。

【襲】(습) 緝 シュウ、おそう accede to; invade ㄒㄧˊ hsi^2 小篆 籀文 草書 ❶옷덧입을습(重衣)。〔禮記〕裘之裼也見美也服之ㅣ也充美也。❷합할습(合也)。〔周語〕ㅣ于休祥。❸인할습(因也)。〔禮記〕卜筮不相ㅣ。❹염습할습(斂尸)。❺엄습할습(掩其不備)。〔左傳〕凡師有鐘鼓曰伐無曰侵輕曰ㅣ。❻벼슬대물릴습(嗣爵)。❼반복할습(反復)。〔左傳〕故ㅣ天祿子孫受之。❽중첩할습(重疊)。〔尹文子〕窮則徼終、徼終則反始、始終相ㅣ、無窮極也。〔弔屈原賦〕ㅣ九淵之神龍兮。

十七畫

【襳】㊀(섬) 鹽 ㊁(삼) 咸 セン、おび long girdle ㄒㄧㄢ hsien^1 草書 ㊀긴띠섬(長帶)。〔漢書〕蜚ㅣ垂髾。㊁깃발삼(旗斿)。

【襶】(영) 敬 オウ、すそひだ wrinkle 주름잡을영(作襞)。

【襷】(건) 先 ケン、はかま trousers ❶바지건(袴也)。❷옷걷을건(扱衣)。

【襴】(란) 寒 ラン、ひとえ gown 草書 난삼란(ㅣ衫裳與衣連)。〔綱目集覽〕布深衣因于其下著ㅣ及裾名曰ㅣ衫。

十八畫

【襵】(접) 葉 ショウ、ちぢむ wrinkle 주름질접(襞積)。〔梁簡文帝詩〕熨斗成裙ㅣ。

【襹】(축) 屋 シュク、よい good ❶좋을축(好也)。❷빛날축、선명할축(鮮明貌)。

【襶】(대) 隊 タイ、おろか stupid ㄉㄞˋ tai^4 草書 미욱할대(褦ㅣ不曉事)。〔魏程曉詩〕今世褦ㅣ子觸熱到人家。

【襮】(박)『襮』(衣部 15畫)과 같음

【襻】(거) 〔日字〕 たすき cord used for girding 草書 멜빵거、질빵거(肩條)。

十九畫

【襹】(시) 支 シ、うもうきもの pily ㄕ shih^1 털옷푸수수할시(襹ㅣ、毛羽衣貌)。〔西京賦〕被羽之襹ㅣ。

【襺】(견) 銑 ケン、わたいれ wad with new cotton ㄐㄧㄢˇ chien^3 小篆 햇솜옷에둘견(新綿著衣)。〔禮〕襺爲ㅣ緼爲袍。

【襻】(반) 諫 ハン、つけひも breast knot ㄆㄢˋ p'an^4 옷고름반(衣系)。〔鏡賦〕裊斜假ㅣ。

【襹】(라) 歌 ラ、おんなのうわぎ woman's coat 草書 계집웃옷라(婦人上衣)。

【襼】(예) 霽 ゲイ、たもと sleeve ㄧˋ i^4 草書 소매예(袂也)。〔潘岳賦〕掎裳連ㅣ。

二十畫

【襽】(건) 先 ケン、はかま trousers 바지건(袴也)。

二十一畫

【襴】(촉) 沃 ショク、ながじゅばん long skirt ❶긴두루마기촉(長襦)。❷동다리치마촉(長襦連腰衣)。〔禮〕襺衣裳者若今大ㅣ也。

二十二畫

【襶】(낭) 漾 ドウ、ゆるい generous 너그러울낭(寬也)。

襾部

【襾】(아) 禡 ア、おおう cover ㄒㄧㄚˋ hsia⁴ 덮을아、가리어숨길아(覆也)。

【西】(서) 齊 セイ、サイ、にし west ㄒㄧ hsi¹ ❶서녁서(日入方)。〔說文〕鳥在巢上也日在ㅣ方而鳥栖故因以爲東ㅣ之ㅣ。❷수박서(ㅣ瓜)。❸나라이름서(ㅣ班牙)。❹서양서(ㅣ洋)。❺성서(姓也)。

三畫

【要】㊀(요) 蕭 ㊁(요) 嘯 ヨウ、もとめる、かなめ request; important ㄧㄠ yao¹ ㊀❶구할요(求也)。〔孟子 告子上〕修其天爵以ㅣ人爵。❷살필요(察也)。〔周禮〕異其死刑之罪而ㅣ之。❸겁박할요(刼也)。〔孟子〕將ㅣ而殺之。❹언약할요(言約)。〔論語 憲問〕久ㅣ不忘平生之言。❺옳게밝힐요、취조할 요(取調)。〔書經康誥傳〕ㅣ察囚情。❻모일요、모을요(會也)。〔禮記樂記〕ㅣ其節奏。❼허리요(腰也)。〔史記孔子世家〕自ㅣ以下不及禹三寸。❽억지로할요(勒也)。❾기다릴요(待也)。❿부를요(招也)。⓫시골 요(ㅣ服、ㅣ荒外)。〔書經〕五百里ㅣ服。㊁❶종요로울요(樞也)。❷반드시요 꼭요(ㅣ當、必也)。〔後漢書馬援傳〕男兒ㅣ當死於邊野以馬革裹屍還葬。❸통계요、회계요(統計、會計)。〔周禮地官小司徒〕則受邦國之比ㅣ。❹하고자할요(欲也)。

四畫

【要】(요)『要』(前條)와 같음

【覂】(압) 合 オウ、おおう cover 덮을압(覆也)。

五畫

【覂】(봉) 腫 ホウ、くつがえす overturning ㄈㄢˋ fan⁴ ❶덮을봉(覆也)。❷다할봉(ㅣ竭、乏也)。❸멍에벗을봉(ㅣ駕、馬有逸氣不循軌轍)。〔漢書〕泛駕之馬。

六畫

【覀】(규) 齊 ケイ、いやしい filthy (古音「휴」) 더러울규(鄙也)。

【覃】(담) 覃 タン、ふかい vast and deep ㄊㄢˊ t'an² ❶번을담、미칠담(及也延也)。〔詩經大雅蕩〕ㅣ及鬼方。(鬼方은地名)。〔詩經周南葛覃〕葛之ㅣ兮。❷깊을담(深廣貌)。〔晉書夏侯湛傳〕揚雄ㅣ思於太玄。❸펼담(布也)。❹길담(長也)。

八畫

【覄】(복) 職 ホク、やといびと farm hand 머슴복、시골뜨기복(農夫醜稱、僮ㅣ)。

十二畫

【覆】㊀(복) 屋 ㊁(부) 宥 フク、フ、くつがえる repeat; turn over ㄈㄨˋ fu⁴ ㊀❶돌이킬복(反ㅣ)。〔詩〕不懲其心ㅣ怨是正。❷엎칠복(敗也)。〔中庸〕傾者ㅣ之。〔李華弔古戰場文〕常ㅣ三軍。❸엎지를복(倒也)。〔書經〕顚ㅣ厥德。❹오히려복(反對)。〔詩經大雅瞻卬〕匪用其良ㅣ俾我悖。❺살필복(檢ㅣ、審也)。〔唐書〕檢ㅣ私隱。❻먹국할복(射ㅣ)。〔漢書〕上嘗使諸數家射ㅣ。㊁❶덮을부、가리울부(蓋也)。〔詩〕鳥ㅣ翼之。❷쌀부(包也)。〔中庸〕高明所以ㅣ物也。❸고루고루 퍼질부(布也)。〔孟子離婁上〕仁ㅣ天下。❹엎드릴부(伏兵)。〔左傳隱公九年〕君爲三ㅣ以待之。

【覆】(복)『覆』(前條)과 같음

十三畫

【覇】(패)『霸』(13雨部畫)의 俗字

【覈】(핵) 陌 カク、しらべる、かんがえる verification ㄏㄜˊ hê² ❶핵실할 핵(考事得實)。〔王褒文〕覈 動謦則斫ㅣ贓否。❷겨무거리핵(穀種不破)。〔漢書〕亦食糠ㅣ耳。❸씨핵(果中實)。〔周禮〕其植物宜ㅣ。❹액색할핵(慘刻)。

十七畫

【覊】(기)『羈』(19网部畫)의 本字

十九畫

【覊】(기)『羈』(19网部畫)와 같음

見 部

【見】㊀(견) 霰 ㊁(현) 霰 ケン、みる see; observe ㄐㄧㄢˋ chien⁴ ㊀❶볼견(識ㅣ視也)。〔易〕飛龍在天利ㅣ大人。❷만나볼견(會ㅣ)。〔晉書張華傳〕陸機兄弟ㅣ華面如舊。❸당할견(當也)。〔史記屈原傳〕信而ㅣ疑忠而被謗。㊁❶나타날현(顯也)。〔史記淮陰侯傳〕情ㅣ勢屈。❷드러날현(露也)。〔易〕ㅣ龍在田。〔論語泰伯〕天下有道則ㅣ。❸있을현(在也)。〔史記〕軍無ㅣ糧。❹보일현(朝ㅣ)。〔周禮〕春ㅣ曰朝。

二畫

【覌】(관)『觀』(18見部畫)의 略字

三畫

【覓】(몽) 東 ボウ、すすむ advance 나갈몽(進也)。

四畫

【規】(규) 支 キ、のり、ただす regulation ㄍㄨㄟ kuei¹ ❶그림쇠규(ㅣ矩正圓器)。〔淮南子〕ㅣ者所以圜萬物也。❷발릴규(箴ㅣ以法正人)。〔書經胤征〕官師相ㅣ。❸계교할규(ㅣ求計

也)。【左傳昭公二十六年】ㅣ求無度。❹간할규(ㅣ諫)。【詩淇隩序】武公能聽其ㅣ諫。❺꾀규(ㅣ度謀也)。【戰國策】齊無天下之ㅣ。❻법어길규(ㅣ避違、法)。【唐書】ㅣ影銜賦。❼새이름규(鳥名子ㅣ)。❽법규(ㅣ律法也)。

【覐】(각)『覺』(見部13畫)의 古字

【覑】(편) 銑 ヘン、うかがう peep
❶슬쩍볼편(覑貌)。❷사람이름편(士ㅣ)。

【覒】(모) 豪 モウ、ボウ、みる gaze
覒 小篆 ❶볼모(觀也)。❷가릴모(擇也)。

【覓】(멱) 錫 ベキ、もとめる search for ㄇㄧˋ mi4
覓 草書 ❶구할멱(求也)。【古詩那呵灘】❷찾을멱(尋也)。

【覔】(멱)『覓』(前條)의 俗字

【⿰市見】(시) 支 シ、のぞく peep (at,into)
엿볼시(窺覗)。

【⿰开見】(이) 支 ジ、くちをとじる shut up
입다물이(閉口貌)。

【⿰厄見】(액) 陌 ヤク、おどろきやすい be easily frightened
잘놀랄액(善驚貌)。

【視】(시)『視』(見部5)와 같음

五畫

【覕】(별) 屑 ベ、ちらとみる g e at
覕 小篆 草書 ❶언뜻볼 별(過目暫見)。❷벨별(割也)。【莊子】人之斷制利天下譬之猶一ㅣ。

【⿰台見】(시) 支 シ、いざなう tempt
유인할시(誘引)。

【⿰召見】 ㊀(소) 嘯 ソウ、みる see ㊁(교) 蕭
㊀❶볼소(見也)。❷부를소(召也)。㊁❶뵈울교(謁見)。❷멀교(遠也)。

【⿰民見】(미) 齊 ベイ、やんだひとがみる patient's glance
小篆 小篆 병든사람볼미(病人視貌)。

【視】(시) 寘 シ、みる look at; sight ㄕˋ shih4
視 小篆 古文 古文 草書 ❶볼시(瞻也)。【書】ㅣ遠惟明。❷견줄시(比也)。【左傳】季武子使謂叔孫以公命曰ㅣ邾滕。❸본받을시(效也)。【書】ㅣ乃厥祖。❹대접시(看待)。【左傳】鄭賈人如晉荀罃善ㅣ之。

【⿰它見】(시) 支 シ、うかがう attendance
小篆 ❶기다려볼시(伺候)。❷다소곳할시(規ㅣ面柔)。【詩】得此戚施。【箋】面柔下人以色故不能仰。

【覘】(첨) 豔 テン、うかがう spy ㄓㄢ chan1 (俗音「점」)
覘 小篆 草書 ❶엿볼첨(闚視)。【左傳】公使人ㅣ之。❷기다려볼첨(候也)。【唐書】ㅣ候姦譎。

【覗】(사) 支 シ、うかがう peep ㄙ ssu1
覗 小篆 草書 ❶엿볼사(窺視)。❷기다려볼사(伺也)。

六畫

【覛】(맥) 陌 バク、ベキ、みる glance at ㄇㄛˋ mo4
覛 小篆 籒文 草書 ❶할깃볼맥(衺視)。【西京賦】ㅣ往昔之遺館。❷마주말끄러미볼맥(ㅣㅣ相視)。❸살펴볼맥(密察)。【周語】古者太史順時ㅣ土。(『脈』과 같음)

【⿰尗見】(척) 錫 セキ、へつらう (be) obedient
다소곳할척(ㅣ頔)。【詩經】作戚施。

【覜】(조) 嘯 チョウ、まみえる audience ㄊㄧㄠˋ t'iao4
覜 小篆 小篆 草書 뵈울조(視也)。【說文】諸侯三年大相聘曰ㅣ。

七畫

【覞】(요) 嘯 ヨウ、あわせみる see together ㄧㄠˋ yao4
覞 小篆 아울러볼요(竝視)。

【⿰赤見】(혁) 陌 キャク、みる look at
❶볼혁(見也)。❷땅이름혁(地名ㅣ峴)。

【⿰穾見】(요) 篠 ヨウ、ふかくみる stare (at)
뚫어지게볼요(深視)。

【⿰㑴見】(침) 侵 シン、うかがう look for
小篆 가만히 머리내밀고볼침(私出頭視)。

【覡】(격) 錫 ゲキ、かんなぎ male diviner (古音「혁」)
覡 小篆 草書 박수격(男巫)。【說文】能齋肅事神明在男曰ㅣ在女曰巫。

八畫

【⿰录見】(록) 屋 ロク、みる look
小篆 ❶한가지로볼록(共視)。❷눈꼬부장하게볼록(眼曲而視)。

【覢】(섬) 琰 セン、ちらとみる glance at
覢 小篆 ❶언뜻볼섬(暫見)。【公羊傳】ㅣ然公子陽生。❷흘깃볼섬(ㅣㅣ、視貌)。

【覣】(위) 支 イ、うれしげにみる cast a friendly glance at
覣 小篆 좋게볼위(好視)。

【⿰來見】(래) 隊 ライ、よくみる look into
小篆 안으로볼래、속속들이볼래(內視)。

【覤】(혁) 陌 ゲキ、おどろく surprise
草書 깜짝놀랄혁(驚貌)。

【⿰叕見】(세) 霽 セイ、やぶれくだける break
부스러뜨릴세(破碎)。

九畫

【覦】(유) 虞 ユ、ねがう aspire ㄩˊ yü2
覦 小篆 草書 넘겨다볼유(覬ㅣ欲得)。【左傳襄公十五年】能官人則民無ㅣ心。

【⿱敄見】(추) 宥 シュウ、もだえみる look at with regret

민망히볼추(悶視)。

【覨】(악) 藥 ガク、ながくみる gaze
오래볼악、물끄러미볼악(久視)。

【䙆】(규) 支 キ、みだりがわしげにみる cast a lustful glance at
음란하게볼규(淫視)。

【覩】(도) 麌 ト、みる gaze; observe ㄉㄨˇ tu³
草書 볼도(見也)。【易經】聖人作而萬物ー。

【䚇】(생) 梗 セイ、あしがみえる bare-legged
종아리드러낼생(脚露)。

【覟】(제) 齊 テイ、あらわれる appear
小篆 드러날제(現也)。

【覎】㊀(환) 阮 カン、おおいにみる look at with widely open
㊁(권) 先
小篆 ㊀크게 볼환(大視貌)。㊁뜻은 ㊀과 같음。

【親】㊀(친) 眞 シン、したしむ、おや familiar; parents
㊁(친) 震 ㄑㄧㄣ ch'in¹
小篆 草書 ㊀❶사랑할친(愛也)。【孝經序】ー譽日著。❷친할친(近也)。【易】本乎天者ー上本乎地者ー下。❸몸소친(躬也)。【詩】不躬不ー。❹겨레친、일가친(ー戚 族)。【左傳】祿勳合ー。❺스스로친、손수친(自也)。【禮】世子ー齊玄而養。❻육친친(六ー父母兄弟妻子)。㊁❶사돈친(婚家)。❷친정 친(親庭)。

十畫

【覫】(방) 養 ホウ、よこめでみる look askance
곁눈질할방(側視貌)。

【覨】(두) 尤 トウ、めやに eyes stained with the gum
小篆 눈곱낄두(目蔽垢)。

【覬】(기) 寘 キ、のぞむ aspire ㄐㄧˋ chi⁴
小篆 草書 넘겨다볼기(ー覦希望)。【左傳桓公二年】下無ー覦。

【覘】(담) 感 タン、しずかにみる look at
小篆 천천히볼담(徐視)。

【覭】(명) 青 ベイ、くらいところでみる peep through the dark ㄇㄧㄥˋ mo⁴
小篆 어두운데서엿볼명(暗處密窺)。

【覦】(유) 尤 ユウ、みおろす look down for
小篆 내려다보며더듬을유(下視探物)。

【覯】(구) 宥 コウ、あう come across ㄍㄡˋ kou⁴
小篆 草書 ❶만나볼구(遇見)。【詩】亦旣ー止。❷이룰구(成也)。【左傳】郇瑕氏土薄水淺其惡易ー。

十一畫

【覰】(처) 魚 ショ、ソ、うかがう peep ㄑㄩˋ ch'ü⁴
小篆 草書 엿볼처(伺視)。【唐書】北寇ー邊。

【䚍】(예) 霽 エイ、ちらっとみる sidelong glance (at)

흘깃거릴예(視貌)。

【覶】(루) 尤 ル、ロウ、みる have a good look
❶자세히볼루(細視)。❷애꾸눈루(片盲ー睽)。

【覱】(참) 感 サン、さける avoid
피할참(避也)。

【䚓】(책) 陌 セキ、みる glance at
밉게볼책(憎視)。 볼책(視也)。

【䙶】(표) 篠 ヒョウ、ふりかえってみる look back
小篆 둘러볼표、살펴볼표(所見省察)。

【覲】(근) 震 キン、まみえる audience ㄐㄧㄣˋ chin³·⁴
小篆 草書 뵈올근、제후가천자볼근(諸侯秋見天子)。【禮註】秋見曰ー。

【観】(관)『觀』(見部 18畫)의 略字

十二畫

【䚏】(린) 震 リン、したしむ intimate
친할린(親也)。

【覿】(적) 錫 チャク、のぞみみる look over
小篆 ❶눈붉을적(目赤)。❷멀리바라볼적(遙視)。

【覵】㊀(한) 刪 カン、ケン、うかがう spy
㊁(간) 潸
㊀엿볼한(覵也)。㊁❶뜻은 ㊀과 같음。❷섞일간(雜也)。【禮】薦黍稷羞肺肝首心見閒以俠甒。

【覼】(라) 歌 ラ、こまか details
小篆 草書 ❶차례라(次序)。❷곡진할라、자세히볼라(ー縷委曲)。【唐書】秉筆ー縷不能成章。❸좋게볼라(好視)。

【䚘】(고) 豪 コウ、みる look at
❶볼고(見也)。❷사람이름고(不ー)。

【覕】(별)『瞥』(目部 12畫)과 같음

【覾】(심) 寢 シン、みおろす look down
❶깊이볼심(深見)。❷내려다볼심、굽어볼심(下視)。

十三畫

【覺】㊀(각) 覺 カク、キョウ、さとる perceive
㊁(교) 效
小篆 草書 ㊀❶깨달을각(寤也曉也)。【書】厥德修罔ー。❷깨우칠각(知也)。【白虎通】學之爲言ー也悟所不知也。❸밝힐각(明也)。【左傳】以ー報宴。❹클각(大也)。❺꼿꼿할각(直也)。【詩】有ー其楹。❻발각할각(發也)。【漢書】有而不言ー免。㊁꿈깰교(夢醒)。【詩】尙寐無ー。

十四畫

【覽】(람) 感 ラン、みる see together ㄌㄢˇ lan³
小篆 草書 두루볼람(周觀)。【史記】登玆泰山周ー東極。

【䚔】(빈) 眞 ヒン、ちょっとみる glance at

小篆 잠간 불빈、얼른 볼빈(暫見)。

【覼】(라)『覶』(見部12畫)의 俗字

十五畫

【⿰樊見】(번) 元 ハン、ちょっとみる glance at 小篆 잠깐볼번、흘깃볼번(暫視)。

【⿸厤見】(려) 霽 レイ、じっとみる gaze 몹시볼려、(疾視)。밉게볼려(憎視)。

【覿】(적) 錫 テキ、みる see ㄉㄧˊ ti² 小篆 草書 볼적(見也)。【易經】三歲不ー。

十七畫

【⿰巂見】(규) 支 キ、みつめる scrutinize 小篆 눈여겨볼규(注視)。

【⿰龠見】(요) 嘯 ヨウ、みあやまる mistake 小篆 잘못볼요、그릇볼요(誤視)。

十八畫

【觀】㊀(관) 寒 カン、みる observe; watch ㄍㄨㄢ kuan¹ ㊁(관) 翰 小篆 古文 草書 ㊀볼관(視也)。㊁❶보일관(示也)。【易】大ー在上順而巽中正以ー天下。❷대궐관(闕也)。❸집관(樓ー道宮)。【史記】仙人好樓居上令長安作蜚廉桂ー甘泉作益延壽ー。❹태자의 궁관(甲ー春宮)。【漢書】元帝在太子宮甲ー畫堂。❺무덤관(京ー積尸封土)。【左傳】君盍築武軍而收晋尸以爲京ー。❻모양관(儀ー容貌)。【禮】既服習容ー玉聲乃出。❼놀관(遊也)。【孟子】吾何修而可以比於先王ー也。❽구경관(壯ー、奇ー)。❾괘이름관(卦名)。

十九畫

【⿰麗見】㊀(리) 寘 リ、レイ、みる search ㊁(려) 霽 小篆 ㊀❶볼리(視也)。【吳都賦】ー海陵之倉則紅粟流衍。❷구할리(求也)。❸살펴볼리(索視貌)。㊁뜻은㊀과 같음。

角部

【角】㊀(각) 覺 カク、ロク、つの horn; angle ㄐㄧㄠˇ chiao³ ㊁(록) 屋 ㊂(곡) 屋 小篆 草書 ㊀❶뿔각(芒ー獸所戴)。【禮記】仲夏鹿ー解仲冬麋ー解。❷찌를각(觸也)。【漢書】ー觸也觸地而出戴芒ー。❸다툴각(競也)。【戰國策】駕犀首而驂馬服以與秦ー逐。❹비교할각(校也)。【禮記】仲春ー斗角。❺모퉁이각(隅也)。【易經】晋其ー。❻대평소각(吹器)。【演繁露】蚩尤率魑魅與黃帝戰命吹ー爲龍鳴禦之。❼휘각(量器)。【管子】斗斛也ー量也。❽쌍상투각(總ー頭丱)。【詩經】總ー丱兮。❾별이름각(宿名二十八宿之一)。❿이마의뼈각(額骨)。【十八史略東漢】隆準日ー。⓫오음의하나각(五音之一)。⓬모각(直ー、銳ー、鈍ー)。⓭십전각(拾錢曰ー)。⓮술잔각(酒器張)。㊁❶신선이름록(神仙名)。❷사람이름록(人名)。【十八史略西漢】ー里先生。

❻㊀角(蒙古大淸會典圖)

⓮㊀角(三禮圖)

二畫

【觓】(규) 尤 キュウ、まがったつの crook-tipped horns ㄑㄧㄡˊ ch'iu² 小篆 뿔끝꼬부랑할규(角上曲貌)。

【⿰角丂】(다) 歌 タ、つのがみじかい short-horned 뿔이 짧을다(角短貌)。

三畫

【觔】(근)『筋』(竹部6畫)『斤』(斤部0畫)과 같음

【⿰角卂】(신) 眞 シン、ぶんりよう twenty 스무개신(二十枚)。

四畫

【觕】㊀(조) 麌 ソ、あらまし coarse ㊁(추) 虞 ㄘㄨ ts'u¹ 草書 ㊀간략할조、대략조(略也)。【漢書敍傳】ー舉僚職。㊁추할추(麤ー不精)。【公羊傳】ー者曰侵精者伐。

【觖】(결) 屑 ケツ、キ、みたない regrettable ㄐㄩㄝˊ chüeh² 草書 ❶서운할결(ー望不滿)。【史記燕世家】獨此尙ー望。❷들쳐낼결(摘ー挑發)。【漢書孫寶傳】故欲摘ー以揚我惡。❸바랄결(望也)。【後漢書】以ー一切之功。

【⿰爿角】(착) 覺 サク、つのがながい long horned 小篆 뿔이 길착(角長貌)。

【⿰角公】(강) 江 コウ、つのをあげる raise the horns 小篆 뿔들강(擧角)。

【⿰角冘】(탐) 覃 タン、くらべる compare 비교할탐(比也)。

【觘】(초) 肴 ショウ、つのさじ horn spoon 뿔숟가락초(角匙)。

【⿰角巴】(파) 麻 ハ、つのをはる show the horns ㄆㄚ p'a² 뿔벌칠파(牛角張)。

五畫

【⿰角甘】(겸) 鹽 ケン、くちばし bill 부리겸(喙也)。

【⿰角巨】(거)『距』(足部5畫)와 같음

【觚】(고) 虞 コ、さかずき wine-cup ㄍㄨ ku¹ 小篆 草書 ❶술잔고(酒爵)。【周禮】梓人爲器飮ー三升。❷모질고(方也)。【史記酷吏傳】漢興破ー爲圜。❸뿔고(角也)。❹모날고(ー稜)。【西都賦】上ー稜而棲金爵。❺

觚(三才圖會)

대쪽고(竹簡)。【陸機文賦】或操ㅣ以率爾。

【觛】(단) 旱 タン、さかずき wine cup crooked horns
小篆 작은술잔단(小巵)。

【觮】(낙) 覺 ダク、むねかど horn of house
小篆 집뿌다귀낙(屋角)。

【𧢱】(사) 寘 シ、つのうつわ hornworks
뿔그릇사(角器)。

【觜】㈠(자) 支 シ、くちばし bill ㄗㄨㄟˇ tsuei³ ㈡(취) 紙
小篆 草書 ㈠자별 자(ㅣ觿西方宿名 二十八宿之一) ㈡부리취(喙也)。

【觝】(저) 薺 テイ、ふれる gore ㄉㄧˇ ti³
草書 ❶찌를저、받을저(觸也)。【韓愈文】ㅣ排異端。❷씨름저(角ㅣ)。

六 畫

【𧢼】(파) 禡 ハ、つのがまがる (of horns) crooked
뿔굽을파(角曲貌)。

【觟】(해)『獬』(13犬部畫)와 같음

【衡】(형) 庚 ケイ、つのがながい (of a cattle's horns) long
쇠뿔길형(牛角之長貌)。

【觠】(권) 先 ケン、まがったつの crooked horns ㄑㄩㄢˊ ch'uan²
小篆 소굽은뿔권(曲角)。【爾雅】羊角三ㅣ羷。

【觡】(격) 陌 カク、つの antler ㄍㄜˊ kê²
小篆 草書 사슴뿔격(有枝角)。【禮】角ㅣ生。

【𧢽】(훤) 阮 ケン、つのさじ horn spoon
小篆 뿔숟가락훤(角匙)。

【觢】(서) 霽 セイ、ふたつのがあおぐ erect the horns upright
小篆 두뿔곤두설서(兩角竪)。

【解】㈠(해) 蟹 カイ、ゲ、とく release; interpret ㄐㄧㄝˇ·ˋ chieh³·⁴ ㈡(개) 卦
小篆 ㈠❶쪼갤해、빠갤해(判也)。【莊子養生主】庖丁ㅣ牛。❷풀릴해(緩也)。❸깨우쳐줄해(曉也)。【禮】相說以ㅣ。❹괘이름해(卦名)。㈡❶벗을개(脫也)。【禮】ㅣ屨不敢當階。❷풀개(釋也)。【儀禮】ㅣ綱。❸헤칠개(散也)。❹발신할개(ㅣ額發也)。【唐制】進士由鄕而貢曰ㅣ額。

【觤】(궤) 紙 キ、つのがそろわぬ have an odd long horn ㄍㄨㄟˇ kuei³
小篆 뿔하나길궤、짝뿔궤(角ㅣ長)。

【觥】(굉) 庚 コウ、つのさかずき a cup made of horn ㄍㄨㄥ kung¹
小篆 古文 草書 ❶큰굉(大也)。【太玄經】ㅣ羊之毅。❷뿔잔굉(兕ㅣ酒器)。【詩】我姑酌彼兕ㅣ。❸꿋꿋할굉、굳세고바를굉(ㅣ剛直貌)。【後漢書 郭憲傳】關東ㅣㅣ郭子橫。

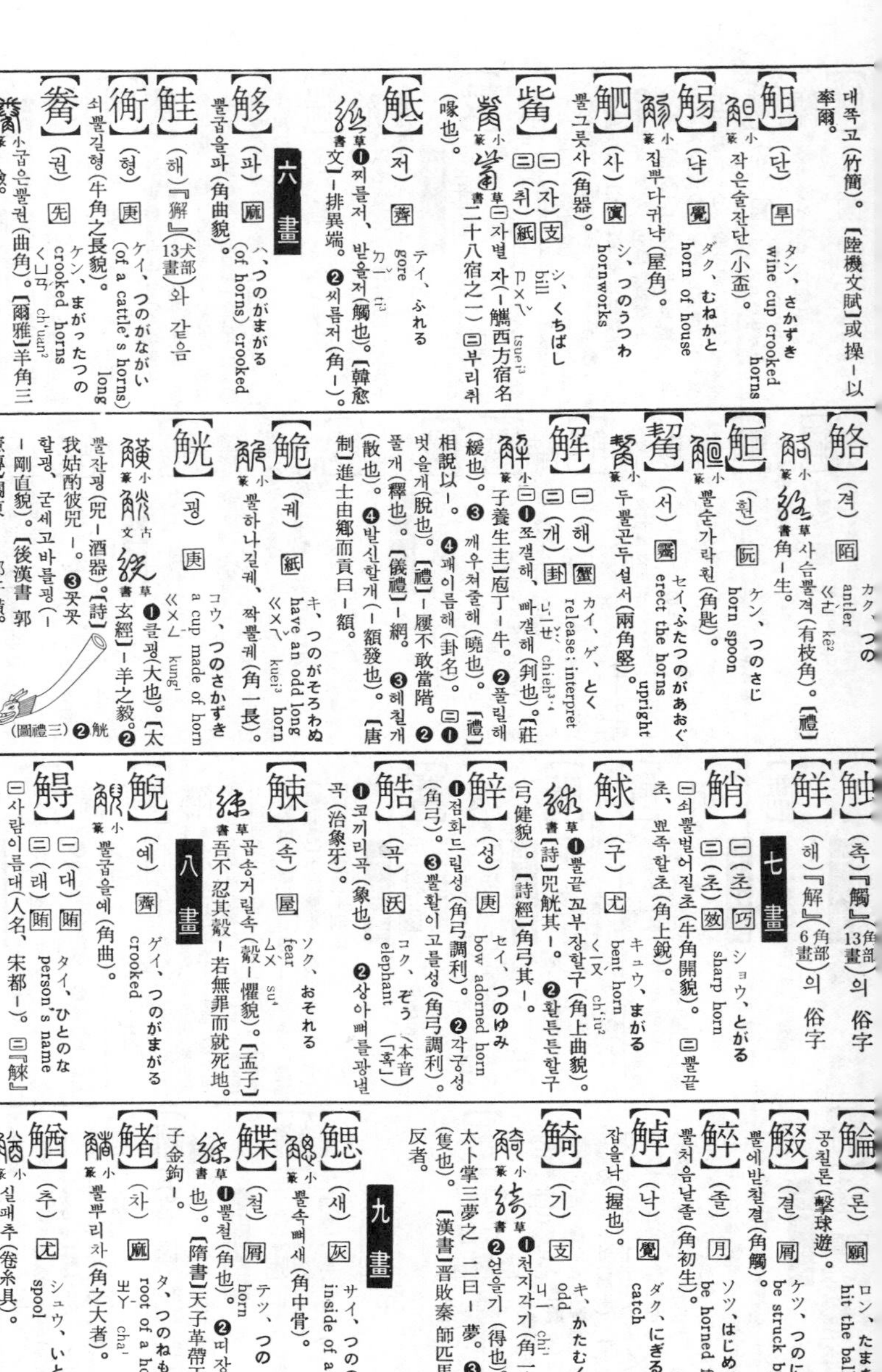
(圖禮三) ❷觥

【触】(촉)『觸』(13角部畫)의 俗字

【觧】(해)『解』(6角部畫)의 俗字

七 畫

【𧣓】㈠(조) 巧 ショウ、とがる sharp horn ㈡(초) 效
㈠쇠뿔벌어질초(牛角開貌)。㈡뿔끝초、뾰족할초(角上銳)。

【觩】(구) 尤 キュウ、まがる bent horn ㄑㄧㄡˊ ch'iu²
草書 ❶뿔끝꼬부장할구(角上曲貌)。【詩】兕觥其ㅣ。❷활튼튼할구(弓健貌)。【詩經】角弓其ㅣ。

【觪】(성) 庚 セイ、つのゆみ bow adorned horn
❶점화드릴성(角弓調利)。❷각궁성(角弓)。❸뿔활이고를성(角弓調利)。

【𧢾】(곡) 沃 コク、ぞう elephant (本音「확」)
❶코끼리곡(象也)。❷상아뼈를광낼곡(治象牙)。

【觫】(속) 屋 ソク、おそれる fear ㄙㄨˋ su⁴
草書 곱송거릴속(觳ㅣ懼貌)。【孟子】吾不忍其觳ㅣ若無罪而就死地。

八 畫

【觬】(예) 齊 ゲイ、つのがまがる crooked
小篆 뿔굽을예(角曲)。

【𧣴】㈠(대) 賄 タイ、ひとのな person's name ㈡(래) 賄
㈠사람이름대(人名、宋都ㅣ)。㈡『觫』를 보라。

【𧣠】(론) 願 ロン、たまをうつ hit the ball
공칠론(擊球遊)。

【𧤁】(결) 屑 ケツ、つのにふれる be struck by the horns
뿔에받칠결(角觸)。

【䚝】(졸) 月 ソツ、はじめてはえる be horned first
뿔처음날졸(角初生)。

【𧣾】(낙) 覺 ダク、にぎる catch (或音「착」)
잡을낙(握也)。

【觭】(기) 支 キ、かたむく odd ㄐㄧ chi¹
小篆 草書 ❶천지각기(角一俯一仰)。【周禮】太卜掌三夢之 二曰ㅣ夢。❷얻을기(得也)。❸외쪽기(隻也)。【漢書】晋敗秦 師匹馬ㅣ輪無反者。

九 畫

【䚡】(새) 灰 サイ、つののしん inside of a horn
小篆 뿔속뼈새(角中骨)。

【𧤗】(철) 屑 テツ、つの horn
草書 ❶뿔철(角也)。❷띠장식철(觖也)。【隋書】天子革帶玉鉤ㅣ太子金鉤ㅣ。

【觰】(차) 麻 タ、つのねもと root of a horn ㄓㄚ cha¹
小篆 뿔뿌리차(角之大者)。

【𧤏】(추) 尤 シュウ、いとまき spool
小篆 실패추(絭糸具)。

【⿰角咠】(즙) [緝] シュウ、やわらぐ harmony ❶뿔옹긋쫑긋할즙(｜｜角多貌)。❷화할즙(和也)。〔詩經〕爾羊來思其角濈濈。

【觱】(필) [質] ヒツ、ヒチ、さむい chilly wind ❶대평수필(｜栗蕃樂)。〔說文〕羌人所吹角屠｜以驚馬也。❷바람이쌀쌀 할필(｜發風寒)。〔詩經豳風七月〕一之日｜發。❸샘물솟을필(泉水貌)。〔詩經小雅采菽〕｜沸檻泉言采其芹。

【⿰角耑】(단) [寒] タン、つの piglike animal 각단단、돼지같은짐승단(角｜、獸名似豕)。〔郭璞曰〕角在鼻上堪爲弓。

十畫

【觳】㊀(곡) [屋] コク、カク、うすい thin; shallow ㄏㄨˊ hu^{2} ㊁(각) [覺] ㊀❶다할곡(盡也)。❷곱송거릴곡、죽음을 두려워할곡(｜觫懼貌)。〔孟子梁惠王上〕吾不忍其｜觫若無罪而就死地。❸엷을곡(薄也)。〔管子〕五粟之狀剛而不｜。❹양기곡(量器)。㊁❶파리할각、윤기없을각(無潤)。〔莊子天下〕其道大｜使人憂使人悲。❷비교할각(校也)。〔韓非子〕强弱不｜力。❸다툴각(競也)。

【⿰角虒】(치) [紙] チ、つのがかたむく slant-horned 뿔기울어질치(角傾)。

【⿰角星】(성) [庚] セイ、つのやわらかい smooth ❶부드러울성(用角低仰調和貌)。〔詩經〕｜｜角弓今本作騂。❷활고른모양성(弓調貌)。

十一畫

【⿰角桀】(설) [屑] セツ、かわをなめす tan the skin 가죽다룰설(鞣皮)。

【觴】(상) [陽] ショウ、さかずき wine cup ㄕㄤ shang^{1} ❶잔상(酒危總名)。〔左傳〕奉｜加璧以進。❷잔질할상、술마실상(濫｜)。〔家語〕江始出于岷山其源可以濫｜。

【⿰角翏】(류) [尤] リュウ、つのがまがる crook-horned 뿔굽을류(角曲)。

十二畫

【觵】(굉)『觥』(角部 6畫)의 本字

【⿰角厥】(궐) [月] ケツ、つのでつく horn ㄐㄩㄝˊ chüeh^{2} 뿔로받을궐(角觸)。

【觶】(치) [支][寘] シ、さかずき wine cup ㄓˋ chih^{4} (古音「지」) ❶잔치(鄕飮酒色角)。〔禮〕一人洗擧｜。❷벌술잔치(罰爵)。

觶(三禮圖)

【⿰角閒】(간) [諫] カン、いとまき spool 실패간(卷糸具)。

【⿰角矞】(결) [屑] ケツ、わ locked ring 자물쇠있는고리결(有舌鐶)。

十三畫

【觷】(학) [覺] カク、つの horn ㄒㄩㄝˊ hsüeh^{2} ❶뿔학(角也)。❷뿔다듬을학(治角)。

【觸】(촉) [沃] ショク、ふれる gore; feel ㄔㄨㄛˋ ch'uo^{4} ❶받을촉、찌를촉(觝也)。〔易〕羝羊｜藩。❷느낄촉、마음에비칠촉(｜目)。〔易經繫辭〕｜類而長之。❸지날촉(過也)。〔岑參詩〕春風｜處到。❹더러울 촉(汚濁)。❺범할촉(犯也)。〔韓愈詩〕不受塵事｜。〔漢書〕去禮義｜刑法。

十四畫

【觺】㊀(의) [支] ギ、とがる sharp horn ㊁(억) [職] ㊀뿔뾰족할의(｜｜角利貌)。〔楚辭〕其角｜｜。㊁뜻은㊀과 같음。

十五畫

【⿰角廣】(강) [庚] コウ、つのでさす pierce 뿔로찌를강(以角刺之)。

【觻】㊀(력) [錫] レキ、ロク、つのさき top of horn ㊁(록) [屋] ㊀뿔끝력(角鋒)。㊁고을이름록(縣名)。

十六畫

【觽】(휴)『觿』(次條)와 같음

十八畫

【觿】(휴) [齊] ケイ、つのぎり gimlet made of horn ㄒㄧ hsi^{1} ❶뿔송곳휴(角錐解結)。〔禮〕左佩小｜右佩大｜。❷동자의띠휴(童子帶)。〔詩經衛風芄蘭〕童子佩｜。

十九畫

【⿰角雚】(권) [元] ケン、つのをふるう sway [wield] the horns 뿔휘두를권(揮角貌)。

【⿰角麗】㊀(려) [齊] レイ、つの horn ㊁(사) [紙] ㊀뿔려(角也)。㊁나눌사(分也)。

言部

【言】㊀(언) [元] ゲン、ゴン、いう、ことば speech; say ㄧㄢˊ yen^{2} ㊁(은) [願][眞] ㊀❶말할언(語也)。〔說文〕直｜曰｜論難曰語。❷말씀언(辭章)。〔禮〕士載｜。❸어조사언(語辭)。〔易〕利執｜。❹한마디언、한귀절언(一句)。〔論語爲政〕一｜以蔽之。❺나언(我也)。❻우뚝할언(｜高大貌)。〔詩經周南葛覃〕｜告師氏。〔詩經大雅皇矣〕崇墉｜｜。㊁심사화평할언(意氣和悅貌)。〔禮記玉藻〕二爵而｜｜斯。

二畫

【訂】(정) [迥][徑] テイ、ただす correct ㄉㄧㄥˋ ting^{4}

訂 小篆 草書 ❶의논할정(平議)。【晉書】亦足有所ㅣ正。❷바로잡을정、고칠정(ㅣ正、校ㅣ)。

【訃】(부) 週 フ、しらせ inform one's death
草書 ❶통부부(告喪)。【左傳】凡諸侯同盟薨則赴以名。❷이를부(至也)。(『赴』와 통함)

【訒】(잉) 蒸 支 ジョウ、あつい hospitable
小篆 후할잉(厚也)。

【訄】(구) 尤 豪 キュウ、せまる urgent ㄑㄧㄡ ch'iu²
小篆 급할구(迫也)。

【訆】(규)『叫』(口部2畫)와 같음

【訇】(굉) 庚 先 コウ、おおごえ thundering ㄏㄨㄥ hung¹ (古音「횡」)
小篆 籀文 草書 ❶물소리울릴굉(訇ㅣ大聲)。【師告曰】訇ㅣ流水鼓怒之聲。❷우뢰소리굉(ㅣ然)。【韓愈詩】ㅣ然震動如雷霆。

【計】(계) 霽 屑 ケイ、かぞえる、はかる count; plan ㄐㄧ chi⁴
小篆 草書 ❶셀계、셈계(數也)。【禮記內則】學書ㅣ。❷셈마칠계(會ㅣ)。【周禮】司會主天下之大ㅣ。❸꾀할계(籌策)。【史記】會辟ㅣ事。

三畫

【訊】(신) 震 ジン、とう question ㄒㄩㄣ hsün⁴
小篆 古文 草書 ❶물을신(問也)。【詩】ㅣ之占夢。❷다스릴신(治也)。【禮】ㅣ疾以雅。❸죄물을신、죄를조사할신(鞫罪)。【周禮】司寇斷獄ㅣ吏民。❹알릴신、간할신(諫告)。【詩經陳風墓門】歌以ㅣ之。【國語吳語】ㅣ申胥。❺꾸짖을신(責也)。❻소식신(音ㅣ、蘭ㅣ、芳ㅣ)。【左傳文公十七年】鄭子家使執ㅣ而與之書。

【訉】(범) 陷 ハン、ことばおおい talkative
말수다할범(多言)。

【⿱大言】(과)『誇』(言部6畫)의 古字

【訌】(홍) 東 送 江 コウ、もめる、みだれる internal trouble ㄏㄨㄥ hung²
小篆 草書 ❶무너뜨릴홍(潰也)。❷어지러울홍(亂也)。【詩經】蟊賊內ㅣ。

【訍】㊀(차) ㊁(차) 禡 麻 麻 シャ、あばく expose
㊀딴말할차(異言)。㊁발각할차(訐也)。

【討】(토) 皓 トウ、うつ suppress ㄊㄠ t'ao³
小篆 草書 ❶칠토、다스릴토(治也)。【書經】天ㅣ有罪。❷찾을토(尋也)。【論語】世叔ㅣ論之。❸벨토(誅也)。❹꾸짖을토(詞也)。❺구할토(求也)。❻더듬을토(深也)。

【訅】(구) 有 ク、とう inquire about
小篆 따물을구(詳問)。

【訛】(와) 歌 カ、こばむ refuse
거절할와、끊을와(拒絕)。

【訏】(우) 虞 ク、コ、おおきい great ㄒㄩ hsü¹ (本音「후」)
小篆 草書 ❶거짓우(詭也)。【說文】詭譌也。❷클우(ㅣㅣ大也)。【詩經大雅韓奕】川澤ㅣㅣ。

【訐】(알) 月 ケツ、あばく accuse ㄐㄧㄝ chieh² (古音「갈」)
小篆 草書 들춰낼알(發人陰私)。【論語陽貨】惡訐以爲直者。

【訑】㊀(이) 支 ㊁(타) 歌 ㊂(탄) 翰 イ、タ、タン あざむく deceive ㄧ i²
草書 ㊀자랑할이(ㅣㅣ自得貌又淺意)。【孟子告子下】ㅣㅣ之聲音顏色、距人於千里之外。㊁속일타(欺也)。㊂방탕할탄(慢ㅣ放也)。【莊子】僻陋慢ㅣ。

【訓】(훈) 問 クン、キン おしえ instruct
小篆 草書 ❶가르칠훈(誨也)。【禮】敎ㅣ正俗。❷인도할훈(導也)。【書】以ㅣ于王。❸경계할훈(誡也)。【魏書】臣被敕以爲酒ㅣ。❹순하게따를훈、거역하지 않을훈(順應)。【書經康誥】皇天用ㅣ厥道。❺주낼훈(ㅣ詁、註解)。❻뜻 일러줄훈(說敎)。

【⿱巛言】(훈)『訓』(言部3畫)의 古字

【訒】(인) 震 ジン、にぶい dull ㄖㄣ jen⁴
小篆 草書 ❶엎드러질인(頓也)。❷무딜인(鈍也)。❸어려울인(難也)。❹말더듬거릴인(言難出)。【論語顏淵】仁者其言也ㅣ。

【訔】(은) 問 ギン、あらそう quarrel with (本音「운」)
시비할은(爭論)。

【訕】(산) 諫 サン、セン、そしる slander ㄕㄢ shan⁴
小篆 草書 나무랄산、비방할산(毁語誹謗)。【論語陽貨】惡居下流而ㅣ上者。

【託】(탁) 藥 タク、たのみ request ㄊㄨㄛ t'uo¹
小篆 草書 ❶부칠탁、부탁할탁(憑依寄也)。【漢書】憑廬而ㅣ處。❷맡길탁(信任委也)。【論語泰伯】可以ㅣ六尺之孤。❸핑계할탁(稱ㅣ)。

【訖】㊀(흘) 物 ㊁(글) 物 キツ、とめる、おわる finish ㄑㄧ ch'i⁴
小篆 草書 ㊀이를흘(至也)。【尙書序】自唐虞ㅣ于周。㊁마칠글、끝낼글(終也)。【穀梁傳僖公九年】毋ㅣ糴。

【記】(기) 寘 キ、しるす record; sign ㄐㄧ chi⁴
小篆 草書 ❶적을기、기록할기(疏也 志也)。【書】撻以ㅣ之。❷글기(奏ㅣ書也)。❸기억할기(ㅣ憶、ㅣ念)。

四畫

【䛩】(치) [寘] シ、こころよい pleasant ❶쾌할치(快也)。❷모를치(不智)。

【訛】(와) [歌] カ、あやまる commit an error ㄜˊ é² 草書 ❶거짓말와(僞也)。❷어긋날와(舛也)。〔詩經〕民之—言。❸그릇될와(謬也)。〔林尙仁詩〕借吏抄書字半—。❹움직일와(動也)。〔詩〕尙寐無—。❺화할와(化也)。〔書〕平秩南—。

【訞】(요) [蕭] ヨウ、わざわい misfortune 草書 ❶간교한말할요(巧言)。❷재앙요(災也—孽)。

【訝】(아) [禡] カ、ゲ、いぶかる suspicious ㄧㄚˋ ya⁴ 小篆 或體 草書 ❶의심할아(疑怪)〔唐書 李勸傳〕高祖—無表。❷맞이할아(迎也)。〔周禮〕諸侯有卿—。

【䚷】㊀(예) [霽] ㊁(혜) [齊] エイ、まこと sincerity ㊀❶정성예(誠也)。❷『譼』와 같음。❸대답할예(應答)。㊁성심으로 말할혜(誠言)。

【訟】(송) [宋] ショウ、うったえる suit; quarrel with ㄙㄨㄥˋ sung⁴ 小篆 古文 草書 ❶송사할송(爭辯)。〔論語顏淵〕必也使無—乎。❷시비할송(聚—衆論異同)。〔後漢書〕會禮之家爲聚—。❸꾸짖을송(責也)。〔論語〕吾未見能見其過而內自—者也。❹여러사람에게 관계되는일송(公也)。〔史記 呂后本紀〕未敢—言誅之。❺찬사송(讚辭)。❻괘이름송(卦名坎下乾上)。

【䚹】(비) [紙] ヒ、そなわる have 갖출비(具也)。

【訢】㊀(흔) [文] ㊁(은) [眞] キン、ギン、よろこぶ glad 小篆 草書 ㊀기꺼울흔(喜也)。〔孟子盡心上〕終身—然、樂而忘天下。㊁공손할은(——和敬貌)。〔漢書 石奮傳〕僮僕——如。

【訣】(결) [屑] ケツ、わかれる part ㄐㄩㄝˊ chüeh² 小篆 草書 ❶이별할결(別也)。〔漢書〕李陵與蘇武—去。❷영결할결(死別)。❸사례 할결(辭也)。〔史記 吳起傳〕吳起與其母—。❹비결결(方術要法)。〔列子說符〕衞人有善數者以—喩其子。

【訥】(눌) [月] トツ、どもる stammer ㄋㄚˋ na⁴ 小篆 草書 ❶말더듬거릴눌(謇—遲鈍言難)。〔論語里仁〕君子欲—於言而敏於行。

【訦】(심) [侵] シン、まこと believe (in) 小篆 믿을심(信也)。

【訧】(우) [尤] ユウ、つみ fault; offence ㄧㄡˊ yu² 小篆 草書 ❶허물우(罪也)。〔書〕報以庶—。❷허물할우(過也)。〔詩〕俾無—兮。

【訨】(지) [紙] シ、あばく disclose 들춰낼지、발각할지(訐也)。

【䚻】(유) [尤] ヨウ、したがう follow 小篆 좇을유(從也)。

【訩】(흉) [冬] キョウ、みだれる turbulent ㄒㄩㄥ hsiung¹ 小篆 或體 或體 草書 ❶어지러울흉(亂也)。〔詩經 小雅節南山〕降此鞠—。❷송사할흉(訟也)。❸찰흉(盈也)。❹떠들썩할흉、시끄러울흉(——衆語)。〔晋書劉毅傳〕天下——但爭品位。

【訪】(방) [漾] ホウ、たずねる visit ㄈㄤˇ fang³ 小篆 草書 ❶물을방(問也)。〔書〕—于箕子。❷의논할방(議也)。〔楚語〕使—物官。〔註〕物事也。❸뵈올방(謁見)。〔宋史巢谷傳〕欲徒步—兩蘇。❹찾아서구할방(求也)。〔王勃滕王閣序〕—風景於崇阿。❺꾀할방(謀也)。❻심방할방(—問、尋—)。〔朱熹答林擇之〕門人有相—者氣象皆好。

【䛢】(뉵) [屋] ジク、はじる be shy(abashed) 부끄러워할뉵(含羞)。

【䛪】(광)『誑』(言部 7畫)과 같음

【訡】(음) [沁] イン、なく weep 울음(泣也)。

【訬】㊀(초) [效] ㊁(묘) [巧] ショウ、かるい rash; hasty ㄔㄠ ch'ao¹ 小篆 草書 ㊀❶가벼울초(輕也)。❷빠를초(速也)。❸흔들초(搖也)。㊁높을묘(高也)。

【設】(설) [屑] セツ、もうける establish ㄕㄜˋ shê⁴ 小篆 草書 ❶베풀설(陳也)。〔易繫辭〕聖人—卦。❷만들설(作也)。〔陶潛 歸去來辭〕門雖—常關。❸둘설、갖출설(置也備也)。〔史記藺相如傳〕—九賓于廷。❹가령설、설령설(假借辭)。〔漢書〕—欲知馬賈則先問狗。

【訰】(준) [震] シュン、みだれる chaotic ㄓㄨㄣˋ chuen⁴ 어지러울준(——亂也)。

【許】㊀(허) [語] ㊁(호) [麌] キョ、ゆるす consent; permit ㄒㄩˇ hsü³ 小篆 草書 ㊀❶허락할 허(與也)。〔書〕爾之—我。❷나아갈허(進也)。〔詩〕昭玆來—。❸기약할허(期也)。〔孟子〕可復—乎。❹곳허(所也)。〔世說方正〕廖元儉過宗德艷欲與共詣思遠—。❺어조사허(語助辭)。❻나라이름허(國名)。㊁여럿이 힘쓰는소리허(——衆力聲)。

【訲】(염) [鹽] ゼン、ネン、しゃべる voluble 小篆 ❶말수다할염(多言——)。❷고을이름염(縣名、—邯)。

【䚬】(균) [震] キン、あざむく deceive 속일균(欺也)。

【訡】(운) [文] ウン、さだまらない speak a perfect jagon 말횡설수설할운(言語不定、訡ㅣ)。

【訨】(임) [侵] ジン、おもう think 생각할임(思也)。

【訳】(역)『譯』(言部 13畫)의 略字

五 畫

【訴】(소) [遇] ソ、うったえる appeal ㄙㄨˋ su⁴ 小篆 或體 或體 草書 ❶하소연할소(告也)。【論語】膚受之ㅣ。❷송사할소(訟也)。

【訶】(가) [歌] カ、しかる scold ㄏㄜ hê¹ (本音「하」) 小篆 草書 ❶꾸지람가(譴也)。❷성내어꾸짖을가(大言而怒責)。【後漢書】禰衡言不遜順黃祖慙乃ㅣ之。

【詞】(치) [支] シ、うかがう look about ❶은근히알치(陰知)。❷살필치(伺察)。

【訵】(원) [願] エン、なぐさめる console 小篆 ❶위로할원(慰也)。❷좇을원(從也)。❸원망할원(懟也)。

【詋】(주) [宥] チュウ、いのる pray 小篆 ❶빌주(祝也)。❷사람의이름주(人名楊ㅣ)。

【訹】㊀(수) [宥] ㊁(술) [質] シュツ、いざなう lure ㄒㄩˋ hsü⁴ 小篆 草書 ㊀꾀일수(誘也)。【漢書】諸侯ㅣ列在邪臣浮說。㊁뜻은 ㊀과 같음。

【詝】(연) [銑] エン、わらう laugh ❶웃을연(笑貌)。❷말잘할연(善言)。

【診】(진) [軫] [震] シン、チン、みる examine ㄓㄣˇ chen¹·³ 小篆 草書 ❶볼진(視也)。【後漢書】詔上方ㅣ視。❷증험할진(驗也)。【莊子】匠石覺而ㅣ其夢。❸맥짚을진、맥볼진(候脈)。【史記】ㅣ切其脈。

【註】(주) [遇] チュウ、しるす note ㄓㄨˋ chu⁴ 草書 ❶주낼주(解釋)。❷기록할주(記物)。【穀梁傳】一事ㅣ乎志所以惡楚子也。❸기입할주(記入)。

【詬】(구) [宥] コウ、ク、ののしる scold 草書 ❶꾸짖을구(罵也)。【左傳】重丘人閉戶而ㅣ之。❷부끄러울구(恥也)。【左傳】宋元公曰余不忍其ㅣ。❸욕될구(辱也)。【後漢書】或冒ㅣ以干進。

【証】㊀(정) [徑] ㊁(증) [徑] セイ、いさめる remonstrate ㄓㄥˋ chêng⁴ 小篆 草書 ㊀간할정(諫也)。【戰國策】士尉以ㅣ靖郭君。㊁『證』을보라。

【訾】㊀(자) [支] ㊁(자) [紙] シ、はかる estimate ㄗ tzŭ¹ 小篆 草書 ㊀❶어림할자(量也)。【商子】懇令ㅣ粟而稅。❷생각할자(思也)。【唐書】選將必ㅣ。❸병통자(病也)。【禮】非禮之ㅣ。❹결점자(缺點)。【禮記檀弓下】故子之所刺於禮者亦非禮之ㅣ也。❺바탕자(貲也)。【漢書 司馬相如傳】㊁❶한정할자(限也)。【管子】ㅣ程事律。❷헐어서 말할자(毀也)。【管子】毀ㅣ賢者。❸비방할자(誹謗)。【詩等 小雅 小旻】潝潝ㅣㅣ。

【訿】(자)『訾』(前條)와 같음

【訪】(포) [遇] フ、いさめる remonstrate ❶간할포(諫也)。❷베풀포(敷陳)。

【詀】㊀(잠) [咸] ㊁(점) [鹽] ㊂(첩) [葉] タン、テン、ささやく whisper 草書 ㊀❶희학질할잠(譫也)。❷속을잠(被誑)。㊁말전주할점(轉語)。㊂잔소리 할첩(多言)。

【詁】(고) [遇] [麌] コ、よみ、わけ scholium ㄍㄨˇ ku³ 小篆 草書 ❶주낼고(註也通古今明其故)。【漢書】揚雄少而好學不爲章句訓ㅣ通而已。❷훈고고(訓ㅣ)。

【詂】(부) [遇] フ、いいわけ plausible words ❶믿음직한말부(言有所依)。❷구실로할부(口實)。

【詃】(견) [銑] ケン、さそう tempt ❶꾀일견(誘也)。❷속일견(詐也)。

【詄】(질) [屑] テツ、わすれる forget ㄧˋ i⁴ (本音「절」) 小篆 草書 ❶잊을질(忘也)。❷그르칠질(誤也)。

【詍】(시) [寘] シ、こころざす plan ❶뜻할시(爲志)。❷기록할시(記錄)。

【詅】(령) [靑] レイ、てらう proud ㄌㄧㄥˊ ling² 草書 ❶팔령(賣也)。【顏氏家訓】吾見世人至于無才思自謂清華流布醜拙亦以衆矣江南號爲ㅣ癡符。❷자랑할령(謾也)。

【詆】(저) [薺] [齊] テイ、そしる slander ㄉㄧˇ ti³ 小篆 草書 ❶꾸짖을저(訶也)。❷알소할저(訐也)。【史記】刀筆吏專深文巧ㅣ陷人于罪。❸훙볼저、비방할저(誹謗)。

【詇】(앙) [養] オウ、かしこい sagacious 小篆 ❶슬기로울앙(智也)。❷미리알아차릴 앙(早知)。

【訳】(혜) [齊] ケイ、よろこびわらう chuckle 빙글빙글할혜(喜笑不正)。

【詈】(리) [寘] り、ののしる scold ㄌㄧˋ li⁴ 小篆 草書 꾸짖을리(罵ㅣ)。【詩】覆背善ㅣ。

【詉】㊀(뇨) [看] ㊁(나) [麻] ㊂(노) [遇] ドウ、かまびすしい tumult ㄋㄠˊ nao² 草書 ㊀들렐뇨(讙聲)。【宋書】時上封事言得失者衆或者惡其ㅣ怒。㊁말알아들을수없을나。㊂악담노(惡言)。

【[illegible]】(자) 寘 シ、はかる device ❶꾀자(謀也)。❷사람의이름자(人名祟ㅣ)。

【呪】(주)『呪』(口部 5畫)와 같음

【詎】(거) 語 御 キョ、なんぞ why ㄐㄩˋ chü⁴ 小篆 草書 ❶어찌거(豈也)。【莊子】庸ㅣ知吾所 謂天之非人乎。❷모를거(未知詞)。

【詌】(감) 勘 カン、つぐむ shut ㄍㄢˋ kan⁴ 草書 입다물감(口閉不言)。

【詍】(예) 霽 エイ、セイ、しゃべる voluble 小篆 草書 ❶ 잔말할예ㅣㅣ(多言)。【荀子】辨利非 以言則謂之ㅣ。❷말꾸며서할예(飾食)。

【詏】(요) 效 ヨウ、さからう oppose 거스릴요(逆也)。

【詐】(사) 禡 サ、いつわる swindle ㄓㄚˋ cha⁴ (本音「자」) 小篆 草書 ❶거짓사(僞也)。【周禮】禁僞而除ㅣ。❷속일사(欺也)。【禮】知者ㅣ愚。❸간사할사(詭譎)。【詩】或非詭ㅣ。

【詑】㊀(이) 支 イ、タ、ほこる ㊁(타) 歌 proud 小篆 草書 ㊀자랑할이(ㅣㅣ自得貌)。㊁속일타(欺也)。

【訑】(이)『詑』(前條)와 같음

【詒】㊀(이) 支 イ、タイ、おくる give; present ㊁(태) 賄 ㄧˊ i² 小篆 草書 ㊀❶줄이(贈言遺也)。【左傳昭公六年】叔向使人ㅣ子產書。❷느른할이(誒ㅣ懈倦貌)。【莊子】誒ㅣ爲病數日。㊁속일태(欺也)。

【詓】(거) 語 キョ、こえ sound 소리거(聲也)。

【詔】(조) 嘯 ショウ、つげる Imperial rescript ㄓㄠˋ chao⁴ 小篆 草書 ❶조서조(上命)。❷가르칠조(敎也)。【左傳】欒伯曰爕之ㅣ也。

【詾】(포) 豪 ホウ、ことばみだれる make a fuss 말수선스러울포(亂語ㅣ譜)。

【評】㊀(평) 庚 ヒョウ、しなさだめ criticize ㊁(평) 敬 ㄆㄧㄥˊ p'ing² 草書 ㊀❶평론할평(品論)。【後漢書】許劭好覈論鄕黨人物汝南俗有月旦ㅣ。❷헤아릴평(量也)。❸고칠평(訂也)。㊁기롱할평(平言)。【韓愈詩】新輩定嘲ㅣ。

【詖】(피) 支 ヒ、わるがしこい wicked ㄅㄧˋ pi⁴ 小篆 草書 ❶말잘할피(辯也)。❷간사할피(佞也)。❸알소할피(險ㅣ不正)。【孟子】ㅣ辭知其所蔽。

【詉】㊀(니) 齊 ニ、ジ、よぶ (本音「네」) ㊁(니) 霽 call a person ㊀사람부를니(呼人)。㊁말통하지못할니(言不通)。

【詗】㊀(형) 迥 ケイ、うかがう spy ㊁(형) 敬 ㄒㄩㄥˋ hsiung⁴ 小篆 草書 ㊀❶고발할형(知處告言)。❷똑똑할 형(明悟)。㊁염탐할형(刺探候伺)。

【詘】(굴) 物 クツ、まげる bend ㄑㄩ ch'ü¹ 小篆 或體 草書 ❶굽을 굴(曲也)。【禮】習其俯仰ㅣ伸。❷말막힐굴(辭塞)。【戰國策】於是魏王聽此言也甚ㅣ。❸굴할굴(充ㅣ喜失節貌)。【禮】不充ㅣ于富貴。

【詄】(발) 黠 ハツ、ふじんのな legendary queen 신농씨부인이름발(神農妃、聽ㅣ)。

【詛】(조) 語 御 ショ、ソ、のろう curse ㄗㄨˇ tsu³ 小篆 草書 ❶방자할조、저주할조(ㅣ呪、請神加殃)。【詩經】厥口ㅣ祝。❷맹서할조(盟誓)。【詩經小雅斯何人】出此三物以ㅣ爾斯。

【詞】(사) 支 シ、ことば words ㄘˊ tz'ŭ² 小篆 草書 ❶말사(言也)。❷글사(文也)。【公羊傳】春秋之信史也其ㅣ則丘有罪焉。❸고할사(ㅣ訟、告也)。

【詀】(염) 豔 ゼン、しゃべる voluble 말다못할염(言未盡)。

【詠】(영) 敬 エイ、うたう recite ㄩㄥˇ yung³ 小篆 或體 草書 읊을영(長言歌也)。【書】搏拊琴瑟以ㅣ。(『咏』과 같음)

六畫

【詡】(허) 麌 ク、ほこる brag ㄒㄩˇ hsü³ (古音「후」) 小篆 草書 ❶화할허(和也)。❷넓을 허(普也)。【禮】德發揚ㅣ萬物。❸자랑할허(大言)。❹날랠허、민첩할허(敏而有勇)。【禮】會同主ㅣ。

【詢】(순) 眞 ジュン、はかる plan ㄒㄩㄣˊ hsün² 小篆 草書 ❶꾀할순(謀也)。❷물을순(咨也)。【書】ㅣ事考言。❸믿을순(信也)。【詩】洵訏且樂。

【詣】(예) 霽 ケイ、いたる reach ㄧˋ i⁴ 小篆 草書 ❶이를예(至也)。❷나아갈예(往也)。【左傳】鄭詹ㅣ齊見執。❸학업에통달할예(造ㅣ學業深入)。

【詤】(황) 陽 養 コウ、ねごと talking in sleep 小篆 草書 ❶잠꼬대할황(夢言)。❷속일황(詐也)。

【詥】(합) 合 コウ、やわらぐ be in harmony 小篆 화할합(和也)。

【試】(시) 寘 シ、こころみる test; try ㄕˋ shih⁴ 小篆 草書 ❶시험할 시(ㅣ驗用也)。【易】无妄之藥不可ㅣ也。❷더듬을시(嘗ㅣ深也)。【莊子】嘗ㅣ言

之。❸비교할시(明—較也。【書】明—以功。

【⿰言臣】(기) 寘 キ、あばく rave 밝아할기、폭로할기(發人之惡)。

【⿰言任】(임) 侵 ニン、まこと believe ❶믿을임(信也)。❷생각할임(念也)。

【詧】(절) 『⿰言祭』(言部11畫)과 같음

【詩】(시) 支 シ、からうた、し poetry ㄕ shih¹ ❶귀글시(言志)。【書】—言志。❷풍류가락시(樂章)。【荀子】—者中聲之所止。❸받들시(承也持也)。【禮】世子生三日卜士之吉者宿齊寢門外—負之。

【詪】㊀(간) 阮 ㊁(현) 銑 コン、ケン、いいあらそう dispute ㄏㄣ hen³ ㊀듣지않을간(不聽從)。㊁말다툴현(爭語)。

【詑】(타) 禡 タ、ほこる boast ㄔㄚ ch'a⁴ (古音「차」) ❶자랑할타(誇也)。【晉書】甘言—語。【史記】子虛過—。❷풍칠타(吐大言而驚人)。❸신통할타(—異驚)。

【詬】㊀(구) 宥 ㊁(후) 有 コウ、ののしる scold ㄍㄡ kou⁴ ❶꾸짖을구(罵也)。【左傳】曹人—之不行。❷후욕할구(耻辱)。【禮】常以儒相—病。❸지조없을구(奊—無志節)。【漢書】奊—無節。㊁뜻은 ㊀과 같음。

【詭】(궤) 紙 キ、あざむく deceive ㄍㄨㄟ kuei³ ❶다를궤(異也)。【後漢書】殊形—制。❷꾸짖을궤(責也)。【漢書】臣出守郡自—效功。❸간사할궤(詐也)。【穀梁傳】—辭而出。❹괴이할궤(弔—至怪)。【莊子】其名爲弔—。

【詮】(전) 先 セン、とく、さとす criticism ㄑㄩㄢ ch'üan² ❶갖출전(具也)。❷평론할전(評論事理)。【晉書】文帝數與—論。❸다스릴전(理也)。

【詯】(회) 隊 カイ、いきこむ ringing 말소리우렁찰회(膽氣充滿聲在人上)。

【詰】(힐) 質 キツ、なじる reproach ㄐㄧㄝ chieh² (古音「길」) ❶물을힐(問也)。【道德經】此三者不可致—。❷꾸짖을힐(責讓)。【史記】汲黯廷—弘。❸다스릴힐(治也)。【禮】—誅暴慢。❹삼가할힐(謹也)。【周禮】大司寇佐王刑邦國—四方。❺밝는아침힐(明旦)。【左傳】—朝相見。

【話】(화) 禡 卦 ワ、カ、はなす speak ; story ㄏㄨㄚ hua⁴ ❶이야기화(語也)。【書】—民之不率。❷착한말화(善也)。【詩】愼爾出—。

【該】(해) ガイ、そなえる、その deserve ; the ㄍㄞ kai¹ (古音「개」) ❶갖출해(備也)。❷모두해(皆也)。【漢書】—藏萬物。❸겸할해(兼也)。【太玄經】萬物—兼。❹마땅할해(宜也)。❺군호해(軍中約)。❻그해(其也—日、—案、處)。

【詳】㊀(상) 陽 ㊁(양) 陽 ショウ、つまびらか detail ㄒㄧㄤ hsiang² ㊀❶자세할상(審也)。【書】—乃視聽。❷다상(悉也)。【漢書】—延天下方聞之士。㊁거짓양(詐也)。【史記】箕子—狂爲奴。

【詵】(선) 眞 シン、セン、おおい great number ㄕㄣ shen¹ ❶말전할선(致言)。❷많을선(——衆多)。【詩】螽斯羽——兮。

【訿】(자) 寘 シ、せめる blame allegorically 비유하여나무랄자(諷—下刺上)。【孟子】刺之無刺也。

【詶】(수) 尤 シュウ、こたえる reply ㄔㄡ ch'ou² 수작할수、대답할수(以言答)。【南史】彼上人者難爲—對。

【詹】(첨) 鹽 セン、いたる reach ㄓㄢ chan ❶이를첨(至也)。❷볼첨(瞻也)。【詩】魯邦所—。❸소곤거릴첨(——小言)。【莊子】小言——。❹살필첨(察也)。❺벼슬이름첨(官名—事)。

【詷】(동) 送 トウ、あわてていう stammer 말더덜거릴동、말급히할동(謥—、急言)。【後漢書】輕薄謥—。

【詺】(명) 敬 ベイ、なづける record 기록할명(目諸物)。【唐書】陶弘景以神農經合雜家別錄註—之。

【詻】(액) 陌 カク、いいあらそう dispute ㄜ ê⁴ ❶송사논단할액(論訟)。❷말불끈거릴액(辭厲——)。【墨子】分議者延延而支苟者——。

【詼】(회) 灰 カイ、からかう mockery ㄏㄨㄟ huei¹ (古音「괴」) ❶고를회(調也)。❷회해할회(譏戲嘲也)。【漢書】枚皐—笑類俳倡東方朔放蕩—諧。

【詾】㊀(흉) 腫 ㊁(흉) 冬 キョウ、あらそう suit; sue ㄒㄩㄥ hsiung ㊀❶송사할흉(訟也)。【易林】爭訟——。❷수군거릴흉(衆言)。【五代史】聚而謀者——。㊁떠들썩할흉(喧戾聲)。

【詿】(괘) 禡 カイ、あやまる error ㄍㄨㄚ kua⁴ 그릇할괘(誤也)。【史記】—亂天下卦。

【詽】(현) 先 ケン、いいあらそう dispute

詽 小篆 ❶말다툼할현(爭語)。❷성낼현(怒也)。

【誁】(병) 梗 ヘイ、たすける support ❶도와말할병(助言)。❷사람의이름병(人名、不ㅡ)。

【誂】(조) 篠 チョウ、いどむ ㄉㄧㄠˋ tiao⁴ induce 小篆 小篆 書 草 ❶꾀일조(相呼誘)。【戰國策】楚人ㅡ人之妻。❷희롱지거리할조(戲弄言)。【呂覽】ㅡ越悟濫。❸별안간조(卒然)。【淮南子兵略訓】雖ㅡ合刃于天下誰敢在其上者。

【誃】(치) 紙 シ、わかれる ㄔˇ ch'ih³ separate 小篆 書 草 ❶이별할치(離別)。❷대이름치(臺名)。

【誄】(뢰) 紙 ルイ、とむらいぶみ ㄌㄟˇ lei³ posthumous title 小篆 書 草 ❶시호뢰(諡也)。【左傳】孔丘卒公ㅡ之。❷제문뢰(哀死而述其行)。【論語】ㅡ曰禱爾于上下神祇。

【誅】(주) 虞 チュ、チュウ、ころす ㄓㄨ chu¹ kill 小篆 書 草 ❶벨주(戮也)。【書】以干先王之ㅡ。❷꾸지람주(責也)。【左傳】ㅡ求無時。❸벌줄주(罰也)。❹갈길주(剪除)。【楚辭】ㅡ鋤草茅。

【誆】(광)『誑』(言部 7畫)과 같음

【誇】(과) 麻 カ、コ、ほこる ㄎㄨㄚ k'ua¹ pride; boast 小篆 書 草 자랑할과(矜ㅡ大言)。【漢書】ㅡ詡衆庶。

【諛】(유)『諛』(言部 9畫)의 俗字

【誉】(예)『譽』(言部 14畫)의 略字

七畫

【誋】(기) 寘 キ、いましめる warn 小篆 書 草 경계할기(誡也)。【淮南子】目之精者可以消釋而不可以昭ㅡ。

【誌】(지) 寘 シ、しるす ㄓˋ chih⁴ record 小篆 書 草 ❶기록할지(記也)。【列子】太古之事滅矣孰ㅡ之哉。❷사기지(史傳史記事文)。【漢書】有十志。

【認】(인) 震 ニン、ジン、みとめる ㄖㄣˋ jen⁴ recognize 書 草 ❶알인(辨識)。【關尹子】渾人我同天地而彼私智ㅡ而已之。❷허락할인(許也、ㅡ可)。

【誎】(속) 屋 ソク、うながす urge 독촉할속(督促)。

【誱】(겹) 葉 キョウ、かまびすしい make an uproar 書 草 ❶떠들어댈겹(多言)。【韓非子】世之愚學皆不知治亂之情讘ㅡ多誦先古之書以亂當世之治。❷망녕된말할겹(妄言)。

【䛞】(한) 旱 カン、ことばおおい talkative ❶수다스러울한(多言)。❷크게말할한(大言)。

【誐】(아) 歌 ガ、ずるい ㄜˊ ê² wily 小篆 간사할아、교활할아(狡猾ㅡ詆)。

【誑】(광) 漾 キョウ、あざむく ㄎㄨㄤˊ k'uang² deceive 小篆 書 草 속일광(欺也)。【禮】幼子常視無ㅡ。

【䛠】(투) 宥 トウ、よくいえない hesitate to say 書 草 말머뭇거릴투(ㅡ讘不能言)。【韓愈詩】後鈍噴ㅡ讘。

【誒】(희) 支 キ、たのしむ ㄒㄧ hsi¹ enjoy 小篆 書 草 ❶선웃음칠희(ㅡ笑)。【楚辭】ㅡ笑狂只。❷즐길희(娭也)。❸탄식할희(嘆息)。

【誓】(서) 霽 セイ、ちかう ㄕˋ shih⁴ swear; vow (本音「세」) 小篆 書 草 ❶맹세할서(約信戒也)。【書】會羣後ㅡ于師。❷약속서(約束)。❸고할서(告也)。❹경계할서(警戒)。❺문체이름서(書篇名、甘ㅡ、湯ㅡ、泰ㅡ、牧ㅡ費ㅡ、秦ㅡ)。

【誕】㊀(탄) 旱 ㊁(탄) 諫 タン、うまれる ㄊㄢˋ tan⁴ be born 小篆 籀文 書 草 ㊀❶클탄(大也)。【書】ㅡ敷文德。❷이에탄(發語辭乃也)。❸기를탄(育也)。【後漢書】文王一妻ㅡ致十子。❹속일탄(欺也)。【書】乃諺旣ㅡ。❺넓을탄(濶也)。【詩】何ㅡ之節兮。❻허탄할탄(妄也)。❼탄생할탄(降ㅡ)。【唐書】德宗ㅡ日不納中外之貢。㊁방탕할탄(放也)。【晉書】阮孚爲ㅡ伯。

【誖】㊀(패) 隊 ㊁(발) 月 ハイ、ホツ、そむく ㄅㄟˋ pei⁴ be against 小篆 或體 籀文 書 草 ㊀❶어지러울패(亂也)。【唐書】李瑗ㅡ亂諸君。❷어그러질패(乖也)。【漢書】誣罔ㅡ大臣節。❸거스를패(逆也)。㊁뜻은 ㊀과 같음。

【僁】(혜) 薺 ケイ、まつ wait (for) 小篆 기다릴혜(待也)。

【読】(독) 屋 トク、ずるい sly; crafty ❶교사할독、교활할독(狡猾、詆ㅡ)。❷속일독(欺詆)。

【誘】(유) 有 ユウ、さそう ㄧㄡˋ yu⁴ induce 小篆 或體 或體 古文 書 草 ❶꾀일유、달랠유(相勸導也)。【書】大ㅡ我友邦君。❷가르칠유(敎也)。❸나아갈유(進也)。【儀禮】鄕射禮ㅡ射。❹당길유(引也)。【詩序】衡門ㅡ僖公也。【左傳】幣重而言甘我也。

【誙】(경) 庚 ケイ、コウ、たしか say positively 書 草 ❶말확실히할경(言確)。❷여럿이굽신거릴경(羣趨貌ㅡㅡ)。【莊子】羣趨者ㅡㅡ然。

【詐】(시) 禡 サ、はじてかたる shameful words (本音「자」)

부끄러운말시(慙語)。

【詨】(의)『誼』(言部 8畫)와 같음

【誚】(초) 嘯 ショウ、しかる scold ㄑㄧㄠˋ ch'iao 꾸짖을초(以辭相責)。【書經】未敢ㅣ公。

【語】㊀(어) 語 ゴ、ギョ、ことば words; language ㄩˇ yü³ ㊁(어) 御 ㊀말씀어(論難)。【詩】于時ㅣㅣ。㊁말할어(告人)。【論語 陽貨】居吾ㅣ汝。

【誛】(침) 侵 シン、ささやく whisper 소곤거릴침(私語)。

【誠】(성) 庚 セイ、まこと sincere ㄔㄥˊ ch'êng² ❶미쁠성(信也)。❷공경할성(敬也)。❸살필성(審也)。【禮】故衡ㅣ縣不可欺以輕重。❹진실성(眞實)。【孟子公孫丑上】子ㅣ齊人也。❺정성성(純一無僞)。【易】閑邪存其ㅣ【中庸】ㅣ者天之道也 ㅣ之者人之道也。

【誡】(계) 卦 カイ、いましめる warn ㄐㄧㄝˋ chieh⁴ (本音「개」) ❶경계할계(警敕辭命也)。【易】邑人不ㅣ。❷고할계(告也)。❸명할계(命也)。

【誳】(촉) 沃 ショク、せきこむ speaks quickly 말급할촉(言急)。

【誣】(무) 虞 フ、ブ、しいる slander ㄨ wu¹ ❶속일무(欺罔)。【易繫辭】ㅣ善之人其辭游。❷간사할무(詐也)。

【誤】(오) 遇 ゴ、あやまる error; mistake ㄨˋ wu⁴ ❶그릇할오(謬失)。【書】勿ㅣ于庶獄。

【訶】(하) 歌 カ、やかましい noisy 시끄러울하(喧也)。

【誥】(고) 號 コウ、つげる admonition ㄍㄠˋ kao⁴ ❶깨우쳐 고할 고(文言告曉)。【易經】施命ㅣ四方。❷가르칠고(敎也)。

【誦】(송) 宋 ショウ、となえる recite ㄙㄨㄥˋ sung⁴ ❶풍유할송(諷也)。【周禮】教國子諷ㅣ言語。❷읽을송、외일송(讀也)。【禮】春ㅣ夏絃。❸말할송(言也)。【王融策】進購ㅣ志。❹원망할송(怨謗)。【晉語】輿人ㅣ之皆怨辭也。

【誧】㊀(포) 遇 ホウ、ホ、いさめる remonstrate ㊁(포) 虞 ㊀❶클포(大也)。❷간할포(諫也)。❸도울포(人相助)。㊁꾀할포(謀也)。

【誨】(회) 隊 カイ、おしえる teach 가르칠회(教訓)。【書】朝夕納ㅣ以輔王德。

【誩】(경) 敬 ケイ、あらそいいう speak competitively 다투어말할경(競言)。

【說】㊀(설) 屑 セツ、エツ、ゼイ、とく explain; theory ㄕㄨㄛ shuo¹ ㊁(열) 屑 ㊂(세) 霽 ㊀❶고할설(告也)。❷말씀설(辭也)。【易】滕口ㅣ也。❸글설(序述)。㊁기꺼울열(喜樂)。【易】民ㅣ無疆。【中庸】行而民莫不ㅣ。㊂❶달랠세(誘也)。【孟子】ㅣ大人則藐之。❷쉴세(舍也)。【詩】召伯所ㅣ。

八畫

【読】(독)『讀』(言部 15畫)의 略字

【誤】(오) 慶 オ、そしりあう recriminate 서로훼방할오(相毀)。

【誇】(궁) 送 キュウ、かまびすしい voluble ㄑㄩㄥˋ ch'iung⁴ ❶말수다할궁(多言)。❷물을궁(問也)。

【誰】(수) 支 スイ、たれ who ㄕㄨㄟˊ shuei² ❶누구수(孰也)。【詩】ㅣ其尸之。❷무엇수(何也)。【易】又ㅣ咎也。❸누구요수(ㅣ何詰問)。【漢書】陳利兵而ㅣ何。❹발어사수(發語辭ㅣ昔)。

【課】(과) 箇 カ、わりあて taxes; lesson ❶구실과(稅也)。【舊唐書】賦人之制有四、一曰租二曰調三曰役四曰ㅣ。❷시험할과(試也)。❸법식과(程也)。【汲冢周書】ㅣ課徵物。❹차례과(第也)。❺공부과(勸ㅣ農桑)。❻공로과(功也)。【宋書】少寬其工ㅣ。【漢書】京房奏考功ㅣ吏法。

【詘】(굴) 物 クツ、ことなり strange 괴이할굴(詭異)。【吳都賦】ㅣ詭之殊事。

【詢】(도) 豪 トウ、たより conversation 왕래하는말도(往來言)。

【諸】(효) 看 コウ、ほしいまま impolite 말불공할효(言不恭謹)。

【誸】(현) 先 ケン、きびしい speak quickly 말급할현(言急)。

【誶】㊀(수) 寘 スイ、サイ、ののしる scold ㄙㄨㄟˋ suei⁴ ㊁(쇄) 隊 ㊂(신) 震 ㊃(줄) 質 ㊀꾸짖을수(責讓詬也)。【唐書】忿ㅣ不恭。㊁뜻은 ㊀과 같음。㊂물을신(訊也)。㊃모라셀 줄(責罵)。【列子】讙極凌ㅣ。

【誷】(망) 養 ボウ、しいる deceive 속일망(誣也)。【晉書】朋黨則誣ㅣ。

【誹】(비) 微 ヒ、そしる slander ㄈㄟˇ fei³ ❶중얼거릴비(怨ㅣ謗言)。【莊子】高論怨ㅣ。❷그르

다할비(非議)。【史記】顏異腹ㅣ。

【誶】(행) 敬 コウ、おこる get angry
❶성낼행(怒也)。❷바를행(ㅣ直)。

【誎】(치) 寘 チ、しらない ignorance
❶모를치(不知)。❷울림소리치(白ㅣ)。【梵書】空谷傳聲曰赤謑白ㅣ。

【誻】(답) 合 トウ、べらべら voluble ㄊㄚ t'a⁴
小篆 草書 ❶망녕되게말할답(妄語)。❷잔말할답(ㅣㅣ多言)。【荀子】愚者之者ㅣㅣ然而沸。

【誾】(은) 文 ギン、やわらぐ peace and joy ㄧㄣ yin²
小篆 草書 화평할은(ㅣㅣ和悅貌)。【論語】與上大夫言ㅣㅣ如也。

【誼】(의) 寘 ギ、よい、よしみ right; proper
草書 ❶옳을의(人所宜)。❷다스릴의(理也)。❸의의(親好)。

【說】(나) 佳 ダ、ひく sound (out)
小篆 떠볼나(以言窺知人之心情)。

【調】㊀(조) 嘯 チョウ、ととのう harmonize ㄊㄧㄠ t'iao²
㊁(조) 蕭
㊂(주) 尤
小篆 草書 ㊀❶고를조(和也)。❷부드러울조(柔也)。【詩】弓矢既ㅣ。❸맞을조(適也)。【淮南子 說林】不同味而ㅣ於口。❹비웃을조(嘲也)。【世說 排調】王丞相每ㅣ之。❺나무잎흔들거릴조(木葉動貌)。【莊子 齊物論】不見之ㅣㅣ乎。㊂❶가릴조(選也)。【漢書】十年不得ㅣ。❷구실조(戶ㅣ賦也)。【正字通】民賦曰ㅣ。❸곡조조、가락조(音ㅣ樂律)。❹재주조(才ㅣ韻致)。❺계교할조(計也)。【漢書】ㅣ立城邑。㊂아침주(ㅣ飢朝也)。【詩】惄如ㅣ飢。

【諢】(혼) 阮 コン、ことばがわからない indistinct
말분명하지못할혼(語不明)。

【諀】(비) 紙 ヒ、そしる abuse; insult
❶악담할비(惡言)。❷헐어말할비(呰毁)。

【諁】(철) 屑 テツ、やかましい noisy
시끄러울철(喧也)。

【諂】(첨) 琰 テン、へつらう flatter ㄔㄢ ch'an³
小篆 或體 草書 아첨할 첨(佞言曰ㅣ)。【易繫辭】君子上交不ㅣ。

【諞】(면) 先 メン、ベン、さかしい wise
❶총명할면(慧黠)。❷속일면(欺也)。

【諄】(순) 眞 ジュン、ねんごろ reiterate ㄓㄨㄣ chuen¹ (古音「춘」)
小篆 草書 ❶거듭이를순(ㅣㅣ誨言重複)。【詩】誨爾ㅣㅣ。❷지극할순(誠懇貌)。

【諅】(기) 寘 キ、いむ shun
小篆 ❶꺼릴기(忌也)。【石鞄子】ㅣ富貴之在其上。❷뜻기(志也)。

【誴】(엄) 豔 エン、あたえる give
줄엄(予也)。

【諆】(기) 支 キ、はかる attempt ㄑㄧ ch'i¹
小篆 草書 ❶속이는말기(謾言)。❷꾀할기(謀也)。

【談】(담) 覃 ダン、はなす converse ㄊㄢ t'an²
小篆 草書 ❶말씀담(言論)。【公羊傳】魯人至今以爲美ㅣ。❷바둑둘담(手ㅣ圍碁)。【續博物志】王中郞以圍碁爲坐隱亦謂之手ㅣ。

【諈】(추) 寘 スイ、かこつける pretext ㄓㄨㄟ chuei⁴
小篆 草書 ❶핑계할추(ㅣ諉)。【列子】眠娗ㅣ諉勇敢怯疑四人相與遊于世。❷알소할 추(訐也)。

【諉】(위) 寘 イ、ゆだねる pretend ㄨㄟ wei³ (古音「뇌」)
小篆 草書 ❶밀위、핑계할 위(推ㅣ託言)。【漢書賈誼傳】尙有可ㅣ者。❷버릴위(委也)。

【請】㊀(청) 梗 セイ、ショウ、こう ask; request ㄑㄧㄥ ch'ing³
㊁(청) 敬
小篆 草書 ㊀❶청할청(乞也)。❷뵈올청(謁也)。【漢書】造ㅣ諸公。❸물을청(扣也)。【書】以與爾有衆ㅣ命。㊁❶뜻은 ㊀과 같음。❷가을에 조회할청(秋朝見)。【漢制】秋曰ㅣ如古聘禮。

【諎】(책) 陌 サク、おおごえ loud voice
小篆 或體 큰소리책(大聲)。

【諍】(쟁) 敬 ソウ、いさめる remonstrate ㄓㄥ cheng¹
小篆 草書 간할쟁(救正諫也)。【漢書】諫ㅣ即見聽。

【諔】(기) 支 キ、たわむれあう fun
말로농할기(語相戲)。

【諏】㊀(추) 虞 シュ、はかる counsel ㄗㄡ tsou¹
㊁(추) 尤
小篆 草書 ㊀꾀할추(聚謀)。【詩】周爰咨ㅣ。㊁❶물을추(咨事)。【左傳】咨事爲ㅣ。❷별이름추(星名、ㅣ訾)。

【諐】(건) 先 ケン、あやまち fault ㄑㄧㄢ ch'ien¹
草書 허물건(過也)。【詩】不諐于儀。【漢書】元首無失道之ㅣ。『愆』과 같음。

【諑】(착) 覺 タク、しこずる calumniate ㄓㄨㄛ chuo²
草書 ❶참소할착(譖訴)。【韓愈詩】拙謀傷巧ㅣ。❷꾸짖을착(責也)。

【諒】(량) 漾 リョウ、まこと sincere ;regard ㄌㄧㄤ liang⁴
小篆 草書 ❶믿을량、미쁠량(信也)。【詩】ㅣ不我知。【禮】請肆簡ㅣ。❷생각하여줄 량(思也)。❸의리량(義理)。【論語】豈若匹夫匹婦之爲ㅣ也。❹알량(知也)。

【諓】(전) 先 セン、へつらう flatter

小篆 書草 ❶착한말전(善言)。【漢書】說ㅣㅣ之言。❷아첨할전(諂言)。【後漢書】習ㅣㅣ之辭。❸알찐거릴전(ㅣㅣ巧讒貌)。【劉向九歎】讒人ㅣㅣ。

【諔】(숙) 屋 シュク、いつわる deceive ㄔㄨˋ ch'u4 (本音「축」) 書草 속일숙(詭也)。【莊子】彼且蘄以ㅣ詭幻怪之名聞。

【諕】(一)(하) 禡 (二)(획) 陌 カ、カク、あざむく deceive ㄒㄧㄚˋ hsia4 小篆 (一)속일하(誑也)。(二)깜짝놀랄획(ㅣ然驚貌)。

【論】(一)(륜) 眞 (二)(론) 願 (三)(론) 元 ロン、リン、とく discuss; theory ㄌㄨㄣˊˋ luen2·4 小篆 書草 (一)차례륜(言有理倫也)。【詩】於ㅣ鼓鐘。(二)❶말할론(說也)。❷생각론(思也)。❸글뜻풀론(討ㅣ紬繹)。【尙書序】討ㅣ典墳。(三)❶의논할론(議也)。❷변론할론(辯也)。【書】ㅣ道經邦。

【⿰言受】(수) 宥 ジュ、さずける instruction 말전할수(口授)。【重書】得其密號ㅣ諸軍。

【諗】(심) 寢 シン、いさめる admonish ㄕㄣˇ shen3 小篆 書草 ❶고할심(告也)。【左傳】昔辛伯ㅣ周桓公。❷생각할심(相思念)。【詩】將母來ㅣ。❸꾀할심(謀也)ㅣ。

【諘】(표) 篠 ヒョウ、ほめる praise 칭찬할표(讚也)。

九 畫

【⿰言𡿺】(노) 皓 ドウ、あなどりあう recriminate 서로욕할노(語相侮)。

【諛】(유) 虞 ユ、へつらう flatter ㄩˊ yü2 小篆 書草 아당할유、아첨할유(諂也)。【莊子】不擇是非而言謂之ㅣ。

【諜】(첩) 葉 チョウ、しのび spy ㄉㄧㄝˊ tieh2 小篆 書草 이간할첩、반간할첩(軍中反閒)。【左傳】使伯嘉ㅣ之。

【⿰言度】(탁) 藥 タク、あざむく cheat ㄉㄨㄛˋ tuo4 속일탁(欺也)。

【諝】(서) 魚 語 ショ、さとい wisdom; wise ㄒㄩˇ hsü3 小篆 書草 슬기서(才智之稱)。【辨亡論】謀無遺ㅣ擧不失策。

【諞】(一)(편) 銑 (二)(변) 先 ヘン、うまくいう speak tactfully 小篆 書草 (一)공교한 말 편(巧言)。【書】惟截截善ㅣ言。(二)뜻은 (一)과 같음。

【諠】(훤) 元 ケン、かまびすしい clamour ㄒㄩㄢ hsüan1 書草 ❶지껄일훤(譁也囂也)。【史記】諸侯ㅣ譁。❷잊을훤(忘也)。【幽通賦】猶ㅣ已而遺形。

【諟】(시) 紙 シ、この、ただす this; judge ㄕˋ shih4 小篆 書草 ❶이시(是也)。【書】顧ㅣ天之明命。❷살필시(諦也審也)。【陳書】硏覈古今ㅣ正文字。❸다스릴시(理也)。

【謚】(시) 寘 シ、おくりな posthumous name ㄕˋ shih4 小篆 書草 ❶행장시(誄行)。❷시호시(立號以易名)。【周禮】小喪賜ㅣ。

【諢】(원) 願 コン、ゴン、じょうだん joke ㄏㄨㄣˋ huen4 書草 농담원(弄言)。【唐書】史思明愛優ㅣ寢食常在側。

【謏】(一)(소) 篠 (二)(수) 宥 ソウ、ショウ、すこし few 小篆 (一)❶작을소(小也)。【禮】足以ㅣ聞。❷꾀일소(誘也)。(二)중얼거릴수(私詈)。

【諣】(괘) 卦 禡 カイ、はやくいう speak quickly ㄏㄨㄚˋ hua4 (本音「화」) 小篆 말급할괘(急言)。

【諤】(악) 藥 ガク、はばからずいう speak plainly to ㄜˋ ê4 書草 곧은말악(謇ㅣ直言)。【史記】千人之諾諾不如一士之ㅣㅣ。

【諦】(체) 霽 テイ、つまびらか examine ㄉㄧˋ ti4 小篆 書草 살필체(審也)。【關尹子】ㅣ毫末者不見天地之大。

【⿰言朔】(소)『訴』(言部 5畫)와 같음。

【諧】(해) 佳 カイ、かなう harmonize ㄒㄧㄝˊ hsieh2 小篆 書草 ❶화할해(和也合也)。【書】克ㅣ以孝。❷글해(齊ㅣ書名)。【莊子】齊ㅣ者志怪者也。❸기롱지거리할해(詼ㅣ笑謔)。【晉書】顧愷之好ㅣ謔。❹고를해(調也)。

【諫】(간) 諫 カン、いさめる remonstrate ㄐㄧㄢˋ chien 小篆 書草 ❶간할간(諍也直言以悟人)。【書】后從ㅣ則聖。❷풍간할간(諷也)。【舊唐書】凡ㅣ有五諷ㅣ順ㅣ規ㅣ致ㅣ直ㅣ。❸충고할간(忠告)。【禮記曲禮下】爲人臣之禮不顯ㅣ。❹벼슬이름간(官名)。

【諭】(유) 遇 ユ、さとす persuade ㄩˋ yü4 小篆 書草 ❶고할유(告也)。❷효유할유(曉也)。【周禮】ㅣ罪刑于邦國。❸비유할유(譬也)。【漢書】賈誼追傷屈原因以自ㅣ。

【諮】(자) 支 シ、といはかる consult ㄗ tzŭ1 書草 ❶꾀자(謀也)。❷물을자(問也)。【左傳】夏會於成紀ㅣ謀齊難。

【諯】(전) 先 セン、ゆずりあう make concessions to each other 小篆 서로사양할전(相讓)。

【諰】(시) 紙 シ、おそれる surprise ㄒㄧˇ hsi3 小篆 書草 ❶눈휘둥글할시(懼貌)。【荀子】ㅣㅣ然常恐天下

之一合而已也。❷곧은말 시(直言)。

【諱】(휘) 未 キ、いみきらう shun ㄏㄨㄟˋ huei4
小篆 書 草 ❶피할휘(避也)。〔戰國策〕罰不ー强大。❷꺼릴휘(忌也)。〔史記〕秦俗多忌ー。❸숨길휘、휘할휘(隱ー)。〔左傳〕爲親者ー。❹휘휘(生名死ー)。〔左傳〕以ー事神。

【諲】(인) 眞 イン、つつしむ respect
❶공경할인(敬也)。❷공순할인(恭也)。

【諳】(암) 覃 アン、そらんずる memorize ㄢ an1
小篆 書 草 ❶알암(悉也知也)。❷기억할암(記憶)。〔後漢書〕陵樹株蘖皆ー其數。❸익달할암(練歷熟閑)。〔晉書〕ー練舊事。❹깨달을암(曉也)。

【諴】(함) 咸 カン、やわらぐ harmonize ㄒㄧㄢ hsien2
小篆 書 草 ❶화할함(和也)。〔書〕ー于小民。❷정성함(誠也)。〔書〕至ー感神。

【諵】㊀(남) 覃 ㊁(남) 咸 ナン、べちゃべちゃ chatter ㄋㄢ nan2
書 草 ㊁재재거릴남(ーー多言)。〔韓愈詩〕說賦相ーー。 들낼남(呫喃聒語聲)。

【諶】(심) 侵 シン、しんずる believe ㄔㄣ ch'en2
小篆 書 草 ❶믿을심(信也)。〔書〕天難ー。❷헤아릴심(測也)。❸정성심(誠也)。

【諷】(풍) 送 フウ、ほのめかす satirize ㄈㄥ fêng4
小篆 書 草 ❶외울풍(誦也)。〔漢書〕學童ー書九千字得爲史。❷비유로간할풍(ー諫微刺)。〔史記〕優孟以談笑ー諫。

【諸】(제) 魚 ショ、もろもろ every; all ㄓㄨ chu1 (古音 저)
小篆 書 草 ❶모을제(衆也)。〔詩〕孌彼ー姬。❷말잘할제(ー辯給)。❸어조사제(語助辭)。❹옷이름제(衣名ー于)。

【諺】㊀(안) 翰 ㊁(언) 霰 ゲン、ことわざ proverb ㄧㄢ yen4
小篆 書 草 ㊀❶용맹스러울안(剛猛)。〔論語〕由也喭。❷뻐득뻐득할안(叛ー不恭)。〔論語註〕子路失於畔ー。㊁좀말언、상말언(俗言俚語)。〔書經〕乃逸乃ー。

【諻】(횡) 庚 コウ、おおごえ loud voice
큰소리횡(大聲)。〔吳都賦〕喧譁ー呷。

【諼】(훤) 阮 ケン、いつわる deceive ㄒㄩㄢ hsüan1
小篆 書 草 ❶잊을훤(忘也)。〔公羊傳〕其言救江何爲ー也。❷거짓

【⿰言施】(시) 支 シ、ことばおおい talkative
말수다할시(多言)。

【諽】(격) 陌 カク、かざる adorn ㄍㄜ kê2
小篆 ❶꾸밀격(飾也)。❷고칠격(更也)。

【諾】(낙) 藥 ダク、こたえあう answer ㄋㄨㄛ nuo4
小篆 書 草 ❶대답할낙(應辭答也)。〔禮〕父命唯而不ー。❷허락할낙(許也)。〔論語〕子路無宿ー。

【諿】(즙) 緝 シュウ、やわらぐ harmonize
화할즙(和也)。

【謀】(모) 尤 ボウ、ム、はかりごと plot; stratagem
小篆 古文 古文 書 草 ❶꾀모(計也)。〔易〕作事ー始。❷도모할모(圖也)。〔詩〕周爰咨ー。❸의논할모(議也)。

【謁】(알) 月 エツ、もうす tell respectfully ㄧㄝ yeh4
小篆 書 草 ❶사뢸알、아뢸알(請ー白也)。〔禮〕問士之子長曰能典ー矣。❷뵈올알(請見)。〔後漢書〕ー見光武。

【⿰言奏】(주) 尤 シュ、もうす announce
아뢸주(奏也)。

【謂】(위) 未 イ、いう tell ㄨㄟ wei4
小篆 書 草 ❶고할위(告也)。〔詩〕求我庶士迨其ー之。❷이를위(與之言)。〔易〕何ー也。〔莊子〕果有ー乎果無ー乎。❸일컬을위(稱也)。

【⿰言致】(치) 寘 チ、わらう smile
웃을치(笑也)。

【諄】(순)『諄』(言部8畫)의 俗字

十畫

【謄】(등) 蒸 トウ、うつす copy ㄊㄥ t'êng2
小篆 書 草 베낄등、등사할등(移寫)。〔元史〕ー錄試卷行移文字皆用朱書。

【⿰言差】(차) 麻 シャ、ことなることば contradictory words ㄐㄧㄝ chieh1
다른말차(異言又失也)。

【謅】(초) 巧 ソウ、しゃれごと joke; fun
書 草 ❶농담할초(弄言)。❷가드락거릴초(相擾)。〔廣成頌〕輕ー趬悍廋疏嶁領。

【謆】(선) 霰 セン、まどわす honeyed speech ㄕㄢ shan1·4
書 草 말로감동시킬선(以言感人)。

【⿰言盍】(합) 合 コウ、ことばおおい talkative
말수다할합(多言)。

【謇】㊀(건) 阮 ㊁(건) 銑 ケン、どもる stammer ㄐㄧㄢ chien3
書 草 ㊀❶말더듬거릴 건(難言吃也)。〔楚辭〕ー吾法夫前修兮。㊁곧은말건(ー諤直言)。〔魏志〕ー諤足以勵物。

【謈】(포) 豪 ボウ、バク、さけぶ cry
小篆 書 草 부르짖을 포(呼ー痛聲)。〔漢書〕郭舍人榜不勝痛呼ー。

【⿰言眔】(답)『諮』(言部8畫)과 같음

【謍】(영) 庚 エイ、ささやく whisper

小篆 草書 속삭거릴영(小聲)。

【謐】(밀) 質 ヒツ、しずか silent
小篆 草書 ❶고요할밀(靜也)。❷편안할밀(寧ー安也)。〔漢書〕內外寂ー。

【謎】(미) 霽 メイ、なぞ riddle; puzzle ㄇㄧˊ mi¹·²
小篆 草書 수수께끼미(隱語)。〔北史〕試作一ー當思解之。

【謏】(소)『謏』(言部9畫)의 俗字

【謑】㊀(혜) 齊 ㊁(혜) 薺 ㊂(하) 禡 ケイ、はずかしめる curse
小篆 或體 草書 ㊀비뚤 혜(ー髁不正貌)。〔莊子〕ー髁無任而笑天下之尙賢。㊁후욕할혜(ー詬恥辱)。〔荀子〕無廉恥而任ー詬。㊂성내어말할하(怒言)。

【謓】(진) 眞 シン、いかる get angry
小篆 성낼진(恚怒)。

【謔】(학) 藥 ギャク、たわむれる joke; crack
小篆 草書 기롱지꺼리할 학(ー浪、調戲)。〔詩經〕ー浪笑敖。

【謖】(속) 屋 シュク、たつ raise
草書 ❶일어날속(起也)。〔後漢書〕ー然斂袂而興。❷꼿꼿할속(ーー峻挺)。〔世說新語〕目李元禮ーー如勁松下風。

【謗】(방) 陽 漾 ボウ、そしる blame ㄅㄤ pang⁴
小篆 草書 ❶헐어말할방(毁也)。❷나무랄방(訕也)。〔史記〕朝有進善之旌誹ー之木。

【謘】(지) 支 チ、くどくど reiterate
小篆 草書 말거듭이를지(語諄諄)。〔荀子〕衆積ーー乎。

【謙】(겸) 鹽 ケン、へりくだる humble; modest ㄑㄧㄢ ch'ien¹
小篆 草書 ❶사양할겸(敬也讓也)。〔漢書〕陛下ー讓而不發也。❷겸손할겸(致恭不自滿)。〔史記〕ー退爲禮。❸괘이름겸(卦名)。

【謚】(익) 陌 エキ、わらう beaming ㄕ shih⁴
小篆 草書 빙그레웃을익(笑貌)。

【講】(강) 講 コウ、とく explain; lecture ㄐㄧㄤ chiang³
草書 ❶강론할강(論也)。〔禮〕ー信修睦。❷강구할강(究也)。❸익힐강(習也)。〔易〕君子以朋友ー習。〔周禮〕冬獻馬ー馭夫。❹강화할강(和解)。〔戰國策〕秦未與魏ー也。

【謜】(원) 元 ゲン、たのしい glad
小篆 ❶천천히말할원(徐語)。〔孟子〕ーー而來。❷기꺼울원(ーー和悅)。

【謝】(사) 禡 シャ、れい、むくいる thanks ㄒㄧㄝ hsieh⁴
小篆 草書 ❶말씀사(辭也)。〔楚辭〕願歲幷ー。❷끊을사(絕也)。〔史記〕ー絕賓客。❸물러갈사(退也)。❹이울사(衰也)。〔南史〕形存則神存形ー則神滅。❺고할사(告也)。〔漢書〕厮養卒ー其舍。❻사례할사(拜ー)。〔漢書〕擧賢達能豈有私ー邪。❼꽃떨어질사(凋落)。

【謞】(학) 藥 カク、コウ、よこしま wicked ㄒㄩㄝ hsüeh⁴
草書 간특할학(ーー崇讒慝)。〔詩經〕多將熇。

【謠】(요) 蕭 ヨウ、うたう song ㄧㄠ yao²
草書 ❶노래요(徒歌無章曲)。〔韓詩曰〕歌必有度曲節ー則但搖曳永誦之兒童皆能爲故有童ー。❷소문요、풍설요(ー言、ー傳)。

【謟】(도) 豪 トウ、うたがう doubt ㄊㄠ t'ao¹
草書 의심할도(疑也)。〔左傳〕天命不ー久矣。

【[illegible]】(화) 麻 カ、こたえる answer
대답할화(應也)。

【謊】(황)『詤』(言部6畫)의 俗字

十一畫

【謣】(우) 虞 ウ、いつわり say recklessly
小篆 或體 망녕되게말할우(妄言)。〔法言〕ー言敗俗。

【謧】(리) 支 リ、ことばおおい garrulous
말수다할리(多言)。

【謦】(경) 迥 徑 ケイ、せきばらい cough ㄑㄧㄥ ch'ing⁴
小篆 草書 기침경(欬聲)。〔莊子〕莫以眞人之言ー欬吾君之側乎。

【謨】(모) 虞 ボ、ム、はかりごと plan; plot ㄇㄛ mo²
小篆 古文 草書 꾀모(汎議將定其謀)。〔詩〕訏ー定命。

【謪】(상) 陽 ショウ、はかる calculate
헤아릴상(度也)。〔荀子〕ー德而定位。

【謫】(적) 陌 タク、チャク、とがめ exile; banish
小篆 ❶귀양갈적(咎也罪也)。〔漢書〕發ー戍屯五原。❷꾸짖을적(譴責)。〔左傳〕國子ー我。❸일식할적(變氣)。〔左傳〕日始有ー。❹흉볼적(瑕也)。〔道德經〕善言無瑕ー。

【謬】(류) 宥 ビュウ、あやまる mistake; error ㄇㄧㄡ miu⁴ (古音ㄇㄨ)
小篆 草書 ❶그릇될류(誤也)。〔書〕繩愆糾ー。❷어지러울류(亂也)。❸속일류(欺也)。❹어긋날류(差也)。〔漢書〕差以毫ー以千里。❺망녕되게말할류(妄言)。

【謽】(경) 敬 ケイ、あらそう quarrel
小篆 말다툴경(彊語)。

【謮】(책) 陌 サク、いかる angry ㄗㄜ tsê²
❶성낼책(怒也)。❷꾸짖을책(讓也)。

【謭】(전)『譾』(15畫 言部)과 같음

【謯】(조)『詛』(5畫 言部)와 같음

【謏】(사) 馬 サ、そらごと tell a lie ㄕㄨㄚˇ shua³ 헛말할사(虛談)。

【謳】(구) 尤 オウ、うたう recite; song ㄡ ou¹ (本音「우」) 小篆 草書 노래구(吟也歌也)。【史記】秦將以宮中美人善ー歌者爲媵於楚。

【謱】(루) 尤 ロウ、つつしむ cordial 小篆 곡진할루(覼ー、委曲)。

【謰】(련) 先 レン、ことばもつれる say as one pleases ㄌㄧㄢ lien² 小篆 말전주할련(縺絮)。【楚辭】媒女詘兮ー謱。

【譖】(침) 寢 サンひそかにそしる speak ill of 小篆 훙볼침(譏也)。

【謴】(곤) 阮 コン、ことばがあきらかでない indistinct 말분명하지못할곤(語不明)。

【謵】(습) 緝 シュウ、ふるえるこえ be accustomed to 小篆 익달할습(服習)。【莊子】夫服ー不愧而忘人忘人因以爲天人矣。

【謹】(망) 漾 ボウ、のぞむ recriminate 小篆 서로책망할망(相責)。

【謶】(작) 藥 シャク、あざむく deceive ❶속일작(欺也)。❷꾸짖을작(責也)。

【謷】㊀(오) 看 ゴウ、おごる arrogant ㄠˊ ao² ㊁(오) 號 小篆 ❶중얼거릴오(不肖人語)。【呂覽】ー醜先王排舊典。❷훌쩍거릴오(ーー悲泣)。❸근심소리오(ーー衆口愁聲)。【漢書】天下ーー然陷刑者衆。㊁❶거만할오(倨也)。【唐書】宿將暴ー。❷희학질할오(謔也)。❸거만할오(志遠)。

【譈】(오)『謷』(前條)와 같음

【譖】(조)『嘈』(11畫 口部)와 같음

【謹】(근) 吻 キン、つつしむ respect ㄐㄧㄣˇ chin³ 小篆 草書 ❶삼갈근(愼也愨也)。❷공경할근(敬也)。【書】恪ー天命。❸오로지근(專也)。

【讋】㊀(집) 緝 シュウ、しゃべる ㊁(집) 葉 volubie 小篆 ㊀말수다할집(多言)。㊁남의말주을 집(拾人語)。

【誃】(이) 支 イ、かど another gate ㄧˊ i² 草書 딴문이(別門)。

【謼】㊀(호) 虞 コ、よぶ shout ㄏㄨ hu¹ ㊁(호) 遇 ㊂(효) 看 小篆 草書 ㊀부르짖을호(大叫)。【漢書】仰天大ー。㊁부를호(號也)。㊂부르짖을효(叫呼)。【漢書】ー服謝罪。

【謾】㊀(만) 翰 マン、あざむく deceive ㄇㄢˊ man² ㊁(만) 寒 ㊂(만) 諫 小篆 草書 ㊀❶속일만(欺也)。【史記】ー欺以取容。❷느릴만(婧ー緩也)。【漢書】婧ー無狀。❸설만할만(媟汀)。㊁❶또만(且也)。❷속일만(欺ー)。【漢書】務爲欺ー以避其課。㊂속여말할만(誑言)。

【諦】(제) 霽 テイ、さつする scrutinize 살필제(諟ー、審諦)。

十二畫

【譀】㊀(감) 勘 カン、たわむれる (本音「함」) ㊁(합) 洽 false 小篆 俗體 ㊀❶허탄할감(誕也)。❷희롱할감(戲也)。【東觀漢記】雖誇ー猶令人熱。㊁성내어 말할합(叫ー、怒言)。

【譋】(조)『嘲』(12畫 口部)와 같음

【譈】(추) 宥 シュウ、へつらう flatter 아첨할추(諛也)。

【譁】(화) 麻 カ、かまびすしい noisy ㄏㄨㄚˊ hua² 小篆 草書 들렐화、지껄일화(喧ー讙也)。【書】嗟人無ー。

【譚】(탐) 感 タン、ことばのくいちがい contradictory saying 말어긋날탐(言不正而違也)。

【譂】(전) 銑 セン、でたらめ reckless words 망녕된말전(妄言)。

【譄】(증) 蒸 ソウ、ます increase 小篆 ❶더할증(加也)。❷사람이름증(人名)。

【謵】(습) 緝 シュウ、どもる stammer 어눌할습、말더듬거릴습(訥也)。【東方朔七諫】言語訥ー。

【譆】(희) 支 キ、なげきさけぶ cry 小篆 草書 ❶소리지를희(痛呼)。【史記】趙簡子召之曰ー。❷에구할희(懼聲)。【亢倉子書】仰而ー。

【讃】(회) 晦 カイ、とどまる stop; supend 小篆 草書 ❶그칠회(中止)。❷깨달을회(悟也)。

【謝】(사)『謝』(10畫 言部)와 같음

【證】(증) 徑 ショウ、あかし evidense ㄓㄥˋ chêng⁴ 小篆 草書 ❶증거증、증험할증(驗也)。【論語】父攘羊而子ー之。❷질정할증(質也)。

【譇】(차) 麻 シャ、いいあらそう dispute 小篆 ❶말다툼할차(語競)。❷알지못할차(不解、ー詉)。

【䜌】(련) 先 レン、つづく say fluently 小篆 古文 ❶말잇대일련(言不絕)。❷다스릴련(治也)。

【譈】(대) 隊 タイ、うらむ grudge ㄉㄨㄟˋ tuei⁴ 草書 원망할대(怨也)。【孟子】凡民罔不ー。

【譊】(뇨) 看 ドウ、さわぐ angry remarks ㄋㄠ nao²
篆小 書草 ❶볼멘소리할 뇨(恚呼)。❷울 뇨(鳴也)。【後漢書】揚雄所謂——之學各習其師。❸다투는 소리 뇨(——爭聲)。【法言】——者天下皆訟。

【譌】(와) 歌 ガ、ギ、いつわる false ㄜ ê²
篆小 書草 ❶그릇와、와전할와(謬也)。【詩】民之—言。❷화할와(化也)。❸요괴스러운말와(妖言)。(『訛』와 같음)

【譎】(휼) 屑 ケツ、いつわる deceive ㄐㄩㄝ chüeh (古音「결」)
篆小 書草 ❶간사할휼(詐也)。【論語】—而不正。❷속일휼(詭也)。【漢書】—詭窮變。

【⿱斯言】(서) 齊 セイ、かなしいこえ sad voice
篆小 슬픈소리서(悲聲)。

【⿰言勞】(로) 號 ロウ、こえ clamorous
소리많을로(聲多)。

【譏】(기) 微 キ、そしる scold
篆小 書草 ❶나무랄기(誹也)。❷꾸짖을기(誚也)。【左傳】稱鄭伯—失教。❷엿볼기、기찰할기(伺察)。【禮】關執禁以—禁異服識異言。

【譐】(준) 阮 ソン、ささやく talk in whispers
書草 수군거릴준(聚語)。【魏書】—諸明昏有虧禮教。

【譑】(교) 篠 キョウ、あばく expose
書草 죄들추어낼교(糾—發罪)。【荀子】無禮節則必有貪利糾—之名。

【譒】(파) 箇 ハ、しく spread
篆小 펼파(敷也)。【書經】王—告文修。

【譓】(혜) 霽 ケイ、かしこい sagacious
書草 ❶슬기많을혜(多智)。❷분별할혜(辨察)。❸순할혜(順也)。【漢書】義征不—。

【⿱隋言】(수) 寘 スイ、そしりあう recriminate
篆小 서로훼방할수(相毁)。

【譔】(선) 銑 霰 セン、たたえる describe ㄓㄨㄢ chuan⁴ (古音「전」)
書草 ❶지을선(述也)。【法言】訓諸理—。❷기릴선(善也)。【禮】—其先祖之美事。

【⿰言惡】(오) 遇 オ、にくむ hate
❶미워할오(憎也)。❷헐어말할오(相毁)。

【譕】(무) 麌 ボ、はかる stratagem
書草 언행있을 무(—臣、有言行者)。【管子】—臣者可以遠擧。

【譙】㊀(초) 嘯 ショウ、しかる scold ㊁(조) 蕭 ㄑㄧㄠ ch'iao⁴
篆小 古文 書草 ㊀꾸짖을초(呵責)。【史記】子孫有過失不—讓。㊁❶깃모지라질 초(——羽殺)。【詩】豫羽——。❷문다락초(麗—門樓)。【史記】守丞與戰—門中。

【譛】(참) 沁 シン、セン、そしる calumniate ㄗㄣ tsen⁴
篆小 書草 ❶참소할참(讒也)。【詩】—言則退。❷거짓말참(不信)。【詩】覆謂我僭。

【識】㊀(식) 職 シキ、シ、しる know ㊁(지) 寘 ㄕ shih²·⁴
篆小 書草 ㊀알식(見—知也認也)。【詩】不—不知。㊁기록할지(記也)。【書】書庸—哉。

【譚】(담) 覃 タン、はなし conversation ㄊㄢ t'an²
書草 ❶클담(大也)。❷나타날담(誕也)。【詩】實覃實訏。❸편안할담(安縱)。【大戴禮】修業居久而—。❹말씀담(談也)。❺나라이름담(國名)。(『覃·談』과 같음)

【譜】(보) 麌 ホ、フ、けいづ genealogy ㄆㄨ p'u³
篆小 書草 ❶붙이보(屬也)。❷문서보(牒也)。【文心雕龍】總領黎庶則有—籍。❸족보보(籍錄世系)。【舊唐書】—系以紀世族。

十三畫

【譍】㊀(응) 蒸 オウ、こたえる answer ㊁(응) 徑
書草 ㊀대답할응(答言)。【蘇軾詩】車馬蔵門定不—。㊁대답할응(以言對)。【李密表】内無應門五尺之童。

【譝】(승) 蒸 ジョウ、ほめる admire
書草 칭찬할승(譽也)。

【譞】(현) 先 ケン、かしこい wise
篆小 ❶슬기로울현(慧智)。❷말수다할현(多言)。

【譟】(조) 號 ソウ、さわがしい clamour ㄗㄠ tsao⁴ (本音「소」)
篆小 書草 들렐조、지껄일조(羣呼聒也)。【左傳】魏人—而還。

【⿰言萬】(매) 卦 バイ、ほこる boast (of) ㄇㄞ mai⁴
篆小 자랑할매(誇誕)。

【譠】(탄) 寒 タン、あざむく cheat
속일탄(—謾、欺也)。【方言】—謾欺謾之語。

【譢】(수) 寘 スイ、いさめる remonstrate
❶간할수(諫也)。❷고할수(告也)。

【譡】(당)『讜』(言部20畫)과 같음

【⿰言歲】(쾌) 泰 カイ、おおごえ clamour
篆小 들렐쾌(衆聲)。

【譥】(교) 嘯 キョウ、あばく shout ㄐㄧㄠ chiao⁴
篆小 書草 ❶알소할교(訐也)。【漢書】及—者爲之則苟鉤鈲析亂而已。❷소리지를교(痛呼)。

【譣】(험) 琰 セン、わるがしこいことば wily saying
篆小 간사한말험(—詖姦言)。

【譤】(격) 錫 ゲキ、いつわり lie
거짓격(詐也)。

【𧬄】(경)『警』(次條)과 같음

【警】(경) 梗 ケイ、キョウ、いましめる warn ㄐㄧㄥˇ ching³
警 小篆 警 草書 ❶경계할 경(戒也敕也)。〔左傳〕軍衛不徹ㅣ。❷경동할경(起也)。〔禮〕昕鼓ㅣ衆。❸계엄할경(戒行)。〔漢書〕出ㅣ入蹕。❹깨달을경(寤也)。❺주의시킬 경(告非常)。❻소리지를경(聲也)。

【譨】(누) 尤 ドウ、へつらう whisper ㄋㄡˊ nou²
속살거릴누(ㅣㅣ多言)。〔楚辭〕羣司分ㅣㅣ。

【譩】(의) 支 イ、ギ、いかる vexing
❶분할의(忿也)。❷상할의(傷也)。

【譪】(애) 泰 アイ、つくす endeavour
譪 小篆 譪 草書 ❶힘다할애(盡力)。❷많을애(多貌)。

【譫】(섬) 鹽 セン、たわごと talk in delirium ㄓㄢ chan¹ (古音「첨」)
譫 草書 ❶중얼거릴섬(多言)。❷헛소리할섬(ㅣ妄心病)。〔本草序例〕心病ㅣ妄煩亂。

【譬】(비) 寘 ヒ、たとえる metaphor ㄆㄧˋ p'i⁴
譬 小篆 譬 草書 ❶휘어대어말할비、비유할비(喩也)。〔詩〕取ㅣ不遠。❷깨우칠비(曉也)。〔後漢書〕言之者雖戒而聞之者未ㅣ。❸짝비(匹也)。〔徐曰〕ㅣ猶匹也匹而喩之也。

【譭】(훼) 紙 キ、そしる blame
헐어말할훼(謗也)。

【譮】(홰) 卦 カイ、いかる angry
❶성낸말홰(怒辭)。❷사람이름홰(人名、宋慶國公令ㅣ)。

【譯】(역) 陌 エキ、ヤク、つたえる translate ㄧˋ i⁴
譯 小篆 譯 草書 ❶통변할 역(傳ㅣ四夷之言者)。〔史記〕越裳氏重九ㅣ而來。❷번역할역(詁釋經義)。〔十八史略周成王〕重三ㅣ而來。

【䜈】(과) 禡 カ、あざむく be in fault
䜈 小篆 서로그릇할과(相誤)。

【𧮫】(향) 漾 キョウ、ひさしくない for a while
❶잠깐향(暫也)。❷좋지않은말향(不美言)。

【議】(의) 寘 ギ、はかる discuss ㄧˋ i⁴
議 小篆 議 草書 ❶말할의(語也)。〔禮記〕公事不私ㅣ。❷꾀할의(謀也)。〔詩經〕或出入風ㅣ。❸의논할의(定事之宜)。〔易〕制度數ㅣ德行。

【譱】(선)『善』(口部9畫)의 古字

十四畫

【譴】(견) 霰 ケン、とがめる censure ㄑㄧㄢˇ ch'ien³
譴 小篆 譴 草書 ❶꾸짖을 견(責也誚也)。〔詩〕畏此ㅣ怒。❷성낼견(怒也)。❸귀양갈견(謫問)。

【𧭏】(절) 屑 セツ、ささやく whisper
속살거릴절(細語)。

【譶】(답) 合 トウ、はやくち chatter
譶 草書 재재거릴답(疾言)。〔琴賦〕紛譶ㅣ以流漫。

【護】(호) 遇 ゴ、まもる guard; escort ㄏㄨˋ hu⁴
護 小篆 護 草書 ❶두남둘호、호위할호(保ㅣ擁全)。〔史記〕高祖爲布衣時蕭何數以吏事ㅣ高祖。❷구조할호(救助)。❸벼슬이름호(官名)。

【𧬴】(망) 漾 モウ、ボウ、せめる charge; blame
❶책망할망(責望)。❷속일망(欺也)。

【譸】(주) 尤 チュウ、あざむく cheat
譸 小篆 譸 草書 속일주(ㅣ張、誑也)。〔書〕民無或胥ㅣ張爲幻。

【𧮪】(답) 合 トウ、いいあらそう dispute ㄊㄚˋ t'a⁴
𧮪 小篆 ❶말다툼할답(言語相及)。❷망녕되게말할답(妄語)。

【譹】(호) 豪 コウ、ゴウ、さけぶ cry
譹 草書 부르짖을호(號也、哭聲)。〔莊子〕叱者ㅣ者。『號』와 같음。

【𧮤】(녕) 庚 ドウ、こごえ whisper
속살거릴녕(小言)。

【譽】㊀(예) 魚 ヨ、ほまれ honour; glory ㄩˇ·ˋ yü²·⁴ (古音「여」)
㊁(예) 御
譽 小篆 譽 草書 ㊀❶기릴예、칭찬할예(聲美稱也)。〔易〕括囊无ㅣ。❷이름날예(令聞)。㊁❶뜻은 ㊀과 같음。❷즐길예(樂也)。〔詩〕有ㅣ處兮。

【譺】㊀(의) 卦 ギ、キョク、たわむれる fun
㊁(억) 職
譺 小篆 譺 草書 ㊀❶기롱할의(嘲戲)。❷속일의(欺悖也)。㊁삼가할억(齊敬)。

【𧮜】(추) 宥 シュウ、ののしる blame
욕할추(罵也)。

【譻】(앵) 庚 オウ、すずおと jingle
譻 小篆 방울달랑거릴 앵(ㅣㅣ聲也鳴也)。〔後漢書〕鳴玉鑾之ㅣㅣ。

十五畫

【譾】(전) 銑 セン、あさい shallow ㄐㄧㄢˇ chien³
譾 草書 얕을전(淺也)。〔史記〕能薄而材ㅣ。

【𧭭】(려) 御 リョ、いつわり lie
거짓려(詐也)。

【𧬵】(살) 曷 サツ、きままにいう random speech
허튼말살(散言)。

【讀】㊀(독) 屋 ㊁(두) 宥 ドク、トウ、よむ read; study ㄉㄨˊ tu²
讀 小篆 讀 草書 ㊀❶글읽을독(誦書)。〔禮記〕冬ㅣ書。❷풍류이름

독(樂名)。 曰귀절두、토두(句ㅣ、文語絕處)。

【譓】(혜) 霽 ケイ、かしこい study
❶살필혜(辨察)。〔晋語〕今陽子之情ㅣ矣。 ❷분별할혜(分別)。

【䜐】(사) 馬 シャ、かたる speak
말로속시원하게할사(以言寫志)。

【讁】(적) 陌 タク、チャク、せめる condemn
草書 꾸짖을적(責也咎也)。〔詩〕室人交徧ㅣ我。

【譞】(현) 霰 ケン、ほっする greedy; grasping
小篆 ❶욕심낼 현(有所求)。〔管子〕ㅣ充心言也。〔註〕言心之營求充動也。 ❷뜬소문현(流言)。

【𧬐】(욱) 屋 イク、においをかぐ smell
냄새맡을욱(聞香貌)。

【讄】(류) 紙 ルイ、おくりな posthumous name
小篆 或體 ❶시호류(諡也)。 ❷행장류(哀死而述其行)。

【讅】(심)『審』(宀部 12畫)과 같음

【䜟】(참)『讖』(言部 17畫)의 俗字

【讃】(찬)『讚』(言部 19畫)의 俗字

十六畫

【讇】(첨) 琰 テン、エン、へつらう flatter
草書 아첨할첨(諛佞)。〔禮〕爲人臣下者有頌無ㅣ。(『諂』의 古字)

【讈】(력) 錫 レキ、ことばたくみ honeyed 〔fine〕 words
교묘한말력(巧言讈ㅣ)。

【讉】(유) 支 イ、いかる get angny
성낼유(怒也)。

【變】(변) 銑 ヘン、かわる change
小篆 草書 ❶변할변(化也)。〔易〕乾道ㅣ化。 ❷고칠변(更也改也)。〔禮〕一成而不可ㅣ。 ❸재앙변(災異)。〔漢書〕天ㅣ成形。 ❹죽을변(死喪)。〔穀梁傳〕君在祭樂之中大夫有ㅣ以聞可乎。

【𧮂】(빈) 眞 ヒン、しゃべる chatter
小篆 수다할빈、 지껄일빈(多言)。

【讋】(섭) 葉 ショウ、おそれる fear; dread ㄓㄜ chê² (本音「접」)
小篆 籒文 草書 ❶두려울섭(懼也)。〔後漢書〕陸ㅣ水慄。 ❷맥없이하는말섭(失氣言)。

【讌】(연) 霰 エン、さかもり banquet ㄧㄢ yen⁴
草書 ❶잔치연(會飮)。〔晋書〕親知歡ㅣ。 ❷모여말할연(ㅣ坐合語)。〔戰國策〕孟嘗君ㅣ坐。

【讍】(악)『諤』(言部 9畫)과 같음

【讎】(수) 尤 シュウ、あた、かたき enemy ㄔㄡ ch'ou²
小篆 草書 ❶짝수(匹也)。〔書〕敢以王之ㅣ民百君子。 ❷원수수(仇也)。〔書〕相爲敵ㅣ。 ❸대거리할수(言相ㅣ對)。〔詩〕無言不ㅣ。 ❹비교할수(校也)。〔魏都賦〕ㅣ校篆籒。 ❺갚을수(售也償也)。〔史記〕高祖每酤留飮酒ㅣ數倍。

【讐】(수)『讎』(前條)와 같음

【讆】(위) 霽 エイ、いつわり falsehood ㄨㄟ wei⁴
草書 ❶잠꼬대위(夢言不慧)。〔左傳〕是ㅣ言也。(『僞』와 통함)

十七畫

【𧮆】(요) 嘯 ヨウ、あやまり err
❶그릇칠요(謬也)。 ❷그릇말할요(謬言)。

【讒】(참) 咸 ザン、そしる slander ㄔㄢ ch'an²
小篆 草書 ❶참람할참(僭也)。〔書〕朕卽ㅣ說殄行。 ❷간악할참(佞也)。

【讓】(양) 漾 ジョウ、ゆずる decline ㄖㄤ jang⁴
小篆 草書 ❶사양양、 사양할양(謙也)。〔書〕允恭克ㅣ。 ❷꾸짖을양(責也)。〔左傳〕公使ㅣ之。

【讔】(은) 吻 イン、なぞ riddle; puzzle ㄧㄣ yin³
草書 ❶숨겨말할은(ㅣ者隱言)。〔文心雕龍〕遯辭以隱意譎譬以指事。 ❷수수께끼 은(迷也)。

【讕】(란) 寒 翰 ラン、くちばしる slander ㄌㄢ lan²
小篆 或體 草書 ❶미댈란、 방탕할란(逸言)。〔唐書〕張亮ㅣ辭曰因等畏死見誣耳。 ❷속여말할란(詆ㅣ誣毁)。〔漢書〕王陽病詆ㅣ置辭。

【謇】(건) 阮 ケン、どもる stammer
草書 말더듬거릴건(口吃難也)。

【讖】(참) 沁 シン、しるし secret ㄔㄣ ch'en⁴
小篆 草書 참서참、 비결참(圖ㅣ符命)。〔後漢書〕李通以圖ㅣ說光武。

十八畫

【讗】(획) 陌 カク、せめいかる rage
小篆 ❶말우람할획(言壯貌)。 ❷성받끈낼 획(數相怒)。

【𧮰】(답) 合 トウ、ことばおおい be talkative
小篆 수다할답(言多)。

【𧮝】(희)『嘻』(口部 12畫)와 같음

【讘】(섭) 葉 ショウ、ささやく whisper (本音「접」)
小篆 속살거릴섭(詀ㅣ多言)。

【讙】 曰(훤) 元 曰(환) 寒 カン、かまびすしい clamour ㄏㄨㄢ huan¹
小篆 草書 曰❶들렐훤、지껄일훤(譁也)。〔史記〕諸將盡ㅣ。 ❷즐거울훤(樂也)。(『喧』과 같음) 曰뜻은 曰과 같음。

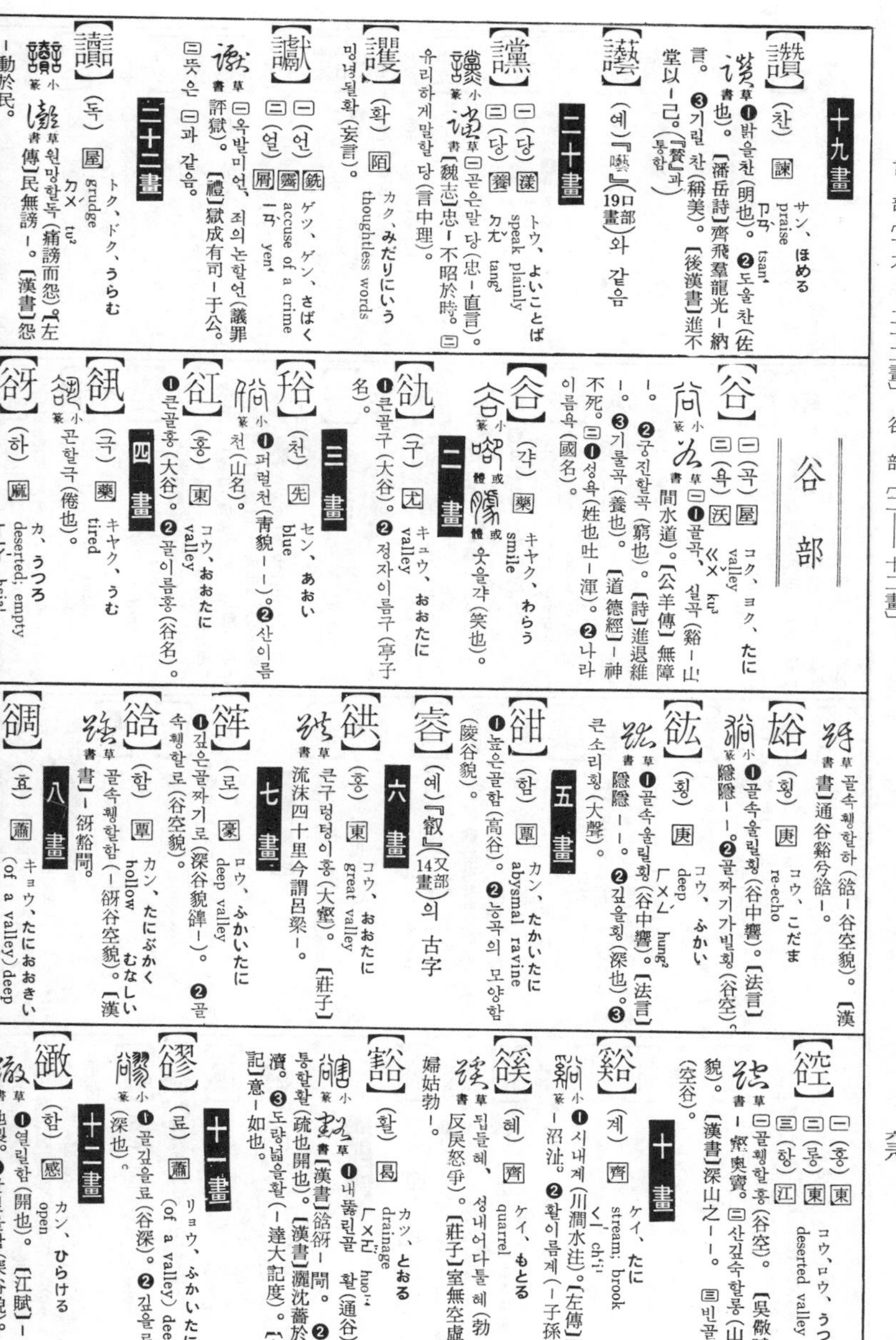

十九畫

【讚】(찬) 諫 サン、ほめる praise ㄗㄢˋ tsan⁴
草書 ❶밝을찬(明也)。❷도울찬(佐也)。【潘岳詩】齊飛羣龍光ㅣ納言。❸기릴 찬(稱美)。【後漢書】進不堂以ㅣ己。(『贊』과 통함)

【讛】(예)『囈』(口部19畫)와 같음

二十畫

【讜】㊀(당) 漾 ㊁(당) 養 トウ、よいことば speak plainly ㄉㄤˇ tang³
小篆 草書 ㊀곧은말 당(忠ㅣ直言)。【魏志】忠ㅣ不昭於時。㊁유리하게 말할 당(言中理)。

【⿰言矍】(확) 陌 カク、みだりにいう thoughtless words
망녕될확(妄言)。

【讞】㊀(언) 銑 霰 ㊁(얼) 屑 ゲツ、ゲン、さばく accuse of a crime ㄧㄢˋ yen⁴
草書 ㊀옥발미언、죄의논할언(議罪)。【禮】獄成有司ㅣ于公。㊁뜻은 ㊀과 같음。

二十二畫

【讟】(독) 屋 トク、ドク、うらむ grudge ㄉㄨˊ tu²
小篆 草書 원망할독(痛謗而怨)。【左傳】民無謗ㅣ。【漢書】怨ㅣ動於民。

谷 部

【谷】㊀(곡) 屋 ㊁(욕) 沃 コク、ヨク、たに valley ㄍㄨˇ ku³
小篆 草書 ㊀❶골곡、실곡(谿ㅣ山間水道)。【公羊傳】無障ㅣ。❷궁진할곡(窮也)。【詩】進退維ㅣ。❸기를곡(養也)。【道德經】ㅣ神不死。㊁❶성욕(姓也吐ㅣ渾)。❷나라이름욕(國名)。

【𧮫】(갹) 藥 キャク、わらう smile
小篆 或體 或體 웃을갹(笑也)。

二畫

【⿰谷九】(구) 尤 キュウ、おおたに valley
❶큰골구(大谷)。❷정자이름구(亭子名)。

三畫

【谸】(천) 先 セン、あおい blue
小篆 ❶퍼렬천(青貌ㅣㅣ)。❷산이름천(山名)。

【⿰谷工】(홍) 東 コウ、おおたに valley
❶큰골홍(大谷)。❷골이름홍(谷名)。

四畫

【谻】(극) 藥 キャク、うむ tired
小篆 곤할극(倦也)。

【谺】(하) 麻 カ、うつろ deserted; empty ㄒㄧㄚ hsia¹
草書 골속퀭할하(谺ㅣ谷空貌)。【漢書】通谷谺兮谽ㅣ。

【⿰厷谷】(횡) 庚 コウ、こだま re-echo
小篆 ❶골속울릴횡(谷中響)。【法言】隱隱ㅣㅣ。❷골짜기가빌횡(谷空)。

【谹】(횡) 庚 コウ、ふかい deep ㄏㄨㄥˊ hung²
草書 ❶골속울릴횡(谷中響)。【法言】隱隱ㅣㅣ。❷깊을횡(深也)。❸큰소리횡(大聲)。

五畫

【⿰谷甘】(함) 覃 カン、たかいたに abysmal ravine
❶높은골함(高谷)。❷능곡의 모양함(陵谷貌)。

【㕡】(예)『叡』(又部14畫)의 古字

六畫

【谼】(홍) 東 コウ、おおたに great valley
草書 큰구렁텅이홍(大壑)。【莊子】流沫四十里今謂呂梁ㅣ。

七畫

【⿰谷牢】(로) 豪 ロウ、ふかいたに deep valley
❶깊은골짜기로(深谷貌⿰谷卑ㅣ)。❷골속퀭할로(谷空貌)。

【谽】(함) 覃 カン、たにぶかく、むなしい hollow
草書 골속퀭할함(ㅣ谺谷空貌)。【漢書】ㅣ谺豁閜。

八畫

【⿰谷周】(효) 蕭 キョウ、たにおおきい (of a valley) deep and wide
골짜기클효(谷大)。

【谾】㊀(홍) 東 ㊁(롱) 東 ㊂(항) 江 コウ、ロウ、うつろ deserted valley
草書 ㊀골퀭할홍(谷空)。【吳都賦】ㅣ⿱穴敫奧寶。㊁산깊숙할롱(山深貌)。【漢書】深山之ㅣㅣ。㊂빈골항(空谷)。

十畫

【谿】(계) 齊 ケイ、たに stream; brook ㄑㄧ ch'i¹
小篆 ❶시내계(川澗水注)。【左傳】澗ㅣ沼沚。❷활이름계(ㅣ子孫)。

【豀】(혜) 齊 ケイ、もとる quarrel
草書 뒤틀혜、성내어다툴혜(勃ㅣ反戾怒爭)。【莊子】室無空虛則婦姑勃ㅣ。

【豁】(활) 曷 カツ、とおる drainage ㄏㄨㄛˋ huo⁴
小篆 草書 ❶내뚫린골 활(通谷)。【漢書】谽谺ㅣ閜。❷소통할활(疏也開也)。【漢書】灑沈菑於ㅣ瀆。❸도량넓을활(ㅣ達大度)。【史記】意ㅣ如也。

十一畫

【豂】(료) 蕭 リョウ、ふかいたに (of a valley) deep
小篆 ❶골깊을료(谷深)。❷깊을료(深也)。

十二畫

【豃】(함) 感 カン、ひらける open
草書 ❶열릴함(開也)。【江賦】ㅣ如地裂。❷골깊을함(深谷貌)。

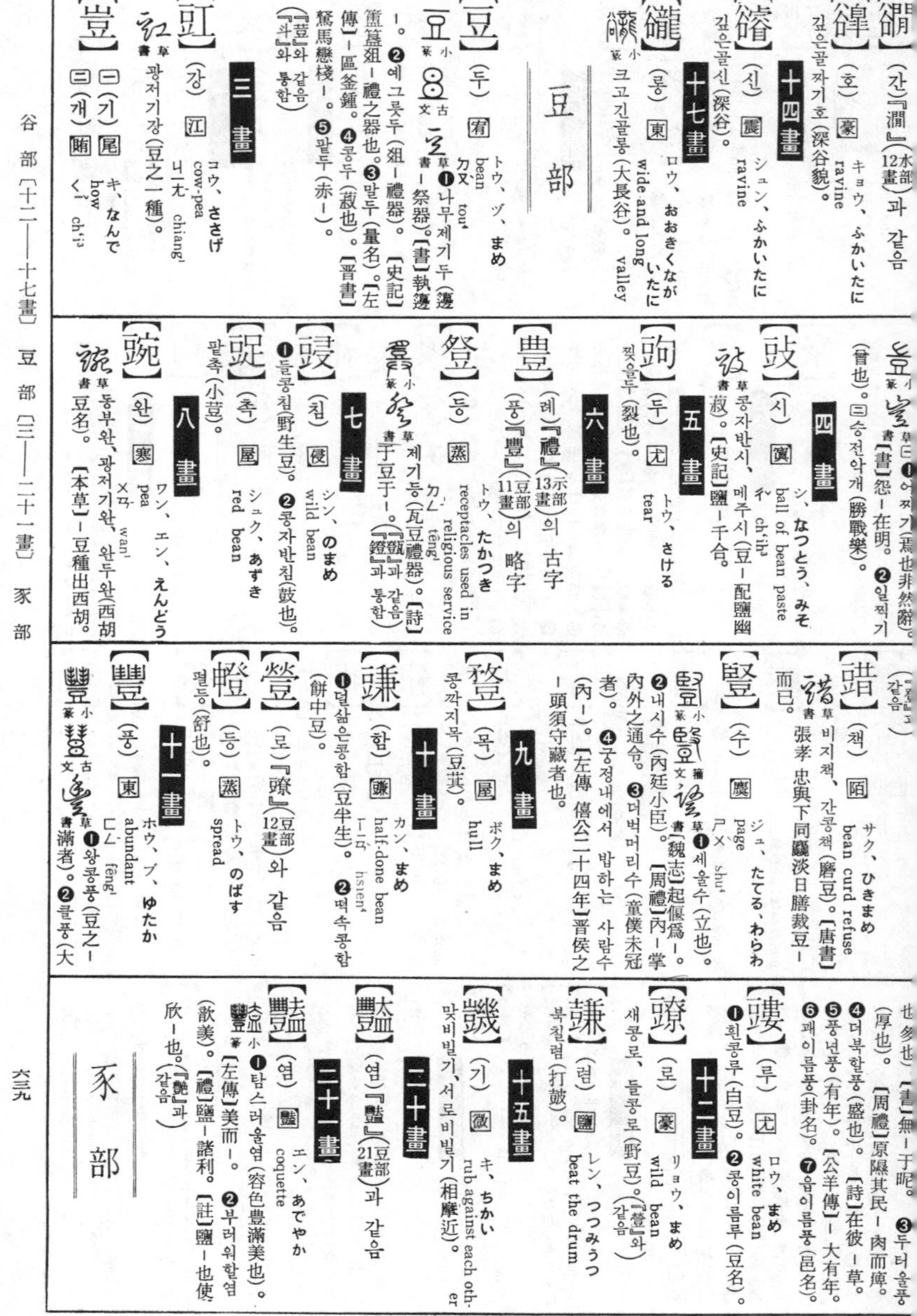

【⿰谷間】(간)『澗』(12水部)과 같음

【⿰谷皋】(호) 豪 キョウ、ふかいたに ravine 깊은골짜기호(深谷貌)。

十四畫

【⿰谷睿】(신) 震 シュン、ふかいたに ravine 깊은골신(深谷)。

十七畫

【豅】(롱) 東 ロウ、おおきくながいたに wide and long valley 小篆 크고긴골롱(大長谷)。

豆 部

【豆】(두) 宥 トウ、ズ、まめ bean ㄉㄡˋ tou⁴ 小篆 古文 草書 ❶나무제기두(籩-祭器)。【書】執籩-。❷예그릇두(俎-禮器)。【史記】簠簋俎-禮之器也。❸말두(量名)。【左傳】-區釜鍾。❹콩두(菽也)。【晋書】駑馬戀棧-。❺팥두(赤-)。(『荳』와 같음 『斗』와 통함)

三畫

【豇】(강) 江 コウ、ささげ cow-pea ㄐㄧㄤ chiang¹ 草書 광저기강(豆之一種)。

【豈】㈠(기) 尾 ㈡(개) 賄 キ、なんで how ㄑㄧˇ ch'i³ 小篆 草書 ㈠❶어찌기(焉也非然辭)。【書】怨-在明。❷일찍기(曾也)。㈡승전악개(勝戰樂)。(『凱』과 같음)

四畫

【豉】(시) 寘 シ、なつとう、みそ ball of bean paste ㄔˇ ch'ih³ 草書 콩자반시、메주시(豆-配鹽幽菽)。【史記】蘖-千合。

五畫

【⿰豆句】(두) 宥 トウ、さける tear 찢을두(裂也)。

六畫

【豊】(례)『禮』(13示部)의 古字 (풍)『豐』(11豆部)의 略字

【豋】(등) 蒸 トウ、たかつき receptacles used in religious service ㄉㄥ têng¹ 小篆 草書 제기등(瓦豆禮器)。【詩】于豆于-。(『甑』과 같음 『鐙』과 통함)

七畫

【⿰豆侵】(침) 侵 シン、のまめ wild bean ❶들콩침(野生豆)。❷콩자반침(豉也)。

【⿰豆足】(축) 屋 シュク、あずき red bean 팥축(小荳)。

八畫

【豌】(완) 寒 ワン、エン、えんどう pea ㄨㄢ wan¹ 草書 동부완、광저기완、완두완(西胡豆名)。【本草】-豆種出西胡。

【⿰豆昔】(책) 陌 サク、ひきまめ bean curd refuse 草書 비지책、간콩책(磨豆)。【唐書】張孝忠與下同麤淡日膳裁豆-而已。

【豎】(수) 麌 ジュ、たてる、わらわ page ㄕㄨˋ shu⁴ 小篆 籀文 草書 ❶세울수(立也)。【魏志】起偃爲-。❷내시수(內廷小臣)。【周禮】內-掌內外之通令。❸더벅머리수(童僕未冠者)。❹궁정내에서 밥하는 사람수(內-)。【左傳 僖公二十四年】晋侯之-頭須守藏者也。

九畫

【⿰豆殳】(목) 屋 ボク、まめ hull 콩깍지목(豆萁)。

十畫

【豏】(함) 豏 カン、まめ half-done bean ㄒㄧㄢˋ hsien⁴ ❶덜삶은콩함(豆半生)。❷떡속콩함(餅中豆)。

【⿱𤇾豆】(로)『⿰豆尞』(12豆部)와 같음

【⿰豆登】(등) 蒸 トウ、のばす spread 펼등(舒也)。

十一畫

【豐】(풍) 東 ホウ、ブ、ゆたか abundant ㄈㄥ fêng¹ 小篆 古文 草書 ❶왕콩풍(豆之-滿者)。❷클풍(大也多也)。【書】無-于昵。❸두터울풍(厚也)。【周禮】原隰其民-肉而庳。❹더북할풍(盛也)。【詩】在彼-草。❺풍년풍(有年)。【公羊傳】-大有年。❻괘이름풍(卦名)。❼읍이름풍(邑名)。

十二畫

【⿰豆婁】(루) 尤 ロウ、まめ white bean ❶흰콩루(白豆)。❷콩이름루(豆名)。

【⿰豆尞】(로) 豪 リョウ、まめ wild bean 새콩로、들콩로(野豆)。(『⿱𤇾豆』와 같음)

【⿰豆兼】(렴) 鹽 レン、つつみうつ beat the drum 북칠렴(打鼓)。

十五畫

【⿰豆幾】(기) 微 キ、ちかい rub against each other 맞비빌기、서로비빌기(相摩近)。

二十畫

【豓】(염)『豔』(21豆部)과 같음

二十一畫

【豔】(염) 豔 エン、あでやか coquette 小篆 ❶탐스러울염(容色豊滿美也)。【左傳】美而-。❷부러워할염(歆羨)。【禮】豔-諸利。【註】豔-也使欣-也。(『艶』과 같음)

豕 部

【豕】(시) 紙 シ、ぶた、いのこ pig; hog ㄕ shih³
小篆 古文 草書 돼지시、돝시(豚也)。【禮】一曰剛鬣。【詩】有一白蹢。

一畫

【豖】(축) 屋 チク、ゆきなやむ bound pig's walk
小篆 발얽은돼지걸음축(豕絆足行)。

三畫

【豗】(회) 灰 カイ、かまびすしい noisy; clamour ㄏㄨㄟ huei¹
草書 ❶맞부딪칠회(相擊)。【海賦】磊匒匌而相一。❷떠들석할회(喧一鬨聲)。【李白詩】飛湍瀑流爭喧一。❸돼지흙 팔회(豕掘)。

【豘】(회) 灰 カイ、つちをほる dig in the ground
돼지흙뒤질회(豕掘土)。

四畫

【豚】㊀(돈) 阮 ㊁(돈) 願 トン、ぶた pig ㄊㄨㄣ² t'uen²
小篆 籀文 草書 ㊀❶새끼돼지 돈(小豕)。【禮】凡祭宗廟之禮一曰腯肥。❷복돈(魚名河一)。㊁우리속돼지돈(圈一)。【禮】圈一行不擧足。

【豛】(역) 陌 エキ、ぶた pig
小篆 돼지역(豚也)。

【豝】(파) 麻 ハ、こいのこ young pig ㄅㄚ pa¹
小篆 草書 두살된암돼지파(二歲牝豕)。【詩】一發五一。

五畫

【豞】(구) 虞 ク、ぶたのこえ grunt
돼지가 꿀꿀거릴구(豕鳴)。

【豛】(탁) 覺 タク、うつ strike
小篆 칠탁(擊也)。

【豠】(저) 魚 ソ、こぶた piggy
小篆 작은돼지저(小豕)。

【象】(상) 養 ショウ、ゾウ、ぞう elephant ㄒㄧㄤ hsiang⁴
草書 ❶코끼리 상。南方大獸長鼻牙。【左傳】一有齒以焚其身賄也。❷법받을상(法也)。【書】一以典刑。❸빛날상(光耀)。【易繫辭】在天成一。❹형상할상(形也)。【易】一者像也。❺상춤상(舞名)。【禮】成童舞一。❻상술준상(樽名)。【禮】犧一周尊。❼역관상(通言官)。【周官】一胥也。❽망상이상(罔一水恠)。【史記】水之恠龍罔一。

【𧰼】(상)『象』(前條)의 本字

六畫

【豢】(환) 諫 カン、ゲン、やしなう raise; rear ㄏㄨㄢ huan⁴
小篆 草書 기를환、칠환(芻一養畜)。【禮】仲秋按芻一。【註】養牛馬曰芻犬豕曰一。

【豥】(회) 灰 カイ、うつ run against each other
서로 부딪칠회(豗也)。【李賀】莫受俗物相塡一。(『豗』와 같음)

【豣】㊀(견) 銑 ㊁(연) 霰 ケン、おおきいいのこ pig ㄐㄧㄢ chien¹
小篆 草書 ㊀❶큰 돼지견(大豕)。【詩】獻一于公。❷세살된 돼지견(三歲豕)。㊁노루연(麕也)。【爾雅】麕絶有力一。

【狪】(동) 東 トウ、いのしし wild boar
멧돼지동(山豬)。

【豤】(간) 阮 コン、かむ masticate
小篆 草書 ❶씹을간(齧也)。❷정성스러울간(款誠)。

【狦】(산) 寒 サン、ぶたのむれ herd of pig
돼지떼산(豕羣)。

【豦】(거) 魚 キョ、さる monkey
小篆 원숭이거(猿類)。

七畫

【豧】(포) 有 ホウ、ぶたのこえ grunt
小篆 ❶돼지소리포(豕聲)。❷돼지포(豕也)。

【豙】(의) 未 ギ、おこってけをたてる make the hair stand
小篆 돼지성나털일어날의(豕怒也毛豎)。

【豨】(희) 尾 微 キ、いのこ pig; hog ㄒㄧ hsi¹
小篆 草書 ❶큰돼지희(大豕)。【莊子】監市履一。❷봉시짐승희(封豕神獸)。【楚辭】封一是射。❸별이름희(星名封一)。

【豩】(빈) 眞 ヒン、ふたひきのぶた two heads of pig
小篆 쌍돝빈(二豕)。

【豪】(호) 豪 ゴウ、えらもの、すぐれる mighty; warrior ㄏㄠ hao²
小篆 籀文 草書 ❶호걸 호(俊也)。【淮南子】智過百人曰一。❷호협할호(俠也)。【史記】平原君之遊一擧耳。❸돼지갈기호(豕鬣)。(『毫』와 통함)

八畫

【䝏】(매) 卦 バイ、かたくなで わるい stubborn
완악할매(一䝏、頑惡)。

【𧱲】(굴) 屑 ケツ、ぶたがつちをあばく dig in the ground
돼지흙뒤질굴(豕發土)。

九畫

【豫】(예) 御 ヨ、あらかじめ before hand ㄒㄧㄝ hsieh⁴ (本音「여」)
小篆 古文 草書 ❶기쁠예(悅也)。【易】取悅一之義。❷편안할예(逸也、安也)。【詩】逸一無期。❸미리예、먼저예(早也、先也)。【易】思患而一防之。❹놀예(遊也)。【孟子】一遊一一。❺참여할예(參與)。【後漢書】楚靈會申亦來一盟。❻머뭇거릴예(猶一)。【史記】猶一未決。❼괘이름예(卦名)。

【豬】(저) 魚 チョ、いのしし wild boar ㄓㄨ chu¹
小篆 草書 ❶돼지저(豕也)。【太玄經】出野見虛有虎牧ー。❷물이괸저(水所停)。【書】大野既ー。❸못이름저(澤名、孟ー)。

【猏】(견) 銑 ケン、かむ chew
씹을견(齧也)。

【貒】(단) 寒 タン、まみ badger
오소리단(似豕而肥)。

【貐】(유) 語 ヨ、いのしし wild boar
산돼지유(豬ー、豪豬別名)。

【豭】(가) 麻 カ、いのこ boar ㄐㄧㄚ chia¹
小篆 草書 수돼지가(牡豕)。【左傳】既定爾婁豬盍歸我艾ー。

【豛】(탁) 覺 タク、ゆく go
갈탁(行也)。

十畫

【豯】(혜) 齊 ケイ、こぶた piggy
小篆 석달된돼지혜(豕生三月)。

【豰】(혹) 屋 コク、けだもの young of a white fox ㄏㄨ hu⁴
小篆 흰여우새끼혹(白狐子)。

【豱】(온) 元 オン、ぶた pig ㄨㄣ wen¹
돼지이름온(豕名、ー豬)。

【豲】㊀(원) 元 ㊁(환) 寒 ゲン、カン、pig; boar
小篆 ㊀돼지원(豕屬)。【周書】ー有爪而不敢以撅。㊁멧돼지환(豪豬)。

【豳】(빈) 眞 ヒン state ㄅㄧㄣ pin¹
小篆 草書 나라이름 빈(周始封國陝西州名)。【詩】篤公劉于ー斯館。

十一畫

【[illegible]】(만) 寒 バン、ぶた pig
❶돼지만(豕也)。❷살찐돼지만(肥豕)。

【豵】(종) 東 ソウ、ショウ、こぶた young pig ㄗㄨㄥ tsung¹
小篆 草書 ❶햇돼지종 어린돼지종(一歲豚)。【詩】一發五ー。❷세새끼돼지종(豕生三子)。

【[illegible]】(루) 尤 ル、こをもとめるぶた sow in rut
草書 암내낸돼지루(求子牝豕)。【左傳】既定爾ー豬。

【[illegible]】(괘) 佳 カイ、いぬ dog
개쫓을괘(逐犬)。

十二畫

【[illegible]】(유) 支 イ、こぶた piggy ㄨㄟ wei³
小篆 돼지새끼유(豕子)。

【[illegible]】㊀(증) 蒸 ㊁(층) 蒸 ソウ、ぶたごや pigsty; pigpen
㊀돼지어리증(豕所寢檜)。㊁우리층(圈也)。

【豷】(희) 寘 キ、ぶたのいき breath of pig ㄧˋ i⁴
小篆 ❶돼지숨쉴희(豕息)。❷사람이름희(人名)。【左傳 襄公四年】生澆及ー。

十三畫

【豶】(분) 支 フン、きょせいぶた hog ㄈㄣ fen²
小篆 草書 ❶불알깐돼지분(去勢豕)。【易經】ー豕之牙。❷제할분(除也)。

【[illegible]】(수) 支 スイ、めすぶた sow
암돼지수(牝豕)。

十四畫

【[illegible]】(몽) 東 モウ、いのしし wild boar
산돼지몽(山豬)。

【[illegible]】(추) 麌 シュウ、めすぶた young sow
작은암돼지추(小母豬)。

十五畫

【[illegible]】(렵) 葉 リョウ、ぶたのながいけ long hairs of a pig
돼지의긴털렵(豕長毛)。

豸 部

【豸】㊀(치) 紙 ㊁(채) 蟹 チ、タイ、ながむし reptiles without feet ㄓ chih⁴
小篆 草書 ㊀❶발없는벌레 치(無足蟲)。【爾雅】蟲無足謂之ー。❷풀치(解也)。【左傳】逞其志庶有ー乎ー。❸해치양치(獬ー神羊)。【後漢書】法冠或謂之獬ー冠獬ー神羊能別曲直爲冠。㊁뜻은 ㊀과 같음。(『廌』와 같음)

三畫

【豹】(표) 效 ヒョウ、ひょう leopard ㄅㄠ pao⁴
小篆 草書 아롱범표 표범표(猛獸似虎圜文)。【易經】君子ー變。

【豺】(시) 佳 サイ、やまいぬ jackal ㄔㄞ ch'ai² (古音「재」)
小篆 草書 승량이시、늑대시(狼屬)。【禮】ー乃祭獸。

【豻】㊀(안) 寒 ㊁(안) 翰 ㊂(간) 翰 ガン、のいぬ stray dog ㄏㄢ han⁴ (本音「한」)
小篆 或體 草書 ㊀들개 안(野犬似狐)。【周禮】士以三耦射ー侯。㊁옥안(獄也)。【漢書】獄ー不平。㊂들개간(野犬)。

四畫

【豼】(비) 支 ヒ、ひきゆう fierce animal
비휴짐승비(獸名)。

【[illegible]】(휴)『貅』(豸部6畫)와 같음

【殺】(의)『毅』(殳部11畫)와 같음

五 畫

【豾】(비) 支 ヒ、たぬきのこ wild cat
삵의새끼비(貍子)。

【狐】(호)『狐』(犬部5畫)와 같음

【貀】(날) 黠 ダツ、けだもの pawless animal ㄋㄚˋ na⁴
小篆 앞발없는짐승날(無前足獸)。

【貁】(유) 宥 ユウ、おながざる monkey
草書 원숭이유(似猿仰鼻長尾)。〔漢書〕猿ー擬而不敢下。

【貂】(초) 蕭 チョウ、てん marten ㄉㄧㄠ tiao¹
小篆 草書 ❶돈피초,잘초(鼠屬黃黑色)。❷초미초. 꾸미개 초(蟬ー冠飾)。〔後漢書〕武冠ー尾爲飾。

六 畫

【⿰豸冊】(산) 刪 サン、わるづよい wild
사나울산(暴惡)。

【貅】(휴) 尤 キュウ fierce animal ㄒㄧㄡ hsiu¹
草書 비휴짐승휴(貔ー摯獸)。〔禮〕前有摯獸則載貔ー。

【貆】(一)(훤) 元 カン、むじな sable (二)(환) 寒 ㄏㄨㄢ huan²
小篆 草書 (一)담비새끼훤(貉屬)。〔詩〕胡瞻爾庭有縣ー兮。(二)뜻은 (一)과 같음。

【貈】(학) 藥 カク、むじな marten ㄏㄜ hê² (本音「각」)
小篆 담비학(狐ー似貍善睡斑毛)。〔爾雅〕ー子貆。

【貉】(맥)(학)『貈』(豸部6畫)과 같음

【貊】(맥) 陌 バク、えびす savage ㄇㄛ mo⁴
草書 ❶오랑캐맥(蠻ー)。〔書經〕華夏蠻ー。❷고요할맥(靜也)。〔詩經〕ー其德音。❸맥이맥(食鐵似熊夷)。〔後漢書〕哀牢夷出ー獸。

七 畫

【貋】(한)『豻』(豸部3畫)과 같음

【貌】(一)(모) 效 ボウ、バク、かたち shape;figure (二)(막) 覺 ㄇㄠ mao
小篆 或體 籀文 草書 (一)모양 모、얼굴 모, 짓모, 겉모(容儀)。〔書〕一曰ー。(二)❶모뜰막(描畫)。〔唐書〕命工ー妃於別殿。❷멀막(遠也)。

【貍】(리) 支 リ、たぬき wild cat ㄌㄧ li²
小篆 草書 ❶삵리,살쾡이리(狐ー野貓)。〔左傳〕晳白而衣ー製。❷너구리리(野豕)。

八 畫

【貎】(예) 齊 ゲイ、しし lion
❶준예예(狻ー)。❷사슴새끼예(麑子)。

【貏】(피) 紙 ヒ、たいらか flat
草書 점점평평할피(ー豸、漸平貌)。

九 畫

【⿰豸囟】(노) 皓 ドウ、めすむじな she-marten
암담비노(雌貉)。

【貐】(유) 麌 ユ、けだもの animal ㄩ yü³
小篆 짐승이름유、검붉고작은원숭이유(猰ー、似貙)。

【⿰豸柔】(요) 篠 ヨウ、くもざる monkey
원숭이요(獸名、如獼猴)。

【貒】(단) 寒 タン、まみだぬき badger ㄊㄨㄢ t'uan
小篆 草書 ❶오소리단(貛也似豕而肥)。〔楚辭〕ー貉兮蟫蟫。❷수이리단(狼牡)。

【⿰豸胃】(위)『蝟』(虫部9畫)와 같음

【貓】(묘) 蕭 ビョウ、ねこ cat ㄇㄠ mao¹
小篆 草書 고양이묘(捕鼠獸)。〔詩〕有ー有虎。(『猫』의 正字)

【⿰豸重】(종) 宋 ショウ、ちち milk
젖종(乳也)。

十 畫

【貔】(비) 支 ヒ、ひきゅう fierce animal ㄆㄧ p'i²
小篆 或體 草書 비휴짐승비(ー貅)。〔書〕[illegible]

【豯】(혜) 齊 ケイ、こぶた young pig ㄒㄧ hsi¹
❶돼지새끼혜(豬子)。❷못이름혜(澤名ー養)。

十一 畫

【⿰豸离】(리) 支 チ、もうじゅう beast of prey (本音「치」)
사나운짐승리(猛獸)。

【⿰豸㒼】(만) 願 マン、おおかみ wolf
이리만(狼屬、貙也)。

【貘】(맥) 陌 バク、ばく tapir ㄇㄛ mo⁴
小篆 草書 맥짐승맥(似熊食鐵一名齧鐵)。

【⿰豸曼】(만) 翰 マン、おおかみ wolf
이리만(貙獌)。

【貙】(추) 虞 チュ、おおかみ wolf ㄔㄨ ch'u¹
小篆 草書 이리추(ー獌似貍而大)。〔後漢書〕ー劉之禮祠先虞。

十二 畫

【貚】(一)(단) 翰 タン、おおかみ wolf (二)(전) 先
小篆 (一)이리단、시라소니단(貙屬)。(二)뜻은 (一)과 같음。

【豶】(분) 吻 フン、ひつじ sheep
❶양분(羊也)。❷불안깐돼지분(未去勢豕)。

十三 畫

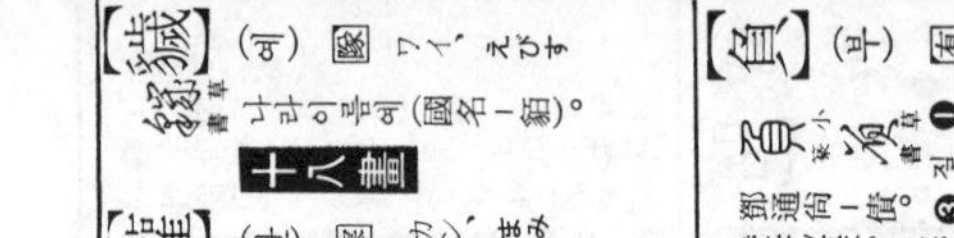

【獩】(예) 隊 ワイ、えびす
草書 나라이름예(國名—貊)。

十八畫

【貛】(환) 寒 カン、まみ wolf
小篆 草書 ❶수이리환(狼牡)。❷너구리환(野豕)。

二十畫

【玃】(확) 藥 カク、おおざる monkey ㄐㄩㄝ chüeh
小篆 草書 큰원숭이확(大猿)。

貝 部

【貝】(패) 泰 バイ、かい shellfish ㄅㄟˋ pei⁴
小篆 草書 ❶자개패、조개패(海介蟲)。【書】貝乃—玉。❷재물패(貨也)。【易】億喪—。❸비단패(錦名)。【書】厥篚織—。

二畫

【貞】(정) 庚 テイ、ジョウ、ただしい virtous ㄓㄣ chen¹
小篆 草書 ❶곧을정(正也)。【書】一人元良萬邦以—。❷굳을정(固也)。

【負】(원)『員』(口部 7畫)과 같음

【負】(부) 有 フウ、フ、おう carry ;incur ㄈㄨˋ fu⁴
小篆 草書 ❶짐질부(背荷物)。❷빚질부(受貸不償)。【漢書】鄧通尙—債。❸저바릴부(背恩)。【李陵書】漢亦—德。❹질부(敗也)。【史記】無益於勝—之數。❺믿을부(有所恃)。

【貟】(배) 灰 ハイ、かみのな
물귀신이름배(河神)。

三畫

【𧴪】(솨) 哿 サ、かいのふれあうおと sound of nacre
小篆 자개소리솨(貝介聲)。

【財】(재) 灰 サイ、ザイ、たから finance ; property ㄘㄞˊ ts'ai²
小篆 草書 ❶재물재(貨也)。❷뇌물재(賄也)。【易繫辭】何以聚人曰—。❸보배재(人所寶)。

【貢】(공) 送 コウ、ク、みつぎ tribute ㄍㄨㄥˋ kung⁴
小篆 草書 ❶바칠공(獻也)。【書經】禹—。❷천거할공(薦也)。❸세바칠공(稅也)。❹나아갈공(進也)。

【貤】㊀(시) 寘 ㊁(이) 支 イ、シ、のびる extend; spread ㄧˊ i²
小篆 草書 ㊀물건무게 시(物重數)。【漢書】無所流—一重爲—。㊁❶벋을 이、뻗칠이(延也)。【漢書】—邱陵。❷가작줄이、상줄이(賞爵)。

【䝪】(인) 震 シン、かたい hard
굳을인(堅牢)。

【貣】(특) 職 トク、かりる borrow ㄊㄜˋ t'ê⁴
小篆 草書 빌특(假—從人求物)。【漢書】且莫乞—蠻夷。

四畫

【貥】(항) 陽 コウ、おおがい big nacre
큰자개항(大貝)。

【貧】(빈) 眞 ヒン、ビン、まずしい poor ㄆㄧㄣˊ p'in²
小篆 古文 草書 구차할빈、가난할빈(無財乏也)。【晉語】韓宣子憂—叔向賀之。

【貨】(화) 箇 カ、しなもの、たから goods; cargo ㄏㄨㄛˋ huo⁴
小篆 草書 ❶재물화(財也)。【書】二曰—。❷선물할화(賂也)。【左傳】晋侯有疾曹伯之豎—筮史以曹爲解。❸팔화(以物售人)。❹물건화(—物)。

【販】(판) 願 ハン、うる、あきなう sell; trade ㄈㄢˋ fan⁴
小篆 草書 장사판、팔판、무역할판(賤買貴賣者)。【史記】往來—賤賣貴。

【貪】(탐) 覃 タン、トン、むさぼる covet; greed ㄊㄢ t'an¹
小篆 草書 탐할탐、욕심낼탐(欲物愛財)。【詩】—人敗類。【楚辭】衆皆—婪。

【貫】(관) 翰 カン、つらぬく go through ㄍㄨㄢˋ kuan⁴
小篆 草書 ❶꿸관(穿也)。【易】—魚。❷마칠관(中也)。【儀禮】不—不釋。❸돈꿰미 관(緡錢)。【漢書】—朽不可校。❹본 관(本—鄉籍)。❺버리관(條—規繩)。【通鑑】兼總條—。

【責】㊀(채) 佳 ㊁(책) 陌 セキ、サイ、せめる condemn; duty ㄗㄜˊ tse²
小篆 草書 ㊀빚채(負債)。【周禮】聽稱—。㊁❶꾸짖을책(誚也)。【左傳】西鄰—言。❷조를책(求也)。【左傳】宋多—賂于鄭。❸맡을책(任也)。【孟子】有言—者。❹나무랄책(誅也)。【詩序】—衛伯也。❺재촉할책(迫取)。【戰國策】歸其劍而—之金。❻제탓할책(自訟)。【漢書】痛自刻—。

【貭】(질)『質』(貝部 8畫)의 略字

【贤】(현)『賢』(貝部 8畫)의 略字

五畫

【貯】(저) 語 チョ、たくわえる saving; store up ㄓㄨˇ chu³
小篆 草書 ❶쌓을저、저축할저(積也)。【漢書】夫積—者天下之大命。❷감출저(藏也居也)。【周禮】貨物—藏於市。❸둘저(置也)。

【貰】㊀(세) 霽 ㊁(사) 禡 セイ、かりる hire; borrow

貰 小篆 草書 ㊁❶빌릴세, 꿀세(貸也)。❷세낼세(賒也)。〔漢書〕諸買未作ㅣ貸。㊂❶뜻은 ㊀과 같음。❷죄사할사(寬罪)。〔漢書〕得見ㅣ赦。

【䝬】(소) 語 ショ、うらなう honoraria 小篆 복채소(卜問財)。

【貱】(피) 寘 ヒ、あたえる give 小篆 줄피(與也)。

【貲】(자) 支 シ、たから wealth; property ㄗ tzŭ¹ 小篆 草書 재물자(貨也財也)。〔史記〕子貢好廢擧與時轉貨ㅣ。

【貶】(폄) 琰 ヘン、おとす diminish ㄅㄧㄢˇ pien³ 小篆 草書 ❶덜릴폄(損也)。〔公羊傳〕何以不氏ㅣ。❷떨어질폄(墜也)。〔詩〕我位孔ㅣ。❸귀양보낼폄(謫也)。❹꺾을폄(抑也)。❺감할폄(減也)。

【貳】(이) 寘 ニ、ジ、ふたつ、そえる two; second ㄦ erh⁴ 小篆 草書 ❶두이, 둘이(二也)。❷버금이(副也)。❸의심낼이(攜ㅣ疑也)。〔書〕任賢勿ㅣ。❹거듭이(重複)。〔禮記曲禮〕雖ㅣ不辭。❺짝이(匹也)。❻마음변할이(心變)。❼두마음이(二心)。〔國語晉語〕從君而ㅣ。❽대신이(代也)。❾이별할이(別也)。〔「二」와 같음〕

【貴】(귀) 未 キ、とうとい precious; noble 小篆 草書 ❶귀할귀, 높을귀(位高尊也)。〔易繫辭〕崇高莫大乎富ㅣ。❷귀히여길귀(物不賤)。〔書〕不ㅣ異物。

【買】(매) 蟹 バイ、マイ、かう buy ㄇㄞˇ mai³ 小篆 草書 살매(ㅣ賣市也)。〔周禮〕聽ㅣ賣以質劑。

【貸】㊀(대) 隊 ㊁(특) 職 タイ、トク、かす lend ㄉㄞˋ tai⁴ 小篆 草書 ㊀❶빌릴대, 꿀대(借施)。〔左傳〕盡其家ㅣ於公。❷갚을대(以物與人更還其主假也)。㊁빌특(借也)。

【貺】(황) 漾 キョウ、たまう、あたえる give ㄎㄨㄤˋ k'uang⁴ 小篆 草書 줄황(賜也, 與也)。〔儀禮〕吾子有惠ㅣ室某也。

【𧵈】(구) 宥 コウ、あたえる rule 다스릴구(治也)。

【費】㊀(비) 寘 ㊁(비) 未 ヒ、ついやす cost; consume ㄈㄟˋ fei⁴ 小篆 草書 ㊀고을비(魯邑名)。㊁없앨비, 허비할비(散財用耗損)。〔論語〕君子惠而不ㅣ。

【貼】(첩) 葉 チョウ、つく plaster; paste ㄊㄧㄝ t'ieh¹ 小篆 草書 ❶붙일첩(依附)。❷접어둘첩(黏置)。❸전당할첩(以物爲質)。

【貽】(이) 支 イ、おくる、のこす give ㄧˊ i² 小篆 草書 ❶끼칠이(遺也)。❷줄이(貺也)。〔詩〕ㅣ我彤管。❸검은자개이(黑貝)。

【貿】(무) 宥 ボウ、あきなう trade ㄇㄠˋ mao⁴ 小篆 草書 ❶몰아살무, 무역할무(交易財貨)。〔詩經〕抱布ㅣ絲。❷어릿어릿할무(ㅣㅣ無識貌)。〔禮記〕有餓者ㅣㅣ然來。

【䝮】(현) 霰 ケン、うる sell 팔현(售也, 賣也)。

【賀】(하) 箇 ガ、よろこぶ celebrate ㄏㄜˋ hê⁴ 小篆 草書 ❶하례할하(慶也)。〔周禮〕ㅣ慶之禮。❷하례하(朝ㅣ稱慶)。〔後漢書〕大朝受ㅣ。❸위로할하(勞也)。❹더할하(加也)。

【貤】(이)『貤』(貝部3畫)와 같음

六畫

【賁】(분)『賁』(次條)과 같음

【賁】㊀(비) 寘 ㊁(분) 文 ㊂(분) 元 ヒ、フン、かざる adorn ㄅㄧˋ pi⁴ 小篆 草書 ㊀❶꾸밀비(飾也)。❷괘이름비(卦名)。㊁클분(大也)。〔書〕用宏ㅣ玆。㊂날랠분(虎ㅣ勇也)。〔書〕綴衣虎ㅣ。

【賂】(뢰) 遇 ロ、まいなう bribe (本音「로」) 小篆 草書 ❶선물뢰(賄ㅣ以財與人)。〔左傳〕賓其ㅣ器於太廟。❷줄뢰(遺也, 贈也)。❸끼칠뢰(遺也)。

【賃】(님) 沁 チン、かりる、やとう hire; rent ㄌㄧㄣˋ lin⁴ (俗音「임」) 小篆 草書 ❶머슴님, 더부살이님(傭也)。〔史記〕臣爲人庸ㅣ。❷빌님(借也)。❸세낼님(以財雇物)。

【賄】(회) 賄 カイ、ワイ、まいなう bribe ㄏㄨㄟˇ huei³ 小篆 草書 ❶재물회(財帛總名)。〔周禮〕商賈阜通貨ㅣ。❷선물회(贈送)。〔儀禮〕ㅣ用束帛。

【賅】(해) 灰 カイ、そなえる possess ㄍㄞ kai¹ (本音「개」) 草書 ❶갖출해(備也)。❷넉넉할해(贍也)。❸이상할해(非常, 奇也)。

【資】(자) 支 シ、たから、もとで capital; resources ㄗ tzŭ¹ 小篆 草書 ❶재물자(貨也)。〔易〕旅卽次懷其ㅣ。❷취할자(取也)。〔易〕萬物ㅣ始。❸쓸자(用也)。〔儀禮〕問歲月之ㅣ。❹도울자(助也)。❺자품자(稟也)。❻자뢰자(賴也, 憑也)。

【賚】(협) 葉 キョウ、たから riches 재물협(財也)。

【賈】㊀(고) 麌 コ、カ、あきなう commerce ㄍㄨˇ ku³ ㊁(가) 禡
賈 小篆 草書 ㊀앉은장사고(坐賣)。【書】遠服－。㊁❶값가(售直)。❷성가(姓也)。【論語】求善－而沽諸。(『價』와 같음)

【䘏】(술) 質 シュツ、へたばる distribute food
기민먹일술(分賑)。(『卹』과 같음)(或音은「휼」)

【賊】(적) 職 ゾク、ぬすむ thief ㄗㄜˊ tsê² (本音「즉」)
賊 小篆 草書 ❶도적 적(寇－盜也)。【書】寇－姦宄。❷해칠적(殘－傷害)。【周禮】－賢害民則伐之。

【貽】(이) 支 イ、おくる send
보내줄이(遺送)。

【⿰貝𠂢】(신) 軫 シン、もと pawn
전당신(質物)。

【⿱交貝】(효) 蕭 キョウ、わずらわしい troublesome
번거로울효(煩也)。

七畫

【賌】(개) 隊 カイ、ふかくかたい deep and firm ㄒㄧㄝˋ hsieh⁴
賌 小篆 깊고굳을개(深堅)。

【賑】㊀(진) 軫 ㊁(진) 震 シン、にぎわう abundant ㄓㄣˋ chen⁴
賑 小篆 草書 ㊀가멸진、풍부할진(富也)。【爾雅】股－富有。㊁❶기민먹일진(－䘏救也)。【漢書】發倉庾以－貧民。❷넉넉할진(贍給)。

【賫】(재) 齊 セイ、あたえる give (本音「제」)
❶집어줄재(持遺)。❷싸보낼재(裝送)。(『齎』와 같음)

【賐】(순) 震 シュン、ふやす add
❶더할순(加也)。❷늘순(益也)。

【賖】(사) 麻 シャ、おぎのる hire ㄕㄜ shê¹
賖 小篆 草書 ❶세낼사(貰買)。【周禮】泉府同貨而斂－。❷멀사(遠也)。【太公遇文王讚】城闕雖近風雲尙－。

【賓】(빈) 眞 ヒン、まらうど guest
賓 小篆 古文 草書 ❶손빈、손님빈(客也)。【易】利用－于王。❷인도할빈(寅－導也)。❸복종할빈(－服懷德)。【新序】四海－者誠德之至。❹배척할빈(擯斥)。❺율이름빈(律名蕤－)。❻성빈(姓也)。

【賔】(빈)『賓』(前條)의 俗字

【賦】(부) 遇 フ、とりたて、みつぎ taxation ㄈㄨˋ fu⁴
賦 小篆 草書 ❶구실부(稅也)。【書】厥－惟錯。❷거둘부(斂也)。❸헤아릴부(量也)。❹줄부(給與)。❺받을부、탈부(禀受)。❻글부(詩之流)。【詩序】詩有六義二曰－。

【賕】(구) 尤 キュウ、まいない corrupt ㄑㄧㄡˊ ch'iu²
賕 小篆 草書 탐장구、장전구(以財枉法贓也)。【史記】受－枉法。

八畫

【賜】(사) 寘 シ、たまう bestow ㄘˋ tz'u⁴
賜 小篆 草書 ❶줄사(上予下錫)。【禮】三－不及車馬。❷고마울사、은혜사(惠也)。【公羊傳】虞郭之相救非相爲－。

【賙】(주) 尤 シュウ、あたえる relief ㄓㄡ chou¹
賙 草書 진휼먹일주、기민먹일주(賑贍給也)。【周禮】使之相－。【詩】靡人不周。(『周』와 통함)

【賚】(뢰) 隊 ライ、たまう bestow ㄌㄞˋ lai⁴
賚 小篆 草書 줄뢰(賜也予也)。【書經】予其大－汝。

【⿰貝來】(뢰)『賚』(前條)와 같음

【賞】(상) 養 ショウ、ほめる praise; prize ㄕㄤˇ shang³
賞 小篆 草書 ❶구경할상(玩也)。【陶潛詩】奇文共欣－。❷아름다울상(嘉也)。❸상줄상(賜有功)。【書】－延于也。

【賠】(배) 灰 バイ、つぐなう compensate ㄆㄟˊ p'ei²
賠 草書 배상배、물어줄배(補償)。

【賡】(갱) 庚 コウ、つぐ connect ㄍㄥ kêng¹
賡 草書 ❶이을갱(續也)。【書經】乃－載歌。❷일갱(－載)。

【賢】(현) 先 ケン、かしこい wise; sage ㄒㄧㄢˊ hsien²
賢 小篆 草書 ❶어진이현、어질현(有德行)。❷좋을현(善也)。【禮】若富則具二牲獻其－者於宗子。❸나을현(勝也)。【禮】某－於某。❹구멍현(大穿孔)。

【賣】(매) 卦 バイ、マイ、うる sell ㄇㄞˋ mai⁴
賣 小篆 草書 팔매(出貨鬻物)。【周禮】聽－買以質劑。

【賤】(천) 霰 セン、いやしい bean; humble ㄐㄧㄢˋ chien⁴
賤 小篆 草書 ❶천할천(不貴卑下)。【易經】以貴下－。❷흔할천(價低)。❸첩천(－率)。

【⿰貝青】(청) 庚 セイ、うける receive
받을청(受賜)。

【賥】(수) 寘 スイ、たから fortune; riches
재물수(貨也)。【韓非子】破家殘－陰約結以相固。

【賨】(종) 冬 ソウ、みつぎもの taxation ㄘㄨㄥˊ ts'ung²
賨 小篆 草書 오랑캐부세종(－布南蠻賦)。【後漢書】歲令大人輸布一疋小口二丈謂之－布。

【質】㊀(질)質 シツ、チ、もと、すなお ㊁(지)寘 ㄓ chih² quality
㊀❶문서 질(ㅡ劑券也)。【周禮】大市日ㅡ 小市日劑。❷바를질(正也)。【儀禮】ㅡ明行事。❸이룰질(成也)。【詩】虞芮ㅡ厥成。❹바탕질(主也、樸也)。❺질박할질(朴也)。【禮】中正無邪禮之ㅡ也。❻미쁠질、믿을질(信也)。❼증험할질(驗也)。㊁❶폐백지(交ㅡ以物相贅)。【左傳】周鄭交ㅡ。❷전당잡는집지(ㅡ屋)。

【睚】(애) 卦 ガイ、ゆたか sufficient
❶넉넉할애(豊裕)。❷사람이름애(人名)。

【賛】(찬)『贊』(貝部12畫)과 같음

【賬】(장) 漾 チョウ、てちょう book
치부책장、장부장(計簿)。

九畫

【⿰貝胥】(소)『⿰貝疋』(貝部5畫)와 같음

【賭】(도) 麌 ト、かけ ㄉㄨˇ tu³ gambling; betting
내기도(博奕取財)。【晉書】謝安與兄子玄圍碁ㅡ別墅。

【賮】(신) 震 ジン、はなむけ ㄐㄧㄣˋ chin⁴ parting present
❶보배신(琛ㅡ珍貨)。【顏延之賦】或賝遠而納ㅡ。❷노자신、노수신(送行財幣)。

【⿱臼貝】(귀)『貴』(貝部5畫)와 같음

【⿰貝侯】(후) 宥 コウ、むさぼる covet
❶거염낼후(貪財)。❷자개후(龍貝出海南)。

【賰】(춘) 軫 シュン、ゆたか rich
넉넉할춘(賰ㅡ富有)。

【賴】(뢰) 泰 ライ、たのむ ㄌㄞˋ lai⁴ reliance
❶믿을뢰(恃也)。【書】萬世永ㅡ。❷힘입을뢰(蒙也)。❸자뢰할뢰(藉也)。

【⿰貝貞】(정) 敬 テイ、そんする lose
밑질정(賣而不得利)。

【賵】(봉) 送 フウ、とむらう ㄈㄥˋ fêng⁴ condolatory present
부의봉(贈死者)。【公羊傳】車馬日ㅡ 貨財日賻。

十畫

【賶】(창) 漾 ソウ、たくわえる gather wealth
재물쌓을창(積貨)。

【賷】(재)『齎』(齊部7畫)와 같음

【賸】㊀(잉)徑 ヨウ、ショウ、あまる ㊁(승)徑 ㄕㄥˋ shêng⁴ surplus
㊀❶보낼잉(送也)。❷버금잉(副也)。❸더할잉(以物相增加)。㊁❶더할승(益也)。❷남을승(餘也)。【唐書】殘膏ㅡ馥沾丐後人多矣。

【賺】(잠) 陷 タン、デン、すかす ㄓㄨㄢˋ chuan⁴ double sell
거듭팔릴잠、되먹이칠잠(重賣)。

【賻】(부) 遇 フ、おくりもの ㄈㄨˋ fu⁴ condolatory present
부의부(以貨助喪)。【儀禮】知生者賵知死者ㅡ。

【購】(구) 宥 コウ、あがなう ㄍㄡˋ kou⁴ purchase
살구、구해드릴구(以財求設賞募)。【史記】將西ㅡ於秦。

【賽】(새) 隊 サイ、むくいまつる ㄙㄞˋ sai⁴ exorcism
❶굿새、굿할새(報也)。【韓愈詩】ㅡ饌木盤簇。【漢書】冬塞禱祠。❷내기할새(相誇勝)。❸치성드릴새(禱祠)。

【賾】(색) 陌 サク、おくぶかい ㄗㄜˊ tsê² profound
깊을색(幽深難見)。【易繫辭】聖人有以見天下之ㅡ。

十一畫

【⿰貝參】(삼) 寢 シン、かける bet
내기할삼(賭也)。

【⿰貝戚】(장)『贓』(貝部14畫)과 같음

【贅】(췌) 霽 ゼイ、むだ、こぶ ㄓㄨㄟˋ chuei⁴ superfluous
❶붙일췌(屬也)。【詩】具ㅡ卒荒。❷데릴사위췌(質也)。【漢書】家貧子壯則出ㅡ。❸혹췌(附ㅡ疣瘤)。【莊子】附ㅡ縣疣。❹모을췌(會也)。【漢書】毋ㅡ聚。❺군것췌(餘剩)。

【贄】(지) 寘 シ、にえ ㄓ chih⁴ gift; present
폐백지(執ㅡ帛也)。【左傳】男ㅡ玉帛禽鳥女ㅡ榛栗棗脩。

【贇】(빈) 眞 イン、うるわしい ㄩㄣ yün¹ pretty (本音「윤」)
예쁠빈、아름다울빈(美好貌)。

【⿰貝斌】(윤)『贇』(前條)과 같음

十二畫

【⿰臣責】(색)『賾』(貝部10畫)의 俗字

【⿰貝爲】(귀) 寘 キ、たから riches
재물귀(財也)。

【⿰貝都】(도) 虞 ト、かけでかつ win a bet
내기하여이길도(賭勝)。

【贈】(증) 徑 ゾウ、おくる ㄗㄥˋ tsêng⁴ give; present
❶줄증(送遺)。【詩】雜佩以ㅡ之。❷더할증(增也)。【詩】以ㅡ申伯。

【賧】(담) 感 タン、てつけをうつ get paid in advance
草書 ❶선셈받을담(買物先入直)。❷책마구리꾸밀담(錦ㅣ)。【米芾書史】隋唐藏書皆金題錦ㅣ。

【贊】(찬) 翰 サン、たすける、support; praise ほめる ㄗㄢˋ tsan⁴
小篆 ❶도울찬(佐也)。【家語】游夏之徒不能一ㅣ辭。❷밝힐찬(明也)。【易】幽ㅣ于神明。❸참례할찬(參也)。❹기릴찬(頌也)。❺나아갈찬(進也)。

【贋】(안) 諫 ガン、ただしくない counterfeit
草書 ❶바르지 못할안(不直也)。❷가짜안(僞物也)。

十三畫

【贍】(섬) 豔 セン、たりる sufficient ㄕㄢˋ shan⁴
小篆 草書 ❶도울섬(賙給)。【孟子】救死而恐不ㅣ。❷넉넉할섬(富ㅣ足也)。【後漢書】李通家富爲ㅣ。

【賺】(잠) 陷 レン、すかす coax
❶되머이칠잠(重賣物)。❷밑질잠(市物失實)。

【贎】㊀(만) 願 バン、たから fortune ㊁(례) 霽
小篆 ㊀재물만(貨也)。㊁뜻은『䞐』와 같음。

【贏】(영) 庚 エイ、もうけ、とく profit; gain ㄧㄥˊ ying²
小篆 草書 ❶이가남을영(有餘)。【左傳】賈而欲ㅣ而惡囂乎。❷멜영(擔負)。【漢書】ㅣ三日之糧。❸자랄영(長成)。

【䞃】(수) 寘 スイ、おくりもの condolatory present
부의수(賻儀)。

十四畫

【䞩】(람) 勘 ラン、むさぼる hanker for money
재물탐낼람(貪財)。

【贐】(신) 震 ジン、はなむけ farewell present
草書 노자신、노수신(送行、ㅣ遺)。【孟子】行者必以ㅣ。

【贒】(현)『賢』(貝部8畫)의 古字

【贓】(장) 陽 ゾウ、まいないもの stolen goods ㄗㄤ tsang¹
草書 장물 잡힐 장(吏受賂非理所得財)。【漢書】羞辱甚於貪汙坐ㅣ。

【贔】(비) 寘 ヒ、ちからをだす make efforts ㄅㄧˋ pi⁴
草書 ❶힘우적우적쓸비(ㅣ屭作力貌)。【西京賦】巨靈ㅣㅣ。❷암자라비(雌鼇)。【本草】屭ㅣ大龜蠵蠵之屬好負重。

十五畫

【贕】(독) 屋 トク、くさる rot
草書 알곯을독(卵內敗)。【淮南子】獸胎不ㅣ。

【贖】(속) 沃 ショク、あがなう redeem ㄕㄨˊ shu²
小篆 草書 ❶속바칠속(納金免罪)。【書】金作ㅣ刑。❷살속、무역할속(貿也)。

【䞐】(례) 霽 レイ、たから vast fortune
많은재물례(多財)。

十六畫

【贗】(안) 諫 ガン、にせもの forgery ㄧㄢˋ yen⁴
❶거짓것안(眞ㅣ僞物)。【韓非子】齊伐魯索讒鼎魯以其贗往齊人曰贗魯人曰眞。❷위조할안(僞造)。

【贙】(현) 銑 ケン、ゲン、わける classify ㄒㄩㄢˋ hsüan⁴
小篆 ❶분별할현(分別)。【魏都賦】蒹葭ㅣ萑藹森。❷짐승현(西海獸名)。

【䞋】(친) 震 シン、ぜに money
돈친(錢也)。

十七畫

【贛】㊀(공) 送 コウ、たまう grant; bestow ㊁(감) 勘 ㄍㄢˋ kan
㊀줄공(賜也)。㊁고을이름감(地名)。

【𧹓】(잉) 蒸 ジョウ、おろか foolish
어리석을잉(愚也)。

赤 部

【赤】(적) 陌 セキ、シャク、あか red ㄔˋ ch'ih⁴
小篆 古文 草書 ❶붉을적(南方色)。❷빌갈적(空盡無物)。【漢書】ㅣ地千里。❸금치적(根菜)。

三畫

【䞒】(홍) 東 コウ、うんではれる fester red
❶곪아붉을홍(皮肉腫赤)。❷종독홍(腫毒)。

四畫

【赥】(혁) 錫 キョク、ケキ、わらう laugh aloud
❶껄껄웃을혁(ㅣㅣ笑聲)。【元包經】言侃侃笑ㅣㅣ。❷붉을혁(赤也)。

【赦】(사) 禡 シャ、ゆるす pardon ㄕㄜˋ she⁴
小篆 或體 草書 죄사할사、용서할사(釋罪)。【易經】君子以ㅣ過宥罪。

五畫

【赧】(난) 潸 タン、はじる be ashamed
小篆 草書 얼굴빛붉을난、무안할난(ㅣ然面慚赤)。【孟子】觀其色ㅣㅣ然。

【䞕】㊀(년) 銑 ㊁(난) 潸 デン、はじてあからむ play the flute slowly
㊀피리늘어지게불년(眞ㅣ笛聲緩)。㊁

뜻은『赧』과 같음。

六畫

【赨】(동) 多 トウ、あかい red
小篆 草書 벌걸동(赤色)。〔管子〕其種大苗細苗ー莖黑秀箭長。

【赩】(혁) 職 キョク、あかい red ㄏㄧˋ hsi⁴
小篆 草書 식빨걸혁(大赤)。〔蜀都賦〕丹砂ー熾。

七畫

【⿰赤含】(함) 覃 カン、あかいいろ pink
분홍빛함(淺赤色)。

【赪】(정) 庚 テイ、あか red ㄔㄥ ch'eng¹
小篆 或體 或 벌걸정(赤色)。〔儀禮〕末長終幅。

【赫】(혁) 陌 カク、かがやく bright ㄏㄜˋ hê⁴
小篆 草書 ❶불이글이글할혁(火赤貌)。〔詩〕ー炎炎。❷빛날혁(烜ー發也)。❸환할혁(ー戲光明)。〔李白詩〕烜ー耀旌旗。〔楚辭〕陟陞皇之ー戲。❹성할혁(ーー盛也)。〔詩〕ーー明明。

九畫

【⿰赤垔】(연) 先 エン、べに rouge ㄧㄢ yen¹
연지연(婦人飾)。

【赬】(정) 庚 テイ、あか red ㄔㄥ ch'eng¹
草書 붉을정(赤色)。〔詩經〕魴魚ー尾。

【赭】(자) 馬 シャ、あか red earth ㄓㄜˇ chê³
小篆 草書 ❶붉은흙자(赤土)。〔漢書〕其土ー罣。❷죄인의옷자(罪人服)。〔荀子〕殺ー衣而不準。

【赮】(하) 麻 カ、あさやけ morning glow ㄒㄧㄚ hsia²
小篆 草書 벌걸하(東方赤色貌)。〔漢書〕雷電ー蚩辟歷夜明者陽氣之動者也。(『霞』와 같음)

十畫

【⿰赤倝】㊀(간) 翰 カン、あか red ㊁(환) 旱
小篆 ㊀몹시 붉을간(甚赤)。㊁❶붉은색환(赤色)。❷흐릴환(濁也)。

十四畫

【⿰赤需】(유) 虞 ジュ、ひのいろ colour of fire
불빛유(火色)。

【⿰赤㬎】(혁) 職 キョク、あか dark red
진한붉은빛혁(濃赤色)。

走部

【走】㊀(주) 有 ソウ、はしる run; hurry ㄗㄡˇ tsou³ ㊁(주) 宥
小篆 草書 ㊀❶달릴주(奔也)。❷종주(僕也)。〔司馬遷書〕太史公牛馬ー。㊁❶달아날주(疾趨)。〔孟子〕棄甲曳兵而ー。❷갈주(往也)。

二畫

【赱】(주)『走』(前條)와 같음

【赳】(규) 尤 キュウ、たけしい、つよい strong; stout ㄐㄧㄡˇ chiu³
小篆 草書 ❶헌걸찰규(ーー武貌)。〔詩〕ー武夫。❷날랠규(勇也)。

【赴】(부) 遇 フ、おもむく arrive; proceed ㄈㄨˋ fu⁴
小篆 草書 ❶달릴부(奔也)。❷다달을부(趨而至)。〔左傳〕ー以庚戌。

三畫

【赶】(간) 旱 カン、はしる drive away
小篆 草書 ❶쫓을간(逐也)。❷꼬리를뻗치고달아날간(擧尾走)。

【⿺走弋】(속) 沃 ソク、はやい fast
❶빠를속(疾也)。❷사람이름속(人名 晉時四公子)。

【⿺走才】(재) 灰 サイ、たつ get up
小篆 일어날재(起去)。

【⿺走乞】(글) 質 キツ、ただちにゆく go immediately
小篆 곧갈글(直行)。

【起】(기) 紙 キ、おこる、たつ rise; occur ㄑㄧˇ ch'i³
小篆 古文 草書 ❶일기、일어날기(興也)。〔孟子〕鷄鳴而ー。❷기동할기(ー居擧事動作)。〔禮〕雖危ー居竟信其志。❸설기(立也)。〔禮〕請業則ー請益則ー。❹일으킬기(建築)。

四畫

【赸】(산) 刪 サン、セン、はねる jump
草書 뛸산(跳躍)。

【赹】(경) 庚 ケイ、ひとりゆく go alone
小篆 혼자갈경(獨行)。(『⿺走从』과 같음)

【⿺走冘】(탐) 感 タン、うろうろする linger
머뭇거릴탐(徘徊)。

【赽】(결) 屑 ケツ、ける kick
小篆 ❶찰결(踶也)。❷말달려갈결(馬疾行貌)。

【⿺走支】(기) 支 ギ、きにのぼる (of a monkey) climb up a tree
小篆 원숭이나무에오를기(猿之升樹)。

【⿺走殳】(투) 宥 トウ、おちる fall
떨어질투、내려뛸투(自投下)。

【赾】(근) 吻 キン、むずかしい difficult
小篆 어려울근(難也)。

五畫

【趁】㊀(진)軫 チン、おう expel; drive out ㊁(전)銑 彳ㄣ ch'en⁴(本音「년」)
趁 小篆 草書 ㊀❶좇을진(逐也)。❷머뭇거릴진(—擅行不進貌)。㊁밟을전(踐也)。

【䟕】(척)陌 セキ、ゆく walk slowly
❶천천히걸을척(緩步)。❷갈척(行也)。

【趀】(차)支 シ、にわか sudden
小篆 갑작스러울차(倉卒)。

【趂】(진)震 チン、おう drive out
草書 ❶좇을진(逐也)。❷다달을진(驅—)。〔杜甫詩〕驅—制不禁。(『趁』과 같음)

【𧺝】(옥)沃 ギョク、あしなえ cripple
절뚝발이옥(跛行)。

【趈】(백)陌 ハク、こえる go over
❶넘을백(越也)。❷급할백(逼也)。

【䞡】(단)旱 タン、すぐにゆく go directly
❶곧장갈단(直行)。❷갈단(行也)。

【超】(초)蕭 チョウ、こえる、おどる excel; superior
小篆 草書 ❶뛰어넘을초(躍過越也)。〔孟子〕挾泰山以—北海。❷높을초(—然卓也)。〔左傳〕—乘者三百乘。

【趄】(저)魚 ショ、ソ、たちもとる stroll about ㄑㄧㄝ ch'ieh⁴
小篆 草書 머뭇거릴저、망서릴저(趑—不進)。〔易經〕其行次且。

【𧺼】(차)紙 シ、あさせをわたる cross
小篆 얕은여울건늘차(渡涉淺瀨)。

【趆】(저)齊 テイ、おもむく run away
小篆 ❶달아날지(趨也)。❷달릴저(走貌)。

【𧺾】(차)馬 シャ、とまる stay
머물차(留也)。

【𧺫】(구)虞 ク、はしりかえりみる run away
달아나며돌아볼구(走而顧)。

【趉】(굴)物 クツ、にわかにはしる jump to one's feet to run away
小篆 별안간달아날굴(卒起而走)。

【越】㊀(월)月 エツ、カツ、こえる overpass ㊁(활)曷 ㄩㄝ yüeh⁴
小篆 草書 ㊀❶넘을월、건늘월(度也)。〔易繫辭〕雜而無—。❷멀월(遠也)。〔書〕曷敢有—厥志。❸뛸월(超也)。〔禮〕—紼而行事。❹이에월(於也)。〔書經〕—有雊雉。❺날릴월(發揚)。〔爾雅〕—揚也。❻떨어질월(墜也)。〔左傳〕隕—于下。❼월나라월(南蠻總名)。㊁❶부들자리활(蒲席)。〔禮〕—席疏布。❷실구멍활(瑟孔)。〔禮〕朱絃而疏—。

六畫

【䞛】(유)宥 ユウ、はしる run off
小篆 ❶급히달아날유(急走)。❷달아날유(走也)。

【趌】(길)質 キツ、いかりはしる run off in anger
小篆 성내고달아날길(怒走)。

【𧻎】(격)陌 キャク、たおれる fall (on one's back)
자빠질격(—趚、僵也)。

【𧻗】(기)紙 キ、ひとあし gait
小篆 반걸음기(擧足半步)。

【趍】(추)虞 シュ、スウ、おもむく hasten ㄑㄩ ch'ü
小篆 추창할추(走也)。〔詩〕巧—蹌兮。

【䞨】(궤)紙 キ、ひざまずく kneel down
꿇을궤(跪也)。

【趚】(척)陌 セキ、ぬきあし stepping sidewards
옆으로걷는발척(側行足)。

【趐】(혈)屑 ケツ、すすむ advance
❶나아갈혈(進也)。❷새가떼로날혈(衆鳥叢飛)。

【趑】(자)支 シ、たちもとる hesitate
小篆 草書 머뭇거릴자、망서릴자(—趄難行)。

【趒】(조)嘯 チョウ、とぶ jump
小篆 小篆 ❶뛸조(躍也)。❷넘을조(越也)。

【䞑】(원)元 エン、いどころかえる exchange
小篆 처소바꿀원(居處相換)。

【趔】(렬)屑 レツ、あしがすすまない fall down ㄌㄧㄝ lieh⁴
자빠지려고할렬(—起)。

七畫

【趕】(간)『赶』(走部3畫)과 같음

【趖】(사)歌 サ、はしる run off
小篆 빨리달아날사(疾行)。

【趗】(촉)沃 ショク、せまる stoop
국축할촉(趢—局小貌)。

【𧻘】(해)灰 カイ、とどまる flinch from running off
小篆 달아나려다머물을해(欲走而留)。

【𧻚】(구)尤 キュウ、たがう go amiss
어긋날구(違也)。

【䞭】(준)眞 ジュン、はしる walk quickly
小篆 빨리걸을준(行速)。

【𧻓】(도)虞 ト、ふせる lie flat
땅에엎드러질도(趙—、伏地)。

【𧻕】(희)微 キ、はしる run away
달아날희(走貌)。

【䞒】(녈)月 デツ、ゆく hurry on
급히갈녈(急行)。

【䞣】(후) 有 コウ、ゆきなやむ hesitate
주저할후(趨行不進皃)。

【趙】(조) 篠 チョウ、さす pierce
小篆 草書 ❶조나라조(國名造父所封)。❷찌를 조(刺也)。【詩】其鎛斯ㅣ。❸추창할 조(趨也)。【釋名】ㅣ朝也本小邑朝事于大國。❹오랠조(久也)。

八畫

【䞨】(군) 吻 クン、おもむく proceed ㄑㄩㄣˋ ch'ün⁴
小篆 ❶다달을군(赴也)。❷달아날군(奔也)。

【趛】(음) 寑 キン、はやくゆく hurry on
小篆 머리 숙이고 빨리갈음(低頭疾行)。

【趜】(국) 屋 キク、きわまる exhausted
小篆 궁구할국(窮也)。

【𧼮】(북) 職 ボク、たおれる fall down
小篆 넘어질북(僵也)。

【趞】(척) 陌 セキ、よこにあるく step sidewards
小篆 옆으로걸어갈척、비척비척걸을척(側行貌)。

【趟】(쟁) 敬 トウ、おどる jump 去尢 t'ang⁴
뛸쟁、뛰는모양쟁(躍貌趟ㅣ)。

【䞣】(혁) 職 キョク、ぬすみはしる run away stealthily
몰래달아날혁(盜走)。

【趠】(一)(조) 效 トウ、タク、とおい distant (二)(탁) 覺 ㄔㄠˋ ch'ao⁴ (本音「착」)
小篆 書草 (一)❶박초바람 초(舶ㅣ五月風)。【蘇軾】有舶ㅣ風詩。❷뛸초(超也)。(二)멀 탁(遠也)。【晉書】ㅣ不希騄駬之蹤。

【趡】(유) 紙 ユウ、うごく move
小篆 ❶움직일유(動也)。❷땅이름유(地名)。

【趣】(一)(취) 遇 シュ、ソク、おもむく (二)(촉) 沃 object; meaning (三)(추) 有 ㄑㄩˋ ch'ü⁴
小篆 草書 (一)❶추창할취(ㅣ向疾也)。【詩】左右ㅣ之。❷뜻취(指意)。【孝經序】五經之指ㅣ。(二)재촉할촉(催也)。【禮】乃ㅣ獄刑。(『促』과 같음) (三)추마벼슬추(ㅣ馬掌馬官)。【詩】蹶維ㅣ馬。

【䞑】(릉) 蒸 ロウ、こえる cross
넘을릉(越也)。

【趢】(록) 沃 ロク、せぐくまる bow
草書 국축할록、몸굽힐록(ㅣ起局小貌)。

【𧼴】(비) 支 ヒ、こまたにあるく walk with soft steps
자박자박걸을비(小步)。

九畫

【𧽤】(춘) 眞 チュン、にげる run away
❶도망할춘(逃也)。❷달아나는모양춘(走貌)。

【𧽯】(걸) 月 ケツ、いかりはしる run off in anger
小篆 성내고달아날걸(怒走)。

【𧾊】(세) 霽 テイ、すぐれる excel (本音「체」)
小篆 ❶뛰어날세(超特)。❷뛰어넘을세(超踰渡)。

【𧼺】(용) 腫 ヨウ、いさみゆく dash forward
❶날쌔게 갈용(勇行)。❷갈용(行也)。

【趥】(추) 尤 シュウ、あるく trudge along
小篆 ❶타달거릴추(徒步行貌)。❷찰추、밟을추(蹴也)。

【𧽘】(유)『逾』(辵部 9畫)와 같음

【趧】(제) 齊 テイ、えびすまい dance
小篆 오랑캐춤제(夷舞)。

【趦】(자)『趑』(走部 6畫)의 俗字

十畫

【𧽷】(언) 阮 エン、けむりだつ smoke
연기오를언(烟上昇)。

【䞽】(색) 陌 サク、たおれる fall down
자빠질색、쓰러질색(趚ㅣ僵也)。

【𧽼】(치) 支 シ、うすい frivolous
小篆 경박할치(ㅣ隓、輕薄)。

【趨】(一)(추) 虞 シュ、スウ、おもむく run; hasten (二)(촉) 沃 ㄑㄩ ch'ü
小篆 (一)❶달아날추(走也、行也)。【禮】帷薄之外不ㅣ。❷자주걸을추、추창할추(ㅣ蹌捷步)。【詩】巧ㅣ蹌兮。(二)빠를촉(疾也)。

【𧾖】(전) 先 テン、にわかにはしる run off
小篆 별안간달아날전、저축거릴전(猝走)。

【䞝】(오) 麌 オ、みがるにはしる run lightly
小篆 가볍게달아날오(輕也)。

【䞘】(요) 蕭 ヨウ、とおくゆく go far away
멀리갈요(遠行)。

【䞿】(건) 元 ケン、はしる run away
달아날건(走貌)。

【𧽳】(질) 質 チツ、はしる run away
빨리달아날질(走遽)。

【䞗】(흥) 送 キュウ、ゆく go in low spirits
小篆 기운없이 갈흥(疲行)。

【𧾵】(치) 支 シ、たおれる fall down
❶자빠질치(僵也)。❷달아날치(走也)。

十一畫

【𧾑】(언) 阮 エン、はしる walk slowly
천천히걸을언(緩行)。

【䟑】(표) 蕭 ヒョウ、みがるにゆく walk lightly
小篆 사뿐사뿐걸을표(輕行)。

【⿺走曼】(문) 元 モン、ゆるくゆく walk slowly
小篆 더디걸을문(行遲)。

【⿺走參】(참) 覃 サン、はしる run
달음질할참(走貌)。〔鸁駿篇〕ㅡ趯驅走發章臺。

【⿺走畢】(필) 質 ヒツ、さきばらい get out of the way
小篆 길치울필、길깨끗할필(警ㅡ止行淸道)。

十二畫

【⿺走厥】(궐) 月 ケツ、はねおきる jump to one's feet ㄑㄩㄝ ch'üeh²
小篆 ❶헤치고일어날궐(挑起)。❷뛸궐(蹶也)。

【⿺走爲】(와) 歌 ガ、つまずく hesitate
주저할와(躊躇)。

【⿺走戠】(칙) 職 チョク、あるくおと sound of stepping
小篆 걷는소리칙(ㅡㅡ行聲)。

【⿺走幾】(기) 微 キ、とおくはしる run far away
小篆 멀리달아날기(遠走)。

【⿺走矞】(귤) 質 キツ、くるいはしる run out madly
小篆 미쳐뛰어나갈귤(狂走)。

【趪】(황) 陽 コウ、いさましい powerful
草書 ❶위엄스러울황(ㅡㅡ威武貌)。〔西京賦〕洪鍾萬鈞猛虡ㅡㅡ。❷달아날황(走也)。

【趫】(교) 蕭 キョウ、みがるい nimble ㄑㄧㄠ ch'iao²
小篆 草書 ❶나무에 잘오를교(輕ㅡ緣木善走)。〔西京賦〕非都盧之輕ㅡ孰能超而究升。❷건장할교(健也)。〔赭白馬賦〕捷ㅡ夫之敏手。잘달아날교(善走)。

【⿺走童】(동) 董 トウ、はしる walk softly
사뿐사뿐걸을동(輕步)。

【趬】(교) 蕭 キョウ、みがるい walk lightly ㄑㄧㄠ ch'iao
小篆 ❶사뿐사뿐걸을교(行輕貌)。❷발을 들교(擧足)。

【趭】(초) 嘯 ショウ、はしる run
草書 달음질할초(奔走貌)。〔河東賦〕神騰鬼ㅡ。

十三畫

【⿺走亶】(전) 先 デン、ころぶ tumble down
小篆 ❶나달을전(趁也)。❷구를전(轉也)。❸머뭇거릴전(行難)。

【⿺走睘】(휜) 元 ケン、はやゆき hurry on
小篆 빨리갈휜(疾行)。

【⿺走蜀】(촉) 沃 ショク、こまたにあるく toddle
小篆 자박자박걸을촉(小兒行)。

【⿺走敫】(교) 嘯 キョウ、したがう follow
❶따를교(從也)。❷엎드릴교(偃也)。

【⿺走感】(함) 感 カン、はねあがる jump up
뛰어오를함(跳上)。

【趮】(조) 號 ソウ、すばやい quick
小篆 草書 ❶빠를조(疾也)。〔漢書〕用兵靜ㅡ凶。❷될조(太急)。

十四畫

【⿺走與】(여) 御 ヨ、ゆっくりゆく walk leisurely
小篆 ❶편안히걸을여(安行)。❷천천히걸을여(安行)。

【⿺走蒦】(곽) 陌 カク、あしながい long-legged
다리길곽(脚長)。

【趯】(적) 錫 テキ、おどる leap; jump ㄊㄧ t'i⁴
小篆 草書 팔딱뛸적(ㅡㅡ跳貌)。〔後漢書〕南ㅡ朱垠。〔詩〕ㅡㅡ阜螽。

十五畫

【⿺走臱】(변) 先 ヘン、たおれる run to tumble
小篆 달아나다넘어질변(走頓)。

【⿺走截】㊀(길) 質 ㊁(절) 屑 キツ、はねる jump
㊀비뚜로갈길(斜進)。㊁뜻은 ㊀과 같음。

【⿺走樂】㊀(력) 錫 ㊁(삭) 藥 レキ、うごく move ㄕㄨㄛ shuo⁴
小篆 ㊀❶움직일력(動也)。❷달릴력(走也)。〔石鼓文〕多庶ㅡㅡ。㊁뜻은 ㊀과 같음。

【⿺走矞】(귤) 質 キツ、はしる run away
小篆 달아나려고할귤(走意)。

【⿺走賣】(독) 屋 トク、ひとりゆく go alone
혼자갈독(獨行)。

【⿺走賛】(찬)『趲』(19畫 走部)과 같음

十六畫

【⿺走憲】(헌) 願 ケン、はしる run away
小篆 달아나려할헌(走意)。

【⿺走歷】(력) 錫 レキ、ゆく go one's away
❶가는모양력(行貌)。❷몰래갈력(盜行)。

十八畫

【⿺走瞿】(구) 虞 ク、ふりかえる run away
小篆 달아나며돌아볼구(走顧貌)。

【⿺走雚】(권) 先 ケン、はしる run away
小篆 구부리고달아날권(屈脊而走)。

【⿺走翼】(익) 職 ヨク、はしる run away
小篆 손벌리고달아날익(擴手如翼而走)。

十九畫

【趲】(찬) 翰 サン、せまる needy
❶흩어져달아날찬(散走)。❷쫓을찬、핍박할찬(逼也)。

二十畫

【⿺走矍】(곽) 藥 カク、おおまたにあるく swagger

뚜벅뚜벅걸을곽(大步)。

足部

【足】㊀(족)沃 ショク、ソク、あし foot ㊁(주)遇 ㄐㄩˋ chü⁴
小篆 草書 ㊀❶발족(趾也)。❷흡족할족(滿也)。❸그칠족(止也)。❹넉넉할족(無欠)。【書】言ㅣ聽聞。㊁❶더할주(添物益也)。【漢書】不待臣音復謂而ㅣ。❷아당할주(ㅣ恭便辟)。【論語】巧言令色ㅣ恭。

二畫

【⿰𧾷丁】(정)庚 テイ、あしがほそながい slender and long-legged 다리가늘고길정(跉ㅣ脚細長)。

【趴】(부)遇 フ、はしる run off 小篆 달아날부(走也)。

三畫

【趵】㊀(박)覺 ハク、ける kick ㊁(작)藥 ㄅㄠˋ pao⁴ 草書 ㊀차는소리박(趵聲)。㊁발나란할작(足齊)。

【⿰𧾷干】(간)翰 カン、はぎぼね tibia 정강이뼈간(脛骨)。

【⿰𧾷于】(우)遇 オ、またがる be stride 걸터앉을우(踞也)。

【⿰𧾷叉】(차)禡 シヤ、ふむ step on ㄔㄚˋ ch'a⁴ ❶갈래진길차(岐道)。❷밟을차(踏也)。

【⿰𧾷卂】(습)緝 シュウ、かしこまる kneel down 꿇어앉을습(斂膝坐)。

四畫

【趹】(결)屑 ケツ、はやい go running ㄐㄩㄝˊ chüeh² 小篆 草書 말이달려갈결(馬行貌)。【戰國策】探前ㅣ後。

【趺】(부)虞 フ、あぐら sit cross-legged ㄈㄨ fu¹ 草書 도사리고앉을부(跏ㅣ佛坐)。【婆娑論】結跏ㅣ坐是相員滿。

【⿰𧾷氏】(시)紙 シ、たちどまる hesitate 小篆 주저할시(踟躕)。

【趻】(참)豏 タン、かたあしでゆく hop 草書 앙감질할참(ㅣ踔一足行)。【莊子】吾以一足ㅣ踔而行。

【⿰𧾷冘】(침)寑 チン、うごく hop 앙감질할침(ㅣ踔一足行)。(『趻』과 같음)

【趶】(호)遇 コ、ひざまずく kneel 두무릎꿇을호(雙膝著地)。

【⿰𧾷亢】(항)養 コウ、あしをのばす spread one's legs 다리뻗을항(伸脛)。

【⿰𧾷切】(절)屑 セツ、つまずく take a false step 헛디딜절(失足)。

【⿰𧾷化】(와)歌 ガ、ちんば limp 절뚝발이와(跛足)。

【趽】(방)陽 ボウ、くるぶし ankle 小篆 ❶죄암발이방(曲足)。❷발목뼈방(附骨之ㅣ)。

【⿰𧾷巿】㊀(발)曷 ㊁(비)未 ㊂(패)泰 バツ、あるく walk ㊀❶급히갈발(急行貌)。❷갑작스러울발(猝也)。㊁뜻은 ㊀과 같음。㊂밟고 걸을패(步跋)。

【趾】(지)紙 シ、あし foot 草書 ❶발지、발꿈치지(足也)。【詩】四之日擧ㅣ。❷그칠지(止也)。【爾雅】ㅣ止也言行一進一止也。❸땅이름지(南蠻交ㅣ)。

【趿】(삽)合 ソウ、あしゆびでつまむ pull with one's tiptoe 小篆 발로 끌어 당길삽(進足有所擷取)。

【跂】㊀(기)支 キ、むつゆび six-toed ㊁(기)紙 person(本音「지」) ㊂(기)紙 ㄑㄧˊ ch'i² 小篆 草書 ㊀❶육발이기(足多指)。【莊子】合者不爲駢而枝者不爲ㅣ。❷배로길기(蟲行)。【淮南子】ㅣ行喙息。㊁걸터앉을기(垂足坐)。㊂발돋움하여볼기(擧足望)。【禮】ㅣ而及之。

【跀】(월)月 ゲツ、あしきる amputate leg ㄩㄝˋ yüeh⁴ 小篆 或體 草書 발벨월(斷足)。

【跁】(파)禡 ハ、こびと dwarf ㄅㄚˋ pa² 난장이파(ㅣ踦短人)。

【⿰𧾷兮】(혜)齊 ケイ、あしあと foot mark 발자취혜(跡也)。

五畫

【⿰𧾷足】(촉)沃 ショク、せまる press ❶재촉할촉(促也)。❷핍박할촉(迫也)。(『促』과 같음)

【跅】㊀(척)陌 タク、セキ、ほしいまま self-indulgence ㊁(탁)藥 ㄊㄨㄛˋ t'uo⁴ 草書 ㊀제멋대로놀아먹을척(ㅣ弛無檢局)。【漢書】夫泛駕之馬ㅣ弛之士。㊁뜻은 ㊀과 같음。

【跆】(태)灰 タイ、ふむ trample down ㄊㄞˊ t'ai² 草書 밟을태(蹋也)。【漢書】與兵相ㅣ藉。

【⿰𧾷戉】(월)月 エツ、かるい light 小篆 ❶가벼울월(輕也)。❷달릴월(走貌)。

【跇】(예)霽 エイ、こえる jump over 小篆 ❶뛰어넘을예(超踰渡也)。【漢書】ㅣ巒阬。❷건널예(渡也)。

【跈】㊀(전)㊁(진)圓 銑 デン、ふむ tread (古音「년」)
㊀밟을전(蹋也)。㊁다달을진(邅也)。【莊子】哽而不止則ㅣ。

【⿰足必】(별) 屑 ヘツ、ける kill
찰별、발길질할별(足擊)。

【⿰足弗】(불) 物 フツ、はねる run away
⿰足弗(小篆) 뛰어달아날불(急行貌、跳也)。

【跋】(발) 曷 バツ、ふむ step on
跋(小篆) 跋(草書) ❶밟을발(踐也躐也)。【詩】狼ㅣ其胡。❷심지밑둥발(燭ㅣ本也)。【禮】燭不見ㅣ。❸건고건늘발(ㅣ涉水草行)。【詩】大夫ㅣ涉。❹발뒤꿈치발(足後)。❺뒬발(ㅣ扈强梁)。【後漢書】黎共奮而ㅣ扈。❻글이름발(書名)。

【䟦】(발)『跋』(前條)의 俗字

【跌】(질) 屑 テツ、つまずく fall down ㄉㄧㄝ tieh² (古音「절」)
跌(小篆) 跌(草書) ❶거꾸러질질(差ㅣ蹶也)。【漢書】ㅣ而不振。❷빨리달아날질(疾行)。

【跎】(타) 歌 タ、ダ、ふみはずす slip ㄊㄨㄛ t'uo²
跎(小篆) 跎(草書) 미끄러질타(蹉ㅣ不遇)。【晉書】入吳尋二陸見雲具以情告曰 欲自修而年已蹉ㅣ。

【⿰足也】(타)『跎』(前條)와 같음

【跏】(가) 麻 カ、あぐら sit cross-legged ㄐㄧㄚ chia¹
跏(草書) 도사리고앉을가(ㅣ趺屈曲坐)。

【跐】(자) 紙 シ、ふむ tread ㄘ tz'ŭ³
밟을자(蹈也履也)。【吳都賦】將抗足而ㅣ之。

【跑】(포) 肴 ホウ、あがく、もがく scratch ㄆㄠ p'ao³
❶허빌포(足ㅣ地蹴)。【臨安新志】性空禪師居大慈山苦無水忽有神人告曰明日當有水是夜二虎ㅣ地作穴泉水涌出因號虎ㅣ泉。❷달아날포(走也)。

【跒】(가) 馬 カ、こびと dwarf
❶난장이가(跁也)。❷가다가설가(踦ㅣ)。

【跕】(접) 葉 チョウ、おちる slip off ㄉㄧㄝ tieh⁴
跕(草書) ❶미끄러질접(ㅣㅣ墮貌)。【後漢書】仰視飛鳶ㅣㅣ墮水中。❷신끌접(曳履)。【史記】倡優女子鳴瑟ㅣ屣。

【⿰足母】(무) 有 ボウ、モ、おやゆび big toe
⿰足母(草書) ❶걸음무(行貌)。❷엄지발가락무(足大指)。

【跓】(주) 麌 チュ、あしをとめる stop one's step
발머무를주(停足)。

【跔】(구) 虞 ク、かがむ jump
跔(小篆) 跔(草書) ❶뛸구(踛ㅣ跳躍)。【戰國策】ㅣ跔科頭。❷발얼어곱을구(凍足不伸)。

【跖】(척) 陌 セキ、あしうら sole of a foot ㄓ chih²
跖(小篆) 跖(草書) ❶발바닥척(足下)。【張載七命】圜案星亂方丈華錯封熊之蹯翰音之ㅣ。❷밟을척(履踐)。❸사람이름척(人名盜ㅣ)。

【⿱尚足】(쟁) 養 ショウ、ただしい right; just ㄔㄥ ch'êng²
⿱尚足(小篆) 바를쟁(正也)。【周禮】維角ㅣ之。

【跗】(부) 虞 フ、あしのこう instep ㄈㄨ fu¹
跗(草書) ❶발등부(足背)。【莊子】蹶泥則没足滅ㅣ。❷껍질부(皮也)。

【跘】(반) 旱 ハン、あしをくんですわる squat
도사리고앉을반(跏也)。

【跙】㊀(저)語 ㊁(차)禡 ㊂(조)御 ショ、ゆきなやむ hesitate ㄐㄩ chü¹
跙(草書) ㊀머뭇거릴저(行不進)。【太玄經】四馬ㅣㅣ。㊁뜻은 ㊀과 같음。㊂말절음날조(馬蹄痛病)。

【跚】(산) 寒 サン、ちんばひく limp slightly ㄕㄢ shan¹
跚(草書) 절름거릴산(蹣ㅣ跛行)。【史記】有躄者槃散行汲。

【跛】㊀(파)哿 ㊁(피)寘 ハ、ヒ、びっこ lame person ㄅㄛ po³
跛(小篆) 跛(草書) ㊀절뚝발이파(足偏廢)。【易】ㅣ能履。㊁기울어지게설피(仄立)。【禮記】立毋ㅣ。

【距】(거) 語 キョ、へだたり distance; gap ㄐㄩ chü⁴
距(小篆) 距(草書) ❶며느리발톱거(鷄ㅣ)。【左傳】郈氏爲之金ㅣ。❷지낼거、상거거(相ㅣ)。❸뛸거(躍也)。【史記】投石超ㅣ。❹이를거(至也)。【書】ㅣ四海。❺어길거(違也)。【書】不ㅣ朕行。❻겨룰거(抗也)。【詩】敢ㅣ大邦。❼미늘거(刀鋒倒刺)。

【跜】(니) 支 ジ、うごく wriggle
꿈틀거릴니(蹝ㅣ蚪龍動貌)。【靈光殿賦】蚪龍騰驤以蜿蟺頷若動而蹝ㅣ。

六畫

【跟】(근) 元 コン、くびす heel ㄍㄣ ken¹
跟(小篆) 𨁐(或體) 跟(草書) 발뒤축근、발꿈치근(足踵)。【後漢書】跕焦原而ㅣ止。

【跡】(적) 陌 セキ、シャク、あと footstep ㄐㄧ chi¹
跡(草書) 자취적(步處前人所留)。【陸機賦】殷墟有感物之悲周京無妒立之ㅣ。(『迹·蹟』과 같음)

【⿰足王】(광) 陽 キョウ、いそぎゆく hurry to
⿰足王(草書) 급히갈광(急行)。

【跢】(다) 箇 タ、こどもあるき toddle
어린아이걸음다(小兒行)。

【跣】(선) 銑 セン、すあし bare foot
小篆 草書 ❶발벗을선(徒足履地)。【禮】鷄斯徒ㅣ。❷돌아다닐선(蹁ㅣ旋行貌)。(『跣』과 통함)

【跧】㊀(잔) 刪 ㊁(전) 先 セン、ふす fall down ㄑㄩㄢˊ ch'üan²
小篆 草書 ㊀❶엎드러질 잔(伏也)。❷찰잔(蹴也)。㊁뜻은 ㊀과 같음。

【跤】(교) 肴 コウ、はぎ calf ㄐㄧㄠ chiao¹
종아리교(脛也)。

【跺】(타) 哿 タ、ゆく ㄉㄨㄛˋ tuo⁴
草書 갈타(行貌)。

【跦】(주) 虞 チュ、おどる caper ㄓㄨ chu¹
草書 강장강장뛸주(跳行貌)。【左傳】鸜鵒ㅣㅣ。

【跃】(복) 屋 フク、ふせる kneel down
꿇어엎드릴복(屈手足伏地)。

【跨】㊀(과) 禡 ㊁(과) 馬 カ、コ、またがる stride over ㄎㄨㄚˋ k'ua⁴
小篆 草書 ㊀❶넘을과(越也)。【左傳】康王ㅣ之。❷걸터앉을과(騎也)。【史記】ㅣ野馬。㊁머뭇거릴과(踦ㅣ不進)。

【跪】(궤) 紙 キ、ひざまずく kneel down ㄍㄨㄟˋ kuei⁴
小篆 草書 꿇어앉을궤(拜ㅣ、兩膝隱地)。【禮記】授立不ㅣ。【史記】因長ㅣ履之。

【䟯】(괄) 曷 カツ、ける tread
❶밟을괄(踐也)。❷찰괄(蹴也)。

【𨀁】(률) 月 ロツ、たちもとおる step backward
뒷걸음칠률(ㅣ踤、後退)。

【跫】㊀(공) 冬 ㊁(홍) 冬 キョウ、あしおと sound of footsteps ㄑㄩㄥˊ ch'iung²
草書 ㊀발자국소리공(足音蹋聲)。【莊子】聞人足音ㅣ然而喜矣。㊁뜻은 ㊀과 같음。

【跬】(규) 紙 キ、ひとあし step ㄎㄨㄟˇ k'uei³
草書 한발자국규、반걸음규(半步擧一足)。【禮記】君子ㅣ步而不忘孝。

【跭】(강) 江 コウ、そばだつ stop suddenly (本音「항」)
우뚝설강(ㅣ䠇、堅立)。

【跮】(희) 寘 チ、たちもとる go back and forth ㄓˋ chih⁴ (古音「지」)
草書 머뭇거릴 희(ㅣ踱、疾走互前郤)。【史記】ㅣ踱輵容以委麗兮。

【路】(로) 遇 ロ、みち road; path ㄌㄨˋ lu⁴
小篆 草書 ❶길로(道也)。❷중요할로(樞要)。❸클로(大也)。【詩經】厥聲載ㅣ。❹수레이름로(車路)。❺성로(姓也)(『輅』와 통함)

【跲】(겁) 洽 コウ、つまずく fall forth ㄑㄧㄚˊ ch'ia²
小篆 草書 엎드러질겁(躓也)。【禮記】言前定則不ㅣ。

【跱】(치) 紙 チ、とどまる linger
草書 ❶머뭇거릴치、주저할치(ㅣ躇不前)。❷갖출치(具也)。【後漢書】所經道上郡縣無得設儲ㅣ。

【趼】(견) 銑 ケン、あかぎれ have a corn ㄐㄧㄢˇ chien³
小篆 草書 발 부르틀 견(皮起如繭胝)。【莊子】百舍重ㅣ而不敢息。

【跳】㊀(조) 蕭 ㊁(도) 嘯 チョウ、トウ、はねる jump ㄊㄧㄠˋ t'iao⁴
小篆 小篆 草書 ㊀❶뛸조(躍也蹶也)。【莊子】東西ㅣ梁。❷건널조(越也)。(『趒』와 같음) ㊁뜻은 ㊀과 같음。

【践】(천)『踐』(足部 8畫)의 略字

【䟴】(재) 賄 サイ、あるく walk slowly
❶걸음더딜재(行步遲)。❷발재(足也)。

【䠍】(함) 咸 カン、あるく walk
❶걸을함(步貌)。❷갈함(行貌)。

【跴】(선) 銑 セン、おいつかむ catch a thief
草書 도둑쫓아잡을선(走而捕盜)。

七畫

【跼】(국) 沃 キョク、かがむ stoop ㄐㄩˊ chü²
草書 ❶곱송그릴국(踡ㅣ不伸)。【史記】騏驥之ㅣ躅不若駑馬之安步。❷구부릴 국(俛也)。❸굽을국(曲也)。(『局』과 통함)

【跽】(기) 紙 キ、ひざまずく kneel down
小篆 草書 꿇어앉을기(長跪)。【戰國策】秦王ㅣ曰先生不幸教寡人乎。

【跿】(도) 虞 ト、おどる jump
草書 뛸도(ㅣ跔跳也)。【史記】ㅣ跔科頭。

【䟚】(한) 旱 カン、かたよりたつ stand on one foot
외발로설한(偏足立)。

【踁】㊀(경) 徑 ㊁(경) 庚 ケイ、はぎ legs ㄐㄧㄥˋ ching⁴ (本音「형」)
草書 ㊀다리형、종아리경(脛也)。㊁돌 문지르는 소리경(摩石聲)。(『硜』과 같음)

【𨀛】(선) 先 セン、あるく walk
❶걸을선(步也)。❷갈선(行也)。

【䟴】(진) 震 シン、うごく move
小篆 ❶일할진(動力就事)。❷움직일진(動也)。

【踂】(섭) 葉 ジョウ、もつれあし crooked legs ㄋㄧㄝˋ nieh⁴ (古音「녑」)
草書 두발오그라붙을섭(兩足不相過)。【穀梁傳】兩足不能相過楚謂之ㅣ。

【踃】㊀(소) 蕭 ショウ、うごく move
㊁(초) 嘯
㊀움직일소(跳ー動也)。【蜀都賦】舞節轉曲ー駮應聲。㊁발의힘줄당길초(足筋急)。

【踁】(항) 陽 コウ、けだものあしあと animal's track
짐승의발자취항(獸迹)。

【䟶】(좌) 箇 サ、いつわりおがむ make a pretended bow ㄘㄨㄛˋ ts'uo⁴
거짓절할좌(詐拜)。

【踆】(준) 眞 シュン、しりぞく retreat ㄐㄩㄣ chün¹
❶물릴준、물러갈준(退也)。【東京賦】已事而ー。❷그칠준(止也)。❸엎드릴준(伏也)。❹걸어앉을준(踞也)。【莊子】ー於窾水。❺일마칠준(完也)。

【䟷】(체) 霽 テイ、こえる go over
❶넘을체(踰也)。❷뛸체(跳也)。

【跬】(규) 支 キ、すね bent shin
❶굽은정강이규(曲脛)。❷정강이살규(脛也)。

【䟽】(두) 尤 トウ、すべる slip
미끄러질두(跌足)。

【踈】(소)『疎』(足部7畫)의 譌字

【踉】㊀(량) 漾 ロウ、リョウ、おどる jump
㊁(랑) 陽
㊂(랑) 陽 ㄌㄤˊ lang²
㊀뛸량(跳ー勇躍)。【莊子】跳ー乎井幹之上。㊁천천히걸을량(行不迅)。㊂급히걸을랑(ー蹡急行)。

【䟺】(패) 泰 ハイ、ふむ step
밟을패(踏也)。(『狽』와 같음)

【䟻】(도) 遇 ト、はだし bare-footed ㄔㄚˇ ch'a³
맨발도(不履)。

【䟓】(정) 庚 テイ、みちのり distance
잇수정(里程)。

【踊】(용) 腫 ヨウ、おどる dance ㄩㄥˇ yung³
❶뛸용(跳也)。【書經】辟ー哀之至也。❷뒤축없는신용(ー貴刖足屨)。【左傳 昭公三年】屨賤ー貴。(『踴』과 통함)

八畫

【𨂀】(부)『跗』(足部5畫)의 俗字

【踏】(답) 合 トウ、ふむ tread
밟을답(踐也)。【樂府】有ー歌詞ー歌行。(『蹋』과 같음)

【踑】(기) 支 キ、あぐら take a seat
걸어앉을기(ー踞長跽)。【酒德頌】奮髯ー踞。

【踐】(천) 銑 セン、ふむ tread upon ㄐㄧㄢˋ chien⁴
밟을천(蹋也履也)。【禮記】修身ー言。

【踒】㊀(와) 歌 ワ、たおれる fall down ㄨㄞ wai³
㊁(위) 支
㊂(유) 紙
㊀거꾸러 넘어질와(跌也)。㊁다리부러질위(足折)。㊂두발로밟을유(蹋以兩足)。

【䟼】(구) 虞 ク、てあしがひえる (of limbs) be numb
손발곱을구(跔也)。

【踔】㊀(탁) 覺 タク、トウ、こえる go over ㄓㄨㄛˊ chuo² (古音「착」)
㊁(초) 效
㊀❶우뚝설탁(卓立高遠)。【漢書】非有ー絶之行不能踰越。❷앙감질탁(跉ー行貌)。【莊子】吾以一足跉ー而行。㊁❶넘을초(踰也)。❷밟을초(踶也)。【後漢書】ー宇宙而遺俗兮。

【踖】(적) 陌 セキ、ふむ tread upon
❶조심해서 걸을적(踧ー敬貌)。【論語】踧ー如也。❷밟을적(踐也)。❸뛸적(蹶也)。【禮】毋ー席。

【踗】(념) 葉 ジョウ、みがるにあるく walk lightly (本音「녑」)
사뿐사뿐걸을념(輕步)。

【踘】(국) 屋 キク、けまり shuttle cock ㄐㄩˊ chü² game
제기찰국(蹴ー、毬戲)。(『鞠』과 같음)

【䠅】(곤) 阮 コン、あと footstep
❶얼어터진발곤(瘃足)。❷지취곤(跡也)。

【䠀】(장) 陽 チョウ、ひざまずく kneel down
꿇어앉을장(跪也)。

【䠇】(굴) 物 クツ、ちから strength
힘굴(力也)。

【踛】(륙) 屋 リク、はねる jump
뛸륙(跳也)。

【踜】(릉) 蒸 リョウ、とどまる stay
❶머물릉(留也)。❷엎드러질릉(蹶也)。

【踝】(과) 馬 カ、くるぶし ankle ㄏㄨㄚˋ hua⁴ (古音「화」)
복사뼈 과(足骨跟也)。【禮】負繩及ー以應直。

【跰】(변)『胼』(肉部8畫)과 같음

【踞】(거) 御 キョ、コ、うずくまる take a seat ㄐㄩˋ chü⁴
걸어앉을거(ー坐蹲也)。【左傳】皆ー轉而鼓琴。

【䠊】(비) 未 ヒ、あしきる amputate ㄈㄟˋ fei⁴
발꿈치벨비(刖足)。【書經】ー罰五百。

【䠞】(척)『蹠』(足部11畫)의 俗字

【踟】(지) 支 チ、たちもとる stroll about
머뭇거릴지(ー躕不進)。【詩】搔首ー躕。

【踠】(원) 阮 エン、かがむ stoop

草書 ❶굴할원(屈也)。❷말다리지칠원(馬跌)。

【踡】(권) 先 ケン、かがむ stoop ㄑㄩㄢˊ ch'üan² 草書 곱송거릴권(一跼不伸)。〔淮南子〕一跼而諦通夕不寐。

【踢】(척) 錫 シャク、おどろく astonish ㄊㄧ t'i 草書 ❶깜짝놀랄척(驚動貌)。〔漢書〕河靈矍一。❷찰척(以足蹴物)。

【踣】㊀(부) 宥 フ、ボク、たおれる fall down ㊁(복) 職 ㄅㄛˊ po² 小篆 草書 ㊀❶엎드러질부(僵也)。〔周禮〕凡殺人者一諸市肆之三日。❷쓰러질부(偃也)。〔莊子〕申徒狄因以一河。㊁뜻은 ㊀과 같음。

【踤】(졸) 質 ソツ、ける kick 小篆 草書 ❶찰졸(蹴也)。❷밟을졸(蹋也)。〔吳都賦〕衝一而斷筋骨。

【踥】(첩) 葉 ショウ、あゆむ walk softly ㄑㄧㄝˋ ch'ieh⁴ 草書 ❶저벅저벅걸을첩(一蹀行貌)。〔楚辭〕衆一蹀而日進兮。❷오라가락할첩(一一往來貌)。

【踦】(기) 支 キ、かたあし lame person ㄑㄧˇ ch'i³ 小篆 草書 ❶절름발이기(一足跛也)。❷기울어질기(傾側)。〔蜀都賦〕山阜猥積而一嶇。

【踧】㊀(척) 錫 テキ、シュク、たいらか even ㄘㄨˋ ts'u⁴ ㊁(축) 屋 小篆 草書 ㊀편편할척(一一行平易)。〔詩〕一一周道。㊁조심해서 걸을축(一踖行敬謹)。

【踩】(채) 賄 サイ、はねる jump ㄘㄞˇ ts'ai³ ❶뛸채(跳也)。❷밟을채(踏也)。

【踪】(종)『蹤』(足部 11畫)과 같음

九畫

【踰】(유) 虞 ユ、こえる overpass ㄩˊ yü² 小篆 草書 넘을유(越也)。〔書經〕無敢寇攘一垣墻。〔『逾』와 통함〕

【踱】(탁) 藥 タク、はだしあるき walk barefoot ㄉㄨㄛˋ tuo⁴ ❶맨발로걸을탁(跣足蹋地)。❷아금막기할탁(踁一乍前乍却)。

【⿰足叚】(하) 麻 カ、あしあと foot marks 小篆 발자국하(足跡)。

【⿰足屋】(악) 覺 アク、せまる urgent 급할악(迫也)。〔『齷』과 같음〕

【踳】(준) 軫 シュン、たがう be contrary to ㄔㄨㄣˇ ch'uen³ ❶어그러질준(一駁相乖舛)。〔孝經序〕一駁尤甚。❷잡될준(雜也)。

【踴】(용) 腫 ヨウ、おどる jump 뛸용(跳也)。

【踵】(종) 腫 ショウ、かかと heel ㄓㄨㄥˇ chung³ 小篆 草書 ❶발꿈치종(足跟)。〔禮記〕車輪曳一。❷이을종(一武繼也)。〔楚辭〕及前王之一武。❸접할종(接也)。〔漢書〕一軍數十萬。❹인할종(因也)。〔漢書〕一秦而置材官於郡國。❺밟을종(躡也)。

【踶】㊀(제) 霽 テイ、ける kick ㄉㄧˋ ti⁴ ㊁(제) 齊 小篆 草書 ㊀찰제(蹋也)。〔漢書〕馬或奔一而致千里。㊁굽제(獸足)。〔『蹄』와 같음〕

【⿰足臾】(규) 宥 キュウ、うずくまる stagger 비틀거릴규(行不正、趴一)。

【踷】(다) 馬 タ、ななめにゆく walk obliquely 비스듬이갈다(斜行)。

【踸】(침) 寢 チン、ふむ hop ㄔㄣˇ ch'en³ 小篆 草書 앙감질할침(一踔一足行)。

【踹】(단) 翰 タン、くびす heel ㄕㄨㄞˋ shuai⁴ 草書 ❶발구를단(一足)。〔淮南子〕一足而怒。❷발꿈치단(足跟)。

【⿰足奎】(규) 齊 ケイ、あしをひらく make one's legs apart 발벌릴규(開足)。

【踼】(탕) 漾 トウ、つまずく slip 小篆 草書 미끄러질탕(跌一逸也)。〔吳都賦〕魂褫氣懾而自跌一。

【⿰足胡】(호) 虞 コ、かがむ bent the knee 무릎굽힐호(屈膝)。

【踽】(우) 麌 ク、ひとりゆく go alone ㄐㄩˇ chü³ 〔古音「구」〕 小篆 草書 타달거릴우(一一獨行貌)。〔詩〕獨行一一。〔孟子〕一一涼涼。

【踾】(복) 屋 フク、あつめる gather 모을복(聚也)。

【蹂】(유) 尤 有 宥 ジュウ、ふむ trample down ㄖㄡˊ jou² 小篆 草書 ❶밟을유(踐也履也)。〔史記〕餘騎相一踐。❷쌀씻을유(一黍)。〔詩〕或簸或一。

【蹀】(접) 葉 チョウ、ふむ tread on ㄉㄧㄝˊ tieh⁴ 草書 ❶저벅저벅걸을접(一躞行貌)。〔楚辭〕衆一躞而日進。❷밟을접(履也)。

【蹁】(편) 先 ヘン、よろめく limping 小篆 草書 ❶돌쳐갈편(一躚旋行)。〔東都賦〕蹴蹡一躚。❷절름거릴편(足不正)。

【蹃】(야) 馬 ジャ、よろめく toddle ㄋㄨㄛˋ nuo⁴ 타달타달걸을야(踏一、小兒始行貌)。

【⿰𧾷屛】(병) 靑 ヘイ、はやゆき hurry on
급히갈병(急行)。

【⿰𧾷悤】(총) 東 ソウ、あわててゆく hurry along
바쁘게갈총(遽行)。

【蹄】(제) 齊 テイ、ひずめ hoof ㄊㄧˊ t'i²
草書 ❶토끼올무 제(筌ㅣ取魚兎器)。〔莊子〕得魚忘筌得兎忘ㅣ。❷굽제(獸足)。〔易經〕爲蹢ㅣ。

【蹅】(사) 麻 サ、ふむ tread on
밟을사(履也)。

十畫

【⿰𧾷旁】(방) 陽 ホウ、はしる run
달음박질할방(急行跟ㅣ)。

【蹇】㈠(건) 阮 ㈡(건) 阮 ケン、ちんば limp slightly ㄐㄧㄢˇ chien³
小篆 草書 ㈠❶절건(跛也)。〔史記〕魯使ㅣ。❷험할건(險難)。〔易〕ㅣ難也險在前也。㈡❶뜻은 ㈠과 같음。❷교만할건(偃ㅣ驕傲)。〔左傳〕彼皆偃ㅣ將棄子命。

【踏】(답) 合 トウ、おどる jump ㄉㄚˋ ta⁴
小篆 ❶뛸답(跳也)。❷밟을답(履也)。

【蹈】(도) 號 トウ、ふむ step ㄉㄠˋ tao⁴
小篆 草書 밟을도(践也)。〔禮〕不知足之ㅣ之。

【⿰𧾷䍃】(요) 蕭 ヨウ、はねる jump
小篆 뛸요(跳也)。

【蹉】(차) 歌 サ、つまずく slip ㄘㄨㄛ ts'uo¹
小篆 草書 ❶지날차(過也)。〔張華書〕孟公結重關賓客不得ㅣ。❷미끄러질차(ㅣ跎失時)。〔唐時〕ㅣ跎白髮年。

【蹊】(혜) 齊 ケイ、こみち shorter road ㄒㄧ hsi¹
草書 ❶지름길혜(徑路穿徑)。〔左傳〕牽牛以ㅣ人之田。❷소로길혜(ㅣ道)。『蹊』와 같음。

【蹋】(답) 合 トウ、ける kick ㄊㄚˋ t'a⁴
小篆 草書 ❶제기찰답(ㅣ鞠兵勢)。〔史記〕六博ㅣ鞠者。❷밟을답(践也)。

【蹌】(창) 陽 ソウ、おもむく shift; proceed ㄑㄧㄤ ch'iang¹
小篆 草書 ❶추창할창(趨也)。〔詩〕巧趨ㅣ兮。❷춤너푼거려출창(ㅣㅣ、舞貌)。〔書〕鳥獸ㅣㅣ。

【蹍】(전) 銑 テン、ふむ tread on ㄓㄢˇ chan³
草書 밟을전(足踏履)。〔莊子〕ㅣ市人之足。

【⿱娕足】(착) 覺 サク、つつしむ refrain oneself
❶삼갈착(謹也)。❷착할착(善也)。

【蹎】(전) 先 テン、つまずく fall down
小篆 草書 ❶엎드러질전(仆也)。〔漢書〕誠恐一旦ㅣ仆氣竭。❷뛸전(跋也)。

【⿰𧾷高】(고) 肴 コウ、はぎ calf
종아리교(脛也)。

【蹏】(제) 齊 テイ、ひずめ hoof ㄊㄧˊ t'i²
小篆 草書 ❶굽제(獸足)。〔漢書〕牧馬二百ㅣ。❷편지제(赫ㅣ薄小紙)。〔漢書〕赫ㅣ書。(『蹄』의 古字)

【⿰𧾷桀】(책) 陌 タク、はる tear to pieces
찢어발길책(磔也)。

【蹐】(척) 陌 セキ、ぬきあし walk on tiptoe ㄐㄧˊ chi²
小篆 草書 발끝맞춰디딜척(小步累足)。〔詩〕不敢不ㅣ。

十一畫

【⿰𧾷區】(구) 虞 ク、ちんば limp
절구(跛行)。

【蹕】(필) 質 ヒツ、さきばらい scavenge and regulate when Emperor visits ㄅㄧˋ pi⁴
草書 길치울필(驚ㅣ淸道止行)。〔周禮〕隷僕掌ㅣ宮中之事。

【蹙】(축) 屋 シュク、しかめる frown
小篆 草書 ❶쭈그러질축(迫也)。〔詩〕日ㅣ國百里。❷찡그릴축(顰ㅣ愁貌)。〔孟子〕已頻蹙曰ㅣ。

【蹔】(잠) 勘 ザン、しばらく a moment ㄗㄢˋ tsan⁴
草書 잠간잠(不久)。〔列子〕其法可ㅣ行於一國。(『暫』과 같음)

【⿰𧾷戚】(축)『蹙』(前條)과 같음

【⿰𧾷屚】(루) 宥 ロウ、かるくふむ tread lightly
사뿐밟을루(輕踏)。

【⿱執足】(첩) 葉 チョウ、あるく toddle
小篆 지어걸을첩(ㅣ足、小步)。

【⿰𧾷票】(표) 蕭 ヒョウ、かるくあるく walk lightly
사뿐사뿐갈표(輕行)。

【⿱是足】㈠(제) 霽 ㈡(대) 泰 テイ、かたあしでゆく hop
㈠❶앙감질할제(ㅣ足行)。❷갈제(去也)。㈡성대(姓也)。

【蹚】(당) 陽 トウ、すべる slip ㄊㄤ t'ang¹
미끄러질당(跌也)。

【蹛】㈠(대) 泰 ㈡(체) 霽 タイ、ふむ tread on
小篆 草書 ㈠❶땅이름대(北漢地名)。〔史記〕大會ㅣ林。❷밟을대(蹀也)。㈡뜻은 ㈠과같음。

【⿰𧾷專】(전) 銑 セン、かかと heel
발뒷꿈치전(踵也)。

【蹜】(축) 屋 シュク、せまる walk on heel ㄙㄨㄛ suo¹ (古音「숙」)
草書 발끝어디딜축(擧足曳踵)。〔論語〕足ㅣㅣ如有循。

【蹝】(사) 紙 シ、ひきずりゆく walk with dragging feet
草書 천천히걸을사(徙也)。

【蹞】(규)『跬』(6足部畫)와 같음

【蹟】(적) 陌 セキ、シャク、あと traces ㄐㄧ chi⁴
草書 사적적、행적적(行ㅣ、前事)。〔詩經〕念彼不ㅣ。(『迹』과 같음)

【蹡】(장) 陽 ショウ、よろめく mincing steps ㄑㄧㄤ ch'iang¹
草書 종종걸음칠장(ㅣㅣ行貌)。

【蹠】(척) 陌 セキ、あしうら sole of a foot ㄓ chih¹
小篆 草書 ❶밟을척(履也)。〔史記〕被堅甲ㅣ勁弩。❷발바닥척(足下)。〔戰國策〕ㅣ穿膝暴。

【蹚】(몽) 送 モウ、あしひきずる draggle
다리질질끌몽(ㅣ蹗疲行貌)。

【蹢】㊀(척) 陌 テキ、ひずめ hoof ㄉㄧ ti² ㊁(적) 錫
小篆 草書 ㊀깡창뛸척(ㅣ躅跳貌)。〔易〕羸豕孚ㅣ躅。(『躑』과 같음) ㊁굽적(蹏也)。〔詩經 小雅漸漸之石〕有豕白ㅣ。

【蹣】㊀(만) 寒 マン、バン、よろめく ㊁(반) 寒 limp ㄆㄢ p'an²
草書 ㊀넘을만(踰也)。㊁절뚝거릴반(ㅣ跚跛行貌)。

【蹤】(종) 冬 ショウ、あと traces ㄗㄨㄥ tsung¹
草書 자취종(跡也)。〔漢書〕躡三皇之高ㅣ。

【蹥】(련) 先 レン、かかど heel
발뒤꿈치련(踵也)。

【蹗】(강) 漾 コウ、はしる run away
흩어져달아날강(散走)。

【蹘】(조)『躁』(13足部畫)와 같음

十二畫

【蹨】(연) 銑 ネン、ゼン、おう(或音「년」) drive away
❶쫓을연(逐也)。❷밟을연(蹈也)。

【蹼】(선) 銑 セン、あみ trap
올무선(罥獸足網)。〔逸周書〕不卵不ㅣ以成鳥獸。

【蹾】(철) 屑 テツ、あと traces
자취철(迹也)。〔列子〕絕塵弭ㅣ。(『轍』과 같음)

【躂】(타) 哿 タ、こどもあるき toddle
아장아장걸을타(ㅣㅣ、小兒行態)。

【蹋】(답)『躢』(18足部畫)의 譌字

【蹩】(별) 屑 ヘツ、ちんば cripple ㄅㄧㄝ pieh²
小篆 草書 ❶절름발이별(跛也)。〔莊子〕ㅣ躠爲仁。❷밟을별(蹍也)。

【蹩】(별)『蹩』(前條)과 같음

【蹪】(퇴) 灰 タイ、たおれる fall down
엎드러질퇴(蹎仆)。

【蹜】(소) 嘯 ソウ、ゆく go
단정히갈소(正行)。

【蹬】(등) 徑 トウ、よろめく walk leisurely ㄉㄥ têng⁴
小篆 草書 ❶어정거릴등(失勢貌)。〔海賦〕或乃蹭ㅣ窮波。❷밟을등(履也)。

【尌】㊀(수) 遇 シュ、たてる stand ㊁(주) 虞
㊀설수(立也)。㊁머뭇거릴주(躇也)。(『蹰』와 같음)

【踏】(잡) 合 ソウ、とどまる stay
머물잡(留止)。

【蹭】(층) 徑 ソウ、よろめく walk leisurely ㄘㄥ ts'êng⁴
小篆 草書 어정거릴층(ㅣ蹬失路貌)。

【蹮】(선)『躚』(16足部畫)과 같음

【蹯】(번) 元 ハン、あしうら sole of a foot
草書 짐승의 발바닥번(獸足掌)。〔左傳〕熊ㅣ。

【躇】(저) 魚 チョ、しぶる hesitate
小篆 머뭇거릴저(踟ㅣ)。

【蹱】(종) 冬 ショウ、こどもあるき toddle
어린애걸을종(小兒行步)。

【蹢】(척)(적)『蹢』(11足部畫)의 古字

【蹲】(준) 阮 シュン、うずくまる squat ㄘㄨㄣ ts'uen²
小篆 草書 ❶걸터앉을준(踞也)。〔後漢書〕ㅣ夷踞肆。❷모을준(聚也)。〔左傳〕ㅣ甲而射之。❸춤 움직거려출준(ㅣㅣ舞貌)〔詩〕ㅣㅣ舞我。

【蹳】(발) 曷 ハツ、ふむ trample down
草書 찰발(足踐物)。〔漢書〕常ㅣ兩兒棄之。

【蹴】(축) 屋 シュク、シュウ、ふむ、ける kick ㄘㄨˋ ts'u⁴
小篆 草書 찰축、밟을축(蹋也踏也)。〔孟子〕ㅣ爾而與之。(『蹵』과 같음)

【蹵】(축)『蹴』(前條)과 같음

【蹶】㊀(궐) 月 ケツ、ケイ、はねおきる spring up ㄐㄩㄝ chüeh² ㊁(궤) 霽
小篆 小篆 或體 草書 ㊀❶쓰러질궐(僵也)。❷미끄러질궐(跌也)。〔莊子〕爲崩爲ㅣ。❸빼궐(拔也)。❹뛸궐(跳也)。㊁❶움직일궤(動也)。〔詩〕文王ㅣ厥生。❷급히걸을궤(行遽)。〔禮記〕足毋ㅣ。

【蹷】(궐) 月 ケツ、はねおきる spring up
草書 기운치밀궐(氣從下起)。〔史記〕氣從下ㅣ起上行外及心脅。

(『蹶』과 같음)

【蹺】(교) 蕭 キョウ、あしをあげる step forwards ㄑㄧㄠ ch'iao¹
草書 발치켜디딜교(擧足企也)。(『蹻』와 같음)

【蹸】(린) 震 リン、くるまのあと trail
小篆 수레에밟힐린(車踐)。

【蹹】(답) 合 トウ、はう creep
草書 길답(一伏)。【左傳註】如今軍行前有斥候一伏。(『踏』과 같음)

【蹻】㊀(교) 蕭 キャク、キョウ、わらぐつ ㊁(교) 篠 straw-shoes ㊂(갹) 藥 ㄑㄧㄠ ch'iao
小篆 草書 ㊀바랄교(企也)。㊁❶발제겨디딜교(一擧足)。【漢書】一足而徛。❷날쌜교(一一武貌)。【詩】一一王之造。❸강직할교(剛直)。㊂❶짚신갹(草履)。【史記】躡一。❷교만할갹(驕貌)。【詩】小子一一。❸초도장갹(楚盜莊一)。

【蹼】(복) 屋 ボク、みずかき web ㄆㄨˊ p'u²
草書 오리발복(鳧鴈駢跖)。

【𨅬】(촉)『𨈖』(足部 21畫)의 略字

十三畫

【躁】(조) 號 ソウ、さわぐ be nervous
草書 ❶움직일조(動也)。【禮】掩身毋一。❷바시댈조(不安靜)。【齊語】驕一淫暴。❸빠를조(急進疾也)。

【躸】(금) 侵 キン、すわる sit(down)
앉을금(坐也)。

【躂】(달) 曷 タツ、すべる slip ㄊㄚˋ t'a⁴
미끄러질달(趺也)。

【躄】(벽) 陌 ヘキ、あしなえ limp ㄅㄧˋ pi⁴
草書 절름거릴벽、절벽(跛也)。【史記】一者槃散行汲。

【躃】(벽)『躄』(前條)과 같음

【𨇨】(탁) 藥 タク、はだし bare feet
맨발탁(跣足)。

【躅】(촉) 沃 ショク、あしぶみ trace ㄓㄨˊ chu²
小篆 草書 ❶자취촉(跡也)。【漢叙傳】伏孔周之軌一。❷강동강동뛸촉(蹢一行貌)。【易】羸豕孚蹢一。❸철쭉꽃촉(花名躑一)。

【躆】(거) 御 キョ、ふんばる put one's hands on the earth
草書 ❶짚을거(手據地)。【漢叙傳】超荒忽而據顥蒼。❷꿈적거릴거(僑一動作)。【太玄經】一戰喑喑。

【躇】㊀(저) 魚 チョ、チャク、ためらう ㊁(착) 藥 hesitate ㄔㄨˊ ch'u²
草書 ㊀머뭇거릴저(躕一佳足)。【楚辭】蹇而躕一。㊁건너뛸착(不次超也)。【公羊傳】一階而走。

【𨇽】(점) 鹽 セン、うまがはしる (of a horse) gallop
말달려갈점(馬急行)。

【躈】(규) 嘯 キョウ、ひずめ horse-hoof
말굽규(蹄也)。【史記】馬蹄一千。

【𨆲】(렵)『躐』(足部 15畫)과 같음

【躉】(돈) 阮 トン、はしけ barge ㄉㄨㄣˇ tuen
草書 종선돈(躉舟、小舟)。

十四畫

【躊】(주) 尤 チュウ、ためらう hesitate ㄔㄡˊ ch'ou²
草書 머뭇거릴주(一躇進退)。【楚辭】蹇留而一躇。

【𨏊】(경) 徑 ケイ、キョウ、かたあし hop
草書 앙감질할경(一足行)。

【𨇦】(착) 覺 サク、ゆく swift-footed
걸음빠를착(行疾)。

【躖】(단) 旱 タン、あしあと traces
小篆 발자국단(踐處)。【楚辭】鹿蹊兮一一。

【𨇜】(주) 宥 ソウ、よろめく fall down by drinking
취하여넘어질주(醉倒)。

【躋】(제) 齊 セイ、のぼる ascend ㄐㄧ chi¹
小篆 오를제(登也升也)。【詩經】道阻且一。(『隮』와 같음)

【𨇥】(복)『蹼』(足部 12畫)과 같음

【躍】㊀(약) 藥 ヤク、おどる ㊁(적) 錫 leap and bound
小篆 草書 ㊀뛸약(跳也、進也)。【易經】或一在淵。【左傳】距一三百。㊁뜻은 ㊀과 같음。

十五畫

【𨇮】(광) 漾 コウ、はるか (of a road) broad and far
길넓고멀광(路曠遠)。

【躒】(력) 錫 レキ、うごく move ㄌㄧˋ li⁴
草書 움직일력(動也)。【大戴禮】騏驥一一不能千步。

【躐】(렵) 葉 リョウ、ふむ tread on ㄌㄧㄝˋ lieh⁴
草書 ❶밟을렵(踐也)。【禮】登席不由前曰一席。❷넘을렵(一等踰也)。【學記】學不一等。

【躑】(척) 陌 テキ、たたずむ walk up and down ㄓˋ chih⁴
草書 ❶머뭇거릴척(一躅跦貌)。【後漢書】得以數千一躅三輔。❷철쭉꽃척(一躅)。

【躓】(지) 寘 チ、つまずく fall down ㄓˋ chih⁴
小篆 草書 ❶쓰러질지(頓也)。❷밟을지(跲也)。【詩】載一其

尾。(『𨓳』와 같음)

【躔】(전) 先 テン、めぐる orbit ㄔㄢˊ ch'an² 小篆 草書 ❶햇길전(日運行)。〔漢書〕—離弦望。❷별자리전(星次)。

【躓】(지) 寘 チ、さわる hesitate 거리낄지(礙也)。

【躕】(주) 虞 チュ、チュウ、ためらう hesitato, ㄔㄨˊ ch'u² 草書 머뭇거릴주(踟—不進)。〔鄭㬇季詩〕企予望之搔首踟—。

【蹨】(단)『蹍』(足部18畫)의 本字

十六畫

【躘】(룡) 冬 リョウ、こどものあるき toddling 어린애걸음룡(小兒步行)。

【躙】(린) 震 リン、ふみにじる be run over by a carriage 草書 수레에칠린(車踐)。〔禮〕入國不馳。

【躚】(선) 先 セン、まう dance flutteringly ㄒㄧㄢ hsien¹ 草書 춤너푼거려출선(蹁—、舞貌)。

【躛】㊀(위) 霽 ㊁(쾌) 卦 エイ、カイ、いつわる false ㄨㄟˋ wei⁴ 小篆 草書 ㊀❶호위할위(衛也)。❷거짓위(不信謬也)。〔左傳〕是—言。㊁뜻은 ㊀과 같음。

【躝】(궤) 霽 ケイ、たおれる bitter jujube ❶쓴대추궤(—洩、苦棗)。❷쓰러질궤(僵也)。❸뛸궤(跳也)。

【躒】(력) 錫 レキ、あと pass 지날력(足所經踐)。

十七畫

【躢】(탑) 勘 タン、つまだつ look over 넘어다볼탑(跧足而望)。

【躚】(선) 先 セン、よろめく totter along 草書 비틀비틀할선(蹁—病不能行)。〔莊子〕蹁—而鑑於井。(『躚』과 같음)

【躞】(섭) 葉 ショウ、あるく walk with sounding footsteps ㄒㄧㄝˋ hsieh⁴ 草書 ❶족자마구리섭(玉—書畫軸心)。〔米芾書〕隋唐藏書金題玉—。〔註〕—軸心也以玉爲之。❷저벅저벅걸을섭(蹀—行貌)。

【躟】(양) 陽 ジョウ、いそぎゆく hurriedly 草書 바삐걸을양(踉—行遽)。〔舞賦〕擾—就駕。

【躠】㊀(살) 曷 ㊁(설) 屑 サツ、セツ、めぐりゆく encircle 草書 ㊀돌쳐갈살(行貌、跋—)。㊁매암돌설(旋行、蹩—)。

【躤】(살)(설)『躠』(前條)과 같음

【躥】(참) 陷 サン、はやくゆく walk hurriedly 빨리걸을참(疾步)。

十八畫

【躣】(권) 先 ケン、あるく walk 등구부리고걸을권(曲脊行)。

【躡】(섭) 葉 ジョウ、ふむ tread; step ㄋㄧㄝˋ nieh⁴ (古音「녑」) 小篆 草書 ❶밟을섭(蹈也)。❷신신을섭(著履)。〔史記〕—足行伍之閒。❸오를섭(登也)。

【躢】(답)『踏』(足部8畫)과 같음

【躣】(구) 虞 ク、ゆく wriggle 小篆 굼틀굼틀할구(行貌)。〔楚辭〕右蒼龍之——。

【躤】㊀(적) 陌 ㊁(자) 禡 シャ、セキ、ふむ step 草書 ㊀밟을적(蹈—踐也)。〔史記〕人民之所蹈—。㊁뜻은 ㊀과 같음。

十九畫

【躪】(련) 先 レン、あしいたむ pain in the foot 발병련(足病)。

【躍】(라) 箇 ラ、よろめく get lost 길잃을라(失道)。

【躧】㊀(새) 蟹 ㊁(사) 紙 サイ、シ、あゆむ walk slowly ㄒㄧˇ hsi³ 小篆 或體 草書 ㊀뒤축없는신새(小履無跟)。〔漢書〕—履相迎。履不著跟。㊁천천히걸을사(徐行貌)。

二十畫

【躨】(기) 支 キ、うごく wriggle 굼틀거릴기(—跜龍動貌)。

【躩】(곽) 藥 カク、はねる bend (俗音「각」) ㄑㄩㄝˊ ch'üeh² 小篆 草書 발굽힐곽(屈足)。〔論語〕足—如也。

【躪】(린) 震 リン、ふみにじる trample down 草書 짓밟을린(蹂—)。〔漢書〕奔走相蹂—。

二十一畫

【躅】(촉)『躅』(足部13畫)과 같음

【蹙】(축) 屋 シュク、せまる urgent 급할축(急也)。

二十二畫

【躞】(첩) 葉 チョウ、はしるおと sound of running off 달아나는소리첩(走聲)。

身 部

【身】(신) 眞 シン、み body ㄕㄣ shen¹ 小篆 草書 ❶몸신(躬也)。〔易經〕艮其—。❷아이 밸신(有—懷孕)。〔詩〕太妊有—。❸칙지신、교지신(告—、給符)。〔唐書〕擬奏授皆給以符謂之告—。❹몸소 신(親也)。

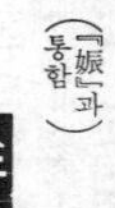

(『娠』과 통함)

三畫

【躬】(궁) 東 キュウ、み、みずから body; for oneself ㄍㄨㄥ kung¹ 小篆 或體 草書 ❶몸궁(身也)。〔易〕見金夫不有其ㅣ。❷몸소궁(親也、實踐ㅣ行)。❸몸소행할궁(親行)。〔詩經〕不ㅣ不親庶民不信。(『躳』과 같음)

四畫

【䠴】(비) 支 ヒ、しなやか (of the skin) soft 몸부드러울비(躮ㅣ、體柔)。

【躭】(탐)『耽』(耳部4畫)의 俗字

五畫

【𨉬】(발) 曷 ハツ、はしる run off 달아날발(走也)。

【𨉭】(주) 麌 チュ、はしる upright, erect 몸꼿꼿할주(身直貌)。

【躰】(체)『體』(骨部13畫)의 俗字

【𨉮】(구)『軀』(身部11畫)의 俗字

【𨉣】(부) 遇 フ、きる wear 옷입을부(著衣)。

【𨉯】(사)『射』(寸部7畫)와 같음

六畫

【䠷】(조) 嘯 チョウ、せながい slender 몸호리호리할조(體長)。

【𨉩】(동) 董 ドウ、くずれる untidy 몸단정하지못할동(軃ㅣ、身不端)。

【躱】(타) 哿 タ、かわす get out of ㄉㄨㄛˇ tuo³ 피할타(避也)。

七畫

【𨉲】(정) 迥 テイ、せだかい tall and upright 몸크고꼿꼿할정(身長直)。

【躳】(궁) 東 キュウ、み body; oneself 몸궁(身也)。(『躬』의 本字)

八畫

【躻】(궁) 送 キュウ、かがむ stoop; bow ❶몸구부릴궁(曲躬)。❷부릴궁(使役)。

【躸】(기) 支 キ、み body; oneself ❶몸기(身也)。❷외짝기(隻也)。

【躶】(라) 哿 ラ、はだか naked ㄌㄨㄛˇ luo³ 草書 ❶벌거벗을라(赤體)。〔孟子〕雖袒裼ㅣ裎於我側。❷털없는벌레라(ㅣ蟲)。〔晉書〕ㅣ蟲人類而人爲之王。(『裸』와 같음)

【𨊛】(왜)『矮』(矢部8畫)와 같음

【躹】(국) 屋 キク、かがむ bend one's back 몸굽힐국(曲躬)。

九畫

【𨊠】(중) 宋 ショウ、はらむ conceive 아이밸중(孕也)。

【躽】(언) 阮 エン、かがむ stoop; bow ❶몸굽힐언(曲身)。❷성난배언(ㅣ體怒腹)。

【𨊿】(수) 遇 シュ、きものきる put on the clothes 옷입을수(𨉣ㅣ、著衣)。

【𨊹】(하) 禡 カ、かがむ bend one's back ㄏㄚˋ hsa¹ 몸굽힐하(屈身)。

【躾】(미)〔日字〕しつけ teach manners 草書 예절가르칠미(敎禮儀)。

十一畫

【𨋅】(괵) 陌 カク、はだか stark nakedness 맨몸괵、알몸괵(裸身)。

【軀】(구) 虞 ク、からだ body; stature ㄑㄩ ch'ü 小篆 草書 허우대구、몸구(四體)。〔荀子〕曷足以美七尺之ㅣ。

十二畫

【軂】(로) 號 ロウ、せだかい tall 몸길로(身長)。

【軃】(타) 哿 タ、たれる hang down 草書 ❶넓고두터울타(廣厚)。❷드리울타(垂下)。

【軄】(직)『職』(耳部12畫)의 俗字

十三畫

【𨋩】(전) 銑 セン、はだか absolute nudity 맨몸전、알몸전(裸身)。

【𨋫】(담) 覃 タン、このむ like 좋아할담(好也)。

【軆】(체)『體』(骨部13畫)의 俗字

十四畫

【𨋻】(녕) 迥 テイ、あか dirt 때녕(垢也)。

【𨋺】(람) 覃 ラン、せだかい tall 키클람(ㅣ軈、身長貌)。

十六畫

【𨌃】(력) 錫 レキ、はだか absolute nudity 맨몸력(裸身)。

十七畫

【軈】(응)〔日字〕やがて for a while 草書 잠시응(未久)。

二十畫

【𨌓】(옥) 沃 ギョク、たから treasures 보배옥(寶也)。

車部

【車】㊀(거) 魚 ㊁(차) 麻 キョ、シャ、くるま waggon; vehicle ㄐㄩ chü¹ 車小篆 車草書 ㊀❶수레 거(輅也、輿輪總名)。【書經】ー服以庸。❷그물거(覆ー網名)。❸잇몸 거(齒根)。㊁❶뜻은 ㊀과 같음。❷성차(姓也)。

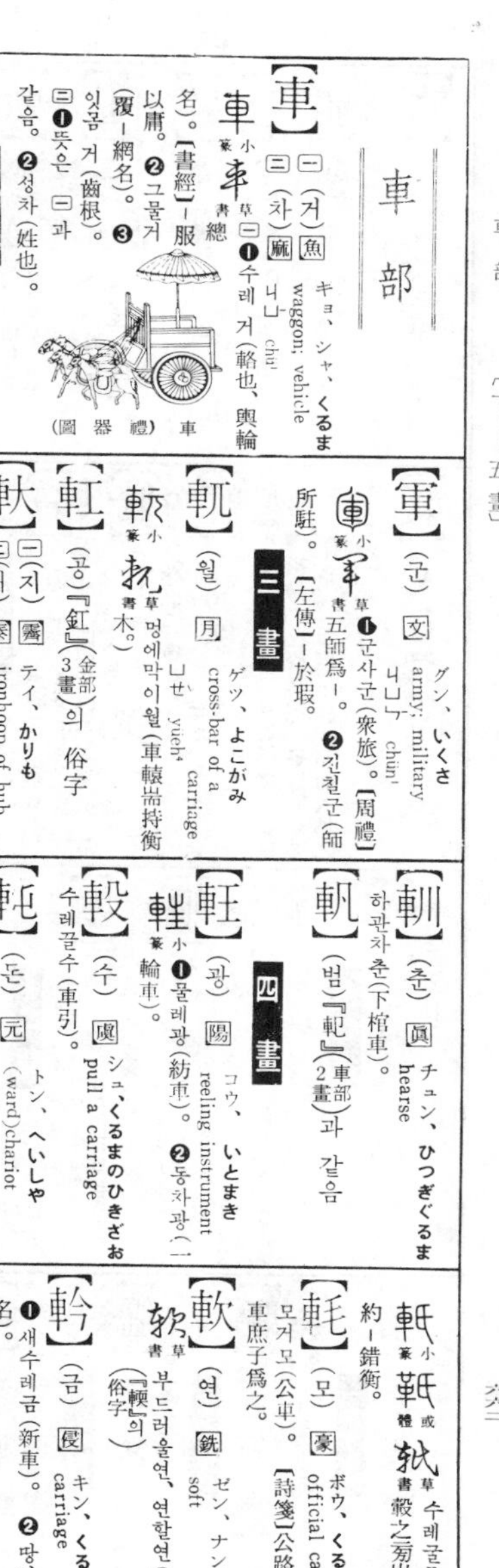
車(禮器圖)

一畫

【軋】(알) 黠 アツ、きしる creak ㄧㄚˋ ya⁴ 軋小篆 軋草書 ❶앗을알(勢相傾)。【唐書】樹黨相磨ー。❷편할알(軋ー無涯際)。【甘泉賦】軼ー無垠。❸수레삐걱거릴알(車輾)。【六書故】車載重輾ー有聲。

二畫

【軓】(범) 豏 ハン、くるまのまえき part of a carriage 차앞턱나무범(車軾前)。

【軌】(궤) 紙 キ、わだち track ㄍㄨㄟˇ kuei³ 軌小篆 軌草書 ❶굴대궤(車軸兩轍閒)。❷법궤(法也則也)。【左傳】講事以度ー量謂之ー。❸좇을궤(循也)。【史記】星辰ー道。

【軍】(군) 文 グン、いくさ army; military ㄐㄩㄣ chün¹ 軍小篆 軍草書 ❶군사군(衆旅)。【周禮】五師爲ー。❷진칠군(師所駐)。【左傳】ー於瑕。

三畫

【軏】(월) 月 ゲツ、よこがみ cross-bar of a carriage ㄩㄝˋ yüeh⁴ 軏小篆 軏草書 멍에막이월(車轅耑持衡木。)

【軠】(공)『釭』(金部3畫)의 俗字

【軑】㊀(지) 霽 ㊁(대) 泰 テイ、かりも ironhoop of hub 軑小篆 軑草書 ㊀바퀴통 감기쇠지(輨也)。㊁땅이름대(地名)。

【軒】㊀(헌) 元 ㊁(헌) 願 ケン、のき eaves ㄒㄩㄢ hsüan¹ 軒小篆 軒草書 ㊀❶초헌헌(大夫車)。【左傳】鶴有ー乘ー者。❷껄껄웃을헌(ー渠笑貌)。【後漢書】ー渠笑自若。❸주적댈헌(自得貌)。【唐書】ーー自得。❹풍류틀헌(ー縣樂設)。【周禮】諸侯ー縣。❺추녀끝헌(檐宇)。【魏都賦】周ー中天。㊁고기굵게저밀헌(肉膾麤切)。

【軔】(인) 震 ジン、とめぎ propping wood of wheel ㄖㄣˋ jen⁴ 軔小篆 軔草書 ❶바퀴고임나무 인(止輪木礙車)。【楚辭】朝發ー于天津。❷여덟자길이인(中國尺、八尺)。【孟子 盡心上】掘井九ー。

【輴】(춘) 眞 チュン、ひつぎぐるま hearse 하관차 춘(下棺車)。

【軓】(범)『軓』(車部2畫)과 같음

四畫

【軖】(광) 陽 コウ、いとまき reeling instrument 軖小篆 ❶물레광(紡車)。❷동차광(ー輪車)。

【軗】(수) 虞 シュ、くるまのひきざお pull a carriage 수레끌수(車引)。

【軘】(돈) 元 トン、へいしゃ (ward)chariot ㄊㄨㄣˊ t'uen² 軘小篆 軘草書 싸움수레돈(兵車)。【左傳】晋使ー車逆之。

【較】(교)『較』(車部6畫)와 같음

【軛】(액) 陌 ヤク、くびき yoke 軛草書 멍에액(轅端横木駕馬領者)。【莊子】加之以衡ー。(『軶』과 같음)

【軬】(반) 元 ハン、くるまのよこぎ top of a carriage 軬小篆 수레휘장반(車耳反出)。【應劭曰】車藩爲ー以簟爲之或用革所以屛蔽塵泥也。

【軜】(납) 合 ドウ、うちたづな reins ㄋㄚˋ na⁴ 軜小篆 軜草書 속고삐납(驂馬內轡繫軾前者)。【詩經】鋈以觼ー。

【軝】(기) 支 キ、くるまのわ the hub of a wheel 軝小篆 軧或體 軝草書 수레굴통대기(車轂之旁出者)。【詩】約ー錯衡。

【軞】(모) 豪 ボウ、くるま official carriage 모거모(公車)。【詩箋】公路主君之ー車庶子爲之。

【軟】(연) 銑 ゼン、ナン、やわらか soft 軟草書 부드러울연、연할연(柔也)。(『輭』의 俗字)

【軡】(금) 侵 キン、くるま carriage ❶새수레금(新車)。❷땅이름금(地名)。

【軯】(굉)『轟』(車部14畫)의 略字

五畫

【軧】(저) 薺 チ、くるまのあとさお the rear part of a carriage ㄉㄧˇ ti³ 軧小篆 수레뒤채저(大車後)。

【軥】㊀(구) 虞 ㊁(구) 尤 ク、コウ、くびき yoke ㄐㄩ chü¹ 軥小篆 軥草書 ㊀멍에구(車軛兩邊叉馬頸者)。【左傳】射兩ー而還。㊁❶쇠멍에구(ー牛)。【漢書】乘不過ー牛。❷수레이름구(夏后車名)。

【軦】(황) 漾 キョウ、むし worm 벌레이름황(蟲名黃ー)。

【軨】(령) 靑 レイ、れんじ railing of a waggon ㄌㄧㄥˊ ling²

軨(小篆) 轜(或體) (草書) 車 ❶사냥수레령(獵車)。〔漢書〕ㅡ車奉迎曾孫。❷수레난간령(車欄)。❸짐승이름령(獸名ㅡㅡ)。

【軪】(요) 看 ヨウ、くるまのおと sound of a carriage ㄓㄣˇ chen³ 수레소리요(車聲)。

【軫】(진) 軫 シン、いたむ painful (小篆) (草書) ❶수레 뒤턱나무진(車後橫木)。〔周禮〕加ㅡ與轐。❷구를진(動轉)。〔太玄經〕ㅡ轉其道。❸길꼬불통꼬불통할 진(地形盤曲貌)。〔後漢書〕路紆ㅡ而多艱。❹수레많을진(車多貌)。〔淮南子 兵略訓〕士卒殷ㅡ。❺아플진(痛也)。❻움직일진(動也)。❼별이름진(宿名二十八宿一)。

【軬】(반) 阮 ハン、おおい cover of a waggon (草書) 수레뜸반(車上篷)。

【軮】(앙) 養 オウ、かぎりない boundless (草書) 편할앙(ㅡ軋無涯際)。〔甘泉賦〕忽ㅡ軋而無垠。

【軯】(팽) 庚 ホウ、ヒョウ、おと sound of waggon ㄆㄥ p'êng¹ (草書) ❶수레가는소리팽(車行聲)。❷쇠북 소리팽(鐘鼓聲)。〔東京賦〕ㅡ磕隱訇。❸우뢰소리팽(雷聲)。

【輩】(배) 『輩』(車部 8畫)의 俗字

【軱】(고) 虞 コ、おおぼね big bone ㄍㄨ kuⁱ 큰뼈고(大骨)。〔莊子〕技經肯綮之未嘗而況大ㅡ乎。

【軳】(포) 看 ホウ、もとる return 돌아올포(戾也)。

【軺】(류) 有 リュウ、ひつぎぐるま hearse 관싣는수레류(載柩車)。

【軲】(고) 虞 コウ、くるま carriage ㄍㄨ kuⁱ 수레고(車也)。

【軵】(용) 腫 ジョウ、くるま light waggon (小篆) (草書) 가벼운수레용(輕車)。〔漢書〕再三發ㅡ。

【軶】(액) 陌 アク、くびき yoke ㄜ ê⁴ (小篆) 멍에액(轅端橫木駕馬領者)。〔莊子〕加之以衡ㅡ。

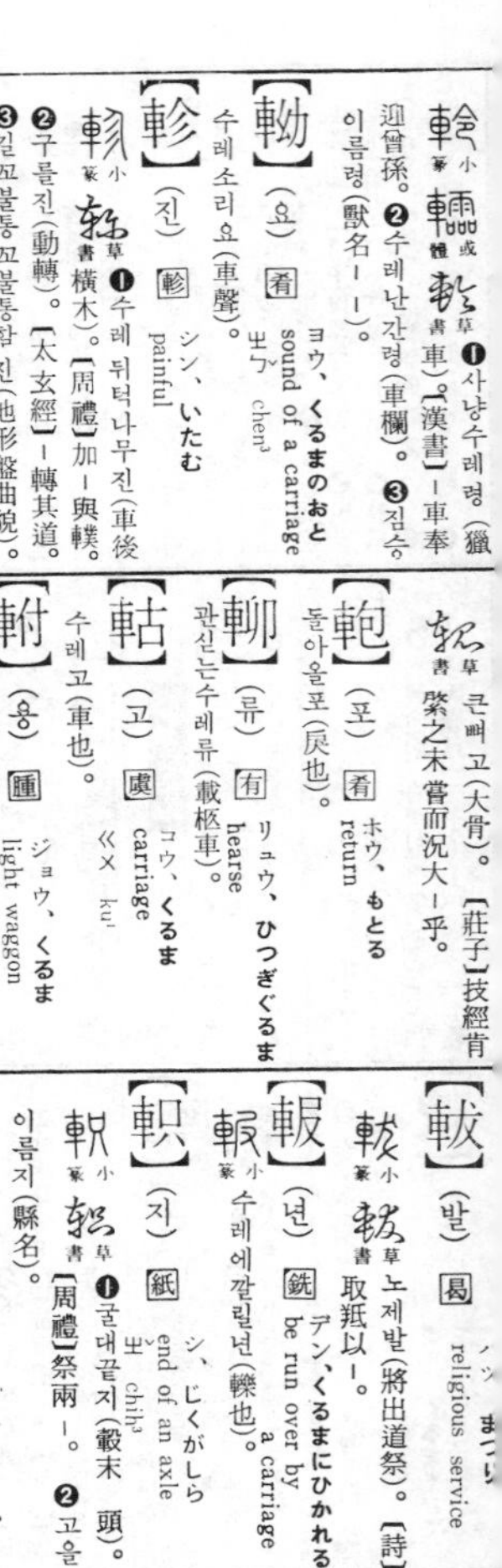

(圖物名) 軶
牛軶(農政全書)
(圖物名) 軸

【軸】(축) 屋 ジク、よこがみ axle ㄓㄨˊ chu² (小篆) (草書) ❶바디집축(杼ㅡ、織具)。〔詩〕杼ㅡ其空。❷질책축(卷ㅡ書帙)。〔韓愈詩〕揷架三萬ㅡ。❸속바퀴축(轂乎)。❹앓을축(病也)。〔詩經 衞風考槃〕碩人之ㅡ。❺중요할축(中心樞要)。

【軷】(발) 曷 ハツ、まつり religious service (小篆) (草書) 노제발(將出道祭)。〔詩〕取羝以ㅡ。

【輾】(년) 銑 デン、くるまにひかれる be run over by a carriage (小篆) 수레에깔릴년(轢也)。

【軹】(지) 紙 シ、じくがしら end of an axle ㄓˇ chih³ (小篆) (草書) ❶굴대끝지(轂末頭)。〔周禮〕祭兩ㅡ。❷고을이름지(縣名)。

【軺】(초) 蕭 チョウ、ショウ、おぐるま small cab ㄧㄠˊ yao² (本音은「소」) (小篆) (草書) ❶동차초(小車)。〔漢書〕通知逸經古 記者駕一封ㅡ詣京師。❷조헌초(ㅡ軒四向遠望車)。

【軻】(가) 歌 カ、じく shaft (小篆) (草書) ❶기험할가(轗ㅡ不遇)。〔楚辭〕轗ㅡ留滯。❷굴대가(車軸)。❸맹자이름 가(孟子名)。❹높을가(ㅡ峨)。❺사람이름가(荊ㅡ)。

【軼】㈠(질) 質 ㈡(절) 屑 イツ、テツ、すぎる rush forth ㄧˋ i⁴ (小篆) (草書) ㈠❶지나칠질(過突)。〔後漢書〕ㅡ范蠡之絶迹。❷범할질(侵也)。❸빠질 질(陷也)。〔史記 伯夷傳〕睹ㅡ詩。㈡❶마주칠절(車相過侵突)。〔左傳〕懼其侵 ㅡ我也。❷서로절(相互)。〔史記 封禪書〕ㅡ興ㅡ廢。❸바퀴절(轍也)。

六畫

【輊】(경) 『輕』(車部 7畫)의 俗字

【軾】(식) 職 シキ、ショク、しょく stretcher in a sendanchair ㄕˋ shih⁴ (小篆) (草書) ❶수레앞가로막이나무식(車前橫木可憑)。〔後漢書〕ㅡ輅馬。❷수레안에서 절할식(車中橫木伏敬禮行)。〔十八史略 春秋戰國魏〕過段干木之閭必ㅡ。

【輧】(병) 『輧』(車部 8畫)의 俗字

【輀】(이) 支 ジ、ひつぎぐるま hearse ㄦˊ êrh² (小篆) (小篆) 상여이、행상이(喪車)。

【輁】(공) 冬 キョウ、ひつぎささえ propping a coffin (草書) 관괴임공(所以支棺)。

【輂】(국) 沃 キョク、くるま coach ㄐㄩˊ chü² (小篆) (草書) ❶마차국(大車駕馬)。〔周禮〕治其徒役與其ㅡ輦。❷들것국(轝土器)。〔漢書〕陳畚ㅡ。

【䡮】(조) 蕭 チョウ、うすい thin 엷을조(薄也)。

【較】㈠(각) 覺 ㈡(교) 效 カク、コウ、くらべる compare ㄐㄧㄠˋ chiao⁴

草書 ㊁❶수레귀각(車耳車上曲銅)。【詩】猗重ㅣ兮。❷밝을각(ㅣ然明也)。【漢書】ㅣ然甚明。❸대강각(大ㅣ略也)。【杜甫詩】春寒花ㅣ遲。❹다툴각(獵ㅣ競也)。【孟子】魯人獵ㅣ。㊂비교할교(比ㅣ相角不等)。【近思錄 致知】持權衡以ㅣ輕重。(『校』와 같음)

【輆】(계) 齊 ケイ、とどこおる hesitate
小篆 거리낄계(礙也)。

【輅】㊀(로) 遇 ロ、カク、くるま Imperial carriage ㄌㄨˋ lu^4 ㊁(핵) 陌
小篆 草書 ㊀❶옥로차로(玉ㅣ天子車)。❷큰수레로(大車)。㊁❶수레앞가로막이나무핵(車前橫木)。【史記】脫輓ㅣ。❷맞을핵(迎也)。【左傳 僖公十五年】ㅣ秦伯。

【輇】(전) 先 セン、はかる estimate the quantity ㄑㄩㄢˊ $ch'üan^2$
小篆 草書 ❶달전(量人物)。【莊子】ㅣ才諷說之徒。❷행상전(柩車)。(『詮』과 같음)

【載】㊀(재) 隊 サイ、のせる load; record ㄗㄞˋ $tsai^4$ ㊁(재) 賄
小篆 草書 ㊀❶실을재(乘也)。【易】大車以ㅣ。❷이길재(勝也)。【易】君子以厚德ㅣ物。❸비롯할재(始也)。【詩】春日ㅣ陽。❹일재(事也)。【書】有能奮庸熙帝之ㅣ。❺가득할재(滿也)。【詩】厥聲ㅣ路。❻운전할재(運也)。【詩】其車既ㅣ。❼어조사재(語助辭)。【詩】ㅣ戢干戈。❽받을재(受也)。【中庸】君子語大天下莫能ㅣ焉。❾쓸재(記也)。【左傳 僖公二十六年】ㅣ在盟府。❿곧재(則也)。【詩經 小雅四月】相彼泉水ㅣ淸ㅣ濁。㊁해재(年也)。【書經 堯典】朕在位七十ㅣ。

【輈】(주) 尤 チュウ、ながえ shafts of a carriage ㄓㄡ $chou^1$
小篆 籒文 草書 ❶수레채주(車轅)。【詩】五楘梁ㅣ。❷발칙할주(ㅣ張强梁貌)。【後漢書】汝今ㅣ張怙汝兄耶。

輈(三才圖會)

輈(考工記圖)

【輊】(지) 寘 チ、くるま a kind of carriage ㄓˋ $chih^4$
草書 앞낮은수레지(車前低也)。【詩經 小雅六月】如ㅣ如軒。

【⿰車⿱𠆢斗】(간)(알)『斡』(斗部10畫)과 같음

七畫

【⿰車甸】(전) 先 テン、くるまのおと sound of waggon
草書 수레모는소리전(車聲)。【魏都賦】振旅ㅣㅣ。

【⿰車身】(전) 先 テン、よろこびうごく move gladly
草書 기꺼워 움직일전(喜動貌)。【呂氏春秋】天子ㅣㅣ啟啟、莫不載悅。

【輐】(완) 翰 カン、まるくする make round
草書 둥굴릴완(刓去圭角)。

【輑】(균) 眞 キン、くるまのじく hub
小篆 굴통대균(車軸相連)。【方言】ㅣ謂之軸。

【輒】(첩) 葉 チョウ、すなわち every time ㄓㄜˊ $chê^2$
小篆 草書 ❶번번이 첩(每事即然)。【史記 文帝紀】有不便!弛利民。❷문득첩(忽然)。❸수레에 병장기꽂는틀첩(車兩輢)。❹발병날첩(足疾)。【春秋】盜殺衛侯之兄ㅣ。❺오로지첩(專也)。❻똑바로 설첩(直立不動)。【莊子 達生】ㅣ然忘吾有四肢形體也。

【輓】(만) 願 バン、ひく pull a waggon ㄨㄢˇ wan^3
小篆 草書 ❶수레끌만(引車)。【周禮】輦車組ㅣ。【左傳】我ㅣ之。❷애도할만(哀悼)。(『挽』과 통함)

【輔】(보) 麌 ホ、フ、ほおぼね cheekbone ㄈㄨˇ fu^3
小篆 草書 ❶수레덧방나무 보(兩旁夾車木)。【詩】無棄爾ㅣ。❷광대뼈 보(頰骨)。【易】咸其ㅣ頰舌。❸도울보(弼也、助也)。【易】ㅣ相天地之宜。

【⿰車皃】(묘) 效 ボウ、くるまをひく pull a carriage
차끌묘(引車)。

【輕】(경) 庚 ケイ、かるい light ㄑㄧㄥ $ch'ing^1$
小篆 草書 ❶가벼울경(不重)。【左傳】秦師ㅣ而無禮。❷천할경(賤也)。【裴度詩】恩深命轉ㅣ。❸빠를경(疾也)。❹업신여길경(侮也)。【史記 孔子世家】陽虎由此益ㅣ季氏。

【塹】(참)→土部11畫

八畫

【輖】(주) 尤 シュウ、ひくい low ㄓㄡ $chou^1$
小篆 草書 ❶낮을주(低也)。【儀禮】乘軒ㅣ中。❷짐무거울주(重載)。

【輗】(예) 齊 ゲイ、たがえのはし a side of shaft ㄋㄧˊ ni^2
小篆 或體 或體 草書 수레채 마구리 예(轅端持衡者)。【論語】大車無ㅣ。

【輘】(릉) 蒸 リョウ、ふみにじる trample down ㄌㄧㄥˊ $ling^2$
草書 ❶짓밟힐릉、치일릉(ㅣ轢踐踏)。【漢書】ㅣ轢公室。❷수레모는 소리릉(ㅣ輷車聲)。

【輙】(첩)『輒』(車部7畫)의 俗字

【輚】(잔) 潸 サン、ねぐるま berth carriage
草書 ❶잔락차잔(ㅣ輅臥車)。【西都賦】乘ㅣ輅。❷싸움수레잔(兵

車)。(『轄』과 같음)

【輛】(량) 漾 リョウ、くるまのかず number of waggon 草書 ❶백수레량(百乘)。〔詩經〕百兩御之。❷수레수효량(車數詞)。(『兩』과 통함)

【轐】(복) 屋 フク、くるまのはこ box of waggon 小篆 수레상자 복(車笭開皮篋盛弩者)。〔西京賦〕ㅣ弩重旃。

【綪】(쟁) 庚 ソウ、くるまのおと sound of a carriage 수레소리쟁(車聲)。

【輐】(원) 元 エン、くるまのうしろおさえ (of a carriage) incline to rear 小篆 차뒤로숙을원(車後壓)。

【輜】(치) 寘 シ、にぐるま freight waggon 小篆 草書 ❶짐수레치(載衣物車)。〔漢書 韓安國傳〕擊ㅣ重。❷휘장친수레치(覆車)。〔後漢書 桓榮傳〕榮爲太子少傳、詔賜ㅣ車。

【暈】(국) 沃 キョク、くびき straight-yoked carriage 小篆 ❶곧은 멍에의 수레국(直轅車)。❷흙 싣는 수레국(土轝)。

【輝】(휘) 微 キ、かがやき brightness ㄏㄨㄟ hueiˊ 草書 빛날휘(光也)。〔古詩 傷歌行〕昭昭素明月ㅣ光燭我牀。

【輞】(망) 養 モウ、そとわ rim of a wheel ㄨㄤˇ wang³ 草書 ❶덧바퀴망、바퀴테망(車輪外匡)。〔後漢書〕天子獵車重ㅣ。❷내이름망(川名)。

【輟】(철) 屑 テツ、とどめる rest; stop ㄔㄨㄛˋ ch'uo⁴ 小篆 草書 ❶거둘철(歇也)。❷그칠철(止也)。〔論語〕耰而不ㅣ。

【轗】(감) 感 カン、でこぼこみち rugged road ㄎㄢˇ k'an³ 수레길울퉁불퉁할감(ㅣ軻車行不平)。(『轗』과 같음)

【輠】(과) 哿 カ、まわす around ㄏㄨㄛˇ huo³ (古音「화」) 草書 ❶수레기름통과(車盛膏筩)。〔韻會〕齊以淳于髡爲炙ㅣ謂其言長而有味。❷수레돌릴과(車輪廻)。〔禮記 雜記〕關轂而ㅣ輪。

【輣】(팽) 庚 ホウ、いくさぐるま chariot ㄆㄥˊ p'eng² 小篆 草書 싸움수레 팽(兵車有樓)。〔後漢書〕幢ㅣ撞城。

【輤】(천) 霰 セン、かざり cover of a hearse ㄑㄧㄢˋ ch'ien⁴ 草書 상여뚜껑천(柩車之蓋)。〔禮〕諸侯之ㅣ有裧大夫以布士以葦。

【輥】(곤) 阮 コン、はやい turn round speedily ㄍㄨㄣˇ kuen³ 小篆 草書 빠르게구를곤(轉速)。〔周禮〕望其轂欲其ㅣ。

【輢】(의) 紙 イ、くるまのぶきいれ rack of a carriage 小篆 수레에 병장기 꽂는 틀의(車旁兵所插處)。

【輦】(련) 銑 レン、てぐるま Royal carriage ㄋㄧㄢˇ nien³ 小篆 草書 ❶연 련(玉ㅣ駕人以行)。〔詩〕我任我ㅣ。❷당길 련(輓運)。〔左傳〕南宮萬以乘車ㅣ其母。❸궁중의길련(宮道曰ㅣ道京師曰ㅣ下)。

【輧】㊀(변) 先 ㊁(병) 庚 ㊂(병) 靑 ヘン、ホウ、ほろぐるま covered carriage ㄆㄧㄥˊ p'ing² 小篆 草書 ㊀변차변(婦人車)。〔後漢書〕皇后乘紫闕ㅣ車。㊁들렐병(ㅣ軥車馬聲)。㊂가벼운수레병(輕車)。

【輨】(관) 旱 カン、かりも rim of a hub ㄍㄨㄢˇ kuan³ 小篆 草書 ❶줏대관(ㅣ轄)。〔孟子題辭〕五經之ㅣ轄。❷굴통끝휘갑쇠관(車轂端鐵)。

【輩】(배) 隊 ハイ、ともがら party; faction ㄅㄟˋ pei⁴ 小篆 草書 ❶무리배(類也)。〔史記〕使者十ㅣ來。❷견줄배(比也)。〔吳志〕當今無ㅣ。❸순서배(排列)。

【輪】(륜) 眞 リン、わ wheel ㄌㄨㄣˊ luen¹·² 小篆 草書 ❶바퀴륜(車所以轉)。〔周禮〕察車自ㅣ始。❷땅 길이륜(廣ㅣ九州域縱橫)。〔周禮註〕東西爲廣南北爲ㅣ。❸우령찰 륜(ㅣ焉高大)。〔禮〕美哉ㅣ焉。❹서릴륜(ㅣ囷委曲)。〔史記〕ㅣ囷離俒。❺돌륜(ㅣ轉廻旋)。❻둘레륜(外周)。

❶輪 (考工記圖)

【輬】(량) 陽 リョウ、ねぐるま berth carriage ㄌㄧㄤˊ liang² 小篆 草書 온량차량(轀ㅣ臥車)。〔孟康曰〕車有窓牖閉之則轀開之則ㅣ。

九畫

【輭】(연) 銑 ゼン、ナン、やわらか soft ㄖㄨㄢˇ juan³ ❶덧바퀴연(車輞)。〔後漢書〕安車ㅣ輪。❷연할연(柔也)。(『軟』과 같음)

【輮】㊀(유) 有 ㊁(유) 宥 ジュウ、ふみにじる trample down ㄖㄡˊ jou² 小篆 草書 ㊀짓밟을유(踐也)。㊁❶바퀴굄유(車軔)。❷덧바퀴유(車輞)。〔周禮〕行澤者反ㅣ行山者仄ㅣ。

【輆】(해) 佳 カイ、くるまにのる get on a carriage 차에오를해(登車)。

【輟】(종) 董 ソウ、くるまのわ wheel 수레바퀴종(輪也)。(『轗』과 같음)

【輶】(추) 尤 シュウ、くるまのや spoke 바퀴살추(輻也)。

【輯】(집) 緝 シュウ、あつまる gather; collect (本音「즙」) ㄐㄧˊ chi²
輯 小篆 草書 ❶화목할집(和也睦也)。【書】ㅣ寧爾邦家。❷걷을집(斂也)。【禮】蒙袂ㅣ屨。❸모을집(聚也)。【漢書】統楫羣元。❹모일집(集合)。【漢書 郊祀志】ㅣ萬國。

【輱】(함) 咸 カン、くるまのおと sound of a carriage (本音「감」) 차소리함(車聲)。

【輧】(병)『軿』(車部8畫)과 같음

【輲】(천) 銑 セン、ひつぎぐるま hearse 草書 상여천(載柩車)。【禮記】載以ㅣ車。

【輥】(혼) 元 コン、くるまのよけあい dodge out of the way 小篆 수레서로피할혼(車相避)。

【輳】(주) 宥 ソウ、あつまる gather into ㄘㄡˋ ts'ou⁴ 草書 바퀴살통주(輻ㅣ競聚)。【史記】輻ㅣ並進。

【輴】(순) 眞 ジュン、ひつぎぐるま hearse 草書 ❶행상순、상여순(龍ㅣ喪車)。【禮】菆塗龍ㅣ。❷진길에타는썰매순(泥行所乘)。【書】豫乘四載。

【⿰車度】(탁) 藥 タク、まわる turn around 草書 돌탁(廻轉)。

【輵】(갈) 曷 カツ、みつまた three-forked 草書 ❶세갈래질갈(轇ㅣ轕形)。【史記司馬相如傳】ㅣ轄。❷몰아달릴갈(馳驅貌)。【羽獵賦】皇車幽ㅣ。

【輶】(유) 尤 ユウ、かるい light 小篆 草書 ❶가벼운수레유(輕車)。【詩】ㅣ車鸞鑣。❷가벼울유(輕也)。【詩】德ㅣ如毛。

【輷】(횡) 庚 コウ、とどろく thunderous 草書 ❶수레가는소리횡(ㅣㅣ車聲)。【史語】ㅣㅣ殷殷。❷큰소리지를횡(輘ㅣ大聲)。【洞簫賦】輘ㅣ佚豫。

【輸】㊀(수) 虞 ㊁(수) 遇 シュ、ユ、おくる transport (本音「유」) 小篆 草書 ㊀❶떨어뜨릴수(隳也)。【詩】載ㅣ爾載。❷쏟을수(寫也)。❸질수(ㅣ贏勝負)。【郭銓詩】請書程度ㅣ年少。❹보낼수(送也)。【左傳 僖公二年】秦於是乎、ㅣ粟於晉。㊁❶수운할수(委ㅣ)。【漢書】都受天下委ㅣ。❷짐바리수(所送物)。

【輹】(복) 屋 フク、とこしばり hub ㄈㄨˋ fu⁴ 小篆 草書 ❶바퀴통복(伏兎以承輻者)。【易】輿脫ㅣ。❷바퀴테복(車下縛)。

【輜】(치)『輺』(車部8畫)의 本字

【輻】㊀(복) 屋 ㊁(폭) 職 フク、や spokes ㄈㄨˊ fu² (本音「픽」) 小篆 草書 ㊀바퀴살복(輪轑)。【周禮】輪ㅣ三十 以象日月。㊁바퀴살통폭(ㅣ輳競聚)。【蘇洵 名二子說】輪ㅣ蓋軫。

(考工記圖) 輻

【⿰車皇】(황) 庚 コウ、ひく pull 끌황(引也)。

十畫

【⿰車盍】(갑) 合 コウ、くるま sound of a carriage 수레소리갑(車聲)。

【⿰車畚】(분) 阮 ホン、とま awning of a carriage ❶수레뜸분(車篷)。❷차우비분(ㅣ簾)。

【輾】㊀(전) 銑 ㊁(년) 銑 テン、デン、まろぶ roll about ㄓㄢˇ chan³ 草書 ㊀❶돌아누울전(轉之半)。【詩】ㅣ轉反側。❷【國字】타작전(打稻)。㊁연자매년(轉輪治穀)。

(農政全書) 輾

【⿱𤇾車】(경) 庚 ケイ、いちりんしゃ barrow 小篆 외바퀴차경(一輪車)。

【轀】(온) 元 オン、ねぐるま berth carriage ㄨㄣ wen¹ 小篆 草書 온량차온(ㅣ輬臥車)。

【輿】㊀(여) 魚 ㊁(여) 御 ヨ、こし sedan chair ㄩˊ yü² 小篆 草書 ㊀❶수레바탕여(車底)。【周禮】ㅣ人 爲車。❷천지여(堪ㅣ天地總名)。❸기운어릴여(扶ㅣ佳氣)。【子虛賦】扶ㅣ綺靡。❹무리여(衆也)。【左傳】晋文公聽ㅣ人之誦。❺비롯할여(權ㅣ始也)。❻짐질 여(負荷)。【戰國策】百人ㅣ瓢而趨。㊁남여 여(昇ㅣ)。

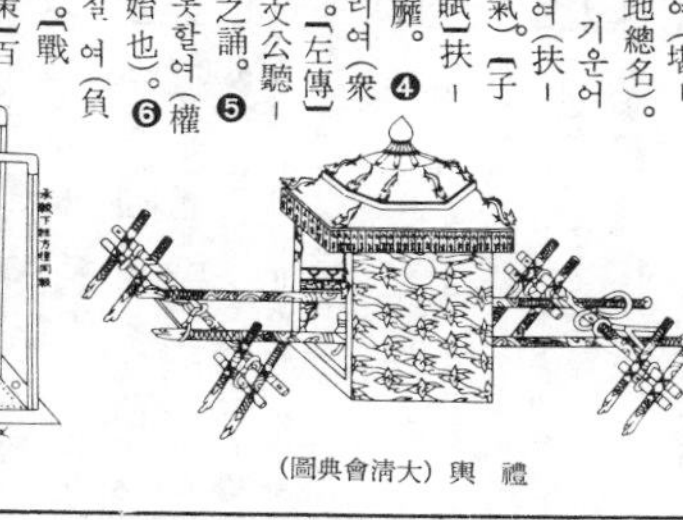

禮 輿 (大清會典圖)

輿 (名物圖)

【⿰車鬼】(회) 賄 カイ、めぐる roll 굴러갈회(轉也)。

【轂】(곡) 屋 コク、こしき hub 小篆 草書 ❶속바퀴곡、바퀴통곤(車輻所湊)。【周禮】ㅣ以利轉。❷천거할곡(推ㅣ薦人)。【史記鄭當時傳】其推ㅣ士、常引以爲賢於己。

(考工記圖) 轂

【輳】(진) 圓 シン、いたる reach
小篆 ❶이를진(至也)。【漢書】四極爰ㅡ。❷수레뜸진、수레바탕진(大車簣)。

【轄】(할) 黠 カツ、とりしまる control; govern ㄒㄧㄚˊ hsia²
小篆 草書 ❶굴대빗장할(車軸鐵鍵也)。【左傳】巾車脂ㅡ。❷수레소리할(車聲)。❸맡아볼할(管ㅡ)。

【轅】(원) 元 エン、ながえ yoke ㄩㄢˊ yüan²
小篆 草書 ❶진문원(ㅡ門車宮)。【周禮】設車宮ㅡ門。❷멍에원(車前駕馬木)。❸별이름원(星名軒ㅡ)。

【[illegible]】(재) 佳 シ、くるまがとまる stop a carriage
차가섬돌에댈재(車抵階)。

【[illegible]】(경) 庚 コウ、くるまのひびき sound of a carriage
小篆 수레소리경(車響)。

十一畫

【[illegible]】(만) 願 マン、やよけほろ top of a carriage
小篆 차장막만(車之衣蓋)。

【轋】(종) 冬 ショウ、わだちのあと tracks of a wheels
小篆 수레바퀴자국종(車跡)。

【轆】(록) 屋 ロク、くるまぎ lathe; Potter's wheel ㄌㄨˋ lu⁴
草書 ❶멍에채에가죽테할록(轣ㅡ車榮)。❷드레박틀록(ㅡ轤汲水器)。【廣韻】ㅡ轤圓轉木也。

【轇】(교) 肴 コウ、みつまた three-forked ㄐㄧㄠ chiao¹
草書 ❶세갈래질교(ㅡ轕)。【東京賦】閘戟ㅡ轕。❷아득할교(長遠貌)。

【轚】(경) 庚 コウ、つよいくるま strong-framed
小篆 수레튼튼할경(車堅)。

【轈】(소) 肴 ソウ、ものみぐるま watch-chariot
小篆 草書 망보는수레소(兵高車加巢以望敵軍)。【左傳】登巢車以望晋軍。

【轉】㊀(전) 銑 ㊁(전) 霰 テン、ころぶ roll over ㄓㄨㄢˇ chuan³
小篆 草書 ㊀❶구를전(動運)。【漢書】ㅡ粟輓輸以爲之備。❷돌아누울전(輾ㅡ旋也)。【詩】輾ㅡ反側。❸넘어질전(倒也)。【古詩 焦仲卿妻】四角龍子幡、婀娜隨風ㅡ。❹돌전(回也)。【古詩 悲歌】腸中車輪ㅡ。❺변할전(變遷)。【歐陽修 醉翁亭記】峰廻路ㅡ有亭。㊁❶옮길전(遷也)。❷굴릴전(運之)。【詩經 邶風柏舟】我心匪石、不可ㅡ也。

【轊】(세) 霽 エイ、じくさき head of a shaft
草書 굴대끝세(車軸頭)。

十二畫

【轍】(철) 屑 テツ、わだち wheel-marks ㄔㄜˋ ch'ê⁴
小篆 草書 바퀴자국철(車迹)。【莊子】螳蜋怒臂以當車ㅡ。

【轎】㊀(교) 蕭 ㊁(교) 嘯 キョウ、かご palanquin ㄐㄧㄠˋ chiao⁴
草書 ㊀가마교(竹ㅡ)。【漢書】輿ㅡ而隃嶺。㊁남여교(籃ㅡ小車)。

【轏】(잔) 潸 セン、いくさぐるま chariot ㄓㄢˋ chan⁴
小篆 草書 ❶싸움차잔(兵車)。❷수레평상잔、누워서타는수레잔(臥車)。【左傳】逢丑父寢于ㅡ車。

【䡴】㊀(충) 冬 ㊁(당) 絳 ショウ、くるま carriage
小篆 ㊀진을 함락시키는 수레충(陷陣車)。㊁뜻은 ㊀과 같음。

【轐】(복) 屋 ボク、とこしばり block ㄅㄨˊ pu²
小篆 草書 수레바퀴받침복(伏兎所以安軫)。【周禮】加軫與ㅡ。

【轒】(분) 文 フン、いくさぐるま chariot
小篆 草書 ❶싸움수레분(ㅡ轀戰車)。【六韜】攻城有ㅡ轀臨衝。❷오랑캐수레이름분(匈奴車名)。

【轑】㊀(료) 蕭 ㊁(로) 豪 リョウ、ロウ、きしる creak
小篆 草書 ㊀❶수레 뚜껑 료(車蓋弓)。❷구를료(轉也)。❸고을이름료(楚邑名)。㊁ 가마긁을로、흔들로(撓也、轢也)。【漢書】陽爲羹盡ㅡ釜。

【轓】(번) 元 ハン、おおう cover of a carriage
草書 ❶수레곳간번(軿ㅡ車箱)。❷수레가림번(車蔽)。【應劭曰】車耳反出以爲ㅡ屛翳塵泥以簟爲之。

【轔】㊀(린) 眞 ㊁(린) 震 リン、しきみ threshold ㄌㄧㄣˊ lin²
小篆 草書 ㊀❶수레구르는 소리 린(車聲)。【詩】有車鄰鄰。❷문지방린(戶限)。(『鄰』과 통함) ㊁지질린(轢也)。(『躪』과 같음)

十三畫

【轕】(갈) 曷 カツ、はしる drive to ㄍㄜˊ kê²
草書 ❶달려갈갈(轇ㅡ馳驅貌)。【羽獵賦】縱橫轇ㅡ。❷편할갈(曠遠)。(『輵』과 같음)

【轗】(감) 勘 感 カン、でこぼこみち rugged road ㄎㄢˇ k'an³
草書 ❶기험할감(ㅡ軻坎壈)。❷때못만날 감(ㅡ軻不遇)。

【轖】(색) 職 ショク、むすぼれる cherish ㄙㄜˋ sê⁴
小篆 草書 기운매칠색(氣結)。【枚乘七發】中若結ㅡ。

【轘】㊀(환) 諫 ㊁(환) 删 カン、くるまざき tear to pieces ㄏㄨㄢˋ huan⁴
小篆 草書 ㊀발길환、찢어죽일환(車裂人)。【左傳】齊人ㅡ高渠彌。㊁땅이름환(地名ㅡ轅)。

【轋】(거) 魚 キョ、くるまのわ rim of a wheel 바퀴둘레거(車輞)。

【轙】(의) 紙 ギ、くびきのわ link for rein ㄧˇ i³ 轙小篆 鑯或體 草書 수레에 고삐매는 고리 의(車衡載轡者)。〔漢書〕靈禗禗象輿ー。

【[車稟]】(람) 感 ラン、ゆきなやむ not advancing 草書 수레잘안갈람、수레머뭇거림람(車不進)。〔廣韻〕轗軻轗ー也。

【轚】(격) 錫 ゲキ、あいきしる creak the shafts ㄐㄧˊ chi² 小篆 ❶굴대 서로 부딪칠격(車轄相擊)。❷호좁은길격(ー互迫隘處)。〔周禮〕九舟車道路ー互者序而行之。❸걸릴 격(挂也)。〔穀梁傳〕流芳握御ー者不得入。

十四畫

【轛】(대) 隊 タイ、ませ railing pillar ㄉㄨㄟˋ tuei⁴ 小篆 草書 수레난간기둥 대(車箱立木)。

【[竹巽車]】(선) 霰 セン、くるまをなおす fix〔repair〕a carriage 小篆 수레중수할선(繕治車)。

【轜】(이) 支 ジ、ひつぎぐるま hearse 草書 상여차이(喪車)。

【轝】(여)『輿』(車部10畫)와 같음

【轞】(함) 豏 カン、おりぐるま vehicles for prisoner 草書 ❶수레구르는 소리 함(車聲)。〔詩〕大車ーー。❷죄인태우는 수레함(囚車)。〔漢書〕ー車膠致。

【[車蓋]】(개) 泰 カイ、くるまのひびき sound of a carriage 수레소리개(車聲、輷ー)。

【轟】(굉) 庚 コウ、とどろく thunderous 小篆 草書 ❶수레모는소리굉(車聲)。❷울릴 굉 (大砲雷鳴ー)。

十五畫

【[車質]】(지)『輊』(車部6畫)와 같음

【[車磊]】(락) 藥 ラク、くるまのおと sound of a carriage 차소리락(車轉聲)。

【轢】(력) 錫 レキ、ラク、ふみにじる creak ㄌㄧˋ li⁴ 小篆 草書 ❶수레바퀴에 치일력(轢ー車陵踐)。〔史記 司馬相如傳〕徒車之所轔ー、乘騎之所蹂若。❷서로 부닥칠력(軋也)。

【轠】(뢰) 灰 ライ、うつ beat 草書 ❶수레잇닿을뢰(ー轤車連)。〔羽獵賦〕ー轤不絕。❷칠뢰(擊也)。❸찌를뢰(觸也)。

【轡】(비) 寘 ヒ、たずな reins ㄆㄟˋ p'ei⁴ 小篆 小篆 草書 고삐비(馬韁靶也)。〔王融詩〕下澤有餘ー。〔詩〕六ー沃若。

十六畫

【轣】(력) 錫 レキ、わだちみち track of a wheel ㄌㄧˋ li⁴ 草書 ❶수레바퀴길력(ー轤軌道)。❷수레 바퀴에치일력(轢也)。〔楊子方言〕ー轆。

【[車業]】(복)『[illegible]』(車部8畫)과 같음

【轤】(로) 虞 ロ、くるまぎ pulley 草書 두레박틀로(轆ー汲水器)。

十七畫

【[車韱]】(삼) 咸 サン、くるまのおと sound of a carriage 수레소리삼(車聲)。

【[車薄]】(박) 陌 ハク、くるまかざり decoration of a carriage 수레치장박(車之裝飾)。

十九畫

【[䜌車]】(련) 先 レン、つずる connect, bind 이을련(綴也)。

二十畫

【[車獻]】(얼) 屑 ゲツ、たかい lofty; high 小篆 ❶우뚝할얼(ーー高貌)。〔魏都賦〕四門ーー。❷차에 높이 실을얼(車載高)。

【[車矍]】(각) 藥 カク、くるまのわ rim of a wheel 수레의 바퀴테 각(車輞)。

【轥】(린)『躪』(足部20畫)과 같음

辛 部

【辛】(신) 眞 シン、からい hot; pungent ㄒㄧㄣ hsin¹ 小篆 草書 ❶매울신(金味艱苦悲酸)。〔白虎通〕五味得ー。❷고생신(ー苦)。❸혹독 할신(苛酷)。❹여덟째천간신(天干第八位)。〔爾雅〕太歲在ー曰重光。

五畫

【辜】(고) 虞 コ、つみ charge; offence ㄍㄨ ku¹ 小篆 古文 草書 ❶허물 고(罪也)。〔書〕與其殺不ー寧失不經。❷사지찢을고(疈ー磔也)。〔周禮〕以疈ー祭四方百物。❸막을고(障也)。〔後漢書〕豪右ー榷。❹반드시고(必也)。〔漢書 律歷志〕陽氣洗物ー絜之。

【辝】(사)『辭』(辛部12畫)와 같음

六畫

【辞】(사)『辭』(辛部12畫)의 俗字

【[乂辛]】(살) 曷 サツ、からみ hot 매울살(味辛、ー辣)。

【辟】㊀(피) 紙 ㊁(벽) 錫 ヒ、ヘキ、きみ、つみ emperor : punish

辟 小篆 草書 ㊀피할피(避也)。(『避』와 같음) ㊁❶임금벽(君也)。〔詩〕百—爲憲。❷법벽(法也)。〔書〕越尹人祇—。❸부를벽(徵也)。〔晉書 阮瞻傳〕卽日—之。❹남편제벽(妻祭夫)。〔禮〕妻祭夫曰皇—。❺간사할벽(邪也)。〔論語先進〕師也—。❻편벽될벽(偏也)。〔禮記〕非—之心。❼형벌벽(刑也)。〔周禮〕八— 麗邦法。❽망갈벽(土地開墾)。〔孟子梁惠王上〕—土地。❾열릴벽(開也)。〔晏子春秋內篇諫上〕爲田野之不—、倉庫之不實。❿물리칠벽(除也、屛也)。〔孟子 離婁下〕行—人可也。⓫밝을벽(明也)。〔禮〕天子曰—廱。⓬가슴칠벽(擗也)。〔詩經 邶風 柏舟〕寤—有摽。⓭우뢰소리벽(雷聲)。⓮멈칫할벽(—易驚退)。〔史記〕人馬—易。

【辠】(죄)『罪』(网部 8畫)의 古字

七畫

【辡】(변) 銑 ベン、いいあらそう have words with
辡 小篆 죄인서로송사할변(罪人相訟)。

【辢】(랄)『辣』(次條)과 같음

【辣】(랄) 曷 ラツ、からい pungent; servere
草書 ❶몹시매울랄(味辛甚)。❷매서울랄(酷烈)。

八畫

【[illegible]】(예) 霽 ゲイ、おさめる correct
小篆 ❶다스릴예(治也)。❷바를예(理也)。❸편안할예(安也)。

【辤】(사)『辭』(辛部 12畫)와 같음

九畫

【辥】(설) 屑 セツ、つみ、とが offence ㄒㄩㄝ hsüeh⁴
辥 小篆 草書 ❶허물설(辠也)。❷나라이름설(國名)。❸성설(姓也)。(『薛』과 통함)

【辦】(판) 諫 ベン、つとめる make efforts ㄅㄢ pan⁴
辦 小篆 草書 ❶힘들일판(致力)。〔史記〕項梁常爲主—。❷갖출판(具也)。〔漢書〕多多益—。

【辧】(변)『辨』(次條)과 같음

【辨】(변) 諫 ベン、わきまえる distinguish ㄅㄧㄢ pien⁴
辨 小篆 ❶판단할변(判也)。❷분별할변(別也)。〔禮〕離經—志。❸구별할변(區別)。〔中庸〕序爵所以—貴賤也。❹아홉갈피변(井地九夫爲—)。〔禮〕九—而當一井。❺구비할변(具也)。〔十八史略西漢〕多多益—。

【[illegible]】(고) 遇 コ、にがからい bitter and hot
쓰고매울고(辛而苦)。

十畫

【[illegible]】(겸) 鹽 ケン、なやむ difficult
어려울겸(艱也)。

十一畫

【辬】(반) 刪 ハン、まだら spotted
辬 小篆 ❶얽을반(駁也)。❷무늬반(紋也)。

【[illegible]】(빈) 眞 ヒン、まだら spotted
얽을빈、알롱이빈(駁也)。

【[illegible]】(변) 諫 ハン、もも inside of the thigh
허벅지변(兩股間)。

十二畫

【辭】(사) 支 ジ、ことば words; speech ㄘ tz'ŭ²
辭 小篆 籒文 草書 ❶말씀사(言也)。〔易〕修—立其誠。❷사례할사(別去)。〔楚辭〕入不言兮出不—。❸사양할사(却不受)。〔中庸〕爵祿可—。❹글사(文章)。〔古詩 焦仲卿妻序〕時人傷之、而爲此—也。❺감사할사(謝禮)。〔漢書 韓王信傳〕温顔遜—。❻거절할사(不應)。

【[illegible]】(변) 銑 ベン、うれえる worry (over)
근심할변(憂也)。

十四畫

【辯】(변) 銑 ベン、かたる、わける eloquence ㄅㄧㄢ pien
辯 小篆 草書 ❶말잘할변(善言)。〔禮〕言僞而—。❷풍유할변(諷諭)。〔禮〕過失可微—。❸논쟁할변(論爭)。〔文章軌範 卷二小序〕—難攻擊之文。❹가릴변(分別)。〔易經 履卦〕君子以—上下。

辰 部

【辰】㊀(진) 眞 シン、たつ、とき time ㄔㄣ ch'en² ㊁(신) 眞 (同音「신」)
辰 小篆 古文 草書 ㊀❶때진(時也)。〔書〕撫于五—。❷다섯째지지진(地支第五位)。❸별진(日月合宿謂之—)。〔書〕歷象日月星—。❹북두성진(北—天樞)。❺진시진(上午八時)。㊁날신(日也生—)。

三畫

【辱】(욕) 沃 ジョク、はずかしめる disgrace; shame ㄖㄨˋ ju³·⁴
辱 小篆 草書 ❶욕될욕(恥也)。〔禮〕不登危懼—親也。❷굽힐욕(屈也)。〔禮〕主人出拜君言之—。❸더럽힐욕(汙也)。〔左傳〕使吾子—在塗泥久矣。❹욕할욕(僇也)。❺고마워할욕(—知)。〔韓愈答陳商書〕愈白—惠書。

六畫

【農】(농) 冬 ノウ、ドウ、たつくる agriculture ㄋㄨㄥ nung²
農 小篆 籒文 古文 古文 草書 ❶농사농(耕種闢土植穀)。〔書〕—用八政。❷힘쓸농(勉也)。〔左傳 襄公十三年〕小人—力、他事其上。

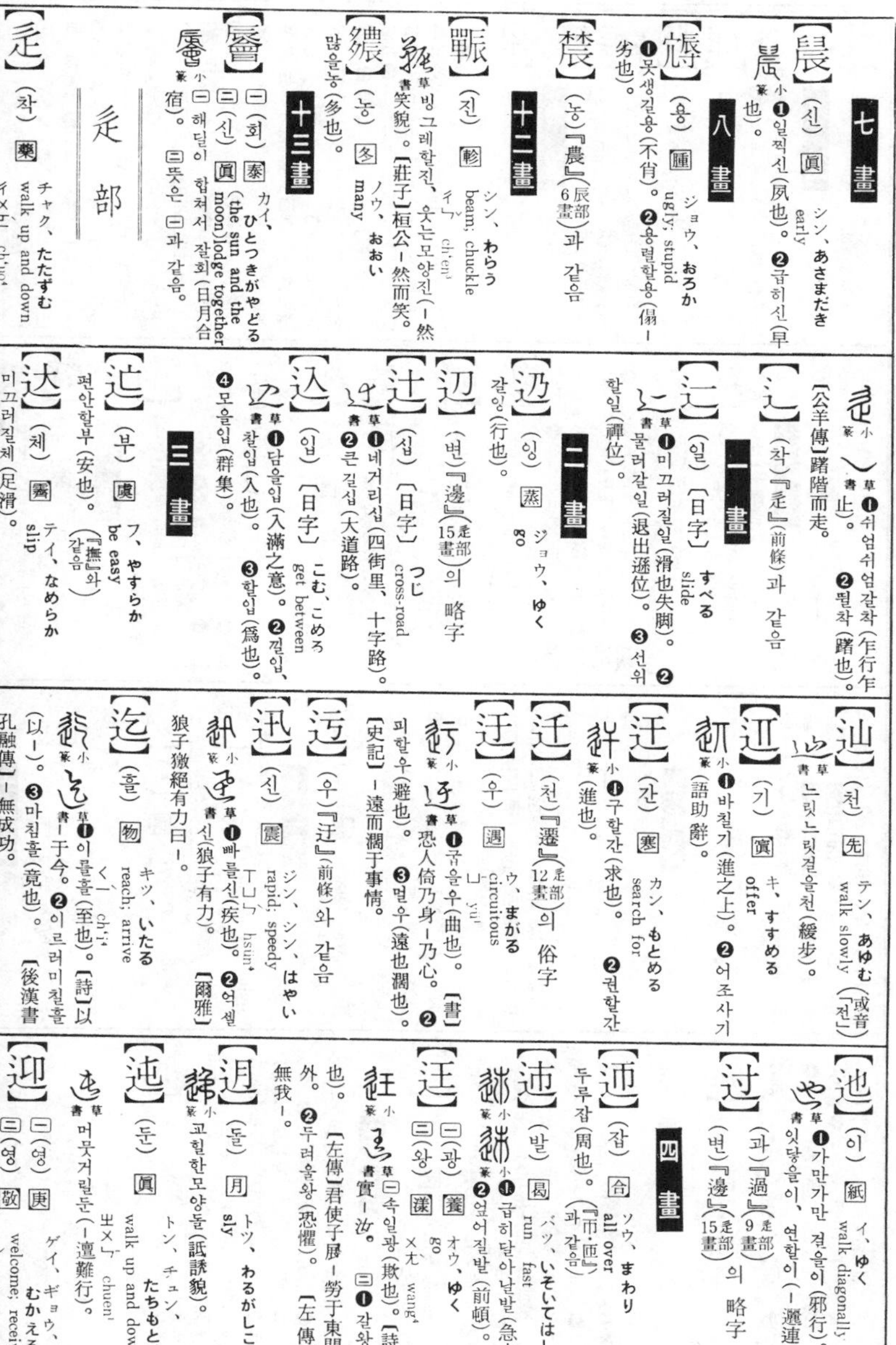

七畫

【晨】(신) 眞 シン、あさまだき early
晨 小篆 ❶일찍신(夙也)。❷급히신(早也)。

八畫

【䢇】(용) 腫 ジョウ、おろか ugly; stupid
❶못생길용(不肖)。❷용렬할용(傝ー劣也)。

【辳】(농)『農』(辰部6畫)과 같음

十二畫

【辴】(진) 軫 シン、わらう beam; chuckle ㄔㄣˇ ch'en³
草書 빙그레할진、웃는모양진(ー然笑貌)。【莊子】桓公ー然而笑。

【䢉】(농) 冬 ノウ、おおい many
많을농(多也)。

十三畫

【[illegible]】㊀(회) 泰 ㊁(신) 眞 カイ、ひとつきがやどる (the sun and the moon)lodge together
小篆 ㊀해달이 합쳐서 잘회(日月合宿)。㊁뜻은 ㊀과 같음。

辵部

【辵】(착) 藥 チャク、たたずむ walk up and down ㄔㄨㄛˋ ch'uo⁴
小篆 草書 ❶쉬엄쉬엄갈착(乍行乍止)。❷뛸착(踏也)。【公羊傳】踏階而走。

【⻌】(착)『辵』(前條)과 같음

一畫

【辷】(일)〔日字〕すべる slide
草書 ❶미끄러질일(滑也失脚)。❷물러갈일(退出遜位)。❸선위할일(禪位)。

二畫

【辸】(잉) 蒸 ジョウ、ゆく go
갈잉(行也)。

【辺】(변)『邊』(辵部15畫)의 略字

【辻】(십)〔日字〕つじ cross-road
草書 ❶네거리십(四街里、十字路)。❷큰 길십(大道路)。

【込】(입)〔日字〕こむ、こめる get between
草書 ❶담을입(入滿之意)。❷껄입、찰입(入也)。❸할입(爲也)。❹모을입(群集)。

三畫

【[illegible]】(부) 虞 フ、やすらか be easy (『撫』와 같음)
편안할부(安也)。

【达】(체) 霽 テイ、なめらか slip
미끄러질체(足滑)。

【辿】(천) 先 テン、あゆむ walk slowly (或音「전」)
草書 느릿느릿걸을천(緩步)。

【[illegible]】(기) 寘 キ、すすめる offer
小篆 ❶바칠기(進之上)。❷어조사기(語助辭)。

【迀】(간) 寒 カン、もとめる search for
小篆 ❶구할간(求也)。❷권할간(進也)。

【迁】(천)『遷』(辵部12畫)의 俗字

【迂】(우) 虞 ウ、まがる circuitous ㄩ yü¹
小篆 草書 ❶굽을우(曲也)。【書】恐人倚乃身ー乃心。❷피할우(避也)。❸멀우(遠也濶也)。【史記】ー遠而濶于事情。

【迃】(우)『迂』(前條)와 같음

【迅】(신) 震 ジン、シン、はやい rapid; speedy ㄒㄩㄣˋ hsün⁴
小篆 草書 ❶빠를신(疾也)。❷억셀신(狼子有力)。【爾雅】狼子獥絕有力曰ー。

【迄】(흘) 物 キツ、いたる reach; arrive ㄑㄧˋ ch'i⁴
小篆 草書 ❶이를흘(至也)。【詩】以ー于今。❷이르러미칠흘(以ー)。❸마침흘(竟也)。【後漢書 孔融傳】ー無成功。

【迆】(이) 紙 イ、ゆく walk diagonally
草書 ❶가만가만 걸을이(邪行)。❷잇닿을이、연할이(ー邐連接)。

【过】(과)『過』(辵部9畫)(변)『邊』(辵部15畫)의 略字

四畫

【迊】(잡) 合 ソウ、まわり all over
두루잡(周也)。(『帀·匝』과 같음)

【[illegible]】(발) 曷 バツ、いそいではしる run fast
小篆 ❶급히달아날발(急走)。❷엎어질발(前頓)。

【迋】㊀(광) 養 ㊁(왕) 漾 オウ、ゆく go ㄨㄤˋ wang⁴
小篆 草書 ㊀❶속일광(欺也)。【詩】人實ー汝。㊁❶갈왕(往也)。【左傳】君使子展ー勞于東門之外。❷두려울왕(恐懼)。【左傳】子無我ー。

【[illegible]】(돌) 月 トツ、わるがしこい sly
小篆 교힐한모양돌(詆譎貌)。

【迍】(둔) 眞 トン、チュン、たちもとる walk up and down ㄓㄨㄣ chuen¹
草書 머뭇거릴둔(ー邅難行)。

【迎】㊀(영) 庚 ㊁(영) 敬 ゲイ、ギョウ、むかえる welcome; receive ㄧㄥˊ ying²

小篆 草書 ㊀❶맞을영(迓也接也)。【淮南子】不將不ㅣ。❷만날영(逢也)。㊁❶장가들러올영(親ㅣ壻迓婦)。❷마중나갈영(出ㅣ)。

【近】㊀(근) 吻 ㊁(근) 問 キン、コン、ちかい ㄐㄧㄣˋ chin^4 near, approach

小篆 古文 草書 ㊀❶가까울근(不遠)。【漢書 賈誼傳】遠攷諸經、ㅣ采故事。❷천할근(通俗)。【朱熹 中庸章句序】彌ㅣ理而大亂眞矣。❸알기쉬울근(易也)。【孟子盡心下】言ㅣ而指遠者。❹닮을근(似也)。【中庸】好學ㅣ乎知。❺알맞을근(切實)。【公羊傳哀公十四年】撥亂世反諸正、莫ㅣ於春秋。❻친척근(ㅣ親)。【李密陳情表】外無朞功彊ㅣ之親。❼거의근(庶幾)。㊁가까이할근(附也親也)。【中庸】ㅣ之則不厭。【書】民可ㅣ不可下。

【迒】(항) 陽 コウ、うさぎみち ㄏㄤˊ hang^2 hare's path

小篆 或體 草書 토끼길목항(兎道)。【西京賦】結罝百里ㅣ杜蹊塞。

【迓】(아) 禡 ガ、むかえる ㄧㄚˋ ya^4 meet; receive

맞을아(迎也)。【書】予ㅣ續乃命于天。

【返】(반) 阮 ハン、ヘン、かえる ㄈㄢˇ fan^3 come back; return

小篆 或體 草書 돌아올반(還也復也)。【漢書】ㅣ之于天。

【迕】(오) 遇 麌 ゴ、あう ㄨˋ wu^4 meet

草書 ❶만날오(遇也)。【後漢書】王甫時出與陳蕃相ㅣ。❷어길오(違也)。【漢書】好惡乖ㅣ。❸거스를오(逆也)。【洞簫賦】氣旁ㅣ而飛射。❹섞일오(錯ㅣ交雜)。【風賦】廻穴錯ㅣ。

【⿺辶川】(종) 冬 ジュウ、したがう follow

따를종(從也)。

【⿺辶开】(기) 紙 ギ、ちかづく make up to

❶가까이할기(使近)。❷어조사기(語助辭)。

【迚】(중) [日字] とても however

草書 ❶도저히중(到底)。❷할지라도중、좀처럼중、암만하여도중(然而)。

五畫

【⿺辶半】(반) 翰 ハン、ゆく leave

갈반、떠날반(去也)。

【迠】(첩) 葉 チョウ、ゆく go

갈첩、걸을첩(行也)。

【迟】(격) 陌 ケキ、まがってゆく go zigzag

小篆 굽게갈격(曲行)。

【迢】(초) 蕭 チョウ、はるか far; distant ㄊㄧㄠˊ t'iao^2

小篆 草書 ❶멀초(ㅣ遞遠也)。【高蟾詩】平蕪歸路綠ㅣㅣ。❷높을초(高也)。

【迣】(렬)『迾』(辵部 6畫)의 古字

【迤】㊀(이) 紙 ㊁(타) 歌 イ、つづく follow

小篆 草書 ㊀든든할이(逶ㅣ自得貌)。㊁어정거린타(行貌)。

【迥】(형) 迥 ケイ、とおい ㄧˇ i^3 far; distant

小篆 草書 ❶멀형(寥遠)。【杜甫詩】江ㅣ月來遠。❷빛날형(光輝)。❸성형(姓也)。

【迦】(가) 歌 麻 カ ㄐㄧㄚ chia^1 Buddha's name

草書 부처의이름가(釋ㅣ佛號)。【文中子】齋戒修而梁國亡非釋ㅣ之罪也。

【⿺辶氐】(제) 霽 テイ、おどろく be frightened

小篆 놀랄제(驚也)。

【迨】(태) 賄 タイ、およぶ ㄉㄞˋ tai^4 reach

草書 미칠태(及也)。【詩】ㅣ其今兮。

【迩】(이)『邇』(辵部 14畫)의 俗字

【迪】(적) 錫 テキ、すすむ ㄉㄧˊ ti^2 advance

小篆 草書 ❶나아갈적(進也)。【書】允ㅣ厥德。❷순할적(循道順也)。【書】惠ㅣ吉。❸열어줄적(導ㅣ開發)。【書】啓ㅣ後人。❹밟을적(蹈也)。❺이를적(至也)。【漢書 敍傳】漢ㅣ于秦、有革有因。

【迫】(박) 陌 ハク、せまる ㄆㄛˋ p'o^4 approach (古音「백」)

小篆 草書 ❶핍박할박(逼也近也急也)。【楚辭】衆比周以相ㅣ兮。❷곤란할박、궁할박(ㅣ阨窮也)。【楚辭】悲時俗之ㅣ阨兮。❸서둘박(急也)。【後漢書 武帝紀】外ㅣ公事。❹줄일박(縮也)。

【迭】(질) 屑 テツ、イツ、かわる ㄉㄧㄝˊ tieh^2 change (本音「절」)

小篆 草書 ❶갈마들일질(更遞)。【易繫辭】ㅣ用柔剛。❷대신질(ㅣ代)。❸침노할질(侵突)。【左傳】ㅣ我殽地。

【迮】(책) 陌 サク、せまる ㄗㄜˊ tsê^2 become tight

小篆 草書 ❶핍책、끼일책(迫也)。【後漢書】竄執排ㅣ不得進退。❷발끈일어날책(ㅣㅣ起也)。

【迯】(도)『逃』(辵部 6畫)의 俗字

【述】(술) 質 ジュツ、のべる ㄕㄨˋ shu^4 write; state

小篆 籀文 草書 ❶이을술(續也)。❷지을술(著ㅣ譔也修也)。【禮】識禮樂之文者能ㅣ。❸

좇을술(繼ㅣ循也)。【中庸】父作之子ㅣ之。❹조회할술(ㅣ職諸侯朝)。【孟子】諸侯朝於天子曰ㅣ職。❺밝힐술(布陳)【論語 述語】ㅣ而不作。

【迤】㊀(이) 支 イ、ゆったり leisurely ㊁(다) 歌 ㊀❶든든할이(逶ㅣ自得貌)。❷에둘러갈이(ㅣ邐旁行)。㊁어정거릴다(逶ㅣ行貌)。

六畫

【迴】(회)『回』(口部3畫)와 같음

【迵】㊀(동) 送 トウ、すぎる penetrate ㊁(동) 東 小篆 草書 ㊀지날동(過也)。【史記】診其脈ㅣ風。㊁사무칠동、통달할동(達也)。【太玄經】中冥獨達ㅣㅣ不屈。

【迷】(미) 齊 メイ、まよう wander ㄇㄧˊ mi^2 小篆 草書 ❶박할미、미혹할미(惑也)。【李義山雜纂 不如不解】劣奴解識字、則作ㅣ。❷희미할미(亂也)。【書】烈風雷雨不ㅣ。❸망서릴미(未決)。【晏子春秋 內篇問下】莫三人而ㅣ。

【迹】(적) 陌 セキ、あと traces ㄐㄧ chi^1 小篆 或體 籀文 草書 ❶발자국적(足ㅣ)。【淮南子】足蹍地而爲ㅣ。❷자취적(凡有形可見者曰ㅣ)。【莊子】六經先王之陳ㅣ。❸업적적(成業)。【孟子 離婁下】王者之ㅣ熄。❹보기적(先例)。【論語 先進】不踐ㅣ。❺뒤따를적(追後)。【漢書 杜欽傳】將以 求天心ㅣ得失也。(『跡·蹟』과 같음)

【迺】(내) 賄 ダイ、おどろいたときのこえ surprised voice ㄋㄞˇ nai^3 小篆 古文 草書 ❶놀라소리 지를내(驚聲也)。❷갈내(往也)。❸이를내(至也)。

【迻】(이) 支 イ、うつる remove 小篆 草書 옮길이(遷徙)。【楚辭】厦徵艾而不ㅣ。(『移』와 같음)

【迨】(합) 合 コウ、おいつく follow at one's heels 小篆 뒤미쳐갈합(ㅣ遝、行相及)。

【追】㊀(추) 支 ツイ、タイ、おう pursue; chase ㄓㄨㄟ chuei^1 ㊁(퇴) 灰 小篆 草書 ㊀❶좇을추(逐也)。【左傳】ㅣ戎于濟西。❷따를추(逮也隨也)。【詩】薄言ㅣ之。❸미룰추(上溯已往)。【論語 學而】愼終ㅣ遠。㊁❶옥다듬을퇴(ㅣ琢治玉)。【周禮】ㅣ治玉石。❷쇠북꼭지퇴(鐘紐)。【孟子】以ㅣ蠡。

【迾】(렬) 屑 レツ、さえぎる intercept 小篆 草書 ❶길치울렬(車駕清道)。【後漢書】張弓帶鞬遮ㅣ出入。❷막을렬(遮遏)。

【迿】(준) 震 シュン、さき first (本音「순」) 먼저준(先也)。【公羊傳】朋友相衛而不相ㅣ。

【退】(퇴) 隊 タイ、しりぞく retreat ㄊㄨㄟˋ t'uei^4 小篆 或體 古文 草書 ❶물러갈퇴(却也)。【禮】君子三揖而進一辭而ㅣ。❷갈퇴(去也)。【道德經】功成名遂身ㅣ天之道也。❸겸양할퇴(謙ㅣ遜讓)。❹물리칠퇴(ㅣ之)。

【送】(송) 送 ソウ、おくる send ㄙㄨㄥˋ sung^4 小篆 籀文 草書 ❶보낼송(遣也)。【詩】遠ㅣ于野。❷전송할송(餞也)。【詩】我ㅣ舅氏。❸가질송(將也)。【儀禮】賓再拜稽首ㅣ幣。❹활잘쏠송(縱ㅣ善射)。【詩】抑縱ㅣ忌。❺줄송(贈也)。【史記 孔子世家】富貴者ㅣ人以財。

【适】(괄) 曷 カツ、はやい rapid ㄎㄨㄛˋ k'uo^4 小篆 草書 ❶빠를괄(疾也)。❷사람이름괄(人名南宮ㅣ)。【論語 憲問】南宮ㅣ。

【逃】(도) 豪 トウ、のがれる escape; flee ㄊㄠˊ t'ao^2 小篆 小篆 草書 ❶달아날도、피할도(避也)。【史記】季札讓ㅣ去。❷도망군도(亡也)。【書記】項羽圍成皐漢王ㅣ。❹빠저나갈도(脫也)。【李商隱雜纂 必不來】醉客ㅣ多罪逋ㅣ。❸도망할도(逸去)。【史席。

【逄】(방) 江 ホウ、ふさぐ close ㄆㄤˊ p'ang^2 草書 ❶막힐방(塞也)。❷성방(姓也)。【孟子】ㅣ蒙學射於羿。

【逅】(후) 宥 コウ、であう meet by chance ㄏㄡˋ hou^4 小篆 草書 우연히만날후(邂ㅣ不期而會)。【詩】今夕何夕見此邂ㅣ。

【逆】(역) 陌 ゲキ、ギャク、さからう oppose ㄋㄧˋ ni^4 小篆 草書 ❶거스릴역(不順)。【書】從ㅣ凶。❷맞을역(迎也)。【周禮】歛豳詩以ㅣ暑。❸배반할역(反也)。❹어지럽게할역(亂也)。❺역적역(ㅣ賊)。

七畫

【迸】(병)『迸』(辵部8畫)의 俗字

【逈】(형)『迥』(辵部5畫)의 俗字

【⿺辶貝】(패) 卦 ハイ、こわれる crumble 小篆 무너질패(壞也)。

【逋】(포) 虞 ホ、のがれる flee ㄅㄨ pu^1 小篆 籀文 草書 ❶포흠할포(欠負官物)。【漢書】三年以前ㅣ更賦未入者皆勿收。❷도망갈포(亡也)。【書】于伐殷ㅣ播臣。

【透】(투) 宥 トウ、とおる permeate

述 小篆 逶 草書 ❶통할투(通也)。❷사무칠투(徹也)。❸지나칠투(過也)。

【逌】(유) 攸 ユウ、にこやか beamingly ㄧㄡˊ yu² 草書 빙그레할유(一爾笑貌)。【答賓戲】主人一爾而笑。

【逍】(소) 蕭 ショウ、ぶらつく stroll about ㄒㄧㄠ hsiao¹ 小篆 草書 노닐소、거닐소(一遙自適)。【莊子】一遙遊。

【退】(퇴)『退』(辵部6畫)의 古字

【逐】㊀(축) 屋 チク、おう expel; eject ㄓㄨˊ chu² ㊁(적) 錫 小篆 草書 ㊀❶쫓을축(追也)。【左傳】祝聃一之。❷물리칠축(斥也)。【史記】非秦者去爲客者一。㊁달리는모양적(一一馳貌)。

【逑】(구) 尤 キュウ、あつめる gather ㄑㄧㄡˊ ch'iu² 小篆 草書 ❶짝구(匹也)。【詩】君子好一。❷모을구(聚斂)。【詩】以爲民一。

【途】(도) 虞 ト、ズ、みち road; path ㄊㄨˊ t'u² 草書 길도(路也、道也)。【周禮】經一九軌。【論語】遇諸塗。(『塗』와 같음)

【逕】(경) 徑 ケイ、こみち path; short cut ㄐㄧㄥˋ ching⁴ 草書 ❶동안뜰경(一庭相去遠)。❷길경(步道)。❸곧을경(直也)。❹가까울경(近也)。❺이를경(至也)。(『徑』과 같음)

【逓】(체)『遞』(辵部10畫)의 俗字

【逖】(적) 錫 テキ、はるか distant ㄊㄧˋ t'i⁴ 小篆 古文 草書 멀적(疏一遠也)。【書經 牧誓】一矣西土之人。

【逗】(두) 宥 トウ、ズ、とどまる stay ㄉㄡˋ tou⁴ 小篆 草書 머무를두(一遛止也)。【後漢書】追虜料敵不拘以一遛法。

【這】㊀(저) 馬 シャ、ゲン、むかえる、この receive; this ㄓㄜˋ chê⁴ (本音「자」) ㊁(언) 願 ㊂(갓) 〔國字〕 草書 ㊀❶맞을저(迎也)。【周禮】有掌訝主迎訝古作一。❷이것저、여기저(此也)。【毛晃曰】凡稱此箇俗多用一字。㊁맞이할언(迎也)。㊂〔國字〕가지가지갓(條條)。

【通】(통) 東 トウ、ツウ、とおる through ㄊㄨㄥ t'ung¹ 小篆 草書 ❶뚫릴통、통할통、사무칠통(達也)。【易繫辭】作八卦以一神明之德。❷형통할통(亨也)。【禮】上一而不困。❸통창할통(暢也)。❹사귈통(交好)。【漢書】非長者勿與一。❺다닐통(往來)。❻모두통(總也)。❼지날통(一過)。❽널리통(普一)。❾간음할통(姦一)。❿벌통(文書數詞一一)。

【逜】(오) 遇 ゴ、さます awaken ㄨˋ wu⁴ 깨우칠오(寤也)。상관할오(相關)。

【逛】(광) 養 キョウ、にげる run away ㄍㄨㄤˋ kuang⁴ ❶달아날광(走貌)。❷놀광(遊也)。❸구경할광(覽也)。

【逝】(서) 霽 セイ、ゆく、しぬ pass away; demise ㄕˋ shih⁴ 小篆 小篆 草書 ❶갈서(往也、行也)。【詩】一將去汝。❷지나갈서(過也)。【論語 陽貨】日月一矣、歲不我與。❸죽을서(死也)。❹이에서(發語辭)。【詩經】一不古處。

【逞】(정) 梗 テイ、たくましい please ㄔㄥˇ ch'êng³ 小篆 草書 ❶통할정(通也)。❷쾌할정(快也)。【左傳】鬼神實不一于許君。❸풀정(解也)。【左傳】乃可以一。❹구속아니받을정(不檢)。

【速】(속) 屋 ソク、すみやか quick; rapid ㄙㄨˋ su²·⁴ 小篆 籒文 古文 草書 ❶빠를속(疾也)。【孟子】王一出令。❷부를속(召也)。【易】不一之客。❸더러울속(陋也)。【後漢書】一一方轂。❹사슴발자취속(鹿跡曰一)。❺서둘속(急也)。【史記 孔子世家】弟子曰、可以一矣。

【造】㊀(조) 皓 ゾウ、つくる make; create ㄗㄠˋ tsao⁴ ㊁(조) 號 小篆 古文 草書 ㊀❶지을조、만들조(作也)。【書】予一天役。❷처음조(始也)。【孟子 萬章上】天誅一攻自牧宮。㊁❶이를조(至也)。【屈原賦】一託湘流兮、敬弔先生。❷올조(來也)。❸나아갈조(就也)。【詩】小子有一。❹잠깐조(次急遽)。【論語】一次必於是。❺때조(時代)。【禮記 郊特牲】夏之末一也。

【逡】(준) 眞 シュン、しりごみする hesitate ㄐㄩㄣ chün¹ 小篆 草書 ❶주저할준(一巡、行不進)。【楚辭】一次而勿驅兮。❷물러갈준(退也)。

【逢】㊀(봉) 東 ホウ、あう meet ㄈㄥˊ fêng² ㊁(봉) 冬 小篆 草書 ㊀북소리봉(一一鼓聲)。【詩】鼉鼓一一。㊁❶만날봉(遇也値也)。【左傳】不一不若。❷맞을봉(迎也)。【孟子 告子下】一君之惡、其罪大。

【連】㊀(련) 先 レン、つらなる connect; join ㄌㄧㄢˊ lien² ㊁(련) 銑 小篆 草書 ㊀❶연할련(接也聯也)。【詩】執訊一一。❷이을련(續也)。【古詩 焦仲卿妻】淚落一珠子。❸끌릴련(牽也)。❹붙일련(輔

ㅣ屬綴)。 ㊂❶어려울련(ㅣ塞難也)。 ❷머무를련(遲久)。【易經】往蹇來ㅣ。

八畫

【逨】(래) 灰 ライ、いたる reach; arrive ❶이를래(至也)。 ❷올래(來也)。

【逩】(분) 願 ホン、はしる run away 달아날분(走也)。

【逯】(록) 沃 リョク、ゆく go ㄌㄨˋ lu4 小篆 ❶훌쩍 갔다올록(忽然往來)。【淮南子】渾然而來 ㅣ然而往。 ❷조심히걸을록(善行貌)。

【逪】(착) 藥 サク、まじる be mixed 小篆 섞일착(交雜)。

【逫】㊀(결) 屑 ケツ、とおい distant ㊁(줄) 質 ㊀멀결(遠也)。 ㊁김뜰줄(氣出遲貌)。【洞簫賦】馳散渙而ㅣ律。

【逬】(병) 敬 ヘイ、にげる run away ㄅㄥˋ pêng4 小篆 흩어져 달아날병(散走)。

【逮】㊀(체) 霽 テイ、タイ、とらえる ㊁(태) 賄 capture; arrest ㊂(태) 隊 ㄉㄞˇˋ tai3·4 小篆 草書 ㊀❶미칠체(及也)。【書】夙夜不ㅣ。 ❷잡아가둘체(繫囚)。【漢書】ㅣ繫。 ❸단아할체(ㅣㅣ安和貌)。【禮】威儀ㅣㅣ。 ㊁미칠태(及也)。 ㊂쫓을태(追也)。

【逭】(환) 翰 カン、のがれる flee; escape ㄏㄨㄢˋ huan4 小篆 或體 草書 ❶도망할환(逃也)。【書】自作孽不可ㅣ。 ❷갈마드릴환(迭也)。

【週】(주) 尤 シュウ、めぐる circuit; week ㄓㄡ chou1 草書 ❶두루주(周也)。 ❷주일주、이레주(日、月、火、水、木、金、土、七曜日謂之一ㅣ)。

【逰】(유)『遊』(辵部 9畫)의 俗字

【進】(진) 震 シン、すすむ advance ㄐㄧㄣˋ chin4 小篆 草書 ❶오를진(登ㅣ)。【書】登ㅣ厥民。 ❷나아갈진(前ㅣ)。【禮】三揖而ㅣ。 ❸천거할진(薦也)。【禮】推賢而ㅣ達之。 ❹본받을진(效也)。【易】ㅣ德修業。 ❺더할진(加也)。 ❻가까이할진(近也)。【禮記】君子ㅣ人以禮。

【遃】(아) 禡 ア、つぎ second; next ❶줄나란히갈아(次第行)。 ❷버금아(次也)。

【逴】㊀(탁) 覺 タク、チャク、とおい(本音「착」) ㊁(작) 藥 far; distant ㄔㄨㄛˋ ch'uo4 小篆 草書 ㊀❶멀탁(遠也)。【史記】ㅣ行殊遠。 ❷절름거릴탁(蹇也)。【方言】蹇者謂之ㅣ。 ❸뛰어날탁(超絕)。【西都賦】ㅣ躒諸夏。 ㊁뜻은 ㊀과 같음。

【逵】(규) 支 キ、おおどおり cross-road ㄎㄨㄟˊ k'uei2 草書 길거리규、큰길규(九達道)。【詩】施于中ㅣ。【左傳】入及大ㅣ。

【逶】(위) 支 イ、よろめく totter ㄨㄟ wei1 小篆 或體 草書 비틀거릴위(ㅣ迤袤行貌)。【漢書】票然逝旗ㅣ迤。

【逷】(적)『狄』(犬部 4畫)의 古字

【逸】(일) 質 イチ、イツ、にげる、すぐれる escape; excellence ㄧˋ i4 小篆 草書 ❶놓일일(縱也)。【左傳】馬ㅣ不能止。 ❷숨을일(遁也隱也)。【論語】擧ㅣ民。 ❸허물일(失也)。 ❹놓을일(放也)。 ❺편안할일(ㅣ樂)。 ❻뛰어날일(優也)。 ❼달아날일(奔ㅣ)。(『佚』과 같음)

九畫

【逼】(핍) 職 ヒョク、フク、せまる urgency ㄅㄧ pi1 (古音「벽」) 小篆 草書 ❶가까울핍(近也)。 ❷핍박할핍(迫也驅也)。【左傳 襄公二年】以ㅣ子重子辛。 ❸궁핍할핍(窮ㅣ)。

【逾】(유) 虞 ユ、こえる pass over ㄩˊ yü2 草書 ❶갈유(邁也)。【書】日月ㅣ邁。 ❷넘을유、지날유(越也過也)。【書經禹貢】ㅣ于洛。 ❸더욱유(愈也)。【呂氏春秋愼大】欲榮而ㅣ辱。

【逿】(탕) 漾 トウ、たおれる fall prone 草書 ❶거꾸러질탕(倒也)。【漢書】陽醉ㅣ地。 ❷마음두근거릴탕(蕩也)。【史記】脈盛者爲重陽者ㅣ心主。

【⿺辶枼】㊀(섭) 葉 ショウ、はしる ㊁(엽) 葉 run ㊂(치) 寘 小篆 ㊀달릴섭(迣ㅣ、走貌)。 ㊁앞으로 엎어질엽(頓也)。 ㊂나아가지 않을치(不進貌)。

【逌】(유)『逌』(辵部 7畫)와 같음

【遁】㊀(돈) 阮 トン、シュン、のがれる ㊁(둔) 願 escape; hide ㄉㄨㄣˋ tuen4 小篆 草書 ㊀❶달아날돈(逃也)。 ❷숨을돈(隱也)。【詩】勉爾ㅣ思。 ❸피할돈(回避)。【後漢書】上下相ㅣ。 ❹끊을돈(絕也)。【中庸】ㅣ世不見知而不悔。 ㊁뜻은 ㊀과 같음。

【遂】(수) 寘 スイ、とげる、ついに accomplish; at last ㄙㄨㄟˋ suei4 小篆 古文 草書 ❶사무칠수(達也)。【禮】慶錫ㅣ行。 ❷나아갈수(進也)。【易】不能退不能ㅣ。 ❸이룰수(成就從志)。【禮】百事乃ㅣ。 ❹마침내수(竟也)。【漢書】吾聞先生事魏不ㅣ。 ❺인할수(因也)。【詩】ㅣ及伯姊。 ❻마칠수(結果)。【左傳 隱公元年】莊公寤生

鸞姜氏、名曰寤生、ㅣ惡之。❼자랄수(生育)。❽다할수(盡也)。❾갖출수(具也)。❿실개천수(小溝)。

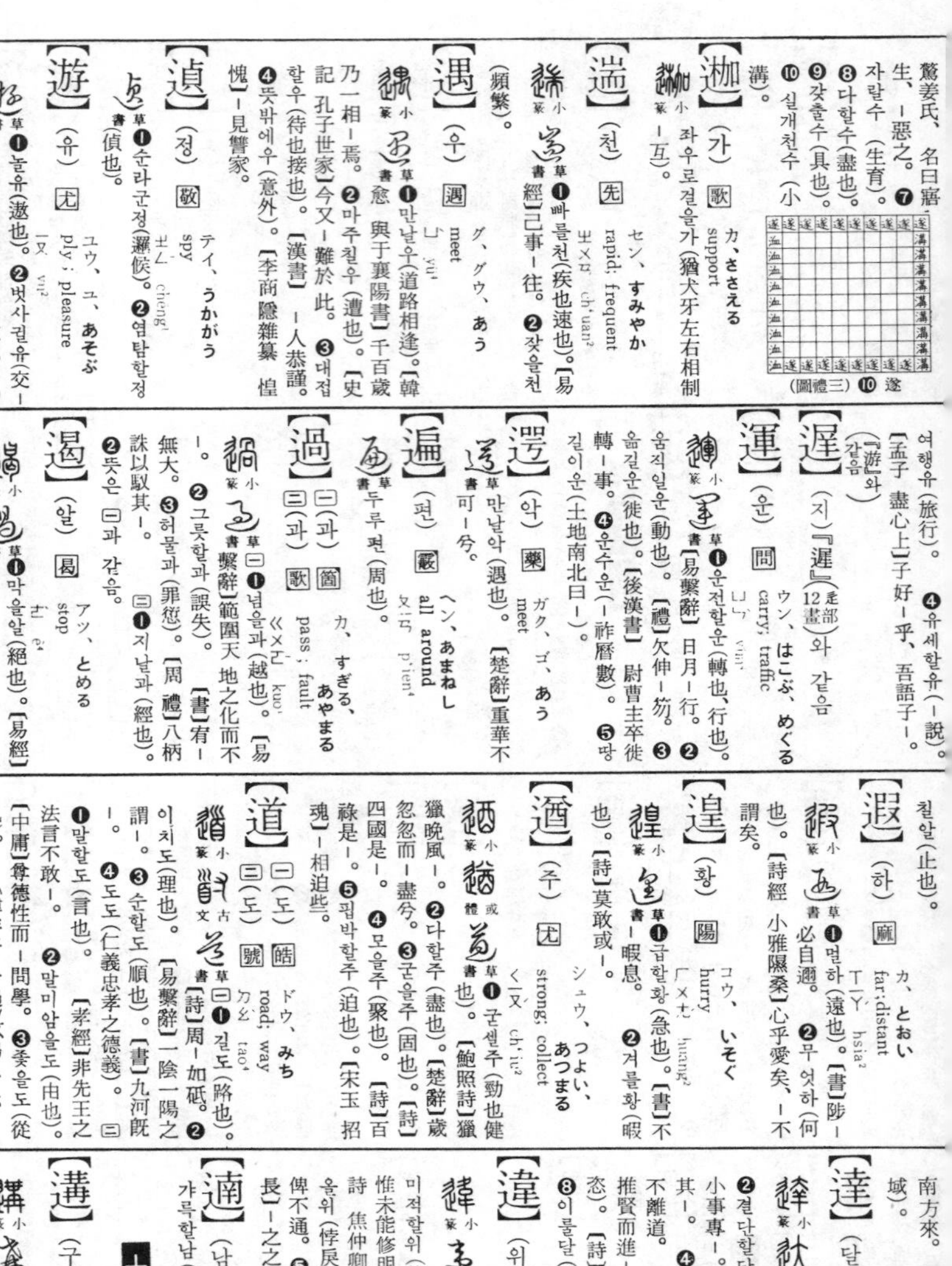

(三禮圖) ❿ 遂

【迦】(가) 歌 カ、ささえる support
좌우로걸을가(猶犬牙左右相制ㅣ互)。

【遄】(천) 先 セン、すみやか rapid; frequent ㄔㄨㄢˊ ch'uan²
❶빠를천(疾也速也)。【易經】已事ㅣ往。❷잦을천(頻繁)。

【遇】(우) 遇 グ、グウ、あう meet ㄩˋ yü⁴
❶만날우(道路相逢)。【韓愈 與于襄陽書】千百歲乃一相ㅣ焉。❷마주칠우(遭也)。【史記 孔子世家】今又ㅣ難於此。❸대접할우(待也接也)。【漢書】ㅣ人恭謹。❹뜻밖에우(意外)。【李商隱雜纂 惶愧】ㅣ見讐家。

【遉】(정) 敬 テイ、うかがう spy ㄓㄥ cheng¹
❶순라군정(邏候)。❷염탐할정(偵也)。

【遊】(유) 尤 ユウ、ユ、あそぶ ply; pleasure ㄧㄡˊ yu²
❶놀유(遨也)。❷벗사귈유(交ㅣ友也)。【禮】交ㅣ稱其信。❸여행유(旅行)。❹유세할유(ㅣ說)。【孟子 盡心上】子好ㅣ乎、吾語子ㅣ。(『游』와 같음)

【遲】(지)『遲』(辵部12畫)와 같음

【運】(운) 問 ウン、はこぶ、めぐる carry; traffic ㄩㄣˋ yün⁴
❶운전할운(轉也、行也)。【易繫辭】日月ㅣ行。❷움직일운(動也)。【禮】欠伸ㅣ笏。❸옮길운(徙也)。【後漢書】尉曹主卒徒轉ㅣ事。❹운수운(ㅣ祚曆數)。❺땅길이운(土地南北曰ㅣ)。

【遌】(악) 藥 ガク、ゴ、あう meet
만날악(遇也)。【楚辭】重華不可ㅣ兮。

【遍】(편) 霰 ヘン、あまねし all around ㄆㄧㄢˋ p'ien⁴
두루편(周也)。

【過】㊀(과) 箇 ㊁(과) 歌 カ、すぎる、あやまる pass; fault ㄍㄨㄛˋ kuo⁴
㊀❶넘을과(越也)。【易繫辭】範圍天地之化而不ㅣ。❷그릇할과(誤失)。【書】宥ㅣ無大。❸허물과(罪愆)。【周禮】八柄誅以馭其ㅣ。㊁❶지날과(經也)。❷뜻은 ㊀과 같음。

【遏】(알) 曷 アツ、とめる stop ㄜˋ e⁴
❶막을알(絕也)。【易經】君子以ㅣ惡揚善。❷그칠알(止也)。

【遐】(하) 麻 カ、とおい far;distant ㄒㄧㄚˊ hsia²
❶멀하(遠也)。【書】陟ㅣ必自邇。❷무엇하(何也)。【詩經 小雅隰桑】心乎愛矣、ㅣ不謂矣。

【遑】(황) 陽 コウ、いそぐ hurry ㄏㄨㄤˊ huang²
❶급할황(急也)。【書】不ㅣ暇息。❷겨를황(暇也)。【詩】莫敢或ㅣ。

【遒】(주) 尤 シュウ、つよい、あつまる strong; collect ㄑㄧㄡˊ ch'iu²
❶굳셀주(勁也健也)。【鮑照詩】獵獵晚風ㅣ。❷다할주(盡也)。【楚辭】歲忽忽而ㅣ盡兮。❸굳을주(固也)。【詩】四國是ㅣ。❹모을주(聚也)。【詩】百祿是ㅣ。❺핍박할주(迫也)。【宋玉 招魂】ㅣ相迫些。

【道】㊀(도) 皓 ㊁(도) 號 ドウ、みち road; way ㄉㄠˋ tao⁴
㊀❶길도(路也)。【詩】周ㅣ如砥。❷이치도(理也)。【易繫辭】一陰一陽之謂ㅣ。❸순할도(順也)。【書】九河旣ㅣ。❹도도(仁義忠孝之德義)。㊁❶말할도(言也)。【孝經】非先王之法言不敢ㅣ。❷말미암을도(由也)。【中庸】尊德性而ㅣ問學。❸좇을도(從也)。【韓非子 十過】玄鶴二八、ㅣ南方來。❹행정구역이름도(行政區域)。

【達】(달) 曷 タツ、とおる attain; reach ㄊㄚˋ t'a⁴
❶사무칠달(通也)。【書】ㅣ四聰。❷결단할달(決也)。【周禮】大事從長小事專ㅣ。❸날달(生也)。【詩】驛驛其ㅣ。❹나타날달(顯也)。【孟子】ㅣ不離道。❺천거할달(薦也)。【禮】推賢而進ㅣ之。❻방자할달(挑ㅣ放恣)。【詩】挑ㅣ兮。❼이를달(到ㅣ)。❽이룰달(成就)。❾보낼달(配送)。

【違】(위) 微 イ、ちがう、たがう violate; disobey ㄨㄟˊ wei²
❶어길위(背也、離也)。【書】靜言庸ㅣ。❷미적미적할위(依ㅣ不決)。【漢書】依ㅣ以惟未能修明。❸다를위(異也)。【古詩 焦仲卿妻】愼勿ㅣ吾語。❹되돌아올위(悖戾)。【大學】人之彥聖而ㅣ之俾不通。❺갈위(去也)。【論語 公冶長】ㅣ之之一邦。

十畫

【遖】(남)〔日字〕 あっぱれ admirable
가륵할남(贊美歎辭)。

【遘】(구) 宥 コウ、あう meet with ㄍㄡˋ kou⁴
만날구(遇也)。【崔駰賦】嘉昔人之ㅣ辰兮。

【遙】(요) 蕭 ヨウ、はるか far; distant 一ㄠˊ yao² 小篆 草書 ❶멀요(遠也)。〔左傳〕遠哉ーー。❷노닐요(逍ー徜徉)。

【遛】(류)『遲』(辵部12畫)와 같음

【遜】(손) 願 ソン、へりくだる modest; humble ㄒㄩㄣˋ yüan⁴ 小篆 草書 ❶순할손(順也)。❷겸손할손(謙恭)。〔書經舜典〕五品不ー。❸도망할손(遁也)。〔書〕吾家耄ー于荒。❹사양할손(辭避)。〔書〕將ー于位。

【遝】(답) 合 トウ、こみあう bustle; crowd ㄊㄚˋ t'a⁴ 小篆 草書 ❶뒤섞일답(雜ー)。〔洛神賦〕衆靈雜ー。❷뒤미처따를답(逮ー行相及)。〔古詩〕逮ー高飛莫安宿。

【遞】(체) 霽 テイ、かける、かわる replace; change ㄉㄧˋ ti⁴ 小篆 ❶갈마들일체(ー代更迭)。〔漢書〕四興替代八風生。❷멀체(迢ー遠也)。❸역말체(傳ー驛也)。

【遉】(도)『道』(辵部9畫)의 古字

【遠】㊀(원) 阮 ㊁(원) 願 エン、とおい far; distant ㄩㄢˇ yüan³ 小篆 古文 ㊀❶멀원(遙也)。〔中庸〕行ー必自邇。❷심오할원、깊을원(高奧)。〔孟子盡心下〕言近而指ー者。㊁멀리할원(ー之、離也)。〔論語〕敬鬼神而ー之。

【遡】(소) 遇 ソ、さかのぼる go back to ㄙㄨˋ su⁴ 草書 ❶거스를소(逆流)。〔詩〕ー洄從之。❷맞이할소(迎也)。❸향할소(嚮也)。〔詩〕ー其過澗。❹하소연할소、호소할소(訴也)。〔詩〕如彼ー風。〔戰國策〕告ー于魏。

【遣】㊀(견) 銑 ㊁(견) 霰 ケン、つかわす send; dispatch ㄑㄧㄢˇ ch'ien³ 小篆 草書 ㊀❶보낼견(送也祛也)。〔左傳〕姜氏與子犯謀醉而ー之。❷쫓을견(逐也)。〔儀禮旣夕〕書ー于策。㊁견전제견(祖奠)。〔禮〕ー車一乘。

【遢】(탑) 合 トウ、あるく(ゆっくり) go slowly ㄊㄚˋ t'a⁴ ❶천천히 걸을탑(邋ー穩行貌)。❷용렬할탑(邋ー不謹事)。

十一畫

【遦】(관) 諫 カン、ならう be accustomed to 小篆 익힐관(習也)。

【遧】(장) 陽 ショウ、あきらか reveal 드러낼장(遧ー彰顯明辨之意)。

【遨】(오) 豪 ゴウ、あそぶ play ㄠˊ ao² 草書 노닐오(ー嬉、遊也)。〔詩經〕以ー以遊。(『敖』와 같음)

【適】㊀(적) 陌 ㊁(적) 錫 テキ、かなう fit; sutable ㄕˋ shih⁴ 小篆 草書 ㊀❶갈적(往也 如也 至也)。〔詩〕ー子之館。❷맞갖을적、편안할적(自得安便)。〔詩〕ー我願兮。❸마침적(ー然偶爾)。〔書〕乃惟眚災ー爾。❹깨달을적(悟也)。❺시집갈적(嫁也)。〔古詩焦仲卿妻〕阿母白媒人、貧賤有此女、始ー還家門。㊁❶좇을적(從也)。〔書〕我事不貳ー。❷주장할적(專主)。〔論語〕無ー也。❸친히할적(親也)。❹좇을적(意所必從)。

【遥】(요)『遙』(辵部10畫)와 같음

【遬】(속) 屋 ソク、つつしむ humble ㄙㄨˋ su⁴ 草書 ❶공손할속(齊ー謙慤)。〔禮〕見所尊者齊ー。❷줄어들속(促也)。

【遭】(조) 豪 ソウ、あう meet ㄗㄠ tsao¹ 小篆 草書 ❶만날조(ー遇、逢也)。〔漢書〕幸ー遇其時。❷마주칠조(匝也)。〔詩〕ー我乎猺之間。❸빙둘릴조(周ー、巡也)。〔劉禹錫詩〕山圍故國周ー在。

【遮】(차) 麻 シヤ、さえぎる intercept; cover ㄓㄜ chê¹ 小篆 草書 ❶가릴차(蔽也)。〔後漢書〕ー迾出入。❷막을차(攔也遏也)。〔後漢書〕伏兵ー擊。❸잔말할차(周ー語多)。〔白居易詩〕周ー說話長。❹이것차(這也)。〔蘇軾詩〕ー箇在油鐺。❺훼방할차(妨也)〔李商隱雜纂 不快意〕樹陰ー景。

【遰】(치) 紙 シ、ちかい near 가까울치(近也)。

【遯】㊀(돈) 願 ㊁(둔) 阮 トン、のがれる evade; elude ㄉㄨㄣˋ tuen⁴ 小篆 草書 ㊀❶숨을돈(退也隱也)。〔易〕天下有山ー。❷도망할돈(避也逃也)。〔書〕不顧行ー。(『遁』과 통함) ㊁뜻은 ㊀과 같음。

【遰】(체) 霽 テイ、さる、ゆく leave; go ㄉㄧˋ ti⁴ 小篆 草書 ❶갈체(往也)。〔史記〕鳳漂漂其高ー。❷갈집체(力轉)。〔禮〕右佩管ー。❸멀체(迢ー遠也)。

【遱】(루) 尤 ルイ、つらなる one after another ㄌㄡˊ lou² 小篆 연할루(連也、行步不絕之貌)。

【遳】(좌) 歌 サ、いそぐ busy ❶바쁠좌(急躁)。❷약할좌(脆貌)。

十二畫

【遲】㊀(지) 支 ㊁(지) 寘 チ、おそい late; slow ㄔˊ ch'ih² 小篆 或體 籀文 草書 ㊀❶오랠지(久也)。❷더딜지(緩也)。〔古詩 焦中卿妻〕非爲織作ー君家婦難爲。❸천천할지

(徐行)。【詩】行道ㅡㅡ。❹쉴지(棲ㅡ息也)。【詩】可以棲ㅡ。❺때놓칠지(時機失)。【史記 孔子世家】沮之而不可、則致地庸ㅡ乎。㊂❶기다릴지(待也)。【漢書】ㅡ明行三百餘里。❷이에지(乃也)。【史記 信陵君傳】ㅡ令韓魏歸重于齊。

【遲】(지)『遲』(前條)와 같음

【遴】(린) 震 リン、むさぼる covet; greedy ㄌㄧㄣ lin⁴
小篆 或體 草書 ❶머뭇거릴린(行難)。【漢書】誠難以忽不可ㅡ。❷탐할린(貪也)。【漢書】貪ㅡ爭訟。❸가릴린(掄才選也)。

【遵】(준) 眞 ジュン、したがう obey ㄗㄨㄣ tsuen¹
小篆 草書 ❶좇을준(循也)。【詩】ㅡ彼汝墳。❷행할준(行也)。【書】ㅡ王之路。❸지킬준(ㅡ奉、ㅡ守)。【中庸】君子ㅡ道而行。

【遶】(요) 篠 ジョウ、めぐらす surround ㄖㄠ jao⁴
草書 둘릴요(圍也)。『繞』와 같음

【遷】(천) 先 セン、うつる remove ㄑㄧㄢ ch'ien¹
小篆 古文 草書 ❶옮길천(徙也移也)。【書】懋ㅡ有無化居。❷바뀔천(變易)。【左傳】吾子爲國政未改禮而又ㅡ之。❸옮을천(去下之高)。【詩】ㅡ于喬木。❹귀양보낼천(謫也)。【書】何ㅡ乎有苗。❺벼슬바뀔천(徙官)。【漢書】賈誼超ㅡ至太中大夫。

【遛】(류) 尤 リュウ、とどまる stay ㄌㄧㄡ liu¹·²·⁴
머무를류(逗ㅡ、止也)。

【選】㊀(선) 銑 セン、えらぶ select ㄒㄩㄢ hsüan³
㊁(선) 霰
小篆 草書 ㊀❶가릴선、뽑을선(擇也)。【詩】不可ㅡ也。❷셀선(數也)。【書】世ㅡ爾勞。❸재물선(白ㅡ貨貝)。【史記】白金圜之以文龍曰白ㅡ。❹조금있다가선(少ㅡ須臾)。【呂覽】少ㅡ發而視之。㊁❶뽑을선(銓ㅡ、擇也)。【唐書】有ㅡ擧志。❷도래춤선(環舞)。【詩經】舞則ㅡ兮。

【遹】(휼) 質 イツ、シュツ、したがう obey
小篆 草書 ❶좇을휼(循也)。❷지을휼(述也)。【書】祗ㅡ乃文考。❸이에휼(發語辭)。【詩】ㅡ駿有聲。❹간사할휼(回邪)。【詩】謀猶回ㅡ。

【遺】㊀(유) 支 ユイ、イ、のこす survive
㊁(유) 寘 ㄧ i²
小篆 草書 ㊀❶잃어버릴유(失也)。【漢書】功不ㅡ矣。❷남을유(餘也)。【禮】有ㅡ音。❸더할유(加也)。❹자취유(陳迹)。【諸葛亮 出師表】先帝簡拔 以ㅡ陛下。❺잊을유(忘也)。【詩經 小雅谷風】棄予如ㅡ。㊁❶끼칠유、줄유(贈也)。【史記】丈馬三十駟ㅡ魯君。❷먹일유(餽也)。【左傳】請以ㅡ之。

【遻】(오) 遇 ゴ、あう meet by chance ㄨ wu⁴
小篆 草書 ❶만날오(遇也)。【莊子 達生】醉者ㅡ物而不慴。【楚辭】重華不可ㅡ。❷어길오(違也)。

【遼】(료) 蕭 リョウ、とおい far; distant ㄌㄧㄠ liao²
小篆 草書 ❶멀료(遠也)。【楚辭】山修遠其ㅡㅡ兮。❷강이름료(川名ㅡ河)。❸나라이름료(國名ㅡ東)。

【遳】(조) 效 ソウ、みちる be full
찰조(充也)。

十三畫

【遽】(거) 御 キョ、にわか、あわてる suddenly; hurry ㄐㄩ chü⁴
小篆 草書 ❶급할거(急也卒也)。【後漢書】雖在倉卒未嘗疾言ㅡ色。❷두려울거(懼也)。【左傳】豈不ㅡ止。❸역말수레거(傳ㅡ驛車)。【禮】士曰傳ㅡ之臣。

【避】(피) 寘 ヒ、さける avoid; hide ㄅㄧ pi⁴
小篆 草書 ❶숨을피(隱遁)。❷피할피(逃也)。【史記】藺相如望見廉頗引車ㅡ匿。❸어길피(違也)。❹싫어할피(厭也)。【漢書 朱博傳】隨從士大夫不ㅡ風雨。

【邀】(요) 蕭 ヨウ、むかえる intercept ㄧㄠ yao¹
草書 ❶맞을요(招也)。【李白詩】擧杯ㅡ明月。❷구할요(求也)。【中庸】小人行險以徼倖。❸부를요(呼也)。【蘇軾 饋歲詩序】酒食相ㅡ爲別歲。

【遱】㊀(선) 霰 セン、ゆく go
㊁(연) 先
小篆 ㊀❶가는모양선(行貌)。❷가려 막을선(遮也)。❸옮길선(移也)。㊁뜻은 ㊀과 같음。

【邁】(매) 卦 マイ、バイ、ゆく dash forward ㄇㄞ mai⁴
小篆 或體 草書 ❶멀리갈매(遠行)。【詩經】行ㅡ靡靡。❷지나갈매(過也)。【詩經】後予ㅡ焉。❸늙을매(老也)。【書】日月逾ㅡ。❹돌아보지않고갈매(ㅡㅡ不顧)。【詩】視我ㅡㅡ。❺힘쓸매(勵也)。【書經大禹謨】皐陶ㅡ種德。

【[辶+業]】(착) 藥 チャク、うがつ pierce
뚫을착(鑿也)。【巵言】漢司隷楊厥碑ㅡ通石門。『鑿』과 같음

【邂】(해) 卦 カイ、であう meet by chance ㄒㄧㄝ hsieh⁴
小篆 草書 우연히만날해(ㅡ逅、不期而遇)。【詩】見此ㅡ逅。

【還】㊀(환) 刪 セン、カン、かえる return
㊁(환) 諫
㊂(선) 先 ㄏㄨㄢ huan²

小篆 草書 ㊀❶돌아올환(反也)。❷돌아갈환(退歸)。❸돌려보낼환(償也)。【道德經】以道佐人主者不以兵强天下其事好ㅣ。❹돌아볼환(顧也)。【左傳】無所ㅣ忌。㊁돌릴환(繞也)。【儀禮】祖ㅣ車不易位。㊂❶돌선(周ㅣ、轉也)。【禮記】周ㅣ中規。❷가벼울선(便捷)。【詩】子之ㅣ兮。❸빠를선(速也)。【漢書】可使ㅣ至而立效者。

【邅】㊀(전) 先 ㊁(전) 霰 テン、たちもとおる go back and forth ㄓㄢ chan¹ 草書 ㊀머뭇거릴 전(迍ㅣ難行貌)。【易】屯如ㅣ如。㊁❶굴릴전(轉也)。【楚辭】ㅣ吾道夫崑崙。❷좇을전(逐也)。【楚辭】ㅣ彼南道兮。

十四畫

【邃】(수) 寘 スイ、ふかい deep;remote ㄙㄨㄟˋ suei⁴ 小篆 草書 깊숙할수(幽ㅣ深遠)。【禮記】十有二旒前後ㅣ延。

【邇】(이) 紙 ジ、ニ、ちかい near; close ㄦˇ êrh³ 小篆 古文 草書 가까울이(孔ㅣ密ㅣ近也)。【左傳】以陳蔡之密ㅣ。

【⿺辶翟】(적) 錫 テキ、はねる jump 뛸적(躍也)。

【邈】(막) 覺 マク、バク、とおい far; distant ㄇㄧㄠˇ miao³ 小篆 草書 ❶멀막、아득할막(遠也、渺也)。【楚辭】神高馳之ㅣㅣ。❷업신여길막(輕視)。【陸機表】顧ㅣ同列。❸민망할막(ㅣㅣ悶也)。

十五畫

【⿺辶賣】(독) 屋 トク、なれる versed 小篆 ❶익을독(慣也)。❷넘볼독(易也)。

【邊】(변) 先 ヘン、ほとり edge; border ㄅㄧㄢ pien¹ 小篆 草書 ❶가변(側也)。【禮】齊衰不以ㅣ坐。❷변방변(ㅣ邑)。【禮】其在ㅣ邑。❸곁할변(旁近)。【漢書】齊ㅣ楚。❹모퉁이변(陲也)。

【邋】(랍) 合 リョウ、ゆく go slowly ㄌㄚˋ la⁴ 小篆 草書 천천히걸을랍(ㅣㅣ、行貌)。

【邌】(려) 齊 レイ、ねりゆく go slowly 小篆 ❶천천히걸을려(徐行貌)。❷먼동틀려(ㅣ明天欲明)。(『黎』와 같음)

十六畫

【邍】(원) 元 ゲン、はら plain; field ㄩㄢˊ yüan² 小篆 草書 넓은언덕원(廣原)。

十七畫

【邎】(요) 蕭 ヨウ、はやくゆく hurry along 小篆 빨리갈요(疾行)。

【⿺辶𧰼】(원)『邍』(16辵部畫)의 本字

十八畫

【⿺辶巂】㊀(주) 遇 ㊁(추) 多 シュ、とまる stop 小篆 ㊀❶멈출주、나아가지 않을주(不進)。❷뜻말이 가지않을주(馬不進貌)。㊁뜻은 ㊀과 같음。

十九畫

【邏】(라) 箇 ラ、みまわり patrol ㄌㄨㄛˊ luo² 小篆 草書 ❶순라라、순행할라(游偵巡也)。【晉書】宜遠偵ㅣ。❷둘러막을라(環繞遮也)。【杜甫詩】春山紫ㅣ長。

【邐】(리) 紙 リ、つらなる connect ㄌㄧˇ li³ 小篆 草書 ❶비슬거릴리(ㅣ迤行貌)。❷잇닿을리(連接)。❸미적거릴리(因循)。

二十畫

【⿺辶矍】(확) 藥 カク、まわる turn 돌확(旋也)。

【邎】(요) 嘯 ヨウ、したがう follow after 좇아갈요(相隨行也)。

邑 部

【邑】(읍) 緝 ユウ、むら、みやこ district city ㄧˋ i⁴ 小篆 草書 ❶고을읍(都ㅣ四縣爲郡四井爲ㅣ)。【周禮】公ㅣ甸地私ㅣ稍地。❷흡흡느낄 읍(於ㅣ氣結)。【楚辭】氣於ㅣ而不可止。❸답답할읍(ㅣㅣ憂鬱)。【史記】安往ㅣㅣ待數十百年。

四井爲邑
井 井 井 邑
井牧(禮器圖)

【⻏】고을읍변[部首名]

【⿱口㔾】(원) 阮 エン、むら town 小篆 고을원(他人封邑)。

三畫

【邔】(기) 紙 キ prefecture 小篆 草書 넓은고을기(廣大之邑)。

【邕】(옹) 冬 ヨウ、ふさがる be blocked ㄩㄥ yung¹ 小篆 草書 ❶막힐옹(塞也)。【漢書】河水不流。❷화할옹(和也)。【晉書】闔門ㅣ穆。❸사람이름옹(人名蔡ㅣ)。

【邗】(한) 寒 カン river ㄏㄢˊ han² 小篆 草書 한물한(ㅣ溝吳水名)。【左傳】吳城ㅣ溝通江淮。

【邘】(우) 虞 ウ state ㄩ yü² 小篆 草書 우나라우(鄭地名、周武王子所封)。

【邙】(망) 陽 ボウ mountain ㄇㄤ mang² 小篆 草書 북망산 망(北ㅣ洛陽山名)。

【邛】(공) 冬 キョウ、つかれる tired out ㄑㄩㄥ ch'iung² 小篆 草書 ❶병될공、고달플공(勞也、病也)。【詩】維王之ㅣ。❷어지러울공(亂也)。【詩】亦孔之ㅣ。❸땅이름공(蜀地名、臨ㅣ)。

四畫

【邞】(부) 虞 フ、くにのな prefecture 小篆 고을이름부(縣名)。

【邠】(빈) 眞 ヒン province ㄅㄧㄣ pin¹ 小篆 草書 ❶나라이름빈(周太王國)。【孟子 梁惠王下】大王居ㅣ。❷고을이름빈(州名)。

【邡】(방) 陽 ホウ、たずねる visit ㄈㄤ fang¹ 小篆 草書 ❶찾을방(訪問)。❷땅이름방(地名)。(『訪』과 동함)

【邢】(형) 靑 ケイ province ㄒㄧㄥ hsing² 小篆 草書 ❶나라이름형(周公子所封國)。【左傳】鄭人ㅣ人伐翼。❷성형(姓也)。

【那】㊀(나) 歌 ㊁(나) 哿 ㊂(나) 箇 ナ、ダ、なんぞ why; how ㄋㄚ na³ 小篆 草書 ㊀❶어찌나(何也)。【左傳】棄甲則ㅣ。❷많을나(多也)。【詩】受福不ㅣ。❸편안할나(安也)。【詩】有ㅣ其居。❹클나(大也)。❺다할나(盡也)。❻도읍나(都也)。㊁어찌나(何也)。㊂저나(語助、彼也)。【後漢書 韓康傳】公是韓伯林ㅣ。

【䢵】(운)『鄖』(邑部10畫)과 같음

【邦】(방) 江 ホウ、くに nation ㄅㄤ pang¹ 小篆 古文 草書 ❶나라방(國也)。❷봉할방(封也)。【書】乃命諸王ㅣ之蔡。

【邥】(심) 寢 シン 草書 땅이름심(地名ㅣ垂)。

【邧】(원) 元 ゲン ㄩㄢ yüan² 小篆 草書 땅이름원(秦邑名)。【左傳】晋侯伐秦圍ㅣ。

【邨】(촌)『村』(木部3畫)과 같음

【邪】㊀(사) 麻 ㊁(야) 麻 ジャ、ヤ、よこしま wickedness ㄒㄧㄝ hsieh² 小篆 草書 ㊀❶간사할사(ㅣ佞姦思不正)。【易】閑ㅣ存其誠。❷사기사(不祥、ㅣ氣)。㊁❶축축한땅야(汙ㅣ下地)。【史記】汙ㅣ滿車。❷그런가야(語助疑辭)。❸땅이름야(地名瑯ㅣ)。

五畫

【邯】㊀(한) 寒 ㊁(함) 覃 カン ㄏㄢ huan⁴ 小篆 草書 ㊀조나라서울한(ㅣ鄲趙都)。㊁뜻은 ㊀과 같음。

【邰】(태) 灰 タイ ㄊㄞ t'ai² 小篆 草書 태나라 태(后稷所封)。【詩】即有ㅣ家室。

【邱】(구) 尤 キュウ、おか hill ㄑㄧㄡ ch'iu¹ 小篆 草書 ❶언덕구(丘也)。【孫子 行軍】ㅣ陵隄防。❷땅이름구(地名)。

【邲】(필) 質 ヒツ、みめよい pretty ㄅㄧ pi⁴ 小篆 草書 ❶땅이름필(鄭地名)。【春秋】晋楚戰于ㅣ。❷예쁠필(美貌)。

【邳】(비) 支 ヒ ㄆㄟ p'ei² 小篆 草書 땅이름비(下ㅣ、泗州縣名)。【漢書】彭越戰於下ㅣ。

【邵】(소) 嘯 ショウ ㄕㄠ shao⁴ 小篆 草書 ❶땅이름소(晋邑名)。【左傳】齊侯伐晋戍郫ㅣ。❷성소(姓也)。(『卲』와 같음)

【邴】(병) 梗 ヘイ、よろこばしい pleasure ㄅㄧㄥ ping³ 小篆 草書 ❶땅이름병(鄭邑名)。【穀梁傳】鄭伯使宛來歸ㅣ。❷맞갖을병(ㅣㅣ和適貌)。【莊子】ㅣㅣ乎其似喜乎。

【邶】(패) 隊 ハイ ㄅㄟ pei⁴ 小篆 草書 패나라 패(故商邑朝歌地)。【詩序】武王克商分朝歌而北謂之ㅣ。

【邸】(저) 薺 テイ、やしき mansion ㄉㄧ ti³ 小篆 草書 ❶사처저、주막저(郡國京舍)。【漢書】至ㅣ而議之。❷홀바탕저(圭本)。【周禮】四圭有ㅣ。❸병풍저(皇ㅣ、屛也)。【周禮】旅上帝張氈案設皇ㅣ。

四圭有邸(名物圖)

六畫

【邽】(규) 齊 ケイ ㄍㄨㄟ kuei¹ 小篆 草書 고을이름규(縣名)。

【䢼】(항) 絳 コウ、ちまた street

小篆 小篆 ❶동네길항(里中道)。❷골목항(巷也)。『巷』과 같음

【邾】(주) 虞 チュ ㄓㄨ chu¹ 小篆 草書 ❶주나라주(魯附庸國)。【春秋】公及－儀父盟于蔑。❷성주(姓也)。

【邿】(시) 支 シ ㄕ shih¹ 小篆 草書 ❶시나라시(附庸國)。【春秋】夏取－。❷산이름시(山名)。

【郃】(합) 合 コウ ㄏㄜ hé 小篆 땅이름 합(馮翊縣名)。

【郄】(극)『隙』(阜部10畫)과 같음

【郁】(욱) 屋 イク、さかん prosperous 小篆 草書 ❶문채날욱(文盛貌)。【論語】－－乎文哉。❷자욱할욱(濃－、氣厚)。

【郈】(후) 有 コウ ㄏㄡ hou⁴ 小篆 草書 땅이름후(魯邑名)。【春秋】叔孫何忌帥師圍－。

【郅】(질) 質 シツ、チツ、いたる reach ㄓ chih⁴ 小篆 草書 ❶이를질(至也)。【史記】文王改制爰周－隆。❷오를질(登也)。【方言】魯衛之閒登曰－。

【郇】(순) 眞 シュン ㄒㄩㄣ hsün² 小篆 草書 순나라 순(文王後所封地)。【詩】－伯勞之。

【郉】(형)『邢』(邑部4畫)의 本字

【郊】(교) 肴 コウ、いなか、はずれ suburbs ㄐㄧㄠ chiao¹ 小篆 草書 ❶들교(邑外)。【左傳】秦伯伐晉取王宮及－。❷시외교(市外)。

【郋】(혜) 齊 カイ、むら village 小篆 마을이름혜(汝南邵陵里名)。

【邦】(방)『邦』(邑部4畫)과 같음

【郎】(랑)『郞』(邑部7畫)의 略字

七畫

【郔】(연) 先 エン 小篆 草書 땅이름연(地名)。

【郕】(성) 庚 セイ ㄔㄥ ch'êng² 小篆 草書 나라이름성(國名)。【左傳】衞師入－。

【𨛖】(도) 虞 ト、くにのな prefecture 小篆 고을이름도(縣名)。

【郖】(두) 尤 トウ、わたしば ferry 小篆 나루이름두(津名－津)。

【郗】(치) 支 チ ㄔ ch'ih¹ 小篆 草書 고을이름치(河內邑名)。

【郘】(려) 語 リョ、てい arbour ㄌㄩ lü³ 정자이름려(亭名)。

【郩】(소) 效 ショウ、くに county 小篆 고을소(郡也)。

【郙】(부) 麌 フ、てい arbour 小篆 정자이름부(亭名)。

【郚】(오) 虞 ゴ、くに town ㄨ wu² 小篆 草書 땅이름오(魯邑名)。【左傳】城－。

【郛】(부) 虞 フ、くるわ castle-wall ㄈㄨ fu² 小篆 草書 성곽부(城外大郭)。【左傳】邾人鄭人伐宋入其－。

【郜】(고) 號 コウ ㄍㄠ kao⁴ 小篆 草書 나라이름고(文王子所封國)。【春秋】敗宋師取－。

【郝】(학) 藥 カク ㄏㄜ hê⁴ 小篆 草書 땅이름학(扶風地名)。

【郞】(랑) 陽 ロウ、おとこ、おっと man; husband ㄌㄤ lang² 小篆 草書 ❶사내랑(男子稱)。【唐書】閔人多矣無如此－者。❷남편랑(婦稱夫)。【晉書】天壤之閒乃有王－。❸벼슬이름랑(官名)。

【郟】(겹) 洽 コウ、キョウ ㄐㄧㄚ chia² 小篆 草書 고을이름겹(－鄏河南邑名)。【左傳】成王定鼎于－鄏。

【郠】(경) 梗 コウ ㄍㄥ kêng³ 小篆 草書 고을이름경(邑名)。

【郡】(군) 問 グン、こおり district ㄐㄩㄣ chün⁴ 小篆 草書 고을군(縣所屬)。【周制】天子地方千里分爲百縣縣有四－。

【郢】(영) 敬 エイ 小篆 或體 草書 땅이름 영(楚地名)。【風俗通】包胥重繭而存－。

【郣】(발) 月 ハツ、もりあがる (of soil) slightly elevated 小篆 땅불긋할발(地之起者)。

【郤】(극) 陌 ゲキ ㄒㄧ hsi⁴ 小篆 草書 성극(姓也)。

八畫

【䣊】(당) 養 トウ、とまるところ one's residence ㄉㄤ tang³ 小篆 머무는곳당(住所)。

【郶】(배) 灰 ハイ、むら village 小篆 마을배(鄕里)。

【部】(부) 麌 ブ、わける、すべる part; post ㄅㄨˋ pu⁴ 小篆 草書 ❶떼부、항오부(ㅣ曲行伍)。〔漢書〕行無ㅣ曲。❷나눌부(分也)。❸거느릴부(統也)。〔荀子〕名聲ㅣ發於天地之間。❹마을부(署也)。〔漢書〕州置刺史ㅣ。❺지경부(界也)。〔古詩焦仲卿妻〕還ㅣ白府君。

【郪】(처) 齊 セイ ㄑㄧ ch'i¹ 小篆 草書 땅이름처(ㅣ丘、齊地)。〔春秋〕公子遂及齊侯盟于ㅣ丘。

【郫】(비) 支 ヒ ㄆㄧˊ p'i² 小篆 草書 땅이름비(益州地名)。〔成都紀〕ㅣ縣出大竹截爲筩盛酒謂ㅣ筩酒。

【郭】(곽) 藥 カク、くるわ castle-wall ㄍㄨㄛ kuo¹ 小篆 草書 ❶성곽곽(外城)。〔白虎通〕立城ㅣ者示有固守也。❷둘레곽(外圍)。❸성곽(姓也)。

(會圖才三)❶郭

【郾】(엄) 琰 エン、くに country 小篆 엄나라엄(國名)。〔說文〕周公所誅商ㅣ是也。

【郯】(담) 覃 タン ㄊㄢˊ t'an² 小篆 草書 담나라담(少昊後所封)。〔春秋〕公及齊侯平莒及ㅣ。

【郰】(추) 尤 シュウ、スウ ㄗㄡ tsou¹ 小篆 草書 땅이름추(魯下邑孔子之鄕)。〔左傳〕人紇抉之以出門者。

【郱】(병) 靑 ヘイ 小篆 草書 땅이름병(齊地)。〔春秋〕齊師遷紀ㅣ鄑郚。

【郲】(래) 灰 ライ ㄌㄞˊ lai² 草書 ❶땅이름래(時ㅣ地名)。〔左傳〕公會鄭伯于時ㅣ。❷산이름래(山名邛ㅣ)。

【郳】(예) 齊 ゲイ ㄋㄧˊ ni² 小篆 草書 나라이름예(國名)。

【郴】(침) 侵 チン ㄔㄣ ch'en¹ 小篆 草書 땅이름침(桂陽縣名)。〔史記〕項羽擊義帝殺之ㅣ縣。

【郵】(우) 尤 ユウ、しゅくば post-town ㄧㄡˊ yu² 小篆 草書 ❶역말우(驛也)。❷지날우(過也)。❸우편우、우체우(ㅣ遞)。

九畫

【郹】(격) 錫 ゲキ、ㄐㄩˊ chü² 小篆 草書 골이름격(邑名ㅣ陽)。

【郲】(계) 霽 ケイ 小篆 계나라계(上谷縣名黃帝後所封)。

【都】(도) 虞 ト、ツ、みやこ capital city ㄉㄨ tu¹ 小篆 草書 ❶도읍도(天子所居)。〔周禮〕四縣爲ㅣ。❷도무지도(總也)。〔曹丕書〕撰遺文ㅣ爲一集。❸거할도(居也)。〔客難〕身ㅣ卿相之位。❹성할도(盛也)。❺아름다울도(歎美辭)。〔詩〕洵美且ㅣ。〔書〕皐陶曰ㅣ。

四縣爲都

縣	縣 (subdivided)
縣	縣

都 (圖器禮) 牧井

【郾】(언) 願 エン ㄧㄢˇ yen³ 小篆 草書 땅이름언(潁川縣名)。

【郿】(미) 支 ビ ㄇㄟˊ mei² 小篆 草書 땅이름미(地名)。〔詩〕王餞于ㅣ。

【鄀】(약) 藥 ジャク ㄖㄨㄛˋ juo⁴ 草書 약나라약(國名)。〔左傳〕秦晋伐ㅣ。

【鄂】(악) 藥 カク、うてな brow ㄜˋ e⁴ 小篆 草書 ❶땅이름악(楚地名)。〔史記〕中子紅爲ㅣ王。❷나타날악(ㅣ然外見貌)。〔詩〕ㅣ不韡韡。❸말정직하게할악(ㅣㅣ辨厲)。〔大戴禮〕君子出言以ㅣㅣ。❹가악、언덕악(垠也)。〔甘泉賦〕紛披麗其亡ㅣ。❺이마악(額也)。❻놀랄악(愕也)。〔漢書霍光傳〕羣臣皆驚ㅣ。

【鄃】㈠(유) 虞 ユ ㈡(서) 魚 小篆 草書 ㈠고을이름유(縣名)。㈡뜻은 ㈠과 같음。

【鄄】(견) 霰 ケン ㄐㄩㄢˋ chüan⁴ 小篆 草書 땅이름견(地名)。

【鄅】(우) 麌 ウ ㄩˇ yü³ 小篆 草書 우나라우(國名)。〔春秋〕郕人入ㅣ。

【鄆】(운) 問 ウン ㄩㄣˋ yün⁴ 小篆 草書 ❶땅이름 운(魯地名)。〔春秋〕冬城ㅣ。❷성운(姓也)。

【郥】(규) 支 ケイ、くにのな ㄎㄨㄟˊ k'uei² 小篆 땅이름규(汾陰地名)。〔說文〕河東臨汾地郥漢祭後土處。

【郈】(후) 宥 コウ ㄏㄡˋ hou⁴

小篆 草書 땅이름후(地名)。

【郾】(전)『廛』(广部12畫)과 같음

十畫

【鄋】(수) 尤 シュウ state 小篆 草書 나라이름 수 (狄國名ㅣ瞞)。

【鄍】(명) 靑 メイ district ㄇㄧㄥˊ ming² 小篆 草書 고을이름명(晉邑名)。〔春秋〕公會晉師于上ㅣ。

【鄎】(식) 職 ソク state ㄒㄧˋ hsi⁴ 小篆 草書 땅이름식(齊地名)。

【鄏】(욕) 沃 ジョク country ㄖㄨˋ ju⁴ 小篆 草書 땅이름 욕 (郟ㅣ河南地名)。〔左傳〕成王定鼎于郟ㅣ。

【鄐】(축) 屋 チク district 小篆 草書 골이름축(邑名)。

【鄑】(자) 支 シ district ㄐㄧㄣˋ chin⁴ 小篆 草書 고을이름자(邑名)。〔春秋〕齊師遷紀ㅣ郚。

【鄒】(추) 尤 スウ state ㄗㄡ tsou¹ 小篆 草書 추나라 추 (魯縣古邾婁國)。〔史記〕孟軻騶人。

【鄔】(오) 虞 オ、ウ castle ㄨ wu¹ 小篆 草書 성이름오(汾州城名)。〔左傳〕司馬彌牟爲ㅣ大夫。

【鄉】(향) 陽 キョウ、ふるさと one's native place ㄒㄧㄤ hsiang¹ 小篆 草書 ❶시골 향 (五州百家之內)。〔漢書〕五州爲ㅣ。 ❷고향향(生地)。〔范仲淹 岳陽樓記〕去國懷ㅣ。 ❸향향(周代行政區劃名)。

【鄖】(운) 文 ウン state ㄩㄣˊ yün² 小篆 草書 ❶운나라운(漢南國名)。〔左傳〕ㅣ人軍于蒲騷。 ❷땅이름운(衛地)。

【鄗】㊀(호) 皓 コウ、カク district ㄏㄠˋ hao⁴ ㊁(교) 肴 ㊂(학) 藥 ㄑㄧㄠ ch'iao¹ 小篆 草書 ㊀고을이름호(常山邑名)。㊁강이름교(敖ㅣ滎陽水名)。㊂고을이름학(晉邑)。

十一畫

【乾阝】(간) 寒 カン、くに place name 小篆 ❶땅이름간(地名)。 ❷땅마를간(地乾)。

【鄁】(배) 灰 ハイ、くに country 小篆 배나라배(國名)。〔穆天子傳〕西征至于ㅣ。

【鄚】(막) 藥 バク、くに place name 小篆 草書 ❶땅이름막(地名)。 ❷성막(姓也)。

【鄘】(용) 冬 ヨウ、しろ castle ㄩㄥ yung¹ 小篆 草書 ❶재용(城也)。〔左傳〕宋城舊ㅣ。 ❷용나라용(國名)。 ❸성용(姓也)。

【鄙】(비) 紙 ヒ、いやしい vulgar; mean ㄅㄧˇ pi³ 小篆 草書 ❶더러울비, 더럽힐비(陋也)。〔左傳〕過我不假道ㅣ我也。 ❷시골비(都之對)。〔淮南子〕始于都者常大于ㅣ。 ❸변방비(邊ㅣ邊邑)。〔左傳〕太叔命西北ㅣ貳于己。 ❹인색할비(ㅣ吝嗇財)。 ❺비천할비(卑賤)。〔韓愈 師說〕巫醫百工之人、君子ㅣ之。

【鄙】(비)『鄙』(前條)의 俗字

【鄛】(소) 肴 ソウ、ショウ provience 小篆 草書 땅이름 소 (南陽棗陽縣名)。〔後漢書〕鄭衆封ㅣ鄉侯。

【鄜】(부) 虞 フ province ㄈㄛˊ mo⁴ 小篆 草書 땅이름부(馮翊縣名)。〔史記〕初爲ㅣ時。

【鄝】(료) 篠 リョウ state 小篆 草書 나라이름료(國名舒ㅣ)。

【鄞】(은) 眞 キン prefecture ㄧㄣˊ yin² 小篆 草書 땅이름은(會稽縣名)。

【鄟】(전) 先 セン district ㄓㄨㄢ chuan¹ 草書 ❶땅이름전(地名)。〔春秋〕取ㅣ。 ❷성이름전(城名)。

【鄠】(호) 麌 コ prefecture ㄏㄨˋ hu⁴ 小篆 草書 땅이름호(扶風縣名)。〔漢書〕ㅣ縣。

【鄡】(교) 蕭 キョウ prefecture ㄑㄧㄠ ch'iao¹ 小篆 草書 땅이름교(鉅鹿縣名)。〔後漢書〕繫銅馬于ㅣ。

【鄢】㊀(언) 阮 エン country ㊁(언) 先 ㄧㄢ yen¹ 小篆 草書 ㊀땅이름언(鄭地名)。〔左傳〕鄭伯克段于ㅣ。 ㊁고을이름언(楚都ㅣ郢)。

【鄣】(장) 陽 ショウ district ㄓㄤ chang¹ 小篆 草書 땅이름장(莒邑名)。〔左傳〕齊伐莒莒子奔紀ㅣ。

【䣜】(차) 歌 サ、くにのな town 小篆 고을이름차(沛邑)。

【鄤】(만) 寒 バン、マン country 草書 땅이름만(鄭地名)。〔左傳〕諸侯伐鄭衆之使東鄙覆諸ㅣ。

十二畫

【鄦】(허) 語 キョ、コ state ㄒㄩ hsü³
小篆 草書 나라이름허(炎帝太岳之胤甫侯所封)。【史記】－公惡鄭于楚。

【鄨】(폐) 霽 ヘイ river
小篆 ❶물이름폐(水名－水)。❷골이름폐(縣名)。

【鄪】(비) 寘 ヒ town
草書 땅이름비(魯邑名)。【史記】以汶陽－封季友。

【鄧】(등) 徑 トウ state ㄉㄥ têng⁴
小篆 草書 ❶등나라등(國名)。【春秋】－侯離吾來朝。❷고을이름등(州名)。

【鄩】(심) 侵 ジン district ㄒㄧㄣ hsin²
小篆 草書 ❶땅이름심(河南地名)。【左傳】周子朝之亂癸卯鄩－潰。❷성심(姓也)。

【鄡】(교) 篠 キョウ、くにのな country
교나라교(國名)。

【鄫】(증) 蒸 ソウ nation ㄗㄥ tsêng¹
小篆 草書 증나라증(姒姓國)。【春秋】－子來朝。

【鄬】(위) 支 イ country ㄨㄟ wei²
小篆 草書 땅이름위(地名)。

【鄭】(정) 敬 テイ、ジョウ family-name ㄓㄥ chêng⁴
小篆 草書 ❶나라이름정(周叔友所封國)。❷고을이름정(縣名南－)。

【鄮】(무) 宥 ボウ prefecture
小篆 草書 고을이름무(縣名)。

【鄯】(선) 霰 ゼン nation ㄕㄢ shan⁴
小篆 草書 선나라 선(－善西域國名)。【漢書】－善本名樓蘭。

【鄰】(린) 眞 リン、となり neighbourhood ㄌㄧㄣ lin²
小篆 ❶이웃린(近也)。【周禮】五家爲－。❷이웃할린(親比)。❸도울린(臣－輔弼)。【書】臣哉－哉。❹수레구르는소리린(車聲)。【詩經 秦風車鄰】有車－－。

【鄱】(파) 歌 ハ district ㄆㄛ p'o²
小篆 草書 땅이름파(趙地名)。

【鄲】(단) 寒 タン city ㄉㄢ tan¹
小篆 草書 조나라 서울단(邯－趙都)。【左傳】衛侯伐邯－午干寒氏。

十三畫

【鄳】(맹) 庚 ボウ、モウ prefecture
小篆 草書 땅이름맹(江夏縣名)。【史記】殘均陵塞－阨。

【鄴】(업) 葉 ギョウ prefecture ㄧㄝ yeh⁴
小篆 草書 ❶땅이름업(魏郡縣名)。❷성업(姓也)。

【⿰義阝】(의) 紙 ギ、ところのな place name
小篆 땅이름의(地名)。

【鄵】(조) 號 ソウ country ㄘㄠ ts'ao⁴
草書 땅이름조(地名)。【春秋】鄭伯髡頭卒于－。

【鄶】(회) 泰 カイ state (古音「괴」)
小篆 草書 나라이름회(祝融後所封國)。【左傳】鄭文夫人葬之－城下。

十四畫

【鄷】(풍)『酆』(18畫 邑部)의 俗字

【⿰壽阝】(수) 有 シュウ、かわのな waters
小篆 물이름수(蜀水名)。(『濤』와 같음)

【鄸】(몽) 東 ボウ town
草書 땅이름몽(邑名・瞢地)。

【鄹】(추)『郰』(10畫 邑部)와 같음

十五畫

【鄻】(련) 銑 レン、むらのな town
小篆 고을이름련(周地邑名)。

【鄺】(광) 養 コウ family-name ㄍㄨㄤ kuang³
草書 성광(姓也)。

【鄼】(찬)『酇』(19畫 邑部)의 俗字

【鄽】(전) 先 テン、みせ shop
草書 가게전(市廛也)。(『廛』과 같음)

【鄾】(우) 尤 ユウ country ㄧㄡ yu¹
小篆 草書 땅이름우(地名)。

十六畫

【鄿】(기) 微 キ country
草書 땅이름기(沛郡地名)。(『蘄』과 같음)

【酀】(연) 先 エン、むらのな town
小篆 고을이름연(邑名)。

十七畫

【酁】(참) 咸 サン country
小篆 草書 땅이름참(宋地名)。

【酃】(령) 青 レイ province ㄌㄧㄥ ling²
小篆 草書 땅이름령(長沙縣名)。【荊州記】有－湖取爲酒甘美因名。

十八畫

【酄】(환) 寒 カン、さかい border
小篆 지경환(境界)。

【酅】(휴) 霽 ケイ district ㄒㄧ hsi¹
小篆 書 草 땅이름휴(邑名)。〔春秋〕紀季以ㅣ入于齊。

【酆】(풍) 東 ホウ river ㄈㄥ fêng¹
小篆 書 草 ❶물이름풍(水名)。〔詩經〕豐水東注。❷땅이름풍(周文王所都)。〔左傳〕康有ㅣ宮之朝。

十九畫

【酈】(력) 錫 レキ prefecture ㄌㄧ li⁴
小篆 書 草 ❶땅이름력(南陽縣名)。〔漢書〕偕攻析ㅣ皆降。❷성력(姓也)。

【酇】㈠(찬) 寒 ㈡(찬) 翰 ㈢(차) 歌 サ、サン、むら settlement
小篆 書 草 ㈠마을찬(聚也)。〔周禮〕四里爲ㅣ。㈡땅이름찬(南陽縣名)。〔漢書〕蕭何爲ㅣ侯。㈢땅이름차(沛邑)。

酉部

【酉】(유) 有 ユウ、ユ、とり ㄧㄡˇ yu³
小篆 古文 書 草 ❶별유(西方辰)。❷열째지지유(地支第十位)。❸나아갈유(就也)。〔說文〕ㅣ成熟也八月黍成可爲酎酒。

二畫

【酊】(정) 迥 テイ、よう intoxicated
小篆 書 草 비틀거릴정(酩ㅣ醉貌)。〔襄陽歌〕酩ㅣ無所知。

【酋】(추) 尤 シュウ、かしら、おさ chieftain ㄑㄧㄡ ch'iu²
小篆 書 草 ❶괴수추、두목추(ㅣ長魁道)。〔吳都賦〕儋耳黑齒之ㅣ。❷술익을추(酒熟)。〔禮註〕酒熟曰ㅣ。❸끝날추、마칠추(終也)。〔詩經 大雅卷阿〕似先君ㅣ矣。

三畫

【酌】(작) 藥 シャク、くむ fill a cup ㄓㄨㄛ chuo²
小篆 書 草 ❶잔질할작(行觴斟也)。〔漢書〕無多ㅣ我我乃酒狂。❷짐작할작、대중할작(叅ㅣ審擇)。〔漢書〕斟ㅣ六經。❸술작(酒也)。

【⿰酉弋】(익) 職 ヨク、さけいろ colour of alcoholic drink
小篆 술빛익(酒色)。

【配】(배) 隊 ハイ、たぐい、あう pair; mate ㄆㄟ p'ei⁴
小篆 書 草 ❶짝배(匹也)。〔詩〕天立厥ㅣ。❷짝할배(ㅣ之)。〔易繫辭〕廣大ㅣ天地。❸도울배(侑也)。〔易〕殷薦之上帝以ㅣ祖考。❹귀양보낼배(流刑隷)。〔王溥五代會要〕刺面ㅣ華州。

【酎】(주) 宥 チュウ、こいさけ strong wine ㄓㄡ chou⁴
小篆 書 草 ❶세번 빚은술주(三重酒)。〔左傳〕見於嘗ㅣ與執燔。❷우덮은술주(重釀酒 醇也)。❸소주주(火酒)。

【酏】㈠(이) 支 ㈡(이) 紙 イ、うすがゆ thin rice-gruel ㄧ i²
小篆 書 草 ㈠❶미음이(飮也)。〔禮〕黍ㅣ。❷단술이(酒也)。㈡❶기장술이(黍酒)。❷달이(甜也)。

【酐】(우) 虞 ウ、のむ drink
마실우(飮也)。

【酒】(주) 有 シュ、さけ wine ㄐㄧㄡ chiu³
小篆 書 草 ❶술주(米麴所釀)。〔漢書〕ㅣ百藥之長。❷냉수주(玄ㅣ明水)。❸벼슬이름주(官名)。

四畫

【酳】(인) 震 イン、すする take a sip
小篆 조금씩마실인(少少飮)。

【䣼】(배)『醅』(酉部 8畫)와 같음

【⿰酉屯】(준) 眞 シュン、うまざけ good drink
좋은술준(美酒)。

【⿰酉丏】(면)『湎』(水部 9畫)과 같음

【酓】(염) 琰 エン、にがざけ bitter wine
小篆 書 草 쓴술염(酒味苦)。

【酕】(모) 豪 ボウ、よいしびれる be beastly drunk ㄇㄠ mao²
草 書 곤드레 만드레할 모(ㅣ醄極醉貌)。

【酖】㈠(탐) 覃 ㈡(짐) 沁 タン、チン、たしなむ be fond of wine ㄉㄢ tan¹
小篆 書 草 ㈠술즐길탐(嗜酒樂飮)。〔漢書五行志〕荒ㅣ于酒。㈡짐새술짐(鴆酒)。〔左傳〕使鍼季ㅣ之。

【酗】(후) 遇 ク、くるう crazy with drink ㄒㄩ hsü⁴
草 書 주정할후(醉怒迷亂酒德)。〔書經微子〕沈ㅣ于酒。(『⿰酉句』와 같음)

【酘】(두) 宥 トウ、かもす alcoholic-drink
두번빚은술두(重釀酒)。〔金丹卷〕一ㅣ之酒不可以方九醞之醇。

【⿰酉市】(발) 曷 ハツ、さけのいろ colour of alcoholic-drink
小篆 술빛발(酒色)。

五畫

【酔】(취)『醉』(酉部 8畫)의 俗字

【⿰酉且】(추) 虞 ソ、うまいひたしお good soy
좋은장추(美醬)。

【酟】(첨) 鹽 テン、まぜる mix
섞을첨、탈첨(和也)。【七命】燀以秋橙ㅣ以春梅。

【酗】(후) 遇 ク、よいくるう crazy with drink
小篆 草書 주정할후(醉怒)。【漢書】趙充國數醉ㅣ羌人。

【酡】(타) 歌 タ、あからむ be flushed
小篆 얼굴붉을타(醉容)。

【[illegible]】(타)『酡』(酉部5畫)와 같음

【酢】㊀(초) 遇 ソ、ス、す vinegar (本音「조」) ㊁(작) 藥
小篆 草書 ㊀초초、단것초(酸漿醶也)。【隋書】寧飮三升ㅣ。㊁술권할작(酬ㅣ)。【易繫辭】可與酬ㅣ。

【酣】(감) 覃 カン、たのしむ merry with wine (古音「함」) ㄏㄢ han¹
小篆 草書 ❶술즐길감(樂酒不醉)。【書】ㅣ歌于室。❷술취할감(酒樂飮洽)。【戰國策】平原君乃置酒酒ㅣ起前以千金爲魯仲連壽。

【[illegible]】(반) 願 ハン、さけをかもす mix alcoholic-drink
小篆 떡에술빚어넣을반(和酒鬆餠起ㅣ)。

【酤】(고) 虞 コ、うる、かう sell wine 遇 ㄍㄨ ku¹
小篆 小篆 ❶술살고(買酒)。【詩】無酒ㅣ我。❷술팔고(賣酒)。【淮南子】出於屠ㅣ之肆。❸단술고(一宿酒)。【詩】既載清ㅣ。

【[illegible]】(포) 效 ホウ、さけのいろ reddish
얼굴불그레할포(酒之色)。【楚辭註】美人醉ㅣ則面著赤色而鮮好也。

【[illegible]】(앙) 養 オウ、にごりざけ unrefined wine
막걸리앙(濁酒)。【淮南子】清ㅣ之美始于耒耜。(『醠』과 같음)

【酥】(소) 虞 ソ、ちちしる cow's milk ㄙㄨ su¹
草書 타락죽소(酪屬牛羊乳)。

六畫

【酨】(재) 隊 タイ、こんず vinegar
小篆 草書 ❶초재(酢漿)。❷뜨물재(釋米汁)。

【酬】(수) 尤 シュウ、むくいる return; repay
小篆 或體 草書 ❶술권할수(勸酒)。【儀禮】主人實觶ㅣ賓。❷갚을수(報也)。【易繫辭】是故可與ㅣ酢。

【酩】(명) 迥 メイ、よう be drunk ㄇㄧㄥ ming
小篆 草書 ❶비틀거릴명(ㅣ酊醉貌)。【襄陽歌】ㅣ酊無所知。❷단술명(甘酒)。

【[illegible]】(활) 曷 カツ、もろみざけ drink
전국술활(甜也)。

【[illegible]】(남) 勘 ダン、あきる be cloyed with
小篆 물릴남(厭飽)。

【酪】(락) 藥 ラク、ちちしる milk ㄌㄨㄛ luo⁴
小篆 草書 타락락、소젖락(乳漿)。【李陵書】羶肉ㅣ漿以充飢渴。

【酧】(수)『酬』(酉部6畫)의 俗字

【酭】(유) 宥 ユウ、さけをすすめる twice-brewed drink
草書 술권할유(勸酒)。

【酮】(동) 東 トウ、す vinegar ㄊㄨㄥ t'ung²
❶말젖동(馬酪)。❷신술동(酒壞)。❸초동、단것동(酢也)。

【[illegible]】(교) 肴 キョウ、うる deal in (本音「효」)
술팔교(賣酒)。

七畫

【酲】(정) 庚 テイ、ふつかよい sober ㄔㄥ ch'êng²
小篆 草書 ❶술병정(病酒)。【詩】憂心如ㅣ。❷술깰정(醉覺)。【漢書】柘漿析朝ㅣ。

【酳】(윤) 震 イン、くちすすぐ rinse out one's mouth with wine
草書 ❶술로양치할윤(酒漱口)。【禮記】執爵而ㅣ。❷반주윤(飮酒安食)。

【酴】(도) 虞 ト、さけのもと yeast; ferment ㄊㄨ t'u²
小篆 草書 ❶위덮은술도(ㅣ醾重釀酒)。【蜀都賦】蒟漿ㅣ淸。❷술밑도(酒母)。

【酵】(효) 效 コウ、わく ferment (古音「교」) ㄐㄧㄠ chiao⁴
草書 술괼효(發ㅣ以酒母起麪)。【齊書】祭薦太廟起麪餠。

【酶】(매) 灰 バイ、さけのもと malt ㄇㄟ mei²
草書 누룩매(酒本)。【漢書】媒蘖其短。

【酷】(혹) 沃 コク、むごい severe (本音「곡」)
小篆 草書 ❶혹독할혹(虐也慘也)。【史記】離秦之ㅣ。❷심할혹(甚也)。【晋書】ㅣ似其舅。❸술맛텁텁할혹(酒厚味)。

【酸】(산) 寒 サン、す acid; sour ㄙㄨㄢ suan¹
小篆 籀文 草書 ❶실산(酢味)。【書】曲直作ㅣ。❷새큼새큼할산、아플산(悲痛)。【漢書】聞之ㅣ鼻。❸산소산(ㅣ素)。

【酹】(뢰) 泰 隊 ライ、ルイ、そそぐ sprinkle wine on the earth ㄌㄟ lei⁴
小篆 草書 강신술뢰(綴祭酒沃地)。【後漢書】不以斗酒隻鷄過相沃ㅣ。

【酺】㊀(포) 虞 ㊁(포) 遇 ホ、さかもり banquet; revel ㄆㄨ p'u²
小篆 草書 ㊀잔치술포(大ㅣ飮酒作樂)。【史記】天下大ㅣ。

㊁❶여럿이마실포(會飮)。〔師古曰〕合聚ㅣ食。❷고사 지낼포(除菽祭)。〔周禮〕春秋祭ㅣ。

八畫

【䣼】(량) 漾 リョウ、こんず clear soy
小篆 맑은장량(漿也)。〔周禮〕膳夫飮用六淸。

【醁】(록) 沃 リョク、ロク、うまざけ excellent wine カㄨˋ lu⁴
草書 영록술록(醽ㅣ美酒名)。〔抱朴子〕寒泉旨於醽ㅣ。

【䤄】(염) 鹽 デン、にがい bitter
쓸염(苦味)。

【醃】(엄) 鹽 エン、アン、つけもの pickle ㄧㄢ yen¹
草書 ❶절일엄(鹽漬魚物)。❷김치엄(菹也)。〔博雅〕ㅣ菹也。

【醂】㊀(람) 感 ラン、ほしがき dried persimmon ㊁(림)〔俗音〕
草書 건시람、곶감람(藏柿)。

【䤆】(전) 銑 テン、もろみざけ drink
❶전국술전(濃酒)。❷두터울전(厚也)。

【醄】(도) 豪 トウ、よう get drunk
곤드레만드레할도(酕ㅣ極醉貌)。

【醅】(배) 灰 ハイ、もろみざけ unstrained wine ㄆㄟ p'ei¹
小篆 草書 술괼배(醱ㅣ酒未漉)。〔杜甫詩〕樽酒家貧只舊ㅣ。

【醆】(잔) 潸 サン、セン、さかずき wine-cup ㄓㄢˇ chan³
小篆 草書 ❶술부유스름할잔(酒微淸)。〔禮〕ㅣ酒涗于淸。❷술잔이름잔(盞也)。❸벼슬이름잔(夏爵名)。

【醇】(순) 眞 ジュン、まじりない pure; good ㄔㄨㄣˊ ch'un²
小篆 草書 ❶전국술순(不澆酒)。〔漢書〕飮以ㅣ酒。❷두터울순(厚也)。〔漢書〕黎民ㅣ厚。❸삼갈순(ㅣ謹重也)。〔史記〕丞相ㅣ謹而已。❹순수할순(純粹)。〔韓愈讀荀子〕孟子ㅣ乎ㅣ者也。

【醉】(취) 寘 スイ、よう get drunk ㄗㄨㄟˋ tsuei⁴
小篆 草書 ❶술취할취(爲酒所酣)。〔書〕德將無ㅣ。❷칭혹할취(心ㅣ)。〔莊子〕列子見之而心ㅣ。❸궤란할취(潰也)。

【醊】㊀(체) 霽 テイ、テツ、そそぐ sprinkle wine on the earth ㊁(철) 屑 ㄔㄨㄛˋ ch'uo⁴
草書 ㊀잔부어놓을체(祭酹酒聯祭)。〔古詩〕洛濱ㅣ禱。㊁뜻은 ㊀과 같음。

【醋】㊀(작) 藥 サク、ソ、さす、す offer wine; vinegar(本音「조」) ㊁(조) 遇 ㄘㄨˋ ts'u⁴
小篆 ㊀술권할작(酬ㅣ主客相酌)。㊁초초(酸漿)。

【醧】(우) 虞 ウ、さかもり feast
잔치우(宴也)。

九畫

【𨡙】(심) 侵 シン、こうじ yeast
小篆 누룩심(麴也)。

【䤃】(음) 侵 イン、ようたこえ drunken voice
취한소리음(醉聲)。

【醍】(제) 齊 テイ、タイ、あかざけ reddish wine
小篆 草書 ❶빛붉은술제(酒紅色)。〔禮〕粢ㅣ在堂。❷제호제(ㅣ醐之精液)。❸맑은술제(淸酒)。

【醎】(함)『鹹』(鹵部 9畫)의 俗字

【醏】(도) 虞 ト、みそ bean paste
된장도(醬也)。

【醐】(호) 虞 コ、す drink
小篆 草書 ❶제호호(醍ㅣ酥之精液)。❷약주술호(淸酒)。

【醔】(무) 宥 ボウ、にれびしお elm-soy
小篆 느릅나무장무(楡醬ㅣ䤋)。

【䤋】(두) 宥 トウ、にれびしお elm-soy
小篆 느릅나무장두(楡醬ㅣ䤋)。

【醑】(서) 語 ショ、うまざけ excellent wine ㄒㄩˇ hsü³
草書 ❶좋은술서(美酒)。〔庾信燈賦〕中山ㅣ淸。❷술거를서(釃酒)。

【醒】(성) 徑 青 迥 セイ、さめる、さとる become sober ㄒㄧㄥˇ hsing³
小篆 草書 ❶술깰성(醉解)。〔左傳〕ㅣ以戈逐子犯。❷꿈깰성(夢覺)。〔梅堯臣詩〕ㅣ目常不眠。❸깨달을성(覺ㅣ)。〔屈原漁父辭〕衆人皆醉、我獨ㅣ。

【醓】(탐) 感 タン、ひしお meat preserved in soy
草書 육장탐、간장에 졸일탐(肉醬)。

【䣸】(남) 感 ナン、にる frizzle meat
고기지질남(煑肉)。

【醙】(수) 尤 シュウ、しろざけ white liquor
草書 흰술수(白酒)。〔儀禮〕ㅣ黍淸皆兩壺。

【䤈】(혜) 齊 ケイ、あまもの vinegar
초혜、단것혜(酸漿)。〔唐書〕以ㅣ灌鼻。『醯』와 같음。

【䤌】(절) 屑 セツ、やさいのにわかずけ pickles vegetables
풋김치절(淸菜)。

十畫

【䤉】(밀) 質 ミツ、ビツ、しょうゆ soy
小篆 ❶술항아리마를밀(飮酒俱盡)。❷장밀、간장밀(醬也)。

【醚】(미) 齊 ビ、よう get drunk
취할미(醉也)。

【𨣧】(곡) 屋 コク、にごりざけ unrefined wine

草書 술바구미곡(濁酒蟲)。【楊愼曰】官有憒憒於臨事士有藐藐於臨文世謂ㅣ濁蟲。

【䤓】(몽) 東 ボウ、こうじのはな ferment
小篆 누룩뜬몽(麴生衣)。

【醜】(추) 有 シュウ、みにくい ugly; dirty ㄔㄡˇ ch'ou³
小篆 草書 ❶추할추(惡也)。【詩】亦孔之ㅣ。❷같을추(類也)。【易】夫征不復離羣ㅣ。❸무리추(衆也)。【詩】執訊獲ㅣ。❹자라똥구멍추(鼈也)。【禮也】鼈去ㅣ。❺더러울추(穢也)。❻부끄러울추(恥也)。【史記 孔子世家】於是ㅣ之去衛。❼견줄추(比較)。【禮記 樂記】比物ㅣ類。

【醝】(차) 歌 サ、しろざけ white liquor
草書 흰술차(白酒)。【輕薄篇】蒼梧竹葉清宜城九醞ㅣ。

【醞】(온) 吻 問 ウン、かもす brew ㄩㄣˋ yün⁴
小篆 草書 ❶술빚을온(釀酒)。【南都賦】酒則九ㅣ。❷온자할온(ㅣ藉含蓄)。【漢書】薛廣德温雅有ㅣ藉。

【醢】(해) 賄 カイ、しおから meat preserved in soy ㄏㄞˇ hai³
小篆 籒文 草書 ❶젓해、젓담글해(肉醬)。【禮】母ㅣ。❷젓담그는형벌해(刑罰人體鹽漬)。

【呂氏春秋 過理】殺梅伯、而遺文王其ㅣ。

【醟】(영) 敬 エイ、よいくるう crazy with drink
小篆 草書 주정할영(酗酒)。【抱朴子】酗ㅣ者不可非杜儀之爲酒。

【醡】(자) 禡 サ、さけこし sieve ㄓㄚˋ cha⁴
草書 주자틀자、술거르는쳇다리자(壓酒具)。

十一畫

【䤉】(폐) 霽 ヘイ、にれびしお elm-soy
小篆 느릅나무장폐(楡醬)。

【䤌】(모) 虞 ボ、よいひたし good soy
좋은장모(美醬)。

【䤚】(홍) 董 コウ、よいたおれる fall prone by drinking too much
취하여자빠질홍(醉倒頓狀)。

【醥】(표) 篠 ヒョウ、すみざけ refined wine ㄆㄧㄠˇ p'iao³
맑은술표(清酒)。【蜀都賦】觴以清ㅣ。

【醧】(어) 御 ヨ、さかもり make a feast privately
小篆 사사로이잔치할어(私燕飲)。

【醪】(료) 豪 ロウ、にごりざけ unrefined liquor ㄌㄠˊ lao²
小篆 草書 ❶막걸리료(醇ㅣ濁酒)。【輕薄篇】浮ㅣ隨觴轉。❷땅이름료(地名)。

【醨】(리) 支 リ、うすざけ untasty liquor ㄌㄧˊ li²
小篆 草書 모주리(薄酒)。【楚辭】何不餔其糟而歠其ㅣ。

【䤔】(상)『觴』(11畫角部)과 같음

【醩】(조)『糟』(11畫米部)의 籒文

【醫】㊀(의) 支 イ、いやす、いしゃ ㊁(의) 紙 cure; doctor
小篆 草書 ❶의원의(治病者)。【禮】ㅣ不三世不服其藥。❷병고칠의(療也)。【國語 晉語】上醫ㅣ國 其次救人。❸구할의(救也)。㊁ 초의(梅漿酏)。【周禮】辨四飲之物二曰ㅣ。

【醬】(장) 漾 ショウ、ひしお、みそ bean paste ㄐㄧㄤˋ chiang⁴
小篆 古文 籒文 草書 ❶식혜장(醢也)。【周禮】ㅣ用百有二十罋。❷간장장(ㅣ油)。【論語 鄉黨】不得其ㅣ不食。

十二畫

【醭】(복) 屋 ボク、かび scum ㄆㄨˊ pu²
草書 술에골마지낄복(酒上白)。

【䤞】(짐) 寢 シン、さけのむ drink
小篆 술마실짐(飲酒)。

【䤡】(단) 寒 タン、どぶろく rice wine of inferior quality
막걸리단(ㅣ[illegible]濁酒)。

【醯】(혜) 齊 ケイ、す vinegar ㄒㄧ hsi¹
小篆 草書 초혜、단것혜(酢味)。【禮】ㅣ醬處內。

【醮】(초) 嘯 ショウ、やつれる emaciate ㄐㄧㄠˋ chiao⁴
小篆 或體 草書 ❶초례제초(冠娶祭名)。【禮】ㅣ於客位。❷마를초(憔也)。

【醰】(담) 感 タン、こいさけ excellent liquor
小篆 草書 단술담(酒長味醇)。

【醱】(발) 曷 ハツ、かもす ferment ㄆㄛˋ p'o⁴
草書 술괼발(ㅣ醅重釀)。【李白詩】恰似葡萄初ㅣ醅。

十三畫

【醲】(농) 冬 ジョウ、ノウ、こいさけ thick liquor ㄋㄨㄥˊ nung²
小篆 草書 텁텁한술농(厚酒)。【淮南子】肥ㅣ甘脆非不美也。

【醳】(역) 陌 エキ、ヤク、にがさけ bitter wine ㄧˋ i⁴
草書 ❶쓴술역(苦酒)。❷맛이텁텁한술역(醇酒)。

【醴】(례) 薺 レイ、あまざけ sweet drink ㄌㄧˇ li³
小篆 草書 ❶단술례(甘酒一宿熟)。【詩】且以酌ㅣ。❷고을이름례(縣名ㅣ泉)。

【醵】㊀(거) 御 キャク、キョ、さかもり contribute jointly ㊁(갹) 藥 ㄐㄩˋ chü⁴ 小篆 或體 草書 ㊀❶술추렴거(斂錢共飮酒)。〔禮〕曾子曰周禮其猶ㅣ與。❷추렴건을거(斂錢)。〔輟耕錄〕鄰里ㅣ金治具。㊁뜻은 ㊀과 같음。

【醶】(염) 豔 ゲン、す vinegar ㄐㄧㄠˋ chiao⁴ 小篆 초염(酸也)。

【醷】㊀(의) 紙 オク、アイ、うめす plum soy ㊁(억) 職 ㄧˋ i⁴ 草書 ㊀단것의、초의(梅漿)。〔禮〕或以酏爲醴黍酏漿水ㅣ。㊁뜻은 ㊀과 같음。

【⿰酉嘗】(상) 陽 ショウ、なめる taste 맛볼상(嘗也)。

【醎】(감) 感 カン、しおからい salty 짤감(鹹也)。

十四畫

【⿰酉蒙】(몽) 東 ボウ、こうじのはな must of yeast 누룩곰팡이몽(麴生衣)。

【醺】(훈) 文 クン、よう under the influence of wine ㄒㄩㄣ hsün¹ 小篆 草書 훈훈히취할훈(和悅貌醉也)。

【⿱漸酉】(점) 琰 セン、あじうすい be not salted enough 小篆 싱거울점(味薄)。

【醹】(유) 麌 虞 ジュ、こいさけ thick wine ㄖㄨˊ ju² 小篆 草書 전국술유(厚酒)。〔詩〕酒醴維ㅣ。

【⿰酉監】(람) 勘 ラン、もろみ fill one's cup brimfully 小篆 잔넘게 술따를람(泛齊行酒)。

【醻】(수)『酬』(酉部6畫)와 같음

十五畫

【⿰酉樂】(악) 藥 カク、す vinegar (本音「학」) ❶초악(酢也)。❷쓴술악(辛酒)。

【⿰酉鼏】(멱) 錫 ベキ、ほしちち dry milk 말린젖멱(乾酪)。

十六畫

【醼】(연) 霰 エン、さかもり banquet ㄧㄢˋ yen⁴ 잔치연(合飮)。『宴』과 같음

【⿰酉覽】(람) 感 ラン、すっぱい sour 실람、초람(醋也)。

十七畫

【⿰酉贛】(감) 感 カン、すっぱいさけ sour drink 小篆 신술감(敗酒)。

【醽】(령) 青 レイ、よいざけ excellent wine ㄌㄧㄥˊ ling² 草書 좋은술령(ㅣ醁美酒)。〔抱朴子〕寒泉旨於ㅣ醁。

【醾】(미) 支 ビ、にごりざけ unrefined liquor ㄇㄧˊ mi² 草書 도미술미(酴ㅣ酒名)。

【⿰酉縻】(미)『醾』(前條)와 같음

【釀】(양) 漾 ジョウ、かもす brew ㄌㄧㄤˋ liang⁴ 小篆 草書 술빚을양(醞酒)。〔史記〕通邑大都酤一歲千ㅣ。

【⿰酉韱】(참) 鹽 セン、ザン、す vinegar 小篆 ❶초참(酢也)。❷실참(酸也)。

十八畫

【釁】(흔) 震 キン、ひま、すきま alienation 小篆 草書 ❶틈흔(罅隙)。❷피를그릇에발라제사할흔(祭也)。〔孟子 梁惠王上〕將以ㅣ鐘。❸틈날흔(爭端)。〔左傳〕讎有ㅣ不可失也。❹죄흔(罪累)。〔左傳〕觀ㅣ而動。❺여가흔(隙也)。❻조짐흔(兆也)。〔魯語〕若鮑氏有ㅣ吾不圖矣。❼피로그릇틈바를흔(牲血塗器)。〔禮〕太史ㅣ龜筴。

【釂】(조) 嘯 ショウ、のみほす guzzle ㄐㄧㄠˋ chiao⁴ 小篆 草書 훌쩍들이마실조(飮盡)。〔禮〕長者擧未ㅣ。

十九畫

【釃】㊀(시) 紙 シ、こす、しぼる strain wine ㊁(소) 魚 ㄕㄞ shai¹ 小篆 草書 ㊀술거를시(下酒)。〔詩〕ㅣ酒有藇。㊁뜻은 ㊀과 같음。

二十畫

【醿】(미)『醾』(酉部17畫)와 같음

【釅】(엄) 豔 ゲン、こい thick wine 草書 술맛텁텁할엄(酒醋味厚)。

釆部

【釆】(변) 諫 ヘン、ベン、わける distinguish 小篆 古文 草書 분별할변(辨別)。『辨』의 本字

【采】㊀(채) 賄 サイ、いろどり colouring ㊁(채) 隊 ㄘㄞˇ ts'ai³ 小篆 草書 ㊀❶캘채(取也、採也)。〔詩〕ㅣㅣ卷耳。❷채색채(ㅣ色)。〔書〕五ㅣ彰施于五色。❸일채(事也)。〔禮〕九ㅣ之圖。❹가릴채(擇也)。〔禮記〕婚禮納ㅣ。❺풍채채(風ㅣ)。〔漢書 霍光傳〕天下想聞其風ㅣ。❻많을채(多貌)。〔詩經 曹風蜉蝣〕ㅣㅣ衣服。❼아름다울채(美貌)。〔禰衡 鸚鵡賦〕ㅣㅣ麗容。❽채읍채(食邑)。〔禮〕大夫有ㅣ。❾빛날채(光也)。㊁채읍채(食邑)。

四畫

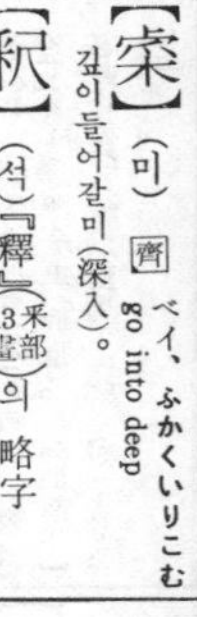

【宷】(미) 齊 ベイ、ふかくいりこむ go into deep
깊이들어갈미(深入)。

【釈】(석)『釋』(采部 13畫)의 略字

五畫

【釉】(유) 宥 ユウ、つや、ひかり lustre ㄧㄡˋ yu⁴
釉 草書 물건빛날유(物有色)。

十畫

【[illegible]】(분) 問 フン、はらう clear away
떨분、쓸분(掃也)。

十三畫

【釋】(석) 陌 セキ、シャク、とく interpret; explain ㄕˋ shih⁴
釋 小篆 釋 草書 ❶놓을석(捨也)。〔管子〕ー實而攻虛。❷주낼석(註解)。〔大學章句〕右傳之首章ー明明德。❸내놓을석(放也)。〔書經〕開ー無辜。❹둘석(舍也、置也)。❺풀릴석(消散)。〔淮南子〕有不ー之冰。❻부처의칭호석(ー迦、佛號)。〔梁書〕昔聞孔道貴今覩ー花珍。

里部

【里】(리) 紙 リ、さと village ㄌㄧˇ li³
里 小篆 里 草書 ❶마을리(五鄰爲ー)。〔周禮〕五鄰爲ー。❷근심할리(憂也)。〔詩經〕云如何ー。❸잇수리(路程)。

二畫

【重】㈠(중) 多 ジュウ、チョウ おもい heavy; double
㈡(중) 腫 ㄓㄨㄥˋ chung⁴
㈢(중) 宋
重 小篆 重 草書 ㈠❶거듭중(複也 疊也)。〔易〕ー剛而不中。❷늦곡식중(後熟穀)。〔詩〕黍稷ー穆。㈡❶무거울중(輕之對)。❷삼갈중(愼也)。〔晉書 陳騫傳〕帝以其勳舊耆老、禮之甚ー。〔三略上〕祿ー則義士輕死。❸두터울중(厚也)。❹두번중(再也)。㈢❶무겁게여길중(ー之)。❷높일중(尊也)。〔禮〕明周公之德而又以ー其國。❸짐바리중(輜ー)。〔漢書〕絕其輜ー。

(圖禮三) 重

四畫

【[illegible]】(매) 佳 バイ、すくない little
적을매(少也)。

【野】(야) 馬 ヤ、の、いなか field; wild ㄧㄝˇ yeh³
野 小篆 𡐨 古文 野 草書 ❶들야(郊外)。〔易〕同人于ー。❷촌스러울야(朴ー)。〔論語 公治長〕質勝文則ー。❸들판야(原ー)。❹백성야、인민야(百姓)。〔王禹偁 待漏院記〕賢人在ー。❺야만야(ー蠻)。❻야심야(ー心)。

五畫

【量】㈠(량) 陽 リョウ、はかる measure
㈡(량) 漾 ㄌㄧㄤˊ liang²
量 小篆 量 古文 量 草書 ㈠❶헤아릴량(商ー度也)。〔左傳 隱公十一年〕ー力而行之。❷생각할량、생각하여 분별할량(思慮分別)。〔古詩 焦仲卿妻〕作計何不ー。❸예상할량(豫想)。〔古詩〕人事不可ー。㈡❶휘량(斗斛名)。〔書經 舜典〕同律度ー衡。❷한정할량(限也)。〔禮〕幣曰ー幣。❸국량량(度ー)。〔蜀志〕黃權有局ー。

(禮器圖) 量

十畫

【[illegible]】(섭) 葉 ショウ、きる cut (同音「접」)
벨섭(斬也)。

十一畫

【釐】㈠(리) 支 キ、リ、りん、あたえる
㈡(희) 支 whit; give ㄌㄧˊ li²
釐 小篆 釐 草書 ㈠❶의리리(理也)。〔書〕ー降二女于嬀汭。〔疏〕能以義理下之。❷이리(分之十分一)。❸털끝리(毫ー)。〔淮南子〕審毫ー之計。❹줄리(予也)。〔詩〕ー爾女士。❺다스릴리(保ー)。〔書經 堯典〕允ー百工。㈡복희(福也)。〔史記〕祠官祝ー。

金部

【金】㈠(금) 侵 キン、コン、かね gold money
㈡(김)〔國音〕ㄐㄧㄣ chin¹
金 小篆 金 古文 金 草書 ㈠❶쇠금(五ー西方之行)。❷한근금(斤也)。〔史記〕重一斤爲一ー。❸병장기금(兵也)。〔禮〕衽ー革。❹금나라금(國名)。〔金史〕國有ー水源產ー號大ー。❺금금(黃金)。❻돈금(貨幣)。❼귀할금(貴也華也)。❽오행금(五行之一)。❾풍류이름금(樂器)。㈡❶성김(姓也)。❷땅이름김(地名)。

❾金 ❾金 (大淸會典圖·樂器圖)
(大淸會典圖·武備圖)

二畫

【釕】(조) 篠 チョウ、びじょう bit ㄌㄧㄠˇ liao³
釕 草書 ❶말자갈조(ー轡馬美飾)。❷걸쇠조(錦ー)。

【釗】㈠(소) 蕭 ショウ、キョウ、まゆみ have an audience of
㈡(교) 蕭 ㄓㄠ chao¹
釗 小篆 釗 草書 ㈠❶힘쓸소(勉也)。❷보일소(見也)。❸쇠뇌고동소(弩牙)。㈡사람이름교(周康王)。

【釘】㊀(정) 靑 テイ、くぎ nail; spike ㊁(정) 徑 ㄉㄧㄥ ting⁴
小篆 草書 ㊀❶창정(矛名)。〔郭璞曰〕鶴膝矛江東呼爲鈴ㅣ。❷못정(鐵尖)。〔晋書〕桓溫伐蜀以所貯竹頭作ㅣ裝船。㊁불린금정(ㅣ鈑)。

【釜】(부) 麌 フ、かま cauldron ㄈㄨˇ fu³
草書 ❶가마부(無足鼎)。❷휘부(量名)。〔左傳〕豆區ㅣ鍾。

(圖禮三) ❷釜 (會圖才三) ❷釜

【針】㊀(침) 侵 シン、はり needle; pin ㊁(침) 沁 ㄓㄣ chen¹
草書 ㊀❶바늘침(縫具)。〔唐書〕七夕妃嬪各執九孔ㅣ五色線向月穿之。❷침침(刺病)。㊁❶바느질할침(縫切)。❷찌를침(刺也)。

【釟】(팔) 黠 ハツ、きたえる temper
단련할팔(鍊也)。

【釡】(부)『釜』(金部2畫)와 같음

三畫

【釣】(조) 嘯 チョウ、つる fishing with a hook ㄉㄧㄠ tiao⁴
小篆 草書 ❶낚시조(鉤魚)。❷낚을조(取也)。〔淮南子〕虞君好寶晋獻以璧馬ㅣ之。❸구할조(求也)。

【釤】㊀(삼) 咸 サン、かま scythe ㊁(삼) 陷
草書 ㊀자귀삼(鏟屬)。〔抱朴子〕推黃鉞以適ㅣ鎌之持。㊁큰낫삼(大鎌)。

【釥】(초) 篠 ショウ、みめよい gold
草書 좋은쇠초(美金)。

【釦】(구) 有 コウ、わめく clasp ㄎㄡ k'ou⁴
小篆 草書 ❶그릇에금테두를구(金飾器口)。〔後漢書〕蜀漢ㅣ器。❷떠들썩할구(諠動)。〔吳語〕三軍譁ㅣ以振旅。❸두드릴구(叩也)。

【釧】(천) 霰 セン、うでわ bracelet ㄔㄨㄢ ch'uan⁴
小篆 草書 팔찌천、팔까지천(釵ㅣ女飾臂ㅣ)。〔何偃書〕珍玉名ㅣ因物寄情。

(會圖才三) 釧

【釩】(범) 豏 ハン、はらう throw down
떨칠범(拂也)。

【釪】(우) 虞 ウ、いしづき handbell ㄨ wu²
草書 ❶요령우(錞ㅣ樂器似鐘)。❷바리때우(鉢ㅣ僧家飯器)。

【釫】(화) 麻 カ、すき two-shared plough
草書 좌우로날선보습 화(茉也)。『茉』와 같음

【釬】(한) 翰 カン、こて armlet ㄏㄢ han⁴
小篆 草書 ❶팔찌한、어깨에두르는갑옷한(被臂鎧)。〔管子〕弛弓脫ㅣ。❷급할한(急也)。〔莊子〕有緩而ㅣ。

【釭】㊀(공) 東 コウ、かりも axle ㊁(강) 江 ㄍㄨㄥ kung¹
小篆 草書 ㊀❶굴대공(車轂中鐵)。❷화살끝공(箭鏃)。〔釋名〕鏃、關西曰ㅣ。㊁등잔강(燈也)。〔謝朓詩〕蘭ㅣ當夜明。

【釱】㊀(체) 霽 テイ、タイ、あしかせ leg chains ㊁(대) 泰
小篆 草書 ㊀차꼬체、발잠그는쇠체(足鉗)。〔史記〕私鑄鐵器煮鹽者ㅣ左趾。㊁뜻은 ㊀과 같음。

【釵】㊀(채) 佳 サイ、かんざし women's hair-pin ㊁(차) 麻 ㄔㄞ ch'ai¹
小篆 草書 ㊀비녀채(婦人岐笄、兩股笄)。〔美人賦〕玉ㅣ挂臣冠。㊁뜻은 ㊀과 같음。

【釳】(흘) 物 キツ、かざる ornament
小篆 말머리 장식 흘(方ㅣ乘輿馬頭飾)。

四畫

【釽】(벽) 錫 ヘキ、かなかき wooden vessel
小篆 草書 ❶가리박벽(裁木爲器)。〔蜀都賦〕藏鏹巨萬ㅣ摫兼呈。❷깨뜨릴벽(破也)。〔漢書 藝文志〕鉤ㅣ析亂而已。

【釾】(야) 麻 ヤ、けんのな sword
小篆 막야칼야(鏌ㅣ吳神劒名)。〔漢書〕莫邪爲鈍兮鉛刀爲銛。

【鈘】(흘)『釳』(金部3畫)의 本字

【釿】(근) 文 キン、ギン、かんな plane ㄐㄧㄣ chin¹
小篆 草書 대패근(平木具)。〔莊子〕在宥ㅣ鋸制焉。

【鈀】(파) 麻 ハ、まぐわ hoe ㄆㄚ p'a²
小篆 草書 ❶싸움수레파(兵車、候車)。〔司馬法〕晨夜內ㅣ車。❷쇠갈퀴 파(鉏屬五齒平土除穢)。

通天鈀 (大淸會典圖)

【鈊】(심) 沁 シン、するどい sharp 〔本音「침」〕
날카로울심(銳利)。

【鈂】(침) 侵 チン、てつのきね iron pestle
小篆 쇠공이침(鐵杵)。

【鈆】(연) 先 エン、なまり lead ㄑㄧㄢ ch'ien¹
납연(錫類靑金)。〔淮南子〕不ㅣ可以爲刀。『鉛』과 같음

【鈇】(부) 虞 フ、おの axe ㄈㄨ fu¹
小篆 草書 ❶작도부(莝斫刀)。도끼부(ㅣ鉞ㅣ鑕斧也)。❷

〔禮〕諸侯賜ㅣ鉞然後殺。

【鈉】(납) 合 トウ、かなづち iron hammer ㄋㄚˋ naˋ ❶메납(打鐵)。❷쇠불릴납(治鐵)。

【鈋】(와) 歌 カ、けずる round off ㄜˊ é² 小篆 깎아서둥글게할와(刓方爲圓)。

【鈍】(둔)⁵ 願 ドン、にぶい dull; blunt ㄉㄨㄣˋ tuen⁴ 小篆 草書 ❶노둔할둔(頑ㅣ)。〔史記〕士之無恥頑ㅣ嗜利者亦多歸漢。❷무딜둔(不利)。〔漢書〕莫邪爲ㅣ兮。

【鈌】(결) 屑 ケツ、さす thrust 小篆 찌를결(刺也)。

【鈎】(구)『鉤』(金部5畫)의 俗字

【鈏】(인) 軫 イン、すず marcosite ㄧㄣˇ yin³ 小篆 백철인(錫金白鑞)。〔爾雅疏〕錫金白鑞也一名ㅣ。

【鈐】(검) 鹽 ケン、キン、くさび linchpin ㄑㄧㄢˊ ch'ien² 小篆 草書 ❶굴대비녀장검(車轄)。❷자물쇠검(鏁也)。〔爾雅序〕六藝之ㅣ鍵。❸큰보습검(大犂)。❹별이름검(星名鈎ㅣ)。

【鈑】(판) 潸 ハン、いたがね gold coin 草書 불린금판(金ㅣ鉼金)。〔周禮〕祭五帝供金ㅣ。

【鈒】㊀(삽) 緝 ㊁(삽) 合 ソウ、ほこ trident ㄙㄜˋ sè⁴ 小篆 草書 ㊀삼지창삽(鋋也 戟也)。〔陸雲書〕舉ㅣ成雲下ㅣ成雨。㊁새길삽(鏤也)。「金銀爲文曰ㅣ」。

【鈔】㊀(초) 肴 ㊁(초) 效 ショウ、かきうつす copy ㄔㄠ ch'ao¹ 小篆 草書 ㊀❶노략할초、취할초(取也略也)。〔後漢書〕攻ㅣ郡縣。❷베낄초(謄寫)。〔抱朴子〕略ㅣ金丹之都較。㊁지폐초(楮幣)。〔宋書〕女眞造ㅣ五等與錢並用。

【鈗】㊀(윤) 軫 ㊁(예) 霽 イン、やり spear 小篆 ㊀창윤(侍臣所執兵器)。〔周書〕一人冕執ㅣ。㊁뜻은 ㊀과 같음。

【鈕】(뉴) 有 チュウ、つまみ、とって handle ㄋㄧㄡˇ niu³ 小篆 古文 草書 ❶인꼭지 뉴(印鼻)。❷거울손잡이뉴(鏡弩鼻)。〔楚辭〕遺失兮ㅣ樞。❸단추뉴(衣鉤)。

❶鈕環 (漢晉印章圖譜)

【鈚】㊀(비) 霽 ㊁(비) 支 ヒ、ヘイ、や arrow ㄆㄧˊ p'i² 草書 ㊀살촉비(箭鏃)。〔杜甫詩〕長ㅣ及狡兔。㊁보습비(犂錧別名)。

鈚箭 (大淸會典圖)

【鈜】㊀(횡) 庚 ㊁(광) 梗 コウ、かねのおと sound of bell ㄏㄨㄥˊ hung² 草書 ㊀쇠북소리 횡(鏗ㅣ鐘鼓聲)。㊁뜻은『鑛』에 보라。

【鈞】(균) 眞 キン、ひとしい equal ㄐㄩㄣ chün¹ 小篆 古文 草書 ❶설흔근균(三十斤)。〔書〕關石和ㅣ。❷질그릇만드는바퀴균(陶具)。〔師古曰〕陶家名轉者爲ㅣ。❸천지균(大ㅣ洪ㅣ天地)。〔漢書〕大ㅣ播物。❹풍류이름균(樂名ㅣ天)。❺고를균(均也)。〔左傳 成公十六年〕善ㅣ從衆。❻높임말균(敬語)。

五畫

【鈯】(돌) 月 トツ、にぶい blunt; dull 草書 ❶무딜돌(鈍也)。❷찬칼돌、작은칼돌(小刀)。

【鈴】(령) 靑 レイ、すず bell ㄌㄧㄥˊ ling² 小篆 草書 방울령(鐸也)。〔左傳〕錫鸞和ㅣ昭其聲也。

漢永平小鈴 (金石索)

【鈷】(고) 麌 コ、ひのし flat-iron ㄍㄨˇ ku³ 草書 다리미고(ㅣ鉧溫器)。〔鈷鉧潭記〕ㅣ鉧熨斗也潭之形似之。

【鉈】(사) 支 シ、かまのえ sickle handle 草書 ❶낫자루사(鎌柄)。〔管子〕耜耒耨懷鉊ㅣ。❷보습사(耒端)。

【鈸】(발) 曷 ハツ、バチ、すず bell ㄅㄚˊ pa² 草書 방울발(銅ㅣ鈴也)。

鈸 (大淸會典圖)

【鈹】(피) 支 ヒ、おおはり skewer ㄆㄧ p'i¹ 小篆 草書 ❶쇠꼬챙이피、칼피(大針、劒也)。〔史記 刺客傳〕皆持長ㅣ。❷날선창피(刀戈)。〔左傳〕使賊殺其宰華吳賊六人以ㅣ殺諸廬門。

【鈰】(제) 齊 セイ、するどい sharp 小篆 날카로울제(銳利)。

【鈺】(옥) 沃 ギョク、たから jewel ❶보배옥(寶也)。❷단단한쇠옥(堅金)。

【鈿】㊀(전) 先 ㊁(전) 霰 テン、デン、かんざし women's hair-pin 小篆 草書 ㊀비녀 전(金ㅣ首飾)。〔庾肩吾詩〕縈鬟起照鏡誰忍去金ㅣ。㊁보배로꾸민그릇전(寶飾器)。

【鉀】(갑) 洽 コウ、よろい suit of an armour ㄐㄧㄚˇ chia³ 草書 갑옷갑(鎧也)。〔晉載記〕姚弋仲貫ㅣ上馬。(『甲』과 같음)

【鉂】(사) 紙 シ、かねのわ iron ring 쇠고리사(金環)。

【鉃】(시) 紙 シ、やじり arrowhead
살끝시(箭鏃)。

【鉄】(철)『鐵』(金部13畫)의 俗字

【鉅】(거) 語 キョ、つりばり hook ㄐㄩˋ chü^{4}
小篆 草書 ❶클거(大也)。〔史記〕天子曰一公。❷갈구리거(鉤也)。〔西征賦〕弛青鯤於網一。❸강한쇠거(大剛鐵)。〔史記〕宛之一鐵。(『巨·詎』와 通함)

【鉆】㈠(겸) 鹽 ケン、かなばさみ tweezers ㈡(첩) 葉 ㈢족
小篆 草書 ㈠보습겸(大犂)。㈡집게첩(鐵鉆)。

【鉇】(사)『鉈』(次條)와 같음

【鉈】(사) 麻 シャ、シ、ほこ short spear
小篆 草書 짧은창사(短矛)。

【鉉】(현) 銑 ゲン、みみづる ear of a kettle ㄒㄩㄢˋ hsü
小篆 草書 솥귀 현(所以貫鼎而擧之)。〔易〕鼎黃耳金一利貞。

【鉊】(초) 蕭 ショウ、おおかま scythe
小篆 草書 큰낫초(大鎌)。〔管子〕耜耒耨懷一鉊。

【鉋】(포) 效 ホウ、かんな plane ㄅㄠˋ pao^{4}
草書 대패포(鉋屬平木器)。

【鉐】(석) 陌 セキ、しんちゅう brass
놋쇠석(鍮也)。

【鉚】(류) 有 リュウ、こがね gold
草書 황금류(黃金、美金)。

【鉍】(필) 質 ヒ、ヒツ、ほこのえ spear-shaft ㄅㄧˋ pi^{4}
草書 창자루필(矛柄)。

【鉏】㈠(서) 魚 ショ、ソ、すき、くわ weeding hoe ㈡(서) 語 ㄔㄨˊ ch'u^{2} (本音「조」)
小篆 草書 ㈠❶호미서(治田器)。〔漢書〕秦人借父耰一慮有德色。❷성서、이름 서(姓名)。〔左傳 宣公二年〕一麑。㈡어긋날서(相距鉏鋙)。〔楚辭〕圜鑿而方枘兮吾固知其一鋙而難入。

鉏(農政全書)

【鉑】(박) 藥 ハク、はく gold-foil ㄅㄛˊ po^{2}
草書 금박박(金薄)。

【鉒】(주) 遇 チュ、あらがね mineral
草書 ❶쇳돌주(丱也)。〔管子〕上有鉛者其下有一 銀上有丹砂者其下有一金。❷함둘주(署置)。

【鉗】(겸) 鹽 ケン、くびかせ shackles ㄑㄧㄢˊ ch'ien^{2} ㄩ
小篆 草書 ❶목사슬겸(髡一以鐵束頸)。〔漢書〕自髡一爲王家奴。❷세력으로써남을누를겸(一制)。❸입다물겸(一口)。〔後漢書袁紹傳〕百辟一口。

【鉔】(잡) 合 ソウ、まわりこうろ censer
草書 구르는 향로잡(轉施不倒之香爐)。

【鉛】(연) 先 エン、なまり lead ㄑㄧㄢ ch'ien^{1}
小篆 草書 ❶납연(錫類青金)。〔書〕一松怪石。❷분연(白粉)。

【鉜】(부) 尤 フウ、おおくぎ big nail
큰못부(大釘)。

【鉠】(앙) 陽 オウ、すずおと tinkling of a bell
草書 방울소리앙(一一鈴聲)。〔東京賦〕和鈴一一。

【鉞】(월) 月 エツ、まさかり broad axe ㄩㄝˋ yüeh^{4}
小篆 草書 도끼월(鈇一斧也)。〔書 牧誓〕王左杖黃一。

鉞(大清會典圖)

古鉞(金石索)

【鉢】(발) 曷 ハツ、ハチ、はち brass bowl ㄅㄛ po^{1}
草書 바릿대발(盂屬食器)。〔梵書〕自釋迦相傳有衣一。

【鉟】(비) 支 ヒ、ほこ spear
草書 날있는창비(刃戈)。〔韓愈詩〕何當鑄鉅一。

【鉣】(겁) 葉 キョウ、おびがね wire
小篆 띠매는쇠끈겁(組帶鐵)。

【鉤】(구) 尤 コウ、かぎ hook ㄍㄡ kou^{1}
小篆 草書 ❶갈고리구(懸物者)。❷그림쇠구(一矩規也)。❸갈고랑쇠구(鐵曲)。❹끌구(牽也)。〔後漢書〕皆爲一黨下獄。❺갉아다릴 구(一索)。〔易 繫辭〕一深致遠。❻곱장칼구(劒屬)。〔漢書〕鑄作刀劍一鐔。

古玉螳螂捕蟬帶鉤(古玉圖譜)

【鉥】(술) 質 ジュツ、おおばり big needle ㄕㄨˋ shu^{4}
小篆 草書 ❶돗바늘술(長針)。〔管子〕一女必有一針一一。❷인도할수(導也)。

【鉦】(정) 庚 ショウ、どら gong ㄓㄥ chêng^{1}
小篆 草書 징 정(鐃也、鐲也)。〔詩〕一人伐鼓。

鉦(大清會典圖)

【鉧】(무) 麌 ボ、ひのし flat-iron ㄇㄨˇ mu^{3}

草書 다리미무(鈷ㅣ熨斗)。

六 畫

【鉵】(동) 多 トウ、てつのかたまり iron
小篆 쇳덩이동(鋌也)。

【鉶】(형) 靑 ケイ、あつものもり soup dish ㄒㄧㄥˊ hsing²
小篆 草書 국그릇형(盛羹祭器)。【儀禮 公食大夫禮】宰夫設ㅣ。
鉶(名物圖)

【[金朶]】(타) 哿 タ、かける be broken off
이지러질타(缺也)。

【鉸】㊀(교) 巧 コウ、はさみ scissors ㊁(교) 肴 ㄐㄧㄠˇ chiao³
草書 ㊀가위교(交刃刀)。【五粒小松歌】綠波浸葉滿濃光細束龍髯ㅣ刀剪。 ㊁❶뜻은 ㊀과 같음。 ❷금장식교(裝飾)。【褚白馬賦】寶ㅣ星纏。

【鉺】(이) 寘 ジ、かぎ hook ㄦˇ êrh³
草書 갈고리이(鉤也)。【韓愈詩】脩箭褭金ㅣ。

【鉻】(락) 藥 ラク、そる hair cutting
小篆 草書 털깎을락(鬄也)。【梵書】鬍髮自ㅣ。

【鉼】(병)『鉼』(金部 8畫)의 俗字

【鉾】(모)『矛』(矛部 0畫)의 古字

【鉿】(협) 洽 コウ、おちこむおと sound of falling
빠지는소리협(陷聲)。

【銀】(은) 眞 ギン、しろがね silver ㄧㄣˊ yin²
小篆 草書 ❶은은(白金)。【爾雅】白金謂之ㅣ。 ❷돈은(金錢)。

【銃】(총) 送 ジュウ、てっぽう gun ㄔㄨㄥˋ ch'ung⁴
草書 ❶도끼구멍총(斧穿)。 ❷총총(小銃)。

【銅】(동) 東 ドウ、あかがね copper ㄊㄨㄥˊ t'ung²
小篆 草書 ❶구리동(赤金)。【漢書】凡律度量用ㅣ者不爲燥濕寒暑變節不爲霜露風雨改形。 ❷산골동(自然ㅣ石髓鉛)。

【鉇】(귀) 紙 キ、すき spade
小篆 ❶가래귀(臿屬)。 ❷새이름귀(鳥名買ㅣ)。

【鉥】(술) 質 ジュツ、のこおと sound of saw
❶배목술(鎖處鈕)。 ❷톱소리술(鋸聲)。

【銍】(질) 質 チツ、いねかりがま short sickle ㄓˋ chih⁴
小篆 小篆 ❶갈강낫질、벼베는낫질(刈禾短鎌)。【蘇軾 稼說】鋤耰ㅣ艾。【詩】奄觀ㅣ刈。
銍(農政全書)

【銋】(임) 寢 ジン、こえがのびない become hoarse
목맺힐임(鍖ㅣ聲不進貌)。【洞簫賦】行鍖ㅣ而龢囉。

【銎】(공) 冬 キョウ、おのあな hole of axe ㄑㄩㄥ ch'iung¹
小篆 草書 도끼구멍공(斤斧受柄孔)。【太公六韜】大柯斧ㅣ長八寸。

【銑】(선) 銑 セン、つやがね lustrous gold ㄒㄧㄢˇ hsien³
小篆 草書 ❶윤택한금 선(金之澤者)。【爾雅釋器】絕澤謂之ㅣ。 ❷쇠북귀선(鐘之兩角)。【周禮】鳧氏爲鐘兩欒謂之ㅣ。 ❸활끝 이에금올릴선(飾弓以金)。

【銒】㊀(견) 先 ケイ、ケン、さけいれ bottle ㊁(형) 靑 ㄒㄧㄥˊ hsing²
小篆 草書 ㊀목긴병견(酒器似鐘頸長)。 ㊁뜻은 ㊀과 같음。

【銓】(전) 先 セン、えらぶ select ㄑㄩㄢˊ ch'üan²
小篆 草書 ❶사람가릴전(選法)。【唐六典】吏部有三ㅣ法。 ❷저울질할전(權衡度也)。【漢書 王莽傳】考量以ㅣ。

【銖】(수) 虞 シュ、はかりめ measure of a beam ㄓㄨ chu¹
小篆 草書 저울눈수(錙ㅣ百黍)。【禮】雖分國如錙ㅣ。

【鉟】(피) 支 ヒ、はた flag ㄆㄧ p'i¹
草書 기이름피(靈姑ㅣ旗名)。【左傳】公上使王黑以靈姑ㅣ率吉。

【銕】(철)『鐵』(金部 13畫)의 古字

【銗】(후) 尤 コウ、とうしょばこ box for contributions ㄒㄧㄤˋ hsiang⁴
草書 ❶항통후(投書函)。【漢書】投ㅣ購告言姦。 ❷목투구후(鍜ㅣ頸鎧)。

【銘】(명) 靑 メイ、しるす engrave ㄇㄧㄥˊ ming²
小篆 草書 ❶새길명(刻識以事)。【禮】湯之盤ㅣ。 ❷기록할명(記誦志也)。
周子孫卣蓋銘(金石索)

【銙】(과) 馬 カ、おびかね clasp ㄎㄨㄚˇ k'ua³ (本音「개」)
草書 띠돈과(十三ㅣ帶具)。【唐書】玉工作帶誤毀一ㅣ。

【銚】㊀(조) 蕭 チョウ、ヨウ、なべ、かま ㊁(조) 蕭 pan ㊂(요) 嘯 ㄧㄠˊ yao²
小篆 小篆 草書 ㊀가래조(ㅣ鎒田器)。【莊子】ㅣ鎒是修。 ㊁다리미 조(溫器)。 ㊂쟁개비 요(燒器今釜之小而有柄者)。

【銜】(함) 咸 カン、くつわ、くつばみ bit ㄒㄧㄢˊ hsien²
小篆 草書 ❶재갈함(馬口勒)。 ❷머금을함(口ㅣ物)。【古

詩艶歌何嘗行〕吾欲―汝去口噤不能開。❸관함함、직함함(官階)。〔白居易詩〕十年不改舊官―。❹원망할함、함혐할함(憾也)。〔漢書〕栗姬言不遜景帝心―之。❺느낄함、감동할함(感也)。〔管子〕令出而民―。

【銛】(섬) 鹽 セン、するどい sharp ㄒㄧㄢ hsien¹
銛 小篆 草書 ❶날카로울섬(利也)。〔賈誼 過秦論〕非―于鉤戟長鎩也。❷가래섬(銛屬)。

【鑾】(란)『鑾』(金部19畫)의 略字

【鋖】(사)〔日字〕かすがい staple
草書 꺾쇠사(接針)。

七畫

【銳】㊀(예) 霽 エイ、タイ、するどい sharp; acute ㄖㄨㄟ juei⁴ ㊁(태) 泰
銳 小篆 古文 草書 ㊀❶날카로운예、뾰족할예(凡物鐵利者)。❷날쌜예(利也)。〔史記〕魏其―身爲救灌夫。❸가시랭이예、까끄라기예(芒也)。〔左傳 昭公十六年〕且吾以玉賈罪不亦―乎。㊁창태(矛屬)。〔書經 顧命〕一人冕執―。

【銷】(소) 蕭 ショウ、とける melt ㄒㄧㄠ hsiao¹
銷 小篆 草書 ❶녹을소(盡也)。〔漢書 鄒陽傳〕積毁―骨。❷녹일소(鑠金)。〔史記 秦始皇紀〕―鋒鏑鑄爲金人十二。❸사라질소、흩어질소(消也)。〔王勃 滕王閣序〕虹―雨霽。(『消』와 같음)

【鋻】(세) 霽 セイ、どう five-coloured copper
鋻 小篆 오색구리세(五色銅)。

【鈔】(사) 歌 サ、みずいれ jar made of copper ㄙㄨㄛ suo¹
草書 구리동이사(―鑼銅器水盆)。〔宋志〕駕前皆捧斯鑼。

【銶】(구) 尤 キュウ、のみ chisel ㄑㄧㄡ ch'iu²
草書 끌구(鑿屬)。〔詩經〕又缺我―。

【鋷】(섭) 葉 チョウ、けぬき hair tweezers
小篆 草書 족집게섭(拔髮釘也)。(『鑷』과 같음)(本音은「녑」)

【銹】(수) 宥 シュウ、さび rust ㄒㄧㄡ hsiu⁴
草書 동록수(鐵生衣)。

【銼】㊀(좌) 歌 ザ、かま caudron ㄘㄨㄛ ts'uo⁴ ㊁(좌) 箇
銼 小篆 草書 ㊀술고리좌(―鑹鍑也)。㊁가마좌(鈷鏻)。〔杜甫詩〕土―冷疎煙。

【銿】(종)『鐘』(金部12畫) (용)『鏞』(金部11畫)과 같음

【鋁】(려) 御 リョ、やすり file ㄌㄩ lü³
草書 줄려(鑢也)。〔博雅〕―謂之錯。(『鑢』와 같음)

【鋂】(매) 灰 バイ、くさり iron chain ㄇㄟ mei²
鋂 小篆 草書 ❶사슬고리매(子母環)。〔詩經 齊風盧令〕盧重―。❷큰자물쇠매(大鎖)。

【鋃】(랑) 陽 ロウ、くさり iron chain ㄌㄤ lang²
鋃 小篆 草書 잠글랑(―鐺鎖也)。〔漢書〕以鐵鎖―鐺其頸。

【鋄】(만) 諫 バン、うまのかざり decoration of a horse
말머리치장만(馬首飾)。〔東京賦〕金―鏤鍚。

【鋈】(옥) 沃 オク、ぎんめつき silverplating ㄨ wu⁴
鋈 小篆 草書 은올릴옥(銷金灌沃爲飾)。〔詩經 秦風小戎〕陰靷―續。

【鋊】(욕) 沃 ヨク、あかがねくず bit of copper
鋊 小篆 草書 구리가루욕(銅屑)。〔漢書〕姦或盜磨錢質以取―。

【鋋】(연) 先 エン、セン てぼこ short spear
鋋 小篆 草書 ❶작은창연(小矛)。〔漢書〕此矛―之地也。❷좋은금연(利金)。〔淮南子〕苗山之―。

【鋌】(정) 迥 テイ、こみ arrow-head ㄉㄧㄥ ting⁴
鋌 小篆 草書 ❶살촉정(箭―箭足)。〔周禮〕冶氏爲殺矢刃長寸圍寸―十之。❷달음박질할정(疾走貌)。〔左傳 文公十七年〕―而走險。❸쇳덩이정(銅鐵樸)。〔南史〕廬陵王子應不慧見內庫金―問左右此可食否。

【[illegible]】(급) 緝 キュウ、すき weeding hoe
호미급(鋤也)。

【鋏】(협) 葉 キョウ、はさみ pincers ㄐㄧㄚ chia² (本音「겹」)
鋏 小篆 草書 ❶칼협(劍也)。〔十八史略 春秋戰國齊〕馮驩彈―歌曰長―歸來乎。❷칼손잡이협(劍把)。〔莊子 說劍〕韓魏爲―。❸집개협(可以持治器鑄鎔者)。

【鋒】(봉) 冬 ホウ、きっさき tip of lance ㄈㄥ feng¹
草書 ❶칼날봉(刀劍芒)。〔荀子〕嘗試之說―起。❷앞잡이봉(軍之前列)。〔漢書〕鯨布爲前―。❸창봉(兵器)。

❸ 鋒 (農政全書)

【鋕】(지) 寘 シ、きざむ carve
새길지(銘也)。

【鋗】(현) 霰 ケン、こばち small kettle
鋗 小篆 草書 ❶노구현(銅銚)。❷노구솥현(無足鐺)。

周素鋗(西清古鑑)

【鋞】(형) 青 ケイ、なべ pan
鋞 小篆 남비형(鍋也)。

【鋜】(착) 覺 サク、すき weeding hoe ㄓㄨㄛ chuo²
❶발목잡아맬착(足鎖)。〔韓愈詩〕黃

鶴足仍ㅣ。❷호미차(鋤也)。

【鋘】㊀(오) 虞 ゴ、カ、もろはすき ㊁(화) 麻 double-edged spade ㄏㄨㄚˊ hua² 草書 ㊀곤오칼오(錕ㅣ劍名)。㊁쌍날가래화(兩刃鍤)。

【鋙】(어) 語 ゴ、くいちがい crossing ㄨˇ wu² 草書 어긋날어(鉏ㅣ不相當)。【楚辭】圓鑿方枘鉏ㅣ難入。

【鋝】(렬) 屑 レツ、はかりめ ㄌㄩㄝˋ lüeh⁴ 小篆 草書 엿량중 렬(量名六兩)。【周禮】戈戟皆重三ㅣ。

【鋟】(침) 寢 シン、セン、きざむ carve ㄑㄧㄢ ch'ien¹ 草書 새길침(鏤版爪刻)。【公羊傳 定公八年】睋而ㅣ其板。

【鋣】(야) 麻 ヤ、つるぎ famous sword 草書 막야칼야(鏌ㅣ吳神劍名)。【後漢書】求鏌ㅣ於明智。(『鎁』와 같음)

【鋤】(서) 魚 ジョ、すき weeding hoe ㄔㄨˊ ch'u² 草書 호미서(田器去穢)。【楚辭】寧誅ㅣ草茅以力耕乎。(古音「조」)

【鋧】(현) 銑 ケン、ちいさいのみ small chisel 草書 푼끌현(銑ㅣ小鑿)。

【鋪】㊀(포) 虞 ホ、しく、みせ pave; shop ㄆㄨ p'u¹ ㊁(포) 遇 小篆 草書 ㊀❶문고리 포(門首銜環)。【漢書】排玉戶而颺金ㅣ兮。❷펼 포(陳也)。【禮記 樂記】ㅣ筵席。❸아플포(病也)。【詩經 大雅江漢】淮夷來ㅣ。㊁❶전방포(賈肆)。❷베풀포(設也)。

周旅鋪 ❹ (西淸古鑑)

八畫

【鋲】(병) 【日字】 びょう hobnail 草書 ❶넓은못병(廣釘)。❷【日字】징병(廣頭釘)。

【鋸】(거) 御 キョ、のこぎり saw ㄐㄩˋ chü⁴ 小篆 草書 ❶톱거(刀ㅣ鐵葉齟齬其齒以片解木石者)。【漢書】中刑用刀ㅣ。❷다리꺾는형벌거(刖刑)。【韓愈 送李愿歸盤谷序】刀ㅣ不加。

鋸(農政全書)

【鋺】(원) 阮 エン、はかりさら scale 草書 저울바탕원(權衡臺)。

【鋻】㊀(견) 霰 ケン、はがね steel ㊁(견) 先 小篆 ㊀강철견(剛鐵)。㊁날담글견(淬刃使堅)。

栗鋻(農政全書)

【鋖】(야) 禡 ヤ、かがみ mirror 거울야(鏡也)。

【鋼】(강) 陽 漾 コウ、はがね steel ㄍㄤ kang¹ 草書 강쇠강(鍊鐵)。【列子 湯問】鍊ㅣ赤刀用之切玉如切泥。

【錄】㊀(려) 御 ㊁(록) 屋 ㊂(록) 沃 リョ、ロク、しるす record 小篆 草書 ㊀사실할려(ㅣ囚寬省)。【太玄經】蹛于狴獄三歲見ㅣ。㊁번번치않을록(ㅣㅣ循常)。【史記】公等ㅣㅣ所謂因人作事者也。㊂❶기록할록(記也)。【公羊傳】春秋ㅣ內而略外。❷문서록(籍也)。【周禮】皆辨其物奠其ㅣ。❸취할록(采也取也)。【公羊傳】ㅣ伯姬。❹나타낼록(表也)。【古詩焦仲卿妻】君旣若見ㅣ不久望君來。❺목록록(總也)。【漢書】萬邦之事大ㅣ于君。

【錆】(장) 陽 ショウ、くわしい minute 정할장(精也)。

【錈】(권) 先 ケン、まがる (of iron) roll 쇠말릴권(屈金)。【呂氏春秋】柔則ㅣ堅則折。

【錊】(채) 隊 サイ、ねる temper 단련할채(鍊也)。

【錍】㊀(비) 支 ヒ、おの axe ㊁(비) 齊 小篆 ㊀도끼비(斧屬銛也)。㊁살촉비(箭鏃)。

【錐】(추) 支 スイ、きり gimlet ㄓㄨㄟ chuei¹ 小篆 草書 송곳추(銳也、鍼也)。【左傳】ㅣ刀之末。

錐 (三才圖會)

【錎】(함) 陷 カン、くさり links ❶사슬고리함(連鐶)。❷빠질함(陷也)。【莊子】ㅣ沒而下。

【錏】(아) 麻 ア、しころ temper ㄧㄚˋ ya⁴ 小篆 草書 ❶강철부드럽게할아(治鐵)。❷목가림투구아(頸鎧)。

【錑】(뢰) 隊 ライ、かんな plane 草書 대패뢰(鉋也)。

【錔】(탑) 合 トウ、きせがね iron cap ㄊㄚˋ t'a⁴ 小篆 草書 쇠두겁탑(器物金冒)。

【錕】㊀(곤) 元 コン、かりも axle ㊁(곤) 阮 ㄎㄨㄣ k'ue 草書 ㊀❶곤오칼곤(ㅣ鋙劍名)。【列子 湯問】ㅣ鋙之劍。❷붉은금곤(赤金)。㊁수레굴통쇠곤(車釭)。

【鉼】(병) 梗 ヘイ、いたがね lump of gold 草書 불린금덩이병(金鈑)。【爾雅】ㅣ金謂之鈑。

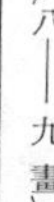

【錘】㊀(추) 支 ㊁(추) 紙 ㊂(추) 寘 スイ、おもり ㄔㄨㄟ ch'uei² weight
錘 小篆 書 草 ㊀저울눈추(稱ㅣ八銖)。〔淮南子〕雖割國之錙ㅣ以事人。㊁마치추(爐ㅣ鍛器)。〔莊子 大宗師〕在爐ㅣ之間耳。㊂저울추(稱ㅣ)。〔周禮註〕以爲稱ㅣ以起量。

【錙】(치) 支 シ、わずか ㄗ tzŭ¹ small quantity
錙 小篆 書 草 ❶저울눈치(六銖曰ㅣ)。〔荀子〕八兩曰ㅣ。❷조금치(小量)。〔禮記 儒行〕雖分國如ㅣ銖。

【錞】㊀(순) 眞 ㊁(대) 隊 ジュン、タイ、いしづき ㄉㄨㄟ tuei⁴ spear's ferrule
錞 小篆 書 草 ㊀사발종 순(ㅣ釪似鐘)。〔晉語〕戰以ㅣ釪丁寧儆其民。㊁창고달대(矛下ㅣ)。〔詩〕厹矛鋈ㅣ。

(三才圖會)㊀錞

【錚】(쟁) 庚 ソウ、かね ㄓㄥ cheng¹ gong
錚 小篆 書 草 ❶쇳소리 쟁그렁거릴쟁(ㅣㅣ金聲)。〔後漢書〕鐵中ㅣㅣ。❷징쟁(鉦也)。〔東觀漢記〕介士鼓吹ㅣ鐸。

【錟】㊀(담) 覃 ㊁(염) 琰 タン、セン、ほこ ㄊㄢ t'an² long spear
錟 小篆 書 草 ㊀긴창담(長矛)。〔史記 蘇秦傳〕ㅣ戈在後。㊁서슬염(利刀)。

【錠】(정) 徑 テイ、たかつき candle stick
錠 小篆 書 草 ❶촛대정(鐙也)。❷열구자틀정(薦熟物器)。❸덩이정(純金銀貨幣定率)。❹주석정、백철정(錫屬)。❺남비정(薦熟物器)。

周素錠❺(西淸古鑑)

【錡】㊀(기) 支 ㊁(의) 紙 キ、ギ、かま ㄑㄧ ch'i² caudron
錡 小篆 書 草 ㊀세발가마기(三足釜)。〔左傳〕筐筥ㅣ釜。㊁❶뜻은 ㊀과같음。❷쇠뇌틀의(弩架)。〔張衡 西京賦〕武庫禁兵設在蘭ㅣ。❸끌의(鑿屬)。〔詩經 豳風破斧〕又缺我ㅣ。❹휘뚝거릴의(崎ㅣ不安貌)。〔文賦〕固崎ㅣ而難便。

【錢】㊀(전) 先 ㊁(전) 銑 セン、かね、ぜに ㄑㄧㄢ ch'ien² money; coin
錢 小篆 書 草 ㊀돈전(貨泉鑄幣)。〔宋史 岳飛傳〕文臣不愛ㅣ武臣不惜死。㊁가래전(ㅣ鎛田器)。〔詩經 周頌臣工〕庤乃ㅣ鎛。

開元左桃錢㊀(金石索)

(農政全書) 錢㊁

【錍】(비) 尾 ヒ、はり needle
침비(小丁)。〔素問〕砭石今以ㅣ鍼代之。

【錣】(철) 屑 テツ、はり ㄓㄨㄟ chuei⁴ ferrule
錣 書 草 채찍 고달철(策馬箠端有針)。〔列子〕白公倒杖策ㅣ貫頤流血。

【錤】(기) 支 キ、すき hoe
호미기(鎡ㅣ鉏也)。〔孟子〕作鎡基。

【錥】(육) 屋 イク、なべ pot
옹솥육(小釜鍋ㅣ)。

【錦】(금) 寑 キン、にしき silk fabric
錦 小篆 書 草 비단금(襄色織文)。〔詩〕衣ㅣ褧衣。

【錧】(관) 旱 カン、くさび ㄍㄨㄢ kuan hub
錧 書 草 ❶수레굴통쇠관(車轂鐵)。〔孟子題辭〕五經之ㅣ轄。❷보습관(田器)。

【錫】(석) 錫 セキ、シャク、すず tin
錫 小篆 書 草 ❶주석석、백철석(金ㅣ鉛類)。〔詩〕如金如ㅣ。❷줄석(賜也)。〔詩經 大雅既醉〕孝子不匱永ㅣ爾類。

【錮】(고) 遇 コ、ふさぐ tinker; mend
錮 小篆 書 草 ❶땜질할고(鑄塞)。〔漢書〕雖ㅣ南山猶有隙。❷벼슬길막을고(禁ㅣ重繫)。〔左傳〕子反請以重幣ㅣ之。❸오랜병고(ㅣ疾)。〔禮記〕ㅣ疾。

【錪】㊀(전) 銑 ㊁(톤) 阮 テン、トン、かま iron pot
錪 小篆 ㊀❶쇠전(金也)。❷솥전(鍑也)。㊁무거울톤(重也)。

【錭】㊀(도) 豪 ㊁(조) 蕭 トウ、にぶい dull
錭 小篆 ㊀무딜도(鈍也)。㊁새길조(刻也)。〔荀子〕ㅣ琢刻鏤。(『雕』와 같음)

【錯】㊀(착) 藥 ㊁(조) 遇 サク、ソ、まじる、たがう ㄘㄨㄛ ts'uo⁴ confused; tangled
錯 小篆 書 草 ㊀❶석일착(雜也)。〔書經 禹貢〕厥賦惟上上ㅣ。❷버무릴착(混也)。〔易經 繫辭〕ㅣ綜其數。❸갈마들일착(交ㅣ迭也)。〔中庸〕如四時之ㅣ行。❹맷돌 착(磨也)。〔詩經〕他山之石可以爲ㅣ。❺그르칠착(誤也、乖也)。〔漢書五行志〕與仲舒ㅣ。❻줄착(鑢也)。〔書〕錫貢磬ㅣ。㊁❶그만둘조(止也)。〔十八史略〕刑ㅣ四十餘年不用。❷둘조(置也)。〔莊子達生〕ㅣ之牢筴之中。❸행할조(行也)。〔易經序卦〕禮義有所ㅣ。❹돈조(ㅣ刀王莽錢名)。(『措』와 같음)

【鎊】(방) 〔日字〕 かざり fittings
鎊 書 草 장식방(裝飾金物)。

九畫

【錨】(묘) 蕭 ビョウ、いかり ㄇㄠ mao² anchor

草書 닷묘(鐵ㅣ)。〔焦竑俗書刊誤〕船上鐵ㅣ曰ㅣ。

【鍇】(개) 蟹 カイ、よいてつ good iron ㄎㄞ k'ai³
小篆 草書 좋은쇠개(好鐵)。〔吳都賦〕銅ㅣ之垠。

【鍈】(영) 庚 エイ、すずのね tinkling of a bell
방울소리영(鈴聲)。

【鍊】(련) 霰 レン、ねる temper ㄌㄧㄢ lien⁴
小篆 草書 ❶불린쇠련(精金)。〔王褒論〕精ㅣ藏於鑛鏷。❷단련할련(治也)。〔淮南子〕ㅣ土生木ㅣ木生火。❸불릴련、달련(煎治銅鐵使精熟)。〔皇極經世〕金百ㅣ然後精。

【鍉】㊀(시) 支 シ、ティ、さじ spoon ㊁(저) 齊 ㄉㄧ ti¹
草書 ㊀❶숟갈시、숟시(錯ㅣ)。〔後漢書〕牽馬操刀奉盤錯ㅣ遂割牲而盟。❷열쇠시(鍵也)。㊁날저(鋒也)。

【鍋】(과) 歌 カ、なべ cooking pan
草書 ❶노구과(釜屬溫器)。❷수레굴통쇠과(車釭)。❸기름통과(盛膏器)。

【鍍】(도) 遇 ト、めつき gilding ㄉㄨ tu⁴
草書 도금할도、금올릴도(以金飾物)。〔李紳詩〕假金只用眞金ㅣ若是眞金不ㅣ金。

【鍏】(위) 微 イ、すき plough
보습위(鏵也)。

【鍐】(종) 東 ソウ、ばろく bridle
草書 말굴레종(馬首飾)。

【鍑】(복) 屋 フク、かま caudron
小篆 草書 술가마복(釜也)。〔博古圖〕周獸耳斂口上載鬲以熟物。

周鉉紋鍑(西清古鑑)

【鍒】(유) 尤 ジュウ、なまがね pig iron
小篆 떡쇠유、시우쇠유(鐵之軟者)。

【鎪】(수) 尤 ㄙㄡ sou¹ carve
草書 새길수(刻鏤)。

【鍔】(악) 藥 ガク、やいば edge of a sword ㄜ é⁴
草書 칼날악(鋒ㅣ劒刃)。〔漢書 蕭望之傳〕底厲鋒ㅣ。

【鍖】(침) 侵 チン、だい chopping block
草書 ❶쇠모탕침(斧質)。〔漢書〕身伏斧質。❷목맺힐침(ㅣ銋聲不進)。〔洞簫賦〕行ㅣ銋而和囉。

【鍚】(양) 陽 ヨウ、おもがい
草書 당노양(馬額飾)。〔詩經 大雅 韓奕〕鉤膺鏤ㅣ。

【鍛】(단) 翰 タン、きたえる temper ㄉㄨㄢ tuan⁴
小篆 草書 쇠불릴단(ㅣ鍊打鐵治金)。〔書經〕ㅣ乃戈矛。

【鍜】(하) 麻 カ、しころ armour for neck
小篆 草書 목투구하(錏ㅣ頸鎧)。

【鍠】(굉) 庚 コウ、かねのね peal of a bell 〔本音 (황)〕 ㄏㄨㄤ huang²
小篆 草書 쇠북소리굉(鏗ㅣ鐘鼓聲)。〔東都賦〕鐘鼓鏗ㅣ。

【鍝】(우) 遇 グ、みみかざり earring
귀고리우(鐻ㅣ耳垂金寶)。

【鍤】(삽) 洽 ソウ、すき spade ㄔㄚ ch'a²
小篆 草書 가래삽(鍫也)。〔史記 河渠書〕擧ㅣ如雲決渠爲雨。

【鍥】㊀(계) 霽 ケイ、ケツ、きざむ carve ㊁(결) 屑 ㄑㄧㄝ ch'ieh⁴
小篆 草書 ㊀❶새길계(刻也)。〔荀子〕ㅣ而不舍金石可鏤。❷끊을계(斷也)。〔後漢書〕願寬ㅣ薄之禁。㊁낫결(鎌也)。

鍥(農政全書)

【鍦】(사) 支 シ、ほこ short spear
草書 짧은창사(短矛)。

【鍧】(굉) 庚 コウ、かねのね peal of a bell
草書 쇠북소리굉(ㅣㅣ鐘鼓聲)。〔詩經〕鐘鼓ㅣㅣ。

【鍪】(무) 尤 ボウ、かぶと helmet
小篆 草書 투구무(兜ㅣ首鎧)。〔書經〕惟甲胄起戎。〔註〕胄兜ㅣ也。

頭鍪(三才圖會)

【鍫】(초)『鍬』(次條)와 같음

【鍬】(초) 蕭 ショウ、すき spade
草書 가래초(臿也)。

【[金+斫]】㊀(근) 眞 キン、おの axe ㊁(은) 吻
㊀도끼근、자귀근(斫木器)。㊁❶가지런할은(齊也)。❷끊을은(斷也)。

【鍭】(후) 尤 コウ、やじり arrow-head ㄏㄡ hou²
小篆 草書 살촉후(箭鏃)。〔詩經〕四ㅣ旣鈞。

【鍮】(유) 尤 トウ、チュウ、しんちゅう brass
草書 놋쇠유(石銅似金)。〔格古要論〕ㅣ石自然銅之精者。

【鍯】(총) 東 ソウ、のみ chisel
끌총(大鑿)。

【鍺】(타) 哿 タ、くさび hub
❶수레굴통쇠타(車轄)。❷보습타(犂錧)。

【鍱】(섭) 葉 ショウ、ヨウ、いたがね piece of iron
小篆 草書 쇳조각섭(金鐵片鍱也)。

【鍰】(환) 刪 カン、おもさ weigh of coin ㄏㄨㄢˊ huan²
小篆 草書 엿냥중 환(黃鐵六兩鋝也)。【書】其罰百ㅣ。

【鍲】(민) 眞 ビン、もと capital ㄇㄧㄣˊ min²
❶부세회계할민(計稅)。❷장사밑천 민(業也)。

【鑒】(감)『鑑』(金部14畫)과 같음

【鍵】(건) 阮 銑 ケン、かぎ key; lock ㄐㄧㄢˋ chien⁴
小篆 草書 ❶열쇠건(關ㅣ籥也)。【禮】修ㅣ閉。❷수레굴대건(車轄)。

【鍹】(선) 先 セン、すき spade
가래선(銛也)。

【鍼】(一)(침) 侵 (二)(겸) 鹽 シン、はり needle
小篆 草書 (一)❶바늘침(縫具)。【左傳】楚侵陽橋賂執ㅣ者百人。❷침침(ㅣ石刺病)。【方書】唐狄仁傑善ㅣ術。(『針』과 같음) (二)사람이름겸(人名秦ㅣ虎)。

【錙】(치)『錙』(金部8畫)의 本字

【鎁】(야)『鋣』(金部7畫)와 같음

【鍾】(종) 冬 ショウ、さかつぼ wine-bottle ㄓㄨㄥ chung¹
小篆 草書 ❶병종(酒器)。❷휘종(量名十釜)。【左傳】齊國人粟戶一ㅣ。❸체종거문고 종(遯ㅣ)。【漢書】雖伯牙操遯ㅣ。❹몽킬종(聚也)。【左傳 昭公二十八年】天ㅣ美於是。❺눈물흘릴종(龍ㅣ垂淚貌)。❻음률이름종(律名黃ㅣ)。

❶漢食官鍾(西清古鑑)

十畫

【鎈】(차) 麻 シャ、サ、きんごろ golden colour
❶돈차(錢異名)。❷금빛차(金光)。

【鎊】(방) 陽 ホウ、けずる shave; cut ㄆㄤˋ pang⁴
草書 깎을방(削也)。

【鎌】(겸) 鹽 レン、ケン、かま sickle ㄌㄧㄢˊ lien² (本音「렴」)
小篆 草書 낫겸(刈草鉤鍥)。【韓愈詩】新月似磨ㅣ。

鎌(農政全書)

【鎋】(할) 黠 カツ、くさび linchpin ㄒㄧㄚˊ hsia²
草書 ❶바퀴비녀장할(車軸頭鐵)。【孝經】孝道者萬世之桎ㅣ。❷주장할할(管ㅣ)。

【鎍】(一)(색) 藥 (二)(책) 陌 サク、はりがね chain
(一)쇠사슬색(鐵繩)。(二)적쇠책(鐵串)。

【鎏】(류) 尤 リュウ、かざりだま pure gold ㄌㄧㄡˊ liu²
草書 ❶순금류(美金)。❷면류관드리울류(冕飾垂玉)。

【鎒】(누) 宥 コウ、ドウ、くさをきる weed out
草書 ❶김맬누(除草)。❷호미누(耕田器)。(『耨』와 같음)

【鎔】(용) 冬 ヨウ、とかす、いる melt ㄖㄨㄥˊ jung²
小篆 草書 ❶분릴용、녹일용(ㅣ鑄)。❷거푸집용(鑄器模範)。【漢書】冶ㅣ炊炭。(『熔』은 俗字)

【鍥】(결) 屑 ケツ、きざむ carve
❶새길결、조각할결(彫刻)。【淮南子】鑴岩ㅣ金玉。❷낫결(鎌也)。

【鎖】(쇄) 哿 サ、かけがね、じょう lock ㄙㄨㄛˇ suo³ (本音「솨」)
小篆 草書 ❶자물쇠쇄(鍵也)。【漢書】繫名聲之韁ㅣ。❷쇠사슬쇄(鐶也)。❸가둘쇄(封也)。❹항쇄쇄(項ㅣ)。❺【新字】체인(〈Chain〉 英國測地名一ㅣ長二十二碼)。

鎖(三才圖會)

【鎻】(쇄)『鎖』(前條)와 같음

【鎘】(력) 錫 レキ、かなえ iron pot ㄌㄧˋ li⁴
草書 다리굽은솥력(曲脚鼎)。

【鎗】(쟁) 庚 ソウ、やり spear ㄑㄧㄤ ch'iang¹
小篆 草書 ❶금석소리 쟁(鏘ㅣ金石聲)。【史記】鏗ㅣ鼓舞。❷창쟁(槍也)。❸세발노구 쟁(三足鬴鼎類)。❹총쟁(火銃)。

❷鎗(武備志)

❹金口交鎗(大清會典圖)

【𨫼】(천) 銑 テン、ながくする extend
늘여길게할천(抒長)。

【𨭆】(소) 豪 ソウ、しんちゅう brassuare
놋그릇소(銅器)。

【鎚】(一)(추) 支 (二)(퇴) 灰 ツイ、かなづち iron hammer ㄔㄨㄟˊ ch'uei²
草書 (一)❶쇠마치추(金ㅣ)。【抱朴子】以鐵ㅣ鍛其頭數千。❷저울추(權也)。(『錘』와 같음) (二)옥다듬을퇴(治玉)。

【鎛】(박) 藥 ハク、かね small bell ㄅㄛˊ po²
小篆 草書 ❶쇠북박(鐘也)。【周禮】ㅣ師掌金奏之鼓。❷호미박(鋤類)。【詩】庤乃錢ㅣ。❸쇠북틀에채색할박(ㅣ鱗鐘筍上飾)。

❶齊子中姜鎛(攀古樓彝器款識)

❷鎛(農政全書)

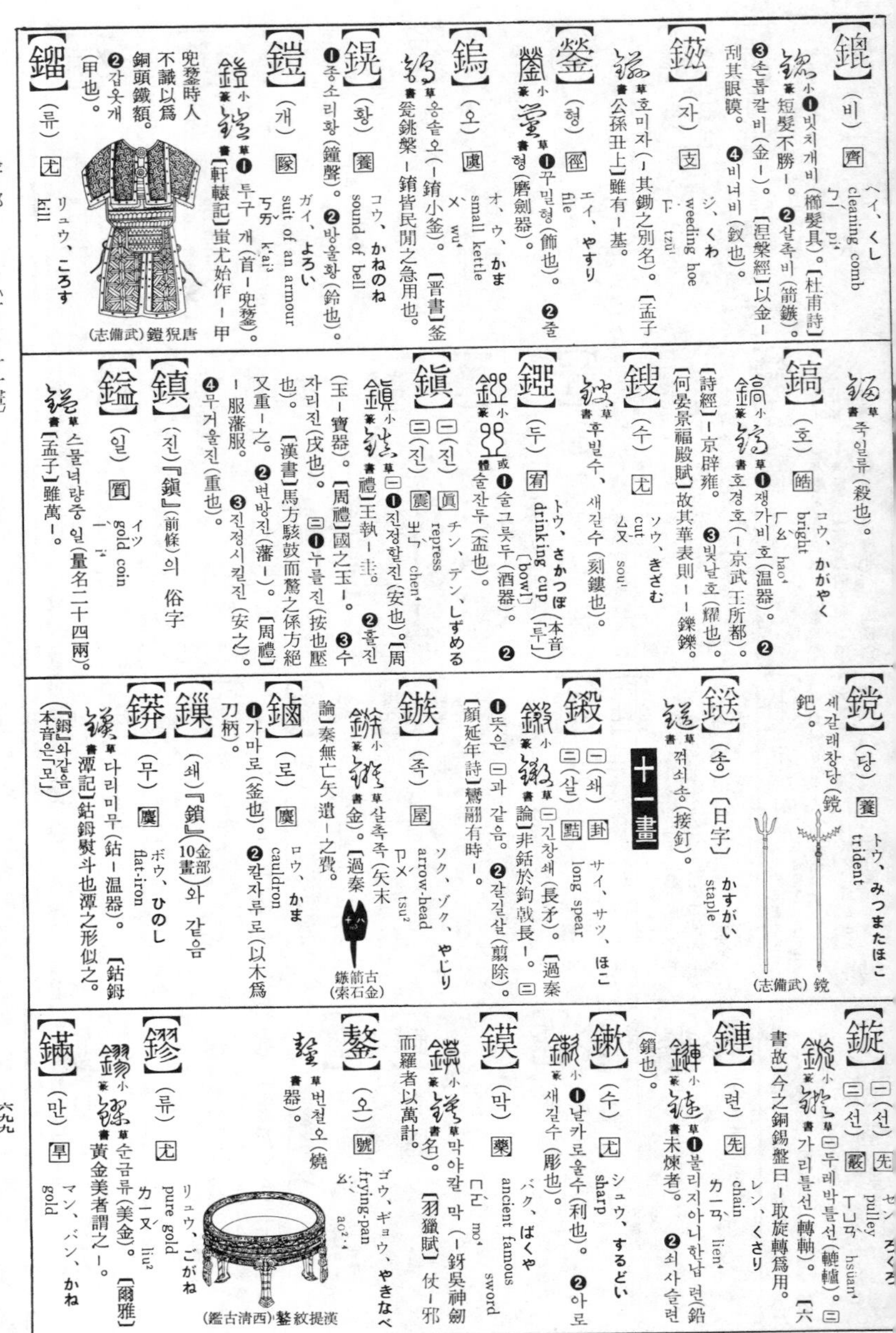

【鎞】(비) 齊 ヘイ、くし cleaning comb ㄅㄧ pi
小篆 草書 ❶빗치개비(櫛髮具)。【杜甫詩】短髮不勝ㅣ。❷살촉비(箭鏃)。❸손톱칼비(金ㅣ)。【涅槃經】以金ㅣ刮其眼膜。❹비녀비(釵也)。

【鎡】(자) 支 ジ、くわ weeding hoe ㄗ tzŭ
草書 호미자(ㅣ其鋤之別名)。【孟子 公孫丑上】雖有ㅣ基。

【鎣】(형) 徑 エイ、やすり file
小篆 草書 ❶꾸밀형(飾也)。❷줄형(磨劍器)。

【鎢】(오) 虞 オ、ウ、かま small kettle ㄨ wu¹
草書 옹솥오(ㅣ錥小釜)。【晉書】釜甑銚槃ㅣ錥皆民間之急用也。

【鍠】(황) 養 コウ、かねのね sound of bell
❶종소리황(鐘聲)。❷방울황(鈴也)。

【鎧】(개) 隊 ガイ、よろい suit of an armour ㄎㄞ k'ai³
小篆 草書 ❶투구 개(首ㅣ兜鍪)。【軒轅記】蚩尤始作ㅣ甲兜鍪時人不識以爲銅頭鐵額。❷갑옷개(甲也)。

唐猊鎧(武備志)

【鎦】(류) 尤 リュウ、ころす kill
草書 죽일류(殺也)。

【鎬】(호) 皓 コウ、かがやく bright ㄏㄠ hao⁴
小篆 草書 ❶쟁가비호(溫器)。❷호경호(ㅣ京武王所都)。【詩經】ㅣ京辟雍。❸빛날호(耀也)。【何晏景福殿賦】故其華表則ㅣㅣ鑠鑠。

【鎪】(수) 尤 ソウ、きざむ cut ㄙㄡ sou¹
草書 후빌수、새길수(刻鏤也)。

【鋀】(두) 宥 トウ、さかつぼ drinking cup [bowl] (本音[투])
小篆 或體 ❶술그릇두(酒器)。❷술잔두(盃也)。

【鎭】(진) 眞 チン、テン、しずめる repress ㄓㄣ chen⁴
㊀(진) ㊁(진) 震
小篆 草書 ㊀❶진정할진(安也)。【周禮】王執ㅣ圭。❷홀진(玉ㅣ寶器)。【周禮】國之玉ㅣ。❸수자리진(戍也)。㊁❶누를진(按也壓也)。【漢書】馬方駭鼓而驚之係方絕又重ㅣ之。❷번방진(藩ㅣ)。【周禮】ㅣ服藩服。❸진정시킬진(安之)。❹무거울진(重也)。

【鎮】(진)『鎭』(前條)의 俗字

【鎰】(일) 質 イツ gold coin ㄧ i⁴
草書 스물너량중 일(量名二十四兩)。【孟子】雖萬ㅣ。

【鏜】(당) 養 トウ、みつまたほこ trident
세갈래창당(鏜鈀)。

鏜(武備志)

【鎹】(송)【日字】かすがい staple
草書 꺾쇠송(接釘)。

十一畫

【鎩】㊀(쇄) ㊁(살) ㊀卦 ㊁黠 サイ、サツ、ほこ long spear
小篆 草書 ㊀긴창쇄(長矛)。【過秦論】非銛於鉤戟長ㅣ。㊁❶뜻은 ㊀과 같음。❷깎길살(翦除)。【顏延年詩】鸞翮有時ㅣ。

【鏃】(족) 屋 ソク、ゾク、やじり arrow-head ㄗㄨ tsu²
小篆 草書 살촉족(矢末金)。【過秦論】秦無亡矢遺ㅣ之費。

古箭鏃(金石索)

【鏀】(로) 麌 ロウ、かま cauldron
❶가마로(釜也)。❷칼자루로(以木爲刀柄)。

【鏁】(쇄)『鎖』(金部10畫)와 같음

【⿰金莽】(무) 麌 ボウ、ひのし flat-iron
草書 다리미무(鈷ㅣ溫器)。【鈷鉧潭記】鈷鉧熨斗也潭之形似之。『鉧』와같음【本音은「모」】

【鏇】㊀(선) ㊁(선) ㊀先 ㊁霰 セン、ろくろ pulley ㄒㄩㄢ hsüan⁴
小篆 草書 ㊀두레박틀선(轆轤)。㊁가리틀선(轉軸)。【六書故】今之銅錫盤曰ㅣ取旋轉爲用。

【鏈】(련) 先 レン、くさり chain ㄌㄧㄢ lien⁴
小篆 草書 ❶불리지아니한납 련(鉛未煉者)。❷쇠사슬련(鎖也)。

【鏉】(수) 尤 シュウ、するどい sharp
小篆 ❶날카로울수(利也)。❷아로새길수(彫也)。

【鏌】(막) 藥 バク、ばくや ancient famous sword ㄇㄛ mo⁴
小篆 草書 막야칼 막(ㅣ鋣吳神劍名)。【羽獵賦】仗ㅣ邪而羅者以萬計。

【鏊】(오) 號 ゴウ、ギョウ、やきなべ frying-pan ㄠ ao²·⁴
草書 번철오(燒器)。

漢提紋鏊(西清古鑑)

【鏐】(류) 尤 リュウ、こがね pure gold ㄌㄧㄡ liu²
小篆 草書 순금류(美金)。【爾雅】黃金美者謂之ㅣ。

【鏋】(만) 旱 マン、バン、かね gold

❶금만(金也)。❷금정기만(金精)。

【鏑】(적) 錫 テキ、やじり arrow-head ㄉㄧˊ ti² 小篆 草書 살촉적(箭鏃)。〔史記〕銷鋒ㅡ。

【鍯】(총) 東 ソウ、おおのみ big chisel 小篆 큰끌총(大鑿)。

【鏖】(오) 豪 オウ、みなごろし slaughter ㄠˊ ao² 草書 ❶무찌를오(多殺)。〔漢書〕合短兵ㅡ皐蘭下。❷구리동이오(銅盆)。

【鏗】(갱) 庚 コウ、うつ、つく beat ㄎㄥ k'êng¹ 草書 ❶금석소리 갱(ㅡ鏘金石聲)。〔漢書〕ㅡ鏘鼓舞。❷사람이름 갱(彭祖名)。

【鏘】(장) 陽 ショウ、ソウ、たまのおと sound of a jade ㄑㄧㄤ ch'iang¹ 草書 옥소리장(ㅡㅡ玉聲)。〔詩〕八鸞ㅡㅡ。

【鏙】(최) 賄 サイ、まじる mix 섞을최(錯也)。

【鏜】(당) 陽 トウ、かねのおと sound of a bell (本音「탕」) ㄊㄤ t'ang¹ 小篆 草書 북소리당(鼓聲)。〔詩經 風擊鼓〕擊鼓其ㅡ。

【鏚】(척) 錫 セキ、おの axe 草書 도끼척(斧也)。〔左傳〕君王命剝圭以爲ㅡ柲。

【鏝】(만) 寒 マン、こて trowel ㄇㄢˋ man⁴ 小篆 或體 草書 흙손만(泥ㅡ鐵杇塗具)。〔孟子〕毀瓦畫墁。

【鏞】(용) 冬 ヨウ、おおがね large bell ㄩㄥ yung¹·² 小篆 草書 큰쇠북용(大鐘)。〔書經 益稷〕笙ㅡ以間。

鏞 (四書引蒙略圖解)

【鏠】(봉) 冬 ホウ、ほこさき point of a spear 小篆 草書 병장기끝봉(兵耑)。〔史記〕變詐ㅡ出莫能窮者。

【鏟】(산) 潸 サン、かんな plane ㄔㄢˇ ch'an³ (本音「찬」) 小篆 草書 ❶대패산(平木鐵器)。❷깎을산(剗也)。〔杜甫詩〕意欲ㅡ疊嶂。❸쇳조각산(鏟片)。❹칼집산(鞘也)。

鏟 (農政全書)

【鏡】(경) 敬 ケイ、キョウ、かがみ mirror ㄐㄧㄥˋ ching⁴ 小篆 草書 ❶거울경(水ㅡ取景器鑑也)。〔漢書〕清水明ㅡ不可以逃形。❷살필경(鑒也)。〔漢書 韓安國傳〕明ㅡ聖法。❸안경경(眼ㅡ)。

【鏢】(표) 蕭 ヒョウ、きっさき edge of a sword ㄅㄧㄠ piao¹ 小篆 草書 ❶칼날표(刀鋒)。❷비수표(匕首)。

【鏉】(구) 尤 コウ、きざむ carve 아로새길구(剜也)。(『鏤』와 같음)

【䥏】(어) 語 ギョ、すず marcasite 小篆 백철어(白錫)。

【鏤】 一(루) 宥 二(루) 虞 ロウ、ル、くろがね steel ㄌㄡˋ lou⁴ 小篆 草書 一❶새길루(刻也)。〔左傳〕器不雕ㅡ。❷강철루(剛鐵)。〔書經〕厥貢銀ㅡ。二속루칼루(屬ㅡ劍名)。〔十八史略 春秋戰國吳〕賜子胥ㅡㅡ之劍。

【鏥】(수)『銹』(金部 7畫)와 같음.

【鏦】 一(총) 冬 二(창) 江 ショウ、ソウ、ほこ spear ㄘㄨㄥ ts'ung¹ 小篆 或體 草書 一❶창총(矛也)。〔漢書〕使人ㅡ殺吳王。❷찌를총(突也)。二뜻은 一과 같음。

【鏩】(점) 琰 セン、するどくすすむ advance hurriedly 속히나갈점(ㅡㅡ銳進貌)。

【鍪】(무) 尤 ボウ、かぶと helmet 草書 투구무(首鎧)。

【鏬】(하) 禡 カ、すきま gap 틈하(析ㅡ罅也)。

【鏹】(강) 養 キョウ、ぜにざし string of coppers ㄑㄧㄤˇ ch'iang²·³ 草書 ❶돈꿰미강(錢貫)。〔蜀都賦〕藏ㅡ巨萬。❷금강(白ㅡ金別名)。〔漢書〕萬室之邑藏ㅡ千萬。

十二畫

【鏳】(쟁) 庚 ソウ、たまのおと sound of jade 옥소리쟁(玉聲)。

【鏵】(화) 麻 カ、すき spade ㄏㄨㄚˊ hua² 가래화、삽화(鍫也)。

鏵 (農政全書)

【鏶】(집) 緝 シュウ、いたかね piece of iron 小篆 쇳조각집(金鐵片)。〔博雅〕ㅡ謂之鍱。

【[金+隋]】(타) 哿 タ、すき plough 小篆 보습타(鈶ㅡ、大犂)。

【鏷】(박) 沃 ボク、あらがね ore (本音「복」) ㄆㄨˊ p'u² 草書 ❶박고살박(ㅡ鑃矢名)。〔左傳〕金僕姑。❷날쇠박(生鐵)。〔張協七命〕ㅡ越鍛成。

【鏸】(혜) 霽 ケイ、みつかどほこ trident

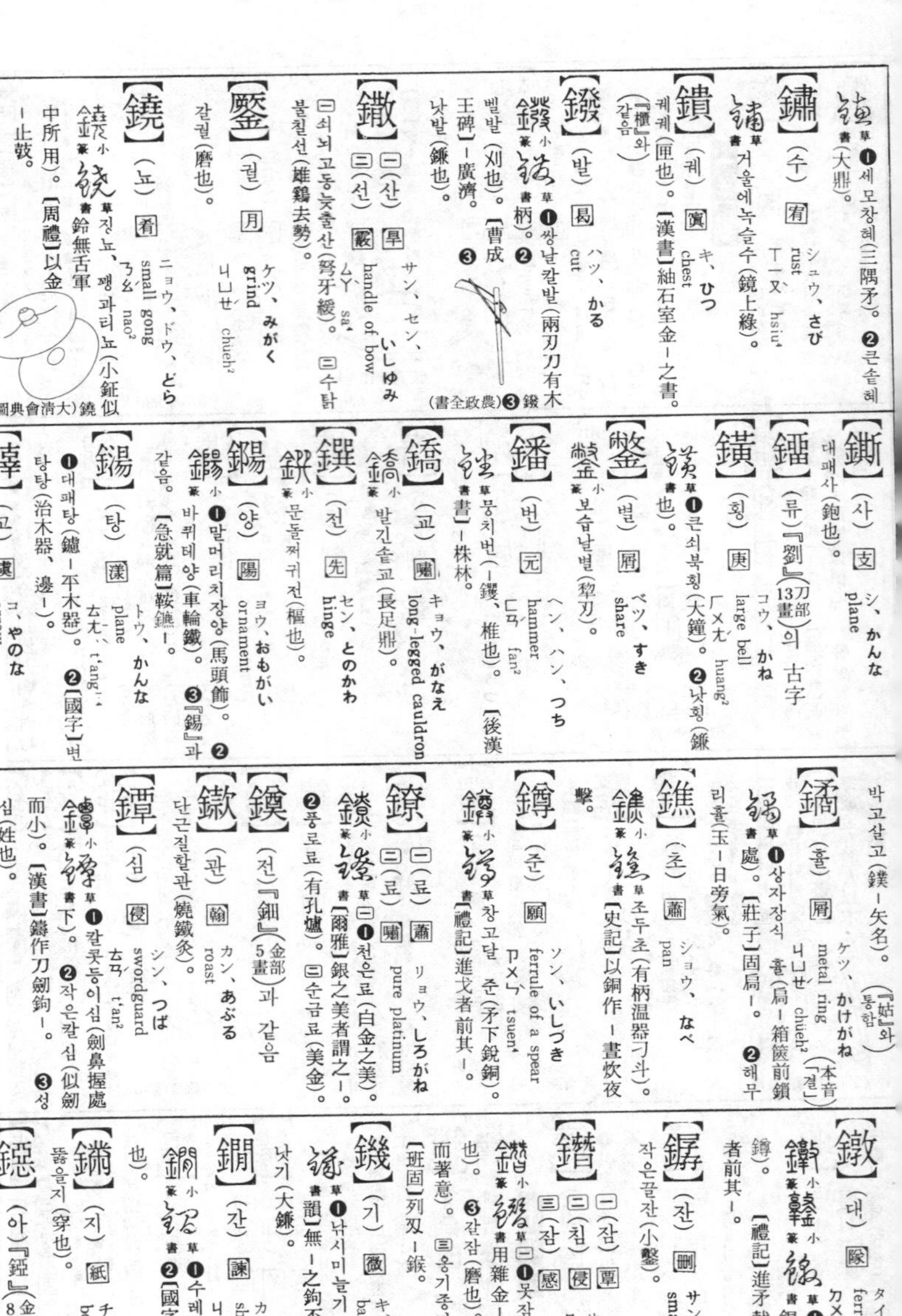

草書 ❶세모창혜(三隅矛)。❷큰솥혜(大鼎)。

【鏽】(수) 宥 シュウ、さび rust ㄒㄧㄡˋ hsiu⁴ 草書 거울에녹슬수(鏡上綠)。

【鐀】(궤) 寘 キ、ひつ chest 궤궤(匣也)。【漢書】紬石室金ㅣ之書。(『櫃』와 같음)

【鏺】(발) 曷 ハツ、かる cut 小篆 草書 ❶쌍날칼발(兩刃刀有木柄)。❷벨발(刈也)。【曹成王碑】ㅣ廣濟。❸낫발(鎌也)。

(農政全書)❸鏺

【鏾】㊀(산) 旱 ㊁(선) 霰 サン、セン、いしゆみ handle of bow ㄙㄚˋ sa⁴ ㊀쇠뇌고동늣출산(弩牙緩)。㊁수탉불칠선(雄鷄去勢)。

【鐝】(궐) 月 ケツ、みがく grind ㄐㄩㄝˊ chüeh² 갈궐(磨也)。

【鐃】(뇨) 肴 ニョウ、ドウ、どら small gong ㄋㄠˊ nao² 小篆 草書 징뇨、꽹과리뇨(小鉦似鈴無舌軍中所用)。【周禮】以金ㅣ止鼓。

(大清會典圖)鐃

【鐁】(사) 支 シ、かんな plane 대패사(鉋也)。

【鐂】(류)『劉』(刀部13畫)의 古字

【鐄】(횡) 庚 コウ、かね large bell ㄏㄨㄤˊ huang² 草書 ❶큰쇠북횡(大鐘)。❷낫횡(鎌也)。

【鐅】(별) 屑 ベツ、すき share 小篆 보습날별(犂刃)。

【鐇】(번) 元 ヘン、ハン、つち hammer ㄈㄢˊ fan² 草書 몽치번(ㅣ鑊、椎也)。【後漢書】ㅣ株林。

【鐈】(교) 嘯 キョウ、がなえ long-legged cauldron 小篆 발긴솥교(長足鼎)。

【鐉】(전) 先 セン、とのかわ hinge 小篆 문돌쩌귀전(樞也)。

【鐊】(양) 陽 ヨウ、おもがい ornament 小篆 ❶말머리치장양(馬頭飾)。❷바퀴테양(車輪鐵)。❸『鍚』과 같음。【急就篇】鞍鑣ㅣ。

【鐋】(탕) 漾 トウ、かんな plane ㄊㄤ t'ang¹·⁴ ❶대패탕(鐁ㅣ平木器)。❷【國字】변탕탕(治木器、邊ㅣ)。

【金辜】(고) 虞 コ、やのな arrow

박고살고(鏃ㅣ矢名)。(『姑』와 통함)

【鐍】(휼) 屑 ケツ、かけがね metal ring ㄐㄩㄝˊ chüeh² (本音「결」) 草書 ❶상자장식휼(扃ㅣ箱篋前鎖處)。【莊子】固扃ㅣ。❷해무리휼(玉ㅣ日旁氣)。

【鐎】(초) 蕭 ショウ、なべ pan 小篆 草書 조두초(有柄溫器刁斗)。【史記】以銅作ㅣ晝炊夜擊。

【鐏】(준) 願 ソン、いしづき ferrule of a spear ㄗㄨㄣˋ tsuen⁴ 小篆 草書 창고달준(矛下銳銅)。【禮記】進戈者前其ㅣ。

【鐐】㊀(료) 蕭 ㊁(료) 嘯 リョウ、しろがね pure platinum 小篆 草書 ㊀❶천은료(白金之美)。【爾雅】銀之美者謂之ㅣ。❷풍로료(有孔爐)。㊁순금료(美金)。

【鐭】(전)『鈿』(金部5畫)과 같음

【金款】(관) 翰 カン、あぶる roast 단근질할관(燒鐵炙)。

【鐔】(심) 侵 シン、つば swordguard ㄊㄢˊ t'an² 小篆 草書 ❶칼콧등이심(劍鼻握處下)。❷작은칼심(似劍而小)。【漢書】鑄作刀劍鉤ㅣ。❸성심(姓也)。

【鐓】(대) 隊 タイ、いしづき ferrule of a spear ㄉㄨㄟˋ tuei⁴ 小篆 小篆 草書 ❶창고달대(矛下鐏)。【禮記】進矛戟者前其ㅣ。

漢素鐓(西清古鑑)

【金孱】(잔) 刪 サン、じいさいのみ small chisel 작은끌잔(小鑿)。

【鐕】㊀(잠) 覃 ㊁(침) 侵 ㊂(잠) 感 サン、くぎ nail 小篆 草書 ㊀❶못잠(釘也)。【禮記】用雜金ㅣ。❷철할잠(綴也)。❸갈잠(磨也)。㊁철할침(綴物而著意)。㊂옹기종기모일잠(聚貌)。【班固】列双ㅣ鍰。

【鐖】(기) 微 キ、ガイ、かかり barb 草書 ❶낚시미늘기(魚鉤逆鋩)。【集韻】無ㅣ之鉤不可以得魚。❷큰낫기(大鎌)。

【鐗】(간) 諫 カン、しんぼう shaft ㄐㄧㄢˋ chien³·⁴ 小篆 草書 ❶수레굴대간(車軸鐵)。❷【國字】쇳덩이 간(鐵也)。

【金虒】(지) 紙 チ、うがつ bore 뚫을지(穿也)。

【鐚】(아)『錏』(金部8畫)의 古字

【鐘】(종) 冬 ショウ、シュ、かね ㄓㄨㄥ chung¹ bell
鐘(小篆) 鍾(或體) 鐘(草書) 쇠북 종(懸樂金音)。〔詩〕ㅣ鼓樂之。(『鍾』과 통함)

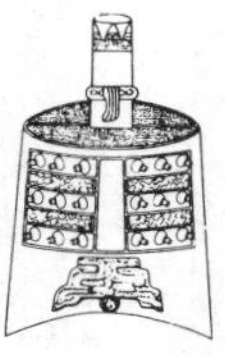

邵鐘 (攈古彝器款識)

【鐙】(一)(등) 徑 トウ、あぶみ ㄉㄥ têng¹ stirrups (二)(등) 蒸
鐙(小篆) 鐙(草書) (一)❶등자 등(馬鞍足所踏)。〔韓致堯詩〕和裙穿玉ㅣ。❷발적대 등(豆下跗)。(二)등잔 등(燈也)。〔禮〕執ㅣ。

漢聖得鐙 (西清古鑑)

【鐅】(一)(지) 寘 (二)(설) 屑 (三)(폐) 霽 ヘイ、くわ plough (四)(집) 緝
鐅(小篆) (一)❶끝에 쇠가 붙은 채찍 지(羊箠, 其端有鐵)。❷보습 지(田器)。(二)❶쇠망치 설(椎也)。❷보습 설(田器)。(三)뜻은 (二)와 같음。(四)뜻은 (一)과 같음。

十三畫

【鐩】(수) 寘 スイ、ひかがみ burning lens
鐩(草書) 화경 수(陽燧取火日中)。

【鏖】(오) 豪 オウ、かま kettle
鏖(小篆) 鏖(草書) 동노구 오(溫器)。〔六書故〕今人以慢火爛烹肉物爲ㅣ。

【鐪】(로) 麌 ロ、にかわかま melting-pot of fishglue
鐪(小篆) 鐪(草書) ❶부레도가니 로(煎膠器)。❷칼자루 로(刀柄)。

【鐫】(전) 先 セン、ほる、えぐる ㄐㄩㄢ chüan¹ engrave; carve
鐫(小篆) 鐫(草書) 새길 전(刻也)。〔淮南子〕ㅣ山石。

【鐮】(렴) 鹽 レン、かま sickle
낫 렴(鍥也)。(『鎌』과 같음)

【鐯】(작) 藥 チャク、くわ ㄓㄨㄛ chuo² hoe
괭이 작(大鉏)。

【鐉】(전) 銑 セン、むちうつ whip
鐉(小篆) 채쭉칠 전(打鞭)。

【鐲】(탁) 覺 タク、かね ㄓㄨㄛ chuo² gong
鐲(小篆) 鐲(草書) 징 탁(鉦也)。〔周禮地官封人〕以金ㅣ節鼓。

金鐲 (禮器圖)

【鐳】(뢰) 灰 ライ、つぼ ㄌㄟ lei² jar
鐳(草書) ❶병 뢰(ㅣ瓶)。〔潘岳誄〕寘壺ㅣ瓶甁以偵之。❷항아리 뢰(壺也)。

【𨭴】(승)『繩』(13畫 糸部)과 같음

【𨮴】(랍)『鑞』(15畫 金部)과 같음

【鐴】(一)(벽) 錫 ヘキ、すきのみみ (二)(폐) 霽 plough
(一)보습의 귀 벽(犂耳)。(二)칼갈 폐(硏刀)。

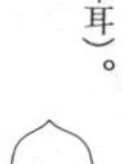

鐴 (農政全書)

【鏋】(만)『鏝』(11畫 金部)의 俗字

【鐵】(철) 屑 テツ、かなもの iron
鐵(小篆) 鐡(或體) 銕(古文) 鉄(草書) ❶검은 쇠 철(黑金)。❷단단할 철(ㅣ石)。〔書經〕厥貢璆ㅣ銀鏤砮磬。

【鐶】(환) 刪 カン、たまき、わ ㄏㄨㄢ huan² metal ring
鐶(草書) 고리 환(圜郭有孔)。〔太玄經〕鍾以玉ㅣ。

鐶 (三才圖會)

【鏧】(롱)『鏧』(11畫 金部)과 같음

【鐸】(탁) 藥 タク、すず ㄉㄨㄛ tuo² hand-bell
鐸(小篆) 鐸(草書) ❶요령 탁(金ㅣ武用大鈴)。〔周禮〕以金ㅣ通鼓。❷목탁 탁(木ㅣ文用)。〔書經〕每歲孟春遒人以木ㅣ徇于路。

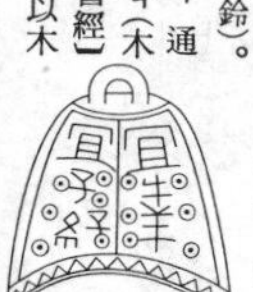

漢鐸❶ (金石索)

【鐺】(一)(당) 陽 トウ、ソウ、なべ、かま small kettle (二)(쟁) 庚 ㄉㄤ tang¹
鐺(小篆) 鐺(草書) (一)목 얽는 쇠사슬 당(琅ㅣ鎖也)。〔五行志〕以鐵鎖琅ㅣ其頸。(二)노구 쟁(鼎屬有耳)。

【鏍】(라) 歌 ラ、かま small cauldron
옹솥 라(小釜、銼ㅣ)。

【鐻】(一)(거) 語 キョ、かね ㄐㄩ chü⁴ bell (二)(거) 魚 (三)(거) 御
鐻(草書) (一)북받침 거(鐘鼓柎)。〔史記〕銷以爲鐘ㅣ。(二)금은 그릇 거(金銀器)。〔後漢書〕張奐遺金ㅣ八枚。(三)쇠북 거(鐘ㅣ)。

十四畫

【鐼】(분) 文 フン、かんな plane
鐼(小篆) 대패 분(鉋也)。

【鑁】(몽) 送 ボウ、わ clasp
❶쇠고리 몽(鐶也)。❷겹고리 몽(重鐶)。

【鑄】(주) 遇 シュ、チュウ、いる ㄓㄨ chu⁴ cast; strike
鑄(小篆) 鑄(草書) 쇠 불릴 주(鎔金入範)。〔左傳〕ㅣ鼎象物。

【鑈】(一)(녑) 葉 ニョウ、デイ、ただしい spool (二)(녜) 齊 (三)(니) 紙
(一)❶바를 녑(正也)。(『鑷』와 같음) ❷족집게

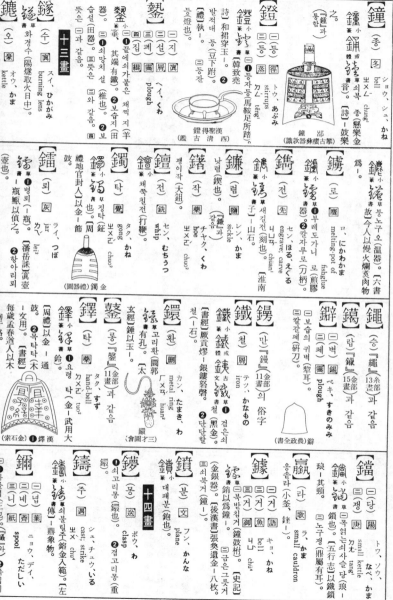

녑(鑷也)。 ㊁실패녜(絡絲柎)。 ㊂뜻은 ㊀와 같음。 (『欐』와 같음)

【鑊】(확) 藥 カク、かなえ cauldron ㄏㄨㄛˋ huo⁴
鑊 小篆 草書 가마 확(鼎ㅣ釜屬)。【漢書】有鑿顚抽脅ㅣ亨之刑。

鑊(禮器圖)

【鑋】(경) 徑 ケイ、かねのね sound of iron ㄑㄧㄥˋ ch'ing⁴
鑋 小篆 草書 쇳소리경(金聲)。

【鑌】(빈) 眞 ヒン、ビン、みがく burnishing ㄅㄧㄣ pin¹
❶매운쇠빈(爲刀甚利鐵也)。 ❷【國字】마광낼빈(磨光匠)。

【鐀】(궤) 寘 キ、はこ box
궤궤(櫃也)。 (『匱』와 같음)

【鑑】㊀(감) 咸 カン、かがみ mirror of metal ㄐㄧㄢˋ chien⁴ ㊁(감) 陷
鑑 小篆 草書 ㊀❶밝을감(明也)。 ❷비칠감(照也)。【左傳】光可以ㅣ。 ㊁❶거울감(鏡也)。 ❷책이름감(書名) 名唐金ㅣ 錄宋資治通ㅣ。 ❸본뜰감(模範)。 ❹경계할감(誡也)。

漢尙方鑑(西淸古鑑)

【鑒】(감)『鑑』(前條)과 같음

【鐵】(철)『鐵』(金部13畫)의 古字

十五畫

【鑢】(려) 御 リョ、やすり file
❶줄려(摩錯銅鐵)。 ❷창씀배려(矛戟受柄處)。

【鑕】(질) 質 シツ、かなとこ chopping block ㄓˋ chih⁴
鑕 草書 ❶도끼바탕질(斧ㅣ椹也)。【公羊傳】負羈縶執鈇ㅣ。 ❷머루질(鐵椹)。

【䥯】㊀(피) 支 ヒ、すき plough ㊁(패) 蟹 ㊂(파) 禡 ㄅㄚˋ pa⁴
䥯 小篆 草書 ㊀❶보습피(鋁屬)。 ❷발갈피(耕也)。 ㊁큰쇠막대패(大鐵杖)。 ㊂발갈파(耕也)。

【鑗】㊀(려) 齊 レイ、かね metal ㊁(리) 支
鑗 小篆 草書 ㊀❶쇠붙이려(金屬)。 ❷벗길려(剝也)。 ㊁뜻은 ㊀과 같음。

【鑚】(찬)『鑽』(金部19畫)의 俗字

【鑛】(광) 梗 コウ、あらがね ore ;mineral ㄍㄨㄤˇ kung³
鑛 草書 ❶쇳돌광(ㅣ朴)。【王褒論】精練藏於ㅣ朴。 ❷쇳덩이광(銅鐵樸)。 (『礦』과 같음)

【鑞】(랍) 合 リョウ、すず tin
鑞 草書 백철랍(錫也)。【爾雅】錫謂之鈏。

【鑟】(독) 屋 トク、いんばこ casket of seal
인궤독(印櫃)。

【鑠】(삭) 藥 シャク、とかす melt
鑠 小篆 草書 ❶쇠녹일삭(銷金)。【孟子】非由外ㅣ我也。 ❷아름답다할삭(於ㅣ美盛)。【詩經】於ㅣ王師。

【鑢】(려) 御 リョ、ロ、やすり file ㄌㄩˋ lü⁴
鑢 小篆 草書 ❶줄려(摩錯銅鐵)。 ❷다스릴려(治也)。【太玄經】躬自ㅣ。 (『鋁』와 같음)

【鑣】(표) 蕭 ヒョウ、くつわ bit ㄅㄧㄠ piao¹
鑣 小篆 草書 ❶말재갈 표(馬銜外鐵ㅡ名扇汗ㅡ名排沫)。【曹植詩】揚ㅣ漂沫。 ❷성할표(ㅣㅣ盛貌)。【詩經衛風碩人】朱幩ㅣㅣ。

十六畫

【鑩】(력) 錫 レキ、かなえ cauldron
솥력(鼎屬)。【左思詩】吹噓對鼎ㅣ。 (『鬲』과 같음)

【鑨】(롱) 東 ロウ、うつわ metallic vessel
쇠그릇롱(器也)。

【鑪】(로) 虞 ロ、ひばち brazier ㄌㄨˊ lu²
鑪 小篆 草書 ❶화로로(火函)。【左傳】邾莊公廢于鑪炭。 ❷살로(鉀ㅣ箭名)。【方言】箭小而長穿二孔者。 ❸주전자로(酒器)。 (『爐』와 같음)

唐薰鑪(西淸古鑑)

【鑔】(찰) 黠 サツ、くさがりかたな sickle
풀베는 칼찰(刈草刀)。

十七畫

【鑭】(란) 翰 ラン、きんのいろ gilding ㄌㄢˊ lan²
금채색란(金采)。

【鑯】(첨) 鹽 セン、するどい sharp
鑯 小篆 草書 ❶새김칼첨(ㅣ器鐫也)。 ❷뾰족할첨(銳也)。

【鑰】(약) 藥 ヤク、じょう key ㄩㄝˋ yüeh⁴
鑰 草書 열쇠약(門關下牡)。【抱朴子】堅玉ㅣ於命門。

【鑮】(박) 藥 ハク、おおがね large bell ㄅㄛˊ po²
鑮 小篆 草書 ❶큰쇠북박(大鍾)。【儀禮】其南ㅣ。 ❷호미박(鋤類)。

鑮❶(禮器圖)

【鑱】㊀(참)咸 サン、ザン、すき plowshare
㊁(참)陷 ㄔㄢ ch'an²
鑱 小篆 鑱 草書 ㊀❶보습쇠참(犂鐵)。〔杜甫詩〕長ㅣ長ㅣ白木柄。❷찌를참(刺也)。〔韓愈詩〕洶洶洞庭莽翠微九疑ㅣ天荒是非。❸뾰족할참(銳也)。㊁가래참(土具)。

❶鑱(農政全書)

【鑲】(양)陽 ジョウ、かぎ iron hook ㄒㄧㄤ hsiang¹
鑲 小篆 鑲 草書 쇠갈고리양(鉤ㅣ兵器兩頭曰鉤中央曰ㅣ)。

【鑋】(미)支 ビ、かま sickle
낫미(鎌也)。

十八畫

【𨮓】(라)歌 ラ、かま small kettle
❶옹솥라(小釜)。❷번철라(溫器)。

【鑴】(휴)齊 ケイ、かま、なべ pan ㄒㄧ hsi
鑴 草書 ❶검은해무리휴(日旁黑氣)。〔周禮〕十煇之法三曰ㅣ。❷쟁개비휴(鼎屬)。❸큰쇠북휴(大鍾)。

【鑶】(찰)黠 サツ、おしきり straw-cutter ㄓㄚ cha²
작도찰(斷草刀)。

(農政全書)鑶

【鑵】(관)翰 カン、つるべ well-bucket ㄍㄨㄢ kuan⁴
鑵 草書 두레박관(汲器)。(『罐』과 같음)

【鑷】(섭)葉 ジョウ、けぬき hair-tweezers ㄋㄧㄝ nieh⁴ (本音「녑」)
鑷 草書 족집게섭(ㅣ子攝取物)。〔雲仙雜記〕王僧虔晚年惡白髮一日對客左右進銅ㅣ僧虔曰却老先生至矣。

【鐧】(간)銑 ケン、ぶきのな weapon (本音「견」)
병장기간(兵器)。

鐧 雙(大清會典圖)

十九畫

【鑹】(라)歌 ラ、かまのな small cauldron
鑹 小篆 ❶작은 가마솥라(小釜)。❷데우는 그릇라(溫器)。

【鑼】(라)歌 ラ、どら gong ㄌㄨㄛ luo²
鑼 草書 소라라(銅ㅣ軍樂)。〔正字通〕ㅣ形如盆大者聲揚小者聲殺。

鑼(大清會典圖)

【鑽】㊀(찬)寒 サン、たがね、のみ drill; bore ㄗㄨㄢ tsuan¹˒⁴
㊁(찬)翰
鑽 小篆 鑽 草書 ㊀뚫을찬(穿也)。〔漢書〕其次用ㅣ鑿。㊁송곳찬(穿物錐)。(『鑚』과 같음)

【鑾】(란)寒 ラン、すず bell ㄌㄨㄢ luan²
鑾 小篆 鑾 草書 ❶방울란(人君乘車四馬鑣八ㅣ鈴)。❷보습란(犂也)。❸한림원란(翰林院曰金ㅣ坡)。(『鸞』과 통함)

二十畫

【鑿】㊀(착)藥 サク、ソウ、うがつ bore; drill ㄗㄠ tsao²
㊁(조)號
鑿 小篆 鑿 小篆 ㊀❶뚫을착(穿也)。❷끌착(所以穿木)。❸얼음뜰착(取冰)。〔詩經〕二之日ㅣ冰沖沖。❹깎을착(刳木爲舟)。❺깨끗할착(ㅣㅣ鮮明)。〔詩經〕白石ㅣㅣ。❻쓿은쌀착(精米)。〔左傳〕粢食不ㅣ。㊁구멍조(穿空)。〔周禮〕凡輻量其ㅣ深以爲輻廣。

【钀】(알)月 ゲツ、くつわ bit ㄋㄧㄝ nieh⁴
钀 草書 말재갈알(馬勒旁鐵鑣)。(『轙』과 같음)

【钁】(곽)藥 カク、くわ hoe ㄐㄩㄝ chüeh²
钁 小篆 钁 草書 ❶큰호미곽(大鋤)。❷깎을곽(斫也)。〔淮南子精神〕負ㅣ臿。

❶钁(農政全書)

二十一畫

【钃】(촉)沃 ショク、すき hoe ㄕㄨ shu³
钃 草書 ❶호미촉(鋤也)。❷깎을촉(斫也)。〔荀子〕所謂以狐父之戈ㅣ牛矢也。❸칼이름 촉(劍名、ㅣ鏤)。

長 部

【長】㊀(장)陽 チョウ、ながい long; the eldest ㄔㄤ ch'ang²
㊁(장)養
㊂(장)漾
長 小篆 長 古文 長 古文 長 草書 ㊀❶긴장、길이 장(短之對)。〔歸去來辭〕門雖設而ㅣ關。❷늘장、장천장(常也)。❸길장(永也、遠也)。〔詩經〕道阻且ㅣ。❹클장(大也)。〔世說〕乘ㅣ風波萬里浪。❺오랠장(久也)。〔詩經〕ㅣ發其祥。❻착할장(善也)。〔晉書〕稱其所ㅣ。❼넉넉할장(優也)。〔唐書〕文藝優ㅣ。㊁❶클장(大也)。❷맏장(孟也)。〔易經〕元者善之ㅣ。❸나아갈장(進也)。〔易經〕君子道ㅣ。❹기를장(養也)。〔漢書〕生育養ㅣ爲事。❺높을장(尊也)。❻벼슬이름장(官名庶ㅣ)。㊂❶나머지장(餘也)。〔論語〕ㅣ一身有半。❷좋을장(ㅣ物)。〔世說〕平生無ㅣ物。❸멀쑥할장(冗ㅣ)。〔文賦〕故無取乎冗ㅣ。❹많을장(多也)。❺잴장(度也)。

【镸】(장)『長』(前條)의 古字

二畫

【镹】(곤)沅 コン、うし cattle
귀다리소곤(ㅣ屯醜牛貌)。〔淮南子〕ㅣ屯犂牛既科以犓決鼻而羈生子而犧。

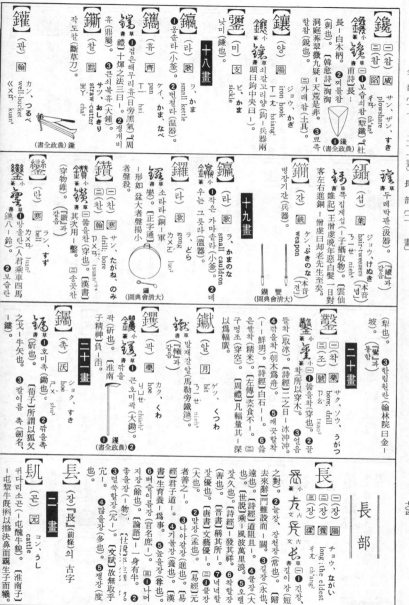

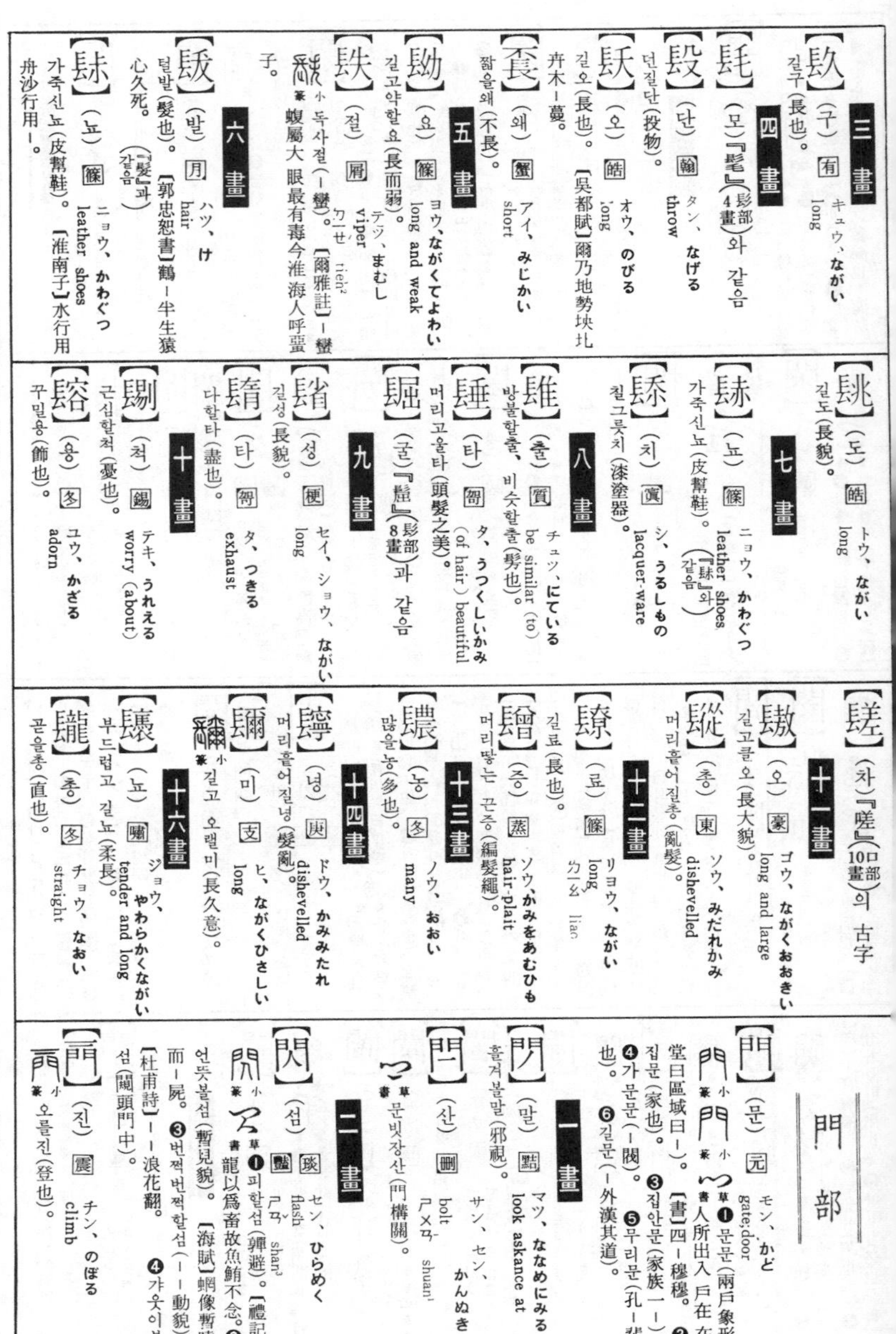

三畫

【镹】(구) 宥 キュウ、ながい long
길구(長也)。

四畫

【镸毛】(모)『髦』(髟部4畫)와 같음

【镸殳】(단) 翰 タン、なげる throw
던질단(投物)。

【镺】(오) 皓 オウ、のびる long
길오(長也)。【吳都賦】爾乃地勢坱圠卉木ㅣ蔓。

【镸衣】(왜) 蟹 アイ、みじかい short
짧을왜(不長)。

五畫

【镸幼】(요) 篠 ヨウ、ながくてよわい long and weak
길고약할요(長而弱)。

【镻】(절) 屑 テツ、まむし viper ㄉㄧㄝ tieh²
(小篆) 독사절(ㅣ蠥)。【爾雅註】ㅣ蠥蝮屬大眼最有毒今淮海人呼蝁子。

六畫

【镸犮】(발) 月 ハツ、け hair
털발(髮也)。【郭忠恕書】鶴ㅣ半生猿心久死。(『髮』과 같음)

【镸朱】(뇨) 篠 ニョウ、かわぐつ leather shoes
가죽신뇨(皮鞜鞋)。【淮南子】水行用舟沙行用ㅣ。

【镸兆】(도) 皓 トウ、ながい long
길도(長貌)。

七畫

【镸赤】(뇨) 篠 ニョウ、かわぐつ leather shoes
가죽신뇨(皮鞜鞋)。(『镸朱』와 같음)

【镸桼】(치) 寘 シ、うるしもの lacquer-ware
칠그릇치(漆塗器)。

八畫

【镸隹】(출) 質 チュツ、にている be similar (to)
방불할출, 비슷할출(髣也)。

【镸垂】(타) 哿 タ、うつくしいかみ (of hair) beautiful
머리고울타(頭髮之美)。

【镼】(굴)『𩭅』(髟部8畫)과 같음

九畫

【镸者】(성) 梗 セイ、ショウ、ながい long
길성(長貌)。

【镸青】(타) 哿 タ、つきる exhaust
다할타(盡也)。

十畫

【镸易】(척) 錫 テキ、うれえる worry (about)
근심할척(憂也)。

【镸容】(용) 冬 ユウ、かざる adorn
꾸밀용(飾也)。

【镸差】(차)『嗟』(口部10畫)의 古字

十一畫

【镸敖】(오) 豪 ゴウ、ながくおおきい long and large
길고클오(長大貌)。

【镸從】(총) 東 ソウ、みだれかみ dishevelled
머리흩어질총(亂髮)。

十二畫

【镽】(료) 篠 リョウ、ながい long ㄌㄧㄠ liao
길료(長也)。

【镸曾】(증) 蒸 ソウ、かみをあむひも hair-plait
머리땋는 끈증(編髮繩)。

十三畫

【镸農】(농) 冬 ノウ、おおい many
많을농(多也)。

十四畫

【镸寧】(녕) 庚 ドウ、かみみだれ dishevelled
머리흩어질녕(髮亂)。

【镾】(미) 支 ヒ、ながくひさしい long
(小篆) 길고 오랠미(長久意)。

十六畫

【镸襄】(뇨) 嘯 ジョウ、やわらかくながい tender and long
부드럽고 길뇨(柔長)。

【镸龍】(총) 冬 チョウ、なおい straight
곧을총(直也)。

門 部

【門】(문) 元 モン、かど gate;door
(小篆)(小篆)(草書) ❶문문(兩戶象形人所出入戶在堂日區域日ㅣ)。【書】四ㅣ穆穆。❷집문(家也)。❸집안문(家族一ㅣ)。❹가문문(ㅣ閥)。❺무리문(孔ㅣ輩也)。❻길문(ㅣ外漢其道)。

一畫

【門丿】(말) 黠 マツ、ななめにみる look askance at
훔쳐볼말(邪視)。

【閂】(산) 刪 サン、セン、かんぬき bolt ㄕㄨㄢ shuan¹
(草書) 문빗장산(門構關)。

二畫

【閃】(섬) 琰 セン、ひらめく flash ㄕㄢ shan³
(小篆)(草書) ❶피할섬(蹕避)。【禮記】龍以爲畜故魚鮪不念。❷언뜻볼섬(暫見貌)。【海賦】蝄像暫曉而ㅣ屍。❸번쩍번쩍할섬(ㅣㅣ動貌)。【杜甫詩】ㅣㅣ浪花翻。❹갸웃이볼섬(闚頭門中)。

【閄】(진) 震 チン、のぼる climb
(小篆) 오를진(登也)。

三畫

【閆】 (염) 鹽 エン、さとのもん village-gate ㄧㄢˊ yen² ❶이문염(里門)。❷성염(姓也)。

【閈】 (한) 翰 カン、かきね wall; fence ㄏㄢˋ han⁴ 小篆 草書 ❶이문 한(里門閭也)。❷담한(－閎垣也)。〔左傳〕高其－閎。

【閉】 ㊀(폐) 霽 ㊁(별) 屑 ヘイ、とじる、とざす shut; close ㄅㄧˋ pi⁴ 小篆 草書 ㊀❶닫을폐(闔門)。〔禮記〕修鍵－。❷마칠폐(－會、終也)。❸덮을폐、가릴폐(掩也)。〔書經〕不敢－于天降威用。㊁❶막을별(塞也)。〔易經〕天地－。❷감출별(藏也)。〔淮南子〕萬物－藏。

【閄】 (진) 震 チン、もんのでいり go in and out 문으로드나들진(從門出入貌)。

【閊】 (산) 〔日字〕 つかえ clogging 草書 ❶비색할산、운나쁠산(否塞)。❷〔日字〕걸릴산(障也)。

四畫

【開】 (개) 灰 カイ、ひらく open ㄎㄞ k'ai¹ 小篆 古文 草書 ❶열개(啓也闢也)。❷통할개(通也)。〔易疏〕亨通也使－通而爲亨。❸발할개(發也)。〔禮〕君子之教諭也－而勿達。❹베풀개(張也)。❺풀개(解也)。❻시작개(始也)。❼필개(－花)。

【閅】 (분) 文 フン、まぎれる be entangled 엉클어질분(紛相牽)。

【⿵門介】 (해) 卦 カイ、もんのとびら door 小篆 문짝해(門扉)。

【閌】 (항) 漾 陽 コウ、かどたかい high gate ㄎㄤˋ k'ang⁴ (本音「강」) 小篆 草書 문높을항(－閬門高)。〔魏都賦〕高門有－。

【閍】 ㊀(팽) 庚 ㊁(방) 陽 ホウ、ごもん palace gate ㄈㄤ fang¹ ㊀❶대궐문팽(宮中門)。❷사당문팽(廟門名)。(『祊』과 같음) ㊁뜻은 ㊀과 같음。

【閎】 (굉) 庚 コウ、もん gate of a village ㄏㄨㄥˊ hung 小篆 草書 ❶이문굉(衖門)。〔左傳〕乘輦而入于－。❷클굉(大也)。❸횡할굉(虛廓貌)。〔子〕彷徨乎馮－。

【閏】 (윤) 震 ジュン、うるう intercalary ㄖㄨㄣˋ juen⁴ 小篆 草書 윤달윤(氣盈朔虛積餘附月)。〔易繫辭〕歸奇於扐以象－。

【閑】 (한) 刪 カン、ひま leisure; slack ㄒㄧㄢˊ hsien² 小篆 草書 ❶막을한(防也禦也)。❷호위할한(衛也)。〔易經〕曰－輿衛。❸한정한(法也)。〔易經〕－有家。❹마구한(馬廐)。〔周禮〕天子十有二－。❺문지방한(門闌)。❻한가할한(平穩)。❼익힐한(習也)。❽고요할한(靜也)。〔詩經秦風駟驖〕四馬既－。(『閒』과 같음)

【⿵門丑】 (뉴) 有 ジュウ、かんぬき bolt 빗장뉴(門關)。

【閒】 ㊀(한) 刪 ㊁(간) 刪 ㊂(간) 諫 カン、ひま、あいだ not busy; between ㄐㄧㄢ chien¹ 小篆 古文 古文 草書 ㊀❶한가할한(安也)。〔禮〕以爲－田。❷겨를한(暇也)。〔漢書〕願請－。㊁❶사이간(隙也中也)。〔周語〕自竄於戎翟之－。❷쇠뇌이름간(弩名黃－)。㊂❶사이할간(隔也)。❷가까울간(厠也)。〔漢書〕－歲而給。❸갈마들일간(迭也)。〔書經〕笙鏞以－。〔左傳遠〕－親新－舊。❹사잇길간(－道)。〔漢書〕從－道走軍。❺이간할간(反－)。〔兵法〕因敵－而用之。❻병나을간(瘳也)。❼나무랄간(訾也)。❽섞일간(雜也)。❾잠시간(暫時)。〔史記〕有－曰已習其數。❿대신간(代也)。⓫간살간(六尺爲－)。

【間】 (간) 『閒』(前條)의 俗字

【閔】 ㊀(민) 眞 ㊁(민) 軫 ビン、ミン、やむ taken ill ㄇㄧㄣˇ min³ 小篆 古文 草書 ㊀병민(病也)。〔詩經〕覯－既多。㊁민망할민(傷也)。〔詩序〕婦人能－其君子。(『愍』과 통함)

【閕】 (하) 麻 ガ、とじる close a gate 草書 문닫을하(閉門)。

五畫

【閘】 (갑) 洽 コウ、ひのくち bolt ㄓㄚˊ cha² 小篆 草書 ❶문빗장갑(閉門具)。❷물문갑(通舟水門)。

【閙】 (뇨) 『鬧』(鬥部5畫)의 俗字

【閛】 (평) 庚 ヒョウ、とじまりのおと bang 문닫는소리평(閉戶聲)。

【閚】 (첨) 鹽 セン、うかがう peep (at, into) 엿볼첨(闚－)。〔射雉賦〕闚－蘙葉。

【閜】 (하) 馬 カ、おおきい vacancy; spacious ㄒㄧㄚˇ hsia³ 小篆 草書 공허할 하(谺－大開空虛)。〔史記〕呀谺－。

【閞】 (변) 霰 ヘン、ますがた capital 小篆 草書 주두 변(柱上木欂櫨)。〔爾雅〕－謂之槉。

【閟】 (비) 寘 ヒ、おくぶかい retired and quiet ㄅㄧˋ pi⁴ 小篆 草書 ❶으슥할비(幽深)。❷신기로울비(神也)。〔詩經〕－宮有侐。❸닫을비(閉也)。❹삼가할비(愼也)。❺마칠비(終也)。

六畫

【閡】(애) 隊 ガイ、とじる close; shut ㄏㄜˊ hé²
小篆 草書 ❶닫힐애(隔ー外閉)。【吳都賦】寒暑隔ー於邃宇。(『礙』와 같음)

【閛】(평) 庚 ヘイ、とじまりおと bang 문짝닫는소리평(閉扉聲)。

【⿵門吉】(할) 黠 カツ、とのあけたておと bang 문여닫는소리할(門之開閉聲)。

【⿵門牟】(무) 尤 ボウ、ひらく open 열무(開也)。

【⿵門先】(신) 震 シン、なめらかでない sticky 끈끈할신(澁而不滑)。

【関】(관)『關』(門部11畫)의 略字

【閞】(개)『開』(門部4畫)의 本字

【閣】(각) 藥 カク、たかどの towered namsion ㄍㄜˊ kê²·²
小篆 草書 ❶층집각(樓也)。❷찬장각(庋ー藏食物)。【禮記】大夫七十而有ー。❸사다리각(棧道)。【戰國策】棧道木ー而迎王與后於城陽山中。❹꿋꿋할각(ーー端直貌)。【詩經】約之ーー。❺개구리소리각(蛙聲)。【韓愈詩】蛙黽鳴無謂ーー祇亂人。❻내각각(內ー)。

【閤】(합) 合 コウ、くぐりど small side-door ㄏㄜˊ hé² (本音 갑)
小篆 草書 ❶도장합(內中小門)。【史記】臥閤ー內不出。❷침방합(ー子小室)。【史記】公孫弘開東ー以延天下賢士。❸개구리소리합(ー蛙聲)。(『閣』과 통함)

【⿵門艮】(한) 潸 カン、しきみ threshold ㄏㄢˋ han⁴ 문지방한(門閾)。

【閥】(벌) 月 バツ、いえがら lineage; pedigree ㄈㄚˊ fa²
小篆 草書 ❶벌열벌(ー閱功狀)。【史記】人臣功有五品明其等曰ー積日曰閱。❷가문벌(門地)。❸공적벌(功積)。❹왼편문벌(門在左曰ー)。

【閦】(축) 屋 シュク、むれ crowed; group ㄔㄨˋ ch'u⁴ ❶무리축(衆也)。❷아축부처축(阿ー佛名)。【華嚴經】東方有阿ー鞞佛。

【閧】(항)『閧』(門部6畫)의 譌字

【⿵門舌】(괄) 黠 カツ、もんをあける open the door 문열괄(開門)。

【閩】(민) 眞 ビン、ミン ㄇㄧㄣˊ min²·³
小篆 草書 땅이름민(東西越種)。【周禮】八蠻七ー。

【閨】(규) 齊 ケイ、おんな、くぐり lady; side door ㄍㄨㄟ kuei¹
小篆 草書 ❶협문규(宮中小門)。【杜甫詩】李侯金ー彥。❷월문규(上圓下方)。【左傳】蓽門ー竇之人。❸색시규(ー秀、女稱)。【李白詩】安得念春ー。❹도장규(女子所居)。

(三才圖會) ❶ 閨

【閪】(서)〔國字〕 읽을서(失物)。

七畫

【閫】(곤) 阮 コン、しきみ threshold ㄎㄨㄣˇ k'uen³
草書 문지방곤(門限)。【史記】ー以內寡人制之。

【閬】(랑) 漾 ロウ、うつろ vacant
小篆 草書 ❶휑뎅그렁할랑(ーー空虛)。❷솟을대문랑(高門)。❸산이름랑(山名ー風)。❹【國字】불알랑(腎囊)。

【閭】(려) 魚 リョ、むら village ㄌㄩˊ lü²
小篆 草書 ❶이문려(里門)。【後漢書】ー閻且千。❷마을려(五比)。【周禮】五家爲比五比爲ー。❸돌이름려(尾ー瀉泄水石)。❹짐승이름려(獸名)。

❹ 閭 (古今圖書集成)

【⿵門赤】(획) 陌 カク、ひらく open door ❶문열획(開門)。❷문소리획(門聲)。

八畫

【閱】(열) 屑 エツ、あらため peruse ㄩㄝˋ yüeh⁴
小篆 草書 ❶겪을열、지낼열(歷也)。❷군대점호할열(大ー簡軍實)。【左傳】秋八月壬午大ー。❸용납할열(容也)。【詩經】我躬不ー。❹벌열열(閥ー)。❺볼열(觀也)。❻읽을열(讀也)。

【閵】(린) 震 リン、ふむ tread on
小篆 籀文 草書 ❶밟을린(踐也)。【漢書】徒車之所ー轢。❷새이름린(鳥名、ー鶮)。

【閶】(창) 陽 ショウ、てんのもん entrance to the Heaven ㄔㄤ ch'ang¹
小篆 草書 하늘문창(ー闔天門)。【淮南子】排ー闔鑰天門。

【閹】(엄) 鹽 エン、こもの eunuch ㄧㄢ yen¹
小篆 草書 고자엄、내시엄(男無勢精閉者)。【漢書】ー尹文皆。

【閻】(염) 鹽 エン、ちまた commoner's residential quarters ㄧㄢˊ yen²
小篆 或體 草書 ❶이문염(里中門)。【史記】莊生雖居窮ー然以廉直聞於國。❷마을염(閭ー)。❸항간염(巷間)。❹염라염、저승염(ー羅地獄大王名)。

【閜】(아) 哿 ア、かたむく (of a door) lean ㄜ e³
閜 小篆 문기울어질아(門傾)。

【閝】(희) 支 カイ、すきま crevice of a wall
벽틈희(壁隙一虛)。

【閼】㊀(알) 曷 エン、アツ、ふさぐ ㊁(알) 月 block ㊂(연) 先 ㄜ e⁴
閼 小篆 草書 ㊀❶막을알(止也塞也)。【漢書】今臣雍一不得聞。❷일찍죽을알(夭折)。㊁❶그칠알(止也)。❷해이름알(歲名一逢)。❸사람이름알(人名)。㊂성연(姓也、單于妻一氏)。

【閽】(혼) 元 コン、もんばん ㄏㄨㄣ huen¹ gate-keeper
閽 小篆 草書 문지기혼(守門人)。【周禮】一人掌守王宮中門之禁。

【閾】(역) 職 イキ、しきみ ㄩ yü⁴ threshold
閾 小篆 古文 草書 문지방 역(門下橫木內外之限)。【論語】行不履一。

【閿】(문) 文 ブン、したをみる see with one's eyes downcast
閿 草書 ❶눈내리깔고볼 문(低目視)。❷땅이름문(弘農鄉名)。

【閧】(홍) 東 コウ、たたかう quarrel
다툴홍(鬪也)。

九畫

【閷】㊀(쇄) 卦 サツ、ころす ㊁(살) 黠 kill ㄕㄚ shai¹
閷 草書 ㊀활뱃바닥쇄(弓接中)。㊁죽일살(殺也)。(『殺』과 같음) ㊂죽

【闎】(할) 黠 アツ、もんのあけたておと (本音「알」) bang
闎 小篆 문여닫는소리할(門聲)。【韓愈詩】嫳㸣熇歊熺抉門呀拗一。

【闃】(격) 陌 ゲキ、しずか quiet; desolate ㄑㄩ ch'ü⁴
闃 小篆 草書 고요할격(靜也)。【易經】一其無人。

【闅】(문) 文 ビン、したをみる see with one's eyes downcast ㄨㄣ wen²
闅 小篆 눈내리깔고볼문(低目視)。

【闟】(유) 虞 ユ、うかがう peep (at, into)
엿볼유(闚一邪視)。【魏都賦】詎遠闚以闚一。

【闇】㊀(암) 感 アン、くらい ㊁(암) 咸 dark ㊂(암) 覃 ㄢ an⁴
闇 小篆 草書 ㊀어두울암(冥也幽也)。【禮記】孝子不服一。㊁숨을암(隱晦)。【禮記】一然而日章。㊂여막암(諒一、喪廬)。

【䦧】(벽) 陌 ヘキ、ふさぐ obstruct
막을벽(塞也)。

【闈】(위) 微 イ、こもん inner gate of the palace ㄨㄟ wei²
闈 小篆 草書 대궐중문위(宮中之門)。【禮記】夫人至入自一門。

【闉】(인) 眞 イン、ふさぐ ㄧㄣ yin¹ block
闉 小篆 草書 ❶성문인(城內重門)。【詩經】出其一闍。❷굽은성인(曲城)。【漢書】欃槍爲一。❸막을인(塞也)。

【闊】(활) 曷 カツ、ひろい spacious
闊 小篆 草書 ❶근고할활(契一勤苦)。【詩經】死生契一。❷어그러질활(乖一)。【詩經】于嗟一兮。❸간단할활(簡一)。【後漢書】文禮簡一。❹오활할활(迂一)。

【闋】(결) 屑 ケツ、やむ、おわる rest; finish ㄑㄩㄝ ch'üeh⁴
闋 小篆 草書 ❶쉴결(息也)。【詩經】俾民心一。❷다할결(盡也)。【漢書】物物卬市日一亡儲。❸풍류마칠결(樂終)。【禮】有司告以樂一。❹문닫을결(事巳閉門)。❺마칠결(訖也)。❻헛될결(空也)。

【闌】(란) 寒 ラン、てすり ㄌㄢ lan² handrail
闌 小篆 草書 ❶차면란(門遮)。【戰國策】有河山以一之。❷늦을란(晩也)。【岑參詩】蕭條芳歲一。❸드물란(希也)。【杜甫詩】厨人夜語一。❹다할란(盡也)。【胡笳十八拍】更深夜一。❺어슷비슷할란(一干縱橫)。【吳都賦】珠琲一干。❾난간란(一干)。

【闍】㊀(도) 虞 ト、ジャ、うてな、もん tower of a castle-gate ㊁(사) 麻 ㄉㄨ tu¹
闍 小篆 草書 ㊀성문층대도(闉一城門臺)。【詩經】出其闉一。㊁❶뜻은 ㊀과 같음。❷화장할사(梵語一維即茶毗)。【蘇軾詩】不覺燈花落茶毗一箇僧。

十畫

【闑】(얼) 屑 ゲツ、しきみ ㄋㄧㄝ nieh⁴ threshold
闑 小篆 草書 문지방얼(門橛)。【禮】君入門介拂一。

【闐】㊀(전) 先 テン、みちる ㊁(기) 寘 be full ㄊㄧㄢ t'ien²
闐 小篆 草書 ㊀❶거마가는소리전(一一車馬聲)。【蜀都賦】車馬一一。❷북소리전(一一鼓聲)。【詩經】振旅一一。❸찰전(滿也)。【史記】賓客一門。❹성할전(盛也)。㊁나라이름기(西域國名于一)。

【闒】㊀(탑) 合 トウ、いやしい ㊁(답) 合 humble ㄊㄚ t'a⁴
闒 小篆 草書 ㊀❶용렬할 탑(一茸)。【漢書】在一茸之中。❷어리보기탑(駑頓貌)。㊁다락문답(樓上戶)。

【闓】(개) 賄 カイ、ひらく open ㄎㄞ k'ai³
闓 小篆 草書 ❶열개(開也)。【漢書】今欲與漢一大關。❷풀개(解也)。❸활짝지개(決拾)。

【闔】(합) 合 コウ、とびら door flap ㄏㄜˊ hé²
闔 小篆 草書 ❶문짝합(門扇)。【禮】乃修ㅣ扇。❷닫을합(閉也)。【易】ㅣ戶謂之坤。❸창합문합(閶ㅣ天門)。【禮】游閶ㅣ。

【闕】(궐) 月 ケツ、ごもん palace; omit ㄑㄩㄝ ch'üeh¹
闕 小篆 草書 ❶대궐궐(門觀象魏)。【左傳】享王于ㅣ西辟。❷뚫을궐(穿也)。【左傳】ㅣ地及泉。❸궐할 궐(不供)。【左傳】敝邑褊小ㅣ而爲罪。❹허물궐(失也過也)。❺빌궐(空也)。

闕❶ (三才圖會)

【闋】(결) 屑 ケツ、おわる finish; end
❶마칠결(終也)。❷그칠결(止也)。

【闖】(츰) 沁 寢 チン、うかがう spy out ㄔㄣˋ ch'ên⁴ (同音「침」)
闖 小篆 草書 ❶엿볼츰(窺覘)。【韓愈詩】儒門雖大啓姦首不敢ㅣ。❷머리넘성거리는 모양츰(出頭貌)。❸왈칵거릴츰(突入人席)。

十一畫

【闚】(규) 支 キ、うかがう glance furtively ㄎㄨㄟ k'uei¹
闚 小篆 草書 ❶엿볼규(窺覘)。【易經】ㅣ其戶。❷갸웃이볼규(傾頭門中覘)。【史記】ㅣ以重利。(『窺』와 통함)

【闛】(당) 陽 トウ、つづみのおと drumbeat
闛 小篆 북소리당(鼓音ㅣ鞈)。

【關】㊀(관) 刪 ㊁(완) 刪 カン、ワン、あずかる relate to ㄍㄨㄢ kuan¹
關 小篆 ㊀❶통할관(通也)。【書經】ㅣ石和鈞。❷굴대소리관(開ㅣ車轄聲)。【詩經】開ㅣ車之轄。❸사뢸관、고할관(白也)。【漢書】進退得ㅣ其忠。❹겪을관(涉也)。【後漢書】張升少好學多ㅣ覽。❺말미암을관(由也)。【漢書】太學者賢士之所ㅣ。❻관문관(界上門)。【禮】ㅣ譏而不征。❼새우는소리관(ㅣㅣ鳥鳴聲)。【詩經】ㅣㅣ雎鳩。㊁❶화살먹일완(ㅣ矢持弓)。❷문지방완(扃也)。❸수돌쩌귀완(門牡)。❹빗장완(捩機)。❺관계될완(要會處)。(『彎』과 통함)

十二畫

【⿵門畫】(획) 陌 カク、やぶる destroy
❶깨뜨릴획(破壞)。❷열획(開也)。

【⿵門爲】㊀(위) 紙 ㊁(왜) 佳 イ、ひらく open (本音「괘」)
⿵門爲 小篆 草書 ㊀문열위(闢門)。【魯語】ㅣ門與之言皆不踰閾。㊁뜻은 ㊀과 같음。

【闞】㊀(함) 陷 ㊁(감) 勘 ㊂(함) 豏 カン、のぞむ look over ㄎㄢˋ k'an³·⁴
闞 小篆 草書 ㊀소리우렁찰함(聲大)。㊁❶바랄감(望也)。❷고을이름감(魯邑名)。㊂범의포효소리함(虎怒聲)。【詩經】ㅣ如虓虎。

【⿵門黑】(액) 職 ヨク、とじる shut
닫을액(閉也)。

【闟】㊀(흡) 緝 ㊁(탑) 合 キュウ、ほこ short spear ㄒㄧˋ hsi⁴
闟 草書 ㊀❶창흡(鋋也)。【史記】持矛而操ㅣ戟者旁車而趨。❷닫을흡(闔也)。【韓愈詩】ㅣㅣ屋摧霤。❸편안할흡(安定)。【史記】ㅣ然更始。㊁용렬할 탑(愚劣)。

【⿵門焦】(초) 蕭 ショウ、こくたん inner of ebony
오목초(烏木)。

【闠】(궤) 隊 カイ、いちのもん gate of market ㄏㄨㄟˋ huei⁴ (古音「회」)
闠 小篆 草書 저자문궤(闤ㅣ市門)。【西京賦】通闤帶ㅣ。

【闡】(천) 銑 セン、ひらく open ㄔㄢˇ ch'an³
闡 小篆 草書 ❶열천(開也)。【後漢書】紹天ㅣ繹。❷밝힐천(明也)。【易繫辭】微顯ㅣ幽。❸클천(大也)。【易註】ㅣ者弘廣之義。

十三畫

【闢】(벽) 陌 ヘキ、ビャク、ひらく、さく open; avoid ㄆㄧˋ p'i⁴
闢 小篆 闢 小篆 草書 ❶열벽(開也)。【書經】ㅣ四門。❷페할벽、피할벽(避也)。【周禮】凡外內命夫命婦出入則爲之ㅣ。

【闣】(당) 漾 トウ、うかがう peep (at, into)
엿볼당(窺覘)。

【⿵門詹】(염) 鹽 エン、やしろもん entrance to a shrine
⿵門詹 小篆 사당집문염(廟門)。【語林】大夫向ㅣ而立。

【⿵門鄉】(향) 漾 キョウ、もんのむかうところ top of a gate
⿵門鄉 小篆 문머리향(門頭)。

【闤】(환) 刪 カン、まちのもん wall of a city ㄏㄨㄢˊ huan²
闤 小篆 草書 저자담환(市垣)。【西京賦】通ㅣ帶闠。

【闥】(달) 曷 タツ、もん palace gate ㄊㄚˋ t'a⁴
闥 小篆 草書 ❶대궐문달(紫ㅣ禁門)。【史記】排ㅣ直入。❷문차면달(門屛)。【漢書】不出房ㅣ。

十四畫

【⿵門爾】㊀(미) 紙 ㊁(네) 薺 ビ、せまい narrow
㊀❶좁을미(褊狹)。❷약할미(弱也)。㊁뜻은 ㊀과 같음。

十七畫

【⿵門霝】(령) 靑 レイ、こまど small window
들창령(門上小窓)。

【⿵門龠】(약) 藥 ヤク、かんぬきぼう bolt
⿵門龠 小篆 빗장약(門關)。

十九畫

【䦨】(란) 寒 ラン、みだらなでいり enter the palace without permission
小篆 대궐에 함부로 들어갈란(妄入宮中)。

阜部

【阜】(부) 有 フウ、フ、おか hill ㄈㄨˋ fu⁴
小篆 古文 書 草 ❶둔덕부, 언덕부(大陸土山無石)。 ❷클부(大也)。〔書經〕ー成兆民。 ❸살질부(肥也)。〔詩經〕駟驖孔ー。 ❹많을부(盛多)。〔詩記〕爾殺既ー。 ❺두둑할부(高厚)。〔詩經〕如山如ー。 ❻메뚜기부(ー螽蠜也)。 ❼땅이름부(地名曲ー)。

【𨸏】(부)『阜』(前條)와 같음

二畫

【阝十】(십) 緝 シュウ、むら prefecture
고을이름십(漢之縣名)。

【阞】(륵) 職 ロク、すじ stratum; vein ㄌㄜˋ lê⁴
小篆 草書 ❶흙켜륵(地理)。〔周禮〕凡溝逆地ー謂之不行。 ❷셈나머지륵(數之餘三分一)。〔周禮〕以其圍之ー捎其數。

三畫

【阠】(신) 震 シン、おか hill ㄒㄩㄣˋ hsün¹
小篆 언덕이름신(陵名)。

【阢】(올) 月 ゴツ、けわしい steep ㄨˋ wu⁴
小篆 험할올(險也)。

【阡】(천) 先 セン、みち path in the field ㄑㄧㄢ ch'ien¹
小篆 草書 ❶밭둑길 천(ー陌田間道)。〔史記〕開ー陌。 ❷무덤천(墓道)。〔杜甫詩〕新ー絳水遙。

【阤】㊀(치) 紙 ㊁(타) 哿 チ、タ、くずれる destroy
小篆 草書 ㊀❶떨어질치(落也)。 ❷헐릴치(毀也)。 ❸언덕치(崖際)。〔周禮〕輪已庳則於馬終古登ー。 ❹사태날치(小崩山頹)。〔周語〕聚不ー崩。 ㊁무너질타(壞也)。〔後漢書〕綱紀頹ー。

四畫

【阝及】(급) 緝 キュウ、きざはし ladder
사다리층계급(梯段)。

【阧】(두) 有 ト、けわしい steep hill ㄉㄡˇ tou³
草書 가파를두(ー絕、峻也)。(『陡』와 같음)

【阨】㊀(액) 陌 ㊁(애) 卦 ヤク、アイ、ふさがる in distrees ㄞˋ ai⁴
草書 ㊀❶막힐액(限塞)。 ❷거리낄액(礙也)。 ❸액색할액(迫也)。〔漢書〕百姓仍遭凶ー。 ㊁좁은목애(狹也險也)。〔史記〕閉關據ー。(『隘』와 같음)

【阪】(판) 阮 ハン、さか slope
小篆 草書 ❶산비탈판(山脅)。〔史記〕右隴蜀左關ー。 ❷못둑판, 언덕판(澤障)。

【阬】(갱) 庚 コウ、あな cavity; hollow ㄎㄥ k'êng¹
小篆 草書 ❶터갱(墟也)。 ❷구덩이갱(壍也)。 ❸파묻을갱(陷也)。〔史記〕仇怨者皆ー之。(『坑』과 통함)

【阦】(벽) 職 ヒョク、さける split
小篆 땅벌어질벽(地裂)。

【阯】(지) 紙 シ country ㄓˇ chih³
小篆 或體 書 草 땅이름지(交ー漢郡)。〔後漢書〕男女同川浴故曰交ー。(『址』와 같음)

【阮】㊀(원) 阮 ㊁(완) 元 ゲン state (本音「원」)
小篆 草書 ㊀❶원나라 원(國名)。〔詩經〕侵ー徂共。 ❷성원(姓也)。 ㊁뜻은 ㊀과 같음。

【阰】(비) 支 シ mountain ㄆㄧˊ p'i²
산이름비(楚南山名)。〔楚辭〕朝搴ー之木蘭兮。

【阺】(시) 紙 シ
❶산무너지려할시(山堆欲墮)。〔解嘲〕響若ー頹。 ❷산이름시(蜀山名)。

【阱】(정) 梗 セイ、おとしあな pit; trap ㄐㄧㄥˇ ching³
小篆 或體 古文 書 草 함정정(ー擭坑也陷也)。〔周禮〕秋令塞ー杜擭。(『穽』과 같음)

【防】㊀(방) 陽 ㊁(방) 漾 ボウ、ふせぐ defend; protect ㄈㄤˊ fang²
小篆 或體 書 草 ㊀❶방비할방(禦也備也)。〔易經〕思患而豫ー之。 ❷둔덕방(大ー崖如墳)。 ❸병풍방(屏風)。 ❹언덕방(隄也)。〔左傳〕町原ー。 ㊁❶막을방(守禦)。〔春秋序〕包周身之ー。 ❷방죽방(止水)。

五畫

【阹】(거) 魚 キョ、うまや stable
小篆 草書 ❶외양간거(牛馬圈)。〔上林賦〕江河爲ー。 ❷그물쳘거(遮禽獸)。〔長楊賦〕以罔爲周ー。

【阸】㊀(애) 卦 ㊁(액) 陌 アイ、ヤク、せまい narrow ㄜˋ e⁴ (『阨』와 같음)
小篆 ㊀좁을애(阻ー狹也)。 ㊁❶막힐액(ー塞)。〔史記〕秉其ー塞地利。 ❷액색할액(危迫)。〔漢書〕

姓仍遭凶ㅡ。(『阨』과 통함)

【阺】(저) 薺 テイ、さか slope

阺 小 篆 草 書 비탈저(隴ㅡ陵阪)。【後漢書】復阻羃拒隴ㅡ。

【阻】(조) 語 ソ、はばむ、へだたる interrupt; hinder ㄗㄨˇ tsu³

阻 小 篆 草 書 ❶막힐조(隔也)。【詩經】道ㅡ且長。❷어려울조(艱難)。【書經】黎民ㅡ饑。❸근심할조(憂也)。❹그칠조(止也)。❺의심할조(疑也)。

【阼】(조) 遇 ソ、きざはし stone step ㄗㄨㄛˋ tsuo⁴

阼 小 篆 草 書 동편섬돌조(東階主人接賓處)。【禮記】踐ㅡ臨祭祀。

【阽】㊀(점) 鹽 ㊁(점) 豔 エン、テン、あぶない precipice ㄉㄧㄢˋ tien⁴ (本音「염」)

阽 小 篆 草 書 ㊀낭떠러지점(臨危)。【漢書】安有爲天下ㅡ危者。㊁낭비탈점(近邊欲墮)。

【阿】㊀(아) 歌 ㊁(옥) 屋 ア、オク、きし、おか bank; hill ㄚ a¹

阿 小 篆 草 書 ㊀❶언덕아(大陵水岸曲阜)。❷아첨할아(比也曲也)。【孟子】ㅡ其所好。❸기둥아(棟也)。【儀禮】賓升西階當ㅡ。❹가지축축 벋을아(ㅡ然美貌)。【詩經】隰桑有ㅡ。【箋】枝條ㅡㅡ然有美。❺항아아(月御曰纖ㅡ。【子虛賦】纖ㅡ爲御。❻건성으로 대답할아(優應聲)。❼가는비단아(細繒)。【道德經】唯之與ㅡ。【史記】ㅡ縞之衣。❽벼슬 이름아(商官名ㅡ衡)。㊁누구옥(ㅡ誰孰也)。【古詩】家中有ㅡ誰。

【陀】(타) 歌 タ、さか slope ㄊㄨㄛˊ t'uo²

陀 草 書 ❶비탈타(陂ㅡ長坂不平)。【爾雅釋地註】陂ㅡ不平。❷땅이름타(夷地名沙ㅡ)。(『陁』와 같음)

【陁】(타) 歌 タ、しま island

陁 草 書 섬타(普ㅡ海中山)。(『陀』와 같음)

【陂】㊀(파) 支 ㊁(파) 歌 ㊂(피) 寘 ヒ、ハ、さか slope; hill ㄆㄧˊ p'i²

陂 小 篆 草 書 ㊀❶언덕파(澤障)。【風俗通】ㅡ者繁也言因下鍾水以繁利萬物也。❷방죽 파(畜水池也)。【禮】毋漉ㅡ池。㊁된비탈파(ㅡ陀長阪不平)。【爾雅】ㅡ者曰阪。(『坡』와 같음) ㊂❶기울어질피(傾也)。【易】无平不ㅡ。❷치우칠피(偏ㅡ)。【書】無偏無ㅡ。

【附】(부) 遇 フ、つく、よる adhere; rely on

附 小 篆 草 書 ❶의지할부(依也)。❷가까울부(近也)。❸부딪칠부(著也)。【易】山ㅡ于地。❹붙일부(寄托)。❺붙임나라부、속국부(ㅡ庸)。【孟子】ㅡ於諸侯曰ㅡ庸。❻덧붙일부(加也)。

六畫

【陊】㊀(치) 紙 ㊁(타) 哿 シ、くずれる (of a landslip) occur

陊 小 篆 ㊀사태날치(山崩)。㊁무너질타(壞也)。(『陁』와 같음)

【陋】(루) 宥 ロウ、せまい narrow; dirty ㄌㄡˋ lou⁴

陋 小 篆 草 書 ❶좁을루(阨陝)。【左傳】莒恃其ㅡ而不設備。❷추할루(醜猥)。【唐書】盧杞貌ㅡ心險。❸더러울루(側ㅡ疎惡)。❹고루할루(孤ㅡ獨學)。【禮】獨學無友則孤ㅡ。

【陌】(맥) 陌 ハク、ヒャク、みち ridge between fields ㄇㄛˋ mo⁴

陌 草 書 ❶밭두덕길 맥(阡ㅡ田間道)。【史記】開阡ㅡ。❷저자거리맥(市中街)。【後漢書】塡接街ㅡ。

【降】㊀(항) 江 ㊁(강) 絳 コウ、くだる、おろす surrender; fall

降 小 篆 草 書 ㊀항복할 항(服也)。㊁❶내릴강(下也)。【書】釐ㅡ二女于嬀汭。❷떨어질강(落也)。【禮】羽鳥曰ㅡ。❸떨어뜨릴강(貶也)。❹돌아갈강(歸也)。

【陏】(라)『蓏』(艸部 10畫)와 같음

【限】(한) 潸 カン、ゲン、かぎり boundary; limit ㄒㄧㄢˋ hsien⁴

限 小 篆 草 書 ❶한정한(度也)。❷막힐한(阻也)。【史記】僭于上無ㅡ度。❸지경한(界也)。❹가지런할한(齊也)。❺검정할한(檢也)。❻문지방한(門閾)。

【陑】(이) 支 ジ、くにのな place name

陑 땅이름이(河曲地名)。【書序】伊尹相湯伐桀升自ㅡ。

【陒】㊀(궤) 紙 ㊁(궤) 支 キ、けわしい steep (或音「귀」)

陒 草 書 ㊀허물궤(毁也)。【漢書】業因是而抵ㅡ。㊁뜻은 ㊀과 같음。

【⿰阝衣】(의) 微 イ、おか hill

⿰阝衣 小 篆 언덕의(阪也)。

【陔】(해) 灰 ガイ、きざはし step ㄍㄞ kai¹ (本音「개」)

陔 小 篆 草 書 ❶층뜰해(階次重也)。【漢書】泰一壇三ㅡ。❷언덕해(隴也)。❸풍류이름해(南ㅡ樂名)。❹변방해(八極)。

七畫

【陖】(준) 震 シュン、けわしい steep

陖 小 篆 草 書 가파를준(峻也)。【上林賦】徑ㅡ赴險。

【陗】(초) 嘯 ショウ、けわしい steep

陗 小 篆 草 書 ❶급할초(急也)。【漢書】鼂錯爲人ㅡ直刻深。❷산비탈초(山峻)。(『峭』와 같음)

【陘】(형) 青 ケイ、たに、さか end of a mountain range

陘 草 書 ❶지렛목형、산잘릴형(連山中絕)。❷땅이름형(地名井

一)。

【陙】(신) 眞 シン、おか hillock
小篆 작은언덕신(小阜)。

【陚】(부) 遇 フ、おか hillock
小篆 작은언덕부(小阜)。

【陛】(폐) 薺 ヘイ、きざはし steps to the throne ㄅㄧˋ pi⁴
小篆 草書 대궐 섬돌 폐(殿一天子階)。〔漢書〕朱戶納一。

【⿰阝告】(곡) 屋 コク、おか hill
小篆 큰언덕곡(大阜)。

【陜】㊀(협) 洽 コウ、キョウ、せまい narrow ㊁(합)〔國音〕ㄒㄧㄚˊ hsia²
小篆 草書 ㊀좁을협(隘一不廣)。〔漢書〕行溪谷中隘一。(『狹』과 같음) ㊁땅이름합(一川)。

【陝】(섬) 琰 セン province ㄕㄢˇ shan³
小篆 草書 고을이름 섬(弘農縣名古虢國)。〔公羊傳〕自一而東者周公主之自一而西者召公主之。

【陞】(승) 蒸 ショウ、のぼる rise
草書 ❶오를승(登也、躋也)。〔爾雅〕素一龍於繆。❷올릴승(進也)。(『升』과 같음)

【陟】(척) 職 チョク、のぼる rise; ascend ㄓˋ chih⁴
小篆 古文 草書 ❶오를 척(登也)。〔書〕汝一帝位。❷올릴척(進也)。〔書〕黜一幽明。

【陡】(두) 有 トウ、にわか、けわしい precipice ㄉㄡˇ tou³
草書 ❶절벽두(崖壁)。〔杜甫詩〕一上捩孤影。❷엎드러질두(頓也)。

【院】(원) 霰 エン、イン、つかさ public building ㄩㄢˋ yüan⁴
小篆 草書 ❶원집 원(宅也館有垣)。〔唐書〕作五王一以處皇子之幼者。❷공해원(官廨)。〔唐書〕置麗正書一。❸절원(寺一。僧一、道一)。❹학교원(大學一、書一)。

【陣】(진) 震 チン、たむろ encampment ㄓㄣˋ chen⁴
草書 ❶진칠진(師旅行列)。〔後漢書〕孫吳兵法六十四一。❷영문진(軍營)。

【除】㊀(제) 魚 ジョ、のぞく exclude; divide ㊁(제) 御 ㄔㄨˊ ch'u²
小篆 草書 ㊀❶섬돌제(階也)。〔西都賦〕玉一彤庭。❷문안뜰제(門屛閒)。〔漢書〕扶輦下一。❸벼슬줄제(拜官)。〔史記〕試補吏先一。❹버릴제(去也)。〔書〕一惡務本。❺곗법제(乘一籌法)。〔漢書〕法一之。❻다스릴제(修一治也)。〔易〕一戎器戒不虞。❼바뀔제(歲一易也)。〔孟浩然詩〕青陽逼歲一。㊁갈제(去也)。〔詩〕日月方一。

【陃】(루)『陋』(阜部6畫)의 本字

八畫

【陪】(배) 灰 バイ、したがう accompany ㄆㄟˊ p'ei²
小篆 草書 ❶버금배(貳也)。〔詩〕以無一無卿。❷따를배(隨也)。❸도울배(助也)。〔史記〕秉德以一朕。❹거듭배(一臣重也)。〔禮〕列國之士入天子國自一臣稱。❺모실배(側也伴也)。❻찰배(滿也)。❽더할배(益也)。

【陫】(비) 尾 ヒ、みにくい filthy
더러울비(陋也)。

【⿰阝⿱召王】(조) 嘯 ショウ、たがやす till
小篆 ❶삽으로 갈조(臿耕)。❷묵은 밭을 갈조(耕休田意)。❸방죽둑조(隄也)。❹지경조(界也)。

【陬】(추) 尤 シュウ、スウ、すみ corner; precipice ㄗㄡ tsou¹
小篆 草書 ❶벼루추(阪隅)。〔戰國策〕有雀生鷀于城之一。❷정월추(孟一正月)。〔楚辭〕攝提貞于孟一兮。❸부끄러울추(卑一愧恧)。〔莊子〕子貢卑一失色。❹마을추(聚居)。❺고을이름추(魯邑鄕名)。

【陭】(기) 寘 イ、キ、けわしい rough
小篆 草書 언틀먼틀할 기(一隔不安)。〔史記〕一隔而不安。

【陮】(퇴) 賄 タイ、たか、high
小篆 높을퇴(高也)。

【陯】(래) 灰 ライ、きざはし stone steps
섬돌래(階也)。

【陰】(음) 侵 イン、オン、かげ、くもり shade; cloudy ㄧㄣ yin¹
小篆 草書 ❶응달음、음지음(水南山北)。〔書〕南至于華一。❷음기음(陽之對地道妻道臣道)。〔易〕一雖有美。❸부인에게 예가르칠음(一教婦禮)。〔周禮〕一禮教六宮。❹가만할음(默也)。〔戰國策〕齊秦之處一合。❺그늘할음、가릴음(蔭也)。〔詩〕一靷鋈續。❻그늘음(影也)。❼비등어리음(碑背)。〔正字通〕楊修解曹娥碑一八字。❽음침할음(闇也)。❾흐릴음(曇也)。❿세월음(光一)。⓫몰래음(秘密)。

【陱】(국) 屋 キク、みちる be full
❶찰국(盈也)。❷기를국(養也)。

【陲】(수) 支 スイ、ほとり、さかい frontier ㄔㄨㄟˊ ch'uei²
小篆 草書 ❶변방수(疆也邊也)。〔左傳〕虔劉我邊一。❷위태할수(危也)。(『垂』와 통함)

【陳】㊀(진) 眞 チン、ジン、ならべる spread out ㊁(진) 震 ㄔㄣˊ ch'en²
小篆 古文 草書 ㊀❶벌릴 진(列也布也)。〔詩〕一饋

八篇。❷묵을진(故也)。〔史記〕太倉之粟ㅣㅣ相因。❸오랠진(久也)。〔書〕失于政ㅣ于玆。❹고할진(告也)。❺베풀진(張也)。〔禮〕事君欲諫不欲ㅣ。❻섬돌진(堂途)。〔詩〕胡逝我ㅣ。❼나라이름진(國名舜後所封)。 ㊁기진(行伍之列)。(『陣』과 같음)

【⿰阝戔】(전) 銑 セン、おか hillock 小篆 물가운데있는언덕전(水中阜)。

【陴】(비) 支 ヒ、しろがき fence ㄆㄧˊ p'i^2 小篆 籀文 草書 성위담비(城上女牆)。〔左傳〕閉門登ㅣ。

【陵】(릉) 蒸 リョウ、おか、つか imperial mausoleum ㄌㄧㄥˊ ling^2 小篆 草書 ❶큰언덕 릉(丘ㅣ大阜)。〔書〕懷山襄ㅣ。❷임금의무덤릉(山ㅣ帝王葬)。〔齊語〕ㅣ爲之終。❸업신여길릉(侵ㅣ犯侮)。〔易〕終莫之ㅣ。❹가파를릉(ㅣ遲ㅣ夷頹靡)。〔荀子〕百仞之山任負車登焉何則ㅣ遲故也。❺짓밟을릉(轢也)。❻탈릉(乘也)。❼높을릉(峻也)。

【陶】㊀(도) 豪 ㊁(도) 號 ㊂(요) 蕭 ヨウ、トウ、すえもの porcelain ㄊㄠˊ t'ao^2 小篆 草書 ㊀❶질그릇 도(瓦器)。〔詩〕ㅣ復ㅣ穴。❷통할도(暢也)。〔後漢書〕粳稻ㅣ遂。❸불쌍히생각할도(鬱ㅣ哀思)。〔書〕鬱ㅣ乎予心。❹화할도(化也)。❺성도(姓也)。❻땅이름도(地名)。 ㊁달릴도(ㅣㅣ馳貌)。〔詩〕駟介ㅣㅣ。 ㊂❶화락할요(ㅣㅣ和樂)。〔詩〕君子ㅣㅣ。❷순임금의신하요(舜臣皐ㅣ)。

【陷】(함) 陷 カン、おちいる sink; involve ㄒㄧㄢˋ hsien^4 小篆 草書 ❶빠질 함(沒也地隤)。〔易〕剛健不ㅣ。❷함정함(ㅣ穿)。

【陸】(륙) 屋 リク、ロク、ぐが、おか land ㄌㄨˋ lu^4 小篆 籀文 草書 ❶뭍 륙(高平曰ㅣ)。❷길륙(路也)。〔周禮〕作車以行ㅣ。❸어긋날륙(ㅣ離參差)。〔楚辭〕斑ㅣ離其上下。❹뛸륙(ㅣ梁跳也)。〔甘泉賦〕飛蒙茸而走ㅣ梁。❺녹록할륙(ㅣㅣ碌碌)。〔後漢書〕今更共ㅣㅣ。❻두터울륙(厚也)。

【陹】(승) 蒸 ショウ、ひがのぼる (of the sun) rise 해돋을승(日升)。

【隆】(륭)『隆』(阜部 9畫)과 같음

【険】(험)『險』(阜部 13畫)의 略字

九畫

【陻】(인) 眞 イン、ふさぐ intercept 草書 막을인(塞也)。〔書〕鯀ㅣ洪水。(『堙』과 같음)

【陼】(저) 語 ショ、ト、す、しま snad hill ㄓㄨˇ chu^3 小篆 草書 ❶모래섬저(小洲)。❷둔덕저、언덕저(丘也)。〔爾雅〕丘如渚者ㅣ丘。

【陽】(양) 陽 ヨウ、ひなた、ひ sunlight ㄧㄤˊ yang^2 小篆 草書 ❶볕양、해양(日也)。〔左傳〕殷人祭其ㅣ。❷밝을양(明也)。〔詩〕我朱孔ㅣ。❸거짓양(佯也)。〔漢書〕ㅣ尊懷王。❹양양할양(ㅣㅣ自得)。〔詩〕君子ㅣㅣ。❺환할양(文章貌)。〔詩〕龍旂ㅣㅣ。❻양기양(陰之對總是一氣分爲陰ㅣ)。❼본양(青ㅣ春也)。〔爾雅〕春爲青ㅣ。❽양지쪽양(山南水北)。〔詩〕在洽之ㅣ。

【陾】(잉) 蒸 ジョウ、かきをきずく piled sound ㄖㄥˊ jêng^2 小篆 草書 담쌓는소리잉(ㅣㅣ築牆聲)。〔詩〕捄之ㅣㅣ。

【陿】(협) 洽 キョウ、せまい narrow 草書 좁을협(褊狹)。〔漢書〕郡國或磽ㅣ。(『陜』과 같음)

【隁】(언)『⿰阝焉』(阜部 11畫)과 같음

【隂】(음)『陰』(阜部 8畫)과 같음

【隃】㊀(유) 虞 ㊁(요) 蕭 ユ、ヨウ、こえる go over ㄩˊ yü^2 (本音「수」) 小篆 草書 ㊀넘을유(越也)。〔上林賦〕ㅣ絶梁。 ㊁❶멀요(遠也)。〔漢書〕ㅣ謂英布何苦而反。❷다닐요(行也)。❸고을이름요(縣名)。

【陵】(수) 有 ソウ、あな hollow 구덩이수(坑也)。

【隄】(제) 齊 テイ、つつみ dike; bank ㄊㄧˊ t'i^2 小篆 草書 ❶방죽둑제(防也)。〔左傳〕棄諸ㅣ下。❷언덕제(岸也)。❸못제(塘也)。❸돌다리제(梁也)。

【⿰阝彖】㊀(전) 銑 ㊁(단) 翰 テン、ひくいかき roadside wall 小篆 ㊀❶길가의 낮은담전(道邊庳垣)。❷집둘레의 담장전(屋舍周圍墻垣)。 ㊁뜻은 ㊀과 같음。

【隅】(우) 虞 グウ、グ、すみ corner ㄩˊ yü^2 小篆 草書 ❶모퉁이우(方也)。〔書〕海ㅣ蒼生。❷모우(廉稜)。〔詩〕維德之ㅣ。❸기슭우(猶崖)。

【⿰阝咢】(악) 藥 ガク、おか hill 언덕악(阜貌)。

【隆】(륭) 東 リュウ、さかん prosperous ㄌㄨㄥˊ lung^2 小篆 草書 ❶성할륭(盛也)。〔禮〕道ㅣ則從而ㅣ。❷높을륭(尊也)。❸가운데우뚝할륭(物之

中高。【爾雅】宛中ㅣ。❹두둑 할릉(豊也)。❺클릉(大也)。❻패이름릉(雷師、豊ㅣ)。

【隈】(외) 灰 ワイ、くま cove; bay ㄨㄟ wei¹
篆 書 草 모퉁이 외(水曲深隩處)。【左傳】秦人過析ㅣ。

【隉】(얼) 屑 ゲツ、あぶない dangerous ㄋㄧㄝ nieh⁴
小篆 書 草 위태할얼(杌ㅣ危也)。【書經】邦之杌ㅣ。

【隊】(대) 隊 タイ、スイ、くみ company ㄉㄨㄟ tuei⁴
小篆 書 草 떼대、무리대(ㅣ伍、部也、羣也)。【左傳】分爲二ㅣ。

【隋】㊀(타) 哿 ダ、スイ、おちる ㊁(수) 支 fall
小篆 書 草 ㊀❶떨어질 타(落也)。【史記天官書】有ㅣ星五。❷고기찢을타(肉裂)。㊁수나라수(國號楊堅受對)。

【隍】(황) 陽 コウ、ほり moat ㄏㄨㄤ huang²
小篆 書 草 해자 황(城下池無水)。【易】城復于ㅣ。

【階】(계) 佳 カイ、はし、だん stairs; degree (本音「개」) ㄐㄧㄝ chieh¹
小篆 書 草 ❶섬돌계(陛也)。❷층뜰계(登堂道)。【書】舞干羽于兩ㅣ。❸벼슬차례계(級也)。【南史】張融不知ㅣ級。❹층계(ㅣ梯差等)。【易繫辭】言語以爲ㅣ。❺삼태성계(三台星泰ㅣ)。

【⿰阝界】(계)『堺』(土部9畫)와 같음

十畫

【隑】㊀(기) 支 キ、はしご ㊁(개) 隊 ladder
㊀굽은언덕기(曲岸)。【史記】臨曲江之ㅣ州。㊁사다리개(梯也)。

【隒】(엄) 琰 ゲン、きし bluff ㄧㄢ yen³
小篆 書 草 층언덕엄(崖有重岸)。【江賦】厓ㅣ爲之泐嵃。

【隓】㊀(휴) 支 キ、すたれる ㊁(타) 哿 crumble
小篆 文 ㊀❶폐할휴(廢也)。❷헐휴(毁也)。❸손상할휴(損也)。㊁무너질타(崩也)。

【⿰阝馬】(마) 禡 マ、ます add to ㄇㄚ ma⁴
더할마(益也)。

【隔】(격) 陌 カク、へだてる block ㄍㄜ kê²·⁴
小篆 書 草 ❶막을격、막힐격(塞也、障也)。【史記】防ㅣ內外。❷멀격(遠也)。

【隕】㊀(운) 問 イン、エン、おちる ㊁(원) 先 fall down ㄩㄣ yün³
小篆 書 草 ㊀❶떨어질 운(墜也)。【易】有ㅣ自天。❷곤란할운(ㅣ穫困迫)。【禮】不ㅣ穫於貧賤。㊁폭원원(幅ㅣ均也)。【詩】幅ㅣ旣長。

【隖】(오) 麌 オ、ウ、とりで mud castle ㄨ wu⁴
小篆 書 草 ❶흙성오(壁壘)。【後漢書】董卓築萬歲ㅣ積金穀三十年儲。❷둔대오(山阿小障)。

【隗】㊀(외) 賄 カイ、たかい ㊁(외) 灰 lofty ㄨㄟ wei³
小篆 書 草 ㊀❶높을외(高貌)。❷사람이름외(人名郭ㅣ)。㊁❶높을외(高也)。❷성외(姓也)。

【隘】㊀(애) 卦 アイ、せまい ㊁(액) 陌 narrow ㄞ ai⁴
小篆 文 書 草 ㊀❶좁을애(阨也)。【詩】置之ㅣ巷。❷좁은목정이애(險塞)。❸더러울애(陋也)。❹막을애(塞也)。㊁막힐액(阻塞)。『阨』과 같음

【隙】(극) 陌 ゲキ、すきま gap; crack ㄒㄧ hsi⁴
小篆 書 草 ❶틈극(壁際孔)。【左傳】牆之ㅣ壞。❷틈날극(怨ㅣ釁也)。【史記】與沛公有ㅣ。❸틈탈극(暇也閑也)。【左傳】農ㅣ以講事。

【随】(수)『隨』(阜部13畫)의 譌字

十一畫

【⿰阝舀】(함)『陷』(阜部8畫)의 譌字

【隁】(언) 願 エン、つつみ dike
방축언(障水)。

【⿰阝參】(참) 陷 サン、わな pit
함정참(陷也)。

【⿰阝崔】(최) 灰 サイ、くずれる crumble
무너질최(崩也)。

【隟】(극)『隙』(阜部10畫)의 俗字

【際】(제) 霽 サイ、まじわり intercourse ㄐㄧ chi⁴
小篆 書 草 ❶가제(邊也)。【易】天ㅣ翔也。❷어울릴제、모을제(會也合也)。【易】天地ㅣ也。❸대일제(接也)。❹끝제(極也)。❺만날제(逢也)。❻사귈제(交ㅣ)。

【障】㊀(장) 陽 ショウ、さえぎる ㊁(장) 漾 obstruct ㄓㄤ chang⁴
小篆 書 草 ㊀막힐장(隔也)。㊁❶가리울장(保ㅣ)。【左傳】且成孟氏之保ㅣ。❷장지장(屛ㅣ)。❸간막을장(隔塞界也)。

【⿰阝頃】(경) 梗 ケイ、あぶない dangerous
위태할경(危也)。

【⿰阝婁】(루) 有 ロウ、くにのな prefecture
골이름루(縣名、贏ㅣ)。

【隝】(도) 皓 トウ、しま island
섬도(水中山)。【子虛賦】阜陵別ㅣ。『島』와 같음

【墉】(용)『墉』(土部11畫)과 같음

【嘔】(구) 尢 ク、あぶない fearful (本音「우」) ㄑㄩ chʻü¹
小篆 草書 편치 못할 구(不安貌ㅣ隅)。

【陛】(폐) 齊 ヘイ、ろうや prison
小篆 옥폐(牢獄)。

【隟】(극)『隙』(阜部10畫)의 古字

【隠】(은)『隱』(阜部14畫)의 俗字

十二畫

【隥】(등) 徑 トウ、いしざか steep slope
小篆 草書 ❶된비탈등(險阪)。[穆天子傳]乃絶隃之關ㅣ。❷우러를등(仰也)。❸사다리등(梯也)。

【㒒】(복) 屋 ホク、くにのな country
나라이름복(蠻國名)。

【隓】(휘) 支 キ、さか pass
小篆 고개휘(坂也)。

【隣】(린) 眞 リン、となり neighbourhood ㄌㄧㄣˊ lin²
❶이웃린(近也)。[周禮]五家爲ㅣ。❷이웃할린(親比)。❸도울린(臣ㅣ輔弼)。[書]臣哉ㅣ哉。❹수레구르는소리 린(車聲)。[詩經 秦風車鄰]有車ㅣㅣ。

【隤】(퇴) 灰 タイ、くずれる collapse ㄊㄨㄟˊ tʻuei²
小篆 草書 ❶무너질퇴(下墜摧也)。[上林賦]ㅣ牆塡壍。❷미끄러질퇴(崔ㅣ蹉跎)。[史記]日崔ㅣ。❸부드러울퇴(ㅣ然柔貌)。[易繫辭]夫坤ㅣ然示人簡矣。❹땅이름퇴(地名)。

十三畫

【業】(업) 葉 ギョウ、けわしい steep
❶험준할업(險也)。❷위태할업(危也)。

【隒】(건) 阮 ケン、たかぶる arrogant
거만할건(倨慢)。

【隬】(해) 蟹 カイ、たに ravine
小篆 작은골해(小谷)。

【隧】(수) 寘 スイ、ツイ、みち tunnel ㄙㄨㄟˋ suei²
草書 ❶무덤길수(墓道)。[左傳]ㅣ而相見。❷길수(門ㅣ亭ㅣ道也)。[漢書]起亭ㅣ。❸구멍수(神ㅣ大穴)。[正字通]高句麗國左有大穴曰神ㅣ。❹[新字]턴넬(tunnel)。

【隨】(수) 支 ズイ、したがう follow ㄙㄨㄟˊ suei⁴
小篆 草書 ❶따를 수(從也順也)。[書]ㅣ山刊木。❷괘이름수(卦名)。❸나라이름수(國名)。❹맡길수(任名)。

【隩】㊀(오) 號 オウ、イク、かくす hide
㊁(욱) 屋 ㄠˋ ao⁴
小篆 草書 ㊀❶감출오(藏也)。[鄭語]申呂方彊其ㅣ愛太子。❷물가언덕오(水隈)。㊁❶아랫목욱(室也)。[書]厥民ㅣ。❷네모퉁이욱(四ㅣ)。[書]四ㅣ旣宅。

【險】(험) 琰 ケン、けわしい danger ㄒㄧㄢˇ hsien³
小篆 草書 ❶험할 험(危也難也)。[易]動乎ㅣ中。❷간악할험(邪也惡也)。[書]今汝聒聒起信ㅣ膚。(『嶮』과 같음)

【陵】(접) 葉 ショウ、こびる coquet
❶계집의 맵시접(女姿意)。❷아양떨접(媚也)。

【隫】(분)『墳』(土部13畫)과 같음

十四畫

【隮】(제) 齊 セイ、のぼる go up ㄐㄧ chi¹
草書 ❶오를제(登也)。[書]由賓階ㅣ。❷구름피어 오를제(升雲)。❸무지개제(虹也)。[詩]南山朝ㅣ。[周禮]十煇九曰ㅣ。

【隰】(습) 緝 シュウ、さわ marshes ㄒㄧˊ hsi²
小篆 草書 진펄습(阪下濕也)。[書]原ㅣ底績。

【隱】㊀(은) 吻 イン、オン、かくれる hide
㊁(은) 問 ㄧㄣˇ yin³
小篆 草書 ㊀❶숨을은(藏也)。❷은미할은(微也)。❸아낄은(私也)。[論語]吾無ㅣ乎爾。❹숨길은(ㅣ諱蔽匿)。[禮]有ㅣ而無犯。❺속격정할은(ㅣ憂痛也)。[詩]如有ㅣ憂。❻불쌍히 여길은(惻ㅣ仁心)。[孟子]皆有 惕惻ㅣ之心。❼점칠은(ㅣ度占也)。[爾雅註]占者視兆以知吉凶必先ㅣ度。㊁❶의지할은(ㅣ几依也)。[孟子]ㅣ几而臥。❷쌓을은(築也)。[漢書]厚築其外ㅣ以金椎。

十五畫

【隫】(독)『瀆』(水部15畫)과 같음

【隳】(휴) 支 キ、やぶれる crumble ㄏㄨㄟ huei¹
草書 무너질휴(壞也)。[道德經]或載或ㅣ。

十六畫

【隱】(뇨) 篠 ジョウ、ひくい low
낮을뇨(低也)。

【隮】(빈)『濱』(水部14畫)과 같음

【隴】(롱) 腫 リョウ、ロウ、うね dike; bank ㄌㄨㄥˇ lung³
小篆 草書 ❶언덕 이름 롱(天水大坂)。[春秋]盟于垂ㅣ。❷밭두덩롱(ㅣ畝)。[史記]起ㅣ畝之閒。❸둔덕롱、언덕롱(丘ㅣ)。[漢書]皆無丘ㅣ之處。

十七畫

【㠣】(삼) 陷 サン、おちいる fall into
빠질삼(陷也)。

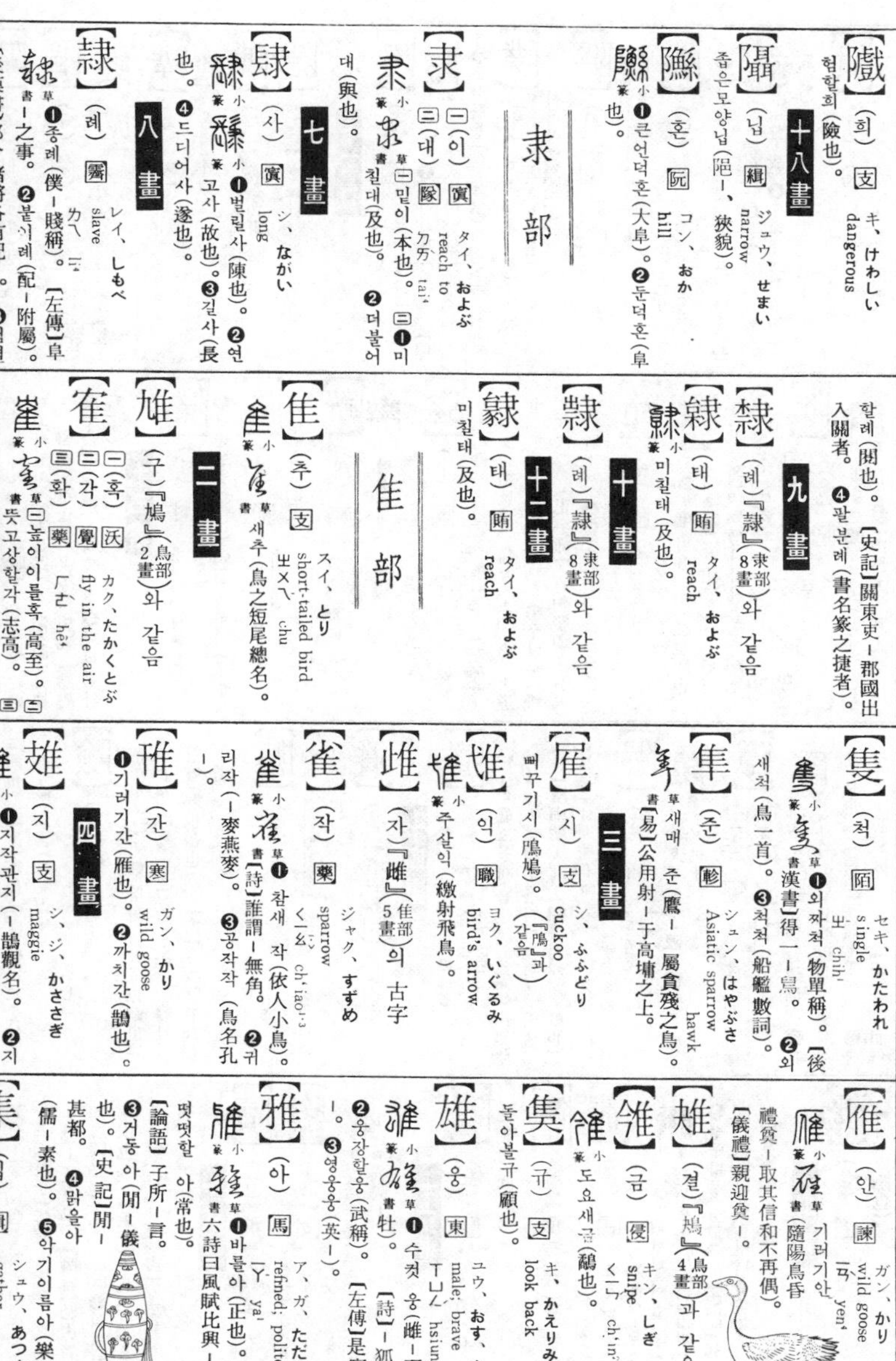

【隵】(희) 支 キ、けわしい dangerous
험할희(險也)。

十八畫

【隮】(닙) 緝 ジュウ、せまい narrow
좁은모양닙(隉ㅣ、狹貌)。

【阝縣】(혼) 阮 コン、おか hill
小篆 ❶큰언덕혼(大阜)。❷둔덕혼(阜也)。

隶部

【隶】㊀(이) 寘 ㊁(대) 隊 タイ、およぶ reach to ㄉㄞˋ tai⁴
小篆 草書 ㊀밑이(本也)。㊁❶미칠대(及也)。❷더불어대(與也)。

七畫

【肆】(사) 寘 シ、ながい long
小篆 小篆 ❶벌릴사(陳也)。❷연고사(故也)。❸길사(長也)。❹드디어사(遂也)。

八畫

【隷】(례) 霽 レイ、しもべ slave ㄌㄧˋ li⁴
草書 ❶종례(僕ㅣ賤稱)。〔左傳〕阜ㅣ之事。❷붙이례(配ㅣ附屬)。〔後漢書〕部分諸將各有配ㅣ。❸검열할례(閱也)。〔史記〕關東吏ㅣ郡國出入關者。❹팔분례(書名篆之捷者)。

九畫

【隸】(례)『隷』(隶部8畫)와 같음

【隶台】(태) 賄 タイ、およぶ reach
小篆 미칠태(及也)。

十畫

【隸】(례)『隷』(隶部8畫)와 같음

十二畫

【隶逮】(태) 賄 タイ、およぶ reach
미칠태(及也)。

隹部

【隹】(추) 支 スイ、とり short-tailed bird ㄓㄨㄟ chu
小篆 草書 새추(鳥之短尾總名)。

二畫

【九隹】(구)『鳩』(鳥部2畫)와 같음

【隺】㊀(혹) 沃 ㊁(각) 覺 ㊂(학) 藥 カク、たかくとぶ fly in the air ㄏㄜˋ hê⁴
小篆 草書 ㊀높이이를혹(高至)。㊁뜻고상할각(志高)。㊂새높이날학(鳥之飛高)。

【隻】(척) 陌 セキ、かたわれ single ㄓ chih¹
小篆 草書 ❶외짝척(物單稱)。〔後漢書〕得一ㅣ鳥。❷외새척(鳥一首)。❸척척(船艦數詞)。

【隼】(준) 軫 シュン、はやぶさ Asiatic sparrow hawk
草書 새매준(鷹ㅣ屬貪殘之鳥)。〔易〕公用射ㅣ于高墉之上。

三畫

【尸隹】(시) 支 シ、ふふどり cuckoo
뻐꾸기시(鳲鳩)。(『鳲』과 같음)

【隿】(익) 職 ヨク、いぐるみ bird's arrow
小篆 주살익(繳射飛鳥)。

【此隹】(자)『雌』(隹部5畫)의 古字

【雀】(작) 藥 ジャク、すずめ sparrow ㄑㄧㄠˇ ch'iao¹·³
小篆 草書 ❶참새작(依人小鳥)。〔詩〕誰謂ㅣ無角。❷귀리작(ㅣ麥燕麥)。❸공작작(鳥名孔ㅣ)。

【干隹】(간) 寒 ガン、かり wild goose
❶기러기간(雁也)。❷까치간(鵲也)。

四畫

【支隹】(지) 支 シ、ジ、かささぎ maggie
小篆 ❶지작관지(ㅣ鵲觀名)。❷지작새지(鳥名)。

【雁】(안) 諫 ガン、かり wild goose ㄧㄢˋ yen⁴
小篆 草書 기러기안(隨陽鳥昏禮奠ㅣ取其信和不再偶)。〔儀禮〕親迎奠ㅣ。

雁 (禮器圖)

【夬隹】(결)『鴂』(鳥部4畫)과 같음

【雂】(금) 侵 キン、しぎ snipe ㄑㄧㄣˊ ch'in²
小篆 도요새금(鷸也)。

【雟】(규) 支 キ、かえりみる look back
돌아볼규(顧也)。

【雄】(웅) 東 ユウ、おす、まさる male; brave ㄒㄩㄥˊ hsiung²
小篆 草書 ❶수컷웅(雌ㅣ羽屬之牡)。〔詩〕ㅣ狐綏綏。❷웅장할웅(武稱)。〔左傳〕是寡人之ㅣ。❸영웅웅(英ㅣ)。

【雅】(아) 馬 ア、ガ、ただしい refined; polited ㄧㄚˇ ya¹
小篆 草書 ❶바를아(正也)。〔周禮〕六詩曰風賦比興ㅣ頌。❷떳떳할아(常也)。〔論語〕子所ㅣ言。❸거둥아(閒ㅣ儀也)。〔史記〕閒ㅣ甚都。❹맑을아(儒ㅣ素也)。❺악기이름아(樂器名)。

❺雅 (古今圖書集成)

【集】(집) 緝 シュウ、あつまる gather ㄐㄧˊ chi²

雧(小篆) (或體) (草書) ❶모을집(聚也會也)。【史記】天下雲ー。❷나아갈집(就也)。【書】大統未ー。❸편안할집(安也)。【史記】安ー百姓。❹이룰집(成也)。【詩】我行既ー。❺가지런할집(齊也)。【漢書】動靜不ー。❻문집집(經史子ー諸書總要)。【漢書】劉歆總羣書而奏其七略故有輯略。

【雎】(치) 紙 シ、めんどり henbird
암새치(鴟鳥)。

【雇】㊀(호) 麌 コ、やとう employ ㊁(고) 遇 ㄍㄨˋ ku⁴
(小篆) (或體) (籀文) (草書) ㊀뻐꾹새호(九ー農桑候鳥)。㊁❶더부살이고、머슴고(ー賃傭也)。【史記】斂民財以顧其功。❷품팔고(ー傭、ー員)。

五畫

【雉】(치) 寘 チ、きじ pheasant ㄓˋ chih⁴
(小篆) (古文) (草書) ❶꿩치(野鷄)。【禮】❷폐백치(ー性耿介士所摯)。【同禮】士執ー。❸성윗담치(ー堞城五堵)。【左傳】都城過百ー。❹목맬치(ー經縊也)。【晉語】ー經於新城之廟。

(圖器禮)❶雉 (志備武)❸雉

【雊】(구) 宥 ク、なく crowing of a pheasant ㄍㄡˋ kou⁴
(小篆) (草書) 장끼울음구(雄雉鳴)。【書經】越有ー雉。

【雋】(전) 銑 セン、シュン、こえる fat ㄐㄩㄢˋ chüan⁴
(小篆) (草書) ❶새살찔전(鳥肥肉)。❷글이름 전(書號ー永)。【漢書】蒯通論戰國時說士權變凡八十一首號曰ー永。

【雁】(응) 蒸 ヨウ、たか hawk
매응(鷹也)。

【雌】(자) 支 シ、めす female ㄘ t'zu¹·²
(小篆) (草書) ❶암컷자(牝也)。【詩】以ー以雄。❷약할자(弱也)。❸약이름자(藥名ー黃)。

【雍】㊀(옹) 冬 ヨウ、やわらぐ harmony ㊁(옹) 宋 ㄩㄥ yung¹·⁴
(草書) ㊀❶화할옹(和也)。【書】黎民於變時ー。❷학교옹(辟ー學名)。❸무년옹(太歲在戊曰著ー)。㊁❶가릴옹(蔽也)。❷고을이름옹(州名)。

【雎】(저) 魚 ショ、みさご fish-hawk ㄐㄩ chü¹
(草書) 저구저、증경이저、원앙저(ー鳩王ー匹鳥)。【詩經】關關ー鳩。

【雄】(웅)『雄』(隹部4畫)과 같음

六畫

【雓】(여) 魚 ジョ、ふなしうずら quail
메추라기여(鴽也)。

【雃】(견) 先 ケン bird ㄑㄧㄢ ch'ien¹
(小篆) (草書) 새이름견(鳥名ー鴘)。

【雑】(잡)『雜』(隹部10畫)의 俗字

【雒】(락) 藥 ラク、かわらげ horse ㄌㄨㄛˋ luo⁴
(小篆) (草書) ❶가리온락(馬名)。【詩】有驒有ー。❷땅이름락(縣名ー陽)。❸새이름락(鳥名)。

【[illegible]】(조) 嘯 チョウ、うなずく nod
머리숙이고들을조(低頭聽)。

【[illegible]】(악) 藥 ヤク、ごのちゅうしんいし
바둑치중점악(碁中心一點)。

七畫

【[illegible]】(추) 紙 スイ、ほそいくび slender neck
가는목추(細頸)。

【[illegible]】(여) 魚 ヨ、ひよこ chicken ㄩ yü²
병아리여(鷄子)。

八畫

【[illegible]】(수) 寘 スイ、とび kite
(小篆) 솔개수(鳶也)。

【巂】(규)『巂』(隹部10畫)와 같음

【[illegible]】(유) 支 イ、とぶ flight;fly
나는모양유(飛貌)。

【雔】(수) 尤 シュウ、つがい a pair of birds ㄔㄡ ch'ou²
(小篆) ❶가죽나무고치수(檮繭ー由)。❷새한쌍수(雙鳥)。

【雕】(조) 蕭 チョウ、わし eagle ㄉㄧㄠ ti
(小篆) (籀文) (草書) ❶수리조(鷲也)。【史記】生得一人果匈奴射ー者。❷옥다듬을조(彫ー治玉)。【周禮】ー人。❸환할조(ーー章明貌)。❹나라이름조(交趾國名ー題)。『鵰』와 같음

【[illegible]】(수)『雖』(隹部9畫)와 같음

九畫

【[illegible]】(종) 腫 ショウ、すずめ sparrow
❶참새종(雀也)。❷작은새가날종(小鳥飛)。

【雺】(무) 遇 ム、ブ、ひな chicken
❶병아리무(鷄雛)。❷참새새끼무(雀幼子)。

【雖】(수) 支 スイ、いえども even if ㄙㄨㄟ suei¹
(小篆) (草書) ❶비록수(設兩辭假令)。【禮記】ー請退可也。❷벌레이름수(蟲名)。

十畫

【翰隹】(한) 翰 カン、しろきじ white pheasant ㄏㄢˋ han⁴
小篆 흰꿩한(白雉)。

【雘】 一(확) 藥 二(호) 遇 ワク、しんしゃ bright red ㄏㄨㄛˋ huo⁴
小篆 草書 ❶곱게붉을확(善丹)。❷붉은칠할확(丹也)。❸진사확(辰砂)。三뜻은 一과 같음。

【雙】(쌍) 江 ソウ、そろい pair; couple ㄕㄨㄤ shuang¹ (古音「상」)
小篆 草書 ❶둘쌍、쌍쌍(鳥二枚)。【後漢書】ー鳧從東南來。❷짝쌍(偶也)。【詩】冠綏ー止。❸한쌍쌍(兩隻)。【儀禮】凡獻執一ー。❹짐승이름쌍(獸名ーー)。

【雚】(관) 翰 カン、あまさぎ stork ㄏㄨㄢˋ huan⁴
小篆 ❶황새관(水鳥似鵠)。❷풀이름관(草名、ー蘭)。(『鸛』과 같음)

【雛】(추) 虞 スウ、ひな chick ㄔㄨˊ ch'u²
小篆 籀文 草書 ❶새새끼추(鳥子)。【孟子】力不能勝一匹ー。❷새이름추(鳳屬鵷ー)。❸병아리추(鷄子)。❹어린아이추(小兒)。

【雜】(잡) 合 ザツ、まじる mixed; confused ㄗㄚˊ tsa²
小篆 草書 섞일잡、섞을잡(五彩相合參錯)。【周禮】畫繢之事ー五色。

【雝】(옹) 冬 ヨウ、やわらぐ harmony ㄩㄥ yung¹
小篆 草書 ❶화할옹(ーー和也)。【詩】曷不肅ー。❷벽옹옹(辟ー學名)。

【雞】(계) 齊 ケイ、にわとり hen; cock ㄐㄧ chi¹
小篆 籀文 草書 ❶닭계(司晨鳥翰音)。【易】巽爲ー。❷베짱이계(蟲名莎ー)。

❶雞 (禮器圖)

【巂】 一(휴) 齊 二(규) 支 三(수) 紙 ケイ、スイ、ほととぎす cuckoo ㄙㄨㄟˇ suei³
小篆 草書 一접동새휴(ー周杜鵑)。二접동새규(子ー鵑也)。【禮】立視五ー。三나라이름수(邛都國名、越ー)。

十一畫

【雡】(류) 宥 リュウ、ひな big chicken
小篆 큰병아리류(大雛)。

【⿰區隹】(우) 宥 オウ、とりのこえ chirp
새소리우(鳥聲)。

【離】 一(리) 支 二(리) 寘 リ、はなれる leave; separate ㄌㄧˊ li²
小篆 草書 一❶베풀리(陳也)。【左傳】設衛ー服。❷걸릴리(麗也)。【易經】彖曰ー麗也。❸지날리(歷也)。【詩經】ー不于裏。❹떠날리(別也)。【易】進退無恒非ー羣。❺떠돌아다닐리(流ー散也)。【漢書】鬪流ー。❻아름다울리(陸ー美貌)。【楚辭】長余佩之陸ー。❼둘리(兩也)。【禮】ー坐ー立。❽반벙어리리(侏ー語不分明)。❾외손리(娣妹之孫曰ー孫)。❿귀신이름리(神名長ー)。⓫말이름리(馬名纖ー)。⓬땅이름리(地名鐘ー)。⓭풀이름리(草名江ー)。三자리뜰리(去也)。【書】畔官ー次。

【⿰奄隹】(암) 覃 アン、うずら quail
小篆 籀文 메추리암(鶉也)。(『鵪』과 같음)

【難】 一(난) 寒 二(난) 翰 三(나) 歌 ダン、ナン、むずかしい difficult ㄋㄢˊ nan²
小篆 或體 古文 古文 古文 草書 一❶어려울난(艱ー不易)。【書】惟帝其ー之。❷구슬이름난(珠名木ー)。二❶근심난(患也)。【易】儉德辟ー。❷막을난(阻也)。❸꾸짖을난(責也)。【孟子】禽獸又何ー焉。❹힐난할난(詰辨)。【書】而ー任人。三❶성할나(盛貌)。【詩】其業有ー。❷탈나(國ー大ー)。【禮】季春命國ー季冬命大ー。

十二畫

【⿰散隹】(산) 旱 サン、いぐるみ bird's arrow
小篆 주살산(射鳥絲)。

十三畫

【⿰阝雟】 一(수) 支 二(규) 支 スイ、とぶ fly
小篆 一날수(飛也)。 二뜻은 一과 같음。

十五畫

【⿰黎隹】 一(려) 霽 二(리) 支 レイ、うぐいす skylark
小篆 一꾀꼬리려(倉庚)。(『鵹』와 같음) 二뜻은 一과 같음。

十六畫

【雥】(잡) 合 ソウ、むれとり flock of bird
小篆 떼새잡(衆鳥)。

二十畫

【雧】(집)『集』(隹部 4畫)과 같음

二十四畫

【⿱雥鳥】(연) 先 エン、とりのむれ flock of bird
小篆 새떼연(鳥羣)。

雨 部

【雨】(우) 麌 遇 ウ、あめ rain ㄩˇ yü³
小篆 古文 草書 ❶비우(水蒸爲雲降爲ー)。❷비올우(自上而下)。【詩】ー我公田。

二畫

【⿱雨丁】(쟁) 庚 トウ、あめふる rain

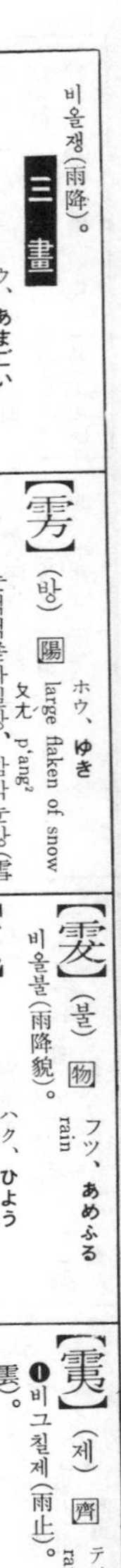

비올쟁(雨降)。

三 畫

【雩】(우) 虞 ウ、あまごい prayers for rain ㄩˊ yü²·⁴
雩(小篆) 䨞(或體) 雩(草書) 기우제우(祈俱祭名)。【禮】仲夏大ㅣ。

【雩】(우)『雩』(前條)와 같음

【雪】(설) 屑 セツ、ゆき snow ㄒㄩㄝˇ hsüeh³·⁴
䨮(小篆) 雪(草書) ❶눈설(陰凝爲ㅣ六出花)。❷씻을설(ㅣ恥, 洗也)。【戰國策】ㅣ先王之恥。

【雫】(나) ダ、しずく drop of water
雫(草書) 물방울나(涓滴)。

四 畫

【䨏】(홀) 月 コツ、かみなり thunder
우뢰홀(雷也)。

【雯】(문) 文 ブン、あや figure of cloud ㄨㄣˊ wen²
雯(草書) 구름문채문(雲成章)。【古三墳】日雲赤曇月雲素ㅣ。

【雰】㊀(분) 文 ㊁(분) 文 フン、きり fog; mist ㄈㄣ fen¹
雰(草書) ㊀❶안개분(霧也)。❷눈펄펄날릴분(ㅣㅣ雪貌)。㊁상서로운기운분(瑞氣)。(「氛」과 같음)

【雱】(방) 陽 ホウ、ゆき large flaken of snow ㄆㄤˊ p'ang²
雱(草書) 눈펄펄쏟아질방, 함박눈방(雪盛貌)。【詩】雨雪其ㅣ。

【雲】(운) 文 ウン、くも cloud ㄩㄣˊ yün²
雲(小篆) 云(古文) (古文) 雲(草書) ❶구름운(山川氣陰陽聚)。【易】ㅣ行雨施。❷은하수운(ㅣ漢)。【詩】倬彼ㅣ漢。❸팔대손운(八代孫曰ㅣ孫)。❹하늘운(天也青ㅣ)。

五 畫

【雵】(앙) 陽 オウ、くも fleecy clouds
흰구름피어오를앙(ㅣㅣ白雲貌)。

【零】㊀(령) 青 ㊁(령) 徑 ㊂(련) 先 レイ、レン、れい、はした odd; zero ㄌㄧㄥˊ ling²
零(小篆) 零(草書) ㊀❶비뚝뚝떨어질령(餘落)。【詩】靈雨旣ㅣ。❷셈나머지령(畸ㅣ數餘)。㊁❶부서질령(碎也)。❷떨어질령(落也)。㊂오랑캐이름련(西羌名, 先ㅣ)。

【雷】(뢰) 灰 ライ、かみなり thunder ㄌㄟˊ lei²
靁(小篆) (古文) (古文) (籒文) 雷(草書) ❶천둥뢰, 우뢰뢰(陰陽薄動聲)。【禮記】ㅣ乃發聲。❷조화신뢰(造化神黜ㅣ)。❸북이름뢰(鼓名ㅣ鼓)。❹남따라소리지를뢰(附和ㅣ同)。

【雬】(불) 物 フツ、あめふる rain
비올불(雨降貌)。

【雹】(박) 覺 ハク、ひょう hail ㄅㄠˊ pao²
雹(小篆) (古文) 雹(草書) 우박박, 누리박(雨冰)。【宋書】臨安雨ㅣ太學屋瓦皆碎諱言硬雨。

【𩂆】(불) 物 フツ、くも cloud
구름모양불(雲貌)。

【雺】(몽) 東 ボウ、きり fog; mist ㄇㄥˊ mêng²
雺(草書) 해미낄몽, 안개몽(天氣下地不應)。

【電】(전) 霰 デン、いなびかり lightning ㄉㄧㄢˋ tien⁴
電(小篆) (古文) 電(草書) ❶번개전(震ㅣ陰陽激耀)。【易】離爲ㅣ。❷전기전(ㅣ氣)。❸번쩍할전(ㅣ光)。

六 畫

【䨙】㊀(잠) 侵 ㊁(애) 佳 シン、ガイ、ながあめ long rain
(小篆) ㊀장마잠(霖雨)。㊁빗소리애(雨聲)。

【𩃗】(자) 紙 ジ、シャ、おおあめ heavy rain
❶큰비자(大雨)。❷빗소리자(雨聲)。

【𩂯】(락) 藥 ラク、あめおちる (of rain) drop
(小篆) 비떨어질락(雨零)。

【霁】(제) 霽 テイ、やむ rain off
❶비그칠제(雨止)。❷구름걷힐제(霽雲)。

【𩂱】(우) 遇 ウ、みずのおと babble of water
(小篆) 물소리우(水聲)。

【𩃀】(우) 虞 ウ、にわかあめ shower
소나기우(靇ㅣ暴雨)。

【𩂒】(색) 陌 サク、あられ hail
싸락눈색(霰也)。

【𩃁】(조) 嘯 チョウ、くらい dark
어두울조(幽冥)。

【需】(수) 虞 ジュ、もとめる demand; request ㄖㄨˊ ju²
需(小篆) 需(草書) ❶음식수(食也)。【易】雲上于天ㅣ君子以飮食宴樂。❷머뭇거릴수(ㅣ待遲疑)。【左傳】ㅣ事之賊也。❸기다릴수(須也)。【易】ㅣ須也險在前也。❹찾을수(索也)。❺괘이름수(卦名)。❻쓸수(ㅣ要)。

七 畫

【霂】(목) 屋 モク、こさめ drizzle ㄇㄨˋ mu⁴
霂(小篆) 霂(草書) 비부슬부슬올목(霢ㅣ小雨)。【詩經】益之以霢ㅣ。

【霃】(침) 侵 チン、くもる gloomy
霃(小篆) 음산할침, 오래흐릴침(久陰)。

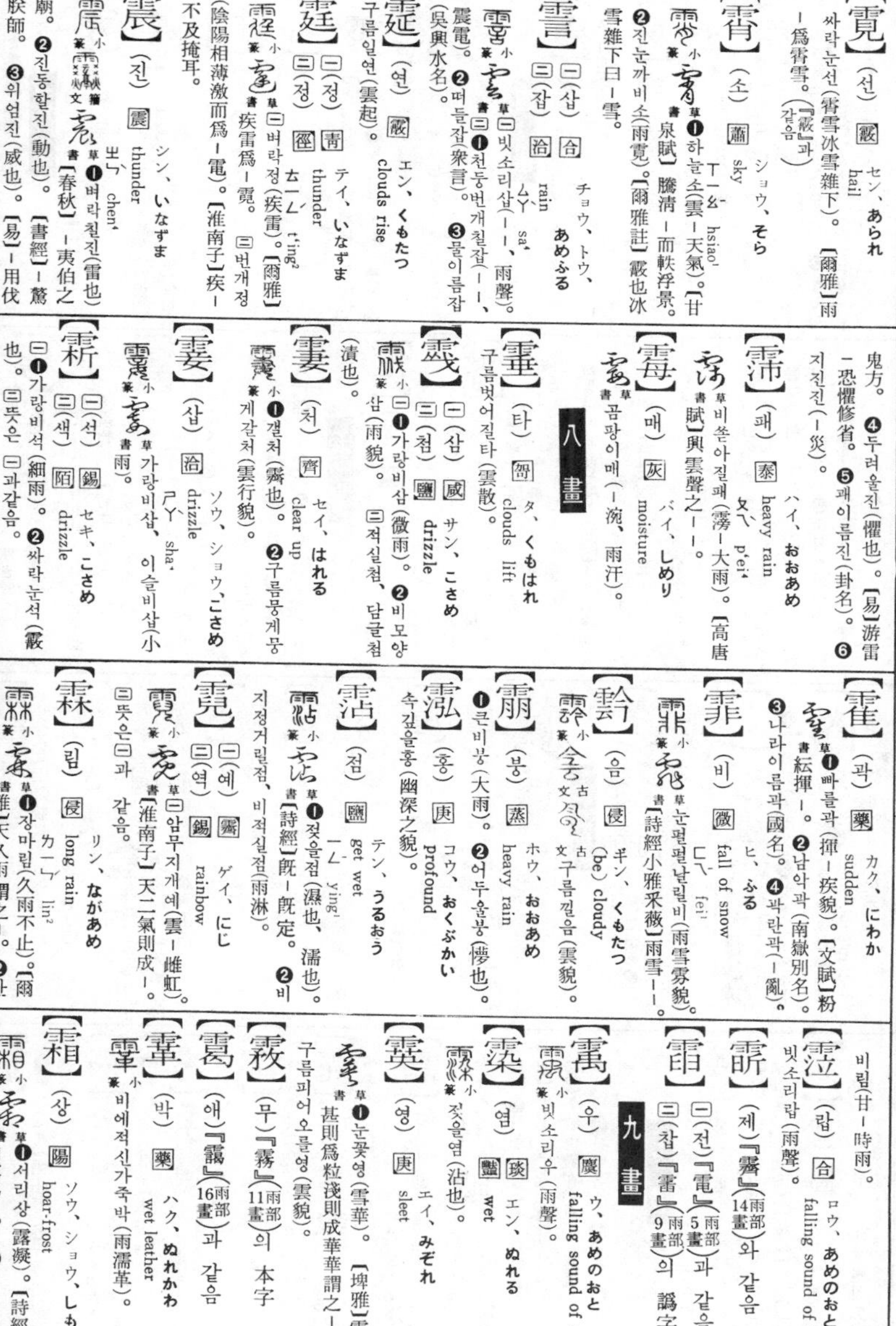

【霓】(선) 霰 セン、あられ hail
싸라눈선(霄雪冰雪雜下)。【爾雅】雨ㅣ爲霄雪。(『霰』과 같음)

【霄】(소) 蕭 ショウ、そら sky ㄒㄧㄠ hsiao¹
小篆 草書 ❶하늘소(雲ㅣ天氣)。【甘泉賦】騰淸ㅣ而軼浮景。❷진눈까비소(雨霓)。【爾雅註】霰也冰雪雜下曰ㅣ雪。

【霅】㊀(삽) 合 ㊁(잡) 洽 チョウ、トウ、あめふる rain ㄙㄚ sa⁴
小篆 草書 ㊀빗소리삽(ㅣㅣ、雨聲)。㊁❶천둥번개칠잡(ㅣㅣ、震電)。❷떠들잡(衆言)。❸물이름잡(吳興水名)。

【⿱雨延】(연) 霰 エン、くもたつ clouds rise
구름일연(雲起)。

【霆】㊀(정) 靑 ㊁(정) 徑 テイ、いなずま thunder ㄊㄧㄥ t'ing²
小篆 草書 ㊀벼락정(疾雷)。【爾雅】疾雷爲ㅣ霓。㊁번개정(陰陽相薄激而爲ㅣ電)。【淮南子】疾ㅣ不及掩耳。

【震】(진) 震 シン、いなずま thunder ㄓㄣ chen⁴
小篆 籒文 古文 草書 ❶벼락칠진(雷也)。【春秋】ㅣ夷伯之廟。❷진동할진(動也)。【書經】ㅣ驚朕師。❸위엄진(威也)。【易】ㅣ用伐鬼方。❹두려울진(懼也)。【易】游雷ㅣ恐懼修省。❺괘이름진(卦名)。❻지진진(ㅣ災)。

【霈】(패) 泰 ハイ、おおあめ heavy rain ㄆㄟ p'ei⁴
草書 비쏟아질패(雱ㅣ大雨)。【高唐賦】興雲聲之ㅣㅣ。

【霉】(매) 灰 バイ、しめり moisture
草書 곰팡이매(ㅣ溮、雨汗)。

八畫

【⿱雨垂】(타) 哿 タ、くもはれ clouds lift
구름벗어질타(雲散)。

【⿱雨戔】㊀(삼) 咸 ㊁(첨) 鹽 サン、こさめ drizzle
小篆 ㊀❶가랑비삼(微雨)。❷비모양삼(雨貌)。㊁적실첨、담글첨(漬也)。

【霋】(처) 齊 セイ、はれる clear up
小篆 ❶갤처(霽也)。❷구름뭉게뭉게갈처(雲行貌)。

【霎】(삽) 洽 ソウ、ショウ、こさめ drizzle ㄕㄚ sha⁴
小篆 草書 가랑비삽、이슬비삽(小雨)。

【⿱雨析】㊀(석) 錫 ㊁(색) 陌 セキ、こさめ drizzle
㊀❶가랑비석(細雨)。❷싸라눈석(霰也)。㊁뜻은 ㊀과같음。

【霍】(곽) 藥 カク、にわか sudden
草書 ❶빠를곽(揮ㅣ疾貌)。【文賦】紛紜揮ㅣ。❷남악곽(南嶽別名)。❸나라이름곽(國名)。❹곽란곽(ㅣ亂)。

【霏】(비) 微 ヒ、ふる fall of snow ㄈㄟ fei¹
小篆 草書 눈펄펄날릴비(雨雪霏貌)。【詩經小雅采薇】雨雪ㅣㅣ。

【霒】(음) 侵 ギン、くもたつ (be) cloudy
小篆 古文 古文 구름낄음(雲貌)。

【⿱雨朋】(붕) 蒸 ホウ、おおあめ heavy rain
❶큰비붕(大雨)。❷어두울붕(懵也)。

【霐】(홍) 庚 コウ、おくぶかい profound
속깊을홍(幽深之貌)。

【霑】(점) 鹽 テン、うるおう get wet ㄧㄥ ying¹
小篆 草書 ❶젖을점(濕也、濡也)。【詩經】旣ㅣ旣足。❷비지정거릴점、비적실점(雨淋)。

【霓】㊀(예) 霽 ㊁(역) 錫 ゲイ、にじ rainbow
小篆 草書 ㊀암무지개예(雲ㅣ雌虹)。【淮南子】天二氣則成ㅣ。㊁뜻은㊀과 같음。

【霖】(림) 侵 リン、ながあめ long rain ㄌㄧㄣ lin²
小篆 草書 ❶장마림(久雨不止)。【爾雅】天久雨謂之ㅣ。❷단비림(甘ㅣ時雨)。

【⿱雨泣】(랍) 合 ロウ、あめのおと falling sound of rain
빗소리랍(雨聲)。

【⿱雨訢】(제)『霽』(雨部 14畫)와 같음

【⿱雨自】㊀(전)『電』(雨部 5畫)과 같음 ㊁(찹)『霅』(雨部 9畫)의 譌字

九畫

【⿱雨禹】(우) 虞 ウ、あめのおと falling sound of rain
小篆 빗소리우(雨聲)。

【⿱雨染】(염) 琰 豔 エン、ぬれる wet
小篆 젖을염(沾也)。

【霙】(영) 庚 エイ、みぞれ sleet
草書 ❶눈꽃영(雪華)。【埤雅】雪寒甚則爲粒淺則成華華謂之ㅣ。❷구름피어오를영(雲貌)。

【霚】(무)『霧』(雨部 11畫)의 本字

【⿱雨曷】(애)『靄』(雨部 16畫)과 같음

【⿱雨革】(박) 藥 ハク、ぬれかわ wet leather
小篆 비에적신가죽박(雨濡革)。

【霜】(상) 陽 ソウ、ショウ、しも hoar-frost
小篆 草書 ❶서리상(露凝)。【詩經】白露爲ㅣ。❷해지낼상

(星ㅣ歷年)。【李白詩】陛下之壽三千ㅣ。❸흰털상(白髮)。❹엄할상(至嚴秋ㅣ)。

【霝】(령) 靑 レイ、ふる rain ㄌㄧㄥˊ ling² 小篆 ❶비올령(降雨)。❷떨어질령(墮也)。❸착할령(善也)。(『零』과 같음)

【霞】(하) 麻 カ、かすみ glow ㄒㄧㄚˊ hsia² 小篆 草書 ❶노을하(日旁彤雲)。【洛神賦】遠而望六皎若太陽升朝ㅣ。❷멀하(避也)。

【霠】(음) 侵 イン、くもる cloudy 草書 구름해가릴음(雲覆日)。

十畫

【䨡】(함) 覃 カン、ながあめ long rain 小篆 장마함(霖也)。

【⿱雨眞】(자) 支 シ、あめあと falling sound of rain 小篆 빗소리자(雨聲)。

【霣】(운) 軫 ウン、おちる fall down ㄩㄣˇ yun³ 小篆 古文 草書 ❶떨어질운(墮也)【公羊傳】星ㅣ如雨。❷천둥에비몰아올운(雷起出雨)。(『隕』과 같음)

【霢】(맥) 陌 バク、ミャク、こさめ drizzle ㄇㄛˋ mo⁴ 草書 가랑비맥(ㅣ霂小雨)。【詩】益之以ㅣ霂。

【霡】(맥)『霢』(前條)과 같음

【⿱雨蒦】㈠(확) 藥 ㈡(척) 陌 カク、にわかあめ shower ㈠소낙비확(大雨)。㈡쌍척(隻也)。

【⿱雨追】(추) 支 ツイ、かみなり thunder ❶숨을추(隱也)。❷우뢰추(雷也)。

【霤】(류) 宥 リュウ、あまだれ raindrops falling from the eaves 小篆 草書 낙수받이류(屋水流處)。【禮記】端行頤ㅣ。

【⿱雨兼】(렴) 鹽 レン、ながあめ drizzle 小篆 비부실부실올렴(ㅣ霵微雨)。

十一畫

【霧】(무) 遇 ム、ブ、きり fog 小篆 籀文 草書 ❶안개무(地氣發天不應而成)。❷안개자욱할무(氛ㅣ)。【禮記】氛ㅣ冥冥。

【霩】(확) 藥 カク、むなしい vacant ㄍㄨㄛ kuo¹ 小篆 草書 휑할확(虛ㅣ)。【淮南子】道始於虛ㅣ虛ㅣ生宇宙。

【霦】(빈) 眞 ヒン、たまのつや lustre of jade 옥광채빈(璘ㅣ、玉光)。

【⿱雨執】(점) 琰 テン、しも early frost 小篆 이른서리점、무서리점(早霜、寒也)。

【霪】(음) 侵 イン、ながあめ long rain ㄧㄣˊ yin² 草書 장마음(霖ㅣ久雨)。【淮南子】禹沐浴ㅣ雨。

【⿱雨彗】(설)『雪』(雨部3畫)의 本字

【⿱雨鹿】(록) 屋 ロク、にわかあめ shower 소나기록(暴雨)。

【霫】(습) 緝 シュウ、ふる down-pour ㄒㄧˋ hsi⁴ 草書 비쏟아질습(雨貌)。

【⿱雨眾】(중) 東 シュウ、こさめ drizzles 小篆 비지점거릴중(久陰小雨)。

十二畫

【⿱雨甚】(담) 勘 タン、くものもよう clouds rise 구름피어오를담(ㅣ霴雲繁)。

【⿱雨⿰氵革】(박) 藥 ハク、バク、さわ pond ❶못박(澤也)。❷비박(雨也)。

【⿱雨⿰云云】(태) 隊 タイ、くもたつ clouds rise 구름일태(雲起)。

【霰】(선) 霰 セン、サン、あられ hail ㄒㄧㄢˋ hsien⁴ 小篆 或體 草書 ❶싸라눈선(粒雪)。【詩經小雅頍弁】如彼雨雪先集維ㅣ。❷별선(星也)。【釋名】ㅣ星也水雪相搏如星而散也。

【露】(로) 遇 ロ、つゆ dew ; open ㄌㄡˋ lou⁴ 小篆 草書 ❶이슬로(陰之液霜之始)。【禮記】孟秋白ㅣ降。❷이슬줄로(雨ㅣ膏澤)。【漢書】覆ㅣ萬民。❸드러날로(羸也)。【左傳】以ㅣ其禮。❹드러낼로(暴ㅣ彰也現也)。【左傳】其暴ㅣ之。❺나라이름로(國名ㅣ西亞)。

【霳】(륭) 東 リュウ、かみのな domon of clouds 구름맡은귀신륭(豊ㅣ雲師)。

十三畫

【霵】(즙) 緝 シュウ、あめふる rain 비올즙(雨降)。

【⿱雨滂】(방)『滂』(水部10畫)과 같음

【霸】㈠(패) 禡 ㈡(백) 陌 ハ、ハク、はたがしら supreme ruler ㄅㄚˋ pa⁴ (本音「파」) 小篆 古文 ㈠으뜸패(ㅣ業把持諸侯之權)。【孟子公孫丑上】以力假仁者ㅣ。❷패왕패(以武道治天下者)。㈡달력백(月始生ㅣㅣ然朔死ㅣ望生ㅣ)。

【霹】(벽) 陌 錫 ヘキ、かみなり thunder-clap ㄆㄧ p'i¹

[草書] 벼락벽(ー靂迅雷)。〔埤雅〕震曰ー靂。

十四畫

【霼】(희) 尾 未 キ、くもる cloudy
[草書] ❶구름낄희(靉ー雲貌)。〔海賦〕彷像其色靉ー其形。❷흐릴희(不審貌)。

【霽】(제) 霽 セイ、はれる clear up ㄐㄧˋ chi⁴
[小篆] [草書] 개일제(雨止)。〔書經〕曰雨曰ー。

【⿱雨酸】(산) 寒 サン、こさめ drizzle
[小篆] 가랑비산、이슬비산(小雨)。

【䨲】(누) 尤 ドウ、こうさぎ young rabbit ㄋㄡˋ nou²
토끼새끼누(兎子)。〔韓愈毛穎傳〕明眎八世孫ー。

【⿱雨覞】(희) 微 キ、あめやむ clear up
[小篆] 비갤희(雨止貌)。

【霿】(몽) 東 ボウ、どんより thick
[小篆] ❶자욱할몽(瞉ー鄙吝)。〔漢書〕ー恒風若。❷컴컴할몽(無識豫)。〔漢書〕區ー無識。

【⿱雨對】(대) 隊 タイ、くろくもがたつ dark clouds
[小篆] 검은구름낄대(靅ー雲黑貌)。

【霾】(매) 佳 バイ、つちふる sand blast ㄇㄞˊ mai²
[小篆] [草書] ❶흙비매、❷토우매、❸해미매(風而雨土晦)。〔詩經邶風終風〕終風且ー。

十五畫

【霮】(담) 勘 タン、ながあめ long rain
장마담(久雨)。

【靁】(뢰)『雷』(雨部5畫)의 古字

十六畫

【靂】(력) 錫 レキ、かみなり thunder-clap ㄌㄧˋ li⁴
[草書] 벼락력、벽력력(霹ー迅雷)。〔爾雅〕震曰霹ー。

【靇】(롱) 東 ロウ、かみなり thunder-clap
[草書] 우뢧소리롱(雷聲)。

【靃】(확) 藥 カク、とぶおと fly ㄏㄨㄛˋ huo⁴
[小篆] [草書] 빗속을 새 나르는 소리확(ーー飛聲)。

【靄】㊀(애) 泰 アイ、もや ㊁(애) 賄 gossamer ㊂(알) 曷 ㄞˇ ai³
[草書] ㊀구름피어오를애(雲貌)。㊁아지랑이애(氣分)。㊂뜻은 ㊀㊁와 같음。

【靅】㊀(비) 未 ヒ、くも ㊁(배) 隊 cloudy
㊀❶구름이 성할비(靉ー、雲盛貌)。❷구름이 낄비(雲布狀)。〔木華〕靉ー、雲布。㊁뜻은 ㊀과 같음。

【靆】(체) 隊 賄 タイ、くもる clouds ㄉㄞˋ tai⁴ (本音「태」)
구름낄체(靉ー雲狀)。

【靈】(령) 青 レイ、リョウ、たましい spirit; divine ㄌㄧㄥˊ ling²
[小篆] [或體] [草書] ❶신령령(神也)。〔書經〕惟人萬物之ー。❷혼백령(魂魄)。〔諸葛亮出師表〕告先帝之ー。❸좋을령(善也)。〔詩經〕ー雨既零。❹신통할령(神之精明)。〔詩經〕ー臺。〔傳〕神之精明者稱ー。❺괼령(寵也)。

十七畫

【⿱雨鮮】(사) 歌 シ、こさめ drizzle
[小篆] 가랑비사(細雨)。

【靉】(애) 隊 アイ、くもる clouds ㄞˋ ai⁴
[草書] ❶구름낄애(ー靆雲狀)。〔田霖詩〕ー靆一雙新上額。❷안경애(眼鏡)。〔洞天清錄〕ー靆老人不辨細書。

十八畫

【⿱雨雙】(쌍) 江 ソウ、あめもよう rainy
비모양쌍(雨貌)。

十九畫

【⿱雨儵】(숙) 屋 シュク、はやい swift
빠를숙(ー昱、疾貌)。〔木華〕ー昱絕電。

【⿱雨瀝】(력) 錫 レキ、あめやまない rains continuously
비그치지않을력(霖ー、雨不止貌)。

二十七畫

【[illegible]】(대) 賄 ライ、くもたつ cloudy
구름성할대(雲盛)。

三十一畫

【靐】(빙) 徑 ヒョウ、かみなりのおと thunder
우뢧소리빙(雷聲)。

靑 部

【靑】(청) 靑 セイ、ショウ、あおい blue ㄑㄧㄥ ching¹
[小篆] [古文] [草書] ❶푸를청(東方木色)。〔荀子〕ー出於藍而ー於藍。❷대껍질청(竹皮)。❸죽력청(汗ー殺ー簡書)。〔後漢書〕吳祐殺ー簡以寫經書。❹젊을청(ー年)。

【青】(청)『靑』(青部0畫)과 같음

三畫

【⿰靑彡】(정) 梗 セイ、きよいかざり adorn neatly

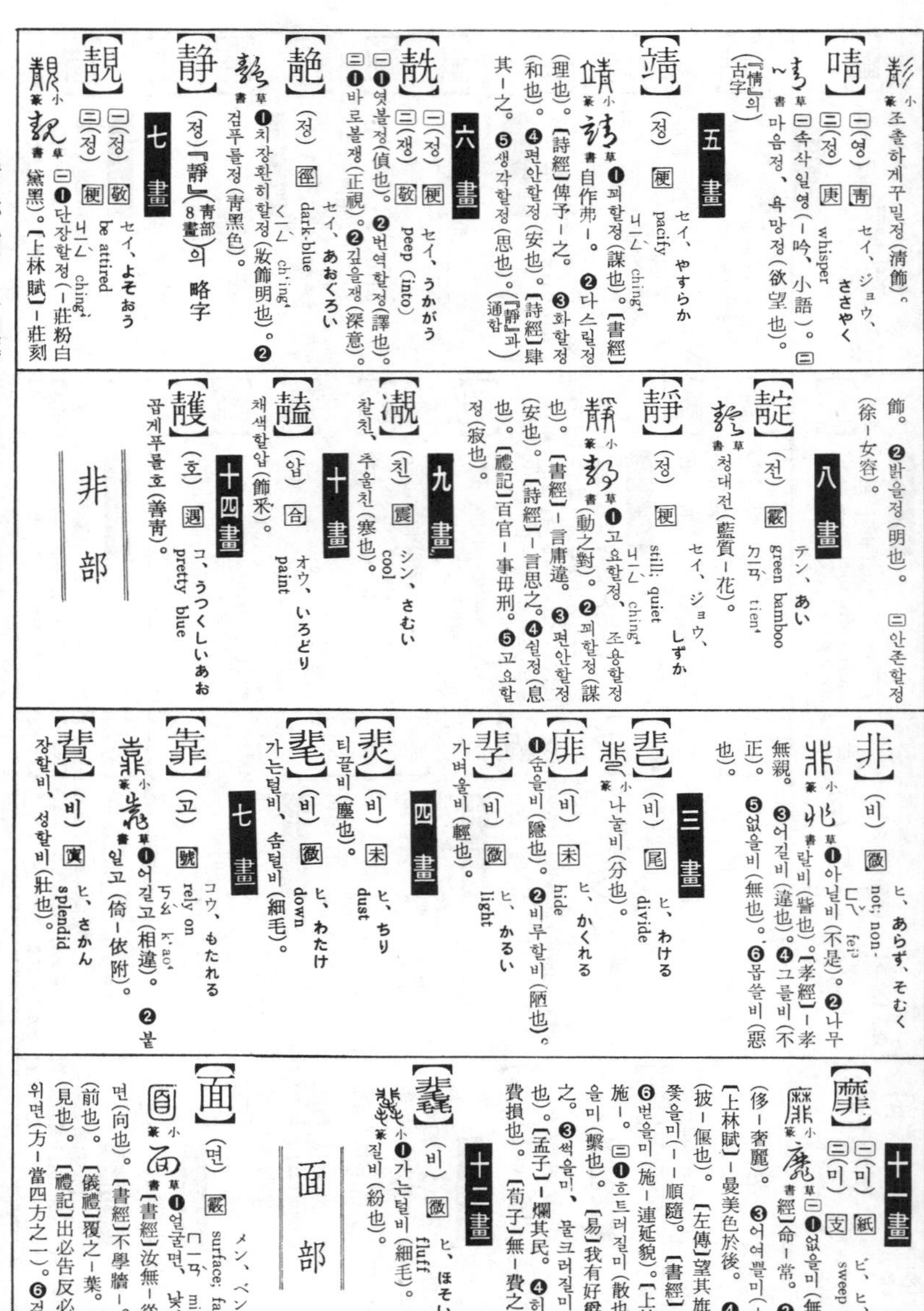

彭 小篆 조촐하게꾸밀정(淸飾)。

【晴】 ㊀(영) 靑 セイ、ジョウ、ささやく ㊁(정) 庚 whisper
草書 ㊀속삭일영(一吟、小語)。㊁마음정、욕망정(欲望也)。(『情』의 古字)

五畫

【靖】 (정) 梗 セイ、やすらか pacify ㄐㄧㄥˋ ching⁴
小篆 草書 ❶꾀할정(謀也)。【書經】自作弗一。❷다스릴정(理也)。【詩經】俾予一之。❸화할정(和也)。❹편안할정(安也)。【詩經】肆其一之。❺생각할정(思也)。(『靜』과 通함)

六畫

【靗】 ㊀(정) 梗 セイ、うかがう ㊁(쟁) 敬 peep (into)
㊀❶엿볼정(偵也)。❷번역할정(譯也)。㊁❶바로볼쟁(正視)。❷깊을쟁(深意)。

【靘】 (정) 徑 セイ、あおぐろい dark-blue ㄑㄧㄥˋ ch'ing⁴
草書 ❶치장환히할정(妝飾明也)。❷검푸를정(靑黑色)。

【静】 (정)『靜』(靑部 8畫)의 略字

七畫

【靚】 ㊀(정) 敬 セイ、よそおう ㊁(정) 梗 be attired ㄐㄧㄥˋ ching⁴
小篆 草書 ㊀❶단장할정(一莊粉白黛黑)。【上林賦】一莊刻飾。❷밝을정(明也)。㊁안존할정(徐一女容)。

八畫

【靛】 (전) 霰 テン、あい green bamboo ㄉㄧㄢˋ tien⁴
草書 청대전(藍質一花)。

【靜】 (정) 梗 セイ、ジョウ、しずか still; quiet ㄐㄧㄥˋ ching⁴
小篆 草書 ❶고요할정、조용할정(動之對)。❷꾀할정(謀也)。【書經】一言庸違。❸편안할정(安也)。【詩經】一言思之。❹쉴정(息也)。【禮記】百官一事毋刑。❺고요할정(寂也)。

九畫

【⿰靑親】 (친) 震 シン、さむい cool
찰친、추울친(寒也)。

十畫

【⿰靑盍】 (압) 合 オウ、いろどり paint
채색할압(飾采)。

十四畫

【⿰靑蒦】 (호) 遇 コ、うつくしいあお pretty blue
곱게푸를호(善靑)。

非 部

【非】 (비) 微 ヒ、あらず、そむく not; non- ㄈㄟ fei³
小篆 草書 ❶아닐비(不是)。❷나무랄비(訾也)。【孝經】一孝無親。❸어길비(違也)。❹그를비(不正)。❺없을비(無也)。❻몸쓸비(惡也)。

三畫

【⿱非己】 (비) 尾 ヒ、わける divide
小篆 나눌비(分也)。

【厞】 (비) 未 ヒ、かくれる hide
❶숨을비(隱也)。❷비루할비(陋也)。

【⿱非子】 (비) 微 ヒ、かるい light
가벼울비(輕也)。

四畫

【⿱非火】 (비) 未 ヒ、ちり dust
티끌비(塵也)。

【靟】 (비) 微 ヒ、わたけ down
가는털비、솜털비(細毛)。

七畫

【靠】 (고) 號 コウ、もたれる rely on ㄎㄠˋ k'ao⁴
小篆 草書 ❶어길고(相違)。❷붙일고(倚一依附)。

【⿱非貝】 (비) 寘 ヒ、さかん splendid
장할비、성할비(壯也)。

十一畫

【靡】 ㊀(미) 紙 ビ、ヒ、なびく ㊁(미) 支 sweep over
小篆 草書 ㊀❶없을미(無也)。【書經】命一常。❷사치할미(侈一奢麗)。❸어여쁠미(一曼美色)。【上林賦】一曼美色於後。❹쓰러질미(披一偃也)。【左傳】望其旗一。❺붙좇을미(一一順隨)。【書經】商俗一一。❻번을미(施一連延貌)。【上林賦】登降施一。㊁❶흐트러질미(散也)。❷얽을미(縻也)。【易】我有好爵吾與爾一之。❸썩을미、물크러질미(爛也、滅也)。【孟子】一爛其民。❹허비할미(一費損也)。【荀子】無一費之用。

十二畫

【面】 (비) 微 ヒ、ほそいけ fluff
小篆 ❶가는털비(細毛)。❷엉클어질비(紛也)。

面 部

【面】 (면) 霰 メン、ベン、おもて surface; face ㄇㄧㄢˋ mien⁴
小篆 草書 ❶얼굴면、낯면(顔也)。【書經】汝無一從。❷향할면(向也)。【書經】不學牆一。❸앞면(前也)。【儀禮】覆之一葉。❹보일면(見也)。【禮記】出必告反必一。❺방위면(方一當四方之一)。❻걸면(表也、

外也)。❼면면(行政區劃之一)。

【靣】(면)『面』(前條)의 俗字

三 畫

【⿰面刃】(뉵) 屋 ジク、はずかしい abashed face
부끄러운얼굴뉵(羞顔)。

【⿰面干】(간)『皯』(皮部 3畫)과 같음

四 畫

【⿰面今】(함) 咸 カン、あたまでっぱる stick one's head out
머리내밀함(出頭貌)。

【⿰面丑】(뉵) 屋 ジク、はじる be abashed
부끄러울뉵(慙也)。

【⿰面冘】(담) 勘 タン、にぶい dull
둔할담(鈍也)。

五 畫

【⿰面皮】(전) 銑 テン、ゆるい generous (或音「년」)
너그러울전(寬也)。

【靤】(포) 效 ホウ、もがさ swelling on the face ㄆㄠˋ p'ao⁴
草書 면종포(面瘡)。

【⿰面占】(점) 豔 タン、よごれがお (of face) dirty
얼굴더러울점(面黫)。

六 畫

【⿰面舌】(괄) 曷 カツ、ちいさいかお small-faced (本音「활」)
낯작을괄(面小)。

【⿰面台】(퇴) 灰 タイ、よごれがお dirty-face
낯더러울퇴(面黫)。

七 畫

【⿰面每】(회) 隊 カイ、かお plump-faced
얼굴통통할회(面肉肥厚)。

【⿰面忍】(닉) 錫 デキ、うれえがお sorrow stricken face
수심띤낯닉(愁面)。

【⿰面足】(촉) 屋 シュク、ひとしい even
고를촉(齊也)。

【⿰面甫】(부) 麌 フ、ほお cheeks
小篆 草書 뺨부(頰也)。(『輔』와 통함)

【靦】(전) 銑 テン、はじる be ashamed ㄊㄧㄢˇ t'ien³
小篆 或體 草書 ❶무안할전、부끄러울전(—然慚貌)。【詩經】有—面目。❷물끄러미볼전(面見)。【越語】余雖—然而人面哉。

八 畫

【⿰面宛】(원) 阮 エン、めをひらく open one's eyes
눈뜰원(目開貌)。

【⿰面周】(조) 嘯 チョウ、ならう practice
익힐조(習也)。

【⿰面奄】(암) 感 アン、かおのほくろ mole on the face
사마귀암(面之黑子)。

九 畫

【⿰面面】(면) 銑 メン、みにくいかお ugly face
못생긴얼굴면(頑劣面)。

【⿰面音】(암) 感 アイ、うれえる sad
슬퍼할암(—黲慼容)。

【⿰面赤】(난) 潸 ダン、はじる be ashamed
무안할난、얼굴빛이 붉을난(赧也)。(『赧』과 같음)

十 畫

【⿰面臭】(구) 有 ク、みにくい ugly
얼굴추할구(面醜)。

【⿰面冥】(면) 霰 ベン、ちあせ blood stained
피묻을면(—眩、汗血)。

十一 畫

【⿰面麻】(마) 禡 マ、はじる abashed
❶얼굴푸를마(面青貌又慚也)。❷부끄러울마(—㦬)。

【⿰面參】(참) 感 サン、かなしい sad
슬플참(䵥—慼容)。

十二 畫

【⿰面焦】(초) 蕭 ショウ、あおじろい pale
小篆 파리할초(面色焦枯小)。

【靧】(회) 隊 カク、あらう wash one's face ㄏㄨㄟˋ huei⁴
草書 낯씻을회(洗面)。【禮記】沐稷而—粱。

【⿰面尞】(료) 篠 リョウ、かおじろい white complexioned
낯흴료(面白)。

十三 畫

【⿰面亶】(전)『靦』(面部 7畫)과 같음

十四 畫

【⿱漸面】(점) 琰 セン、いろがよわい light-colored
빛약할점(色弱)。

【靨】㊀(엽) 葉 ㊁(염) 琰 ヨウ、えくぼ dimple
小篆 草書 ㊀❶웃는 볼옴쏙들어갈엽(頰輔姿也)。【楚辭】—輔奇牙宜笑嫣只。❷얼굴의 검은사마귀엽(面黑子)。㊁은 ㊀과 같음。

十五 畫

【⿰面蔑】(멸) 屑 ベツ、ちいさいかお small-faced
얼굴작을멸(面小)。

十七 畫

【⿰面韱】(점) 豔 セン、みじかいかお short-faced
짧은얼굴점(短顔)。

革 部

【革】㊀(혁) 陌 ㊁(극) 職 カク、キョク、かわ hides;leather (本音「격」) ㄐㄧˊ chi²
小篆 古文 草書 ㊀❶가죽혁(去毛生皮)。【呂氏日】

去毛而未爲韋者也。❷고칠혁(改也)。【易】天地ㅡ。❸날개벌릴혁(翼也)。【詩經】如鳥斯ㅡ。❹갑주혁(金ㅡ甲胄)。【禮記】衽金ㅡ。❺가죽바혁(轡首)。【詩經】鞗ㅡ沖沖。㊁❶병급할극(病ㅡ急也)。【禮記】夫子之病ㅡ矣。

二畫

【靪】(정) 靑 テイ、つくろう change soles
신창받을정(補履下)。

三畫

【靬】(간) 寒 カン、ほしがわ dried leather
小篆 草書 ❶마른가죽간(乾革)。❷활전대간(弓衣)。❸나라이름간(西域國名黎ㅡ)。

【靫】㊀(채) 佳 ㊁(차) 麻 サイ、サ、うつぼ quiver
草書 ㊀전동채(箭室)。【埤蒼】鞴ㅡ箭室。㊁뜻은 ㊀과 같음。

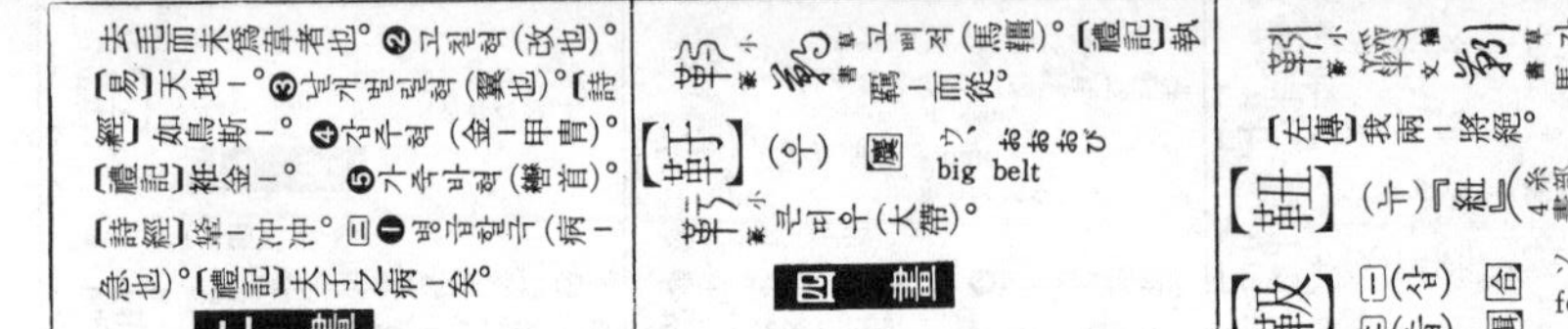
弓靫(武備志)

【靭】(인) 震 ジン、しなやか durable ㄉㄧㄥ ting¹
草書 질길인(堅柔難斷)。

【⿰革乞】(흘) 月 コツ、しばる tie up (本音「흘」)
졸라맬흘(緊縛)。

【靮】(적) 錫 テキ、おもがい reins ㄉㄧˊ ti²
小篆 草書 고삐적(馬韁)。【禮記】執韁ㅡ而從。

【⿰革于】(우) 虞 ウ、おおおび big belt
小篆 큰띠우(大帶)。

四畫

【靲】㊀(금) 寢 ㊁(겸) 鹽 キン、くつひも shoe-string ㄑㄧㄣˊ ch'in²
小篆 ㊀신들메금(鞮帶)。㊁짜갠대겸(竹篾)。

【⿰革丏】(면)『⿰革面』(革部9畫)과 같음

【靳】(근) 問 キン、おしむ stingy ㄐㄧㄣˋ chin⁴
小篆 草書 ❶가슴걸이근(ㅡ制其行固也)。【詩經】陰ㅡ鋈續。❷아낄근(吝也)。【左傳莊公十一年】宋公ㅡ之。

【靴】(화) 歌 カ、くつ footgear ㄒㄩㄝ hsüeh¹
草書 ❶신화、목화화(鞮屬履也)。【隋書】惟褶服以ㅡ。❷양화화(洋ㅡ)。(『鞾』와 같음)

【靶】(파) 禡 ハ、たずな reins ㄅㄚˇ pa³·⁴
小篆 草書 고삐파(御人所把轡革)。【爾雅】轡首謂之革。

【靷】(인) 震 イン、ひきづな cinch ㄧㄣˇ yin³
小篆 籒文 草書 가슴걸이인(駕牛馬具在胸引車軸)。【左傳】我兩ㅡ將絕。

【靵】(뉴)『紐』(糸部4畫)의 俗字

【靸】㊀(삽) 合 ㊁(습) 緝 ソウ、くつ footgear ㄙㄚˇ sa³
小篆 草書 ㊀꺽두기삽、아기신삽(小兒履)。【譚子化書序】杖ㅡ而去。㊁제사신습(祭鞋)。

【⿰革卬】(앙) 養 オウ、はきもの shoes
신발앙(履也)。

五畫

【⿰革玄】(현) 銑 ケン、さや sheath
❶칼집현(刀室)。❷차멍에 동이는 끈현(大車縛軛靼也)。

【⿰革尼】(니) 薺 デイ、たずながたれる become loose
고삐늘어질니(轡垂貌)。

【靺】(말) 曷 マツ、あかひも red string ㄇㄛˋ mo⁴
草書 ❶붉은끈말(絳ㅡ)。【隋書】赤舄絳ㅡ。❷나라이름말(國名ㅡ鞨)。

【靻】(조) 麌 ソ、かわぐつ leather shoes
가죽신조(ㅡ鞽)。【淮南子】蘇秦匹夫徒步之人也ㅡ鞽嬴蓋經營萬乘之主。

【⿰革必】(필) 質 ヒツ、くるまのなわ binder of waggon
小篆 차묶는가죽필(束車革)。

【靼】(달) 旱 タン、なめしかわ leather ㄉㄚˊ ta²
小篆 古文 草書 ❶다룬가죽달(柔革)。❷달단달(韃ㅡ靺鞨之後女眞別種)。(『韃』과 같음)

【靽】(반) 翰 ハン、きずな bridle ㄆㄢˋ pan⁴
草書 소밀치반(駕牛具)。

【靾】(예) 霽 エイ、うまのくら saddle
草書 안장예(馬鞍)。

【靿】(요) 效 オウ、ヨウ、かわぐつ leather shoes ㄧㄠˋ yao⁴
草書 ❶목화목요、수여지목요(靴頸)。【隋書】長ㅡ靴畋獵豫遊則服之。❷굽을요(曲也)。

【鞀】(도) 豪 トウ、ふりつづみ small drum ㄊㄠˊ t'ao²
小篆 或體 或體 籒文 草書 소고도(如鼓而小以導樂作)。【淮南子】武王立戒愼之ㅡ。

【⿰革甲】(갑) 洽 コウ、はなひらく (of a flower) open
꽃벌려있을갑(花相次列貌)。

【鞆】(병) 〔日字〕 とも armlet
草書 활팔찌병(射ㅡ腕紐)。

【⿰革占】 ㊀(첩) 葉 ショウ、くらしき saddle cover
㊁(점)〔國音〕 ㄊㄧㄝ t'ieh⁴
(小篆) ㊀안갑첩(ㅣ鞢鞌飾)。 ㊂말다래점(韂也)。

【鞁】(피) 寘 ヒ、はらおび cinch ㄆㄧ p'i⁴
(草書) ❶말가슴걸이피(鞧也)。〔晉語〕吾兩ㅣ將絕。 ❷안갑피(馬鞍具鞍上被)。

【鞂】(갈) 黠 カツ、わら straw
(草書) 볏짚갈(禾稾)。〔禮記〕莞簟之安而稾ㅣ之設。

【鞃】(굉) 蒸 コウ、おしまずき bridle
(小篆)(草書) 차앞턱에맨고삐굉(軾中靶)。〔詩經〕鞹ㅣ淺幭。

【鞄】(포) 肴 ハク、ホウ、かばん bag
(草書) ❶가죽다루는장인포(柔革工)。〔周禮〕攻皮之工函鮑韗韋裘。〔註〕鮑爲ㅣ。 ❷가방포(革ㅣ)。

【鞅】(앙) 養 オウ、むながい cinch ㄧㄤ yang¹
(小篆)(草書) ❶가쁠앙(ㅣ掌煩勞)。 ❷말배띠앙(馬駕具)。 ❸소굴레앙(牛羈)。

六畫

【⿰革羊】(양) 養 ヨウ、かわなめし tan the skin
가죽다룰양(治皮)。

【⿰革夸】(과) 馬 カ、おびがね decorate a belt
띠치장할과(帶飾)。

【⿰革卬】(인) 眞 イン、かんじき clogs
나막신인(木履有足)。

【⿰革并】(병) 迥 ヘイ、かわおび leather belt
가죽띠병(革帶)。

【鞇】(인) 眞 イン、しとね cushion
(草書) 수레에까는겹요인(車重席褥也)。〔韓詩外傳〕齊君重ㅣ而坐。

【⿰革夷】(이) 支 イ、なめしがわ leather
다룬가죽이(柔革)。

【鞉】(도) 豪 トウ、ふりつづみ small drum
(草書) 소고도(小鼓)。〔詩經〕ㅣ磬柷圉。

【鞈】(협) 洽 コウ、むねあて body armour
(小篆)(草書) 겹가죽협(ㅣ革)。〔筍子〕蘭盾ㅣ革三戟。

【⿰革各】(락) 藥 ラク、かわおび leather belt
(小篆)(草書) 가죽오리락(生革可以爲縷)。

【鞊】(길) 質 キツ、むながい cinch
❶가슴걸이길(鞅也)。 ❷안장길(鞍也)。 ❸가죽길(革也)。

【鞌】(안) 寒 アン、くら saddle ㄢ an¹
(小篆)(草書) ❶안장안(馬鞍具)。 ❷땅이름안(地名)。〔左傳成公二年〕戰於ㅣ。

【鞋】(혜) 佳 アイ、ケイ、くつ(本音「해」) shoes
(草書) 가죽신혜(革履)。

【鞍】(안) 寒 アン、くら saddle ㄢ an¹
(草書) 안장안(馬鞍具)。〔漢書〕投ㅣ高如城者數所。

【⿰革旨】(지) 寘 シ、かさのお string to the awning
(小篆) 일산끈지(日傘紐)。

【鞎】(흔) 元 コン、くるまのかざり ornament
(小篆) 차앞가죽으로꾸밀흔(車前革飾)。〔爾雅〕輿革前謂之ㅣ。

【鞏】(공) 腫 キョウ、かたい firm; stable ㄍㄨㄥ kung³
(小篆)(草書) ❶가죽테공(以皮束物)。〔易經革卦〕ㅣ用黃牛之革。 ❷굳을공(固也)。〔詩經大雅瞻卬〕藐藐昊天無不克ㅣ。 ❸나라이름공(國名ㅣ闕)。 ❹오랑케이름공(羌名煎ㅣ)。 ❺고을이름공(州名)。

七畫

【鞓】(정) 靑 テイ、かわおび strap
(草書) 가죽띠정(皮帶)。

【⿰革夾】(겹) 洽 コウ、かわぐつ leather shoes
(小篆) 가죽신겹(ㅣ沙、靴也)。

【鞔】(만) 寒 バン、マン、はく wear ㄇㄢ man²
(小篆)(草書) ❶신울만(履縠)。 ❷고삐만(靶也)。

【⿰革余】(도) 虞 ト、わらぐつ straw-shoes
짚신도(稾靴)。

【⿰革見】(혈) 屑 ケツ、つなぐ bind tightly
(小篆) 단단히맬혈(急繫)。

【⿰革延】(탄) 旱 タン、はらおび girdle
❶말배띠탄(馬之腹帶)。 ❷띠탄(帶也)。

【⿰革甫】(보) 麌 ホ、かわぐつ leather shoes
가죽신보(靴也)。

【鞗】(조) 蕭 チョウ、たずな reins
(草書) 고삐조(ㅣ革轡也)。〔詩經 小雅蓼蕭〕ㅣ革沖沖。

【⿰革坒】(폐) 薺 ヘイ、ながぐつ (high) shoes
장화폐(長靴)。

【⿱攸革】(조)『鞗』(前前條)와 같음.

【鞘】 ㊀(초) 嘯 ソウ、ショウ、さや sheath
㊁(초) 肴 ㄕㄠ shao¹(本音「소」)
(小篆)(草書) ㊀칼집초(刀室)。〔詩經〕鞞琫有珌。 ㊁채찍초(鞭也)。

【鞙】(현) 銑 ケン、くつわ bridle ㄐㄩㄢ chuan¹
(小篆)(草書) ❶노리개드림현(玉垂)。〔詩經 小雅大東〕ㅣㅣ佩

璲。❷굴레현(馬勒)。❸칼집현(鞲—刀鞘)。❹차멍에동이는끈현(車靼)。

八畫

【鞜】(석) 陌 セキ、ふるぐつ old shoes
헌신석(舊靴)。(『舄』와 같음)

【鞚】(공) 送 コウ、くつわ bridle ㄎㄨㄥˋ k'ung⁴
草書 말굴레공(馬勒)。

【鞴】(패) 卦 ハイ、ふいごう bellows
풀무패(吹火器)。

【鞀】(도) 豪 トウ、つづみのどう cylinder of a drum
북통도(皐—鼓木)。【周禮】鞾人爲皐—。

【鞬】(간) 刪 カン、かたい hard
❶굳을간(堅也)。【博雅】固確—也。❷단단한것을 깨치는소리간(破堅物聲)。

【鞥】(압) 合 オウ、こどもぐつ child's shoes
小篆 아이신압(小兒履)。

【鞛】(봉) 董 ホウ、さやかざり sheath
草書 칼집윗장식봉(刀鞘上飾)。【詩經】鞞有珌。

【鞛】(봉) 董 ホウ、かたなかざり decoration of sword
草書 칼아랫장식봉(鞞—刀下飾)。【左傳】藻率鞞—。(『琫』과 같음)

【䩭】(기) 支 キ、おもがい bridle
굴레기(馬絡頭)。【後漢書】馬援謹依儀氏—中。(『羈』와 같음)

【鞜】(탑) 合 トウ、かわぐつ leather shoes ㄊㄚˋ t'a⁴
草書 가죽신탑(革履)。【長楊賦】革—不穿。

【鞠】(국) 屋 キク、やしなう breed ㄐㄩˊ chü²
小篆 或體 草書 ❶기를국、칠국(養也)。❷고할국(告也)。【詩經】陳師—旅。❸구부릴국(—躬曲也)。【儀禮】入公門—躬如也。❹어린아이국(—子稚也)。【書經】無遺—子羞。❺궁할국(窮也)。【書經】爾雅自—自苦。❻찰국(盈也)。【詩經】降此—。❼제기국(蹋—毬子)。【戰國策】六博蹋—。

九畫

【鞞】㊀(병) 紙 ㊁(비) 支 ヘイ、ヒ、さや sheath
小篆 草書 ㊀칼집병(刀室)。【詩經】—琫有珌。㊁말에메인북비(騎鼓)。【禮記】修鞀—鼓。

【鞹】(곽)『鞹』(革部 11畫)의 略字

【韃】(달) 曷 タツ、うつ strike
칠달(打也)。(『撻』의 俗字)

【鞢】(섭) 葉 ショウ、したぐら pad
말언치섭(馬皮見、鞊—)。

【鞸】(복)『韠』(革部 9畫)과 같음

【緬】(면) 銑 ベン、おもがい bridle
小篆 굴레면(馬之絡頭具)。

【鞣】(유) 尤 ジュウ、なめしがわ tanned leather
小篆 草書 ❶다룬가죽유(熟皮)。❷마른가죽유(乾革)。

【鞍】(실) 質 シツ、さや sheath
칼집실(刀—)。

【鞮】(제) 齊 テイ、つね just
떳떳할제(常也)。

【鞎】(하) 麻 カ、くつかかと heel
신뒤축하(履跟)。

【鞴】(복) 屋 フク、かわおび strap
가죽띠복(革帶)。

【鞦】(추) 尤 シュウ、ぶらんこ swing
草書 ❶그네추(—韆北方戲)。❷말고들개추(馬緧)。

【鞮】(치) 寘 チ、くつのそこ sole
신바닥치(靴底)。

【鞧】(추)『緧』(糸部 9畫)와 같음

【鞨】(갈) 曷 カツ nation ㄏㄜˊ hê²
草書 ❶말갈나라갈(靺—北方國名)。【唐書】黑水靺—居肅愼地亦曰挹婁元魏時曰勿吉。❷말갈보석갈(寶名紅靺—)。【唐寶記】靺— 國產寶石大如栗中國謂之紅靺—。

【鞫】(국) 屋 キク、きわめる trial for felong ㄐㄩˊ chü²
草書 ❶초사받을국、문초받을국(訊—窮理罪人)。【詩經】—哉庶政。❷언덕국(水之外)。❸다할국(盡也)。【詩經】芮—之卽。

【鞰】(유) 虞 ユ、あまり remain
남을유(餘也)。

【鞪】(무) 尤 ボウ、かぶと helmet
小篆 草書 투구무(鞮—首鎧)。【漢書】被甲鞮—。

【鞍】(수) 尤 シュウ、なめす tan
❶가죽다룰수(治革)。❷부드러운가죽수(軟皮)。

【鞭】(편) 先 ベン、むち whip ㄅㄧㄢ pien¹
小篆 草書 ❶채찍편(—策馬箠)。【左傳】左執—弭。❷볼기채편、태장편(—扑笞也)。【書經】—作官刑。

鞭 (大淸會典圖)

【韗】(운) 文 ウン、つづみづくり drum-maker
小篆 或體 북메는장인운(—人理鼓工)。【周禮】—人爲皐

陶皐陶鼓木也。

【鞮】(제) 齊 テイ、かわぐつ leather shoes ㄉㄧ tî¹
小篆 草書 ❶가죽신제(革履)。【戰國策】甲盾ー鍪。❷코아니좋은신제(ー鞻無絢之履)。❸오랑캐이름제(西戎通官狄ー)。❹진나라궁이름제(晉離宮名)。

【鞬】(건) 元 ケン、やぶくろ quiver ㄐㄧㄢ chien¹
小篆 草書 ❶칼집건(鞱也)。❷동개건(櫜ー弓矢器)。❸공전(鞬子也)。

【鞕】(경) 敬 コウ、こわい stiff
딱딱할경(堅强)。

十畫

【鞱】(도)『韜』(韋部10畫)와 같음

【鞲】(구) 尤 コウ、ゆごて bracelet
草書 팔찌구(射ー臂捍)。

【䩸】一(용) 冬 ジョウ、くらかざり ornament of saddle 二(용) 腫
小篆 一안장치장용(鞍飾)。二털많을용(毛盛)。

【鞳】(탑) 合 トウ、つづみのね sound of the iron drum ㄊㄚ t'a⁴
草書 쇠북소리탑(鏜ー鐘鼓聲)。【上林賦】鏗鎗鏜ー。

【鞷】(액) 陌 カク、くつをつくろう repair shoes
신기울액(補履)。

【𩌏】(학) 覺 カク、たばねる bind tightly
바싹묶을학、졸라맬학(急束)。【唐書】作鋏籠ー囚首加以楔。

【鞵】(혜) 佳 アイ、カイ、くつ shoes
小篆 草書 짚신혜(屩也)。【淮南子】不亟於爲文句疏短之ー。(本音은「해」『鞋』와 같음)

【𩋙】(박) 藥 ハク、かわぶくろ leather bag
小篆 ❶가죽주머니박(革囊)。❷차아랫끈박(車下牽)。

【鞶】(반) 寒 ハン、おおおび leather-belt
小篆 草書 ❶가죽띠반(ー帶大帶)。【禮記】男ー革。❷거울꾸민가죽반(ー鑑以鏡飾)。【左傳】王以后之ー鑑予之。

【鞜】(탑)『鞳』(革部10畫)과 같음

【䩩】(원) 元 エン、かわつるべ well-bucket
小篆 或體 두레박원(井水汲器)。

十一畫

【𩍃】(사) 紙 シ、かわぐつ leather shoes
小篆 가죽신사(鞮屬、革履)。

【韠】一(필) 質 ヒツ、ヘイ、さや sheath 二(병) 迥
一슬갑필(韍也)。【禮】端ー紳。二칼집병(刀室)。(『鞞』과 같음)

【鞹】(곽) 藥 カク、つくりかわ leather
小篆 草書 다룬가죽곽(皮去毛)。【論語】虎豹之ー。

【鞺】(당) 陽 トウ、つづみのね sound of the drum
草書 북소리당(鼓聲)。

【䪁】(책) 陌 サク、こまか tiny
미세할책、가늘책(微也)。

【韸】(봉) 冬 ホウ、つづみのね sound of a drum
❶북소리봉(鼓聲)。❷궤맬봉(被縫)。

【鞻】(루) 遇 ル、くつ dancing shoes (本音「구」)
草書 ❶춤신루(屝類四夷舞者所屝)。❷악관이름루(樂官名、鞮ー)。

【鞴】(비)『鞴』(革部10畫)와 같음

十二畫

【鞼】(궤) 灰 キ、カイ、くじく break
小篆 草書 ❶방패끈궤(盾綴革)。【齊語】輕罪贖以ー盾一戟。❷꺾을궤(折也)。【淮南子】堅强不ー。

【䪅】(매) 佳 バイ、わらじ straw shoes
짚신매(草鞋)。

【鞽】(교) 蕭 キョウ、きぐつ clogs
나막신교(泥行所乘)。(『橇』와 같음)

【𩍐】(석) 陌 セキ、はきもの shoes
신석(履也)。(『舄』과 같음)

【鞾】(화) 麻 カ、かわぐつ leather shoes
小篆 草書 수여자화、목화화(鞋ー趙武靈王所服)。

【鞿】(기) 微 キ、くつばみ bit
草書 말재갈기(馬韁在口)。【楚辭】餘雖好修姱以ー羈兮。

十三畫

【韁】(강) 陽 キョウ、きずな reins
草書 고삐강(ー鎖繫也)。【漢敍傳】繫名聲之ー鎖。(『繮』과 같음)

【韣】(독)(촉)『韣』(韋部13畫)과 같음

【韃】(달) 曷 タツ tribe
草書 달단달、오랑캐달(ー靼契丹西北別種)。

【𩏂】(갈)『鞨』(革部9畫)의 俗字

十四畫

【䪃】(견) 霰 ケン、おび belt
❶허리띠견(腰帶)。❷가죽띠견(韋帶)。

【䪇】(복) 沃 ヒョク、はなづな part of a bridle
소목걸이끈복(纏絡牛頸之具)。

【韄】一(호) 遇 アク、カク、さげお ribbon of a sword 二(획) 陌

小篆 草書 ㊀칼장식호(刀飾)。㊁칼끈획(佩刀絲)。〔莊子〕外－者不可繁而捉將內揵 內－者不可繆而捉將外揵。

【韅】(현) 㘣 ケン、ほだし belt 小篆 草書 말배때끈현(駕馬具)。〔左傳〕晉車七百乘－靷鞅靽。

十五畫

【韆】(천) 先 セン、ぶらんこ swing 草書 그네천(鞦－繩戲)。〔張有復古編〕詞人高無際作鞦－賦。

【韇】(독) 屋 トク、めどぎづつ quiver 小篆 草書 ❶전동독、시초통독(藏筮器)。〔儀禮〕筮人執筮抽上－。❷동개독(盛弓矢器)。

十六畫

【韈】(말)『韤』(韋部15畫)과 같음

【⿰革龍】(롱) 東 ロウ、おもがい pad 말언치롱(馬皮具)。

十七畫

【韉】(천) 先 セン、したぐら pad (本音「전」) 小篆 草書 언치천(鞍具)。

【韊】(란) 寒 ラン、やつつ quiver 전동란(箭筒)。(『籣』과 같음)

十八畫

【⿰革巂】(쇠) 灰 サイ、たれる droop 小篆 ❶늘어질쇠(垂貌)。❷선후걸이쇠(鞍邊帶)。

十九畫

【⿰革麗】(사)『⿰革徙』(革部11畫)와 같음

二十一畫

【⿰革蘭】(란) 寒 ラン、えびら quiver 草書 동개란(藏弩矢服)。(『籣』과 같음)

韋部

【韋】(위) 微 イ、なめしがわ tanned leather 小篆 古文 草書 ❶다룬가죽위(柔皮)。❷훌부들할위(脂－柔輭)。〔楚辭〕將突梯滑稽如脂如－以挈盈乎。❸화할위(依－諧和)。❹군복위(韎－武服)。〔漢書〕依－響昭。❺성위(姓也)。

三畫

【韌】(인) 震 ジン、しなやか tough 小篆 草書 질길인(堅柔難斷)。

四畫

【⿰韋內】(납) 合 トウ、やわらか soft ❶연할납(軟也)。❷약할납(弱也)。

【⿰韋及】(삽) 合 ソウ、こどもぐつ child's shoes 꺽두기삽(小兒履)。

五畫

【⿰韋必】(비) 寘 ヒ、ゆだめ quiver 草書 활도지개끈비(弓檠)。〔詩註〕－弓檠也 弛則縛之於弓裏以備損傷也以竹爲之。

【⿰韋包】(포)『鞄』(革部5畫)와 같음

【韍】(불) 物 フツ、くみひも ribbon of a seal 小篆 草書 ❶슬갑불(蔽膝)。〔禮記〕－幽衡。❷인끈불(印組)。〔漢書〕奉上璽－。

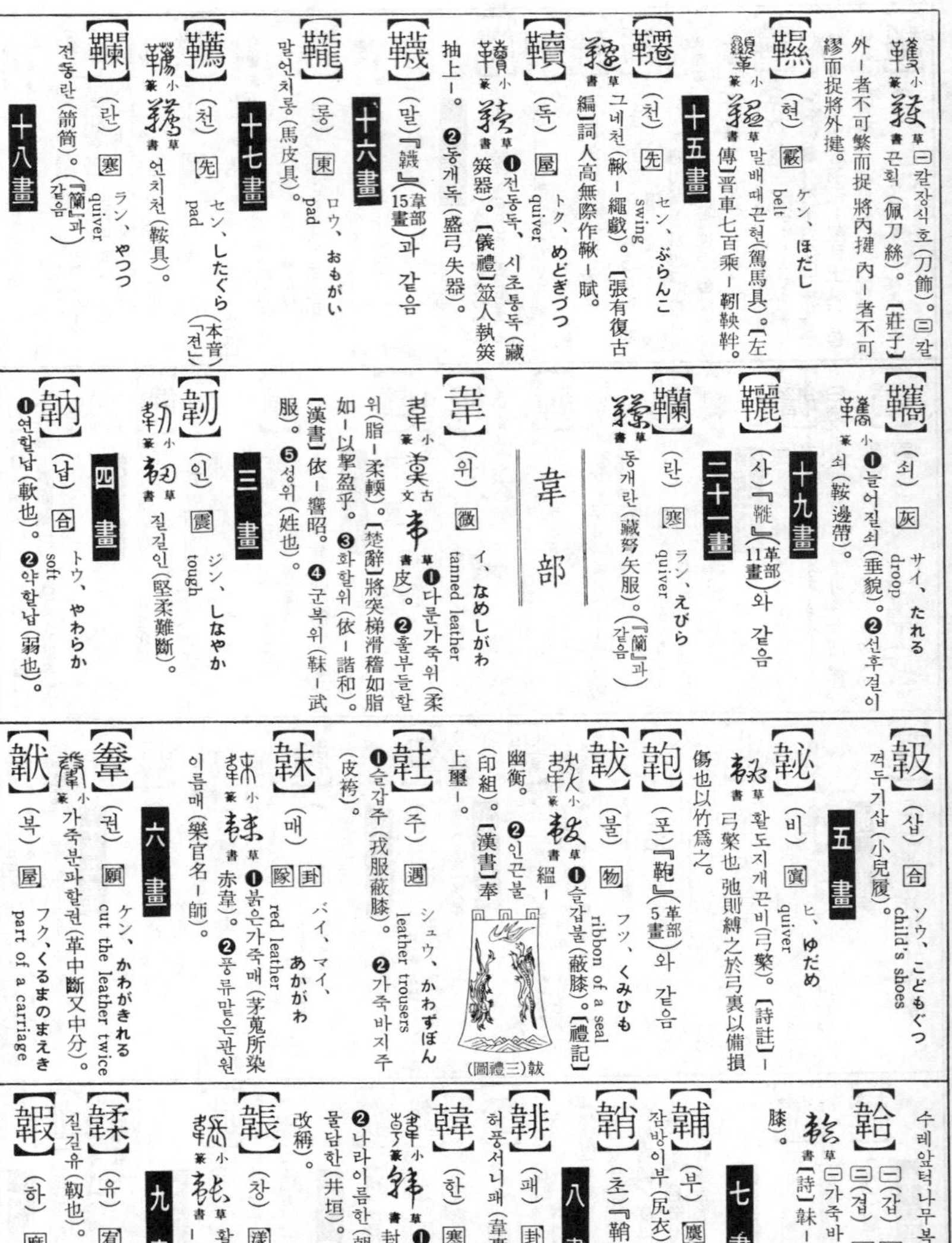

韍(三禮圖)

【⿰韋主】(주) 週 シュウ、かわずぼん leather trousers ❶슬갑주(戎服蔽膝)。❷가죽바지주(皮袴)。

【韎】(매) 卦 隊 バイ、マイ、あかがわ red leather 小篆 草書 ❶붉은가죽매(茅蒐所染赤韋)。❷풍류맡은관원이름매(樂官名－師)。

六畫

【韏】(권) 願 ケン、かわがきれる cut the leather twice 小篆 가죽분파할권(革中斷又中分)。

【⿰韋伏】(복) 屋 フク、くるまのまえき part of a carriage 수레앞턱나무복(軾也)。

【韐】㊀(갑) 合 ㊁(겁) 洽 コウ、かわずぼん leather trousers 草書 ㊀가죽바지갑(韎－、戎事服)。〔詩〕韎－有奭。㊁슬갑겹(韋蔽膝)。

七畫

【⿰韋甫】(부) 麌 フ、ふんどし shorts 잠방이부(尻衣)。

【韒】(초)『鞘』(革部7畫)와 같음

八畫

【⿰韋非】(패) 卦 ハイ、ふいごう bellows 허풍서니패(韋囊吹火)。

【韓】(한) 寒 カン nation 小篆 草書 ❶한나라한(國名－萬所封)。〔左傳〕－萬御戎。❷나라이름한(朝鮮國名三－)。❸우물담한(井垣)。❹한국한(大－、朝鮮改稱)。

【韔】(창) 漾 チョウ、ゆぶくろ bow case 小篆 草書 활집창(韜也)。〔詩經〕交－二弓。

九畫

【韖】(유) 宥 ジュウ、しなやか tough 질길유(韌也)。

【⿰韋叚】(하) 麻 カ、うしろばり thread of soles

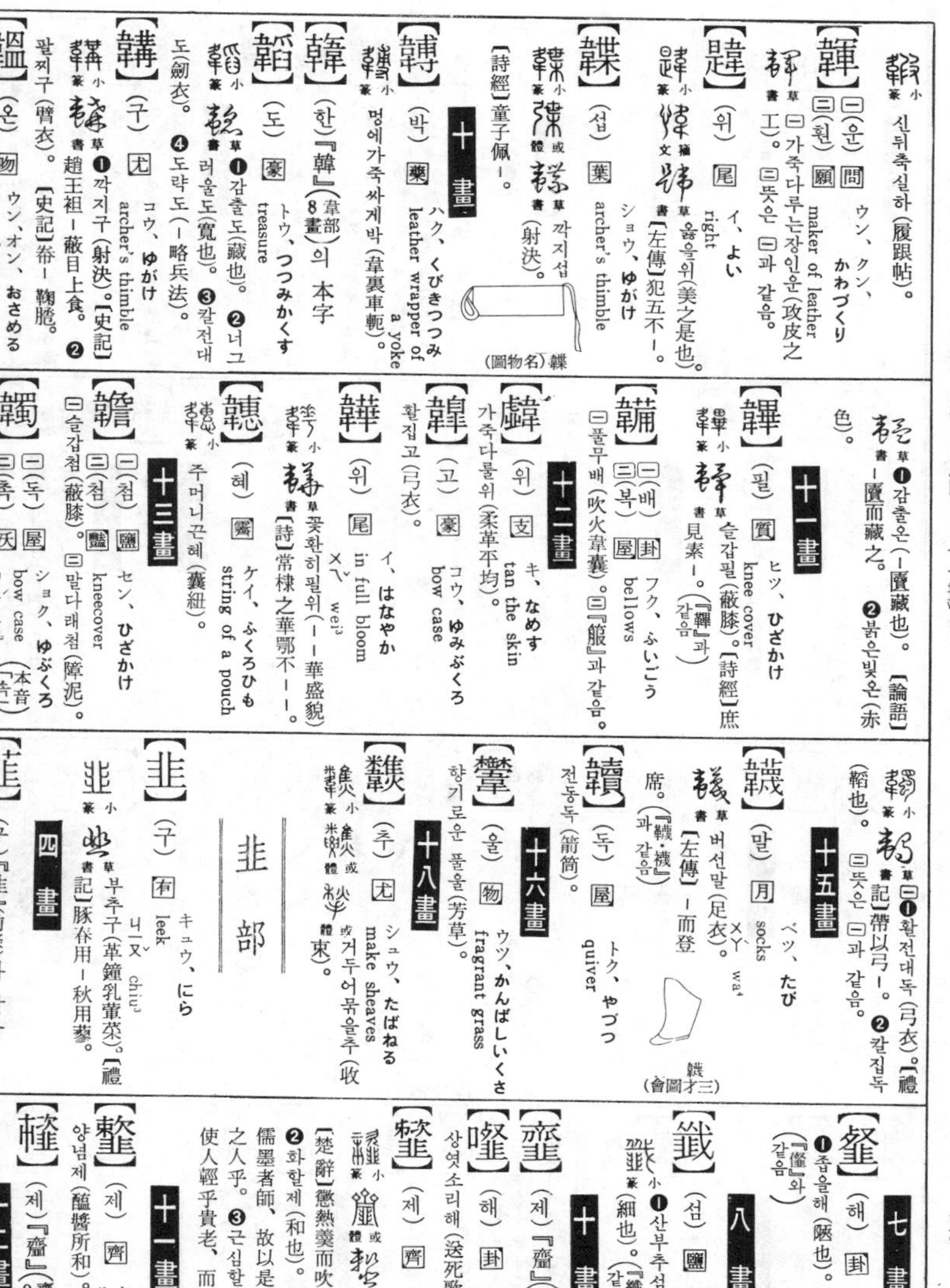

小篆 신뒤축실하(履跟帖)。

【韗】 一(운) 問 ウン、クン、かわづくり 二(훤) 願 maker of leather 草書 一가죽다루는장인운(攻皮之工)。 二뜻은 一과 같음。

【韙】(위) 尾 イ、よい right 小篆 籀文 草書 옳을위(美之是也)。【左傳】犯五不ㅣ。

【韘】(섭) 葉 ショウ、ゆがけ archer's thimble 小篆 或體 草書 깍지섭(射決)。【詩經】童子佩ㅣ。

(圖物名)韘

十畫

【䪙】(박) 藥 ハク、くびきつつみ leather wrapper of a yoke 小篆 멍에가죽싸게박(韋裏車軛)。

【𩏑】(한)『韓』(韋部8畫)의 本字

【韜】(도) 豪 トウ、つつみかくす treasure 小篆 草書 ❶감출도(藏也)。❷너그러울도(寬也)。❸칼전대도(劍衣)。❹도략도(ㅣ略兵法)。

【韝】(구) 尤 コウ、ゆがけ archer's thimble 小篆 草書 ❶깍지구(射決)。【史記】趙王祖ㅣ蔽目上食。❷팔찌구(臂衣)。【史記】㭊ㅣ鞠謄。

【韞】(온) 吻 ウン、オン、おさめる conceal 草書 ❶감출온(ㅣ匵藏也)。【論語】ㅣ匵而藏之。❷붉은빛온(赤色)。

十一畫

【韠】(필) 質 ヒツ、ひざかけ knee cover 小篆 草書 슬갑필(蔽膝)。【詩經】庶見素ㅣ。(『韍』과 같음)

【韛】 一(배) 卦 二(복) 屋 フク、ふいごう bellows 一풀무배(吹火韋囊)。二『鞴』과 같음。

十二畫

【韑】(위) 支 キ、なめす tan the skin 가죽다룰위(柔革平均)。

【韟】(고) 豪 コウ、ゆみぶくろ bow case 활집고(弓衣)。

【韡】(위) 尾 イ、はなやか in full bloom ㄨㄟˇ wei³ 小篆 草書 꽃환히필위(ㅣㅣ華盛貌)。【詩】常棣之華鄂不ㅣㅣ。

【韢】(혜) 霽 ケイ、ふくろひも string of a pouch 小篆 주머니끈혜(囊紐)。

十三畫

【韂】 一(첨) 鹽 二(첨) 豔 セン、ひざかけ kneecover 一슬갑첨(蔽膝)。二말다래첨(障泥)。

【韣】 一(독) 屋 二(촉) 沃 ショク、ゆぶくろ bow case ㄉㄨˊ tu² (本音「속」) 小篆 草書 一❶활전대독(弓衣)。【禮記】帶以弓ㅣ。❷칼집독(韜也)。二뜻은 一과 같음。

十五畫

【韤】(말) 月 ベツ、たび socks ㄨㄚˋ wa⁴ 草書 버선말(足衣)。【左傳】ㅣ而登席。(『韈·襪』과 같음)

(三才圖會)韤

【韇】(독) 屋 トク、やづつ quiver 전동독(箭筒)。

十六畫

【韋鬱】(울) 物 ウツ、かんばしいくさ fragrant grass 향기로운 풀울(芳草)。

十八畫

【韝】(추) 尤 シュウ、たばねる make sheaves 小篆 或體 或體 거두어묶을추(收束)。

韭 部

【韭】(구) 有 キュウ、にら leek ㄐㄧㄡˇ chiu³ 小篆 草書 부추구(革鐘乳菫菜)。【禮記】豚春用ㅣ秋用蓼。

四畫

【韮】(구)『韭』(前條)와 같음

七畫

【韰】(해) 卦 カイ、せまい narrow ❶좁을해(陋也)。❷빠를해(速也)。(『㑝』와 같음)

八畫

【韱】(섬) 鹽 セン、ほそい slender 小篆 ❶산부추섬(山韭)。❷가늘섬(細也)。(『纖』과 같음)

十畫

【韲】(제)『齏』(齊部9畫)와 같음

【䪥】(해) 卦 カイ、しじんをおくるうた funeral mach 상여소리해(送死歌)。

【韲】(제) 齊 セイ、やさいづけ worry about 小篆 或體 草書 ❶썰은푸김치제(和醯醬細切菜蔬)。【楚辭】懲熱羹而吹ㅣ兮、何不變此志。❷화할제(和也)。【列子】君子之人、若儒墨者師、故以是非相ㅣ也、而況今之人乎。❸근심할제(患也)。【莊子】使人輕乎貴老、而ㅣ其所患。

十一畫

【韲】(제) 齊 セイ、きざみな spice 양념제(醯醬所和)。

十二畫

【韲】(제)『齏』(齊部9畫)의 本字

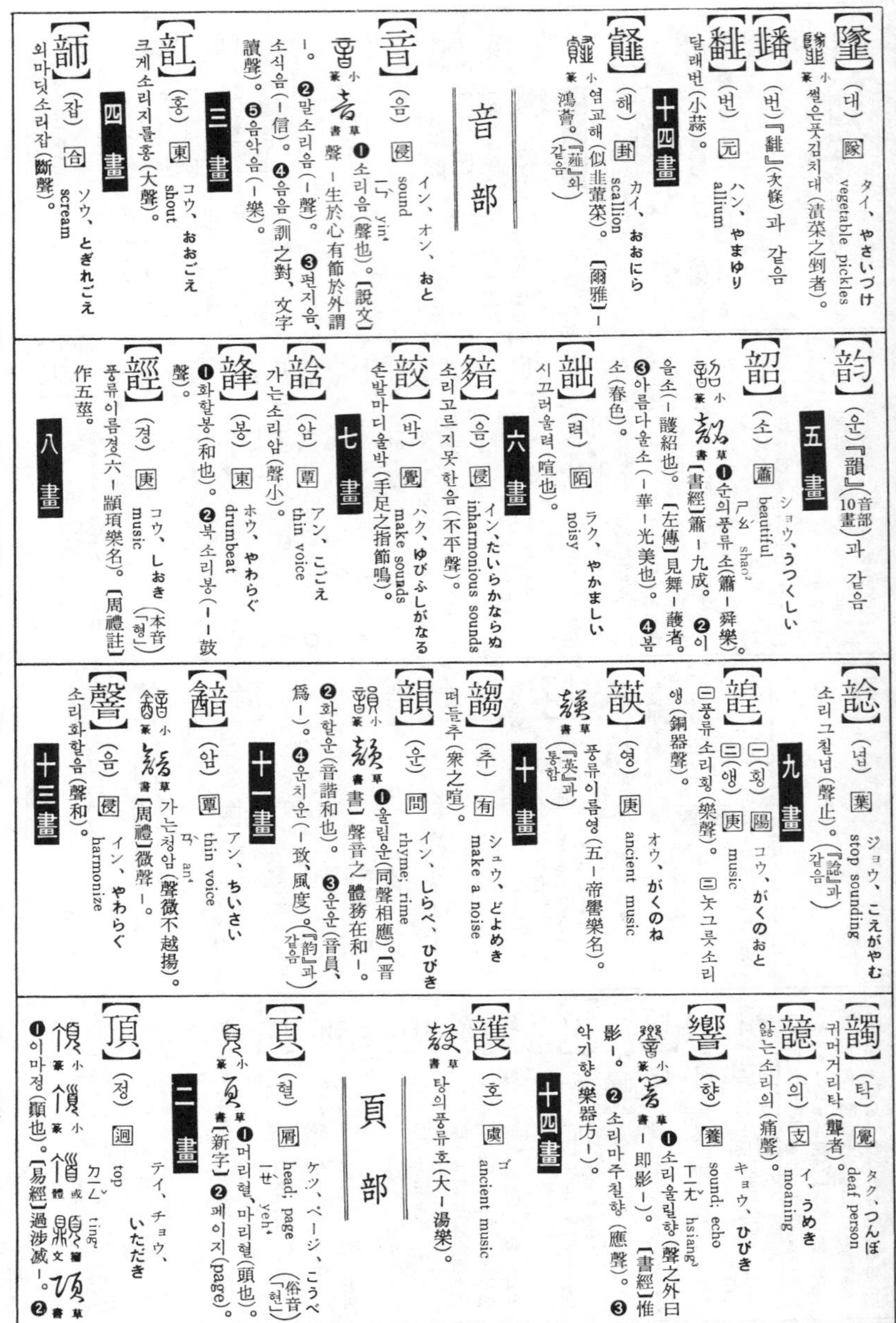

【隧】(대) 隊 タイ、やさいづけ vegetable pickles
(小篆) 썰은풋김치대(漬菜之剉者)。

【䪛】(번)『韰』(次條)과 같음

【韰】(번) 元 ハン、やまゆり allium
달래번(小蒜)。

十四畫

【韰】(해) 卦 カイ、おおにら scallion
(小篆) 염교해(似韭葉菜)。【爾雅】ㅣ鴻薈。(『薤』와 같음)

音 部

【音】(음) 侵 イン、オン、おと sound ㄧㄣ yin⁴
(小篆)(草書) ❶소리음(聲也)。【說文】聲ㅣ生於心有節於外謂ㅣ。❷말소리음(ㅣ聲)。❸편지음、소식음(ㅣ信)。❹음음(訓之對、文字讀聲)。❺음악음(ㅣ樂)。

三畫

【䪦】(홍) 東 コウ、おおごえ shout
크게소리지를홍(大聲)。

四畫

【䪬】(잡) 合 ソウ、とぎれごえ scream
외마딧소리잡(斷聲)。

【韵】(운)『韻』(10畫音部)과 같음

五畫

【韶】(소) 蕭 ショウ、うつくしい beautiful ㄕㄠ shao²
(小篆)(草書) ❶순의풍류소(簫ㅣ舜樂)。【書經】簫ㅣ九成。❷이을소(ㅣ護紹也)。【左傳】見舞ㅣ護者。❸아름다울소(ㅣ華ㅣ光美也)。❹봄소(春色)。

【䪭】(력) 陌 ラク、やかましい noisy
시끄러울력(喧也)。

六畫

【䪯】(음) 侵 イン、たいらかならぬ inharmonious sounds
소리고르지못한음(不平聲)。

【䪱】(박) 覺 ハク、ゆびふしがなる make sounds
손발마디울박(手足之指節鳴)。

七畫

【韽】(암) 覃 アン、こごえ thin voice
가는소리암(聲小)。

【韸】(봉) 東 ホウ、やわらぐ drumbeat
❶화할봉(和也)。❷북소리봉(ㅣㅣ鼓聲)。

【䪫】(경) 庚 コウ、しおき music (本音「형」)
풍류이름경(六ㅣ顓頊樂名)。【周禮註】作五莖。

八畫

【䪰】(녑) 葉 ジョウ、こえがやむ stop sounding
소리그칠녑(聲止)。(『䛘』과 같음)

九畫

【韹】㊀(횡) 陽 コウ、がくのおと ㊁(앵) 庚 music
㊀풍류소리횡(樂聲)。㊁놋그릇소리앵(銅器聲)。

【韺】(영) 庚 オウ、がくのね ancient music
(草書) 풍류이름영(五ㅣ帝嚳樂名)。(『英』과 통함)

十畫

【䪷】(추) 有 シュウ、どよめき make a noise
떠들추(衆之喧)。

【韻】(운) 問 イン、しらべ、ひびき rhyme; rime
(小篆)(草書) ❶울림운(同聲相應)。【晋書】聲音之體務在和ㅣ。❷화할운(音諧和也)。❸운운(音員、爲ㅣ)。❹운치운(ㅣ致、風度)。(『韵』과 같음)

十一畫

【䪩】(암) 覃 アン、ちいさい thin voice ㄢ an⁴
(小篆)(草書) 가는청암(聲微不越揚)。【周禮】微聲ㅣ。

【韾】(음) 侵 イン、やわらぐ harmonize
소리화할음(聲和)。

十三畫

【韣】(탁) 覺 タク、つんぼ deaf person
귀머거리탁(聾者)。

【䪲】(의) 支 イ、うめき moaning
앓는소리의(痛聲)。

【響】(향) 養 キョウ、ひびき sound; echo ㄒㄧㄤ hsiang³
(小篆)(草書) ❶소리울릴향(聲之外曰ㅣ即影ㅣ)。【書經】惟影ㅣ。❷소리마주칠향(應聲)。❸악기향(樂器方ㅣ)。

十四畫

【韄】(호) 虞 ゴ ancient music
(草書) 탕의풍류호(大ㅣ湯樂)。

頁 部

【頁】(혈) 屑 ケツ、ページ、こうべ head; page (俗音「협」) ㄧㄝ yeh⁴
(小篆)(草書) ❶머리혈、마리혈(頭也)。【新字】❷페이지(page)。

二畫

【頂】(정) 迥 テイ、チョウ、いただき top ㄉㄧㄥ ting³
(小篆)(小篆)(或體)(籀文)(草書) ❶이마정(顚也)。【易經】過涉滅ㅣ。❷

꼭대기정(物之最上部)。❸일정(戴也)。❹관꼭대기치장하는장식정(冠上飾也)。

朝頂 (大淸典圖會)

【頃】 ㊀(경) 梗 ケイ、キョウ、しばらく ㊁(경) 庚 a moment ㊂(규) 紙 ㄑㄥ ch'ing³
小篆 草書 ㊀❶백이랑경(田百畝)。【後漢書】叔度汪汪若千一波。❷아까경(俄也)。【禮記】小者至於燕雀猶有啁噍之一焉。㊁❶머리비뚤일경(頭不正)。❷산이름경(山名西一)。❸잠깐경(暫也)。❹쯤경(比時)。❺요즘경、요사이경(近時)。㊂반걸음규(半步也)。

【頄】 ㊀(규) 支 キュウ、キ、ほおぼね ㊁(구) 尤 cheek bone ㄑㄧㄡ ch'i
草書 ㊀❶광대뼈규(面顴)。【易】壯于一。❷두터울규(厚也)。㊁뜻은㊀과 같음。

三畫

【項】 (항) 講 コウ、うなじ ㄒㄧㄤ hsiang⁴ nape of the neck
小篆 草書 ❶목뒤항、목덜미항(頭後頸)。【儀禮】緇布冠缺一。❷클항(大也)。【詩經】四牡一領。❸조목항、항목항(箇條)。

【⿰乇頁】 ㊀(독) 屋 トク、かしらぼね ㊁(탁) 藥 cranium
小篆 ㊀머리뼈독(頭骨)。㊁뜻은 ㊀과 같음。

【⿰乞頁】 ㊀(굴) 月 ケツ、コン、ほおぼね ㊁(곤) 阮 cheekbone
小篆 ㊀❶광대뼈굴(頰旁骨)。❷대머리굴(禿也)。㊁뜻은 ㊀과 같음。

【順】 (순) 震 ジュン、したがう ㄕㄨㄣ shuen⁴ obey; order
小篆 草書 ❶좇을순(從也)。【詩】四國一之。❷화할순(和也)。【易】豫一以動。❸순할순(循理不逆)。【逸雅】一循也循其理也。❹차례순(次第、順席)。❺성순(姓也)。

【頇】 ㊀(안) 翰 ガン、はげあたま ㊁(한) 寒 bald head ㄏㄢ han¹
㊀❶대머리안(一頟岸頭無髮)。❷갓젖혀쓸안(冠敧後)。❸얼굴판큰안(大面)。㊁뜻은 ㊀과 같음。

【須】 (수) 虞 シュ、ス、しばらく ㄒㄩ hsü¹ for a moment
小篆 草書 ❶턱털수、수염수(頤毛同鬚)。【易經】賁其一。❷기다릴수(待也)。【易經】歸妹以一。❸잠깐수(斯一)。【禮記】禮樂不可斯一去身。❹거리수、재료수(資也、用也)。❺종첩수(餘一婢妾)。❻생선아가미벌덕거릴수(魚動腮)。❼모름지기수、반드시수(必也)。❽풀이름수(草名夫一)。❾별 이름수(星名一女)。

【頉】 ㊀(이) 支 イ、やしなう ㊁(탈) 【國音】 bring up
㊀기를이(養也)。㊁탈날탈(有故)。

四畫

【頊】 (욱) 沃 ギョク、つつしむ ㄒㄩ hsü⁴ cringe
小篆 草書 ❶머리굽실거릴욱(一一謹貌)。❷사람이름욱(高陽氏號顓一)。❸별이름욱(星名)。

【頌】 ㊀(용) 冬 ショウ、ヨウ、ほめる ㊁(송) 宋 admire; praise ㄙㄨㄥ sung⁴
小篆 籒文 草書 ㊀얼굴용、모양용(貌也)。【漢書 儒林傳】魯儒生善爲一。(『容』과 같음) ㊁❶기릴송、칭송할송(一德稱述)。【禮記】一而無讇。❷외일송(歌誦)。

【⿰气頁】 (굴)『⿰乞頁』(頁部 3畫)의 本字

【⿰不頁】 (배) 佳 ハイ、まがったあご bent chin
굽은턱배(曲頤)。

【頍】 (규) 紙 キ、あおぐ ㄎㄨㄟ k'uei³ raise one's head
小篆 草書 ❶고깔비녀규(弁貌)。【詩經】有一者弁。❷머리들규(擧首貌)。

【頎】 ㊀(기) 微 キ、みめよい ㊁(간) 阮 ㄑㄧ ch'i² strong
小篆 草書 ㊀헌걸찬모양기(長貌)。【詩經】碩人其一。㊁간절할간、측은이 여기는간(至惻隱貌)。

【⿰尹頁】 (윤) 軫 イン、かおゆがむ bent-faced
小篆 낯비뚤윤(面不正)。

【頏】 ㊀(항) 陽 コウ、のど (本音「강」) ㊁(항) 養 neck ㄏㄤ hang²
小篆 草書 ㊀오르락내리락날항(頡一鳥飛上下)。【詩經 邶風燕燕】燕燕于飛頡之一之。㊁❶소리항(聲也)。❷목항、목줄디항(頸也)。

【預】 (예) 御 ヨ、あらかじめ (古音「여」) ㄩ yü⁴ beforehand
小篆 草書 ❶미리예(先也)。❷참여할예(參與干也)。❸미칠예(及也)。

【頑】 (완) 刪 ガン、かたくな ㄨㄢ wan² obstinate
小篆 草書 ❶완악할완(鈍也愚也)。【左傳】心不則德義之經爲一。❷완고할완(固陋)。❸탐할완(貪也)。

【⿰尤頁】 (우) 宥 ユウ、あたまをふる shake head
小篆 或體 머리흔들우(顫也)。

【頕】 (침) 寢 シン、あたまをたれる droop head
小篆 머리숙일침(垂頭貌)。

【頒】 ㊀(분) 文 フン、ハン、わける ㊁(반) 刪 ㄅㄢ pan¹ promulgate
小篆 草書 ㊀물고기머리클분(魚大首貌)。【詩經】魚在在藻有一其首。㊁❶반포할반(布也賜也)。【禮記】一度量。❷머리털반쯤셀반(頭

半白)。【孟子】ー白者不復戴於道路。
③관자노리반(頒兩旁)。

【頓】㊀(돈) 願 トン、ぬかずく ㊁(둔) 願 bow the head ㊂(돌) 月 ㄉㄨㄣˋ tuen⁴
小篆 草書 ㊀❶꾸벅거릴돈、조을돈(下首至地)。【周禮】九拜二曰ー。❷모아쌓을돈(貯也)。【隋書】每之一所輒數道置ー。❸그칠돈(止也)。【史記】不ー舍。❹놓을돈(捨也)。【曹植七啓】ー網從綱。❺무너질돈(委ー壞也)。【左傳】甲兵不ー。❻급할돈(陡ー遽也)。【列子】一氣不ー盡。❼배부를돈(食一次)。❽가지런할돈(整ー)。㊁무딜둔(固鈍)。㊂오랑캐이름돌(單于太子冒ー)。

五畫

【頔】(적) 錫 テキ、よい good
좋을적(好也)。

【頙】(저) 魚 ショ、あご jaws
턱저(頤也)。

【𩑔】(구) 宥 コウ、つとめる endeavour (本音「후」)
힘쓸구(勉也)。

【頖】(반) 翰 ハン、まなびどころ ancient school ㄆㄢˋ p'an⁴
草書 제후의학교반、반궁반(ー宮侯學)。【禮記】諸侯曰ー宮。(『泮』과 같음)

【䫇】(염) 鹽 ゼン、ほおひげ whiskers
草書 구레나룻염(頰須)。【莊子】黑色而ー。

【頋】(고)『顧』(頁部12畫)의 俗字

【頗】㊀(파) 歌 ハ、かたよる ㊁(파) 哿 inclined ㄆㄛˇ p'o³
小篆 草書 ㊀비뚤어질파(偏ー不正)。【書經】人用側ー僻民用僭忒。㊁❶뜻은 ㊀과 같음。❷자못파(僅可)。【史記三代世表】或ー有然多闕。

【𩑡】(변) 霰 ベン、かんむり cowl
고깔변(冠名)。(『弁』과 같음)

【領】(졸) 屑 セツ、つらぼね ridge of the nose
小篆 콧마루졸(面秀骨)。

【𩒓】㊀(진) 軫 シン、つつしむ ㊁(진) 震 refrain oneself
小篆 ㊀❶일을 삼갈진(ー鱗、愼事)。❷부끄러울진(慙也)。㊁❶머리에털적을진(頭髮少貌)。❷뜻은 ㊀과 같음。

【領】(령) 梗 レイ、リョウ、おさめる lead ㄌㄧㄥˇ ling³
小篆 草書 ❶옷깃령(衣體)。❷고개령(項也)。【詩經】有鷩其ー。❸거느릴령(統理)。【漢書】總ー庶職。❹받을령(受也)。❺종요로울령(要ー)。❻차지할령(占ー)。

六畫

【𩒹】(회) 隊 カイ、おおきいあたま big head
큰머리회(大首)。

【頛】(뢰) 賄 ライ、あたまかたむく slant-headed
小篆 머리기울뢰(頭傾)。

【𩕅】(신) 震 シン、ひよめき fontanel
숫구멍신、쥐구멍신(頂門)。

【𩓐】(곤) 阮 コン、ほおがたかい high-cheeked
小篆 뺨높을곤(頰高)。

【頜】(합) 合 コウ、おとがい lower jaw ㄍㄜˊ kê² (古音「갑」)
小篆 草書 아래볼합(頤傍)。【公羊傳】踆糳絕其ー頤。

【頝】(교) 肴 コウ、なまめかない be not flattered
아첨안할교(不媚)。

【頞】(알) 曷 アツ、はなすじ septum of the nose ㄜˋ ê⁴
小篆 或體 草書 ❶콧줄기알(鼻莖)。【孟子】疾首蹙ー而相告。❷짐승이름알(獸名幽ー)。

【頟】(액) 陌 カク、ひたい forehead ㄜˊ ê²·⁴
小篆 草書 ❶이마액(顙也)。❷늘액(ーー不息)。【書經 益稷】罔晝夜ーー。(『額』과 같음)

【頠】㊀(위) 紙 キ、しずか ㊁(외) 賄 quiet
草書 ㊀외양잘가질위(習容止)。㊁❶머리맘대로가질외(頭閑習)。❷고요할외(靜也)。❸사람이름외(人名晉裵ー)。

【頡】㊀(힐) 屑 ケツ、カツ、とびあがる ㊁(갈) 黠 fly; soar
小篆 草書 ㊀❶오르락내리락날힐(ー頏飛上下)。【詩經 邶風燕燕】燕燕于飛ー之頏之。❷곧은목힐(直項)。❸사람이름힐(古史官倉ー)。㊁❶긁을갈、밟을갈(轢也)。【史記】高祖微時與賓客過巨嫂食嫂詳爲羹盡櫟釜乃封其子信爲羹ー侯。❷획차갈갈(掠除)。【唐書】盜ー資糧。

【頢】(괄) 曷 カツ、みじかいかお short face
小篆 짧은얼굴괄(短面)。

【頣】(신) 軫 シン、まゆあげてみる lift up eyes
小篆 눈들고볼신(擧目而視)。

【頤】(이) 支 イ、あご jaw; chin ㄧˊ i²
草書 ❶턱이(頷也)。【禮記】ー霤垂拱。❷턱끄덕거릴이(ー指)。【漢書】ー指如意。❸기를이(養也)。【易】觀ー自求口實。❹턱까불거릴이(朶ー嚼也)。【易經】觀我朶ー。❺늙은이이(期ー老也)。【禮記】百年曰期ー。❻많다고느낄이(夥ー)。❼괘이름이(卦名)。

【頩】(병) 靑 へイ、いかる angry
[草書] ❶옥색병(淺靑色)。❷노할병、성낼병(怒也)。

【頦】(해) 灰 ガイ、したあご chin ㄏㄞ hai²·³
[小篆][草書] 턱해(頤頷)。【韓愈詩】我手承ㅣ時拄座。

【𩒐】(연) 霰 ゲン、みめよい fair-faced
얼굴예쁠연(姣也)。

【頨】(변) 先 ヘン、あたまうつくしい pretty-headed
[小篆] 머리고울변(頭姸)。

【頫】(부) 麌 フ、うつむく hanging head ㄈㄨˇ fu³
[小篆][小篆][或體][草書] 머리구부릴부(ㅣ仰低頭)。

【𩒄】(척)『戚』(戈部 7畫)과 같음

七畫

【𩒗】(구) 尤 キュウ、のせる load
일구(戴也)。

【𩒙】(아) 歌 ガ、ひとしい even
고를아(均也)。

【頭】(두) 尤 トウ、ズ、かしら head; top ㄊㄡˊ t'ou²
[小篆][草書] ❶머리두、마리두(首也)。❷위두(上也)。【古詩】東方千餘騎夫壻居上ㅣ。❸두목두(ㅣ目)。❹시초두(始初)。

【𩓋】(곤) 阮 コン、みみあな external ear
[小篆] 귓문곤(耳門)。

【頮】(회) 隊 カイ、あらう wash one's face ㄏㄨㄟˋ huei⁴
[草書] 낯씻을회(洗面)。【書經】王乃洮ㅣ水。

【頯】(규) 支 キ、ほおぼね cheekbone ㄎㄨㄟˊ k'uei²
[小篆][草書] 광대뼈규(面顴)。

【頰】(협) 葉 キョウ、ほお cheek ㄐㄧㄚˊ chia² (古音「겹」)
[小篆][草書] ❶뺨협(面兩旁)。【易經】咸其輔ㅣ舌。❷천천히말할협(緩ㅣ徐言譬說)。【史記】緩ㅣ徐說。

【䫡】(염) 鹽 ゼン、ほおひげ whiskers
구레나룻염(頰ㅣ)。【史記】高皇帝美鬚ㅣ。

【𩓓】(염)『䫡』(前條)과 같음

【𩓐】(부) 麌 フ、ほおぼね cheekbone
광대뼈부(頰骨)。

【頲】(정) 迥 テイ、ただしい honest; upright ㄊㄧㄥˇ t'ing³
[小篆][草書] ❶곧을정(直也)。【爾雅】梏梗較ㅣ。❷머리통홀쭉할정(狹頭)。❸사람이름정(蘇ㅣ)。

【頳】(정) 庚 テイ、あかい red ㄔㄥ ch'êng¹
[草書] 붉을정(赤也)。【詩經 周南汝墳】魴魚ㅣ尾。(『赬』은 本字)

【𩓠】(홍) 東 コウ、ずつう headache
머리아플홍(頭痛)。

【頵】(균) 眞 キン、おおきいあたま big-headed ㄐㄩㄣ chün¹ (古音「균」)
머릿통클균(頭大)。

【頶】(곡) 沃 コク、たかいはな sharp-nosed (本音「혹」)
코우뚝할곡(鼻高貌)。

【頷】㊀(암) 感 ㊁(함) 感 ガン、カン、うなずく nod ㄏㄢˋ han⁴
[小篆][草書] ㊀머리끄덕거릴암(ㅣ之點頭)。【左傳】ㅣ之而已。㊁❶주릴함(顑ㅣ不飽)。【楚辭】長顑ㅣ亦何傷。❷턱함(頤也)。

【頸】(경) 梗 ケイ、くび neck ㄍㄧㄥˇ keng³
[小篆][草書] 목경(項也)。【禮】頭ㅣ必中。

【𩔁】(모)『貌』(豸部 7畫)와 같음

【頹】(퇴) 灰 タイ、くずれる fall; collapse ㄊㄨㄟˊ t'uei²
[草書] ❶기울어질퇴(傾也)。❷사나운바람퇴(暴風)。【詩經小雅谷風】維風及ㅣ。❸쇠할퇴(衰也)。❹무너질퇴(崩壞)。❺좇을퇴(從也)。❻대머리퇴(首禿)。

【頽】(퇴)『頹』(前條)와 같음

【頻】(빈) 眞 ヒン、しきりに frequent ㄆㄧㄣˊ p'in²
[草書] ❶자주빈(數也)。❷자주할빈、연이을빈(連也比也)。【詩經 大雅桑柔】國步斯ㅣ。❸찡그릴빈(急蹙貌)。【易經】ㅣ復厲无咎。

【䫋】㊀(부) 尤 ㊁(비) 支 フ、ビ、ひげ short beard
㊀수염이 짧고 흰부(鬚短白貌)。㊁짧은수염비(短鬚貌)。

【頥】(이)『頤』(頁部 6畫)의 俗字

【頼】(뢰)『賴』(貝部 9畫)의 俗字

八畫

【頾】(자) 支 シ、くちひげ moustache
[小篆] 윗수염자(口上鬚)。

【𩔈】(자)『頾』(前條)와 같음

【顁】(정) 徑 テイ、ひたい forehead
[草書] 이마정(題ㅣ額也)。【詩經】麟之定振振公姓。

【顀】(추) 支 スイ、でひたい protrudent forehead
[小篆] 이마툭불거질추(出額)。

【顊】(비) 齊 紙 へイ、ただしくない slant-necked
篆小 목기울비(傾首)。

【[illegible]】(정) 敬 梗 セイ、うつくしい beautiful
篆小 아름다울정(美也)。

【顄】(함)『頷』(頁部7畫)과 같음

【[illegible]】(기) 支 キ、みにくい ugly ㄑ一ˊ ch'i²
篆小 草書 추한모양기(醜貌)。

【頍】(규) 支 キ、まるい be round
篆小 ❶작은머리규(小頭)。 ❷그릴규(畫也)。

【顅】(간) 刪 カン、かみがすくない little haired ㄑ一ㄢˊ ch'ien²
篆小 털적을간(頭鬢少髮)。

【[illegible]】(정) 庚 セイ、あたま big head
❶큰머리정(大頭)。 ❷머리비뚤정(頭不正)。

【顆】(과) 哿 カ、つぶ granule
篆小 草書 ❶머리과、덩이과(物一頭)。 ❷무덤과(蓬一)。【漢書 賈山傳】使其後世曾不得蓬一蔽冢而託葬焉。

【頩】(병) 迥 ヘイ、おこる angry
❶성나파랗게질릴병(怒色青)。【神女賦】一薄怒而自持。 ❷천연할병(斂容)。

【顇】(췌) 寘 スイ、やつれる emaciated (或音「취」) ㄘㄨㄟˋ ts'uei⁴
篆小 草書 ❶파리할췌(顦一憂瘁)。【反騷】慶天一而喪榮。 ❷병들췌(病也)。

【[illegible]】(문) 元 ボン、づつう headache
篆小 머리를 동이고 괴로워할문(繫頭殟也)。

【顉】㊀(암) 感 ㊁(금) 寢 ガン、キン、あご prominent jaws
篆小 草書 ㊀머리숙일암(低頭)。【左傳】迎于門者一之而已。 ㊁주걱턱금(曲頤貌)。【漢書】一頤折頞。

【頥】(이)『頤』(頁部6畫)와 같음

九畫

【[illegible]】(돈) 願 トン、はげる lose hair
모지라질돈(禿也)。

【[illegible]】(가) 麻 カ、ことばただしくない lie
헛말가(言語無度)。

【[illegible]】(계) 霽 ケイ、うかがう search for
篆小 ❶찾을계(伺人)。 ❷두려울계(恐也)。

【顋】(시) 灰 サイ、ほお cheek ㄙㄞ sai¹ (本音「새」)
草書 뺨시、볼시(頰也)。

【[illegible]】(원) 阮 エン、かおがゆがむ bevel-faced
篆小 낯비뚤원(面不正)。

【[illegible]】(할) 曷 カツ、すこやか stout
건장할할(健也)。

【題】㊀(제) 齊 ㊁(제) 霽 テイ、ダイ、しるし、だい title ㄊ一ˊ t'i²
篆小 草書 ㊀❶이마제(額也)。【禮記】南方曰蠻雕一交趾。 ❷제목제(一目)。【杜甫詩】天老看一目。 ❸평론할제(品一)。【李白書】一經品一。 ❹글제(書一)。【孟子】一辭所以一號孟子之書。 ❺쓸제(署也)。 ㊁흘겨볼제(小視)。【詩經】一彼脊鴒。 (『睇』와 같음)

【[illegible]】(계) 寘 キ、おおきなくち big mouth
큰입계(大口)。

【額】(액) 陌 ガク、ひたい forehead ㄜˊ ê²·⁴
草書 ❶이마액(顙也)。【後漢書】四方且半一。 ❷현판액(題也)。 ❸수효액(分量)。

【顒】(옹) 冬 ギョク、おだやか polite ㄩㄥˊ
篆小 草書 ❶우러를옹(仰也)。【易經】有孚一若。 ❷온공할옹(溫貌)。【詩經 大雅卷阿】一一卬卬。 ❸클옹(大也)。【詩經 小雅六月】四牡修廣、其大有一。

【顎】(악) 藥 ガク、あご jaw
草書 아래위턱뼈악(頷骨上下)。

【顏】(안) 刪 ガン、かお face
篆小 籀文 籀文 草書 ❶얼굴안(頟角容也)。【詩經】揚且之一。 ❷산우뚝할안(孱一山高)。【歐陽修詩】空碧更孱一。 ❸성안(姓也)。

【[illegible]】㊀(찬) 潸 ㊁(선) 銑 サン、セン、そなえる be endowed with
篆小 ㊀❶갖출찬(具也)。 ❷볼찬(見也)。 ㊁뜻은 ㊀과 같음。

【顐】(원) 願 コン、じょうだん joke
草書 희롱할원(弄言)。【唐書】諧臣一官怡愉天顏。(『諢』과 같음)

【顑】(함) 感 カン、うえる starve ㄎㄢˇ k'an³
篆小 草書 ❶주릴함(不飽一頷)。【韓愈詩】畢室常一頷。 ❷파리할함(瘦也)。

【[illegible]】(요) 肴 オウ、あたまがへこむ concave-headed
머리오목할요(頭凹)。

【顓】(전) 先 セン、おろか ignorant ㄓㄨㄢ chuan¹
篆小 草書 ❶어리석을전(蒙也)。 ❷오로지전(獨專)。【史記】客愚無知一妄言輕威。 ❸사람이름전(帝號一頊)。 ❹나라이름전(國名一臾)。

【[illegible]】(상)『顙』(頁部10畫)의 俗字

【顕】(현)『顯』(頁部14畫)의 略字

十畫

【顗】(의) 尾 ギ、ガイ、たのしい pleasure ㄧˇ i³ 小篆 草書 ❶즐길의(樂也)。❷점잖을의(謹莊貌)。

【顖】(신)『囟』(口部3畫)의 俗字

【頾】(비) 支 ヒ、みじかいひげ short-bearded 小篆 짧은수염비(短鬚)。

【顄】(함)『函』(口部8畫)의 略字

【願】(원) 願 ガン、ねがう desirer;want ㄩㄢˋ yüan⁴ 小篆 草書 ❶하고자할원、원할원(欲也)。【禮記】敬修其可ㅣ。❷바랄원(顗望)。【禮記】不ㅣ于大家。❸부러워할원(羡慕)。【禮記祭儀】國人稱ㅣ。❹생각할원(思也)。

【顙】(상) 養 ソウ、ひたい brow 小篆 草書 이마상(額也)。【儀禮】主人哭拜稽ㅣ。

【䫤】(명) 青 ベイ、ひたい forehead 이마명(額也)。

【顚】(전) 先 テン、ひたい brow;decline ㄉㄧㄢ tien¹ 小篆 草書 ❶이마전(頂也)。【詩經】有馬白ㅣ ❷엎드러질전(仆倒)。❸한갈질전(ㅣㅣ專一)。【莊子】至德之世其行塡塡其字ㅣㅣ。❹비뚜름할전(傾斜)。(『癲』과 통함)

【顛】(전)『顚』(前條)의 俗字

【顜】(강) 講 コウ、あきらか bright ㄐㄧㄤˇ chiang³ 草書 밝을강(明也)。【史記 曹相國傳】蕭何爲法ㅣ若畫一。

【顝】㊀(골) 月 コツ、みにくい ugly ㊁(괴) 灰 小篆 ㊀❶머리통클골(大頭)。❷오똑이앉을골(獨處貌)。【思玄賦】ㅣ羈旅而無友兮。❸다닥칠골(相抵觸)。❹추할골(醜也)。㊁뜻은 ㊀과 같음。

【𩓾】㊀(갑) 合 コウ、あごぼね cheekbone ㊁(개) 泰 ㊀빰뼈갑(頰骨)。㊁머리뼈모양개(頭骨貌)。

【䫜】(두) 尤 トウ、かおをゆがむ snub 핀잔줄두(顊ㅣ、面折)。

【類】(류) 寘 ルイ、たぐい same;kind ㄌㄟˋ lei⁴ 小篆 草書 ❶착할류(善也)。【詩經】克明克ㅣ。❷같을류(肖似)。【禮記】諸侯ㅣ見。❸나눌류(分也)。【易經繫辭】方以ㅣ聚。❹견줄류(比也)。【禮記】知ㅣ通達。❺법류(法也)。❻무리류(等也)。❼종류류(種ㅣ)。❽제사이름류(祭名)。❾짐승이름류(獸名)。

(圖經海山) 類

十一畫

【頙】(책) 陌 サク、かしいたあたま oblique-headed 머리비뚤책(頭不正)。

【䫨】(오) 豪 ゴ、たかくおおきい high and big 小篆 ❶높고클오(高大貌)。❷굵을오(太也)。

【䫩】(삼) 感 サン、あたまうごく shake one's head 머리흔들삼(頷ㅣ、搖頭)。

【䫢】(마) 麻 バ、どもる stammer 말더듬을마(語訥)。

【顠】(표) 蕭 ヒョウ、みだれる (of hairs) entangled 털엉킬표(髮亂貌ㅣㅣ)。

【顡】(의) 未 ギ、おろか fool 小篆 멍청이의(痴ㅣ不聰名)。

【顢】(만) 寒 マン、ひろい broad face ㄇㄢ man¹·² 草書 얼굴큰모양만(面大貌)。

【䫏】(구) 尤 オウ、しゃくしがお(本音「우」) snub 핀잔줄구(ㅣ顊面折)。

【顊】(비) 支 ヒ、しらげ gray-haired 小篆 털반백발될비(髮半白)。

【顣】(축) 屋 シュク、とがめる frown ㄘㄨˋ ts'u⁴ 草書 찡그릴축(ㅣ頞不悅貌)。【孟子】頻ㅣ曰惡用是鶃鶃者爲哉。

十二畫

【䫲】(선) 銑 セン、みさげる(本音「전」) despise 草書 사람거만히볼선(倨視人)。

【䫐】(심) 寑 シン、おくびょう feeble 나약할심(顊ㅣ、儒弱貌)。

【𩕢】㊀(고) 皓 コウ、ひろい immense ㊁(호) 豪 ㊀넓고클고(廣大也)。㊁큰얼굴호(大顏)。

【𩕐】㊀(파) 歌 ハ、しろい white ㊁(번) 元 ㊀❶흴파(白也)。❷용맹스럽게 춤출파(勇舞貌)。(『皤』와 같음) ㊁흰 입부리번(白喙)。

【𩕣】(침) 寑 シン、うなだれる hanging head ❶머리숙일침(俯首)。❷머리길침(頭長)。

【顥】(호) 皓 コウ、おおきい immense ㄏㄠˋ hao⁴ 小篆 草書 ❶허열호(白貌)。【楚辭九招】天白ㅣㅣ。❷클호(大也)。【班固 西都賦】鮮ㅣ氣之淸英。

【顦】(초) 蕭 ショウ、やつれる emaciated ㄑㄧㄠˊ ch'iao²

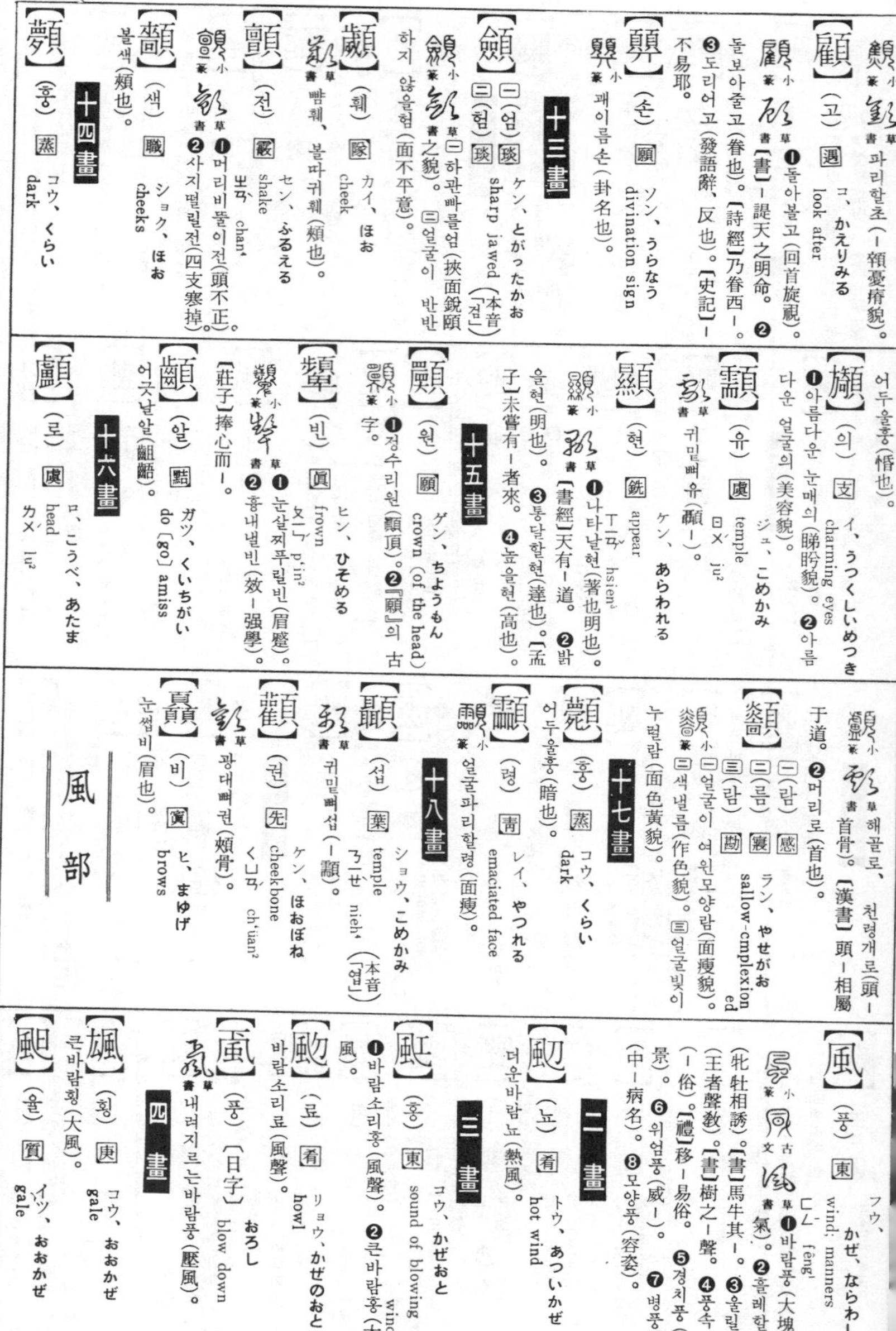

小篆 草書 파리할초(ㅣ顦憂瘠貌)。

【顧】(고) 週 コ、かえりみる look after
小篆 草書 ❶돌아볼고(回首旋視)。❷돌보아줄고(眷也)。〔詩經〕乃眷西ㅣ。〔書〕ㅣ諟天之明命。❸도리어고(發語辭、反也)。〔史記〕ㅣ不易耶。

【顨】(손) 願 ソン、うらなう divination sign
小篆 괘이름손(卦名也)。

十三畫

【顩】㊀(엄) 琰 ケン、とがったかお sharp jawed ㊁(험) 琰 (本音「검」)
小篆 草書 ㊀하관빠를엄(挾面銳頤之貌)。㊁얼굴이 반반하지 않을험(面不平意)。

【顪】(훼) 隊 カイ、ほお cheek
草書 빰훼、볼따귀훼(頰也)。

【顫】(전) 霰 セン、ふるえる shake ㄓㄢˋ chan⁴
小篆 草書 ❶머리비뚤이전(頭不正)。❷사지떨릴전(四支寒掉)。

【[illegible]】(색) 職 ショク、ほお cheeks
볼색(頰也)。

十四畫

【顭】(홍) 蒸 コウ、くらい dark
어두울홍(惛也)。

【[illegible]】(의) 支 イ、うつくしいめつき charming eyes
❶아름다운 눈매의(睇盻貌)。❷아름다운 얼굴의(美容貌)。

【顬】(유) 虞 ジュ、こめかみ temple ㄖㄨˊ ju²
草書 귀밑뼈유(顳ㅣ)。

【顯】(현) 銑 ケン、あらわれる appear ㄒㄧㄢˇ hsien³
小篆 草書 ❶나타날현(著也明也)。〔書經〕天有ㅣ道。❷밝을현(明也)。❸통달할현(達也)。〔孟子〕未嘗有ㅣ者來。❹높을현(高也)。

十五畫

【[illegible]】(원) 願 ゲン、ちょうもん crown (of the head)
小篆 ❶정수리원(顚頂)。❷『願』의 古字。

【顰】(빈) 眞 ヒン、ひそめる frown ㄆㄧㄣˊ p'in²
小篆 草書 ❶눈살찌푸릴빈(眉蹙)。❷흉내낼빈(效ㅣ强學)。〔莊子〕捧心而ㅣ。

【[illegible]】(알) 黠 ガツ、くいちがい do〔go〕amiss
어긋날알(齟齬)。

十六畫

【顱】(로) 虞 ロ、こうべ、あたま head ㄌㄨˊ lu²
小篆 草書 해골로、천령개로(頭ㅣ首骨)。〔漢書〕頭ㅣ相屬于道。❷머리로(首也)。

【顲】㊀(람) 感 ㊁(름) 寢 ㊂(람) 勘 ラン、やせがお sallow-cmplexioned
小篆 ㊀얼굴이 여윈모양람(面瘦貌)。㊁색낼름(作色貌)。㊂얼굴빛이 누렇람(面色黃貌)。

十七畫

【[illegible]】(홍) 蒸 コウ、くらい dark
어두울홍(暗也)。

【[illegible]】(령) 青 レイ、やつれる emaciated face
小篆 얼굴파리할령(面瘦)。

十八畫

【顳】(섭) 葉 ショウ、こめかみ temple ㄋㄧㄝˋ nieh⁴ (本音「엽」)
草書 귀밑뼈섭(ㅣ顬)。

【顴】(권) 先 ケン、ほおぼね cheekbone ㄑㄩㄢˊ ch'üan²
草書 광대뼈권(頰骨)。

【[illegible]】(비) 寘 ヒ、まゆげ brows
눈썹비(眉也)。

風 部

【風】(풍) 東 フウ、かぜ、ならわし wind; manners ㄈㄥ fêng¹
小篆 古文 草書 ❶바람풍(大塊噫氣)。❷흘레할풍(牝牡相誘)。〔書〕馬牛其ㅣ。❸울릴풍(王者聲教)。〔書〕樹之ㅣ聲。❹풍속풍(ㅣ俗)。〔禮〕移ㅣ易俗。❺경치풍(ㅣ景)。❻위엄풍(威ㅣ)。❼병풍풍(中ㅣ病名)。❽모양풍(容姿)。

二畫

【[illegible]】(뇨) 肴 トウ、あついかぜ hot wind
더운바람뇨(熱風)。

三畫

【[illegible]】(홍) 東 コウ、かぜおと sound of blowing wind
❶바람소리홍(風聲)。❷큰바람홍(大風)。

【[illegible]】(료) 肴 リョウ、かぜのおと howl
바람소리료(風聲)。

【颪】(풍)〔日字〕おろし blow down
草書 내려지르는바람풍(壓風)。

四畫

【[illegible]】(횡) 庚 コウ、おおかぜ gale
큰바람횡(大風)。

【[illegible]】(올) 質 イツ、おおかぜ gale

[小篆] 큰바람울(颶ㅣ大風)。【韓愈詩】雷震逼颶ㅣ。

【颫】(부)『䬍』(次條)와 같음

【䬍】(부) 虞 フ、おろしかぜ blow downwards 바람내리불부(ㅣ飄風自上下)。

【颵】(소) 肴 ソウ、かぜがおこる wind rises (本音「초」) 바람일어날소(風起)。

【𩖓】(포) 豪 ホウ、かるい light ❶가벼울포(輕也)。❷가벼운바람포(輕風)。

【颬】(하) 麻 カ、はく blow outward [草書] 입벌리고기운토할하(開口吐氣)。

五畫

【𩗓】㊀(별) 屑 ヘツ、そよかぜ breeze ㊁(필) 質 ㊀산들바람별(微風)。㊁찬바람필(寒風)。

【𩗗】(류) 有 リュウ、かぜおと howl 바람소리류(風聲)。

【𩗐】(초) 蕭 ショウ、すずしいかぜ fresh breeze 맑은바람초(清風)。

【颭】(점) 琰 セン、そよぐ flutter ㄓㄢˇ chan³ [小篆] [草書] 펄렁거릴점(風動物與物受風搖曳)。【遂初賦】飄忽ㅣㅣ。

【䬀】(우) 有 ユウ、かぜのおと howl 바람소리우(ㅣㅣ風聲)。

【颰】㊀(술) 質 ケツ、そよかぜ breeze ㊁(혈) 屑 [小篆] ㊀솔솔부는 바람술(小風貌)。㊁뜻은 ㊀과 같음。

【颯】(삽) 合 ソウ、サツ、かぜおと sound of blowing wind ㄙㄚˋ sa⁴ [小篆] [草書] 바람소리삽(風聲)。【風賦】有風ㅣ然而至。

【䬎】(삽)『颯』(前條)과 같음

【𩗂】(이) 支 イ、つむじかぜ whirlwind 작은회리바람이(小旋風)。

【颮】(박) 覺 ハク、おちる fall thick and fast [草書] ❶뚝뚝떨어질박(物自空墮貌)。❷날개치는소리박(飛相擊聲)。

【𩗊】(불) 物 フツ、はやて rushing wind ❶휙휙부는바람불(疾風)。❷솔솔부는바람불(小風)。

【颱】(태) 灰 タイ、たいふう typhoon [草書] 몹시부는바람태(暴風之一)。

六畫

【颲】(렬) 屑 レツ、あらし fresh gale ㄌㄧㄝˋ lieh⁴ [小篆] 매운바람렬(烈風)。【書經】烈風雷雨勿迷。

【䬆】(려) 霽 レイ、はやて rushing wind 휙휙부는바람려(急風)。【江賦】廣莫ㅣ而氣整。

【䬝】(휴) 尤 キュウ、かぜおと howl 바람소리휴(風聲)。

【颳】(괄) 黠 カツ、あらいかぜ fresh gale ㄍㄨㄚ kua¹ 모진바람괄(惡風)。

七畫

【䬅】(률) 質 リツ、あらし storm [小篆] 폭풍률(暴風)。

【䬸】(연) 霰 エン、もみのひあげ winnow rice ❶벼를 까부를연(揚穀物)。❷작은 바람연(小風)。

【𩗄】(혁) 陌 カク、あついかぜ hot wind 뜨거운바람혁(熱風)。

【𩗃】(구)『颶』(風部8畫)의 譌字

【䬠】(미) 尾 ビ、ふきたおす blow down 불어자빠뜨릴미(風吹偃物)。

【颴】(선) 先 セン、つむじかぜ whirlwind ㄒㄩㄢˋ hsüan⁴ 회리바람선(風轉)。

【𩗑】(유) 尤 ユウ、かぜおと howl 바람소리유(風聲)。

八畫

【䬌】(부) 尤 フ、つよかぜ strong and violent 바람셀부(風之強吹)。

【𩘅】(홀) 物 コツ、かぜ blast [小篆] 휙휙부는바람홀(疾風貌)。

【𩗬】(량) 陽 リョウ、きたかぜ Boreas [小篆] 북풍량。하늬바람량(北風)。【詩】北風其涼。(『涼』과 통함)

【𩘎】(려) 霽 リョ、かぜおと howl 바람소리려(風聲)。

【䬨】(외) 灰 ワイ、ゆるいかぜ low wind 낮은바람외(低吹風)。

【䬙】(수) 支 スイ、かぜにたおれる be blown down 바람에쓸어질수(風偃物)。

【𩗰】(석) 錫 セキ、かぜおと howl 바람소리석(風聲)。

【䬔】(세) 霽 セイ、やぶる be broken 파할세、깨질세(破也)。

【𩗴】(부) 有 フウ、そよかぜ gentle quiet 바람잔잔할부(風穩)。

【颶】(구) 遇 ク、グ、つむじ whirlwind [草書] 회리바람구(海中大風一名風癡)。【投荒雜錄】嶺南諸郡皆有ㅣ風以四面風俱至也。

【颷】(표) 蕭 ヒョウ、にわかかぜ raging wind

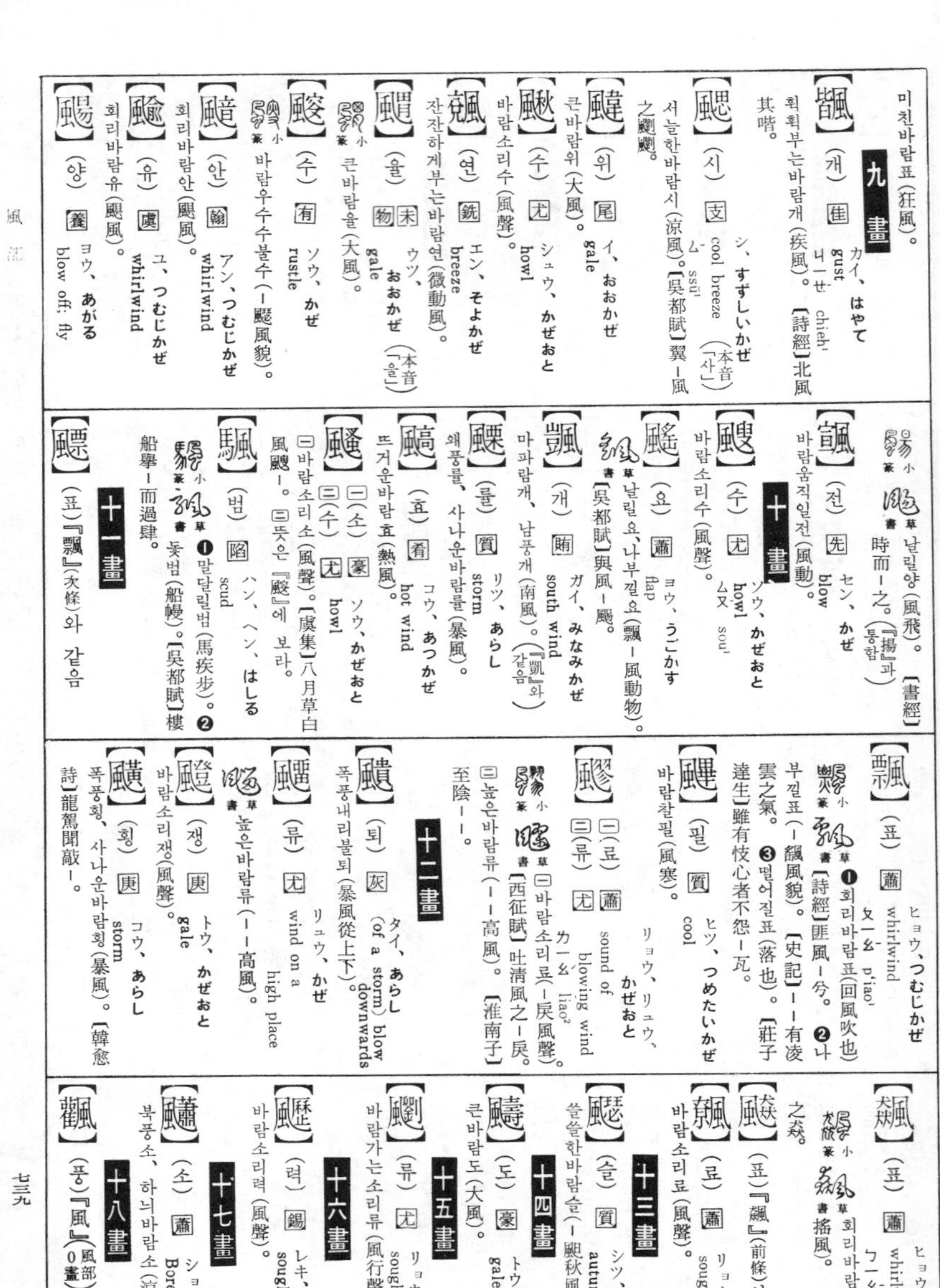

미친바람표(狂風)。

九畫

【颽】(개) 佳 カイ、はやて gust ㄐㄧㄝ chieh¹ 휙휙부는바람개(疾風)。【詩經】北風其喈。

【颸】(시) 支 シ、すずしいかぜ cool breeze ㄙ ssū (本音「사」) 서늘한바람시(涼風)。【吳都賦】翼ー風之颲颲。

【颹】(위) 尾 イ、おおかぜ gale 큰바람위(大風)。

【颵】(수) 尤 シュウ、かぜおと howl 바람소리수(風聲)。

【䬀】(연) 銑 エン、そよかぜ breeze 잔잔하게부는바람연(微動風)。

【䬃】(율) 物 未 ウツ、おおかぜ (本音「울」) gale 小篆 큰바람율(大風)。

【颼】(수) 有 ソウ、かぜ rustle 小篆 바람우수수불수(ー飀風貌)。

【䬓】(안) 翰 アン、つむじかぜ whirlwind 회리바람안(颶風)。

【䬔】(유) 虞 ユ、つむじかぜ whirlwind 회리바람유(颶風)。

【颺】(양) 養 ヨウ、あがる blow off; fly 小篆 草書 날릴양(風飛)。【書經】時而ー之。(『揚』과 통함)

【䬄】(전) 先 セン、かぜ blow 바람움직일전(風動)。

十畫

【颼】(수) 尤 ソウ、かぜおと howl ㄙㄡ sou¹ 바람소리수(風聲)。

【颻】(요) 蕭 ヨウ、うごかす flap 草書 날릴요、나부낄요(飄ー風動物)。【吳都賦】與風ー颺。

【颽】(개) 賄 ガイ、みなみかぜ south wind 마파람개、남풍개(南風)。(『凱』와 같음)

【䬂】(률) 質 リツ、あらし storm 쇄풍률、사나운바람률(暴風)。

【䬗】(효) 肴 コウ、あつかぜ hot wind 뜨거운바람효(熱風)。

【颾】㊀(소) 豪 ㊁(수) 尤 ソウ、かぜおと howl ㊀바람소리소(風聲)。【廣集】八月草白風颾ー。㊁뜻은『颼』에 보라。

【颿】(범) 陷 ハン、ヘン、はしる scud 小篆 草書 ❶말달릴범(馬疾步)。❷돛범(船幔)。【吳都賦】樓船擧ー而過肆。

十一畫

【飃】(표)『飄』(次條)와 같음

【飄】(표) 蕭 ヒョウ、つむじかぜ whirlwind ㄆㄧㄠ p'iao¹ 小篆 草書 ❶회리바람표(回風吹也)。❷나부낄표(ー飄風貌)。【詩經】匪風ー兮。【史記】ーー有凌雲之氣。❸떨어질표(落也)。【莊子 達生】雖有忮心者不怨ー瓦。

【䬛】(필) 質 ヒツ、つめたいかぜ cool 바람찰필(風寒)。

【飂】㊀(료) 蕭 ㊁(류) 尤 リョウ、リュウ、かぜおと sound of blowing wind ㄌㄧㄠ liao² 小篆 草書 ㊀바람소리료(ー戾風聲)。【西征賦】吐清風之ー戾。㊁높은바람류(ーー高風)。【淮南子】至陰ーー。

十二畫

【䬈】(퇴) 灰 タイ、あらし (of a storm) blow downwards 폭풍내리불퇴(暴風從上下)。

【飀】(류) 尤 リュウ、かぜ wind on a high place 草書 높은바람류(ーー高風)。

【䬅】(쟁) 庚 トウ、かぜおと gale 바람소리쟁(風聲)。

【䬟】(횡) 庚 コウ、あらし storm 폭풍횡、사나운바람횡(暴風)。【韓愈詩】龍駕聞敲ー。

【飆】(표) 蕭 ヒョウ、つむじかぜ whirlwind ㄅㄧㄠ piao¹ 小篆 草書 회리바람표(從下而上扶搖風)。【爾雅】扶搖謂之猋。

【飇】(표)『飆』(前條)와 같음

【飉】(료) 蕭 リョウ、かぜおと sough 바람소리료(風聲)。

十三畫

【飋】(슬) 質 シツ、あきかぜ autumn wind (本音「슬」) 쓸쓸한바람슬(ー飀秋風)。

十四畫

【䬞】(도) 豪 トウ、おおかぜ gale 큰바람도(大風)。

十五畫

【飅】(류) 尤 リョウ、かぜおと sough 바람가는소리류(風行聲)。

十六畫

【䬏】(력) 錫 レキ、かぜおと sough 바람소리력(風聲)。

十七畫

【飍】(소) 蕭 ショウ、きたかぜ Boreas 북풍소、하늬바람소(涼風北風)。

十八畫

【䬠】(풍)『風』(風部 0畫)과 같음

【颶】 一(휴) 尤 二(퓨) 尤 キュウ、おおかぜ gale
一❶큰바람휴、태풍휴(颶風)。❷놀라 달아날휴(驚走貌)。二뜻은 一과 같음。

飛 部

【飛】(비) 微 ヒ、とぶ fly
小篆 草書 ❶날비(鳥翥)。〔詩經〕燕燕于一。❷여섯말비(六馬)。〔漢書〕騁六一。❸흩어질비(一散)。

十畫

【⿱高飛】(우) 宥 ギュウ、とぶ fly
날우(飛也)。

十二畫

【飜】(번) 元 ハン、ホン、ひるがえる flicker
草書 뒤칠번、번득일번(反復飛也)。〔王粲詩〕苟非鴻鵰孰能飛一。

十三畫

【⿰睘飛】(환) 刪 カン、めぐりとぶ fly in a circle
빙돌아날환(一飛繞貌)。

十八畫

【飝】(비) 微 ヒ、とぶ fly
날비(飛也)。

食 部

【食】 一(사) 寘 二(이) 寘 三(식) 職 ショク、シ、くう、かて eat; food ㄙˋ ssŭ⁴
小篆 草書 一먹일사(以一與人飯也)。〔詩經〕飲之一之。二사람 이름이(人名酈一其)。三❶밥식(殽饌)。❷먹을식(茹也)。〔書經〕惟辟玉一。❸씹을식(啗也)。❹제식(祭曰血一)。❺헛말할식(一言)。(『飼』와 같음)

二畫

【⿰飠乂】(어) 御 ギョ、はなむけ see off
전별할어(餞也)。

【飡】(찬)(손)『湌』(水部 9畫)의 俗字

【飢】(기) 支 キ、うえる starve ㄐㄧ chi¹
小篆 草書 ❶주릴기、굶을기(餓也)。❷흉년들기(五穀不成)。〔爾雅〕穀不熟爲一。(『饑』와 통함)

【飤】(사) 寘 シ、くわせる give food to
小篆 먹일사(以食食人)。〔東方朔七諫〕子推自割而一君。(『飼』와 같음)

【⿰飠卜】(사)『飤』(前條)와 같음

【飣】(정) 徑 テイ、たくわえる store ㄉㄧㄥˋ ting⁴
草書 괼새정、음식괼정(一餖貯食)。〔韓愈詩〕看核粉一餖。

三畫

【飥】(탁) 藥 タク、もち pieces of dough boiled in soup ㄊㄨㄛ t'uo
草書 밀 수제비탁(餺一麪湯)。〔齊民要術〕麥麪堪作餠一。

【⿰飠勺】(약) 藥 ヤク、くいへらす diet
음식조절할약(食節)。

【⿰飠乞】(흘) 物 キツ、あきる have enough of
❶배부를흘(飽也)。❷밀수제비흘(麪一)。

【飦】(전) 先 セン、かゆ thick rice-gruel ㄓㄢ chan¹
범벅전(厚粥)。(『饘』과 같음)

【飧】(손) 元 ソン、ゆうめし supper ㄙㄨㄣ suen¹
小篆 草書 ❶저녁밥손(夕食餔也)。〔周禮〕賓賜之一牽。〔註〕夕食也。❷물만밥손(水澆飯)。〔釋名〕一散也投水自散。

四畫

【飩】(돈) 元 トン、ドン、むしもち dumpling ㄊㄨㄣˊ t'uen²
草書 ❶경단돈(餛一圓餌)。〔南粵志〕作京一祀祖告冬。❷줄돈(賜也)。〔左傳〕加膳則一賜。

【飪】(임) 寢 ジン、にる boil ㄖㄣˋ jen⁴
小篆 古文  古文 草書 ❶떡국임(羹一)。〔儀禮〕賜饗唯羹一。❷익힐임(熟也)。

【飫】(어) 御 ヨ、あきる be fed up ㄩˋ yü⁴
小篆 草書 ❶먹기싫을어(燕食饜也)。〔詩經〕飲酒之一。❷배부를어(飽也)。

【飭】(칙) 職 チョク、つとめる diligent ㄔˋ ch'ih⁴
小篆 草書 ❶갖출칙(修一整備)。〔詩經〕我車旣一。❷닦을칙(修治)。〔易經〕蠱則一也。❸부지런할칙(勤也)。❹신칙할칙(致堅)。(『敕』과 같음)

【飬】(권)『餋』(食部 6畫)과 같음

【飮】 一(음) 寢 二(음) 沁 イン、オン、のむ drink ㄧㄣˇ yin³
小篆 古文 古文 草書 一마실음(咽水歠也)。〔周禮〕一用六淸。二마시게할음(予人以)。

【飯】 一(반) 願 二(반) 阮 ハン、くう、めし eat; boiled rice ㄈㄢˋ fan⁴
小篆 草書 一밥반(餐也、炊穀)。二❶먹을반(食也)。〔禮記〕一黍毋以箸。❷칠반(飼也)。

【飦】(반)『飯』(前條)과 같음

【飱】(손)『飧』(食部3畫)의 俗字

五畫

【䬳】(제) 齊 テイ、もらいぐい live as a hunger-on
얻어먹을제(寄人而食)。

【飳】(주) 遇 シユ、こなもち prey
미끼주(餌也)。

【䬬】(앙) 漾 養 オウ、あきる enough
❶배부를앙(飽也)。❷가득할앙(滿也)。

【飴】㈠(이) 支 イ、シ、あめ wheat-gluten
㈡(시) 寘 ㄧˊ i²
小篆 籒文 草書 ㈠엿이(以米煎秫錫也)。【詩經】菫茶如－。㈡기를시(養也)。

【䬦】(액) 陌 アク、うえる starve
小篆 굶을액、주릴액(飢也)。

【飵】㈠(조) 遇 ソ、サク、むぎかゆ thin barley-gruel
㈡(작) 藥
小篆 ㈠보리미음조(相謁食麥饘)。【方言】陳楚之內相謁而食麥饘謂之餥楚曰－。㈡뜻은 ㈠과 같음。

【䬯】(념) 鹽 ネン、むぎめしをくう eat boiled barley and rice
小篆 보리밥먹을념(食麥)。

【飶】(필) 質 ヒツ、かんばしい delicious ㄅㄧˋ pi⁴
小篆 草書 음식맛있을필(食之香)。【詩經】有－其香。

【餇】(경) 迥 ケイ、あく be satiated with
배부를경(飽食)。

【飷】(자) 馬 シャ、まずいたべもの be not tasty
음식맛없을자(食無味)。

【𩚟】(울) 物 ウツ、まめあめ wheat gluten
콩엿울(飴和豆)。

【𩚴】(반) 旱 ハン、こごめもち crushed rice-cake ㄅㄢˇ pan³
草書 싸라기떡반(屑米餅)。【南史】王鈞母病便加慘悴左右以五色－飴之不肯食或麥麩或屑米爲之。

【𩚩】(자) 紙 シ、わるい coarse food
나쁜음식자、악식자(惡食)。【管子】－食則不肥。

【飼】(사) 寘 シ、やしなう raise; breed ㄙˋ ssu⁴
草書 ❶먹일사(以食食人)。❷칠사(畜禽獸)。

【飽】(포) 巧 ホウ、あく be fed up
小篆 古文 古文 草書 ❶배부를포(食充滿)。❷먹기싫을포、물릴포(厭也、飫也)。❸흡족할포(－滿、－和)。【孟子】－食暖衣、逸居而無敎、則近於禽獸。

【䬴】(말) 曷 マツ、かいば feed a horse
小篆 말먹일말(飼馬)。【七命】六馬噓天而仰－。

【飾】(식) 職 ショク、かざる ornament ㄕˋ shih⁴
小篆 草書 ❶꾸밀식(修－、裝也)。【逸雅】－拭也物穢者拭其上。❷가선두를식(緣－)。【史記】緣－以儒術。❸문채날식(文－)。❹분바를식(粉－)。❺정제할식(整－)。

【𩚸】(령) 靑 レイ、こなもち rice flour
가루떡령(屑餅)。

六畫

【餀】(해) 泰 カイ、くさい bad smell
小篆 더러운냄새해(穢臭)。

【餁】(임)『飪』(食部4畫)과 같음

【餂】(첨) 琰 テン、なめる lick ㄊㄧㄢˇ t'ien³
草書 핥을첨(鉤取)。【孟子】是以言－之也。

【餃】(교) 效 コウ、あめ dumpling
경단교(屑米麩和飴湯中牽丸)。

【餅】(병)『餠』(食部8畫)의 俗字

【𩛩】(한) 願 カン、うえる be starved
주릴한(飢也)。

【餈】(자) 支 シ、こめのもち rice-cake ㄘˊ tz'u²
小篆 或體 或體 인절미자(飯餅糗餌餻也)。【周禮】羞籩之實糗餌粉－。

【餉】(향) 陽 ショウ、かれい provisions
小篆 草書 ❶먹일향(饋也)。【書經】葛伯仇－。❷점심향(饁也)。❸군량향(軍糧)。

【䬽】(질) 質 シツ、いねをかるひと paddy-reaper
벼베는사람질(刈禾人)。【史記】百里奚曰臣嘗遊困于齊乞食－人。

【養】㈠(양) 養 ヨウ、やしなう bring up; foster
㈡(양) 漾 ㄧㄤˋ yang⁴
小篆 古文 草書 ㈠❶기를양、자랄양(育也、長也)。❷취할양(取也)。【詩經】遵－時晦。❸마음수란할양(憂貌)。【詩經】中心－－。❹몸위할양(－生)。❺살찔양(滋－)。❻하인양(廝－、賤役)。【公羊傳註】烹炊者曰－。㈡봉양할양(下奉上)。【禮記】收祿秩之不當供－之不宜者。

【餋】(권) 願 阮 ケン、まつり religious service
❶제사권(祭祀)。❷제사이름권(祭名)。

【餌】㈠(이) 寘 ㈡(이) 紙 ジ、えじき bait ㄦˇ êrh³
小篆 或體 草書 ㈠미끼이、이깝이(釣－啗魚具)。㈡❶흰떡이(粉餅)。❷먹일이(食也)。❸먹이이(飼料)。

七畫

【餇】(연) 饜 エン、くいあきる be cloyed with
小篆 물릴연、먹기싫을연(饜飫)。

【餐】㊀(손) 元 ソン、サン、そなえもの side-dish ㄘㄢ ts'an
㊁(찬) 寒
小篆 或體 草書 ㊀❶먹을손(餔也)。❷물만밥손(水澆飯)。㊁❶삼킬찬(呑食)。【詩經】不素ー兮。❷안주찬、반찬찬(飲饌)。❸간식먹을찬(間食)。

【䬽】(세) 霽 ゼイ、くらう eat
小篆 ❶먹을세(食也)。❷제사세(祭也)。

【餑】(발) 月 ボツ、むぎもち barley-cake ㄅㄛ po¹
草書 보리떡불(麥餅)。

【餒】(뇌) 賄 ダイ、うえる go hungry ㄋㄟ nei³
小篆 草書 ❶주릴뇌(餓也)。【左傳】吾有ー而已。❷굶길뇌(飢也)。❸생선물크러질뇌(魚爛)。

【餓】(아) 箇 ガ、うえる hungry ㄜ è
小篆 草書 굶을아(甚于飢)。【淮南子】寧一月飢毋一旬ー。

【䬣】(신) 震 シン、ジン、たべもの diet ㄒㄩㄣ hsün⁴
❶검은밥신、약밥신(烏飯)。❷음식신(餐也)。

【餈】(제) 霽 セイ、くさる go bad ㄓㄜ chê²
맛변할제、쉰내제(敗味)。

【餿】(수) 尤 シュウ、むしめし steamed rice
찐밥수(蒸飯)。

【餔】㊀(포) 虞 ホ、ゆうめし evening meal ㄅㄨ pu⁴
㊁(포) 遇
小篆 籀文 草書 ㊀❶저녁곁두리포(申時食)。【呂氏春秋】ー至下晡。❷먹을포(食也)。【楚辭】ー其糟。㊁먹일포(與食)。【史記】請飲因ー之。『哺』와 같음

【餕】㊀(준) 震 シュン、セン、くいあまり(本音「천」) left-over food
㊁(산) 霰
小篆 草書 ㊀❶턱찌끼준(食之餘)。【禮記】子婦佐ー。❷제사퇴물준(祭餘)。【禮記】ー鬼神之餘。㊁떡소산(ー餡)。

【䭂】(읍) 緝 ユウ、くさる go bad
밥쉴읍(食ー臭也)。

【餖】(두) 宥 トウ、たくわえる heap ㄉㄡ tou⁴
草書 굄새두(飣ー貯食)。

【餗】(속) 屋 ソク、もりもの delicacy ㄙㄨ su⁴
小篆 或體 草書 곰속(鼎實、八珍之膳)。【易經】鼎折足覆公ー。

八畫

【餘】(여) 魚 ヨ、あまり rest; excess ㄩ yü²
小篆 草書 ❶나머지여(殘也)。❷남을여(賸也、饒也)。【莊子】緒ー。❸끝여(末也)。❹나라이름여(扶ー、朝鮮古國名)。

【餚】(효) 肴 コウ、そなえもの side-dish ㄒㄧㄠ hsiao²
草書 반찬효(饌也)。

【餛】(혼) 元 コン、むしもち doughboy ㄏㄨㄣ huen²
草書 경단혼、도래떡혼(ー飩、圓餌)。

【餳】㊀(당) ㊁(성) 『餳』(食部9畫)의 譌字

【䭃】㊀(임) 寢 ジン、あく be satiated with
㊁(념) 葉
㊀배부를임(飽也)。『飪』과 같음。㊁떡념(餅也)。

【餜】(과) 哿 カ、もち rice-cake ㄍㄨㄛ kuo³
❶떡과(餅也)。❷【中字】밀경단과(圓餌)。

【䭔】(추) 寘 スイ、うえる feel hungry
허출할추(飢也、虛ー)。

【䬬】(릉) 蒸 リョウ、うまのあせ (of a horse) perspire
小篆 말땀흘릴릉(馬食穀多氣流汗)。

【𩜉】(고) 虞 コ、もち rice-cake (本音「호」)
떡고(餅也)。

【餝】(식) 『飾』(食部5畫)과 같음

【餞】(전) 霰 銑 セン、はなむけ send off ㄐㄧㄢ chien⁴
小篆 草書 ❶전별잔치전(送行宴)。【詩經】飲ー于禰。❷보낼전(送也)。【書經】分命和仲宅西曰昧谷寅ー納日。❸정과전(蜜ー、正果)。

【餟】㊀(체) 霽 テイ、テツ、まつる brief religious service ㄓㄨㄟ chuei⁴
㊁(철) 屑
小篆 草書 ㊀모사술체(祭酹酒)。㊁차례지낼철(聯祭)。

【餠】(병) 梗 ヘイ、もち wheatflour cake
小篆 밀가루떡병(麪餈)。【文選】束皙有ー賦。

【𩛼】(녁) 陌 ダウ、やきもち roasted rice-cake
小篆 ❶구운떡녁(炙餅餌)。❷어린아이 게으를녁(小兒懶惰)。

【餡】(함) 陷 カン、あん fillings ㄒㄧㄢ hsien⁴
草書 떡소함(餅中實味)。

【餢】(부) 宥 ホウ、もち steamed flour cake
밀증편부(起麪餅、ー餾)。

【餉】(향) 漾 ショウ、かて provisions (本音「상」)
草書 양식향(糧也)。【漢書】賜給公田爲雇耕傭賃種ㅣ。(『餉』과 같음)

【餣】(업) 葉 ヨウ、もち rice-cake
❶떡업(銯也)。❷가루떡업(餌也)。

【餤】㊀(담) 覃 ㊁(담) 勘 タン、すすめる advance ㄊㄢˊ t'an²
草書 ㊀나아갈담(進也)。【詩經】盜言孔甘亂是用ㅣ。㊁❶씹을담(噉也)。❷미끼먹일담(餌之)。【史記】故以齊ㅣ天下。

【餥】(비) 尾 ヒ、くう eat
小篆 먹을비(食也)。

【餦】(장) 陽 チョウ、あめ candy ㄓㄤ chang¹
草書 ❶산자장(餳也、ㅣ餭)。【楚辭】粔籹蜜餌有ㅣ餭些。❷떡장(餠也)。

【餧】㊀(위) 寘 ㊁(뇌) 賄 イ、ダイ、くわせる feed to ㄨㄟˋ wei⁴
小篆 ㊀먹일위(飼也)。【楚辭】鳳不貪ㅣ而妄食。㊁주릴뇌(飢也)。【楚語】民之羸ㅣ日甚。

【⿰飠吉】(열) 屑 エツ、むせぶ indigestion
밥체할열(飯窒)。

【館】(관) 旱 カン、やかた hotel; house
小篆 草書 ❶객사관(候ㅣ、客舍)。【禮記】公ㅣ復私ㅣ不復。❷집관(院也)。❸관부 관(官府)。

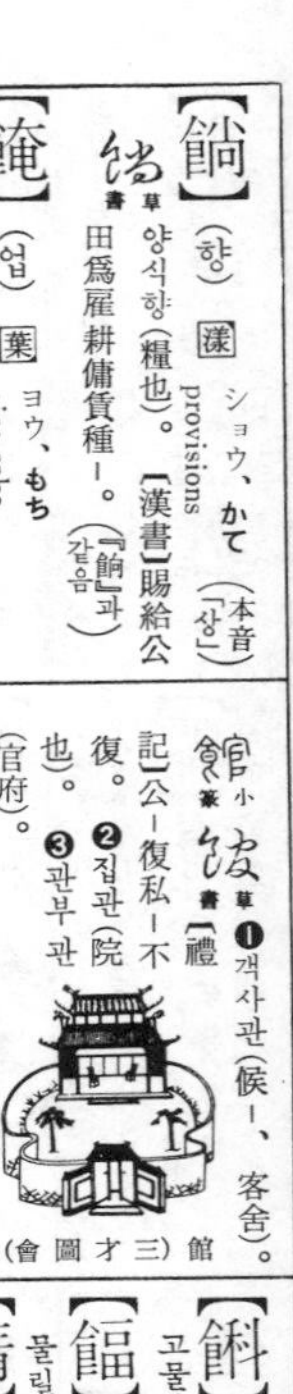
館(三才圖會)

【⿰飠於】(어) 御 オ、いやがる dislike
싫을어(飫也)。【後漢書】ㅣ賜犒功。(『飫』와 같음)

【餩】(억) 職 オク、むせぶ one's voice be choked
❶목이 메일억(噎也)。❷목멘소리억(噎聲)。

九畫

【餪】㊀(난) 翰 ㊁(난) 旱 ダン、いわい send food ㄋㄨㄢˇ nuan³
㊀풀보기잔치난(女嫁後 三日餉食饋)。㊁음식보낼난(ㅣ饋)。

【餫】㊀(운) 問 ㊁(혼) 元 ウン、コン、べんとう tiffin ㄏㄨㄣˊ huen²
小篆 草書 ㊀들에서먹일운(野饋)。【左傳】宣伯ㅣ諸穀。㊁경단혼(飩也)。

【餬】(호) 虞 コ、かゆ rice-gruel ㄏㄨˊ hu²
小篆 草書 ❶미음호(ㅣ饘、糜也)。【左傳】饘於是鬻於是。❷붙여먹을호(寄食)。【左傳】ㅣ其口於四方。

【餜】(과) 歌 カ、こなもち powdered rice-cake
고물떡과(以穀屑蒸造餠而塗細粉者)。

【⿰飠畐】(벽) 職 ヒョク、あく be cloyed with
물릴벽(飽厭)。

【⿰飠肴】(수) 紙 スイ、きなこ wheat gluten (本音「유」)
콩가루무친엿수(豆屑雜糖)。

【餮】(철) 屑 テツ、むさぼる devour; eat greedily ㄊㄧㄝˋ t'ieh⁴
草書 ❶탐할철(貪食貪財)。【左傳】貪食冒財謂之饕ㅣ。❷짐승이름철(惡獸名、饕ㅣ)。

【餰】(전) 先 ケン、かゆ rice-gruel
된죽전(鬻也)。(『饘』과 같음)

【餱】(후) 尤 コウ、たべもの dried food
小篆 草書 말린밥후(ㅣ糧、乾食)。【詩經 大雅 公劉】迺裹ㅣ糧。

【餲】㊀(애) 卦 ㊁(알) 曷 エイ、アツ、すえる spoil; go bad ㄞˋ ai⁴
小篆 草書 ㊀밥쉴애(飯臭)。【爾雅】食饐謂之ㅣ。㊁뜻은 ㊀과 같음。

【餳】㊀(당) 陽 ㊁(성) 庚 トウ、あめ wheat-gluten
小篆 草書 ㊀엿당(飴也)。【本草】膠飴乾枯者曰ㅣ。(『餹』과 같음) ㊁뜻은 ㊀과 같음。

【餴】(분) 文 フン、むしめし half-boiled rice
草書 선밥분(半蒸飯)。【詩經】挹彼注玆可以ㅣ饎。

【⿰飠昷】(온)『饂』(食部 10畫)과 같음

十畫

【餹】(당) 陽 トウ、あめ wheat-gluten ㄊㄤˊ t'ang²
草書 엿당(飴也)。

【⿰飠耆】(기)『嗜』(口部 10畫)의 俗字

【⿰飠典】(천) 銑 テン、よいあじ tasteful
좋은맛천(好味)。

【餺】(박) 藥 ハク、もち rice-cake ㄅㄛˊ po
草書 ❶떡박(餠屬、ㅣ飥)。❷밀수제비박(麪湯)。

【⿰飠兼】(렴) 琰 レン、やつ eating between meals
小篆 간식렴、곁두리렴(正飯後小食)。

【⿰飠宛】(원) 元 エン、むさぼる covet
탐할원(貪也)。

【餻】(고) 豪 コウ、こなもち bar-shaped rice cake ㄍㄠ kao¹
小篆 草書 흰떡고(饔ㅣ、粉盞餌餠)。

【⿰飠高】(호) 號 コウ、ねぎらう feast the soldiers (本音「고」)
호궤할호(餉軍、勞也)。

【餱】(후) 有 ク、くさる go bad (本音「구」) 음식상할후(食物爛)。

【䭈】(식) 職 ショク、ソク、いき breath ❶숨식(氣息)。❷먹을식(食也)。❸길식(長也)。

【餼】(희) 未 キ、こめ rice in stores ㄒㄧˋ hsi⁴ 草書 ❶곳집쌀희(饔—、廩也)。【周禮】廩人獻—。❷먹일희(饋餉)。

【䭊】(견) 銑 ケン、ねばる sticky ❶차질견(黏也)。❷뭉칠견(—捲、搏也)❸마른떡견(乾餅)。

【餽】(궤) 寘 キ、おくる send food to 小篆 草書 먹일궤(貽也)。【孟子】王—兼金一百而不受。

【餾】(류) 宥 リュウ、むす be steamed 草書 밥뜸들류(飯氣蒸流饙)。

【䭓】(은) 願 ゴン、あく be satiated 小篆 배부를은(飽也)。

【餿】(수)『餕』(食部 9畫)와 같음

【䭔】(퇴) 灰 タイ、もち steamed rice cake 증편퇴、찐떡퇴(蒸餅)。【李尋語詩】拈—舐指不知休。

【饁】(엽) 葉 ヨウ、かれいい food packed in a chip-box ㄧㄝˋ yen⁴ 小篆 草書 들점심먹일엽(餉田食)。【詩經】—彼南畝。

【餡】(도) 豪 トウ、あん fillings ㄒㄧㄢˋ hsien⁴ ❶떡소도(餌也)。❷탐할도(貪也)。

十一畫

【𩟗】(삼) 感 サン、つぶ grain; corn ❶낟알삼(粒也)。❷국밥삼(米和羹)。

【𪎭】(마) 歌 マ、こどもにくわせる feed a baby 어린아이먹일마(哺小兒)。

【饅】(만) 寒 マン、まんじゅう bun ㄇㄢˊ man² 草書 ❶만두만(—頭、餅也)。【晉書】—頭薄持。❷밀음식만(麪食)。

【饆】(필) 質 ヒツ、もち rice cake 두텁떡필(餅麪有餡、—饠)。【酉陽雜俎】有人夢入畢羅店及醒店子曰郞君與客食畢羅二斤何不計直而去即—饠也。

【饈】(수) 尤 シュウ、すすめる、おくる present to ㄒㄧㄡ hsiu¹ ❶드릴수(進供)。❷반찬수(膳也)。

【饇】㊀(어) 御 ㊁(우) 遇 ヨ、オウ、あきる satiated ㄩˋ yü⁴ 草書 ㊀배부를어(飽也)。【詩經】如食宜—。㊁뜻은 ㊀과 같음。

【䭕】(잠) 感 サン、まずいあじ be not tasty 맛없을잠(無味、潵—)。

【䭖】(저) 御 ショ、ぶたえさ food of pigs 돼지밥저(豕食)。

【饉】(근) 震 キン、うえる famine ㄐㄧㄣˇ chin³ 小篆 草書 푸성귀흉년들근(無穀曰飢無菜曰—)。【論語】因之以飢—。

十二畫

【饊】(산) 旱 サン、おこし rice-cake 小篆 산자산(餦餭熬稻)。

【䭘】(영) 梗 エイ、こなもち be satiated 배부를영(飽滿)。

【饋】(궤) 寘 キ、すすめる offer a meal 小篆 草書 ❶진지올릴궤(進食於尊)。【周禮】膳夫掌王之—。❷먹일궤(餉也)。

【䭙】(침) 寢 シン、うまい somewhat sweet 달콤할침(味小甘)。

【饌】(찬) 潸 セン、そなえもの side-dish ㄓㄨㄢˋ chuan⁴ (同音「전」) 小篆 或體 草書 반찬찬(具食)。【儀禮】具官—于寢東。

【饍】(선) 霰 ゼン、おかず side-dish ㄕㄢˋ shan⁴ 차반선、반찬선(美食)。【周禮】膳夫掌王之—羞。(『膳』과 같음)

【饎】㊀(치) 寘 ㊁(희) 支 シ、キ、ごちそう food and drink ㄔˋ ch'ih⁴ 小篆 或體 或體 草書 ㊀술밥치(酒食)。【詩經 小雅天保】吉蠲爲—是用孝享。㊁서속찔치(炊黍稷)。【儀禮】主婦視—爨于西堂下。

【䭣】(담) 感 タン、あじがない be not tasty 맛없을담(無味)。

【饐】㊀(의) 寘 ㊁(애) 霽 イ、エイ、すえる turn sour; go bad ㄧˋ i⁴ 小篆 草書 ㊀밥쉴의(飯傷濕臭味變)。【論語】食—而餲。㊁뜻은 ㊀과 같음。

【饑】(기) 微 キ、うえる starve; hungry ❶흉년들기(穀不熟)。❷주릴기、굶주릴기(餓也)。

【饒】(요) 蕭 ジョウ、ニョウ、ゆたか fertile; rich ㄖㄠˊ jao² 小篆 草書 ❶용서할요(—貸、寬恕)。【杜甫詩】日月不相—。❷넉넉할요(豐也)。❸배부를요(飽也)。❹남을요(餘也)。❺더할요(益也)。❻즐길요(逸也)。【漢書】陳平娶張氏賫用益—。❼두터울요(厚也)。❽땅걸찰요(—肥、地味)。

十三畫

【𩞿】(류)『餾』(食部 10畫)와 같음

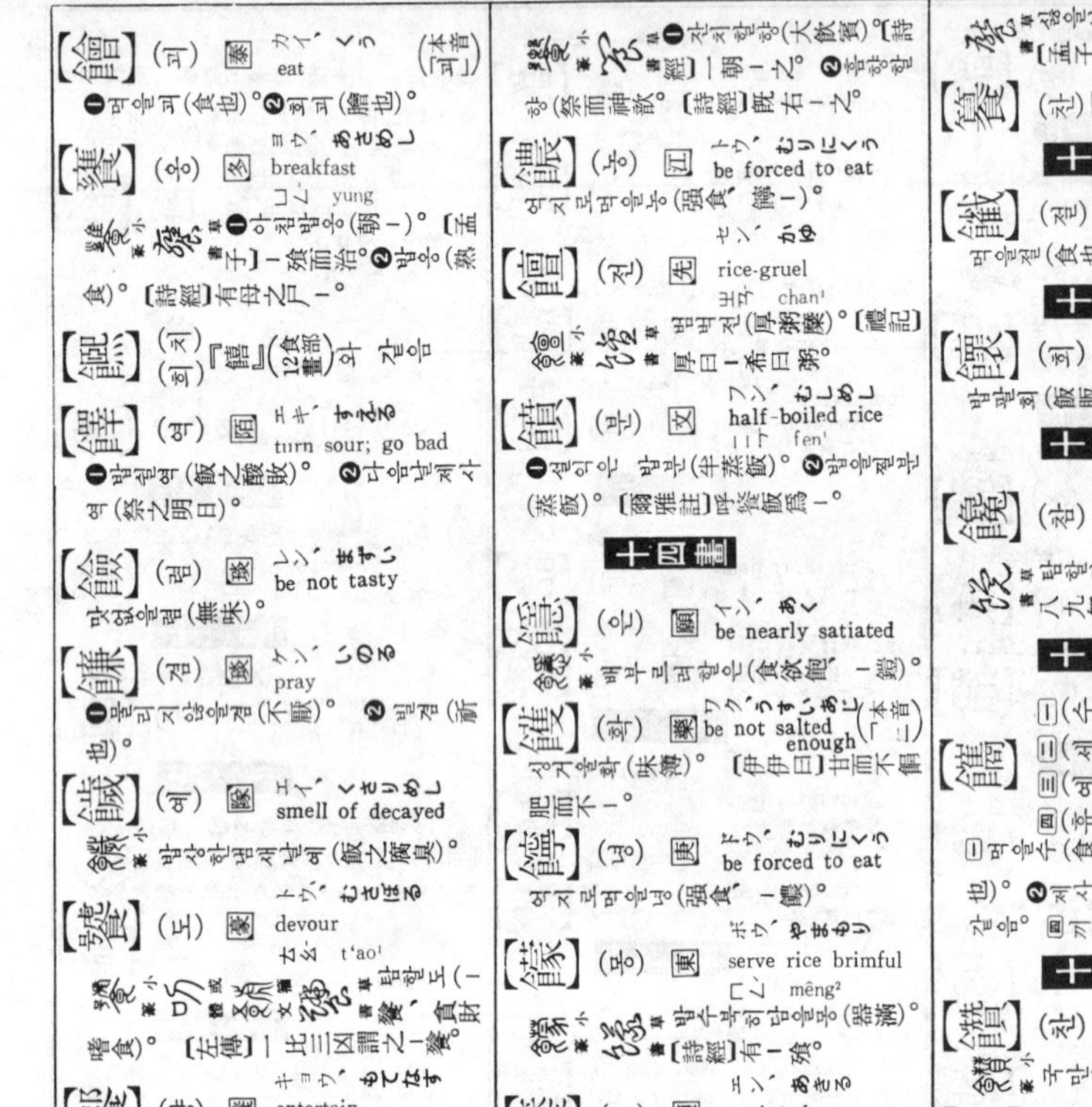

【𩞁】(괴) 泰 カイ、くう eat (本音 괴)
❶먹을괴(食也)。❷회괴(膾也)。

【饔】(옹) 冬 ヨウ、あさめし breakfast ㄩㄥ yung
小篆 草書 ❶아침밥옹(朝ㅣ)。【孟子】ㅣ飧而治。❷밥옹(熟食)。【詩經】有母之尸ㅣ。

【饎】(치)(희)『饎』(食部12畫)와 같음

【𩟐】(역) 陌 エキ、すえる turn sour; go bad
❶밥쉴역(飯之酸敗)。❷다음날제사역(祭之明日)。

【𩞄】(렴) 琰 レン、まずい be not tasty
맛없을렴(無味)。

【𩞂】(겸) 琰 ケン、いのる pray
❶물리지않을겸(不厭)。❷빌겸(祈也)。

【饖】(예) 隊 エイ、くさりめし smell of decayed
小篆 밥상한냄새날예(飯之腐臭)。

【饕】(도) 豪 トウ、むさぼる devour ㄊㄠ t'ao¹
小篆 或體 籒文 草書 탐할도(ㅣ嗜食)。【左傳】一比三凶謂之ㅣ餮。書 饕、貪財

【饗】(향) 養 キョウ、もてなす entertain ㄒㄧㄤ hsiang³

【饟】(양) 養 トウ、むりにくう be forced to eat
小篆 草書 ❶잔치할향(大飮賓)。【詩經】一朝ㅣ之。❷흠향할향(祭而神歆)。【詩經】旣右ㅣ之。
(농) 江 トウ、むりにくう be forced to eat
억지로먹을농(强食、饛ㅣ)。

【饘】(전) 先 セン、かゆ rice-gruel ㄓㄢ chan¹
小篆 草書 범벅전(厚粥糜)。【禮記】厚曰ㅣ希曰粥。

【饙】(분) 文 フン、むしめし half-boiled rice ㄈㄣ fen¹
❶설익은 밥분(半蒸飯)。❷밥을찔분(蒸飯)。【爾雅註】呼餐飯爲ㅣ。

十四畫

【𩟗】(은) 願 イン、あく be nearly satiated
小篆 배부르려할은(食欲飽、ㅣ饐)。

【𩟄】(확) 藥 ワク、うすいあじ be not salted enough (本音 호)
싱거울확(味薄)。【伊伊曰】甘而不餇肥而不ㅣ。

【𩞳】(녕) 庚 ドウ、むりにくう be forced to eat
억지로먹을녕(强食、ㅣ饟)。

【饛】(몽) 東 ボウ、やまもり serve rice brimful ㄇㄥ mêng²
小篆 草書 밥수북히담을몽(器滿)。【詩經】有ㅣ飧。

【饜】(염) 豔 エン、あきる satiated ㄧㄢ yen⁴
草書 싫을염、물릴염(飽也、足也)。【孟子】ㅣ酒肉而後反。

【籑】(찬)『饌』(食部12畫)과 같음

十五畫

【𩟔】(절) 屑 セツ、くう eat
먹을절(食也)。

十六畫

【𩟬】(회) 卦 カイ、めしをうる sell boiled rice
밥팔회(飯販)。

十七畫

【饞】(참) 咸 サン、むさぼる be greedy ㄔㄢ ch'an²
草書 탐할참(饕也)。【韓愈詩】雖食八九無嚵名。

十八畫

【𩟵】㊀(수) 支 スイ、セイ、まつる services of one's ancestors
㊁(세) 霽
㊂(예) 霽
㊃(휴) 齊
㊀먹을수(食也)。㊁❶차례지낼세(餟也)。❷제사세(餟也)。㊂뜻은 ㊁와 같음。㊃끼칠휴、줄휴(飴也)。

十九畫

【饡】(찬) 翰 サン、しるかけめし soup rice
小篆 국만밥찬(以羹澆飯)。

【𩠆】(마) 歌 マ、こどもにくわせる feed a baby
어린아이에먹일마(哺小兒)。

首 部

【首】㊀(수) 有 シュ、くび、かしら head; chief ㄕㄡ shou⁴
㊁(수) 宥
小篆 草書 ㊀❶머리수(頭也)。【易經】乾爲ㅣ。❷먼저수(先也)。❸비롯할수、처음수(始也)。【公羊傳】春秋雖無事ㅣ時過則書。❹임금수(君也)。【書經】元ㅣ起哉。❺우두머리수(ㅣ領)。【書】告汝羣言之ㅣ。❻괴수수(戎ㅣ魁帥)。㊁❶향할수(嚮也)。【戰國策】以奏之强ㅣ之。❷꾸벅거릴수、자백할수(有咎自陳)。【漢書】驕慢不ㅣ。❸시한편수(詩歌一篇)。❹항복할수(降服)。

【𦣻】(수)『首』(前條)의 本字

二 畫

【馗】㊀(규) 支 キュウ、キ、みち cross-road ㄎㄨㄟ k'uei²
㊁(구) 尤
小篆 草書 ㊀❶아홉거리규(九逵道)。❷귀신이름규(鬼名、鍾ㅣ)。㊁버섯이름구(菌名也)。

五 畫

【𩠐】(발)『髮』(髟部5畫)의 古字

六 畫

【䭫】(계) 齊 ケイ、ぬかずく nod one's head
小篆 조아릴계(下首)。(『稽·䭫』와 같음)

八畫

【馘】(괵) 職陌 カク、みみきる decapitate ㄍㄨㄛˊ kuo⁴
草書 ❶왼편귀베어바칠괵(軍法獲而不服則殺而獻其左耳)。〔詩經〕攸ㅣ安安。❷목벨괵(軍前斷首)。

九畫

【𩠺】(수) 有 シュ、はつご first child
첫아이수(初產兒)。

十畫

【𩠹】(불) 物 フツ、くびかざり headdress
이마드림불(婦人首飾額前飾)。

十一畫

【𩠴】(괵)『馘』(首部 8畫)의 俗字

香部

【香】(향) 陽 キョウ、コウ、かおり fragrance ㄒㄧㄤ hsiang¹
小篆 草書 ❶향내향、향기향(氣芬芳)。〔書經〕至治馨ㅣ感于神明。❷약이름향(藥名丁ㅣ沈ㅣ乳ㅣ)。

四畫

【馠】㊀(별) 屑 ㊁(함) 覃 カン、かおる be fragrant
㊀갑자기향기날별(香發)。㊁뜻은 ㊀과 같음。

五畫

【馛】(발) 曷 ハツ、かんばしい smell fragrant
향기날발(香也)。

【馝】(필) 質 ヒツ、かんばしい smell fragrant
향내날필(馨香)。

七畫

【馞】(발) 月 ハツ、かんばしい smell stingily fragrant
향내물큰날발(大香、馝ㅣ)。

【䭳】(함) 覃 カン、かんばしい smell fragrant
향기날함(香也)。

八畫

【䭱】(별) 屑 ヘツ、かんばしい smell somewhat fragrant
조금 향기날별(小香貌)。

【馡】(비) 微 ヒ、かおり fragrance
향기비(ㅣㅣ香氣)。〔楚辭〕芳菲兮滿堂。(『菲』와 通함)

【馢】(전) 先 セン、こうのき Chinese juniper
향나무전(香木名)。

【馣】(암) 覃感 アン、かんばしい fragrance
향내암(ㅣㅣ香氣)。

九畫

【馤】(애) 泰 アイ、かおり fragrance
향기애(香氣)。〔韓愈詩〕逕蘭銷晩ㅣ。

【馥】(복) 屋 フク、かおり fragrance ㄈㄨˋ fu⁴
小篆 草書 향기복(芬ㅣ、香氣)。

【馫】(향) 陽 コウ、かんばしい smell stingily fragrant
향내물큰날향(香氣)。

十畫

【䭰】(옹) 董 オウ、かんばしい smell fragrant
향내날옹(香也)。

【馦】(험) 鹽 ケン、こうばしい flavorous
고소할험(香味)。

【馧】(온) 文 ウン、かんばしい fragrance
향기온(馧ㅣ、香氣)。

十一畫

【馨】㊀(형) 青 ㊁(형) 敬 ケイ、キョウ、かおる fine scent
小篆 草書 ㊀향내멀리날형(香遠聞)。〔書經〕黍稷非ㅣ明德惟ㅣ。㊁이러할형(寧ㅣ、語辭)。〔晉書〕何物老媼生此寧ㅣ兒。

十二畫

【馩】(분) 文 フン、かんばしい fragrance
향내분(香臭)。

【[illegible]】(담) 覃 タン、かんばしい fragrance
향내담(香氣)。

馬部

【馬】(마) 馬 バ、メ、マ、うま horse ㄇㄚˇ ma³
小篆 古文 籀文 草書 ❶말마(武獸乘畜生於午稟火氣無膽)。〔易經〕乾爲ㅣ。❷아지랑이마(野田浮氣)。〔莊子〕野ㅣ也塵埃也生物之以息相吹也。❸추녀끝마(屋四角)。〔景福宮賦〕承以陽ㅣ接以圓方。❹벼슬이름마(官名、司ㅣ)。❺나라이름마(ㅣ韓朝鮮古國名)。❻〔新字〕마르크(Mark, 獨逸貨幣單位)。

二畫

【𩡧】(팔) 黠 ハツ、うま horse
小篆 여덟살된말팔(馬八歲)。

【馭】(어) 御 ギョ、つかう drive; manage ㄩˋ yü⁴
草書 말부릴어、말어거할어(駕ㅣ使馬)。〔周禮〕掌ㅣ玉輅。

【馮】㊀(빙) 蒸 ㊁(풍) 東 ヒョウ、フウ、のる ride ㄆㄧㄥˊ p'ing²
小篆 ㊀❶탈빙(乘也)。❷업신여길빙(陵也)。〔周禮〕ㅣ弱犯寡。❸비길빙、의지할빙(依也)。〔詩經〕有ㅣ有翼。❹담다지는소리빙(墻堅聲)。

【詩經】削屨ㅣㅣ。❺걸어건늘빙(徒涉)。【易經】包荒用ㅣ河。❻말빨리걸을빙(馬行疾)。❼마주볼빙(相視)。㊁❶벼슬이름풍(官名ㅣ相)。❷성풍(姓也)。❸물귀신이름풍(水神名、ㅣ夷)。❹고을이름풍(郡名、ㅣ翊)。

三畫

【馯】㊀(한) 寒 カン、あれうま wild horse ㊁(간) 刪 (草書) ㊀❶오랑캐한(東夷別名)。❷성한(姓也)。㊁검푸른말간、청총이말간(馬青黑色)。

【馰】(적) 錫 テキ、うまのけなみ spotted horse ㄉㄧˊ ti⁴ (小篆) 별배기적、소태성적(馬白額)。【爾雅】ㅣ顙白顚。

【馱】(타) 歌 タ、タイ、おわせる load ㄉㄨㄛˊ tuo⁴ (小篆) ❶탈타(騎也)。【李白詩】吳姬十五細馬ㅣ。❷짐실을타(負荷以畜載物)。

【馲】㊀(탁) 藥 タク、チャク、らくだ camel ㊁(책) 陌 ㊀약대탁(ㅣ駝、負重畜脊有肉鞍)。㊁트기책(驢父牛母、ㅣ駋)。【本草】牡驢交牛生者爲ㅣ駋。

【馳】(치) 支 チ、はしる scuttle (小篆) (草書) ❶달릴치(ㅣ騖、疾驅)。【左傳】公將ㅣ之。❷거동길치(ㅣ道、御路)。❸전할치(傳達)。【陸游詩】中人ㅣ詔初宣旨。

【馴】㊀(순) 眞 ジュン、クン、ならす tame ㊁(훈) 問 ㄒㄩㄣˊ hsün²·⁴ (小篆) (草書) ㊀❶길들일순(馬順擾也從也)。【史記】其文不雅ㅣ。❷길들순(漸致)。【易經】ㅣ致其道。❸착할순(善也)。㊁❶순할훈(順也)。❷가르칠훈(敎也)。

【馵】(주) 遇 シュ、うまのもよう horse ㄓㄨˋ chu⁴ (小篆) (草書) 외쪽박이주、왼쪽뒷발흰말주(馬後左足白)。【詩經】駕我騏ㅣ。

四畫

【馹】㊀(일) 質 ジツ、はやうま post-horse ㊁(역) 陌 ㄖˋ jih⁴ (小篆) (草書) ㊀역말일(驛傳遞馬)。【左傳】楚子乘ㅣ會師。㊁뜻은『驛』에 보라。

【馺】(삽) 合 ソウ、おいつく run fastly ㄙㄚˋ sa⁴ (小篆) ❶말빨리걸을삽(馬行疾、ㅣ驆)。【甘泉賦】輕先疾雷而ㅣ遺風。❷전각삽(漢殿名、ㅣ娑)。

【[馬介]】(개) 卦 カイ、うまのおをむすぶ tie up a horse tail (小篆) 말꼬리잡아맬개(結馬尾)。

【馻】(윤) 軫 ジュン、さかげ opposite hair ㄩㄣˇ yün³ 말털거스릴윤(馬毛逆)。

【[馬卬]】(앙) 陽 ゴウ、はやうま swift horse (小篆) ❶천리말앙(千里駒)。❷말성낼앙(馬怒貌ㅣㅣ)。

【駀】(모) 豪 ボウ、うまのけながい long hairs of a horse 말긴털모(馬之長毛)。

【馽】(칩) 緝 チュウ、ほだす lie up (小篆) (或體) (草書) 잡아맬칩(羈絆馬)。【韓愈文】天脫ㅣ羈。

【馿】(로)『驢』(16畫 馬部)의 俗字

【駁】(박) 覺 ハク、ただす refute ㄅㄛˊ po² (小篆) (草書) 얼룩말박、고라말박、유부루말박(馬雜色)。【詩經】皇ㅣ其馬。❷섞일박(雜也)。❸논박할박(非難攻擊)。

【[馬亢]】(항) 養 コウ、うまのあたまがたかい high headed (本音「앙」) 말머리높을항(馬頭高)。

【駃】㊀(쾌) 卦 カイ、ケツ、はやい rapid ㊁(결) 屑 ㄎㄨㄞˋ k'uai⁴ (小篆) (草書) ㊀빠를쾌(疾也)。【元好問詩】ㅣ雨東南來。㊁버새결(ㅣ騠、馬父贏子)。

【駂】(보) 皓 ホウ、くろあしげ horse ㄅㄠˇ pao³ 오총이말보(驪馬、烏驄)。【詩經】叔于田乘乘ㅣ。

【駄】(타)『馱』(3畫 馬部)의 俗字

【駅】(역)『驛』(13畫 馬部)의 略字

【駆】(구)『驅』(11畫 馬部)와 같음

五畫

【駈】(구)『驅』(11畫 馬部)와 같음

【駉】(경) 靑 ケイ、たくましい swift ㄐㄩㄥ chiung¹ (小篆) (草書) 살찌고큰말경(馬肥壯貌)。【詩經 魯頌駉】ㅣㅣ牡馬、在坰之野。

【駊】(파) 哿 ハ、あたまをうごかす shake head (小篆) (草書) 말머리내두를파(馬搖頭、ㅣ騀)。

【駍】㊀(피) 支 ヒ、うま horse ㊁(팽) 庚 ㊀말이름피(馬名)。㊁차마소리팽(車馬聲)。【揚雄】聲ㅣ隱而歷鍾。(『軯』과 같음)

【[馬失]】(일) 質 イツ、はしる hurry away (小篆) 빨리달아날일(疾走)。

【駎】(주) 宥 チュウ、きそいはしる gallop just as in a race 말이 다투어달릴주(馬競馳)。

【駏】(거) 語 キョ、きょきょ a cross between an ass and a cow ㄐㄩˋ chü⁴ (草書) ❶트기거(馬名似騾、ㅣ驉)。【唐書】從小奚奴騎ㅣ驉。❷거공

벌레거(負獸、ㅣ蛩)。【韓愈詩】終始如ㅣ蛩。

【駐】(주) 遇 チュウ、とどまる ㄓㄨˋ chu⁴ halt
小篆 草書 ❶말머무를주(馬止)。❷머무를주(滯在)。❸임금탄말머무를주(蹕ㅣ行在所)。

【駑】(노) 虞 ド、にぶい ㄋㄨˊ nu² stupid; dull
草書 ❶노둔한말노(ㅣ駘最下乘)。【皮日休曰】造父善御不能御ㅣ駘。❷노둔할노(魯鈍)。【十八史略 春秋戰國趙】相如雖ㅣ、獨畏廉將軍哉。

【駒】(구) 虞 ク、こま foal; pony
小篆 草書 ❶망아지구(二歲馬)。❷애말구(位ㅣ小馬)。❸나무등걸구(枯樹本)。【例子】若橜株ㅣ。❹노래이름구(歌名、驪ㅣ)。

【駓】(비) 支 ヒ、しらかげ ㄆㄧˊ p'i² chestnut horse
小篆 草書 ❶황부루말비、공골말비(馬黃白雜毛)。【詩經】有騅有ㅣ。❷휘휘달릴비(走貌)。【楚辭】逐人ㅣㅣ些。

【駔】㊀(장) 養 ㊁(조) 麌 ソウ、ソ、すあい ㄗㄨˋ tsu⁴ broker
小篆 草書 ㊀좋은말장(駿馬、壯也)。㊁거간장、중개장(ㅣ儈賈賣買)。【魏都賦】墳旣而ㅣ駭。【史記】ㅣ儈會兩家交易者。

【駕】(가) 禡 カ、ガ、のりもの ㄐㄧㄚˋ chia⁴ carriage
小篆 籀文 草書 ❶임금탄수레가(車ㅣ)。【後漢書】天子出有大ㅣ。❷멍에멜가(馭也)。【禮記】君車將ㅣ。❸멍에가(馬在軛中)。

【駖】㊀(령) 靑 ㊁(랭) 庚 レイ、ばしゃのおと sound
㊀수레타는소리령(ㅣ蓋、車騎聲)。㊁말이 많이모인 모양랭(馬衆貌)。

【駗】(진) 軫 チン、うまのおもに overloaded
小篆 말짐무거워걷지못할진(馬載重難行、ㅣ驙)。

【駘】㊀(태) 灰 ㊁(태) 賄 タイ、にぶい ㄊㄞˊ t'ai² dull; stupid
小篆 草書 ㊀❶노둔한말태(駑馬)。❷자갈벗을태(脫銜)。【崔寔政論】馬ㅣ其銜。㊁❶들피질태(疲也)。❷펀할태(ㅣ蕩、廣大意)。

【駚】(앙) 養 オウ、うま wild horse
들말앙(野馬)。

【駙】(부) 遇 フ、そえうま ㄈㄨˋ fu⁴ extra horse
小篆 草書 ❶곁말부(副馬)。❷가까울부(近也)。❸빠를부(疾也)。❹부마부(尙公主官ㅣ馬)。

【駛】(사) 寘 シ、はやい ㄕˇ shih³ walking quickly
草書 말빨리걸을사(馬行疾)。

【⿰台馬】(태)『駘』(前條)와 같음

【駜】(필) 質 ヒツ、ヒ、たくましい swift
小篆 草書 살찐말필(馬飽而肥)。【詩經】有ㅣ有ㅣ。

【駟】(사) 寘 シ、よつうま ㄙˋ ssu⁴ coach-and-four
小篆 四 草書 ❶사마사(一乘四馬夏駕兩謂麗殷益一謂驂周益一謂ㅣ)。【詩經】載驂載ㅣ。❷별이름사(房四星、天ㅣ)。

【駝】(타) 歌 タ、ダ、らくだ ㄊㄨㄛˊ t'o² camel
草書 ❶약대타(駱ㅣ、橐ㅣ、封牛)。【史記】鄯善國多馲ㅣ。❷곱사등이타(傴僂)。

【駞】(타)『駝』(前條)와 같음

六畫

【駡】(매)『罵』(网部 10畫)의 譌字

【駢】㊀(변) 先 ㊁(병) 靑 ヘン、ならべる stand side by side
草書 ㊀❶두말한멍에멜변(二馬竝駕)。❷육손이변(增贅旁出者)。【莊子】ㅣ拇枝指出乎性哉。㊁고을이름병(齊邑名)。【論語 憲問】ㅣ邑三百。

【駣】(조) 篠 トウ、こうま ㄊㄠˊ t'ao² young horse
草書 새로길들인말조(馬三歲始乘習)。【周禮註】敎ㅣ始乘習之。

【駤】(치) 寘 チ、あとずさる ㄖㄨㄥˊ jung² step backward
❶말뒷걸음칠치(馬蹶躇不前)。❷성불끈낼치(勃怒)。【淮南子】胡人有知利者而人謂之ㅣ。

【⿰馬吏】(시) 寘 シ、はやい swift
小篆 빠를시(疾也)。【杜甫雨詩】㵼右開溜汨汨松上ㅣ。(『駛』와 같음)

【駥】(융) 東 ジュウ、おおきいうま big horse
小篆 크고세찬말융(馬八尺有絕力者)。

【⿰馬百】(맥) 陌 バク、らば mule
트기맥(驢牛交生、駝ㅣ)。

【駪】(신) 眞 シン、はやい ㄕㄣ shen¹ walk quickly
小篆 草書 ❶말우물거릴신(馬衆多)。【詩經】ㅣㅣ征夫。❷빨리걸을신(疾行貌)。

【駽】(현)『駽』(馬部 7畫)의 俗字

【駬】(이) 紙 ジ、はやうま swift horse
草書 녹이말이、준마이(騄ㅣ、周穆駿馬)。

【駭】(해) 蟹 ガイ、おどろく startled
小篆 草書 ❶놀랄해(驚起)。【公羊傳】諸大夫見之皆色然而ㅣ。❷북울릴해(ㅣ鼓)。【英雄記】整兵ㅣ鼓。

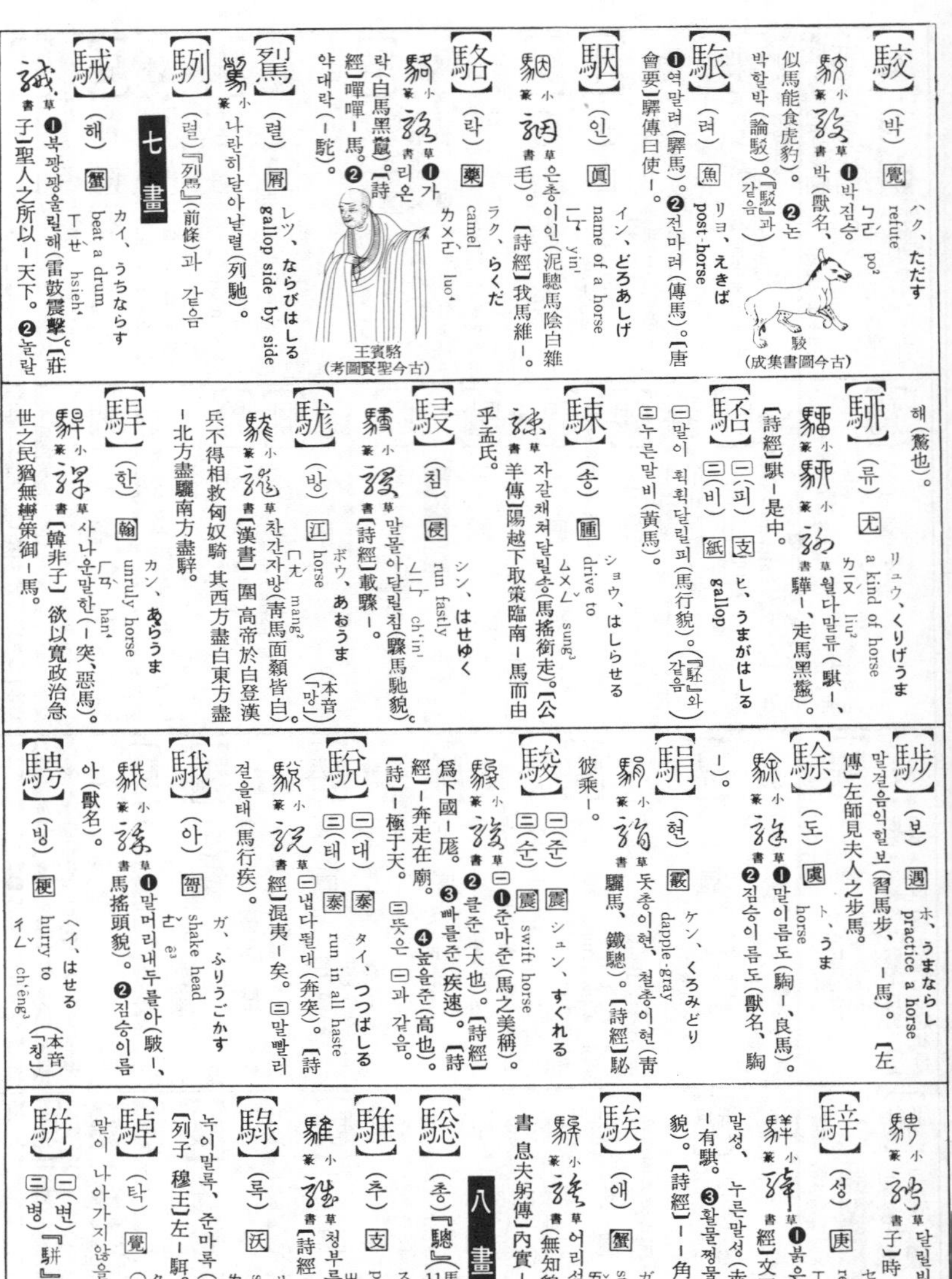

【駮】(박) 覺 ハク、ただす refute ㄅㄛˊ po²
駮(小篆) 駁(草書) ❶박짐승 박(獸名、似馬能食虎豹)。❷논박할박(論駁)。(『駁』과 같음)

駮
(古今圖書集成)

【馿】(려) 魚 リョ、えきば post-horse
❶역말려(驛馬)。❷전마려(傳馬)。【唐會要】驛傳曰使ー。

【駰】(인) 眞 イン、どろあしげ name of a horse ㄧㄣ yin¹
駰(小篆) 駰(草書) 은총이인(泥驄馬陰白雜毛)。【詩經】我馬維ー。

【駱】(락) 藥 ラク、らくだ camel ㄌㄨㄛˋ luo⁴
駱(小篆) 駱(草書) ❶가리온락(白馬黑鬣)。【詩經】嘽嘽ー馬。❷약대락(ー駝)。

王賓駱
(古今聖賢圖考)

【𩢶】(렬) 屑 レツ、ならびはしる gallop side by side
𩢶(小篆) 나란히달아날렬(列馳)。

【䮋】(렬)『𩢶』(前條)과 같음

七畫

【駴】(해) 蟹 カイ、うちならす beat a drum ㄒㄧㄝˋ hsieh⁴
駴(草書) ❶북꽝꽝울릴해(雷鼓震擊)。【莊子】聖人之所以ー天下。❷놀랄해(驚也)。

【駵】(류) 尤 リュウ、くりげうま a kind of horse ㄌㄧㄡˊ liu²
騮(小篆) 駵(小篆) 駵(草書) 월다말류(騏ー、驊ー、走馬黑鬣)。【詩經】騏ー是中。

【駓】㈠(피) 支 ㈡(비) 紙 ヒ、うまがはしる gallop
㈠말이 휙휙달릴피(馬行貌)。(『駜』와 같음) ㈡누른말비(黃馬)。

【駷】(송) 腫 ショウ、はしらせる drive to ㄙㄨㄥˇ sung³
駷(草書) 자갈채쳐달릴송(馬搖銜走)。【公羊傳】陽越下取策臨南ー馬而由乎孟氏。

【駸】(침) 侵 シン、はせゆく run fastly ㄑㄧㄣ ch'in¹
駸(小篆) 駸(草書) 말몰아달릴침(驟馬馳貌)。【詩經】載驟ー。

【駹】(방) 江 ボウ、あおうま horse ㄇㄤˊ mang² (本音「망」)
駹(小篆) 駹(草書) 찬간자방(靑馬面顙皆白)。【漢書】圍高帝於白登漢兵不得相救餉匈奴騎 其西方盡白東方盡ー北方盡驪南方盡騂。

【駻】(한) 翰 カン、あらうま unruly horse ㄏㄢˋ han⁴
駻(小篆) 駻(草書) 사나운말한(ー突、惡馬)。【韓非子】欲以寬政治急世之民猶無轡策御ー馬。

【駂】(보) 遇 ホ、うまならし practice a horse
말걸음익힐보(習馬步、ー馬)。【左傳】左師見夫人之步馬。

【駼】(도) 虞 ト、うま horse
駼(小篆) 駼(草書) ❶말이름도(騊ー、良馬)。❷짐승이름도(獸名、騊ー)。

【駽】(현) 霰 ケン、くろみどり dapple-gray
駽(小篆) 駽(草書) 돗총이현、철총이현(靑驪馬、鐵驄)。【詩經】駜彼乘ー。

【駿】㈠(준) 震 ㈡(순) 震 シュン、すぐれる swift horse
駿(小篆) 駿(草書) ㈠❶준마준(馬之美稱)。❷클준(大也)。【詩經】爲下國ー厖。❸빠를준(疾速)。【詩經】ー奔走在廟。❹높을준(高也)。【詩】ー極于天。㈡뜻은 ㈠과 같음。

【駾】㈠(대) 泰 ㈡(태) 泰 タイ、つつばしる run in all haste
駾(小篆) 駾(草書) ㈠냅다뛸대(奔突)。【詩經】混夷ー矣。㈡말빨리걸을태(馬行疾)。

【騀】(아) 哿 ガ、ふりうごかす shake head ㄜˇ e³
騀(小篆) 騀(草書) ❶말머리내두를아(駊ー、馬搖頭貌)。❷짐승이름아(獸名)。

【騁】(빙) 梗 ヘイ、はせる hurry to ㄔㄥˇ ch'êng³ (本音「칭」)
騁(小篆) 騁(草書) 달릴빙(直馳、走也)。【莊子】時ー而要其宿。

【騂】(성) 庚 セイ、あかうま reddish horse ㄒㄧㄥ hsing¹
騂(小篆) 騂(草書) ❶붉은소성(赤色牲)。【書經】文王ー牛一。❷절따말성、누른말성(赤黃馬)。【詩經】有ー有騏。❸활물쩡물쩡할성(角弓調和貌)。【詩經】ーー角弓。

【騃】(애) 蟹 ガイ、おろか stupid ㄞˇ ai³
騃(小篆) 騃(草書) 어리석을애、미련할애(無知貌、癡也)。【漢書 息夫躬傳】內實ー。

八畫

【騘】(총)『驄』(馬部11畫)의 俗字

【騅】(추) 支 スイ、あしげ piebald horse ㄓㄨㄟ chuei¹
騅(小篆) 騅(草書) 청부루말추(馬蒼白雜毛)。【詩經 魯頌駉】有ー有駓。

【騄】(록) 沃 リョク、りょくじ swift horse ㄌㄨˋ lu⁴
녹이말록、준마록(ー駬、八駿之一)。【列子 穆王】左ー駬。

【𩤐】(탁) 覺 タク、すすまない (of a horse) do not move
말이 나아가지않을탁(ー䮰、馬不前貌)。

【騈】㈠(변) ㈡(병)『駢』(馬部6畫)의 本字

【騉】(곤) 元 コン、うま horse ㄎㄨㄣ k'uen¹
말이름곤(馬名、ㅡ蹄)。

【騅】(취) 支 スイ、こうま pony
騅 小篆 騅 籀文 ❶말이 작은모양취(馬小貌)。❷중기취(重騎)。

【騊】(도) 豪 トウ、とうと famous horse
騊 小篆 草 도도말도、좋은말도(ㅡ駼、良馬)。【漢書 百官志】ㅡ駼監。

【⿰馬岸】㊀(안) 翰 ガン、うまがうごく move on ㊁(안) 諫
⿰馬岸 小篆 ㊀❶말이 가는모양안(馯ㅡ、馬行貌)。❷이마에서 입술까지 흰말안(自額至脣白色馬)。㊁말머리안(馬首)。

【騌】(종)『騣』(馬部9畫)의 俗字

【騋】(래) 灰 ライ、おおうま tall horse ㄌㄞ lai²
騋 小篆 草 키큰말래(ㅡ牝馬高七尺)。【詩經 鄘風定之方中】ㅡ牝三千。

【騍】(과) 箇 カ、めうま she horse
암말과(牝馬)。

【騎】㊀(기) 寘 キ、のる、またがる ride; cavalier ㊁(기) 支 ㄐㄧ chi⁴
騎 小篆 草 ㊀마병기(軍ㅡ、馬軍)。【禮記】前有車ㅡ。㊁말탈기(跨馬)。【蘇軾 韓文公廟碑】公昔ㅡ龍白雲鄉。

【騏】(기) 支 キ、くろみどり spotted horse ㄑㄧ ch'i²
騏 小篆 草 철총이기、얼룩말기(馬青黑文如博棊)。【詩經】駕我ㅡ馵。

【騐】(험)『驗』(馬部13畫)의 俗字

【騑】(비) 微 ヒ、そえうま spare horse ㄈㄟ fei¹
騑 小篆 草 ❶곁마비(驂馬)。❷말쉬지않고달릴비(馬走貌)。

【験】(험)『驗』(馬部13畫)의 略字

九畫

【⿰馬𡿺】(노) 皓 ノウ、すぐれうま swift horse
❶좋은말노(良馬)。❷말이름노(馬名)。

【⿰馬亭】(쟁) 庚 トウ、うまがとどまる (of a horse) stop
말우뚝설쟁(馬住貌)。

【騕】(요) 篠 ヨウ、よいうま gallant steed
騕 草書 천리마요(ㅡ褭神馬日行千里)。【上林賦】罥ㅡ褭。

【⿰馬軍】(혼) 元 コン、うま horse
❶길들지 않은말혼(ㅡ騤、野馬)。❷짐승이름혼(獸名)。

(山海經圖)⿰馬軍

【騖】(무) 遇 ブ、はせる rush ㄨ wu⁴
騖 小篆 草書 ❶말네굽놓고뛸무(馳也)。【陸雲詩】赫赫重光遐風激ㅡ。❷달릴무(奔也)。❸빠를무(疾也)。

【騘】(총)『驄』(馬部11畫)과 같음

【騙】(편) 霰 ヘン、かたる cheat ㄆㄧㄢ p'ien⁴
騙 草書 ❶속일편(欺也)。❷말에뛰어오를편(躍上馬)。

【⿰馬春】(준) 軫 シュン、まだらうま brindled horse
❶얼룩말준(馬雜文)。❷걸음느린말준(鈍馬)。

【騛】(비) 微 ヒ、はしりさる rush away
騛 小篆 ❶말뛰어달아날비(馬逸走)。【司馬法曰】ㅡ徿斯轡。❷여섯말비(六馬)。【徐曰】史記騁六飛六馬也。

【騜】(황) 陽 コウ、うまのけなみ white yellow horse ㄏㄨㄤ huang²
누렁고흰말황、황부루말황(馬黃白相間色)。

【騞】(획) 陌 カク、ひきさく cut off ㄏㄨㄛ huo⁴
騞 草書 ❶백정칼쓰는소리획(解牛聲)。【莊子】奏刀ㅡ然。❷쉬지않고갈획(行不止)。

【騠】(제) 齊 テイ、けってい famous horse
騠 小篆 草書 결제말제(駃ㅡ良馬)。【孟康曰】駃馬生七日超其母。

【騢】(하) 麻 カ、つきげ brindled horse ㄒㄧㄚ hsia²
騢 小篆 草書 유부루말하、얼룩말하(駁馬赭白色)。【詩經】有駰有ㅡ。

【騣】(종) 東 ソウ、たてがみ mane ㄗㄨㄥ tsung¹
騣 小篆 草書 갈기종(馬鬣)。【杜甫詩】肉ㅡ碨礧連錢動。

【騤】(규) 支 キ、すこやか healthy horse ㄎㄨㄟ k'uei²
騤 小篆 草書 ❶말건장할규(ㅡㅡ馬壯健)。【詩經】四牡ㅡㅡ。❷끝밋할규(馬行威儀)。

【⿰馬复】(필) 質 ヒツ、まだら dapple-gray
❶돗총이말필(神馬名、ㅡ騆)。【九宮賦】騇ㅡ騆而俠窮奇。❷말배부를필(馬飽)。

【⿰馬閑】(한) 刪 カン、あゆみをならわせる practice step by step
말걸음익힐한(馬步習)。

【騧】㊀(왜) 佳 カイ、カ、くろ piebaled horse ㊁(과) 麻 ㄍㄨㄚ kua¹
騧 小篆 籀文 草書 ㊀공골마왜(ㅡ驪)。【詩經】ㅡ驪是驂。㊁뜻은 ㊀과 같음。

十畫

【騩】㊀(괴) 寘 カイ、キ、くろくりげ gray horse ㊁(귀) 微

騩 小篆 ㊀담가라말괴、회색빛말괴(馬淺黑色)。【漢儀】丞相見免乘一馬自府歸。㊁❶ ㊀과 뜻이 같음。❷산이름귀(山名)。

【騫】(건) 先 ケン、かける wane ㄑㄧㄢ chien³
小篆 草書 ❶말배앓을건(馬腹病)。❷이지러질건(虧也)。【詩經】不一不崩。❸훽뛰어나아갈건(一輕儇躁進貌)。

【騪】(수) 尤 シュウ、もとめる search
草書 ❶큰말수(大馬)。❷찾을수、뒤질수(搜索)。

【騬】(승) 蒸 ショウ、きよせいうま gelding (本音「증」) ㄔㄥ ch'eng
小篆 불친말승(犗馬)。

【騡】(몽) 東 送 モウ、ろば mule
小篆 버새몽、트기몽(牡牛交驢生騙一)。(『驝』과 같음)

【騭】(즐) 質 シツ、チョク、おうま stallion (本音「질」) ㄓ chih⁴
小篆 草書 ❶이룰즐(成也)。❷정할즐(定也)。【書經】陰一下民。❸수말즐(牡馬)。【爾雅】牡曰一。❹오를즐(升也)。

【䮵】(온) 元 オン、よいうま gallant steed
좋은말온(駿馬)。

【騮】(류)『駵』(馬部7畫)와 같음

【騯】(팽) 庚 ホウ、むれゆく go in herd
小篆 草書 말떼지어갈팽(馬行盛貌)。【詩經】四牡一一。

【騰】(등) 蒸 トウ、のぼる ascend; rise ㄊㄥ t'êng²
小篆 草書 ❶달릴등(馳也)。❷뛰놀등(踊躍)。❸날칠등(升也)。【禮記】累牛一馬。

【𩦎】(한) 翰 カン、うまのけながい long-haired horse
小篆 ❶털이 긴말한(毛長馬)。❷오랑캐땅의 큰말한(駛一、蕃中大馬)。

【騲】(초) 皓 ソウ、めす female animals ㄘㄠ ts'ao³
암컷초(牝畜通稱)。

【騹】(기)『驥』(馬部10畫)와 같음

【騵】(원) 元 ゲン、しかげうま white abdomen horse ㄩㄢ yüan²
草書 배희고갈기검은말원(騮馬白腹)。【詩經】駟一彭彭。

【騶】(추) 尤 スウ、シュウ、うまかい coach-man ㄗㄡ tsou¹
小篆 草書 ❶거덜추、마부추(一徒厩御)。【禮記】命僕及七一咸駕。❷짐승이름추(一虞仁獸)。【詩經】于嗟乎一虞。

【騷】(소) 豪 ソウ、さわぐ noisy; clamourous ㄙㄠ sao¹
小篆 草書 ❶근심스러울소(遭憂曰離一愁也)。【正字通】屈原作離一。❷흔들릴소、소동할소(擾也、動也)。【詩經】徐方驛一。❸급할소(急貌)。【禮記】一一爾則野。❹처량스러울소(一屑、蕭一、淒)。【謝靈運】一屑出穴風。

【騸】(선) 霰 セン、きょせいうま gelding ㄕㄢ shan⁴
草書 불알깐말선(一馬割去畜勢)。【五代史】當盡去宦官至於一馬亦不可騎。

十一畫

【驇】(지) 寘 チ、おもい heavy burden ㄓ chih⁴
小篆 草書 말짐무거울지(馬重)。【史記】馬一不能行。

【驀】(맥) 陌 バク、のりこえる jump over ㄇㄛ mo⁴
小篆 草書 ❶말탈맥(上馬)。❷뛰어넘을맥(超越)。【李賀詩】煙底一波乘一葉。

【騾】(라) 歌 ラ、らば mule ㄌㄨㄛ luo²
草書 노새라(騎畜驢馬交生)。【李商隱雜纂】酸寒一鳴村中。

驘(三才圖會)

【騻】(상) 陽 ソウ、よいうま gallant horse ㄕㄨㄤ shuang¹
숙상말상、좋은말상(驌一、良馬)。【左傳】唐成公如楚有兩驌一馬。(『驦』과 같음)

【䮭】(멱) 錫 ベキ、たけしいうま fierce horse
말사나울멱(馬惡)。

【驁】(오) ㊀豪 ㊁號 ゴウ、よいうま swift horse
小篆 草書 ㊀❶준마오(駿馬)。【呂氏春秋 察今】良馬不期乎驥一。❷뻣뻣할오(不軟順)。【漢書】諸公稍自引而怠一。❸깔볼오(輕視)。【莊子 外物】一萬世之患。㊁❶뜻은 ㊀과 같음。❷풍류이름오(樂章名一夏)。

【驃】(표) 嘯 ヒョウ、つよい swift ㄆㄧㄠ p'iao⁴
小篆 草書 ❶누런말표、절따말표(黃馬)。❷날쌜표(勁疾)。❸벼슬이름표(官名一騎)。

【驂】(참) 覃 サン、そえうま three horses of a team ㄘㄢ ts'an¹
小篆 草書 ❶세말한멍에에멜참(駕三馬)。❷멍에바깥말참(車衡外兩馬)。【詩經】騧驪是一。❸안탈참(一乘)。【左傳】使閻職一乘。

【驄】(총) 東 ソウ、あおうま piebald horse ㄘㄨㄥ ts'ung¹
小篆 草書 총이말총(馬青白色)。【後漢書】一馬御史。

【驅】(구) 虞 遇 ク、かる、かける drive away ㄑㄩ ch'ü¹

驅 小篆 古文 書 草 ❶몰구(奔馳驟也)。【易經】王用三ㅣ。❷쫓아 보낼구(逐遣)。【禮記】ㅣ獸母害五穀。❸앞잡이구(先ㅣ軍前鋒)。

【[馬+啇]】(적) 陌 テキ、ろば mule 트기적(牡牛交驢而生ㅣ駒)。

十二畫

【驈】(율) 質 イツ、しろまた white groin horse ㄩˋ yü4 小篆 書 草 사타구니흰말율、 쌍창워라말율(驪馬白髈)。【詩經】有ㅣ有騜。

【[馬+閒]】(한) 刪 カン、うまのけなみ white eye horse 小篆 한눈흰말한、외고리눈말한(馬一目白)。

【驊】(화) 麻 カ、よいうま fine horse ㄏㄨㄚˊ hua2 草書 부절따말화(ㅣ騮駿馬名)。【漢書】華騮綠耳之乘。

【驌】(숙) 屋 シュク、よいうま horse ㄙㄨˋ su4 좋은말숙、숙상말숙(良馬、ㅣ驦)。【左傳】唐成公如楚有ㅣ驦。

【驍】㊀(효) 蕭 ギョウ、たけしい valiant ㊁(교) 蕭 ㄒㄧㄠ hsiao1 小篆 書 草 ㊀❶좋은말효(良馬)。❷날랠효(勇捷)。㊁건장할교(武猛健也)。

【驎】(린) 眞 リン、まだらうま brindled horse 草書 얼룩말린(馬斑文)。

【驏】(잔) 潸 サン、はだかうま unsaddled horse ㄔㄢˇ ch'an2 草書 안장없이말탈잔(馬不鞍而騎)。【令狐楚詩】ㅣ騎蕃馬射黃羊。

【[馬+番]】(번) 元 ハン、かちくのよいそだち (of animals) increase 짐승번성할번(畜之蕃殖)。

【驒】㊀(탄) 寒 タン、タ、とらげ piebald horse ㊁(타) 歌 ㄊㄨㄛˊ t'uo2 小篆 書 草 ㊀❶돈짝무늬총이말탄(連錢驄)。【詩經】有ㅣ有駱。㊁❶뜻은 ㊀과 같음。❷앞발흰말타(ㅣ騱、野馬)。

【驑】(류) 尤 リュウ、くりげうま horse 검은갈기절다말류(驊ㅣ赤馬黑鬣)。

【驔】㊀(담) 覃 タン、テン、くろくりげ yellow-backed horse ㊁(점) 豔 ㄊㄢˇ t'an3 小篆 書 草 ㊀❶등마루누렇고 검은말담(驪馬黃脊)。❷정갱이흰말담(毫在骭白)。【詩經】有ㅣ有魚。㊁뜻은 ㊀과 같음。

【驕】㊀(교) 蕭 キョウ、おごる proud; haughty ㊁(효) 嘯 ㄐㄧㄠ chiao1 小篆 書 草 ㊀❶교만할교(自矜)。【書經】位不期ㅣ。❷방자할교(逸傲縱恣)。【莊子】僨ㅣ者其惟人心乎。❸키여섯자되는말교(馬高六尺)。㊁부리짧은사냥개효(短喙犬)。【詩經】載獫歇ㅣ。

十三畫

【[馬+蜀]】(독) 屋 トク、うま wild horse 들말독(野馬、騼ㅣ)。

【[咢+馬]】(악) 覺 アク、うまのはらなり (the bowels of a horse) rumble 小篆 말배끓을악(馬腹下鳴)。

【驖】(철) 屑 テツ、くろくりげ dark-red horse ㄊㄧㄝˇ t'ieh3 小篆 書 草 검붉은청가라말철(馬如鐵赤黑色)。【詩經】駟ㅣ孔阜。

【驗】(험) 豔 ケン、こころみる try; examine (本音「엄」) ㄧㄢˋ yen4 小篆 書 草 ❶증험할험(證也、效也)。【史記】何以爲ㅣ。❷시험할험(考視)。【漢書】考問左ㅣ。❸보람험(効也)。

【驘】(라)『騾』(馬部11畫)의 本字

【驙】㊀(단) 寒 タン、おもい heavy burden ㊁(천) 先 小篆 ㊀❶등검은흰말단(白馬黑脊)。❷말짐무겁게실을단(馬載重)。㊁뜻은 ㊀과 같음。

【[馬+歲]】(예) 隊 エイ、うまがおこる (of a horse) get angry 말 성낼예(ㅣ驖、馬怒)。

【驚】(경) 庚 ケイ、キョウ、おどろく astonish 小篆 書 草 ❶두려울경(惶也、懼也)。【易經】震ㅣ百里。❷놀랄경(駭也)。❸말놀랄경(馬駭)。

【驛】(역) 陌 エキ、えき、しゅくば station 小篆 書 草 ❶잇닿을역、 잇댈역(駱ㅣ連屬)。【後漢書】駱ㅣ不絕。❷싹뾰죽뾰죽할역(ㅣㅣ苗貌)。【詩經】ㅣㅣ其達。❸역말역(遞馬)。❹역말집역(傳舍)。❺정거장역(汽車停車場)。

【驜】(업) 葉 ギョウ、さかん great 장할업(壯也)。

十四畫

【驝】(탁) 藥 タク、らくだ camel 약대탁(脊有肉鞍、ㅣ駝)。(『駝』과 같음)

【[馬+壽]】(도)『禱』(示部8畫)와 같음

【驞】(빈) 眞 ヒン、かまびすしい noisy 草書 떠들썩할빈(衆聲、ㅣ駍)。

【驟】(취) 宥 シュウ、ソウ、はしる drive a horse (本音「주」) ㄗㄡˋ tsou4 小篆 書 草 ❶몰아갈취(馬疾步)。【詩經】載ㅣ駸駸。❷달릴취(奔也)。❸별안간취(突然、急遽)。【貢奎詩】ㅣ暑消雨餘。

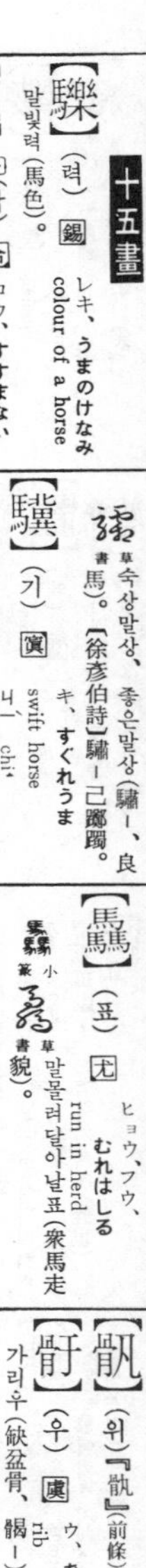

十五畫

【驝】(력) 錫 レキ、うまのけなみ colour of a horse
말빛력(馬色)。

【馬巤】一(랍) 合 ロウ、すすまない (of a horse) do not move 二(렵) 葉
一말가지않을랍(馬不進、ㅣ驧)。二말나아가는모양렵(馬行貌)。

【馬麃】(표)『鑣』(金部15畫)와 같음

十六畫

【驠】(연) 先 エン、うまのけなみ white-tailed horse ㄧㄢ yen¹
小篆 꽁무니흰말연(馬白尻)。

【驢】(려) 魚 ロ、うさぎうま ass (俗音「로」) ㄌㄩ lü²
小篆 草書 나귀려(似馬長耳以午及五更初而鳴)。

【驣】(등) 蒸 トウ、うまがはねる gallop
말뛸등(馬躍)。

十七畫

【驤】(양) 陽 ジョウ、はしる、おどる rush away (本音「상」) ching¹
小篆 草書 ❶말뛸양(馬低昂騰躍)。❷날칠양(遠也擧也)。〔蜀志〕龍ㅣ虎視。❸벼슬이름양(官名龍ㅣ)。

【驦】(상) 陽 ソウ、よいうま fine horse
草書 숙상말상、좋은말상(驌ㅣ、良馬)。〔徐彦伯詩〕驌ㅣ己躑躅。

【驥】(기) 寘 キ、すぐれうま swift horse ㄐㄧˋ chi⁴
小篆 草書 천리마기(騏ㅣ名馬日行千里)。〔七命〕天ㅣ秉氣驤淵受精皎月。

【驧】(국) 屋 キク、うまがはねる gallop
小篆 ❶말이 뛸국(馬躍)。❷등굽은 말국(脊曲馬)。

十八畫

【馬聶】(섭) 葉 ジョウ、うまが はしる (本音「녑」) gallop
말달릴섭(馬疾貌)。〔晉載記歌〕ㅣ驄文馬鐵鍛鞍。

【驩】(환) 寒 カン、よろこぶ be glad ㄏㄨㄢ huan¹
小篆 草書 ❶말이 화락한 모양환(馬和樂貌)。❷기뻐할 환(歡也)。〔孟子〕ㅣ虞如也。(『歡』과 같음)

十九畫

【驪】一(리) 支 リ、くろうま blackish horse 二(려) 齊
小篆 草書 一가라말리(盜ㅣ純黑八駿一)。〔詩經 齊風載驅〕四ㅣ濟濟。❷검을리(黑色)。❸산이름리(山名)。❹나라이름리(國名勾ㅣ)。二뜻은 一과 같음。(『麗』와 통함)

二十畫

【驫】(표) 尤 ヒョウ、フウ、むれはしる run in herd
小篆 草書 말몰려달아날표(衆馬走貌)。

骨部

【骨】(골) 月 コツ、ほね bone ㄍㄨˇ ku¹·²·³
小篆 草書 ❶뼈골(肉之覈)。〔周禮〕以酸養ㅣ。❷신라귀족골(第一ㅣ)。❸살골、요긴할골(事物之ㅣ子)。❹꿋꿋할골(剛直)。

二畫

【骨力】(골) 月 コツ、つとめる try ㄎㄨㄚˋ k'ua⁴
힘쓸골(用力)。

【骩】(위)『骫』(次條)의 譌字

三畫

【骫】(위) 紙 イ、まがる crooked bone ㄨㄟˇ wei³
小篆 草書 ❶뼈구불퉁구불퉁할위(ㅣ骳骨屈曲)。❷더부룩할위(拔ㅣ茂盛貌)。

【骭】(한) 諫 カン、はぎ、すね shine-bone ㄍㄢˋ kan⁴
小篆 草書 ❶정강이뼈한(脛骨)。〔甯戚歌〕短布單衣適至ㅣ。❷갈빗대한(脅也)。

【骪】(위)『骫』(前條)와 같음

【骬】(우) 虞 ウ、あばら rib
가리우(缺盆骨、髃ㅣ)。

四畫

【骨支】(기)『跂』(足部4畫)와 같음

【骯】(항) 養 コウ、なおい firm (或音「강」) ㄨㄤˋ wa⁴
草書 꿋꿋할항(ㅣ髒亢直)。〔後漢書〕ㅣ倚門邊。

【骨欠】(알) 黠 アツ、いきがつかえる hard to breathe
小篆 숨쉬기거북할알(咽中息不利)。

【骰】(투) 尤 トウ、さい dice
草書 주사위투(ㅣ子博陸采具)。〔溫庭筠詩〕玲瓏ㅣ子安紅豆。

【骨方】(방)『肪』(肉部4畫)의 俗字

五畫

【骨失】(질) 屑 テツ、ほねくじく sprain (本音「절」)
뼈튕길질、뼈일질(骨差)。(『胅』과 같음)

【骲】(박) 覺 ハク、ほねのやじり bone's arrow-head ㄅㄠˊ pao²
草書 뼈살촉박(骨鏃)。〔通鑑〕乃更以ㅣ箭射其臍。

【骳】(피) 寘 ヒ、まがる crooked bone ㄅㄧˋ pi⁴

草書 뼈구불퉁구불퉁할피(骫ㅣ骨屈曲)。

【骴】(자) 寘 シ、サイ、くちたほね decayed bone ㄗ tzŭ 小篆 草書 삭은뼈자(朽骨)。【周禮】蜡氏掌除ㅣ。

【𩨨】(자)『骴』(前條)와 같음

【骵】(체)『體』(13骨部畫)의 俗字

【䯞】(굴) 月 クツ、いわや cavern 草書 달나오는곳굴(月所生、月ㅣ)。

【𩨗】(요) 篠 ヨウ、かたぼね bone of the shoulders 어깨뼈요(肩骨)。

【骶】㊀(제) 霽 テイ、しり coccyx ㊁(저) 薺 ㄉㄧˇ ti³ 草書 ㊀꽁무니끝저(臀也)。㊁뜻은 ㊀과 같음。

【骷】(고) 麌 コ、されぼね skeleton 해골고(髑也、頭蓋骨)。

六畫

【䯏】(괄) 曷 カツ、ほね bone-tip 小篆 뼈끝괄(骨端)。

【骸】(해) 佳 ガイ、ほね skeleton ㄏㄞˊ hai² 小篆 草書 뼈해(百ㅣ、骨也)。【左傳】析ㅣ以爨。

【骹】(교) 效 コウ、あしくび (本音「효」) ankle ㄑㄧㄠ ch'iao¹ 小篆 草書 발회목뼈교(脛骨近足細處)。【周禮】輪人參分其股圍去一以爲ㅣ。

【骻】(과) 馬 カ、こしぼね hip bone ㄎㄨㄚˇ k'ua³ 草書 방둥이뼈과(腰骨股間)。【唐書】從戎鞅ㅣ之服。

【骼】(격) 陌 カク、されぼね dried bone ㄍㄜˊ kê² 小篆 草書 ❶마른뼈격(枯骨)。❷드러난뼈격(露骨)。【禮記】掩ㅣ薶胔。❸짐승의뼈격(禽獸骨)。【儀禮】擧ㅣ及獸魚如初。(『骼』과 통함)

七畫

【䯊】(정) 靑 テイ、ももぼね thigh-bone ❶넓적다리뼈정(大腿骨)。❷긴뼈정(長骨貌)。

【𩨺】(효) 肴 コウ、かぶらや arrow with a turnip-shaped head 草書 우는살촉효(嗃鏑)。【唐書】嫣州土貢ㅣ矢。

【䯖】(랑) 陽 ロウ、ひざぼね knee-joint 무릎뼈랑(膝骨)。

【䯗】(폐) 薺 ヘイ、もも thigh ❶넓적다리폐(股也)。❷볼기짝폐(ㅣ臀)。【韓愈詩】髹其肉皮通ㅣ臀。

【骽】(퇴)『腿』(10肉部畫)의 俗字

【䯘】(환) 翰 カン、ひざぼね knee pan ❶골회칠할환(燒骨和漆而髹)。❷무릎뼈환(膝骨)。

【𩩃】(보) 麌 フ、ひざぼね knee-joint 무릎뼈보(膝骨)。

【骾】(경) 梗 コウ、ほねばる stubborn ㄍㄥˇ kêng³ 小篆 草書 ❶목걸릴경(骨留咽中)。❷가시센경(骨ㅣ之臣遇事敢刺)。【晋書 崔洪傳】骨ㅣ不同於物。

【𩩶】(요) 篠 ヨウ、かたぼね spade bone ❶어깨뼈요(肩骨)。❷오른편갈비뼈요(右脅)。【詩註】射左髀達於右ㅣ爲下殺。

八畫

【骿】(변) 先 ヘン、いちまいあばら rib ㄆㄧㄢˊ p'ien² 小篆 草書 통갈비변(幷脇肋骨連合爲一)。【國語 晋語】聞其ㅣ脅欲觀其狀。

【髀】㊀(비) 紙 ヒ、ヘイ、もも thigh ㄅㄧˋ pi⁴ ㊁(폐) 紙 小篆 古文 草書 ㊀넓적다리뼈비(股骨)。【禮記】帶下毋厭ㅣ。㊁볼기짝폐(髀也)。(『髀』와 같음)

【𩪑】(비)『髀』(前條)와 같음

【䯛】(완) 翰 ワン、ひざぼね knee-joint 무릎뼈완(膝ㅣ)。【唐書】張進昭截左ㅣ廬于墓。

【䯉】(철) 屑 テツ、ほねつぎ set a broken bone 뼈이을철(續骨)。

【髁】㊀(화) 哿 カ、ひざぼね (本音「과」) patella ㄎㄜ k'o¹ ㊁(과) 馬 小篆 草書 ㊀비뚤화(謑ㅣ不正貌)。【莊子 天下】謑ㅣ無任。㊁무릎뼈과(膝骨)。

【䯜】(적) 錫 テキ、きいろいえき yellow liquid 小篆 뼈사이누른물적(骨間黃汁)。

九畫

【䯧】(생) 梗 セイ、あおじろい (turn) pale 파리할생(瘦也)。(『瘖』과 같음)

【髂】(가) 禡 カ、こしぼね huckle-bone ㄎㄚˋ k'a⁴ 草書 허리뼈가(腰骨)。【漢書】楊雄折骨拉ㅣ。

【䯝】(종) 腫 ショウ、あしがはれる swollen leg 다리부을종(脚腫)。

【髃】(우) 有 グウ、かたぼね blade bone 小篆 ❶어깨죽지뼈우(膊前骨)。【詩註】自左膘而射之達於右ㅣ爲上

殺。❷앙가슴뼈우(肩前兩間骨)。

十畫

【髆】(박) 藥 ハク、かたぼね shoulder blade ㄅㄛˊ po²
小篆 草書 ❶어깨죽지박(肩甲)。❷사람이름박(人名、皇子ー)。

【髇】(효) 肴 コウ、やのな arrow
草書 우는화살효、살촉효(ー箭鳴鏑)。

【髈】㊀(방) 養 ホウ、ボウ、もも thigh ㊁(방) 陽 ㄆㄤˇ pang³
㊀넓적다리방(股也)。㊁겨드랑이방(脅也)。

【骨兼】(겸) 鹽 ケン、のどがかわく (be) thirsty
몸마를겸(瘦貌)。

【髊】(자) 歌 サ、くさったほね decayed bone
삭은뼈자(腐骨)。【呂氏春秋】揜骼ー。

十一畫

【髏】(루) 尤 ロウ、ル、されこうべ skull ㄌㄡˊ lou²
小篆 草書 해골루(髑ー首骨)。【莊子】見空髑ー。

【髍】(마)『䯵』(次條)와 같음

【䯵】㊀(마) 歌 マ、ちゅうふう paralysis ㊁(마) 碼
㊀잘마(細瑣、幺ー)。【漢敍傳】又況幺ー尙不及數子。㊁❶중풍마(中風)。❷㊀과 뜻이 같음。

【髎】(료) 肴 リョウ、しりぼね hip-bones
엉덩이뼈료(髖也)。

十二畫

【骨莽】(망) 養 ボウ、ふとる fatten
몸에 살찔망(骯ー、體肥)。

【骨厥】(궐) 月 ケツ、しりぼね hip-bones
小篆 볼기뼈궐(臀骨)。(『骨厥』과 같음)

【厥骨】(궐) 月 ケツ、しりぼね root of the tail
꼬리밑동궐(尾本)。

【髐】(효) 肴 コウ、キョウ、されぼね skeleton
草書 ❶해골모양효(白骨貌、ー然)。【莊子】見空髑髏ー然有形。❷화살효(箭也)。

十三畫

【髒】(장) 養 ソウ、かたくな firm ㄗㄤ tsang¹
草書 ❶꼬장꼬장할장(骯ー、婞直貌)。【後漢書 趙壹傳】抗ー倚門邊。❷몸뚱뚱할장(體胖貌)。

【髑】(촉) 屋 ドク、されこうべ skull ㄉㄨˊ tu² (本音「독」)
小篆 草書 해골촉(ー髏、頂骨)。【莊子 至樂】見空ー髏髐然有形。

【骨隨】(수)『髓』(次條)의 本字

【髓】(수) 紙 ズイ、ずい marrow ㄙㄨㄟˇ suei³
小篆 草書 ❶뼛속기름수(骨中脂)。【漢書】浹肌膚而藏骨ー。❷마음속수(心底)。

【體】(체) 薺 タイ、テイ、からだ body; trunk ㄊㄧˇ t'i³
小篆 草書 ❶몸체(身也)。【禮記】動ー。❷사지체(四肢)。【論語微子】四ー不勤。❸몸받을체(ー之)。❹모양체、꼴체(形狀、狀態)。❺물건체、것체(物ー、液ー)。❻근본체(本也)。【論語 學而集注】禮之ー主於敬 而其用以和爲貴。❼본받을체(効也)。(『軆』와 같음)

十四畫

【骨蒦】(확) 藥 カク、ほねのおと sound of bone
뼛소리확(骨聲)。

【髕】(빈) 軫 ヒン、ひざさら knee pan ㄅㄧㄣˋ pin⁴
小篆 草書 ❶종지뼈빈(膝蓋骨)。❷발끊을빈(斷足、刖刑)。【漢書 刑法志】ー罰之屬五百。

十五畫

【髖】(관) 寒 カン、また、もも knee-cap ㄎㄨㄢ k'uan¹
小篆 草書 엉덩이뼈관、옹두리뼈관(髀上兩股間)。【漢書】至于ー髀之所非斤則斧。

【骨齒】(할) 黠 カツ、ほねかじるおと sound of biting bones
뼈씹는 소리할(齧骨聲)。

十六畫

【髗】(로)『顱』(頁部16畫)와 같음

【骨歷】(력) 錫 レキ、ほねやまい disease
뼈병력(骨病)。

十八畫

【骨雚】(권) 先 ケン、ほおぼね cheekbone
광대뼈권(頰骨)。(『顴』과 같음)

高部

【高】㊀(고) 豪 コウ、たかい high;tall ㊁(고) 號
小篆 草書 ㊀❶높을고(崇也)。【易經】卑ー以陳貴賤位矣。❷위고(上也)。❸멀고(遠也)。❹높일고(敬也)。❺성고(姓也)。㊁❶높이고(低之對)。❷고상할고(ー尙)。❸비쌀고(物價不廉)。

【髙】(고)『高』(高部0畫)의 俗字

二畫

【高冋】(경) 梗 ケイ、うりごや watch-shed of melon field
小篆 或體 원두막경(瓜屋)。

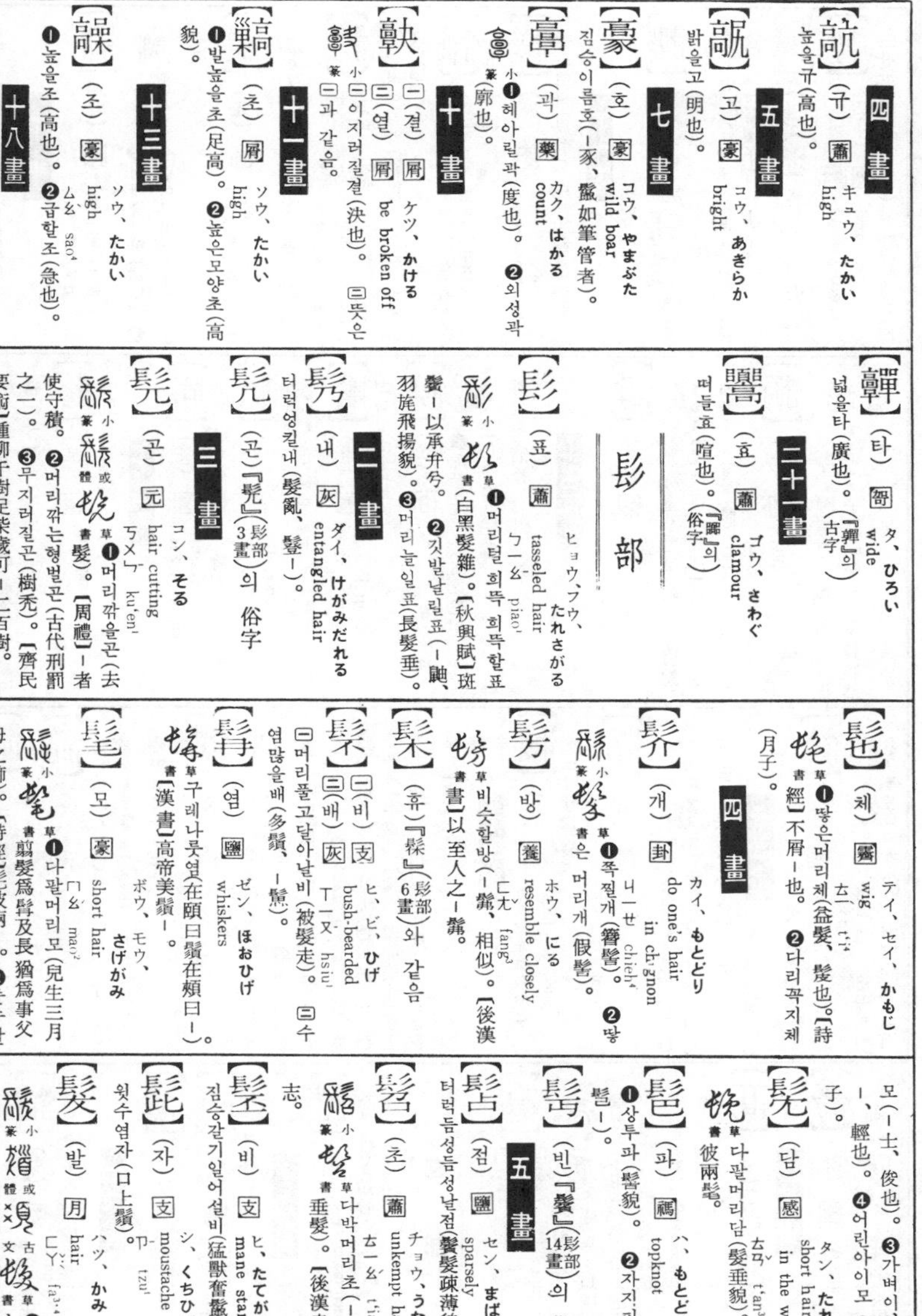

四畫

【髚】(규) 蕭 キュウ、たかい high
높을규(高也)。

五畫

【髛】(고) 豪 コウ、あきらか bright
밝을고(明也)。

七畫

【豪】(호) 豪 コウ、やまぶた wild boar
짐승이름호(ㅡ豕、鬣如筆管者)。

【𩫏】(곽) 藥 カク、はかる count
小篆 ❶헤아릴곽(度也)。❷외성곽(廓也)。

十畫

【𩫱】㊀(결) 屑 ケツ、かける ㊁(열) 屑 be broken off
小篆 ㊀이지러질결(決也)。㊁뜻은 ㊀과 같음。

十一畫

【𩫺】(초) 屑 ソウ、たかい high
❶발높을초(足高)。❷높은모양초(高貌)。

十三畫

【髞】(조) 豪 ソウ、たかい high ㄙㄠ sao⁴
❶높을조(高也)。❷급할조(急也)。

十八畫

【𩫩】(타) 哿 タ、ひろい wide
넓을타(廣也)。(『𩫩』의 古字)

二十一畫

【𩫮】(효) 蕭 ゴウ、さわぐ clamour
떠들효(喧也)。(『囂』의 俗字)

髟 部

【髟】(표) 蕭 ヒョウ、フウ、たれさがる tasseled hair ㄅㄧㄠ piao¹
小篆 草書 ❶머리털희뜩희뜩할표(白黑髮雜)。〔秋興賦〕斑鬢ㅡ以承弁兮。❷깃발날릴표(ㅡ䫴、羽旄飛揚貌)。❸머리늘일표(長髮垂)。

二畫

【𩬈】(내) 灰 ダイ、けがみだれる entangled hair
터럭엉킬내(髮亂、鬡ㅡ)。

【髠】(곤)『髡』(髟部 3畫)의 俗字

三畫

【髡】(곤) 元 コン、そる hair cutting ㄎㄨㄣ ku'en¹
小篆 或體 草書 ❶머리깎을곤(去髮)。〔周禮〕ㅡ者使守積。❷머리깎는형벌곤(古代刑罰之一)。❸무지러질곤(樹禿)。〔齊民要術〕種柳千樹足柴歲可ㅡ二百樹。

【髢】(체) 霽 テイ、セイ、かもじ wig ㄊㄧˋ t'i⁴
草書 ❶땋은머리체(益髮、髲也)。〔詩經〕不屑ㅡ也。❷다리꼭지체(月子)。

四畫

【𩬻】(개) 卦 カイ、もとどり do one's hair in chignon ㄐㄧㄝ chieh⁴
小篆 草書 ❶쪽찔개(簪髻)。❷땋은 머리개(假髻)。

【髣】(방) 養 ホウ、にる resemble closely ㄈㄤ fang³
草書 비슷할방(ㅡ髴、相似)。〔後漢書〕以至人之ㅡ髴。

【髤】(휴)『髹』(髟部 6畫)와 같음

【𩬅】㊀(비) 支 ヒ、ビ、ひげ ㊁(배) 灰 bush-bearded ㄒㄧㄡ hsiu¹
㊀머리풀고달아날비(被髮走)。㊁수염많을배(多鬚、ㅡ鬃)。

【髥】(염) 鹽 ゼン、ほおひげ whiskers
草書 구레나룻염(在頤曰鬚在頰曰ㅡ)。〔漢書〕高帝美鬚ㅡ。

【髦】(모) 豪 ボウ、モウ、さげがみ short hair ㄇㄠ mao²
小篆 草書 ❶다팔머리모(兒生三月翦髮爲鬌及長猶爲事父母之飾)。〔詩經〕髧彼兩ㅡ。❷준수할모(ㅡ士、俊也)。❸가벼이여길모(弁ㅡ、輕也)。❹어린아이모(髫ㅡ、童子)。

【髧】(담) 感 タン、たれがみ short hair flowing in the wind ㄊㄢ t'an³
草書 다팔머리담(髮垂貌)。〔詩經〕ㅡ彼兩髦。

【𩬛】(파) 禡 ハ、もとどり topknot
❶상투파(髻貌)。❷자지파(男子陰、髻ㅡ)。

【髩】(빈)『鬢』(髟部 14畫)의 俗字

五畫

【𩭄】(점) 鹽 セン、まばら sparsely
터럭듬성듬성날점(鬑髮疎薄貌、ㅡ鬑)。

【髫】(초) 蕭 チョウ、うない unkempt hair ㄊㄧㄠ t'iao²
小篆 草書 다박머리초(ㅡ髦、童子垂髮)。〔後漢書〕ㅡ髮厲志。

【髬】(비) 支 ヒ、たてがみふるう mane stand erect
짐승갈기일어설비(猛獸奮鬣貌、ㅡ髵)。

【髭】(자) 支 シ、くちひげ moustache ㄗ tzu¹
윗수염자(口上鬚)。

【髮】(발) 月 ハツ、かみ hair ㄈㄚ fa³·⁴
小篆 或體 古文 草書 ❶터럭발、머리카락

발(頭上毛)。【草木子】血之榮以ㅣ。❷모래땅발、메마른땅발(窮ㅣ、不毛之地)。【地理書】山以草木爲ㅣ。

【髣】(부) 虞 フ、たばねたかみ tress
小篆 묶은머리부(結露髻)。

【髱】(포) 效 ホウ、ひげむしゃ shaggy whiskers
草書 수염많을포(多鬚)。

【髥】(염)『髯』(髟部4畫)의 俗字

【髲】(피) 寘 ヒ、かもじ false hair ㄆㄧˋ pi⁴
小篆 草書 머리쓰개피、첩지피(婦人首飾被)。【儀禮】主婦被裼。

【髳】(무) 尤 ボウ、たれがみ flowing hair ㄇㄡˊ mou²
草書 ❶다팔머리무(髮至眉)。❷오랑캐이름무(巴蜀國名、羌ㅣ)。

【髴】(불) 物 フツ、による resemble closely ㄈㄨˊ fu²
小篆 草書 ❶비스름할불、비슷할불(髣ㅣ、若似)。【後漢書】以至人之髣ㅣ。❷부인머리치장할불(婦人首飾)。❸털더부룩할불(髮亂貌)。

六畫

【髵】(이) 支 ジ、たてがみたつ mane stand erect ㄦˊ êrh²
갈기일어설이(猛獸奮鬣貌、髶ㅣ)。

【髶】一(용) 冬 ジョウ、みだれたけ entangled hairs
二(이) 寘
小篆 一엉킨터럭용(亂髮)。二머리치장뗄이(去髮飾)。

【髷】(곡) 沃 キョク、ちぢれげ curly hair
草書 고수머리곡(鬈髮貌)。【詩經】予髮曲局。

【髹】(휴) 尤 キュウ、うるしぬる lacquer ㄒㄧㄡ hsiu¹
草書 옻칠할휴(以漆漆物赤黑色)。【史記貨殖傳】木器ㅣ者千枚。

【髟次】(차) 寘 シ、くしけずる comb
小篆 빗질할차(用梳比)。

【髻】一(계) 霽 ケイ、キツ、もとどり topknot
二(결) 質 ㄐㄧˋ chi⁴
小篆 草書 一상투계(總髮、魋結)。【史記】魋ㅣ箕踞。二부엌귀신결(竈神)。【莊子 達生】竈有ㅣ。

髻(會圖才三)

【髺】(괄) 曷 カツ、けをたばねる bundle
小篆 터럭묶을괄(束髮)。【儀禮】主人ㅣ髮袒。

七畫

【髟里】(리) 支 リ、こめかみ temple
관자놀이리(顱下左右、ㅣ鬢)。

【髼】(봉) 東 ホウ、かみがみだれる unkempt
머리털더부룩할봉(髮亂貌、ㅣ鬆)。

【髽】(좌) 麻 サ、ゆう do ones's hair in a chignon ㄓㄨㄚ chua
小篆 草書 여상제북상투쪽질좌(婦人喪髻猶男括髮)。

【髾】(소) 肴 ショウ、かみのさき end of a hair
草書 ❶털끝소(髮末)。【史記】蜚纖垂ㅣ。❷기드림틀소(旌旗所垂之羽)。【後漢書】曳長庚之飛ㅣ。

【髿】(사) 麻 シャ、かみをたれる loosen one's hair ㄕㄚ sha¹
머리흠치르르할사(髮美)。❷머리풀어헤칠사(垂貌、鬖ㅣ)。

【鬀】(체) 霽 テイ、ゆいかみ braid ㄊㄧˋ t'i⁴
小篆 ❶땋은머리체(髻也)。❷머리깎을체(剃髮)。『剃』와 같음。

【鬂】(빈)『鬢』(髟部14畫)의 俗字

八畫

【鬃】(종) 冬 ソウ、もとどり topknot ㄗㄨㄥ tsung¹
草書 ❶높은상투종(高髻)。❷말갈기종(馬鬣)。

【鬄】(체) 霽 テイ、セイ、そる cut hair ㄊㄧˋ t'i⁴
小篆 或體 草書 ❶머리깎을체(剃也)。【漢書】其次ㅣ毛髮。❷땋은머리체(髲也)。

【髟咅】(부) 有 ホウ、かみのけもよう short-haired
小篆 터럭짧을부(髮短)。

【鬅】(봉) 蒸 ホウ、みだれがみ unkempt hair ㄆㄥˊ p'êng²
草書 터럭더부룩할봉(ㅣ鬙、髮亂)。【陸游詩】倚屏吟嘯髮ㅣ鬙。

【髟周】一(조) 蕭 二(주) 宥 チョウ、かみおおい hairy
小篆 一털많을조(髮多)。二뜻은 一과 같음。

【䯿】(졸) 月 ソツ、もとどり topknot
❶상투졸(髻也)。❷터럭많을졸(髮多貌)。

【髼】(채) 賄 サイ、ゆいあげたがみ topknot
상투채(髻也)。

【鬆】(송) 冬 ソウ、みだれる loosen one's hair ㄙㄨㄥ sung¹
草書 ❶터럭더부룩할송(髼ㅣ、髮亂)。❷거칠송(粗ㅣ)。

【鬇】(쟁) 庚 ソウ、みだれがみ unkempt
터럭더부룩할쟁(髮亂、ㅣ鬡)。

【鬈】(권) 先 ケン、うるわしい handsome beard
小篆 草書 수염좋을권(鬚鬢好貌)。【詩經】其人美且ㅣ。

【䯾】(굴) 物 クツ、きもの feathery shawl
草書 털반배굴(半臂羽衣、繡ㅣ)。【後漢書】更始諸將軍皆幘而衣婦人

衣繡擁ㅣ。

九畫

【鬉】(종) 東 ソウ、かみがみだれる unkempt ㄗㄨㄥ tsung¹
터럭더부룩할종(髮亂)。

【䰄】(새) 灰 サイ、かみみだれる bushy-whiskered man
텁석부리새(鬚ㅣ、多鬚)。

【髳】㊀(모) 豪 ボウ、たれがみ hair flowing ㊁(무) 尤
小篆 或體 ㊀앞머리 처질모、다팔머리모(髮至眉)。㊁뜻은 ㊀과 같음。

【髾】(알) 黠 アツ、わたげ downy hair
솜털알(細毛)。

【䰐】(수)『鬚』(髟部12畫)와 같음

【鬍】(호) 虞 コ、ひげ beard
草書 구레나룻호(頰之鬚)。

【鬊】(순) 震 シュン、けをみだす be dishevelled
小篆 머리풀어헤칠순(亂髮)。【禮記】君大夫ㅣ爪實于綠中。

【鬋】(전) 先 銑 セン、ひげをそる shave ㄐㄧㄢ chien¹
小篆 草書 ❶귀밑털드리릴전(鬢垂貌)。【楚辭】盛ㅣ不同制。❷수염깎을전(剔治須髮)。【禮記】不蚤ㅣ。

【鬌】㊀(추) 支 スイ、タ、おちる hair falls out ㄉㄨㄛ tuo³ ㊁(타) 哿
小篆 草書 ㊀❶털빠질추(髮落)。❷황새머리추(小兒剪髮所遺爲ㅣ)。㊁뜻은 ㊀과 같음。

十畫

【鬄】(적) 錫 テキ、かみきる hair cut
小篆 머리깎을적(鬄髮)。

【鬐】(기) 支 キ、たてがみ mane ㄑㄧ ch'i²
小篆 草書 ❶말갈기기(馬鬣)。❷생선등지느러미기(魚脊)。【莊子】揚而奮ㅣ。

【鬑】(렴) 鹽 レン、かみがだれる hang down ㄌㄧㄢ lien²
小篆 ❶머리가 드리워질렴(髮垂)。❷머리가길렴(髮長貌)。

【鬕】(차) 歌 哿 サ、うつくしい beautiful hair ㄘㄨㄛ ts'uo³
小篆 ❶터럭아름다울차(髮美)。❷터럭많을차(髮多)。

【鬆】(반) 寒 ハン、ちょんまげ topknot
小篆 북상투반(臥髻)。【柳宗元詩】虞童髮未ㅣ。

【鬒】(진) 軫 シン、こい、くろい thick hair ㄓㄣ chen³
小篆 或體 草書 머리숱많을진(黑髮而稠)。【左傳】有奶氏女ㅣ黑而甚美。

十一畫

【䰨】(마) 禡 マ、こみがめ temple
관자놀이마(髻ㅣ、顱下左右)。

【鬖】㊀(삼) 勘 サン、シン、みだれがみ ㊁(삼) 覃 obushy hair ㄙㄢ san
草書 ㊀머리채치렁거릴삼(髮垂貌、ㅣ鬖)。㊁머리털더부룩할삼(亂髮貌)。

【鬘】(만) 刪 バン、マン、かずら false hair ㄇㄢ man²
草書 다리꼭지만(月子)。

【鬗】(만) 寒 マン、ながくかみだれる long-haired
小篆 머리치렁치렁할만(髮長貌)。【漢書】掩回轅ㅣ長馳。

十二畫

【䰆】(비) 寘 ヒ、ひげおおい bushy-bearded
수염많을비(鬚多)。

【䰎】(귀) 寘 キ、ちょんまげ topknot ㄎㄨㄟ k'uei⁴
小篆 상투귀(髻也)。

【鬙】(승) 蒸 ソウ、みだれる shaggy hair ㄙㄥ sêng¹
草書 터럭더부룩할승(鬅ㅣ、髮亂)。

【鬚】(수) 虞 シュ、ひげ beard ㄒㄩ hsü¹
草書 턱수염수、아랫수염수(頤毛)。

【鬛】(렵)『鬣』(髟部15畫)의 略字

【鬜】㊀(간) 刪 カン、カツ、はげる ㊁(갈) 黠 shave
小篆 ㊀머리밀간(頭鬢禿)。【韓愈詩】或赤若禿ㅣ。㊁뜻은 ㊀과 같음。

十三畫

【鬖】(찬) 翰 サン、かみのつや greasy-haired
머리빤지르르할찬(髮光)。

【鬟】(환) 刪 カン、わげ hair in a chignon ㄏㄨㄢ huan²
小篆 草書 땋은머리환、쪽찔환(屈髮爲髻)。【庾信詩】花ㅣ醉眼纈。

【鬠】(괄) 曷 カツ、かみをたばねる make a topknot ㄎㄨㄛ k'uo⁴
북상투짤괄(括髮)。【儀禮】ㅣ笄用桑。

十四畫

【䰖】㊀(제) 霽 セイ、ちょんまげ topknot ㊁(절) 屑
小篆 ㊀❶작은상투를 묶을제(小髻束髮意)。❷작고높은 상투제(小高髻意)。㊁뜻은 ㊀과 같음。

【鬔】(몽) 東 ボウ、うまのたれたてがみ the mane fallen over
드리워진 말갈기몽(垂馬鬣)。

【䰐】(람) 覃 ラン、かみがながい fall over ㄌㄢ lan²
小篆 머리치렁치렁할람(髮垂、ㅣ鬖)。

【鬡】(녕) 庚 ドウ、みだれがみ unkempt ㄋㄧㄥ ning²

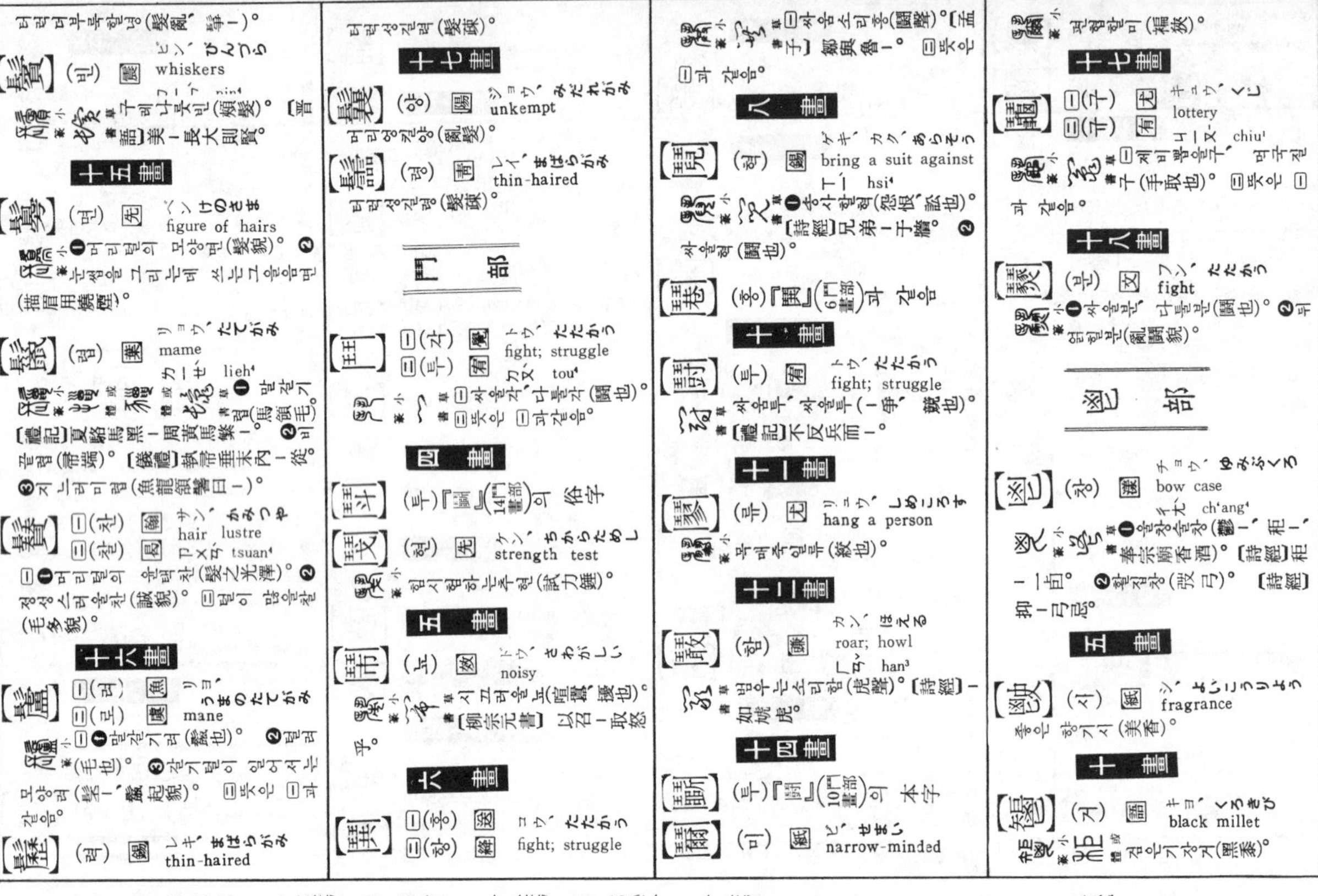

터럭더부룩할녕(髮亂、鬡ㅣ)。

【鬢】(빈) 震 ビン、びんづら whiskers
小篆 草書 구레나룻빈(頰髮)。〔晉語〕美ㅣ長大則賢。

十五畫

【鬓】(면) 先 ベン けのさま figure of hairs
小篆 ❶머리털의 모양면(髮貌)。❷눈썹을 그리는데 쓰는그을음면(描眉用燒煙)。

【鬣】(렵) 葉 リョウ、たてがみ mame カーせ lieh⁴
小篆 或體 或體 草書 ❶말갈기렵(馬領毛)。〔禮記〕夏駱馬黑ㅣ周黃馬繁ㅣ。❷비끌렵(帚端)。〔儀禮〕執帚垂末內ㅣ從。❸지느러미렵(魚龍頷鬐曰ㅣ)。

【鬢】一(찬) 翰 サン、かみつや hair lustre
二(찰) 曷 ㄗㄨㄢˋ tsuan⁴
一❶머리털의 윤택찬(髮之光澤)。❷정성스러울찬(誠貌)。三털이 많을찬(毛多貌)。

十六畫

【鬛】一(려) 魚 リヨ、うまのたてがみ mane
二(로) 虞
小篆 一❶말갈기려(鬣也)。❷털려(毛也)。❸갈기털이 일어서는 모양려(鬐ㅣ、鬛起貌)。三뜻은 一과 같음。

【鬁】(력) 錫 レキ、まばらがみ thin-haired

터럭성길려(髮疎)。

十七畫

【鬤】(양) 陽 ジョウ、みだれがみ unkempt
머리엉킬양(亂髮)。

【鬡】(령) 青 レイ、まばらがみ thin-haired
터럭성길령(髮疎)。

門 部

【鬥】一(각) 覺 トウ、たたかう fight; struggle
二(투) 宥 ㄉㄡˋ tou⁴
小篆 草書 一싸울각、다툴각(鬪也)。二뜻은 一과같음。

四畫

【鬦】(투)『鬭』(14畫 門部)의 俗字

【鬩】(현) 先 ケン、ちからためし strength test
小篆 힘시험하는추현(試力錘)。

五畫

【鬧】(뇨) 效 ドウ、さわがしい noisy
小篆 草書 시끄러울뇨(喧囂、擾也)。〔柳宗元書〕以召ㅣ取怒乎。

六畫

【鬨】一(홍) 送 コウ、たたかう fight; struggle
二(항) 絳
小篆 草書 一싸움소리홍(鬪聲)。〔孟子〕鄒與魯ㅣ。二뜻은 一과 같음。

八畫

【鬩】(혁) 錫 ゲキ、カク、あらそう bring a suit against ㄒㄧˋ hsi⁴
小篆 草書 ❶송사할혁(怨恨、訟也)。〔詩經〕兄弟ㅣ于牆。❷싸울혁(鬪也)。

【鬨】(홍)『鬨』(6畫 門部)과 같음

十畫

【鬪】(투) 宥 トウ、たたかう fight; struggle
草書 싸움투、싸울투(ㅣ爭、競也)。〔禮記〕不反兵而ㅣ。

十一畫

【鬰】(류) 尤 リュウ、しめころす hang a person
小篆 목매죽일류(絞也)。

十二畫

【鬫】(함) 豏 カン、ほえる roar; howl ㄏㄢˇ han³
草書 범우는소리함(虎聲)。〔詩經〕ㅣ如虓虎。

十四畫

【鬭】(투)『鬪』(10畫 門部)의 本字

【鬮】(미) 紙 ビ、せまい narrow-minded
小篆 편협할미(褊狹)。

十七畫

【鬮】一(구) 尤 キュウ、くじ lottery
二(규) 有 ㄐㄧㄡ chiu¹
小篆 草書 一제비뽑을구、먹국질구(手取也)。二뜻은 一과 같음。

十八畫

【鬬】(분) 文 フン、たたかう fight
小篆 ❶싸울분、다툴분(鬪也)。❷뒤얽힐분(亂鬪貌)。

鬯 部

【鬯】(창) 漾 チョウ、ゆみぶくろ bow case ㄔㄤˋ ch'ang⁴
小篆 草書 ❶울창술창(鬱ㅣ、秬ㅣ、奉宗廟香酒)。〔詩經〕秬ㅣ一卣。❷활집창(弢弓)。〔詩經〕抑ㅣ弓忌。

五畫

【鬯史】(시) 紙 シ、よいこうりよう fragrance
좋은 향기시(美香)。

十畫

【鬯巨】(거) 語 キョ、くろきび black millet
小篆 或體 검은기장거(黑黍)。

十八畫

【鬱】(울) 物 ウツ、においぐさ tulip
小篆 울금초울(香草、ㅣ金)。〔說文〕ㅣ 鬯 百艸之華ㅣ人所貢芳草以降神。

十九畫

【鬱】(울) 物 ウツ、むらがり しげる thick; dense ㄩ yü⁴
小篆 ❶나무다부룩할울(木叢生、積也、盛也)。〔詩經〕ㅣ彼北林。❷막힐울(滯也)。〔左傳〕ㅣ湮不育。❸마음에맺힐울(ㅣ陶、憤結)。〔書經〕ㅣ陶乎予心。❹아가위울(棣屬)。〔詩經〕六月食ㅣ及薁。❺답답할울(ㅣㅣ氣蒸)。❻멀리생각할울(悠思)。

鬲 部

【鬲】㊀(격) 陌 カク、レキ、かなえ ㊁(력) 錫 porcelain ㄍㄜ kê²
小篆 或體 草書 ㊀❶오지병격(瓦瓶)。〔禮記〕陶人出重ㅣ。❷땅이름격(趙地名)。㊁다리굽은솥력(曲脚鼎)。〔爾雅〕鼎款足謂之ㅣ。

周 弩鬲 (西淸古鑑)

三畫

四畫

【𩰫】㊀(과) 歌 カ、どがま ㊁(라) 歌 earthern cauldron ㄍㄨㄛ kuo¹
小篆 ㊀흙가마과(土釜)。㊁뜻은 ㊀과 같음。

【䰛】(과)『鍋』(金部 9畫)와 같음

【䰜】(의) 紙 ギ、かま cauldron
小篆 가마의(釜也)。

六畫

【鬳】(권) 願 ケン、かなえ iron pot ㄌㄧˋ li⁴
小篆 草書 솥권(鼎也)。

【𩰲】(력) 錫 レキ、むしあがり steam(up)
小篆 김오를력(熱飪氣上出)。

【𩰬】㊀(휴) 齊 ケイ、こしきのあな ㊁(규) 齊 bottom holes of jar
㊀시루구멍휴(窐也)。(『窐』와 통함) ㊁뜻은 ㊀과 같음。

【𩰳】(이) 支 ジ、にる boil ripe
삶아 익힐이(熟也)。〔揚雄〕秦晋之郊、謂熟曰ㅣ。(『膷』와 통함)

七畫

【鬴】(부) 麌 フ、かま large iron pot ㄈㄨˇ fu³
小篆 或體 草書 가마부(鍑屬無足)。〔周禮〕凡萬民之食食者人四ㅣ上也人三ㅣ中也人二ㅣ下也。(『釜』와 같음)

鬴 (名物圖)

八畫

【𩰿】(비) 未 ヒ、わく boil(up)
小篆 끓을비(沸也)。〔楚辭〕氣涫ㅣ其若波。(『沸』와 같음)

【鬵】(심) 侵 セン、シン、かま cauldron ㄒㄧㄣ hsin²
小篆 籒文 草書 ❶용가마심、큰가마심(大釜)。❷고리심(似甑大上小下)。〔詩經〕漑之釜ㅣ。

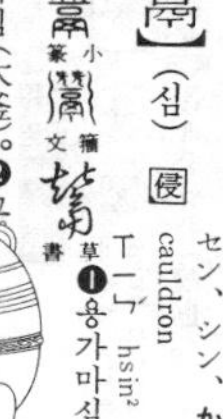
細文鬵 (考古圖)

九畫

【鬷】(종) 東 ソウ、かま cauldron ㄗㄨㄥ tsung¹
小篆 草書 ❶가마종(釜屬)。❷많을종(衆也)。〔詩經〕越以ㅣ邁。

十畫

【𩱁】(력) 錫 レキ、こす filter
거를력(去滓)。

十一畫

【𩱙】(호) 虞 コ、かゆ glutinous rice gruel
小篆 죽호(粥也)。(『餬』와 통함)

【𩱼】(오) 豪 ゴウ、いる parch
볶을오(乾煎)。

【鬺】(상) 陽 ショウ、にる boil; cook
삶을상(烹煮)。〔史記 封禪書〕皆嘗烹ㅣ上帝鬼神。

十二畫

【𩱠】(이) 寘 ジ、もち rice-cake ㄓㄨ chu⁴
小篆 가루떡이(粉餠)。

【䰝】(증)『甑』(瓦部 12畫)과 같음

【鬻】㊀(죽) 屋 シュク、イク、かゆ ㊁(육) 屋 ㊂(국) 屋 gruel
小篆 草書 ㊀❶미음죽(糜也)。❷죽(饘ㅣ、飯餘鋤屬)。〔左傳〕饘於是ㅣ於是。(『粥』과 같음) ㊁팔육(賣也)。〔左傳〕有ㅣ踊者。㊂❶기를국(養也)。〔莊子〕天ㅣ者天食也。❷어릴국(稚也)。〔詩經〕ㅣ子之閔斯。(『鞠』과 통함)

十三畫

【𩱦】(종)『鬷』(鬲部 9畫)과 같음

【𩱧】(객) 陌 カク、かわごろものうら layer of an outer wear

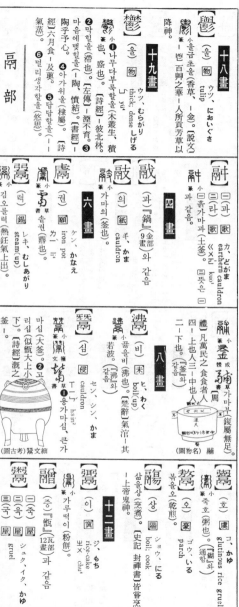

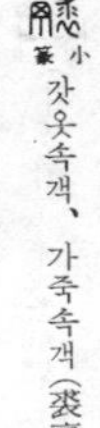 小篆 갓옷속객、가죽속객(裘裏)。

十四畫

【䊴】㊀(건) 元 ケン、かゆ glutinous rice gruel
㊁(전) 先
小篆 鬻 或體 飦 或體 餰 或體 ㊀죽건(鬻也)。㊁뜻은 ㊀과 같음。

十五畫

【鬻】(저) 語 シャ、にる boil; fry
小篆 鬻 或體 煮 或體 鬻 草書 지질저、삶을저(烹也)。〔周禮〕凡齋事一鹽以待戒令。(『煮』의 古字)

十六畫

【鬻】(초) 巧 ソウ、いる parch
小篆 볶을초(炒也)。(『煼』와 같음)

【鬻】(갱) 庚 コウ、あつもの thick soup
小篆 或體 羹 或體 ❶곰갱(羹也)。❷『羹』의 篆書字。

十七畫

【鬻】(속) 屋 ソク、あつもの thick soup ㄅㄛ po²
小篆 或體 餗 곰속(鼎實、八珍之善)。

【鬻】(림) 侵 リン、ぬらす dip
축일림、물댈림(沃水)。(『淋』과 같음)

十八畫

【鬻】(증) 徑 ソウ、こしき steam basket
시루증(甑也、炊器)。(『甑』과 같음)

二十畫

【鬻】(약) 藥 ヤク、かゆ scald
小篆 데칠약(內肉及菜湯中薄出之)。

鬼 部

【鬼】(귀) 尾 キ、おに ghost ㄍㄨㄟˇ kuei³
小篆 古文 草書 귀신귀、도깨비귀、돋것귀(精魂所歸人死骨肉歸土血歸水魂氣歸天 其陰氣薄然獨存無所依故爲一)。〔列子〕精神離形各歸其眞故謂之一一歸也。

三畫

【鬽】(매) 寘 ビ、すだま ghost ㄇㄟˋ mei⁴ (古音「미」)
小篆 或體 魅 籀文 古文 草書 도깨비매(老精物山林異氣所生)。

【𩲅】(외) 賄 ワイ、やせつち barren soil
메마른땅외(一郲、墝埆)。

四畫

【鬾】(기) 支 キ、こどものたたり children's ghosts
小篆 아이귀신기(小兒鬼)。

【鬿】(기) 微 キ、とり bird
❶새기(一雀、鳥類)。〔山海經〕北號之山有鳥、狀如雞而白首、鼠足而虎爪、其名曰、一雀。❷이상한 짐승이름기(一堆、奇獸)。〔楚辭〕一堆焉處。❸북두구성기(九一、北斗九星)。〔楚辭〕九一與六神。

【魁】㊀(괴) 灰 カイ、かしら leader; boss ㄎㄨㄟˊ k'uei²
㊁(괴) 賄
小篆 草書 ㊀❶으뜸괴(首也)。〔禮記〕不爲一。❷괴수괴(渠一、帥也)。〔書經〕殲厥渠一。❸클괴(大也)。〔史記〕始以薛公爲一然。❹별이름괴(北斗首星)。〔史記註〕一北斗第一星也。㊁❶헌걸찰괴(一壘、壯貌)。❷언덕괴(小阜)。

【魂】(혼) 元 コン、たましい soul; spirit ㄏㄨㄣˊ huen²
小篆 (本注段) 草書 혼혼、넋혼(一魄、附氣之神一身之精)。〔易經〕遊一爲變。

【䰟】(혼)『魂』(前條)과 같음

五畫

【𩲋】(률) 質 リツ、ころす kill
죽일률(殺也)。

【魃】(발) 曷 ハツ、ひでりのかみ drought demon ㄅㄚˊ pa²
小篆 草書 ❶가물귀신발(旱鬼一名旱母)。〔詩經 大雅雲漢〕旱一爲虐。❷가물발(旱也)。

【魄】㊀(백) 陌 ハク、タク、たましい soul
㊁(박) 藥
㊂(탁) 藥 ㄊㄨㄛˋ t'o⁴
小篆 草書 ㊀넋백(附形之靈人生始化心之精爽)。㊁넋잃을박(落一、志行衰惡)。㊂넋잃을탁(落一、失業)。

【魅】(매) 寘 ビ、ミ、もののけ ghost; spectre ㄇㄟˋ mei⁴ (本音「미」)
도깨비매、산매매(魑一、怪物)。〔左傳〕以禦魑一。

【魆】(훌) 物 クツ、いつわる cheat slyly ㄒㄩˋ hsü⁴
❶간사하게 속일훌(譎也)。❷갑작스러울훌、얼른훌(猝也)。

六畫

【䰥】(귀) 寘 キ、おおいにみる wide see
크게 볼귀(大視貌)。

【䰰】(옥) 屋 オク、かたち figure
모양옥(貌也)。

七畫

【䰳】(영) 迥 エイ、まじない ask divination
무꾸리할영、방자할영(巫厭)。

【魈】(소) 蕭 ショウ、すだま ghost of a mountain ㄒㄧㄠ hsiao¹
草書 산도깨비소(山精獨足鬼)。

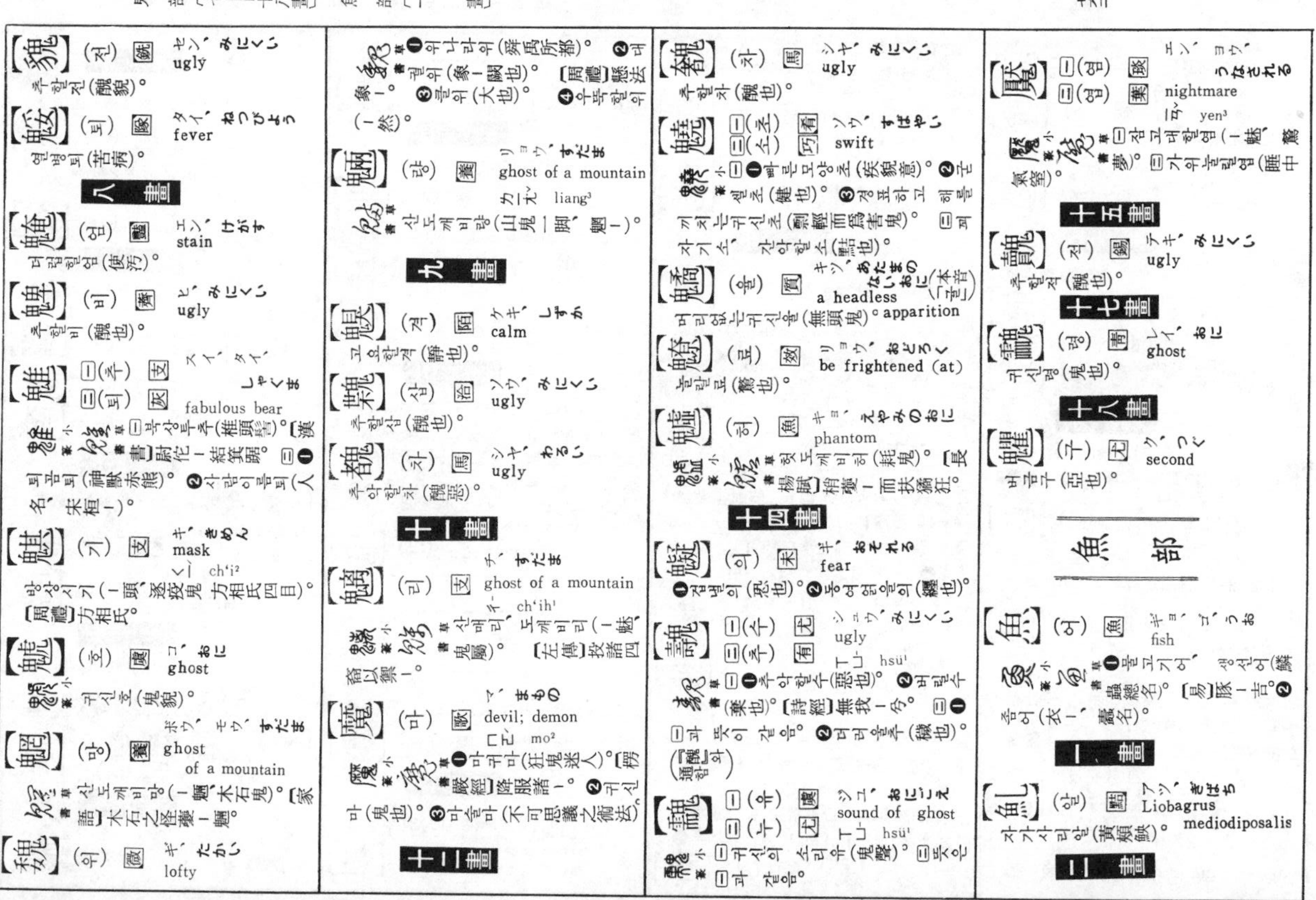

【䰩】(전) 銑 セン、みにくい ugly
추할전(醜貌)。

【魋】(퇴) 隊 タイ、ねつびよう fever
열병퇴(苦病)。

八畫

【䰰】(엄) 豔 エン、けがす stain
더럽힐엄(使汚)。

【魓】(비) 薺 ヒ、みにくい ugly
추할비(醜也)。

【魋】 ㊀(추) 支 ㊁(퇴) 灰 スイ、タイ、しゃぐま fabulous bear
小篆 草書 ㊀북상투추(椎頭髻)。〔漢書〕尉佗ㅣ結箕踞。㊁❶퇴곰퇴(神獸赤熊)。❷사람이름퇴(人名、宋桓ㅣ)。

【魌】(기) 支 キ、きめん mask ㄑㄧˊ ch'i²
방상시기(ㅣ頭、逐疫鬼 方相氏四目)。〔周禮〕方相氏。

【魁】(호) 虞 コ、おに ghost
小篆 귀신호(鬼貌)。

【魍】(망) 養 ボウ、モウ、すだま ghost of a mountain
草書 산도깨비망(ㅣ魎、木石鬼)。〔家語〕木石之怪夔ㅣ魎。

【魏】(위) 微 ギ、たかい lofty
草書 ❶위나라위(舜禹所都)。❷대궐위(象ㅣ闕也)。〔周禮〕懸法象ㅣ。❸클위(大也)。❹우뚝할위(ㅣ然)。

九畫

【魎】(량) 養 リョウ、すだま ghost of a mountain ㄌㄧㄤˇ liang³
草書 산도깨비량(山鬼一脚、魍ㅣ)。

【䰢】(격) 陌 ケキ、しずか calm
고요한격(靜也)。

【䰣】(삽) 洽 ソウ、みにくい ugly
추할삽(醜也)。

【䰤】(차) 馬 シャ、わるい ugly
추악할차(醜惡)。

十一畫

【魑】(리) 支 チ、すだま ghost of a mountain ㄔ ch'ih¹
小篆 草書 산매리、도깨비리(ㅣ魅、鬼屬)。〔左傳〕投諸四裔以禦ㅣ。

【魔】(마) 歌 マ、まもの devil; demon ㄇㄛˊ mo²
小篆 草書 ❶마귀마(狂鬼迷人)。〔楞嚴經〕降服諸ㅣ。❷귀신마(鬼也)。❸마술마(不可思議之術法)。

十二畫

【䰪】(차) 馬 シャ、みにくい ugly
추할차(醜也)。

【魈】 ㊀(초) 肴 ㊁(소) 巧 ソウ、すばやい swift
小篆 ㊀❶빠른모양초(疾貌意)。❷굳셀초(健也)。❸경표하고 해를 끼치는귀신초(剽輕而爲害鬼)。㊁꾀자기소、간악할소(黠也)。

【䰬】(율) 質 キツ、あたまのないおに(本音「굴」) a headless apparition
머리없는귀신율(無頭鬼)。

【䰫】(료) 效 リョウ、おどろく be frightened (at)
놀랄료(驚也)。

【魖】(허) 魚 キョ、えやみのおに phantom
小篆 草書 헛도깨비허(耗鬼)。〔長楊賦〕梢夔ㅣ而抶獝狂。

十四畫

【魕】(의) 未 ギ、おそれる fear
❶겁낼의(恐也)。❷동여얽을의(纏也)。

【魗】 ㊀(수) 尤 ㊁(추) 有 シュウ、みにくい ugly ㄒㄩ hsü¹
草書 ㊀❶추악할수(惡也)。〔詩經〕無我ㅣ兮。❷버릴수(棄也)。㊁❶㊀과 뜻이 같음。❷더러울추(穢也)。(『醜』와 通함)

【䰯】 ㊀(유) 虞 ㊁(누) 尤 ジュ、おにごえ sound of ghost ㄒㄩ hsü¹
小篆 ㊀귀신의 소리유(鬼聲)。㊁뜻은 ㊀과 같음。

【魘】 ㊀(염) 琰 ㊁(엽) 葉 エン、ヨウ、うなされる nightmare ㄧㄢˇ yen³
小篆 草書 ㊀잠고대할염(ㅣ魅、驚夢)。㊁가위눌릴엽(睡中氣窒)。

十五畫

【䰲】(적) 錫 テキ、みにくい ugly
추할적(醜也)。

十七畫

【䰶】(령) 靑 レイ、おに ghost
귀신령(鬼也)。

十八畫

【䰻】(구) 尤 ク、つぐ second
버금구(亞也)。

魚部

【魚】(어) 魚 ギョ、ゴ、うお fish
小篆 草書 ❶물고기어、생선어(鱗蟲總名)。〔易〕豚ㅣ吉。❷좀어(衣ㅣ、蠹名)。

一畫

【魛】(알) 黠 アツ、ぎばち Liobagrus mediodiposalis
자가사리알(黃頰魚)。

二畫

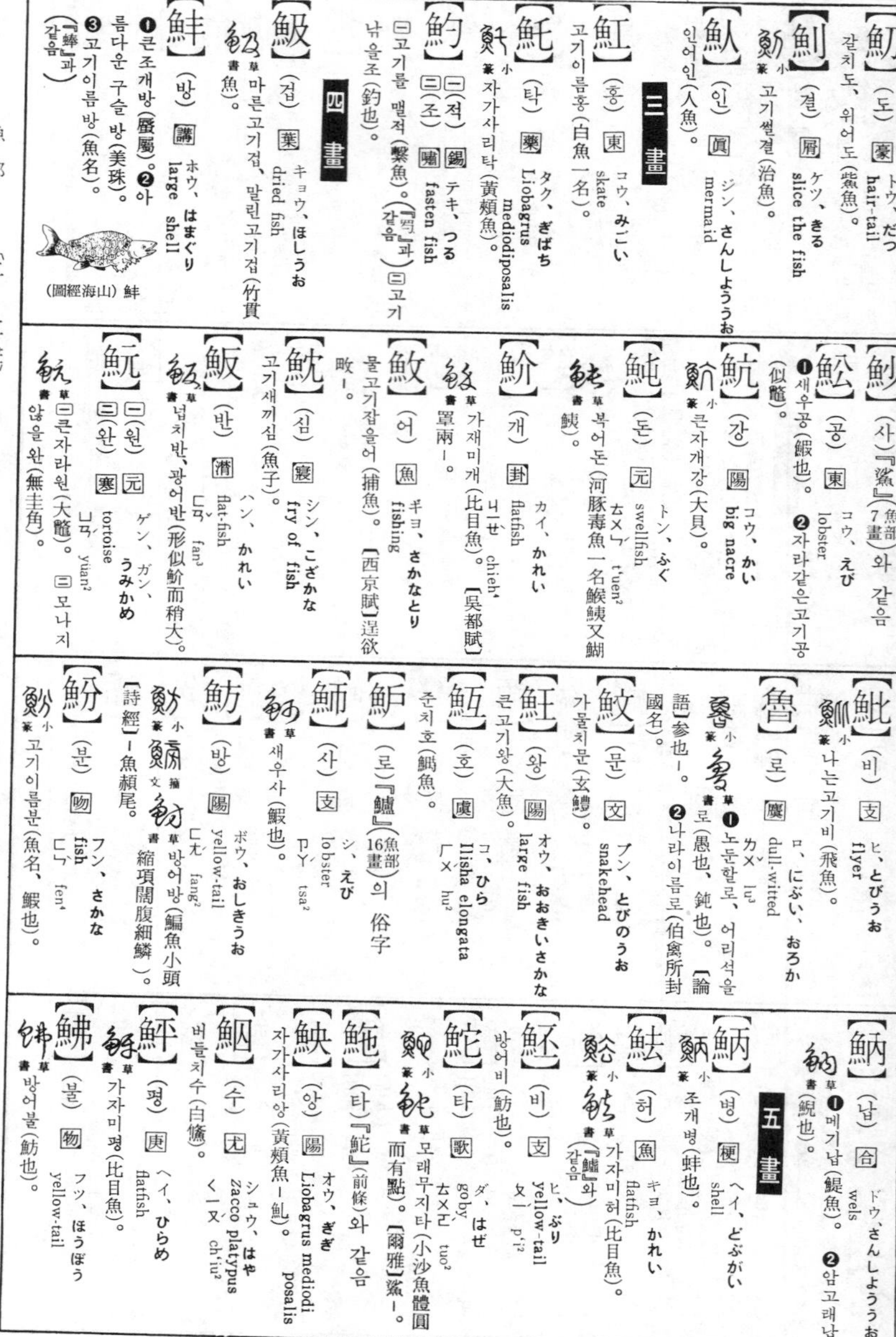

【魛】(도) 豪 トウ、だつ hair-tail 갈치도, 위어도(鮆魚)。

【魝】(결) 屑 ケツ、きる slice the fish 小篆 고기썰결(治魚)。

【魜】(인) 眞 ジン、さんしょううお mermaid 인어인(人魚)。

三畫

【魟】(홍) 東 コウ、みごい skate 고기이름홍(白魚一名)。

【魠】(탁) 藥 タク、ぎばち Liobagrus mediodiposalis 小篆 자가사리탁(黃頰魚)。

【魡】㊀(적) 錫 テキ、つる ㊁(조) 嘯 fasten fish ㊀고기를 맬적(繫魚)。(『䲁』과 같음) ㊁고기낚을조(釣也)。

四畫

【魥】(겁) 葉 キョウ、ほしうお dried fish 草書 마른고기겁, 말린고기겁(竹貫魚)。

【𩵦】(방) 講 ホウ、はまぐり large shell ❶큰조개방(蜃屬)。❷아름다운 구슬 방(美珠)。❸고기이름방(魚名)。(『蚌』과 같음)

鮭 (山海經圖)

【魦】(사)『鯊』(魚部7畫)와 같음

【𩶘】(공) 東 コウ、えび lobster ❶새우공(鰕也)。❷자라같은고기공(似鼈)。

【魧】(강) 陽 コウ、かい big nacre 小篆 큰자개강(大貝)。

【魨】(돈) 元 トン、ふぐ swellfish ㄊㄨㄣˊ t'uen² 草書 복어돈(河豚毒魚一名鯸鮧又鯯鮧)。

【魪】(개) 卦 カイ、かれい flatfish ㄐㄧㄝˋ chieh⁴ 草書 가재미개(比目魚)。【吳都賦】罩兩ㅣ。

【魰】(어) 魚 ギョ、さかなとり fishing 물고기잡을어(捕魚)。【西京賦】逞欲畋ㅣ。

【魫】(심) 寢 シン、こざかな fry of fish 고기새끼심(魚子)。

【魬】(반) 潸 ハン、かれい flat-fish ㄈㄢˇ fan³ 草書 넙치반, 광어반(形似魪而稍大)。

【魭】㊀(원) 元 ㊁(완) 寒 ゲン、ガン、うみかめ tortoise ㄩㄢˊ yüan² 草書 ㊀큰자라원(大鼈)。㊁모나지않을완(無圭角)。

【魮】(비) 支 ヒ、とびうお flyer 小篆 나는고기비(飛魚)。

【魯】(로) 麌 ロ、にぶい、おろか dull-witted ㄌㄨˇ lu³ 小篆 草書 ❶노둔할로, 어리석을로(愚也、鈍也)。【論語】參也ㅣ。❷나라이름로(伯禽所封國名)。

【魰】(문) 文 ブン、とびのうお snakehead 가물치문(玄鱧)。

【𩵽】(왕) 陽 オウ、おおきいさかな large fish 큰고기왕(大魚)。

【魱】(호) 虞 コ、ひら Ilisha elongata ㄏㄨˊ hu² 준치호(鰣魚)。

【魲】(로)『鱸』(魚部16畫)의 俗字

【魳】(사) 支 シ、えび lobster ㄗㄚˊ tsa² 草書 새우사(鰕也)。

【魴】(방) 陽 ボウ、おしきうお yellow-tail ㄈㄤˊ fang² 小篆 籀文 草書 방어방(鯿魚小頭縮項闊腹細鱗)。【詩經】ㅣ魚赬尾。

【魵】(분) 吻 フン、さかな fish ㄈㄣˋ fen⁴ 小篆 고기이름분(魚名、鰕也)。

【魶】(납) 合 ドウ、さんしょううお wels 草書 ❶메기납(鯷魚)。❷암고래납(鯢也)。

五畫

【鮩】(병) 梗 ヘイ、どぶがい shell 小篆 조개병(蚌也)。

【魼】(허) 魚 キョ、かれい flatfish 小篆 草書 가자미허(比目魚)。『鱸』와 같음

【魾】(비) 支 ヒ、ぶり yellow-tail ㄆㄧ p'i² 방어비(魴也)。

【鮀】(타) 歌 ダ、はぜ goby ㄊㄨㄛˊ tuo² 小篆 草書 모래무지타(小沙魚體圓而有點)。【爾雅】鯊ㅣ。

【䰿】(타)『鮀』(前條)와 같음

【䱀】(앙) 陽 オウ、ぎぎ Liobagrus mediodiposalis 자가사리앙(黃頰魚ㅣ魤)。

【鮂】(수) 尤 シュウ、はや Zacco platypus ㄑㄧㄡˊ ch'iu² 버들치수(白鯈)。

【鮃】(평) 庚 ヘイ、ひらめ flatfish 草書 가자미평(比目魚)。

【鮄】(불) 物 フツ、ほうぼう yellow-tail 草書 방어불(魴也)。

【鮅】(필) 質 ヒツ、むつ Scombrops boops 상피리필(石ㅣ魚)。

【魚夲】(교) 蕭 キョウ、みごい white-bait 뱅어교(陽鱎)。【荀子】鯈ㅣ者、浮陽之魚也。

【魚幼】(요) 蕭 ユウ、だぼはぜ Coreoperca herzi 꺽저기요(船矴魚)。

【鮆】(제) 薺 ㄐㄧˋ chi^4 セイ、シ、えつ hairtail 갈치제(刀魚狹薄頭長如刀)。【史記】鮐ㅣ千斤。

【鮇】(미) 未 ビ、いわな white-bait 뱅어미(嘉魚)。

【鮈】(구) 虞 ク、さかな fish 고기이름구(魚名、鯸ㅣ)。

【鮊】(백) 陌 ㄅㄛˊ po^2 ハク、がんぎ white-bait 우러기백、뱅어백(魚名)。

【鮌】(곤) 阮 コン、さかな fish 곤어곤(魚也)。(『鯀』과 같음)

【鮎】(점) 鹽 ㄋㄧㄢˊ nien^2 デン、なまず wels 메기점(頭大尾小身滑無鮧ㅣ名鰋)。【爾雅】ㅣ別名鯷。

【鮏】(성) 靑 セイ、なまぐさい be fishy 비릴성(魚臭)。

【鮐】(태) 灰 タイ、ふぐ swellfish ❶복태(河豚別名)。【史記】ㅣ鮆千斤。❷늙은이 등에복무늬날태(老人ㅣ背)。【詩經】黃耉ㅣ背。

【鮑】(포) 巧 ㄅㄠ pao^1 ホウ、しおづけ salted fish ❶절인생선포(以鹽漬魚)。【史記】ㅣ千鈞。❷성포(姓也)。

【鮒】(부) 遇 ㄈㄨˋ fu^4 フ、ふな crucian carp 붕어부(鯽也)。【易經】井谷射ㅣ。

【鮗】(동) 〔日字〕 このしろ spotted sardine 전어동(魚名)。

【鮓】㊀(자) 馬 サ、つけうお pickled fish ㊁(자) 禡 ㄓㄚˇ cha^3 ㊀물고기식혜자、젓자(魚葅)。㊁해파리자(東海魚名狀如凝血無頭目內無藏衆鰕隨之名水母)。

六畫

【鮚】(길) 質 ㄐㄧㄝˊ chieh^2 キツ、はまぐり sea mussel 홍합길(蚌也)。

【鮛】(숙) 屋 シュク、しび sea perch 작은삼치숙(魚名)。

【鮜】(후) 宥 シュク、しび wels 메기후(鯷也)。

【鮝】(상)『鯗』(魚部8畫)의 俗字

【魚虫】(위) 尾 イ、みごい white-bait ❶자라위(鼊也)。❷숫뱅어위(白魚雄者)。

【鮟】(안) 翰 アン、あんこう bullhead 천징어안(ㅣ鱇)。

【魚米】(미) 薺 ベイ、はらご roe 고기알미、고기새끼미(魚子)。

【鮞】(이) 支 ㄦˊ êrh^2 ジ、はらご hard roe 곤이알이(鯤鮞魚子在腹)。【魯語】魚禁鯤ㅣ。

【鮠】(외) 灰 カイ、なまず wels ❶메기새끼외(鯷之小者)。❷복외(河豚)。

【鮡】(조) 篠 チョウ、さかな fish 고기이름조(魚名)。

【魚共】(공) 腫 キョウ、えい stingray 메기새끼공(鯷子)。

【鮣】(인) 震 イン、まだらさかな speckled fish 얼룩고기인(斑魚)。

【鮤】(렬) 屑 ㄌㄧㄝˋ lieh^4 レツ、えつ hairtail 갈치렬(刀魚)。

【鮥】(락) 藥 ㄌㄨㄛˋ luo^4 ラク、さかな fish 고기이름락(魚名)。

【鮨】㊀(지) 支 シ、キ、しおから pickled fish ㊁(기) 支 ㄑㄧˊ ch'i^2 ㊀젓지(鮓也)。㊁뜻은 ㊀과 같음。

【鮦】㊀(동) 東 トウ、やつめうなぎ snake-head ㊁(중) 腫 ㄊㄨㄥˊ t'ung^2 ㊀고기이름동(魚名、似鯉)。㊁뜻은 ㊀과 같음。

【鮧】㊀(이) 支 イ、テイ、なまず wels ㊁(제) 齊 ㊀창자젓이(鱁ㅣ、鹽魚腸)。㊁큰메기제(大鮎)。

【鮩】(병) 梗 ヘイ、ホウ、みごい white-bait 뱅어병(白魚)。

【魚匜】(이) 支 キ、ふぐ swellfish 복이(河豚別名)。

【鮫】(교) 肴 ㄐㄧㄠ chiao^1 コウ、さめ shark ❶상어교(海鯊皮可飾刀口)。【山海經】ㅣ皮可飾劍口錯治材角。❷교인교、인어교(ㅣ人、居水織綃淚成珠)。【吳都賦】訪靈夔於

ー人。

【鮪】(유) 尾 イ、ユウ、まぐろ shark
상어유(似鱣而小青黑頭小而尖似鐵兜鍪口在頷下甲可摩薑)。【詩經】鱣ー發發。

【鮔】(궁) コウ、さめ shark
상어궁(ー鱣、鮪也)。【史記】ー鱣鰤離。

【鮬】(보) 遇 コ、せいご mandarin fish ㄅㄨ pu⁴
쏘가리보(小魚魚婢)。【爾雅】鱊ー鱖歸。

【鮭】(해) 佳 ケイ、カイ、ふぐ swellfish ㄍㄨㄟ kuei¹
❶어채해(魚菜總名)。【世說】庚杲之清貧每食ー菜常有二十七種。❷복해(河豚)。【王充論衡】ー肝死人。

【鮯】(합) 合 コウ、うお fish
고기합(魚類)。【山海經】深澤有魚、其狀如鯉、而六足鳥尾名曰ーー之魚。

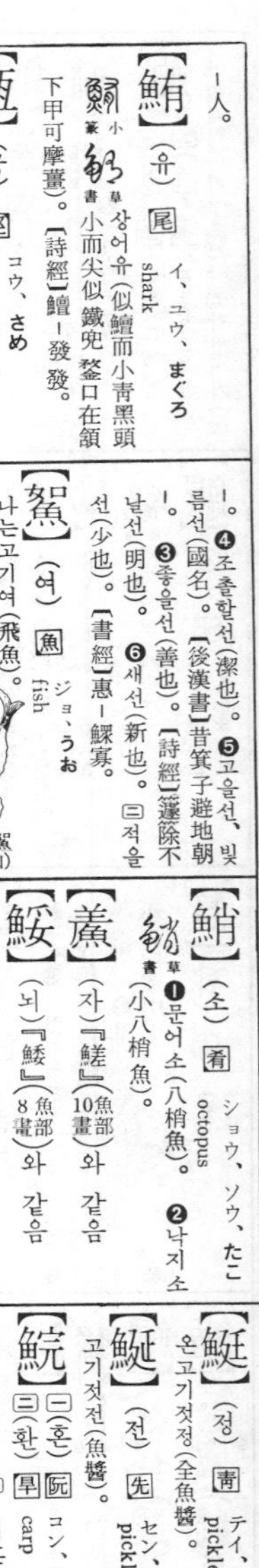
魚鮯 (三才圖會)

【鮮】㊀(선) 先 ㊁(선) 銑 セン、あきらか bright ;fresh ㄒㄧㄢ hsien³
㊀❶생선선(生魚)。【禮記】冬宜ー羽。❷나라이
ー。❹조촐할선(潔也)。❺고울선、빛
름선(國名)。【後漢書】昔箕子避地朝
ー。❸좋을선(善也)。【詩經】籧篨不
날선(明也)。❻새선(新也)。㊁적을
선(少也)。【書經】惠ー鰥寡。

【䱷】(여) 魚 ジョ、うお fish
나는고기여(飛魚)。

鴽魮魚 (山海經圖)

【鮰】(회) 灰 カイ、はらか croaker
민어회(民魚)。

【鮱】(로) 〔日字〕 ぼら sea bass
큰숭어로(大鯔魚)。

七畫

【鮵】(탈) 曷 タツ、やつめうなぎ snake-head ㄉㄨㄛ tuo-
작은가물치탈(小鱧)。

【䲔】(경) 庚 ケイ、おしきうお yellow-tail
방어경(魴也)。

【鮷】(제) 齊 テイ、なまず wels
메기제(鮎也)。

【鮸】(면) 銑 ベン、にべ、いしもち yellow corvina
조기면、석수어면(石首魚)。

【鮹】(소) 肴 ショウ、ソウ、たこ octopus
❶문어소(八梢魚)。❷낙지소(小八梢魚)。

【鮺】(자)『鮓』(魚部10畫)와 같음

【鮟】(뇌)『鮾』(魚部8畫)와 같음

【鮒】(부) 尤 フ、いるか dolphin
물아지부(海豚)。

【鮿】(첩) 葉 チョウ、ほしうお dried fish
절이지않고말린물고기첩(不鹽乾魚)。【漢書】ー鮑千鈞。

【鯆】(포) 虞 ホ、フ、いるか horse-mackerel
물아지포、매가리포(江豚別名、尾毒)。

【鯀】(곤) 阮 コン、おおきいうお big fish ㄍㄨㄣ kuen³
❶곤어곤(大魚)。❷사람이름곤(禹父名)。

【䱶】(랑) 陽 ロウ、おかに male crab
수케랑(ー鰑、雄蟹)。

【鯁】(경) 梗 コウ、ほね bones of fish ㄍㄥ kêng³
❶생선뼈경(魚骨)。【儀禮】乾魚近腴多骨ー。❷가시셀경(骨ー、蹇諤之臣)。【後漢書】骨ー可任。

【鯅】(정) 青 テイ、しおから pickled fish
온고기젓정(全魚醬)。

【鯅】(전) 先 セン、しおから pickled fish
고기젓전(魚醬)。

【鯇】㊀(혼) 阮 ㊁(환) 旱 コン、カン、こい carp
㊀잉어혼(鯉也)。㊁뜻은 ㊀과 같음。

【鯈】㊀(조) 尤 ㊁(주) 尤 チュウ、チョウ、はえ Zacco platypus ㄔㄡ ch'ou²
㊀피리조、피라미조(好游魚)。【莊子】ー魚出游。㊁송사리주(小魚)。【淮南子】不得其道若觀ー魚。

【鯉】(리) 紙 リ、こい carp
❶잉어리(三十六鱗魚有赤白黃三種)。【詩經】必河之ー。❷편지리(書札)。

【鯊】(사) 麻 サ、はぜ goby ㄕㄚ sha¹
❶모래무지사(鮀也)。【詩經】魚麗于罶鱨ー。❷상어사(鮫也、皮可飾刀劍靶)。

【魦】(사)『鯊』(前條)와 같음

【鯑】(희) 〔日字〕 かずのこ herring roe
청어알희(青魚卵)。

八畫

【鯔】(치) 支 シ、ぼら grey mullet ㄗ tzū¹
草書 숭어치(似鯉身圓頭扁骨軟)。〔吳都賦〕鮫ㅣ琵琶。

【鯕】(기) 支 キ、おしきうお yellow-tail
小篆 방어기(鯿也)。

【鯖】㊀(정) 庚 セイ、にしん herring
㊁(청) 青 ㄑㄧㄥ ch'ing¹
草書 ㊀열구자정(煮魚煎肉)。〔西京雜記〕世稱五侯ㅣ。㊁비웃청、청어청(魚名青色有枕骨)。

【鯗】(상) 養 ショウ、ひもの yellow-tail ㄒㄧㄤˇ hsiang³
草書 가조기상、포상(乾魚腊)。

【鯘】(뇌) 賄 ダイ、くさったさかな decayed fish
썩은생선뇌、생선썩을뇌(魚敗)。〔論語〕魚ㅣ而肉敗。

【鯌】(작) 藥 シャク、さめ shark
상어작(魚名、出東海)。〔本草〕鮫魚皮即裝刀靶ㅣ魚皮也。

【鯛】(조) 蕭 チョウ、たい snapper ㄉㄧㄠ tiao¹
小篆 草書 도미조(海魚名、銅盆魚)。❷뼈연할조(骨脆)。

【鯺】㊀(거) 魚 キョ、にべ female croaker
㊁(거) 御
㊀벌레이름거(ㅣ蝫)。㊁암민어거(民魚雌者)。

【鯜】(접)『鰈』(9畫)(魚部)과 같음

【鯝】(고) 遇 コ、はらわた guts
草書 생선배알고、고기창자고(魚肚中腸)。

【[魚忿]】(분) 問 フン、えい stingray
가오리분(形如荷葉腹下有口額上有眼尾有刺而螫人魚)。

【鯞】(추) 有 シュウ、さかな mandarin fish ㄓㄡ chou³
쏘가리추(鱖也)。

【[魚果]】(과) 馬 カ、なまず wels
小篆 메기과(鮎也)。

【鯠】(래) 灰 ライ、さかな fish ㄌㄞ lai²
고기이름래(魚名、鰻ㅣ)。

【鯡】(비) 未 ヒ、はらご fry
草書 조기새끼비(魚子)。

【鯢】(예) 齊 ゲイ、めくじら female whale ㄋㄧ ni²
小篆 草書 암고래예(雄鯨雌ㅣ)。〔左傳〕取其鯨ㅣ而封之。

【鯣】(역) 陌 エキ、うなぎ eel
草書 뱀장어역(鰻也)。

【鯤】(곤) 元 コン、はらご roe; fish-egg
草書 ❶물고기알곤(ㅣ鮞、魚子)。〔魯語〕魚禁ㅣ鮞。❷곤어곤(北溟大魚)。〔莊子〕北冥有魚其名爲ㅣ。

【鯥】(륙) 屋 リク、むつ fish
草書 고기이름륙(鯪ㅣ)。〔陳禹謨騈志〕ㅣㅣ魚陵居。

魚鯥(三才圖會)

【鯦】(구) 有 キュウ、ひらこ Ilisha elongata
小篆 준치구(叔鮪)。

【鯧】(창) 陽 ショウ、まながつお white-bait
병어창(魚名、ㅣ鯸)。

【鯨】(경) 庚 ケイ、ゲイ、くじら whale ㄑㄧㄥ ch'ing²
草書 고래경(海中大魚)。〔後漢書〕發ㅣ魚鏗華鐘。

【[祭魚]】(제) 霽 セイ、さかな fish
제어제(魚名、可爲醬美味在頷)。

【鯯】(제)『[制魚]』(前條)와 같음

【鯪】(릉) 蒸 リョウ、いしごい pangolin ㄌㄧㄥ ling²
草書 ❶능잉어릉(ㅣ鯉)。〔楚辭〕ㅣ魚何所。❷천산갑릉(小皮曰穿山甲)。

魚鯪(山海經圖)

【[黎魚]】(리) 支 リ、さかな fish ㄌㄧ li²
고기이름리(魚名)。

【鯫】㊀(추) 尤 シュウ、こざかな killfish ㄗㄡ tsou¹
㊁(주) 有
小篆 草書 ㊀송사리추(雜小魚)。〔史記〕ㅣ千石。㊁소인추、따라지추(ㅣ生、小人)。〔史記〕ㅣ生說我。

【鯲】(어)〔日字〕どじょう loach; mudfish
草書 미꾸라지어(鰌也、鰍也)。

【[魚亞]】(아) 麻 ア、ぎぎ mandarin fish
자가사리아、쏘가리아(黃頰魚)。

九畫

【鯶】(혼) 阮 コン、こい carp ㄏㄨㄣˇ huen³
草書 잉어혼(鯉也)。『鯇』과 같음。〔唐律〕號鯉爲赤ㅣ公。

【鯷】(제) 齊 テイ、シ、なまず sheatfish
草書 메기제(大鮎重千斤)。〔戰國策〕ㅣ冠秫縫。

【鯸】(후) 尤 コウ、ふぐ swellfish
小篆 草書 복후(河豚)。

【鯹】(성)『鮏』(5畫)(魚部)과 같음

【[魚亙]】(긍)『魱』(6畫)(魚部)과 같음

【鯼】(종) 東 ソウ、いしもち、にべ yellow corvina ㄗㄨㄥ tsung¹ 草書 조기종(石首魚)。〔江賦〕一紫鯼順時而往還。

【鯽】(즉) 職 セキ、ショク、ふな crucian carp 草書 붕어즉、도미즉(形似鯉色黑體促)。〔杜甫詩〕鮮一銀絲鱠。

【鯾】(편) 先 ベン、ぶり yellow-tail 小篆 或體 병어편(魴魚)。(『鯿』과 같음)

【鯿】(편) 先 ヘン、おしきうお yellow-tail 草書 병어편(魴類縮項鯾魚)。〔劉弇詩〕歸釣潭頭楓葉一。(『鯾』과 같음)

【鰂】(즉) 職 ソク、いか cuttle-fish ㄗㄜ tsê² 小篆 或體 오징어즉(烏賊魚口中有墨狀如算囊一名墨魚)。

【鰆】(춘) 眞 シュン、さわら shark 草書 상어춘(馬鮫魚)。

【鰇】(유) 尤 ジュウ、いか cuttle-fish 오징어유(烏賊魚)。

【鰉】(황) 陽 コウ、ひがい gizzard shad ㄏㄨㄤ huang² 草書 전어황(鱑魚)。

【鰈】㊀(탑) 合 ㊁(접) 葉 トウ、チョウ、かれい flatfish ㄉㄧㄝ tieh² 小篆 草書 ㊀가재미탑(比目魚)。㊁❶넙치접(魚名、出樂浪藩國)。❷㊀과 뜻이 같음。

【鰊】(련) 霰 レン、にしん herring 草書 ❶고기이름련(魚名)。❷〔日字〕비웃련(鯡也)。

【鰋】(언) 阮 エン、なまず wels ㄧㄢ yen³ 草書 메기언(鰋類、額白)。〔詩經〕魚麗于罶一鯉。

【鰌】(추) 尤 シュウ、どじょう loach ㄑㄧㄡ ch'iu¹ 小篆 草書 ❶미꾸라지추(鰍也)。❷빙자할추(籍也)。〔莊子〕一我亦勝我。❸찰추(蹴也)。〔荀子〕大燕一吾後。❹해추추(海一、長數千里穴居海底入穴則海水爲潮出穴則潮退)。

【鰍】(추) 尤 シュウ、どじょう loach 草書 미꾸라지추(魚名生淺淖中似鱓)。〔莊子〕鰌然乎哉。(『鰌』와 같음)

【鯷】(제) 齊 テイ、こい large carp 큰잉어제(大鯉)。

【鰐】(악) 藥 ガク、わに crocodile ㄜ ê⁴ 악어악(似鼉吞人)。〔唐書〕韓愈至潮惡溪有一。(『鱷』과 같음)

【鰑】(양) 陽 ヨウ、らいぎょ snakehead 가물치양(鮦也)。

【鰒】(복) 屋 フク、あわび ear-shell ㄈㄨ fu⁴ 小篆 草書 전복복(魚名似蛤有殼一面附石細孔或七或九一名決明)。〔史記〕王莽啗一魚。

【鰓】(새) 灰 サイ、シ、えら、あぎと gill ㄙㄞ sai¹ 草書 관자뼈새、아가미뼈새(魚頰中骨)。〔宋史〕裴鏤魚一中骨號魚媚子。

【鰔】(함) 咸 カン、かれい flatfish 넙치함(比目魚)。

【鰕】(하) 麻 カ、えび lobster ㄒㄧㄚ hsia¹ 小篆 草書 ❶하어하(魵魚)。❷암고래하(大鯢別名)。❸새우하(水蟲長鬚)。

【鰹】(경) 『鯁』(魚部 7畫)의 本字

【鰗】(호) コ、ふぐ swellfish 복호(河豚)。

【鰚】(선) 〔日字〕 はらか croaker 草書 ❶숭어선(鯔魚)。❷민어선(腹赤)。

十畫

【鰝】(호) 皓 コウ、おおきいえび lobster 小篆 왕새우호(大鰕)。

【鰜】(겸) 鹽 ケン、カン、かれい flat-fish ㄑㄧㄢ chien¹ 小篆 草書 가재미겸(比目魚、鰈也)。

【䱜】㊀(격) 陌 ㊁(력) 錫 カク、レキ、ぎぎ catfish ㊀고기이름격(魚名)。㊁자가사리력(魠也)。

【鰞】(오) 虞 ウ、いか cuttle-fish 오징어오(一鰂、魚名)。

【䱽】(당) 陽 トウ、ぎぎ Liobagrus mediodiposalis 자가사리당(魠也)。

【鰣】(시) 支 シ、ジ、ひらこのしろ ㄕ shih² Ilisha elongata 草書 준치시(美魚似魴味香多鯁)。

【䲆】(어) 『漁』(水部 11畫)와 같음

【鰤】(사) 支 シ、えび lobster 草書 ❶새우사(鰕也)。❷독있는고기사(老魚有毒)。

【鰥】(환) 刪 カン、やもお widower ㄍㄨㄢ kuan¹ (古音「관」) 小篆 草書 ❶환어환(大魚)。〔孔叢子〕釣得一魚 其大盈車。❷눈반할환(目恒一一然如魚愁悒不寐)。❸홀아비환(老無妻者)。〔書經〕有一在下。

【鯔】(자) 支 シ、はや Zacco platypus
버들치자(鯔也)。

【鯜】(수) 尤 ソウ、ひとのな a person's name
사람이름수(人名)。

【鰧】(등) 蒸 トウ、おこぜ stingray
草書 쐐기등(海魚之一、虎魚)。

【鰨】(탑) 合 トウ、ひらめ crawfish ㄊㄚˇ t'a⁴
小篆 草書 가재미탑(比目魚)。

【鰩】(요) 蕭 ヨウ、とびうお flying-fish 一ㄠˊ yao²
小篆 草書 ❶날치요(文ㅣ、魚鳥翼)。【本草】ㅣ一名飛魚羣飛水上海人候之當有大風。❷홍어요(鱏也)。

【鮓】(자) 馬 サ、しおから pickled fish
젓담글자(藏魚)。

【⿰魚豈】(해) 灰 カイ、おがに male crab
수케해(雄蟹、鮠ㅣ)。

【鰭】(기) 支 キ、ひれ fin ㄑㄧˊ ch'i²
草書 ❶물고기등성이뼈기(魚脊骨)。【禮記】夏右ㅣ。❷지느러미기(背上鬣)。【史記】揵ㅣ擢尾。

【鰯】(약) 【日字】 いわし anchovy
草書 멸치약(鰮魚)。

十一畫

【鰱】(련) 先 レン、いわし anchovy ㄌㄧㄢˊ lien²
小篆 草書 연어련(鱮也)。【江賦】鮫鯉鰫ㅣ。

【鰲】(오) 豪 ゴウ、すっぽん terrapin ㄠˊ ao²
草書 큰자라오(大鼈)。

【⿰魚婁】(루) 尤 ロウ、にしん carp
小篆 잉어루(鯉魚)。

【鰳】(륵) 職 ロク、ひら Ilisha elongata
준치륵(似鰣小首細鱗)。

【鰴】(휘) 微 キ、さかな strong fish
힘센고기휘(魚有力)。

【鰵】(민) 軫 ビン、たら codfish ㄇㄧㄣˇ min³
대구민(大口魚)。

【鰶】(제) 霽 セイ、このしろ kickory shad
草書 전어제(魚名)。

【鰷】(조) 篠 チョウ、ショウ、はえ white-bait ㄊㄧㄠˊ t'iao² (或音「소」)
草書 피라미조、뱅어조(白ㅣ魚名、形狹而長若條然)。【詩經】ㅣ鱨鰋鯉。

【⿰魚莘】(신) 眞 シン、さかな long tailed fish
꼬리긴생선신(魚尾長)。【詩經】有莘其尾。

【鰹】(견) 先 ケン、やつめうなぎ snakehead ㄐㄧㄢ chien¹
草書 ❶큰가물치견(鱧大者)。❷물치견、강고도리견(海魚背蒼黑腹灰白色)。

【鰺】(소)『鱢』(魚部 13畫)의 譌字

【鰻】(만) 寒 バン、マン、うなぎ eel ㄇㄢˊ man²
小篆 草書 뱀장어만(ㅣ鱺、似蛇)。【本草】ㅣ鱺似鱓而腹大。

【鰼】(습) 緝 シュウ、どじょう loach ㄒㄧˊ hsi²
小篆 ❶미꾸라지습(鰌也)。❷고기이름습(魚名)。

鰼魚 (山海經圖)

【鱀】(기) 未 キ、さめ shark ㄐㄧˋ chi⁴
상어기(鯌屬、腹大喙小而銳、長齒列生、鼻在額上、能發聲、大者丈餘、能食細魚)。【爾雅】ㅣ是鱁。

【⿰魚既】(기)『鱀』(前條)와 같음

【鰾】(표) 篠 ヒョウ、ふえ、うきぶくろ air-bladder ㄆㄧㄠˋ piao⁴
草書 부레표(魚胞可作膠)。

【鰿】(적) 陌 セキ、ふな crucian carp ㄐㄧˊ chi²
❶붕어적(鮒也)。【楚辭】煎ㅣ臛雀。❷검붉은자개적(紫貝)。

【鱁】(축) 屋 チク、しおから pickled fish guts
草書 부레축、창란젓축、아감젓축(ㅣ鮧鰾別名鹽魚腸)。

【⿰魚差】(추) 尤 シュウ、こい carp; loach
❶잉어추(鯉也)。❷미꾸라지추(鰌也)。❸연어추(鰱魚)。

【⿰魚巢】㊀(초) 皓 ㊁(조) 皓 ショ、さかな carplike fish
㊀❶잉어같고 닭발같은것이 있는고기초(狀似鯉而有如雞足魚)。【山海經】多ㅣ魚。❷고기새끼초(魚子)。㊁뜻은 ㊀과 같음。

⿰魚巢魚 (山海經圖)

【鱄】㊀(전) 先 セン、このしろ hickory shad ㄓㄨㄢ chuan¹ ㊁(단) 寒
小篆 草書 ㊀전어전(美魚)。【呂氏春秋】魚之美者洞庭之ㅣ。㊁고기이름단(魚名)。

鱄魚 (古今圖書集成)

【鱅】(용) 冬 ショウ、ヨウ、たなご(本音「송」) salmon
小篆 草書 용어용(似鰱而黑)。【史記】鰅ㅣ鰬魠。

鱅鱅 (古今圖書集成)

【鱆】(장) ショウ、たこ octopus
꼴뚜기장(望潮魚)。

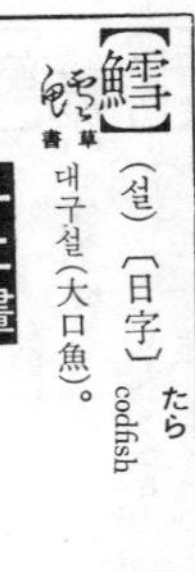

【鱈】(설) 〔日字〕 たら codfish
草書 대구설(大口魚)。

十二畫

【鱉】(별) 齊 ベツ、すっぽん terrapin
草書 자라별(龜屬)。〔易經〕離爲ー。
(『鼈』의 俗字)

【鱊】(율) 質 イツ、こざかな tiny white-bait ㄩˋ yü⁴
실뱅어율(小魚大如針晒乾爲脡)。

【鱋】(허)『魼』(魚部5畫)와 같음

【鰖】(타) 哿 タ、うおのこ fry of fish ㄊㄨㄛˇ t'uo³
小篆 籒文 물고기새끼타(魚子已生者)。

【鱍】(발) 曷 ハツ、おをはねる shake the tail ㄅㄛ po¹
물고기꼬리툭툭칠발(魚掉尾貌)。〔詩經〕鱣鮪ーー。

【鱐】㊀(수) 尤 ㊁(숙) 屋 シュウ、シュク、ほしうお dried slices of fish
草書 ㊀어포수(乾魚、腒ー)。〔周禮〕夏行腒ー。㊁뜻은 ㊀과 같음。
(『鱅』와 같음)

【鱎】(교) 篠 キョウ、みごい white-bait
우러기교、뱅어교(白馬別名)。〔說苑〕宓子賤爲單父宰陽晝謂之曰 投綸錯餌 迎而吸之者陽ー也。

【鱏】(심) 侵 シン、かじき shark
小篆 草書 심어심(長鼻魚口在頷下 長七八尺)。〔說文〕伯牙鼓琴ー魚出聽。

【鱒】(준) 阮 ソン、セン、ます trout
小篆 草書 ❶독너울준(似鯶赤眼)。❷송어준(松魚)。

【鱓】㊀(선) 銑 ㊁(타) 歌 セン、タ、うみへび poddy-field eel ㄕㄢˋ shan⁴
小篆 草書 ㊀두렁허리선(蛇ー、似蛇黃質黑文)。㊁자라타(鼉ー、皮可冒鼓)。〔史記〕樹靈ー之鼓。

【鱔】(선)『鱓』(魚部12畫)의 俗字

【鱖】㊀(궤) 霽 ㊁(궐) 月 ケイ、ケツ、たなご mandarin fish ㄍㄨㄟˋ kuei⁴
小篆 草書 ㊀쏘가리궤(婢魚巨口細鱗斑彩一名水豚)。〔唐詩〕桃花流水ー魚肥。㊁뜻은 ㊀과 같음。

【鱗】(린) 眞 リン、うろこ scales ㄌㄧㄣˊ lin²
小篆 草書 ❶비늘린(魚甲)。〔禮記〕其蟲ー。❷물고기린(魚類總稱)。

【鱘】(심) 侵 シン、さかな fish ㄒㄩㄣˊ hsün²
심어심(魚名、背如龍長丈餘)。

【[illegible]】(잔) 潸 サン、いわし anchovy
멸치잔(魚名)。

【[illegible]】(혜) 〔日字〕 さば mackerel
草書 고등어혜(鯖魚)。

十三畫

【鱝】(분) 吻 フン、えい skate ㄈㄣˋ fên⁴
가오리분(洪魚)。

【鱞】(환)『鰥』(魚部10畫)과 같음

【[illegible]】(의) 支 キ、うおのこ fry of fish
고기새끼의(魚子)。

【鱟】(후) 宥 コウ、かぶとがに crab ㄏㄡˋ hou⁴
草書 ❶바닷게후(鬼ー、蟹屬、雌常負雄 取之必得雙又號ー媚)。❷무지개후(虹也)。

鱟 (三才圖會)

【鱠】(회) 泰 カイ、なます slices of raw fish
草書 회회(肉腥細切)。〔博物志〕吳王江行食魚ー棄殘餘於水化爲魚名ー殘即今銀魚。(古音「괴」、『膾』와 같음)

【鱡】(즉)『鯽』(魚部9畫)과 같음

【鱢】(소) 豪 ソウ、なまぐさい be fishy
小篆 草書 비린내소(鮏臭)。〔周禮〕膳膏ー。

【鱣】(전) 先 テン、セン、はや dace ㄓㄢ chan¹
小篆 籒文 草書 전어전(鯉類黃魚)。〔漢書〕橫江湖之ー鯨。

【[illegible]】(엄) 琰 ゲン、さかなのくち purse up
고기입쭝긋거릴엄(魚口動貌、ー喁)。

【[illegible]】(경) 庚 ケイ、くじら bull whale
수고래경(海中大魚、ー鯢)。〔漢書〕取其ー鯢。(『鯨』과 같음)

【鱦】(승) 徑 ショウ、さかなのこ fry of fish
물고기새끼승(魚子)。〔家語〕其小者名ー吾大夫欲長之。

【鱧】(례) 薺 レイ、やつめうなぎ snakehead ㄌㄧˇ li³
小篆 草書 가물치례(鮦也)。〔詩經〕魚麗于罶魴ー。

【鱛】(보) 麌 フ、ふぐ swellfish
복보(河豚)。

【鱜】(애) 〔日字〕 さかなのな old sweetfish
해묵은 은어애(ー鱜)。

十四畫

【鱨】(상) 陽 ショウ、ぎぎ catfish ㄔㄤˊ ch'ang²

小篆 草書 날치상(黃頰魚)。〔詩經〕魚麗于罶ー鯊。

【[illegible]】(추) 有 シュウ、しらうお white-bait 뱅어추(白魚)。

【鱬】(유) 虞 ジュ、さかな mermaid 인어유(魚身人面)。

【[illegible]】(변) 先 ヘン、ぶり yellow-tail 방어변(魚名、似魴)。

【鱪】(주) 尤 チュウ、おおざかな large fish 큰고기주(魚之大者)。

【鱭】(제)『鮆』(魚部5畫)와 같음

【鱮】(서) 語 ショ、たなご salmon ㄒㄩˋ hsü⁴ 小篆 草書 연어서(鰱也、似魴)。〔詩經 齊風〕敝笱在梁、其魚魴ー。

【鱯】(화) 禡 カ、なまず wels 小篆 메기화(魚名似鮎)。

【[illegible]】(어) 魚 ギョ、さかなとる fish 小篆 籀文 고기잡을어(捕魚)。

十五畫

【[illegible]】(절) 屑 セツ、たなご salmon 草書 연어절(鰱魚)。

【鱱】(리) 齊 レイ、うなぎ eel

뱀장어리(鰻也)。(『鱺』의 俗字)

【鱲】(렵) 葉 リョウ、からすみ fish 고기이름렵(魚名)。

【鱴】(멸) 屑 ベツ、さかなのな Coilia ectenes 웅어멸(鮆魚)。

【鱵】(침) 寢 シン、さより snipe-fish ㄓㄣ chen¹ 草書 공미리침、공치침(針鮆魚、針魚)。

【鱶】(상)『鯗』(魚部8畫)과 같음

【鰙】(약)『鰙』(魚部9畫)과 같음

十六畫

【鱷】(악) 藥 ガク、わに crocodile 草書 악어악(龍吻虎爪蟹目鼉鱗尾長數尺末大如箕潛伏水濱呑人即浮)。〔唐書〕韓愈爲潮州刺史爲文逐ー魚。(『鰐』과 같음)

【鱸】(로) 虞 ロ、すずき sea-bass ㄌㄨˊ lu² 草書 ❶농어로(ー魚)。❷꺽저기로、천징어로(似鱖四鰓魚)。〔赤壁賦〕巨口細鱗、狀如松江之ー。

【[illegible]】(력) 錫 レキ、ぎぎ Liobagrus mediodiposalis 자가사리력(䱻也)。

十八畫

【[illegible]】(휴) 微 ケイ、おおがめ speckled large-turtle 점박힌큰거북휴(大龜文似瑁瑇鱗ー)。

【鱹】(관) 翰 カン、ひとのな person's name 사람이름관(人名、鱗ー)。

十九畫

【鱺】㊀(려) 齊 レイ、うなぎ eel ㊁(리) 支 ㄌㄧˊ li² 小篆 草書 ㊀뱀장어려(似蛇無鱗甲其氣辟蠹魚)。㊁뜻은 ㊀과 같음。

二十畫

【[illegible]】(당) 養 トウ、さかな fish 고기이름당(ー魟、魚名)。

二十二畫

【鱻】(선) 先 セン、あたらしい fresh raw fish ㄒㄧㄢ hsien¹ 小篆 草書 ❶날고기선(生肉)。〔周禮〕死生ー之物以共王之膳。❷생선선(新魚)。(『鮮』과 通함)

鳥 部

【鳥】(조) 篠 チョウ、とり bird ㄋㄧㄠˇ niao³ 小篆 草書 새조(羽族總名、雌雄別以翼右掩左雄左掩右雌)。〔書〕ー獸孳尾。

一畫

【鳦】㊀(을) 質 イツ、つばめ swallow ㊁(알) 黠 小篆 或體 草書 ㊀제비을(玄ー、燕也)。〔史記〕賜項女呑ー子生大業。㊁뜻은 ㊀과 같음。

二畫

【[illegible]】(교) 蕭 キョウ、ふくろう owl 올빼미교(梟也、惡鳥)。

【[illegible]】(즐) 質 シツ、とりごえ song of a bird 새소리즐(鳥聲)。(或音「질」)

【鳭】(조) 蕭 チョウ、うぐいす nightingale ㄉㄧㄠ tiao¹ 꾀꼬리조(黃鳥、ー鷯)。

【鳫】(안)『雁』(隹部4畫)과 같음

【鳧】(부) 虞 フ、かも wild duck ㄈㄨˊ fu² 小篆 草書 ❶물오리부(水鳥鷖屬)。❷청둥이부(野ー家鴨背有文靑色卑脚短喙)。

【鳬】(부)『鳧』(前條)와 같음

【鳩】(구) 尤 ク、キュウ、はと dove; pigeon ㄐㄧㄡ chiu¹ 小篆 草書 ❶비둘기구(鳥名鶻鵃鷹所化)。〔詩經〕維ー居之。❷벼슬이름구(五ー、少皞官名)。〔左傳〕少皞氏以鳥名官。❸편안히할구(安也)。〔左傳〕以ー其民。❹모을구

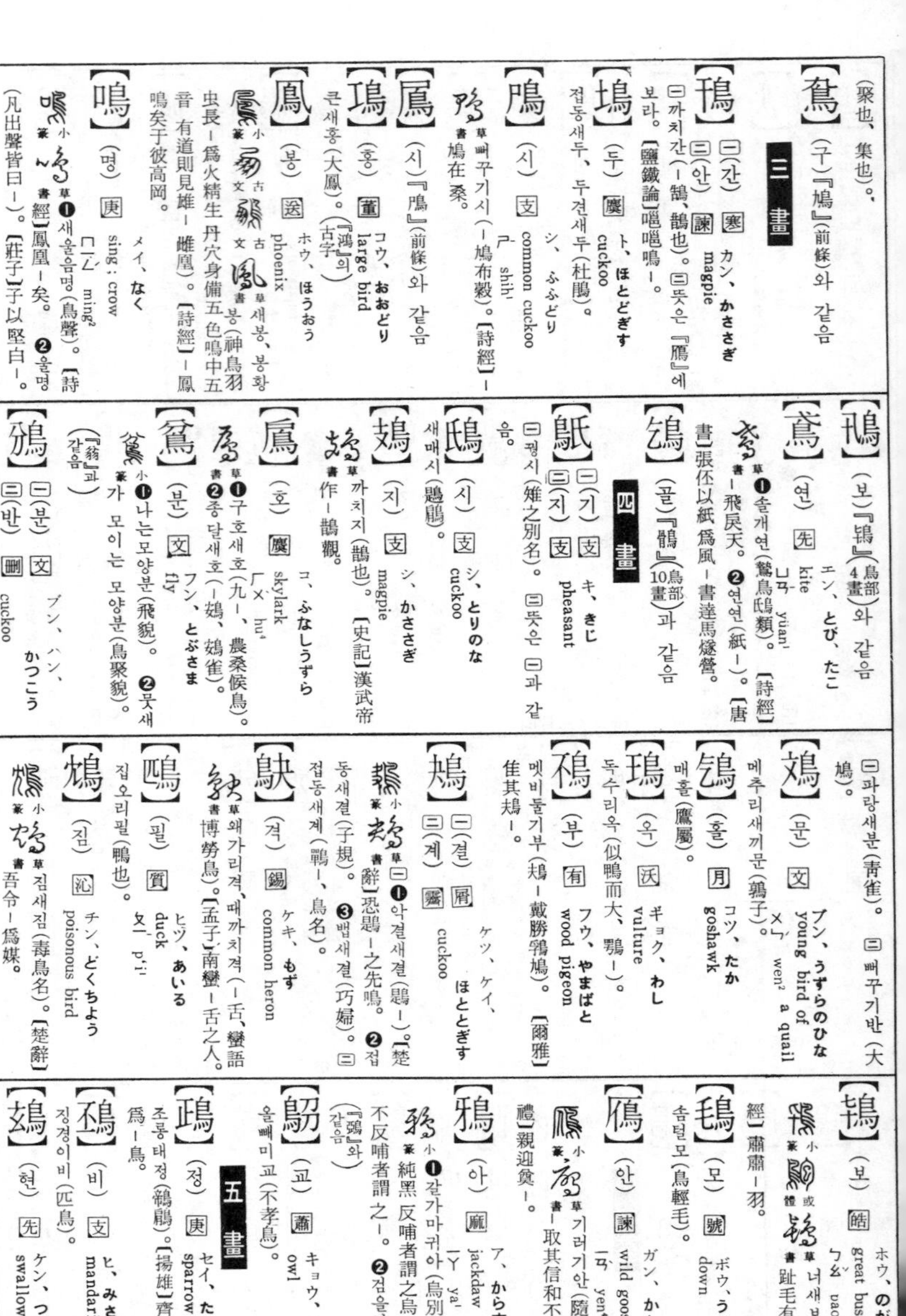

(聚也、集也)。

【雋】(구)『鳩』(前條)와 같음

三 畫

【鳱】㊀(간) 寒 ㊁(안) 諫 カン、かささぎ magpie ㊀까치간(一鵲、鵲也)。㊁뜻은『鴈』에 보라。【鹽鐵論】鳱鳱鳴一。

【𪀁】(두) 虞 ト、ほととぎす cuckoo 접동새두、두견새두(杜鵑)。

【鳲】(시) 支 シ、ふふどり common cuckoo ㄕ shih¹ 草書 뻐꾸기시(一鳩布穀)。【詩經】一鳩在桑。

【𪀗】(시)『鳲』(前條)와 같음

【𪀘】(홍) 董 コウ、おおどり large bird 큰새홍(大鳳)。(『鴻』의 古字)

【鳳】(봉) 送 ホウ、ほうおう phoenix 小篆 古文 古文 草書 새봉、봉황봉(神鳥羽虫長一爲火精生丹穴身備五色鳴中五音有道則見雄一雌凰。【詩經】一鳳鳴矣于彼高岡。

【鳴】(명) 庚 メイ、なく sing; crow ㄇㄧㄥ ming² 小篆 草書 ❶새울음명(鳥聲)。【詩經】鳳凰一矣。❷울명(凡出聲皆曰一)。【莊子】子以堅白一。

【鳵】(보)『鴇』(鳥部4畫)와 같음

【鳶】(연) 先 エン、とび、たこ kite ㄩㄢ yüan¹ 草書 ❶솔개연(鷙鳥鴟類)。【詩經】一飛戾天。❷연연(紙一)。【唐書】張伾以紙爲風一書達馬燧營。

【鳦】(골)『鶻』(鳥部10畫)과 같음

四 畫

【𪀦】㊀(기) 支 ㊁(지) 支 キ、きじ pheasant ㊀꿩시(雉之別名)。㊁뜻은 ㊀과 같음。

【鴟】(시) 支 シ、とりのな cuckoo 새매시(鷂鶹)。

【鳷】(지) 支 シ、かささぎ magpie 草書 까치지(鵲也)。【史記】漢武帝作一鵲觀。

【鳸】(호) 虞 コ、ふなしうずら skylark ㄏㄨ hu⁴ 草書 ❶구호새호(九一、農桑候鳥)。❷종달새호(一鴳、鴳雀)。

【𩿧】(분) 文 フン、とぶさま fly 小篆 ❶나는모양분(飛貌)。❷뭇새가 모이는 모양분(鳥聚貌)。(『翁』과 같음)

【鳻】㊀(분) 文 ㊁(반) 刪 ブン、ハン、かっこう cuckoo ㊀파랑새분(靑雀)。㊁뻐꾸기반(大鳩)。

【鳼】(문) 文 ブン、うずらのひな young bird of a quail ㄨㄣ wen² 메추리새끼문(鶉子)。

【𩿡】(홀) 月 コツ、たか goshawk 매홀(鷹屬)。

【鳿】(옥) 沃 ギョク、わし vulture 독수리옥(似鴨而大、鷿一)。

【鴀】(부) 有 フウ、やまばと wood pigeon 멧비둘기부(鴀一戴勝鶝鳩)。【爾雅】隹其鴀一。

【鴂】㊀(결) 屑 ㊁(계) 霽 ケツ、ケイ、ほととぎす cuckoo 小篆 草書 ㊀❶악결새결(鶗一)。【楚辭】恐鶗一之先鳴。❷접동새결(子規)。❸뱁새결(巧婦)。㊁접동새계(鶗一、鳥名)。

【鴃】(격) 錫 ケキ、もず common heron 草書 왜가리격、때까치격(一舌、蠻語博勞鳥)。【孟子】南蠻一舌之人。

【鴄】(필) 質 ヒツ、あいる duck ㄆㄧ p'i¹ 집오리필(鴨也)。

【鴆】(짐) 沁 チン、どくちょう poisonous bird 小篆 草書 짐새짐(毒鳥名)。【楚辭】吾令一爲媒。

【鴇】(보) 皓 ホウ、のがん great bustard ㄅㄠ pao³ 小篆 或體 草書 너새보(似鴈無後趾毛有豹文)。【詩經】肅肅一羽。

【𪀋】(모) 號 ボウ、うぶけ down 솜털모(鳥輕毛)。

【鴈】(안) 諫 ガン、かん wild goose ㄧㄢ yen⁴ 小篆 草書 기러기안(隨陽鳥昏禮奠一取其信和不再偶)。【儀禮】親迎奠一。

【鴉】(아) 麻 ア、からす jackdaw ㄧㄚ ya¹ 小篆 ❶갈가마귀아(烏別名)。【廣雅】純黑反哺者謂之烏小而腹下白不反哺者謂之一。❷검을아(漆黑)。(『鵶』와 같음)

【鴢】(교) 蕭 キョウ、ふくろう owl 올빼미교(不孝鳥)。

五 畫

【鴊】(정) 庚 セイ、たか sparrow hawk 조롱태정(鴊鷂)。【揚雄】齊魯間謂題肩爲一鳥。

【𪁄】(비) 支 ヒ、みさご mandarin duck 징경이비(匹鳥)。

【𪀖】(현) 先 ケン、つばめ swallow

제비현(燕也)。

【鴐】(가) 麻 カ、のがちょう wild goose 들거위가(ㅡ鵝、鴈屬)。〔子虛賦註〕野鵝也。

【鴒】(령) 靑 レイ、せきれい wagtail ㄌㄧㄥˊ ling² 草書 할미새령(鶺ㅡ雝渠飛行鳴相應以比兄弟)。〔詩經〕鶺ㅡ在原。

【鴗】(립) 緝 リュウ、かわせみ kingfisher 小篆 쇠새립(魚狗靑似翠喙紅項下白食魚)。

(會圖才三) 鴗

【鴀】(一)(핍) 緝 (二)(부) 屋 ヒュウ、きくいただき Himalayan cuckoo ㄈㄨ fu² 小篆 (一)오디새핍(ㅡ鴀、戴勝)。(二)뜻은 (一)과 같음。

【鴕】(타) 歌 タ、ダ、だちょう ostrich 草書 타조타(熱帶產大鳥)。

【鴘】(변) 銑 ベン、たか falcon 묵이매변、두해된매변(二歲鷹)。〔西陽雜俎〕黃鶩變爲靑ㅡ又ㅡ變爲白ㅡ。

【鴃】(일) 質 イツ、やまばと wood-pigeon 小篆 멧비둘기일(勃鴃)。

【鴙】(치) 『雉』(隹部 5畫)와 같음

【鴜】(찰) 黠 サツ、まじりけいろ colour of mixed hairs 새잡털빛찰(鳥雜毛色)。

【鴭】(一)(조) 蕭 (二)(초) 蕭 (三)(효) 蕭 チョウ、コウ、とりこえ sing ㄓㄠ cha² (一)뱁새조(ㅡ鷯)。(二)❶새소리초(鳥聲)。❷새꼬리의 치켜올린털초(ㅡ鵤、鳥尾翹毛)。(三)깃털모양효(羽貌)。

【鴛】(원) 元 エン、おしどり female mandarin duck 小篆 草書 수원앙새원、수징경이원(匹鳥雄ㅡ雌鴦)。〔詩經〕ㅡ鴦在梁。

【鴚】(가) 歌 カ、がちょう goose 小篆 거위가(舒鴈、鵝也)。

【鴃】(一)(지) 寘 (二)(기) 紙 シ、キ、とりこえ sing (一)❶까마귀비스름한새지(ㅡ鵌、如烏鳥)。❷새소리지(鳥聲)。(二)뜻은 (一)과 같음。

(會圖才三) 鵌鴃

【鴟】(치) 支 シ、とび kite ㄔ ch'ih¹ 草書 ❶솔개치(ㅡ鴞、惡鳥)。〔詩經〕ㅡ鴞鸋鴂。❷수알치치(角ㅡ)。❸부엉이치(鶹鵂)。❹말똥구리치(茅ㅡ)。❺토란치(蹲ㅡ、芋也)。〔史記〕汶山下有蹲ㅡ。❻마음대로날칠치、도량할치(ㅡ張、跋扈)。〔書經〕罔不寇賊ㅡ義。❼올빼미치(梟ㅡ)。

【鴝】(구) 虞 ク、コウ、ははつちょう heron ㄑㄩ ch'ü² 小篆 草書 팔가새구、구욕새구(ㅡ鵒似 有幘)。〔列子〕蝴蝶胥也化而爲虫生竈下其狀若脫其名曰ㅡ掇ㅡ掇千日化而爲鳥其名爲乾餘骨。

【鴞】(효) 蕭 キョウ、ふくろう owl ㄒㄧㄠ hsiao¹ 小篆 草書 ❶솔개효(鴟ㅡ惡聲鳥)。❷올빼미효(鸋鴂可爲羹)。〔詩經〕翩彼飛ㅡ。❸짐승이름효(獸名)。

(會圖才三) ❸鴞

【鴠】(단) 翰 タン、やまどり bird 小篆 草書 할단새단(鶡ㅡ、求旦似鷄晝夜常鳴本盍旦)。

【鴡】(저) 魚 ショ、みさご mandarin duck ㄑㄩ ch'ü¹ 小篆 草書 징경이저(ㅡ鳩)。

【鴢】(요) 篠 ヨウ、かも duck ㄧㄠ yao³ 오리요(似鳧)。

(會圖才三) 鴢

【鵡】(무) 有 ム、おうむ parrot 小篆 草書 앵무새무(鸚ㅡ能言鳥同鵡)。

【鴣】(고) 虞 コ、しゃこ partridge ㄍㄨ ku¹ 小篆 草書 자고새고(鷓ㅡ越鳥其鳴自呼云鉤輈格磔)。〔埤雅〕鷓ㅡ志常南向不思北徂。

【鴦】(앙) 陽 オウ、おしどり mandarin duck ㄧㄤ yang¹ 草書 암징경이앙、암원앙새앙(鴛ㅡ、匹鳥)。〔蘇軾詩〕瓦弄寒蟾ㅡ臥月。

【鴥】(율) 物 イツ、はやくとぶ fly 小篆 小篆 草書 휙날율(疾飛貌)。〔詩經〕ㅡ彼晨風。

【鴨】(압) 洽 オウ、あひる duck 小篆 草書 집오리압(家鶩舒鳧)。〔唐書〕馬訾水出白山色如ㅡ頭號ㅡ淥水。

六畫

【鵄】(치) 支 シ、とび kite 草書 솔개치(鳶也)。(『鴟』와 같음)

【鵤】(궤) 紙 キ、ほととぎす cuckoo 접동새궤(子規、鵑ㅡ)。

【鴎】(장) 漾 ショウ、みそさざい wren 뱁새장(巧婦鳥)。

【鴮】(오) 虞 オ、がらんちょう palican 사다새오(鵜鶘、一鸅)。

【鴯】(이) 支 ジ、つばめ swallow 草書 제비이(鷾一、玄鳥)。〔莊子〕鳥莫智於鷾一。

【鴰】(괄) 曷 カツ、まなづる heron ㄍㄨㄚ kua¹ 小篆 왜가리괄(鶬一、九尾鳥)。〔韓詩外傳〕鶬兮一兮。

【䳓】(견)『鵑』(7畫)의 俗字

【鴳】(안) 諫 アン、ふなしうずら skylark ㄧㄢ yen⁴ 小篆 ❶안새안(鴽屬冠雀)。〔莊子〕斥一笑之。❷짐승이름안(幽一)。『鷃』과 같음

【鴲】(지) 支 シ、すずめ sparrow 小篆 참새소리지(雀聲)。

【鴴】(행) 庚 コウ、すずめ sparrow 草書 새떼행、많은새행(千鳥、多鳥)。

【鴵】(교) 蕭 キョウ、ふくろう owl 올빼미교(梟也)。『梟』와 같음

【鴶】(알) 黠 カツ、ふふどり cuckoo (本音「갈」) 뻐꾹새알(布穀類)。

【鴷】(렬) 屑 レツ、きつつき woodpecker 딱다구리렬(啄木鳥)。

【鴸】(주) 虞 シュ、とりのな kitelike bird 솔개 비슷한 새주(鳥名、似鴟)。

鴸(三才圖會)

【鳽】(견) 先 ケン、とりのな night-heron 小篆 눈맞아새끼배는새견、교청새견(鵁鶄)。

鳽(三才圖會)

【鴹】(양) 陽 ヨウ、とりのな bird 상양새양(鷸一、一足鳥舞則天下雨)。〔家語〕作商羊。

【鴺】(제) 齊 テイ、がらんちょう pelican 小篆 草書 사다새제(鵜鶘)。

【䳏】(귀) 齊 ケイ、ほととぎす cuckoo 접동새귀(鶗一)。

【鴻】 一(홍) 東 二(홍) 董 コウ、おおきい great; large ㄏㄨㄥ hung² 小篆 草書 一❶기러기홍(隨陽鳥、鴈之大者)。〔易經〕一漸于陸。❷클홍(大也)。〔史記〕禹抑一水。二❶곧게달릴홍(一絅直馳)。〔校獵〕一絧緁獵。❷기운덩이홍(一濛)。〔淮南子〕以一濛爲景。

【鴾】(모) 尤 ボウ、とき skylark ㄇㄡ mou² 草書 종달새모(鶩也、一母)。

【鴏】(칙) 職 チョク、みずどり water-bird ㄔ ch'ih⁴ 小篆 물새칙(水鳥)。〔陳藏器曰〕一色多紫尾有毛如船舵形。

【鴼】(격) カク、ふくろう owl 小篆 부엉이격(鵂鶹謂之鴼一)。

【鴽】(여) 魚 ジョ、ふなしうずら skylark ㄖㄨ ju² 草書 ❶집비둘기여(鴿也)。❷종달새여(田鼠所化鴽母)。❸메추라기여(鶉屬)。〔禮記〕一釀之蓼。

【鴿】(합) 合 コウ、いえばと dove; house pigeon ㄍㄜ kê¹ 小篆 草書 집비둘기합(野一、鳩屬性喜合)。

【鵀】(임) 沁 侵 ジン、やつがしら Himalayan cuckoo ㄖㄣ jen² 草書 되박박고임、산비둘기임(戴一戴勝別名)。〔爾雅〕鵖鴔戴一。

【鳶】(원) 先 エン、とび kite ❶새이름원(鳥名、一鶘)。❷고을이름원(朱一、縣名)。

【鵁】(교) 肴 コウ、ごいさぎ owl ㄐㄧㄠ chiao¹ 小篆 교청새교(一鶄、似鳧睛交而孕)。〔上林賦〕一鶄鸊目。

【鵂】(휴) 尤 キュウ、みみずく owl ㄒㄧㄡ hsiu¹ 草書 부엉이휴、수알치휴、올빼미휴(一鶹、角鴟怪鳥)。〔莊子〕鴟一夜撮蚤察毫末。

【鵃】(주) 尤 シュウ、やまばと wood-pigeon ㄓㄡ chou¹ 小篆 멧비둘기주(鶻一)。

【𪀔】(로) 皓 ロウ、しまつどり crane 두루미로(鷲一、鶴類)。

【鵇】(년) 〔日字〕 とき crested ibis 草書 따오기년(朱鷺)。

七 畫

【鵊】(겹) 洽 キョウ、ほととぎす cuckoo 草書 접동새겹(杜鵑)。〔歐陽修詩〕綠窻鵊一催天明。

【鵋】(기) 寘 キ、みみずく cuckoo 부엉이기、수알치기(鵂鶹鳥、一鵙)。

【鵏】(부) 虞 ホ、がちょう goose 거위부(鵝也)。

【鵌】(도) 虞 ト、とり bird ㄊㄨ t'u² 쥐와함께사는새도(與鼠同穴)。

【鵑】(견) 先 ケン、ほととぎす cuckoo 草書 ❶접동새견、두견새견、뻐꾹새견(杜一、蜀魄一名杜宇一名子規)。

【鵒】(욕) 沃 ヨク、ははつちょう heron ㄩ yü⁴

小篆 或體 草書 구욕새욕(鴝ㅣ似鵙入哥)。

【鵓】(발) 月 ボツ、いえばと dove 草書 집비둘기발(鵓也、勃姑)。〔六書故〕斑鳩差小者頸有白點斑。

【鵔】(준) 震 シュン、きんけい cock-pheasant ㄒㄩㄣˋ hsün⁴ 小篆 草書 ❶장끼준(山雉似鳳)。❷관이름준(冠名、ㅣ鸃)。〔漢書〕侍郎皆冠ㅣ鸃。

【鵕】(준)『鵔』(前條)과 같음

【鵖】(겁) 葉 キョウ、きくいただき Upupa epops saturata ㄐㄧㄝˊ chieh² 小篆 오디새겁(戴勝、鵀ㅣ)。

【䳌】(압)『鴨』(鳥部5畫)과 같음

【鵗】(희) 微 キ、きじ pheasant ㄒㄧ hsi¹ ❶가죽다루는장인희(攻皮之工ㅣ雉)。❷꿩희(北方雉名)。〔左傳〕五雉五工正。

【鵙】(격) 錫 ケキ、もず common heron ㄐㄩˊ chü² 왜가리격(伯勞)。〔詩經〕七月鳴ㅣ。

【鵚】(독) 屋 トク、しまつどり sacred crane ㄊㄨ t'u¹ 두루미독(禿頭鳥、ㅣ鶖)。〔本草〕凡鳥至秋毛脫禿此鳥頭禿如秋毨。

【鵜】(제) 齊 テイ、がらんちょう pelican 小篆 或體 草書 사다새제(ㅣ鶘、水鳥)。〔詩經〕維ㅣ在梁。

【鵝】(아) 歌 ガ、がちよう goose ㄜˊ é² 小篆 草書 거위아(家所畜舒鴈善鳴峨首辟蛇蜮)。〔孟子〕有餽其生ㅣ者。

【鵞】(아)『鵝』(前條)와 같음

【鵟】(광) 陽 キョウ、よたか owl 草書 부엉이광(茅鴟)。

【鵠】㈠(혹) 沃 ㈡(곡) 沃 コク、はくちょう swan; crested ibis ㄍㄨˇ ku³ 小篆 草書 ㈠❶고니혹(黃ㅣ、天鵝)。〔漢書〕黃ㅣ之一擧知山川之紆曲。❷따오기혹(鴻ㅣ、水鳥)。〔史記〕燕雀安知鴻ㅣ之志。㈡과녁곡(帿的)。〔禮記〕不失正ㅣ。

鵠(三才圖會)

【鵡】(무) 麌 ム、ブ、おうむ parrot ㄨˇ wu³ 草書 앵무새무(鸚ㅣ能言鳥)。〔禽經〕鸚ㅣ拊其背而啞。

【鴳】(안) 諫 アン、うづら quail 메추리안(鴽屬)。

八畫

【鶬】(창) 養 ショウ、とり bird 새이름창(鳥名)。

鶬鶊(三才圖會)

【帛鳥】(면) 先 ベン、うぐいすがなく nightingale 꾀꼬리울면(鶯囀)。

【卒鳥】(솔) 月 ソツ、はと pigeon 집비둘기솔(家鳩)。

【鵩】(복) 屋 フク、みみずく owl 草書 산올빼미복(鴞屬、不祥鳥)。〔史記〕有鵩飛入賈生舍止於坐隅楚人命鴞曰服。

鵩(三才圖會)

【鵬】(붕) 蒸 ホウ、おおとり roc 〔本音〕「봉」 草書 ❶붕새붕(大ㅣ鯤魚所化)。〔莊子〕鯤之大不知其幾千里也化而爲鳥其名爲ㅣ。❷큰새붕(大鳥名)。

鵬(三才圖會)

【鵪】㈠(암) 覃 ㈡(압) 洽 アン、うずら quail ㄢ an 草書 ㈠메추리암(鴽也)。〔夏小正〕三月田鼠化爲鴽鴽ㅣ也。㈡집오리압(鴨也)。(『鴨』의 古字)

【䳟】(명) 庚 メイ、とりのな sacred birds 초명새명(神鳥似鳳、鷦ㅣ)。〔劉向九歎〕從天鶴與鷦ㅣ。

【鵭】(금) 侵 キン、こうのとり stork 황새금(ㅣ鵭、鸛也)。

【鵯】(필) 質 ヒツ、ヒ、ひよどり jackdaw ㄆㄧˋ p'i⁴ 草書 갈가마귀필(鵯斯、ㅣ鶋)。

【鵰】(조) 蕭 チョウ、わし vulture 草書 ❶독수리조(鷲也)。❷보라매조(靑ㅣ、最俊者謂之海東靑)。

鵰(三才圖會)

【鵱】(륙) 屋 リク、がん wild goose 小篆 들거위륙(野鵝)。

【鵲】(작) 藥 ジャク、かささぎ magpie ㄑㄩㄝˋ ch'üeh⁴ 草書 ❶까치작(喜ㅣ乾ㅣ鳷ㅣ以音孕以視抱鳥名)。〔詩經〕ㅣ之彊彊。❷대까치작(練ㅣ白毛如練)。❸개이름작(宋ㅣ)。

鵲(古今圖書集成)

【鵳】(견) 先 ケン、はやぶさ sparrow hawk 새매견、조롱태견(鷂屬、鷂ㅣ)。

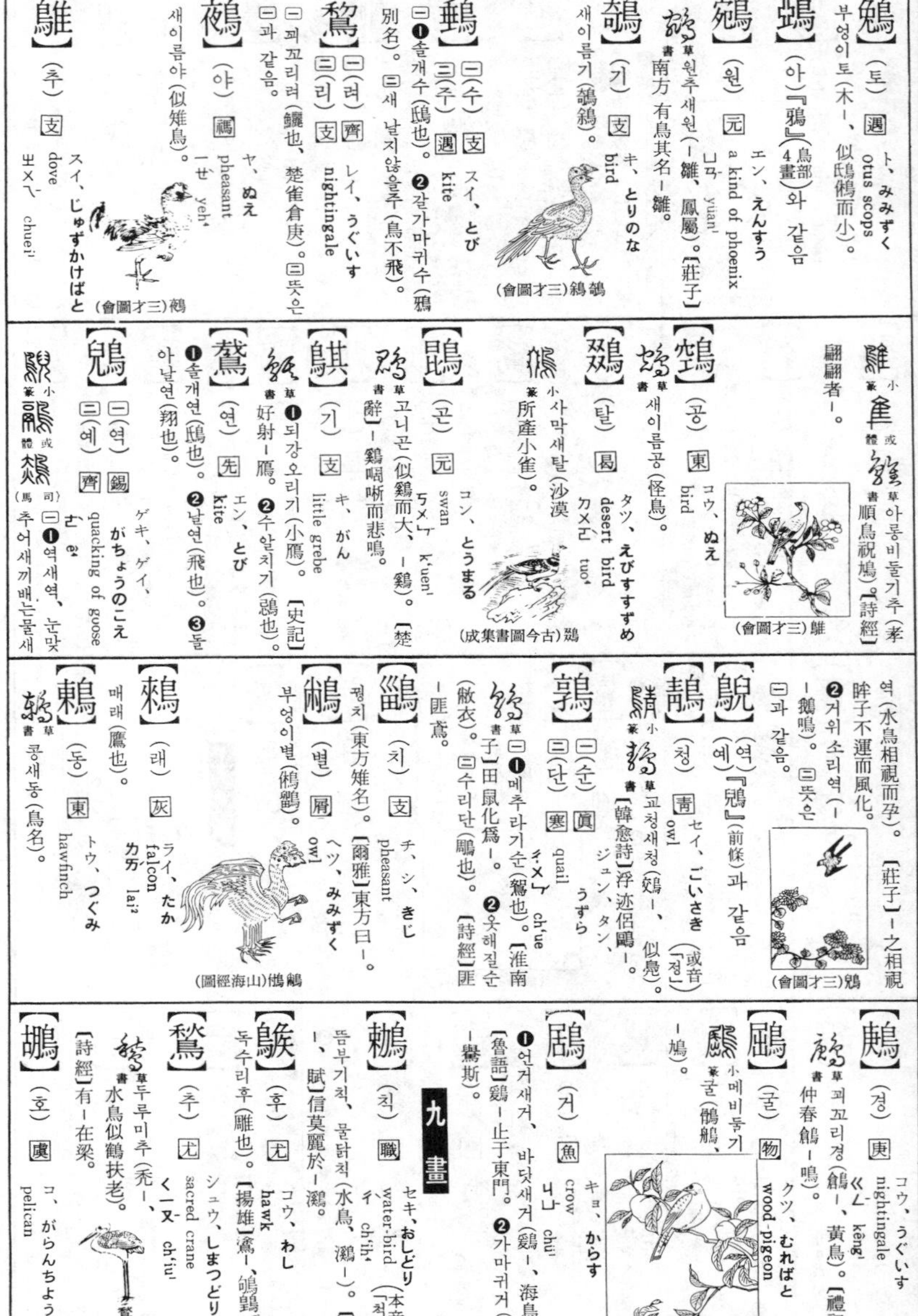

【鵵】(토) 遇 ト、みみずく otus scops 부엉이토(木ㅣ、似鴟鵂而小)。

【鵶】(아)『鴉』(鳥部4畫)와 같음

【鵷】(원) 元 エン、えんすう ㄩㄢ yüan¹ a kind of phoenix 草書 원추새원(ㅣ雛、鳳屬)。【莊子】南方有鳥其名ㅣ雛。

【鵸】(기) 支 キ、とりのな bird 새이름기(鵸鵌)。

(會圖才三)鵌鵸

【䳠】㊀(수) ㊂(주) 支 遇 スイ、とび kite ㊀❶솔개수(鴟也)。❷갈가마귀수(鴉別名)。㊂새 날지않을주(鳥不飛)。

【鵹】㊀(려) ㊁(리) 齊 支 レイ、うぐいす nightingale ㊀꾀꼬리려(鸝也、楚雀倉庚)。㊁뜻은 ㊀과 같음。

【鵺】(야) 禡 ヤ、ぬえ pheasant ㄧㄝ yeh⁴ 새이름야(似雉鳥)。

(會圖才三)鵺

【鵻】(추) 支 スイ、じゅずかけばと dove ㄓㄨㄟ chuei¹ 小篆 或體 草書 아롱비둘기추(孝順鳥祝鳩)。【詩經】翩翩者ㅣ。

(會圖才三)鵻

【鵼】(공) 東 コウ、ぬえ bird 草書 새이름공(怪鳥)。

【鵽】(탈) 曷 タツ、えびすすずめ desert bird ㄉㄨㄛ tuo⁴ 小篆 사막새탈(沙漠所產小雀)。

(成集書圖今古)鵽

【鵾】(곤) 元 コン、とうまる swan ㄎㄨㄣ k'uen¹ 草書 고니곤(似鷄而大、ㅣ鷄)。【楚辭】ㅣ鷄啁哳而悲鳴。

【鶀】(기) 支 キ、がん little grebe 草書 ❶되강오리기(小鴈)。【史記】好射ㅣ鴈。❷수알치기(鶚也)。

【鳶】(연) 先 エン、とび kite ❶솔개연(鴟也)。❷날연(飛也)。❸돌아날연(翔也)。

【鶂】㊀(역) ㊁(예) 錫 齊 ゲキ、ゲイ、がちょうのこえ quacking of goose ㄜ e⁴ 小篆 或體 (司馬) ㊀❶역새역、눈맞추어새끼배는물새역(水鳥相視而孕)。【莊子】ㅣ之相視眸子不運而風化。❷거위소리역(ㅣ鵝鳴)。㊁뜻은 ㊀과 같음。

【鶃】(역)(예)『鶂』(前條)과 같음

(會圖才三)鶃

【鶄】(청) 靑 セイ、ごいさき owl (或音「정」) 小篆 草書 교청새청(鵁ㅣ、似梟)。【韓愈詩】浮迹侶鷗ㅣ。

【鶉】㊀(순) ㊁(단) 眞 寒 ジュン、タン、うずら quail ㄔㄨㄣ ch'ue 草書 ㊀❶메추라기순(鴽也)。【淮南子】田鼠化爲ㅣ。❷옷해질순(敝衣)。㊁수리단(鵰也)。【詩經】匪ㅣ匪鳶。

【鶅】(치) 支 チ、シ、きじ pheasant 꿩치(東方雉名)。【爾雅】東方曰ㅣ。

【鷩】(별) 屑 ヘツ、みみずく owl 부엉이별(鵂鶹)。

(圖經海山)鵂鶹

【鶆】(래) 灰 ライ、たか falcon ㄌㄞ lai² 매래(鷹也)。

【鶇】(동) 東 トウ、つぐみ hawfinch 草書 콩새동(鳥名)。

【鶊】(경) 庚 コウ、うぐいす nightingale ㄍㄥ kêng¹ 草書 꾀꼬리경(鶬ㅣ、黃鳥)。【禮記】仲春鶬ㅣ鳴。

【鶌】(굴) 物 クツ、むればと wood-pigeon 小篆 메비둘기굴(鶌鳩、ㅣ鳩)。

(會圖才三)鳩鶌

【鶋】(거) 魚 キョ、からす crow ㄐㄩ chü¹ ❶언거새거、바닷새거(鶢ㅣ、海鳥)。【魯語】鶢ㅣ止于東門。❷가마귀거(鵯ㅣ鶋斯)。

九畫

【鶒】(칙) 職 セキ、おしどり water-bird ㄔ ch'ih⁴ (本音「척」) 뜸부기칙、물닭칙(水鳥、鸂ㅣ)。【鸂ㅣ賦】信莫麗於ㅣ鸂。

【鯸】(후) 尤 コウ、わし hawk 독수리후(雕也)。【揚雄】鶖ㅣ、鴝鶵。

【鶖】(추) 尤 シュウ、しまつどり sacred crane ㄑㄧㄡ ch'iu¹ 草書 두루미추(秃ㅣ、水鳥似鶴扶老)。【詩經】有ㅣ在梁。

(成集書圖今古)鶖

【鶘】(호) 虞 コ、がらんちょう pelican

草書 사다새호(鵜ㅣ、淘河)。【莊子】魚不畏網而畏鵜ㅣ。

【鶚】(악) 藥 ガク、みさご vulture ㄜˋ è⁴ 草書 독수리악(鷹鸇之屬鷙擊之鳥性好峙立)。【漢書】鷙鳥累百不如一ㅣ。

【鶗】(제) 齊 テイ、ほととぎす cuckoo ㄊㄧˊ t'i² 草書 접동새제(子規、ㅣ鴂)。

【鶙】㊀(적) 陌 シャク、せきれい ㊁(즉) 職 wagtail 뜻은『鶺』에 보라。【漢書】碎若ㅣ鴒。

【鶝】(복) 屋 フク、きくいただき Upupa epops saturata ㄈㄨˊ fu² 오디새복(戴勝、ㅣ鶝)。

【鶡】㊀(갈) 曷 カツ、やまどり bird ㊁(분) 文 ㄏㄜˊ hê² 小篆 草書 ㊀❶할단새갈(ㅣ旦、似鷄善鬪)。【禮記】ㅣ旦不鳴。❷관이름갈(冠名、虎賁)。㊁파랑새분(青雀)。

鶡(古今圖書集成)

【鶠】(언) 阮 エン、とりのな chinese phoenix ㄧㄢˇ yen³ 小篆 봉새언(鳳之別名)。【爾雅】ㅣ鳳其雌皇。

【鶢】(원) 元 エン、えんきょ sea bird 草書 바닷새원(海鳥、ㅣ鶋)。【魯語】爰居止于東門之外。

【鶤】(곤) 元 コン、ほうおう phoenix ㄩㄣˋ yün⁴ 小篆 草書 봉황곤(ㅣ雞、鳳凰別名)。【淮南子】軼ㅣ雞於姑餘。

【鶥】(미) 支 ビ、まなづる heron 왜가리미(鳥名、鶬ㅣ)。

【鶍】(매) 灰 バイ、すずめをとる lash a bird 새후려잡을매(誘取禽)。

【鷂】(묘) 篠 ビョウ、みそさざい wren 小篆 뱁새묘(巧婦鳥)。

【鶩】(목) 屋 ボク、あひる crested ibis ㄇㄨˋ mu⁴ 小篆 草書 따오기목(舒鳧)。【禮記】庶人執ㅣ。

鶩(禮器圖)

【鷶】(맥) 陌 バク、おどろきみる look with wonder 새놀라보는모양맥(鳥驚視貌)。

【鷻】(단) 翰 タン、あほうどり bird ㄔㄨㄢˋ ch'uan⁴ 小篆 새이름단(鳥名)。

【鵙】(격) 陌 ケキ、もず heron 小篆 或體 왜가리격(伯勞)。

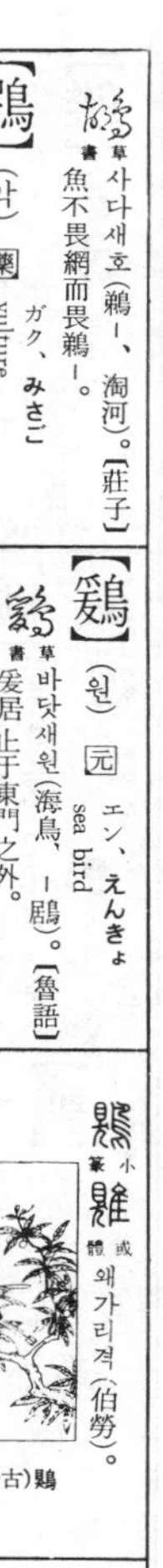

鵙(古今圖書集成)

十畫

【鷚】(류) 尤 リュウ、みずどり water bird 물새류(水鳥)。

【鶬】(창) 陽 ソウ、ショウ、まなづる heron ㄘㄤ ts'ang¹ 小篆 或體 草書 ❶왜가리창(ㅣ鴰、水鳥)。【子虛賦】雙ㅣ下。❷꾀꼬리창(ㅣ鶊、黃鳥)。【詩經】有鳴倉庚。

鶬鴰❷(三才圖會)

【鷏】(진) 眞 シン、さぎ egret ❶백로진(鷺也)。❷떼로나를진(羣飛貌)。

【鶯】(앵) 庚 オウ、うぐいす nightingale ㄧㄥ ying¹ (同音「행」) 小篆 草書 꾀꼬리앵(黃鳥、一名金衣公子)。

【鶱】(헌) 元 ケン、とぶ、かける flutter ㄒㄧㄢ hsien¹ 小篆 草書 훨훨날헌(飛貌)。【水鳥賦】將ㅣ復斂翮。

【鶷】(식) 職 ショク、ついばむ peck 새가 쪼아먹을식(鳥食)。

【鶲】(옹) 東 オウ、くびけ feathers of neck ❶새목털옹(鳥頸毛)。❷새이름옹(鳥名)。

【鶴】(학) 藥 カク、つる crane ㄏㄠˊ hao² 小篆 草書 ❶두루미학、학학(仙禽似鵠)。【易經】鳴ㅣ在陰。❷새털함치르르할학(鳥肥澤)。【孟子】白鳥ㅣㅣ。

【鷃】(답) 合 トウ、とぶとり flap off 푸르륵날답(飛貌、鷃ㅣ)。

【鶸】(약) 藥 ジャク、とうまる bantam 草書 당닭약(鳥名)。

【鶷】(할) 黠 カツ、もず dusky thrush 백설조할(百舌、ㅣ鶡)。

【鷄】(살) 黠 サツ、はやくとぶ fly swiftly 새빨리날살(鳥飛疾)。

【鶹】(류) 尤 リュウ、みみずく Chinese scops owl ㄌㄧㄡˊ liu² 小篆 草書 ❶꾀꼬리류(黃鳥)。❷부엉이류(角鴟鵂ㅣ)。

【鶺】(척) 陌 セキ、せきれい wagtail ㄐㄧˊ chi² 草書 저뒤새척、할미새척(ㅣ鴒、鴒渠鳥名)。【詩經】ㅣ鴒在原。

【鶽】(준)『隼』(隹部 2畫)과 같음

【鶼】(겸) 鹽 bird ケン、とりのな ㄐㄧㄢ chien^1
草書 새이름겸(比翼鳥)。

【鶻】(골) 月 goshawk コツ、はやぶさ (古音「홀」) ㄍㄨˇ ku^3
小篆 草書 ❶매골(—鵃、鷹屬)。[禽經]—不擊胎。❷오랑캐골(北夷種、回—)。

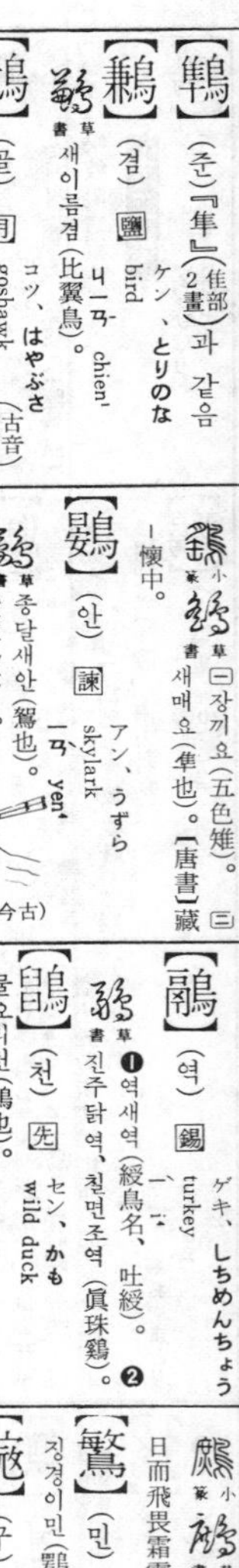
鶻 (三才圖會)

【鶾】(한) 翰 reddish cock カン、きんけいちょう ㄏㄢˋ han^4
小篆 ❶붉은닭한(丹鷄)。❷살찐닭한(鷄肥貌)。

【鶿】(자) 支 Korean cormorant ジ、う ㄘˊ tz'ŭ^2
小篆 가마오지자、더펄새자(鸕—、鳥鬼)。[李白詩]鸕—酌。

【鷀】(자)『鶿』(前條)와 같음

【鷁】(익) 錫 water-fowl ゲキ、みずとり (本音「역」) ㄧˋ i^4
草書 ❶익새익(水鳥、似鷺而大)。[春秋]六—退飛。❷돛대끝바람개비익(文—畫其象於船頭)。

【鷂】㊀(요) 蕭 ㊁(요) 嘯 Asiatic sparrow hawk ヨウ、はしたか ㄧㄠˋ yao^4
小篆 草書 ㊁장끼요(五色雉)。㊂새매요(隼也)。[唐書]藏—懷中。

【鷃】(안) 諫 skylark アン、うずら ㄧㄢˋ yen^4
草書 종달새안(鴽也)。[莊子]斥—。(『鴳』과 같음)

鷃 (古今圖書集成)

【鷄】(계) 齊 cock; hen ケイ、にわとり ㄐㄧ chi^1
닭계(知時畜翰音有五德)。[易經]巽爲—。(『雞』와 같음)

【⿰邕鳥】(옹) 冬 wagtail ヨウ、せきれい
할미새옹(鶺鴒、—渠)。

【鷅】(률) 質 nightingale リツ、うぐいす ㄌㄧˋ li^4
꾀꼬리률(黃鳥、鶹—)。[爾雅]鳥小美長醜爲—鶹。

【鷆】(전) 先 goatsucker テン、かすい
바람개비전(吐蚊鳥)。

【鷇】(구) 宥 chicken コウ、ひな ㄎㄡˋ k'ou^4
小篆 草書 ❶새새끼구(鳥子)。❷병아리구(鷄—)。❸먹일구(鳥子生哺曰—)。

【鷉】(제) 齊 Chinese little grebe テイ、かいつぶり ㄊㄧˊ t'i^2
小篆 되강오리제、비오리제(似鳧、鸊—)。[杜甫詩]銛鋒瑩鸊—。

【鷊】(역) 錫 turkey ゲキ、しちめんちょう ㄧˋ i^4
草書 ❶역새역(綬鳥名、吐綬)。❷진주닭역、칠면조역(眞珠鷄)。

【⿰泉鳥】(천) 先 wild duck セン、かも
물오리천(鴨也)。

【鷍】(교) 蕭 owl キョウ、ふくろう
올빼미교(不孝鳥梟也)。

十一畫

【鷋】(도) 虞 pigeon ト、はと ㄊㄨˊ t'u^2
비둘기도(鳥名、—鳩)。

【鷐】(신) 眞 sparrow hawk シン、はやぶさ
小篆 새매신(鸇也、—風)。[詩經]鴥彼晨風。(『晨』과 같음)

【⿰規鳥】(규) 支 Cuculus, poliocephalus キ、ほととぎす
접동새규(杜鵑)。

【⿸麻鳥】(매) 灰 sparrow バイ、すずめ
참새매(麻雀)。

【⿰商鳥】(상) 陽 single-legged bird ショウ、とりのな
외발새상(一足鳥、—鴹)。[家語]—鴹舞則天下大雨。

【鷒】(단) 寒 bird タン、とり
까치같고꼬리짧은새단(如鵲短尾。鸛—)。

【鷓】(자) 禡 pardridge シャ、しやこ
小篆 草書 자고새자(—鴣、隨陽鳥越雉)。[古今註]—鴣向日而飛畏霜露早晚希出。

【⿰敏鳥】(민) 軫 Chinese phoenix ビン、みさご
징경이민(鶚也)。

【⿰鳥虎】(구) 宥 sparrow コ、すずめ
참새구(鳥名、—雉)。

【⿰舂鳥】(장) 冬 cuckoo ショウ、ふふどり (古音「송」)
뻐꾹새장(布穀、鸜—)。

【鷔】(오) 豪 bird ゴウ、とりのな
❶흉조이름오(不祥鳥)。[郭璞]鴢—鷗鴥。❷나는고기오(—魚、飛魚)。

【鷕】(요) 篠 cluck ヨウ、イ、なく ㄧㄠˇ yao^3
小篆 草書 암꿩우는소리요(雌雉鳴聲)。[詩經]有—雉鳴。

【⿰酓鳥】(암) 覃 quail アン、うずら
메추리암(鳥名、—鶉)。

【鷖】(예) 齊 sea-gull エイ、かもめ ㄧ i^1
小篆 草書 ❶갈매기예(鷗也)。❷수악새예(水鴞好浮)。[詩經]鳧—在涇。❸봉황예(鳳凰別名)。[楚辭]駟玉虬而乘—兮。

【鷗】(구) 尤 sea-gull オウ、かもめ (本音「우」)
小篆 草書 갈매기구(似漚而白鷺也)。[列子]海上之人有好漚鳥者。

【䳨】(난) 翰 ナン、くるしい difficult ㄋㄢ nan² ❶어려울난(難也)。❷애쓸난(務也)。

【鷘】(칙) 職 チョク、くいな ruddy crake 뜸부기칙、물닭칙(鸂—、水鳥)。

【鷙】(지) 寘 シ、チツ、あらどり hawk Asiatic sparrow 小篆 草書 ❶억셀지、날쌜지(鳥獸猛勇)。〔禮記〕鷹隼蚤—。❷새매지(鷹鸇之類)。〔楚辭〕—鳥之不羣兮。

【鷚】(류) 宥 リュウ、ひばり skylark ㄌㄧㄡ liu⁴ 小篆 ❶종달새류(大鷚)。❷꿩새끼류(雉子)。

【鷞】㊀(상) 陽 ㊁(상) 養 ソウ、たか goshawk ㄕㄨㄤ shuang¹ 小篆 草書 ㊀숙상새상(鷫—、西方神鳥皮可爲裘)。〔史記〕司馬相如家貧鷫—裘貰酒。㊁매상(—鳩、鷹也)。〔左傳註〕爽鳩氏少皞司寇。

【鷜】(루) 尤 ロウ、がん wild goose ㄌㄡ lou² 들거위루(野鵝)。

【鷟】(작) 覺 サク、ゾク、ほうおう phoenix ㄓㄨㄛ chuo² (古音「착」) 草書 봉새착(鸑—、鳳屬)。〔陸機賦〕鳴岐陽之鸑—。

十二畫

【鷡】(무) 虞 ブ、ひばり skylark 종달새무(鷚也)。

【䳾】(등) 蒸 トウ、くいな ruddy crake 뜸부기등(—鷄)。

【鷢】(궐) 月 ケツ、とりのな woodpecker ㄐㄩㄝ chüeh² 小篆 조고리궐(似鷹、白—)。〔韓愈詩〕飄然逐鷢—。

【鷣】(음) 侵 イン、はしたか Asiatic sparrow hawk 草書 새매음(鷂之別名)。

【鷧】(의) 寘 ギ、うのとり cormorant 小篆 더펄새의(鸕鷧)。

【鷠】(서) 魚 ショ、あひる goose 거위서(似鳧、—鴈)。〔爾雅〕—鴈鵝也。

【鷤】㊀(단) 寒 ㊁(제) 齊 タン、テイ、ほととぎす cuckoo ㊀꿩새끼단(雉子)。㊁접동새제(子規—鴂)。

【鷥】(사) 支 シ、サ、しらさぎ snowy heron ㄙ ssŭ¹ ❶해오라기사(鳥名、鷺—)。〔爾雅註〕白鷺縗俗稱鷺—。❷띠술사(帶絲)。

【鷦】(초) 蕭 ショウ、みそさざい crow tit ㄐㄧㄠ chiao¹ 小篆 草書 ❶법새초(—鷯、桃蟲)。〔詩經〕肇允彼桃蟲。❷초명새초(—鵬、南方神鳥)。

【鸓】(류)『鷚』(10畫)의 本字

【鷨】(화) 麻 カ、ふふどり cuckoo 뻐꾸기화(鳲鳩)。

【鷭】(번) 元 バン、ばん bird 草書 새이름번(鳥名、黑色短尾)。

【鷩】(별) 屑 ヘツ、きんけいちょう reddish pheasnat 小篆 草書 붉은꿩별(赤雉)。〔周禮〕王饗先公饗射則—冕。

【鷫】(숙) 屋 シュク、しゅくそう bird ㄙㄨ su⁴ 小篆 (設如相馬司) 草書 숙상새숙(—鷞、神鳥)。〔西京雜記〕司馬相如以—鷞裘貰酒。

【鷬】(황) 陽 コウ、うぐいす nightingale 꾀꼬리황(黃鳥)。

【鶀】(기) 支 キ、みみずく owl 부엉이기(鵂鶹)。

【鷰】(연) 霰 エン、つばめ swallow ㄧㄢ yen⁴ ❶제비연(玄鳥)。〔詩經〕天命玄鳥。❷씨름연(角觝戲、—濯)。

【鷯】(료) 蕭 リョウ、みそさざい crow tit 小篆 草書 법새료(鷦—、挑蟲在葦小鳥)。〔詩疏〕今鷦—也微小於黃雀其雛化而爲鵰故俗謂鷦—生鵰。

【鷮】(교) 蕭 キョウ、おおやまどり pheasnat ㄐㄧㄠ chiao¹ 小篆 草書 꿩교(長尾雉)。〔詩經〕有集維—。

【鷱】(고) 豪 コ、はと ground dove 작은비둘기고(小鳩、—鵙)。

【鷲】(취) 宥 シュウ、わし vulture; eagle ㄐㄧㄡ chiu⁴ (本音「츄」) 小篆 草書 독수리취(鵰類黑色多力)。

【鷳】(한) 刪 カン、しらきじ stork ㄒㄧㄢ hsien² 小篆 草書 황새한(白—、似雉)。〔本草〕行止閒暇故曰—。

【鷴】(한)『鷳』(前條)의 俗字

【鷉】(사) 支 シ、かもめ raven 갈가마귀사(鴉也)。

【鷸】(휼) 質 イツ、しぎ stork ㄩ yü⁴ (古音「율」) 小篆 或體 草書 ❶암비취휼、황새휼(翠—、知雨鳥)。❷맞버틸휼(相持勢)。〔戰國策〕蚌—相持。❸훌쩍날휼(—如疾飛貌)。〔海賦〕—如驚鳧之失侶。

❶鷸 (古今圖書集成)

【鸈】(거) 魚 キョ、せきれい wagtail 小篆 할미새거(鶺鴒、䳢—)。

【鷻】(단) 寒 タン、トン、わし eagle ❶수리단(鵰也)。❷솔개단(鳶別名)。

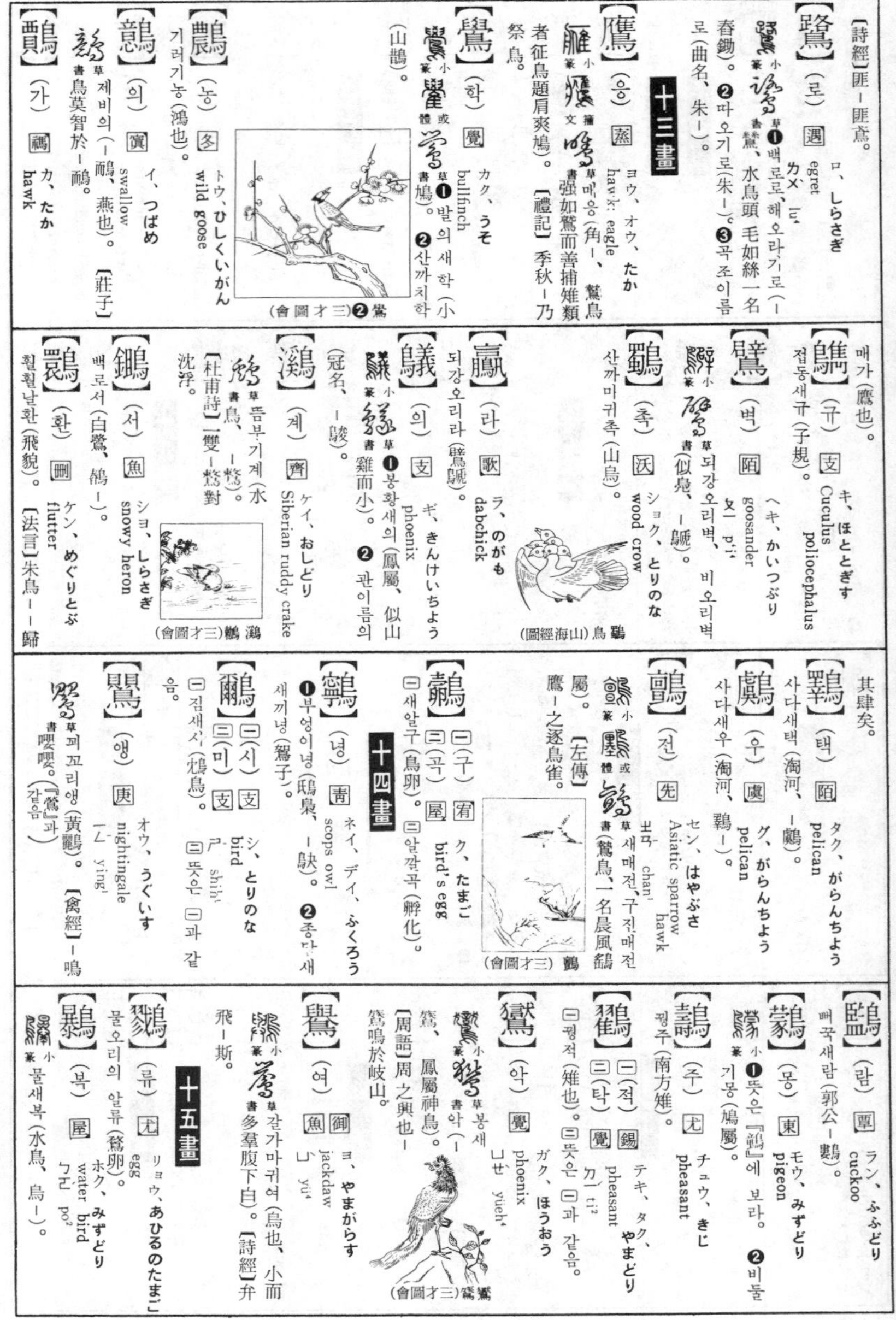

〔詩經〕匪ー匪鳶。

【鷺】(로) 遇 ロ、しらさぎ egret ㄌㄨˋ lu^{4} 小篆 草 書 ❶백로로, 해오라기로(ー鷺、水鳥頭毛如絲一名春鋤)。❷따오기로(朱ー)。❸곡조이름로(曲名、朱ー)。

十三畫

【鷹】(응) 蒸 ヨウ、オウ、たか hawk: eagle 小篆 籒文 草 書 매응(角ー、鷙鳥强如鷙而善捕雉類者征鳥題肩爽鳩)。〔禮記〕季秋ー乃祭鳥。

【鷽】(학) 覺 カク、うそ bullfinch 小篆 或體 草 書 ❶발의새학(小鳩)。❷산까치학(山鵲)。

(三才圖會)❷鷽

【鸗】(농) 冬 トウ、ひしくいがん wild goose 기러기농(鴻也)。

【鷾】(의) 寘 イ、つばめ swallow 草 書 제비의(ー鴯、燕也)。〔莊子〕鳥莫智於ー鴯。

【鷶】(가) 禡 カ、たか hawk 매가(鷹也)。

【巂鳥】(규) 支 キ、ほととぎす Cuculus poliocephalus 접동새규(子規)。

【鷿】(벽) 陌 ヘキ、かいつぶり goosander ㄆㄧˋ p'i^{4} 小篆 草 書 되강오리벽, 비오리벽(似鳧、ー鷉)。

【鸀】(촉) 沃 ショク、とりのな wood crow 산까마귀촉(山烏)。

(山海經圖)鸀鳥

【鸁】(라) 歌 ラ、のがも dabchick 되강오리라(鸊鷉)。

【鸃】(의) 支 ギ、きんけいちょう phoenix 小篆 草 書 ❶봉황새의(鳳屬、似山雞而小)。❷관이름의(冠名、ー鵔)。

【鸂】(계) 齊 ケイ、おしどり Siberian ruddy crake 草 書 뜸부기계(水鳥、ー鶒)。〔杜甫詩〕ー雙ー鶒對沈浮。

(三才圖會)鸂鶒

【鉏鳥】(서) 魚 ショ、しらさぎ snowy heron 백로서(白鷺、鶬ー)。

【鹮】(환) 刪 ケン、めぐりとぶ flutter 훨훨날환(飛貌)。〔法言〕朱鳥ーー歸其肆矣。

【鸅】(택) 陌 タク、がらんちょう pelican 사다새택(淘河、ー鸆)。

【鸆】(우) 虞 グ、がらんちょう pelican 사다새우(淘河、鸅ー)。

【鸇】(전) 先 セン、はやぶさ Asiatic sparrow hawk ㄓㄢ chan^{1} 小篆 或體 草 書 새매전, 구진매전(鷙鳥、一名晨風鷂屬)。〔左傳〕鷹ー之逐鳥雀。

(三才圖會)鸇

【鷇】㊀(구) 宥 ㊁(곡) 屋 ク、たまご bird's egg ㊀새알구(鳥卵)。㊁알깔곡(孵化)。

十四畫

【鸋】(녕) 靑 ネイ、デイ、ふくろう scops owl ❶부엉이녕(鴟梟、ー鴂)。❷종달새새끼녕(鴽子)。

【鸍】㊀(시) 支 ㊁(미) 支 シ、とりのな bird ㄕ shih^{1} ㊀짐새시(鴆鳥)。㊁뜻은 ㊀과 같음。

【鸎】(앵) 庚 オウ、うぐいす nightingale ㄧㄥ ying^{1} 草 書 꾀꼬리앵(黃鸝)。〔禽經〕ー鳴嚶嚶。(『鶯』과 같음)

【監鳥】(람) 覃 ラン、ふふどり cuckoo 뻐꾹새람(郭公ー鸎)。

【鸏】(몽) 東 モウ、みずどり pigeon 小篆 ❶뜻은『鸏』에 보라。❷비둘기몽(鳩屬)。

【壽鳥】(주) 尤 チュウ、きじ pheasant 꿩주(南方雉)。

【鸐】㊀(적) 錫 ㊁(탁) 覺 テキ、タク、やまどり pheasant ㄉㄧˊ ti^{2} ㊀꿩적(雉也)。㊁뜻은 ㊀과 같음。

【鸑】(악) 覺 ガク、ほうおう phoenix ㄩㄝˋ yüeh^{4} 小篆 草 書 봉새악(ー鷟、鳳屬神鳥)。〔周語〕周之興也ー鷟鳴於岐山。

(三才圖會)鸑鷟

【鸒】(여) 御 魚 ヨ、やまがらす jackdaw ㄩˋ yü^{4} 小篆 草 書 갈가마귀여(烏也、小而多羣腹下白)。〔詩經〕弁飛ー斯。

十五畫

【鷚】(류) 尤 リョウ、あひるのたまご egg 물오리의 알류(鶩卵)。

【鸔】(복) 屋 ホク、みずどり water bird ㄅㄛˊ po^{2} 小篆 물새복(水鳥、鳥ー)。

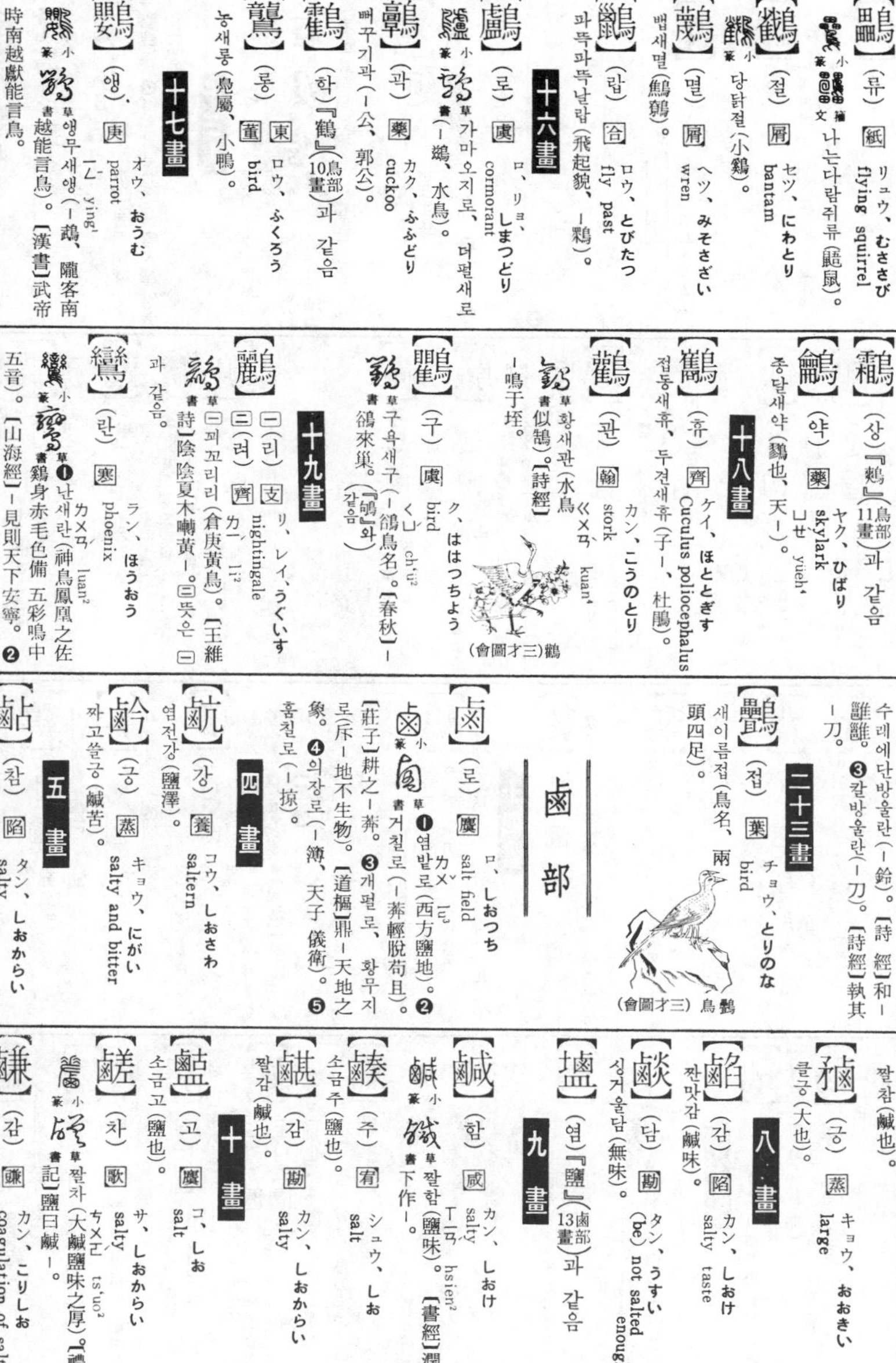

【鸓】(류) 紙 リュウ、むささび flying squirrel
[小篆][籀文] 나는다람쥐류(鼺鼠)。

【⿰截鳥】(절) 屑 セツ、にわとり bantam
[小篆] 당닭절(小鷄)。

【⿰蔑鳥】(멸) 屑 ヘツ、みそさざい wren
뱁새멸(鷦⿰蔑鳥)。

【⿰巤鳥】(랍) 合 ロウ、とびたつ fly past
파뜩파뜩날랍(飛起貌、ㅣ鸐)。

十六畫

【鸕】(로) 虞 ロ、リョ、しまつどり cormorant
[小篆][草書] 가마오지로、더펄새로(ㅣ鷀、水鳥)。

【⿰郭鳥】(곽) 藥 カク、ふふどり cuckoo
뻐꾸기곽(ㅣ公、郭公)。

【鸖】(학)『鶴』(10畫 鳥部)과 같음

【鸗】(롱) 東 ロウ、ふくろう bird
농새롱(梟屬、小鴨)。

十七畫

【鸚】(앵) 庚 オウ、おうむ parrot ㄧㄥ ying¹
[小篆][草書] 앵무새앵(ㅣ鵡、隴客南越能言鳥)。〔漢書〕武帝時南越獻能言鳥。

【鸘】(상)『鷞』(11畫 鳥部)과 같음

【鸙】(약) 藥 ヤク、ひばり skylark ㄩㄝ yüeh⁴
종달새약(鷚也、天ㅣ)。

十八畫

【⿰巂鳥】(휴) 齊 ケイ、ほととぎす Cuculus poliocephalus
접동새휴、두견새휴(子ㅣ、杜鵑)。

【鸛】(관) 翰 カン、こうのとり stork ㄍㄨㄢ kuan⁴
[草書] 황새관(水鳥似鵠)。〔詩經〕ㅣ鳴于垤。

(會圖才三)鸛

【鸜】(구) 虞 ク、ははつちよう bird ㄑㄩ ch'ü²
[草書] 구욕새구(ㅣ鵒鳥名)。〔春秋〕ㅣ鵒來巢。『鴝』와 같음

十九畫

【鸝】㊀(리) 支 リ、レイ、うぐいす nightingale
㊁(려) 齊 ㄌㄧ li²
[草書] ㊀꾀꼬리리(倉庚黃鳥)。〔王維詩〕陰陰夏木囀黃ㅣ。㊁뜻은 ㊀과 같음。

【鸞】(란) 寒 ラン、ほうおう phoenix ㄌㄨㄢ luan²
[小篆][草書] ❶난새란(神鳥鳳凰之佐 鷄身赤毛色備 五彩鳴中五音)。〔山海經〕ㅣ見則天下安寧。❷수레에단방울란(ㅣ鈴)。〔詩經〕和ㅣ雝雝。❸칼방울란(ㅣ刀)。〔詩經〕執其ㅣ刀。

二十三畫

【⿰疊鳥】(접) 葉 チョウ、とりのな bird
새이름접(鳥名、兩頭四足)。

(會圖才三) 鳥⿰疊鳥

鹵部

【鹵】(로) 麌 ロ、しおつち salt field ㄌㄨ lu³
[小篆][草書] ❶염밭로(西方鹽地)。❷거칠로(ㅣ莽輕脫苟且)。〔莊子〕耕之ㅣ莽。❸개펄로、황무지로(斥ㅣ地不生物)。〔道樞〕鼎ㅣ天地之象。❹의장로(ㅣ簿、天子儀衛)。❺훔칠로(ㅣ掠)。

四畫

【⿰鹵亢】(강) 養 コウ、しおさわ saltern
염전강(鹽澤)。

【鹶】(긍) 蒸 キョウ、にがい salty and bitter
짜고쓸긍(鹹苦)。

五畫

【⿰鹵占】(참) 陷 タン、しおからい salty
짤참(鹹也)。

【⿰弓鹵】(긍) 蒸 キョウ、おおきい large
클긍(大也)。

八畫

【⿰鹵臽】(감) 陷 カン、しおけ salty taste
짠맛감(鹹味)。

【⿰鹵炎】(담) 勘 タン、うすい (be) not salted enough
싱거울담(無味)。

【⿰土⿱鹵皿】(염)『鹽』(13畫 鹵部)과 같음

九畫

【鹹】(함) 咸 カン、しおけ salty ㄒㄧㄢ hsien²
[小篆][草書] 짤함(鹽味)。〔書經〕潤下作ㅣ。

【⿰鹵奏】(주) 宥 シュウ、しお salt
소금주(鹽也)。

【⿰鹵甚】(감) 勘 カン、しおからい salty
짤감(鹹也)。

十畫

【盬】(고) 麌 コ、しお salt
소금고(鹽也)。

【鹺】(차) 歌 サ、しおからい salty ㄘㄨㄛ ts'uo²
[小篆][草書] 짤차(大鹹鹽味之厚)。〔禮記〕鹽曰鹹ㅣ。

【鹻】(감) 豏 カン、こりしお coagulation of salt

소금버캐감(ㅣ之凝井、鹹也)。

十二畫

【⿰鹵敢】(감) 感 カン、しおからい too salty 맛이 아주짤감(味太鹹)。

【⿰鹵最】(취) 卦 サイ、しょうゆ soy ❶장취(醬也)。❷소금취(鹽也)。

十三畫

【鹼】㊀(검) 鹽 ケン、カン、しおみず salt water ㊁(감) 鹻 ㄐㄧㄢˇ chien^{3} 小篆 草書 ㊀❶소금물검(鹽分)。❷잿물검(灰濾水)。❸비누검(汚垢洗料)。(或音「감·첨」) ㊁뜻은 ㊀과 같음。

【鹽】㊀(염) 鹽 エン、しお ㊁(염) 豔 salt 小篆 草書 ㊀❶소금염(煮海爲ㅣ)。【周禮】ㅣ人掌ㅣ之政。❷자반염、절일염(ㅣ魚肉)。㊁후렴염(歌曲別名)。【古樂府】有昔昔ㅣ神雀ㅣ黃帝ㅣ。

十四畫

【⿰鹵齊】(제) 霽 セイ、しおからい salty 맛이 짤제、짠맛제(鹹也)。

【⿰鹵翟】(적) 錫 テキ、しおからい salty ❶짤적(鹺也)。❷맛없을적(無味)。

鹿 部

【鹿】(록) 屋 ロク、しか deer ㄌㄨˋ lu^{4} 小篆 草書 ❶사슴록(麋屬仙獸)。❷모진곳집록(積穀所圓曰困方曰ㅣ)。【吳語】困ㅣ空虛。❸작은수레록(ㅣ車、小車)。【風俗通】ㅣ車纔容一ㅣ。❹술그릇록(酒器)。【孔廟禮器碑】有雷洗觴觚爵ㅣ相梪。❺녹록할록(ㅣㅣ)。❻칼이름록(劍名、獨ㅣ)。

二畫

【麀】(우) 尤 ユウ、めじか female deer ㄧㄡ yu^{1} 小篆 或體 草書 암사슴우(牝鹿)。【詩經】ㅣ鹿麌麌。

【麂】(궤) 紙 キ、おおのろ elk ㄐㄧˇ chi^{3} 草書 큰고라니궤(大麇狗足似鹿)。【本草】麂屬兩邊有長牙喜鬪。

麂
(古今圖書集成)

【麄】(궤)『麂』(前條)와 같음

三畫

【麄】(추)『麤』(鹿部22畫)와 같음

四畫

【麈】(사) 紙 シ、しか deer 두살된사슴사(鹿二歲)。

【麌】(오) 皓 オウ、ヨウ、なれしか elk 草書 고라니새끼오(麇子)。

五畫

【麃】㊀(표) 蕭 ヒョウ、おおしか roe deer ㄅㄧㄠ piao^{1} ㊁(포) 肴 小篆 草書 ㊀위엄스러울표(武貌)。【詩經】駟介ㅣㅣ。㊁노루포(麞屬)。【史記】獲一角獸若ㅣ然。

【麅】(포) 肴 ホウ、しか elk 고라니포(鹿屬)。

【麆】㊀(조) 御 ショ、こじか young deer ㄓㄨˋ chu^{4} ㊁(조) 魚 ㊀노루새끼조(麇子)。㊁어린아이조(小兒)。

【麇】㊀(균) 眞 キン、クン、のろ elk ㄐㄩㄣ chün^{1} ㊁(균) 文 ㊂(군) 吻 小篆 籀文 草書 ㊀❶보노루균(麞也)。【左傳】逢澤有介ㅣ。㊁❶㊀과 뜻이 같음。❷무리균(羣也)。【左傳】求諸侯而ㅣ至。㊂묶을군(束縛)。【左傳】羅無勇ㅣ之。

麇
(古今圖書集成)

【麚】(가) 麻 カ、あじか stag 수사슴가(牡鹿)。【文木賦】ㅣ宗驥旅。

【麈】(본) 阮 ホン、めじか hind 암사슴본(牝鹿)。

【麈】(주) 麌 シュ、おおしか deer ㄓㄨˇ chu^{3} 小篆 草書 사슴주(麋屬尾能辟塵)。【名苑】鹿大者曰ㅣ羣鹿隨之視ㅣ尾所轉而往古之談者揮焉。

麈
(古今圖書集成)

六畫

【麉】(견) 先 ケン、しか strong deer 小篆 힘센사슴견(鹿之絕有力者)。【爾雅】鹿其迹速絕有力ㅣ速迹名。

【麂】(궤) 紙 キ、のろ roe deer ㄐㄧˇ chi^{3} 큰노루궤(大麕)。

【麊】(미) 支 ビ、くにのな prefecture 고을이름미(縣名、ㅣ冷)。

【麋】(미) 支 ミ、ビ、となかい elk ㄇㄧˊ mi^{2} 小篆 草書 ❶고라니미(鹿屬似水牛)。❷물가미(水草之交)。【詩經】居河之ㅣ。

❶ 麋
(古今圖書集成)

七畫

【麌】㊀(우) 麌 ゴ、グ、おしか male deer ㄩˇ yü^{3} ㊁(오) 虞 草書 ㊀❶수사슴우(牡鹿)。❷사슴떼우물거릴우(羣聚貌)。【詩經】鹿

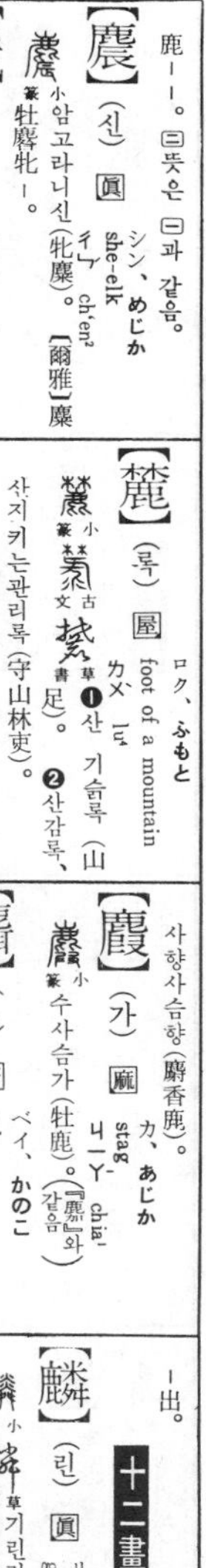

鹿ㅣㅣ。㊁뜻은 ㊀과 같음。

【麎】(신) 眞 シン、めじか she-elk ㄔㄣˊ ch'en² 小篆 암고라니신(牝麋)。〔爾雅〕麎 牡麐牝ㅣ。

【麏】(균) 眞 キン、しか elk 고라니균(鹿屬)。

【麐】(린) 震 リン、めすきりん she-giraffe ㄌㄧㄣˊ lin² 小篆 암기린린(牝麒)。(『麟』과 통함)

麐 (三才圖會)

【鹿各】(린)『麐』(前條)과 같음

八畫

【麑】(예) 齊 ゲイ、しし lion ㄋㄧˊ ni² 小篆 草書 ❶사슴새끼예(鹿子)。〔論語〕素衣ㅣ裘。❷사자예、사지예(狻ㅣ、獸名)。〔爾雅〕狻ㅣ食虎豹。

【鹿委】(위) 支 イ、しかにく stored venison ❶저장한 사슴고기위(㹈鹿肉)。❷아름다운 사슴위(鹿之美者)。〔鄭康成〕今益州有鹿ㅣ、一曰、鹿之美者。

【麒】(기) 支 キ、きりん giraffe ㄑㄧˊ ch'i² 小篆 草書 기린기(ㅣ麟、仁獸麕身牛尾一角牡曰ㅣ)。

【麓】(록) 屋 ロク、ふもと foot of a mountain ㄌㄨˋ lu⁴ 小篆 古文 草書 ❶산 기슭록(山足)。❷산감록、산지키는관리록(守山林吏)。

【麔】(구) 有 ク、おじか he-elk ㄐㄧㄡ chiu⁴ 小篆 수고라니구(牡麋)。

【麕】(균) 軫 キン、のろ elk 草書 고라니균(麞屬)。〔詩經〕野有死ㅣ。

【麗】㊀(리) 支 リ、レイ、うるわしい beautiful ㊁(려) 霽 ㄌㄧˋ li⁴ 小篆 古文 籀文 草書 ㊀❶부딪칠리(附著)。〔左傳〕射麋ㅣ龜。❷나라이름리(高ㅣ、東國名)。〔魏志〕高句ㅣ在遼東之東。㊁❶고울려(美也)。〔楚辭〕被文織ㅣ而不奇。❷빛날려(華也)。〔書經〕化奢ㅣ萬世同流。❸걸릴려(附也)。〔易經〕日月ㅣ乎天。❹베풀려(施也)。〔書經〕不克開于民之ㅣ。❺짝려(偶數)。〔史記〕ㅣ皮爲禮。❻문루려(ㅣ譙高樓)。〔莊子〕盛鶴列於ㅣ譙之閒。

九畫

【麙】(암) 咸 ガン、やぎ goat 小篆 산양암(山羊而大細角)。

【麘】(향) 陽 コウ、じゃこうじか musk deer ㄒㄧㄤ hsiang¹ 사향사슴향(麝香鹿)。

【麚】(가) 麻 カ、あじか stag ㄐㄧㄚ chia¹ 小篆 수사슴가(牡鹿)。(『鹿加』와 같음)

【麛】(미) 齊 ベイ、かのこ colt ㄇㄧˊ mi² 小篆 草書 ❶새끼미(獸初生)。〔周禮〕春田士不取ㅣ卵。❷사슴새끼미(鹿子)。

十畫

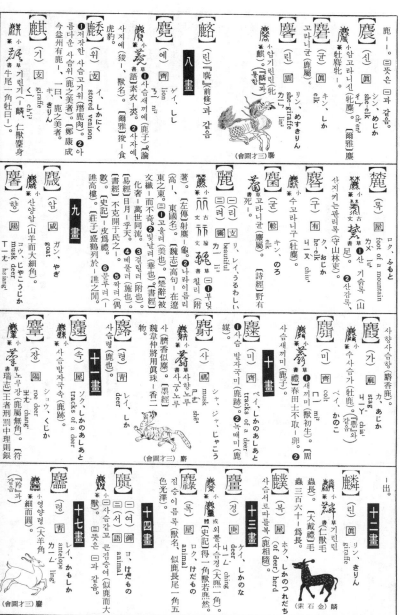

【麊】(미) 齊 ベイ、しかのあしあと tracks of a deer ❶사슴 발자국미(鹿跡)。❷녹매미(鹿媒)。

【麝】(사) 禡 シャ、ジャ、じゃこう musk ㄕㄜˋ shê⁴ 小篆 草書 사향노루사(臍香似麞)。〔異經〕魏韋仲將用眞珠ㅣ香二物。

麝 (三才圖會)

【鹿令】(령) 靑 レイ、しか deer 사슴령(鹿也)。

十一畫

【麜】(속) 屋 ソク、しかのあしあと tracks of a deer 小篆 사슴발자국속(鹿跡)。

【麞】(장) 陽 ショウ、くじか roe deer ㄓㄤ chang¹ 小篆 草書 노루장(鹿屬無角)。〔符瑞志〕王者刑罰中理則銀ㅣ出。

十二畫

【麟】(린) 眞 リン、きりん giraffe 小篆 草書 기린린(仁獸毛蟲長)。〔大戴禮〕毛蟲三百六十ㅣ爲長。

麟 (金石索)

【鹿僕】(복) 屋 ホク、しかのつれだち (of deer) herd 사슴서로따를복(鹿相隨)。

十三畫

【麠】(경) 庚 ケイ、しかのな deer ㄐㄧㄥ ching 小篆 或體 외뿔사슴경(大麃一角)。〔史記〕得一角獸若麃然。

【鹿彔】(록) 屋 ロク、けだもの animal 짐승이름록(獸名、似鹿長尾一角五色光澤)。

十四畫

【鹿與】㊀(여) 御 ㊁(서) 語 ヨ、けだもの animal 小篆 ㊀사슴같고 큰짐승여(似鹿而大獸)。㊁뜻은 ㊀과 같음。

十七畫

【麢】(령) 靑 レイ、かもしか antelope ㄌㄧㄥˊ ling² 小篆 영양령(大羊角細而圓)。(『羚』과 같음)

麢 (三才圖會)

二十二畫

【麤】(추) 虞 ソ、あらい wild; sparse ㄘㄨ t'su¹
小篆 草書 ❶성길추(疏也)。【禮記】ㅣ而翹之。❷클추(大也)。【禮記】其器高以ㅣ。❸거칠추、추할추(物不精)。【周禮】比其小大與其ㅣ良而賞罰之。

麥部

【麥】(맥) 陌 バク、ミャク、むぎ barley ㄇㄞ mai⁴
小篆 草書 ❶보리맥(芒穀來麰秋種夏熟)。【禮記】孟夏ㅣ秋至。❷메밀맥(蕎ㅣ)。❸돌귀리맥(燕ㅣ、草名)。❹귀리맥(瞿ㅣ)。

【麦】(맥)『麥』(前條)의 俗字

三畫

【⿺麥亡】(망) 陽 ボウ、のぎ awn
보리까락망(麥芒)。(『芒』의 俗字)

【⿺麥弋】(익) 職 ヨク、むぎかす bran of barley
보리겨익(麥穀破碎者)。

【麧】(흘) 月 ケツ、つぶむぎ broken barley ㄏㄜ hê²
小篆 보리싸라기흘(糠ㅣ磨麥不碎糏)。【韓愈詩】士不厭糠ㅣ。

四畫

【麨】(초) 篠 ショウ、むぎこがし flour of steamed wheat ㄔㄠ ch'ao³
草書 찐보릿가루초(糗也、蒸麥成屑)。

【⿺麥比】(비) 支 ヒ、むぎこがし parched
볶은보리가루비(麨也)。

【麩】(부) 虞 フ、ふすま wheat bran ㄈㄨ fu¹
小篆 或體 草書 밀기울부(小麥屑皮)。

【⿺麥夬】(결) 屑 ケツ、こうじ yeast
누룩결(麴ㅣ)。(『⿺麥薛』과 같음)

【麪】(면) 霰 ベン、メン、むぎこ wheat flour ㄇㄧㄢ mien⁴
小篆 草書 ❶밀가루면(麥末)。【麪賦】重羅之ㅣ塵飛雪白。❷국수면(溫飩)。

五畫

【麬】(부)『麩』(麥部 4畫)의 俗字

【麭】(포) 效 ホウ、こなもち bread
草書 ❶경단포(餌也)。❷면보포(麪ㅣ)。

【麱】(말) 曷 マツ、むぎこ wheat flour ㄇㄛ mo⁴
❶밀가루말(麪也)。❷쌀가루말(米屑)。

【⿺麥巨】(거) 語 キョ、おこし cake
과자거(蜜餌)。(『粔』와 같음)

【⿺麥占】(첩) 葉 チョウ、もちあわ glutinous millet (或音「점」)
차조첩(黏粟)。

【麮】(거) 語 キョ、むぎがゆ barley gruel
小篆 草書 ❶보리뜨물죽거(麥甘粥)。❷보리밥거(煮麥飯)。

六畫

【麯】(국)『麴』(麥部 8畫)과 같음

【麰】(모) 尤 ボウ、おおむぎ barley ㄇㄡ mou² (古音「무」)
小篆 或體 草書 갈보리모(大麥五穀之長)。【詩經】貽我來牟。

七畫

【⿺麥肙】(견) 先 ケン、むぎわら barley straw
보리짚견(麥藁)。

【⿺麥利】(리) 支 リ、むぎざけ barley wine
보리술리(麥酒)。

【⿺麥見】(한) 諫 カン、むぎこ barley flour
보릿가루한(麥粉)。

【⿺麥寽】(라) 箇 ラ、むぎかゆ barley gruel
❶조죽라(粟粥)。❷보리죽라(麥粥)。

八畫

【⿺麥匋】(도) 豪 トウ、むぎもち barley-cake
보리떡도(麥餠)。

【⿺麥昆】(혼) 元 コン、はだかむぎ rye
쌀보리혼(粒麥)。

【麳】(래) 灰 ライ、こむぎ wheat ㄌㄞ lai²
밀래(小麥)。

【⿺麥咅】(부) 有 ホウ、こむぎこもち wheat flour cake
밀가루떡부(小麥粉餠)。

【⿺麥黎】(리) 支 リ、むぎこがし parched barley
볶은보리리(麨也)。

【⿺麥夜】(야) 禡 ヨ、こむぎのふ bran
밀기울야(麵麥皮麩ㅣ)。

【麴】(국) 屋 キク、こうじ malt ㄑㄩ ch'ü²
草書 ❶누룩국(ㅣ糵、酒母)。【書經】若作酒醴爾惟ㅣ糵。❷꽃이름국(ㅣ塵華名黃色)。【周禮】天子乃薦ㅣ衣。

九畫

【⿺麥咼】(솨) 箇 シ、あわかゆ gruel of millet seed
좁쌀죽솨(籽ㅣ、粟粥)。

【麵】(면)『麪』(麥部 4畫)의 俗字

【⿺麥酋】(초) 篠 ショウ、むぎこがし parched barley flour
볶은보리가루초(麨也)。

【⿺麥良】(삭) 藥 サク、ほしもち dry rice-cake
말린떡삭(乾餠)。

十畫

【⿺麥肖】㈠(설) 屑 ㈡(솔) 月 セツ、つきあまり screenings;bran

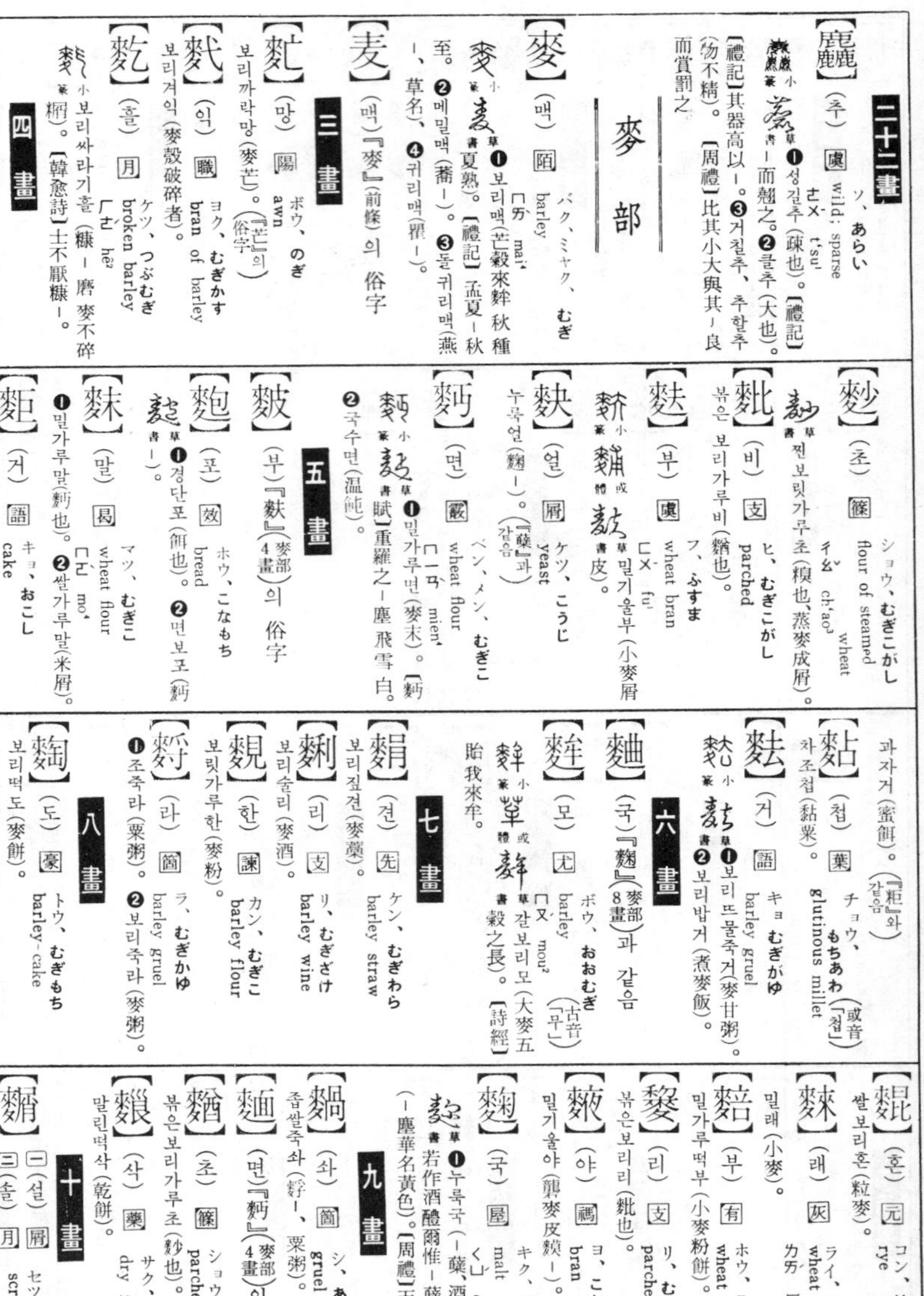

㊁무거리설(舂餘)。㊂보릿가루술(麥粉)。

【⿰麥蒙】(몽) 東 モウ、こうじ yeast
❶누룩몽(麴也)。❷옷있는 누룩몽(有衣麴、女麴)。❸싸라기몽(糏也)。

十一畫

【⿰麥莫】(막) 藥 バク、こむぎかゆ bran
밀기울막(麵麥皮ㅡ)。

【⿰麥連】(련) 銑 レン、むぎもち cake made of new barley
햇보리떡련(新麥之餅)。

【⿰麥商】(적) 錫 テキ、むぎもち wheat flour
밀가루적(小麥粉)。

【⿰麥曼】(만) 寒 マン、まんじゅう bun
만두만(ㅡ頭、餅也)。

【⿰麥敖】(오) 豪 ゴウ、にる parch
❶볶을오(煮也)。❷쬐어말릴오(曝也)。

十二畫

【⿰麥隋】(수) 紙 スイ、あめ glutinous rice jelly
❶엿수(糖餅)。❷가루떡수(餅也)。

【⿰麥善】(선) 銑 セン、むぎもち cake made of new barley
햇보리떡선(新麥餅)。

【⿰麥黃】(굉) 梗 コウ、おおむぎ barley (或音「황」)
❶보리굉(大麥)。❷밀기울굉(麥麩)。

十三畫

【麷】(풍) 東 ホウ、むぎこがし parched barley
볶은보리풍(炒麥)。

【⿰麥虛】(거) 魚 キョ、むぎ tiny grain
잔보리거(麥小者)。

十七畫

【⿰麥蘖】(얼) 屑 ゲツ、むぎもやし sprout of barley
보리움얼(麥蘖)。

麻 部

【麻】(마) 麻 バ、マ、あさ hemp ㄇㄚ´ ma²
小篆 草書 ❶삼마(枲屬)。〔禮記〕女子執ㅡ枲。❷윤음마、임금의말씀마(白ㅡ黃ㅡ朝廷綸命)。❸깨마(胡ㅡ)。

三畫

【麽】(마)『麼』(次條)의 俗字

【麼】(마) 哿 バ、マ、こまかい tiny-fine ㄇㄚ ma
草書 ❶잘마(幺ㅡ細瑣微也)。〔王命論〕幺ㅡ不及數子。❷〔中字〕무엇마、어찌마(何也)。❸〔中字〕어조사마(語助詞)。

四畫

【⿸麻分】㊀(미) 支 ㊁(분) 吻 ビ、わける scatter
㊀흩을분(散也)。㊁나눌분(分也)。

【⿸麻厤】㊀(력) 錫 ㊁(미) 支 レキ、こよみ calendar
㊀달력력(曆也)。㊁햇빛미(日光)。

【麾】(휘) 支 キ、さしずばた command ㄏㄨㄟ huei¹
小篆 草書 ❶대장기휘(ㅡ下大將旗)。〔同禮〕建大ㅡ以田以封。❷가르칠휘、지휘할휘(指ㅡ)。〔書經〕右秉白旄以ㅡ。

麾(中和樂器圖)

五畫

【⿸麻本】(본) 阮 ホン、あさがら stem of hemp
삼대본(麻稈)。

【⿸麻電】(휘) 支 キ、はた flag ; banner
기휘(旗也)。

六畫

【⿸麻多】(마) 哿 マ、すてる abandon
버릴마(捨也)。

【⿸麻朱】(주) 虞 シュ、あさのたね seed of hemp
삼씨주(麻實)。

七畫

【⿸麻沃】(옥) 沃 ヨク、あさお unbleached twine
아직 마전하지않은 삼실옥(纑未練)。

【麿】(마)〔日字〕まろ you
草書 그대마、자네마(丈夫美稱、君貴公)。

八畫

【⿸麻易】(석) 錫 シャク、ほそおり texture cloth
가는베석(細布)。

【⿸麻取】(추) 尤 シュウ、あさ hemp
小篆 ❶삼줄기추(麻莖)。❷삼단추(聚麻)。〔楚辭〕葭蕗雜於ㅡ蒸。

【⿸麻林】(미) 紙 ビ、ふかい deep
깊을미(深也)。

九畫

【⿸麻香】(논) 翰 ドン、かおり sweet smell (或音「눈」)
❶사람이름논(人名、郭ㅡ)。❷향내논(香也)。

【⿸麻兜】(투) 尤 トウ、いちびあさ Indian mallow
小篆 어저귀투(䔢屬)。

十畫

【⿸麻卑】(미) 支 ビ、にる ripen
❶익을미(熟也)。❷물크러질미(爛也)。〔漢書〕無不靡滅。

十二畫

【⿸麻黍】(미) 支 ビ、くろきび panic grass
小篆 피미(穄別名)。

【⿸麻賁】(비) 未 ヒ、みだれあさ entangled hemp
❶헝클어진삼비(亂麻)。❷해어진 삼베옷비(敝麻絮衣)。〔列子〕宋國有田夫、常衣ㅡ。❸『𪎊』의 譌字。

十三畫

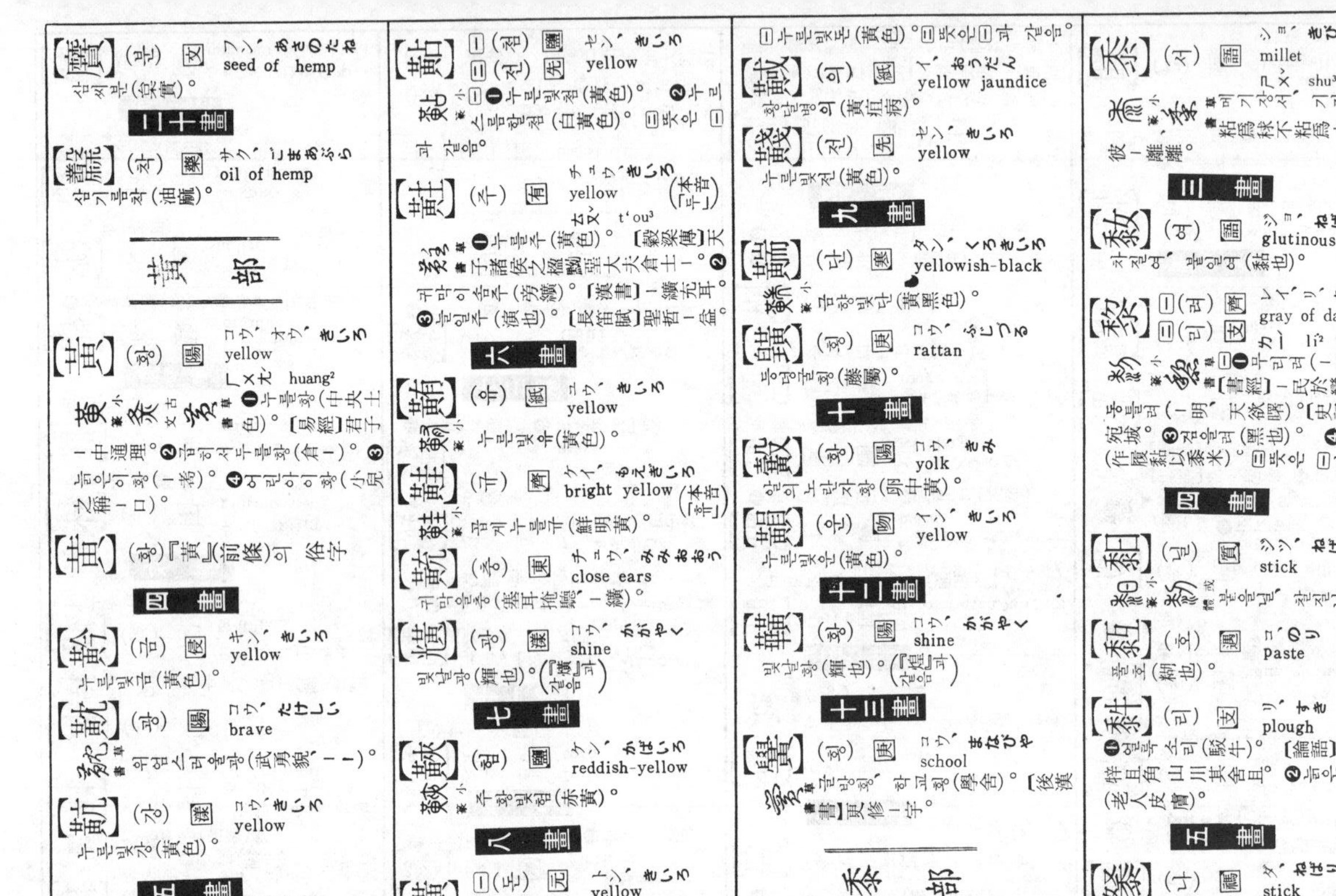

【麠】(분) 文 フン、あさのたね seed of hemp
삼씨분(枲實)。

二十畫

【麤】(착) 藥 サク、ごまあぶら oil of hemp
삼기름착(油麤)。

黃 部

【黃】(황) 陽 コウ、オウ、きいろ yellow ㄏㄨㄤ huang²
小篆 古文 草書 ❶누를황(中央土色)。【易經】君子ㅣ中通理。❷급히서두를황(倉ㅣ)。❸늙은이황(ㅣ耇)。❹어린아이황(小兒之稱ㅣ口)。

【黄】(황)『黃』(前條)의 俗字

四畫

【黅】(금) 侵 キン、きいろ yellow
누른빛금(黃色)。

【䵍】(광) 陽 コウ、たけしい brave
草書 위엄스러울광(武勇貌、ㅣㅣ)。

【䵑】(강) 漾 コウ、きいろ yellow
누른빛강(黃色)。

五畫

【黇】㊀(첨) 鹽 セン、きいろ yellow
㊁(전) 先
小篆 ㊀❶누른빛첨(黃色)。❷누르스름할첨(白黃色)。㊁뜻은 ㊀과 같음。

【黈】(주) 有 チュウ、きいろ yellow (本音「두」) ㄊㄡˇ t'ou³
草書 ❶누를주(黃色)。【穀梁傳】天子諸侯之楹黝堊大夫倉士ㅣ。❷귀막이솜주(旁纊)。【漢書】ㅣ纊充耳。❸늘일주(演也)。【長笛賦】聖哲ㅣ益。

六畫

【䵒】(유) 紙 ユウ、きいろ yellow
小篆 누른빛유(黃色)。

【黊】(규) 齊 ケイ、もえぎいろ bright yellow (本音「휴」)
小篆 곱게누를규(鮮明黃)。

【䵔】(충) 東 チュウ、みみおおう close ears
귀막을충(塞耳掩聽、ㅣ纊)。

【䵋】(광) 漾 コウ、かがやく shine
빛날광(輝也)。(『熿』과 같음)

七畫

【䵕】(협) 鹽 ケン、かばいろ reddish-yellow
小篆 주황빛협(赤黃)。

八畫

【䵖】㊀(돈) 元 トン、きいろ yellow
㊁(단) 寒 ㄊㄨㄣ t'uen¹
㊀누른빛돈(黃色)。㊁뜻은 ㊀과 같음。

【䵗】(의) 紙 イ、おうだん yellow jaundice
황달병의(黃疸病)。

【䵘】(전) 先 セン、きいろ yellow
누른빛전(黃色)。

九畫

【䵙】(단) 寒 タン、くろきいろ yellowish-black
小篆 금향빛단(黃黑色)。

【䵚】(횡) 庚 コウ、ふじづる rattan
등덩굴횡(藤屬)。

十畫

【䵛】(황) 陽 コウ、きみ yolk
알의노란자황(卵中黃)。

【䵜】(운) 吻 イン、きいろ yellow
누른빛운(黃色)。

十二畫

【䵝】(황) 陽 コウ、かがやく shine
빛날황(輝也)。(『煌』과 같음)

十三畫

【黌】(횡) 庚 コウ、まなびや school
草書 글방횡、학교횡(學舍)。【後漢書】更修ㅣ宇。

黍 部

【黍】(서) 語 ショ、きび millet ㄕㄨˇ shu³
小篆 草書 메기장서、기장서(禾屬粘爲秫不粘爲ㅣ)。【詩經】彼ㅣ離離。

三畫

【𪏽】(여) 語 ジョ、ねばる glutinous
차질여、붙일여(黏也)。

【黎】㊀(려) 齊 レイ、リ、あけぼの gray of dawn
㊁(리) 支 ㄌㄧˊ li²
小篆 草書 ㊀❶무리려(ㅣ民、衆也)。【書經】ㅣ民於變時雍。❷동틀려(ㅣ明、天欲曙)。【史記】ㅣ明圍宛城。❸검을려(黑也)。❹배접할려(作履黏以黍米)。㊁뜻은 ㊀과 같음。

四畫

【黏】(닐) 質 ジツ、ねばる stick
小篆 或體 붙을닐、찰질닐(黏著)。

【䵚】(호) 遇 コ、のり paste
풀호(糊也)。

【𪐀】(리) 支 リ、すき plough
❶얼룩소리(駁牛)。【論語】ㅣ牛之子騂且角山川其舍且。❷늙은이살결리(老人皮膚)。

五畫

【𪐇】(나) 禡 ダ、ねばりつく stick
착 붙을나(黏著)。

【黏】(점) 鹽 デン、ネン、ねばる stick; cohere
小篆 草書 ❶풀점(糊也)。ㄓㄢ chan¹ ❷붙일 점(相著)。

【⿰黍必】(필) 質 ヒツ、かんばしい(同音「별」) smell fragrant
향내날필(香也)。

【⿰黍古】(호) 虞 コ、かゆ gruel
小篆 粘 或體 미음호、풀호(糊也)。

【⿰黍犮】(리) 支 チ、リ、とりもち bird-lime
어두울리(恍也)。

六畫

【⿰黍朱】(주) 虞 チユ、ねばる glutinous
찰질주(黏也)。

【⿰黍多】(나) 馬 ダ、ねばりつく stick
꼭붙을나(粘着)。

八畫

【⿰黍卷】(권) 阮 ケン、ひろい broad
❶넓을권(廣也)。❷찰질권(黏也)。

【⿰黍居】(거) 御 キョ、きび millet
기장거(黍也)。

【⿰黍卑】(비) 支 ヒ、ひえ panic grass
小篆 피비(稗也)。

九畫

【⿰黍畐】(복) 職 フク、えだはをのぞく remove a lateral-bud
小篆 곁잎제칠복(治黍禾豆下潰葉)。

【⿰黍奓】(차) 麻 タ、ねばり glutinous
❶차진모양차(黏貌)。❷차질차(黏也)。

十畫

【⿰黍舀】(도) 皓 トウ、とうもろこし corn
옥수수도(蜀黍)。

十一畫

【黐】㊀(리) ㊁(치) 支 リ、シ、とりもち lime ㄔ ch'ih¹
草書 ㊀끈끈이리、새잡는풀리(所以黏鳥)。㊁뜻은 ㊀과 같음。

【⿰黍麻】(마) 麻 マ、もちきび glutinous millet
찰기장마(黏黍)。

【⿰黍啇】(적) 陌 テキ、のり paste
❶풀적(黏飯)。❷찰질적(黏也)。

十三畫

【⿰黍農】(농) 董 ドウ、くだもの fruits
❶과실농(果子總名)。❷밭갈농(耕種)。

黑部

【黑】(흑) 職 コク、くろ、くらい black; dark ㄏㄟ hei¹·³
小篆 草書 ❶검을흑(北方陰色、晦也)。❷검은 사마귀흑(ㅣ子、黶也)。【漢書】淮之北大諸侯厓如ㅣ子之著面。❸캄캄할흑(暗ㅣ)。❹그를흑、잘못흑(是非ㅣ白)。

【黒】(흑)『黑』(前條)과 같음

一畫

【⿰黑乙】(알) 黠 アツ、くらい dark
草書 어두울알(ㅣ昧、深黑色)。【韓愈文】ㅣ昧就滅。

三畫

【⿰黑干】(간) 旱 カン、くろ discoloration on a face
기미낄간、얼굴검을간(面黑)。(『皯』과 같음)

【⿰黑大】(대) 泰 タイ、くろい black
❶검을대(黑也)。❷흑적대(墨痕)。

【⿰黑乇】(두) 遇 ト、まっくろい jet-black
새캄할두(深黑)。

【⿰黑勺】(적) 錫 テキ、おきずみ rouge
연지찍을적(以丹注面玄ㅣ)。

【⿰黑弋】(익) 職 ヨク、くろい black ㄧ i⁴
❶검을익(黑也)。【漢書】身衣弋綈。❷해이름익(太歲在壬曰玄ㅣ)。

四畫

【黔】㊀(검) ㊁(금) 鹽 侵 ケン、キン、くろい black ㄑㄧㄢ ch'ien²
小篆 草書 ㊀검을검(ㅣ首、黎也)。【說文】秦謂民爲ㅣ首周謂之黎民。㊁귀신이름금(神名ㅣ嬴ㅣ雷)。

【黕】(담) 感 タン、あか、しみ dirt; filth
小篆 草書 때낄담(滓垢黑貌)。【楚辭】或ㅣ點而汙之。

【⿰黑旡】(기) 未 キ、うまれる come into existence
草書 물건생겨나는모양기(物生貌)。

【黗】(돈) 元 トン、くらむ dim; vague
小篆 ❶흐릴돈(濁也)。❷검을돈(黑也)。

【默】(묵) 職 モク、しずか quiet; still ㄇㄛ mo⁴
小篆 草書 ❶잠잠할묵、조용할묵(恭ㅣ、靜也、幽也、不語)。【書經】恭ㅣ思道。❷침잠할묵(淵ㅣ)。【漢書】臨朝淵ㅣ。

【⿰黑太】(태) 泰 タイ、まっくろい deep black
몹시검을태(甚黑)。

【⿰黑亢】(항) 陽 コウ、くらい dark
어두울항(冥也、ㅣ黚)。

五畫

【黛】(대) 隊 タイ、まゆずみ blacken the eyebrow ㄉㄞ tai⁴
草書 ❶눈썹그릴대(畫眉)。【楚辭】粉白ㅣ黑。❷새파랄대(靑ㅣ、似空靑而色深)。

【黚】(검) 鹽 ケン、きまじりくろ light yellowish-black ㄑㄧㄢ ch'ien²

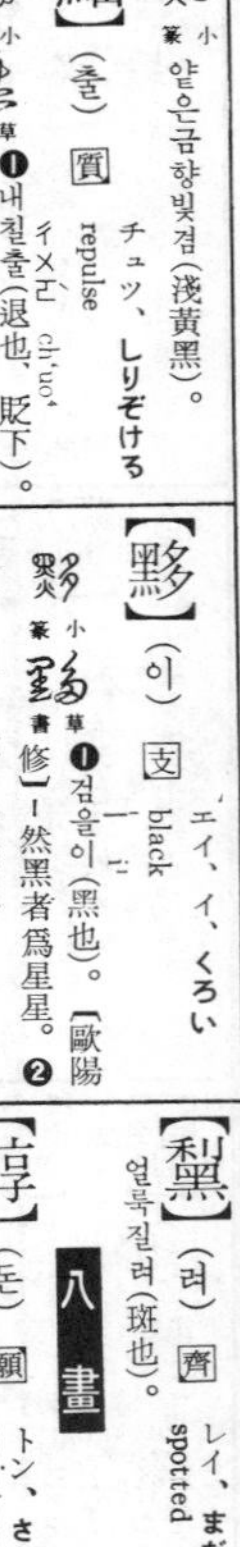

小篆 얕은금향빛겸(淺黃黑)。

【黜】(출) 質 チュツ、しりぞける repulse ㄔㄨㄛˋ ch'uo⁴ 小篆 草書 ❶내칠출(退也、貶下)。【書經】ㅣ陟幽明。❷물리칠출(擯斥)。

【⿰黑旦】(달) 曷 タツ、しろのなかのくろ grey 小篆 회색빛달(白而有黑)。

【黈】(주) 麌 チュ、ぼち speck 점주、점찍을주(點也)。

【黝】(유) 有 ユウ、あおぐろ dark blue ㄧㄡˇ yu³ 小篆 草書 ❶검푸를유(靑黑色)。❷우뚝할유(ㅣ糾、特出貌)。【靈光殿賦】互ㅣ糾博負。❸검은칠할유(用黑飾地)。【周禮】陰祀用ㅣ牲。

【點】(점) 琰 テン、ちょぼ、てん dot; spot ㄉㄧㄢˇ tien³ 小篆 草書 ❶더러울점(汚也)。【太史公書】適足 以自ㅣ。❷뭉갤점、글자지울점(以筆滅字)。❸가무잡잡할점(小黑)。❹검은점점(黑點)。❺상고할점(檢ㅣ)。❻가리킬점(指ㅣ)。❼글자에점찍을 점 (ㅣ畫)。❽경점점(更ㅣ)。❾흉볼 점(缺ㅣ)。❿곳점(箇所、要ㅣ)。⓫넣을점(入也)。⓬고개끄덕일점(ㅣ頭)。⓭수효점(件數)。

六畫

【黟】(이) 支 エイ、イ、くろい black ㄧ i¹ 小篆 草書 ❶검을이(黑也)。【歐陽修】ㅣ然黑者爲星星。❷고을 이름이(丹ㅣ、縣名)。

【⿰黑干】(사) 馬 シャ、けがす dirt ❶때사(汗垢)。❷검을사(黑也)。

【⿹𢦏黑】(재) 隊 サイ、くろぞめ black-dying 검은물재、물들일재(黑染)。

【黠】(할) 黠 カツ、わるがしこい wise ;cunning(俗音「힐」) ㄒㄧㄚˊ hsia² 小篆 草書 ❶약을할(慧也)。【眾性賦】孰癡孰ㅣ。❷꾀작이할(惡才)。【唐書】吐蕃ㅣ猾抗天誅者二十餘年。❸간사할할(姦也)。

七畫

【⿰黑見】(연) 霰 ゲン、すみをひたす whet 먹갈연(濡墨而磨)。

【黢】(맘) 鹽 マン、ベン、くらい dark ❶캄캄할맘(暗也)。❷어둠속을 갈맘(闇行)。

【⿰黑肖】(초) 嘯 ショウ、あざ freckles 죽은깨초(面點ㅣ䵟)。

【黣】(매) 賄 バイ、すすける、くろい dark-complexioned 草書 ❶얼굴검을매(面黑氣)。❷살갗검을 매 (皮膚黑氣)。【列子】肌色䵟ㅣ。

八畫

【黧】(려) 齊 レイ、まだら spotted 얼룩질려(斑也)。

【⿰黑享】(돈) 願 トン、さわらない uninterestedly 일 간섭아니할돈(ㅣ䵘、不幹事)。

【⿰黑炎】(담) 感 タン、くろくも dark cloud 검은 구름담(黑雲)。

【黤】(암) 豏 アン、エン、あおぐろ dark-blue ㄧㄢˇ yen³ 小篆 草書 ❶검푸를암(靑黑)。❷검은모양암(ㅣ黮)。【劉伶】ㅣㅣ玄夜陰。

【⿰黑妾】(첩) 葉 ショウ、いとみだれ (of thread) be entangled 실엉킬첩(緤壞)。

【黥】(경) 庚 ゲイ、いれずみ tattoo ㄑㄧㄥˊ ch'ing² 小篆 或體 草書 자자할경 (墨刑在面)。【漢書】臣願ㅣ首繫趾。

【⿰黑金】(금) 侵 キン、あさぎ yellow 小篆 ❶누럴금(淺黃)。❷싯누럴금(濃黃)。

【黦】(울) 物 ウツ、あせる fade; lose colour ㄩˋ yü⁴ 草書 ❶얼룩질울(黑有文)。【韋莊】淚霑紅袖ㅣ。❷빛가실울(褪色)。

【⿰黑知】(치) 紙 チ、そうしよのいきおい cursive hand 초서쓸치(ㅣ黚、草書勢)。

【⿰黑來】㊀(래)㊁(리) 隊 支 ライ、くろあか dark-red ㊀검붉을래(赤黑)。㊁시꺼멀리(濃黑)。(『⿰黑离』와 같음)

【黧】㊀(리)㊁(려)㊂(래) 支 齊 佳 リ、レイ、くろい black ㄌㄧˊ li² 草書 ㊀검을리(黑也)。【戰國策】面目ㅣ黑。㊁㊂뜻은 ㊀과 같음。

【黨】(당) 養 トウ、なかま、とも party: company ㄉㄤˇ tang³ 小篆 草書 ❶무리당(朋也 輩也)。【論語】君子不ㅣ。❷편벽될당(偏也)。【書經】無偏無ㅣ。❸견줄당(比也)。【荀子】不比周不朋ㅣ。❹자주당(頻也)。【荀 子】怪星之ㅣ見。❺곳당(所也)。【左 傳】何ㅣ之乎。❻알당(知也)。【方言】ㅣ曉哲知。❼마을당、동네당(五百家稱)。【論語】以與爾隣里鄉ㅣ乎。❽고향당(鄕里)。【論語】孔子於鄉ㅣ恂恂如也。❾일가당(親戚)。【禮記】睦于父母之ㅣ。(『儻』과 같음)

九畫

【⿰黑沓】(답) 合 トウ、くろい dark; black ㄊㄚˋ t'a⁴ ❶왈패답 희떠운모양답(ㅣ伯、猥茸貌)。【顏氏家訓】晋中興書泰山羊曼頽縱任俠飮酒誕節號ㅣ伯。❷검을답(黑也)。(『䵬』과 통함)

【黦】(알) 月 アツ、いろあせ fade
퇴색할알(色變)。

【⿰黑枼】(접) 葉 リョウ、たみ the people
백성접(黔首即民)。

【黫】(은) 刪 アン、イン、くろい black
草書 검을은(黑也)。

【黬】(암) 咸 アン、なべずみ soot
草書 솥밑에붙은검정암(釜底黑)。

【黭】(암) 感 アン、にわか suddenly
小篆 草書 ❶왈칵암(一然、猝至貌)。【荀子】一然而雷擊之。❷검은빛암(黑色)。

【⿰黑南】(남) 琰 ダン、ナン、しるし punctuation mark
❶점남(字畫之點)。❷초서의필세남(草書勢)。

【⿰黑昜】(양) 陽 ヨウ、くろあか(本音「상」) dark-red
小篆 검붉을양(赤黑)。

【黮】㊀(담) 感 ㊁(심) 寑 ㊂(탐) 勘 タン、セン、くろい dark; dim ㄕㄣˋ shen4
小篆 草書 ㊀❶검을담(黯一黑也)。【劉向九歎】望舊邦之黯一。❷검은구름담(黯一、雲黑)。㊁오디심(桑實)。㊂어둠침침할탐(一闇不明)。

【⿰黑㐱】(진) 軫 シン、かび must
곰팡이진(陰氣著衣生斑沫黴一)。

【黯】(암) 豏 アン、くろい jet-black ㄢˋ an4
小篆 草書 ❶시꺼멀암(深黑色)。【家語】一然而黑。❷아득할암(一然傷別貌)。【別賦】一然銷魂惟別而已。

十畫

【⿰黑辱】(욕) 沃 ジョク、あかづく be come griny
때문을욕(垢黑)。

【⿰黑兹】(자) 支 ジ、まっくろ jet-black
❶새까말자(濃黑色)。❷검게들일자(染黑)。

【黰】(진) 軫 シン、くろかみ black hair ㄓㄣˇ chen3
草書 머리털곱고검을진(美髮黑貌)。

【黱】(대) 隊 タイ、まゆずみ eye-shadow
小篆 草書 ❶새파랄대(深青)。【杜甫詩】一色參天二千尺。❷눈썹그릴대(畫眉)。

十一畫

【黲】(참) 感 サン、うすぐろい dark-blue
草書 ❶퇴색할참(物將敗色)。❷검푸르죽죽할참(淺青色)。

【黳】(예) 齊 エイ、ほくろ freckles ㄧ i
小篆 죽은깨예(小黑子)。

【⿰黑鹿】(록) 屋 ロク、あかづいてくろい be blacked; grimy
검게때묻을록(垢之黑着)。

【黴】(미) 支 ビ、バイ、かび mould ㄇㄟˊ mei2
小篆 草書 ❶기미낄미(面垢黑)。【楚辭】顏一黧而沮敗。❷곰팡이미(物中久雨青黑)。❸균미(一菌)。❹담미(梅毒)。

【⿰黑昜】(상) 陽 ショウ、くろい black
❶검을상(黑也)。❷밤색상、검붉은빛상(赤黑色)。

十二畫

【⿰黑登】(증) 徑 チョウ、こめくさる decayed rice
쌀썩어검을증(米黑壞)。

【⿰黑惠】(말) 黠 バツ、うすぐろい light black
엷게검을말(淺黑)。

【⿰黑雲】(암) 豏 アン、くもる be clouded
구름낄암(雲暗)。

【⿰黑喜】(혁) 職 キョク、くろい dark-red
검붉을혁(赤黑)。

【⿰黑曾】(증) 蒸 ソウ、かおのほくろ freckly-faced
얼굴에기미낄증(面黑氣皯一)。

十三畫

【⿰黑農】(농) 冬 ジョウ、くろい deep black
시꺼멀농(甚黑)。

【黵】(담) 感 タン、けがれる paint black
小篆 草書 검은칠할담(黑汚)。【梁律】除盜一面之刑。

【⿰黑會】(회) 卦 カイ、うすくろ light black
小篆 엷게검을회(淺黑)。

【⿰黑黽】(잉) 徑 ヨウ、ほくろ mole
검은사마귀잉(面黑子)。

十四畫

【⿰黑臺】(대) 灰 タイ、くろい black
검을대(黑也)。

【⿱算黑】(찰) 黠 サツ、くろい black ㄔㄨㄚˋ ch'ua4
小篆 ❶검을찰(黑也)。❷짧은모양찰(短貌)。

【黶】㊀(염) 琰 エン、アン、ほくろ ㊁(암) 豏 black mole
小篆 草書 ㊀검은사마귀염(黑子)。㊁기미낄암(黑痕)。

十五畫

【⿰黑箴】(감) 咸 カン、かおがくろい dark-faced
小篆 얼굴검을감(面黑)。

【黷】(독) 屋 トク、けがれる pollute ㄉㄨˊ tu2
小篆 草書 ❶더러울독、흐릴독(濁也、汚也)。【漢書】媟一貴幸。❷설만할독(押也、媟也)。【書經】一于祭祀。❸가무잡잡할독(黝貌)。❹자주독(頻一、數也)。❺검을독(黲一黑也)。❻때낄독(垢也)。❼무릅쓸독(蒙也)。

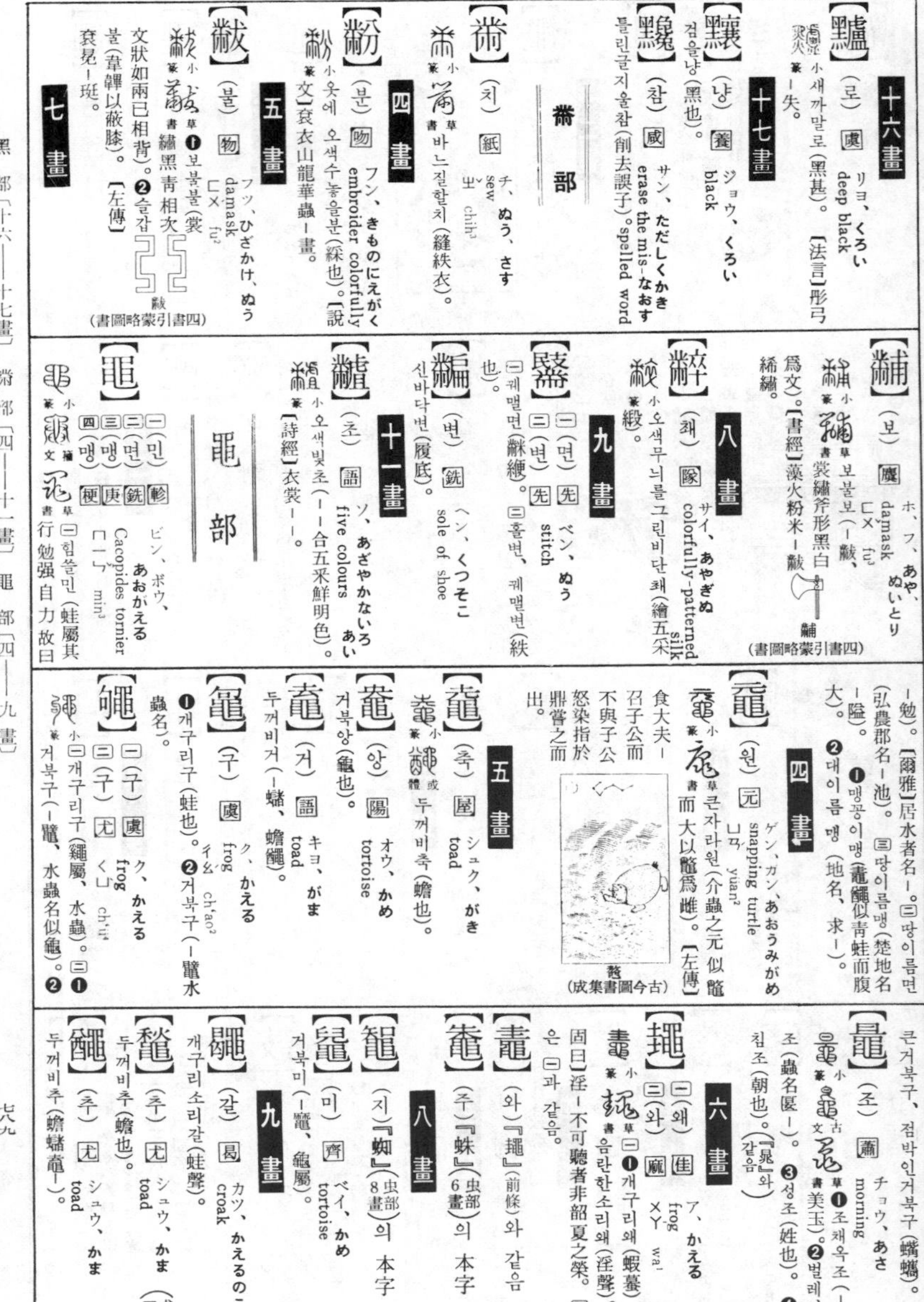

十六畫

【黸】(로) 虞 リョ、くろい deep black
小 새까말로(黑甚)。〔法言〕彤弓 篆 ㅣ矢。

十七畫

【⿰黑襄】(냥) 養 ジョウ、くろい black
검을냥(黑也)。

【⿰黑毚】(참) 感 サン、ただしくかきなおす erase the mis-spelled word
틀린글지울참(削去誤字)。

黹 部

【黹】(치) 紙 チ、ぬう、さす sew ㄓˇ chih³
小 篆 草 書 바느질할치(縫紩衣)。

四畫

【黺】(분) 吻 フン、きものにえがく embroider colorfully
小 篆 옷에 오색수놓을분(綵也)。〔說文〕衮衣山龍華蟲ㅣ畫。

五畫

【黻】(불) 物 フツ、ひざかけ、ぬう damask ㄈㄨˊ fu²
小 篆 草 書 ❶보불불(裳繡黑青相次文狀如兩已相背)。❷슬갑불(韋韠以蔽膝)。〔左傳〕袞冕ㅣ珽。

黻 (書圖略蒙引書四)

七畫

【黼】(보) 麌 ホ、フ、あや、ぬいとり damask ㄈㄨˇ fu³
小 篆 草 書 보불보(ㅣ黻、裳繡斧形黑白爲文)。〔書經〕藻火粉米ㅣ黻絺繡。

黼 (書圖略蒙引書四)

八畫

【⿰黹卒】(쵀) 隊 サイ、あやぎぬ colorfully-patterned silk
小 篆 오색무늬를그린비단쵀(繪五采緞)。

九畫

【⿰黹𦥑】 一(면) 先 二(변) 先 ベン、ぬう stitch
一궤맬면(緜纏)。二홀변、궤맬변(紩也)。

【⿰黹扁】(변) 銑 ヘン、くつそこ sole of shoe
신바닥변(履底)。

十一畫

【⿰黹虘】(초) 語 ソ、あざやかないろ、あい five colours
小 篆 오색빛초(ㅣㅣ合五采鮮明色)。〔詩經〕衣裳ㅣㅣ。

黽 部

【黽】一(민) 軫 二(면) 銑 三(맹) 庚 四(맹) 梗 ビン、ボウ、あおがえる Cacopides tornier ㄇㄧㄣˇ min³
小 篆 籀文 草 書 一힘쓸민(蛙屬其行勉强自力故曰ㅣ勉)。〔爾雅〕居水者名ㅣ。二땅이름면(弘農郡名ㅣ池)。三땅이름맹(楚地名ㅣ隘)。四❶맹공이맹(鼃黽似青蛙而腹大)。❷대이름맹(地名、求ㅣ)。

四畫

【黿】(원) 元 ゲン、ガン、あおうみがめ snapping turtle ㄩㄢˊ yüan²
小 篆 草 書 큰자라원(介蟲之元似鼈而大以鼈爲雌)。〔左傳〕食大夫ㅣ召子公而不與子公怒染指於鼎嘗之而出。

鼈 (古今圖書集成)

五畫

【鼀】(축) 屋 シュク、がき toad
小 篆 或體 두꺼비축(蟾也)。

【⿱央黽】(앙) 陽 オウ、かめ tortoise
거북앙(龜也)。

【鼁】(거) 語 キョ、がま toad
두꺼비거(ㅣ蠩、蟾蠩)。

【⿱句黽】(구) 虞 ク、かえる frog ㄔㄠˊ ch'ao²
❶개구리구(蛙也)。❷거북구(ㅣ鼊水蟲名)。

【⿰句黽】一(구) 虞 二(구) 尤 ク、かえる frog ㄑㄩ ch'ü¹
小 篆 一개구리구(鼅屬、水蟲)。二❶거북구(ㅣ鼊、水蟲名似龜)。❷큰거북구、점박인거북구(蠵蠵)。

【鼂】(조) 蕭 チョウ、あさ morning
小 篆 古文 草 書 ❶조채옥조(ㅣ采、美玉)。❷벌레이름조(蟲名匽ㅣ)。❸성조(姓也)。❹아침조(朝也)。『晁』와 같음。

六畫

【䵷】一(왜) 佳 二(와) 麻 ア、かえる frog ㄨㄚ wa¹
小 篆 草 書 一❶개구리왜(蝦蟇)。❷음란한소리왜(淫聲)。〔班固曰〕淫ㅣ不可聽者非韶夏之樂。三뜻은 一과 같음。

【鼃】(와)『䵷』(前條)와 같음

【鼄】(주)『蛛』(虫部6畫)의 本字

八畫

【鼅】(지)『蜘』(虫部8畫)의 本字

【⿺黽米】(미) 齊 ベイ、かめ tortoise
거북미(ㅣ鼊、龜屬)。

九畫

【⿰曷黽】(갈) 曷 カツ、かえるのこえ croak
개구리소리갈(蛙聲)。

【⿱秋黽】(추) 尤 シュウ、かま toad (或音「조」)
두꺼비추(蟾也)。

【⿰酋黽】(추) 尤 シュウ、かま toad
두꺼비추(蟾蠩鼁ㅣ)。

十畫

【⿰奚黽】(혜) 齊 ケイ、かえる frog
小篆 개구리혜(水蟲、蛙類)。

【鼆】(맹) 梗 ボウ、むらのな ㄇㄥˇ mêng³ town
小篆 고을이름맹(邑名、句ㅣ)。

十一畫

【鼇】(오) 豪 ゴウ、おおすっぽん ㄠ ao² tortoise
小篆 草書 큰자라오(大鼇背負三神山)。〔史記〕女媧氏斷ㅣ足立四極。(『鰲』와 같음)

鼇 (古今圖書集成)

【鼅】(지)『鼄』(黽部 8畫)의 本字

十二畫

【鼉】(타) 歌 タ、わに、かめ ㄊㄨㄛ t'uo² crocodile
小篆 草書 자라타(水蟲似蜥而長甲如鎧皮堅可冒鼓)。〔詩經〕ㅣ鼓逢逢。

鼈 鼉 (古今圖書集成)

【鼈】(별) 屑 ベツ、すっぽん ㄅㄧㄝ pieh¹ terrapin
小篆 草書 ❶자라별(介蟲龜屬眼聽)。〔周禮〕外骨爲龜屬內骨爲ㅣ屬。❷고사리별(蕨也)。

十三畫

【⿰亶黽】(전) 先 テン、かえる frog
개구리전(鼃ㅣ、似蜘蛛蛙類)。

【鼊】(벽) 錫 ヘキ、かめ tortoise
거북벽(似龜而漫胡無指爪甲有珠文如瑇瑁)。

鼎 部

【鼎】(정) 迥 テイ、かなえ ㄉㄧㄥ ting³ iron pot
小篆 草書 ❶솥정(烹飪器三足兩耳)。❷바야흐로정(ㅣ盤、方也)。〔漢書〕天子春秋ㅣ盛。❸늘어질정(ㅣㅣ大舒貌)。〔禮記〕喪事ㅣㅣ爾則小人。❹새로울정(新也)。❺마땅할정(ㅣ來、當也)。❻세갈래정(ㅣ立、三肢)。

周父乙鼎 (博古圖)

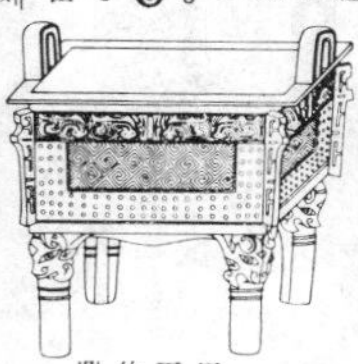

周王伯鼎 (博古圖)

二畫

【⿰鼎丁】(정)『鼎』(前條)의 俗字

【鼏】(멱) 錫 ベキ、ふた、おおい ㄇㄧ mi⁴ lid of a kettle
小篆 小篆 솥뚜껑멱(鼎蓋)。〔儀禮〕肺實于鼎設扃ㅣ。(『冪』과 같음)

【鼐】(내) 賄 隊 ダイ、ナイ、おおがなへ ㄋㄞ nai⁴ cauldron
小篆 草書 가마솥내(大ㅣ)。〔詩經〕ㅣ鼎及鼒。

三畫

【⿰鼎干】(간) 寒 カン、かなえ cauldron
솥간(鼎也)。

【鼒】㊀(자) 支 ㊁(재) 灰 シ、サイ、かなえ ㄗ tzû¹ small kettle
小篆 俗字 草書 ㊀옹솥자(小鼎)。〔詩經〕鼐鼎及ㅣ。㊁뜻은 ㊀과 같음。

漢雲紋鼒 (西清續鑑)

十一畫

【⿰鼎彗】(세) 霽 セイ、こがなえ small cauldron
작은솥세(小鼎)。〔淮南子〕ㅣ在其間。

鼓 部

【鼓】(고) 麌 コ、ク、つづみ ㄍㄨˇ ku³ drum
小篆 籀文 草書 ❶북고(樂器革音)。〔周禮〕掌教六ㅣ。❷휘고(量器斛別名)。〔禮記〕獻米者操量ㅣ。❸별이름고(牽牛星、河ㅣ)。

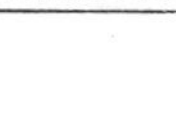

(禮器圖)❶鼓

【鼔】(고) 麌 コ、ク、うつ beat
小篆 草書 ❶두드릴고、울릴고(擊也、鳴也)。〔左傳〕公將ㅣ之。❷고동할고(動盪之振作之)。〔易經〕天下之物者存乎辭。❸풀무고(扇火動橐ㅣ鑄)。〔漢書〕ㅣ鑄鹽鐵。❹어루만질고(憮也)。

三畫

【⿱鼓土】(격) 陌 ケキ、つづみのおと drumbeat
북소리격(鼓聲)。

四畫

【⿱鼓丰】(봉) 東 ホウ、つづみのおと drumbeat
북소리봉(鼓聲)。

五畫

【⿱鼓去】(잡) 合 ソウ、つづみのおと drumbeat
북변죽칠잡(打鼓邊)。

【鼕】(동) 冬 トウ、つづみのおと ㄉㄨㄥ t'ung¹ sound of drum
북소리동(ㅣㅣ鼓聲)。〔唐書〕請置六街鼓號爲ㅣㅣ鼓。

【⿱付鼓】(부) 麌 フ、さわぐ clamour

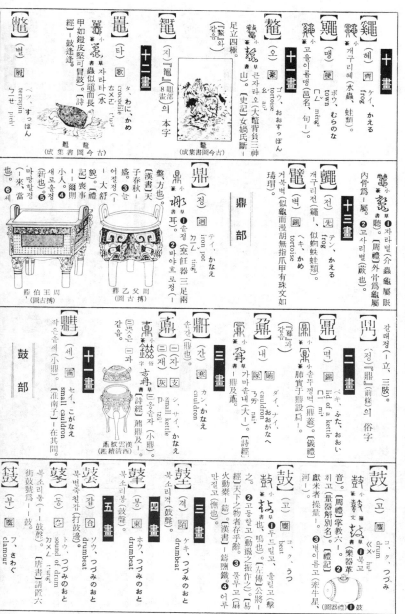

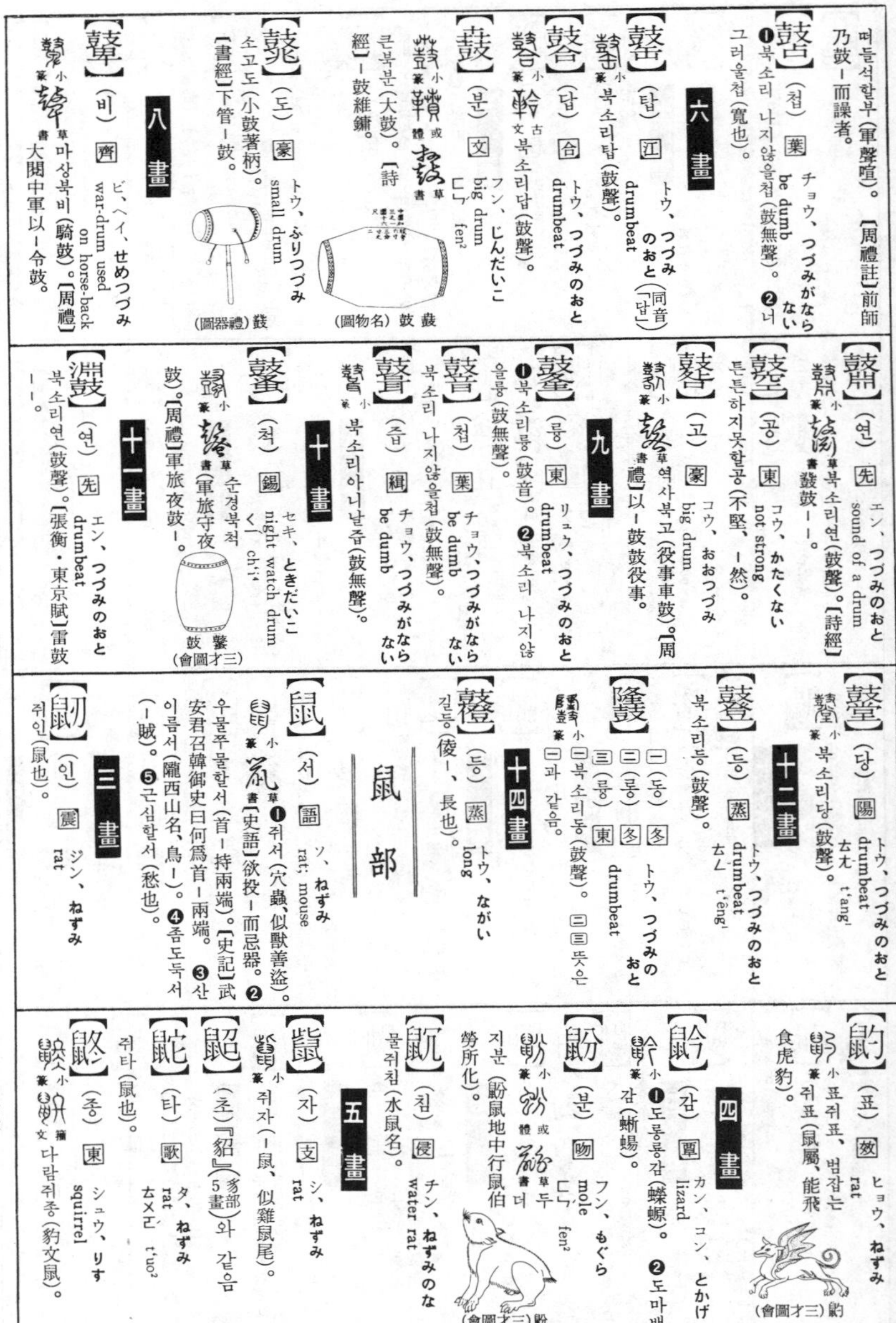

며들석할부(軍聲喧)。〔周禮註〕前師乃鼓ㅣ而譟者。

【鼛】(첩) 葉 チョウ、つづみがならない be dumb ❶북소리 나지않을첩(鼓無聲)。 ❷너그러울첩(寬也)。

六 畫

【鼜】(탑) 江 トウ、つづみのおと(同音「답」) drumbeat 小篆 북소리탑(鼓聲)。

【鼛】(답) 合 トウ、つづみのおと drumbeat 小篆 古文 북소리답(鼓聲)。

【鼖】(분) 文 フン、じんだいこ big drum ㄈㄣˊ fen² 小篆 或體 草書 큰북분(大鼓)。〔詩經〕ㅣ鼓維鏞。

(圖物名) 鼓 鼖

【鼗】(도) 豪 トウ、ふりつづみ small drum 소고도(小鼓著柄)。〔書經〕下管ㅣ鼓。

(圖器禮) 鼗

八 畫

【鼙】(비) 齊 ビ、ヘイ、せめつづみ war-drum used on horse-back 小篆 草書 마상북비(騎鼓)。〔周禮〕大閱中軍以ㅣ令鼓。

【鼘】(연) 先 エン、つづみのおと sound of a drum 小篆 草書 북소리연(鼓聲)。〔詩經〕鼘鼓ㅣㅣ。

【鼞】(공) 東 コウ、かたくない not strong 튼튼하지못할공(不堅、ㅣ然)。

【鼛】(고) 豪 コウ、おおつづみ big drum 小篆 草書 역사북고(役事車鼓)。〔周禮〕以ㅣ鼓鼓役事。

九 畫

【鼕】(룽) 東 リュウ、つづみのおと drumbeat ❶북소리룽(鼓音)。 ❷북소리 나지않을룽(鼓無聲)。

【鼛】(첩) 葉 チョウ、つづみがならない be dumb 북소리 나지않을첩(鼓無聲)。

【鼛】(즙) 緝 チョウ、つづみがならない be dumb 小篆 북소리아니날즙(鼓無聲)。

十 畫

【鼜】(척) 錫 セキ、ときだいこ night watch drum ㄑㄧˋ ch'i⁴ 小篆 草書 순경북척(軍旅守夜鼓)。〔周禮〕軍旅夜鼓ㅣ。

鼓 鼜 (會圖才三)

十一畫

【鼝】(연) 先 エン、つづみのおと drumbeat 북소리연(鼓聲)。〔張衡·東京賦〕雷鼓ㅣㅣ。

【鼞】(당) 陽 トウ、つづみのおと drumbeat ㄊㄤ t'ang¹ 小篆 북소리당(鼓聲)。

十二畫

【鼟】(등) 蒸 トウ、つづみのおと drumbeat ㄊㄥ t'êng¹ 북소리등(鼓聲)。

【鼕】 ㊀(동) 冬 ㊁(롱) 冬 ㊂(룽) 東 トウ、つづみのおと drumbeat 小篆 ㊀북소리동(鼓聲)。 ㊁㊂뜻은 ㊀과 같음。

十四畫

【鼜】(등) 蒸 トウ、ながい long 길등(倰ㅣ、長也)。

鼠 部

【鼠】(서) 語 ソ、ねずみ rat; mouse 小篆 草書 ❶쥐서(穴蟲、似獸善盜)。 ❷우물쭈물할서(首ㅣ持兩端)。〔史記〕武安君召韓御史曰何爲首ㅣ兩端。 ❸산이름서(隴西山名、鳥ㅣ)。 ❹좀도둑서(ㅣ賊)。 ❺근심할서(愁也)。

三 畫

【鼢】(인) 震 ジン、ねずみ rat 쥐인(鼠也)。

【鼩】(표) 效 ヒョウ、ねずみ rat 小篆 표쥐표、범잡는쥐표(鼠屬、能飛食虎豹)。

(會圖才三) 鼩

四 畫

【鼢】(감) 覃 カン、コン、とかげ lizard 小篆 ❶도롱룡감(蝾螈)。 ❷도마뱀감(蜥蜴)。

【鼢】(분) 吻 フン、もぐら mole ㄈㄣˊ fen² 小篆 或體 草書 두더지분(鼢鼠地中行鼠伯勞所化)。

(會圖才三) 鼢

【鼣】(침) 侵 チン、ねずみのな water rat 물쥐침(水鼠名)。

五 畫

【鼒】(자) 支 シ、ねずみ rat 小篆 쥐자(ㅣ鼠、似雞鼠尾)。

【鼦】(초)『貂』(豸部5畫)와 같음

【鼧】(타) 歌 タ、ねずみ rat ㄊㄨㄛˊ t'uo² 쥐타(鼠也)。

【鼨】(종) 東 シュウ、りす squirrel 小篆 籀文 다람쥐종(豹文鼠)。

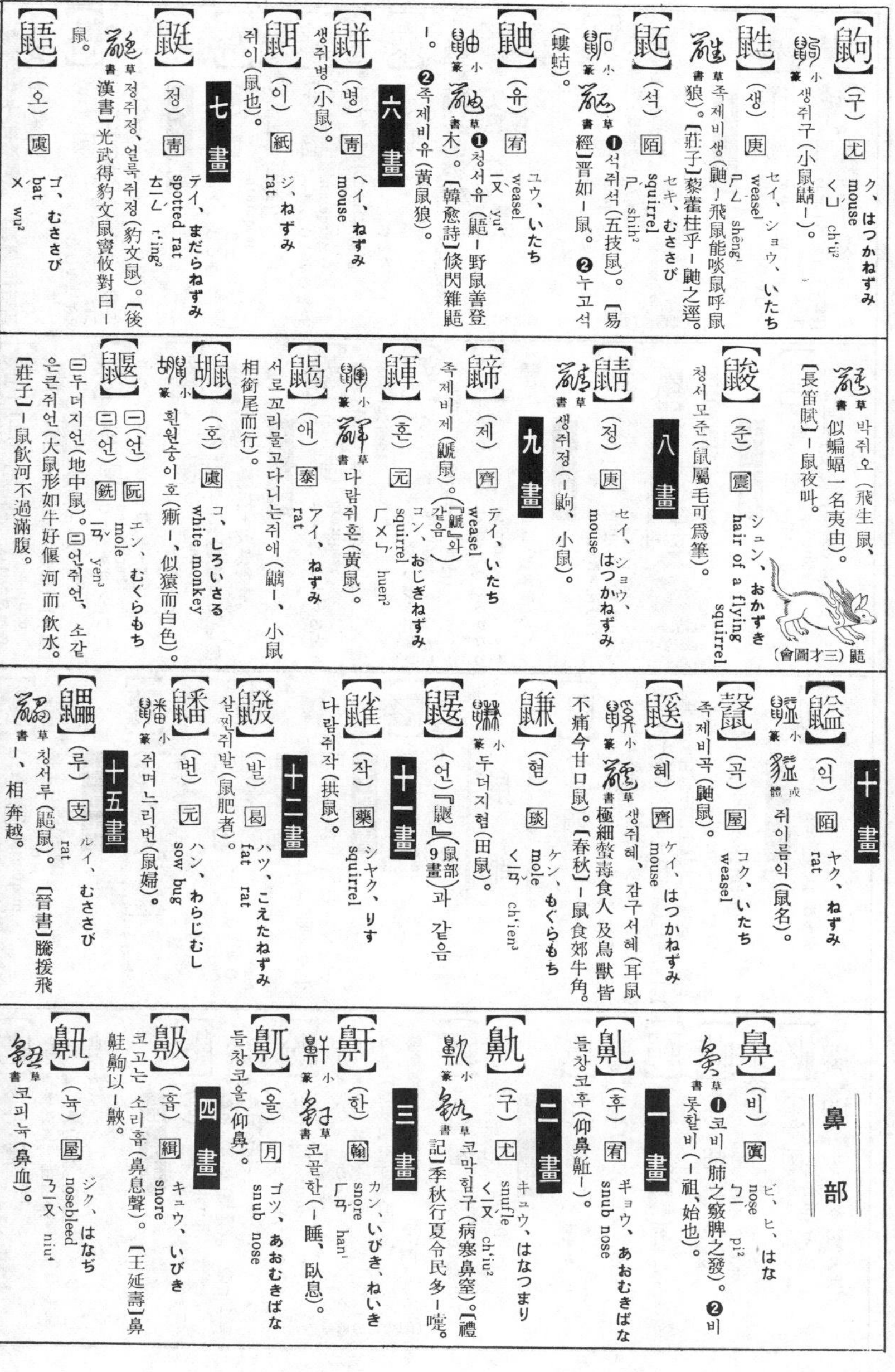

【鼩】(구) 尤 ク、はつかねずみ mouse ㄑㄩˊ ch'ü² (小篆) 생쥐구(小鼠鼱ㅣ)。

【鼪】(생) 庚 セイ、ショウ、いたち weasel ㄕㄥ shêng¹ (草書) 족제비생(鼬ㅣ飛鼠能啖鼠呼鼠狼)。〔莊子〕藜藋柱乎ㅣ鼬之逕。

【鼫】(석) 陌 セキ、むささび squirrel ㄕˊ shih² (小篆)(草書) ❶석쥐석(五技鼠)。〔易經〕晉如ㅣ鼠。❷누고석(螻蛄)。

【鼬】(유) 宥 ユウ、いたち weasel ㄧㄡˋ yu⁴ (小篆)(草書) ❶청서유(鼪ㅣ野鼠善登木)。〔韓愈詩〕倏閃雜鼯ㅣ。❷족제비유(黃鼠狼)。

六 畫

【[鼠并]】(병) 靑 ヘイ、ねずみ mouse 생쥐병(小鼠)。

【[鼠耳]】(이) 紙 ジ、ねずみ rat 쥐이(鼠也)。

七 畫

【鼮】(정) 靑 テイ、まだらねずみ spotted rat ㄊㄧㄥˊ t'ing² (草書) 정쥐정、얼룩쥐정(豹文鼠)。〔後漢書〕光武得豹文鼠竇攸對曰ㅣ鼠。

【鼯】(오) 虞 ゴ、むささび bat ㄨˊ wu² (草書) 박쥐오(飛生鼠、似蝙蝠一名夷由)。〔長笛賦〕ㅣ鼠夜叫。

鼯(三才圖會)

【[鼠夋]】(준) 震 シュン、おかずき hair of a flying squirrel 청서모준(鼠屬毛可爲筆)。

八 畫

【鼱】(정) 庚 セイ、ショウ、はつかねずみ mouse (草書) 생쥐정(ㅣ鼩、小鼠)。

九 畫

【[鼠帝]】(제) 齊 テイ、いたち weasel 족제비제(鼶鼠)。(『鼶』와 같음)

【鼲】(혼) 元 コン、おじぎねずみ squirrel ㄏㄨㄣˊ huen² (小篆)(草書) 다람쥐혼(黃鼠)。

【[鼠曷]】(애) 泰 アイ、ねずみ rat 서로꼬리물고다니는쥐애(鼸ㅣ、小鼠相銜尾而行)。

【[鼠虎]】(호) 虞 コ、しろいさる white monkey (小篆) 흰원숭이호(獑ㅣ、似猿而白色)。

【鼴】㊀(언) 阮 ㊁(언) 銑 エン、むぐらもち mole ㄧㄢˇ yen³ ㊀두더지언(地中鼠)。㊁언쥐언、소같은큰쥐언(大鼠形如牛好偃河而飲水)。〔莊子〕ㅣ鼠飲河不過滿腹。

十 畫

【[鼠益]】(익) 陌 ヤク、ねずみ rat (小篆)(或體) 쥐이름익(鼠名)。

【[鼠殼]】(곡) 屋 コク、いたち weasel 족제비곡(鼬鼠)。

【鼷】(혜) 齊 ケイ、はつかねずみ mouse (小篆)(草書) 생쥐혜、감구서혜(耳鼠 極細螫毒食人及鳥獸皆不痛今甘口鼠)。〔春秋〕ㅣ鼠食郊牛角。

【鼸】(협) 琰 ケン、もぐらもち mole ㄑㄧㄢˇ ch'ien³ (小篆) 두더지협(田鼠)。

十一畫

【鼹】(언)『鼴』(鼠部9畫)과 같음

【[鼠雀]】(작) 藥 シャク、りす squirrel 다람쥐작(拱鼠)。

十二畫

【[鼠發]】(발) 曷 ハツ、こえたねずみ fat rat 살찐쥐발(鼠肥者)。

【[鼠番]】(번) 元 ハン、わらじむし sow bug (小篆) 쥐며느리번(鼠婦)。

十五畫

【鼺】(루) 支 ルイ、むささび rat (草書) 칭서루(鼯鼠)。〔晉書〕騰援飛ㅣ、相奔越。

鼻 部

【鼻】(비) 寘 ビ、ヒ、はな nose ㄅㄧˊ pi² (草書) ❶코비(肺之竅脾之發)。❷비롯할비(ㅣ祖、始也)。

一 畫

【[鼻乙]】(후) 宥 ギョウ、あおむきばな snub nose 들창코후(仰鼻齁ㅣ)。

二 畫

【鼽】(구) 尤 キュウ、はなつまり snufle ㄑㄧㄡˊ ch'iu² (小篆)(草書) 코막힐구(病寒鼻窒)。〔禮記〕季秋行夏令民多ㅣ嚏。

三 畫

【鼾】(한) 翰 カン、いびき、ねいき snore ㄏㄢ han¹ (小篆)(草書) 코골한(ㅣ睡、臥息)。

【鼿】(올) 月 ゴツ、あおむきばな snub nose 들창코올(仰鼻)。

四 畫

【[鼻及]】(흡) 緝 キュウ、いびき snore 코고는소리흡(鼻息聲)。〔王延壽〕鼻[鼻圭]齁以ㅣ[鼻夾]。

【䶊】(뉵) 屋 ジク、はなぢ nosebleed ㄋㄧㄡˋ niu⁴ (草書) 코피뉵(鼻血)。

五 畫

【齀】 ㊀(올) 月 ㊁(와) 馬 ゴツ、はなでうごかす move things with the nose
㊀❶짐승이 코로 물건 움직일올(以鼻搖動)。❷들창코올(仰鼻)。㊁뜻은 ㊀과 같음。

【䶋】 (점) 鹽 テン、かきばな hooke-nosed
매부리코점、코드리워질점(鼻垂貌)。

【齁】 (후) 尤 コウ、コ、はないき snore ㄏㄡ hou¹
草書 코골후(鼻息)。〔蘇軾詩〕鼻息ㅣㅣ自成曲。

【䶌】 (포) 效 ホウ、もがさ pockmarks ㄅㄠ pao⁴
草書 얼굴얽을포(面瘡痕)。

六 畫

【䶍】 (제) 霽 ディ、くさめする sneeze
❶재채기할제(鼻噴氣)。❷코병제(鼻病)。

【䶎】 (괘) 灰 カイ、はないきのおと breathing through the nose
코숨소리괘(鼻息聲)。

【䶏】 (합) 合 コウ、はないき breath of the nose
코숨합(齁ㅣ、鼻息)。

七 畫

【䶐】 (희) 紙 キ、いびき snore ㄒㄧ hsi³
❶코골희(臥息聲)。❷코풀희(去涕)。

【䶊】 ㊀(휵) 屋 ㊁(뉵) 屑 キク、はなをしかめる distort one's nose

㊀코를 찡그릴휵(顣鼻)。㊁뜻은 『衄』에 보라。

八 畫

【齂】 (희) 寘 カイ、ねいき breathe in bed ㄒㄧ hsi⁴
小篆 누워숨쉴희(臥息)。

九 畫

【䶑】 (변) 銑 ヘン、うすい thin
엷은모양변(薄貌)。

【齃】 (알) 曷 アツ、はなばしら bridge of the nose
草書 콧대알、콧줄기알(鼻莖)。(『頞』과 通함)

十 畫

【鼸】 (렴) 鹽 レン、わしばな hooked nose
매부리코렴、코드리워질렴(鼻垂貌、ㅣ䶋)。

【齆】 (옹) 送 オウ、はなづまり snuffle ㄨㄥ wêng⁴
코막힐옹(鼻塞)。

【齅】 (후) 宥 キュウ、かぐ smell; sniff ㄒㄧㄡ hsiu⁴
小篆 草書 ❶냄새맡을후(鼻取氣)。〔漢書〕不ㅣ驕君之耳。❷코내불후(就鼻)。(『嗅』와 같음)

十一畫

【齇】 (차) 麻 サ、シャ、ざくろばな red nose ㄓㄚ cha¹
草書 주부코차(鼻上皰)。

十二畫

【䶒】 (침) 侵 シン、たかいはな hooked nose
높은코침(高鼻)。

十三畫

【䶓】 ㊀(쾌) 卦 ㊁(홰) 泰 ワイ、あえぎ brethless
㊀숨찰쾌(喘息)。㊁콧숨홰(鼻息)。

【齈】 (농) 冬 ドウ、はなのやまい snivel
콧물흐를농(鼻病多涕)。

十五畫

【䶔】 (제) 『䶍』(鼻部6畫)와 같음

齊 部

【齊】 ㊀(자) 支 ㊁(제) 霽 ㊂(제) 齊 ㊃(제) 霽 ㊄(재) 佳 シ、セイ、ひとしい、そろう symmetry ㄑㄧ ch'i²
小篆 草書 ㊀상옷아래단할자(衣下縫)。〔禮記〕兩手樞衣去ㅣ尺。㊁❶엄숙할제(莊也、肅也)。❷정제할제(整也)。〔荀子〕平政以ㅣ民。❸가지런할제(等也)。〔漢書〕走拘馬弋獵戲亂ㅣ民。❹빠를제(徇ㅣ、疾速)。〔史記〕幼而徇ㅣ。❺나라이름제(國名、大公所封)。㊂공손할제(ㅣㅣ恭愨貌)。〔禮記〕廟中ㅣㅣ。㊃고를제、화할제(和也)。〔周禮〕八珍之ㅣ。㊄재계할재(致ㅣㅣ潔也)。〔禮記〕ㅣ不ㅣ以致其ㅣ。

二 畫

【𪗋】 (제) セイ、やまい disease
병제(病也)。

三 畫

【斉】 (재) 齊 セイ、うつくしい pretty
❶아름다운 모양재(美貌)。❷『齋』의 俗字。

【齋】 (재) 支 サイ、シ、ものいみ purify oneself ㄓㄞ chai¹
小篆 或體 草書 ❶재계할재(ㅣ戒、洗心潔也、莊也、恭也)。〔易經〕聖人以此ㅣ戒。❷집재(燕居室)。

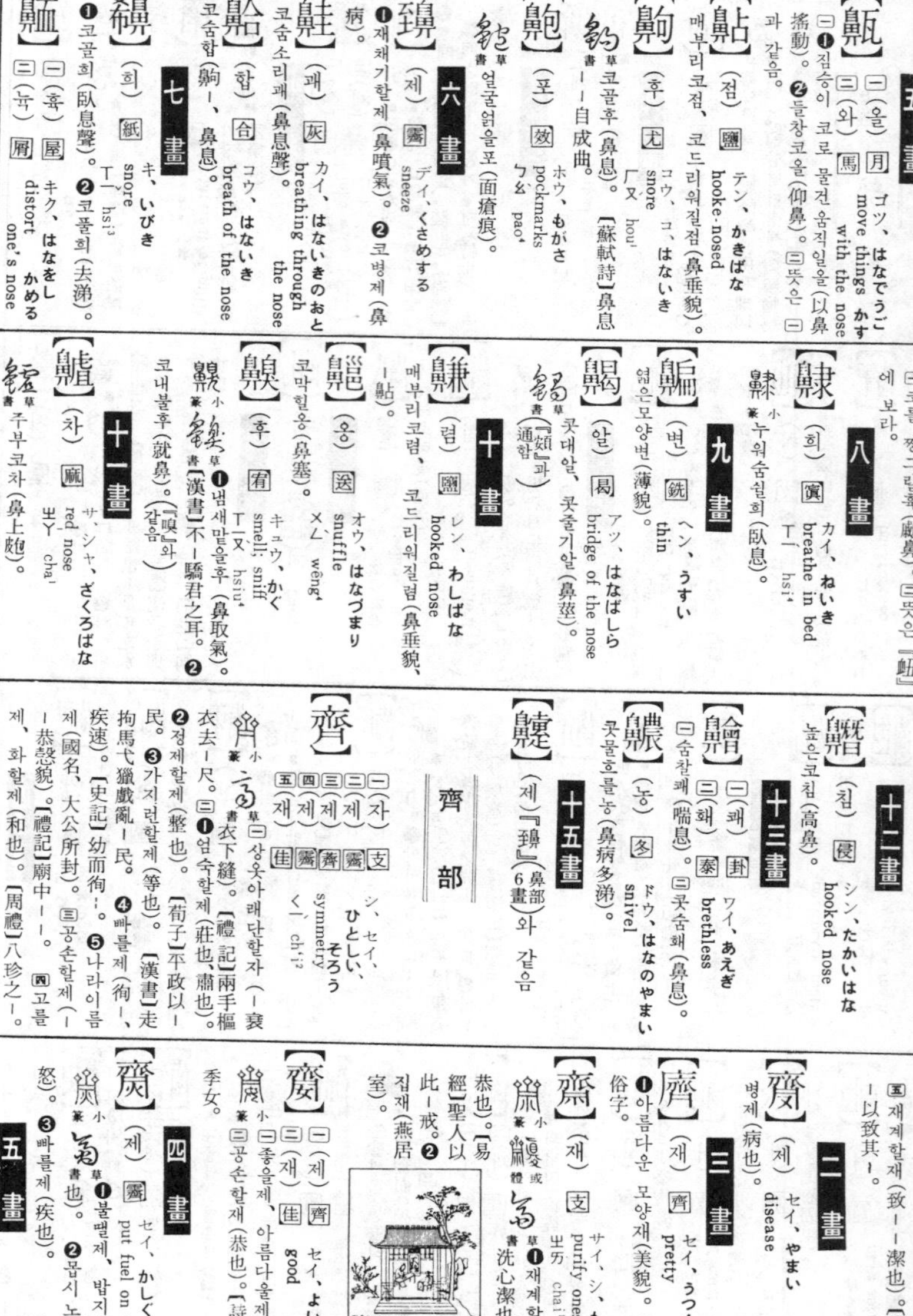
齊 (三才圖會)

【𪗔】 ㊀(제) 齊 ㊁(재) 佳 セイ、よい good
小篆 ㊀좋을제、아름다울제(好也)。㊁공손할재(恭也)。〔詩經〕有ㅣ季女。

四 畫

【齌】 (제) 霽 セイ、かしぐ put fuel on a fire
小篆 草書 ❶불땔제、밥지을제(炊也)。❷몹시 노할제(ㅣ怒)。❸빠를제(疾也)。

五 畫

【齍】(자) 支 シ、うつわ vessel of millet ㄗ tzū¹ 小篆 草書 서직그릇자(ㅡ盤黍稷器)。〔周禮〕大宗伯奉玉ㅡ。

【齋】(자) 支 シ、きびいれ containor of millet 小篆 或體 기장담는제사그릇자(盛禾祭器)。

七畫

【齎】㊀(재) 支 サイ、セイ、もたらす take with (本音「자」) ㊁(제) 齊 ㄐㄧ chi¹ 小篆 草書 ㊀❶탄식할재(ㅡ咨、歎辭)。〔易經〕ㅡ咨涕洟。❷쌀재(行道所用遺也、裝也)。〔周禮〕ㅡ賜與之財用。❸가질재(持也)。㊁뜻은 ㊀과 같음。

八畫

【齏】(제) 齊 セイ、ひとしい equal 小篆 같을제(等也)。

九畫

【齏】(제) 齊 セイ、なます、あえもの spice; flavour with spice ㄐㄧ chi¹ 草書 ❶양념할제(膾酢醢醬所和細切爲ㅡ)。❷양념다질제(擣辛物爲之)。❸부술제(碎也)。

齒部

【齒】(치) 紙 シ、は teeth ㄔ ch'ih³ 小篆 古文 草書 ❶이치(上ㅡ下牙口斷骨)。❷나이치(年也)。〔禮記〕ㅡ亦齡也ㅡ是年之別名。❸벌치(列也)。〔左傳〕使后子與子干ㅡ。❹같을치(類也)。〔管子〕同嗛以ㅡ。

一畫

【齓】(친)『齔』(齒部2畫)과 같음

二畫

【⿰齒八】(팔) 黠 ハツ、はのおと gnashing 이가는소리팔(齒聲)。

【齔】(친) 震 シン、かけば second dentition ㄔㄣ ch'en⁴ (本音「츤」) 小篆 草書 ❶이갈친(毁齒)。〔說文〕男八月生齒八歲ㅡ女七月生齒七歲ㅡ。❷어릴친(髫ㅡ、幼稚)。

三畫

【齕】(흘) 月 コツ、ケツ、かじる、かむ bite; chew ㄏㄜ hê² 小篆 草書 물흘、씹을흘(齮ㅡ、齧也)。〔漢書〕秦得志齮ㅡ用事者墳墓。

【⿰齒也】(치) 支 チ、はぐき gum ❶잇몸치(齒齗貌)。❷씹을치(齧也)。

【⿰齒干】(언) 阮 ガン、はのあらわれ bucktoothed 小篆 이드러날언(齒露貌)。

四畫

【⿰齒巴】(파) 麻 ハ、では bucktooth 뻐드렁니파(齒不正)。

【⿰齒亢】(항) 陽 コウ、かむ chew 씹을항(齧也)。

【齖】(아) 麻 ガ、ゲ、では projecting teeth ㄧㄚ ya² 草書 ❶뻐드렁니아(ㅡ齵、齒不正)。❷남의말아니들을아(聱ㅡ不聽人語)。〔唐書〕能學聱ㅡ保宗而全家。

【齗】(은) 文 キン、はぐき gum ㄧㄣ yin² 小篆 草書 ❶말다툼할은(ㅡㅡ辯爭)。〔史記〕孔子曰甚矣魯道之衰也洙泗之間ㅡㅡ如也。❷미워할은(忿疾意)。〔後漢書〕朝臣ㅡㅡ。❸잇몸은(齒根肉)。

【齘】(계) 卦 カイ、はぎしり grind one's teeth ㄒㄧㄝ hsieh⁴ (本音「해」) 小篆 草書 ❶이틈계(齒ㅡ齒上下相抵處)。〔周禮〕凡甲衣欲其無ㅡ。❷이갈릴계(切齒怒)。

【⿰齒气】(흘)『齕』(齒部3畫)의 本字

五畫

【⿰齒占】(잠) 陷 タン、はをぬく pull out a tooth 이를뺄잠(剔齒)。

【齙】(포) 肴 ホウ、でば show one's tooth ㄆㄠ p'ao² ❶이드러날포(齒露)。❷[中字]어금니포(ㅡ牙)。

【⿰齒史】(사) 紙 シ、はがよい have good teeth 이고울사(齒好)。

【齚】㊀(색) 陌 サク、かむ bite ㊁(책) 陌 草書 ㊀물색、씹을색(齧也)。〔史記〕魏其內愧必杜門ㅡ舌自殺。㊁(『齰』과 같음) ㊂뜻은 ㊀과 같음。

【⿰齒出】㊀(술) 質 シツ、かむ chew ㊁(칠) 質 小篆 ㊀❶씹을술、물어서 들래는 이술(齚物而外露之齒)。❷무는소리술(齧聲)。㊁뜻은㊀과 같음。

【齜】㊀(차) 佳 シ、はぎしり second dentition ㄗ tzū¹ ㊁(재) 佳 小篆 ㊀❶이갈림차(始毁齒)。❷이드러날차(齒露貌)。❸뻐드렁이차(齒列不正)。㊁뜻은 ㊀과 같음。

【⿰齒立】(립) 緝 リュウ、かむ gnaw 깨물립(咬堅物聲)。

【⿰齒司】(치) 支 シ、かむ (of cattle) chew the cud 새김질할치(牛食後嚼)。

【⿰齒失】(질) 屑 テツ、はがかたい have good teeth 이단단할질(齒固貌)。

【⿰齒巨】(거) 語 ク、はぐきはれる have soft gums 小篆 잇몸무를거(齗不固曰ㅡ)。

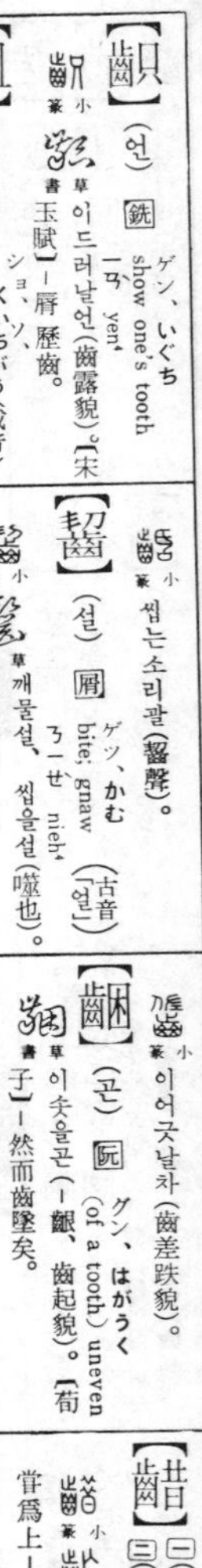

【齞】(언) 銑 ゲン、いぐち show one's tooth ㄧㄢˋ yen⁴
小篆 草書 이드러날언(齒露貌)。〔宋玉賦〕ー脣歷齒。

【齟】(저) 語 ショ、ソ、くいちがう be discrepant (或音「주」) ㄐㄩˇ chü³
草書 이어긋날저(ー齬、齒不相值)。

【齠】(초) 蕭 チョウ、みそっぱ second dentition ㄊㄧㄠˊ t'iao²
草書 이갈초(始毀齒)。〔齊王憲碑〕未踰ー齔已議論天下事。

【齣】(척) 陌 シャク、くぎり、きり paragraph
草書 귀절척(句絕)。〔路史〕高則誠琵琶、有第一ー第二ー。

六畫

【⿰齒旨】(예) 霽 ケイ、かむ bite
물예(齧也)。

【⿰齒圭】(애) 卦 アイ、はなみがわるい regular set of teeth
이고르지않을애(齒不齊)。

【齤】(권) 先 ケン、まがりば front teeth that turn in ㄑㄩㄢˊ ch'üan²
小篆 草書 옥니권(曲齒)。

【齦】㊀(간) 阮 ㊁(간) 潸 コン、ギン、かむ bite; chew
小篆 草書 ㊀씹을간、물간(齧也)。〔曹成王碑〕㊁잇몸간(齒根ー其姦猖肉)。

【⿰齒舌】(괄) 曷 カツ、かむおと sound of chewing
小篆 씹는소리괄(齧聲)。

【齧】(설) 屑 ゲツ、かむ bite; gnaw (古音「얼」) ㄋㄧㄝˋ nieh⁴
小篆 草書 깨물설、씹을설(噬也)。〔禮記〕毋ー骨。

【齨】(구) 有 キュウ、うすば molar; jaw-tooth
小篆 ❶어금니구(臼齒)。❷여습된말구(馬八歲)。

【齩】(교) 巧 ゴウ、かむ biting; gnaw (古音「요」) ㄧㄠˇ yao³
小篆 草書 뼈깨물교、물교(齧骨)。〔漢書〕易子而ー其骨。

【⿰齒并】(병) 庚 ヘイ、いときりば eye - teeth
통니병(並齒)。〔春秋〕武王ー齒。

七畫

【⿰齒告】(곡) 沃 コク、ぞうげをおさむ refine the ivory
상아다룰곡(治象牙)。

【齪】(착) 覺 サク、ソク、こせつく worry narrow minded ㄔㄨㄛˋ ch'uo⁴
草書 ❶악착할착(齷ー、急促局陋貌)。〔史記〕委瑣握ー。❷이 마치는소리착(齒相近聲)。

【⿰齒足】(착)『齪』(前條)과 같음

【⿰齒夾】(협) 洽 キョウ、まがりば front teeth that turn in
❶옥니협、옥니배기협(曲齒)。❷덧니배기협(齒重)。

【齹】(차) 歌 碼 サ、はのくいちがい be discrepant
小篆 이어긋날차(齒差跌貌)。

【齫】(곤) 阮 グン、はがうく (of a tooth) uneven
草書 이솟을곤(ー齦、齒起貌)。〔荀子〕ー然而齒墜矣。

【齬】(어) 魚 ギョ、ゴ、くいちがう be discrepant ㄩˇ yü³
小篆 草書 이어긋날어(齟ー、齒不相值)。

八畫

【⿰齒卒】(졸) 月 ソツ、かむ、かじる chew
小篆 씹을졸(齧也)。

【⿰齒臽】(함) 陷 カン、はぎしり gnash the teeth
이갈함(切齒)。

【齮】(기) 紙 ギ、かむ bite (俗音「의」) ㄧˇ i³
小篆 草書 물기、씹을기(ー齕、齧也)。〔史記〕秦得志ー齕用事者墳墓矣。

【齯】(예) 齊 ゲイ、ジ、みずは old man's teeth ㄋㄧˊ ni²
小篆 草書 노인이다시날예(老人齒落更生)。〔爾雅〕黃髮ー齒壽也。

【齱】㊀(족) 尤 ㊁(추) 尤 シュウ、くいちがう irregularly-set tooth
小篆 草書 ㊀덧니날족(齒重生)。〔漢書〕握ー好艹禮。㊁충치추(齱也)。

【齰】㊀(색) 陌 ㊁(책) 陌 サク、サ、かむ bite
小篆 或體 草書 ㊀물색、씹을색(齧也)。〔漢書〕鄧通嘗爲上ー癰。㊁뜻은 ㊀과 같음。

【⿰齒宜】㊀(의) 支 ㊁(애) 佳 キ、ガイ、いぐち show one's tooth
㊀이드러날의(齒露貌)。㊁뻐드렁니애(突出齒貌)。

九畫

【⿸咸齒】㊀(감) 感 ㊁(암) 感 ㊂(겹) 洽 カン、ゲン、かむ chew (或音「혐」) ㄐㄧㄚˊ chia²
小篆 ㊀❶씹을감(齧也)。❷입에넣고씹지 않을감(口持不齧)。㊁이가높은 모양암(齒高貌)。㊂❶씹는모양겹(齧咋貌)。❷씹는소리겹(唯聲)。❸이가 굽게날겹(齒曲生貌)。

【齲】(우) 麌 ク、ウ、むしば decayed tooth (古音「구」) ㄑㄩˇ ch'ü³
草書 너리먹을우、충치우(齒病)。〔史記〕齊中大夫病ー齒。

【⿰齒各】(가) 禡 カ、でたそっぱ ducktooth
뻐드렁니가(突出齒)。

【齵】(우) 虞 尤 ゴウ、グ、やえば irregularly-set tooth ㄡˊ ou²
小篆 草書 ❶덧니날우(齒重生齒偏)。❷뻐드렁니우(齒不正)。

【齳】(운) 吻 グン、ぬける pull out a teeth ㄔˋ ch'ih⁴

齳 小篆 草書 볼오므라질운、이없을운(無齒)。

【齴】(언) 銑 ゲン、あらわれる show one's tooth
草書 이드러날언(齒露)。

【齶】(악) 藥 カク、はぐき gum ㄜˋ è⁴
草書 잇몸악(齒齶)。

【齷】(악) 覺 アク、こせつく narrow-minded; worry
草書 ❶악착할악、속좁을악(一齪、迫也)。 ❷이마치는소리악(齒相近聲)。

【⿰齒臿】(잡) 洽 ソウ、うごく shake
이흔들릴잡(齒動)。

十 畫

【齸】(익) 陌 エキ、はんすうする ruminate
小篆 사슴새김질할익(麋鹿呑芻而反出嚼)。

【⿰齒節】(절) 屑 セツ、はのくいちがい be discrepant
小篆 이어긋날절(齒差)。

【齹】(차) 歌 サ、くいちがう irregularly-set tooth
小篆 ❶이고르지못할차(齒不正)。❷이뿌리차(齒本)。

【⿰齒差】(차)『齹』(前條)와 같음

【⿰齒豈】(애) 灰 ガイ、はのくいちがい molar
小篆 어금니애(牙也)。

【齺】㈠(착) 覺 ㈡(추) 尤 シュウ、あいあう close tooth
㈠이촘촘할착(齒相近貌)。 ㈡이부러질추(齒搯)。

【⿰齒尃】(박) 藥 ハク、かむ gnaw
小篆 단단한것씹을박(噍堅又噍聲)。

【齻】(전) 先 テン、いときりば wisdom tooth ㄉㄧㄢ tien¹
사랑니전(男子二十四歲、女子二十一歲ー牙生)。

【⿰齒倉】(창) 陽 ショウ、やえば bucktooth (本音「장」)
덧니창(齒旁小齒)。

【⿰齒害】(개) 卦 カイ、はぎしり gnash the teeth
자며 이갈개(睡中切齒聲)。

十一畫

【⿰齒匿】(닉) 職 ジョク、はいたみ toothache
이앓을닉(齒痛)。

【⿰齒虘】(자) 麻 シャ、はのくいちがい be discrepant (本音「차」)
小篆 이어긋날자(不相值、齒不正)。

【⿰齒責】(책) 陌 サク、かむ bite; chew (或音「색」)
❶이서로맞을책(齒相值)。 ❷씹을책(齧也)。

十二畫

【齳】(운) 吻 ブン、ぬける pull out a teeth
볼오므라질운(無齒貌)。

【⿱犾齒】(은) 吻 ギン、わらう laugh
웃을은(笑也)。

【⿰齒閒】(간) 諫 カン、かむ chew
씹을간(齧貌)。

十三畫

【齼】(초) 語 ショ、はいたみ toothache
이다쳐곱을초(齒傷酸)。【曹茶山詩】瓠犀微ー遠山顰。

【⿰齒僉】(참) 咸 サン、ぬける pull out a teeth
이없을참(ー齺、無齒無牙)。

【齽】(금) 沁 キン、まがりば teeth
옥니금(鉤齒內曲謂之ー)。

十四畫

【⿰齒齊】(제) 霽 セイ、かむ chew
❶씹을제(齧也)。 ❷이가지런할제(齒齊不齵)。

【⿰齒截】(찰) 黠 サツ、はがするどい sharp-toothed
❶이가 날카로울찰(齒利)。 ❷모래가 섞일찰(磣也)。

十五畫

【⿰齒巤】(랍) 合 ロウ、かむおと sound of chewing
씹는소리랍(齧也)。

二十畫

【⿰齒嚴】㈠(엄) 鹽 ㈡(암) 咸 ゲン、よいさま good
㈠❶좋은 모양엄(好貌)。❷이가 어긋날엄(齒差)。 ㈡이가 높을암(齒高)。

【齾】(알) 黠 ガツ、かけば (of vessel) break off
小篆 ❶그릇 이빠질알(器缺)。❷이지러질알(齒缺)。❸짐승 턱찌끼알(獸食餘)。

龍 部

【龍】㈠(룡) 腫 ㈡(롱) 冬 ㈢(방) 江 リュウ、ロウ、りゅう、たつ dragon
小篆 草書 ㈠❶용룡(鱗蟲長能幽能明能細能巨能 短能長春分而登天秋分而潛淵 想像上神靈動物)。【廣雅】有鱗曰蛟ー有翼曰應ー有角曰虯ー 無角曰螭ー未升天曰蟠ー。❷귀신이름룡(神名、燭ー)。❸별이름룡(星名、蒼ー)。❹말이름룡(馬高八尺曰ー)。❺임금님룡(天子事物之用語、ー顏、ー駕)。㈡두덕룡(田中高處隴同)。【孟子】有私ー斷焉。㈢잿빛방(黑白雜色)。

龍 (四書略圖引蒙解)

三 畫

【龐】㈠(롱) 東 ㈡(롱) 冬 ㈢(방) 江 ロウ、ホウ、みだれる confused ㄆㄤˊ p'ang²
小篆 草書 ㈠충실할롱(ーー充實)。【詩經】四牡ーー。 ㈡뜻은 ㈠과 같음。 ㈢❶어수선할방(雜亂貌)。【書經】不和政ー。❷높은집방(高屋)。❸성방(姓也)。

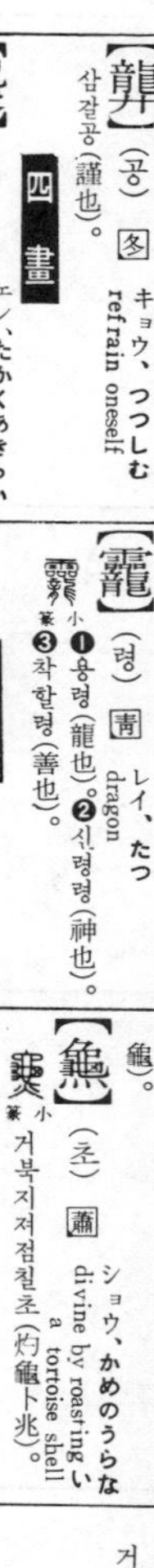

【龏】(공) 冬 キョウ、つつしむ refrain oneself
삼갈공(謹也)。

四畫

【龑】(엄) 琰 エン、たかくあきらか high and bright 一ㄢ yen³
草書 높고밝을엄(高明貌)。

六畫

【龓】(롱) 東 ロウ、たもつ possess ㄌㄨㄥ lung²
小篆 草書 ❶말탈롱(乘馬)。❷끌롱(牽也)。❸가질롱(兼有)。

【龔】(공) 冬 キョウ、つつしむ respectful ㄍㄨㄥ kung¹
小篆 草書 ❶공손할공(恭也)。〔梁元帝檄〕ー行天罰。❷줄공(給也)。❸이바지할공(奉也)。❹성공(姓也)。

【龕】(감) 覃 ガン、かつ、うける take；win
小篆 草書 ❶취할감(取也)。〔方言〕劉ー南陽。❷이길감(ー暴勝也)。〔謝靈運詩〕ー暴資神理。❸감실감(塔下室)。〔褚遂良書〕久棄塵世與彌勒同ー。

十六畫

【龖】㊀(답) 合 ㊁(삽) 合 トウ、とぶたつ flying dragon ㄊㄚ t'a⁴
小篆 ㊀❶나는용답(飛龍)。❷두려워할답(懼貌)。㊁뜻은 ㊀과 같음。

十七畫

【龗】(령) 靑 レイ、たつ dragon
小篆 ❶용령(龍也)。❷신령령(神也)。❸착할령(善也)。

三十二畫

【龘】(답) トウ、たつがゆく crawling of a dragon
용이 가는 모양답(龍行)。

龜部

【龜】㊀(귀) 支 ㊁(균) 眞 ㊂(구) 尤 キ、キュウ、キン、かめ tortoies ㄍㄨㄟ kuei
小篆 古文 草書 ㊀❶거북귀(甲蟲之長外骨內肉天性無雄以虵爲雄)。〔爾雅〕十ー一神ー二靈ー三攝ー四寶ー五文ー六筮ー七山ー八澤ー九水ー十火ー。❷본뜰귀(ー鑑)。❸점칠귀(ー卜)。❹별이름귀(星名、天ー)。㊁손얼어터질균(手凍皸瘃)。〔莊子〕宋人有善爲不ー手之藥。㊂나라이름구(西域屬國ー玆)。

龜(禮器圖)

四畫

【⿰龜毛】(초) 蕭 ショウ、けのかざり decoration wool
털치장초(毛飾物)。

【⿰冄龜】㊀(염) 鹽 ㊁(남) 覃 ゼン、かめのこうのへり margin of a tortoise shell
小篆 ㊀거북껍질의 가염(龜甲邊)。㊁며느리 발톱있는 거북남(有距龜)。

【⿰龜焦】(초) 蕭 ショウ、かめのうらない divine by roasting a tortoise shell
小篆 거북지져점칠초(灼龜卜兆)。

【⿰龜今】(감) 勘 カン、かめ tortoise
거북감(龜也)。

五畫

【⿰龜冬】㊀(동) 冬 ㊁(종) 東 シュ、かめ tortoise
小篆 ㊀거북의 이름동(龜名)。㊁뜻은 ㊀과 같음。

【⿰龜句】(구) 虞 ク、かめのたぐい tortoise
거북 종류구(龜屬)。

【⿰龜去】(거) 御 キョ、がま toad
두꺼비거(蟾也)。

【龝】(추) 『秋』(禾部 4畫)의 古字

八畫

【⿰交龜】(효) 效 コウ、ちぢめる dwindle
거북 머리를 움추릴효(龜縮頭也)。

十畫

【⿰龜𠂆】(시) シ、ひきがえる toad
두꺼비시(蟾也)。

十一畫

【⿱龜𪚴】(휴) 齊 ケイ、おおきいかめ big tortoise
큰거북휴(大龜)。

【⿰龜區】(구) ク、かめがはう crawl
거북이 기어갈구(龜行)。

龠部

【龠】(약) 藥 ヤク、ふえ flute ㄩㄝ yüeh⁴
小篆 草書 ❶피리약(管ー、三孔樂書名)。〔詩經〕左手執ー。❷홉사약(量名容千二百黍)。

四畫

【⿰龠几】(약) 藥 ヤク、あおぐ look up (to)
우러를약(仰也)。

【龡】(취) 支 スイ、ふく exhale ㄔㄨㄟ ch'uei
草書 불취(以氣推發其聲)。〔周禮〕舞羽ー籥。(『吹』의 本字)

五畫

【龢】(화) 歌 カ、ワ、やわらぐ harmonious
小篆 草書 ❶세피리화(小笙)。❷화할화(和也)。(『和』의 古字)

八畫

【⿰炊龠】㊀(취) 支 ㊁(취) 寘 スイ、がくをならす play
小篆 ㊀㊁❶악기를 불취(音律管壎之樂)。❷『吹』와 같음。

九畫

【⿰龠虒】(비) 寘 ヒ、おきてがやぶれる become lawless
법이 무너질비(法敗貌)。

【䶳】(암) 陷 アン、ひくいこえ low sound 낮은 소리암(下聲)。(『韽』과 같음)

【龥】(유) 週 ユ、ヤク、よぶ shout; cry yü⁴ ㄩ 草書 ❶부르짖을유(疾首號呼)。〔書經〕無辜ㅣ天。❷화할유(和也)。〔書經〕率ㅣ衆慼。

【龤】(해) 佳 カイ、がくのしらべ be harmonized ㄒㄧㄝˊ hsieh² 小篆 노래의 가락이 조화될해(樂龢也)。(『諧』와 같음)

十畫

【䶵】(치) 支 チ、ふえ flute 小篆 或體 피리치、저치(如篪·笹管樂)。〔楚辭〕鳴ㅣ兮吹竽。

字音索引

가

个 七九　仮 八七　伽 九〇　佳 九二　假 一〇二　傢 一〇四　價 一〇七　加 一二六　叚 一四一　可 一四三　呵 一四七　呿 一四八　咖 一四九　哥 一五一　哿 一五二　嘉 一五九　坷 一七〇　嫁 一九六　家 二〇五

岢 二一六　⿰山家 二一九　⿰哥欠 二一九　徦 二四六　⿰忄牙 二四九　恪 二五九　戓 二六九　戨 二七〇　斝 三〇六　暇 三一五　架 三一六　枷 三一六　柯 三一八　椵 三一八　榎 三四一　檟 三四九　歌 三五五　毠 三六五　⿰氵苛 三八四　滒 三八九　牁 四一五

⿰牜句 四一八　⿰犭哥 四二五　珂 四三〇　珈 四三〇　痂 四四七　⿰白乙 四五三　砢 四七一　⿰禾加 四八三　稼 四八六　笳 四九七　笴 四九七　耞 五三九　⿱罒可 五四五　舸 五六〇　苛 五六五　茄 五六七　葭 五七六　⿱艹問 五八五　蚵 五九四　街 六〇七

袈 六〇九　訶 六二五　訶 六二五　豭 六四一　賈 六四五　跏 六五三　跒 六五三　軻 六六三　迦 六七一　⿺辶枷 六七五　⿰叚頁 七二五　駕 七四八　髂 七五四　鴐 七七二　駉 七七二　鴚 七七九　麚 七八一　⿸鹿叚 七八二　⿰齒各 七九五

각

⿰亻隺 一〇三　刻 一一三　却 一二六

刧 一二七　卻 一二七　各 一四三　咯 一四九　垎 一七一　埆 一七三　塙 一七六　⿰彳覺 二四七　恪 二五三　⿰忄卻 二五八　愨 二六〇　慤 二六三　捔 二八三　搉 二八七　擱 二九六　⿱亢見 三〇五　⿰斗角 三〇六　格 三三〇　桷 三三三　梏 三三四　榷 三四二　⿰木卻 三四三　㱿 三五八

㱿 三六二　殼 三六三　毃 三六三　㲉 三六三　燩 四一一　玨 四二九　珏 四三〇　瑴 四三四　睢 四六五　礐 四七六　礭 四七七　胳 五四六　脚 五四八　腳 五五〇　⿰月叚 五五一　茖 五六七　蠼 六〇五　衖 六〇七　袼 六一〇　⿰恧見 六一八　覺 六一九　角 六三〇　觳 六三三

谷 六三八　⿰谷欠 六三八　躩 六五一　較 六六二　較 六六三　閣 七〇七　隺 七一六　⿱高革 七五六　鬥 七五九

간

乾 八二　侃 九三　乹 九九　刊 一二〇　⿰喜喜 一六五　墾 一七八　奸 一八六　姦 一九〇　姧 一九〇　婜 一九二　⿰山間 二一三　干 二一三　幹 二一三

忓 二四八　慳 二六三　懇 二六六　戩 二六九　揀 二八五　擀 二九四　斡 三〇六　揵 三〇九　旰 三一〇　暕 三一六　杆 三一三　柬 三二八　栞 三二九　栞 三三四　榦 三四一　涆 三七九　澗 三九三　澗 三九三　狠 四一六　牼 四一八　玕 四二九　珢 四三〇　癇 四五一

癇 四五一　皯 四五三　⿱干皿 四五六　盰 四五九　看 四六〇　瞯 四六六　⿰石間 四七六　秆 四八三　稈 四八五　竿 四九五　簡 五〇四　簡 五〇四　簳 五一五　繝 五二四　肝 五五五　⿰臤欠 五六一　艮 五六一　艱 五六七　茛 五七五　⿱艹姦 五七五　蕳 五八二　藖 五八七　虷 五九二

衎 六〇七　衦 六〇八　襇 六一四　覵 六一九　⿰角間 六二三　詪 六二七　諫 六三二　⿰谷間 六三九　豤 六四〇　豻 六四一　⿰赤干 六四八　赶 六四八　趕 六四九　⿰足干 六五二　⿰車干 六六四　迀 六七〇　⿰柬阝 六八二　鐗 七〇一　間 七〇六　雃 七一六　酐 七二四　靬 七二五　⿱臤革 七二七

頇 七三一　⿰雇頁 七三五　馯 七四七　⿱髟干 七五八　鳱 七七一　⿰黑干 七八六　鼾 七九〇　齦 七九五　⿰齒間 七九六

갈

丐 七八　乫 八二　割 一二四　匃 一三〇　咭 一四九　喝 一五五　噶 一六三　圿 一六九　嵑 二一〇　⿰山葛 二一三　扴 二七三　揭 二八七　搳 二八九

擖 二九五　暍 三一五　曷 三一九　楬 三四〇　毼 三六六　渴 三八四　⿰氵歇 三九五　⿰氵葛 三九五　猲 四二四　獦 四二六　⿸疒曷 四四九　碣 四七三　秸 四八四　稭 四八六　竭 四九四　羯 五二四　葛 五七六　蝎 五九八　輵 六六六　轕 六六七　鞂 七二六　鞨 七二七　⿰革葛 七二八

頡 七三三　⿱髟吉 七五八　鶡 七七六　⿰麥曷 七八九

감

减 一一七　凵 一一八　勘 一一八　⿸厂贛 一三三　咁 一六九　坎 一七〇　坩 一七三　堪 一七四　堿 一七五　尲 二一一　⿰山臽 二一八　嵁 二一九　嵌 二一九　弇 二三八　⿰忄臽 二五六　㦓 二六〇　感 二五九　憨 二六四

憾 二六五　㦰 二六九　戡 二七〇　撼 二九四　⿰今攵 三〇〇　敢 三〇二　柑 三一七　橄 三四六　欠 三五三　⿰凵欠 三五五　欿 三五五　⿰咸欠 三五五　歁 三五六　歛 三七〇　汵 三七二　泔 三八二　淦 三八三　減 三八三　澉 三九四　灨 四〇二　玪 四二九　瑊 四三三　甘 四四〇

【膏】五二一 【皐】五三五 【苦】五六六 【苽】五六六 【菰】五七三 【蕈】五八二 【⿱艹酤】五八二 【薧】五八五 【藁】五八六 【蛄】五九四 【蠱】六〇五 【袴】六一〇 【⿰古見】六一九 【觚】六二〇 【詁】六二五 【誥】六二九 【賈】六四五 【軱】六六三 【軲】六六三 【辜】六六八 【⿰辛古】六六九 【郜】六八〇 【酤】六八五

【鈷】六九一 【錮】六九六 【⿰金辜】七〇一 【雇】七一七 【靠】七一三 【韟】七二〇 【頋】七二三 【顝】七二六 【顧】七二七 【⿰食固】七三二 【餻】七三三 【骷】七四〇 【高】七五五 【髙】七五五 【⿰高瓦】七五六 【⿰高瓜】七五六 【鯝】七六六 【鴣】七七三 【鷎】七七八 【盬】七八〇 【鼓】七九〇 【鼔】七九〇 【鼛】七九一

곡

【告】一四八 【哭】一五一 【嚳】一六四 【悎】二五四 【攉】二九八 【斛】三〇六 【曲】三一八 【梏】三三三 【㬻】三三七 【穀】三四一 【榖】三四一 【槲】三四四 【⿰歹角】三六〇 【瀔】三九九 【焅】四〇五 【牿】四一八 【珏】四三〇 【瑴】四三四 【硲】四四七 【⿰禾羔】四八六 【穀】四八七

【斛】五〇三 【穀】五一〇 【縠】五一九 【縠】五三三 【殼】五三一 【⿱艹曲】五六九 【蔛】五八一 【螜】六〇一 【⿰角告】六二二 【殼】六二三 【轂】六六五 【轂】六六六 【醫】六八六 【⿰阝告】七一二 【⿰告頁】七三四 【髺】七五七 【鵠】七七九 【鼜】七九二 【⿰齒告】七九五

곤

【丨】一六 【⿹几丨】一二〇 【困】一六六

【坤】一七〇 【壼】一八〇 【崐】二一八 【崑】二一八 【惲】二二八 【悃】二五四 【惃】二五六 【捆】二八六 【昆】三一一 【晜】三二四 【栞】三二四 【棍】三三五 【梱】三三四 【橐】三五〇 【混】三八三 【滾】三八九 【猑】四三三 【琨】四三三 【璭】四三四 【睔】四六三 【睴】四六四 【硍】四七三 【緄】五三〇

【臗】五二四 【菎】五七一 【蔉】五八〇 【蚰】五九五 【蜫】五九七 【衮】六〇八 【袞】六〇九 【裩】六一二 【褌】六一三 【謴】六三四 【⿰足困】六五五 【輥】六六五 【錕】六九五 【𠘨】七〇四 【閫】七〇七 【頵】七一三 【頤】七一三 【顐】七二四 【騉】七五〇 【髡】七五六 【髡】七五六 【鮌】七六四 【鯀】七六五

【鯤】七六六 【鵾】七七五 【鶤】七七六 【齫】七九五

골

【圣】一六八 【榾】二一一 【愲】二六〇 【扫】二七四 【搰】二九九 【榾】三四三 【汩】三六九 【滑】三八八 【縎】五三三 【膃】五四八 【蓇】五七九 【骨】七五三 【⿰骨力】七五三 【螖】七五四

공

【供】九四 【倥】一〇三

【公】一一三 【共】一一三 【功】一二六 【贛】一三三 【卭】一三六 【孔】二〇〇 【崆】二一八 【工】二一四 【廾】二二七 【⿰忄工】二四八 【恐】二五三 【恭】二五三 【恭】二五三 【悾】二五六 【愩】二六〇 【拱】二七八 【拲】二七八 【⿱巩手】二七九 【控】二八四 【攻】三〇〇 【栱】三三〇 【⿱共木】三三〇

【⿰木邛】三一一 【椌】三三七 【⿰木巩】三四一 【槓】三四三 【涳】三八〇 【灨】四〇三 【熕】四〇八 【⿰月空】四一五 【珙】四三〇 【疘】四四五 【矼】四七二 【硿】四七三 【⿰禾空】四八五 【空】四八九 【⿱竹邛】四九七 【箜】五〇〇 【篢】五〇四 【紅】五一三 【羫】五二三 【⿰工羽】五二四 【⿰犭工】五二四 【⿱艹贛】五九〇 【虹】五九二

【蚣】五九二 【蛩】五九五 【蛩】五九四 【蛬】五九五 【貢】六四三 【贛】六四七 【跫】六五四 【⿰車工】六六二 【⿰車共】六六三 【邛】六七九 【釭】六九〇 【銎】六九三 【鞏】七二六 【鞚】七二七 【舩】七六三 【⿰魚共】七六四 【⿰工鳥】七七五 【鼕】七九一 【龏】七九七 【龔】七九七

과

【⿰亻瓜】八九

【侉】九二 【剮】一一四 【劊】一二五 【堁】一七三 【堝】一七四 【午】一八一 【夥】一八二 【夸】一八三 【姱】一九〇 【媧】一九五 【寡】二〇七 【⿰山夸】二二六 【⿰忄夸】二五三 【惈】二五六 【戈】二六八 【撾】二九四 【果】三二六 【棵】三三六 【檛】三四九 【歄】三五五 【濄】三九六 【猓】四三三

【瓜】四三六 【科】四八三 【稞】四八五 【窠】四九一 【簻】五〇五 【粿】五一〇 【綶】五二三 【緺】五二三 【胯】五四六 【腂】五四九 【⿰月過】五五三 【⿱艹丁】五六二 【菓】五七一 【菓】五七二 【萪】五七四 【薖】五八五 【蜾】五九八 【蝌】五九八 【裹】六一二 【褁】六一六 【⿱夸言】六二三 【誇】六二八

【課】六二九 【⿰言咼】六三一 【譔】六三六 【跨】六五四 【踝】六五五 【輠】六六五 【过】六七〇 【過】六七五 【銙】六九三 【鍋】六九七 【⿰革夸】七二六 【顆】七三五 【餜】七四二 【⿰食斗】七四三 【騍】七五〇 【騧】七五〇 【骻】七五四 【髁】七五四 【⿰鬲斗】七六〇 【⿰鬲戈】七六〇

곽

【崞】二一九

【椁】三三六 【槨】三四三 【⿰木隺】三五一 【檴】三五三 【漷】三九一 【瀖】三九九 【癨】四五二 【篧】五〇六 【籗】五〇七 【藿】五八八 【躩】六六〇 【⿰車矍】六六八 【郭】六八一 【钁】七〇四 【霍】七一〇 【鞹】七一八

관

【丱】七九 【串】七九 【倌】九八 【冠】一一五 【卝】一三五

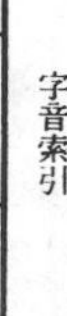
字音索引

狚 四一三　猯 四二四　瑖 四三三　癉 四五一　癚 四五一　短 四六九　碫 四七四　端 四九四　竱 四九四　笪 四九六　篿 五〇三　簞 五〇四　籪 五〇六　糰 五一一　緞 五一二　緣 五一二　繵 五一六　耑 五三八　胆 五四五　腶 五五〇　膻 五五三　葮 五七六

蛋 五九五　蜑 五九七　袒 六〇九　褍 六一二　褖 六一三　襌 六一五　襢 六一五　觛 六二二　䚟 六二二　貒 六四一　貒 六四二　貚 六四二　䞟 六四九　踹 六五六　躖 六五九　躖 六六〇　鄲 六八三　醰 六八七　鍛 六九七　段 七〇五　隊 七一三　靼 七二五　驙 七五二

鱄 七六八　鴠 七七三　鶉 七七五　鶨 七七六　鷒 七七七　鷤 七七八　鷻 七七八　黵 七八五　黺 七八五

달

呾 一四八　噠 一六一　妲 一八八　娺 一九三　怛 二五〇　剬 二五三　撻 二九四　橽 三四八　澾 三九五　炟 四〇三　狚 四一三　㺚 四二六

獺 四二七　疸 四四六　𤻤 四五六　笪 四九六　羍 五三三　薘 五八五　躂 六五九　達 六六五　闥 七〇九　韃 七二七　韃 七二八　䵣 七八七

담

倓 九八　儋 一〇七　啖 一五四　啿 一五四　啗 一五七　嘾 一六〇　噉 一六一　嚪 一六二　坍 一六九

墰 一七八　壜 一七九　媅 一九四　嫜 一九六　忐 二四八　惔 二五七　憛 二六四　憺 二六五　担 二七六　擔 二九五　曇 三一七　𣪊 三六二　毯 三六五　毴 三六五　淡 三八一　沺 三八三　湛 三八五　潭 三九三　澹 三九五　燂 四一〇　甔 四三九　痰 四四八　磹 四七六

禫 四八一　窞 四九一　窔 四九一　笘 五〇二　𥮾 五〇三　䊤 五一一　紞 五一四　緂 五二〇　䋦 五三三　罎 五三九　聃 五四〇　耼 五四〇　聸 五四二　膽 五五三　舑 五五八　菼 五七三　萏 五七四　蕁 五八二　薝 五八五　藫 五八八　蟫 六〇三　監 六〇六

衴 六〇八　覃 六一七　覘 六一九　談 六二〇　譚 六二五　賧 六四七　踸 六五八　𨉖 六六二　郯 六八一　醰 六八七　錟 六九六　霮 七一二　䨵 七一三　䩉 七一四　餤 七四三　饏 七四四　驔 七五三　髧 七五六　䴘 七七〇　黕 七八六　黮 七八七

黮 七八八　黵 七八八

답

剳 一二四　劄 一三三　嗒 一五三　撘 二八二　搭 二六九　榙 三三六　沓 三一七　涾 三八〇　溚 三八七　畓 四四二　瘩 四四七　碴 四七三　答 四九八　翗 五三六　䑽 五五八　荅 五六九　蜡 五九七　褡 六一三　譗 六二〇

誻 六三二　譶 六三六　䜚 六三六　譅 六三七　踏 六五七　蹋 六五七　蹹 六五九　躢 六六〇　遝 六七六　闒 七〇八　䵬 七六七　黭 七六七　龖 七九一　龖 七九七　龘 七九七

당

倘 九九　儻 一〇九　党 一二二　唐 一五三　啺 一五七　噇 一六一

坣 一七〇　堂 一七三　塘 一七六　尙 二〇〇　宕 二一〇　嵣 二二〇　幢 二二〇　当 二四一　憃 二六三　戇 二七八　戅 二七八　搪 二八九　撞 二九三　擋 二九五　攩 二九八　曭 三一八　棠 三三五　榶 三四三　檔 三四八　欓 三五三　𣯡 三六六　溏 三八六

漟 三九〇　灙 四〇一　煻 四〇八　爣 四一三　瑭 四三四　璫 四三五　瓽 四三七　甞 四三八　當 四四四　瞠 四六六　矘 四六八　磄 四七四　礑 四七六　䅯 四八六　䆦 四八九　篖 五〇二　簹 五〇五　糖 五一〇　膅 五四二　膛 五五三　螗 六〇〇　螳 六〇一

蟷 六〇三　襠 六一五　讜 六三八　蹚 六五七　鏜 六九九　鎲 七〇〇　鐺 七〇三　闛 七〇九　闣 七〇九　餳 七四二　餳 七四三　餹 七四三　鱨 七七〇　黨 七八七　鼞 七九一

대

代 八〇　儓 一〇八　嚺 一六三　坮 一七〇　垈 一七一　嬯 一九九

大 一八二　对 二〇九　對 二〇九　岱 二一六　帒 二二六　帶 二二七　廗 二三六　待 二四四　𢕔 二四七　憝 二六四　懟 二六六　戴 二七一　擡 二九五　敦 三〇三　㬣 三一七　檯 三四九　樹 三四九　歹 三五八　歺 三五八　汏 三六八　濧 三九七　瀢 三九九

瀩 三九九　瀻 四〇〇　𤍽 四一六　玳 四二九　瑇 四三三　𤹵 四五〇　碓 四七三　䃍 四七四　祋 四七八　𥪕 四九四　籉 五〇六　蝳 五九八　袋 六〇九　襶 六一六　觶 六二二　譈 六三四　貸 六四四　臺 五五六　臺 五五六　薱 五八六　薹 五八六　蹛 六五七

字音索引 — 索引表

祿	碌	睩	盎	用	珠	爐	濼	溢	漉	梣	搋	彔	娣	先	**녹**	鷺	鱸				
鹿	騄	麗	錄	醁	逯	轆	趢	鵦	角	親	祿	蠅	蔍	菉	轆	綠	祿	篆	簏	谷	
弄	籠	壟	壟	曨	哢	咔	儱	**롱**	論	艡	蕳	淪	淪	掄	惀	怨	**론**	矙	驢	麓	
瓬	牢	瀨	溫	牢	檑	樏	歠	攂	播	嵒	礨	僂	儡	**뢰**	籠	麗	龍	隴	鷺	籠	龍
輠	賴	睞	賽	賂	讄	誄	親	禂	蠝	蕾	耒	罍	類	籟	櫑	磊	礧	礑	磊	癩	畾
廫	嶚	蓼	蟟	嶚	寮	寥	嫽	璙	嘹	僚	佬	了	**료**	賴	賴	靁	雷	鐳	鈻	酹	
繚	斫	簝	竂	窷	瞭	撩	療	獠	鐐	燎	憀	窶	漻	橑	撩	暸	料	敹	撩	憭	憭
鷯	蟧	膠	嶛	氼	醪	寮	鐐	醪	鄝	遼	轑	繆	礿	蟟	蟉	蓼	扚	膫	脊	聊	蓼
廔	樓	嶁	屢	屢	扁	襂	婁	婁	壌	全	嘍	囮	劃	僂	**루**	籠	蘢	竜	爐	籠	**룡**
累	襂	暖	瘻	甊	瓤	璢	獛	摟	摞	犂	漏	渡	淚	泪	歟	橜	樓	楼	斢	摟	慺
體	轐	陋	陋	陋	鏤	遳	踚	獲	廔	謱	觀	褸	蜧	蛟	蔞	縷	膢	膠	縷	耬	縷
劉	廇	廖	麜	娉	壿	嚠	勠	勠	劉	刘	漻	**류**	遡	**륙**	夠	敄	**륜**	鼺	鷚		
鎏	瑠	珋	琉	湹	瀏	瀿	瀏	溜	流	沭	橊	橊	劉	榴	槱	榴	柳	柳	旒	旒	搝

臨	麻	琳	盦	瀶	淋	琴	林	琳	淋	寐	**림**	麟	鮱	虁	鱗	驎	隣	圍	鄰	遴	輴	
嘛	哶	劘	馬	宁	亇	**마**	甋	鴉	苧	粒	笠	隶	立	浴	臣	**립**	驫	纈	霖	酥		
巓	䴦	䭲	蠆	蟆	螞	蘑	蘼	臁	禂	磨	碼	殺	瘋	麻	瑪	榪	㯵	嬤	媽	塵	嘛	
暯	瘼	漠	摸	懟	幕	寞	嘆	**막**	藐	廖	麼	麿	麻	魔	鬒	臍	臏	馬	鏻	䰠		
悗	彎	幔	巒	勉	嫚	壔	墁	卍	萬	僈	万	**만**	蟆	鏌	鄚	邈	貌	藐	莫	膜	模	
矕	瞞	晚	皽	獌	灣	潣	澷	漫	滿	㳕	樠	槾	槾	曼	彎	晚	挽	遰	慢	懣	慢
顢	鞔	鍚	鏝	鏋	鋄	鄭	輓	輓	購	獌	獌	獌	謾	蠻	鰻	蛮	蔓	萬	蔕	脕	縵	
絉	糲	㮌	秣	礠	眿	濊	濊	沫	秣	末	眜	抹	怺	眜	妹	味	**말**	籛	鬘	䯄	饅	
吐	匸	亡	**망**	瞖	妠	**맘**	聽	蘇	餗	韈	韈	靺	閉	襪	襦	袹	袜	茉	昩	袜		
䋃	岡	四	四	网	網	磓	矴	眵	眪	溁	汇	芺	塈	望	睰	惘	恾	忙	忘	寢	孟	妄
龍	甦	魍	髣	邙	輞	䛩	誷	蟒	蟒	蛧	蝄	饛	莽	莽	蕊	蝄	莣	芒	芒	蘤	朧
汤	每	楳	楳	梅	某	枚	昩	捪	每	痲	媒	妹	壳	塵	埋	梅	玫	嘪	咬	勱	侎	**매**
䚹	讕	薶	蕒	莓	苺	脄	脢	瀆	罵	羀	梅	稬	祙	臏	眛	眕	痗	珸	玫	煤	浼	沫
脈	脉	眽	百	麦	**맥**	黰	鷹	鷌	魅	彭	黑	靺	韎	霾	霉	鎄	狸	酶	邁	賣	買

【莫】五七一 【䞦】五九一 【衇】六〇六 【袹】六一〇 【覛】六一八 【貉】六四二 【貊】六四二 【貘】六四二 【陌】七一一 【霢】七一三 【霡】七一三 【䮮】七四八 【驀】七五一 【鷶】七七六 【麥】七八三 【麦】七八三

맹

【嫇】一九六 【孟】二〇一 【懜】二六六 【宋】三一三 【氓】三六七 【猛】四二四 【茻】四三九 【甿】四四二 【畗】四五六 【盟】四五七 【盲】四五九 【甍】四六六 【艋】五六〇 【莔】五七〇 【萌】五七四 【蕄】五八二 【虻】五九三 【蝱】五九三 【蜢】五九七 【䗈】六〇〇 【盟】六〇六 【鄳】六八三 【黽】七八九 【鼆】七九〇

마

【乜】八

며

【旀】三〇八

멱

【冖】一二五 【冪】一二六 【幂】一二六 【塓】一七五 【幎】三一九 【幦】三三〇 【汨】三六九 【濗】三九六 【簚】五〇四 【糸】五二二 【羃】五三三 【蓂】五七九 【覓】六一八 【覔】六一八 【䤉】六八八 【䮭】七五一

면

【丏】七八 【俛】九六 【偭】一〇一 【免】一一一 【冕】一一五 【㒙】一一五 【勉】一一七 【𡑝】一七七 【娩】一九二 【㝃】二〇三 【宀】二〇三 【宆】二〇三 【𡨄】二〇八 【𨕒】二一一 【愐】二五九 【[illegible]】三一五 【棉】三三四 【櫋】三三八 【㮌】三四九 【櫋】三五〇 【櫋】三五三 【泯】三五九 【沔】三六〇 【沔】三七一 【湎】三八四 【湎】三八五 【㴐】三九四 【眄】四六〇 【眠】四六一 【瞑】四六五 【矏】四六七 【矊】四六七 【緬】五二〇 【綿】五二〇 【緜】五二〇 【緬】五二一 【腼】五四一 【臱】五五六 【芇】五六二 【葂】五七五 【蝒】五九三 【諞】六三〇 【酾】六八四 【面】七一三 【靣】七一四 【靦】七一四 【䩄】七一四 【鞆】七一五 【韅】七一七 【鬊】七五九 【鮸】七六五 【鴓】七七四 【麪】七八三 【麵】七八三 【鼸】七八九 【黽】七八九

멸

【僁】一〇八 【幭】二三〇 【懱】二七七 【搣】二八八 【擮】二九六 【櫗】三五一 【滅】三八八 【㵩】三九八

명

【佲】九二 【冥】一一六 【名】一四四 【命】一四八 【㝠】二〇二 【冥】二〇六 【㝠】二一〇 【蔑】四〇七 【瞜】四六七 【穖】四八八 【篾】五〇三 【篾】五〇三 【粖】五二一 【蔑】五八〇 【蔑】五八四 【蠛】六〇四 【蠛】六〇六 【䁾】七一四 【鱴】七七〇 【鸔】七八〇 【慏】二六一 【明】三一一 【暝】三一六 【朙】三三〇 【榠】三三七 【榠】三四一 【洺】三七七 【溟】三八七 【皿】四五六 【明】四六〇 【眳】四六二 【瞑】四六五 【䫤】四六七 【䄙】四八一 【盌】四九〇 【銘】五〇八 【瞑】五四一 【䳟】五六二 【茗】五六七 【蓂】五七九 【螟】六〇二 【覭】六一九 【詺】六二七 【鄍】六六二 【酩】六六五 【銘】六九三 【䫤】七三六 【鳴】七七一 【鵬】七七四

몌

【䄙】二〇八 【眯】四六二 【袂】六〇九

모

【侔】九二 【侮】九四 【皃】一一三 【冃】一二四 【冃】一二四 【冒】一二四 【冒】一二五 【募】一二八 【嫵】一七八 【姆】一八九 【姥】一九〇 【娒】一九一 【媢】一九五 【嫫】一九七 【帽】二二八 【帽】二二八 【恈】二五三 【慔】二五八 【慔】二六六 【慕】二六六 【戼】二七一 【摸】二九一 【摹】二九一 【旄】三〇八 【暮】三一六 【木】三二一 【某】三二七 【楃】三三八 【槑】三四三 【模】三四五 【母】三六三 【毛】三六四 【毟】三六四 【毻】三六五 【𤛟】三六六 【牟】四一七 【牡】四一七 【牦】四一七 【犛】四一九 【瑁】四三三 【瓱】四三八 【皃】四五三 【眊】四六〇 【眸】四六二 【瑁】四六四 【矛】四六八 【砪】四七一 【秏】四八三 【𣭈】四九三 【粍】五〇八 【糢】五一二 【紝】五二四 【縸】五二四 【罞】五三〇 【罞】五三〇 【耄】五三七 【毫】五三七 【耗】五三八 【膜】五五二 【毣】五六四 【茅】五六七 【莫】五七一 【莽】五七二 【莽】五七二 【務】五七三 【蟊】五九九 【蝥】五九九 【蟊】六〇三 【蟱】六〇三 【䍾】六一八 【謀】六三三 【謨】六三三 【軞】六六二 【酕】六六四 【䤀】六六七 【鉾】六九三 【髦】七〇五 【䭷】七三四 【髦】七四七 【毛】七五六 【鬏】七五六 【毬】七七一 【鴾】七七三 【麰】七八三

목

【凩】一二八 【匹】一三三 【坶】一七〇 【㚌】二〇三 【木】三二一 【朷】三二三 【杢】三二四 【粲】三三九 【罞】三六五 【𣯹】三六五 【沐】三七二 【牧】四一七 【目】四五九 【睦】四六四 【穆】四八七 【繆】五二五 【苜】五六五 【蚞】五九三 【䆮】六二九 【霂】七一九 【鶩】七七六

몰

【勿】一三〇 【㘬】一六九 【歾】三五九 【殁】三五九 【没】三七一 【玫】四二九

몽

【儚】一〇八 【冡】一二五 【幪】一六三 【梦】一八二 【夢】一八二

夢 一八二　寢 二〇八　懜 二〇八　幪 二三〇　庬 二三四　懞 二六六　懵 二六七　曚 三一八　朦 三二一　梦 三二三　檬 三四九　氋 三六六　濛 三九六　獴 四二七　盟 四五七　瞢 四六六　矇 四六七　龓 四六八　罞 五三〇　䑃 五四八　艨 五五四　艨 五六一

蒙 五七七　夢 五八七　蠓 六〇四　覓 六一七　䝉 六四一　甍 六五八　鄸 六八三　醭 六八七　醿 六八八　鏌 七〇二　雺 七一九　霥 七三三　饛 七四五　騄 七五八　鬖 七五一　鸏 七七九　䴿 七八四

묘

卯 一一六　吵 一四六　墓 一七七　妙 一八七

媌 一九五　庙 二二三　庿 二二四　廟 二二六　玅 二七一　描 二六五　昴 三一三　杪 三二四　杳 三二四　淼 三八三　渺 三八四　溜 三八八　猫 四二四　妙 四二八　眇 四六〇　秒 四八三　標 四八七　篎 五〇三　緢 五一二　緲 五一三　苗 五六五　藐 五八七

訬 六二四　貓 六四三　䫄 六六四　錨 六九六　鄮 七七六

무

亡 八三　儛 一〇八　亾 一一三　冃 一二四　務 一二八　嘸 一六〇　堥 一七四　婺 一九四　嫵 一九七　巫 二二四　巏 二二七　嵍 二二八　廡 二二九　憮 二三六　恷 二六五　憮 二六五

懋 二六六　戊 二六八　拇 二七六　撫 二九三　无 三一〇　楙 三三九　橆 三四六　武 三五七　殕 三六〇　毋 三六三　毦 三六五　潕 三九二　無 四〇五　甒 四三九　畞 四四二　畝 四四三　畮 四四三　瞀 四六五　瞴 四六七　碔 四七三　繆 五二五

撆 五三三　膴 五四六　膴 五五三　舞 五五九　茂 五六七　莽 五七二　莽 五七二　蕪 五八三　蝥 五九九　蟱 六〇二　蟱 六〇二　袤 六〇九　誣 六二九　譕 六三五　貿 六四四　踇 六五三　鄮 六八三　醬 六八六　鉧 六九二　鍪 六九七　鍪 六九九　鍪 七〇〇

闍 七〇七　霿 七一七　霧 七二〇　霧 七二一　鞪 七二七　鶩 七五〇　髳 七五七　鬏 七五八　鵡 七七二　鵐 七七四　鷡 七七八

묵

万 七　冒 一二五　嘿 一六〇　嚜 一六三　墨 一七八　纆 五二七　默 七八六

문

亹 八五

們 九八　免 一一一　刎 一二一　勽 一二九　匁 一三〇　吻 一四六　呅 一四六　問 一五四　唔 一五五　妏 一八七　晚 二一七　彣 二四二　忞 二四八　忟 二四八　悗 二五四　懣 二六七　抆 二七四　抿 二七六　捫 二八二　搢 二八五　文 三〇五　構 三四五

汶 三七〇　炆 四〇二　玧 四二九　璊 四三五　璺 四三六　糜 四八七　紊 五一三　紋 五一三　絻 五一七　鳋 五四一　聞 五四一　肳 五四四　脕 五四七　脗 五四七　虋 五九〇　蚊 五九三　蟁 六〇一　趯 六五一　門 七〇五　閿 七〇八　閺 七〇八　雯 七一九

물

顧 七三五　閺 七五九　魰 七六三　鴆 七七一

물

勿 一三〇　岉 二一五　㧓 三〇八　吻 三一二　昒 三一二　沕 三七一　物 四一七　芴 五六四

미

亹 八五　侎 九三　采 一一五　味 一四七　咩 一四九　咪 一四九　堳 一七五

娓 一九一　媄 一九四　媚 一九五　媺 一九六　竊 二〇八　尾 二一二　嵋 二一九　嵄 二二三　弥 二三九　弭 二四〇　彌 二四一　微 二四六　徵 二四六　徽 二四七　侎 二五八　擟 二九五　擵 二九八　敉 三〇一　未 三一一　梶 三三四　楣 三三九　檷 三五二

洣 三七六　浘 三七七　渺 三八二　湄 三八四　渼 三八四　湄 三八五　瀓 三九五　瀰 三九六　瀰 四〇〇　瀰 四〇一　灖 四〇七　煝 四一三　麋 四一三　獼 四一八　猸 四二三　瑂 四三三　眉 四六〇　眯 四六三　眯 四六三　脒 四六五　獮 四六九　穱 四八八　篃 五〇四

米 五〇八　冞 五〇八　羙 五〇八　糜 五一二　糜 五一三　絲 五一七　縻 五二四　粟 五三〇　芈 五三二　美 五三三　茉 五七一　蒞 五七六　薇 五八四　蘼 五八九　蘼 五九〇　蝞 五九九　覗 六一八　謎 六三三　䋆 六六一　迷 六七二　醚 六八六　醾 六八八

醾 六八八　醿 六八八　鑋 七〇四　鎇 七〇五　闍 七〇九　靡 七二三　颸 七二八　爾 七五九　魅 七六一　鮇 七六四　䳮 七七六　麛 七八一　麋 七八一　麝 七八二　麓 七八二　麿 七八四　麻 七八四　麼 七八四　鷵 七八四　黴 七八八　鼂 七八九

민

玟	泯	潤	滑	泯	罠	民	瑉	眠	旻	敏	敃	愍	憫	悶	怋	忞	黽 動 個
蘉	蔑	密	滵	樒	榓	密	蜜	**밀**	泆	驚	閩	閔	鍲	罠	緡	緡	瞑 瘝 珉
黴	敏	攗	攝	撲	撲	搏	拍	拍	彴	璞	圤	嚗	嚩	博	剝	刋	亳 **박** 醶 謐 蜜
㸌	皵	甌	炮	璞	珀	猼	狛	爆	撲	搏	爆	煿	濼	溥	泊	龜	樸 樸 朴 暴 嚩
约	襮	襮	褾	薄	薄	舶	菩	縲	縢	脾	胉	肑	縛	粕	箁	簿	簿 箔 笳 窘 礴
伴	仮	**반**	鮟	魄	髆	鮑	駮	駁	餺	颮	鞴	輻	澤	葦	雹	鏄	鏷 鎛 鉑 迫 轉
攀	搬	攣	挬	拌	扳	扮	憣	弁	厴	幋	媻	娩	姅	奮	扶	叛	反 虬 半 泮 奱
盤	瘢	癍	疲	番	畔	班	胖	潘	泮	洀	泮	泮	槃	柈	肦	料	媥 斑 敤 畝 攽
蹣	襻	蟠	盤	彤	般	胖	肦	頖	繁	槃	絆	糈	簗	立	窨	秥	攀 磻 磐 瞥 肦
魗	孛	妭	壌	坺	哱	勃	**발**	鵓	飯	穀	鮁	鮇	飯	頒	頖	繁	鞍 奋 迋 返 鈑
萫	艴	艬	胈	綍	盋	発	癹	烎	发	焷	澄	渤	浡	波	桲	扷	敪 撥 拔 怭 废
辬	欪	韍	趶	鏺	鉢	鈸	醱	酖	郣	迭	軷	鈹	蹳	跋	趺	蹄	誖 詙 襏 袚 茇
榜	帮	尨	妨	塝	墜	坊	嗙	咙	吘	尨	巳	傍	倣	仿	**방**	黬	魴 鰟 魍 髪
蚌	榜	棓	梆	枋	昉	旂	旁	甮	方	斜	放	搒	挈	搒	扐	房	徬 彷 彭 庬 幫

芳 觧 舫 膀 胯 肪 胖 稰 紡 篣 笒 竝 磅 肪 珏 狌 塊 坊 膀 烓 滂 汸

馳 瀑 雱 防 閉 鎊 錺 邦 邦 邢 逢 蹄 跰 謗 訪 覲 遪 螃 蜂 蚌 蚄 芳

摩 排 拜 扒 憊 徘 巗 妠 妃 培 抔 环 啡 北 俏 倍 俳 ▮배 麗 鮊 鮮 髲 髈

杯 蓓 蓓 苤 緋 胚 稗 鉟 緋 棑 箄 盃 白 痱 琲 狒 牌 焙 湃 琵 猛 杯

洦 栢 柏 帛 佰 伯 ▮백 碩 韛 鞁 魓 陪 醅 酥 配 郮 軰 輩 賠 貝 褙 裵

樊 幡 拵 抙 幡 妠 璠 嘴 反 ▮번 鮑 魄 霸 赸 萬 首 栢 蚿 百 白 迤 瓴

繁 藩 蕢 蕃 膰 翻 橎 繙 繁 飜 楅 藩 筹 攀 番 璠 嬌 燔 樊 煩 潘 潘

𦩔 敝 橃 桜 垡 咇 伐 ▮벌 鰢 鷭 驕 鑔 顪 雜 鐇 鐇 奄 踄 𣩴 袚 蠻

舭 範 范 矾 蕰 犯 渢 泛 汎 氾 梵 帆 凡 ▮범 閥 蕢 釩 罰 罰 絮 筏

璧 墭 擗 劈 副 僻 偪 ▮벽 鐴 疫 珤 灖 法 ▮법 䮫 鈚 帆 軋 訊 范 颿

批 狱 狂 遍 㵦 汳 返 骳 昇 變 抃 抃 扁 辯 忭 徧 弁 忭 姳 變 卞 匾

辯 辦 辦 辯 辨 辡 斬 趼 趂 變 徧 螷 萹 騙 胼 胼 緶 編 褊 薄 籩 邔

북

분

불

些 八三 仕 八六 伺 九〇 似 九〇 佀 九〇 余 九一 使 九二 仯 九五 俟 九七 傳 一〇〇 傞 一〇三 傻 一〇四 僿 一〇七 偒 一〇八 剚 一一三 卸 一一七 厶 一三九 叏 一四一 叓 一四一 史 一四三 司 一四三 咋 一四八

唆 一五三 喳 一五六 嗣 一五八 四 一六五 士 一八〇 夕 一八二 奢 一八五 姒 一八九 娑 一九一 寫 二〇七 射 二〇八 屣 二一四 巳 二二四 師 二二七 庍 二三三 厏 二三三 㢝 二三四 廬 二三五 徙 二四五 思 二五〇 恖 二五三 戺 二七一 戹 二七一

抄 二八〇 捨 二八二 斜 三〇六 柤 三一八 査 三一八 栖 三一九 桫 三二三 梥 三二三 梭 三三四 楂 三三八 榭 三四二 榹 三四二 槎 三四三 樝 三四五 死 三五九 [illegible] 三五九 毟 三六五 汜 三六九 沙 三七一 泗 三七三 洍 三七五 洒 三七五

涘 三七九 渣 三八三 㴓 三八五 㴓 三八五 漇 三九〇 潟 三九八 瀉 三九八 灑 四〇一 灺 四〇三 炸 四〇四 燍 四一〇 [illegible] 四一八 犧 四二〇 [illegible] 四三三 獅 四三五 獻 四三七 [illegible] 四三九 畬 四四三 畭 四四三 痧 四四八 皻 四五六 [illegible] 四五七

砂 四七〇 砦 四七三 磃 四七四 社 四七六 社 四七六 祀 四七六 祠 四七九 禗 四八一 禠 四八一 禩 四八一 私 四八二 [illegible] 四九二 竢 四九四 笥 四九六 [illegible] 四九九 篩 五〇二 簑 五〇二 簁 五〇三 籭 五〇七 粆 五〇八 糸 五一二 紗 五一三

絲 五一七 [illegible] 五一八 纚 五一八 耜 五三九 肂 五四〇 肆 五四三 [illegible] 五四六 舍 五五六 舎 五五八 辞 五五八 [illegible] 五七〇 莎 五七〇 [illegible] 五七五 葰 五七六 蒠 五七七 蒒 五七七 蓑 五七九 蓰 五八〇 蕼 五八四 虒 五九一 虵 五九二 蛇 五九五

蜡 五九七 [illegible] 五九七 螄 六〇〇 蟖 六〇三 蟴 六〇三 [illegible] 六〇八 裟 六一二 覗 六一八 [illegible] 六二二 詐 六二六 詞 六二六 謝 六三三 謏 六三四 譤 六三四 譇 六三四 [illegible] 六三七 貰 六四三 賒 六四五 賜 六四五 赦 六四七 蹅 六五七 蹝 六五八

躧 六六〇 [illegible] 六六一 辝 六六八 辞 六六八 辤 六六九 辭 六六九 邪 六七九 [illegible] 六九一 [illegible] 六九一 鉇 六九二 鉈 六九二 [illegible] 六九四 [illegible] 六九四 鍦 六九七 闍 七〇八 [illegible] 七一三 [illegible] 七一八 [illegible] 七一九 食 七四〇 飤 七四〇 [illegible] 七四〇 飼 七四一

駛 七四八 駟 七四八 髿 七五七 [illegible] 七五九 魦 七六三 鰤 七六三 鯊 七六五 魦 七六五 [illegible] 七六八 鷥 七七八 鷉 七七八 麀 七八一 麝 七八二 [illegible] 七八三 [illegible] 七八七

삭 削 一一三 嗽 一五八 搡 二八八 数 三〇三 數 三〇四 朔 三一〇

胖 三二〇 槊 三二三 欶 三三四 溯 三六七 爍 四一二 獡 四三六 爍 四三七 稍 四六八 箾 五〇一 籍 五〇三 索 五一四 [illegible] 五三二 蒴 五七八 𧜟 六一三 𧜟 六一三 [illegible] 六五一 鑠 七〇三 䫞 七八三

산 傘 一〇三 刪 一三〇 剷 一三四

匴 一一三 姍 一八九 孿 二〇三 山 二一五 嵼 二二〇 [illegible] 二二九 㦃 二六三 摌 二六〇 𢿫 三〇二 散 三〇二 𢿥 三〇四 杣 三一四 𣟋 三四五 橵 三四八 汕 三六八 滻 三六九 潵 三九三 潸 三九三 狦 四三三 狻 四三三 珊 四三〇 産 四四〇

疝 四四六 笇 四九五 [illegible] 四九七 筭 四九八 算 五〇〇 簒 五〇三 糤 五一二 繖 五一八 繖 五一八 [illegible] 五三四 蒜 五七七 訕 六二三 跚 六四〇 [illegible] 六四二 赸 六四八 跚 六五三 酸 六八五 鏟 七〇〇 鏾 七〇一 門 七〇五 閊 七〇六 散 七一八 霰 七一三

餕 七四三 살 摋 二九〇 撒 二九二 攃 二九七 榝 三四三 殺 三六二 𣻀 三八九 煞 四〇七 𥟵 五一一 蔱 五七九 蔡 五八一 薩 五八六 [illegible] 六三六 躠 六六〇 [illegible] 六六〇 [illegible] 六六八 鎩 六九九 繺 七〇八 [illegible] 七七六 삼

三 七 𠛪 一三〇 参 一四〇 參 一四〇 嘇 一五九 嚵 一六五 嵾 一九七 [illegible] 二三五 幓 二三九 弎 二三八 彡 二四三 𢒉 二四二 摲 二九一 摻 二九一 摻 二九三 攕 二九七 毿 三〇五 杉 三一三 森 三一六 槮 三四四 [illegible] 三四八 櫼 三五二

螫	蜥	蓆	菥	舃	鳥	腊	釋	緆	釋	粣	穸	祏	碩	碩	矽
石	錫	晳	潟	潟											
單	善	先	僎	悛	偏	仙	亘	**선**	齟	鼶	鼶	鞼	鞋	霡	錫
鉎	釋	𥙊	裭	褼	褨										
敿	揎	搧	揎	扇	鮮	憪	愃	愢	廯	匙	尋	宣	嬗	嬋	嬗
娍	姍	墡	墠	圓											
璿	璇	瑄	琁	獮	燹	㷯	煽	烍	選	瀳	漩	渲	淀	洗	洒
毨	榬	楥	朘	旋	旋										
㐂	船	舩	舡	膳	腺	壽	羨	翼	繕	縓	縇	線	綫	籛	筅
襢	秈	禪	禪	睒	癬										
鄯	還	還	籑	躔	躚	蹉	僎	辟	跣	跣	譱	選	譔	詵	愞
挻	蟺	蟮	蜒	鮮											
尗	髙	偰	偼	**설**	蠜	鱻	鱔	鱓	鮏	騸	膳	灦	頹	顚	霰
寬	鐇	鏇	鐥	銑											
炳	渫	渫	泄	死	楔	契	枻	贄	揳	揲	揲	挈	折	伏	循
際	媟	媟	囓	喋	咥										
孏	鱈	霅	雪	辥	蹲	蹩	說	設	䠶	褻	蛚	薛	舌	緤	結
綐	絏	糏	离	毼	熱										
泅	钁	椮	運	睒	尗	撒	掺	摻	掃	掞	憸	幓	慘	孅	嬐
姑	夾	剡	**섬**	譶											
鐡	陝	閃	銛	贍	譫	覢	襳	蟾	薟	纎	纖	笘	穯	磏	職
睒	睒	爓	戨	燂	烔
葉	䦡	籋	聶	籋	磼	疌	煠	爕	燮	囁	涉	欇	攝	拾	㑩
懾	渫	𥴢	偞	**섭**											
性	窹	娍	婧	娍	姓	声	城	圣	**성**	騂	顠	鞢	鞸	鍟	鋮
鈃	選	躍	躄	盄	譹										
醒	解	腥	胜	聲	聖	聖	筬	筬	窹	瞫	省	盛	猩	渻	殸
栟	晟	星	成	悻

嬒 一九七 嫛 一九九 岩 二一六 嵒 二二〇 嵓 二二〇 巖 二二三 巖 二二三 巘 二二三 庵 二二四 揜 二八六 揞 二八六 晻 三一五 暗 三一六 猪 四二四 癌 四五一 盦 四五八 䁆 四六三 碞 四七三 罯 五一二 臧 五一三 腤 五二〇 菴 五七三

葊 五七五 裺 六一二 諳 六三三 閹 七〇八 雝 七一八 醃 七二四 醅 七二四 韽 七三一 韽 七三二 頷 七三四 顩 七三五 鵪 七四四 鶕 七七七 魘 七八二 黤 七八七 黬 七八八 黭 七八八 黯 七八八 黶 七八八 黶 七八八 鼆 七九五 齴 七九六

鰪 七九八

압

亞 八三 偪 一〇八 匎 一三〇 匌 一三〇 匼 一三九 哈 一五一 唈 一五三 嗚 一六二 圧 一六八 壓 一七九 姶 一九〇 庘 二三三 押 二七六 擜 二九二 擪 二九六 擫 二九六 㬉 三二六 浥 三七八 炠 四〇三

狎 四三二 痞 四四七 瘂 四四九 砐 四七二 窨 四九〇 罨 五三〇 覅 六一七 䖥 七二三 鞈 七二七 鴨 七七二 鼁 七七四 鴨 七七四

앙

仰 八七 佒 九一 卬 一三六 咉 一四八 坱 一七〇 央 一八三 姎 一八九 峡 二一六

岟 二一七 崍 二一八 怏 二五〇 昂 三一一 昻 三一三 盎 三一六 枊 三二五 柍 三二七 殃 三五九 泱 三七五 瓮 四三八 盎 四五七 映 四六五 秧 四七九 胦 五四六 茚 五六四 詇 六二五 軮 六六三 醠 六八五 鉠 六九二 雵 七一九 鞅 七二五

鞅 七二六 餀 七四二 駚 七四七 駃 七四八 鴦 七六三 鴦 七七二 鼂 七八九

애

僾 一〇七 厓 一三八 呃 一四六 哀 一五〇 哎 一五一 唉 一五二 唲 一五三 啀 一五三 啘 一五四 喝 一五五 嗄 一五七 嗺 一五九 噫 一六二 嗳 一六二

埃 一七二 壒 一七九 娭 一九二 娾 一九三 导 二〇九 崕 二一八 崖 二一八 嵦 二二〇 恣 二四七 悝 二五六 㤇 二五七 愛 二五九 懝 二六六 挨 二八〇 捱 二八二 敳 三〇三 曖 三一七 欸 三三四 欸 三三四 毒 三六三 毸 三六六 涯 三八〇

溰 三九七 焥 四〇五 獃 四一七 獃 四二五 皚 四五四 睚 四五五 暧 四六三 瞹 四六七 硋 四七一 碍 四七三 磑 四七五 礙 四七七 艨 五六〇 艾 五六二 萓 五七八 藹 五八三 薆 五八四 藹 五八八 譪 六三六 睚 六四六 閡 七〇七 阨 七一〇

阸 七一〇 隘 七一四 霏 七一九 靄 七二二 靉 七二三 餲 七四三 䬵 七四六 騃 七四九 鰀 七六九 鷖 七九二 齸 七九五 齷 七九五

액

厄 一三八 啞 一五四 嗌 一五七 夜 一八二 峉 二一七 戹 二七一 掟 二七六 掖 二八四

搤 二八九 棭 三三六 欭 三五四 液 三八〇 眲 四六二 砨 四七一 縊 五三三 腋 五四九 褬 六一二 覘 六一八 詻 六二七 軛 六六三 阨 七一〇 阸 七一〇 隘 七一四 軶 七一八 額 七三三 頟 七三五 䬵 七四一

앵

嚶 一六四 嫈 一九六

桜 三三三 櫻 三五二 揩 四二〇 甖 四四〇 甇 四六五 罃 五二九 罌 五二九 罌 五三六 諻 七三三 鶯 七七六 鸎 七七九 鸚 七八〇

야

也 八一 偌 一〇二 冶 一二六 唹 一五三 喏 一五五 埜 一七三 壄 一七八 夜 一八三

婼 一九四 射 二〇九 惹 二五八 揶 二八一 挪 二八七 斜 三〇六 梛 三三三 椰 三三八 爺 四一四 琊 四三二 耶 五四〇 若 五六五 蹃 六五六 邪 六七九 野 六八九 釾 六九〇 鎁 六九五 鋣 六九五 鄒 六九八 鵺 七七五 蘛 七八三

약

叒 一四一 喲 一五六 龠 二二〇 弱 二四〇 扚 二七三 楉 三三八 渃 三八三 瀹 四〇〇 藥 四〇一 爚 四三二 礿 四七八 箬 五〇〇 篛 五〇二 篛 五〇二 籥 五〇七 籲 五〇七 約 五一三 纅 五二七 膈 五五一 若 五六六 若 五六五

葯 五七六 蒦 五七八 蒻 五七八 藥 五八七 蘥 五八九 蠕 六〇五 躍 六三二 鑰 七〇三 闟 七〇九 鑰 七四〇 鸙 七六一 鑰 七七〇 鶉 七七六 鸙 七八〇 龠 七九七 龥 七九七

양

佯 九二 勷 一二九 嚷 一六四 垟 一七一

瀁	瀁	瀁	洋	氜	甋	攘	樣	楊	暘	易	敭	攘	揚	敭	懹	弫	徉	崵	賜		
襄	膁	膁	芉	羊	纕	籆	穰	禳	攘	攘	瘍	痒	瓤	瓖	獽	獽	煬	烊	纕		
咉	飬	個	**어**	賜	鶏	驤	養	颺	鞅	陽	鑲	錫	讓	諹	詳	襄	蛘	蛘	醸		
鋤	語	醧	語	衘	蟖	藥	籞	禦	瘀	漁	淤	瘀	棜	於	敔	扵	御	峿	襄	圉	
蕙	臆	繶	疑	澺	檍	抑	憶	嶷	噫	噫	億	**억**	齬	�	鮫	魚	馭	齲	鯲	飫	飫
牨	焉	漹	殦	楻	放	彦	嵃	垠	嫣	堰	嗎	喭	唁	啚	傿	偃	**언**	醷	饔	蘖
軒	齃	齃	鷗	鰋	隖	隁	鄢	郾	趨	趑	讞	諺	言	複	蜒	蔫	扵	躚	暖	甀	甀
藥	糱	虪	臬	糱	糱	糱	槷	寫	孼	辥	嵲	臬	臬	孼	孼	妖	**얼**	鸂	顳		
崦	爓	嬐	俺	奄	掩	嚴	嚴	廠	厂	儼	俺	**엄**	藝	鈌	餤	䦷	轍	讞	堇		
闔	醶	酓	誗	臁	腌	罨	籬	渰	淹	棆	曮	晻	嚴	揜	掩	悁	俺	广	嚴		
腌	縴	晻	撲	渰	殗	媣	業	敆	懺	掩	嶪	㚻	俺	**업**	襲	醶	鹼	魘	頷	隒	
好	如	與	伽	余	任	子	与	**여**	殰	曘	悆	**에**	薹	**엇**	簅	隊	鄴	襃	鉅
與	昇	擧	絮	簍	筎	窳	礜	畭	畬	舐	興	徐	�	洳	汝	歟	檽	旟	懇	忞	
伭	役	亦	**역**	敆	廙	驧	駅	馹	餘	雜	翟	轝	輿	趣	瀯	蜍	蕷	茹	餘

【畜】一五四 【圛】一六八 【坄】一六九 【域】一七三 【垩】一八五 【墿】二一三 【屰】二一五 【帟】二一七 【役】二四三 【惐】二五六 【懌】二六六 【斁】三〇四 【易】三一二 【晹】三一五 【曎】三一七 【棫】三三五 【淢】三八一 【洚】三八三 【湙】三八五 【疫】四四六 【睪】四六四 【䁺】四六七

【緎】五二〇 【縌】五二三 【繹】五二七 【鹹】五二九 【罭】五三一 【肊】五四三 【訳】六二五 【譯】六三六 【譺】六三六 【殺】六四〇 【逆】六七二 【醳】六八七 【閾】七〇八 【霓】七二〇 【𩟐】七四五 【駅】七四七 【鯣】七六六 【鶂】七七五 【鶃】七七五 【鷊】七七七

연

【偄】一〇一 【㒄】一〇六 【兗】一一一 【剈】一一三 【㕣】一四二 【咽】一五〇 【唌】一五三 【嗔】一五九 【嘫】一六〇 【噮】一六三 【嚥】一六三 【囦】一六六 【圓】一六六 【埏】一七三 【堧】一七四 【壖】一七九 【妍】一八七 【娟】一九〇 【姸】一九〇 【娟】一九二 【㜣】一九八 【嬽】一九九

【嬿】二〇〇 【宴】二〇五 【延】二一七 【悁】二二四 【愞】二五九 【懦】二六七 【戭】二七〇 【捐】二七八 【挻】二八〇 【捐】二八一 【掾】二八五 【掔】二八五 【㨎】二八六 【揅】二八七 【掔】二九〇 【撋】二九二 【昖】三一三 【昖】三一三 【曣】三一八 【椽】三二八 【櫞】三五一

【沿】三六〇 【沇】三七〇 【次】三七一 【沿】三七三 【涓】三七五 【涎】三七九 【涓】三七九 【淵】三八二 【涗】三八四 【泩】三八六 【演】三九〇 【澗】三九七 【烟】四〇四 【然】四〇六 【煙】四〇七 【燃】四一〇 【燕】四一二 【爕】四一三 【犿】四二〇 【狿】四二三 【㹡】四二六 【瑌】四三三

【瓀】四三六 【㬗】四四四 【痟】四四七 【睊】四六二 【研】四七一 【研】四七三 【硯】四七三 【碝】四七三 【究】四八九 【筵】四九九 【篶】五〇六 【綖】五一八 【緛】五二〇 【緣】五二一 【縯】五二三 【繎】五二五 【羨】五三三 【耎】五三八 【肙】五四三 【肰】五四四 【胭】五四六 【臙】五五四

【莚】五七〇 【萸】五七六 【蔫】五八一 【蘸】五九〇 【蜎】五九七 【蜒】五九七 【蜵】五九八 【蝝】五九九 【蝡】五九九 【蠕】六〇四 【衍】六〇八 【𧙉】六一二 【𧛖】六一三 【詥】六二五 【讌】六三七 【輕】六四八 【跊】六五八 【軟】六六二 【輭】六六五 【羨】六七七 【郔】六八〇 【酀】六八三

【醼】六八八 【鈆】六九〇 【鉛】六九二 【鋋】六九四 【閼】七〇八 【䨶】七一八 【𩃗】七二〇 【頨】七二四 【颬】七二八 【颭】七二九 【餇】七四二 【驠】七五三 【鳶】七七一 【鴛】七七五 【鷰】七七六 【鷃】七八七 【鼘】七九一 【鼝】七九一

열

【冏】一四六 【吶】一四六 【咽】一五〇

【噎】一五四 【峴】二一九 【悅】二二三 【熱】二六六 【抴】二七六 【拽】二七八 【揳】二八六 【涅】三六五 【瀱】四〇一 【熱】四〇九 【突】四八九 【䊦】五二一 【䀹】五九六 【蠮】六〇四 【說】六一九 【閱】七〇七 【隉】七四三 【鞅】七七六

염

【冄】一一四 【冉】一一四 【剡】一二三

【厭】一三九 【唸】一五〇 【塩】一七六 【夵】一八三 【姌】一八七 【媣】一九九 【嬮】一九九 【㢛】二一四 【俺】二二五 【俺】二二五 【扊】二七二 【㫼】三〇九 【枏】三一五 【染】三二七 【染】三三三 【棪】三三五 【槏】三四三 【檿】三五〇 【㯫】三五〇 【櫩】三五一 【㶏】三九九 【灩】四〇一

【灩】四〇一 【灧】四〇二 【灔】四〇二 【炎】四〇三 【焰】四〇六 【㷔】四〇六 【燄】四一〇 【爓】四一二 【㸒】四一五 【猒】四二三 【琰】四三三 【𤩽】四五六 【𤸬】四八二 【稔】四八五 【㚲】五三五 【艷】五六二 【苒】五六五 【蚺】五九四 【蚦】五九四 【蛅】五九四 【訮】六二四 【𧦧】六二六

【豔】六二九 【酓】六六四 【醶】六六六 【釅】六六八 【錟】六九六 【閆】七〇六 【閻】七〇七 【閰】七〇九 【𩃀】七二〇 【䫇】七三三 【顩】七三四 【顩】七三四 【饜】七四五 【髯】七五六 【髥】七五七 【魘】七六二 【壛】七七〇 【鹽】七八一 【黶】七八八

엽

【偞】九九 【僷】一〇三

【喦】一五六 【囁】一六四 【擖】二九五 【擫】二九六 【曄】三一七 【曅】三二一 【枼】三二七 【殗】三六〇 【殜】三六一 【𥍭】三六六 【燁】四一〇 【爗】四一三 【瞱】四五五 【䁋】四六七 【䈎】五〇〇 【葉】五七五 【靨】六〇八 【𨓜】六三四 【鞢】七二四 【饁】七四四 【魘】七六二

영

【咏】一四九 【営】一五六 【塋】一七五 【嬴】一九八 【嬰】一九九 【嬴】一九九 【嶸】二一三 【巊】二一三 【廮】二三七 【㴬】二四三 【影】二四三 【怺】二五一 【攍】二九七 【攖】二九八 【景】三一五 【暎】三一六 【䁐】三二一 【柍】三二七 【梬】三三四 【楹】三四〇

【椰】三四三 【甇】三六五 【泳】三七五 【浧】三七八 【潁】三九二 【濚】三九六 【濴】三九六 【瀅】三九八 【瀯】三九九 【煐】四〇六 【營】四一一 【𤛱】四二〇 【獿】四二七 【瑛】四三三 【瓔】四三六 【癭】四五三 【盈】四五六 【禜】四八一 【穎】四八七 【籯】五〇六 【籝】五〇七 【縈】五三三

【𦓥】五三九 【臝】五五四 【𦢊】五五四 【英】五六六 【英】五六六 【藀】五八八 【蘡】五八九 【蠑】六〇四 【𧞤】六一六 【詠】六二六 【謍】六三三 【贏】六四七 【迎】六七〇 【郢】六八〇 【醟】六八七 【鍈】六九七 【霙】七二〇 【鞥】七二三 【韺】七三二 【饌】七四四 【鱦】七六二

예

【乂】七九 【倪】一〇〇 【兌】一一一 【兒】一一一 【刈】一二〇 【勩】一二九 【医】一三三 【叡】一四二 【吟】一四四 【呭】一四七 【㖂】一四九 【囈】一六五 【堄】一七三 【堅】一七六 【壹】一七八 【婗】一九三 【嫕】一九六 【嫛】一九七 【㝟】二〇六 【寱】二〇八 【褐】二三三 【庣】二三三

【㥊】二五三 【悘】二五四 【抴】二七六 【拽】二七八 【掜】二八四 【䝟】三〇三 【䓿】三〇五 【旺】三一二 【晲】三一五 【曳】三一八 【枘】三二六 【枻】三二七 【栧】三三〇 【棿】三三六 【槸】三四四 【𣝣】三四五 【檾】三四七 【殹】三六二 【瑿】三六三 【汭】三六九 【泄】三七三 【洩】三七六

【涀】三八二 【澨】三九五 【濊】三九六 【猊】四二三 【獩】四二六 【瘞】四五〇 【瘱】四五〇 【睨】四六四 【睿】四六五 【瞖】四六五 【𥝩】四八四 【穢】四八八 【𥨊】四九二 【笍】四九五 【綐】五一八 【繄】五二四 【繠】五二六 【𦓤】五三三 【羿】五三五 【聣】五三五 【翳】五三六 【艾】五六二

【芮】五六四 【蓺】五八〇 【蕊】五八二 【蕋】五八二 【薉】五八四 【藝】五八七 【蘂】五八八 【蘙】五八九 【𧇖】五九一 【蚋】五九三 【蛪】五九五 【蜹】五九八 【蜺】五九八 【袣】六〇九 【裔】六一一 【𧛧】六一三 【褻】六一四 【襼】六一六 【覽】六一九 【觬】六二一 【詍】六二六 【詣】六二六

【誉】六二六 【譽】六三六 【讛】六三八 【𧮫】六三八 【豫】六四〇 【貎】六四二 【𧳜】六四三 【跇】六五三 【輗】六六四 【轊】六六七 【𨐓】六六九 【郳】六八一 【銳】六九四 【霓】七二〇 【靾】七二五 【預】七三三 【饖】七四五 【𩞁】七四五 【𩥇】七五二 【鯢】七六六 【鶂】七七五 【鶃】七七五

【鷖】七七七 【麑】七八二 【黳】七八八 【齸】七九五 【齯】七九五

오

【乂】八〇 【五】八三 【仵】八八 【伍】八八 【俉】九五 【俣】九七 【傲】一〇四 【午】一三四 【吳】一四五 【吾】一四六 【唔】一五三 【啎】一五四 【嗚】一五七 【嗷】一五八 【嗸】一五八

【噁】一六〇 【圬】一六八 【塢】一七六 【墺】一七八 【夭】一八三 【奡】一八五 【奧】一八五 【奧】一八五 【娿】一九〇 【娛】一九三 【娪】一九三 【媼】一九五 【媪】一九六 【嫯】一九七 【㜵】一九八 【害】二〇五 【𡧨】二〇五 【寤】二〇七 【嶅】二二一 【嶅】二二一 【廒】二三五 【弙】二三九

【忤】二四九 【𢘈】二五三 【悞】二五五 【悟】二五五 【惡】二五七 【慠】二六三 【懊】二六六 【扝】二七三 【捂】二八一 【摮】二九一 【擙】二九六 【敖】三〇二 【於】三〇八 【旿】三一二 【晤】三一四 【杇】三二二 【梧】三三三 【槝】三四一 【歍】三五六 【汙】三六九 【污】三六九

【汻】三七〇 【洿】三七七 【浯】三七八 【澳】三九五 【衮】四〇四 【烏】四〇四 【熬】四〇九 【燠】四一一 【熝】四一一 【爊】四一三 【牾】四一八 【珸】四三一 【珸】四三一 【璈】四三四 【䃣】四七四 【磝】四七五 【祦】四七九 【窹】四九二 【窹】四九二 【聱】五四一 【蔦】五七八 【蕷】五八四

【蘁】五八八 【䖚】五九二 【蜈】五九六 【蜈】五九六 【螯】六〇一 【襖】六一五 【誤】六二九 【誣】六二九 【謷】六三四 【謸】六三四 【謣】六三五 【趨】六五〇 【迂】六七〇 【迕】六七一 【逜】六七三 【遨】六七六 【遻】六七七 【郚】六八〇 【鄔】六八二 【鋘】六九五 【鎢】六九九 【鏖】七〇〇

【鏕】七〇二 【䦜】七〇五 【隞】七〇五 【隖】七一四 【隩】七一五 【顤】七三六 【驁】七五一 【鰲】七六〇 【鷔】七六八 【鴮】七七三 【麌】七八一 【𪐴】七八四 【鼇】七九〇 【齬】七九三

옥

【剭】一一三 【圄】一六八 【墺】一七八 【媉】一九四 【屋】二二三 【幄】二二八

【沃】三七〇 【渓】三八〇 【獄】四二五 【玉】四二八 【趏】六四九 【軉】六六一 【鈺】六九一 【鋈】六九四 【阿】七一二 【䰲】七六一 【鳿】七七一 【鳿】七七一

온

【愠】二六〇 【慍】二六一 【揾】二八九 【昷】三一三 【榅】三四三 【𣢾】三五七 【殟】三六一 【氳】三六七

温 三八四 溫 三八七 熅 四〇八 煴 四〇八 瑥 四三三 瘟 四五〇 盈 四五七 穩 四八八 縕 五三三 緼 五三三 蒀 五七七 薀 五八四 蘊 五八九 褞 六一三 豱 六四一 轀 六六六 醞 六八七 韞 七三〇 饂 七四三 馧 七四六 鰛 七五一

올 兀 一〇 尯 一三七 嗢 一五八 屼 二一五 扤 二七三 杌 三一三 殟 三六一 淴 三八二 膃 五五一 [illegible] 五五九 虮 五九二 阢 七一〇 鼿 七九二

옴 唵 一一三

옹 喁 一二四 嗈 一五七 嗡 一五八 噰 一六二

塕 一七五 㙲 一七六 壅 一七六 [illegible] 一八〇 廱 二三七 擁 二六四 [illegible] 二六八 滃 三八八 灉 三九五 灉 四〇一 [illegible] 四〇八 [illegible] 四二六 甕 四三五 瓮 四三八 甕 四三九 癕 四五一 癰 四五一 [illegible] 四五二 禺 四八二 罋 五二九 翁 五三五 臃 五五三 [illegible] 五五三

蓊 五七九 螉 六〇〇 [illegible] 六二五 邕 六七八 雍 七一七 顒 七三五 饔 七四五 [illegible] 七四六 鶲 七七六 [illegible] 七七七 齆 七九二

와 吪 一四五 哇 一五一 囮 一六六 [illegible] 一八三 [illegible] 一九〇 娃 一九一 婐 一九三 厄 二三五 徍 二四四 搲 二六九

枙 三一六 [illegible] 三五三 汚 三六九 洼 三七七 涴 三八〇 涹 三八〇 渦 三八四 [illegible] 三八七 漥 三九一 濄 三九六 [illegible] 四二三 猧 四二四 瓦 四三七 [illegible] 四三七 窊 四九〇 窩 四九一 窪 四九一 [illegible] 五三九 卧 五五五 臥 五五五 萵 五七四 蛙 五九五

蝸 六〇〇 [illegible] 六二三 訛 六二四 譌 六二五 [illegible] 六五一 [illegible] 六五三 踒 六五五 鈋 六九一 [illegible] 七八九 鼃 七八九 [illegible] 七九三

왁 遻 六七八

완 刓 一一〇 剜 一一三 唍 一二三 园 一六六 圞 一六七 垸 一七一 埦 一七三

妧 一八八 婉 一九三 婠 一九三 完 二〇三 宛 二〇四 岏 二一六 帵 二一七 忨 二四九 惋 二五六 抏 二七四 捥 二八二 掔 二八三 梡 三二三 椀 三二六 浣 三七八 涴 三八〇 玩 四二九 琬 四三三 盌 四五七 [illegible] 四六二 碗 四七三

緩 五三一 [illegible] 五三四 翫 五三六 脘 五四七 腕 五四九 莞 五七一 薍 五八四 蚖 五九三 蜿 五九八 豌 六三九 輐 六六四 闗 七〇九 阮 七一〇 頑 七三三 [illegible] 七五四

왈 刖 一一〇 曰 三〇八 [illegible] 四六〇 [illegible] 七三七

왕 尢 二一〇 尩 二一一 尪 二一一 往 二四四 徃 二四四 旺 三〇一 暀 三〇五 枉 三一五 汪 三六九 瀇 三九八 王 四二八 皇 四五三 蚟 五九三 迋 六七〇 魟 七六三

왜 倭 一〇〇 哇 一五一 娃 一九一 媧 一九五 洼 三七七

矮 四六九 緺 五三三 蛙 五九五 蝸 六〇〇 [illegible] 六六一 [illegible] 七〇五 [illegible] 七〇九 騧 七五〇 [illegible] 七八九

외 偎 一〇一 外 一八一 [illegible] 二一一 峗 二一七 崴 二一九 嵔 二二〇 [illegible] 二二〇 嵬 二二〇 巍 二二三 廆 二二五 [illegible] 二三〇 桅 三二一

椳 三二八 [illegible] 三六一 渨 三八四 溾 三八八 煨 四〇七 猥 四二四 畏 四四二 [illegible] 四四三 瘣 四五一 碨 四七四 磈 四七四 磑 四七五 [illegible] 四七六 聵 五四二 [illegible] 五四二 腲 五五〇 葦 五六七 隈 七一四 隗 七一四 頠 七三三 [illegible] 七三八 [illegible] 七四一 鮠 七五四

욋 乲 一三

요 么 八 偠 一〇三 傜 一〇四 [illegible] 一〇四 僥 一〇六 凹 一一九 匋 一三〇 [illegible] 一三三 吆 一四四 [illegible] 一四五 喓 一五五 嗂 一五八 [illegible] 一六一 嚙 一六五 坳 一七〇 墝 一七七 夭 一八三 妖 一八七

姚 一八九 㛂 一九三 婹 一九四 媱 一九五 嬈 一九八 宎 二〇三 窔 二〇四 尥 二一一 嶢 二二三 幺 二三三 [illegible] 二三三 [illegible] 二三三 徭 二四六 徼 二四七 㤊 二五一 愮 二六〇 慠 二六五 抗 二七五 搖 二八八 揺 二九〇 擾 二九七 暚 三一六

曜 三一八 枖 三一五 榣 三四一 樂 三四四 橈 三四七 [illegible] 三五五 殀 三五九 [illegible] 三六〇 [illegible] 三八六 澆 三九四 烑 四〇四 燿 四一二 狣 四一五 獶 四二〇 獿 四二〇 猺 四二五 獟 四二六 珧 四三〇 瑤 四三三 [illegible] 四五九 眑 四六〇 䁏 四六五

駌 七八七

웅

熊 四一八　雄 七七六　雄 七七七

원

元 八三　円 一二四　冤 一二五　原 一三八　員 一五一　圎 一六七　園 一六七　圓 一六七　圜 一六八　垣 一七二　夗 一八二　㚃 一八四　妴 一八八　媛 一九五　婉 一九六　嫄 一九六　嬛 一九九　宛 二〇四

寃 二〇六　帵 二二六　怨 二五一　惌 二五六　愿 二六〇　愿 二六二　願 二六八　援 二八七　晼 三一五　朊 三二〇　杬 三三四　楥 三四〇　榞 三三九　榬 三四二　沅 三七〇　洹 三七七　湲 三八六　源 三八六　爰 四一三　猨 四二四　猿 四二五　猨 四二五　獂 四二五　瑗 四三三　畹 四四四　眢 四六一

芫 四九三　箢 五〇二　肙 五四三　苑 五六五　菀 五七二　蒝 五七七　薗 五八五　薳 五八六　蚖 五九三　䖤 五九四　蝯 五九九　螈 六〇〇　袁 六〇九　詋 六二五　諢 六三二　謜 六三三　豲 六四一　貟 六四三　趄 六四九　踠 六五五　輐 六六五　轅 六六七　遠 六七六　邍 六七八　邍 六七八　邑 六七八

邧 六七九　鋺 六九五　阮 七一〇　院 七一二　隕 七一四　醃 七二四　鞔 七二八　䪻 七三五　願 七三六　䫵 七三七　䬼 七四三　騵 七五一　魭 七六三　鴛 七七二　鳶 七七五　鵷 七七五　鶏 七七六　黿 七八九

월

刖 一三〇　㛓 一八九　戉 二六八　抈 二七四　月 三三〇　枂 三三五

樾 三四六　泧 三七四　狘 四二二　粵 五〇九　絾 五一五　玥 五四〇　䎀 五四二　蚏 五九三　蚎 六〇二　越 六四九　跀 六五三　跋 六五三　軏 六六二　鉞 六九二

위

位 九〇　倭 一〇〇　偉 一〇一　偽 一〇二　僞 一〇六　危 一三六　厃 一三七　叞 一四二　喟 一五六　嗚 一六二

囗 一六五　囲 一六六　圍 一六七　委 一八九　威 一九一　媁 一九四　媦 一九五　寪 二〇七　尉 二〇九　峗 二一七　崣 二一九　嵔 二二〇　幃 二二八　彙 二二八　愇 二五八　慰 二六三　慰 二六二　衞 二六七　㧑 二七九　撝 二九三　暐 三一六　㮃 三三七　楲 三四〇　㱬 三六〇　渭 三八四　湋 三八五

溈 三九二　煒 四〇七　煟 四〇七　熭 四〇九　爲 四一四　犩 四二〇　猬 四二四　瑋 四三三　痿 四四九　𤻓 四五一　瘣 四五一　瞺 四五五　瞶 四六六　緭 五二一　緯 五二一　緌 五三三　胃 五四五　艒 五六〇　萎 五七四　葦 五七六　葳 五七六　蔚 五八一　蔿 五八二　薳 五八六　蘤 五八九　蝼 五九八

蝛 五九九　衞 六〇七　衛 六〇七　褘 六一三　覣 六一八　謂 六三二　讆 六三七　猬 六四二　猬 六四二　踒 六五五　衞 六六〇　逶 六七四　違 六七五　鄬 六八三　鍏 六九七　闈 七〇八　闈 七〇九　韋 七二九　韙 七三〇　韡 七三〇　頠 七三三　颹 七三九　餧 七四三　骪 七五三　骫 七五三　骩 七五三

魏 七六二　鵤 七七二　䴧 七八二　䵳 七八五

유

丣 七八　乳 八二　侑 九四　俞 九六　儒 一〇八　兪 一一三　冘 一一五　劀 一二五　匬 一三三　卣 一三六　羑 一四〇　呦 一四七　唀 一五二　唯 一五三　㖶 一五五　㘥 一五五　喩 一五六　嚅 一六二　囿 一六六

堬 一七四　壝 一七九　姷 一九〇　婑 一九三　媃 一九四　嬬 一九九　孈 二〇〇　孺 二〇二　宥 二〇四　寙 二〇六　岰 二二六　帷 二二八　㡏 二二八　幼 二三三　丝 二三三　幽 二三三　庮 二三四　庾 二三五　廋 二三五　𢓜 二四六　怮 二五一　悠 二五五　惟 二五七　悈 二五七　愈 二五九

愉 二五九　懦 二六七　懮 二六七　抭 二七五　揄 二八五　揉 二八五　擩 二九六　攸 三〇〇　斔 三〇五　斞 三〇六　斿 三〇八　旟 三一〇　臾 三一八　有 三二〇　柔 三二七　柚 三二八　桵 三三三　梄 三三三　㮃 三三七　楡 三三九　楢 三三九　楰 三四〇　楺 三四〇　槱 三四四　檽 三五〇　櫾 三五三

𣤄 三五四　歈 三五五　毹 三六五　沑 三七一　油 三七二　洧 三七六　泱 三七六　浟 三七七　湡 三八四　游 三八四　漊 三八五　瀀 三八九　濡 三九七　濰 三九七　瀢 三九九　煣 四〇七　燸 四一二　牖 四一六　牰 四一七　牏 四一九　犪 四一九　犹 四二〇　狖 四二二　猶 四二四　猷 四二五　琟 四三三

琇 四三五　㼌 四三七　瓹 四三九　貁 四四〇　由 四四一　痏 四四七　𤵸 四四八　瘉 四四九　瘐 四四九　癒 四五一　盉 四五七　眑 四六〇　睮 四六四　内 四八二　窬 四九一　窳 四九二　籲 五〇七　糅 五一〇　綏 五一八　維 五一九　緌 五二〇　緰 五二二　繇 五二五　䍃 五二八　羑 五三二　羑 五三二

羑 五三三　羭 五三三　聈 五四〇　肉 五四三　腬 五五〇　腴 五五〇　臾 五五七　𦨣 五五六　茰 五六八　荾 五七〇　莠 五七一　萸 五七四　葇 五七五　葰 五七六　蓶 五八〇　蕕 五八三　蕤 五八三　蚰 五九四　蚴 五九四　蜏 五九七　蜼 五九八　蝓 五九九　蠕 五九九　蝣 五九九　蝤 五九九　蝵 六〇一

雘 六〇四 蠕 六〇四 杻 六〇九 裕 六一一 褎 六一二 褕 六一三 襦 六一六 覦 六一八 覰 六一九 畬 六二四 諛 六二八 誘 六二八 諛 六三一 諭 六三一 讉 六三七 貐 六四一 貐 六四二 糯 六四八 趙 六四九 逬 六五〇 踒 六五五 踰 六五六 蹂 六五六 輮 六六五 輶 六六六 逌 六七三

遊 六七四 逾 六七四 遹 六七四 遊 六七五 遺 六七七 酉 六八四 釉 六八九 鍒 六九七 鍮 六九七 闟 七〇八 隃 七一三 萑 七一七 鞣 七一七 韖 七一九 顬 七二七 颵 七二八 颵 七二八 飀 七三九 魏 七五二 鮪 七五五 鰇 七六七 黝 七八七 鼬 七九二 鼡 七九二 龥 七九八

육 儥 一〇八 味 一五〇 唷 一五三 喅 一五三 囿 一六六 堉 一七四 宍 二〇三 弆 三二八 㜫 三四四 毓 三六四 淯 三八二 粥 五〇九 緕 五一九 聏 五四〇 肉 五四三 月 五四三 育 五四四 萑 五七八 蓹 五八九 蜟 五九七 錥 六九六 鬻 七六〇 **윤**

允 一二〇 勻 一二九 奫 一八五 尹 二二三 潤 三三九 狁 四三二 㻃 四三二 贇 四四〇 胲 五四四 胤 五四六 荺 五七〇 蜳 五九八 蝡 五九九 酳 六八五 鈗 六九一 閏 七〇六 䫗 七三三 駀 七四七 馻 七七三 **율** 噊 一六二 汩 三五九 沭 三七二 潏 三九二

矞 四六八 繘 五二五 聿 五四二 華 五六七 驈 七三三 鷸 七六三 鱊 七六九 **융** 㑚 九四 娀 一九一 戎 二六九 搣 二七八 毧 三六五 狨 四三一 絨 五一七 羢 五三三 肜 五四四 茙 五六七 蝸 六〇〇 駴 七四八 **은** 听 一四五 圁 一六七 圻 一六九

垠 一七一 垽 一七三 沂 二一八 嶾 二二三 嶾 二二五 恩 二五三 慇 二六一 憖 二八四 懚 二八七 㩕 二九五 檃 三四八 櫽 三四九 檼 三五〇 隱 三五三 殷 三六二 溵 三八七 濦 四〇〇 衮 四〇四 犾 四二〇 犷 四一二 狋 四一二 狺 四二三 珢 四三〇 痛 四四八 癮 四五三

癮 四五三 磤 四七五 繧 五二七 虒 五九一 齗 五九二 言 六三三 訔 六三三 訢 六二四 誾 六三〇 讔 六三七 鄞 六八二 銀 六九三 釿 六九七 隱 七一五 隱 七一五 饐 七四四 饐 七四五 黫 七八八 齗 七九四 蘟 七九六 **을** 乙 八〇 乚 八一 吃 一四二

圪 一六八 疑 四四五 舥 五五九 虦 五九一 鳦 七七〇 **음** 吟 一四五 吽 一四六 唫 一五三 喑 一五五 婬 一九四 岑 二二六 嵚 二二九 崟 二二八 廕 二三五 愔 二五九 揞 二九二 殗 三六〇 氤 三六七 淫 三八二 玪 四二九 瘖 四四九 癊 四五二 硷 四七三

窨 四九一 蔭 五八二 蟫 六〇三 訡 六二四 趛 六五〇 醅 六八六 陰 七一三 陰 七一三 黔 七二〇 霒 七二二 霪 七二二 音 七二二 䇖 七三二 磬 七三二 飲 七四〇 鷂 七八八 **읍** 俋 九五 唈 一五三 㕂 二〇三 悒 二六四 挹 二八〇 揖 二八六 歙 三五六

泣 三七四 浥 三七八 湆 三八五 湇 三八五 湁 三九六 熠 四〇七 裛 六一二 邑 六七八 䭲 七四二 **응** 凝 二一七 應 二六六 疑 四四六 膺 五五三 膺 五五三 譍 六三五 軈 六六一 雁 七一七 鷹 七七八 **의** 亄 八二 依 九四 倚 九九

㐖 一〇二 儀 一〇七 儗 一〇八 宜 一一五 澧 一一七 劓 一二五 匙 一三一 医 一三一 㕒 一三九 咿 一四四 嶷 一六三 妶 一八〇 嬟 一九九 㢊 二〇二 㕈 二〇三 宐 二〇三 宜 二〇四 宧 二〇四 崕 二二八 崖 二二八 嶬 二三一 嶷 二三一 忍 二四七 医 二五五 意 二五九

懿 二六七 懿 二六八 扆 二七一 撎 二九二 擬 二九六 旖 三〇九 椅 三四六 灄 三四八 檥 三四九 㕥 三五二 欹 三五四 歪 三五七 毅 三六三 豎 三六三 涯 三八〇 漪 三九一 熨 四〇九 犄 四一八 狋 四二二 猗 四二三 疑 四四五 矣 四六九 礒 四七六 禕 四八〇 縊 五三三

羛 五三三 義 五三三 艤 五六一 蘙 五八三 薏 五八四 薿 五八六 蓺 五八七 螘 六〇〇 螠 六〇一 蟻 六〇三 衣 六〇七 衤 六〇七 毉 六一四 鷖 六二三 訑 六二九 誼 六三〇 議 六五六 譺 六五六 輢 六六五 轙 六六八 鄬 六八三 醫 六八七 醷 六八八 錡 六九六 䧇 七一一

頤 七三六 頹 七三六 欕 七三七 饐 七四四 敼 七六〇 鬹 七六三 鱶 七七九 鷁 七八六 鷊 七八九 䮊 七八九 齮 七九五 齸 七九五 **이** 㐌 八二 二 八三 以 八七 伊 八八 佁 九〇 佴 九三 侇 九三 傷 九七 㞔 一一五 刵 一二三 勩 一二九 匜 一三三

跐 六五四 載 六六四 羞 六六七 截 六八五 戴 七八七 鼒 七九〇 齋 七九三 齎 七九四

쟁

噌 一六一 崢 二一九 嶒 二三〇 振 二六三 掙 二六四 㪀 三〇三 槍 三四三 爭 四一三 猙 四二三 玎 四二八 琤 四三三 瞠 四六六 箏 四九九 綪 五一九 綪 五一九

諍 六三〇 趟 六五〇 𨑹 六五三 錚 六九六 鎗 六九八 鏳 七〇〇 鐺 七〇三 騁 七五〇 鬇 七七七

저

且 一八 佇 六〇 低 六〇 儲 一〇九 咀 一四八 坥 一七〇 坻 一七〇 她 一八六 姐 一八九 宁 二〇三 屐 二一四 屠 二一四 岨 二二六 岞 二二六 底 二三三

庢 二三三 弤 二三九 怚 二五〇 抒 二七五 抯 二七五 抵 二七六 摴 二九一 杵 三一四 杼 三一四 柠 三一八 柢 三一八 楮 三四〇 樗 三四五 櫓 三五一 櫧 三五一 櫫 三五一 齒 三五八 𣞙 三五八 氐 三六七 沮 三七三 泜 三七四 泞 三七四 渚 三八三 滀 三八八 瀦 三九三

瀦 三九九 延 四一四 牴 四一八 狙 四二三 猪 四二四 疷 四四六 疽 四四六 盬 四五六 眝 四六一 着 四六三 砠 四七一 磧 四七三 竚 四九三 筯 四九八 筯 四九九 箸 五〇〇 篨 五〇三 紙 五一四 紵 五一五 緖 五二六 罝 五三〇 羜 五三三 羝 五三三 署 五三六 耡 五三九

胆 五四五 胣 五四七 芧 五六四 苧 五六六 苴 五六六 菹 五七三 著 五七五 葅 五七五 蕏 五八八 藷 五八八 蛆 五九五 蠩 六〇四 衧 六〇九 衹 六〇九 褚 六一三 褚 六一五 觝 六二三 詆 六二五 豬 六四一 貯 六四三 趄 六四九 跙 六五三 躅 六五八 躇 六五九 軧 六六二

這 六七三 邸 六七九 鉏 六九二 鍉 六九七 阺 七一一 陼 七一三 雎 七一七 頙 七二三 䱜 七四四 骶 七五四 鸔 七六一 鴡 七七二 齟 七九五

적

乇 八〇 借 九九 僀 一〇四 勣 一一八 勣 一一九 味 一五〇 啾 一五三 啇 一五三 嫡 一九七 嫡 一九九

寂 二〇五 唐 二二四 弔 二三九 徂 二四四 摘 二九〇 擿 二九七 敵 三〇三 旳 三一一 樀 三二四 瞔 三五八 滴 三八九 淑 三九〇 漸 三九八 滴 三九八 炙 四〇三 狄 四二三 玓 四二九 璹 四三六 甋 四三九 的 四五三 瞲 四六五 矽 四七〇 磧 四七五 積 四八七 積 四八七

穛 四八八 窩 四九一 笛 四九六 篴 五〇三 籊 五〇六 籍 五〇六 籴 五〇八 糴 五一一 糴 五一三 績 五二四 翟 五三六 耤 五三九 肑 五四三

膌 五五一 芍 五六三 苖 五六五 荻 五七〇 菂 五七二 蔐 五八〇 蕆 五八五 藉 五八六 虳 五九二 袀 六〇八 襀 六一四 覿 六一九

覿 六三〇 謫 六三三 讁 六三七 賊 六四五 赤 六四七 趚 六五一 跡 六五三 踖 六五七

蹟 六五八 蹢 六五八 蹢 六五八 躍 六五九 躤 六六〇 迪 六七一 迹 六七二 逐 六七三 逖 六七三 逷 六七四

適 六七六 邋 六七八 鏑 七〇〇 靮 七二五 䪼 七三三 馰 七四七 驕 七五三

鶍 七五四 鬄 七五八 魡 七六二 魡 七六三 鰿 七六八 鸐 七七九 䴞 七八二 麴 七八四 黐 七八六 黔 七八六

전

伝 八九 佃 九〇 佺 九二 倎 九八 傎 一〇三 傳 一〇四 仝 一一三 全 一一三 典 一一三 顛 一二四 巔 一二四 顚 一二六 前 一三三

剪 一三三 剸 一三四 厘 一三八 吮 一四五 唸 一五三 囀 一六四 塡 一七六 塼 一七六 壂 一七八 奠 一八五 姾 一九二 娗 一九二 媊 一九四 嫥 一九七 專 二〇九 屆 二二三 展 二二三 屢 二二四 㟻 二二七 帴 二二七 幝 二二八 㢆 二三四 廛 二三六 恮 二五三 悛 二五五 㥏 二五七

戩 二七〇 戰 二七〇 拴 二七八 揃 二八五 搌 二八八 搷 二八九 敟 三〇三 旃 三〇八 旜 三〇九 朘 三一〇 栓 三一九 栫 三三〇 棭 三四一 槙 三四三 椾 三四三 樿 三四六 槇 三四七 棧 三五〇 欿 三五四 歬 三五七 葥 三五八 殿 三六二 毡 三六五 氈 三六六 氈 三六六 沺 三七二

涏 三七九 洊 三八一 湔 三八五 滇 三八八 澶 三九五 瀍 三九八 爨 四〇三 煎 四〇六 牋 四一六 牷 四一八 瑑 四三三 甓 四三五 甎 四三九 田 四四一 甸 四四二 畋 四四二 畠 四四三 痊 四四七 瘨 四五〇 癜 四五三 癲 四五三 皽 四五五 皶 四五六 盷 四五九 睓 四六三 䁴 四六七

磌 四七五 磚 四七五 窴 四九一 竣 四九四 竢 四九四 竱 四九四 筌 四九七 箋 四九九 箈 四九九 箭 五〇〇 篆 五〇一 篹 五〇三 籑 五〇三 絟 五一六 線 五二三 縳 五二四 繵 五二六 纏 五二七 纏 五二八 羴 五三四 羶 五三四 翦 五三六 翦 五三七 耑 五三八 𦙋 五三八 𦓤 五三九

乄 二一 岂 二五 㚇 一三〇 嵷 一三〇 從 一三〇 從 二四五 偅 二四五 傻 二四六 忪 二四九 悰 二五五 憧 二五九 憎 二六一 慫 二六二 柊 三一七 棕 三二五 樅 三二八 踵 三五八 㱣 三五九 淙 三八一 潨 三九三 琮 四三三 瑽 四三四 瘇 四四九 瘲 四五〇 瞛 四六六 種 四八六

稯 四八六 穗 四八七 粽 五一〇 糉 五一〇 終 五一五 綜 五一八 縱 五二〇 緟 五二二 緵 五二三 縱 五二三 腫 五五四 腙 五五二 艐 五六〇 葼 五七七 蓯 五八〇 蝬 六〇一 螽 六〇一 豵 六四一 豵 六四二 賨 六四五 踪 六五六 踵 六五六 蹤 六五八 蹱 六五八 䡴 六六一 輚 六六五

䡮 六六七 迵 六七一 銿 六九四 鏦 六九七 鍾 六九八 鐘 七〇三 雛 七一七 騌 七三四 騣 七三四 鬃 七三七 鬉 七三八 䫬 七四〇 鬷 七四〇 鮦 七四四 鯼 七四七 䫹 七九一

좌

𠂇 八〇 佐 九一 侳 九五 剉 一三三 坐 一六九 坐 一七一 䂳 一九二 窄 三〇五

𨒔 三一 桗 三一 屮 二二五 左 二二四 座 二二三 𢒰 二四一 挫 二八〇 桗 三三三 痤 四四八 矬 四六九 脞 五四八 莝 五七一 蓌 五七九 袏 六〇九 䟶 六五五 遳 六七六 銼 六九四 髽 七五七

장

髒 七七

죄

罪 五三一 辠 六六九

주

丟 七八 丶 七九 主 七九 丢 八〇 住 八八 侏 九二 侜 九四 做 一〇二 儔 一〇八 冑 一一四 匊 一三〇 丂 一三六 厨 一三九 周 一四七 呪 一四七 咒 一四七 咮 一四九 㖦 一五〇 啁 一五三 喌 一五三 嗾 一五八 噣 一六二 奏 一八四 姝 一八九 婤 一九四 宔 二〇三

宙 二〇四 封 二〇九 嵟 二二一 州 二二三 幬 二三〇 幮 二三〇 廚 二五六 懤 二六六 懤 二六八 拄 二七六 敂 三〇二 斢 三〇六 族 三〇九 晝 三一四 朱 三二三 枓 三二五 柱 三二八 株 三三〇 柴 三三三 椆 三三六 楱 三四〇 注 三七四 洀 三七五 洲 三七六 湊 三八五 澍 三九四

炷 四〇四 燽 四二三 犨 四三〇 琱 四三〇 珠 四三〇 疇 四四四 疛 四四五 疰 四四六 疇 四五五 盩 四五八 矪 四六九 舟矢 四六九 硃 四七一 碉 四七三 祝 四七九 祩 四七九 稠 四八五 籀 五〇五 籌 五〇六 籒 五〇六 粙 五一〇 𥽴 五一一 紂 五一三 紬 五一四 紸 五一五 絑 五一六

綢 五一八 綝 五二五 罜 五三〇 肘 五四三 胄 五四五 䏭 五四七 腠 五五〇 𦡞 五五四 舟 五五九 茱 五七七 蔟 五八一 薵 五八六 蛀 五九四 蛛 五九五 蠾 六〇二 袾 六二〇 裯 六二一 䛆 六二五 註 六二七 詋 六二六 誅 六二八 調 六三〇 諏 六三三 譸 六三六 賙 六四五 走 六四八

趎 六四八 跓 六五三 跦 六五四 跥 六五八 躊 六五九 躁 六五九 躕 六六〇 𨈜 六六一 輈 六六四 輖 六六四 週 六七四 遒 六七五 遚 六七八 邾 六八〇 酎 六八四 酒 六八四 鉒 六九二 鑄 七〇三 靪 七二九 𢍈 七四一 飳 七四七 駐 七四八 鯈 七六五 鯞 七七〇 鵃 七七三 鵃 七七三

䳂 七一九 麈 七八一 䴹 七八四 黈 七八五 䵭 七八六 黜 七八七 䵍 七八九

죽

竹 四九五 粥 五〇九 䉤 六六〇 鬻 七六〇

준

俊 九五 僎 一〇五 儁 一〇五 僔 一〇七 准 一一七 準 一一七 劗 一二四 餕 一三七 𡚧 一四〇 噂 一六二 埈 一七三

埻 一七三 夋 一八二 寯 二〇八 尊 二〇九 屯 二一五 峻 二一八 嶟 二二一 𢓜 二四一 恂 二五一 惷 二五八 懏 二六四 捘 二八二 撙 二九二 晙 三二四 樽 三四六 浚 三七七 準 三八六 濬 三九七 焌 四〇五 畯 四四三 皴 四五五 睃 四六二 稕 四八五 竣 四九四 竴 四九四 純 五一三

繜 五二五 鐏 五二九 𧀲 五五九 葰 五七六 蠢 六〇四 袸 六一二 訰 六二四 譐 六三五 趡 六四九 踆 六五五 踳 六六六 蹲 六六八 軘 六六三 迿 六七三 逡 六七三 遵 六七七 酏 六八四 陖 七一二 隼 七一六 餕 七四三 騿 七七〇 駿 七七四 鵕 七七四 鵻 七七七 鐏 七九二

줄

㳧 八二 卒 一三五 啐 一五四 㤕 二五一 窋 四九〇 盄 四九〇 䧳 七三五 雛 七三五

중

中 七九 仲 八〇 𠆩 八八 妕 一八〇 眾 四六二 蝩 六〇二 衆 六〇六 迚 六七一 重 六八九 霥 七三二

쥐

柴 三三三

즉

則 一三

即 一三六 卽 一二七 卽 一二七 揤 二八六 潩 三八七 蝍 五九八 鯽 七七七 鰂 七七七 鰿 七七九 鴓 七七六

즐

擳 二九六 楖 三三九 櫛 三五一 騭 七五一

즘

怎 二五〇

즙

咠 一四九 楫 三四〇 湒 三八五 䶈 五六一 葺 五七七 蕺 五八四 鏊 七〇二

瀸 三九六　稸 四八六　緝 五一二　縩 五二五　䐈 五五〇　䑿 六一八　諿 六三四　輯 六六六　鏶 七〇〇　集 七一六　雧 七一八

짓

扈 一五八

징

徵 二四六　徵 二四六　懲 二六七　瀓 三九四　癥 四五二　瞕 四六四

차

且 七八　仛 八七　佌 九〇　佽 九三
侘 九四　借 九九　俥 一〇〇　偖 一〇一　叉 一四〇　咤 一四九　咱 一四九　哆 一五〇　唶 一五三　嗟 一五七　嗻 一五八　㚊 一五九　奓 一八四　奲 一八六　姹 一九〇　嫅 一九六　屌 二一二　岔 二一六　嵯 二二〇　嵳 二二〇　差 二二四　庛 二三三　㢙 二三三　恎 二五二　扠 二七三　扯 二七三
搓 二八八　搽 二八九　攄 二九〇　撦 二九三　暛 三二六　朿 三三三　杈 三三三　次 三五三　此 三五七　汊 三六八　涂 三七九　羨 四〇五　玼 四二九　瑳 四三四　甐 四三八　痄 四四七　瘥 四五〇　硨 四七三　磋 四七四　秅 四八三　䅊 四九八　笡 五〇〇　䈢 五〇二　紁 五一六　膪 五五三　艖 五六〇
苴 五六六　蒫 五七八　蘆 五八一　蛇 五九五　蚌 五九六　衩 六〇八　訍 六二三　謯 六三三　趑 六四九　趚 六四九　跐 六五二　跙 六五三　蹉 六五七　遮 六七六　鄌 六八二　鄌 六八四　醝 六八七　釵 六九〇　鎈 六九八　髊 七〇五　靫 七二五　髮 七五七　髼 七五八　魑 七六二　齹 七六二　鮺 七六八
鹺 七八〇　黎 七八六　齇 七九二　齜 七九四　齰 七九五　鹺 七九六　齹 七九六　齹 七九六

착

丵 七九　剒 一一三　厝 一三八　娖 一九一　婼 一九四　㦸 二六九　戳 二七一　捒 二七八　捉 二八一　搾 二八九　擉 二九四　斮 三〇七　斮 三〇七　斲 三〇七　斵 三〇七　昔 三一二
嶨 三五八　數 三六三　浞 三七七　淬 三八七　琭 四三二　穛 四八七　穱 四八七　窄 四八九　篧 五〇三　箝 五〇四　篧 五〇六　籗 五〇七　糕 五二一　糳 五三二　[illegible] 五三二　著 五七五　蕉 五八九　諑 六三〇　踕 六五七　踖 六五九　踀 六五九　辵 六七〇　辶 六七〇　逽 六七七　錠 六九四　錯 六九六
鑿 七〇四　鷟 七八五　齣 七九五　齪 七九五　齰 七九五

찬

丳 七九　儧 一〇八　儹 一〇九　兟 一一一　剗 一二四　劗 一二五　囋 一六五　妴 一九一　𡤼 二〇〇　巑 二三三　彩 二四三　㦓 二六三　㤀 二六四　攢 二九七　攛 二九八　攢 二九八　攛 二九九　欑 三五〇　澯 三九五
灒 四〇一　燦 四一二　爆 四一二　爨 四一三　璨 四二五　瓚 四三六　瓚 四三六　穳 四六九　𥽈 四八一　穳 四八九　竄 四九二　[illegible] 五〇二　篹 五〇三　簒 五〇六　籫 五〇七　粲 五〇九　繤 五二七　纂 五二七　纘 五二七　纘 五二八　菆 五七二　䕎 五九〇　讚 六三八　賛 六四六　贊 六四七　酇 六八三
鄼 六八四　鑚 七〇三　鑽 七〇四　頢 七七二　餐 七七三　饌 七七四　饕 七七五　饡 七七五　鬘 七七八　鬢 七七九

찰

刹 一一三　咱 一四九　哳 一五一　囋 一六五　察 二〇七　䕓 二三一　憏 二六七　懺 二六八　扎 二七二　拶 二七八　擦 二九五　札 三三一　殎 三五九　浖 三七八
瀨 三九八　獺 四二七　䀿 四六七　礤 四七七　紮 五二四　蔡 五八六　蚻 五九四　鍘 七〇三　鏩 七〇四　鬜 七五九　[illegible] 七七二　鷟 七八八　[illegible] 七九六

참

傪 一〇六　僣 一〇六　僭 一〇九　儳 一〇九　劖 一二五　厽 一四〇　參 一四〇　叅 一四〇　噆 一六一　嚵 一六四　嚵 一六五
塹 一七六　墋 一七七　嬱 一九〇　尖 二一〇　叄 二二〇　嵾 二二〇　嶄 二二三　嶃 二三〇　巉 二三三　慘 二六一　慙 二六二　慚 二六二　憯 二六五　憯 二六七　懺 二六七　摲 二九一　摲 二九一　摻 二九一　掺 二九三　攙 二九八　斬 三〇七　朁 三一九　槧 三四三　槮 三五一　欃 三五二　𣤷 三五六
毚 三六四　瀺 四〇〇　煔 四〇七　犙 四一六　獑 四三六　瘮 四五一　磛 四七五　站 四九三　蔪 五八七　覽 六一九　譛 六三五　讖 六三七　讒 六三七　讖 六三七　趻 六五一　跈 六五二　鄿 六八三　醦 六八八　鏨 七〇三　鑱 七〇四　陷 七一四　酸 七二四　顉 七三六　饞 七四五　驂 七五一　黲 七八八
[illegible] 七八九　黏 七九四　䶨 七九六

찹

灘 四〇二　霅 七二〇

창

倀 九八　倉 九八　倘 九九　倡 九九　傖 一〇三　凔 一〇七　刅 一一九　刱 一二一　刱 一二三　創 一二四　剏 一二四　匯 一三三　唱 一五三　嗆 一五七　囪 一六六　娼 一九三　峽 二三一　廠 二三六
彰 二四三　悵 二五五　惝 二五七　愴 二六〇　㦂 二六四　戧 二七〇　搶 二八九　摐 二九〇　敞 三〇三　昌 三二一　昶 三二三　暢 三二六　椙 三三七　槍 三四三　氅 三六六　淌 三八一　滄 三八八　漲 三九一　牄 四一五　牎 四一六　牎 四一六　牕 四一六　猖 四二三　琩 四三三　瑒 四三三　瑲 四三四

暘 四四四 瘡 四五〇 檯 四五八 瞋 四六三 錫 四七〇 窓 四八〇 窗 四九〇 窻 四九一 窻 四九二 脹 五四八 艙 五二〇 菖 五一二 蒼 五一八 裮 六二 賟 六四六 蹌 六五七 閶 七〇七 韔 七一九 鯧 七六六 鶬 七七四 鶬 七七六 齡 七九六

채

倅 九八 債 一〇四

囆 一六五 埰 一七三 寀 二〇五 寨 二〇七 差 二三四 廌 二三五 彩 二四二 悇 二五七 懘 二六三 採 二八四 柴 三一八 棌 三二五 擣 四一九 瘥 四五〇 瘵 四五一 睬 四六四 砦 四七一 綷 五一四 綵 五一九 縩 五二三 繺 五二七 茝 五六七 菜 五七二 蔡 五八一 蠆 六〇三 豸 六四一

責 六四三 踩 六五六 采 六六八 釵 六八〇 靫 七一五 髮 七五七 [illegible] 七八一 [illegible] 七八九

책

冊 一一四 册 一一四 冊 一一四 咋 一四八 啧 一五三 嘖 一五九 嫧 一九七 幘 二一九 債 二六二 憡 二六四 拃 二七九 措 二八五 擽 二九三 曺 三一九 柞 三一八 柵 三一九

柵 三一九 磔 四七五 箣 四九六 笮 四九六 筞 四九七 策 四九八 筴 四九九 箣 五〇〇 簀 五〇三 樀 五一二 樀 五一二 舴 五五九 茦 五五八 蚱 五九四 蠌 六〇三 覩 六一九 諎 六三〇 謮 六三三 踖 六三九 責 六四三 蹟 六五七 迮 六七二 鍼 六八八 轒 七二八 顊 七三六 馲 七四七

처

齰 七七六 凄 一一七 處 一一八 妻 一八六 婕 一九七 屜 二一四 悽 二五六 淒 三八一 狙 四二三 絮 五一七 緀 五三〇 萋 五七四 處 五九一 虔 五九一 覰 六一九 狙 六四〇 郪 六八一 霋 七三〇

척

俶 九七 刺 一一三 剔 一一三 呎 一四六 堉 一七五

墌 一七七 塉 一七七 剳 二一〇 尺 二一三 㡿 二二三 彳 二四二 惄 二四四 惕 二五七 慼 二六三 慽 二六三 戚 二六九 拓 二七七 捗 二八二 掷 二八八 摭 二九一 擲 二九六 擿 二九七 敕 三〇二 斥 三〇六 朸 三一三 滌 三九六 瘠 四五〇 瞭 四六六 碏 四七二 碱 四七五 脊 五四七

蚇 五九三 蜴 五九八 規 六一八 趏 六四九 趞 六五〇 跅 六五三 跖 六五三 踐 六五五 踢 六五六 踧 六五六 蹐 六五七 蹢 六五八 蹠 六五八 躑 六五九 鋮 七〇〇 䠀 七〇五 陟 七一三 隻 七一六 䨹 七一二 頡 七二四 鴫 七七六 鼜 七九一

천

串 七九 仟 八〇 俴 九七

倩 一〇〇 僤 一〇七 刋 一一〇 劗 一一五 千 一二四 圈 一五七 喘 一五五 嘽 一六〇 囅 一六五 天 一八二 川 二二二 遄 二二七 舛 二三八 後 二四五 忏 二五四 扦 二七二 扌西 二八四 撰 二九四 擅 二九四 杆 三一三 栫 三二〇 梃 三二四 棉 三二四 棬 三四一 欿 三五五 泉 三七三

洊 三七五 浅 三七七 淒 三八二 淺 三八三 滄 三八五 濺 三九八 瀳 四〇一 灥 四〇二 燀 四一〇 㹈 四一七 牮 四一七 猭 四二四 玔 四二九 㢟 四三八 晴 四五四 肝 四五九 眹 四五九 碮 四七三 袄 四七八 穛 四八八 穿 四八九 竉 四九二 竏 四九三 舛 四九九 箐 四九九 篅 五〇一

籛 五〇六 綪 五一九 繟 五二六 纏 五二九 腨 五五〇 痄 五五六 舛 五五八 芊 五六三 茜 五六七 荈 五六九 荐 五六九 蒨 五七八 蕆 五八二 薦 五八五 蚩 五九三 蚕 五九三 蝡 五九八 𧊒 六二八 賤 六四五 践 六五四 踐 六五五 輤 六六五 輲 六六六 辿 六七〇 遄 六七五 遷 六七七 釧 六八〇

철

錣 六九八 鍥 七〇三 闡 七〇九 阡 七一〇 韆 七二九 韉 七二九 釬 七四〇 驙 七五三 鴟 七七七

凸 一一九 刜 一二三 徹 一二九 叕 一四一 哲 一五一 啜 一五四 喆 一五五 嚱 一六〇 囅 一六五 中 二一四 惙 二一四 悊 二五七 惙 二五九 或 二六三 掇 二八四 掣 二八四 撤 二九三

撤 二九三 敪 三〇二 歠 三五七 歠 三五六 沏 三七一 涰 三八〇 烣 四〇五 爟 四一三 啜 四四四 畷 四六九 綴 四八〇 綴 五一九 聅 五四〇 腨 五四八 腏 五四九 蛆 五九四 蛈 五九五 蜇 五九六 裰 六一二 鞢 六二一 諁 六三〇 蹩 六五六 蹶 六五八 輟 六六五 轍 六六七 醊 六八六

鐵 六九二 銕 六九三 錣 六九六 鐵 七〇三 鐵 七〇五 餟 七四三 饕 七四三 驖 七五三 䂨 七五四

첨

丙 八八 僉 一〇五 呫 一四七 噡 一六二 嚱 一六四 尖 二一二 巉 二一三 忝 二一八 憸 二三〇 懺 二三〇 忝 二四八 沾 二五六 憯 二六五 戔 二六九 尖 三一九 櫼 三三〇

槧 三三三 櫓 三四八 櫼 三五二 沾 三五二 添 三七二 瀸 三八三 瀸 四〇〇 瀸 四〇〇 燂 四一〇 甛 四四〇 甜 四四〇 痁 四四六 瞻 四六七 舔 四九四 簷 五〇五 簽 五〇五 籤 五〇九 舔 五五八 舔 五五八 蓁 五七三 袡 六一一 襜 六一五 襝 六一五 詹 六二七 諂 六三〇 讇 六三七 蹭 六五九

黏 685 鐵 703 閻 706 霑 720 譫 730 餂 741 黇 765

첩

佶 9 呫 147 喋 155 堞 174 婕 193 崨 219 帖 221 嵥 226 帆 237 徢 245 怗 250 怗 254 惵 258 捷 282 攝 299 疊 324 椄 333 欇 353 毤 365 氎 367 淁 380 牒 416 狜 421 疊 445 疉 445 映 463 睫 464 緁 530 縉 533 獵 536 耴 540 蘵 590 褶 614 褺 614 詀 625 諜 632 讋 644 貼 644 踥 656 蟄 657 躐 660 輒 664 輙 664 迠 671 鉆 692 鞊 736 鮿 765 鯜 776 騠 787 謺 791 聾 791

청

倩 100 凊 117 圊 167 王 168 姓 182 婧 194 庁 313 晴 315 淸 383 清 383 盯 540 聽 542 蜻 598 請 630 睛 695 錆 700 靑 713 青 713 靘 773 頩 725 鯖 776 鶄 785

체

体 91 傺 104 㥂 123 剃 133 啑 154 啼 154 嚔 163 屜 223 屧 224 帖 236 彘 243 㥴 253 惙 257 愭 258 懘 259 挮 260 掣 264 揥 287 搸 292 替 319 杕 333 栘 339 棣 335 楴 340 殀 359 殢 361 涕 379 滯 389 瀧 399 猘 425 玼 429 璏 435 畷 444 疐 445 瘛 450 晢 454 睇 463 睼 465 砌 471 磃 474 褅 481 叕 481 茵 497 篴 505 綴 519 締 521 穪 539 腣 548 腏 549 蔕 577 蕝 583 蕞 583 蝃 598 螮 601 裼 613 禘 615 諦 623 趆 650 踶 654 躰 661 軆 661 达 670 逓 673 逮 684 遞 686 遰 686 醊 686 鉄 690 隸 713 餟 742 骵 744 髢 756 鬀 757 鬄 757 鯱 777

초

齠 794

俏 96 偢 102 僬 106 初 120 剿 124 勦 129 卤 136 吵 146 哨 153 嘮 170 噍 176 娋 191 㜃 198 嫶 198 屌 223 屮 224 岧 226 峭 227 嶕 231 帩 236 弨 240 怊 250 悄 254 愀 258 悼 260 慅 261 憔 264 㑿 268 抄 274 招 278 撨 292 杪 324 杺 326 梀 330 椒 337 楸 337 楚 339 樵 346 蕉 352 欿 354 毹 364 毷 366 湫 386 潚 386 潐 392 炒 403 焦 406 㷼 408 燋 410 癄 451 盄 457 瞧 466 礁 476 礎 476 䘯 479 礿 483 秒 483 稍 485 穛 487 䅮 487 篍 501 箾 503 綃 517 繑 525 耖 538 䜃 541 肖 543 膲 553 艸 562 苕 565 草 569 草 569 蕉 582 蟭 603 袑 608 䘤 614 穛 615 艄 622 訬 624 誚 629 譙 635 貂 642 超 649 趠 650 踃 655 踔 655 軺 663 迢 671 遭 677 䤤 684 酢 685 醮 687 釥 690 鈔 691 鉊 692 銚 693 鍫 697 鍬 697 鐎 701 䦒 709 陗 711 陘 713 醮 714 鞘 726 鞘 729 顦 725 颻 726 騲 731 鞽 736 髫 736 鬎 747 鬻 751 魈 753 鱢 758 鴇 760 鷦 768 麨 773 麨 783 𪐄 787 齼 789 齟 791 齠 795 齭 796 鷦 797

촉

亍 80 促 95 劚 126 嘁 158 嘱 160 囑 165 孎 200 屬 214 數 304 斶 307 斸 307 曯 318 梀 333 欘 353 歜 356 灟 401 烛 404 燭 412 爥 413 烛 416 瘃 449 瞩 466 矗 468 矚 468 臅 553 蔟 585 薥 590 蜀 596 蠋 603 蠾 605 襡 615 襩 616 䙱 616 触 621 觸 623 諔 629 踀 629 趗 649 趣 650 趨 650 跼 652 躅 659 躅 659 钃 660 躅 704 髑 755 鸀 779

촌

刌 110 吋 114 寸 108 忖 248 村 333 爨 412 邨 679

총

偬 102 傯 104 冢 115 匆 130 叢 143 囪 166 寵 208 忩 249 怱 231 恖 253 惣 257 惚 260 憁 263 捴 282 揔 286 摠 290 棇 334 蓯 346 漎 360 潨 392 熜 406 熜 407 𤛓 419 琮 430 璁 434 篵 506 総 530

측 · 치 등 구분 표시: 치, 충, 춤, 측, 칙, 친, 침, 칩, 칠, 타, 쾌, 칭, 짐, 탁

구분	대표 한자 (발췌)
치	厠 仄 刺 齒 待 倸 值 侈 … 撥 捗 慣 懷 恦 恥 侈 徵 待 廌 厠 厀 幟 厄 差 崻 峙 眞 嬉 妗 斐 久 埴 扶 嗤 哆
충	蹭 穜 層 … 眙 直 直 癡 痴 痔 瘳 寘
측	�} 仄 … 夽 測 昃 惻 崱 則
칙	驁 鷞 鳥 飭 紕 滓 汦 敕 忕 厠 勅 勑 勅 忕
친	魞 齔 齋 牚 懃 鸜 鴆 鴟 鳩 鯔
침	浸 寑 嗳 浸 梫 梫 侵 伀 … 鳴 漆 搽 棽 柒 刺 七
칠	魧 亂 亂 䐼 親 襯 櫬 嚫
침	磹 碪 砧 稹 琛 琛 枕 瀋 淒 湛 浸 浸 沉 沈 梫 栫 枕 攝 抌 忱 忱 簪 斟 癰 寢 寢 … 齴 鑯 駸 簪 頣 煩 霃 鐕 鍼 鑯 鍍 鈂 針 郴 踸 赾 旻 諗 諗 腕 葴 彤 綝 綅 篿 寢 祲
타	綸 駄 籤 篍 … 打 惰 隋 嶞 陀 尵 它 婼 娞 安 妥 㩐 墮 堶 埵 垜 垜 鼍 唾 咤 吒 吒 刴 託 佗 他 拕 扡 唾 沱 溮 沲 池 毻 延 橢 楕 樀 榱 柂 朵 朵 䰙 攡 撝 揣 探 採 拖 扡 扡 鑼 鍺 銼 酡 迤 驒 躱 躱 跢 跎 跎 詑 詑 訑 楕 柂 蛇 舵 舵 紽 簥 寉 䅺 乇 磋 砣 疼 倬 佗 任 乇 鮀 鼉 鼉 鱓 鰤 鮀 鮀 臀 鞍 驒 駝 駄 駄 霊 陸 隋 陁 陀 扡 騎 陲

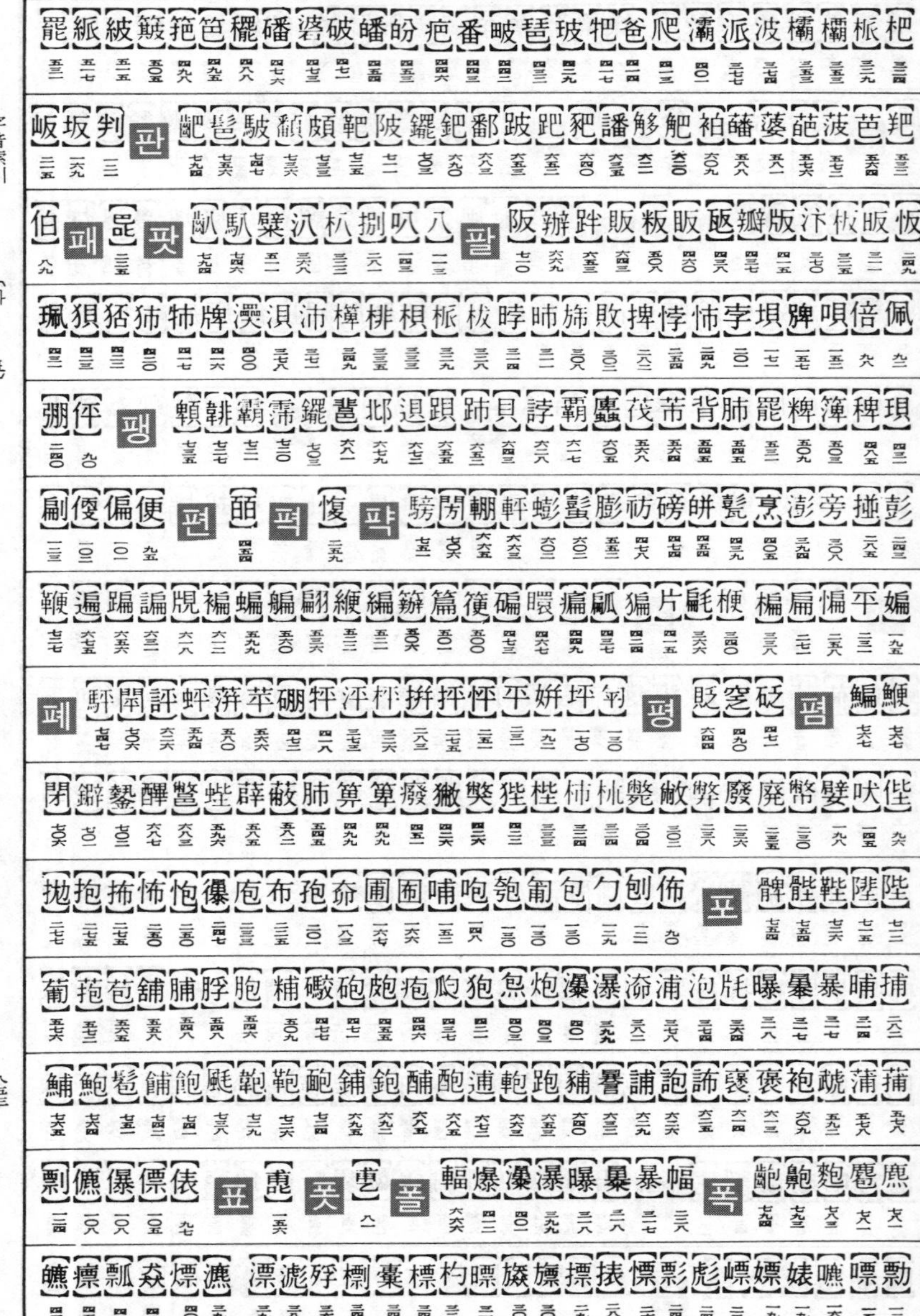

弦 二四〇　弲 二五〇　惤 二六六　懁 二六五　懸 二六七　拘 二七九　昡 三一三　晛 三一四　兹 三二六　泫 三二四　洵 三七四　灦 四〇二　炫 四〇三　獧 四二六　玄 四二八　茲 四二八　玹 四二九　現 四三二　痃 四四七　眴 四五九　眩 四六一　眴 四六二　睍 四六三　矎 四六七　礥 四七七　贒 五〇七　絃 五一五

絢 五一六　縣 五二三　繯 五二六　翾 五三五　翾 五三七　胘 五四五　舷 五五九　莧 五七一　藼 五九〇　虤 五九二　蚿 五九四　蜆 五九六　蠉 六〇三　衒 六〇七　衏 六〇七　袨 六一〇　見 六一七　誢 六二七　訮 六二七　誸 六二九　譞 六三五　讂 六三七　賢 六四三　𧵍 六四四　賢 六四七　贙 六四七　鉉 六九二

鋗 六九四　鋧 六九五　䩙 七二五　鞙 七二六　韅 七二九　顕 七二六　顯 七二七　駽 七四八　騆 七四九　閔 七五九　鴞 七七一

혈

呹 一四六　坹 一七〇　奊 一八四　娎 一九一　孑 二〇〇　穴 四八九　䀇 四九〇　絜 五一六　⿸广絜 五二三　血 六〇五　趐 六八九　覕 七一六　頁 七三二　颰 七三八

혐

嫌 一九六　㺌 四二五　⿰黍兼 七四六

협

俠 九七　劦 一二六　勰 一二九　匧 一三三　協 一三五　叶 一四三　嗋 一五七　嗛 一五七　夾 一八三　㛍 一九一　峽 二一八　弽 二四〇　恊 二五三　㤲 二五四　惵 二五八　愜 二五九　愶 二六〇　慊 二六一　慊 二六一　挾 二六一

旪 三二〇　梜 三三三　歙 三五五　歙 三六六　浹 三七八　狹 四二三　⿰夾瓦 四三八　祫 四七九　筴 四九九　篋 五〇二　綊 五一八　胠 五四六　脅 五四七　脇 五四七　脥 五四七　莢 五七一　蛺 五九六　⿱夾貝 六四四　鋏 六九四　陜 七一三　陿 七一三　鞈 七二六　頰 七二四　⿰齒夾 七九五

형

亨 八四

侀 九三　兄 一一〇　刑 一三〇　刑 一三一　哼 一五三　型 一七一　夐 一八一　娙 一九一　斈 二〇三　⿰山巠 二二八　嵤 二三〇　巆 二三三　形 二四三　悻 二五四　悙 二五四　擤 二九五　敻 三〇三　桁 三三一　⿰歹亨 三六〇　洞 三七三　泂 三七八　滎 三八八　瀅 三九六　濴 三九九　炯 四〇三　烴 四〇五　熒 四〇八

營 四一一　珩 四三〇　瑩 四三四　熒 四四七　硎 四九二　縈 五〇八　脝 五七四　荊 五八六　榮 五八八　蘅 五九六　蛵 六〇一　螢 六〇七　衡 六一四　褮 六二一　衡 六二六　詗 六五四　踁 六七一　迴 六七三　迥 六七九　邢 六八〇　邢 六九二　鉶 六九三　鈃 六九四　鋞 六九九　鎣 七一一　陘 七四六　馨

혜

偕 一〇一　傒 一〇三　儶 一〇九　兮 一一三　匸 一二三　嘒 一五九　製 一九三　⿰女奚 一九六　寭 二〇八　嵇 二一九　嵆 二一九　彗 二四三　徯 二四六　恵 二五七　慧 二六三　憓 二六四　揳 二八七　暳 三一六　榽 三四二　槥 三四三　橀 三四六　橞 三四七　欸 三五三　⿰歹彖 三六一　殢 三六一　潓 三九二

⿰目奚 四四四　盻 四五九　磎 四九四　⿰禾慧 五三七　⿰兮也 五六二　彗 五八一　蕙 五八三　蟪 六〇三　訲 六二五　僡 六二八　謑 六三三　譓 六三五　譿 六三七　谿 六三八　豯 六四二　⿰足兮 六五二　蹊 六五七　醘 六八六　醯 六八七　鞋 七二六　鞵 七二八　韢 七三〇　⿰奚頁 七三五　⿰魚惠 七六九　⿰奚黽 七九〇　⿰風奚 七九二

호

乎 八〇　互 八三　冱 一一六　冴 一一六　勢 一二八　号 一四三　呺 一四八　呼 一四八　唬 一五三　⿰口胡 一五五　嘑 一五九　嘷 一六〇　垀 一七〇　壕 一七九　壺 一八〇　夰 一八三　好 一八六　嫭 一九七　嫮 一九七　⿰子乇 二〇一　⿰孚寸 二〇一　岵 二一六　弧 二二九　怙 二五〇　⿰忄虖 二六三

戲 二七〇　戶 二七一　戽 二七一　扈 二七三　⿰扌扈 二九〇　摢 二九〇　昈 三一一　昊 三一一　晧 三一四　暠 三一六　暭 三一六　暤 三一六　杲 三二四　杇 三二五　楛 三三九　楜 三三九　樝 三四七　歑 三五六　毫 三六五　沍 三七一　洿 三七七　浩 三七八　⿰氵戽 三八二　湖 三八五　滈 三八八　滬 三八九　滸 三八九

滹 三八九　澔 三九四　濠 三九七　濩 三九七　灝 四〇一　犒 四一九　狐 四二一　猢 四二四　獋 四二六　琥 四三三　瑚 四三七　皋 四五四　皐 四五四　皓 四五四　皞 四五四　祜 四七九　穫 四八八　⿱竹互 四九五　箶 五〇〇　粰 五〇九　糊 五一〇　⿸厂系 五一四　⿰糸孚 五一八　縞 五二三　聕 五四一　胡 五四六　臯 五五五

芦 五六三　茠 五六七　⿱艹秏 五七四　葫 五七六　蒿 五七八　蔰 五八四　虍 五九〇　虎 五九一　虖 五九一　號 五九一　虒 五九一　䖘 五九二　蝴 六〇〇　蠔 六〇四　⿰虫虖 六〇六　衚 六〇七　許 六二四　謼 六三四　護 六三六　譹 六三六　⿰豸皋 六三九　豪 六四〇　⿰足乎 六五二　⿰足胡 六五六　鄗 六八二　鄠 六八二　醐 六八六

鎬 六九九　雇 七一七　雘 七一八　䪝 七二三　韄 七二八　頀 七二三　⿰韋胡 七二六　顥 七二六　⿰風高 七二九　餬 七四三　⿰食高 七四三　豪 七五六　鬻 七六〇　⿰鬼虎 七六二　魱 七六三　鰝 七六七　鳸 七七一　鶘 七七五　⿰麥互 七八五　⿰黍古 七八六　⿰鼠胡 七九二

혹

惑 二六六　或 二七九　掝 二八四　熇 四〇八

瑴 四三五　豰 六四一　酷 六八六　隺 七一六　鵠 七七四

흔

㑮 九七　倱 一〇〇　㖧 一五四　圂 一六七　婚 一九三　婫 一九四　㛰 一九四　惛 二五七　惽 二五八　捆 二七九　掍 二八三　昆 三一一　㫧 三一五　棍 三三五　楎 三三九　㮯 三四二　殙 三六〇　殙 三六〇　涽 三六〇　混 三六二　渾 三六四　湣 三八六　溷 三八九　焜 四〇五　焝 四〇五　琿 四三三　睧 四六四　睯 四六四　緷 五三三　諢 六三〇　閽 七〇八　[illegible] 七一六　顐 七三三　餛 七四二　餫 七四三　[illegible] 七五〇　魂 七六一　䰟 七六一　鯇 七六五　鯶 七六六　鶤 七八三　鼲 七九二

흘

唿 一五三　囫 一六六　寣 二〇七

[illegible] 二四三　忽 二四九　惚 二五七　抇 二七四　揔 二八三　昒 三一三　曶 三一三　曶 三一九　核 三三〇　歾 三五九　淴 三六〇　㴵 三六二　炈 四〇三　笏 四九五　芴 五六四　蒘 五七七　雺 七一九　颮 七一八　鴪 七七四

흥

哄 一五〇　嗊 一五七　弦 二〇三　弘 二三九　肱 三三〇　汞 三六九

泓 三七三　洚 三七六　渱 三八四　灴 四〇三　烘 四〇四　篊 五〇一　粠 五〇八　紅 五一三　翃 五二四　苰 五六六　蕻 五八四　虹 五九二　虹 五九二　訌 六二三　谹 六三八　谼 六三八　䞑 六四七　䪦 六八七　閧 七〇八　霐 七三〇　訌 七三二　頏 七三四　𩙯 七三七　鬨 七五九　鬨 七五九　魟 七六三　鳿 七七一　鴻 七七三

화

伙 八九　划 一二〇　囮 一六六　匕 一三一　化 一三一　[illegible] 一三四　吴 一四四　咊 一四八　和 一四八　啝 一五四　嘩 一六〇　夻 一八三　崋 二一八　㦊 二六三　[illegible] 二六九　摦 二九一　擭 二九六　旤 三三〇　杹 三三四　芣 三三五　椛 三三七　楇 三三九　柧 三四四　樗 三四五　樺 三四六　火 四〇二　凬 四〇三　燊 四一〇　[illegible] 四一五　画 四四二　畫 四四三　畫 四四四　盉 四五六　禍 四八〇　禾 四八二　糀 五一〇　蕐 五五八　蕐 五五八　花 五六四　花 五六四　苍 五六四　華 五七三　䔢 五八二　蔿 五八五　蘤 五八九　蘳 五九〇　話 六二七　譁 六三四　貨 六四三　釫 六九〇　鏵 七〇〇　靴 七二五　鞾 七二八　驊 七五三　髁 七五四　鯠 七六六　鱯 七七〇　鷨 七七八　龢 七九七

확

劃 一二五　郭 二二五　廓 二三六　彉 二四一　彍 二四一　彏 二四一　彠 二四二　㦜 二六八　擭 二九六　擴 二九六　攉 二九七　攫 二九九　檴 三五〇　濩 三九七　獲 四二七　玃 四二八　癨 四五三　矆 四六七　矍 四六七　矐 四六八　[illegible] 四六九　確 四七四　穫 四八八　籗 五〇一　篗 五〇六　籰 五〇七　臛 五四二　艧 五六一　蠖 六〇四　謔 六三二　讗 六三八　貜 六四三　鑊 七〇三　䨼 七一二　霩 七一二　靃 七一三　䭲 七四五　䯏 七五五

환

丸 七九　亘 八三　喚 一五五　喛 一五五　嚾 一六四　圂 一六七　圜 一六八　奐 一八四　奞 一八六　宦 二〇四　寏 二〇六　寰 二〇八　戌 二三三　弮 二四〇　患 二五五　懁 二六五　懽 二六八　換 二八六　擐 二九五　攌 二九七　㬇 三〇五　晥 三二四　桓 三三一　歡 三五六　汍 三七八　渙 三八三　湲 三八六　漶 三九一　澴 三九五　烉 四〇四　煥 四〇七　狟 四二三　獾 四二八　環 四三五　瓛 四三六　瘓 四四五　皖 四五四　[illegible] 四五五　[illegible] 四五九　眩 四六一　睅 四六二　睆 四六二　矜 四六八　糫 五一二　紈 五一三　絙 五一六　綄 五一七　繯 五二六　䊐 五三四　肒 五四三　肒 五四三　[illegible] 五五四　臗 五五五　芄 五六二　荁 五六九　萑 五七一　豢 六四〇　豲 六四一　貆 六四二　貛 六四三　䠉 六四八　逭 六七四　還 六七七　鍰 六九八　鍰 六九八　鐶 七〇三　闤 七〇九　[illegible] 七四〇　驩 七五三　髖 七五四　鬟 七五八　鯇 七六七　鰥 七六九　鴰 七七九

활

佸 九二　[illegible] 一一六　咶 一五〇　奯 一八六　姡 一九〇　活 三七七　滑 三八八　澮 三九五　濊 三九六　濶 三九七　猾 四二五　䀐 四六一　祮 四八一　䑾 五六〇　蛞 五九五　螖 六〇〇　豁 六三八　越 六四九　闊 七〇八

황

况 八三　偟 一〇三　兄 一一〇　况 一一六　凰 一一八　喤 一五六　堭 一七四　媓 一九五　崲 二一九　㡆 二二七　幌 二二八　徨 二四六　怳 二五一　恍 二五二　惶 二五八　愰 二六〇　慌 二六二　揘 二八六　晃 三一三　晄 三一三　朚 三三〇　[illegible] 三三一　榥 三四一　櫎 三五〇　況 三七三　湟 三八六　滉 三八八　潢 三九三　煌 四〇六　爌 四一三　獚 四一九　瑝 四三三　璜 四三五　[illegible] 四四一　癀 四五一　皇 四五三　皝 四五四　磺 四七六　礦 四七七　䆪 四八四　䅣 四八六　穔 四八七　篁 五〇一　簧 五〇四　肓 五四三　艎 五六〇　茪 五六六　荒 五六九　蝗 五九九　蟥 六〇二　衁 六〇五　詤 六二六　諻 六三三　謊 六三三　貺 六四四　軦 六六二　[illegible] 六六六　銧 六九九　隍 七一四　[illegible] 七二九　騜 七四〇　鰉 七六七　鷬 七七八　黄 七八五　黃 七八五　黌 七八五　黋 七八五

홰

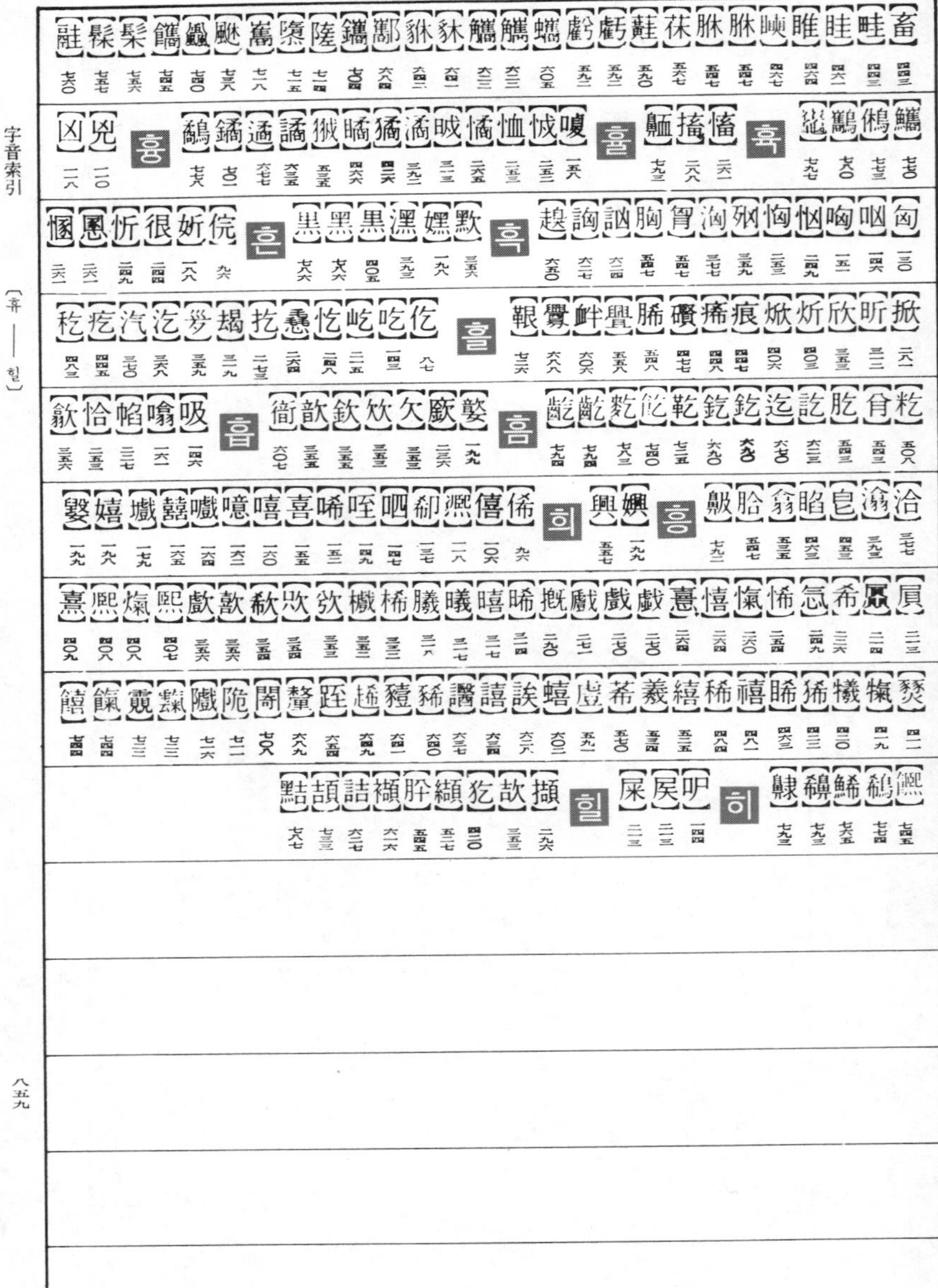

畜 四四三 畦 四四三 眭 四六一 睢 四六四 [illegible] 四六七 胅 五四七 胅 五四七 袜 五六七 蓕 五九〇 虧 五九二 虧 五九二 蠵 六〇五 觿 六三三 觿 六三三 貅 六四一 貅 六四二 鄺 六八四 鑴 七〇四 隓 七一四 隳 七一五 巂 七一八 [illegible] 七三八 [illegible] 七四〇 髹 七四五 髤 七五六 鬆 七五七 [illegible] 七六〇 [illegible] 七七〇 鵂 七七三 鷲 七八〇 [illegible] 七九七

휵 慉 二六一 搐 二八八 鼀 七九三

휼 噊 一五八 怴 二五三 恤 二五三 憰 二六五 眓 三一三 潏 三九二 獝 四二六 瞲 四六六 狘 五三五 譎 六三五 遹 六七七 鐍 七〇二 鷸 七七八

흉 兇 一一〇 凶 一一八 匈 一三〇 哅 一四六 哅 一五一 忷 二四九 恟 二五三 [illegible] 三五九 洶 三七七 胷 五四七 胸 五四七 訩 六二四 詾 六二七 [illegible] 六五〇

흑 [illegible] 三五六 嫼 一九八 潶 三九三 黑 四〇五 黑 七八六 黒 七八六

흔 俒 九六 妡 一八八 很 二四四 忻 二四九 慁 二六一 [illegible] 二六一 掀 二八一 昕 三一二 欣 三五三 炘 四〇三 焮 四〇六 痕 四四七 㾙 四四八 礥 四七七 脪 五四八 舋 五五八 衅 六〇六 釁 六八八 鞎 七二六

흘 仡 八七 吃 一四三 屹 二一五 忔 二四八 [illegible] 二六四 扢 二七三 朅 三一九 [illegible] 三五九 汔 三六八 汽 三七〇 疙 四四五 [illegible] 四八三 籺 五〇八 [illegible] 五四三 肐 五四三 訖 六三三 迄 六七〇 釳 六九〇 鈘 六九〇 乾 七二五 [illegible] 七四〇 麧 七八三 齕 七九四 齕 七九四

흠 嬜 一九九 廞 二二六 欠 三五三 欦 三五三 欽 三五五 歆 三五五 衘 六〇七

흡 吸 一四六 噏 一六一 帢 二一七 恰 二五三 歙 三五六 洽 三七七 潝 三九二 皀 四五三 䀫 四六三 翕 五三五 [illegible] 五四七 [illegible] 七九二

흥 嬹 一九九 興 五五七

희 俙 九六 僖 一〇六 凞 一一八 郗 一三七 呬 一四七 咥 一四九 唏 一五三 喜 一五五 嘻 一六〇 噫 一六二 嚱 一六四 囍 一六五 [illegible] 一七九 嬉 一九八 嫛 一九九 屓 二一三 屭 二一四 希 二一六 忥 二四九 悕 二五四 愾 二六〇 憘 二六四 憙 二六四 戲 二七〇 戲 二七〇 戱 二七一 摡 二九〇 晞 三一四 暿 三一七 曦 三一七 [illegible] 三一八 桸 三三三 櫏 三五二 弞 三五三 吹 三五四 欷 三五四 歖 三五六 歔 三五六 熙 四〇七 燨 四〇八 熈 四〇八 熹 四〇九 燹 四一二 [illegible] 四一九 犧 四二〇 狶 四三三 睎 四六三 禧 四八一 稀 四八四 繥 五三五 羲 五三四 莃 五七〇 虛 五九一 蟢 六〇三 誒 六一八 譆 六三四 讉 六三七 豨 六四〇 豷 六四一 趘 六四九 跮 六五四 [illegible] 六六九 [illegible] 七〇八 陒 七一二 隵 七一六 霼 七二三 霼 七二三 餼 七四四 饎 七四四 [illegible] 七四五 鵗 七四四 鯑 七六五 [illegible] 七九三 齂 七九三

히 [illegible] 一四四 [illegible] 二二三 屎 二二三

힐 擷 二九六 欯 三五三 犵 四二〇 纈 五二七 肸 五四五 襭 六一六 詰 六二七 頡 七三三 黠 七八七